KB267610

NELSON SHIN ANYPEDIA BOOK

넬슨 신 애니페디아 북

이책은 예술가들의 상상력과 창작을 돕습니다. This Book Helps Artist's Imaginations & Creations.

지은이
넬슨신(Nelson SHIN)

넬슨신 애니메이션아트박물관
경기도 과천시 샘터길 51
www.nelsonanimamuseum.com
02)507-5600

펴낸이
김웅택

펴낸곳
도서출판 애드밴
출판등록 2009. 4. 20.
(제301-2009-086호)

초판 1쇄 펴냄 2022년 8월 20일

ISBN 978-89-965813-8-3 93650
가격 128,000원

넬슨 신 애니페디아 북

Nelson SHIN Anypedia Book®

이책은 예술가들의 상상력과 창작을 돕습니다.
THIS BOOK HELPS ARTIST'S IMAGINATIONS & CREATIONS

서론

나는 아버지가 어릴 때부터 천자문을 가르쳐 주셨는데 "책을 소리 내어 읽으며 공부를 열심히 하라" 하셨지만 틈만 나면 이곳저곳 뭔가 흥미로운 것을 찾아다니며 장난에 열중했다. 나는 관찰력과 모험심이 많은 편으로 호기심이 생겨나면 잠시도 가만히 있지 못하고 새로운 것에 열중했다. 아마도 창의성이 있었던 듯싶다. 특히 우리집주변의 물건을 그냥 놔두질 않고 무엇이고 뜯어내어 망가뜨리고는 했다. 이런 일들로 엄격하셨던 아버지로부터 자주 채찍을 맞으며 성장했다.

내가 태어나기 전이여서 큰아버지를 본적은 없지만 큰 아버지는 대목(Master Carpenter, 설계와 시공을 겸한 목수)이셨는데 큰아버지가 사용하셨던 목수 연장들이 유품으로 남아 우리 집 시렁(Rack)위 나무상자 속에 없는 것이 없이 가득했다. 나는 이 연장들을 아버지 몰래 하나씩 꺼내어 무엇에 쓰는 것인지 사용을 해봤다. 연장을 써보려면 재목이 있어야 했고, 아버지가 마련해 놓은 좋은 판자들을 아버지의 허락 없이 톱으로 동강을 내어 자재들을 자르고 대패로 밀고 골을 파보며 말썽을 폈다. 그 뒤에는 반드시 아버지의 채찍이 따랐다. 아버지는 "하나를 망가뜨려 하나를 만들지 말고 새로운 것을 창안해 만들라!"라며 자주 꾸지람을 하셨다. 그때 나는 불과 아홉 살 전이었는데 각(Angle)과 원(Circle)을 입체(Dimension)적으로 세밀하게 머릿속에 상상하며 물건을 만들었던 것으로 보아 아마도 내 몸 속에는 입체를 구사하는 목수혈통이 흘러있었지 않았을까 생각이 든다.

사람의 상상은 기발한 상상일 수도 있고, 왔다가 곧 사라지는 하찮은 공상일 수 있지만 언제나 상상의 출발점은 어떤 동기(Motivation)로부터 시작되기 때문에 그 상상은 잘 다듬어 실행에 옮겨야 창의력을 키울 수 있는 것이다.

나는 창작을 하려는 사람들의 동기부여를 위해 이 책을 썼다. 상상력은 경험하기 전에 머릿속에 펼쳐지는 자기만의 구성인 것이다. 창작은 풍부한 상상력으로부터 착상(Inspiration)하는 것이다. 이 책이 창작을 지도하는 전문교수들이나 예능분야의 학생들에게 상상력을 떠올리게 하는 동기가 될 수 있기를 바란다.

이 책을 쓰기 시작한지 8년여가 지나 이제야 출간이 된다. 내가 석좌교수로 대학교에 출강을 하면서 학생들과 함께 할 수 있는 시간이 이제 그렇게 많지 않을 것이라는 생각이들기 시작했다. 조바심이 좀 있었지만 그래도 60년을 넘게 애니메이션에 평생을 바쳐온 나로써 후학을 외면할 일이 아니라는 생각이 들었다. 애니메이션을 전공하겠다며 나와의 인연을 거쳐 간 수많은 학생들, 또한 창작을 위하여 자기 작품에 열중하고 있을 학생들, 그리고 애니메이션을 만들어보기 위해 힘겹게 작업하고 있을 젊은 꿈나무들에게 무언가는 도움이 되고 싶은 마음이 컸다.

Prologue

　나는 오랫동안 애니메이션 분야에서 일하면서 지금까지 머리에 떠오르는 창의력에 관련이 있을 단어들을 선별하여 Alphabet 순으로 나열해 약 4,000 단어를 정리했다. 단순히 애니메이션 용어만을 담고 있는 책으로 생각하고 이 책을 접하게 되는 사람들은 아마도 의외라고 느낄 수도 있다. 이 책은 단어 하나하나를 사실에 의해 풀어 썼으며, 형태와 원리적인 것을 기술했다. 포괄적으로 세밀한 주석을 달아 주변 단어를 인용하도록 넣었다. 우주의 순리에 관해, 많은 우주인을 희생시킨 인간의 우주개발에 관해, 우리가 살아나가는 문명에 관해, 지구인들이 걸어온 역사와 창의성에 관해, 멸종되어가는 지구의 생물에 관해, 궁극적으로는 애니메이션을 제작하려는 이들을 위해 썼다. 이 책은 애니메이션과 연관된 단어들은 물론이거니와 전혀 상관이 없어 보이는 음악[music], 미술[art], 문학[literature], 과학[science], 역사[history], 인물[people], 건축[architecture], 컴퓨터[computer], 영화[picture], 기자재[equipment], 사진[photo], 필름 페스티벌[festival], 교육[education], 일반[general] 그리고 물론 애니메이션[animation]까지 15개 카테고리나 되는 수많은 단어들이 여기저기 눈에 띠기 때문이다. 필자의 바람은 이 책을 접하는 사람들에게 이 책의 내용에서 애니메이션 창작활동에 실마리를 얻는 동기가 될 수 있다면 이 책을 펴낸 목적에 부합될 수 있다고 생각이 든다. 목적은 창작 활동에 도움을 주기위한 것이기 때문이다.

　내가 학생들에게 애니메이션을 가르치기 시작한 것은 1998년 단국대학교 산업디자인대학원에서였고 그 후 줄 곳 학생들 속에 있었다. 홍익대학교 산업대학원과 학부, 백석대학교와 극동대학교의 석좌를 거쳐 대학원생은 물론 학부학생들까지 갓 20살에서 40~50대까지의 많은 학생들을 가르쳐왔다. 이들 중에는 대학원을 나와 수련기를 거쳐 교수가 되어 학생들을 가르치기도 한다.

애니메이션은 일반적인 창작과는 다르게 취급된다. 문학, 미술, 음악 그리고 동작을 쪼개고 시간을 안배하여 영화를 만드는 기술을 익혀야 하기 때문이다. 단계별로 스스로 핵심을 익히고 녹여내야 한다. 애니메이션은 실사영화와는 달리 매우 복합적으로 어려운 종합예술이다. 애니메이션에서는 캐릭터들을 디자인해야하고 성격을 부여한다. 의상과 색상, 장소의 배경, 주변 소도구 등을 설정한다.

대부분의 경우처럼 그림 잘 그리는 것만으로 애니메이션을 만들 수는 없다. 감독부터 할 생각보다는 동작을 연구하고 기술을 배운다. 1.스토리 구성능력을 위해 상상력을 키워나간다. 2.상상한 줄거리를 콘티에 그려 시각화 한다. 3.캐릭터를 만들어 성격을 부여하고 의도된 동작을 그려 연출한다. 4.완성된 작품에 감성을 증폭시키기 위한 음악을 선곡한다. 5.영상제작기술을 배운다. 배우면서 감독이 된다. 이러한 영상제작 기술 ABC가 모두 이 책속에 있다. 창작 드라마, 시퀀스마다 흐르는 색상의 조화, 감정을 조절하는 음향, 이야기꺼리가 될 만한 내용, 영화의 구도, 입체, 시간 등의 완성도가 관객의 감동을 이끌어 낼 수 있는 것이다. 애니메이션은 우주의 순리를 배우는 것과 같다. 잔상을 표현하여 움직임을 만들고 뉴톤(Newton)의 관성과 중력이론을 활용한다.

애니메이션은 과학이다. 기술을 성급하게 익히기는 아주 어렵다. 꾸준한 탐구 속에서 과학적 기초로부터 스타일을 만든다. 여러 단계의 경험에서 노련가(Expert)가 된다. 경험은 똑같은 것을 되풀이하며 두 번째 경험이라고 하지는 않듯이 경험이란 대부분이 분간하기 어렵고 당황하게 되는 순간을 처음으로 대하게 되는데 대부분은 예기치 못한 상황을 대처하지 못하고 현실로 맞게 되는 것이다. 이러한 체험은 배움을 통해 예상하고 대처할 수 있을 예비지식을 익혀두지 못했기 때문인 것이다. 상식이나 지식을 익히는 공부는 확실히 어떤 상황으로부터 대처할 방법을 제시해 줄 수 있는 예비력인 것이다.

이 책은 영상을 만들려는 창작가들의 생각을 능동적으로 바꿀 수 있다고 생각한다. 창작은 굳어있는 두뇌를 원활하게 움직일 수 있게 해야 한다. 예비지식이 있어야 새로운 생각이 샘솟는 것이다. 의도는 이 책이 굳어있는 두뇌 회전에 윤활유와 같은 역할을 감당해야 되는 것이다. 상상을 다듬어서 발전시켜 진지한 작품을 구상한다.

애니메이터가 되고자 한번 마음먹었으면 잘 선택한 일이다. 그리고 창작에 대한 꿈과 열정을 쉽게 포기하지 말기를… 그리고 인내와 노력 끝에 조금씩 만족스런 결실들을 거두어가며 성장해 나아가기를 진심으로 응원하고 지지한다.

나는 35세 나이에 너무 늦었다는 생각 없이 미국에 들어가 수많은 Job을 경험하였고 영광스럽게도 다시 살아난 할리우드의 애니메이션 황금기를 만나게 되었다. 애니메이션 하우스(Animation House)의 감독으로, DePatie-Freleng회사의 <핑크 팬더(Pink Panther)> 애니메이터로, <StarWars> 장편영화의 광선검 효과(Light Saber Effects)를 만들어 할리우드에서 자리를 굳혔다. 마블 프로덕션(Marvel Productions)에서 프로듀서로 <트랜스포머 더 무비(the Transformers the movie)> 장편애니메이션을 총감독했다. 그리고 우리나라의 고전 판소리 <심청>을 각색한 <왕후 심청(Empress Chung)>을 남북 공동제작으로 평양 현지에서 예술가들과 함께 만들었다. 이 모두가 결코 자신에 실망하지 않은 노력의 힘이었다.

목표를 정한 꿈이 있으면 대부부이 노력하면 언젠가는 실현이 되었다. 나는 잠자는 시간을 줄이고 열심히 일했다. 한 분야에서 성공을 이룬다는 것은 참으로 쉽지 않은 일이다. 하지만 자신이 몸을 담고 있는 분야에서 관심과 열정으로 제 몫을 다하며 보람을 느끼는 성취는 본인의 노력에 따라 어려운 일이 아닐 수 있다. 부디 이 책의 어느 한 단어나 그림 한 장이 성공의 실마리가 되는 기막힌 동기가 여러분에게 찾아가 주길 바라면서…

2022년 5월

저자, **넬슨 신**

넬슨신 애니메이션아트박물관

목차
Contents

이 책을
보는 방법

1 이 책은 영어 단어를 기본으로 15개의 범주(Category)가 혼합되어 있는 특수한 예술분야 창작가들의 영감을 돕는 전문분야의 책으로 지식과 일반적인 상식들로 체계적으로 구성되어있습니다. 이 책은 창작을 위한 전문가의 사전입니다. 다만, 이 책을 대하는 창작가들에게 전제(Premise)적 동기를 부여하게 할 것이며 독자의 창의적 발상을 동력으로 이끌어 주기를 기대하는 책입니다.

2 우선은 영어로 찾을 수 있지만 내용 찾기 한글 목차를 활용해 본문에 조목조목 기술된 단어를 한글로 찾아보세요.

3 이 책의 내용은 15개의 카테고리로 되어 있고 이중 관심분야를 선택할 수 있으며 내용들을 읽으며 당신의 상상력에 접목 시킵니다. 새로운 것을 창안해 내어 스토리로 이어갑니다. 첫 번째 생각을 주로 찾아내 기록하고 이것을 구체화 합니다. 남이 해 본적이 없는 새로운 것을 만들어 내는 데는 상상력과 지식이 있어야 창작이 이뤄질 수 있는 것입니다. 이 책은 창의력으로 이끌어 내는 동기(Motivation)를 제공합니다. 이 책의 어느 페이지이던 열고 당신이 펼칠 수 있는 상상력에 나만의 것을 찾아내세요. 그것이 당신의 "창작(Creation)"입니다.

4 각 중요 단어 밑에는 관련 단어와 연계된 '참조보기'를 따라가 더 많은 관련 내용을 읽을 수 있습니다. 본문내용 중에 중요 단어를 뽑아 해설을 넣었습니다. 모든 인물의 이름은 성(Last Name)을 찾기 쉽게 앞에 놓았습니다.

5 이 책의 내용은 사실과 사건을 기록한 것으로 역사의 연도, 사람의 출생과 사망 연도를 명기했으며 행적과 관련되어 벌어진 기록을 상세히 기록하고 있습니다. 이 책은 인류가 주장하는 지식, 생활 속의 상식, 인류의 창의력, 인류변천의 역사들이 구체적으로 쓰여 있습니다. 일반인들에게도 일상생활에 도움이 되는 책입니다.

넬슨신 애니페디아 북

Nelson SHIN Anypedia Book®

이책은 예술가들의 상상력과 창작을 돕습니다.
THIS BOOK HELPS ARTIST'S IMAGINATIONS & CREATIONS

Index 색인

관련 내용 찾기	NO.
데이터베이스 운영 체계 (Database Management System)	0605
데카르트, 르네(Rene Descartes)	1826
	1961
델뤽, 루이(Louis Delluc)	0849
도구(Tool)	0833
도넬리, 에디(Eddie Donnelly)	1643
도달, 카렐(Karel Dodal)	0546
도달범위(Coverage)	0510
도덕(Morality)	1663
도리스 양식(Doric Style)	0459
도메스틱 컷(Domestic Cut)	0684
도메인(Domain)	0685
도브니코비치, 보리보이 (Borivoj Dovnikovic)	3201
도색영화(PORNNO)	1993
도서- 고려 8만대장경(Goryo Eighty-thousand Tripitaka)	1518
도서- 빌브링겐 수도원도서관 (Wiblingen Monastery Library Ger.)	1518
도서- 성 갤렌 아비 도서관 (Saint Gallen Abbey Lib.)	1518
도서- 소르본대학도서관 (Sorbonne University Library)	1518
도서- 시립(Citizen Library)	1518
도서- 알쿼라이인 도서관 (Al-Qaraiyyin Library Morocco)	1518
도서- 왕립도서관(Royal Library)	1518
도서- 프랑스 국립도서관 (Bibliotheque Nationale De France)	1518
도서- 한국국립도서관 (National Library)	1518
도서관(Library)	0809
	1518
도서관(Library of the World)	0809
도서관의 기원(Book Library Begins in the World)	1518
도스토예프스키, 피오도르 (Fyodor Dostoevsky)	1533
도에이 도가 (Toei Doga, Toei Animation)	0077
	0086

관련 내용 찾기	NO.
도에이 도가 (Toei Doga, Toei Animation)	1145
	1301
	1416
도에이교육영화부 (東映教育映画部)	1301
도입(Introduction)	0700
도자기(Pottery)	1934
도청장치(Bug)	0283
도표(Diagram)	0631
도프시트(Dope Sheet)	0662
	0688
	1819
	2501
	2450
도프시트(Exposure Sheet)	0224
	0662
	0688
	0850
	1016
	1416
	2450
	2501
	3103
도형(Diagram)	0631
독립 영화(Indie Movie)	0524
	1212
	1213
	1649
독립 영화(Independent Film)	0939
	1212
	1213
	1304
	1675
독립 영화 제작자 (Independent Filmmaker)	1213
독립 작가(Independent Artist)	1212
독립 장편 (Independent Feature)	1213
독립된 사람(Indie)	1214
독백(Monologue)	2923
독일의 국가(Anthem)	0106

관련 내용 찾기	NO.
독자(Audience)	0036
	0045
	0095
	0149
	0516
	1687
독주회(Recital)	2223
독창적인감독(Creative Director)	0517
돌비(Dolby)	2595
돌비(Dolby Sound)	0681
돌비 광학 사운드(Optical Sound)	0681
	1500
	1606
	1830
	1839
	2500
돌비 디지털 5.1 서라운드 사운드 (Digital Dolby 5.1 Surround Sound)	2570
돌비, 레이(Ray Dolby)	0681
돌비사운드 (Dolby Noise Reduction)	0681
	2505
돌비 서라운드 사운드 (Dolby Surround Sound)	0681
돌비 서브우퍼(Sub-Woofer)	0681
돌비 잡음축소(Noise Reduction)	0681
돌비 프로 로직(Dolby Pro Logic)	1136
돌진(Rush)	2315
돌출광고(Teaser)	2714
돌프, 셀(Shel Dorf)	0462
동굴(Cave)	0346
동기부여(Motivation)	1670
동력(Power)	0827
동료(Companion)	0469
동물들의 동작 (Animals in Motion)	0081
	0082
	1538
동물연속동작 창작 (Creation of 1872 Animal Locomotion)	0408
동물의 멸종(Extinction)	0852
	0853

관련 내용 찾기	NO.
등급(Rating)	2211
등급 위원회의 승인(Approve by Classification Committee)	1022
등급 올리기(Upgrade)	2810
등급 제도(Rating System)	2211
등급 판정부서 (Code and Rating Administration)	3102
등록(Registered)	0503
등록(Registration)	2241
등판인쇄(Stencil)	2569
디 티브이(DTV)	0653
	0711
	2720
디가우져 장치(Degausser)	0619
디렉션(Direction)	0662
디렉터스 컷(Director's Cut)	0664
디반트, 데이비드(David Devant)	2777
디버그(Debug)	0612
디베르티멘토(Divertimento)	0678
디브이디(DVD)	0050
디브이디 롬(DVD-ROM)	0254
	0360
	0654
	0665
	0720
	0920
	0932
	0938
	0959
	1136
	1141
	1416
	1505
	1506
	1652
	2711
	2908
	3204
	0654
디브이디 알(DVD-R, Recordable))	0720
디브이 카메라(DV Camera)	0719

관련 내용 찾기	NO.
디스켓(Diskette)	0666
디스코(Disco)	0667
디스코텍(Disco Tek)	0667
디스크(Disk)	1506
디스크 운영체계 (Disk Operating System)	1679
디스크 자키(Disc Jockey)	0679
디스클라이막스(Disclimax)	0435
디스토션(Distortion)	0675
	0832
	0851
	1512
	1956
디시 코믹 북(DC. Comic Book)	0545
디아이(DI)	0648
디어터(Theater)	1627
	1676
	1835
	2734
디어터 옵티크(Theatre Optique)	0086
	0205
	0415
	0925
	0953
	1200
	1693
	1959
	2221
디엑스(DX, Double Exposure)	0023
	0689
	0721
	1500
	2594
디자이너(Designer)	0626
디제이(DJ, Disk Jockey)	0679
디졸브(Dissolve)	0672
	0688
	0689
	0811
	0902
	1500

관련 내용 찾기	NO.
디졸브(Dissolve)	1827
	1829
	1975
	2105
	2288
	2298
	2546
	2771
디졸브 랩스(Disslive-Lapse)	0674
디졸브 애니메이션 (Dissolve Animation)	0673
디즈니 가족(the Disneys)	0670
디즈니 기구(Disney Organization)	0303
디즈니 스튜디오의 시작 (Disney Studios Begin)	0670
디즈니 테마파크(Disney Theme Parks)	0670
디즈니, 로이 (Roy Oliver Disney)	0670
	1638
디즈니, 월트(Walt Disney)	0085
	0086
	0093
	0155
	0285
	0430
	0432
	0480
	0670
	0703
	0918
	0954
	1101
	1134
	1145
	1301
	1638
	1639
	1840
	2316
	2491
	2568
	2814

관련 내용 찾기	NO.
라이니거, 롯데(Lotte Reiniger)	0022
	0244
	0418
	0536
	2465
라이먼 스피쳐(Lyman Spizer)	0141
라이브 녹음(Live Recording)	1536
라이브 아트(Live Art)	1951
라이브 액션(Live Action)	0085
	0911
	1511
	1535
라이선싱 지역적 한계 (Licensing Territory)	2728
라이카 릴(Leica Reel)	0085
	1511
라이트 미터(Light Meter)	1522
라이트 박스(Light Box)	1520
라이트 세이버(Light Saber)	1507
라이트 온 다크 (Light-on-Dark, LOD Line)	1523
라이트 펜(Light Pen)	1223
	1524
라이트, 프레스콧 J. (Prescott J. Wright)	1841
라이트 사브르(Light Sabre)	1507
라이팅(Lighting)	0480
	0921
	1521
	1675
라이프니츠 (Gottfried Wilhelm Leibniz)	0479
라인 테스트(Line Test)	1530
라인 프로듀서(Line Producer)	0663
	1528
라탈, 스타니슬라브(Stanislav Latal)	0546
라틴댄스(Latin Dance)	0602
라파엘로, 산치오(Raffaello, Sanzio da Urbino)	1904
	2251
라흐마니노프, 세르게이 (Serger Rachmaninov)	2284

관련 내용 찾기	NO.
랑데부(Rendezvous)	2527
래그타임(Ragtime)	2203
래스터(Raster)	1300
	2208
래스터 그래픽스(Raster Graphics)	2209
래스터 그래픽 파일 포맷 (Raster Graphic File Format)	2702
래프 오 그램(Laugh-O-Grams)	2814
랙(Rack)	2201
랜(Lan)	1142
랜덤 디지털 다이어링(RDD)	2214
랜덤 액세스(Random Access)	2206
랜돌프, 마크(Marc Randolph)	2814
랜츠, 월터(Walter Lantz)	2814
랜턴 쇼의 등장 (Creation of Lantern Show)	0397
랜턴 쇼의 새로운 도약(Creation of 1793 New Lantern Show)	0398
랠리, 유진(Eugene F. Lally)	2486
램(RAM (DVD Random Access Memory))	0720
램, 데렉(Derek Lamb)	0325
	1718
랩(Wrap)	3019
랩 디졸브(Lap-Dissolve)	0674
	1503
랩소디(Rhapsody)	2284
랩터 엔진(3 Raptor Engines)	2543
랭고(Rango)	0644
러닝 개그(Running Gag)	2310
러닝 샷(Running Shot)	2311
러닝 스피드(Running Speed)	2312
러닝 타임(Running Time)	2313
러브크래프트, 하워드 필립스 (H. P. Lovecraft)	3207
러시아- 뤼미에르 형제 (Lumiere Brothers)	2316
러시아 마지막 황제니콜라스 2세 (Nicolas II)	2316
러시아 애니메이션의 역사 (Russia Animation History)	2316

관련 내용 찾기	NO.
러시아 애니메이션학교와 스튜디오 (Russia Animation School and Studio)	2316
러시아의 국가(Anthem)	0106
러시아의 디즈니(Disney in Russia)	2316
러시아의 펄코보 천문대 (Pulkovo Observatory)	1803
러시필름(Rush Film)	2315
러프(Rough)	2302
러프 컷(Rough Cut)	2301
럭스(Lux)	1548
럭키치약 자회사 광고	1416
런(Run)	2307
런 다운(Rundown)	2309
런 아웃(Runout)	2314
런 어웨이 프로덕션 (Runaway Production)	2308
럿셀, 제임스(James Russell)	1413
레닌, 블라디미르 (Vladimir Il'Ich Lenin)	2316
레드니츠키, 에마뉘엘 (Emmanuel Rednitzsky)	1724
레드포드, 로버트(Robert Redford)	2593
레버(Lever)	1311
레벨(Level)	1517
레시듀얼(Residuals)	2263
레시터티브(Recitative)	2224
레오 10세(Leo X)	1405
레오노프, 알렉세이 (Alexei Leonov)	2527
레이, 맨(Man Ray)	1724
레이노드, 찰스 에밀 (Charles Emile Reynaud)	0086
	0093
	0205
	0306
	0409
	0415
	0918
	0925
	0953
	0979
	1200

관련 내용 찾기	NO.
로베르송, 로벗슨(Robertson)	0397
	1959
로베르송과 폴 필리도 (Roberson and Pual Phylidor)	1959
로베르트, 에티엔 가스 파드 (Etienne-Gaspard Robert)	0397
	1959
로스트럼 촬영대 (Rostrum Animation Stand)	0162
	2298
	3203
로스트럼 카메라 (Rostrum Camera)	0481
	1910
	2298
로스트럼 카메라 스탠드 (Rostrum Camera Stand)	0351
	2700
로시니, 조아키노 안토니오 (Gioacchino Antonio Rossini)	1823
	1859
로싱, 보리스(Boris Rosing)	2720
로에, 루트비히 미스 반 데어 (Ludwig Mies van Der Rohe)	1101
로열티(Royalty)	2304
로우랜드슨, 토마스 (Thomas Rowlandson)	0336
로우스탁(Raw Stock)	2213
로제, 피터 마크 (Peter Mark Roget)	0065
	0086
	0093
	0389
	0400
	0401
	0953
	1405
	1538
	1953
	1960
로제의 창의 (Creation of 1824 Roset)	0400
로제타 탐색선(Rosetta Prober)	2539
로케(Location)	1537
로케이션(Location)	1537
로코모션(Locomotion)	1538
	1667

관련 내용 찾기	NO.
로코모션(Locomotion)	1693
	1900
로코코(Rococo)	1208
로코코 양식(Rococo Style)	1904
로테이션(Rotation)	2299
로토스코프(Rotoscope)	0430
	0950
	1012
	1507
	2300
록앤롤(Rock n' Roll)	2290
록히드 마틴(Lockheed Martin)	2544
론 알프스 지역 (Région Rhône-Alpes)	0373
론도(Rondo)	2297
론카리치, 즈보니미르 (Zvonimir Loncaric)	3201
롤(Role)	2291
롤(Roll)	2292
롤 사운드(Roll Sound)	2294
롤 업 타이틀(Roll-up Title)	2295
롤 필름(Roll Film)	0021
	0411
	0918
	0929
	1415
	2293
	2475
	2500
	2715
	2814
롤필름의 탄생 (Creation of 1888 Roll Film)	0411
롤러 볼(Roller Ball)	1671
롤링 타이틀(Rolling Title)	0519
롤링 타이틀/롤링 캡션 (Rolling Title/Rolling Caption)	2293
롤스 로이스(Rolls Royce)	2542
롬(ROM, Read Only Memory)	0720
롱 샷(Long Shot)	1542
롱 셀(Long Cel)	1540

관련 내용 찾기	NO.
롱 페그 바(Long Peg Bar)	1541
루나 1호(Space- Luna 1)	2515
루나 3호(Space- Luna 3)	2516
루니툰스(Looney Tunes)	1543
	2806
루도비코 카라치 학원 (Academy of Lodovico Carracci)	0336
루미낸스 시그널 (Luminance Signal)	1547
루벤스, 페테르 파울 (Peter Paul Rubens)	1904
	1995
루소풀로스, 기오르고스 (Giorgos Rousopoulos)	1025
루소풀로스, 지아니스 (Giannis Rousopoulos)	1025
루시타니아 정기 여객선 (the Lusitania Liner)	1625
루실 볼(Locile Ball)	0347
루오, 조르주(Georges Rouault)	1208
루이 14세(Louis XIV)	1859
루짜티, 엠마누엘 (Emanuele Luzzati)	1241
루카스 필름(Lucas Film)	1633
	2595
	2746
루카스, 조지(George W. Lucas)	0810
	0844
	0908
	1505
	1507
	2546
루터, 마틴(Martin Luther)	1405
루트만, 발터(Walter Ruttmann)	0006
	0022
	0849
	2465
루프(Loop)	1544
룰 댄스(Rule Dance)	0602
룸비춤(Rumba Dancc)	2306
룸바(Rumba)	1612
	2306

관련 내용 찾기	NO.
릴리즈(Release)	2245
릴리즈 패턴(Release Pattern)	2246
릴리즈 프린트(Release Print)	2247
릴리프(Relief)	2248
릴 투 릴(Reel to Reel)	2111
	2803
림보(Limbo)	1525
립싱크(Lip sync.)	1531
ㅁ	
마감일자(Dead line)	0609
마그네틱(Magnetic)	0053
	0619
	0633
	0666
	1606
	1607
	1608
	1839
	1842
	2500
	2505
	2570
마그네틱 녹음 (Magnetic Recording)	1606
마그네틱 사운드 (Magnetic Sound)	1607
	1830
마그네틱테이프 (Magnetic Tape)	1608
	1846
	2711
	2902
	2911
마그네틱필름 리코더 (Magnetic Film Recorder)	1606
마네, 에두아르 (Edouard Manet)	1208
	1904
	1921
	1932
마레, 에티엔 쥘 (Etienne Jules Marey)	0414
	1538
	1693
	2715

관련 내용 찾기	NO.
마루시치, 조스코(Josko Marusic)	3201
마르소, 마르셀(Marcel Marceau)	1921
마르크스, 알렉산더 (Aleksandar Marks)	3201
마리오네트(Marionette)	1109
	1615
	2056
	2448
마리인스키 극장 (Mariinsky Theater)	2316
마무리(Post-Production Stage)	0344
마무리 작업(Final Touches)	2001
마무리 정리(Sweetneing)	2598
마무리 하다(Retouching)	2270
마블(MARVEL)	0086
	0097
	1301
	1217
	1416
	1633
	1969
마블코믹(Marvel Comics)	0323
	0462
	0670
	1118
	1217
	1969
	2813
마사시, 안도(Masashi Ando)	1301
마사오카, 겐조(Kenzo Masaoka)	1301
마스켈린, 존 레빌 (John Nevil Maskelyne)	2777
마스킹(Masking)	1617
마스터 필름(Master Film)	1620
	2019
마우스(Mouse)	1671
마우스 차트(Mouth Chart)	1672
마우츨리, 존(John Mauchly)	1954
마이브리지, 에드워드 (Eadweard Muybridge)	0081
	0082
	0408

관련 내용 찾기	NO.
마이브리지, 에드워드 (Eadweard Muybridge)	0414
	0918
	1538
	1667
	1693
마이어, 하네스 (Hans Emil "Hannes" Meyer)	1101
마이크로소프트(Microsoft, MS)	1235
	1642
	1671
마이크로소프트사 (Microsoft Corporation)	1679
마이크로 운영체제 (Micro Operating System)	1825
마이크로 장치(Micro Device)	1227
마이크로 칩(Microchip)	1640
마이크로칩 테크놀로지회사 (Micro Technology Inc.)	1640
마이크로컴퓨터 (Microcomputer)	1641
마이크로프로세서 (Micro Processor)	1227
	1641
	2910
마이티마우스(Might Mouse)	1643
마젠타 색(Magenta)	0449
	0452
	0538
	1604
	2715
마지막 우주왕복선 컬럼비아 (Columbia Shuttle)	2534
마케팅(Marketing)	1616
마케팅 전략(Marketing Strategy)	1616
마케팅리서치(Marketing Research)	1616
마코도, 신카이(Makoto Shinkai)	1301
마티스, 앙리(Henri Matisse)	1208
	1904
마틴, 안드레(Andre Martin)	3201
마하, 언스트(Ernst Mach)	2500
막(Act)	0026
막스와 데이브 플라이셔 (Max & Dave Fleischer)	2814

관련 내용 찾기

관련 내용 찾기	NO.
막후(Back Stage)	0206
만가(Requiem)	2259
만남(Space- Rendezvous)	2527
만유세계(Universe)	2809
만유인력의 법칙 (Laws of Gravity)	0077
	0141
	1405
	1716
	2583
만족감이 없는 (Dissatisfaction)	0524
만화(Comic)	0463
만화(Cartoon)	0335
	0336
	0337
	0338
	0340
	0341
	0362
	0383
	0463
	0600
	0702
	1145
	1416
	1417
	1614
	1625
	2405
	2459
만화(Manga)	1614
만화- 4칸 만화(Comic Strip)	0335
만화가(Cartoonist)	0155
	0336
	0337
	0338
	0443
	1403
	1625
	2415
	2814

관련 내용 찾기	NO.
만화- 그로스의 인물과장법 (Exaggeration of Francis Grose)	0336
만화- 단칸 시사, 풍자회화 (Cartoon, Caricature)	0335
만화- 만화의 기원 (The Origin of Caricature)	0336
만화영화(Animated Cartoon)	0083
만화영화(Cartoon Movie)	0600
만화영화(Cartoons on Film)	0338
만화- 이야기만화(Story Comic)	0335
만화의 기원 (The Origin of Caricature)	0336
만화의 역사 (Cartoons of Modern History)	0336
만화책(Comic Strip)	0333
만화책(Comic)	0083
	0097
	0284
	0463
	0545
만화- 카툰기법입문(the Rules for Drawing Caricatures)	0336
만화- 풍자문학(Satire Literary)	0335
만회하기(Catch Up)	0344
말러, 구스타프(Gustav Mahler)	2571
말러, 조셉(Joseph Mahler)	2571
말이 뛰는 동작 (Animal Locomotion)	0408
말풍선(Speech Ballon)	0463
맘보 춤(Mambo Dance)	1612
망가(Manga)	1614
망막(Retina)	0065
	0086
	0389
	0400
	0403
	0659
	0953
	1405
	1669
	1676

관련 내용 찾기	NO.
망막(Retina)	1826
	1953
	2733
망막 구조 (Structure of the Retina)	1953
망석중, 꼭두각시(Marionette)	2448
망석중이(Marionette)	1615
망원경(Spyglass, Binocular)	1512
망원경(Telescope)	0141
	0388
	1407
	2719
망원렌즈(Telephoto Lens)	2723
망점(Halftone)	1103
망판인쇄술(Halftone Printing)	1916
맞대기(Match)	1622
맞상대(Antagonist)	1118
맞춰서 그리기(Registration)	1541
	1622
	1711
	1942
	2241
	2546
매각(Buyout)	0293
매거진(Magazine)	1603
매그 트랙(Mag Track)	1608
매끄럽지 않은 동작(Abrupt)	0004
매스미디어(Mass Media)	1618
매입(Buyout)	0293
매직 랜턴(Magic Lantern)	0086
	0093
	0144
	0390
	0391
	0394
	0953
	1146
	1414
	1605
	1802
	1605

관련 내용 찾기	NO.
매직 랜턴(Magic Lantern)	1693
	1953
	1959
	2040
	2418
매직랜턴의 발명 (Concept of Magic Lantern)	0390
매직숫자(Magic Number)	2441
매치(Match)	1622
매치 디졸브(Match Dissolve)	1622
매치 컷(Match Cut)	1314
	1622
매크로(Macro)	0473
매크로 시네마토그래피 (Macro Cinematography)	1602
매크로렌즈(Macro Lens)	1602
매킨토시(Macintosh)	1600
매트(Matt)	1621
매티슨, 리차드 (Richard Matheson)	3207
매팅(Masking)	1617
맥(Mac)	1600
맥다월, 에드워드 (Edward MacDowell)	1991
맥라렌, 노먼(Norman McLaren)	0006
	0050
	0132
	0325
	0704
	1626
	1718
	1724
	1841
	1975
	2469
	2754
	2801
	3201
맥 세네트(Mack Sennett)	2481
맥스, 플라이셔(Fleischer, Max)	0950
	2316

관련 내용 찾기	NO.
맥콜리프, 크리스티나 (Christa McAuliffe)	2530
맥케이, 윈저(Winsor McCay)	0086
	0267
	0335
	0703
	1625
	1939
	1940
	2055
	2715
	2814
맥켄들레스, 브루스 (Bruce McCandless)	2529
맥킨토시의 최초 마우스 (Macintosh with 1st Mouse)	1600
맥킴슨, 로버트 (Robert McKimson)	0284
	0600
	2806
맨손촬영(Handheld Shot)	2456
맨터, 프레데릭(Frederik Manter)	1841
메신저 탐사선 (Space- Messenger Explorer)	2536
머독, 루퍼트(Rupert Murdoch)	1705
머리 끄덕임(Head Bob)	0258
머리 위 샷(Overhead Shot)	1851
머스커, 존(John Musker)	2814
머스크, 엘론(Elon Musk)	2543
머천다이징(Merchandising)	1633
머치카시, 줄러(Gyula Macskassy)2222222	1101
	1145
머큐리 우주선 (Space- Mercury MR-3)	2519
먼지효과(Dusk Effect)	0718
멀티 노출(Multi Exposure)	1682
멀티미디어(Multimedia)	1674
	1681
	3004
멀티스크린(Multiscreen)	1685
멀티이미지 기법 (Multl Imaging Method)	1682

관련 내용 찾기	NO.
멀티탭(Multiple-Tap)	2550
멀티플랜 카메라 (Multiplan Camera)	1683
멀티플렉스(Multiplex)	1684
	2477
멀티플스크린(Multiple Screen)	1685
멸종(Ext., Extinct)	0852
멸종의 역사와 인류(Extinction History and Humankind)	0853
메가바이트(Mega Byte)	1628
메뉴(Menu)	1632
메디치 리카르디 궁전 (Palazzo Medici Riccardi)	2921
메라비디스, 프로드로모스 (Prodromos Meravidis)	1025
메모리 카드(Memory Card)	1631
메스머, 오토(Otto Messmer)	0913
메스토로빅, 마르코 (Marko Mestrovic)	3201
메시에 천체 31 (Messier Object 31)	1003
메이, 지롤라모(Girolamo Mei)	0380
메이어, 제시카(Jessica Meir)	2540
메이크업(Makeup)	1611
메이크업 아티스트 (Make-up Artist)	1611
메인프레임(Main Frame)	1610
메카니칼(Mechanical)	1627
메카 캐릭터(Mecha Character)	1627
메타, 주빈(Zubin Mehta)	0491
메트로 골드윈 메이어 (MGM, Metro-Goldwyn-Mayer)	0954
메트로놈(Metronome)	1637
	1656
메트릭(Metrics)	0968
멘델스존, 펠릭스 (Felix Mendelssohn)	1687
	1807
	1834
	1859
	2446
멘도자, 데이빗(David Mendoza)	1686

관련 내용 찾기	NO.
셀룰로이드(Celluloid, Cel)	0355
	0356
	0411
	0430
	0433
	0670
	0918
	1032
	1608
	1683
	1904
	1940
	1988
	2045
	2766
	2768
	2814
셀룰로이드의 발견 (Discovery of Celluloid)	2814
셀즈닉, 데이비드(David O. Selznick)	2244
셉텟(Septet)	2438
셋스텟(Sextet)	2446
셋업(Set-Up)	2445
셔터(Shutter)	0953
	1512
	2458
셔터 우선촬영 (Shutter Speed Priority)	2458
셰익스피어, 윌리엄 (William Shakespeare)	0429
	1533
셰퍼드, 알란 (Alan Bartlett Shepard Jr.)	1704
셸리, 메리(Mary Shelley)	3207
소(Bull)	1504
소거하다(Remove)	0620
소나타(Sonata)	2498
소나타 형식(Sonata Form)	2499
소니 다이내믹디지털사운드(SDDS)	2505
소니 캠코더(Sony Camcorder)	0305
소더버그, 스티븐 (Steven Soderbergh)	2593

관련 내용 찾기	NO.
소도구(Prop)	0615
	2045
소르본대학도서관 (Sorbonne University Library)	1518
소리(Sound)	2500
	2501
	2502
	2503
	2504
	2505
소리 속도(Sound Film Speed)	2504
소리 파장(Sound Wave)	2500
소리와 시각(Audio-Visual)	0153
소리의 고저(Pitch)	1971
소리의 속도(Speed of Sound)	2500
소리의 음표(Sound Velocity)	1729
소리의 피치(Pitch)	2610
소리효과(Sound Effects)	2447
소멸(Extinction)	0852
	0853
소멸점(Vanishing Point)	1956
소보즐라이, 페테르 (Péter Szoboszlay)	1145
소생(Revival)	2279
소설(Fiction)	0915
소설영화(Fiction Film)	0916
소실점(Vanishing Point)	1956
소야곡(Serenade)	2441
소유즈 1호(Space- Soyuz 1)	2523
소유즈 멀트 필름스튜디오 (Soyuz-muilt Film Studio)	2316
소책자(Pamphlet)	1909
소크라테스(Socrates)	1217
	1961
소크라테스 반어법(Socratic Irony)	1240
소통수단(Communication)	1502
소통언어종류 (Languages of the World)	1502
소품(Prop)	2045
소프라노(Soprano)	2507
소프 오페라(Soap Opera)	1630

관련 내용 찾기	NO.
소프트 포커스(Soft Focus)	2493
소프트웨어(Software)	0479
	1652
	1825
	2494
	2298
	2757
	3004
	3017
소행성(Asteroid)	0140
소형모델(Miniature Model)	1644
속기, 약기(Shorthand)	2454
속도(Moderate)	1656
속도(Pace, Pacing)	1656
	1900
속도(Running Speed)	2312
속도(Speed)	2548
속도(Tempo)	2724
속도 특수효과 (Special Effect of Speed)	2549
속보판(Bulletin Board)	0235
	0286
속성전시판매 행사 (Short Pitching Session)	0337
속임수(Camouflage)	0324
속임수 필름(Trick Film)	2777
속편(Swquel)	2439
손 인형(Hand Puppet)	1109
손 재능(Skill)	2480
손가락(Digit)	0638
손으로 그린 애니메이션 (Drawn Animation)	0703
손으로 그린 애니메이션 (Hand Drawn Animation)	1107
손으로 잡다(Grab)	1016
손질하다(Retouching)	2270
솔라(Solar)	2495
솔라 시스템(Solar System)	2496
솔리드스테이트(Solid Statr Drive)	2497
송 라이터(Song Writer)	1549
송영방(Song Young-Bang)	1403

관련 내용 찾기	NO.
송정율(Song Jung-Yul)	1416
쇤바인, 크리스티안 (Christian Friedrich Schonbein)	0918
쇼 릴(Show Reel)	2457
쇼베 동굴(Chauvet Cave)	0065
	0086
	0093
	0373
쇼베뽕따라크동굴(Cave of Ardèche Chauvet-Pont d'Arc)	0373
	1504
쇼트, 헨리(Henry Short)	0953
쇼클리, 윌리엄(William Shockely)	2467
쇼팽, 프레데이크 (Frederic Francois Chopin)	0212
	1687
	1721
	1991
쇼핑몰(Mall)	1684
숏스(Shorts)	2455
숏 필름(Short Film)	2455
수다떨기(Chat, Chatting)	0371
수브라마니안 찬드라세카르 (Subrahmanyan Chandrasekhar)	1704
수륙양생동물(Amphibians)	0069
수성(Mercury)	0800
수신호변환장치(Converter)	0300
수오나레(Suonare)	2498
수작업 애니메이션 (Hand Drawn Animation)	1107
수정(Retake)	2268
수정대사(Revised Dialogue)	2277
수정본(Revision)	2278
수정작업(Modification)	0433
수준급(Quality Level)	2102
수준급 개념(High Concept)	1123
수직 축(Vertical Axis)	2812
수집 판(Clip Board)	0436
수채물감(Water Color)	3002
수채화(Water Color Paintings)	0702
	3002
수치(Point)	1986
숙련공(Journeyman)	1316

관련 내용 찾기	NO.
순서(Procedure)	2024
순수 미술(Fine Art)	0130
순수 필름(Absolute Film)	0006
순수제작 비용(Negative Cost)	1708
순이익(Net Profit)	2038
순회공연(Carnival)	0334
술릭, 다니엘(Danijel Suljic)	3201
술타노프, 몰톤(Morton Sultanoff)	1127
숨겨진 카메라(Hidden Camera)	1121
숨을 내쉼(Exhale)	0845
숫자(Digit)	0638
숫자식(Digital)	0639
숫자체계(Computer)	0479
쉐리단 대학(Sheridan College)	0325
쉐퍼드, 앨런(Alan B. Shepard)	2519
쉬운 오페라(Light Opera)	1824
쉴러, 찰스(Charles Sheeler)	0849
슈레더, 폴(Paul Schrader)	0933
슈만, 로베르트 (Robert Schumann)	0380
	0489
	1687
	2296
	2567
슈베르트, 프란츠 (Franz Schubert)	0380
	1638
	1687
	1807
	2441
슈와드, 에드몬드(Edmond Seward)	1032
슈투트가르트페스티벌(Stuttgart Int'l Festival of Animated Film)	2585
슈퍼8(Super 8)	0803
	0813
	0929
	1415
	1839
	2474
슈퍼 임포즈(Super Impose)	0672
슈퍼소닉(Supersonic)	2542
슈퍼임포즈(Superimpose)	2594
슐레머, 오스카(Oskar Schlemmer)	1951

관련 내용 찾기	NO.
슐레진저, 레온 (Leon Schlesinger)	0284
	0600
	1543
슐츠, 요한하인리히 (Johann Heinrich Schultz)	1962
슛(Shoot)	2451
스닉 프리뷰(Sneak Preview)	2490
스리씨씨디(3CCD)	0348
스릴러(Thriller)	2747
스마트폰(Smartphone)	2489
스메타나, 즈데넥 (Zdenek Smetana)	0546
스몸비(Smombie)	2489
스미스, 린(Lynn Smith)	0325
	1718
스웨인, 맥(Mack Swain)	1409
스위스 경쟁(Swiss Competition)	0909
스위시 팬(Swish Pan)	2599
	3205
스위트닝(Sweetening)	2598
스위프트, 조나단 (Jonathan Swift)	1032
	1533
스캐너(Scanner)	2408
스캔(Scan)	2408
스케르초(Scherzo)	2413
스케일(Scale)	2407
스케줄(Schedule)	2412
스케치(Sketch)	2479
스케치패드(Sketchpad)	0480
스코어링 스테이지(Scoring Stage)	2420
스코트, 카스파르(Caspar Schott)	0394
스코프(Scope)	1546
	2418
	2463
	3003
스쿼시와 스트레치 (Squash and Stretch)	2561
스크래치(Scratch)	0659
스크래치 백(Scratch Back)	2423
스크래치 애니메이션 (Scratch Animation)	2422

관련 내용 찾기	NO.
시 드라이브(C: drive)	0353
시디(CD)	0352
시디 롬(CD-Rom)	0352
시디-알(CD-R)	0352
시력(Optic)	1826
시리즈(Series)	2442
시리야예프, 알렉산더(Aleksander Shiryaev)	2316
시립(Citizen Library)	1518
시벨리우스, 장(Jean Sibelius)	1241
시브룩, 윌리엄(William B. Seabrook)	3207
시사만화(Political Cartoon)	0333
	0335
시사회(Preview)	2016
시슬레, 알프레드(Alfred Sisley)	1208
	1904
시아이시티(CICT of UNESCO)	0384
시야(Angle of View)	0078
시어터(Theater)	1676
시오타 에서 샌프란시스코까지(From Ciotat Station to San Francisco)	1546
시작의 밑그림(Preliminary Sketch)	2007
시장조사, 마케팅 리서치(Marketing Research)	1616
시점(P.O.V., Point of View)	1987
시점의 차(Parallax)	1925
씨지(CG)	0361
씨지아이 애니메이션효과(CGI Animation Effects)	0363
씨지 캐릭터(CG Character)	0362
시차(Jet leg)	1306
시청각(Audio-Visual)	0153
시청률(Film Rating)	0934
시청자(Audience)	0149
시체스 국제 판타스틱영화제(Sitges International Fantastic Film)	2473
시치미 떼기(Dissimulation)	0698
시카, 비토리오 데(Vittorio De Sica)	2219

관련 내용 찾기	NO.
시퀀스(Sequence)	0526
	0807
	0836
	1224
	1637
	2410
	2440
시트(Sheets)	2450
시트론, 잭(Jack Citron)	0480
시트콤(Sitcom)	2472
시피유(CPU)	0376
식각(Etching)인쇄	0838
식초 신드롬(Vinegar Syndrome)	0918
신(Scene)	2410
신고전주의(Neoclassic)	1208
신고전주의 양식(Neoclassicism Style)	1904
신년축제(New Years Gala Show)	1002
신넬슨(Nelson Shin)	0086
	0097
	0339
	1403
	1416
	1417
	1507
신능파(Nelson Shin)	0097
	0339
	1403
	1416
	1417
	1507
신능파 동화제작소	1417
신동우(Shin Dong-Woo)	0339
	1403
	1416
신동헌(Shin Dong-Heon)	0097
	0339
	1403
	1416
	1417
신니사이저(Synthesizer)	2610

관련 내용 찾기	NO.
신 디자이너(Art Director)	0626
신디케이션(Syndication)	2405
	2607
신 밖(Off-Screen, Off-Stage)	1812
신 밖(Out of Scene, O. S.)	1844
신분(ID, Identification)	1203
신사실주의(New Realism)	1713
신상옥(Shin, Sang-Ouk)	1416
	1666
신선한 공기(Ozone, Ozone layer, Troposphere)	1862
신위(Shin Wi)	1904
신윤복(Shin Yoon-Bok)	1904
신 전환방식(Scene Flipping)	0952
신청(Application)	0114
신체 구조(Body Structure)	1654
신티크(Cintiq)	0425
신 플래너(Scene Planner)	1509
	2411
신화(Myth)	0900
	1695
신화, 가이아(Gaia, 대지의 신)	3020
신화, 고대 그리스의 신화(Myth)	3020
신화, 닉스(Nix, 밤의 신)	3020
신화, 에레보스(Erebos, 암흑의 신)	3020
신화, 에로스(Eros, 욕망의 신)	3020
신화, 카오스(Caos, 무(None)의 신)	3020
신화, 타르타 로스(Tarta Los, 지옥의 신)	3020
신화의 명시적 상징(Denotation)	3020
신화학(Mythology)	1696
실내(Interior)	1233
실내악곡(Chamber Music)	0364
	1807
실루엣(Silhouette)	0536
실루엣 애니메이션(Silhouette Animation)	2465
실리콘 밸리(Silicon Valley)	2467
실리콘 칩(Silicon Chip)	2466
실사(Live Action)	1535
실사동전극장(Live Action Nickelodeon Theaters)	0421

관련 내용 찾기	NO.
실시간(Real-Time)	2220
실제(Fact)	0901
실진법(Method of Exhaustion)	1217
실크스크린(Silkscreen)	2569
실크스크린 인쇄 (Silkscreen Print)	2462
실패(Spool)	2557
실패작(Turkey)	2784
실험영화(Experimental Film)	0849
심기증환자(Hypochondriac)	1405
심리 전환 장애 (Mentality Conversion Disorder)	1149
심리학(Psychology)	2049
심벌(Symbol)	1202
	2600
심사(Judge)	1313
심사위원(Juror, Jury)	1317
심사정(Shim Sa-Jeong)	1904
심의(Deliberation)	1937
심의 없이(Non Deliberation)	1937
심포니(Symphony)	1835
	2601
십자(Cross Hair)	1939
십자 망(Reticle Lines)	2269
싱글 프레임 모터 (Single-Frame Motor)	2470
싱글 프레임 카메라 (Single-Frame Camera)	2468
싱글렌즈 리프렉스 (SLR, Sigle Lens Reflex) 카메라	2471
싱커페이션(Syncopation)	2606
싱크(Sync.)	2602
싱크 펀치(Sync Punch)	2605
싱크로나이제이션 (Synchronization)	2602
싱크마크(Sync, Marks)	2603
쌍방향(Interactive)	1228
쓰레기 우편(Junk Mail)	1315
쓰리디(3D/Three Dimensional)	2742
씨비에스 방송(CBS(Columbia Broadcasting System))	0347

관련 내용 찾기	NO.
씨씨티브이 (CCTV(Closed Circuit Television))	0350
씨씨더블유(CCW)	0351
씨씨디(CCD)	0348
씨알아이(CRI)	0523
씨알티(CRT)	0528
씨에프(CF)	0360
씨유(CU)	0438
씨지아이(CGI)	0363
씨피유(CPU)	0512
○	
아고스티노(Agostino)	0335
아그파 컬러(Agfa Color)	0053
아날로그(Analog)	0071
아날로그 편집(Linear Editing)	1529
아날로그 필름(Analog Film)	0937
아놀드, 케네스(Kenneth Arnold)	2800
아니메(Anime)	0086
아다지오(Adagio)	0034
아달(徐景達)	0375
아담 본 풀다(Adam von Fulda)	2259
아드만 스튜디오 (Aardman Studios)	2801
아라고, 프랑소아(Francois Arago)	0601
아래깔림(Underlay)	2806
아르데슈 퐁타르크 동굴(Cave of Ardèche Chauvet-Pont d'Arc)	0373
	1504
아르킴볼도, 주세페 (Guiseppe Arcimboldo)	0335
	0336
아르헨티나 애니메이션 (Argentina Animation)	0121
아름다운 노래(Bel Canto)	0225
아리스토텔레스(Aristoteles)	1826
	1961
아리아(Aria)	0122
아프리카의 애니메이션 (1st Africa Animation by Nigerian)	0050
아마존 닷컴(Amazon.com)	2544
아마추어(Amateur)	0067
아말피 이탈리아(Amalfi, Italia)	0341
아맷, 토마스(Thomas J. Armat)	0420

관련 내용 찾기	NO.
아메리칸 광학 회사 (American Optical Company)	1913
아바타(Avatar)	0483
아방가르드(Avant Garde)	0163
	1951
아버클, 패티 (Roscoe Fatty Arbuckle)	1409
아브라모비치, 마리나 (Marina Abramovic)	1951
아비드 미디어 작성자 (Avid Media Composer)	0165
	1726
아세테이트(Acetate)	0021
아세테이트 셀룰로이드 (Acetate Celluloid)	0803
아세톤(Acetone)	0020
	1139
아얄라, 에드가(Edgar Leon Ayala)	0335
아웃 라인(Outline)	1843
아웃 오브 싱크(Out of Sync)	1845
아이 레벨(Eye Level)	0858
아이거, 로버트(Robert Igor)	0670
	2814
아이러니(Irony)	1240
아이리스(Iris)	1238
	1513
아이리스 아웃(Iris-Out)	1238
아이리스 인(Iris-In)	1238
아이리스(Iris) 조리개	0985
아이맥스(IMAX)	0918
	1207
	1920
아이비엠(IBM)	1954
아이싱, 루돌프(Rudolph Ising)	1840
아이씨(Integrated Circuit, IC)	1231
아이에이디(IAD)	1200
아이오메가(Iomega)	1302
아이오에스(IOS)	1239
아이웍스, 어브(Ub Iwerks)	0086
	0670
	0954
	1638

관련 내용 찾기	NO.
아이웍스, 어브(Ub Iwerks)	1840
	2568
	2814
아이젠하워 (Dwight d. Eisenhower)	1704
	2514
아이즈너, 마이클(Michael Eisner)	0480
	0670
아이징, 루돌프(Rudolf Carl Ising)	1543
아이콘(Icon)	1202
	1632
아이콘도안(Clip Art)	0437
아이튠즈(I-Tunes)	1237
아이팟(I-pod)	1237
아인슈타인, 알버트 (Albert Einstein)	0669
	1826
아인슈타인과 리크천문대 (Einstein & Lick Observatory)	1803
아주(Quite)	2108
아주 짧은 샷(Shot)	2105
아치(Arch)	0116
아카, 에마뉴엘 (Emmanuel Acha)	0804
아카데미(Academy)	0010
아카데미 게이트 (Academy Gate)	0014
	0309
	2566
아카데미 리더 (Academy Leader)	0015
	1510
아카데미 상 (Academy Award)	0010
	0432
	1543
아카데미 시상식 (Academy Awards)	0010
	0013
아카데미 아파추어 (Academy Aperture)	0012
아카펠라(Acapella)	0017
	0380
아크(Arc)	0116
아크로뱃 프로(Acrobat Pro)	0025
아크릴릭(Acrylic)	1903
아타마노프, 레프(Lev Atamanov)	2316

관련 내용 찾기	NO.
아탈라, 모하메드 (Mohamed M. Atalla)	2486
아트 갤러리(Art Gallery)	0127
아트 디렉터(Art Director)	2028
아트워크(Artwork)	0131
아티스틱 샷(Artistic Shot)	0129
아파추어(Aperture)	0014
	0078
	0111
	1006
	1512
	1513
	1821
	2566
	2753
아폴로 1(Space- Apollo 1)	2522
아폴로 11(Apollo 11)	2524
아폴로 2(Space- Apollo 2)	2524
아폴로와 소유즈 간의 과제 (Apollo-Soyuz Test Project)	2526
아프리카 나이제리 사람의 애니메이션 (Africa Animation by Nigerian)	0050
아프리카 애니메이 션(Africa Animation)	0050
아프리카 애니메이션 산업 (Africa Animation Industry)	0050
아프리카의 애니메이션 (1st Africa Animation by Nigerian)	0050
악기(Musical Instrument)	1686
악기의 배치 (Disposition of Instrument)	1686
악당(Villains)	1118
악독한 자(Devil)	0629
악마(Devil)	0629
악마(Villain)	2914
악보(Music Score)	2419
악보(Score)	2419
악역(Antagonist)	0105
악역(Villain)	2914
안개효과(Fog Effects)	0963
안내서(Brochure)	0277

관련 내용 찾기	NO.
안단테(Andante)	0075
안단티노(Andantino)	0075
안데르센, 한스 크리스찬 (Hans Christian Andersen)	1533
안도감(Relief)	2248
안드로메다 성운 (Andromeda Galaxy)	0077
안드로이드(Android)	0076
안료(Pigment)	1903
	1967
안무(Choreography)	0378
안석주(Ahn Seok-Ju)	0339
	1403
안시 페스티벌 (Annecy International Animated Film Festival)	1301
안의섭(Ahn Uiseop)	1403
안정화(Stabilization)	2562
안철수 연구소(Ahn Lab, Inc.)	2917
안토니오니(Antonioni)의 리듬	0854
안티클라이맥스(Anticlimax)	0109
알리바이(Alibi)	0063
알 에프(RF)	2282
알고리즘(Algorithm)	0061
알레그레토(Allegretto)	0064
알레그로(Allegro)	0064
알렉산더 대왕 (Alexander the Great)	0809
알렉세예프, 알렉산더 (Alexandre Alexeieff)	0060
	0133
	0325
	1629
	1718
	1970
알리바이(Alibi)	0063
알버스, 조세프(Josef Albers)	1101
알베르티, 레온(Leon Alberti)	1956
알지비(RGB- Red, Green, Blue)	0205
	0348
	0382
	0439

관련 내용 찾기	NO.
에드윈 H. 랜드 (Edwin Herbert Land)	1988
에드윈 캐트멀(Edwin Catmull)	1972
에디슨, 토마스 (Thomas Alva Edison)	0306
	0387
	0413
	0414
	0806
	0918
	0925
	0953
	1413
	1415
	1546
	1676
	1953
	2463
	2475
	2715
	3011
에디팅 콘솔(Editing Console)	0527
에러(Error)	0835
에멀전(Emulsion)	0021
	0410
	0453
	0803
	0821
	0850
	0918
	0925
	0929
	0936
	1626
	1724
	1916
	2221
	2475
	2548
	2553
에미상(Emmy Award)	0432
	0819
	1020

관련 내용 찾기	NO.
에스엘알(SLR)	2471
에스큐엘(SQL)	0604
	0605
에스파뇰(La Pete Espagnol)	0849
에어브러시(Airbrush)	0059
에우독서스(Eudoxus of Cnidus)	1217
에이디(A.D.)	0033
에이디알 (ADR., Automatic Dialogue Replacement)	0041
	0632
	0633
	2003
에이디알 녹음작업(ADR Session)	0041
에이버리, 텍스(Tex Avery)	0600
에이브이(A/V, Audio & Video)	2907
에이비씨 방송 (ABC, American Broadcasting Co.)	0002
에이브이아이 파일(AVI File)	0164
에이스너, 마이클(Michael Eisner)	2814
에이아이(AI)	0056
에이에스에이 인덱스(ASA Index)	0132
에이에프(AF, Auto Focus)	0159
에이취 디(HD, High Definition)	0616
	0653
에이취티티피에스(Https)	1141
에이크, 얀 판 (Jan van Eyck)	1995
에이투제트(A to Z)	0143
에이트랙과 비트랙 편집 (A and B Editing)	0001
에이 프린트(A Print)	0104
에지 번호(Edge Number)	0805
에칭(Etching)	0838
에코필름(ECO Film)	0804
에킨스, 토마스(Thomas Eakins)	1693
에티오피아 애니메이션 (Ethiopia Animation)	0050
에프 스톱(F-Stop)	0984
에프티피(FTP)	0985
에프피에스(FPS)	0976
에피소드(Episode)	0831
엑섹토 나이프(X-Acto Knife)	3104
엑스선(X-Ray)	1218

관련 내용 찾기	NO.
엑스선 관측선 (Chandra X-Ray Observatory)	1704
엑스 시트(X-Sheet)	0688
엑스테리어(Exterior)	0852
엑스트라(Extra)	0855
엑스트림(Extreme)	0856
엑스트림 클로즈업 (Extreme Close Up)	0438
	0530
엑스포저 시트(Exposure Sheet)	0688
엑스프레임(X)	3100
엑커트, 제이 프리스퍼 (J. Presper Eckert)	0479
엔사이클로피디아(Encyclopedia)	0823
엔에프비씨 (NFBC, National Film Board of Canada)	0060
	0325
	0326
	1626
	1718
	1970
	2754
엔지(NG, No Good)	1719
엔터 키(Enter Key)	0829
엔터테인먼트(Entertainment)	0830
엔터테인먼트 콘텐츠마켓 (Entertainment Contents Market)	1646
엔티에스씨(NTSC, National Television Standards Committee)	1730
엘리아스(Elias Charles Disney)	0670
엘리아의 제논(Zenon of Elea)	1217
엘리어싱(Aliasing)	1300
엘씨디(LCD)	1532
엘오디 라인(LOD Line)	1523
엠비씨(MBC)	1624
에스-도스(MS-DOS)	1679
	1954
엠엔이 트랙(M and E Track)	1613
	1691
엠페그 레벨3(MPEG Level 3)	1678
여성배우(Actress)	0032
여주인공(Heroine)	1119
역 동작(Reverse Action)	2274

관련 내용 찾기	NO.
영화 비평가(Film Critic)	0923
영화사 부지(Back Lot)	0204
영화- 성인등급 영화(X, Rated-X)	2211
영화연출(Film Creation)	0921
영화 연출용 비(Rain Cluster)	2204
영화예술(Film Art)	1545
영화예술과학아카데미(Academy of Motion Picture Arts and Sciences)	0010 / 1838
영화 이론(Film Theory)	0939
영화- 일반관객허용 (G, General Audience)	2211
영화의 경향(Screen Direction)	2427
영화의 전개(Screen Play)	2580
영화음향(Sound on Film)	2505
영화이론 (Movie Theory, Film Theory)	1675
영화제(Film Festival)	0926
영화제목(Main Title)	1609
영화제작(Movie Production)	2026
영화제작(Production)	2026
영화제작공정 (Movie Production Progress)	2026
영화제작기술(Cinematograph)	1829
영화제작기술과 역사의 흐름 (Cinematograph and Stream of History)	0388
영화제작기술의 시작(Creation of 1895 Cinematographe)	0416
영화- 청소년 불가(R, Restricted)	2211
영화촬영(Crank In)	0514
영화 촬영기(Cinematographe)	0422
영화촬영기 역사 (Movie Camera History)	1676
영화촬영법(Cinematography, Cinematographe)	0387
영화촬영 카메라(Camera)	0306
영화출연자 자막(Screen Credit)	2426
영화필름(Celluloid)	0021
영화필름(Film)	0918
영화필름의 발명 (Movie Film Invention)	0918

관련 내용 찾기	NO.
영화필름의 회전속도 (Running Speed of Movie Film)	2548
영화 흐름의 속도(Pace of Movie)	1900
영화의 속도(Speed)	2548
영화의 연출기법 (Directive Technique)	2596
영화의 초당속도 24fr[euro-25fr] (35mm Film Speed)	1535
예고편(Pre-View)	0920
예고편(Trailer)	2769
예비(Backup)	0208
예비행위(Preliminary)	2007
예산(Budget)	0282
예상 견적서(Estimation)	0837
예상(Anticipation)	0108
예상(Projection)	2040
예술(Art)	0124
예술가(Artist)	0130
예술 감독(Art Director)	2029
예술 영화(Art Film)	0126
예술영화(Pornographic Film)	1993
예술적인 촬영(Artistic Shot)	0129
예술품(Artwork)	0131
예심(Nomination)	1723
예심추천(Pre-Selection)	1723
예정(Program)	2039
옛날식(Old-Fashioned)	1814
오감(Sense)	2436
오닐, 유진(Eugene O'Neill)	1533
오디션(Audition)	0154
오디오(Audio)	0151
오디오 카세트(Audio Cassette)	0152
오디오와 비디오 (A/V, Audio & Video)	2907
오라토리오(Oratorio)	1834
오락(Entertainment)	0830
오로스, 이슈트반(Istvan Orosz)	1145
오류(Bug)	0283
오류(Error)	0835
오르 콩쿠르(Hors Concours)	1662
오르도비스 빙하기 (Ordovician Period)	0800

관련 내용 찾기	NO.
오리, 장(Jean Oury)	0979
오리온 3(Orion 3)	2403
오리온 우주선(Orion Spacecraft)	2403
오리올로, 조(Joe Oriolo)	0913
오리지널(Original)	1837
오목(Concave)판 인쇄	0838
오목렌즈와 볼록렌즈 (Concave & Convex Lens)	1512
오방 셀(Extra Large Sized Cel)	1540
오버랩(Over Lap)	0674
	0902
	1852
오버랩 대사(Overlap Dialogue)	1853
오버랩 디졸브 (Over Lap Dissolve)	0672
	0688
	0689
	0811
	0902
	1500
	1503
	1827
	1829
	1975
	2105
	2288
	2298
	2546
	2771
오버랩 시멘트(Overlap-Cement)	2553
오버랩핑(Overlapping)	1852
오버레이(Overlay)	1854
오버로드(Overload)	1855
오버하우젠 선언 (Oberhausen Proclamation)	1800
오버헤드(Overhead)	1850
오버헤드 샷(Overhead Shot)	1851
오베르하우젠 단편영화제 (Oberhausen International Shot Film Festival)	1800
오브라이언, 브라이언(Brian O'Brien)	2759
오브라이언, 윌리스(Willis O'Brien)	2814

관련 내용 찾기	NO.
오브라이언, 켈리(Kelly O'Brien)	1841
오브제 애니메이션 (Object Animation)	1801
오브젝트(Object)	1801
오사무, 데즈카(Tezuka Osamu)	1301
오선지(Bar sheet)	0215
오성윤(Oh Sung-yun)	1416
오셀로, 미셀(Michel Ocelot)	0050
	0226
	0536
	0133
	2465
오스왈드 래빗(Oswald the Rabbit)	1840
오스카 상(Oscar Award)	1838
오스탈로피테쿠스 (Australopithecine)	249
오스트레일리아 애니메이션 (Australia animation)	0155
오스틴, 필(Phil Austin)	2801
오실로스코프(Oscilloscope)	1608
	1830
	1839
	2500
	2708
	3003
오엘(OL)	1854
오염(Pollution)	1990
오울로이(Auloi, Pipe)	1729
오웰, 조지(George Orwell)	0722
	1101
	2801
오이엠(OEM)	1301
	1416
	1809
	1856
	1902
	2405
오일 페인트(Oil Painting)	1903
오일페인팅 (Oil Painting on Canvas)	1904
오자와, 세이지 (Seiji Ozawa)	0491

관련 내용 찾기	NO.
오존(Ozone, Ozone Layer, Troposphere)	1862
오존층(Ozone, Ozone Layer, Troposphere)	1862
오케스트라(Orchestra)	1835
	2601
오켈리, 제프리(Jeffrey O'Kelly)	1416
오클라호마(Oklahoma)	1913
오키페, 조지아(Georgia O'Keeffe)	3002
오타와국제애니메이션페스티벌 (OIAF, Ottawa International Animation Festival)	0325
	1841
오텐, 시모가와(Shimokawa Oden)	1301
오토 포커스(Auto Focus)	0159
오티에스 샷(OTS Shot)	1857
오퍼스(Opus)	1831
오퍼튜니티(Opportunity, MER-B)	1704
오페라(Opera)	0380
	0122
	1549
	1615
	1686
	1823
	1824
	1834
	1859
	2008
	2224
오페라 부파(Opera Buffa)	0464
오페라 부퐁(Opera Bouffon)	0464
오페라 전주곡(Overture)	1859
오페레이팅 시스템(Operating Sys.)	1825
오페레타(Operetta)	0464
	1824
오페이킹(Opaquing)	1820
오펜바하, 자크 (Jacques Offenbac)	1824
	1859
오프 밸런스 조명 (Off-Balance Lighting)	1810
오프 스크린(O.S., Off-Screen)	1812
오프 스테이지(O.S., Off Stage)	1812

관련 내용 찾기	NO.
오프닝(Opening)	1822
	1859
오프라 윈프리 쇼 (Oprah Winfrey Show)	2707
오프라인(Off-Line)	1811
오프라인 편집(Off-Line Deiting)	1811
오프-시즌(Off-Season)	1813
오픈 게이트(Open Gate)	1821
오흥선(Oh Heung-Seon)	1416
	1417
옥스베리(Oxberry)	0465
	1942
옥스베리, 존(John Oxberry)	0050
	1860
	1939
	1940
옥스베리 카메라 스탠드 (Oxberry Camera Stand)	1860
옥외간판(Billboard)	0235
옥타브(Octave)	1806
온라인(On-Line)	1817
온라인 편집(On-Line Editing)	1818
올레(OLE)	1815
올려보고 샷(Up Shot)	2456
올려 찍기(Up Shot)	1122
올만디, 유진(Eugene Ormandy)	0491
올브라이트, 아이반(Ivan Albright)	0325
옮기기(Transfer)	2770
옵션(Option)	1832
옵스큐어(Obscure)	1962
옵스큐라(Obscura)	0315
	1802
	1968
옵티컬 녹음(Optical Recording)	1657
옵티컬 디어터(Optical Theatre)	2577
옵티컬 명도조절(Optical Grading)	1018
옵티컬 사운드(Optical Sound)	0681
	1500
	1606
	1830
	1839

관련 내용 찾기	NO.
우주- 스페이스 엑스 (Space- Space X)	2543
우주- 스푸트니크 2호 (Space- Sputnik 2)	2510
	2512
우주- 스푸트니크 5호 (Space- Sputnik 5)	2516
	2517
우주- 아폴로 1(Space- Apollo 1)	2522
우주- 아폴로 11(Apollo 11)	2524
우주- 아폴로 2(Space- Apollo 2)	2524
우주- 아폴로와 소유즈 간의 과제 (Apollo-Soyuz Test Project)	2526
우주- 왕복선 챌린져 (Space- Challenger)	2530
우주- 왕복선 컬럼비아 (Space- Columbia)	2528
우주- 우리별 1호(Space- KITSAT-1)	2532
우주- 우주견 라이카(Laika the Dog)	2512
우주- 우주선 간의 실험과제 (Space- Apollo-Soyuz Test Project)	2526
우주 유영(Spacewalk)	2540
우주- 우주유영 (Space- Space Floating)	2529
우주유영- 맥켄들레스, 브루스 (Bruce McCandless)	2529
우주인(Astronaut)	0142
우주- 존스, 앤드류(Andrew Jones)	2538
우주- 카시니·하위헌스 우주탐험선 (Cassini–Huygens Space- Research Mission)	2535
우주- 컬럼비아 왕복선 (Space- Columbia Shuttle)	2534
우주- 컬럼비아(Columbia)호	2528
우주- 케플러 우주망원경 (Space- Kepler Mission)	2537
우주- 케플러, 요하네스 (Johannes Kepler)	2537
우주탐사(Space Exploration)	2508
우주- 탐사선 니어(Space- NEAR)	2533
우주- 텐궁 1호(Space- Tiangong 1)	2538
우주- 통신위성 (Communications Satellites)	2521

관련 내용 찾기	NO.
우주- 프랑스 기아나 우주센터 (France Guiana Space Center)	2521
우주프로젝트 개발과 역사(Space Project Developments History)	2508
우주의 만류 인력의 원리 (Law of Universal Gravitation)	1023
우주왕복선 (Space Shuttle, STS-1)	1704
우즈베리, 라즐로(László Ujváry)	1145
우화(Fable)	0900
운동(Motion)	1667
운동(Movement)	1673
운동(Locomotion)	1667
운석의 연대 (Evidence of Meteorites)	0800
운영체제(Operating System)	1825
	3012
운율(Pentameter)	1985
운전(Drive)	0706
울, 스테판(Stefan Wul)	0979
움직이는 사진(Motion Picture)	1546
움직인 흔적(Smear)	2488
움직임(Motion)	1667
움직임(Movement)	1673
움직임 포착(Motion Capture)	1668
움직임의 속도 (Speed of Movement)	2548
움켜쥐다(Grab)	1016
워 필름(War Film)	3000
워너브라더스(Warner Bros.)	0002
	0083
	0121
	0155
	0244
	0256
	0270
	0284
	0430
	0432
	1543
	168/

관련 내용 찾기	NO.
워너브라더스(Warner Bros.)	1969
	2814
	3001
워너영화사 4형제 (4 Warner Brothers)	3001
워너 최초의 토키영화 (Very 1st Talkie of WB)	3001
워드 프로세서(Word Processor)	3017
워즈워스, 윌리엄 (William Wordsworth)	1533
워커, 카돈(Esmond Cardon Walke)	0670
워크프린트(Work Print)	2452
	3018
워터칼라(Watercolor)	1903
원 필름(Raw Film)	1724
원격조정(Remote)	2250
원근(PERS)	1956
원근감(Vanishing Point)	1956
원근과 각도(Perspective & Angle)	1508
원근법(Perspective)	0968
	1904
	1956
원근의 배치와 렌즈의 선택 (Placing & Lens)	0624
원기(Energy)	0827
원료(Material)	1623
원본(Origin)	1837
원본복사(Film Duplication)	0929
원본편집(Negative Cutting)	1709
원본필름(Negative Film)	0929
원본필름(Original Film)	1620
원본 필름(Negative)	1707
원색 야수파 포비즘(Fauvism)	1208
원소(Elements)	0817
원자재(Raw Materials)	1623
원자재(Raw Stock)	2213
원작(Orginal)	1837
원재료(Raw Materials)	1623
원주(Column)	0459
원천(Resource)	2266
원화(Animation Drawings)	1508

관련 내용 찾기	NO.
원화가(Animator)	0101
원화맨(Animator)	0101
월러, 프레드(Fred Waller)	0424
	0426
월별 세계 애니메이션 페스티벌 (Animation Festivals of the World)	0091
월트가 없는 디즈니스튜디오 (Disney Studios Without Walt)	0670
웨스트(West)	3006
웨이브 폼 모니터 (Waveform Monitor)	3003
웨이즈, 벨라(Béla Weisz)	1145
웨지우드, 토마스 (Thomas Wedgwood)	1962
웰스, 프랭크(Frank Wells)	0670
웹 검색(Web Browser)	3004
웹 관리자(Web Master)	3004
웹 마스터(Web Master)	3004
웹 브라우저(Web Browser)	3004
웹사이트(Web Site, Website)	3004
웹서버(Web Server)	3004
웹진(Webzine)	3004
웹진, 전자잡지(Webzine)	3004
웹 칼라(Web Colors)	0450
웹캠(Cam Camera)	0305
위 신호(Aliasing)	0062
위드, 찰스 린더 (Charles L. Weed)	0408
	1667
위성- TV중계(Satellite Relay)	2403
위성- 군사목적(Military Purpose)	2403
위성- 기상관측(Meteorological)	2403
위성- 오리온 3(Orion 3)	2403
위성- 외계탐색(Outer Space)	2403
위성- 위치추적 (GPS, Global Positioning Sys.)	2403
위성- 통신(Communication)	2403
위성- 해양생태(Ocean Ecology)	2403
위성잔해(Debris of Satellite)	2403
위임받은 필름 (Commissioned Film)	0467
위장(Camouflage)	0324

관련 내용 찾기	NO.
위즈, 앤드류(Andrew Wyeth)	3002
위치(Position)	1998
위치등록(Registering Position)	1940
위치보기(Field chart, Field Guide)	0917
위치추적 (GPS, Global Positioning Sys.)	2403
윈도우(Window)	3012
윈케스트, 로버트(Robert Winquest)	0303
윌리엄스, 리처드 (Richard Williams)	2801
	2814
윌슨, 조셉(Joseph C. Wilson)	3101
유 에이취 디 (UHD, Ultra High Definition)	0616
유네스코(UNESCO)	0006
	0050
	0120
	0133
	0325
	0373
	0384
	1200
	1518
	1626
	1975
	2448
	2754
유네스코 국제영상위원회 (CICT of UNESCO)	0384
유네스코 국제영화TV영상위원회 (CICT of UNESCO)	0384
유네스코 도서관(UNESCO Library)	1518
유네스코 세계문화유산 (UNESCO World Heritage)	1504
유네스코 세계문화유산 (World Cultural Heritage)	1101
	1975
유네스코의 아프리카 애니메이션 교육지원(UNESCO Cultural Support for Africa Animation)	0050
유니버설 영화사(Universal Pictures)	0913
유니온 839 (US Animation Labor Union 839)	1809

관련 내용 찾기	NO.
유로 우주센터 (Euro Space Center)	2539
유료 CATV(Pay-Per-View, PPV)	1936
유료 TV(Pay TV)	1937
유리 건판(Dry Plate)	0410
유리 위에 그려 만드는 애니메이션 (Paint on the Glass Animation)	1012
유-매틱(U-matic)	2803
유머(Humor)	1144
유명인의 단역출연(Cameo Role)	0323
유물주의(Naturalism)	1703
유브이(UV)	2802
유브이필터(UV Filter)	2802
유선방송(Cable Television)	0300
유성(Meteors)	0461
유성(Planet)	1977
유성영화(Talkie Movie)	2463
유성영화시대(Talkie Era)	0965
유압장치 인형 (Animatronic Puppets)	0102
유에스비(USB)	1223
	2815
유에스비 3.0(USB-3.0 Flash Drive)	2815
유원지(Amusement Park)	0070
유지비(Overhead)	1850
유토피아(Utopia)	2316
유행(Fashion)	0506
	0910
	2588
유형(Genre)	1009
유혜의(Liu Hui-Yi)	0375
유화화법(Oil Painting)	0702
윤리(Morality)	1663
윤리적(Ethical)	1663
율동(Rhythm)	2285
융식작용(Resorption)	0346
은판사진법(Daguerreotype)	0601
은하(Galaxy)	1003
은하수(Milky Way)	1003
은하철도 999 (Andromeda Train 999)	0077
	0086
음계(Scale)	2407

관련 내용 찾기	NO.
인류 호모 네안데르탈렌시스 (Homo Neanderthal)	2006
인류 호모 사피엔스(Homo Sapiens)	2006
인류 호모 에렉투스(Homo Erectus)	2006
인류 호모 하빌리스 (Homo Habilliseu)	2006
인류 호미니드(Hominid)	2006
인상주의(Impressionism)	1208
	1904
인상주의 미술 (Impressionism Paint)	1208
인상주의 음악 (Impressionism Music)	1208
인상주의 필름 (Impressionism Movie)	1208
인상파, 인상주의 (Impressionism Style)	1904
인쇄물(Printed Matter)	1103
인쇄물(Printout on Paper)	2050
인식(Perception)	1947
인조(Artificial)	0128
인조인간(Android)	0076
인종영화(Race Films)	2200
인체해부학(Anatomy)	2006
인치체계(Inch System)	1211
	2100
인터넷(Internet)	1235
인터넷 무비(Internet Movie)	1235
인터넷 익스플로러 (Internet Explorer)	1235
인터넷 주소(Domain)	0685
인터넷 프로토콜(Internet Protocol)	1235
인터넷워크 운영체계 (Internetwork Operation System)	1239
인터컷(Intercut)	1229
인터페이스(Interface Computing)	1230
인텔(Intel)	0479
	1227
인형애니메이션 (Puppet Animation)	1101
인형 조정자(Darang)	2448

관련 내용 찾기	NO.
인형 촬영(Stop-Motion Puppet)	2056
일거리가 떨어졌다(Shorthanded)	2454
일광(Daylight)	0606
일대기(Bio, Biography)	0236
일러스트(Illust)	1204
일러스트레이션(Illustration)	1204
일렉트로닉(Electronics)	0816
일렉트론(Electron)	0815
일렉트릭, 제너럴(General Electric)	1705
일류급(Classic)	0429
일리, 빌(William S. Paley)	0347
일반 경비(Production Overhead)	2032
일반 시청자(TV-G)	2788
일반 영화의 준말 (Parental Guidance)	1957
일본 애니메이션의 역사 (Japan Animation History)	1301
일본의 초기 카툰 (Caricatures in Asia)	0336
일본의 초기 풍자만화 (Caricatures in Japan)	0336
일산화탄소, 카본모녹사이드 (Carbon Monoxide)	0332
일일 제작보고서 (Daily Production Report)	2034
일정(Agenda)	0052
일지(Daily Record)	1539
임가공(OEM, Original Equipment Manufacturing)	1417
임대필름(Rental Film)	2253
임동은(Im Dong-Run)	0339
임정규(Lim Jung-kyu)	1416
임창(Lim Chang)	1403
임청산(Im Cheong-San)	1416
입력(Input)	1222
입력장치(Input Device)	1223
	2589
입모양 보기표(Mouth Chart)	1672
입자(Particle)	0815
입자 시스템 (Particle System, Particle Group)	1928

관련 내용 찾기	NO.
입자그룹 (Particle System, Particle Group)	1928
입장(Point of View)	1987
입장권(Admission ticket)	0039
입체 애니메이션 (Stereoscopic Animation)	2571
입체 영화(3D movie/ Three Dimensional Movie)	2744
입체 음향(Stereophonic Sound)	2570
입체(3D/Three Dimensional)	2742
입체(Dimension)	0657
입체감(Depth)	0624
입체만화책(3D-Comic Book)	2571
입체주의(Cubism)	1951
입체파 큐비즘(Cubism)	1208
잇슈반, 시만디(Simándi István)	1145
잉커(Inker)	1941
	0430
잉크로 그리기(Inking, Inker)	1221
잉킹(Inking)	1523

ㅈ	
자 단위(Footage)	0968
자가 제작영화(Home Movie)	1136
자격(Qualification)	2101
자그레브 애니메이션 영화학교 (Zagreb School of Animated Film)	3200
자그레브 애니메이션 필름 유파 (Zagreb School of Animated Film)	3201
자그레브 애니메이션의 역사 (Zagreb Animation History)	3201
자그레브 애니페스트 (Zagreb Animafest)	3200
자기(Magnetic)성분	0666
자기방식(Magnetic Track)	2505
자기장 소거기(Degausser)	0619
자기트랙필름(Magnetic Track Film)	0619
자니노비치, 안테(Ante Zaninovic)	3201
자동 대사 끼어 넣기(Automatic Dialogue Replacement)	0041
자동 화이트 밸런스 (Auto White Balance)	0447

관련 내용 찾기	NO.
초기구상(Concept Sketch)	0488
초기단계(Preliminary)	0487
초기수신지역 (Primary Service Coverage)	0510
초단파 TV(VHF 채널 2-13)	0300
초단파(Very High Frequency)	2905
초당 프레임(Frames Per Second)	0976
초미니 칩(Microchip)	1640
초벌 프린트(Answer Print)	0104
초벌(Preliminary)필름	1511
초벌편집(Rough Cut)	2301
초상화(Portrait)	1995
초서, 제프리(Geoffrey Chaucer)	1003
	1533
초소형컴퓨터(Microcomputer)	1641
초시계(Stop Watch)	2578
초음속(Mach)	2500
초읽기(Countdown)	0509
초점(Focus)	0961
초점 거리(Focal Length)	0960
초점 이동(Focus Pulling)	0962
초점 흐리기(Diffusion Filter)	0636
총 감독(Line Producer)	0921
	1528
	2023
	2026
총 제작자(Executive Producer)	0844
총이익(Gross Profit)	2038
총체(Gross)	1027
촬영(Exposure)	0850
촬영(Shoot)	2451
촬영 대본(Shooting Script)	2429
	2453
촬영 스케줄(Shooting Schedule)	2453
촬영 슬레이트 보드(Slate Board)	2704
촬영 장소물색(Location Hunting)	2026
촬영 중(On Camera)	1816
촬영가이드 표시선(Reticulation)	2269
촬영개시(Crank In)	0514
촬영기법(Camera Technique)	3009
촬영기법(Shooting Techniques)	2484

관련 내용 찾기	NO.
촬영대(Baseboard)	0219
촬영대(Camera Stand)	0319
촬영대본(Continuity)	0495
촬영대 유리덮개 (Platen Glass for Camera)	1978
촬영로그(Shooting Log)	2452
촬영속도(Camera Speed)	0318
촬영스탠드(Camera Stand)	0319
촬영시트(Dope Sheet)	0688
촬영용 노출표(Exposure Sheet)	3103
촬영용 슬레이트(Clapboard)	0427
촬영용 슬레이트(Clapstick)	0427
촬영지(Exposure Sheet, X-Sheet)	0662
촬영표(Exposure Sheet)	0850
촬영표(Sheets)	2450
촬영표(X-sheet)	3103
최고조(Climax)	0825
최고화질(High Definition)	2911
최고화질 텔레비전(SUHD)	2720
최단 포커싱 거리 (Minimum Focusing Distance)	1645
최영수(Choi Yeong-Su)	0339
	1403
최원근(Extreme Close Up, Extreme Long Shot)	0857
최은희(Choi Eun-Hee)	1666
최종 녹음 기타비용 (Below the Time)	0228
최종검사하기, 파이널 체킹 (Final Checking)	0374
최종음향조정(Final Mix)	0942
최종합성(Composite)	2598
최초 컬러필름의 출시(Color Film)	0918
최초 프린트(Answer Print)	0104
최초TV방송(Beginning of TV)	0347
최초의 35mm 영사기 비타스코프 (Creation of 1895 Vitascope)	0420
최초의 미국 우주인 (First American in Space)	1704
최초의 민간방송 (Private Broadcasting)	1624

관련 내용 찾기	NO.
최초의 애니메이션 (the Beginning of Animation)	0244
최초의 여성(Pandora)	1917
최초의 컴퓨터(EDSAC)	1954
최초의 코닥 롤필름 카메라 (1st Kodak Roll Film Cam)	0803
최초의 퍼스널 컴퓨터 (MS-DOS Computer)	1954
최초의 행성사진 (the First Pictures of Solar Sys.)	2531
추가 역(Extra)	0855
추가비용(Extra Cost)	1848
추상(Abstract)	0008
추상영화(Abstract Film)	0009
추수감사절(Thanksgiving Day)	2784
추후발표(TBA)	2713
축가(Anthem)	0106
축소(Down Size)	0694
축소(Reduction)	1644
축음기(Phonograph)	0806
축적 프로그램 컴퓨터 (Stored Program Computer)	1954
축제(Festival)	0914
춘화필름(Pornographic Film)	1993
출력(Output)	1846
출력(Print Out)	2019
출시 프린트(Release Print)	0476
출연 공로(Cast Credit)	0342
출연료(Guarantee)	1029
	1545
출연자(Cast, Casting)	0341
출연자 관리 (Credit Coordinator)	0520
출연자 명단(Cast Credit)	0342
출연자 명단(Cast List)	0341
출연자 명단(Credit)	0519
출연자 선정(Casting)	0342
출연자에게 지불되는 재방송료 (Residuals)	0935
	2263
출판(Publication)	2050
출품자(Exhibitor)	0846

관련 내용 찾기	NO.
키르허, 아타나시우스 (Athanasius Kircher)	0393
	1146
	1414
	1605
	1802
	1953
키르허의 2차 발표 (Kircher's Creation of 1671)	0393
키보드(Keyboard)	1223
키스톤 코미디(Keystone Comedy)	1409
키츠리, 이쉬반 카토 (Istvan Kato Kiszly)	1145
키포즈(Key Pose)	0673
킬로바이트(Kilo Byte)	1410
ㅌ	
타가 파일(Targa File)	2702
타격(Percussion)	1948
타로, 카스라(Katsura Tarō)	0339
타리아페로, 엘(Al Tariaferro)	0670
타시린, 프랭크(Frank Tashlin)	0600
타악기(Percussion)	1948
타이밍(Timing)	1933
	2755
타이틀(Title)	2756
타이틀 뮤직(Title Music)	2758
타이틀 바(Title Bar)	2757
타이틀 송(Title Song)	2758
타이틀 음악(Title Music)	2758
타이프 페이스(Type Face)	2794
타이픈(Typhoon)	0545
	2204
타임 랩스(Time Lapse)	0674
	0911
	2754
타임 시트(Time Sheet)	0688
타임 시트(Time Sheet, X-Sheet)	1688
	2450
	2755
	3103
타임 인코딩(Time Rncoding)	2752
타임코드(Timecode, Time Code)	2751

관련 내용 찾기	NO.
타임 코드 계산기 (Time-Code Calculator)	2751
타임워너(Time Warner)	0545
탄력(Bouncy)	0270
탄산가스(Carbon Dioxide)	0332
탄소(Carbon)	0332
탄소14법(Radio Carbon Dating, C14 Dating)	0373
탄소연대측정법(Radio Carbon Dating, C14 Dating)	0373
	1504
탄주기법(Pizzicato, Pluck Strings)	1976
탈보, 윌리엄 폭스 (William Fox Talbot)	0082
	0315
	0406
	0918
	1538
	1962
탈보타이프(Talbottype)	1962
탐구(Research)	2262
탐사선 니어(Space- NEAR)	2533
탐정영화(Detective Film)	1694
탐페레필름페스티벌 (Tampere Film Festival)	2709
태도(Attitude)	0148
태블릿(Tablet)	2701
태양(the Sun)	0800
	1977
태양계(Solar System)	0800
	0827
	1833
	1977
	2496
태양계들(Other Solar Systems Founded by Kepler 452b)	1977
태양계 외부의 행성들 (Extrasolar Planets)	2416
태양계행성들(Planets)	2496
태양과 지구의 거리 (Distance of Earth to the Sun)	0800
태양광(Solar)	2495
태양광 3원색(RGB)	2283

관련 내용 찾기	NO.
태풍- 사이클론(Cyclone)	2204
태풍- 타이픈(Typhoon)	0545
	2204
태풍- 토네이도(Tornado)	2204
태풍- 허리케인(Hurricane)	2204
탤런트(Talent)	2706
탯줄(Umbilical Cord)	2529
탱고(Tango)	2710
탱고, 멈추지 않는 춤 (Tango, Baile con Corte)	2710
터너, 말콤(Malcolm Turner)	1629
터너, 에드워드 (Edward Raymond Turner)	2715
터너, 요셉(J. M. W. Turner)	3002
터널, 폴(Paul Tournal)	2006
터웨이(Te Wei)	0375
터치스크린(Touch Screen)	1223
터키(Turkey)	2784
턴 어라운드(Turnaround)	2785
턴키 시스템(Turnkey System)	2786
텅스텐 조명(Tungsten Lamp)	2783
텅스텐 필름(Tungsten Film)	0607
테너(Tenor)	2725
테너가수(Tenor)	2725
테라바이트(Tera Byte)	2726
테레스(Teres)	1921
테레시코바, 발렌티나 (Valentina Tereshkova)	2520
테리, 폴(Paul Terry)	1643
테리, 프랭크(Frank Terry)	0303
테리툰스 스튜디오 (Terrytoons Studio)	1643
테마(Theme)	2737
테마 파크(Theme Park)	2739
테마송(Theme song)	2740
테마음악(Theme Music)	1686
테스트(Test)	2729
테오프라스토스(Theophrastos)	1010
테이블(Table)	2700
테이크 스플라이스(Take Splice)	2705
테이크(Take)	2704

관련 내용 찾기	NO.
포즈 투 포즈 애니메이션 (Pose-to-Pose Animation)	1996
포지티브 필름(Positive Film)	1999
포징(Posing)	1998
포착(Capture)	0331
포커스 바꾸기 (Plopping Focus)	1983
포커스 온 월드 시네마 (Focus on World Cinema)	1662
포크 댄스(Folk Dance)	0602
포터튼, 게리(Gerry Potterton)	0325
	1718
포토 스텐실(Stencil)	2462
	2569
포트폴리오(Portfolio)	2457
포화도(Saturation)	2404
폭넓은 화면(Wide Screen)	3011
폭력의 애니메이션학교 (Animation School of Violence)	0100
폭스(Fox)	0432
	1715
폭스트롯(Foxtrot)	0974
폰키엘리, 아밀카레 (Amilcare Ponchielli)	1638
폰트(Font)	2794
폴 드 필립스달(Philipsthal)	1959
폴, 로버트(Robert Paul)	0953
폴더(Folder)	0964
폴라 필터(Polarized Lens)	1988
폴레나키스, 스타마티스 (Stamatis Polenakis)	1025
폴로 네즈(Polonaise)	1991
폴로 업(Follow Up)	1117
폴로 팬(Follow Pan)	1910
폴리 녹음실(Foley studio)	0965
폴리 믹서(Foley Mixer)	2503
폴리 아티스트(Foley Artist)	2503
폴리 워커(Foley Worker)	2503
폴리, 잭(Jack Foley)	0965
	2447
	2503

관련 내용 찾기	NO.
폴리오, 마르쿠스 비트루비우스 (Marcus Vitruvius Pollio)	2921
폴리크로미(Polychromy)	1546
폴리효과(Foley Effects)	0965
표도르 히뜨루끄 교수 (Prof. Fyodor Khitruk)	2316
표류(Adrift)	0042
표면장력(Surface Tension)	1960
표시(Display)	0671
표적물(Landmark)	1501
표절(Plagiarize)	1995
표준 게이트(Standard Gate)	2566
표준 굵기, 게이지(Gauge)	1007
표현수단(Plot)	0915
표현양식 (Modes of Representation)	1521
표현주의(Expressionism)	0851
푸삭, 이반(Ivan Pušak)	3201
푸쉬 오프 와이프(Push Off Wipe)	2057
푸트지(Footage)	0968
풀 애니메이션(Full Animation)	0986
	1132
풀백샷(Pull-Back Shot)	2053
풀샷(Full Shot)	0987
풀업, 풀다운(Pull-Up, Pull-Down)	2054
풀치넬라 어워드 (Pulcinella Awards)	0341
품격(Tone)	2761
품격향상(Upgrade)	2810
품목별(Category)	0345
품질(Quality)	2102
품질개량(Upgrade)	2810
품행(Behavior)	1663
품행(Morality)	1663
풍자가, 만화가(Satirist)	0337
풍자만화(Caricature)	1001
풍자문학(Satire Literary)	0335
풍자적(Irony)	1240
퓌스토, 라슬로 후스티 (László Hegyi Füstös)	1145
프라도, 페레스(Peres Prado)	1612

관련 내용 찾기	NO.
프라이어, 브라이언트 (Bryant Fryer)	1718
프라임 타임(Prime Time)	2018
프락시노스코프(Praxinoscope)	0086
	0093
	0409
	0415
	0659
	0953
	0979
	1693
	1959
	2005
프락시노스코프의 탄생(Creation of 1877 Proxinoscope)	0409
프랑스 국립도서관(Bibliotheque Nationale De France)	1518
프랑스 기아나 우주센터 (France Guiana Space Center)	2521
프랑스 애니메이션의 역사 (France Animation History)	0979
프랑스의 국가(Anthem)	0106
프레드릭 3세 왕 (King Fredrick III)	0086
	0392
프레링, 프리즈(Friz Freleng)	2814
프레스토(Presto)	2015
프레슬리, 엘비스(Elvis Presley)	2290
프레임(Frame)	0465
	0975
	0976
	0977
	0978
	1005
	1415
	1680
프레임(Frame)	1844
	2300
	2402
	2407
	2423
	2450

관련 내용 찾기	NO.
프레임(Frame)	2468
	2469
	2504
	2548
	2566
	2919
	3100
프레임 밖(Out of Frame, O.F.)	1844
프레임 완충기(Frame Buffer)	0977
프레임 카운터(Frame Counter)	0978
프레임 퍼 세콘드(FRS)	0976
프레젠테이션(Presentation)	0846
프렌치 아카데미(French Academy)	1208
프렐류드(Prelude)	2008
프렐링, 프리즈(Friz Freleng)	0600
프로(PRO)	2022
프로그램(Program)	2039
프로덕션(PROD)	2026
프로덕션(Production)	2026
프로덕션 디자이너(Peoduction Designer)	2029
프로덕션 디자인(Production Design)	2028
프로덕션 매니저(Production Manager)	2031
프로덕션 슈퍼바이저(Production Supervisor)	2036
프로덕션 시스템(Production System)	0722
프로덕션 오버헤드(Production Overhead)	2032
프로덕션 카메라(Production Camera)	2027
프로덕션 패키지(Production Package)	2033
프로덕션 하우스(Production House)	2030
프로덕트(Product)	2025
프로듀서(Producer)	2023
프로모션(Promotion)	2042

관련 내용 찾기	NO.
프로세스 그린 색(Process Green Color)	2774
프로이드(Lucian Freud)	1995
프로젝션(Projection)	2040
	2041
프로젝터(Projector)	2043
프로코프에프, 세르게이(Sergei Prokofiev)	1686
	1687
프로페셔널(Professional)	2022
프로핏(Profit)	2038
프로히아스, 안토니오(Antonio Prohias)	1001
프록시노스코프(Praxinoscope)	1693
	1960
프리 댄스(Free Dance)	0602
프리 프로덕션(Pre-Production)	2010
프리랜서(Freelancer)	0980
	1212
프리렝, 프리즈(Friz Freleng)	113
	1969
프리리코딩(Pre-Recording)	2011
프리뷰(Pre-View)	0920
프리즈(Freeze)	1935
	2574
프리즘(Prism)	2020
프리즘 셔터(Prism Shutter)	1127
프리핸드 카메라(Free Hand Camera)	1108
프린터(Printer)	2019
프린트(Print)	2019
프린트 필름(Print Film)	2019
프릿츠 더 캣(Fritz the Cat)	0954
	2814
프톨레마이오스, 클라디오스(Claudius Ptolemaeus)	1826
플라스틱 허브(Plastic Hub)	0504
플라이드 라이트(Floodlight)	0956
플라이셔, 데이브(Dave Fleischer)	1032
	2814
플라이셔, 맥스(Max Fleischer)	0950
	1032

관련 내용 찾기	NO.
플라이셔, 맥스(Max Fleischer)	2300
	2316
	2814
플라토, 조셉(Joseph Plateau)	1538
	2005
플라톤(Plato)	1961
	1997
플래시 백(Flashback)	0947
플래시 팬(Flash Pan)	0948
	2599
플라토, 조셉(Joseph Antoine Ferdinand Plateau)	0086
	0093
	0403
	0953
	1538
	1669
	1960
	2005
플랫베드 에디팅(Flat Bed Editing)	0807
플랫폼(Platform)	1979
플레이 백(Playback)	1980
플레이데이트(Playdate)	1981
플레이셔, 데이브(Fleischer, David)	0950
플레이셔, 맥스(Max Fleicsher)	0950
플레잉 타임(Playing Time)	1982
플로어 플랜(Floor Plan)	0957
	1933
플로팅 페그 바(Floating Peg Bar)	0955
플로팅 페그(Floating Pegs)	1943
플로피 디스크(Floppy Disk)	0666
	0959
	1413
플롯(Plot)	0490
	0492
	0901
	1984
플롯요소(Plot Elements)	0700
플리핑(Flipping)	0952
플리핑, 동작 튀겨보기(Flipping)	0953
	0958

관련 내용 찾기	NO.
필름 키 코드 (Key Code Edge of Film)	0805
필름 페스티벌(Film Festival)	0926
필름 편집기(Hot Splice)	1139
필름 편집자(Film Cutter)	0537
필름 포개기(Superimpose)	2594
필름 폭(Gauge)	1007
필름에 직접 그리는 애니메이션 (Direct Draw on Film Animation)	0659
필름에 칠을 해서 만든 필름 (Paint on Film)	0313
필름연출(Film Creation)	0921
필름옵티컬작업 (Film Optical Workshop)	1500
필름원본편집 (Negative Film Cutting)	1500
필름을 긁어 만든 애니메이션 (Scratch Animation)	0313
필름을 긁어 만든 필름 (Scratch on Film)	0313
필름의 테일(Tail)	2703
필름을 테이프로 옮김(Telecine)	2716
필름의 감광속도 (Speed of Exposing on Film)	2548
필름의 꼬리(Tail)	2703
필름의 단위(Gauge of Film- 70mm, 35mm, 16mm, 8mm)	1007
필름의 몰락(Fall of the Film)	0918
필름의 발명(Movie Film Invention)	0918
필름의 속도(Speed)	2548
필름의 천공(Perforations)	1950
필름의 황금기 (Golden age of the Film)	0918
필름재원(Film Financing)	0927
필름타래(Film Magazine)	0930
필름 통(Film Magazine)	
필름편집(Splicer)	2553
필름프린트(Positive Film Print)	1500
필름현상(Film Developing)	1500
필름현상공정 (Processing of Film Developing)	1500

관련 내용 찾기	NO.
필름현상소(Film laboratory, Film Development)	0929
필리도, 폴 (Paul Phylidor)	1959
필터(Filter)	0940
필하모닉(Philharmonic)	1835
핑크 블루프린트(The Pink Blueprint)	1969
핑크 팬더(Pink Panther)	0083
	0097
	1134
	1969
	2405
	2814

ㅎ

관련 내용 찾기	NO.
하늘의 별자리(Constellation)	0493
하단 바(Bottom Bar)	0267
하단페그(Bottom Pegs)	0267
하드디스크(Hard Disk)	0353
하드 디스크 드라이브 (Hard Disk Drive)	1110
하드웨어(Hardware)	0479
	1111
	1655
	1825
하드직, 파딜(Fadilom Hadzicem)	3201
하라아키라, 다이쿠(Daikuhara Akira)	1301
하먼, 휴스(Hugh Harman)	1543
	1840
하모니(Harmony)	1112
하야오, 미야자키 (Miyazaki Hayao)	0086
	1301
하워드, 시드니(Sidney Howard)	2244
하이 앵글 샷(High Angle Shot)	1122
하이 콘셉트(High Concept)	1123
하이 콘트라스(High Contrast)	1124
하이든, 프란츠 요제프 (Franz Joseph Haydn)	0106
	1687
	1807
	1834
	2413
	2441
	2446

관련 내용 찾기	NO.
하이라이트(High Light)	1126
하이브리드(Hybrid)	1147
하이아트, 존(John Wesley Hyatt)	0918
하이콘 필름 (High Contrast Film)	1950
하이파이 음향 (High Fidelity Sound)	2746
하이퍼텍스트(Hypertext)	1141
하이퍼텍스트 통신규약 (Hyper Text Transfer Protocol)	1141
하이페츠, 야샤(Jascha Heifetz)	2015
하이포(Hypo)	0601
	1148
하이포아황산염(Hyposulfite)	1148
하위헌스 매직랜턴 (Huygens Magic Lantern)	0086
	0391
하청(OEM)	0497
하프 톤(Half tone)	1103
학문(Scholarship)	2414
학문논리(Literature Theory)	0463
학술(Journal)	1310
학술논문(Scientific Treatise)	2416
학회(Academy)	0011
학회(Institution)	1836
한 벌(Gang)	1005
한 이야기(Episode)	0831
한 콤마(X)	3100
한 콤마(One Frame)	3100
한 콤마 모터(Single-Frame Motor)	2470
한 콤마 카메라 (Single-Frame Camera)	2468
한 프레임 찍기 (Single-Frame Filming)	2469
한국 광고 애니메이션의 시작 (Beginning of Korea Commercial Film)	0097
한국 국립도서관 (National Library of Korea)	1518
한국과학기술원(KAIST)	2532
한국만화가협회(Korea Cartoonists Association)	1403
한국만화애니메이션학회(KOSCAS)	1418

관련 내용 찾기	NO.
한국방송공사 (Korea Broadcasting System)	1402
한국 애니메이션 (South Korea Animation)	1416
한국애니메이션 개척자들 (Animation Pioneers of Korea)	0097
한국애니메이션예술인협회(Korea Animation Artist Association)	1400
한국애니메이션의 역사 (Korea Animation History)	1416
한국애니메이션제작자협회 (Korea Animation Producers Association)	1401
한국영상물등급위원회 (KMRB Ratings.)	3102
한국의 만화(Cartoon begins around 1900's in Korea)	0339
한국전쟁(Korean War)	3000
한국화가(Korean Artist)	0130
한물간(Obsolete)	1804
한성철(Han Seong-cheol)	1403
한성학(Han Seong-hak)	0097
	1403
	1416
한국애니메이션예술인협회(KAAA)	1400
할당제도(Quota System)	2109
할라스 & 배첼러 카툰 필름 (Halas & Batchelor Cartoon Films)	1101
	2801
할라스, 야노스(Janos Halasz)	1101
	1145
할라스, 존(John Halas)	1101
	1145
	1241
	2801
할로겐(Halogen)	1106
할로윈 데이(Halloween Day)	1105
할로윈 무비(Halloween Movie)	1105
할로이드 사진회사 (Haloid Photographic Co.)	3101
할리우드 외신기자협회 (Hollywood Foreign Press Association)	1013

관련 내용 찾기	NO.
합동 전문가단체 (Joint Photograph Expert Group)	1312
합성(Composite)	0382
	0475
	0712
합성 기술(Blue Screen)	0255
합성된 음(Synthesized Sound)	0361
합성하기(Compositing)	0475
합의서(Agreement)	0055
합자회사(Join Venture)	1309
합작(Co-production)	0501
합창(Choir)	0377
합창(Chorus)	0380
합창곡(Vocal)	0380
핫 스팟(Hot Spot)	1140
핫 스플라이스(Hot Splice)	1139
핫산, 베니(Beni Hasan)	3016
핫젠, 알(Al-hazen (Al-Haytham))	1802
항바이러스 소프트웨어 (Antivirus Software)	0110
해결(Resolution)	2265
해리스, 라슬로(László Haris)	1145
해부학(Anatomy)	0074
해상도(Definition)	0616
	0694
	1300
	1973
	2265
해설(Narration)	1702
해설문(Treatment)	2776
해설자(Narrator)	1702
해양생태(Ocean Ecology)	2403
해왕성(Neptune)	0800
해외 애니메이션 제작사 (Overseas Animation Studio)	1856
해외 판(Foreign Version)	0971
해일로(Halo)	1104
해질 무렵(Dusk)	0717
해커(Hacker)	1100
해학(Humor)	1144
해학(Scherzo)	2413

관련 내용 찾기	NO.
핸 헬드 카메라(Handheld Camera)	1108
핸드 퍼펫(Hand Puppet)	1109
핸드, 데이비드(David Hand)	2801
햇볕에 쬐다(Solarize)	2495
행동(Act)	0026
행사(Event)	0841
행성(Planet)	0800
	1842
	1977
행위(Act)	0026
행위(Movement)	1673
행위(Performance)	1951
행위예술(Performance Art)	1951
행정(Administration)	0038
행정관리(Executive)	0844
행정 프로듀서 (Executive Producer)	2023
허가(Permission)	1952
허구(Fiction)	0915
허구영화(Fiction Film)	0916
허드, 얼(Earl Hurd)	0021
	0086
	0354
	0355
	0356
	1940
허들(Hurdle)	1805
허락하다(Permission)	1952
허리케인(Arabian Sea)	0545
허리케인(Hurricane)	2204
허망한 생각(Daydream)	0705
허브(Hub)	1142
허블, 에드윈 (Edwin Powell Hubble)	0077
	0141
	2719
허블 우주망원경 (Hubble Space Telescope)	1704
허셜, 윌리엄(William Herschel)	1003
허쉬펠드, 알 (Al Hirshfeld)	0336
허스트, 윌리엄 랜돌프 (William R. Hearst)	1625

관련 내용 찾기	NO.
35미리 필름(35mm Film)	1711
	1807
	1830
	1839
	1912
	1913
	1920
	1945
	1950
	1954
	1962
	2027
	2043
	2226
	2242
	2264
	2273
	2276
	2292
	2312
	2315
	2408
	2418
	2422
	2463
	2464
	2474
	2475
	2476
	2477
	2483
	2486
	2500
	2501
	2404
	2505
	2553
	2559
	2568
	2570
	2715

관련 내용 찾기	NO.
35미리 필름(35mm Film)	2720
	2745
	2746
	2751
	2759
	2814
	2919
	3011
360도 원형스크린 (360° Circle Screen)	1920
3D 디지타이저(3D Digitizer)	2743
3D 아이맥스(3D Imax)	2744
3D 컴퓨터 애니메이션 (3D Computer Animation)	0480
	1668
3원색(Primary Colors)	0439
	0446
	0447
	2017
	2221
4분의 1(Quart)	2100
4분의 1단위법(Quart Sys.)	2100
4인조(Quartet)	2103
4중주(Quartet)	2103
4중창(Quartet)	2103
4차원(4-Dimensional)	0973
4칸 만화(Comic Strip)	0335
5인조(Quintet)	2107
5전 니켈로디온 극(Nickelodeon)	2455
5중주단(Quintet)	2107
65미리필름(65mm Film)	2476
6중주(Sextet)	2446
6중창(Sextet)	2446
70mm 6본 마그네틱음향 (70mm TODD-AO Sound)	1606
70미리 토드에이오 (70mm TODD-AO)	0306
	0420
	1606
	2500
	2734
70미리 필름(70mm Film)	0073
	0097

관련 내용 찾기	NO.
70미리 필름(70mm Film)	0248
	0306
	0316
	0386
	0803
	0918
	0929
	0936
	0972
	0975
	1007
	1207
	1415
	1607
	1608
	1675
	1676
	1839
	1912
	1913
	1920
	1950
	2027
	2043
	2475
	2476
	2477
	2559
	2570
	2745
	2759
	2919
7중주(Septet)	2438
7중창(Septet)	2438
70미리 영화(70mm Movie)	1145
8개 음표(8 Notation)	1112
8개의 행성(8 Planets)	1977
8미리 필름(8mm Film)	0248
	0259
	0305
	0306

 93

관련 내용 찾기	NO.
<헉클과 젝클(Huckle & Jeckle)>	2405
<헐크(Hulk)>	2405
<헤라클레스(Hercules, 1997)>	0670
<헤이-호(Heigh-Ho)>	2491
<형사 마스크(Inspector Mask)>	3201
<호동왕자와 낙랑공주>	1416
<호두까기 인형(Schelkun Chik)>	1638
	2316
<호피와 차돌바위 (신동우, 1936-1994 원작)>	1416
<혼합된 머리들 (Composite Heads)>	0336
<홍길동>	0097
	0339
	1416
	1417

관련 내용 찾기	NO.
<홍길동장군>	1416
	1417
<화가의 손 (The Hand of the Artist)>	2801
<화려한 외출(A Grand Day Out)>	0432
	2801
<화성인 마빈 (Marvin the Martian)>	1543
<화이트 크리스마스 (White Christmas)>	2917
<환상의 나라 속의 고양이 펠릭스 (Felix the Cat in Land o' Fancy)>	0913
<활기 잃은 장갑의 세계 (The Exitinct World of Gloves)>	0546
<황금박쥐>	1416
<황금철인>(1968)	1417

관련 내용 찾기	NO.
<황제의 꿈(晃帝夢)>	0375
<회전하는 풍차>	1605
<후로티로봇(果宝特攻, Fruit Robo)>	0375
<훈련된 공룡 거티 (Gertie, the Trained Dinosaur)>	1625
<휘가로의 결혼 (Marriage of Figaro)>	1859
<흥부와 놀부>	0097
	1416
	1417
<히양과 회색늑대 (Miss hee & Gray Wolf)>	0375
<힘센 토르(Mighty Thor)>	2405
~같은(S/A, Same As~)	2401

Index 색인_장르별

ani Animation, 애니메이션

관련 내용 찾기	NO.
통찰력, 페네트레이션(Penetration)	1946
투과광, 빛 자국, 질주(Burn)	0288
투과광 애니메이션 (Back-lit EFX Animation)	0203
투스, 2프레임씩(tow's, 2's)	2764
튀는 동작, 덜컥거리는 동작(Jerky Action)	1305
튀는 동작, 매끄럽지 않은 동작(Abrupt)	0004
튀는 화면, 점프 컷(Jump Cut)	1314
트랜스레이터, 번역사(Translator)	2772
트럭 아웃(Truck Out)	2781
트레블 페그바(Travelling Peg Bar)	2775
트레이서/잉커(Tracer/Inker)	2766
트레이스 백(Trace Back)	2765
트릭 필름, 속임수 필름(Trick Film)	2777
트림, 다듬기(Trim)	2779
특수 효과(Special Effects)	2546
특수효과(FX)	0989
파노라마(Panorama)	1910
판도라, 최초의 여성(Pandora)	1917
판타스마고리(Fantasmagorie)	0443
	0907
판토슈(Fantoche)	0443
판토스코프(Pantoscope)	1910
팔로우 포커스 캠(Follow Focus Cam)	0967
팝 온 앤드 오프, 생겼다, 없어졌다 (Pop-On, Pop-Off)	1992
팝 인 팝 아웃, 들어왔다 나갔다 (Pop-In, Pop-Out)	1992
패닝 페그바(Panning Peg Bar)	1919
패스 오브 액션, 진행방향(Path of Action)	1933
패스, 통과 (Pass)	1930
패킹, 포장하기(Packing)	1902
팬(Pan)	1910
팬 애니메이션(Pan Animation)	1911
팬 차트(Pan Chart)	1914
팬터그라프(Pantograph)	1922
퍼펫 애니메이션 (Puppet Animation, Puppet)	2056
페그 바(Peg Bar)	1939
페그 바의 역사(Peg Bar History)	1940

관련 내용 찾기	NO.
페그 보드(Peg Board)	1941
페그 홀, 페그 천공(Peg Hole)	1942
페그, 못(Pegs)	1943
페그스 센터(Pegs Center)	1944
페나키스토스코프(Phenakistoscope)	1960
페이드(Fade)	0902
페인트 시스템, 컴퓨터 채색 (Painting System)	1906
펜슬 테스트, 초고 테스트 (Pencil Test, Line Test, P.T.)	1945
편광 필터(Polarizing Filter)	1989
평면, 밍밍한(Flat)	0949
포물선, 아크(Arc)	0116
포스터(Poster)	2002
포스트 싱킹, 화면과 음향 맞추기 (Post-Syncing)	2003
포스트 프로덕션, 후반 작업 (Post Production)	2001
포어그라운드, 전(앞)경(Foreground)	0970
포인트, 점, 수치(Point)	1986
포즈 투 포즈 애니메이션 (Pose-to-Pose Animation)	1996
포지티브 필름, 양화(Positive Film)	1999
포커스 바꾸기(Plopping Focus)	1983
폴더(Folder)	0964
표류, 흐름, 정처 없는(Drifting)	0042
표류하는, 떠도는(Adrift)	0042
풀 애니메이션(Full Animation)	0987
품질(Quality)	2102
프락시노스코프(Praxinoscope)	2005
프랑스 애니메이션의 역사 (France Animation History)	0979
프레임 밖, 화면 밖(Out of Frame, O. F.)	1844
프로덕션 디자이너(Production Designer)	2029
프로덕션 디자인(Production Design)	2028
프로덕션 매니저, 제작 관리자 (Production Manager)	2031
프로덕션 슈퍼바이저, 제작 감독관 (Production Supervisor)	2036
프로덕션 오버헤드, 일반 경비 (Production Overhead)	2032

관련 내용 찾기	NO.
프로덕션 카메라(Production Camera)	2027
프로덕션 패키지(Production Package)	2033
프로덕션 하우스, 제작 스튜디오 (Production House)	2030
프로덕션, 영화제작(Production)	2026
프로덕션, 제작(PROD)	2026
프리 리코딩, 선 녹음작업 (Pre-Recording)	2011
프리 프로덕션, 기획 제작공정 (Pre-Production)	2010
플래시 팬, 빠른 팬(Flash Pan)	0948
플래튼 그래스, 유리 덮개(Platen Glass)	1978
플레이셔, 맥스 (Fleischer Max, Max Fleisher)	0950
플로어 플랜, 설계도(Floor Plan)	0957
플로팅 페그 바(Floating Peg Bar)	0955
플리핑, 동작 튀겨보기(Flipping)	0953
플립 북(Flip Book)	0953
플립, 뒤집음(Flop)	0958
피사체 심도, 화면원근초점 (Depth of Field)	0625
픽사(Pixar)	1972
픽실레이션, 괴짜 필름, 모자이크 영화(Pixillation)	1975
픽쳐메이션(Picturemation)	1966
핀 스크린 애니메이션 (Pin-screen Animation)	1970
필드 마스크, 화면범위 씌우개 (Field Mask)	0917
필드 사이즈(Field Size)	0917
필드 키, 화면크기(Field Key)	0917
필름 위에 그리다(Drawn on Film)	0704
필름에 직접 그리는 애니메이션 (Direct Draw on Film Animation)	0659
하이라이트(High Light)	1126
한 콤마 모터, 싱글 프레임 모터, 스톱모션 모터(Single-Frame Motor)	2470
한 프레임 찍기(Single-Frame Filming)	2469
한국 광고 애니메이션의 시작 (Beginning of Korean Commercial Film)	0097

관련 내용 찾기	NO.
한국만화가협회 (Korea Cartoonists Association)	1403
한국만화애니메이션학회(KOSCAS)	1418
한국 애니메이션 (South Korea Animation)	1416
한국애니메이션 개척자들 (Animation Pioneers of Korea)	0097
한국애니메이션예술인협회(Korean Animation Artist Association)	1400
한국애니메이션의 역사 (Korea Animation History)	1416

관련 내용 찾기	NO.
한국애니메이션제작자협회(Korea Animation Producers Association)	1401
핫 스팟(Hot Spot)	1140
할라스, 존(Halas, John)	1101
해외 애니메이션 제작사 (Overseas Animation Studio)	1856
해일로, 달무리, 서광(Halo)	1104
헐레이션, 빛 반사(Halation)	1102
헝가리 애니메이션의 역사 (Hungary Animation History)	1145
홀드, 고정(Hold)	1132

관련 내용 찾기	NO.
홍조 효과(Blush Effect)	0257
화면 크기, 위치보기 (Field Chart, Field Guide)	0917
활동사진, 영화, 모션 픽처 (Motion Picture)	1669
회사 내에서(In-House)	1219
효과 애니메이션(Effects Animation)	0810
효과, 이펙트(Effects)	0811
훅업, 연결동작(Hook Up)	1137
휩 팬(Whip Pan)	3009

arc Architecture , 건축

관련 내용 찾기	NO.
건축가, 건축기사(Architect)	0120
건축술, 건축(Architecture)	0120
공중이미지, 조감도 (Aerial Image)	0048
기둥, 원주(Column)	0459
깊이(Depth)	0624
대각선(Diagonal)	0630
두오모 대성당 (Duomo Catholic Church)	0120
도리스(Doric)	0120
	0459
도형, 도표(Diagram)	0631

관련 내용 찾기	NO.
롯데월드타워(Lotte World Tower)	0120
문단, 칼럼(Column)	0459
바우하우스(Bauhaus)	1101
부르즈 할리파(Burj Khalifa)	0120
부피, 입체(Dimension)	0657
상하이타워(Shanghai Tower)	0120
아치(Arch)	0117
아크, 호형, 포물선(Arc)	0116
알 바이트 시계 타워 (Abraj Al-Bait Clock Tower)	0120

관련 내용 찾기	NO.
알 부르즈 타워(Al Burj Tower)	0120
이오니스식 기둥(Ionic)	0120
	0459
입체감(Depth)	0624
외부(Exterior)	0852
칼럼, 신문의 문단(Column)	0459
코린티안식 기둥(Corinthian)	0120
	0459
파르테논(Parthenon)	0120
피라미드(Pyramid)	0120

art Art , 예술

관련 내용 찾기	NO.
1900년대 한국의 만화 (Cartoon Begins 1900's in Korea)	0339
1순위 색, 근본의 색, 3원색(Primary Colors)	2017
가극, 오페라(Opera)	1823

관련 내용 찾기	NO.
강조된 원근(Forced Perspective)	0969
강조된 원근법(Perspective Distortion)	1956
개그(Gag)	1000
개그 쇼(Gag show)	1000
건축가, 건축기사(Architect)	0120

관련 내용 찾기	NO.
건축술, 건축(Architecture)	0120
견본, 작게 자른 천(Swatch)	2597
고전, 일류급(Classic)	0429
곡예, 곡마단, 서커스(Circus)	0428
공동작가(Co-writer)	0511

관련 내용 찾기	NO.
10억, 무수(Giga)	1011
2극 진공관, 다이오드(Diode)	0658
2원체, 2진법(Binary)	0239
DVD-RAM (DVD Random Access Memory)	0720
DVD-Recordable(DVD-R)	0720
DVD-ROM(DVD Read Only Memory)	0720
DVD-RW (DVD Rewritable)	0720
가상기억(Virtual Memory)	2915
가상현실(Virtual Reality)	2916
감마(Gamma)	1004
개인컴퓨터, 사적으로 사용하는 컴퓨터(Personal Computer)	1954
개체 연결 및 삽입 (Object Linking and Embedding)	1815
고체소자, 솔리드스테이트 (Solid State Drive)	2497
고해상도 수상기(HDTV)	1113
공용통로작동프로그램 (CGI, Common Gateway Interface)	0363
구조화된 질문언어 (Structured Query Language)	0605
그라데이션(Gradation)	1017
그래픽 워크스테이션 (Graphic Workstation)	1021
기계언어(Machine Language)	1601
기억장치(Memory)	1631
네더넷(The Nethernet)	0247
네트워크 TV(Network TV)	1714
다운 사이즈, 축소(Down Size)	0694
다운로드(Down Load)	0693
다트(DAT)	0603
단계주사선 방식(Phase Alternation Line)	1907
단말기 운영세제(Computer-Terminal Operating System)	1825
더블유 더블유 더블유(www)	3021

관련 내용 찾기	NO.
데스크탑 컴퓨터(Desktop Computer)	0627
데이터(Data)	0604
데이터 뱅크, 자료저장소(Data Bank)	0604
데이터베이스(Database)	0605
데이터 전송(Upload)	2811
등급 올리기(Upgrade)	2810
디버그(Debug)	0612
디브이디(DVD)	0720
디스켓(Diskette)	0666
디아이(DI)	0648
디지 베타(DigiBeta)	0637
디지타이저(Digitizer)	0655
디지털 다목적디스크 (Digital Versatile Disc)	0654
디지털 디스크 레코더 (Digital Disc Recorder, DDR)	0645
디지털 복원(Digital Restoration)	0651
디지털 비디오디스크(Digital Video Disc)	0654
디지털 사진(Digital Photograph)	0649
디지털 색상(Color by Digital)	0450
디지털 수정(Digital Retouching)	0652
디지털 시네마(Digital Cinema)	0643
디지털 오디오 테이프(Digital Audio Tape)	0603
디지털 이미지(Digital Image)	0647
디지털 잉크 & 페인트 (Digital Ink & Paint)	0650
디지털 중도작업(Digital Intermediate)	0648
디지털 캠코더(Digital Camcoder)	0640
디지털 캡처(Digital Capture)	0641
디지털 컴퓨터 애니메이션 (Digital Computer Animation)	0644
디지털 텔레비전 방송(Digital Television)	0653
디지털 효과 촬영기술 (Digital Effects Cinematography)	0646
디지털, 숫자식(Digital)	0639
디티비(DTV)	0653
디티에스(Dts)	0642
래스터 그래픽스(Raster Graphics)	2209

관련 내용 찾기	NO.
램(RAM)	2205
레이저 · 레이저 광(Laser)	1505
레이저 디스크(Laser Disc)	1506
리니어 편집, 아날로그 편집 (Linear Editing)	1529
리드아웃, 검색(Readout)	2218
리모트, 원격조정(Remote)	2250
마우스, 컴퓨터 마우스(Mouse)	1671
마이크로소프트(Microsoft)	1642
마이크로 운영체제 (Micro Operating System)	1825
맥(Mac)	1600
맥킨토시(Macintosh)	1600
메가바이트(Mega Byte)	1628
메뉴(Menu)	1632
메모리 카드(Memory Card)	1631
모델링(Modelling)	1653
모드, 기능장치(Mode)	1652
모션 캡처, 움직임 포착(Motion Capture)	1668
모핑(Morphing)	1664
무브 파일(MOV File)	1674
무작위 접속메모리 (Random Access Memory)	2205
물방울(Drop)	0708
바이트(Byte)	0295
바이트, 정보전달 단위(Byte)	0238
바코드(Barcode)	0208
	0216
밝기(Brightness)	0274
방송망(Network)	1714
배열, 어레이(Array)	0123
버그, 오류, 도청장치(Bug)	0283
벡터(Vector)	2903
벡터 그래픽(Vector Graphic)	2903
벡터 스코프(Vector Scope)	2903
변복조 장치, 모뎀(Modem)	1655
변화, 선환, 트랜지션(Transition)	2771

관련 내용 찾기	NO.
지피에스(GPS)	1015
지피유(GPU)	0512
집적회로, 실리콘 칩(Silicon Chip)	2466
집적회로, 아이씨(Integrated Circuit, IC)	1231
짚 파일(Zip File)	3204
첨부 파일(Attached File)	0147
첨부, 부착(Attachment)	0147
초소형컴퓨터, 마이크로컴퓨터 (Microcomputer)	1641
출력(Output)	1846
층층계 선, 재그드 라인(Jagged Line)	1300
칩셋(Chipset)	0376
카메라, 영화촬영 카메라(Camera)	0306
캐드(CAD)	0301
캠코더(Camcorder)	0305
캡처, 포착, 사진에 담다(Capture)	0331
컬러, 색깔(Color)	0446
컬러 수정(Color Correction)	0452
컬러 시뮬레이션, 배색 테스트 (Color Simulation)	0456
컬러 키(Color Key)	0454
컬러 테스트(Color Test)	0458
컴팩트 디스크(Compact Disk)	0352
컴포넌트(Component)	0473
컴포짓 프린트, 완성 본(Composite Print)	0476
컴포짓, 합성(Composite)	0475
컴퓨터 그래픽(Computer Graphic)	0361

관련 내용 찾기	NO.
컴퓨터 그래픽스(Computer Graphics)	0485
컴퓨터, 계산기, 숫자체계(computer)	0479
컴퓨터 본체(Mainframe)	1610
컴퓨터 색상(Computer Color 256)	0450
컴퓨터 시작하기(Booting)	0266
컴퓨터 애니메이션 (Computer Animation)	0351 0480
컴퓨터 언어(Computer Language)	0486
컴퓨터 효과(Computer Effects)	0482
컴퓨터로 생성한 상 (Computer Generated Imagery)	0363
컴퓨터로 생성한 애니메이션 (Computer Generated Animation)	0484
컴퓨터보조설계(Computer Aided Design)	0301
컴퓨터보조촬영(Computer Assists Filming)	0483
퀵타임 파일(QuickTime File)	2106
크로마키(Chroma Key)	0382
킬로바이트(Kilo Byte)	1410
타가 파일(Targa File)	2702
타이틀 바(Title Bar)	2757
타임 인코딩(Time Encoding)	2752
턴키 시스템, 완제품(Turnkey System)	2786
테라바이트(Tera Byte, TB)	2726
텍스추어 매핑(Texture Mapping)	2732
통로, 접속(Access)	0018
티프 파일(TIF File)	2748
파이브 지(5G)	0945
패널, 토론(Panel)	1918

관련 내용 찾기	NO.
팰, 팰 방식 TV(PAL)	1907
평면, 2차원(2D)	2792
품격향상, 품질개량, 등급올리기(Upgrade)	2810
프레임 완충기(Frame Buffer)	0977
플로피 디스크(Floppy Disk)	0666 0959
피시(PC)	1954
픽사(Pixar)	1972
하드 디스크 드라이브(Hard Disk Drive)	1110
하드웨어, 컴퓨터 장비(Hardware)	1111
하이퍼텍스트 통신규약 (Hyper Text Transfer Protocol)	1141
합성하기(Compositing)	0475
항바이러스 소프트웨어 (Antivirus Software)	0110
해결, 선명도, 해상도(Resolution)	2265
해상도(Definition)	0616
해커, 컴퓨터 불법침입자(Hacker)	1100
허브(Hub)	1142
홀로그래피(Holography)	1135
홀로그램(Hologram)	1135
화가들이 사용하는 색깔 (Color by Oil Painters)	0451
화소(Pixel)	1973
화소 모자이크(Pixelate)	1974
휴대용문서형식(PDF, Portable Document Forma)	1938
휴렛 팩커드(Hewlett Packard)	1120

edu Education, 교육

관련 내용 찾기	NO.
교육, 가르침, 훈련(Education)	0809
미국대학입학시험(ACT Test, American College Testing)	0032
미국영화예술과학협회(Academy of Motion Picture Arts and Science)	0016

관련 내용 찾기	NO.
심리학(Psychology)	2049
아프리카 애니메이션 (Africa Animation)	0050
에듀테인먼트(Edutainment)	0809

관련 내용 찾기	NO.
전문학교, 학회(Academy)	0011
캘리포니아 예술대학 (California Institute of the Arts)	0303
칼아츠(CalArts)	0303

equ Equipment, 장비

관련 내용 찾기	NO.
A트랙과 B트랙 편집 (A and B Editing)	0001
3D 디지타이저(3D Digitizer)	2742
360° 서클비젼(360° Circle Vision)	0426
8미리(8mm)	0813
강조된 원근(Forced Perspective)	0969
갱, 갱 싱크로나이저, 편집 연동장치 (Gang, Gang Synchronizer)	1005
고속 카메라(High-speed Camera)	1127
고전 애니메이션, 전통 애니메이션 (Classic Animation)	0430
고정 핀(Pilot Pin)	2242
고해상도 수상기(HDTV)	1113
고해상도 텔레비전 (High Definition Television)	1125
광량측정, 광량노출계 (Reflected Light Meter)	2233
광폭 조명(Floodlight)	0956
광학극장(Theater Optique)	2735
광학사운드(Optical Sound, Oscilloscope)	2746
그라데이션(Gradation)	1017
그레이딩(Grading)	1018
극장, 영화관, 디어터(Theater)	2735
끝 슬레이트(End Slate)	0826
기억장치(Memory)	1631
기중기(Crane)	0513
녹음기(Tape Recorder)	2711
니켈로디언 극장(Nickelodeon Theater)	0421
다이렉트 애니메이션(Direct Animation)	0659
다이렉트 티브이(DTV)	0711
단안 반사카메라, 싱글렌즈 리프렉스 (Single Lens Reflex)	2471
달리, 이동식 카메라 사다리(Dolly)	0682
대작영화(Big Budget Film)	0918
더마트로프(Thaumatrope)	2733
덮개(Platen)	1978
데스크 탑 컴퓨터(Desktop Computer)	0627

관련 내용 찾기	NO.
돌비, 잡음감쇄장치(Dolby Sound)	0681
동전극장(Nickelodeon Theater)	0421
드론, 무인항공기(Drone)	0707
듣는 사람들(Listeners)	2746
디가우져(Degausser)	0619
디지타이저(Digitizer)	0655
디지털다목적디스크 (Digital Versatile Disc)	0654
디지털비디오디스크(Digital Video Disc)	0654
디티브이(DTV)	0711
디티에스(DTS, Digital Theater Sys.)	0642
디비 카메라(DV Camera)	0719
디스켓(Diskette)	0666
디지 베타(DigiBeta)	0637
디지타이저(Digitizer)	0655
디지털 캠코더(Digital Camcoder)	0640
디지털 텔레비전(Digital Television)	0711
디티에스(Dts)	0642
디퓨전 필터, 초점 흐리기(Diffusion Filter)	0636
떠오르다, 공중에 떠오르다(Float)	0955
라이트 미터, 광량 측정기(Light Meter)	1522
라이트 박스(Light Box)	1520
라이트 펜(Light Pen)	1524
랙, 선반 장(Rack)	2201
레인 스탠드(Rain Stand)	2204
레지스트레이션 핀(Registration Pin)	2242
레코더, 녹음기(Recorder)	2226
렌즈(Lens)	1512
렌즈 구성(Lens Elements)	1514
렌즈 후드(Lens Hood)	1515
로스트럼 카메라(Rostrum Camera)	2298
로제, 피터 마크(Peter Mark Roset)	2733
로케이션, 로케(Location)	1537
리더(Leader)	1510
리버스 프린팅(Reverse Printing)	2276
리어 프로젝션, 이면영사(Rear Projection)	2221
리플렉터 램프, 반사전구 (Reflector Lamp)	2236

관련 내용 찾기	NO.
릴(Reel)	2230
마그네틱테이프(Magnetic Tape)	1608
마스터 필름(Master Film)	1620
망막(Retina)	2733
망원경(Telescope)	2719
망원렌즈(Telephoto Lens)	2723
멀티플랜 카메라 스탠드 (Multiplan Camera Stand)	1683
맥인토시, 맥(Macintosh, Mac)	1600
메모리 카드(Memory Card)	1631
메트로놈, 박절기(Metronome)	1637
모니터(Monitor)	1658
무비올라(Moviola)	0807
	1677
뮤토스코프(Mutoscope)	0419
미국전국방송자협회(NAB, National Association of Broadcasters)	1700
반 도어, 조명 조절판(Barn Door)	0218
반전 프린팅(Reverse Printing)	2276
방음 부스(Sound Proof Booth)	0265
버트 스플라이서(Butt Splicer)	0291
베이스보드, 촬영대(Baseboard)	0218
베타캠(BetaCam)	0230
벨연구소(Bell Laboratory)	2746
변복조 장치, 모뎀(Modem)	1655
보텀 바, 하단 바(Bottom Bar)	0267
보텀 페그, 하단페그(Bottom Pegs)	0267
복사, 복제, 카피(Copy)	0502
복층 촬영대(Multiplan Camera Stand)	1683
볼렉스(Bolex)	0259
북(Book)	0260
붐(Boom)	0261
붐 마이크(Boom Microphone)	0263
뷰파인더(viewfinder)	2912
브이씨알(VCR)	2902
브이티알(VTR, Video Tape Recorder)	2926
비디오(Video)	2907

관련 내용 찾기	NO.
비디오디스크(Videodisc)	2908
비디오카메라(Video Camera)	2907
비디오카세트(Video Cassette)	2907
비디오카세트 녹화기 (Video Cassette Recorder)	2902
비디오테이프(Videotape)	2911
비디오 편집 시스템(Video Editing System)	2909
비스타비전(VistaVision)	2919
비타스코프 35mm 영사기(1st. Creation of 35mm Vitascope 1895)	0420
빔 프로젝터(Beam Projector)	0223
사진의 발명 (Photograph Invention)	0918 1962
삼각대, 트라이포드(Tripod)	2780
서클 비전(360° Circle-Vision)	0426
숨겨진 카메라, 몰카(Hidden Camera)	1121
스캐너(Scanner)	2408
스캔(Scan)	2408
스타일러스(Stylus)	2589
스틴벡 편집기(Steenbeck Editing Bay)	0807
스프라켓, 톱니(Sprocket)	2559
스프라켓 홀, 스프라켓 구멍(Sprocket Hole)	2560
스프라켓 휠, 톱니바퀴(Sprocket Wheel)	2559
시계반대방향회전 (CCW, Counterclockwise)	0350
시네라마, 와이드스크린(Cinerama)	0424
시네마스코프(Cinemascope)	0386
신티크(Cintiq)	0425
씨시디, 전하결합소자 (CCD, Charge-coupled Device)	0348
씨씨더블류(CCW, Counterclockwise)	0350
씨알티(CRT, Cathode-ray Tube)	0528
씨피유(CPU, Central Process Unit)	0512
아비드 미디어 작성자 (AVID Media(Film) Composer)	0165
아세테이트, 셀(Acetate)	0021
아세톤, 필름 접착제(Acetone)	0020
아이 팟(I-pod)	1237
아카데미 게이트(Academy Gate)	0014

관련 내용 찾기	NO.
아카데미 리더(Academy Leader)	0015
아카데미 아파추어(Academy Aperture)	0012
애니메이션 데스크(Animation Desk)	0089
애니메이션 디스크(Animation Disk)	0090
애니메이션, 생명, 활기(Animation)	0086
애니메이션 스탠드(Animation Stand)	0099
애크미 카메라(ACME Camera)	0023
애플 컴퓨터(Apple Computer)	0113
앰피스리(MP3)	1678
어안 렌즈(Fisheye Lens)	0944
에멀션, 감광유제, 유화액(Emulsion)	0821
에스엘알, 단일 렌즈 반사경(SLR)	2471
에이취디티비(HDTV)	1125
엑섹토 나이프(X-Acto Knife)	3104
영화(Movie)	1675
영화필름(Film)	0918
영화필름의 발명(Movie Film Invention)	0918
영화촬영기사(Cinematographer)	0422
영화촬영기역사, 무비카메라 (Movie Camera History)	1676
영화촬영기의 발명 (Creation of Cinematography)	0422
영화촬영 카메라(Movie Camera)	0306
영화촬영법(Cinematography)	0387
오디오, 음향(Audio)	0151
오실로스코프, 광학녹음장치(Oscilloscope)	1839
옥스베리 카메라 스탠드 (Oxberry Camera Stand)	1860
옵티컬 프린트(Optical Print)	1829
옵티크 극장(Theater Optique)	2735
우주망원경(Space Telescope)	2719
웨이브 폼 모니터(Waveform Monitor)	3003
음극선관, 브라운관(Cathode-Ray Tube)	0528
음량계기(VU Meter, Volume Units Meter)	2927
음향평형장치, 음향조절기(Equalizer)	0832
이스트만 코닥 필름(Eastman KODAK Film)	0803
이젤(Easel)	0801
이퀄라이저(EQ, Equalizer)	0832
익스포져 미터, 노출계(Exposure Mete)	0850
잉커(Inker)	0430

관련 내용 찾기	NO.
자가 제작영화(Home Movie)	1136
자기장 소거기(Degausser)	0619
자이로 카메라(Gyro-Camera)	1034
장비, 기계, 설비(Equipment)	0833
재즈디스크(Jaz Disk)	1302
전자슬레이트(Electric Clapboard)	0814
전통 애니메이션(Classic Animation)	0430
정밀 나이프(X-Acto Knife)	3104
제로 시작(Zero Starts)	3203
제록스(Xerox)	3101
조그 셔틀(Jog Shuttle)	1308
조명, 라이팅(Lighting)	1521
조이스틱, 조종간(Joystick)	1311
조이트로프(Zoetrope)	0659 3206
중앙처리장치 (Central Processing Unit)	0512
지구위치 추적 장치 (Global Positioning System)	1015
지피에스(GPS)	1015
진동, 진폭(Oscillation)	1839
천문학(Astronomy)	0141
천체망원경(Astronomical Telescope)	2719
초미니 칩, 마이크로 칩(Microchip)	1640
초점 거리(Focal Length)	0960
초점 이동(Focus Pulling)	0962
촬영대, 촬영스탠드(Camera Stand)	0319
촬영용 슬레이트(Clapstick, Clapboard)	0427
카메라(Camera)	0306
카메라 무브먼트(Camera Movement)	0314
카메라 본체(Camera Body)	0310
카메라 아파추어(Camera Aperture)	0309
카메라 없이 만드는 애니메이션 (Camera less Animation)	0659
카메라 옵스큐라(Camera Obscura)	0315
카메라 차량(Camera Car)	0311
카피, 재생, 복사, 복제(Copy)	0502
캠 카메라(Cam Camera)	0305
캠코더(Camcorder)	0305

fes Festival, 축제, 영화제

관련 내용 찾기	NO.
멜버른 국제애니메이션 페스티벌 (Melbourne Int'l Animation Festival)	1629
멜버른 애니페스트(Melbourne AniFest)	1629
모스크바 국제 영화제 (Moscow International Film Festival)	1666
몬트리올 국제영화제 (Montreal World Film Festival)	1662
미국전국방송자협회(NAB, National Association of Broadcasters)	1700
밉콤 영상견본시장(MIP-COM Market)	1646
베니스국제영화제 (Venice International Film Festival)	2904
베를린국제영화제 (Berlin International Film Festival)	0229
부산국제영화제(Busan International Film Festival)	0289
부천국제만화축제(Bucheon International Comics Festival)	0280
부천국제애니메이션페스티벌(Bucheon International Animation Festival)	0281
부천국제판타스틱영화제(Bucheon Int'l Fantastic Film Festival)	0279
사육제, 카니발, 순회공연(Carnival)	0334
서울국제만화애니메이션페스티벌 (SICAF)	2459
선댄스 영화제(Sundance Film Festival)	2593
세계의 애니메이션 페스티벌 (Animation festivals of the world)	0091

관련 내용 찾기	NO.
슈투트가르트페스티벌(Stuttgart Int'l Festival of Animated Film)	2585
시그래프(SIGGRAPH)	2460
시그래프 아시아(SIGGRAPH ASIA)	2461
시체스국제판타스틱영화제(Sitges International Fantastic Film Festival)	2473
심사위원, 페스티벌 심사위원 (Juror, Jury)	1317
아카데미(Academy)	0010
아카데미 시상식(Academy Awards)	0013
앙굴렘국제만화페스티벌 (Angouleme Int'l Comics Festival)	0079
애니 어워드(Annie Awards)	0103
애니메이션필름 견본시장 (Animation Film Market)	0092
에미상(Emmy Award)	0819
오베르하우젠 단편영화제(Oberhausen International Short Film Festival)	1800
오스카 상(Oscar Award)	1838
오타와국제애니메이션페스티벌 (Ottawa Int'l Animation Festival)	1841
인디 애니페스트(Indie-AniFest Korea)	1214
자그레브 애니페스트 (Zagreb Animafest)	3200
전시(Exhibition)	0846
전주국제영화제 (Jeonju International Film Festival)	1304

관련 내용 찾기	NO.
중국국제만화애니메이션페스티벌 (CICAF)	0383
청룡영화상(Blue Dragon Awards)	0249
카툰무비(상담) (Cartoon Movie (Consultation))	0340
카툰즈온더베이 (Cartoons on the Bay festival)	0341
카툰포럼(Cartoon Forum)	0337
칸 영화제(Cannes Int'l Film Festival)	0328
코믹콘(Comic-Con International)	0462
크로크국제애니메이션페스티벌 (KROK Int'l Animated Film Festival)	1419
탐페레 필름페스티벌 (Tampere Film Festival)	2709
토론토국제영화제(Toronto International Film Festival)	2763
판토슈국제애니메이션페스티벌 (Fantoche Int'l Animation Film Festival)	0909
페스티벌(Festivals)	0914
필름 페스티벌, 영화제(Film Festival)	0926
필름견본시장, 필름 마켓(Film Market)	0932
홀란드애니메이션페스티벌 (Holland Animation Film Festival)	1133
히로시마 국제애니메이션페스티벌 (Hiroshima Int'l Animation Festival)	1128

gen General, 일반

관련 내용 찾기	NO.
~같은(S/A)	2401
14세 미만 시청불가(TV-14)	2787
19세 이하 관람불가(R19-Classification)	2243
2극 진공관, 다이오드(Diode)	0658
CCTV (Closed Circuit Television)	0350
G-등급(G-rated)	1022

관련 내용 찾기	NO.
INT(Interior, Internal, Interjection, Integral)	1226
NBC방송(NBC, National Broadcasting Company)	1705
PG-13등급(PG-13)	1958
가정봉비디오시스템(Video Home System)	2906

관련 내용 찾기	NO.
가치, 평가(Value)	2900
갈라(Gala)	1002
개그(Gag)	1000
개그 쇼(Gag Show)	1000
개그작가(Gag Writer)	1001
개성, 인격, 성격(Personality)	1955

관련 내용 찾기	NO.
무작위(Random)	2206
문자, 영화대사 대본(Text)	2730
문화방송(Munwha Broadcasting Corp.)	1624
물감(Paint)	1903
미국대학입학시험 (ACT Test, American College Testing)	0032
미터법(Metric System)	1211
미확인비행체(Unidentified Flying Object)	2800
민속, 서민, 사람들(Folks)	0966
믿거나 말거나(Believe it or Not)	0228
믿음(Believe)	0227
바(Bar)	0214
바람잡이장식, 미끼(Decoy)	0615
박스 오피스, 극장매표소(Box Office)	0271
발견하다(Discover)	0669
밝기(Brightness)	0274
밤, 야간 방송(Nighttime)	1720
밥, 끄덕임(Bob)	0258
방송(Broadcast)	0275
방송 (On the Air, Air)	0057
방송국 명칭, 신분 밝히기(ID)	1203
방송망(Network)	1714
배급, 제공, 존재, 현재(Presents)	2012
배달(Delivery)	0621
백과, 무엇이든지(A to Z)	0143
법인, 공사, 조합(Corporation)	0505
변형, 변형한 형태(Metamorphosis)	1634
보도 자료(Press Release)	2014
보조금, 정부 보조금(Subsidy)	2590
보호자 동반 관람 가 (TV-PG ,TV Parental Guidance)	2790
볼륨(Volume)	2925
부메랑, 다시 제자리로 돌아오다(Boomerang)	0262
부속물(Accessory)	0019
부스터(Booster)	0264
불분명한(Obscure)	1802
뷰잉(Viewing)	2913
브로드웨이(Broadway)	0276
브이 에이치 에스(VHS)	2906
브이 에이치 에프(VHF)	2905

관련 내용 찾기	NO.
비공개 협약(Non-Disclosure Agreement)	1725
비디오(Video)	2907
비례 표(Comparison Chart)	0470
비비씨 방송(BBC, British Broadcasting Company)	0222
비행접시(UFO)	2800
빙하기(Glacial Period)	0800
사실, 실제(Fact)	0901
사실주의 영화(Realist Cinema)	2219
사우스, 남쪽(South)	2506
사육제, 카니발, 순회공연(Carnival)	0334
사이클, 반복(Cycle)	0543
사인, 서명(Autograph)	0161
사전준비, 예비행위(Preliminary)	2007
산업, 공업(Industry)	1215
삼바, 삼바 춤(Samba)	2400
삼엽충(Trilobites)	0800
상하이 디즈니랜드파크 (Shanghai Disneyland Park)	0670
상, 상금, 명예(Award)	0166
상, 포상, 상금(Prize)	2021
상상, 공상(Imagination)	1205
색 견본, 칼라스와치(Color Swatch)	0449
색 온도(Color Temperature)	0457
색의 분류, 칼라차트, 색깔 표(Color Chart)	0449
생명, 혼(Anima)	0080
서스펜스, 불안심리(Suspense)	2596
서울방송(SBS, Seoul Broadcast System)	2406
선사시대, 선사학(Prehistory)	2006
설명회, 보고회(Presentation)	2013
성가, 축가(Anthem)	0106
성인, 어른(Adult)	0043
성인시청 가(TV-MA ,TV Mature Audience)	2789
세대, 제너레이션, 복사물(Generation)	1008
세지윅, 아담(Adam Sedgwick)	0800
세캄(SECAM)	2434
세퍼레이션, 분리(Separation)	2437
소, 투우 소(Bull)	1504
소책자(Pamphlet)	1909
속기, 약기(Shorthand)	2454

관련 내용 찾기	NO.
속편, 연속극, 연재물(Sequel)	2439
손질하다, 마무리하다(Retouching)	2270
수준급, 퀄리티 레벨(Quality Level)	2102
수채화, 수채물감(Water Color)	3002
순서, 절차, 단계(Procedure)	2024
숨을 내쉼(Exhale)	0845
숫자, 손가락(Digit)	0638
스몸비(Smombie)	2489
스케줄(Schedule)	2412
스크린 카투니스트 길드 (SCG ,Screen Cartoonists Guild)	2415
스킬, 손 재능(Skill)	2480
스테레오 사운드, 입체 음향 (Stereophonic Sound)	2570
스톱와치, 초시계(Stop Watch)	2578
스파이더 박스, 문어발(Spider Box)	2550
스팸메일, 스팸광고(Spam Mail)	2545
스포트라이트, 집중조명(Spotlight)	2558
스포팅, 집중광선(Spotting)	2558
스폰서(Sponsor)	2556
스핀, 회전촬영(Spin)	2551
시각, 통찰력(Vision)	2918
시대, 연대, 기간, 기원(Era)	0834
시력, 렌즈(Optic)	1826
시리즈, 연속물(Series)	2442
시장조사, 마케팅 리서치 (Marketing Research)	1616
시차(Jet leg)	1306
시트콤(Sitcom)	2472
실내, 내부(Interior)	1233
실리콘 밸리(Silicon Valley)	2467
심벌, 상징(Symbol)	2600
심사, 판사(Judge)	1313
심사위원, 페스티벌 심사위원 (Juror, Jury)	1317
쓰레기 우편(Junk Mail)	1315
쓰리디, 삼디, 입체 (3D/Three Dimensional)	2742
씨비에스 방송(CBS,Columbia Broadcasting System)	0347
씨지아이(CGI)	0363

관련 내용 찾기	NO.
조언자, 고문(Adviser)	0047
조용히, 고요(Quiet)	2108
조직, 조직체(Organization)	1836
종류, 품목별, 범주(category)	0345
종착역, 연결의 끝, 단말기(Terminal)	2727
주도권(Hegemony)	1115
주문자 상표부착생산제품(OEM, Original Equipment Manufacturing)	1809
중국 중앙TV방송 (CCTV, China Central Television)	0349
중지, 떠나다(Quit)	2108
중지, 잠시 멈춤(Pause)	1935
중지, 휴식시간(Intermission)	1234
즉시 재생(Instant Replay)	1225
증거, 물증(Evidence)	0842
지구, 어스(Earth)	0800
지리학(Geography)	1010
지명, 예심(Nomination)	1723
지역(Regional)	2240
지원, 적용, 신청(Application)	0114
지질학(Geology)	1010
지침, 가이드라인(Guideline)	1031
직원, 작업동료(Staff)	2564
직접비용(Direct Cost)	0661
착시, 환각(Optical Illusion)	1828
참조, 관련, 관계(Reference)	2232
채널(Channel)	0365
철학, 형이상학, 달관(Philosophy)	1961
청각과 시각, 시청각(Audio-Visual)	0153
청동기시대(Bronze Age)	0278
청색 불, 청색 신호등(Green-Light)	1026
체계, 조직(System)	2611
초과근무(Over Time)	1858
초단파(Very High Frequency)	2905
총체, 종합한 수입(Gross)	1027
출연료, 담보, 보증(Guarantee)	1029
출연자에게 지불되는 사용료, 리시듀얼(Film Residual)	0935
출연자에게 지불되는 재방송료, 레시듀얼(Residuals)	2263

관련 내용 찾기	NO.
춤, 춤추다(Dance)	0602
카메라 차량(Camera Car)	0311
카무플라주, 위장, 속임수(Camouflage)	0324
카본, 탄소(Carbon)	0332
카파, 제작자협회(KAPA)	1401
카피, 재생, 복사, 복제(Copy)	0502
캄브리아기(Cambrian Period)	0800
컨벤션, 회의(Convention)	0499
컬러, 색깔(Color)	0446
컴퓨터로 생성한 상 (Computer Generated Imagery)	0363
케이블 TV, 유선방송(Cable Television)	0300
케이블 티브이(CATV)	0300
케이비에스(KBS)	1402
켈트 민족(Celtic Nation)	1695
코디네이팅, 제작관리(Coordinating)	0500
콜라주(Collage)	0444
쿼터제, 몫, 할당제도(Quota System)	2109
쿼트, 4분의 1(Quart)	2100
타이프 페이스, 서체(Type Face)	2794
탐구, 연구, 조사(Research)	2262
태양계(Solar System)	0800
탤런트(Talent)	2706
터키, 실패작(Turkey)	2784
테마 파크(Theme Park)	2739
테마파크- 디즈니랜드(Disneyland)	0670
테마파크- 디즈니월드 (The Magic Kingdom)	0670
테스트(Test)	2729
테크니컬러(Technicolor)	2715
텍스추어, 질감(Texture)	2731
텔레비전(Television)	2720
텔레비전 프로그램, 티비 프로그램 (TV Program)	2791
토론회, 좌담회(panel of Experts)	1918
토크 쇼(Talk Show)	2707
통찰력, 페네트레이션(Penetration)	1946
투명(Transparent)	2773
투우(Bull Fight)	1504

관련 내용 찾기	NO.
트랜스레이터, 번역사(Translator)	2772
특약 대리점(Agency)	0051
티비에이, 추후발표(TBA)	2713
티저, 돌출광고, 짧은 광고(Teaser)	2714
파노라마(Panorama)	1910
파리 디즈니랜드(Disneyland Paris)	0670
파렌하이트, 화씨온도, °F (Fahrenheit)	0904
파충류(Reptiles)	2257
파편, 잔해, 부스러기(Debris)	0611
판도라, 최초의 여성(Pandora)	1917
판매촉진영화, 프로모션(Promotion)	2042
판촉용 영화(Promo)	2042
판토스코프(Pantoscope)	1910
패널, 토론(Panel)	1918
패키지, 포장한 물건(Package)	1901
패킹, 포장하기(Packing)	1902
팬(Pan)	1910
팬시상품(Fancy Goods)	0906
팬터마임, 무언극(Pantomime)	1921
페름 멸종기(Permian Extinction)	0800
페이 티브이, 유료 TV(Pay TV)	1937
페이퍼 백(Paperback)	1923
평가(Evaluation)	0840
평론, 비난, 비판주의, 혹평(Criticism)	0525
평판, 명성, 레퓨테이션(Reputation)	2258
포디(4D)	0973
포맷, 판형, 형식(Format)	0972
포스트모더니즘(Postmodernism)	2000
포인트, 점, 수치(Point)	1986
포장한 물건(Package)	1986
포즈, 자세(Pose)	1998
포징, 자세취하기(Posing)	1998
폴더(Folder)	0964
표류, 흐름, 정처 없는(Drifting)	0042
표류하는, 떠도는(Adrift)	0042
표적지, 역사적 건물(Landmark)	1501
품질(Quality)	2102
프라임 타임, 1급 시간대(Prime Time)	2018
프로(PRO)	2022
프리랜서, 자유직업자(Freelancer)	0980

관련 내용 찾기	NO.
플레이 백(Playback)	1980
필름 구매자(Buyer)	0292
필름재원(Film Financing)	0927
하이 콘셉트, 수준급 개념(High Concept)	1123
학문, 장학금(Scholarship)	2414
한국국립도서관 (National Library of Korea)	1518
한국 만화가협회 (Korea Cartoonists Association)	1403
한국 방송공사 (Korea Broadcasting System)	1402
한국애니메이션예술인협회(Korean Animation Artist Association)	1400

관련 내용 찾기	NO.
한국애니메이션제작자협회 (Korea Animation Producers Association)	1401
한예협(KAAA)	1400
할리우드 명성의 거리 (Hollywood Walk of Fame)	1134
합의서, 협정서(Agreement)	0055
합자회사(Join Venture)	1309
해결, 선명도, 해상도(Resolution)	2265
해설, 내레이션(Narration)	1702
해일로, 달무리, 서광(Halo)	1104
행성(Planet)	0800
허가, 승인(Permission)	1952
허락하다(Permit)	1952

관련 내용 찾기	NO.
현장경비, 직접비, 최종 녹음비용 (Below the Line)	0003
협상(Negotiation)	1712
호모 사피엔스(Homo Sapience)	0800
혼성제품, 하이브리드, 조립품(Hybrid)	1147
홍조 효과(Blush Effect)	0257
화면 비례(Ratio, Screen Ratio)	2212
화면과 음향 맞추기, 선행 작업, 선수금(Advance)	0044
확대(Enlargement)	0828
활동 지역, 저작권 소유지역(Territory)	2728
휴대용문서형식(PDF File, PDF, Portable Document Format)	1938
힘, 동력(Power)	0827

his History, 애니메이션 역사

관련 내용 찾기	NO.
20세기 애니메이션의 흐름 (Animation Stream in 20th Century)	0086
<선사시대의 사나이(Prehistoric Man)>	2801
<성냥개비들의 애원 (Matches An Appeal)>	2801
<드림 돌(Dream Doll)>	2801
<동물 농장(Animal Farm)>	2801
<안락한 창조물(Creator Comforts)>	2801
<장난감 동산의 꿈 (Dream of Toyland)>	2801
<화가의 손(The Hand of the Artist)>	2801
<화려한 외출(A Grand Day Out)>	2801
가디너, 밥(Bob Gardiner)	0432
개그(Gag, Humor)	0460
국가(National Anthem)	0106
고고학(Archeology, Archaeology)	0118
고몽 영화사(Gaumont Ent.)	0443
고양이 펠릭스(Felix the Cat)	0913
고전 애니메이션, 전통 애니메이션 (Classic Animation)	0430

관련 내용 찾기	NO.
국립필름보드캐나다 (National Film Board of Canada)	0326
그리스 신화(Greek Mythology)	1997
그리스 애니메이션 (Greece Animation)	1025
극장, 영화관, 디어터(Theater)	2734
근대의 캐리커처(Modern Caricatures)	0336
니엡스, 니세포르(Nicephore Niepce)	0601
다게레오 타이프, 은판사진법 (Daguerreotype)	0601
다게레오타이프 탄생(Creation of 1839 Daguerreotype Photography)	0405
다이어, 안손(Anson Dyer)	0600
대피 덕(Daffy Duck)	0600
대한민국 국가(Anthem- South Korea)	0106
대한민국의 장편애니메이션 (Korea Feature Animation)	1417
더마트로프 탄생 (Creation of 1825 Thaumatrope)	0401

관련 내용 찾기	NO.
도서관(Library)	1518
독일 국가(Anthem- German)	0106
동굴(Cave)	0346
동물연속동작 창작(Creation of 1872 Animal Locomotion)	0408
디즈니 월트(Walt Disney)	0670
디즈니 가족(the Disneys)	0670
디즈니 스튜디오의 시작 (Disney Studios Begin)	0670
디즈니를 위한 아이웍스 (Ub Iwerks appears for Disney)	0670
라스코 동굴(Lascaux Cave)	1504
랜턴 쇼의 등장(1784 Lantern Show)	0397
러시아 국가 (Anthem- Russia Federation)	0106
러시아 애니메이션의 역사 (Russia Animation History)	2316
레오폴드 스토코프스키 (Leopold Stokowski)	0670
로드, 피터(Peter Lord)	2801

관련 내용 찾기	NO.
각색, 개작(Adaptation)	0035
각색, 극화(Dramatization)	0701
갈등(Conflict)	0492
개그작가(Gag Writer)	1001
결말(Ending)	0825
결말, 종결, 끝맺음(Conclusion)	0490
경악, 큰 놀라움(Double-Take)	0692
고통, 몸부림(Agony)	0054
공동작가(Co-Writer)	0511
교정(Proofread)	2044
그리스신화(Greek Mythology)	1997
극적 구조, 기승전결 (Dramatic Structure)	0700
극적 풍자, 드라마틱 아이러니 (Dramatic Irony)	0698
네오리얼리즘, 신사실주의 (Neorealism, Newrealism)	1713
누벨바그(Nouvelle Vague)	1717
뉴웨이브, 새 물결(New Wave)	1717
대본 수정, 다시 쓰기(Rewrite)	2281
대사, 대화(Dialogue)	0632
드라마, 극화(Drama)	0697
딜레마(Dilemma)	0656
래그타임, 우스꽝스런 춤(Ragtime)	2203
르네상스(Renaissance)	2251
리비전, 수정본(Revision)	2278
리얼리즘, 사실주의(Realism)	2219
막, 퍼포먼스, 행위(Act)	0026
모험이야기(Adventure Story)	0046
문단, 칼럼(Column)	0459
문학, 문헌(Literature)	1533
민속, 서민, 사람들(Folks)	0966
믿거나 말거나(Believe it or Not)	0228
바이오(BIO)	0236

관련 내용 찾기	NO.
바이오그래피, 일대기, 전기문학 (Biography)	0236
백과사전, 엔사이클로피디아 (Encyclopedia)	0823
블랙 코미디(Black Comedy)	0242
비평가, 평론가(Critic)	0524
세규, 단절 없이 (Segue, Cross Dissolve)	0902
사실, 실제(Fact)	0901
사실주의 영화(Realist Cinema)	2219
사이코드라마(Psychodrama)	2048
사학자, 역사학자(Historian)	1129
설정 샷(Establishing Shot)	2231
소설, 꾸민 이야기, 허구(Fiction)	0900
소설영화, 허구영화 (Fiction Film)	0915 0916
소책자(Pamphlet)	1909
수정대사(Revised Dialogue)	2277
스크립트 작가(Script Author)	0156
시, 작시, 시가(Poem, Poetry)	1985
시나리오, 영화대본(Scenario)	2409
시대극(Contemporary Drama)	0496
신화(Myth)	0900
신화 학(Mythology)	1695 1695
심리학(Psychology)	2049
아이러니, 빈정대기, 풍자적(Irony)	1240
악당(Villains)	1118
악역, 적대자, 반동(Antagonist)	0105
알리바이, 구실, 변명(Alibi)	0063
알쏭달쏭(Mysterious)	0901
여주인공, 영웅(Heroine)	1119
영화 비평(Film Criticism)	0924
영화 비평가(Film Critic)	0923
영화 이론(Film Theory)	0939
오퍼스(Op., Opus)	1831
외부 리듬(External Rhythm)	0854

관련 내용 찾기	NO.
용두사미, 안티클라이맥스, 점강법 (Anticlimax)	0109
용암·용명(Fade Out & Fade In)	0902
우화, 이야기, 전설(Fable)	0900
이념, 이데올로기(Ideology)	1961
이솝우화, 이솝스토리 (Aesop Fables(Story))	0049
자서전(Autobiography)	0236
자서전, 자전문학(Autobiography)	0160
자연주의, 유물주의(Naturalism)	1703
작가, 저자, 문필가(Writer)	3020
작가주의 이론 (Author Theory of Directors)	0157
잔상, 시각의 지속성 (Persistence of Vision)	1953
재상영, 재출판(Reissue)	2244
재생, 소생(Revival)	2279
재설정 샷(Re-establishing Shot)	2231
재청, 앵콜(Encore)	0822
저자, 작가, 책을 쓴 사람(Author)	0156
적대자, 맞상대(Antagonist)	1118
전설(Legend)	0900
전제, 계획안, 진술(Premise)	2009
전주곡, 프렐류드, 서두, 전조 (Prelude)	2008
전집, 모음집(Anthology)	0107
절, 단락(Paragraph)	1924
절대적인(Absolute)	0005
좀비(Zombie)	3207
주, 중요한 요소(Key)	1408
주도권(Hegemony)	1115
주인공, 주역, 히어로(Hero)	1118
지난이야기, 뒷이야기(Back Story)	0207
창조, 창작(Creation)	0516
철학, 형이상학, 딜관(Philosophy)	1961
추상(Abstract)	0008
출판, 발표, 퍼블리케이션(Publication)	2050

관련 내용 찾기	NO.
클라이막스, 절정(Climax)	0435
탐구, 연구, 조사(Research)	2262
판도라, 최초의 여성(Pandora)	1917
패러디, 흉내, 모방(Parody)	1926
페이더(Fader, Consol)	0903

관련 내용 찾기	NO.
평론, 비난, 비판주의, 혹평 (Criticism)	0525
포세이돈(Poseidon)	1997
포스트모더니즘(Postmodernism)	2000
프랑켄슈타인(Frankenstein)	3207
플래시 백, 회상(Flashback)	0947

관련 내용 찾기	NO.
플롯, 구상(Plot)	0901
	1984
하이 콘셉트, 수준급 개념 (High Concept)	1123
해질 무렵, 황혼, 어둑어둑한(Dusk)	0717

mus Music, 음악, 소리, 악기

관련 내용 찾기	NO.
2인조(Duo)	0716
4인조, 4중창, 4중주 (Quartet, Quartette)	2103
5인조, 5중주단(Quintet)	2107
6중주, 섹스텟, 6중창(Sextet)	2446
7중주, 셉텟, 7중창(Septet)	2438
8중주(Octet)	1807
가극, 오페라(Opera)	1823
가락, 소리의 고저(Pitch)	1971
가사, 서정시(Lyrics)	1549
관현악단, 오케스트라(Orchestra)	1835
광시곡, 랩소디(Rhapsody)	2284
교향곡, 심포니, 조화(Symphony)	2601
노래, 아리아(Aria)	0122
담시, 가락(Ballad)	0212
당김 음, 싱커페이션(Syncopation)	2606
데시벨, 음향의 단위(Decibel)	0614
독주회, 리사이틀, 연주회(Recital)	2223
돌비, 잡음감쇄장치(Dolby Sound)	0681
디스코(Disco)	0667
디스크자키(Disc Jockey)	0679
디제이(DJ)	0679
래그타임, 우스꽝스러운 춤(Ragtime)	2203
레코드, 녹음, 저장, 기록(Record)	2225
레코딩 스튜디오, 녹음실(Recording Studio)	2228
로망스(Romance)	2296
로맨스, 연애(Romance)	2296

관련 내용 찾기	NO.
록앤롤(Rock n' Roll)	2290
룸바, 룸바 춤곡(Rumba)	2306
리듬, 억양(Cadence)	0302
맘보 춤(Mambo Dance)	1612
메트로놈, 박절기(Metronome)	1637
모데라토, 속도(Moderato)	1656
무반주 합창, 아카펠라(A-capella)	0017
무언, 무성, 약음, 벙어리(Mute)	1692
미사곡, 만가, 진혼곡(Requiem)	2259
바 시트, 오선지(Bar Sheet)	0215
바리톤, 바리톤가수(Baritone)	0217
발라드 오페라(영국- Ballad Opera)	0464
발레(Ballet)	0213
배음(Voice Over)	2923
변주곡 형식(Variation Form)	2901
보이스 오버(V.O.)	2923
보컬, 목소리(Vocal)	2922
보컬리스트(Vocalist)	2922
부기우기(Boogie Woogie)	0268
블루스, 재즈(Blues)	0251
비트, 박자(Beat)	0224
빠르게, 프레스토(Presto)	2015
사르수엘라 희가극(스페인- Zarzuela)	0464
삼바, 삼바 춤(Samba)	2400
샤콘, 샤콘느(Chaconne)	0366
서곡, 시작(Overture)	1859

관련 내용 찾기	NO.
서창, 레시터티브(Recitative)	2224
성담곡, 오라토리오(Oratorio)	1834
성악곡(Cantata)	0329
소나타(Sonata)	2498
소나타 형식(Sonata Form)	2499
소야곡, 세레나데(Serenade)	2441
소프라노(Soprano)	2507
스케르초, 조크, 해학(Scherzo)	2413
스타카토, 단주(Staccato)	2563
시퀀스, 단락(Sequence)	2440
실내악곡, 체임버 뮤직 (Chamber Music)	0364
아다지오(Adagio)	0034
아름다운 노래(Bel Canto)	0225
안단테, 안단테 곡(Andante)	0075
안단티노(Andantino)	0075
알레그레토(Allegretto)	0064
알레그로(Allegro)	0064
알토(Alto)	0066
앰피스리(MP3)	1678
야상곡(Nocturne)	1721
엠 엔 이(M and E)	1613
엠 엔 이 트랙(M and E Track)	1691
오퍼스(Opus)	1831
오페라 부퐁(프랑스- Opera Bouffon)	0464
오페레타(Operetta)	0464
옥타브(Octave)	1806
올만디, 유진(Eugene Ormandy)	0491

관련 내용 찾기	NO.
율동, 리듬, 반복되는 음율(Rhythm)	2285
음악(Music)	1686
음악가(Musician)	1687
음악 감독 (Music Director, Music Supervisor)	1689
음악 차트(Music Chart)	1688
음악 편집자, 음악 믹서 (Music Editor, Music Mixer)	1690
음악 효과 트랙 (Music and Effect Track)	1691
음악과 효과음 (Music and Sound Effects)	1613
음악의 개척자들(Pioneers of Music)	1686
음악의 역사(Music History)	1686
음표(Note)	1729
이펙트, 화면효과, 음향효과(EFX)	0811
인상주의 음악(Impressionism Music)	1208
인상주의(Impressionism)	1208
작곡가(Composer)	1687
작곡가, 구도자(Composer)	0474
재즈(Jazz)	1303
재청, 앵콜(Encore)	0822
저음, 저음가수, 베이스가수(Bass)	0220
전주곡, 프렐류드, 서두, 전조(Prelude)	2008

관련 내용 찾기	NO.
전집, 모음집(Anthology)	0107
절대음악(Absolute Music)	0007
조곡, 무용조곡(Suite)	2592
주, 중요한 요소(Key)	1408
주제음악, 테마송(Theme Song)	2740
지그 춤(Jig Dance)	1307
지휘자(Conductor)	0491
징슈필 희가극(독일- Singspiel)	0464
채점, 악보(Score)	2419
청각, 음향(Acoustics)	0024
카덴차, 리듬의 마침꼴(Cadenza)	0302
카펠라, 아카펠라(A Capella)	0380
컴포넌트(Component)	0473
코다(Coda)	0440
코로브시카 춤(Korobushka Dance)	1307
코믹 오페라(Operetta)	0464
콘솔, 음향 시스템(Console)	0494
타격, 타악기, 충격(Percussion)	1948
타이틀 뮤직, 타이틀 음악(Title Music)	2758
탱고, 무곡(Tango)	2710
테너, 테너가수(Tenor)	2725

관련 내용 찾기	NO.
테마음악(Theme Music)	1687
템포, 속도, 음악의 속도(Tempo)	2724
토스카니니, 아르투로 (Arturo Toscanini)	0491
토카타(Toccata)	2760
파이널 믹스, 최종음향조정(Final Mix)	0942
페이드(Fade)	0902
평면, 밍밍한(Flat)	0949
폭스트롯(Foxtrot)	0974
폴로네즈(Polonaise)	1991
피치카토(Pizzicato)	1976
피콜로, 작은 플루트(Piccolo)	1964
합창(Choir)	0377
합창, 코러스(Chorus)	0380
협주곡, 콘체르토(Concerto)	0489
화성학(Harmonics)	1112
회선곡, 론도(Rondo)	2297
효과, 이펙트(Effects)	0811
효과 트랙(Effect Track)	0812
희가극, 오페레타(Operetta)	1824
희극오페라, 희가극(Comic Opera)	0464
희유 곡, 디베르티멘토(Divertimento)	0678

peo People, 인물

관련 내용 찾기	NO.
<고양이 펠릭스(Felix the Cat)>	2814
<공룡 거티(Gertie the Dinosaur)>	2814
<공중제비 개구리(Flip the Frog)>	0954
<누가 로저 래빗을 모함했나 (Who famed Roger Rabbit)>	2814
<님프의 비밀(The Secret of Nimh)>	2814
<다프네(Dafne)> 16세기 최초의 오페라	0474
<딱따구리(Woodpecker)>	2814
<돼지3형세(Three Little Pigs)>	0474
<모기는 어떻게 작동하나 (How a Mosquito Operates)>	2814

관련 내용 찾기	NO.
<미스터 마구(Mr. Magoo)>	2814
<벅스 라이프(Bugs Life)>	2814
<벅스 버니(Bugs Bunny)>	0284
<백설 공주(Snow White and Seven Dwarfs)>	2814
<슈렉(Shreck)>	2814
<아키메드 왕자의 모험 (Adventures of Prince Achimed)>	0022
<오래된 방앗간(The Old Mill, 1937)>	2814
<은하철도 999 (Andromeda Train 999)>	0077

관련 내용 찾기	NO.
<재수 좋은 토끼 오스왈드 (Oswald the Lucky Rabbit)>	2814
<제럴드 맥보잉 보잉 (Gerald McBoing Boing)>	2814
<증기선 윌리(Steamboat Willie)>	2814
<크래이지 캣(Krazy Kat)>	2814
<토이 스토리(Toy Story)>	2814
<핑크 팬더(Pink Panther)>	2814
<항해사 뽀빠이(Popeye the Sailor)>	2814
가디너, 밥(Bob Gardiner)	0432

pho Photography, 사진술

관련 내용 찾기	NO.
35mm 영화필름의 출시(Creation of 35mm Motion Picture Film)	0412
간격시각(Interval Timer)	1236
간격촬영, 인터벌 촬영(Interval Shooting)	1236
건판(Dry Plate)	0803
공중이미지, 조감도(Aerial Image)	0048
과다 노출(Over Exposed)	1849
관점, 시야(Angle of View)	0078
광각 효과(Wide-Angle Effect)	3010
네가필름(Negative)	0807
네거티브 이미지, 음화(Negative Image)	1710
노출, 촬영(Exposure)	0850
노출부족, 언더 익스포즈(Under Expose)	2804
노출시간(Time Exposure)	2753
다게레오 타이프, 은판사진법(Daguerreotype)	0601
더블 익스포저(Double Exposure)	0689
데이라이트 필름(Daylight Film)	0607
동물들의 동작(Animals in Motion)	0081
	0408
동물연속동작(Creation of Animal Locomotion)	0408
동물의 이동양식(Animal Locomotion)	0082
	0408
	1538
디스토션, 왜곡(Distortion)	0675
디엑스(DX)	0689
디졸브 랩스, 겹쳐 디졸브하기(Dissolve-Lapse)	0674
디지털 사진(Digital Photograph)	0649
디퍼렌셜 포커싱, 2중 포커스(Differential Focusing)	0634
디포커싱(Defocusing)	0617

관련 내용 찾기	NO.
디포커스 믹스(Defocus Mix)	0617
디퓨전 필터, 초점 흐리기(Diffusion Filter)	0636
라이트 미터, 광량 측정기(Light Meter)	1522
렌즈(Lens)	1512
렌즈 구성(Lens Elements)	1514
렌즈 스톱(Lens Stop)	1516
렌즈 아파추어(Lens Aperture)	0111
	1513
로코모션(Locomotion)	0408
롤필름(1888 Roll Film)	0411
루커스 사운드 시스템(THX System)	0681
리플렉스 셔터(Reflex Shutter)	2238
리플렉스 카메라(Reflex Camera)	2237
림보(Limbo)	1525
망원렌즈(Telephoto Lens)	2723
매크로렌즈(Macro Lens)	1602
모든 색, 흑백 필름(Panchromatic Film)	1915
모션, 동작, 운동, 움직임(Motion)	1667
모션 픽쳐 필름(35mm Motion Picture Film)	0412
무한대, 무한(Infinity)	1217
미세촬영(Cine-Micrography)	0423
밀도(Density)	0623
반 도어, 조명 조절판(Barn Door)	0218
발명- 35mm 영화필름의 출시(Creation of 35mm Motion Picture Film)	0412
배치 번호, 필름 제품 번호(Batch Number)	0221
복사, 복제(Dupe, Duplication)	0715
불분명한(Obscure)	1802
블랙 앤 와이트(B/W)	0294
블러, 번짐(Blur)	0253
빔 프로젝터(Beam Projector)	0223
사진, 그림, 영상(Picture)	1965
사진 촬영기술(Photography)	1963

관련 내용 찾기	NO.
사진 캘러타이프 발명(1840 Calotype Photo)	0406
사진의 발명(Creation of Photography)	0402
사진의 발명(Photograph Invention)	0918
	1962
삼각대, 트라이포드(Tripod)	2780
색 견본, 칼라스와치(Color Swatch)	0449
색 온도(Color Temperature)	0457
색의 분류, 칼라차트, 색깔 표(Color Chart)	0449
색채균형, 칼라 밸런스(Color Balance)	0447
샤프 포커스, 선명한 초점(Sharp Focus)	2449
숨겨진 카메라, 몰카(Hidden Camera)	1121
스틸, 정사진(Still)	2572
슬라이드 필름(Slide Film)	2483
시계반대방향회전, 좌측으로 회전(Counterclockwise)	0351
시력, 렌즈(Optic)	1826
씨씨더블류, 시계반대방향(CCW)	0351
씨씨디, 전하결합소자(CCD)	0348
아그파 컬러(Agfa Color)	0053
아세테이트 셀룰로이드(Acetate Celluloid)	0803
아이 레벨, 눈높이(Eye Level)	0858
아이리스(Iris)	1238
안개효과(Fog Effects)	0963
애니메이션 카메라(Animation Camera)	0087
어안 렌즈(Fisheye Lens)	0944
에이에스에이 인덱스, 감광도(ASA Index)	0132
에프 스톱(F-Stop)	0985
역광조명, 후광, 투과광(Backlight)	0202
오토 포커스, 자동초점(Auto Focus)	0159
오프 밸런스 조명(Off-balance Lighting)	1810
옵티컬 효과 애니메이션(Optical Effect Animation)	1827
원본 필름, 음화, 생필름(Negative)	1707
이동력, 이동양식, 로코모션(Locomotion)	1538
이스트만 코닥 필름(Eastman KODAK Film)	0803

관련 내용 찾기	NO.
인조, 사람이 가공한 물건(Artificial)	0128
일광(Daylight)	0606
잡음감쇄 장치 (Dolby Noise Reduction Sys.)	0681
전정색 필터(Panchromatic Filter)	1916
전하결합소자 카메라 (Charge-Coupled Device Camera)	0348
조감도, 부감(Bird's-eye View)	0241
조리개 우선(Aperture Priority)	0111
조리게, 아파추어(Aperture)	0111
조지 이스트만(George Eastman)	0803
줌(Zoom)	3208
줌렌즈(Zoom-Lens)	3208
청록색(Cyan)	0538
초점(Focus)	0961
초점 거리(Focal Length)	0960
최 근접, 최 원근(Extreme Close Up, Extreme Long Shot)	0857
최단 포커싱 거리, 카메라 최근접거리 (Minimum Focusing Distance)	1645
카메라 개각도(Camera Angle)	0307
카메라 본체(Camera Body)	0310

관련 내용 찾기	NO.
카메라 옵스큐라(Camera Obscura)	0315
카메라 총의 발명 (Chronophotograph Invention)	0414
칼로타이프(Calotype)	1962
커팅편집(Cutting)	0807
컬러 바(Color-Bar)	0448
켈빈(Kelvin)	1404
켈빈의 온도계 (Kelvin Temperature Scale)	1404
코닥(KODAK)	1415
코닥 롤필름 카메라 (KODAK Roll Film Camera)	0803
코닥 카메라(Kodak Camera)	1415
코닥 필름(KODAK Film)	0410 0803
크로노포토그라프(Chronophotograph)	0414
크로마키(Chroma Key)	0382
텅스텐 조명(Tungsten Lamp)	2783
텔레 포토 렌즈(Telephoto Lens)	2717
트리거, 방아쇠, 단추(Trigger)	2778
파노라마(Panorama)	1920
편광 렌즈, 폴라 필터 (Polarized Lens)	1988

관련 내용 찾기	NO.
편광 필터(Polarizing Filter)	1989
편집(Editing)	0807
핀홀, 바늘구멍(Pinhole)	1968
필로스코프(Filoscope)	0407
필름 스탁(Film Stock)	0936
필름의 몰락(Fall of the Film)	0918
필름 에멀젼(Film Emulsion)	0925
필름 저장(Film Storage)	0937
필름스트립(Film Strip)	0938
필터(Filter)	0940
프락시노스코프(Praxinoscope)	0409
하이 앵글 샷(High Angle Shot)	1122
하이 콘트라스트(High Contrast)	1124
하이포, 중화제, 현상정착제(Hypo)	1148
할로겐, 조염원소(Halogen)	1106
해상도(Definition)	0616
헐레이션, 빛 반사(Halation)	1102
현상입자(Film Grain)	0928
활동사진, 영화, 모션 픽처 (Motion Picture)	1669
후광영사(Back Projection)	0205
흐리기 조명(Diffusing Light)	0635
흐릿함, 번짐 효과(Blur Effect)	0253
흑백(Black and White)	0294

pic Picture, 사진술

관련 내용 찾기	NO.
8미리(8mm)	0813
8미리필름(8mm Film)	2474
16미리필름(16mm Film)	2474
35미리 필름(35mm Film)	2475
65미리필름(65mm Film)	2476
70미리필름(70mm Film)	2477
A트랙과 B트랙 편집(A and B Editing)	0001
<아키메드 왕자의 모험(Achmed, Adventures of Prince Achimed)>	0022
<핑크 팬너(Pink Panther)>	1969

관련 내용 찾기	NO.
가족영화(Family Movie)	0905
각색, 개작(Adaptation)	0035
각색, 극화(Dramatization)	0701
간격시각(Interval Timer)	1236
간격촬영, 인터벌 촬영 (Interval Shooting)	1236
갈등(Conflict)	0492
개정, 개회, 회의(Session)	2443
갱, 싱크로나이저, 편집 연동장치 (Gang, Gang Synchronizer)	1005

관련 내용 찾기	NO.
걸리버 여행기(Gulliver's Travel)	1032
껌뻑거림, 플릭커(Flicker)	0951
게이지, 필름 폭(Gauge)	1007
견적서(Quotation)	2110
결말(Ending)	0825
결말, 종결, 끝맺음(Conclusion)	0490
겹치기 촬영(DX, Double Exposure)	0721
경악, 큰 놀라움(Double-Take)	0692
경쟁, 경합, 경기(Competition)	0471
계획, 예정, 프로그램(Program)	2039

관련 내용 찾기	NO.
스팀보트 윌리, 증기선 윌리 (Steamboat Willie)	2568
스포트라이트, 집중조명(Spotlight)	2558
스포팅, 집중광선(Spotting)	2558
스풀, 실패(Spool)	2557
스프라켓, 톱니(Sprocket)	2559
스프로켓 천공(Sprocket Holes)	1950
스프라켓 홀, 스프라켓 구멍 (Sprocket Hole)	2560
스프라켓 휠, 톱니바퀴(Sprocket Wheel)	2559
스플릿 스크린(Split Screen)	2554
스플릿, 화면분리(Split)	2554
스필버그, 스티븐(Steven Spielberg)	0905
슬레이트(Slate)	2482
슬로우 모션(Slow Motion)	0911
	2486
승인(Approval)	0115
시간경과, 간헐촬영(Time-Lapse)	2754
시나리오 작가, 스크린 라이터 (Screen Writer)	2431
시나리오, 영화대본(Scenario)	2409
시네라마(Cinerama)	0424
시네마, 영화(Cinema)	0385
시네마스코프(Cinemascope)	0386
시놉시스, 줄거리개요(Synopsis)	2609
시대고증(Historical Research)	1131
시사회(Preview)	2016
시점-의 약자 (P.O.V.)	1987
시퀀스, 단락(Sequence)	2440
신 밖, 화면 밖(Out of Scene, O.S.)	1844
신 플래너(Scene Planner)	1509
	2411
신디케이션, 선 제작 프로그램(Syndication)	2607
실사(Live Action)	1535
실사동전극장(Creation of Live Action Nickelodeon Theaters)	0421
실시간(Real-Time)	2220
실험영화(Experimental Film)	0849
심사, 판사(Judge)	1313
십자 망, 카메라의 표시선(Reticle Lines)	2269
싱크 펀치, 연동 점 표시(Sync Punch)	2605

관련 내용 찾기	NO.
싱크(Sync.)	2602
싱크로나이제이션, 연동(Synchronization)	2602
싱크마크, 연동일치점(Sync. Marks)	2603
씨씨디, 전하결합소자(CCD)	0348
씨알아이(CRI)	0523
씨에프(CF)	0360
아그파 컬러(Agfa Color)	0053
아세테이트, 셀(Acetate)	0021
아세톤, 필름 접착제(Acetone)	0020
아웃 오브 싱크(Out of Sync)	1845
아웃라인, 줄거리 개요(Outline)	1843
아이 레벨, 눈높이(Eye Level)	0858
아이리스(Iris)	1238
아이맥스(IMAX)	1207
아카데미(Academy)	0010
아카데미 게이트(Academy Gate)	0014
	2566
아카데미 리더(Academy Leader)	0015
아카데미 시상식(Academy Awards)	0013
아카데미 아파추어(Academy Aperture)	0012
아티스틱 샷, 예술적인 촬영(Artistic Shot)	0129
아프리카 애니메이션(Africa Animation)	0050
아프리카 애니메이션 산업 (Africa Animation Industry)	0050
악당(Villains)	1118
악마, 사악한 자, 악독한 자(Devil)	0629
안드로메다 성운(Andromeda Galaxy)	0077
안정화, 스테빌리제이션(Stabilization)	2562
암실(Dark Room)	0929
암흑가의 영화, 필름 누아르(Film Noir)	0933
앙굴렘국제만화페스티벌 (Angouleme Int'l Comics Festival)	0079
앞 자막(Front Credits)	0983
애너모픽 촬영법 (Anamorphic Cinematography)	0073
애니메이션 레이아웃(Animation Layout)	0094
애니메이션 스탠드(Animation Stand)	0099
애니메이션 테이블(Animation Table)	0099
애니메이션 특수 효과 (Special Effects Animation)	2546

관련 내용 찾기	NO.
애니메이션 필름, 동영상(Animated Film)	0084
애니메틱(Animatic)	0085
액션 필름(Action Film)	0030
어소시에이트 프로듀서 (Associate Producer)	0138
언더그라운드 필름, 전위필름 (Underground Film)	2805
업 샷, 앙각촬영(Upshot)	2812
업사이드 다운슬레이트 (Upside-down Slate)	2813
에멀션, 감광유제, 유화액(Emulsion)	0821
에미상(Emmy Award)	0819
에이 프린트(A Print)	0104
에이디알(ADR)	0041
에이디알, 대사 끼어 넣기 (Automatic Dialogue Replacement)	0041
에지 번호(Edge Number)	0805
에티오피아 애니메이션(Ethiopia Animation)	0050
에프 스톱(F-stop)	0985
에프피에스, 프레임 퍼 세콘드(FPS)	0976
에피소드, 한 이야기(Episode)	0831
엑스 등급, 성인영화(X-Rated)	3102
엔에프비씨(NFBC, National Film Board of Canada)	1718
엔지, 불량, 삭제(NG)	1719
엔터 프레임(Enter Frame)	0829
엠 엔 이 트랙(M and E Track)	1691
여주인공, 영웅(Heroine)	1119
역광조명, 후광, 투과광(Backlight)	0202
역사 영화(Historical Film)	1130
연동 점, 화면과 사운드 맞추기 (Sync-Pulse, Sync-Beep, Sync-Pop)	2604
연출, 연기(Acting)	0027
영상, 프로젝션, 예상(Projection)	2040
영화(Movie)	1675
영화 감독(Director)	0663
영화관의 시작 (Creation of 1896 New Theatre)	0417
영화 등급, 시청률(Film Rating)	0934
영화 비평(Film Criticism)	0924
영화 비평가(Film Critic)	0923

관련 내용 찾기	NO.
영화사 부지, 부지야외 촬영장(Back Lot)	0204
영화 이론(Film Theory)	0939
영화음향(Sound on Film)	2505
영화제목(Main Title)	1609
영화제작기술의 시작(Creation of 1895 Cinematographe)	0416
영화필름의 발명(Movie Film Invention)	0918
영화촬영기사(Cinematographer)	0422
영화촬영기역사, 무비카메라 (Movie Camera History)	1676
영화촬영기의 발명 (Creation of Cinematographe)	0422
영화촬영법(Cinematography, Cinematographe)	0387
영화출연자 자막, 스크린 크레디트 (Screen Credit)	2426
영화필름의 출시 (35mm Motion Picture Film)	0412
예고편, 트레일러(Trailer)	2769
예상 견적서(Estimation)	0837
예술 영화 (Art Film)	0126
오리지널, 원작(Original)	1837
오버랩 대사(Overlap Dialogue)	1853
오버랩, 중복, 겹치기(Overlap)	1852
오버헤드 샷, 머리 위 샷 (Overhead Shot)	1851
오버헤드, 간접비, 유지비(Overhead)	1850
오베르하우젠 단편영화제(Oberhausen International Short Film Festival)	1800
오스카 상(Oscar Award)	1838
오토 포커스, 자동초점(Auto Focus)	0159
오프라인(Off-Line)	1811
오프라인 편집(Off-Line Editing)	1811
오프 밸런스 조명(Off-balance Lighting)	1810
오프 스크린, 신 밖(Off-Screen)	1812
오프 스크린, 오프 스테이지(O.S.)	1812
오픈 게이트(Open Gate)	1821
온라인 편집(On-Line Editing)	1818
옵티컬 사운드, 광학 사운드 (Optical Sound)	1830
옵티컬 프린트(Optical print)	1829

관련 내용 찾기	NO.
옵티컬 효과 애니메이션 (Optical effect animation)	1827
옵티크 극장(Theater Optique)	2735
와이드 스크린(Wide screen)	0424 3011
외부 리듬(External rhythm)	0854
용두사미, 안티클라이맥스, 점강법 (Anticlimax)	0109
워 필름, 전쟁영화(War Film)	3000
워너브라더스(WB, Warner Brothers)	3001
워크프린트(Workprint)	3018
원본 필름, 음화, 생필름(Negative)	1707
웨스트(West)	3006
위임받은 필름(Commissioned Film)	0467
유네스코의 아프리카 애니메이션 교육지원(UNESCO Cultural Support for Africa Animation)	0050
유-매틱(U-matic)	2803
은하 철도 999 (the Andromeda Train 999)	0077
음성 시대(Talkie Era)	2708
음성 트랙(Sound Tracks)	2767
음악 녹음실, 스코어링 스테이지 (Scoring Stage)	2420
음악 편집자, 음악 믹서 (Music Editor, Music Mixer)	1690
음악 효과 트랙(Music and Effect Track)	1691
음향 변조 장치, 신디사이저(Synthesizer)	2610
음향 분리(Sound Breakdown)	2501
음향 효과(Sound Effects)	2447
음향 효과(Sound Effect, SFX)	2503
의상, 복장(Costume)	0506
의상영화(Costume Movie)	0507
이그제큐티브 프로듀서, 총 제작자 (Executive Producer)	0844
이동, 옮기기, 복사, 트랜스퍼(Transfer)	2770
이동, 운동력(Locomotion)	1667
이스트, 동쪽방향(East)	0802
이스트만, 조지(George Eastman)	0918
이스트만 코닥 필름(Eastman KODAK Film)	0803
이야기 줄거리(Storyline)	2581

관련 내용 찾기	NO.
이익, 이윤, 프로핏(Profit)	2038
이펙트, 화면효과, 음향효과(EFX)	0811
익살극, 익살 희극 (Slapstick, Slapstick Comedy)	2481
익스포저 시트, 촬영표(Exposure Sheet)	0850
인상주의(Impressionism)	1208
인상주의 미술(Impressionism Paint)	1208
인종영화, 레이스 필름(Race Films)	2200
인터컷, 삽입 컷(Intercut)	1229
일광(Daylight)	0606
일반등급(Rated G)	1022
일일 제작보고서(Daily Production Report)	2034
입체감(Depth)	0624
입체 영화(3D movie/Three Dimensional Movie)	2744
입체 음향 (Panavision 70, Todd A-O Sound)	1913
자가 제작영화(Home Movie)	1136
자기장 소거기(Degausser)	0619
자료집(Bible)	0233
자막, 캡션(Caption)	0330
작가, 저자, 문필가(Writer)	3020
작업팀, 크루(Crew)	0522
잔물결 효과(Ripple Effect)	2288
장면, 신(Scene)	2410
잔상의 발견(Creation of 1800 Persistence of Vision)	0399
장소 섭외(Scouting Locations)	2421
장편 애니메이션(Animation Feature Film)	0098
장편 영화(Feature Film)	0912
재상영, 재출판(Reissue)	2244
재생, 소생(Revival)	2279
재설정 샷(Re-establishing Shot)	2231
저 예산 영화(B-movie)	0256
저 예산 제작, B무비 (Low-budget Production)	1545
적대자, 맞상대(Antagonist)	1118
전방 영사(Front Projection)	0984
전자슬레이트(Electric Clapboard)	0814
전자소거기(Degausser)	0619

관련 내용 찾기	NO.
전주국제영화제 (Jeonju International Film Festival)	1304
전집, 모음집(Anthology)	0107
전하결합소자 카메라 (Charge-Coupled Device Camera)	0348
정지 프레임(Freeze Frame)	0981
제작 보고서(Production Report)	2034
제작 스케줄, 제작계획 (Production Schedule)	2035
제작 완성(Completed Production)	0472
제작자, 프로듀서(Producer)	2023
제작 전 준비 비용(Above the Line)	0003
제한기준 영상물(Restricted Rate)	2305
제한등급 (Rated R, Restrict)	2305
조감도, 부감(Bird's-eye View)	0241
조감독(Assistant Director)	0137
조리게, 아파추어(Aperture)	0111
조르주 멜리에스 최초 판타지영화 (George Melies 1st Trick Film)	0418
조명, 라이팅(Lighting)	1521
조이트로프의 탄생(Zoetrope)	0404
좀비(Zombie)	3207
종이에 그리는 애니메이션 (Animation on Paper)	0096
주인공, 주역, 히어로(Hero)	1118
주제 음악(Theme Music)	2738
중간그림 그려 넣기 (Breakdown Drawing)	0272
지난이야기, 뒷이야기(Back Story)	0207
직접비용(Direct Cost)	0661
질, 안드레(Andre Gill)	0443
짚 팬, 급한 팬(Zip Pan)	3205

관련 내용 찾기	NO.
창조물, 생물(Creature)	0518
청색 불, 청색 신호등(Green-Light)	1026
체커, 검사원(Checker)	0374
초과분(Overage)	1848
초당 프레임(Frames Per Second)	0976
소벌(Rough)	2302
초벌 프린트, 최초 프린트(Answer Print)	0104
초읽기, 카운트다운(Countdown)	0509

관련 내용 찾기	NO.
초점(Focus)	0961
초점 이동(Focus Pulling)	0962
촬영 개시, 영화촬영(Crank In)	0514
촬영기의 발명(Cinematographe)	0422
촬영 대본(Shooting Script)	2453
촬영 대본, 콘티(Continuity)	0495
촬영 로그(Shooting Log)	2452
촬영 속도, 카메라 스피드 (Camera Speed)	0318
촬영 스케줄(Shooting Schedule)	2453
촬영용 슬레이트(Clapboard)	0427
촬영용 슬레이트(Clapstick)	0427
촬영 중(On Camera)	1816
최 근접, 최 원근(Extreme Close Up, Extreme Long Shot)	0857
최종검사하기, 파이널 체킹(Final Checking)	0374
최초 아프리카인의 애니메이션 (1st Africa Animation by Nigerian)	0050
최초의 35mm 영사기 비타스코프 (Vitascope)	0420
추가 역, 엑스트라(Extra)	0855
추상(Abstract)	0008
추상영화(Abstract Film)	0009
축제(Festival)	0914
출력(Output)	1846
출력(Print Out)	2019
출연자관리(Credit Coordinator)	0520
출연자, 캐스트(Cast, Casting)	0342
출연자에게 지불되는 재 사용료, 리시듀얼(Film Residual)	0935
출연자에게 지불되는 재방송료, 레시듀얼(Residuals)	2263

관련 내용 찾기	NO.
카메라 개각도(Camera Angle)	0307
카메라 기교(Camera Trick)	0321
카메라 기사(Camera Operator)	0316
카메라 무브먼트(Camera Movement)	0314
카메라 보조(Camera Assistant)	0308
카메라 본체(Camera Body)	0310
카메라 셰이크, 화면 진동(Camera Shake)	0317
카메라 아파주어(Camera Aperture)	0309

관련 내용 찾기	NO.
카메라 없이 만든 필름(Non-camera Film)	1724
카메라 차량(Camera Car)	0311
카메라 총의 발명 (Chronophotograph 1890)	0414
카메라 테스트(Camera Test)	0320
카메라 트럭킹(Camera Trucking)	0322
카메라 팀(Camera Crew)	0312
칼라필름(Color Film)	0453
캐릭터, 그림 인물의 성격(Character)	0367
캘러타이프 사진 발명(Calotype Photo)	0406
커터, 필름 편집자(Cutter)	0537
컬러 바(Color-Bar)	0448
컬러 수정(Color Correction)	0452
컬러 테스트(Color Test)	0458
컴파운드 테이블(Compound Table)	0478
컴포짓 프린트, 완성 본(Composite Print)	0476
컴포짓, 합성(Composite)	0475
컴퓨터 보조촬영(Computer Assists Filming)	0483
컴퓨터로 생성한 애니메이션 (Computer Generated Animation)	0484
컷, 장면, 편집(Cut)	0533
컷어웨이(Cut-Away)	0535
케냐 애니메이션(Kenya Animation)	0050
켈빈(Kelvin)	1404
켈빈의 온도계(Kelvin Temperature Scale)	1404
코닥 필름의 탄생(KODAK Film)	0410
코미디(Comedy)	0460
코어, 필름 심(Core)	0504
쿠션, 완충(Cushion)	0532
퀵 컷(Quick Cut)	2105
큐(Cue)	0531
크레딧, 출연자 명단(Credit)	0519
크로스 디졸브(X-Diss, Cross-Dissolve)	0527
크리핑, 기어오르다(Creeping)	0521
클라이막스, 절정(Climax)	0435
클로우, 필름 갈퀴(Claws)	0431
클로즈 업(Close Up)	0530
클로즈 업(CU)	0438
클랩보드(Clapboard)	0427
클랩스틱(Clapstick)	0427
클립, 토막필름(Clip)	0436

관련 내용 찾기	NO.
클립보드, 수집 판, 기록 판(Clip Board)	0436
키네스코프(Kinescope)	1411
키네스타시스(Kinestasis)	1412
키네토그라프 촬영기(Kinetograph)	1413
키네토스코프 영사기(Kinetoscope)	0420
	1413
타이틀 뮤직, 타이틀 음악(Title Music)	2758
타이틀, 주제, 제목(Title)	2756
타임코드(Timecode, Time Code)	2751
터키, 실패작(Turkey)	2784
턴 어라운드, 제작기간(Turnaround)	2785
테스트(Test)	2729
테이크, 선택(Take)	2704
테이크 스플라이스, 가편집(Take Splice)	2705
테일, 끝 부분(Tail)	2703
테크니컬러(Technicolor)	2715
텍스추어, 질감(Texture)	2731
텔레 리코딩(Telerecording)	2718
텔레시네, 필름을 테이프로 옮김(Telecine)	2716
토드-에이오 방식 입체음향(Todd-AO)	2759
토론토국제영화제(Toronto International Film Festival)	2763
토마스 에디슨(Thomas Edison)	0413
토키, 음향(Talkie)	2708
투과광, 빛 자국, 질주(Burn)	0288
튀는 화면, 점프 컷(Jump Cut)	1314
트래블링 매트(Travelling Matte)	2774
트랙(Track)	2767
트럭 아웃(Truck Out)	2781
트리거, 방아쇠, 단추(Trigger)	2778
트릭 필름, 속임수 필름(Trick Film)	2777
트림, 다듬기(Trim)	2779
특별 배급(Limited Release)	1527
특별출연(Special Featured)	0912
특수 효과(Special Effect)	2546
특수 효과(FX, Effect)	0989
티에이치엑스 사운드 (THX Sound System)	2746
티저, 돌출광고, 짧은 광고(Teaser)	2714
틸트, 경사각(Tilt)	2749

관련 내용 찾기	NO.
틸트 샷, 경사각 촬영(Tilt Shot)	2750
파나비전(Panavision)	1912
파나비전 70미리 토드에이오 (Panavision 70mm TODD-AO)	1913
파노라마(Panorama)	1910
	1920
파이널 믹스, 최종음향조정(Final Mix)	0942
파이널 컷(Final Cut)	0941
파티시페이션, 참가, 분배 받기 (Participation)	1927
판매촉진영화, 프로모션(Promotion)	2042
판촉용 영화(Promo)	2042
판타스마고리(Fantasmagorie)	0443, 0907
판타시마고리아(Phantasmagoria)	0398
판타지 영화(Fantasy Movie)	0908
판토스코프(Pantoscope)	1910
판토슈(Fantoche)	0443
패러디, 흉내, 모방 (Parody)	1926
패럴렉스, 시점의 차(Parallax)	1925
패스, 통과 (Pass)	1930
패스트 모션(Fast Motion)	0911
패키지, 포장한 상품 (Package)	1901
팬(Pan)	1910
퍼스트 런(First Run)	0943
퍼포레이션 홀(Perforation Hole)	2560
퍼포레이션, 필름의 천공 (Perforations)	1950
페나키스토스코프(Phenakistoscope)	0403
페이 퍼 뷰, 유료 CATV (Pay-Per-View, PPV)	1936
페이더(Fader)	0903
페이드(Fade)	0902
페이스, 속도, 걸음걸이(Pace, Pacing)	1900
편집(Editing)	0807
편집인(Editor/Film Editor)	0808
평면, 밍밍한(Flat)	0949
포그 필터(Fog Filter)	0963
포르노, 도색영화(Porno)	1993
포스터(Poster)	2002
포스트 싱킹, 화면과 음향 맞추기 (Post-Syncing)	2003

관련 내용 찾기	NO.
포스트 프로덕션, 후반 작업 (Post Production)	2001
포인트, 점, 수치(Point)	1986
포커스 바꾸기(Plopping Focus)	1983
폴리녹음실, 효과음 스튜디오(Foley Studio)	0965
푸쉬-오프-와이프(Push-Off Wipe)	2057
푸트지, 자 단위(Footage)	0968
풀백샷, 뒤로 빠지는 샷(Pull-Back Shot)	2053
풀샷(Full Shot)	0988
풀업, 풀다운(Pull-Up, Pull-Down)	2054
프락시노스코프(Proxinoscope)	0409
프레임, 동영상화면의 단위(Frame)	0975
프레임 밖, 화면 밖(Out of Frame, O. F.)	1844
프레임 카운터(Frame Counter)	0978
프로덕션 디자이너(Production Designer)	2029
프로덕션 디자인(Production Design)	2028
프로덕션 매니저, 제작 관리자 (Production Manager)	2031
프로덕션 오버헤드, 일반 경비 (Production Overhead)	2032
프로덕션, 영화제작(Production)	2025
프로덕션, 제작(PROD)	2025
프로덕션 카메라(Production Camera)	2027
프로덕션 패키지(Production Package)	2033
프로덕션 하우스, 제작 스튜디오 (Production House)	2030
프로젝션 스피드, 영사속도 (Projection Speed)	2041
프로젝터, 영사기(Projector)	2043
프리 리코딩, 선 녹음작업(Pre-Recording)	2011
프리 프로덕션, 기획 제작공정 (Pre-Production)	2010
프리뷰, 예고편, 홍보시사회(Pre-View)	0920
프린터(Printer)	2019
프린트 필름(Print Film)	2019
플래시 백, 회상(Flashback)	0947
플래시 팬, 빠른 팬(Flash Pan)	0948
플랫폼(Platform)	1979
플레이데이트, 개봉일(Playdate)	1981
플레잉 타임, 상영시간(Playing Time)	1982
플로어 플랜, 설계도(Floor Plan)	0957

관련 내용 찾기	NO.
플롯, 구상(Plot)	1984
플립(Flip)	0952
픽쳐메이션(Picturemation)	1966
핀홀, 바늘구멍(Pinhole)	1968
필드 키(Field Key)	0917
필로스코프의 탄생(Filoscope)	0407
필름, 영화필름(Film)	0918
필름의 발명(Film Invention)	0918
필름 감개, 필름타래(Film Magazine)	0930
필름 견본시장, 필름 마켓(Film Market)	0932
필름 구매자(Film Buyer)	0919
필름 네가티브, 양화(Film Negative)	0918
필름 메이커(Film Maker)	0931
필름 스탁(Film Stock)	0936
필름 스트립(Film Strip)	0938
필름 에멀션(Film Emulsion)	0925
필름 연출, 영화연출(Film Creation)	0921
필름 위에 그리다(Drawn on Film)	0704
필름 저장(Film Storage)	0937
필름 재원(Film Financing)	0927
필름 창, 프레임 크기(Gate)	1006
필름 출연자 자막(Film Credit)	0922
필름 클립(Film Clip)	0920

관련 내용 찾기	NO.
필름 포개기, 슈퍼임포즈(Superimpose)	2594
필름 포지티브(Film Positive)	2019
필터(Filter)	0940
하이 앵글 샷(High Angle Shot)	1122
하이 콘트라스트(High Contrast)	1124
하이포, 중화제, 현상정착제(Hypo)	1148
할로겐, 조염원소(Halogen)	1106
할로윈 무비(Halloween Movie)	1105
합성하기(Compositing)	0475
핫 스플라이스, 필름 편집기(Hot Splice)	1139
해상도(Definition)	0616
해설, 내레이션(Narration)	1702
해질 무렵, 황혼, 어둑어둑한(Dusk)	0717
해외 판(Foreign Version)	0971
핸 헬드 카메라(Handheld Camera)	1108
허브(Hub)	1142
허구영화(Fiction Film)	0916
헬리콥터 촬영(Helicopter Shot)	1117
현상소, 랩(Laboratory)	1500
현상입자(Film Grain)	0928
현장경비, 직접비, 최종 녹음비용(Below the Line)	0003

관련 내용 찾기	NO.
홈시어터(Home-Cinema Theater)	1136
홍보, 널리 알림(Publicity)	2052
화면과 음향 맞추기, 선행 작업, 선수금(Advance)	0044
화면보기(Field Guide)	0917
화면비율(Aspect Ratio)	0134
화이트 밸런스(White Balance)	3008
확대, 블로우 업(Blow Up)	0248
활극모험영화, 액션-어드벤처(Action Adventure Film)	0028
활동사진, 영화, 모션 픽처(Motion Picture)	1669
회상, 장면전환(Cut-Back)	0534
효과, 이펙트(Effects)	0811
효과음향(SFX, Sound Effects)	2447
효과 트랙(Effect Track)	0812
후광영사(Back Projection)	0205
후면영사방식 영화관(Rear Projection on Screen 1892)	0415
훅업, 연결동작(Hook Up)	1137
흐리기 조명(Diffusing Light)	0635
흑백(Black and White)	0294

sci Science, 과학, 우주체계, 우주망원경, 외계, 항공

관련 내용 찾기	NO.
갈릴레이 갈릴레오의 우주망원경(Galilei Galileo)	0141
감마(Gamma)	1004
감시, 관찰(Observation)	1803
거울 상(Mirror Image)	1650
국제우주정거장(International Space Station)	2525
고고학(Archeology, Archaeology)	0118
과학(Science)	2416
과학자(Scientist)	2416
관성(Inertia)	1216
궤도(Orbit)	1833

관련 내용 찾기	NO.
균형, 밸런스(Balance)	0211
기아나 우주센타(Guiana Space Center)	2521
나노(Nano)	1701
나사, 미국항공우주국(Space- NASA)	1704
	2514
나사, 미국항공우주국(NASA)	1704
뉴톤, 아이작(Newton, Issac)	0669
	1716
대기권, 분위기(Atmosphere)	0145
라이먼 스피쳐(Lyman Spltzer)	0141

관련 내용 찾기	NO.
럭스, 조명 표준 단위(Lux)	1548
레이저 · 레이저 광(Laser)	1505
로제타 탐사선(Space- Rosetta Probe on comet)	2539
루나 1호(Space- Luna 1)	2515
루나 3호(Space- Luna 3)	2516
만남(Rendezvous)	252
망원경(Telescope)	2719
메신저 탐사선(Messenger)	2536
모션, 동작, 운동, 움직임(Motion)	1667
무한대, 무한(Infinity)	1217

Abstract

A a

[에이]

Achmed

Aesop

0001 `pic` `equ`

A and B editing (A트랙과 B트랙 편집)

1) 영화의 편집은 화면(Picture)과 음향(Sound)을 맞추어 편집하는 것을 말하지만 A B 편집의 의미는 한 개 이상의 화면이나 음향에서 선택한 2개의 소스(Source)를 한 개의 화면으로 만들거나 또는 두 개의 A, B화면을 같은 화면 안에 동시에 보이게 편집 할 때 사용되는 말이다. 이 때 화면을 일시적으로 구분하기 위해 불리는 말이기도 하다. 2) 또한 음향에서 주인공의 대사와 제 3의 대사가 겹쳐 나올 때 이 두 개의 대사를 분류해 녹음하게 되는데 이것을 A, B롤(Roll) 혹은 A, B 트랙(Track)이라 부른다. 이들 선택된 화면과 음향은 편집기재(Edit Controller)를 통하여 합성(Composite)하여 영상을 완성하게 된다.

□ 그림설명 0001, A에서 B로 편집하는 Key Editing Bay.

✽ 참조보기 (0807 - Editing)

0002 `gen`

ABC

✽ American Broadcasting Co. (에이비씨 방송)

세계적으로 분포되어 알려져 있는 미국의 3대 방송 중의 하나다. NBC와 CBS보다 늦게 1953년 시작된 방송이지만 이들 모두 지금은 세계적인 텔레비전 방송으로 성장했다. ABC가 8개 방송국, NBC는 10개, CBS는 14개, 그리고 Fox는 17개의 방송국을 소유 운영하고 있다. 1943년 전쟁 중 NBC가 어려움을 겪고 있던 방송국 중 하나인 블루 네트워크(Blue Network)를 에드워드 노블(Edward Noble, 1882-1958)이 인수해 방송이 시작되었으며 1953년 연방통신 위원회의 허가를 받아 Blue Network와 파라마운트 (Paramount) 영화사와 합병하며 회사를 ABC라 불렀다. 이 방송은 그 당시에는 오전 방송만 해오다가 1967년 <ABC 저녁 뉴스>프로가 처음으로 컬러 방송으로 송출을 시작했다. 새로워진 ABC는 NBC나 CBS와는 확연히 다른 경영을 해나갔다. 텔레비전과 일반영화와의 관계를 유지하며 텔레비전용 프로그램제작을 디즈니(1954년)와 워너브라더스(Warner Bros., 1955년)에 의뢰하여 관리와 운영을 해 나갔다. 이 프로그램 중에는

□ 그림설명 0002, 세계적인 미국 ABC방송 로고.

디즈니 스튜디오가 제작한 <디즈니랜드>가 있었는데 이것은 실제의 테마파크 이름이어서 대단한 인기를 얻었다. 이런 결과로 ABC방송은 젊은 층에 인기를 얻고 있었다. 1977년에는 7일간의 미니시리즈<뿌리(Roots)>의 특별기획방영을 시도해 사상 최고의 시청률을 기록하기도 했다. 세월이 흐르며 ABC는 특별히 뉴스 제작본부, 스포츠 본부, 오락물, TV네트워크, 커뮤니케이션 본부 등으로 나뉘어 움직인다. 1996년 1월 ABC는 월트디즈니사에 190억 달러에 넘어가게 되었고 Disney-ABC 로 합병하였다.

0003 `gen` `pic`

above the line (제작 전 준비 비용)

영화나 연극 등에서 프로젝트를 제작하기 위해서는 3단계로 분류해 비용을 산출한다. 그것은 프리(Pre), 메인(Main) 그리고 포스트(Post)로 나누어 제작이 이루어지게 되며, 이때 주로 기획(Planning), 스토리(Story), 개발(Development)비가 포함된 비용을 산출할 때 사용하는 말이다. 제작 전 단계의 비용이란 뜻은 영화나 연극을 무대에 올리기 위해 소설, 스크립트, 희곡, 만화 등을 각색하여 사용할 때 원작자에게 지불되는 비용이나 배우, 탤런트 등 출연자 교섭비용과 지급되는 출연료(Guarantee) 그리고 총감독(Line Producer) 프로듀서 등이 이에 속한다. 이 용어는 매스미디어 전체를 통해 영화, TV, 라디오, 음악, 엔터테인먼트 비즈니스 등의 예산과 지출 이외의 비용을 모두 포함하는 공식적인 말이다.

＊below the line (현장경비, 직접비, 최종 녹음비용)

스태프들의 음식조달이 완료되기까지의 비용, 현장경비 일체뿐만이 아니라 운송비용 등 스태프들에게 지급되는 진행비와 잡비용 등이 모두 포함된다. 이 말은 주로 영화나 TV제작 프로덕션에서 사용되는 용어로써 기본 작품제작비 이외에 직접경비로서 매일 수시로 지출되는 모든 경비를 포함해서 인건비, 자재비, 진행비용, 수송비, 심지어는 보험비용도 이에 포함된다. 또한 프로덕션 매니저와 운영비, 카메라 크루(Crew), 현지녹음 크루, 조명 크루, 의상, 디자인, 분장, 교육비, 차량 비용 등 모두 포함되는 말이다.

0004 `ani`

abrupt (튀는 동작, 매끄럽지 않은 동작)

애니메이션 동작에서 예상치 않게 갑자기 동작이 튀는 것을 이르는 말이다. 애니메이션에서의 동작들은 원리적으로 관성이나 중력 등의 표현을 잘 살려 동작을 만들어 내며 간혹 급격히 강약을 표현하기도 하지만 이러한 기본 원리를 벗어나 이치에 맞지 않는 돌연한 움직임을 튀는 동작이라고 한다.

0005 `gen` `lit`

absolute (절대적인)

제한(Limit)적이거나 제한적 조건(Restrictions) 없이 완전무결한 뜻을 내포하는 말이다. 또한 정치성, 경제성, 사회성의 어떤 비평도 포함되지 않은 순수 예술의 본질만을 추구한 것을 의미하는 말이다.

0006 `pic` `ani` `art`

absolute film (순수 필름, 절대 영화)

1920년대 독일에서 제작된 추상 영화들을 통칭하면서 나온 말이다. 이 말은 또한 영화가 갖는 움직임(Motion), 그 자체만을 중요시하고 내용(Story)이나 구도(Composition), 연출(Directing) 등을 전혀 무시한 움직임 그 자체만의 절대성을 표현하는 것을 정의한 말이다. 이러한 영화들은 추상적인 형태(Form), 선(Line), 모양(Shape), 혹은 패턴(Pattern) 등으로 구성된 피사체를 찍은 것으로, 각 신(Scene)의 이미지들 간의 리듬(Rhythm)감 있게 추상적 형태만을 다룬 감독의 주관적인 시각을 표현하려는 아방가르드(Avant-Garde) 필름에 붙여진 이름이다. 이러한 필름들은 유럽에 많은 영향을 끼쳤고 한 때에는 프랑스와 영국이 독일영화에 대해 상영을 금지시킨 것으로 보아 이러한 전위예술이 크게 유럽을 흔든것이 분명하다. 많이 알려진 독일필름으로 한스 리히터(Hans Richter, 1888-1976)가 1921년에 만든 <리드무스21(Rhythmus 21, 율동21, Film is Rhythm)>이 있다. 3분 길이의 16mm 흑백필름으로 네모(Square), 수직(Vertical), 수평(Horizontal) 등의 기하학적 패턴(3각형이나 원 형태는 사용하지 않음)을 디자인해 만든 실험(Experimental) 작품이다. 연관된 작품으로는 <심포니(Symphonie)>, <대각선(Diagonal)> 등이 있다. 리히터와 같은 독일 사람들인 발터 루트만(Walter Ruttmann, 1887-1941), 오스카 피싱거(Oskar Fischinger, 1900-1967) 그리고 스웨덴 사람인 바이킹 에겔링(Viking Eggeling, 1880-1925), 이들 창작가들은 각기 다른 소재와 형태를 이용해 움직이는 추상을 만들어 누벨 바그(New Wave)를 전 유럽에 이끌었다. 또한 영국의 애니메이터인 노먼 맥라렌(Norman McLaren, 1914-1987)이 1952년 <이웃(Neighbours)>이라는 실사로 애니메이션을 만들어 후일 UNESCO Best Short Animation으로 선정되기도 했다. 또한 1955년 최초로 35mm 영화용 필름에 직접 날카로운 송곳으로 긁고 사포로 문질러서 이미지를 스크래치(Scratch)하여 애니메이션 형태로 동작으로 만들어 낸 <스크래치 온 필름(Scratch on Film)> 기법도 만들어 내었다. 이것들은 모두 절대 영화의 범주 안에 속한다.

□ 그림설명 0006-1, 리히터의<Rhythmus 21> 초기 독일의 실험영화.

-2, <Begone Dull Care> Norman McLaren, 1949.

-3, 노먼 맥라렌이 필름위에 직접 그린 <Experiment & Play>

✱ 참조보기 (2422 - Scratch Animation)

0007 `mus`

absolute music (절대음악)

음악이라는 그 자체 외에 생각이나 창의력을 표현하지 않은 순수 외에 어떤 것도 아닌 음악 자체만을 뜻하는 말이다. 그러니까 서술적(Descriptive)이거나 계획적(Program)인 음악이 아닌 의미를 갖는다.

0008 `art` `lit`

abstract (추상)

추상의 의미는 실제 사물의 형태와 형식(Form)을 따르지 않고 마음에 두었거나 생각한 대로 표현하는 한 형식을 의미한다. 이러한 형태적인 표현 방식은 창작예술에서 많이 볼 수 있으며 특히 문학(시), 음악 그리고 눈으로 볼 수 있는 미술이나 영화 등에서 두드러지게 나타난다. 조합(Combination), 구도(Composition), 앵글(Angle), 색(Coloration) 등의 감각적인 예술가들의 표현형식은 세상에 없는 상상의 세계이므로 일반인들이 이해하는데 어려움을 준다.

□ 그림설명 0008-1, <Netflix> by Bjarke Ingels.

-2, <From Ballet- Mecanique> 1924, by Fernand Leger, 예술가들의 추상적 개념의 이미지들.

0009 `pic` `ani` `art`

abstract film (추상영화)

영화에서 리듬과 시각적인 디자인을 통해 비 서사적인 의도로 움직임만을 표현하는 본질적인 영화의 한 분야로, 내용보다 형식을 강조한다. 즉 편집, 시각적 기교, 음향의 질, 리듬(Rhythm)과 템포(Tempo) 등의 표현을 위해서 주로 사용된다. 현대에 많은 작가의 주요 관심사인 색과 형태적 애니메이션도 실질적인 면에서 추상이라 말할 수 있다, 영화 필름 위에 직접 시각적인 디자인을 표현하는 스크래치(Scratch) 필름도 이에 해당한다. 영상으로서의 추상적 모양이나 형태 혹은 실생활과 관계없는 사물을 통해 시각적 세계를 창작하는 모든 종류의 실험 필름을 통칭하는 말이다. '추상'이란 단어는 실제의 물리적 사물이나 사건과는 관계없는 것들을 뜻하는데 이런 필름들은 어떤 이미지에서 이미지로의 시각적 변화를 통해 스스로의 논리와 관계를 만들어간다. 추상영화라는 명칭은 분야가 다른 20세기의 '추상미술'에서 자극받아 그 이름을 따온 것이다. 추상영화는 미술의 추상화와 유사한 내용을 보일 수도 있으나, 영상을 통해 아티스트(Artist)가 찰나적인 이미지, 리듬감 있는 패턴, 동작과 공간 관계를 표현할 수도 있다. '추상필름'이란 용어는 '추상 미술'과는 구분하여 구성과 움직임을 강조하는 비구상적 방식으로 전개해 나가는 것을 말한다.

□ 그림설명 0009-1, 추상이미지의 예(by Canon)

-2, 추상적 개념.

✱ 참조보기 (0006 - Absolute Film)

0010 `pic` `fes`

Academy (아카데미)
✱ Academy of Motion Picture Arts and Sciences

미국 할리우드의 영화산업을 대표하는 '영화예술과학아카데미(Academy of Motion Picture Arts and Sciences)' 예술인 협회를 줄여서 글자로 표기하고 구어로 부르는 말이다. 아카데미상(Academy Awards) 혹은 오스카상(Oscar Awards)은 매년 개최되는 미국의 영화 시상식이다. 주로 이 상은 영화 예술 과학 아카데미가 수여한다. 전년도에 발표된 미국 영화 및 미국에서 상영된 외국 영화를 대상으로 우수한 작품과 그 밖의 업적에 대하여 해마다 봄철에 시상한다. 그동안 수상부문과 부문별 명칭은 여러 차례 변동이 있어왔다.

□ 그림설명 0010, 1927년 제1회 아카데미영화제 시상식 한 장면.

✱ 참조보기 (0013 - Academy Awards)

0011 `edu`

academy (전문학교, 학회)

일반적으로 사립학교나 특수 교육과 훈련(Training)을 해주는 학교를 이르는 말이다. 또한 예술가, 작가, 학자, 전문가 등의 단체로 주로 교육적인 목적을 둔 학회와 같은 지도적 집단에 붙여 부르는 말이다.

0012 `pic` `equ`

Academy aperture (아카데미 아파추어)

아날로그 촬영용 35mm카메라 내부에 폭이 35mm필름을 돌리기 위한 톱니바퀴

(Sprocket)가 필름에 뚫린 천공(Perforation)과 맞물려 초당 24프레임씩 필름을 돌려주게 되어 있다. 35mm 화면을 이루는 천공과 천공 사이의 폭은 24.89mm이며 높이는 4개 천공의 안쪽높이는 18.67mm이다. 이 넓이를 지나가는 필름이 들뜨지 않게 하는 아파추어가 장착되어 지나가는 필름을 살며시 눌러주는 역할을 한다. 동시에 화면의 비례(Ratio)를 정하는 창(Frame)과 같은 역할도 한다. 다른 말로는 표준(Standard) 아파추어로 불린다. 1932년 미국영화예술과학아카데미(Academy of Motion Picture arts and Sciences)가 모든 35mm 카메라에 적용시킨 표준화된 화면의 비례를 일컫는 말이다. 21세기 디지털시대에 들어서 사용하지 않는 재래식 카메라의 부품이 되었다.

0013 `pic` `fes`

Academy Awards (아카데미 시상식)

미국〉 Los Angeles, 영화가 토키(Talkie)시대를 맞던 1927년 미국 캘리포니아 로스엔젤리스(Los Angeles)에 있는 부자촌 베벌리 힐즈(Beverly Hills)에서 영화제작에 관련한 전문가들이 모임을 갖고 영화예술과학아카데미(Academy of Motion Picture Arts and Sciences)라는 비영리 단체를 창립하였고 지금까지도 세계에서 가장 오래된 영화제로 이어져 왔으며 이 상(Award)은 가장 큰 영향력뿐만이 아니라 최고의 영예로 불리는 상이다. 1929년부터 1회가 시작되어 매년 시상하는 영화제로 정식 명칭은 영화예술과학아카데미상이다. 이 영화제는 베를린 영화제, 칸 영화제, 밀라노 영화제 등과는 달리 수상자격의 특징은 미국 내에서 지난해에 이미 상영된 영화들 중에서 우수한 작품과 그 밖의 영화부문에 업적이 있는 단체나 개인에 시상을 원칙으로 한다. 미국 영화예술과학아카데미의 주관으로 오늘날 미국 영화계뿐만이 아니라 국제적으로 가장 큰 연중 행사의 하나이다. 초기에는 11개 부문만을 시상하였으나, 지금은 작품상, 감독상, 촬영기술상, 음악상, 미술상, 외국영화상, 단편 영화상, 남우주연(Actor)상, 여우주연(Actress)상, 각본(Script Writer)상, 각색상, 남우조연상, 여우조연상, 장편 애니메이션, 단편 애니메이션, 프로덕션 디자인상, 의상상, 장편 다큐멘터리, 단편 다큐멘터리, 편집상, 분장상, 음악주제가상, 녹음 상, 음향편집상, 특수 효과상 등 25개 부문에 걸쳐 시상한다. 아카데미상은 오스카(Oscar)라는 애칭으로 더 많이 불리며 유명하다. 어느 수상자가 이 인간입상(Standing Figure)이 오스카 삼촌(오스카 프라이스)을 닮았다고 수상소감을 말 한 것인데 이 시상식을 지켜보던 지역 신문의 한 기자가 이 순간을 기사화해 독자들로부터 좋은 반응을 얻었고 이 후 아카데미상이 '오스카' 라는 애칭으로 불리게 됐다. 상패 높이 25.4cm와 무게 3.175kg의 금으로 도금한 청동상이다. 한편 세계적인 대상이지만 시상 내역이 지나치게 미국적 사고방식에 편향되어있다는 비판도 받아 여

□ 그림설명 0013-1, 아카데미상.

-2, 오스카상 이라고도 부름.

A

러 번 규정이 수정되었다. 미국 내에서 개봉된 작품을 기준으로 정하고 최고의 영예는 영화제작자상, 작품상, 감독상, 스크린플레이, 출연배우, 촬영기술, 음악, 녹음, 편집 등에서 최고를 뽑는다. 이 아카데미상은 시상식장에서 봉투를 개봉하기 전까지 수상자를 누구도 예측할 수 없는 방식으로 선출되고 즉석에서 호명하여 상이 수여되는 것이 특징이다.

0014 `pic` `equ`

Academy gate (아카데미 게이트)

아날로그 영화촬영 때에 특히 35mm 카메라로 촬영되는 화면의 게이트(노출비례 창)의 크기를 말하는 것으로 필름 아파추어(Aperture)를 다른 말로 부르는 단어이다. 스탠다드 (Standard) 게이트라고도 한다. 이것은 미국영화예술과학학회(Academy Motion Picture Arts and Science)가 할리우드 영화산업분야에서 혼란을 덜기위해 하나의 정책으로 정의한 것이다. 와이드 시네마스코프 스크린용 필름을 촬영할 때는 게이트를 제거하고 촬영하며 이것을 오픈 게이트(Open Gate)라고 부른다. 아파추어는 화면의 비례를 말하는 것으로 제작자(Producer)나 감독의 기호에 따라 결정하게 되는 것으로 필름의 넓이 35mm 안에서 비례를 정하고 카메라로 촬영되는 포맷을 결정 짓는다.

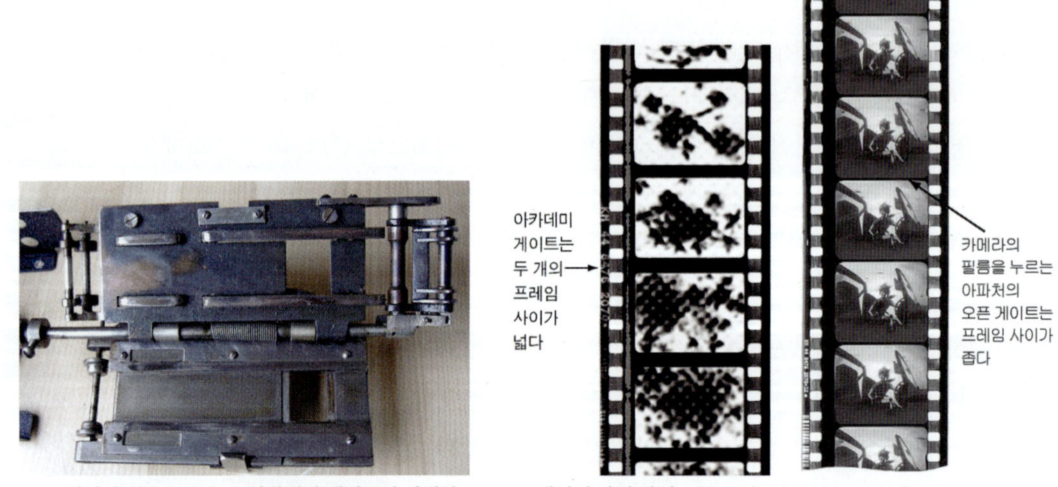

□ 그림설명 0014, 35mm 아카데미 게이트와 시네마스코프 프레임의 사이 간격.

0015 `pic` `equ`

Academy leader (아카데미 리더)

20세기말에 종지부를 찍은 아날로그방식 35mm필름 시대에 사용하던 상영용 프린트 필름 각 릴(Reel)의 앞과 뒤에 약 20자 길이의 무지(Blank)필름을 달아, 화면과 사운드를 보호할 뿐만이 아니라 영화 시작 전에 영사기에 걸기 위해 사용하는 리더필름을 말한다. 상영실의 기사는 이것을 통해 작품 제목, 릴 번호 등을 알 수 있으며, 영화 시작 전 약 8초(20자) 카운트다운을 위해 사용된다. 화면에는 Head(Start)라 표시되어 있고 매초(Second)마다 8번부터 카운트다운 하면서 화면 시작을 알린다. 그리고 릴(Reel)의 필름이 모두 돌아가면 3초전에 시그널 펀치가 보이며 다음 릴이 시작되어야 함을 알려준다. 또한 필름 리더는 필름의 후미에도 장착되어 있으며 꼬리(Tail)라 표시되어 있다. 아카데미 리더는 미국의 영화예술과학아카데미(Academy)의 표준 리더를 뜻하는 말이기도 하다. 일반적으로는 '아카데미' 는 생략하고 리더라고 호칭한다.

□ 그림설명 0015, 35mm 필름 리더에 표시된 시작글자와 4 : 3 화면비율.

0016 `pic` `edu`

Academy of motion picture arts and science (미국영화예술과학협회)

미국이 1919년경에 서든 캘리포니아 로스엔젤레스(Los Angeles)지역의 버뱅크(Burbank)와 할리우드(Hollywood)에 건설한 영화산업도시를 위해 1927년에 영화의 예술과 과학을 향상시키고 영화업계에서 창의적인 지도자들의 협력을 돈독히 하여 문화적, 교육적, 기술적 발전을 육성하고자 대외교류를 위해 설립한 비정치, 비영리 협회이다. 아카데미 협회에서는 매년 영화 제작에 뛰어난 업적을 기려 아카데미상을 시상하고 있다. 이 협회는 단체 기술 연구는 물론 다양한 분야와 기능에 맞춰 포럼과 회의를 주재하며, 출판물 간행, 기록보관 및 통계를 다루는 공정한 정보 센터의 의무를 수행하고 대학차원의 영화 코스 지원 및 전문자격 제도의 지원 등에 목적을 두고 활동하는 단체이다.

□ 그림설명 0016, Academy of Motion Picture Arts and Sciences Logo.

0017 `mus` `art`

A-capella (무반주 합창, 아카펠라)

카펠라(Capella)는 이탈리아어로 '교회'를 뜻하는 말이다. 악기 반주 없이 사람의 목소리로 하모니(Harmony)를 넣어 교회 성가를 부르던 방식인 'A capella'에서 유래되어 지금은 무반주 합창을 뜻하는 말로 사용된다. 표기는 붙여서 'Acapella' 라고도 한다. 15세기 말에 이탈리아로부터 시작된 악기 없이 노래로만 부르던 교회 성가의 형식이었으나 지금은 세속적으로 일반인들도 그룹으로 합창하는데 사용하는 말이 되었다.

□ 그림설명 0017, A capella group of Rochester Univ.

A

***Motet (모테토, 무반주 다성 성악곡)**

0018 com

access (통로, 접속)

컴퓨터를 통해 어떤 정보를 얻기 위해 어느 한 장소의 기기에서 다른 장소의 기기로 접근하는 연결 방식을 뜻하는 말이며, 보통 사용권한(패스워드 등)을 가져야 기기접속이나 웹사이트의 접속이 가능하다.

0019 gen com

accessory (부속물)

어떤 물건이나 컴퓨터에 사용되는 항목에 붙여서 더 완전하게, 보기 좋게 그리고 더 편리하게 사용할 수 있는 부속물을 가리키는 말이다.

0020 equ pic

acetone (아세톤, 필름 접착제)

영화필름을 편집할 때에 사용되는 필름접착용 화공약품의 이름이다. 이 아세톤은 아세테이트(Acetate, 초산섬유소)로 된 셀룰로이드 필름을 녹이는 성분으로 편집하기 위하여 절단한 필름을 영구적으로 이어 붙이는데 사용한다. 이 화학물질은 여성들의 손톱 미용으로 매니큐어(Manicure)를 지우는데 사용하기도 한다.

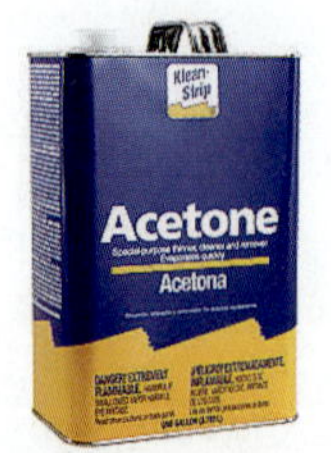

□ 그림설명 0020, 영화필름을 이어 붙이는 <아세톤> 화공약품.

0021 equ pic ani

acetate(아세테이트, 셀)

1888년 미국의 조지 이스트만(George Eastman, 1854-1932)은 존 카부트(John Carbutt, 1832-1905), 하니발 굿윈(Hannibal Goodwin, 1822-1900) 등과 함께 코닥(KODAK)이라는 브랜드를 만들어 회사를 설립하고 움직이는 활동사진(Motion Picture)을 찍기 위해 이들이 연구한 질산섬유소 소재를 이용한 셀룰로이드(*Celluloid)인 나이트 레이트(원명은 셀룰로스 나이트 레이트, Cellulose Nitrate)를 생산하여 상품으로 출시했다. 이 발명품은 역사상 인류 최초로 투명하고 구부러지는 필름에 감광유제를 입혀 영화 촬영용 필름으로 개발한 것이어서 대단한 발명이었을 뿐만이 아니라 연속된 동작을 보는 놀라운 영화용 필름으로 엄청난 인기를 얻어 냈다. 그러나 이 제품은 매우 강력한 발화성 물질로 솜화약(Guncotton)이나 다름이 없어 화재가 빈번하게 일어났다. 실제로 1927년 캐나다 몬트리올(Montreal)의 한 극장에서 이 필름으로 인해 화재가 발생하여 청소년들이 77명이나 희생되었으며 1978년에는 미국 국가필름보관소와 기록 관리소 그리고 조지 이스트만의 집에 보관 중이던 역사기록인 원본 필름 329편의 필름과 1,260만자(Feet)의 뉴스 릴들이 모두 불에 타버리는 불행을 맞게 됐었다. 언제나 영화 관의 영사실 주변에는 임시로 소방관이 지켜 서서 언제 일어날지 모를 화재 방제 대책을 갖추기도 했다. 이러한 사고들을 막기 위해 1909년부터 새로운 재료인 아세테이트 (Acetate, 초산섬유소)라는 비 가연성 물질로 개발하게 되었고 이로써 1951년으로 나이트레이트(Nitrate, 니트레이트) 필름생산은 끝이 났다. 그러나 아세테이트 역시 생산해 낼 때 생겨나는 초산물질로 인해 대기를 오염을 시켰고 이것을 생산하는 여러 나라들이 생산을 억제해야하는 특수 감시제품이 되었다. 1955년이 되어 폴리에스터 (Polyester) 필름이 생산되어 많은 수요자들이 사용해 왔으나 폴리에스터 필름은 성분이 너무 강해 끊어지지를 않아 카메라에 잼이 생겨 무브먼트(Movement, 필름을 돌려주는 핵심부분)에까지 파손이 생겨 카메라맨들이 이를 사용하기를 꺼려했을 정도로 견고했다. 1919년경부터 이 트라이 아세테이트는 셀(Cel)이라 불리며 애니메이션 제작에 절대적인 자재로 세계에 널리 사용되기 시작했다. 20분용 TV시리즈 한편에 A3 용지 크기로 15,000~25,000장 정도가 사용되어 셀이 애니메이션 제작에 사용된 양은 천문학적인 수량이었다. 셀에 애니메이션을 복사하여 그림을 뒤집어 놓고 색칠하여 그림을 완성하여 촬영했다. 1세기가 넘게 사용되었던 영화 필름도 셀도 급진적인 디지털의 새로운 시대로 인해 재래방식의 애니메이션 제작은 많은 이야기만 남긴 채 모두 사라지고 말았다.

애니메이션제작 재료

음식보관용 커버

안경

음반, CD 등

□ 그림설명 0021-1, 아세테이트가 원재료로 사용되는 여러 물건들.

* Celluloid (셀룰로이드, 영화필름)

셀룰로이드는 투명하지만 질기고 인화성 물질계열로 본질적으로는 질산섬유소 (Cellulose Nitrate)와 장뇌(*1Camphor)로 이뤄져 있다. 1878년경에 조지 이스트만 (George Eastman, 1854-1932)이 그동안 평판 유리를 사용하던 사진용 원판대신에 구부러지고 투명한 '셀룰로이드'를 사용해 롤필름(Roll Film)을 발명하고 'KODAK(코닥)' 이라는 이름을 붙여 영화용 필름(Motion Picture film)으로 20세기 전반에 걸쳐 다량으로 사용된 화학물질명칭이다. 또한 1912년에 독일, 뮌헨에서 개최된 한 학술회의에서 결정학자(Crystallographer)이며 물리학자(Physician)인 폴 피터 이왈드(Paul Peter Ewald, 1888-1985)와 물리학자로 후일 노벨물리학상을 받게 되는 막스 본 라우(Max von Laue, 1879-1960)의 핵에너지를 사용하는 의료용 에스레이(X Ray) 이용에 관한 대화를 나눴으며 이 계기로 연구가 시작되어 셀룰로이드는 의료용 사진원판으로 다량 개발되었다. 1914년에는 애니메이션 분야에 종사하던 얼 허드(Earl Hurd, 1879-1978)가

 151

이 셀룰로이드를 애니메이션 제작에 사용하는데 착안을 해 일대 변혁을 가져왔으며 이 때부터 셀룰로이드는 줄인 말로 셀(Cel)이라 칭하며 애니메이션 제작에 사용하게 되었다. 그 셀 위에 한 장 한 장 그림을 그려 색칠한 후 그림배경위에 올려놓고 촬영하는 아이디어는 대단한 발상으로 인정받아 1915년 미국의 특허청의 특허를 획득했으며 이로써 애니메이션 제작은 표현이 손쉽게 화려하게 다량으로 사용되는 큰 계기가 되어 그 후 이 방식의 애니메이션을 셀 애니메이션이라 부르게 되었다. 21세기에 들어와 애니메이션이 전자화 되면서 애니메이션 셀의 사용은 100% 무용지물이 되었다.

*₁Camphor (녹나무 장뇌수)

셀룰로이드를 만드는 주성분으로 사용되는 나무는 녹나무 등 몇 종류가 있는데 이것들을 장뇌목이라 부른다. 식물명은 'Cinnamomum Camphora Camphor'라 하며 채소처럼 씨를 심고 과일도 열리고 약재로도 쓴다. 나무는 항상 푸른 교목으로 화학명은 캠포레이셔스(Camporaceous)라고 분리한다. 나무는 높이 자라고 재목, 공업, 화학, 의료용으로 쓰인다. 이파리(잎) 모양은 타원형이며 윤기가 나고 향기가 있는 식물로 5월경에 황백색으로 작은 꽃들이 핀다. 한국에는 제주도 삼성혈 부근의 숲에 자생하며, 지역적으로는 일본과 중국 등지에 많이 분포되어 산다. 나무키는 20m정도 높이까지 자란다. 주로 아시아지역에서 많이 채취되고 색은 투명하며 유연한 고체로 만들 수 있어 필름을 만드는 데에 매우 적합하다.

□ 그림설명 0021-2, 설명은 아시아권에 많이 서식하는 셀룰로이드 원료 녹나무, 셀룰로이드 원재료.

* 참조보기 (0918 - Film)

0022 `his` `ani` `pic` `peo`

Achmed, Adventures of Prince Achimed (아키메드 왕자의 모험)
*Lotte Reiniger (롯데 라이니거)

<아키메드 왕자의 모험>은 롯데 라이니거(Lotte Reiniger, 1899-1981)가 1923년부터 작업을 시작해서 3년이 걸려 1926년에 완성된 그림자애니메이션(Silhouette Animation)필름이다. 그녀는 독일 베를린에서 태어났다. 원래 이름은 샬롯(Charlotte)이었으나 성장해서 애칭으로 롯데(Lotte)라 하고 그렇게 평생을 불렀다. 롯데는 어려서부터 식물이나 동물 그리고 사람 모양까지 검은 색종이를 가위로 오려내 일일이 동작을 만들어 내는 재능이 뛰어났다. 롯데는 이미 그녀가 16세 때 소품 애니메이션을 만들어냈다. 20세 때인 1919년에 주변에서 사람들이 다단계 특수촬영기술 등 그녀를 도왔고 그녀는 실루엣 애니메이션의 창시자로 세계적으로 이름이 떠올랐다. 그녀는 일생동안 40여개가 넘는 필름을 만들었고 대표적으로 내세우는 작품으로 <아키메드 왕자의 모험>, <파파게노(Papageno, 1935)>, <신기한 말(Magic Horse, 1953)> 그리고 <잠자는 미녀(Sleeping Beauty, 1954)> 등이 있다.

□ 그림설명 0022-1, 롯데의 작업 모습.　　-2, 오려 만든 작품의 한 장면.

-3, -4, 나무로 만든 다단계 촬영대위에서 촬영 작업 모습.

애니메이션을 만들기 위하여 실루엣으로 일일이 한 장 한 장 가위로 검정색 종이를 오려내어 관절을 분리하고 움직일 수 있게 조립한 후 캐릭터를 미세하게 움직여가며 한 콤마씩 촬영해 최초의 실루엣 애니메이션을 완성했다. 촬영은 다단계의 촬영대를 창안하여 조명 역시 다단계로 분리하고, 그림 원근에 따라 여러 레벨로 분리하여 작업했다. 이것은 레벨별로 미세하게 움직여야 하는 캐릭터들의 동작에 작업상 오류를 피하기 위함이었다. 결과적으로 이 다단계 촬영은 화면이 입체적인 효과가 있었다. 새로운 이 기법의 애니메이션은 사상 처음으로 창안되었고 이것을 그림자(실루엣, Silhouette)애니메이션이라 했다. <아키메드 왕자의 모험> 필름 크레딧(Credit)에서; 스토리에 롯데(Story by Lotte), 감독에 롯데(Director, Lotte), 도와주신 분들에 발터 루트만(Walter Ruttmann, 1887-1941), 버솔드 발토쉬(Berthold Bartosch, 1893-1968) 그리고 칼 코치(Carl Koch, 1892-1963) 등이 그녀를 도운 것으로 되어 있다. 루트만은 후일 유명한 아방가르드(Avant-Garde) 애니메이터가 되었고 코치(Koch)는 롯데의 남편이 되었다. 이들은 모두 독일 출신으로 영화감독들이었다.

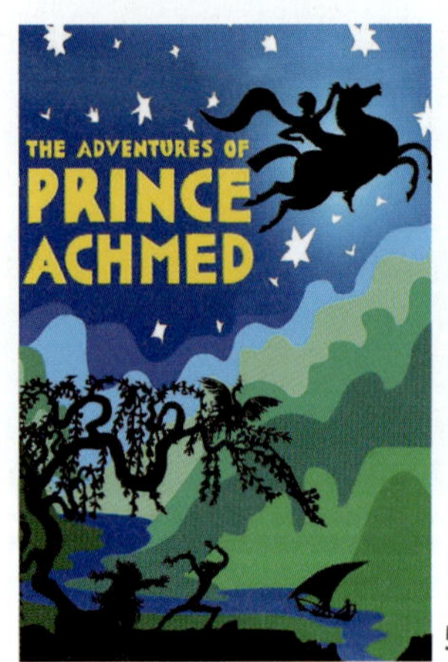

5

□ 그림설명 0022-5, 컷아웃 타이틀.

-6, <아키메드 왕자의 모험> 한 장면.

6

-7, 캐릭터의 관절을 분리해 오려낸 후 움직이기 위해 부분을 잘라 내어 다시 조합해 만든 캐릭터를 조금씩 움직여가며 촬영할 수 있게 준비 작업을 한다.

7

이 <아키메드 왕자의 모험>은 그녀가 평생 동안 만든 총 40편중에 한편으로 가위로 종이를 오려내어 실루엣 방식으로 동작을 만들어 65분 길이로 세계에서 최초로 만들어진 장편 애니메이션 필름으로 기록하고 있다. 그리고 롯데는 상영용 필름 위에 직접 색칠을 해 천연색으로 완성이 되었는데 소리가 없는 무성(Silent)에 독일어 자막으로 되어 있었다. 1927년에 토키시대(Talkie Era)가 도래했지만 이 영화는 1년 일찍 완성되어 필름에 음향이 장착된 필름을 만들지는 못했다. 그러나 그녀의 가위질 재능으로 아름다운 화면기법은 지금까지도 애호가들 옆에 가장 오래 머물러있는 필름으로 남아있다. 장편 애니메이션 기록에 의하면 <아키메드 왕자의 모험>이 나올 당시 같은 시기에 남미 아르헨티나(Argentina)에서 퀸리노 크리스티아니(Quirino Cristiani, 1896-1984) 감독이 제작한 장편 <El Apostol> 애니메이션은 분실(Lost)되어 기록뿐으로 필름은 없는 것으로 알려져 있다. 그리고 1937년에 디즈니가 만든 장편 애니메이션 <백설 공주와 일곱 난쟁이>도 총 천연색에 음향이 있는 장편이었지만 <아키메드 왕자의 모험>이나 <El Apostol> 보다 11년이나 늦게 만들어진 장편이었다. 역시 디즈니가 <오래된 방앗간(Old Mill)>을 제작하기위해 만들었던 다단계 촬영대도 롯데 라이니거가 일찍이 그녀의 작품 <아키메드 왕자의 모험>에서 사용했던 다단계 촬영방식과 흡사한 것이었다.

□ 그림설명 0022 -8,-9, <아키메드 왕자의 모험> 정교한 컷아웃 장면들.

0023 ani equ

ACME camera (애크미 카메라)

애니메이션 기재 전문 제작 회사인 미국의 애크미 카툰 컴퍼니(ACME Cartoon Co.)가 만든 로스트럼(Rostrum) 카메라 종류들 중 가장 많이 사용되어 온 카메라의 브랜드마크(Brand Mark) 이다. 애크미 회사는 애니메이션과 관련된 특수기재 제작을 해왔다. 카메라 ACME-5, ACME-6 등에 파일럿 핀을 장착시켜 촬영에서 떨림이 없는 정교한 기능을 실현시켰으며 이 당시 옵티컬 프린터 시설에서나 작업이 가능했던 제반의 기계적 기능을 두루 갖춘 정밀한 카메라를 개발하여 애니메이션 분야에 많은 공헌을 한 회사였다. 로스트럼 카메라는 페이드 인과 아웃(Fade In & Out), 크로스 디졸브(Cross Dissolve), 2중 촬영(Double Exposure), 사방 팬(Panning Any Direction), 경사(Tilt), 회전(Spin), 트럭 인과 아웃(Truck In & Out), 투과광 촬영(Back Light Shooting), 정상촬영(Forward Shooting), 역 촬영(Reverse Shooting), 타이틀(Title) 그 밖에 평면촬영으로 가능한 어떠한 작업도 모두 간편하고 편리하게 촬영하기 위해 만들어진 전문 평면

(2-D) 애니메이션 촬영용 카메라를 말한다. 1분용(1,440프레임) 애니메이션을 촬영하는 데는 약 10시간 정도의 시간이 소요된다. 디지털 시대에 들어서면서 이 재래식 카메라 시스템은 서서히 사라져 지금은 사용하지 않으며 독립 작가들의 실험 애니메이션이나 학생들의 교육용 정도로 사용되고 있다.

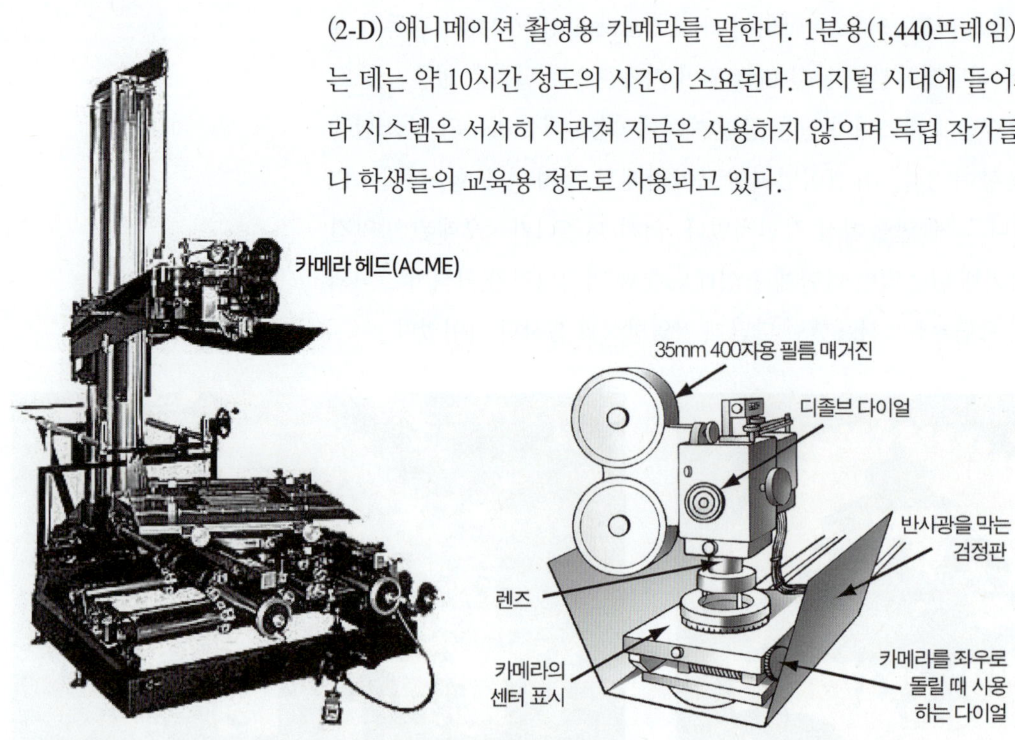

□ 그림설명 0023, ACME Camera Head (애니메이션 촬영 전문 카메라)

✱ 참조보기 (2298 - Rostrum Camera)

0024 `mus`

acoustics (청각, 음향)

순수 악기가 내는 소리를 의미하는 말로써 전자장치에 의한 소리가 아닌 통기타(Acoustic Guitar)에 붙여져 쓰는 단어이다. 일반적으로 영화의 음향(Sound)과는 구분하여 사용한다.

0025 `com` `gen`

Acrobat Pro (아크로뱃 프로, 어도비 아크로뱃)

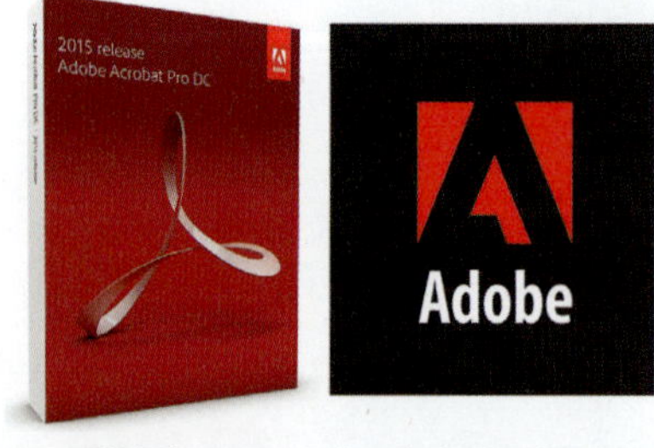

아크로뱃 프로는 어도비시스템 회사가 개발한 그래픽 편집 프로그램으로 어도비회사의 어플리케이션으로 문서를 만드는 PDF(Portable Document Format) 파일을 말한다. 어도비의 아크로뱃은 사용자들이 절대 불가능하다고 생각할 만큼 복잡하고 세련된 심지어는 지수연동방식 전자목록(Indexed Electronic Catalogs)이 있는 전자문서를 만들어 낸다. PDF 포맷을 개발한 어도비사의 아크로뱃 프로(Acrobat Pro)는 고가의 유료 소프트웨어이다.

□ 그림설명 0025-1, 어도비 아크로뱃 로고.

✱ acrobat (곡예사)

고대 이집트, 그리스, 로마제국의 사람들은 행사나 관객 앞에서 줄타기 묘기나 춤 등으로 뛰어난 재능을 보였다는 '아크로뱃' 곡예라는 기록이 남아 있다. 20세기에 들어와서도 동물이 아닌 사람들의 이러한 특수 예능들은 여러 갈래로 나눠지며 무대예술의 한 장르로서 또는 곡마단의 '서커스'로 가난과 슬픔을 위로하며 발전되어 왔다. 호소적인 음악과 주제의식 등이 결합된 현대 무대예술로까지 각광을 받아오는 오리지널(Original)이다.

□ 그림설명 0025-2, '태양의 서커스' 곡예사들.

0026 `art` `lit`

act (막, 퍼포먼스, 행위)

16세기경부터 무대극을 올릴 때 사용한 기법으로 주로 연극, 희곡, 오페라 등의 드라마를 공연하면서 이야기의 줄거리가 연출 상 잠시 멈춰야 할 때를 '막(Act)'이라 불렀으며 막이라는 형식은 지금 까지도 사용하고 있다. 특징은 막과 막 사이를 막간이라 했는데 이 사이에 커다란 막(Curtain)이 내려와 무대를 가리고 다음 막에서 사용할 무대장치를 준비하기 위해 이용한 하나의 방법이었다. 당시에는 막이 내려오면 관중은 잠시 휴식에 들어갔다. 이러한 지루함을 해소시키기 위해 코러스(Chorus)나 단역배우의 원맨쇼(One man Show)로 막간을 채우기도 했다. 막의 사용은 극적인 요소인 긴장감 유발, 심리적 자극, 스토리의 반전 등을 의도적으로 강화시키는 역할을 하게 된다. 막은 대체적으로 주제와 동기, 사건연루, 최고 절정에 이르며 결론으로 나누어 3막 형식으로 전개되고 마무리된다. 역사적으로 무대의 연극은 그리스(Greece)에서 막이라는

A

개념 없이 시작되었으며 로마제국시대(Roma, B.C. 2500~1250)에 3막 극이나 5막 극으로 공연되었지만 유럽에서는 지역에 따라 막을 이용하는 형식이 다르게 발전해 왔다. 문예부흥기인 1570년경에 이르러 독일의 발디스(Valdis)의 단막희곡 <잃어버린 아들(Missing Son)>에서 막의 구분이 확실하게 등장하고 자리 잡게 됐다. 지금도 TV용 애니메이션 대본, 연극 대본 등이 3막 극(3 Act)으로 연출하는 것을 현대에 와서도 볼 수 있으며 내용적으로 구분을 주어 관객이 보다 흥미를 느낄 수 있도록 한다.

*act (행동, Action, Performance)

막의 의미 외에도 연기의 뜻으로 사용되며 이 모두는 개인이 하고 싶은 것과는 관계없이 영화, 오페라, 무대 등을 위한 대본 연출에 따른 연기만을 의미하는 말이다.

0027 `art` `ani` `pic`

acting (연출, 연기)
*action (동작, 액션)

애니메이션뿐만이 아니라 영화에서 연출에 따라 연기하는 동작을 뜻하는 말이다. 연기는 분야에 따라서 연기자의 연기는 다양하다. TV 탤런트, 영화배우, 연극배우, 오페라의 가수 등으로 각본에 의해 동작, 대사, 노래 등을 연출해야하는 것을 뜻한다. 연기는 동작뿐만이 아니라, 얼굴 표정, 몸동작, 대사의 억양 등을 통해 영화 속 캐릭터를 해석하고 표현하기 위해 동작을 한다. 연기는 자신이 맡은 배역을 충분히 감당하여 재능을 보임으로써 이야기의 생명력을 얻어 낼 수 있다. 연기는 연기자의 음성까지를 포함한다. 연기는 연출해야 하므로 언제나 실제 동작으로 자기 훈련을 쌓는다. 애니메이션에서는 위에 기술한 모든 상황을 애니메이터 자신이 동작과 표정 등을 그림으로 그려야 하기 때문에 애니메이터들은 연기 연습을 한다. 영화는 카메라의 촬영기술, 특수효과, 편집 등을 통해서 배우의 연기를 강화하고, 때로는 미숙한 연기자들의 동작은 필름 편집 기술의 도움을 받기도 한다.

□ 그림설명 0027, 연기자 Action <Innocence>의 한 장면.

0028 `pic`

action adventure film (활극모험영화, 액션-어드벤처)

이 용어는 실사영화나 애니메이션에 관계없이 여러 타입의 영화들에 포괄적으로 적용시키는데, 이런 필름들은 관객에게 흥분과 서스펜스와 함께 주인공의 육체적 묘기, 격투, 추격을 통해 관객에게 긴박감을 준다. 특별히 이국적인 장소들을 다루기도 하는 모험극의 일종이다.

□ 그림설명 0028, 스타워즈 (StarWars) 20세기 폭스 제작.

0029 `pic` `ani`

action cutting (빠른 편집, 액션 커팅)

액션이 지속적으로 보이도록 빠른 샷으로 편집하는 기법을 뜻한다. 리미티드(Limited, 제한적인 동작) 애니메이션에서 지루할 수 있는 정적인 시간을 줄이기 위한 방법으로 단조롭지 않고 흥미를 더하고 액션의 다양한 면에 관객의 관심을 모으려는 의도로 급격한 동작만을 골라 사용하게 된다.

0030 `pic`

＊action film (액션 필름)

액션이 숨 쉴 틈이 없이 많이 들어 있는 영화를 가리키는 말이다. 이런 영화들은 캐릭터의 클로즈업(Close-Up)으로 감성을 자아내거나 앉아서 대사를 하는 비중이 최소화된 필름들이다. 대부분의 미국의 서부활극 영화나 갱스터 영화를 그 예로 들 수 있다.

□ 그림설명 0030, 흑기사 <다크 나이트, the Dark Knight> WB.

A

0031 `art` `pic`

actor (연기자, 남성배우, 영화배우)
*actress (여성연기자, 여성배우)

영화상에서 연기를 수행하는 남성배우를 일반적으로 뜻하는 말이다. 간혹 남자 주인공을 히어로(Hero), 여성 주인공을 히로인(Heroine, Shero)이라 부르는데 주로 이 말은 슈퍼히어로(Superhero)가 초능력적으로 악과 싸우는 만화주인공에 국한해서 부르는 말이다. 배우의 배역은 그 시대에 따라 어떤 배역이 어울리는지 배우의 인기도나 인물에 대한 개념에 영향을 미치기도 한다. 또한 영화제작에서 제작자나 감독은 일반적으로 관객의 선호도에 따라 사람의 타입을 선별하여 배역(Casting)을 정하는 경우도 있다.

0032 `gen` `edu`

ACT test (American College Testing, 미국대학입학시험)

에이씨티는 아메리칸 칼리지 테스팅을 줄여서 부르는 말로 미국대학입학 자격시험을 뜻하는 말이다. 이 제도는 1959년도부터 시작되었고 방식은 종이에 시험 보는 것을 기준으로 하며 종목으로는 영어(English), 읽기(Reading), 쓰기(Writing, 경우에 따라), 수학(Mathematics), 과학(Science)이다. 과목마다 시험시간 간격은 영어 45분, 읽기 35분, 수학 60분, 쓰기가 있으면 40분으로 총 주어진 시간은 쉬는 시간을 빼고 3시간 35분이다. 이 제도는 미국 안에서 대학에 입학할 수 있는 자격을 부여하는 것으로 학교마다 다르게 시행하던 것을 아이오와 대학(University of Iowa)의 교육학 교수였던 에버레트 F. 린드퀴스트(Everett F. Lindquist, 1901-1978)에 의해 표준을 정하여 오늘날과 같이 중요하고 확고한 방식으로 시행하게 되었다. 1989년 전까지만 해도 영어, 수학, 사회학 그리고 자연과학이었으나 그 후 시험 과목이 바뀐 것이다. 2018년까지도 칼리지나 대학에서 이 제도를 아직 유지하고 있으며 점진적으로 이 테스트를 신청하는 학생들이 늘어나고 있는 추세라 한다.

□ 그림설명 0032, 미국대학입학시험 로고.

0033 `gen`

A.D. (에이디)
*Anno Domini (기원 후)

예수그리스도의 태어난 기점, 그 이후를 지칭하는 라틴어의 어원으로 <Anno Domini>를 줄인 말로 A.D. 또는 AD. 라고 표기한다. 이것을 서력기원이라고 부른다. 그리고 서력기원의 이전을 기원전 B.C.(Before Christ) 또는 BC. 라고 표기한다.

□ 그림설명 0033, 예수 그리스도의 탄생.

0034 `mus`

adagio (아다지오)

아다지오는 음악의 속도를 표시하는 언어로 느리게 연주하라는 뜻이다. 박절기 (Metronome)에 의해 1분에 56비트(Beat)에서 69/BPM의 속도를 의미한다. 박절기마다 비트의 표시가 다소 차이가 있다. 어느 것은 비트의 표시가 58-97/BPM이다. 박절기의 속도 표시는 그 시대에 따라서 다르게 취급된 것을 알 수 있다. 19세기에는 60/BPM, 20세기에는 54/BPM, 또한 21세기에는 70/BPM으로 표기된 것으로 보아 시대적으로 음악의 속도도 변화된 연주기법으로 이어진 것이 보인다. 그러나 아다지오의 연주 속도는 '느리게'로 표시되어 있고 '라르고(Largo)'처럼 느리지 않다는 주석이 붙어 있다. 애니메이션에서 아다지오 속도는 대략 한 발자국을 옮기는데 1초 정도, 24장(2분 음표해당)의 그림을 그려야 하고 3발자국을 옮기면 72장의 그림을 그려야 한다는 뜻이다.

0035 `lit` `pic` `ani`

adaptation (각색, 개작)

문학으로서 원형이나 원본을 활용해 기본골격은 살리고 그 시대에 맞도록 새로운 느낌으로 변경(Modification)하여 각본을 다시 쓰는 것을 각색이라 한다. 간혹 실제 (True Story)의 사건, 실존 인물의 전기, 고전소설, 현대문학 등을 영화화하거나 무대에 드라마로 올리려 할 때 줄거리, 무대 설정, 연출, 의상 등을 영화제작이나 공연에 극대화하거나 합당하도록 각색하는 것을 말한다. 일반적으로 제작자나 감독은 고전문학을 현대적으로 풀이할 때 오리지널의 스토리의 골격을 유지하며 현대적 감각에 맞추어 사용하게 된다. 또한 경우에 따라 오리지널 자체를 뜯어고쳐 개작하는 경우도 있다. 용어사용에서 유의할 것을 아래에 적는다.

✻ adapt [어댑트]

기존 문학원본을 기초로 일부 내용을 각색하거나 내용을 다르게 개작하는 것을 뜻한다. 아래 Adopt와 혼동을 피한다.

✻ adopt [어답트]

사람을 '양자(양녀)로 삼는다.'라는 뜻이다.

0036 `gen`

AD (애드, 광고)
✻ advertisement (광고, 애드버타이즈먼트)

□ 그림설명 0036, 광고를 기다리는 간판(Bill Board)

일반적으로 애드버타이즈먼트를 짧게 줄여서 '애드'라고 쓰고 읽는다. 광고는 일반적으로 시각을 우선한다. 따라서 광고의 대상은 연령, 성별, 직업 등에 따라 한정된 대중을 대상으로 목적광고를 한다. 또한 상품의 매출을 촉진하기 위해 선전도 포함한다. 광고의 종류는 시각, 청각, 언어(문자, Text) 등에 최대의 자극을 부여하고 대상(Audience)으로부터 목적물(상품)에 대한 신뢰를 얻어내는 것에 초점을 둔 기발한 아이디어(Idea)가 동원된다. 광고는 2가지로 대별하여 상품의 판매(Sale) 목적과 회사를 위한 기업광고로 나눈다. 기업광고에서는 고객과의 소통을 목적으로 기업 성장을 홍보하며 국가나 사회단체의 정책을 반영하는 광고도 포함하는 말이다.

✻ 참조보기 (0045 - advertising)

0037 `art` `ani`

ad-lib (애드 립, 즉흥적)

영화에서 대본이나 감독의 특별한 지시가 없더라도 출연자는 즉흥적으로 자의적인 액션이나 대사 등의 동작을 취하거나 취할 수 있다는 말이다. 애니메이터는 연출 분위기에 맞게 감독의 특별한 지시 없이 동작을 자율적으로 연출에 맞게 그려 표현할 수 있다는 뜻이다.

0038 `gen`

administration (관리, 행정)

비즈니스상의 행정이란 의미는 단적으로 비즈니스의 여러 양상을 눈여겨보는 관리 감독을 뜻하는 말이다. 소규모의 개인 비즈니스나 대형의 회사 경영 간에 세워진 규칙에 의거해 비즈니스를 운영하는 방식이나 관리체계를 뜻하는 말이며 또한 그 관리부서 자체를 이르는 말이다. 영화를 제작하는 프로덕션회사는 행정(관리)부서와 기술 제작부서로 나뉘어 있는데 관리자들에 의해 제작 부서를 총 관리하게 된다. 이러한 총괄 부서를 행정부서라 부른다. 기술 제작부의 카메라 촬영기사, 조명기사, 특수 차량 등 실질적인 제작 외에 문서상의 모든 행정부의 관리는 업무를 이르는 말이다.

0039 `gen`

admission ticket (입장권)

일반적으로 관객을 위해 관람시설을 갖춘 박물관, 유적지, 영화관, 놀이시설, 미술관이나 각종 유료전시장 등을 관람하기위해 돈을 지불하고 매입하는 입장권을 뜻한다.

□ 그림설명 0039, 입장권의 종류.

0040 `com`

Adobe (어도비)

어도비는 세계적으로 유명한 미국의 '어도비 시스템즈 코퍼레이션(Adobe Systems Corp.)'회사의 대표적인 상품의 이름이다. 회사는 1982년 초에 켈리포니아의 마운틴 뷰(Mountain View)에서 설립되었으며 지금은 산 호제에 본사를 둔 그래픽 프로그램 제작업체로 창립자는 척 게스케(Chuck Geschke, 1939-)와 존 워녹(John Warnock, 1940-)으로 어도비 포토샵과 어도비 일러스트레이션 등으로 주로 응용소프트웨어를 개발한다. 이 회사가 개발한 품목들은 헤아릴 수 없을 정도로 수만 종에 이른다. 이러한 모든 경험을 토대로 품질에 지속적인 혁신을 이끌어 가는 회사이다. 워드프로그램(Word Program), 엑셀(Excel), 파워포인트(Power Point) 등의 일반 문서파일들과 컴퓨터 소프트웨어로는 플래시 프로페셔널(Flash Professional), 포토샵(Photoshop), 프리미어(Premiere), 아크로뱃(Acrobat), 스케치(Sketch), 애니메이트(Animate), 페인트(Paint),

A

XD(Experience Design), 애프터 이펙트(After Effects) 등 주로 응용소프트웨어 개발제작을 해서 사무원, 일러스트, 애니메이터, 일반 디자이너, 공업디자이너, 화가 등에 어도비 툴(Tool)의 향상된 꾸준한 개발은 디지털 방식 사용 애호가들과 예술가들의 창작활동에 엄청난 영향을 주었다.

□ 그림설명 0040, 어도비의 Photoshop 로고.

0041 `pic`

ADR (에이디알)

* automatic dialogue replacement (에이디알, 대사 끼어 넣기)

캐릭터의 대사를 후 녹음으로 성우가 대역하여 화면의 입놀림에 맞게 목소리를 끼워 넣는 것을 줄인 말로 [에이디알] 이라 부른다. 애니메이션을 제작하려면 기획부분에서 목소리(Dialogue)를 먼저 녹음하고 그 대사를 분석하여 입 모양까지도 대사에 맞게 동작을 연출해 그림을 그리게 되는데 이 작업을 대사 선 녹음 방식이라 한다. 다른 하나의 방법은 애니메이션을 먼저 완성하고 최종 녹음할 때 성우가 화면속의 캐릭터 입놀림에 맞추어 후 녹음하는 방식이다. 두 가지모두 근래에 와서는 ADR 방식을 이용해 쉽게 그림에 입 모양을 맞출 수 있다. 선 녹음의 경우에도 제작도중 캐릭터의 대사가 바뀌는 경우 임시로 대사를 녹음하여 사용하고 최종 포스트에서 다시 최종대사를 넣는 작업을 ADR로 쉽게 바꿔 넣을 수 있다. 또한 외국어로 된 영화를 수입하여 자국어로 더빙할 때 화면 속 인물과 입이 일치하도록 맞추어 녹음하는 시스템도 ADR이라 말한다. 이 ADR녹음시스템은 디지털방식의 개발로 매우 쉽고 편리하게 대사를 화면에 맞출 수 있다.

* ADR session (에이디알 녹음작업)

영화제작에서 포스트프로덕션 공정중의 한 단계로 목소리 대사 녹음부분을 말한다. 화면 속 캐릭터의 입 모양에 목소리를 맞추어(Sync) 넣는 작업으로 자동 대사 끼워 넣기 작업을 의미하는 말이며 실사나 애니메이션으로 완성된 부분에서 대사의 일부 수정이 있거나 또는 영상물의 원어를 다른 나라언어로 입모양에 맞게 바꾸는 대사더빙 작업을 세션이라 한다.

□ 그림설명 0041-1, 완성된 영상물의 입모양에 맞추어 대사를 바꿔 녹음.

-2, ADR Recording으로 녹음된 대사를 바꿔 넣음.

0042 `ani` `gen`

adrift (표류하는, 떠도는)

＊drifting (표류, 흐름, 정처 없는)

어느 물체가 외부의 힘에 의해 움직이는 것을 가리키는 말이다. 완전 자연의 힘에 의해 바람 부는 데로 물결치는 데로 따라 움직이고 있는 것을 의미한다. 예; '배가 엔진고장으로 해류에 표류하여(Adrift) 떠내려가고 있다.' 또한 '풍선이 바람과 함께 멀리 멀리 정처 없이(Drifting) 떠올라 가더니 사라졌다.' 이 때 애니메이션 작화에서 풍선 동작은 간혹 조밀하게 중간 그림을 넣거나 그런가 하면 그림과 그림사이를 듬성하게 그려 빠른 동작으로 표현하여 자연에 순응하듯 애니메이션으로 표현한다. 이렇게 물리적인 표현뿐만이 아니라 '사람이 한곳에 머물지 않고 여기저기 떠다닌(Adrift)다.' 라고 형용사적으로 표현할 때도 사람이 의지 없이 떠돌아다니는 의미로 사용되는 말이다.

□ 그림설명 0042-1, 북극곰의 표류

-2, 지구인들이 남긴 잔해의 표류물들.

A

0043 `gen`

adult (성인, 어른)

어린이가 성숙하게 자라서 나이가 19세가 되면 법률적으로 어른이 되고 이때부터를 성인이라 칭한다. 사람은 태어나서 젖먹이(Nursing baby), 유년기(Infancy), 소년기(Teenage)를 거쳐 청년기(Adolescence)를 맞아 법률상의 성인(Adulthood)이 된다. 성인은 연령뿐만 아니라 부모로부터 가정교육을 받아 어질게 덕(Morality)을 쌓아 인격(Personality)을 연마하고 도리(Justice)와 윤리(Ethics)를 배우고 예의범절을 익히며 의무적인 초등학교 6년, 중고등학교 6년을 졸업하여 모두 12년 이상의 의무교육을 이수하고 스스로 판단할 수 있는 이지력을 배워 19세가 되면 보호자로부터 독립되어 성인이 된다. 그러나 한국에서는 국민 투표자를 더 늘리기 위하여 만 18세가 되면 투표권도 얻고 성인도 된다.

0044 `gen` `pic` `equ`

advance (화면과 음향 맞추기, 선행 작업, 선수금)

1) 35mm 영화필름의 화면(Picture)과 사운드(Sound)를 일치(Sync)시키기 위해서는 영사기시스템에 맞도록 사운드는 화면보다 19프레임(16mm는 40프레임)이 선행되어야 한다. 화면을 비추는 렌즈의 위치보다 소리를 내는 사운드 트랙의 위치가 약 19프레임이 앞서가도록 영사기구조가 설계되어 있기 때문이다. 이것을 사운드 애드번스(Sound Advance)라고 하는데 화면과 소리를 싱크(Sync)시키기 위한 국제 규격의 시스템이다. 영사기 시스템에서 기계적으로 화면을 빛으로 비추는 렌즈와 소리를 내게 하는 사운드 트랙을 같은 곳에 둘 수 없기 때문이다. 사운드 시스템은 오실로스코프(Oscilloscope)를 장착한 옵티컬(Optical)식과 자기테이프를 장착한 마그네틱(Magnetic)식 중 하나를 선택할 수 있도록 되어 있다. 또는 두 가지 방식을 모두 갖추고 있는 기재도 있다.

2) 갑과 을이 제작을 합의하여 계약을 체결한 후 갑이 지불하는 선수금(Commencement)을 미리 지급하는 뜻을 말한다.

□ 그림설명 0044, Sound와 Picture를 일치시키는 Film Gang 편집기 (16mm)

advertising (광고, 광고하기)

광고는 궁극적으로 한정된 대중을 대상으로 소통하려는 목적과 상품의 매출을 촉진하기 위해 선전하는 것을 말한다. 광고의 종류와 방식은 매우 다양하다. 광고는 시각, 청각, 언어 등에 최대의 자극을 부여하고 대상(Audience)으로부터 설득력을 얻어야 됨으로 매우 기발한 아이디어(Idea)가 동원된다. 광고는 기업의 광고와 상품의 판매(Sale) 목적, 홍보(PR, Public Relation) 그리고 선전(Propaganda) 등으로 크게 나눌 수 있다. 기업광고는 기업 성장을 알리기 위하여, 홍보는 대중과의 소통을 목적으로, 선전은 국가나 사회단체의 정책을 옹호하고 그를 위한 강제적 참여를 유도하는 데에 사용되는 말이다. 이러한 광고들은 지방도로변에서 흔히 볼 수 있는 Bill Board 광고, 도심의 전광판, TV, 신문, 잡지, 인터넷, CF광고 등의 방식을 통해 그 광고의 목적을 이룬다.

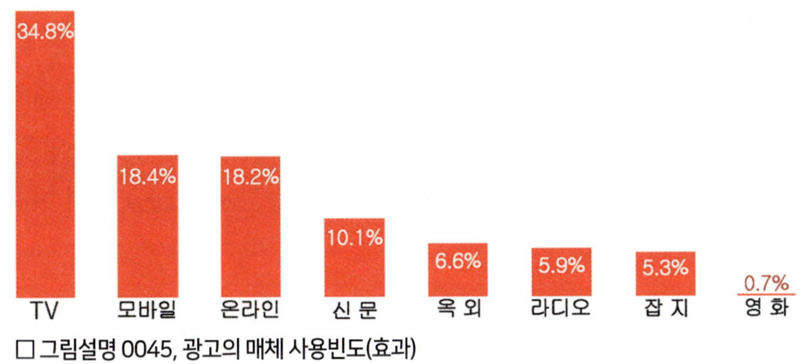

□ 그림설명 0045, 광고의 매체 사용빈도(효과)

* 참조보기 (0036 - AD)

* advertiser (광고주, 광고대행인)

광고주의 관점에서 업체의 성격, 당면한 문제점, 선전의 필요성 등을 조사하거나 상품의 판매촉진의 목적을 위한 선전 등의 대행 행위를 말한다. 폭넓게 고객과 상담하고 예산 책정 등 전문화된 선전활동을 권고와 실행을 통해 고객을 이끌기 위해 대행을 의뢰한다. 선전업체들은 보통 고객들을 대상으로 선전 홍보를 권장하고 그 대가로 대행 비용을 받는다. 이들을 광고에이전트(Advertising Agent)라고도 부른다.

□ 그림설명 0046, 모험영화
<the Lion Heart>, 2013.

0046 `lit`

adventure story (모험이야기)

문학에서의 소설이나, 주로 TV 프로그램과 영화 등에서 이야기의 내용이 인간이 위험한 일에 처하게 되거나 아슬아슬하고 흥미진진한 탐험을 곁들인 활동 등을 전개해 나가는 이야기들을 이르는 말이다. 슈퍼히어로들이 나오는 영화 등에서 이러한 스토리의 구성을 볼 수 있다. 모험 이야기들은 그리스의 신화(Myth)를 기초로 파생된 미래적인 상상력을 구성하여 만들어지기도 한다. 구성은 주로 극중에서 주인공이 자진해서 행하는 의지(Willing)의 모험심과 위험(Risk)을 동반한 불안(Anxiety)과 조바심(Worry)과 흥분(Excitement)을 조장시키는 것이 모험 이야기의 특징이다.

0047 `gen`

adviser (조언자, 고문)

조언이 필요한 사람에게 그가 처한 입장을 고려하여 말로 도움을 주는 것을 말한다. 전문가로서 조언, 사업절차와 방식에 대한 조언, 친구의 난처한 입장을 돕기 위해 조언하는 사람 등을 조언자라 한다. 특히 영화를 제작하기 위해 가장 먼저 해야 할 일이 스토리 구상이다. 스토리를 창작하는 일은 매우 어렵다. 시놉(Synopsis)을 써서 여러 사람들로부터 조언을 듣는다.

0048 `pho` `pic` `art` `arc`

aerial image (공중이미지, 조감도)

공중에서 내려다 본 모든 이미지를 일컫는 말이다. 높이 올라간 크레인, 헬리콥터나 드론(Drone) 등에서 촬영한 영상을 들 수 있다. 애니메이션에서는 이러한 특수 조감도를 연출에 맞도록 그림으로 그려 사용한다.

□ 그림설명 0048-1, Drone으로 촬영한 이미지.

✱ aerial perspective (공중원근법, 대기원근법)

대기원 근법은 대기 공간에 빛과 구름과 먼지 등의 조화에 의해 생겨나는 변화가 마치 원근법에 의한 시각적 변화로 나타나는 것을 말한다. 화가들에 의해 그림으로 원근법이 표현된 때는 1420년경으로 15세기경에 와서야 원근법이 그림에 일반화되었다. 이 시기에 유명했던 화가 중에는 레오나르도 다빈치(Leonardo Da Vinci, 1452-1519)가 있고 그는 자신의 작품 <모나리자(Mona Liza)> 배경에 이를 표현한 것으로 보인다. 이외에도 수많은 화가들에 의해 선으로 표현하지 않고 색감으로 원근을 표현한 대기 원근법은 계속 이어져 왔다. 애니메이션에서는 조감도와 같은 구도의 그림으로 과장해 손쉽게 그릴 수 있지만 실사영화에서 공중촬영은 특수 와이드 렌즈를 장착해 촬영하게 된다. 카메라를 헬기에 부착하고 사람이 손으로 조종하거나 디지털 드론에 의해 정확하게 GPS에 의한 원격 촬영도 가능하다.

□ 그림설명 0048-2, 공중원근법, <1868 Among the Sierra Nevada>의 한 장면. by Albert Bierstadt.

✱ aerial shot (공중촬영, 조감촬영)

높은 기중기(Crane), 헬리콥터(Helicopter), 새로운 기법의 드론(Drone) 등을 이용한 카메라로 공중에서 촬영하는 것을 말한다. 최근 개발된 여러 종류의 드론 소형 카메라로 원격으로 조정할 수 있어 실제와 같은 느낌으로 화면을 촬영해 사용할 수 있게 되었다. 드론 카메라는 GPS를 이용해 정확한 위치의 목적물을 촬영할 수 있으며 지상의 컴퓨터 모니터에 의해 자유자재로 조종이 가능한 팔로우 펜(Following Pan) 등 공중 촬영의 신기원을 맞게 되었다.

-3, 샌프란시스코 드론 공중촬영.

0049 `lit`

Aesop Fables(Story) (이솝우화, 이솝스토리)

이솝우화는 기원전 620년에서 564까지 56년간 고대그리스에서 이솝이 노예로 삶을 실아가면서 두러움(✱Afraid)으로 온힘을 다해 자유의 몸이 되고자 자주 글을 써서 주인에게 바친 이야기들이다. 그러니까 도덕적인 삶의 순리를 동물들에 비유해 인간이 가져야할 마음의 전달을 기술한 것들이다. 이 교훈들은 헬라어(Greek Language)로 구사

해 당시에도 풍부한 어휘와 단어들을 상식화된 간단한 이야기로 구성되어 있다. 이 이야기들은 전 세계의 어린들에게 알려지고 읽혀왔으며 이 글을 통해 지혜, 도의, 경각심, 자만, 욕심, 나태, 용기, 오만, 어리석음, 재치 등을 모두 동물들의 삶에 비유해 쓴 글이며 토끼와 거북, 개미와 베짱이, 여우와 까마귀 등 600여개의 단편들로 되어 있다. 또한 이 단편적인 이야기들은 많은 나라에서 헤아릴 수 없이 여러 번 애니메이션으로 만들어져 왔다.

□ 그림설명 0049-1, <Fabels van Esopus> 이솝우화의 표지, 작가- Beverley Naidoo, 일러스트- Piet Grobler.

*afraid (두려움, 불안)

문학에서 서술(Description)하거나 생활에서 구어(Spoken Language)로 어떤 새로운 시도를 하기 전에 명확한 자신감이 없을 때, 또는 미안감이나 불만감의 뜻을 내포하는 말이다. 예: "내가 이 일을 잘 해낼 수 있을까요? (I am afraid to do this job well?)" 노예의 몸인 이솝이 매일 두려움을 느끼며 주인의 관대를 소망했다고 기록되어 있다. 결국 자유의 몸이 되었다는 결론이 남아있지 않아 불안은 더 했을 듯하다. 그러나 영화에서 두려움은 주로 내용에서 불안감을 연출하여 표현한다. 영화에서는 극대한 두려움은 무서움(Fear), 걱정스러움(Scare), 공포감(Horror)과 전율(Shudder) 등을 관객이 느낄 수 있도록 연출한다. 음침한 배경을 설정하고 색감으로 불안한 분위기를 꾸민다. 또한 출연자의 동작에 의한 두려움은 스토리텔링에 따라 연출의 강약을 표현할 수 있다.

-2, 영화의 한 장면 '두려움' <Home Alone> 1990, by Chris Columbus, 20th Century Fox

0050 ani pic peo his edu

Africa Animation (아프리카 애니메이션)

1916년 미국인 해롤드 샤(Harold Shaw, 1877-1926)가 만든 <아티스트의 꿈(The Artist's Dream)>이 아프리카 이집트에서 만들어진 최초의 애니메이션 필름이라고 알려져 있다. 아프리카 최초의 애니메이션 제작으로 감독과 작가들의 국적이나 기원을 찾는다면 조금 복잡하다. 아프리카 애니메이션에는 남아프리카의 백인들이 만든 애니메이션과 같이 백인들이지만 아프리카 식민지 개척자들이 만든 작품들이 섞여있어서 그 구분이 쉽지 않다. 더구나 이집트로 거슬러 올라가 보면 아프리카의 애니메이션 창시자는

프렌켈 브라더스(Frenkel Brothers)이다. 그러니까 아프리카 애
니메이션은 1846년경에 만들어졌다고 할 수 있다. 창시자들은
전문적인 예술가나 애니메이터가 아닌 이들은 러시아에서 이집
트로 이민 온 목수들이었다. 이들은 아프리카에서 첫 번째 애니
메이션을 만들었는데 어떻게 만들었는지는 기록이 없다. 아프
리카는 상상하건데 많은 문제들에 직면하면서도, 결국 이집트
국가가 아프리카 전역을 대표해서 그리고 전 세계에서 최초의
애니메이션을 만든 대륙이 되었다. 1916년 이후 <인 베인(In
Vain)>이라는 제목의 이 애니메이션은 상영시간이 겨우 10분
길이이다. 이 만화의 주인공은 미키마우스의 모델로 잘 알려진
'미시미시 에펜디(Mish Mish Effendi)'이다. 그러나 이 애니메이
션은 1951년 카이로 화재 때 소실됐다. 프렌켈 브라더스의 두
번째 애니메이션 <내셔널 디펜스(National Defense, 1939)>는
다행히 아직 자료로 남아있다고 기록되어 있다.

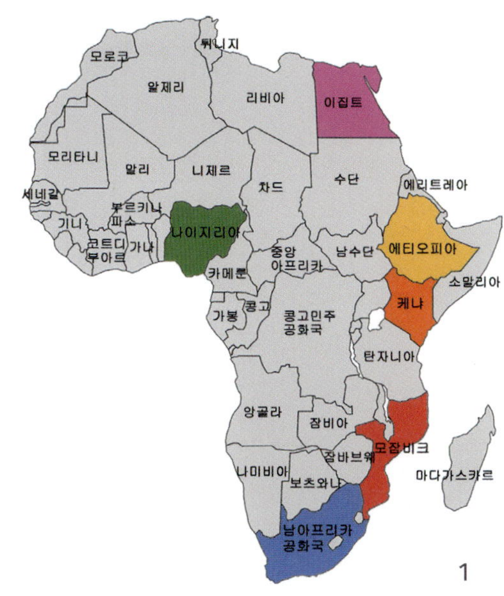

☐ 그림설명 0050-1, 아프리카와 애니메이션 제작국소개.

-2, 프렌켈이 이민와서 만든 아프리카 최초의 애니메이션
<Mish-Mish Effendi, (1939)> by Frankel Brothers.

-3, 프렌켈(가운데, 배경의 글은
'이집트의 뤼미에르')

*Africa 1st Animation by Nigerian (아프리카인의 최초 애니메이션)

실제 아프리카 아티스트가 만든 최초의 아프리카의 애니메이션은 나이지리아
(Nigerian)사람인 무스타파 알라산(Moustapha Alassane, 1942-2015)이며 그가 만든
단편영화 <웨딩(Aoure)>이다. 무스타파 알라산은 나이지리아의 에누구(Enugu)에서
태어나 기계성비에 열정을 갖고 공부했다. 우연히 나이지리아를 좋아했던 프랑스인 장

A

로슈(Jean Rouch, 1917-2004)를 만나 영화제작기술을 배우게 됐다. 로슈가 이후 캐나다로 건너간 뒤 영국인 노먼 맥라렌(Norman McLaren, 1914-1987)으로부터 애니메이션 교육을 받기도 했다. 알라산의 첫 단편 영화 <웨딩>은 나이제르(Niger) 시골 마을의 결혼 풍습을 그린 것으로 1963년에 상을 받았다. 1965년에는 <갠지의 죽음(La Mort de Gandji)>을 만들었다. 이 작품은 두꺼비 왕과 그에 아첨하는 신하들에 관한 전설을 그린 우화이다. 두꺼비 심(Sim)은 두꺼비들의 왕과 두꺼비 공화국의 대통령이 되어 주변 국들에 외교적인 임무를 수행한다. <심의 멋진 여행(Bon Voyage Sim)>에서는 60년대 초기 아프리카 공화국들의 재밌고 독창적인 초상을 그려냈다. 몸을 부풀리는 개구리들이 마치 아무 유익도 주지 못하면서 거들먹거리기만 하는 인간 세계의 국가 원수 같은 모습이다. 그로부터 15년 후, 두꺼비 캐릭터 '심'은 <코코아(Kokoa)>에서 다시 등장하는데, 이 작품 또한, 사람들이 카멜레온과 개구리, 새, 도마뱀들의 레슬링 경기에 초대돼 경기를 본다는 아이러니한 이야기이다. 두꺼비 캐릭터 '심'은 우화의 장르를 완성한 시인 라퐁텐의 작품에도 나올만한 캐릭터이다. 1966년에는 놀랍게도 그의 평범한 패러디 필름 <모험가의 귀환(Le Retour d'un Adventurier)>이 아프리카 최초의 '서양' 필름이 됐다. 1972년에 만들어진 그의 첫 장편 필름 <여자, 차, 저택, 은(FVVA, Femme, Voiture, Villa, Argent)>은 아프리카에서 갑자기 부자가 된 벼락부자들의 권력에 대한 갈구와 무자비한 야망을 고발한 작품으로, 모든 아프리카 젊은 세대의 표석이 됐다. 1977년에 만든 <위대한 삼바(Samba le Grand)>는 사랑과 권력사이의 교묘한 관계에 관한 고대의 전설을 그린 것으로, 퍼펫 인형과 스케치, 색을 입힌 세트 등을 혼합해 만든 멋진 작품이다.

□ 그림설명 0050-4, 아프리카의 애니메이터 무스타파 알라산.

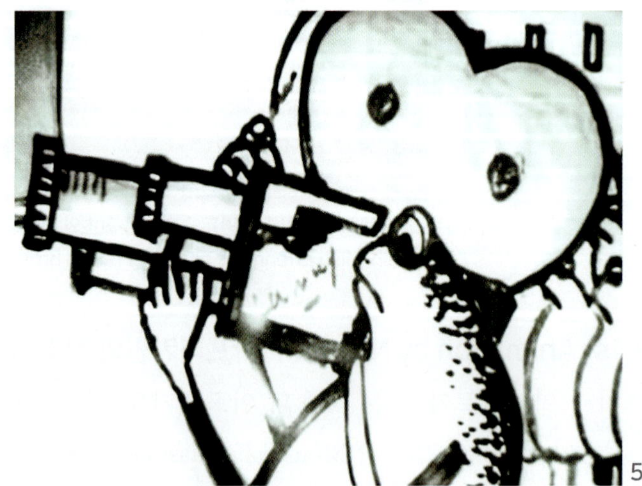

-5, 아프리카인이 만든 최초, 알라산의 애니메이션. <Bon Voyage Sim, (1966)> by Moustapha Alassane.

그는 자신의 나라와 대륙의 사회적 상황을 아이러니한 풍자의 눈으로 재현한 애니메이션, 픽션, 다큐멘터리 등 30편 이상의 필름을 만들었다. 그는 이러한 다작과 끊임없는 참여로 60~70년대에 오마르 오간다(Oumar Ouganda), 무스타파 디오프(Moustapha Diop, 1945-), 딘가레 마야(Djingarey Maiga, 1939-) 등과 함께 나이지리아를 훌륭한 필름 제작의 나라로 만드는데 크게 기여했다. 또한 알라산은 15년간의 나이지리아 니아메(Niamey) 대학 영화과 학장직 재임 기간에도 영화 참여는 계속됐고, 더 나아가 배급에도 관심을 돌려 미니버스와 몇 대의 필름 영사기를 가지고 나이지리아를 순회하며 오지에까지 가서 영화에 대한 열정을 동포들과 함께 나눴다. 이에 부응해서 유럽 국가가 아프리카 애니메이터와 아프리카 국가들의 애니메이션 프로젝트에 경제적 지원을 했다.

✳ UNESCO Cultural Support for Africa Animation
(유네스코의 아프리카 애니메이션 교육지원)

2009년 아프리카 케냐부터 시작된 3개의 '아프리카 애니메이션' 프로젝트는 유네스코(UNESCO)에 의해서 시작된 것이다. 나이로비의 유네스코 고문이었던 알렌 소아스나(Allen Soasna)가 독특한 아프리카 예술을 국제사회에 알리기 위해 설립한 것이다. 첫 번째 프로젝트는 케냐(Republic of Kenya)와 탄자니아(Tanzania), 두 번째 프로젝트는 남아프리카(Republic of South Africa), 그리고 세 번째 프로젝트는 나이로비(Nairobi)가 맡았다. 아프리카 전역에서 10여개 이상 국가의 애니메이터들이 모두 모여들었다. 이들은 아프리카 특유의 토속적인 이야기들을 가져왔고 전통적인 아프리카의 예술과 근대 애니메이션 기술을 결합시키려 노력했다. 3개의 프로젝트는 20편이상의 단편 애니메이션들을 만들어냈다. 이일은 아프리카의 문학과 미술과 음악을 이끌어내고 예술가들의 창작의 만남에 하나의 큰 동기부여를 했다. 프로젝트에 참여했던 애니메이터들은 큰 뜻을 품고 각기 자기 나라로 돌아갔고 경험을 살려 자신의 애니메이션을 만들 기회를 얻게 되었다. 아프리카 애니메이터들이 만든 애니메이션들은 매우 독특했지만 이것이 산업으로서 아프리카 애니메이션에 대한 이미지를 완전히 전달하진 못했다. 그들은 전문성도 부족했고 장비도 없어서 애니메이션의 질과 스타일이 없는 다른 방향으로 흘러갔다. 아마도 이들이 현대화된 유럽풍의 애니메이션을 급진적으로 배우고 흉내 내려는 데서 발생된 것이라고 볼 수 있다. 결국 결론은 아프리카 여러 나라들이 생활 문화에서 오는 관습적인 그들의 전통을 이야기의 주제로 다루지 않았고 밋진 유럽문화를 그린 애니메이션을 주제로 다뤘기 때문으로 그 실패의 원인으로 지적할 수 있다.

* Africa Animation Industry (아프리카 애니메이션 산업)

이런 이유로 현재 아프리카 애니메이션 산업은 이집트와 남아프리카에서만 찾아볼 수 있다. 이집트에서는 1935년 프렌켈 브라더스(Frenkel Brothers)가 <인 베인>을 만든 그 때부터 진짜 애니메이션 산업이 시작된 것이다. 1965년에는 최초로 TV에 애니메이션부서가 개설됐고 이 때 이집트 TV 광고도 처음으로 등장했다. 지금 이집트에는 50여개의 애니메이션 스튜디오가 있고, 여기에서 이집트와 다른 아프리카 국가들과 중동국가(쿠웨이트(Kuwait), 예멘(Yemen), 아랍 에미리트 연합국(United Arab Emirates), 사우디 아라비아(Saudi Arabia), 리비아(the State of Libya) 등)를 대상으로 한 상업적 애니메이션이 제작되고 있다.

□ 그림설명 0050-6, 유네스코의 지원정책 중 <Bouba & Zaza>

* Mozambique animation (모잠비크 애니메이션)

모잠비크는 아프리카 남동부에 위치한 나라로 동쪽으로는 인도양 해안에 길게 아름답게 접해있는 나라이다. 국호는 '모잠비크 공화국(Republic of Mozambique)'이다. 초기의 모잠비크 정부가 내세운 첫 번째 문화 활동은 국립영화협회(INC)를 창설하는 것이었다. 1975년 포르투갈에서 독립되어 새로 수립된 정부는 영상이미지가 주는 힘이 어떤 것인지 잘 알고 있었고, 당시 사회주의 국가를 세우는데 이 힘이 필요하다는 것을 알고 있었다. INC의 목표는 사람들의 모습을 필름에 담아 사람들에게 보여주는 것이었다. 많은 아프리카 국가들은 점차 독립을 이룬지 20여년이 지나서도 필름 협회는 없었다. 1975년까지도 모잠비크에 이 아름다움을 보여준 그 어떤 필름 제작자도 없었고 1978년에야 비로소 16mm와 35mm의 흑백 필름을 만드는데 필요한 기본적인 기술과 장비들을 가질 수 있었다. 모잠비크의 필름 산업은 과거 몇 년간 국민들에게 만연하는 에이즈나 아동 인신매매 문제 등을 다룬 홍보와 교육을 다루는 매체에만 사용됐다. 그리고 결국 모잠비크는 70편의 다큐멘터리와 4편의 장편 필름을 만드는 획기적인 변화가 있었지만 애니메이션을 사용한 필름은 없었다. 1992년 모잠비크 정부는 5년 임기 대통령제로 자본주의 노선으로 전환하여 식민지 관계가 없는 나라로 영국연방에 가입했다. 이로써 한국과는 1993년에 국교를 이루고 있다. 애니메이션은 2007년에 한 브라질계 프랑스인 애니메이터가 모잠비크의 수도 남부 해안도시 마푸토(Maputo)에 친구의 초대로 개인적인 방문했다가 모잠비크에 머무는 동안 애니메이션 교육 이벤트를 만들어 관리해줄 것을 부탁 받았는데 이들이 바로 비비안 알트만(Vivian Altman, 1961-)과 이사벨 노로나(Isabel Norona, 1964-)였다. 알트만은 브라질 상파울루(São Paulo)에서 태어났다. 상파울루의 시네마 스쿨을 졸업한 후 1980년대에 파리로 이주해 루브르에서 페인팅 기술 과정을 공부했다. 이후 애니메이터로 단편 애니메이션 필름들을 작업했고 조각가와 감독으로 일했다. 그녀가 가장 좋아하는 재료인 모형 제작 클레이로 애니메이션 필름들을 만들었고 광고도 작업했다. 큼직한 그녀의 세상은 재밌고 색감이 풍부한 신(Scene)들로 가득했다. 그녀는 모잠비크에서 모잠비크인 동료 이사벨 노로나와 함께 많은 프로젝트를 했는데 특히 다큐멘터리와 애니메이션을 작업했다. 노로나는 모잠비크의 마푸토(Maputo)에서 1964년에 출생했고 1984년부터 국립필름협회에서 필름 제작자로 일해 왔다. 그녀는 알트만을 만나 새로운 창작 생활로 접어들기 전에도 모잠비크에서 다수의 다큐멘터리 필름들을 감독하고 편집하는 일을 했다. 이들의 공동 작업은 지금까지도 여러 곳에 기록으로 남아있다.

✱ Kenya animation (케냐 애니메이션)

케냐는 서부지역은 산악과 동부는 평야로 대략 절반을 갈라서 형성되어 있다. 수도는 나이로비(Nairobi)로 다큐멘터리 기록영화를 통해 많이 알려진 나라이다. 그래선지 디즈니의 장편애니메이션 <라이온 킹(Lion King)>의 '프라이드 랜드(Pride Lands)'는 케냐의 여러 지역을 모델로 했다. 영화 제작진이 케냐를 여행하는 동안, 아프리카인 가이드가 몇몇 지방의 풍습과 신앙에 대한 이야기를 해줬다. 이 중 일부는 영화로 만들어졌는데, 가령 라피키(Rafiki)가 읊조리는 무의미한 노랫말 같은 것이 있다. "어센티 사나! 스쿼시 바나나! 위위 누가! 미미 아파나!(Asante Sana! Squash Banana! We we Nuga! Mi mi Apana!)" 대충 "고마워! 스쿼시 바나나! 너는 개코 원숭이고, 나는 아니고!"란 뜻이다. 또 어떤 캐릭터는 스와힐리어(케냐와 동아프리카에서 가장 많이 쓰이는 말)로 이름이 정해졌는데, 예를 들어 심바는 사자, 품바는 흑멧돼지, 라피키는 친구 등이다. 할리우드는 1930년대부터 케냐와 장기적으로 업무를 진행했다. 고전적인 모험 영화가 케냐에서 많이 촬영됐는데, 그레고리 펙(Gregory Peck, 1916-2003) 주연의 <킬리만자로의 눈(The Snows of Kilimanjaro)>, 스튜어트 그랜져(Stewart Granger, 1913-1993)의 <솔로몬 왕의 금광(King Solomon's Mines)>, 클라크 케이블(Clark Gable, 1901-1960)과 에바 가드너(Ava Gardner, 1922-1990)가 출연한 <모감보(Mogambo)> 등이 있다. 케냐의 애니메이션 산업은 어린이 오라물을 다룬 카툰 스케치로 초라하게 시작해 정치적 풍자에 이르기까지 가파르게 성장하고 있다. 이제 애니메이션 산업은 시설이 완벽한 여러 곳의 애니메이션 스튜디오를 갖추고 케냐 애니메이션을 성공적으로 이끌어 냈다.

 175

A

케냐영화위원회는 매년 애니메이션 엑스포를 개최하여 애니메이션 제작자, 투자자, 배급업자, 학생, 콘텐츠 구매자, 애니메이션 산업에 이해관계를 가진 모든 사람들을 모이게 하여 영화 산업을 진척시키는 데 일조하고 있다. 크와메 녕고(Kwame Nyong'o)는 케냐 애니메이션 분야에서 개척기 예술인들 가운데 한 명으로서, 카투니스트(Cartoonist)이며 애니메이터(Animator)로 그는 2012년 '아프리카 아카데미 어워드(African Movie Academy Award)'에서 최우수 애니메이션 상을 수상하기도 했다.

*South Africa animation (남아프리카공화국 애니메이션)

아프리카 대륙의 가장 남쪽에 위치한 남아프리카공화국은 이야기와 신화나 일화가 매우 풍부해 애니메이션으로 표현하기에 매우 적절한 나라이다. 기록에 따르면 남아프리카는 1916년 미국인 해롤드 쇼(Harold Shaw, 1877-1926)가 감독한 <예술가의 꿈(Artist's Dream)> (위쪽에서는 <아티스트의 꿈(The Artist's Dream)>이라고 언급)이라는 애니메이션을 제작한 최초 국가이다. 남아프리카 애니메이션 스튜디오는 TV 및 극장용 애니메이션 광고를 제작하면서 성장했다. 애니메이션과 광고간의 관계는 남아프리카뿐만 아니라 전 세계적으로 함께 발전했다. 대중이 TV라는 매체에 노출되면서 애니메이션은 14세 어린이부터 어른까지 모두에게 인기가 있었다. 하지만 TV에 방영되는 애니메이션 프로그램 대부분이 어린이들을 주요 대상으로 했기 때문에, 어린이들에게 더 많이 노출됐다. 아마도 이러한 사실이 어른보다 어린이들에게 더 인기를 끌었던 요인이 된 듯하다. 1917~1920년 사이에 아프리카 필름 프로덕션(The African Film Productions)이 5편의 단편 애니메이션을 제작했다는 사실을 알 수 있다. 하지만 이 중 4편의 단편 애니메이션에 대한 기록만 남은 듯하다. 4편의 단편 애니메이션에는, 1917년 남아프리카 영화제작가 노먼 리(Norman H. Lee, 1889-1962)의 <레인저 포커스의 모험(The Adventure of Ranger Focus)>, <돈트 유 빌리브(Don't You Believe)>, <사기꾼과 크리스마스(Crooks and Christmas)>, <벤 콕클스의 모험(The Adventures of Ben Cockles)> 등이 있다. 이후 1920년대 중반에서 1940년대까지 산업 활동이 중단되자 킬라니 영화제작사의 창설 애니메이터들은 초창기부터 있던 오래된 설비를 가지고 프로젝트 및 주간 뉴스 프로그램인 <아프리카 미러(African Mirror)>'의 타이틀을 제작했다. 1947년 알파 스튜디오에서 애니메이션 광고 작업을 하기 위해 남아프리카로 간 영국인 데니스 퍼처스(Denis Purchase)는 대부분의 애니메이션 제작에 참여했다. 당시 알파 스튜디오나 데이비드 맥키(David John McKee, 1935-) 애니메이션(Dave McKey Animation)처럼 광고 제작으로 벌어들인 수익으로 번성했던 애니메이션 스튜디오들은 많은 애니메이션 광고를 제작했고 이후 몇 년 동안이나 계속됐다. 남아프리카는 1940

년대부터 줄곧 애니메이션 광고와 단편 애니메이션 영화를 제작했다. 20세기 폭스사의 영화제작자인 대릴 재넉(Darryl Zanuck, 1902-1979)이 1955년 이 스튜디오를 매입했을 때 많은 애니메이터들은 그곳을 떠나 자신의 회사를 만들었다. 당시에 키네챔(Kinecham)은 애니메이션 광고의 우수한 제작자였고, 엠파이어 필름은 최대의 전통 애니메이션 스튜디오를 보유하고 있었다. 1956년 애니메이션 카메라 스탠드 '옥스베리 카메라'를 만들어 전설적 선구자가 된 영국의 존 옥스베리(John Oxberry, 1857-1940)는 낯선 남아프리카에서 세계 최초로 실제 항공 영상을 영화의 합성 장면에 사용할 수 있는 촬영용 애니메이션 스탠드를 설치했다. 1976년 TV방송이 소개되고 남아프리카 국영방송사(SABC)가 설립되면서, 애니메이션 및 광고계는 훨씬 더 발전하게 됐다. 그러나 미국 시장과 마찬가지로 애니메이션은 어린이들을 위한 오락물 제작에 한정됐다. 벗치 스톨츠(Butch Stoltz, 1923-2014)와 제라드 스미스(Gerard Smith) 등 애니메이터들은 SABC의 의뢰를 받아 TV 방송용 어린이 애니메이션 프로그램을 만들었다. 그들은 <월라드 월트메이드(Wolrad Woltemade)>, <브레멘 음악대(Bremen Stand musikasten)> 등을 제작했다. 또한 1978년 어린이 TV 시리즈 <바비 더 캣(Bobby the Cat)>을 제작하는 동안 애니메이션(Annie-Mation) 스튜디오는 제한된 인력과 수익 압박 때문에 애니메이션 광고를 만들도록 강요당하기도 했다. 그 결과 시리즈 제작이 굉장히 지연되기도 했다. 당시 남아프리카의 학자 샤나즈 샤푸르지(Shanaz Shapurjee)는 자신의 저서 <남아프리카 애니메이션 & 텔레비전>에서 "남아프리카 애니메이션이 광고 산업에서 성공을 거둠으로써 광고 시장에서 서서히 자신의 입지를 구축하기 시작했다"고 밝힐 정도로 지속적인 발전에도 불구하고 진 라이트(Jean Ann Wright)는 인종차별적 정권으로 인한 투자 회수, 제재, 문화적 고립 때문에 애니메이션 산업이 억압받고 있다고 판단했다. 아마 이런 이유 때문에 1978~1980년 사이 애니메이션 TV 시리즈의 제작이 그리 많지 않았던 것 같다. 하지만 많은 애니메이션 스튜디오가 광고 작업은 계속 번창했다. 1980년대 초에는 미국 애니메이션의 영향을 받아 2D 셀 애니메이션이 애니메이션 제작의 주요 수단이 됐다. 샤푸르지는 글렌 코펜스(Glenn Coppens)가 SABC에 광고를 팔아 이익을 남길 가능성을 알고 1988년 클렌 코핀스 카툰즈(Glenn Coppins Cartoons)를 설립했다고 설명했다. 코핀스는 2D 셀 애니메이션 기술을 사용해 애니메이션 광고 산업 발전에 활기를 북돋을 수 있었다.

*Ethiopia Animation (에티오피아 애니메이션)

애니메이션은 에티오피아인들에게 점점 인기를 더해가는 예술 장르이다. 현재 에티오피아의 애니메이터들은 수는 적지만 할리우드의 디즈니에 도전장을 내밀며 <라이온

킹, (The Lion King)>과 같은 애니메이션보다 더 많은 아프리카의 스토리가 있음을 세상에 알리려고 고군분투하고 있다. 많은 애니메이터들이 벌써 국내 애니메이션 제작을 통해 이러한 일을 시작하고 있다. 애니메이터로 브룩타윗 티가부(Bruktawit Tigabu, 1981-), 미국의 뉴스전문채널 CNN-TV의 프로그램인 <세서미 스트리트, (Sesame Street)>와 비슷하게 닮은 에티오피아의 어린이 교육 TV 프로그램 <체하이는 배우는 것을 좋아해(Tsehai loves Learning)>의 공동제작자이다. 그녀는 당시에 CNN에 출연했으며 미디어 제작으로 <재팬 프라이즈(Japan Prize)>를 비롯해 많은 상을 받았다. 비르한 물라투 데스타(Birhan Mulatu Desta)는 에티오피아 애니메이션으로는 처음으로 U-Tube에 상영된 3D 애니메이션 <알레카 아베베(Aleka Abebe)>의 창작자이다. 기르마 젤레커(Girma Zelleke) 여러 매체를 통해 방송됐으나 그 중 BBC 아프리카 프로그램에 처음으로 방영된 에티오피아 퍼펫 애니메이션 <센제로(Senzero)>를 제작했다. 테맘 레자(Temam Reza)는 새롭게 떠오르는 신예 애니메이터로서 2D 구라기그나 댄스 애니메이션 작품인 <야웨 웨이(Yawe Way)>를 선보여 많은 에티오피아인들로부터 호평을 받았다. 알레무 마리암(Alemu W-Mariam)은 3D 애니메이션 뮤직비디오를 제작했다.

□ 그림설명 0050-7, 코메디 <Abeba and Abebe>

-8, <Aleka Abebe>

네스탄트 마리암(Nestant Mariam)은 에티오피아 최초(2005)의 장편 애니메이션 <와샤오(Washao, 동굴)>를 감독했다. 이 영화는 에티오피아가 이탈리아의 식민지로 있던 시대를 배경으로 애국에 관한 이야기를 담고 있다. 한 소년과 수사가 파시스트 군인들을 위해 일하면서 동시에 비밀리에 에티오피아 독립군들에게 정보를 제공한다. 영화가 시작되면서 소년과 수사는 독립군 대장의 명령에 따라 이탈리아의 병영에서 책을 훔친다. 그리고 파울로와 마리오라는 두 군인이 사라진 책을 찾기 위해 도망자를 추적해 마침내 책을 다시 찾고 비밀이 밝혀지게 된다는 이야기이다. 에즈라 우브(Ezra Wube,

1980-) 에티오피아의 애니메이터들 중에 가장 촉망 받는 인물이다. 젊은 에티오피아 예술가로서 그의 작품은 창의적인 스톱모션 애니메이션과 독특한 페인팅으로 유명하다. 그는 유화 화가였는데 애니메이션이 좋아 새로운 세계로 완전히 직업을 바꾸게 되었다. 에티오피아의 예술 분야에서 유명인이 된 이유는 오일 페인팅을 사용한 독특한 애니메이션 기술 때문으로 새로운 분야를 이끌어낸 국제적인 개척자로 칭송을 받고 있다. 에즈라 우브는 아디스 아비바(Addis Ababa)에서 태어나 친구 같은 할머니, 어머니와 함께 아프리카에서 가장 큰 시장인 메카토에서 성장했다. 고등학교를 졸업한 후 18세가 되던 해 그는 미국으로 이민을 갔다. 2003년 에즈라는 메사추세츠(Massachusetts) 주에서 매년 주최하는 대회에서 '블랙 어치브먼트 어워드(Massachusetts Annual Black Achievement Award)'를 수상했으며 보스턴의 자유의 꿈 박물관(Dreams of Freedom Museum)에서 그의 첫 개인전을 열었다. 이후 메사추세츠 예술대에서 미술과 일러스트레이션 학사 학위를 받았다. 대학을 졸업하고 돈디스 앤 고딘장학재단(Dondis and Godine Travel Fellowship)으로부터 에티오피아의 민간설화와 전래 설화에 대한 연구를 위한 연구비 지원을 받았다. 에즈라는 미국 전역에서 열리는 전시회를 개최했다. 그 중 뉴욕의 유엔에서 열린 <스토리텔링>, 워싱턴 DC의 하워드 대학에서 열린 '에티오피아의 밀레니엄' 전시회, 코하셋 남부 해안 아트센타(South Shore Art Center in Cohasett)에서 열린 <망명에 대한 반추(사회적 불평등에 대한 동시대 5인 아프리카 예술인의 대응)>, 워싱턴주 시애틀의 남 시애틀 커뮤니티 컬리지에서 '여기에서 저기까지', 그리고 뉴욕에서 <아비시니아에서 할렘으로, 그리고 다시 돌아오다>등을 전시했다. 2009년 에즈라는 뉴욕의 헌터 컬리지에서 미술 석사과정을 공부하던 중 파메라 조셉 아트 장학금(Pamela Joseph Art Scholarship)을 받았다. 헌터 칼리지에서 석사학위와 미디어를 접목한 MA와 MFA 학위를 마친 뒤 그는 갑자기 애니메이션으로 옮겨가기로 결정했다. 스탠다드차타드 은행(Standard Chartered Bank)이 <여기 영원히>라는 제목의 세계적 캠페인의 일환으로 TV광고 부문의 연출과 애니메이션 제작을 그에게 의뢰하기도 했다.

* Nigeria animation (나이지리아 애니메이션)

나이지리아는 아프리카의 중서부에 있는 나라로 국토면적은 92만4,000㎢로 가장 인구가 많은 1억9천만 명이나 사는 나라로 아프리카에서는 단연 1위의 대국이다. 급격히 증가하는 인구로 인해 자연환경에 어려움을 겪고 있고 지나간 역사 속에 여러 아픈 상처가 남아있는 나라이기도 하다. 다른 민족이 수십 종이 섞여 살면서 다양한 종교를 가진 나라이다. 그만큼 나이지리아는 이야기꺼리도 많다. 이러한 흐름은 나이지리아 영화 오

A

락분야를 크게 발전시키게 되었고 미국의 할리우드의 엔터테인먼트에 도전적으로 성장을 하게 되었다. 결국, 나이지리아의 할리우드를 합성한 「날리우드(Nallywood)」라는 단어가 나올 정도로 영화 비지니스가 성장하게 되었다. 날리우드 스타들은 대개가 토종 나이지리안들이며 이야기 줄거리는 관객들이 충분히 이해할 만한 로맨스(Romance), 코미디(Comedy), 오컬트(Occult), 부패한 경찰, 매춘, 에이즈 등을 소재로 한 것들이 주를 이룬다. 날리우드의 급성장에서 나이지리아의 새로운 애니메이션 조류를 볼 수 있다. 아프리카의 애니메이션은 지역적으로 오래된 곳도 있지만 크게 봐서 첫발을 내디딘 단계에 있다. 그렇다고 애니메이션이 이제 막 시작됐다는 뜻은 아니다. 이집트로 이민을 간 것은 1930년대의 아프리카 애니메이션산업의 개척자들을 후원했던 프렌켈 형제(Frenkel Brothers)들이나, 1960년대의 서아프리카 나이제르(Niger) 출신의 무스타파 알리산(Moustapha Alassane, 1942~2015) 및 심지어 서아프리카 기니(Guinea)에서 유년시절을 보냈던 프랑스의 애니메이터인 미셸 오슬로(Michel Ocelot, 1943-) 등이 아프리카에서 영감을 받아 작품 활동을 했듯, 그들의 구체적인 개인 여정들을 여기서 언급할 필요까지는 없겠지만, 아무튼 아프리카의 애니메이션은 그렇게 꽤 오래 전부터 시작됐다. 최근에 와서 나이지리아의 영화감독들이나 제작자들은 경제적인 여유가 될 때마다 선진국으로부터 새로운 기술을 받아들이는데 매우 적극적이었다. 따라서 덩치가 큰 과거의 재래식 카메라는 이제는 디지털기재로 자연스럽게 옮겨가게 됐고 제작, 편집, 음악 및 기타 후반작업들 또한 컴퓨터를 이용한 시스템으로 모두 바뀌게 됐다. 제작된 대부분의 영화들은 영화관에 걸리지 않고 즉시 DVD나 VCD 디스크로 만들어져 가판대에서 판매된다. 아프리카는 인터넷이 원활하지 못해 온라인으로 영화가 직접 스트리밍(Streaming)되는 것이 아니라 사람들이 새로 출시 된 DVD를 구매해서 본다. 나이지리아 시장의 가판대에는 매주 30-50편씩 새로운 타이틀이 들어온다. 각 디스크는 개당 2달러로 각 타이틀 당 판매량은 평균적으로 5만 카피 정도이며 히트작은 수십 만 카피가 팔리기도 한다. 이 정도의 가격은 나이지리아 사람들이 충분히 사서 즐길만한 가격이며 제작자에게는 엄청난 마진을 가져다주게 된다. 나이지리아에는 아프리카의 7~8개의 인종이 각기 자기네들의 언어를 사용하고 있지만 영어로도 소통이 가능하기 때문에 영상제작에 원주민 언어가 문제될 일은 없다. 이로써 날리우드(Nollywood)'는 급속히 발전하고 있는 나이지리아 영화산업을 일으켜 연간 제작되는 작품의 질이나 편수 측면에서 아프리카 최대일뿐만 아니라, 특히 1990년대를 거쳐 2000년대에 급성장한 날리우드의 연간 영화 제작 편수는 인도에는 못 미치지만 미국보다 앞서며 세계 2번째에 달한다. 그러나 미국 할리우드(Hollywood)나 인도의 볼리우드(Bollywood)와는 달리 날리우드는 저예산과 단기간에 촬영된다는 점이 특징이다. 평균 제작기간은 고작 10일 정도이며 평균 제작비용 또한 겨우 1만5,000달러(미화)에 지나지 않는다. 나이지리아는 1960년 대부터 영화를 만들기는 했지만, 영화산업이 이른바 날리우드로 성장할 수 있었던 것은 디지털영화제작과 편집기술의 발달 덕분이다. 날리우드는 아무것도 없던 영(Zero)의 상태에서 불과 13년 만에 연간 2억5,000만 달러의 제작비용을 투입해 8억 달러에 이르는 수입을 거둬들이고 또한 수천 명의 고용효과까지 갖는 거대한 영화산업으로 발전했다. '날리우드 현상'이라 할 만큼 이와 같은 놀라운 성장의 동력은 크게 2가지 요인이 있는데, 그것은 나이지리아의 사업가 정신과 디지털 기술의 발달 때문이다. 유네스코 통계 연구소에 따르면, 날리우드의 약 300명 정도의 제작자들이 2005년에서 2009년 사이에 만들어낸 연간 영화편수 평균은 자그마치 1,093편으로서 인도의 1,178편을 바짝 뒤쫓고 있는 것이다. 날리우드 효과는 단순히 나이지리아에 그치지 않는다. 드림웍스의 <마다가스카, (Madagascar)>1편과 2편을 보면 '특유의' 아프리카를 그리려고 노력은 했지만, 그들에게 있어 아프리카는 동물들로 꽉 찬, 또는 동물들이 무언가를 하고 있는 모습으로만 그려진다. 비록 디즈니가 과거에 <타잔, (Tarzan)> 시리즈나 <라이온 킹, (The Lion King)> 같은 영화들로 이러한 '특유함'의 고착화에 기여를 한 바 있지만, 결코 아프리카다운 묘사는 아니다. 아프리카는 타잔이나 동물들만이 아닌, 더 이상의 그 무엇, 그것이 '특유함'이라면, 그 특유함이 존재한다.

□ 그림설명 0050-9, <Bino & Fino> 나이지리아 애니메이션.

0051 `gen`

agency (특약 대리점)
* agent (대리인)

회사 또는 어떤 단체의 목적사업에 대신해서 도움을 주기 위해 활동하는 전문 업체나 사람을 이르는 말이다. 에이전트라는 뜻은 독립적인 기구를 갖춘 정보 행정기관의 활동이나, 연예계에서 다수의 연예인들을 구성하고 출연을 교섭해 주거나, 운동선수들의 합숙 훈련을 통해 참여를 알선하는 등의 활동과 계약을 대행하는 역할을 하며 수수료를 받고 대행업을 하는 개인이나 회사를 말한다. 일반적으로 중계수수료는 출연자가 받는 계약금의 10% 또는 많게는 30%를 내게 된다. 이 특약 대리점은 특히 광고 제작을 전문으로 대행하는 제작회사나 각 연예인을 대신해서 일반적으로 출연 교섭 등을 대행해 주는 뜻으로 많이 사용되는 말이다.

0052 `gen`

agenda (의제, 일정, 협의사항)

토론하거나 일을 하기위해 작성하는 일정표를 뜻하는 말이다. 예; 여행을 떠나기 위해 여행 가방을 챙기는 일이 오늘 나의 일정(Agenda)이다. 오늘에 있을 회의에서 사용할 협의사항(Agenda)을 적은 목록을 준비한다.

0053 `pic` `pho`

Agfa Color (아그파 컬러)

독일의 아그파-게바르트 그룹(Agfa-Gevaert Group)이 개발한 영화용 필름의 상표 이름이다. 1936년에는 16mm 그리고 1940년에 와서는 35mm 필름이 개발되었다. 아그파 필름은 특수 분야에 사용되는 여러 종류의 필름을 생산해 냈다. 재래식 일반카메라의 합당한 네거티브(Negative, 원본) 필름은 물론 X-Ray 필름, 자기 코팅 필름(Magnetic Particle Coated Film), 불가시광선 필름(Blacklight Lamps), 초음파(Ultrasonic), 레이저체계(Laser Methods)등 최근 기술에 맞춰 산업용 필름을 현재도 생산하고 있다. 아그파 컬러와 러시아의 소브 컬러 그리고 이스트만 컬러에서 갈라져 나온 미국의 안스코 컬러, 또한 일본의 후지컬러 등이 이스트만 컬러보다 더 부드럽고 자연스런 색감을 띤다고 알려져 있다. 아그파 컬러는 푸른 색(Bluish)의 계열로 독일의 육중한 느낌과 잘 어울리는 색을 갖고 있다.

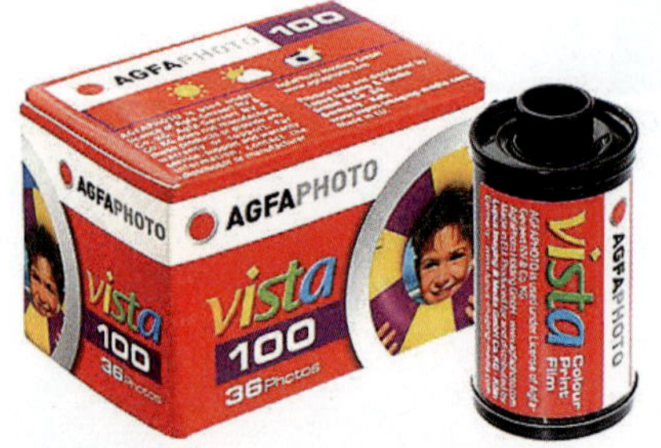

□ 그림설명 0053, 독일 아그파 필름 Trade Mark.

0054 `gen` `pic` `lit`

agony (고통, 몸부림)

영화에서나 문학에서 사용되는 말로 아주 강렬한 육체적 고통(Pain) 또는 심리적 감정의 심한 동요로 느끼는 번뇌를 뜻하는 말이다.

0055 `gen`

agreement (합의서, 협정서)

두 사람 간에 또는 두 회사 간에 어떠한 일을 원만히 수행하기 위하여 서로의 동의(Mutual Agreement)와 일의 책무(Responsibility) 등을 명시한 구체적이지 않은 합의서를 말한다. 이 합의서는 구체성을 띤 계약서와는 다르며 MOU(Memorandum of Understanding)와 흡사하다. 애니메이션 제작에서는 계약서를 통용한다. 그러나 간단하고 요약된 계약서를 만들기도 하는데 이것을 줄인 말로 MOA(Agreement)라고도 한다. MOU나 MOA는 모두 서로가 계약서에 여러 조건을 삽입하기 전 예비적(Preliminary)인 합의서로 일단 약속을 지키기 위한 것으로 사용한다.

0056 `com` `gen`

AI (에이아이, 인공지능)
*artificial intelligence (인공지능)

21세기에 들어서며 인류에게는 첨단 디지털 컴퓨터 시대가 열렸다. 컴퓨터의 새로운 개발은 그동안 인류가 실행해 왔던 손에 익은 재래식 방법들을 급속도로 바꾸어 놓았다. 그러나 인간은 컴퓨터 활용방법을 이미 준비하고 있었던 듯이 빠른 속도로 컴퓨터 시대에 돌입했고 지금은 이미 인공지능을 개발해 결국 인간은 스스로 만든 인공지능과 마주앉아 바둑을 두었고 피와 감성을 가진 인간이 기계에 결국 무릎을 꿇게 됐다. 아마도 언젠가는 인간만이 갖는 인간의 존엄성을 스스로 기계에게 내어주는 시대가 올지 두렵다. 인간의 권리와 존엄성에 대한 보존의 노력은 감당하기 어려운 시대가 다다르게 되고 인공지능을 가진 로봇과 논쟁(Argue)할 때가 올 것이다. 로봇이 배워서 알고 있는 메모리 지식과 상식 그리고 첨단 CPU에 의한 미리 계산된 두뇌의 판단은 분명 인간이 무시당하는 과오를 저지를 수가 있게 될 것이 분명하다. 이럴 때 배터리를 제거해서라도 인공지능을 멈출 수가 있을까? 아마도 인간은 말을 잘 듣는 기계인간을 개발할 것이 분명하다. 이렇게 한 편의 애니메이션과 같은 상상을 해 봤지만 이러한 상황은 실제의 일인 것이다. 인간의 위험한 일을 감당할 수 있는 인공기계인간을 만들어 내는 일은 눈앞에까지 왔다. 인간 대신 일할 수 있는 회사의 법률고문, 회계 관리사, 은행 텔러,

A

수술의사, 자동차 조립기술자, 자율주행 자동차 기사, 드론을 이용하며 각종 전쟁을 하는 장비들, 인간 대신 그것을 억제하는 장비들이 현실의 눈앞에 와있다. 40여 년 전 일본만화의 <은하철도 999>에서 반 로봇 인간들을 설정한 서기 2221년 보다는 더 가까이 인공지능을 장착한 기계인간들이 동료들과 같이 퇴근하는 모습이 실제로 좀 빠르게 올 것 같다. 그러나 인간과 로봇의 윤리적이며 감성적인 사생활의 문제는 아마도 구분되어야 할 절대조건이 아닐까.

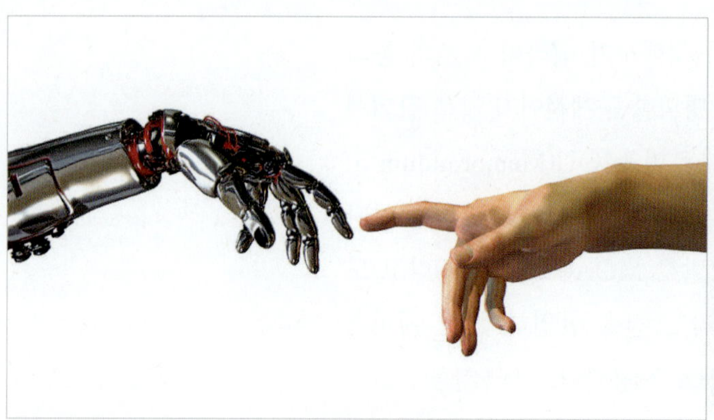

□ 그림설명 0056, 인공지능 로봇과 인간과의 관계.

0057 `gen`

air (on the air, 방송)

라디오 방송(Broadcast), 또는 텔레비전으로 방송 중 (On the Air)이라는 뜻이며 일반적으로 Air 라고 줄여 말한다. 방송이 중단된 것을 Off the Air 라하고, 대기 중인 것을 Up in the Air 라고 하지만 줄여서 ON AIR라고 한다.

□ 그림설명 0057, 방송 중을 외부에 표시하는 점멸등.

0058 `art` `ani`

air date (방영 일자)

TV를 위해 제작된 프로그램이 TV에 방영되는 날짜가 정해진 날을 일컫는 말이다. TV 방영 일자는 프로그램 편성에 의해 기획되며 방송일자가 정해지지만 특종은 이에 관계없이 신속하게 제작되어 즉시 방영할 수 있다. 그러나 일반 연속물인 경우 하나의 타이틀 밑에 프로그램 인기도에 따라 방송횟수가 다르게 방송일자가 잡힐 수 있다. 프로그램이 연속해서 방영되는 연속드라마의 경우는 장기적으로 기획하고 방영기간도 길게 편성할 수 있으나 시청자들의 인기도 따라 언제나 방송을 줄일 수 있다. 프로그램은 단 1회 방송이나 재방송이 있을 수 있지만 일반 시리즈물은 50분길이로 10부작에서 24부작으로 제작되고 대부분은 매주 2회씩 방영하는 것이 상례이다. 그러나 애니메이션의 경우는 13개를 제작하게 되며 1주간 1회씩 13주 동안 방영할 수 있다. 이 방식으로 1년 동안을 방영하려면 같은 프로그램을 4번을 반복하여 보게 되고 13편으로 1년을 커버할 수 있게 된다. 1년간 2번을 반복해 보여주려면 26편을 제작하면 된다. 이러한 이유로 애니메이션 제작은 한번 주문이 13편으로 TV 시리즈물의 한 단위로 부르게 되었다. 만일 52편을 제작하면 매주 1편씩 1년 동안 방영할 수 있는 것이다. TV용 제작에서 이 13편이라는 숫자는 신비한 숫자(매직넘버, Magic Number)라고 부른다.

0059 `gen` `art`

airbrush (에어브러시)

팽창된 기체를 내뿜을 때 고운 컬러 입자(Pigment)가 따라 나와 페인팅 되어 그림을 그리는 기법이다. 또한 에어브러싱(Airbrushing) 기법이라고도 부르는 전문 분야이다. 툴(Tool)은 작아서 다루기가 쉽지 않지만 섬세하고 환상적인 여러 가지의 이미지를 그려낼 수 있다. 일반 브러시로 그릴 때처럼 페인트의 거친 굴곡이 표면에 보이지 않고 에어브러시 기법은 미끈하게 그림을 그려낼 수 있는 것이 장점이다. 색깔을 뿜어내는 노즐의 단추를 손가락으로 강약을 조절하는 구조가 매우 섬세하여 숙련이 필요하다. 색을 바꿀 때마다 노즐을 씻어내야 하는 번거로움이 계속 반복된다. 그러나 화가나 일러스트레이터들 중에서도 사실적(Realism)이며 환상적(Fantasy)인 그림들을 그려내는 전문가들이 자주 사용한다. 이 기법은 1930년경 최초로 영국 사람인 조지 페티(George Petty, 1894-1975)와 알베르토 바가스(Alberto Vargas, 1896-1982)에 의해 시작되었으며 1940년경에 와서 팝 아티스트(Pop Artist)로 불린 제임스 로센퀴스트(James Rosenquist, 1933-2017)과 베리 쿡(Barrie Cook, 1929-)이 그 대를 이어오며 대중화 되었다. 1969년에는 스위스(Switzerland)의 동부 쿠르(Chur)에서 태어난 에취 알 가이거(H.R. Giger, 1940-)가 그만의 독특한 초현실주의(Surrealistic)적 표현방식으로 생체 역학적(Biomechanics)인 그림을 구사한 필름을 만들어 많은 사람들에게 널리 알려졌고, 이것으로 1980년에 그가 기고한 작업에 해외최고 '시각특수효과' 아카데미(Academy) 공로상을 받은 것으로도 에어브러시기법은 전문화되었다. 그밖에도 재래식 애니메이션에서 먼지, 구름, 기체, 속도효과 등이 이 에어브러시 기법으로 사용되었다. 이 작업을 위해 필요한 도구들은 에어를 뿜어내는 컴프레서(Compressor), 에어건(Air Gun), 각종 색깔잉크(Color Ink) 등이다.

1

□ 그림설명 0059-1, 에어브러시 장비.

2

-2, Airbrushed Work on the Plane.

0060 `peo` `ani`

Alexeieff, Alexandre (알렉산더 알렉세예프)

알렉세예프(Alexeieff, 1901-1982)는 러시아에서 태어나 프랑스에서 주로 많은 활동을 하다가 그곳에서 1982년에 사망했다. 그는 생전에 그의 작품에서 두꺼운 천에 수십만 개의 핀(Rods, 바늘)을 박아 넣고 요철(Unevenly)로 핀을 움직여 빛을 비추면 빛과 그림자로 입체감이 형성되어 마치 그림처럼 보이게 된다. 그는 이것을 그의 평생 조력자였던 미국인 아내 클레어 파커(Claire Parker, 1906-1981)와 함께 작업해 그들만의 특별한 애니메이션 방식을 개발해 냈다. 기록에 의하면 파커는 1935년에 <대머리 산의 밤(Night of Bald Mountain, 1933)>이 완성된 후 그녀의 명의로만 특허등록을 한 것으로 보면 파커의 아이디어와 노력이 얼마만큼 많이 작용했는지 짐작할 수 있는 대목이다. 또한 그녀가 만든 필름의 크레딧을 보면 그녀의 남편인 알렉세예프를 조력자로 소개하고 있다. 그녀는 미국 MIT대학을 나온 수재로 직업은 엔지니어였다. 핀 스크린 기교는 밝고 어두운 형상을 조금씩 움직여 가며 한 콤마씩 촬영을 하여 동작을 만들어 불가사의(Mysterious)한 애니메이션을 창작해 낸 것이다. 이것을 핀 스크린 애니메이션(Pin Screen Animation)이라 불렀고 그 두 사람은 조력해서 새롭고도 진기한 기술을 사용한 많은 작품들을 만들었다. 알렉세예프가 애니메이션에서 떠난 후 그의 특수한 기술은 터득하기 어려워 쉽게 손을 댈 수 있는 사람이 거의 없었다. 그가 창작에 사용하던 모든 기재들은 여기저기 박물관에 상징적 가치로 전시되었을 뿐이다.

그러나 최근에 와서 캐나다국립필름보드(NFBC)가 이 애니메이션예술을 재현하려는 프로그램을 진행 중에 있다. 예술적인 창의력, 광학적 원리, 수학적인 계산으로 그리고 인내가 결합된 애니메이션으로 쉽게 흉내 낼 수 없는 독특한 애니메이션이다. 알렉세예프는 이 작품을 만들며 애니메이션에 크게 공헌한 사람이 되었다. <가는 길에 잠깐(Un Passant)>이라는 영화는 1943년에 만든 단편영화로 1946년에 열린 칸영화제에서 개막작으로 상영되면서 핀 스크린의 신비를 다시 한 번 알게 했다. 내용은 다람쥐가 농부의 점심용 빵을 갉아 먹고 짚단 주위를 돌며 마당에서 만난 닭들을 흉내 내며 걷는다. 아주 귀엽게 묘사된 것이 특징이

□ 그림설명 0060-1, 알렉산더와 클레이어(배경은 그들의 작품) <Trois thèmes> 1980, by C. Parker.

다. 그의 핀 스크린은 약간 우울하고 무거운 느낌이지만 이 개막작은 발랄하고 경쾌한 것이었다. 그가 1933년에 만든 <대머리 산의 하룻밤(Une nuit sur le mont Chauve)>은 몽환적인 판타지이다. 안개가 자욱하고 한 치 앞도 볼 수 없는 밤에 그림자가 살아 오르고, 살아있는 말이 죽고 죽은 말이 살아나기도 한다. 그리고 형체는 바뀌어 새로운 형태를 또 만들어 낸다. 그밖에도 <전람회의 그림>, <코>, <마스크> 등 심지어는 광고용 <연기>도 만들어 냈다.

□ 그림설명 0060-2, <민둥산의 밤> 1933,
by Alexeieff & Parler.

-3, <코> 1963, by Alexeieff & Parker.

✱ 참조보기 (1970 - Pin-screen animation)

A

＊Alexeieff - Pinscreen의 후계자 자크 드로우인(Jacques Drouin)

핀 스크린 애니메이션은 셀(Cel) 애니메이션이나 페이퍼 애니메이션처럼 단계적 공정으로 분업하기가 어려운 작업이다. 이 기법은 화가로서 영화감독으로서 기획력이 요구될 뿐만이 아니라 꼭 혼자서 시작하고 혼자서 끝내야하는 고난도 작업이다. 핀 스크린 애니메이션을 처음 고안했던 알렉산더 알렉세예프(Alexandre Alexeieff, 1901-1982)의 기법을 계승한 사람은 애니메이터이며 감독인 자크 드로우인(Jacques Drouin, 1943-?)으로 1943년 캐나다 퀘벡의 몽졸리(Mont-Joli)에서 태어났다. 몬트리올 미술학교에서 에칭과 그래픽 아트를 공부했고 다시 캘리포니아 UCLA에서 공부했다. 그 후 텔레비전 광고와 스포츠 영화 등의 편집 작업을 하다가 NFBC(National Film Board of Canada)에 들어가 핀 애니메이션 등 독특하고 실험적인 애니메이션을 시도했다. 그가 만든 <알렉세예프의 핀 스크린 기법에 의한 3가지 습작(Three Exercises on Alexeff's Pinscreen)>이라는 주제를 가지고 <마음의 풍경(Mindscape)>이라는 작품을 만들었고 이것으로 여러 국제 영화제에서 수상하여 일약 핀 스크린 애니메이션의 대가로 우뚝 서게 했다. 최초로 컬러로 된 핀 스크린 애니메이션을 만들어 새로운 분야를 개척했던 <천사의 시간(Nightingale)>, 전쟁의 잔인성과 강제로 징집되는 소년들에 대한 문제를 제기한 〈상실된 유년기(Ex-Child)>등, 자크 드로우인이 핀 스크린 애니메이션을 처음 제작했던 1976년에서 가장 최근작인 2004년에 이르기까지 근 30여년의 세월동안 그가 제작한 애니메이션은 단 6작품에 지나지 않는다. 자크 드로우인은 조명의 세기와 기울기로 나타나는 명암의 변화와 생동감 넘치는 선의 터치, 유기적으로 이루어지는 핀들의 조화를 통해 핀 스크린 애니메이션의 영상미를 한층 더 높였다는 평가를 받고 있다.

□ 그림설명 0060-4, <Ex-enfant>1995 제작.

-5, Jacques Drouin의 모던 핀 스크린 감독.

algorithm (알고리즘, 연산)

컴퓨터의 전산처리에서 분류(Sort)되어 있지 않은 정보를 순서에 입각해 재배열하는 장치적인 기능을 뜻한다. 컴퓨터에 제시된 정보자료가 수학적으로 분류할지 비수학적으로 분류할지를 일정한 규칙에 의해 미리결정(Predetermine)하는 단계적 절차를 다루는 장치이다. 알고리즘이 수행하는 절차는 터미널에 입력되는 정보의 순서를 정하도록 준비를 한다. 값을 계산하여 판단하고 대입 처리한다. 이러한 절차를 통해 사용자에 문서적으로 답을 제시하는 연산장치의 하나이다.

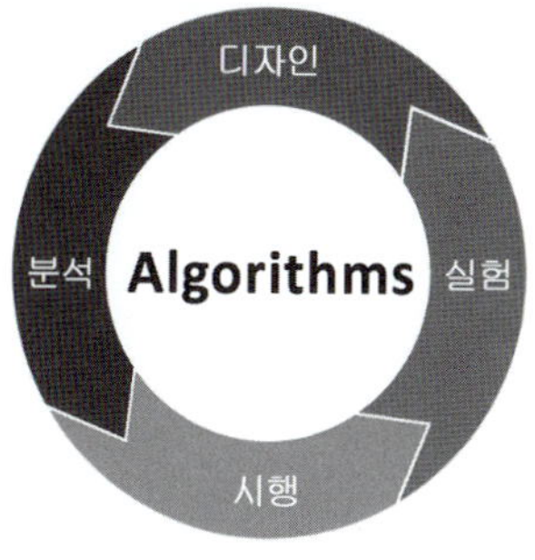

□ 그림설명 0061, 알고리즘장치 터미널의 작용.

aliasing (앨리어싱, 위 신호)

오래전 초기의 기초적 컴퓨터 그래픽들에서 볼 수 있는 층층계 모양의 사선을 가리키는 말이다. 해상도가 이미지의 세부 묘사에 불충분할 경우, 또한 전자 필터링이 불충분할 경우 나타나는 현상이다. 전문 용어로 'Jagged Line'라고 불려진다. 또한 TV나 라디오의 위 신호(고르지 못한 화상이나 소리)로 사용되는 단어이다.

alibi (알리바이, 구실, 변명)

현실에서, 소설에서, 영화에서 물리적으로 매우 주요하게 다뤄지는 '현장부재'를 증명해야하는 것을 뜻하는 말이다. 사건에 연루(Hooked Up, Implication)되었다고 혐의를 받아 누명(Falsification)을 쓰고 있을 때, 그 사건과 관계가 없다는 증명을 하려면 이 알리바이가 성립 돼야 한다. 구실(Defence, 방어)이나 변명(Excuse), 설명(Explanation)으로는 부족하며 반드시 현장 부재를 증명해야하는 것을 알리바이라 한다.

allegro (알레그로)

음악의 속도를 가리키는 이탈리아 말로 '빠르고 활발하게'의 뜻이다. 빠르다는 뜻은 상당히 빠르게(Fairly Fast)의 뜻으로 박절기(Metronome, 메트로놈)의 1분간의 비트(Beat) 수는 132에서 160으로 걸음걸이의 속도로는 종종걸음에 속한다. 애니메이션으로 동작에 맞추어 그릴 때 한 받자국을 10장정도 그리게 된다.

A

*allegretto (알레그레토)

알레그로 보다는 좀 느리지만 쾌활함을 느낀다. 박절기의 속도로는 1분간에 비트 수는 104에서 132이며 아니마토(Animato)보다 약간 느리다. 애니메이션 걸음걸이로 많이 사용되는 속도로 한 발자국에 12장의 그림을 그려 사용하게 되는 속도이다.

0065 `gen` `ani` `his` `art`

Altamira Cave (알타미라 동굴)

스페인 북부에 있는 칸타브리아(Cantabria) 지방에서 1879년에 발견된 1만 8천500년 전 구석기시대(Upper Paleolithic Life)의 동굴이다. 이 동굴의 길이는 270m나 된다. 안에는 원시인들이 살았던 흔적과 함께 동굴 벽에는 여러 형태의 채색된 동물들이 그림으로 그려져 있는 것이 발견됐다. 특히 벽화는 스페인 지방의 야생들소들이 여러 마리가 그려져 있는 것이 특징이다. 그리고 여러 화가들이 그린 듯 화법과 표현 기술이 다른 짐승들이 있는 것으로 보아 오랜 세월 속에 그려진 것 같이 보인다. 그 중에 멧돼지(Boar) 그림에는 다리가 여덟 개가 그려져 있는데 이는 4개의 다리 옆에 또 다른 4개의 다리를 그려 넣어 마치 '지금 막 뛰고 있는 것같이 보이도록' 표현된 것이라고 후세에서 해석하고 있는 것이다. 이 멧돼지 다리의 움직임을 그린 그림이 인류가 약 2만 년 전에 이미 시각의 잔상을 표현하려 했다는 것이다. 후대로 남겨진 믿기 어려운 불가사의(Mystery)한 여러 흔적들이 지구상에 실존해 있는 것이다. 오랜 세월은 흘러 인간이 문명화 되고 사실 현생 인류는 중세에 와서야 빛과 그림자에 관심을 가지고 환영을 통해 움직임을 표현하기 시작했다. 원시인으로 긴 시간을 흘려보낸 후예들이 '움직이는 사물(Objects)에 대한 시각의 지속성'이라는 것을 입증하게 되었고 그 잔상의 원리가 영상으로 그리고 영화로 즐길 수 있게 된 것이다. 벽화가 그려져 있는 동굴들은 사실상 지금은 스페인의 북부와 접경한 프랑스의 서남부에 존재하고 있지만 원시시대에는 동굴이 자연발생적으로 생긴 많은 동굴 촌으로 국경이 없이 소수의 원시인들이 동굴에서 그림을 그리며 살았을 것으로 해석이 된다. 2만 년 전(최근에는 3만 6천년으로 기록함)의 알타미라 동굴이나 2만5천 년 전의 라스코 벽화동굴(Lascaux Caves), 또한 최근 새로 발견된 3만 년 전의 쇼베 동굴(Chauvet Cave), 그리고 이들 뿐만이 아니라 이곳에서 멀지 않은 곳에 십여 개의 또 다른 원시인의 벽화가 있는 동굴이 수십 개나 산재해 있다. 알타미라 동굴과 쇼베 동굴의 거리는 1천여km 정도의 거리이다. 자동차로 달려서도 15시간이 소요됨으로 그림을 그린 원시인 화가가 같은 사람은 분명 아닐 것인데 그들의 생각이 매우 유사하다는 점이다. 이곳 벽화에도 달리는 들소(Running Bison)의 그림이 있는데 이 역시 여러 개의 다리를 그려 넣어 뛰고 있는 동작의 잔상을 표현했다. 그렇다면 어떻게 같은 생각으로 시각의 잔상을 표현했을까? 하고 생각이 든다. 1824년에 와서 프랑스 사람인 피터 M 로제(Peter Mark Roget, 1779-1869)는 영상에 관련하여 사람은 뇌 속에 있는 망막(Retina)을 통하여 생리적으로 시각의 잔상을 볼 수 있다는 주장을 했고 결국 인간이 끈질긴 연구와 발명으로 만들어 낸 영상 기재에 의해 우리는 지금 영화를 즐기고 있는 것이다.

□ 그림설명 0065-1, 스페인 '알타미라 동굴 박물관'.

-2, -3, 바이손(들소)들과 동굴벽화을 조사하고 있다.

-4, 알타미라 동굴천정에 있는 들소무리들의 그림.

-5, 알타미라 멧돼지의 다리 8개를 그려 잔상을 표현함.

＊참조보기 (0373 - Chauvet Cave)

＊참조보기 (1953 - Persistence of vision)

0066 `mus`

alto (알토)

알토의 뜻은 '높다'라는 의미의 라틴어로 'Altus'에서 온 말이다. 고음(Treble)보다 얕은 남성의 목소리로 소년의 목소리의 범위(Range)이며, 성인 남자의 가성(Falsetto)으로 가능한 목소리이다. 테너(Tenor)의 반대이다.

0067 `gen`

amateur (아마추어, 비전문가)

전문적인 직업에 관계없이 어떤 일을 취미로 할 때나 또한 어떤 일을 하면서 아직 전문가적으로 일을 해내지 못하는 미숙한 사람을 가리키는 말이다. 예를 들어 아마추어 골퍼, 아마추어 통신사, 아마추어 사진작가를 들 수 있다. 이들은 프로와 같은 능력이 있다고 하더라도 직업적으로 그 일을 하지 않는 비전문가들이다. 이들을 아마추어라 부른다.

0068 `pic`

ambience (분위기, 주위)

애니메이션을 구축해 나아가는 과정에서 특히 어느 특정한 주변의 환경(Atmosphere)을 들어 스토리보드(Storyboard) 창작이나 레이아웃(Layout) 등을 위해 연출을 이끌어내는 분위기를 설명하기 위해 사용되는 말이다. 또한 포스트프로덕션에서 효과음을 선별할 때 주변에서 자연발생적으로 들려오는 소음이나 음향의 분위기를 의미하는 말이기도 하다.

0069 `sci` `ani`

amphibian (양서류, 수륙양생동물, 앰피비언)

주로 작은 동물들로 주기적으로 한때는 물속에서 또 한때는 육지에서 사는 동물들을 양서류라 한다. 주로 파충류(Reptilian)로서 약 4,000종류가 지구상에서 살아간다. 이들 양서류들은 물속에서 알을 까고 어릴 때는 아가미(Gills)로 수중호흡을 한다. 그리고 공기를 마셔 숨을 쉴 수 있도록 폐(Lungs)를 성장시켜 뭍(땅)으로 나와 살기도 한다. 양서류들은 뼈도 있고 차가운 피도 가지고 있다. 이들은 주로 개구리, 두꺼비, 도롱뇽

(Salamanders) 등이 있고 이들은 알을 낳고 부화되면 어려서는 물속에서 살지만 성장하면서 육지로 나와 살아가는 것이 대부분이다. 이들을 놓고 애니메이션으로 약간의 상상력으로 발전시켜 본다면 양서류이던 파충류든 간에 수륙양용 호보크라프트, 수륙양용 탱크, 공중으로 날아다니는 비행기 등을 양서류 캐릭터를 만들어 낼 수 있다.

□ 그림설명 0069, 대표적 수륙 양서 동물들.

0070 `gen`

amusement park (놀이동산, 유원지)

주로 오락거리를 뜻하는 말로 집에서가 아닌 외부장소의 시설로 타는 시설(Rides), 게임 등 관객에게 즐거움을 주는 오락(Entertainment)시설들을 뜻한다. 사람이 어떤 선의적인 베품(Give)을 통해 즐거움을 얻는 것이 아니라 우리 주변의 생활 속에서 문학, 미술, 음악이나 또는 놀이시설과 같은 문명이기를 통해 재미와 즐거움을 얻게 되는 것을 말한다. 레크리에이션(Recreation)이나 엔터테인먼트(Entertainment)와 같은 뜻이기도 하다. Amusement에 s를 뒤에 달아 사용하면 테마파크에 있는 놀이시설들을 의미한다. 예로 미국의 디즈니랜드, 한국의 에버랜드와 같은 시설을 들 수 있다.

□ 그림설명 0070, 놀이동산 중 롤러코스터.

0071 `gen`

analog, analogue (아날로그)

신체적(Physical) 기계적(Mechanical)인 방식으로 움직이는 재래식의 모든 체계를 이르는 말이다. 가령 큰 바늘 작은 바늘이 달린 재래종 시계와 알파벳 숫자로만 보여주는 디지털시계를 쉽게 비교해 본다. 아날로그는 신호를 전기(Electric)적인 신호로 변조하여 전송하는 방식을 의미한다. 각 신호는 전압이나 전류의 강도와 지속성에 따라 전기적인 강약 신호로 변환되고, 이것이 전파나 유선망을 통해 수신자에게 전달되면, 다시 전기신호를 변조하여 원래의 신호로 재생된다. 따라서 아날로그 신호는 각 신호들이 시간적인 연속성을 가지고 흐름을 형성하는 형태를 띤다. 하지만 전기적인 강약 신호를 이용하기 때문에 원래 신호가 전기신호로 변환되는 과정에서, 그리고 변환된 신호가 전파나 유선망과 같은 전송로로 이동하는 과정에서 여러 가지 잡음의 영향을 받게 된다. 그 결과 정보가 왜곡되거나 변형될 수 있는 단점을 가지고 있었다. 이런 것들을 아날로그라 부른다. 그러나 21세기말 급진적으로 돌발한 0과 1이 연속으로 변환되는 디지털(Digital, 숫자식) 방식으로 작업이 이루어지게 되어 신호의 굴절, 신호의 잡음, 신호의 혼선 등이 사라지게 되었다.

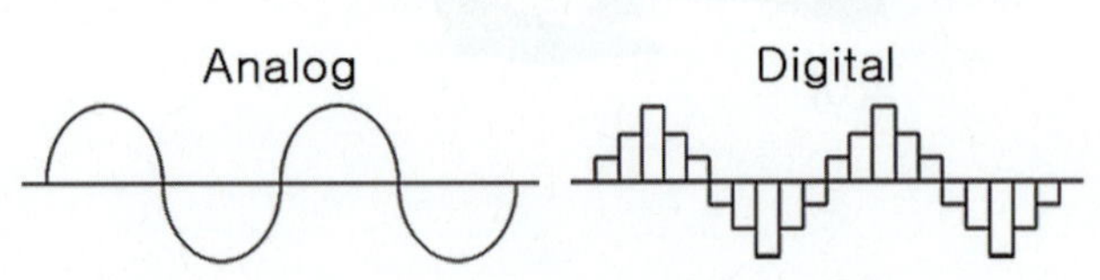

□ 그림설명 0071-1, 아날로그 / 디지털의 표현방식

-2, 아날로그 벽시계와 디지털 벽시계.

＊ 참조보기 (0639 - Digital)

0072 `gen` `pic`

anamorphic lens (왜상 렌즈, 애너모픽 렌즈)
＊**anamorphic distortion Lens (애너모픽 왜곡렌즈)**

이 렌즈는 화면의 좌우 수평축만을 100%로 압축하여 좁은 시야를 넓게 볼 수 있도록 고안된 렌즈이다. 이 렌즈의 원리는 1차 세계대전(1914-1918) 당시 프랑스의 앙리 크레티앙(Henri Chretien, 1879-1956)이 처음 고안한 것으로 육군탱크(Army Tank)의 내부에서 작은 창을 통해 보이지 않는 탱크 밖의 사물을 넓게 보기 위해 개발한 것이었다. 이 렌즈를 통해 보면 이미지는 절반으로 축소되어 길게 왜곡되어 보이지만 시야는 거의 180°의 탱크 밖의 상황을 볼 수 있게 된다. 미국의 영화산업은 이것을 이용하여 '시네마스코프(Cinemascope)'라 부르는 광폭대형스크린 효과를 얻어내 한 때 영화제작에 사용하여 크게 호황을 누리며 인기를 끌었던 렌즈였다.

□ 그림설명 0072, 애너모픽 35, 50, 75, 80-120mm 렌즈와 시네마스코프 화면.

0073 `pic`

anamorphic cinematography (애너모픽 촬영법)

애너모픽 렌즈가 화면이 옆으로만 넓어지는 것에 착안한 할리우드 영화제작사 20세기 폭스(20th Century Fox)가 이 기능을 활용하여 폭넓은 스크린에 영사할 수 있는 특수 영화 촬영방식을 고안하게 되었다. 애너모픽 화면 형태로 영화를 촬영하여 만든 영화를 시네마스코프라 불렀다. 촬영방법은 35mm필름에 애너모픽 렌즈를 부착해 촬영하면, 영화의 4:3 비율의 스크린을 수직축만 왜곡시켜 2배가 넘게 와이드 스크린 이미지를 만들어 내게 된다. 이 렌즈를 활용한 화면을 '시네마스코프(CinemaScope)시스템'이라고 부르고 화면비율(Ratio)은 2.35:1 크기로 넓어지게 된다. 1952년에 20세기폭스 영화사가 영화에 처음으로 시네마스코프(CinemaScope)라는 획기적인 방식을 등장시켜 영화 팬들을 사로잡았다. 할리우드의 다른 스튜디오들도 다른 이름으로 왜상렌즈 시스템들을 개발해 냈지만 결과물은 기본적으로 동일한 것이었다. 시네마스코프(CinemaScope), 슈퍼스코프(Super Scope), 파나스코프(Pana Scope), 워너스코프(Warner Scope) 등으로 이름을 붙인 관계로 '스코프 '라는 용어는 왜상 시스템의 축약형으로 사용되기 시작했다. 이 방식은 광활한 미국 서부의 평야를 담은 서부영화에 사용되어 한 때 유행과 인기를 오래도록 누렸다. 그러나 이 방식은 스크린의 코너마다 과도한 왜곡 현상이 나타나 지적되었고 시네마스코프는 점차 사라지게 되었다. 이것으로 보다 나은 또 다른 방식의 '파나비전(PanaVision)'이라는 왜상 렌즈 카메라가 개발됨에 따라 시네마스코프 명칭의 렌즈는 점차 사용하지 않게 되었다. 파나비전 왜상 렌즈의 원래의 화면비례는 2.76:1 이지만 제작자의 선택에 따라 2.55:1 또는 2.10:1 로 선택하기도 했으나 세계적인 영화감독인 스티븐 스필버그(Steven Spielberg, 1946-)는 언제나 1.85:1비율을 선호했다. 파나비전70은 70mm의 의미이지만 카메라는 65mm 네거티브(Negative, 촬영용 원판)를 장착할 수 있는 카메라이다. 미국의 20세기 중반기는 단순 35mm 카메라에서 카메라 여러 대를 사용하고 여러 대의 영사기를 사용한 시네라마(Cinerama), 마이크 토드(Mike Todd, 1909-1958) 가 개발한 TODD-AO 70mm 등 영화제작에 절정기를 이루면서 진화했다. 언제나 영화의 성장은 영상과학기술이 새로운 것을 만들어 내며 영화의 발전을 뒷받침해 왔다. 35mm 필름은 1888년 최초로 발명했고 2000년 초까지도 사용되었고 이에 따라 가종 영화촬영기제가 지속적으로 개발되었다.

□ 그림설명 0073-1, 화면비 2.35:1 광폭스크린 35mm필름과 -2, 애너모픽 렌즈로 촬영된 35mm 화면비교.

-3, 애니메이션 시네마스코프(애너몰픽) 촬영과 비례.

0074 `sci` `art`

anatomy (해부학)

해부학은 본질적으로 살아있는 생물(Biology)의 유기체(Organism)와 그 구조의 구성 요소(Parts)들이 어떻게 이루어 졌는지를 해부(Dissection)를 통해 알아내는 학문을 해부학이라 한다. 예술가들 중에 특히 화가들은 반드시 생물체에 대한 구조를 연구하는 것은 매우 중요하다. 근육(Muscle)과 뼈(Skeleton)의 구성, 위치, 구조, 조직, 모양, 관계 등을 의학적이며 학문적으로 연구하고 미적 그리고 예술적 아름다움을 표현하기 위해 공부하는 학문이다. 해부학은 살아있는 모든 생물체의 구조를 연구하는 것으로 하나의 자연과학 분야에 속하며 선사시대로부터 내려오는 오래된 분야이다. 해부학은 태생학(Embryology), 비교해부학(Comparative Anatomy), 진화생태학(Evolutionary Biology)과 밀접한 관계가 있다. 애니메이션에서는 인체해부학(Anthropotomy)이나 동물해부학(Zootomy)을 학습하여 근육과 뼈의 구조를 알게 됨으로써 팔을 구부리고 펴는 한계와 자세와 동작의 한계(Extreme Pose)를 올바르게 알아야 움직임을 그려낼 수 있다. 해부학은 16세기 벨기에(Belgium)의 의학자 안드레아스 베살리우스(Andreas Vesalius, 1514-1564)는 인체를 직접 해부하며 연구한 결과를 저술한 <인체의 구조를 위한> 책을 출간하여 세간의 많은 의학자의 눈길을 끌며 점차 해부학에 관해 관심을 끌었다.

또한 화가들이나 특히 애니메이터들이 골격은 어떻게 움직이며 또한 캐릭터의 성격에 따라 근육을 얼마만큼 표현할 것인가 그 움직임을 알고 표현하기위해 꼭 익혀야하는 자연과학 중에 한 분야이다.

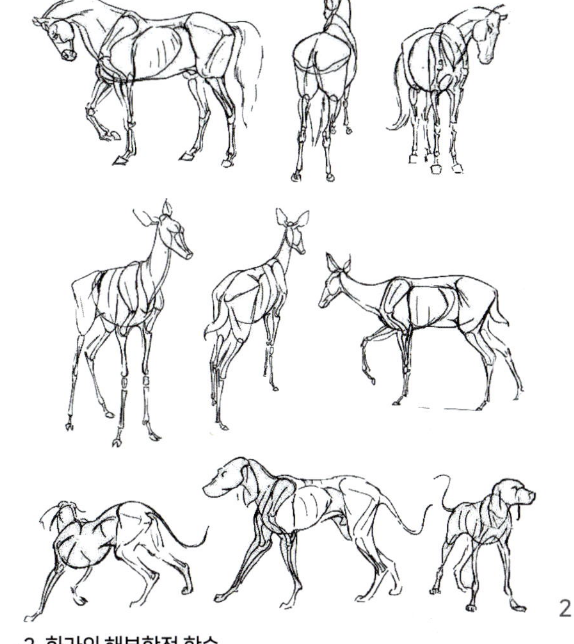

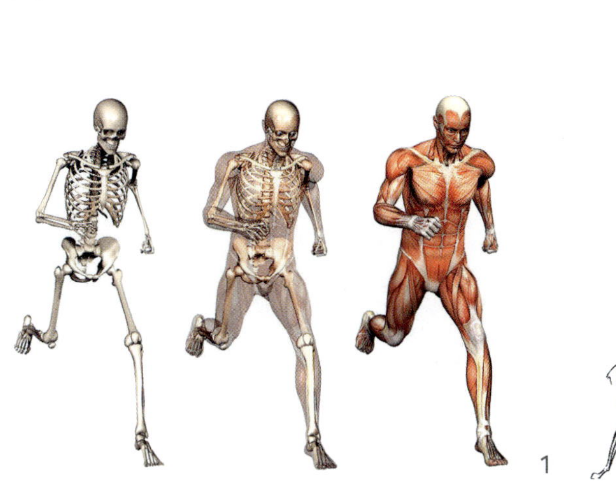

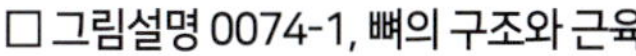

□ 그림설명 0074-1, 뼈의 구조와 근육

-2, 화가의 해부학적 학습.

0075 `mus`

andante (안단테, 안단테 곡)

음악에서 속도는 애니메이션으로 동작을 표현하는데 매우 중요한 관계이다. 안단테의 속도는 사람의 걸음걸이 보다 약간 느린 속도를 말한다. 1분간의 박절기(메트로놈, Metronome)의 비트(Beat) 수는 69에서 84사이의 속도로 애니메이션 동작은 산보(Stroll)하는 정도로 한 발자국을 움직이는데 초당 20프레임 정도로 그림을 10장정도 그려 2콤마씩 사용할 수 있다.

＊andantino (안단티노)

안단테 보다 조금 빠른 곡으로 모데라토(Moderato)에 가깝다. 1분간의 비트 수는 84에서 92로 애니메이션에서 한 발짝에 8장정도의 그림을 그려 2콤마씩 사용하는 속도이다.

0076 `com`

Android (인조인간, 안드로이드)

스마트폰(Smart Phone) 운영체제로써 인조인간처럼 생긴 로봇 모양을 한 심벌(Symbol)에 붙여진 이름이다. 그리스어의 어원으로 '인간을 닮은 것'이라는 뜻에서 온 말이다. 안드로이드는 세계 이동통신 관련 연합체인 구글(Google)이 개발한 것이다. 그 업무는 접촉수행업무 미들웨어(Middleware)와 응용프로그램(Application Program)을 연결하여 음악, 게임, 뉴스 등 특정한 업무를 해결하기 위한 목적을 가지고 만들어진 프로그램이다. 클라이언트와 서버 어플리케이션(Application)을 연결해주는 일과 응용프로그램을 한데 묶은 윈도우 소프트웨어 플랫폼(Window Software Platform)으로서 2007년에 처음 나왔다.

□ 그림설명 0076, 구글의 안드로이드.

0077 sci ani

Andromeda Galaxy (안드로메다 성운)

고대그리스 신화에서부터 현대에 이르기까지 이야기들 속에 많이 등장하는 안드로메다는 우리와 매우 친숙하지만 실상은 너무 멀어 갈 수는 없는 곳이다. 이 별들의 밝기를 측정하기는 명확할 수는 없겠지만 태양의 밝기보다도 비교가 안 될 정도로 밝아서 아주 먼 곳에 있어도 우주망원경을 통해 사람의 육안으로도 납작한 나선형으로 길게 흩어진 빛을 볼 수 있어서 더욱 더 신비하지만 약 250만 광년이나 떨어진 아주 먼 곳에 있다. 우리가 만약 초속 100km(KPS)로 맹렬히 돌진해 간다고 가정할 때 안드로메다 성운까지는 약 75억년이나 비행을 해야 도착 할 수 있는 거리에 있다. 인류가 이 별을 최초로 발견한 것은 10세기경에 페르시아(지금의 이란)의 천문학자인 압드 알라흐만 알 수피(Abd al-Rahman Al Sufi, 903-986)가 처음으로 별자리 지도에 자리를 그려 넣었다는 기록이 있다. 또한 덴마크의 귀족 출신 티코 브라헤(Tycho Brahe, 1546-1601)는 정확하고 광범위한 천문 관측으로 유명하다. 그는 천문학자, 작가로도 평생 동안 활동했으며 천체의 움직임을 기록해 놓고 죽게 되어 같이 일했던 독일의 천문학자 요하네스 케플러(Johannes Kepler, 1571-1630)가 이 자료들을 토대로 행성운동의 3가지(타원 괘도, 면적, 주기)의 물리학적 법칙을 발표하게 되었다. 그리고 반세기 후인 1687년 아이작 뉴턴(Issac Newton, 1643-1727)은 케플러의 연구에 힘입어 만유인력의 법칙이 발표하게 된다. 1771년에 와서는 프랑스의 천문학자 찰스 메시에(Charles Messier, 1730-1817)가 그의 조력자인 피에르 메셍(Pierre Méchain, 1744-1804)과 함께 혜성에 가려서 혼돈하기 쉬운 성운(Nebula)과 성단(Globular Cluster)들에서 안드로메다 성운이 포함된 109개의 별을 찾아내 13년만인 1784년에 <메시에 목록(the Messier Catalogue)>을 출판해 세상에 내놓아 우주의 크기가 다시 확인되었다. 그리고 1923년 미국의 천문학자 에드윈 허블(Edwin Powell Hubble, 1889-1953)이 머나먼 외계(Outer Space)의 세페이드 *₂변광성(Cepheid Variable Stars)을 이용해 거리를 측정하고 우주는 계속 팽창하고 있다고 했다. 그 후 1990년 4월 25일 허블의 이름을 딴 지름 2.4m의 우주 허블 망원경을 디스커버리에 실어 우주로 보냈고 지구의 610km 상공에서 외계행성과 행성을 찾아내는 의무를 수행하고 있다. 지난 26년 동안 150만장의 사진을 지구로 보내오면서 우주 팽창설(Theory of Expansion Universe)을 뒷받침했다. 1차 대전이 끝난 이듬해인 1919년 8월 미국 캘리포니아 윌슨 산(Mt. Wilson) 천문대에 들어가 할로 섀플리(Harlow Shapley, 1885-1972)와 같이 일했지만 서로 사이가 안 좋았다. 섀플리가 하버드대 천문대의 책임자로 간 후 케플러는 더 많은 시간을 쏟을 수가 있었다. 그는 100인치 큰 망원경을 통해 성운을 관측하다가 빛을 내다가 꺼졌다가 하는 변광성을 발견하여 지구와 안드로메다간의 거리가 약250만 광년임을 알게 됐다. 이것은 우리와 가까이 있는 것 같은 은하(Milky Way)의 거리가 10만에서 15만 광년임을 비교해서 볼 때 안드로메다 성운과의 거리는 엄청난 거리에 있는 것을 알아내게 된 것이다. 이 안드로메다 성운과의 거리를 알아내는 것은 대단한 업적이어서 허블이 1953년에 뇌경색으로 사망했지만 노벨상의 규정을 깨고 사후에도 상을 받을 수가 있었다고 역사에 기록을 남겼다.

□ 그림실멍 0077-1, 지구에서 250만 광년 밖에 있는 안드로메나 성운.

*the Andromeda Train 999 (은하 철도 999)

일본에서 애니메이션으로 만든 <the Andromeda Train 999>는 미국에서 70년대에 만든 공상과학영화 <The Andromeda Strain(안드로메다 긴장)>이라는 영화를 연상시킨다. 어감이 비슷하다는 말이다. 마이클 크리치톤(Michael Crichton, 1942-2008)의 소설을 각색하고 <the Sound of Music, (1965)> 영화를 감독하여 유명한 로버트 와이즈(Robert Wise, 1914-2005)가 감독한 영화였다. 일본의 애니메이션 제작회사인 도에이 도가(東映動畫, Toei Animation)가 1979년에 만든 *1<은하철도 999(the Galaxy Train 999)> 애니메이션에서 기차를 타고가면 안드로메다은하를 만날 수 있다는 이야기 속의 종착역이 바로 그곳이다. 원작은 마쓰모토 레이지(松本 士, 1900-)가 1977년부터 그려 출판한 만화로 이야기는 서기2221년 미래로 설정하고 석탄을 태우는 19세기의 스팀기차를 타고 안드로메다 별로 가기위해 '메가로폴리스(Megalopolis)' 역으로 모여든다는 당치도 않은, 그러나 매우 흥미로운 이야기를 꾸며내었다. 그만큼 인간에게는 꿈속의 신비한 별들의 군상인 것이다. 일본의 만화가인 마스모토 레이지(Matsmoto Reizi, 1938-)의 만화원작으로 소년화보 출판사가 발행하는 '소년 킹'지에 1977년에서 1981년까지 실렸던 연재만화로 1978년에 니시자와 노부타가(Nishizawa Nobutaka, 西沢 信孝, 1940-)감독이 TV시리즈로 만들었고, 1981년에 린타로(Rintaro, 본명은 시게유끼 하야시(Shigeyuki Hayashi, 林 重行, 1941-)감독이 극장용으로 또다시 만들었다. 스토리는 히로야스 야마우라(Hiroyasu Yamaura, 1938-)가 원작을 조금씩 각색해 만들어 당시 크게 성공한 작품이다. <은하철도 999>의 스토리는 시작에서 가난과 부를 다룬다. 장소는 지구와 행성 간에, 시대는 2221년 미래를 다뤘다. 「...세상의 부자들은 '기계몸체'로 개조하여 영원한 생명을 영유하며 돈없이 가난한자들을 박해한다. 지구는 항공우주의 발달로 안드로메다와 지구간에 기차가 왕래하는 것으로 연출되어 기차를 타고가면 가난한 사람들도 무료로 반 기계화된다는 소문을 듣고 기차를 타고 지구를 떠나면서 벌어지는 이야기...」 이다. 또 다른 애니메이션에서 하늘을 날아다니는 <우주전함 야마토(The Space Battle Ship Yamato, 1978)>라는 전함(2차 대전시 바다에 가라앉은 일본군함)도 창작된바 있어 당시에는 상상력의 극치였을 것 같다. <은하철도 999>는 일본의 후지 텔레비(Fuji-TV)가 시리즈를 방영을 마치고나서 한국의 MBC, EBS 그리고 케이블-TV 투니버스가 1996년부터 1997년까지 차례로 재방송을 함으로써 한국 내에서는 더욱 더 유명하게 되었다.

□ 그림설명 0077-2, 사요나라 <은하철도 999> (1981) for TV by Nishizawa Nobutaka, Toei Animation

***₂ Cepheid Variable Stars (변광성들)**

세페이드 변광성은 매우 특성(Characteristic)을 가진 별이다. 별빛의 이동을 보면 올라 갔다 내려왔다 커브를 그리는가하면 갑작스럽게 껌뻑(Abrupt Brightening)이기도 한다. 그래서 이를 변광성(Variable Star)이라 부른다. 허블은 이 변광성을 이용하여 지구와 안드로메다 성운 간에 거리를 측정하여 우주의 크기를 알아냈다.

0078 `pic` `pho`

angle of view (관점, 시야)

이 말은 일반적으로 자신의 관점에서 카메라의 뷰파인더(Viewfinder)를 통해 보이는 제약된 장면을 뜻하는 말이다. 이것을 영화에서는 감독의 시각이라고도 하고 카메라앵 글이라고도 한다. 즉 감독이 보려는 시각의 위치에서 대상에 따라 화면의 크기와 원근 법이 정해지게 된다. 카메라 사거리의 영역은 렌즈의 유효 중심으로부터 이미지에 기 록되는 화면 크기다. 렌즈에서 받아들인 실제의 액션 영역은 원형이지만, 카메라에 장 착된 아파추어(Aperture), 일명 이미지 게이트(Gate)가 마스크 역할을 해서 16x9의 프 레임 비례를 만들어 준다. 카메라의 표준 55mm 렌즈는 사람의 눈으로 보는 것과 같은 이미지를 얻을 수 있고, 28mm (와이드)렌즈의 개각도 약 75°의 앵글을, 200mm(망 원) 렌즈는 약 9°의 앵글을 얻을 수 있다. 앵글은 가끔씩 카메라 앵글과 혼동되는데, 여기서 말하는 앵글은 카메라 렌즈를 통해 보이는 개각도(Open View)를 말한다.

WIDE	NORMAL	TELEPHOTO

28mm	55mm	200mm

□ 그림설명 0078, 렌즈에 의한 원근의 여러 시각들.

*** angle-reverse-angle (앵글 리버스 앵글, 반대 각)**

서로 마주보고 대화하고 있는 두 캐릭터를 두 대의 카메라가 따로 동시에 촬영하여 편집에서 두 사람을 번갈아 보여주는 연출상의 기술을 의미한다.

0079 `pic` `art` `fes`

Angouleme Int'l Comics Festival (앙굴렘국제만화페스티벌)

프랑스〉 Angouleme, 1974년 개최된 이래, 해마다 1월에 프랑스 서부의 산업도시에서 열리는 국제적인 출판만화 축제이다. 축제의 원명은 'Festival International de la Bande Dessinée d'Angoulême'이라 부른다. 이 페스티벌은 1969년에 프랜시스 그루(Francis Groux, 1934-)가 평소 만화에 관심이 많아 앙굴렘에서 <만화 주간(Une Semaine de la Bande Dessinée)>이라는 행사를 개최한 적이 있었고 1971년에 그루는 앙굴렘 시의회 의장으로 선출되었다. 그루는 이듬해인 1972년에는 <천만 개의 영상(Dix Millions d'Images)>이라는 전시회를 2주간 개최하여 만화가, 출판업자, 서점업자, 독자들이 열성적으로 참여해 큰 성공을 거두었고 그 후 권위와 전통의 축제가 되었다. 이 축제 기간에는 길거리에는 만화버스, 만화벽화, 만화축제 포스터 등으로 축제 분위기로 들뜨고, 다양한 전시회, 상영회, 책 박람회 등 각종 이벤트를 구성해 시내 곳곳에서 열린다. 축제는 프랑스 정부와 앙굴렘 시의회, 각 만화협회 등의 지원을 받아 유럽에서 가장 큰 출판만화축제로 성장했다. 매년 언제나 1월 말경에 4일동안 개최되며 시상식, 전시회, 비평회, 상영회, 강연회, 판매행사, 출판홍보행사 등이 공개적으로 열린다. 방문객들은 프랑스국제만화영상단지(Cité internationale de la bande dessinée et de l'image)를 중심으로 조성된 다양한 만화 전시회에 참가할 수 있으며 도서관, 체험관 등의 공간에서 자유롭게 만화를 읽거나 즉석에서 그림을 그릴 수도 있다.

□ 그림설명 0079, 앙굴렘(출판만화)페스티벌과 코믹 북 전시 섹션.

0080 `ani` `gen`

anima (생명, 혼)

라틴(Latin)어가 어원으로 '숨 쉰다(Breath)' 또는 '영혼(Spirit)'을 뜻하는 말이다. 생명이 없는 사물을 한 콤마씩 움직이며 촬영하여 만든 영상을 통하여 마치 살아있는 것 같은 움직임을 보게 되는 것에서 파생된 단어로서 오늘날의 애니메이션(Animation)이라는 말이 여기서 유래 되었다. 지금도 여러 나라에서는 애니메이션의 의미로 단어를 사용한다. 인도의 'ANIMA Mundi' 또는 브뤼셀의 'ANIMA Festival'이 있다.

□ 그림설명 0080, 벨기에의 브뤼셀(Brussels) 애니메이션 페스티벌.

0081 `pho` `ani`

Animals in Motion (동물들의 동작)

미국의 에드워드 마이브리지(Eadweard Muybridge, 1830-1904)가 1887년 동물들의 움직임을 여러 대의 특수 카메라로 동시에 순차적인 동작을 촬영하여 정지된 동작을 정교하게 사진으로 뽑아 펴낸 책의 이름이다. 또한 사람의 동작을 촬영한 '휴먼 인 모션(Human Figures in Motion)'도 있다.

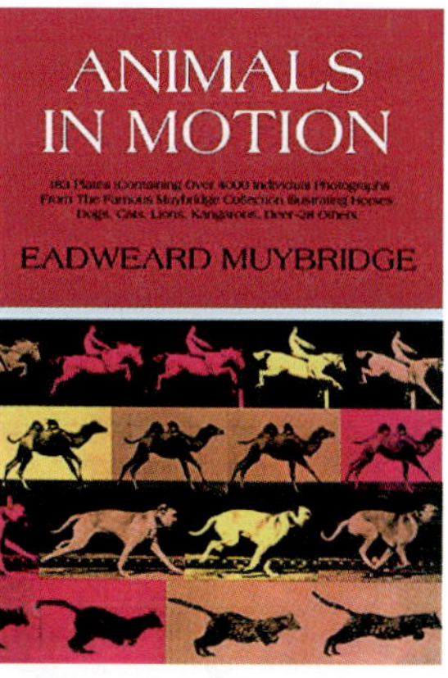

□ 그림설명 0081, <Animals in Motion> 1957 Book, by Muybridge.

0082 `pho` `ani` `peo`

animal locomotion (동물의 이동양식)

사람과 동물들을 사진으로 찍어 그들의 이동양식을 연구한 사람은 미국에서 주로 자연경치를 찍었던 사진작가이며 발명가이었던 에드워드 마이브리지(Eadweard Muybridge, 1930-1904)에 의해서였다. 사진이 발명된 이래 1872년에 와서 캘리포니아에 있는 팔로 알토(Palo Alto)의 스탠포드(Stanford) 말 목장에서 말의 연속된 동작을 영화촬영기(당시 아직 개발되지 않음)가 아닌 사진기로 촬영하여 말의 이동양식(Locomotion)을 완성하여 붙여진 단어이다. 1827년부터 사진을 발명한 사람은 프랑스에서 인쇄업을 하던 조셉 니세포르 니엡스(Joseph Nicephore Niepce, 1765-1833)였는데 사진 연구 중 1833년에 병사하게 되어 그의 동업자였던 루이 다게르(Louis Daguerre, 1787-1851)에 의해 1839년에 완성됐다. 그러나 이듬해인 1840년에 훨씬 선명한 사진이 영국의 윌리엄 탈

A

보(William Talbot, 1800-1877)에 의해 간발의 차이로 늦게 발표되어 최초라는 명예를 잃었다. 그러나 탈보은 일련의 동작을 영상화 하려는 노력이 강했다. 그는 스탠포드 목장에서 말의 동작을 찍으며 사진을 연구하던 마이브리지를 찾아와 페나키스토스코프(Phenakistoscope)에 말의 동작을 넣은 오락 기구를 같이 만들자며 연구하기도 했다. 애니메이션이라 부르기까지 시각의 연속성에 대한 관심은 유럽에서 뿐만 아니라 미국에서도 활발했다. 마이브리지의 모든 동물들의 이동양식에 대한 연구는 애니메이션에 대단한 영향을 끼쳤다. 지금까지도 마이브리지가 찍은 사진을 통해 동작을 연구한 <Animals in Motion>과 <Human Figures in Motion>이 있다.

□ 그림설명 0082-1, 에드워드 마이브리지가 1872년 촬영한 애니멀 로코모션중에서 말의 이동양식

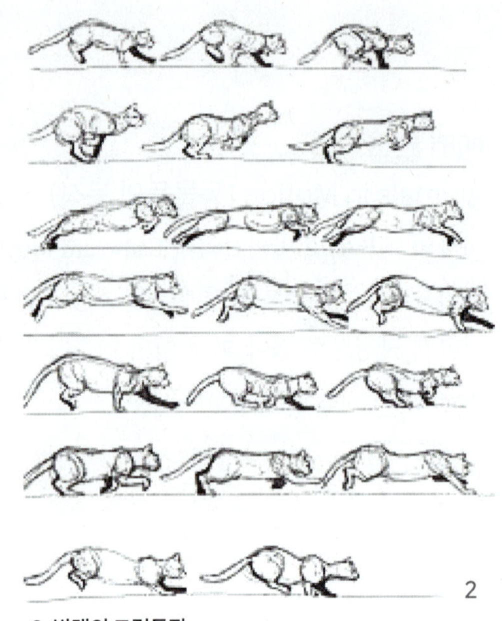

-2, 밥캣의 그림동작.

0083 `ani` `pic` `peo`

animated cartoon (만화영화, 애니메이티드 카툰)

1911년대 미국에서 신문에 연재된 만화를 이용하여 애니메이션으로 제작하면서 불리게 된 말이다. 카툰은 신문만화(코믹(Comic)은 출판 단행본)를 가리키는 말이며 이것을 애니메이션으로 움직이게 한 것에서 애니메이티드 카툰이라 부른다. 그리고 미국지역에서 부르기 시작했고 사용되는 말이다. 또한 미국에서는 애니메이터를 스크린 카투니스트(Screen Cartoonist)라고도 부른다. 1940년대에 이르기까지 신문만화를 이용한 애니메이션들은 조지 헤리만(George Herriman, 1880-1944)의 <크레이지 캣(Krazy Kat)>을 시작으로 윈저 맥케이의 <리틀 네모(Little Nemo)>, 월트 디즈니의 <미키마우스

(Mickey Mouse)>와 <도널드 덕(Donald Duck)>, 워너 브라더스의 <벅스 버니(Bugs Bunny)>, UPA(United Picture's Artists) 제작 <미스터 마구(Mr. Magoo)>, DePatie Freleng Ent.가 만든 <핑크 팬더(Pink Panther)> 등 수많은 친숙한 만화 캐릭터들이 단편 애니메이션으로 제작되었다. 만화체(Cartoony)로 최초로 애니메이션으로 만들어진 것은 1908년 프랑스 파리에 있는 고몽(Gaumont)회사의 직원으로 일하고 있던 에밀 꼴(Emile Cohl, 1857 -1938)이 그린 <판타스마고리(Fantasmagorie)>이었다.

□ 그림설명 0083-1, 크레이지 캣.　　-2, 도날드 덕.　　-3, 뽀빠이.

-4, 1911년 윈저 맥케이의 <리틀 네모> 신문만화

-5, 슈퍼 맨.　　-6, 미스터 마구.　　-7, 핑크팬더.

0084 `ani` `pic`

animated film (애니메이션 필름, 동영상)

애니메이션 필름은 주로 그림으로 그린 만화형태로 제작된 영화 외에도 전문적으로 애니메이티드 필름이란 어떠한 형태이던 정물을 움직여 애니메이션으로 만든 여러 종류로 분류된다. 2D 손으로 그린 애니메이션, 3D 컴퓨터 어시스트 애니메이션, 인형(Puppet), 점토(Clay), 모래(Sand), 사물(Objects), 관절움직임(Cut Out) 등의 방식과 형태로 만들어지지만 모두 애니메이션 필름이라 부른다. 또한 일반적으로 필름(Film)하면 장편이나 단편에 구분 없이 제작된 영화를 대변하여 부르는 말이며 주로 30분미만의 단편영화(Short Animated Film)를 가리켜 부른다. 또한 60분 이상 길이의 장편 애니메이션을 영어로는 Animated Feature Film이라 칭한다.

0085 `ani` `pic`

animatic (애니메틱)

*Leica Reel (라이카 릴)

원래 애니메틱이라는 용어는 라이브 액션(Live Action)에서 사용하는 'Leica Reel'에서 온 말이다. 애니메틱은 아직은 동작이 없는 스토리보드 패널에 그린 그림을 첫 신(Scene)에서 마지막 신까지 스캔하여 순서로 배열한 후, 각 신의 길이만큼 늘려 가편집하여 임시 초벌영화를 만드는 것을 말한다. 애니메틱을 만들려면 일반적으로 스토리보드의 칸 그림 크기를 그대로 촬영하여 구성한다. 애니메틱은 근본적으로 영화의 흐름(Pace, 영화의 속도)을 보기 위하여 구성하는 것이므로 커트의 속도(Pace)에 더 느낌을 가져볼 수 있다. 신의 구축을 모두 완료하더라도 구도, 앵글, 화면전개의·크기, 화면의 시작과 마무리까지 화면 처리 등을 모두 생각하며 구성이 잘 되었나를 여러 번 반복해서 보며 느낌을 얻어낸다. 눈으로 보기에도 느낌이 마음에 들지 않거나 하면 즉시 다른 구도로 바꿔 그릴 수 있다. 1) 촬영한 화면은 대사, 음악이나 음향효과가 유무에 따라 동작과 일치하도록 하여 신(Scene)의 길이를 구성한다. 이때 신의 길이는 연출에 필요한 초수만큼 길이를 정한다. 2) 초시계(Stop-Watch)로 대사를 제외한 모든 동작을 재서 슬러깅(Slugging)한다. 3) Dialogue 의 길이를 모두 합쳐 동작 슬러깅이 끝난 길이가 곧 신(Scene)의 길이가 된다. 4) 완료된 길이에서 몇 개의 시퀀스(Sequence)인지 구분한다. 하나의 시퀀스에 몇 개의 신이 있는지 구분한다. 한 시퀀스는 하나의 분위기(Ambience)로서 배경(BG, Back Ground), 색감(Color), 환경소음과 음악 등으로 구분한다. 5) SC. 1(첫 번째 장면)은 반드시 페이드 인(Fade-In)을 시킨다. 페이드 인(Fade-In)은 영화의 분위기에 따라서 48x(2초), 36x(1초 반), 24x(1초) 중 선택하여 사용한다.

6) Title(자막)은 별도로 길이에 관계없이 페이드인(Fade-In)과 뒤에 페이드 아웃(Fade-Out)을 사용한다. 엔딩 크레딧(Ending Credit)에도 페이드인(Fade-In)과 아웃(Fade-Out)을 사용한다. 7) 이 애니메틱에 사용한 화면은 레이아웃을 할 때에도 반드시 원본처럼 바닥에 엷게 깔고 가이드(Guide)로 사용한다. 만약 컴퓨터로 레이아웃을 하지 않을 경우 종이위에 레이아웃을 연필로 작화를 하게 되는데 이 때 사용하게 되는 원본 그림은 애니메틱에 사용했던 스토리보드 그림을 확대하여 가이드용 레이아웃으로 사용하도록 하여 애니메틱에서 보던 느낌을 유지할 수 있도록 하는 것이 목적이다. 또한, 애니메틱이라는 단어의 뜻은 스토리보드를 애니메이션으로 작화하기 전에 이야기의 줄거리를 위해 대충 그려진 스토리보드의 신(Scene)과 시퀀스(Sequence)에 맞게 영화처럼 연결하여 미리 연속성 있게 보기위해 붙여 놓은 것을 가리키는 말이다. 이 방식은 실사에서 마치 라이카 릴(Leica Reel)처럼 편집하는 것인데 다만 애니메이션에만 적용해 부르는 말이다. 간단히 보이는 이방식은 동작은 거의 없지만 대사(Dialogue)의 위치와 예비적으로 음악(Music)이 깔릴 위치와 길이 음향효과(Sound Effects) 등을 적절한 길이에 맞게 미리 지정해 작업할 수 있다. 애니메틱이라는 새로운 용어의 사용은 1980년대에 들어 TV시리즈 제작이 왕성하게 진행되면서 여러 부서가 제작 스케줄에 속도를 맞추어 동시에 체계적으로 완성하기 위한 하나의 방책으로 애니메틱을 구축하였으며, 또한 이것을 토대로 작품의 길이를 미리 정할 수 가있고 완료된 신마다 제자리에 삽입하여 완성(Build-Up)해 나간다. 애니메틱은 애니메이션에서는 반드시 사용하는 제작절차이다.

□ 그림설명 0085, <Chicken Little 2 Mission to Mars> 애니메틱을 구성한다.

0086 `ani` `his` `equ` `peo` `art`

animation (애니메이션, 생명, 활기)

✱ animation stream in 20th century (20세기 애니메이션의 흐름)

애니메이션이라는 단어는 라틴어 'Anima'에서 온 말로 '생명'이라는 뜻에서 유래되어 온 말이다. 생명력이 없이 정지되어 있는 어떤 형태의 그림이나 물체를 조금씩 옮겨가며 스톱모션 카메라(Stop Motion Camera)로 한 콤마씩 촬영한 다음 영사기로 돌려보면 마치 사물이 살아서 스스로 움직이는 것같이 보이는 것을 애니메이션이라 한다. 애니메이션은 원리적으로 스스로 움직이지 못하는 물체가 다만 영화제작기법으로 사람이 조금씩 움직여 가며 한 콤마씩 촬영할 수 있는 카메라로 찍는다. 촬영한 필름은 현상한 후 돌려보면 마치 살아 있는 듯 물체가 스스로 움직여 보이게 된다. 이 원리는 실사촬영에서도 같은 원리로 이뤄진다. 영화는 20세기 전반에 걸쳐 인류가 만들어낸 최대의 걸작이다. 실사영화도 이 애니메이션의 원리로 1초 동안에 24개(Comma)의 정지된 사진(Still Picture)이 서다가다를 반복하며 연속된 동작을 보여주게 되는데 필름이 서있는 순간에는 강렬한 빛이 통과해 사진이 스크린에 보이지만 다음 사진을 보이기 위해 필름이 흐를 때 순간 화면을 가려주게 된다. 이렇게 반복적으로 밝은 화면과 어두운 화면이 번갈아 바뀌며 깜빡거림(Flicker)이 생겨나게 되지만 사람의 두뇌 속에 있는 망막(Retina)에 의해 잠시 밝을 때 본 영상이 생리적 현상으로 망막에 잔상이 그대로 유지되어 영상을 볼 수 있는 것이다. 망막은 밝은 빛만 감지한다. 이 움직임에 의한 잔상작용을 발견한 것은 놀랍게도 약 2만5,000년 전 구석기시대 때였다. 스페인에 있는 '알타미라동굴(Cueva de Altamira)'의 멧돼지 그림과 프랑스에 있는 '쇼베동굴(Chauvet Cave)'에서는 원시인들이 그 속에서 살면서 남긴 동굴벽화 '야생 말'에 여러 다리를 그려 잔상(Afterimage)을 표현한 그림들이 발견된 것이다. 동물들이 빠르게 뛸 때 잔상에서 보였던 여러 다리를 더 그려 넣어 잔상표현을 그림으로 남긴 것이다. 이 동굴에서 인류가 살았던 자취로 남긴 유물들을 통해 인간에게만 존재하는 중요한 생각의 힘을 알 수 있게 한다.

□ 그림설명 0086-1, '잔상'을 표현한 알타미라 동굴의 멧돼지 그림.

원시인들이 동굴벽화를 그려 잔상을 표현했던 그때로부터 3만 여년이라는 오랜 세월이 흐른 뒤인 서력기원 1646년, 로마대학 수학 교수였던 아타나시우스 키르허(Athanasius Kircher, 1601(1602)-1680)는 '영상을 벽에 빛으로 비춰 볼 수 있다'는 것을 세상에 주장하며 그가 고안한 <매직랜턴>이라는 설계도와 함께 「빛과 그림자의 위대한 예술」이라는 인쇄된 작은 책자를 발표해 주위 사람들을 어리둥절하게 했다. 그는 기구를 실제로 만들어 내지는 않았지만 이것은 인류 최초 영상기구의 시초가 되는 고안품이었다. 이러한 일이 있은 후, 1649년에 네덜란드의 젊은 수학자인 크리스티안 호이겐스(하위헌스)(Christiaan Huygens, 1629-1695)가 <매직랜턴>을 완성하여 실제로 만든 것으로 역사에 기록되어 있으나 크리스티안은 그의 아버지로부터 그러한 하찮은 것을 만들어 집안 망신을 시키려 한다고 호되게 핀잔을 받은 후 산산조각으로 폐기(Scrap)하여 기구는 남겨지지 않았다. <매직 랜턴>을 만들었을 것으로 여기는 사람이 또 있다. 1664년 덴마크사람(the Dane)으로 수학자였던 토마스 발겐슈타인(Thomas Rasmussen Walgensten, 1627-1681)이다. 그는 덴마크의 고트랜드(Gotland) 섬에 살았는데 그가 30세가 되던 1657에 네덜란드에 와서 2년 동안 레이든 대학(Leiden University, 1575년에 설립된 대학으로 지금은 세계적인 명문)에서 공부했다. 아마도 이때에 같은 수학자인 크리스티안 호이겐스(Christiaan Huygen, 1629-1695)를 만났을 것으로 여겨진다. 이미 <매직랜턴>을 만들어 본 호이겐스를 만난 발겐슈타인이 발명품에 관해서 어떻게 만들 수있는지를 분명히 물어보고 배웠을것이라고 생각된다. 그 근거로 우선 구조적인 디자인이 같고 1667년부터 활동이 서로 일치하기 때문이다. 발겐슈타인의 행적을 보면 1664년 파리에서, 1665년 리옹(Lyon)과 로마(Rome)에서 그리고 1666년 다시 로마로 여행을 했다는 기록, 그리고 1670년에는 덴마크의 수도 코펜하겐(Copenhagen)에 있는 프레드릭 3세 왕(King Fredrick III, 1609-1670)이 있는 궁전에서 이미지(Image)를 상영했다는 기록이 뒷받침 한다. 1671년 아타나시우스 키르허가 역시 만들지는 못했고 약간에 개량된 두 번째 그림만 발표했으나 그는 실망스러운 어조로 "오늘날 로마에서는 무명의 과학자들에 의해 만들어진 <매직랜턴>이 이탈리아의 여러 왕자들에게 팔린 흔한 물건이 되었다." 라고 비꼬아 말할 정도로 흔하게 볼 수 있었다고 기록되어 있다. 그러나 결국에는 1736년이 되어서 네덜란드의 실험물리학자인 피터 반 뮈셴브루크(Pieter Van Musschenbroek, 1692-1761)가 키르허의 것과 유사한 모양으로 <매직랜턴(Magic Lantern)>이라는 환등기를 만들어 세상에최초로내놓았다. 이것은 사람들로부터 상당한 관심을 끌었다. 1824년, 이러한 시각분야의 새로운 기구의 발명품에 관해 원리적으로 움직임을 볼 수 있는 원인과 조건을 의학적으로 제시한 새로운 연구서가 나왔다. 영국에서 내과의사이며 사전편집자였던 피터 마크 로제

□ 그림설명 0086-2, -3, -4, 1736년
후에 만들어진 매직랜턴과 유사 종류들.

-3, 모두 광원은 호롱불(전구가 아닌)이어서
굴뚝이 있다.

-4, 필름으로 연속동작을 볼 수 있는
초기 랜턴 영사기.

(Peter Mark Roget, 1779-1869)가 이 시각의 잔상에 관해 논문을 발표했다. '움직이는 물체에 대한 시각의 지속성(Persistence of Vision with Regard to Moving Objects)' 이 논문의 주제였다. 그는 내과의사답게 사람의 눈은 잠시 눈을 감더라도 망막(Retina)을 통해 마지막 본 목적물이 잠시 잔상으로 남는 것으로 인해 이미지가 지속된다는 논리였다. 이 로제의 "시각의 잔상" 논리를 입증하기위해 1824년에 존 에이톤 파리스(John Ayrton Paris, 1785-1856)가 더마트로프(Thaumatrope)를 내놓아서 간단한 원리였지만 사람들이 아주 신기해했다. 1832년에는 조셉 플래토(Joseph Plateau, 1801-1883)가 더 흥미로운 방식으로 잔상을 입증하기위해 페나키스토스코프(Phenakistoscope)를 고안해 만들었는데 매우 흥미로운 기구였다. 종이 원판(그림설명0086-5)위에 연속된 동작을 그려 넣고 그림과 그림 사이를 모두 틈을 낸 후 거울에 비춰 돌려보면 연속된 동작을 볼 수 있는 것이었다.

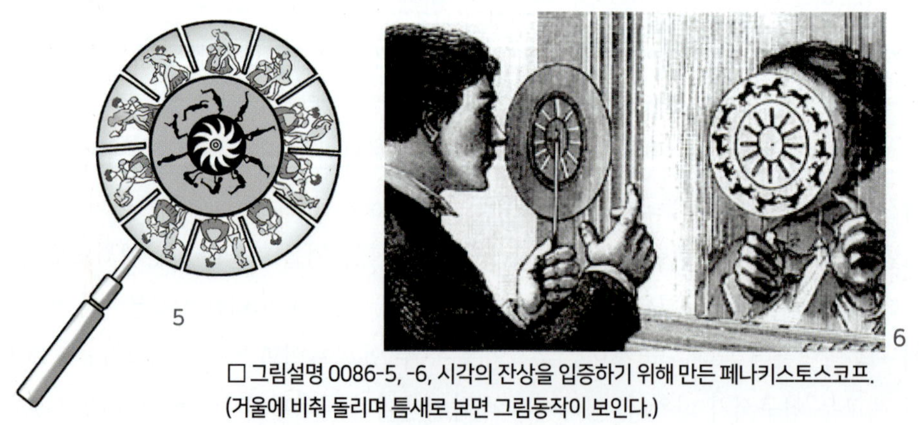

□ 그림설명 0086-5, -6, 시각의 잔상을 입증하기 위해 만든 페나키스토스코프.
(거울에 비춰 돌리며 틈새로 보면 그림동작이 보인다.)

1833년대에 들어서는 신기한 원반이 소개되었는데 바퀴를 돌리면 그 바퀴살이 속도에 따라 앞으로 또는 뒤로 가는 듯이 보였다. 이것은 시몬 반 스텐퍼(Simon von Stamfer, 1792-1864)가 착시를 고안한 스트로보스코프(Stroboscope)였다. 그 이듬해 1834년에는 윌리엄 조지 호너(William George Horner, 1786-1837)가 만든 조이트로프(Zoetrope)가 색다른 디자인이 또 나왔다. 이 기구는 둥근 통으로 되어 있고 열려있는 틈새로 통속 벽에 있는 그림을 들여다보게 되어 있었다. 이 조이트로프가 나온 지 43년 후인 1877년에 에밀 레이노드(Emile Reynaud, 1844-1918)는 조이트로프와 원리적으로 매우 흡사해 보이는, 그러나 프락시노스코프(Praxinoscope)는 중심부분에 거울을 달아 가장자리에 그림이 반사되어 보이게 새로 발명했는데 다만 가운데에 거울이 여러 면으로 부착되어 있어 틈새로 보지 않고 거울을 통하여 편안히 그림의 동작을 볼 수 있게 개조되어 있었다. 레이노드의 이 새로운 기구는 사실 애니메이션의 역사를 새롭게 변화시키는 시발점이 되었다. 1892년 레이노드는 이미 애니메이션 개척기에 처음으로 파리에서 옵티크 극장(Theatre Optique)을 최초로 개관하고 <팬터마임 루미누스(Pantomime Lumineuses)>라는 자신이 그려서 만든 35mm 필름을 스크린 뒤에서 직접 손으로 돌려가며 스크린에 영사를 하고 관객들은 앞에서 의자에 앉아 보도록 하는 지금의 극장식 관람석을 최초로 만들어 보여주었다. Reynaud는 1892년부터 1900년까지 최초의 그리고 가장 정교한 동영상 쇼인 <Pantomines Lumineuses>의 운영자였다. 영화는 트릭(Trick) 필름이라 불리던 애니메이션 방식이었고 팬터마임이라 이름을 붙인 것은 대사가 없는 영화였기 때문이다. 점차 유럽은 기술의 발전과 더불어 사진의 발명, 롤필름의 발명, 촬영카메라의 발명 등 지속적으로 새로운 것을 만들어내는 발상들이 여러 분야에서 일어나고 결국 그것들이 실사영화의 시작이 되었다. 레이노드가 개관한 생전 처음 보는 이 광학영화관(Theatre Optique)은 자신이 그림을 그려 만든 영상을 상영해 3년간 잘 운영되고 있을 즈음인 1895년 역시 같은 프랑스 사람인 뤼미에르 형제(Lumiere Brothers, Auguste, 1862-1954 & Louis, 1864-1948)가 새로운 방식으로 그들이 촬영한 실사영화를 16mm필름으로 파리 시내에 있는 그랑 카페(Grand Cafe)에서 유료로 처음 상영됐다. 필름의 내용은 증기기관차가 저 멀리서부터 관객 앞으로 크게 돌진해 오는 장면이 있었는데 이것을 본 카페의 손님들이 혼비백산해 자리를 피했다고 한다. 이것은 그림이 아니었고 실제로 광경을 찍은 실사였다. 20세기를 통틀어 실사 영화제작은 절정기를 이뤘다. 세기와 더불어 많은 실험과 좌절과 인내와 발명을 거듭하며 영화(Motion Picture)는 하나의 예술로서 성

□ 그림설명 0086-7, 레이노드의
<팬터마임 루미누스> 상영포스터.

장을 거듭하며 성공하게 되였다. 애니메이션은 1905년 스페인에서 처음으로 스톱모션 카메라가 발명되었다는 역사기록이 있지만 자료나 서적에 따라 기록이 다를 수 있다. 스페인의 세군도 초몬(Segundo Victor Aurelio Chomon, 1871-1929)은 스페인영화의 개척자로서 감독, 카메라 맨, 영화각본가 등으로 일하며 1903년에 이미 트릭 필름(Trick Film, Stop Frame Shooting)을 발명하고 단편을 촬영한 선구자로 기록되어 있다. 또한 1906년 미국의 제임스 블랙톤(James Blackton, 1875-1941) 역시 트릭 필름으로 애니메이션을 만들었다. 1908년 최초로 프랑스의 에밀 꼴(Emile Cohl, 1857-1938)이 칠판(Blackboard)에 그림을 조금씩 움직여 그려가며 한 콤마씩 촬영을 해서 최초의 그림으로 그린 애니메이션을 만들었다. 이처럼 애니메이션 역사 기록은 나라마다 다르게 기록하고 있지만 어느 나라의 보존방법과 책자출판 그리고 분야별 홍보에 따라 유명하게 다뤄지기도 하며 중요하게 기록으로 남게 되는 것이다.

□ 그림설명 0086-8, 최초로 에밀 꼴이 그린 애니메이션, 1908.

-9, 최초로 뤼미에르 형제가 촬영한 실사 <퇴근길>, 1895.

* Ani (애니)

한국에서 애니메이션을 짧게 줄여서 쓰고 읽는 말이다.

* anima (애니마)

어원은 라틴어(Latin Language)에서 온 것으로 '숨 쉬다', '움직이다' 그리고 '영혼'이라는 의미를 가진 말이다. 이로부터 애니메이션이라는 단어가 파생되었다.

(참조보기, anima - 0080)

* anime (아니메)

일본에서 애니메이션을 짧게 줄여서 쓰고 읽는 말이다.

✽ 참조보기 (0091 - animation festivals of the world)

✽ 참조보기 (0093 - animation & humankind)

✽ 참조보기 (0133 - ASIFA)

✽ 참조보기 (3014 - Winsor McCay)

✽ 참조보기 (0351 - Cel Animation)

✽ 참조보기 (0351 - Computer Animation)

0087 `ani` `pho`

animation camera (애니메이션 카메라)

동영상을 만들기 위해 한 프레임씩 찍을 수 있도록 특별히 제작된 스톱 모션 카메라를 말한다. 전문용어로는 로스트럼(Rostrum)카메라라고 부른다. 단일 고정 노출 촬영, 용명과 용암(Fade In & Fade Out), 필름의 정 방향 촬영 (Forwarding Shooting)과 역 촬영 (Backward Rewind Shooting) 등을 할 수 있고, 카메라의 상하 움직임(Truck-In, Out)과 레지스트레이션 시스템(Registration System), 크로스 디졸브(Cross Dissolve), 와이프(Wipe), 아이리스(Iris) 화면전환 (Transfer), 애니메이션 아트워크를 직접 볼 수 있는 리플렉스 뷰 파인더(Reflex Viewfinder), 일반 평면촬영 등이 갖추어져 있다. 또 촬영을 위한 조명이 양쪽에 고정 설치되어있다.

✽ 참조보기 (2298 - Rostrum Camera)

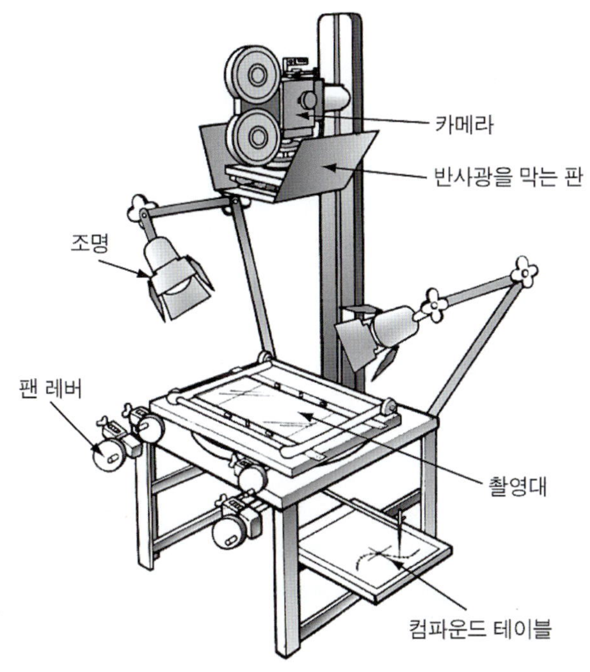

□ 그림설명 0087, 개인용 애니메이션촬영 기재의 기본개념 보기.

0088 `ani`

animation cycle (애니메이션 사이클)

애니메이션에서는 연속된 동작을 반복하여 사용할 수 있게 그린 그림을 사이클이라 한다. 예를 들어 긴 배경은 계속해서 조금씩 움직여 주고, 걸음을 걷고 있는 인물은 그 자리에서 반복적으로 동작만 하면 원하는 길이동안 반복할 수 있는데 이러한 그림을 '애니메이션 사이클' 이라고 정의한다.

□ 그림설명 0088, 뛰는 사이클 동작, by Nak-Jong Kim.

0089 `ani` `equ`

animation desk (애니메이션 데스크)

둥근 디스크(Disk)를 돌려가며 애니메이션 동작을 편리하게 그릴 수 있게 만들어진 책상으로 밑에서 비추는 조명으로 여러 장의 그림을 투사해 볼 수 있도록 만들어져 있다. 연속된 그림의 위치를 고정하기 위한 페그 바(Peg Bar)가 장착되어 구멍 뚫린 종이를 끼고 그림을 그릴 수 있게 애니메이션용으로 특수 제작한 책상이다.

□ 그림설명 0089, 스튜디오가 사용한 재래식 애니메이션 작업데스크.

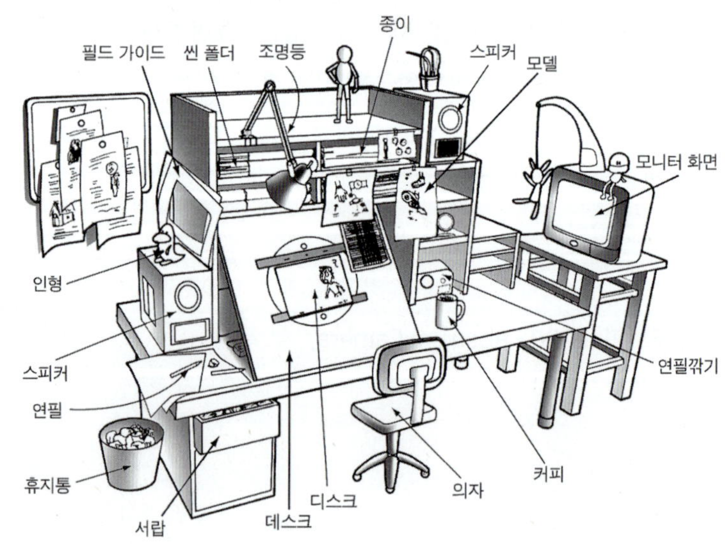

✽ 참조보기 (1939 - Peg Bar)

animation disk (애니메이션 디스크)

연속된 애니메이션 동작을 그리기 위해 위치에 변함이 없도록 페그(Peg)에 꽂아 애니
메이터가 동작을 그릴 수 있도록 만든 필수적인 도구이다. 그림을 그릴 때 둥근 디스크
를 각자 자세에 맞게 회전시키며 사용하도록 되어 있다. 상하에 바(Bar)가 좌우로 움직
이게 되어있고, 바(Bar)위에는 세 개의 페그(Peg: 못)가 종이(작화지)를 고정하기 위해
있다. 상하에 붙어있는 페그바는 매우 정밀을 요하며 고정된 배경 부분과 움직이는 그
림 부분의 레그(Reg, Registration)를 맞추는데도 중요한 역할을 한다.

□ 그림설명 0090, 표준(12 fld) 애니메이션용 디스크.

animation festivals of the world (세계의 애니메이션 페스티벌)

애니메이션 페스티벌은 해마다 혹은 격년으로 전 세계에서 많은 나라들이 정해진 기간
에 약 5~6일간 씩 개최한다. 메인행사는 페스티벌 조직위원회가 공모했던 필름을 축
제기간 중에 관객에게 상영하며 동석한 심사위원들에 의해 엄정하고 공정하게 심사한
다. 주로 전문인들이 모이는 행사로 축제기간에는 세미나, 포럼, 전시와 견본시장 등
애니메이션의 국제적 흐름과 과제들을 토론하기도 한다. 이 기간 동안 페스티벌 방문
자간에 국제적인 교류를 지향하고 국가 간의 작품들을 이해하며 독립작가들에게 데뷔
기회를 주어 새로운 애니메이션을 발굴하는 것을 목적으로 페스티벌(축제)을 개최한
다. 상영된 필름 중에서 그랑프리(Grand Prize) 등 부문별 최고의 상들을 선정하고 마지
막 날에 관객앞 무대에서 수상자를 발표하며 선정된 작품은 한 사람씩 상을 수여한다.

이러한 방식은 국가마다 비슷하다. 심사는 영화집행위원회가 여러 나라에서 적격한 심사위원을 초빙하여 심사를 하게 되며, 심사위원의 구성은 장편영화, 단편, TV시리즈, 인터넷 등의 카테고리(Category)별로 나뉘어 심사하고 그 구성원은 규정화 되어 있지는 않으나 유네스코 산하기구인 국제 아시파(ASIFA)에서는 심사위원 구성을 외국인을 6명 내국인 3명의 비율로 구성하여 공정하게 심사토록 규정을 안내한다.

□ 그림설명 0091, 세계의 애니메이션페스티벌 로고들.

✱ 세계 애니메이션 페스티벌(월별)

■ in January, 1월
- **Angouleme** Int'l Comics Festival (앙굴렘국제만화페스티벌)　　✱참조보기 0079
- **Sundance** Film Festival (선 댄스 영화제)　　✱참조보기 2593

■ in February, 2월
- **Academy Awards** (아카데미 시상식)　　✱참조보기 0013
- **Annie Awards** (애니어워드)　　✱참조보기 0103

■ in March, 3월

- **Cartoon** Movie (카툰무비)   **✽참조보기 0340
- **Holland Animation Festival** (홀란드애니메이션페스티벌)   **✽참조보기 1133
- **Tampere Film Festival** (탐페레필름페스티벌)   **✽참조보기 2709

■ in April, 4월

- **Cartoons** on the Bay (카툰즈온더베이)   **✽참조보기 0341
- **MIPTV** (TV프로그램 견본시장)   **✽참조보기 1647
- **Stuttgart Animated** Film Festival (슈투트가르트페스티벌)   **✽참조보기 2585
- **ECO Film** Festival (국제환경단편영화제)   **✽참조보기 0804
- **CICAF** (중국국제만화애니메이션페스티벌)   **✽참조보기 0383

■ in May, 5월

- **Cannes** Film Festival (칸 영화제)   **✽참조보기 0328
- **Jeonju** International Film Festival (전주국제영화제)   **✽참조보기 1304
- **Golden Globe** Awards (골든 글로브 상)   **✽참조보기 1013
- **Oberhausen** Int'l Short Film Fest (오버하우젠단편영화제)   **✽참조보기 1800

■ in June, 6월

- **Zagreb** Animafest (자그레브 애니페스트)   **✽참조보기 3200
- **Annecy** Animated Film Fest' (안시애니메이션페스티벌)   **✽참조보기 0092
- **Berlin** International Film Festival (베를린 영화제)   **✽참조보기 0229
- **Melbourne** Int'l Animation Festival (멜버른페스티벌)   **✽참조보기 1629

■ in July, 7월

- **SICAF** (서울국제만화애니메이션페스티벌)   **✽참조보기 2459
- **Bucheon** (Int'l F F Festival(부천국제판타스틱영화제)   **✽참조보기 0279
- **Comic-Con** (International (코믹콘)   **✽참조보기 0462

■ in August, 8월

- **Moscow** Int'l Film Festival (모스크바 국제 영화제)   **✽참조보기 1666
- **SIGGRAPH** (시그레프)   **✽참조보기 2460
- **Bucheon** Int'l Comics Festival, BICOF (부천국제만화축제)   **✽참조보기 0280

- **Hiroshima** Animation Festival (히로시마 페스티벌)　　　**✳참조보기 1128**
- **Venice** International Film Festival (베니스 국제영화제)　　　**✳참조보기 2904**
- **Montreal** World Film Festival (몬트리올 국제영화제)　　　**✳참조보기 1662**

■ in September, 9월
- **Fantoche** Anim' Festival (판토슈국제애니메이션페스티벌)　　**✳참조보기 0909**
- **Cartoon Forum** (카툰포럼)　　　**✳참조보기 0337**
- **Ottawa** Int'l festival (오타와국제애니메이션페스티벌)　　**✳참조보기 1841**
- **Toronto** International Film Festival (토론토국제영화제)　　**✳참조보기 2763**
- **KROK** Int'l Animated Film Festival (크로크 페스티벌)　　**✳참조보기 1419**
- **Indie-AniFest (Korea)** (인디애니페스트)　　　**✳참조보기 1214**

■ in October, 10월
- **BIAF** Anim' Festival (부천국제애니메이션페스티벌)　　**✳참조보기 0280**
- **Busan** International Film Festival (부산국제영화제)　　**✳참조보기 0289**
- **Sitges** Int'l Fantastic Film Festival (시체스판타스틱영화제)　**✳참조보기 2473**
- **MIPCOM** (밉콤 영상견본시장)　　　**✳참조보기 1646**

■ in November, 11월
- **Animation** Film Market (애니메이션 필름마켓)　　　**✳참조보기 0092**
- **American** Film Market (아메리칸 필름마켓)　　　**✳참조보기 0092**

■ in December, 12월
- **SIGGRAPH ASIA** (시그래프 아시아)　　　**✳참조보기 2461**

그 밖에 국제행사가 아닌 자국의 애니메이션 페스티벌을 포함하면 애니메이션 축제는 헤아릴 수 없이 많다.

0092 `gen` `fes`
animation film market (애니메이션필름 견본시장)

애니메이션 필름마켓은 특별히 애니메이션만을 위한 견본시장은 매우 드물다. 프랑스 안시(Annecy)에서 개최되는 Annecy Animation Festival과 언제나 같이 해마다 열리는 미파(MIFA)필름마켓과 이탈리아 베네치아로 옮겨가 개최하고 있는 카툰스 온더 베이 (Cartoons on the Bay)를 들 수 있다. 필름 마켓은 반드시 애니메이션만 전문으로 하지 않더라도 일반 필름견본시장이면 어디서나 애니메이션 프로그램을 구매할 수 있다.

＊AFM (American Film Market, 아메리칸 필름 마켓) 약자

0093 `his` `ani` `art` `peo`

animation & humankind (애니메이션과 인류)

인류의 기원은 약 500만 년 전의 영장류(Primates, 사람과(Humankind)의 동물들)인 호미니드(Hominid)를 오스트랄로피테쿠스(Australopithecus)라고 부른다. 이들은 먹기 위해서 싸우고 또 살아남기 위해 싸우고 하다가 모두 멸종되었을 것으로 추측한다. 호모하빌리스(Homo Habilis)는 250만 년 전, 호모에렉투스(Homo Erectus)는 170만 년 전에 멸종되었다고 기록돼 있다. 그리고 호모네안데르탈인(Homo Neanderthal) 종족은 20만 년 전까지 살다가 모두가 점차 멸종되었다. 그들은 전염병으로 죽었을까, 그보다는 그들은 서로 종족을 지키려고 싸우다가 멸종되었을지 모른다. 그리고 지혜를 활용해 살아남은 현생의 인간인 호모사피엔스(Homo Sapience, 16만 년 전)까지의 진화과정은 가히 상상을 할 수가 없는 긴 세월이었다. 네안데르탈인(Neanderthal, 43만 년 전)과 사피엔스는 같은 시대에 같이 동시대에 살았을 것이라고 인류학자들은 말한다. 이들은 모두 직립으로 설 수 있었고 두 다리로 서서 넓은 초원을 빠르게 뛰어다닐 수가 있었다. 다른 동물들보다 특별히 골반이 납작하고 서있기가 편안할 뿐만 아니라 두뇌가 빠르고 지능이 발달하여 도구를 만들어 사용하거나 입체적인 두뇌사용도 가능하여 손으로 만드는 조각과 집을 짓는 건축 그리고 그림을 그리는 재능이 뛰어났다. 인간의 두뇌는 몸의 부분에서 가장 크고 가장 복잡한 기관으로 이뤄져 있다. 의도와 의사를 소통하기 위해서는 천억 개 이상의 신경을 사용한다. 인류 미술의 기원은 키가 크고 머리가 긴 크로마뇽인(Cro-Magnon, 4만5천 년)으로 진화하던 3만5천 년 전 시기에 시작되었을 것으로 추정하고 있다. 그러나 고대 인간은 살아오면서 그 무엇보다도 중요하다고 여긴 것은 한번 태어났다가 생명이 끝나 죽으면 인간 세계로 다시는 돌아올 수 없다는 것을 스스로 알게 되었을 것이다. 이처럼 인간은 생명(Anima)을 소중히 여기며 살

□ 그림설명 0093-1, 오스트랄로피테쿠스(Australopithecus)
좌측- 호모 하빌리스(Homo Habilis) - 손을 사용한 사람.
가운데- 호모 엘렉투스(Homo Erectus) - 곧게 서서 활동한 사람.
우측- 호모 사피엔스(Homo Sapiens) - 지혜가 있는 사람.

아왔다. 후일, 고고학자들이 발견한 가장 오래된 인간의 화석 중에 루시(Lucy)라는 이름으로 명명된 오스트랄로피테쿠스(Australopithecus) 화석으로 320만 년 전의 것이라고 인류학자들이 말을 한다. 인류 자체의 기원은 약 500만년으로 부르지만 그 변천사는 기록마다 다르기 때문에 까마득한 역사는 시비가 난해하다. 호모사피엔스가 현생 인류로 발달해 오면서 구석기시대에서 신석기시대까지는 70만 년이라는 너무 지루한 진화과정을 보냈다. 그러나 신석기에서 청동기시대는 아주 빠르게 변화했고 두뇌의 용량이 1,600ml, 이미 현생 인류와 비슷한 것으로 보아 이 과정 속에는 눈치(Tact)나 힌트(Hint), 센스(Sense)와 언어(Voice)가 있었을 것으로 생각이 든다. 인류는 아마도 이때부터 아름다움을 알게 되지 않았을까. 인류에게 남긴 흔적으로 보아 먹고 살아가는 일만이 아닌 창의성을 표현하기 시작했을 것이다. 이것을 대상으로 원시인들이 동굴 속에서 야생동물들의 그림도 그리며 우리인류에게 새로운 기원이 싹트기 시작했을 것이다. 인류가 남긴 최초의 조형미술(Beginning of Formative Arts)의 시작을 기원전 약 2만5천년에서 3만년으로 추정되는 팔레오세 지층(Paleolithic Stratum)에서 여인을 조형한 작은 조각품이 발견된 것이다. 1908년 오스트리아 빌렌도르프 지방(Willendorf)에서 발견되어 '빌렌도르프의 비너스(Venus of Willendorf)'라는 이름이 붙여져 세상에 알려졌다.

그 밖에도 원시인들이 살고 있던 동굴 안에 인류가 남긴 구석기 때 벽화가 현대에 와서 고스란히 발견되었는데 프랑스에 있는 쇼베 동굴(Chauvet, 약 3만2천 년 전)과 또 하나는 스페인의 알타미라 동굴(Altamira, 약 3만6천 년 전)이다. 이 동굴들은 각기 다른 연대를 가지고 있지만 속에 있는 동물벽화 중에는 동물의 다리를 여러 개를 그려 넣어 '달리는 들소(Running Bison)'와 '달리는 멧돼지(Running Wild Boar)'를 상징하는 그림이 발견되어 선사시대의 원시인들이 움직임에 대한 '잔상(Persistence of Vision)'을 표현한 것이라고 확실하게 된다. 애니메이션의 역사는 이것을 인류 최초로 움직임을 표현한 애니메이션적인 발상으로 기록하고 있다.

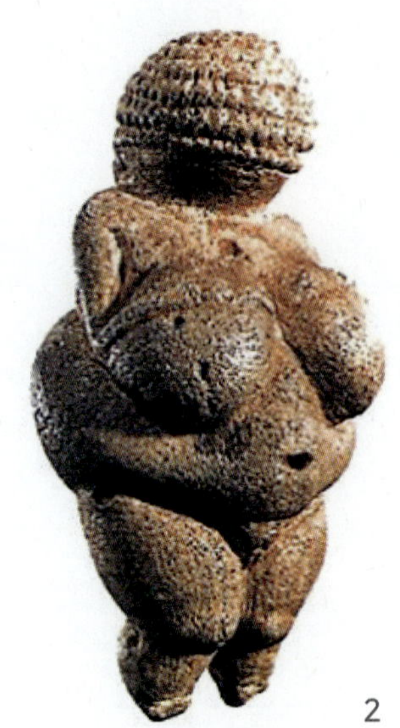

2

-2, 최고의 조형미술 <빌렌도르프(Willendorf)의 비너스>의 발견.

3

-3, 쇼베동굴속의 벽화, 역동적인 사자들의 움직임을 표현한 그림.

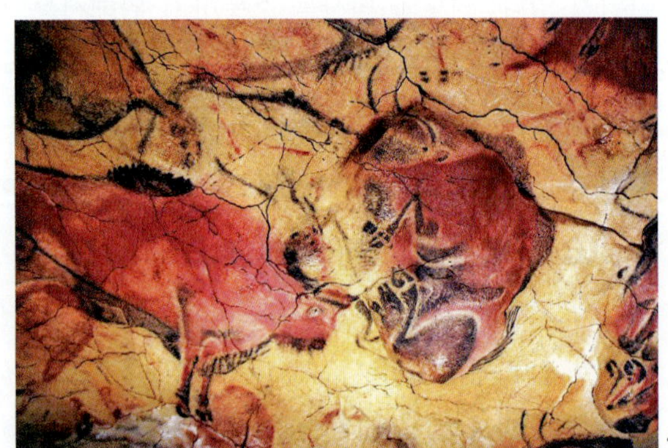

4

-4, 알타미라 동굴원시인이 그린 싸우는 들소들.

가깝게는 기원전 약 3천년 경으로 메소포타미아, 이집트 그리고 크레타(그리스의 문명을 키운 섬)를 중심으로 3각의 문명에서 인류의 교역이 이뤄지며 언어가 생겨났다. 약 1만 년 전 선사시대로부터 중앙집권체제의 농경사회가 발달했으며 고대도시들 중, 이집트는 고 왕국시대(BC 2686-2181)로부터, 중 왕국시대(BC2000) 그리고 신 왕국시대(파라오 람세스2 BC1600)의 왕조를 이뤘다. 기원 전 5세기경에는 그리스의 철학자 소크라테스(Socrates, BC470-399)는 사람이 서로 소통하는 법과 민주주의 발상에 관해 많은 제자들에게 근본을 가르쳤다. 사람들은 그를 따랐고 인간의 삶의 가치관에 대한 새로운 철학(Philosophy)을 제시, 이를 중요시하여 인간의 참다움이 무엇인가를 가르쳤다. 이것은 인류가 어느 영장류보다 뛰어난 철학적 사고를 가진 고등 동물임을 입증하게 된 뚜렷한 증거였다. 철학은 깨우침이다. 깨우침이란 인류만이 가질 수 있는 가장 소중한 것이다. 소크라테스의 제자였던 플라톤(Plato, BC428-348)은 아리스토텔레스(Aristoteles, BC384-322)의 스승이었고 다시 아리스토텔레스는 후일 마케도니아의 왕(제위BC336-323)이 된 알렉산드로스(Alexandros, BC356-323)에 통찰력(Philosophic View)을 가르쳤다고한다. 철학은 우주 삼라만상(All Creations)의 자연법칙을 이해하고 인류라는 생명체가 그 속에 공존하는 이치를 깨달음으로 시작된다. 인류사에서 소크라테스 같은 인간에서 받는 자극력(Impetus Momentum)은 반드시 필요한 것이었을 것이다. 그리고 오랜 적막을 깨고 인류 구원의 역사가 시작된다. 나사렛마을 예수 그리스도(Nazareth, Jesus, c. BC.4-AD.30/33, 히브리어 'Yeshua' 영문 'Joshua')의 탄생을 맞게 된다. 예수는 성인이 되어 12제자들에게 아버지의 섭리(하나님의 뜻, Providence)를 전파하다가 고난을 받아 유대인 지방 총독이었던 로마제국의 본디오 빌라도(Pontius Pilatus, 폰티우스 필라투스, AD. 6-?)로부터 십자가형을 받아 피흘리며 죽었다. 15세기가 되어 <모나리자>를 그린 레오나르도 다빈치(Leonardo Da Vinci, 1492-1519)가 이탈리아 토스카나에서 태어났다. 그는 화가, 과학자 그리고 발명가였다. 그는 <최후의 만찬(the Last Supper)> 그림을 그리기 전에 표정과 자세를 소묘를 통해 익히고 그림을 그렸다. 1646년 이탈리아 학자이자 발명가인 아타나시우스 키르허(Athanasius Kircher, 1602-1680)가 매직랜턴(Magic Lantern) 그림과 함께 '빛과 그림자의 위대한 예술(Ars Magna Lucis et Umbrae)'이라는 영상에 관한 책을 발표했고 매직랜턴 설계도도 있었지만 실제로 만들지는 못했다. 이것을 토대로 90여년이 지난 1736년에 네덜란드의 실험 물리학자, 수학자, 과학자인 피터 반 뮈센 브루크(Pieter Van Musschenbroek, 1692-1761)가 최초의 환등기를 고안해 만들어냈는데 이것은 당시로는 대단한 발명품이었다. 사람들에게 대단한 오락으로 인기가 높아지자 뒤이어 이와 비슷한 형태의 환등기는 여러 모양으로 새롭게 개발되어 세상에 나왔다. 약 1세기동안 유사한 마술램프가 쏟아져 나오며 전 유럽에 퍼져나갔다. 매직랜턴을 등에 메고 돈벌이를 다니는 사람들을 방방곳곳에서 흔히 볼 수 있었다고 한다. 1824년, 프랑스의 피터 마크 로제(Peter Mark Roget, 1779-1869)는 '움직이는 대상에 대한 시각의 지속성(Persistence of Vision with Regard to Moving Object)' 이라는 광원에 대한 연구논문을 발표했다. 이 '시각의 지속성'은 매우 흥미로운 것이어서 이를 뒷받침하기 위해 1832년 벨기에의 과학자 조셉 안토인 플래토(Joseph Antoine Plateau, 1801-1883)가 둥근 원판에 움직임을 볼 수 있는 '페나키스토스코프(Phenakistoscope)'라는 간단한 원리적인 기구를 만들었고 이것으로 '시각의 지속성'을 입증하게 되었다. 1827년이 되어서는 인쇄공이었던 니세포르 니엡스(Nicephore Niepcs, 1765-1833)에 의해 최초의 사진술이 연구되었다. 1888년에 와서는 롤(Roll)필름이 조지 이스트만(George Eastman, 1854-1932)에 의해 새로운 발명품으로 세상에 등장했다. 이 당시는 눈으로 보고 즐길 수 있는 새로운 기구들이 쏟아져 나오는 가운데 프랑스의 에밀 레이노드(Emile Reynaud, 1844-1918)는 그 스스로가 그림으로 그려 찍은 그의 필름을 프락시노스코프(Praxinoscope)를 개조한 그의 최초 영사기로 최초의 스크린에 상영하여 50만이 넘는 관객을 동원해 크게 성공했다. 그러나 1895년 프랑스의 뤼미에르 형제(Auguste & Louis Lumiere, 1862–1954와 Louis Jean, 1864–1948)가 코닥필름으로 촬영해서 만든 최초의 실사영화를 상영해 보여줌으로써 실사와 애니메이션의 기술적 향방이 시작되었다. 애니메이션은 정물이 살아 움직여 보이게 하는 영상을 뜻하는 말이다. 정물을 움직이도록 하여 생명을 불어 넣는 것은 오로지 애니메이션 기법으로만 가능한 것이다. 영상의 시작은 이렇게 애니메이션에 기초를 두고 크게 발전하였으며 1905년에 와서는 스톱모션 카메라의 활용으로 트릭필름(Trick Film, 애니메이션이라 부르기 전 사용 어)이 제임스 스튜어트 블랙톤(James Stuart Blackton, 1875-1941)에 의해 처음으로 시도되었고 1908년에는 프랑스 고몽(Gaumont) 스튜디오에서 일하던 에밀 꼴(Emile Cohl, 1857-1938)이 만화로 그림을 그려 인류 최초로 이야기가 있는 짧은 애니메이션을 만들어 보였다. 이것으로 20세기에 들어선 인류는 영상의 꿈을 키우며 언어와 문장의 시대로 발전하게 되었다. 20세기 초에는 애니메이션이 쏟아져 나왔지만 스토리는 없고 동작의 기초를 도입한 슬랩스틱 풍의 애니메이션 시대를 지나 세상에 화려한 꿈을 가져온 월트 디즈니(Walt Disney, 1901-1966)의 출현과 그의 활동으로 1937년 <백설 공주와 일곱 난쟁이들(Snow White and Seven Dwarfs)>이라는 불멸의 필름과 더불어 많은 작품들을 만들어 애니메이션 역사에 화려한 업적을 남겼다. 또한, 1936년 텔레비전의 가정 보급화로 1950경에는 가정마다 안방에서 움직이는 화면을 볼 수 있게 되면서 영상미디어는 급격히 변화를 맞게 되었다. 20세기는 인류가 만들어낸 가장 왕성한 활동기로 그 모든 업적은 최고(the

Top) 최대(the Maximum)의 창의적 변환기라고 할 수 있다. 그러나 21세기는 놀라운 디지털의 혁신으로 애니메이션은 방식이 변화됐으며 상상(Imaginary)으로 가상(Virtual)의 세계를 고스란히 영상으로 만들어 낼 수 있는 3D 컴퓨터그래픽(CG)으로 이어져 3D 애니메이션을 양산해 냈다. 애니메이션은 CG에 의한 실사와 같은 놀라운 영화제작뿐만이 아니라 미래를 위한 각종 애니메이션으로 만드는 계획안, CAD(Computer Aided Design)건축설계, 시뮬레이션 등에 폭넓게 사용되고 있다. 인류의 기원으로부터 400만년이 된 오늘에 이르러서 과연 인간이 만든 과학기술은 우주를 알려는 시작에 불과한 것일 것이다.

✳ 참조보기 (1605 - Magic Lantern & the Genesis)

✳ 참조보기 (1960 - Phenakistoscope)

✳ 참조보기 (2005 - Praxinoscope)

0094 `ani` `pic`

animation layout (애니메이션 레이아웃)

애니메이션 제작 공정 중에 한 과정으로 장면에서 펼쳐질 동작에 관해 상세한 계획을 세우는 것을 의미한다. 하나의 장면(Scene)에서의 인물들의 배치, 비례, 크기 등을 자리 잡으며 카메라의 움직임을 지정하는 계획도 이 과정 속에 포함된다. 스토리보드(Storyboard) 다음에 오는 주요한 감독 수준의 공정이다.

□ 그림설명 0094, 애니메이션 Background 레이아웃.

0095 `ani` `art`

animation (애니메이션)

애니메이션의의 동작은 짧던지 길던지 간에 2장 이상의 다른 포즈가 있다면 그것을 드라마(Drama)라고 할 수 있다. 각기 다른 포즈의 그림은 그것이 곧 움직임을 표현한 것이기 때문이다. 동작은 단순히 수동적인 그림의 움직임만을 가리키는 모션(Motion)과 동작에 의지를 넣어 연출을 의미하는 액션(Action)으로 나눌 수 있는데 모션은 운동, 이동, 동작, 움직임. 이러한 단순 동작을 나타내는 말로 사용되고 액션은 활동, 작동, 행위, 연기 등 의지의 뜻을 내포하는 의미로 사용된다. 애니메이션에서는 이 두 가지 모두 필요에 따라 그림동작으로 작업을 하게 되며 이러한 동작들은 확실하게 연출에 맞게 필요에 따라 표현하게 된다. 애니메이션에서의 동작은 신(Scene)마다 갖고 있는 스토리텔링(Storytelling)에 의해 표정(Expression)이나 몸짓이나 손짓(Gesture)으로 의지를 나타내며 동작하는 것을 말한다. 각 동작은 확실한 의미를 부여함으로써 캐릭터가 취하는 의도가 관객(Audience)이 알아차릴 수 있게 의미 있는 동작의 전달이 필요하다. 동작은 신(Scene) 구성과 연출을 뜻하는 것임으로 캐릭터가 수화를 하듯이 몸짓과 손짓으로 의도를 나타내는 것이 표현에 도움이 된다. 예술을 표현하는 행위, 출연자의 무대공연, 음악 연주 등을 퍼포먼스(Performance)라고 말할 수 있지만 애니메이션 동작은 퍼포먼스라고 부르지는 않는다.

□ 그림설명 0095, 애니메이션 동작은 연출 모두를 말한다.

0096 `ani` `pic`

animation on paper (종이에 그리는 애니메이션)

애니메이션을 제작할 때와 같이 종이 위에 직접 그림을 그린다. 재료로는 파스텔, 초크, 목탄, 색연필 등 질감을 살릴 수 있는 재료를 선택하여 사용한다. 종이 애니메이션은 완성한 그림을 직접 카메라로 촬영하는 것이 특징이다. 애니메이션을 만드는 방식과 기술은 이 밖에도 수없이 많다. 오늘날의 애니메이션 창작은 아이디어와 새로운 테크닉(Technic)에 있다고 할 수 있다.

animation pioneers of Korea (한국애니메이션 개척자들)

✳ Moon, Dal-boo (문달부, 1928-)

1956년 5월 HLKZ-TV 방송을 통해 국내 최초로 그려진 럭키 금성사(지금의 LG회사)의 <럭키치약>이 애니메이션CF로 방송되었다. 이것은 한국에서는 최초의 애니메이션으로 문달부에 의해 그려진 아주 짧은 광고였다. 애니메이션기법(트릭필름, Trick Film)으로 완성된 CF로서 내용은 치약튜브에서 치약이 저절로 나오는 애니메이션이었다. 그는 1956년 HLKZ·TV 방송의 미술담당으로 있었기 때문에 재직 당시에 <OB시날코> 등의 CF광고의 전 과정을 혼자 제작할 수 있었다. 이것은 한국에는 매우 의미가 있는 기록이다. 우리나라는 일제강점기 속에서 제한적 예술문화 활동을 하다가 해방이 되었지만 바로 이어서 쓰라린 6.25전쟁을 겪어 우리 문화를 자리 잡기에는 어려운 시기이었다. 이런 속에서 문달부의 최초의 이 새로운 시도는 매우 귀중한 사료(Historical Materials)이다. 일반적으로 한국에 CF 애니메이션 광고가 나온 시기를 1959년으로 기록하고 있어 1956으로 3년은 앞으로 끌어 올려야 옳은 것이다. 문달부는 후일 럭키 금성사의 선전부장으로 자리를 옮겼지만 더 이상의 애니메이션은 만들지 않았고 그는 그 회사에서 1974년까지 일했다.

□ 그림설명 0097-1, 문달부의 <럭키치약>

✳ Um, Doh-sik (엄도식, 1928-)

엄도식은 애니메이션 기법으로 <부채 표 활명수>라는 CF애니메이션을 단 한편을 만들었고 그 후 그의 행방은 알려지지 않았다. 광고내용에서 검은 중절모자를 쓴 신사가 배를 움켜쥐고 큰 목소리로 "아이쿠 배야!, 아이쿠 배야!"하며 약방을 찾아 들어간다.

들어가는 신사의 걸음걸이가 원근법을 무시하고 순식간에 약방을 들어가는데 매우 우습게 표현되어 웃음을 자아낸다. 1958년 그는 단 한 번의 애니메이션을 만들었지만 지금도 잊히지 않는 것으로 보아 걸작(?)을 남긴 셈이다. 그러나 이 한편은 애니메이션 으로 만든 또 하나의 최초라고 많은 사람들이 말한다. 사실상 이것이 두 번째로 한국에 서 만들어진 단편 광고애니메이션으로 기록된다.

-2, 엄도식의 <부채표 활명수>

*Shin, Dong-hun (신동헌, Tony Shin, 1927-2017)

신동헌은 그의 나이 20세였던 1947년 우리나라가 해방되고 나서 만화가로서 어린이를 위한 단행본 만화 <스티브의 모험>을 그려 데뷔했다고 기록되어 있다. 1954년에는 일 간지 연합신문에 <주태백>이라는 주인공 이름으로 4칸짜리 연재만화를 그렸고 1958 년에는 연합신문으로 옮겨 <도로기>를 연재했고 그 이듬해 1959년에는 서울신문에 < 너털주사> 4칸 짜리 만화를 연재를 하다가 그해부터 만화가에서 애니메이션으로 새로 운 길을 찾아 CF광고를 시작했다. 그는 서울약품의 어린아이들의 보양제 <원기소>로 애니메이션을 시작했다. 1960년, 진로물산의 두꺼비 <진로소주> 35mm 흑백 CF광고 를 만들었다. 이 당시 광고필름은 광고대행기관을 통해 영화관의 휴게시간에 상영했 다. 이 당시 만화영화라고 불리던 광고는 본편 영화를 보러온 관객들에게 크게 인기를 끌었다. 한국의 애니메이션은 이때가 개척기로 이미 이것이 한국의 장편 애니메이션의 미래를 열어 주는 청신호였다. 이 당시에 해외 장편 애니메이션을 전문으로 한 영화수 입업자인 세기상사 회장 국쾌남(1922-2007)과 신동헌이 국산 애니메이션 제작을 합의 하게 되었다. 신동헌의 친동생인 만화가 신동우(1936-1994)의 만화원작 <홍길동>을 기획해 제작했다. 신동우가 스토리보드를 연출했고 신동헌은 감독으로 원화를 직접그 리며 신입 애니메이터들을 가르쳐 작업해 최초의 국산 장편 애니메이션을 만들었다.

1967년 1월 학교의 방학 동안에 국내 최초로 상영된 국산만화영화 <홍길동>은 당시에 85,000명이라는 관객을 동원했다. 그러나 영화 상영이후 국쾌남 회장과는 서로 생각이 맞지 않아 더 이상 제작이 이뤄지지 않고 헤어졌다. 그러나 곧이어 신동헌 프로덕션 단독으로 <호피와 차돌바위>를 제작하여 동아극장에서 상영했으나 13,000명이 들어 흥행에 실패했다. 홍길동 제작 당시에 한국애니메이션에 미래를 걸었던 400여명의 젊은 신예 예술가들에게는 이 2차 도전의 실패는 실망이 아닐 수 없었다. 이들은 뿔뿔이 헤어져 아마도 그동안 영화제작기법 경험을 쌓게 된 신예 애니메이터들 중에는 독립하여 자기의 작품을 만들 기회가 되었다. 그러나 신동헌은 재능 있는 만능의 작가였지만 더 이상의 장편 애니메이션제작은 이루지 못했다. 그는 오랫동안 MBC-TV 어린이프로 <뽀뽀뽀>에 애니메이션을 만드는 것 외에도 창의성이 많은 감독으로써 그는 음악 애호가였을 뿐 아니라 기악연주에도 우수한 소질을 갖고 있었다. 베토벤의 피아노소나타 14번 '월광'을 즉흥적으로 연주도 할 수 있었고 그래서 그의 후반 평생에는 클래식 음악과 함께 살아가며 음악에 관한 저서를 여러 번 출판했다. 그의 노년기에 개인적인

□ 그림설명 0097-3, 신동헌의 <홍길동>의 한 장면.

-4, 신동우 만화 원작

-5, <홍길동> 포스터.

-6, <호피와 차돌바위> 포스터

취미 생활에서 그의 활동은 음악 감상실에서 클래식음악을 관객에게 들려주며 음악해설을 하는 것이 하루의 보람 있는 소일꺼리였다. 그리고 그는 스스로를 애니메이터가 아닌 음악가라고 불렀다. 과연 그는 음악가다운 재능을 충분히 가지고 있었다. 그러나 신동헌은 말년에 와서 그의 곁에 꼭 있어야 할 그의 부인을 암으로 저 세상에 먼저 보내고 자신은 쓸쓸하고 외로운 노년을 보내게 되었다. 2010년경부터 심한 치매증세(Dementia)에 시달려 요양원에 입원하게 되었고 그의 탁월한 재능이 무위(Doing Nothing)로 돌아가게 된 것이다. 치매는 기억력(Memory)과 추리(Detective)와 논리(Logic)를 펴는 능력을 심각하게 손상시키는 뇌질환이다. 그가 보바스 요양원에 있는 동안인 2016년 7월 그가 한국 최초로 만들었던 장편 애니메이션 <홍길동>이 50년 만에 복원되어 2016년도 시카프(SICAF)에서 페스티벌개막작으로 상영됐다. 후배 넬슨 신이 주말마다 병문안을 했는데 SICAF 영화제 개막작 소식을 전해 듣고 그의 눈빛은 순간 초점을 맞춘 듯 반짝 기억이 되살아난 듯 "금년에 꼭 50년이 되었다고!" 라고 단호하게 그리고 정확하게 과거를 회상했다. 그러나 기억이 되살아나기도 했지만 그는 잊지 못할 과거의 능파(필자)를 끝내 기억해 내지는 못했다. 수년을 요양원에서 머물다가 급성폐렴으로 2017년6월 6일 생을 마감하게 되었다.

✱ Shin, Nelson (신능파, 넬슨 신, 1937-)

넬슨 신은 그의 20대 전후 청년기에 대중잡지의 만화가로 '신능파' 라는 필명으로 활동했다. 그의 본명은 신능균이다. 그는 1956년 대전에서 고등학교를 다니며 이미 서울에서 발행하는 일간지 독자 만화란에 투고를 시작으로 결국 서울 일간지 '서울신문' 소속의 시사만화가로 재직하다가 급변하는 정세에 만화가로서 회의를 품게 되고 정치만화가 싫어서 만화가에서 애니메이터로 직업을 바꾸었다. 그는 1959년 겨울에 <갈비씨(만화 주인공)>를 그린 이상호(1927-1982) 선배만화가와 함께 <스페시콜라>와 <칠성사이다> 극장용 CF광고(각각 60초)를 처음으로 만들었다. 애니메이션이란 아주 어려운 직업인 것을 뼈저리게 체험하면서 동작을 연구하며 스스로 배웠다. 1960년 가을이 되어서는 신동헌 만화영화작업실에 어시스턴트(Assistant)로 합류하여 <두꺼비 진로소주> 광고 제작에 참여했고, 그러나 수개월 후 독립하여 '신능파동화제작소'라는 애니메이션광고회사를 설립했다. 그는 자본이 없어 여관에서 그림을 그리며 사업을 시작했다. 온갖 기발한 아이디어로 애니메이션과 실사광고를 11년간이나 제작했지만 부족한 자신의 애니메이션 기술을 향상시키고 아메리칸 드림(American Dream)을 이루기 위해 그는 1971년 미국으로 진출했다. 그는 샌프란시스코(San Francisco)의 롬발트 가(Lombart Blvd.)에 있던 애니메이션 하우스(Animation House)라는 스튜디오에서 즉각

□ 그림설명 0097-7, 일동제약의 <아로나민>　　　-8, 유한양행의 <유한치약> 광고.　　　-9, 원주의 전통주 <옥로소주>

-10, <지오구도산> 드링크 광고.　　　-11, 동아화성의 조미료 <미원>

-12, <제비표 페인트>광고.

행운을 잡아 애니메이터로, 감독으로 일하며 미국에 정착했다. 1973년에는 할리우드로 옮겨가 드패티-프렐링 회사(DePatie-Freleng Ent.)에서 <핑크팬더(Pink Panther)> 애니메이터로 일했고 1974년 조지 루카스 감독의 최초의 <스타워즈(StarWars)> 영화에 나오는 광선 검(Light Sabre) 애니메이션 특수효과를 창작해 성공의 발판을 만들었다. 드패티-프렐링 회사가 1979년 말 폐업을 하기까지 그는 <핑크 팬더(Pink Panther)> 등 많은 단편 시리즈의 애니메이터로 일했다. 1980년에 데이비드 드패티(David DePatie, 1929-)와 스탠 리(Stan Lee, 1922-2018)가 새로 창립한 마블 프로덕션(Marvel Productions LTD.)에 감독으로 발탁되었고 캐릭터 개발과 TV시리즈 <트랜스포머(the Transformers)>를 책임프로듀서(Executive Producer)가 되어 113편을 제작했다. 그리고 <트랜스포머 더 무비(the Transformers the Movie)> 장편 애니메이션의 공동제작자로 총감독을 맡았다. 그는 1985년 소속되었던 미국 마블제작회사(Marvel Productions LTD)의 요청으로 한국에 다시 돌아와 애이콤(AKOM) 프로덕션 애니메이션 회사를 설립하여 3천여 편의 TV시리즈로 OEM을 제작하여 한국에서 대표적인 애니메이션 수출회사로 성장 시켰다. 또한 그는 1999년부터 창작애니메이션을 기획해 최초로 남북이 함께 작품을 제작하는데 공로를 세웠다. 남북이 함께 통일을 염원하며 평양에 소재한 조선426 만화영화촬영소에서 평양 예술가들과 함께 약 3년간 작업 끝에 장편 애니메이션 <왕후심청>을 완성했고 또한 평양 영화방송 음악단의 성동환 작곡가와 <왕후 심청> 음악(OST)을 완성했다. 분단된 남북의 통일을 염원하며 제작된 이 애니메이션 은 완성되어 성공적으로 우리나라가 해방된 1945년 이래 최초로 북한과 남한에서 2005년 8월 15일 광복절 날에 역사적으로 동시 개봉을 했다. 또한 넬슨신은 1998년부 터 20여 년간 단국대학교 산업대학원, 홍익대학교 산업대학원, 백석대학교 석좌, 중국 길림애니메이션대학교 명예 총장, 극동대학교 석좌교수를 거치며 2018년까지 학생들 에게 애니메이션을 가르쳤다. 저서로는 <애니메이션과 나>, <애니메이션 용어해설>, <넬슨 신의 영상백과사전>, <자서전-디 애니메이터>, 넬슨 신의 과학예술백과사전 창 작자들의 상상력을 돕는 책 <넬슨 애니페디아 북(Nelson Anypedia Book)>이 있다. 그 리고 그의 생애 숙원이었던 박물관 넬슨신 애니메이션-아트 센터(NelsonSHIN Animation-ART Center)를 완성했다. 그는 잠자는 시간을 청년기부터 5시간으로 축소 하고 일하는 데에 썼다. 사람이 하루에 8시간을 모두 잠자는데 쓴다면 인생의 3분의 1을 잠으로 소모하기는 아깝다는 것이 그의 주장이다.

□ 그림설명 0097-14, 장편 <왕후 심청, Empress Chung> by Nelson SHIN.

-13, 장편 <the Transformers the Movie> by Nelson SHIN.

-15, 장편 <개구리 왕국(the Frog Kingdom)> by Nelson SHIN.

*Han, Seong-hak (한성학, 1938-1999)

한성학은 국립영화제작소의 당시 애니메이션제작부의 실장으로 있던 박영일의 도움으로 1961년에 정도빈과 함께 3인이 공동으로 이솝우화 중에서 <개미와 베짱이(Ant and Grasshopper)>를 35mm 칼라 애니메이션으로 만들었다. 이때는 한국전쟁이 휴전 된지 얼마 되지 않아 직업 없이 길을 배회하는 사람이 많아 정부는 '놀지 말고 열심히 일하라' 는 부제를 달아 홍보용으로 단편 문화영화 형태로 애니메이션을 소개했다. 그러나 외부의 민간인들 소수가 극장 광고용 CF를 제작하고 있을 때여서 한성학은 이에 자극되어서 국립영화제작소를 그만두고 나와서 만화광고회사를 차리고 애경유지의 <트리오>를 시작으로 광고제작에 열중했다. 그는 일찍이 고교 2학년 때부터 단행본만화(Comic)를 그렸으며 군에 입대하고 복무를 마친 뒤 국립영화제작소(National Film Productions)에 촉탁으로 들어가 애니메이션을 배웠다. 그는 꼼꼼하고 두뇌가 남보다 탁월하여 곧 애니메이션을 익숙하게 다뤄 짜임새 있는 CF를 만들어 인기를 끌었는데 존 할라스(John Halas, 1912-1995)의 <Hoo Hoo>를 연상하는 스타일을 사용했다. 당시 <Hoo Hoo>는 미 8군의 한국방송인 AFKN에서 매주 토요일 방영하던 카툰 쇼였다. 그 후 국립영화제작소를 뒤따라 나온 박영일은 <손오공>으로 다시 한성학과 합류한 후 한성학은 원화를 그리고 박영일은 감독으로 일했다. 촬영은 영화제작소를 활용하지 않고 충무로 3가에 있던 대영 자막실의 박성근이 촬영을 맡아 애니메이션을 만들었다. 한성학은 박영일과는 가까운 관계로 오랫동안 같이 일을 했지만 한편 박영일의 갑작스러운 뇌출혈로 사망하여 다시 외롭게 혼자 일했다. 한성학은 왼손잡이여서 왼손으로 골프를 하더니 아이디어를 얻어 한 때는 컨트리클럽의 '티오프(Tee Off)' 골프광고와 옥외광고로 직업을 바꿔 큰 성과를 얻기도 했다. 그러나 그는 그의 본직인 애니메이션분야로 다시 돌아올 생각을 가지고 국제애니메이션 페스티벌을 돌아보며 새로운 출발을 시도했지만 와병인 당뇨병으로 나이 62세인 1999년 그는 생을 마감하게 되었다.

-16, <철인 007> 1976, 한하림(한성학)

*Park, Young-il (박영일, 1932-1975)

1995년 김영삼 대통령이 일본 군국주의 때 지었던 중앙청을 일본의 잔재(Vestige)라 해서 당시 철거하여 지금은 없어진 중앙청청사의 서측에 여러 채의 건물을 짓고 1957년에 미국의 국제기구 UN원조단인 UNKRA(United Nations Korean Reconstruction Agency에 의해 한국의 6.25전쟁에 의해 파괴된 시설의 재건을 목표로 UN총회의 결의로 1950년 12월에 세워진 특별 임시 기구)의 원조로 그곳에 국립영화제작소 영화제작 시설을 갖추고 있었다. 그중에 애니메이션 촬영부서가 있었는데 박영일은 그곳에서 애니메이션부서 실장으로 일했다. 당시 애니메이션 제작이 활성화되지는 못했지만 기자재는 최고 수준이었다. 카메라는 미국의 미첼(Mitchell, Panavision Camera) 카메라에 애니메이션 스탠드는 영국에서 개발된 옥스베리(Oxberry)였다. 미첼카메라는 대단히 무겁고 옵티컬 작업기능이 있는 중량급(Heavy Duty) 카메라였다. 이 카메라를 흉내 내어 만든 카메라가 있었는데 이를 코첼(코리아에서 만들어서 코첼, 미국에서 만든 것은 미첼이기 때문)이라 불렀다. 이 카메라사용은 애니메이션 촬영에 관해 교육을 받은 최동명과 문학수가 담당이었다. 제작소는 국민대상 PR용으로 <쥐를 잡자!>를 김용환의 만화주인공 <코주부>를 사용해 홍보영화를 만들었고, 저 예산으로 이솝우화를 각색하여 만든 <개미와 베짱이>를 최초로 만들어 한국최초의 순수애니메이션 제작으로 꼽을 수 있다. 작업은 박영일이 감독하여 저예산으로 국립영화 제작소의 정도빈과 한성학이 공동으로 1961년에 제작되었다고 기록하고 있다. 또한 1961년에 제작소에 있던 한성학이 <해피치약> CF를 만들었다는 기록으로 보아 한국애니메이션의 시작은 1960년경 거의 때를 같이 한 것으로 나타난다. 세기상사 국쾌남 사장과 신동헌 감독이 사업에서 뜻이 맞지 않아 갈라서면서 박영일은 1967년 국립영화제작소를 나와 세기상사와 함께 1968년 <황금철인> 국내 최초의 SF(공상과학소설)물을 애니메이션으로 제작했다. 또 같은 해에 <손오공>, <선화공주>를 감독했다. 세기상사와 왕성하게 제작 활동을 펼쳤다. 이 때 박영일의 활동범위 속에는 언제나 한성학과 정도빈이 있었다. 그리고 1969년 그는 세기상사와 <보물섬>을 또 만들었다. 세기상사는 신동헌 감독과는 다시는 제작을 시도하지 않은 것은 아마도 제작비가 서로 맞지 않았을 확률이 더 가깝다. 세기상사는 오히려 <홍길동>의 속편이라 할 수 있는 <홍길동 장군>을 용유수 감독과 같이 연이어 다시 제작했다. 이만큼 세기상사가 많은 제작비를 투자하여 연작한 것을 보면 당시 만화영화는 어느 정도 흥행이 된 것으로 보인다. 또한 세기상사는 당시 한국애니메이션을 육성하는데 밑거름이 되었다고 할 수 있다. 더구나 세기상사(대표이사, 회장 국쾌남)는 외화 수입회사로 대표적으로 디즈니에서 만든 <백설 공주와 일곱 난쟁이> 등 한국에서는 유일하게도 해외에서 만든 우수 애니메이션을 골고루 골라 한국에 공급한 공로가 있으며, 한국의 애니메이션을 급격히 폭넓게 성장시킨 한 회사로 역할을

□ 그림설명 0097-17, -18, 박영일 감독의 <손오공>과 <보물섬>

했다. 박영일은 세기상사와 함께 황금철인 등 많은 국내 작품을 제작하며 한국애니메이션 육성에 열중했다. 세기상사는 홍길동 제작이후 국내 애니메이션 제작에 열정을 쏟았다. 박영일의 활동은 이당시가 피크(Peak)였다. 그는 1970년에 한국애니메이션예술인협회를 창설했고 초대 회장을 했다. 박영일은 그만큼 한국 애니메이션 발전을 위해 온 열정을 쏟았다. 한국 애니메이션의 개척자 중에 한 사람인 박영일의 성품은 온화하고 언제나 밝은 표정으로 일에 열중하고 남을 잘 이해하고 배려하는 성품이었다. 세기상사와의 애니메이션 제작은 한국의 미래를 키우는 작업이었다. 그러나 그는 43세 젊은 나이로 그의 나머지 열정을 모두 태우지 못하고 중첩된 업무 과로에 뇌출혈(Cerebral Hemorrhage, 뇌일혈)로 이른 아침 갑작스럽게 애니메이션의 세상을 떠났다. 그의 곁에는 국립영화제작소에서부터 항상 같이 애니메이션을 하던 두 사람 정도빈과 한성학이 고인을 떠나보내며 슬퍼했다. 그리고 지금은 세 사람이 모두 이 세상을 떠났다.

*Kang, Taiwung (강태웅, 1929-)

강태웅은 황해도에서 태어났고, 일본에서 동경대학예술부를 나온 후, 1955년 한국에 귀국한 후 그림으로 그린 애니메이션이 아닌 인형애니메이션(Puppet Animation)으로 한국 영화계에서 자리 잡았다. 그리고 <백의 천사와 꼽추> 단편을 데뷔작으로 내놓았고 1966년에 <금지된 입술>를 만들었다. 강태웅은 같은 해 은영필름 제작으로 한국최초의 장편 인형애니메이션 <흥부와 놀부>를 완성했다. 한국 최초의 스톱모션으로 촬영된 이 작품은 애니메이션 장편으로 제작을 완료해 놓고도 개봉할 자신이 없어 머뭇거리다가 신동헌의 <홍길동>을 개봉한 같은 해인 1967년 중앙극장에서 개봉하여 16,000명의 관객을 유치했다. 흥행에서는 실패했다고 기록되었지만 이 <흥부와 놀부>는 대한민국의 한 영화제인 청룡영화제 애니메이션 부분에서 <청룡영화상>을 수상한 작품이다. 스톱모션으로 한국 최초로 만들진 인형 애니메이션이었지만 발전에 연결고리를 얻지 못하고 사라진 한국의 스톱모션 애니메이션 작품이었다.

*beginning of Korean commercial film (한국 광고 애니메이션의 시작)

한국 애니메이션이 시작된 1960년경 당시에는 애니메이션이란 말이 낯설어 '광고만화 영화'라고 불렀다. 1953년 7월 27일 한국전쟁이 휴전된 후, 1960년-1990년대 한국에 있는 영화관들은 모두 극장식으로 무대가 있었고 그 무대 위에 스크린을 설치하고 영화를 상영했다. 1960년 이전에는 영화관이라고 부르지 않고 극장이라 불렀다. 극장에서는 미국에서 오래 전에 제작한 유명한 영화를 많이 수입해 상영했다. 가끔은 스크린을 걷어치우고 임춘앵 극단, 눈물의 여왕 전옥과 그의 극단 그리고 KAS악극단(허장강, 황해, 김진규, 박노식, 김희갑 등 한국 주연급 배우들이 많이 출연) 등의 쇼 무대가 열리기도 했다. 이들은 방방곡곡 지방을 돌며 극장무대에서 공연을 펼쳤다. 서울에 있는 극장들은 개봉관으로 대한극장, 명보극장, 피카델리, 단성사, 스카라극장 등 6~7곳이 있었는데 극장들의 관객석은 적은 곳은 500여석, 큰 곳은 800석이 넘었고, 특별히 한국에서 유일하게 70mm 영화를 상영할 수 있는 대한극장은 1,200석이나 되었다. 당시에는 조조활인(아침 일찍은 입장료를 할인함)으로 오전 11시에 개관하여 매일 5회, 또는 6회를 상영했다. 상영관들은 매일 여러 횟수를 뽑기 위해 길이가 긴 영화는 함부로 가위질을 해 짧게 잘라내기도 했다. 그리고 상영 중간마다 휴게시간이 약 10분에서 15분정도 있는데 이때 광고 필름이 상영되었다. 광고는 실사나 애니메이션으로 제작되어 상품광고나 각 회사들의 기업광고를 제작하여 이 휴게시간을 이용해 광고 필름을 제작해 상영을 해주는 대행을 했다. 이 당시에 극장광고는 신문이나 옥외간판 광고를 제외하면 가장 효율적인 방식이었고 거의 유일한 선택이었다. 이 때 '신영기업사' 라는 가장 큰 광고대행회사가 있었는데 이들의 기발한 아이디어로 극장 휴게시간을 이용한 광고였다. 그러나 이들은 전문제작자도 아니고 창작가도 아니어서 아이디어 콘티는 전문가에게 의뢰했다. 서울은 물론 전국 주요도시에 산재한 극장주와 휴게시간 전용 전세계약을 맺고 초창기에는 독점사업으로 수지를 맞췄다. 광고방식은 실사나 만화로 제작했는데 이것은 기업주 마음대로 선택했다. 만화가 항상 그들의 기호는 아니었지만 광고를 하고자 하는 상품에 따라 아이디어와 종류가 결정되었다. 신동헌, 신능파 그리고 한성학 등은 광고가 될 만한 아이디어로 콘티를 짜서 광고주를 찾아가 협의하고 계약서도 없이 서로 믿고 일했다. 애니메이션 방식은 꽤 시간이 걸렸다. 만화그림으로 그려 색칠해 35mm 필름으로 촬영해야 했으므로 상영시간 1분 길이를 만화형태로 그려서 완성하려면 1~2개월 정도 제작기간이 소요되었다. 만화로 그리는 것은 혼자 일했고 색칠하는 부분은 주변사람들을 시켜 집에서 일했다. 이것이 당시 한국의 애니메이션의 시작이었다. 이러한 과정에서도 신동헌과 신능파는 사운드를 매우 소중하게 취급하여 대사와 입모양을 일치시키는 방식으로 제작했다. 이를 위해 프리 리코딩(Pre-

Recording) 방식으로 동작이 사운드에 맞도록 성우목소리, 필요한 음악과 효과음 모두를 광고 길이에 맞게(대부분 1분길이) 미리 6mm 녹음테이프로 길이에 맞게 가위로 잘라내어 맨더테이프(Mander Tape)로 붙여 편집했다. 그리고 왕십리 중앙시장 근처에 있던 조종국 녹음실로 가져가 오실로스코프(Oscilloscope)를 이용해 광학(Optical)적으로 35mm사운드필름(Sound Film, 연한 파란색)에 옮기고 눈으로 보이는 사운드 모듈레이션(Modulation)을 판독하여 정확한 위치를 찾아내서 몇 장의 그림을 그려 넣어야 할지를 알 수 있었다. 마치 타임시트(Time Sheet)처럼 한 콤마도 오차가 없이 촬영할 수 있었다. 한국 초기에는 극히 소수의 개척자들에 의해서 애니메 이션이 ADR 없이 시작되었다. 영국의 존 할라스(John Halas, 1912-1995)가 쓴 <애니메이션제작의 테크닉>이라는 책이 한국애니메이션 발전사에 빠질 수 없이 선생님 노릇을 했다. 한국 애니메이션의 초창기로 볼 때 이 방식은 매우 정통적이었고 옳은 방식으로 진행 되었던 것이다. 그리고 1965년 한국의 TBC가 일본으로부터 <황금 박쥐> TV시리즈용 애니메이션 셀에 색칠하는 작업을 보세가공 형식으로 들여왔고 동화(In-Betweening, 키 애니메이션의 사이 그림을 넣는 일)일도 조금씩 하면서 점차 일본 애니메이션을 배웠다. 그러나 그 일은 이듬해에는 지속되지 않고 끝이 났다. 1967년 신동헌 감독이 세기상사와 홍길동을 제작하면서 그때 모였던 인력들이 많이 일할 수 있게 되었다. 신동헌은 두 번째 작품으로 <호피와 차돌바위>를 흥행했으나 크게 실패했다. 또한 KBS와 MBC방송이 불법으로 수입한 일본 인기 애니메(일본식으로 애니메이션)가 우리말 ADR 더빙으로 언어만 바꾸어 오랫동안 방송했다. 해방 후 수입이 금지된 일본문화는 알게 모르게 한국시청자들의 인기를 많이 누렸다. 여파로 일본 애니메이션 스타일로 경비를 줄여 만든 애니메이션들이 줄을 이어 제작되었다. 박영일, 용유수, 한하림, 김청기, 임정규, 김현용, 김상용, 송재완, 송정률 감독 등이 1970년대를 이어나가며 30여편의 장편을 만들어 냈다. 당시의 애니메이션은 일본식을 좋아하는 아이들의 기호에 맞춘 것이 다수였다. 아쉬운 것은 애니메이션이 초등학교, 중학생들의 방학용 만화영화로 일본식 로봇이 나오는 일제 유사품이 대부분이었고 한국전통양식이 묻어있는 한국애니메이션의 진실어린 제작이 없었다는 것이 역사의 한 장을 차지하고 있다.

0098 `ani` `pic` `equ`

animation feature film (장편 애니메이션)

Feature의 뜻은 얼굴이라는 의미로서 얼굴이 되는 주인공의 특별출연이나 영화의 본편을 소개하며 사용하기 시작한 말이다. 1920년경 미국영화제작 초기에는 Featuring이라는 뜻은 '본편영화'의 의미로 사용했는데 당시에는 영화관에서 상영하는 본편영화의

A

상영시간이 짧아 두 편의 단편 만화영화(Cartoon Movie 로 부름)를 끼워서 상영을 하는 것이 일반적이었다. 이때 어느 것이 본편인지를 구별하기 위해 사용하기 시작한 말이다. 그 후 영화의 길이는 규정이 생겨 단편영화는 30분미만, 중편 60분미만, 장편은 60분 이상을 초과한 것으로 규정했다. 그러나 일반적으로 장편영화는 85분이상의 길이로 제작되고 있다. 그리고 간혹 대작영화(Megaflick)로는 중간 휴식 없이(No Intermission) 180분을 초과하는 장편도 있다. 이러한 경로로 애니메이션 장편도 피처 라고 자연히 붙여진 말이다.

0099 `pic` `ani` `equ`

animation stand (애니메이션 스탠드)

애니메이션을 찍기 위해 만든 촬영테이블을 말한다. 테이블은 섬세하게 그려진 애니메이션을 촬영하기 위하여 여러 기능이 부착되어 있다. 테이블에 부착된 팬바(Pan Bar)는 좌우로 움직이고, 테이블 자체는 90° 가량 회전하도록 되어 있다. 테이블과는 별개로 스톱프레임 카메라는 수직기둥에 부착되어 그림의 크기를 조절하기 위해 상하로 오르내리도록 되어 있다. 일반적으로 애니메이션 스탠드는 스탠드와 카메라를 통칭하는

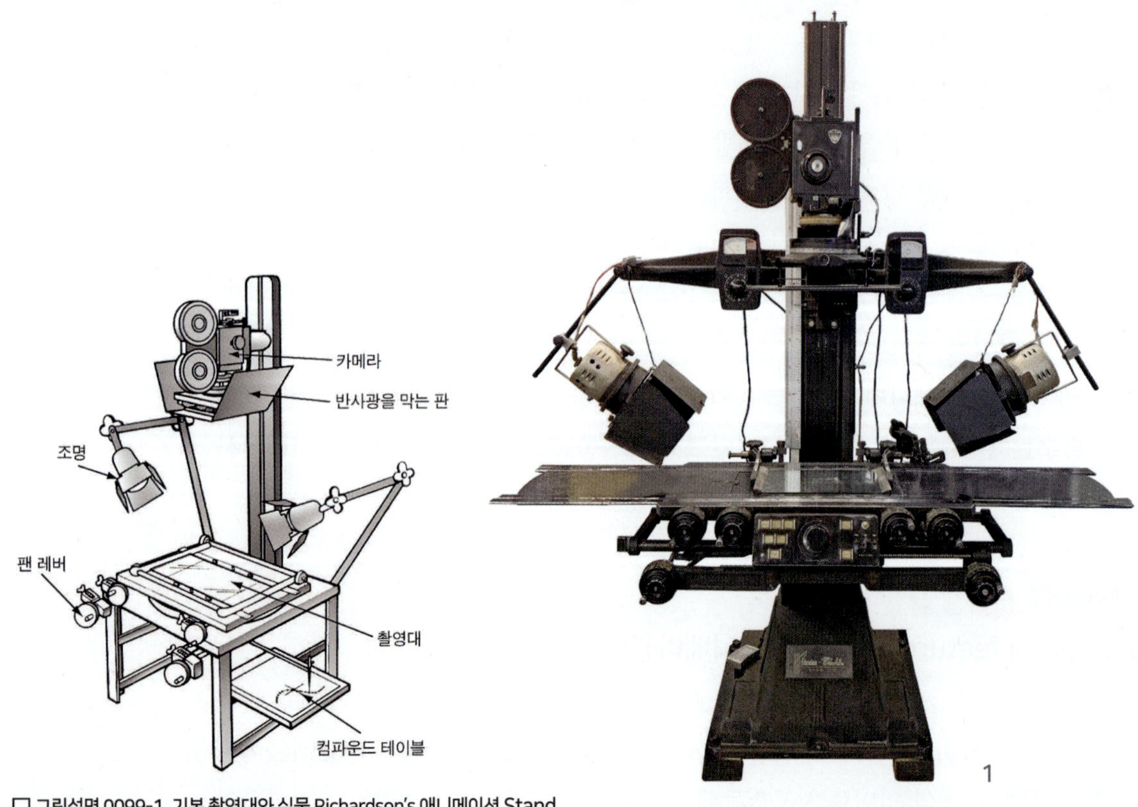

□ 그림설명 0099-1, 기본 촬영대와 실물 Richardson's 애니메이션 Stand.

말이지만 전문가들은 카메라와 스탠드는 분리된 것으로 따로 명칭 한다. 카메라 스탠드는 촬영대만을 뜻하며 카메라부분은 카메라헤드(Camera head)라고 구분하여 부른다.

*animation table (애니메이션 테이블)

애니메이션 테이블은 주로 애니메이션으로 그린 아트워크를 촬영하기 위해 (그림-2) 애니메이션그림이 원활하게 촬영할 수 있도록 카메라와 수평으로 놓인 넓은 테이블을 이르는 말이다. 상하로 오르내리는 카메라스탠드에 부착되어 있지만 대부분이 회전과 약 30cm 정도 좌우로 움직임이 가능하지만 고정하여 사용한다. 테이블에는 좌우로 팬할 수 있는 페그 바가 상하로 2벌씩 있다. 상단 바(Top Bar), 상단 보조 바(Top Aux. Bar) 한 벌, 하단 바(Bottom Bar), 하단 보조 바(Bottom Aux. Bar) 한 벌, 애니메이션에 따라 상하로 움직이는 북남 바(North South Peg), 그리고 책장 넘기듯 하는 플립 바(Flip Bar)도 있고, 콤파운드(수동식) 테이블(Compound Table), 후면 조명촬영(Back Light Exposure), 기울기 회전(Tilting Spin), 떨림(Shaking, Bibrate) 등을 처리할 수 있다. 이 모든 움직임은 미세하게 또는 폭넓게 조종하는 둥근 손잡이를 돌려 정확히 고르게 조작할 수 있도록 각 조종 바(Bar) 마다 숫자 표시판이 부착되어 있다.

□ 그림설명 0099-2, 애니메이션에서 정교하고 편리하게 사용되는 테이블.

0100 `ani` `peo`

Animation School of Violence (격렬한 애니메이션 양식)

1930~50년대 활동했던 애니메이터 텍스 에이버리(Tex Avery, 1908-1980)가 엠지엠(MGM)영화사에서 일할 때 그가 그린 애니메이션이 과격한 동작을 넣어 난폭한 애니메이션이라 불렸지만 다른 애니메이터들도 이 방식을 흉내 내어 따라히면서 붙여진 말이다. 워너브라더스(WB)와 월터 랜츠(Walter Lantz)회사에서 일했던 에이버리는 MGM으로 옮겨와 매우 과격한 동작으로 표현을 풍자(Caricature)해 인기와 지탄을

A

동시에 받았던 사람이다. 그가 그린 애니메이션에서 벌어지는 개그는 어떤 캐릭터보다 괴이한 동작으로 표현 방법을 시도했는데 예를 들어 힘이 센 캐릭터의 주먹으로 펀치를 맞으면 한 무더기의 그림 맞추기 조각처럼 부서졌다가 다시 제 모습으로 돌아오게 하는 기법이다. 에이버리 스스로도 캐릭터들이 괴기스러운 변화를 일으킬 수 있는 애니메이션에 스스로 매혹되었다고 한다. 이러한 폭력적이고 괴이한 기법 때문에 그 당시 평론가들은 에이버리를 '폭력의 애니메이션학교'라고 불렀다. 이러한 폭력적인 애니메이션은 맥스 플라이셔 스튜디오(Max Fleischer)에서 '항해사 뽀빠이(Popeye the Sailorman)'등에 크게 영향을 끼치게 되었다. 1920년경 미국 초기애니메이션은 주로 한 사람의 애니메이터가 약 6분 길이의 단편애니메이션을 모두 혼자 그리는 것이 흔한 일이었다. 이 시대는 아직 영국의 애니메이터인 안손 다이어(Anson Dyer, 1976-1962)가 주장한 프로덕션방식(공정별 분업방식 제작)이 도입되지 않은 때여서 나머지 작업은 소수의 사람이 색칠하며 잔일을 도울 정도였다. 애니메이션 작업을 줄이기 위한 방식으로 대사 없이 스토리에는 큰 의미를 두지 않고 주로 반복적인 동작(Cycle Animation)으로 만들어졌다. 이들을 슬랩스틱(Slap Stick) 애니메이션이라 부른다. 이들 역시 주로 폭력을 섞어 코미디 적으로 해석해 사용된 폭력 애니메이션이라 한다. 이 부류의 애니메이션들은 관객들로부터 외면을 당해 점차 새로운 방식의 애니메이션이 제작되기 시작했다. 이러한 폭력적 표현의 애니메이션은 1970년대 이후 이 방송법규가 새로 바뀌며 폭력을 사용하는 동작이 있는 모든 애니메이션을 비롯해 총, 칼, 흡연, 음주 등이 TV에서 방영할 수 없게 되어 20세기 재미있었던 만화(Animated Cartoon)를 다시는 볼 수 없게 되었다.

□ 그림설명 0100-1, 과거와 현재의 폭력과의 대결.

-2, Tex Avery의 캐릭터.

animator (원화가, 원화 맨, 애니메이터)

그림을 그려 만드는 애니메이션에서 원화 맨은 동작의 기초가 되는 포즈(Pose)를 그리는 사람을 뜻하는 말이다. 신(Scene)에서 제시된 이야기에 따라 필요한 동작을 만들어 낸다. 관절의 움직임을 활용해 키(Key) 포즈의 원화애니메이션 연출에 최적한 그림을 그리는 화가를 이르는 말이다. 애니메이터는 스스로 작화를 하거나 감독의 지시에 따라 캐릭터의 동작을 연출하여 그림을 그리는 역할을 한다. 애니메이션에서 관절동작(Extreme)이란 각 동작에서 필요한 만큼 관절을 구부려 원활한 동작을 만들어 내는 것을 말한다. 애니메이션에서 동작은 관성이나 중력을 항상 적용해 그림을 그리게 되는

□ 그림설명 0101, 애니메이터의 데스크와 작업 중. NPO Animator Supporters.

데 이 표현방식을 적절히 하기 위해서는 동작의 밸런스(Balance)를 수시로 적용하게 되고 이 원칙을 준수함으로서 보기에 원만한 애니메이션 동작을 얻어낼 수 있게 된다. 하나의 제작방식으로 애니메이터가 관절동작의 맨 끝 동작만 포즈(이것을 Extreme이라함)로 남길 경우 동화가(어시스턴트, Assistant Animator)가 사이그림을 그려 넣도록 차트로 동작 지시를 남긴다. 또 다른 방법으로는 애니메이터가 중간동작을 빼지 않고 계속 동작(Straight Forward)으로 모든 동작을 그리는 경우도 있다. 이런 경우 동화가가 충실하게 그림들을 정리하여 클린업(Clean-Up)만 하게 된다.

✽ 참조보기 (0856 - Extreme)

animatronic puppets (애니메트로닉 퍼펫, 유압장치 인형)

실사영화를 촬영하기 위해 주로 대형동물이나 괴물 인형 등에 유압 장치를 부착하여 스크린 밖에서 컴퓨터에 의해 기계적인 조작을 하며 촬영하는 것을 말한다. 이것을 움직이기 위한 보조기구, 막대기, 줄 같은 부착물들은 나중에 컴퓨터에서 제거해내면 마치 실제와 같은 효과를 얻어낼 수 있으며 전통적인 스톱모션 애니메이션(Stop Motion Animation)처럼 영상이 딱딱 끊어지지 않고 자연스러워 보이게 된다. 이러한 방시은 애니메이션이 아닌 실사촬영에서 많이 사용한다.

0103 `fes`

Annie Awards (애니 어워드)

미국〉Burbank, CA, 1972년 처음 열린 애니어워드는 미국에서 제작되고 상영한 애니메이션 필름만으로 참여하여 경합을 벌이는 할리우드 특유방식의 애니메이션 페스티벌이다. 이 페스티벌은 매년 2월 초 미국 캘리포니아 남부도시 Los Angeles에 있는 UCLA 교정에 있는 대강당(Main Auditorium)에서 개최한다. 애니어워드는 국제 애니메이션필름협회 할리우드지부(ASIFA Hollywood) 명칭을 붙여 The International Animated Film Society가 주최하며 '애니메이션계의 아카데미상'이라고 불리는 권위 있는 시상식이다. 애니어워드는 매년 제작되는 다양한 애니메이션들의 공로를 인정하기 위해 ASIFA 할리우드가 창설한 페스티벌이다. 이 행사는 장편, 독립 단편, TV쇼, 상업광고, 학생 영화 및 기타 카테고리뿐만 아니라 작업에 참여한 수많은 사람들에게 상을 준다. 각각의 상이 중요하지만 대체적으로 최우수 장편 애니메이션에 초점이 맞춰져 있다. 특히 지난 애니어워드가 할리우드 프로덕션에만 우호적이었다는 점을 인정해, 최우수 장편 애니메이션 외에도 독립 프로덕션에 대해 1등 상을 새로 만들었다는 점을 주시한다. 주최자는 메이저 스튜디오 이외에서 제작된 영화를 고취(Inspiring)해야 한다는 필요성을 인식한 것이다. 일반적인 페스티벌과는 구별되는 성격이다.

□ 그림설명 0103, 애니 어워드 트로피.

0104 `pic`

answer print (초벌 프린트, 최초 프린트)
＊A print (에이 프린트)

35mm 재래식 필름으로 영화제작을 완료한 후 가장 최초의 프린트를 보통은 에이 프린트 (A Print, A는 Answer의 줄인 말)라고 줄여서 불린다. 이 에이 프린트는 촬영에서 고르지 않았던 색상(Color)과 명암(Light Intensity)의 그레이딩(Grading)을 교정한 후 화면(Picture)과 음향(Sound)을 맞추어 최초로 프린트필름으로 완성한 필름을 말하며 일차 교정이 불완전할 때 다시 프린트하는 것을 세컨드 프린트(Second Print)라고 한다.

□ 그림설명 0104, 완성된 첫 앤서(Answer) 프린트.

0105 `lit`

antagonist (악역, 적대자, 반동)

영화, 드라마, 소설속의 스토리 구조에서 대적(Enemy)을 뜻하는 단어로 주인공이 하고자 하는 일을 방해하거나 가로막는 역할을 하는 반동을 말한다. 대개는 나쁜 편(Villain)을 지칭하는 단어이다. 반대로 좋은 편의 주역을 프로타고니스트(Protagonist)라고 부른다. 드라마는 언제나 하나의 격식을 유지하여 좋은 사람(편)과 나쁜 사람(편)의 대결구도로 나뉘어 갈등하며 서로 싸우다가 사필귀정(Corollary)으로 정의가 승리하는 것으로 끝나게 된다.

☐ 그림설명 0105, 드라마는 선과 악의 대결 구도이다.

0106 `gen` `peo` `his`

anthem (성가, 축가)

노래 속에 신앙적으로 찬미하는 가사를 넣어 부르는 찬송가를 말한다. 일반적으로 교회의 찬송가를 다른 말로는 힘(Hymn)이라고 한다.

✱ National Anthem (국가)

애국가의 의미는 나라를 사랑하고 국가에 충성을 맹세하는 가사가 있는 노래를 말하며 그 나라의 모든 국민이 일체감을 맹세하며 애국에 의미를 두어 부르는 노래를 애국가라 한다. 일반적으로 국가라 호칭한다.

■ 대한민국의 국가 – (South Korea)

대한민국의 애국가는 안익태(1906-1965)가 작곡한 교향곡 <한국 환상곡>의 마지막 부분이 1936년 당시 베를린 올림픽에서 한국 선수들을 위해 연주되면서 시작 되었다. 그후 1948년 대한민국 정부가 수립되면서 다시 불리게 되었고 작사자는 알려지지 않은 채(윤치호 작사라고도 함) 지금까지 대한 국민이 애국가로 애창하는 곡이다. 가사와 곡은 장엄하고 좀 느리다. 하나의 코리아(Korea) 일 때인 1945년 해방 후 잠시는 남북

이 같이 태극기를 사용했고 같은 애국가를 불렀다. 그리고 불행하게도 38° 선이 가로 막힌 후, 1950년 6.25전쟁이 일어났고 3년1개월간의 전쟁 후 1953년 7월27일 휴전했다. 휴전선(DMZ와 NNL) 기점으로 남과 북으로 갈라져 국가와 국기를 다르게 사용하며 아직 남과 북은 대치하고 있다.

■ 조선민주주의인민공화국의 국가 – (North Korea)

북한은 1948년에 국호와 국기 그리고 애국가를 선포하고 대한민국과는 다른 국기를 제정하여 사용하였다. 애국가는 1947년 박세영(1920-1989)이 작사를 했고 김원균(1917-2002)이 작곡한 곡으로 된 애국가를 사용한다. 곡은 조금 빠르고 명쾌한 편이다.

■ 미국의 국가 – (United States of America)

<별이 빛나는 깃발(the Star-Spangled Banner)>이라 불리는 미국의 애국가는 1812년 미영전쟁(Anglo-American War) 당시 영국인 존 스탠포드 스미스(John Stafford Smith, 1750-1836)에 의해 작곡되었고 가사는 프란시스 스콧 키(Francis Scott Key, 1779-1843)가 썼다. 그러나 이 노래가 애국가로 지정되어 부르게 된 것은 1931년부터였다. 곡은 무겁고 느리다.

■ 프랑스의 국가 – (France)

<라 마르세예즈(La Marseillaise)>라는 애국가는 1792년 프랑스 혁명 당시 공병 대위이었던 클로드 조셉 로제(Claude Joseph Rouget, 1760-1836)가 스트라스보그(Strasbourg)에서 하루 밤 만에 작곡 작사하여 부른 노래이다. 프랑스 혁명당시 자원한 시민군이 마르세예즈(Marseillais)에서 파리까지 900km를 행진하며 부른 것을 계기로 오늘날까지 220년이 넘도록 애국가로 불리고 있다. 곡은 좀 빠른 편이다.

■ 영국의 국가 – (United Kingdom)

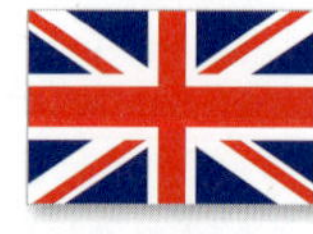

영국의 애국가는 4개의 나라가 합쳐져서 이루고 있는 대영제국(the United Kingdom)이어서 애국가가 4개나 있다. 1) 잉글랜드(England)에서는 대표적으로 대영제국 애국가를 부른다. 2) 스코트 랜드(Scotland)에서는 용맹한 스코트 랜드(Scotland the Brave)나 스코트 랜드의 꽃(Flower of Scotland)를 부른다. 3) 웨일(Wales)과 4) 북 아일랜드(Northern Ireland)에서는 아이리시 러브 송(Irish Love Song)을 부른다. 대영제국(UK)이 유로 존에서 탈퇴한 후 각기 독립된 국가를 주장한다면 애국가가 다르게 불릴 수 있을 것이다.

■ 독일의 국가 – (Germany)

독일 애국가와 국기의 사용기록은 매우 난해하다. 국가는 요제프 하이든(Joseph Haydn, 1732-1809)의 황제찬가를 민족주의 가사를 붙여 노래로 부른다. 이 곡은 1841년 채택되었다. 국기를 사용한 때는 1200년경 신성로만제국 때부터 국기(National Flag)를 사용해 지금까지 12번이나 바뀌었다. 1848년 독일연방 국기가 지금의 국기와 같다. 그러나 1919년 바이마르(Weimar)공화국 그리고 나치(Nazi)를 겪고 2차 대전 후인 1949년 다시 독일연방 국기가 채택되어 오늘날의 국기를 사용하고 있다. 그리고 1959년 독일은 서독과 동독이 반으로 갈라져 동독만이 인장을 넣어 다르게 사용하다가 통일이 된 1990부터 인장을 빼고 같은 국기를 사용하게 되었다. 따라서 가사도 무쌍히 변화했고 지금에 이르렀다. 애국가는 하이든(Austrian)의 음악답게 정감이 있고 곡은 조금 무거운 편이다.

■ 러시아의 국가 – (Russia)

러시아는 슬라브 민족으로 150개가 넘는 소수민족(Ethnic)으로 21개의 자치공화국(Autonomous Republics)으로 이뤄진 나라로 러시아 연방정부(Russian Federation)라 불렸다. 러시아는 13세기경부터 길게 남북으로 뻗어 있는 우랄산맥(Ural Mts.)을 기점으로 서부는 유럽, 동부는 아시아로 나눈다. 1705년 표트르(Pyotr) 1세(1689-1725통치)에 의해 연방법이 처음으로 제정됐다. 이때부터 러시아는 막강한 법률제도를 세워 내외로 힘을 키웠다. 당시 스웨덴과의 전쟁에서 승리하여 그곳에 즉시 상트 페테르브르크(Sankt Peterburg 또는 St. Petersburg) 도시를 건설하고 서유럽 친화 정책을 펴며 스웨덴과는 강화조약을 체결하였다. 1721년에는 페르시아 전쟁에서도 승리해 남으로는 카스피안 연안(Caspian Sea)까지 펼쳐나갔다. 1762에는 표트르 1세의 딸 예카테리나가 궁중 쿠데타를 일으켜 34년 동안 강한 나라로 이끌었다. 이 영향은 약 2세기동안 새로운 제도를 거듭하며 러시아 연방이 건설되었다. 오랜 제정러시아를 거쳐 1917년의 레닌(Vladimir Lenin, 1870-1924)이 이끈 볼셰비키(Bolsheviks)공산주의혁명으로 소비에트 연방국가(Soviet Union)로 개칭이 됐지만 사용해 오던 소련찬가를 1944년에 소비에트 연방의 애국가로 쓰기 시작했다. 그러다가 1991년 공산주의가 붕괴된 후 애국가의 곡은 그대로 사용하고 가사만 바뀌었다. 이 육중한 음악의 작곡자는 알렉산더 바실예비치 알렉산드로프(Alexander Vasilyevich Alexandrov, 1883-1946)이며 작사자는 세르게이 바실리예비치 미할코프(Sergey Vladmirovich Mikhalkov, 1913-2009)와 우즈베키스탄 출생 가브리엘 엘−레지스탄(Gabriel El-Registan, 1899-1945)이다. 곡은 슬라브 풍으로 느리고 무거운 느낌이다.

0107 `pic` `mus` `lit`

anthology (전집, 모음집)

주고받던 편지에서 사서로 그리고 감성을 드러내는 문학으로 모음집 출판이 시작된 것은 약 15세기경 영국에서부터였다. 앤솔로지의 의미는 짧은 이야기(Short Story), 시(Poem), 노래(Song), 극의 대사(Play) 등의 소품(소설을 제외한 가벼운 단편들)을 모아 만든 책을 가리키는 말이다. 또한 주로 짧은 시집이나 단편문학을 모은 여러 권의 책자를 한 질(a Single Volume)로 출판한 책들을 말한다. 동양에서는 시, 꽁트, 수필 등을 모아 한권의 책자로 만든 것에 붙여 부른다. 예; 어느 작가의 전집, 명시선집, 명곡집 같은 연관된 테마를 묶어 출판한 전집을 말한다.

* anthology film (모음 필름, 앤솔로지 필름)

내용이 한 가지 주제로 연관되거나, 같은 배우가 나오거나, 한 스튜디오에서 만든 것이거나, 또는 서로 다른 영화의 뛰어난 장면들을 모아 만든 장편 길이의 필름을 이르는 말이다. 뉴욕에 소재한 앤솔로지 아카이브(Archive, 기록보관소) 극장에서는 이러한 주제로 예정한 날에 일반관객을 초대하여 상영하기도 한다.

□ 그림설명 0107, 뉴욕에 소재한 기록영화관에서 과목(종류)별. 필름을 즐기는 오디언스(Audience,관객들)

0108 `ani`

ANTIC (예상, 반응)

* anticipation (준비동작, 예상)

흔히 애니메이션에서 '준비 동작'의 의미를 앤틱(Antic)이라고 줄여서 부른다. 애니메이션에서 의도하는 주 동작을 하기 전에 반응적으로 또는 무의식운동에 해당하는 행동을 말한다. 일반 사람들은 눈으로 이 준비 동작을 포착하기 어려우나 실제로 이러한 준비 동작은 반드시 존재하며, 이것을 표현할 때 애니메이션의 동작이 한층 자연스러워

진다. 예: 서있던 사람이 앞으로 걷기 시작하려면 한 쪽 발을 들게 되고 이때 몸의 중심
이 들어 올린 발의 반대쪽으로 순간 약간 쏠리게(Shifting) 된다. 몸의 균형을 유지하기
위해 수시로 일어나는 이러한 동작을 준비
동작이라고 한다. 애니메이션에서는 이 반
응 동작이 실제 동작보다 더 중요한 역할
을 한다. 야구에서 피처가 공을 던지려면
공을 든 팔을 뒤로 뻗었다가 캐처를 향해
맹렬하게 공을 던지는 등의 동작들이 이에
속한다. 특히 빠른 동작에서는 실행 전에
준비 운동 동작이 더 중요할 수 있다.

□ 그림설명 0108, 준비동작, 본 동작, 반응 동작.

✱ reaction (반응, 반작용)

권투선수가 팔을 뻗으면 앞에 있는 선수는 곧 이에 반응하여 머리를 피한다. '반응'은 직
접적인 관계가 아닌 상대에 의해 반응하는 것을 의미한다. 주인공의 얼굴이 화면 밖의
상황을 보고 몹시 놀라 '반응'하는 것은 준비 동작과는 다른 반응의 의미로 사용된다.

0109 `lit` `pic`

anticlimax (용두사미, 안티클라이맥스, 점강법)

영화에서 액션이 정점을 이루며 관객이 드라마틱(Dramatic)하게 유도되지 않고 고조된
순간, 액션이 실망스럽고 비효율적으로 결말지어져서 실망하게 되는 것을 의미하는 뜻
이다. 일반적으로 영화의 형식은 부드럽게 이야기가 전개되다가 사건에 연루되고 영화
가 끝날 무렵에 사건의 절정에 오른다. 그리고 결론이 나는 것이 일반적이지만 어떤 영
화는 이러한 일반적인 형식을 취하지 않는 것도 있다. 기록영화나 다큐멘터리는 이런
형식을 배제한다.

0110 `com`

antivirus software (항바이러스 소프트웨어)

설치된 컴퓨터에서 생겨나는 병원체(Virus)를 미리 막기 위하여 깔아
놓는 디지털 백신 따위를 일컫는 말이다. 복제 기능이 없는 다른 종류
의 전자기기에 주로 컴퓨터의 네트워크나 전자시스템으로 조립되어
외부와의 정보접속에서 스스로 컴퓨터에 생겨나는 바이러스를 억제
시키기 위해 개발된 여러 종류의 항체 소프트웨어를 말한다.

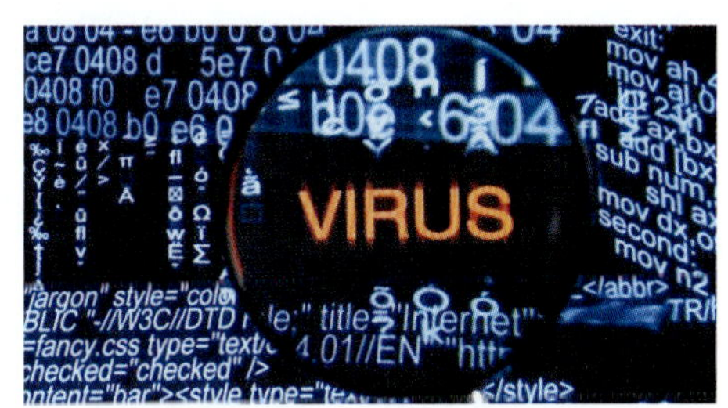

□ 그림설명 0110, 상징적 컴퓨터 바이러스.

0111 `pho` `pic`

aperture (조리게, 아파추어)
*lens aperture (렌즈 아파추어)

일반적으로 카메라용 렌즈 요소(Element)에 포함되어 촬영할 때 빛의 광량을 조절하는 역할을 한다. 노출 아이리스(Iris)라고도 하며 렌즈 원통에 표시되어 있는 F-Stop 숫자 (1.2, 2, 2.8, 4, 5.6, 8, 11, 16, 22)를 측정하는 렌즈의 조리개를 말한다. 이 조리개는 여러 겹으로 된 가림막이 오므라들며 빛을 차단하거나 펴지며 빛의 양을 열어주는 역할을 한다. 모션픽처 분야에서는 아파추어를 필름 게이트(Film Gate)의 뜻으로 사용한다.

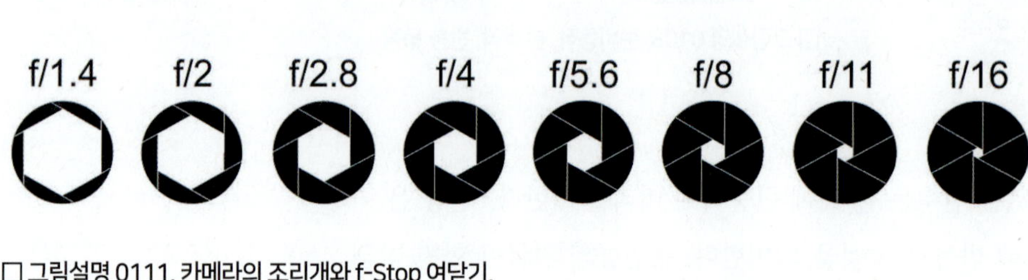

□ 그림설명 0111, 카메라의 조리개와 f-Stop 여닫기.

*aperture priority (조리개 우선)

재래식 필름카메라나 디지털 전문가용(소형휴대용이 아닌)카메라에는 반드시 아파추어와 셔터타임을 구별하여 조절할 수 있게 되어있으며 이 때 아파추어의 F-Stop을 22로 우선(Priority)한다면 유입되는 빛의 양이 적어지고 자동으로 셔터타임(Shutter Time, Shutter Speed)이 길어지게 된다. 반대로 조리개를 1.2로 모두 열었을 경우 셔터타임은 아주 짧아지게 된다. 만약 셔터스피드 우선으로 셋업(Setup)을 할 경우 이것을 셔터우선이라 한다. 대개 기본 셔터타임은 60분의 1초이지만, 정물(Still Life)은 조리개를 줄이고 셔터타임은 길게 준다. 그리고 움직이는 물체를 블러(Blur) 없이 포착을 하자면 조리개는 가급적으로 열고 셔터의 속도를 짧게 줄인다. 이 위의 두 가지를 조리개 우선 또는 셔터 우선이라 한다. 이와 같이 이미지를 촬영하자면 피사체에 따라 적정하게 상에 맺도록 조리개와 셔터를 비례적으로 작동시켜 최적의 이미지를 만들어 낸다. 참고로 셔터스피드는 B(항시 열려있음), 1(초), 2, 3, 4, 8, 15, 30, 60, 125, 250, 500, 1,000분의 1초로 되어있다. 이 때 자동모드(Auto Mode)로 지정하면 인위적인 기호(Gusto)는 감소될 수 있다.

*참조보기 (2458 - Shutter Speed Priority)

*참조보기 (0985 - F-stop)

APPS (앱)

* appcessory (앱세서리)

이 단어는 디지털 관련 신생어로 어플리케이션(Application)과 액세서리(Accessory)의 합성어이다. 스마트폰에만 적용되는 시스템으로 이 앱세서리와 연동시켜 원하는 여러 가지를 효율적으로 그 특성과 기능을 증폭시켜 사용할 수 있다. 특히 이 기능을 사용하면 카메라를 통해 찾으려는 병원을 모니터링을 할 수 있고 헬스케어도 돕는다. 자기진단으로 혈압, 심전도, 맥박 등 수천종의 정보를 바로 읽어낼 수 있다.

□ 그림설명 0112, 안드로이드 앱스.

Apple Computer (애플 컴퓨터)

애플컴퓨터사가 만든 제품으로 컴퓨터의 상호이다. 스티브 잡스(Steve Jobs, 1955-2011)가 매우 진보적으로 만든 하드웨어로 다중업무작동(Multitasking Operating)이 가능한 컴퓨터이다. 애플방식의 컴퓨터는 사용하기에 쉽지 않을 뿐만이 아니라 소비자에게도 부담이 갈 정도로 소프트웨어나 하드웨어 모두 고가 장비이다.

application (지원, 적용, 신청)

무엇인가 접속하여 사용하기 위한 행위를 뜻하는 말이다. 1) 디지털시대의 현대사회에서 컴퓨터를 이용하여 지원되는 수백 개의 앱스(Apps)을 사용하기위해 접속하는 행위를 말한다. 2) 벽에 페인트를 1차 칠하는 행위. 3) 잡(Job)을 얻기 위해 지원서를 내는 행위. 4) 전류에 의해 사용되는 가전품을 전기플러그에 연결하는 행위 등을 어플리케이션이라 한다.

0115 `pic`

approval (승인)

영화제작이 창의적으로 공동예술창작 행위라 할지라도 제작 일을 하는 모든 사람들은 영화가 지향하는 작품이 정해진 콘셉트를 따라 반드시 감독의 승인을 얻어 진행해 나간다. 이런 공정을 수행할 때 총감독이나 아트디렉터(Art Director)에 의해 진행되는 작업을 그때그때 승인하는 것을 말한다.

□ 그림설명 0115, 승인했다는 스탬프.

0116 `arc` `ani`

arc (아크, 호형, 포물선)

포물선과 같이 구부러진 선을 가리키는 것으로 특히 물체가 공중으로 떠올랐다가 중력에 의해 다시 땅으로 떨어지며 동작할 때 생기는 곡선운동을 뜻하는 말이다. 애니메이션에서 이 'Arc' 표시는 그림으로 그리는 동작이 수평으로 움직이지 말고 중력에 의해 곡선으로 움직이도록 하라는 동작의 지시를 뜻하기도 한다. 힘에 의해 추진된 모든 물체의 움직임은 공중으로 오르다가 자체 추진력이 없어지면 만유인력의 원리적인 작용으로 곡선 궤도를 유지하며 땅으로 낙하한다. 예로, 축구공을 차면 공중으로 올랐다가 자체 힘이 다하면서 중력(Gravity)이 작용하게 되고 점차 힘이 소멸되어 지상을 향해 곡선을 그으며 땅으로 떨어지기 시작한다. 아래 그림으로 보면 이러한 운동은 곡선 위에서 동작이 이루어지게 되는 것이다.

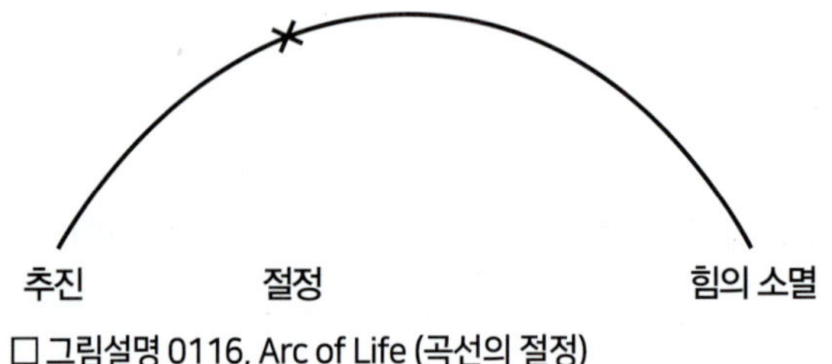

□ 그림설명 0116, Arc of Life (곡선의 절정)

0117 `arc`

arch (아치)

곡선구조(Curved Structure)로 된 건물, 구부러진 조형물, 곡선 출입문의 상단 부분 등을 말한다. 돌로 쌓아올린 성벽의 입구, 프랑스 파리의 개선문 그리고 한국의 서울에 있는 숭례문(남대문)의 입구가 모두 아치형이다. 또한 역사 기록에 고구려 보장왕 때인 668년 평양성이 외세의 야만적인 침탈로 파괴된 폐허 속에 흔적을 찾아 조선 선조9년인 1576년에 평양성을 재건할 때, 평양의 동문인 대동문이 일자형 트러스(Truss) 방식으로 축조되었었던 것을 인조 13년인 1635년 대동문의 입구를 아치형으로 개조했다는 기록이 있다. 이러한 건축양식은 고대 로마(BC. 8세기)사람들에 의해 처음으로 사용된 후 유럽의 대성당(Cathedral)의 천정 등의 많은 건축물과 교량건설에 적용되었다. 일자 트러스(Truss)구조보다 구부러진 아치구조가 훨씬 무거운 힘을 견딘다.

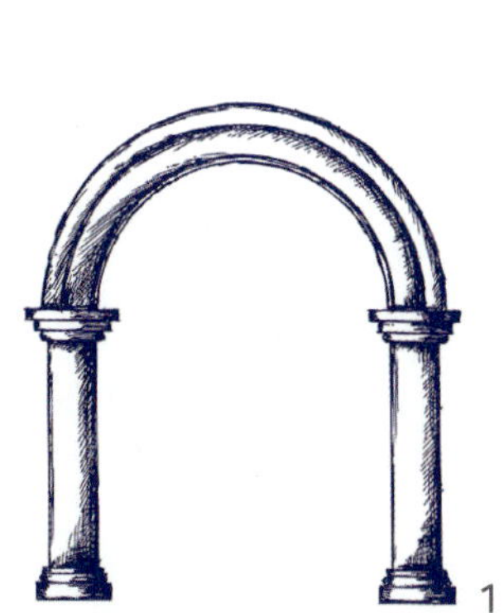

□ 그림설명 - 0117, 아치.   -2, 평양의 대동문(大同門, Daedong-Gate)

* 참조보기 (0120 - Architecture)

0118 `sci` `his`

archeology, archaeology (고고학)

고고학은 과거의 인간이 어떤 문명 속에서 어떻게 사회생활을 해왔는지를 연구하는 매우 중요한 학문이다. 이들은 지층을 굴착하거나 조금씩 파 내려가면서 인간이나 동물의 뼈, 인간이 사용하다 남겨놓아 땅속에 묻혀있는 여러 생활기기를 발굴하여 그 시대의 역사를 알고 유물을 통하여 인간의 생활방식과 수준을 이해하기 위해 연구한다. 유적지로 보이는 곳을 골라 믿을 수 있는 역사의 흔적을 발굴하는 것은 매우 어려운 일이다. 그러나 고고학은 발굴한 고대지층의 변화한 퇴적층을 화학물질을 통하여 연대를 알아내기 때문에 외부기온과 습도 빛 등에 매우 민감하다. 무엇인가 발굴하게 되면 주변 환경, 발견된 물건의 이름(번호), 크기실측, 위치, 발굴 높이(지층이나 수심), 놓여있던 각도, 색깔 등을 표시하고 가능한 한 많은 현장 정보를 기록으로 남긴다. 과거에는 상황과 모양을 그림으로 그렸지만 지금은 디지털카메라로 많은 기록을 정확하게 남길 수 있다. 조사한 후에는 시대를 발표하는 것이 가장 중요하다. 고고학이 시작된 것은 역사가 오래되지는 않았다. 일찍이 고고학의 개척자로 알려진 사람은 독일의 하인리히

A

슐리만(Heinrich Schliemann, 1822-1890)이다. 그는 1870년 그리스 신화(Myth)로만 여겼던 트로이(Troy)의 흔적을 터키(Turkey)에서 찾아내 고고학계에 최고 최대의 성과를 올렸다. 기원전 3,000년 전의 호메로스(Homeros)시대에 관한 전설 <트로이의 목마, The Trojan Horse>는 고고학자에 의하여 그 비운의 흔적들이 하나하나 사실로 들어나게 된 하나의 예이다. 또한 칠레에 있는 아타카마(Atacama) 사막은 지구상에서 가장 건조한 곳으로 오래 전부터 비가 오지 않는 사막으로 염분이 많은 모래나 화강암으로 이루어져 있다. 이러한 사막에서 고래무덤 군락지가 발견되어 자연 물 부족과 관계있었을지 고래의 화석을 북 칠레 연안에서 채취했다.

□ 그림설명 0118-1, 1871-1873, 2년간 발굴해 찾아낸 Turkey의 북부 트로이 성곽.

-2, 2010, 칠레 Atacama 사막에서 고래화석 발굴.

✱ 참조보기 (0278 - bronze age)

0119 `gen` `pic` `art`

archive (기록보관소, 공문서)

글로 쓴 문학, 음악악보, 사진, 문서를 스캔한 사본, 영상작품, 기타 동영상 등으로 압축한 파일에 기록보관이 가능한 것을 말한다. 컴퓨터시대 이전의 영화 35mm 필름이나 화가의 유화 등의 오리지널(Original)들은 국가나 단체가 운영하는 장소에 환경, 온도, 습도 등이 적합하고 유지가 보장된 보관소에 전문적으로 오랜 세월동안 보관하는 장소를 말한다. 최근에는 소형 마이크로필름을 사용하지 않고 컴퓨터를 이용하여 관공서, 단체, 회사, 개인이 중요문서나 자료, 역사적 가치가 있는 소장품 등을 문서나 사진으로 기록하여 저장해서 보관해 두는 곳을 의미하는 말이다.

architecture (건축술, 건축)

건축술은 건물을 설계(Design)하고 건축(Construction)하는 건축예술을 뜻하는 말이다. 건축물은 주위의 환경에 따라 여러 형태로 건물의 크기나 높이 등 사용 용도에 맞게 조화를 이뤄서 지어진다. 지금 널리 알려진 중동(Arabic, Middle East)은 기원전 4000년에서 3000년 사이에 존립된 것으로 추정되는 메소포타미아(Mesopotamia)문명이 시작된 곳으로 아시아 남부로 흐르는 티그리스(Tigris)강과 서쪽으로 흐르는 유프라테스(Euphrates)강이 모이는 곳(지금의 이라크)에 있던 고대 왕국으로 이곳에 말하는 사람(Sumerian)들이 모여 살며 벽을 둘러치고 영역을 구분하며 건축이 시작되었다. 이들은 비옥한 땅위에 소를 몰아 밭을 갈고 농사를 지었으며 최초로 마을을 건설했고 건축물이 세워졌던 곳으로 역사에 기록되었다. 티그리스(Tigris)강과 유프라테스(Euphrates)강 유역에서 수천 년 전의 건축물 잔해들이 발견된 것으로부터 건축술을 뒷받침 한다. 건축의 시작은 고대부터 많은 사람들이 모여들어 사회를 이루면서 자연발생적으로 편리한 생각과 지혜와 기술로 이룩되었다.

□ 그림설명 0120-1, 아테네, 파르테논(Parthenon, 여신 Athena 신전), BC 447-432.

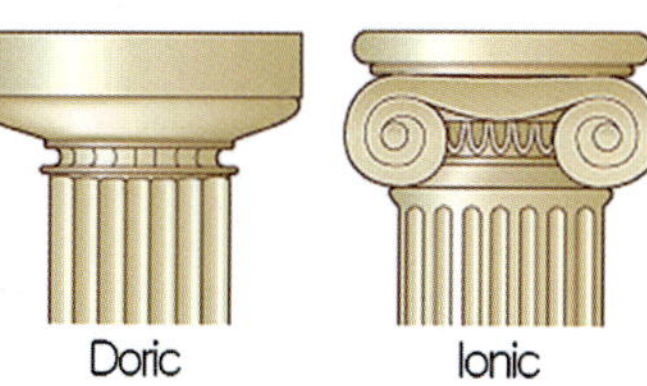

-2, 도리스, 이오니스, 코린티안 스타일.

그러나 건축물이라 할 수 있는 고대 건축물들은 그리스에서부터이다. 기원전 4세기로부터 기원후 19세기에 이르기까지 그리스의 선구자들이 남겨놓은 돌만 사용한 정교한 건축물과 건축양식은 지구상에서 만들어진 가장 오래되었고 가장 우아하고 웅장함에 감탄을 금할 수가 없다. 당시의 건축물들은 균형에 맞게 주로 아테네(Athene)와 스파르디(Sparta) 지역에 세워졌으며 이들은 3가지의 양식으로 긴축했다. 모양은 대들보(Crossbeam)를 받치고 있는 받침대(Abacus)의 디자인이다. 도리스(Doric)양식의 상판은 캐피탈(Capital), 이오니스(Ionic)양식의 상판은 볼루트(Volute), 코린트(Corinthian)

양식은 아칸서스(Acanthus)로 나누어 부르고 이미 기원전에 건축양식에 대한 규칙(Rule)을 정해 사용했다. 석조건물의 받침돌은 기둥(Column)상단과 대들보 밑 사이에 자리 잡는다. 당시에는 모두 석조로 건축되었기 때문에 주춧돌(Capital)의 견고성을 점검하고 돌이 서로 맞닿는 데는 가동 단(슈, Shoe)을 사용해서 무게를 견딜 수 있도록 했다. 또한 대리석을 정교하게 조각하여 서로 틈새 없이 연결 지어진 건축물들이 그리스의 전역에 분포되어 있다. 그리스인들이 생각하고 만들어낸 건축물들은 공간에 대한 풍부한 상상력으로부터 시작되었다. 그들이 건설한 야외 에피다우로스(Epidauros)극장은 야산을 활용한 계단식으로 관중석은 석조로 건축되었고 출연자가 활동(연기)할 무대(Stage)와 배경 막(Backdrop)도 설치할 수 있게 장치되어 있다. 이곳 관객석의 좌석 수는 14,000명이 동시에 관람할 수 있다. 확성기도 없던 그 시대에 소리가 어떻게 전달되었을까 궁금하다. 또한 기원전 3,000년 전에는 수 십 만 명이 동원되어 건립한 이집트의 피라미드 건축물을 들 수 있다. 파라오 왕이 피라미드 건립을 시작한 최초의 왕으로 볼 때 그는 부유했고 사람을 잘 다스리는 이집트의 첫 왕이었다. 당시 이집트는 통일된 모습이라고 기록하고 있다. 그러나 후세에서는 막상 파라오 왕의 미라(Mummy)는 피라미드 건축물 안에서는 찾을 수가 없었다고 기록했다. 고대유물들이 남겨진 것들 중에 건축은 인류가 살아가면서 3대 기본권인 의, 식, 주 중에 하나였다. 그 시대로 볼 때 측량, 공법, 건축기술, 석재가공기술 등으로 불가사의한 초대형 무덤을 건설한 것이다.

□ 그림설명 0120-3, 최근에 촬영된 3,000년 전의 피라미드.

인류가 모여 사는 근대 건축방식과 양식의 시작은 공동생활을 위한 건축의 개념, 형성, 방식, 시공 그리고 실용에서 언제나 새로운 공간개념은 미래를 위한 도전으로 이어져

왔고 오늘날의 신기술과 새로운 공법(Modern Architecture)으로 이어진 것이다. 이탈리아 밀란(Milan)에 있는 듀오모 대성당(Duomo Cathedrals)은 그 디자인이 정교하고 섬세한 건축물로 14세기에서 착공하여 19세기까지 500년에 걸쳐 4만여 명이 일해서 완성된 가장 크고 대표적인 성당으로 역사에 기록돼 있는 건물이다. 세계 유엔 교육 과학 기구인 유네스코(UNESCO)에서 건축물의 중요성을 인지하고 보호하기 위하여 기원 후 7세기에서 19세기에 이르기까지 인류가 남긴 세계의 여러 국가들의 유형무형의 문화유산을 등재하고 보호하기에 이르렀다. 현대에 와서 건축술의 발전은 건축공법의 구조계산과 자재나 재료가 신소재로 개발되어 첨단적으로 설계(Design)된 미래적인 건축물들이 하늘을 찌르며 경쟁하듯 앞 다투어 건설되고 있다. 세계 가장 높은 건물들은 주로 아랍권에 지어졌고 또 지어질 예정이다.

＊<Kingdom Tower(킹덤타워)>, 2024년 완공예정, 제다, Saudi Arabia, 높이 1,007m, 200층.

＊<Al Burj Tower(알 부르즈 타워)>, 두바이, UAE, 높이 1,050m, 300층.

＊<Mubarak Tower(무바라크 타워, 2035년 완공예정)>, 쿠웨이트시티, 높이 1,001m, 250층.

＊<Burj Khalifa(부르즈 할리파)>, 두바이, UAE, 높이 828m, 163층.

＊<Shanghai Tower(상하이타워)>, 상하이, China, 높이 632m, 128층.

＊<Abraj Al-Bait Clock Tower(아브라즈 알 바이트 클록 타워)>, 메카(Mecca), Saudi Arabia, 높이 601m, 120층.

＊<Lotte World Tower(롯데월드타워)>, 서울, Korea, 높이 555m, 123층 등 100층 이상 건물들은 더 많이 있다.

-4, 완공까지 500년이 걸린 두오모(Duomo) 대성당, 이탈리아.

-5, 높이가 828 미터의 부르즈 할리파 (Burj Khalifa) 빌딩.

*Architect (건축가, 건축기사)

건물의 모양을 계획하고 디자인하는 사람이나 공사를 지시하고 감독하는 사람을 말한다. 이 말은 조선 시대의 대목(Master Carpenter)같은 뜻으로 설계와 시공을 겸해 건축물을 완공하는 사람을 말한다. 오늘날에 건축가라는 의미는 더 넓게 사용되며 시각예술의 한 분야로 계획(Planning), 설계(Design), 건축(Architecture), 건설(Construction), 인테리어 디자인(Interial Design), 도시계획(Civic Engineering) 등의 일을 하는 사람들을 뜻하는 말이다.

*참조보기 (1101 - Bauhaus)

0121 ani his peo

Argentina animation (아르헨티나 애니메이션)

아르헨티나의 애니메이션 역사를 보면 그들은 1917년에 세계에서 처음으로 애니메이션을 시작했다고 주장하고 있다. 애니메이션 영화 산업은 아르헨티나에서 일찍이 뿌리를 내렸다. 사실 여러 나라에서 1900년대 초에 애니메이션에 관심을 갖고 실험 애니메이션을 했거나 산업으로써 시장을 일구며 애니메이션에 흥미를 갖고 있었다. 아르헨티나 역시 세계의 선두대열에서 컷 아웃(Cutout)방식으로 최초의 장편 애니메이션을 만든 것으로 기록하고 있다. 이들은 원주민이 아닌 이탈리아에서 온 이민자로 키리노 크리스티아니(Quirino Cristiani, 1896-1984)와 페데리코 발레(Federico Valle, 1880-1960)였다. 이들은 애니메이션 <사도(엘 아파스톨, El Apostol)>를 1917년에 제작했다. 이 영화는 부에노스아이레스(Buenos Aires)의 정치적 부패를 풍자한 내용이었다. 대통령은 부에노스아이레스의 부도덕과 부패를 정화하려고 목성의 벼락을 사용하기 위해 하늘로 올라가는 장면을 매우 풍자적으로 다루었다. 이 영화의 결과는 도시가 모두 불타게 된다. 영화는 당시 상업적 성공을 거두었으며 좋은 평가를 받았다. 제작은 크리스티아니가 디자인한 컷 아웃(Cutout)기법을 사용하여 만들어졌는데 58,000프레임을 한 콤마씩 찍어 초당 14프레임으로 영사하여 대략 70분길이의 영화였다. 이는 디즈니가 1937년에 만든 <백설 공주와 일곱 난쟁이> 보다 20년이나 앞서 나온 애니메이션의 기록이다. 그러나 역사적으로 중요한 자료가 될 이 필름은 1926년 일어난 스튜디오의 화재로 최초의 이 영화필름을 포함하여 그밖에 다른 필름들도 모두 잃게 되었다. 그리고 1931년에 제작한 <펠루도폴리스(Peludopolis)>는 이폴리토 이리고엔(Hipolito Yrigoyen) 정부 전복에 대한 내용을 담은 사회성이 짙은 작품으로 비평가들의 많은 지지를 받았다. <파수꾼 원숭이(Monkey Watcher)>와 <엘 모노 워치 메이커(El Mono Watch Maker)>

□ 그림설명 0121-1,
<El Apostol> 1917, by
Quirino Cristiani.

는 Cristiani 감독에 의해 1938년에 만들어진 아르헨티나 애니메이션 단편 영화였다. 이 영화는 Cristiani가 만든 처음 2개의 작품과 함께 다른 애니메이션 장편 원본 <The Apostle>과 <Without Leaving Traces>(1918)을 포함해서 음향트랙, Peludópolis(1931)과 함께 네거티브와 사본들을 보관하는 특수시설에 보관했다가 일련의 화재로 모두 소실되었다. 개봉 당일에 흔적도 없이 즉각 불에 타 흔적도 없이 사라진 것으로 여겼지만 <워치 메이커(El Mono Watch Maker)> 제작자 콘스탄시오 C. 비길(Constancio C. Vigil, 1876-1954)은 다행히 자신의 사본을 가지고 있었기 때문에 <워치 메이커>는 화재로부터 안전할 수 있었다. 그 필름은 단테 퀴테르노(Dante Quiterno, 1909-2003)가 직접 그려서 감독한 단편 애니메이션 컬러 영화였다. 이 영화는 1942년 11월 20일 부에노스아이레스(Buenos Aires)의 앰배서더 영화관에서 상영되었다. 1943년 아르헨티나 영화 비평가 협회상에서 단테 퀴테르노(Dante Quiterno, 1909-2003)는 아르헨티나와 라틴 아메리카 영화에서 최초의 애니메이션 특별상을 수상했다. 크리스티아니는 정치적으로 고발된 수많은 사건들을 애니메이션으로 제작했고 그러나 그는 1984년에 세상을 떠났다. 이어 등장한 단테 퀴테르노(Dante Quiterno, 1909-2003) 역시 애니메이션 사에 흔적을 남긴 인물이다. 그는 1942년에 12분짜리 단편 애니메이션 <파토루수(Patoruzu)>와 <역경 속에서(Upa en apures)> 테웰체(Tehuelche) 족장의 삶을 다룬 작품 등을 만들었다. 마누엘 가르시아 페레(Manuel Garcia Ferre, 1929-2013)는 대형 스크린용 애니메이션을 제작했고, 해외시장에도 관심을 보였다. Top Cat(스페인어로 Don Gato y su Pandilla), 또는 <Top Cat and His Gang>이라고도 함)은 Hanna-Barbera 만화 시리즈인 Top Cat을 기반으로 한 2011년 멕시코 아르헨티나 애니메이션 가족활동 코미디이다. Ánima Estudios 와 Illusion Studios가 제작한 이 영화는 워너(Warner Bros.)가 2011년에 극장을 통해 처음 배포 공개되었다. 미국의 ABC-TV에서 1961년에서 1962년까지 방영했다. 페레가 1972년에서 1999년에 내놓은 대표적인 성공작으로는 <안테오히토와 아니티파스 수천번의 시도 끝에 발명하다(Anteojito y Antifaz mil intentos y un invento)>와 <마누엘리타(Maunelita)>가 있다. 페레는 TV시리즈 <이히투수(Hijitus)>에 공을 들여 오랜기간 동안 공중파 채널 카날트레세(Canal13, Channel 13)에서 방송되는 결과를 이끌어냈다. 1980년대 들어 세계 애니메이션 업계는 스톱모션과 같은 진일보된 제작 방법으로 애니메이션을 만들어 냈다. 또한 실사를 혼합한 제작 방식도 등장했다. 이러한 시스템의 변화와 함께 등장한 업체가 파타노닉 애니메이션(Patagonik Animacion)이나. 2000년, 미래사회를 그린 첫 장편 애니네이션 <콘도르 크룩(Condor Crux)> 을 발표한 파타고닉은 시리즈물인 <디부(Dibu)>와 〈생쥐 페레스(El raton Perez)〉 를 잇달아 내놓아 아르헨티나 애니메이션 업계들 중 가장 높은 위치에 서게 된다. 이밖에 다른 대표작들로는 <핀틴 구출작전(Los Pintin al rescate, 2000)>, <노아의 방주 (El arca, 2006)> 등이 있다. 국제 애니메이션 박람회 엑스포툰즈의 창립자이자 <미카엘라, 마법의 영화(Micaela, una pelicula magica)>의 연출자 로산나 만프레디(Rosanna Manfredi)는 "아르헨티나 애니메이션 산업은 앞으로 수년간에 걸쳐 크게 성장을 할 것"이라고 낙관했다. 그는 또한 "우리나라의 애니메이션의 경우, 연간 단 한 편 제작하는 것조차 힘들었지만, 2015년 5편의 애니메이션을 만들어 내는 큰 성과를 냈다"고 무한한 가능성에 대해 언급했다. <전설의 콘도 크룩스(Condor Crux, the Legend)>는 후안 파브로 부스카니(Juan Pablo Buscaini)와 스완 글리서(Swan Glecer)가 작곡 한 2000년 아르헨티나 애니메이션 어드벤처(Adventure) 영화다. 영화는 2000년 1월 6일 부에노스아이레스에서 개봉되었다. 총 240,792달러의 수익을 올렸으며 첫 주말에 아르헨티나 전역의 32개 영화관에서 동시 개봉되었다. 이 영화는 2003년 Best Animated Film의 Silver Condor Award에 선정되었다. <영화 마틴 피에로(Martín Fierro, The Movie)>라는 이 애니메이션 작품은 릴리아나 로메로(Liliana Romero, 1968-)와 노먼 루이즈(Norman Ruiz, 1971-)가 감독한 아르헨티나 애니메이션으로 2007년 11월 8일에 개봉되었다. 이 스크립트(Script)를 쓴 사람들은 호라시오 그린버그(Horacio Grinberg, 1953-)와 로베르토 폰타나로자(Roberto Fontanarrosa, 1944-2007)였고 원래 원작으로는 호제 허난데즈(José Hernández)가 1872년에서 1879년 사이에 쓴 마틴 피에로(Martín Fierro, 1834-1886)의 시를 바탕으로 한 작품이었다. 캐릭터는 폰타나로자가 디자인함에 따라 디자이너의 독창적 작품이라고 할 수 있다. 그 밖에도 2012년에는 페루 아르헨티나 애니메이션 어드벤처(Adventure) 영화가 있다. 오래된 전설에 따르면 광활하고 야생의 숲에는 놀라운 생물과 강력한 마법사가 사는 환상적인

□ 그림설명 0121-2, <Patoruzu> 1942, by Dante Quiterno

-3, <Anteojito y Antifaz, mil intentos y un invento> 1972, by Manuel Garcia Ferre.

왕국의 이야기를 제작한 <로덴시아와 공주의 송곳니(Rodencia and the Tooth of the Princess)>는 데이비드 비스바노 (David Bisbano, 1974-)가 감독하고 Red Post Studio가 제작해 인기를 얻었다. 아르헨티나는 100년이 넘는 역사와 선진적대열에서 애니메이션 발전을 이끌온 하나의 나라이다.

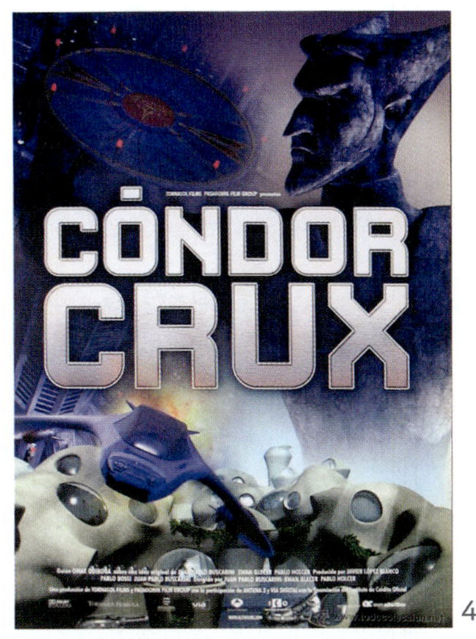
-4, <Condor Crux> 2000, by Juan Pablo Buscarini.

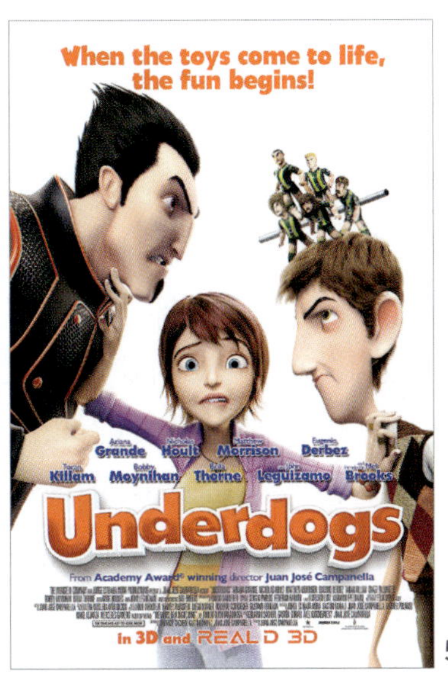

-5, <Underdogs> 2013, by Juan Jose Campanella.

-6, 크리스티아니가 초기 셀룰로이드에 그린 그림을 광고했다.

0122 mus peo

aria (노래, 아리아)

이탈리아어로 'Song(노래)'의 뜻이다. 오페라(Opera), 칸타타(Cantata), 오라토리오(Oratorio) 등 흔히 오페라 중에 현저하게 독창성이 있게 부를 수 있는 아름답고 짧은 노래만을 아리아라고 한다. 주로 부치니(Giacomo Puccini, 1858-1924), 베르디(Giuseppe Verdi, 1813-1901), 모차르트(Wolfgang Mozart, 1756-1791), 도니체티(Gaetano Donizetti, 1797-1848)등의 오페라 곡에서 발췌한다. 그러나 뮤지컬 음악의 독창곡은 아리아라고 하지 않는다. 20세기가 낳은 이탈리아의 세계적인 명 테너(Tenor)가수로 루치아노 파바로티(Luciano Pavarotti, 1935-2007)를 꼽을 수 있다.

□ 그림설명 0122-1, 그의 아리아 모음곡, 12인치 LP판 Jacket.

-2, 파바로티 무대공연의 한 장면.

0123 `com`

array (배열, 어레이)

컴퓨터 애니메이션 용어로서, 상관계수나 관련된 다른 변수로 점의 위치를 기억하는 데이터의 배열을 나타내는 말이다. 예를 들어 3차원 어레이(3D Array)는 x, y, z 계수들을 배열, 저장할 수 있다.

0124 `art`

art (예술, 기술)

예술은 어떠한 소재를 이용하든 간에 아름다움을 구현하고 이것을 대하는 사람들에게 감각적 느낌과 감동을 주어 활력의 의미를 부여하기 위해 창의적인 목적으로 만들어지는 것을 말한다. 예술의 형태로는 촬영기술(Cinematography), 영화(Movie, Cinema), 애니메이션(Animation), 문학(Literature), 시(Poem), 소설(Fiction), 음악작곡(Composing), 악기연주(Instrumental Performance), 가창(Sing), 미술(Painting), 조형(Formation), 조각(Sculpting), 서예(Calligraphy), 무대연극(Drama), 무용(Choreography), 연기(Performance), 사진(Photography) 등 그밖에도 창작을 목적으로 하는 모든 분야가 이에 속한다. 예술의 표현은 어떠한 범주 안에 있던 완성된 대작에서 습작에 이르기까지 창의성을 가지고 새롭게 만들어내어 대중에게 이상적인 만족감과 즐거움을 주어 보다나은 삶의 의미와 활력을 얻게 하는 그 가치 자체를 예술이라 한다. 전문직으로 이러한 일에 종사하는 사람들을 예술가(Artist)라고 칭한다.

IMAGINATION IS POWER
OF THE CREATION

□ 그림설명 0124, 상상은 창의력의 힘이다.

✴ 참조보기 (0130 - Artist)

✴ 참조보기 (1904 - Painter)

0125 `ani` `pic` `art`

art director (미술 감독)

영화제작, 무대연극, 장편 애니메이션, TV시리즈, 출판, 건축, 실내디자인 등 예술문화 부분에 시각적 효율을 높이기 위해 예술적(Artistic)인 부분을 이끌어 가는 책임자를 말한다. 또한 페스티벌이나 이벤트 행사 등에서 아트디렉터는 총 관리감독자로 일하는 사람을 뜻한다. 또한 영화를 제작할 때에 무대 장식을 포함해 촬영에 사용되는 모든 세트의 디자인과 구상을 담당하는 감독이다. 그리고 영화에 사용될 로케이션 장소를 섭외하고 결정하기도 한다. 애니메이션에서는 배경의 색감, 캐릭터의 의상, 소도구 등의 미술적 감각을 책임지는 역할은 물론 레이아웃(Layout), 스토리보드(Storyboard)의 구성 등을 책임져 일하는 사람을 말한다.

0126 `art` `pic`

art film (예술 영화)

창의성이 있고 순수한 미학적 감각 의도가 드러나는 유형의 영화들을 예술 영화라고 한다. 흔히 일반 TV 프로그램(Commissioned Film)이나 상업영화와 뚜렷이 구분되는 필름의 부류를 말한다. 이 예술 영화는 전통적인 제작물들보다 저예산일 수 있지만 테크닉(Technic)의 독창성이 뛰어나고 사회의 심리적 현실에 강조를 둔 영화들을 지칭하여 쓰인다. 아트 필름은 제작 의도가 흥미 위주가 아닌 특히 인간의 한 모습으로 정신적 심리적 불안을 다루기도 한다. 외국이나 국내의 예술적인 영화, 아방가르드 영화, 고전 영화, 그래픽 아트를 다른 논픽션(Non-Fiction) 필름들이 모두 이에 포함된다.

□ 그림설명 0126, 순수가 드러나는 유형의 창작영화들을 예술영화라 한다.

0127 `art`

art gallery (미술전시, 아트갤러리)

창작 예술작품을 한 자리에 펼쳐놓고 전시하여 관객에게 보여주는 곳을 뜻하는 말이다. 특별히 여러 예술 중에 회화, 서예, 조각, 조형, 만화, 도예, 의상, 사진, 등을 설치하고 전시하여 개인의 업적(Performance)으로 표현한 전시물을 감상하게 하여 대중과의

A

호응을 관찰할 수 있는 기회가 된다. 관객은 전시품을 감상할 때에는 작가가 표현하고자 하는 그의 의도와 예술성을 느껴본다. 이것은 관객 스스로에게도 새로운 사고에도 도움을 줄 수 있을 뿐만이 아니라 스스로 예술적 가치를 부여하게 되고 그만큼 자신의 사고를 높이며 결국은 자신의 생활을 보다 윤택하게 하는 것이라 할 수 있다.

□ 그림설명 0127, New York에 있는 NAWA 갤러리.

0128 pho art

artificial (인조, 사람이 가공한 물건)

자연에서 온 것이 아닌 사람의 손에 의해 만들어진 모든 것을 말한다. 또는 마음이 성실, 진실, 순수하지 않은 것 등의 마음의 깊이가 없는 위선적인 것을 뜻하는 말이다.

* artificial light (인공조명)

일반적으로 낮 시간대의 자연광(태양광원)이 아닌, 다른 광원에서 나온 빛들을 모두 일컫는 말이다.

0129 pic art

artistic shot (아티스틱 샷, 예술적인 촬영)

실사영화에서 카메라의 기술에 의하거나 감독에 의해 시각적으로 예술성(Artistic)이 뛰어나도록 앵글이나 화면의 조화를 살려 촬영하는 특수 기술을 말한다. 이러한 화면을 구성하는 데에는 감독의 단계 높은 영화의 연출력, 구도, 원근, 색감 등의 지식이 있어야 하며 감독의 의도를 인지할 수 있는 미술감독(Art Director)과 촬영기사(Cinema Photographer)가 뒷받침이 되어야 가능하다.

□ 그림설명 0129-1, <E.T.> by S. Spielberg.

-2, <Giant> 1956, by George Stevens.

-3, <Manhattan> 1979, Woody Allen.

0130 `art` `his` `peo`

artist (화가, 예술가, 미술가)

창작예술 활동을 하는 사람들을 광범위하게 예술가(Artist)라 부르지만 한국에서는 주로 그림을 그려 작품을 창작하는 미술가 직업을 가진 사람에 붙여 부르는 말이다. 캔버스(Canvas)에 유성물감으로 그리는 유화, 종이(Water Color Paper)위에 수채화 물감으로 그리는 수채화, 화선지(Rice Paper, Chinese Drawing Paper)에 먹물로 그리는 묵화, 인물화(Portrait) 등을 그리는 화가를 이르는 말이다.

*Fine Art (순수미술)

산업미술이나 응용미술, 그리고 산업과 연관된 제반 미술과 관계없는 순수 창작 미술만을 순수미술이라 부른다.

*Korean fine artist (한국화가)

한국의 현대 화가로는 일본의 강점기에 태어난 화가들로는 이응로(1904-1989), 오지호(1905-1982), 이인성(1912-1950), 김환기(1913-1974), 김기창(1913-2001), 박수근(1914-1965), 이중섭(1916-1956), 이봉상(1916-1970), 장리석(1916-) 박고석(1917-2002), 그리고 최덕휴(1922-1998) 등 많은 화가들이 해방을 맞았고 후에도 한국화단을 이끌었다. 조선 시대로 돌아가 근대화로 김덕성(1729-1797), 이인문(1745-1821), 김홍도(1745-1806?), 김득신(1754-1822), 신윤복(1758-1813), 김홍집(1842-1895), 장승엽(1843-1897), 고희동(1886-1965) 그리고 이상범(1897-1972) 등이 있다. 현재 활동하는 한국의 화가들은 이한우(1927-), 성백주(1927-), 윤형근(1928-), 박서보(1931-), 민경갑(1933-), 이우환(1936-), 김형대(1936-), 신현국(1938-), 이종상(1938-), 구자승(1941-), 권순철(1944-), 전광영(1944-), 이왈종(1945-) 등이다.

A

□ 그림설명 0130-1, 김홍도- <옥순봉도(1796)>   -2, 김환기- <달 두 개(1961)>

-3, 이중섭- <소, (1950)>   -4, 박고석- <도봉산(1975)>   -5, 현역화가 신현국- <계룡산(2016)>

✻ 참조보기 (1904 - painter)

0131 `art` `ani`

artwork (아트워크, 예술품)

아름답게 창의적으로 만들어진 어떠한 물건이던 창작의 가치를 부여할 수 있는 것을 아트워크 또는 예술품이라고 부른다. 예; 그림 작품, 액자에 넣은 사진이나 그림, 수공예품, 조형물, 조각 등을 일반적으로 아트워크라고 할 수 있다. 또한 애니메이션을 제작하는 과정에서 만들어진 배경이나 캐릭터 드로잉(Drawing) 등 완성된 그림을 칭하는 말이기도 하다. 그리고 어떤 용도로 사용되던 간에 화가가 완성한 물건으로 예술적이나 상업적 가치를 지닌 그림이나 작품을 말한다.

□ 그림설명 0131, 화가 핑크 팬더(Pink Panther)와 그의 초상.

ASA index (에이에스에이 인덱스, 감광도)

규격에 관계없이 촬영용 필름에는 반드시 표시되어 있는 감광도 표시이다. 국제표준기구(International Issue Standards Institute)로 이름이 바뀐 미국 표준기구(American Standards Association)의 이름에서 머리글자만 딴 것으로, 촬영용 필름의 속도(빛에 의한 감광유제의 감광도)를 나타내는 표준규격 표시이다. 이 민감도는 평균적인 피사체를 f/16 조리개를 이용해 태양광을 완전히 비추며 촬영했을 때 노출시간에 반비례한다. 과거 사용하던 일반 소비자를 위한 손 카메라에 사용되는 필름은 매거진(Film Magazine) 표면에 코드화 되어있어 ASA 감광도에 신경 쓸 필요 없이 사용할 수 있도록 되어있었다. 35mm 영화용 필름 실내용으로 텅스텐사용 시 100t(Tungsten, 실내용)에서 200, 320, 500, 800t까지 있다. 야외용(Daylight) Film으로는 50d(Daylight), 250d 두 가지가 있다.

□ 그림설명 0132, 모든 카메라노출은 필름의 ASA에 기초한다.

ASIFA (아시파, 국제애니메이션필름협회)

프랑스어 공식명칭인 Association Internationale du Film D'animation (영문표기: International Animated Film Association)을 줄여서 ASIFA라 불린다. 유네스코(UNESCO) 산하단체인 CICT (International Council for Film, Television and Audiovisual Communication) 소속으로 본부는 프랑스, 파리에 있고 그곳이 발상지이다. 아시파 예술단체는 프랑스 법(1901년 프랑스 법)에 의해 국제애니메이션협회로 1960년에 앙시(Annecy) 시에 등록되었다. 아시파 단체의 설립 동기는 1956년 프랑스 제9회 칸(Cannes) 영화제에서 서방과 공산 위성국가에서 온 애니메이션 관계자들이 모여 약간의 불만을 피력했으며 칸영화제가 애니메이션부분에 매우 소극적인 것에 의견을 같이하고 칸영화제로부터 독립된 애니메이션 영화제를 만들자는데 공감했다.

2년 후 1958년 이들은 그곳에서 다시 만났다. 이지 트릉카(Jirí Trnka, 1912-1969, 폴란드), 알렉산더 알렉세예프(Alexandre Alexeieff, 1901-1982, 소련), 존 허블리(John Hubley, 1914-1977, 미국), 폴 그리모(Paul Grimault, 1905-1994, 프랑스), 이반 이바노프 바노(Ivan Ivanov Vano, 1900-1987, 소련) 등 여러 사람들이 모였다. 그리고 노먼 맥라렌(Noman McLaren, 1914-1987, 영국)이 협회설립위원장으로 선출되었으며 이것으로 세계 최초의 애니메이션 페스티벌이 1960년 6월 프랑스 남부 지역인 안시(Annecy)에서 안시애니메이션페스티벌(Annecy Animation Festival)이 역사적으로 개최되었다. 또한 페스티벌관계자들은 1961년 6월 15일 ASIFA를 구성하고 유네스코(UNESCO)에 소속된 비영리(Non-Profit) 국제협회로써 등록했고 발족시켰다. 협회의 초대 회장으로 미국의 존 허블리(John Hubley,1914-1977)가 피선되어 9년 동안 재임했고, 제2대는 프랑스의 피엘 바빈(Pierre Barbin, 1926-2014)이 1년, 나머지 2년을 캐나다의 프랑소아 허벌트(Francoise Jaubert)가 대신했다. 제3대에 와서 피엘 바빈(Pierre Barbin, 1926-2014)이 다시 1년, 그리고 프랑소와 허벌트가 다시 2년을 채웠다. 제4대에 와서는 영국의 존 할라스(John Halas, 1912-1955)가 10년 동안, 제5대는 벨기에의 라울 세르베(Raoul Servais, 1928-)가 9년, 제6대 프랑스의 미셸 오셀로(Michel Ocelot, 1943-)가 6년, 제7대는 포르투갈의 아비 페이조(Abi Feijo, 1956-), 그는 임기 1년간 그 자리를 오스트리아의 토마스 레놀드너(Thomas Renoldner, 1960-)가 2년 대신했다. 제8대는 이란의 누레딘 자린켈크(Noureddin Zarrinkelk, 1937-)가 3년, 제9대 일본의 사요코 기노시다(Sayoko Kinoshita, 1945-)가 최초의 여성회장으로서 3년간, 제10대는 한국의 넬슨 신(Nelson SHIN, 1937-)이 3년간 회장으로 재직했다. 이때, 국제애니메이션협회 ASIFA는 50년의 역사를 갖게 되었고 협회는 이 시점에서 아시파 창립 50주년 기념연감을 출판했다. 2013년에서 2015년까지 3년간 에드 데스로슈(Edward Desroches)가 역임했고, 다시 2016년에 12대 회장으로 재선출되었다. 2019년 13대에 다시 사요코 기노시다가 재선되었다. 총 60개 국가에서 2,000여명의 회원이 등록되어 있으며 국가를 대표하는 챕터(National Chapter)가 46개의 나라로 구성되어 있다. 가입된 챕터의 명칭은 국가나 도시의 이름을 ASIFA 뒤에 붙여 부른다. 각 챕터들은 그들 지역에서 자신들의 멤버들을 구성하고 애니메이션 창작 활동과 각종 지역 행사를 펴나간다. ASIFA는 다음과 같은 사항을 목표로 한다. 1) 애니메이션 교육을 장려한다. 2) 애니메이션 역사를 보존하고 그 가치를 널리 알린다. 3) 애니메이션에 대한 일반적 인식과 관심을 높이기 위해 노력한다. 4) 애니메이션 예술인들과의 국제적교류를 돕는다. 5) 애니메이션의 경향을 반영하는 회원들의 기고를 asifa.net에 올리고 ASIFA가 발행하는 정보 저널지에 게재한다. 6) 새로운 애니메이션의 기능과 기법을 소개하고 발전시키도록 장려한다.

7) 국내외 독립작가들의 작품을 전시하거나 상영한다. 그리고 세계 주요 애니메이션 페스티벌을 후원하며 각종 학술 행사를 개최하거나 주관하는 등으로 협회의 취지와 목표를 정했다.

□ 그림설명 0133, 아시파 로고와 각 챕터의 로고.

0134 `pic`

aspect ratio (화면비율)

영화관에서 필름을 통해 보이는 재래식 화면(Screen)의 가로와 세로의 비율은 여러 종류가 있다. 20세기까지 영화나 TV를 통해서 가장 대중적이며 안정적으로 즐겨본 화면의 비율은 4:3 (1.33:1)이다. 이것을 기본(Standard) 비율로 삼았고 기본 아카데미 아파추어(Academy Apature)1888년 개발될 당시부터 120년이 넘도록 4:3 비율의 35mm 필름을 기본적으로 사용해 왔다. 그리고 이것과 병행해서 같은 35mm 필름을 사용하면서 애너모픽(Anamorphic) 왜곡렌즈를 부착한 시네마스코프(Cinemascope)를 2.25:1로 늘려 대형스크린을 사용했고 그 후 새롭게 개발한 파나비전(1.85:1)도 있다. 그러나 21세기 디지털시대가 도래하면서 HD와 UHD-TV가 새로 나오며 점차 스크린 포맷은 컴퓨터 모니터를 비롯해서 디지털 영화의 화면비율도 16:9로 모두 변화되었다.

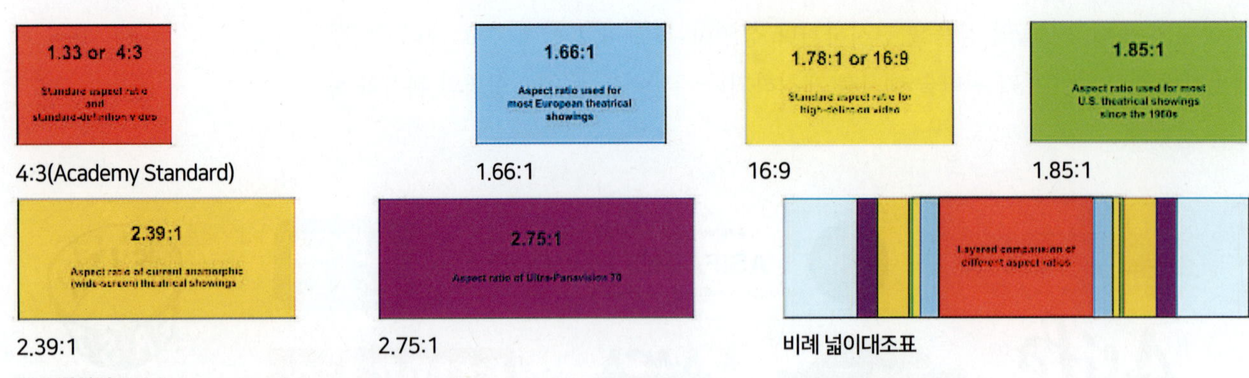

☐ 그림설명 0134,
4:3- 가장 많이 사용한 35mm 기본 화면비례.
1.66:1- 유럽 스탠더드 화면비례.
16:9- 디지털 화면의 비례.

1.85:1- 미국 스탠더드 와이드 스크린 영화.
2.25:1- 2.50:1 시네마스코프, 다소 화면비례에 차이 있음.
2.75:1- 35mm 필름으로 감독의 기호에 따라 Gate를 정함.

✴ 참조보기 (0072 - Anamorphic Lens)

0135 `gen`

assemble (어셈블, 집합)

촬영할 때 순서 없이 촬영된 필름을 영화 내용에 입각하여 시퀀스(Sequence)별로 모아서 초벌 편집하는 것을 말한다. 대부분 이 과정은 감독이 보기 전에 조수가 미리 준비하는 과정에서 쓰는 단어이다. 감독은 연출 의도에 따라 신들을 자르거나(Trim) 빼거나(Omit)를 결정하여 작품의 길이를 순서대로 조합하여 정하게 된다.

0136 `ani`

assistant animator (어시스턴트 애니메이터, 동화가)

☐ 그림설명 0136, 중간동화를 위한 원화.

애니메이터가 그린 초벌 그림을 잘 정리하거나 그 중간의 동작을 그려 넣는 사람을 말한다. 또는 인비트이너(Inbetweener)라고 부른다. 애니메이터가 중요한 관절포즈(Key Pose)만을 그리고 나머지 중간그림을 그리도록 그림원본의 한 귀퉁이에 차트와 함께 지시를 남겨놓는다. 지시에 따라 중간 동작을 그리는 사람을 어시스턴트 애니메이터라 칭한다. 애니메이션 어시스턴트 역시 애니메이터이지만 반드시 애니메이터의 타이밍을 존중하여 지시대로 동작을 이뤄내는 것은 매우 중요한 임무이다. 인위적으로 동작에 무리(억지, Not Naturally)를 해서는 좋은 흐름을 만들어 낼 수 없기 때문이다. 가령, 중간 동작을 그리기 위해서 두 장의 그림을 포개놓고 그 두 장의 그림 중간을 따라 동작을 만들려는 의도는 매우 잘못된 방식이라는 말이다. 동작의 표현이란 실 예를 들어 한 캐릭터를 Pose 1에서 다음 그림 Pose 5로 옮기려할 때 연출에 따라서 동작은 모두 다르게 움직이게 되기 때문이다. 머리는 일반적으로 쿠션을 넣지 않으며 몸통은 둔하게 움직이고 손이나 옷 등은 동작에 따라 끌려 움직이듯 그려야 하기 때문이다. 그럼으로 두 장의 그림을 포개놓고 중간 동작을 그려서는 안되는 것이다. 완성된 모든 그림을 다시 깨끗하고 매끈하게 일정한 굵기의 선으로 정리하는 것을 클린업(Clean Up)이라 한다.

0137 `pic` `ani`

assistant director (조감독)

감독이 하는 일을 보조하며 스케줄(Schedule) 관리, 스텝 감독, 애니메이터들의 작업 상황 점검 및 지휘를 포함해 감독의 지시에 의해 다양하고 많은 기능을 수행하는 사람이다. 대개 연출을 포함해서 시퀀스(Sequence)의 세부 사항도 책임지는 역할을 담당한다.

0138 `pic`

associate producer (어소시에이트 프로듀서)

영화에 투자한 투자자의 한 사람으로 얻는 크레디트(Credit)다. 또는 명예 타이틀로 주어지거나 프로덕션마다 타이틀의 적용이 조금씩 다르지만 대개는 실질적으로 제작의 창작적 소양을 가지고 제작상의 지시를 내리며 활동하는 사람에게 주는 타이틀이다.

0139 `sci`

asterism (별자리)

밤이 되면 하늘에 빛을 내며 같은 자리에 나타나는 별들의 군상을 가리켜 별자리라 한다. 수백 수천 년이 지나도 별의 자리가 바뀌지 않고 언제나 그 자리에 있는 것을 볼 수 있다. 별자리를 다른 말로 성좌(Constellations)라고도 하는데 이 성좌는 88개의 지역으로 분류해 구분 한다. 고대 천문학자(Astronomers)들은 별들에 이름을 붙여 불렀다. 예; 큰곰 혹은 북두칠성이라 부르는 큰곰의 꼬리부분의 별 7개를 가리키는 것이지만 이것을 서양에서는 큰 국자(Big Dipper)라 부른다. 북쪽 하늘에 있는 큰곰자리(Ursa Major)를 이루고 있는 별들은 α(알파), β(베타), γ(감마), δ(델타), ε(입실론), ζ(제타), η(이타) 별들을 지칭하는 기호가 있으며 동양에서는 이 별자리를 '북두칠성'이라 부른다. 북극성(Polaris)은 북두칠성 오른쪽 옆에 있고 하늘의 북극 가까이에 있어 옛날부터 밤에는 북쪽 방향을 찾는 길잡이가 되어왔다. 북극성이 속해 있는 별자리는 작은곰자리(Ursa Minor)로 불린다. 한국의 천문학 연구 기록은 1713년(숙종 39)에 북극의 높이를 측정했다는 기록이 있다. 별자리지도는 밤하늘 북반부(North Celestial

Hemisphere)와 남반부(Southern Hemisphere)로 나뉘어 별 하나하나에 이름이나 번호로 표시되어 있다. 별들은 지구환경에 따라서 보였다 사라졌다 하기 때문에 계속해 관측한다. 미 항공우주국(NASA)이 6억 달러를 들여 개발한 케플러(Kepler)우주 망원경이 2009년 3월에 천체를 찾아내는 목적으로 우주로 발사되어 또 다른 많은 별들을 관측하고 우리가 알지 못했던 행성(Planet)들을 수만 개를 새로 찾아내며 우주의 넓은 신비를 더 밝히고 있다. 우주에는 500억 개 이상의 별의 군상들이 있다.

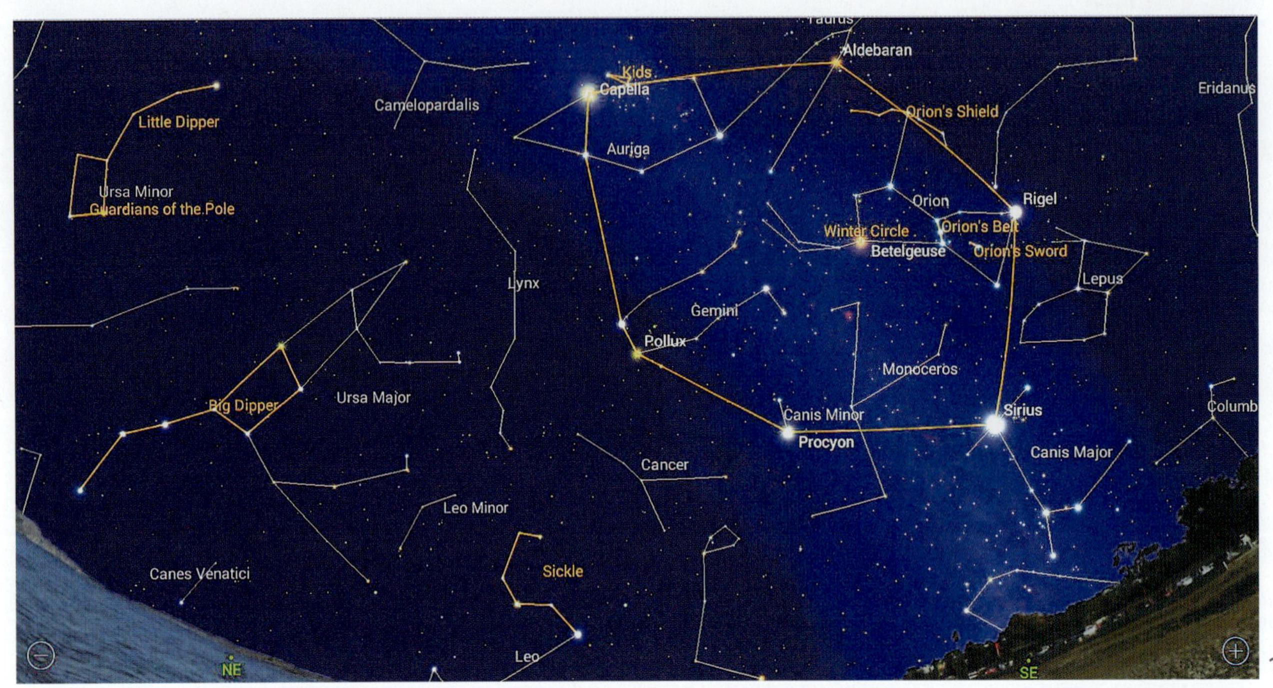

□ 그림설명 0139-1, 북동쪽 북두칠성과 남동쪽 실제의 오리온자리 하늘.

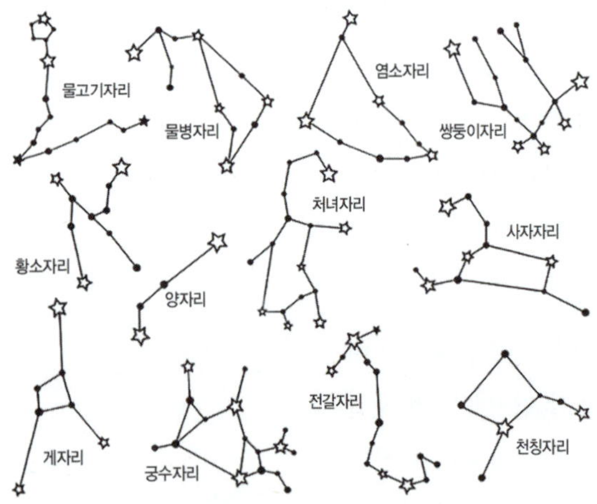

□ 그림설명 0139-2, 점성술(Zodiac)로 보는 출생일 별자리들.

Sign	Date
♑ CAPRICORN - I UTILIZE	23 December - 20 January
♒ AQUARIUS - I CHANGE	21 January - 19 February
♓ PISCES - I BELIEVE	20 February - 20 March
♈ ARIES - I AM	21 March - 20 April
♉ TAURUS - I HAVE	22 April - 21 May
♊ GEMINI - I KNOW	22 May - 21 June
♋ CANCER - I FEEL	22 June - 23 July
♌ LEO - I CREATE	24 July - 23 August
♍ VIRGO - I ANALYZE	24 August - 23 September
♎ LIBRA - I RELATE	24 September - 23 October
♏ SCORPIO - I DESIRE	24 October - 22 November
♐ SAGITTARIUS - I UNDERSTAND	23 November - 22 December

asteroid (소행성)

애스터로이드도 소행성이라 불리는 행성(Planet)이다. 그중에 큰 것은 지름이 930km 나 되고 작은 것들도 그 지름이 2km나 된다. 이 소행성들은 주로 화성(Mars)과 목성 (Jupiter) 사이에 무려 3억4천500만km 넓이의 띠(Belt)를 형성하고 태양계의 행성처럼 궤도를 가지고 태양의 주위를 돌고 있다. 이렇게 많은 소행성들이 모인 것은 커다란 하나의 행성을 형성하는 과정에서 따라붙지 못해 남겨진 부스러기들이 모인 것들이다. 가끔 이들 조각들은 띠에서 벗어나 구심력으로부터 이탈하면서 토성이나 지구를 향해 돌진하게 되는 위험이 생기기도 한다. 그만큼 많은 천문학자들이 뜻하지 않게 궤도를 벗어난 행성이 지구를 향해 돌진해 오는 것을 관측한다. 그중에 하나가 약 160년 후인 2182년 9월24일에 1000분의 1 가능성으로 지구와 충돌할 것이라는 예언으로 뉴스거 리를 만들어 내기도 한다. 과학은 이처럼 매우 미래적인 예측도 가능한 것이다.

□ 그림설명 0140, 지름이 수백 킬로의 위협적인 소행성들.

0141 `sci` `peo` `his` `equ`

astronomy (천문학)

＊astronomer (천문학자)

우주 과학의 한 분야로 우주의 생성과 천체들 간의 상관관계를 발견하고 조사하며 연 구하는 학문을 뜻하는 말이다. 밤하늘을 들여다보면 지구의 관점에서 우주는 동서남북 사방으로 끝이 없이 그 공간(Space)은 깊고 넓고 끝이 없다. 반드시 끝이 있을 것인데 그 끝의 밖은 무엇일까? 우주(Universe)는 끝없이 광활하다. 분명한 것은 우주는 무한 (Infinity)이다. 오늘날의 과학자들이 알고 있는 우주의 크기는 그 끝에 두달하는데 약 1 백억 광년이라고도 하고 4백억 광년이나 걸리는 먼 곳이라고도 한다. 빛의 속도는 1초 당 30만Km이다. 우리가 흔히 아는 상식으로 1초에 지구의 둘레를 일곱 바퀴 반이나 도는 거리다. 빛이 초당 30만km로 1년을 가면 1광년(Light Year)의 거리는 9조5000억 km나 된다. 그러나 무한한 우주의 크기를 최소 100억 광년만으로 곱하면 엄청난 우주적인 거리가 나온다. NASA우주선으로 시속 5천km로 달린다 해도 단 1광년을 가는데 20만년이나 걸림으로 250억 광년 밖의 우주는 어마어마한 크기가 된다. 다만 이해해야 할 것은 어떠한 속도로 달려도 천문학적인 우주의 끝자락에 도달할 수는 없는 먼 곳이다. 지구에서 태양까지의 거리는 1억 5,000만Km, 태양이 속도는 총알의 50배(초속 약 5000km)로 60년의 주기로 회전하고 있고 태양계의 8개 행성들이 맹렬하게 그를 따라 돌고 있다. 따라서 돌지 못하면 시스템에서 벗어나면 괘도에서 이탈하여 광활한 우주로 산화한다. 과학자들이 찾아낸 우주의 크기, 그러나 아마도 우주는 끝자락이 아니라 그곳이 시작일지도 모른다. 우주는 무한하며 광활하다. 과학자마저도 우주의 그 깊이를 단적으로 말할 수 있는 사람은 아직은 없을 것이다. 그러나 이렇게 멀고도 먼, 그리고 신비로 가득 찬 광활한 우주의 크기를 찾기 시작한 것은 역시 인류였다. 그리고 인류가 백방으로 다른 행성에서 생명체를 찾아 헤매고 있지만 지구인들은 외로움만 점점 커져 갈 뿐이다. 우주에는 아마도 어션(Earthian, 지구인)만 살고 있는지 모르기 때문이다. 인류는 오래전부터 우주에 가득 채워져 있는 별들에 관해 궁금했다. 천문학자들이 이미 약 BC.4200년 전에 태양과 달에 관해 관심을 갖고 연구한 기록들이 남아있다. BC.1800년에는 바빌론(Babylon)의 성직자들에 의해 달과 별들을 연구하여 돌로 해시계를 건립하여 시간을 알아내고 달력을 만들어 농사짓는데 활용했다는 기록도 있다.

□ 그림설명 0141-1, 안드로메다 갤럭시, 광활한 우주는 과연 무엇인가.

그 당시에 1분을 60초로 나누고 60분을 1시간으로, 하루를 24시간, 1년을 10개월로 분할해 사용하다가 순환(Cycle)이 맞지 않는 것을 알게 되었고 BC.753년경부터 지금과 같은 12개의 달(Month)로 수정하여 사용되었다. 그리고 BC.47년이 되어 율리우스 카이사르(줄리어스 시저, Julius Caesar, BC.100-44)가 1년을 365일로, 그리고 매 4년째 마다 날이 부족하게 되는 2월에 하루를 더 넣으라는 말을 잘못알고 집행했다가 후일 율리우스의 조카인 아우그스트(August, BC 63-AD 14)황제가 이를 알고 바로잡았다고 한다. 그러나 그 때 그는 8월에 자기의 이름 August를 넣고 8월에 있던 옥토버(October)를 10월에 옮겨 오늘에까지 사용하고 있다. 당시에 사용하던 옥토버(10월)가 '8(Octo), 여덟'의 의미로 어원에서 옥토퍼스(Octopus)가 발이 8개(2개는 더듬이)고 음악의 8중주(Octet) 그리고 음악의 8개 음표 올림이 1옥타브(Octave)라고 불린 것 등이 고대에서 사용했던 것으로 그 변화의 유래를 뒷받침한다. 또한 지금의 9월(September)은 역시 '7(Septi)의 뜻'을 가진 단어로 음악의 7중주(Septet) 등이 이러한 고어에서 유래된 것이었지만 다른 황제의 이름을 딴 줄리(July)에 밀려 9월로 가게된 것을 생각하게 한다. 이것 역시 아우그스트(August) 황제가 바꾸어 놓은 작품이기도 하다. 지금의 달(월)력은 1600년경에 만들어졌으며 지금까지 사용하고 있는 것이다. 천문학은 13세기에 많은 과학자들의 궁금증을 만들어 줬다. 당시의 하늘은 공해(Pollution)가 전혀 없어서 별들이 밤이 되면 하늘에서 쏟아져 내릴 듯 휘황찬란하게 손에 잡힐 듯 바로 눈앞에 보였을 것이기 때문이다. 인류는 많은 세월을 보내며 서서히 발달되어 온 것이다. 렌즈(유리)의 유래는 BC.710년 아시리아(Assyria)에서 시작 됐다는 기록이 있고, BC.424년 고대 그리스에서, AD.945년 바스라(Basrah, 현 이라크)에서 알하젠(Alhazen, AD.965-1040)에 의해 AD.1268년에서 1300년경 까지 사용했다는 기록이 있다. 1608년에는 안경을 제조하던 한스 리퍼세이(Hans Lippershey, 1570-1619)가 먼 곳을 가까이 볼 수 있는 망원경을 발명하게 됐다. 이를 이용하여 1609년 갈릴레이 갈릴레오(Galilei Galileo, 1564-1642)가 정련한(Refined) 렌즈로 천체망원경(Space Telescope)을 만들어 토성을 찾아내게 됐다. 그 후 독일(Dutch)의 천문학, 수학자였던 빌러브로어트 스넬리우스(Willebrord Snellius, 1580-1626), 네덜란드의 프리즘을 발견한 물리학자이며 수학자, 천문학자였던 크리스티안 호이겐스(Christiaan Huygens, 1629-1695), 또한 영국인으로 만유인력의 법칙을 완성시킨 아이작 뉴턴(Issac Newton, 1642-1726)으로 이어져 왔다.

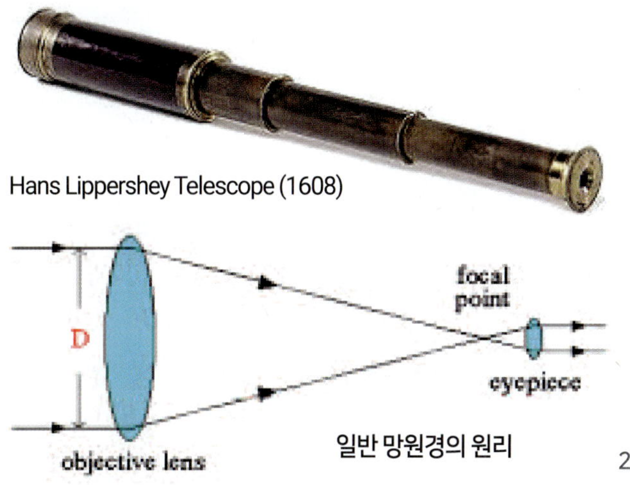

Hans Lippershey Telescope (1608)

일반 망원경의 원리

□ 그림설명 0141-2, 한스 리퍼세이가 발명한 최초의 망원경과 그 원리.

* Space Telescope (우주 망원경)의 시초

네덜란드에서 안경점을 경영하던 한스 리퍼세이(Hans Lippershey, 1570-1619)는 1608년 대물렌즈와 접안렌즈를 사용하면 먼 곳을 가까이 볼 수 있다는 것을 직업상 일을 하다가 우연히 알게 되었다. 그는 독일에서 태어났지만 네덜란드로 이주해 살았는데 그의 나이 48-49세 때 이 굴절망원경(Reflecting Telescope)을 만들어 즉시 등록해 특허(Patent)를 획득하고 가장 처음으로 망원경을 만든 사람이 되었다. 그러나 이것은 단순한 망원경(Binocular, Spyglass)으로 우주를 내다볼 수 있게 만든 천체망원경은 아니었다. 이때 이 소문을 듣고 원리를 알기 위해 조바심이 난 사람은 이탈리아의 천문학자인 갈릴레이 갈릴레오였다.

* Galilei Galileo, 1564-1642 (갈릴레이 갈릴레오의 우주망원경)

갈릴레오는 이탈리아의 과학자이며 천문학자로서 리퍼세이의 망원경이 나온 이듬해인

1609년 유리를 연마한 렌즈로 인류 최초로 우주망원경(Space Telescope)을 만들어 하늘의 별들을 자세히 탐구했다. 이 후 기계와 유리연마기술을 가진 네덜란드(Dutch)의 야곱 메투스(Jacob Metuis, 1571-1628), 이탈리아 태생인 파올로 사피(Paolo Sarpi, 1552-1623), 그리고 천문학과 수학가인 영국의 토마스 해리엇(Thomas Harriot, 1560-1621) 등 많은 사람들이 천문학에 관심을 갖고 연구를 거쳐 발전을 가져오게 했다. 오늘날에 와서 우주 밖에 위성망원경이 관측 작업을 하기 전 우주의 별들을 관측하기 위한 천체망원경들은 지구

□ 그림설명 0141-3, 갈릴레오가 천체망원경으로 토성을 발견하다.

-4, 갈릴레오가 최초로 만든 천체망원경.

-5, 지구상에 설치되었던 재래식 천체 망원경.

상에 여러 나라 여러 곳에 크고 작은 광학 천체용 망원경들이 설치되어 천체를 관측하고 있다. 현대 과학의 정보는 새로운 증거가 나올 때까지 이미 발견한 것을 토대로 한다.

✱ Edwin Powell Hubble, 1889-1953 (에드윈 허블)

허블은 당시 듣지도 알지도 못하고 있던 우주 밖을 알아보겠다는 생각으로 1919년 처음으로 100인치(Inch) 우주 망원경이 설치되어 있는 미국 캘리포니아 윌슨 산(Mt. Wilson)을 찾았다. 당시에는 우주의 크기를 알아보겠다는 생각 그 자체가 획기적인 생각이었다고 기록하고 있다. 그러나 그가 윌슨 산에 오른 지 3년째인 1922년에서 1923년 동안에 세페이드 변광성(Cepheid Variable Star)을 이용해 우주의 크기를 쟀다. 그가 연구해 축척한 자료에 의하면 우주는 빅뱅(Big Bang)으로 인해 점점 자란다는 주

장이었고 그 후 우주의 팽창은 과학자들이 예측한 것보다 더 빠르게 진행되고 있다고 한다. 그러나 그 누구도 우주의 크기를 단적으로 답을 할 수는 없을 듯하다. 미국의 천체물리학자인 솔 펄머터(Saul Perlmutter, 1959-)도 역시 우주팽창에 대한 연구로, 그가 주장한 과학 논리는 2011년도 노벨물리학상(The Nobel Prize in Physics)을 수상하게 했다.

☐ 그림설명 0141-6, 에드윈 허블.

- 6a, 우주에 떠있는 허블우주망원경.

✱ Lyman Spitzer, 1914-1997 (라이먼 스피쳐)

스피쳐가 32세 때인 1946년 미국항공우주국, NASA(National Aeronautics and Space Administration)에 처음으로 우주의 공간에 위성 망원경을 설치하자는 제안을 한 사람이다. 이것은 대단한 아이디어였으나 이때는 미 항공우주국이 아직 한 번도 지구의 대기권 밖으로 위성을 쏘아 올려 보낸 경험이 없는 NASA(1915년 설립)로서는 다만 이것이 우선(Priority)된 프로젝트는 아니었다. 라이먼의 제안은 오랫동안 이루지 못하다가 그 제안이 있은 지 40년이 지난 후

☐ 그림설명 0141-7, Spitzer 우주망원경을 우주로 올리는 모습.

 273

A

에야 그의 연구가 받아져 1990년 허블우주망원경(Hubble Space Telescope)이 디스커버리 우주선(Discovery Spaceship)에 실려 지구의 대기권 밖으로 벗어난 최초의 우주 망원경이 되었다. 우주 망원경은 지구의 대기권 밖으로 쏴 올려 원하는 위치에 자리 잡고 인공위성처럼 궤도를 돌며 외계의 관계를 추적 관측했다. 스피쳐는 이 일로 국가로부터 연구 실적의 가치를 보상을 받았으나 그는 7년 후 세상을 떠났다.

□ 그림설명 0141-8, 1991년 4월 당시 디스커버리 왕복선에 실려 무중력 궤도에 올려 활동을 개시하려는 허블 천체 망원경.

＊Spitzer Space Telescope(SST) (스피쳐 적외선 우주망원경)

＊Spitzer Space Infrared Telescope Facility(SIRTF)

스피쳐는 무한한 우주를 한 발 더 가까이에서 탐구하도록 하는데 계기를 한 사람이 되었다. 제임스 웹 우주망원경(James Webb Space Telescope)은 2018년에 발사되었고 페르미 감마선 우주망원경(Fermi Gamma-Ray Telescope)은 지구 저궤도에서 감마선천문학을 관측하는 우주망원경이다. 중국 역시 우주 개발 국가들 중 한 나라로 2016년 7월에 '톈옌(天眼)' 전파망원경(500m Aperture Spherical Telescope(약어로 FAST))을 괴도에 올렸다. 또한 1994년부터 구이저우(Guizhou)성에 4450개의 작은 반사경을 조합해 직경 500미터크기의 전파 망원경을 시설했다. 전파는 빛처럼 굴절하며 일으키는 장애를 줄인다. 전파는 가장 긴 전자기파이므로 굴절의 장애가 없다. 특히 전파는 어두운 별이나 성운을 감지할 수 있어 FAST의 사명인 중성수소가스(Neutral Hydrogen Gas) 분포를 탐사한다. 오늘날의 천문학자들은 별을 보기 보다는 우주의 크기 그리고 우주는 얼마나 팽창할 것인가? 별이 언제 태어났다(출생)가 언제 사라지는(사망)지를 연구한다. 우주의 생성 과정을 알아내기 위해 인류는 끝이 없이 노력한다. 인류가 다른 행성에서 살 수 있을까? 등에 과학자들은 더 초점을 둔다. 천문학은 우리가 살고 있는 주위의 행성들이 궁금하다. 지구는 1억5천만Km나 멀리 있는 태양으로부터 γ-Ray(감마선), X-Ray(X-선), UV(Ultra Violet, 자외선), 가시광선(Visible Spectrum, 보라, 남색, 파랑, 초록, 노랑, 주홍, 빨강), Infrared Ray(적외선), Microwave(마이크로웨이브, 초단파), Radio-Wave(무선방송파, 중파, FM·AM), Long Radio-Wave(장파) 등의 빛을 받는다. 미국항공우주국(NASA)은 우주의 신비를 더 가까이 상세히 알아내기 위하여 에드윈 파웰 허블의 이름을 달아 1990년 4월에 처음으로 허블 우주망원경(HST, Hubble Space Telescope)을 디스커버리 우주왕복선에 실어 대기권 밖의 고도 559km에 올려놓았다. 렌즈의 구경은 240mm, 속도는 초속 7,500km로 회전한다. 관측방식으로 자외선, 가시광선, 적외선 등을 사용한다. 2013년 한때는 궤도를 이탈한 적도 있었지만 지구상에 있는 어느 천문대보다 맑고 월등한 사진을 전송해 주며 각기 다른 기능과 탐색을 수행한다. 이를 통해 천체의 활동을 알아보는 방법으로 인공위성 궤도에서 여러 종류의 우주 망원경이 활동 중에 있다.

- **Hubble** (자외선, 가시광선, 적외선) 우주 망원경.

- **Chandra** (X-Ray) 우주 망원경.

- **Integral** (Gamma-Ray, X-Ray)우주 망원경.

- **GALEX (**자외선**)** 우주 망원경.

- **Spitzer (**적외선**)** 우주 망원경.

- **Swift (**감마-Ray, X-선, 가시광선**)** 우주 망원경.

- **AGILE** (감마-Ray, X-Ray) 우주 망원경.

- **Fermi** (감마선) 우주 망원경.

- **Plank** (마이크로-Ray) 망원경.

- **Radio-Astron** (전파) 망원경, 우주에 떠 있는 가장 큰 러시아의 망원경.

- **Kepler** (가시광선(Visible Spectrum)) 우주 망원경.)

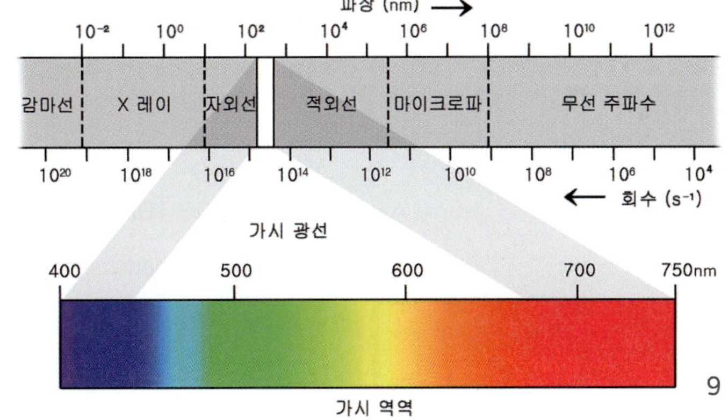

□ 그림설명 0141-9, 태양으로부터 오는 각종에너지들.

□ 그림설명 0141-10, 케플러 망원경은 4년 동안 약 10만개의 태양계 밖의 행성들을 찾아냈다. 천체가 떠도는 4방 공간의 끝은 무한하다.

✱ Kepler Space Telescope (케플러우주망원경)

요하네스 케플러(Johannes Kepler, 1571-1630)는 수학자(Mathematician)이며 천문학자 (Astronomer)로 17세기 당시 천문학에 혁신을 가져온 사람이다. 이를 기념하여 미국 항공우주국(NASA)은 대기권 밖으로 태양을 중심(Heliocentric Orbit)으로 하는 궤도에 우주 망원경을 올려놓았다. KST는 외계 지구형 행성탐사용 2번째의 우주 망원경이다. 약 3년 반 동안 10만개이상의 지구와 크기가 유사하고 적합하게 사람이 살만한 지역 (Habitable Zone)의 행성들을 찾아 관측하는 임무를 수행한다. NASA가 관리하고 있는 이 케플러 우주망원경은 적은 비용으로 일부 디스커버리 프로그램을 수행하는 임무도 있다. 그러나 은하수 군상에 모여 있는 별들은 몇 십 억 개나 되는가?

도 알아내려고 한다. 케플러만이 독점적으로 가지고 있는 광도계로 계속 감시하다가 항상 그 자리에 빛을 발하고 있는 145,000개 이상의 별들의 빛을 주기적으로 측정하여 지구로 전송해 오게 된다. 일반적으로 이러한 프로젝트들은 약 3년 반이 지나면 데이터에 잡음(Noise)이 생겨 그 기능을 다하게 되지만 케플러는 그 임무를 연장해서 2016년까지 일할 것으로 기대했으나 2012년 7월과 2013년 5월에 두 번이나 조정 장애가 생겼고 2013년 8월에 NASA는 케플러의 조정장애를 복구할 수는 없으나 행성(Planet)을 찾는 임무가 끝장난 것은 아니라고 발표했다. NASA는 외부우주 과학자들에게 도움을 요청해 2013년 11월, 'K2(Second Light)'라는 대체된(Alternate) 계획서를 받았는데 그것은 매우 희망적이었다. 케플러에 고장나 남아있는 조정기능 장치 가운데 아직 괜찮은 2개와 반동추진엔진(Thruster)을 사용하여 살만한 행성을 찾을 수 있다는 보고서였다. 2014년 5월 'K2'의 연장을 승인받았다. 케플러는 쉬지 않고 관측한 결과로 2015년 1월 144개 체계 속에 있는 1,000개 이상의 확인된 외계행성(Extrasolar Planets, Exo-Planets)을 찾아냈고 살기 좋은 지역 안에서 이중에 3개는 Kepler-438b, Kepler-442b와 Kepler-452b이다. 4번째의 Kepler-440b는 크기도 지구만하고 바위도 많은 것이 지구와 빼닮았다고 한다.

-11, 케플러가 찾아낸 가장 지구와 닮은 외계행성들.

과학자들은 지구가 언젠가는 인류가 만들어 놓는 창조물에 의해 더 이상은 견디기 어려운 때를 대비해 사람이 살 수 있는 외계행성을 찾아 나선 것이다. 16세기에 발명한 접안 망원경으로부터 21세기가 오기까지 천문학은 인류가 생각하지 못했던 새로운 경이로움을 한없이 발견한다. 어떤 과학자들은 갈릴레오가 천체망원경으로 별을 보고 탐구한 이래 수세기 동안 별로 한 일이 없다고 말하기도 한다. 그러나 천문학뿐만이 아니다. BC. 20,000년 전 동굴에 살던 원시인이 동물들이 뛰는 동작의 잔상을 동굴 벽에 그림으로 그려 표현했음에도 후일 빛에 의해 영상을 보게 된 것은 18세기에 와서야 실현되었다. 이처럼 인류가 머리가 깨어나고 과학 문명을 맞게 된 것은 인류사적으로 세월이 많이 흐르고 난 후 문예 부흥기였다. 우주의 관점에서 지구는 골프공보다도 작은 존재일 것이다. 그리고 외로운 존재다. 그러나 결국은 이 작은 지구가 거대 우주를 향해 도전장을 내놓은 것이다. 과연 끝없는 우주에는 우리 지구인(Earthian) 뿐일까? 1968년 인류가 처음으로 달 표면에 착륙을 했고, 1976년에 바이킹 우주 탐색선이 화성에 올라앉은 이래 스페이스에서 교통정리를 해야 할 정도로 목성, 우주경쟁의 러시를 이뤘다. 우주의 탐색은 케플러 우주 망원경의 우주를 향한 미션으로 뿐만이 아니라, 지구와 닮고 인류가 이주해 살 수 있는 외계행성을 찾는 일로 끝없이 움직인다. 2016년 7월 지구상에서 가장 큰 망원경을 갖춘 칠레 아타카마 사막 천문대(Atacama Desert Observatory)를 통해 태양이 3개나 있는 외계행성을 찾아내어 놀라운 과학적 사실을 밝혀냈다. 애리조나대학(The University of Arizona)과 그로노블 대학(University of Grenoble)의 국제공동연구는 3개의 태양(HD131399Abc) 3개의 별 시스템(Trinary Star Sys)으로 HD 131399a 자전하고 HD 131399 b와 c가 a를 중심해서 돈다는 것을 알아냈다. 질량은 목성(Jupiter)과 비슷하고 공전주기가 무려 550년으로 거리는 지구로부터 320광년이나 떨어져 있다고 한다. 지구 나이 식 계산으로 이 천체의 나이는 1천 600만년이 되었다고 하니 아주 젊은 별이다. 이것을 연구한 사람들은 케빈 와그너(Kevin Wagner), 다니엘 아파이(Daniel Apai)와 마커스 캐스퍼(Marcus Kasper)이다. "우주는 이정도 크다" 혹은 "아니 우주는 저만큼 크다."고 과학자들도 말하기는 어렵다.

0142 `sci`

astronaut (우주인, 우주비행사)

우주(Space)를 비행한 사람이면 누구나 우주인이다. 러시아어로는 우주인을 코스모나트(Cosmonaut)라 부른다. 인류 최초로 우주를 비행한 사람은 1961년 구소련 당시 유리 가가린(Yuri Gagarin, 1934-1968)이었고 우주에 처음으로 우주선 밖을 약 10분간 유영한 사람은 구소련의 알렉세이 레오노프(Alexei Leonov, 1934-)이다. 또한 달 표면을 처음으로 성큼성큼 2시간 30분이나 걸어 다닌 사람은 미국의 닐 암스트롱(Neil Armstrong, 1930-2012)이었다. 이후 러시아와 미국은 패권주의(Hegemony)에서 벗어나 공동개발로 협력하며 여러 나라의 우주인들을 훈련시켜 두 나라의 우주왕복에 참여시켜 지금까지 560명 이상의 우주인들을 양성해 냈다. 또한 중국이 2003년 10월 새로운 우주개발에 참여하여 유인우주선을 쏘아 올림으로서 더 많은 우주인이 생겨나게 되었다. 한국은 한국과학기술부가 1조 3천억의 예산으로 2000년부터 한국우주인 배출사업(Korea

Astronaut Program)을 벌여왔다. 2006년 모집한 응모자는 무려 3만6,000명이나 되었고 우주인 후보 다수를 선발해 그 중 이소연(Lee, Soyeon)을 모스크바 근교에 있는 유리 가가린 트레이닝센터(Yuri Gagarin Cosmonaut Training Center)에서 훈련시켜 2008년 4월 8일 바이코누르(Baikonur)우주기지에서 발사하여 11일 동안 우주에 머무르다가 소유스 TMA-12로 옮겨타고 귀환했다. 한국과학기술부가 이소연을 우주인 훈련을 위해 쓴 총 비용은 260억에 달했고 이로써 최초의 한국우주인을 탄생시켰다. 그러나 그 후, 2021년에 이르렀지만 그녀의 뚜렷한 활동은 눈에 띄지 않고 있다.

□ 그림설명 0142, 한국의 우주인, 한국이 만든 우주비행사 이소연.

0143 `gen`

A to Z (백과, 무엇이든지)

영어(English)의 알파벳에서 제일 첫 번째 글자 A로부터 마지막 글자 Z까지의 의미는 '모두'를 가리키는 말로 쓰인다. 따라서 무엇이든지 모든 것을 다 갖추고 있다는 뜻으로도 사용되는 말이다. From A to Z 라고도 한다.

0144 `peo` `his` `ani`

Athanasius Kircher (아타나시우스 키르허)

아타나시우스 키르허(Athanasius Kircher(라틴어-Kircherus, 1601(1602)-1680)는 17세기가 막 시작될 무렵, 독일의 풀다(Fulda)에서 북동쪽 26km 떨어진 작은 마을 게이사(Geisa, 현재는 Hesse)에 있는 키르허 가문(집안)에서 태어났다. 아타나시우스의 아버지 요하네스(요한) 키르허(Johann Kircher)는 마인츠(Mainz)에서 철학과 신학을 전공하고 신학 박사학위를 받았으며 그는 셀리겐스타드(Seligenstadt)의 베네딕트(Benedictine) 가톨릭 회원 집에 신학 교사로 부임했다. 아버지 요한 키르허는 1579년까지 대수도원장(Prince-Abbot)의 업무와 정의(Justice)를 관리했다. 아버지 요한 키르허는 풀다 출신의 딸 안나와 결혼하여 사이에서 아홉 자녀(아들 여섯, 딸 셋)를 낳았는데 그 중 아타나시우스는 막내로 태어났다. 아들들 중 두 명은 유년기에 죽고, 다른 네 명은 예수회 교구에 들어갔다. 기록으로 보아 다른 방법으로 자녀들을 교육시키기에는 너무 가난했을 것 같다. 아타나시우스가 어려서는 처음으로 그의 아버지와 개인 교사들에 의해 교육을 받았으며 그의 아버지는 히브리(Hebrew)어를 가르치기 위해 현지 랍비(Rabbi)를 고용하기도 했다. 그의 형들이 그랬듯이 그도 열두 살 때 풀다에 있는 예수회 대학(Jesuit College)에 들어가 공부했다. 16세가 되어 그곳을 떠나기 전 그는

A

라틴어, 그리스어와 히브리어를 배웠다. 그리고 유명한 동양(중국)학, 지질학, 천문학, 수학, 의학, 병리학, 물리학, 언어, 음악 그리고 신학(특히 신학에서 1.하나님에 관해서, 2.하나님의 가르침 3.하나님을 영접하는...)공부를 했다. 그가 청소년기에는 30년간의 독일종교전쟁(1618-1648)이 시작 무렵이어서 그는 도망치다 라인(Rhein)강에 빠져 얼어 죽을 뻔도 하고 교수형 직전에 살아나기도 했다. 18세가 되어 그는 예수회 사제가 되었다. 그는 1630년에 뷔르츠부르크에 있는 예수회(Jesuit) 대학에서 학생들을 가르치기 시작했고 1632년에는 아비뇽(Avignon)에서도 가르쳤다. 1638년부터 키르허는 로마 대학의 수학 교수였지만 그의 관심은 태양 아래 모든 것을 다루기를 원했다. 그리고 그는 평생 40여 편의 작품을 출판 한 17세기의 슈퍼스타 예수회 학자였다. 아타나시우스의 상상력은 발명가로서도 뛰어났다. 그는 1646에 로마에서 <빛과 그림자의 위대한 예술(Ars Magna Lucis et Umbrae)>이라는 연구서와 함께 그림으로 도해(Illustration)하여 연구한 등불 모양의 '매직 랜턴(Magic Lantern)'이라는 고안품을 모여든 대중 앞에서 시연해보였다. 고안품은 작은 상자 속에 등불을 키게 되면 빛이 거울에 반사되어 렌즈를 강하게 통과하며 슬라이드에 그려진 그림들이 벽에 비춰지는 단순한 장치였다. 이것은 대단한 발명이었다. 그러나 이 설계도를 본 사람들은 무슨 속임수인가 하며 못마땅하게 여기고 "집에 돌아가 수학이나 더 연구하라"고 핀잔을 주었다. 그러나 이러한 반응에도 불구하고 이 '매직랜턴' 연구품은 오락거리로써 잠재성에 대한 흥미를 얻어내게 되었다. 아타나시우스는 이 발명품으로 예쁜 그림을 비추기보다는 신학교육에 사용하려 했다. 1671년이 되어 아타나시우스는 '빛과 그림자의 위대한 예술'의 개정판을 내놓았지만 실제 물건으로 만들지는 않았다. 그러나 이것은 후일 영화의 기초가 되었다. 키르허는 그의 영역에서 논리를 당당하게 주장 할 수 있는 사상가 중 한사람으로 세계적인 명성을 얻기도 했다.

□ 그림설명 0144-1, Athanasius 의 초상.

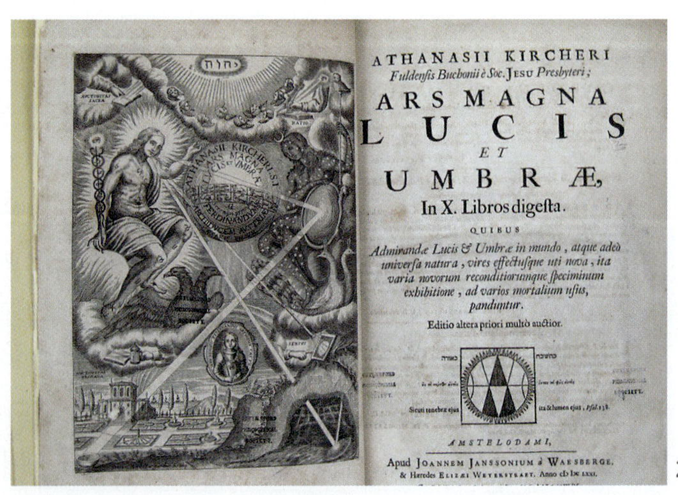

-2, 논문 1646년의 <빛과 그림자의 위대한 예술>, 1671 개정판.

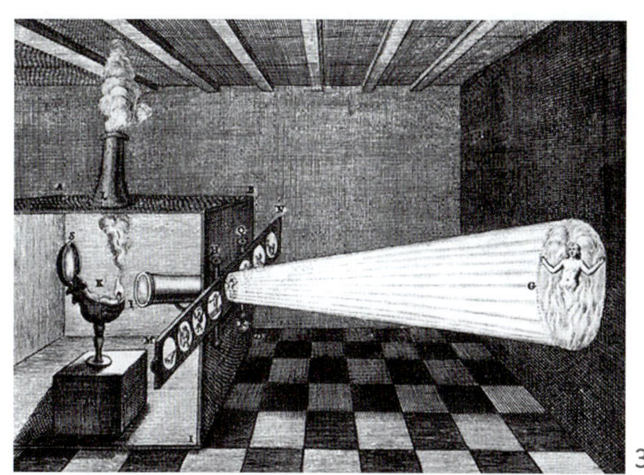
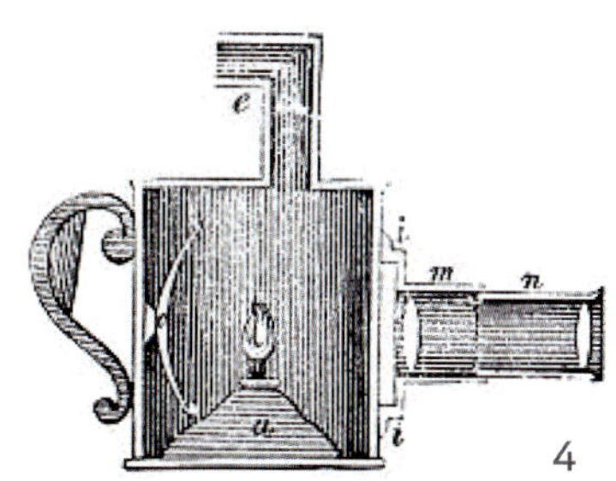

□ 그림설명 0144-3, 아타나시우스 초기단계의 <매직 랜턴> 도해.

✳ 참조보기 (0086 - Animation)

✳ 참조보기 (1605 - Magic Lantern)

0145 `pic` `sci`

atmosphere (대기권, 분위기)

지구상에 모든 생명체가 살아갈 수 있는 것은 오로지 대기 때문이다. 지구를 에워싸고 있는 보호막과도 같은 자기장(Magnetic Shield)역할을 하는 대기는 태양으로부터 오는 빛의 에너지를 받아 생명체들이 살아갈 수 있게 하지만 지구의 대기는 얇은 층으로 형성되어 있어 해로운 여러 가지의 빛의 작용도 받게 된다. 감마(Gamma)선, X선, 자외(Ultra Violet)선, 가시광선(Visible Light), 적외(Infrared)선, 전파(Radar), FM, TV, 단파(Shortwave), 장파(AM) 등이 대기권을 뚫고 들어온다. 대기권은 5개의 층으로 싸여 있고 그 한계는 지구표면으로부터 약 10,000km 높이까지를 외기권(Exosphere)이라 한다. 그리고 690km까지는 열권(Thermosphere), 85km까지는 중간층(Mesosphere), 50km까지가 성층권(Stratosphere), 그리고 20km까지가 대류권(Troposphere)이라고 한다.

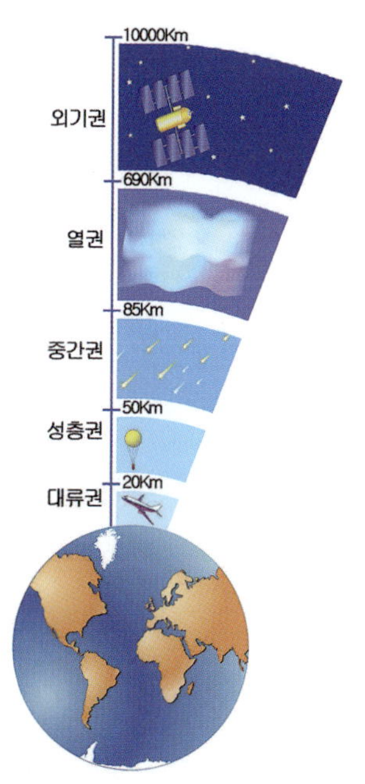

□ 그림설명 0145, 대기권의 분포.

0146 `pic`

atmosphere sketch (분위기 묘사)

영화에서 분위기라 함은 연출에 필요한 화면을 구성하고 있는 의상, 메이크업, 배우들의 연기, 카메라의 기술 그리고 조명 등이라고 할 수 있다. 그리고 애니메이션에서 발랄한 혹은 침침한 분위기는 역시 캐릭터의 의상과 화가가 그림을 그려 연출할 수 있는 배경 스타일에 의존할 수 있다. 배경의 색감이나 그림의 스타일로 분위기를 조절할

A

수 있고 캐릭터의 동작 등으로 표현할 수도 있다. 또한 포스트(Post Production)에서 음악, 효과, 목소리 등 사운드 등으로 분위기를 만들어 관객의 마음속에 즐거움이나, 슬픔, 공포와 위기감 등을 조성할 수 있다. 또한 애니메이션에서 한 시퀀스(Sequence) 의 특성이나 분위기를 결정하기 위해 신속히 그린 콘셉트 그림을 뜻하는 말이다. 이러한 기초적인 그림들은 주로 연필이나 볼펜 등으로 흑백으로 그려진다. 또한 실사 영화에서는 로케이션 헌팅(Location Hunting, 장소를 찾아다님)으로 여러 곳의 현장 분위기를 채집하는 것을 말한다.

0147 `com`

attached file (첨부파일)
*attachment (첨부, 부착)

본문 내용을 상대에게 이메일 등의 전자방식에 의해 보낼 때 본문과 함께 따로 된 참고 자료를 첨부해 보내는 것을 첨부파일이라 부른다. 첨부라는 말의 의미는 원래의 외형에 '장착', '부착' 등 첨가해 붙이는 것을 뜻한다. 심지어 사람의 마음이 친구에게 이끌리는 것이나 같은 장소에 자주 가거나 한 가지 마음에서 잊지 못하는 부속물과 같은 행위 역시 '어태치먼트'라고 표현하기도 한다.

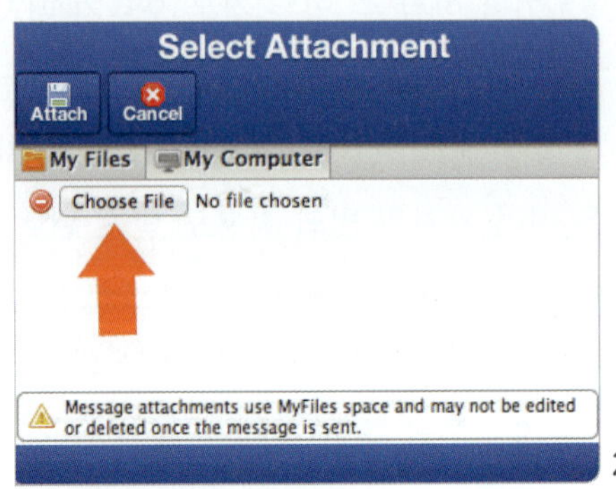

□ 그림설명 0147-1, 종이 첨부.　　-2, 컴퓨터 첨부파일.

0148 `gen`

attitude (몸가짐, 태도, 사고방식)

다만 사람의 태도, 사고방식, 자세 등에 언어사용을 정의할 수 있는 단어이다. 또한 사고방식에 관해 공손함 여부를 보일 때 사용되는 말이기도 하다. 태도에 관한 개념은 1600년경부터 평가되기 시작했다는 기록이 있다. 학식여하와 예의범절, 가문의 전통과 출신에 따라 평가된 매우 상대적인 관계가 있는 말이다. 지금은 프랑스 표기로 'Attitude' 라고 흔히 사용하지만, 17세기경 이탈리아에서 유래한 'Attitudine' 에서 근거한 글자만큼이나 까다로운 의미를 가진 말이다. 몸동작에서 풍기는 태도나 자세, 심지어 언어의 선택에도 관계되는 말로 사용된다. 20세기 이르러 미국의 심리학자인 고든 알포트(Gordon Allport, 1897-1967)는 태도를 '어떤 개인이 외적으로 오는 상황에 대해 반응하여 영향을 받는 정신적인 상태'라고 개념화 했다. 알포트의 저서 가운데 1954년에 쓴 '편견의 본질(The Nature of Prejudice)' 책이 나오며 인간의 태도에 관한 연구가 활성화되면서 여러 학자들의 다양한 정의가 시도되었다. 동시대에 살면서 유사논리에 관심을 가진 심리학자들은 영국출생 미국인 레이몬드 카텔(Raymond Cattell, 1905-1998), 독일출생 영국의 심리학자 한스 아이젱크(Hans Eysenck, 1916-1997), 정신분석학의 창시자인 지그문드 프로이트(Sigmund Freud, 1856-1939)는 인간의 심리를 이용해 정신분석학적으로 치료하는 방법을 임상시험을 통해 창안한 사람이다. 통합하건데, 애티튜드(Attitude)는 보다 심리적인 반응과 평가에 대한 일종의 반작용으로 설명할 수 있을 것 같다.

0149 `gen`

audience (관중, 청중, 시청자, 독자, 애호자)

볼거리를 보거나 소리를 듣기 위해 많은 사람들이 모인 것을 말한다. 일반적으로 관객의 의미는 매우 광범위하게 사용되는 단어로서 청중, 관객, TV 시청자, 영화 관객, 독자, 방송 청취자 등을 가리키는 말이다. 또한 문화 예술 분야의 전체 대상을 오디언스라고 한다.

0150 `gen`

audience rating (관객 평가)

방금 본 영화에 대한 특정 질문에 대해서 글로 쓰거나 혹은 알파벳을 선택해 평가하는 관객의 의견을 뜻하며 관객 평가는 종종 필름 시사회 후, 또는 전국 배급이 이루어지기 전 필름을 최종적으로 일정 관객에게 보여주고 설문조사를 하는 것을 뜻하는 말이다.

0151 `pic` `equ`

audio (오디오, 음향)

동영상의 음향 부분이나 또는 영화와 관계없이 음향장비만을 뜻하는 말이다. 필름의 청각적 부분을 뜻하는 말이며 이에 대응하는 단어는 비주얼(Visual) 또는 비디오(Video)이다. 화면과 관계없이 소리만을 뜻하는 말이다. A/V 단자는 Audio와 Video를 줄인 말로 쓰인다.

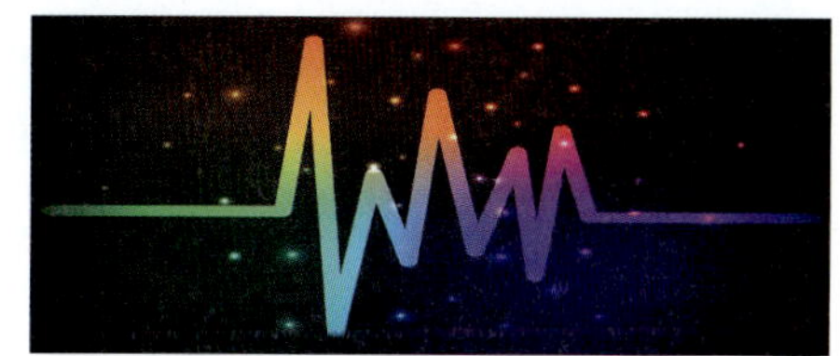

□ 그림설명 0151, 오디오는 음악, 목소리, 자연의 소음 등 모두 소리.

A

0152 `gen`

audio cassette (오디오 카세트)

아날로그방식에서 오랫동안 사용해 온 음악이 녹음되어있는 카세트테이프를 일컫는 말이다. 1962년, 필립(Philips)회사가 최초로 음향을 작은 카세트 형식에 담아 개발해 1963년 8월 유럽에서 열리는 베를린 라디오 쇼에 처음으로 소개되었다. 그리고 1964년에는 노렐코(Norelco)라 이름을 붙인 콤팩트 카세트(Compact Cassette)를 미국에 상륙시켰다. 이 필립회사는 벨기에에 있는 하셀트(Hasselt)의 루 오튼스(Lou Ottens, 1926-)가 경영을 주도했다. 지금은 MP1, MP2가 개량되어 만든 MP3가 가장 대중적인 음악 파일 포맷이 되면서 카세트 형식은 더 이상 사용하지 않게 되었다. MP3는 여러 파일 형식과 호환되며, 이를 wav, m4a, flac, ogg, amr, MP2를 개량하여 만들어져 가장 대중적인 음악 파일 포맷으로 여겨진다. 사라진 오디오 카세트는 애니메이션 제작 공정에서 음향(음악)의 분위기를 보다 낮게 연출하기 위해 또한 캐릭터의 목소리를 카세트를 통해 음성을 들으며 캐릭터들의 목소리의 높낮이를 분석하여 연출에 적합한 동작을 붙이기 위해 그림을 그릴 때 이용한다. 최근 디지털시대가 도래하면서 카세트 방식은 잘 사용하지 않게 되었다.

□ 그림설명 0152-1, 아날로그 카세트테이프 플레어.   -2, 소니 워크 맨 카세트 플레어.   -3, 필립스 카세트테이프.

0153 `gen`

audio-visual (청각과 시각, 시청각)

사운드와 영상을 결합시키는 장비, 제작, 프레젠테이션을 총칭하는 말이다. 사운드와 이미지 양쪽 모두 사용하는 것을 설명하는 용어. 어떠한 형태이든 기록된 음향, 필름, TV, 비디오, 슬라이드 등을 통칭하는 말이다.

audition (오디션, 재능심사)

무대의 연극배우, TV 탤런트, 영화의 배역, 그리고 성우의 목소리 등을 결정하기 위하여 미리 테스트해 보는 심사과정을 말한다. 영화심사에서는 오래전부터 전통적으로 배역에 적합한 인물을 찾기 위하여 스크린 테스트를 해 왔다. 애니메이션제작에서는 그림으로 그린 캐릭터들에 적합한 목소리를 부여하기 위하여 성우의 목소리를 선정하는 공정을 오디션이라 한다.

□ 그림설명 0154, "이 무대를 위해 누가 가장 재능이 뛰어날까?"

Australia animation (오스트레일리아 애니메이션, 호주 애니메이션)

오스트레일리아(Australia)는 서(Western)오스트레일리아, 북쪽지역(Northen Territory), 남 오스트레일리아, 퀸즐랜드(Queensland), 뉴 사우스 웨일스(New South Wales) 그리고 빅토리아(Victoria) 이렇게 6개의 광활한 지역으로 나뉘어져있다. 땅의 총 면적은 7,692,024km² 나 되지만 사람의 수 보다는 캥거루가 더 많이 산다고 한다. 호주는 잉글랜드(영국)와 오래전부터 정치적 입지뿐만이 아니라 문화 예술분야도 언제나 호흡을 같이 한 나라였으므로 호주 이야기 속에는 영국에 관한이야기가 당연히 끼어든다. 영국에서 애니메이션을 시작한 사람은 아서 멜버른 쿠퍼(Arthur Melbourne Cooper, 1874-1961)로 1899년이라 기록되어 있다. 이것은 미국의 제임스 블랙톤(James Stuart Blackton, 1875-1941)이 그 어느 나라보다도 먼저 애니메이션을 했다는 주장과는 7년이나 빠른 것이다. 그리고 1906년에서 1908년경에는 이미 월터 부스(Walter Booth)나 여러 사람들이 애니메이션에 관심을 가졌고 짧지만 스토리가 있는 필름을 만들었다. 영국은 유럽에서 발발한 1914년 세계 1차 대전에 휩쓸렸고 1917년에 안손 다이어(Anson Dyer, 1876-1962) 등이 새로운 애니메이션 프로덕션 시스템을 창안하여 활동했지만 전쟁의 소용돌이에 빠지게 되어 그것으로 성공하지는 못하였다. 본론으로 들어가 호주는 역시 영국의 영향을 받아 다른 나라보다는 일찍이 1910년경부터 애니메이션이 시작됐다. 첫 번째 애니메이터는 신문에 카투니스트(Cartoonist)로 일하던 해리 줄리어스(Harry Julius, 1885-1934)로 알려져 있다. 그는 1차 대전 중 카툰즈 오브 더 모멘트<Cartoons of the Moment>라는 시리즈를 제작했다. 무성시대의 가장 인기 있는 애니메이션 캐릭터는

<펠릭스 더 캣(Felix the Cat)>이었다. 펠릭스 카툰은 미국에서 만들어졌지만 호주사람인 팻 설리반(Pat Sullivan, 1885-1933)에 의해 제작됐다. 그러나 유성(Talkie)영화 시대 (1927년)가 시작되면서 더 이상은 제작하지 않았다. 1930년대에 들어서 호주에는 미국의 워너브라더스(Warner Bros.)와 디즈니 애니메이션(Walt Disney Animation Studios)이 주도했지만 호주에도 몇몇 주목할 만한 애니메이터들이 있었다. 에릭 포터(Eric Porter, 1911-1983)는 이 시기에 많은 애니메이션을 제작했다. 그의 회사는 1954년에 와서는 극장용 장편 <빔보의 자동차(Bimbo's Auto)>를 제작했는데 미국애니메이션과는 전혀 달랐다. 호주의 본격적인 애니메이션 제작은 1956년 TV방송이 확장되면서 시작됐다. 그때는 TV광고로부터 차츰 스페셜, 시리즈, 장편 등으로 제작이 이어졌다. 미국에 본사를 둔 ABC는 1962년에 호주에서 애니메이션 <왐비지(Wambidgee)>를 방영했다. 1970년대 카툰작가 피터 니콜슨(Peter Nicholson, 1946-)은 16mm 볼렉스(Bolex) 카메라로 홈메이드 애니메이션 스탠드를 사용해 ABC 방송국과 정규 뉴스센터 나이트를 위한 시리즈를 제작했다. 1972년 호주의 애니메이션 스튜디오 '에어 프로그램 인터내셔널(Air Programs International)'은 애니메이션 시리즈 <아서 왕과 당당한 원탁의 기사(King Arthur and the Square Knights of the Round Table)>로 전 세계적인 성공을 거둔다. 1970년대에는 정치적 성향의 만화가들이 애니메이션 분야에 초기 개척자들이었다. 처음에는 종이 위에 작업한 카툰을 기반으로 정치적인 생활과 사회적인 소재를 단편 애니메이션으로 다뤘다. 그러나 호주는 1972년 에릭 포터가 호주의 첫 번째 장편 애니메이션 <마이크 폴로 주니어 대 레드 드래곤(Marco Polo Junior Versus the Red Dragon)>을 제작했다. 1976년 단편 <레저(Leisure)>는 신문 카툰작가 브루스 페티(Bruce Petty, 1929-)의 카툰을 사용해 수잔 베이커(Suzanne Baker, 1939-)가 제작한 빠르게 전개되는 이야기는 유머러스하고 참신한 셀 애니메이션이다. 이 작품은 현대 우리 사회에서 삶의 중요한 한 측면으로 여겨진다. 오스카에서 최우수 단편 애니메이션 상을 받은 후, 뉴욕의 파라마운트 극장(Paramount Theatre)에서 개봉했으며 많은 국제 영화제에서 상영됐다. 칸 영화제(Cannes Film Festival)에서 경쟁부문에 오른 첫 번째 호주 작품이기도 하다. 1977년 요람 그로스(Yoram Gross, 1926-2015)는 <도트와 캥거루(Dot and the Kangaroo)>를 제작했는데 호주 초원지대의 실사 배경을 사용했고 그 위에 셀(Cell)로 애니메이션 캐릭터를 그렸다. 이 작품은 전 세계적으로 큰 성공을 거뒀고 후속작품으로 <도트와 코알라(Dot and the Koala)> (1985)와 <도트와 고래(Dot and the Whale)> (1986)로 이어졌다. 한편 1984년 박스 오피스에서 성공한 <피아노포르테(Pianoforte)>는 안트완 스타르키비치(Antoinette Starkiewicz, 1950-)가 '사랑에 관한 동화'를 묘사했다. 칸 영화제 경쟁부문에 오르게 된 최초의 호주 애니메이션은 매기 푸크(Maggie Fooke, 1949-)의 <플레저

도메스(Pleasure Domes)>는 풍경에 대한 추상적 개념의 새로운 인식을 보여주는 애니메이션을 사용했다. 푸크의 수채화 물감과 연필의 채색된 이미지는 페이드인과 페이드아웃(Fade In and Fade Out)을 지속적으로 사용하며 시간과 장소와 과거를 표현한다. 1980년에서 1990년의 호주 애니메이션은 TV 프로그램을 포함해 잠시 뜸했다. 그러나 음악과 내레이션을 넣어 루스 크랙넬(Ruth Cracknell, 1925-2002)이 로맨스 이야기를 엮어 1955년 대홍수를 담은 <메이트랜드와 모페스 4중주(The Maitland and Morpeth String Quartet)>를 만들었다. 이즈음에 제작은 미국의 애니메이션제작회사 한나 바바라(Hanna Barbara Studios)가 거의 장악하고 있었다. ABC에서 방영된 <카부들(Kaboodle)>은 실사와 애니메이션을 합성한 어린이 시리즈였다. 1991년에 루 필름(Roo Films)은 <딩키 디스(The Dinky Di's)>라는 어린이 애니메이션 액션 시리즈를 제작했는데 <딩키 디스>는 희귀하고 위험에 처한 동물들과 새들을 구조하는 내용이었는데 후에 이것은 <블링키 빌(Blinky Bill)>의 시작이었고 이 프로그램은 절정에 이르며 1992년에는 애니메이션 장편을 만들어 극장에서 개봉했다. 이 작품은 호주 뿐 아니라 국제적으로 성공을 거뒀다. TV시리즈로는 30분용 52개의 에피소드가 제작됐다. 그밖에도 1995년, 호주ABC는 원주민의 꿈의 시대 이야기를 다룬 78편의 단편 애니메이션 <드리밍(The Dreaming)>을, 1997년에는 외계인에 대한 스톱모션 애니메이션 <플라즈모(Plasmo)>, 그리고 오지에 엘비스가 어린 모습으로 환생한 이야기 <릴 엘비스 와 트럭스토퍼(Li'l Elvis and the Truckstoppers)> 등 많은 애니메이션을 방영했다. 호주는 20세기 말경부터 애니메이션 제작이 현격하게 줄어들기 시작했다. 요람 그로스 필름(Yoram Gross Films)사 역시 TV 시리즈의 제작을 지속했는데 1997년에서 2001년에 이르기까지 <타바루가(Tabaluga)> 1999년에서 저조하기는 마찬가지였다. 2001년까지는 <플리퍼 & 로파카(Flipper & Lopaka)>와 같은 작품들을 만들었다. 애니메이션 내용은 <도트와 캥거루(Dot and the Kangaroo)>로 호주 환경에 대한 테마를 다뤘고 21세기에 들어서도 컴퓨터 애니메이션으로 전환되지 않고 셀 방식의 애니메이션을 당분간 유지했다. 20세기 후반인 1995년에 픽사(Pixar)가 최초의 디지털 에니메이션 <토이스토리(Toy Story)>를 극장에서 개봉한 이래, 디지털 기술은 애니메이션 제작방식에 막대한 영향을 끼쳤다. 디지털 방식은 애니메이션 제작에 혁신을 가져왔고 누구도 이 방식을 거부하는 사람이 없었다. 디지털 방식은 초기투자비용은 있지만 제작비용과 소비 자재비가 급감하게 되어 경제적인 것은 물론 새로운 기술이라는 자부심에 의해 세계적으로 퍼져 나갔다. 호주의 태즈메이니아 사람들로 이뤄진 블루 로켓(Blue Rocket)회사 작품 <베이브(Babe)>는 실사와 컴퓨터 애니메이션 효과를 합성해 실사의 돼지가 말을 하는 최초의 디지털영화로 전 세계적으로 큰 성공을 거뒀다. 이로써 박스오피스 사상에 또 다른 놀랄만한 기록을 가져왔다.

호주로는 2000년 처음으로 지속적으로 싸우는 <후타와 스노즈(Hoota and Snoz)>라는 액션물 풀애니메이션을 TV용 시리즈로 내놓아 인기를 얻었다. 2002년 그들은 ABC와 협력해 시리즈 <개와 고양이의 뉴스(Dog and Cat News)>를 제작했고 TV뿐 아니라 온라인에서도 선보였다. 2006년 로켓 프로덕션은 니나(Nina)의 새로운 핸드폰 속에 사는 <픽셀 핑키(Pixel Pinkie)>라고 불리는 디지털 생명체를 기반으로한 26편의 애니메이션 시리즈를 개발했다. 첫 번째 시리즈(2007)와 두 번째 시리즈(2009), 타즈메니아(Film Tasmania), 필름 파이낸스 코퍼레이션(Film Finance Corporation), 다로 필름 코퍼레이션(Daro Film Corporation)과 함께 제작했다. 호주는 2003년에 와서야 처음 컴퓨터 애니메이션으로 30분 길이의 시리즈로 <샤피즈(The Shapies)>를 제작했다. 이 시리즈는 멤버 각각이 다른 기하학적인 모습을 지닌 록밴드의 샤피의 모험을 그리고 있고 에피소드마다 가상의 밴드가 연주한 뮤지컬 곡들이 수록됐다. 호주에는 애니메이션 독립 작가들이 많이 있다. 2005년 안소니 루카스(Anthony Lucas, 1965-)가 개발한 실루엣 애니메이션의 독특한 스타일로 만들어진 단편(26분) <제스퍼 모렐로의 신비한 지구탐험(The Mysterious Geographic Explorations of Jasper Morello)>은 오스카 상에 노미네이트 되었으며 안시국제애니메이션 페스티벌(Annecy International Animated Film Festival)에서 대상을 수상했다. 2009~2010년에 걸쳐 숀 탠(Shaun Tan, 1974-)은 <더 로스트 씽(The Lost Thing)>을 연출했다. 그림책으로 시작하는 15분 길이의 작품으로 컴퓨터를 사용하고 손으로 채색한 단편이다. 이야기는 멜버른에서 시작하며 한 소년에 대한 이야기로 그는 해변가의 병 뚜껑을 모으다가 산업용 보일러와 게와 문어가 결합한 것처럼 보이는 이상한 생명체를 발견한다. 이 작품은 2010년 오스카 최우수 단편 애니메이션 상을 수상했다. 탠은 스스로 이 작품에 감독, 작가, 디자이너, 아티스트로 활동했고 심지어는 멜버른에 위치한 스튜디오에서 애니메이션에 필요한 사운드를 개발하는 네명의 다른 창작자들과 핵심 팀을 이뤄 같이 일한 재능있는 작가이다. 호주의 장편 애니메이션은 픽사가 2003년에 만든 <니모를 찾아서(Finding Nemo)>로 인해 시드니 부두(Habor)와 호주사람들의 목소리가 들리기 시작했다. 호주에 세계의 관심이 쏠리기 시작했다. 그리고 2006년 <해피 피트(Happy Feet)>가 호주인이 제작한 합작장편 디지털 애니메이션이 이렇게 국제적인 환호를 받은 적은 없었다. 무엇보다 <해피 피트>는 심혈을 기울여 만든 기술적인 성취였다. 매우 상세한 수천마리의 펭귄 애니메이션은 시각적으로 매우 독특하게 보였다. 이 작품은 무용수의 움직임을 모션 캡쳐 기술을 사용했고 그것들을 바로 애니메이션화된 펭귄들의 움직임으로 바꾼 것이었다. 2009년에 오스트리안 스톱모션(Stop Motion) 애니메이션 코미디 필름은 아담 엘리엇(Adam Elliot, 1972-)이 스토리를 쓰고 감독해서 <메어리와 맥스(Mary and Max)>를 제작했다. 21세기의 디지털 기술의 발전은 애니메이션 제작의 폭발적인 증가를 가져온다. 쉽게 접근할 수 있는 사용 가능한 프로그램들이 생겨났고 인터넷은 애니메이션 작업을 공유하는 이상적인 수단을 제공했다. 플래시 등 각종 애니메이션 만드는데 사용할 수 있는 대중적이고 쉽게 접근할 수 있는 프로그램들이다. 조용히 아무것도 하지 않고 있는듯한 호주는 새로운 방식과 새로운 생각으로 많은 것을 창작해 내고 있다. 2011년엔 호주 컴퓨터 애니메이션의 단편제작으로 <거스(Gus)>를 앤드류 마틴(Andrew Martin, 1962-)이 스토리를 쓰고 감독을 해서 만들었다. 2014년에는 독일사람들과 호주사람들이 함께 모여 <마야 더 비(Maya the Bee)>를 제작했는데 이것은 1975년 독일의 어린이 책을 바탕으로 만들었던 <꿀벌 마야 벌(Maya the Honey Bee)> 애니메이션으로 감독은 알렉스 스타더맨(Alexs Stadermann, 1991-)이 제작은 호주 부리스베인(Brisbane)에 있는 하니두 스튜디오(Honeydew Studio)였다. 그들은 꿀벌처럼 열심히 일했다. 호주 애니메이션의 미래는 TV방송을 통해서 극장의 스크린 등에서 개발된 애니메이션 작업들을 만날 수 있다. 호주의 애니메이션산업을 이끄는 호주 극장 제작자 협회(the Screen Producers Association of Australia), 호주 감독 길드 단체(Directors Guild of Australia), 스크린 호주(Screen Australia) 등이 연합하여 호주의 영상산업을 위해 활동하고 있는 것은 그 어느 나라보다 모범적이다.

□ 그림설명 0155-1, <The Adventures of Figaro Pho>2012, TV Series.

-2, <Blinky Bill the Movie>2015, Deane Taylor.

-3, <Cow Moo Family>

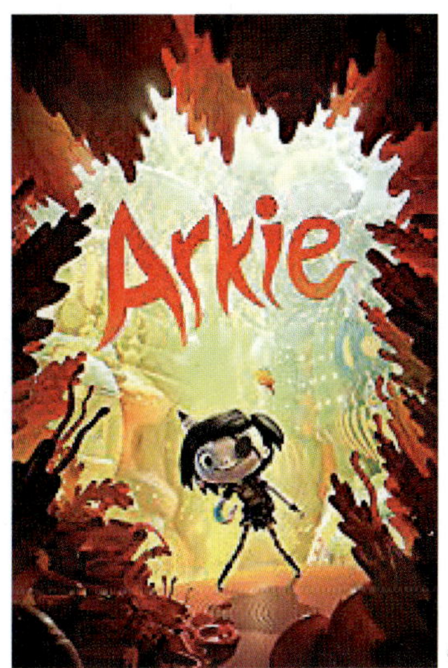

-4, <Arkie>2019, Luke Jurevicius.

A

0156 `lit`

author(저자, 작가, 책을 쓴 사람)

창작 저작가, 문예작가, 논문, 소설가, 영화의 감독, 스크립트 작가 등을 가르키는 말이며 문학의 어떤 형태이던 글을 쓰는 사람을 작가라고 부른다. 또한 저자의 의미는 보다 더 소유의 권리를 내포하는 뜻으로 쓰인다. 특히 자주 영화를 다루는 문학에서 많이 사용되는 용어이다. 영화의 주체를 감독으로 해석함으로써 영화감독을 의미하기도 한다. 감독이 작품 속에 자신의 개성과 관점을 부여하기 때문에 작품 전반에서 자신만의 기법, 스타일, 주제 의식을 느낄 수 있도록 하기 때문에 감독을 작가로 불리기도 한다.

✻ script author (스크립트 작가)

☐ 그림설명 0156, 생각을 다르게 하고 다르게 쓰라.

영화와 TV를 위한 스크립트를 쓴 작가를 말하며 관습적으로는 아직 시나리오(Scenario)작가라고 부른다. 또한 일반 소설이나 무대를 위한 희곡의 원작자를 가리키기도 한다. 대부분 영화에서는 영화용 대본을 쓰는 작가를 스크린 라이터(Screen Writer)라 부른다.

✻ 참조보기 (0157 - author theory of directors)

0157 `lit`

author theory of directors (감독의 작가주의 이론)

영화평론에서 자주 사용되는 용어중의 하나로 감독이 작품 속에 자신의 개성과 관점을 부여해 작품 전반에서 자신만의 스타일, 기법, 주제 의식을 느낄 수 있도록 만든 작품으로, 영화에서는 주체를 감독으로 해석하고 영화감독을 작가로 불려야한다는 주장에서 나온 말이다. 영화초기의 경우, 대부분의 감독들이 어느 문학대본을 자기 자신의 작가적 해석 없이 그대로 스크린에 옮겨놓는 경향이 많이 있었으며 이러한 영화들은 평론가들로부터 강한 비판을 받기도 한다. 그러나 근대 영화제작에서 감독의 독립적 작가의 이념을 중시하게 되고 기술적 표현의 책임비중이 커지게 되었다. 또한 투자를 하는 제작자와 대응하여 감독의 능력을 주장하는 경향을 보여 왔으므로 감독에게 있어 영화란 다른 사람의 글로 쓴 문학을 그대로 옮겨놓는 것이 아니라 감독 스스로의 '작가'로써 개인적인 비전과 강한 의도가 표현돼야 하기 때문에 가장 중요한 것은, 감독이 작품제작에 최우선적인 결정권을 갖도록 하여 영화제작에 있어 새로운 표현력으로 방향을 제시해 주어야 한다. 간혹 영화제작 흐름에서 어떤 스타일의 영화가 흥행에 성공했다면 곧 다른 어떤 작가들은 그것을 흉내 낸 스크립트를 써서 제작에 들어가는 경우가 있는데 이것들은 작가로써 감독의 의무와 권리를 포기한 상업적 목적만의 비 작가주의 작품으로 평가된다.

0158 `gen`

authority (권한, 영향력)

영화에서 제작은 많은 사람들이 모여 조직적 팀워크(Team Work)로 이뤄내는 최대 최고의 작업이다. 그러므로 이러한 프로덕션을 진행하는 데는 절대 권한을 가진 사람이 총지휘를 맡는다. 영화에서는 행정 프로듀서(Executive Producer)나 총감독이 이 권한을 갖는다.

0159 `pho` `pic` `ani`

auto focus (오토 포커스, 자동초점)
*AF (에이에프)

움직이는 목적물이 원경에서 근경으로 또는 이와 반대로 이동이 있을 때 카메라의 초점이 바뀌게 되는데 프레임이나 앵글의 크기에 관계없이 카메라에 장착되어 있는 렌즈의 기능이 목적물의 이동에 따라 초점(포커스)이 자동으로 맞춰지는 장치를 말한다. 또한 재래식 애니메이션 촬영대에 설치되어 있는 자동으로 렌즈의 초점을 맞추는 애니메이션 스탠드의 기본 장치이기도 하다.

0160 `lit`

autobiography (자서전, 자전문학)

자기 생애에서 스스로 체험한 잊지 못할 실화 이야기들을 소재로 사실에 입각해 풀어서 쓴 전기를 이르는 말이다. 문학에서 자전적 에세이(Essay)라고도하고 소설처럼 복잡한 플롯(Plot)을 넣지는 않고 중요한 자신과 관계된 사건을 기록적으로 기술하는 것이 일반적이다. 또한 추억으로 오래 남아있는 과거를 자전적으로 스스로 쓴 글을 말한다. 이럴 때 그동안 공개되지 않았던 비사(Behind Story)가 쓰이게 되거나 사진의 사용으로 세상에 놀라움을 주기도 한다. 자전적 기록은 있던 사실대로 스스로 쓰고 확실한 기록으로 공개 되어야 하지만 그러나 기술하는 사람이 문장 표현이 부족으로 전문 작가가 대필하는 경우, 드라마적 연출을 기미하여 간혹 기록이 시비가 되기도 한다. 자서전은 글자 그대로 자서(Writing in by Own Hand)로 이루어지는 것이 정석(Cardinal Principle)이다.

□ 그림설명 0160, 자서전 <The Animator> Written by Nelson SHIN.

A

0161 `gen`

autograph (사인, 서명)

제작에 합의한 후 계약서에서 쌍방이 서로 내용이 만족스럽다고 판단하고 책임을 전제로 약정하는 문서에 서명하는 것을 말한다. 또한 감독, 배우, 탤런트, 예술가 등 유명인들이 팬들에게 사인 해주는 행위를 말한다.

0162 `ani`

auxiliary peg bar (보조 페그 바)

그림으로 된 애니메이션을 촬영할 때 그림을 20세기에 사용했던 로스트럼 애니메이션 (Rostrum Animation) 촬영대에 장착되어있는 보조용 페그 바를 가리키는 말이다. 그림으로 그린 애니메이션을 고정시키는 페그로서 스탠다드용 12필드보다 더 큰 16필드 크기 그림에 사용하는 보조 바를 말한다. 이 16필드 크기의 설정 샷으로부터 어느 작은 지점으로 트럭인(Truck-in) 할 때 사용하거나, 주로 팬 되는 그림이 많을 경우 그 레벨에 팬 속도가 다르거나 역방향일 경우, 기본 12필드 사용으로 보조 바가 필요할 때도 사용하게 된다. 이것을 제2 트레블링 페그 바(Travelling Peg Bar)라고 부른다. 특수한 로스트럼(Rostrum) 카메라 장치에는 이 트레블링이 가능한 바가 아래위로 각각 3개씩 장착되어 있다. 그밖에도 노스-사우스(North-South) 페그 바, 플립 바(Flip Bar)등 임시로 부착하여 사용할 수 있는 바가 더 있다.

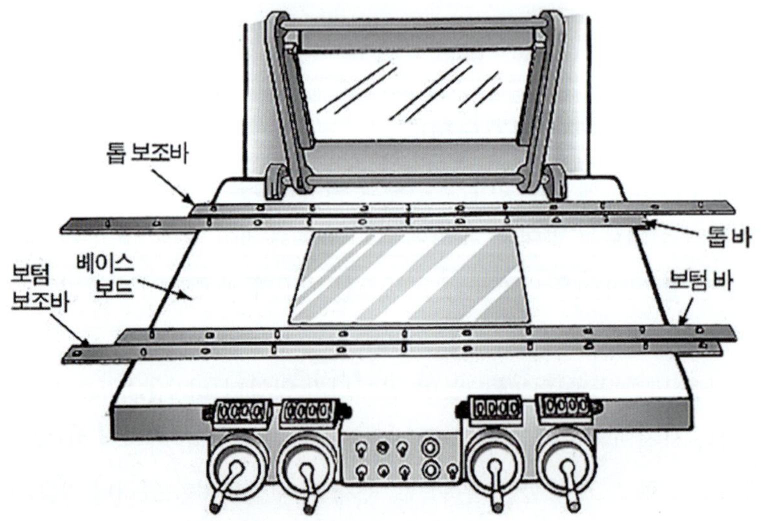

□ 그림설명 0162, 16필드용으로도 활용되는 보조 바.

Avant-Garde (아방가르드, 전위예술)

1918년 세계 2차 대전 종식 후 독일에서 만들어진 추상 전위예술영화에 붙여진 프랑스어이다. 독일어로는 누벨바그(새 물결, New-Wave)라 불렀다. 고전주의적 재래식 예술을 부정하고 신개념의 창작을 주장하는 전위예술의 문학사조를 뜻하는 말로 스위스, 이탈리아, 미국 등에서 일어난 예술운동으로 기존의 예술에 대한 인식과 가치를 부정하고 새로운 예술의 개념을 추구한 운동이다.

＊참조보기 (0006 - Absolute Film)

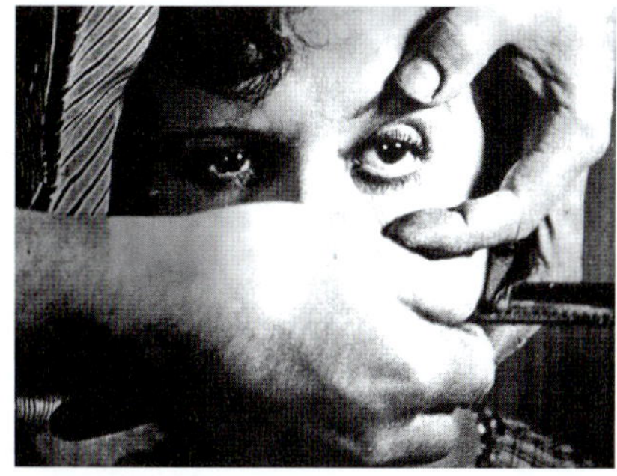

□ 그림설명 0163, <Andalusian Dog> by Luis Bunuel, 1929년 작품.

0164 `com`

AVI file (에이비아이 파일)

AVI는 Audio Video Interleaving의 약자로 마이크로소프트사의 기술개발로 만들어진 음향과 영상이 PC상에서 상호 구현이 되도록 만들어진 영상음향파일을 가리키는 말이다.

0165 `com` `equ`

AVID media(film) composer (아비드 미디어 작성자)

아비드 미디어 컴포저는 디지털 비선형 편집 시스템으로 최신의 디지털 기술을 수용하여 매킨토시(Macintosh) 컴퓨터 플랫폼으로 작동하는 일련의 오프라인이나 온라인필름 편집 그리고 음향과 영상제작 서비스를 전문으로 하는 시스템의 이름이다. 사운드와 비주얼 모두를 압축하여 컴퓨터의 하드 드라이브에 저장한다. 비선형 오프라인과 온라인 편집과 함께 필름에 24 트랙의 오디오 믹싱을 편집할 수 있다. 아비드 필름 컴포저는 필름 편집을 위해 특별히 디자인된 것으로, 1994년 영화 예술 과학 아카데미로부터 과학과 공학 분야의 공로를 인정받아 기술상을 수상한 바 있다. 이 회사는 1987년에 설립되었으나 1993년에 와서야 일반에 알려진 회사이다. 아비드 편집기는 초당 24 프레임을 쓰는 어떤 종류의 필름에도 사용할 수 있고 저장이 가능하다. 또한 페이드(Fade), 디졸브(Dissolve), 와이프(Wipe), 이중 노출(Double Expose), 이미지 합성(Compositing) 효과 등을 미리 볼 수 있다. 편집하기 위한 EDL(신번호에 의한 자동탐색 신(Scene)조립장치)로 키 넘버를 이용해서 네거티브 컷 리스트를 만들어 낸다. 편집 과정 자체에 상당한 시간 절약해 주는 이 시스템이 오늘날의 영화 산업에 활발하게 사용되어 왔다. 21세기에 들어서며 이 시스템 역시도 디지털의 혁신적 발전으로 영화를 위한 필름제작이 디지털제작으로 시스템 장비들이 생산되고 있다.

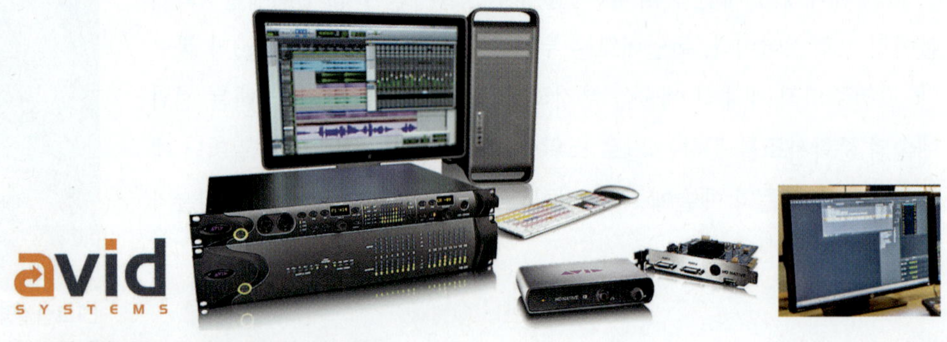

□ 그림설명 0165, Avid Media Composing.

0166 gen

Award (상, 상금, 명예)

어떠한 분야이던 남보다 뛰어난(Outstanding) 일을 한 공로가 있거나 예술가의 창작품이 공모전에서 우수한 작품으로 판정되어 상을 받는 것을 뜻하는 말이다. 세계에서는 많은 나라가 페스티벌을 개최하며 실사나 애니메이션 영화제를 열고 해마다 심사를 거쳐 최고의 작품을 선정하여 대상으로 'Grand Prize'를 정하고 부상으로 트로피나 상금을 수여한다. 또한 이 분야에 공로자를 뽑아 노고를 기려 명예상(Honorary Award)을 수여하기도 한다. 상의 종류는 주최자에 따라 여러 가지로 나뉜다. 황금상(Golden Prize), 심사위원 특별상(Jury's Prize), 최우수 영화상(Best Film Prize),우수상(Outstanding Prize) 등으로 자유롭게 정한다.

□ 그림설명 0166, 그랑프리
(Grand Prize)상. (일반적인 모양)

1932년 Betty BoopBetty Boop

B b

[비]

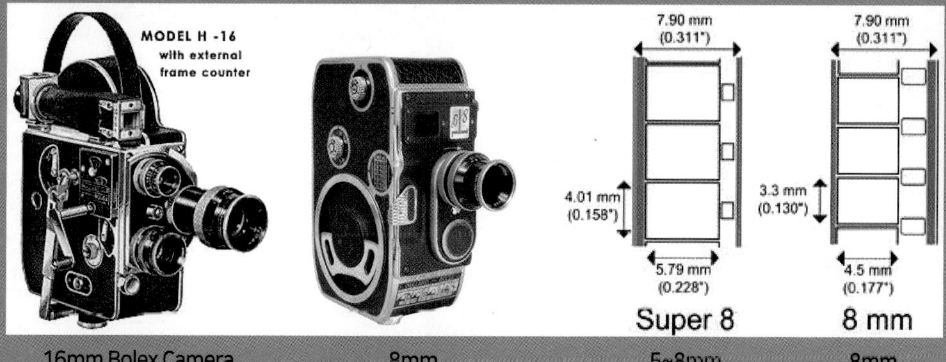

16mm Bolex Camera   8mm   5~8mm   8mm

Margarita

bouncy

Bugs Bunny

0200 `pic` `ani`

background (배경)

*BG (비지)

비지는 백그라운드를 줄여서 글로 쓰고 언어로 부르는 말이다. 영화에서의 배경은 신 (Scene)을 형성하는데 매우 중요한 역할을 한다. 영화의 배경은 그 배경 자체가 연출이 다. 희망(Hope), 환희(Cheer), 즐거움(Joy), 우울(Gloomy, Sadness), 소외(Alienation), 불 안(Anxiety) 등의 느낌을 그림으로 연출하여 배경으로 설치한다. 배경은 특히 애니메 이션에서 연출에 맞게 그려야 함으로 매우 중요하게 취급된다. 배경은 하나의 경치를 그리는 것이 아니라 연출상 인물이 활동할 수 있는 배경 속에 활동공간을 미리 배려해 서 그린다. 배경은 시퀀스(Sequence) 별로 색감이 유사성이 있어야 하고 그 스타일을 유지한다. 또한 각 배경은 신의 상황에 맞도록 구도, 색상, 위치, 전 후 배경과 연결성 있게 그린다. 배경은 비지(BG)라고 영어로 요약해서 부르며 25분용 TV프로그램에 약 300장에서 350장정도 배경을 그리게 된다. 배경의 의미는 출연캐릭터 뒤쪽에 있는 것 을 배경이라 하고 캐릭터의 앞에 있는 것을 포어그라운드(전경, Foreground)라고 한다.

□ 그림설명 0200, 2D애니메이션 배경. by Brown Bag Films

0201 `ani`

background artist (배경 아티스트)

애니메이션 레이아웃(Layout)에 표시되어 있는 구도를 따라 종이나 컴퓨터에 배경을 그리는 화가를 부르는 말이며 배경은 레이아웃을 스캔한 후 컴퓨터상에서 위치를 엄수

해서 디지털로 그린다. 툴(Tool)은 포토샵 외에 여러 종류의 소프트웨어를 선택할 수 있다.

□ 그림설명 0201, 배경화가들이 사용하던 재래식 물감과 붓.

0202 `pho` `pic`

backlight (역광 조명, 후광, 투과광)

실사 영화에서는 기본 조명 중에 매우 중요한 위치가 역광조명이다. 실사를 위한 조명은 3가지의 기본 조명으로 이뤄진다. 그중에는 1) 전체를 밝히는 카메라 방향에서의 퍼진 조명(Flood Lighting), 2) 피사체인 인물에 비추는 집중 조명(Spot Lighting), 그리고 3) 인물의 머리 뒷면 상단에서 비추는 강렬한 역광조명(Back Lighting)이다. 역광조명은 인물을 입체적으로 만들어 배경과 붙어 보이는 결점을 보완한다. 특별히 머리카락 뒤에서 비추는 역광은 화면을 매우 윤택하게 보이게 한다. 그러나 애니메이션에서 인물의 역광은 그림으로 그려서 표현하게 되므로 사실상 실사에서와 같이 조명을 하지 않는다. 다만 애니메이션에서의 투과광은 주로 효과로서 사용된다. 투과광은 주로 레이저 광선, 카메라의 플래시 따위의 빛의 이동 효과에 주로 사용된다. 실사나 애니메이션에서 역광의 효과는 매우 다양하게 사용되며 오늘날의 디지털시대에 많은 효과들은 재래식 방식과 많이 다르고 쉽게 처리할 수 있으며 역광의 효과는 컴퓨터 방식에서 필수적인 기본 기술이다.

□ 그림설명 0202-1, 옥외 Sunset Backlight.

-2, 실내 인물촬영의 역광조명.

0203 `ani`

back-lit animation (백릿 애니메이션)

백릿은 백라이트(Backlight) 용어와 같은 말로 재래식 애니메이션으로 투과광을 표현할 때 사용했던 촬영기술이다. 이러한 촬영 기술은 눈부신 빛을 표현하기 위함인데 강력한 폭발, 레이저광선, 불똥, 총알, 불꽃놀이, 전기스파크, 반딧불, 반짝이는 별, 햇빛 물그림자 등에 사용된다. 애니메이션에서는 이 부분을 촬영할 때 과다노출(Over Expose)을 주어 강한 빛을 표현할 수 있다. 이 공정은 그림설명 0203과 같이 프로젝터를 사용하여 빛을 쏘아 45° 각으로 된 거울에 투사해 카메라 렌즈를 통해 필름 상에 필요한 부분에 강한 빛이 노출되도록 한다. 예를 들어 광채가나는 광선 검이 움직이는 모양을 따라 가도록 하려면 암수매트를 사용해 2중 촬영으로 원하는 효과를 얻을 수 있다.

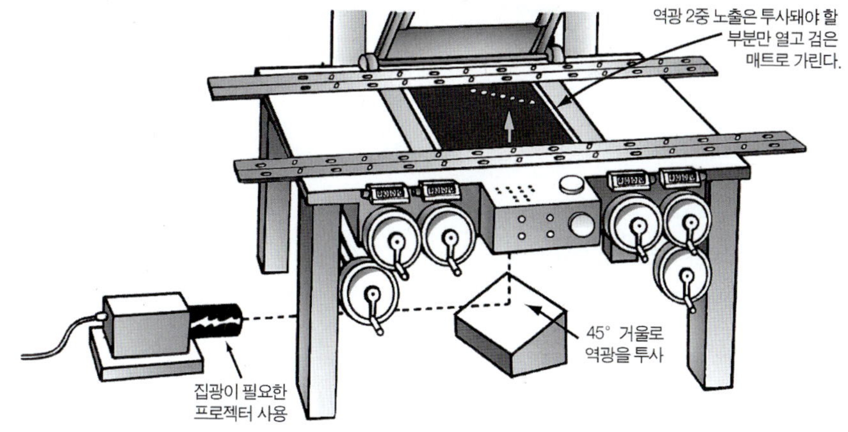

□ 그림설명 0203, 애니메이션의 투과광 촬영도해.

✷ 참조보기 (0202 - Backlight)

✷ 참조보기 (1621 - Matt)

0204 `pic`

back lot (영화사 부지, 부지야외 촬영장)

영화촬영에서 야외에 설치되어 있는 세트장을 뜻하는 말이다. 미국의 서남부 캘리포니아의 로스엔젤레스(Los Angeles)에는 1920년경부터 오렌지농장을 밀어버리고 영화산업도시를 세웠다. 대부분의 영화사들은 한 지역을 차지하고 건설했는데 대부분이 넓은 지역에 자체적으로 필요한 부지를 확보하고 야외세트장들을 세워 그곳에서 영화를 촬영하고 장비를 체계적으로 보관하는데 사용했다. 주로 워너브라더스(WB), 유니버설 픽처(Universal Pictures), 콜롬비아(Columbia), 20세기폭스(20th Century Fox), 메트로 골드윈 메이어(MGM), 파라마운트(Paramount) 등 영화사들이 자리를 잡고 그때그때 필요할 때마다 넓은 부지에 임시로 영화세트장을 지어 촬영에 사용하며 유래된 말이다.

□ 그림설명 0204, 파라마운트 야외부지 촬영장.

0205 `pho` `pic` `equ`

back projection (후광영사)

광학적으로 슬라이드, 동영상, TV프로그램, 영화 등의 화면을 앞면에서 볼 수 있도록 매우 섬세한 합성 섬유로 된 반투명 유리에 RGB 3색을 투사하는 광학적 장치를 가리키는 말이다. 1980년대 중반에 TV수상기로도 만들어진 것으로 비디오를 통해 애니메이션이나 영화를 보기 위해 이러한 영사기법이 사용되었다. 또한 이 방식을 리어(Rear) 프로젝션이라고도 부른다. 그러나 순수 영화사상 최초로 스크린에 뒤에서 광학적으로 후광영사를 고안하여 다수의 관객에게 동시에 영상을 볼 수 있게 방식을 발명한 사람은 프랑스의 에밀 레이노드(Emile Reynaud, 1844-1918)였다. 그는 1880년 그가 만든 소형 프락시노스코프(Proxinoscope)를 개조한 인류 사상 최초로 스크린 뒤에서 비추는 후광영사시스템을 개발했다. 1892년 레이노드는 프랑스 그레빈 박물관에 '옵티크 극장(Theatre Optique)'을 차리고 손으로 35mm 자작필름 <팬터마임 루미네스(Pantomimes Lumineuses)>를 이용해 뒤에서 스크린에 비추고 앞에 있는 관객들에게 보여준 기록이 있다. 이것이 최초의 후광영사 시스템이었다.

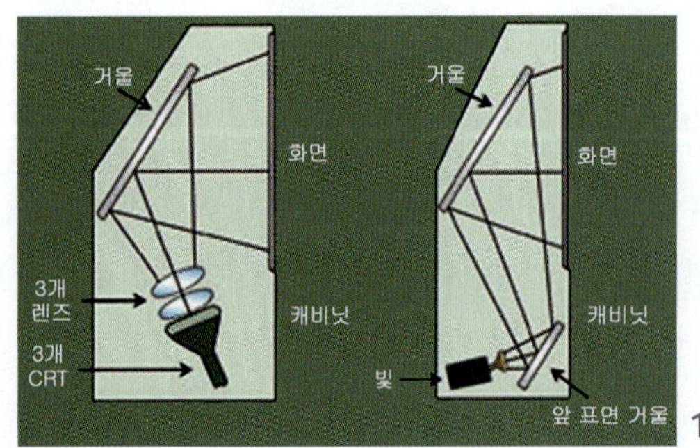

□ 그림설명 0205-1, Back Projection TV와 기능도해.

-2, 레이노드의 최초 Back Projection 아이디어.

*참조보기 (2283 - RGB)

*참조보기 (2005 - Praxinoscope)

0206 `pic`

back stage (무대 뒤, 막후)

무대 공연에서 관객들이 볼 수 없는 무대의 뒤를 말한다. 출연자들이 이곳에서 쉬거나 분장을 하며 차례를 기다리는 곳이다. 또한 출연자를 위해 일을 준비해 주는 사람들이 일하는 곳을 말한다.

0207 `lit` `pic`

back story (지난이야기, 뒷이야기)

지난간 이야기, 사건적 배경, 영화와 문학에서는 이야기를 이끌어가다가 지난간 과거사를 연대적(Chronological)으로 설명할 때 사용하는 한 기법이다. 영화에서는 플래시백(Flash Back)이라고도 불린다. 감독의 취향에 따라 백 스토리 형식은 시작 부분에 먼저 소개하고 본 이야기를 이끌어 가기도 하며 이야기 흐름에 따라 사이사이에 넣어 연출하기도 한다.

0208 `com`

backup (예비, 보안, 백업)

컴퓨터에 사용하는 메모리 저장 손상(Failure)이 혹시 생기지 않을까하는 우려로 그 보안책으로 필요한 정보의 메모리를 예비로 다른 기억장치에 저장하거나 카피해 두는 것을 뜻하는 말이다. 또한 USB와 같은 이동식 소형 메모리 등의 원본은 분실하거나 충격에 의해 손상이 생기거나 할 때를 대비하여 컴퓨터 본체에 저장하거나 분리할 수 있는 대형하드파일 등에 예비로 보관해 두는 것을 백업이라 한다.

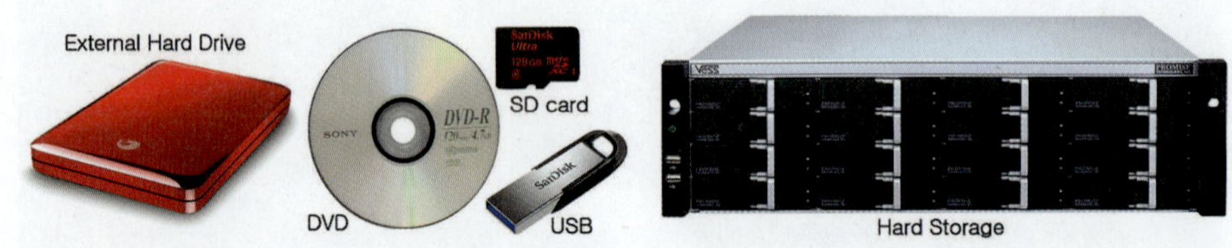

☐ 그림설명 0208, Memory backup files, DVD disc, USB, Exterminal hard drive.

0209 `ani`

backward take (역 촬영)

재래식 애니메이션 촬영에서 카메라 모터를 역회전시키며 촬영하는 기술이다. 이 역회전 촬영 작업은 필름을 장착시킨 후 이미지가 촬영되지 않도록 렌즈의 후드(Hood)를 막고 촬영하게 될 길이만큼 필름을 모두 앞으로 보낸다. 촬영 중 수정(Retake)을 감안하여 필요한 길이보다 더 여유로운 길이에서 역 촬영을 시작한다. 그림을 놓고 끝부터 조금씩 매 프레임마다 그림을 지워가며 촬영하면 영사할 때 앞에서 부터 반대로 그림이 생겨나게 된다. 예를 들어서 발자국이 생겨나야 할 때나, 지도 위에 길을 따라 줄이 생겨나야 할 때 사용되는 기법이다.

0210 `pic`

bad footage (못 쓰는 필름)

촬영은 했으나 쓸 수 없는 필름이나 영상을 가리키는 말이다. 손상된 필름, 초점이 흐린 필름, 프레임이 잘못 잡힌 필름 등의 필름을 총칭하는 말이다. 영화에서는 NG(No Good)라는 말을 일반적으로 사용한다. 풋테이지(Footage)의 의미는 길이를 뜻하는 단어이므로 재래식에서나 현대식의 컴퓨터 카메라에 찍힌 영상도 같은 의미로 사용되는 말이다.

0211 `pic` `sci`

balance (균형, 밸런스)

애니메이션에서는 밸런스라는 단어는 자주 사용한다. 1) 애니메이션에서 관성의 법칙은 동작을 표현하는데 원리적으로 매우 중요한 역할을 한다. 밸런스는 움직임에 있어 좌우 균형을 유지하기 위해 수평적 운동을 취하는 것을 말한다. 중력(Gravitation)은 수직적 운동을 취하는 관성(Inertia)과의 관계이다. 2) 모든 동물들은 좌우대칭 (Symmetry)으로 탄생하여 동작할 때 좌우의 균형을 항상 유지하기 위해 수시로 움직임을 취해 균형을 유지하는 것을 밸런스라 한다. 3) 공연을 위한 야외무대 설치에서 대중에게 만족스럽고 드라마틱한 이미지 구성을 위해 군중과의 공간을 확보하고 컬러 조명을 배열하거나 음악이 만족스럽게 울려 퍼지도록 스피커와 마이크를 배열한다. 또한 사운드나 대사가 바운드(에코, Echo)가 없는지, 음량과 톤이 자연스럽게 들리도록 하는 작업을 말한다.

0212 `mus`

ballad (담시, 가락)

시(Poem)나 작은이야기에 붙인 발라드 풍(라르고~안단테의 템포)의 가락(Song)을 말한다. 일반적으로 전해 내려오는 전통적인 발라드는 민속 이야기에 여러 형식으로 노랫가락에 붙여 불러온 것이 유래되었다. 특히 쇼팽(Chopin)의 피아노곡과 같다고 설명할 수 있다.

0213 `mus` `art`

ballet(발레)

발레의 어원은 이탈리아어로 'Ballare'의 춤을 추다의 의미이다. 발레 춤의 시작은 궁정 안에서 여럿이 함께 추던 춤에서 시작 되었다고 전해온다. 이탈리아 피렌체(Firenze, Florence)에서 태어난 카트린 드 메디시스 (Catherine de Medicis, 1519-1589)가 후일 프랑스의 앙리 2세 (Henry II, 1533-1559)의 왕비가 된 후, 1581년경에 조국의 궁정 발레를 프랑스에 소개하게 되었고 점차 전 유럽에 퍼져나가기 시작하며 그 원형이 여러 차례 바뀌고 오늘날과 같이 발전한 것으로 전해 내려온다. 그러나 발레가 대중화 되고 다른 여러 춤들과 다르게 기법이 절세된 동작으로 구별되기 까지는 고전 음악 작곡가들과도 맥을 같이 한 것이 눈에 띈다. 발레 음악을 작곡한 차이코프스키(Peter I. Tchaikovsky, 1840-1893),

□ 그림설명 0213, Edgar Degas의 <댄스교실> 그림속의 발레.

스트라빈스키(Igor Fyodorovich Stravinsky, 1882-1971), 프로코피에프(Sergei Prokofiev, 1891-1953) 등의 러시아 작곡가들은 그들의 출생이 모두들 1800년대 안에 있었다. 화가들의 그림에서도 보면 인상파 화가인 드가(Edgar Degas, 1834-1917)가 1874년에 그린 <the Dance Class>라는 그림을 보면 발레를 하는 소녀들이 둘러서서 이야기를 듣고 있는 장면이 보인다. 이러한 발레리나 (Ballerina)들을 다룬 그림은 같은 시대를 살던 르누아르(Renoir, 1841-1919)그림에서 흔히 눈에 띄기 때문이다. 발레 춤은 대사가 없이 하나의 무용 (Choreography)형식으로, 발레리나가 발레곡에 맞추어 정확하고 우아한 동작으로 의미를 전달하는 팬터마임적인 동작이 그 특징이며 무용으로서의 재능을 보이는 아주 어려운 장르로 각광을 받는 예술이다. 발레는 오랜 세월이 지나면서 현대 발레로 개인의 재능이 돋보이도록 발전되었고 매우 즉흥적인 율동이 형식 안에서 도드라지게 시선이 집중해지는 예술이 되었다.

0214 `gen`

bar (바)

좁고 긴 평편한 테이블과 같은 물건을 대체적으로 모두 바(Bar)라고 이르는 말이다. 예; 서부영화를 보면 기다란 바에 기대거나 스툴(Stool)에 앉아 술을 마시는 장면을 볼 수 있다. 또한 일반적으로 음악이 있고 와인(Wine)이나 음료를 즐길 수 있는 작은 공간의 쉼터를 가리키는 말이다. 재즈와 같은 리듬이 잠시 스트레스를 잊게 하고 정서(Emotion)를 느낄 수 있는 곳이라고 할 수 있다.

□ 그림설명 0214, 전형적인 칵테일 바.

0215 `mus` `ani`

bar sheet (바 시트, 오선지)

애니메이션을 제작할 때 화면의 동작과 일치하도록 하기위해 작곡을 효율적으로 관리하기 위해 작성하는 표준 시트이다. 바 시트에는 초당 24프레임 표시가 되어 있고 음악을 쓰기 위한 악보로 사용된다. 작곡가는 이 바 시트에 의해 속도를 연주자들에 지시해 연주한다. 이 시트에는 애니메이션의 여러 상황이나 정서적 분위기, 또한 상황에 따라 솔로 악기로 표현할 수 있는 효과음 필요성도 표시되어 있다. 일반적으로 TV 시리즈물에서는 비용이 많이 소요되기 때문에 장편 애니메이션을 제작할 때 사용하는 경우가 많다.

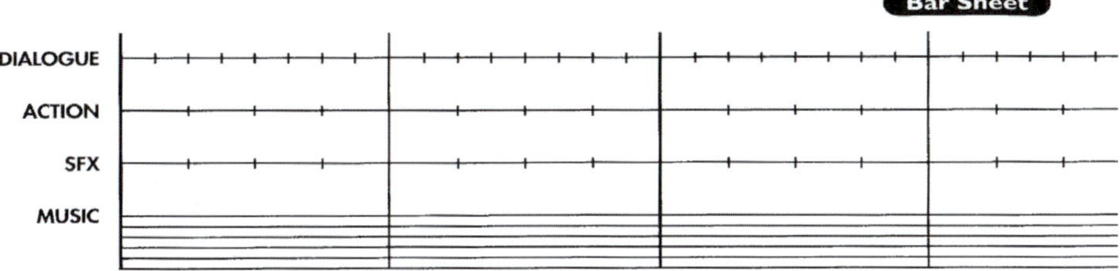

□ 그림설명 0215, 바 시트 오선지.

0216 `com`

Barcode (바코드)

일종의 물품의 신분증명서와도 같다. 문자나 숫자를 나타내기 위하여 흑백의 가늘고 굵은 막대기로 디지털 코드화되어 있는 것을 말한다. 광선판독장치에 의해 물품의 종류, 이름, 가격 등을 빠르게 읽어낼 수 있는 장치이다. 표준화 시킨 세계상품코드(UPC, Universal Product Code)로 모든 상품의 판매와 관리에 탁월하게 사용되는 시스템이다. 이 시스템은 컴퓨터에 의해 상품의 정보를 인식시키고, 기억하고 문서를 출력할 수 있는 기능을 가지고 있으므로 유통방식에 큰 변환을 가져 왔다.

□ 그림설명 0216, 바코드.

0217 `mus`

baritone (바리톤, 바리톤가수)

남자의 목소리의 음정으로 테너(Tenor)가수의 목소리보다 더 깊지만 아주 저음(Bass) 소리를 내지는 않는다. 악기로는 바리톤 색소폰(Baritone Saxophone)을 들을 수가 있다.

✱ 참조보기 (2725 - Tenor)

0218 `pho` `pic` `equ`

barn door (반 도어, 조명 조절판)

영화촬영용 조명등 앞에 달린 금속판으로 다양한 모양으로 움직여서, 촬영하려는 특정 부분에 비출 수 있도록 조정 역할을 할 수 있으며 상대 조명을 가려 카메라의 플레어(Flare, 반사광)를 막기도 한다. 시대의 변천에 따라 사용에 편리한 자재가 개발되고 따라서 조명에도 이러한 플레어 빛을 굴절시켜 주는 폴라로이드(Polaroid) 편광필터를 사용한다.

□ 그림설명 0219, 촬영대의 구조.

0219 `ani` `equ`

baseboard (베이스보드, 촬영대)

재래식 애니메이션 촬영용 카메라 스탠드에 촬영할 그림을 올려놓을 수 있는 넓은 판을 가리키는 말이다. 이 촬영용 판 위에는 그림이나 셀을 상하로 이동하면서 촬영할 수 있도록 아래, 위에 각각 두 개씩 4개 또는 6개 이상의 바(Bar)가 부착되어있다.

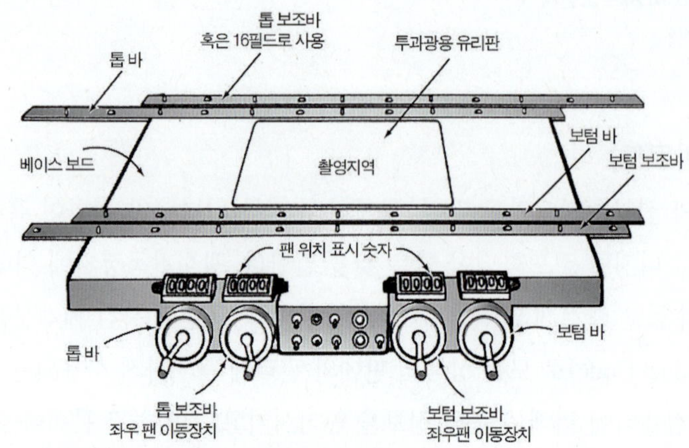

□ 그림설명 0218, 조명의 반사광 조절판.

✱ 참조보기 (2298 - Rostrum Camera)

0220 `mus`

bass (저음, 저음가수, 베이스가수)

남자의 성대로 가장 저음을 낼 수 있는 목소리를 가리키는 말이다.

✱ 참조보기 (0217 - baritone)

0221 `pic` `pho`

batch number (배치 번호, 필름 제품 번호)

영화필름을 만들기 위해 롤필름위에 젤라틴(감광유제)을 코팅하는 과정에서 한 번에 한통씩 혼합한 화학약품의 제한된 양으로 만들어지며 필름에 붙여지는 고유 번호이다. 이 감광유제는 한통의 화학물질을 만들 때 매우 민감하여 생산되는 각 필름의 통 (Batch)마다 포장지에 숫자를 프린트 하여 감광유제의 제조 시각과 감광도 상태를 정확히 표시한다. 영화 촬영 시 같은 색감과 노출온도의 일관성을 유지하여 화면의 질을 향상시키려면 제조번호가 같은 것을 확인하여 사용한다. 지금은 영화제작과정이 모두 디지털화 되어 사용하지 않고 재래식 필름 제조 당시에 사용하던 한 벌의 영화를 완성하는데 선택되는 매우 민감한 하나의 절차였다.

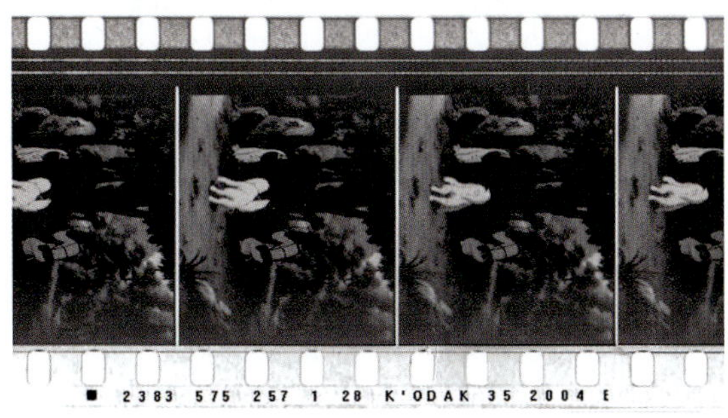

□ 그림설명 0221, 필름제조 때 한 묶음 번호.

0222 `gen`

BBC (British Broadcasting Company: 비비씨 방송)

BBC방송은 1922년 독립된 여러 회사들이 모여 영국의 라디오 방송을 주관하는 비영리 단체로 왕실 특허를 가지고 운영되었다. 텔레비전은 1932년 처음으로 시험방송을 했으며 1936년 BBC 텔레비전으로 일반에게 방송이 시작되었다. 텔레비전 방송은 유럽이 2차 세계대전 중인 1939년 9월 1일에서 1946년 6월 7일 사이에는 일시 중단됐었다. 1955년에는 독립적으로 운영하는 상업방송 ITV가 생겨나 BBC와 경쟁의 상대가 되었다. BBC는 이때 BBC2를 방송하게 된다. 1964년에는 이 두 방송을 BBC1과 BBC2로 개명하고 1967년 7월 컬러 방송을 시작했다. 그리고 1969년 11월 15일 BBC와 ITV가 통합됐다. BBC는 국민에게 봉사하는 방송으로서 UK(United Kingdom) 전체를 위한 방송으로 개편되게 된다. 프로그램 제작은 정보 서비스, TV방송, 라디오 방송을 구분하여 관리하고 있다. BBC는 지역방송은 물론 BBC1, BBC2, BBC3, BBC4와 정치 전문 채널, 의회방송, BBC News 24, 어린이 방송 CBBC 그리고 British Parliament, Scottish Parliament, Welsh Assembly, European Parliament 등이 방송된다. 이로서 BBC 방송은 세계 최대의 방송으로 아직도 군림하고 있다.

□ 그림설명 0222, BBC logo.

0223 `pho` `equ`

beam projector (빔 프로젝터)

빛을 이용해 슬라이드나 동영상 이미지를 스크린에 비추는 기계. 각종 소형 빔 프로젝터는 학교, 회사나 컨퍼런스(Conference) 홀 등에서 브리핑용 자료를 비추기 위해 많이 사용된다. 최근에 나온 디지털 레이저 프로젝터(DLP, Digital Laser Projector) 시스템은 컴퓨터 하드디스크에서 완성한 장편 애니메이션도 영상과 음향을 필름으로 전환하지 않고 직접 스크린에 상영할 수 있다.

□ 그림설명 0223, 빔 프로젝터.

0224 `mus`

beat (비트, 박자)

1. 영화에서는 감독이 스크립트 등 문장에 괄호(Parenthetic)를 넣어 드라마적 플롯(Dramatic Plot)을 추가하고자 할 때 표시를 넣는 것을 뜻한다. 2. 음악의 템포(Tempo, 박자)를 뜻한다. 애니메이션에서는 엑스포저 시트(Exposure Sheet)위에 표시해 줌으로써 동작을 그리는데 도움을 준다. 캐릭터의 율동, 걸음걸이, 물체의 움직임과 템포에 따라 애니메이션 동작을 표현할 때 비트(Beat, Rhythm)를 표시하고 그 속도를 따른다. 또한 멜로디(Melody)가 리드(Lead)음일 경우 비트와 관계없이 선율(Melody)을 따를 수 있다. 음악에는 템포와 멜로디가 함께 있는데 음악에 맞게 애니메이션 동작을 이끌어갈 경우 템포나 멜로디 중에서 하나를 선택한다.

0225 `mus`

bel canto (아름다운 노래)

이탈리아 말로 '아름다운 노래'의 뜻이다. 이탈리아 특유의 오페라 풍(Operatic)으로 애수에 찬 남성의 목소리 음색(Vocal Tone)이 특징이다.

0226 `ani` `his` `art` `peo`

Belgium animation (벨기에 애니메이션)

유럽에서 서쪽에 자리한 국가인 벨기에는 중세 도시로 르네상스시대 건축물들이 즐비한 곳과 유럽연합의 NATO 본부가 있어 더욱 유명하다. 또한 벨기에는 역사의 흔적이 역력히 남아 세 나라의 언어를 사용하는 특이한 나라이기도 하다. 네덜란드어를 사용하는 북부 플랑드르, 프랑스어를 사용하는 왈 로니아 중간지방 그리고 남부지방에서는 독일어를 사용한다. 이 나라의 수도 브뤼셀(Bruxelles)은 그랑 플라스(Grand-Place)와 우아한 아르누보(Art Nouveau, New Art) 건물에 화려한 길드 홀(Guild Hall)이 자리 잡고 있다. 브뤼셀의 공식 웹 사이트에 의하면 브뤼셀 시를 만화도시라고 부른다. 왜냐면 벨기에에는 700여명이나 되는 세계에서 가장 많은 만화 제작자와 일러스트레이터가 살고 있기 때문이다. 이들 종사자들이 그려내는 만화 시리즈의 총 유통량은 연간 4천만 장에 달하고 벨기에의 연간 출판수입의 60%를 이곳에서 일어났다. 벨기에의 만화를 통한 전통은 물론 헤르제(Herge)라는 펜 이름(필명, Pen Name)으로 세계적으로 유명한 틴틴(Tintin, (프)빵빵의 모험) 시리즈를 그린 작가의 본 이름은 조지 레미(Georges Remi, 1907-1983)이다. 틴틴과 틴틴의 충성스러운 흰 테리어 개, 밀루(Milou)에 관한 만화연재를 벨기에 신문의 부록 어린이 보조 식품에 처음 등장 했지만 곧 성인들로부터 열광적인 관심을 얻게 되었다. 틴틴의 대모험(프랑스어: Les Adventures de Tintin)은 벨기에의 만화 작가 에르제가 연재한 만화로, 탐방 기자 땡땡(Tintin)과 그의 개 밀루(Milou)가 전 세계를 모험한다는 내용의 만화로 성장했다. 1929년 1월 10일 벨기에의 <르 벵티엠 시에클(Le Vingtieme Siecle)> 신문의 어린이 부록 〈르 프티 벵티엠(소년 20세기)〉(Le Petit Vingtieme)에서 연재를 시작해 1930년 첫 권이 출판되었다. 이러한 활동 속에 성인용 코미디 과학소설 <Big Bang(대폭발)>이 애니메이션으로 탄생한 것은 1987년에 프랑스에 있는 20세기 폭스사와 영국(UK)에 있는 엔터테인먼트 필름 배급사가 합작으로 만든 것이다. UK 버전은 영국 풍자가(Satirist)이며 배우 그리고 작가인 토니 헨드라(Tony Hendra, 1941-)가 성우감독까지 맡아 만들었다. 1883년 벨기에 계 이탈리아 사람으로 펜 이름 카를로 콜로디(Carlo Collodi, 1826-1890)로 더 잘 알려진 카를로 로렌치니(Carlo Lorenzini)의 동화 <피노키오의 모험>으로 널리 알려져 있는 소설이다. 카를로 콜로디 애니메이션 과학판타지영화로 <우주 공간의 피노키오(Pinocchio in Outer Space) 를 감독했다. 미국의 유명 배우였던 피터 라저(Peter Lazer, 1946-2008)가 피노키오의 목소리를 맡았었다. 이 작품은 벨비죤(Belvision) 스튜디오의 레이 구센(Ray Goossens, 1024-2008)이 감독했고 미국의 놈 프레스콧(Norm Prescott, 1927-2005)과 프레드 래드(Fred Ladd, 1927-)의 참여로 이루어졌다. 1999년에 나온 <Alien Adventure(외계인 모험)>는 벤 스타센(Ben Stassen, 1959-)이 IMAX형식 슬랩스틱 입체(3D)로 대형화면으로 제작된 최초의 완전 디지털 방식의 장편 영화였다. 2015년에는 크리스찬 데스마레(Christian Desmares, (Age Unknown))와 프랭크 에킨시(Franck Ekinci, 1964-)가 공동으로 감독한 <4월과 괴상한 세계(Avril et le Monde truque lit, April and the Extraordinary World)>가 프랑스-캐나다의 합작으로 공상과학 이드벤처 애니메이션으로 만들어졌다. 또한 프랑스 만화가이며 시각예술가인 자크 타르디(Jacques Tardi, 1946-)의 작품을 바탕으로 에킨시와 벤자민 레그렌드(Benjamin

Legrand, 1950-)감독, 마리온 코티야르(Marion Cotillard, 1975-)가 주연한 시각적 스타일을 가진 펑크열기(Steampunk)의 세계를 묘사했다. 2014년에 디지털로 출시했다. <Dilili a Paris(파리의 디리리)>는 2018년 미셸 오셀로(Michel Ocelot, 1943-)가 스토리를 쓰고 감독도 한 작품이다. 이 필름은 어드벤처 영화로서 프랑스어, 독일어와 벨기에어로 출시되었다. 안시국제애니메이션영화제(Annecy International Animated Film Festival) 개막식에 초청되어 처음 공개됐다. 2019년 이 영화는 애니메이션으로 크게 명예스런 44회의 세자르 상을 받았다. 세자르상(프: Cesar du Cinema, 영: Cesar Award)은 프랑스가 영화에 주는 상으로, 현재 프랑스 영화 산업에 가장 큰 영향을 주고있는 상이다. 벨기에 출신 만화예술가들은 많다. 만화가 헤르제(Herge)라는 펜명(Pen Name)으로 활동해온 조지 레미(Georges Remi, 1907-1983)의 삶과 작품 <틴틴의 모험>을 기념하기 위해 설립된 박물관의 대변인 디디 릭(Didier Leick)은 "틴틴은 일반적으로 벨기에 인은 아니며 보편적인 영웅으로 슈퍼 히어로도 아니다. 그는 우리를 사로 잡은 인물로 남아있다"고 말한다. 그렇다고 이렇게 많은 유명 예술가들이 벨기에서 태어났다고 자랑하지도 않는다.

□ 그림설명 0226-1, <틴틴과 스노이(Tin Tin and Snowy)>, by Georges Remi.

-2, <Fly Me to the Moon(2008)>, by Ben Stassen.

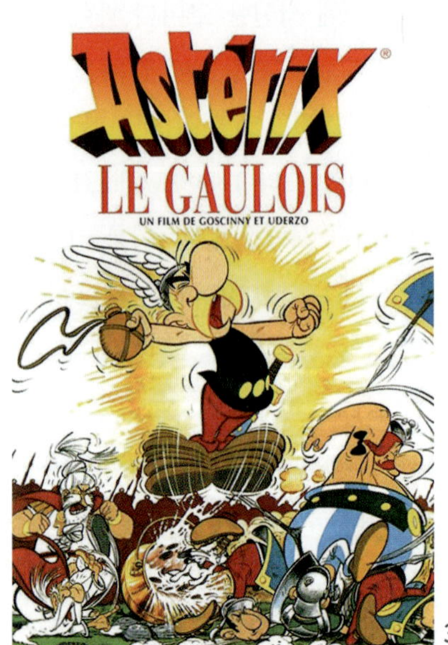

-3, <Asterix le Gaulois(1967)>, by Ray Goossens.

-4, <The Secret of Kells(2009)>, by Tomm Moore.

-5, <Chromophobia(1966)>, by Raoul Servais.

0227 `gen`

believe (믿음)

믿음이란 물질이 아닌 생각으로서 진정하게 믿을 수 있는 정신(Spiritual)의 세계를 의미한다. 하나님을 믿는다. 상대의 존재(Existence)를 진리적(In the Truth)으로 확인하고 그 생각을 믿는 것을 믿음이라고 한다. 예: 신임(Trust), 신뢰(Reliability), 신용(Confidence) 등의 거래상의 물질적 의미를 담은 상호간의 믿음과는 다른 뜻으로 사용되는 말이다.

* believing (믿음, 신앙심)
* believe in God (창조주 하나님의 존재를 믿다)

0228 `gen` `art` `lit`

* Believe it or Not (믿거나 말거나)

미국 캘리포니아 산타로사에서 태어난 만화가인 로버트 리플리(Robert Ripley, 1890-1949)가 1918년에 '카툰라이프'라는 신문에 그렸던 만화연작 칼럼의 이름이다.

□ 그림설명 0228, 리플리의
연재만화 <믿거나 말거나>

0229 `fes`

Berlin International Film Festival (베를린국제영화제)

독일〉Berlin, 1951년 6월, 처음 개최된 베를린 영화제는 원래 동구권 영화들을 다수 초청하고 동서화합이라는 기치를 걸고 당시 분단됐던 독일의 통일을 기원하는 영화제로 시작된 매우 정치적인 영화제였다. 이 영화제는 칸영화제(Cannes Film Festival), 베네치아영화제(Venice International Film Festival)와 함께 유럽의 3대 축을 이루는 명성이 있는 중요한 영화제가 되었다. 유럽에서 개최되는 영화제 중 그 성격이 가장 정치적이며, 격조가 높은 것으로 유명하다. 칸영화제나 베니스영화제가 예술이나 상업적으로 발달되었다고 본다면, 베를린영화제는 이념적이고 정치적, 사회적인 주제를 다룬 작품들에 수상작을 내는 편이다. 영화제는 포럼개최와 세계 영화 경쟁부문, 유럽 영화 부문, 아동 영화 부문 등으로 나뉘어 진행된다. 이 금곰상은 많은 무비메이커(Movie Maker)들을 흥분시킨다.

□ 그림설명 0229, 베를린 영화제 <금곰상>

0230 `equ`

BetaCam (베타캠)

일부의 디지털 전문가용 비디오, 녹화, 재생하는 방송용 기기로서, 규격은 1/2인치(약 1.27cm) 마그네틱 카세트를 매체로 사용한다. 소니(SONY) 회사가 1981년 개발한 방송용 녹화, 녹음을 위한 영상장비이다. 다른 회사의 경쟁을 제치고 독주할 정도로 제품의 성능은 대단하다. 아날로그 형식의 베타캠 에스피(BETACAM SP) 이후 디지베타(DIGI-BETA)는 디지털(Digital) 장비로 매우 성능이 뛰어나다. 최근에 와서는 고품질 화면 HD(High Definition) 장비의 사용이 확장되기 시작했고 21세기에 들어서는 대부분의 장비가 디지털화되어 사용하지 않게 되었다.

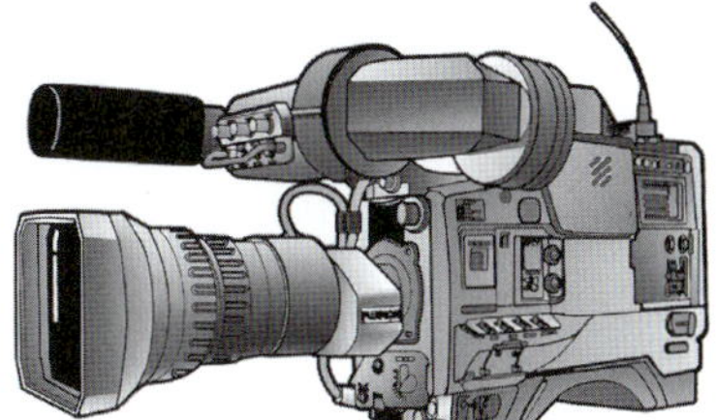

□ 그림설명 0230, TV방송장비 Digital BetaCam과 Camera.

0231 `ani` `peo` `his`

Betty Boop (베티 붑)

미국에서 베티 붑이 최초로 그려졌을 때에는 개과(Canidae)인 프렌치푸들(French Poodle)을 캐릭터화한 만화였다. 이 캐릭터는 그림 네트웍(Grim Natwick, 1890-1990)에 의해 1930년에 창작된 애니메이션이었는데 몸은 매력덩어리 육체파에 양쪽 귀가 늘어지고 코는 둥글고 까맣고 머리털은 곱슬머리였다. 그 시대에는 잘 어울리지 않는 그림처럼 보인다. 이 카툰은 막스와 데이브 플라이셔(Max Fleischer, 1883-1972, Dave 1894-1979)가 파라마운트 픽처(Paramount Picture) 영화사에 납품하는 타카툰(Talkartoon) 시리즈 중 <어지러운 접시들(Dizzy Dishes)>에 출연한 색다른 여성 캐릭터였다. 냇윅크는 1879년에 창립한 시카고미술학교(Art Institute of Chicago)를 나온 아주 재능 있는 청년이었다. 그는 화가, 애니메이터, 감독 등으로 불리며 플라이셔 스튜디오에서 애니메이션 <베리 붑>을 주로 그렸는데 애니메이션 제작자이며 감독이었고 발명가(Rotoscope발명)로도 불리던 막스 플라이셔와는 분신과도 같은 사이었다. 최초의 작품 <어지러운 접시들>을 보아도 두 사람은 공동감독으로 되어있는 것을 알 수 있다. 베티 붑은 1931년 다시 수정하여 디자인 되었다. 개로 표현했던 귀 대신에 이어링을 하고 미니스커트를 입고 왼쪽 허벅지를 보이며 매우 섹시한 몸짓으로 노래를 불러

□ 그림설명 0231-1, 강아지 귀가 달린 최초 1930년의 베티 붑.

-2, 진실로 베티 붑은 헬렌 케인을 흉내낸 것이었다.

-3, 완전 섹시한 여성으로 1932년 재수정된 베티 붑.

엄청난 인기를 끌었다. 그러나 베티는 마치 당시 유명한 가수였던 헬렌 케인(Helen Cane, 1904-1966)을 흉내 낸다는 이유로 1932년 파라마운트 영화사와 막스 플라이셔 스튜디오는 케인의 소송에 휘말리게 되었다. '개인과 가수이미지 손상'으로 25만 달러의 손해배상 소송이었다. 결론은 무혐의로 끝이 났고 베티 붑의 인기는 90여개의 TV 시리즈를 계속할 만큼 지속되었다. 1934년 베티 붑은 킹피처 회사(King Features Syndication)에 넘어갔고 그들에 의해 쇼는 천연색으로 바뀌고 머천다이징 장난감들은 그 수를 헤아릴 수 없을 정도로 1970년경까지 미 국내시장에 광범위하게 퍼져 팔려나갔다. 그들은 애니메이션 페스티벌도 수년간 열기도 했다.

0232 `ani`

between (사이)
*in-between (사이그림)

애니메이션을 그림으로 그릴 때 특히 두 장의 그림과 그림 사이의 동작을 그려 넣는 뜻으로 애니메이션에서 사용하는 용어이다. 애니메이션에서 설정하는 가장 기초는 관절이 최대로 움직이고자 하는 마디와 마디의 동작을 극단포즈(Extreme)로 정하고 이를 키 포즈(Key Pose)로 사용하기위해 정한다. 사용하는 종이마다 3개의 천공이 뚫려있는데 이것은 같은 위치를 확보하기 위해 사용되는 페그(Peg, 나무 못)에 고정하는 레지스트레이션(Registration, 떨림이 없도록 하는 장치)용이다. 첫 번째 키 포즈의 그림을 ①이라 정하고 두 번째 그린 키 포즈를 ⑬으로 정하면 사이그림은 11장을 그려 넣게 된다. 여기서 중간 번호로는 ⑦이나 ⑧이 되지만 동작에 변화를 넣기 위해, 이 그림번호를 ⑤라 한다. 이유는 이렇게 그림의 동작을 어디는 빠르고 어디는 느리게 배열하여 원하는 동작을 위해 타이밍을 주기 때문이다. 그림 배열로 볼 때 ⑤번의 위치까지 빠르게 움직이겠다는 의도이다. 그리고 ⑤에서 ⑬번 까지는 그림을 조밀하게 그려 동작을 부드럽게 하려한다. 그 이유는 동작에서 관성이나 중력이 동작으로 표현되어야 하기 때문이다. 겹쳐진 그림의 중간동작을 그릴 때에는 라이트복스(Light-Box)에 불을 켜 밑그림을 보며 그린다. 이때의 애니메이션 동작은 오른쪽 하단에 차트(Chart)로 표시하여 어시스턴트(Assistant Animator)에 넘긴다. 어시스턴트는 애니메이터의 지시를 따라 중요한 동작을 그린 후 다시 인비트위너에게 차트를 따르도록 사이 그림을 지시한다. 이것이 정통적인 클래식 애니메이션으로 완성하는 과정이지만 애니메이션이 점차 생략되고 제한적으로 제작비를 축소하면서 인비위트위너를 고용해 애니메이션을 완성하는 시스템은 점차 사라지게 되었다. 21세기에 와서는 컴퓨터의 발전으로 프로그램에 따라서 중간그림을 사람의 손으로 그리지 않고 컴퓨터에서 작업을 대신해 주는 혁신된 애니메이션 제작 방법도 등장했다.

□ 그림설명 0232, 애니메이션 동화차트, 1번 그림과 13번을 완성한 후 5번 중간 그림을 먼저 그린다. 이것을 In-Between이라 한다. 그리고 5번과 1 번 사이 그림 3번을 그린다. 5번과 13번을 사이의 7번 동작을 그린다. 애니메이션의 동작은 위 차트와 같이 항상 중간그림부터 그려 동작을 연결해 나간다.

*in-betweener (사이그림 애니메이터)

동작의 사이그림을 그리는 사람을 부르는 말이며 애니메이션이 완성되는 마지막 클린 업 작업을 말한다.

0233 `ani` `pic` `art`

bible (자료집)

성서와는 의미가 다르게 사용되는 단어이다. 영화의 장편이나 TV 연속물에서 주인공과 조역 등의 애니메이션 캐릭터들의 자료집을 바이블이라 말한다. 이 자료집에는 출연 인물의 얼굴, 몸의 특징(Configuration of Characters), 의상(Clothes), 소도구(Props), 모든 출연자들의 키 높이 비례(Character's Size Comparison), 입모양(Mouth Chart), 포즈 집(Poses), 배경(Background) 등 모든 것의 낮과 밤(Day & Night)의 색상도 이에 포함된다. 또한 스토리개요(Synopsis), 영화의 타이틀, 각 시리즈 에피소드의 시놉시스, 마케팅전략(Marketing Strategy) 등에 관한 배급과 수익을 예상해 보는 비즈니스(Business) 자료들이 수록되어 있다. 이렇게 최종 확정된 모든 자료를 책으로 만들고 수정을 할 수 없도록 정리된 것을 바이블이라 부른다.

  B

□ 그림설명 0233, 모델자료(왕후 심청)들. 감독, Nelson SHIN (2005년)

0234 `pic`

big budget film (대작 영화)

특별히 영화를 만들기 위해 대작을 계획 할 때, 특별한 예산을 들여 대작을 만들어 내는 필름을 말한다. 많은 예산을 들여 만드는 영화들은 대부분 크랭크 인(촬영이 시작되면서)이 되면서 시끌벅적 소문을 낸다. 돈이 든 만큼 미리광고를 하고 관객을 동원하기 때문이다. 이러한 대작 영화들은 세계 배급망을 통하여 상영되는 것이 상례이다. 예로; <배트맨 대 슈퍼맨>은 2016년에 제작된 영화로 DC 코믹에 나오는 두 주인공의 대결로 총 제작비 미 달러로 $325 Million(한화 3,590억원)을 들여 만들어졌다. 그리고 목표액이었던 미화 $1 Billion을 만드는 데는 실패했다.

□ 그림설명 0234, 영화, <배트맨 대 슈퍼맨> (정의의 새벽 편), 2016, by Zack snyder.

0235 `gen`

billboard (광고판, 옥외간판, 벽보)

빌보드 광고는 초대형(가로50ft. x 세로20ft.) 옥외에 입간판 광고를 목적으로 건립되어 설치한 광고판을 이르는 말이다. 이러한 빌보드는 2차 대전 후 미국이 잃었던 경제성장을 만회하기 위하여 생산유통이 시작되고 각 지방정부 도로변에 우뚝 세워 초대형보드에 그림을 그려서 광고를 하며 시작되었다. 지금도 외곽도로에서 많이 볼 수 있는 이 초대형 옥외 광고판은 발전을 거듭하여 더 이상 사람이 현장에서 이 넓은 보드에 그림을 그리지 않고 광고물을 인쇄하여 쉽게 부착하여 제작이 가능해 졌다. 그러나 이런 방식의 빌보드 광고는 철저히 관리하여 지방고속도로, 일반 도로 등에 허용되며, 그러나 교량 위나, 광고로 인해 도로안내판에 혼란을 줄 수 있는 곳,

□ 그림설명 0235, 고속도로 외곽의 빌보드 광고판.

고가도로 진입구 등 적절치 않은 장소에 부착을 금지하는 법 조례가 있다. 또한 도시의 건물 벽이나 옥상에 전자식 LCD나 LED 스크린 전광판 광고는 빌보드라 부르지 않는다. 이러한 전광판은 동영상으로 방영하지만 수요자들은 소리 없이 화면만을 보게 되므로 음향 대신 자막으로 메시지를 전달해야 하는 것이 특징이다. 한국에는 종전 후인 1958년경부터 광고대행업소를 거치지 않고 자체 소유지에 건립하여 광고를 하기도 했다. 지금은 광고부착물은 사진과 함께 내용을 관계기관에 신고해야 하고 허가를 얻어야 한다.

✳ bulletin board (게시판, 속보판)

블리튼 보드는 속보 게시판을 뜻하는 말이다. 뉴스나 긴급한 보도, 또한 수시로 변화하는 일기 예보와 같은 수시 변화되는 상황을 긴급하게 보도하는 게시판을 말한다. 블리튼 보드는 완전한 광고의 목적인 빌보드와는 다른 순수 긴급뉴스를 다루는 속보판을 말한다.

✳ 참조보기 (0286 - Bulletin board)

0236 `lit`

Biography (바이오그래피, 일대기, 전기문학)
✳ BIO (바이오)

Bio는 Biography를 줄여서 쓰는 말이다. 일종에 이력서와 같은 것으로 이것을 서술적으로 문장화 한 것을 말한다. 바이오 문장은 3인칭으로 작성하며 실제의 인물의 생애를 당대 또는 후대에 객관적으로 보이게 기록하는 것을 의미하는 말이다. 이러한 의미에서 바이오그래피는 자신의 사회적 활동과 생애를 요약하여 3인칭으로 소개하는 것이 일반적이다.

✳ autobiography (자서전)

자기의 일대기를 자신이 자전적으로 쓴 것을 말하며, 그럼으로 자전문학(Essay)이라고 부른다.

✳ 참조보기 (0160 - Autobiography)

bi-pack (바이 팩)

애니메이션 평면 촬영에서 두 개의 물체가 서로 다른 거리감을 주어야 할 경우 아날로 그 방식의 합성을 뜻하는 말이다. 나누어져 촬영한 2개의 장면을 하나로 합성해 낼 수 있는 방식이다. 예를 들어 두 캐릭터가 전후로 서있을 때, 애니메이션 2D 평면상에서 포커스(Focus)를 A에서 B로 옮길 수는 없다. 이 때 A와 B를 따로 촬영을 하게 되는데 A는 Focus를 맞게 하며 촬영하고 B는 포커스를 흐리게 하면서 각 각 촬영한 후 A와 B 를 합성하면 그 효과를 얻어낼 수 있다. 디지털 방식의 새로운 기술은 이러한 복잡한 문제를 거치지 않고 쉽게 처리할 수 있다.

*bi-pack filming (바이팩 필리밍)

아날로그방식 애니메이션의 평면촬영기술에서 근접한 물체의 움직임과 먼 곳의 움직 임이 각각 다르게 진행되고 있을 때, 매우 복잡한 절차를 걸쳐 완성했다. 평면 그림이 기 때문에 원근이 모두 똑같이 포커스(Focus)가 맞는다면, 이는 평면적인 그림에 지나 지 않는다. 이럴 때 마스크(Mask)를 사용하여 원근의 움직임을 각기 다르도록, 포커스 (Focus)를 조절하여 입체적으로 보이게 하는 카메라 기술 중에 하나이다. 이 아날로그 방식은 실사와 애니메이션을 합성할 때도 이 방법을 사용했다. 지금은 사용하지 않는 촬영기술이다.

□ 그림설명 0237, 4와 같이 15세기 중세와 같은 장면을 연출하려 할 때, 움직이는 물결 1과 같은 현대의 바닷물과 범선을 놓고 중세의 풍경이 느껴지도 록 추가할 오버레이 2를 그림이나 사진으로 구성하여 1과 2가 카메라(3)에 동시에 촬영되도록 한다. 결과는 4처럼 완성된 중세풍의 장면을 완성하게 된다.

bit (비트 단위, 조금)

비트는 적은 수량단위를 나타내는 말로서 컴퓨터에서는 전기장(Electric Field)과 자기 장(Magnetic Field)에 의한 메모리의 정보 용량을 재는데 사용되는 단위이다. 컴퓨터 단위로 잴 때 8 bits는 1 byte를 가리킨다.

*byte (바이트, 정보전달 단위)

메모리의 단위는 축약된 글로 표기한다. KB(킬로바이트, Kilobyte)는 1,024bytes, MB(메가바이트, Megabyte)는 100만Bytes(엄밀히 1,048,576바이트), GB(기가바이트, Gigabyte)는 10억 Bytes를 뜻하며, TB(테라바이트, Terabyte)는 1조Bytes를 나타내는 단위이다. 그밖에도 일반적으로 많이 사용하지 않는 PB(페타바이트, Petabyte), EB(엑사바이트, Exabyte), ZB(지타바이트, Zetabyte) 그리고 YB(요타바이트,Yottabyte)의 최고단위가 있다. USB메모리의 용량의 크기를 1GB, 2GB, 4GB, 8GB, 16GB, 32GB, 64GB, 128GB 등의 배수로 표기하며 부를 때는 16기가 또는 64기가라고 한다.

0239 com

binary (2원체, 2진법)

데이터에서 사용되는 2원체의 의미지만, 일반적인 단어로 사용되는 말이기도 하다. 글자대로(Literally) 텍스트 동의의 뜻으로서 두개의 성과(Outcomes)나 두개의 구성(Components)의 의미를 가진다. 예로, 컴퓨터에서 1과 0으로 켜고 *끄거나*(On and Off)거나, 녹음실의 콘솔을 *끄거나 켜거나* 등 데이터에 대하여 프로그램의 동작을 결정하는 것을 말한다.

0240 com

bitmap (비트맵)

비트맵은 작은 점(Dot)들로 이미지를 만들어 내어 저장하는 파일 형식은 그래픽을 래스터(Raster) 방식으로 저장하기 때문에 래스터 그래픽스라고 한다. 비트맵에 대응되는 메타파일(Metafile)은 벡터(Vector) 방식으로 그래픽을 저장한다. GIF, JPEG, PNG, TIFF, BMP, PCX 등 파일 형식의 이미지를 위해 사용된다. 비트맵은 저장한 후 확대하면 대각선 부분이 층계처럼 보이게 되어 논란의 대상이 되었지만 지금은 알고리즘에 의해 부드러운 이미지를 보게 해준다.

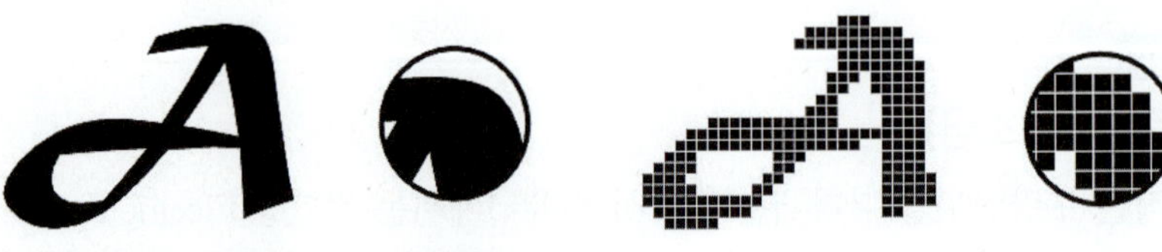

□ 그림설명 0240, 백터(좌)와 비트 맵(우)

0241 `pic` `gen` `pho` `art`

bird's-eye view (조감도, 부감)
* bird's-eye shot (공중촬영, 부감촬영)

공중에서 똑바로 내려다 본 샷으로, 때로는 크레인이나 헬기에서 촬영하기도 한다. 최근에는 이러한 화면은 드론카메라(Drone camera)에 의해 최상의 조감 촬영을 할 수 있다. 드론샷의 특징은 드론에 장착된 카메라를 조정하는 것이 아니라 드론을 상하좌우, 후진과 전진을 용이하게 조종하여 화면을 원격으로 수신하여 캡쳐를 한다. 조감 신의 목적은 캐릭터에 집중하기 보다는 넓은 시야를 확보, 더 많은 것을 보여주며 흥미를 이끌어내기 위하여 사용되는 촬영연출기법의 하나이다.

* 참조보기 (0048 - Aerial Image, Aerial perspective, Aerial shot)

* 참조보기 (1851 - Overhead Shot)

☐ 그림설명 0241, Bird-Eye-View(공중에서 본 서울 시청 앞 광장)
(Overview of Anti - Government Demonstration, 2019)

0242 `pic` `lit`

black comedy (블랙 코미디)

일반적으로 어떤 부조리의 주제를 해학적으로 해석한다. 영화 예술에서 죽음, 폭력, 인종적 편견 등의 무거운 주제를 유머러스하게 다루는 것들을 말한다.

0243 `sci`

black hole (블랙 홀)

우주에 있는 모든 천체를 가리키는 말로 그 중 어느 천체 내부에 있는 열핵반응이 열약할 때 중력장의 힘이 커지며 순간 천체는 스스로 산산조각으로 붕괴되어 우주 속으로 순간적으로 흡수되는 것을 블랙홀이라 한다. 예; 마치 평편한 낚시 그물망 위를 무거운 쇠구슬이 괴도를 돌다가 힘이 다하여 서서히 정지하면 그 무게를 못 이기고 망이 뚫어지며 쇠구슬이 모두 쏟아져 자취를 감추게 되는 것과 같은 이치라고 한다.

☐ 그림 설명 0243, Black Hole 화가의 성상도.

0244 `peo` `ani` `his`

Blackton, James Stuart (제임스 스튜어트 블랙톤)

블랙톤(Blackton, 1875-1941)은 1875년에 영국 셰필드(Sheffield)에서 태어나 어린 나이에 아버지를 잃고 어머니를 따라 1885년 그가 10살 때 미국 뉴욕으로 이민 오면서 그의 원래 이름인 Blacktin에서 Blackton으로 개명했다. 제임스는 어려서부터 그림을 그리며 예능에 뛰어났다. 그는 성장해서 불과 나이 22살 때인 1897년 비타그래프 스튜디오(Vitagraph Studio)를 창설했다. 그는 미국초기에 영화기술을 연구하며 제작한 스톱모션 애니메이션(Stop Motion Animation)의 창시자이며 미국애니메이션의 아버지로 불린다. 이런 것을 토대로 뉴욕에 있는 '브룩클린 데일리 이글(Brooklyn Daily Eagle)'과 '뉴욕의 이브닝월드(New York Evening World)'에서 삽화가(Illustrator)와 기자로 활약했는데 당시에는 신문사들마다 생생하게 움직이는 필름으로 짧은 뉴스릴(News Reel)을 만들어 여러 곳에 판매하는 것이 유행인 때였다. 블랙톤 역시 영화 카메라를 좋아해 미국과 스페인간의 일명 산티아고전쟁(Santiago War, 1898) 뉴스를 카메라로 취재했다. 이때 막상 필요했던 군함들의 전투장면은 블랙톤이 취재할 때는 실전이 없어서 찍을 수는 없었다. 그가 만든 뉴스릴은 편집장으로부터 충분치 않다는 이유로 퇴짜를 맞게 되었다. 당시에는 미국과 스페인 간의 군함에서 대포를 쏘아가며 싸울 때 였는데 이것을 언제까지 기다릴 수는 없었다. 그는 욕조에 물을 가득 채우고 오래된 군함사진을 가위로 오려서 철사 줄로 매달아 잡아당기면서 그의 아내에겐 시가(Cigar)를 피워 연기를 계속 뿜도록 하고 천천히 움직이며 촬영을 해냈다. 이렇게 촬영된 필름은 나중에 현상을 해 보니 진짜 현장의 군함을 찍은 것처럼 완전해 보였다. 콤마촬영에 의해 만들어진 이 뉴스릴은 미국과 유럽에서 어마어마하게 팔려나갔고 성공을 가져오게 되었다. 블랙톤은 이 일로 크게 이름이 나게 되었고 그림 쇼를 창안하여 새로운 일을 하게 되었다. 그는 성격이 명랑하여 관중 앞에서 3류 배우처럼 유랑 쇼를 잘 해내기도 했지만 실제로는 필름과 카메라에 더 많은 관심을 쏟은 사람이었다. 블랙톤은 뉴스촬영기자로서 1898년 4월에 스페인이 미국에 전쟁을 선포해서 일어난 산티아고(Santiago)전투를 취재하며 그의 창의성이 만들어낸 필름으로 이것으로 세계에서 가장 먼저 애니메이션을 만든 사람으로 기록되게 되었다.

□ 그림설명 0244-1, 쇼 포스터, 사진은 블랙톤 자신.

*the beginning of animation (최초의 애니메이션)

사실상 실사(Live Action)영화 촬영기법은 프랑스의 뤼미에르형제에 의해 1895년에 촬영기와 영사기가 한 몸통으로 되어있는 일체형으로 유럽에 나왔다. 그러나 필름카메라가 나온 지 2년도 안되어서 미국에 있던 블랙톤이 어떠한 카메라를 사용했는지 어느 기록에도 그 출처는 찾을 수가 없다. 그는 1897년에 '비타그래프(Vitagraph)'를 창업해 스스로 촬영기법을 터득했을 뿐만이 아니라 스스로 '콤마촬영기술(Stop Motion Technic)'을 연구하여 놀라운 단편들을 제작했다. 그리고 그는 틈틈이 요술도 배우며 오락부분에 관심을 가졌다. 그는 칠판에 그림으로 <우스꽝스럽게 보이는 웃기는 얼굴들(the Humorous Phases of Funny Faces)>을 그리고 지우개로 지우면서 또 다른 웃기는 얼굴을 갑자기 나타나게 한다든지 손 빠른 재능을 보이며 관중을 모았다. 이듬해에는 <겁나는 호텔(the Hunted Hotel)>을 만들었는데 빵이 저절로 갈라지는 트릭필름(Trick Film, 애니메이션)도 찍었다. 이러한 필름을 본적이 없는 그 당시 사람들에게는 빵이 저절로 갈라지는 것은 으스스한 분위기를 연출할 수 있었다. 이러한 색다른 내용들로 실험애니메이션을 만들기도 했다. 그러나 그는 일이 너무 많다고 생각한 나머지 1919년 중도에 회사의 문을 닫기도 했지만, 그는 라이브액션 필름만 취급하는 독립회사를 다시 차리고 열심히 촬영했다. 1926년에 그동안 찍어 놓은 모든 필름을 워너브라더스(Warner Bros.)에 매각해 많은 돈을 받아 큰 부자가 되었다. 한 때 그는 발명왕 토마스 에디슨(Thomas Alva Edison, 1847-1931)과 제휴하여 일한 적도 있었지만 그는 모험적인 비즈니스에 많은 돈을 투자한 나머지 재산을 모두 날리게 되었고 결국 블랙톤은 1931년 사업실패로 인해 파산하게 되었고 미국영화의 개척자의 한 사람인 제임스 블랙톤은 사람들로부터 잊힌 채 세상을 살다가 1941년 8월 14일 자동차 사고로 그의 생을 마감하게 되었다. 그리고 그는 캘리포니아(California) 로스엔젤리스(Los Angeles) 근교에 있는 글렌데일(Glendale) 공동묘지에 묻히게 되었다.

□ 그림설명 0244-2, 블랙톤이 최초의 애니메이션을 만들었던 그림.

0245 `ani`

blank (블랭크, 공간, 공셀)

아날로그 방식으로 애니메이션을 만들 때 사용한 셀룰로이드에 아무것도 그려지지 않은 공(블랭크) 셀을 가리키는 말이다. 재래식으로 애니메이션을 만들어 촬영할 때는 한 프레임씩 그림 순서대로 셀을 바꾸게 되는데 셀 위 그린 물체의 동작이 끝나면 그 자리가 비게 될 때 이 공 셀을 넣고 화면의 밝기를 유지해야한다. 이때 촬영 표상에는 X로 표시하고 공 셀을 넣고 촬영하도록 한다. 셀룰로이드에 그림을 그려 촬영할 때 셀은 최대 6장의 레벨(Level)을 겹칠 수 있고 이 6장의 셀을 항상 유지하여 전체 영화의 화면의 톤(밝기)을 유지한다. 레벨이 빠지면 화면에 깜빡거림 현상이 생겨나기 때문에 이를 방지하기 위해서 사용한다.

0246 `pic`

blockbuster (블록버스터, 대작, 히트작)

비용이 매우 많이 들고, 길이가 길며, 호화롭게 만들어진 필름으로서 수익을 내서 재정적으로 큰 성공을 거둔 필름을 가리켜 부르는 말이다.

0247 `com`

blog (블로그)

블로그라는 말은 웹(Web)과 로그(Log)를 합성한 말이다. 이 블로그에는 개인의 생각(Thought), 주장(Assertion), 견해(Opinion), 경험(Experience), 지식과 학문(Knowledge and Learning) 등을 남들에게 알리고 다른 사람들이 보고 읽고 댓글을 달 수 있도록 열어 놓은 웹페이지를 말한다. 1994년 미국의 저스틴 홀(Justin Hall, 1974-)이 20세 때 그가 시작한 온라인 일기가 역사상 첫 블로그로 뉴욕 타임즈(The New York Times) 등 일간지에 소개되었다. 처음 대부분의 웹페이지에는 'What's New(새로운 게 뭐지)'와 'Index(순서, Indexfinger)'라는 페이지가 있었으며 이때 '순서'에는 가장 최신의 글이 위에서부터 게시되거나 순서대로 제목이 나열됐었다. 오늘날의 블로그에는 글(Text) 뿐만이 아니라 사진, 음악, 플래시 동영상(Animation) 등이 게제되고 블로그에 댓글(Reply)로 인해 블로거(Bloger)와 방문자들(Visitors) 간에 의사소통이 더욱 확장되었다.

＊The Nethernet (네더넷)

저스틴 홀(Justin Hall, 1974-)은 비디오 게임과 영화 제작자이다. 홀이 더욱 유명하게 된 것은 네더넷 게임 때문이다. GameLayer라는 그의 회사(3명의 공동대표)는 2007년에서 2009년 사이에 인터넷을 통해 여러 사람들이 동시에 참여할 수 있는 'The Nethernet' 게임을 만들어 냈고 온라인 게임에 방문자가 네더넷 블로그(Blog)에 방문하는 동안 "수동적으로" 동참하게 되기 때문이다.

□ 그림설명 0247, Multilayer Game on Internet.

0248 `pic` `equ`

blow up (확대, 블로우 업)

주로 20세기 때 영화필름 현상소에서 원본영화필름 보다 크게 확대하는 것을 말한다. 영화필름의 종류는 일반적으로 알려진 8mm, 16mm, 35mm 그리고 70mm로 필름의 폭이 거의 배수로 되어있고 축소보다는 확대를 하는 경우가 많다. 그밖에 필름의 폭이 4.75mm, 9.5mm, 17.5mm, 22mm 그리고 28mm 특수용 필름들이 있다. 확대할 때 비율은 동일하게 유지하고 16mm필름을 확대하여 35mm로, 또는 35mm를 70mm로 확대하여 사용하기도 했다. 또한 필드 안에 잡히는 불필요한 요소들을 제거하거나 이미지의 디테일을 확대하는 등 크기를 변경할 때 사용되었다.

0249 `fes`

Blue Dragon Awards(청룡영화상)

대한민국의 하나의 영화제. 1963년 조선일보가 국가의 영화 진흥과 대중문화의 발전을 위해 만든 영화상이다. 작품상이나 감독상은 물론이지만 특별히 이 청룡상은 이름 그대로 신인들의 데뷔에 포커싱(Focusing)을 하고 있다. 특별히 이 상은 네티즌의 투표와 전문인들의 추천으로 9명의 심사위원에 의해 수상작이 결정된다. 현재는 스포츠조선이 주최기관이다.

□ 그림설명 0249, 청룡상 트로피.

  B

0250 `pic` `peo`

blue movie (블루무비, 포르노영화)

청색영화라는 용어는 표준 도덕법(Standard Morality Law)과 상반되는 영화제작을 의미 한다. 블루는 밤(Night)을 상징하는 언어이며 따라서 성인영화 XXX 등급의 영화를 지칭하기도하고, 영화제작 비용을 조달하기 어려운 시대에 대충(Quick and Dirty) 만들어 낸 영화들이 푸른 색조를 띄게 제작되었기 때문에 불렸던 말이다. 그러나 그 유래는 여러 가지로 해석하고 있다. 1700년대 후반 사무엘 피터스(Samuel Peters, 1735-1826) 목사가 '진리─청색 법'을 발명해 냈지만 이뤄지지는 못했다.

✱ 참조보기 (1993 - pornographic film)

0251 `mus`

blues (블루스, 재즈)

블루스는 미국 흑인들의 역사와 함께 흑인들의 많은 영혼(Soul)에서부터 창시된 음악이다. 1863년 링컨(Abraham Lincoln, 1809-1865) 미 대통령의 흑인 노예 해방은 애환에 젖은 미국흑인영가를 부르기 시작했고 이를 기초로 한 재즈(Jazz)에 붙여진 말이다. 특히 시대적인 비탄(Lament)을 호소하며 아프리카(Africa) 전통음악과 특유의 아메리카(America) 포크 송이 조화롭게 노래한 스타일 음악에 분류되어 사용된 말이다. 그 원래의 재즈는 주로 흥겨운 팝에 맞추거나 즉흥적으로 하모니를 연출하며 춤추고 노래하며 발전해 재즈의 확고한 형태를 지켜오게 되었다. 흑인들의 음악이라면 대부분은 흥겨운 비트가 있지만 블루스는 약간은 무겁고 호소나 포용력이 있는데서 대중의 사랑을 받아 왔다. 블루스 댄스의 시초는 1920년경부터 여러 재즈 홀이나 볼룸에서 전문 댄서들에 의해 무드(Mood) 있게 남녀가 포근하게 안고 춤을 추었다. 지금은 매우 격렬하게 빠른 스윙댄스로 변화되어 음악과 파트너를 랜덤(Random)으로 하는 즉흥댄스가 되었다.

□ 그림설명 0251, 20세기 초 자유형 블루스 스텝.

Bluetooth (블루투스)

블루투스는 디지털(Digital) 방식으로 된 통신기기에 사용하는 단거리 개인용 무선통신 전파체계를 말한다. 짧은 거리에서 2.4~2.485GHz의 단파 UHF전파를 이용하여 기기 간의 전자통신이 가능하여 드론, 스마트폰과 전자시계, 키보드와 마우스, 스피커, 태블릿 등에 사용한다.

□ 그림설명 0252, 블루투스에 의한 원격 작동장치.

0253 art pho pic

blur (블러, 번짐)

1) 캐릭터(Character)나 카메라의 아주 빠른 움직임을 두드러지게 표현하는 드라이 브러시 기법으로 주로 매우 빠른 동작 뒤에 속도감을 주기 위해 사용되는 기법이다. 2) 희미한 영상을 표현할 때도 이 기법을 사용한다. 3) 셔터를 잘못 조절해서 생겨난 촬영 결점이나 촬영하는 도중 카메라의 떨림에서 생긴 결점도 이렇게 부른다.

✱ blur effect (흐릿함, 번짐 효과)

이 단어는 시각이 초점이 없이 흐릿하거나, 잉크로 쓴 글자가 물에 젖어 번졌거나, 당황스런 일을 만나 판단력에 혼란을 주거나 등의 의미로 사용되는 일반적인 말이다. 그러나 애니메이션이나 실사영화에서는 피사체의 움직임에 적용시키는 기술적인 한 표현방식으로 자주 사용된다. 영화의 원리는 1초당 24프레임으로 촬영된 영상을 순서대로 비춰줌으로 연속된 동작을 보게 된다. 애니메이션에서는 가끔 아주 빠른 캐릭터의 동작을 표현하는데 이 때 3분의 1초(8프레임)는 실제로 빠르지만 애니메이션에서는 이런 상황을 더 빠르게 시각적으로 보이게 하기 위해서는 움직이는 물체에 효과를 넣어 빠르게 보이도록 바람과 같은 드라이브러시(Dry Brush) 잔상효과 등으로 뿌옇게 번진 효과를 준다.

□ 그림설명 0253, 여러 Blur효과, Pan Blur, Character Blur, Zoom Blur.

0254 `com`

BD (비디)

＊Blue-ray disc (블루레이 디스크)

□ 그림설명 0254, Blue-Ray Disc.

블루레이 디스크를 줄여서 표기하는 말이다. 블루레이는 영상과 음향을 읽거나(Play Back) 기록(Recording)하는 DVD나 CD와 디스크포맷의 모양이 같다. 그리고 또한 디스크 표면에 레이저빔으로 데이터를 기록하고 읽는 방식도 같지만 DVD가 붉은색을 띠는 레이저와는 달리 Blue-ray Disc(BD)는 파란색 레이저이다. 최대 기록 용량은 CD가 700MB, DVD는 4.7GB 그리고 Blue-ray가 25GB로 복층일 경우 50GB나 된다. DVD용량에 비해서 10배 이상의 카파(Capacity)를 가지고 있는 셈이다. 더구나 영상(Picture)과 음질(Sound)에서도 월등히 다르다. DVD의 해상도(Resolution)는 720x480이며 BD는 1920x1080으로 매우 좋은 해상도와 고용량을 저장할 수 있다.

0255 `pic` `com`

blue screen (블루 스크린, 합성기술)

이 테크닉(Technic)은 마치 필름 아날로그 방식의 바이팩(Bipack)과 흡사한 효과이지만, 비디오 제작방식 과정에서만 쓰이는 기법이라는 점이 다르다. 대개 프로세스 블루(Process Blue: 비디오에서 보이는 청색) 방식의 기술을 활용할 시에 청색 뿐 아니라 프로세스 레드, 그린, 블랙(Process Red, Green, Black)으로도 가능하지만, 스크린 프로세스에서 사용된 색상과 움직이는 그림 중에 같은 색이 포함되어 있으면, 그 부분에 불필요한 그림이 보여지게 되는 것이다. 전경 이미지에서 푸른색을 과다하게 사용해 '블루 스필(Blue Spill)' 현상을 가져올 수 있기 때문에 이를 방지하기 위해 색을 점검한 후 다양한 필터 중에 선택하여 사용한다.

0256 `pic`

B-movie (저예산 영화)

미국이 1920년경 캘리포니아(California) 남부지역인 할리우드(Hollywood)에 영화제작 산업단지를 구축하고자 워너브라더스(Warner Bros), 유니버설(Universal), 콜롬비아(Columbia), 파라마운트(Paramount), 20세기폭스(20th Century Fox) 그리고 엠지엠(MGM) 등의 영화사들이 하나 둘씩 모여 개업했다. 말 그대로 영화제작은 성시를 이루었다. 당시의 영화들은 지금과 같이 1시간이 넘는 길이는 드물었다. 질적인 제작보다는 양적으로 많이 만들었다. 이러한 행태는 1950년 경까지 계속되었다. 이렇게 미국에서 장삿속으로 만들어진 저예산 영화를 비 무비(B-Movie)라고 부른다. 이런 영화들은 내용도 우수하지 않을 뿐 아니라 예술성도 없이 저예산으로 촬영해 1주일도 안되어 한 편 씩 제작되었는데 미국어로는 '퀵 앤 더티(Quick and Dirty, 서둘러 적당히 만든)' 라고 부른다. 지금에 와서 보면 유명 배우들이 이러한 저예산 영화에 많이 출연한 바 있다. 이는 저급예산일 뿐이지 저급 배우가 출연한 것은 아니라는 의미다. 영화는 영화광고도 하지 않아 비용을 줄이고 최고의 수입을 올리는 것이 일반적이었다. 이 시대에는 할리우드 굴지의 영화사들이 저예산으로 영화를 제작했고 그들이 소유하고 있는 지정된 극장에만 직접 배급함으로서 폭리를 취하기도 했다. 더구나 이 시기는 할리우드에서 제작이 많았고 극장상영은 피처필름(Feature Film, 50분 내외 길이 본편) 1편 또는 더블 피처링(두 가지 본편)과 단편(주로 6분미만 애니메이션) 1편 그리고 광고까지 끼워서 겨우 1시간 넘게 상영했다. 이런 식으로 최고의 호황을 누렸기 때문에 더욱 더 관객들의 핀잔을 받았고 결국에는 이러한 폭리 영화사들은 법률로 시정명령과 함께 제작이 금지되었다. 그러나 이 시대의 과오들은 그 자리에서 멈춰서지는 않았다. 이런 흐름은 1970년경까지 영향에서 벗어나지 못했지만 이일로 미국의 영화산업이 새로운 이정표를 선택하게 되었다. 할리우드의 제작자들은 새로운 노력으로 발전된 영화를 만들게 되었으며 우수한 제작자나 감독들이 할리우드적인 영화로 이끌어 올리게 된 것이다.

□ 그림설명 0256-1, B무비에 출연했던 유명배우 존 웨인.

-2, 저예산 영화 <뉴욕의 불빛> WB제작.
(포스터 위에 최소로 전편 모두 내사(Talking)가 있는 영화라는 부제가 보임)

0257 `gen` `ani`

blush effect (홍조 효과)

창피하거나 부끄러울 때 얼굴이 벌겋게 상기되는 것을 뜻하는 말이다. 애니메이션 효과는 캐릭터 등에 이런 부끄러움의 상황을 강조하기 위하여 홍조를 뺨 위에 잠시 보여주는 효과를 말한다.

0258 `gen` `ani`

bob(밥, 끄덕임)

애니메이션 제작에서 감독이 애니메이터에 주는 디렉션(Directions) 중에 캐릭터의 머리를 아래위로 끄덕(Nod)거리라는 감독의 지시 용어 중에 하나이다. 예를 들어 헤드 밥(Head Bob)은 대사 중에 머리를 내리거나 올리면서 끄덕거리게 동작을 하라는 뜻이다.

0259 `equ` `his`

Bolex (볼렉스)

볼렉스 16mm 카메라는 1924년에 스위스(Switzerland)의 찰스 핵시우스(Charles Haccius)와 작크 보골폴스키(Jacques Bogopolsky, 1895-1962)에 의해 상표등록을 한 후, 스위스 숙련공에 의해 정밀하고 다목적으로 사용할 수 있는 'Auto Cine A'라는 16mm Bolex Camera를 개발해 'Bolex International S. A.'가 이 카메라를 제조하여 4년 후인 1928년부터 출시했다. 카메라는 영국이 개발하여 스위스에 제작을 의뢰해 만든 카메라이다. 볼렉스(Paillard Bolex H16)는 1930년에서 1960년경까지 아마추어용 영화제작 카메라로 각광을 받아온 일류급 무비(Movie)카메라이다. 1935년에는 9.5mm 폭으로 가벼운 카메라를 출시했다가 1938년에는 8mm로 다시 개조하여 나오며 이들의 주력사업으로 1970년까지 8mm와 16mm 카메라는 계속 만들어진 인기 종목이었다. 이들 카메라는 전지나 전기를 사용하지 않고 시계의 태엽과 같은 방식으로 태엽을 감아서 풀릴 때까지 카메라의 기계적 기능을 움직일 수 있게 만들어진 카메라이다. 특히 카메라는 순발력을 높이기 위해 3개의 렌즈(Tartlet)를 장착하여 와이드(38mm), 스탠다드(55mm), 텔레포토(105mm)를 즉시 선택하여 사용할 수 있게 3D Vintage를 개발했다. 이 카메라는 가볍고 견고하여 전쟁 중에 종군기자들에 크게 인기가 있었다. 또한 학교의 교육용, 영상기록 보관, 기록영화제작에 인기가 있었으며 더구나 싱글 프레임(Stop Motion) 촬영이 가능했기 때문에 애니메이션 촬영에도 많이 사용된 카메라이다.

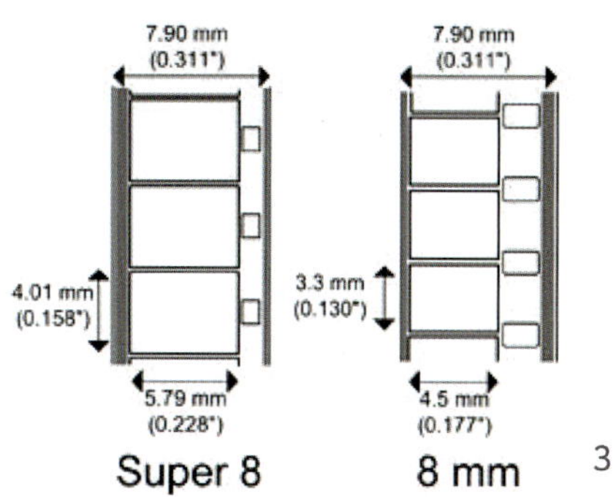

□ 그림설명 0259-1, 16mm 'Bolex' 카메라의 3 타레트(Turret)아방가르드 나 애니메이션 작가들이 사용한 카메라.

-2, 꾸준히 개발한 8mm Bolex.

-3, 사용한 8mm 필름형태.

0260 equ ani

book (북)

아날로그 방식의 애니메이션 촬영에서 페그 바(Peg Bar)가 부족할 때 책 페이지처럼 그림을 들췄다 났다하며 촬영하기 때문에 붙여진 이름이다. 이것은 경첩같이 생긴 바를 말하며 어느 위치고 임시로 부착하여 사용할 수 있는 것을 말한다.

□ 그림설명 0260, 페그바가 부족할 때 촬영테이블에 테이프로 부착하고 책처럼 열었다 닫았다 하며 촬영을 해서 북이라 함.

0261 equ pic

boom (붐)

일반적으로 대중으로부터 또는 관객에게 그리고 소비자들에게 사회적으로 크게 인기 있음을 뜻하는 단어이다. 카메라 붐은 높고 길게 뻗혀 있는 수평봉 위에 카메라를 설치하여 기계적으로 여러 각도에서 촬영을 용이하게 해 주는 돌리(Dolly)의 일종이다. 이 장치는 재래식처럼 사람이 올라타지 않고도 지상으로부터 자유롭게 수동 또는 자동 조작으로 운전하며 움직이는 카메라 팬이나 앙각에서 조감도까지 촬영을 할 수 있게 도움을 주는 장치이다.

0262 `gen`

boomerang (부메랑, 다시 제자리로 돌아오다.)

얇게 다듬고 구부러진 나무막대기로서 목표물을 향해 던지면 이것을 던진 사람에게 다시 돌아오게 된다. 옛날 애니메이션 기록을 보면 오스트레일리아(Australia), 아프리카(Africa), 인도(India) 등지에서 이 부메랑을 전쟁에서 사용했고 평상시에는 말과 같은 큰 동물을 사냥했다는 기록이 있다. 부메랑은 언제나 돌아오는 것은 아니다. 목적물에 맞으면 다시 돌아오지 않는다. 또한 전투용 역시 적에게 발각될 수 있어 돌아오지 않게 되어있다. 무게는 1kg 내외이며 크기는 40cm~60cm 정도이지만 날카로워서 목표물에 크게 타격을 줄 수 있다.

□ 그림설명 0262, 부메랑.

0263 `equ` `pic`

boom microphone (붐 마이크)

붐 마이크는 길이를 낚싯대와 같이 늘여서 피사체 가까이 이동성 있게 펼 수 있도록 막대에 부착된 마이크를 말한다. 이 마이크는 카메라의 프레임 밖에서 촬영되지 않도록 물러서서 대사 하는 사람의 머리 위에 위치하도록 한다. 이 붐 마이크는 캐릭터들을 이리 저리 따라다니며 동시녹음 시에도 사용된다. 소리와 떨어진 곳에서 녹음할 때, 마이크를 길게 뻗어 소리에 가까이 접근할 수 있도록 하는 기계적인 장치이다. 이런 장치는 소형 영상카메라에 장착되어 있기도 하고 전문가들이 사용하는 것은 조수에 의해 소리가 나는 대상을 따라 움직이며 녹음을 최고조로 유지할 수 있게 해 준다.

□ 그림설명 0263, 가까이 길게 뻗칠 수 있는 Boom Microphone.

0264 `gen`

booster (부스터)

일반적으로 힘이 부칠 때 뒤에서 받쳐주는 후원자나 기계의 부품을 뜻하는 말이다. 컴퓨터에 의한 출력이 부족할 때 무선 주파증폭기를 사용하여 파워를 증폭시켜 보다 나은 음향과 영상을 얻을 수 있다. 또한 우주선, 로켓, 미사일 등에 사용되는 추진 부스터 엔진 등을 말한다.

booth (방음 부스, 전시관)

1) 음향 녹음장비를 갖추고 목소리 녹음을 위하여 설비한 스튜디오의 방음 녹음실을 일컫는 말이다. 2) 필름견본시장이나 각종 전시장에 칸막이를 설치하고 영화사, 개인제작자, 출품자 등이 전시를 할 수 있는 작은 전시관을 뜻하는 말이다.

□ 그림설명 0265, 목소리 녹음을 위한 방음소형 녹음실.

0266 `com`

booting (컴퓨터 시작하기)

하나의 운영체계(Operating System)로 이루어진 컴퓨터와 같은 기재를 작동(Loading) 시키기 위해 시스템을 시작하는 행위를 뜻하는 말이다. 일종에 스위치를 켜면 시스템이 작동하여 다음 순서를 대기하는 종류의 전자적 시스템을 이르는 말이다.

0267 `ani` `equ`

bottom bar (보텀 바, 하단 바)

하단 바는 애니메이션을 그리거나 촬영할 때 사용한 애니메이션작화용에 그리고 촬영용으로 쓰이는 일정 크기의 쇠못이 박혀있는 바를 가리키는 말이다. 그림을 그릴 때 그 쇠못(Peg)에 정확히 맞게 종이에 구멍을 뚫어 움직임이 정합(Registration)되도록 만든 장치를 말한다. 완성된 그림을 촬영할 때도 이 쇠못이 장착된 테이블에서 촬영하게 된다. 애니메이션 촬영테이블에는 상단 하단에 여러 벌의 바가 설치되어있고 자처럼 길어서 적합한 위치에 그림을 끼워 좌우로 움직이며 촬영할 수 있게 되어서 이것을 트래블링 바(Traveling Bar)라고도 부른다. 따라서 디스크 위쪽에 위치해 있는 것은 톱 바(Top Bar)로 배경 이동 때 사용한다. 일반적으로 하단에 설치되어 있는 바는 캐릭터의 동작에 사용되며 애니메이션 제작에 매우 편리한 것으로 대부분의 사람들이 이 방식을 반드시 사용하게 되어 있다. 1915년 이전에 만들어진 어떠한 애니메이션도 페그 바가 아직 개발되지 않아 각자의 방식으로 애니메이션을 만든 흔적이 나타나 있다. 프랑스의 엔지니어 출신 발명가인 레옹 고몽(Leon Gaumont, 1864-1946) 1895년 인류최초로 영화제작을 위해 고몽영화사(Gaumont Films)를 설립했는데 그곳에서 일하던 에밀 꼴(Emile Cohl, 1857-1938)은 1908년 만화로 그린 최초의 애니메이션을 만들어서 유명해졌다. 그는 종이에 그림을 그리지 않고 흑판(Black Board)위에 그림이 움직여 보이도록 그려가며 한 콤마씩 촬영을 해 카툰 애니메이션을 만들어 냈다. 3년이 지난 1911년에는 미국 신문사에서 연재만화 시리즈 <잠꾸러기 나라의 리틀 네모(Little Nemo in

Slumberland)>를 그리던 윈저 맥케이(Winsor McCay, 1869-1934)가 자신의 연재만화 <꼬마 네모(Little Nemo)>를 주인공으로 애니메이션을 만들었지만 그 역시 비치지 않는 불투명종이에 배경 없이 그려서 콤마로 촬영해 만들었다. 또 2년 후, 1913년 그가 두 번째로 <공룡 거티(Gertie the Dinosaur)>를 만들었는데 역시 아직은 페그 바가 개발되기 전이어서 종이에 단순히 검정 잉크로만 그려 만든 것이었다. 맥케이는 떨림을 줄이기 위해 그림의 가장자리에는 일일이 십자(Cross Hair)로 위치 표시를 넣어 촬영을 했지만 35mm 필름으로 화면을 보면 그림이 안정되지 못하고 미세하게 떨림이 있는 것이 눈에 띄었다고 했다. 얼 허드(Earl Hud, 1880-1940)가 셀룰로이드(Celluloid)가 애니메이션 제작에는 가장 효율적으로 사용할 수 있게 개발했고 존 브레이(John Randolph Bray, 1879-1978)가 1917년에 얼 허드와 함께 애니메이션제작에 사용할 수 있게 특허를 낸 후 20세기 말까지 대량 사용되어 왔다. 페그 바는 애크미(Acme) 회사가 애니메이션에 사용되는 모든 재료에 기본(Standard)을 구축해 보려했지만 그러나 회사마다 모양과 간격을 다르게 사용했다. 셀룰로이드에 타공(Punching)을 하는 모양도 각기 자기회사 특유의 방식으로 틀리게 했다. 바(Bar)위에 페그의 간격은 가운데 둥근 나사못에서 왼쪽 납작 페그 사이는 4″로 중앙의 모두들 둥글게 생겼지만 사이즈는 1/4″인가 하면 사실 3개의 방식이 모두 틀리게 사용했다. 특히 디즈니의 방식은 중앙의 둥근 페그와 양쪽에 있는 납작 페그의 간격이 좁은 것이 특정이다. 대부분의 이유는 혼용을 할 수 없게 함으로 자재의 도용을 막고 완성된 1장의 셀이라도 특정 회사의 브랜드의 가치를 보호하기 위해서였다.

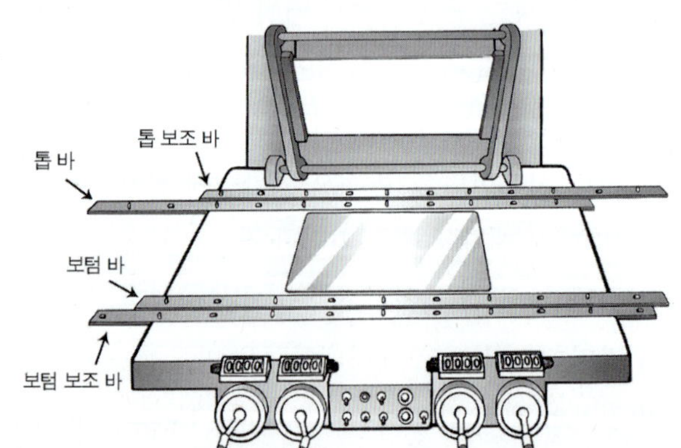

□ 그림설명 0267, 보텀 바(하단 바)와 그림을 이동 시킬 때 사용하는 바 들.

✳ bottom pegs (보텀 페그, 하단페그)
촬영대 아래쪽에 장착되어있는 바에 그림을 고정시키기 위한 돌출된 나사못(Peg)을 말한다. 보텀 바와 동일한 기능이나 명칭을 다르게 부른다.

0268 `mus`

Boogie Woogie (부기우기)

피아노로 재즈를 연주할 때 특히 왼손 부분을 속도를 내어 빠르게 피아노 건반을 두드리는 스타일이 특징이다. 이것을 부기우기라 한다.

0269 `ani` `his` `peo` `pic` `art`

Bosnia-Herzegovina animation (보스니아-헤르체코비나 애니메이션)

보스니아–헤르체고비나(Bosnia and Herzegovina)는 남부 유럽 발칸반도 서부에 있는 나라이다. 1908년 오스트리아에 병합된 후 1914년 보스니아의 수도 사라예보(Sarajevo)에서 오스트리아의 황태자가 암살(Assassination)되어, 이로 인해 제1차 세계대전이 일어나게 되었다. 그리고 제2차 세계대전 뒤 유고슬라비아는 소비에트사회주의연방공화국을 구성하는 공화국 가운데 한 나라가 되었다가 1992년 3월 그들로부터 분리 독립하면서 국호를 '보스니아 헤르체고비나'로 부르게 되었다. 전쟁 전에는 영화 예술부분에서 감독들은 베오그라드와 자그레브 스튜디오의 기술과 장비에 의존해 일반영화와 애니메이션 예술 활동을 벌여온 중요한 중심지였다. 그러나 지루한 전쟁으로 유고슬라비아 사라예보, 보스니아 헤르체고비나의 수도에서 탈출해서 시작에는 왕성한 활동을 보였으나 내전으로 모든 활동이 뜸해졌다. 특히 다큐멘터리와 영화 제작에서는 유고슬라비아 영화 제작에 특별한 기여를 하기도 했다. 그러나 보스니아 영화에서 애니메이션 부문은 미약하다. 그 이유 중 하나는 프로덕션이 자그레브(Croatia), 베오그라드(Serbia), 스코페(Macedonia), 류블랴나(Slovenia) 등의 지역의 제작스튜디오를 이용한 역사가 있기 때문이다. 이러한 역사 속에서도 1956년 즈라트코 세젤(Zalatko Seselj, 1952-)은 광고 대행사를 열어 첫 애니메이션 광고를 제작했다. 셀룰로이드에 그려진 그림을 35mm 네거티브 필름으로 2분 길이로 촬영하여 영화관에서 상영되었다. 1962년대 초에 보스니아 예술가와 열정적인 주변 몇몇 사람들과 함께 보스나 필름(Bosna Film)이라는 애니메이션 스튜디오를 사라예보에서 열고 세젤이 감독한 데뷔작으로 <꽃 속의 집, A House in the Flowers>을 만화로 제작했다. 그 당시 그는 매우 중요한 인물이 되었고 20년 후 다시 사라예보에서 애니메이션 스튜디오를 재건하는데 중요한 역할을 하기도 했다. 세젤은 풍자만화가인 아디 물라베고비치(Adi Mulabegovic, 1927-1988)와 함께 최초로 매우 독창적인 광고영화를 만들었다. 또한 예술적이고 창의적인 애니메이션은 베픽 힛지스마르비치(Vefik Hadzismajlovic, 1929-2014)가 만든 <가게 창가(A Shop Window)>가 같은 해에 나왔는데 그것은 꼭두각시(Puppet) 애니메이션으로 당시에는 관중의 관심을 얻지 못했다. 또한 나중에 유고슬라비아의 애니메이션 중심에서도 포함되지 않았다. 그러나 핫지스마로비치감독은 2년 후 1964년 <녹턴 (Nocturn, Nokturno)>이라는 두 번째 애니메이션을 만들었다. 그러나 이 작품 역시 인기를 얻지는 못했다. 이후 그는 애니메이션을 완전히 버리고 매우 정교한 다큐멘터리 감독으로 알려지게 되었다. 보스니아 헤르체고비나 전쟁(1992-1995) 동안 그는 그의 생을 다해 사라예보의 챔버 오케스트라에 관한 다큐 영화를 여러 편을 제작했고 후일 영화와 미술평론가로 써도 유명해 졌다. 또 다른 감독으로 당시 애니메이션을 시도했지만 나중에 장편 소설을 써서 유명해진 하르후딘 '시바' 크르바박(Hajrudin 'Siba' Krvavac, 1926-1992)는 핫지스마로비치와 마찬가지로 그도 <녹색 도시의 미스>라고 불린 인형 애니메이션으로 데뷔했지만 실패했었다. 훗날 이 감독 역시 애니메이션을 포기하고 제 2차 세계 대전에 관한 소설 영화대본을 써서 보스니아 영화사에서 가장 존경받는 인물이 되었다. 그는 보스니아 전쟁 중에 사라예보를 떠나고 싶지 않았지만 그는 심장질환자로 그 병 때문에 적절한 치료를 받지 못하고 죽게 되었다. 사라예보에서는 보스니아 애니메이션 제작이 몇 년 더 지속되었다. 애니메이션제작은 촬영시설이나 적절한 설비가 없어 대부분의 애니메이터들은 부엌을 스튜디오로 사용해 애니메이션을 제작했다. 당시 보스니아 헤르체고비나의 문화 기금은 애니메이터를 지원하지 않았다. 사회주의 유고슬라비아의 모든 것은 국가의 손에 있었고 공산당이 지배하기 때문에 어떤 애니메이터도 스스로 할 수 있는 것이 없었다. 영화 제작자들 중 그 누구도 카메라, 편집 테이블, 영화 자료 또는 그림을 위해 셀과 종이와 같은 물건을 구입할 수 있을 만큼 돈을 가진 사람은 없었다. 영화를 제작하기 위해 문화를 말하고 어떤 제품을 사적으로 제작할 수 없었다. 모든 것은 국가가 생산했다. 국가가 통제하고 소유했다. 영화대본이나 다큐멘터리 장르에서와 같이 애니메이션 분야는 문제를 일으키지 않았지만 언제나 상태 검열을 받았다. 결과적으로, 시스템에 대한 정치적 메시지와 비판은 간접적으로 언급되었으며 영화에서 첫눈에 알아차리는 못했다. 공무원들은 사회에 대한 부정적인 의미를 입증해 애니메이터를 고발할 수는 없었다. 1960년대 후반, 스튜디오 Bosna Film의 슬로보단 요비치(Slobodan Jovicic, 1977-)감독, 메사 셀리모비치 (Mehmed Selimovic, 1910-1982), 스타니슬라프 부시치(Stanislav Busic) 등은 아주 짧은 기간 동안 애니메이터로 일했지만, 그들 대부분은 그림 그리기를 포기하고 다큐멘터리와 소설을 영화로 제작하면서 결국, 제 2차 세계대전에 관한 매우 비싼 장편 영화제작으로 인해 크게 타격을 받아 더 이상 버틸 수 없어 영화제작에서 영원히 손을 놓았다. 그 후, 새로운 애니메이션스튜디오 수트헤스카 필름(Sutjeska Film)이 그 뒤를 이었다. 불행히도 보스니아의 젊은 세대의 사람들은 애니메이션의 열정에 대한 이해가 없었다. 20여 년 동안 보스니아에서 애니메이션은 전문가들 사이의 절대적으로 무시되었지만,

더러는 애니메이션으로 예술적인 표현을 위해 필사적인 노력으로 아마추어의 애니메이션 비전문 영화 조직에서 매우 중요하게 살아 남아있었다. 사라예보 시네마 클럽 의 회원인 이반 베지(Ivan Begic)는 매우 독특한 애니메이션을 만들었다. 아카데믹 시네마 클럽의 세시 자매(Sesic Sisters)는 꼭두각시(Puppet) 애니메이션 <티모티헤(Timotije)>를 만들어 보스니아의 아마추어 애니메이션 역사상 가장 우수한 단편영화가 되었다. 70년대 후반에 보스니아의 가장 활발한 아마추어 애니메이터 중 미드핫 아야노비치(Midhat Ajanovic. 1959-)는 아카데믹 시네마 클럽의 회원으로서 6개의 단편 애니메이션을 만들어 그의 존재를 알렸다. 회원들 중 아마추어 몇 사람들은 다양한 소재를 이용하여 여러 가지 다른 기법을 시도했다. 많은 젊은이들이 애니메이션을 배우는데 관심이 있었지만 제작회사들은 그들에 대해 무관심했다. 제작회사들의 이야기로는 아마추어들은 일을 완성하는데 시간이 너무 많이 걸려 비싼 애니메이션이 된다는 것이었다. 보스니아에서는 찾기 어려운 숙련된 사람들이 필요했다. 그런 이유로 자그레브(Zagreb)와 베오그라드(Beograd)의 영향을 많이 받았다. 크로아티아의 50년대에 나온 자그레브 필름(Zagreb Films)는 애니메이터들에게 매우 중요한 회사로 아무도 그들과 경쟁 할 수 없이 막강했다. 보리보이 도브니코비치(Borivoj Dovnikovic, 1930-), 네델리코 드라지치(Nedeljko Dragic, 1935-), 미르코 주트리사(Mirko Jutrisa), 즐라트코 그르긱(Zlatko Grgic, 1931-1988) 등과 같은 영화 제작자들은 정기적으로 만화를 제작하고 해외 축제에서도 유고슬라비아를 대표했다. 그들은 특히 새로운 만화형태로 디즈니적 애니메이션스타일을 혁명적인 단계로 받아 들였다. 1962년 자그레브 출신의 두산 부코틱(Dusan Vukotic, 1927-1998)은 오스카상을 수상했다. 이것은 유고 슬라비아 영화 역사상 유일하게 받은 오스카 상으로 남아 있다. 실제로 오스카상 수상자 인 부코틱은 그가 사망하는 날까지 자그레브에서 살면서 일했다. 도브니코비치와 드라지치 역시 세르비아 인이지만 크로아티아에서 항상 살아왔다. 도브니코비치는 여전히 자그레브에 살고 있으며 드라지치는 현재 독일 뮌헨에 살고 있다. 보스니아에서 영화제작의 과거를 돌아보면 즈라트코 세셀(Zalatko Seselj)이 개척자로서 그 나라에 부흥을 가져온 것은 사실이다. 세셀는 80년대 초에 새로운 경험을 쌓기 위해 많은 에너지를 발산하고 은퇴한 사람이었다. 영화감독인 바키르 타노비치와 밀루틴 코소박의 도움을 받아 세셀는 풍자 만화가, 화가, 건축가 또는 학생인 젊은이들을 모아 1984년 애니메이션 스튜디오를 시작했다. 당시는 민간 제작회사가 허용되지 않았기 때문에 쉽지 않았다. 보스니아의 모든 문화활동은 국가가 자금을 지원했는데 애니메이션에는 돈 낭비라고 생각했다. 1985년 미드핫 아자노비치(Midhat Ajanovic, 1959-)는 Bosna 프로덕션 회사에서 그의 두 번째 영화를 만들었다. 그리고 그는 5년 동안 <비(Rain)>, <메시지(The Message)> ,

<챔피언(Champion)>, <고야(Goja)>, <뭉크(Munk)>, <로트랙(Lotrek)>, <이카(Ikar)> 그리고 <관음증(Voyeur)> 등의 애니메이션을 제작했다. 마지막 영화는 유고슬라비아의 전쟁으로 나라가 붕괴되기 직전에 제작되었는데 당시 민간제작회사가 만든 <아타란타(Atalanta, 걸음이 빠른 미녀사냥꾼)>라는 이 영화는 유고슬라비아에서 새로운 제작자가 재정을 지원해 개봉되었다. 일간 신문의 풍자만화가였던 아자노비치는 매우 정치적이어서 모든 당시 영화는 유고 슬라비아 사회의 문제를 반영해 다뤘다. 아야노비치는 애니메이션 움직임을 만들 때 매우 미니멀(Minimal)한 그래픽 스타일을 사용했고 일상 생활에서 중요한 질문을 언제나 작품 속에서 예술로서 강조했다. 그는 전쟁 중에 사라예보에서 2년을 보낸 후 고향을 떠나 스웨덴에 영주했다. 그리고 그는 그곳에서 대본을 만들고 전쟁에 관한 소설을 쓰기시작했고 애니메이션은 거의 포기하게 되었다. 보스니아 애니메이션에 큰 영향을 가져다준 세 번째 사람은 건축가인 다르코 프레다니치(Darko Predanic)로 그는 아마추어로 시작한 1975년 <Deus ex Machina>, <ET Cetera>와 1982년 <Acerban>을 애니메이션으로 만들었고 나중에 그는 '보스냐'스튜디오에서 풀 타임으로 일하며 숙년된 애니메이터로 매우 인상적인 카툰을 만들었다. 그의 스타일의 주요 특징은 매우 풍부하고 화려한 디자인, 복잡한 이야기, 리듬있는 이미지를 편집해 사운드와 조화를 이뤄낸 것이었다. 프레다니치는 베오그라드에서 열린 단편영화제에서 상을 수상했다. 그리고 사라예보텔레비전의 정직원으로 컴퓨터 애니메이션 실험을 시작했지만 불행하게도 유고슬라비아 전쟁으로 중단되었고 그는 사라예보에서 도망쳐나와 런던으로 갔고 그곳에서 컴퓨터 애니메이션을 계속했다. 사라예보 출신의 유명화가인 머사드 베르베르(Mersad Berber, 1940-2012)는 Zagreb Film의 한 영화 감독의 도움을 받아 그의 그림을 애니메이션으로 만들어 보스니아의 새로운 애니메이션 스타일로 태어나게 했다. 사라예보 출신으로 보스니아에서 애니메이션에 전념한 젊은 세대로 드라스코 투르시노비치를 들 수 있는데 그는 본 직업 외에 다른 애니메이터들의 영화를 작업 한 건축가이다. 전쟁이 시작되기 몇 년 전에 그는 자신의 애니메이션 프로젝트를 시작했다. 이것은 매우 어려운 일이었고 많은 시간과 지식과 경험이 필요했다. 그는 2년간의 작업 끝에 그림을 완성했으나 당시 전쟁은 이미 진행되고있었다. 투르시노비치는 포위 된 사라예보에서 3년 이상을 보냈고 마침내 1994년 네덜란드로 피신하여 그곳에서 자업 중이던 나머지 영화를 완성할 수 있었다. 이 영화는 1996년과 네덜란드의 대표적인 '위트레흐트 국제영화제'에서 상영되었다. 그외에도 Bosna 애니메이션 스튜디오의 창립자 중 한 시람이었던 여성화가이며 애니메이터인 네벵카 세시치 피서(Nevenka Sesic Fiser)가 사라예보를 탈출하게되어 작업하고 있던 야심찬 애니메이션 영화 <Rhythm of Passing By>를 끝내지 못했다. 그녀는 수천 장의 셀과

그림용 자재부족으로 제작에 어려움이 있었다. 공동 제작자인 너나드 피서(Nenad Fiser)와 함께 진행되었던 이 영화는 Cel on Paint(셀에 직접 페인팅을 하는 기법)로 제작되어 독특한 예술적 스타일로 다양한 문화를 적용시키려던 의도였다. 그녀는 네덜란드에 거주하는 암스테르담의 유명한 여성 애니메이션감독인 모니크 르노(Monique Renault, 1939-)와 함께 일하기도 했다. 보스니아 헤르체고비나에서 애니메이션을 시작하기 위해 노력하는 젊은 예술가들은 어려운 기술을 배우고 연습하는 자신의 방법을 찾기 시작했다. 안시에서 열린 페스티벌을 통해 애니메이션의 흐름을 읽고, 또한 유네스코 산하 애니메이션 국제협회인 ASIFA의 멤버로 받아 들여져 교류하며 작품활동 속에 마지막으로 재건하려는 예술활동 중 하나이다.

□ 그림설명 0269-1, <Surogat (1961)>, Dusan Vukotic.

-2, <The Cake (1997)>, Daniel Suljic.

-3, <Point of Mouth (2010)>, Midhat Ajanovic.

-4, <8th DAY (1995)>, Drasko Turcinovic.

0270 `ani`

bouncy (바운시, 탄력)

동작에 탄력이 있고 쾌활한 스타일의 애니메이션을 뜻하는 것으로 스트레치(Strctch), 스쿼시(Squash) 등의 극단적인 표현방식을 사용한 애니메이션으로 워너브라더스(Warner Bros.)의 고전 작품들이 이에 속한다. 어느 캐릭터의 동작이던 간에 상하로 탄력을 주어 상쾌(Fresh)하고 경쾌(Nimbly)한 느낌을 표현한다.

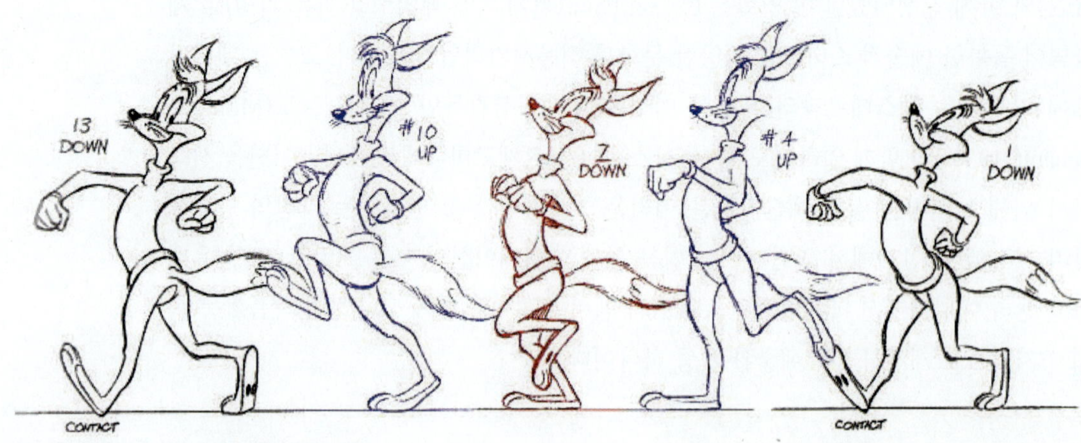

□ 그림설명 0270, 탄력있게 걷는 걸음걸이.

0271 `gen` `pic`

box office(박스 오피스, 극장매표소)

극장 외부 입구에 작게 설치되어있는 영화관람 매표소를 뜻하는 단어이다. 그러나 요즘에는 티켓수입이나 인기도를 가늠하는 총체적인 뜻으로 쓰인다. 관례적으로 극장에서는 첫 주 3일 (목, 금, 토)동안의 전국 또는 전 세계 박스오피스의 총 수입으로 성공의 여부를 가늠하기도 한다. 박스오피스 수익은 개봉 첫 주말에 기록되는데, 첫 주가 지나면 대부분의 박스 오피스는 15 %에서 40 % 가량 관객이 감소하게 된다. 그러나 좋은 영화 평이나 입소문의 영향을 받아 관객입장이 상승할 수도 있다. 이러한 영화들은 흥행에서 성공한 영화로 알려지며 더 많은 관객을 부를 수 있다. 영화를 광고하고 유지하는 데 비용이 많이 들고, 상영에도 경쟁이 붙기 때문에 대개 배급회사들은 개시가 안 좋으면 광고를 줄이고, 박스 오피스가 계속 부진하면 배급을 줄인다. 만약 필름의 시작이 좋으면, 광고와 상영관 수는 늘어나게 마련이다.

0272 `ani` `art`

breakdown drawing (중간그림 그려 넣기)

애니메이터가 그려놓은 키 포즈(Key Pose)사이에 필요한 중간 그림을 넣는 작업을 브렉다운(쪼개기 그림)이라한다. 컴퓨터를 이용한 태블릿이나 종이 위에 그리는 애니메이션의 중요한 키 포즈 애니메이터만 그리고 남겨놓은 중간액션은 어시스턴트 애니메이터가 감독이 지시(Direction)한 동작을 잘 이해하고 중간그림을 넣어서 완성한다.

0273 `gen`

breaking news (긴급뉴스)

방송이나 신문 등의 매체에서 정규 프로그램을 중단하고 긴급한 상황을 알리는 통신수단을 말한다. 이것을 '긴급뉴스' 또는 '호외' 라고 한다.

☐ 그림설명 0273, 속보를 알리는 이미지들.

0274 `gen` `com`

brightness (밝기)

광원이나 물체의 표면으로부터 반사된 빛의 강도를 표시하는 말이다. 물체는 각각의 빛을 받아들이는 정도에 차이가 있으므로 진짜 밝기는 휘도(Luminance)라고 불리며, 루멘(Lumen)단위로 빛을 측정한다.

0275 `gen`

broadcast (방송)

텔레비전이나 라디오 방송을 통하여 시청자나 청취자들에 전파를 송출하여 새로운 뉴스를 보도하고 준비된 프로그램을 전파를 통하여 넓게 방송하는 것을 말한다. 한국의 TV방송은 VHF로 송출되는 KBS(한국방송), MBC(문화방송), SBS(서울방송)와 EBS(교육방송) 등의 공중파와 유선으로 송출되는 YTN, jtbc, OCN, tvN, Arirang 등 60여개의 케이블방송 이에 포함되는 말이다. 지역에서 방송되는 FM(Frequency Modulation) 라디오 방송은 메가헤르츠로 방송주파수(88MHz~108MHz)로 송출되고, 단파 AM(Amplitude Modulation)방송은 킬로헤르츠 방송주파수(525.5Khz~1606.5Khz)로 방송된다. FM 방송은 AM방송이 갖는 잡음에 비해 소음이 적거나 없어 매우 호응을 받는 지역방송으로 사랑받는 방송이다.

0276 `gen`

Broadway (브로드웨이)

미국 뉴욕, 맨해튼(New York, Manhattan)에 있는 거리의 이름이다. 이곳은 극장들이 밀집해있고 브로드웨이 극장가라 부르며 많은 종류의 쇼들이 매우 다르게 발전해 온

곳이다. 뮤지컬, 버라이어티쇼, 연극, 마술 등 유명한 원작을 각색하고 화려하게 재탄생시켜 새로운 모습으로 변화시킨 예술을 망라한 쇼들이다. 환상적이고 감동적이어 한참 동안 혼이 빠진다. 무엇이고 만들어 낼 수 있고 무엇이고 성공적인 공연을 만들어야 하는 곳이다. 밤이 되면 쇼의 자태가 경쟁적으로 들어난다. 맨해튼은 계획도시여서 거리가 바둑판처럼 잘 정렬이 되어있어 밤의 모습은 더욱 찬란해진다. 이곳에 극장들은 모두 42번가와 53번가 사이에 모여 있다. 다양하고 화려한 뉴욕의 브로드웨이는 19세기 중엽부터 극장가가 생겨났고 이래 최고로 번창해 20세기 초에는 80여개나 성업하며 세계 최대의 쇼 무대가 가장 많은 곳으로 성장하며 명성을 떨쳤다. 브로드웨이 뮤지컬은 현재 40여 개가 공연 중이며, 전용 극장에서 장기 공연 중인 것만 10여개로 인기가 최고다. 지금도 세계적으로 유명한 연극과 뮤지컬들이 브로드웨이의 극장에서 불야성을 이루고 공연되고 있다. 한 때는 수백 개의 새로운 쇼들이 공연된 적이 있었지만 지금은 점차 퇴색해 가고 있다. 그러나 브로드웨이는 연예인들이 활동하고픈 선망의 곳이다. 이에 관심을 가진 일반인들에게도 공연의 거리로 각인 돼 있을 정도다.

□ 그림설명 0276-1, New York, 각종 쇼로 번잡한 브로드웨이 거리.

-2, Musical Show <the Cats>

0277 `gen`

brochure (안내서, 브로슈어, 팸플릿, 광고지)
팸플릿(Pamphlet)과 같은 뜻으로, 가제본 소책자,
논문집, 광고용 소형 안내서 등을 말한다.

□ 그림설명 0277,
브로슈어의 한 샘플.

bronze age (청동기시대)

고고학(Archeology, Archaeology)은 인류학(Anthropology)으로 구분하여 분류하고 인류 사회생활의 발달과정을 추적하는 것은 매우 중요한 것이다. 인류는 두뇌를 사용하여 살아남는 능력을 배웠고 더 나은 재능으로 보다 나은 도구를 만들어 더 편리하게 사용했다. 선사시대(Prehistoric Period)의 포유동물(Mammal)중 마치 지금 사람의 육체와 유사한 인류 중 살아남은 호모사피엔스(Homo Sapience)가 생활에서 사용한 원시 도구, 재료, 발달형태, 사용방법을 기준으로 크게 3가지로 나누어 시대를 나눈다. 석기시대(Old-Stone Age, Middle-Stone Age, New-Stone Age), 청동기시대(Bronze Age), 철기시대(Iron Age)로 그 시대를 나누기 때문이다. 이렇게 분류해서 용어를 처음으로 사용한 사람은 덴마크의 저술가이며 역사학자인 베델 시몬슨(Vedel Simonsen, 1780-1858)으로 그는 스칸디나비아 고대 주민문화의 역사를 돌, 청동, 쇠의 3시대로 나누어 분류 정리한 데서 비롯됐다고 기술되어 있다. 그리고 시몬슨으로부터 3년 후인 1816년에 역시 덴마크의 고고학자인 크리스천 J. 톰슨(Christian Jurgensen Thomsen, 1788~1865)이 그 나라 국립박물관의 유물을 3단계로 분류하여 전시하고 표기함으로써 그 후 이 분류 방식을 사용하게 되었다. 고고학에서는 인류가 진화하는 과정에서 인류문명이 발달하였고 편리한 도구를 만들어 사용했다고 그 근거를 소상히 펼쳐놓았다. 강한 돌을 때려서(Flint Knapping) 날카롭게 만든 도구를 사용한 구석기시대는 기원전 약 70만 년 전으로 그 후 오랜 기간동안 진화했다. 신석기시대는 오늘날의 지질학에서 기원전 8000년 전으로 분류한 것으로 보아 정교하고 짧게 그리고 구석기시대에 비해 두뇌의 움직임이 급격히 가속화되어 인류는 협동하여 공동체를 이루고 합동으로 도시를 이루고 살았다. 그 흔적들은 기원전 7000년 메소포타미아(Mesopotamia)의 수메르(Sumer, 지금의 이라크남부)지역의 최초의 공동생활이 시작된 것을 알 수 있다. 기원전 4000년과 기원전3000년 사이에 그리고 2000년 이집트 나일강 유역의 집단생활 터에서, 그리고 기원전 2600년 전의 인더스(Indus) 계곡 등에서 그림문자(Pictorial Simbol, Pictographic)들이 발견되었다. 이로써 메소포타미아, 이집트, 황하유역 등지에서 청동기시대 문화의 흔적들이 발굴되어 청동기 시대를 증거하고 있다. 청동기시대는 기원전 약1500년부터 기원전 약300년의 시기로 유적보다는 출토된 일상유물(Commodity)들로 구분하여 분류한다.

□ 그림설명 0278-1, 청동기시대 이집트의 상형문자
<이집트 공주 Nefertiabet의 석비> BC2590~2565
(프랑스, 루브르 박물관)

-2, 중국의 청동 유물들.

0279 `fes`

Bucheon International Animation Festival (부천국제애니메이션페스티벌)

한국〉 Pucheon, 1999년 4월에 부천시 복사 골 문화센터에서 1회를 개최했다. 2001년 3회부터 11월 개최로 자리 잡았으며 2014년 개최 시기를 11월 초에서 야외행사가 용이한 10월 말로 변경했다. 2011년 13회부터 한국만화영상진흥원, 한국만화박물관으로 개최 장소를 옮겼다. 개최당시에는 부천 국제학생애니메이션 페스티벌(PISAF)이었으나 일반인들의 참여를 이끌기 위하여 비아프(BIAF, Bucheon Int'l Animation Festival)로 2015년부터 명칭을 변경하고 일반 단편 경쟁, 일반 장편 경쟁 및 TV, 커미션드(Commissioned) 등 기존 학생 경쟁 부문 뿐 아니라 총 5개 분야로 영역을 확대했다. 현재는 장편, 단편, 학생, TV & 커미션드, 온라인의 국제경쟁 부문과 초청장편, 특별전, 마스터 클래스 등의 영화제와 전시, 부대 행사, 애니메이션 인재들의 네트워크 공간인 애니페어, 2013년부터 개최된 학술행사 아시아 애니메이션 포럼 등이 진행된다. 특히 2017년부터는, 아카데미협회로부터 공식 지원요청서를 받아 BIAF는 해마다 대회에 참여했던 작품을 모아 출품해 주는 국제 영화제 공식지정 협력 영화제로 확정했다.

□ 그림설명 0279-1, 비아프 애니메이션영화제 로고.

-2, 심사대회의 관객.

0280 `fes`

Bucheon International Comics Festival (BICOF, 부천국제만화축제)

한국〉 Bucheon, 1998년 부천국제판타스틱영화제 기념행사로 열렸던 부천만화축제를 시작으로 매년 8월에 열린다. 최근 웹툰의 발전과 인기, 콘텐츠 원천 소스로서의 만화의 역할이 주목받는 등 한국 만화의 성장과 함께 세계 만화의 흐름을 조망하고 한국만화가 가진 비전을 제시하는 아시아의 대표적인 만화축제로 자리매김했다. 부천 한국만화박물관과 부천 영상문화단지 일대에서 개최되며 공식행사와 전시, 만화콘텐츠 페어, 컨퍼런스(Conference), 세계 어린이만화가대회 등으로 구성된다. 부천 국제만화대상은

한국 만화작가들의 창작의욕을 고취하고
해외작품상, 학술·평론상, 어린이만화상,
부천시민만화상 등을 선정하고 있다.

□ 그림설명 0280, 부천국제만화제 로고.

0281 `fes`

Bucheon Int'l Fantastic Film Festival (부천국제판타스틱영화제)

한국〉 Bucheon, 1997년 처음으로 'BIFAN(부천국제판타스틱영화제)'라는 명칭으로 최초의 판타지 영화인 조르주 멜리에스(Georges Malis, 1861-1938)의 <달나라 여행(Le Voyage dans la Lune, 1902)>을 개막작으로 막을 올렸다. 판타스틱 영화제는 사이언스픽션(SF)이나 공포, 스릴러, 애니메이션 등 특정한 장르보다는 비판적이며 대안적인 가치를 지향한다. 해마다 7월에 개최되며 한국의 대표적인 국제 영화제로 자리 잡았다. 또 특별 상영에서는 언더그라운드(Underground) 영화와 실험영화들, 영화역사 속에 숨어 있던 영화들을 발굴함으로써 주류 영화를 넘어선 또 하나의 영화문화에 주목한다. 아시아 국가로는 처음으로 유로 판타지아 영화제에 가입하면서 한국 판타스틱 영화제로서의 위상을 키워가고 있으며 아시아 최대 규모의 장르 영화제로서 그 이름을 인정받았다.

□ 그림설명 0281-1, 영화제 로고와 대회장.

✱ BIFFF (Brussels Int'l Fantastic Film Festival)

벨기에〉 브뤼셀, 1982년에 시작되어 해마다 4월에 열린다. 2018년이 36년을 맞는 브뤼셀 판타스틱 영화제는 유일하게 유럽의 관객을 몰고 해마다 대단한 관객을 이끌어 들이여 '영화의 밤'이라는 이름으로 봄의 열기를 올린다.

-2, 브뤼셀 판타스틱 필름 페스티발(BIFFF) 로고.

0282 `gen`

budget (예산)

영화제작에 들어가는 총제작비나 행사비용 등의 예산을 말한다. 때로 영화 제작에 예측되는 모든 비용을 작성한 서류를 지칭하거나 일반적으로 특정 영화 제작에 할당된 예산의 총액을 의미하기도 한다.

0283 `com`

bug (버그, 오류, 도청장치)

1.컴퓨터 분야에서 버그란 소프트웨어의 비고의적 오류를 뜻하는 말로, 하드웨어의 자질구레한 트러블을 의미하기도 한다. "버그"의 어원은 1944년 하버드 대학에서 컴퓨터를 개발하다가 벌레(Bug)로 인한 오동작이 발생하게된 것을 서술한데서부터 시작된다. 그 후 에릭 레이몬드(Eric Reymond, 1957-)의 저서 "The New Hackers Dictionary"를 발간하면서 버그의 내용을 적고 벌레의 용어를 "현대의 컴퓨터 이전의 진공관 컴퓨터 시대부터 발생된 산업적 또는 전기적 오동작을 의미한다"라고 정의하였다. 2.도청을 하기 위해 미세한 마이크를 어디엔가 숨겨놓을 수 있는데 이런 불법 비밀 장치를 '버그'라고 부른다.

0284 `ani` `peo` `his`

Bugs Bunny (벅스 버니)

애니메이션을 좋아한다면 미국의 애니메이션 캐릭터 <벅스 버니>를 모르는 사람은 없을 듯하다. 1938년 원래 벅스 버니는 레온 슐레진저(Leon Schlesinger, 1884-1949)가 제작했는데 처음에는 많은 사람들의 도움으로 하나의 단편제작이 가능할 수 있었다. 주인공 벅스 버니는 이름도 없는 토끼로 출연했는데 워너브라더스(Warner Bros.)를 통해 배급되면서 크게 인기를 얻게 된 애니메이션 캐릭터이었다. 그 시작은 극장용 포키 피그(the Porky Pig) 단편영화 <포키의 토끼사냥(Porky's Hare Hunt)>에 출연한 것이 처음으로 봅 클렘펫(Bob Clampett, 1913-1984)이 감독했다. 그때 그 무명의 토끼는 지금의 <벅스 버니>와는 전혀 다른 토끼였다. 두 번째의 단편 <토끼 이 녀석을 혼내줘야지(Hare-Um Scare-Um)>도 클렘펫이 감독했다. 1939년에는 척 존스(Chuck Jones, 1912-2002)의 감독으로 <급히 바꾸오(Presto Change-o)>가 제작되었다. 그리고 4번째 것은 텍스 에이브리(Tex Avery, 1908-1980, 원래 이름은 Fred였는데 'Tex'로 부름)가 〈야생 토끼(Wild Hare)〉를 감독했다. 에이리 감독은 원래 매우 거친 애니메이터로 유명한 사람이었다. 그가 처음으로 "무슨 일이래요, 선생님?(What's up Doc?)"이란 대사를 처음으로 사용한 감독이었다. 그러니까 그에게 벅스 버니는 아주 잘 맞는 캐릭터였다. 1941년에 에이버리가 엠지엠(MGM)으로 옮겨 가기 전까지 그는 슐레진저(Leon Schlesinger, 1884-1948)가 운영하는 슐레진저 스튜디오(Schlesinger Studio)의 여러 단편을 담당해 만들었는데 나중에 벅스 버니는 에이브리가 책임지고 총괄해 담당하게 되었을 정도였다. 워너브라더스와 슐레진저가 공동으로 운영된 벅스 버니는 매우 유명해져 사실상 미국에서 애니메이터라고 한다면 누구나 한 번씩은 다 일해 봤다고 할 정도로 많이 만들었다. 그 밖에 감독들로는 프리즈 프레렝(Friz Freleng, 1906-1995), 로버트 맥킴슨(Robert McKimson, 1910-1977), 프랭크 타쉬린(Frank Tashlin, 1913-1972) 등이 있었다. 이 당시 맞먹는 유명했던 캐릭터로는 디즈니 스튜디오의 미키마우스(Mickey Mouse)와 도날드 덕(Donald Duck)이 있었다. 벅스 버니는 일요판 신문에 나오는 이야기만화(Comic Book)에도 영향을 끼쳤고 가정에 텔레비전이 보급되면서 TV 시리즈로도 대 인기를 끌었다.

□ 그림설명 0284-1, "What's up, Doc? (무슨 일이래요, 선생님?)" 벅스 버니.

-2, WB에서 제작된 Porky 주인공의 한 장면.

0285 `ani` `his` `peo`

Bulgaria animation (불가리아 애니메이션)

불가리아가 영화 예술이 눈을 뜬것은 유럽의 다른 작은 나라들과 연대가 비슷하다. 시대는 파리에 있는 그랑 카페(Grand Cafe)에서 뤼미에르형제(Lumiere Brothers)가 보여준 최초의 필름상영 후 영화촬영기술은 불가리아에 크게 영향을 끼쳤다. 이로써 1903년에 움직이는 기록영화(실물대로 찍은 영화)가 나왔고 1908년에는 적극적으로 불가리아에서 최초의 영화관이 생겨났다. 그리고 1910년부터 영화사업(Film Business)이 시작되었다. 불가리아에서 당시 여러 분야에 있는 사람들이 영화예술에 관심을 가졌다. Bulgarian 영화 개척자들로는 바질 젠도프(Vassil Gendov, 1891-1970), 보리스

그레요프(Boris Grejov), 알렉산더 바조프(Alexander Vazov, 1900-1972), 피타 스토이체프(Petar Stoychev), 바질 포쉐프(Vassil Poshev, 1929-) 그리고 바질 바카디에프(Vassil Bakardjiev, 1906-1980)등을 꼽을 수 있다. 그 중에서 바카디에프는 불가리아 애니메이션을 탄생시킨 최초의 사람으로 여러 기업회사로부터 광고를 주문받아 카툰형식으로 애니메이션을 시작했고 최초의 불가리아의 애니메이션 예술을 싹트게 한 사람이었다. 또한 1932년 그는 불가리아 보건부로부터 주문받은 65분 길이의 장편영화 <Мене ме, мамо, змей люби(Mehe Me, Mom, Dragon Love)>를 만들어 불가리아 애니메이션에 공로를 세웠다. 이로써 불가리아 예술이 자라난 시기는 1910년에서 1949년으로 약 40년 동안 가장 번창했다. 그 속에서 보면 바카디에프의 활동은 젊어서부터 선구자로서 역할을 한 것으로 기록하고 있다. 당시에, 디미트르 토도로프 야라바(Dimiter Todorov Jarava, 1901-1988)는 그림을 어떤 방식으로 움직이게 그릴 수 있을지 장치를 만드는데 고심했는데 종이테이프에 인쇄된 그림을 투영하여 움직임을 보는 방식이었다. 개척기에는 모든 것이 결과가 성공하던, 실패를 하던 구상에 따라 시도해 볼 수밖에 없다. 야라바는 2차 세계대전이 끝난 후, 카메라와 조명 장비를 가춘 촬영대를 만들어 그의 집에 설치했다는 기록도 있다. 그리고 그는 월트 디즈니(Walt Disney, 1901-1966) 영화의 훌륭한 세부사항을 하나하나 연구하며 공부했다. 1945년, 그는 트릭영화(Trick Film, Animation) 제작을 위한 스튜디오를 만들었다. 컷 아웃 애니메이션 기법으로 선거홍보 필름 2분짜리 <씩(Sick)>과 이어서 <좀도독(The Little Thief)> 등을 제작했다. 1948년에는 소피아(Sofia, Sophia)에 애니메이션 영화제작회사가 설립되었고 아리플렉스(Arriflex) 카메라 한대의 열악한 장비로 자체 제작 프로젝트가 시작되었다. 그 첫 번째 작업은 디모 리그루스키(Dimo Lingurski) 감독의 인형 애니메이션 <무서운 폭탄(The Fearful Bomb)>이 1951년에 발표되었다. 같은 해 올기안 다나일로프(Ognian Danailov) 감독이 <주인 마놀(Master Manol)>을 유아용으로 제작했다. 1953년에는 스테판 토팔디코프(Stefan Topaldjikov)의 <봉우리의 서열(Pike of Orders)>이 이어졌다. 이 3편의 영화는 전형적인 장편 영화의 극적인 구조를 이루었고 캐릭터와 분위기 모두를 묘사할 때 최대한의 사실감을 살려 풀 애니메이션으로 만들었다. 1955년에는 감독, 화가, 애니메이터였던 토도르 디노프(Todor Dinov, 1919-2004)는 그의 첫 번째 영화 <영웅(Marko)>을 내놓으며 데뷔했다. 그는 높은 전문성이 보이는 애니메이션으로 인상적인 스토리 텔링과 놀라운 액션으로 기억에 남는 예술 작품이었다. 그의 애니메이션은 그 당시 애니메이션 교육을 받은 유일한 구소련의 모스크바 사람이었다. 1950년대 후반에 모스크바에서 신인 예술가들이 애니메이터, 디자이너, 감독 등으로 일하기 위해 불가리아 애니메이션 스튜디오로 몰려들었다. 사람들은 그를 불가리아 애니메이션의 아버지라고 불렀다. 이로써 불가리아의 장편 애니메이션은 1957년에 이르기까지 7편이나 제작되었다. 디노프(Dinov) 감독은 만화체 애니메이션으로 그리스의 신화를 각색한 <프로메테우스(Prometheus, 1959)>를 제작해 감독의 새로운 애니메이션을 시도했다. 스토리텔링(Storytelling) 속의 웃음과 동작에 초점을 둔 새로운 시도였다. 또한 한 편으로는 토팔디코프(Topaldjikov)는 퍼펫 (Puppet) 애니메이션으로 대가를 이루어 두 사람 모두 많은 신인들을 이끌었다. 1959년에는 영국 에딘버러(Edinburgh)에서 열린 13번째 축제와 1963년 멜버른 페스티벌에서 그랑프리 (Grand Prize)상을 수상한 최초의 불가리아 애니메이션은 <보이지 않는 미코(Invisible Mirko)>를 제작했다. 불가리아 애니메이션은 1960년대부터 불가리아 상징주의를 표방하면서 주제와 장르 측면에서 변화가 있었다. 예로써 디노프(Dinov)의 <데이지(Daisy)>이다. 역설적으로 이 영화는 성인용 영화였지만 강하고 창작적인 인물로 평가되어 최고의 어린이 영화상을 수상했다. 또한 도뇨 도네프(Donyo Donev, 1929-2007)와 디노프(Dinov)가 1961년 공동 감독으로 <듀엣(Duet)>을 만들었고 이어 도네프(Donev)는 솔로 데뷔 곡인 <써커스(Circus, 1962)>, <봄(Spring, 1966)> 등을 만들었다. 그의 영화는 매우 개인적인 영상으로 인식할 수 있었다. 스토이안 듀코프(Stoian Dukov, 1931-)는 자신의 성격을 표현한 그의 독특한 시각적이며 장식적인 착색 스타일을 통해 완전히 다른 방향으로 의도한 것이 영화에서 주로 눈에 보였다. 1960년대 후반에 들어서 필름편집은 새로운 의미로 사용되기 시작했다. 이로써 이반 안도 노프 (Ivan Andonov, 1934-2011)의 <에스페란자(Esperanza)>에서 불가리아 애니메이션에 새로운 영화형식이 추가되었다. 젠가 도첸바(Zdenka Dojcheva)와 라카 부츠바로바(Radka Buchvarova, 1918-1986)는 음악에 앞장서 어린이 영화 <작은 폭포와 눈사람(The Small Waterfall and Snowman)>을 만들었고 같은 해, 디노프(Dinov)는 대본 작가인 발레리 페트로프(Valleri Petrov)와 <소나무 가지 이야기(the Story of Pine Tree's Branch)>를 만들었다. 페츠로프(Petrov)는 부드러운 이야기를 쓰는 재능있는 작가이었다. 이시기에 제작된 3편의 영화에서 공통점은 애니메이션에 새로운 느낌을 시도한 특징을 발견 할 수 있다. 1980년대 초반에 이르기까지 단편 영화로 세계적 명성을 얻었다. 칸느(Cannes), 앙시(Annecy), 아카데미의 오스카(Oscar)상을 받으며 세월이 흘러 불가리아 애니메이션의 역사는 지금 100년을 넘겼다. 이 기간 동안 모든 감독의 영화는 독창적인 새로운 시도와 관객의 반응이었다. 불가리아에는 많은 애니메이션 스튜디오들이 주로 소피아에 위치해 있었다. 그중에 하나로 보야나필름(Boyana Film)은 가장 큰 애니메이션 시설을 갖추고 있는 스튜디오였으며 이 회사는 실사 영화제작을 포함했을 뿐만 아니라 후반공정 작업시설 및 필름 현상실까지 갖춘 AV영상물 제작 풀 서비스로 한 때 크게 번창했던 회사였다. 많은 세월 속에 불가리아의 애니메이션은 2가지의 양상으로 거의 표준화 된 단편들을 제작한 듯 보이기도 한다. 그들의 대부분의 흐름은 그림캐릭터 설정, 동작 그리고 아이디어를 본질적으로 중요하게 내세운 것을 볼 수 있다.

□ 그림설명 0285-1, <Margarita (1965)> Dir by Todor Divov.

-2, <Umno selo (1972)> by Donyo Donev.

-3, <Jenita (1985)> by Rumen Petkov & Slav Bakalov.

-4, <Lyubov s prevalyavaniya (1985)> by andrey kulev.

0286 `gen`

bulletin board (게시판, 속보판)

직장의 입구 등에 설치되어있는 '게시판' 보드를 말한다. 회사 내부의 동향, 회사의 뉴스, 회사의 직원들에 공고, 업계를 알리기 위해 설치한 게시판을 이르는 말이다. 불리튼 보드는 빌보드와 달라 일반적으로 광고를 위한 것은 아니다. 그러나 관공서의 공고, 연보 등의 공문서를 계시하기도 한다.

□ 그림설명 0286, 게시판.

0287 `pic` `ani`

bumper (범퍼)

영화의 본 편 맨 앞에 따라붙는 짧은 리드필름(Lead Film)을 말한다. 주로 TV시리즈 (Series)에서 사용하는 프로그램의 한 방식으로 주로 각 시리즈 앞에 붙여 본편의 내용을 짧게 보여주어 관객을 더욱 흥미롭게 하기위해 30초 정도의 짧은 길이로 만들어진다.

0288 `pic` `ani`

burn (투과광, 빛 자국, 질주)

1) 재래식 오시콘(촬상관) 튜브에 흔히 일어나는 현상으로 카메라의 렌즈를 통해 강한 빛이 비추거나 콘트라스트(Contrast)가 높은 이미지를 오랫동안 비추면 다소 화면에 탄 (Burn) 자국이 남게 되는 현상을 말하며 영구적으로 브라운관에 인화되어 다시 사용하기 어렵게 되기도 한다. 개량된 뉴 비콘(New Vicon)이 나온 후 이러한 현상은 없어지게 되었다. 2) 가끔 애니메이션에서 이러한 효과를 화면의 특수효과로 사용하기도 한다. 애니메이션에서 재래식 투과광 효과에서 이중 촬영으로 노출을 과다하게 주어(Burn In) 밝은 빛의 효과를 얻어내는 기술을 말하며 백라이트(Backlight)와 같은 의미로 쓰인다. 예로 일본 장편 애니메이션 <아키라>에 그와 같은 효과를 볼 수 있다. 3) 애니메이션에서 자동차가 급히 떠날 때 고속으로 회전하며 바퀴의 고무가 타는 효과를 표현할 때 쓰이는 말이다.

＊burn-in (번-인, 투과광)

이미 노출된 필름을 되돌려 감은 후 그 필요한 위치 외를 매트(Matt)로 가리고 과다한 노출하여 이중 촬영하는 기술을 말한다. 이때 필름에는 원하는 글자나 밝은 빛 같은 효과를 얻어낼 수 있다. Backlight와 같은 의미로 쓰인다.

＊참조보기 (0202 - Backlight)

0289 `fes`

Busan International Film Festival (부산국제영화제)

한국〉 Busan, 1996년 첫 번째는 9월에 개최된 부산국제영화제는 해마다 10월에 부신에서 열리는 행사로 시작되었다. 이 영화제는 아시아 영화를 발굴하여 부산지역을 아시아권의 영화 산업의 중심지 역할로 문화예술 영화의 도시로서 이미지를 만들기 위해 출범했다. 이미 20년이 되어 세계적인 국제영화제로 성장했다. 영화제는 동시대 거장 감독들의 신작 및 세계적으로 주목을 받은 화제작을 상영하는 갈라 프레젠테이션(Gala Presentation), 다양한 시각과 스타일을 지닌 아시아 영화감독들의 신작 및 화제작을 소개하는 아시아 영화의 창의 역할을 하고 있다. 아시아영화의 미래를 이끌 신인 감독들의 독창적이고 실험적인 감각과 예술로서의 영화에 대한 뚜렷한 작가의식을 보여주는 비 아시아권 감독들의 신작을 소개하는 플래시 포워드(Flashforward), 세계적인 거장과 중견 작가들의 신작 및 유수 국제 영화제 수상작을 포함해 한 해 영화의 전체적인 흐름을 소개하는 월드 시네마, 상업영화와 예술영화, 블록버스터(Blockbuster)에서 독립영화까지 망라하여 한국영화의 흐름을 파악할 수 있는 대표적인 영화들을 선보인다. 영화의 시선을 넓혀 색다르고 차별화된 비전을 보여주는 단편영화, 애니메이션, 다큐멘터리, 실험영화 분야의 수작을 모아 선보이는 와이드 앵글 등의 다양한 프로그램 섹션과 아시아 필름마켓(AFM, Asia Film Market), 아시아영화펀드(ACF, Asia Cinema Fund), 아시아영화아카데미(AFA, Asia Film Academy) 등으로 구성된다.

□ 그림설명 0289,
부산국제영화제, 로고.

0290 `gen`

business manager (영업 지배인)

배우들이나 탤런트들의 출연교섭이나 제작 수입에 관한 예산 결정 등 재정과 세금을 관리해 주는 사람을 지칭하는 말이다. 영화제작업무에 관한 모든 일에 관리자를 부르는 말이다.

0291 `pic` `equ`

butt splicer (버트 스플라이서)

영화용 필름편집에 사용되는 편집기의 일종으로 편집방식을 가리키는 말이다. 영화의 필름편집은 필름 종류에 따라 편집방식을 달리 취급할 수 있다. 버트 투 버트(Butt to

Butt, 겹치지 않게 마주 대고)는 여러 종류의 편집방식 중에 데일리 러시필름(Daily Rush Film)편집에서만 임시로 사용되는 방식이다. 양쪽 부분을 겹치지 않게 필름을 잘라낸 후 서로 맞대고 투명한 테이프로 접착하여 손쉽게 편집해 사용하는 방식이다. 테이프 접착방식은 견고하지 않고 퇴색하기 때문에 러시편집에만 사용된다. 이와는 다르게 또 하나의 방식으로는 매우 중요한 네거티브(원본)역시 버트방식으로 편집할 수 있는데, 필름의 테일(Tail)부분의 두께를 45° 경사로 자르고 이어붙일 헤드 부분의 필름을 역시 45°로 자른 후 양쪽을 맞대고 아세톤(Acetone, 필름 접착제)으로 영구히 붙인다. 이러한 네거티브 편집방식은 편집된 부분의 두께로 인해 그 부분이 순간 넘어갈 때 화면이 떨리거나 순간 포커스가 명확하지 않을 수 있을 것을 방지하기 위해서이다. 이 밖에 접착제를 사용하지 않고 필름을 겹쳐 놓고 열로 지져서 편집(Heat Splice)하거나 접착제를 발라 편집하는 방식도 있다.

□ 그림설명 0291-1, 필름을 맞대고 테이프로 편집하는 35mm 편집기.

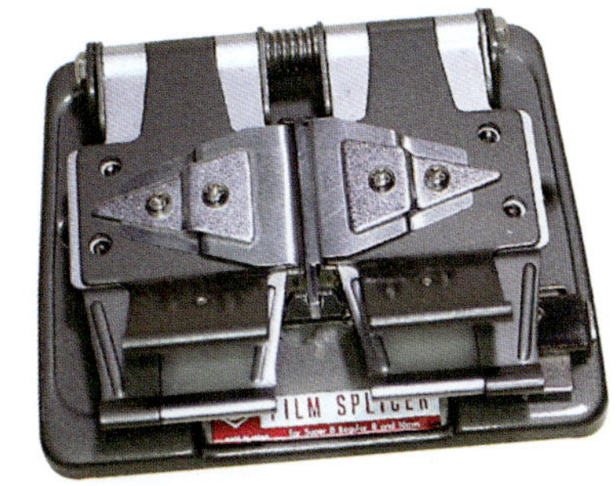

-2, 영구적으로 사용되는 S-8mm 테이프 편집기.

0292 `gen`

buyer (필름 구매자)

영상 분야에서 프로그램을 사주는 사람들을 통칭하는 말이다. 일반적으로 자체 제작비를 들여 제작된 신디케이션(Syndication) 필름을 방송이나 극장에서 필요로 구매해 주는 사람을 말한다. 일반적으로 세계 여러 나라에서 열리고 있는 필름견본시장(Film Market) 등에서 거래가 이루어지며 셀러(Seller) 보다 바이어가 대회에서 더 우수고객으로 대우를 받는다.

□ 그림설명 0292, 프랑스 앙시 MIFA Film Market.

0293 `pic` `gen`

buyout (매각, 매입, 판권양도)

제작자가 갖고 있는 또는 개인의 재능이나 판권을 한 번에 돈을 주고 사들이는 것을 말한다. 주로 영화제작에서 해외상영 판권을 매각 또는 매입할 때, 작가가 쓴 스크립트(Script), 성우들의 목소리 등을 리제쥬얼(Residual)없이 원 타임에 출연료를 받고 특별한 조건 없이 마무리하는 것을 의미한다. 다른 방법으로 탤런트, 특별 출연 배우, 가수 등이 TV 시리즈 출연 때 개런티(Guarantee)를 정하는 것에 따라 재방송 때마다 소정의 추가 출연료를 받게 된다.

0294 `pho` `pic`

B/W (블랙 앤 와이트)

일반적으로 풀이해서 흑백의 약자. 천연색이 아닌 것을 가리키는 말이며 읽을 때는 블랙 앤 와이트라 한다. 그러나 약자로 쓸 경우 많은 의미로 해석될 수 있어서 문맥을 보고 해당 단어를 선택할 수 있다. Between(사이), Both Ways(양방향), Better or Worse(더 좋아지거나 더 나빠지거나) 등이 관련된 단어들이 있고 가장 많이 사용되는 B/W 단축된 단어의 뜻은 Black and White이다.

✱ Black and White (흑백)

흑백은 천연색과 대비되는 단어로 사용된다. 영화에서는 천연색 필름이 아닌 흑백필름을 가리키는 말로 수식어 없이 사용한다. 영화용 필름은 조지 이스트만(George Eastman, 1854-1932)에 의해 1880년경부터 그의 일생을 바친 35mm 흑백 롤필름으로 개발되었으며 필름은 1935년경부터 테크닉 칼라(천연색)시대가 시작되었다.

0295 `com`

byte (바이트)

컴퓨터 메모리의 용량(Capacity)을 재는 단위를 말한다. 메모리의 단위는 축약된 글로 표기한다. KB(킬로바이트, Kilobyte)는 1,024bytes, MB(메가바이트, Megabyte)는 100만 bytes(엄밀히 1,048,576바이트), GB(기가바이트, Gigabyte)는 10억 bytes를 뜻하며, TB(테라바이트, Terabyte)는 1조 bytes를 나타내는 단위이다.

✱ 참조보기 (0238 - bit)

■

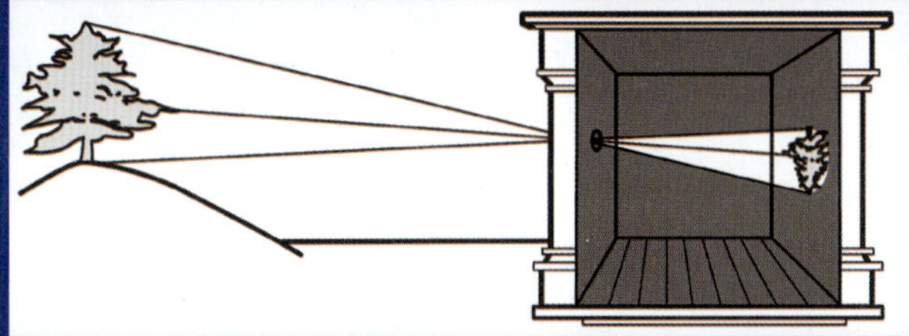
obscura

35mm Camera

Cc

[씨]

Camera trick

Neighbor

Caricature

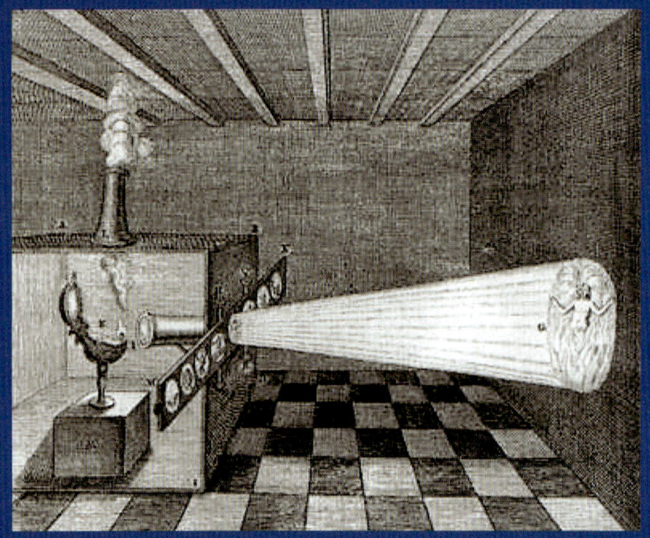

Magic Lantern

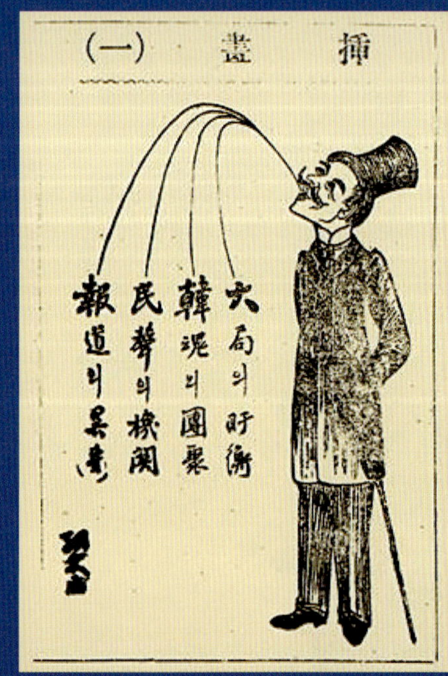

Catoon Korea

C c [씨]

0300 `gen`

cable television (케이블 TV, 유선방송)

*CATV (케이블 티브이)

케이블을 지역적으로 공동수신안테나를 세워 가입자들에게 분배하는 것을 CATV(Community Antenna Television)라고 줄여서 부른다. TV수신 전파는 초단파 VHF채널 2에서 13까지 극초단파 UHF채널 14에서 83채널 사이에서 70개의 채널로 라디오 주파수(RF)로 수신할 수 있지만 도심에서는 건물에 가리거나 산간지역에서 전파의 수신이 불가능함으로 이러한 난청을 해소하기 위해 케이블을 집집마다 안방까지 공급하여 최상의 화면을 수신할 수 있고 채널을 무제한 늘릴 수 있는 것이 특징이다. 이 방식은 양질의 화면을 안방까지 공급할 수 있는 시스템이지만, 집집마다 컨버터(Converter)를 사용해야하는 불편이 있다. CATV시스템은 유럽 일부지역에서 1942년에 생겨났고 그 후 유럽 대다수의 지역과 오스트레일리아, 동아시아 등지에 보급되었다. 중동지역 등지에서는 'Wireless Cable' 또는 마이크로웨이브(Microwave) 방식을 사용하는 곳도 있다. 북미지역 미국에서는 1948년부터, 한국은 1994년부터 일부 상업방송부터 시작했다. 현재는 한국 케이블TV 협회가 생겼고 여기에 가입한 회사는 149개 회사이며 방송 채널수는 유료와 무료채널을 합해 180여개에 이른다. 21세기에 들어서며 새로운 HDTV의 개발과 함께, 한국에서는 2000년 9월부터 디지털 TV 시험 방송을 거쳐 2001년부터 지역적으로 케이블 디지털 기술을 적용하게 되었다. TV수상기는 SHDTV나 QHDTV 등 곡면 대형 TV가 생산되고 있으며 그 결과 시청자들은 최상의 영상과 음향을 즐길 수 있게 되었고, 따라서 화면비례 16:9 영상의 비율과 음향 5.1 서라운드 사운드(Surround Sonud)의 안방극장(Home Theater)도 실현할 수 있게 되었다.

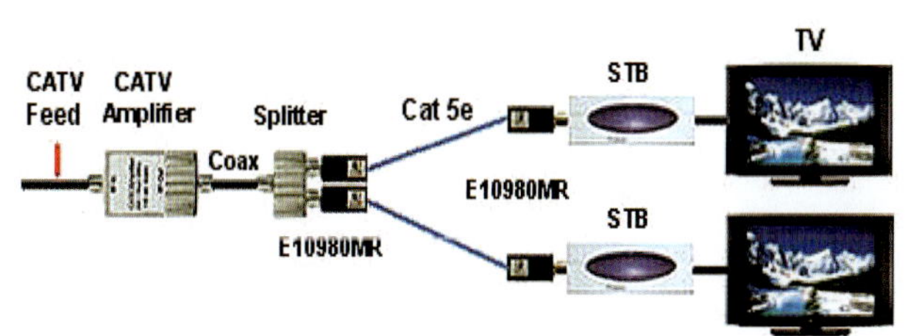

□ 그림설명 0300, 디지털 방송으로 CATV는 프로그램을 다양하게 즐길 수 있다.

0301 `com`
CAD (캐드)
*Computer Aided Design (컴퓨터보조설계)

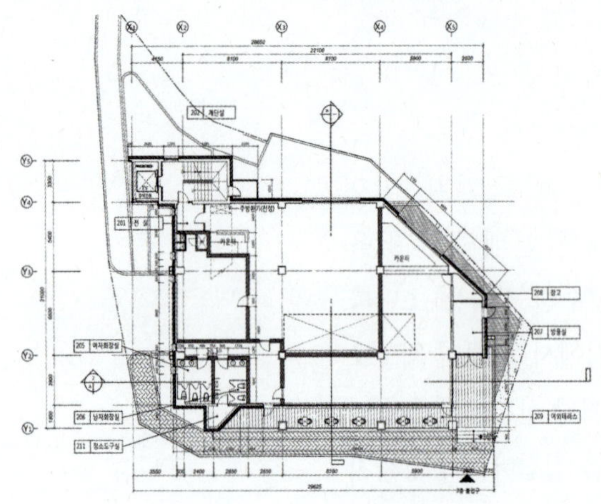

□ 그림설명 0301, CAD Master를 사용한 평면설계도 by N. Yang.

일반적으로 '캐드'라 부르며 컴퓨터에 의한 지원 설계의 뜻으로 쓰인다. 캐드는 기계공학이나 건축 분야에서 사용되며 주로 전문적으로 주변기기를 이용하여 컴퓨터 설계용으로 구체적인 설계를 지원한다. 캐드는 창의적 설계를 도울 뿐만이 아니라 설계도면 디자인(Design Work Station), 구조 분석(Structure Analysis), 검색(Optimization Reference Check), 변경(Improve Modification), 합성(Composite), 계산(Calculation), 기록(Create to Database) 등을 행하는 컴퓨터 프로그램이며 주로 건축설계와 3D 애니메이션으로 폭넓게 활용된다.

0302 `mus`
cadenza (카덴차, 리듬의 마침꼴)

음악에서 카덴차(Cadenza)와 케이던스(Cadence)는 라틴어원에서 온 말로 오랫동안 같은 뜻으로 사용되었으나 지금은 서로 전혀 다른 의미로 사용된다. 카덴차는 노래나 솔로 악기로 특히 콘체르토(Concerto)의 악장 끝에서 자유롭게 리듬을 장식적으로 바꿔가며 연주자의 재능을 마지막 코다 직전에 또는 간주곡으로 마무리 연주하는 하나의 형식이다. 이때 반주곡은 쉬거나 지속해서 화음을 연주할 수 있다. 이러한 카덴차의 도입은 일반적으로 리듬을 강조하는 뜻으로 콘체르토에서 자주 사용되는 형식이다. 심지어는 현대무대에서 도입한 재즈에서도 사용되며 자주 즉흥적으로 가락(Ballad) 뒷자락에 붙여 연주자의 재능을 자랑스럽게 연주하기도 한다.

*cadence (리듬, 억양)

음악의 높고 낮음이나 말할 때의 목소리를 올리고 내림을 뜻하는 말로 쓰인다.

0303 `edu` `his` `peo`
CalArts (캘아츠)
*California Institute of the Arts (캘리포니아 예술대학)

캘아츠는 미국 캘리포니아의 발렌시아(Valencia)에 있는 대학과정으로 캐릭터 애니메이터를 발굴하는 애니메이션 프로그램 전문학교로 1972년 디즈니 스튜디오(Disney Organization)에 의해 창립되었다. 지금은 대학으로 애니메이션학과가 속해 있는 필름/비디오(Film/Video) 대학과 아트(Art), 무용(Dance), 음악(Music), 연극(Theatre)대학이 있는 그야말로 전문 예술학교로 성장한 학교이다. 애니메이터였던 프랭크 테리(Frank Terry, 1939-2014)는 디즈니 스튜디오의 보조 애니메이터(Assistant Animator)를 양성하는 것이 목적으로 학생들을 육성하고 있었으나 1986년 로버트 윈케스트(Robert Winquest, 1923-2008)가 새로 부임해 들어와 '캐릭터 애니메이션 프로그램'을 운영했고 많은 젊은 애니메이터들이 크게 영향을 받았고 후일 할리우드에서 활동했다. 1996년 테리가 학과장으로 임명되면서 학교는 크게 성장해 예술학교로서 거듭나게 되었다. 이 학교에 응시하는 학생들은 매년 400여명이나 되지만 이 학교가 학생을 받아들이는 인원수는 40여명에 불과하다. 여러 나라에서 애니메이션을 배우기 위해 몰려든 학생들은 입학을 하고도 경쟁이 대단하다. 한국, 대만, 일본, 프랑스, 독일, 캐나다 등 포트폴리오를 들고 이 학교를 찾는 학생들은 1년이면 200여명이나 된다. 그럴 만도 하다. 이 학교를 나온 학생들 중에는 <아이언 자이언트(Iron Giant)>의 브레드 버드(Brad Bird, 1957-)감독, <크리스마스의 악몽(the Nightmare Before Christmas)>의 팀 버튼(Tim Burton, 1958-) 프로듀서, <토이 스토리(Toy Story)>의 존 라세터(John Lasseter, 1957-) 감독, <미녀와 야수(Beauty and the Beast)>의 게어리 트라우스데일(Gary Trousdale, 1960-)과 커크 와이즈(Kirk Wise, 1963-) 감독팀, 이들이 캘아트 초기 졸업생들이다. 이학교의 특색은 학생들이 짧은 실험 애니메이션을 배우고 만들려는 것이 아니라 캐릭터 애니메이션을 구체적으로 배워 산업현장에서 활동하게 하려는 학교의 노력이 더 강하다. 나 홀로의 창작이냐 아니면 직장을 찾아 일하는 것이냐를 놓고 학생들은 일찍부터 갈등을 가질 수 있다. 애니메이션 작가라면 자유롭게 자기의 것을 만들어 보고 싶기 때문이다. 그러나 캐릭터 애니메이션은 단순히 캐릭터가 움직이는 것이 아니라 이야기가 있는 극중에 인물을 연출해서 이야기를 풀어 나가는 것이다. 여하튼 중요한 것은 캐릭터 애니메이션을 마스터하면 그때서야 애니메이션을 배웠다고 할 수 있는 것이다. 이 학교가 그것을 가르쳐 주는 곳이다.

□ 그림설명 0303, 디즈니가 세운 'CalArts' 애니메이션 전문학교

0304 `art`

calligraphy (서예, 글씨쓰기, 캘리그래피)

서예는 손으로 모양을 내어 보기 좋게 글씨를 쓰는 것을 말한다. 서예는 여러 변형으로 예술성이 보이게 글을 쓰며 사람의 예능에 따라 글의 모양을 품격(Dignity)이 있게, 황홀(Fascinating)하게, 유머러스하게, 당당(Majestically)하게, 난폭(Violent)하게, 차분(Calmly)하게 등 성격을 부여할 수 있게 쓴다. 레터링(Lettering)은 디자인이라 한다면 붓으로 쓴 캘리그래피는 순수 예능을 겸비한 독특한(Unique) 단 하나의 글 솜씨(Hand Skill)라고 부를 수 있다. 서예는 사람의 손으로 쓴 것만을 가리키는 말이다.

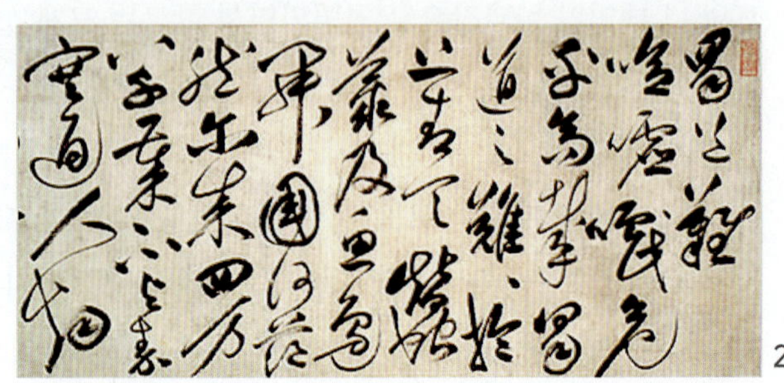

□ 그림설명 0304-1, 캘리그래피(English)　　-2, 서예 글씨(Chinese Classic)

0305 `com` `equ`

Camcorder (캠코더)

캠코더는 영상카메라(Camera)와 소리를 녹음하는 레코더(Recorder)의 합성어이다. 손에 들고 촬영할 수 있는 소형 비디오카메라를 말한다. 형식(Format)은 크게 나누어 Hi 8mm, Beta 그리고 VHS가 있었고 한 때의 소비시장을 휩쓸며 카메라가 소형화되었다. 그리고 DV(Digital Video) 3CCD 카메라의 출현으로 고화질의 화면을 볼 수 있었으며, DVD-R 디스크를 사용할 수 있는 캠코더도 등장했다. 이들은 모두 Time-Lapse(저속도, 콤마) 촬영이 가능함으로 아마추어들의 애니메이션 연구에도 이용되었다. 이 캠코더는 1983년 일본의 소니(Sony)사가 Beta라는 이름으로 최초 출시하였고 수많은 회사들이 유사한 제품을 만들어 20여 년간이나 호황을 누린 전자제품이다. 이들 대부분의 카메라는 자동 노출 조절장치, 자동 포커스, 줌(Zoom) 장치, 스테레오 음향녹음장치, 손의 흔들림 방지장치까지 내장되어 있어 큰 인기를 얻어 냈다. 디지털 DV를 끝으로 모터에 의해 작동되는 마그네틱테이프는 더 이상 사용하지 않고 그 후 카메라 안에 하드파일을 장착한 캠코더가 출시되었다. 이들 중에는 소니회사(Sony Corporation)의 완전 HD로 1920x1080, 16:9의 10.2 Mega Pixels의 해상도와 120GB, 48시간을 촬영할 수 있는 용량을 가진 캠코더도 있었다. 현재로는 작고 많은 양을 저장할 수 있는 SD 카드를 주로 사용한다.

□ 그림설명 0305-1, NEX VG10   2, Canon XL-H1   -3, HDR-XR500V 120GB   -4, Canon XC15 4K등 캠코더의 여러 모양과 종류들.

＊ Cam camera (캠 카메라, 웹캠)

캠 카메라는 Webcam으로도 불린다. 인터넷상에서 사용되는 인터넷 캠코더로서 USB, 혹은 근거리 통신망 이더넷(Ethernet) 혹은 Wi-Fi의 이미지를 실시간 컴퓨터 네트워크에 송신하는 역할을 한다. 이 웹캠은 주로 비디오 링크(Link), 비디오 화상회의, 비디오 안전감시, 스파이 기능 등 비디오를 통한 여러 설정에 사용된다. 특징은 가격이 저렴하고 매우 가볍고 작아서 용도가 다양하다.

＊ 4K 캠코더　＊ FDR-AX100　＊ 4K Ultra HD

0306 `com` `equ`

camera (카메라, 영화촬영 카메라)

카메라는 각종 스틸(Still)카메라, 영화촬영용 재래식 필름(Film)카메라, 디지털 무비(Movie)카메라, TV뉴스카메라, 보안용(Security)카메라 일반적으로 불리는 비디오 동영상 카메라, 셀 카(Cel-ca) 등 어떤 형태이던 이미지를 찍는 카메라를 모두 총칭하는 말이다. 그리고 애니메이션 제작에서 사용되는 촬영스탠드에 부착된 카메라 헤드 등을 모두 갖춘 애니메이션 로스트럼(Rostrum) 카메라도 포함한다. 영화를 만들기 위한 일련의 연속된 동작을 필름에 촬영하는 영화의 초기적인 카메라는 1890년경부터 유럽에서 개인이 촬영용 카메라를 만들어 사용하였고 1892년 프랑스의 에밀 레이노드(Charles-Emile Reynaud, 1844-1918)에 의해 영화필름이 최초로 촬영되었고 영사한 것으로 기록되어 있다. 동작이라고 불릴 수 있는 초기 동영상 필름들은 한 콤마(Comma)씩 찍어 만드는 기법을 사용했다. 나중에 촬영된 동작들은 신기하거나 웃음을 자아내기도 해 매우 흥미롭게 관객들의 관심을 얻어 냈다. 일종에 현실에서는 있을 수 없는 동영상을 가리켜 트릭필름(Trick Film)이라고 불렀다. 이렇게 한 콤마씩 찍어 영화를 만드는 것 외에도 연속적으로 촬영하는 기술도 생겨나기 시작했다. 촬영 속도는 대략 손으로 돌려 촬영하였으므로 초당 16프레임 정도가 기본 속도였고 간혹 초당

18프레임으로도 촬영했다. 그러나 이중에 토마스 에디슨(Thomas Alva Edison, 1847-1931)의 것은 초당 48프레임이나 빠르게 돌린 것들도 있었다. 무성(Silent)영화시대의 연구개발 기간에 나온 부산물이었고 1927년 유성영화(토키, Talkie)가 시작되면서 카메라의 촬영속도는 초당 24프레임으로 고정하여 확정해 사용하게 됐다. 이에 따라 필름은 초당 1자반(1.5Feet, 24Frames)이 지나가게 되며 1분 길이의 필름소모량은 1,440프레임으로 90자(90 Feet)나 된다. 때문에 이보다 긴 필름을 사용할 때에는 카메라 밖에 부착되는 매거진에 400자 또는 1000자 길이의 필름을 넣고 카메라 몸체에 있는 무브먼트(Movements)의 아파추어(Aperture) 사이를 통과할 수 있도록 필름을 넣는다. 필름위의 양쪽 면에 연속적으로 뚫려있는 천공(Perforation)들이 톱니바퀴(Sprocket)에 맞물려 돌아가며 떨림이 없이 촬영하도록 되어있다. 필름은 조지 이스트만(George Eastman, 1854-193)에 의해 1888년에 35mm의 폭으로 발명되었고 코닥(KODAK)이라 이름 붙여 개발되었다. 에디슨은 아마도 새로 나온 이 필름에 자극받아서인지 1888년 같은 해에 기본으로 코닥필름 35mm를 사용한 '키네토그라프(Kinetograph)' 촬영기와 '키네토스코프(Kinetoscope)' 영사기 발명을 시작했다. 촬영기는 기다랗고 토막처럼 간단한 모양이었지만 영사기는 스크린을 사용하지 않고 여러 사람들이 길게 옆으로 서서 작은 구멍으로 한 사람씩 들여다보는(Peep Hole Scope) 형식을 취했다. 그래야 돈을 더 많이 받을 수 있다고 생각했기 때문이다. 에디슨은 회사 이름을 '에디슨 제작소 (Edison Manufacturing Co)'에서 '토마스 A 에디슨 주식회사(Thomas A Edison, Inc.)로 명칭을 바꾸고 난 후, 발명품만 만든 것이 아니라 35mm 필름도 생산해 소비자들에 유통하기도 했다. 에디슨은 그가 만든 카메라로 많은 소재들을 찍었다. 유명인사, 새로운 뉴스, 재해사고, 자연광경, 새로운 기술, 과학 분야 등을 키네토스코프를 통해 보여줬다. 그러나 이러한 지식적인 것은 점차 인기를 잃어 코미디나 드라마로 방향을 바꾸게 되었다. 그러나 에디슨이 만들어 사용한 카메라 키네토그라프는 1892년과 1897년에 두 차례에 걸쳐 특허등록을 한 것으로 나타나 있다. 그러나 전문적으로 촬영용 카메라가 나온 것은 1895년에 와서야 뤼미에르 형제에 의해 만들어져 유럽에서 크게 관심을 이끌었다. 이 카메라와 영사기는 묘하게도 하나로 붙어있는 일체형이었다. 이 기재는 세상에서 처음 보는 것이었고 촬영방식과 영사기 사용방식이 시네마토그라프(Cinematographe)라는 설명서와 함께 상세하게 설명되어 있어 활동사진(Motion Picture)에 관심이 있은 사람들에게 크나큰 자극을 주었다. 35mm 필름을 넣어 촬영하는 카메라는 미국, 영국, 독일, 일본 등지에서 개발하여 각기 제작되었으며 약 120년 동안 35mm 필름 형태로 된 카메라에 의존하여 영화를 만들어 냈다. 영화는 수없이 개발을 거듭했고 20세기로 넘어오며 발전해 왔다. 영화의 필름은

4:3 화면 비율로 만들어졌지만 애너모픽 렌즈(Anamorphic Lens)를 사용하여 광학적으로 좌우로만 스크린 폭을 넓힌 시네마스코프가 등장했고, 70mm필름을 개발하여 Todd-AO 마그네틱 음향장치의 대형화면 그리고 파나비전(Panavision) 등의 70mm 필름용 카메라를 개발하기도 했다. 그러나 35mm 카메라의 자리는 확고하게 기본 틀에서 바뀌지 않았다. 카메라 장비들이 점차 우수해지면서 떨림을 최소화하기 위해 카메라들은 중량급으로 변화되어 개발됐다. 영화 카메라들은 소형트럭이 없이는 이동하기조차 어려워 새로운 기제개발이 끊임없이 이뤄진 것이 미국의 영화발전사에 나타난다. 뉴스나 종군기자들을 위해 16mm필름용 소형 가벼운 카메라가 고안되어 사용되었다. 여러 나라에서 제작된 소형카메라에는 100피트(약 16분) 길이의 스풀(Spool)필름을 카메라에 넣어 촬영할 수 있었다. 그러나 20세기를 마감하며 필름을 사용하는 70mm, 35mm, 16mm, 8mm, 슈퍼 8mm의 모든 카메라는 새로운 과학기술 앞에 멈춰서고 말았다. 1980년경, 새로운 형태의 비디오카메라의 출현은 영화분야에서 사용하고 있는 기존 필름카메라의 시장을 물거품으로 만들기 시작했고 초기의 비디오카메라는 VHS와 BETA 포맷을 거쳐 화면의 품질을 점차 향상시켜 DV(Digital Video) 카메라로 일반 소비자들에게까지 양질의 화질을 제공하게 됐다. 21세기에 들어 기제들이 종전의 4:3화면 비율에서 16:9로 모두 바뀌게 되었고 HD(High Definition), UHD(Ultra High Definition)로 디지털화되면서 영화를 디지털 카메라로 촬영하고 디지털 에디팅 베이(Digital Editing Bay)에서 편집하고 포스트를 완성하면 파일 형태로 극장 상영용으로 배급을 한다. 모든 촬영용 카메라 기제의 소형디지털화로 무게 또한 가벼워졌지만 아날로그 방식의 필름카메라가 촬영할 때 필름을 돌리며 생겨나는 진동이나 소음도 없어지게 되었다.

□ 0306-1,-2, 부착 뷰파인더 방식의 정 사진 카메라.

-3, 35mm Arriflex

-4, 16mm Bolex

-5, Go-Pro

-6, Mitchel Camera.

0307 `pho` `pic`

camera angle (카메라 개각도)

카메라를 통해 보는 관점을 뜻한다. 관점은 카메라의 광각렌즈, 표준렌즈, 망원렌즈 등 선택에 따라 현저하게 다른 효과를 얻어 낼 수 있다. 또한 카메라와 피사체간의 거리와도 관계가 있다. 카메라는 대략 땅으로부터 5~6피트(1.5-1.8m)정도 높이에서 보는 것이 일반적이며 사람의 눈높이 아래와 흡사하다. 카메라의 위치가 눈높이 아래로 가면 피사체를 올려 보는 앙각 샷(Up Shot)이 되고 피사체를 내려 보면 부감 샷(Down Shot)이 된다. 부감 앵글 샷들은 피사체를 왜수하게 만드는 경향이 있기 때문에 캐릭터가 나약하고 불안해 보이며, 앙각 앵글 샷들은 피사체를 거대하고 우뚝 서 보이게 하기 때문에 강하고 위력적으로 보이게 한다. 기울어진(Tilted) 앵글들은 길을 잃고 혼란에 빠져서 절박하고 위협적인 움직임이나 불안한 액션이 일어날 것을 암시하며, 극한의 심리 상태를 보이는 데 쓰인다. 감독이나 카메라맨 또는 아마추어라 할지라도 피사체 목적물을 놓고 카메라의 위치가 180° 선을 넘지 않도록 반드시 지켜야 하는 것이다. 카메라의 앵글은 신(Scene)의 다양성을 줄 수 있지만 이 법칙을 지킴으로 배경구성, 위치와 흐름 등의 혼란을 억제할 수 있다. 신에는 높고, 낮고, 기울어진 앵글, 트럭인(Truck-in)이나 아웃(Truck-out) 등이 다양하게 사용되어 신비하고 불안하고 무시무시한 화면 효과 등을 만들어 낼 수 있지만 카메라의 180° 선을 넘지 않도록 지킨다. 지금은 재래식 4:3 화면비례는 더 이상 사용하지 않고 16:9의 디지털 화면이 나옴으로써 감독의 폭넓은 화면의 처리가 새로운 과제가 됐다.

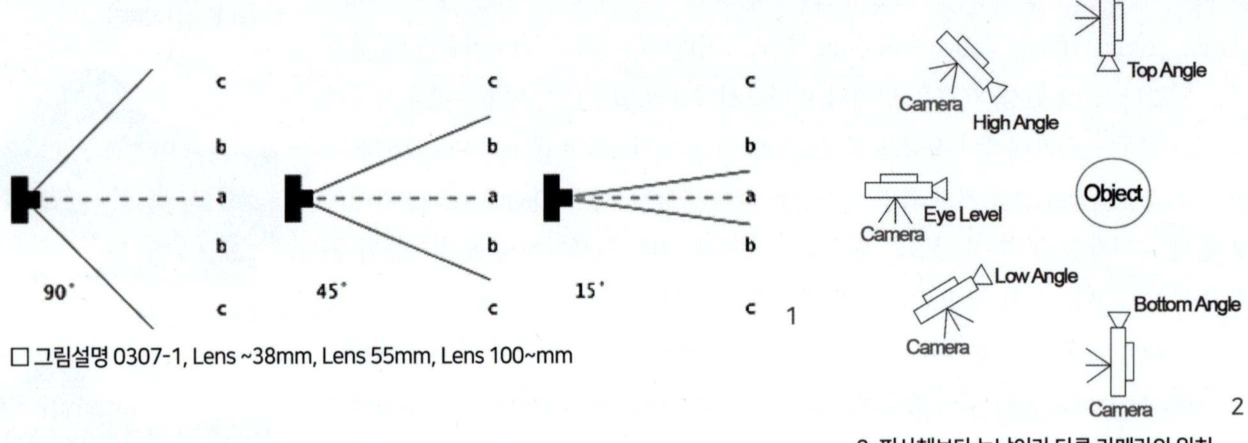

□ 그림설명 0307-1, Lens ~38mm, Lens 55mm, Lens 100~mm

-2, 피사체보다 높낮이가 다른 카메라의 위치

0308 `pic`

camera assistant (카메라 보조)

영화촬영 카메라맨의 보조역할을 하는 사람을 뜻하는 말이다. 영화 카메라의 조수는 촬영감독의 모든 지시를 수행하며 촬영스크립트에 의한 스케줄을 위해 사전에 모두 준비하고 카메라맨의 촬영 개시에 따라 진행에 조력하게 된다.

0309 `pic` `equ`

camera aperture (카메라 아파추어)

아날로그 무비카메라 몸체 안의 내장되어 있는 무브먼트(Movement, 필름을 돌려주는 장치)의 일부로 필름을 가볍게 눌러주어 촬영 중에 떨림이 없도록 하는 장치이며 프레임의 게이트(Gate) 크기를 결정하는 역할도 한다. 촬영하게 될 스크린 비율에 맞추려면 적절하게 아파추어를 바꾸어 넣을 수 있다. 아파추어는 영화의 화면 비례를 정하는데 첫 번째로 중요한 선택이 된다. 35mm의 4:3(1.33:1)비율을 일반적으로는 표준(Standard)이라 부르며 할리우드에서는 아카데미게이트(Academy Gate)라고 정의한다. 1888년 35mm 필름이 개발될 당시부터 120여 년 동안 4:3 비율의 35mm 필름을 기본 적으로 사용해 왔다. 그리고 이것과 병행해서 같은 35mm 필름을 사용하면서 촬영할 때 그리고 영사할 때 애너모픽(Anamorphic) 왜곡렌즈를 부착한 시네마스코프(Cinemascope)를 2.35:1로 늘려 대형스크린으로 촬영할 때는 아파추어를 제거해 크기를 완전 오픈한다. 그 후 새 롭게 개발한 파나비전 역시 1.85:1로 넓게 사용했다. 그러나 21세기 디지털시대가 도래 하면서 HD와 UHD-TV가 새로 나오며 점차 스크린 포맷은 컴퓨터 모니터를 비롯해서 디지털 영화의 화면비율도 16:9로 모두 변화 되었다.

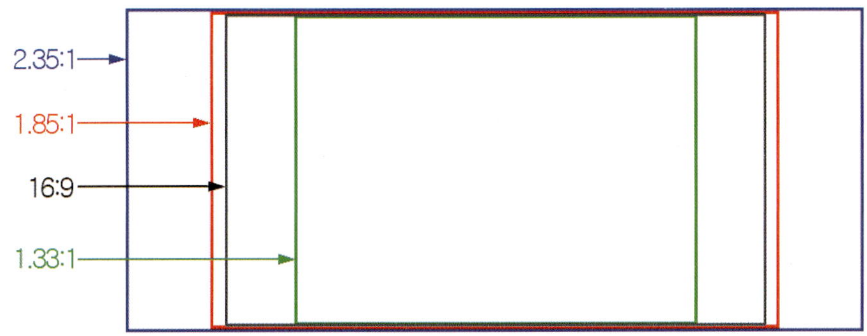

□ 그림설명 0309, 각종 극장용화면의 비례,
16:9 (디지털.TV)2.35:1 (Cinemascope), 1.85:1 (Wide Screen), 1.33:1(4:3) 35mm Standard Ratio.

0310 pic pho equ

camera body (카메라 본체)

카메라는 몸통(Body)과 그에 부착하는 렌즈(Lens)로 구성되어 있다. 렌즈의 개각도 16mm, 38mm, 55mm, 75mm, 105mm, 200mm 등의 각종 렌즈를 교체하여 사용하기 때문에 렌즈를 몸체와 분리한다. 필름이 카메라 안을 통과해서 움직이는 이미지를 찍 도록 하는 카메라의 메커니즘 부분을 제외한 렌즈나 필름 매거진(Magazine) 등 부착되 는 부품들은 카메라 본체로 간주되지 않는다. 렌즈는 교환하는 불편을 덜기 위해 비례 가 다른 줌(Zoom)렌즈 하나를 장착하고 수시로 프레임에 알맞게 사용할 수 있다. 줌렌즈로는 36mm-82mm, 28mm-200mm 등을 선택한다.

□ 그림설명 0310-1, 정 사진 카메라 본체, 뷰 파인더 식

-2, 정 사진 카메라 본체, SLR 미러(Mirror) 식

0311 `pic` `gen` `equ`

camera car (카메라 차량)

전문적으로 촬영을 하기위해 설계되어 카메라를 장착한 차량을 이르는 말이다. 차량의 앞뒤에 혹은 좌우에 카메라를 설치하도록 부착용 나사못이 준비되어 있고 좌우상하로 조정할 수 있도록 되어 있는 차량을 말한다. 출연자의 동작이나 대화 장면을 좀 더 명쾌한 화면을 촬영하기위해 차의 앞유리(Wind Shield)를 제거하기도하고 차의 전면에 혹은 차량의 좌우의 차문을 제거하고 작은 플랫차량을 부착하여 촬영하기도 한다. 또한 출연하는 차량자체가 큰 트럭에 이끌리어 가거나 촬영을 원만히 하기 위하여 작품의 내용에 따라 차량을 특별하게 제작된 모든 차량들을 말한다.

□ 그림설명 0311, 영화촬영 돌리용 차량

0312 `ani` `pic`

camera crew (카메라 팀)

아날로그의 로스트럼(Rostrum) 카메라에서 애니메이션용 그림을 촬영할 때 그림의 순서를 미리 찾아 준비해 주거나 그 밖의 자료를 정리해 주는 사람을 칭하는 말이며 일반 영화 촬영에서는 촬영 감독 밑에서 필름의 촬영을 맡는 사람들을 말한다. 이 팀에는 촬영하는 동안 카메라를 다루는 카메라 기사, 카메라나 배우가 움직일 때 렌즈의 초점을 조절하는 사람(포커스 풀러), 필름 통(Magazine)을 갈아 끼우는 수석 보조 카메라기사, 신 시작할 때 씬 번호를 적어 넣고 슬레이트를 소리 나게 때려서 씬 시작을 알리고, 촬영에 대한 내용을 적고, 슬레이트를 표시하는 제2 보조 카메라 기사, 그리고 돌리(Dolly, 트랙 위에서 움직이는 카메라)를 움직이고 촬영에 관계된 다른 일들을 맡는 한 두 명의 조수 등이 이에 속한다.

0313 `ani`

camera less animation (카메라 없이 만드는 애니메이션)

카메라를 사용하지 않고 35mm 필름을 사용하여 실험용 작품을 만드는 기법 중에 하나이다. 필름을 직접 긁어서(Scratch on Film) 또는 필름에 직접 칠해서(Paint on Film) 움직이는 이미지를 만들어 내는 애니메이션 기법이다. 주로 생필름 혹은 노광(Exposed)없이 현상한 검정색 필름을 이용하여 막(Gelatine) 면을 긁어내거나 필름 위에 (4개의 천공이 1칸) 그림을 그린다든지, 특정한 모양으로 긁어내어 움직임을 만들어 영사하면 흥미로운 동작을 얻어낼 수 있다. 또한 여러 이미지를 생필름위에 노출시켜 현상한 후 적절한 화면 효과를 얻어내는 방식도 있다. 1910년에 아날도 기나(Arnaldo Ginna)가 이 기술을 개발했다. 이것을 스크래치 애니메이션(Scratch Animation) 혹은 다이렉트 애니메이션 (Direct Animation)이라고도 한다. 그 밖에도 플립 북(Flip Book, Filoscope), 조이트로프(Zoetrope), 페나키스토스코프(Phenakistoscope), 프락시노스코프(Proxinoscope) 등이 카메라로 촬영하지 않고 애니메이션 동작을 만들 수 있는 종류들이다.

□ 그림설명 0313-1, Scratch on Film Animation.

-2, Filoscope 또는 Flip Book.

-3, Phenakistoscop.

✻ 참조보기 (2422- Scratch Animation)

✻ 참조보기 (0953- Flip book)

✻ 참조보기 (1960- Phenakistoscope)

0314 `pic` `equ`

camera movement (카메라 무브먼트)

카메라 렌즈와 몸체 중간에 부착되어 필름을 정밀하게 돌아가게 하는 부품을 말한다. 필름이 이 무브먼트를 통과해 지나가는 동안 화면의 떨림이 없도록 파이로트 핀

(Pilot Pin)이 필름을 순간 고정시키는 역할을 한다. 이 부분을 카메라 무브먼트 라하고 촬영하는데 매우 정밀한 핵심 부분이다.

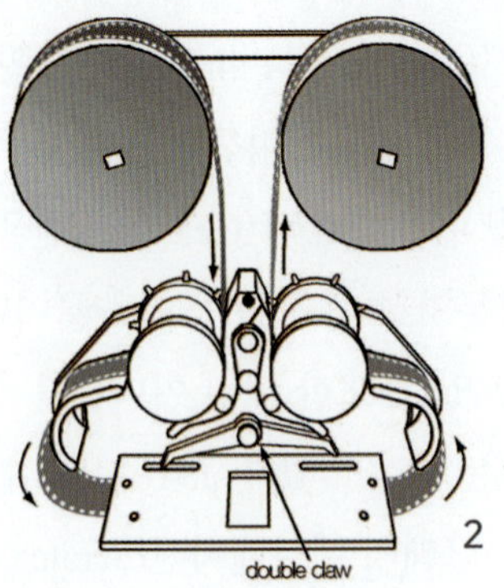

□ 그림설명 0314-1, 35mm Mitchell 필름카메라의 무브먼트.

-2, 16mm Bolex Double Claw.

0315 pho equ

camera obscura (카메라 옵스큐라)

라틴어로 'Camera'는 둥근 천정의 방을 뜻하고 'Obscura'는 어둡다는 의미이므로 이 것은 '암실'을 뜻하는 말이다. 어두운 방의 한쪽 벽에 작은 구멍을 뚫어 광선을 들어오게 하면 렌즈 없이도 밖에 있는 피사체가 반대편 벽에 뒤집어진 모양으로 상(Image)이 맺힌다. 옛날 화가들은 이 원리를 이용하여 상자로 작게 통을 만들어 비춰진 사물의 아웃트라인을 따서 그림을 그리는데 사용했다고 한다. 우연히 발견한 물리적 현상인데 이것은 훗날 촬영용 카메라의 기초가 되었다. 17세기 초기에는 렌즈가 없는 옵스큐라 핀 홀(Pin Hole)이 카메라였으며 19세기에 들어서서 조셉 니세포르 니엡스(Joseph Nicephore Niepce, 1827), 루이 다게르(Louis Daguerre, 1839) 그리고 윌리엄 폭스 탈보(William Fox Talbot, 1840)에 의해 최초의 카메라에 의한 사진이 발명되었다.

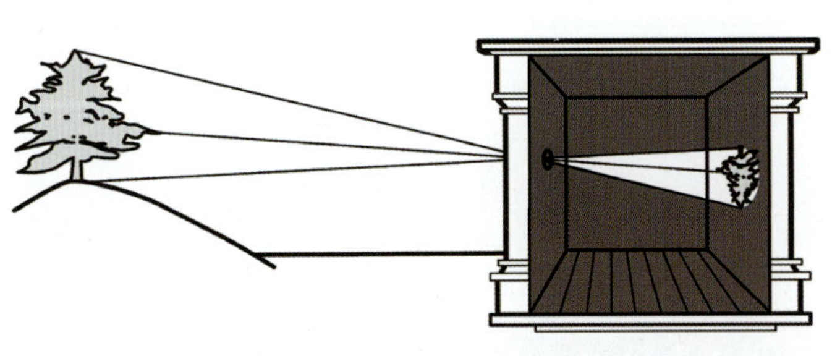

□ 그림설명 0315-1, 17세기 시초로 암실에 맺힌 상(옵스큐라)을 발견하게 됨.

-2, 당시에는 신비한 발명품을 보여주며 돈을 벌었다.

0316 `pic`

camera operator (카메라기사)

영화용 카메라를 사용할 수 있는 전문 기사를 가리키는 말이다. 경량 카메라는 일반적으로 휴대용 삼각대(Tripod)에 올려놓고 사용할 수 있는 것과 중량급 카메라는 바퀴가 있고 동력을 갖춘 소형 차량위에 부착하여 움직인다. 이러한 대형 카메라들은 대부분 오퍼레이션 조절 스위치들이 많고 전문 카메라기사들에 의해서만 조작이 가능하다. 미첼 옵티컬 카메라 (Mitchell Optical Camera), 70mm 토드-에이오(TODD-AO)카메라, Panavision 70mm 등이 전문기사들을 요하는 기재들이다.

0317 `ani` `pic`

camera shake (카메라 셰이크, 화면 진동)

애니메이션에서 연출상에 있는 충돌 등의 충격을 표현하기 위해 카메라를 상하 혹은 좌우로 움직이어 진동하는 것과 같은 흔들림의 효과를 표현한다. 가령 무거운 물체가 공중에서 떨어졌다면 카메라는 상하로 움직여야 하고 자동차가 벽에 충돌했다면 카메라는 좌우로 움직여야 올바른 효과를 표현할 수 있다.

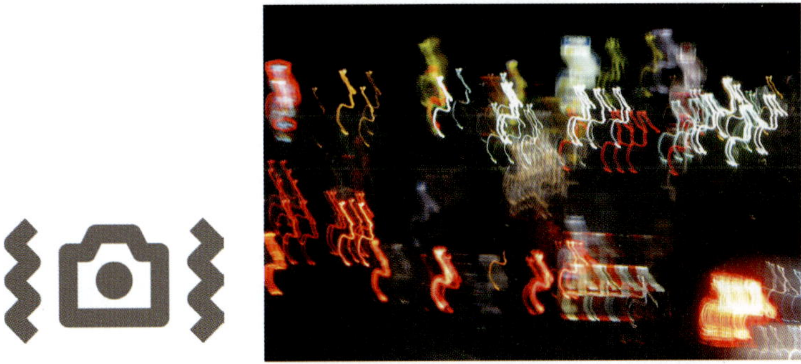

□ 그림설명 0317, 카메라 떨림 표시와 실제 카메라 떨림 모양.

0318 `pic`

camera speed (촬영속도, 카메라 스피드)

촬영 카메라에서 초당 찍히는 프레임 수를 뜻한다. 아날로그 무성영화방식의 카메라에는 촬영기 외부에 촬영속도를 선택하는 스위치가 부착되어 있었고 초당 16, 18, 24, 32 프레임 중 선택하여 촬영되었다. 그러나 1927년에 사운드(Sound)가 채택되어 무성 영화 시대는 종지부를 찍게 되었고 이후 부터는 오실로스코프에 의한 옵티컬(Optical) 사운드방식이 채택되어 개발되면서 카메라 촬영속도는 초당 24 프레임으로 결정되었다. 영상을 재생하는 영사기가 초당 24프레임으로 고정됨에 따라 카메라의 정상적인 촬영

속도를 변경하면 여러 가지 재미있는 효과들이 얻어진다. 고속촬영은 빠른 속도(초당 72f/per Sec.~120f/per Sec.)로 촬영하여 정상 속도로 영사하면 동작에 무게감이 생겨 작은 물체도 거대한 움직임처럼 슬로우 모션이 되고, 느린 속도로 촬영하여 정상 속도로 영사하면 빠른 모션이 보여 지게 된다. 이럴 때, 카메라에 장착된 필름을 초당 120fr.(프레임)을 돌리는 것은 카메라에 무리가 생김으로 거울방식(Mirror Shutter)을 사용한다.

0319 ani equ

camera stand (촬영대, 촬영스탠드)
*rostrum animation camera (애니메이션 전용카메라)

20세기까지 사용한 재래식카메라 스탠드는 그림으로 그린 애니메이션을 촬영하기 위해 35mm 필름카메라를 스탠드위에 부착하도록 설계되었으며 카메라의 떨림을 방지하기 위해 스탠드는 매우 무겁게 원통형 기둥처럼 만들어 졌다. 카메라 역시 일반적으로 무거운 편이고 둥글고 높은 원추기둥에 부착되어 그림 사이즈에 따라 오르내리며 크기를 정하거나 트럭킹(Trucking)을 할 때도 부드럽게 오르내리며 촬영하도록 되어 있다. 또한 스탠드 하단에 설치된 테이블의 나사못(Peg Bar)에 끼워 넣고 유리를 덮어 고정하여 촬영한다.

□ 그림설명 0319-1, 스탠드기능 상세도와 설명.

-2, 영국 옥스베리(Oxberry) 애니메이션용 스탠드.

팬(Pan) 동작이 있을 때는 2개의 상하(Top & Bottom)에 있는 페그 바를 움직여 좌우로 이동시킨다. 이 2개의 페그 바만으로는 부족할 때는 상하에 있는 2개의 예비 바(Auxiliary Bar)를 사용할 수 있다. 그밖에도 플립페그(Flip Pegs, Book이라고도 함), 플로팅페그(Floating Pegs), 컴파운드 테이블(Compound Table), 스핀(Spin), 틸트(Tilt), 투과광(Back Light) 등을 사용할 수 있도록 준비되어 있다. 일명 로스트럼 스탠드라고 한다. 카메라에서 할 수 있는 기능은 여기에 포함되지 않는다.

0320 `ani` `pic`

camera test (카메라 테스트)

영화나 TV에 출연할 배우나 탤런트의 몸매, 의상, 표정, 조명, 카메라의 높낮이 등을 사전 조정해 보는 것을 말한다. 애니메이션에서는 애니메이션으로 그린 동작이 연출과 잘 부합되는지 그 동작을 검토하고 카메라의 기술적인 종합 성능을 측정하기 위한 테스트로 무대 세트의 배열, 색, 조명의 안정성 등을 체크한다.

0321 `ani` `pic`

camera trick (카메라 기교)

20세기 초반에 영화역사에 기록된 단어로서 35mm 필름카메라에 의해 한 콤마씩 촬영하여 현실적으로는 불가능한 동작을 만든 필름에 붙여진 말이다. 카메라의 기교로 촬영해 신기하거나 괴기한 동작을 얻어내는 것을 뜻하는 말로써 물체가 갑자기 스스로 사라지거나 생겨나거나 혹은 스스로 커지거나 줄어들거나 하는 현실적이지 않은 동작들을 연출해 낼 수 있다.

□ 그림설명 0321-1, "피라미드가 내손 안에 있소이다."

-2, Trick Shot Photographies.

C

1906년 제임스 블랙톤(James Stuart Blackton, 1875-1941)이 카메라 트릭(Trick, 기교)을 이용해 스톱모션카메라(Stop Motion Camera, 한 콤마씩 촬영하는) 최초의 뉴스필름을 만든 것에서 시작된 말이며, 동시대를 살던 프랑스의 조르주 멜리에스(George Melies, 1861-1938)에 의해 트릭필름(*Trick Films, 기교영화)은 그의 최초의 실험영화를 통해 무성단편영화(Short Silent Films)라는 하나의 장르로 자리 잡게 되었다. 트릭이라는 말은 애니메이션이라는 단어를 전문적으로 사용하지 않았던 때 사용한 단어이며 직역하면 '속임수'라는 뜻이다.

＊ 참조보기 (2777- Trick Films)

0322 `pic`

camera trucking (카메라 트럭킹)

촬영할 때 카메라를 직접 움직이며 촬영하는 것을 말한다. 카메라 달리(Dolly)를 이용해서 촬영한다거나 깔아놓은 레일(Rail)을 따라 움직이며 촬영하거나, 헬기 촬영, 자동차 추격 장면 등의 카메라의 이동을 모두 포함하는 말이다. 이동하는 카메라의 효과는 스크린의 움직임에 유연함을 주어 영화 전체에 리듬감을 줄 수 있다. 그러나 카메라 자체는 고정되어 있고 줌렌즈(Zoom Lens)를 사용하여 화면을 멀리하거나 가깝게 할 때는 트럭 인이라 하지 않고 줌 인 앤 아웃 (In & Out)이라한다.

0323 `pic` `peo`

cameo role (단역, 유명인의 단역출연)

카메오 배역 또는 특별출연의 뜻으로 사용되는 말로 짧게 '카메오'라고 한다. 영화에서 배우나 탤런트가 아닌 다른 분야의 직종에 종사(Job)하는 사람이 무대나 영화에 단역으로 잠깐 출연하거나, 감독이 자기 영화에서 예정에 없이 스스로 출연하여 나오는 것을 말한다. 1956년 영국의 마이클 앤더슨(Michael J Anderson, 1920-2018) 감독이 프랑스의 소설가 쥘 베른(Jule Verne, 1828-1905)의 소설 <80일간의 세계일주(1872)>를 영화로 제작하면서 사용된 말이다. 영화연출 내용은 기구를 타고 여러 도시를 순회하는데 그곳에서 만나는 유명인들을 잠깐씩 얼굴이 나오게 하면서 '카메오' 라 불리기 시작했다. 할리우드의 유명한 서스펜스(Suspense) 감독이었던 알프레드 히치콕(Alfred Hitchcock, 1899-1980)은 그의 영화마다 한 귀퉁이에 단역으로 반드시 한 카트 카메오로 나오는 것으로 유명했다. 또한 마블 코믹(Marvel Comics)을 이끌어온 스탠리(Stan Lee, 1922-2018) 역시 1989년 이래 2018년 그가 세상을 떠나기 전까지 그의 영화 <엑스맨(X-

Man), 스파이더맨(Spider Man), 아이언맨(Iron Man), 캡틴 아메리카(Captain America), 앤트 맨(Ant Man)> 등 다수의 영화에 까메오 출연을 해왔다. 그는 미국인으로 만화가, 영화 제작자, 배우였으며 본명은 스탠리 마틴 리버(Stanley Martin Lieber)였다.

□ 그림설명 0323-1, 프랑스 과학소설분야의 소설가 쥘 베른, <해저 2만리> 등 미래과학을 상상해 소설을 쓴 작가.

-2, 알프레드 히치콕 감독 자신이 카메오 출연(오른쪽)

0324 gen

camouflage (카무플라주, 위장, 속임수)

자연에서 사는 동물이나 곤충들 중에는 스스로 싸워 이길 수 없이 힘이 열약한 나비와 같은 부류들은 자연의 서식지에 맞게 보호색을 입고 태어난다. 물속에 사는 물고기 등 모두가 생태적으로 자기의 모습이 보호색으로 태어나거나 카멜레온(Chameleon)이나 문어(Octopus)는 수시로 색을 바꾸며 스스로를 숨긴다. 북극지방에 사는 토끼(Arctic Hare)는 여름에서 가을까지는 고동색(Brown)이 겨울이 되면서 흰색으로 털갈이를 한다. 동물들은 보호색으로 몸을 위장하며 자기 몸을 숨기고 스스로를 보호하며 큰 동물들은 사냥할 때도 이러한 변장을 한다. 사람들 역시 군사무기나 군복 등을 지역 환경에 맞게 얼룩무늬로 위장하여 적으로부터의 시야를 위장하는 등을 모두 카무플라주라고 한다.

□ 그림설명 0324-1, 나무보호색 부엉이

-2, 나뭇잎을 닮은 베짱이

-3, 사냥꾼의 의상

C

0325 `ani` `his` `peo`

Canada Animation History (캐나다 애니메이션의 역사)

캐나다는 미국의 북쪽에 있는 경계를 동(East)과 서(West)에 걸쳐 장장 2만8천843킬로미터의 긴 경계를 두고 있는 나라다. 캐나다는 지도상으로 볼 때 매우 크게 보이지만 한랭한 기후조건으로 농사가 가능한 지역은 국토의 7% 정도이다. 또한 그들의 주거생활 역시 미국의 경계에서 100마일 이내로 밀집해 있으며 이러한 환경에서 캐나다 국민들의 미국 의존도는 상당히 높다. 과거 그들의 생활필수품은 물론 국민들을 위한 시청각 프로그램들도 미국의 것에 의존하여 미국의 방송을 시청하거나 프로그램을 수입해서 사용했다. 애니메이션분야도 예외는 아니어서 미국이 1920년경부터 산업으로 왕성하게 성장하는 것을 보고만 있었으나 결국 캐나다는 이에 대한 대책으로 1939년 NFBC(National Film Board of Canada; 캐나다 국립 영상 위원회)를 설립하기에 이른다. 스코틀랜드 출신의 존 그리어슨(John Grierson, 1898-1972)이 NFBC를 창설하기 전까지는 캐나다의 애니메이션의 활동은 거의 이루어지지 않았다. 애니메이션 산업이 크게 발달한 미국과 가까웠기 때문에 자국의 애니메이션 개발이 우선은 아니었던 셈이다. 단지 브라이언트 프라이어(Briant Fryer, 1897-?)가 캐나다에서 애니메이션과 인형극장을 선보인 정도였다.

□ 그림설명 0325-1, 2, NFBC에서 만들어진 McLaren의 film <이웃, 1952>

NFBC는 캐나다 관련 영화와 시청각 자료 제작 및 국내외 배급을 담당하는 공공기관으로 창설되었으며 창설 초기부터 국내와 국제 영화제작에 있어 큰 기여를 했다. 영국의 다큐멘터리 필름을 주도했던 그리어슨은 NFBC를 설립하면서 영국에서 재능 있는 인재들을 캐나다로 불러왔다. 영국에서 실사 영화나 애니메이션 분야에서 그와 협력했던 많은 사람들을 초청했고, 노먼 맥라렌(Norman McLaren, 1914-1987)을 비롯해 많은 사람들이 그의 제안을 받아들여 캐나다로 이주했다. 노먼 맥라렌이 1941년에 합류한 후 정부로부터 애니메이션 지원의 폭이 넓어지기 시작했다. 캐나다에서는 애니메이션 발전 기간 중 차별화된 프로덕션들이 많이 생겨났으며, 노먼 맥라렌은 영국에서도 그랬듯이 NFBC에 와서도 애니메이션 기법의 새로운 장을 열었다. 그의 대표작 '이웃(Neighbours)'은 실사로 촬영한 것으로 필요한 프레임만 몇 콤마씩 끊어서 편집하여 '픽실레이션(Pixilation)'이라는 새로운 장르를 만들어 냈고 1952년에 아카데미(오스카)상을 받았다. 또한 칸(Cannes)영화제에서 단편부문 황금종려상을 수상했다. 스페인에서 태어난 20세기의 화가 파블로 피카소(Pablo Picasso, 1881-1973)는 이 필름을 보고 '생전에 처음 보는 최고작'이라고 극찬했다고 한다. 이 작품은 후일 유네스코(UNESCO)가 선정하는 인류문화재산에 등재되는 영광을 얻었다. '블링키티 블랭크(Blinkity Blank)' 역시 필름에 핀으로 구멍을 뚫은 다음 프레임의 흐름에 따라서 달라지는 빛의 움직임을 애니메이션으로 촬영한 새로운 기법을 선보였다. 맥라렌의 뛰어난 실험창작품들은 이밖에도 많은 곳에서 상을 수상했다. NFBC의 목적은 캐나다를 자국의 국민들에게는 물론 해외의 여러 나라 사람들에게 홍보하는 것이 목적이었다. 언어의 장벽을 초월할 수 있는 애니메이션이라는 이상적 매체를 통해 그것을 가능하게 했고, 그는 후에 런던에서 게리 포터튼(Gerry Potterton, 1931-), 데렉 램(Derek Lamb, 1936-), 마이크 밀TM(Mike Mills, 1966-), 레스 드루(Les Drew, 1939-)를 더 불러들이고 프랑스에서 알렉산더 알렉세예프(Alexandre Alexeieff, 1901-1982), 클레어 파커(Claire Parker, 1906-1981)부부, 덴마크에서 카이 핀달(Kaj Pindal, 1927-2019), 네덜란드에서 폴 드리센(Paul Driesen, 1940-)과 코 헤드만(Co Hoedeman, 1940-), 미국에서 캐롤라인 리프(Caroline Leaf, 1946-), 린 스미스(Lynn Smith, 1942-), 유고슬라비아에서 즐라트코 그르긱(Zlatko Grgic, 1931-1988), 인도에서 이슈 파텔(Ishu Patel, 1942-) 등을 초청해 왔다. 작가들의 국적이나 작품 내용 등에 간섭하지 않고 장기적인 재정지원을 하는 등 다양한 혜택을 제공하여 이들이 NFBC에서 창의적이고 자유로운 작품 활동을 할 수 있게 했다. 실로 이러한 일들은 캐나다 정부의 미래적인 계획이 없이는 이룰 수 없는 일이었다. 한편, 몬트리올에 있는 CBC(Canadian Broadcasting Corporation:캐나다 방송사)도 그래픽 디자이너 허버트 티손(Hubert Tison, 1937-)을 주축으로 애니메이션 제작회사를 설립했다. 이곳에서는 프레데릭 백(Frederic Back, 1924-2013)의 "아무 것도 아닌 것을(Everything for Nothing,

□ 그림설명 0325-3, Chris Landreth의 Ryan(2004)

-4, 프레데릭 백 <The Man Who Planted Trees> 1987

-5, <Crac> 1981

1978)", 그램 로스(Graeme Ross)의 "거북이와 토끼(The Tortoise and the Hare, 1979)"와 앨버트 미노 보난(Alberto Mino Bonan)의 "공중그네(Trapeze, 1982)" 등 어린이를 위한 우수한 단편들을 많이 제작했다.

그 밖에도 정부는 일반 애니메이션 제작회사에도 제작 지원금 제도를 만들어 많은 국제적 제작연계로 활발한 움직임을 보이고 있다. 이것을 뒷받침 하기위해 대학에서의 교육도 시스템화하고 있다. 현재 활동하고 있는 신세대 애니메이션 작가들 대부분이 토론토에 있는 쉐리단(Sheridan) 대학의 애니메이션전공에서 배출되고 있다. 그 중에는 <샤레이드(Charade)>를 제작해 1985년 오스카상을 받은 존 미니스(Jon Minnis, 1950-)처럼 재학시절부터 뛰어난 작품들을 만들어 주목을 받은 이들도 있다. 캐나다 정부의 애니메이션 육성정책에 발맞추어 젊은 다수의 애니메이션예술가들을 키워내게 되었으며 예술적 감각의 애니메이션 작품들을 쏟아내고 있다. 최근에는, 2004년 오스카상을 받은 감독 크리스 렌드레스(Chris Rendreth, 1961-)의 3-D 애니메이션 "라이언(Ryan)"은 다큐멘터리형식을 도입해 만들어진 초현실주의 작품이다. 감독은 스스로의 작품을 사이코 리얼리즘(Psycho Realism)이라고 주장한다. 어쨌든 이런 작품은 이미 영국의 프랜시스 베이컨(Francis Bacon, 1909-1992)의 작품에서 인간의 현실의 모습을 그대로 묘사했으며, 미국의 화가 아이반 올브라이트(Ivan Albright, 1897-1983)의 작품에서는 인간의 추악하거나 추잡스러운 면을 그려낸 바 있지만 이러한 기초들을 토대로 캐나다 정부의 애니메이션 제작에 관해 지속적인 지원으로 방송 프로그램을 제작하는 회사들이 속속히 생겨났고 환경은 다른 나라에 비할 때 매우 좋은 편이었다. TV 프로그램 제작은 제작회사들이 정부로부터 보조금을 받아 이 분야발전에 활성화를 꾀하고 대학에서는 애니메이션 특수 교육프로그램을 통하여 인력 양성에도 균형을 맞추어 나가고 있다. 또한 1976년부터 유일하게 개최되어온 오타와 국제애니메이션페스티벌(OIAF; Ottawa International Animation Festival)은 지금까지 근 반세기여 동안 캐나다의 애니메이션 발전에 크게 공헌한 것으로 평가한다.

□ 그림설명 0325-6, Ottawa Int'l Animation Festival Logo

Canada, NFB

* NFBC (엔에프비 캐나다)

* National Film Board of Canada (국립필름보드캐나다)

1939년에 캐나다 정부가 영국을 비롯한 여러 나라의 현역 애니메이션 작가들을 이민으로 초청하여 캐나다의 명예국민으로 영주를 보장하고 창작애니메이션을 육성하여 발전시킬 목적으로 설립한 국립애니메이션 창작기구이다.

□ 그림설명 0326, NFBC Logo

* 참조보기 (1718- NFBC)

0327 gen

Candid camera (연출 없는 카메라, 몰래카메라)

다루기 쉽고 초감각능력(Extrasensory Perception)을 갖춘 아주 소형카메라로 몰래 남의 행동을 연출 없이 자연발생적으로 그대로 촬영하는 것을 말한다. 이러한 촬영들은 카메라와 마이크가 숨겨져 있어 찍히는 사람들이 모르는 사이에 촬영되는 것이 일반적이다. 캔디드 카메라는 원래는 1947년 미국의 알렌 펀트(Allen Funt, 1914-1999)에 의해 ABC-라디오에 처음 등장했고 1948년 ABC-TV에, 1949년에는 NBC-TV에, 그리고 1951년부터 1954년까지는 자체제작(신디케이션, Syndication)으로 배급하여 1988년까지 수없이 재탕되었고, 다시 1991년과 2014년에 새롭게 제작되었고 지금까지도 인기 있는 프로그램 중에 하나다. 시청자는 알고 출연자가 모르는 사이에 농담을 걸며 실제방송을 하여 웃음을 주는 프로그램이다. 이러한 유사 프로그램은 그 나라마다 관습을 모티브로 큰 인기를 누리는 쇼가 되었다. 카메라를 숨겨 놓은 TV 쇼 뿐 아니라 몰래 찍은 정 사진(Photo)이나 촬영을 의식하지 않은 포즈 등을 캔디드(Candid)라고 한다. 21세기가 되면서 이러한 프로그램들은 개인의 인권침해로 논란이 되면서 점차 사라지는 기세이다. 지금은 동물을 다룬 캔디드 카메라도 만들어져 동물애호가들의 사랑을 받는다.

□ 그림설명 0327, 몰래카메라(광고)와 창시자 알렌 펀트.

0328 fes

Cannes Int'l Film Festival (칸 영화제)

프랑스〉 Cannes, 프랑스 남부의 휴양도시 칸(Cannes)에서 매년 5월 개최되는 국제영화제로 베네치아국제영화제(Venice International Film Festival), 베를린국제영화

C

제(Berlin International Film Festival)와 함께 세계 3대 영화제로 불린다. 1932년 베네치아영화제가 개최되자 프랑스 정부에서는 1939년 9월 1일 제1회 개최를 목표로 칸 영화제를 기획하였으나 히틀러의 폴란드 침공 최후통첩으로 인하여 영화제는 연기되었고, 1946년 9월 20일 임시정부의 승인 아래 18개국의 영화를 모아 영화제를 개최하였고 1948년부터 1950년까지를 제외하고는 매년 개최되었다. 1951년부터 영화제 기간을 5월로 옮겨 2주일간의 행사기간을 가지게 되었으며 칸 영화제는 영화의 예술적인 수준과 상업적 효과의 균형을 잘 맞춤으로써 세계 영화의 만남의 장으로서 명성을 얻게 되었다. 세계적인 감독들이 많이 참여하여 국제영화산업의 집결지가 되었다. 칸은 작품을 상영할 수 있는 자격이 매우 까다로웠다. 영화제 1년 전에 만들어진 작품, 다른 공모전에 2중으로 참가 할 수 없다, 단편은 15분을 넘지 않아야 한다는 등 까다로웠다. 그러나 이러한 조건들은 지나치다는 여론에 따라 지금은 많이 완화되었다. 황금종려대상, 심사위원상, 남우주연상, 여우주연상, 감독상, 각본상 등의 경쟁부문이 있으며 그 외에 비경쟁부문, 황금 카메라 상, 단편부문 황금종려상, 단편부문 심사위원상 등의 부문으로 나누어 시상한다.

☐ 그림설명 0328, 2017 칸 영화제 포스터, 70회 칸영화제

0329 mus

cantata (성악곡)

이탈리아 원어로 'Cantare, 노래하다'의 뜻으로 목소리로 노래하는 것에서 유래했으나 소수의 악기들(Orchestra)이 노래와 함께 연주되었다. 지금은 합창곡으로 한 두 사람의 솔리스트가 노래하는 볼륨감 있는 종교음악으로 또는 세속적(Secular)인 교회 합창곡으로도 연주된다.

0330 `pic`

caption (자막, 캡션)

영화나 TV 등에서 맨 앞에 본편이 시작되기 전이나 시작된 후에 주제, 제목, 배역, 해설, 시간이나 장소 등을 알리기 위해 스크린에 표시하는 어떤 모양의 글자들을 말한다. 해외에서 수입한 영화의 화면 하단에 외국 언어를 번역해 주거나, 이해하기 어려운 대사나, 난청인 사람 등을 위해 대사를 전달하기 위해 사용하는 문장이나 신문이나 잡지의 사진 밑에 캡션을 달아 설명하는 것도 모두 해당된다.

□ 그림설명 0330-1, "그 사람은 5자 정도 키에 빨간색 점퍼를 입었고, 입에서는 맥주 냄새가 났어요. 그런데 나를 향해 총을 쐈어요."

-2, "뒤로 물러나! 나 쿵푸 알아!!" (화면자막)

-3, 장편 애니메이션 <Coco, 2017> by. Lee Unkrich의 한 장면과 자막.

0331 `com`

capture (캡처, 포착, 사진에 담다)

컴퓨터에서 영상이미지 원본 영상에서 또는 실제 움직임 중 필요한 부분만큼만 따로 저장하기위해 선택하는 행위를 캡처라 한다. 아날로그 비디오 화면이나 어떤 형태의 필름화면, 사진 등의 이미지를 컴퓨터에 받아 저장하는 일체의 작업행위를 뜻하는 말이나.

✱ 참조보기 (1668- motion capture)

0332 gen

carbon (카본, 탄소)

하나의 화학원소(Chemical Element)로 탄소는 살아있는 모든 생물체들에서 발견할 수 있다. 순수한 탄소는 다이아몬드나 흑연(Graphite)에서 얻을 수 있고 다른 혼합물에서도 탄소원소를 채취할 수 있다. 이러한 생물과 관련되고 특징을 가진 탄소는 나무(식물)들에 의해 풍부한 활력소를 공급 받는다. 또한 그밖에도 여러 혼합물로부터 필요한 탄소(C, Carbon)뿐 아니라 동식물에 필요한 수소(H, Hydrogen), 산소(O, Oxygen)를 만들어 낼 수 있다.

✳ carbon dioxide (이산화탄소, 탄산가스, 카본다이옥사이드)

색깔도 냄새도 없는 탄산가스는 탄소와 산소로 만들어낸다. 이산화탄소는 공기 중에도 있고, 음료에도 사용하는 무해물질이다. 얼린 이산화탄소를 드라이아이스(Dry Ice)라 부른다.

✳ carbon monoxide (일산화탄소, 카본모녹사이드)

카본 모녹사이드로 불리는 일산화탄소는 색깔도 냄새도 없는 유독가스(Poisonous Gas)를 함유하고 있다. 일산화탄소는 자동차가 휘발유를 태우며 달릴 때 탄소가 만들어지게 되는데 이 과정에서 완전연소가 이루지지 않을 때 일산화탄소가 형성되어 공해를 만들어 내게 된다.

0333 art

caricature (캐리캐처, 과장된 표현방식)

문학(문장)과 미술(시각)에서 보이는 현실이나 사실 내용의 특징을 과장하거나 왜곡시켜 표현하는 것을 이르는 말이다. 시사만화(Political Cartoon)에서 정치, 경제, 사회에서 발생되는 모순과 혼란들을 꼬집어 표현하는 만평을 하나의 예로 들 수 있고, 문학에서 인물의 특징을 과장시켜 성격을 매우 돌출적으로 표현하거나, 음악에서 특히 베토벤의 현악 4중주(String Quartet)에서 이러한 특징적 표현요소들을 들을 수 있다. 또한 미술에서 초상화를 그릴 때 얼굴의 도드라진 특징을 더욱 과장하여 성격화(Personalization)하는 것도 이에 속한다. 캐리캐처리스트들은 골격의 특징을 표현하는 방식이나 표정 등의 특징을 포착해 선으로, 톤으로, 색감 등으로 표현한다.

✳ 참조보기 (0333- Caricature)

☐ 그림설명 0333-1,
미국 트럼프 대통령, by
Donkey Hotey / flickr

-2, 여성 정치가 힐러리
클린턴, by bobstaake

-3, '애플' 창립자 스티븐
잡스, by bobstaake

-4, <미스터 빈>으로 알려진
영국의 배우 로언 앳킨슨(Rowan
Atkinson), by Paul Moyse

✱ 참조보기 (0335- Cartoon)

0334 `gen` `fes`

carnival (사육제, 카니발, 순회공연)

원래 이 말은 라틴어로써 "고기 안 먹기(To Stop Eating Meat)"라는 의미를 가진 말이었다. 서기 1500년경 기독교에서 사순절(Lent)이 오기 3일전부터 부활절(Easter)까지 육류 금식을 하는 데서부터 유래된 말이다. 그러나 지금은 카니발의 의미는 변화하여 장소와 장소를 옮겨가며 회전하는 기구타기, 각종 오락물, 쇼 공연 등을 흥행하는 것을 의미하는 말로 변화되었다.

☐ 그림설명 0334-1, Madeira Carnival, 2018 (Portugal)

-2, Italian Putingnano Carnevale, 2017 (Italia)

0335 `art` `peo` `his`

cartoon (만화, 카툰)

카툰은 일반적으로 한 칸짜리 만화를 뜻하는 말이다. 이것은 줄줄이 읽어 내려가는 만화책(Comic Strip)과는 다르다. 카툰은 세상의 정치, 경제, 사회에서 일어나는 부조리적인

C

사건과 유행하는 토픽을 주로 다루어 희화적으로 풍자만화(Caricature, 캐리커처)체로 그림을 그려 그 의미를 신랄하게 논평하는 것에 의미를 둔다. 일반적으로 희화적인 간결한 그림으로 시사적이거나 철학적 의미를 다뤄 익살스럽게 그린 한 컷짜리 만화로 그린 것 주로 정치, 경제, 사회에서 유행하는 주제를 다룬 풍자만화를 정의하는 말이다. 또한 시사만화(Political Cartoon)로도 불리며 사회에서 알려진 인물들의 시사적 사건 그리고 경제, 사회문제 등을 다룬 만화, 그리고 신문이나 잡지에 풍자적인 그림으로 비평적, 희화적 주제를 다룬 시사만화를 통칭하는 말로도 사용한다. 그러나 만화만평은 단순히 쉽게 그리는 듯 보이지만 실상은 그 내용이 중요한 의미에서 매우 도드라지고 어려운 예술분야이기도 하다. 카툰을 만평인가 풍자문학(Satire)인가에 대해 특성을 규정하는 것은 쉽지 않아 보인다. 그렇다고 카툰이 일러스트레이션은 아니며 그렇게 구분 짓기에는 그 정의는 너무 광범위하다. 인쇄물(Printed Materials)로서 보자면 만화는 저널(Journal)로 평가할 수 있다. 카툰의 역사는 영국에서 소수에 의해 시작된 것으로 기록되어 있다. 카툰을 시사성 있는 정치사회 만평으로 그린 최초의 작품은 유화로 시작되었다. 1563년에 이미 이탈리아의 화가 주세페 아르침 볼도(Guiseppe Arcimboldo, 1527-1593)의 카툰으로 여길만한 유화가 등장했는데 오늘날의 만평과 같은 것은 아니었지만 그의 희화적 착상은 매우 카툰분야에서 중요하게 평가되어 왔다. 그의 그림은 주로 상반신을 그렸는데 얼굴의 구성은 과일이나 식물들로 장식된 초상화들이었다.

□ 그림설명 0335-1, 화가, 아르침 볼도

-2,<Vertumnus> 1590, 아르침 볼도의 농작물 초상화.

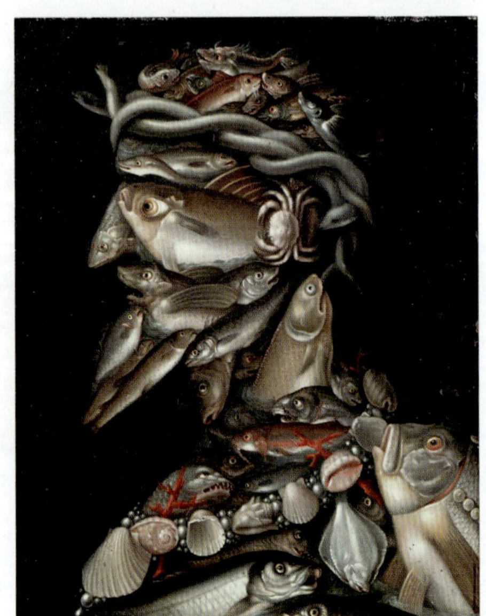

-3, <the Admiral> 해산물로 표현한 초상화.

또한 16세기 이탈리아의 초기 미술개혁기인 바로크시대가 막 들어서면서 활동한 이탈리아의 화가 안니발레 카라치(Annibale Carracci, 1560-1609) 그리고 그의 형 아고스티노(Agostino Carracci, 1557-1602) 형제들이 그린 캐리커쳐가 등장했고 이를 계기로 이탈리아뿐만이 아니라 프랑스, 독일, 영국 등 전 유럽 국가들로 번창해 나갔다. 그러나 그중에도 로코코(Rococo)풍의 윌리엄 호가스(William Hogarth, 1697-1764)는 영국 국민화가로서 판화가, 유화로 그린 풍자만화가(Satirist), 사회비평가, 만화가로서 많은 사람들로부터 존경받았던 화가였다.

Before

After

□ 그림설명 0335-4, 호가스가 그린 풍자 유화, 전과 후(1730-1731)

호가스는 18세기의 화가로서 풍자적으로 사회상을 비평하여 영국인들 중에 방탕한 사회의 윤리를 주제로 그림으로 그려 표현한능란한 화가였다. 풍자만화는 19세기에 미국으로 들어와 유화가 아닌 펜화 카툰으로서 각 일간지 신문에 자리 잡으며 영향을 끼쳐왔다. 미국 신문의 시사만화가로는 로버트 에드그렌(Robert W. Edgren, 1874-1939), 존 리치 (John Leech, 1817-1864) 그리고 그후 '펀치(Punch)' 잡지의 에드가 아얄라(Edgar Leon Ayala) 등이 한 칸짜리 카툰을 그린 대표적인 만화가들이다. 원래만화의 기원은 나라마다 제 각각 이어서 그 근원의 주장이 명확하기는 어렵다. 그러나 19세기 초 1829년 프랑스에서 신문을 통해 근대만화가들의 활동이 시작되었다고 기록하고 있다. 프랑스는 그 당시 주간 만화신문들이 출판되었는데 이를 통해 석판만화로 풍속만화 등이 소개되었다. 1745년 한국에도 신문에 조귀삼이 그린 「의열도」 란에 <의구도(義狗圖)>라는 이야기를 그림으로 그렸다고 김규택의<만화풍자 해학가열전>에 기록되어있다. 이야기는 「.... 어느 선비가 말을 타고 삽살개를 데리고 길을 가다가 월파정에 들러 낮술을 거나하게 마시게 되었고 다시 길을 가다가 술이 너무 취해 말에서 내려 산기슭 아무데서나 그만 한잠자게 되었는데 우연치 않게 산불이 나면서 마침 그때 곯아떨어진 선비 가까이까지 불길이 오게 되었다. 그러나 선비는 불이 난지도 모르고 술에도 취하고 잠에도 취해서 세상 모르게 자고만 있었다. 주인이 위태한 것을 알아차린 삽살개는 길 아래 강으로 내려가 털이 많은 자기의 몸을 물에 적셔 주인님의 몸에 뿌려 화를 면해 목숨을 건지게 했다. 선비가 잠에서 깨어보니 삽살개의 털은불에 그슬려 있고 개는죽어 있었다. 선비는 슬퍼하며 자기를 살려준 충복 삽살개의 공적을 기려 묘비를 세우고 무덤을 만들어 주었다....」 는 풍속도를 그린 것이다.

□ 그림설명 0335-5, 조귀삼의 <의구도> 1745.

이와 같은 야야기는 의열도(義烈圖)라 하여 실제로 전해 내려오는 곳이 있다. 조선 현종 6년(1665) 선산부사인 안응창이 의열도에 의로운 개의 이야기를 쓰고, 숙종 11년(1685) 화공이 의구도 4폭(그림참조 0335-4)을 남겼다는 기록이 있다. 한국민족문화대백과사전에 있는 의구전조(義狗傳條)에 의하면 선산부(지금의 경상도)에 사는 우리(郵吏, 우편배달부)가 집에 누른 개 한 마리를 길렀는데 이 개는 몹시 영리하여 사람의 뜻을 잘 알아 주인의 주위를 떠나지 않았다. 주인이 하루는 이웃마을에 갔다가 낮술에 취해 돌아오다가 월파정(月波亭)이 있는 큰길가에서 그만 말에서 떨어져 정신없이 잠이 들었는데 때마침 들에 불이 일어나서 삽시간에 주인이 위험하게 되자 개는 낙동강에 뛰어가 꼬리를 물에 적셔 와서 불을 끄는 일을 여러 번 되풀이 하다가 기진맥진하여 그만 죽게 되었다. 주인이 술이 깨어 일어나 보니 개는죽어 있었는데 사방이 불에 탄 흔적이 역력해 비로소 개가 자기를 구하고 죽었음을 알았고 이에 감동하여 사체를 거두어 그곳에 묻어 주었다. 훗날 사람들이 그 의로움을 기려서 그곳을 구분방(狗墳坊)이라 부르고 400년 전부터 무덤과 함께 구미 해평면에 전해져 내려오고 있다한다. 그 밖에도, 1740년 풍속도를 그린 김홍도와 신윤복 등은 조선 사람으로 모두 다른 나라에 뒤지지 않게 유머 감각을 표현하여 그림을 그리며 활동한 화가들이었다. 20세기는 많은 분야가 문명화되었고 이야기가 있는 문장의 시대로 만화(Comic)역시 상상의 날개를 달고 폭넓게 전 세계에 확산되기 시작했다. 여러 나라에서 4칸짜리, 8칸짜리 코믹만화로 이야기의 시대를 열어 나갔다. 1905년 처음으로 미국의 윈저 맥케이(Winsor McCay, 1869-1934)는 뉴욕 헤럴드(Herald)신문에 스토리 만화를 게재했고 그 후 1911년 자신의 연재만화 <꼬마 네모(Little Nemo)>로 애니메이션을 만들어 소개한 데서부터 단편애니메이션(Animated Cartoon)의 뜻으로 구분하여 부르기 시작했다. 일반적으로 만화라는 자체적인 대명사는 일반적으로 카툰이라 부르고 스토리만화를 구분할 때만 코믹 스트립(Comic Strip)이라 부른다. 신문에 연재되었다가 애니메이션으로 제작된 것을 애니메이티드 카툰(Animated Cartoon)이라고 부르게 된 시초이다. 조선(한국) 역시 만화는 일본으로부터 독립되기 직전부터 조선인이 출간하는 신문에 만화가 등장해 분야가 움트기 시작했다.

□ 그림설명 0335 6,
신화적인 만화가 맥케이.

- 7, 맥케이가 그린 신문연재만화 <꼬마 네모(Little Nemo)> (1905~1926)

0336 `his` `art` `peo`

cartoon history of the world (만화의 역사, 세계만화의 기원)
* 만화의 기원 (The origin of caricature)

초기에는 카툰이라 부르지 않고 만화를 캐리커처라 불렀다. '캐리커처'라는 단어를 만들어 낸 사람들은 미술 개척기인 16세기 바로크(Baroque)시대 때, 활동하여 이름을 날린 안니발레 카라치(Annibale Carracci, 1560-1609)와 그의 형인 아고스티노 카라치(Agostino Carracci, 1557-1602) 형제들이었다. 지금도 유럽에서는 지역에 따라 카툰(Cartoon)을 '캐리커처'라 부르는 나라들이 있다. 세상에서 최초로 만화적인 회화(Draughtsman)기법을 담은 책 <캐리커처 그리는 법>을 낸 사람은 영국의 출판업자(Publisher)인 프란시스 그로스(Francis Grose, 1731-1791)로 일종에 카툰기법입문이었다. 그는 잉글랜드(England)와 웨일스(Wales)에서 고미술품(Antiquity)을 찍어 책을 출판한 사람이기도 했다. 그의 아버지는 스위스에서 보석상을 하다가 영국으로 이민을 와서 살았으므로 경직된 가정교육을 받았고 이 당시에는 그림이나 건축양식들까지도 매우 경직돼있어서 좀처럼 만화와 같은 마치 방탕해 보일 수 있는 캐리커처식의 그림을 그리기는 쉬운 일은 아니었을 것이다. 또한 그로스는 1785년 런던의 빈민가와 항구에서 사용되는 저속한 슬랭(Slang, 속어)어를 수집하여 <1811 Dictionary of the Vulga Tongue(1811 통속어 사전)>을 여러 모양의 표지로 인쇄해 출판했다.

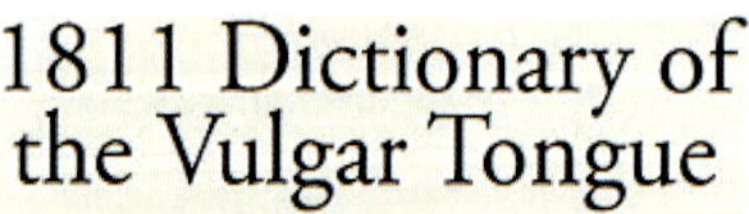

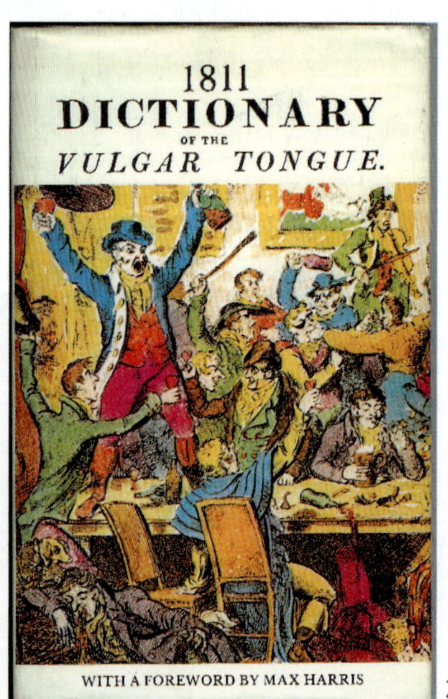

□ 그림설명 0336-1, -2, 캐리커처 그리는 법」그로스의 「1811 통속어 사전」 by Grose.

이것도 아마 저속한 사회상에 대한 올바른 길잡이 역할이었을 것으로 해석된다. 한편 고대 그리스의 조각가들은 유럽의 미에 관한 개념을 확고히 하기 위해 모양뿐만이 아니라 비율들을 성실하게 관찰하고 규칙을 따라서 조각한 흔적들이 보인다. 이러한 기준들은 그들이 후일에 남겨놓은 많은 유산들에서 확실하게 눈에 띤다. 이미 그리스(Greece)에서 입증이 된 확고한 사실적 형태는 이탈리아와 로마 문화에서 외설적으로 과장되고 더욱 번성하기 시작했다. 1743년에는 레오나르도 다빈치(Leonardo da Vinci, 1452-1519)가 쓴 <캐릭터와 캐리커처(Characters and Caricaturas)> 책도 있다. 그리고 <캐리커처 그리는 법(Rules for Drawing Caricaturas)> 1788, 프란시스 그로스(Francis Grose)라는 책 등, 그림들에서 과장(Exaggeration)적인 수많은 풍자적 표현이 발견되었는데 많은 것들이 로마의 축제들이 열리는 동안에 보였다는 기록이 있다. 이것은 영국이 문화적으로 엄격했던 완고주의에서 느슨한 그리고 풍자를 넣은 변화의 조짐이 보이기 시작한 시기이다. 중세시대에는 중세의 경건함을 표방함에도 불구하고 익살스럽거나 풍자적인 주제들을 표했는데 심지어 교회에도 광범위하게 파급되었다. 이러한 경향은 화가들에 까지 영향을 주어 독일의 알브레히트 뒤러(Albrecht Durer, 1471-1528), 역시 독일의 히에로니무스 보슈(Hieronymus Bosch, 1450-1516), 네덜란드의 피테르 브뤼헐(Pieter Bruegel, 1525-1569), 이탈리아의 레오나르도 다빈치 그리고 프랑스의 젝퀴스 캘롯(Jacques Callot, 1592-1635) 등을 현대예술로 이끌어주는 흐름이 되었다.

□ 그림설명 0336-3, 「Rules for Drawing Caricaturas」, 1788, by Francis Grose.

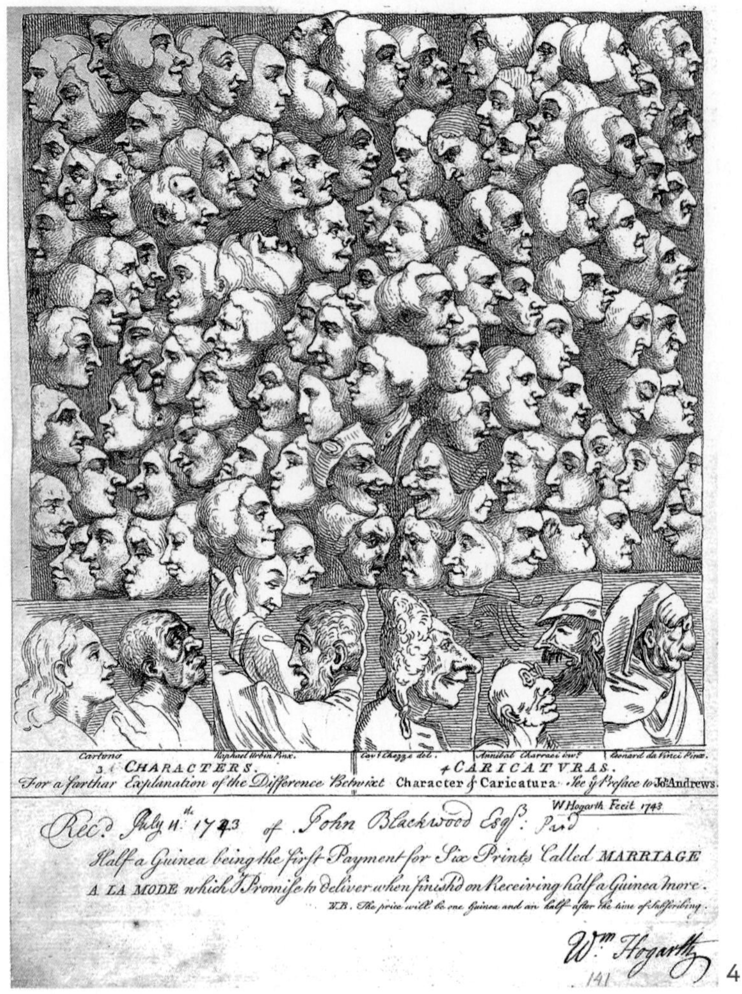

□ 그림설명 0336-4, 「Characters and Caricaturas」, 1743, by William Hogarth

*₁ 일본의 초기 카툰(캐리커처) (Caricatures in Japan)

일본회화는 유화물감을 전혀 사용하지 않고 간결한 선을 사용하여 주로 동양의 아름다움을 표현하여 서구미술과는 아주 대조적인 느낌을 동서에 널리 분포시켰다. 입체감이 없이 잔잔한 무늬를 많이 사용한 이 방식은 유화를 사용하는 서양의 미술에 비해 선과 평면 색상을 칠하는 방식이며 인물을 표현하는 방식이 사실적이지 않아 만화인가 구분하기 쉽지가 않다. 12, 13세기경으로알려진4개의 흑백짐승두루마리족자(Animals Scrolls) 시리즈가 있는데 이것은 주로 인간의 활동과 관련된 동물들을 묘사하고 있다. 교토 시(Kyoto City)에 있는 고잔 불교사원에 보관되어 있는 이 4개의 두루마리들은 수년간 가구유(Kakuyu)가 그린 것으로 알려져 오다가 승려 예술가 토바 소조(Toba Sojo, 1053-1140)의 유명했던 자기 이름을 거의 잊은 채 증거들에 따르면 마지막 두 개의 두루마리들은 이전 두 개와 100여년의 차이가 있은 것으로 되어 있어 이는 분명 한 명 이상이 그렸다는 결론이었다. 또한 이것은 일본에서 가장 오래된 만화 중 하나로 보는 것이 옳다. 그렇다면 이 만화는 월트 디즈니의-것과 거의 800년 이상이나 앞서 그려진 것으로 된다. 첫 두루마리는 토끼와 개구리 그리고 원숭이들이 마치 인간들처럼 강에서 수영을 하고 활과 화살로 사냥을 하고 종교적 행사를 조롱하는 행동을 하면서 유머러스하게 묘사되어 있다. 이것은 4개의 두루마리들 중에 가장 잘 그려져 있고 그런 이유로 가장 유명하기도 하다. 이에 반해 두번째 두루마리도 말과 소, 닭, 사자, 용 그리고 다른 상상의 동물들을 묘사하고 있고 여기에서는 불교 승려들 간에 게임에서 경쟁을 하는 내용을 주로 재미있게 다루고 있다. 가장 일반적인 해석은 이 두루마리들이 헤이안시대(平安時代, 794-1185년간무덴노)에서 가마구라시대(鎌倉時代, 1185-1333)의 일본 사회에 대한 풍자 그림으로 특히, 당시의 부패와 타락(Depravity)으로 악명 높았던 수많은 불교 사원들에 대해 초점을 맞추고 있다. 화가들은 이<조수인물희화(鳥獸人物戲畫, 초주진부스기가)>를 완성하기 위해 하얀 종이에 먹물로 예리하게 선을 긋고 꾸준히 오랫동안 작업을 했을 것으로 본다. 이 그림은 오늘날 일본 수묵화에 있어 최고(Aged)의 작품으로 역사가들에게 인정받고 있다. 동물들의 형상과 동작을 하나하나 보면 예술가에 고마움을 느낄 것이며 그 두루마리들을 보는 즉시 그것의 초자연적인 사실주의와 우아함에 감동을 받게 될 것이라고 논평했다. 오늘날 <초주기가>는 일본의 국보로 지정되어 있다.

□ 그림설명 0336-5, 일본의 12세기 <조수인물희화(Animal-person Caricatures)>

□ 그림설명 0336-6, 일본의 19세기 여우를 표현한 <조수인물희화>

*₂ 근대의 캐리커처 (Modern Caricatures)

현대미술에서 캐리커처 분야의 시작을 일구고 발전시킨 사람은 16세기 이탈리아의 초기 미술 개척기인 바로크(Baroque)시대에 활동한 안니발레 카라치(Annibale Carracci, 1560-1609)와 함께 그의 형인 아고스티노(Agostino Carracci, 1557-1602) 형제에 공로가 있다고 기록되었다. 그리고 사촌인 루도비코(Ludovico Carracci, 1555-1619)도 두 형제와 함께 셋은 언제나 같이 일을 했다. 1582년 안니발레가 22살 때 그들은 함께 「Academy of Desiderosi」라는 이름으로 화실을 열었다. Desiderosi 는 이탈리아 말로 '열망' 이란 뜻으로 '배움으로 명예를 얻다!'는 열망을 뜻한 것으로 보인다. 사실 그들은 바로 그 '캐리커처'라는 단어를 만들어 낸 사람들이기도 하다. 이 단어의 유래는 그들이 유명인들과 일반 개인들의 풍자하여 그린 <Ritrattini Carachi(가득한 초상화들, Loaded Portraits)> 이라는 그들의 작품으로부터 유래되었다. 지난 16세기 동안 그들의 '캐리커처' 작품이 싸게 취급되었던 카라치 형제들이었지만, 한 때 전설적 인물로 놀라운 초상화들을 그려내어 당시 유명했던 이탈리아 화가인 주세페 아르침볼도(Giuseppe Arcimboldo, 1527-1593)보다도 인기가 더 앞서게 되었다. 카라치 형제들은 고정된 물건들이나 움직이지 않는 식물이나 채소들을 모양대로 그려 환상적인 <혼합된 머리들 (Composite Heads)>을 그려냈다. 이것을 캐리커처라 불렀다. 카라치 형제들은 금방 유명하게 되었다. 그들 형제들의 그림이 알려 지면서 심지어는 모방작들이 나올 정도로 유명해졌을 때, 불행하게도 아르침볼도는 체코 프라하에서 과거 유명했던 자기 이름을 거의 잊은 채 무명으로 일을 하고 있었다. 이탈리아는 50여년 후 바로크(Baroque) 화가 도메니치노(Domenichino, 1581-1641)의 작품 속에서도 품위가 있는 벼슬아치들의 초상화 보다는 소재 자체에 이야기가 있는 것들을 다루는 풍조가 지속됐다. 성경구약에 나오는 힘센 삼손(Samson)이 하찮은 여자로부터 머리칼을 잘리고 힘이 쇠약해져 병사들에게 잡히는 그림을 그렸다. 그의 원래 이름은 도미니코 잠피에리(Dominico Zampieri)로 로도비코 카라치 학교(Academy of Lodovico Carracci)에서 그림공부를 하고 1602년에 로마(Rome)로 와서 활동했다. 1646년에는 로도비코의 조카인 안니발레 카라치만의 사물에 대한 정의를 내렸고, 당시 논평가인 모시니(A. Mosini)는 그의 논문에서 '자연모습에서 특징만을 강조시켜 완벽한 변형 (the Perfect Deformity)에 이르기 위한 하나의 시도' 라는 의미로 그의 그림을 "캐리커처"라고 정의했다. 캐리커처는 성격을 묘사하는 것임으로 현대에 와서 카툰과 동일한 의미를 준다. 유화로 그린 희화와 종이에 그린 유머러스한 캐리커처 얼굴들은 모두 캐리커처라 불렸다.

□ 그림설명 0336-7, 이탈리아 16세기, 도메니치노의 그림, 삼손이 델릴라에게 머리칼을 잘리고 병사들에게 잡혀감(메트로폴리탄 미술박물관 소장)

-8, 카라치(Agostino Carracci)의 힘차고 세밀한 습작.

-9, 이탈리아 16세기, 카라시의 Caricature heads.

-10, 카라치(Annibale Carracci)의 <Madonna Enthroned with Saint Matthew> 유화. (1588)

*₃ 캐리커처예술과 유럽 (Caricature Art in Euro)

캐리커처라 이름 지어진 예술은 오랫동안 거의 이탈리아사람들만의 배타적 소유물이 되었고 이 분야의 놀랄만한 전문가들로는 피에르 레오네 게찌(Pier Leone Ghezzi, 1674-1755) 이탈리아의 로코코(Rococo) 화가, 지오반니 브라첼리(Giovanni Bracelli, 1598-1680) 조각가이며 건축가로 베드로 대성당과 트레비 분수를 설계했다. 그밖에도 피카소와 달리에게 영향을 끼친 큐비스트(Cubist)화가 지안 로렌조 버니니(Gian Lorenzo Bernini, 1600-1650) 등이 있다. 버니니는 그 후 17세기 중반에 프랑스에 정착하여 프랑스에 캐리커처의 개념을 고착시킨 장본인이었다. 또한 영국인 역사학자 토마스 브라운(Thomas Brown, 1605-1682)은 영국에 캐리커처라는 단어를 소개하며 18세기 초 그 방식을 전 유럽에 널리 전파한 사람이었다. 캐리커처라는 미술의 형태는 많은 나라에서 유행적으로 반겼다. 그동안 고전 회화에서 규칙을 따라 인체의 비율(Proportion), 골격(Anatomy), 중심(Weight), 원근(Perspective) 등의 고정관념에서 자유로운 표현을 할 수 있는 돌파구였다. 캐리커처는 관습적 예술표현의 규범으로부터 벗어날 수 있어서 많은 예술가들을 열정적으로 사로잡게 되었다. 심지어 렘브란트(Rembrandt, 1606-1669)는 그의 자화상에서 캐리커처 방식으로 자신의 그림에 자신의 생각을 마음껏 표현했다. 18세기 이후부터 캐리커처의 형태는 미술계에서 확고하게 자리 잡게 되었는데 프랑스 사람인 레이몬드 라 파지(Raymond La Fage, 1656-1690) 등이 대표적이었고 네덜란드사람인 코르넬리우스 뒤사르트(Cornelius Dusart, 1660-1704)도 있었다. 이어 미구엘 코바루비아스(Miguel Covarrubias, 1904-1957), 그리고 미국의 진정한 캐리커처리스트인 알 허쉬펠드(Al Hirshfeld, 1903-2003)를 비롯해 루마니아사람인 사울 스타인버그(Saul Steinberg, 1914-1999)는 만화가와 일러스트레이터로 그의 작품들은 잡지 'the New Yorker'에 소개되었으며 만화(Cartoon)는 이로써 계승되었다고 기록하고 있다.

11

□ 그림설명 0336-11, Pier Ghezzi의 카툰캐리커처 스케치.

-12, 그의 생동감 있는 유화 <Martirio de san Clemente>1724.

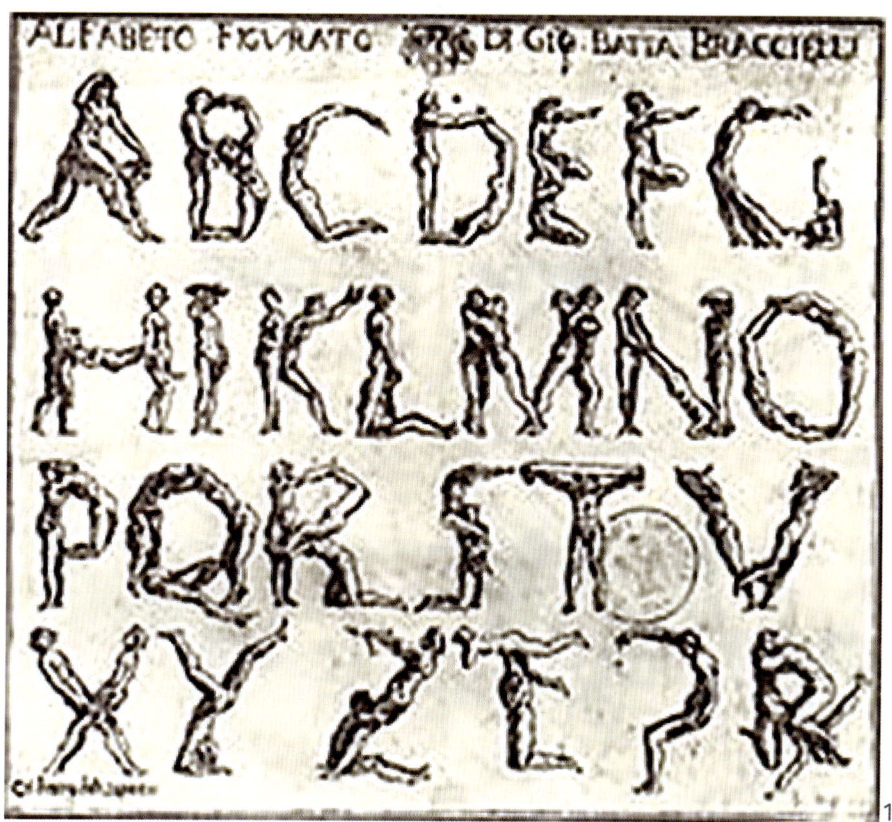

-13, <Alfabeto Figurato> 1632.

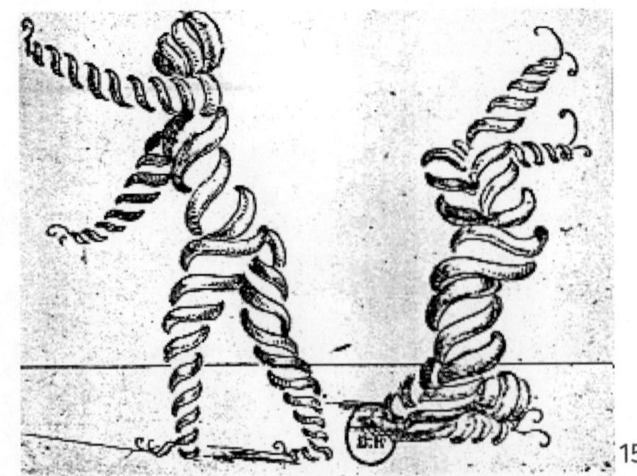

-14, -15, <Bizzarie di varie Figure> by Giovanni Bracelli, 1624

*₄ 캐리커처에서 카툰까지 (from Caricatures to Cartoons)

예술뿐만이 아니라 인류는 문명이기를 접하면서 항상 새롭게 변화되고 발전된 삶을 살아 왔다. 영국의 윌리엄 호가스(William Horgarth, 1697~1764)처럼 캐리커처에 대해 완벽하게 비전을 예측한 사람은 없었을 것 같다. 캐리커처로부터 이후에 이 예술이 변화하면서 '카툰'이라고 불리게 될 다음 단계를 영국의 호가스가 예측했다. 카툰은 더 이상 단지 인간의 외모에 보이는 특이한 성격을 읽고 표현하는 것이 아니라 정치, 경제, 사회, 문화 전반에 캐리커처로 사회적 성격을 읽어 낼 수 있다는 카툰을 이끌어 내게 된 것이다. 만화만평 즉, 카툰은 세계적으로 광범위한 분야로 확대되었다는 것이 일반적인 의견이다. 그러므로 만화평론은 문학, 논술, 회화 그리고 유머로서 하나의 절대적인 장르로 성장하게 된 것이다. 그의 최초의 서술적 카툰(스토리만화) 시리즈를 통해 만화의 선구자이자 최초의 카투니스트(Cartoonist)로 여겨진다. 호가스는 가장 최초의 카투니스트(Cartoonist)라는 단어가 당연하게 적용될 수 있는 예술가이다. 호가스의 뒤를 이은 손꼽히는 제자는 토마스 로우렌손(Thomas Rowlandson, 1756-1827)으로, 그는 당시 시대의 불공평함에 대한 그의 속이 후련하고 매서운 비평을 담은 카툰으로 시대적 유행과 약점들에 대한 풍자로 많은 독자들을 확보했다. 그의 그림은 매우 유머러스한 만평뿐만이 아니라 남녀의 성적 행위 등을 과감하게 수없이 그려냈다. 로우랜드슨은 같은 시대를 살았던 제임스 길레이(James Gillray, 1757-1815) 작품에서도 비슷한 논리를 찾았는데, 길레이는 당시 군주제와 귀족주의에 대해 통렬한 공격을 하는 매우 뛰어난 사람이었다. 18세기에 걸쳐서 카툰그리기 역할과 함께 그 체재(Format)도 자리잡았다. 카투니스트들이 펜으로 그려내는 주제는 이제 전 세계가 대상이 되었고, 특히 사회문제에 대해서는 카투니스트들이 사회에서 실패한 문제들을 대변해야 하는 의무감을 느낄 정도가 되었다. 그래서 만평은 전통이 생겨나게 되었는데 카툰을 그리는 것은 사회에 대한 저항이며 정치를 설득하는 하나의 예술로 여겨지게 되었다. 인기 있는 일러스트레이션의 직관성(Immediacy)에 전통적인 예술의 원천(Origin)을 연계함으로 해서 영국의 카투니스트들은 심지어 가장 관심 없는 관객들의 공감마저도 불러일으켰다. 그 교훈은 다른 유럽인들에게서도 사라지지 않았고 카툰은 21세기에서도 정치적 다툼에 있어 언제나 신랄하게 비평을 가하는 가장 강력한 무기 중 하나가 되었다.

□ 그림설명 0336-16, <The Plumb-pudding in Danger> 1805에 제임스 길레이가 그린 풍자만화로 프랑스의 나폴레옹과 영국의 수상 윌리엄 핏이 마주 앉아 지구요리를 누가 많이 먹을 수 있나 경쟁하고 있다.

-17,<Dinners Drest in the Neatest Manner> 로우렌손의 만화 (가장 깔끔한 식사준비)>1811.

-18, 로우렌손의 <The Two Kings of Terror(공포의 두 대왕)>1813.

□ 그림설명 0336-19, 로우렌손이 그린 사실적인 에칭그림. <Vauxhall Gardens>1785

-20, <Smoking for a Tobacco Box(토바코(곰방대)피기)>,
Thomas Rowlandson.

-21, <Unholy Matrimony(편치않은 결혼생활) (1821)>,
Thomas Rowlandson.

Cartoon Forum (카툰포럼)

Euro〉1990년에 시작되어 유로의 여러 나라를 순회하며 TV프로그램 피칭이벤트(Pitching Event, 전시행사)로 투자를 이끈다. 매년 9월에 열리며 25년 이상 유럽 곳곳의 도시를 옮겨가며 열리고 있다. 피칭세션(Pitching Session)은 카툰포럼의 핵심 요소로 사전 선정된 새로운 TV 애니메이션 프로젝트를 대상으로 TV채널의 투자자와 바이어들에게 선보이고 공동제작, 투자 유치, 네트워크 구축 등이 이뤄진다. 각 프로젝트는 같은 방에 모인 모든 잠재적인 파트너들을 대상으로 30분 동안 발표된다. 쇼트 피치 세션(Short Pitch Sessions, 속성 전시판매 행사)이 새롭게 선보이는데 다수의 프로젝트들이 10분 내에 피칭된다. 작품 트레일러 상영은 전통적인 아침 식사 시간에 열리기 때문에 시간동안 모든 참석자들에게 '크로와상과 커피쇼(Croissant & Coffee Show)'가 진행된다. 이것은 프로젝트를 살짝 맛보고 피칭 세션에 참석하는 셈이다. 또한 세션과 함께 환영 정찬, 점심 뷔페, 송별 저녁 동안의 댄스 시간 등을 통해 네트워크 형성의 기회를 제공한다. 또한 브뤼셀에 본부를 둔 국제적 비영리단체인 조직위원회 카툰(Cartoon)의 파트너 페스티벌에서 수상한 단편 애니메이션들만 중 후보를 선정해 카툰포럼에서 작품을 상영하여 최고 중의 최고를 선정하여 카툰도르(Cartoon d'Or)상을 1991년부터 수여하고 있다.

□ 그림설명0337-1, Cartoon Forum, 2015.

□ 그림설명0337-2, <Dimitri & Kim>, Eipix Entertainment.

-3, 카툰포럼에 출품된 작품 2018.

0338 `art`

cartoonist (만화가)

한 칸짜리 시사성이 있는 정치적 이슈를 다루거나 또는 철학적 소재를 해학적으로 풀어 그리는 사람을 만화가라 한다. 캐리커처(만화) 초기에는 만화가를 새타이어(Satire) 작가라고 불렀다. 작품의 형식은 한 칸짜리 만화로 정치, 경제, 사회, 문화 등의 모든 분야를 시사성 있게 다룬 만화를 지금은 카툰(Cartoon)이라 구분하여 부른다. 그러나 어린이용 연제만화, 만화로 그린 이야기책, 그리고 4칸짜리로 시사성이 있는 만화, 재미있는 이야기나, 무협소설을 극화하여 단행본으로 엮어서 만든 이야기책 등을 코믹 스트립(Comic Strip)이라 분별하여 부르며 직업상으로 분별할 때는모두 만화가(Cartoonist)라 통칭해서부른다.

＊Screen Cartoonist (영화 만화가, 애니메이터)
＊Satirist (풍자가, 만화풍자가)
＊Sarcasm(상처를내는 풍자)
＊Cartoons on Film (만화영화)

＊참조보기 (0333- caricature)

Cartoon begins around 1900's in Korea (1900년대 한국의 만화)

조선(한국)에서 출간된 최초의 만화는 「대한민보」 창간호에 이도영(李道榮, 1884-1933)이 그린 <삽화(Illustration)>라는 이름으로 1909년 6월호에 한 칸짜리 만화가 처음 소개되었다고 기록하고 있다. 불행이도 같은 해인 1909년 조선은 치욕(Disgrace)이 시작되는 해이기도 하다. 1909년 7월 6일은 일본의 총리 카스라 타로(桂 太郎, 1848-1913, 일본제국의 군인, 정치가)가 일본 내각회의에 제출한 「대한제국 병합 (Agreement to Merge in Korea)에 관한 건」 이 최종 확정되던 날로 한국이 국권을 상실하게 되는 해였다. 후일 니혼진(일본인)들은 조선 사람들을 알기를 우습게 여기고 행동이나 말로 저질적으로 취급을 했다. 그리고 툭하면 '조센진(조선인)!'이라며 멸시를 했다. 1909년은 합법적인 양 조약을 꾸며 조선을 침탈한 후 36년 동안이나 그들의 방식으로 모든 행정기구, 교육, 언어, 풍습, 창씨개명, 도시, 군 ,면, 리 등의 명칭을 모두 일본어로 바꿨다. 이로써, 조선이 일본의 강점기로부터 해방된 1945년 무렵까지 조선만화가들의 활동은 매우 미약할 수밖에 없었다. 주로 조선인이 경영하는 신문사에서 활동하며 정치, 경제, 사회 등 시사적인 만평을 배제한 체 만화를 그렸다. 목판 화가이었던 이도영이 1909년 창간호에 그린 <삽화>그림을 '최초의 만화'로 기록한 것은 이 때문이다. 1920년 김동성(金東成, 1890-1969)이 최초의 4칸짜리 만화 <그림이야기>를 소개했고 1923년에는 <만화 그리는 법>을 「동명」 지에 발표했다. 같은 해 「동아일보」 에 조선최초의 「신문만화현상공모」 란을 열어 당시 많은 호응을 얻었다고 기록되었다. 1924년 노수현(盧壽鉉, 1899-1978)의 4칸짜리 만화 <멍텅구리 헛물켜기>가 「조선일보」 에 연재로 나왔다. 이 연재물은 김동성이 기획하고 이상연과 안재홍이 스토리를 썼다. 한 창작물을 분업화해서 만든 것은 처음 있는 일이었다. 1925년 안석주(安碩柱, 1901-1950)의 <씨동이의 말 타기>라는 어린이용 만화가 처음 등장했고 만화로 그린 그림은 당시에 매우 인기 있는 분야로 매일신문에서는 「시사 풍자해학 만화 현상모집」 이라는 사고(Announced by Company)가 실렸다. 또한 안석주와 김복진(金復鎭, 1901-1940)이 나서서 「조선만화 구락부(협회)」 를 세웠다. 1927년 김동성이 매일신문에 「만화입문」 을 5회 연제했다. 1938년 최영수(崔永秀, ?-1950)가 발간한 <만화만물>은 창간 1호를 내고 연속적으로 나오지 못하고 끝났다. 1945년 8월에 일본이 대동아 전쟁에서에서 패망하고 조선이 해방을 맞자 일본에 있던 만화가들이 고국으로 되돌아와 작품 활동을 시작하게 되었다. 서양화가로 월북해 조선화를 배워 이름을 떨친 정현웅(鄭玄雄, 1910-1976)은 일찍이 일본 가와바타미술학교(川瑞盧學校)에 입학했으나 개인 사정으로 고국으로 돌아와 책의 삽화와 단행본만화 <콩쥐팥쥐>, <홍길동>, <노지심>,

<퀴리부인>, <아리바바>, <베토벤> 등을 그리기도 했다. 한국전쟁 시기에는 미술로 돌아가 북조선미술연맹의 간부로 일하다 공산주의를 택해 단신 월북했다. 1946년 김용환(金龍煥, Y.H. Kim, 1912-1998)이 「만화소론」을 냈고 같은 해에 최초의 단행본 <토끼와 거북이>, <보물섬>, <손오공> 그리고 그 이듬해인 1947년에는 <토끼전>, <똘또리의 모험>, <심청전>, <춘향전> 등을 연작으로 출판해 후일 대한민국 1세대를 대표하는 만화가가 되었다. 또한 한국 최초의 순수 만화가로써 웅초 김규택(奎澤, 1906-1962)은 1946년 <풍자 해학가 열전>, <귀먹은 집오리>, <봉이 김선달>, <정만서>, <해님 달님> 등의 단행본을 냈고 「신동아」, 「별건곤(別乾坤)」, 「조광(朝光)」지 등에 만화와 만문형식의 그림을 그렸다. 김용환(金龍煥, 1912-1998)의 동생 김의환(金義煥) 역시 일본에서 돌아와 1946년부터 <웅철이의 모험>, <피터 팬>, <어린이 예술가>, <까치 옷> 그리고 1948년엔 <왕자와 부하>, <임꺽정>, <백가면>, <플란다스의 개> 등을 그렸다. 후일, 동양화가로 유명해진 김기창(金基昶, 1913-2001) 이 한때 <임꺽정>, <우리들의 노래>, <허생전> 만화를 그렸다. 1946년은 숨어 있던 화가들이 속속히 나와 그림 이야기책을 그렸다. 그야말로 만화가들로 문전성시(Crowded Around)를 이뤘다. 한국의 만화는 그림을 잘 그리는 실력파들이 나와 신문만화에 한 칸짜리 시사만평이나 4칸짜리 문화면에 연제로 나오는 것이 상례로 되어있었고 어린이용 단행본 만화가들의 활동이 주를 이뤘다. D김의환(金義煥) (D는 1955년 창립한 대한만화가협회 소속), 임동은(林同恩), 조병덕(趙炳悳), 정현웅(鄭玄雄, 1910-1976), 한홍택, D박기당(朴基堂, 1922-1979), 김종래(金鍾來, 1927-2001) 등은 1950년 한국전쟁 전부터 우수한 만화책들을 창작해냈다. D신동헌(申東憲, 1927-2017), D박광현(朴廣鉉, 1928-1978), D신동우(申東雨, 1936-1994), 박현석(박동원, 1932-2022), 추동식(고우영, 1938-2005), H김성환(金星煥, 1932-2019), (H는 1956년에 창립한 현대만화가협회 소속), 최상권(1912-1970), D김일소(金一笑, 1916-1962), 임수(1931-), D박현석(박동원, 1932-2022), 추동식(고우영, 1938-2005), D이병주(李丙周, 1927-1966), D이상호(李相昊, 1927-1992), D정한기(鄭漢基), 김기율(金基律), D이원수, D김정파(金靜波, 1924-1992), D김경언(金庚彦, 1929-1996), H길창덕(吉昌悳), H최병학, H정운경(1935-), H고두현, D송영방(동양화가, 1936-2021), D황정희(1939-1997), D한성학(1937-2003), H한성철, 홍록, D임창(1923-1982), 김원빈, D김근배, H박기정(朴基禎, 1937-), H박기준(1939-), 심홍택, H안의섭, H김규일, H이재화, 김산호, D방영진(1939-1997), D노석규(盧錫圭, 1939-), D신능파(Nelson Shin, 1937-) D김창수(金昶洙, 1938-1963) D이재학(李在學,1939-1997), 신문수(1939-2022), 이종진(1940-), H이소림, H이서지(李瑞之, 1934-2011), H김이구, D이우헌(1939-1998), 부석언(오룡, 1940-), D권영섭(1939-), H김봉천(金峰千,

1961~1966), D김규택(金奎澤, 1906-1962) 등이 한국 전쟁 이후 1950년대 후반에 안정 속에서 한국만화의 기틀을 잡은 작가들이다. 1955년 10월 코주부 주인공을 그린 김용환을 중심으로 「대한만화가협회」가 결성되고 고문에 웅초 김규택, 초대회장에 김용환, 부회장 김일소, 총무 신동헌이었다. 이듬해인 1956년 또다른 사람들이 모인 「현대만화가협회」가 생겨났고 회장에 고바우 주인공의 김성환, 부회장 두꺼비 안의섭, 총무 길창덕이 주가되어 협회를 이끌었다. 두개의 협회가 생겨났지만 이에 소속되지 않은 회원들도 많았다. 당시에는 대부분의 일본문화와 상품이 '수입금지' 품목이었지만 해방 후 불과 오래되지 않은 기간에 일본만화가 무차별적으로 한국으로 유입되었고 불법으로 출판되어 한국 어린들에게 읽혀졌다. 회사를 버젓이 운영하면서도 양심 없는 일본 모리배들에 의해 일본만화가 다시 한국을 넘나들며 확산되었다. 결국 경찰이 나서서 불법 출판된 만화를 강제 수거해 불태워 버리는 지경에 이르렀다. 실로 한국 어린이들에게는 맞지 않는 과격한 일본의 문화는 한국 어린이들의 의식에 크게 해가 되었다. 1962년 「한국만화자율위원회」가 결성되었고 김일소가 초대 회장을 했다. 1968년 10월 11일 시민회관에서 만화가들이 결성 총회를 열었다. 만화예술문화 발전과 창달, 만화동인과 친목도모, 만화가 권익 그리고 향상을 목적으로 협회가 설립되었다. 공식적으로 1969년 2월 18일 대한민국 문화체육관광부 소관의 사단법인 한국만화가협회로 허가되었고 지금에 이르게 되었다.

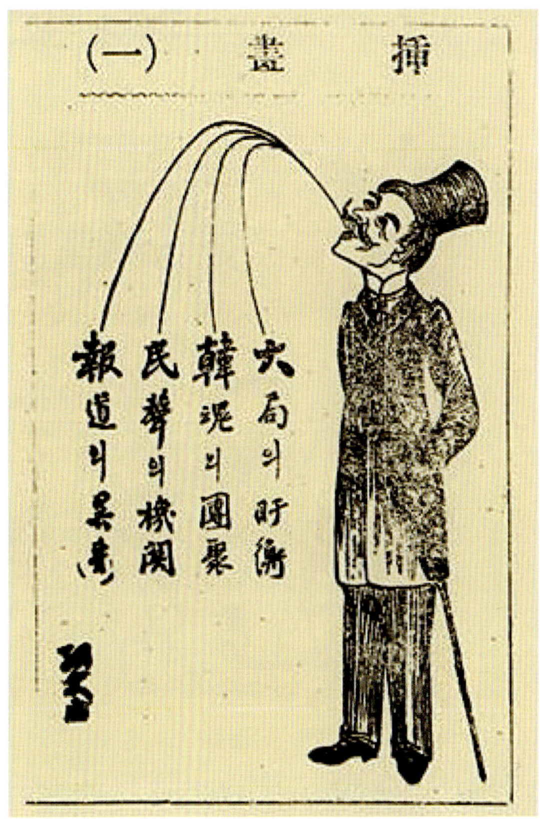

이도영 글·그림 <삽화> 대국의 간형- 정세를 파악하고, 한혼의 단취- 힌민족의 얼을 하니로, 민성의 기관-백성의 소리를 듣는 신문, 보도의 이체- 새로운 것을 찾아 보도하다. 등의 회사의 모토를 정하고 해설문을 넣은 글을 '대한민보' 제호와 연결시켜 실었다.

C

<멍텅구리 헛물켜기> 연제만화.

만화가 노수현

화가 정현웅이 그린 <콩쥐팥쥐>

서울에서 청년시절의 정현웅
(아내와 같이 찍은 사진의 일부)

코주부 김용환

그가 1946년에 그린 만화 삼국지.

캐릭터 <코주부>

한국만화 단행본 중 가장 오래된 김용환 의
<토끼와 원숭이>

김규택 <풍자 해학가 열전> 19세기에 구전되어온 3 인물-정수
동, 정만서, 봉이 김선달의 야담을 만화로그려 풀어낸 작품이다.

김산호 <라이파이>

김성환 <도토리 용사>

방영진 <악동이와 엉팔이>

C

신문수 <꺼벙이>

<엄마 찾아 삼 만리>

김종래

박광현

<그림자 없는 복수>

1970년대의 만화 가게(대본소)의 분위기. 속독으로 만화에 빠져있는 아이들.

1958년성문사에서 발행된 김종래의 <충신비사> 박기당이 그린 표지.

단행본 만화 원작 <홍길동>

아동 만화가 신동우

신동헌 만화가·애니메이션 감독·음악가

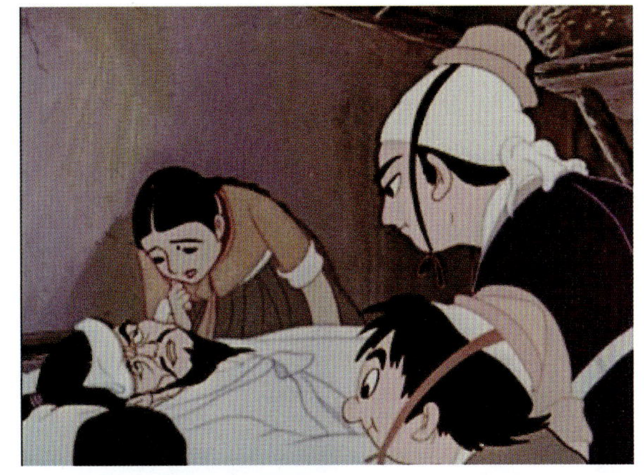

애니메이션 <홍길동> 중에서 한 장면.

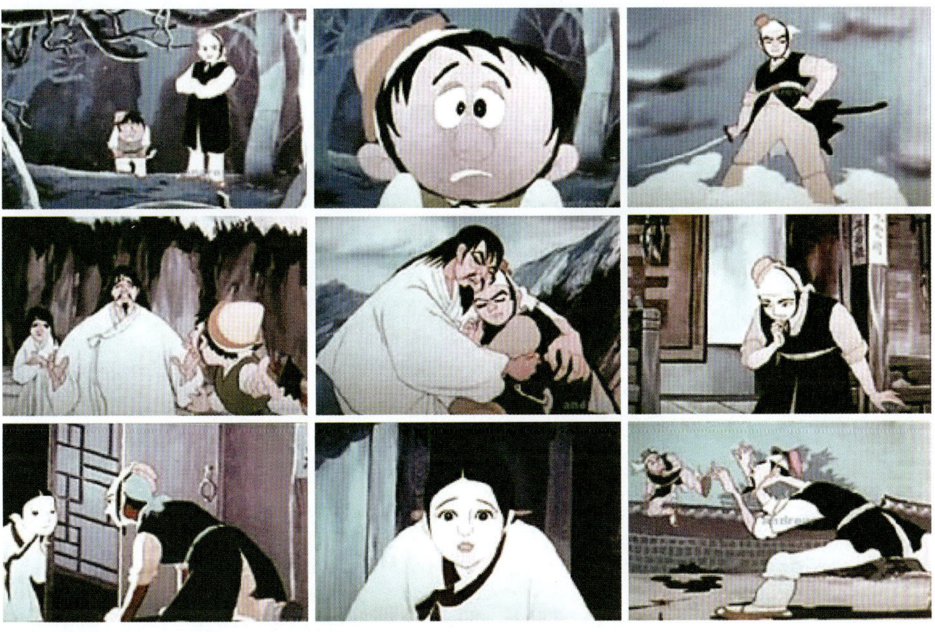

신동헌 감독과 세기상사가 애니메이션으로 제작한 <홍길동>의 장면들.

김기창이 한때 그린 만화 <임꺽정>

동양화 화가 김기창.

C

최영수의 주인공 <전억망>

한국전쟁이 끝난 직후 길가에 펼쳐놓은 흔한 만화책 대본소 광경.
(어느 쪽이 독자인지 대본소 주인인지 분간하기 쉽지 않다.)

0340 `fes`

Cartoon Movie (Consultation) (카툰무비(상담))

독일〉 Potsdam, 매년 3월경에 열리는 '카툰 무비'는 1999년 독일 포츠담에서 처음 시작한 이래, 10년이 지난 후부터는 나라를 바꿔가며 주로 유로 바운더리 안에서 자리를 옮겨가며 마켓 형태로 프레젠테이션을 하는 것이 특징이다. 프랑스 리옹(Lyon)으로 옮긴 이후 총 257편의 영화가 카툰 무비에 의해 자금이 조달되어 합작이 이뤄졌고 영화의 총 제작비용은 당시 18억 유로에 달했다. 카툰무비는 유럽 장편 애니메이션의 공동 제작을 이끌어 내는 행사이다. 선발되어 가능성이 있는 제작자들이 자신의 프로젝트를 소개하면, 리옹에 모인 구매자와 제작자, 배급사, 투자자들은 기대를 가지고 프로젝트 참여를 결정하게 된다. 카툰무비는 벨기에 수도 브뤼셀(Brussels)에 본부를 둔 유럽 애니메이션 필름 협회 카툰(the Cartoons)이 조직한 행사로, 취지는 프로듀서들과 자본가들이 한데 모여 새로운 장편 애니메이션 프로젝트의 정보를 공유하기 위한 것이다. 각 프로젝트는 단계에 따라 준비된 것을 선보이게 되는데 구상 단계의 필름은 짧은 프레젠테이션을 하고 개발 혹은 제작 중에 있는 필름은 좀 더 구체적으로 발표하게 된다. 대개 카툰무비는 프랑스 애니메이션 제작자가 지배적이다. 출판만화뿐만 아니라 애니메이션 분야에서도 프랑스는 유럽에서 선두 위치에 있다. 이 카툰무비 상담의 결과는 프랑스를 위시해서 매년 10여 편의 장편 애니메이션과 300여 시간의 TV애니메이션을 제작하게 된다.

Cartoons on the Bay (카툰즈온더베이)

이탈리아〉 아말피(Amalfi), 1996년 이탈리아의 서부해안도시 깎은 듯 까까절벽의 옛 항구도시에서 시작되었다. 세월이 흘러 지금은 고대처럼 교역이 이뤄지는 항구는 아니지만 Sacis-Rai TV가 주최하고 Rai Com.이 이곳까지 작은 도시를 찾아 개최한 것은 이탈리아의 역사적인 명소라는 중요한 이유 때문인 것으로 여겨진다. 이 도시에는 '종교·신·신화(Religion·Gods·Myth)'에 얽혀있는 아름다운 특별한 도시이기 때문이다. 그곳에는 실제로 아직도 예수의 제자들이 기거하며 착용했다는 의상들이 아직도 보관되어 있고 대성당(Cathedral)이 있다. 또한 그리스 신화에 나오는 힘의 신(God) 헤라클레스(Heracles)가 그의 아내가 죽자 가장 아름다운 이곳을 찾아 장례를 했다는 신화도 있다. <카툰즈온더베이>는 TV애니메이션 전문 페스티벌로 매년 4월 이탈리아의 남부 아말피에서 열였다. 풀치넬라 어워드(Pulcinella Awards)라고도 불리는 카툰즈온더베이는 이탈리아의 사치스(Sacis)와 국영방송 라이(Rai)TV가 주관하는 행사로써 세계 유일의 TV애니메이션을 다루는 전문 페스티벌이다. 최초의 개최지는 해안도시 아말피(Amalfi)였으나, 해변까지의 접근이 용이치 않아 이곳으로부터 멀지않은 포시타노(Positano)로 옮겨와 행사를 진행했다. 그리고 2007년부터 다시 살레르노(Salemo)로 옮겨 행사에 참여하는 모든 사람들이 평지를 걸을 수 있게 했다. 그러나 2014년부터 이탈리아 베네치아(Venezia)로 옮겨 열었고 2017년엔 토리노(Torino, Turin)로 장소를 바꿨으며 이 카툰즈온더베이는 다채로운 즐거움과 함께 TV애니메이션 산업의 국제적 경향을 분석할 수 있는 컨퍼런스가 주요 행사이다. 더욱이 해마다 'the Best Animation Studio of the year'의 명칭으로 가장 우수한 프로덕션 스튜디오에 풀치넬라(Pulcinella) 상을 수여한다.

□ 그림설명 0341, 카툰스온더베이 페스티발 엠블럼 & 포시타노 2005.

0342 `pic`

cast, casting (출연자, 캐스트)

영화, TV, 오페라, 연극, 댄싱, 패션쇼, 가요 등에 출연할 배우, 탤런트, 가수, 모델 등을 선정하는 작업을 뜻하는 말이다. 캐스팅은 제작이나 프로젝트가 시작되기 전에 오디션을 통해 선발하기도 하지만 감독이 별도로 주연배우들을 제외한 나머지 배우들을 선정하기도 하며 그러나 이미 스크립트가 선정되기 전에 특수 배역은 별도 교섭하여 결정하기도 한다. 많은 경우에 영화나 TV 탤런트들은 프로듀서나 감독에 의해 눈에 띄어 카메라 테스트를 거쳐 별도로 발탁되는 경우도 많다.

＊Cast 는 여러 뜻으로 사용되는 단어이다.

＊cast doubt (의혹)–예; 그의 신용에 관한 의혹은 점점 커져만 갔다.
＊cast (던지다)– 예; 그녀는 배신한 남자친구를 향해 신발을 벗어 던졌다.
＊cast (드리워지다)– 예; 공원에 있는 벤치에 그림자가 드리워져 있다.
＊cast (노려보다)– 예; 선생님은 장난하는 나를 무서운 눈초리로 노려봤다.
＊cast vote (결선투표)– 예; 후보자들 중에서 학생회장을 투표로 정한다.

＊cast credit (크레딧 소개, 출연자 명단)

영화나 TV 프로그램이 시작되기 전에 출연자들의 이름이 스크린위에 자막으로 오르며 보이는 것을 말한다. 출연배역 명단 외에 제작진의 이름도 같은 방식으로 끝 자막(Ending Credit)에 나온다. 유명인이 특별출연(Special Featuring)을 할 경우 앞 자막(Front Credit)에 제작자나 감독의 이름과 함께 나온다. 간혹 제작진만을 소개할 경우 스태프 리스트(Staff List)라고 한다.

0343 `gen`

catalog, catalogue
(목록, 카탈로그, 홍보책자)

물품을 체계적으로 정리해 리스트를 작성하여 책으로 펴낸 것을 말한다. 주로 세일하는 의류나 신발, 고급화장품, 문구류, 주말 슈퍼마켓의 세일품목, 가구류 등 홍보책자를 말한다.

□ 그림설명 0343, 자동차 광고 카탈로그

0344 `pic` `ani`

catch up (따라잡기 위한 노력, 만회하기, 기사회생)

일반적으로 뒤떨어진 사람이 앞서가는 사람을 따라잡아 만회하려는 것은 체력적인 노력이 필요하지만 영화제작에서 뒤처진 스케줄을 따라 잡기는 쉽지 않다. 애니메이션제작공정은 준비단계의 Pre-Production Stage, 실제 제작을 하는 Main-Production Stage, 그리고 영화제작을 마무리하는 Post-Production Stage로 나뉜다. 이 3단계의 공정은 다시 세부적으로 스케줄을 만들어 공정이 원만히 진행되고 있는지 매일매일 체크한다. 각 부서의 매니저를 통해 보고 받고 늦은 스케줄은 어떠한 경우도 만회하도록 대책을 세운다. 이때 사용되는 단어이다.

0345 `gen`

category (종류, 품목별, 범주)

물건의 한 종류별을 말한다. 예; 슈퍼마켓에는 수 천종품목의 식료품으로 야채, 과일, 육류, 어패류, 음료 등 품목이 다른 종류로 가득 차 있다. 문학에서의 종류로 소설, 시, 수필, 각본, 자전 에세이 등, 음악에서는 솔로, 트리오, 쿼테트, 등과 현악곡, 협주곡, 관현악곡, 오페라, 등 또한 악기별로 나뉜다. 그리고 회화에서 만화, 유화, 동양화, 판화, 수채화 등은 범주가 서로 다른 것을 뜻하는 말이다.

0346 `his` `gen` `art`

cave (동굴)

동굴은 일반적으로 지구의 지각변동(Diastrophism)에 의해 자연적으로 생겨난 천연동굴을 동굴이라 부른다. 종류로는 주로 석회암동굴이며 물의 융식작용(Resorption)에 의해 오랜 세월동안 종유석과 석순을 만들어 내는 것이 특징이다. 용암동굴은 순간 채워있던 용암이 식기 전에 빠져 나가면서 만들어 놓은 동굴이다. 지역에 따라 화산 동굴이 생기는가 하면 수천만 년 전에 생겼고 근대에 와서 발견된 여러 종류의 동굴들이 있다. 지구상에는 헤아릴 수 없이 많은 동굴들이 형성되어 구석기 시대에는 그것을 원시인들이 사용하기도 하고 야생동물들이 살거나 박쥐들이 떼로 들어와 자리를 잡고 살기도 했다. 누가 먼저 동굴을 차지하느냐에 따라 오랜 기간을 동굴의 주인이었을 것 같다. 그중에 2~3만여년 전 원시인들이 모여 동굴 속에서 살면서 그들이 그려놓은 그림을 발견하기도 한다. 대표적인 동굴로는 알타미라 동굴, 라스코 동굴 그리고 쇼베 동굴 등이 선사시대에 그림으로 유명하다.

C

1

□ 그림설명 0346-1, 쇼베 동굴의 의 움직이는 듯 보이는 사자 그림.

2

-2, 라스코 동굴 벽화, 들소가 사람을 공격(?)한 것으로 보인다.
화법이 다른 것으로 보아 여러 사람들이 그린듯 하다. (프랑스)

3

-3, 알타미라 동굴의 들소. 라스코 들소와 종류가 같은 듯. (스페인)

4

-4, Cova dels Cavalls Painting, 사슴사냥 (스페인)

＊ 참조보기 (0065- Altamira Cave)

＊ 참조보기 (0373- Chauvet Cave)

＊ 참조보기 (1504- Lascaux Cave)

0347 `gen`

CBS (Columbia Broadcasting System, 씨비에스 방송)

미국의 3대 TV 방송(ABC, CBS, NBC) 중에 하나이다. CBS의 시작은 1927년에 라디오 프로그램을 방송할 목적으로 출범했다. 원래는 16개의 독립된 방송을 소유한 United Independent Broadcasters Inc.를 빌 페일리(William S. Paley, 1901-1990)가 인수하여 1928년 CBS로 이름을 바꾸고 미국에서 가장 큰 라디오 방송이 되었다. 1930년대에는 음반계 및 그 밖의 부문에 적극적으로 진출하였고 1931년 7월 미국 최초의 텔레비전 정규방송, 1951년 6월 세계 최초로 컬러텔레비젼 상업방송을 시작했다.

CBS는 눈(Eye) 모양의 로고를 내세우고 뉴스보도에 집중하여 시청자들을 끌어들였다. 또한 미국 국민의 정서에 융합한 안방 연속극 <I love Lucy>, <I remember Mama>는 대표적인 인기 프로그램이었다. 또한 루실 볼(Locile Ball, 1911-1989), 월터 크롱카이트(Walter Cronkite, 1916-2009) 같은 스타들을 대거 기용하여 네트워크에서 우세를 차지하기도 했다. 미국 내 200개에 달하는 TV 네트워크로 성장하게 됐다. 미국 뉴욕에 본사가 있고 CBS-TV 스테이션, 1927년 CBS 라디오, 1939년 CBS-TV를 시작 했고 그들은 일찍부터 점차적으로 300여개의 회사로 나뉘어 진출했다. 또한 CBS 로고를 앞세운 음반, 잡지출판, 클래식 악기제조, 영화제작, 홈비디오 사업, 비디오게임 등으로 한때 굴지의 기업으로 성장했다.

□ 그림설명 0347, CBS Logo.

0348 `pho` `pic` `equ`

CCD (씨시디, 전하결합소자)

✳ Charge-Coupled Device Camera (전하결합소자 카메라)

흑백정보만 읽을 수 있는 전하결합소자를 사용한 디지털카메라로서 컬러필터를 사용하지 않고도 컬러화상을 얻을 수 있어 일명 3판식을 말한다. 피사체의 영상을 전기신호로 변환시켜 디지털데이터의 플래시 메모리 등의 기억장치에 저장할 수 있는 소자를 채용한 디지털카메라시스템을 뜻하는 말이다. CCD 카메라는 아날로그 방식을 적용한 카메라에 내장된 전력증폭기 금속 산화물 반도체인 시모스(CMOS, Complementary Metal-Oxide Semiconductor)형 카메라보다는 화질이 훨씬 우수하지만 전력소모와 카메라가 고가 장비이다.

✳ 3CCD (스리 씨씨디)

3CCD는 향상된 제품으로 CCD가 3개가 있다는 의미로 CCD마다 각각 RGB 빛을 측정하여 선명한 해상도를 만들어 낸다. 이 시스템은 300만화소급으로 한때 뉴스전문가용 캠코더, 스틸카메라, 방송국의 텔레시네(Tele-Cine)용으로 사용했다.

□ 그림설명 0348, CMOS, CCD와 CMOS

C

0349 `gen`

CCTV (China Central Television, 중국 중앙TV방송)

중국의 TV방송은 둘로 나눠 중앙방송국과 지방방송국으로 구성되어 있다. 중앙방송 CCTV는 중국 전역에 방송되고 있으며 "중국을 하나로 묶는다."는 중국의 정책을 실현하는 가장 중요한 수단이 되고 있다. 중국의 관영 방송으로 중국 최초의 라디오방송은 1950년 첫 전파가 발사되었고, 첫 TV방송국인 베이징TV방송국이 1958년에 창립되었다. 1973년 컬러 TV프로그램이 방영되기 시작하였으며 1978년에 중앙TV방송국(CCTV)으로 개칭하였다. 채널은 CCTV-1에서 CCTV-18로 TV의 6개로 중국에는 CCTV 채널 이외에도 각 지역마다 2, 3개의 지방방송과 유선 방송 및 자체 위성 방송 채널이 있어 보통 한 가정에서 선택할 수 있는 채널수는 평균 12개 이상이다. CCTV에서는 자체적으로 애니메이션부서를 두고 많은 예산으로 어린이를 위한 프로그램을 외부 전문회사에 제작을 의뢰한다. CCTV는 위성 방송을 통해 인근 국외에서도 시청이 가능하다. 방송 프로그램으로는 뉴스, 스포츠, 문화, 경제, 관련 프로그램이 주를 이루며 외국의 뉴스, 영화 등을 폭넓게 열어놓고 있다. 다양한 TV프로그램들은 중국전시보(中國電視報)에 1주일 단위로 게재하여 소개된다.

□ 그림설명 0349-1, 베이징의 CCTV본부 건물과 CCTV Logo.

＊CCTV (Closed Circuit Television)

비디오카메라를 통해 신호를 받아 무선으로 모니터링을 할 수 있는 장치를 이르는 말이다. 일명 '폐쇄회로'라 한다. 관공서, 공항, 병원, 은행, 학교, 공장, 군사시설, 빌딩 등 24시간 감시(Surveillance)기능으로 사용하며 점차 확산되어 지금은 고속도로의 과속 차량을 감시하거나 주택가에 방범용으로도 사용되고 정보보완용으로 어디에나 시설되어 감시를 하는 역할을 한다.

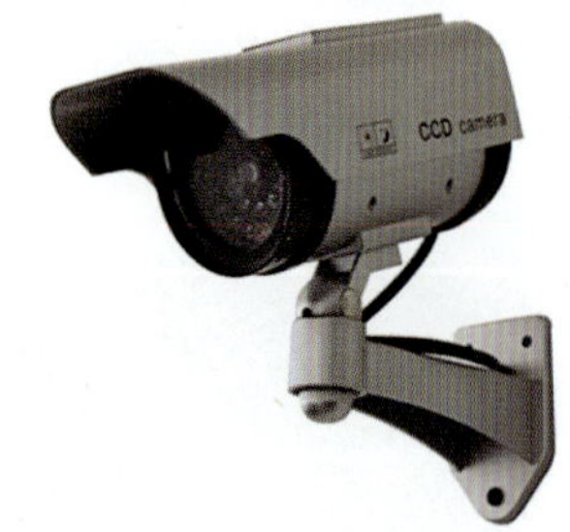

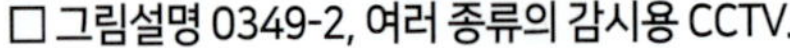

□ 그림설명 0349-2, 여러 종류의 감시용 CCTV.

CCW (씨씨더블유, 시계반대방향)

*Counterclockwise (시계반대방향회전, 좌측으로 회전)

재래식 애니메이션촬영 방식에서 카메라 조작에 사용하는 단어로서 로스트럼 (Rostrum) 카메라 스탠드에 장착되어 있는 카메라를 회전시킬 때 방향을 표시하는 용어이다. CCW는 시계바늘이 돌아가는 반대 방향인 왼쪽으로 카메라를 회전하는 것을 의미한다. 시계방향은 언제나 오른쪽이며 따라서 CW(Clockwise)라고 표시 한다.

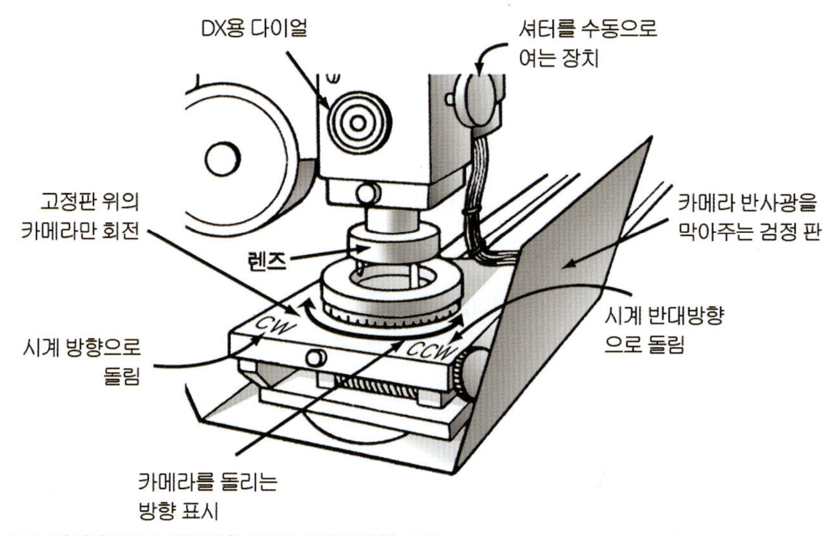

□ 그림설명 0350, 왼쪽방향 CCW, 오른쪽방향 CW.

*CW (시계방향, 오른쪽방향돌기)
*Counter (1. 반대행동, 2. 기다란 식탁, 3. 계산대)

Computer Animation (컴퓨터 애니메이션)

컴퓨터 애니메이션은 디지털방식에 의해 만들어진 애니메이션을 뜻하는 말이다. 다른 말로는 Computer Generated Image를 씨지아이(CGI)라고 줄여서 부르기도 하고 컴퓨터 어시스트 이미저리(Computer Assisted Imagery)라고도 한다. 컴퓨터그래픽은 해당 디지털프로그램의 GPU(Graphic Processing Unit)를 통해 입체적 움직임을 산수적(Arithmetic)으로 형성하여 원하는 모양을 만들어 내는 것을 말한다. 이 방식은 재래식과 그 공정이 비교가 안되게 제작기간이 단축되고 자재에서 셀, 물감, 붓, 필름, 현상공정, 카메라, 영사기, 편집기재 등 모두 사용하지 않게 되어 매우 경제적이다. 완성 후 납품발송 방식 또한 운송하지 않고 FTP(File Transfer Protocol)로 전송함으로 항공운송이 불필요하고 따라서 모든 것이 즉석에서 이뤄지는 제작방식으로 영화분야에 혁신을 가져오리라는 예측을 했다. 이미 1980년경 비디오카메라의 등장으로 전문가나 일반 소비자들에게 새로운 전자기기는 신기한 것이었다. 새로운 세상으로 옮겨가는 것을 느끼고 있었다. 결국, 컴퓨터로 만들어진 애니메이션은 20세기가 막 저물어가던 1995년에 픽사(Pixar)의 존 라세터(John Alen Lasseter, 1957-)감독에 의해 <토이스토리(Toy Story)>를 최초의 디지털 장편 애니메이션으로 개봉되어 세상을 떠들썩하게 했다. 토이스토리가 나온 지 2년 만인 1997년에는 드림웍스(DreamWorks Animation, SKG)에서 만든 <앤트(Ants)>와 1998년 <이집트 왕자(the Prince Egypt)>가 역시 디지털 방식으로 나오면서 미국에서는 뜻하지 않게도 거대한 두 개의 제작회사가 경쟁적으로 애니메이션을 제작하기 시작했다. 이렇게 되기까지는 그 뒷이야기가 1984년으로 돌아간다. 마이클 아이즈너(Michael Dammann Eisner, 1942-)가 디즈니 애니메이션의 CEO 회장으로 취임할 때 그는 같이 일하던 제프리 카젠버그(Jeffrey Katzenberg, 1950-)를 데리고 들어와 디즈니의 모션픽처부서(Motion Picture Division)에서 일하게 했고 모든 스튜디오와 박스오피스(Box Office)의 책임을 지도록 맡겼다. 제프리는 라이브액션 영화에도 열심히 일했고 병들어 있는 디즈니 애니메이션 스튜디오를 다시 일으켜 세웠다. 1988년 <Roger Rabbit>, 1989년에는 <Little Mermaid>, 1991년 <Beauty and Beast>, 1992년 <Aladdin>, 1994년 <Lion King> 등을 제작했지만 그러나 뜻하지 않게 문제가 불거져 나왔다. 당시 디즈니의 회장이었던 로이 디즈니(Roy Edward Disney, 1930-2009)에 의해 카젠버그가 너무나 많은 크레디트(Credit)를 취한다는 이유로 활동정지를 받게 되었다. 카젠버그는 디즈니를 상대로 소송(Lawsuit)을 했고 승소하게 됐다. 카젠버그는 상당한 보상금을 디즈니로부터 받아냈다. 카젠버그는 돌아서자마자 즉각 스티븐 스필버그(Steven Spielberg, 1946-)와 데이비드 게펜(David Geffen, 1943-)과 함께 새로운 회사 '드림웍스(DreamWorks Animation SKG)'를 설립했다. 이로써, 픽사를 앞세운 디즈니 애니메이션과 드림웍스 애니메이션은 적대적인 경쟁회사로서 많은 애니메이션을 생산해 내게 되었던것이다. 새로운 경쟁체계는 온 세계에 많은 애니메이션을 보급하게 되었고 따라서 21세기에 들어서 애니메이션 제작의 절정기를 이루게 되었다. 2001년 <슈렉(Shrek)> 공동감독- 앤드류 아담슨(Andrew Adamson, 1966-)과 빅키 젠슨(Vicky Jenson, 1960-), 2003년 니모를 찾아서(Nemo Finding)> 공동감독- 앤드류 스탠튼(Andrew Stanton, 1965-)과 리 엉크리치(Lee Unkrich, 1967-), 2007년 <영화 심슨(the Simpsons the Movie)> 감독- 데이빗 실버맨(David Silverman, 1957-), 2009년 <업(UP)> 공동감독- 피터 닥터(Peter Docter, 1968-)와 밥 피터슨(Bob Peterson,

1961-), 2011년 <랭고(Rango)> 감독- 고어 버빈스키(Gore Verbinsky, 1964-) 등의 수많은 디지털 애니메이션이 있다.

□ 그림설명 0351-1, 최고수준의 애니메이션 <랭고(Rango)>

-2, 관객에게 많은 상상력을 불어 넣어준 우수작품 <업(UP)>

0352 com

CD (시디)

＊Compact Disk (컴팩트 디스크)

CD의 준말이다. 주로 음아 데이터를 저장하는 광디스크를 말한다. 방식으로는 디스크에 레이저광으로 요철을 주사시키고 요철을 전기신호로 읽어 소리가 나오는 매체 시스템이다. 1970년경부터 디지털 오디오는 CD라 불리며 20세기 후반에 급속히 퍼지기 시작하면서 재래식 아날로그 LP 음반들(분당속도(RPM) 78, 45, $33\frac{1}{3}$, 16)은 모두 순간 마술과도 같이 시장에서 사라지게 되었다. 재래식의 LP판은 지름30cm에서 CD는 12cm로 줄었고 음악을 넣을 수 있는 용량은 대략 재래식 30분에서 CD는 75분정도로 늘어나게 되었다. CD의 출현은 이뿐만이 아니라 컴퓨터 매체로 사용하는 CD-ROM, CD-R, CD-RW 등 영상과 음악의 양방향을 기록하는 CD-V에도 사용되고 있다.

□ 그림설명 0352, Compact Disc, DVD, Blu-Ray, CD-R, CD-RW.

C

* CD-R (시디-알)

시디-알은 녹음할 수 있는(Recordable) 공(빈, Clear)시디를 가리켜 부른다. 단 1회만 사용할 수 있으며 소거(Erase)하여 재사용이 불가능한 CD를 말한다.

* CD-Rom (시디 롬)

시디-롬은 리드 온리 메모리(Read Only Memory)의 준말이다. 방대한 양의 정보를 저장하여 사용할 수 있는 상호작용 컴퓨터 프로그램의 저장 메모리디스크를 말한다. 비디오 압축을 통해, 디스크는 65분 분량의 이미지까지 저장할 수 있어서 방대한 자료, 실제 서류들, 옵션 메뉴 등에도 역시 사용된다. CD와 같이 재생이 불가능한 1회 기록이 가능함으로 음악이나 게임 등에 사용된다.

* CD-RW (재사용용 시디)

시디-알 더블유(RW, Rewrite)는 기록한 것을 지워서 재기록을 할 수 있고 재생을 여러 번 반복할 수 있는 저장매체이다. 다만 이 CD는 CD-R에 비해 도색된 표면의 반사율이 얕아 CD-Rom 드라이브는 CD-RW를 읽지 못하는 경우가 있으며 반대로 CD-RW 드라이브는 CD-Rom과 CD-R을 읽을 수 있다.

0353 `com`

c: drive (시 드라이브)

전통적으로 둥글고 납작한 하드디스크(Hard Disk) 운용을 가리키는 말이며 또한 PC(Personal Computer)의 내장 자체를 뜻하는 말로 쓰인다.

0354 `ani`

celluloid (셀룰로이드)
* Cel (셀, 셀룰로이드 줄인 말)

애니메이션을 그릴 때 사용하는 투명한 셀룰로이드 아세테이트(Acetate), 원래의 이름은 셀룰로스 니트레이트(Cellulose Nitrate: 질산 섬유소)라는 상품명이었으나, 약자로 셀(Cel)이라 줄여서 부르는 것이 상례이다. 셀룰로이드(Celluloid) 아세테이트나 이와 유사한 플라스틱 투명지로 애니메이션 작업 시, 그 위에 그림을 그리거나 글자를 도안하는데 사용한다. 이 셀은 일반적으로 선 채화(Ink & Paint) 작업을 하거나 촬영을 할 때 화면을 일치시키기 위해서 애니메이션 스탠드의 셀 고정 페그(Pegs)에 맞도록 구멍을 뚫어 사용한다. 스탠더드 12필드 셀의 크기는 266mm x 330mm, 두께는 0.02mm이다. 참고로 셀(Cel)로 표기하는 이유는 생물학 용어인 Cell과 혼동을 피하기 위해서이다. 셀 애니메이션은 그림을 그린 후 셀 복사기로 그림을 복사한 다음 그림을 뒤집어 놓고 지정된 색깔을 칠한다. 이렇게 함으로서 색을 칠한 후에도 그림선이 보존되게 된다. 1914년 미국의 애니메이터였던 얼 허드(Earl Hurd, 1880-1940)가 애니메이션 제작 방식으로 유리처럼 투명한 셀룰로이드를 사용해 그림을 오려 붙이고 배경을 사용할 수 있는 것으로 특허를 냈다. 그러나 셀 특허료를 받는 것은 대단한 것이었지만 실제로 효율적으로 사용하게 된 것은 존 브레이(John Randorph Bray, 1879-1978)가 직접 셀 위에 그림을 그리고 색칠이 가능한 것을 시연하여 셀룰로이드가 애니메이션 제작에 안성맞춤인 것을 알게 되었다. 결국 흔들림 없는 화면을 만들 수 있는 것은 셀룰로이드(셀, Cel)였는데 1917년에 와서야 실제로 애니메이션 제작에 사용할 수 있었다고 한다. 애니메이션 제작에 이 셀이 없었다면 디즈니가 <백설 공주와 일곱 난쟁이> 이 영원불멸한 장편 애니메이션을 만드는 것은 불가능 했을지 모른다. 이 셀은 중요한 애니메이션 제작재료로 사용되어 왔으나 21세기 새로운 컴퓨터 디지털 시대로 들어서면서 완전히

□ 그림설명 0354-1, 투명한 셀룰로이드 원재료.

-2, 애니메이션 셀룰로이드(도에이 작품 <Grendizer>)

-3, 1세기동안 막대하게 영화제작에 사용된 16, 35mm 필름.

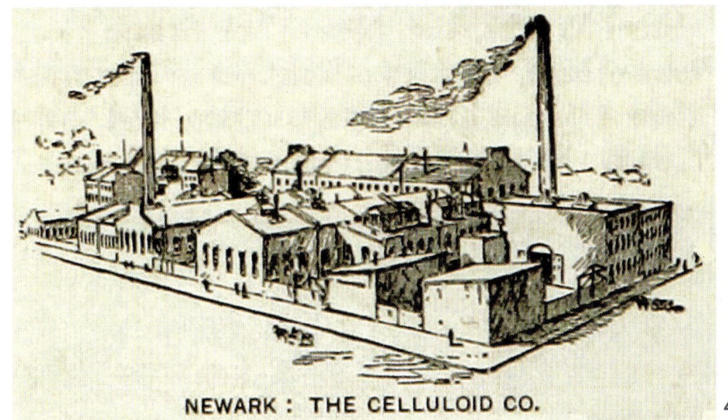

-4, the Celluloid Manufacturing Co.는 1871년에 Newark에 공장을 세웠고 그 이듬해 New Jersey에 제2공장을 계획했었다.

-5, in Animation, Butt Simpson과 셀룰로이드

재래식 애니메이션으로 사용하지 않게 되었다. 이로써 컴퓨터에 의한 디지털 채색작업이 가능해지면서 셀이 불필요하게 되어 아트워크 필름촬영과 필름현상 공정이 완전히 뒤바뀌면서 영화제작 공정을 혼란에 빠뜨렸다. 셀은 약 90여 년 동안 애니메이션을 제작하는 데에 절대 필수품으로 사용했지만 지금은 애니메이션제작에 전혀 사용하지 않는 물건이 되었다.

✱ 참조보기 (0021 – acetate)

0355 `ani` `peo` `his`

Cel Animation (셀 애니메이션)

재래식으로 종이위에 애니메이션 동작으로 그려진 그림을 셀 위에 복사하여 그 뒷면에 색을 칠하여 완성한 그림을 카메라로 촬영하게 된다. 셀(셀룰로이드, Celluloid)을 이용한 애니메이션을 Cel Animation이라 부른다. 일반적으로 가장 많이 활용되었던 애니메이션 제작 방식이다. 셀 재료를 발견하기 전 초기의 애니메이션은 불투명이나 반투명용 종이(Tracing Paper)를 사용했음으로 배경은 간단한 선으로만 캐릭터의 동작과 함께 매장마다 그려 배경은 매우 간단 할 수밖에 없었다. 1914년 얼 허드(Earl Hurd, 1880-1940)가 종이 대신 쓸 만한 이 셀(Cel:약칭)을 발견하여, 사용특허를 획득하여 사용하기 시작했다. 그러나 그림을 오려서 셀 위에 부착하고 배경위에 올려놓고 촬영해 온전한 배경을 화면에서 볼 수가 없었다. 그러나 1917년 존 브레이(John Randolph Bray, 1879-1978)에 의해 그린 그림을 셀 위에 부착하기보다 그림을 직접 셀 위에 그려서 색칠할 수 있는 획기적인 새로운 방법이 고안됐다. 이 셀 방식은 장편 애니메이션에나 TV용 프로그램 제작방식에 가장 많이 이용됐으며 여러 사람들이 공동으로 작업하는 프로덕션 방식으로도 가장 편리하게 오랫동안 사용되어왔다. 셀은 투명도가 좋기는 하지만 여러 장이 겹치게 되면 그림이 겹친 부분에 농도 차이와 겹쳐진 그림 주변에 조명에 의한 그림자가 생기는 등 단점이 있었다. 그러나 캐릭터의 고정된 부분을 반복해서 그리는 것을 피하기 위해 어느 부분의 그림을 떼어내 겹치게 해서 한 장으로 보이도록 이용하는 애니메이션 공정에도 이로운 점이 있었으며 배경위에 셀을 얹고 촬영하게 되는 점도 매우 혁신적인 것이었다. 이 셀 방식 애니메이션으로는 유일무이한 고전 장편애니메이션 월트 디즈니의 <백설 공주와 일곱 난쟁이>가 그 대표적인 작품으로 남아 있다. 그러나 1990년경 이후 디지털 방식의 채색 공정이 개발된 이래 아날로그방식의 Cel을 사용하던 프로덕션 회사는 모두 사라졌다.

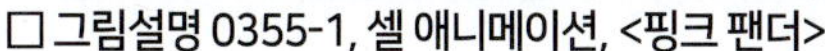

□ 그림설명 0355-1, 셀 애니메이션, <핑크 팬더>

-2, <심슨가족> 중에서

*how to do cel animation(셀 애니메이션 제작방식)

애니메이션기법의 종류 중에 하나로 셀룰로이드(Celluloid) 위에 그림을 그리거나 복사
기계로 직접 셀에 그림을 복사하여 그림 선(Line)을 깨끗이 유지하기 위하여 셀을 뒤집
어 놓고 카툰칼라로 색을 입혀 완성한다. 그리고 종이에 그린 배경 위에 셀을 한장
한장 올려놓고 촬영한다. 이 방식은 애니메이션을 만들기 위해 가장 오랫동안 가장 많
이 사용된 기법이다. 또한 셀 기법은 매스프로덕션(Mass Production, 대규모 제작에서
여러 예술가들이 자기 역할을 분담하여 부분별로 다량 작업함)으로 제작해 내는 가장
편리한 방식으로 사용되었다. TV시리즈에는 물론 장편제작에도 보편적으로 사용된
방식의 애니메이션이다. 재래식 애니메이션이 시작된 것은 20세기 초기부터였다. 미국
의 천재만화가로 그가 그린 <리틀 네모(Little Nemo)>라는 신문의 연재만화로 유명했
던 윈저 맥케이(Winsor McCay, 1866-1934)가 1914년에 혼자서 그려서 만든 애니메이
션 영화 <거티 공룡(Gertie the Dinosaur)>을 그릴 때만해도 셀이 없었기 때문에 종이에
출연캐릭터를 모두 매 장마다 한꺼번에 그려야 했었다. 그 때문에 <거티공룡>은 따로
그린배경은 없었다. 맥케이는 이후 많은 신인 애니메이터들이 돈벌이에만 급급하다는
불만을 토로한 후 다시는 애니메이션을 만들지 않았다. 그러나 많은 회사들이 이
편리한 셀을 사용했고 애니메이션은 급격히 성장해 나갔다. 1927년이 되어 영화는 토
키(Talkie)시대를 맞으면서 필름이 영사기에서 돌아가는 표준 속도를 초당 24 프레임
으로 정하고 필름 위에 음향(Sound Track on Film)을 채택하게 됐다. 이러한 새롭고 혁
신적인 변화에 기회를 포착한 사람은 역시 월트 디즈니(Walt Disney, 1901-1966)였다.
그는 셀을 이용하여 사운드 트랙에서 나오는 캐릭터들의 동작이 음향에 들어맞는
단편영화를 제작했다. 35mm 화면의 쇄측에 1분길이 애니메이션을 만들자면 1,440상

의 그림을 그려 촬영해야한다. 애니메이션은 이처럼 오래 걸리는 공정을 통해 어렵게 만들어지게 된다. 당시의 재래식 제작공정은 우선 애니메이터가 종이에 그린 동작을 그대로 셀 위에 트레이스(Trace) 한 후 그 셀을 뒤집어 놓고 지정된 물감 색(Cartoon Color)으로 칠을 한다. 움직이는 동작이 순서대로 완성이 되면 준비된 배경을 놓고 그 위에 순서대로 셀을 얹어가며 한 콤마씩 촬영을 하게 된다. 애니메이션 촬영방식은 한 콤마를 촬영하더라도 시간이 오래 걸린다. 일반적으로 인공조명 3,200ºK에서 실내용 코닥필름(35mm Tungsten Film)을 사용하여 특수 애니메이션 카메라(Stop Frame Filming)로 촬영하는데 이때 노출속도(Exposure Time)가 매우 중요한 결정이 된다. 노출속도는 셔터타임(Shutter Time)을 말하는 것으로 멀티레벨(Multi-levels) 촬영에서는 매우 기술적인 방식이 도입된다. 이 때 피사체는 정물이므로 조리개(Iris)를 가능한 닫고 셔터타임을 늘림으로써 피사체를 상세하게 분명하게 찍을 수 있다. 반대로 움직이는 물체는 셔터타임을 고속으로 빠르게 하고 대신 조리개를 연다. 이것을 카메라에선 노출속도 우선 또는 조리개 우선이라 한다. 애니메이션이 멀티레벨일 경우 하단(Bottom Level)의 그림과 상단(Top Level)의 모든 그림의 포커스(Focus)를 모두 맞도록 멀티포커스(Multi-Focus) 하려면 조리개를 최대로 줄이고 셔터를 2분(2 minutes 또는 4분 이상) 이상으로 길게 열어 촬영함으로 모든 레벨에 얹어있는 그림의 포커스를 맞춰 이상적인 화면을 완성할 수 있다. 실사촬영(1초에 24프레임)에 비해 애니메이션 촬영시간은 많이 소요된다. 일반적으로 영화제작은 기획에서 철저한 준비를 하게 되는데 기획, 실무제작, 마무리 등의 3단계로 나뉘어 작업하게 되고 실무제작으로 시간이 많이 걸린다. 또한 재래식 셀 애니메이션 TV-Series로 20분 길이를 완성하는데 소요되는 기간만도 4개월 정도나 걸린다.

□ 그림설명 0355-3,-4, -5, <스팀보트 윌리(Steam Boat Willie)> by Walt Disney.

＊Cel set-up (애니메이션 셀 셋업)

20세기 말까지 애니메이션 재래식제작방식으로 사용했던 셀을 영구히 보존하기 위해 신별로 조합하여 사진틀에 넣는 것을 의미한다. 셀 셋업은 하나뿐인 배경을 놓고, 그 신(Scene) 속의 캐릭터 동작 중에 가장 적절한 그림을 골라 장면을 구성하여 하나의 그림으로 완성하여 액자에 넣어 하나의 예술품으로 다시 태어나게 된다. 한 때는 애니메이션 셀 셋업 작품이 유행했고 오리지널 카피라이트(Copyright)를 가진 제작사들은 제작 잔여물로 사용했던 그림을 액자에 담아 특별한 작품으로 고가에 판매되기도 했다.

□ 그림설명 0355-6, 셀 셋업 <트렌스포머스>

-7, 셀 셋업 <심슨가족>

0356 ani

* cel level(셀 레벨, 셀 겹치기)

아날로그 방식의 애니메이션 제작공정에서 여러 장의 셀을 동시에 겹쳐 넣을 경우, 셀이 겹치는 순서의 위치를 나타내는 말이며 이것을 레벨(층)이라 한다. 배경은 제일 밑바닥에 위치하고 여러 장의 셀을 겹쳐놓을 때의 순서는 밑에서부터 1, 2, 3, 4, 5, 6 까지 사용할 수 있다. 이 때 레벨 1은 언제나 바닥에서 시작한다. 셀이 4~5장이 겹쳐지면 화면의 명도가 떨어지기 때문에 셀의 레벨 수를 6장 겹치기로 제한하여 활용했다. 또한 각 셀에 칠한 페인트의 두께까지 합치면 셀이 겹쳐진 전체높이로 인해 조명으로부터 그림 옆에 두꺼운 그림자가 형성되어 어려움이 있었다. 셀(Cel, Celluloid)은 이미 1888년부터 조지 이스트만이 촬영용 필름에 사용했지만 애니메이션을 그리는데 사용된 것은 1914년에 와서 얼 허드(Earl Hurd, 1880-1940)에 의해서 용도가 발견되었고 80여 년간을 사용해 왔다. 그러나 지금은 셀을 사용하지 않지만 디지털 방식에서도 그림 배정의 순서를 표시할 때 사용되는 말이다.

0357 ani

cel flash (셀 번쩍임)

아날로그 방식의 셀 작업 제작에서만 생기는 현상으로 셀 표면이 고르지 않아 생겨나는 밝은 만사광을 일컫는 밀이다.

C

0358 `ani`

cel puncher (셀 펀치, 셀 천공기)

종이 위에 애니메이션을 그리려면 페그 바(Peg Bar)를 사용하여 그림을 그려야만 된다. 이 때 이 페그 바는 여러 장의 그림을 그릴 때와 같이 제자리에 놓기 위해 종이나 셀에 구멍을 뚫어 사용하게 된다. 이것을 위해 종이나 셀 등에 구멍을 내는 천공기를 가리키는 말이다.

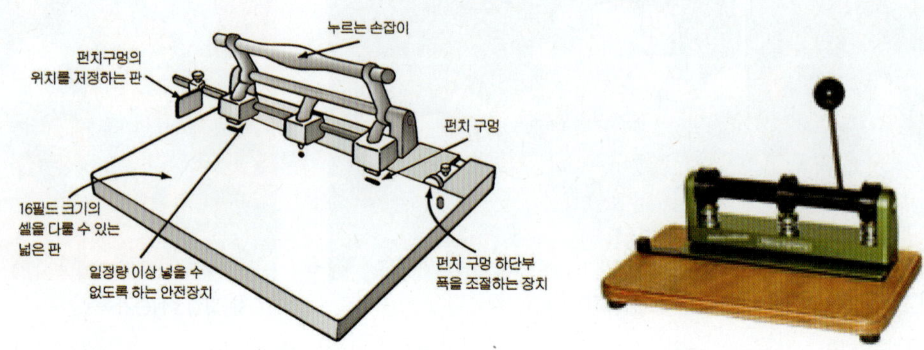

☐ 그림설명 0358, 재래식 애니메이션에 사용된 천공기.

0359 `ani`

center (중앙, 가운데)

영화 화면의 정 중앙(Dead Center)을 가리키는 말이다. 화면의 구성은 중앙에 피사체를 두고 구성한다. 정 중앙을 중심으로 화면의 우측을 동(East)쪽, 좌측은 서(West)쪽, 위를 북(North)쪽, 아래를 남(South)쪽이라 정한다. 또한 애니메이션에서(재래식이거나 디지털식 관계없이) 페그를 사용하는 팬(Pan) 동작에서 페그의 이동 전 그 위치를 0(Zero)센터라고 표시 한다.

0360 `pic` `ani`

CF (씨에프)

*commercial film (광고필름, 상업영화)

CF는 Commercial Film의 약자이다. 일반적으로 필름이나 비디오 대신에 디지털 영상을 통해 상업성이 있는 광고 메시지를 전달하는 매체를 뜻하는 말이다. 장편이나 단편 관계없이 상업적 메시지를 담은 내용의 필름을 커머셜 필름이라 총칭한다. CF의 종류로는 컴퓨터 그래픽을 활용한 실사 또는 애니메이션으로 만든 여러 형태로 나눌 수 있으며, 주로 제품광고, 기업광고, 일반 홍보용 또는 공익광고, 정부의 대외 선전 등으로 매우 다양하다. 보통 CF의 경우는 영상이기 때문에 홍보 장소가 극장, TV, 옥외전광판, 건물 내부의 모니터 등으로 국한되어 광고할 수 있다. 그러나 최근 모바일 광고로 새롭게 등장하여 DMB(Digital Multimedia Broadcasting) 방송도 움직이는 광고도 수신할 수 있게 되었다. CF제작방식은 디지털 카메라보다는 속도감이 있는 35㎜ 필름을 원본으로 사용하고, 제작 완료된 후 텔레시네(Telecine)로 전환하는 것이 더 효율적이라고 할 수 있다. 그러나 근래에는 DVD나 Digi-Beta, HD 등으로 형식(Format)이 다르기 때문에 단지 필름으로 제작하던 때 보다는 모든 것이 디지털로 혁신되었다.

□ 그림설명 0360-1, <럭키치약> 문달부.

-2, <진로> 신동헌.

-3, 조미료 <미원> 신능파.

4, <제비표 페인트> 신능파.

0361 `com`

CG (씨지)

*Computer Graphic (컴퓨터그래픽)

컴퓨터그래픽을 약자로는 CG라 부른다. 컴퓨터에 의해 그려진, 문자, 무늬, 도안, 그래픽 아트, 시각 이미지, 발상미술(Manipulation) 등을 총칭한다. CG는 모니터 패드나 스크린 상에 전자에 의해 그려진 이미지를 영사할 수 있거나 종이 위에 프린트하거나 합성(Synthesizing)으로 사용할 수 있는 모든 이미지들을 말한다. CG의 시작은 매사추세츠 공대(MIT)의 박사과정의 학생이었던 이반 서덜랜드(Ivan Sutherland)가 1963년에 발표했던 전자수첩에 관한 학위논문 <Sketch Pad>라는 것으로부터 시작되었다. 이것으로 이름이 다른 여러 종의 그래픽 소프트웨어가 개발되었다.

0362 `com` `art`

CG character (씨지 캐릭터)

컴퓨터에 의해 그래픽으로 만들어진 웹툰(Web-Toon, Internet Cartoon)이나 애니메이션용으로 만들어진 캐릭터들을 가리키는 말이다. 손으로 종이위에 그리는 평면 그림과는 달리 CG는 대부분이 3D입체로 만들어 진다. 인상, 의상, 소도구 등 상세한 색깔 등은 또 다른 표면 텍스쳐(Texture) 공정에 속힌다. 디지털 캐릭디의 특징은 확대 축소가

 423

용의하고 각도를 자유자재로 움직이게 할 수 있다. 그리고 광원의 위치를 정해 캐릭터에 그림자를 설정할 수 있다. 이러한 동작들은 사람의 손으로 그리는 아날로그 방식에서는 시간이 많이 소요되는 방식이다.

0363 com gen

CGI (씨지아이)

＊Computer Generated Imagery (컴퓨터로 생성한 상)

컴퓨터에서 만들어진 이미지를 뜻하는 말이며 약자로서 CGI이라고 쓰고 부른다. CGI는 컴퓨터에 의해 만들어 내는 생성방식을 뜻하며 CG(컴퓨터그래픽)는 컴퓨터로 만들어낸 아트워크(Art Work) 자체를 뜻함으로 구분하여 사용한다. 3D CGI에 의해 시각적인 특수효과, 영화, TV, 비디오 게임, 광고, Simulation 그리고 출판 분야에 많이 활용된다.

＊CGI, Common Gateway Interface (공용통로작동프로그램)

일반적으로 말하는 컴퓨터에 의해 만들어진 이미지(Computer Generated Imagery)와 같이 CGI로 표기하고 읽음으로 혼란을 줄 수 있는 약어이다. 이 단어의 의미는 서버(Computer Server)에 저장되어 있는 웹서버에서 정보나 기록을 활용하려고 할 때 사용자프로그램을 동작시켜 CGI기능을 이용할 수 있는 것을 말한다.

＊CGI animation effects (씨지아이 애니메이션효과)

애니메이션제작에서 원화, 동화, 스캔, 칼라, 편집 등이 모두 끝난 후 화면상에서 필요한 시각효과는 CGI방식을 통해 생성해 사용하는 것을 말한다.

□ 그림설명 0363, (좌) <Alice in wonderland> CGI green 스크린 프로세스 촬영. (우) 합성 완료한 후의 <Alice in wonderland> 2010, Tim Burton, Disney

chamber music (실내악곡, 체임버 뮤직)

주로 현악곡을 연주하기위해 구성되는 소규모의 합주음악을 실내악곡이라 부른다. 좀 더 작은 공간에서 현악기나 관악기를 연주할 수 있는 음악에 붙여진 이름으로 솔로, 뚜엣, 트리오, 현악 4중주(2대의 바이올린, 비올라 그리고 첼로) 그리고 5중주(Quintet, 예; 모차르트의 클라리넷 5중주 K.581)부터는 목관이나 금관악기가 합세한다. 7중주(Septet, 예; 베토벤의 op.20), 8중주(Octet, 예; 멘델스존 0p.120, 바이올린 4대, 비올라 2, 첼로 2) 등이 실내악곡이다. 그 밖에 소규모의 협주곡(Concerto)을 연주할 수 있는 약 40~50명까지를 실내악으로 부른다.

□ 그림설명 0364, <Juilliard string quartet(줄리아드 현악 4중주)>의 구성.

channel (채널)

채널은 음파의 수신, 전송, 조종을 위해 고안되어 나눠놓은 신호 체계를 뜻한다. 채널은 지정된 주파수로서 각 채널간의 송출파장의 간격을 적절한 범위인 6MHz로 떨어뜨려서 각 텔레비전 방송국이 출력을 하게 된다. 각 채널을 통해 방송하는 방송은 음파(MHz) 보다는 각 방송의 고유 채널을 명명(아이디, ID, Identification)하여 시청자나 청취자를 확보한다.

□ 그림설명 0365, 여러 Cable 방송채널들.

0366 `mus` `art`

chaconne (샤콘, 샤콘느)

원래는 궁정에서의 품위 있는 댄스곡으로 연주되었다. 작곡 구성은 주제를 자주 저음으로 단순 반복하며 변주(Variation)하는 형식이다. 형식은 소규모의 악기로 조금 빠르고 힘차게 연주된다.

0367 `ani` `pic` `art`

character (캐릭터, 그림 인물의 성격)

주인공, 여주인공, 악역, 조연 등 단역과 엑스트라 등을 포함해 영화 속에 나오는 여러 출연 인물들을 통칭하는 말이다. 캐릭터들의 외면 뿐 아니라 내면의 성격까지를 묘사해야 하는 애니메이션에서는 캐릭터들의 말투, 외모, 액션 등을 강조해 표현한다. 따라서 애니메이션 캐릭터의 설정은 스토리 구성에 맞게 성격을 한눈에 알 수 있도록 그림으로 그린다. 일반 영화에서는 감독, 배우들과 카메라 연출이 함께 캐릭터의 생각, 감정, 인간성을 표현할 수 있게 연기한다. 그러나 애니메이션에서는 배우가 해야 할 연기의 특성이 그림으로 표현되어야 하기 때문에 매우 주의 깊게 설정되어야 한다. 또한 캐릭터의 설정은 영화감독의 소관이다.

□ 그림설명 0367-1, <왕후심청 (2005)>의 심청   -2, 뺑덕이 by 넬슨 신.

0368 `ani`

character animation (캐릭터 애니메이션)

캐릭터란 인격이나 품성을 가지고 움직이는 인물이나 물체를 가리키는 말로 어떠한 동물이던 고유의 성격을 지닌 인물을 말한다. 만화로 그려질 등장인물의 움직임을 그림으로 그려 표현하는 기법으로 어느 인물을 다룬 애니메이션을 가리키는 말이다. 애니메이터는 등장인물의 성격, 신체의 동작을 감독의 연출에 의해 장면에서 캐릭터를 어떻게 표현할 것인가를 확실하게 이해하고 그림을 그린다. 캐릭터 애니메이션은 주로 그림을 그려 작품을 만드는데 붙여진 대명사이다.

0369 `ani`

character development (캐릭터 개발)

캐릭터개발은 영화, TV시리즈, 시리즈 출판만화, 웹툰, 회사 심벌마크, 상품의 로고, 홍보용 광고 등 제반의 프로그램을 위한 상징적으로 내세울 수 있는 그림으로 된 캐릭터의 개발을 말한다. 특히 영화에서는 일반적으로 스토리가 확정되기 전이라도 우선 구상해 놓은 아이디어를 기초로 캐릭터를 설정해 볼 수 있다. 개발단계에서는 정답은 없다. 수백 장의 그림을 그리고 그려진 캐릭터에 의해 가장 적합한 주인공을 만들어 낸다. 캐릭터개발에서 가장 중요한 것은 캐릭터의 생김이 스토리상의 성격 (Personality)과 부합되게 그려서 상징성이 있게 만들어져야 한다.

0370 `ani` `art`

character model(캐릭터 모델)

애니메이터를 위한 견본 그림으로서 인물의 신체 비율, 색상, 옷, 장신구, 배경 등을 규정하는 그림이다. 모델은 앞, 옆, 3/4각도 그리고 뒷면의 모습을 모두 그려서 다른 캐릭터들과 한 줄로 세워 키 높이와 몸의 크기를 대조적으로 보이도록 한다. 배경의 경우 그 주변 환경이 필요한 환경(Atmosphere)과 플로어 플랜(Floor Plan)을 작성한다.

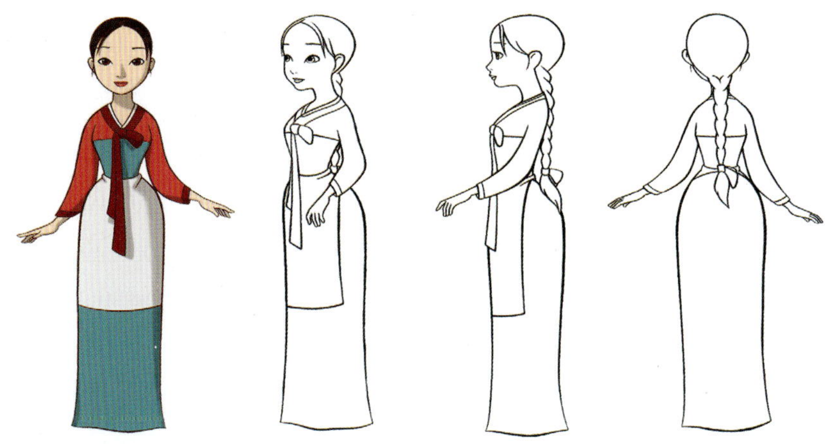

□ 그림설명 0370, 영화 <왕후심청> 캐릭터 Turnaround 모델시트.

0371 `ani` `pic` `art`

characterization(성격묘사, 특징짓기)

실사영화에서 배역에 맞는 사람을 찾아 분장시켜 출연시킬 수 있으나 애니메이션에서는 그림으로 그려 캐릭터를 드라마에 맞는 인물로 성격화 시키는 것을 말한다. 예를 들어, 슈퍼히어로(Super-Hero)와 같은 캐릭터를 만들어, 보기에도 늠름하고 용기와 정의감을 느끼도록 특징을 강조해 디자인한다. 애니메이션에서 캐릭터의 성격묘사는 행동과 말투 등을 감독이나 애니메이터에 의해 동작으로 풀어 이루어지게 된다. 또한 실사에서는 배우가 자기의 배역을 수행해 캐릭터의 특징과 태도로 연출하여 인격을 형상화하는 것으로, 연기자와 영화에 따라서 캐릭터화의 정도와 범위는 달라진다. 이러한 성격묘사는 기획 부분인 스크립트(Script) 쓰기에서 이미 시작된다고 할 수 있다. 또한 어떤 영화는 이미 관객에게 잘 알려져 있는 주연 배우의 이미지와 개성적 연기에 의존하여 스크립트를 써서 영화를 제작하기도 한다.

0372 `gen`

chat, chatting (잡담, 잡담하기, 수다 떨기)

친한 친구끼리 잡담이나 담소를 나누거나 전화상으로 또는 만나서 흉허물 없이 서로 얘기하며 수다 떠는 것을 말한다. 또한 온라인 시스템을 이용하여 서로 글로 상호 대화하는 것을 말한다.

0373 `his` `art` `peo`

Chauvet Cave (쇼베 동굴)

쇼베동굴은 조사에 의하면 네안데르탈인이 현생 인류의 시조인 크로마뇽인으로 진화하던 시기인 25,000년 전 세월보다 더 오래된 구석기시대 약 32,000년이나 되었다고 지질학자에 의해 판정이 난 동굴이다. 이 동굴은 1994년 프랑스의 장 마리 쇼베(Jean Marie Chauvet), 엘리 에또 브루넬 등 그 지역 공무원 3명에 의해 발견되어 그의 이름을 붙여 부른다. 이 동굴의 정식 이름은 '아르데슈 쇼베 퐁타르크 동굴(Cave of Ardeche Chauvet-Pont d'Arc)'이다. 그로테(Grotte) '퐁다르크의 장식동굴(Decorated Cave of Pont d'Arc)'은 프랑스 동남부의 론 알프스 지역(Region Rhone-Alpes)에서 부터 굽이쳐 흐르는 아르데슈 강을 따라 내려오면 하구는 넓어지기 시작한다. 그로테(Grotte)로 알려진 동굴 입구가 강 지역에서 멀지 않은 곳에 있지만 약 2만 년 전에 생긴 산사태로 입구가 막혀 밀폐되어 자연보존 되어 있다가 발견된 동굴이어서 외부기온에 손상 없이 벽화가 그대로 보존되어 있던 동굴이다. 처음 발견 되었을 때 인간이 그린 벽화들은

너무 화려하고 빈틈없는 구도(Composition)와 음양(Light and Shadow)의 표현 등 현대
미술보다 더 강렬하게 표현된 예술적이고 놀라운 원시인들이 그린 벽화들이 13가지의
생명체 그림이 700여점이나 발견 되었다. 다른 대부분의 벽화그림들은 말(Horse),
소(Cattle, 반추동물), 사슴, 멧돼지 등 초식동물(Herbivores)들인 것에 비해 이 쇼베동
굴은 육식을 하는 약탈동물인 사자도 있다. 이 동굴 안에는 미술적으로 매우 우수하다.
오리냐크 문화기(Aurignacian)인 후기 구석기시대로 기하학적(Geometrical)으로 문자
를 돌에 새긴(Engraving) 것도 있다. 프랑스정부는 이 동굴을 일반에 공개하기에 앞서
놀랍고 찬란한 원시인의 유산을 잠시 비밀리에 붙이다가 고고학자(Archeologist), 미술
사학자(Art Historian), 고생물학자(Paleontologist), 지질학자(Geologist) 등을 불러 동굴
을 면밀하게 조사시켰다. 탄소연대측정법(*c)에 의해 조사된 것에 의하면 이 동굴은
3만~ 3만 2천년이나 된 것으로 판정되어 모든 참여자들을 놀라게 했다. 이 동굴 속에
있는 사자(Lion)들의 그림은 상반신을 겹쳐보이게 여러 마리로 표현했는데 이렇게

□ 그림설명 0373-1, 프랑스 론 알프스지방, 쇼베동굴이 있는 아르데슈(Ardeche) 강 하구.

□ 그림설명 0373-2, 들소의 발이 8개 달린 쇼베의 들소, 알타미
라의 그림과 다르게 표현돼 있으나 소는 같은 종류(Kind)로 보이다.

-3, 쇼베 동굴의 맹수 사자 벽화, 그러나 수사자는 안 보인다.

이중으로 겹쳐 그린 것을 전등을 켜들고 움직일 때면 벽화의 동물들은 마치 살아서 움직이는 듯 보인다고 한다. 그리고 여러 종류의 동물들이 같은 방향으로 뛰는 듯이 그려서 당시 화가는 움직임을 보이려는 노력이 엿보인다. 또한 바위벽이 형성된 환경을 잘 살려 어떤 동물은 그 바위를 지금 막 올라가고 있는 듯 보이게 그려져 확실하게 동작을 표현한 것으로 보인다. 특히 이 쇼베 동굴의 벽화의 특징은 약진하는 짐승의 무리가 같은 방향일 뿐만이 아니라 맹렬하게 뛰는 발들의 모습을 약화(그림을 완성하지 않음)시켰음을 볼 수 있다. 이는 잔상에 의해 확실하게 보이지 않는 것을 표현하려한 의도일 것으로 생각하게 된다. 이 동굴은 스페인에 있는 '알타미라 동굴(Altamira Cave)'에 있는 벽화 그림보다 1만 7천년이나 오래 되었음에도 더 과학적인 생각을 가진 화가가 그렸음이 분명하다. 알타미라 동굴 속에 표현된 벽화 중에는 '멧돼지의 발을 여덟 개'를 그려 넣었고, 이곳 쇼베에도 황소에 다리를 8개를 그려넣어 이것을 '움직임에 대한 시각의 지속성'을 표현했다고 후대에 와서 우리가 해석하게 되는 것이다. 이에 비해 '쇼베 동굴'의 벽화들은 가장 오래됐으면서도 그 화법뿐만이 아니라 구도역시 움직임을 보듯이 확실히 보는 사람의 위치를 계산해 넣고 그린 듯하다. 이 쇼베동굴은 2014년 유네스코(UNESCO)세계문화유산으로 등제되었다.

*c 탄소연대측정법, 탄소14법 (Radio Carbon Dating, C14 dating)

고고학에서 사용하는 탄소측정법은 나이를 알아내기 위하여 물질에 함유하고 있는 유기물의 함유량을 알아내기 위한 라디오 탄소의 동이원소 방사능을 사용한다. 이 측정법은 1940년 윌라드 리비(Willard Libby, 1908-1980)가 처음으로 개발해 사용했고 그 후 이 방식이 일반화되어 거의 기본으로 사용되고 있다. 리비가 사용하는 이 방식은 고고학 연구에 크게 공헌을 하게 되었고 이것으로 그는 1960년 노벨상을 받게 되었다.

0374 `ani` `pic`

checker (체커, 검사원)
*final checking (최종검사하기, 파이널 체킹)

영화의 제작공정은 3단계인 기획공정, 제작공정, 포스트 공정으로 나누어 작업한다. 이중에 제작공정에서 생겨나는 실질작업이 가장 복잡하고 인원이 많이 동원되는 부분이다. 애니메이션 프로덕션은 순차적으로 여러 단계(Stage)를 거쳐야하고 여러 사람의 손에서 작업이 이뤄짐으로써 공정상에 작업이 올바르게 진행되는지를 여러 번 검사원에 의해 검사를 하게 된다. 작업은 원화연출(감독이 체크), 중간그림을 넣은 동화(동화 체크), 그림을 스캔한 카메라워크, 디지털 채색(칼라체크), 콤퍼짓 등을 부서마다 점검한다. 애니메이션에서 파이널 체킹은 각 장면의 모든 동작들을 검토하거나, 연출 상의 문제가 없는지를 콤퍼짓하기 전에 마지막으로 그림과 배경이 촬영시트(Exposure Sheet)와 비교하여 점검하는 중요한 제작단계를 말한다. 디지털방식에서도 공정의 순서가 다를 뿐 단계적인 점검은 같다.

 `ani` `his` `peo` `art`

China Animation History (중국애니메이션의 역사)

중국 애니메이션은 1920년대 후반부터 생겨나기 시작했다. 1926년 완궈찬(Wan Guchan, 1900-1995)외 3형제에 의해 제작된 <아틀리에 소동>은 12분짜리 단편 작품이 었다. 그림 속의 아이가 그림 밖으로 뛰어나와 화가를 못살게 굴자 별 수 없이 화가가 아이의 옷을 새로 그려준다는 내용으로 현재 애니메이션에 비교하면 조잡하고 유치했 다고 기록되어 있으나 이 작품은 중국 애니메이션을 싹트게 한 최초의 작품으로 평가 받고 있다. 4형제인 완(만) 형제는 막내를 제외한 3형제가 상하이에서 애니메이션에 종사하며 중국 애니메이션의 선구자적 역할을 했다. 1937년 상하이를 떠나 무한에 있 는 중국영화제작소에 들어가서 중국의 첫 유성(Talkie) 애니메이션 <낙타의 춤>을 제 작하기도 했다. 1939년 상해에서 상연된 <백설 공주와 일곱 난쟁이>라는 미국의 디즈 니 애니메이션을 보고 매료돼 애니메이션을 시작하게 되었다는 완 형제는 일본에 저항 적인 내용을 담은 <피의 돈>과 <국산품의 해>, <토끼와 거북이의 경주> 등의 작품을 만들었고, 1941년에는 일대 획기적인 애니메이션 작품이 발표됐다. 그것은 완 형제가 다시 상해로 함께 돌아와 신화연합영화사와 <철선공주(鐵扇公主, 테싼꿍주)> 장편 애 니메이션이었다. 이 작품은 중국 뿐 아니라 동양 최초의 장편 애니메이션으로 꼽힌다. 서유기의 <우마왕 편>을 애니메이션으로 만든 것인데 이 작품 역시 내용이나 기술면 에서는 매우 허술한 듯 보이나 동작과 표현에 있어서 매우 사실 묘사에 애쓴 흔적이 보 인다. 그러나 당시의 열악한 시설과 인력으로 1시간 30분이나 되는 극장용 애니메이션 을 만들었다는 것은 획기적인 일로 받아들여진다. 특히 당시 흑백으로 밖에 표현할 수 없었던 시절이었음에도 불이 난 산을 실감나게 표현하기 위해 영사기에 앞에 붉은색 필터를 장착하여 컬러를 만들어 낸 점은 지금도 높게 평가되고 있다. 1946년, 신 중국 설립 후 처음으로 동북영화제작소가 설립됐고, 중국 정부의 애니메이션 지원이 시작돼 최초의 인형 애니메이션인 <황제의 꿈(皇帝夢, 황띠멍)>이 만들어졌다. 뉴스 영화 속 에 30초 정도의 인형극을 넣었던 것이 좋은 반응을 얻자 30분 분량의 단독 작품으로 제작된 것이다. 이후에는 1948년에 셀 애니메이션인 <독 안에 든 자라>가 제작됐는데, 이 작품은 장재스(개석)와 인민해방군 사이의 이야기를 풍자한, 정치성이 있는 작품이

었다. 이 두 작품제작에 참여했던 일본출신인 감독 모치나가이 다다이테(持永隻仁手, 1919-1999)는 중국 애니메이션의 어머니로 평가될 만큼 중국을 제2의 고향으로 생각하고 일생을 중국 애니메이션 창작에 바친 사람으로, 상하이 애니메이션 스튜디오 개설에도 주도적으로 참가했다. 1957년에 설립된 상하이 애니메이션 스튜디오는 국가가 주도한 제작소로 창작 애니메이션 육성정책을 펼쳐 중국 특유의 제작방식을 개발, 발전시켜 기반을 마련해준 곳이다. 이 스튜디오의 대표적 방식은 수묵과 담채, 인형, 절지 애니메이션으로, 단순히 화선지(Rice-Paper)와 같은 종이에 먹으로 정교한 애니메이션을 그린 것 같이 보이지만 실제로는 셀 애니메이션의 방식을 변형시켜 만든 것이었다. 이들 작품들은 대사가 없이 중국풍의 배경음악만으로 전체 동작을 연출한 방식이어서 중국화를 보는 것과 같은 느낌을 준다. 또한 악덕 영주를 혼내주는 소년의 이야기는 신화를 소재로 한 교훈적인 내용을 다룬 계몽영화 풍으로 고요함 속에서 조심스럽게 움직임을 주는 표현기법을 주로 사용했다. 중국 애니메이션의 특징은 동작과 대사를 이용한 해학보다는 배경음악과 같은 선율적인 곡을 주로 사용한다. 이미지나 전체적인 주제의식을 표현하는데 있다고 할 수 있다. 이 당시 활동하던 애니메이터들로서는 모치나가이 다다이테를 비롯해 완구찬(萬古蟾, 1900-1995), 완래밍(萬籟鳴, 1900-1997), 당징(唐澄, 1919-1986), 터 웨이(特偉, 1915-2010) 등이 있다. 완구찬은 중국 전래의 종이그림 기술을 이용해 종이 애니메이션 기법을 개발했으며, 이를 이용해 1959년에 <위퉁(漁童)>을 제작했다. 그의 작품으로는 <물고기와 소년>, <금빛 소라> 등이 있다. 완라이밍은 1961년에서 1964년에 이르는 4년에 걸쳐 <말썽꾸러기 손오공>을 제작했는데 정부의 지원으로 제작비와 인원의 구애를 받지 않는 이점을 살린 작품으로 평가받는다. 당징(唐澄, 1919-1986) 의 작품으로는 1960년 엄정헌, 아달, 임문초

□ 그림설명 0375-1, 완구찬, 완라이밍의 <철선공주, 1941>

와 함께 제작한 묵화기법의 <엄마를 찾는 올챙이>가 있고 이는 전 세계에 중국의 애니메이션이 높이 평가되는 계기가 되었다. 상하이 애니메이션 스튜디오의 초대 소장을 지낸 특위(Te Wei, 1915–2010)는 세계 최초로 수묵화에 의한 독특한 기법을 개발한 중국의 대표적인 애니메이터이다. 그는 그의 작품으로 1954년에 중국문화부 우수영화상을 받았고 2위를 수상한 <어깨동무>와 덴마크국제동화영화제 금상, 안데르센 동화상을 수상한 1979년 작품 <피리 부는 목동>이 있다.

□ 그림설명 0375-2, 완구찬이 소학교생에게 애니메이션 셀을 보여주며 설명하고 있다.

-3, 완 3형제의 작품제작 설명회.

-4, 특위의 <피리 부는 목동, 1963>

-5, 만(Wan) 형제가 만든 장편영화 <Havoc in Heaven, 1964>

-6, 만 형제가 만든 장편영화 <Havoc in Heaven, 1964>

-7, <Prince Nezha's Triumph Against Dragon King> 1979, by. Shuchen Wang

중국 애니메이션은 1966년의 문화혁명에 의해 크게 변모했다. 이 기간엔 모택동의 교시나 자아비판 이야기가 주를 이뤄 인간적인 주제의식이나 작가주의적인 창작활동은 거의 이뤄지지 않았고, 사회주의적 리얼리즘에 기초한 사상적 주제가 주를 이루었다. 1976년에 제작된 특위의 <금빛 기러기(찐써더따엔, 金色的大雁)> 역시 모택동의 교시에 따라 제작된 것으로, 몽고의 초원에서 반혁명분자들과 투쟁하는 한 영웅을 다룬 작품이다. 특위의 작품은 사회의 변혁에 따라 내용을 달리했는데, 이는 개인의 자유가 제한되는 사회주의 국가에서 어쩔 수 없는 선택이었을 것으로 판단된다. 이후에는 사회주의 리얼리즘을 비판하는 내용들이 등장하기 시작한다. 유머를 곁들인 만화표현 양식도 증가해 중단편의 작품들이 제작됐다. 인형 애니메이션의 명맥도 이어져 1978년 팡룬남(方潤南, 1942-2009), 우레(尤磊, 1926-)가 공동 감독한 <우인매혜(위인매세, 愚人買鞋)>, 1979년 근석(찐시, 靳夕, 1919-1997) 유혜의(류휘의, 劉蕙儀)가 공동 감독한 <아범제(아판티, 阿凡堤)>가 발표됐다. 1980년대 들어서는 한층 구체적이고 실제적이며 유머와 재치를 가진 풍자 넘치는 단편 작품들이 제작됐다. 아달(아따, 본명:徐景達, 1934-1987)이 1980년에 제작한 <세 사람의 승려(싼꺼허쌍, 三個和)>는 중국의 민족적 색채를 잃지 않으면서도 과장과 유머가 넘치는 작품으로 세 승려의 심리적 갈등과 성격을 잘 표현해 낸 셀 애니메이션 작품이다. 이 작품으로 아달은 제1회 중국영화제에서 금계상과 문화부 우수 애니메이션 영화상을 수상했고, 자그레브 국제 애니메이션 페스티벌에서 수상한 1984년 작품 <36개의 한자(싼스류꺼쯔, 三十 個字)>와 1986년 작품 <새로 단 문종(씬좡더먼링, 新裝的門鈴)> 등을 발표했다. 또 호진경(후찐칭, 胡進慶, 1936-2019)은 1983년에 컷 아웃 애니메이션 "어부지리"를 제작, 베를린 영화제 은곰상, 자그레브 특별상을 수상하면서 해외에 중국 애니메이션의 우수성을 알렸다. 모택동 사후, 1980년 등소평의 '남순강화' 개혁개방정책은 많은 것에 영향을 미치기 시작했다. 소위 "흰 고양이던 검은 고양이던 간에 쥐만 잘 잡으면 된다."는 새로운 경제정책의 논리를 내세우고 중국 내에 최초의 경제 특구를 신설해 공산주의와 더불어 자본주의를 병합했다. 이 정책은 놀라운 변화를 가져왔다. 세계에서 각 분야에 투자가 일어나기 시작했고 OEM 투자가 이어지면서 중국의 애니메이션분야 역시 꿈틀거리기 시작했다. 기존에 있던 단편 애니메이션을 장편 시리즈물로 재편성하는가 하면, 기존 예술 애니메이션에 상업성을 가미해 다시 제작하기도 했다. 또 첨단 기술을 이용한 다양한 방식을 도입하고, 실험용 단편 애니메이션 제작도 이어졌다. 1990년대에 들어서는 국영방송인 CCTV 중심의 TV시리즈가 대량 생산되기 시작한다. 당시 CCTV는 내수를 근간으로 시리즈물 제작을 우선했으며 품질향상에 주력했다. 이러한 중국 정부의 애니메이션에 대한 지원과 관심은 2000년대 들어 더욱 가속화되기 시작했다. 그동안 폐쇄되었던 미디어 커뮤니케이션에 관심이 정부에서까지 정책으로 채택했다. 2004년 중국의 미디어 정책은 불을 붙이기 시작했다. 영화와 텔레비전프로그램 그리고 라디오 행정청을 신설하고 애니메이션 산업육성과 어린이 프로그램 제작을 확대해 나갔다. 또한 정부는 애니메이션 육성을 제1순위로 CCTV와 상하이 애니메이션 제작소를 각각 중국 북방과 남방의 애니메이션제작 기지로 지정하고 더불어 상하이와 베이징 등의 대학을 비롯해 교육기관에 애니메이션 전공분야를 확대하고 동북방에 있는 장춘시의 길림동만학원에 집중적인 교육시설 확충하는 안을 세웠다. 상주(Chang Zhou), 항주(Hang Zhou), 샤먼(Xiamen), 베이징(Beijing) 등지에서 애니메이션페스티벌이나 포럼을 개최하고, 해마다 애니메이션 육성을 위한 다양한 정책을 내놓고 이의 실현에 집중하고 있다. 사실 중국에서 애니메이션이 시작된 것은 일본과 비슷하다. 그러나 중국이 공산주의를 하는 동안 창작애니메이션은 한동안 침체해 있었다. 다만 지루할 수 있는 공산주의교육과 체제 확충에 애니메이션을 이용해 쉽고 재미있게 교육하는데 활용했을 뿐이었다. 지금은 국가가 시장경제제도를 새로 도입하면서 자본주의화에 부끄러움이 없이 사통오달 국가가 세운 튼튼한 정책을 실현하고자 영상분야는 도약적인 힘을 쏟아내고 있다. 베이징을 비롯해 후난성 지역에만 자국의 어린이를 위한 문화예술채널은 30개가 넘고 전국에는 5,473개의 채널을 통해 방송되고 있다. 이만큼 방송을 위한 프로그램이 제작되고 있다는 뜻이다. 물론 모든 집행은 정부의 면밀한 계획에서부터 진행되고 있다. 중국은 애니메이션을 국가사업으로 진지하게 다루는 것이다. 그 실례로, 중국정부는 2004년 정부 정책의 해를 애니메이션 산업화의 원년으로 정하고 국가가 주도해 나가야 할 중요정책 중에 하나로 인민들의 문화생활 향상을 이끌 수 있는 미디어(Media)정책에 초점을 맞추어 나가는 것이 우선이라는 것을 정하고 그것을 실행했다. 중국정부는 2004년을 원년으로 해서 막대한 예산으로 세워 미디어의 가장 핵심적이고 가장 우선되는 애니메이션(動漫)분야를 육성하는데 총력을 기울여 왔다. 학교를 통한 애니메이션 교육, 중소 제작 스튜디오에 교육 후원금과 제작비를 지원해 주었고 해외 미국, 유럽 그리고 아시아 등의 여러 나라의 각계각층 미디어관련 종사자들을 초청하여 관련된 국제회의와 포럼을 통해 미디어를 배우기 시작했다. 전국 447개 종합대학에 영상학과를 설립하여 2008년에 와서는 매년 550,000명의 학생을 배출해 냈다. 베이징, 상하이, 후난지역을 비롯하여 5,500개의 스튜디오에서 연간 총 81,000분(1,350시간) 분량의 애니메이션을 생산(제작) 해냈고 그 중에 65,000분을 17개국에 수출했다고 발표했다. 또한 중국은 자국의 제작물이 아닌 외국의 애니메이션은 방송을 허가하지 않는 정책을 고수하기도 했다. 중국의 정책은 실로 놀라울 일이 났다. 중국은 국가가 제시한 성책에 따라 애니메이션 전문학교를 통해 예술가와 기능인을 폭넓게 키워냈다. 애니메이션 영화제에 막대한 지원금을 들여 국제 경쟁 대열에서 당당히 활동하는 힘을 일궈냈다. 그리고 2012년을 계기로 정부가 8년간이나 풀었던 애니메이션에 국가 지원금은 중단되었다. 그동안에 장편 노하우를 익혀 제작교육에 의한 미디어 확충, 국내제작, 해외합작, 해외시장개척, 판매교류를 통하여 해외시장을 개척해 거래를 경험하고 있다. 중국은 큰 나라로, 큰 내수시장을 가지고 있는 탓에 기반만 잘 이루면 곧 성공의 길이 되는 것이다. 국내 창작 애니메이션은 그 수를 헤아릴 수 없이 많이 제작됐다. 그중에 <희양양과 회색늑대(Miss hee & Gray Wolf)>는 2005년부터 CCTV에서 1등으로 인기있는 시리즈로 유명하다. 그 밖에도 <후로티로봇(果宝特攻, Fruit Robo)>, <아스트로 플랜(Astro Plan)>, <서유기(西遊記)>, <바라라의 요정, 무지개 빛 크리스탈(Balala the Fairies, Rainbow Crystal)>, <플래쉬 앤 대쉬(Flash & Dash)>, <성유기(星游, Rainbow Sea)>, <블레이징 틴스(Blazing Teens)>, <고포스피드(Go for Speed)>, <월드카 시리즈(Race-Tin)>, <스카이 로버(Hover Champs)>, <초수 무장(Ultra Beast Force)>, <메가 파이터(the Mechanimals)>, <전투왕 구풍전혼(Infinity Nado)>, <스타 가디언(Star Guardian)> 등 극히 일부에 불과하지만 몇몇개를 제외하고는 모두 중국의 전통을 떠나 일본의 메카식이나 미국식 이름을 달고있다. 역시 중국의 애니메이션이 국제적 흐름위에 있음을 엿볼 수 있다. 중국에는 각 성(省, State)마다 자율권을 갖고 애니메이션을 대대적으로 육성하였다. 상주(Chang Zhou)에는 컴퓨터기술을 익히기 위한 거대한 디지털단지가 조성되어 디지털애니메이션 기술을 익혀 하루에 다량의 분량을 제작해 낼 수 있도록 집중적인 선진 전자기술을 젊은 신예들에게 훈련시켰다. 또한 CICDAF(Changzhou Int'l Comic and Digital Animation Festival)가 매년 열린다. 항조(HangZhou)는 상하이에서 남쪽으로 차로 달려서 한 시간 거리로 CICAF(China Int'l Cartoon and Animation Festival)가 있고, 샤먼(Xiamen)에 Xiamen Int'l Animation Festival의 'Cyber Sousa Award'가 있다. 더구나 사방 12km 넓이의 면적에 'Xiamen Software Park III'를 건설하여 집단미술단지를 조성하고 12개 고등학교와 20만 명의 전문인들이 모여 생활하고 있다. 이 단지 안에는 애니메이션제작회사만도 120개 회사가 있다. 이러한 실제의 가능성이 성공하게 된 것은 정부의 확고한 정책에 기초했다. 미디어산업 중에 특히 애니메이션을 제작하고 공급하는 작업은 자금이 많이 소요되고 기간도 오래 걸려 일반적으로 투자자가 쉽게 나타나지 않아 정부에 의해 초기자금이 마련되어야 계획에 차질이 없이 국가가 의도하는 정책을 수행해 나갈 수 있었던 것이다. 중국의 중앙정부는 이미 1978년에 등소평의 조심스러운 실용주의 정책입안에 따라 심천(Shunzen, 선젠)에 경제특구를 조성했고 이 바람은 힘차게 몰아쳐 자본주의 도입에 성공적인 요인이 되었다. 이러한 정책에 힘입어 중국은 경제적인 성공과 도약을 갖게 되었다. 21세기에 들어서 중국의 정책 중하나는 미디어 육성이었다. 중앙정부는 막대한 돈을 풀어 2004년부터 2012년까지 8년간의 애니메이션 육성사업에 성공한 셈이다. 그러나 중국이 놀라운 기술을 익혀왔지만 정부의 완고한 방송정책에 따라 여전히 외부문화의 침투를 꺼리고 있다. 이는 국제적으로 소외될 뿐만이 아니라 반대로 국제시장 진출에도 매우 소극적인 결과를 가져오게 한다. 미디어산업으로서의 국제적 유통까지는 크게 미치지 못하고 있다. 그래도 2015년 집계로 중국시장의 미디어산업으로 인해 거래한 돈은 미달러(USD) 1조 800억(완구(Merchandising)만 8,330억USD) 에 달한다. 해마다 2천만 달러씩 그동안 벌어들인 셈이지만 이것으로는 절대 부족이다. 중국은 무한 성장할 수 있는 자원이 많은 나라일 뿐만이 아니라 국가가 젊은 세대들에게 새 시대적인 감각에 동승하여 애니메이션 창작에 열중하는 창의성을 자유롭게 허용하는 정책으로 이끌며 미디어산업의 성장에 주력하고 있기 때문이다.

□ 그림설명 0375-8, 중국정부가 주력한 영상미디어산업은 크게 성장했다.

Chipset (칩셋)

컴퓨터의 집적회로를 칩이라 하며 매인보드와 연결되는 그래픽카드나 사운드 카드 등에 하나의 부품으로 가장 핵심이 된다. 이 칩셋은 CPU와 절대관계가 되어 메인보드의 기능을 모두 하나로 연결하여 부품 간에 상호 작용을 컨트롤하는 장치이다. 컴퓨터 시스템에서 칩셋은 프로세서, 메모리 및 주변 장치 간의 데이터 흐름을 관리하는 집적 회로의 전자 부품 세트이며 일반적으로 마더보드에서 위치한다. 칩셋은 특정 마이크로프로세서 제품군에서 작동하도록 설계되었으며 프로세서와 외부 장치 간의 통신을 제어하기 때문에 칩셋은 시스템 싱능을 결정하는 중요한 역할을 한나.

□ 그림설명 0376, 메인보드

C

0377 `mus`

choir (합창)

노래하는 사람들(Singers)을 집단으로 구성하여 조화(Ensemble)를 이루어 화음(Harmony)에 맞춰 합창(노래)하는 것을 말한다. 찬송가, 민요, 팝송, 가수의 배경코러스, 심지어는 베토벤의 제9교향곡 합창까지를 모두 포함한다. 합창의 형식은 오페라 작곡이 금지되었던 1750년 이전에 오라트리오, 메사야, 칸타타 등에 오페라를 대신해서 악기의 연주를 사용하며 나온 형식이었다. 합창은 악기의 주음에 어울려서 부르거나 합창에 악기음을 넣기도 하며 불렀다. 또한 독립적으로 합창만으로 음악을 노래하기도 한다.

□ 그림설명 0377, USA <South Dakota Univ. Choir>

0378 `art`

choreography (안무, 무용술)

안무는 동작을 예술로 표현한 한 형태의 조형이라 할 수 있다. 안무예술은 발레, 뮤지컬, 오페라, 공연무대의 안무 등을 말한다. 춤은 시대와 함께 변화한다. 그러므로 춤을 추는 것이 아니라 '춤을 쓰다(Dance-Writing)'라고도 표현한다. 코리오그래피(Choreography)의 단어는 미국에서 1950년경부터 오페라, 영화, 댄스, 체육, 패션쇼, 아이스 스케이팅, 싱크로나이즈 스위밍(Swimming) 등 분야에 사용되기 시작했다. 춤은 엄밀히 말해서 모두 나라마다 전통적인 민속춤으로부터 발전해왔기 때문에, 춤에 예술성을 부여해 새 스타일과 명칭이 변모해 왔다고 할 수 있다. 한국의 태평무, 일본 가부끼, 아르헨티나 탱고, 독일 왈스와 폴카, 영국의 모리스댄스, 스페인의 파소도불, 아랍 밸리댄스, 하와이 훌라, 쿠바 살사와 룸바, 브라질 삼바, 미국 자이브, 인도 뱅그라, 러시아의 코사크댄스 등을 들 수 있다. 현대 춤으로는 한국의 '걸 그룹'이나 '아이돌' 댄스 그리고 '강남스타일' 등이 세계적인 대유행을 불러왔다.

□ 그림설명 0378-1, 춤은 시대와 함께 지속적으로 발전한다.

-2, Nicole Haskins의 창작 춤, National Choreographic Initiate

* 참조보기 (0602- dance)

* 참조보기 (0966- folks)

0379 mus

chord (화음)

음표(Note) 두개 이상을 다른 음정(Pitch)으로 소리를 내어 서로 어울리게 노래하거나
악기로 연주하거나 음(소리)을 내는 것을 말한다.

0380 mus

chorus (합창, 코러스)

합창은 여러 사람들이 다 같이 음악에 맞추어 가사(Lyrics)로 노래하는 것을 말한다.
합창은 2중창(Duet), 3중창(Trio, Terzetto), 4중창(Quartet), 남녀가 섞이면 혼성
(Combined), 4중창 그리고 5중창(Quintet) 그 이상이면 코랄(Choral)이라 한다. 그 합창
의 남성구성은 테너, 바리톤 그리고 여성은 소프라노, 메조소프라노, 알토로 구성된다.
코러스의 어원은 그리스어로 코로스(Choros)에서 온 것으로 무도회에서 노래하며 춤
추는 무리를 뜻한 말이었다. 코러스는 바로크시대(1500~1750) 이전에 오페라작곡이
금지됨에 따라 나온 칸타타, 메사야, 오라트리오와 같은 종교음악에 합창곡으로 사용
되었다. 또한 1597년 이탈리아의 피렌체에서 모임의 후원자로 콘테시나 데 바르
디(Contessina de' Bardi) 백작이 주도한 음악회에서 그리스의 고전으로 만든 음악극
<다프네(Dafne)>가 처음으로 4대의 피아노곡과 함께 소개되면서 오페라의 기원이 시
작되었으며 이탈리아 중심으로 발전했다. 피렌체의 학자인 지롤라모 메이(Girolamo
Mei, 1519~1594)는 고대 그리스 음악과 연극에 관해 관심을 가졌고 그는 당시의 그리스
의 공연이 모든 대사가 노래로 불렸을 것이라 주상했다. 그는 자신의 생각을 후원사인

C

바르디 백작에게 설득하고 음악극 '다프네'를 시인 오타비오 리누치니(Ottavio Rinuccini, 1562-1621)가 대사를 쓰고 작곡가 자코포 페리(Jacopo Peri, 1561-1633)의 참여로 이들은 최초의 오페라로 불리는 '다프네'를 완성하게 되었고 1598년 처음으로 무대에서 공연했다. 그 후 아마데우스 모차르트(Wolfgang Amadeus Mozart, 1756-1791), 프란체스코 베르디(Giuseppe Fortunino Francesco Verdi, 1813-1901), 그리고 리하르트 바그너(Wilhelm Richard Wagner, 1813-1883)와 기아코모 부치니(Puccini, Giacomo, 1858-1924) 등이 불멸의 오페라를 남겼고 베토벤(Ludwig van Beethoven, 1770-1827), 슈베르트(Franz Peter Schubert, 1797-1828) 슈만(Robert Alexander Schumann, 1810-1856), 브람스(Johannes Brahms, 1833-1897) 등이 합창곡을 쓰면서 더욱 애호를 받았다. 현대에 와서 합창곡은 뮤지컬, 팝, 국민가요, 군가, 교회음악 등으로 많이 불리고 있다.

□ 그림설명 0380, 'North London Chorus' 합창단

*a capella (카펠라, 아카펠라)

합창(Vocal)곡으로 악기의 반주 없이 입으로만 노래 부르는 것을 말한다. 코러스는 입으로 화음에 맞게 반주를 노래할 수 있다.

*참조보기 (0017- A-capella)

0381 `art` `ani`

chroma (크로마)

컬러(Color)의 색감과 채도의 강도를 뜻하는 말이다. 흰색이나 검정사이의 그레이 톤(Grey Tone, 흑백)이 아닌 컬러만을 뜻하는 말이다.

*Chroma Color (크로마 칼라)

영국에서 제조한 재래식 애니메이션 제작공정에서 사용했던 셀룰로이드용 페인트로 생산되어 애니메이션 제작회사에 다량으로 공급되었던 애니메이션 칼라의 상표 이름이었다.

☐ 그림설명 0381, '크로마 칼라' 페인트.

0382 `pho` `com`

chroma key (크로마키)

크로마키는 디지털 비디오 공정에서만 할 수 있는 블루 스크린 프로세스(Blue Screen Process)로 두개의 영상을 하나로 합성(Composite)하는 기술이다. 일반적으로 프로세스 블루를 사용한 화면을 사용하고 불리지만 기술은 RGB 3색중에 화면이 구성된 색의 분포에 따라 그린(Green)이나 그 밖의 색을 선택할 수 있다. 피사체의 배경을 청색(Process Blue)으로 놓고 또 다른 배경과 합성하기 위한 방식의 신호음을 말한다. 방식은 A의 화면 위에 B화면의 일부를 합성하는 것으로 색 분리방식을 사용하는 기술을 뜻한다. 예; 비디오카메라로 찍히는 크로마키(Chroma Key)는 경우에 따라 적(Red), 녹(Green) 등을 사용할 수도 있지만 배경으로 사용될 크로마키의 색이 합성될 화면에 같은 색의 의상이 포함되어서는 안 된다. 합성하려는 다른 배경이 이 부분에도 잠식하기 때문이다. TV방송에서 실제와는 관련이 없는 배경 위를 MC가 걸어 다니며 해설을 하는 장면 등이 크로마키 기술로 이뤄진 것이다.

0383 `fes`

CICAF (중국국제만화애니메이션페스티벌)

(China International Cartoon & Animation Festival)
중국〉Hangzohu, 상해에서 남단으로 1시간 정도에 있는 항주에서 열리는 만화 애니메이션 축제로 중국 내의 유일한 국제 페스티벌로 국가신문출판광전총국(Administration of Press, Publication, Radio, Film and Television of the People's Republic of China)과

저장(Zhejiang)지방 인민 정부의 후원으로 2005년부터 매년 4월 저장성의 수도인 항주에서 열리는 행사다. 백마호수애니메이션 플라자(White Horse Lake Animation Plaza)에서 6일간 열리는 축제는 전시, 포럼, 비즈니스 세션, 경쟁부문과 시상식 등의 이벤트를 선보인다. 다양한 주제의 포럼에는 1,000명 이상의 전문가, 학자, 업계 베테랑 종사자와 애니메이션 팬들이 참석하며, 중국 애니메이션 협회가 주도하고 CICAF(시카프)의 이름으로 열리는 전시는 중국에서 가장 큰 규모의 인기 행사다. 비즈니스 세션(Session)은 업계 전문가들과의 만남과 자국과 해외 마켓과 비즈니스 계약을 할 수 있는 기회를 제공한다. '골든몽키킹어워드(Golden Monkey King Award)'를 수여하는 시상식은 만화와 애니메이션 산업 분야에서 우수한 학술 기관이나 전문가에게 주어진다.

□ 그림설명 0383, CICAF 항조우에서 열리는
「중국 애니메이션 페스티벌」

0384 `gen` `his`

CICT of UNESCO (유네스코 국제영화 TV영상위원회, 시아이시티)

프랑스에 주재한 유네스코(UNESCO) 세계기구 산하(Affiliate)에 아시파(ASIFA) 국제애니메이션 필름협회가 소속되어 있는 단체로서 'Conseil Int'l du Cinema, de la TV et de la communication audio visuelle' 의 머리글자를 따서 사용하고 부른다. CICT의 목표와 활동의 취지는 새로운 정보기술에서, 영상매체, 케이블TV, 위성 등이 다루는 교육, 과학, 문화, 커뮤니케이션 시청각분야를 모두 망라한 시청각 부류에서 활동하는 연합체나 개인회원들 간의 미팅과 상담을 잡아주고 국제적 문화 예술교류와 활동을 펼 수 있도록 돕는 목적을 가진 기구이다. 이 기구의 주력사업은 회원국이나 회원들의 활동을 돕고, 특수한 시청각교육의 기획, 커뮤니케이션 네트워크를 위한 협력, 자연과학과 사회과학의 교육 등이 세계기구 유네스코를 위한 보조기구로서의 사업이 목적이다. 이 CICT 기구는 1953년에 파울 리베(Paul Rivet) 교수의 가입요청으로 명칭 'International Institutes of Cinema' 로 처음 설립되었다. 그 후 '국제애니메이션필름협회인 'ASIFA'는 1958년에 유네스코에 가입되었다.

United Nations
Educational, Scientific and
Cultural Organization

□ 그림설명 0384, UNESCO산하 CICT (Logo)

cinema (시네마, 영화)

그리스 어원인 키네마(Kinema)에서 온 용어로 '움직임'을 의미하는 말이다. 프랑스의 뤼미에르 형제가 1895년에 만들었던 촬영기와 영사기를 소개하면서 처음으로 사용한 단어 시네마토그라프(Cinematographe)에서 그 첫 단어를 따서 지금은 영화, 영화기술, 영화산업 또는 영화관을 뜻하는 단어로 쓰인다. 일반적으로「필름(Film)」이나「영화(Movie)」와 같은 용어로 쓰지만 대체적으로 영화관(Movie Theater)이나 영화를 대신하는 영화산업(Film Industry)에 폭넓게 사용된다. 그리고 극장(Theatre)을 예술적인 의미로 쓰는 단어이기도 하다.

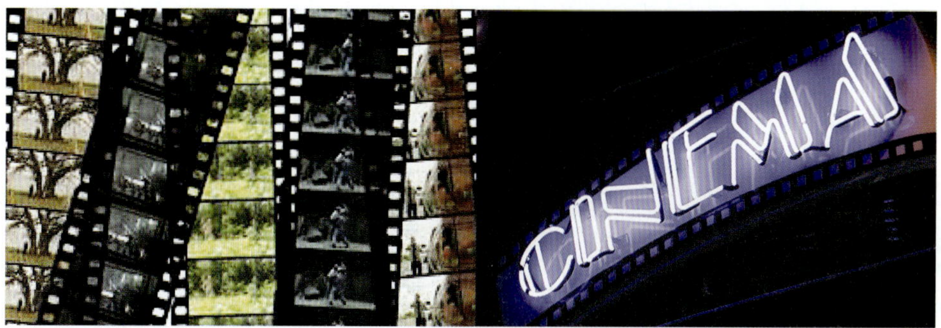

□ 그림설명 0385, 영화예술에서 여러 의미를 내포한 '시네마'.

＊cinema verite (시네마 베리테, 사실묘사기법)

Verite라는 단어는 사실 또는 진실의 의미를 담고 있다. 영화에서는 연출을 하지 않고 사실에 입각한 듯 다큐멘터리기법으로 만드는 영화를 말한다.

0386 `pic` `equ`

Cinemascope (시네마스코프)

1953년 20세기폭스사가 독자적으로 고안해 개발한 슈퍼 와이드스크린(Super Wide-Screen) 시스템 영화이다. 화면비례 4:3의 35mm 필름을 사용하지만 촬영할 때 폭넓게 찍히는 애너모픽(Anamorphic) 렌즈를 장착하면 피사체를 압축하여 화면비례를 2.35:1로 좌우로만 늘려 촬영할 수 있다. 현상, 편집, 프린트 등 영화의 공정은 모두 일반 35mm와 같이 취급되고 영화관에서 영사하는 동안 애너모픽 렌즈를 다시 장착해 이미지의 압축을 풀게 되면 폭넓은 대형 화면을 만들어 내는 이미지 왜곡 시스템이다. 이 방식은 발명가이며 교수이던 앙리 크레티앙(Henri Chretien, 1879-1956)이 탱크 안에서 밖의 사각지역을 내다볼 수 있게 사용하던 애너모픽 렌즈를 이용한 개발품으로

1953년 9월 뉴욕에 있는 록시(Roxy)극장에서 최초의 '시네마스코프' 영화 <성의(the Robe)>라는 종교영화를 개봉하여 대단히 큰 반응을 얻어냈다. 이것으로 다른 경쟁 영화사들이 앞 다투어 유사한 장비를 개발해 냈다. 워너스코프(Warnerscope), 파나스코프(Panascope), 슈퍼스코프(Superscope), 그리고 파나비전(Panavision) 등이 줄지어 나왔지만 그 시네마스코프의 위력을 꺾지는 못했다. 특히 시네마스코프는 미국의 광활한 서부, 카우보이, 인디언 등을 소재로 서부활극(Western Cowboy Movie)을 보이는데 잘 어울리는 방식이었고 관객들의 인기와 함께 미국의 영화산업에 크게 기여했다. 그러나 애너모픽 렌즈를 사용하여 대형화면을 채우는 데는 스크린의 상단 양쪽의 상(Image)이 지나치게 외곡 되어 개선이 지적되기도 했다. 이후에는 왜곡렌즈를 사용하지 않고 마이크 토드(Mike Todd, 1924-1958)가 파나비전 대형 스크린 70mm와 35mm방식으로 대형 스크린을 새롭게 개발해 시네마스코프를 오랫동안 대신했다. 시네마스코프의 영상 비율 2.35:1보다 좁은 파나비전 표준 비율은 1.85:1이었다.

□ 그림설명 0386-1, 20세기 폭스가 최초 개발한 와이드 시네마스코프 스크린.

-2, Cinemascope, <The Robe> (1953) 최초의 시네마스코프 영화.

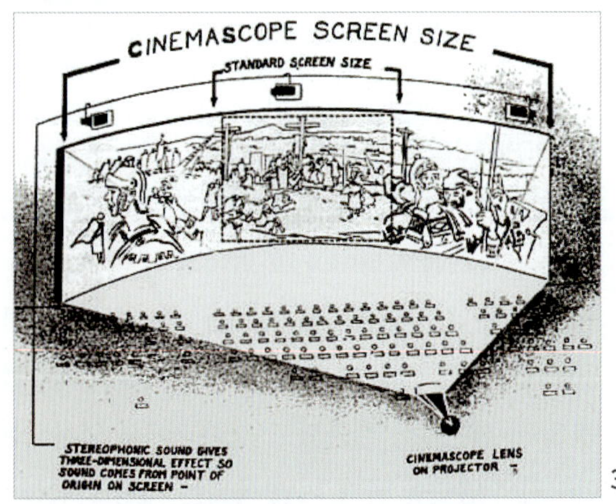

-3, Academy 기본 화면 보다 3배의 크기를 해설한 그림.

✱ 참조보기 (0072- Anamorphic Lens)

Cinematography, Cinematographe (영화촬영법)

시네마토그래피라 불리는 이 용어는 1895년 프랑스의 오귀스트 뤼미에르(Auguste Lumiere, 1862-1954)와 루이(Louis, 1864-1948) 형제가 고안하여 만든 카메라와 영사시스템에 관한 영화촬영기술을 설명하면서 사용한 시네마토그라프(Cinematographe)에서 유래한 단어이다. 지금은 영화 혹은 영화관의 뜻으로 시네마(Cinema)라는 단어로 쓰이게 됐지만 Cinematography의 뜻은 움직이는 이미지들을 촬영하는 것을 의미했다. 영화촬영에는 기계부분으로 카메라, 렌즈, 필름, 조명 등과 기법 부분으로는 카메라의 앵글, 촬영속도, 카메라의 움직임 등으로 나누었다. 각 이미지와 이미지 간의 연관에 있어 중요한 것은 화면의 크기, 구성, 형태, 명암, 모션 등을 비롯하여 영화를 만드는 전체 공정, 촬영, 현상, 프린팅, 영사 등 모두를 포함하는 말이라고 뤼미에르는 설명했다. 뤼미에르 형제의 '시네마토그래프'라는 촬영용 카메라(Movie Camera)와 현상된 필름을 돌려보는 영사기(Projector)가 하나로 합체되어있었다. 1888년 조지 이스트만(George Eastman, 1854-1932)이 인류 최초로 연속동작을 촬영할 수 있는 롤필름을 만들어 광고를 했다. 이를 토대로 토마스 에디슨(Thomas Edison, 1847-1931)은 같은 해 즉각 35mm 촬영기와 영사기를 발명품으로 만들기 시작했다. 키네토그래프(Kinetograph) 촬영카메라는 토마스가, 키네토스코프(Kinetoscope) 영사기는 그의 동료인 윌리엄 딕슨(William K. L. Dickson, 1860-1935)이 만들었다. 그러나 웬일인지 이 발명품이 특허를 얻어낸 것은 1892년과 1897년으로 기록되어 있다. 각각의 발명품의 이름으로 키네토그래프(카메라)는 1897년에, 키네토스코프(코인을 넣고 뷰파인더를 통해 필름을 볼 수 있는 장치)는 1892년일 것으로 추측된다. 이보다 뤼미에르 형제가 만들어 내놓은 새로운 기계는 더 가볍고 기동성 있게 만들어 졌다. 에디슨이나 뤼미에르는 모두 1888년 조지 이스트만(George Eastman, 1854-1932)이 개발해 놓았던 코닥(KODAK)필름을 사용했다. 뤼미에르 형제가 사용한 필름의 너비는 16mm 흑백필름이었고 촬영과 영사속도를 초당 16프레임정도로 규격화하는 역할도 했다.(참조보기: 0387~0422)

concept & creation (발상과 창의)

*Human's New Thoughts (인간의 새로운 발상들)

15세기는 이탈리아의 르네상스라 부른다. 이때 특히 이탈리아는 예술이 도약하며 인류의 활동이 새롭게 시작되는 도약 보인다. 이 시기에 이탈리아의 여러 화가들 중 산드로 보티첼리(Sandro Botticelli, 1445-1510)나 레오나르도 다빈지(Leonardo Da Vinci,

1452-1519) 등은 특별히 고대헬라(Greek)와 고대 로마를 배우며 예술을 이끌었다. 15세기 중반에 태어난 이들은 이탈리아 르네상스 시대의 매우 유명한 <비너스의 탄생>을 그린 보티첼리 그리고 <모나리자>를 그린 다빈치는 화가로 유명하다. 다빈치는 건축가이며 엔지니어였고 발명가로서 그는 음악과 과학을 공부했다. 이탈리아의 조각가이며 화가인 미켈란젤로 디 로도비코 부오나로티 시모니(Michelangelo di Lodovico Buonarroti Simoni, 1475-1564)는 이탈리아의 르네상스시대에 조각으로 <다비드> 상, <피에타> 상, 건축으로는 <성 베드로 대성당>, 그림으로 <시스티나성당 천정벽화>, <천지창조>를 남긴 화가이며 시인으로도 많은 사람들에게 영향을 크게 미쳤다. 그는 조각가, 화가, 건축가, 시인, 제도사 그리고 기술자로 여러 분야의 일을 무엇이고 할 수 있는 천재였다.

□ 그림설명 0388-1, Botticelli가 그린 비너스의 탄생(1484)

-2, 미켈란젤로가 그린 시스티나(Sistina) 성당의 천정화.

-3, 미켈란젤로의 조각 <데이비드 상>

-4, 미켈란젤로가 그린 시스티나성당의 정면 벽화,

5, 미켈란젤로가 그린 시스티나성당의 정면 벽화, 그는 이 성당 벽과 천정에 7천여 장의 벽화를 그렸다.

□ 그림설명 0388-6, 미켈란젤로 자화 초상.

이탈리아 르네상스 당시의 역사기록에는 1465년 처음으로 유럽에서 프린트된 악보(Musical Notes)가 나왔고, 1489년에 수학(Mathematics)이 시작되었으며, 1492년에는 둥근 지구위(Globe)가 등장했다. 1550년에 들어와 이탈리아 니콜로 아마티(Nicolo Amati)의 가문(Amatis Family, 1538-1740)에서 최초로 바이올린 악기(Violin Instrument)를 만들었다. 16세기에 처음으로 유리를 연마해 만든 렌즈(Lens)가 나왔다. 따라서 광학(Optical)이 발달하기 시작했다. 17세기가 막 시작된 1608년에 독일에서 태어나 네덜란드(Dutch)에서 안경 상점을 하던 한스 리퍼세이(Hans Lippershey, 1570-1619)가 직업상 안경유리를 다루다가 우연히 먼 곳에 있는 것을 가까이 끌어 당겨 크게 볼 수 있는 망원경(Binocular, Spyglass)을 만들게 되었다. 이 소식을 들은 이탈리아의 과학자, 철학자, 물리학자였던 갈릴레오 갈릴레이(Galileo Galilei, 1564-1642)를 자극시켰고 곧 갈릴레이는 최초의 우주망원경(Space Telescope)을 만들어 인류가 궁금해 하던 하늘을 보기 시작했다. 그는 역시 천문학자이며 선각자인 니콜라우스 코페르니쿠스(Nicolaus Copernicus, 1473-1543)의 영향을 받았고 태양계의 중심이 지구가 아니라 태양이라는 코페르니쿠스의 주장을 믿고 있었다. 갈릴레이는 그가 만든 우주망원경을 통해 목성의 주변을 돌고 있는 위성도 찾아냈고 태양의 흑점도 발견했다.

□ 그림설명 0388-7,-8, 최초로 Galileo Galilei가 사용한 광학망원경들.

0389 his art peo

creation of Cinematograph and Stream of History
(발명– 영화제작기술과 역사의 흐름)

15세기 전후해서 이탈리아에서는 수세기 동안 인간의 새로운 생각들은 꼬리를 물고 발상(Idea)됐다. 결국은 1646년 로마대학의 수학교수였던 아타나시우스 키르허(Athanasius Kircher, 1602-1680)는 유리를 연마한 렌즈로 환영(Phantasm, 허깨비)을 볼 수 있다는 논문을 발표하였고 이것으로 시각(Visualization)에 관련한 새로운 아이디어가 쏟아져 나오게 되었다. 무엇인가 새로운 것을 보려는 인간의 소망은 끝이 없이 요동치며 18세기의 르네상스(Renaissance)를 맞게 되었다. 이즈음에 피터 마크 로제(Peter Mark Roget, 1779-1869)는 인간이 움직이는 영상을 볼 수 있는 것은 인간이 가지고 있는 망막(Retina)에 의해서라는 논문을 내놓아 관심을 얻어냈다. 망막의 작용은 모아진 빛에 의한 강한 자극이 시세포(수정체)에 전달되고 이를 감지하여 뇌에 전달되는 생리적 현상이라는 것과 눈을 감더라도 방금 전에 본 이미지가 잔상으로 잠시 유지됨으로 동영상을 보게 된다는 주장이었다. 로제의 주장이 모두 옳은 것은 아니었다는 반론도 있었으나 동작의 잔상작용으로 화면위에 동작이 정지하지 않고 끊어짐이 없이 볼 수 있다는 중요한 사실을 알게 되었다. 이것은 후일 애니메이션(Animation)이라 불리며 영화의 원리적 기본이 되어 지금의 영화를 즐길 수 있게 된 시작이었다. 인간의 눈은 빠른 움직임을 따라 잔상을 볼 수 있다는 것을 이미 기원 전 2만7천여 년 전, 아득하게 오래전 동굴 안에서 살았던 구석기시대(Paleolith)의 동굴인(Caveman)들이 이 잔상현상을 눈으로 보았고 동굴벽화로 표현해 놓았다는 사실이다. 당시 그들이 살던 동굴 속의 벽에는 각종 동물들의 모습이 그려져 있었는데 그 중에는 멧돼지의 다리를 여러 개를 덧 그려 동물들이 발 빠르게 뛰는 <잔상>을 표현한 듯이 보인다. 그러나 수 만 년이 지나는 세월동안 원시인 외에 아무도 시각의 잔상에 관해 느끼고 말한 사람이 없이 기원 후 17세기가 되기까지 아무도 없었다는 것은 매우 허전한 느낌이 든다. 다음은 영화(애니메이션)제작기술의 변천과 역사의 흐름을 연대별로 기술한다. (본문과 그림참조; 0387에서 0422)

□ 그림설명 0389, 구석기시대 에 그림, "뛰는 멧돼지 다리의 잔상"을 표현한 벽화.

0390 `peo` `his`

creation of Magic Lantern (발명- 매직랜턴의 발명)

1646년에는 독일태생으로 로마대학 수학교수였던 아타나시우스 키르허(Athanasius Kircher, 1602-1680)는 매우 박식한 지식인이며 발명가이기도 했는데 세상에서 처음으로 빛에 대한 관심을 갖고 <빛과 그림자의 위대한 예술(Ars Magna Lucis et Umbrae, the Great Science of Light and Dark)>이라는 연구서를 발간하여 세상의 관심을 얻어냈다. 그는 매직랜턴(Magic Lantern)이라는 고안품도 그림과 함께 인쇄해 발표했는데 그 도안은 영상을 벽에 비춰볼 수 있는 오늘날의 환등기와 유사한 것이었다. 지금의 현대인들은 한눈에 짐작할 수 있었지만 키르허 교수의 설명서는 당시의 일반적인 상상력으로 이해하기는 어려웠다. "이게 가능한 거야? 키르허는 멍청한 짓을 저질렀군!" 많은 주변 사람들이 그에게 핀잔을 했다고 기록되어 있다. 발명품의 설명내용은 이러했다. '나무로 상자를 짜고 상자 위쪽에 굴뚝을 낸다. 이 굴뚝으로 램프에서 나오는 연기를 내뿜도록 한다. 램프는 나무상자 안에 중간에 놓거나 위에 쇠사슬로 걸도록 한다. 이것을 토대로 애초에는 원통형튜브를 설치하고 튜브 속에는 양질의 볼록렌즈를 끼운다. 그리고 평편한 유리를 끼워 마무리한다.' 키르허는 랜턴을 만드는 법을 장황하게 설명은 했으나 실제로 만들지는 못했다. 그의 발명품을 시연해 보이지도 않아 그가 진짜로 발명가인가 의심하여 말들을 하기 시작했다. 후세에 사람들도 키르허의 도해된 설명서를 가지고 렌즈의 위치가 분명치 않았다고 말을 하기 시작했다. 그는 램프 높이에 맞춰 렌즈가 있어야 한다는 설계도의 설명이 없었다.

□ 그림설명 0390, 키르허가 고안한 최초의 <매직랜턴> 도해.

✱ 참조보기 (0144- Athanasius Kircher)

0391 `peo` `his` `equ`

creation of 1659 Huygens Magic Lanthern (발명- 1659년 호이겐스)
✱ Christiaan Huygens (크리스티안 호이겐스)

세간에서는 진짜 매직랜턴을 처음으로 만든 사람은 1659년 크리스티안 호이겐스[하위헌스(Dutch)] Christian Huygens, 1629-1695)라고 말한다. 그러나 어째서 만든 실물근거가 없는지 알게 되면 매우 어리석은 이야기를 알게 된다. 호이겐스가 진짜 매직랜턴을 최초로 만들었다는 것을 많은 사람들이 부정 하기는 어렵다. 이것은 결과적으로 실제로 만들지 못한 키르허의 것보다 먼저였다는 말이다. 그러나 한편, <매직랜턴>을 실제로 만든 적이 없지만 키르허는 <매직랜턴>을 처음으로 발명한 사람으로는 의심 없이 인정해야 한다는 주장도 있다. 여하간, 호이겐스는 네덜란드사람(Dutch)으로 헤이그(the Hague)에서 태어났다. 그는 성장해서는 수학자, 천문학자, 물리학자로서 <빛의 파장>론의 기초를 세웠다. 크리스티안은 아버지 콘스탄틴(Constantijn Huygens, 1596-1687)이 프랑스 외교관으로 있을 때 힘입어 프랑스 파리의 상류 지식인 사회에서 1666년부터 15년간이나 살았다. 이 때문에 그가 파리로 떠나기 전인 1659년까지 쓰다가 버려둔 그의 작업실에서 찾아낸 그의 연구기록부가 증거물이 되었다. 그곳에는 미완성처럼 보이는 손으로 직접 아주 짧게 쓴 기록이 있었는데 여러 가지 다른 그의 발명품들과 같이 기록해 놓은 목록이 그림과 함께 글로 <La Laterne Magique(the Magic Lantern), (요술 등불)>라고 쓴 메모가 남아 있었다. 더 중요한 것은 그와 관련하여 9장의 스케치그림과 그가 연락을 취했던 사람들과의 목록에서 어떤 활동을 했는지 단서(Clues)를 얻을 수 있었다. 거기에는 크리스티안이 파리로 가기 전 그의 프랑스 친구인 엔지니어 (Engineer) 페티트(Petit)와 그가 만든 <매직랜턴>에 관해서 서로 주고받은 내용이 발견된 것이었다. 여기에 페티트가 크리스티안에게 많은 자료 요청을 하며 <매직랜턴>에 대해 질문한 내용이 나온다. 1664년 11월 28일에 페티트는 <호이겐스의 랜턴>을 만드는데 그 크기를 묻는 편지였다. 이 편지는 매우 흥미로운 것이었다. 이 편지에는 크리스티안 호이겐스가 오래전에 그린 그림들과 영상을 투사할 해골(Skeletons) 그림들을 그린 이미지도 포함되어 있었다.

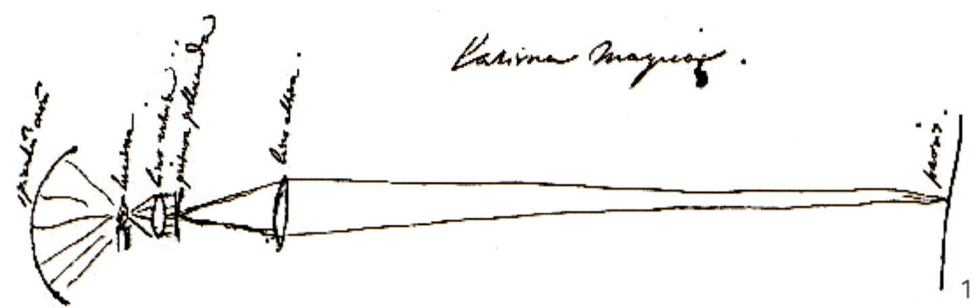

□ 그림설명 0391-1, 1665년 크리스티안 호이겐스의 Magic Lantern 원리 설계도

그러나 이렇게 비범한 일을 했음에도 크리스티안은 한 번도 이 발명품을 자랑스러워하지 않았다. 아버지(Constantijn Sr.)가 외교관으로 파리의 'French Court(프랑스 법정)'에서 일할 때, 크리스티안은 자기가 심혈을 기울여 만든 이 발명품을 첫 번째로 아버지에게 보냈지만 아버지는 이 장치(Apparatus)를 받아 한 번 뒤흔들어 본 후 발명품이 매우 저속한 것으로 비하해 엄숙하게 말했다. "... 흠, 이것은 우리 가문에 참으로 부끄

러운 일일세, 사람들이 이것을 보게 되면 내 앞에서는 친절하게 대단한 발명품이라고 칭찬하는 체(Feign) 말해 놓고는 돌아서서는 이유 없이 나를 비웃(Ridiculous)을 것이 분명해...”라고 했다. 권위적인 아버지의 이 말 한 마디로 세상에서 처음으로 만든 영상 기기인 <매직랜턴>은 아버지로부터 퇴짜를 맞았고 그 후 크리스티안은 너무나 실망한 나머지 일부러 그 발명품을 못 쓰게(Sabotage) 만들었을 뿐만이 아니라 역사적으로 남을 자신이 만든 진짜 발명품을 평생 숨기고(Conceal) 말도 못하고 살아야 했다. 이 최초의 <매직랜턴>은 1659년 이전에 만들어진 것으로 기록되었다. 그리고 85년이라는 세월이 흐른 뒤 네덜란드에서 피터 반 뮈센브루크(Pieter van Musschenbroek, 1692-1761)가 결국 키르허가 고안한 것과 같은 랜턴을 만들게 된 것이었다. 크리스티안 호이겐스는 젊을 때 랜턴을 포기하기는 했지만 이 후에 그는 쉴 새 없이 많은 일을 했다. 그러나 평생 동안을 재발되는 병(병명미상)으로 건강이 회복되지 않은 채 호이겐스는 아버지로부터 물려받은 유산으로 물가에 집을 새로 짓고 살았지만 그의 우울증을 해소하지는 못했다. 외롭고 우울하게 홀로 살다가 그가 태어났던 헤이그에서 1695년 7월 8일 생을 마감하게 되었다. 그는 결혼하지 않은 독신으로 66세까지 살다가 생을 마쳤다.

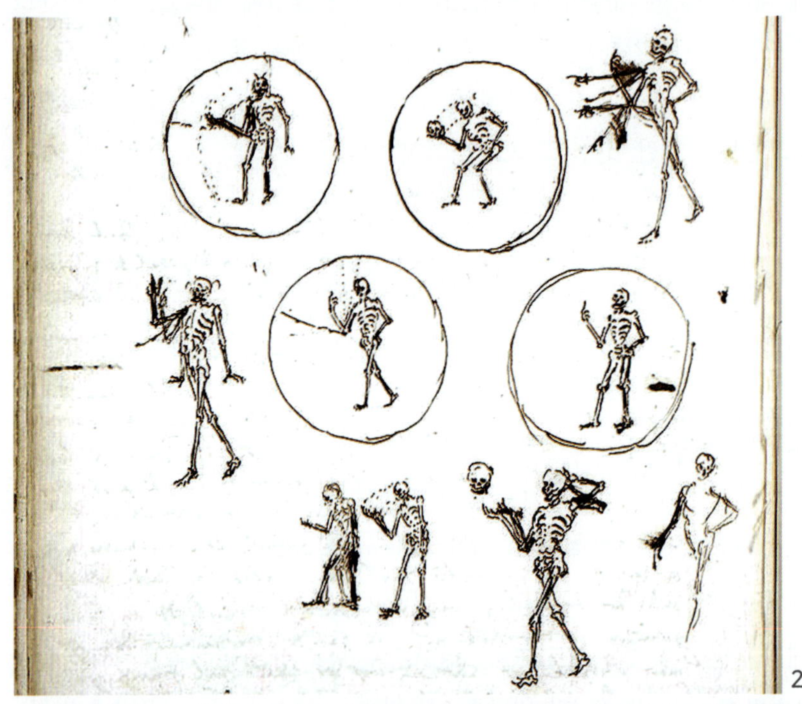

□ 그림설명 0391-2, 호이겐스가 만든 <매직랜턴>에 비춰보기 위해 그렸던 그림. 그림은-해골이 자기 두개골을 띠어서 들어 올리는 동작이다. (주석: 동그라미를 쳐 놓은 것은 그것을 사용한 것 같다.)

✱ 참조보기 (1146- Huygens, Christiaan)

creation of 1664 Walgensten(발명- 1664년 발겐슈타인)

＊Thomas Walgensten (토마스 발겐슈타인)

1664년 <매직 랜턴>을 만든 사람은 또 있었다. 덴마크사람(the Dane)으로 수학자였던 토마스 발겐슈타인(Thomas Rasmussen Walgensten, 1627-1681)은 덴마크의 고트랜드(Gotland) 섬에 살았는데 그가 30세가 되던 1657년에 네덜란드에 와서 2년 동안 레이든 대학(Leiden University, 1575년에 설립된 대학으로 지금은 세계적인 명문)에서 공부 했다는 기록이 있다. 아마도 이때에 같은 수학자로인 크리스티안 호이겐스(Christiaan Huygen, 1629-1695)와 서로 만났으리라 여겨진다. 이미 <매직랜턴>을 만들어 본 호이겐스를 만난 발겐슈타인이 발명품에 관해서 어떻게 만들 수 있는지를 분명히 배웠을 것이라고 생각되는 근거로 우선 구조적인 디자인이 같고 1667년부터 활동이 서로 일치하기 때문이다. 최소한 발겐슈타인은 1664년 파리에서, 1665년 리옹(Lyon)과 로마(Rome)에서 그리고 1666년 다시 로마에서 그리고, 1670년에는 덴마크의 수도 코펜하겐(Copenhagen)에 있는 프레드릭 3세 왕(King Fredrick III, 1609-1670)이 있는 궁전에서 주검에 대한 이미지(Image)를 상영했는데 이때 왕에게 아첨하는 신하들은 이것을 보고 매우 두려워하며 떨었지만 왕은 전혀 무서워하는 기색도 없이 3번이나 반복하라고 요청해서 봤다는 기록이 남아 있다. 우연한 일이지만 왕은 며칠 후 갑자기 죽게 되었다. 그리고 발겐슈타인 마저 죽은 후 미망인은 이 매직랜턴이 두려워서였는지(?) 덴마크 왕립 수집청에 팔았으나 그들이 잘 보존을 하지 않아 지금은 흔적이 없다. 1671년에 나온 아타나시우스 키르허의 두 번째 저서에서 그는 " 여러 이탈리아 왕자들에게 판 수많은 매직랜턴은 오늘날에 와서 로마에서는 흔히 볼 수 있는 물건이 되었다." 라고 비꼬아 말할 정도로 흔하게 볼 수 있었다고 기록되어 있는 것으로 보아 무명의 과학자들에 의해 1646년 이래 매직 랜턴을 많이 만들어진 것으로 나타난다.

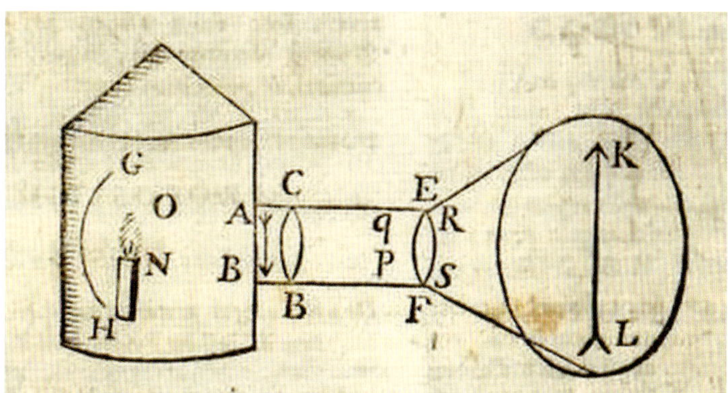

□ 그림설명 0392, The Dane 발겐슈타인의 <매직랜딘> 설계도.

0393 `peo` `his`

creation of 1671 Athanasius Kircher (발명-1671년 키르허의 2차 발표)

아타나시우스 키르허(Athanasius Kircher, 1602-1689)는 암스테르담에서 두 번째로 약간 개량된 것으로 보이는 랜턴(Lantern) 그림과 함께 매우 흥미 있는 연구서를 다시 발표했다. 모인 사람들은 키르허가 새로운 고안품을 소개하자 마법이라고 의심하기도 하고, 어떤 사람들은 수학 교수였던 키르허에게 돌아가 수학이나 계속 가르치라고 핀잔을 했다. 그러나 이 발명품은 로마에서 처음 발표할 때와는 달리 소문은 유럽 전역에 퍼져 나갔고 많은 사람들에게 흥미를 자아냈다. 이 당시 온통 유럽은 철학, 수학, 광학 분야가 태동하려고 몸부림치고 있을 때여서 과학자들은 등불처럼 생긴 이 랜턴이 대중들에게 오락거리로 잠재적인 가치가 있을 것으로 여겼다. 그러나 키르허는 여전히 그가 고안한 물건을 자신이 실제로 만들지는 않았다.

0394 `peo` `his`

creation of 1736 Musschenbroek real Magic Lantern (발명- 1736년 뮈센 브루크의 매직랜턴)

1736년 결국은 네덜란드의 실험물리학자인 피터 반 뮈센 브루크(Pieter Van Musschenbroek, 1692-1761)가 벽에 환영을 비출 수 있는 키르허의 것과 원리가 유사한 <매직랜턴(Magic Lantern)>을 실제로 만들어 냈다. 뮈센 부르크는 네덜란드의 과학자로 듀이스부르그(Duisburg) 대학에서 수학, 위트레흐트(Utrecht)대학에서 천문학을 그리고 레이든(Leiden)대학에서는 철학과 수학 그리고 약학을 가르치는 교수였다. 그는 1746년에는 전기의 정전기(Electro Static)를 발견하기도 했다. 또한 1754년에는 세인트 피터스버그(St. Petersburg)에 있는 the Imperial Academy of Science 에서 명예교수로 임명되기도 했다. 또한 뮈센 브루크를 도왔다는 가스파르 스콧(Gaspar Schott, 1608-1666)은 그의 태생이 독일 코에니그쇼픈(Koenigshofen)이며 예수회 수사로 있으면서 과학자로 특수 물리학과 철학을 가르쳤다. 이들이 만든 여러 개의 랜턴들로 슬라이드의 교환 장치를 이용하고 유리위에 그려진 긴 슬라이드를 움직이며 <해상의 폭풍우>와 같은 최초의 동작이 있는 오락물을 만들어 낼 수 있다는 것을 시연해 보였다는 기사의 기록은 뮈센 브루크와 쇼트가 출생년도로 보아 잘못된 기록으로 여겨진다. 18세기 중반이 되어 이 <매직랜턴> 슬라이드 쇼는 유랑 쇼맨들에 의해 전 유럽에 오락으로 성시를 이루게 되었다. 여기에 보이는 사진(0394-2)은 당시에 만들어져 남은 것 중에 가장 오래된 초기 <매직랜턴>이다. 아깝게도 대물렌즈 부분이 분실되었으나 그 당시에 그려져 만들어진 슬라이드는 아직 네덜란드 라이덴(Leiden)에 있는 「Museum

Beorhaave」박물관이 소장하고 있다. 손으로 색칠해서 유리위에 그린 슬라이드 그림은 사탄처럼 생긴 괴물이었다. 기록에 의하면 뮈센 브루크가 네덜란드인 고향을 떠나 이탈리아 시칠리아(Sicilia)에서 공부를 마친 이후 3년간 로마대학에서 키르허가 낸 여러 책의 편집을 도왔다는 내용으로 보아 결국은 키르허가 만들지 못한 매직랜턴의 원리를 상세히 알 수 있었고 결국에는 그가 만들어 낼 수 있었을 것으로 풀이된다. 그럼으로 아마도 뮈센 브루크와 가스파드 스콧(Schott)이 함께 일했다는 것은 잘못 기록된 것으로 결론 난다. 오히려 1655년 독일로 돌아와 아우크스 부르크에서 수학교수로 임명돼 일했고 이때 호이겐스와 연락도 취해 매직랜턴에 관해 서로 말했을 것으로 보인다.

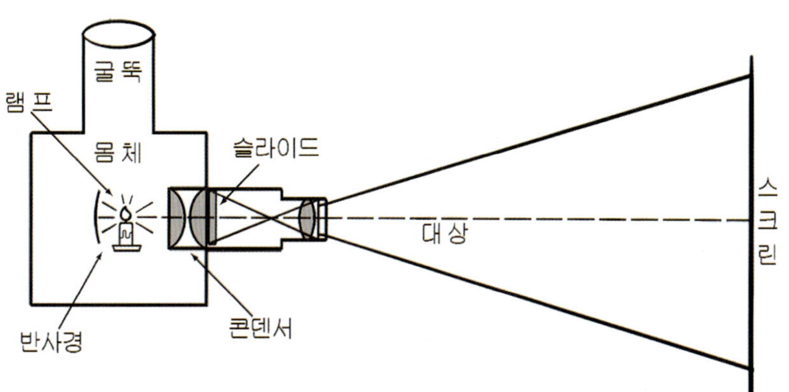

□ 그림설명0394-1, <매직랜턴>의 원리, 굴뚝, 반사경, 광원(등잔불), 압축렌즈, 그림 슬라이드, 대물렌즈, 화면영사막.

-2, 1736년 뮈스헨브로크가 만든 최초의 기계 <매직랜턴>

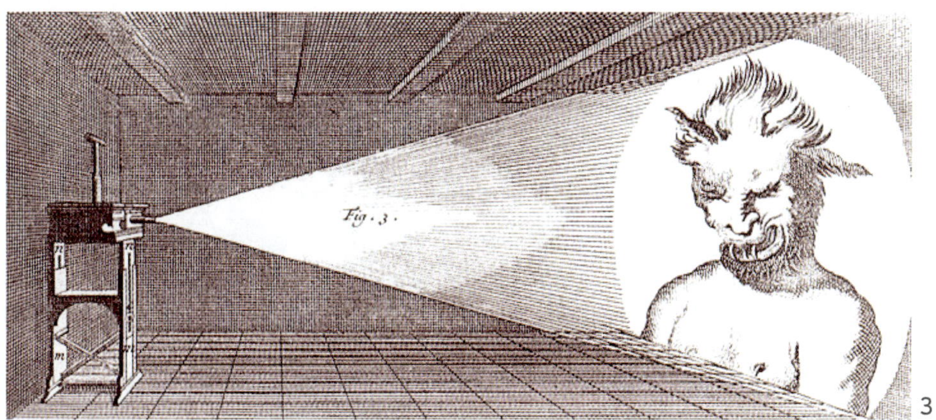

-3, 슬라이드장치로 그린 그림을 벽에 비춤.

0395 `peo` `art`

creation of 1760 Shadow play (발명- 1760년 그림자 인형극)

1760년이 되어 '그림자인형극'이 프랑스에 있는 베르사유 궁 숙소 뒷골목에서 처음으로 색다른 공연이 펼쳐졌다. 이 쇼를 엮어낸 사람은 당시 극장 주인이었던 프랑소와 도미니크 세라핀(Francois Dominique Seraphin, 1747-1800)이었는데 이 쇼는 중국에 다녀온 여행객이 이 쇼를 보고 흥미롭게 여겨 연출방식을 자세히 적어와 세라핀 손에 넘어간 것이었다. 이 쇼의 재료는 원래 사슴의 내피(Endothelium, 속가죽)로 사람의 모양을 만들고 투명한 칠을 발라 완성한다. 이렇게 만들어진 인형들은 색깔이 연하게 얇은 실크로 된 막(스크린) 뒤에서 빛으로 투사되어 아름답게 보이게 된다. 스크린 뒤에서 퍼포먼스(Performance)를 하는 사람들은 대사나 음악에 맞춰 동작을 보여준다. 막 앞에 앉은 관람객들은 아주 재미있게 인형의 움직임만을 보게 되는 전통 <그림자인형극>이다. 이 중국의 전통 쇼는 이렇게 파리로 흘러들어가게 되었지만 중국에서 왔다는 소개도 없었고 다만 인형 인물 중에 하나를 중국이름으로 불리고 있었을 뿐이었다. 이 중국의 전통 그림자 인형극은 당나라 때인 7세기-10세기 경(618-907)의 원형(Original)으로 (인도네시아는 자기의 나라가 원형이라 함) 지금까지도 볼 수 있는 가장 유명한 그림자로 비쳐 막 뒤에서 손으로 실행하는 인형극이다. 사실 이 쇼는 파리에서 크게 인기를 끌어 오랫동안 공연을 했다.

☐ 그림설명 0395, 세라핀이 파리에서 운영한 <그림자 극장>

creation of 1784 Shadow play
(발명- 1784년의 그림자 쇼)

1784년 프랑소와 도미니크 세라핀(Francois Dominique Seraphin, 1747-1800)의 그림자 인형극은 파리로 옮겨와 정부의 한 자치단체의 건물인 '왕궁(Palais-Royal)'에 극장을 새로 차리고 공연을 계속했다. 이곳에서도 인기는 여전했다. 심지어는 프랑스 혁명에서 처형된 프랑스 루이 16세의 왕비였던 마리 앙투아네트(Marie Antoinette, 1755-1793)가 살아 있었을 때 이 그림자 쇼를 3번이나 보았다고 한다. 이 공연은 역시 당시에 인기가 있었던 매직 랜턴 쇼에 못지않은 최고의 인기를 누리며 프랑스혁명(1789-1794) 중에도 공연은 계속되었다. 세라핀이 1800년에 죽고 나서도 그의 조카에 의해 계속 1870년까지 장장 120년 동안을 운영하다가 문을 닫게 되었다.

□ 그림설명 0396, 루이 16세 왕비 마리 앙투아네트가 3번을 보았다는 그림자 쇼. (<Ombra Prancese prima> Precinema Museum, Italy)

creation of 1784 Lantern show (발명- 랜턴 쇼의 등장)

1784년 전후에 와서 <랜턴> 쇼들이 많이 유행했다. 이들은 자리를 옮겨가며 공연을 했고 그래서 유랑 쇼라 불렀다. 그중 가장 뛰어난 사람이 에티엔 가스 파드 로베르트(Etienne-Gaspard Robert, 1763-1837)였다. 그는 벨기에 리에주(Liege)에서 태어나 미술에 재능을 가지고 루벤 대학(Leuven Univ.)에서 공부하여 광학분야의 물리학 교수와 무대 마술사가 되었다. 1791년 그는 욕망이 많은 화가로 예술분야에 성공을 위한 야심을 품고 프랑스의 파리로 이주했다. 파리에 살면서 제도공이나 그림을 그리면서 가끔은 프랑스 대학에서 자연 과학 분야의 강의를 하기도 했다. 그는 여러 일을 가리지 않고 아이디어를 발산했다. 프랑스의 혁명이 끝나고 나서 1796년 프랑스와 대영제국

사이에 전쟁을 하게 되었는데 이때 로베르트는 프랑스 군 정부 사람을 만나 영국해군을 무찌를 기발한 아이디어를 제시했다. 그것은 ' 엄청난 큰 거울을 이용해 태양빛을 영국군함에 반사시켜 퇴각시키겠다는 전략' 이었다. 물론 이 아이디어는 받아들여지지는 않았지만 그는 분명히 광학물리학자로서 아마도 그의 '거울작전'은 당시로서는 유효했을 수도 있다. 그러나 생각밖에 매우 루나틱(Lunatic, 괴짜)한 착상이었다. 실제로 그는 마술사, 물리학자 그리고 기구타기 등 오락(Entertaining)적인 일들을 했다. 로베르트는 스테이지에서 일할 때 자기 이름을 로버트슨(Robertson)이라 부르기 쉽게 개칭하여 소개하고 새로운 방식으로 사람들에게 쇼를 보여주려 노력했다. 1794년에 자기만의 랜턴 쇼는 성공적인 인기를 끌어냈지만 로버트슨은 훌륭한 두뇌로 훨씬 더 좋은 장소를 물색해 공연을 성공적으로 이끌어 냈다.

□ 그림설명 0397, 로버트슨의 창의적인 등잔불 빛의 쇼.

0398 `pic` `his`

creation of 1793 Phantasmagoria show (발명- 1793년 판타스마고리아)

1793년에 재능이 많은 로버트슨(Robertson)은 마술사와 랜턴 쇼의 경험을 토대로 파리 근교에 버려진 수도원으로 장소를 옮겼다. 이곳은 수도사들의 죽음을 상기하기 위해 해골과 뼈들이 안치된 곳이었는데 여기에 객석이 마련되었다. 어두운 밤, 이곳에서 무시무시한 분위기를 만들어 허깨비 같은 불빛을 비추는 영상 쇼를 공개했다. 이것을 <판타스마고리아(Phantasmagoria)>라 불렀고 벽에 비춰진 환영들이 마치 프랑스혁명에서 죽은 유혼들이 정처가 없이 떠다니는 것과 같은 모양으로 으스스하게 무서움을 연출 했다. 쇼는 대 인기를 끌며 1797년 까지 계속되었다. 여러 곳에서 여러 사람에 의해 상영하던 랜턴 쇼들은 단순하게 벽에 비추는 환영에서 점차 움직임을 표현하려는 아이디어들이 보이기 시작했다.

□ 그림설명 0398, 로버트슨의 랜턴 쇼, 해골 환영들이 공중으로 떠 다녔다.
(<Phantasmagoria> by Robertson)

0399 `pic` `his`

creation of 1800 Persistence of Vision (발명- 19세기 잔상의 발견)

19세기에 들어서며 <신기한 원반(바퀴살 모양으로 추정됨)>이 소개되었는데 상당한 사람들로부터 관심을 끌었다. 바퀴를 돌리면 속도에 따라 바퀴살이 앞으로 또는 뒤로 가는 듯이 보였다. 이것은 오늘날의 스트로보스코프(Stroboscope)로 시각의 잔상작용 이었다. 과학자들까지도 이 신비한 바퀴살에 관심을 갖기 시작했는데 이 잔상(Persistence of Vision)작용은 이미 2만 년 전 구석기 시대 때 동굴에 사는 원시인중 화가들이 학술적은 아니었지만 눈에 보이는 잔상을 표현하기위해 동물의 다리를 여러 개 그려 넣어 이들이 최초로 잔상효과를 표현한 것과 같은 것이었다.

□ 그림설명 0399-1, 그라마폰에서 사용한 LP 33⅓ 스트로브 속도체커.

-2, Stroboscope Light로 촬영한 동작들의 합성.

0400 `pic` `peo`

creation of 1824 Roset (발명-1824년 로제)

1824년 피터 마크 로제(Peter Mark Roget , 1779-1869)는 영국 사람으로 런던에서 태어나 그곳에서 살았다. 그의 아버지는 근본이 스위스 사람으로 성직자였다. 피터는 8살 어린 나이에도 기계장치 같은 것에 빠져드는 정밀성을 보인 성격이었다. 그가 어른이 되어 직업으로 물리학자, 신학자, 사진편집자 그리고 1852년경에는 출판업을 했다. 동시대에는 매직랜턴, 페나키스토스코프 등 시각을 다룬 새로운 광학기구들이 유럽지역에서 줄줄이 나왔고 이에 대한 기본논리를 소책자로 발간했다. 그것은 <움직이는 물체에 대한 시각의 지속성(Persistence of Vision with Regard to Moving Objects)> 이라는 논문이었다. 당시 아직은 영화의 형성(Formation)이 자리를 잡기 전에 그의 영상연구는 미래지향적이며 논리적인 연구논문이었다. 그의 이론은 모두 옳은 것은 아니었으나 이 논리는 그 후 영화를 만드는데 이용되었으며 오늘날에 와서도 근본적으로 사람의 눈으로 어떻게 움직이는 동영상을 볼 수 있는지 쉽게 이해를 돕게 되었다. 당시에 필름(Film)영화의 기본구성은 무성(Silent)일 때는 1초당 18프레임 내외, 사운드가 있는 토키(Talkie)시대가 오면서 24(유럽은 25)프레임이 촬영된다. 이것을 활동사진(Motion Picture)이라 부른다. 활동 사진촬영은 1초안에 움직임을 24번으로 나눠 찍고 이것을 동작으로 보려면 다시 돌려 보게 된다. 이때 각 프레임마다 찍은 필름 이미지는 24번을

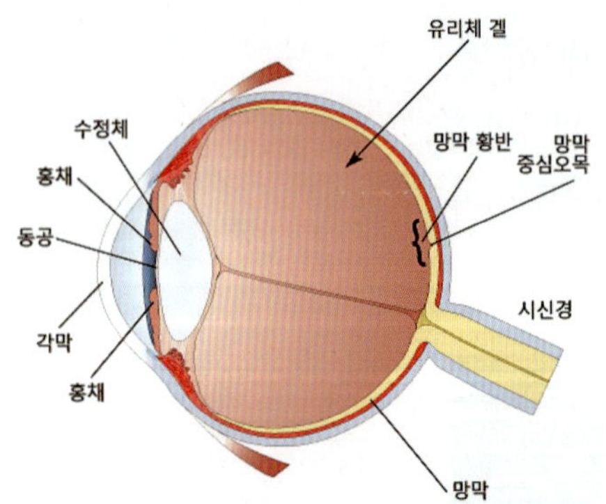

□ 그림설명 0400, 눈의 구조, 망막(Structure of Eye, Retina)

섰다 갔다 반복하고 프레임이 다음 것으로 바뀔 때는 필름이 흐를 때에 블러(Blur)가 순간 생기게 되는데 이때 빛을 차단시켜 화면전체가 깜깜해지게 된다. 이때 로제(Roget)의 논문에서 사람은 잠시 눈을 감더라도 망막(Retina)의 생리적인 잔상현상으로 인해 그 이미지가 끊이지 않고 남아 있어 연속된 동작을 볼 수 있다는 것이었다. 그의 주장은 '연속된 이미지에 규칙적으로 충분한 조명을 비처 빠른 속도로 보여주면 인간의 눈은 연속적인 이미지들을 끊어짐이 없는 모션으로 볼 수 있다'는 중요한 설명이 담겨 있었던 것이다. 이것을 잔상(Afterimage)작용이라고 의학적인 증거를 제시한 것이다.

0401 `pic` `his`

creation of 1825 Thaumatrope (1825년의 더마트로프 탄생)

로제(Roget)의 <시각의 잔상> 논리를 입증하기 위해 영국에서 태어난 의학박사 존 에이톤 파리스(John Ayrton Paris, 1785-1856)가 더마트로프(Thaumatrope)를 고안해 손쉽게 돌려가며 대중에 보여주고 잔상에 대해 설명했다. 그는 이 간단한 기구를 출판업자

인 더블유 필립스(W. Phillips)와 같이 인쇄해 세간에 알렸는데
너무 쉬운 나머지 누구나 쉽게 만들어 돌려 볼 수 있었다. 그러
나 많은 사람들이 처음 나온 이 더마트로프가 파리스가 만든 것
을 알고 있었다. 파리스는 특수 직업으로 비소(Arsenic)가스나
광산의 폭발 가스 등에 노출되어 생기는 피부 암환자 발생에
관한 의학조사관으로 그 치료법을 연구한 의사였다. 그는 특수
의학에 끼친 많은 공로로 1844년에는 왕립의과대학의 총장으
로 선출되었지만 그는 이 후 <시각의 잔상>에 관한 더 이상의
연구 업적은 없었다. 그리고 그는 그곳에서 생을 마감했다.

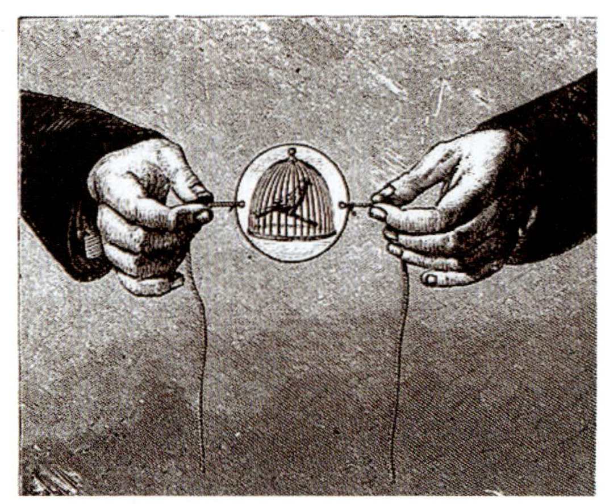

□ 그림설명0401, 존 파리스의 <Thaumatrope>

0402 `pic` `pho` `his`

creation of photography (사진의 발명)

1827년 프랑스에서 인쇄업을 경영하던 조셉 니세포르 니엡스(Joseph Nicephore Niepce,
1765-1833)는 석판인쇄로 사진제판법(Heliography)을 연구
하다가 어느 날, 처음으로 사진술을 발명하게 되었다. 이후
그는 사업 파트너를 요구하는 루이 다게르(Louis Daguerre,
1787-1851)를 만나게 되었고 그가 마음에는 안 들었지만 끈
질긴 요청으로 비즈니스 파트너로 같이 손잡고 사진을 계속
연구했다. 그러나 니엡스는 완성하지 못하고 1833년 병으
로 죽게 되었다. 이 와중에 연구는 모두 다게르의 몫이 되었
고 결과적으로 1839년 다게레오타이프(Daguerreotype)라는
이름으로 사진을 발명하게 된 것이다. 이것이 최초의 사진
으로 세상에 알려지게 되었다.

□ 그림설명 0402, 니엡스가 1827년 세상에서 처음으로 찍은 사진.
<View from the Window at Le Gras>

0403 `pic` `his`

creation of 1829 Phenakistoscope (1829년 페나키스토스코프의 탄생)

1829년에 조셉 플래토(Joseph Antoine Ferdinand Plateau, 1801-1883)가 브뤼셀의 리에
주(Liege) 대학을 다닐 때 그의 박사학위 논문으로 제출한 단 27페이지에 불과했던
논문이었지만 결과는 플래토를 엄청난 세계적인 사람으로 만든 하나의 기구이다. 그는
몇 장의 그림으로 움직이는 착시(Optical Illusion)를 얻어 낼 수 있는 장치를 창안하여
여러 사람들로부터 놀라움을 보여준 최초의 사람이다. 그는 피터 마크 로제가 펴낸
논문에서 시각의 잔상을 설명하기 위해 <페나키스토스코프(Phenakistoscope)>라는

C

신비한 원반(Disk)을 만들어 12장에서 16장으로 그림을 분할해 동작을 그려 넣고 그림 사이에 틈을 내어 틈사이로 거울에 비쳐 돌려 보면 마치 살아서 움직이는 것과 같이 동작을 볼 수 있게 만들었다. 이것은 잔상원리가 잘 이해가 될 수 있게 연속된 움직임을 볼 수 있는 실험기구일 뿐만이 아니라 오락기구로도 아주 훌륭했다. 요셉 플래토가 어린 6살 때 이미 책을 읽어 천재소년(Child Prodigy)으로 불렸고, 초등학교 때는 특별히 물리학 시간에 동료들이 보는데서 언젠가는 자기 자신을 사라지게 하겠다고 약속하기도 했다. 더 놀라운 것은 망막(Retina)에 야광자극을 주어 밤에도 볼 수 있게 한다며 해를 직접 25초나 쳐다 봐 시력을 손상시켰고 평생 동안 애꾸눈으로 살았다. 플래토는 1801년 벨기에에서 태어나 14살 때 부모를 잃었고 성장하여 물리학자가 되었다. 그가 고안해 낸 이 장치는 우리가 영화를 볼 수 있는 애니메이션의 원리가 되었고 이 장치는 오늘날 까지도 학생들이나 애니메이션 애호가들이 잔상을 실험하는 장치로 활용하고 있다.

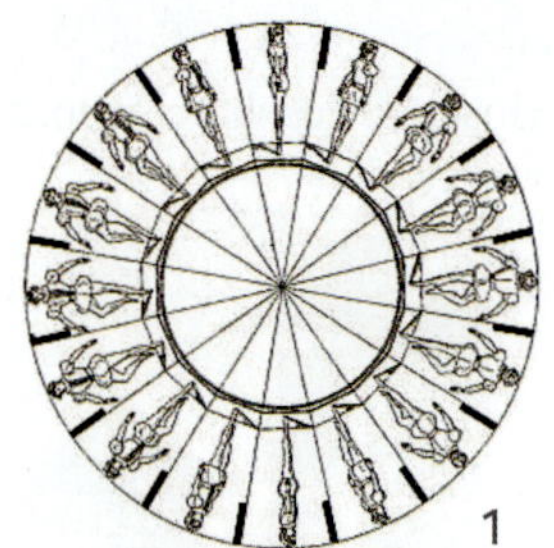

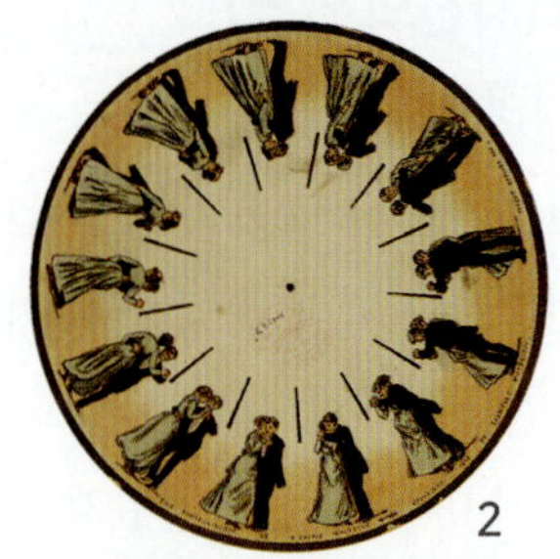

□ 그림설명 0403-1, 플래토가 발명한 페나키스토스코프

-2, 에드워드 마이브리지의 연속 사진으로 만든 페나키스토스코프.

-3, 마이브리지 이래 1906년에 만들어진 말 주제 페나키스토스코프.

0404 `pic` `his`

creation of 1832 Zoetrope (1832년 조이트로프의 탄생)

1832년 조지 호너(George Horner, 1786-1837)가 고안하여 만든 조이트로프(Zoetrope) 등이 있다. 애니메이션 실험 장치로 시몬 반 스텐퍼(Simon Van Stanfer)의 스트로보스

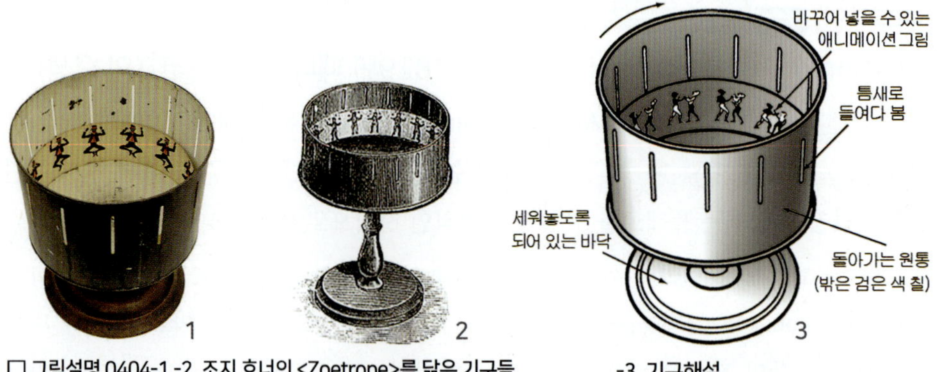

□ 그림설명 0404-1,-2, 조지 호너의 <Zoetrope>를 닮은 기구들.

-3, 기구해설.

코프(Stroboscope), 그리고 페나키스토스코프와 원리가 같은 것으로, 이러한 시각의 잔상에 입각한 기구들은 1824-1832년 사이에 걸쳐 계속 발명되었으며 주로 왕실에서 오락물로 사용되었다.

0405 `pic` `his`

creation of 1839 Daguerreotype photography
(1839년 다게레오타이프 탄생)

1839년에 사진연구의 동업자였던 니엡스가 죽은 후 6년 동안 루이 다게르(Louis Daguerre, 1787-1851)가 단독으로 은판 사진법이 완성되었고 <다게레오타이프(Daguerreotype)>라는 이름으로 최초의 사진술이 발표되어 인류 최초로 사진이라는 것을 만들어 내어 세상을 깜짝 놀라게 했다. 심지어 독일은 국가의 대변인이 나서서 사진발명에 대해 매우 불신적으로 부정적 논평을 내기도 했다. 사진술은 성공적으로 발표되었지만 단체사진을 촬영하는 데에 시간이 걸려 움직임 없이 오랫동안 서 있어야 했다는 기록이 남아 있다. 아래의 사진은 'Daguerreotype' 라는 이름으로 발표하기 1년 전인 1838년에 파리에서 처음으로 찍은 사진이다. 최초의 사진으로서 매우 선명하고 초점(Focus)이 명확하다. 그러나 사진 좌측하단 길 위에 사람이 서있고 주변에는 차나 사람이 하나도 눈에 띠지 않는다. 당시 1장의 촬영 노출시간이 장장 8분이나 걸렸다는 기록으로 보면 오랫동안 움직이지 않고 서있는 이 사진에 관해 많은 사람들이 의구심을 가졌다. 길가는 행인이 어떻게 움직이지 않고 오랫동안 한자리에 머물러 있을 수 있겠느냐가 시비의 핵심이었다. 뒤늦게, 프랑스 정부는 다게르의 공로를 인정하였고 원발명자 니세포르 니엡스의 아들 이시도르(Isidore Niepce, 1805-1895)에게 평생 국가의 연금을 지급해 주었다.

□ 그림설명 0405-1, 다게르가 1838년 파리에서 찍은 최초의 사진.
<Boulevard du Temple>

-2, Daguerreotype 카메라 통(Box)

0406 `pic` `his` `pho`

creation of 1840 Calotype photo (1840년 캘러타이프 사진 발명)

1840년인 영국의 윌리엄 폭스 탈보(William Fox Talbot, 1800-1877)는 과학자, 발명가 그리고 사진의 선구자로서 같은 시대를 살았던 프랑스의 사진가이며 발명가인 다게르의 사진술 보다 수십 배는 더 정교한 사진을 만들어 냈지만 1년 늦게 발표해 1등은 못했다. 탈보의 사진은 사진 촬영시간이 빠르고 현상공정이 쉽고 실용적인 사진을 발표했을 뿐만이 아니라 그는 다게르와는 다른 방식으로 음화–양화(Negative-Positive)의 중요성을 미리 생각해 사진의 복제(Technical-Reproduction) 기술을 연구했고 이것이 바로 캘러타이프(Calotype)였다. 이 방법은 여러 장의 복사본 사진을 만들 수 있었고 이후 사진기(Camera)의 제작과 함께 사진술은 급진적으로 발전해왔다.

□ 그림설명 0406-1, 탈보의 정교한 사진술이 1840년에 발표되었다.
<London Street, Reading>, 1845.

사진원판

-2, 탈보 원판사진

복사된 프린트

-3, 복사기술.

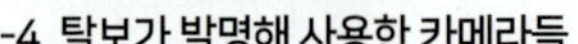

-4, 탈보가 발명해 사용한 카메라들.

0407 `pic` `his`

creation of 1868 Filoscope (1868년 필로스코프의 탄생)

1868년 발명된 필로스코프(Filoscope)는 일명 플립북(Flipbook) 또는 키네토스코프(Kinetoscope)라고도 했는데 모두 같은 원리에 디자인이 조금 씩 다르게 많이 만들어져 나왔다. 그림으로 그린 여러 장의 동작을 묶어 간단한 상자속에 넣어 손으로 돌리면 활동사진을 보듯이 즐길 수 있었다.

-2, Flipbook Logo.

□ 그림설명 0407-1, 사진으로 찍어 만든 필로스코프.

-3, 기계적인 장치의 Flip Book.

✱ 참조보기 (0953- Flip Book)

0408 `pic` `his` `pho`

creation of 1872 animal locomotion (1872년 동물연속동작 창작)

1872년에 에드워드 마이브리지(Eadweard Muybridge, 1830-1904)는 캘리포니아의 팔로알토(Palo Alto)에 있는 스텐포드 목장에 초청되어 12대의 카메라로 말이 뛰는 동작(Animal Locomotion)을 연속 촬영한 것으로 유명해졌다. 그는 영국에서 태어나 25살 때 미국으로 이주해 샌프란시스코(San Francisco)에 정착했고 1859년 그가 처음으로 갖게 된 새 카메라와 장비로 인해 사진에 관심을 갖게 됐다. 당시의 여성 풍경사진가였던 찰스 린더 위드(Charles L. Weed, 1824-1903) 등 당대의 여러 작품들의 사진을 보고 에드워드 역시 스스로 캘리포니아의 요세미티(Yosemite) 풍경을 찍은 것을 시작으로 그는 샌프란시스코를 남김없이 찍었을 정도로 자연 풍경사진가로 활동했다. 그는 말과 다른 동물들의 동작(Loco Motion)을 연속 촬영했을 뿐만이 아니라 성인 남녀, 어린이가 어떻게 움직이는지, 새들이 어떻게 나는지 동작을 찍어 움직임을 연구한 최초의 사람으로 애니메이션 분야에도 많은 영향과 업적을 남겼다.

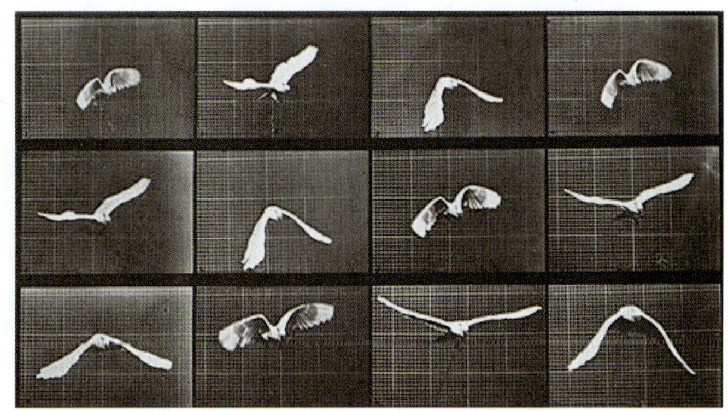

□ 그림설명 0408-1, 날으는 Cockatoo 새, 마이브리지 촬영.

□ 0408-2, 사진가 마이브리지.

-3, 그가 1872년에 찍은 'Yosemite Valley' USA.

0409 `pic` `his` `peo` `pho`

creation of 1877 Proxinoscope (1877년 프락시노스코프의 탄생)

1877년에 프랑스의 에밀 레이노드(Emile Reynaud, 1844-1918)는 프락시노스코프 (Praxinoscope)를 발명했는데 영국의 윌리엄 조지 호너(William George Horner, 1786-1837)가 1832년 발명했던 조이트로프(Zoetrope) 장치와 매우 흡사해 보였다. 원래는 대들름(Daedaleum)이라 불렸다. 이 장치의 원리는 페나키스토스코프(Phenakistoscope)와 같은 것으로 그러나 조이트로프는 회전하는 드럼 내부에 일련의 그림들을 편리하게 배치할 수 있고 다른 동작을 고안해 넣어 사람이 더 흥미롭게 더 쉽게 잔상효과로 연속된 동작으로 볼 수 있게 해주었다. 프락시노스코프는 조이트로프와 비슷해 보였지만 많은 부분이 쓸모 있게 발전시키려 지속적으로 연구하여 눈으로 좁은 화면을 들여다보는 스코프를 새롭게 개발하여 결국에는 많은 관객들이 넓은 스크린을 통해 동시에 관람할 수 있는 최초의 영화관을 설치하였다.

□ 그림설명 0409-1, 레이노드가 그의 프락시노스코프를 이용해 벽에 비추며 연구하고 있다. 이 연구는 결국 오늘날의 영화관이 되었다.

creation of 1888 KODAK film (1882년 코닥 필름의 탄생)

1882년에 조지 이스트만(George Eastman, 1854-1932)은 뉴욕에 있는 로체스타(Rochester) 은행원을 그만두고 그가 29세가 되던 1883년부터 정(Still)사진용 유리건판(Dry Plate)에 감광유제(Light Sensitive Emulsion) 화공 약품으로 칠을 해 제작하여 일반 수요자에 시판하기 시작했다. 또한 개선된 드라이 플레이트(Dry Plate)를 시판했는가하면, 1888년에는 「KODAK」 이라는 이름으로 합자회사를 설립했다. KODAK은 강렬한 음성적 선택이었다. 동시에 모션(Motion)을 촬영할 수 있는 롤필름(Roll Film)을 생산해 후일 원초적으로 영화시대를 이끌었다. 이스트만 회사는 승승장구 성장을 거듭하여 부와 권위를 함께 오랫동안 누렸다. KODAK 필름은 우월했고 세심하고 과학적이었다. 그러나 이것이 웬일인가, 1932년에 창업자 조지 이스트만은 권총으로 자살해 세상을 떠나게 된다. 그는 유서에서 " To my friends: My work is done, Why wait? (나의 친구들에게: 내 할 일은 끝을 냈소. 뭘 기다린단 말이오?)" 그때 그의 나이는 77세였다. 그리고 40여년이 지난 1975년 코닥회사의 엔지니어였던 스티브 새슨(Steve J. Sasson, 1950-)은 세계최초로 디지털CCD카메라를 만들어냈지만 코닥회사로서는 매우 두려운 일이었다. 이 디지털 카메라가 재래식 필름시장 전체를 잠식할 것이라는 결론을 내릴 수 있었고 이것은 아날로그 필름을 생산하는 코닥으로서는 모든 것이 무너져 내리는 것을 예감할 수 있었다. 조지 이스트만은 당시에 확실히 '코닥'의 미래를 뻔히 내다 볼 수 있었던 것으로 단정 지을 수 있을 것 같다. 새슨이 만든 디지털 카메라 발명 후 코닥은 필름 시장의 붕괴를 우려해 오히려 디지털의 상용화를 막기 위해 수십 년을 애썼다. 이러한 억제 전략은 이어졌지만 디지털 카메라의 대중성을 예측한 일본 카메라 기업들이 1980년경 소비자용 디지털 전자식카메라를 일제히 출시하기 시작했다. 필름처럼 현상공정을 기다리지 않고 즉석에서 영상을 확인해 볼 수 있는 디지털카메라는 급속도로 퍼지기 시작했다. 드디어 21세기, 새로운 디지털시대를 예비하면서 전자식(Electronic)으로 디지털화 되면서 재래식(Analogue)은 모두 눈 밖으로 사라지게 된 것이다. 마침내 노랑색 바탕위에 장식된 KODAK 필름회사는 파산보호신청(Chapter 11)으로 미화, 8백44만 달러를 지원받아 파산보호에서 벗어날 수는 있었지만 필름을 찾는 사람들은 모두 자취를 감추게 되었다.

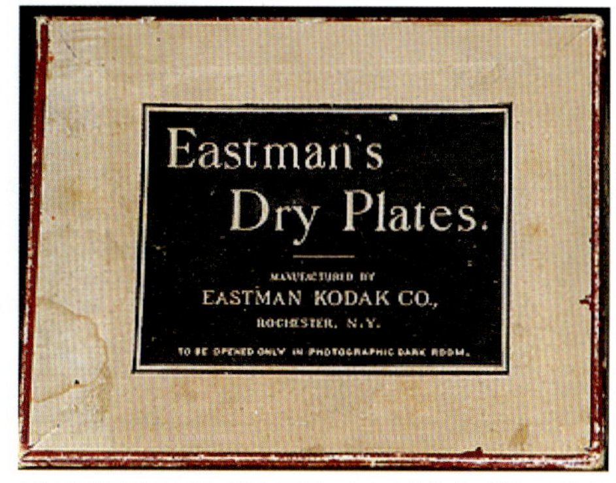

□ 그림설명 0410, 이스트만 1884년에 출시한 드라이 플레이트 사진 원판.

□ 그림설명 0411, 최초의 활동사진
(Motion Picture)용 카메라, 1888.

0411 `pic` `pho` `his`

creation of 1888 Roll film (1888년 롤필름의 탄생)

1888년에 조지 이스트만(George Eastman, 1854-1923)은 한발 더 나가 사용하던 유리판이 아닌 구부러지는 셀룰로이드(Celluloid)로 코닥 35mm 롤(Roll)필름을 개발했다. 이 필름은 코닥(Kodak)이라 쓰인 작은 상자(카메라)에 안전필름(Safety Film)을 넣어 신 개발품으로 판매했고, 모두 찍은 카메라 속의 필름은 상자에 들어있는 채로 코닥회사로 돌려보내어 현상된 필름을 다시 받아 보도록 했다. "You press the button, We do the Rest. (당신은 찍기만 하세요, 나머지는 우리가 해 드릴게요.")라고 광고를 했다.

0412 `pic` `pho`

creation of 35mm motion picture film (발명- 35mm 영화필름의 출시)

1888년 조지 이스트만(George Eastman, 1854-1923)은 코닥 35mm 이스트만이 투명한 셀룰로이드로 된 영화용 코닥 롤(KODAK Roll)필름을 만들었다. 필름의 폭은 글자그대로 3.5cm 넓이에 필름 양쪽 가장자리에는 연속적으로 천공이 뚫려 있어 톱니바퀴에 의해 돌아가도록 훌륭하게 고안 되어 있었다. 이 방식은 1세기가 지나도록 변함없이 사용해온 과학적인 최고의 방식이었다. 필름은 빛이 새어들지 않게 나무상자에 들어있어 셔터를 누르기만 하면 촬영이 될 수 있도록 필름을 넣어 다량으로 판매하기 시작했다. 이것이 최초로 활동사진(Motion Picture)을 볼 수 있게 고안된 35mm 필름방식이었다. 이 신기한 영상을 보기위해 여러 가지 기계가 만들어 졌고 영화라는 첨단기술로 이어졌다.

1

□ 그림설명 0412-1, 코닥 35mm Roll film 출시.

2

-2, 종이 Roll Film.

creation of 1891 Thomas Edison (발명- 1891년 토마스 에디슨)

이스트만의 활동사진용 '코닥'필름이 세상에 새롭게 나오고 나서 이에 자극을 받은 토마스 에디슨(Thomas Alva Edison, 1847-1931)이 35mm 필름용 촬영카메라와 영사기를 발명하기 시작했다. 1891년 에디슨은 "조지 이스트만이 코닥 롤필름을 발명했기 때문에 이에 자극을 받아 영화용 카메라와 영사기 제작이 가능했다"고 스스로 <KODAK> 필름을 추켜올려 말했지만, 후일 그는 코닥필름과 꼭 같은 롤필름을 스스로 제작하였고 <35mm 에디슨필름>이란 이름을 붙여 시중에 판매하기도 했다. 에디슨은 무엇이던 체면을 가리지 않고 만들어내는 매우 욕심 많은 발명가였다. 이보다 앞서 에디슨이 발명가로 유명해지자 1879년에는 영국의 런던일간지(London News)에 소개되었고 이 기사를 보게 된 23세의 딕슨(William Kennedy Laurie Dickson, 1860-1935)은 수소문 끝에 에디슨에게 전보를 보냈지만 에디슨은 무뚝뚝하게 거절을 했었다. 에디슨은 차갑고 약간의 욕심도 있는 사람으로 그의 과거사에서 여기저기서 엿볼 수 있다. 딕슨은 에디슨으로부터 거절을 당했지만 여비를 만들어 배를 타고 결국 1883년 미국에 도착하여 에디슨을 찾게 되었다. 그들이 같이 일한지 약 5년 만에 카메라는 키네토그라프(Kinetograph)라는 이름으로 에디슨 자신이 만들었고 키네토스코프(Kinetoscope) 영사기는 윌리엄 딕슨이 만들었다. 이 두 기계들은 조지 이스트만(George Eastman)이 이미 만들어 놓은 코닥 35mm 필름을 기본으로 이용하여 만들었는데 처음에는 촬영과 영사기의 속도는 무려 초당 48 프레임이나 빠르게 작동했다. 지금에 비교한다면 2배나 빠른 속도였다. 그러나 만약 미국에 에디슨이 없었다면 아마도 미국의 영화산업을 최대로 성장시키지는 못했을 지도 모른다. 아이러니 하게도 에디슨이 영화촬영용 카메라

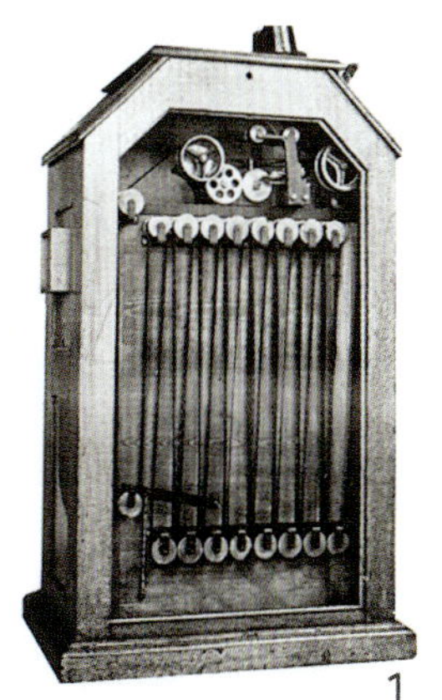

□ 그림설명 0413-1, Kinetoscope (영사기)

-2, 등불광원- 초기 수동영사기

-3, Cinemato 전기광원 수동영사기

-4, 등불광원- 초기 수동영사기

C

는 만들었지만 그는 결코 영화를 좋아하지는 않았다. 키네토스코프는 여러 관객이 같이 스크린을 보는 영사기는 아니었다. 한 사람이 한 뷰어(Viewer)를 들여다보는 것이 돈을 더 벌어드릴 수 있다는 것이 에디슨의 주장이었다. 딕슨의 생각은 달랐다. 이들 두 발명가들은 사사건건 의견이 맞지 않아 결국은 이 영사기를 완성하기도 전에 그들은 헤어지게 되었다.

0414 `pic` `pho` `his`

creation of 1890 Chronophotograph & others
(발명- 1890년 카메라 총과 다른 발명품들)

1890년 후반을 돌아보면 사진으로 움직임을 찍어 동작을 연구한 사람들이 있다. 프랑스 사람인 에티엔 쥘 마레(Etienne-Jules Marey, 1830-1904)는 1초에 12장의 사진을 찍을 수 있는 카메라 총(크로노포토그라프, Chronophotograph)을 만들어 사람이나 동물의 움직임을 연속적으로 찍어 동작의 이동을 포착해 대중에게 알렸다. 그는 사진과학자, 생리학자(Physiologist)이며 심장학자(Cardiologist)였다. Marey와 같은 해에 태어나고 같은 해에 세상을 떠난 영국에서 미국에 이민 온 에드워드 마이브리지(Eadweard Muybridge, 1830-1904)는 역시 사람이나 동물의 연속적인 액션을 찍었는가 하면 주프락시스코프(Zoopraxiscope)라는 것으로 영사해 움직이는 잔상(착시)을 얻어 냈다. 이러한 초기의 실험들과 현대적인 영화 촬영기술 사이의 연결고리는 토마스 에디슨(Thomas Edison, 1847-1931)과 W.K. 딕슨(William Kennedy Laurie Dickson, 1860-1935)에 있다고 할 수 있다. 에디슨과 직원인 윌리엄 딕슨이 공동으로 카메라의 기본적인 'Kinetograph' 모델을 만들었으며, 곧이어 1889년이 되어서 딕슨은 사운드를 낼 수 있는 영사기 'Kinetophonograph'를 만들어낼 수 있었다고 역사에 기록돼있다.

□ 그림설명 0414, 크로노포토그라프(Chronophotograph)

0415 `pic` `equ` `his`

creation of 1892 rear projection on screen
(발명- 1892년 후면영사방식 영화관)

1892년 프랑스의 에밀 레이노드(Emile Reynaud, 1844-1918)는 조지 호너(George Honer, 1786-1837)가 이미 고안해 만들었던 조이트로프(Zoetrope)의 외형을 닮은 그의 프락시노스코프(Praxinoscope)를 대형화하여 파리의 왁스 뮤지엄 그레빈(Museum Grevin) 박물관에서 인류최초로 여러 사람이 의자에 함께 앉아 스크린을 통해 화면을 볼 수 있는 영화관 <옵티크 극장(Theatre Optique)>을 개관하여 <팬터마임 루미누스(Pantomimes Luminesces)> 라는 필름을 상영하였다. 이 필름역시 레이노드가 스스로 만들어 사용했으며 조지 이스트만(George Eastman,1854-1932)이 만든 35mm 코닥필름은 아니었다. 필름은 매 프레임 사이 정 중앙에 하나의 천공이 있었다. 그러나 그의 영화는 전기로 작동되는 사운드도 있었고 1895년에 뤼미에르의 필름이 나온 후 5년이 되기까지 1만 3천회를 더 상영을 하여 8년 동안 50만 명이나 관객을 동원했다. 그러나 그는 새롭게 생겨나는 새로운 영화기술에 몰려 과민으로 정신병에 입원했고 그의 생의 마지막을 그곳에서 슬프게 보냈지만 영화 역사상 인류에 많은 업적을 남긴 인물이다.

□ 그림설명 0415-1, 인류최초의 <Theatre Optique> 스크린 방식 발명.

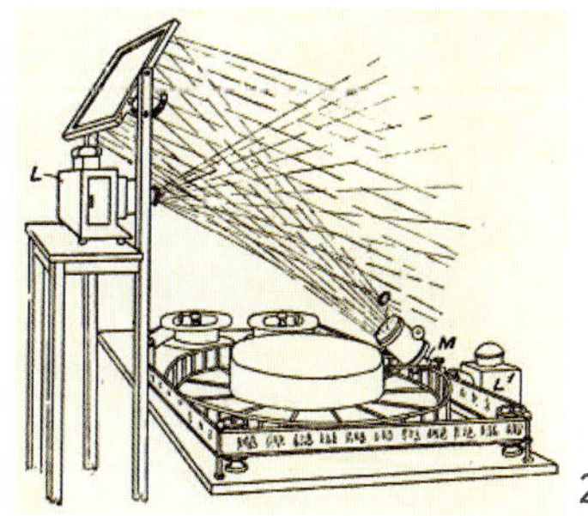

-2, 프락시노스코프 영사기 도해.

0416 `pic` `his`

creation of 1895 Cinematographe (발명- 1895년 영화제작기술의 시작)

1895년 마침내, 뤼미에르(Lumiere) 형제에 의해 조지 이스트만(George Eastman, 1854-1932)이 이미 만들어 놓은 35mm 필름으로 활동사진을 처음으로 촬영하여 상영했다. 그들 형제는 각 1~2분 길이의 단편 필름을 파리의 카페에서 유료로 대중에 상영했다. 이들 형제는 새로 소개하는 기새를 시네마토그라프(Cinematographe)라 불렀다. 이들은 프랑스 출신으로 형 오귀스트(Auguste)와 루이(Louis)였다. 형제가 개발한 카메라는 처음엔 하나의 몸체 안에 카메라와 영사기가 둘 다 같이 있었다. 이 기계는 전기 모터를 채용하지 않고 촬영할 때 손으로 돌리고, 조리개 앞에 각 프레임을 끌어올릴 때 집게 장치를 사용함으로써 에디슨의 키네토그라프(Kinetograph)와 딕슨의 키네토스코프(Kinetoscope) 보다 더 가볍고 기동성 있게 고안해 개발한 것이었다. 그러나 흡사한 부분이 있어 누군가 아마도 개발 중인 것을 미리 보고 모양을 따왔을 것이라고 기록하고 있다.

□ 그림설명 0416-1, 뤼미에르 형제.

-2, 뤼미에르 형제가 만든 카메라와 영사기.

-3, <시오타 역에 기차도착> 뤼미에르 형제가 찍은 최초의 영화.

0417 `pic` `his`

creation of 1896 new theatre (발명- 1896년 새로운 영화관의 시작)

1896년에는 뤼미에르 형제(Lumiere Bros.)가 찍은 필름상영이 더욱 인기를 끌자 상영 장소를 카페가 아닌 극장으로 옮겨서 많은 입장료 수입을 올릴 수 있었으나 그것은 잠시 다른 필름 제작자들이 속속히 새로 나오면서 뤼미에르 형제의 필름이 점차 인기가 떨어지고 있었다. 두 형제가 1895년 실사로 촬영하는 기술을 소개한 이래 그들은 약 1,000여 편의 단편 필름을 촬영해 만들었다. 이들의 가장 주목할 만한 필름들은 연출 없이 현장에서 현실을 그대로 촬영하거나, 공장을 떠나는 인부들과 파리 역으로 들어오는 기차를 촬영한 것 등이다. 카메라 자체의 움직임이나 기교 없이 촬영기를 고정한 체 촬영을 한 제한된 기술과 제한된 소재로 인해 1898년경에는 다른 사람들의 필름에 더 관심이 옮겨가고 있었다.

□ 그림설명 0417, 뤼미에르 형제가 실사 영화를 상영할 당시의 포스터.

0418 `pic` `his`

creation of George Melies 1st trick film
(발명- 조르주 멜리에스 최초 판타지영화)

1897년, 새로운 기법으로 판타지(Fantasy, 공상) 필름과 트릭필름(Trick Film, Stop Motion 또는 Animation은 모두 같은 뜻) 촬영기법 등을 선보이며 나타난 프랑스의 조르주 멜리에스(Georges Melies, 1861-1938)는 실사(Live Action)로 만든 실험용 필름의 제작자였고 그는 한 때 로베르트 후딘(Robert Houdin) 극장의 지배인으로 숙달된 손빠른 마술사(Magician, Illusionist)였기 때문에 더 흥미로운 필름들을 제작할 수 있었다. 이 시대에는 주로 새로운 촬영기법이 나온 시기였다.

□ 그림설명 0418-1, 조르주 멜리에스(Georges Méliès).

-2, 그가 연출한 <달세계 여행, 1902>

 473

0419 `pic` `his` `ani` `equ`

creation of 1894 Mutoscope (발명- 1894년 뮤토스코프의 탄생)

윌리엄 딕슨(William K. L. Dickson, 1860-1935)이 에디슨 회사를 그만두고 딕슨이 새로 들어간 바이오 그라프 회사를 위해 개발한 뮤토스코프(Mutoscope)는 상당한 인기를 끌었다. 에디슨이 만든 촬영기 키네토그라프(Kinetograph)와 렌즈를 통해 들여다보는 영사기계인 키네토스코프 (Kinetoscope)와는 기본적으로 아주 다른 개발품이었다. 뮤토스코프는 에디슨 회사 것처럼 필름을 사용하지 않고 수백 장의 그림으로 구성된 플립 북(Flip Book)의 원리를 이용해 움직이는 그림을 볼 수 있는 것으로, 딕슨 자신이 만들었던 것처럼 키네토스코프 장치와는 다른 것이었다.

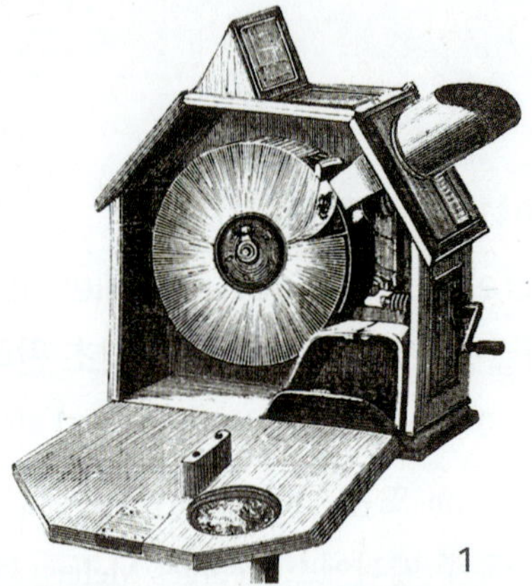

□ 그림설명 0419-1, 뮤토스코프 내부.

-2, 뮤토스코프 광고.

-3, 관광지에서 뮤토스코프를 즐기는 여인들.

＊참조보기 (1535- Live Action)

creation of 1895 Vitascope(발명- 1895년 최초의 35mm 영사기 비타스코프)

19세기말의 영화촬영기술을 돌이켜 볼 때, 1895년에 뉴욕의 보드빌 공연을 통해 비타스코프(Vitascope)가 처음 소개되었는데 이 기계는 토마스 아맷(Thomas J. Armat, 1866-1948)과 찰스 프란시스 젠킨스(Charles Francis Jenkins, 1867-1934)에 의해 만든 것이었다. 이 신제품 비타스코프 영사기는 이미 코닥회사가 개발해 놓은 35mm 필름의 천공(Perforation)을 사용하기 위해 스프라켓(Sprocket, 톱니바퀴)을 장착한 최초의 영사기로 그 원천(Origin)을 찾을 수 있다고 역사에 기록돼 있다. 같은 해인 1895년 프랑스의 뤼미에르 형제가 고안해서 만든 영사기와 촬영기는 한 몸통으로 시네마토그라프(Cinematographe)가 나온 같은 해였으나 뤼미에르 형제는 16mm 필름을 사용했다. 20세기에 접어들어 에디슨은 그의 키네토스코프(Kinetoscope)를 만들 때 비타스코프의 기계장치의 아이디어를 따온 영사기를 완성했다. (그림 0420-3,-4 참조)

□ 그림설명 0420-1,-2, 영화가 시작되며 만들었던 초기 35mm 영사기구들.

이로써 같은 형태의 기재들이 나오게 되고 여러 영화사들은 이를 이용해 재빨리 동전극장(Live Action Nickelodeon Theaters)들을 차리고 성업하게 되었다. 이것은 동전만큼이나 적은 돈을 벌어들이는 일 같이 보였으나 이것이 급속으로 성장하면서 20세기는 35mm 영화촬영기술이 발전하게 되었고 시네마스코프(Cinemascope), 70mm 토드에이오(Todd-AO) 그리고 그 후 나온 파나비전(Panavision)은 모두 새롭게 개발된 촬영기와 영사시스템으로 영화와 TV시대에 부응하여 영화산업의 부흥기를 만들어 냈다. 영화는 대중문화의 한 자리를 차지하고 예술로서 크게 발전했다. 1968년에 스탠리 큐브릭이 만든 <2001년 스페이스 오디세이>와 1976년 조지 루카스의 <스타워즈> 같은 공상 과학 영화와 특수 효과의 발전은 영화예술에 중요한 변화를 가져다수었다. 새로운 촬영기술(Filming Technology)과 조명기술(Lighting Technology) 활용법을 습득하여 필름의 컬러조율(Color Correction), 입체음향장치(Stereo Sound Sys.), 소음억제장치(Dolby Noise Reduction Sys.) 등 영화를 잘 만들려는 노력은 무엇이던 해 냈다. 스크린을 역동적인 이미지들로 최대로 실현시킨 것은 촬영기술을 예술로 승화시킨 카메라맨들과 감독들이었다. 아날로그 방식의 필름촬영(Negative), 프린팅(Negative), 필름현상(Film Developing) 등 영사시스템은 20세기를 끝으로 120년간의 인간 최고의 유산으로 막을 내리게 됐다. 21세기를 시작으로 디지털방식의 영화 촬영기술은 인간의 새로운 도전의 과제가 됐다. 인간의 상상력과 컴퓨터첨단 합성기술은 과학 기술 시대의 진정한 예술 형태로 자리 잡게 된 것이다.

□ 그림설명 0420-3, 최초의 영사기 Vitascope.   -4, 에디슨의 Kinetoscope의 비교.

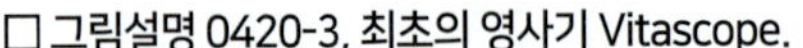

0421 `pic` `equ`

creation of live action Nickelodeon Theaters (발명- 실사동전극장)

에디슨이 고안해 만든 키네토스코프가 나오자 이 기계를 활용해서 많은 회사들이 싸구려(Quick and Dirty)로 영화필름을 만들었다. 그리고 입장료는 단 5센트였는데 미국 돈 5전 짜리는 니켈로 만든 것이어서 돈에서 유래해서 '니켈로디언 극장'이라 부르기 시작했다. 1905년부터 촬영한 필름을 편집하여 영사를 했는데 빨리 지나가는 화면을 관객이 이해하기 쉽게 변사의 목소리로 계속 해설을 넣었다. 이것이 최초의'시네마'라 부른 극장이었다.

□ 그림설명 0421-1,-2, <어떤 영화이던 동전 5전에 볼 수 있었던 니켈로디언 극장> (미국의 5전짜리 동전은 닉켈로 만들어졌기 때문이다.)

0422 `pic` `art` `equ`

creation of Cinematographe (영화촬영기의 발명)

✱ cinematographer (영화촬영기사)

1900년대 말 영화를 찍는 촬영기사나 촬영감독에 붙여진 말이다. 복잡한 카메라의 조작법을 모두 익힌 전문 영화용 카메라를 다룰 수 있는 기사를 뜻한다. 영화 촬영은 영화의 기획에 따라 카메라의 종류를 선택하게 되며 촬영기사도 구에 따라 선택하게 된다. 따라서 샷(Shot)의 앵글, 화면의 크기, 조명, 원근 구성에 따라서 렌즈의 선택 등이 관계된 기술적 요소들까지도 책임지는 영화의 촬영 감독을 말한다. '시네마토그라프'는 뤼미에르 형제가 1895년 그들이 직접 고안해서 촬영카메라와 영사기가 같이 붙어 있는 기재를 만들어 내놓으면서 최초로 사용된 말이었다.

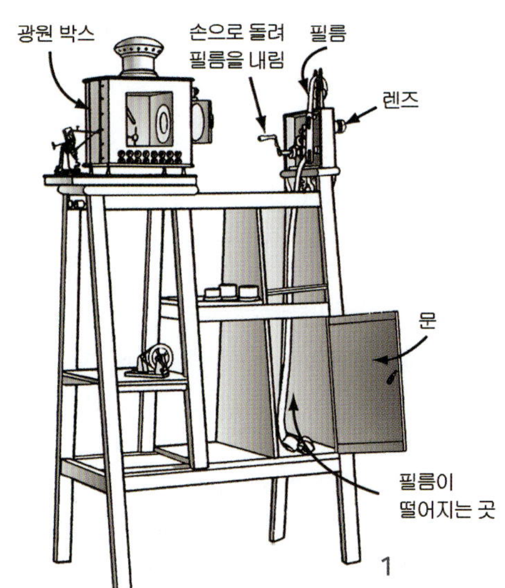

□ 그림설명 0422-1, Cinematograph해설.

-2, 뤼미에르 형제가 만든 영사기.

0423 `pic` `pho`

cine-micrography (미세촬영)

카메라에 부착된 현미경 렌즈를 통해서 피사체의 동작을 촬영하는 것을 말한다. 간혹 이러한 시스템을 통하여 미니추어를 고속으로 촬영하여 크고 무거운 느낌을 만들어 낼 수 있다. 또한 미세한 자연생태 등도 촬영하지만 역시 고속촬영으로 미세한 움직임을 관찰할 수 있도록 해준다.

0424 `pic` `equ`

Cinerama (시네라마, 와이드스크린)

시네라마라는 단어는 Cinema(영화)와 Panorama(넓은 광경)의 합성어이다. 이 시스템은 아주 깊고 넓게 휘어진 화면이 특징이다. 시네라마 스크린 공정은 프레드 월러(Fred Waller, 1886-1954)에 의한 발명품이다. 35mm 필름을 3대의 영사기로 일제히 동시(Synchronization)로 영사한다. 스크린 비율은 2.59:1 또는 3:1 로 볼 수 있다. 원래 이 시스템이 처음 등장한 것은 1952년 9월 뉴욕의 브로드웨이 극장이었다. 첫 공개를 하던 날은 당시의 뉴욕주지사, 바이올리니스트 크라이슬러(F. Kreisler, 1875-1962), 메트로폴리탄 극장 매니저, NBC방송 회장, 브로드웨이 작곡가 R. Rogers 그리고 LA 시장이 초청되어 왔다. 며칠 후 NYT(뉴욕타임스)지는 시네라마 영화는 선풍적(Sensational)이었다고 극찬을 했다. 그러나 그 후 많은 문제점이 전문가들의 지적이 나오기도 했다. 이 특수한 돔(Dome)방식의 스크린 극장들은 그동안 재래식 방법에 비해 대중의 큰 인기를 얻어 미국 내 뿐만 아니라 전 세계 많은 나라에 설치 주문이 쇄도했었다. 그러나 오랫동안 호황을 누릴 예상을 뒤집고 쳐지기 시작했다. 그 이유는 많았다. 이 영화는 연동된 3대의 27mm 렌즈를 사용해 거의 사람 눈의 초점거리와 비슷한 카메라로 촬영했는데 한 화면을 3등분해서 촬영하고 다시 하나의 화면에 3대의 영사기로 프로젝션(Projection)을 했다. 일반 35mm 영사기는 초당 24프레임인 것에 비해 26프레임으로 조금 빨랐다. 또한 스크린에 일치해야하는 이미지들이 제 구실을 못해 차라리 왜 3대를 쓰나, 두 대로 프로젝션을 해도 가능하다는 의견들이 분분했다. Sunset Blvd. LA에 있는 시네마 돔(Cinerama Dome)상영에서 여러 결점들이 지적되기 시작했다. 3대의 영사기로 각각 돌아가야 하는 필름의 길이가 짧아서 한 영사기의 화면이 미리 사라진다거나 구석에 있는 이미지가 왜곡(Distortion)되어 보이거나 등 전반적인 문제들이 지적됐다. 그럼에도 불구하고 미국 서북부 시애틀(Seattle)에서 1963년에 처음으로 등장한 후 상영이 멈춘 것은 약 30여년이 지나서 1990년대 때부터 점차 사라지게 되었다.

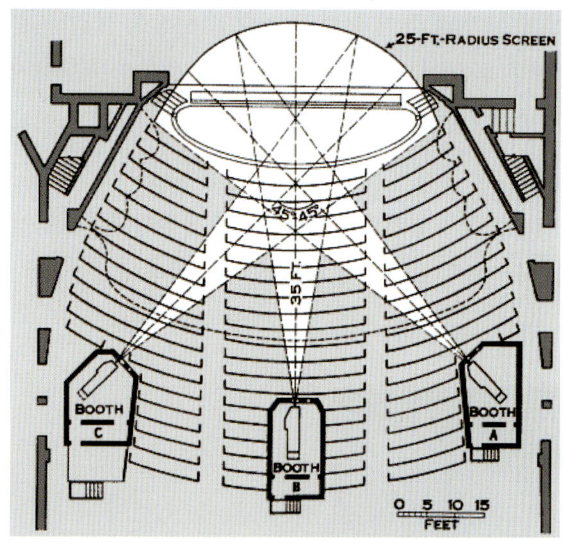

□ 그림설명 0424, Cinerama 프로젝션 시스템.

0425 `com` `equ`

Cintiq (신티크)

와콤 신티크는 변형된 디지타이저(Digitizer, 계수화 된)의 일종으로 와콤, 태블릿(도형입력 판), 센팁 등의 이름으로 이미 널리 알려진 그래픽도형용 툴을 말한다. 그래픽디자이너들에게는 평면으로 데스크 위에 놓고 쓰는 와콤 태블릿으로 많이 알려져 있고 업라이트(Up Right)로 세워놓고 편리하게 그림 등을 그릴 수 있다.

□ 그림설명 0425, 신티크 디지타이저.

0426 `pic` `equ`

Circle-Vision 360° (서클 비전)

둥근 360° 완전 원형의 파노라마 화면을 말한다. 5대의 카메라로 360° 원형 촬영을 한 특수 공정으로 만들어진 영화를 뜻한다. 이것은 미국의 프레드 월러(Fred Waller, 1886-1954)와 메리안 쿠퍼(Merian Cooper, 1893-1973)가 공동으로 완전 360° 특수 서클 비전(Circle Vision) 와이드 스크린 공정을 개발한 것이다. 월러는 1939년 세계박람회에 보였던 5개의 시스템 중에 하나를 선택 개발했다. 이 서클비전은 원형으로 사방이 둘러져 있는 시스템인데 5대 또는 9대의 35mm 영사기를 사용해 7트랙 입체 음향과 함께 화면을 영사하게 되어있다. 촬영한 때 9대의 카메라가 일제히(Simultaneously) 촬영해야하고 영사 할 때 역시 9대의 영사기가 일제히 영사하는 시스템이다. 1952년 뉴욕에서 선보이며 크게 한번 성공했으나 360° 스크린인 관계로 시설에 문제들이 많

C

이 생겨났다. 관객들은 1개의 좌석 확보가 어렵고 사방을 둘러봐야 하기 때문에 서로 관객 끼리 매우 불편한 환경이 조성됐다. 또한 기술적으로 반드시 영사거리를 확보해야 하기 때문에 장소를 크게 차지하여 관객동원에 영향을 줘 수입원에 어려움이 발생했다. 시설할 때에 화면이 겹쳐지거나 하는 영사방식의 기술적인 문제점 등도 드러났다. 아이디어와 형태는 화려했지만 이러한 비경제적인 문제로 인해 360° Circle-Vision 시스템은 더 이상 대중화되지 못했다. 캘리포니아에 있는 디즈니랜드에서 이 시스템을 복구하여 <America the Beautiful>을 아직 볼 수 있다.

□ 그림설명 0426-1, 360° 원형스크린의 일부.

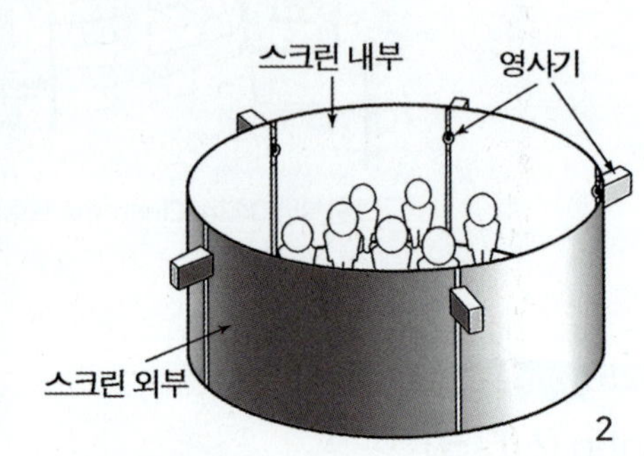

-2, 개념도 해설.

✱ 참조보기 (0424- Cinerama)

0427 `pic` `equ`

clapboard (촬영용 슬레이트)

영화촬영을 시작하기 직전에 화면과 음향의 출발점을 맞추기 위하여 동시녹음을 알리기 위해 '딱따기' 소리를 내는 슬레이트를 말한다. 촬영하는 장면의 제작팀, 감독, 카메라, 날짜, 신(Scene)번호, 촬영횟수 등을 적어 넣어 카메라에 찍히도록 한다. 촬영하는 신 컷의 앞에 번호를 표시하여 딱따기 소리를 동작과 맞춰(Sync) 놓는데 사용한다. 신 촬영 때 이 행위는 신의 대사나 소음을 동시녹음 한 것을 맞춰놓기 위해서이다. 특히 동시 음향을 녹취하기 위해 딱따기 소리는 매우 중요한 싱크절차이다. 슬레이트(Slate)라는 명칭도 있지만 주로 음향과 관계없을 때 사용한다.

✱ clapstick (촬영용 슬레이트)

클랩보드(Clapboard)와 같은 의미로 사용되며 그리고 슬레이트(Slate) 등은 모두 영화촬영을 시작할 때 사용되는 말이다. 신의 이름표를 촬영함으로서 편집할 때 혼란을 피할 수 있도록 체계화 한 방식이다. 디지털공정에서는 신 번호를 자동적으로 찾아내어

□ 그림설명 0427, 클랩보드는 클랩스틱(딱따기)과 같은 의미이다.

순서로 정렬할 수 있다.

0428 gen art

circus (곡예, 곡마단, 서커스)

이곳 저곳으로 순회하면서 유랑 쇼를 하는 곡마단을 말한다. 이들은 마을에서 마을로 큰 쇼 단들은 도시에서 도시로 그리고 세계를 일주하며 공연하기도 한다. 이들은 대 공연이 펼쳐지기 전에 마을을 돌며 특유의 음악을 연주하며 관객을 모은다. 우선 광대(Clown) 들이 웃기며 돌아다니는 동안 높은 자전거 타기, 말 타기, 재간부리는 각종 맹수들의 동물 쇼 그리고 그날의 이벤트 줄타기(Acrobat, Trapeze), 곡예사(Juggler), 악기연주, 요술 등 관객들에게 특기를 보여주는 것을 서커스라

한다. 고대 로마 시대에는 거대한 곡마단 안에서 마차(벤허에 나오는 Chariot)경주도 벌였다는 기록이 있다. 서커스를 영화화한 것은 'The Circus' 라는 타이틀을 붙여 1928년을 시작으로 1936년, 1958년 그리고 2000년에 까지 제작되었지만 현대에 와서 도시에서 도시로 돌아다니는 유랑 곡마단은 더 이상 남아 있지 않다. 그러나 각기 특기를 살린 개별적인 쇼로 변화되고 라스베가스(Las Vegas)나 브로드웨이(Broadway) 쇼에서 하나의 예술 퍼포먼스로, 따라서 관객의 구성 역시 과거와는 달리 격상되었다.

□ 그림설명 0428, 곡마단, 코끼리 쇼의 한 장면.

0429 gen art

classic (고전, 일류급)

일반적으로 물질의 형태가 아닌 사고적인 형식에서 대중의 유행 속에 오래도록 남아 오랜 기간 동안에도 대중의 애호를 받고 있는 작품을 고전이라 한다. 또한 고대 로마와 고대 그리스의 문화도 이에 포함한다. 시대로는 중세기(Medieval), 미술에서 바로크, 로코코, 문예부흥기, 음악에서 바로크시대, 고전주의, 낭만주의 시대에 지어진 문학, 음악, 미술에 대해 고전이라 부른다. 문학에서 오래전부터 읽혀오는 셰익스피어 (William Shakespeare, 1564-1616)의 작품 <햄릿(Hamlet)>, 찰스 딕킨스(Charles Dickens, 1812-1870)의 <올리버 트위스트(Oliver Twist)> 등을 지칭하며 고전의 의미는 진리나 사상이 아닌 시대적 감각을 서사적이며 창의적으로 표현한 창작소설을 말한다. 16-17세기 로코코시내 전후 고전미술에서 렘브란트(Rembrandt van Rijn, 1606-1669)

□ 그림설명 0429, Oliver Twist (1838), by Charles Dickens.

C

의 <야경꾼>, 게인스보로(Thomas Gainsborough, 1727-1788)의 <블루보이>, 고야(Francisco Goya y Lucientes, 1746-1828)의 <벌거벗은 마야>, 밀레(Jean-Francoir Millet, 1814-1875)의 <만종(Bell at Sunset)> 그리고 음악에서 바흐(Johann Sebastian Bach, 1685-1750)의 <브란덴부르크 협주곡>, 모차르트(Wolfgang Amadeus Mozart, 1756-1791)의 <돈 지오바니> 그리고 베토벤(Ludwig van Beethoven, 1770-1827)의 <심포니 9교향곡, 합창> 작품을 고전이라 말한다.

0430 `ani` `equ` `his` `peo`

Classic Animation (고전 애니메이션, 전통 애니메이션)

애니메이션의 전통적이며, 전통적인 고전을 가리키는 말이다. 일찍이 애니메이션이 시작될 무렵에는 모든 동작의 움직임은 실사와 같은 동작을 그려내는 것이 꿈이었다. 디즈니에서 추구하는 사실 동작이 애니메이션의 본질적 요소라고 생각했고 사실처럼 그리는 것이 궁극적인 목표였다. 이러한 형식은 1930년경에 일어났고 활성화됐다. 사실에 입각해 이 방식을 활용하여 놀라운 애니메이션을 만든 사람은 월트 디즈니(Walt Disney, 1901-1966)였는데 그 대표적인 작품은 1937년에 나온 <백설 공주와 일곱 난쟁이(Snow White and the Seven Dwarfs)>였다. 이를 위해서 로토스코프(Rotoscope)라는 기술이 동원되었는데 실사로 찍은 필름의 동작을 애니메이션 카메라에 넣어 램프로 원화지위에 투사하고 종이에 비춰진 영상을 베껴, 사실적(Realistic)인 동작을 얻어내어 정교한 애니메이션을 만들어 냈다. 화면상에 보이는 사실과 같은 동작은 레이아웃(Layout)을 기본으로 애니메이터들이 완전한 동작으로 그려내게 된다. 움직임이란 물체의 이동(Motion)을 뜻하는 말이지만 애니메이션의 동작은 스토리를 읽어낼 수 있도록 실사보다 더 충실하게 연출에 따른 몸짓, 손짓, 얼굴 표정 등을 클로즈업으로 면밀하게 표현 한다. 당시에는 수백 명의 동화가(Animation In-betweener)들이 그려낸

그림들을 셀 위에 옮겨 그리는 잉커(*Inker)들이 그려 낸 각 캐릭터의 1초간 동작의 그림 매수는 24장이며 따라서 1분 길이에는 한 캐릭터에 1,440장을 그려야 했다. 그리고 해당되는 색깔로 셀을 엎어놓고 뒷면에서 칠하여 선을 유지했다. 이렇게 한 장 한 장 정교하고 시간이 오래 걸리는 어려운 애니메이션제작 공정을 거쳐 만들어진 20세기 초반의 애니메이션들을 전통이라 부른다. 전통애니메이션은 출연하는 그림 캐릭터들이 대부분 사실과 같은 동작을 그려내기를

□ 그림설명 0430-1, 디즈니의 애니메이션 <백설 공주와 일곱 난쟁이>

원했는데 이러한 동작의 구현은 애니메이터들에게는 매우 어려운 작업이었다. 이 당시에 이 어려움이 해결되는 로토스코핑(Rotoscoping)이라는 놀라운 하나의 기술이 발명되었다. <항해사 뽀빠이(Popeye the Sailorman)>와 <걸리버 여행기(Gulliver's Travels)>를 제작한 애니메이션 감독인 맥스 플라이셔(Max Fleischer, 1883-1972)였다. 그는 1915년 특허권을 따내어 디즈니 회사로부터 사용료를 많이 받아 냈다. 이 <백설 공주와 일곱 난쟁이> 작품은 클래식 애니메이션으로써 가장 귀중한 작품이다. 이 당시에는 사람이나 동물의 동작을 초자연적으로 표현하는데 이 기술이 불가피하게 필요했기 때문이었다. 클래식 애니메이션은 그 동작의 묘사(Depictions) 방식에서 관성(Inertia), 중력(Gravity)을 절대 표현의 원칙을 활용한 것을 말한다. 따라서 월트디즈니 스튜디오의 <백설 공주>나 맥스 플레이셔(Max Fleischer) 스튜디오가 1939년에 만든 <걸리버 여행기(Gulliver's Travels)> 그리고 워너브라더스(Warner Bros.) 스튜디오 등에서 만든 그 당대의 작품들도 모두 클래식 애니메이션이라 부른다. 그러나 이러한 디즈니식의 고전 애니메이션의 분기점은 1968년에 영국에서 만들어진 <옐로우 서브마린(Yellow Submarine)>이었다. 감독 조지 던닝(George Dunning, 1920-1979)을 주축으로 알 브로덱스(Al Philip Brodax, 1926-2016), 로버트 발서(Robert Balser, 1927-2016), 잭 스톡스(Jack Stocks) 등이 비틀즈의 노래를 해석하여 새로운 형식의 애니메이션을 만들어 크게 성공하여 새로운 시각의 시대를 열면서 디즈니방식은 운명적인 변환기를 맞게 되었다고 할 수 있다. 그 후 애니메이션 창작의 흐름은 자유분방하게 변화했다. 애니메이션에서 본질(Essence)은 동작이다. 이 실험적인 영화에서는 어떤 애니메이션의 형식에 매이지 않고 애니메이션 감독들이 각자의 기법을 자유롭게 사용하여 다양한 예술적인 표현방식을 보인 탈(Breakthrough) 고전 애니메이션이다. 애니메이션은 그 동작을 표현하는 자체가 시대에 따라 변모한다.

□ 그림설명 0430-2,
맥스 플레이셔의 발명품
<Rotoscope>

-3, 로토스코프한 <Alice in Wonderland>

C

□ 그림설명 0430-4, -5, 존 레논의 <노랑잠수함(Yellow Submarine)>

*Inker (잉커)

애니메이터가 종이에 그린 캐릭터의 그림위에 셀룰로이드(Cel, Celluloid)를 얹어 놓고 옷 색깔이나 피부색에 맞는 색선(Self-Color Line)으로 그림 선을 따라 그려내는 직업을 가진 사람을 말한다.

0431 equ pic

claws (클로우, 필름 갈퀴)

재래식영화용 카메라 내부의 좌우에서 필름의 천공들이 톱니와 맞물려 돌아갈 때 필름을 순간 고정하는 무브먼트(Movement)에 부착되어 일을 하는 작은 갈퀴를 말한다.

□ 그림설명 0431-1,-2, 필름을 당겨 내리는 갈퀴 방식과 파이로트 핀.

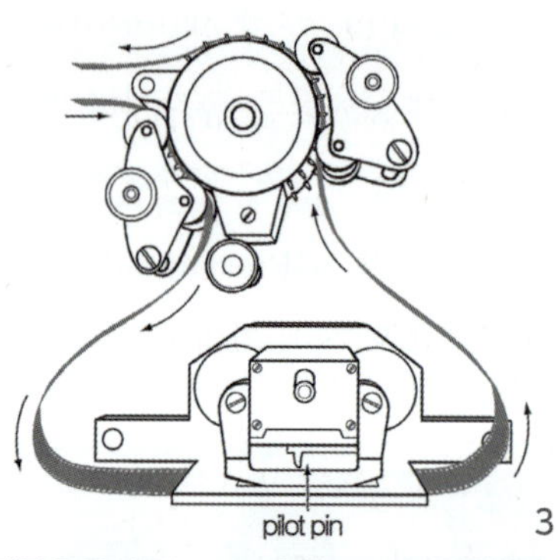

-3, 필름을 돌려주는 스프라켓(sprocket)장치와 아파추어(Aperture) 그리고 파이로트 핀(Pilot Pin)

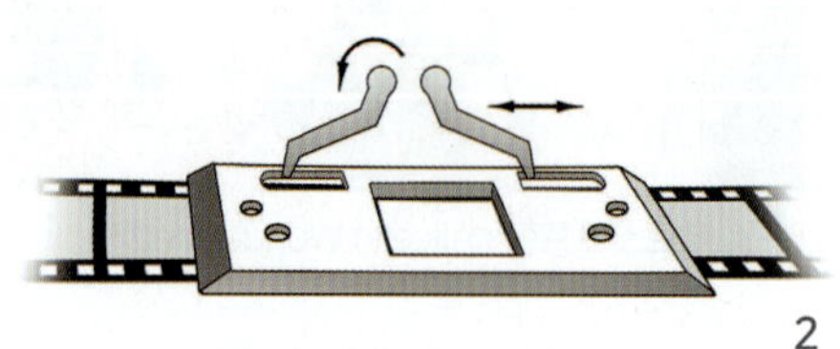

-2, 필름을 고정하는 Pin과 당겨주는 Claw(갈고리)

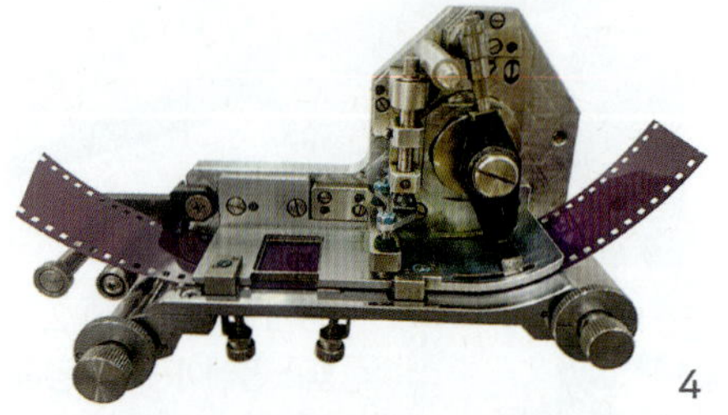

-4, 필름을 고정하는 Pin과 당겨주는 Claw(갈고리)

이 갈퀴로 셔터가 닫혀있을 때 필름을 한 프레임씩 끌어내림과 동시에 필름의 떨림이
없도록 고정해 주는 특수한 역할을 하는 장치를 파일럿 핀(Pilot Pin)이라고 한다.

* Sprocket (사슬톱니)

자전거 바퀴나 에스컬레이터를 돌려주는 쇠사슬 기어와 같이 생긴 톱니바퀴를 가리키
는 말로 조지 이스트만(George Eastman, 1854-192)이 1888년에 발명한 코닥(Kodak) 영
화필름을 돌리기 위해 적용한 방식으로 정교하고 흔들림 없도록 고안해낸 메커니즘이
었다. 이 방식은 최초로 개발한 35mm 필름 폭의 안쪽에 퍼포레이션(Perforation)
홀(Hole)이 있는데 1초용 길이에만도 192개의 천공들이 양쪽으로 뚫려 있다. 이 스프
라켓은 명확하고 떨림이 없도록 필름을 돌려준다.

0432 `ani` `art` `his` `peo`

Clay Animation (클레이 애니메이션, 점토 애니메이션)

클레이 애니메이션은 찰흙(Clay)이나 그와 같이 점성(Viscosity)이 있는 재료를 이용해
빚어서 만든 물체(인형)를 조금씩 변형(Metamorphosis)해 가면서 한 콤마씩 촬영하여
원하는 동작을 얻어내는 애니메이션 기법을 말한다. 이를 위해 사용되는 클레이(찰흙)
는 일반 흙과는 그 성질이 전혀 다르다. 우선 점토(Clay)의 특성으로 꼽히는 것은 변형
에 매우 적합한 소재라는 점이다. 영어로 유토(Plasticine, 플래스티신)라고 하며 점토
에 지방성분을 첨가하여 원하는 형태로 유연하게 변형을 할 수 있다. 뿐만이 아니라 촬
영 시에 뜨거운 조명 앞에서 쉽게 건조되지 않게 잘 굳지 않도록 지방을 첨가하여 사용
한다. 영국에서 1908년경 처음으로 클레이가 개발되었고 이를 이용하여 클레이애니메
이션으로 만드는데 활용되었다는 기록이 있다. 클레이 애니메이션은 1974년에 미국의
윌 빈튼(Will Vinton, 1947-2018)이 밥 가디너(Bob Gardiner, 1951-2005)와 함께 <월요
일은 휴업(Closed Mondays)>을 발표하면서 시선이 쏠렸고 그 후 많은 사람들에 의해
일반화 되었다. 빈튼은 그가 18세 때 고등학교를 마치고 오래곤(Oregon)의 멕민
빌(McMinnville)에 있는 부모의 집을 떠나 캘리포니아주 샌프란시스코 근교에 있는
버클리(Berkly)시에 와서 자리를 잡았다. 그는 자동차딜러 회사의 직원으로 어카운트
일을 하며 버클리 대학(University California of Berkeley)을 다녔다. 윌 빈튼이 학교를
다닐 때 한줌의 찰흙을 들고 "바로 이거야!" 라고 외치며 클레이로 애니메이션을 만들
기로 다짐했다. 빈톤은 스톱모션 방식으로 촬영할 수 있는 볼렉스(Bolex16, Rex-5) 카
메라를 구하고 학교에서 룸메이트였던 가디너(Gardiner)와 함께 일하기로 합의했다.
빈톤은 제작지(Producer) 감독을 맡았지만 가디니는 동작을 민들어가며 함께 빈톤의

□ 그림설명 0432-1, 인형이나
클레이에 들어가는 관절용 칠심.

집 지하실에서 <월요일에는 안 열어요(Closed Mondays)>를 몇 달을 걸려 촬영해 만들었다. 길이는 8분, 1분에 1,440콤마를 한 장씩 찍어야 하니까 8분이면 1만 1,520번을 촬영해야 했다. 빈튼은 편집에 매우 능란한 재능이 있었고 가디너는 애니메이션 동작을 천재적으로 표현했다. 두 사람모두 재능을 가지고 있어서 결국은 좋은 필름을 만들어 큰 반응을 얻었다.

□ 그림설명 0432-2, <Closed Mondays> By Bob Gardiner & Will Vinton.

-3, Wallace & Gromit, by Aardman Animation.

-4, Shaun the Sheep, by Aardman Animation.

월 빈튼과 밥 가디너는 아카데미 상(Academy Award)과 에미상(Emmy Award)을 연거푸 수상했다. 이들은 이후 계속해서 <어린왕자(79년)>, <위대한 사람들(82년)>, <마크 트웨인의 모험(84년)> 등을 잇달아 발표하였다. 또한 월 빈튼은 마이클 잭슨의 뮤직 비디오 <문 워크(88년)>에서 클레이 애니메이션을 담당하면서 세계적인 유명세를 탔고, 이후 클레이메이션(Claymation)이라는 단어를 특허 등록하고 자신의 스튜디오 등록상표로 올리기도 했지만, 그러나 그 후 1989년 클레이 애니메이션의 보다 폭넓은 가능성을 세계적으로 입증시켜준 사람은 <월레스 & 그로밋(Wallace & Gromit)>을 제작한 영국의 닉 파크(Nick Park, 1958-)였다. 닉은 영국의 아드만(Aardman) 스튜디오에 입사한 이후 1989년 첫 작품 <화려한 외출>을 발표했다. 이후 동료 스티븐 박스와 함께 하루

-5, 아드만 스튜디오의 <월레스와 그로밋, 1989>

-6, 클레이애니메이션에서 언어에 사용되는 입모양들.

에 5-6초 분량씩 촬영해 무려 13개월만인 1993년 <전자바지 소동>을 완성했고, 마지막으로 1995년에 <양털도둑>을 발표했다. <웰레스 & 그로밋>은 아드만 스튜디오가 이 세 작품을 한데 묶어 세계시장에 내놓은 대작이다.

영국은 이후 <웰레스 & 그로밋>에 이어 또 하나의 대작 <곡스>(1998, s4c 스튜디오제 작)를 발표하면서 클레이 애니메이션의 종주국으로서 자존심을 지켰다. 국내에서 리바이스 청바지 광고로 유명한 데이니올 모리스(Deiniol Morris, 1963-)와 마이클 모트가 연출을 맡은 <곡스>는 원시인의 에피소드를 담은 작품으로 한국에서도 개봉됐다. 공룡, 고릴라, 시조새, 두더지 등 다양한 캐릭터와 함께 화산폭발, 지진, 두더지가 땅속을 파고드는 장면 등을 자연스럽게 표현해 <웰레스 & 그로밋> 못지않은 호평을 받은 작품이기도 하다. 이 작품들이 성공을 거두면서 미국의 메이저 스튜디오들도 클레이 애니메이션에 속속 진출하기 시작했다. 특히 미국의 메이저 스튜디오들은 영국의 앞선 기술을 배우기 위해 제휴를 시도했는데, 드림웍스(DreamWorks)는 1998년 경쟁사인 디즈니(Walt Disney)와 워너브라더스(Warner Bros.), 폭스(Fox) 등을 따돌리고 영국의 아드만 스튜디오와 제휴계약을 성사시켰다. 아드만 스튜디오는 드림웍스뿐 아니라 1996년 프랑스의 파테사(Pathé)와도 제휴계약을 맺고 세계시장을 겨냥한 작품을 계속 준비하고 있다. 아드만 스튜디오와 드림웍스, 파테사가 공동제작중인 첫 작품은 후라이드 치킨이 될 운명에서 탈출하려는 양계장 닭의 운명을 그린 <Chicken Run>이다. 이 작품은 닉 파크(Nick Park, 1958-)와 아드만 스튜디오의 창설자 피터 로드(Peter Lord, 1953-)가 감독을 맡아 제작한 영화이다. 1990년 아드만 애니메이션의 닉 팍(Nick Park)이 만든 광고가 '최우수 단편 필름(Best Animated Short Film)'으로 아카데미상을 받으며 일반에게 클레이애니메이션이 크게 알려지기 시작했다.

□ 그림설명 0432-7, 클레이 애니메이션의 대명사가 된 <월레스와 그로밋>

-8, Nick Park의 최초의 클래이메이션 장편 <치킨 런>

✱ Claymation (클레이메이션)

클레이 애니메이션이 클레이메이션(Claymation)으로 축소되어 합성어로 불린 것은 1981년 윌 빈튼(Will Vinton, 1947-2018)에 의해 상표로 등록을 획득하면서 부르게 됐다.

0433 `ani`

clean-up (클린 업, 그림정리)

애니메이션제작에서 레이아웃이나 애니메이터가 그린 대강의 복선으로 된 밑그림을 깨끗하게 수정하거나 동화에서 작업을 할 수 있도록 선을 정리하여 그리는 것을 말한다. 또한 아날로그 재래방식의 촬영 전에 셀(Celluloid)에 붙어있는 먼지, 지문 등 묻어있는 오물을 제거하거나 선과 채색에 수정하는 작업을 뜻하는 말이다.

0434 `gen`

client (클라이언트, 광고주)

일반적으로 갑의 거래처를 뜻하는 말이다. 고객 광고주 그리고 자금을 내는 물주를 뜻한다. 광고 분야에서 광고주(Sponsor)를 말한다.

0435 `lit` `pic`

climax (클라이맥스, 절정)

이 말은 영화의 내용 중에 그 이야기의 절정을 뜻하는 말이다. 그리스어로 '사다리'를 뜻하는 'Klimax'에서 유래한 단어이다. 영화나 드라마에서 줄거리의 복잡성이나 극적인 흥미가 최고조에 이르도록 이끌어 올리는 분기점을 말한다. 또한 관객의 흥분을 정점으로 이끌어 올린 시점까지를 구분하여 불리는 말이다. 그리고 스토리가 잘 나가다가 김이 빠지거나 김을 빼는 것을 '디스클라이맥스(Disclimax)'라고 한다.

0436 `pic`

clip (클립, 토막필름)

영화나 TV 등에서 어떤 부분을 소개하기 위해 부분적으로 발췌된 짧은 장면의 영상을 일컫는 말이다. 이러한 필름들은 광고용이나, 필름 모음, 영화 예고편의 일부로 자주 쓰인다. 이렇게 부분을 발췌하는 작업을 트림(Trim) 또는 컷(Cut)이라 하고 종류로는 필름클립(Film Clip)과 테이프 클립(Tape Clip) 그리고 파일 클립(File Clip)으로 나눈다.

＊clip board (클립보드, 수집 판, 기록 판)

자료가 될 작은 그림들을 가위로 오려 푸시 핀(Push Pin)으로 꽂아 수집하여 두는 넓은 보드를 말한다. 또한 컴퓨터에서 클립보드는 데이터 완충장치의 하나로 문서나 응용프로그램을 전송하는 사이 문서를 제거, 복사, 붙이거나 할 때 잠시 클립보드에 저장하는 것을 말한다.

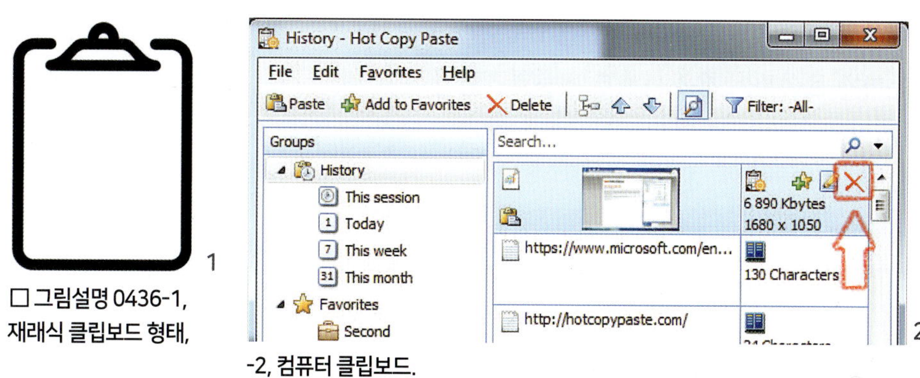

1

□ 그림설명 0436-1,
재래식 클립보드 형태,
-2, 컴퓨터 클립보드.

2

0437 `art`

clip art (클립아트, 아이콘도안)

흔히 볼 수 있는 아이콘 모양의 작은 그림들로 그래픽 아트에 속하는 말이다. 컴퓨터 사용자가 이미 만들어 놓은 조각의 이미지로서 그림해설(Illustrate)을 선택하여 주관적 표현 수단으로 사용한다. 최근에 이 클립아트는 문서를 작성할 때 개인적인 것에나 상업적인 것에나 한눈에 알아볼 수 있게 도안해서 사용한다. 아트클립은 사진으로 만들지 않고 상징적 그림으로 디자인하여 사용한다.

□ 그림설명 0437, 아이콘 도안들.

0438 `pic`

CU (클로즈 업)

＊close-up (근접, 근접촬영)

인물이나 물체를 화면에 가득 차도록 가까이에서 촬영된 모습을 클로즈업이라 한다. CU 등 머리글자(약자, Initial)들은 필기에만 사용하고 읽을 때는 클로즈업이라 발음한다. 클로즈업은 캐릭터의 감정이나 반응, 마음 상태를 관객에게 전달하는데 효과적이며, 관객이 그 대상이나 물체에 집중하게 함으로서 관객과 캐릭터간의 강한 유대감을 형성하는데 도움을 준다. 또한 클로즈업을 통해 주제에 상징적 가치를 부여하게 하는데 효과석이다. 일반적으로 캐릭터 클로즈업은 머리에서 허리까지의 접근을 뜻하며

C

미디엄 클로즈업(Medium Close-Up)이라 부른다. 또한 얼굴의 일부분 중 입술에서 눈까지 보여주는 것을 엑스트림 클로즈업 (Extreme Close-Up) 등으로 세분화해서 부른다.

□ 그림설명 0438, 인물 클로즈업.

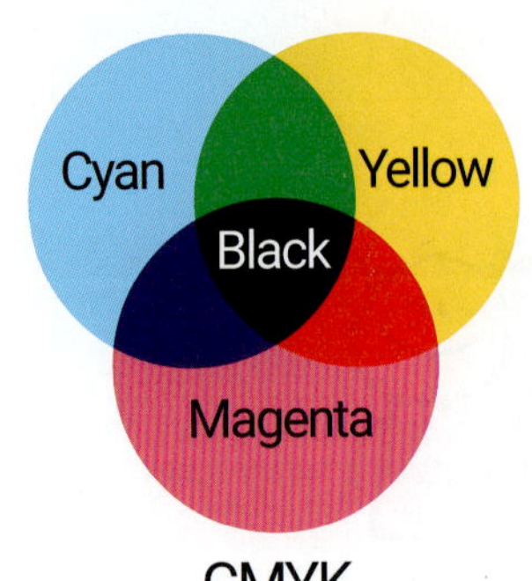

CMYK

□ 그림설명 0439, 물감 3원색-
Cyan, Magenta, Yellow, Black.

0439 `sci` `art` `com`

CMYK (시엠와이케이, 청록 자홍 노랑 검정)

태양으로부터 오는 빨강(Red) 초록(Green) 파랑(Blue)색을 빛의 3원색이라고 부른다. 이 빛의 3원색 중 파랑과 초록이 겹치면 청록(Cyan)색, 파랑과 빨강색이 겹치면 자홍(Magenta)색, 빨강과 초록이 겹치면 노랑(Yellow)색이 된다. RGB 3원색의 빛이 모두 겹치면 하얀 빛이 된다. 그러나 안료색깔은 3가지색이 합쳐지면 검정이 되는 것이다. 그러므로 CMYK는 빛의 3원색은 아니며 인쇄 출판물에만 사용되는 안료(Pigment) 색깔들이다. 21세기에 들어와 사람들의 문화생활양식이 디지털화 되면서 빛의 3원색은 컴퓨터에 의해 무려 1천6백7십만 색깔로 분석되어 생활제품에 사용되고 있다.

✽ 참조보기 (0446- Color)

✽ 참조보기 (0449- Color Chart)

0440 `mus`

coda (코다)

어원은 이탈리아 말로 '꼬리(Tail)'라는 말로서 대체로 음악이 끝나는 마무리부분을 가리키는 뜻으로 사용하는 말이다. 음악의 마지막을 몇 개 복합적인 소절의 리듬을 증대시키며 마무리하는 것을 말한다.

□ 그림설명 0440, Coda표식과 악보상의 표시.

0441 `com`

code (암호, 코드)

컴퓨터에서 사용하는 자료나 지시를 나타내는 분류된 신호체계로서, 기계의 지시에 맞추어 분류된 자료의 약호를 뜻하는 통칭이다. 실제로 이 암호체계를 해독하지 못하면 어느 프로그램에도 진입하지 못하도록 되어있다.

□ 그림설명 0441-1, QR-code

-2, Bar code.

-3, Programing code.

0442 `pic`

co-director (공동감독)

두 명 이상이 공동으로 감독을 맡는 것을 뜻한다. 접두사(Prefix)사로 사용되는 'Co'는 '같이(Together)'나 '함께(With)'의 의미로 똑같은 권리와 의무를 갖는다는 뜻으로 사용하는 말이다. 그러나 두 감독의 창작의도를 존중하기 위하여 일반적으로 모든 작업을 같이하는 것이 아니고 시퀀스별로 나누어 작업을 수행하는 경우가 많다.

0443 `peo` `his` `ani` `pic`

Cohl, Emile (에밀 콜, 에밀 꼴)

에밀 콜의 본명은 에밀 꼬르테(Emile Courte, 1857-1938)이다. 그는 1857년 프랑스 파리에서 1월달 겨울에 태어났고 1938년의 1월의 겨울에 파리에서 사망했다. 그는 원래 만화가(Cartoonist)였으나 애니메이터(Animator)로서 1908년에 '판토슈(Fantoche)'라는 재치와 유머(IIumor)기 있는 스토리만화로 움직임이 있는 그림을 그려내 세계

C

최초의 애니메이션을 만든 사람이 되었다. 그가 이 일을 하기 이전에는 보석세공 견습생으로 일한 적도 있었고 해군에 복무하며 동료병사들을 위해 많은 스케치를 해주면서 그림을 연마하게 되었다. 그의 나이 21세가 되던 1878년 군에서 나와 소묘(Sketch) 공부를 하다가 유명한 만화가 안드레 질(Andre Gill, 1840-1885)의 제자가 되어 자신도 만화가로 일하며 이름이 알려졌다. 그러던 중 그는 카메라 촬영 기술에 관심을 갖고 1907년 프랑스 고몽(Gaumont) 영화사에 입사하여 그 이듬해에 애니메이션으로 제작된 <판타스마고리(Fantasmagorie)>와 <판토슈(Fantoche)>를 발표했다. 이후 에밀 콜은 1918년까지 10년 동안 수 십 편의 우수작을 내놓았으며 그림을 그리는 것뿐만이 아니라 재치 있는 유머를 살린 애니메이션을 그의 생애를 통해 300여 편이나 만들어 냈다. 그러나 세계 1차 대전(1914~1918)은 모든 것을 어렵게 했다. 그렇지만 그는 어려운 상황에서도 애니메이션을 포기하지 않았던 진정한 예술가였다. 그의 작품 <판토슈>는 역사적으로 가치가 있을 뿐만이 아니라 희귀한 작품이어서 프랑스에서도 국가의 재산으로 보호하는 작품이다. 이 단편 애니메이션은 선으로만 움직이는 단순한 형태이지만 속도가 빠르고 위트가 넘친다. 내용은 한 여자를 사이에 두고 두 남자가 싸움을 벌인다. 그 싸움 통에 여자의 치마가 벗겨지고 경찰이 온다. 결국 여자는 경찰이 자기의 외투를 벗어 가려준 것에 고마워 그 경찰과 결혼을 하게 된다는 단순한 신파조의 이야기지만 당시의 생활 면모를 느낄 수가 있다. 또 다른 이야기도 있다. 복수하려는 악한과 경찰사이에 벌어지는 해프닝도 있다. 콜은 드로잉 애니메이션 외에도 인형 애니메이션이라는 새로운 장르도 개척했는데 이중에는 검은 양복에 모자를 쓰고 콧수염을 단 인형(이름미상)도 있었다. 그러나 이 인형을 그대로 흉내 낸 실제 모양을 한 사람이 나타나 자기가 <찰리 채플린>이라며 콜의 아이디어를 빼앗아 자기의 것으로 만들었다. 실제로 에밀 콜의 인형으로 성공적인 찰리 채플린(Charlie Chaplin, 1889-1977)이 태어나게 된 것이었다. 콜이 만든 인형 애니메이션 중에는 문호(Great Writer) 괴테(Johann Wolfgang von Goethe,1749-1832)의 작품을 원작으로 그 당시로서는 생각하

□ 그림설명 0443-1, 에밀 콜.

-2, 3, 그의 작품 <Fantasmagoria>

기도 어려울, 사람형태의 인형을 만들고 배경을 구성하고 한 콤마씩 찍어 만든 애니메이션 <정말 귀여운 파우스트(Le Tout Petit Faust)>를 제작했다. 이 작품은 매우 정교하게 목소리에 맞추어 연출된 애니메이션으로 대단한 찬사를 받았다. 그러나 에밀 콜은 1차 대전이 끝나고 나서 모든 것이 바뀌었다. 그는 작은 광고회사에서 일했지만 실직하고 아주 빈곤한 생활을 이어갔다. 그가 시도한 모든 발상들은 새로운 업적으로 남았지만 그의 생애는 그렇게 화려하지는 못했다. 그리고 그 어느 날, 그는 빵을 구어 먹다가 자신의 수염에 불이 붙어 화상을 입게 되었고 그 사고로 인해 1938년 1월 27일 파리 근교에 있는 자신의 집에서 생을 마감하게 되었다.

0444 `gen` `art`

collage (콜라주)

프랑스어로 '풀칠하다, Gluing'의 뜻에서 시작된 언어로 미술 표현의 일종이다. 넓은 표면에 신문, 천 등과 같은 성질이 서로 다른 재료들을 풀로 붙이거나 구성하여 만든 작품들을 통칭하는 말이다. 예술적인 효과를 내기 위해 그림을 덧그리기도 하여 구성하는 것을 말한다.

☐ 그림설명 0444, Collage는 본질이 다른 재료로 구성하는 미술.

0445 `ani`

collage animation (콜라주 애니메이션)

인쇄물이나 그림 따위를 자르거나 여러 자료를 모양 있게 가위로 오려서 동작으로 표현하는 창작 애니메이션 기법을 말한다. 미술의 콜라주처럼 여러 가지 구색을 갖춘 재료를 덧붙여서 이미지를 창작한 작품으로, 시각적(Visual) 과 리듬(Rhythm)의 효과를 다 같이 표현하려는 의도로 만들어진다.

0446 `com` `gen`

color (컬러, 색깔)

우리는 '색깔'하면 바로 꽃이나 크레용 등 특정한 환경을 생각하게 된다. 그러나 태양을 먼저 머리에 떠올리는 사람은 드물 것 같다. 태양의 빛은 에너지의 한 형태이다. 색은 태양으로부터 오는 빛의 3원색인 빨강(Red), 녹색(Green), 파랑(Blue)의 빛 파장을 다양한 강노로 섞이며 수많은 컬러의 빛을 만들어 낸다. 이렇게 혼합된 빛이 물체에 닿아 반사되면 서로 다른 파장으로 인해 물체의 질감이 시각적으로 감지되는데, 이 상태를 색이라고 말한다. 색이란 흑백(Black/White)이 아닌 물체가 가진 천연의 색상, 색깔을 말하며 빛으로 표현하는 빛깔로 나뉜다. 일반적으로 색은 색조(Hue), 채도(Saturation), 명도(Brightness)로 측정된다. 흰색 빛은 자체가 별도의 파장들로 구성돼 있어, 각각의 빛의 파장이 서로 다른 컬러의 스펙트럼을 창출한다. 인간의 시야는 기본적으로 레드, 그린, 블루의 세 가지 부분의 스펙트럼으로 반응하며, 이 세 가지색이 다양하게 조합됨으로써 여러 색조와 스크린에 영사되는 필름 이미지들을 볼 수 있게 된다. 우리가 사용하는 디지털(Digital)칼라는 기본 3원색 R. G. B.로써 1천6백70만 가지의 많은 색상을 얻을 수 있다. 그러나 전자기 에너지인 칼라는 디지털 UHD(Ultra High Definition) 시대를 맞아 우리에게 한정이 없을 만큼의 무한한 색을 보게 해준다. 눈으로 볼 수 있는 Super UHD가 발산하는 색상은 무려 7조 8천억 가지나 된다. 그밖에 우리가 흔히 쓰고 있는 물감 채색의 색소(Pigmentation)의 3원색은 빨강(Red), 파랑(Blue), 노랑(Yellow)이다. 21세기 디지털시대가 도래하기 전 일반적으로 안료(Pigment)에 의한 색을 배합하여 사용했다. 또한 인쇄물에 사용되는 잉크의 색소농도표시는 C(Cyan), M(Magenta), Y(Yellow) 그리고 K(Black)로 구성되어 있다.

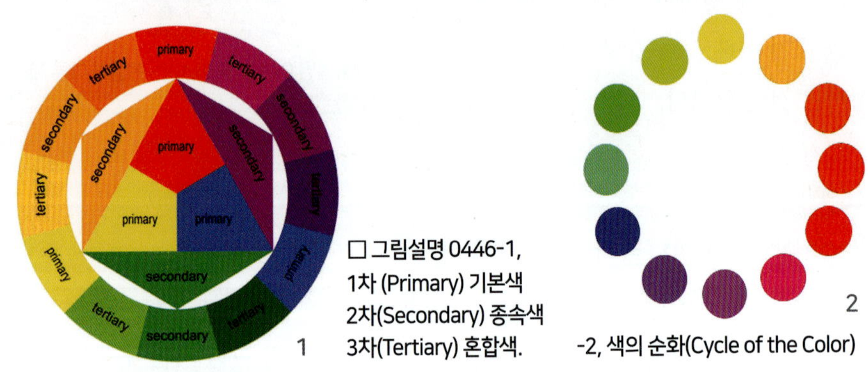

□ 그림설명 0446-1,
1차 (Primary) 기본색
2차(Secondary) 종속색
3차(Tertiary) 혼합색.
1

-2, 색의 순화(Cycle of the Color)
2

0447 `pho`

color balance (색채균형, 칼라 밸런스)

켈빈(Kelvin) 3,200도 또는 3,400도에서 감광을 일으키는 인공조명이나, 켈빈5,500도에서 감광을 일으키는 태양빛의 필름 감광을 조절하는 것을 말한다. 또한 디지털에서는 카메라에 자동 화이트 밸런스(Auto White Balance) 장치로 3원색 R. G. B. 에 의한 화상의 균형을 조화롭게 반응시켜 피사체를 영상의 형태로 만드는 것을 말한다. 그러나 이러한 색의 조화를 인위적으로 'Color Temperature'를 조절하여 자기가 원하는 색상을 만들어 낼 수 있다.

0448 `pho` `pic`

color-bar(컬러 바)

광원의 3원색을 RGB(Red, Green, Blue)라 하는데, 이것을 분류하면 기본 8종류의 색이 된다. 이것을 밝은 순서대로 펴놓은 모니터 화면의 패턴을 말한다. 이 컬러바는 비디오 재생 테이프 앞부분에 넣어 컬러 모니터링에 필요한 적합한 색 조정 자료로 사용하게 된다.

□ 그림설명 0448, TV컬러 바 중에 일반적으로 사용되는 패턴.

0449 `art` `pho` `com` `gen`

color chart (색의 분류, 칼라차트, 색깔 표)
＊color swatch (색 견본, 칼라스와치)

색의 기본은 빛(광선)의 3원색(Primary Color)과 물감(Pigment)의 3원색으로 분류한다. 빛은 전자에서 사용하듯 RGB(빨강, 초록, 파랑)로 분류하고 물감은 RBY(빨강, 파랑, 노랑)로 분류하여 각기 3원색이라 부른다. 또한 인쇄에서는 시엠와이케이(CMYK: 사이안Cyan, 마젠타Magenta, 옐로Yellow, 블랙Black(기호 K, Potassium,은염)라고 분류해서 칭한다. 칼라차트를 칼라스와치(Color Swatch)라고도 하는데 물감(페인트) 색깔을 조색하여 한눈에 볼 수 있도록 펴 놓은 것을 일컫는 말이다. 빛의 3원색을 모두 합치면 궁극적으로 희게 되고 물감의 3원색을 모두 합치면 검게 된다.

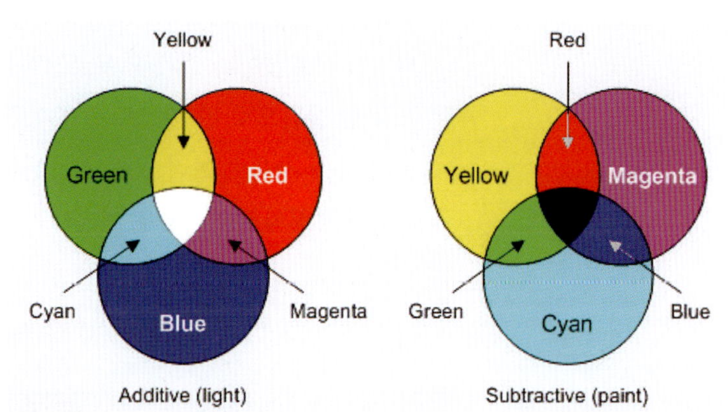

□ 그림설명 0449, 빛의 3원색- RGB, 물감의 3원색 CMYK. (빛을 가하면 희게 밝아지고, 물감은 섞을수록 어두워진다.)

0450 `com` `ani`

computer color 256 (컴퓨터색상)
＊Web colors (웹 칼라)

1980년경 컴퓨터 486에 의한 해상도 640×480에 8비트의 칼라차트를 말한다. 또한 16진법(Hexadecimal, Hex triplet)구성으로 웹 칼라로 불린다. 당시 컴퓨터초기에는 가로세로 16줄로 만들어진 256개의 칼라를 한정해서 사용했다. 이 디지털 칼라차트는 각기 색깔은 조정이 가능하고 이를 차트로 고정해서 사용했으며 이 색깔들은 하드웨어의 명령에 의해 표시된나. 아날로그 칼라차트에 식상하고 석절하게 일반석인 용노에 맞게

C

만들어져 사용할 수 있도록 256개 기본 팔레트(Standard Palette)를 생성한 것이다. 이들 색상들은 컴퓨터의 초기에 애니메이션제작이 디지털로 바뀌며 모두 모두 RGB 컴퓨터색상에 의해 만들어진 것들이다. 컴퓨터의 모든 색깔은 3원색인 RGB 빛의 값(Value)에 의해 만들어짐으로 어느 색이던 빛이 없으면 모두 0(Zero)로 블랙(Black)이 되고, 반대로 RGB 빛의 최고치 255씩을 모두 가하면 화이트(White)가 된다. 여기서 빛의 최고치(값) 255와, 분류하여 사용하는 색상 256가지와의 혼돈을 피한다. 애니메이션제작에 디지털 페인팅이 적용된 시기는 1980년 후반부터였으며 업계가 사용했던 물감색상의 차트는 TV시리즈에는 150색, 장편에는 250색상을 사용했는데 이 조례에 따라 256개의 'Web Color'는 애니메이션 칼라 스왓치(Swatch)로서 매우 적절히 사용할 수 있었다.

□ 그림설명 0450-1, 256 컴퓨터칼라.

✱ color by digital (디지털 색상)

컴퓨터에 의한 기본인 RGB 색상에서는 무려 1,670만 가지의 색상을 선택할 수 있으며 디지털 포토샵이나 그래픽 프로그램을 통하여 사용할 수 있다. 안료(Pigment)를 기본으로 한 물감으로 된 페인트는 대개로 약 350가지로 분류해 조색할 수 있고 아직도 많은 건축용 자재로 여러 곳에 사용된다. 하지만 전자적(Electronic)으로 변혁을 가져온 디지털 방식의 칼라사용은 미술사적으로 엄청난 변혁을 맞게 했다.

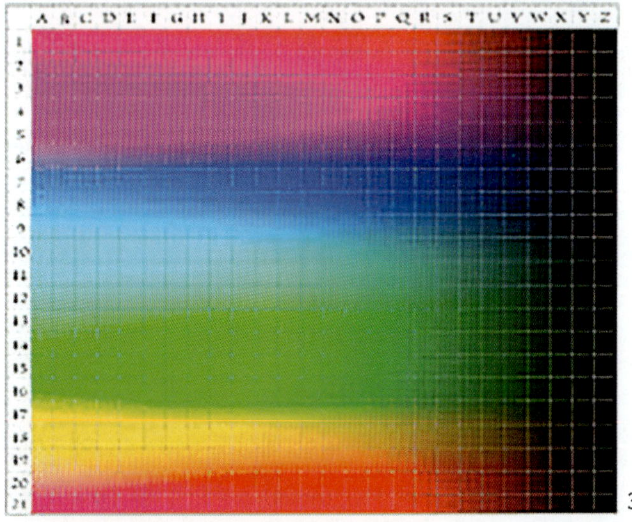

-2, 디지털 칼라.

-3, 빛의 3원색 RGB의 16,700,000의 디지털 색상.

color by oil painters (화가들이 사용하는 색깔)

미학에서는 색이가진 의미를 부여해 색으로 감각을 표현한다. 색은 색깔마다 특별한 언어적 뜻을 가지고 있다. 화가들이 사용하는 유화용 색깔은 이미 조색하여 만들어진 것을 사용한다. 화가들이 사용하는 색깔의 1.이름 2.용도 3.의미로 기술한다.

Alizarin[알리자린]
1.황갈색 2.눈(Snow)그림자, 나뭇잎 3.가을 색

Aqua[아쿠아]
1.연한 녹청색, 옥색 2.물색.

Aquamarine[아쿠아마린]
1.남청색, 담 청록색 2.물그림자

Auburn[아우번]
1.고동색 2.나무, 가구, 마루

Azalea[아잘리아]
1.진달래꽃 색 3.봄

Azure[애저르]
1.하늘색, 청색 3.밤

Beige[베이지]
1.갈색 띈 회색 2.사막

Black[블랙]
1.검정 3.검소, 경건, 장엄, 주검, 두려움, 사악한, 신비, 불운, 미상, 깊은 후회, 슬픔, 노여움 등의 의미를 가지고 있다.

Ivory Black[아이보리 블랙]
1.변색하지 않는 검정색

Blue[블루]
1.푸른 3.우울한, 밤의 뜻. 또한 평화, 조화, 진리, 신임, 평안, 자신 감, 보수, 냉담, 청결, 충성, 영원, 남성의 상징 등.

Cerulean Blue[세룰리안블루]
1.청색 2.밤 겨울하늘, 눈 그림자

Cobalt Blue[코발트블루]
1.짙은 하늘 색 2.봄 높은 하늘 3.밤

Kings Royal Blue[킹스 로열 블루]
1.왕위 청색, 중간 청색

Navy Blue[네이비블루]
1.진한 감색 2.네이비 블루는 미국해군복에서 유래한 짙은 파란 하늘색 3.우울, 밤의 뜻으로 쓰인다.

Prussian Blue[프러시안 블루]
1.어두운 청색, 짙은 보랏빛

Phthalo Blue[프탈로 블루]
1.청록색

Steel Blue[스틸 블루]
1.강청색 3.힘.

Ultramarine Blue[울트라마린 블루]
1.군청색 3.해외의 여름하늘

Ultramarine Deep Blue[울트라마린 디프 블루]
1.진한 군청색

Brown[브라운]
1.갈색 3. 대지, 가을, 신뢰성, 위안, 인내, 안정,본질, 가정, 옥외, 나무 등의 뜻으로 사용된다.

Vandyke Brown[반다이크 브라운]
1.회갈색

Carmine[카르민]
1.진홍색, 양홍 색, 붉은색.

Cerulean[세룰리안]
1.짙은 청색 2.먼 거리, 물에 사용.

Cerise[서리즈]
1.연분홍, 앵두 색.

Crimson[크림즌]
1.1심홍색 2.얼굴을 붉힌.

Cyan[사이언]
1.연한 청록색 2.연한 봄 하늘.

Dunness[던니스]
1.회갈색 3.유침한.

Ecru[에크루]
1.닭갈색, 베이지, 아마 빛.

C

Green[그린]
1.녹색 3.본질, 자연, 미숙한, 건강, 행운, 재건, 원기, 정력, 관대, 비옥, 질투, 청신호, 크리스마스 등의 의미로 사용된다.

Phthalo Blue[프탈로 블루]
1.청록색

Ultramarine Blue[울트라마린 블루]
1.군청색 3.해외의 여름하늘

Brown[브라운]
1.갈색 3. 대지, 가을, 신뢰성, 위안, 인내, 안정,본질, 가정, 옥외, 나무 등의 뜻으로 사용된다.

Carmine[카르민]
1.진홍색, 양홍 색, 붉은색.

Cerise[서리즈]
1.연분홍, 앵두 색.

Cyan[사이언]
1.연한 청록색 2.연한 봄 하늘.

Ecru[에크루]
1.담갈색, 베이지, 아마 빛.

Forest Green[포레스트 그린]
1.암녹색 3.성숙, 여름.

Olive Green[올리브그린]
1.올리브녹색 3.미숙한.

Kelly Green[켈리그린]
1.밝은 황록색 3.가을 색.

Indigo[인디고]
1.남색 3.깊은 바다.

Lemon[레몬]
1.레몬 빛 3.불량품의 의미.

Mauve[모으브]
1.담자색, 연한 자주 색.

Light Ocher[라이트 오커]
1.연한 황토색, 오커 색.

Orange[오렌지]
1.오렌지, 주황색 3.열광, 창조성, 알맞은, 저렴한, 자극, 공격성, 식량, 할로윈 등의 뜻이 있다.

Prussian Blue[프러시안 블루]
1.어두운 청색, 짙은 보라 빛

Steel Blue[스틸 블루]
1.강청색 3.힘.

Ultramarine Deep Blue[울트라마린 디프 블루]
1.진한 군청색

Vandyke Brown[반다이크 브라운]
1.회갈색

Cerulean[세룰리안]
1.짙은 청색 2.먼 거리, 물에 사용.

Crimson[크림즌]
1.1심홍색 2.얼굴을 붉힌.

Dunness[던니스]
1.회갈색 3.음침한.

Green[그린]
1.녹색 3.본질, 자연, 미숙한, 건강, 행운, 재건, 원기,정력, 관대, 비옥, 질투, 청신호, 크리스마스 등의 의미로 사용된다.

Green Earth[그린어스]
1.녹토 3.녹색 땅.

Jungle Green[정글그린]
1.암녹색 3.한 여름 색.

Grey[그레이]
1.회색 3.늙은, 우울, 겸손, 품위, 신뢰도, 깊은 고뇌.

Khaki[카키]
1.카키색, 연한황갈색 3.사막의 모래.

Magenta[마젠타]
1.연분홍.

Ocher[오커]
1.황토색, 오커 3.가을 색.

Yellow Ocher[옐로오커]
1.밝은 황토색.

Pastel[파스텔]
1.파스텔 색감.

Pink[핑크]
1.연분홍, 분홍 3.사랑, 흥분, 여성다운, 배려, 양육

Purple[퍼플]
1.보라, 자주 3.성스러움, 우아한, 신성한, 귀족, 영성, 의식, 신비, 변환, 지혜, 교화, 사치, 마법 등의 뜻으로 사용된다.

Red Madder[레드 매더]
1.심홍색 2.꼭두서니 염료 3. 공산당.

Russet[라셋]
1.팥죽색, 황갈색

Sepia[세피아]
1.암갈색, 세피아색 3.가냘픔.

Burnt Sienna[번트시에나]
1.농 황토색.

Tan[텐]
1.연한 황갈색, 햇볕에 탄 색 3.건강.

Taup[톱]
1.갈색, 짙은 회갈색.

Umber[엄버]
1.황갈색.

Vermilion[버밀리온]
1.주홍색 2.주홍색으로 물들다 3.봄,

Violet[바이올렛]
1.보라, 제비꽃 3.수줍음을 의미, Purple을 참조.

Ultramarine Violet[울트라마린 바이올렛]
1.짙은 보라색.

Titanium White[티타늄 화이트]
1.하얀색.

Naples Yellow Red[나폴리 옐로 레드]
1.+ 2.어두운 피부색.

Cadmium Yellow Deep[카드뮴 옐로 딥]
1.짙은 노랑,

Permanent Yellow Light[퍼머넌트 옐로 라이트]
1.연노랑 3.세싹.

Puce[퓨스]
1.암갈색.

Red[레드]
1.빨강 3.힘, 능력, 활력, 용기, 욕망, 열정, 혁명, 피, 사랑, 온정, 결심, 노여움, 공격, 위험, 불, 피, 전쟁, 폭력, 축하, 행운, 금지, 크리스마스, 사회주의 등의 뜻으로사용되는 색깔이다.

Cadmium Red Mix[카드뮴 레드믹스]
1.카드뮴 빨강, 밝은 빨강.

Scarlet[스칼렛]
1. 주홍, 진홍 3.짝사랑.

Sienna[시에나]
1.농 황토색.

Raw Sienna[로 시에나]
1.연한 황토색.

Terre Vertebrate[텔레 베르테]
1.녹색모래, 사막모래 색.

Turquoise[터쿼이스]
1.청록색, 터키 옥.

Burnt Umber[번트 앰버]
1.적갈색, 누렇게 탄 색깔.

Viridian[비리디언]
1.녹색 2.파릇파릇한 3.봄, 새 생명.

Cobalt Violet[코발트 바이올렛]
1.붉은색을 띤 보라.

White[와이트]
1.흰색 3.결백, 순결, 새로움, 처녀성, 평온, 순수, 불임, 눈(Snow), 얼음, 추위 등의 의미로 사용된다

Yellow[옐로]
1.노랑 2.황금, 왕실 3.부유(Rich), 선정적, 행복, 평안, 호화로움, 쾌할, 해치움, 지성, 허영, 정력, 여름 등의의미이다.

Cadmium Yellow[카드뮴 옐로]
1.노란색, 연노랑 3.통찰력을 의미.

Permanent Yellow[퍼머넌트 옐로]
1.진노랑.

Permanent Yellowish Green[퍼머넌트 옐로위시 그린]
1.연두색.

□ 그림설명 0451, 화가들이 많이 사용하는 색깔들.

C

0452 `com` `pic` `ani`

color correction (컬러 수정)

재래식 35mm필름으로 촬영하던 시대에 색 보정은 지금도 인쇄와 관련된 색 보정에서 사용하는 CMYK 필터를 사용하여 수정했다. 필터는 사이언(Cyan), 마젠타(Magenta), 옐로우(Yellow) 중에서 각기 농도에 맞게 #.05, .10, .20, .30, .40 등의 필터를 선별하여 사용한다. 이 필터들은 농도와 색상을 조정해 주며 조정방식으로는 조정해야 할 35mm필름 위치에 놋지(Knotty)를 표시해 자동으로 필터가 떨어져 색을 조정하며 이미지의 색상을 수정한다. 또한 색칠된 아트워크의 색조를 바꾸는 작업을 말하며 아날로그나 디지털 작업에서 색을 보정하거나 다른 색으로 교체하는 작업을 작업을 말한다. 21세기에 들어서는 시스템이 디지털로 바뀌고 지시된 색 보정작업은 컴퓨터의 레이저 빔 소스를 통해 색상보정작업이 바뀌었다. 그러나 그나마도 필름형태의 촬영이 사라지며 색의 보정 작업은 촬영카메라에서 이루지게 되었다.

0453 `pic`

color film (칼라필름)

이스트만 코닥(Eastman Kodak)회사에서 1935년에 세계최초로 컬러필름을 개발해 출시했다. 컬러 필름은 코닥 크롬(Kodak-Chrome)이라 불렀다. 필름은 얇게 C. M. Y. 칼라젤라틴을 3겹으로 바른 감광유제 층이 겹쳐있고 밑에 K(은염, Potassium, 기호 K)층이 있다. 매 층 사이에 색들이 서로 혼합되지 않도록 3층으로 커플러(Coupler)가 얇게 발라져 있다. 이 커플러는 맨 위가 연한 청록(Cyan)색 층과 그 아래에는 노란(Yellow)색 층 그리고 맨 아래에는 연분홍(Magenta)층의 유제가 서로 혼합되지 않게 분리해 준다. 은염이 빛에 노출되면 결정체들이 검게 네거티브 이미지가(K, Black) 형성되게 된다. 커플러는 민감하게 각층의 색상 할로겐 은이 혼합되지 않게 막는 역할을 하여 빛을 받은 부분들은 검게 되고 어두운 부분들은 포지티브(양화)에서는 반대로 밝게 보인다. 이러한 복잡한 과정을 거쳐 코닥이 칼라필름을 세상에 출시하게 되었다. 필름이라는 단어는 영화(Movie)라는 대명사로 또는 35mm필름의 뜻으로 사용된다. 또한 필름은 영화 또는 영상으로 만들어진 모든 작품을 대변하는 말이기도 하다.

✳ 참조보기 (0918- film)

✳ 참조보기 (0918- Film Invention)

✳ 참조보기 (0918- Fall of the Film)

✳ 참조보기 (1962- Photograph Invention)

color key (컬러 키)

애니메이션 캐릭터들의 색상을 지정해주는 기준이 되는 견본을 말한다. 캐릭터의 피부, 의상, 소도구(신발, 가방, 핸드백, 모자, 안경, 장갑, 양말, 지팡이 등 모든 부착물)에 색을 정하는 것을 칼라 키(Color Key)라 부른다. 색깔의 선택은 주변인물과 어울리는 색으로 정하며, 특히 배경의 색조를 감안하여 인물이 배경 색깔 속에 묻히지 않도록 색을 정한다. 색깔의 선택은 다양한 컴퓨터색상 중에서 선택할 수 있고 물감 색으로는 약 350여 가지의 색상 중에서 사용한다.

0455 `ani`

color model (컬러 모델)

애니메이션에서 페인팅을 위한 견본으로서 전체 장면에 대한 명암과 농도, 컬러를 지정하여, 각 시퀀스(Sequence)별로 배경 그림과 조화가 될 수 있도록 색 지정을 하기 위해 미리 제작된 샘플(Sample)을 말한다. 컬러 마크업(Color Mark-Ups)이라고도 부른다.

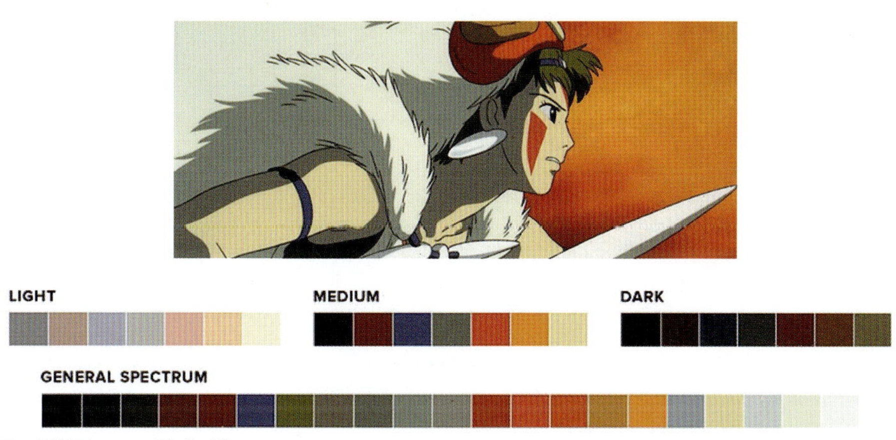

□ 그림설명 0455, 컬러모델 <Mononoke Hime, 1997> Color Key.

0456 `com`

color scheme (색채설계, 배색계획)

아날로그 방식에서 많이 사용해온 색깔의 배색 작업에서 많이 사용하던 방식이다. 수많은 색깔 중에 색이 서로 잘 어울리는지, 또한 어떤 매개체에 색조가 가장 잘 어울리는지를 가늠해 보는 작업을 말한다. 이러한 작업자를 배색디자이너(Color Scheme Designer)라고 부른다. 21세기에 들어서서 색의 배색은 계산된 컴퓨터에 의해 가장 뛰어난 배식이 실징되어 사용자에게 제시해 주머 이 중에서 선택한다.

＊color simulation (컬러 시뮬레이션, 배색 테스트)

화면 구성의 배색을 정하기 위해서 컴퓨터 그래픽 시스템을 사용하여 다양한 배색을 시도해 보는 것을 말한다. 컴퓨터를 이용하여 채색된 모델을 배경과 합성하여 느낌을 볼 수 있는 테스트 공정을 컬러 시뮬레이션이라 한다.

0457 `pho` `pic` `gen`

color temperature (색 온도)

광원에 따른 필름의 색조 변화 상태를 나타내는 켈빈(Kelvin, K°로 표기)지수를 말하는 것으로, 색 온도가 높으면 필름상의 빛이 파랗게 나타나며, 색 온도가 낮으면 붉게 나타난다. 일상으로 태양의 자연광 용 필름의 온도수치는 5,400K° 이며 실내조명(일반적으로 텅스텐이라 부름)용 필름 중, 엑타크롬(Ekta Chrome)은 3,200K° 이고, 코닥크롬(Kodak Chrome)은 3,400K° 이다. 이러한 필름들은 디지털 시대를 맞아 더 이상은 사용하지 않지만 색 온도를 재는 방식은 같다.

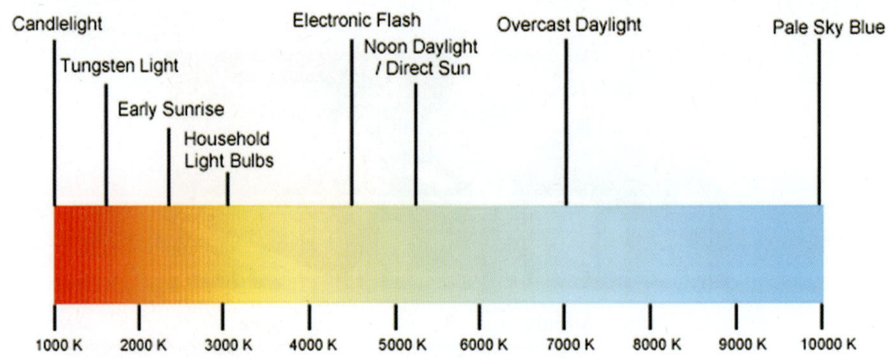

□ 그림설명 0457, 칼라 스펙트럼의 밝기 (in Kelvine Scale)

0458 `pic` `com`

color test (컬러 테스트)

애니메이션 캐릭터와 배경 및 색상의 부조화를 방지하기 위하여 주인공캐릭터와 주위 캐릭터들 색상이 배경과 밸런스를 이루고 있는지 스크린에 반영하여 분석해 보는 공정이며, 일반적으로 사람의 눈으로 분별하기 어려운 색의 조화를 알아내기 위하여 실제의 색 변화를 판독하는 작업이다. 21세기를 기점으로 아날로그방식은 모두 사라져 35mm 필름도 탱크스텐 3,200° 켈빈(Kelvin) 조명도 또한 촬영도 필름현상도 그리고 스크린에 영사하여 판독할 필요는 전혀 없다. 일렉트로닉(Electronic) 방식의 컬러테스트는 재래식의 필름테스트와 비교를 할 수 없을 정도로 필름테스트 없이 디지털 컬러로 포토숍 등 즉석에서 판단하고 결정할 수 있게 혁신적으로 개발되어 편리하게 사용된다. 디지털 컬러 스크린 역시 여러 단계를 거쳐, HD(High Definition), UHD(Ultra HD), SUHD(Super UHD)까지 디지털 광학기술이 혁신적으로 발전을 거듭해 왔다.

0459 `lit` `arc`

＊column (문단, 칼럼)

1)언론문학에서 신문이나 잡지의 정기 간행물의 지정된 섹션(Section)에 붙여 지정된 소제목 밑에 기사(Article)를 계속적으로 연재하는 것을 칼럼이라 부른다. 칼럼은 정치, 경제, 사회에 관한 비평 종류가 있고 특히 문화생활에서 스포츠, 건강, 영화, 음악, 미술, 과학, 역사, 의견소통 등에 관한 코너가 있고 일반적으로 각 분야의 전문기자가 코너를 담당한다.

＊column (기둥, 원주)

2) 고대그리스(BC.1100-146) 사람들이 건립한 웅장한 신전건물의 거대한 기둥(칼럼)들을 역시 칼럼이라 한다. 그들의 건축양식은 복잡할듯하지만 매우 간단하다. 그 당시에 이미 3가지의 칼럼양식으로 정하고 건축되어있다. 도리스(Doric), 이오니아(Ionic) 그리고 코린티안(Corinthian)식의 모양이 정해져 있다. 이 칼럼들은 여러 곳에서 3,000년이 지났지만 아직도 산재해 군건히 고적으로 남아서 서있다.

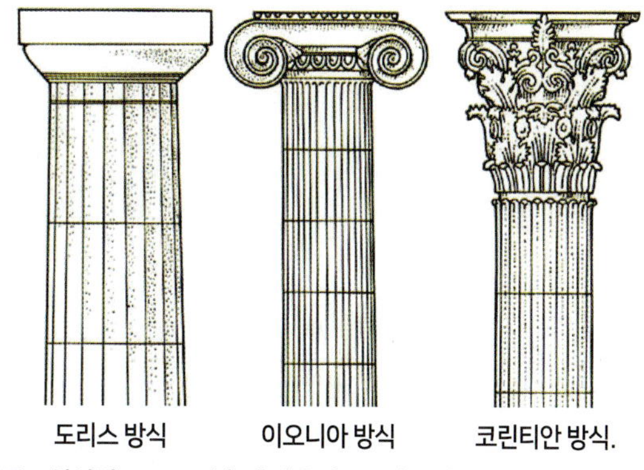

□ 그림설명 0459, 건축에 사용되는 3대 그리스의 원주들.

0460 `pic` `his` `peo`

comedy (코미디)

드라마나 영화에서 기본적인 코미디의 정의는 관객에게 유머와 즐거움을 주고 해피엔딩으로 끝나는 작품을 말하지만, 이 유머와 즐거움의 정도는 코미디의 종류에 따라 다르다. 일반적으로 코미디는 논리나 아이디어로 웃음을 주지 않고 몸집으로 웃기거나 상대를 골탕 먹여 멍청이를 만들어 웃기는 코미디(Practical Joke), 말꼬리를 이어가며 재치 있는 대화로 웃기는 코미디(Gag, Humor) 등 관객의 즐거운 반응을 얻어내는 것을 뜻하는 말이다. 영화에서의 코미디는 대사보다 시각적인 현실감이 훨씬 더 강하게 다가온다. 사운드가 없었던 초기 영화들은 팬터마임 같은 시각적면에만 의존했으며, 서커스 같은 공연들의 영향을 받아 폭넓게 여러 종류의 코미디를 개척해왔다. 1920년대 미국의 고미디는 슬랩스틱(Slap Stick) 코미디로부터 시작됐으며 크게 고함을 지른다거나 거친 행동을 해서 남을 웃기는 코미디를 주로 유지해 왔다. 서커스에서 코미디언들이 바나나 껍질에 미끄러져 공중으로 떴다가 땅바닥에 떨어지며 관객을 웃기는 것을 그 예로 들 수 있다. 애니메이션에서는 월트 디즈니 시대 이전에 유행했던 만화 중 팔다리가 고무호스같이 생긴 캐릭터들이 반복동작을 하며 관객을 웃겼던 것들도 이에 해당된다. 역사적으로 볼 때 1927년 영화의 토키(Talkie) 시대를 맞으며 찰리 채플린(Charlie Chaplin, 1889-1977) 스스로 등장하는 <찰리 채플린>, 무더기로 수선을 떠는 <키스톤 캅스(Keystone Corps)>, <세 멍청이(the Three Stooges)> 등은 대사(음향)가 영화의 예술성을 훼손한다는 비난을 하며 영화계에서 사라져 갔다. 그리고 한국에도 구봉서(具鳳書, 1926-2016), 김희갑(金喜甲, 1923-1993), 배삼룡(裵三龍 본명 배창순, 1926-2010), 서영춘(徐永春, 1928-1986) 등 행동으로 표현(Practical Joke)되던 흐름은 언어와 문장의 시대로 변화하기 시작했고 영화예술과 관객 역시 수준이 높아지기 시작했다. 오늘날에 와서는 거친 행동으로 남을 골려 웃음을 자아내거나 몸으로 보여주는 코미디는 비난을 받으며 점차 사라지게 되었다.

□ 그림설명 0460-1, <Keystone Cops>

-2, 구봉서, 서영춘, 양훈 출연 영화.
<당나귀 무법자>, 1970.

0461 `sci`

comet (혜성)

＊Shooting Stars (살별, 별똥별)

＊Meteors (유성)

맑은 어느 날의 밤하늘에서 꼬리를 길게 단 아름다운 혜성이 나타났다가 사라지는 것을 목격할 수 있다. 별똥별(Shooting Star)이라고 하고 유성(Meteors)이라고도 한다. 혜

성은 아름다운 모양과는 달리 더러운 먼지와 더러운 눈덩어리로 이뤄져 있다는 것이
과학적인 연구학설이다. 지금은 퇴출된 명왕성 궤도를 지나 훨씬 너머에 느슨하게 붙
들려 있던 더러운 암석 덩어리와 먼지들과 기체가 한데 엉겨 붙어 눈덩이들로 결합되
어 있다가 이것들이 우연히 지나가는 별의 중력의 영향을 받아 궤도를 이탈하여 거대
한 긴 꼬리를 달고 태양괘도를 잠시 지나는 현상이다. 혜성의 짧은 꼬리는 태양에 가까
워지며 길어졌다가 멀어지면 짧아진다. 꼬리는 항상 2개로서 태양의 반대쪽에는 하나
는 얼음 암석 먼지가, 하나는 메탄가스가 흩어지기 때문에 일어나는 현상이다. 이렇게
이름이 없는 별들도 수를 헤아릴 수 없이 많
다. 그러나 이름이 붙여있다 하더라도 불안
정한 별들은 과학자들에 의해 무시가 될 수
있다. 명왕성(Pluto, 달 5개)은 무려 60억Km
나 태양으로부터 떨어져 있어도 어김없는
거리에서 괘도를 따라 돌고 있지만 지름이
2,400km 밖에 안 되는 외소행성(지구의 달
지름 3,476Km 보다 작다.)이라는 이유로
2006년 8월 천문학자들이 모인 체코의 프라
하(Praha)에서 투표를 거쳐 태양계를 돌고
있는 9번째 행성에서 자격을 박탈당했다.

□ 그림설명 0461, 유성, 살별들(Halley's Comet, 1986) by NASA.

0462 `fes`

Comic-Con International (코믹콘)

미국〉 *Golden State, San Diego에서 1970년부터 시작된 '코믹 콘'은 만화를 중심으로
시작되었지만 지금은 애니메이션, 일반영화 등 다양한 분야의 엔터테인먼트 상품 전시
들이 4일간 거래되는 미 서부지역 최대 전시회를 겸비한 마켓이다. 시작 당시에 샌디
에이고(San Diego) 지역에 거주하던 셀 돌프(Shel Dorf, 1933-2009), 리차드 알
프(Richard Alf, 1952-2012), 켄 크루거(Ken Krueger, 1926-2009) 그리고 마이크 토
리(Mike Towry) 등 4명이 뜻을 모아 「골든스테이트 만화 출판회(the Golden State
Comic Book Convention)」 명칭을 붙여 산디에고 컨벤션센터에서 회의를 주제한 소규
모그룹으로 출발했지만 지금은 「the San Diego Comic-Con Convention」 으로 개칭
하게 되었고 2000년에 들어서 할리우드의 영화산업이 참여하며 만화, 게임, 애니메이
션, 완구, 문구, 캐릭터산업에 이르기까지 연관 산업이 모두 모인 복합적인 행사로 확
대되었다. 해마다 미디어의 폭이 넓혀저 하루에 약 12만 5천어 명이 방문하는 컨벤션

이 됐다. 1991년 이후 매년 다른 비영리 단체가 관리하며 샌디에이고 컨벤션센터에서 개최된다. <배트맨(Batman)>, <스파이더맨(Spiderman)>, <아이언 맨(Iron Man)>처럼 만화에 기반을 둔 할리우드의 슈퍼히어로 영화가 잇따라 크게 흥행하면서 1970년 샌디에이고에서 마블코믹스와 DC코믹스 팬들의 만화박람회로 시작했을 때와는 달리 매년 기하급수적으로 성장하며 알려지기 시작했다. 지금은 샌디에이고에서 뿐만 아니라 미국에서 적합한 여러 주의 도시에 옮겨 다니며 개최한다. 덴버(Denver), 발티모어(Baltimore), 뉴욕(New York), 휴스톤(Houston), 솔트레이크시티(Salt Lake City), 더비시티(Derby City) 그리고 롱비치(Long Beach) 등지에서 기습적으로 열리며 미국 최대뿐만이 아니라 세계적인 만화축제로 '코믹 콘'이 크게 주목받고 있다. *(Golden State 는 California를 의미한다.)

□ 그림설명 0462, Comic-Con International Logo, Comic-Con행사.

0463 `art` `his`

comic (코믹, 만화, 만화책)

일반적으로 우스운 소재의 내용을 코믹이라 한다. 코믹이라 불리는 만화는 한 칸짜리 만화인 카툰(Cartoons)과 구별하여 4컷(칸)으로 된 해학적(Humorous) 줄거리가 있는 내용의 신문 만화에서 유래됐다. 지금은 8칸, 16칸, 또는 책으로 묶은 단행본 만화도 모두 코믹, 또는 코믹 스트립(Comic Strips)이라 부른다. 이 코믹 만화는 주로 서양에서 여러 작가들의 만화를 신문의 만화 면에 매일 혹은 매주 연재함으로써 만화의 대중화를 이끌어 왔다. 만화는 예술이며 따라서 사회적 교류의 의미를 갖는다. 정치, 경제, 사회, 문화 예술 과학뿐만이 아니라 미래적 상상력을 독자들과 공유한다. 만화는 그냥 웃어넘기는 하나의 단순한 이야기가 있는 그림책은 아니며 간단히 서술하는 허구소설과도 확실히 구분된다. 스토리를 조리 있게 풀어가는 문학과 시각적 언어가 조화롭게 한데 어울린 예술이다. 또한 만화는 희화적이며 작가가 갖고 있는 이념마저도 그의 작품에 표출된다.

*comic strip (연재만화)

이야기를 담아 엮어낸 만화책이나 신문의 만화를 뜻하는 말이다. 일반적으로 이야기가 연속성이 있는 만화풍의 그림으로 여러 칸(Panel)으로 나누어진 칸 속에 그림을 그려 이야기를 글로 서술(Narration)해 쓰거나 말풍선(Speech Balloon)속에 대사를 넣어 흥미롭게 읽을 수 있도록 단행본, 신문이나 잡지에 나오는 연재만화를 가리키는 말이다. 이러한 만화책은 1920년경에 시작되었는데 21세기에 와서까지도 변함없이 같은 형식을 사용하고 있다. 연재만화는 종류나 방식, 그 형태가 수 없이 많다. 일반 코믹종류(Comic Category), 학문논리(Literature Theory)나 첨단논리(Post-modern theory) 등을 만화형태를 응용하여 시각적인 그림을 통해 쉽게 이해를 돕는 것이 만화의 본질적 표현이다. 만화는 스토리를 글로 쓰는 것이 아니라 희화적으로 유머러스하게 논리를 제시하고 해석한다. 만화는 시각적 언어이다. 또한 한 칸짜리 만화도 만화라고 부르지만 어원(Origin)으로는 Comic과 Cartoon으로 구별하여 사용한다. 카툰은 한 칸짜리 만화에 정치, 경제, 사회, 문화예술에 이르기까지의 사건을 만평으로 희화화하며 코믹은 짧게는 4칸짜리 길게는 한 권의 다행본과 같이 연속적인 줄거리를 그림으로 그려 만들어낸다.

ⓒ 만화가 노석규의 코믹

□ 그림설명 0463-1, 연재만화 <알숙이> by Seok-kyu Rho.

□ 그림설명 0463-2, 연제만화 <가필드> "거미로 사는 것도 쉽지가 않아" "왜 그러는데?" "내 무릎이 다섯이나 아픈 걸" "아이쿠" by Jim Davis.

-3, Marvel Comics의 어벤저스.

-4, DC Comics의 히어로들.

0464 `art` `mus`

comic opera (희극오페라, 희가극)

그랜드 오페라와는 다르게 본질적으로 익살스러움이 있는 짧은 희가극을 명칭하며 서창(Recitative)으로 노래를 하거나 가사(Libretto)를 읊어 내려가기도 하는 음악장르이다. 일명 오페레타(Operetta)라고도 한다. 이러한 오페라 형식은 곡자체가 유머적으로 구성되며 언제나 끝은 해피엔딩(Happy Ending)으로 마무리되는 것이 특징이다. 이 희가극 역시 오페라의 근원지인 이탈리아에서 17세기에 시작되었고 이 형식은 발달하여 1730년에 와서 오페라 부파(Opera Buffa)로 불렸고 프랑스가 재빨리 따라하면서 오페라 부퐁(Opera Bouffon)이라 부르며 오페라의 한 장르가 되었다. 지금은 프랑스와 비엔나 사람들은

□ 그림설명 0464, Komische Oper Berlin의 내부일부.

오페레타(Operetta), 독일에서는 징슈필(Singspiel), 스페인은 사르수엘라(Zarzuela) 그리고 영국은 발라드오페라(Ballad Opera)라고 모두 제 각각 코믹하게 이름을 붙여 부른다.

0465 `ani`

comma framing (콤마촬영)

문단에서 콤마가 문장의 흐름이 일단 정지의 의미로 사용하는 것과 같이 애니메이션 작업 시 한 프레임(Frame)씩 촬영하는 횟수를 의미한다. 한번 찍고 쉰다는 뜻에서 불리는 말로 이 용어는 일본에서 주로 '콤마도리'로 통용되고 있다. 국제적 용어로는 스톱프레임(Stop Frame) 또는 스톱모션(Stop Motion)이라 부른다. 영화는 초당 24(유럽은 25) 프레임의 그림이나 사진이 가다 섰다를 반복하여 지나가며 사람은 눈으로 동작을 보게 되는데 1초용 필름은 24번의 콤마촬영을 하게 되는 것이다. 그러나 1장의 그림을 2번 또는 3번씩 촬영하여 노동력을 줄이기도 한다. 이때 한 번씩 찍는 것을 1's, 3번 3's 라고 한다. 역사적으로 콤마촬영을 할 수 있는 카메라는 1905년 스페인에서 광고를 제작하기 위해 개발됐다고 알려져 있으나 실제의 기록으로는 1906년 미국의 제임스 블랙톤(James Blackton, 1875-1941)에 의해 최초의 스톱모션 방식의 애니메이션이 개발된 것으로 기록돼 있다. 애니메이션을 촬영하기 위한 카메라의 개발은 쉴 새 없이 이루어져 미국의 애크미(Acme) 카메라 시스템과 리차드슨(Richardson) 스탠드시스템, 영국의 옥스베리(Oxberry), 일본의 세이키(Seiki) 등 스톱모션 카메라 특수 기재 전문제작회사에 의해 콤마촬영용 애니메이션 카메라가 각 나라에서 많은 양이 만들어졌다.

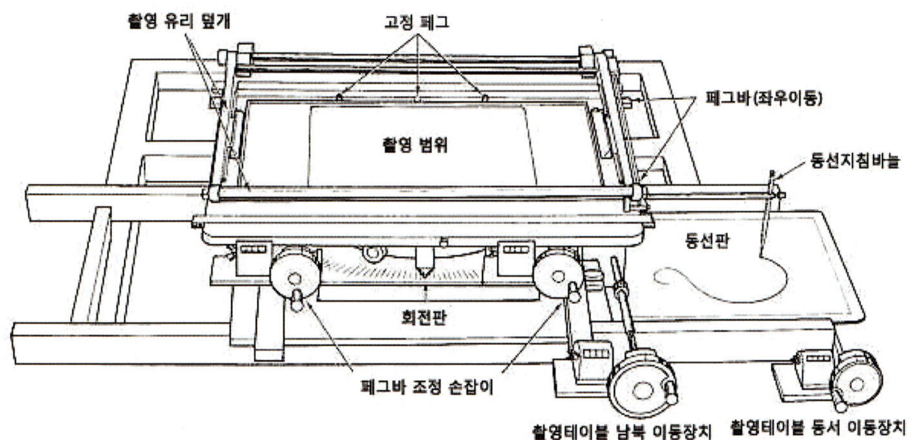

□ 그림설명 0465, 콤미 촬영(에니메이션)용 데이블.

C

0466 `art`

commercial AD (상업광고)

여러 종류의 상업광고형태를 뜻한다. 요금을 지불하는 방송용 광고뿐만이 아니라 어떠한 제품을 판촉하거나 일반적으로 돈을 들여 홍보하고 선전하기 위한 모든 행위를 뜻한다.

0467 `pic`

commissioned Film (위임받은 필름)

방송 매체가 방송을 하게 될 때 비용을 지급하는 관례에서 쓰는 말이며 대행 수수료를 지급하는 상업성에 관련된 필름들을 가리키는 말이다. 필름의 기획 제작비용이 포함되지 않은 커미셔너가 개입되어 있는 필름을 통상적으로 뜻한다.

0468 `gen`

communication (의사소통, 통신교류, 대화)

상대에게 전달하려는 모든 의사소통이나 정보의 상호교류(Exchange of Informations) 그리고 개발을 위한 창의적인 아이디어(Idea) 등을 서로 주고받는 것을 이르는 말이다. 소통은 개인과 그룹, 자국과 국제사회, 지구와 위성사이, 위성과 우주간의 광활한 소통뿐만이 아니라 정보수집도 포함하는 말이다. 이동통신기기(Smart Phone)를 비롯하여 정보사회에서 매우 복잡하고 다원적이다. 교통, 이동통신기, 이메일 네트워킹, 라디오, 텔레비전, 광고, 시각, 음향 등을 통한 정보유입 등이 포함되는 말이다. 또한 인간과 동물, 인간과 식물과의 관계를 말한다.

0469 `gen`

companion (동반자, 반려, 동료, 친구)

많은 시간을 옆에서 같이 보내준 사람을 가리키는 말이다. 속담에 "바늘 가는데 실 간다." "신발 한 짝이 어디 갔나?" "당신의 절반은 어디 있어?" 등 구어체로 표현하기도 한다. 오랫동안 함께 지내는 부부, 어려서 학창시절부터 떨어지지 못하는 절친한 친구 등의 관계를 뜻하는 말이다. 요즈음에는 집에서 개를 키우며 오랫동안 같이 지낼 개를 반려견이라 한다.

☐ 그림설명 0469, 사람과 함께 약 20여년을 같이 지내는 반려견.
(슈나우져, Mayee♀ the Dog, origin German)

0470 `gen` `ani`

comparison chart (비례 표)

애니메이션을 제작 할 때 스토리(스크립트)가 정해지면 이야기 속에 나오는 인물들을 찾아 캐릭터모델을 만들게 된다. 이것은 영화제작의 기획단계에서 이뤄지는 하나의 중요한 공정으로 주인공(Hero), 여주인공(Heroine), 특별출연(Special Featuring), 조연(Supporting Role), 조역(Extra), 악역(Villain Role) 등 모든 모델을 만들어 바이블을 정한다. 정리된 모델들은 각 캐릭터의 의상뿐만이 아니라 여러 캐릭터들을 줄 세워 놓고 캐릭터 간에 키 높이를 정한다. 이것을 캐릭터 비례 표라 한다.

□ 그림설명 0470, 캐릭터들(왕후 심청)의 키 비교표.

0471 `gen` `pic`

competition (경쟁, 경합, 경기)

영화 제작자, 감독, 화가 등이 만든 각종 작품들을 경합시켜 우승을 가려내기위한 하나의 과정을 뜻하는 말이다. 따라서 이 행위는 콘테스트나 게임에서 승리하기 위한 활동으로 많은 노력이 수반된다. 대부분의 영화제는 그랑프리(Grand Plix) 등의 상을 내걸고 다채로운 작품을 모집하여 경합을 벌이게 하는 것을 말한다.

0472 `gen` `pic`

completed production (제작완성)

필요한 한 제작물을 위하여 부분적인 것을 차례대로 모두 갖추고 조립 완료하는 것을 완성이라 한다. 애니메이션에 있어서의 완성은 여러 공정을 거친다. 1기획부분

(Pre-production)과 2제작부분(Main-production) 그리고 3마무리부분(Post-production)의 3단계로 영화제작이 이뤄지는데 기획-구상, 스크립트, 캐릭터개발(모델 팩), 스토리보드(Storyboard), 대사녹음, 감독시트완성, 애니메틱(Animatic), 레이아웃(Lay Out) 등을 완성하여 2단계의 제작부로 넘긴다. 한편 이쯤에서 음악 작곡을 의뢰한다. 제작 2개월 소요-애니메이션 작업, 어시스트 애니메이션, 배경, (2D애니메이션방식)동작 스캔, 카메라워크, 컬러(채색), 컴파지트(합성)하여 제작 부분의 공정을 완성하고 마무리하기위해 녹음실로 보내진다. 3단계 포스트에서는 기획부분에서 이미 준비해 놓은 녹음대사와 음악을 받아 대사, 음향효과, 음악을 적합하게 영화에 맞도록 편집하여 완성한다. 이것 영화의 제작완성이라고 말한다.

* completed disarray (완전 엉망진창)

이렇게 저렇게 완성해서 영상을 보니 엉망진창으로 작품의 핵심이 없이 끝난 것을 뜻하는 말이다.

0473 equ com mus

component (컴포넌트)

따로 떨어진 여러 기능이 함께 모여 완성된 이미지나 소리를 낼 수 있는 여러 기기를 조합한 것을 말한다. 소리를 내기 위해서는 앰프, 음악 플레이어, 스피커 등을 조합해야 소리를 낼 수 있는 것과 같다. 또한 컴퓨터 분야에서 그래픽 개개의 완성된 이미지. 이런 이미지는 컴퓨터 메모리에 저장된 매크로(Macro)로 불리는 더 작은 요소들로 구성 돼 있는 것을 의미한다.

0474 mus ani peo

composer (작곡가, 구도자)

컴포져는 음악을 작곡하는 사람을 뜻하는 말이다. 음악 작곡가는 리듬과 멜로디의 화음을 조화롭게 8개의 음표를 이용해 곡을 쓰거나 이미 기존의 음악을 편곡하기도 한다. 작곡은 여러 악기(Instruments)를 이용하거나 사람의 목소리(Vocal)로 음을 만들어 노래로 작곡한다. 작곡은 실용음악을 활용하여 애니메이션이나 실사 영화를 위한 작곡은 화면을 보면서 동작에 치중하여 곡을 붙인다. 연주자들이 바 시트(Bar Sheet)를 참고로 즉흥적으로 연주해 동작에 맞는 음악을 연주하여 이뤄진다. 작곡은 영화에 연출 분위기에 따라 독주, 2중주, 3중주를 비롯해 풀 오케스트라를 동원할 수도 있고 악기도 영화내용에 맞게 다양한 기존악기를 선택을 할 수 있다. 연주자의 동원된 숫자에 의해서 작곡비용이 산출되며 비용을 절약하기 위하여 새로 작곡하지 않고 라이브러리 음악을 사용해 영상의 완성도를 높일 수도 있다. 음악 역사에는 서기 약 600년경에 교회의 음악을 위해 주교(Bishop)가 주로 직접 교회음악을 작곡하며 시작되었다. 1300년경 중세기(Medieval)와 문예부흥(Renaissance)기에 들어서 반주 없이 목소리 화음으로 구성된 아카펠라(A capella)가 주류였다. 1597년 이탈리안 작곡가 자코포 페리(Jacopo Peri, 1561-1633)가 최초의 오페라 <다프네(Dafne)>를 작곡했다. 1600년에 들어서는 바로크(Baroque) 음악이 시작되었고 이 시대의 음악은 작곡과 표현의 이해가 쉽지 않았지만 당시부터 여러 작곡가들은 서서히 음악을 작곡하기 시작했다. 그리고 1750년 좀 더 쉬운 고전음악(Classical)이 나오며 명쾌하게 음악을 받아들이게 되었다. 모차르트(Wolfgang Amadeus Mozart, 1756-1791)의 다수의 오페라, 실내악곡 협주곡을 썼다. 1817년 베토벤(Ludwig van Beethoven, 1770-1827)은 그의 마지막 교향곡 <교향곡 9번(Symphony No.9)>을 최초의 오케스트라와 목소리(Vocal)를 합친 음악을 작곡했다. 그리고 20세기에 들어서 모더니즘 작곡가 조지 거슈윈(George Gershwin, 1898-1937)의 <랩소디인 블루(Rhapsody in Blue)>, 레오나르드 번슈타인(Leonard Bernstein, 1918-1990)은 <웨스트사이드 스토리(Westside Story)> 등을 썼다.

□ 그림설명 0474, Composer, Conductor-Leonard Bernstein (1918-1990)

✱ 참조보기 (0477- Composition)

✱ 참조보기 (1686- music)

0475 `com` `pic`

composite (컴포짓, 합성)
✱ compositing (합성하기)

두개 이상의 디지털 이미지를 하나로 결합시키는 것을 합성이라 한다. 또한 여러 겹(Levels)의 시각적인 이미지 또는 두개 이상의 소스를 하나로 합성하는 것을 말한다. 수 십 혹은 수백의 겹(Levels)이라도 합성이 가능한 것이 디지털 방식이다. 디지털은 합성이나 복사를 할 때 아날로그와는 달리 전혀 원본 손실(Generation Lose)이 없어 여러 번 합성을 할 수 있다. 1) 일반적으로 영화의 화면(Picture)과 사운드(Sound)를 하나의 포맷으로 최종 합성하는 것을 뜻한다. 또한 포스트 프로덕션 과정에서 사운드만의 합성과정이 있는데 이는 음악, 효과음 그리고 대사를 하나로 묶는 것으로 이를 사운드 컴포짓 이라고 부른다. 2) 컴퓨터 화면에서 별개의 포맷(Format)으로 이루어진 동영상과 배경을 하나의 완성체로 합성시키는 것을 뜻한다. 3) 분리된 샷에서 2개 이상의 구성 요소들이 합쳐져 만들어진 이미지, 라이브 액션, 애니메이션, 모형, 풍경 그리고 그림 등이 하나의 화면으로 합성되는 것을 컴포짓이라 부른다.

□ 그림설명 0475, Composite을 사용한 Freezed Motions.

0476 com pic

composite print (컴포짓 프린트, 완성 본)

사운드 트랙과 화면이 합성된 필름의 프린트를 뜻한다. 극장에서 상영되는 정규 필름은 이와 같은 컴포짓 프린트 단계를 거친 것들이며 이것을 다른 말로 출시 프린트(Release Print)라고도 한다. 디지털에서도 합성단계는 같으며 다만 프린트가 아니라 하드파일에 완성한다.

0477 art ani

composition (구도, 작곡, 구성, 배치)

일반적으로 이 말은 조형적 예술형태를 구성하는 데에 광범위하게 사용되는 단어이다. 주로 음악에서 작곡, 작문(Writing) 등 구성(Organizing)체에 붙여 사용되며 미술에서 구도(Composition)와 구성(Constructive)뿐만이 아니라 물질(Material)의 구조 등을 의미하는 말이다. 애니메이션 제작에서 배경(Background)은 화면을 구성하는 기본이다. 소실점의 위치에 따라 화면의 조감, 부감 그리고 평범한 눈높이인지에 따라 구성의 구조가 다르게 된다. 물체의 배열은 원근법에 따라 움직일 수 있게 자리를 잡아 배치하는 것을 컴포지션이라 한다. 영화를 위한 화면의 배열은 연출에서 벌어질 캐릭터 동작의 범위와 소도구의 위치 등을 감안하여 배경을 구성하게 된다. 움직임에는 조명 등을 포함한 모든 요소들을 신 안에 보이도록 배치하는 것이다. 컴포지션(구성)은 관객들이 편하게 거부감 없이 느끼도록 배열해 둔다. 배경에서 프레임의 구성은 크기, 형태, 균형, 컬러, 질감, 빛, 그림자 등으로 표현되며, 평평한 2차원을 극복하고 전경, 중경, 배경으로 구분해 표현하여 입체감을 이뤄내도록 한다. 하지만 필름에는 이미지가 계속적으로 변해, 캐릭터와 카메라의 움직임은 입체감을 증폭시켜 고객을 화면 안으로 끌어들이게 된다. 프레임의 공간 구성 또한 좀 더 의미 있는 형태나 크기로 주의를 끌게 하는 데 있어 중요한 요소이다. 화면내의 색상과 선, 명암, 빛의 밝기 등의 전체적인 연관 관계와 균형 및 배분상태의 조화를 말한다.

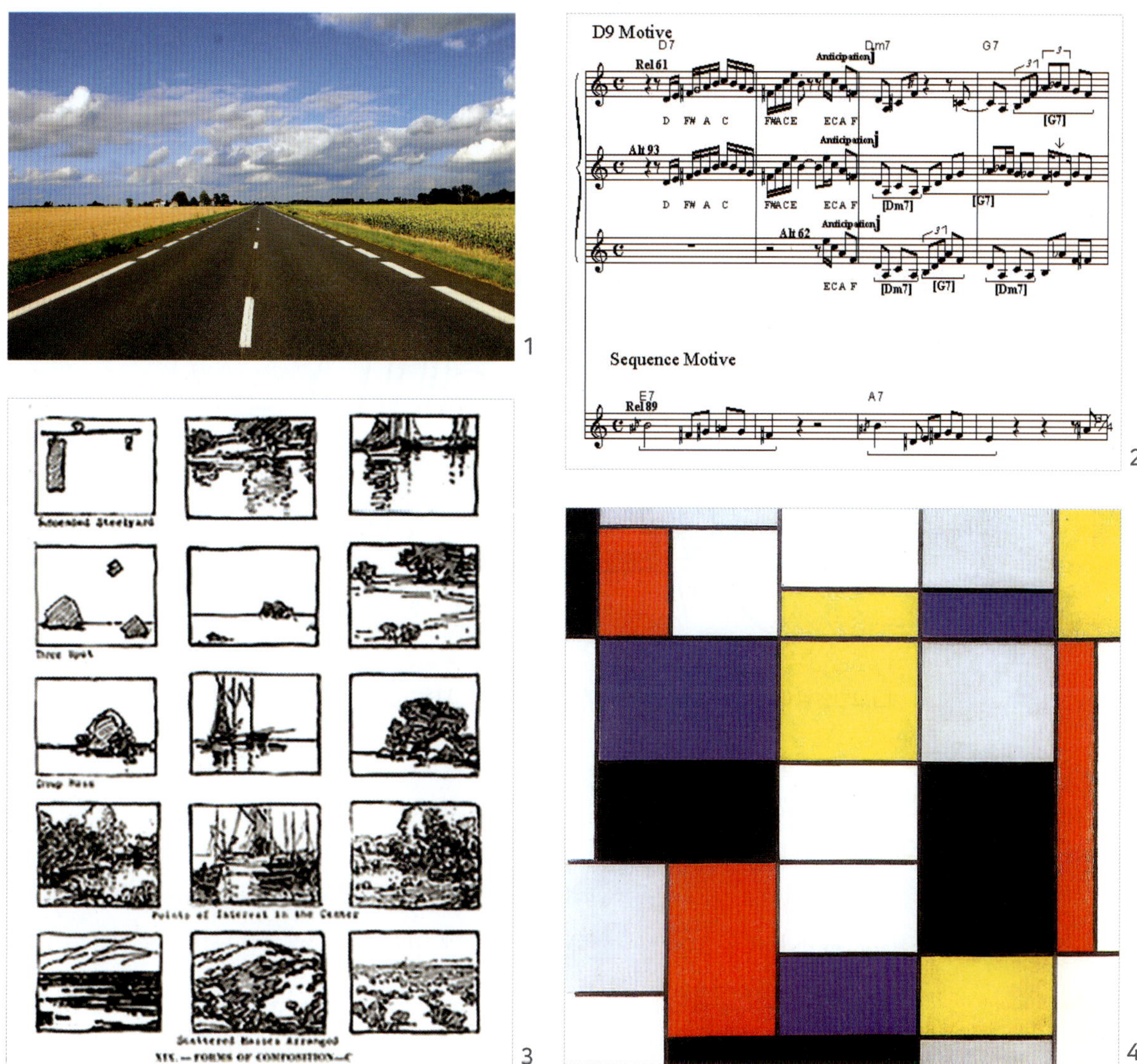

□ 그림설명 0477-1, 구도, -2, 작곡 -3, 구성 -4, 배치

0478 `ani` `pic` `equ`

compound table (컴파운드 테이블)

이 컴파운드 테이블은 재래식 애니메이션 촬영대에서만 사용한다. 카메라 스탠드에 부착되어 있으며 직선상에서 움직이지 않고 상하좌우 곡선으로 자유자재로 팬(Pan)을 하며 촬영할 때는 일일이 수치계산은 불가능하기 때문에 움직여야 할 이동경로를 손으로 그려 표시하고 그 가이드 선을 따라가며 촬영하도록 하는 것을 컴파운드 테이블이라 부른다. 이것은 매우 정확하게 조정되는 수동식 촬영방법이다. 일반적으로 컴파운드는 카메라의 움직임을 최대한 원활히 하기 위해 카메라 회전체 구조로 연결되어 있는 장치를 모두 풀고 자유롭게 사용하게 된다. 근래에는 애니메이션을 촬영하는 모든 방식이 디지털화 되어 있지만 지금은 사용하지 않는 지난과거의 기능을 실제로 비교해 볼 때 컴파운드 촬영 방식이 더 쉽고 감독의 예능성이 보일 수 있다. 이 경우 디지털방식보다 낫다고 할 수 있다.

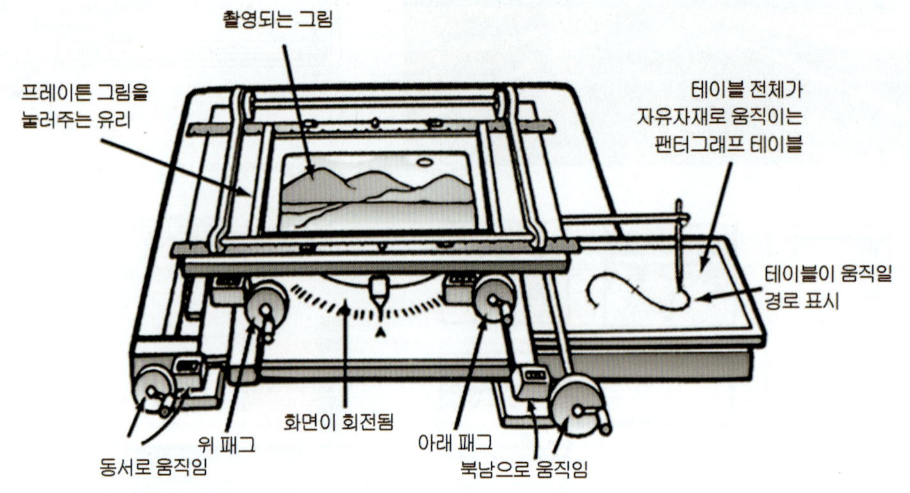

□ 그림설명 0478, 수식 계산 없이 쉽게 이동 가능한 컴파운드 테이블.

0479 `com`

computer (컴퓨터, 계산기, 숫자체계)

컴퓨터는 전산프로그램을 처리하는 전산기기(Computing Machinery)로 하드웨어(Hardware)와 프로그램을 수행하는 소프트웨어(Software)를 하나로 묶어 컴퓨터라 부른다. 컴퓨터는 하드웨어와 소프트웨어가 동시에 있으므로 신속하고 정확하게 컴퓨터의 정보처리기능, 출력기능, 메모리기능, 정보통신기능 등을 발휘하게 되는 것이다. 하드웨어 종류로는 데스크 탑 컴퓨터(Desktop Computer), 랩톱컴퓨터(Laptop Computer) 또한 대형 전문전산 컴퓨터(Mainframe Computer) 등이 있다. 컴퓨터는 산술적

(Mathematical)인 첨단과학 장비로서 수식계산과 논리정보의 분류(CPU), 그래픽 시각능력(GPU), 컴퓨터언어의 이해, 데이터베이스 등을 전산 처리할 수 있다. 이를 위해 여러 종류의 주변기기를 사용한다. 전자(Electronic)적 이미지 스캐너(Image Scanner), 프린터 등을 같이 사용하게 되며 소프트웨어 프로그램은 아주 많은 프로그램을 수행한다. 홍보, 오락, 교육, 보도, 미디어, 의학, 영화, 그래픽, 방송, 예술, 과학, 군사, 정보, 교통 등 제한적인 분야가 거의 없이 누구나 이용할 수 있는 절대 필수체가 되었다. 컴퓨터의 발상과 발전의 역사로 보면 이미 17세기에 시작되었다. 프랑스의 수학자, 물리학자, 발명가, 작가 그리고 예수교 철학자였던 블레즈 파스칼(Blaise Pascal, 1623-1662)은 이미 16세 때 기계(Mechanic)식으로 된 가감계산기를 발명했고 1622년 때는 곱셈과 나눗셈을 만들어 'Pascal Calculator' 라는 이름으로 상품화했다. 파스칼이 죽고 나서 1671년에 독일의 고트프리트 라이프니츠(Gottfried Wilhelm Leibniz, 1646-1716)가 전기로 가동되는 차분기관 자동계산기를 만들었다. 파스칼 이후 170년이나 지나고 나서 영국에서 최초로 기계식 컴퓨터를 만들어내어 '컴퓨터의

□ 그림설명 0479-1, 17세기에 발명한 파스칼의 계산기.

-2, Babbage의 '숫자 분석기'

아버지'로 불리는 찰스 배비지(Charles Babbage, 1791-1871)는 박식가로 수학자, 철학자, 발명가, 기계공학기사였다. 1837년 배비지 역시 기계식으로 약간 복잡한 계산기를 만들어 냈다. 그는 인간의 실수로 생겨나는 계산오차를 줄이기 위하여 기계적 계산방식에 사용하기 위해 분석기(Analytical Engine)를 만들기 시작했지만 자금문제와 건강문제로 완성하지 못하고 그는 1871년에 생을 마감했다. 그러나 1936년 가장 최초의 전자와 기기를 결합한 최초의 2진법(Binary) 컴퓨터가 만들어진 것은 독일의 콘래드 주세(Konrad Zuse)였다. 당시에는 누구나 컴퓨터를 소개할 때에는 앞에 '최초' 라는 수식어가 반드시 붙었다. 모두들 새로운 컴퓨터로 새로운 것들을 발명해 냈기 때문이다. 1939년에는 IBM에서 일하던 존 휘트니(John Whitney, 1917-1995)는 그의 컴퓨터작업 결과물을 35mm 영화필름 위에 프린트하여 최초의 컴퓨터에 의한 움직이는 이미지를 만들어 낸 사람이다. 1942년에 최초의 디지털 컴퓨터로 미국 아이오와 주립대학(Iowa State Univ.)의 존 빈센트 아타나소프(John Vincent Atanasoff, 1903-1995) 교수가 'Atanasoff-Berry Computer(ABC)'를 발명했다고 기록되어 있다. 5년 만에 개발을 완성 했지만 중앙처리장치(CPU)가 없는 계산만을 하는 컴퓨터로 완성했다. 1946년이 지나 '애니악(ANIAC)'이 펜실베이니아 대학의 제이 프리스퍼 엑커트(J. Presper Eckert,

1919-1995)와 존 모클리(John Mauchly, 1907-1980)가 역시 최초로 거대한 크기의 컴퓨터를 만들어 냈는데 당시에는 아직 트랜지스터가 개발되지 않았을 때여서 무려 1만 8,000개의 진공관을 사용했고 1,800스퀘어피트 크기에 무게는 50톤이나 되었다. 1949년에는 'EDSAC'이라 불리는 최초의 '축적 프로그램 컴퓨터(Stored Program Computer)'가 나왔고 이때 처음으로 그래픽 컴퓨터 게임이 나왔다.

□ 그림설명 0479-3, 최초의 ABC 숫자(Digit)컴퓨터.

-4, 최초의 거대한 EDSAC 컴퓨터.

컴퓨터는 1968년에 획기적으로 테이블 탑 소형화에 성공하였다. 집 덩이 만 한 크기에서 테이블 위에 올려놓으려는 소형화는 인류에게 크나큰 업적이었다. 이러한 변혁에는 미국의 PC회사, 휴렉 패커드(Hewlett Packard)사 그리고 인텔(Intel)사가 합류하여 MS-DOS 체계로 새로운 컴퓨터시대를 열게 되었다. 이처럼 기기를 이용한 주요 컴퓨터의 발달의 역사를 알 수 있다.

□ 그림설명 0479-5, 테이블 탑 컴퓨터.

0480 com ani

computer animation (컴퓨터 애니메이션)

컴퓨터 그래픽 프로그램을 이용하여, 3D 입체로 이미지를 만들어 동작을 얻어내는 애니메이션을 말한다. 컴퓨터 애니메이션은 뉴욕에서 벨(Bell) 연구소의 교육자인 에드워드 자작(Edward Zajac, 1957-)교수에 의해 처음 발표되면서 즉각적인 반응을 얻었으며 곧 확산됐다. 처음엔 최첨단 IBM 컴퓨터 기기를 사용하여 과학, 수학, 공학 분야의 영상을 35mm필름을 사용하여 제한적으로 제작했으나 실험예술, 과학시뮬레이션(Simulation), 오락 등의 대중적 정보에 점차적으로 활용되면서 차차 그 자리를 넓혀 나가게 되었다. 컴퓨터 애니메이션은 초기에는 아날로그 형태의 컴퓨터 그래픽아트를 하던 존 휘트니(John Whitney, 1917-1995)가 IBM의 물리학자 잭 시트론(Jack Citron)의 도움을 받아 IBM의 시리즈 프로젝트 순열(Permutation)에 가담하면서 부터이다. 이들 과학자들과 아티스트들은 슬릿스캔(Slit Scan), 모션컨트롤(Motion Control), 스케치패드(Sketchpad), 인 비트윈(In between), 변신(Transformation), 현실체험(Simulation) 등의 우주공학 관련 연구와 컴퓨터 그래픽으로 불린 컴퓨터 예술로 주로 소개되었다. 일찍이는 1940년 당시의 컴퓨터는 작은 집체만큼 엄청난 크기여서 지금처럼 개인이 소유한 데스크 탑 컴퓨터와는 그 크기가 비교가 안 되었다.

컴퓨터가 소형화된 것은 1968년 PC, hp(Hewlett-Packard), Intel 3사의 혁신적인 개발로 시작됐다. 1970년경 발전된 컴퓨터 그래픽으로 캘리포니아에 있는 제트추진 연구소(JPL)가 만든 영화 <Voyager 2>에 그들의 시뮬레이션 기술과 이미지 매핑(Mapping) 기술을 이용하여 크게 성공한 사례를 들을 수 있다. 1982년에는 컴퓨터 애니메이션 장편이 월트디즈니(Walt Disney)에서 스티븐 리스버거(Steven Lisberger, 1951-) 감독이 <TRON>을 만들

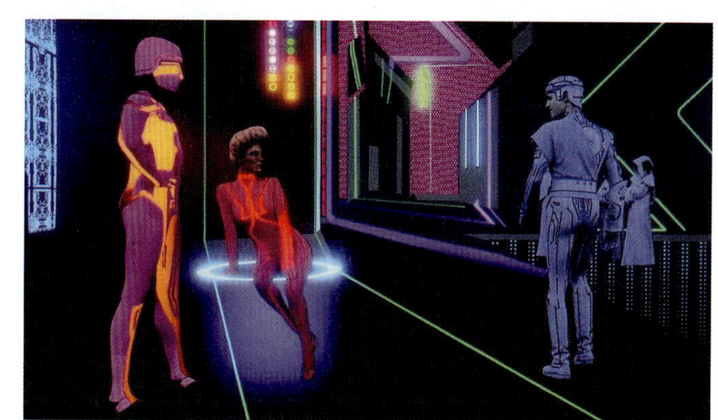

□ 그림설명 0480-1, 최초의 컴퓨터 애니메이션. 디즈니의 <TRON>

-2, 픽사 회사가 만든 애니메이션
<Toy Story, 1995>

었다. 흥행에는 성공하지 못했으나 이것은 세계적인 컴퓨터 애니메이션 CG(Computer Graphic)의 시작이었다. CG는 날로 변화해 혁신된 새로운 기술이 하루가 다르게 발전해 왔다. 모션 블러(Motion Blur) 프로그램의 신기술을 바탕으로 애니메이터인 존 A 라세터(John Alan Lasseter, 1957-) 감독이 픽사(PIXAR)를 설립했다. 1984년 <꿀벌의 모험>을 시작으로 픽사는 매년 단편 애니메이션을 만들어 기술을 키우며 숨고르기를 했다. 라세터 감독은 그가 당시 작업하고 있던 <토이 스토리(Toy Story, 1995)> 장편 애니메이션으로 디즈니사와 계약에 성공한다. 1995년 디즈니와 픽사는 새로운 컴퓨터기술로 만든 <토이 스토리>를 발표했고 크게 성공을 거두게 되었다. 그 후 픽사는 수많은 3D 컴퓨터애니메이션을 양산해 냈다. 후일 결국 픽사는 디즈니의 대주주로 주객이 바뀌게 되었다. 당시 디즈니의 회장으로는 마이클 아이즈너(Michael Eisner, 1945-)가 있었는데 그는 자기 밑에 사장으로 10년이나 데리고 있던 제프리 카젠버그(Jeffrey

□ 그림설명 0480-3, 드림웍스가 만든
애니메이션 <Shrek, 2001>

Katzenberg, 1950-)와 크게 다투게 되었고 이 일로 카젠버그는 1994년 디즈니를 뛰쳐나와 「드림웍스(DreamWorks) SKG」라는 회사를 3인(Steven Spielberg, Jeffrey Katzenberg, David Geffen)이 공동으로 설립하고 그 첫 번으로 <슈렉(Shrek, 2001)>을 만들었고 큰 성공으로 이끌었다. 이 세 사람이 만든 회사 드림웍스는 디즈니-픽사와 함께 지난 30여 년 가까운 동안 서로 경쟁적으로 필사의 노력을 하며 3D 컴퓨터 애니메이션에 과학적, 기능적, 예술적 그리고 혁신적인 발전을 세계적으로 이끌어온 공로가 숨겨져 있는 것이다. 드림웍스와 디즈니의 대부분의 애니메이션은 한 프레임씩 장면을 형성하고 모아 연속적인 시퀀스(Sequence)로 편집되는 것이다. 컴퓨터애니메이션을 제작하기 위해서는 동작(Motion), 페어링(Fairing), 관점(Hidden-Surface Removal), 색칠(Surfacing), 명암(Contrast), 조명(Lighting)을 만드는 매우 정교한 프로그램이 과정이 요구된다. 좀 더 리얼리스틱(Realistic)한 이미지를 만들어 내는 드림웍스사의 경향 때문에 프레임 당, 수 백 번의 컴퓨터 작업을 수행해야 함으로 처리 과정이 시간이 걸리고 따라서 빠른 컴퓨터가 필요하다. 현대에서 컴퓨터 활용은 영화 제작 뿐만이 아니라 이미 우리에게 생활화가 되었다.

0481 `ani` `equ`

computerized animation stand (컴퓨터 애니메이션 스탠드)

재래식 로스트럼 카메라에 모든 카메라의 작동이 컴퓨터에 의해 자동 촬영할 수 있도록 설계된 특수 카메라이다. 주로 팬(Pan)을 할 때 미리 정해놓은 프로그램에 의하여 사람의 손으로 조작하지 않고 세밀하게 컴퓨터 계산으로 자동화 되어 있는 특수 카메라이다. 셔터를 누를 때마다 팬 속도나 트럭킹 카메라의 상하 움직임 등이 자동으로 작동되며, 촬영은 한 콤마씩 또는 셋팅한 프레임에 맞춰 촬영되게 정밀한 컴퓨터 조작으로 여러 부분이 기계적으로 움직이게 되어 있다.

□ 그림설명 0481, 컴퓨터에 의해 완전히 조작되는
재래식 애니메이션 스탠드와 카메라.

0482 ani com

computer effects (컴퓨터 효과)

CGI(Computer Generated Imagery)는 CG(Computer Graphics)적용하여 일반 2D 애니메이션의 복잡한 신(Scene)이나 혹은 전반적인 시퀀스(Sequence) 위에 CG로 바람, 비, 눈, 번개 등을 추가로 넣어 보다 나은 완성된 시각적 효과를 화면에 생성하는 것을 말한다. 또한 이러한 CG효과는 3D 애니메이션에서도 같은 방식으로 적용된다.

0483 com pic

computer assists filming (컴퓨터보조촬영)

컴퓨터 작업에 의해 만들어진 결과물을 35mm 필름으로 완성한 것을 컴퓨터필름이라 부른다. 1939년경, 이 당시에 만들어진 컴퓨터 필름들은 추상적인 이미지로 이루어지고 반복적인 패턴(Repeat Pattern)으로 되어 있는 것이 대부분이다. 컴퓨터 영화의 개척자 중 한 사람인 미국의 애니메이터 존 휘트니(John Whitney, 1917-1995)는 그의 동생 제임스 휘트니(James Whitney, 1921-1982) 로그와 컴퓨터의 도움(Assisted by Computer)으로 애니메이션 디자인을 하다가 자신이 발명한 모션 그래픽 영역에 속하는 최초의 컴퓨터그래픽스 작품을 제작했다. 이때 붙여진 옵티컬 프린터(Optical Printer)와 연결된 기계를 활용하여 휘트니는 그래픽 디자인의 성격을 사전에 계획하고 다양화 할 수 있었으며, 필름에 수록한 결과들은 단순한 해프닝 이상으로 평가받을 수 있었다. 그러나 컴퓨터 그래픽을 이용한 본격적인 영화로는 1982년 디즈니가 제작한 컴퓨터 내부로 들어간 인물의 모험을 다루었던 '트론(Tron)'이 최초의 필름으로 제작된 작품이다. 오늘날 컴퓨터 애니메이션은 한 프레임씩 생성해내는 것뿐만이 아니라 또 하나의 컴퓨터의 산물인 모션 캡처(Motion Capture)를 통해 제임스 카메론(James Cameron, 1954-)의 '아바타(Avatar)'와 같은 애니메이션도 가능하다. 지금은 극장용 영화로서 뿐만이 아니라 TV에서도 완전무결한 컴퓨터의 변형을 통한 장면의 창작에까지 영역을 넓혀가고 있으나 지금은 필름으로 영상물을 만드는 곳은 드물다.

□ 그림설명 0483, 카메론(James Cameron) 감독의 <아바타, 2009>

0484 com ani

computer generated animation (컴퓨터로 생성한 애니메이션)

애니메이션 이미지를 컴퓨터에서 만들어 내는 것을 의미한다. 때문에 이미지는 연필, 물감 등을 사용하여 종이 위에 그려진 애니메이션이 아니라 디지털 코딩(Coding)에 의해 생성되는 것을 말한다.

0485 `art` `com`

computer graphics (컴퓨터 그래픽스)
* CG (씨지)

컴퓨터를 이용해 종류의 제한 없이 새로운 영상을 만들어 내는 기술을 뜻하는 말이다. 3D 또는 2D이던 CG로 만들어낸 애니메이션 이미지나 도형, 그래픽배경 등 상상력으로 이루어진 모든 영상을 포함한다. 형태, 질감, 색상, 크기, 회전, 명암, 위치, 시간 등을 손쉽게 다룰 수 있다.

☐ 그림설명 0485, Computer Graphic Images, kingsley iyamu.

0486 `com`

computer language (컴퓨터 언어)

컴퓨터와 의사소통을 할 때는 사용되는 어휘와 사용방법을 알아 명령한다. 일반적으로 컴퓨터에 묻고, 해석하고, 수용할 수 있는 문서들을 총칭하여 컴퓨터 언어라고 한다. 우선 Mr. 컴퓨터와 원활한 소통을 위하여 1) 프로그래밍 언어, 2) 기본 컴퓨터 언어, 3) 외형 구성과 설명에 관한 언어, 4) 비선형에 관한 언어를 알고 대화를 한다.

0487 `art`

concept (콘셉트, 개념)

생각하고 있는 기본 아이디어를 말한다. 테마, 스토리의 일반적 개념, 생각, 작품의 개요, 광고기업 활동 등 초기단계(Preliminary)에 일반적으로 쓰는 단어이다. 우선 무엇을, 어떤 목적으로, 왜 시도 하려는가, 다음 단계로의 발전을 이끌어 줄 만큼 새롭고 자극(Stimulus)적인 것인지 경제적으로나 유행(Fashion)적으로 충분히 호기심(Curiosity)을 이끌어낼 수 있는지 논의가 필요한 생각들을 가리키는 말이다. 개념이라는 한글보다는 콘셉트라는 외래어를 일반적으로 더 자주 사용한다.

0488 `art`

concept sketch (초기구상, 구상스케치)

영화나 어떤 이미지 창작에서 아이디어는 매우 중
요한 시작이다. 상상 속에 있는 비주얼 이미지를
실제의 그림으로 그려내는 최초의 기초적 일러스
트레이션이다. 상상은 무한한 것이지만 목적을 설
정하고 디자인해가며 상상을 옮기는 것을 의미하
는 뜻이다. 구상은 영화, 단편 애니메이션, 비디오
게임, 광고, 일러스트, 패션디자인, 생활가구, 공업
디자인, 건축설계 등 분야에 쓰는 말이다.

☐ 그림설명 0488, Alice model sheets. Alice in Wonderland (Disney 1951)

0489 `mus` `art`

concerto (협주곡, 콘체르토)

대부분이 음악용어가 그렇듯이 이탈리아어로 'Concerto'는 서양고전음악에 붙여진 이
름이다. 음악의 한 형식으로 관현악단과 독주악기가 같이 연주하는 것을 협주곡이라
한다. 바로크 시대에는 이런 형식을 합주협주곡이라 불렀다. 일반적으로 여러 연주자
들이 모여 앙상블을 이루는 관현악단의 연주와 여러 종류의 솔로(Solo)악기가 나서서
협주곡을 리드하며 연주를 하는 것을 말한다. 솔로악기로는 쳄발로, 오르간, 바이올린,
첼로, 피아노, 호른, 파곳, 오보에, 플루트, 클라리넷 등 솔로악기에 따라 협주곡의 이름
을 붙여 불리며 이 형식은 바로크로부터 고전시대, 낭만시대의 리스트(Franz Liszt,
1811-1886), 슈만(Robert Alexander Schumann, 1810-1856) 등에까지 진화(Evolve)했다.
협주곡은 바로크시대, 고전시대, 낭만시대, 근대 그리고 현대 협주곡에 이르게 되었다.

0490 `lit` `pic`

conclusion (결말, 종결, 끝맺음)

지어낸 이야기나 실제 사건 끝의 결말이나 그 성과나 소산을 의미하는 말이다. 대개는
문학에서 이야기의 흐름을 정리하며 사필귀정(Corollary)으로 마무리를 할 때 사용되
는 문학으로서의 플롯(Plot)에 해당되어 많이 활용되는 구성의 한 방식이기도 하다.
또한 이슈(Issue)가 되는 심각한 실제의 문제를 의론한 후 그 결과로서 해결점을 도출
해 내기위한 의론된 결말을 뜻한다. 영화나 소설에서 기승전결(도입-Introduction, 전
개-Development, 최고조-Climax 그리고 결말-Conclusion)의 문장을 구성하게 되는데

그 마지막을 뜻한다. 이러한 기승전결의 구성은 특히 TV시리즈나 단편 스토리에서 두드러지게 사용되는 구성형식이다.

0491 `mus`

conductor (지휘자)

여러 악기로 편성돼 있는 심포니오케스트라 또는 합창단을 지휘하는 음악지휘자를 말한다. 지휘자는 악기나 합창단의 소리의 강약, 속도(박자), 음색 등 연주자나 합창의 차례를 손으로 알려주며 음악의 조화(Ensemble)를 위해 지휘하는 사람을 이르는 말이다.

□ 그림설명 0491, Conductor- 세기의 명지휘자 아르투로 토스카니니(Toscanini)

그러나 솔로, 뚜엣, 트리오, 스트링 쿼테트 등 현악이나 실내악곡은 지휘자 없이 연주한다. 세기의 음악 지휘자들은 이탈리아의 아르투로 토스카니니(Arturo Toscanini, 1867-1957), 독일의 브루노 발터(Bruno Walter, 1876-1962), 헝가리의 유진 올만디(Eugene Ormandy, 1899-1985), 오스트리아의 헐버트 본 카라얀(Herbert Von Karajan, 1908-1989), 미국(독일인)의 레오나르드 번슈타인(Leonard Burnstein, 1918-1990), 그리고 일본의 세이지 오자와(Seiji Ozawa, 1935-), 인도의 주빈 메타(Zubin Mehta, 1936-), 한국에는 금난새(Nanse Gum, 1947-) 지휘자 등이 있다.

0492 `lit` `pic`

conflict (갈등)

영화의 내용에서 심리적으로 2개의 힘이 격돌하는 것으로, 흔히 플롯(Plot)의 동기유발 요소의 모순 등을 가리키는 단어로서, 1)발단(Opening)부분- 갈등의 설정과 정의를, 2)전개(Expansion)부분- 갈등의 발전과 강화를, 3)클라이맥스(Climax) 절정으로 고조되었다가 4)결론(Conclusion)으로 이루어진다. 갈등은 개인과 개인 간에, 2개의 그룹 간에, 또한 개인 스스로의 심리적 요인의 갈등 등 여러 모양으로 일어날 수 있다. 애니메이션에서 이러한 갈등들은 좀 더 해학적이며 직접적이며 물리적 방식으로 표현될 수 있다.

0493 `sci`

constellation (별자리, 성좌)

천문학에서 별자리는 어떤 모양으로 자리 잡고 있든 간에 밤하늘에서 항상 그 자리에 자리를 지키고 있는 별들을 가리켜 부르는 말이다. 별을 보고 특정한 별에 이름을 붙이기 시작한 것은 지금으로 부터 BC 4,000년-600년 전의 메소포타미아(Mesopotamia)

남부고대 왕국 바빌로니아 사람들(Babylonian)에 의해서였다고 한다. 이별들은 언제나 그 자리에서 변함없이 성군(Asterism)을 이루고 있어서 여러 모양에 따라 흥미롭게 이름들이 붙여져 있다. 천문학 선각자들은 별마다 의미를 부여하여 부르는가하면 점성가(Astrologer)들은 점성술(Astrology)로 사람들의 운명을 풀이하기도 한다. 고대이스라엘 유다왕국의 예언자였던 이사야(Isaiah, BC.612)는 아시리아와 바빌로니아가 망할 것이라고 예언했고, 16세기 프랑스의 점성가이며 예언가이었던 노스트라다무스(Nostradamus, 1503-1566)는 지금까지도 사람들의 입에 오르내린다. 희미하고 작은 별들은 먼 곳에 있지만 별과 별사이의 거리는 수 광년이나 수십 광년이 떨어져 있다. 별자리는 지구로부터 볼 때의 위치를 알아낼 수 있는 시각적 위치일 뿐이지 별과 별사이의 거리를 계산해 내기는 쉽지 않은 먼 곳에 있다. 많은 별들이 지구로부터 수백광년 멀리 있어서 밤이면 반짝이는 별들을 보며 우주의 심오함과 끝없는 광활한 우주의 신비를 느낀다. 우리가 흔히 알고 있는 이름들 중에는 물병자리(1월-2월), 물고기자

□ 그림설명 0493, 하늘의 별자리.

리(2월-3월), 양자리(3월21-4월19), 황소자리(4월20-5월20), 쌍둥이자리(5월21-6월21), 게자리(6월22-7월22), 사자자리(7월23-8월22), 처녀자리(8월23-9월23), 천칭자리(9월 24-10월22, 전갈자리(10월23-11월22), 사수자리(11월23-12월21), 염소자리(12월 22-1월19) 등이 있다. 달의 날짜가 표기된 것은 태어난 날짜에 의해 그 날의 운수와 인 생의 행운을 점치기도 한다. 별들은 국제천문연맹, IAU(International Astronomical Union)에 의해 공인된 88개의 별자리가 정해져 있고 이름과 모양이 달라서 밤하늘을 보고 찾아내기는 쉽지 않다. IAU는 이름이 정해져 있는 별도 퇴출시키거나 또는 새로 발견된 것은 입적시키기도 한다.

0494 `mus` `equ`

console (콘솔, 음향 시스템)

오디오 스튜디오에서 사용하는 음향 조정장치(Audio Control System)를 뜻하는 말이 다. 일반적으로 음향 녹음실에 갖춰져 있는 콘솔 보드는 48채널에서 88채널 크기로 입 력장치와 출력장치로 음악믹스(Mix), 음향분리(Stereo, 5.1 Surround Sound) 등을 특별 엔지니어 스페셜 리스트에 의해 관리된다. 주변기기로는 마이크, 스피커, 앰플리파이 어, 잡음소거(Dolby Sys), 기기를 서로 연결하는 케이블 등이 준비되어 있다. 이 밖에도 오르간의 연주 대(Board)나 화면 모니터링을 하는 커다란 TV와 주변 음향기기 등 조작 스위치가 집약된 구성체를 콘솔이라 부른다.

□ 그림설명 0494, 음향 조정장치.

0495 `pic`

continuity (촬영대본, 콘티)

영화나 광고 분야에서 촬영대본을 이렇게 부른다. 스토리를 위한 대사, 액션, 음향 효과 등을 표시한 연속된 그림으로 꾸며진 스토리 보드를 말하며, 매 커트(Cut)마다 등장인물, 촬영방법, 녹음효과 지시, 의상, 소도구, 세트, 로케 등이 상세히 그림으로 표시되어있는 그림대본을 가리키는 말이다. 애니메이션 제작 공정에서는 스토리보드 (Storyboard)가 이에 속하며 특히 CF(Commercial Film)에서 콘티뉴어티를 줄임말로 콘티라고 부른다.

SC51

자객 #1 말에 오른다.

자객 #1 : "심하구나 틀림없어!
자 어서 뒤를 따라"

CONT

자객 #1 "찾아봅시다!"
자객 #2 : "이랴!"

SC52

단추와 가희가 걷는다.
가희 : "야 단추야 너
배고프지 않니?"

CONT

단추 : "배고프지 뭐"

CONT

단추 : "우리가 이렇게 배가 고프니
아빠는 더할거야"

SC53

단추 : "우리는 닭죽이라도
먹었잖아?"
가희 : "뭐 우리가 먹은게
닭죽이라구?"

SC54

가희 : "닭죽? 에 ～ 크"
단추 : "오리죽은 아니었어!"

SC55

가희 : "왜 그걸 지금 얘기해? 엉"

SC56

이러 니 대감의 자객들이 청이 아버지를 찾아 뒤를 따른다.
자객 #1 : "자 멀리 못갔을 것이니 서두릅시다!"

sfx : 말발굽소리, 물소리

□ 그림설명 0495, 애니메이션 <왕후 심청> 스토리보드 중에서.

✱ 참조보기 (2580- Storyboard)

0496 `art` `lit`

contemporary drama (시대극)

극장에서 공연하는 그 시대의 시대적 상황과 사건을 주제로 하여 문학적인 형태의 연극으로 보여 주는 시대극(Costume Drama)이나, TV에서 방영하는 여러 형태의 역사극(Historical Drama)을 시대에 맞게 연출한 드라마를 가리키는 말이다. 특별히 이러한 의도는 동시대의 사람들의 심리를 자극하고 논쟁을 이끌어내어 삶의 질을 의식하게 하는 시도 (Essay)라 할 수 있다. 시대상의 관심으로는 사회적 위기, 도시의 변화, 삶속의 상관관계, 성학대 등 그 시대의 즉각적인 사회적 관심사들을 주제로 할 수 있다.

□ 그림설명 0496, 한류(Korean wave) <빛나거나 미치거나> 2015, MBC, <해를 품은 달> 2012, 팬엔터테인먼트 / MBC

0497 `gen`

contract (계약서)

영화 스튜디오와 화가 간이나 혹은 노무자와 회사 간에 봉급, 작업 스케줄, 작업 조건 등을 기술한 서면 합의서를 말한다. 애니메이션 프로덕션 해외 회사와 하청(OEM)을 받는 회사 간에 이루어지는 계약서를 말한다. 이러한 계약을 "Work for Hire"라 칭한다.

0498 `art`

contrast (콘트라스트, 대조)

일반적으로 밝고 어두운 것의 뚜렷한 차이를 뜻한다. 이미지에서 빛의 최대와 최소 지점간의 상대적인 차이. 콘트라스트는 극단적인 차이로만 결정되는 것은 아니고, 빛과 어두움 사이에 차츰 변하는 중간 그레이 톤으로도 결정된다. 대비되는 두 부분 사이에 그라데이션(Gradation)이 적으면 하이 콘트라스트이고, 그라데이션이 많으면 로우 콘트라스트이다. 이미지의 콘트라스트는 물체의 밝고 어둠의 강약, 조명, 필름의 화면 농도 조정 등 여러 요인의 결과이다.

□ 그림설명 0498, 콘트라스트 흑백의 대조.

0499 `gen`

convention (컨벤션, 회의)

공식적 회의, 중요한 소재를 다루며 여러 사람이 모여 공동 관심사에 대해 발전적이고 개선된 의견을 도출해 내는 회의를 말한다.

0500 `gen`

coordinating (코디네이팅, 제작관리)

영화제작에서 사람과 사람들의 상호협력이나 자료의 연결 등을 관리한다. 영화제작은 많은 인원이 동원됨으로 제작 공정상 발생할 수 있는 혼란을 막기 위해 필요한 관례를 집행 관리하는 것을 이르는 말이다.

0501 `pic` `ani`

co-production (공동제작, 합작)

극장용이나 TV 프로그램을 공동제작하기 위해 두 개 이상의 회사가 공동으로 투자하여 제작하는 행위를 이르는 말이다. 일반적으로 제작비용 분담, 관객 증대, 저렴한 노동력을 통한 비용 절감, 세금이 적은 나라에서의 절세 효과를 위해 이루어지는 제작방법이다. 그러나 국제적으로 이루어지는 공동제작에는 나라간의 문화적 차이로 인한 독창성과 동질성에 많은 문제를 가져올 수 있음으로 신중한 결정을 내린다. 영상 프로그램의 제작은 3가지의 공정으로 구분되는데, 1. 기획(Pre-Production), 2. 메인프로덕션(Main Production), 3. 마무리하는 포스트(Post Production)로 나뉜다. 이 중에서 공동제작은 창의적 부분인 1번의 기획부분과 3번의 포스트부분을 맞게 되는 것이 독창성을 확보할 수 있다. 반대로 2번의 메인프로덕션을 맡게 될 경우 매우 단순한 노동집약적 작업이 될 수 있다.

0502 `equ` `gen`

copy (카피, 재생, 복사, 복제)

재생, 복사 또는 복제의 의미로 사용되는 단어이다. 예를 들어 1) 재생(Reproduction) 고대 때의 자기와 같은 희귀한 물건을 그대로 재생하여 만드는 경우이다. 2) 복사(Duplicate) 인쇄된 잡지나 신문 서류 등을 복사기를 사용하여 복사하는 것. 3) 복제(Replica) 방영되는 TV프로그램을 녹화하는 것이나 원본으로부터 파일을 여러 개로 복제하는 것을 뜻한다.

0503 `art` `gen`

copyright (저작권, 판권)

모든 예술가나 개인이나 그룹의 문학, 음악, 영화 등 모든 예술 형태의 작품에 저작권이 한정된 기간 동안 무단 복제나 사용을 통제하기 위한 법적인 독점적 권한을 말한다. 저작권의 보호는 일반적으로 사용자의 신청에 의해 국가의 기관이 국제관례에 의해 기간을 주고 관리한다. 영화는 일반적으로 프로듀서(Executive Producer) 이름으로만 저작권이 주어지지만, 영화 속의 노래나 성우 같은 일부분들이 따로 개인적으로 저작권(Residuals)을 갖기도 한다. 판권 등록소인 특허청에 등록하여 권리를 획득할 수 있다. 판권의 주장은 작품의 타이틀을 적고 등록(Registered)상표 ®, 판권(Copyrights)등록 ©, Trade Mark(로고) TM 등으로 표시한다. 저작권은 다른 사람에게 양도할 수 있다. 그러나 법적인 보호기간 50년이 지나면 저작권이나 판권은 소멸되며 누구나 이용할 수 있는 퍼블릭 도메인(Public Domain)으로 취급된다.

0504 `pic` `equ`

core (코어, 필름 심)

주로 35mm나 16mm 필름을 감는 필름감기용 플라스틱 필름코어를 말한다. 네거티브(Negative, 원본용) 생필름이나 포지티브(Positive, 복사용) 생필름 속에 따라 나오는 심으로 지름 5.3cm 넓이 3.5cm의 플라스틱 허브를 코어라 부른다. 코어는 생필름을 감아 출고하고 일반적으로 현상된 필름에도 필름감기용으로 계속 사용되는 물건이다.

□ 그림설명 0504, 필름을 감는 35mm 코어(속심)

0505 `gen`

corporation (법인, 공사, 조합)

법인으로 등록된 기업(Corp. 또는 Enterprise), 회사(Company) 등을 뜻하는 말이다. 법인은 사람이 주식회사, 사단법인 또는 재단법인 등을 설립하고 법률상의 권리와 의무를 갖는 법적으로 주체가 되는 사람을 말한다. 또한 법인은 주식회사(Join-stock Company), 조합(Union, Association), 단체(Group), 유한회사(Limited Company) 그리고 무역회사(Trading Co.) 등으로 등록할 수 있다.

0506 `art` `ani` `pic`

costume (의상, 복장)

일반적으로 영화에서 말하는 의상의 의미는 패션쇼의 의상과는 구별되어 말한다. 복장은 시대의 유행(Fashion)에 따라 변화되며 영화에서는 내용에 맞는 의상을 조금은 변형하여 사용한다. 뿐만이 아니라 1) 사람의 품위와 통속적으로 계급을 표현하기도 한다. 2) 의상은 직업을 나타내고, 3) 계절과 연령에 어울리는 적절한 디자인과 색상을 선택한다. 4) 복장은 내용에 따라 그 나라와 지역을 고증해서 의상을 선택한다. 5) 또한 시대의 역사를 대변함으로 실사영화나 애니메이션에서 캐릭터 설정에 매우 중요한 역할을 한다. 창작에서는 의상이 시대에 뒤떨어진 듯 보이는 재래식 전통의상을 그대로 사용할 것인지, 새롭게 디자인을 변형(Modify)할 것인지는 총감독과 아트디렉터가 연출의 일환으로 택한다.

0507 `pic`

costume movie (의상영화)

영화나 TV에서 특별한 복식으로 복장을 한 캐릭터가 출연하는 영화를 말한다. 유서 깊은 코믹 북의 슈퍼히어로(Superhero)들이 복장을 한 <슈퍼맨(Superman)>, <배트맨(Batman)>, <오즈(OZ)>, <할로윈(Halloween)> 등의 특별한 복장들을 입고 나오는 실사영화들을 주로 의상 영화라 부른다.

□ 그림설명 0507, <The Dark Knight Rises, (2012)> Christopher Nolan.

0508 `art`

costume play (코스튬플레이)

하나의 예술장르로서 일본에서는 코스플레이(Cosplay)라고 줄여서도 부른다. 이 장르는 개인 또는 소수의 그룹이 모여 만화에 나오는 인물이나 소설에서 등장하는 이야기를 주제로 전통적인 특별한 역사적인 모양으로 의상을 입고 공연을 하는 것을 말한다.

□ 그림설명 0508-1, 할로윈데이 마녀

-2, 병정놀이 코스플레이.

2

C

0509 `pic`

countdown (초읽기, 카운트다운)

일반적으로 필름이나 영상물 앞에 약 8초전부터 초읽기 리더를 넣어 카운트다운 하는 것을 가리키는 말이다. 매 초마다 시청각으로 역산해 숫자를 보여준다. 화면은 실속도로 초읽기 숫자가 8초, 7, 6, 5, 4가 나오다가 3초부터 화면은 어두운 공백으로 흐르다가 Zero에서 영화가 시작된다.

□ 그림설명 0509, 영상시작 카운트다운.

0510 `sci`

coverage (범위, 도달범위)

영상과 방송은 방송전파와 매우 중요한 관계를 가지고 있다. 전파 커버리지의 뜻은 방송전파의 수신가능 최대지역을 가르치는 말이며 전파는 방송출력 파장에 따라 다르다. 중간 출력소를 경유하지 않은 곳까지의 지역을 초기수신지역(Primary Service Coverage)이라 범위를 정한다. 전자파를 제외하고 눈으로 볼 수 있는 가시광선(R. G. B.), X선 그리고 감마(Gamma)선이 모두 전파이며 3백만MHz(Mega Hertz) 미만의 전파를 주파수라 한다. 이 주파수에 의해 방송 송출범위가 정해진다.

0511 `lit` `art`

co-writer (공동작가)

영화나 창작드라마 등을 단독으로 쓰지 않고 두 사람 혹은 두 사람 이상이 함께 스토리를 쓰는 것을 공동작(Co-Writing) 또는 공동작가라고 한다. 장편소설, 문헌, 기사, 시 등은 공동으로 쓰지 않으며 일반적으로 순수창작스토리가 아닌 TV연속물 등은 여러 작가들이 공동으로 쓰거나 연속시리즈로 타이틀을 달고 차례로 쓰게 되며 이러한 경우 스토리 편집자(Story Editor)에 의해 관리를 받아 완성하게 된다.

0512 `com` `equ`

CPU (씨피유)

＊Central Processing Unit (중앙처리장치)

컴퓨터의 두뇌격인 매우 중요한 장치이다. 명령을 하면 즉각 해독하며 산술(FPU, Floating-point Processing Unit, 부동 소수점 처리장치)과 논리연산(ALU, Arithmetical and Logical Unit, 연산논리장치) 등 데이터를 즉각 처리하여 실행하는 장치이다. CPU 는 지금하고 있는 일을 잠시 기억하고 있는 Processor Resister 장치, 산술(Arithmetic) 을 하여 많다 적다를 판단하는 논리(Logic) 장치, 메인보드나 램(RAM)과 칩셋으로 연결하는 제어장치를 장착하고 있다. 또한 그밖에도 동작속도, 메인보드, 칩셋(Chip-set), 랜덤 액세스 메모리, 로딩, HDD, 그래픽카드, ODD, Mac 등과 호환간계가 있다. 컴퓨터는 개발당시 Intel, PC, HP 3개사의 합작으로 1968년에 소형 데스크톱으로 세상에 나온 이래 급진적으로 발전을 거듭하여 처음에는 Intel-X86, 186을 출시했고 그러나 286부터 관심을 얻기 시작 386, 486 세대를 지나 Pentium, Pentium4, Core2, Core, Core7시리즈에 와 있다.

□ 그림설명 0512-1, CPU.

-2, Intel Core i7.

✱ GPU (지피유)

그래픽 처리장치(Graphic Processing Unit)를 말한다. 이 그래픽카드는 CPU라고 불리는 중앙처리장치(Central Processing Unite)의 명령에서만 이루어지는 장치로 디자인 작업 현황을 모니터에 출력하려면 그래픽카드가 없으면 모니터에서 아무런 입력신호를 받을 수 없어서 결과물을 볼 수 없다. CPU는 명령어에 의해 연산 능력이 매우 뛰어나고 각 장치에 지시를 내릴 수 있지만 직접 모니터에 그래픽을 표시할 수 있도록 하는 그래픽카드(Graphic Card)를 가리키는 말이다.

-3, Graphics Processing Unit., NVIDIA-GPU.

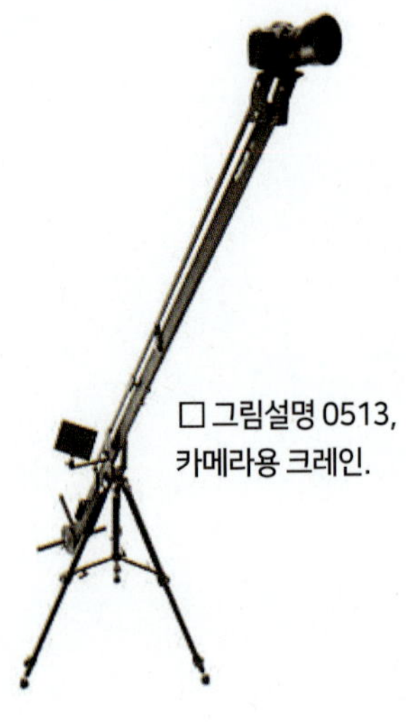

□ 그림설명 0513,
카메라용 크레인.

0513 `equ` `pic`

crane (기중기)

단어로는 성큼성큼 긴 다리로 걷는 두루미를 뜻하는 말이지만 영화에 사용되는 말로는 기중기를 뜻한다. 이 기중기라는 기계는 아주 키가 크고 팔처럼 생긴 크레인을 높이 올리고 내릴 수 있어 카메라 기중기 역할을 한다. 영화제작에서는 크레인 끝에 카메라를 달고 오르내리며 감독이 원하는 연출에서 역할을 하며 촬영하는데 사용된다. 또한 21세기에 들어서 디지털카메라의 소형화와 우수한 렌즈의 개발로 인해 카메라를 드론(Drone)에 부착하여 크레인의 역할을 능가하는 기능을 발하고 있다.

0514 `pic`

crank in (촬영개시, 영화촬영)

크랭크인이란 말은 영화제작의 시작을 뜻하는 말이다. 19세기말인 1888년경에 조지 이스트만(George Eastman, 1854-1932)에 의해 코닥(KODAK)이라는 브랜드로 최초의 활동사진(Motion Picture)용 35mm 롤필름(Roll Film)이 발명되었고 작은 상자모양의 카메라에 넣은 짧은 필름이 시중에 판매되어 많은 사람들의 관심을 샀다. 필름은 찍은 후 열어볼 수 없게 밀폐된 체 이스트만 회사로 보내져 현상을 해서 다시 사용자에 돌려보내졌다. 언제나 개발은 멈추지 않고 사용과정에서 발생된 부족을 보다 편리하게 사용하기 위해 새로운 것을 만들어 낸다. 필름은 당시를 추측하건대 1초당 16프레임에서 18프레임이 촬영되었을 것으로 보아 1분을 촬영하는데 60~70자 길이의 필름이 사용되었을 것이다.

□ 그림설명 0514-1, 35mm 초기 카메라 내부 필름장착, 수동 크랭크식 촬영.

-2, 35mm film 외부 마가진 부착, 수동 크랭크식 촬영.

-3, 35mm 알미늄 카메라 등장, 수동 크랭크식 촬영.

crawling titles (기어오르는 자막)

영화나 TV 프로그램의 출연자의 이름(Credit)들이 소개될 때 하나의 방식을 뜻하는 말이다. 설명자막이나 이름들이 화면의 하단으로부터 상단으로 허공중으로 기어오르는

듯이 소개하는 것을 말한다. <스타워즈> 영화에서 처음으로 사용된 이래 대부분 'Crawling' 또는 'Rolling' 타이틀이라 부른다. 이 방식의 타이틀은 '메인 크레딧'으로 모두 소개하는데 시간이 많이 소모되어 인물 소개에는 한정적으로 사용한다. 일반적으로 백 스토리(Back Story)를 설명할 때 사용한다. 그 밖에 특별한 디자인을 사용하여 소개하기도 한다.

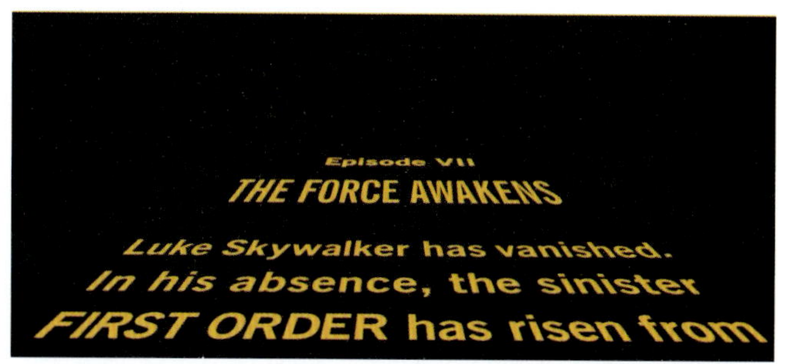

□ 그림설명 0515, StarWars의 기어오르는 자막, 또는 말려 오르는 자막.

0516 `art` `lit`

creation (창조, 창작)

창작이란 한 예술분야에서 작가(Writer), 화가(Painter), 음악가(Musician), 조각·조형가(Sculptor) 등에 의해 각기 글을 쓰거나 그림을 그리거나 음악을 작곡하고 또한 물체를 조형하는 행위를 말한다. 일반적으로 구도(Composition), 구조(Structure), 조형(Shape), 형태(Formative), 색채감(Sense of Color) 등에 관해 새로운 미적 개성과 독창성을 나타내기 위해 만들어지는 것을 의미하며, 예술가들은 지속적으로 번뇌하며 새로운 작품의 세계를 열어간다. 이런 것들은 대부분이 새로운 미적 감각을 대중(Audience)에게

보이기 위하여 새로운 개념(Concept)으로 만들어내는 결과물을 창작이라 한다. 예술에서의 창작은 새로운 것을 꾸준히 시도하는 것이다. 창조라는 말은 삼라만상(the Universe)에 퍼져있는 창조물을 의미하며 창작은 그것들을 이용해 만들어진 2차 창작물에 의미를 둔다.

□ 그림설명 0516, 빛은 생명이오. 생명은 하나님의 창조물이다.

0517 `pic`

creative director (독창적인감독, 창조적인감독)

영화에서 무엇인가 새롭고 창의적이고 거의 발명적인 상상력을 발휘하는 감독을 뜻하는 말이다. 이 의미는 일반적인 감독과는 달리 새로운 기능의 기술과 예술적 창의성으로 뛰어난 내용물들이 관객에게 영향력을 끼칠 수 있는 특출한 감독을 창작적인 감독이라 한다.

0518 `pic`

creature (창조물, 생물)

살아있는 사람이나 동물을 창조물이라 한다. 그러나 영화에서 불리는 창조물들은 주로 우리가 흔히 보는 동물이 아니라 현실에서는 보지 못하는 형이상학(Metaphysics)적으로 만들어진 괴물들에 붙여 쓰이는 말이다. 화가들이나 영화제작자들은 상상으로부터 만들어진 괴기한 창조물들을 영상으로 만들어내 주로 영화에서 관객에게 혐오스러운 두려움 등의 느낌을 보여주어 보다 많은 관객들에 충격을 주기위한 목적으로 사용된다. 예;를 들어 괴기영화 <엘리언스(Aliens, 외계인)>에 나오는 가공의 괴물들 역시 창조물들이다.

☐ 그림설명 0518, 상상의 창조물(괴물) by Mobius-9/deviantart

0519 `pic`

credit (크레딧, 출연자 명단)

영화는 주로 화면 전체가 어둠에서 밝게 페이드인(Fade-In) 되면서 우선 영화의 제목이 자막으로 나온다. 따라서 이야기를 쓴 작가이름이 따라 나오고 만약 이야기가 실화에 근거했으면 타이틀 아래 짧게 표시한다. 프로듀서, 배우, 감독, 촬영 감독, 미술 감독, 음악 감독, 기술진 등 필름 제작 책임자들의 명단을 화면의 하단부에서부터 자막(Credits)이 올라가는 타입(Type)이 많이 사용된다. 전면에서 중역으로 활동하는 사람들과 배후에서 조력하는 사람들의 크레딧은 글자의 사이즈와 위치로 결정한다. 엔딩 크레딧(Ending Credit)에서는 대부분의 제작에 참여한 스태프들의 이름을 모두

롤 업(Roll Up) 방식으로 보여준다. 크레딧은 위치에 따라 영화의 앞부분에 일반적으로
오프닝 크레딧(Opening Credit)이 나온다. 앞에는 중요한 사람의 자막만 나오고 영화의
내용이 마무리된 후 스크린의 아래에서부터 위로 올라오는 방식을 취한다. 뒷부분자막
을 엔딩 크레딧(Ending Credit)이라 부른다. 종류로는 밑에서 위로 올라오는 모양을 크
리핑 타이틀(Creeping Title) 위로 올라가면서 윗부분은 사라지고 새로운 줄이 밑에
나타나는 모양을 '롤링 타이틀(Rolling Title)'
그리고 <스타워즈>에 사용된 자막 방식은
'크롤인 타이틀 (Crawling Title)'이라고도 한다.
영화가 끝난 후에도 자막은 빠르게 올라가지만
지루할 정도로 오래도록 나온다. 이 자막에 나오
는 각자의 이름들은 매우 중요하고 누구나 영화
에 참여했으면 여기에 자막으로 나온다. 그리고
그들은 모두 영화를 위해 일 한 것에 자랑스럽게
자부심을 가질 것이다.

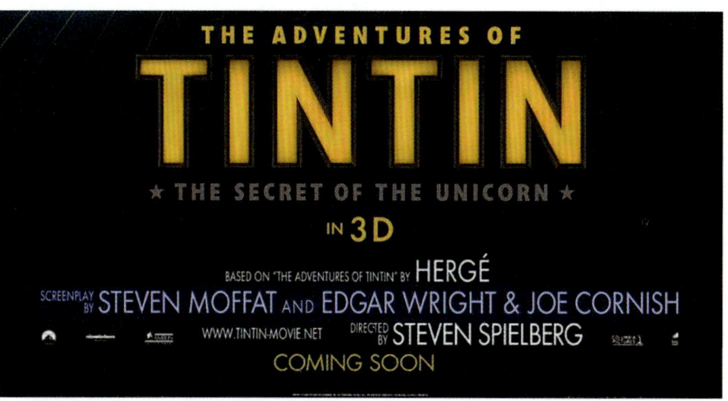

□ 그림설명 0519, 영화의 앞 자막(광고)

0520 `pic`

credit coordinator (출연자관리)

영화를 비롯해서 TV 프로덕션, 무대공연, 음악연주회 등 모든 출연자들의 명단을 관리
하는 사람을 말한다. 출연자의 이름과 배역 등을 기록으로 남기고 스크린 크레딧으로
남긴다.

0521 `pic`

creeping (크리핑, 기어오르다)

화면에서 위쪽으로 느리게 기어오르듯 팬(Pan)되는 하나의 연출
방식이나 타이틀이 기어오르듯 하는 기법을 말한다. 위로 올라가
면서 윗부분은 사라지고 새로운 줄이 밑에 나타나며 흔히 '롤링
타이틀(Rolling Title)' 이라 부른다. 예;로 <스타워즈>에 사용된
이 자막 방식은 미국말로 '크롤링 타이틀(Crawling Title)'이라고
도 한다. 또한 영화의 내용이 심리적으로 점차 오싹한 느낌을 끌
어올리는 연출 방식을 의미하는 말이다.

□ 그림설명 0521, <the Creeping Terror(오싹한 공포)>
by Vic Savage.

✱ 참조보기 (0519- Credlt)

0522 `pic` `ani`

crew (작업팀, 크루)

영화 제작분야에서 촬영을 돕는 작업팀을 말한다. 영화감독을 비롯하여 카메라감독, 조명기사, 기계조작, 출연자 관리, 스케줄 등, 촬영을 위해 조력하는 작업팀을 총괄해서 부르는 말이다. 애니메이션 제작에서도 일반 영화와 몇 개의 단계적인 공정을 거치게 되는데 이것을 기획 크루(Pre-Production Crew)라 하며 실제 작업자들을 가리키는 말이다. 일반적으로 수석 제작자(Executive Producer)나 제작자(Producer), 제작 매니저(Prod. Manager), 제작 관리자(Prod. Coordinator), 대본작가(Script Writer), 스토리 개념 디자이너(Story Concept Designers), 캐릭터 디자이너(Character Designers), 스토리보드 화가(Storyboard Artists), 대사녹음(Dialogue Recording) 성우들, 슬러깅(Slugging) 감독, 레이아웃 화가(Layout Artists)를 포함하여 총감독(Line Producer) 등 독립적으로 일하는 사람들은 크루라 하지 않는다. 폴리(음향효과) 예술가(Foley Artist), 작곡가(Composer), 사운드 편집자(Sound Editors), 화면음향합성기술자(Picture(Visual) & Sound Final Compositors) 등을 모여서 일하는 팀웍(Team Work)은 모두 크루라고 한다.

□ 그림설명 0522, 야외 카메라 촬영 크루.

0523 `pic`

CRI (씨알아이)

*Color Reversal Interactive (복제네거티브 필름)

아날로그 방식으로 제작된 하나밖에 없는 원본 네거티브(Negative Film)의 손상을 보호하기 위해 복제되는 네거티브 필름을 말한다.

0524 `lit` `pic` `art`

critic (비평가, 평론가)

비평은 주로 예술분야에서 예술가들의 독창적인 창작이나 연기에 관해서 독후평, 관람평, 관중의 반응 등을 감안하여 논평을 내는 것을 말한다. 그 작품에 표현된 예술의 작품성과 영화감독의 기교를 기술하고 판단해 주며 또한 비평은 작품에 대해서 관심을 가진 사람들에 의해 평가된 심각하면서도 자세한 분석이라고 할 수 있다. 어떤 작가들은 새로운 영화에 대해 자세하면서도 상당한 지식을 포함하는 논평을 쓰고, 영화 전체의 작품성과 예술성에 관련해서 영화를 논평하는 것이 일반적이다. 평론가들은 자신들의 분석에 강한 이론을 주장하고, 영화적 감각에 관한 개인적인 판단을 연결시키기도 한다. 훌륭한 비평은 매개물의 역사적 발전을 보여주면서 그 특성과 전통적인 주제와 기술 등에 관해 비교하며 개인적인 의견을 피력하기도 한다. 영화 비평은 기술면에서 카메라의 연출, 조명의 기술, 편집의 기교, 사운드의 적합성 등에 관해 평가하고, 또한 배우의 연기력, 드라마의 전개력 등 영화의 제작비용 까지도 영화예술에 포함시켜 평가를 내리며 동시에 그 감독의 감각, 시각, 기술적 노하우를 면밀히 평가하기도 한다. 픽션 영화나, 독립 영화, 다큐멘터리, 실험 영화, 애니메이션과 같은 각각 다른 종류의 영화의 비평은 가끔은 전문지식의 몰이해로 심각한 문제를 만들기도 한다. 감정적, 심리적 자극에 작품의 초점을 맞추는 경우도 있다. 논평을 읽는 관객에게 편견을 보여서는 올바른 비평이라고 할 수 없다. 또한 종교의 진리나 국가적인 평가를 위한 이념을 다룬 필름 등은 영화 비평에서 제외되는 것이 일반적이다. 영화의 올바른 비평은 영화의 기초적인 이론을 이해하는 것이 우선이다. 영화 이론은 영화를 하나의 독립된 예술 형식으로 다루기 위해 일반적인 원칙을 정립하는 논리를 뜻하기 때문이다. 논평은 각기 다른 이론가에 의해 다른 누리가 펼쳐지기도 하여 연기자들을 평가하기 보다는 주로 영화의 기초적 개념과 기술을 다루는 것이 일반적이다. 영화의 비평은 영화의 이론이 우선 적립되어야 작품의 올바른 평가를 내릴 수 있으며 또한 사회적 인식과 객관성을 보이며 주관적 시각을 배제할 수 있다.

* inner critic (불만)

심리적으로 만족감이 없는(Dissatisfaction) 불만상태를 속으로 참고 있는 상태를 뜻하는 말이다. 이러한 심리적인 불만은 밖으로 표출하지 않고 스스로 삭히는 것에 비중이 있다.

□ 그림설명 0524, "속으론 불만(Inner Critic) 이었지만 좋게 해 보려고 했다구!" Enchanting Marketing

0525 `gen` `lit` `art`

criticism (평론, 비난, 비판주의, 혹평)

비판주의는 일반적으로 영화, 연극, 음악연주, 미술전시 등의 예술분야에서 이뤄낸 결과물이나 공로뿐만이 아니라 심지어 사회적 흐름, 개인의 이념까지 뒤적거려 결점을 골라내어 논리적으로 비평이나 비난을 가하는 것을 말한다. 비판주의는 나라에 따라 논리의 개념에 상당한 차이를 갖는다. 국가에 준한 가치, 사회적 가치, 역사와 문화적 가치에 따라 사람이 행한 비판의 기준은 다르게 평가된다. 비판은 정치, 경제, 사회, 문화와 예술에 이르기까지 비판하고 새로운 논리를 제시하고 발전해 나가기 위해 그 목적을 둔다. 예술분야로, 문학에서 스토리의 문맥(Context), 언어사용, 이야기 구성의 결점이나 그 어느 부분으로 돌아가 구체적인 지적(Point Out)과 작가가 취한 의도(Intention)의 모순성(Discrepancy)을 제시하고 비평을 하기도 한다. 비판은 혹평이 주를 이루지만 간혹 호평을 받기도 한다. 음악의 연주자는 작곡가의 악보에 충실해야 한다. 음악에서 연주자의 기능(Ability)과 기교(Skill)를 세밀히 분석하고 연주자의 경력을 소개하고 엄격하게 평가한다. 자유분방한 미술에서도 데생기초를 쌓지 않고 캔버스에 색칠을 했다면 그 화가는 작가적 이념에 혹독한 비판의 대상이 될 것이다.

0526 `pic`

cross-cut (교차장면, 크로스 컷)

영화제작기술에서 연출적인 하나의 기교로 두 개의 상황(장면)을 비교하여 번갈아 보여주는 것을 뜻하는 말이다. 같은 장소에서 벌어지는 일이거나 같은 곳이 아니더라도 주인공과 관계되는 동시간대의 두 장면 또는 이상의 장면을 짧게 교차해 번갈아가며 다른 한 편을 보여주는 것을 크로스 컷(Cross Cut)이라 부른다. 이러한 기교는 자동차들 간에, 사람들 간에 벌어지는 또는 서로 쫓고 쫓기는 추격전에 자주 사용되는 기교이다. 이러한 신 커트들은 두 개의 다른 지역에서 벌어지지만 주로 같은 시간대를 다룬다. 한 지역은 북극, 또 한 지역은 하와이로 서로 다른 배경이나 장소가 다를지라도 하나의 시퀀스(Sequence)로 취급한다. 한 화면에 2개의 화면을 합성하여 보여주는 것은 크로스 컷이라고 부르지 않는다.

0527 `pic`

cross-dissolve (X-diss: 크로스 디졸브)

재래식 영화에서 한 장면이 사라지면서 서서히 다른 장면이 겹쳐서 나타나는 필름 화면의 효과를 말한다. 애니메이션에서는 그림을 촬영할 때, 카메라 렌즈의 조리개를 조절하거나 광학적으로 개각도를 조작해 이중(촬영한 필름위에 또 하나의 이미지를 겹쳐 촬영하는 것)으로 이루어지게 된다. 또한 포스트 프로덕션(Post Production)편집에서 이 과정을 처리할 경우 카메라에 비하여 쉽게 처리할 수 있다. 그러나 컴퓨터에서는 아날로그에 비해 에디팅 콘솔에서 간단히 쉽게 빠르게 편집할 수 있다.

□ 그림설명 0527-1, Scene dissolve or Transition.

-2, 애니메이션으로 X-Diss. 시킨 신.

0528 equ

CRT (씨알티)

＊cathode-ray tube (음극선관, 브라운관)

전자영상장치의 하나로 캐소드레이음극선을 이용해서 빛(Beam)이 눈에 보이는 움직이는 영상을 만들어내는 원리로 전자브라운관(Brown Tube)을 이르는 말이다. 이 브라운관 방식은 1878년 K.F. 브라운(Karl Ferdinand Braun, 1850-1918)이 발명했고, 1884년 독일의 파울 G. 닙코브(Paul Gottlieb Nipkow, 1860-1940)가 전자송출장치(아직은 ＊Television, 텔레비전은 아님)를 발명하고 특허를 내면서부터였다. 그것은 디스크를 돌리는 형태로 만들어졌는데 줄무늬를 통해 이미지를 얻어냈다. 그러나 그는 20여년이 지나도록 더 이상의 개발을 하지는 않았다. 결국은 CRT를 토대로 이를 이용해서 전자송출이 가능한 것에 착안하여 흑백브라운관 TV가 나오게 되었다. 그러나 실용적인 TV를 발명한 것은 1935년 영국의 BBC가 발표하고 그 이듬해인 1936년에는 최초로 TV를 통한 흑백 영상 방송이 시작되었다. 이를 통해 인류최초로 안방에서 영상을 시청할 수 있게 했다. 미국의 NTSC 칼라TV 송출방식은 1954년이었고 독일은 1967년 PAL송출방식으로, 프랑스와 구소련은 SECAM 방식으로 송출했다.

□ 그림설명 0528-1, 1950년경 TV.

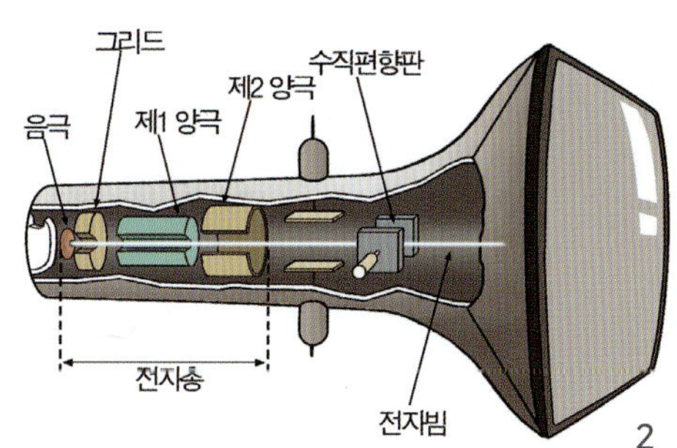

-2, 재래식TV 브라운관의 원리.

C

0529 `pic` `ani`

crowd scene (군중장면)

군중이 많이 모여 있는 장면을 말하는 것으로 이러한 장면들은 영화의 내용과 부합되어야 하기 때문에 매우 까다롭게 취급된다. 동원되는 인원의 수는 수십 명에서 수만 명에 이르기도 한다. 영화의 내용에 맞게 군중들을 움직이게 하는 것은 동원의 빈도와 동원되는 사람의 의상 등을 감안하여 적지 않은 제작비용이 발생한다. 실사 고전영화나 역사영화 등에 많이 사용되며 애니메이션에서는 그림으로 그리기 때문에 실사에 비해 용이할 수 있다. 그러나 애니메이션 군중들도 모두 연출에 따라 움직여야 하기 때문에 처리하기에 시간이 걸리는 일이다.

0530 `pic`

CU (근접)

＊Close Up (클로즈 업)

□ 그림설명 0530, Extreme Close-Up of 「Booted Racket Tailed Bird」(장화신은 라켓꼬리 새)

카메라로 피사체를 가까이 보여주는 연출상의 영상기술을 말한다. 영화(Motion Picture)제작이나 정사진(Still Picture) 촬영에서 주로 사용되는 말로 카메라가 피사체에 접근하여 목적물 가까이에서 촬영하는 것을 말한다. 일반적으로 근접촬영이라 함은 사람이 피사체인 경우 허리에서 머리끝까지를 뜻하는 것이며 물체의 경우는 그 목적물이 모두 카메라의 화면에 꽉 채워져 있는 만큼의 크기를 말한다. 그리고 아주 가까이 접근하는 것을 엑스트림 클로즈업(Extreme Close-up)이라 부르며 이 의미는 근접한 물체의 표면에 텍스처(Texture)를 보인다거나 사람의 이목구비를 상세히 보여주거나 할 때 적용한다.

0531 `pic`

cue (큐)

영화 촬영 중이거나 TV녹화 중에 배우에게 대사나 액션이 있음을 손 신호로 알리는 것을 말한다.

＊cue sheet (큐 시트, 진행표)

작곡가가 영화 음악을 쓰기 위해 사용하는 작업용 오선지 시트를 말한다. 또한 시간에 맞추어 계획된 행사를 진행하기위해 작성된 진행표를 의미하는 말이다.

0532 `pic` `ani`

cushion (쿠션, 완충)

1) 애니메이션 동작을 그릴 때 활용되는 중력이나 관성을 표현하는 방법으로 사용되는 하나의 표현형식을 말한다. 하나의 물체가 급격하게 동작을 하다가 장해물 앞에서 정지하려 할 때 관성이 생기게 되는데 이 때 안착(부드럽게 정지함)하려는 동작을 뜻하는 말이다. 2) 영화촬영에서 필요한 길이보다 길게 여유분으로 더 촬영해 두는 것을 말한다. 디지털 편집 시 전후 연결과 시간 조정을 위해 다소 여유를 갖기 위한 방법이다. 애니메이션 작품의 경우 22분길이(2,000자) 한편에서 50자 정도의 여유를 두어 더 그림을 그리게 된다. 3) 애니메이션 제작에서 캐릭터의 동작은 관성이나 중력과 관계되기 때문에 언제나 멈추는 동작에서는 그림 매수를 더 그려 넣어 부드럽고 자연스럽게 표현한다. 4) 애니메이션 스탠드의 카메라의 트럭킹을 슬로우 인(Slow-In) 하라는 뜻이다.

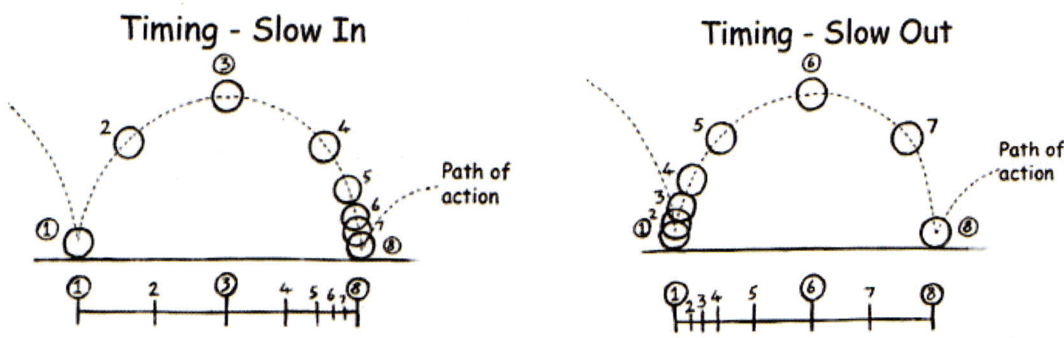

☐ 그림설명 0532, 완충을 줄때의 각기 다른 타이밍.

✱ 참조보기 (2485- Slow in, Slow Out)

0533 `pic`

cut (컷, 장면, 편집)

영화제작에서 컷은 신(Scene)과 같은 뜻으로 사용하는 말이지만 엄밀한 뜻은 한 장면의 촬영이 시작되어 컷 될 때까지를 컷이라고 말한다. 또한 감독의 지시에 따라 카메라의 작동이나, 음향효과, 녹음장비 등을 정지시킬 때 쓰이는 말이다. 그리고 편집 과정에서 감독이 촬영한 한 컷은 여러 신으로 자르거나 나뉘어 붙여 사용될 수 있는 것을 말한다.

0534 `pic`

cut-back (회상, 장면전환)

영화의 줄거리 중에 앞에서 나왔던 장면을 회상(Reminiscences) 신으로 다시 사용하게 될 때 또는 서로 다른 두 장소에서 동시에 생긴 일을 번갈아 가며 보여주는 기법을 말한다.

0535 `pic`

cut-away (컷어웨이)

주인공이나 목표가 되는 사물의 액션과는 동떨어진 피사체를 찍는 것. 이 기법은 시간 경과의 표시, 시간 연장에 의한 긴장감 고조, 메인 액션에 대한 상대방의 반응 표시, 액션 일부가 빠져 점프 컷의 우려가 있는 2개 샷의 교량 역할을 하며 관객에게 메인 액션으로부터 잠시 안도할 시간을 주는 것 등의 목적으로 사용한다.

✱ cut-away wipe (컷 어웨이 와이프)

와이프는 하나의 장면을 교체하여 다른 장면으로 전환하는 하나의 연출상의 기술을 말한다. 그림이 다른 그림 위에 겹치도록 하여 장면을 변환시키거나, 노출 조작을 통해 그림을 흐리게 하여 장면을 전환시키는 기법이다.

0536 `ani`

Cutout Animation (컷 아웃 애니메이션)

세밀한 그림을 완성도 있게 그린 캐릭터나 사물을 부분별로 오려내어 관절이 움직일 수 있도록 연결하여 조립한 후 그것들을 배경 위에 올려놓고 정교하게 동작을 만들어 움직여가며 촬영하여 애니메이션을 만드는 것을 컷 아웃 애니메이션이라 한다. 원래 중국의 인형극놀이와 유사한 것이 특징이다. 이러한 인형극은 당나라(AD. 618~907) 때 중국에서 사람들이 사물을 실루엣으로 오려내어 장면을 연출해 낸 것이 최초였다. 종이를 오려내어 극을 연출하는 실루엣 기법은 중국으로부터 인도를 거쳐 유럽으로, 그리고 이집트까지 전파되어 그림자 인형놀이는 19세기까지 걸쳐 발전되었고 유지되어 왔다. 컷 아웃 애니메이션은 약 1세기에 걸쳐 유럽에서 정착한 실루엣(Silhouette) 그림자놀이로 발전되어 왔다. 오늘날 까지도 중국이나 인도네시아에서는 오래된 전통적인 그림자놀이로 보여 지고 있다. 이러한 묘사 방법은 팔레오리틱(Paleolithic) 동굴에서 발견된 그림과 같은 고대 미술 형식이기도 하다. 그리스 사람들이 햇빛으로 생긴 그림자를 베끼는 것(Tracing)을 터득한 바와 같이 실루엣은 동작을 묘사한 한 폭의 초상화와도 같다. 이러한 복잡한 방식의 애니메이션 컷 아웃을 컴퓨터프로그램을 이용하여 간단히 그리고 자유자제로 만들어 낼 수 있다. 최근에는 컴퓨터에 의한 디지털 컷 아웃이 개발되어 물리적으로 가위나 칼로 잘라내어 사용하지 않고 작품을 용이하게 만들어 낼 수 있다. 그러나 다수의 사람들이 재래식 방법으로 나무, 플라스틱, 종이, 천 등의 재료를 구성하여 제작하는 것이 캐릭터를 사용하며 형태는 평면성을 유지한다. 이러한 컷 아웃 애니메이션 기교는 그림을 한 장만 그려 사용 할 수 있음으로 그림을 아주 정교하게 그리는 것이 특징이다. 중세시대의 사랑 이야기를 담은 <아우카신과 니콜레티(Aucassin and Nicolette)>라는 문학을 애니메이션 컷 아웃 기법에 의해 독일의 롯데 라이니거(Lotte Reiniger, 1899-1981)에 의해 최초로 발표됐다. 겨우 16세였던 소녀는 종이 뒷면에 그림을 그려 기초를 잡고 가위로 그림을 오려내어 동작을 만들었다. 롯데 라이니거는 25세 때, 같은 기법으로 장편 영화 <아키메드 왕자의 모험(The Adventures of Prince Achmed)>을 1923~1926년에 걸쳐 완성해 세상에 알려지기 시작했고 지금은 대표적인 컷 아웃 애니메이션으로 유일무이한 존재가 되었다. 라이니거는 1935년에 모차르트의 오페라 <요술피리(Magic Flute)>에 나오는 새잡이 소년 <파파게노(Papageno)>를 다시 컷 아웃 기법으로 발표했다.

□ 그림설명 0536-1, Reiniger의 정교한 또 하나의 컷 아웃 <Papageno (1935)>

또한, 2011년에 와서 프랑스의 애니메이션 감독 미셸 오셀로(Michel Ocelot, 1943-)가 새로운 방식인 컴퓨터 컷 아웃 프로그램으로 6개의 이야기를 옴니버스로 묶어 <Tales of the Night(밤의 이야기)>라는 장편을 만들었는데 이 오셀로의 작품역시 매우 정교하게 완성되었으며 지금까지도 관객을 잃지 않고 사랑을 받고 있는 실루엣 애니메이션 장편이다. 그는 1998년 그의 데뷔작으로 <키리쿠 와 여자마법사(Kiricou and Sorceress)>, 2000년에는 <왕자와 공주 (Princes and Princess)>를 같은 실루엣 애니메이션 장편으로 만들었다.

□ 그림설명 0536-2,-3, 오셀로의 애니메이션 <밤의 이야기(Tales of the Night, 2011)>

0537 pic

cutter (커터, 필름 편집자)

영화에서 필름을 자르거나 이어 붙이는 사람을 말하는 것이며, 특히 영화에서 네거티브(Negative) 편집은 반드시 네거티브 커터(Negative Cutter)에 맡겨 작업한다.

0538 pho

cyan (청록색)

빛으로 된 디지털 기본 3색 컬러 RGB가 서로 겹칠 때 생겨나는 색상 중에 한 가지이다. 샤이언은 그린(G)과 블루(B)가 겹칠 때 청록색(Cyan)이 생겨나고, 레드(R)와 블루(B)가 겹치면 마젠타(Magenta), 그리고 그린(G)과 레드(R)가 옐로우(Yellow)를 만들어낸다. CMY는 일반적으로 도색(Paint)이 아닌 필름 현상 공정으로 광학(Optical)에서만 사용되는 범주이다. 이렇게 연한 색상들은 빛을 가감한

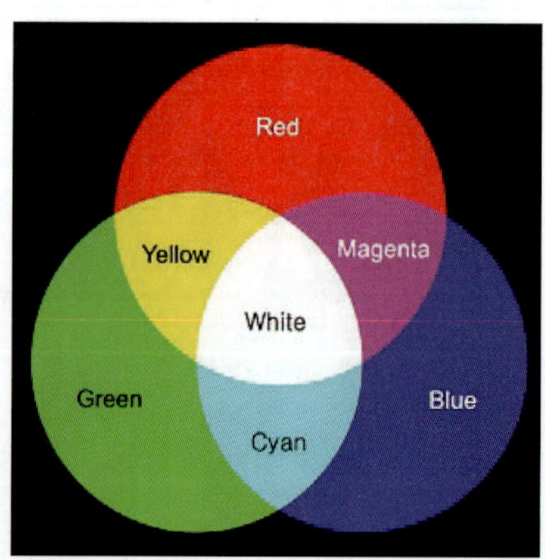

□ 그림설명 0538, RGB 빛의 구성에서 Green 과 Blue 사이서 생기는 Cyan color.

컬러 필터로 이용해 광학적인 영상 프린트나 인쇄매체에서 이미지를 조정하는데 사용
된다.

0539 `com`

cyber (인공컴퓨터정보통신, 사이버)

첨단과학의 정보통신세계와 컴퓨터의 네트워크의 연결 관계를 사이버로 포괄해 부르
는 신조어이다. 말하자면 뜻으로나, 관계로나 컴퓨터가 존재함으로서 생겨난 단어이
다. 1990년경 소설가 윌리엄 깁슨(William Gibson, 1948-)이 쓴 컴퓨터망의 공포를 다
룬 <사이버네틱(Cybernetics, 인공두뇌)> 이라는 단어가 이 소설 중에 처음 사용되면서
나온 말이다.

0540 `com` `pic`

cyber character (사이버 캐릭터)

가상적 우주세계를 다룬 애니메이션에서 미래형의 인간 캐릭터를 포괄해서 부르는
말이다.

0541 `com`

cyberpunk (사이버펑크)

사이버펑크의 의미는 그 해석이 난해한 단어이다. 단어의 해석이 사람마다 다르다.
사이버펑크는 컴퓨터 기술과 정보의 첨단사회를 배경을 뜻하는 단어로 사용하지만
또 다른 이면의 세계는 마약들이 지배하는 폭력이나 도시적 환각적 미래를 다룬 말의
합성어이다. 1980년에 브루스 베스케(Bruce Bethke, 1955-)의 단편 과학소설의 제목으
로 <사이버 펑크>가 처음으로 등장한 이래 과학소설의 의미로도 사용되었다. 다시

요약해 말하면 인간의 원초적 본성과 진보적인 최
첨단의 기술이 같이 어우러지는 것을 의미한다. 소
설 속에서 인류는 언제나 최첨단에 도전하며 이것
을 이룬 성취감에 만족하지만 동시에 그 이면에는
술과 성(Sex) 그리고 마약을 즐기는 이중적인 의미
이다. 사이버펑크는 사이버 룩(Cyber Look), 펑크
룩(Punk Look) 등 첨단적 의상 디자인과 미술, 음
향, 컴퓨터 그래픽에 이르기까지 많은 영향을 끼치
며 유행에 가담 해왔다.

□ 그림설명 0541, 사이버펑크- 2077 콘셉트 구성도, Cyberpunk 2077, CD Projekt.

C

0542 `com`

cyber space (사이버 공간)

첨단과학 시대에서, 정보통신 공간 세계와 컴퓨터의 네트워크(Network)의 관계를 사이버로 포괄해 부르는 신조어이다. 컴퓨터 처리시스템, 정보관리, 인프라 기술, 개인정보 등 지구상의 통신을 모두 포괄한 공간을 '사이버 스페이스' 라 부른다.

0543 `ani` `gen`

cycle (사이클, 반복)

어떤 행사를 적당한 간격으로 반복하는 것. 즉 봄, 여름, 가을, 겨울, 봄처럼 계절이 반복하는 것을 의미한다. 애니메이션에서는 제한된 그림으로 완벽한 연속 동작을 얻어낼 수 있는 것을 의미한다.

0544 `ani`

cycle animation (사이클 애니메이션, 반복동작)

애니메이션 동작에서 제한된 장수 3~4매의 그림으로 하나의 반복 동작이 되도록 그림을 그려 사용하는 애니메이션 기법을 말한다. 반복동작은 필요한 비주얼에 따라 또는 제시된 소리에 따라 매우 정교하게 조심해서 그린다. 소요되는 그림의 매수는 다소 다를 수 있다. 눈(Snow), 비, 연기, 사람이나 동물의 걷기 등은 1, 2, 3, 4, 1~ 식으로 4장의 동작이 다시 1번으로 반복이 될 수 있도록 동작을 그린다. 경우에 따라 6장, 8장, 12장으로 반복이 될 수 있도록 정교하게 그림을 그린다. 대략 8장의 그림으로 좌우 발이 반복되도록 동작을 만들어낸다. 1번부터 8번 그림까지 찍은 후, 1번 셀부터 다시 필

□ 그림설명 0544, 반복사용이 가능한 사이클 그림.

요한 길이에 맞춰 반복해 촬영한다. 반복에서 어느 한 장의 그림에 눈에 띄게 티(돌출적인 선)가 있게 되면 이것은 반복적으로 눈에 거슬리게 되어 안 좋게 보인다. 그리고 중력에 반하지 않는 반복동작은 동작에 따라 1, 2, 3, 4, 3, 2, 1, 2~ 등으로 거꾸로 사용할 수 있는 것도 있다. 한 인물이 걷는 동작을 사이클 애니메이션으로 표현할 경우 반복 사용하면 몇 분 동안이라도 필요한 길이만큼 사용할 수 있다. 또한 불(Fire)과 같은 무질서적인 동작은 여러 모양으로 5장 정도를 그려 1, 4, 2, 5, 3, 1, 5, 2, 4, 3 등의 무질서한 방식으로 사용하면 좋은 불을 볼 수 있다. 사이클 기법으로 애니메이션을 그리는 것은 오래전부터 제작비용을 줄이기 위한 전통적인 것이다. 반복은 일반적이며 눈에 잘 띄지 않아 애니메이션에 많이 사용된다.

0545 `sci` `art`

cyclone (열대성저기압, 사이클론, 강풍)

인도양에 있는 벵골 만(Bay of Bengal)과 아라비안 해(Arabian Sea)에서 생겨나는 강력한 열대성 저기압을 뜻하는 말이다. 지구의 바다 표면상에 태양열로 인해 적도 근해의 해수면의 온도가 26℃ 이상일 때 일어나는 태풍은 연간 70~80회나 된다. 해안지역에 따라 대별해서 인도양에서 생겨나는 사이클론, 남서태평양 지역에서 일어나는 것은 태풍(Typhoon) 그리고 대서양, 카리브 해, 멕시코 만 그리고 미국동북부로 올라가는 허리케인(Hurricane) 등으로 나뉘어 부른다. 허리케인은 그 위력이 엄청나서 토네이도(Tornado)를 일으키며 집들을 통째로 공중으로 빨아올린다. 초속 17m가 넘는 강풍은 언제나 대단한 호우를 동반해 인류에 큰 재앙을 가져다주는 천재지변이다. 태풍은 언제나 여성명사로 이름을 달아 부르다가 여성단체가 불공평하다는 주장으로 1979년부터는 남성명사와 여성명사로 번갈아 붙여 사용한다. 발생지역에 따라 이름을 붙여 사용하며 최대풍속 위력으로 강한 바람과 비를 동반하는 것이 특징이다.

＊Cyclone Comics (사이클론, 디시 코믹 북)

미국의 디시(DC) 만화출판사는 타임워너(Time Warner)가 소유하고 있는 디시엔터테인먼트(DC Entertainment)사를 통하여 1940년에 <배트맨(Batman)>이라는 스토리 만화책(Comic Book)을 처음 출간했으며 성공하여 유명해 졌다. 내용에서 배트맨은 그의 숙적인 언제나 웃는 얼굴의 어릿광대 악당 조커(Joker)와 머리싸움을 하는 내용이다. 사이클론은 역시 디시만화책(DC Comics)에 나오는 한 주인공의 이름이다. 이름처럼 만화에서 사이클론이 출연할 때 강풍이 일어나며 나타나 권선징악(Moralizing Drama)하는 내용이 펼쳐진다.

□ 그림설명 0545, DC 코믹의 사이클론 만화책.

0546 `ani` `his` `peo`

Czech Republic Animation History (체코 애니메이션의 역사)

체코슬로바키아로 불리며 오랫동안 공산주의 위성국으로 있다가 1992년6월 자유총선을 통하여 1993년1월1일 연방으로 독립되어 체코공화국이 되었다. 체코는 1차 대전이 끝나던 1918년부터 1945년 독일이 패망할 때 까지 나치의 지배에 있다가 그 후 1945년부터 1989년까지는 공산정권 시대를 거쳐 오늘날에 이르게 되었다. 이러한 복잡한 정치 상황 속에서도 그들의 창작 애니메이션의 활동은 간헐적으로 지속되어 왔다. 체코애니메이션의 선구자로는 감독이며 작가인 카렐 도달(Karel Dodal, 1900-1986)과 1945년 장난감들이 살아나서 감시자로부터 탈출하는 애니메이션을 처음 만든 헤르미나 틸로바(Hermina Tylova, 1928-1932)를 들 수 있다. 이들은 체코슬로바키아 당시인 1930년대 초 많은 단편 애니메이션을 제작했는데 최초의 단편애니메이션인 <사랑스런 물의 요정 (The Amorous Water Sprite)>을 만들었으며, 퍼펫 애니메이션 〈랜턴의 비밀 (Lantern Secret)〉도 선보였다. 그러나 카렐 도달과 아내인 이리나 도달은 전쟁이 시작되기 전 체코를 떠나게 되었고 그로인해 프라하에서의 두 사람이 항상 같이 작업하던 실험애니메이션 활동은 끝나 버리게 됐다. 그러나 틸로바는 체코에 남아 작품 활동을 계속했다. 그녀는 즐린 스튜디오에서 퍼펫 애니메이션 작품인 <페르다 개미(Ferda The Ants)>를 만들었으며 새로 스튜디오에 영입된 카렐 제만(Karel Zeman, 1910-1989)과 함께 그녀는 <크리스마스의 꿈 (The Christmas Dream)>을 제작했다. 1935년 스튜디오 AFIT(Atelier Fil-movych Triku)가 프라하에 설립되고 실사영화와 애니메이션을 만들었다. 이 회사는 1941년 나치에 점령되고 군부에 접수되며 애니메이션 제작 스튜디오로 개편 됐다. 당시 스튜디오에는 훗날 트릭 브러더스 스튜디오의 핵심인물이 되는 이지 브르데카(Jirí Brdecka, 1917-1982), 브레티슬라브 포야르 (Bretislav Pojar, 1923-2012), 스타니슬라브 라탈(Stanislav Latal, 1919-1994), 에두와드 호프만(Eduard Hofman, 1914-1987) 등이 포함되어 있었다. 이들은 AFIT스튜디오를 통해 <산호바다에서의 결혼 (A Wedding in the Coral Sea)>을 완성했다. 전쟁이 끝나자 많은 독립 애니메이터들이 많은 작품을 만들어냈다. 트릭 브러더스 스튜디오(Trick Brothers)는 이지 트릉카(Jirí Trnka, 1912-1969)가 미술감독을 맡아 그 첫 번째 작품 <무를 심은 할아버지 (Grandpa Planted Turnips)>를 제작했다. 이지 트릉카가 이곳에서 만든 작품 중 <동물과 산적(The Animal and The Brigands)>은 1946년 칸 영화제에서 최우수상을 수상하기도 했다. 과거 인형극 단원이었던 이지 트릉카는 점차 퍼펫 애니메이션에 매료되기 시작해 트릭브러더스 스튜디오에서 나와 스스로 퍼펫 애니메이션 제작 스튜디오를 설립했다. 그가 죽은 후에는 '이지 트릉카 스튜디오'라고 명명된 스튜디오에서 에두와드 호프만(Eduard Hofman, 1914-1987), 즈데넥 밀러(Zdenek Miler, 1921-2011), 즈데넥 스메타나(Zdenek Smetana, 1925-2016), 프란티섹 비스트르실(Frantisek Vystrcil, 1923-2006), 요세프 카브트(Josef Kabrt, 1920-1989) 등의 작가들에 의해 많은 작품을 양산해낸다. 아지브르 데카의 <잘못 그린 암탉(Incorrectly Drawn Hen)>은 안시 애니메이션 페스티벌에서 수상했으며 프란티섹 비스트르실의 <태양이 있는 곳(A Place In The Sun)> 은 오스카상 후보로 추천되기도 했다. 스튜디오는 트릉카가 죽은 후 위기에 봉착하게 되는데, 다행히도 뛰어난 창작능력을 지닌 브제티 슬라브 포야르와 얀 슈반크 마이어(Jan Svankmajer) 등이 그의 뒤를 잇는다. 1980년대의 이 스튜디오는 <활기 잃은 장갑의 세계(The Exitinct World of Gloves)>, <얼룩옷을 입은 피리부는 사나이(The Pied Piper)> 등과 같은 작품을 제작한 이지 바르타(Jiri Brata, 1948-)의 뛰어난 능력에 의해 다시 호황을 맞게 된다. 이지 트릉카의 후계자로 불리는 브제티슬라브 포야르는 체코의 꼭두각시를 전통 음악과 미술에 융합시킨 독자적인 애니메이션을 만들었다. 포야르의 첫번째 작품 <사자와 노래(The Lion and The Song)>은 1961년 안시 애니메이션 페스티벌에서 대상을 차지하면서 국제적인 명성을 얻게 된다. 이외에도 카렐 제만과 헤르미나 틸로바는 작품활동을 꾸준히 지속해 카렐 제만의 <줄레스 베르네의 아주 멋진 세계(The Fabulous World of Jules Verne)>는 브뤼셀 엑스포 58'에서 국제적인 성공을 거두었고, 헤르미나 틸로바는 털실과 옷감, 그리고 여러 종류의 섬유를 사용한 자신만의 방식으로 아동용 애니메이션 작품을 선보였다. 1970년대와 1980년대의 체코 애니메이션 스튜디오들의 특징적인 현상은 체코TV방송사가 의뢰한 어린이 시리즈물 제작이 증가했다는 점이다. 이에 따라 프로메테우스(Prometheus) 같은 특별 스튜디오가 어린이용 시리즈물 제작을 위해 오스트라바(Ostrava)에 설립되었으며, 일리야 노박(Ilja Novak, 1945-)과 같은 재능 있는 필름메이커들이 이 스튜디오에서 배출될 수 있었다. 반면에 트릭브러더스 스튜디오는 새로운 작가들이 영입되지 않아 예술적 침체기를 맞게 되었다. 그러나 1980년대 중반에 시작된 변화는 자신들의 작품제작에 유리한 조건을 갖고 있는 스튜디오를 찾는 미술대학 출신인 신예들을 대거 영입하게 되고, 이들 중 <딜레마(Dilem-ma)>, <이력서(Curriculum Vitae)> 등과 같은 작품을 제작한 파벨 코우츠키(Pavel Koutsky)와 <말, 말, 말 (Words, Words, Words)>, <반복(Repeat)> 등을 제작한 미카엘라 파블라토바(Michaela Pavlatova) 등의 새로운 체코 애니메이션계의 대가들을 배출하게 된다. 그러나 1990년대 이후 체코 애니메이션계는 또 한번의 중요한 변화를 겪게 된다. 즉 공산주의가 경제적 시장논리로 자리를 잡게 되면서 정부 지원은 감소하고 제작비의 조달이 어려워지게 된다. 이에 따라 체코의 창작애니메이션은 극장과 TV에서 자취를 감추세

되었으며, 자국 작품이라고 할지라도 상업적 TV시리즈물만이 선보이게 됐다. 그 결과 단지 OEM제작만을 하는 새로운 소규모 스튜디오들이 생겨나게 되고, 생존문제에 직면한 재능 있는 사람들이 대형 스튜디오로 자리를 옮겨 창작연구 보다는 보수를 받아 일을 해야 하는 현상이 일반화됐다.

□ 그림설명 0546-1, 헤르미나 티루로바의 <Fernando the Ant, 1943> <Fernando the Ant, 1943>

-2, 이지 트룽카의 <hand, 1965>

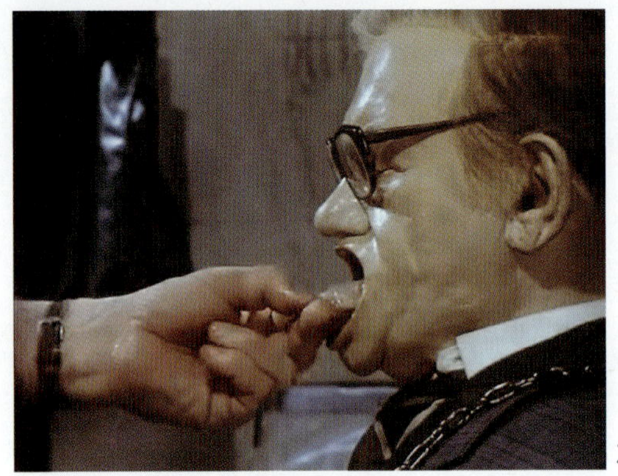

-3, 얀 슈반크 마이어의 <Food, 1992>

-4, <Fimfarum – The Third Time Lucky> 2011, David Súkup, Bioscop.

Daffy Duck

D d

[디]

Daguerreotype

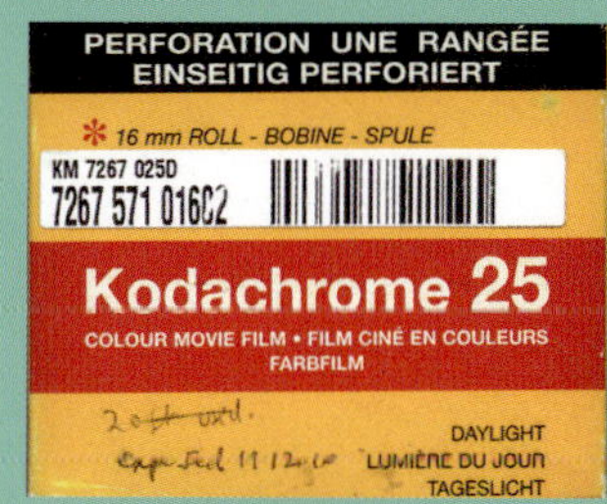

daylight film

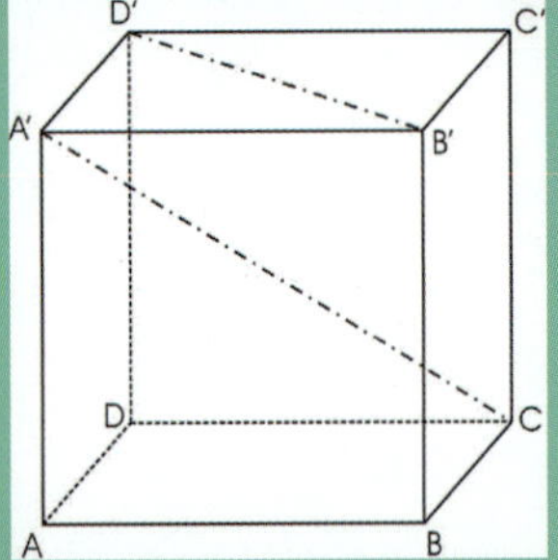

Diagonal

Digital Animation

Direct Animation

Disney

D d [디]

Daffy Duck (대피 덕)

미국의 할리우드에서 검정색 오리가 만화 주인공으로 나오는 최초의 애니메이션이었던 주인공 이름이다. 1937년, 스크린에 처음 등장한 단편에서의 대피의 이름은 'The Darnfool Duck (아주 멍청한 오리)'로 텍스 에이버리(Tex Avery, 1908-1980)가 그려 만든 <Porky's Duck Hunt(포키의 오리사냥)> 에서 처음으로 등장했다. 같은 해에 만든 두 번째 단편 <Daffy Duck and Egghead(대피 덕과 대머리)>에서 이름을 바꿔서 불렀다. 이 주인공 이름은 애니메이터인 에이버리 감독과 함께 점차 유명해지면서 재력가인 레온 슐레진저(Leon Schlesinger, 1884-1949)가 에이버리 감독에게 제작을 의뢰하여 워너 브라더스가 배급을 맡아 극장용 6분 단편으로 시리즈를 만들기 시작한 만화영화(Cartoon Movie)이다. 대피 덕은 까만 오리로 성질이 급하고 말할 때 침을 튀기며 급하게 말을 하는 오리로 등장한다. 이 애니메이션의 특징이 관객과 맞아 떨어져 크게 인기를 끌었다. Daffy Duck 애니메이션은 텍스 에이버리 외에도 봅 클렘펫(Bob Clampett, 1913-1984), 프랭크 타시린(Frank Tashlin, 1913-1972), 프리즈 프렐링(Friz Freleng, 1906-1995), 척 존스(Chuck Jones, 1912-2002) 그리고 봅 맥킴슨(Bob McKimson, 1910-1977) 등이 감독으로 제작을 감당했다. Daffy는 1951년이 되면서 만화 책(Comic Book)으로도 출판되었고 애니메이션은 1969년까지 영화관에서 인기를 끌다가 살아졌지만 대피 덕과 동 시대에 태어난 '벅스버니(Bugs Bunny)'와 함께 TV에서 계속 인기를 유지하다가 20세기가 저물며 그도 또한 사라지게 되었다.

□ 그림설명 0600-1, Daffy Duck
(성질이 급히고 잘난체 한다.)

-2, <Porky's Duck Hunt(1937)>에 Daffy Duck이 처음 등장.
(딩시, Daffy와 Porky의 모습이 미숙해 보인나.)

D

0601 `pho` `his`

Daguerreotype (다게레오 타이프, 은판사진법)

인류 최초로 사진 발명에 몰두했던 사람은 프랑스의 니세포르 니엡스(Nicephore Niepce, 1765-1833)였다. 그리고 사업가였던 루이 다게르(Louis Daguerre, 1787-1851)는 니엡스를 찾아와 동업자가 되기를 간청하며 니엡스를 찾아와 동업자처럼 자주 만나며 많은 것을 배웠다. 그러다가 니엡스가 어느 날 갑자기 죽게 되었다. 니엡스의 아들인 이시도르(Isidore Niepce, 1805-?)가 자연 상속인이 되었지만 군에 근무하고 있던 이시도르는 아버지 니세포르처럼 일할 수는 없었다. 당시 아버지의 비즈니스 파트너였던 루이 다게르는 홀로 연구를 계속하며 이시도르가 잘 모르는 약점을 이용하여 점차 회사를 주도하게 되었고 마침내 1839년 1월 7일, 그가 연구한 새로운 사진술 공정에 만족하여 결국은 프랑스의 과학 아카데미 단원들 앞에서 이를 발표할 준비를 하게 됐다. 그러나 자신이 과학교육에 관해 부족함을 알고 있었고 또한 과학아카데미회원들이 자신에게 퍼부을지도 모르는 질문에 무식이 노출될 것을 꺼려해서 결국 과학자 친구인 프랑소아 아라고(Francois Arago, 1786-1853)에게 이 발명품의 발표회를 맡아줄 것을 요청했지만 원 발명자인 니엡스의 이름은 없었다. 그리고 니세포르 니엡스의 이름은 점차 잊히게 되었다. 다게르는 주도면밀하게 일을 처리했고 이것은 큰 성공을 가져다 주었다. 다게르가 이 발명품을 발표하는 동안 창업자인 니엡스에 관해 언급은 아주 미세했고 다게르는 자신이 원래 발명자는 아니었지만 자신의 이름만을 따서 '다게레오타이프(Daguerreotype)'라고 명명했다. 이 사진술은 모두에게 놀라움을 자아냈고, 열정적인 찬사를 받았다. 다게르는 사진술을 발표한 후에도 수개월간 사진술 공정의 상세한 내용은 밝히지 않았는데 이 기간 동안 일부에서는 그의 사진술을 사기행각이라는 사람들도 있었다. 그러나 이러한 소란은 1839년 8월에 다게르가 사진술 공정의 기본 기술을 밝히면서 잠재워졌다. 다게르는 감광된 이미지가 사진으로 형성되는 과정에서 과도한 이미지로 변하기 전에 공정을 정지시킬 수 있는 용해된 합성물을 사용했다. 지금은 티오황산나트륨(사진용어 '하이포(Hypo)')라고 알려진 화학물질을 발견한 것이었다. 다게르는 사진이 바래지지 않는 영구적인 이미지로 고착시키는 매우 정교한 사진 공법을 제일 먼저 발견하고 완성해낸 것이다. 다게르의 공정은 이미지의 고정 단계를 제외하면 현대 사진술과는 완전히 다른 것이었다. '다게르오타이프'의 사진은 동판 위에 입혀진 고광택의 은표면(Plate)으로 만들어졌다. '다게르오타이프' 사진의 선명도와 색조(모노톤)의 범위는 지금까지도 사진술의 경이로 남아있다. 한편 이시도르는 군복무를 마친 후 무뢰한 다게르에 관해 항의 책자를 만들어 니엡스 카피라이트(Copyrights)를 주장했다. 이러한 일이 있은 후, 프랑스 정부는 서둘러 이 새로운 발명품의 가치를 인정했고, 다게르가 과학아카데미에 발표한지 7개월 만에 다게르는 니엡스의 아들 이시도르(Isidore Niepce, 1805-?)와 함께 정부로부터 평생연금을 받을 수 있게 되었고, 그후 '다게르오타이프'는 곧 프랑스의 역사적 행사에 항상 동행하여 기록사진을 찍게 되었다. 그러나 당시 사진은 노출시간이 길어 정교한 사진을 찍기 위해서는 모든 사람들이 움직임 없이 약 8분간이나 서 있어야 했다고 기록되어 있다.

□ 그림설명 0601,
최초의 다게르오타이프 정 사진 카메라.

✽ 참조보기 (1963 - Photography)

0602 `gen` `art`

dance (춤, 춤추다)

댄스는 주로 남녀가 함께 리듬과 템포에 맞추어 다리와 몸을 경쾌히 움직이며 춤으로 추는 것을 이르는 말이다. 댄스는 음악에 맞추어 천천히 그리고 빠르게 뛰거나 미끄러지듯 율동한다. 그룹으로, 남녀가 함께, 또는 홀로 춤을 추기도 한다. 춤의 시작은 BC.4,000년경으로 이집트의 무덤 벽화에서 춤추는 그림이 발견되어 그 유래를 알 수 있다. 그 후 세기가 바뀌고 신고전주의와 낭만주의 시대인 18세기와 19세기로 이어오는 동안에 인상주의 화가들이 그린 그림에서 춤을 흔히 볼 수 있다. 음악에서도 실제의 궁정댄스 곡으로 쓰인 춤으로는 왈츠, 무곡 등이 있고 유럽 여러 나라에서는 이 종류의 춤을 중세부터 춘 것으로 기록이 남아 있다. 현대에 와서도 모던댄스(Modern Dance)로 불리는 왈츠, 탱고, 블루스, 폭스트로트 등이 있고, 포크 댄스(Folk Dance)로부터 온 지르박, 룸바, 맘보, 삼바, 차차차 등을 라틴댄스(Latin Dance)로 나눈다. 모던댄스는 홀딩(Holding)과 스텝(Step) 그리고 일정한 방향으로 전진하며 돌아가기 때문에 홀이 넓어야 하며 일명 룰 댄스(Rule Dance)라 한다. 라틴댄스는 제약된 공간에서도 이러한 정해진 룰이 없이 자유롭게 춤을 출 수 있는 것이 특징이어서 프리 댄스(Free Dance)라고도 부른다.

왈츠(waltz)의 기본 동작

룸바(Rumba)의 기본 동작

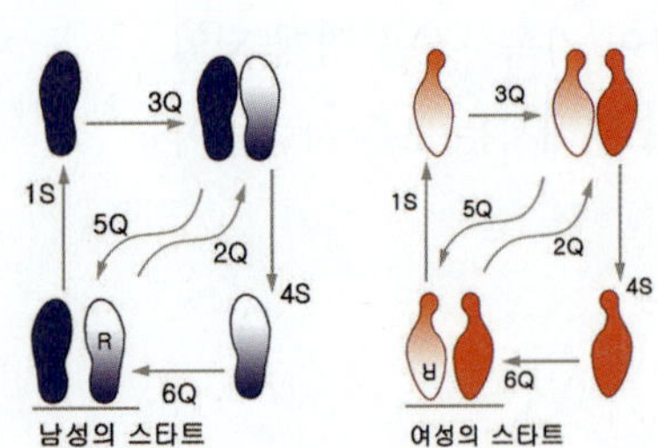

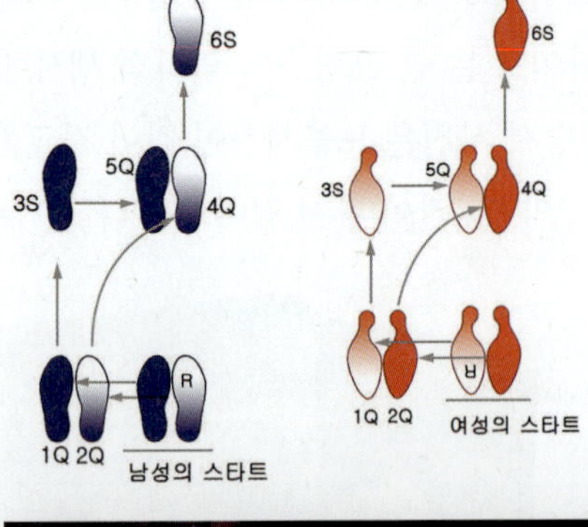

1

□ 그림설명 0602-1, 왈츠 룰 댄스

2

-2, 룸바 프리 댄스.

✻ 참조보기 (2306 - Rumba)

0603 com

DAT (다트)

✻ digital audio tape (디지털 오디오 테이프)

디지털 오디오의 약자로 DAT 녹음 전용 카세트테이프를 사용되도록 만들어진 디지털 녹음 시스템이다. 음향신호를 디지털 부호로 바꿔 기록하게 됨으로 기존의 마그네틱테이프 시스템보다 사운드의 적합도와 유연성이 훨씬 더 뛰어나고 장기적으로 보존이 가능하다. 음향기기는 1977년경부터 디지털시스템으로 바뀌기 시작했으나 다트(DAT)가 시스템화된 것은 1982년 소니(Sony)그룹사가 개발한 신호방식녹음과 재생시스템으로 4mm 자기테이프를 사용하며 카세트에 들어 있다. 그 사이에 CD도 실용화되었지만 CD가 44.1khz 인 것에 비해 DAT는 48khz 이어서 재생 음질이 대단히 우수하다.

그리고 음악방송용으로 최장 35시간 재생이 가능하여 방송에 편리하다. 또한 DAT 파일로는 포맷은 작지만 여러 기능으로 사용된다. DAT는 소프트웨어 산업에 지대한 공헌을 했다고 할 수 있는 품목이다. 동영상 파일(4.3"LCD. 480X272 Pixel)로는 AVI, DAT/MPG, WMV, FLV, MP4 등의 포맷을 지원한다.

□ 그림설명 0603, DAT Audio Cassette Tape.

0604 `com`

data (데이터)

자료가 정리(Organized) 되어 컴퓨터에 저장되어 있는 파일들을 총괄하여 이르는 말이다.

*data bank (데이터 뱅크, 전자정보 자료저장소)

원거리 전자통신에 의한, 컴퓨팅, 컴퓨터 집합체 등의 컴퓨터 데이터에서 선택하여 쉽게 검색할 수 있도록 여러 종류의 많은 양의 정보를 정리하여 저장한 시스템을 말한다.

0605 `com`

*database (데이터베이스)

컴퓨터 메모리에 체계화되어 저장된 정보(Informations)로, 특정한 운용을 위한 컴퓨터에 축적된 정보를 언제나 활용할 수 있도록 되어 있는 하나의 컴퓨터운영체계를 말한다. 데이터베이스는 MySQL, ORACLE, *SQL Server 등 여러 종류가 있으며, 그 응용은 추가(Adding), 삽입(Insert), 검색(Search), 갱신(Renovate), 삭제(Delete) 그리고 제거(Omit) 등을 할 수 있는 것을 말한다. 이것을 데이터베이스 운영 체계(Database Management System)라고 한다.

□ 그림설명 0605, Database의 종류.

 559

*SQL (에스큐엘)
Structured Query Language (구조화된 질문언어)

데이터베이스 언어로서 구조화된 질문언어(SQL: Structured Query Language)를 사용하게 하는 데이터베이스 관리 시스템을 뜻하는 말이다. SQL은 표준 언어로 데이터서버에 데이터를 저장하고 조작하거나 그리고 재생시키는 일을 한다. 시중에 나와 있는 것들은 MySQL, SQL Server, MS Access, Oracle, Sybase, Informix, Postgres 등 그 밖에 데이터 베이스 시스템(Database System)이 있다.

0606 `pho` `pic`

daylight (일광)

영화에서 일광은 밝기를 지정하는 표시이다. 외부(Exterior, 엑스테리어)의 밝은 하늘이나 태양의 빛을 모두 의미한다. 또한 내부(Interior, 인테리어)는 인공조명(Artificial Light)이라 부른다.

0607 `ani` `pho` `pic`

daylight film (데이라이트 필름)

재래식에서 필름으로 태양광 아래에서 사용하는 실외용 필름을 말한다. 실내에서 촬영할 실내조명용 텅스텐 필름보다도 화학적으로 파란색에 민감하게 반응한다. 즉 Daylight 필름은 하절기 정오의 태양광의 광량과 색온도(5,500°K)에 맞추어 만들어진 필름으로 가장 좋은 효과를 얻기 위해서는 여름철 12시 전후에 촬영하는 것이 이상적이다. 보통 사진 촬영용으로 사용하는 필름이 이에 해당된다. 애니메이션을 촬영할 때는 3,200°K 광량 아래서 실내용 텅스텐 필름을 사용한다.

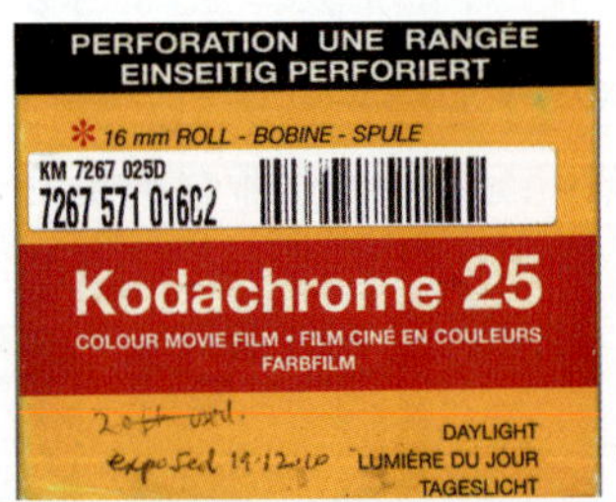

□ 그림설명 0607-1, Daylight, 16mm, Cine-film, Kodachrome 25.

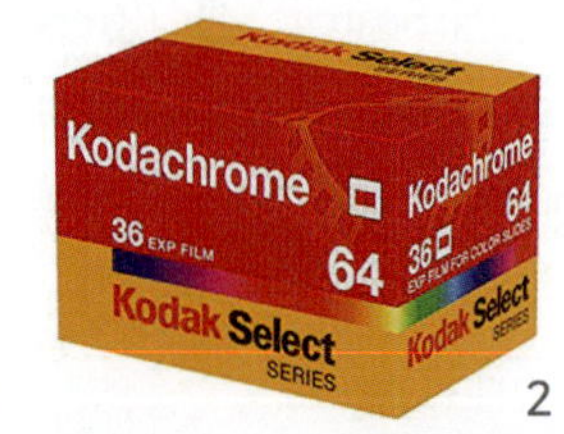

-2, Daylight, 35mm, Roll-film, Camera.

-3, Tungsten, 35mm, High Speed Ektachrome.

daytime (낮 시간대)

일반적으로 TV 방송시간을 정의하는데 사용되는 분류 언어로서, 대개 오전 10시부터 오후 4시까지를 뜻한다.

0609 `gen`

dead line (마감일자)

작업하고 있는 아트워크(Art Work) 작업이나 하고 있는 일거리를 꼭 정한 시간 안에 끝마쳐야 하는 시간을 의미한다.

0610 `gen`

deal memo (계약용 메모)

주로 할리우드에서 쓰는 말로 어떤 프로젝트를 놓고 제작 합의 흥정을 이루어 내는 뜻으로 사용된다. 계약조건으로 제시된 기본적인 중요사항들을 정식 계약서에 반영하기 위해 서로 간에 일치한 의견을 적은 초안을 말한다. 이 딜 메모는 서로 서명 없이 교환되므로 가끔 문제가 발생되기도 한다.

0611 `gen`

debris (파편, 잔해, 부스러기)

어떤 암석이 조각으로 파괴되어 잡석이 되거나, 형상물이 파괴되거나 붕괴되어 산산조각나 흩어진 것을 말한다. 애니메이션에서 파편효과는 상황을 표현하는 동작으로 매우 주요한 역할을 한다. 원형에서 형체를 알아볼 수 없이 파괴되어 흩어진 상황을 뜻하는 것으로 조금 전에 굳건히 서있던 형상이 파괴되어 잔혹하게 흩어진 상황을 묘사한

□ 그림설명 0611-1, 지구인들이 만들어낸 우주의 쓰레기더미.

-2, 사람들이 버린 쓰레기더미가 아름다운 해변을 덮고 있다.

다. 또한 사람들이 만들어 놓은 쓰레기더미도 '데브리스'라 한다. 현재 지구를 둘러싸고 있는 우주에는 그동안 지구우주인이 쓰다 버렸거나, 부서졌거나, 떨어져 나간 우주 잔해가 무려 50만개나 무중력에 떠서 무려 초속 1,000Km의 속도로 떠돌고 있다.

0612 com

debug (디버그)

컴퓨터 프로그램의 오류나 기계적 결함을 검출하여 제거한다. 또한 몰래 숨긴 도청장치를 제거하는 작업을 뜻한다.

0613 pic art gen

debut (데뷔)

영화배우, TV탤런트, 음악연주가, 무대공연자 등이 처음 출연하거나 그 분야에 입신하는 것을 말한다. 또한 처음 만든 프로그램이 첫 방영이 될 때를 데뷔라 한다. 또한 사람 뿐만이 아니라 최초의 영화제작, TV시리즈 최초의 작품, 최초의 연주회 등 처음으로 일반에 공개하여 평가를 받는 것을 데뷔라고 한다.

0614 mus pic

decibel (데시벨, 음향의 단위)
dB (데시벨) 약어표시

음악녹음, 음향출력, 감각소음의 강도를 재기 위해서는 전압과 전류에 의한 음파 량의 비율 측정하기 위해 대수(Logarithm) 방식으로 계산하여 수치를 재는 단위를 데시벨(dB)이라 한다. 소리를 측정하는 것은 전기의 전압과 전류와 관계된다. 그러나 자연 음파는 물체의 진동이 공기를 통해 음파의 파동으로 들려옴으로 물리학적으로 청각이란 은 감각기관을 통해 음률이나 소음을 감각적으로 느끼게 하고 감성을 자극하여 즐거움이나 슬픔을 느끼게 하며 짜증을 유발하게도 한다. 소리는 시간에 관계하여 주기적으로 진폭을 만들어 내며 높고 얕은 소리를 낸다. 주기가 늦고 진폭이 짧으면 저음, 주기가 짧고 진폭이 길면 고음이다. 고요한 밤의 소음이 30dB, 회사소음 70dB, 자동차 90dB, 스테레오 음향 100dB 등으로 데시벨을 측정할 수 있으며 음향의 녹음(Recording)이나 재생(Play Back)은 90dB가 가장 적합한 선택(Set-up)이다.

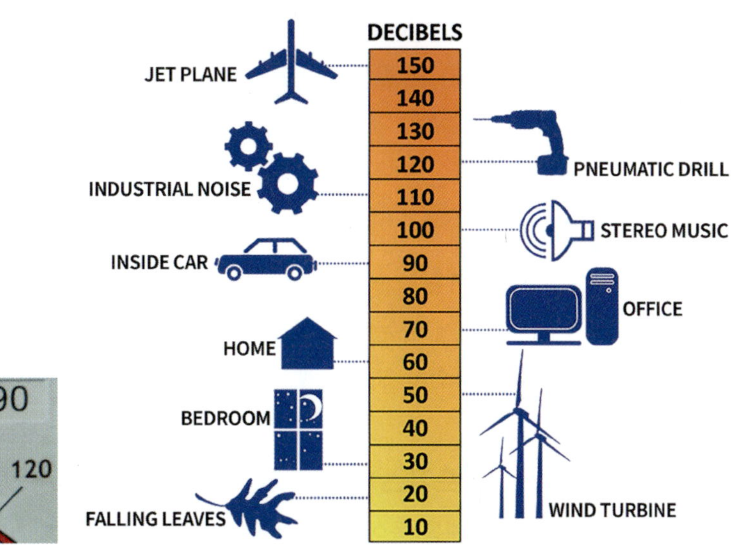

□ 그림설명 0614, 낙엽이 떨어지는 소리에서 여객기 소음까지.

decoy (바람잡이장식, 미끼)

나무나 적합한 재질로 만든, 진짜같이 보이도록 만들어 유인하가 위해 만들어진 물건을 뜻한다. 사냥꾼이 물오리들을 유인하기 위하여 나무로 목각오리를 만들어 물에 띄운 것이나, 고속도로에 설치한 가짜 경찰차나, 공사 중임을 알리는 움직이는 인형 작업인부 등, 영화 촬영용이나, 연극에서 사용하는 장식용 물건을 가리키는 말이다. 영화에서는 이런 것들을 별칭으로 프랍(Prop, 소도구)이라 부른다.

□ 그림설명 0615, 물오리 사냥 유인용으로 만들어 놓은 오리 미끼.

definition (해상도)

사람이 그린 원본 아트워크가 아닌 주로 TV와 같은 일렉트로닉(Electronic, 전자) 화면을 대상으로 디지털 해상도(Pixels Per Inch, PPI)의 품질을 가려 부르는 말로 더 명확하고 세밀한 빌노 높은 해상도(Density Resolution)를 말하는 것이다. 디지털의 해상도는 여러 개의 화소가 모인 밀도를 말한다. 최근 TV해상도는 디지털로 시스템이 혁신되면서 HD(High Definition) TV를 거쳐 UHD(Ultra High Definition)까지 해상도가 높게 발전하게 되었다.

0617 `pic` `pho`

defocusing (디포커싱)

화면의 포커스를 흐리게 하는 것을 뜻한다. 자료로 쓰는 뉴스 화면에서 화면상의 어느 특정 지역이나 얼굴 부위만을 흐리게 가리는 기법 등이 이에 속한다.

＊defocus mix (디포커스 믹스)

화면 전환 방법으로, 예를 들어서 첫 번째 장면의 그림이 포커스가 흐려지면서 다른 장면의 흐린 그림과 섞여 올라오다가 두 번째 그림에 포커스를 맞추는 방법을 말한다.

0618 `art` `ani`

deformation (디포메이션, 변형, 흉한모습)

특수 장치와 조작으로 영상을 변형시키는 것을 말한다. 즉 강조적인 효과를 나타내기 위해 대상을 사실적으로 표현하지 않고 과장하거나 변형시킨다는 뜻이다.

0619 `pic` `equ`

degausser (디가우져 장치, 자기장 소거기, A/V 소거기)

녹음된 필름의 음향이나 비디오테이프와 같은 자기장으로 된 영상기록을 지워(Erasure)서 재사용하기 위한 소거장치이다. 녹음용 테이프나 자기트랙(Magnetic Track) 필름의 녹음을 지우거나 녹음기 헤드의 불필요한 자기성질을 없애는 장치이다. 또한 모든 전자식 기록 장치를 소거하는데 사용되는 장치이다.

□ 그림설명 0619, 자기장에 의해 녹음된 음향이나 영상을 지우는 장치. (V91 HDD Max Degausser)

0620 `pic`

delete (삭제)

컴퓨터의 키보드(Keyboard)에 의해 이메일상의 문자, 그래픽, 컴퓨터 파일의 실행 (Computer File Operation) 등을 영구히 삭제하는 것을 뜻하는 말이다. 지우다(Erasure), 소거하다(Remove)의 의미와는 다르게 사용한다.

*deleted scene (삭제 신)

디지털 영화제작에서 촬영이 완료된 신(Scene)들을 순서대로 모아 스토리상의 연출의 도와 실제촬영을 점검하는 과정을 거치게 되는데, 이때 불필요하여 삭제하는 신을 가리키는 말이다. 디지털 영화제작상에서 딜리트 라는 의미는 불필요한 부분을 삭제하는 뜻으로 영화구성에서 제외된다는 의미이다.

0621 `ani` `gen`

delivery (납품, 배달, 딜리버리)

물건 따위를 배달하는 뜻이지만, 주로 OEM 애니메이션 제작 회사가 작품 제작을 완료 한 프로그램을 주문 회사에 납품하는 뜻으로 사용한다.

0622 `pic`

demo reel (데모 릴)

영화 제작에서 홍보를 목적으로 그 일부를 보여주기 위해 만들어진 짧은 필름이나 녹화된 테이프에서 유래된 말이다. 지금은 필름 릴이나 비디오를 사용하지 않고 가장 간편하고 손쉽게 취급할 수 있는 USB를 사용한다.

□ 그림설명 0622, 20세기 Demo Reel

-2, 21세기 Demo용 USB

D

0623 `pho`

density (밀도)

크로마(Chroma) 혹은 암전(Blackness)과 같이 포화된 농도 상태를 의미하며, 그 특정 영역에 저장되는 정보량을 나타내는 말이다. 보통 마그네틱테이프 매체에 저장될 수 있는 밀도는 1인치당 800바이트 정도이다.

0624 `pic` `arc`

depth (깊이, 입체감)

2D 애니메이션 촬영기법에서 가장 중요시되는 점이 움직임을 나타내는 피사체의 입체감이다. 실사에서처럼 카메라를 실제로 움직이며 촬영함으로써 쉽게 입체감을 얻기 위해 가능하지만, 그림으로 표현하는 애니메이션은 그 입체적 감각을 얻기 위해 인위적으로 구도를 설정한다. 그림화면은 2차원으로 구성되어 있어 입체적 감각을 얻기 위해서는 물건이나 인물의 배치를 먼 곳에는 작게, 가까운 곳에는 크게 그림을 그려서 표현한다. 그리고 작은 것으로부터 큰 것으로 이동시키며 움직임의 원근을 얻어낸다. 또한 실사에서 화면에서 원근의 효과를 좀 더 분명하게 보이기 위해서는 카메라 렌즈의 선택은 필수적이다. 효과적인 입체감각은 렌즈의 개각도가 많은 28mm, 38mm 따위의 와이드 앵글(Wide Angle) 렌즈를 사용하는 것이다. 관객들이 느끼는 신(Scene)의 공간성 입체감은 다음의 여러 가지 방법으로 상승시킬 수 있다. 1)원근의 깊이의 간격에 따라 다른 사이즈의 차이를 강조한다. 2)조명으로 빛과 그림자의 확연히 다른 면이 있도록 하고, 캐릭터들에 측면 조명을 써서 입체감을 준다. 3)카메라를 이동한다. 특히 캐릭터를 따라 카메라를 움직이거나, 이동식 촬영대, 기중기(Crane)를 이용한 카메라 이동 등은 초점을 강하게 살려 전경, 중경, 배경을 명확히 구분하게 해주기 때문에 관객에게

□ 그림설명 0624, 카메라 55mm 표준렌즈에 의한 입체감.

입체감을 명확히 줄 수 있다. 렌즈가 포착할 수 있는 초점안의 피사체의 거리는 카메라의 초점이 맞는 먼 곳에 있는 피사체와 가까운 곳에 있는 피사체의 거리가 중요하다. 즉 렌즈의 조리개를 넓히면 심도는 상대적으로 짧아져 피사체에 정확히 초점을 맞춰야만 피사체가 선명하게 찍히게 된다. 반면에 렌즈의 조리개를 좁히면 심도가 길어져 설사 피사체에 초점을 정확히 맞추지 않더라도 피사체가 초점거리 안에만 있으면 선명하게 찍히게 된다. 이와 같은 촬영속도와 조리개의 특성을 활용해 특정한 환경을 촬영 할 수 있다.

0625 `art` `ani`

depth of field (피사체 심도, 화면원근초점)

일반적으로 촬영에서 렌즈가 포착할 수 있는 초점내의 피사체까지 거리를 말하는 것으로서 카메라의 초점이 맞는 먼 곳에 있는 피사체와 가까운 곳에 있는 피사체의 거리를 말한다. 렌즈와 조리개의 특성을 활용하여 피사체만 선명히 찍고, 앞뒤를 흐리게 하려면 렌즈의 조리개를 최대한 줄여준다. 실사의 촬영기법은 렌즈의 선택에 따라 심도의 변화를 다양하게 얻어낼 수 있지만 재래식 애니메이션에서는 모든 그림들이 평면에서 작화되고 촬영되기 때문에 일반 무비카메라처럼 심도를 얻어 내는 것은 불가능하다. 그러나 애니메이션을 한장 한장 촬영할 때는 이미 지정된 고정거리 속에서 일정한 광량으로 촬영하게 되므로 위에 말한 상황이 불필요하다. 디즈니가 특수 애니메이션을 제작하기 위하여 사용했던 다중레벨(Multi-Level)촬영기법에서는 조리개는 좁히고 노출을 2분간이나 길게 늘려 상하 레벨의 심도를 같이 맞추는 방법을 사용했다. 오늘날의 디지털 방식은 다중 레벨의 개념 자체가 다르며 사용되는 레벨에 심도와는 관계없이 자유자재로 조정이 가능하다.

□ 그림설명 0625, 조리개와 피사체의 심도관계.

D

0626 `art` `pic` `ani`

designer (디자이너)

1) 애니메이션이나 영화제작에서 디자이너는 아트디렉터와 같은 역할을 갖는다. Screen Designer 또는 Art Director라고도 부른다. 2) 뭔가를 새롭게 만들기 위하여 그림을 그려 골격과 모양 등을 미리 계획해 보는 것을 의미한다. 의상(Fashion) 디자이너, 건축디자이너, 인테리어 디자이너, 캐릭터 디자이너 등이 있다. 예; 옛날부터 사용해 오는 농기구(Plough, 쟁기)들은 누가 디자인 했을까? 아마도 농부였을 것이다.

✽ 참조보기 (0125 – Art Director)

0627 `com` `equ`

desktop computer (데스크탑 컴퓨터)

노트북이 아닌 책상위에 본체와 모니터를 올려놓고 쓸 수 있는 소형 컴퓨터를 이르는 말이다.

☐ 그림설명 0627, 데스크탑 컴퓨터 세트.

0628 `gen` `pic` `pho`

developer (현상액, 개발자)

재래식의 영화필름이나 사진 등을 현상해 내는 흑백이나 천연색의 공정에 필요한 화공약품을 의미한다. 또한 TV프로그램을 개발하기 위하여 새로운 기획을 하는 사람을 개발자라 부른다.

0629 `pic` `gen`

devil (악마, 사악한 자, 악독한 자)

인간이 상상하는 악령으로 지옥(the Hell)의 왕을 이르는 말이다. 성경(the Bible)에서 하나님의 적(Enemy)의 표상으로 사탄(Satan)이라고도 부른다. 사회생활에서 일반적으로 인간에게 적용하기에는 적합하지 않은 표현일 수 있다. 그리스 신화에서나 인간이 만들어 내는 실제의 행위가 아닌 영적 악의를 표현하는 하나의 수단이라고 할 수 있다. 특수영화, 애니메이션, 문학 등에서 사악한(Wicked), 악의가 있는(Sinister), 악덕한(Vicious), 심술궂은(Bad-Temper)등 창작기법에서 심각하게 사용되는 말이다. 또한 반대말의 비유로 짓궂은(Mischievous), 재치(Clever)있는 또는 힘 있는(Energetic) 등의 빗댄 의미로 "악마"라고 아이러니하게 사용하기도 한다.

□ 그림설명 0629, 사악한 존재로 표현되는 악마.

0630 `art` `arc`

diagonal (대각선, 비스듬한)

직사각형(Square, Rectangle)이나 평면 마름모꼴(Lozenge)의 한 모퉁이에서 그 반대쪽 각으로 직선으로 연결하는 것을 대각선이라 한다. 4각에서 대각의 연결은 한 코너 A에서 B를 거치지 않고 C에 도달하는 최단거리를 말한다. 또한 면적의 A, B, C, D에서 D와 B의 직선거리, 대각분할은 면적 A', D', B'는 B', C', D'와 같다. 또한 입체의 대각은 A'에서 C이다. 이 정리는 그리스의 철학자, 수학자였던 피타고라스(Pythagoras BC.582-500)가 논리를 편 것으로 이를 피타고라스 정리(Pythagoras Theorem)라 부른다.

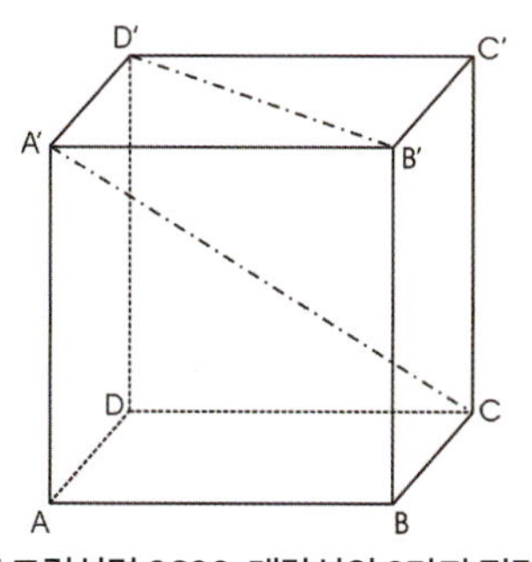

□ 그림설명 0630, 대각선의 2가지 정답.

0631 `art` `gen` `arc`

diagram (도형, 도표, 다이어그램)

예상한 전체의 계획이 부분적으로 서로 어떻게 작용하여 이뤄지게 되는지 그림이나 도표로 그려진 것을 말한다. 다이어그램은 시각적으로 빨리 알아차릴 수 있게 도표화해서 공정의 분류, 정보의 상호관계, 문제의 조율, 결과의 예상 등을 그래프로 그려 표시한 것을 예로 들 수 있으며 애니메이션 제작에서 그 제작공정을 쉽게 알도록 다이어그램으로 그려 브리핑을 한다.

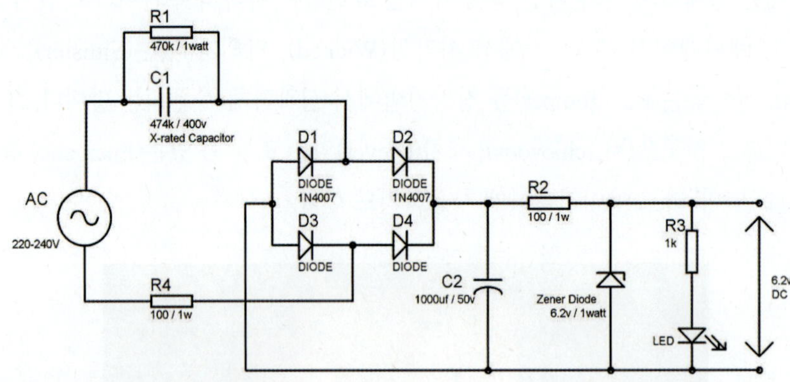

□ 그림설명 0631, 도형, 하나의 예.

0632 `lit` `pic`

dialogue (대사, 대화)

일반 실사 영화나 애니메이션 캐릭터 간의 대화를 이르는 말이다. 일반적으로 애니메이션에서는 입술의 움직임은 대사의 자음 모음과 일치한다. 회상할 때의 신에서 캐릭터의 립싱크 되지 않는 신 밖의 대사도, 자막 처리된 대사도 모두 포함한다. 대사는 흔히 동작을 촬영하는 동안 동시 녹음되지만, 현장의 사운드 녹음이 어렵고 적절치 않을 때는 대사를 후에 녹음하여 더빙한다. 후 녹음으로 입모양에 맞게 대사를 녹음하는 것을 ADR(Automatic Dialogue Replacement)이라 부른다.

✳ 참조보기 (0041 - ADR)

0633 `pic`

dialogue track (대사 트랙)

재래식영화 35mm, 16mm에서 사용되는 사운드 트랙에는 대사만 녹음한 사운드 트랙을 가리키는 말이다. 영화의 트랙에는 옵티컬(Optical)방식, 마그네틱(Magnetic)방식, 디지털(Digital)방식의 3가지 방식이 있다. 돌비가 개발했던 소음 축소가된 옵티컬 스테레오 사운드가 있었다. 디지털방식에는 대표적인 돌비 디지털 사운드, 소니에서 개발한 SDDS, 또한 DTS Sync 사운드가 있다. 대사는 해외 상영을 위하여 보통 포스트(Post) 작업에서 대사를 음악과 음향 효과(M&E) 트랙에서 분리함으로써, 외국어 더빙 시에 필요한 음향 분리 작업을 대비한다. 아날로그 방식의 사운드 트랙은 대부분이

35mm 필름 위에 오실로 스코프에 의한 옵티컬 트랙을 사용했고 16mm 필름은 마그네틱 방식이 주로 사용되었다. 마그네틱 방식은 필름을 취급할 때 자력이 소실되는 위험이 따를 수 있어 35mm에는 거의 사용하지 않았다. 아날로그 방식의 사운드 트랙에서는 다이얼로그(대사), 음악, 사운드효과 등 3가지를 모두모아 합성(Composite)한 후 사용하여 디지털에서처럼 대사 부분만 분리하기 어려웠다. 디지털방식은 다른 나라에서 대사를 분리하여 ADR로 재 더빙이 용의하다.

0634 `pic` `pho`
differential focusing (디퍼렌셜 포커싱, 2중 포커스)

카메라에 찍고자 하는 사물은 뚜렷하게, 배경은 흐릿하게 샷을 잡는 방법이다. 평면인 셀 애니메이션에서는 이 방법을 사용할 때 매트(Matte)를 만들어 캐릭터를 가리고 이중, 삼중의 촬영을 통해 효과를 얻어내야 하는 어려움이 있다.

✱ 참조보기 (0237 - Bipack)

0635 `pic` `pho` `equ`
diffusing light (흐리기 조명)

촬영에서 피사체를 고의로 흐리게(Diffuse) 할 때 필터로 빛을 부드럽게 하기 위해 조명 앞에 놓는 자재로 섬유, 그물 망사, 실크, 젤라틴, 금속 망, 불투명 유리등이 사용된다. 또한 촬영되는 물체의 가장자리를 부드럽게 하기 위해 디퓨전 렌즈를 사용하기도 한다.

0636 `pho` `equ`
diffusion filter (디퓨전 필터, 초점 흐리기)

촬영 시 렌즈 앞에 부착하여 특수 효과를 얻어내는 유리 필터, 표면이 특수 처리되어 촬영되는 이미지의 선명함을 약간 흐리게 만들어 준다.

0637 `com` `gen` `equ`
DigiBeta (디지 베타)

소니(Sony) 회사가 만들어 낸 방송용 기재 중에 하나로 광범위하게 사용된 장비이다. 이 비디오 시스템은 1971년에 나온 U-Matic이 있었고 1982년에 베타캠(Betacam)이 그리고 1986년에 다시 입그레이드 된 DigiBeta가 개발되어 방송용 녹화 장비로 독보석

D

자리를 차지한 장비이다. 그리고 디지털 카메라(Digital Camera)와 재생을 할 수 있는 플레이어(Player)가 있으며, 이 장비들은 종래의 2트랙(Track)사운드가 4트랙으로 M & E가 개선되고 2 트랙 스테레오 보이스(Voice)트랙으로 디지털화 되었다.

□ 그림설명 0637-1, 카메라 Sony DVW-709WS.

-2, 편집기 Sony DVW-A500p 중요한 방송장비의 하나인 편집기.

0638 `gen`

digit (숫자, 손가락)

사람의 손가락(Fingers)이나 발가락(Toes)을 가리키는 말이다. 예: 우리는 열(10)손가락과 열(10)발가락을 가지고 있다. 수를 세며 단순히 손가락으로 개수를 가리키거나 할 때, 또는 총 수를 뜻하는 말로 0에서 9까지의 아홉 개의 아라비아 글자를 사용해 수의 단위를 표기한다.

0639 `com`

digital (디지털, 숫자식)

디지털은 전자정보 체계를 표시하는 과학기술(Technology)로써 0과 1, 단 두 개의 극한 값이라는 원리에 바탕을 둔 전자신호 체계를 뜻하는 말이다. 두 극한 사이에 연속적인 변동이 있는 아날로그의 반대 개념이다. 디지털은 비연속(Discrete)적 값을 나타내며 아날로그 방식의 정보량을 전압 등의 양의 크기로 계산하는 것과는 달리 정보를 전기적 펄스(Pulse)의 유무로 문자나 숫자를 조합의 형태로 계산해 디지털 신호로 바꾸게 되는 것을 말한다.

✱ 참조보기 (0071 - analog)

digital camcoder (디지털 캠코더)

CCD(Charge-Coupled Device)로 빛(광선)을 2진수의 디지털 코드로
전환해 디지털식으로 이미지를 녹음하는 카메라를 말한다. 이 카메
라 방식은 1970년 후반에서 1980년 초기에 개발되어 계속 발전을 거
듭해 3CCD용 DV 테이나 CD를 직접 사용한 카메라를 거쳐 카메라
내부에 디지털 하드디스크 드라이브를 장착하여 테이프 없는 카메라
시스템으로 개선되었다. 일반적으로 캠코더, 핸디 캠 등의 명칭은 비
전문가용 카메라를 가리키는 말이다. 내장되어있는 메모리의 용량은
120GB, 1920x1080 HD 10.2 메가 픽셀을 거쳐 화소는 300만이 넘
는 매우 우수한 해상도를 가지고 있다.

□ 그림설명 0640, Canon XL-1 디지털 캠코더.

digital capture (디지털 캡처)

컴퓨터에 이미지를 입력하는 것으로, 이미지를 촬영하는 자체를 의미한다. 어떠한 이
미지이던 디지털 방식에 의해 입력되는 것을 말한다. 데이터나 사진 또는 재래식의 비
디오 등을 다른 디지털형식으로 바꾸거나 사실 움직임을 모션 캡처로 입력하는 등의
모든 행위가 컴퓨터에 의해 옮겨지는(Transfering) 것을 뜻하는 말이다.

□ 그림설명 0641-1, -2, 아날로그 이미지, 또는 디지털 이미지를 다른 포맷으로 옮기데 사용되는
코넥터(-1)와 사진을 4k~8k로 캡쳐하는 카메라 (-2)

0642 `com` `pic` `equ`

dts (디티에스)

* digital theater system (디지털 영화관 시스템)

디지털 기술에 의해 만들어진 영화를 영화관에 배포하여 상영하는 것을 말한다. 기존 35mm 영화 릴을 영화관에 보내는 대신 디지털 영화는 인터넷이나 전용 위성 링크를 통해 또는 하드 드라이브나 Blu-ray 디스크와 같은 광학 디스크를 보내 쉽고 간단한 방법으로 영화관에 배포 할 수 있으며 디지털 영화는 기존의 필름 프로젝터 대신 디지털 프로젝터(Digital projector)를 사용하여 투사한다. 디지털 시네마는 고해상도 TV와 구별되며 TV 또는 고화질 비디오 표준, 종횡비 또는 프레임 속도 사용에 의존하지 않으며 해상도는 일반적으로 2K (2048×1080, 2.2 Mega Pixel) 또는 4K (4096×2160, 8.8 Mega Pixel)의 수평 픽셀 수로 표시된다. 극장용과 일반 소비자용으로 구분되는 이 시스템은 응용 프로그램을 사용하여 '디지털 서라운드 사운드' 방식을 창안한 회사이다. 다중 채널 오디오 기술로 'The Digital Experience'로 창업한 「the DTS Inc.」에 초기투자자 중 한 사람들 중에 유명한 영화감독인 스티븐 스필버그(Steven Spielberg, 1946-)도 참여했던 시스템이었다.

□ 그림설명 0642, The DTS Logo, Digital Sound System.

0643 `pic` `com`

digital cinema (디지털 시네마)

디지털 시네마는 아날로그 35mm로 영화필름 릴을 사용하지 않고 디지털 기술과 기능으로 제작된 영화를 배포하여 투사하는 것을 말한다. 기존 재래식 필름영화는 21세기에 들어서며 더 이상 사용하지 않게 되었다. 디지털 영화는 기존의 필름 프로젝터(Projector) 대신 디지털 프로젝터를 사용하여 화면에 투사한다. 2010년 초부터 디지털 시네마 기술이 향상됨에 따라 전 세계의 대부분의 극장이 디지털시스템으로 전환되었다.

digital computer animation (디지털 컴퓨터 애니메이션)

컴퓨터 그래픽 시스템을 이용하여 만들어낸 애니메이션을 디지털 애니메이션이라 부른다. 디지털화 된 캐릭터 이미지 데이터를 컴퓨터가 해독하여 입체적으로 캐릭터 화상을 만들어 내고 그것을 동작으로 움직여 나간다. 이것을 만들어진 배경과 컴파짓 하여 하나의 신으로 완성한다. 픽사(Pixar)가 20세기를 보내는 무렵인 1995년 <토이 스토리(Toy Story)>와 <버그스 라이프(The Bug's Life, 1998)>를 만들어 냈고 21세기가 시작되며 <니모를 찾아서(Finding Nemo, 2003)> 등이 계속해서 제작되었다. 특히 미국의 할리우드에 있는 픽사(Pixar)와 드림웍스(DreamWorks)간에 경쟁적으로 만들어진 디지털 애니메이션은 애니메이션 애호가들을 흥분으로 몰아갔고, 보다 많은 양과 보다 좋은 품질로 애니메이션 제작과 발전에 크나큰 공로를 이뤄냈다. 그리고 니켈로데온(Nickelodeon), 인더스트리얼 라이트 앤 매직(Industrial Light and Magic) 그리고 이니셜 엔터테인먼트 그룹(Initial Entertainment Group) 3사가 함께 이 사이를 비집고 공동 제작한 <랭고(Rango, 2011)>가 애니메이션의 서부극(Western Movie) 컴퓨터 애니메이션으로 매우 우수하게 만들어 졌다.

□ 그림설명 0644-1, 니켈로데온 <Rango> (2011), by Gore Verbinski.

-2, Pixar의 <Finding Dory> (2016), by Andrew Stanton.

digital disc recorder, DDR (디지털 디스크 레코더)

디지털 비디오를 디스크에 녹화하는 시스템. 이런 디스크들은 이미지와 사운드를 오랫동안 저장하지 못하기 때문에 전문적인 편집에서는 많이 사용되지 않는다.

0646 `com` `pic`

digital effects cinematography (디지털 효과 촬영기술)

컴퓨터는 모션 컨트롤 시스템으로 특수 효과 작업을 하는 데에 처음으로 이용되었으며, 현재는 장편 만화 영화의 애니메이션을 만들어내는 데에 폭 넓게 사용되고 있다. 컴퓨터 이미지 작업은 엄청난 활용성과 혁신을 가져왔으며 동시에 막대한 비용을 절감해줬다. 디지털 합성을 통해 서로 다른 이미지가 촬영되거나 그려진 요소들을 취합하여, 컴퓨터로 그려진 배경이나 또 다른 이미지와 결합(Composite)하여 만들어낸다. 디지털 효과는 화면 전체를 만들어 내거나 카메라 촬영으로 완성된 이미지 위에 필요한 일부의 효과를 추가할 수도 있다. 영화의 대부분의 신(Scene)들은 테이크(Take)가 결정되면 색상, 밝기, 분위기 등을 감안한 효과를 추가하여 완성한다.

0647 `com`

digital image (디지털 이미지)

장편 애니메이션이든 단편이든 디지털로 변경된 그림이나, 라이브(Live)로 촬영되었거나 혹은 디지털 숫자(Numeric Representation)로 만들어 낸 그림이든 간에 컴퓨터 디지털 시스템을 이용해 만들어낸 이미지를 말한다.

□ 그림설명 0647, 디지털로 형성한 이미지.

0648 `com` `pic`

DI (디아이)

＊digital Intermediate (디지털 중도작업)

디지털카메라나 혹은 재래식 필름카메라이든 간에 촬영된 이미지의 휘도(Luminance)의 조절과 색상(Hue), 채도(Saturation) 등을 최종으로 조정(Manipulating)하고 색보정

작업(Color Correction)을 통해 디지털화(Digitize)하게 된다. 이러한 중간 작업을 뜻하는 말이다. 이 작업은 현대에 와서 영화를 완성하는 데에 매우 필수적인 공정이며 최종 영화관에 배급하기 전 제반 화상 조정을 이루게 된다.

0649 `com` `pho`

digital photograph (디지털 사진)

디지털카메라에 의해 찍은 사진으로써 인물, 경치, 물체, 조작 처리(Manipulation)된 어떠한 사진도 모두 포함된 말이다. 디지털 사진이 나오기 전에는 일반 카메라로 필름을 넣어 촬영한 후 현상소에서 화공 약품 현상과정을 통해 사진을 만들 수가 있었다. 보통 사진을 보려면 2~3일은 기다려야 했으나 디지털사진은 즉석에서 볼 수 있고, 저장하고, 다른 곳에 전송도 가능하다. 또한 인화지에 확대 출력도 할 수 있다.

0650 `com` `ani`

digital ink & paint (디지털 잉크 & 페인트)

컴퓨터에 의해 그림을 채색하는 공정을 말한다. 1990년경 재래식에서 원 동화 공정 후에 셀 위에 그림을 복사하고 뒷면에 물감으로 색을 칠하여 완성하던 공정에 비해 혁신적인 방식이다. 이 컴퓨터 채색에는 원동화가 끝난 후 스캐너에 의해 화상을 받은 후 배경 팬(BG Pan), 트럭 인과 아웃(Truck In & Out), 로테이션(Rotation)등 재래식 카메라에서 해야 할 모든 기술이 컴퓨터에 의해 진행되며 카메라의 모든 지시사항이 끝난 후 디지털 채색이 시작된다. 채색된 신(Scene)들을 이미 기록(촬영)된 배경과 애니메이션을 합성하여 이미지를 컴파짓 하여 이를 녹화하게 된다. 이러한 디지털 컴퓨터 공정을 채택하게 되면 재래식에서 쓰던 셀, 페인트, 붓, 필름, 현상 등 모든 원자재들이 불필요하게 되었으며 제작공정에서 월등히 많은 시간을 단축할 수 있어 경제적이다. 특히 수정작업(Retake)시에는 재래식과 비교가 안될 만큼 간단하고 빠르게 처리할 수 있다.

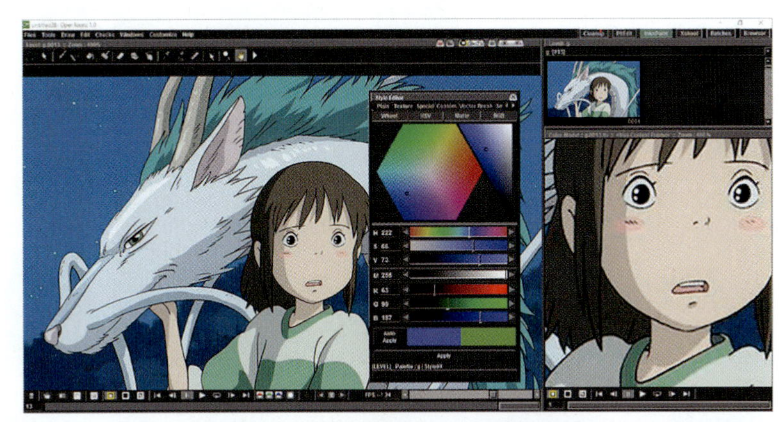

□ 그림설명 0650, 지브리 스튜디오 <The Spiriting Away Of Sen And Chihiro> (2001), 디지털 애니메이션 채색 창, by Miyazaki Hayao.

D

0651 `com`

digital restoration (디지털 복원)

필름이 오래되어 낡고 상태가 좋지 않은 필름을 디지털로 복원하는 뜻이다. 필름의 프레임 전부를 우선 스캔하여 디지털 코드로 바꾼 다음, 각각을 모니터에 불러온다. 흠집이나 다른 손상들을 수정하고 필름 리코더를 이용해 고해상도의 컬러 이미지에 최종적으로 입혀 새롭게 복원해낸다. 이 때 중요한 것은 이전 원본이 참 가치가 있는지를 평가한 후 손상시키지 않고 복원해내는 것이다. 이러한 작업은 시간도 오래 걸리고 작업비용도 만만치 않아 손상 그대로를 보존하는 것이 보통이다. 오래된 흑백 필름도 컬러 복원이 가능하다. 그 밖에도 오래된 유화 그림을 새롭게 거의 손상 없이 복원할 수 있다.

1962

2012

□ 그림설명 0651-1, 영화복원 <Lawrence of Arabia> (1962), by David Lean.

좌

우

□ 그림설명 0651-2, 더러워진 그림(좌) 디지털 복원한 Old Painting (우)

0652 `com`

digital retouching (디지털 수정)

디지털 이미지의 먼지 같은 작은 입자, 스크래치, 색의 수정, 변조, 색의 밸런스 등을 수
정하는 과정을 말한다.

0653 `com`

digital television (디지털 텔레비전 방송)
DTV (디티비)

DTV는 디지털(Digital) 방송을 의미한다. 디지털 방송시스템 방송은 큰 이점들이 많
다. 같은 폭의 주파수를 송출하더라도 디지털은 더 많은 채널(Channel)을 사용할 수 있
으며, 또 다른 이점은 HD(High Definition) 프로그래밍을 할 수 있다. 그리고 디지털 시
그널 방송은 아날로그에서 흔히 있는 'Ghost', 'Dropout' 'Snow'등을 최소로 줄이고 소
리(Audio)의 소음도 줄일 수 있게 된다. MPEG(Moving Picture Expert Group)는 기존
아날로그 TV에서 아주 미약한 시그널을 전송할 때 손상되어 보기 어려운 화면을 인위
적으로 압축하여 새롭게 변조된 디지털 방식으로 우수한 화면을 만든다. 손상된 화면
을 아날로그 TV에서는 방송할 수 있더라도 DTV는 방송국의 화면의 품질을 MPEG를
통해 수정할 수 있고 자동으로 선택해서 송신하도록 되어있다. DTV의 화면 품질은 완
벽한 화면 아니면 전혀 볼 수 없거나 2가지 중 하나로 결정된다. DTV는 니지털 포맷
HDTV와 같이 화면비례(Ratio)가 16:9로 모두 바뀌고 4:3 아카데미 비율은 더 이상
TV화면으로는 사용하지 않게 되었다.

0654 `com` `equ`

digital versatile disc (디지털다목적디스크)
＊digital video disc (디지털비디오디스크)

DVD로 축약하여 불리는 이 디스크는 디지털로 개발된 광학디스크 저장방식으로 1995
년에 필립스(Philips), 소니(Sony), 도시바(Toshiba) 그리고 파나소닉(Panasonic) 등의 여
러 회사들이 동시에 발명하여 모든 종류의 영상과 음향을 디지털 데이터에 저장할 수
있게 했다. 또한 DVD 플레이어를 이용하여 영상을 시청할 수 있는 비디오 프로그램은
물론 소프트웨어 및 기타 컴퓨터 파일에도 널리 사용된다. DVD는 CD(콤팩트디스크
(Compact Disk))와 동일한 크기의 디스크를 사용하면서 높은 저장 용량을 제공하며 사
전 녹화된 DVD는 데이터를 물리적으로 기록하는 성형기(Molding)를 사용하여 대량생
신된다. 데이터를 읽을 수만 있고 기록하거나 지울 수 없는 DVD-ROM, 기록 가능한

DVD-R은 레코더를 사용하여 한번 기록한 다음 사용할 수 있다. 재기록 가능한 DVD-RW, DVD + RW는 여러 번 기록 및 지울 수 있으며 DVD는 DVD 비디오 소비자용 디지털 비디오 형식 및 DVD 오디오 소비자용 디지털 오디오 형식뿐만 아니라 특수 AVCHD 형식으로 작성된 DVD 디스크를 제작하여 고화질 자료를 보관하는 데 사용된다. 다른 유형의 정보를 포함하는 DVD는 DVD 데이터 디스크라고 할 수 있다.

□ 그림설명 0654, CD(Compact Disc), DVD, Blu-ray Disc.

✱ 참조보기 (0720 - DVD)

0655 `com` `equ`

digitizer (디지타이저)

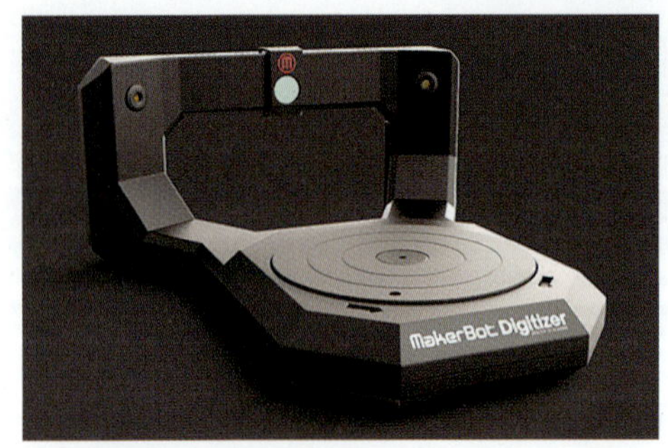

그림이나 도표, 설계 등의 위치 정보를 입력받기 위한 컴퓨터 입력 장치이다. 아날로그 그래픽 이미지를 스캔 할 때 사용하는 그래픽 입력 주변장치를 통칭한다. 그림이나 필름의 이미지, 혹은 물체를 스캔, 컴퓨터 메모리에 저장되도록 디지털 코드로 전환하는 과정으로, 컴퓨터로 애니메이션 된 이미지를 만드는 일반적 과정이다. 아날로그 시스템을 컴퓨터 화된 디지털 코드로 전환하는 과정 등을 부르는 단어이다.

□ 그림설명 0655, 디지타이저
(MakerBot 디지타이저 데스크탑 3D 스캐너)

0656 `lit` `pic`

dilemma (딜레마)

두 가지의 상황에서 어느 방향으로든 좋은 선택을 해야 할 극적인 상황일 때를 이르는 말이다. 문학에서는 극중에서 이러한 상태(Situation)를 연출하고 그 상황을 클라이맥스(Climax)로 이끌어 올리고 해결함으로써 딜레마(진퇴양난) 기법을 자주 활용한다.

dimension (부피, 입체)

3차원의 입적을 잴 수 있는 물체의 너비(Width), 길이(Length) 그리고 높이(Height)의 입방체를 부피 또는 입체라고 한다. 그러나 영화제작에서는 화면의 시각적 효과로만 부피를 느낄 수 있다. 손으로 그린 애니메이션방식을 입면이 없는 2D(Dimension)라 하고 컴퓨터에 의해 입체적으로 만들어진 캐릭터애니메이션을 3D로 규정한다. 또한 영화의 3D화면을 안경을 쓰고 볼 수 있는 스테레오스코프(Stereoscope)나 인쇄물에서 적청(Red and Blue)안경이나 폴라로이드(Polaroid, 편광) 안경으로 그림을 입체적으로 볼 수 있는 것 등이 모두 부피를 느끼게 하는 시각상의 입체감이다.

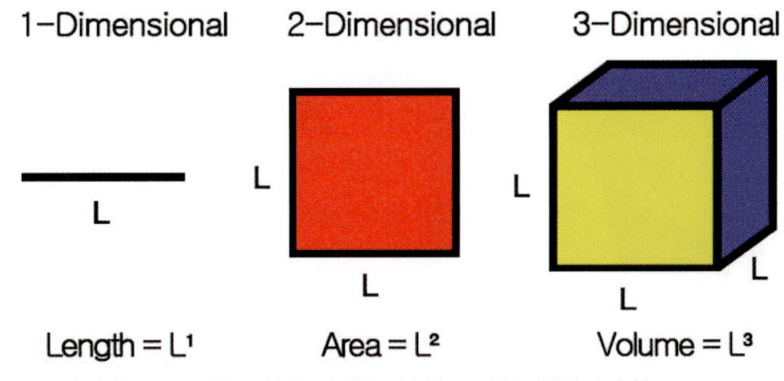

□ 그림설명 0657, 선을 1차원, 면적을 2차원, 부피를 3차원이라 함.

diode (2극 진공관, 다이오드)

다이오드는 게르마늄(Germanium)이나 규소(Silicon)로 만들어진 반도체 소자를 말한다. 이 소자의 전류는 직류(DC), 교류(AC), 정류(Rectification)로 나뉜다. 정류는 전류가 한 방향으로만 흐르도록 해야 하는데 이때 사용되는 반도체소자(Semi-conductor Device)를 다이오드라 한다. 이 다이오드는 AC전류를 DC로 변환할 때나 논리회로(Logic Circuit)의 역전류의 유입을 차단(스위칭) 할 때 사용된다.

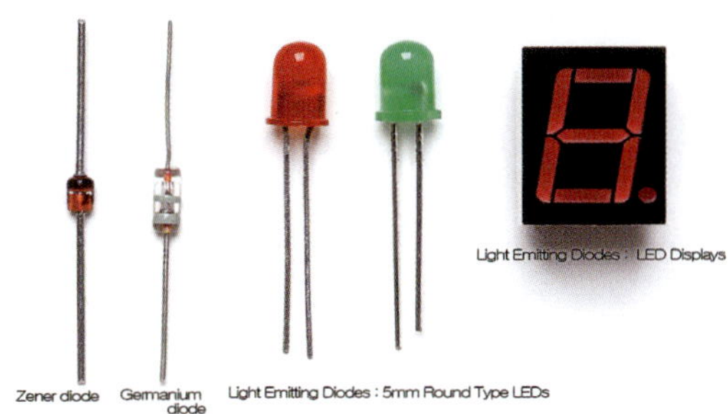

□ 그림설명 0658, 각종 다이오드.

0659 `ani` `equ`

direct animation (다이렉트 애니메이션)

카메라를 사용하지 않고도 시각에 착시현상을 일으켜 움직이는 동작을 눈으로 직접 볼 수 있게 만든 기구나 필름 등을 말한다. 사람들은 오래전부터 망막(Retina)이 갖는 잔상 착시현상을 통해 동영상을 볼 수 있음을 알게 되면서 18세기부터 여러 사람들이 촬영기가 아닌 잔상기구를 만들기 시작했다. 간단하고 장난감처럼 보였으나 착시에 의해 움직임을 볼 수 있는 페나키스토스코프(Phenakistoscope), 조이트로프(Zoetrope), 프락시노스코프(Praxinoscope)등이 쏟아져 나왔다.

□ 그림설명 0659-1, Phenakistoscope (페나키스토스코프) -2, Zoetrope(조이트로프) -3, Praxinoscope(프락시노스코프)

카메라가 1895년에 발명되고 나서 20세기에 들어와 35mm나 16mm 필름표면에 직접 칼끝으로 그림을 스크래치(Scratch)하여 그린 후 그것을 영사하면 움직이는 영상을 볼 수 있는 애니메이션도 창안해 냈다. 일반적으로 스토리가 없는 비 서사적 내용으로 하나의 형태를 보이며 동작만을 강조한다. 이 작업은 주로 필름위에 세밀한 연속성이 없이 본질적으로 리듬(Rhythm)감과 시각(Visual)적인 디자인을 표현하게 되는 것이 특징이다. 이런 형태의 것들을 절대영화(Absolute Film) 또는 추상영화(Abstract Film)라고 부르기 시작했다. 이들 테크닉은 필름 위에 직접 그림을 그리거나 페인트하고 필름의 표면을 직접 긁어서 이미지를 새겨 만든 실험적인 애니메이션 필름으로서 추상적이거나 비구상적인 이미지를 만들 때 사용된다. 다이렉트(디렉트) 애니메이션은 카메라 없이 만드는 애니메이션(Camera less Animation)이라고 부르기도 한다. 카메라를 사용하지 않는 방식, 필름현상공정을 거치지 않고 만들어지는 제반 애니메이션을 통칭하는 용어이기도 하다. 그러나 플립 북은 종이에 연속된 동작을 그림으로 그려내 모두 카메라로 찍지 않고 연속으로 움직임을 볼 수 있는 것을 말한다.

(필름에 직접 그려 만든 스크래치(Scratch on Film) 애니메이션)

□ 그림설명 0659-4, <Linear Dreams> 1997, by Richard Reeves.

-5, <Blinkity Blank> 1955, by Norman McLaren.

* direct draw on film animation (필름에 직접 그리는 애니메이션)

카메라로 촬영하지 않고 35mm 영화용 필름 위에 직접 그림을 그려 완성하는 애니메이션 제작 기법이다. 필름의 젤라틴(Gelatin)이 발라있는 표면에 직접 날카로운 송곳으로 그림을 그리거나 스크래치 하여 색을 입혀서 이미지를 완성해 만든 실험적인 애니메이션 필름을 말한다. 촬영하지 않은 35mm 필름은 빛에 노출시키지 않고 현상을 하게 되면 검정색이다. 이 필름을 사용하여 비구상적인 그림을 그린다. 그리고 영사기에 돌려보면 매우 흥미로운 동영상을 얻어낼 수 있다. 이 테크닉은 추상적이거나 비구상적이거나 창의적인 이미지를 만들어 내기 위하여 사용된다.

□ 그림설명 0659-6, 35mm 필름에 직접 그리는 Norman Mclaren 창시자.

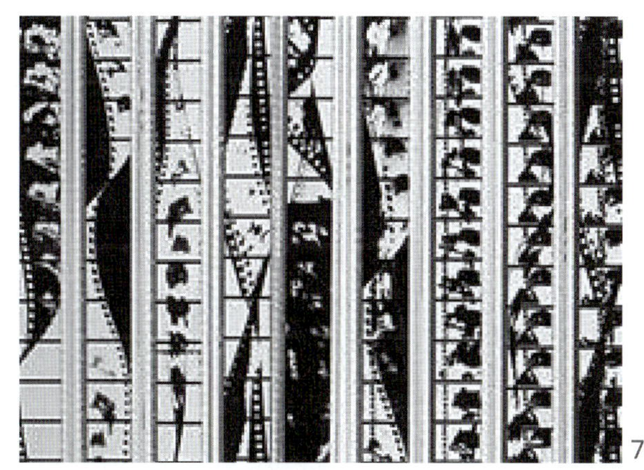

-7, Direct film Animation 샘플들.

* 참조보기 (0006 - Absolute Film)

* 참조보기 (0009 - Abstract Film)

* 참조보기 (2422 - Scratch Animation)

D

0660 `pic`

direct cinema (다이렉트 시네마)

카메라(필름카메라, 비디오카메라, 셀 카메라 등)를 손에 들고 촬영하며 음향녹음기로 현장의 상황을 그대로 기록하는 논픽션 영화촬영기술과 기법을 뜻한다. 사실적이며 현실적 묘사기법 등의 방식을 뜻하는 말이다.

0661 `gen` `pic`

direct cost (직접비용)

영상물 제작에 직접적으로 관련된 프로덕션 비용을 말한다. 관리비(Overhead Cost)는 이에 해당하지 않는다.

0662 `pic`

direction (디렉션, 연출지시)

영화감독이 배우가 해야 할 연기를 설명하여 영화의 내용을 연출에 맞도록 지시한다. 또한 카메라맨에게도 카메라의 움직임을 지시한다. 애니메이션에서는 촬영지(Exposure Sheet)에 연출을 기재하여 지시한다. Exposure Sheet, X-Sheet, Dope Sheet, Time Sheet 등은 모두 같은 뜻으로 촬영해야할 모든 지시를 한 콤마(24콤마는 1초)마다 기재한 촬영시트를 말한다. 주로 애니메이션 촬영시의 세밀하고 정교한 촬영기술로 얻을 수 있는 모든 방식을 이 시트에 빠짐없이 기재함으로서 카메라맨이 감독의 연출지시를 충실하게 보장할 수 있다.

0663 `pic` `ani`

director (감독, 영화감독)

영화를 만들기 위한 전체공정을 숙지하고 개인의 예술성을 바탕으로 영화제작기술을 실무적으로 총괄하여 영화를 제작할 수 있는 능력자를 감독이라 한다. 이를 지역에 따라 라인 프로듀서(Line Producer) 또는 총감독이라 부르기도 한다. 총감독은 우선은 영화를 만드는데 최우선이 되는 스토리를 숙지하고 구획(Plot)을 세워 세부적인 부분에 상세한 관계를 이룩해야 한다. 더구나 애니메이션으로 제작하려는 총감독이라면 좀 더 구체적으로 애니메이션의 기능적인 지식이 겸비되어 있어 민감(Sensitive)해야 한다. 움직이는 동작까지를 왈가왈부할 수 있는 기술과 기능 감독이어야 한다. 기본골격으로 총감독은 제작진과 영화를 형성해 가기위해 조력자(Supporter)로써, 예술가로써, 심지어는 영화제작 관리자인 매니저와도 신뢰 있는 대화를 나눌 수 있어야 한다. 각 파트의 작업을 총괄하고 따라서 예정된 안건(Agenda)이나 매일 일어나는 각 공정의 스케줄을 꿰뚫어 보고 있어야 한다. 또한 내일로 미루어지는 작업이 생겨나지 않도록 독려하고 관리한다. 제작공정이 길어질수록 그만큼 비용이 더 많이 소요되기 때문이다. 이렇게 모든 공정상의 총감독의 의무(Duty)와 책임(Responsibility)을 소상히 지켜나가기 위해 스케줄을 총괄하는 매니저(들을)를 둔다. 감독은 영화를 제작하는데 있어 그의 예술이념, 비전, 예술적 재능과 기술을 다하여 작품을 완성하는 의무가 있다. 감독은 스크립트의 시작부터 영화제작 완료까지를 통제할 수 있는 영화에 대한 지식이 있어야 하며 이를 수행하는 데에 영향력을 가진 인물이어야 한다. 영화제작은 제작비는 물론 영화배급에도 많은 돈이 소요돼 비용 회수를 위해서는 만족할 만한 흥행을 거둬야 하기 때문에 제작자와 함께 감독은 관객이 원하는 영화를 만들게 된다. 감독은 자신이 받은 스크립트를 통해 영화에 대한 자신만의 아이디어를 가질 수 있다고 생각하지만, 또 한편으로는 이미 영화의 각본을 가진 프로듀서에 의해 많은 간섭을 받는 것이 보통이다. 감독은 또한 시작부터 스토리 전개를 위해 스크립트 작가나 프로듀서와도 긴밀히 작업해야 하며 그리고 주어진 예산 안에서 작업하고 있는지, 계획한 의도대로 영화가 진행되고 있는지를 수시로 확인해야 한다. 그뿐만이 아니라 감독은 캐스팅, 세트, 의상디자이너, 아트 디렉터(Art Director) 등과도 긴밀히 협의한다. 실사 촬영 스크립트는 물론 애니메이션의 경우 스토리보드(Storyboard)를 다듬고 뒤따르는 작업을 결정하고 지시한다. 모델 디자인, 소도구, 배경의 색조 등은 물론, 레이아웃(Layout), 원화, 배경, 포스트 프로덕션에 관련된 모든 공정을 작업하고 결정짓는다. 촬영감독과 함께 촬영 스케줄의 점검은 물론 사용 가능한 기술적 방법을 찾아낸다. 촬영은 여러 가지 요인으로 인해 신(Scene) 순서대로 진행되는 것이 아니며, 항상 순서를 맞춰 영화를 하나의 전체로 봐 촬영 중에도 신의 추가 내지는 삭제를 조정한다. 촬영이 끝나면, 최종 편집과 배경 음악에 대해, 그리고 이미지, 대사, 사운드, 음악의 최종 합성 작업을 하게 된다. 감독의 비전과 감각이야말로 영화를 구현하고 영화 속에 작가로서의 정신과 의미를 불어 넣어 주는 사명감을 가진 사람이다.

□ 그림설명 0663, 촬영에서 디렉터의 지휘아래 모든 것이 움직인다.

0664 `pic`

director's cut (디렉터스 컷)

촬영을 마친 후 완성된 최초의 필름을 감독이 추려내어 감독의 기호대로 편집한 것을 말하며 이것을 디렉터의 러프 컷이라 부른다. 그러나 투자자인 제작자의 관점에서 최종 편집이 이루어지는 것이 일반적임을 감안할 때, 감독의 의견을 존중한 버전(Version)을 따로 인정하게 된다. 미국 감독조합(Directors Guild of America)에서 정한 기본 규칙의 일부에 의하면 이 디렉터의 컷은 감독이 통상 6주 정도의 제한된 기간을 가지고 자유롭게 영화의 최종 버전으로 만들 수 있도록 규정하고 있다. 영화의 디렉터의 컷(Director's cut)은 보통 편집자와 함께 감독이 만들어 낸다. 일반적으로 영화 촬영이 완성되면 제작자의 대립된 의견과 간섭을 받을 수 있는데, 이 때 감독이 원하는 대로 편집한 버전을 가리켜 '무삭제버전(Uncut Version)' 이라 부른다. 대개 감독 판(Director's Cut)은 이미 공개된 최종영화의 길이보다 긴 것이 관례이다.

□ 그림설명 0664, 디렉터의 편집은 제작자와 다른 견해를 가질 수 있다.

0665 `pic`

direct-to-video release (비디오 직 배급)

극장 배급 대신, 장편용 길이의 필름을 가정용 비디오로 출시하여 시장으로 직판하는 것을 말한다. 이 방식은 DVD 포맷이 나오며 더 이상 활용되지 않는 방식이다. 지금은 컴퓨터의 넘쳐나는 정보로 인해 가정이나 직장에서 각종 플레이어(Player) 사용이 불필요하게 되기 때문이다.

0666 `com`

diskette (디스켓)
floppy disk (플로피 디스크)

IBM이 처음 개발해서 사용했던 얇고 펄럭이는(Floppy) 자기(Magnetic)성분이 코팅되

어 있는 작은 원판으로 여기에 1.44MB의 정보를 저장
을 할 수 있다. 다만 별체로 된 외부기기를 사용해야 하
고 문자와 같은 고정된 형태만을 입력할 수 있어 문자
정보입력에 편리했다. 입력속도가 빠르고 언제나 넣고
뺄 수가 있으며 가볍고 사이즈가 작아 보관하기가 편리
하게 사용되었다. 이 방식의 디스켓은 8", 5.25", 3.5"
점차적으로 편리한 사이즈로 변화되어 사용하다가 새
로운 포맷 USB에 압도되었다.

□ 그림설명 0666, 최후의 플로피
디스켓.

0667 `mus`

disco (디스코)

디스코텍(Disco Tek) 음악은 클럽이나 무도장에서 춤을 추기 위한 음악으로 작곡 되었
고 이를 디스코라고 부른다. 또한 디스코 음악은 1970년 중 후반 경에 뉴욕이 발상지로
흑인, 라틴아메리카(Hispanic)계 그리고 게이(Gay)들을 위해 작곡되어 최초로 맨하탄
(Manhattan)에서 연주가 시작되었지만 그 전성기는 1980년 초기를 거쳐 약 20여년이
나 미국뿐만이 아니라 전 세계를 유행으로 휩쓸었고 스스로 어깨가 들썩이는 대단한
음악이었다. 디스코는 춤이 빠르고 경쾌한 것뿐만이 아니라 음악이 섹시(Sexy)하다.
율동을 몸으로 보이며 섹시한 춤을 온몸으로 보이는 것이 특징이었기
때문이다. 젊은이들은 뮤직 박스(Music Box, 카세트 플레이어)를 어깨
에 메고 다니며 음악을 즐겼다. 이 디스코는 뉴욕의 젊은이들에게 황패
와 몰락에서 신선한 재건을 가져다 준 20세기의 활력을 업적을 남긴 큰
산물이었다고 할 수 있다.

□ 그림설명 0667-1, Disco ball.

-2, Disco Tek, <Saturday Night Fever> 1977,
by John Badham.

0668 `pic`

discontinuity (불연속성)
discontinuity shooting (불연속 촬영)

촬영된 필름이나 영상을 편집할 때 장소나 캐릭터들, 사물, 혹은 액션, 움직임의 방향, 속도, 구성, 조명, 또는 컬러 등의 요소가 맞지 않음으로써 화면의 갑작스러운 변화, 부조화, 무질서, 혼란 혹은 대조 같은 감각을 얻어내기 위해, 그리고 관객의 심리를 자극하기위해 의도적으로 연출하기도 한다. ' 점프 컷(Jump Cut)' 이란 용어 역시 비슷한 효과를 말하지만 점프 컷은 감독의 실수로도 생길 수 있다. 거의 룰로 되어있는 카메라의 위치를 180° 선을 넘어 반대쪽에서 피사체를 촬영한다면 배경, 차, 사람 등 모두가 반대가 됨으로 불연속성은 당연히 생기고 관객을 매우 혼란하게 한다. 간혹 연출에서 일부로 어긋나게 하기도 한다.

0669 `sci` `gen`

discover (발견)

지구상에 살면서 남들이 모르고 있던 것을 누구보다도 가장 먼저 발견하거나 물질(Matter)에 관해 본질인 원소나 원리를 알아내거나 에너지(원동력, Energy), 우주와 천체(Space and Solar Sys.), 생물체(Living Things) 등에 관해 새롭게 발견하는 것을 뜻하는 말이다. 고대 그리스의 철학자들은 지구는 고정되어 있고 다른 천체들이 지구 중심으로 돌고 있다고 믿고 있었다. 1543년 폴란드의 천문학자이며 수학자인 코페르니쿠스(Nicolaus Copernicus, 1473-1543)는 지구는 태양의 주위를 돌고 있다고 주장했다. 1608년 이탈리아의 갈릴레오도 그렇게 믿었고 그는 자신이 만든 우주망원경으로 지구의 달과 다른 천체들을 발견했다. 1687년 영국의 아이작 뉴턴(Isaac Newton, 1642-1727) 역시 천체들이 서로 당기며 태양을 따라 도는 것은 중력 때문이라고 주장했다. 1915년 독일태생으로 상대성원리로 유명한 알버트 아인슈타인(Albert Einstein, 1879-1955)은 빛도 중력으로 인해 구부러진다고 했다. 우주는 과학자에 의해 많은 것이 발견되었지만, 그러나 많은 과학자들은 아직도 우주가 어떻게 왜 생성되었는지 답을 내놓지 못하고 있다. 블랙홀은 또 무엇인가? 그리고 보면 알아내야 할 것들이 아직도 많다.

□ 그림설명 0669-1, 우주는 아주 넓고 깊다(XDF, Extreme Deep Field) 위의 사진은 10년동안 허블 우주망원경이 찍은 사진들을 NASA가 편집하여 2012년에 일반에 공개한 것이다. 작은 먼지와도 같은 점들은 자그마치 지구의 보름달 크기와 같다고 한다. (Hubble Telescope-사진)

-2, 카시오페아 자리에 있는 초신성 잔해. Hubble Space Telescope, Spitzer Space Telescope, Chandra X-ray Observatory의 관측한 데이터로 만들어진 이미지.

0670 `peo` `ani` `his`

Disney, Walt (월트 디즈니)
*the Disneys (디즈니가족)

월트 디즈니(Walter E. Disney, 1901-1966)는 1901년에 미국 일리노이(Illinois)주 시카고(Chicago)에서 태어났다. 그는 열심히 일하기 위해 태어난 사람처럼 정열적이고 쉴 새 없이 많은 일들을 하고 세상의 많은 어린이들에게 많은 꿈을 안겨주고, 안타깝게 그의 나이 65세에 폐암(Lung Cancer)으로 생을 마감했다. 월트의 아버지 엘리아스(Elias Charles Disney, 1859-1941)는 캐나다에서 태어났으며 앵글로-아이리시(Anglo-Irish)의 후손이었다. 월트가 4살 때인 1905년 그의 아버지 엘리아스는 가난한 집안 살림을 일으키기 위해 시카고에서 이사를 해 겨우 250km 떨어진 미주리(Missouri)주에 있는 마셀린(Marceline)에 48에이커(170,000평방m)짜리 농장을 사서 일하며 살아 보려했으나 5년 만에 그 일도 중단하고 농장을 팔아 정리하고 멀지 않은 캔사스 시티로 이사해 신문배달업을 인수받아 경영하게 되었다. 큰아들 로이(Roy)와 월트도 같이 아버지를 도왔으나 아버지는 그것마저 포기하고 고등학교에 재학 중이던 월트와 은행에서 일하던 로이 두 아들을 캔사스시티(Kansas City)에 남겨 놓은 채 다시 고향인 시카고로 돌아가게 됐다. 당시 디즈니 가족은 경제적으로 매우 빈곤한 생활을 했다. 그러나 월트가 커서도 그때 어려웠던 지난날들을 회상하며 4살 때 그 농장에서 살던 때가 가장 행복했었다고 항상 말했다고 한다. 이 마세린 이라는 작은 마을이 어린 월트의 꿈을 만들었고 훗날 필름 제작과 테마파크에 영향을 끼쳤을 것이라고 사람들은 말한다. 월트는 이 농장에 있을 때부터 그림을 그리기 시작했으며 눈에 띄게 재능이 있어보였다. 7살 때는 벌써 그가 그린 그림이 팔렸고 학교 친구들에 둘러 싸여 만화를 그려주며 즐겁게 보내기도 했다. 월트가 입학해 다닌 학교는 맥킨리 고등학교(McKinley High School)로 캔사스시티의 시카고예술학교(Chicago Art Institute Kansas City Art Institute and School of Design)이었다. 그가 16세 때 나이가 어려서 1차 대전 전투에 출전 대신 군적십자에 속한 앰뷸런스 운전수로 코넥티컷 주에 있는 사운드 비치(Sound Beach)가 그의 근무지였지만 서류상의 오류로 인해 운전수가 필요하다는 프랑스로 보내진 것을 나중에야 알게 되었다고 한다. 월트는 1919년 전쟁이 끝나고 난 후 미주리주의 캔자스시티로 다시 돌아왔고 그는 신문사의 화가로 일하기를 희망하고 있었다.

□ 그림설명 0670-1, 청년 월트 디즈니.

*Disney Studios Begin (디즈니 스튜디오의 시작)

월트에게 1919년은 18살의 나이였는데 고등학교를 중도에 그만두고 스스로 '래프-오-그램(Laugh-O-grams)'이라는 광고회사를 차렸다. 하지만 이 지방 은행에서 일하던 형 로이(Roy)가 소개한 페스멘-루빈 아트 스튜디오(Pesmen-Rubin Art Studio)에서 일하게 되면서 이곳에서 만화가 어브 아이웍스(Ubbe Iwerks, 1901-1971)를 만나게 된다. 이 만남은 두 사람의 평생 운명을 바꿔놓게 되는 숙명적 만남이 되었다.

□ 그림설명 0670-2, 최초로 차린 회사, 만화가 '월트 디즈니' 1921.
(업종으로 - 이야기 만화, 광고만화, 애니메이션 동작 만화라는 부제가 있다.)

그러나 월트는 페스멘-루빈에서 오랫동안 일하지 않고 1921년 자기의 회사 <캔자스 시티 필름 광고회사(Kansas city Film Ad Company)>를 작은 2층집 건물의 아래층에 차렸다. 어브도 애니메이션 캐릭터 디자인 담당을 하며 월트를 도왔다. 형 로이와 함께 6편의 짧은 애니메이션 필름도 만들어 회사는 어느 정도 운영해 나갈 수가 있게 되었다. 그들은 분명 여기서 돈을 좀 번 것 같아 보인다. 그러나 월트는 회사를 파산하고 그 동안의 경험을 살려 큰 희망을 품고 형 로이(Roy)와 함께, 그러나 어브는 그곳에 놔두고 1923년 초에 캘리포니아의 할리우드로 이사를 했다. 이때 월트의 나이는 불과 22세였다. 디즈니 형제가 캘리포니아에 와서 자리 잡은 곳은 킹스웰 애비뉴(Kingswell Ave.)에 있는 아주 자그마한 스튜디오였다. 큰 영화 제작회사가 되려면 무엇을 어떻게 해야 할지 모든 것을 신중하게 했다. 형 로이는 동생 월트의 과중해 보이는 그의 계획을 언제나 두려워하며 말리는 편이었다. 그러나 월트의 계획은 멈추거나 늦추지는 않았다. 디즈니 스튜디오가 크게 성장하기까지 그들은 모든 일을 매우 조직적으로 짜임새 있게 진행했다. 월트는 애니메이션을 최상으로 표현하기 위하여 많은 물리적인 실험을 하는 데에 경비를 아끼지 않았다. 그 첫 번째 프로젝트 <만화나라의 앨리스(Alice in Cartoon Land)>라는 단편들을 만들기 시작했는데 내용은 한 라이브 소녀와 애니메이션을 섞은 시리즈였다. 합성이라는 복잡한 공정을 힘들게 꾸려 나갔지만 월트가 생각하고 해야 한다 생각하면 실행해 나갔다. 그러나 월트의 노력에도 불구하고 곤경에 빠지게 된다. 월트는 캔사스시티에서 친구로 지내던 어브에게 편지를 보내어 캘리포니아 스튜디오에 선채화(Ink and Paint)부에 미인 화가들이 많다고 꼬드기는 말도 덧붙여 캘리포니아로 와서 도와주기를 간청했다. 이때 어브는 월트가 어려움에 처해 있다는 구원을 받아들여 그의 고향인 미주리 주 캔자스시티를 떠나 캘리포니아로 달려와 월트를 돕게 된다. 1923년 유니버설 픽처를 위해 최초의 창작 시리즈 <운 좋은 토끼 오스왈드(Oswald the Lucky Rabbit)>를 26편이나 만들었는데 대부분의 애니메이션은 놀랍게도 어브 아이웍스의 손에서 이뤄졌다. 그러나 불행이도 원인은 알려지지 않았지만 월트의 <오스왈드 럭키 래빗>은 소송에 말려 영화관에서 누구도 돌릴 수는 없는 필름으로 끝이 났고 월트는 유니버설 픽처(Universal Picture)에서 즉각 철수하게 되었다.

□ 그림설명 0670-3, 야심찬 청년 월트 디즈니와 <미키마우스>

-4, 디즈니가 만든 <운좋은 토끼 오스왈드>

-5, 월트가 35세가 되던 해,
그는 이미사업가가 되어 있었다.

월트는 이 일로 좌절할 젊은이는 아니었다. 그는 '디즈니 스튜디오(Disney Studios)'를 꾸며 1923년 10월16일 개업했다. 월트의 야심찬 기업가적인 마인드가 엿보이는 대목이다. 그는 낭패를 당할 때 일수록 더 잘해야 한다는 성격의 소유자였다. 당시에는 지금처럼 프로덕션이라 해서 공정별로 많은 화가들이 있는 것이 아니어서 감독과 몇 명의 애니메이터만 있었지만 그림에 색깔을 입히는 스튜디오의 선채화부(애니메이터가 그린 그림을 잉크선으로 따고 색칠하는 부서)에는 미인들이 많이 있었다. 1925년 월트가 24살 때 그의 회사 선화가(Ink Artist)였던 릴리안(Lillian Bounds Disney, 1899-1997)과 결혼했다. 그리고 어브는 <괴짜 비행기(Plane Crazy)>, <분주한 가우초(Gallopin' Gaucho)> 그리고 <증기선 윌리(Steamboat Willie)>가 처음으로 음향이 있는 완벽한 토키(Talkie)영화로 만들어졌는데 주인공 미키마우스의 목소리는 월트가 자기목소리로 직접 대사를 넣을 정도로 열정에 찬 작품이었다. 이들 영화는 즉각적으로 센세이션을 불러 일으켰다. 이 3편 모두 어브(Ub)에 의해 애니메이션으로 만들어 졌지만 엄청난 찬사는 모두 월트(디즈니)의 몫이었다. 어브는 이 대목에서 가려진 자기 이름과 존재에 많은 실망이 있었다고 기록하고 있다. 월트와 균열 조짐이 벌어지고 있음을 간접적으로 간파할 수 있는 대목이다.

* Ub Iwerks appears for Disney (디즈니를 위해 평생을 일한 아이웍스)

어브 아이웍스(Ubbe Iwwerks 후, Ub Iwerks로 개명, 1901-1971)는 1919년 캔자스시티에서 월트 디즈니를 알게 된 이래 그가 가지고 있었던 그의 재능과 노력을 월트를 위해 최고로 발휘했지만 이 디즈니의 회사는 파산해 문을 닫게 되었고 월트와 로이는 캘리포니아로 이주 해 버렸다. 이것으로 이 두 사람은 첫 이별이 되었다. 아이웍스는 미국 애니메이터, 만화가, 캐릭터 디자이너, 발명가 그리고 애니메이션의 특수효과뿐만이 아니라 히치콕 감독의 영화 <새> 등 여러 장편에 특수효과 일을 했다. 화면 특수효과의 천재로 불렸고 심지어 출판만화가 등 여러 분야에 다재다능한 귀재(Genius)였다. 이 두 사람은 페스멘-루빈 아트 스튜디오(Pesmen-Rubin Art Studio)에서 같이 일한 한 번의 인연으로 아주 가까운 사이가 됐고 운명적으로 평생을 월트와 같이 보내게 된다. 어브는 뛰어난 재주꾼으로 그림을 잘 그렸다. 1924년 어브는 월트를 만난 후 월트가 그린 실제 쥐에 가까운 미키마우스를 새로운 이미지로 바꿔 그려 지금의 미키마우스를 만들어냈다. 월트 자신이 생각했던 이 주인공의 최초이름은 <몰티머 마우스(Mortimer Mouse)>였지만 월트의 배우자 릴리안이 <미키마우스(Mickey Mouse)>라고 지어준 이름이었다. 미키마우스가 처음 등장하는 애니메이션은 1928년에 어브가 혼자 그린 <괴짜 비행기(Plane Crazy)>로 6분짜리를 2주에 모두 완성했다고 기록되어 있다. 어브는 하루에 무려 700장이나 애니메이션 동작을 그려냈다. 그가 그린 애니메이션 동작의 타이밍은 완벽에 가깝다. 그는 애니메이션 경험이 없었음에도 동작을 어떻게 그릴까 생각할 겨를도 없이 그려냈지만 동작은 완전무결했다. 월트 마저 어브를 천재라고 부를 정도였다. 후일 1930년이 되어 어브가 자기의 회사를 차리고 월트를 떠나 일할 때 자기 회사에서 애니메이터로 일하던 밥 크렘펫(Robert Clampett, 1913-1984)과 척 존스(Charles "Chuck" Jones, 1912-2002)는 어브에 대해 "매우 꾀바른 유머감각을 가진 사람이죠!(Quirky Sense Humor!)"하고 척은 그에 대해 He is skrewi(Screwy(별난사람)를 거꾸로 하면 Iwerks가 됨)라고 유머를 넣어 말했다. 어브는 두뇌회전속도가 빠르고 매사에 보통사람과는 달랐다. 1928년에 어브는 애니메이터로서 디즈니 최초의 사운드가 있는 <스팀보트 윌리(Steamboat Willie, 증기선 윌리)>를 음악에 맞춰 움직이는 새로운 애니메이션 기법으로 완성해 냈다. 어브 아이웍스는 더치(Dutch) 사람으로 월트가 출세하는데 크게 중요한 역할을 한 사람이었다. 그리고 월트와 같이 1901년생으로 같은 해에 태어난 동갑이었지만 세월이 흐르며 서로 잘 맞지 않는 성격인 것을 알게 되었다. 월트는 상당한 우월주의자로 디즈니 스튜디오의 어느 예술가든 간에 그들의 일에 간섭을 했다. 월트의 횡포에 많은 사람들이 상처를 입었고 스튜디오를 떠나기도 했다. 어브도 결국 1930년 월트 디즈니를 떠나 자기 스스로 회사를 운영하며 <플립 더 프로그(Flip the Frog)>를 제작했으나 실패하고 1940년 다시 월트에게 돌아오게 된다. 어브는 월트의 독선적인 행동을 노여워했지만 월트를 도와 일해 주고는 했다. 보면 화나고 안보면 보고 싶은 애증관계였던 것 같다. 어브는 디즈니스튜디오가 가까운 버뱅크에 살며 디즈니를 위해 여러 가지 많은 일을했다. 그러나 그의 생애는 그렇게 윤택하지도 못했고 성공적이지도 못했다. 이처럼 천재 애니메이터 였던 아이웍스는 월트가 1966년 65세에 폐암으로 세상을 떠나고 난 후 심리적으로 매우 충격적인 허탈감으로 살다가 5년 후인 1971년 7월 7일 심근경색으로 그도 70세에 생을 마감했다. 그의 아내 밀드레드는 26년이나 연하였으며 딸(Don)과 아들(David)이 각각 하나씩 그리고 손자(Leslie)도 있었다. 기록에 의하면 아내였던 밀드레드 사라 헨더슨(Mildred Sarah Henderson, 1927-1971)은 어브와 같은 해에 사망한 것으로 되어 있지만 사실 그녀는 어브가 심장마비(Myocardial Infarction)로 죽던 그날 무슨 일인지 그와 헤어진(Break Up)것으로 기록되어있어서 실화(Historical Fact)가 더욱 궁금하다.

□ 그림설명 0670--6, 애니메이션의 귀재로 불렸던 어브 아이웍스.

＊Disney of Talkie era (토키시대의 디즈니)

1928년 디즈니는 그의 시련기를 극복하기 위해 미키마우스가 등장하는 필름으로 최초의 사운드 트랙이 채택된 <증기선 윌리(Steam Boat Willie)>를 만들었다. 그러나 그렇게 크게 성공하지는 못했지만 여기서 디즈니는 바로 이 작품에서 특정한 음악을 사용하며 작품을 디자인하는 방법을 새롭게 배우게 됐다. 음향에 동작을 맞게 애니메이션을 하는 기법이었다. 그러기 위해서는 음악이나 음성을 먼저 녹음하고 그 소리를 분석하여 강약을 구분하도록 했다. 소리에 대사 억양의 악센트(Accent)를 동작과 일치시키고 음악의 박자(Beat)를 동작에 적용시키고 음악으로 형성되어있는 리듬과 멜로디 중에 하나를 선택해 애니메이션의 동작에 적용시켜 가는 것이다.

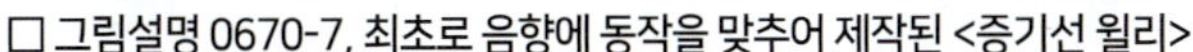

□ 그림설명 0670-7, 최초로 음향에 동작을 맞추어 제작된 <증기선 윌리>

-8, Movie-ola 옆에서, 연출동작에 관해 설명하는 월트.

그리고 <운 좋은 토끼 오스왈드(Oswald the Lucky Rabbit)>는 소송에 휘말려 판권을 잃고 결국 관객에게는 보여주지 못하게 됐지만 최초의 테크니컬러(Technicolor)로 디즈니의 또 다른 팀은 <실리 심포니(Silly Symphonies, 1929)> 시리즈를 제작하기 시작하면서, <꽃과 나무(Flowers and Trees, 1932)>를 선보이게 된다. 카툰에 성격묘사가 등장한 <아기돼지 삼형제(The Three Little Pigs)> 또한 최초로 다중입체 카메라(Multiplan Camera)가 사용된 애니메이션 <낡은 풍차(The Old Mill, 1937)>가 제작됐다. 월트는 그동안 유행했던 슬랩스틱 애니메이션방식을 버리고 스토리를 새로 쓰거나 고전에 있는 이야기들을 찾아 드라마가 있는 애니메이션을 만들어내는데 귀재였다. 월트는 새로운 방식으로 앞서 생각하고 그것을 반드시 이뤄냈다. 언제나 주변을 돌아봤다. <도날드 덕(Donald Duck)>, <구피(Goofy)>, <플루토(Pluto)> 같은 캐릭터들이 소개된 것도 바로 이 시기였다. 이때가 디즈니스튜디오가 가장 효율적이며 왕성한 예술 지향적인 애니메이션 스튜디오로 거듭나게 했던 시기였다. 한편, 이 당시에는 호주 출신 미국인 애니메이션 개척자 팻 설리반(Pat Sullivan, 1885-1933)의 고양이 펠릭스(Felix the Cat) 등 다수의 슬랩스틱 애니메이션이 있었으나 디즈니의 유성영화 시대가 오면서 이들은 점차 사라지게 되었다. 이 때 까지 디즈니 스튜디오에서 만들어진 작품은 100여 편에 이르렀다. 그리고 세상에서 최초로 만들어진 장편애니메이션 <백설 공주와 일곱 난쟁이(Snow White and the Seven Dwarfs, 1937)>로 디즈니 스튜디오는 최고조에 오르게 된다. 그 당시에 이 영화는 6백만 달러라는 엄청난 수입을 올리며 세계적으로 대성공을 했다. 그리고 이 백설 공주보다 더 인상적인 장편 <피노키오(Pinocchio, 1940)>가 뒤를 이었고, 바로 같은 해에 최다의 그림을 그린 예술 애니메이션으로 흥미진진하면서도 애니메이션과 클래식 음악의 환상적인 소화도 놀라움을 주는 오리지널 <판타지아

(Fantasia, 1940)>가 선보였으나 흥행은 노력과 기대보다는 미치지 못했다. <덤보 (Dumbo, 1941)>와 <밤비(Bambi, 1943)>도 디즈니 스튜디오의 황금 시기에 만들어진 작품들이다. 디즈니는 그가 아끼고 자랑하는 여성화가 메리 블레어(Mary Blair, 1911-1978)의 콘셉트를 가지고 1933년 실리 심포니에서 한번 제작했던 <신데렐라> 스토리를 다시 정리하여 장편으로 선택했다. 디즈니는 언제나 장편 애니메이션을 만들 때에는 라이브 액션으로 촬영하여 애니메이터들에게 동작을 보여주고 느낌을 얻어 애니메이션을 하도록 했다. 월트는 제작용 스크립트를 일일이 점검하고 제작과 이에 따른 비즈니스를 언제나 직접 관리했다. 월트는 <바다 밑 2만리>, <스위스 가족 로빈슨> 등 라이브 액션 영화도 만들었다. 그리고 그는 애니메이션으로 엄청난 많은 그림을 그리게 되는 <이상한 나라의 엘리스>를 제작하기 위해 원작 루위스 캐롤(Lewis Carroll, 1832-1898)의 소설을 다시 스크립트로 쓰기 시작했다. 디즈니가 만족하지 않아 영국의 저명한 작가 알도스 헉슬리(Aldous Huxley, 1894-1963)를 불러들였다. 그러나 <이상한 나라의 엘리스>는 애니메이션과 라이브 액션을 섞어서 할지, 라이브(Live)로만 할지 심중한 검토를 하다가 결국 1940년대 후반 풀 애니메이션으로 만들기로 결정한다. 그러나 1941년은 미국과 일본의 2차 대전이 시작된 때였다. 1945년 일본이 패배해 전쟁이 끝날 때까지 디즈니 스튜디오의 작업은 맥이 끊긴다. 이 기간에 보면 애니메이션 제작은 멈춰지고 미키마우스 만화책에 열중했다고 소개된다. 디즈니 스튜디오 초창기에 월트 디즈니의 파트너처럼 같이 일하던 어브 아이워크는 미키마우스 만화 단행본을 그렸다. 사실 아이워크가 미키마우스를 다시 디자인해서 만들어낸 장본인기도 하다. 만화는 그밖에도 프로이드 갓프레드슨(Floyd Gottfredson, 1905-1986) 그리고 엘 타리아페로(Al Tariaferro, 1905-1969)와 칼 바크(Carl Barks, 1901-2000) 등이 크게 활동했다. 어브 아이워크나 칼 바크는 초창기부터 미키마우스나 도널드 덕(Donald Duck) 애니메이션을 한 사람들일 뿐만이 아니라 그들 둘 다 애니메이션의 스토리 텔러(Storyteller)로 크게 인기를 얻은 사람들이다. 이들은 도널드 덕이 나오는 <Pirate Gol>, <Fall Out-Fall In>, <Private Pluto> 그리고 <The Yankee Doodle Spirit>, 등에서 주인공들이 군에 입대하는 시대상을 만화로 그리고 있다. 전후(1946년)에는 <Song of the South>가 오스카상을 받았고, 1948년에 <Bumble Bee>, <Mickey and the Beanstalk> 또한 1949년 <Headless Horseman> 등을 제작했다. 1953년에는 잊을 수 없는 애니메이션을 만들었는데 그것은 다름 아닌 <피터팬(Peter Pan)>이었다. 디즈니는 이 피터팬을 <백설 공주(Snow White)> 직후부터 콘셉트를 준비했었다. 그러나 전쟁으로 인해 묻혀 버리고, 결국 1953년에야 제작에 착수하게 된 것이다. 디즈니는 음향과 음악의 세계에서 산 사람이었다. 그는 음악을 활용하는 능력이 대단했다. <실리심포니>, <덤보>, <스팀보트

윌리>. 월트는 <백설 공주>, <3명의 카바레로스>, <송 오브 더 사우스>, <개미와 베짱이> 등에 음악을 매우 중요시했다. 그리고 특히 <판타지아(Fantasia)>는 전편에 걸쳐 레오 폴드 스토코프스키(Leopold Stokowski, 1882-1977)의 지휘로 고전음악을 100% 사용한 작품이다. 월트의 음악에 대한 열정을 보여주는 대목이다. 그는 언제나 애니메이션의 동작과 음악은 서로 떨어질 수 없다는 그의 확고한 고정관념은 매우 대단했다. 오스카에서 <피노키오(Pinocchio, 1940)>와 <지빠디두다(Zip-A-Dee-Doo-Dah, 1946)> 등 음악상을 받은 바 있다. 2차 대전의 전쟁도 끝나고 안정을 되찾아 1950년은 디즈니의 활동이 좀 더 조직적이고 좀 더 비즈니스적인 마인드의 변화기라고 볼 수 있다. 디즈니는 미국 내에서 아무도 해본 적이 없는 테마파크를 세우기로 결심한다. 캘리포니아 남부에 있는 아나하임(Anaheim) 지역으로 장소를 정했다. 겨울철에 춥지 않아 눈도 안

오고 여름에 비도오지 않는 최적지였다. 그리고 그는 이름을 '디즈니랜드'라고 불렀다. 시작은 아주 적은 면적인 64에이커(21만 평방m)였다. 이 일로 인해 월트 디즈니는 그의 생애에 가장 빛나는 순간을 맞게 된다. 그것은 1954년 ABC 방송과 방송계약이 체결된 때이며 방송의 프로그램 제목은 '디즈니랜드'였다. 디즈니는 이 계약으로 대성공을 가져오게 된다. 그는 라이브 액션과 애니메이션을 모두 함께 성공으로 이뤄냈으며, 이 방송으로 인해 1955년 7월 18일 개장된 디즈니랜드를 찾는 사람들은 홍수의 물결처럼 한

9

□ 그림설명 0670-9, 월트가 50세가 되던 1951년의 Disney가족. 엄마- Lillian (1899-1997), 딸- Sharon(1936-1993), 큰딸- Diane(1933-2013)과 Walt.

없이 늘어만 갔다. 대성공이었다. (그림설명 0670-19 참조) 그러나 1966년은 디즈니 스튜디오에 큰 변화가 생기게 된다. <정글북(The Jungle Book)>을 만들면서 월트와 오랫동안 같이 일하던 훌륭한 애니메이터들이 정년퇴직의 나이가 되었다는 것을 실감할 수 있게 되었기 때문이다. 월트 디즈니가 하루도 쉬지 않고 계획하고 결정하고 실행에 옮기는 그의 특유의 천재적 능력을 발휘한 그 결과들로 인해 월트는 크게 성공을 이루게 된다. 그러나 월트디즈니는 폐암으로 모든 일을 남겨 놓은 채, 1966년 12월5일, 만65세에 직장에서 은퇴하는 나이에 맞추어 이 세상에서 영원히 인생을 은퇴하게 되었다. 월트가 없는 디즈니 스튜디오는 그 미래를 생각할 여유도 없이 모두 슬픔에 잠기게 되었다.

D

□ 그림설명 0670-10, -11, 원화를 셀 제록스 해 만든 <정글북>1967의 장면들.

-12, <꽃과 나무>는 1932년 Silly Symphony 시리즈.

＊Disney Studios without Walt (월트가 없는 디즈니 스튜디오)

월트 디즈니는 20세기 초기에 태어난 인물로서 애니메이션에서 뿐만 아니라 이 세상에서는 신화적인 존재였다. <정글북>은 월트가 세상을 떠난 이듬해인 1967년 극장에서 성황리에 개봉되었다. 월트의 사후 그의 형 로이 올리버 디즈니(Roy Oliver Disney, 1893-1971)가 잠시 회사를 맡았으며, 1971년에 와서는 편지 집배원 출신인 C.워커(Esmond Cardon Walke, 1916-2005)가 CEO가 되어 약 10년간 일을 했지만 그가 회장으로 들어와 일하는 동안에 제작에 박차를 가하지는 못했다는 여론과 함께 디즈니 애니메이션 스튜디오는 약간의 경영 위축을 느끼며 1984년 새로운 CEO를 찾게 된다. ABC와 파라마운트에서 일한 바 있던 마이클 아이즈너(Michael Eisner, 1942-)를 CEO 회장으로 카젠버그는 사장으로 영입하여 경영혁신을 이루게 된다. 아이즈너가 디즈니 스튜디오로 자리를 옮길 때 그는 제프리 카젠버그를 데리고 왔다. 제프리는 1974년 파라마운트 영화사에서 처음에는 우편물 관리원으로 일하다가 7년 만에 아이즈너의 눈에 띄어 제작담당 부사장으로 아이즈너 밑에서 일하며 출세 길이 열린 사람이었다. 그러나 그들의 사이는 순탄치만은 않았다. 1994년 디즈니의 사장이었던 프랭크 웰스(Frank Wells, 1932-1994)가 헬기사고로 죽게 되고 여기서 두 사람의 경영권 다툼이 생겨나게 되었다. 두 사람은 심각한 지경에 빠지게 되어 결국 아이즈너가 카젠버그를 해고(Fire)하기에 이르게 된다. 아마도 아이즈너는 카젠버그에게 지나친 기회를 열어 주었다고 생각했을 것이고 카젠버그는 사부처럼 아마도 열심히 일한 대가를 주장했을 것으로 여겨진다. 20여 년 동안 이들은 많은 일을 같이 해 냈다. 1985년 <인어공주>를 제작 했고 1991년 <미녀와 야수>, 그 이듬해에 <알라딘> 등을 성공시켰다. 특히 1994년에 만든 <라이온 킹>은 많은 돈을 들여 제작을 했고 더욱더 큰 성공을 밀어붙이며 홍보전에도 엄청난 돈을 퍼부었다. 디즈니의 많은 화가들은 디즈니 르네상스(Disney Renaissance)라며 이들의 업적을 칭찬했다. 카젠버그가 떠난 후 디즈니의 아이즈너는 소송에 휘말리게 되었고 결과는 새로운 CEO 로버트 아이거(Robert Igor, 1951-)에 자리를 내주고 디즈니를 떠나게 되었다. 이것으로 스티븐 스필버그(Steven Spielberg, 1946-), 제프리 카젠버그(Jeffrey Katzenberg, 1950-) 그리고 데이비드 게펜(David Geffen, 1943-)이 함께 모이고 주역이 된 카젠버그는 드림웍스(DreamWorks SKG)라는 애니메이션 스튜디오를 1994년 10월 12일 새롭게 탄생시켰다. 세 사람 중에 주역인 카젠버그는 디즈니 스타일에서 벗어나기 위해 반 디즈니적 신념이 대단했다. 하나의 저항적 아니면 당당하게 드림웍스식의 애니메이션 무대를 펼쳤다. 디즈니와 드림웍스는 번갈아가며 좋은 애니메이션을 경쟁적으로 만들어 냈다. 세계 곳곳에서 이 두 회사의 애니메이션이 다량 제작된 것은 꿈을 가진 어린이들에게, 애니메이션 애호가들과 관객들에게, 엔터테이너들에게, 업계의 많은 회사들을 침체에서 벗어나게 하는 역할을 해 낸 것이다.

*Disney Studio & Pixar (디즈니와 픽사)

2차 대전이 끝나고 나라마다 오랫동안의 침체(Stagnation)기간을 거치게 된다. 이 침체기는 디즈니 스튜디오는 물론 미국의 영화산업에 장기간의 공황(Panic)을 갖게 했다. 디즈니 스튜디오의 히어로(Hero) 월트가 세상을 떠나던 무렵인 1966년 <위니 더 푸(Winnie the Pooh)>가 나왔고 그동안 사람의 손으로 셀(Celluloid) 위에 잉크로 그려내던 방식을 버리고 획기적으로 제록스 복사기(Xerox Copy Machine)를 사용해 수백 명의 인건비를 줄여 만든 <정글 북(Jungle Book)>이 월트가 없는 1967년에 나오게 되었다. 이후에 나온 <아리스도 캣(Aristocat, 1970)>, <로빈후드(Robin Hood, 1973)>,

<인어공주(The Little Mermaid, 1985)>, <레스큐 다운 언더(The Rescue Down Under, 1990)>, <미녀와 야수(Beauty and Beast, 1991)>, <알라딘(Aladdin, 1992)>, <라이온 킹(Lion King, 1994)>, <노틀담의 곱추(The Hunchback of Notre Dame, 1996)>, <헤라클레스(Hercules, 1997)>, <타잔(Tarzan, 1999)>, <뮬란(Mulan), 1998)>, <판타지아(Fantasia, 2000)> 이 필름들은 모두 애니메이션은 아직 종이 위에 그려서 컴퓨터 과정을 도움에 의해 만들어진 것들이다. 그리고 최초의 컴퓨터그래픽을 사용한 3D(Dimension) <토이스토리(Toy Story, 1995)>, <벌레들의 생애(Bugs Life, 1998)>, <몬스터 주식회사(Monster INC, 2001)> 등을 1986년 2월에 창립한 픽사(Pixar)와 같이 만들어 성공으로 이끌었다.

□ 그림설명 0670-13, 디즈니의 파트너였던 픽사.

그러나 지난 10년 동안 파트너십을 자랑하며 디즈니와 지속적으로 일해오던 픽사는 디즈니사에 결별을 선언했다. 디즈니는 픽사와 <토이스토리> 1, 2편, <몬스터 주식회사>, <인크레더블> 등의 3D 애니메이션 작품을 함께 만들어왔고 좋은 흥행성적을 거뒀지만 2004년 픽사의 CEO 스티브 잡스가 제휴계약에 불만을 표시하며 <자동차들(Cars)>을 끝으로 디즈니와 결별할 것임을 선언했다. 그러나 2005년 10월 마이클 아이즈너가 물러나고 이어 아이거가 새 CEO로 선출되며 급기야는 픽사(Pixar)를 인수하기에 이른다. 2006년 1월, 디즈니는 픽사 3D 애니메이션 스튜디오를 74억 달러에 인수했다. 픽사를 인수함으로써 3D가 대세인 할리우드 애니메이션에서 디즈니는 그 입지를 더욱 강화시키게 되었다. 그리고 또 놀랍게도 루카스필름(Lucas Films), ESPN방송, 2016년에는 마블코믹스, 2017년에는 20세기 폭스를 인수하여 52조(52.4Billions) 달러를 들여 디즈니의 세력은 점차적으로 확장되고 있다.

14

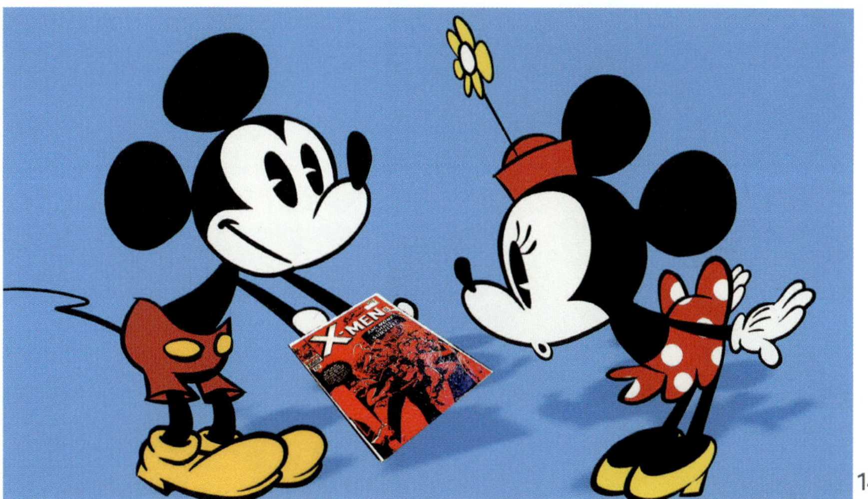

□ 그림설명 0670-14, 미키 "이것 봐!" 미니 "우리 집에 슈퍼히어로?

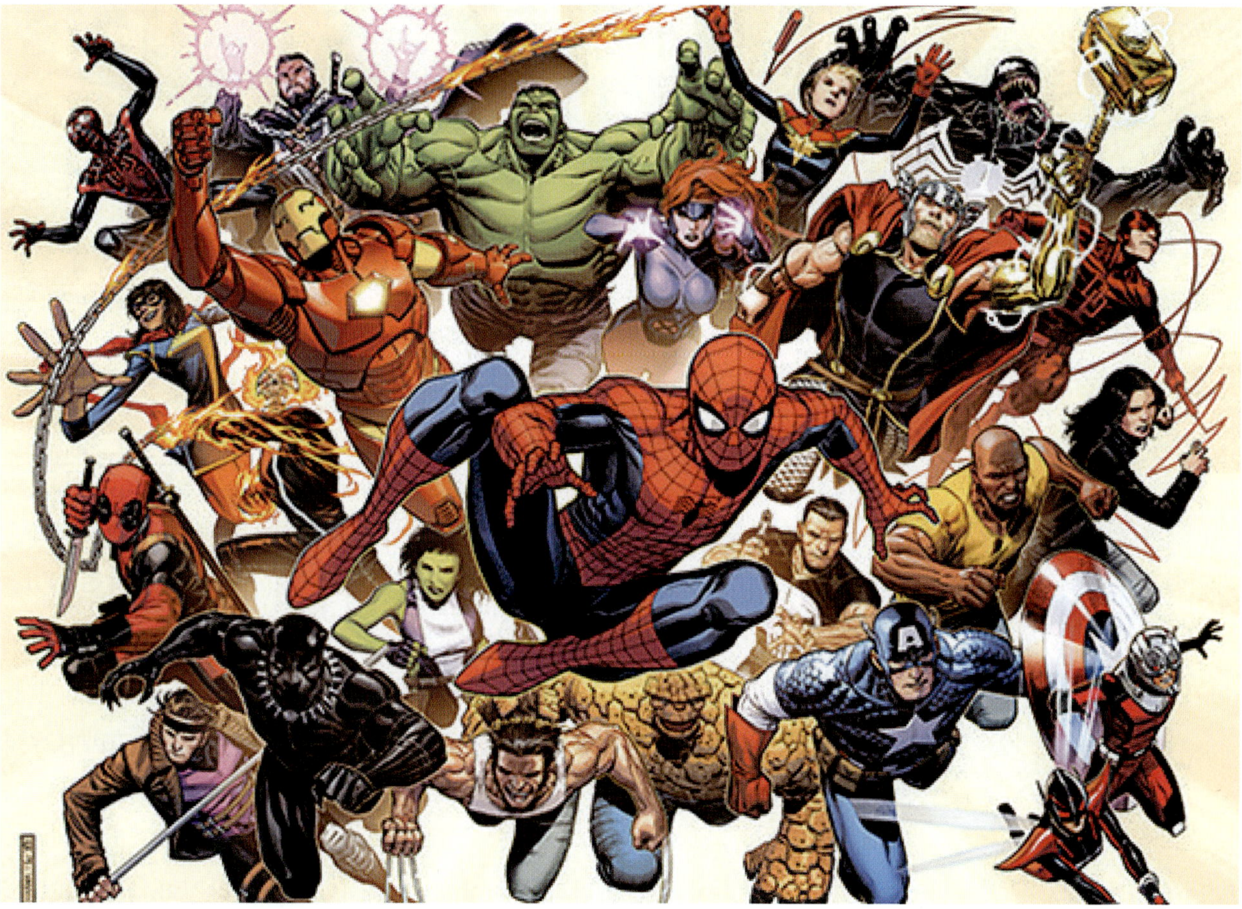
15

-15, 디즈니의 한 식구들 Marvel 슈퍼히어로들.

□ 그림설명 0670--16, 디즈니의 21C-FOX의 또 다른 새로운 식구들.

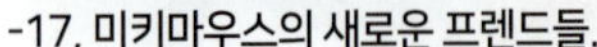

-17, 미키마우스의 새로운 프렌드들.

-18, 20세기 폭스사의 새로운 로고(Mickey)

✱ Disney Theme Parks (디즈니 테마파크)

캘리포니아 애너하임(Anaheim)에 1955년 7월 18일에 최초로 오픈 테마파크 '디즈니랜드 (Disneyland)'의 인기는 날로 더해져 1971년에는 플로리다(Florida) 올랜도(Orlando)에 최초의 디즈니랜드의 100배가 넘는 3천400만평(112,000)의 넓은 부지에 디즈니월드(The Magic Kingdom)를 건설했고, 1983년에는 월트디즈니 월드리조트에 EPCOT을 설립하는 등 이후에도 MGM스튜디오(1989)와 동물왕국(Animal Kingdom, 1998)을 더 추가하여 총 4개의 테마공원을 조성했다. 1983년에는 일본의 지바현 우라야스시(市)에 총 넓이 24만8천평(820.6)의 도쿄디즈니랜드(Tokyo Disneyland)가 개장했는데 시설 내용과 운영 방식은 미국의 것과 같지만, 32종의 공연물 가운데 두 가지는 일본인 관객을 위하여 새로 개발한 것이다. 1992년 4월에는 프랑스의 마르늘라발리(Marne la Vallee)에 디즈니랜드 파리가 개장했고, 2001년 2월에는 디즈니랜드 바로 옆에 새로운 테마파크인 디즈니 캘리포니아 어드벤처를 개장했다. 또 2005년 9월에는 홍콩에 디즈니랜드가 개장해 도쿄에 이어 아시아에 두 번째 디즈니랜드를 세웠다. 그리고 중국의 인구를 감안하고 또한 급진적으로 생활의 경제적 여유를 얻은 중국은 또다시 상해·푸동(Pudong)에 2016년 6월에 상하이 디즈니랜드파크(Shanghai Disneyland Park)를 개장함으로써 디즈니랜드 왕국은 계속 그 기세를 넓혀가고 있다.

□ 그림설명 0670-19, 디즈니랜드의 왕국의 상징(Cinderella Castle)

-20, 디즈니 4식구 가족- 큰딸, 다이안(Diane), 월트(Walt), 월트의 아내, 릴리안(Lillian), 작은 딸 샤론(Sharon) (지금은 아무도 생존해 있지 않다.)

-21, Disney California Adventure <The Art of Animation>

0671 `gen`

display (전시, 표시)

여러 종류의 홍보물 따위를 대중에게 보여주기 위한 목적으로 전시하는 것을 뜻한다. 드라마 공연이나 음악공연을 위한 무대설치, 화가들의 그림을 보도 양쪽으로 전시하기 위해 적당한 설치를 갖추는 것을 말한다. 해외 필름견본시장이나 영화제에서 홍보용으로 영화 포스터를 부착하거나 홍보용 카탈로그를 전시한다.

□ 그림설명 0671, 실제 물품전시, 편집전시, Internet, 모바일, 인쇄물 전시.

0672 `pic` `ani`

dissolve (디졸브, 용전)

아날로그 방식의 2개의 신(Scene)이 전환될 때, 첫 번째 신이 점차 페이드아웃(용암, Fade Out) 되면서, 두 번째 신이 겹쳐지며 점차 페이드인(용명, Fade In) 되어 나타나는 것을 뜻한다. 이 장면 전환은 보통 광학 프린터(Optical Printer)에서만 작업이 가능했으나 최근에는 디지털 편집기에서 쉽게 작업할 수 있게 되었다. 디졸브는 오버랩 디졸브를 줄인 말이다. 랩디졸브나 크로스 디졸브 모두 디졸브를 이르는 말로, 이전 신이 아직 부분적으로 스크린에 남아서 사라지고 있는 동안 새 신이 점차 겹쳐서 나타나는 것을 의미한다. 디졸브와 관계없이 화면 위에 또 다른 이미지가 떠오르는 것을 슈퍼 임포즈(Super Impose) 또는 디졸브 인(In) 이라 한다.

0673 `ani`

Dissolve Animation (디졸브 애니메이션)

일련의 빠른 디졸브를 연속으로 사용해 정지된 그림에 움직임을 주는 애니메이션을 말한다. 물체나 그림이 천천히 다음 그림으로 변하게 하며 그림을 연속적으로 그리지 않더라도 키포즈(Key Pose)나 그 중간그림 정도만 가지고 그림에서 그림으로 디졸브하여 마치 그림이 움직이는 것 같은 느낌을 주는 기술이다. 이 기법은 슬로우 모션 기교로 사용된다. 디졸브 애니메이션은 교육 필름, 과학필름, 기교필름에서 어떤 과정의 점진적인 단계를 암시하기 위해 사용되는 테크닉이다.

dissolve-lapse (디졸브 랩스, 겹쳐 디졸브하기)

동일한 장소의 장면을 시간 간격을 주어 촬영하며 연속적인 오버랩(Over Lap)으로 시간을 단축해 짧은 시간 안에 변화를 볼 수 있게 하는 특수기법을 말한다. 건물의 건설 장면을 시간의 경과로 촬영해 수개월동안의 건축공정을 수 초 만에 이루어진 것처럼 공정을 볼 수 있는 기법이다. 혹은 계절의 변화 같은 환경을 경과 촬영을 통해 아주 느리게 보이는 구름의 변화 등을 빠르게, 흥미롭게 볼 수 있다. 다른 말로 'Time-lapse(타임 랩스)'라고 한다.

□ 그림설명 0674, 시간경과 겹치기 촬영.

0675 `pic` `pho`

distortion (디스토션, 왜곡)

이미지가 변형되거나 왜곡되어 실제의 정확한 형태와 비례 등 상이 명확하게 맞지 않는 것으로, 렌즈에 의한 디스토션이 생겨날 수 있다. 예를 들어, 렌즈의 심도 50mm에서 75mm를 가장 디스토션이 적다고 볼 수 있는 반면, 38mm 이하와 105mm 이상의 심도의 렌즈는 사물의 실제보다 왜곡된 상을 만들어낸다. 어안(Fisheye) 렌즈와 같이 고의적으로 디스토션 효과를 얻기 위해 사용되는 렌즈도 있다. 또한 음향에 있어서 원래의 선명도와 퀄리티를 잃게 만드는 사운드 신호의 모든 변형으로 소리의 흔들림, 속도, 녹음과 재생 등으로 인해 소리의 왜곡(Sound Distortion)을 일으킬 때도 사용되는 단어이다.

└ 그림설명 0675, 빌딩 창에 비친 왜곡(Distortions)

0676 `pic`

distribution (배급)

영상물의 극장 개봉과 관련된 모든 정책 과정들을 말하며, 예를 들어 언제, 어디서, 어떻게 개봉할 것인가 등을 결정하고 집행하게 된다. 즉 한 극장과 독점 상영 계약을 할 것인지, 아니면 두 개 이상의 극장에서 전국에 걸쳐 개봉할 것인지를 결정하고 이와 관련된 상담과 계약, 광고 및 홍보, 판매촉진, 회계 등의 배급망을 가진다. 한국에서는 영화가 많이 제작된 이유이기도 하거니와, 낮 시간대에만 보게 되는 어린이용 애니메이션을 다른 성인용 프로그램과 교차 상영을 하기도 한다. 예를 들어, 애니메이션은 1~3회를 보이거나 그 후는 극장주가 판단하여 알아서 결정하여 운영하는 경우가 많다. 또한 배급회사(Distributor)는 계약 시 관련 회사나 관계자들에 대한 총 수익금의 배분율을 결정하게 된다.

✱ 참조보기 (0677 - Distributor)

0677 `pic`

distribution, distributor (배급, 배급사)

영화의 개봉과 관련된 모든 정책 과정들을 말하며 또한 맞는 사람을 말한다. 예를 들어 언제, 어디서, 어떻게 개봉할 것인가 등을 결정하고 집행하게 된다. 즉 한 극장과 독점 상영 계약을 할 것인지, 아니면 두 개 이상의 극장에서 전국에 걸쳐 개봉할 것인지를 결정하고 이와 관련된 상담과 계약을 하게 되며, 홍보 및 광고 (P&A, 프린트물과 광고), 회계 등으로 나누어 배급전략을 짠다. 한국에서는 영화가 많이 제작되는 시기가 되면 극장주들은 낮 시간대에만 보게 되는 어린이용 애니메이션을 다른 성인용 프로그램과 교차 상영을 하기도 한다. 예를 들어, 애니메이션은 1~3회를 보이거나 그 후는 극장주가 판단해 알아서 결정하여 운영하는 경우가 많다. 또한 배급회사(Distributor)는 계약 시 관련 회사나 관계자들에 대한 총 수익금의 배분율을 결정하게 된다. 영상물 배급회사는 영상물 배급에 관련된 조직을 갖추고 있다. 이들 주요 영상물 배급회사들은 전 세계에 걸쳐 지사를 두어 해당 지역의 영상물 거래 및 배급을 담당하고 있다.

0678 `mus`

divertimento (희유 곡, 디베르티멘토)

음악에서 이탈리아 원어로 '즐거움(Amusement)'의 뜻을 가진 말이다. 작은 악기에서 나오는 특성을 살려 즐거움을 연주하는 오락적인 음악을 말한다.

DJ (디제이)

*disc jockey (디스크자키)

방송국에서 음악방송을 하면서 음악을 안내하고 해설하는 사람을 이르는 말이다. 또한 클럽이나 파티에서 음악을 해설하며 해박한 지식과 재치 있는 유머를 곁들여 관중들에게 대사를 넣어 즐거움을 이끌어 내는 사람을 말한다.

□ 그림설명 0679, Disc Jockey in Mumbai.

documentary (다큐멘터리)

사실적인 기록영화를 가리키는 말이다. 픽션이 아닌(시나리오가 없는) 촬영 또는 자연 현상에 관련하여 현지 촬영한 영화를 의미한다. 꾸며낸 것이 아니라 현장에 있는 그대로의 리얼리티(Reality)를 전달하고자 하는 필름이 이에 속한다. 다큐멘터리 필름은 실제의 사람들, 장소, 사건, 활동에 관해 감독의 즉흥적인 현장 연출로 그대로를 카메라에 담은 것이다. 그러나 사실 그대로를 필름에 담는 행위 자체가 어느 정도의 사실을 변형시키는 것이고, 카메라가 보는 시각과 시간의 차이에 따라 사실 그대로를 담았다 하더라도 해석에 차이를 줄 수 있다. 그러나 다큐멘터리 필름에서 진정으로 주고자 하는 것은, 실제하는 현실에 대한 느낌, 감각, 광경이다. 물론 프로듀서는 이를 위해 영화적 기법을 쓰거나 미리 예상한 장면과 나레이션(Narration)을 넣기도 한다. 이외에도 조사와 탐사 목적이거나, 특정한 사회적 혼란한 상황을 기록하거나 정부 기관이 대중을 교육하려는 홍보 의도를 갖는 것도 있다.

0681 `pic` `mus` `equ`

Dolby Sound (돌비, 잡음감쇄장치)

1970년, 사운드 카세트, CD, FM라디오, 필름, 홈시어터 등 음향 시스템의 잡음감쇄 (Noise Reduction)를 위해 레이 돌비(Ray Dolby)가 개발한 사운드 시스템의 상표이름 이다. 돌비는 마그네틱테이프와 필름의 광학 사운드(Optical Sound) 트랙의 재생 도를 높여 소음을 줄인 사운드 녹음 시스템을 개발했다. 또한 2개의 광학 채널을 통해 35mm 필름의 스테레오 시스템도 개발했는데, 이것은 실제로 스크린의 좌, 우, 센터와 관객의 뒤에 서라운드(Surround) 스피커에 명쾌한 사운드를 창출해냈다. 돌비는 연이 어서 홈시어터에 붐을 일으킨 돌비 프로로직(Dolby Prologic), 또한 돌비로직(Dolby-Logic)을 기본으로 서브우퍼(Sub-woofer)를 살린 Dolby Prologic II 가 나왔고 1992년 에 와서 새로운 Dolby Digital 5.1(DD, AC-3) 방식은 영화의 사운드 트랙의 개념마저 바꿔 났다. 이전에 극장에서 듣던 어떠한 소리 장치보다 더 탁월한 사운드를 만들어냈 다. 돌비 디지털 시스템은 필름의 천공 사이에 광학적으로 얹어진 6개의 채널을 사용 하여 스크린 뒤의 좌, 우, 센터스피커와, 좌 우 서라운드 사운드와 서브우퍼를 통해 실 제보다 더 실감나는 음향을 즐길 수 있게 했다. 현재의 돌비 서라운드 사운드(Dolby Surround Sound)시스템은 5.1, 7.1 등이 개발되어 있다. 이 밖에도 루커스 필름의 THX System과 스필버그가 만든 '주라기 공원'에 처음 소개되었던 Digital Theater System(DTS)도 성공적인 시스템으로 개발한 것이다.

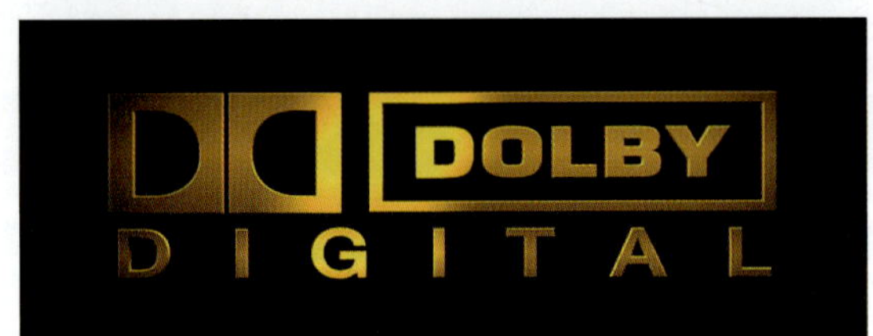

☐ 그림설명 0681, 돌비회사의 브랜드 로고.

0682 `pic` `equ`

dolly (달리, 이동식 카메라 사다리)

스튜디오 안에서 이동하며 사용하는 모든 종류의 카메라 받침대를 말한다. 카메라, 카메 라맨, 보조 카메라맨을 태우고, 비교적 작은 공간에서도 소음 없이 이동 샷을 찍을 수 있 도록 만든 장치. 달리(밀거나 끌기도 하지만 부드러운 움직임을 위해 트랙을 깔고 그 위 를 달리게 하는 방식)를 사용하는 것이 일반적이다. 카메라는 달리의 기중기에 얹어져 상승, 하강, 선회, 기울기를 할 수 있게 특수 고안된 것이다. 그리고 게처럼 옆으로 움직일 수 있는 크랩 달리(Crab Dolly)는 키가 작고 둥글게 움직일 때 사용되는 달리도 있다.

□ 그림설명 0682, 카메라를 올리고 내리는 장치, 작은 레일위에서 전 후진함.

0683 `pic` `equ`

dolly cam (달리 캠)

카메라 돌리라고도 부르는 이 기재는 달리에 부착시킨 카메라를 말한다. 카메라는 거의 중장비로 보일만큼 큰 돌리위에 카메라맨이 직접 올라앉아 카메라를 조정해 촬영한다. 그러나 지금은 보다 간단하게 디자인된 달리에 카메라를 부착시키고 카메라맨은 밑에서 조정하며 촬영할 수 있다.

□ 그림설명 0683-1, Dolly에 부착시킨 카메라.

＊dolly shot (달리, 이동식 촬영대)

바퀴가 달린 이동식 촬영카메라(Trucking Camera)의 움직이는 받침대를 가리키는 말이다. 이 기재는 무거운 카메라를 움직이며 촬영이 불가능할 때 임시 건립한 철로위에서 카메라를 설치하고 움직이며 촬영을 한다. 달리를 사용하는 주목적은 카메라를 이동시키며 촬영함으로써 화면상의 팬(Pan), 틸트(Tilt), 트럭킹(Trucking) 등에 부드러운 화면효과를 얻는나. 달리 카메라의 이동은 마치 화년의 움식임에 입제삼을 주며 활력적인 효과를 얻게 한다. 이 달리촬영법이 생겨난 것은 1914년 이탈리아의 영화감독인 조반니 패스트론(Giovanni Pastrone, 1883-1959)이 그의 영화에 처음 사용하며 전 세계에 유행되었다. 이 달리 촬영은 간편하고 자유스럽게 사방으로 움직일 수 있으며 수력(Hydraulic)의 힘을 이용하기 때문에 움직임이 강하고 부드럽다. 공중촬영과 같은 효과를 얻는 크레인(Crane)카메라의 역할도 한다.

□ 그림설명 0683-2, 이동식 촬영대.

0684 `gen`

domestic (국내)

국내용 영화필름 또는 지역영화관의 관객을 감안하여 편집하여 상영하는 것을 도메스틱 컷(Domestic Cut) 또는 도메스틱 버전(Version)이라 한다. 해외판(Version)이나 TV용 또는 감독 컷 버전 등에 붙이는 말이다. 일반적으로 해외(Overseas) 판은 인터내셔널버전(International Version) 이라 부른다.

0685 `com`

domain (인터넷 주소, 도메인)

인터넷은 우주만큼이나 넓고 광활하다고 비유할 수 있을 듯하다. 광활하기만 한 것이 아니라 매우 복잡하고 우주에 떠 있는 별들과도 같이 헤아릴 수 없이 무수하다. 그래도 마치 캄캄한 밤하늘 속에서도 영락없이 내 별을 찾아온다. 인터넷 주소창에 자기 고유의 영문 또는 숫자로 된 이름(DNS, Domain Name System)으로 표기하여 공통규칙 및 절차를 사용하여 하나의 단위로 관리되는 네트워크상의 컴퓨터의 도메인 IP주소창을 찾는다. 도메인은 시스템, 조직과 종류, 국가의 이름으로 표기 되어 있다. 인터넷은 미국에서 시작되었기 때문에 미상무부가 관리해 오다가 비영리 민간기구로 이관되었다. 도메인은 .com, .net, .org, .info, .biz 등으로 구성되어있고 국제인터넷주소관리기구(ICANN, Internet Corporation for Assigned Names and Numbers)에서 총괄하고 있다.

doodle (낙서)

의지나 목적 없이 전화 중에 또는 다른 일에 열중하면서
손으로 글을 쓰거나 그림을 그리는 것을 두들이라 한다.
두들은 그래피티(Graffiti) 낙서와는 구분한다.

□ 그림설명 0686, Best Doodle.

✱ 참조보기 (1019 - Graffiti)

0687 `ani`

Dooly (둘리)

<아기공룡 둘리>는 김수정(Kim, SooJung, 1950-)의 대표적인 만화 주인공으로 1983년
<보물섬>이라는 만화전문 잡지에 연재 되면서 세상에 데뷔했다. 그리고 1986년 한국
에서는 처음으로 KBS의 애니메이션 담당 조봉남 프로듀서가 기획 제작 방영을 한 대
한민국 최초의 TV 애니메이션으로 제작되어 한국의 만화콘텐츠가 애니메이션으로 제
작을 시도해 탈 일본, 한국애니메이션 자립을 시도했다는 데에 크게 뜻이 있었다. 한국
은 1970년대까지도 일본의 애니메이션을 음성적으로 수입해 재편집해 상영하고 있었
고 어린이 시청자나 젊은 세대들은 이것을 알지 못한 채 일본의 문화를 간접적으로 배
워오게 되었다. 이러한 시대에 KBS의 새로운 시도는 매우 고
무적(Encouragement)인 출발이었다. <아기공룡 둘리> 만화
도 좋은 선택 중에 하나였지만 대중들의 무관심한 반응으로
한국애니메이션의 길은 훤히 열리지 못했다. 대부분의 TV프
로그램이 방송이 가능한 것은 프로그램을 방송할 수 있게 광
고비를 부담하는 스폰서들의 구미에 달려있다. 애니메이션
제작방송은 이것이 문제이다. 애니메이션 프로그램 방송에
돈을 내는 광고주가 없어서 결국은 애니메이션 방영이 어렵
고 그래서 제작을 할 수가 없다는 논리이다. 기성세대들의 애

└ 그림설명 0687, 김수성의 <아기공룡 둘리> 1983.

니메이션에 대한 무관심은 한국애니메이션을 거의 사지로 모라 넣고 있다. <둘리>는 한국인이 창작한 오리지널 캐릭터로 어린이들에게 매우 인기 있는 만화이다. 그러나 애니메이션으로 여러 번 제작이 되었으나 크게 성공하지는 못했다. 근간에는 서울특별시 도봉구가 연면적 4,151㎡규모에 '둘리 뮤지엄(Doolymuseum)'을 유치해 개관하게 되어 한국 대표적인 캐릭터의 위신을 내세운 셈이었다.

0688 `ani`

dope sheet (도프시트, 촬영시트)

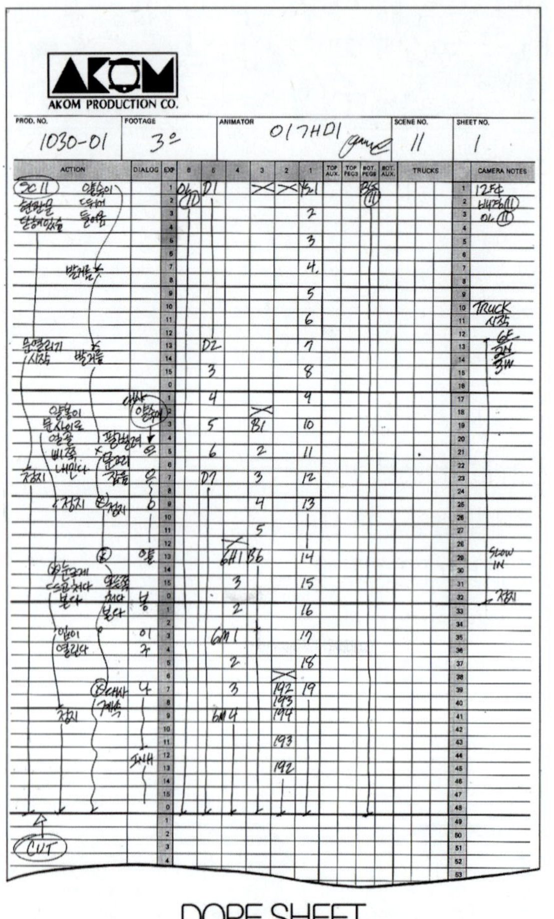

주로 재래식 애니메이션 스탠드 촬영 시에 그 촬영 방법을 상세히 지시한 차트로서, 이 리스트는 장면의 모든 프레임에 대한 촬영 지시가 수록되어 있다. 예를 들어 카메라의 방향, 셀의 위치와 번호, 기타 베이스보드 위의 모든 아트워크(Art Work) 작업 등을 촬영할 수 있도록 기재한다. 도프 시트(Dope Sheet)는 주로 영국에서 사용되며 일본은 타임 시트(Time Sheet), 미국은 엑스포저 시트(Exposure Sheet) 혹은 줄임말로 엑스 시트(X-Sheet)라고 부르지만 정확한 용어는 카메라 노출시트(Camera Exposure Sheet)이다. 이 종이 시트에는 수많은 가로줄과 세로줄이 그어져 있으며, 가로줄은 한 프레임을 나타낸다. 세로줄은 각 셀의 레벨, 배경, 페그 바(Peg Bar)의 움직임, 팬(Pan)과 줌(Zoom) 등을 나타내며 카메라가 해야 할 페이드(Fades)와 크로스 디졸브(Cross-Dissolve)와 같은 특수 카메라 지시가 있다. 동작과 음향을 나타내는 곳에는 대사, 효과음, 음악의 비트 등이 넓은 세로줄 안에 표시되어 있으며 또한 여기에 감독이 애니메이터에게 전달할 동작 지시사항을 적는다. 위에 내용들이 모두 디지털화되어 재래식 방법이 사라진 것은 아니다. 컴퓨터를 활용하는 감독의 지시서(Time Sheet)는 지금도 이 재래식 방법이 사용된다.

✽ 참조보기 (0850 - Exposure Sheet)

0689 `pic` `pho`

double exposure (더블 익스포저)
＊DX (디엑스)

같은 필름위에 두 번 또는 그 이상을 촬영해, 2개 이상의 이미지가 겹쳐
지는 것을 이중촬영이라 한다. 이중 촬영은 의도적으로 하는 전문적인
촬영기법으로, 1) 스크린상의 캐릭터가 기억을 떠올리는 것처럼 연출하
거나, 생각하거나, 꿈꾸는 것이나 등에 연출기술에 하나로 사용되는 방
식이다. 2) 유령을 만들거나, 현실 속의 이미지에 효과를 줄 때도 사용된
다. 3) 디엑스는 시간의 변화를 나타낼 때 사용되는 등의 하나의 영화를
만드는 기술이다. 이 DX기술은 컴퓨터 편집에서 그 공정을 쉽게 처리
할 수 있다. 유의할 것은 DX는 두 번 촬영하여 두 개의 이미지를 만드
는 것이며 XD는 크로스 디졸브(Cross Dissolve)의 의미로 화면이 사라
지기 시작하면서 새로운 화면이 생겨나는 연출상의 기술을 말한다.

□ 그림설명 0689, 2중 촬영(DX) 이미지.

0690 `ani`

double-framing (더블 프레이밍, 2 프레임씩 촬영)

애니메이션 카메라로 하나의 그림을 두 프레임씩 촬영하는 것을 말한다. 필름 영화의
경우 1초에 24프레임이 소요되는데 이런 경우 들어가는 그림장수가 그의 반으로 줄어
들어 제작비 절감 효과를 얻어낼 수 있다, 이 기법은 매우 빠른 동작에는 사용하지
않는다. 미국식 용어로는 Two's(2's)라고 하며 대개의 애니메이션 동작을 소화하는데
무리없는 촬영술이다. 1프레임씩 촬영하는 것을 "One's", 3 프레임씩 촬영하는 것을
"Three's" 라고 부른다.

0691 `pic`

double feature (두 편 동시상영)

영화 동시상영이 시작된 기원은 1930년대이다. 그 행태의 구성을 보면 한두 가지 실사
영화(Live-Action Movie)와 스토리가 있는 애니메이션(Animation) 그리고 한두 가지의
실사 단편 코미디영화(Live-Action Comedy Shorts)를 섞어 상영했고 심지어는 광고(AD)
까지 끼워서 동시에 상영했다. 당시에는 장편과 단편이라는 개념조차 없었으므로 극장
주나 영화배급사의 결정에 따라 전체상영시간이 약 1시간정도의 길이가 되도록 섞어서
개봉했다. 이러한 제도는 한 시민으로부터 부당하다는 법정고발이 있고서야 지금처럼
상영제도가 바뀌있고 본편은 60분(1시간)이 넘어야 한나는 판결이 나오면서 당시 꼭

끼워서 상영하던 단편 애니메이션이나 실사 코미디 영화가 사라지는 결과가 되기도 했다. 그리고 가끔 극장주의 상술에 따라 인기를 얻기 위해 온전한 장면을 동시상영으로 보여주는 경우도 있다. 또한 동시상영은 비 무비(B Movie)와도 관계가 깊다. B Movie라 함은 저예산으로 제작된 영화를 뜻하는 말로 1930년경에는 장편영화 축에도 낄 수 없는 80분미만의 영화가 판세를 이루고 있었기 때문이다. 저예산으로 제작되었다는 뜻은 영화 자체가 '싸구려'라는 의미는 아니다. 다만 돈을 많이 안들이고 제작기간을 짧게 잡아 제작한 것을 말한다. 워너브라더스(WB)의 유명한 배우들이 이러한 저예산 영화제작이나 예술영화에 많이 기여한 흔적들이 남아있다. 그리고 영화의 길이가 모두 합쳐서 80분 미만인 경우 자연히 상영시간을 보장하기 위해 동시상영을 하게 되는 것이다. 근간에 제작된 여러 편의 영화들이 상영시간이 120분(2시간) 이 훨씬 넘는 경우가 많이 있다.

0692 `ani` `pic` `lit`

double-take (경악, 큰 놀라움)

애니메이션에서 동작을 표현하는 기법으로 어느 일정한 방식은 없지만 기본 동작으로 사용되는 과학적 공식이 있는 것이다. 언제나 동물이 움직일 때는 관성이나 중력이 작용하게 됨으로 애니메이션으로서의 동작표현 방식은 실사에서 동물의 몸동작을 촬영하여 보이는 단순 동작과는 다른 것이다. 애니메이션에서 캐릭터는 이미 설정해 놓은 주인공의 성격(Personality)을 몸짓이나 걸음걸이에 나타냄으로써 한층 더 연출적인 애니메이션 동작을 구현할 수 있게 된다. 따라서 위에 제시된 '더블 테이크'라는 뜻은 '빅 테이크(Big Take)'의 의미로 출연 캐릭터가 '놀래다'의 의미로 사용되는 말이다. 예; 그림 0692에서 1, 2번 그림에서 캐릭터가 유쾌하게 걷다가 무엇인가를 보고 3번과 같이 (알아차렸다는 의미로) 몸을 나추었다가 4, 5번과 같이 치솟으며 즐거움(절정)을 표현한다. 이때 3번의 그림은 5번과 같이 최고 환희를 표현하는 데에 절대적인 그림이다. 다섯 그림의 발의 위치는 모두 한 자리에 있다.

□ 그림설명 0692, 캐릭터가 크게 반응할 때 'Big Take' 라 한다.

0693 `com`

down load (다운로드)

컴퓨터 네트워크에서 다운로드는 일반적으로 웹서버, FTP 서버, 전자메일서버 또는 기타 유사한 원격서버 시스템에서 데이터를 수신하는 행위를 뜻하는 말이다. 따라서 데이터가 원격서버로 전송되는 업로드와는 다르다.

0694 `art` `com`

down size (다운 사이즈, 축소)

엄밀히 축소를 의미하는 말이지만 컴퓨터에 의해 크기를 줄이거나 해상도(Resolution)를 내리는 것을 뜻하는 말이다. 컴퓨터 이미지는 그 크기와 해상도에 따라 실행이 버거울 수 있다.

0695 `gen` `ani`

down time (다운 타임, 비수기)

작업양이 뜸하거나 장비의 정비 등으로 소요되는 기간을 뜻하는 단어이다. 또한 대부분의 나라에서 애니메이션 시리즈는 매해 9월이면 데뷔(Debut)작품을 TV에 선보이는데 이 프로그램 제작은 12월 초까지 계속된다. 이듬해 성수기가 되기까지 준비기간 동안 일이 멈춰지는 것을 일컬어 부르는 말이다.

0696 `ani`

drag (드래그, 질질 끌다)
*drag and drop (끌기와 끊기)

움직이는 이미지의 일정 상태를 계속 유지하려는 힘인 관성과 그것을 멈추게 하려는 마찰의 힘을 강조하여 늘리거나 일그러뜨리는 것을 말한다.

0697 `lit` `art`

drama (드라마, 극화)

일반적으로 대사가 많고 액션의 폭이 적은 TV나 무대 등에서 극으로 하는 연기를 일컫는 말이다. 연극이나 희곡 등, 극으로 할 수 있는 소규모의 무대 위에서 음악, 문학, 연기, 무용 등의 종합적인 예술을 연기(Performing)할 수 있는 것이 장점이다. 드라마의 발상지는 그리스어로 '행동하다'의 'Dran' 에서 유래한 말이다. 주로 고전에서의 드라마는 비극직인 소재를 다루는 것이 많있고 점차 신파극으로 그리고 지금은 예술형태로 변화

되었다. 드라마는 짧은 형태의 소설을 연기하는 것과도 같다. 오페라는 음악의 형식을 갖추어, 팬터마임은 동작 연기로, 대화는 시(Poet)로서 드라마를 창작하는 것이다.

□ 그림설명 0697, <드라마 퀸> 2013, Written by Suchitra Krishnamoorthi.

0698　lit　pic

dramatic irony (극적 풍자, 드라마틱 아이러니)

아이러니는 고대 그리스어의 'Eironeia'에서 유래된 말로 '시치미 떼기(Dissimulation)' 또는 '가공(Feigned)'의 의미로 문학적 언어의 표현기술이라고 할 수 있다. 어떤 뜻을 가지고 한 말이 다른 의미로 해석되어 빈정거림으로 반전되는 것을 칭하는 말이며 이런 것을 말의 아이러니라 하고 영화에서 사실과 반대되는 표현으로 사실을 더욱 강조하는 뜻으로 사용하는 경우이다.

＊참조보기 (1240 - Irony)

0699　gen　pic

dramatic shot (극적 구성)

영화의 시나리오에 충실하기보다 현장 상황에 감각을 살려 서사시적으로 카메라의 극적 구도를 우선시하여 촬영한 영상을 가르키는 말이다.

0700　lit　art　pic

dramatic structure (극적 구조, 기승전결)

필름을 포함한 이야기 구조의 모든 작품에서 플롯요소(Plot Elements)들의 관계와 배열을 말한다. 이런 극적 구조의 전통적인 방식은, 도입(Introduction), 전개(Motivation), 클라이맥스(Climax), 결말(Conclusion)로 나뉘어 기승전결을 이루는 기본 구조를 의미한다. 이 4가지의 구성은 어느 감독의 연출방식에 따라 순서에 관계없이 구조적으로 변화시킬 수 있다.

dramatization (각색, 극화)

감독의 새로운 버전으로 실제 사건이나 소설 같은 문학 작품에서 좀 더 그 시대에 맞게 극적인 형태로 개조(Adaptation) 하거나 애니메이션에 맞도록 익살스럽게 희화화 (Burlesque)하여 각색하여 만드는 것을 말한다.

drawing (그림)

어떠한 형태의 그림이던 간에 구체적인 장르가 아직 아닌 사전 준비적인 (Preliminary) 그림 형태에 일반적으로 붙여 부르는 단어이다. 이러한 스케치형태의 그림으로부터 구체적인 유화화법(Oil Paintings), 그래픽스(Graphics), 카툰(Cartoons), 수채화(Water Color Paintings), 애니메이션(Animation) 등을 각기 장르로 완성할 수 있다. 또한 이 모든 것들을 그림이라고 통칭한다.

＊draw attention (관심을 끌다)

drawn animation (손으로 그린 애니메이션)

일반적으로 손으로 직접 그린 애니메이션을 포괄적으로 가리키는 말이다. 손으로 그린 애니메이션의 시작은 1908년 프랑스의 에밀 꼴(Emile Cohl, 1857-1938)이 만화로 애니메이션을 만든 최초의 사람이며 그 후, 여러 나라에서 애니메이션이 만들어지기 시작했다. 그러나 좀 더 심각하게 형식을 갖추고 종이에 애니메이션을 그린 사람은 프랑스의 꼴과 동시대를 살아 온 미국의 윈저 맥케이(Winsor McCay, 1867-1934)이었다. 종이에만 그리던 애니메이션이 편리한 셀룰로이드로 바뀐 것은 1917년이었고 그 후로는 줄곧 셀에 애니메이션을 옮겨 그리며 복잡한 과정으로 애니메이션을 완성할 수 있었다. 이렇게 손으로 그림을 그리던 시기는 20세기 초로서 21세기 초에 이르기까지 120년 동안에 걸쳐 손으로 동작을 모두 그려 애니메이션을 만들었다. 1927년에 와서는 영화의 화면과 사운드를 일치시킨 토키시대(Talkie Era)가 시작되면서 손으로 그린 애니메이션은 1초 길이에 24장의 그림을 음악에 맞게 동작으로 그려 넣음으로서 1분에 1,440장을 그려야하고 장편 80분짜리를 완성하려면 무려 11만 5천 200장의 그림을 손으로 그려내야하는 것이다. 1937년에는 월트 디즈니(Walter Elias Walt Disney, 1901-19660)의 <백설공주와 일곱 난쟁이(Snow White and the Seven Dwarfs)>가 상편 애니메이션으로 만늘어지면서 600여명의 화가들이 6년에 걸쳐 완전히 손으로 그려낸 주옥같은 애니메이션 예술로 절정에 이르게 되었다. 손으로 그려지는 애니메이션은 한 장 한 장 그린 그림 그 자체가 미술작품이다. 그리고 58년 후인 1995년 픽사(Pixar)스튜디오에 의해 100% 컴퓨터로 만들어진 <토이스토리(Toy Story)>가 새로운 디지털시대를 열면서 손으로 그리는 애니메이션은 점차 사라지게 되었다. 이 가운데에서도 만화작가 맷 그레이닝(Matt Groening, 1954-)의 만화원작 <심슨가족(the Simpsons)>이 1989년에 폭스(FOX-TV)에서 시리즈로 방영이 시작된 이래, 지금까지도 손으로 그린 애니메이션을 고집(Persist)하고 있는 애니메이션이다. 21세기에 들어서 대부분의 애니메이션은 컴퓨터에 의해 그려지고 있기 때문에 사람의 손에 의해 그려진 느낌을 유지하기 위해서이다. 이 시리즈는 한국의 애이콤(AKOM)스튜디오에서 하청제작으로 32년 동안이나 손으로 그리고 있는 세계최장기의 TV시리즈로 기록된 애니메이션 예술작품이다.

□ 그림설명 0703-1, <백설 공주와 일곱 난쟁이>, 1937.

-2, <심슨가족(The Simpsons)> TV-시리즈, 1989~2021.

0704 `ani` `pic`

drawn on film (필름 위에 그리다)

35mm 영화필름 젤라틴표면을 날카로운 송곳이나 뾰족한 칼끝으로 긁어내어 그림이나 형체를 만들어 영사기로 돌려보면 매우 흥미로운 동작을 즐겨 볼 수 있다. 이러한 기법은 영국 출신 애니메이터인 노먼 맥라렌(Norman McLaren, 1914-1987)이 1955년 필름 위에 직접 이미지를 스크래치(Scratch)하여 그리고 채색하여 최초로 애니메이션을 만들었는데 이후 이 기법을 따라 많은 사람들이 애니메이션을 만들며 불려온 말이다. 또한 'Scratch onto Film'이라고도 한다.

✳ 참조보기 (0006 - Absolute film)

✳ 참조보기 (2422 - Scratch Animation)

□ 그림설명 0704, 스크래치 온투 필름.

dream (꿈, 이상)

애니메이션에서 꿈은 정말 꿈같은 환상의 이야기를 만들어 낸다. 프랑스의 샤를 페로(Charles Perrault, 1628-1703)는 고전 소설 <잠자는 숲속의 미녀>를 써서 동화(Fairy Tale)분야에 기초를 세운 사람이었다. 꿈은 밤에 자면서 꾸는 것을 말하며 낮 꿈을 꾼다(Daydream)는 뜻은 허망(Falsehood)을 하고 있다는 뜻으로 사용하기도 한다. 그러나 꿈이라는 뜻은 보다 나은 소망을 뜻하는 말로 인간이면 누구나 이상(Ideal)을 꿈꾸게 된다. 실제로 사람의 평시에 뇌의 활동은 깨어나 있을 때 보다 잠을 잘 때 더 바쁘게 더 큰 환상의 꿈을 꾸게 한다. 두뇌의 생각과 판단하는 논리기관은 잠을 자지만 그 논리기관으로부터 잠시 해방된 뇌가 무한한 환상(Fantasy)의 세계를 시간과 장소의 제한 없이 배회하는 것이 꿈으로 나타나는 현상이다. 꿈은 그 사람의 잠재력이다. 어떤 때는 사람의 잠재력이 미래의 세계에서 존재할 법한 상상을 미리 앞당겨 볼 수 있게 해준다. 그러나 어떤 때는 생시에는 생각치도 않은 기상천외한 상상 속에서 초인간이 되어 초스피드로 모든 환경을 이끌고 다니며 희한한 여행을 경험하게 해 준다. 잠을 잘 때, 뇌는 가장 중요한 임무를 수행한다. 이것을 REM(Rapid Eye Movement) Sleep이라 하고, 이때 REM은 아주 바빠져서 뇌 속에서 흐르는 피의 속도를 배로 빨라지게 한다. 사람이 꾸는 꿈속의 상상력을 행동으로 보일 수 없는 이유는 자고 있을 때의 뇌는 인체에 지각 신호를 보낼 수 없어 일시적으로 사지를 마비시키기 때문이다. 사람이 평생 꾸는 꿈은 긴 것, 짧은 것을 합치면 약 6년 정도나 되는 매우 긴 꿈을 꾸며 시간을 보낸다는 통계도 있다. 꿈은 평소 상상했던 생각들이 꿈에 나타나는 것이 아니라 전혀 본 적도 이야기를 들은 적도 없는 꿈을 경험하게 되는 경우가 많다. 꿈은 주로 위기감을 가져다주는 클라이맥스를 경험하게 해 주는데 어떤 꿈은 꿈속에서의 사건과 현실이 정확히 맞닿아 깨어나며 신기를 느끼게 한다. 꿈은 예시적이며 너무나 현실감이 있어서 평생 동안 머릿속에 기억으로 남아 있기도 한다.

□ 그림설명 0705, 인간 세계의 꿈 이야기.

*dream sequence (환상, 회상, 꿈같은 장면)

영화에서 꿈은 현실에서 보지 못하고 체험하지 못한 비현실을 현실처럼 만들어 내는 것을 말한다. 드림시퀀스는 연출 상에서 생겨나는 하나의 스토리텔링의 기술로써 감독의 상상력을 인용해 최고조로 표현하는 것이 일반적이다. 드림시퀀스는 가상의 심리적 표현을 구성하며 불안(Anxiety), 두려움(Fear), 공포(Horror) 분위기보다는 공상(Fantastic)적인 표현이 대부분이라고 할 수 있다. 말 그대로 꿈같은 연출 방식으로 이뤄지는 것이 보다 낫다.

0706 com gen

drive (운전, 드라이브)

일반적으로 자가용 자동차를 운전하거나 운송용 장비를 운전해서 목적한 곳으로 가는 것을 운전이라 한다. 그러나 컴퓨터 분야에서 광범위하게 사용되는 말로는 사용자가 사용하는 컴퓨터 파일의 전개와 배치의 흐름을 빠르고 용이하게 접속하도록 역할을 해 주는 것을 드라이브라 한다. 이러한 설비는 컴퓨터 쉽게 관리하기 위한 것이다. 이렇게 사용자가 사용하는 각종 컴퓨터 드라이브들은 데스크탑에 접속해 사용하는데 놀랍게도 간단하고 매우 우수하다.

*driving me crazy (나를 미치게 해)

0707 equ pic

Drone (드론, 무인항공기)

드론은 마치 모형전문점(Hobby Shop)에 걸려 있는 장난감처럼 재미있어 보이지만 개발투자에는 상당한 비용이 소요되는 무인항공기이다. '드론'이라는 이름은 벌(Bee)이 "윙윙"거린다는 의미로 명명된 이름이다. 드론은 원래 미국이 군사용으로 비밀리에 여러 목적에 사용하기 위해 개발한 군사장비 이었다. 이 개발품은 원격 조종이 가능하여 미리 비행체처럼 공중에 띄워놓고 공중목표물(Aerial Target)로 미사일 타격 연습에 사용되었고, 공중 촬영 등 정보를 수집하는 스파이기로 활동했고, 무기를 싣고 원격으로 날아가 적을 타격하는 군사용으로 개발됐다. 드론의 크기는 다양하다. 실제 벌이나 모기만한 초소형 드론에서부터 크기가 무려 3m, 무게는 1만kg가 넘고 체공시간 40시간 이상이 가능한 드론까지 다양하다. 하드웨어는 주로 외관으로 보이는 비행체이며 소프트웨어는 컴퓨터장비(항법장치, 송수신기, 가시광선과 적외선 센서 등)로 구성되어 있다. 또한 회수하는 데 필요한 이착륙 장치는 아주 중요한 구성중 하나이다. 오늘날의 세계 '드론시장'은 미국과 60%를 유럽이18%를 차지하고 전체 아시아권이 20% 등으로 형성되어 있다. 아쉬운 것은 각 나라마다 입지에 따라 허가에 규제가 있어 상업화는 쉽지 않아 보인다. 그러나 가끔 다큐멘터리나 영화, 스포츠 등에 드론에 의한 고공촬영으로 화면에 흥미롭고 시원한 느낌을 준다.

□ 그림설명 0707, 영화에서 Crane이나 헬리콥터 등을 사용하지 않고 드론으로 더욱 다채롭고 정교하게 촬영할 수 있다.

0708 `sci` `com`

drop (물방울)

애니메이션에서 가끔 한 방울이 매쳐서 떨어지는 동작을 그림으로 그릴 때가 있다. 그 동작은 오래도 걸리지만 방울이 떨어지기 전 약간의 흔들림이 생긴다. 중력을 견디는 마지막 흔들림이다. 드롭의 의미는 어떠한 물체이던 중력의 작용으로 땅으로 떨어지는 행위를 말하는 것이지만 떨어져 생기는 결과의 동작 표현은 물체가 땅 바닥 면에 닿으며 생기는 2차 중격이 애니메이션에서는 더 중요한 것이다.

□ 그림설명 0708, 한 방울 물의 파문을 고속 촬영에 의해 본 것. 애니메이션에서도 이와 흡사하게 그려서 파문을 표현한다.

D

*drop off (깜빡 졸다)

강사의 강의도중 졸려서 머리를 뚝 떨어뜨리며 조는(Asleep) 것을 뜻하는 말이다.

*drop out (드롭아웃, 화면노이즈)

비디오나 디지털 화면에서 일어나는 일시적인 시그널의 분실(Loss)을 뜻하는 말이다. 작고 흰 먼지(Noise라고 칭함)같은 것이 화면 위에 가끔 반짝이듯이 나타나는 것을 말한다. 이것은 또한 사운드 트랙에서 사운드가 갑자기 사라지는 것으로 녹음이나 믹싱 도중 오작동으로 일어나는 것을 말한다. Drop Out Noise는 전문기술상의 문제로 전문가가 아니면 일반 소비자들에게는 잘 눈에 띄지 않는다.

0709 `art` `ani`

drop shadow (드롭 쉐도우)

화면위의 자막을 명확하고 좀 더 읽기 쉽도록 하기 위하여 글자의 밑이나 옆에 그림자를 넣는 것을 말한다. 특히 액션 위에 타이틀을 넣을 때 글자를 읽기가 난해 할 때 부각시키는 방법으로 글씨에 강한 음영을 주는 방식을 말한다. 여러 색깔을 선택할 수 있다.

□ 그림설명 0709, 드롭 쉐도우.

0710 `art`

dry brush effect (드라이 브러시 효과)

재래식으로 화면의 특수효과를 할 때 사용하는 방식으로 붓에 잉크나 페인트를 살짝 묻힌 다음 물기가 없는 상태로 훑듯이 칠하여 효과를 얻는 그림의 묘사 방법을 말한다. 물체의 움직임이 이중적으로 보이게 하거나 빨리 움직이는 것을 표현할 때 사용하는 기법이다. 이 기법은 컴퓨터의 그래픽 툴에서도 가능한 효과이다.

□ 그림설명 0710, 바람 따위를 표현 할 때.

DTV (디 티브이)

디 티브이는 디지털 방송 텔레비전을 짧게 줄여서 부르는 말이다.

✱ Digital Television (디지털 텔레비전)

디지털 텔레비전은 재래식 아날로그 방식이 아닌 숫자식(Digital) 신호를 사용하여 수신하는 TV를 가리키는 말이다. 디지털은 최선의 이미지 구현(Embody)으로 해상도가 뛰어나다. 1982년 독일에서 아날로그를 디지털로 바꾸는 IC가 개발되어 디지털 방송이 가능하게 되었다. 디지털은 이미지 해상도 대역폭(Bandwidth)이 작고, 컴퓨터와 인터넷의 호완성이 우수하고, 상호작용(Interactivity), 최고 질의 음향(Superior Sound Quality), 수시로 변화하는 신호를 일관성(Consistency) 있게 해 준다. 디 티브이(DTV)는 HDTV(고해상도 티브이)와는 다르다. 디지털TV 화면의 주사선(Scanning Line)은 1,050 선이다. 아날로그 TV방송은 대략 2009년경에 점차 사라지게 되었다. 아날로그 텔레비전을 보려면 셋톱박스(Set-Top Box)를 통해 디지털로 수신호를 변조해 시청이 가능하다.

1

□ 그림설명 0711-1, Digital TV와 Set-Top Box.

✱ 참조보기 (0653 - Digital Television)

✱ DTV (다이렉트 티브이)

Direct TV(다이렉트 티브이)를 줄여서 쓰는 말이다. 통신위성을 이용해 직접 접시 안테나를 설치하고 시청할 수 있는 세틀라이트 TV를 가리키는 말이다. 여러 통신위성(Comsat)들은 정지궤도, 몰니야궤도, 지구 저궤도를 이용해 송수신 중계가 가능하며 이를 이용해 직접 수신한 각종 프로그램을 즐길 수 있다.

2

-2, 세틀라이트로 부터 수신한 신호로 직접 시청.

0712 `pic`

dubbing (더빙)

영화제작의 후반공정인 포스트 프로덕션(Post-Production) 공정에서 각기 다른 공정에서 작업한 화면과 대사트랙, 음향효과 트랙, 음악트랙을 한 개의 트랙으로 합성(Composite)하는 것을 더빙이라고 한다. 영화의 완성은 대사, 음악작곡, 효과음의 삽입 등이 각각 다른 공정에서 만들어지게 되는데 이것을 합체(Combine)시키는 것을 의미한다. 또한 촬영이 끝난 후에 편집된 화면(Picture)과 함께 대사와 음향(Sound)을 합성해 넣는 것에 속한다. 그리고 다른 나라에서 방영될 때 그 나라의 언어로 대사 트랙을 바꾸어 넣을 때도 더빙이라 부른다.

☐ 그림설명 0712, Post-production의 더빙작업.

0713 `ani` `pic`

duck-down (고개를 숙이다, 피하다)

무엇인가를 피하기 위해 재빨리 머리를 숙이거나 몸을 낮추는 행동을 뜻하는 말이다. 예; "야구장에서 타자가 친 공이 갑자기 나를 향해 날아와 느닷없이 머리를 밑으로 숙였지 뭐야! 손으로 받기가 무서웠거든…" 고개를 밑으로 숙인다는 말은 애니메이션 동작표현에서 자주 쓰는 말이다. 그러나 머리를 올릴 때는 덕 업(Duck-Up)이라고 하지 않고 헤드 업(Head-Up)이라 한다.

0714 `pic`

dummy prop (모형소품)

진짜같이 만들어 놓은 가짜물건들을 가리키는 말로 주로 이런 것들은 영화 촬영을 위해 모형소품을 만들어 적당한 위치에 배치하여 촬영한다. 실물을 사용하지 않고 복제(Replica)를 사용하는 물건, 동물, 사람, 건물, 가구, 야채, 과일, 음식, 생선 등을 진짜와 같이 보이게 모형을 만들어 적절히 자리 잡아 사용하는 것에 붙여진 말이다.

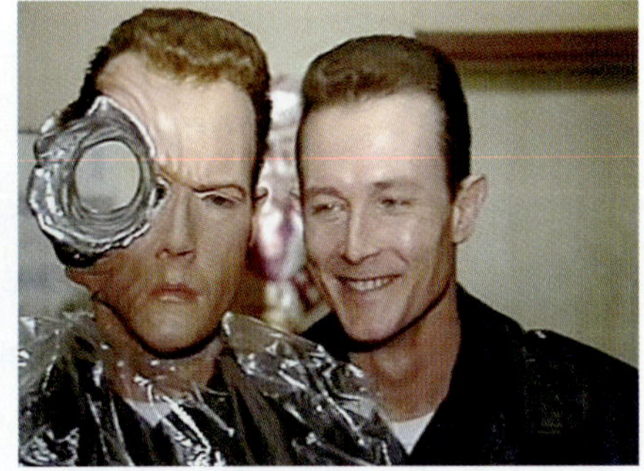

☐ 그림설명 0714, <Terminator 2> 1991, Director- James Cameron.

dupe, duplication (복사, 복제)

1) 마스터 하드파일에서 다른 파일로 복사 하거나 또는 USB로 복사본을 만들거나 USB에서 다른 USB로 복사하는 것을 말한다. 2) 아날로그 필름의 마스터 포지티브(Master Positive)나 마스터 반전 포지티브(Reverse Master Positive)에서 네거티브(Negative)로 복사본을 만드는 것을 말한다. 3) 형태(Format)적인 물건을 복제하는 것을 말한다. 4) 어떠한 원본이던 원본은 보존하고 복사본을 만드는 행위를 말한다.

＊clone (복제, 동물을 복제하다)
＊replica (모작품, 원작을 흉내 내 만든 물건)

duo (2인조)

두 사람(2인조)이 연주하는 음악을 뜻한다. 특히 두 개의 악기를 가르치는 말이며 두 사람이 부르는 이중창은 듀엣(Duet)이라 한다.

□ 그림설명 0716, Violin & Cello Duo.

dusk (해질 무렵, 황혼, 어둑어둑한)

땅거미 질 때, 봄철 시간으로 보아 황혼이 지는 저녁 6시에서 7시 사이를 말한다. 이때가 조금 지나면 갑자기 무섭게 어두워진다.

0718 `ani` `pic`

dust effect (먼지효과, 황사효과)

애니메이션에서 특수효과 중의 하나인 먼지효과는 재래식 애니메이션 효과와는 달리 컴퓨터그래픽방식으로 처리하고 있어 약간은 어울리지 않게 보이는 것들도 있다. 그러나 디지털 효과로 각 종류의 효과가 손쉽게 만들 수 있어 최근에는 자주 사용하여 매우 식상해졌다. 먼지효과는 비, 눈, 물, 번개, 바람 등과 함께 쉽지 않은 애니메이션으로 특수효과 애니메이션으로 취급된다.

□ 그림설명 0718, 물체가 떨어지며 생기는 애니메이션 먼지효과.

0719 `equ`

DVCAM

✳ DV camera (디비 카메라)

DV 카메라는 일반적으로 소형 디지털 비디오카메라를 총칭하는 말이다. 소형 테이프 형식의 카메라는 HandyCam, Hi8, 3CCD 등이 있고 선명하고 좋은 화질이 특징이다. 특히 애니메이션을 하는 사람은 적절한 DV카메라를 사용하여 와이드 스크린, 인터벌 촬영, 한 프레임씩 애니메이션 촬영 등이 가능하다.

□ 그림설명 0719, DV테이프와 DVCAM.

0720 `com`

DVD (디브이디)

처음에는 Digital Video Disc의 이름의 약자(DVD)로 개발되었으나 영상 외에도 데이터 저장용으로 사용하게 됨으로써 Digital Versatile Disc라고 부르기 시작했다. 이 DVD는 화상과 음향을 레이저 빔을 통하여 소형 비디오디스크에 녹화 또는 재생하도록 되어있는 첨단 기술 중의 하나이다. 1990년 주로 일본에 있는 도시바, 파나소닉, 파이오니아가 합동으로 Super Density Disc를, 소니와 필립스가 Multi Media Compact

Disc를 개발했으나 회사 간에 이해관계로 1995년이 되어서야 공동으로 DVD라는 표준을 만들어 발표하게 되었다. 지름이 12cm, 두께 1mm의 DVD에는 단층 방식으로 최대 4.7GB 까지 저장할 수 있고 DL방식의 DVD는 8.54GB 데이터를 저장할 수 있다. 또한 DVD는 양면을 모두 사용할 수 있는 것도 가능하다. 이 경우 최대 17.08GB를 저장한다.

✽ DVD-R (DVD recordable)

개인의 PC에서도 화면의 녹화나 데이터의 입력이 가능하다. 그러나 수정이 불가능하다.

✽ DVD-RAM (DVD random access memory)

특징은 수 만 번 데이터를 기록하고 지울 수 있다.

✽ DVD-ROM (DVD read only memory)

저장된 데이터를 읽기만하고 새로 기록하거나 소거가 불가능하다.

✽ DVD-RW (DVD rewritable)

저장된 데이터를 지우고 다시 기록할 수 있다.

R

RAM

RW

□ 그림설명 0720-1, DVD-R   -2, DVD-RAM   -3, DVD-RW.

0721 `pic`

DX (double exposure, 겹치기 촬영)

영화에서 재래식의 다중촬영방법을 말한다. 한 필름에 2개 이상의 이미지를 촬영하는 것을 말한다. 영화상에서 주인공이 머릿속에 누구를 생각한다든가 할 때 화면 위에 떠오르듯이 생겨나도록 한다. 컴퓨터에서는 아주 쉽게 처리할 수 있는 방식이다.

0722 `peo` `ani`

Dyer, Anson (안손 다이어)

다이어(Anson Dyer, 1876-1962)는 1876년 런던에서 태어나 그가 29세가 되던 해인 1915년 영국에서 최초의 애니메이션 <딕키 디(Dicky Dee)>를 그가 운영하는 광고 CF 스튜디오에서 만든 사람이다. 그는 특별히 애니메이션에 관심과 열정을 쏟아 30여 년 동안 애니메이션을 하며 살았지만 영국은 그를 '잊혀진 애니메이터'로 부른다. 프랑스 고몽회사의 에밀 꼴(Emile Cohl, 1857-1938)이 1908년 애니메이션을 처음 만들어 내면서 미국을 비롯해서 유럽의 여러 회사들이 앞 다투어 단편들을 만들어내기 시작했다. 이 당시의 단편들은 길이가 한정되어 있지 않았으므로 약 5분 내외로 제작되었고 단편은 혼자서 애니메이션을 그릴 수 있는 능력이 있으면 한사람이 모두 완성하는 것이 보편적인 방식이었다. 다이어는 감독이 심지어는 스토리를 쓰고 원화그림을 그리고 배경을 그리고 영화 제작을 홀로 완성하는 것은 비능률적이라는 것을 처음 주장한 사람이다. 그는 이러한 일인다역의 관행을 깨고 영화제작을 단계적으로 분업화함으로써 예술가들의 전문성을 키우고 제작기간을 단축할 수 있다고 주장했다. 그에 말은 대부분이 수긍이 갔다. 지금 전 세계적으로 활용하고 있는 영화의 프로덕션시스템(Production System)은 그가 주장했고 시작된 것이다. 이러한 생각으로 다이어는 1940년 초반에 들어 이것은 기발한 아이디어라 여기고 런던에서 많은 애니메이션 예술가들을 훈련시켜 일이 많은 미국으로 인력을 수출할 계획이었으나 '세계 2차 대전'이 시작되면서 뜻을 이루지는 못했다. 전쟁이 끝나고 나서 오랫동안 침체기에 있던 영국의 애니메이션이

□ 그림설명 0722-1, Dyer 자신이 그린 만화.

-2, Dyer의 그림(그림을 그리려면 엉덩이를 의자에 붙이고 앉아라.

재기의 기회가 오게 되었다. 조지 오웰(George Orwell, 1903-1933)이 쓴 소설 <동물농장(Animal Farm)>을 '할라스와 배첼러(Halas and Batchelor) 스튜디오'에서 다이어가 주장했던 방식으로 제작을 하게 된 것이다. 1954년의 일이었다. 이 후 다이어의 이름은 <동물농장>에 묻힌 탓인지 자주는 나오지 않는다. 다이어는 자신의 궁둥이를 의자에 풀로 붙이고 앉아(만화) 열심히 일했지만 뜻을 펴지 못하고 1962년 런던에서 사망했다.

0723 `pic` `ani`

dynamic cutting (다이내믹 커팅)

연속된 배경이나 여러 물체, 사람, 디테일 샷들을 편집하는 것. 꼭 같은 신이 아니더라도 이런 일련의 샷들이 모여 드라마틱한 상황을 연출해 관객의 관심과 긴장감을 불러일으키는 기능을 한다. 일반적으로 이런 다이내믹 편집을 통해 하나의 중요 신이 재설정 된다. 커팅이 두드러져 보이고 개개의 샷을 그냥 차례로 나열한 것이지만 모두 합해지면 통일된 하나의 상황이 형성된다. 이 방법은 그냥 액션의 흐름을 위한 일반적인 편집과는 다른 개념이다.

■

D

Earth

Ee

[이]

Editing.

Emmy Award

Extreme

Exposure sheet

E e [이]

0800 sci gen

Earth (지구, 어스)

지구는 46억 년 전에 태양의 주위를 도는 행성으로 태어났다. 그때 지구에는 생명체가 전혀 없었다. 지구가 자리를 잡기까지 천둥번개가 치고 강풍이 몰아치고 산에서는 화산이 터지고 용암이 분출해 흐르며 독가스를 뿜어냈다. 이때 지구는 대기가 없이 태양으로부터 오는 방사선(Radiation)에 노출되어 생명체가 없이 25억년을 지냈다. 우리가 살고 있는 지구는 거친 바위로 이뤄진 아주 작은 땅덩어리에 불과한 하나의 행성(Planet)이다. 광활하고 끝이 없는 우주공간에서는 지구는 구슬치기 옥돌보다도 정말 작은 행성에 불과한 것이다. 지구는 태양계(Solar System)에 속한 다른 8개의 행성들과 함께 태양(지름, 139만km)을 중심으로 각기의 궤도(Orbit)를 도는 태양계 안에 속해 있다. 지구는 북극과 남극으로 약간은 기울어진(23.95도 각도) 축(Axis)을 가지고 마치 팽이처럼 자전하며 태양계 안에서 공전을 되풀이 한다. 1년에 365.25일로 매일같이 모든 생물체들이 휴식(Recess)하는 어두움과 밝은 새아침을 맞으며 생명체들이 살아가는 역동(Energetic)의 행성이다. 지구의 적도(Equator)에서 지름을 재면 그 거리는 1만 2천750km(둘레 4만km) 밖에는 안 되는 크기이다. 지구는 태양과 평균 거리로 1억 4천960만km나 떨어진 먼 곳에 있지만 맹렬한 속도로 태양을 따라 다닌다. 지구는 파란색 빛을 내는 별이다. 지구 표면이 70%의 물로 되어 있기 때문에 멀리서 보면 마치 파랗게 빛나는 보석과 같다고 우주인들은 말한다. 지구는 1개의 달을 가지고 있지만 달에는 생명체가 없는 곳이다. 과학자들이 지구가 46억 년 전에 태어났다고 기록한 증거로는 지구의 달 표면에 또는 우주로부터 지구에 떨어져 발견된 운석(Meteorites)을 조사했더니 같은 시기의 것으로 증거가 있기 때문이다. 지구는 4개 층으로 구성되어 대기와 접해있는 표면(Crust), 두꺼운 암석층 맨틀(Mantle), 핵을 둘러쌓고 있는 용해물질(Molten), 뜨거운 니켈과 아이언으로 된 중심핵(Nuclear) 부분으로 되어있다. 지구 역시 태어난 시기는 46억 년이나 되었지만 생물이 살아나갈 수 있게 대기에 변화가 생긴 것은 지금으로부터 약5억7천만년에서 5억1천만년으로 고생대 초기 지질시대인 캄브리아기(Cambrian Period)에서부터 시작됐다. 그러니까 캄브리아기 이전 약 40억년동안 차가운 땅덩어리로 생명체는 없었나. 지구는 혹독한 빙하기를 4번이나

□그림설명 0800-1, 홀로 빛나는 별 <지구>

 633

겪으며 이어왔다. 영국의 아담 세지윅(Adam Sedgwick, 1785-1873)에 의해 1832년 삼엽충(Trilobites)의 화석을 캄브리아 지역에서 발견함으로써 그 지역의 이름(지금은 영국Wales)을 따서 부르게 됐다. 지구가 맞은 빙하기는 캄브리아기 훨씬 전, 고생대 시대의 휴로니안 빙하기(Huronian Glaciation)는 24억 5,000만년에서 21억 3,000년 전으로 지구는 마치 스노볼(Snowball)과 같이 깡깡 얼어 뭉쳐 있는 마치 어름덩어리와 같았다고 과학자들은 기록하고 있다. 대기로 치솟아 오를 이산화탄소(Carbon Dioxide)의 감소로 인해 지구의 대기가 온실효과가 감소된 것으로 풀이한다. 이어서 4억8천800만 년 전 4,500만 년이나 지속된 오르도비스기에는 조개껍질이 퇴적된 시기로 지구 전체의 해수면이 높기 시작하여 바다가 형성되었으며 이 때문에 지구의 환경을 변화시키게 됐다. 실루리아기(Silurian Period)는 4억4천370만 년 전부터 4억1천600만 년 전으로 데본기(Devonien Period) 4억1천600만년에서 3억5천900만 년 전으로 바다에는 어류가 풍성했다. 혹독한 빙하기는 인류 이전에 일어난 일로 수십억 년 전 여러 번 되풀이되었다. 빙하기 사이에 온난한 기간을 온 난기(Intermittent Warm Periods) 또는 간빙기(Interglacial Period)라 한다. 지금도 지구는 간빙기에 있음으로 북극과 남극에 혹독한 추위를 맞게 되는 것이다. 혹독한 빙하기는 수천 년에서 수억 년 동안을 지속되었음으로 생물들을 대거 전멸을 가져 왔다. 1.오르도비스 빙하기(Ordovician Period, 4억 6,000만 – 4억 3,000만 년 전) 후기에는 지구의 남쪽으로부터 빙하(Glacier)기가 북위40도(한국의 38선 북부 위치)까지 올라오며 지구상의 생물 60%를 멸종(Extinction)시켰다. 2.카루 빙하기(Cryogenian Glaciation)는 3억 5,000만 년 전, 3.페름 멸종기(Permian Extinction)는 2억 5,000만 년 전에 일어났다. 지구는 석회암과 산호초의 변성으로 산소공급이 증가하며 대기(Atmosphere)가 형성되어 따듯한 기온변화로 생명체가 살기에 적합하여 처음으로 물고기가 진화하기 시작했다. 지구는 2만여 년 전에 최후의 빙하기를 맞았는데 현생 호모 사피엔스(Homo Sapience) 인류종과 네안데르탈 (Neanderthal) 인류종이 동거했었으나 네안데르탈 종은 그때 멸종하고 호모 사피엔스만 살아남아 온난화된 기후에서 농사를 지며 살아남게 되었다. 그리고 지구는 4계절을 맞으며 봄이면 겨울잠을 자던 자연에 새싹을 열고 꽃을 피운다. 여름이 되면 마음껏 무성하게 자라게 한다. 가을이 되면 결실을 맺게 하고 그 씨들이 다시 소생을 기다리며 떨어진 이파리 속에 묻혀 든다. 겨울이 되면 자연은 추위를 견디며 긴 잠을 잔다. 이것이 지구의 4계절이 지나가며 365일 동안 일어나는 일이다. 자연 속에 동물들, 동물들과 함께 인간들은 봄을 맞고 다시 새롭게 만물을 소생시키며 아마도 수억 년을 지내왔을 것이다.

□ 그림설명 0800-2, 태양계의 행성들과 지구. the SUN(태양), Mercury(수성), Venus(금성), Earth(지구), Mars(화성), Jupiter(목성), Saturn(토성), Uranus(천왕성), Neptune(해왕성) 크기비례.

***The SUN -** 태양은 수소(Hydrogen)와 헬륨(Helium)이 섞인 뜨거운 가스로 이뤄져 있다. 표면의 온도는 6,000℃이다.

***Mercury -** 지구의 달처럼 분화구(Crater)가 있지만 대기는 없다.

***Venus -** 태양계행성 중에 온도가 가장 뜨겁고 지구와 가장 가깝다.

***Earth -** 표면의 4분의 3이 물로 가득 차있고 산천초목에서 여러 생물체가 산다.

***Mars -** 표면이 바위로 둘러싸여 있고 붉은 쇄 가루먼지가 휘날린다.

***Jupiter -** 표면의 두께가 수천 킬로, 가장 큰 행성으로 항상 구름으로 덮여있다.

***Saturn -** 먼지와 돌과 어름으로 이뤄진 넓은 띠를 가지고 있다.

***Uranus -** 11개의 얇은 띠가 있고 유독 수평축을 가지고 있다.

***Neptune -** 더 멀리 나타나 떠돌던 플루토(Pluto, 명왕성)가 1999년에 태양계에서 퇴출된 후 태양으로부터 가장 먼 행성이 됐다.

0801 equ art

easel (이젤)

화가들이 그림을 그릴 때 캔버스를 올려놓고 그림을 그리는 작업대(Worktable)를 이르는 말이다. 또한 아트워크 또는 안내판을 올려놓기 위해 세워놓는 받침대로도 사용한다. 원래는 이젤의 소재는 나무로 되어있고 폈다 접었다 하도록 설계되어 있으나 최근에는 철제나 심지어는 플라스틱으로도 만들어 다량으로 수요자에게 공급하기도 한다.

□ 그림설명 0801, 화가들이 사용하는 각종 이젤.

0802 `ani` `pic`

East (이스트, 동쪽방향)

애니메이션 제작에서 화면을 필드라 부르며 작게는 9필드, 크게는 16필드를 사용한다. 필드의 오른쪽을 지리적(Geographical)으로 동(East)쪽이라 부른다. 실사영화에서 역시 화면의 오른쪽을 동쪽이라 표시한다. 참고로 왼쪽을 서쪽, 화면의 위쪽을 북쪽, 아래쪽을 남쪽이라 정의한다.

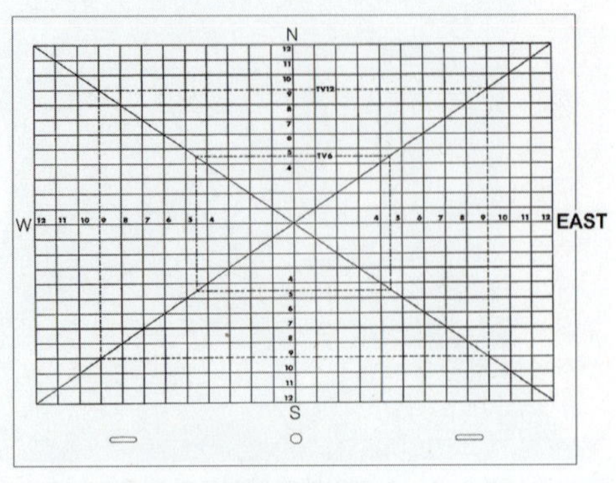

□ 그림설명 0802, 화면의 동쪽→

0803 `equ` `pic` `pho`

Eastman KODAK Film (이스트만 코닥 필름)

□ 그림설명 0803, 최초의 KODAK 롤필름 카메라.

코닥필름은 미국의 조지 이스트만(George Eastman, 1854-1932)에 의해 1880년부터 1888년에 이르기까지 오랜 동안 연구를 거듭하여 발명되었다. 이스트만은 1878년부터 정(Still)사진용 원판인 건판(Dry Plates)을 고안해내어 시중에 유통시켰다. 또한 1888년에는 'KODAK'이라 쓴 작은 상자(카메라)안에 구부러지는 롤필름을 넣어 손쉽게 찍을 수 있는 카메라를 시판했다. 1889년에는 이 새로운 소재인 아세테이트 셀룰로이드(Acetate Celluloid)에 감광유제 젤라틴을 발라 35mm 폭에 천공을 뚫고 촬영을 할 수 있는 흑백 영화용 롤(Roll) 필름을 발명해 상품화 했다. 그는 회사 자체의 광고를 시연해 보이며 코닥(Kodak)이라는 등록상표를 달아 광고했다. 필름은 100자(약 1~2분 정도) 길이의 롤(Roll) 필름으로 일반인들에게 상품으로 판매하면서 세계에서 영화를 만들려는 많은 전문가들을 자극시켰다. 이 필름은 35mm(미리 미터) 형태로 변함없이, 그 후 약 120년 동안에 걸쳐 압도적으로 그리고 광범위하게 20세기말 까지 사용된 필름이다. 조지 이스트만의 필름은 1895년에 와서야 프랑스의 뤼미에르(Lumiere) 형제에 의해 최초로 카메라에 넣어 촬영되었으며 영사하는데 성공한 후 최초의 활동사진(Motion Picture)으로 실용화됐다. 필름의 진정한 발전은 무성 영화 시대에 접어들면서 카메라맨들의 작업으로 이루어졌다. 또 조명과 카메라의 발달과 무성(Silent Film)에서 유성(Talkie Film)으로, 필름의 가장자리에 사운드를 채택한 것, 흑백에서 컬러필름으로 변화한 것, 35mm 외에도 70mm, 65mm, 16mm, 8mm, 그리고 Super 8 등이 영화 발전에 중대한 영향을 끼쳤다. 더 중요한 두 가지 사건은 단연 컬러 영화와 와이드 스크린 공정의 개발이다. 특히 이스트만 회사가 1950년대에 개발한 트라이팩 칼라시스템은 흑백예술영화에서 컬러로 대부분의 영화를 상업화시켜 영화산업으로 성공시킨 계기가 되었다. 코닥 필름은 19세기로부터 21세기인 지금까지 지속적으로 사용하면서 인류의 꿈이었던 영상 실현에 성공적인 공로를 이뤄냈다. 그러나 오늘날에 와서 필름은 새로운 문명으로 첨단적인 컴퓨터 영상 디지털화로 거의 사용되지 않게 됐다. 사람들은 필름공정에서 전자(Electronic)에 의한 새로운 영화제작방식을 익히면서도 필름에서 풍기는 식초 냄새의 향수를 잊지 못해했다. 100년이 넘도록 헤아릴 수 없이 시련을 겪으며 각종의 적절한 필름을 양산해온 Kodak필름은 결국 필름은 사라지고 이름만 남게 되었다.

0804 `fes`

ECO Film Festival (국제환경단편영화제)

멕시코〉 Mexico City, 2010년부터 단편 공모전으로 시작되어 매우 관심을 이끌며 매년 개최되는 국제 환경 단편 영화제로 테마가 있는 강렬한 페스티벌이다. 주최자인 에코필름(ECO Film)은 2006년 주제의 하나인 '물 부족에 관한 세계의 관심'이라는 명칭으로 사회활동으로부터 인연이 되어 지구환경을 알리기 위해 여러 도시를 순회하며 단편영화를 관객에게 상영하는 것이 계기가 되었다. 특별히 이 영화제는 필름메이커들의 환경과 관계되는 강력한 테마를 주제로 전 세계 환경보호 메시지를 전달하는 것이어서 많은 관객들의 호응을 받고 있다. 이 캠페인적인 영화제는 환경보호단체인 'Hombre Naturaleza Foundation'가 환경개선에 관심 있는 신진 작가들을 찾아 지원한다. 전 세계의 환경보존과 지속 가능성을 테마로 한 주제적 작품을 공모하고 있다. 이 영화제는 가수인 에마뉴엘 아카(Emmanuel Acha, 1955-)가 이끄는 특수한 영화제이다.

□ 그림설명 0804, ECO Film Festival 2017 Logo.

□ 그림설명 0804, 에고필름 페스티벌의 a Panel.

0805 `pic`

edge number (에지 번호)

재래식의 촬영용 필름의 가장자리에 매 1자(16 Frames) 간격으로 규칙적으로 주어지는 일련번호를 말한다. 이것을 키 코드(Key Code) 또는 풋테이지 넘버(Footage Number)라고도 부른다. 필름이 현상된 후에야 눈으로 볼 수 있다. 이 번호는 원본인 음화(Negative)에서 양화(Positive)로 옮길 때 일련번호가 프린트 필름에 복사된다. 그리고 편집 등 모든 작업이 완료되면 최종 에지 번호를 확인하여 네거티브 필름을 잘라내어 편집하게 된다. KODAK은 이러한 진취적인 시스템을 1990년에 35mm와 16mm에 적용시켰다.

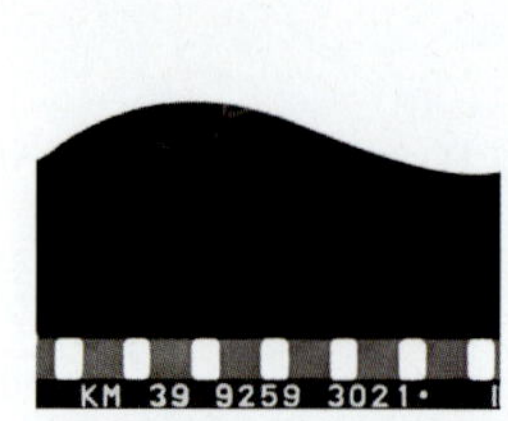

□ 그림설명 0805, 35mm(또는 어느 필름이나) 현상된 필름의 고유번호들. (고유번호는 현상되기 전에는 보이지 않음)

0806 `peo`

Edison, Alva Thomas (토마스 에디슨)
*Thomas Alva Edison (토마스 에디슨, 1847-1931)

미국에서 가장 유명한 발명왕으로 소문난 에디슨은 그의 생애에 1,093개의 발명품을 만들어 사람들의 문화생활에 많은 영향을 끼쳤다. 그는 사람들이 생활에 필요한 장치들을 만들어 냈다. 발전기를 설치하여 전기 줄을 가정집에 끌어들여 전기(Electricity)불을 밝혔다. 전구(Bulb), 전화(Telephone), 전신(Telegraph)기술, 축음기(Phonograph), 카메라(Movie Camera), 영사기(Projector) 등 많은 생활기기의 운영체계(Operation System)를 발명해 자리 잡은 과학자이다. 그는 뭐든지 눈에 띄고 손에 잡히면 만들어 냈다. 한편, 1888년에 조지 이스트만(George Eastman, 1854-1932)이 구부러지는 셀룰로이드 위에 감광액 젤라틴을 발라 개발한 이 35mm 필름을 코닥(KODAK)이라 이름 붙여 동영상을 촬영할 수 있도록 상자 속에 넣어 일반 대중에게 판매했는데 이것은 에디슨에게는 하나의 충격이었다. 그는 이 발명품에 착안하여 영화용 촬영카메라와 영사기를 만들기 시작했다. 1891년 토마스 에디슨은 그의 또 하나의 발명품으로 35mm 코닥필름을 넣어서 찍을 수 있는 카메라 키네토그라프(Kinetograph)를 세상에서 최초로 발명하였고 활동사진(Motion Picture)을 볼 수 있는 키네토스코프(Kinetoscope)를 윌리

□ 그림설명 0806, 미국에서 발명가로 유명했던 토마스 에디슨 (Edison)

엄 딕슨(William K Dickson, 1860-1935)에 만들게 했다.

0807 `pic` `pho` `equ`

editing (편집)

재래식 카메라로 촬영한 필름이나 디지털 카메라로 촬영한 이미지를 최종으로 마무리
하기 위해 여러 번 촬영된 신(Scene)에서 최적의 신을 선별하는 작업이다. 우선은 영화
의 길이 다듬기(Size Down)를 하기 위해서는 시퀀스(Sequence) 배치를 결정하고 전체
영화의 길이가 정해지면 음향이 없는 화면만이 완성된 것으로 최종적으로 음악, 효과
음, 대사 등을 취합하여 음향이 화면에 일치하도록 편집 완성하는 것을 말한다. 에디팅
(Editing)은 사운드와 함께 필름을 편집하는 의미로 사용하지만 픽처(Picture)는 "커팅
(Cutting)"이라는 용어를 주로 사용한다. 이 말은 촬영된 필름을 조각내어 다시 조합하
는 데서 나온 말이다. 편집의 결과는 편집자 개인적인 독립성과 작품 의도를 살리기 위
해 편집 권한을 갖게 되는 것에 따라 달라진다. 최종적인 편집을 프로듀서나 스튜디오
의 감독이 결정하는 때도 있지만 편집자가 더 많은 통제권을 갖기도 한다. 많은 사람과
여러 과정을 통해 마무리된 필름은 최선을 다해 작품으로 완성된다. 완성된 작품이 영
화관에서 상영을 하고 있더라도 관객의 반응에 따라 추가 편집은 언제나 이뤄질 수 있
다. 촬영을 위해 사용된 필름(Negative)이나 영상 이미지는 필요한 영화 길이의 5배에
서 30배 정도의 길이를 소모한다. 따라서 러시(Rush)용 프린트 필름의 길이도 마찬가
지이다. 영화를 만드는 데에는 많은 필름이 사용 된다. 원본 네거티브를 보존하기 위해
마스터 프린트들이 만들어지고, 여기에서 배급용 프린트들을 만들기 위한 복사 네거티
브들이 만들어지게 된다. 오늘날에는 편집 공정이 디지털화되면서 필름 편집을 직접
행하지 않고 촬영된 필름들을 하드파일에 디지털로 기록하는 컴퓨터 시스템을 사용하
며 타임코드를 이용하여 프로젝트 전체에서 임의로 샷이나 시퀀스들을 불러낼 수 있게
해준다. 디지털 시스템은 또한 편집자가 최종적인 선택을 하기까지는 완성 본을 한 가
지로 결정할 필요 없이 다양하게 여러 형태로 시도를 할 수 있도록 되어 있다.

✱ flatbed editing (플랫베드 에디팅)

재래식 편집에 쓰이던 작업 테이블로, 동영상을 즉석에서 보고 커팅하기 위한 여러 장
비들이 장착 돼 있다. 편집 작업 테이블에는 보통 특정 샷을 찾아내고 필름을 다시 감
기위한 2개의 되감기 장치, 필름을 거는 릴, 샷을 찾아 검토하기 위한 스크린과 사운드
의 싱크로 장치, 필름 커팅을 위한 물건들이 준비되어 있다. 매우 흥미로운 사실은, 이
기재는 1931년에 독일 함부르크에 있는 스틴벡(Steenbeck) 회사가 만든 것으로 1920

년부터 미국 할리우드 영화 산업계에서 광범위하게 사용하던 35mm 무비올라(Moviola)에 대응하여 만든 것이었다. 무비올라는 필름을 돌리기 위해 사용되는 스프로켓(Sprocket) 방식이 소음이 많이 나는 것에 반해 스틴벡은 거울 반사 셔터를 사용함으로써 조용하고 저속과 고속으로 화면을 찾을 수 있어 매우 성능이 우수했지만 자리를 많이 차지하고 비싼 장비였다. 아주 간단하면서 편리한 더 보기 좋게 디자인해서 35mm와 16mm, 두 가지로 옵티컬 사운드와 마그네틱 사운드를 모두 갖추어 만든 것이다. 그러나 결국은 무비올라 시장을 뚫고 광범위하게 사용되지는 못했다.

□ 그림설명 0807-1, Steenbeck Flatbed editing bay

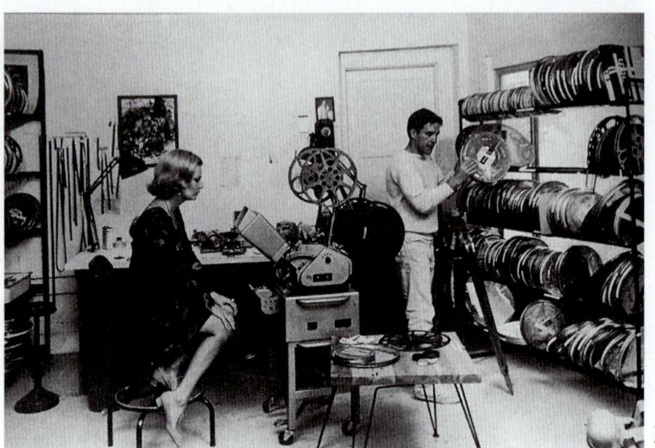

-2, Moviola Editing.

0808 `pic`

editor (편집인)

* film editor (영상 편집인)

필름이나 디지털 영상을 편집해 최종 형태로 만드는 임무를 맡은 사람. 편집자는 '커터'라고도 불린다. 편집자는 샷, 신, 시퀀스를 짜 맞추고 배열하며 사운드를 조절하고 통합시킴으로써, 필름의 전개, 리듬, 강조, 최종 효과에 상당한 영향력을 미친다. 오늘날 대부분의 편집자들은 감독과 프로듀서의 버전이나 가이드라인을 따르지만 편집의 성패는 여전히, 편집자의 능력이 많은 부분을 차지한다.

0809 `edu`

education (교육, 가르침, 훈련)

일반적으로 교육이란 교육기관(학교)을 통해 가르치거나 배우는 하나의 과정을 뜻하는 말이다. 또한 교육기관이 아니더라도 신문, 각종서적, TV프로그램 등을 통해서 지식을 쌓아 인격(Personality)의 가치를 높이거나 기능이나 기술을 따라 배우는 것을 모두 포함하는 말이다. 교육은 가르침과 배움이 어우러져야 이뤄질 수 있는 것으로, 특히 가르침에는 제일먼저 엄마의 사랑을, 그리고 아버지로부터 집안의 구성과 엄격한 법도를 배우게 된다. 아동이 적령기에 이르면 부모와 떨어져 공동체 생활에서 서로의 협동(Collaboration)을 배운다. 이것이 기초교육 6년이다. 다시 6년 동안은 가장 중요한 시기로 지식과 상식, 취미와 전문분야, 기술, 기능 등을 발굴한다. 그리고 선택에 따라 대학에 들어가 전공(Major)을 선택하게 된다. 교육은 평생 동안 지속되는 것으로 시간이 오래 걸린다. 인간은 기본적으로 사리(Reason)에 맞는 뜻을 전달하고 받아들이는 교육을 받아 옳고 그른 기초를 다져 예의를 갖춰 판단을 할 수 있다. 교육자가 열심히 가르친다하더라도 피교육자(수혜자, Beneficiary)가 배움이 없다면 교육이 이뤄지기 어렵다. 궁극적으로 배움이란 사고(Thought), 품격(Grace), 판단(Discretion)이 기준이 되는 중요한 자기성장(Growth)의 한 과정이라 할 수 있다. 교육은 인류가 시작되었던 선사 시대부터였을 것이다. 밭을 갈고 씨 뿌리고 추수하는 방법 역시 교육으로 이뤄졌다. 고대 이집트(Ancient Egypt)에서는 이미 학교가 존재했다. 기원전 330 년에 설립 된 이집트의 알렉산드리아(Alexandria) 시는 고대 그리스 문명의 요람이었고 그 후 아테네(Athens)의 후계가 되었다. 기원전 3세기 알렉산더 대왕(Alexander the Great, BC.356-?)을 기리며 그곳에 현대화된 위대한 알렉산드리아 도서관(the Great Alexandria Library)이 설립되었다. 지금은 알렉산드리아는 지중해에서 가장 큰 도시이며 세계에서 이름 있는 도서관을 자랑하는 중심지가 되었다. 교육을 돕는 도서관들은 세계에 산제해 있다. 유네스코(UNESCO)와 미국(USA) 의회 도서관(Library of Congress)이 운영하는 월드 디지털 라이브러리(World Digital Library)는 국제 전자 도서관으로서 인터넷 상의 문화 콘텐츠를 운영하며 이를 통해 국제 문화의 이해와 간격(Gap)을 좁히는 목적으로 설립되었다.

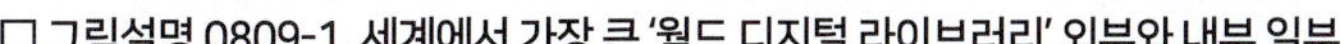

□ 그림설명 0809-1. 세계에서 가장 큰 '월드 디지털 라이브러리' 외부와 내부 일부

이곳은 1억 5천만 종류의 서적을 보유해 책들을 얹어 놓은 선반의 길이로 치면 무려 1천 288km 나 된다한다. 또한, 현재 일반에 공개되는 도서관이 세계에서 가장 많은 나라는 중국(China)으로 OCLC (Online Computer Library Center)의 데이터에 의하면 그 수가 5만 1,311개의 일반에 공개되는 도서관을 가지고 있으며 2번째로 많은 곳은 러시아로 4만 6,000개, 3번째는 인도(India)로 2만 9,800 개의 도서관이 곳곳에 산재해 있다. 그밖에도 영국(UK)의 대영도서관(British Library), 미국(USA)에 있는 뉴욕일반도서관(New York Public Library) 그리고 캐나다의 오타와(Ottawa)에 있는 캐나다 도서관과 기록보관소(Library and Archives Canada)가 있다. 한국에는 문화관광부에서 운영하는 국립중앙도서관(National Library of Korea) 이 있다.

✱ edutainment (에듀테인먼트)

교육(Education)과 오락(Entertainment)의 합성어이다. 주로 연예분야와 관련해서 사용하는 단어이다. 교육방식을 오락의 형태와 접목시켜 재미있게 이끌기 위한 목적으로 TV를 이용한 방송프로그램, 컴퓨터 인터넷을 위한 소프트웨어, 인쇄물 등에서 사용되는 신조어이다. 최근의 교육 양식은 흥미와 창의성을 개발하여 개성적 접근을 유도한다. 어린이들이 즐기는 게임 환경(Game Environment)을 만들어 주어 시청각을 통해 이해가 재미있고 즐거움을 주어 흥미를 유발하기 때문이다.

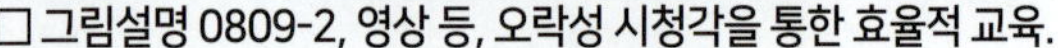
□ 그림설명 0809-2, 영상 등, 오락성 시청각을 통한 효율적 교육.

0810 `ani`

Effects Animation (효과 애니메이션)

실사영화나 애니메이션에서 화면상에 효과를 주어 만든 영화를 효과 애니메이션이라 부른다. 애니메이션으로 특수효과를 만들어 사용하는 종류로는 비(Rain), 눈(Snow),

번개, 흐르는 물, 광선, 폭발 등을 애니메이션에서는 별도의 효과로 취급한다. 실사에서 화면에 나오는 특수효과는 동시 촬영으로는 불가능함으로 제작공정에서 별도의 기술로 처리하는 것이 일반적인 방식이다. 특별한 방법의 효과를 넣으려할 때 애니메이션으로 특수하게 효과를 그려 합성한다. 재래식 옵티컬 효과(Optical effects)에서는 여러 번의 매트(Matt) 공정을 거쳐 화면을 분할하거나 화면 안에 창을 만들어 넣거나 등의 한계적인 방법을 사용했으나 디지털 컴퓨터의 활용은 무한적으로 효과적인 화면을 만들어 낼 수 있다. 영화에 손으로 그린 광선검 애니메이션 효과를 이용해 조지 루카스(George Lucas, 1944-)와 스티븐 스필버그(Steven Spielberg, 1946-)가 만든 <StarWars, (1977)> 라이브영화에서 애니메이션으로 만든 효과가 등장했다. 그 이래 디즈니의 컴퓨터애니메이션 <Tron, (1982)>이 나왔고 <Star Trek, (1984)>,<Terminator 2, (1911)>그리고 <Avatar, (2009)> 등 애니메이션 특수효과를 이용한 방식이 나왔다.

□ 그림설명 0810-1, 애니메이션으로 만들어진 불꽃 효과.

-2, Light Sabre 효과 Created by Nelson SHIN.

0811 `pic` `mus` `ani`

effects (효과, 이펙트)
* EFX (이펙트, 화면효과, 음향효과)

효과 애니메이션은 일반적으로 캐릭터 애니메이션과는 다른 매우 전문적이며 과학적인 기교가 필요한 특수한 분야이다. 예컨대 비, 불, 연기, 물, 빛 등의 자연을 표현하는 효과 애니메이션을 말한다. 효과는 음향효과(Sound Effects)와 화면효과(Visual Effects)가 있으며 앞의 음향을 약자로 SFX(Sound FX)라고하고 화면효과는 약자로 똑같이 SFX라고 하지만 Special FX를 뜻한다. 둘 다 FX 또는 SFX라 불러 약간의 혼란을 주지만 문맥을 보고 이해한다. 화면효과는 주로, 1) 디졸브(Dissolve), 페이드(Fade), 와이프(Wipe) 같은 변환 효과. 2) 폭발물이 폭발히는 시각적 효과, 공포 영화의 비, 번개, 바람 또는

CG(Computer Graphic)특수 효과. 3) 액션을 촬영한 후 덧붙이는 사운드 효과. 예를 들어 자동차 소리나 거리소음, 발자국 소리 등 사운드 이펙트(Sound Effects)를 말한다.

0812 `pic` `mus`

effect track(효과 트랙)

음향 효과가 수록된 사운드 트랙을 말한다. 영화를 만드는 데는 1. 영상(Picture) 2. 대사(Dialogue) 3. 음악(Music) 4. 효과(Effects) 트랙의 기본적 요소를 가지고 작업한다. 영상 1을 제외한 2, 3, 4가 모두 완성되면 한 개의 사운드로 믹스하고 믹스된 트랙은 영상과 함께 컴파짓(Composite) 한다. 4번의 트랙을 하나의 사운드 효과트랙이라 한다.

0813 `equ` `pic`

8mm (8미리)

이스트만 코닥이 1932년 개발한 최소형 영화 필름이다. 폭이 8mm 밖에 안 되는 영화 필름이지만 영화 애호가들, 실험 영화작가, 아마추어 필름 메이커들 등이 많이 사용할 수 있도록 했다. 특히 이 필름은 경제성을 감안하여 만들어 졌기 때문에 부유층 가정에 많이 보급되어 홈 무비(Home Movie)라고 부르며 화면과 사운드를 완벽에 가깝게 다룰 수가 있었다. 16mm의 필름과 비교하여 8mm는 16mm 면적의 4분의 1에 불과하지만 화면의 그레인(Grain, 현상 때 생기는 입자)의 밀도가 높아 화면이 매우 선명했다. 1964년에 와서는 필름의 폭은 8mm로 같지만 슈퍼(Super) 8을 새롭게 개발했다. 기존 8mm는 16mm의 퍼포레이션 홀(Perforation Hole, 필름에 뚫어진 천공) 사이에 천공이 하나씩 더 있었고 그 천공 사이가 화면이다. 그러나 새로운 Super 8은 천공이 좁고 화면의 중간에 옮겨져 편집(Splice)이 쉽도록 했다. 또한 8mm보다 화면이 53%나 커지고 필름의 양쪽으로 마그네틱 사운드 트랙에 스테레오 음향을 넣을 수 있게 했다. 트랙은 실보다 가늘지만 녹음 상태는 매우 우수하다. 플레이 속도는 35mm의 초당 24프레임과 달리, 이 필름은 초당 18프레임이었다. 8mm촬영은 필름이 작아 편집하기가 쉽지 않아 촬영할 때 스스로 연출을 하며 커트의 연결, 장면의 순서, 길이 등을 미리 생각하며 촬영을 해야 하므로 아마추어 감독들에게 매우 인기가 있었다.

□ 그림설명 0813, 8mm와 Super-8mm의 비교.

electric clapboard (전자슬레이트)

전자 자막을 통해 카메라에 정보를 보여주는 촬영용 슬레이트를 말한다. 손으로 표기하는 것보다 시각적으로 분명하다. 신 번호 외에도 촬영시간, 시퀀스(Sequence), 신(Scene), 테이크(Take) 등이 카메라에 수록되게 된다. 테이크의 의미는 촬영된 여러 신들을 Take-1, Take-2, Take-3, Take-4라고 4번을 촬영했다고 가정하고 그중에서 사용할 신은 감독이 아무래도 Take-3를 선택한다면 3번째 것에 사용할 것으로 표시한다. 이 전자판 위에는 딱딱이(Clap)가 붙어있고 이것을 내리쳐 소리를 내어 촬영을 시작한다. 화면과 동시녹음 사운드가 이 싱크(Sync)마크와 일치시키는데 사용한다.

□ 그림설명 0814, 전자 슬레이트.

0815 `sci`

electron (전자, 일렉트론)

원자(Atom)보다 아주 질량이 작은 입자(Particle)로 되어 있는 물질의 구성요소를 가리키는 말이다. 물리학에서 모든 물질은 고유의 특성을 가진 원소의 결합체로 이루어져 있다고 결론했다. 전자의 발견은 19세기 말, 조셉 존 톰슨(Joseph John Thomson, 1856-1940)에 의해 쇠막대기의 음극선(Beta(β)Ray)실험 도중 발견했다.

0816 `com`

electronics (전자의, 일렉트로닉)

전자(Electron)적으로 기기를 사용하여 행하는 모든 것을 뜻한다. 전자는 물리학(Physical Science)과 전기(Electrical Energy)와 관련된 공학으로서 전기를 이용하는 능동전기부품(트랜지스터, 다이오드, 진공관 등)이나 수동전기(일반적으로 전자장치)를 전자회로를 통하여 전자 공학적으로 정보통신 등 모든 전자장비의 신호체계를 처리한다. 전자는 숫자식(Digital), 광전자(Optoelectronics), 아날로그(Analog), 미소전자공학(Microelectronics), 전기기기(Electrical Components)와 연관된 기술(Technology)에 사용된다.

□ 그림설명 0816, Electronics Technology.

***electronic image (전자이미지)** - 사람이 손으로 그림을 그리거나 형상을 만들지 않고 전자적으로 생성된 상을 가리키는 말이다.

***electronic payment system (전자결제시스템)** - 인터넷 네트워크를 이용하여 전자적으로 은행과 입출금 업무행위를 하는 것을 말한다.

***electronic photography (전자사진)** - 재래식 필름사진이 아닌 디지털카메라 등에 의해 찍은 사진을 말한다.

***electronic media (전자미디어)** - 재래식 신문이나 잡지 등의 인쇄 매체를 통한 정보의 소통이 아닌 전자적 방식으로 소통하는 것을 뜻한다. 전자방식의 모든 것, TV, 인터넷, 게임, 전자책 등 모든 전자기기를 통해 소통하는 것을 의미한다.

***electronic publishing (전자출판)** - 종이인쇄가 아닌 전자적으로만 출판하고 전자기기를 통해서 읽을 수 있는 전자출판도서를 의미하는 말이다.

***electronic mail (전자우편)** - 인터넷 네트워크(Lan, 근거리 통신망)를 이용하여 전자적으로 아주 빠르고 편리하게 상호 소통할 수 있는 통신망이다. 서로 주소를 달아 편지, 문서자료, 그래픽, 동영상 등을 세계 어느 곳에서나 주고받을 수 있다. e-mail은 Electronic mail을 줄여서 쓴 말이다.

0817 `sci`

elements (요소, 원소)

완제품이 된 하나의 물건이 여러 개의 파트들(Parts)로 이루어진 것을 요소라 한다. 또한 모든 화학원소(Chemical Elements)의 구성요소(Periodic Table)를 가르키는 뜻으로 사용된다.

0818 `peo`

Emile Cohl (에밀 꼴)

*** Courtet, Emile (에밀 꼬르테, 1857-1938)**

*** 참조보기 (0443 - Cohl, Emile)**

0819 `fes` `pic`

Emmy Award (에미상)

미국의 서남부 로스앤젤레스(Los Angeles)에서 1949년 1월에 텔레비전 예술과학 아카데미(Academy of Television Arts and Sciences, ATAS)라는 명칭으로 설립된 텔레비전에 방영되었던 프로그램을 대상으로 하는 영화제이다. 모두들 '에미상(Emmy Award)'

라고 부른다. 텔레비전용 제작물에 한해서 각 6개 부문에 해마다 우수작품을 선별해 시상하며 시상식은 뉴욕에서 열린다. 영화제의 설립 목적은 이미지의 부각과 대중적 교류의 기회를 갖는 것이다. 상의 종류로는 작품, 감독, 연기, 촬영, 영화관련 기술지원 자들과 무대 디자이너 등의 각 분야에서 가장 뛰어나게 기여를 한 사람들을 심사해서 상을 수여한다. ATAS는 그들의 조직을 확대하여 1950년 로스앤젤레스뿐만이 아니라 중부와 동부를 포함한 국민 텔레비전 예술과학아카데미(National Academy of Television Arts and Sciences, NATAS)의 이름으로 뉴욕에 설립하여 미국에 있는 전 주 (All the States)의 지방TV를 모두 참여시키고 행사를 확대해 나갔다. 에미상은 미국 방 송계의 최대 행사이며 1963년부터 국제 부문상이 신설되어 드라마, 다큐멘터리, 행위 예술, 어린이 청소년, 대중예술 등으로 나뉘어져 있다.

□ 그림설명 0819, 에미상 트로피.

0820 `gen`

emotion (정서, 감정, 이모션)

심신으로 느낀 감동의 체험적, 격동적, 만족이나 불만이 정신적 육체적 동요로 외부로 나타내는 것을 이모션이라 한다. 가끔 혼자서 흥분으로 야기되는 어떠한 섬세한 감정 을 가라앉히지 못하고 밖으로 표출하는 행위 자체를 말한다. 그런가하면 예술작품에서 작가가 관객 대상을 위해 감동과 흥분을 조장하여 심금을 울려 감성을 드러내는 (Betrays Emotion) 것을 강요할 수 있다.

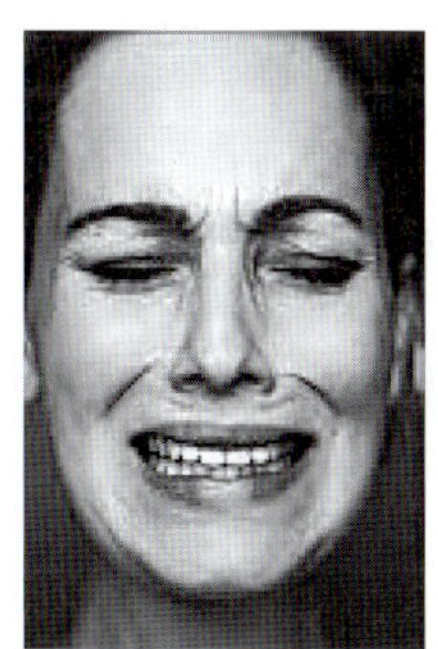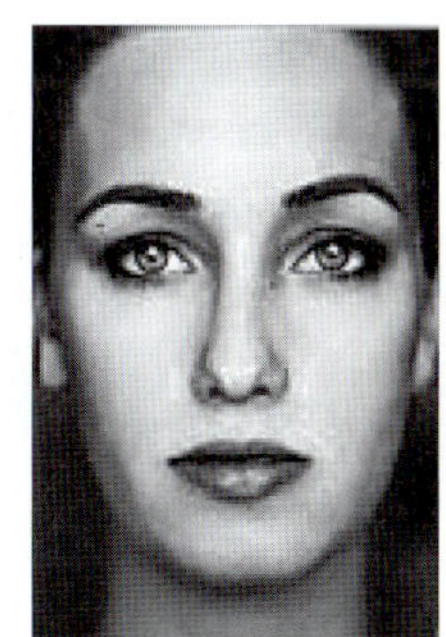

□ 그림설명 0820 →감정- Agony(고통), Stun(멍멍), Smile(미소)

0821 `equ` `pic`

emulsion (에멀전, 감광유제)

에멀전은 빛에 민감한 화공약품인 감광유제를 촬영용 필름표면에 칠해진 것을 뜻하는 말이다. 촬영용 각종 필름은 반짝이는 광택 면과 뿌연 면이 있는데 이 뿌연 면이 감광 유세가 발라서 있는 면이다. 감광유제란 필름 한 쏙 면에 젤라틴이 코팅(Coating)된, 감

 647

E

광 은가루 층을 말한다. 컬러 필름에는 보통 3겹의 감광유제 층이 있고, 다른 주요 컬러를 감지하는 화학적 커플러(Coupler)가 3가지의 컬러 층마다 벽을 막고 있다. 감광 유제가 빛에 노출되면, 흑백 필름처럼 눈에 보이지 않는 색상 이미지가 만들어지고, 현상 단계에서 은가루 층이 블랙의 금속으로 변하면서 이미지가 보이게 된다. 컬러 필름에서 커플러는 현상된 은가루가 제거된 후에도 남아있는 컬러 이미지를 형성하게 하는 역할을 한다. 필름이 사진을 만드는 품질은, 감광 유제에 함유되어 있는 다양한 속성과 범위에 따라 달라진다. 필름 생산과정에서 필름을 만드는데 예민한 감광유제는 만들어내는 한 통마다 원하지 않더라도 약간 다른 색상이 나올 수가 있다. 그러므로 예를 들면 'Fn 284-04-22', 'Fp 338-07-42' 'EKC 5251-156-28' 등과 같이 한 통에서 제조된 필름이라는 것이 표기된다. 때문에 장편 영화를 제작하기 위해 소요되는 동질의 필름을 다량 확보하는 것이 중요하다. 최근에는 디지털화 되면서 극영화 촬영도 하드파일에 기록하고 모든 편집이 완료된 후 필름으로 마스터 네거티브를 만들어내는 과정이 생기는데 이 경우 반드시 같은 에멀전 번호를 사용한다.

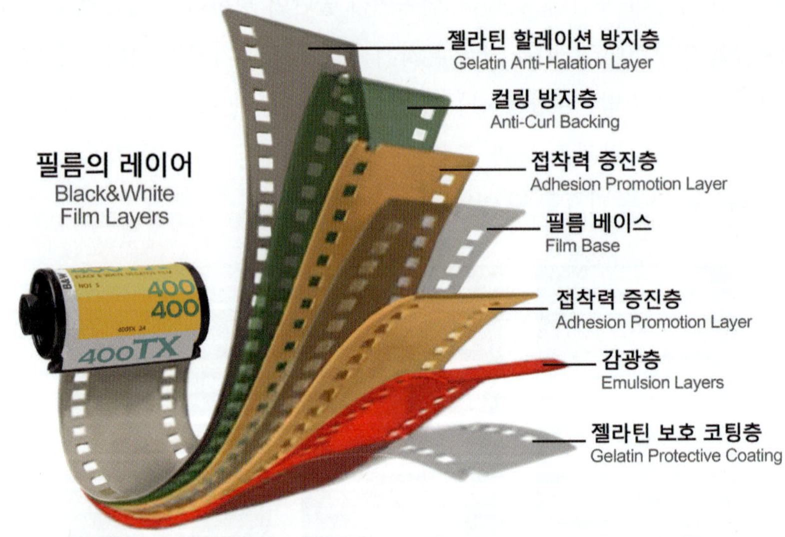

□ 그림설명 0821, 흑백 필름의 레이어

0822 mus lit

encore (재청, 앵콜)

재청은 연주나 노래 등이 끝날 즈음에 추가해서 더 들려달라는 뜻으로 소리쳐 요청하는 것을 말한다. 보통 연주가 끝난 후에 관중들이 박수갈채를 보내며 외래어로 "앙코르(Encore)", "모어(More)" 등으로 목청을 높여 연주자에게 청하는 것이 예의이다. 앙코르에 답을 한 후 또다시 앙코르를 요청하는 것은 실례이다. 앙코르의 유래는 17세기경

이탈리아에서 오페라의 명가수 노래가 끝난 후 관중들이 흥분하여 재청을 요구한데서
시작되어 지금까지 연기자에게 한 예의로 한다.

0823 `lit`

encyclopedia (백과사전, 엔사이클로피디아)

엔사이클로피디아는 백과사전(百科辭典)이다. 많은 주제를 다루고 각 제목마다 구체
적인 내용으로 역사와 과학에 관한 정보를 제공한다. 일반적으로 알파벳순으로 배열된
책으로 일반 사전(Dictionary) 보다는 구체적으로 내용이 기술된 책을 말한다. 어원은
그리스어 'Encyklopaideia'에서 온 것으로 Cyclo(전반적인) Pedia(교육)'이라는 뜻이
다. 엔사이클로피디아는 단순한 단어의 뜻만 서술된 사전형식과는 달리 구체성을 보인
다. 단어의 의미(Meaning), 시대(Age), 유래(Origin), 출처(Source), 유사어(Similar
Words), 에피소드(Episodes) 등을 소상히 기술한 책이다. 새로운 지식정보를 재빨리 취
득하려는 독자이거나 좀 더 구체적인 연구를 위한 독자들에게 읽혀진다. 백과사전은
여러 항목을 분류해 하나의 책으로 모은 사전(辭典) 형식으로서 사진, 그림, 그래픽 등
을 수록하여 시각적으로 알기 쉽게 돕는다.

□ 그림설명 0823, Britannica Encyclopedia.

0824 `pic`

end credit (끝내기 자막)

영화나 TV프로그램이 끝나면 출연자들의 배역과 제작(Production)에 관련되어 참여한
모든 사람들의 이름들이 올라온다. 이것을 엔드 크레딧(End Credit) 또는 엔딩 크레딧
(Ending Credit)이라 부른다.

□ 그림실명 0824, <Star Wars> End credit (1977), by George Lucas.

E

☐ 그림설명 0826, Ending Slate.

0825 `lit` `pic`

ending (결말)

영화의 결말은 시작과 같이 매우 중요하다. 영화의 구조는 이미 끝을 정하고 시작했기 때문이다. 모든 것이 행복하게 끝나는지, 슬픔을 남겨두고 끝내야 할지를 이미 스크립트에서 정해진 것이다. 영화는 줄거리는 일반적으로 주제, 동기, 최고조(Climax) 그리고 결말(Conclusion)로 정리한다.

0826 `pic`

end slate (끝 슬레이트)

필름의 후미에 사용하는 슬레이트를 말하는 것으로 필름 각 신의 후미(Tail)인 것을 쉽게 알아차리게 하기 위해 슬레이트를 거꾸로 놓고 촬영하기도 한다.

0827 `sci` `gen`

energy (원기, 힘, 에너지)

지구상에 모든 생명체가 살아가는 근본은 에너지가 있기 때문이며 그 에너지의 원기는 태양으로부터 온다. 만약 에너지가 없다면 이 지구상에 아무것도 존재하지 않을 것은 분명한 이치이다. 우리의 에너지의 근원은 태양계(Solar System)의 중심인 태양(the Sun)이다. 태양은 우리가 살고 있는 지구로부터 1억4900만Km 떨어진 거리에 있고 지구의 지름보다 109배로 그 거리는 139만Km나 된다. 태양은 그림을 통해 보기보다 실제의 모습은 과학적인 기초만으로는 상상을 초월한다. 부피는 지구의 130만 배, 질량은 33만 배 나 된다. 태양의 표면의 온도는 섭씨 6,000도로 가스를 태우며 빛(열)을 발산하면서 60년의 주기로 자전하고 있다. 그의 속도는 총알속도(초속 13km)의 약 50배(초속 650km)로 빠르게 태양계의 행성들을 거느리고 돌고 있는 것이다. 태양이 없다면 지구에는 빛도 없을 것이고 구름도 비도 강물도 바다도 없고, 식물도 동물도 없는 생명자체가 존재 할 수 없는 것이다. 태양이 존재하는 한, 에너지는 지구의 어느 곳에서나 태양으로부터 모든 에너지를 공급받아 살아가고 있는 것이다.

☐ 그림설명 0827-1, 인류 인공태양에너지의 꿈. (태양은 핵융합 반응을 일으키는 고온 플라스마 (Plasma, 원자핵과 전자가 분리된 가스 상태) 환경을 스스로 만들어 낸다.

*power (힘, 동력)

힘이란 사물을 움직이게 할 수 있는 능력을 말한다. 사물의 대상은 사람이 생각하는 것이나, 그룹이나 정치적 이념집단을 움직이게 하는 정신적 능력을 말한다. 그밖에 국력, 군사력, 권력, 통치력, 능력, 체력, 정신력, 믿음 등을 힘이라 말한다. 또한 중력을 이기려 하는 힘, 기계적인 시스템을 관리할 수 있는 물리적 동력, 전기의 동력(Power), 만화에서 슈퍼맨(Superman)의 파워, 노동력(Man Power) 그리고 다수의 여론(통계) 등을 파워라고 한다.

□ 그림설명 0827-2, 힘센 카툰 캐릭터 <슈퍼맨>

0828 `gen`

enlargement (확대)

결과적으로 지금 가지고 있는 사진이나 글자를 원본보다 크게 확대하는 행위를 말한다. 그 밖에도 확대(Magnification), 확장(Expansion), 넓게 펴다(Spread), 늘리다(Stretch), 불어나다(Increase), 팽창하다(Blow-up) 등이 확대의 뜻과 유사하다.

0829 `ani` `pic`

enter frame (엔터 프레임)

애니메이션을 촬영할 때 필드 밖에서 안으로 이동해 들어오는 캐릭터의 동작을 뜻한다. 간혹 엔터 신(Enter Scene)이라고도 부른다.

*enter key (엔터 키)

컴퓨터를 시작한다는 뜻으로 키보드를 눌러 다음 단계로 진행한다는 의미이다.

0830 `gen`

entertainment (엔터테인먼트, 오락)

이 단어는 근래에 매우 광범위하게 사용되는 말이다. 오락, 연회, 접대 그리고 흥행 등의 뜻으로 영화산업에서 파생되는 행사나 여흥 등에 뜻이 더 강하게 사용된다. 영화, 음악, 문학, 미술, 관광, 무대 공연, TV, 인터넷, 광고 그리고 애니메이션 등의 많은 분야가 모두 엔터테인먼트에 속한다. 엔터테인먼트는 우리가 생활하는 주변에 언제나 어디에서나 존재한다. 사람들은 재미를 추구하고 그것을 즐기는 존재

□ 그림설명 0830, 엔터테인먼트 비즈니스.

이며 우리는 이 즐거움을 하나의 사업으로 더욱 발전시키게 된다. 이것을 총괄하여 엔터테인먼트 비즈니스라고 부른다.

0831 `pic` `ani`

episode (에피소드, 한 이야기)

주로 TV 프로그램 시리즈에서 독립된 주제로 펼쳐지는 이야기를 에피소드라 한다. TV 시리즈물의 경우는 매주 방송되는 연속물의 1회분을 에피소드라고 부른다. 영화의 경우 연속적인 여러 가지 상황들이 에피소드를 형성한다고 할 수 있다. TV 프로그램에서 흔히 볼 수 있는 연속극이나 애니메이션 시리즈를 지칭하며 하나의 시리즈는 13편의 에피소드에서 26편, 34편, 52편, 65편 등으로 제작된다.

0832 `equ`

EQ (이퀄라이저)

* equalizer (음향평형장치, 음향조절기)

모든 생 음향을 이퀄라이저를 거쳐 음향 파장을 반사시키거나 흡수하여 소리의 왜곡을 조절하고 환경에 맞는 최선의 음향을 만드는 조절기를 가리키는 말이다. 각종 소리신호 등의 주파수 특성을 가공하거나 조절하기위해 녹음의 특성, 전기신호조절, 스피커의 선택 등으로 보다 좋은 음향으로 보정할 수 있다. 모든 음향은 굴절(Distortion)되거나 소외(Hided)될 수 있으므로 생(Live)으로 청취하는 것은 최선의 음향을 즐기기는 부족하다. 이퀄라이저의 발명은 1930년대에 미국의 세계최대 통신 기업회사인 AT&T가 전화통화에서 자주 생기는 신호 왜곡을 보정하기 위해 존 볼크만(John E. Volkmann, 1905-1980)에 의해 개발했다. 그는 1946년에 RCA로 옮겨가 소리의 예상하지 않은 증폭이나 끊어지는 신호를 잡을 수 있는 주파수 선별장치를 최초로 만들면서 소리의 음질을 개선하게 되었고 그곳에서 1970년에 정년퇴직했다. 이 음향조절장치는 1950년에서 1960년대에서 주로 영화제작 공정의 포스트 프로덕션(Post-Production)에서 사용이 점차 증가하며 시장에 등장하게 되었다. 지금은 어느 음향기나 첨부(Built-in)되어 있고 소리에서 특정 주파수를 증폭 감쇠시켜서 개인의 취향에 맞게 음향 튜닝을 할 수 있다.

□ 그림설명 0832, 음(소리)의 주파수를 조절하는 기기.

equipment (장비, 기계, 설비)

일반적으로 특수한 물건을 만들어 내기 위한 기계장치나 설비 그리고 도구 등을 이르는 말이다. 따라서 영화에서는 촬영장비로 카메라, 조명장치, 편집기제, 제작하기 위해 필요한 음향시설과 기술적 기계적으로 갖춘 모든 부수적인 장치나 장비를 포함해서 모든 장비, 기계시설, 설비 등 영화제작 목적을 위한 준비시설을 포함한다. 단, 자재나 재료를 포함하지 않는다. 애니메이션 제작에서는 애니메이션을 제작하기위해 필요한 모든 기자재를 포함하는 말이다.

□ 그림설명 0833, 영화제작을 위한 촬영장비.

0834 `gen`

era (시대, 연대, 기간, 기원)

지난 역사 속에서 일정한 시대나 시기(Period)를 구분하기 위해 사용되는 말이다. 의미는 일반적으로 언제부터 언제까지의 시대, 기간, 연대를 구분하고 중대사건을 부각시키기 위해 일정한 시기를 표현하기 위해 사용된다. 서력기원, 고생대, 개화기, 산란기, 시대의 소용돌이 등을 표기해 인용할 때 사용된다.

0835 `gen`

error (오류, 잘못, 에러)

어떤 생각이나 행동을 실행하면서 잘못된 것을 알아 차렸을 때, 그것을 오류라 한다. 예; 서울 지하철 2호선에서 8호선을 타려면 잠실역에서 내려야하는데 스마트폰에 집중하다가 잘못을 저지르게 되었다.

0836 `pic` `art`

establishing shot (설정 샷)

영화 구성은 여러 개의 시퀀스(Sequence)로 이루어진다. 새롭게 등장하는 시퀀스마다 장소와 분위기를 관객들이 알 수 있고 기억할 수 있도록 설정해주는 샷(Shot)을 말한다. 새로운 오프닝 샷으로, 장소뿐 아니라 분위기를 설정하거나, 시간과 장소, 상황에 관한 정보를 관객에게 주기 위해 사용한다. 설정 샷은 보통 극히 롱 샷으로 되어있다. 장소나 분위기를 상기시키기 위해, 혹은 시간의 경과를 표시하기 위해 시퀀스 중간에 재설정 샷을 사용하기도 한다.

0837 `gen` `pic`

estimation (예상 견적서)

1) 영화제작에서 제작자가 구체적으로 제작비를 산출한 견적서를 말한다. 2) 광고대행사에서 광고주에게 제시하는 광고 제작 및 대행에 관한 총 추정비용을 적은 견적서를 말한다. 3) 애니메이션 단가가 적혀있는 제작 견적서를 말한다.

0838 `art`

etching (에칭, 동판화, 판화)

에칭은 일종의 인쇄술로써 발전해 왔다. 동판이나 석판 그리고 유리와 같은 재료를 이용하여 딱딱한 표면을 질산(Nitric Acid)을 이용해 디자인한 그림이나 글자 등을 부식시켜내어 판화를 만드는 것을 말한다. 일반적으로는 판화(Engraving, 조판술)로 총칭하지만 오목(Concave)판 인쇄, 부각(Embossing)인쇄, 부식(Humus Acid)동판인쇄 또는 식각(Etching)인쇄 등으로 불린다. 에칭기법은 약 15세기경부터 시작되었는데 처음에는 펜 엔 잉크(Pen and Ink) 기법이 주로 많았고 유럽 미술사에 17세기의 바로크시대 네덜란드의 화가 렘브란트(Rembrandt Harmenszoon van Rijn, 1606-1669)는 400여점의 동판화를 남긴 것으로 기록돼 있다. 당시 화가들은 이렇게 완성된 창작물을 하나의 예술품으로 완성할 수 있었고, 만들어진 동판을 이용해 여러 장의 복사본을 찍어 판화를 한정량을 만들어 낼 수 있었다. 화가는 판화 아래에 서명하고 몇 번째 찍어낸 것인지 총량과 함께 표시한다. 동판을 만들지 않고도 흥미로운 에칭기법을 이용해 그림을 그릴 수 있다. 우선 얇은 유리나 셀룰로이드표면에 긁히기 쉬운 물감으로 칠을 한 후 말린 다음 송곳 같은 것으로 그림을 그려 판화의 느낌으로 그림을 완성한다.

□ 그림설명 0838-1, <Auguste Rodin> by Anders Zorn, Swedish (1860-1920) (Rembrandt 화가의 에칭판화 이후로 가장 유명했던 화가)

-2, the Way through the woods, by hester Cox.

0839 gen

eternity (영원, 불멸)

에터니티는 지난 과거나 현재 그리고 미래뿐만이 아니라 시간의 시작이나 끝이 없는 영원을 뜻하는 말이다. 과학자들은 영원불멸의 삼라만상(All Natures)과 같은 우주의 움직임을 영원이라 믿는다. 기원후의 종교지도자 성 아우렐리우스 아우구스티누스 히포넨시스(St. Aurelius Augustinus Hipponensis, AD.354-AD.430)는 기원전 4세기 북아

□ 그림설명 0839, 과거에도 지금도 미래에도 누려봄이 없는 무한의 영생 세계.

E

프리카의 알제리와 유럽의 이탈리아에서 활동한 기독교 신학자로, 개신교 로마 가톨릭 교회 등지에서 존경받는 사람이었다. 그가 말한 영원의 의미는, 과거는 기억(Remember), 현재는 직관(Intuition)과 영혼(Soul)과의 접촉, 미래는 기대(Expectation)라고 풀이했고 이 모두 시간을 초월한 것으로서의 영원이라 했다. 에터니티는 일반적인 언어로 무한의 공간과 시간을 의미한다. 영원, 여러 종교에서 영생(Eternity)은 하나님이 말씀하심을 매우 중요한 신념으로 다룬다.

0840 `gen`

evaluation (평가)

그 결과물의 진실한 가치를 판단하기 위해 몇 가지의 품격테스트를 거쳐 그 만큼의 가치를 인정하는 하나의 평가방식을 의미한다.

0841 `gen`

event (이벤트, 행사)

마케팅, 제작, 배급, 완구, 게임, 전자 기기, 텔레비전, 출판, 광고, 비디오, 필름, 라이선싱, 머천다이징, 프로그래밍 애니메이션, 공모 페스티벌 등을 개최하는 행사를 일컫는 말이다.

0842 `gen`

evidence (증거, 물증, 흔적)

눈으로 벌어진 사건을 똑똑히 보았거나(Eyewitness) 사건에 연루된 물적(Materials)증거물이 발견되었을 경우, 또는 범인으로 지목한 사람의 소유물 또는 발자취(Footprint)나 지문 등의 흔적이 현격히 남겨있을 경우를 증거라고 할 수 있다. 이 밖에도 현장부재가 성립되지 않을 때 역시 증거로 단정지을 수 있다.

0843 `art` `ani`

exaggeration (과장, 과장법)

애니메이션 동작은 실사의 동작과는 다르다. 동작의 확실성을 주기 위하여 그림을 과장하여 그리거나 타이밍을 실제 속도와 다르게 적용한다. 이것은 캐릭터 애니메이션의 필수적인 요소로서 매우 중요한 표현방식을 말한다. 예를 들어 극영화를 애니메이션으로 만들 경우, 실사영화의 동작들은 평범한 사실적 동작들이라고 할 수 있다. 애니메이션에서는 무시되거나 약화되기 때문에 애니메이션 동작으로 과장하여 표현하게 된다.

사람의 눈에는 실제의 동작과 속도를 모두 간파하기 힘들 뿐만이 아니라 경험과 동작원리에 의하여 물체의 움직임을 이해하는 특성이 있다. 그러나 컴퓨터의 모션 캡처(Motion Capture)를 통해 물체의 움직임을 살펴보면 속도가 느림을 알 수가 있다. 그림을 여기저기서 빼 버렸으면 하는 생각이 든다. 중요한 사실은 디지털의 캡처나 비디오는 초당 30프레임으로 필름의 초당 24프레임 보다 6프레임을 더 볼 수 있기 때문에 안정적일 수는 있으나 박력감이 그만큼 적다고 할 수 있다. 이것으로 바로 애니메이터가 연출한 동작의 관점과 컴퓨터의 카메라가 잡은 관점이 다른 것을 알 수 있는 것이다. 이렇게 애니메이션적인 과장은 실제의 동작과 매우 중요한 차이점을 갖고 있다. 다음의 동작을 비교해 본다.

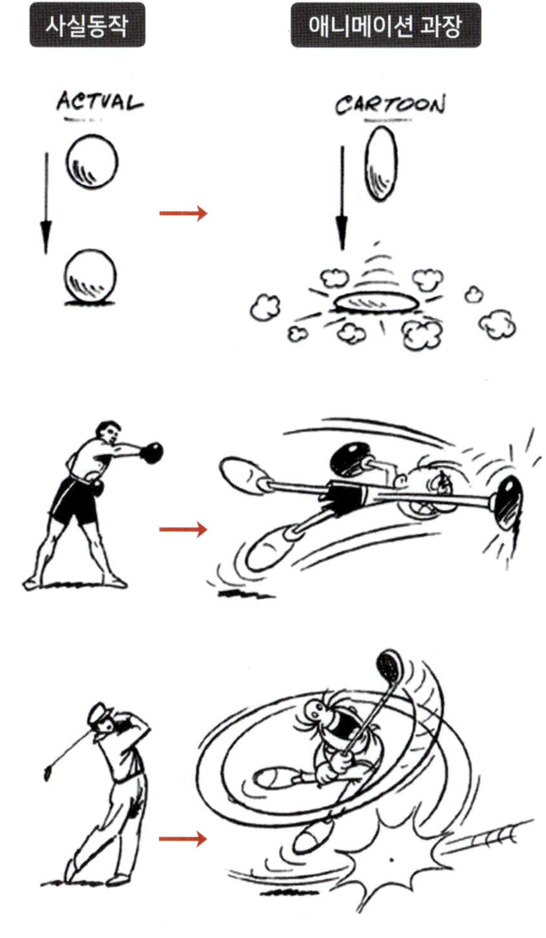

□ 그림설명 0843, 실제(좌) 애니메이션의 과장법에 의한 표현들(우)

0844 `pic` `gen` `ani`

executive producer (이그제큐티브 프로듀서, 총 제작자)

주로 영화제작 분야에서 스튜디오나 제작회사에서 행정을 관리 감독하며 작품 제작의 재정을 담당하는 제작 책임자를 이그제큐티브 프로듀서(Executive Producer)라 부른다. 이런 사람들은 기술적인 촬영이나 음악 작곡, 포스트 등 창의적인 일에 가담하지 않는 것이 일반적이다. 그러나 이들 중에는 예산 집행 뿐 아니라 각본, 출연자, 감독, 촬영, 포스트 등 전반에 걸쳐 활동하는 사람들도 있다. 실례로 영화 전반에 걸쳐 직접 뛰는 조지 루카스(George Walton Lucas, Jr. 1944-), 스티븐 스필버그(Steven Spielberg, 1946-) 등 많은 사람들을 예로 들 수 있다.

0845 `ani` `gen`

exhale (숨을 내쉼)

애니메이션 동작에서 숨을 들여 마시거나(Inhale) 숨을 내쉬는 동작은 중요한, 그리고 눈에 잘 띄지 않는 동작으로 매우 중요하게 취급된다. 대사를 시작하기 전에 준비운동 (Anticipation)이나 말을 일시 마칠 때 사용되는 동작이다.

0846 `fes` `gen`

exhibition (전시)

전시는 일반적으로 고정된 물건을 디스플레이 하는 것을 말하며 방식과 종류가 매우 광범위하다. 프레젠테이션(Presentation)할 전시품들을 홀(Hall), 백화점, 박물관 등에 전시하는 것을 말한다. 전시는 영구히 또는 일정 기간을 두고 한다. 전시는 시민들의 생활의식을 향상시키는 문화 정보, 상품광고, 문화 예술 행사전시, 필름 견본시장, 북 페어, 인터넷 등 다양하다. 전시는 국내 또한 국제적으로 전시가 이뤄진다.

＊exhibitor (출품자)

1) 일반 모든 전시품을 전시하는 사람들. 2) 영화 흥행 회사나 영상물 배급 회사로부터 공급받은 영상물의 상영권리를 가진 사람 또는 극장을 소유하고 운영하는 사람을 말한다. 3) 자회사의 제작물을 홍보하기 위하여 전시를 맡은 회사나 사람을 말한다.

0847 `gen`

expectation (기대, 기다림)

희망적으로 앞을 바라보며 좋은 일이 올 것을 기대하는 것을 뜻하는 말이다. 사람들은 자기가 다른 사람보다 우월하다고 생각하고 보다 나은 대우를 기대한다. 개들은 외출한 주인이 돌아오기를 기대하며 기다린다. 주인의 아들이 학교에서 돌아올 시간이 되면 개들은 그것을 알아차리고 꼬리를 흔들며 기다린다.

0848 `gen`

experience (경험, 체험)

경험이란 인생 최초로 접하게 되는 것을 말한다. 그 경험이나 체험이 당황하고 후회스러운 것이라면 아마도 뼈저린 경험이 될 수도 있다. 경험이란 기대하지 않았던 돌발적인 것에서 오기 때문이다. 경험은 최초로 접하게 된 것을 말하며 후회하기 보다는 어떠한 경험이던 그것은 그 사람에게는 새로운 지식이며 사회를 적응하는 기술이 될 수 있어야 한다. 경험은 매우 고귀한 것이다. 그래서 경험을 살린다는 수식어가 따라붙기도 한다. 경험을 쌓으면서 직업적으로 전문성 있는 달인이 될 수 있다.

0849 `pic` `ani`

experimental film (실험영화)

실험영화는 예술적이거나 추상적인 시각 영상으로 인간의 내면의 느낌을 다루고 시각을 중요시하는 영화를 말한다. 또한 대중적인 소재가 아닌, 필름의 정통 표현 형식이 아닌, 흔히 보기 드문 천박한 소재들이나, 성도착증이나, 잔인한 살상 장면이나, 비도덕적인 행위 등도 다루는 것을 실험 영화 혹은 전위영화(Avant-Garde)라 한다. 실험영화는 1차 대전 후 1920년경 독일과 프랑스에서 시작되어 소비에트(러시아) 그리고 미국과 영국에까지 초현실주의 성향을 띠고 유럽의 여러 나라들의 그 부류의 필름메이커들에게 영향을 끼쳤다. 전위영화의 운동은 큐비즘, 다다이즘, 쉬르리얼리즘 등의 화가들에 의해 독일과 프랑스를 중심으로 일어났다. 그들은 보다 더 비현실적으로 시각적 표현만을 시도했고 이것은 절대영화 장르의 시작이었다. 1919년 독일의 비킹 에겔링(Viking Eggeling, 1880-1925)이 '대각선의 혼잡(Vertical Horizontal Messe)'을 발표했고 1920년에 그는 '대각선 심포니(Vertical Horizontal Symphony)'를 한스 리히터(Hans Richter, 1888-1976)와 함께 팀워크로 발표하면서 독일의 전위영화 붐을 만들어 냈다. 1921년 에겔링은 'Diagonal Symphony' 연작을 리히터는 'Rhymus 21', 'Rhymus 23', 'Rhymus 25' 등의 연작을 쏟아 냈다. 이들의 뒤를 이어 발터 루트만(Walter Ruttmann, 1887-1941), 오스카 피싱거(Oskar Fischinger, 1990-1967) 등이 많은 활동을 이어갔다. 한편 독일과 같은 시기인 1920년 프랑스의 루이 델뤽(Louis Delluc, 1890-1924)이 빛과 리듬을 주제로 한 '피에브르(Fievre, 1921)'를 보였는데 후일 장 비고(Jean Vigo, 1905-1934)와 마르셀 까르네(Marcel Carnet, 1906-1996)에 큰 영향을 끼쳤다. 1919년에 만들어진 제르맹 뒬락(Germaine Dulac, 1882-1942)의 '에스파뇰(La Pete Espagnol)' 등 대거 감독들이 활동을 이어갔다. 1930년에 이르기까지 심지어 상업적 수입까지 올리며 대성공을 가져왔다. 시인이며 극작가로 유명했던 장 콕토(Jean Cocteau, 1889-1963)의 '시인의 피(Blood of a Poet)'도 이 당시의 활동이다. 독일이나 프랑스와 같은 시기인 1921년 미국에 이 같은 전위적인 영화를 도입한 사람은 찰스 쉴러(Charles Sheeler, 1883-1965)와 폴 스트랜드(Paul Stand, 1890-1976)로 이 두 사람은 시인 월터 휘트만(Walter Whitman, 1819-1892)이 뉴욕 도시의 풍경을 노래한 '맨해튼(Manhatta)'를 각색하여 다큐멘터리 형식으로 내놓았다. 작가들로는 Paul Fejos, Robert Florey와 Gregg Toland, James Watson, Ralph Steiner 등외에 이 분야에서 활농했고 존 휘트니(John Whitney,

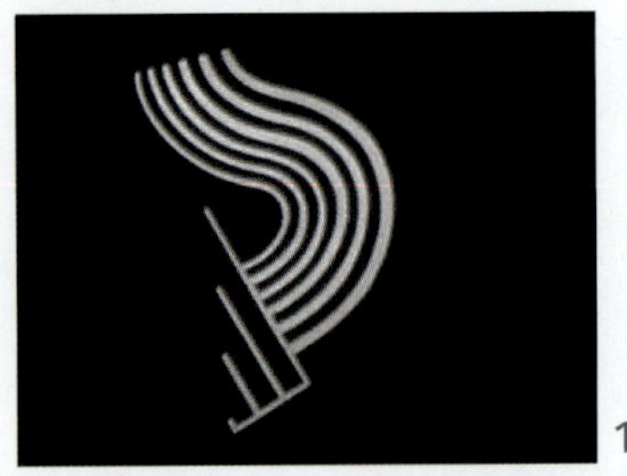

□ 그림설명 0849-1, <Symphonie diagonale> 1924, by Viking Eggeling.

-2, <Variations on a Circle> 1942, by JamesWhitney, John Whitney.

1917-1995)의 '베리에이션(Variation, 1941)등이 미국영화계의 전위영화를 이끌어갔다. 전위영화(Avant-Garde)의 맥인 다다이즘을 바탕으로 비합리성과 무질서를 영상에 담아낼 수 있는 장르로 성장할 수 있었다. 실험영화, 시적인 영화, 독립영화, 지하영화들 모두가 전위영화로 구분된다.

0850 `pic` `pho`

exposure (노출, 촬영)

카메라를 통해 영화필름을 촬영하거나 정지된 사진을 찍기 위해 필름의 감광유제에 정확한 촬영이 이루어지도록 적절한 빛을 노출하는 것을 말한다. 이 빛의 양을 조절하는 것은 렌즈 조리개(F-Stop)와 셔터 속도로 조절할 수 있는데 이때 조리개 우선일 경우는 조리개를 8에 놓을 때 셔터 타임은 자동으로 조절되거나 손으로 노출계에 의해 조절할 수 있는 것을 말하며 셔터 타임 우선인 경우는 셔터 타임을 60분의 1초로 고정하면 조리개는 자동으로 이에 상응하여 조절되는 것이다. 한 장소에서 촬영하는 이미지들은 일반적으로 각 이미지들 간의 일관성을 유지하기 위해 노출량을 정확하게 하는 것이 중요하다. 노출계(Light Meter)는 입사광과 피사체로부터 반사된 빛까지도 측정하며 적절한 F-Stop 수를 결정한다. 노출은 산출된 빛의 상태에 따라 적절한 숫자를 계산해 주는 노출계에 의해서도 결정된다. 촬영된 필름은 현상과정을 거치므로, 현상액의 농도, 온도, 필름이 현상액을 통과하는 시간에 따라 차이가 생길 수 있다. 그러나 근래에 사용하는 디지털 카메라는 자동으로 색의 온도를 감지하고 거리도 자동 조절이 되어 이미지가 최적의 상항에서 촬영되어 재래방식으로 카메라를 다룰 때처럼 특별한 지식이나 기술이 필요하지 않다.

□ 그림설명 0850-1, 야간 장시간 노출촬영.

*exposure meter (익스포져 미터, 노출계)

애니메이션 아트워크에 입사된 혹은 반사된 빛의 양을 측정하여 노출을 컨트롤하게 하는 조명 측량장치를 뜻한다.

*** 참조보기 (1522 - Light Meter)**

-2, 세코닉 광량노출계.

*exposure sheet (익스포져 시트, 촬영표)

애니메이션을 촬영하기 위해 만들어진 카메라맨을 위한 촬영표를 말한다. 애니메이터가 준비한 카메라맨을 위한 가이드로, 각 셀의 포지션들과 찍힐 셀들의 프레임 수가 지정되어 있다. 이 시트에는 카메라의 움직임, 변화, 배경의 포지션이 지정되어 있다.

*** 참조보기 (0688 - Dope Sheet)**

-3, 카메라감독이 사용하는 촬영표.

0851 `art`

expressionism (표현주의)

독일에서 20세기 초반 1910년경에 일어난 문화예술 운동으로, 화가인 앙리 마티스의 야수파 기교에 처음으로 쓴 단어이다. 새로운 주관적 예술 창작 표현을 하나의 충격적인 발상으로 받아들인 말 그대로 표현주의를 뜻한다. 주로 왜곡(Distortion)과 과장(Exaggeration)을 통해 세상을 자아의 반영으로 변형시키는 의도를 가리킨다. 독일의 표현주의 문학 역시 미술의 표현주의를 표방했으며, 표현주의 희곡에서도 같은 맥락을 가지고 변천했다. 주로 문학에서는 차갑고 비정한

□ 그림설명 0851, <Music> 1910, Henri Matisse의 그림.

E

표현주의 흐름으로 퍼져나갔지만 1925년경부터 표현주의는 차츰 사라지기 시작한다. 현재는 창작애니메이션에서 간혹 이러한 표현주의 기법이 활용되고 있다.

0852 gen arc

EXT. 외부, 연장, 멸종 등의 단어를 짧게 줄여서 부르는 말이다.

✳ exterior (외부)

주로 건축에서 외부를 지칭하는 말이다. 스토리 스크립트에서 배경을 그리는 아티스트에게 반드시 필요한 영화제작에 필요한 정보이다. 실내조명과 외부조명의 색 지정을 구분하기 위해 표시하는 단어이다. 실사 영화에서는 외부라는 표시뿐만이 아니라 촬영시간을 면밀하게 기록해 둔다. 정오의 그림자인지 오후 3시의 그림자 인지를 연속성 있게 정확히 보여야 하기 때문이다.

✳ extension (연장, 기간연장, 길이 연장)

기간연장이나 면적의 확장을 의미하는 말이다. 영화 촬영에 필요한 달리용 트랙을 연장하거나 전기코드를 연장 하는 뜻으로 사용한다.

✳ extinction (멸종, 소멸, 동물의 멸종)

멸종은 지구상에서 태어난 동식물 중에 생태계에 의하거나 자연발생적으로 또는 인간의 과오에 의해 멸종되기도 한다.

✳ 참조보기 (0853 - Extinction history by the humankind)

✳ 참조보기 (1226 - Interior)

0853 gen his

extinction history and humankind (멸종역사와 인류)

지구는 약 6억 년 전 지구를 둘러싼 대기가 생기고 태양으로부터 오는 오존을 막는 오존(Ozone)층이 생겨나면서 산소가 생성되었고 온화한 기온으로 생명체가 폭발적으로 생겨나게 되었다. 바다 속에서 최초로 생명이 싹텄는데 녹청색 해조(Algae)에 박테리아가 자라기 시작하면서 지금의 산호초와 비슷한 짧은 기둥과 같은 화석(Fossils)에 석회암(Stromatolites)이 자라기 시작했다. 이것이 지구에 산소를 공급하는 역할을 했다. 공룡이 지구상에 살기 시작한 것은 2억1천 500만 년 전으로 쥐라기(Jurassic Period)

에서 백악기(Cretaceous Period)까지 무려 약 7천만년 동안 초식동물과 육식동물로 살다가 약 1억6천만 년 전에 지구상에서 모두 멸종되어 사라졌다. 이시기는 지구상의 생물 98%가 멸종되는 지구 최악의 시기인 페름기(Permian Period), 트라이아이스(Triassic), 쥐라기를 거쳐 백악기까지 멸종은 1억만년이나 계속되었다.

□ 그림설명 0853-1, 쥐라기 후기, 7천만년 동안을 산 거대 공룡들-(상상도)

-2, 호모사피엔스의 생활(상상도)- 석기문화를 발전시킴.

-3, 네안데르탈인 - 현생인류 호모사피엔스. 정교하고 날카로운 석기제작, 불 사용, 매장문화 (생명의 고귀함 인식)

한편, 아주 오래전 약 2억5천만 년 전 최초의 영장류(호미니드, Hominid)는 살아남기 위해서 낯선 적들과 싸우고 또 싸우다가 모두 멸종되었을지도 모를 일이다. 호모하빌리스(Homo Habilis, 2억5천만 년 전), 호모에렉투스(Homo Erectus, 1억7천 500만 년 전), 호모네안데르탈인 (Homo Neanderthalensis, 20만 년 전) 이들은 모두가 세상에서 멸종되었다. 그들은 전염병으로 죽었을까, 아니면 그들은 서로 종족을 지키기 위해 싸우다가 멸종되었을까? 그리고 살아남은 인간인 호모사피엔스(Homo Sapience, 16만 년 전)까지의 100만년의 구석기시대 진화과정은 가히 상상을 할 수가 없는 긴 세월을 보냈다. 멸종된 네안데르탈인과 현생 호모사피엔스는 아마도 같은 시대에 같이 살았을 것이라고 인류학자들은 말한다. 그러나 오래전 지구상에서는 천재지변 속에 멸종은 계속 이어져 나갔다. 그럼에도 이 지구상에는 인간과 동물, 그리고 수많은 생물들의 개체수가 급격히 성장했다. 이 지구상에는 땅위에 살고 있는 650만종의 생물체와 바다 속에는 220만종, 모두 합해서 870만 종류의 생물이 살고 있다고 조사됐다. 그야말로 지구는 이렇게 많은 생물체가 살기는 너무 밀집(Dense)한 아주 작은 행성일 수 있다고 수긍이 된다. 이것은 하나의 생존경쟁(Struggling for Existence)으로 변화했다. 근본적(Fundamental)으로 동물들은 살기 위해서 먹고 먹히는 약육강식의 천적의 먹이사슬(Food Chain)속에 살아간다. 동물들은 강자를 경계하고 항상 주변을 살피며 씨족을 번성시켜 살아남아 왔다. 영혼을 가진 인간은 하급 동물들과는 달리 한번 태어났다가 죽으면 다시는 인간세계로 돌아올 수 없다는 것을 스스로 알게 되었을 것이다. 그러나 거대한 생명체의 순환 법칙에 의해 멸종을 계속되며 현세에까지 이르게 되있다. 식민지

시대는 대략 15세기부터 유럽의 여러 나라들이 당시 미개한 아프리카 대륙을 탐험하면서 점령지를 분할해 소유했고 이러한 가운데 이들의 지역에서 초자연에서 살고 있는 동물사냥이 그들의 흥미를 이끌어 냈다. 개체 수에 관계없이 가죽을 얻기 위해 수렵으로 많은 동물들이 죽어 멸종됐다. 아프리카에 유럽에서 여러 나라들이 발을 들여놓은 것은 1400년경부터지만 아프리카는 1700년경부터 식민지시대를 맞게 되어 20세기까지 이어왔다. 이것은 아프리카 고대문명을 이어오며 자연 속에 살던 500만여 마리의 코끼리들을 상아 채취를 위한 사냥으로 급속도로 훼손시켰고 그 밖의 동물들도 멸종을 가져오는 인류 최대의 과오를 저지르게 되었다. 1652년에는 남아프리카의 사바나나 평원에 살던 콰가(Quagga) 얼룩말들의 가죽은 옷을 만들기 위해 네덜란드인들의 식민지 사냥으로 모두 사라지고 겨우 암스테르담 동물원에서만 이어오다가 1883년 한 마리마저 죽게 되어 결국 지구상에서 멸종되었다. 까치오리도 사냥으로 멸종되었고, 분홍머리 오리는 인도의 갠지스 강 유역에 살았지만 영국의 식민지 당시 모두 사냥으로 멸종되었다.

아프리카의 모로코와 이집트에 살던 바바리 사자도 사냥으로 사살되었다. 북태평양 베링 해에 살던 스텔라(Stella)바다소도, 호주에 살던 선사시대로부터 온 캥거루 주머니가 달린 태즈메이니아 늑대도 1836년 사냥으로 모두 사살돼 멸종되었다. 멕시코 지역에 살던 하늘에 통치자 카라카라(Caracara) 새는 인간에게 불길하다는 터무니없는 소문으로 1900년대에 모두 사살되어 멸종되었다. 또한 최근 생태학자 줄리 게르스테인(Julie Gerstein)의 보고에 의하면 지난40년 동안에만 지구의 온난화와 신세대개발에 밀려 환경의 변화를 맞아 서식지가 불안해 멸종이 더욱 빨라지고 있다고 했다. 금 두꺼비(Golden Toad, 1989년), 잔지바 표범(Zanzibar Leopard, 1996년), 지구상에 어디에서나 볼 수 있었던 마데이란 큰 흰나비(Madeiran Large White Butterfly)들이 지구환경 영향평가 없이 새로 개발되는 공사 때문에 서식지가 줄고 새로운 농약으로 환경이 오염되어 2007년경부터 아프리카, 유럽 전역 그리고 아시아 지역에서 모두 멸종되었다. 미국 캘리포니아 모하비(Mojave)사막의 아마고사 강(Amargosa River) 지류의 온천(Hot Spring)에 살던 테코파 송사리(Tecopa Pupfish) 물고기는 1948년 로버트 러시 밀러(Robert Rush Miller, 1916-2003)에 의해 희귀종으로 발견되었고 오랜 연구 끝에 1973년 특별 보호령이 만들어졌지만 자연 서식지 파괴로 1982년에 멸종되었다. 코뿔소(Black Rhinoceros)도 이 동물의 뿔을 집안에 두면 행운이 온다는 미신으로 희생되어 지구상에서 모두 멸종위기에 있게 됐다. 자연과 인간관계, 자연 속에 살고있는 동식물들은 우리 인류의 생명줄과 같지만 지구생태계는 빠르게 진화하는 인간에 의해 쉽게 훼손되어 사라지고 멸종되고 있는 것이다.

□ 그림설명 0853-4, South Africa 그러데이션 된 얼룩말 <Quagga>

-5, 독수리보다 더 용맹하여 하늘의 통치자였던 <Caracara>새.

-6, <Golden Toad>

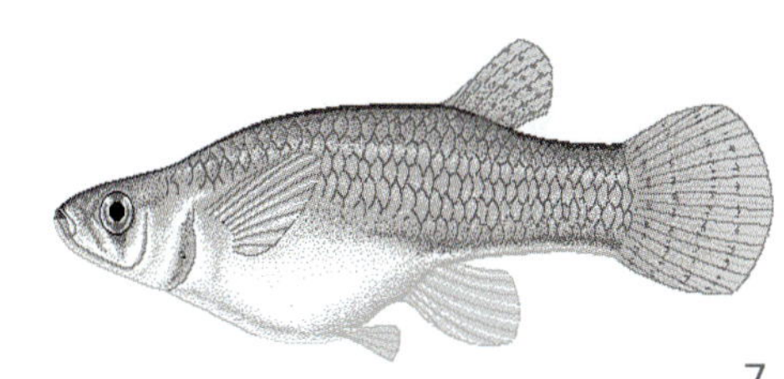

-7, Fresh Water <Tecopa Pupfish>

-8, <Madeiran Large White Butterfly>

-9, 인간에게 코 뿔을 빼앗긴 멸종위기 <Rhinoceros>

0854 `pic` `lit`

external rhythm (외부 리듬)

영화의 리듬은 한 작품의 움직임(Pace), 구조(Structure)적인 흐름, 각 샷(Shot)과 각 신(Scene) 그리고 각 시퀀스(Sequence) 마다 이어지는 전개의 감각을 표현한다. 리듬감은 감독이 의도하는 것으로 샷, 신, 시퀀스들의 길이와 관계를 말하는 것이다. 시각적, 역동적, 생략적이든 간에 컷(Cut)되는 방식에 의해 영화의 흐름을 느낄 수 있는 것을 뜻하는 말이다. 예: 느리고 생각에 잠겨 있듯이 때로는 마비된 느낌을 주는듯한 것을 안토니오니(Antonioni)의 리듬이라 하고, 빠르고 생략적이면서 아찔한 느낌을 주는 것을 고디르(Godard)의 리듬이라 힌다.

0855 `pic` `ani`

extra (추가 역, 엑스트라)

영화에서 추가 역은 배경 역이라고도 한다. 주로 대사나 표정이 없는 역을 말한다. 또한 애니메이션에서도 역할은 같다. 관중, 주인공 주변에 뚜렷한 일 없이 지나는 사람, 자동차, 개, 고양이, 새 등 동물들의 역할을 들 수 있다. 또한 노래하는 가수 뒤의 배경에서 노래하거나, 춤추거나, 연기하는 사람들을 이르는 말이다.

0856 `ani`

extreme (엑스트림, 키 포즈)

애니메이션에서 캐릭터의 주 동작이 되는 관절 포즈에서 다음 관절 포즈로 이어지는 관절의 극단 포즈만을 가리키는 말이다. 캐릭터의 각 동작들뿐만이 아니라 사물의 움직임에서도 동작에서 동작으로 이어질 때 한 포즈의 극단 위치를 엑스트림이라고 한다. 이러한 그림들은 주로 애니메이션 감독이나 키 애니메이터가 연출에 입각해서 주요 동작만을 그려놓은 것임으로 매우 중요하게 취급한다. 우선 어시스턴트 애니메이터들은 작업에 들어가기 전에 감독의 연출의도를 숙지하고 지시된 의도를 최대한 따라서 그림을 그린다. 이 엑스트림은 키 애니메이터(Key Animator)가 결정하여 그림을 그리게 되고 보조 애니메이터(Assistant Animator)는 그 중간의 액션을 연결하여 그리게 된다. 다음 작업 순서에 따라서 인 비트이너(In-betweener)는 보조 애니메이터가 남겨놓은 조밀한 중간 그림을 채워 넣는다. 그리고 최종으로 클린 업(Clean-up) 어시스턴트가 통일된 깨끗한 선으로 모두 정리하여 완성하게 된다.

☐ 그림설명 0856, 감독이 지시한 엑스트림 키 포즈의 하나의 예.

0857 `ani` `pic` `pho`

extreme close up, extreme long shot (최 근접, 최 원근)

아주 멀리 있는 광경이나 물체를 넓게 잡아 촬영한 것을 ELS(최 원근의 약자)라 하고
눈, 코, 입 등 가까이 찍은 것을 ECU(최대 클로즈 업)라고 부른다. ECU 는 주로 표정을
긴장, 불안 등의 심리묘사에 사용된다.

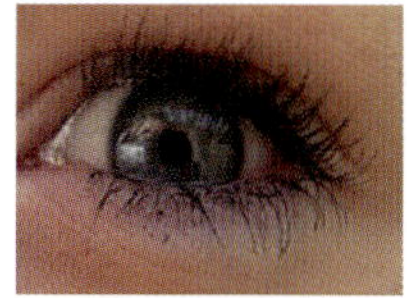     

Extreme close up　　Close up　　Medium Close up　　Medium shot　　Long shot　　Extreme log shot

□ 그림설명 0857, 극단의 클로즈업에서 극단의 롱 샷.

0858 `ani` `pic` `pho`

eye level (아이 레벨, 눈높이)

눈높이에 카메라. 다시 말해 눈과 보는 대상의 높이 관계를 말한다. 애니메이션에서는
캐릭터를 자유롭게 움직일 수 있기 때문에 어떤 물체, 어떤 캐릭터라도 여러 각도에서
본 그림을 그릴 수 있다. 즉 시점을 어떤 곳에도 둘 수 있다는 뜻으로 사용된다.

□ 그림설명 0858, 클린트 이스트우드 주연 <석양의 무법자, (1965)>의 한 장면. Eye
Level shot, 눈높이 앵글은 영화에서 가장 많은 기본 Shot.

E

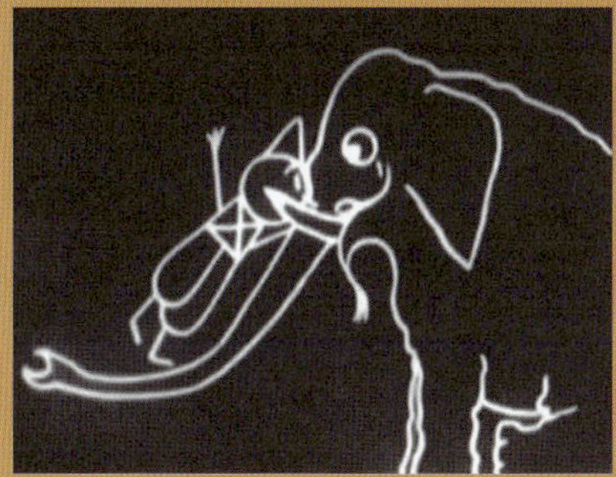

Fantasmagoria

F f

[에프]

Felix the Cat

Roll Film

Film Developing

Film Festival

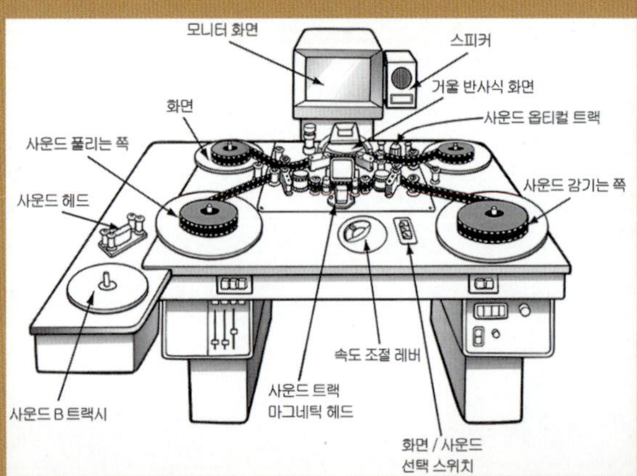

Flatbed Editing

0900 `lit`

fable (우화, 이야기, 전설)

하나의 문학 장르로서 시리즈물로 활극(Action Adventures)을 주제로 한 이야기를 뜻하는 말이다. 이솝우화(Aesop's Fables) 같이 동물들을 비유하여 교훈을 주기위해 지어진 이야기, 또는 그리스의 신화(Myths) 이야기, 전설(Legend), 꾸며낸 이야기(Fiction) 등을 우화라고 한다.

□ 그림설명 0900, 동화, 우화, 설화, 신화를 바탕으로 꾸민 이야기.
-1, Game- by Lionhead Studio.

-2, Game- by Mediatonic.

0901 `gen` `lit` `pic`

fact (사실, 실제)

팩트는 지금 막 벌어진, 실제로 눈에 보이는 그대로를 뜻한다. 또한 시간이 흘렀다하더라도 실제로 일어났던 사건을 가감 없이 존재했던 그대로를 말한다. 사실 확인이라는 말은 그런 사실이 실제로 있었는지를 확인한다는 말이다. 영화나 소설에서는 사실처럼 사건을 설정하고 플롯(Plot)을 세운다. 왜곡된 사실을 파헤쳐 진실을 밝혀내는 내용으로 마무리한다. 팩트는 영화에서 반드시 밝혀줘야 하는 사명이지만 내용을 미스터리어스(Mysterious, 알쏭달쏭)하게 전개하기도 한다. 다큐멘터리에서는 말 그대로 사실에 입각한 실제를 말하는 것이지만 가공(Fear)할 만큼 사실을 왜곡시키는 경우도 있다. 어떤 경우는 사실자체로 기록하지 않고 제작자가 편견으로 양심과 도덕성이 없이 시대적 권력을 이용해 당치 않게 엄청나 과오를 만들어 내기도 한다.

0902 `pic` `ani` `mus`

fade (페이드)

영화나 TV프로그램에서 화면의 시작과 끝이 희미하게 변화되는, 용암이나 용명을 의미한다. 아무 것도 없는 어두운 상태에서 점차 밝게 나타나게 하거나, 반대로 밝은 영상이 점차 어둡게 변하도록 하는 화면의 연출적인 효과로 사용되는 기법이다. 시간 경과나, 다른 이미지와 연관성을 설명할 때도 사용된다. 한 화면위에 또 다른 이미지가 겹쳐서 보이는 오버랩(Over Lap, O-Lap, O. L) 기능이나 앞의 화면이 점차사라지며 새로운 화면이 점차 생겨나는 기능을 크로스 디졸브(Cross Dissolve, X-Diss.)라고 한다. 또한 음향에 있어서 소리가 점차적으로 생겨나거나 반대로 줄일 때도 사용되는 용어이다. 음향에서도 기존의 음악이 사라지며 새로운 음악이 생겨나는 것도 화면처리와 동일한 기법이다. 영화 녹음실에서는 크로스 디졸브 대신에 세규(Segue)라는 용어를 많이 사용한다.

＊ 참조보기 (2435 - Segue)

＊fade-in-out (페이드 인, 용명-용암)

광학적 효과의 하나로 아무것도 안 보이는 어두움에서 빛을 받으며 이미지가 점차적으로 나타나 정상농도가 되는 것을 '페이드 인(Fade In)' 또는 '페이드 온(Fade On)'이라 하고 보이던 이미지가 어둠속으로 사라지는 듯하는 것을 '페이드 아웃(Fade Out)' 또는 '페이드 오프(Fade Off)'라 말한다. 음향에서는 배경음악이 점차적으로 전개되어 정상 음량으로 들리거나 또는 음향이 점차적으로 사라지는 것 역시 같은 용어를 사용한다. 전문인들은 기록할 때 F.I 또는 F.O 라고 단축된 용어로 표시하기도 한다. Fade는 짧게는 4분의 1초(6프레임)로도 가능하며 길게는 3초(72프레임) 이상도 사용하기도 한다. 이러한 기교로 앞의 장면은 사라지고 새로운 장면이 겹쳐지며 생겨나는 기능을 오버랩(Overlap)이라 한다.

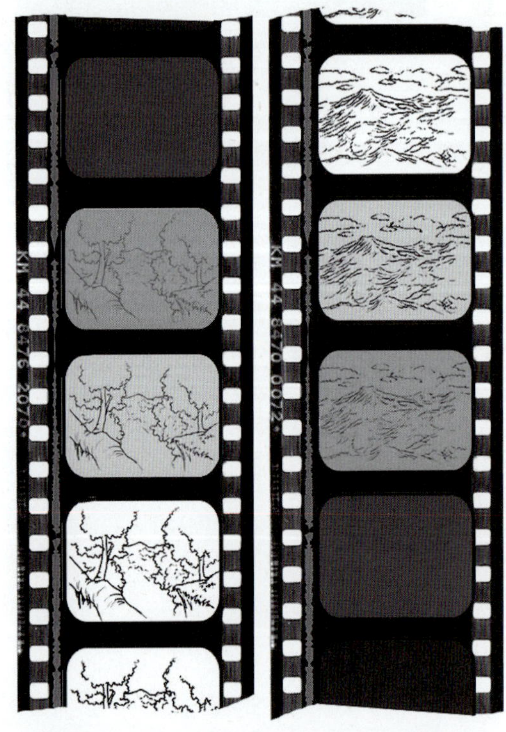

□ 그림설명 0902, 화면이 점차 밝아지거나 어두워짐.

＊fade-in effects (페이드 인 효과)

영화의 화면상에서 이미 전개된 화면 위에 새로운 캐릭터가 등장하거나 또는 다른 요소가 점차적으로 나타나며 보이게 하는 시각효과를 말한다. 촬영방법은 아날로그(Analogue) 방식으로 출연 요소들을 촬영한 후에 그 위에 나타날 캐릭터나 다른 요소들을 넣고 크로스 디졸브(Cross Dissolve)로 노출시켜 얻어지는 기법이다. 디지털 방식은 이러한 복잡한 순서를 거치지 않고 자동화된 공정에 의해 화면 위에 자유자재로 생겨나게 또는 사라지게 할 수 있다.

0903 `pic` `equ`

fader (페이더)

시각의 광학이나 음향의 오디오 시스템에서 신호를 줄이거나 늘리는 장치로써 아날로그 식의 옵티컬 프린터(Optical Printer)에서 페이더는 노출에 필요한 빛의 양을 줄이거나 늘린다. 믹싱 콘솔에서 페이더는 각 트랙의 볼륨(음량)을 줄이거나 늘려서 조율하고 취합하여 모든 트랙들을 최종적으로 합성해 내는 녹음실의 콘솔을 뜻하는 말이다. 새로운 디지털 시스템에서도 방식과 기능은 같다.

□ 그림설명 0903, 디지털 콘솔, Fader.

0904 `gen` `sci`

Fahrenheit ([파렌하이트], 화씨온도, °F)

화씨는 온도를 재는 단위로 섭씨(°C, Celsius, [셀시우스])와는 온도 눈금 표시가 많이 다르다. 화씨는 주로 미국이나 영국 그리고 일부 유럽에서 사용하고 대부분의 아시아 국가들이 섭씨를 사용한다. 화씨에서 얼음이 어는 점은 32°F 이며 섭씨로는 0°C 이다. 또한 화씨에서 물이 끓는점은 212°F 이고 섭씨로는 100°C 이나. 화씨방식의 온도계가 처음 사용된 것은 1724년으로 네덜란드에서 태어나 독일에서 활동했고 폴란드에서 노년을 보낸 물리학자인 다니엘 가브리엘 파렌하이트(Daniel G. Fahrenheit, 1686-1736)에 의해 처음으로 °F를 온도를 °C보다 더 명확하게 재는 단위로 사용하기 시작했다.

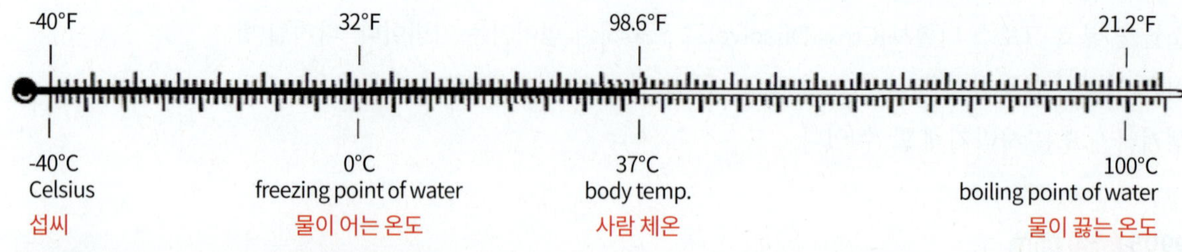

☐ 그림설명 0904, 화씨 VS 섭씨의 중요 온도 비교.

0905 `pic`

family movie (가족영화)

미국 영화산업에서 주로 사용하기 시작한 말로서 1980년부터 더 많은 영상산업에 유행을 불러일으키기 위한 새로운 마케팅 방식에서 온 단어이다. 현대의 문명은 컴퓨터의 발전과 함께 오히려 가족과의 소통 단절을 가져왔으며 이러한 위기감을 해소하기 위한 가족이 같이 즐길 수 있는 영화가 급진적으로 제작되었다. 1982년에 만들어진 스티븐 스필버그(Steven Spielberg, 1946-)의 'E.T.' 등이 가족영화의 좋은 예라 할 수 있다. 가족영화는 어린이들에게 부적절하다고 간주되는 내용을 사용하지 않는 것이 특징이다. 어린이를 위한 영화도 이에 속한다.

0906 `gen`

fancy goods (팬시상품)

애니메이션이나 실사영화 주인공을 활용해 만든 기념상품 따위를 이르는 말이다. 만화나 애니메이션에 나오는 주인공들의 의상이나 도구 액세서리 등이나 실제로 영화가 아닐지라도 상상 속에 환상을 불러일으키는 귀엽고 화려한 여러 종류의 상품들을 말한다. 이 팬시(Fancy)의 뜻은 현실에서는 없는 꿈같은 상상의 세계를 마음속에 기리는 환상을 뜻하는 말이다.

0907 `pic` `his` `ani`

Fantasmagorie (판타스마고리)

프랑스 파리 태생인 에밀 꼴(Emile Cohl, 1857-1938)이 1908년 최초로 애니메이션 방식으로 만들어진 완전한 작품이다. 정확히 동작을 그려서 콤마(Comma, 한 장씩) 촬영하여 35mm 필름으로 만들어진 것이다. 꼴이 고몽영화사에 재직할 당시 만화체 그림으로 동작을 넣어 스토리가 있는 완전한 쇼를 만든 것은 대단한 사건에 가까운 일이었다.

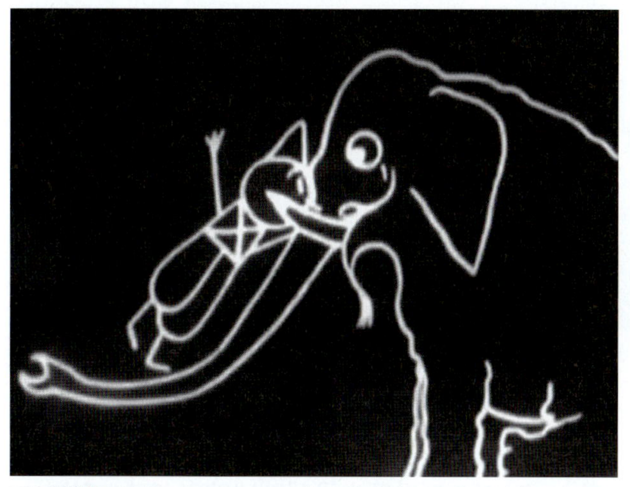

□ 그림설명 0907, <Fantasmagorie> 1908, by Emile Cohl.

✱ 참조보기 (0443 - Cohl, Emile)

0908 `pic` `peo`

fantasy movie (판타지 영화)

판타지라 불리는 영화들은 일반적으로 초현실적 환상의 세계를 그리는 것을 뜻하며 과학적인 기초를 가지고 있지 않는 것이 보통이다. 초현실의 상상력으로 만들어진 이와 같은 초기 영화는 조르주 멜리에스(Georges Melies, 1861-1938)에 의해 시도되어 상업적으로 크게 성공하기도 했다. 최근에 와서 팬시 영화는 많이 변화되어 과학에 기초를 둔 상상의 세계를 그린 것들이 제작되었다. 이것들은 조지 루카스(George Walton Lucas, 1944-)감독의 <Star Wars, 1977>, 스티븐 스필버그(Steven Spielberg, 1946-) 감독의 <Close Encounter of Third Kind, 1977>와 연작으로 나온 <해리 포터, Harry Porter, 1997-2011>는 7권의 시리즈로 출판된 것을 4명의 감독이 영화로 만들어 대단한 인기를 얻었다. 이러한 신비적 전개는 주로 고대 희랍의 신화에서 온 것으로 영화의 내용들은 주문(Spells), 마법의 검(Magic Swords), 용(Dragon), 신화(Myth), 고대 종교적 유물(Ancient Religious Relic)등에 해설을 넣어 풀어나가는 것이 특징이다. 또한, 애니메이션으로 슈퍼히어로(Superhero)가 등장하여 실사영화와 같은 환상을 만들어 내기도 힌다.

□ 그림설명 0908, <Close Encounters of The Third Kind> 1977, by Steven Spielberg.

0909 `fes`

Fantoche Int'l Animation Film Festival (판토슈국제애니메이션페스티벌)

스위스〉 Baden, 판토슈-국제애니메이션페스티벌(Fantoche-Int'l Animation Film Festival)은 1995년에 스위스 문화부가 애니메이션 페스티벌을 시작하여 격년으로 9월에 스위스 바덴(Baden)에서 6일 동안 열어 명성을 얻어왔다. 그러나 페스티벌은 2009년에 매년 행사로 바뀌었으며 '스위스 경쟁(Swiss Competition)'과 아동을 위한 '베스트 키즈(Best Kids)'작품 경쟁 부문이 더 추가됐다. 단편 애니메이션 경쟁은 판토슈의 핵심으로 첫 번째 행사 때부터 있었다. 또한 특별전과 어린이 관객들을 위한 프로그램, 스위스 애니메이션의 트렌드(Trend)를 살펴볼 수 있는 프로그램, 애니메이션 관계자들을 위한 토론의 장, 워크숍 등과 이벤트 등을 준비한다. 이밖에도 매년 학생들을 위한 상영, 전시 투어, 작가와의 만남 등 별도의 프로그램과 애니메이션 테크닉, 작품 제작

□ 그림설명 0909-1, Fantoche Int'l Animation Film Festival 2017 포스터.

-2, Fantoche Int'l Animation Film Festival 2011.

과정 등을 볼 수 있는 기회 등을 제공하며 큐레이터(Curator)는 아이들과 젊은이들에게
애니메이션의 역사와 프로그램 각각을 소개한다.

0910 `gen`

fashion (유행, 방식)

의상의 스타일(Style)을 가리키는 말로 가장 보편적으로 많이 유행을 따라 입는 옷을
말한다. 또한 절차를 따라 순서에 입각해 행하는 일이나, 사람의 몸가짐에서 예의범
절(Manner)을 뜻하는 말이기도 하다.

0911 `pic`

fast motion (빠른 동작)

아날로그 필름의 정상적인 촬영과 영사의 속도는 모두 초당 24(유럽25 등)프레임이다.
이때 카메라의 촬영속도를 초당 12프레임으로 한다면 영사하여 보게 되는 동작의 속
도는 배속으로 빠르게 보인다. 개념적으로 정해진 속도를 벗어나 빠르게 보이게 하는
모든 영상을 'Fast Motion Filming' 이라 칭한다. 이와 흡사한 방식으로 효과를 얻을 수
있는 시간 경과방식인 타임 랩스(Time Lapse)와 픽실레이션(Pixilation)기교가 있다.

＊slow motion (느린동작, 슬로우모션)

슬로우모션은 정상적인 자연 동작보다 더 많은 동작을 볼 수 있는 것을 말한다. 피사체
의 움직임을 특수카메라로 정상속도의 5배 이상의 고속(초당 120프레임)으로 촬영한
후 정상속도로 재생(Play Back, 초당 24프레임)하면 슬로우모션 동작을 얻을 수 있다.
이때 물체의 움직임이 무겁게 보이므로 미니추어(Miniature) 촬영에 많이 활용된다. 라
이브액션(Live Action)에서 사용되는 우주선 등은 아주 작은 실물이지만 고속으로 촬
영하여 무게감을 얻어내는데 사용되는 하나의 기술이다. 실물을 고속 촬영하여 얻어진
슬로우모션은 애니메이션에 속하지 않는다.

0912 `pic`

feature film (장편 영화)

피처 필름이라는 말은 영화를 상영할 때 '특별출연(Special Featured)에 누구누구' 식의
언어적 표현으로 출연자를 소개할 때 쓰이기 시작했던 단어이다. 그러나 오늘날에 와
서는 '장편영화'의 의미로 사용된다. 아날로그 장편영화는 통권 5권(Reel) 이상의 필름
으로 구성되며 각 릴은 대략 14분 이상, 총 합계 1시간 이상의 길이를 초과할 때 이들

피처(Feature) 필름으로 규정하고 있다. 미국 영화 산업의 초기에 영화 특허권을 갖는 특정 회사가 모여 조합을 이루고 장편 영화를 제작했다. 이때의 장편 영화들은 본편이지만 대부분 짧아서 1시간 이상의 규정을 채우기 위해 영화의 앞머리에 뉴스 릴과 단편 애니메이션을 덧붙여 배급하는 것이 일반적이었다. 이러한 결과로 상영되는 3가지의 필름 중에 어느 것이 본편인지를 구분하기위해 '오늘의 특별 출연에.....(Today's feature is.....)'라는 수식어를 사용했다. 관객의 입장에서 배급사들의 단합과 횡포에 맞서 법원에 소송을 제기했고 법원 판례에서 승소하여 이 후 장편은 순수 1시간 이상의 길이로 변화되었다. 영화는 미국에서도 제작됐으나 이보다 더 먼저 장편영화를 만든 나라는 이탈리아와 프랑스였다. 1912년의 '쿠오바디스(Quo Vadis)'와 '폼페이 최후의 날(The Last Days Of Pompeii)'이 이탈리아에서 제작 상영되었으며, 프랑스는 1913년에 '제르미날(Germinal)'과 '레미제라블(Les Miserables)'을 제작했다. 이 당시의 영화들은 영화관에 2편의 영화를 같이 보여주는 더블 피처(Double Feature)가 유행이었다.

21세기에 들어서 영화는 그 구성에 있어서 상상력과 컴퓨터 CGI기술의 뒷받침으로 관객에게 최대의 흥분을 주고 최대의 인기를 얻을 수 있게 되었다. 이로써 장편영화는 상영시간의 제약 없이 3시간이 넘는 영화를 흔히 볼 수 있게 되었다. 애니메이션으로 만든 장편 영화는 애니메이티드 피처 필름(Animated Feature Film)이라고 부른다.

□ 그림설명 0912, 영화 <Quo Vadis(어디로 가시나이까)> 1912, by Enrico Guazzoni.

0913 his ani

Felix the Cat (고양이 펠릭스)

펠릭스는 고양이의 이름이다. 흑백 무성 영화 시대에 시리즈로 제작된 세계 최초의 애니메이션 캐릭터이다. 고양이 펠릭스가 활약하는 만화시리즈로 많은 관객으로부터 인기를 얻어 냈다. 그러나 캐릭터 펠릭스는 추측(Speculation)할 뿐 언제 태어났는지 확실한 생일이 없다. 1914년 처음 Felix라는 캐릭터를 만든 사람은 팻 설리번(Pat Sullivan, 1885-1933)이다. 그가 고용한 애니메이터인 오토 메스머(Otto Messmer, 1892-1983)가 디자인해서 만들었지만 이것은 분명히 고용주에 소유권이 있었다. 설리번은 캐릭터 등록이나 법규에 신경을 쓰지 않는 성격이라 펠릭스가 인기 있는 프로그램이었음에도 불구하고 오랫동안 상표등록이 방치된 상태였다. 이런 틈에 라이브액션 코미디 영화가 2

편이 나왔는데 <Felix gets in Wrong>과 <Felix on the Job> 주인공의 이름이 두 영화 모두 Felix라는 이름을 넣어 완성되어 1916년 유니버설(Universal)의 배급으로 상영했다. 당시에 첫 작품은 시대적으로 흑백 무성 애니메이션이었다. 사실상 역대 최초로 성공한 애니메이션 캐릭터여서 수많은 아류작(Imitation)들이 그 뒤를 쫓아 유사한 모양으로 캐릭터를 만들어 냈다. 월트 디즈니가 오스왈드 래빗(Oswald Rabbit)과 미키 마우스(Micky Mouse)를 만들어내는데도 큰 영향을 주었다고 기록돼 있다. 이런 가운데에도 설리반의 만화 펠릭스는 캐릭터의 디자인과 이름을 상표로 겨우 1925년에야 정식으로 등록하게 되었다. 펠릭스는 복잡한 기원(Genesis)을 가지고 있다. 주인공 펠릭스의 생일이 복잡하게 된 것은 설리반과, 1916년에 고용한 재능이 많은 동료 애니메이터 오토 메스머 때문이라고 할 수 있다. 두 사람은 만화 시리즈의 주인공으로 사용할 검은 고양이 <Felix> 캐릭터를 만들었지만 공교롭게도 메스머가 세계 1차 대전(1914-1918)에 군인으로 유럽원정을 떠나게 되었음으로 이듬해인 1917년에 <토마스 캣의 꼬리(Tail of Thomas Kat)>라는 새로운 만화 시리즈를 처음으로 만들었다. 사실 이름만 다르지 최초로 나온 <펠릭스>와 똑같다고 볼 수 있다. 이 '토마스 캣' 만화는 고양이가 자신의 꼬리를 떼었다 붙였다 하며 모든 난관에 부딪힐 때마다 어려움에서 벗어나는 도구로 사용하고 있는 것이 이 프로그램의 특징이었다. 1919년 전쟁에서 복무를 마치고 돌아온 메스머는 본격적으로 시리즈 제작을 서둘렀다. 첫 작품은 1920년 파라마운트 영화사(Paramount Pictures)를 통해 제작은 뉴욕에 자리 잡은 애니메이션 스튜디오의 팻 설리반이었고 감독은 오토 메스머로 펠릭스가 단편을 그려 최초로 등장한 것은 <어리석은 고양이(Feline Follies)>로 여기서도 고양이 주인공은 여전히 톰 도련님(Master Tom)이다. 이후로 더 많은 작품들을 만들었는데 무려 한 달에 거의 두개씩 만들어 1920년 내내 교육용 필름(Educational Films)으로 TV에서 방영했고 이 때 부터 주인공 '펠릭스' 이름이 드디어 공식적으로 사용되었고 유명해 졌다. 메스머가 대부분의 시리즈를 감독 했고 그의 애니메이터 팀원들이 그를 도왔다. 이 중에는 앨 허터(Al Hurter, 1883-1942), 할 와커(Hal Walker, 1896-1972) 그리고 라울 바레(Raoul Barre, 1874-1932)도 참여 했다. 그 당시 펠릭스는 매우 인기가 높아 탄탄한 캐릭터로 자리매김하고 있었다. 감정이 풍부한 눈을 가진 자신 만만한 작은 검은 고양이는, 악천후를 뚫고 미지의 세계에서 온 악당 무리와 싸우는 모험을 펼칠 뿐만 아니라 시공을 넘나드는 공상의 세계로 날아다닌다. 메스머는 외롭게 일했다. <환상의 나라 속의 고양이 펠릭스(Felix the Cat in Land o' Fancy)>, <미래나라의 고양이 펠릭스(Felix the Cat in Future Land)> 등, 메스머는 계속해서 고양이 주인공 펠릭스는 변덕쟁이 Phyllis의 사랑을 얻기 위해 모든 어려움과 맞서는 떠돌이로 디양힌 시도를 하며 이 고양이 캐릭터에 깊이와 인격을 불어 넣었다. 그러나 1926년부터 할리우드 영화분야는 영화에 음향(Talkie)을 새로 채택하면서 그의 주변동료 애니메이터들이 이 새로운 변화를 따라가기 위해 빠르게 작업을 하고 있었지만, 당시 설리반은 스튜디오에 잘 나오지도 않고 애니메이션 필름에 음향을 넣는 것에 대해 흥미를 잃어갔다. 설리반은 유성영화가 너무 많이 돈이 든다며 반대했고, 결국에는 애니메이션계의 주요 흐름의 거점(Base)을 월트 디즈니에게 내어주는 결과를 만들어 주게 되었다. 무성영화시대의 <고양이 페릭스>는 말 한번 못해보고 새로운 음향시대(Talkie Era)를 거부하며 말없이 뒷전으로 물러서고 말았다. 오히려 귀재 디즈니는 생각이 달랐다. 음악에 캐릭터의 동작을 일치시키는 <스팀보트 윌리(Steamboat Willy)>라는 애니메이션을 준비하고 있었다. 1936년 반 뷰렌(Van Beuren)은 펠릭스를 등장시킨 <펠릭스 고양이와 금덩이 알을 낳는 거위(Felix the Cat and the Goose That Laid the Golden Eggs)>로 컴백을 시도했지만 오래가지 못했

□ 그림설명 0913-1, <Felix the Cat, (1919)>의 주인공 Felix.　　-2, Felix the Cat 만화(Comic)

다. 결국은 조 오리올로(Joe Oriolo, 1913-1985)가 1940년대에 펠릭스의 권리를 얻었다. 원래 당시의 펠릭스는 극장용으로 제작되었으나 새로 나온 안방 텔레비전에 펠릭스를 또다시 성공적으로 부활시켜 1961년 TV방송이 끝날 때까지 260개의 시리즈를 만들었다. 펠릭스는 1920년대에 메스머가 감독한 훌륭한 애니메이션이었다. 이 애니메이션은 기술적으로도 완벽했을 뿐만 아니라 동작을 탐구하는 예술적인 면에서도 성공적이었다. 펠릭스 캐릭터는 무성 애니메이션의 역사에 가장 성공적인 작품으로 인기는 절정에 이르러 어떠한 애니메이션 시리즈도 당해낼 수가 없을 정도로, 말 그대로 '금덩이 알을 낳는 거위'이었다. ++지금까지도 사랑받고 있는 이 캐릭터는 이후 판권은 드림웍스 애니메이션이 보유하고 있었고, 결과적으로는 드림웍스를 인수한 콤캐스트(Comcast) NBC Universal이 $3.8 Billion에 매입함에 따라 현재 모든 판권을 가지고 있다. 2019년은 펠릭스가 탄생한지 100주년이 된 해였다.

□ 그림설명 0913-3, 초기 단편(early Episode)

-4, A Cartoon Episode.

5, Felix the Cat 이후에 니온 고양이 주인공들.

*** 참조보기 (0950 - Fleischer, Max)**

F

0914 `fes`

festivals (축제, 페스티벌)

페스티벌은 사람들이 모여서 각기 관련된 축제를 벌이는 것을 뜻하는 말이다. 축제의 종류로는 나라마다 여러 가지가 있다. 제정된 특별한 날, 마을의 잔치, 종교적인 축제, 각종 영화제, 음악회, 예술축제, 농산물 경진회 등을 축하하거나 홍보하기위한 축제를 벌인다. 이러한 축제들에서는 대부분 먹고 마시며 즐거움을 나누며 사람들과의 대화하며 분야에 발전을 위한 향상된 생각들을 도모하는 목적이 있다. 'Festival'이라는 단어는 원래 라틴어에서 온 말로 14세기 후반 경에 오랜 프랑스어에서 파생되어 사용되었다. 유사한 의미로 사용하는 말로는 카니발(Carnival, 사육제, 제전, 기독교의 사순절), 갈라(Gala, 잔치, 특별개최), 페어(Fair, 박람회, 경진대회, 품평회), 페트(Fete, 축제, 가톨릭의 영성축일), 피에스타(Fiesta, 축제, 라틴계의 종교상 축제일) 등이 사용되고 특히 영화예술을 경진하는 영화제에서는 축제이상의 심각한 의미로 쓰인다.

□ 그림설명 0914, 해운대 북극곰 축제, 부산.

✴ 참조보기 (0091 - animation festivals of the world)

0915 `lit`

fiction (소설, 꾸민 이야기, 허구)

문학에서 소설 따위를 허구라고 한다. 실제로는 없는 사건들을 상상으로 구성해 서사적으로 이야기를 담은 것을 문학에서는 소설이라 하는데 소설은 모두 상상으로 이뤄낸 거짓말(Falsehood)들이다. 그러나 문학에서는 꾸며낸 거짓말을 참 거짓말로 정의한다. 참 거짓말은 생활 속의 말이 아니며 정의(Justice)에 입각한 논리적 구성을 뜻하는 하나의 표현수단에 불과한 것이다. 이러한 창의적 분야를 다루는 것을 예술의 창조 혹은 창작이라 한다. 창작은 우리가 이미 알고 있는 생각과 소유하고 있는 물질을 바탕으로 상상력으로 이루어지게 된다. 따라서 창의력은 디자인을 구성하고 성격의 변화를 유도

한다. 감정을 자극하여 심리적 변화를 유도한다. 소설을 읽으며 용맹과 온화, 타협과 쟁취, 저주와 사랑, 양보와 질투, 오만과 자중, 타락과 참회를 그리고 경이로움을 스스로 분별해 본다. 소설가에 의해 만들어진 꾸민 이야기는 이처럼 인간의 생각과 생활을 더욱 윤택하게 해주기 위하여 예술가들이 만들어 내는 것이다.

0916 `pic` `lit`

fiction film (소설영화, 허구영화)

소설 속에 나오는 가상적인 캐릭터들과 사건들을 다루는 필름을 통칭한다. 이 용어는 일반적으로 대부분의 장편과 상업영화들에 적용되는 말이다. 픽션필름은 최고의 상상력이 동원된 허구 스토리이다. 많은 픽션필름들은 소설에서 응용된 실제의 장소들을 사용하고, 어떤 것들은 내용상 실제와 같은 인물과 사건들을 넣기도 하지만 거의 허구적으로 연출된다고 볼 수 있다. 어떤 픽션 필름들은 다큐멘터리 스타일을 채용해 진실인양 박진감을 추구하기도 하지만 그렇다고 해서 작품의 허구성 자체가 바뀌는 것은 아니다. 엄밀히 사실에 입각한 내용을 관객의 이해를 돕기 위해 어떤 주제를 가지고 보여줌으로써 일반적 다큐멘터리와는 다른 의미를 갖는다고 할 수 있다. 최근 3D 디지털 CG애니메이션의 활용이 폭주하면서 그 허구는 극치를 이루고 있다. 한 시대에 최고의 인기를 끌었던 <어벤져스(Avengers)> 영화를 예를 들 수 있다. 간혹 사실사건을 다룬 내용을 영화로 만드는 경우, 소설이 아니라 '사실이야기(Based on True Story)'라는 부제를 달아 상영한다.

□ 그림설명 0916, <Avengers> 2012, by Joss Whedon.

F

0917 `ani`

field chart, field guide (화면 크기, 위치보기)

아날로그 방식의 애니메이션 제작에서 화면의 크기와 위치를 표시하기 위해 4:3 화면 비율, 12F(필드, 30.5cm가로x26.5cm세로) 크기로 만들어진 플라스틱 차트(Chart)를 말한다. 그려진 그림의 범위는 6F에서 12F를 사용할 수 있으며 위치는 N(북), S(남), E(동), W(서)로 표시한다. 예; 9F/2N/2W라 한다면 이 표시의 화면은 9필드 크기에 위치는 북쪽으로 2필드, 서쪽으로 2필드를 움직여 자리 잡으라는 표시이다. 경우에 따라 16필드나 32필드 까지도 사용이 가능하다. 이 필드 차트는 화면 비례에 맞게 여러 개의 칸으로 되어 있으며(그림0917-1) 범위가 표시되어 있어 애니메이션 레이아웃(Layout) 단계에서 위치를 결정할 때 사용했다. 지금은 이 모든 필드 가이드들이 손으로 만져볼 수 없는 컴퓨터 안에 내장되어 있어 사용방법이 전혀 다르게 되었다. 필드 역시 4:3에서 16:9의 컴퓨터 스탠더드 화면비로 바뀌게 되었다.

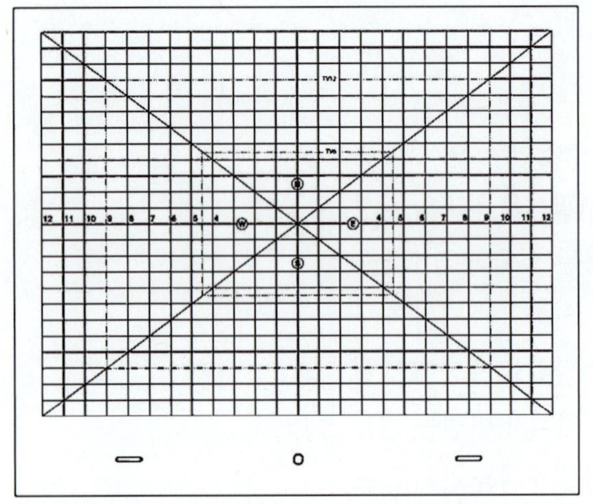

□ 그림설명 0917-1, 4:3 필드 가이드, 위치와 화면의 크기 표시.

✴ field key (필드 키, 화면크기)

아날로그 방식에서 애니메이터 (Animator)가 카메라맨에게 촬영 범위를 시각적으로 체크할 수 있도록 화면의 크기와 위치를 정해주는 그림의 범위를 말한다.

-2, 배경과 레이아웃 그림 위에 화면 16:9 크기와 위치표시.

*field mask (필드 마스크, 화면범위 씌우개)

아날로그 방식의 애니메이션 제작 레이아웃(Layout) 작업에서 사용되는 검은색 두꺼운 판지로써 필드 4에서 필드 12까지의 크기로 되어있고 뚫어진 사진틀 모양의 필드 가이드를 가리키는 말이다. 그림 위에 올려놓고보면 화면의 범위를 시각화 할 수 있도록 만들어진 것이다.

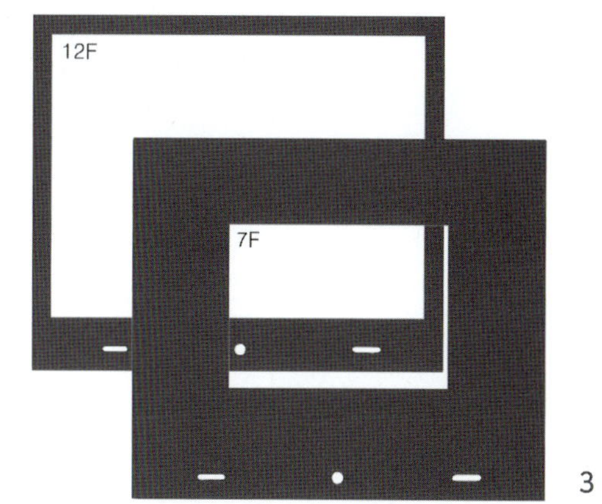

-3, 액자의 틀과 같은 느낌으로 화면을 점검한다. Ratio 4:3

*field size (필드 사이즈)

애니메이션 촬영을 위해 수치화된 촬영 범위를 지정하는데 사용되는 필드가이드를 이르는 말이다. 이 필드 사이즈는 1에서 16 필드까지 범위가 정해져 있고, 카메라가 찍을 수 있는 최근접 필드는 4에서 일반적으로 12 필드를 스탠더드로 사용하며, 촬영 화면 비율은 재래식으로 4:3이며 디지털에서는 16:9비율을 사용한다. 12FLD 내에서 화면의 크기와 위치를 보여주고자 하는 부분을 8F로 가정할 경우, 그림의 센터(중심)를 옮겨야 하며, 수치 표시를 읽어 8F/2W/Ⅽ로 기록함으로써 카메라맨이 촬영할 때 화면의 위치를 알도록 한다.

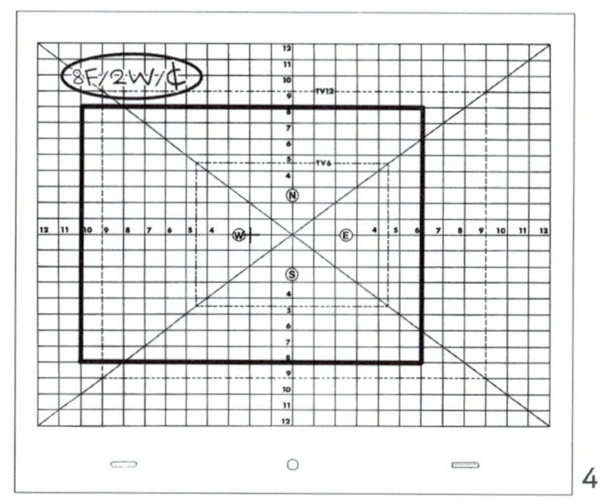

□ 그림설명 0917-4, 화면의 크기와 위치, 8F/2W/C, (C is center)

0918 `pic` `equ` `pho`

film (필름, 영화필름)

필름이라는 단어는 영화 또는 영상으로 만들어진 모든 활동사진을 대변하는 말이다. 원래 셀룰로이드(Celluloid) 성분으로 된 투명한 플라스틱류 소재에 붙여 부르는 일반적인 의미를 가진 말이지만 영상분야에서는 완성된 영화(Movie)작품 또는 8mm, 16mm, 35mm, 70mm 등 각종필름의 뜻으로 사용된다. 심지어는 디지털시대가 도래한 21세기에 들어와서도 필름의 의미는 영화를 표현하는 단어로 사용한다.

*film invention (필름의 발명)

필름 위에 이미지를 촬영한 것을 사진으로 볼 수 있도록 네거티브(Negative)와 프린트 ፙ 포지티브(Positive)의 원리를 발명한 사람은 영국의 윌리임 폭스 딜보(William Fox

Talbot, 1800-1877)였다는 기록이 있다. 그것이 비록 영화필름이 아닌 정(Still) 사진이었지만 그는 유리가 아닌 필름을 사용하여 사진공정을 발명해낸 최초의 사람이었다. 영국의 탈보는 프랑스의 루이 다게르(Louis Daguerre, 1787-1851)가 1839년에 발표한 사진술에 비해 1년 뒤진 1840년에 나왔지만 그의 사진기술에 대한 연구는 1835년부터 시작했고 필름위에 은염을 고정시켜 영구적인 네거티브(Negative) 이미지를 만들어냈다. 또한 네거티브를 이용해 빛을 노출시켜 두 번째 필름에 포지티브 필름(Positive Film)으로 반전시켜 정상적인 이미지를 볼 수 있는 프린트를 만들어 냈다. 사진의 선명도와 촬영속도는 다게르의 것보다 훨씬 빠르고 거의 완전무결한 것이었다. 이것은 사람이 움직이는 사진(Motion Picture, 활동사진)을 볼 수 있게 되는 시작이었던 것이다. 그러나 운명적으로 다게르보다 한발 뒤늦게 발표함으로서 최초의 사진 발명가라는 명예를 잃게 됐다.

* movie film invention (영화필름의 발명)

에드워드 마이브리지(Eadweard Muybridge, 1830-1904)의 말(Horse)사진이 발표된 그 이듬해인 1878년 조지 이스트만(George Eastman, 1854-1932)이 움직임을 촬영할 수 있는 필름을 연구 끝에, 결국 얇고 구부러지는 셀룰로이드라는 투명한 필름 위에 감광유제를 발라 이미지를 촬영할 수 있도록 롤필름(Roll Film)을 만들어내게 되었다. 그리고 코닥(KODAK)이라는 상표를 붙여 일반 대중에 공개했다. 필름은 개발 당시부터 지금까지 똑같은 35mm의 넓이의 필름이며 양쪽 가장자리에 4개의 천공이 뚫려있는 것 역시 당시와 같이 변함이 없다. 이 발명품은 카메라상자(그 당시에 부르던 이름)에 넣은 필름을 손으로 돌리며 연속적으로 약 1분간 동작을 촬영할 수 있게 고안된 것이었다. 이 필름으로 1891년 미국의 토마스 에디슨(Thomas Edison, 1847-1931)과 윌리엄 딕슨(William Dixon, 1860-0935)에 의해 키네토그라프(Kinetograph)라는 움직임을 찍을 수 있는 카메라와 촬영한 동영상을 돌려 볼 수 있는 키네토스코프(Kinetoscope)를 발명하였고 특허를 내어 처음으로 특허표시를 부착하여 사용하게 되었다. 그 이듬해인 1892년 프랑스의 에밀 레이노드(Emile Reynaud, 1844-1918)가 독자적으로 개발한 극장식 영화관에서 사용한 필름이 있었는데 이 필름은 천공이 화면과 화면사이 중앙에 위치해 있었던 것으로 레이노드의 독자 개발한 또 다른 35mm 필름으로 기록에 남아있다. 프레임마다 4개의 천공이 있는 코닥필름에 비해 그 견고성에 대해서는 기록이 없다. 레이노드의 필름은 그 후 개발을 하지 않아 영화 애호가들은 오랜 기간에 걸쳐 35mm 코닥 필름을 사용해 왔다. 1895년에는 프랑스의 뤼미에르 형제에 의해 코닥 필름이 사용됨으로 인해 유럽의 전역에 퍼져나가게 되었고 20세기에 들어서서 영화는 인류의 오락으로, 예술로, 과학으로 점차 세계로 뻗어 발전하게 되었다. 필름이 사용되기 시작한 기록에 의하면, 최초의 플라스틱 성분을 발명한 것은 1846년 독일 사람으로 스위스 바젤대학 교수로 일하던 크리스티안 쇤바인(Christian Friedrich Schonbein, 1799-1868)으로 그는 폭발성이 강하고 탄성이 큰 질산섬유소(니트로셀룰로오스) 합성에 성공하게 된다. 그러나 1856년 영국 버밍엄의 알렉산더 파크스(Alexander Parkes, 1813-1890)가 먼저 특허를 받았다. 1869년 존 하이아트(John Wesley Hyatt, 1837-1920)가 질산섬유소 화공약과 나뭇잎에서 차출한 장뇌를 섞어 개발하였다. 하지만 화약을 구성하는 성분인 니트로셀룰로오스가 포함되어 있어 작은 충격에도 큰 화재가 자주 발생하고는 했다.

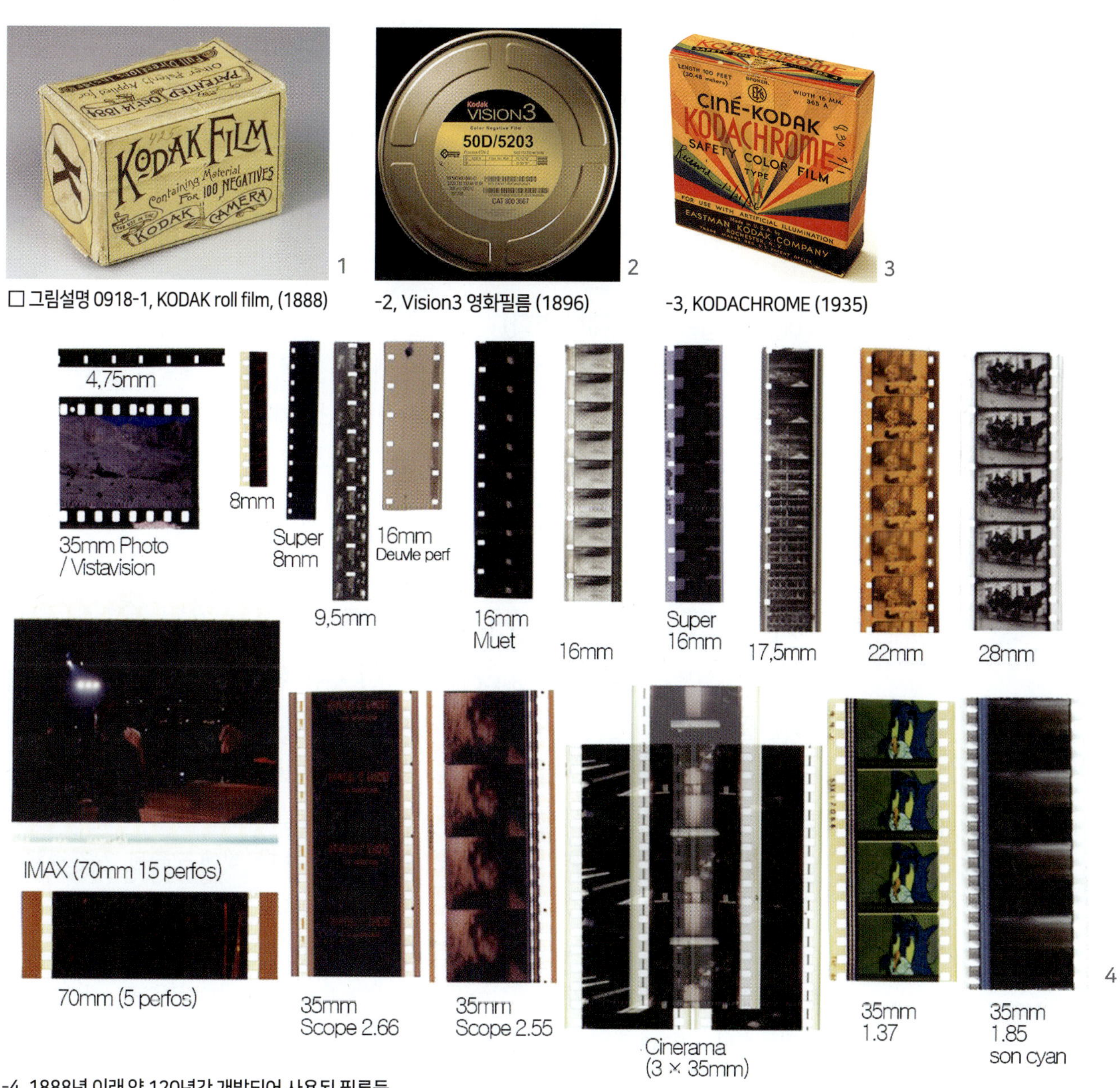

□ 그림설명 0918-1, KODAK roll film, (1888)

-2, Vision3 영화필름 (1896)

-3, KODACHROME (1935)

-4, 1888년 이래 약 120년간 개발되어 사용된 필름들.

필름의 주성분은 니트로셀룰로오스(Nitrocellulose), 질산섬유소로 만들어져 불이 붙으면 거침없이 타버리는 위험성이 컸다. 영화관에는 영화가 상영될 때면 특수훈련을 받은 소방관이 항상 대기하고 있을 정도였다. 1951년에 주성분은 점차적으로 셀룰로오스 아세테이트(Cellulose Acetate)로 개선되어 내화성을 올렸지만 코를 찌르는 시큼한 냄새 때문에 '식초 신드롬(Vinegar Syndrome)'이라 불리기도 했다. 필름은 폴리에스터(Polyester)가 주성분으로 매우 강해서 손으로 비틀어도 찢기지 않아 영사도중 필름이 끊어지는 사고는 드물다. 대신 간혹 필름이 스프라켓 사이에 끼면 빼내기가 쉽지 않아 곤욕을 치르기도 한다. 그러나 이 필름들(그림 0918 참조)은 디지털 방식으로 영상을 얻어내게 된 21세기에 들어와 필름을 사용하는 영화는 모두 찾아보기조차 어렵게 되었다. 필름은 폴리에스터가 주성분으로 매우 강해서 손으로 비틀어도 찢기지 않아 영사도중 필름이 끊어지는 사고는 드물다. 대신 간혹 필름이 스프라켓 사이에 끼면 빼내기가 쉽지 않아 곤욕을 치르기도 한다. 그러나 이 필름들은 디지털 방식으로 영상을 얻어내게 된 후 모두 찾아보기조차 어렵게 되었다.

* big budget film (대작 영화)

특별히 여러 사람들이 투자하여 많은 제작비 예산을 들여 만드는 필름을 말한다. 이런 영화들은 대부분 크랭크 인(Crank in) 하면서 미리 관객에게 홍보하기 위하여 여러 미디어를 통해 여러 수단으로 떠들썩하게 광고를 한다. 이러한 대작 영화들은 세계 배급망을 통하여 상영되는 것이 상례이다.

* color film (컬러필름)

이스트만 코닥(Eastman Kodak)회사는 1935년에 세계 최초로 컬러 필름을 개발해 출시했다. 컬러 필름은 코닥크롬(Kodak-Chrome)이라 불렸다. 필름은 얇게 C. M. Y. 컬러 젤라틴을 3겹으로 바른 감광유제 층이 겹쳐있고 밑에 K(은염)층이 있다. 매 층 사이에 커플러(Coupler)가 3가지 색들이 서로 혼합되지 않도록 얇게 발라져있다. 이 커플러는 맨 위가 연한 청록(Cyan)색 층과 그 아래에는 노란(Yellow)색 층 그리고 맨 아래에는 연분홍(Magenta)층의 유제가 혼합되지 않도록 분리해 준다. 빛에 노출된 은 결정체들이 검게 되며 네거티브 이미지가(K, Black) 형성되게 된다. 커플러는 민감하게 각층의 색상 할로겐 은이 혼합되지 않게 막는 역할을 한다. 빛을 받은 부분들은 검게 되고 어두운 부분들은 포지티브(양화)에서는 반대로 밝게 보인다. 이러한 복잡한 공정을 거쳐 완전무결한 코닥 크롬을 이스트만 회사가 만들었지만, 디즈니 스튜디오의 월트 디즈니(Walt Disney, 1901-1966)는 1935년에서 1939년까지 시리즈로 <실리 심포니(Silly

Symphonies)>, <꽃과 나무(Flowers and Trees)>라는 컬러 애니메이션을 최초로 만들어 냈다. 그러나 이 컬러필름은 테크니컬러(Technicolor) 회사가 35mm 필름으로 4번이나 CMYK방식으로 프린트하여 컬러 영화용 필름을 만들어 사용했다. 이 당시 이스트만 회사는 여러 형태의 필름을 만들어 냈는데 일반 가정용 소비자를 위한 8mm나 특수 기록영화나 학교 교육용인 16mm, 그리고 현상을 하면 프린트 필름이 되는 반전용 리버셜(Reversal) 필름도 사용됐다. 이 필름은 네거티브(Negative) 현상과정 없이 포지티브(Positive) 역할을 하여 듀프 네거(Dupe Nega)를 만들어 사용할 수 있었다. 이처럼 필름의 제조과정은 매우 민감하고 어려운 것이며 인류가 발명한 기술 가운데 가장 위대한 업적이라고 말할 수 있다.

* golden age of the film (필름의 황금기)

1950년대 초기에 들어서는, 70mm의 포지티브 필름과 65mm의 네거티브 필름(러시아와 동유럽에서는 네거티브 필름 또한 70mm이었다)이 초대형 스크린용으로 만들어졌고 음향은 6본 입체트랙으로 영화예술에 극치를 이루었다. 이 필름은 각 프레임의 양쪽에 5개의 천공이 나있다. 이렇게 훌륭한 기재였지만, 1980년대에 들어서 70mm 영화용 기재들은 매우 무겁고 촬영 비용이 엄청나게 들어서 사용하지 않게 되었다. 70mm 필름은 넓으면서도 명도가 강한 세부 묘사와 대단한 정교성, 그리고 짙은 농도를 담고 있는 이미지를 만들어냈다. 최근까지도 70mm 필름은 아이맥스(IMAX)와 같은 특수 극장에서 그 위용을 볼 수 있었지만 지금은 찾아보기 어렵다. 일반적으로 캔(Can)에 들어있는 각종 필름은 100ft, 400ft, 1000ft, 2000ft 등의 길이로 되어있으며 필름 감광도(ASA Index)는 ISO 18, 25, 50, 80, 100, 200, 400, 1600, 3200 등 수십 종이 있다. 필름의 종류로는 약간 붉은 색(Reddish)을 띄는 미국의 코닥(Kodak)필름, 푸른 색(Bluish)을 띄는 독일의 아그파(Agfa)필름, 약간의 녹색(Greenish)을 띄는 일본의 후지(Fuji)필름 등이 영화에 큰 기여를 했다.

* fall of the film (필름의 몰락)

마치 21세기의 문을 노크도 없이 확 열고 들어선 디지털(숫자식, Digital)시대는 지구상에서 종사하는 영화인들에게 크나큰 충격적 변혁을 가져다주었다. 지난 1888년 이스트만의 코닥 영화용 롤필름이 발명된 이래 약 120년 동안 지속된 새로운 영상촬영기술의 발전은 예술로 승화시켜 문학, 미술, 음악분야에 빛나는 공적을 쌓았다. 그리고 수많은 노력과 실패와 성공의 애환을 담아온 필름영화는 우리 인류사에서 최고의 공헌을 남겼다. 시대는 다시 뒤로 거슬러 오를 수 없이 저 멀리(Far Beyond) 앞을 본다. 인류는

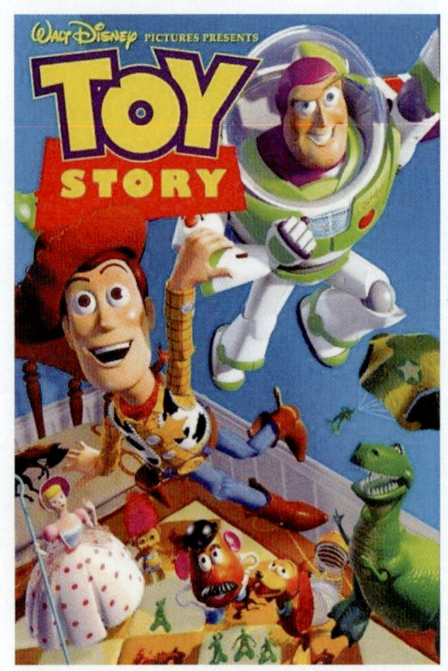

영상개발의 공로뿐만이 아니라 1968년 소형컴퓨터의 개발로 우주개발에도 박차를 가하게 되었다. 따라서 컴퓨터의 방식에 의해 만들어진 <토이 스토리(Toy Story), 1995>가 픽사(Pixar)에 의해 디지털 장편 애니메이션으로 나와서 세상을 놀라게 했다. 디지털의 혁신은 아주 빠르게 필름을 돌리던 모든 기재들과 함께 다시는 돌이켜 볼 수 없는 마치 블랙홀과 같은 속으로 영원히 사라지게 했다. 지금은 이미 새로운 첨단 디지털에 의해 영화제작의 방식이 변화되었고 컴퓨터 파일에 생성되는 디지털 이미지로 실제로 없는 것도 만들어 낼 수 있는 디지털 영상시대가 된 것이다.

□ 그림설명 0918-5, 디지털시대를 연
<토이 스토리, (1995)>

* photograph on film (필름 사진)

원래 사진술은 프랑스의 인쇄 석판공인 조셉 니세포르 니엡스 (Nicephore Joseph Niepce, 1765-1833)가 1827년에 직업상 우연히 발명했으나 완성하지 못한 채 죽게 되어 그의 동업자격인 루이 다게르(Louis Jacques Mandé Daguerre, 1787-1851)에 의해 1839년에 다게레오타이프(Daguerreotype)라는 이름으로 유리로 된 사진원판 기술을 세상에 처음 발표하게 됐다. 여러 사람들이 사진에 대해 놀라움과 함께 많은 흥미를 가졌으나 독일을 비롯해 몇 나라들은 처음 나온 이 사진에 관해 크게 비난하는 나라들도 있었다. 그러나 1877년에 에드워드 마이브리지(Eadweard Muybridge, 1830-1904)는 여러 개의 특수 카메라를 정교히 설치하고 동물과 사람의 변화되는 동작의 절묘한 순간들을 찍어 사진으로 보여줌으로써 사진술에 많은 사람들이 관심을 갖기 시작했다.

* 참조보기 (1962 - Photograph Invention)

0919 `pic` `gen`

film buyer (필름 구매자)

극장, TV, 케이블 방송사, 영상관련 회사 등을 위한 영상물 방영이나 유통의 책임을 지고 구매를 전문으로 취급하는 사람들을 말한다. 이들은 배급회사를 상대로 필름 임대, 상영시간 등에 최적의 조건과 최저 가격을 제시하여 딜(Deal)을 한다. 또한 필름 바이

어는 자신이 소유하거나 대리하는 극장에서 가능한 최상의 영상물들이 상영될 것이라는 확신을 심어준다

*film markets (필름 견본시장)

견본시장은 마치 여러 생활필수품을 파는 시장에서 물건을 구매하듯이, 흥미로운 프로그램을 선택할 수 있다. 장르별, 연령별 또는 대별해서 오락, 교육, 드라마, 스포츠, 기록영화 등의 프로그램을 다양하게 찾을 수 있다. 견본 시장은 국제적으로 특정한 기간인 여러 필름페스티벌 행사 중에, 또는 페스티벌 없이 영화필름만을 통용하는 곳이거나 특정 필름세미나 등에서 행해진다. 시장에 나온 각종의 필름들은 권리를 매매(Buy Out)하거나 대여(Rental, 특히 TV-시리즈) 하기 위해 등록하여 바이어들을 통해 유통하는 곳을 말한다.

*참조보기 (0932 - Film market)

0920 `pic`

film clip (필름 클립)

일반적으로 영상으로 제작된 완전한 길이의 작품에서 극히 일부만 공개하는 필름을 이르는 말이다. 예를 들어 TV 방송사나 예고편 등에 제공되는 홍보용 짧은 필름이나 비디오테이프 또는 DVD에서 발췌한 장면 등 짧은 영상물을 말한다.

*Pre-view (프리뷰, 예고편, 홍보시사회)

영화가 개봉되기 전에 관객의 여론을 청취하기 위하여 주요 장면을 클립으로 소개하거나 주요 정보성 기사나 혹은 개봉 전 관계자들을 초빙하여 결과물을 보여주는 시사회 등을 가리키는 말이다. 영화홍보물에 쓰일 때는 개봉 예정 영화에 대한 충실한 소개를 목적으로 하는 기사를 작성한다. 기사는 시놉(Synopsis), 제작과정장면, 내용 중요장면(경우에 따라 절대 중요장면을 공개하지 않기도 한다) 등을 보여준다.

□ 그림설명 0920, 프리뷰는 홍보용으로 짧게 공개한다.

0921 `pic`

film creation (영화연출)

영화에 있어서 이야기는 그 구조(Structure)가 가장 중요하다. 영화의 연출은 감독의 몫으로 이야기의 섬세한 언출이 필요하나. 언출은 관객들의 감정을 차분히, 그리고 흥분

을 유발시키고 끝날 때 즈음해서는 심장에 감동을 준다. 이렇게 관객들의 느낌을 좌지우지(Control)하는 감독의 작업을 영화연출이라 한다. 제작을 총지휘하는 총감독(Line Producer)이 스크립트에서부터 관계하여 영화의 완성까지 작업을 맡게 된다. 총감독은 스크립트 라이터(작가, Script Writer)의 의도를 잘살려 감독의 주관적 해석을 통해 완성된 객관성을 관객에게 보여주려 한다. 따라서 이것은 감독에 따라 작품의 느낌이 달라질 수 있다는 뜻이다. 감독은 작품을 완성하기 위해 카메라의 모든 기계적, 기술적 기법(Technique), 신(Scene)의 설정, 영화의 속도(Pace), 조명(Lighting), 심지어는 캐릭터의 연기와 의상의 선택 등에 모두 관계하게 되며 이에 따라 영화의 느낌을 바꾸어놓을 수 있다는 말이다. 여기서 애니메이션 감독도 같은 절차상의 과정들을 겪게 된다.

0922 `pic`

film credit (필름 출연자 자막)

영화의 타이틀과 출연자 자막은 매우 중요하고 명예로운 것이다. 자막은 제작을 위해 투자한 제작자(Producer), 영화를 만든 감독(Director), 출연자(Actor and Actress) 그리고 특별 출연자는 보통 영화의 앞에 나오고 조연, 단역 등, 또한 제작진들은 후미에 소개한다. 영화가 이루어지는 공정은 기획(Pre-Prod.), 제작(Main Prod.), 마무리 편집 녹음(Post Prod.) 등 공정별로 일한 모든 작업자들(All Workers)의 공로가 이 한 자막 위에 빠짐없이 기록된다. 이것을 출연자 자막이라고 부른다.

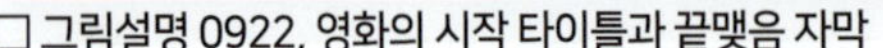
□ 그림설명 0922, 영화의 시작 타이틀과 끝맺음 자막

0923 `pic` `lit`

film critic (영화 비평가)

모션 픽처(Motion Picture, 영화)에 대해 기사를 쓰는 사람. 영화가 개봉된 직후의 내용에

관해서 비평하거나, 영화와 영화 제작자들에 대해 분석하여 논평을 쓰는 사람을 가리키는 단어이다.

0924 `pic` `lit`
film criticism (영화 비평)

영화 비평이란 영화를 보고 분석하고 판단하여 평가적으로 글을 쓰는 것을 뜻한다. 영화에 대해 관심을 가진 사람들이나 전문 비평가에 의해 평가되는 심각하면서도 자세한 영화 분석(Film Analysis)을 말하는 것인데 비평은 기본적으로 대중에게 새로운 작품의 견해를 전달하고 판단을 권고해 주기 위해 기술한다고 볼 수 있다. 어떤 비평가들은 새로운 영화에 대해 자세하면서도 상당한 지식을 포함하는 논평을 쓰기도 하고, 종종 전체의 연출에 관련해서 작품을 논평하는 일반적인 방식도 있다. 또한 간혹 그들 자신들의 분석에 강한 이론을 주장하고, 영화적 감각에 관한 개인적인 판단을 연결시키기도 한다. 훌륭한 영화 비평은 종종 매개물의 역사적 발전을 보여주면서 혁신적인 특성과 전통적인 주제와 기술 등 개인적인 의견을 피력한다. 비평은 일반인들에게 그 작품의 주제를 펼쳐 놓으면서 캐릭터와 스토리 전개를 통해 주제가 어떻게 드러나는지를 보여준다. 이로써 인간의 가치와 경험의 관점에서 그 작품의 중요성과 의미를 명시한다. 또한 기술에서 카메라 연출, 조명 기술, 편집 기교, 사운드의 적용 등 작품의 기술적인 요소에 관해 평가하고, 배우의 연기력, 드라마의 전개력, 영화의 제작비용까지도 영화 예술에 포함시켜 평가를 내린다. 어떤 비평가들은 작품이 영화산업과 관련해 재정적 문제에 어떻게 영향을 주는지를 다루기도 한다. 일반적으로, 영화 비평은 한 작품이 여러 예술인의 제작물이라는 감각을 보여준다. 또한 종류에서 판타지 영화, 픽션영화나, 독립영화, 다큐멘터리, 실험영화, 애니메이션과 같은 각각 다른 장르의 영화의 비평은 전문지식의 몰이해로 심각한 문제를 만들기도 한다. 그럼에도 불구하고 비평들은 영화를 예술의 독립된 단순 형식으로 축소하지 않고 그 당시의 사회적, 문화적 배경과 그 작품과의 관계를 파악하고 관객에게 그에 대한 평가를 보여준다. 이렇게 비평가들은 각각의 영화를 특정한 시대의 문화의 산물로 이해하고, 작품이 관객에게 사회적, 문화적 충격을 줄 것으로 평가하기도 한다. 영화 비평가는 때로는 그 작품의 다양한 샷(Shot), 신(Scene), 시퀀스(Sequence), 그리고 작품만의 테크닉(Technic)과 아주 총체적인 것들이 어떻게 청중에게 영향을 주는지, 보는 사람에게 다가오는 감정적, 심리적 충격의 면에 작품의 초점을 맞추는 경우도 있다. 제작자, 감독, 카메라맨, 편집자, 작곡가, 미술 감독, 배우들의 공헌도를 평가하려면 분명하고 전문지식적인 평가를 낸다. 논평을 읽는 관객에게 편견을 보여서는 올바른 비평이라고 할 수 없기 때문이다. 또한,

어떠한 종교의 진리나 국가적인 홍보를 위한 이념을 다룬 필름 등은 영화 비평에서 제외되는 것이 일반적이다.

✱ 참조보기 (0918 - Film)

0925 `pic` `pho`
film emulsion (필름 에멀젼)

영화필름의 표면에 얇게 바른 감광유제를 말한다. 감광유제는 빛에 예민하고 투명하고 미세한 유제로써 카메라 렌즈를 통해 피사체의 상을 착상할 수 있다. 이렇게 이미지를 사진으로 기록할 수 있어 연속된 동작을 영화필름으로 촬영한 후 현상과정을 거쳐 영상을 얻어 낼 수 있다. 이 방식은 1878년 조지 이스트만(George Eastman, 1854-1932)이 영화를 촬영하기 위해 '코닥, KODAK' 이라는 이름으로 개발한 구부릴 수 있는 35mm 폭의 셀룰로이드 필름위에 감광유제를 발라 만들어진 것이다. 이로써 영화필름은 1891년 토마스 에디슨(Thomas Edison, 1847-1931)이 발명한 키네토그라프(Kinetograph) 촬영용 카메라에 의해 처음 사용되었으며 1892년에 에밀 레이노드(Emile Reynaud, 1844-1918)가 파리의 디어터 옵티크(Theatre Optique)에서 사용된 필름은 이스트만의 필름은 아니며 필름을 돌려주는 스프라켓(Sprocket)이 중앙에 하나였지만 같은 감광유제(에멀전)가 발라진 필름을 사용했다. 1895년 뤼미에르형제가 다량의 '코닥필름'을 사용하면서 영화에 대한 대중의 관심과 함께 20세기에 들어 100여 년간 영화 필름제작의 원재료로 사용되어 왔다.

✱ 참조보기 (0821 - Emulsion)

0926 `fes`
film festival (필름 페스티벌, 영화제)

애니메이션이나 실사영화의 발전을 도모하기 위하여 국내 또는 국제적으로 해마다 혹은 격년으로 개최하는 영화제를 이르는 말이다. 주최국에서는 공모전(Contest Exhibit)을 통해 많은 필름들을 경선하게 하며, 여러 나라에서 엄격히 선발되어 모인 심사위원들에 의해 카테고리별 예비심사를 거쳐 본선에 오르게 된다. 심사위원의 구성은 일반적으로 홀수로, 외국인이 7:2, 6:1 또는 4:1로 내국인을 소수로 참여시켜 공정한 심사를 한다. 본선 심사는 영화제 당일 관객들이 참여한 가운데 상영되는 필름 중에서 본선 심사위원들에 의해 최우수 작품상, 감독상, 작곡상, 주연상 등 많은 상이 심사를 거쳐 수상할 작품을 선별한다. 영화제 조직 위원회는 전시 마지막 날 각 카테고리 별 상을 수여하며 영화제를 피크로 이끈다. 또한 영화제는 예술인들의 새로운 작품들을 대중에게 알리기 위해 여러 사람들에게 며칠 동안 연속으로 많은 영화를 상영하며 각종전시, 세미나, 포럼 등을 열고 영화인들의 교류를 증진시킨다. 또한 행사 기간 중에는 회사마다 필름마켓 활동도 이루어지게 된다. 전 세계에는 크고 작은 영화제가 쉬지 않고 일년 내내 열린다.

□ 그림설명 0926-1, 73회 베니스 영화제.

-2, 67회 베를린 영화제.

-3, 69회 칸 영화제.

-4, 89회 아카데미(오스카) 영화제.

0927 `gen` `pic`

film financing (필름제작재원)

영화제작을 위해 재원을 찾는 일은 제작 조건에 따라 다르다. 영화제작사, 프로듀서, 감독 등이 유명하고 성공한 업적에 따라 투자(Investment)의 크기나 회수(Recouping)의 방법이 다르다. 우선 영화 제작을 위해서는 좋은 아이디어와 흥행에 관련해서 영화의 가치를 정하는 것이 제작 예산을 세우는데 가장 지름길이다. 수입(Revenues)총액으로 극장용 장편영화의 경우는 약 10년을 기간으로 또한 TV에는 약 20년 정도를 매출기간으로 잡고 영화 상영과 함께 머천다이징 판매 등을 포함하여 계산을 산출한다.

투자재원은 일반적으로 금융을 이용한다. 그럼으로 투자자뿐만이 아니라 금융(Bank)에서도 Film Financing에 관해서는 매우 예민하다. 재원 분포는 개인투자, 펀드(Fund), 공공(정부보조금)단체, 감면조건 투자, 회사투자 등에서 투자를 받을 수 있다.

0928 `pic` `pho`

film grain (현상입자)

20세기 아날로그 방식의 영화 제작에서 사용된 필름은 카메라로 촬영한 후 현상(Laboratory Film Development)공정을 거쳐야 상(Image)을 볼 수 있다. 이 과정에서 화공약품의 작용으로 필름 표면에 나타나는 작은 현상 알갱이를 가리키는 말이다. 촬영된 필름이 현상될 때 이미지를 만들어내는 필름의 감광 유제의 작은 할로겐화 은 입자

□ 그림설명 0928, 필름 그레인(현상 입자)

들이다. 이러한 입자들은 아주 미세하지만 젤라틴에 불규칙적으로 분포되어 종종 함께 뭉쳐지기 때문에, 다른 농도를 만들어내기도 하고 어떤 때는 이미지에서 낱 알갱이로 모양이 보이기도 한다. 이 입자들은 지속적으로 화면 위에 이미지와 함께 제자리에 고정하지 못하고 얼룩져 돌아다니는 것이 보이게 된다. 이것을 필름입자(Film Grain)라고 부른다. 천지개벽을 하게 된 디지털 방식이 나오면서 필름 그레인은 영상을 재생할 때 화면에서 더 이상 볼 수가 없게 되었다. 마치 스틸사진(Still Picture)을 보는 것처럼 말이다.

0929 `equ` `pic`

film laboratory, film development (필름현상소)

Film Lab. (현상소) 줄인 말로 쓰고 읽는다. 20세기에 왕성하게 사용했던 영화제작용 필름을 현상하는 시설을 갖춘 곳을 말한다. 사진술에 입각하여 롤필름(Roll Film)에 촬영한 8mm, Super 8mm, 16mm, 35mm, 70mm 등 촬영된(Exposed Image on Film) 모든 필름들은 화공약품처리를 거쳐야 상(Image)을 얻을 수 있다. 필름현상은 자동화되어 길게 연결된 필름들이 현상액이 담긴 통속을 여과(Through)하는 동안 이미지가 생겨난다. 최적한 이미지가 되면 현상액이 활동을 멈추도록 고정액(중화제, Hypo산, SODIUM Thiosulfate)을 다시 통과하여 맹물(Fresh Water)에 씻은 후 말려 완성한다. 이

상은 간단한 현상공정일 뿐, 칼라현상시설은 많이 복잡하다. 칼라 필름은 Cyan, Magenta, Yellow의 칼라젤라틴이 3겹으로 감광유제 층이 겹쳐있고 밑에 K(은염, Potassium, 기호 K)층이 있어 매 층 사이에 색들이 서로 혼합되지 않도록 3층으로 커플러(Coupler)가 얇게 발라져 유제가 서로 혼합되지 않게 분리해 준다. 은염이 빛에 노출되면 결정체들이 검게 네거티브 이미지가(K, Black) 형성되게 되어있어 현상액이 담긴 통을 지날 때 매우 민감하여 현상액의 농도, 현상액의 온도, 필름이 현상액을 통과하는 여과시간 등이 정확해야한다. 모든 움직임은 자동으로 기계화되어 있다. 필름을 현상하는 것 외에도 현상소에서는 단 하나뿐인 원본필름(Negative Film)을 손상 없이 보존하기 위해 튜프(Dupe, Duplicate) 복사원본을 만드는 일, 복사필름(Positive Film Copy)을 다량으로 복사하는 일, 기술적으로 영화의 세밀한 공정으로 보다 낳은 최종 필름을 완성하는 곳이다. 20세기 1세기동안 막강했던 영화제작의 큰 부분을 차지했던 필름현상소 역시도 21세기 새로운 디지털시대를 맞아 필름을 사용하지 않게 된 후 자동 소멸되고 말았다.

□ 그림설명 0929-1, 35mm 필름현상

-2, 옵티컬 프린터시설, 축소 확대작업.

✳ dark room (암실)

인화지사진작업에서 사용되는 암실은 주로 흑백 필름을 다루기 위한 암실이다. 흑백 인화지는 아주 옅은 붉은 빛에 반응하지 않게 설계되었기 때문에 암실에서는 적색등을 켜놓고 사진이 점차 생성되는 최적의 공정을 봐가며 작업할 수 있다. 그러나 최근까지의 암실개념은 다르다. 필름이 칼라로 바뀌고 랩(Lab, Laboratory)의 시설이 자동화되면서 암실에서 처리하지 않고 조명 밑에서 모든 작업을 마무리 할 수 있다.

0930 `equ` `pic`

film magazine (필름감개, 필름타래)

자연광이나 인공 빛이 차단되어 촬영 원판에 빛이 새어 들어가지 않도록 개폐식으로
필름을 담는 용기(Magazine)를 뜻하는 말이다.

□ 그림설명 0930-1, 정사진용 필름매거진.　　　　-2, 영화용 35mm 필름 매거진.

0931 `pic` `art`

film maker (필름 메이커)

직접적인 의미에서는 영화를 제작하는 사람을 일컫는 말이며 특히 영화 공정에 깊이
관여하거나 사명감을 가지고 일하는 사람을 말한다. 작품 전체의 예술적인 내용에 책
임을 가진 감독에 일반적으로 적용된다. 보통, 작은 규모의 제작물, 특히 다큐멘터리나
실험 영화의 경우에서 이 예술적인 내용 뿐 아니라 촬영, 편집 등과 같은 주요 기술적
인 작업에도 개인으로 직접 책임을 가지고 일하는 사람을 가리키는 말이다.

✱ 참조보기 (0663 - director)

0932 `fes` `pic`

film market (필름견본시장, 필름 마켓)

영상물 견본시장을 뜻하는 말이다. 장편 영화필름, 방송프로그램, DVD 등에 이르기까
지 모든 영상 관련 제작물의 유통을 위한 견본시를 지칭하는 말이다. 전 세계의 영상
제작자 및 방송 관련 프로그램 판매업자(Provider)들이 모여 각기 부스(Booth)를 설치
하고 자회사의 제작물을 홍보하며 영상물의 제작, 공동제작, 판매, 구입, 배급에 이르기
까지 전략을 세워 경쟁적으로 구매 상담 등을 하는 곳이다. 큰 애니메이션 관련 국제
행사는 다음과 같다.

＊film markets;

■ in January, 1월

-**Cinemart -** Rotterdam, Netherland.

-**Natpe -** Miami, USA.(순회방식)

■ in February, 2월

-**Europian film Market -** Berlin, Germany.

■ in March, 3월

-**Hongkong Int'l Film & Tv Market -** Hongkong.

■ in April, 4월

-**MIPTV Media -** Cannes, France.

-**Hot Docs -** Toronto, Canada.

■ in May, 5월

-**Marche du Film**(Cannes film Festival**)** - Cannes, France.

-**MIFA -** Annecy, France.

■ in September, 9월

-**Indepedant Film Week /Project Forum(**IFP**),** New York, USA.

■ in October, 10월

-**MIPCOM -** Cannes, France.

-**TIFFCOM(**Contents Market, Tokyo Int'l Film Festival**),** Tokyo, Japan.

■ in November, 11월

-**American Film Market -** Santa Monica, CA, USA.

그밖에 한국 부산국제영화제도 국제 필름 마켓으로 문전성시를 이룬다. 스페인, 영국(UK), 이탈리아의 Rai방송이 주관하는 카툰즈 온 더 베이(Cartoons on the Bay) 그리고 동남아에서, 인디아에서는 영화제작에 역사를 지닌 인도(India)에도 마켓 활동이 크다. 미국의 American Film Market, 프랑스의 Annecy MIFA Film Market과 Cannes Film Market 그리고 이탈리아의 Milano Film Market, 또한 국제적인 최대 행사로는 프랑스 칸에서 열리는 MIP-TV, MIP-COM에 수백여 개의 국가의 방송사들, 애니메이션 회사들, TV 프로그램 제작·보급업체들, 국제 관련단체들 등이 참여하여 회사마다 부스를 설치하고 대규모의 활동을 버리는 마켓으로 손꼽을 수 있다.

□ 그림설명 0932, MIP-TV 전시장외부 분위기, 2017.

0933 `pic`

film noir (암흑가의 영화, 필름 누아르)

프랑스 말로 Film Noir는 Black Cinema라는 의미로 암흑가의 영화들을 가리키는 말이다. 전쟁이 끝날 무렵 프랑스에서는 이런 용어는 전에 볼 수 없었던 흔치 않은 표현으로 차갑고 폭력적인 내용을 냉혹하게 다룬 할리우드 영화를 대변하는 데 사용되었다. 프랑스 누아르는 1940년경의 대거 유행하던 주제와 방식으로 폭력과 범죄를 주로 다루고 도덕성을 배제하며 냉혹하다.

□ 그림설명 0933-1, <The Maltese Falcon> 1941, John Huston.

-2, <The Big Combo> 1955, Joseph H. Lewis.

영화 누아르에 대한 문헌에서 비평가와 영화 역사가들이 쓰는 것과 관련하여 일부는 장르라고 주장하기도 하고 일부는 영화 누아르가 시각적 스타일이라고 주장하기도 한다. 미국의 각본가인 폴 슈레더(Paul Schrader, 1946-)는 그의 논문 <필름 누아르(Film Noir)에 대한 주석>에서 "필름 누아르가 도시의 밤 문화를 그린 것도 아니며 범죄와 부패로 문제가 될 필요가 없다"고 말했다. 여하간 'Film Noir'는 1940년 이후 암흑가의 범죄 내용을 담은 영화들에 붙여진 말이다.

0934 `pic` `gen`

film rating (영화등급, 시청률)

영상물이 영화관이나 TV의 전파를 타기 전 영상물의 등급을 판정하는 기구를 두어 등급을 가리거나 분류하는 것을 말한다. 이에 따라 어느 나라이던 간에 관객이나 시청자들에게 적절한 프로그램인지를 안내하거나 관리하는 제도이다. 나라마다 등급을 분류하는 규정은 영상에 관한 정책에 따라 다를 수 있으나 기본관례는 당사국에서 정한 바에 따른다. 국내에서는 한국영상물등급위원회를 두어 기본 5개의 항목을 두어 영상물의 내용에 따라 연령별로 분류한다.

□ 그림실명 0934-1, KMRB (한국영상물등급위원회) Ratings.
-2, MPAA (미국영화협회) Ratings.

✱ 참조보기 (1022 - Grated)

0935 `pic` `gen`

film residual (출연자에게 지불되는 재 사용료, 리시듀얼)

영화제작에서 영화에 출연한 주인공이나 단역배우, 특별 출연자, 또는 특정한 인물이 계약상에 한 조건으로 최초의 개런티(Guaranty) 외에 추가로 지급을 합의할 때, 첫 번째 상영이 완료된 후에도 상영되는 횟수마다 출연료를 지급하는 제도를 말한다. 1) 영화연기자, 출연자, 가수, 감독이나 제작자들의 특정한 계약에서 하나의 조건으로 재 상영 및 재방영이 될 때마다 추가로 지급받는 소득을 리시얼이라 한다. 2) 계약상 연기자의 명문화된 계약지급금 익익 소득을 말한다.

0936 `pic` `equ` `pho`

film stock (필름 스탁)

아날로그 방식의 제작에서 촬영하지 않은 자재, 그 자체의 생필름을 말한다. 필름 원자재의 종류는 70mm, 65mm, 35mm 등이 있으며, 네거티브(Negative) 필름, 포지티브(Positive) 필름, 옵티컬 사운드 필름, 마그네틱 사운드 필름, 리버설(Reversal) 필름(16mm에 한하여) 등이 있으며 필름은 색상에 매우 민감하기 때문에 한 번 새로 필름이 만들어질 때마다 스탁(Stock) 번호 또는 에멀젼 번호를 명기하게 된다. 그 이유로는 감광유제를 필름 위에 바를 때 묶음으로 한꺼번에 작업을 나누어 하게 되는데 이때 같은 묶음의 필름을 생산해 내게 된다. 영화 촬영이 결정되면 같은 묶음의 필름을 사용해야 하며, 이 단어는 이때도 사용되는 말이다.

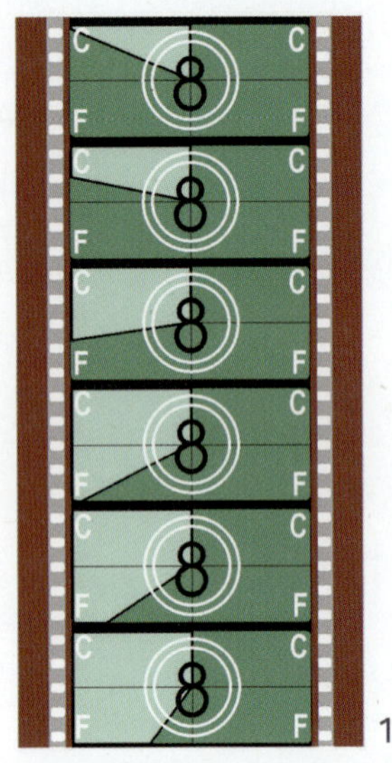

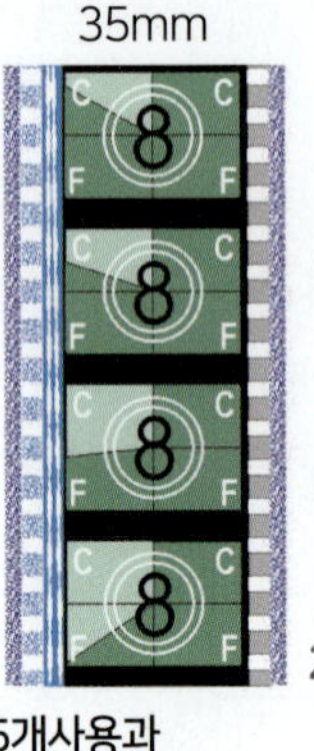

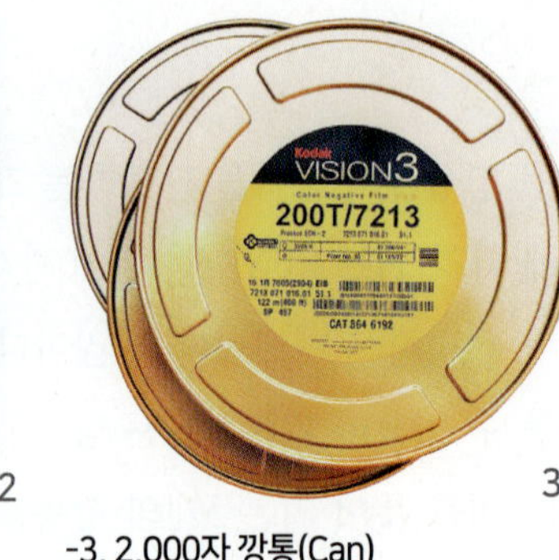

□ 그림설명 0936-1, 70mm-천공 5개사용과 35mm-천공 4개 사용 비교.
-2, 35mm 네거티브 필름.
-3, 2,000자 깡통(Can)

0937 `pic` `pho`

film storage (필름 저장)

아날로그 필름을 사용하지 않을 때 보관하기 위해 필름을 저장해 두는 곳을 말한다. 저장되는 필름은 시간에 의해서도 영향을 받기 때문에 습도가 없는 낮은 온도의 특수 시설에서 저장한다. 에어 컨디션과 같은 시설이 되어있는 곳이 보관에 적합한 장소이다.

0938 `pic` `pho`

film strip (필름스트립)

필름스트립은 35mm 필름이나 16mm 필름에 영사하려는 이미지를 촬영해 한 프레임씩 보이며 대사나 음악을 넣어 대중에 보여주어 강의나 광고효과를 얻기 위한 것이다.

□ 그림설명 0938, 필름 스트립(35mm 영화필름과정 사진 카메라용 필름)

영화필름이나 그 일부를 잘라낸 이미지, 스틸사진, 일러스트레이션 등을 말한다. 이 방식은 아주 오래전인 1940년경부터 약 40~50년 동안 사용해온 방식이었다. 이와 비슷한 아이디어로는 슬라이드 프로젝터가 개발되었고 그 후 디지털시대를 맞아 비디오나 DVD를 사용했고 지금은 메모리파일, USB 등으로 발전되어 사용하고 있다.

0939 `lit` `pic`

film theory (영화 이론)

영화 이론이란 영화를 하나의 독립된 예술 형태로 평가를 다루기 위해 일반적인 원칙을 정립한다. 영화에 관한 일반적인 이론이나 특정 작품의 비평도 모두 포함된다. 영화 이론은 각기 다른 이론가에 의해 다른 논리가 펼쳐지기도 하며 연출자나 연기자들을 평가하기 보다는 주로 영화의 기초적 개념과 기술을 다루는 것이 일반적 이다. 영화 이론은 다음의 연구 분야와 관련이 있다. 1) 드라마, 문학, 그리고 영상 예술에 관련된 영화들 간의 차이점. 2) 영화에 사용된 일반적인 기술. 3) 영화 속의 다양한 요소들의 특성과 한 작품이 완성되기 까지 이들의 역할 예; 캐스트, 연기자, 액션, 분위기, 사운드. 4) 공간과 시간과의 관계. 5) 영화 장르. 5-a) 오락 영화(Entertainment Films), 5-b) 독립 영화(Independent Films), 5-c) 다큐멘터리(Documentary Films), 5-d) 교육 영화(Educational Films), 5-e)실험 영화(Experimental Films). 6) 영화와 사회, 영화(Film)와 인간과의 관계를 다룬다. 그 사회의 유행, 문화, 사회의 어두운 면 등도 영화에서 다룬다. 7) 매개물에 대한 청중의 심미적, 심리적 반응을 얻기 위한 서스펜스(Suspense), 공포(Horror) 등을 다뤄 예술로서의 인간관계를 이어가며 결론짓기도 한다.

✱ 참조보기 (0924 - Film Criticism)

0940 `pic` `pho` `equ`

filter (필터)

빛의 양을 조절하거나 색조, 화상의 명료성을 수정해 주기 위해 또는 특수효과를 위해 카메라 렌즈 앞에 부착하여 사용하는 제반 필터를 말한다. 또한 음향에서 먼 곳이거나 또는 소음을 줄이기 위해 사용하는 것도 필터링이라고 부른다.

□ 그림설명 0940, 각종 필터.

 703

F

0941 `pic`

final cut (파이널 컷)

아날로그 방식인 필름으로 촬영이 모두 끝나면 작업용 프린트 필름에 프린트를 하여 여러 번 촬영된 것 중 최종으로 선택된 신(Scene)들만을 연결하여 영화를 구성한다. 이렇게 구성된 필름으로 후반작업에 필요한 음성대사, 음악, 음향 등을 화면과 맞게 작업한다. 이렇게 모든 부분이 완료된 것이 최종 결정되면 이 작업용 프린트 필름은 필름원본 편집을 다루는 파이널 네거티브 커터(Final Negative Cutter)의 손에 넘어가 작업용 타임코드에 맞추어 필름원본(Negative)을 잘라내어 최종 본으로 편집한다. 이것을 파이널 컷, 또는 네거티브 컷(Negative Cut)이라고도 부른다. 디지털방식의 영화촬영과 구성도 이와 같은 과정을 거치지만 촬영된 여러 컷들 중에 파이널 컷(신, Scene) 선택은 디지털에서는 가장먼저 이루어진다.

0942 `pic` `mus`

final mix (파이널 믹스, 최종음향조정)

파이널 믹스의 용어는 음악제작에서 사용되는 말로 여러 채널로 분류되어 녹음된 음악(음향)의 각 소리(Sound)의 높낮이를 조율하여 최선의 음향효과를 얻기 위해 작업하는 것을 말한다. 음악에서 여러 채널로 녹음된 사운드 트랙들을 모노(Mono) 사운드, 스테레오(Stereo) 또는 5.1 서라운드사운드(Surround sound) 트랙으로 최종 조합한다. 또한 영화에서의 파이널 믹스라고 부르는 것은 목소리 대사(Dialogue), 음악(Music) 그리고 음향효과(Sound Effects), 이 3가지의 사운드 모두를 가르쳐 부르는 말인데 별개로 작업된 소리의 음량을 적합하게 조절하여 조화롭게 소리를 만드는 것을 믹스라 부른다.

0943 `pic`

first run (퍼스트 런)

제작된 영상물을 극장이나 TV 등, 일정 지역에서 최초개봉이나 처음 상영하는 것을 말한다. TV재방송을 리런(Rerun, 재방)이라 한다.

0944 `equ` `pho`

fisheye lens (어안 렌즈)

어안렌즈는 일반적으로 개각도 16mm, 12mm, 9.5mm, 또는 8mm, 6.5mm 등 렌즈를 가리켜 어안렌즈라고 부른다.

☐ 그림설명 0944-1, Fisheye lens.

-2, Nikon 8mm Fisheye lens shot.

0945 `com`

5G (파이브 지)

제 5세대 이동 통신망(Mobile Radio Communication Network)이라고 불리는 미래를 지향한 무선시스템(5th Generation, 약칭 5G)은 현재의 4G / IMT-Advanced 표준 (28, 38 및 60 GHz)에서 작동하는 시스템을 세계통신업체가 새로운 무선 인프라로 전면적으로 개편해야 한다는 절대 필요에 따른 미래단계의 통신 5G를 표준으로 하려는 것이다. 5G는 현재 증가하는 통신망의 폭주를 대비해 4G보다 용량을 높이고 모바일 사용자 밀도를 높여줌으로 사용자의 장치 간에 보다 안정적이며 대규모의 컴퓨터 통신을 지원하고 보다 나은 산업을 창출하려는 것이 목적이다. 현재 진행 중인 5G에 대한 표준은 없다. 보다 빠른 속도를 제공하거나 인터넷 연결 장치와 같은 사용자가 충족할 만한 빠른 앱 프로세서가 필요한 것이다. 현재는 Samsung이 주도하고 있으며, Intel, Nokia, Huawei, Ericsson, ZTE 등 여러 회사가 5G 개발하고 있다.

☐ 그림설명 0945, 속도, 1980년대 1G에서 2020년대 5G.

0946 `pic`

flare (번쩍이다, 불똥, 섬광)

재래식 애니메이션 촬영은 셀(Cel, 셀룰로이드)을 사용해 그 위에 그림을 그리고 색깔을 칠해서 동작을 한 장 한 장 촬영하여 연속된 동작을 볼 수 있었다. 이 과정에서 취급 부주의로 셀에서 반사광이 생겨나 촬영되기도 한다. 또한 애니메이션 촬영 때 그림을

F

유리로 덮어 고정하게 되는데 이때 반사광이 카메라에 찍히게 되는 것을 역시 플레어라고 한다. 먹구름이 드리우고 소리 없이 번개가 번쩍인다. 가로등이 바람에 흔들리며 전등불이 깜빡거린다. 이런 것들을 모두 플레어라고 한다.

□ 그림설명 0946-1, 카메라 렌즈 플레어.

-2, 불꽃

0947 pic lit

flashback (플래시 백, 회상)

영화나 TV의 연출에서 스토리 속 현실에서 잠시 옛날의 일들을 회상(Recall)하는 하나의 표현방식으로 시간적 순서를 거꾸로 전환시켜 과거를 보여주는 하나의 편집 연출기법이다. 일반적으로 시간적 순서를 거꾸로 과거에 있었던 일들을 기억해내면서 추억을 표현할 때 사용되는 기법을 뜻하는 말이다.

0948 pic ani

flash pan (플래시 팬, 빠른 팬)

영화의 연출기법 중에 하나로 어떤 장면에서 장면으로 뚜렷한 형체가 없이 아주 빠르게 화면을 전환시키는 것을 말한다. 이 기법은 시간과 공간의 이동을 매우 빠른 팬(Pan)으로 보여주는 기교 중 하나이다. 애니메이션의 표현에서는 앞 신과 뒤 신의 색감이 섞여 보이게 플래시 팬(Flash Pan) 으로 움직임을 보이게 한다. 유사 팬으로 Swish Pan, Zip Pan, Quick Pan 같은 다른 명칭으로 부르는 팬이 있다.

0949 ani pic mus art

flat (평면, 밍밍한)

애니메이션 동작에서 그 움직임이 스토리텔링에 부합하지 못하고 소극적으로 표현되었을 때, 또는 움직임이 대사나 음향과 일치하지 못하게 저조할 때 플랫하다고 표현한다.

*flat action (밍밍한 동작)

영상에서 이미지의 콘트라스트나 원근감이 없는 것을 이르는 말이다. 또한 음악에서 악보에 표시된 이 자리 음표는 피치(Pitch)를 반음(Semitone)으로 내리는 뜻으로도 사용되는 단어이다.

*flat-bed editing (평면형 편집기)

주로 아날로그 시대에 사용하던 영화필름 16mm와 35mm용 필름 편집기를 가리키는 말이다. 미국의 할리우드에서 오랫동안 사용하던 수직 무비올라(Moviola) 편집기를 대체하기 위해 해외에서 새롭게 고안하여 만들어진 필름 편집기이다. 이와 같은 편집기들은 스틴벡(Steenbeck)이나 켐(Kem)이 가장 유명한 것인데 필름 화면과 사운드 트랙을 평편한 테이블 위에 올려놓듯이 장착하는 것이 특징이다. 영상은 미러(거울)형식(Mirror Style)이어서 셔터소리가 없이 스크린에 영사된다. 이 기계는 또한 왜상(애너모픽, Anamorphic) 렌즈도 장착할 수 있어 시네마스코프로도 볼 수 있다. 그러나 무비올라에 비해 필름을 더 부드럽게 돌려주고, 속도도 더 빠르게 다룰 수 있으며, 필름을 돌릴 수 있는 원형 판이 여덟 개, 화면을 돌릴 때 사운드를 더 명확하게 마그네틱 사운드 트랙과 옵티컬 사운드를 선택할 수 있게 연동되기 때문에 많은 것이 편리한 기제로 손 꼽혔다. 그러나 엄청난 비용으로 값이 저렴한 무비올라를 제치고 대중적으로 사용하기는 어려운 기제였다. 결국에는 21세기에 들어서며 디지털 온라인 시스템 편집 프로그램에 밀려 지금은 영화전문가들이 사용하지 않는나.

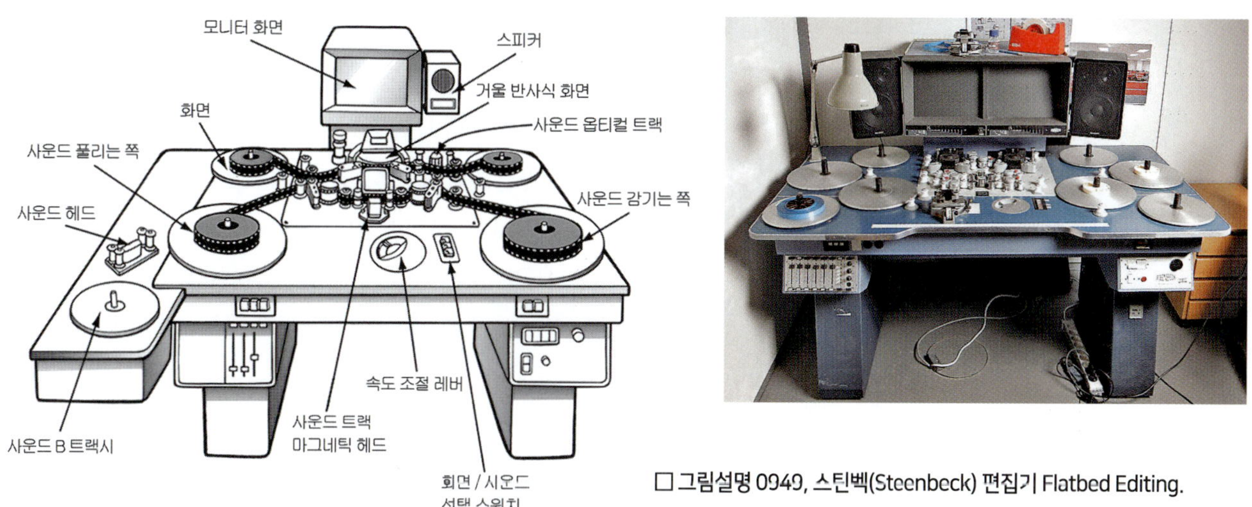

□ 그림설명 0949, 스틴벡(Steenbeck) 편집기 Flatbed Editing.

0950 `peo` `his` `ani`

Fleischer, Max (Max Fleisher, 맥스 플레이셔)

맥스 플레이셔(Max Fleicsher, 1883-1972)는 미국의 애니메이터로서 베티 붑(Betty Boop), 코코 더 클라운(Ko-Ko the Clown), 항해사 뽀빠이(Popeye the Sailorman), 슈퍼맨(Superman) 등 미국의 초기 애니메이션 단편영화를 제작해 유명해졌다. 그는 동생인 데이브(Dave, 1894-1979)와 함께 「플레이셔 스튜디오」를 설립하여 여러 애니메이션을 제작해 유명해졌다. Max Fleischer는 미국의 만화가이자 영화 제작자로 1883년7월19일 오스트리아(Austria) 비엔나에서 태어나 맥스가 4살 때 부모를 따라 미국으로 건너가 뉴욕에 살았다. 그의 출생년도는 1885년이나 1888년으로 잘못 알려지기도 했다. 그는 Evening High School과 Mechanics and Tradesmen's School에서 Art Students League 그리고 Cooper Union에 다녔다. 교육 과정을 마친 후 1900년에 맥스가 17세가 되던 해에 Brooklyn Eagle에 심부름을 하는 학생으로 일을 하다가 그곳 예술부서에서 몇 년을 더 일했다. 그는 더 나은 보수를 받기 위해 멀지 않은 보스톤(Boston)으로 직장을 옮겨 사진수정(Retouch)과 사진조판(Photo-Engraver) 일을 했다. 1914년 뉴욕으로 돌아와 그는 Popular Science Monthly의 예술 편집장으로 일하며, 최신 발명품에 대한 기사를 쓰고 일러스트레이터 작업을 했다. 그의 예술가로서의 재능과 기술 혁신에 대한 관심이 커지면서, 마침내 맥스는 동생 데이브와 함께 「로토스코프(Rotoscope)」를 발명하게 된다. 이 로토스코프라는 장치는 실사로 촬영한 이미지를 사실적인 애니메이션으로 보이도록 옮겨 그릴 수 있게 하는 하나의 장치로 애니메이션 제작에서 아주 어려운 공정을 월등히 줄일 수 있는 장치인 것이었다. 이 장치는 1917년에 특허를 얻어냈다. 플레이셔 는 이 장치를 적극 사용하여 큰 도움이 얻었고, 로토스코프의 도움으로 플레이셔 형제는 그들의 첫 번째 애니메이션인 <잉크병에서 나온(Out of the Inkwell)>을 완성하게 된다. 1919년 맥스와 데이브 플라이셔 형제는 회사 「Out of the Inkwell」 을 차렸다. 그리고 Inkwell 카툰뿐만이 아니라 유명한 Screen Songs 시리즈를 제작했다. 이 시리즈는 관객들이 '통통 튀는 공에 맞춰' 노래를 따라 부르도록 하는 애니메이션이었다. 이 애니메이션을 본 존 브레이(John R. Bray, 1879-1978)는 매달마다 한 편의 애니메이션 제작을 요청하고 파라마운트사를 통해 배급을 했다. 플레이셔는 과학적으로 두뇌가 명석했다. 영화에 토키(Talkie)음향이 도입되려는 움직임이 있을 때 그는 소리의 가능성을 알아본 사람들 중 한 사람이었다. 1923년 그는 애니메이션으로 <아인슈타인의 상대성 원리(The Einstein Theory of Relativity)>를 제작했다. 세계 1차 대전이 시작된 후에는 미군을 위한 기술적(Technical) 애니메이션들을 많이 제작하기도 했다. 결국 그는 음향에 동작을 맞춘 <Talkatoons>를 제작하여 Bimbo와 Dog캐릭터를 세상에 소개했고, 나중에는 노래하는 <베티 붑(Betty Boop)>을 1930년에 탄생시켰고 곧 플레이셔 스튜디오가 제작한 최고 인기 캐릭터가 되었다. 그뿐 아니라 1933년에는 <항해사 뽀빠이(Popeye the Sailerman)>를 애니메이션으로 만들어 두 개의 히트작을 동시에 완성했다. 1937년에는 직원들의 파업으로 잠시 스튜디오는 위기를 맞았지만 맥스는 더 일하기 좋은 환경인 플로리다의 마이애미에 1938년 새로 스튜디오를 열었다. 그리고 그 곳에서 그의 가장 야심찬 프로젝트인 <걸리버 여행기(Gulliver's Travels)>의 무삭제판 애니메이션을 제작하여 1939년에 완성했다. 이 작품은 다소(Moderately) 성공적이었지만 뒤이어 만든 장편 영화인 <Mr. Bug Goes to Town>은 실패했다. 이 사건은 플레이셔 형제와 배급사인 파라마운트사 사이에 갈등을 만들었고, 1942년 파라마운트사는 플레이셔 형제를 해고한 후, 직접 주로 <뽀빠이>와 <슈퍼맨> 애니메이션 제작을 했다. 맥스 플레이셔 는 그 이후 얼마간 애니메이션 활동을 했다. 1944년 <빨간 코 사슴 루돌프(Rudolph the Red-Nosed Reindeer)>를 제작했고 1951년에는 애니메이션 통신 수업을 시작했다. 플레이셔는 1955년에는 파라마운트사를 상

□ 그림설명 0950-1, <고양이 페릭스> 이 후 쏟아져 나온 다른 고양이 캐릭터들.

-2, 시금치로 힘을 내는 <뽀빠이(Popeye)>

-3, Max Fleischer와 베티 붑 캐릭터.

대로 자신이 만든 캐릭터 소유권을 찾기 위해 소송을 제기했지만 패소했다. 1958년 맥스 플레이셔는 John R. Bray 스튜디오로 돌아가 미술감독(Art Director)으로 일했다. 그리고 1961년에 저예산 시리즈로 그가 소유한 <Out of the Inkwell>을 제작하기도 했다. 그러나 의기소침(Depression)해 힘겨웠던 맥스는 캘리포니아의 우드랜드(Woodland)에 있는 「Motion Pictures Country Home and Hospital」 에 들어가 1972년 9월 11일 세상을 완전히 잊은 채로 그곳에서 89세에 생을 마감하게 되었다.

✱ Fleischer, David (Dave, 데이브 플레이셔, 1894-1979)

데이브는 맥스 플레이셔(Max Fleisher)의 남동생으로 1894년 뉴욕시에서 태어났다. 데이브 플레이셔(Dave Fleisher)는 미국의 애니메이터이며 프로듀서였다. 어린 시절에는 그림 그리기에 엄청난 관심을 보였지만 고등학교를 졸업한 후 그가 할 수 있는 일은 극장 안내원을 했다. 그러나 얼마 지나지 않아 판화 회사에 취직하고 1912년에는 Pathe Films에서 필름편집(Cutter)을 하게 된다. 데이브 플레이셔의 애니메이션 경력은 1915년 그의 형 맥스와 함께 <Out of the Inkwell> 애니메이션 제작에 참여하면서 시작됐다. 세계 1차 대전에 잠시 참전한 후 데이브는 다시 애니메이션계로 돌아와 그의 형 맥스와 함께 「Out of the Inkwell Film」 회사를 시작했고 후에 Fleischer Studios를 설립한다. 그 때부터 데이브는 모든 플레이셔 애니메이션에 감독 타이틀로 (형은 제작자로) <베티 붑(Betty Boop, 1st, <Dizzy Dishes>, 1930-1939 사이에 90편 극장용 단편 제작)>, <뽀빠이(Popeye), 1919- by E.C. Segar's Comic Strip, 1929- TV용 단편 220편, 1960- 231편 극장용>, <걸리버 여행기(Gulliver's Travels) 1939- 극장용 장편> 그리고 그 외의 여러 작품들을 감독했다. 그는 주로 여러 개그(Gag) 소재를 발굴해 플레이셔 애니메이션 작품에 특히 효과적으로 사용됐다. 그러나 1942년 플레이셔 스튜디오를 뒷받침했던 파라마운트(Paramount Pictures) 영화사와 <Gulliver's Travels>의 흥행실패로 사이가 틀어진 후 데이브는 곧 콜롬비아(Columbia) 픽쳐스의 헤드 애니메이터가 됐다. 그리고 1944년에 유니버설 사로 다시 떠나기 전까지 <여우와 까마귀(Fox and Crow)> 애니메이션과 잠시 방영했던 <Li'l Abner> 시리즈를 제작했다. 무엇보다도 그는 실사 영화, <말하는 노새 프란시스(Francis the Talking Mule)> 시리즈의 창작자였다. 데이브 플레이셔는 73세가 된 1967년 업계에서 은퇴했고 그로부터 12년 후 1979년에 사망했다.

✱ 참조보기 (1032 - Gulliver's Travel)

flicker (껌뻑거림, 플릭커)

필름 카메라로 촬영한 영화 필름을 영사할 때 생겨나는 껌뻑거림을 뜻하는 말이다. 35mm 영화의 필름은 매초(Per Second)당 24프레임의 화면이 연속적으로 돌아가며 동작을 볼 수 있게 되어있다. 이때 영사기는 순간 정지된 화면을 열린 창(Opened Blade)을 통하여 보여주고 순간적으로 닫쳐진 창(Closed Blade)이 나왔을 때 다음 그림으로 바뀌기 위해 필름이 한 프레임 내려가게 된다. 이때 열린 창문을 통하여 비친 밝은 빛과 필름의 그림이 내려갈 때 닫혀져 어둡게 될 때 대조적인 광도가 스크린에는 빛이 껌뻑거리는 것처럼 작용하는 것을 말한다. 이 현상을 줄이기 위해서는 창문을 여러 개로 늘려 껌뻑거림을 둔화시킴으로써 오히려 부드러운 화면을 얻어낼 수 있게 된다. 이때 여러 번 돌아가는 창문을 블레이드라고 부르는데, 블레이드를 3개나 4개로 된 것을 사용하면 플릭커(Flicker) 현상을 많이 줄일 수 있게 된다. 필름의 길이로 1초(약 45.7cm, 1.5자) 동안 껌벅거림을 줄이기 위하여 96번이나 블레이드가 돌아가게 된다. 1927년 영화는 사운드(Sound: Talkie)를 도입하게 되면서 영사 속도가 매 초당 24프레임으로 고정되게 되었다.

□ 그림설명 0951-1, Flicker를 줄이는 블레이드(Blade) 메커니즘.

-2, 블레이드 하나보다는 여러 개가 깜빡거림을 더 줄일 수 있다.

flip (플립)

1) 플립의 의미는 앞과 뒤를 뒤집는 뜻으로 사용되는 말이다. 2) 두 사람 중 먼저를 결정지으려 할 때 공중으로 동전을 튀셔올려(Flip) 손바닥에 떨어진 동전의 앞뒤에 따라

순서를 정하는 행위에 사용 되는 말이다. 3) 컴퓨터를 이용하여 화면효과를 사용하려 할 때 현재의 화면을 뒤집어 다른 화면과 바꾸는 신(Scene) 전환방식을 뜻한다. 정지화면이 수직 축에서 회전하는 것처럼 보이는 효과를 주며 회전할 때마다 새로운 장면이 나오게 하는 기술을 말한다.

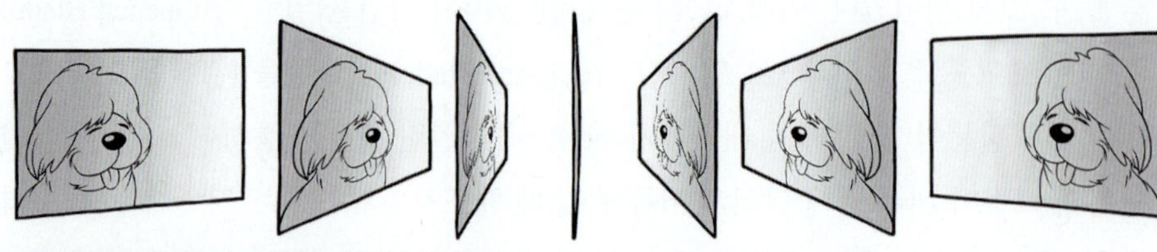

□ 그림설명 0952, TV화면을 효과적으로 뒤집기.

0953 `ani` `his`

flip book (플립 북)

플립 북은 말 그대로 책의 페이지를 빠른 속도로 그 체제와 구성을 훑어보는 행위를 말한다. 애니메이션에서 플립 북은 공책의 여러 페이지에 귀퉁이마다 조금씩 다른 그림을 그려 넣고 그림을 손가락으로 튀겨 한 장씩 빠르게 넘겨보면 애니메이션처럼 움직이는 동작을 볼 수 있게 된다. 잔상작용을 이용해 연속된 그림동작을 볼 수 있어서 이 방식을 '플립 북'이라 부르는 유래가 되었다. 지금은 주로 초등학교 학생들이 공책의 모퉁이 마다 그림을 연속으로 그려 넣고 이것을 빠르게 넘겨보며 동작을 즐기기도 한다. 또한 이 방법은 전문 애니메이터들이 애니메이션 동작을 작화지에 그려 의도한 대로 동작이 잘되었는지 즉시 관찰해 보기 위해 흔히 사용하는 방식이기도하다. 그러나 이 플립 북(Flip Book)은 1860년에 영국의 발명가로 석판 인쇄프린트를 하던 존 반스 리넷(John Barnes Linnett, c.1831-미상)에 의해 '키네오그라프(Kineograph, 플립 북)'라는 이름으로 최초로 특허등록(Patented)한 것으로 기록되어 있다. 카메라로 촬영하지 않고 손으로 그린 그림을 손가락으로 한 장씩 튕기며 동작을 즐길 수 있는 이것은 일종의 애니메이션 놀이기구라고 할 수 있다. 이 플립 북은 극히 단순하고 손쉽게 만들 수 있는 것으로 가장 인기가 있고 재미있는 애니메이션 오락물이었다. 그러나 사람들은 '키네오그라프'라 불린 플립 북(Flip Book)뿐만이 아니라 유사한 원리를 이용한 놀이기구들을 조금씩 새로운 아이디를 넣어 지속적으로 만들어 내었다. 1893년에는 독일의 발명가로서 영화제작자로 활동하게 된 맥스 스클라다노프스키(Max Skladanowsky, 1863-1939)는 동생인 에밀(Emil)과 함께 사실 최초의 필름영사기 비오스코프(Bioscop)를 발명하여 프랑스의 뤼미에르 형제가 1895년 11월에 최초라고 발명했던 영사기보다 2개월 앞선 1895년 9월에 독일에서 이미 대중에 발표했었다고 기록하고 있다. 그리고 뤼미에르 오귀스트(Auguste Marie Louis Nicolas Lumiere, 1862-1954)와 루이(Louis, 1864-1948) 형제가 그들의 '시네마토그라프'라는 촬영기와 영사기를 발명해 시중에 내 놓은 그 이듬해인 1896년에 다시 플립 북을 만들어 1898년 키노라 회사(Kinora Ltd.)에 팔았고 키노라 회사는 1902년 영국에서 '키노라'를 출시하여 성업하다가 1차 세계대전 이 시작된 1914년 회사가 불에 타면서 끝이 났다. 키노라가 사라진 후, 플립 북은 1897 년에 영국의 영화 제작자였던 헨리 쇼트(Henry Short)가 그의 합자회사인 '앵글로-프 랜치 컴퍼니(Anglo-French Company)'를 통해 '필로스코프(Filoscope)'라는 이름으로 기업화 해 대중에 상품화 되었다. Filoscope는 모양새부터 달랐다. 손바닥 크기로 종이 에 그려진 그림들은 얇은 철판으로 감싸여 있고 작은 막대기를 당기면 책을 넘기 듯 그 림이 순서로 돌아가며 동작을 보여 지게 되어있다. 이 필로스코프에 들어가는 그림들 은 주로 쇼트의 친구이며 영국의 애니메이션 사(History)에서 한 개척자였던 로버트 폴(Robert Paul, 1869-1943)에 의해 그림을 그려 만들어 나왔다. 플립 북을 기초로 여러 모양도 이름도 다르게 대중을 위해 상품화된 기구로 끊임이 없이 나오며 애니메이션의 맥을 이어왔다. 일찍이 1736년 매직랜턴(Magic Lantern)이 나온 이래, 단순한 고정된 환영을 벽에 비춰보며 즐기던 무렵, 1824년 영국의 내과 의사였던 피터 마크 로 제(Peter Mark Roget, 1779-1869)에 의해 매우 중요한 논리가 제시되었다. 사람이 눈으 로 움직임을 볼 수 있는 것은 시신경으로 집중하는 강한 빛에 의해 물체를 볼 수 있으 며 망막(Retina)에 의해 이 이미지는 생리적으로 몇 초 동안 잔상을 유지할 수 있다고 주장하며, 사람의 눈은 시가의 지속성(잔상, Persistent Vision)을 가지고 있기 때문에 영 상이라는 연속된 동작을 볼 수 있게 되는 것이라고 주장했다. 이 연구 발표는 많은 사 람들을 떠들썩하게 했다. 이 잔상작용의 주장은 옳은 것이었고 이 주장은 오늘날 우리 가 즐기는 영화의 시작이 된 것이었다. 1825년 당시 역시 영국의 내과 의사였던 존 아 일톤 패리(John Ayrton Paris, 1785-1856)는 로제의 '잔상'에 관한 주장을 입증하기 위하 여 더마트로프(Thaumatrope)라는 기구를 만들어 냈다. 두터운 종이에 한쪽은 빈 새장 을 그리고 다른 한 쪽에는 새만 그려서 실에 매달아 손가락으로 앞뒤가 번가라 보이게 돌리면 새가 새장 안에 갇혀있는 듯 보이게 된다. 매우 간단한 기구였으나 사람들은 매 우 신기해했다. 사람의 눈 속에 있는 망막(Retina)에 순간 남아 있는 잔상을 계기로 흥 미로운 잔상에 관한 오락물들이 시중에 퍼져 나왔다. 1833년에는 벨기에사람(Belgian) 인 물리학자 조셉 플래토(Joseph Plateau, 1801-1883)에 의해 더 확실한 방식으로 잔상 을 통해 움직임을 볼 수 있는 주목할 만한 페나키스티스코프(Phenakistiscope, 후일 페 나키스토스코프(Phenakistoscope)라 부름)가 발표 되었다. 그리고 곧 이어서 오스트리 아(Austria)의 역시 물리학자 시몬 리터 반 스탬퍼(Simon Ritter Von Stamfer, 1792-

1864)가 스트로보스코픽 디스크(Stroboscopic Disk)라는 기구를 발표해 잔상작용에 관한 기구로 최초 특허를 획득했다. 그러나 페나키스토스코프 보다 좀 더 손쉽게 볼 수 있는 조이트로프 (Zoetrope)가 같은 해인 1833년에 영국의 수학자였던 윌리엄 조지 호너(William George Horner, 1786-1837)에 의해 발표되었다. 이것은 마치 전기밥솥의 내부에 있는 알루미늄 그릇을 닮은 모양이었다. 그릇모양에는 좁고 길게 들여다 볼 수 있는 구멍이 나있고 그 속에 설치된 고정된, 그러나 그림마다 조금씩 다르게 그린 그림들을 병풍처럼 둘려 세워 놓고 돌려가며 구멍사이로 들여다보면 마치 그림들은 살아 움직이듯이 보이게 된다. 1876년이 되어 파리에서 과학교사로 일하던 찰스 에밀 레이노드(Charles Emile Reynaud, 1844-1918)가 조지 호너의 것과 보기에는 흡사해 보이는 프락시노스코프(Praxinoscope)를 만들어 냈는데 이것은 구멍사이로 들여다보지 않고 가운데 기둥에 부착된 여러 조각의 거울 반사를 통해 동작을 볼 수 있게 고안되어 있었다. 당시로서는 조이트로프의 유사품이라는 논란도 있었지만 매우 구체적으로 다른 기구였다. 내부 벽에 세워져있는 그림이 중심에 있는 거울에 비쳐 사람이 앉은 자세로 쉽게 볼 수 있는 것이 놀란 만한 변화였다. 인기는 물론 상업적으로 크게 성공한 기구였다. 그러나 이것에 만족하지 않고 레이노드는 심혈을 기울여 여러 방법으로 연구에 연구를 거듭하여 결국 스크린 뒤에서 거울을 이용하여 후면영사(Rear Projection)를 하고, 관객은 오늘날의 영화관처럼 스크린 앞에 앉아 관람할 수 있도록 하는데 성공하게 된 것이다. 그동안에 나온 잔상을 이용한 그 어느 기구보다 레이노드가 만든 이 기구는 완전한 것이었다. 1888년에 애니메이션으로 그려 만든 필름과 영사 시스템으로 특허를 받았고, 프랑스 그레빈 박물관(Musee Grevin)에 있는 광학극장(Theatre Optique, Optical Theatre)은 1892년 10월 28일부터 상영이 시작되었는데 <팬터마임 루미네스(Pantomimes Lumineuses)>라는 시리즈로 필름들은 레이노드가 젤라틴판 위에 아닐린 잉크(Aniline Ink, 합성수지염료)로 직접 손으로 그려 무려 12,800편의 단편필름을 만들어 심지어는 뤼미에르 형제가 발명한 영화촬영용 카메라와 영사기가 나온 1895년 후에도 5년이 지난 1900년 3월까지 약 7년 6개월 동안 50만 명 이상의 관람객을 끌어들여 상영했다. 이 와중인 1895년 같은 해, 미국의 발명가 토마스 에디슨(Thomas Alva Edison, 1847-1931)은 역시 기회를 놓치지 않고 플립 북 원리를 이용한 키노라(Kinora)를 빼 닮은 뮤토스코프(Mutoscope)를 발명품으로 내놓았다. 일종의 기계적인 플립 북을 고안해 코인(Coin)을 넣고 손잡이를 돌리면 그림이 한 장씩 튕겨지며 움직이는 그림을 볼 수 있게 만들었다. 이 기구들은 관광지 등에 여러 곳에 설치 해 상품화했다. 이 뮤토스코프는 에디슨이 영상과 사운드를 동시에 녹음하기 위한 연구를 하다가 발견해 낸 것이라고 주장했으나 다. 간단한 오락물에 불과했지만 오리지널 뮤토스코프는

1960년 초기까지 사용되었으며 독립 애니메이터였던 오스카 피싱거(Oskar Fischinger, 1900-1967)는 1946년까지도 뮤토스코프 용 애니메이션을 그렸다고 기록하고 있다. 이름이 나지 않은 잔상 광학기구들은 많이 있었는데 그 중에 코루토스코프(Choreutoscope)는 영화가 나오기 직전까지 사용된 장치로, 초기 필름 카메라이자 영사기인 시네마토그라프(Cinematograph)와 같은 영사기원리가 적용된 기재였다. 크랭크(Crank)를 손으로 돌리면 이미지가 막(Viewing Pane)에 비춰지는데 필름이 흘러지나갈 때는 스크린에 비춰지지 않게 셔터(Shutter)가 가려주어서 순간 어두워진다. 다시 필름이 고정 되면 셔터는 열리며 화면을 보게 된다. 이 동작은 지속적으로 불빛에 깜빡거려서 전문 용어로 플릭커(Flicker)라 한다. 코루토스코프를 사용한 이 장치는 매우 구체화

□ 그림설명 0953-1, 풀립 북의 기본 형태.

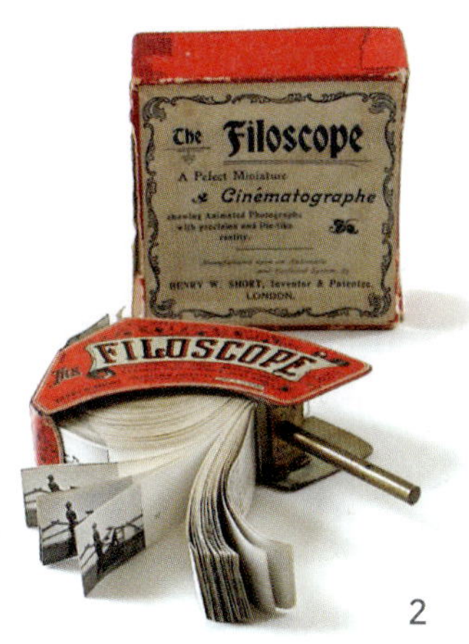

-2, '필로스코프'라 불린 기계적인 플립 북의 다른 이름.

-3, 1860년 최초 특허 등록되었던 '키네오그라프'라는 이름의 플립 북.

-4, 많은 양의 그림을 돌려 움직임을 볼 수 있었던 Kinora 플립 북.

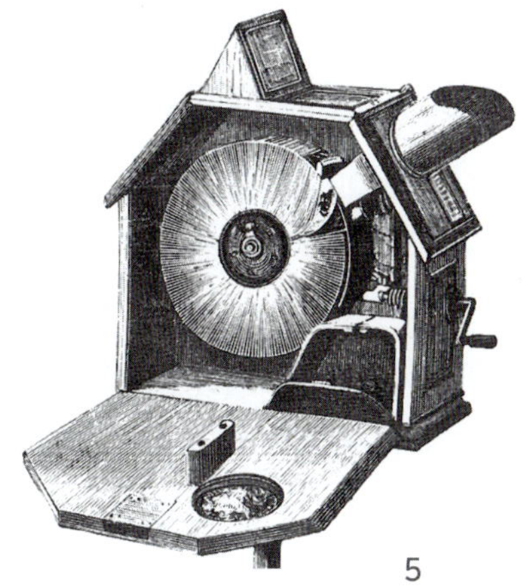

-5, 키노라 플립 북과 유사하게 만들어진 Mutoscope 플립 북.

-6, 에밀 레이노드가 최초의 영화를 상영했던 Musse Grevin의 입구.

된 애니메이션을 볼 수 있는 초기 영사 기계장치로 '매직 랜턴' 모양에 사이클(Cycle) 동작이 되는 그림을 그려 35mm 필름으로 촬영해 사용하였다. 영사기구에 부착되어있는 크랭크(Crank)장치를 돌려 동작을 계속해 볼 수 있다. 이 장치는 영국 의사였던 라이오넬 스미스 비일(Lionel Smith Beale, 1828-1906)이 만들어 영국의 공과대학(Royal Polytechnic)에서 처음으로 시연되었지만 이후 여러 사람들이 비슷한 모양으로 만들어 사용하기도 했지만 결국 1869년에 엉뚱하게도 미국의 브라운(A.B. Brown)이라는 사람이 최초로 이 기구를 특허 등록했다. 또한 1884년에는 영국의 안경 제작자였던 윌리엄 촬스 휴스(Willian Charles Hughes, 1828-1906)가 코루토스코프의 다른 버전을 특허 냈다. 가장 잘 알려진 그의 필름은 <춤추는 해골>로 마치 1659에 네덜란드의 크리스티안 호이겐스(Christiaan Huygens, 1629-1695)에 의해 만들어졌던 '일련의 해골 이미지' 들에서 영감을 얻어 사용한 것이 아닌가 보인다. 플립 북은 이처럼 그림을 그려넣거나, 사진을 촬영순서대로 정밀한 위치에 고정시키고 손으로 튀겨 움직이는 동작을 즐겼던 기구로 지속적으로 발전해 오늘날의 영화예술이 되었다.

□ 그림설명 0953-7, 필로스코프(플립 북) 작동방식.

*flipping (플리핑, 동작 튀겨보기)

애니메이터가 종이위에 그린 연속된 동작의 애니메이션을 적절한 속도로 넘겨보는 것을 말한다. 한 묶음의 드로잉을 한 손으로 아래 부분을 고정시키듯이 잡고 순서대로 넘어가게 해서 연속된 동작들을 관찰하는 방법이다. 애니메이션에서 그려낸 액션이 의도대로 되었는지 즉시 확인해 보기 위해 애니메이터들이 사용하는 방법이다.

0954 `peo` `ani`

Flip the Frog (공중제비 개구리)

<공중제비 개구리>는 1930년에 어브 아이웍스(Ub Iwerks, 1901-1971)가 월트디즈니 회사의 월트와 두 번째로 작별한 후 따로 회사를 차리고 만든 애니메이션 시리즈였다. 아이웍스는 월트(Walt Disney, 1901-1966)를 위해 평생 동안 일했으면서도 두 사람은 진정하게 좋은 사이는 아니었다. 어브 아이웍스는 1919년 캔자스시티에서 월트 디즈니를 처음 알게 된 이래 그가 가지고 있었던 그의 재능과 노력을 월트를 위해 최고로 발휘했다. 1921년 월트가 캔자스시티 필름 광고회사(Kansas City Film Ad Company)를 차리고 애니메이션을 제작할 때도 아이웍스도 애니메이션 캐릭터 디자인 담당을 하며 월트의 회사를 열심히 도왔다. 당시 6편의 단편 애니메이션 필름을 만들어 회사는 어느 정도 운영해 나갈 수가 있게 되었고 그들은 분명 여기서 돈을 좀 번 것 같아 보인다.

그러나 월트는 회사를 파산하고 그동안의 경험을 살려 드디어 큰 희망을 품고 형 로이(Roy)와 함께 그러나 업은 그곳에 놔두고 1923년 초에 캘리포니아의 할리우드로 이사를 했다. 이것이 아이웍스에게는 섭섭한 첫 이별이었다. 디즈니는 후일 아이웍스를 할리우드로 불러 갔지만 두 사람 사이에는 자주 기묘한 애증(Love and Hate)관계에 있었다. 아마도 월트가 아이웍스의 재능을 알고 있었지만 최고의 능력자로 인정하지는 않았기 때문이었다. 언제나 아이웍스는 이것이 불편한 마음이었다. 자신의 스튜디오를 차린 아이웍스는 그 다음해에 가장 인기 많았던 시리즈인 <플립 더 프로그(Flip the Frog)>를 제작했다. 처음에 이 시리즈물은 미키 마우스 단편을 연상시키는 것 같았다. 왜냐면 그가 미키 마우스 캐릭터 수정창작에 매우 중요한 역할을 했기 때문이었다. 그러나 서서히 그만의 스타일과 페이스를 갖추어 나갔고 아이웍스는 애니메이션의 엄청난 그림재능을 가지고 있었지만 이야기를 풀어 나가는 감각이 부족했고 구성도 두서없는 경향이 있었다. 아이웍스는 한 때 스튜디오 이름을 주인공 토니(Tony)로 바꾸려고 한 적도 있었다. 셀레브리티 픽쳐스(Celebrity Pictures)에서 제작하고 메트로 골드윈 메이어(Metro-Goldwyn-Mayer)를 통해 배급 총 36개의 단편 애니메이션을 제작했다. 그 중에는 우수한 작품들도 많이 있었다. <The Cuckoo Murder Case>, <Fiddlesticks>, 1931., <Africa Squeaks>, <Spooks>, 그리고 <Phony Express>, 1932., <Flip's Lunch Room>, 그리고 <Chinaman's Chance>, 1933 등이 유명하다. 이 시리즈는 1934년에 끝났다. <플립 더 프로그> 만화가 처음 나왔을 때 큰 반응을 얻지는 못했다. 그러나 지금 이 작품은 재평가되어 전 세계의 애니메이션 페스티발에서 간혹 상영되기도 한다. 재능이 뛰어났어도 동갑이인 월트와는 달리 불운했던 생애였지만 어브 아이웍스의 창의력에 찬사를 보낸다.

□ 그림설명 0954, <Flip the Frog>의 한 장면. 1930, by Ub Iwerks.

F

0955 `ani` `equ`

float (떠오르다, 공중에 떠오르다)

✱ floating peg bar (플로팅 페그 바)

아날로그식의 로스트럼(Rostrum) 애니메이션용 전문 촬영 카메라 스탠드는 사용 용도에 맞게 무엇이고 준비되어 있어 하나의 촬영대는 극치의 예술품에 가깝다. 프로팅 페그 바는 말 그대로 고정된 페그 바와는 달리 테이블의 움직임으로부터 독립적으로 테이블 표면으로부터 약간 떠서 움직일 수 있도록 되어 있는 페그 바를 가리키는 말이다. 이 방식은 카메라의 움직임을 수치로 적어 표시해야 하는 번거로움을 피하기 위해 카메라 촬영대의 기둥에 임시적으로 고정시켜 사용할 수 있게 되어 있다.

✱ 참조보기 (0478 - compound table)

0956 `equ`

floodlight (퍼진 조명, 광폭 조명, 플라드 라이트)

빛이 화면위에 골고루 퍼져 구석구석 넓게 비춰지도록 램프의 조명을 조작하게 하는 것을 뜻한다. 집중 조명(Spotlight)과는 반대의 뜻이다. 조명은 3가지 기본조명을 한다. 앞에서 전체를 조명하는 것을 주로 플라드(Flood) 조명, 인물에 집중하는 것을 스폿(Spot) 조명 그리고 인물과 배경의 거리감을 주기 위하여 인물 뒤쪽에서 인물에 집중 조명하는 백라이트(Backlight) 등이 있다.

□ 그림설명 0956-1, Backlight(후광) 야경촬영.

-2, Floodlight(퍼진 조명)

✱ 참조보기 (0202 - Backlight)

floor plan (설계도, 플로어 플랜)

영화제작에서 작화에 필요한 어느 장소의 조감도 설정이나 실내 촬영 시 사용하는 스튜디오 촬영용 설계도를 말한다. 또한 스크립트 작가가 플롯을 구성하기 위해 사용하는 방향과 거리 등 기초 설계를 말한다.

0958 `ani`

flop (플립, 뒤집음)

To be flop으로 사용되는 Flip의 미래형 지시 글이다. 이미 제작된 애니메이션이나 동영상에서 동작이 반대 방향으로 움직이도록 해야 할 경우 새로 그리거나 촬영하지 않고 화면이 반대 방향으로 향하도록 뒤집어 사용하는 방법을 뜻한다. 이 플립핑(Flipping) 방식은 디지털기술이 개발되어 손쉽게 많은 분야에 응용되고 있다.

0959 `com` `equ`

floppy disk (플로피 디스크)

플로피 디스크는 얇고 구부러지는 4각형 플라스틱 디스크로 자석에 의해 정보를 저장하거나 기록할 수 있다. 이것을 Floppy Disk Drive(FDD)라고 통칭한다. 이 포맷은 1970년경부터 대체적으로 많이들 사용했으며 경제적이었으며 사용이 쉽고 간편하여 인기리에 사용하나가 2000년경 DVD가 나오면서 사용하지 잃게 되있다.

□ 그림설명 0959, 플로피 8인치, 5¼인치 Mini, 3인치 Compact floppy.

0960 `equ` `pho`

focal length (초점 거리)

여러 개의 렌즈로 구성되어 있는 사진 촬영용 대물렌즈의 초점이 맞추어지는 지점까지의 거리를 말한다. 이 초점이 맞추어지는 지점은 광축상의 두 부분으로 개개의 렌즈와 렌즈군의 특성 및 거리에 의한 굉도의 변화에 따라 분리되게 된다. 그리고 배율(Magnification)이 다른 각 렌즈의 초점 거리가 한곳에서 일치하게 되어있으면 이것을 흔히 중심점이라고 한다. 이 초점거리를 말한다.

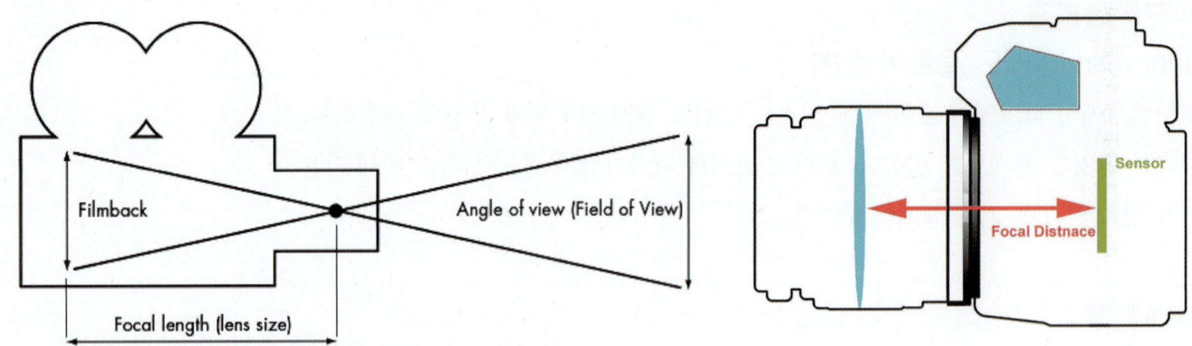

□ 그림설명 0960, 렌즈포커스에서 센서 또는 필름표면까지의 거리.

✱ 참조보기 (1512 - Lens)

0961 `pho` `pic`

focus (초점)

카메라의 렌즈를 통해 비친 피사체의 광선이 한곳으로 모이는 지점을 초점이라고 한다. 이 지점에 정착한 필름의 면이 통과하면서 명확한 초점을 얻을 수 있다. 또한 프로젝터의 렌즈를 통해 영사될 때 스크린의 초점을 맞추는 것도 이에 속한다.

0962 `equ` `pic` `ani`

focus pulling (초점 이동)

영화촬영에서 카메라 렌즈의 초점을 인위적으로 바꾸기 위해 손으로 작동하는 것을 뜻하는 말이다. 두 피사체 중 움직이는 대상을 포커스가 따라다니거나 촬영 중에 카메라의 초점이 먼 곳이거나 가까운 곳으로 이동하거나, 이미지의 일부가 선명하게 초점이 맞춰지고 있다가 그 이미지는 흐려지고 다른 거리의 이미지에 포커스가 맞는 것을 말한다. 이것은 오토 포커스(Auto Focus)로 자동 포커스를 사용할 수 없을 때 쓰는 방식이다.

□ 그림설명 0962-1, 앞 사람에서 뒷사람으로 포커스가 옮겨감.

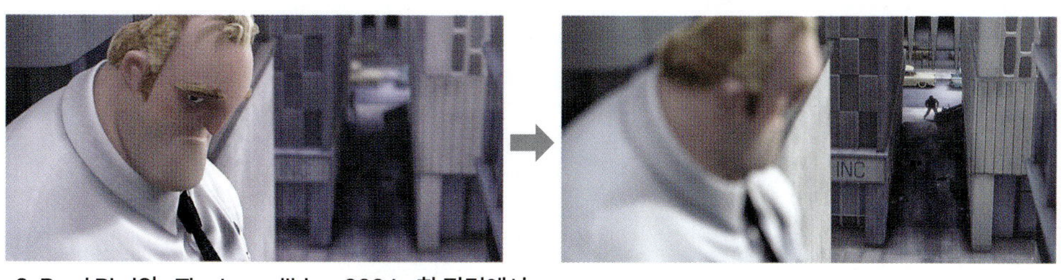

-2, Brad Bird의 <The Incredibles, 2004> 한 장면에서.

0963 `pho` `pic`
fog effects (안개효과)

영화 연출에서 인위적으로 안개 장면을 연출할 방법으로 드라이아이스로 안개를 만들어 낼 때 쓰는 말이다. 또한 아날로그 필름에서 우발적으로 빛에 노출되어 뿌옇게 된 필름부분의 일부 혹은 전부를 뜻한다. 필름을 카메라에 넣거나 뺄 때 빛이 충분히 차단되지 않았거나 혹은 카메라 카트리지 내에서 빛에 대한 차단이 완전하지 않을 때 생기는 현상을 이르던 말이다.

*fog filter (포그 필터)

애니메이션이나 실사 촬영할 때 이미지를 안개처럼 보이게 하는 효과용 필터이다. 카메라에 장착하는 필터로써 애니메이션에서는 이 필터를 이용해 움직이는 안개의 효과를 만들어 낼 수 있지만 실사 촬영 시에는 안개를 만드는 기계를 사용하여 너 사언스러운 효과를 만들어 낼 수 있다.

0964 `ani` `gen`
folder (폴더)

폴더라는 뜻은 서류나 그림 등을 흩어지지 않게 보관하기위해 두텁고 질긴 종이나 플라스틱 시트 등으로 간단히 절반을 접어 끼리끼리 모아두는 철(Discretion)로 사용하도록 만든 것을 말한다. 일종에 아날로그 식 파일(File)과 같은 것이다. 특히 애니메이션 제작에서 사용되는 신 폴더(Scene Folder)는 매우 편리하면서도 중요한 역할을 한다. 신 폴더는 재래식 애니메이션 제작공정에서는 레이아웃, 애니메이션 키(Key)포즈, 원화, 동화, 선화, 셀 채색, 체킹, 촬영에 이르기까지 완성되어가는 공정을 단계적으로 이 폴디 안에 보관하기 위해 사용한다. 또한 이 폴더 밖 표지에는 직업자들의 이름과 함께 유의할 내용들을 기록해 놓아 언제나 문제가 있을 경우 작업자를 찾아 문의할 수 있어 편리하다.

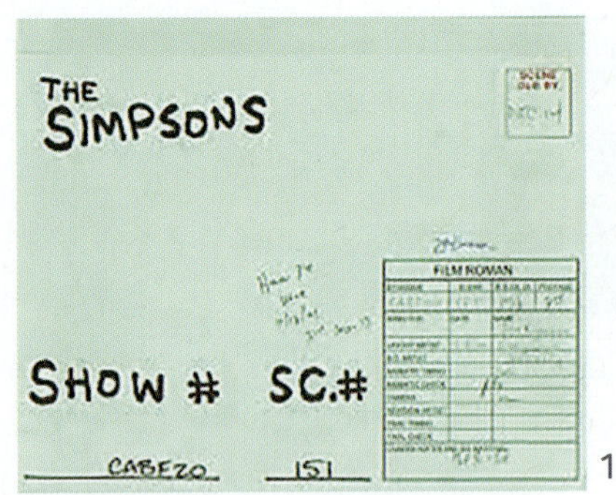

□ 그림설명 0964-1, 애니메이션 프로덕션 '심슨 가족'에 사용되는 신 폴더.

-2, 애니메이션 그림을 보관하는 신 폴더, 속에는 레이아웃, 원화, 동화, 채색, 익스포져 시트 등이 카메라 촬영실까지 보관되어 사용하게 된다.

0965 `pic` `peo`

Foley studio (폴리녹음실, 효과음 스튜디오)
* Jack Foley (잭 폴리)

폴리 녹음실이라는 뜻은 주로 스튜디오 안에서 효과음의 구색을 갖추고 영화에 필요한 효과음을 작업할 수 있는 시설을 갖춘 곳을 폴리녹음실이라 부른다. 영화의 음향은 1927년 35mm 필름에 사운드 트랙을 채용함으로서 무성영화에서 유성영화시대(Talkie Era)로 발전하게 됐다. 이로써 영화는 사운드(Sound)의 중요성이 대두 되었다. 현장에서 거리의 소음과 잡음으로 인해 생으로 목소리나 효과를 넣기에는 불가능했다. 영화는 촬영이 모두 완료된 후 효과음, 음악, 배우의 목소리(대사)를 재정리하여 영화를 완성하게 되었다. 효과음을 현지에서 그대로 넣는 일은 불가능한 것을 감안하여 잭 폴리(Jack Foley, 1891-1967)는 자연의 소리와 같은 소리를 스튜디오 안에서 만들어 사용하는데 착안했다. 이때부터 효과음향은 잭 폴리의 성을 따서 폴리효과(Foley Effects)라고 부르기 시작했다. 영화는 녹음을 하는 마무리 공정을 포스트 프로덕션이라 하여 당시에는 대부분의 큰 영화작업을 하는 스튜디오에는 폴리효과를 할 수 있도록 시설을 갖추고 있었다. 그러나 20세기말부터 디지털이라는 새로운 미디어시대가 도래함에 따라 새로운 디지털 사운드 시스템으로 음향의 질적 발전은 첨단화 되었고 음향효과 역시 체계화 되었다. 효과음은 유료 또는 무료 라이브러리가 생겨나 소리를 만들지 않고 대부분이 스튜디오에 있는 스톡(Stock)에서 사용한다. 관객들은 현장의 소리와 만들어낸 여러 효과음을 구별하기는 어렵다. 영화에서 가장 많은 효과는 발자국 소리와 옷을 터는 소리이다. 발자국은 예를 들어, 아스팔트 위를 걷는 소리로부터 모래 땅, 눈길, 빗길, 잔디, 마룻바닥 등이나 어떤 신발을 신었느냐에 따라 소리의 효과는 모두 다른 것이다. 효과에서 자주 쓰는 것 중에는 옷 부비는 소리이다. 그러나 모든 소리는 본질적으로 시각과 청각이 잘 맞아떨어져 관객들에게 수긍이 가야 하는 것이다.

지금도 잭 폴리(Sound-effects artist Jack Foley)는 효과음 예술가라고 부른다.

□ 그림설명 0965-1, 영화음향예술가 잭 폴리.   -2, 폴리 발자국 소리효과.

-3, Universal Studios, 영화녹음실의 대명사 폴리 녹음실.

＊Foley artist (효과음 기사)
＊Foley studio (효과 녹음실)

0966 `gen` `lit` `art`

folks (민속, 서민, 사람들)

폭스는 사람(People)을 가리키는 말로 서민들을 주로 뜻한다. 그들의 생활 속에서 나온 여러 행태를 민속이라 한다. 민속은 문학의 한 장르로 지금은 하나의 고전으로 나라마다 다르게 전해 내려온 서민들의 생활양식과 풍습을 민속이라 부른다. 따라서 민속의 의미는 다양하다. 문학에서 구전으로 전해 내려온 신화, 전설에 얽힌 미신이야기, 민담, 속담 등이 있고 음악에서 소리(판소리, 창가, 싱여징송곡, 농부가. 어부가, 종류별 익기 등)들은 집단생활 속에서 한(Regrettable)과 즐거움(Joyful)을 노래했다. 민속에서 춤이 빠질 수는 없다. 춤은 지역마다 다르고 나라마다 고유의 민속춤(Folk Dance)이 있다.

＊참조보기 (0378 - Choreography)

＊참조보기 (0602 - Dance)

0967 equ ani
follow focus cam (팔로우 포커스 캠)

재래식인 아날로그 애니메이션 카메라 스탠드에 설치된 기계적인 장치로 카메라가 스탠드를 타고 오르내리며 촬영할 때에 테이블 위에 놓여 있는 그림의 표면과 카메라 렌즈의 초점거리를 자동으로 맞추기 위해 설치된 장치이다.

0968 equ pic
footage (푸트지, 자 단위)

일반적으로 영화 필름의 길이를 측정하는 단위로 사용한다. 1자의 길이에는 16프레임의 그림으로 구성되어 있다. 1초는 1자반으로 프레임 수로는 24개이다. 유럽이나 아시아지역에서는 메트릭(Metrics)을 사용하고 미국은 Footage와 Inch를 사용한다. 그러나 대세인 미국의 애니메이션의 측정방식에 영향을 받아 많은 나라들이 미국식 ACME 시스템을 사용하고 있다.

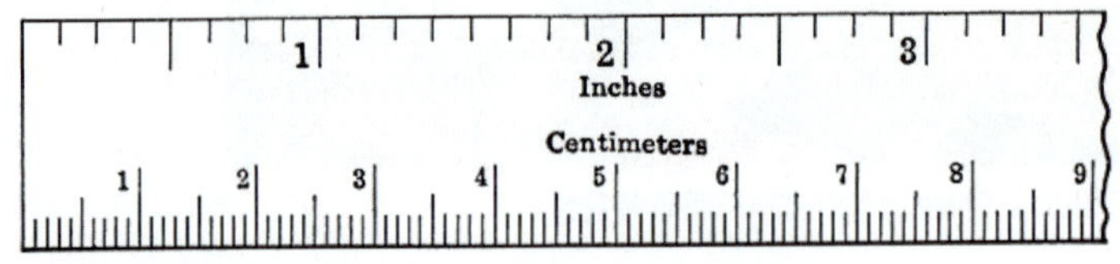

□ 그림설명 0968, 인치(Inch)와 센티미터(cm)의 비교.(실측)

0969 equ art ani
forced perspective (강조된 원근)

일반 실사영화에서 하나의 기술로 입체적인 원근을 강조하기 위해서 카메라의 렌즈를 와이드로 선택, 급격한 원근을 강조하는 것을 의미한다. 예; 피사체가 카메라에 접근할 때 화면상에서 동작이 급격히 다가오는 효과를 얻기 위해서는 38mm 이하의 와이드 렌즈를 사용하여 극심한 원근을 만들어 낸다. 반대로, 피사체가 카메라에 접근은 하지만 마치 제자리걸음처럼 완만한 동작이 필요할 때는 망원렌즈 120mm 이상을 사용하여 반대 효과를 얻는다. 이처럼 영화의 연출적인 카메라의 효과를 얻기 위해서는 렌즈의 선택으로 화면의 원근을 강조할 수 있다.

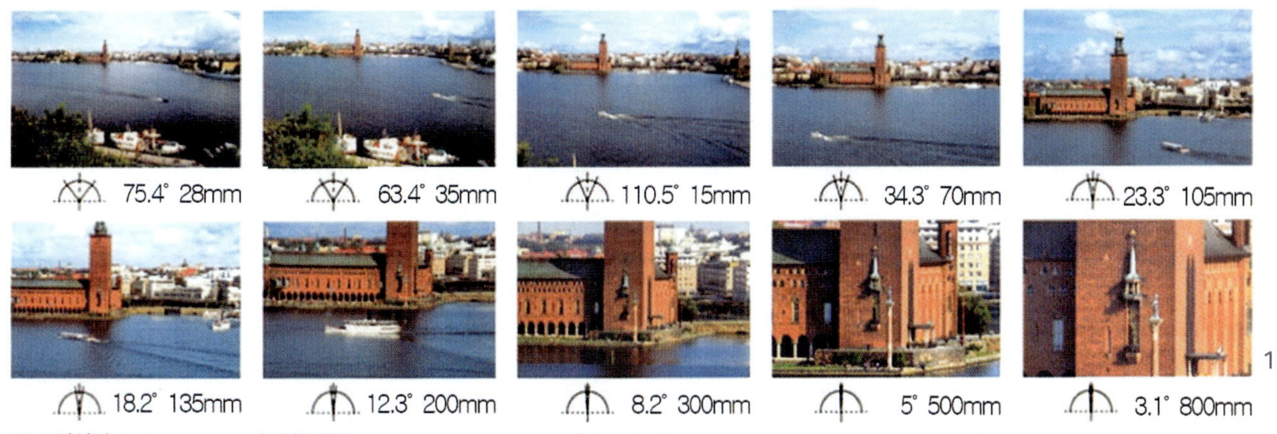

☐ 그림설명 0969-1, Zoom에 의한 원근, 28mm~800mm zoom 개각도의 변화.

-2, 38mm에 의한 원근.

-3, 75mm에 의한 원근.

0970 `art` `ani`

foreground (포어그라운드, 전(앞)경)

카메라와 실제 촬영이 이루어지는 지역 간의 카메라 시야 범위를 뜻하는 말로, 카메라와 가까운 곳을 말한다. 먼 곳은 백그라운드(Background)라고 한다. 애니메이션에서의 포어그라운드는 오버레이(맨 위에 얹히는 그림)로써 그 어느 그림보다 위에 있는 레벨을 뜻한다. 아날로그 방식에서나 컴퓨터 방식에서 똑같은 개념으로 사용된다.

☐ 그림설명 0970-1, Layout Drawing, by Mike S. Fowler.

-2, <Lilo& Stitch> 배경. Foreground(근경)와 Background(원경), by Disney.

0971 `pic`

foreign version (해외 판)

일반 영화나 TV 프로그램들은 제작하는 나라에 따라 그 나라의 언어로 제작되는 것이 일반적이다. 그러나 해외에 상영이나 방영을 할 경우 음악과 효과(ME-Track)는 그대로 두고 그 나라의 언어로 대사만 교체하게 된다.

✱ 참조보기 (0712 - dubbing)

0972 `gen`

format (포맷, 판형, 형식)

1) 인쇄매체의 경우 레이아웃(Layout), 사진, 일러스트레이션(Illustration), 그래픽(Graphic), 기사와 광고 문안 등의 시각적인 구성요소와 내용에 따른 특정한 편집 형태를 말한다. 2) 포맷은 규격의 모양이나 일정한 한 형식을 뜻하는 말로 재래식 포맷에서 디지털로 형식, 모양, 방식, 운용체계 등이 모두 포함되는 말이다. 3) 영화나 영상물의 규격과 방식을 말하는 것으로 필름에는 70mm, 35mm, 16mm, 8mm 등이 있으며 비디오테이프에는 2", 1" High band, D-1, Beta cam, Digi-Beta, HD, DV, Super VHS, VHS, H8 등이 있다. 4) 영사될 영상물의 스크린 비율을 말하는 것으로 4:3(1.33:1), 16:9, 1.85:1, 2.35:1 등이 있다. 3항 필름에 경우 디지털 포맷의 혁신에 따라 지금은 일부는 거의 사용하지 않는다.

0973 `gen`

4D (포디)

4D는 4차원(4-Dimensional) 입체의 공간(Space)을 의미하는 뜻으로 사용되는 말이다. 1차원은 선, 2차원 평면, 3차원은 길이, 폭, 높이로서 입체를 나타낸다. 그리고 4D는 3차원의 입체 속에 시간이 존재하는 것을 말한다. 제한적인 공간속에 환각(Psychedelic)이 현실처럼 느껴지게 하는 것이다. 3D 화면에서 폭발로 인해 유리가 산산 조각으로 흩어질 때 차가운 물을 관객에게 뿌린다면 마치 유리파편들이 얼굴에 박히는 느낌을 연출하게 된다. 4D는 3D영상에 몸으로 느껴지는 비, 차고 더운 공기, 번쩍이는 빛, 진동을 느껴지게 고안된 의자. 이러한 효과와 오락으로서 매우 인기가 있고 이런 것을 4D라고 할 수 있다. 가상현실과는 다르다.

□ 그림설명 0973-1, 4D를 즐기는 관중.

-2, 스피드 자동차 경주.

0974 `mus`

foxtrot (폭스트롯)

일종의 미국과 유럽식 연회장의 춤 (Ballroom Dance, 무도곡)을 위한 곡 이다. 재즈 형태로 매우 느리며 1920 ~ 30년대 미국과 유럽에서 대중이 즐기던 댄스곡이다. 애니메이션동작 표현에서는 동작 마디마디(Extreme) 마다 강약을 주어 무드(Mood)있게 연출하는 것이 스토리를 이끄는 데에 도움을 줄 수 있다.

□ 그림설명 0974, 율동은 강약을 강조하는 것으로 애니메이션에서 필수이다.

0975 `pic`

frame (프레임, 동영상화면의 단위)

1) 영화필름이나 동영상의 한 칸에 보이는 이미지를 말한다. 35mm 1초의 길이는 24개 프레임으로 정해져 있다. 비디오의 NTSC 방식으로는 1초가 30프레임이며, PAL과 SECAM 방식은 1초에 25프레임이다. 프레임의 뜻은 초당 1/25 이나 1/30 속도를 말 한다. 영화 화면의 일반적인 화면 비례는 4:3이다. 따라서 TV 화면 역시 같은 비례로 오늘날까지 유지되어 왔다. 그러나 극장용 와이드 스크린의 화면 비례인 표준 35mm 필름들에서는 현재 1.85:1의 가로 세로 비가 있고, 70mm의 필름들에서는 2:2.1 단일 사이즈가 있다. 영화상에서 프레임의 뜻은 카메라가 잡은 뷰(View)의 한계를 뜻한다. 카메라에 찍히는 화면 밖에 여유분의 시야가 더 있지만 프레임은 찍고자 하는 화면을

잡아 촬영하는 것을 의미한다. 프레임 속에는 일반 정 사진들처럼 구도를 잘 맞추어 구성하게 된다. 2) 보통 TV 화면의 가장자리나 그림의 액자 틀을 일컫는 말이다.

□ 그림설명 0975-1, 35mm Movie Film은 한 자(Foot)에는 16개 프레임이다.

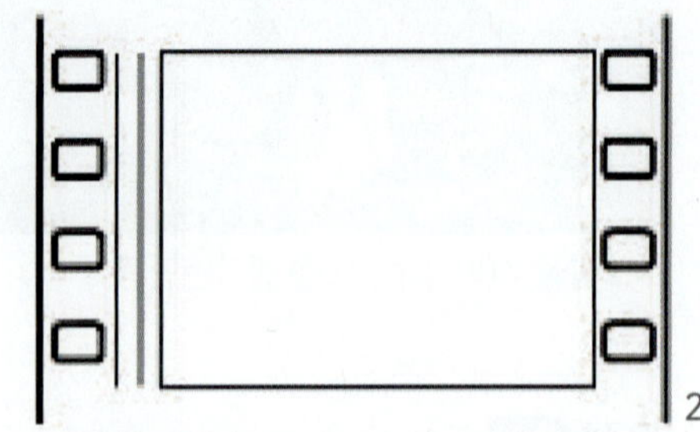

-2, 영화용 35mm 한 프레임에는 양쪽에 4개씩 천공이 있다.

0976 `pic` `ani`

FPS (에프피에스, 프레임 퍼 세콘드)
*Frames per Second (초당 프레임)

영화필름은 초당 24개의 프레임으로 구성되어 있다. 1초 동안 동작을 찍은 한 칸(Frame)의 연속된 동작이 몇 프레임으로 이루어졌는지를 뜻하는 말이다. 보통 초당 프레임으로 24 FPS으로 표기에만 사용하고 구어로는 '프레임 퍼 세컨드'라 한다. 35mm 카메라와 영사기의 속도는 초당 24프레임, 필름 길이로 1분에 90 피트(약 2,743cm), 80분용 장편 영화는 대략 7,200피트 길이 이다.

0977 `com`

frame buffer (프레임 완충기)

CRT의 래스터(Raster: 주사선으로 구성된 화상) 스캔에 나타난 x, y 화소(TV나 사진 전송에서 화면을 전기적으로 분해한 명암의 최소 단위)를 컴퓨터의 기억 영역에 저장하는 시스템으로서, 동작속도가 다른 장치를 독립적으로 동작하게 하는 장치이다.

0978 `pic`

frame counter (프레임 카운터)

촬영할 때마다 프레임의 숫자가 자동적으로 표시되는 애니메이션 카메라나 카메라 스탠드에 부착된 계수기를 말한다.

□ 그림설명 0978, 애니메이션 카메라의 프레임 카운터.

France Animation History (프랑스 애니메이션의 역사)

프랑스 인류의 생활에서 문명이 싹트기 시작한 것은 18세기 유럽의 <문예부흥기> 이었다. 프랑스는 서기 843년에 왕정이 시작된 후, 1792년 9월에 공화국으로 선포되고 1804년 제국으로 세를 확장했다. 시대는 비록 유럽 국가들에만 국한시키는 것은 아니고 아시아 일원에도 많은 영향을 미쳤다. 그만큼 지구 땅덩어리는 국경을 넘어 비행기로 왕래를 하던 시대도 아니었지만 어쩌면 사람들이 생각하는 것은 그렇게 비슷한지 일체감과 같은 시대였던 듯하다. 돌이켜 보면 철학(과학), 천문학, 수학, 의학, 광학, 문학, 음악, 미술 등에 분야가 거의 같은 시기에 발전했다는 사실이다. 17세기 유리를 연마하는 기술이 크게 발전하면서 렌즈가 개발되고 그것을 통해 인류는 영상이라는 것을 알게 되기 시작했다. 이 많은 일련의 일들이 프랑스를 기점으로 발전되어 사진기술, 영화기술 그리고 인류최초의 손으로 그린 애니메이션이 발명되기 시작했다. 그 후 찰스 에밀 레이노드(Charles Emile Reynaud, 1844-1918)가 발명한 프락시노스코프(Praxinoscope)가 최초의 영화관이라 부를 수 있는 옵티크 극장(Theatre-Optique)에서 1892년 처음으로 관객들에게 영화를 상영해 보였다. 레이노드 자신이 그린 그림을 촬영해 만든 애니메이션 필름을 상영했다는 기록이 있다. 이것을 시작점으로 사람들은 스크린 상에 비춰진 영상이라는 것에 관심을 갖게 된다. 후일, 영화 산업의 선구자가 된 프랑스의 발명가 레옹 고몽(Leon E. Gaumont, 1864-1946)이 1895년 고몽 영화사(Gaumont Film Company)를 차렸고 같은 해 같은 프랑스의 오귀스트 뤼미에르(Auguste Lumiere, 1862-1954)외 루이(Louis, 1864-1948) 형제가 발명한 카메라와 영사시스템에 관한 기술과 관심은 프랑스 안에서 뿐만이 아니라 전 유럽에 유행처럼 퍼져나갔다. 20세기에 들어서면서 어느 나라가 애니메이션을 가장 먼저 시작했느냐를 기록하기 시작한다. 1908년 당시 고몽회사에서 일하던 에밀 꼴(Emile Cohl, 1857-1938)이 신파조(New-School Drama)의 스토리를 엮어 한 콤마씩 칠판위에 그림을 그려가며 촬영하여 <판토슈(Fantoche)> 라는 단편을 최초로 만들어 냈다. 시간이 오래 걸리는 작업이었을 것 같다. 프랑스의 영화 촬영용 카메라는 당시 초당 속도 18콤마 정도를 손으로 정확히 돌려 감으며(Cranking) 촬영했음으로 애니메이션을 만들기 위해 한 콤마씩 촬영(Single Frame Filming)하는 기법에는 어려움이 없었을 것으로 판단된다. 세계 최초의 이 작품은 지금도 프랑스가 예술 부분에서 하나의 국보처럼 여기며 가장 자랑스러워하는 것이다. 그리고 프랑스에는 중요한 업적을 남긴 사람이 여럿이 있는데 그 중 폴 그리모(Paul Grimault, 1905-1994)가 그 중 한사람이다. 그는 1905년 뉘일리 슈 센느(Neuilly-Sur-Seine)에서 고고학자의 아들로 태어났다. 그리모는 이려시부터 넘딜리 엉상과 음악에 애착을 가지고 있었다. 학교에서 디자인 공부를 한 그리모는 1930년 광고회사인 다무르(Damour)에서 일하면서 그의 예술의 동반자인 르네 즈베르(Rune Zuber)등 많은 사람들을 만나게 된다. 그의 생애는 많은 시간을 상업용 CF(Commercial Film)에 바치기도 했다. 그는 1994년 그의 생애를 마치기 전 1988년 까지도 프랑스의 영화감독 쟈크 드미(Jacques Demy, 1931-1990)와 같이 애니메이션에 대한 소망과 함께 그 스스로의 생애를 정리했다. 그의 작품 속에는 독특한 상상력과 개성적인 영상표현, 프랑스 사람 특유의 자유에 대한 갈망 그리고 그는 아름다운 시와 음악을 언제나 작품 속에 담았다. 그 후 프랑스인들에게 뿐만이 아니라 전 세계인들에게 애니메이션에 대한 잠재력을 보여주고 새로운 미학의 지평을 열어준 사람이다. 이탈리아의 부르노 보제토(Bruno Bozzetto, 1938-), 러시아의 유리 놀슈테인(Yuri Norstein, 1941-)과 함께 세계 3대 애니메이터로 꼽히는 르네 랄루(Rene Laloux, 1929-2004)는 한 장 한 장 그려 제작한 페이퍼 애니메이션의 진수를 보여준다. 1929년 파리에서 출생한 그는 조각과 그림에 전념하고자 일찍이 13살에 학교를 그만두고 다양한 경력을 쌓았다. 1955년부터 1959년까지는 정신과 의사인 친구 장 오리(Jean Oury, 1924-2014)의 제안으로 꾸르 쉐베르니(Cour Cheverny) 정신병원에서 환자와 간호사들을 위해 인형극과 연극을 상연하고 화실을 관리하기도 했다. 그의 첫 단편 애니메이션 "쥐의 이빨"은 환자들이 그림을 그리고 집단창작으로 완성된 시나리오를 바탕으로 한 작품이다. 1973년 만들어진 <판타스틱 플래닛>은 그의 대표작으로 애니메이션으로는 최초로 제23회 칸영화제 경쟁부분에 올라 심사위원 특별상을 수상했다. 인기 SF작가 스테판 울(Stefan Wul, 1922-2003)의 소설을 일러스트레이터 롤랑 또뽀르(Roland Topor, 1938-1997)와 함께 각색 제작한 작품은 푸른 거인이 지배하는 이얌 행성에서 노리개감으로 학대당하던 옴족의 한 소년이 문명을 습득해 탈출, 야생의 옴족들을 교육시켜 거인들에게 위협적인 존재가 되어간다는 내용을 담고 있다. 르네 랄루는 이후에도 뫼비우스(Moebius, Jean Giraud 장 지로의 필명), 필립 카저(Philippe Caza, 1941-) 등 세계적 아티스트들과 함께 <타임 마스터>, <간다라(Gandahar)> 등의 애니메이션들을 탄생시킨다. <대서양 횡단>으로 1978년 칸 영화제에서 단편부문 황금종려상을 수상한 장 프랑소와 라귀니(Jean-Francois Laguionie, 1939-)도 프랑스의 페이퍼 애니메이션을 언급할 때 빼놓을 수 없다. 1939년 프랑스의 브장송에서 태어난 그는 파리의 응용미술학교에서 미술을 공부했다. 처녀작 <소녀와 첼리스트>는 폴 그리모의 영향을 받은 작품으로 1965년 안시 국제 애니메이션 페스티벌에서 대상을 수상했다. 1984년 첫 장편 작품 <궨(Gwen)>을 만들었으며 최근작으로는 85분 길이의 <블랙모르의 섬>이 있다. 서정적 그림 속에 자신의 독창성과 절제된 유머를 잘 녹여내고 있다. 최근, 프랑스는 전통적인 방식의 페이퍼나 셀 애니메이션 뿐 아니라 컴퓨터 애니메이션에도 우수한 작품들을

제작하고 있다. 팡톰 스튜디오는 컴퓨터 애니메이션을 전문적으로 만들어온 제작사로
1993년부터 리얼타임 캡처까지 가능해진 이 스튜디오는 13분길이의 총 26편으로 구성
된 풀3D 컴퓨터 그래픽 애니메이션 <인섹터(Insektors)>를 만든 회사이다. 프랑스적 특
유의 스타일은 오늘날 까지도 맹렬히 선구적 위치에서 21세기 프랑스의 애니메이션은
대표적인 고몽 특유의 스타일로 애니메이션의 진수를 보이고 있다.

□ 그림설명 0979-1, 에밀 꼴의 <Le Cauchemar de
Fantoche, (1908)>

-2, <the king and the mockingbird, (1980)>,
Paul Grimault.

-3, -4, 르네 랄루의 <판타스틱 플래닛,
(Fantastic planet,(1973)>

-5, 프리키 윌스, by Gaumont.

-6, 아토믹 퍼펫, by Gaumont.

0980 `gen`

freelancer (프리랜서, 자유직업자)

예술가로써 어느 회사에 장기 고용되지 않고 독립하여 계약직으로 어느 기간 동안
일하거나, 작업한 만큼 청구서를 제출하고 작업비용을 받아가는 사람을 말한다. 전 세
계적으로 특히 예술가들에 적용하여 일한 시간보다는 작업에 결과물에 대한 대가

F

(Equivalent)를 지급하는 것을 뜻하는 말이다.

0981 `pic` `ani`

freeze frame (정지 프레임)

영화의 한 장면의 한 프레임이나, 장면 속 인물의 동작이나, 움직이는 사물을 마치 얼어붙은 듯 정지시키는 것을 말한다.

＊ freezing (움직이지 않는 화면, 추운, 냉담한)

0982 `peo` `ani`

Fritz the Cat (프리츠 더 캣)

1970년, 애니메이션 감독인 랄프 백시(Ralph Bakshi, 1938-)와 영화 제작자인 스티브 크랜츠(Steve Krants, 1923-2007)는 애니메이션 회사를 막 차리고 나서 그들의 첫 작품으로 독립 만화가인 로버트 크럼(Robert Crumb, 1943-)을 만나 그가 그린 만화 <프리츠 더 캣(Fritz the Cat)>을 애니메이션으로 제작하겠다고 제안한다. 크럼은 처음에 이를 거절했지만 곧 생각을 바꿔 아무런 조건 없이 비용을 받고 <프리츠 더 캣> 만화에 대한 저작권을 양도했다. (크럼은 후 일 동료들로부터 조건 없는 고정 금액은 잘못된 생각이라고 했다.) 크럼 주변의 주장에도 불구하고 두 사람은 신속하게 일을 진행했다.

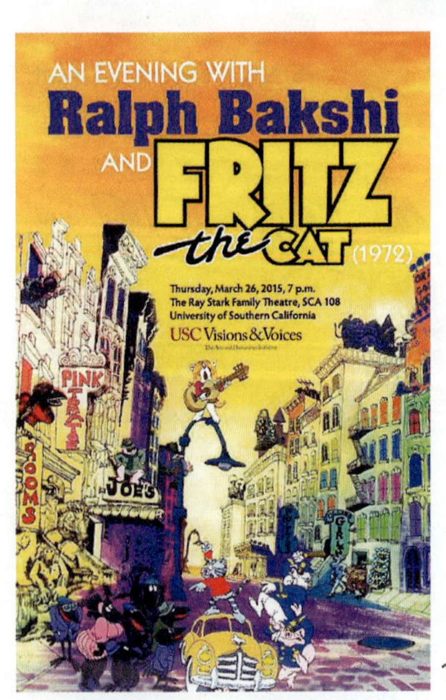

□ 그림설명 0982-1, <Fritz the Cat> 1972, by Ralph Bakshi, 영화 포스터.

결국 크랜츠가 제작을 맡고, 백시가 감독한 <프리츠 더 캣>은 완성되어 1972년에 극장영화로 개봉되었다. 백시는 원작에 충실하도록 크럼의 그림 구성요소를 많이 인용하여 제작되었다. 특히, 원작 배경에서 계속 나오는 욕조에서의 광란 파티는 그 자체만으로 영화 '오페라의 밤(A Night at the Opera)'의 접견실 장면을 연상시킬 정도로 효과적이었다. 이 애니메이션에서 매력적이지만 살짝 타락한 고양이 <프리츠 더 캣>은 몇 가지의 상황을 겪는다. 술집 싸움에 휘말리고 뉴욕의 싸구려 아파트에서 밤새 잡담하며, '돼지'로 묘사되는 경찰들과 맞서기도 한다. 경찰을 피해 프리츠는 서부로 이사하여 다소 지저분한 혁명가 단체에 들어가 '시위(Protest)'에 가담한다. 마지막 장면에서 프리츠는 시위에서 얻은 상처로 병원에 입원해 술에 취해 죽어간다. 오직 울고 있는 그의 여자 친구만이 프리츠에게 생기를 주고 병원 침대에서 한바탕 섹스 소동을 벌이며 이 애니메이션 외설영화는 페이드 아웃(Fade-out)되며 끝난다. 프리츠 더 캣은 상영되자마자 좋은 반응을 얻었다. 이 영화는 최초로 "X" 등급을 받은 애니메이션 이였고, 평소라면 애니메이션 영화를 보러 극장에 가지 않을 많은 관객들을 끌어들였다. 영화는 상업적인 성공뿐만 아니라 좋은 호평도 얻었다. 1973년, 애니메이션 연구집을 출판한 랄프 스테펜슨(Ralph Stephenson)의 '애니메이션 영화(The Animated Film)'에서 그는 다음과 같이 열변했다. "<프리츠 더 캣>은 문제 많고 불경하고 풍자가 난무하지만 삶의 맥박이 뛰는 대작입니다." 라고 했다. 비록 작품과 관련 없는 크럼이 제기한 소송 사건과 같은 약간의 불미스러운 일이 있었지만 이 영화는 애니메이션의 역사에서 이미 고전 물이 되었다. 원작의 성공에 고무되어 1974년, 불확실한 제작팀이 모여 속편, <프리츠 더 캣의 구사일생(The Nine Lives of Fritz the Cat)>이 개봉되었지만, 이 영화는 상업적으로 예술적으로 모두 처참하게 실패했다.

-2, -3, -4, -5, 영화속의 장면들. 대작으로 평가받은 애니메이션.

0983 `pic`

front credits (앞 자막)

영화에서 영화를 만든 사람들의 명성(Credits)은 영화가 시작되며 나오는 것을 프론트 크레딧 이리고힌다. 잎 명싱에는 엉화제삭에 잠여한 집행제작자(Executive Producer),

특별 출연자(Special Featuring), 스크린플레이(Screen Play) 그리고 감독(Director)이 마지막으로 나오는 것이 상례로 되어 있다. 또한 중요한 몇몇 사람이 더 나올 수 있다.

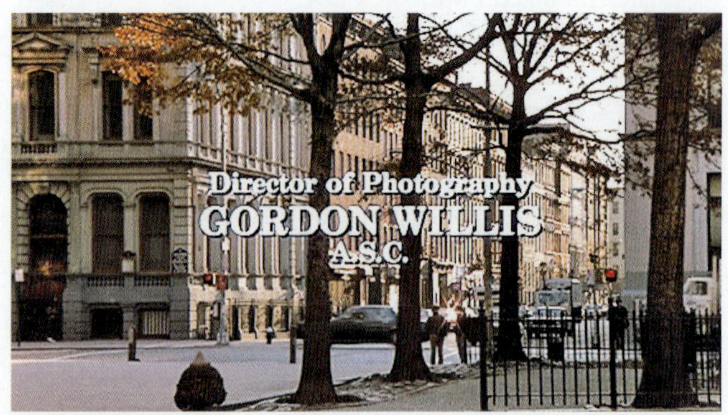

□ 그림설명 0983, 감독의 크레딧의 예.

0984 `pic`

front projection (전방 영사)

극장에서처럼 영사 스크린의 앞쪽에서 영사하는 방법을 말한다. 그리 이와 반대의 개념으로 반투명 스크린의 뒤에서 영사하는 방법도 있다. 빅 스크린(Big Screen) TV 화면 중에는 리어 프로젝션(Rear Projection)도 있고 프론트 프로젝션(Front Projection)도 있다. 특히 영화관에서는 레이저 광을 사용하여 작은 유리 알갱이로 만들어진 스크린 위에 영사하는 방법을 주로 사용하고 있다.

□ 그림설명 0984, Front Projection Theatre.

0985 `pic` `pho`

f-stop (에프 스톱)

카메라 렌즈에 내장된 아이리스(Iris) 조리개의 아파츄어 세팅을 일컫는 말이다. 조리개에 표시되어 있는 숫자가 높아지면 그만큼 선명한 사진을 얻을 수 있고 조리개를 열면 그만큼 노출 속도가 비례적으로 빨라진다. 1.2, 1.4, 2, 2.8, 4, 5.6, 8, 11, 16, 22 등 으로 F-Stop이 표시되어 있다. 이 숫자의 단위를 한 스톱이라 부른다.

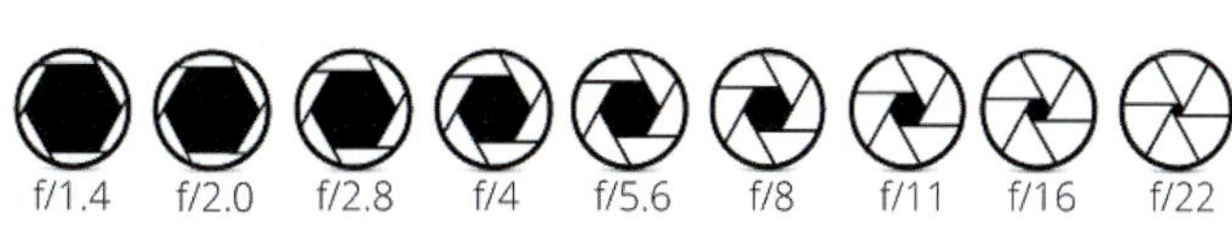

□ 그림설명 0985, 카메라 렌즈와 F-Stop.

✱ 참조보기 (0111 - Aperture)

0986 `com`

FTP (에프티피)

✱ File Transfer Protocol (파일전송프로토콜)

통신 네트워크를 통한 파일전송의 약자 FTP로 주로 부른다. 하이테크 시스템을 통하 여 기술적인 제반 문자나 그래픽 자료를 유선으로 주고받는데 사용된다. 최근에 와서 는 해외에 있는 회사와 회사 간에 제작에 필요한 자료를 서로 간에 서버에 자료를 올려 놓고 서로 약속된 ID와 패스워드를 넣고 다운받아 자료를 가져가면 된다.

0987 `anl`

full animation (풀 애니메이션)

풀 애니메이션은 캐릭터의 동작을 최대한 부드럽게 표현하는 기법을 말한다. 캐릭터마 다 동작에 필요한 그림을 자연스럽게 사실 동작에 입각해서 동작의 근본인 관성 (Inertia)과 중력(Gravity)을 적용시켜 스토리텔링에 맞게 연출된 동작으로 그리는 것을 말한다. 풀이란 의미는 그림을 제한적으로 그리지 않고 1초당 24장까지 그리게 되는데 출연 캐릭터가 많을수록 그림을 그만큼 많이 그리게 된다. 애니메이션 연출은 일반 실사영화와는 구별하게 된다. 스토리를 표현하는 동작 방식부터 애니메이션은 다르다. 동작표현의 핵심을 이해하고 동작으로 만들어 내는 것이다. 애니메이션 동작은 모든 동물들의 관절의 움직임을 알고 물리적, 예술적, 철학적으로 또한 해학적으로 관객이 공감을 느낄 수 있도록 그린다. 최상의 부드러운 동작을 만들기 위해 그림 장수에 제한 이 없이 모든 장면을 그림으로 치리한 애니메이션을 풀(Full)이라 말한다. 그 그림의 소 요매수를 제한 없이 연출상의 동작을 위해 더 많은 그림을 사용할 때 이것은 풀 애니메 이션에 속하게 되는 것이다. 극장용 풀 애니메이션은 매수에 제한을 두지 않고 최고의 애니메이션을 만들기 위해 제작된다.

□ 그림설명 0987, 원리적인 애니메이션(Principle of full Animation) ⇐ 순서방향. Animated by Mark Kennedy at Disney.

0988 `pic`

full shot (풀샷)

촬영에서 인물 대비 머리에서 발끝까지 모두 보이도록 화면의 크기로 촬영하는 것을 말한다.

0989 `ani` `pic`

FX (특수효과)

Effects를 줄여서 부르는 말이다. 영화에서는 특수효과(Special Effects)를 뜻하는 주로 화면상에 시각적으로 효과를 첨가하는 작업을 말한다. 또한 음향효과(Sound Effects) 역시 EFX 또는 SFX로 줄여 표기하기도 한다.

□ 그림설명 0989, 할리우드 특수효과 쇼.

✴ 참조보기 (0361 - CG)

Gag Cartoon

G g

[지]

Gondola of Venice

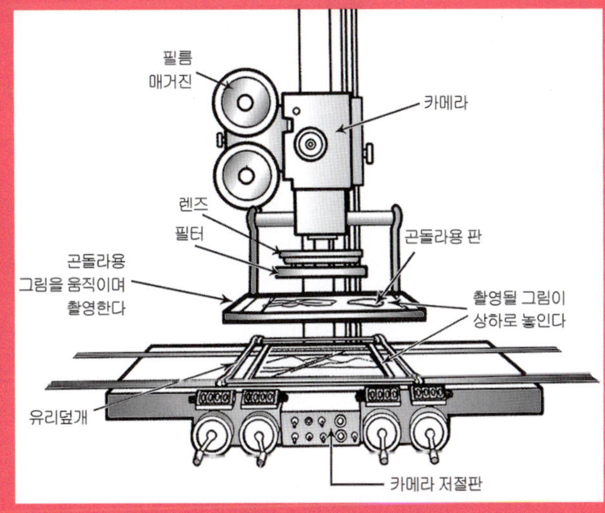

Gondola

graffiti

G g [지]

1000 `gen` `art`

gag (개그)

＊gag show (개그 쇼)

일반적으로 많이 사용되는 개그의 의미는 TV, 무대, 영화 등의 대본에 삽입하여 관객의 주의력을 이끌어내기 위해 잠시 익살스러운 농담(Joke)이나 웃기는 몸짓(Practical Joke)으로 관객의 관심이나 시선을 끄는 농담조의 짧은 쇼를 말한다. 그러나 깊이 있게 여러 의미로 사용된다. 재갈을 물려 입을 막는다는 의미, 그리고 언론의 자유를 압박하는 의미로도 사용되는 말이다.

1001 `lit` `gen` `art`

gag writer (개그작가, 희극작가)

일반적으로는 개그작가를 코미디작가라고 부른다. 문학이나 코믹 그리고 카툰에서 전문적으로 철학적이고 희화적인(Caricature) 스토리를 쓰는 작가(희극, 코미디, 풍자만화, 시사만화, TV개그, 스토리만화 등)들이 이에 속한다. 그러나 개그는 짧은 꽁트(Conte)형식으로 주로 생활에 대한 기지(Wisdom)를 풍자해 유머러스하게 이끄는 짧은 이야기라고 할 수 있다.

□그림설명 1001, <스파이 대 스파이>는 쿠바의 냉전시대 시사만화가 안토니오 프로히아스(Antonio Prohias, 1921-1998)의 창작만화이다. 그는 피델 카스트로 정부에 아첨하지 않은 불경죄로 밀려나 빈손으로 미국에 이주하여 <MAD>잡지에 <Spy vs. Spy>라는 연작을 1961년부터 그가 병들어 죽기전까지 241개 연재만화를 그렸다.

1002 `gen`

gala (갈라)

흥겹고 성대한 큰 축제를 의미하는 말로 원래는 이탈리아의 원어로는 환락(Pleasure)의 의미에서 유래된 단어이다. 지금은 관계자들이 모두 모여 특별히 성대한 축제의 분위기를 담아 잔치를 베푸는 것을 갈라라 한다. 행사의 주역이 주로 등장해 그들의 퍼포먼스를 보이며 축제가 방문객들이 더욱 즐겁도록 흥을 돋운다. 또한 송년회를 열고 새해를 맞는 뉴이어(New Year) 파티 역시 갈라 쇼라 할 수 있다.

□ 그림설명 1002, 신년 갈라 쇼와 영국의 개츠비(Gatsby)갈라 쇼.

1003 `sci`

galaxy (은하, 성운)

은하는 항성(고정되어 있는 별, Fixed Star)이다. 중력에 의해 이뤄진 거대한 천체들의 집단이다. 별과 별 그리고 어두움 속에서 모두 은하의 질량중심 주위를 공전하며 유지하고 있다. 영어에서는 대문자로 시작하는 'Galaxy'로 쓰면 우리가 멀리 볼 수 있는 하나 뿐인 은하수(Milky Way)를 의미하며, 소문자 'galaxy'로 쓸 경우에는 무수히 많은 은하들 중 하나를 의미한다고 설명한다. 우리 은하 또는 은하수만을 가리키는 '밀키 웨이(Milky Way)'라는 단어는 영국의 작가로 잘 알려져 있는 <the Canterbury Tales>를 쓴 굉장한 시인이었던 제프리 초서(Jeffrey Chosor or Geoffrey Chaucer, 1342/3-1400)의 글에서 처음 등장한다. 갤럭시(Galaxy)는 마치 젖이 흐르는 것처럼 뿌옇게 보이는 은하수를 의미하는 그리스어 단어 '갈락시아스'(γαλαξίας, galaxias)에서 유래한 말이다. 그리스 신화(Myth)에서 "제우스(Zeus)가 어린 헤라클레스를 불사신으로 만들기 위해 헤라(Hera, Zeus의 아내)가 자고 있는 사이 그 젖을 물렸는데 헤라는 잠에서 깨서 자기가 모르는 아기에게 젖을 주고 있다는 것을 알고 아기를 밀쳐 냈다. 그래서 그녀의 젖이 밤하늘에 흩어져 뿌려졌고 그 흔적이 은하수가 되었다"고 하는 재미있는 신화 속의 이야기가 있다. 1786년에 윌리엄 허셜(William Herschel, 1738-1822)이 자신의 심원천체 목록을 만들면서 메시에 천체 31(Messier Object 31)과 같은 특정 천체들을 '나선형(소용돌이 성운, Spiral Nebula)'이라고 불렀다. 후에 이 천체가 사실은 엄청난 수의 항성들로 이루어져 있으며 이들이 우리 은하 바깥에 존재하고 있는 것을 알게 되었다. 맑은 밤하늘을 쳐다보면 누구나 맨눈으로 쏟아질듯 한 별들을 볼 수 있는데 그것이 태양계가 속해있는 우리 은하(Galaxy)이다. 사실 근거에 의하면 빅뱅으로 태어난 태양계

천체들 이전부터 '은하'는 있었는데 은하의 별들 중에는 우주(Universe)만큼이나 오래된 항성들도 있다고 과학자들은 주장한다. 은하들 중에 작은 것들은 2천500억 만 개의 항성으로 이루어져 있고, 크고 작은 것들을 모두 합하면 100조여 개가 넘는다. 은하 안에는 수많은 항성계, 성단, 성간운들이 있으며, 이 사이의 공간은 가스, 먼지, 우주 빛(Cosmic X-Ray)들로 이루어진 성간물질들로 채워져 있다. 우리가 아직 정확히 그 본질을 이해하지 못하고 있어 암흑물질이라고 불리는 이 물질이 일반적으로 은하 질량의 약 90%를 차지하고 있다고 한다. 역사적으로 은하는 겉보기 모습, 즉 시각적 형태로 분류되어 왔다. 일반적으로 타원 형태로 1천억 개가 넘는 소용돌이 은하, 그리고 나선형 은하가 있는데 먼지투성이의 3각형 자리에 400억 개 소용돌이치고 있는 원반형 은하도 있다. 오리온자리, 궁수자리, 용골자리(카시오페아 자리에서 남십자성자리)까지 우리가 관측 가능한 우주에는 약 1천 7백억 개 이상의 은하들이 존재하는 것으로 추측된다고 과학자들은 말한다. 대부분의 은하들은 그 넓이가 1천~10만 파섹(Parsec)에 달하며 수백만 파섹의 간격을 두고 흩어져 있다.

□ 그림설명 1003-1, <Andromeda Galaxy> Image Taken by Takahashi

-2, 맨눈으로 볼 수 있는 <Milky Way Galaxy>

✻ Parsec (1pc, 파섹)

파섹은 천문학에서 사용하는 거리의 단위이다. 대략적으로 3.26(3.259)광년(빛의 속도로 3년 3개월 걸리는 거리)과 같다. 파섹의 정의는 가까운 별까지의 거리를 계산할 때 사용하는 삼각시차 방법에 기초를 두고 있다. 파섹(Parallax of One Arc Second)의 어원은 영어에서 온 것으로 두 단어의 합성어이다. 대략 킬로미터로는 31조km 거리이다. 또는 지구에서 태양까지의 거리 1억 5천만km에 x 206,264을 곱한 수치와 동일한 길이의 단위이다. 안드로메다 주변에 있는 은하는 1조 개 별의 군상을 거느리고 있다.

1004 `sci` `com`
gamma (감마)

원래 그리스어로서 천문학에서 사용하는 단어로 세 번째로 밝은 별의 밝기를 나타내는 'Γγ'에서 나온 말로 필름이나 컴퓨터 그래픽에서는 콘트라스트(Contrast)를 나타내는 단위로 사용한다.

1005 `equ` `pic`
gang (한 벌, 갱)
✻ gang synchronizer (갱 싱크로나이저, 편집 연동기)

재래식의 필름편집용 기기로서 화면과 음향을 맞추기 위한 또는 음향에 화면을 맞추기 위한 필름 연동장치이다. 같은 조정 장치위에 두 개 이상의 필름이 동시에 움직이도록 만들어진 편집용 싱크로나이저를 일컫는 말이다. 한 개의 화면과 두 개의 사운드를 연동(Sync)시켜 톱니바퀴가 있는 스프라켓을 통과하게 되어있으며 동시에 돌리면서 편집하는데 사용되는 기재이다. 자수(Footage), 프레임(Frame) 수가 표시되어 있으며 손으로 돌려 감으며 사용한다. 근래에는 디지털 시스템으로 인해 전혀 사용하지 않는 영화 편집용 기재이다.

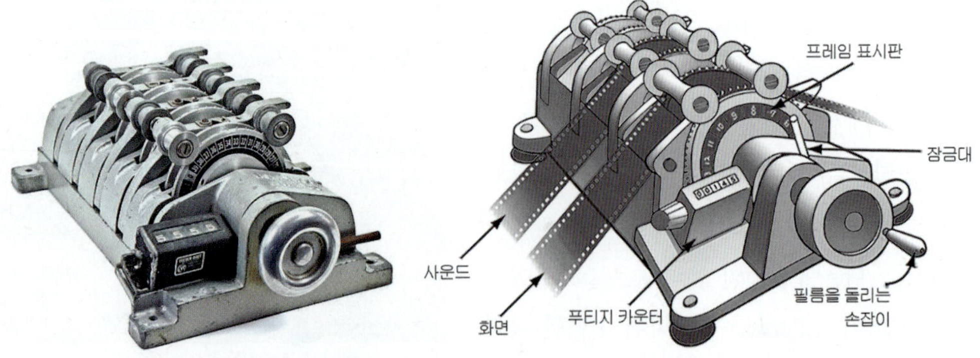

□ 그림설명 1005, 필름 사운드와 화면 연동기(Synchronizer) 갱.

gate (필름 창, 프레임 크기)

아날로그방식의 영화촬영에서 35mm필름이나 16mm 필름에 촬영되는 범위와 화면의 비율(Ratio)을 정하게 되는데 이에 따라 눌러주는 아파추어를 게이트라 부른다. 게이트 란 필름이 지날 때 살그머니 정밀하게 눌러주는 아파추어(Aperture)장치이다. 영화촬 영에 사용되는 화면의 크기와 가로 세로 비례를 결정하여 촬영 시에 노출되는 광선의 범위를 정확히 정해 촬영이 되는 틀(Gate)을 가리키는 말이다. 영화는 여러 종류의 화 면 크기를 사용하는데 감독에 따라 영화의 포맷을 정한다. 게이트는 감독의 설정에 따 라 정하면 영화가 끝날 때까지 불변한다. 이 게이트는 영화 화면의 선택에 따라 스탠더 드 게이트(아카데미(Academy) 아파추어라고도 부름), 시네마스코프 비례로 촬영할 때 는 애나몰픽 렌즈를 사용하기 때문에 게이트를 활짝 열고 촬영하며 이것을 오픈 게이 트라 부른다. 파나비전 비례는 1.85: 1이다. 기본으로 재래식 카메라의 게이트는 3:4 비율이었다. 지금의 디지털 카메라는 아파추어 없이 9:16 비율로 정해져 있다. .

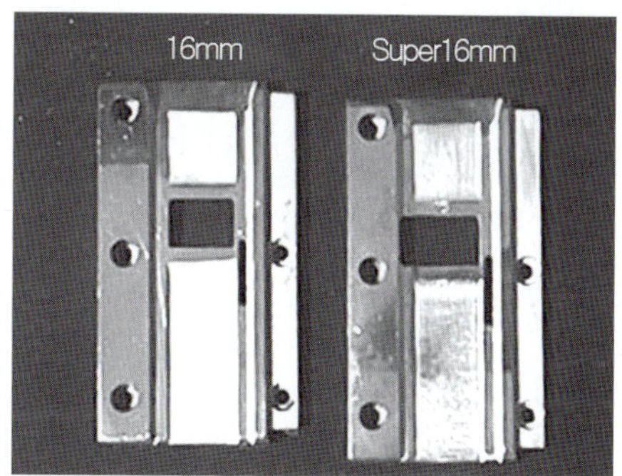

□ 그림설명 1006, 재래식 35mm, 16mm, Super 16mm 카메라의 필름 게이트.

gauge (게이지, 필름 폭)

계량의 기준 단위를 재는 계기로 용적(Capacity), 용량(Amount), 면적(넓이, Area), 범위(Extent) 등 영화필름의 폭이나 조명에 사용하는 전선의 굵기 등의 용량을 재는 단 위를 이르는 말이다. 1) 재래식 영화에서 필름의 폭을 재는 단위를 뜻하며, 필름은 70mm, 35mm, 16mm 그리고 8mm 등이 있다. 2) 촬영된 프레임의 누적된 숫자 표시 를 나타내는 계수 표시판을 뜻하며, 카메라에 부착되어 있기 때문에 사용한 시점까지 촬영된 필름의 양을 알 수 있다.

✱ 참조보기 (0111 - aperture)

1008 `gen`

generation (세대, 제너레이션, 복사물)

재래식 원판(네거티브 필름 또는 비디오테이프)이나 원본의 복사물 또는 복제물을 말하며 일반적으로 1차 복사는 원본을 사용하고, 2차는 1차 복사물을, 3차는 2차 복사물을 사용할 때 생기는 해상도의 변화를 가리키는 말이다. 디지털을 제외한 모든 복사물들은 품질의 질적 변화를 갖게 된다. 복사본을 또 복사하는 경우, 한 단계를 지날 때 이를 제너레이션이라 한다.

✽ generation loss (제너레이션 로스, 복사 손실)

원본을 복사를 하더라도 복사에 의해 화면의 해상도가 점점 약화되는 현상을 말한다. 원본과의 품질의 차이가 생기는 현상(한 세대가 지나며)을 복사 손실이라 부른다. 그러나 디지털 방식의 복사는 전혀 원본과의 차이가 생겨나지 않는다.

1009 `gen`

genre (장르, 유형)

같은 유형을 장르라고 한다. 이 단어는 주로 예술 분야에서 많이 사용된다. 영화, 연기, 음악, 미술, 문학은 대별하면 모두 예술장르 속에 있지만 장르의 의미는 좀 더 세밀하게 영화, 미술, 음악 등으로 나누어 한 개의 장르로 부르는 말이다.

1010 `gen` `art`

geography (지리학)

일반적으로는 지리, 지형, 지세 따위를 나타내는 단순한 뜻으로도 사용하지만 지리학은 언어의 변화(Linguistic Transition)로 지구표면의 모든 생명과학(Life Science)을 지칭하는 의미로 사용한다. 지구상에 194개의 나라와 인종에 관해 배운다. 천연자원, 기후의 변화, 바다, 강, 산 등 5대양 6대주의 모든 지하와 해저 자원을 연구하는 학문이다.

✽ geology (지질학)

지구는 어떤 천연물질 구조(Physical Structure)로 결성되었는지 또한 지질이 어떻게 변화되어 왔는지, 지구에 생존해 살던 생물들은 화석을 연구해 어떤 종류였는지 등을 조사하는 학문이다. 지구지질학자들은 암석학, 고생물학, 퇴적학, 광물학 등을 통해 우리가 살고 있는 지구가 45억 년 전 암석으로 이뤄져 구성된 행성인 것을 알아냈으며 다른 외계의 행성과를 구조와 형성의 본질을 비교 분석한다. 지질학의 시작은 기원전

테오프라스토스(Theophrastos, B.C.372?-B.C.287?)가 저술한 <Peri Lithon(On Stones)>
에 까지 거슬러 올라가지만 근대적 학문으로서 틀이 잡히기 시작한 것은 18세기이다.

*geometry (기하학)

기하학은 도형과 연속된 패턴과 같은 대상들의 모양(Pattern)이나 위치(Position) 그리
고 크기(Size) 등을 연구하는 수학의 한 분야이다. 따라서 기하학적 대상으로는 점
(Point), 선(Line), 면(Area), 도형(Geometrical Figure), 공간(Spatial)과 같은 것이 있다.
기하학을 뜻하는 영어 단어 "Geometry"는 땅을 뜻하는 그리스어 단어에서 유래한 것
이다.

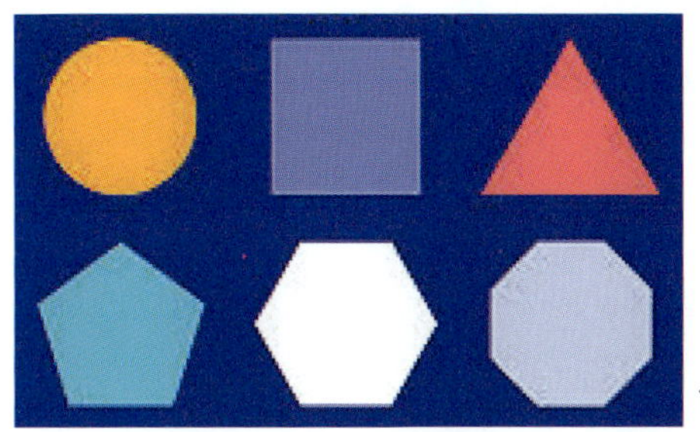

□ 그림설명 1010-1, 기하학적 모양.

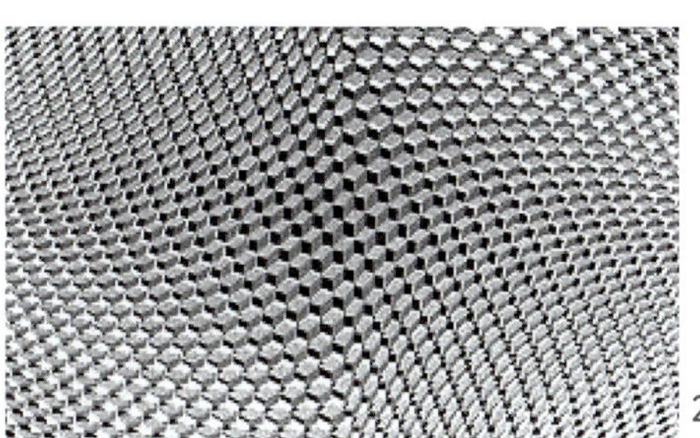

-2, 기하학적 패턴, by Beth Radford.

1011 com

giga (10억, 무수)

기가는 그리스어로 'gigas(γ γα)'에서 온 말로 거대하다(Giant)의 뜻에서 유래된 말로 기
가는 10억을 짧게 'G'로 상징적으로 표기해 사용되는 접두어이다. 또한 기가바이트
(Gigabyte, GB)는 1000^3 또는 1024^3 에 해당하는 정보단위를 뜻한다. 예: 1 Gigabyte
는 10억 바이트, 1 Gigameter는 100만 킬로미터, 1 Gigawatt는 10억 와트를 말한다.

1012 ani art

glass painting animation (글라스 페인팅 애니메이션)
*Paint on the glass animation (유리 위에 그림을 그려 만드는 애니메이션)

애니메이션은 여러 가지 기법으로 만들어 낼 수 있다. 사람들은 언제나 새로운 방식의
애니메이션을 만들기를 시도한다. 그 중에도 글라스 페인팅은 유화그림을 잘 다룰 수 있
는 기본기를 가져야 가능하다. 페인팅 온 글라스(On Glass)라고 부르는 이유는 일반 애니
메이션처럼 배경 그림은 바닥에 깔고 캐릭터는 유화로 유리 위에 그려가며 한 콤마씩
촬영하여 만들기 때문이다. 캐릭터의 동작은 조금씩 변형시켜가며 그 움직임을 촬영해

애니메이션을 만든다. 어려운 작업 중에 한 종류이다. 이 기법으로 애니메이션으로 유명한 사람은 알렉산더 페트로프(Aleksandr Petrov, 1957-)가 그려서 만든 <노인과 바다(the Oldman and the Sea, 1999)>가 있다. 그 밖에도 종류로는 셀(Cel, 가장 일반적이며 프로덕션에 활용된 방식), 페이퍼(Paper, 종이에 그려 만드는 애니메이션), 컷아웃(Cutout, 두꺼운 마분지에 그려 그림만 잘라서 움직여가며 촬영), 모래(Sand, 샌드 애니메이션), 찰흙 애니메이션(Clay, 클레이), 사물(Object, Stop Motion Animation), 카메라 리스(Cameraless Animation), 로토스코프(Rotoscope), 픽셀레이션(Pixilation) 등을 대표적으로 들 수 있다.

□ 그림설명 1012, <The Old Man and the Sea (1999)> by Aleksandr Petrov.

1013 fes pic

Golden Globe Awards (골든 글로브 상)

□ 그림설명 1013, 골든 글로브 상.

미국〉 Los Angeles, CA, 1943년에 설립된 할리우드 외신기자협회(Hollywood Foreign Press Association)에서 수여하는 상이다. 그 영향력이 아카데미상까지 이어지기 때문에 아카데미상의 전초전이라고 불린다. 1944년 20세기폭스필름의 스튜디오에서 소규모로 최초의 시상식이 개최된 이래로 현재는 세계 영화시장을 움직일 정도의 영향력을 갖게 되었다. 약 3시간 동안 진행되는 시상식은 드라마 부문과 뮤지컬, 코미디 부문으로 나뉘어 진행된다.

gondola (곤돌라)

곤돌라를 우선 쉽게 설명해 본다. 이탈리아의 베니스를 여행한다면 아마도 곤돌라라는 배(Boat)를 한 번쯤은 타보게 되는데 배 바닥은 평편하고 배는 좁고 선두와 선미가 높게 생겼는데 이 뒷부분을 가리키는 말이다. 노를 젓는 사람은 마치 높은 곳에서 아래를 내려다보는 모양을 하고 있다. 이것을 비유해서 2D 애니메이션 촬영의 경우 카메라는 고정된 채 테이블 위의 그림이나 물체를 움직이며 촬영하게 되는데 카메라 렌즈와 피사체 간의 일정한 거리가 고정되게 된다. 그러나 바로 두 사이에 제2의 피사체가 설치되어 마치 창문 밖을 내다보는 듯 관점을 넣어 촬영이 이루어지는 것을 곤돌라 기법이라고 말한다. 이 기법은 2D 애니메이션에서만 사용되는 용어로서 수직 이동하는 카메라 몸체에 부착된 형태로 촬영 대상을 촬영함으로써 피사체와의 일정한 거리를 유지하고 싶거나 원경 등의 거리감 효과를 주기 위해 많이 사용된다.

□ 그림설명 1014-1, 공중에 떠있는 듯 보이는 곤돌라 보트.

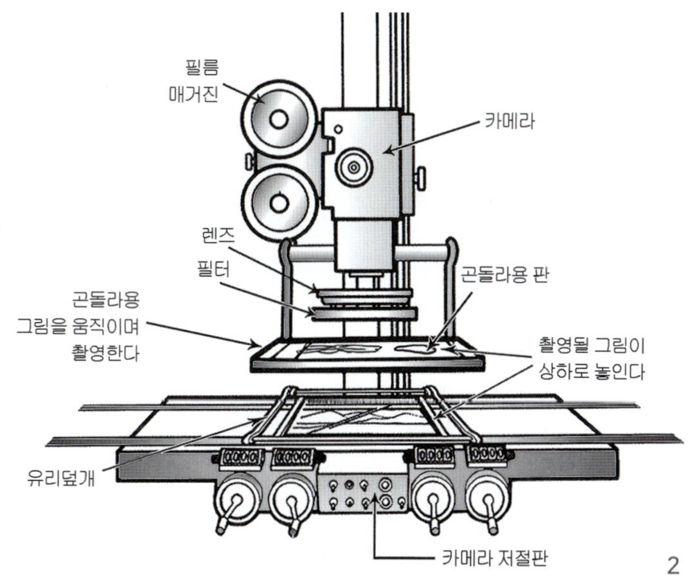

-2, 곤돌라는 카메라 아래 고정되어 실제상황과 비슷한 원근감으로 연출할 수 있다.

GPS (지피에스)

*global positioning system (지구위치 추적 장치)

21세기가 되어서 지구상의 GPS는 지금 매우 대중적으로(Popular) 사용되는 필수품이 되었다. 지구 위치 추적 장치(GPS, Global Positioning System)로 불리며 지구 어느 곳에서나 운용되고 있는 범지구 위성항법 시스템이다. 처음에 이 징치는 1957년에 소비에트의 최초 위성이었던 스푸트니크(Sputnik)에 사용되었다는 이야기가 있고, 1973년에 와서는 미국국방부가 'NAVSTAR'라는 공식명칭으로 개발했다. 항법장치인

'NAVigation System with Timing And Ranging'이라고도 한다. 군용으로 제반 무기, 유도용 항법장치와 민간용으로 내비게이션, 측량, 지도제작, 스마트폰 등에 사용되고 있다. GPS에서는 중궤도를 도는 여러 개의 인공위성에서 발신하는 마이크로파를 GPS 수신기에서 수신하여 수신기의 위치벡터를 결정한다. GPS 위성은 미국 공군 제50 우주비행단에서 관리하고 있다. 노후 위성의 교체와 새로운 위성 발사 등 유지와 연구, 개발에 필요한 비용은 연간 수십억 달러에 이른다. 그러나 GPS는 전 세계에서 무료로 사용 되고 있다.

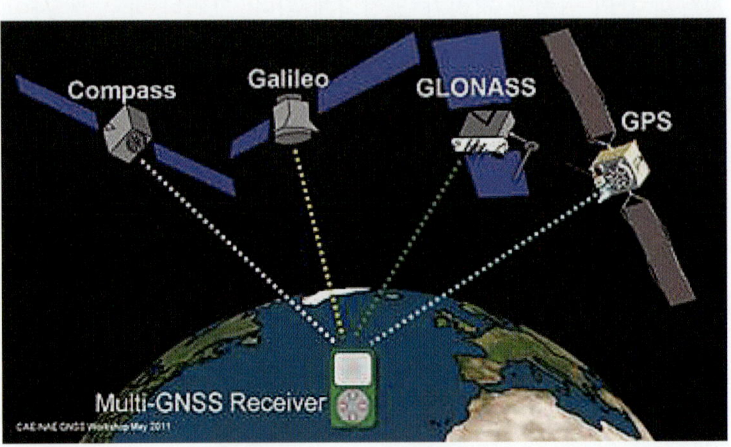

□ 그림설명 1015, 여러 세트라이트에서 보내오는 GPS 마이크로파를 수신한다.

1016 `gen` `ani`

grab (움켜쥐다, 손으로 잡다)

애니메이션에서 감독이 연출지시서(Exposure Sheet)에 캐릭터의 동작을 표기할 때 자주 쓰는 말이다. 그랩이란 어떤 물건을 손으로 잡으라는 뜻이다. 손가락으로 잡는 것이 아니라 움켜쥐다, 잡아채다, 팔을 잡다, 낚아채다 등으로 많이 사용되는 말이다.

□ 그림설명 1016, Trina는 Corey의 주둥이를 움켜쥐고 있다.

＊grab a chance- 기회를 잡다

＊grab a purse- 지갑을 낚아채다

＊grab a taxi- 택시를 서둘러 잡다

1017 `com` `equ` `art`

gradation (그라데이션)

사진이나 영상에서 명암 또는 색상의 톤이 지역적으로 점차 흐려지거나 진해지는 것을 말한다. 이러한 점차적(Grading)인 색의 변화나 농도의 변화를 주는 작업은 컴퓨터 툴(Tool)을 통하여 쉽게 만들어 낼 수 있다. 그러나 아날로그 시대에는 부분적으로 농도의 변화를 주기 위해서는 매우 복잡하고 시간이 걸리는 필름의 프린트 작업 공정을 거쳐야 했으며 이 기술은 반드시 필름 현상소나 옵티컬(Optical) 프린터 작업을 통해서만 결과물을 얻어 낼 수 있었다. 또한 부분적이지 않은 전체 화면의 농도를 점차적으로 바꿀 때가 훨씬 쉬우며 기존의 일정한 필름의 명도와 색조가 같은 장면에서 명도나 색조를 조절할 때 사용되는 계수화 된 필름 현상 방법이다.

□ 그림설명 1017, Color(RGB) Gradation.

1018 `pic` `equ`

grading film (필름 그레이딩)

1) 필름의 프린트 작업 시 기존의 일정한 필름의 명도와 색조가 같은 장면에서 명도나 색조를 조절할 때 사용되는 계수화 된 현상 방법을 말한다. 2) 필름 촬영 시에 빠뜨리고 페이드인과 아웃(Fade-In & Out)을 하지 않을 때 특수 현상 약품으로 이러한 효과를 얻거나 옵티컬(Optical) 방식으로 프린트기 가능한 기술을 말한다.

G

1019 `gen` `art`

graffiti (낙서, 그라피티, 벽 낙서)

그라피티는 그라피토(Graffito)라 해서 고대이집트, 고대그리스 그리고 고대 로마 때부터 시작된 일종의 당대의 문화 예술품의 외관을 훼손(Vandalism)하여 범죄로 처벌 받을 수 있는 옳지 못한 행위로부터 시작되었다. 그러나 오늘날에는 하나의 독특한 예술 표현의 한 장르로 당당하게 변화되었다. 그라피티는 글자를 아무렇게나 쓰거나, 글자를 독특하게 자기 글씨체로 공들여 그림을 그려서, 혹은 얼핏 눈에 띄지 않는 정치적 혹은 시사성이 있는 내용을 담아 표현하기도 한다. 그라피티의 특징은 붓으로 쓰거나 그리지 않고 스프레이 페인트(Aerosol Paint)를 사용하여 표현과 완성시간이 빨라 예술가들의 작업이 쉽게 눈에 발각되지 않는 것이 특징이다. 오늘날의 그라피티 예술가들은 숨은 자기 방식이 있음으로 예술가들끼리는 서로 누구의 것인지 잘 안다. 앞서 화가의 그림 작업을 절대 훼손하거나 그림위에 덧그리지 않는 것이 불문율이다. 지금은 그라피티를 삭제하거나 처벌을 하지 않아 당당한 예술로 인정받는다. 그라피티의 활동(낙서가 가장 많은 곳)이 많은 곳은 필라델피아(Philadelphia), 시카고(Chicago), 뉴욕(New York)의 지하철이다. 그라피티는 여기저기 없는 곳이 없다. 건물의 벽, 심지어 화장실에도 빠짐없이 있다. 1904년 뉴욕에 지하철이 생기고 나서 기차 지하철 등에 옮겨 붙기 시작했고 이것을 예술이라 하지 않을 수가 없게 되었다. 1920년경의 예술가는 보조 텍시노(Bozo Texino, 1959-), 킬 로이가 여기 왔었음(Kilroy was Here)으로 유명해진 킬로이는 후일 워싱턴, DC에 있는 2차 대전 기념공원에 조각으로 남게 되었다. 그밖에 에릭 클랩튼(Eric Clapton), 존 페크너(John Fekner, 1950-), 뱅크시(Banksy, 1974-) 등이 있다.

□ 그림설명 1019-1, <Graffiti pier> Philadelphia, USA. by Michael Bixler.

-2, in Bethlehem, photo stencil by Banksy, Pawel Ryszawa / wikipedia.

-3, inMelitopol, Ukraine, МаксимСтоялов / wikipedia.

-4, in Egypt, Kom Ombo Temple, Remih / wikipedia.

-5, in Rome, on the bank of the Tiber river in Italia, Alterego / wikipedia.

-6, Taiya Bukovsky <A Wall Gone AWOL> Taiya Bukovsky, Sydney.

1020 `fes` `gen`

Grammy Award (그래미 상)

그래미상은 미국의 음반 분야 (작사, 작곡, 가수, 녹음기술)에서 남다른 공로가 있는 사람을 축하하기 위한 목적으로 1958년에 처음으로 상을 제정하여 음반 산업에 진흥과 발전을 도모하기 위한 레코드 대상으로 발전된 매우 권위 있는 상이다. 영화에서 아카데미의 오스카상(Oscar, 1927), TV에서 에미상(Emmy, 1952), 브로드웨이 극장을 위한 토니 상(Tony Award, 1947) 등과 함께 음반예술에서 그래미상은 미국 음악계를 대표하는 상이다.

□ 그림설명 1020, 그래미상.

1021 `art` `pic`

graphic (그래픽)

시각적으로 보여주는 그림, 사진, 도표, 도형 그리고 영상물 프로그램 제작에 사용되는 움직임이 없는 제반작업, 간헐(Intermittence)적으로 텍스트(Text,문안)에서 부족한 설명의 이해를 돕기 위해 그림 참조용으로 사용하기도 한다.

∗ graphic art (그래픽 아트)

전통적으로 순수미술에 속하며 어떠한 시각적 미술적 표현이던 모두를 가리키는 말이다. 그래픽 아트는 순수유화, 순수그림, 조형, 포스터디자인, 일러스트, 컴퓨터 그래픽, 인쇄미술 등 정성을 들여 만든 예술품을 말한다.

□ 그림설명 1021-1, 컴퓨터 그래픽 아트.

-2, by Ade Santora

∗ graphic art design (그래픽 아트 디자인)

전문 미술 디자인 용어이다. 그러나 이 분야를 단순하게 카테고리로 말하기에는 너무 광범위하다. 순수 미술적인가 하면 공업디자인 분야도 있다. 최근에 와서는 컴퓨터디자인분야도 또 다른 한 자리를 자지했다. 디자인의 목적은 시각이 찾는 새로운 감각을 조형적으로 디자인 하는 것이다.

∗ graphic designer (그래픽 디자이너)

전문적으로 새로운 형태를 찾아 창의적인 작품을 만들어 내는 창작가를 디자이너라고도 하고 아티스트라고 부르기도 한다.

□ 그림설명 1021-3, Designer's Work.

＊graphic workstation (그래픽 워크스테이션)

컴퓨터 본체로서의 기능 외에 다른 컴퓨터의 단말기에서도 작동하여 그래픽 기능을 수행할 수 있는 고도의 처리 능력을 갖춘 컴퓨터 시스템을 말한다. 그래픽 관계의 기본적인 기능은 하드웨어 기능 속에 포함되어 있는 경우가 많으며 대용량의 하드디스크 장치나 메모리 공간을 갖고 있는 것이 보통이다.

1022 `gen` `pic`

G-rated (G-등급)

영화관에서 제작된 영화가 상영되기 전 등급 위원회의 승인(Approve)을 받아 등급을 표시하는 것을 말한다. 'G' 등급은 나이에 관계없이 일반 남녀노소 관객들에게 관람이 적합한 영화라는 등급을 획득한 것을 말한다. 1960년대의 미국의 모션 픽쳐 연합(Motion Picture Association)에 의해 고안된 여러 개의 등급들 중 하나이다. 또한 'PG'는 보호자동반(Parental Guardian) 그리고 'PG −13'은 보호자가 있더라도 13세 이상의 어린이를 뜻한다. 이들은 모두 영화관객들에게만 해당되는 등급 표시이다. 요즈음 흔히 케이블 TV에서 ⑬, ⑲ 등 나이를 표시해 연소 관객을 제한하는 것과 같다.

＊참조보기 (0934 - film rating)

□ 그림설명 1022, 영화관의 G, PG, PG-13 등급 표시.

1023 `sci`

gravity, gravitation (중력, 당기는 힘)

이탈리아의 철학자, 물리학자, 천문학자, 과학자인 갈릴레오 갈릴레이(Galileo Galilei, 1564-1642)는 1590년 그가 25살 때에 피사의 사탑 7층 꼭대기에서 무게가 현저하게 다른 두 개의 공을 떨어뜨려 낙체실험을 했다. 실험결과는 두 공은 똑같은 속도로 땅에 떨어졌다. 갈릴레이는 중력에 관해 큰 관심을 가졌지만 중력자체를 연구하여 입증하지는 못하였다. 그리고 1642년 갈릴레이는 세상을 떠나게 됐었다. 그러나 운명적으로 같은 해인 1642년에 영국에서 뉴턴(Newton)이 태어났다. 그가 24살이 되던 1686년 이미 수학자가 된 아이작 뉴턴 (Issac Newton, 1642-1727)에 의해 '우주의 만류 인력의 원리(Hypothesizes the Inverse-Square Law of Universal Gravitation)'라는 중력에 관한 책자를 출판했다. 그 책에서 그는 다음과 같은 말을 책자에 남겼다. " 나는 행성들이 미치 네모진 통 속에서 중앙을 중심으로 상호 거리를 유지하며 자기의 궤도들을 맴돌며 공전한다고 밝힌다. 그래서 달(the Moon)이 지구의 중력의 힘에 의해 지구(the Earth)의 표면을 돌고 있다고 비유해볼 수 있다. 이것은 매우 가까운 답이다." 라고 책자의 서두에 문장을 남겼다. 중력은 전자(Electron)나 원자(Atom)로부터 질량이 미치는 모든 물질에 의해 상대적으로 행성, 항성, 은하를 서로 끌어 잡아당기는 자연 현상의 힘을 중력이라 한다. 중력은 중력을 질량과 질량의 곱에 비례 하여 서로 끌어당기는 힘으로 설명 한다. 에너지와 질량은 같다. 그럼으로 모든 형태의 에너지는 중력을 일으키고 그 에너지의 영향을 받는다. 심지어 포톤(Photon, 광자)과 빛(Light)도 포함된다. 지구상에 존재하는 지구에 중력은 물리적으로 물체에 무게(Weight)를 주고, 달의 중력은 지구의 썰물과 밀물을 만든다. 중력은 무한 범위를 가지지만 물체에서 멀어지면 그 힘은 점점 약해지게 된다.

□ 그림설명 1023-1, 아이작 뉴턴 경.

-2, 크기비례로 본 태양계의 행성들.

1024 `art`

gray scale (그레이 스케일)

그레이 스케일 이미지는 컴퓨터 이미지화(Imaging)로 볼 때, 검은색과 흰색(검은 톤과 흰 톤은 색은 아님, 그러나 편의상 색이라 부름)이라는 두 가지 톤만을 가리키는 것이 아니고 검은색에서 회색 음영 사이에는 일반적으로 16개 단계로 세분화 된 여러 회색 음영이 있다. 일부 초기 모니터는 최대 16개의 음영(Shadow)만 표시 할 수 있었으며 4비트를 사용하여 이진 형식으로 저장된다. 그러나 그레이 스케일 이미지는 모니터 스크린이나 인쇄물 모두 일반적으로 샘플링 된 픽셀 당 8 비트로 저장된다. 또한 비트맵 저장방식에서 강하게 표현되는 층층계처럼 보이는 대각선을 부드럽게 완화해 주는 역할을 한다.

15	14	13	12	11	10	9	8	7	6	5	4	3	2	1

□ 그림설명 1024, 16개의 점차적인 그레이 스케일.

Greece Animation (그리스 애니메이션)

그리스는 헬라(Hellas) 또는 희랍이라고도 부르며 국가는 발칸(Balkan)반도 남쪽지역에 위치한다. 그리스는 일찍이 조각술, 철학, 건축, 교육 등에 뛰어나고 아테네(Athens)는 올림픽을 발상지로 유명한 도시이다. 14세기부터는 터키의 오토만 제국(Ottoman Empire)으로 있다가 1821년에 끝나면서 1822년 그리스는 독립을 선포하고 새로운 나라가 되었다. 영화부문에서는 유럽의 다른 나라들에 비해 애니메이션은 늦게 시작되었다. 월트 디즈니 프로덕션이 제작한 최초의 애니메이션 장편 영화인 <백설 공주와 일곱 난장이(1937)>가 상영된 후 5년이 지났을 즈음, 그리스 만화가이자 독학 애니메이터인 스타마티스 폴레나키스(Stamatis Polenakis, 1908-1997)는 최초의 그리스 애니메이션 단편 만화 <Duce Recounts(6분49초, 흑백)>를 직접 그려서 제작 감독했다. 그러나 폴레나키스는 독일이 1941년 4월 27일 아테네를 공격하자 그의 고향으로 피신했다. 당시 그리스는 1942년 겨울에 독일이 점령하여 이 애니메이션은 시프노스(Sifnos)섬에서 일부 제작되었고 애니메이션은 3년 후인 1945년에 프로드로모스 메라비디스(Prodromos Meravidis, 1910-1981)와 테너시스 파파두카스(Thanasis Papadoukas)가 참여하여 제작했다. 이 영화는 반 파시즘적인 내용으로 독일이 그리스에게 진 사실을 거짓으로 위장하려는 것을 풍자하고 있다. 매우 창작성이 뛰어나며 대담한 연출력으로 애니메이션계에서는 최초의 그리스 영웅적인 시도라는 평을 받았다. 그러나 이 필름은 내전 중에 유실되었고 1980년에 원화가 발견되이 복구되었다. 스디미디스 폴레나키스는 아테네 미술학교를 나와 광고 모형을 제작했고, 캐리커처를 그리고 웃기는 이야기를 쓰기도 했다. 그의 스케치 중에서 가장 유명한 캐릭터는 <스크루지(The Scrooge)>이다. 이 만화는 'Romantso'라는 잡지에 수년 동안 연재되었다. 다음 해인 1946년에는 화학자인 지아니스 루소풀로스(Giannis Rousopoulos)와 경제학자인 기오르고스 루소풀로스(Giorgos Rousopoulos) 형제가 단편 애니메이션으로 <천둥에 관하여!(About the Thunders!)>를 제작했다. 이 영화의 내용은 올림푸스의 신들 사이의 갈등과 일상을, 특히 헤라와 제우스 사이의 일을 재미있게 표현하고 있다. 캐릭터 디자인과 애니메이션은 일러스트레이터 파블로스 블라사키스(Pavlos Vlasakis)가 맡았다. 영화 <Cineak>는 영화관에서 상영되었지만 내전 중인 당시 분위기와 맞지 않아 흥행이 중단되었다. 그래서 루소풀로스 형제는 애니메이션 제작에서 손을 떼고 나중에 프로듀서로 활동하다가 1959년 후에는 국내 실사 영화 제작으로 선회 했다. 이후 분위기는 호전되어, 1960년대에는 그리스 영화 산업 호황으로 애니메이션 제작도 함께 이어갈 수 있었다. 하지만, 근 40여 년 동안 애니메이션 제작은 애니메이션에 대한 열정과 사랑, 고집을 가진

여러 작가들의 개인적이고 희생적인 노력으로만 이어지고 있다. 스튜디오 'Finos Film', 'Novak Films', 'Anzervos'와 같은 시스템화 된 애니메이션 회사들을 설립했지만 영화제작자들은 무관심하여 작업이 연결되지 않아 대부분의 애니메이터들이 다른 활동을 하거나, 특히 1970년대 이후에는 TV광고에 일을 하게 했다. 물론 이러한 활동을 하며 애니메이션 기술을 배우고 예술 감독으로 후반작업에 대한 경력을 쌓았지만 이야기를 풀어나가는 방법을 개발할 수는 없었다. 일부 애니메이터들은 몇 번의 시도 후에 일러스트레이션, 그림, 그래픽 디자인 혹은 실사 영화 일을 하기도 했다. 오랜 동안 그리스에서 애니메이션 발전이 없었던 주된 이유는 산업에 대한 전망이 부족했고, 그리스 예술가들 사이의 조직적인 협력이 약했으며, 높은 수준의 애니메이션 학교가 부족했기 때문이었다. 또한 자금력 부족 또한 이유가 될 수 있었다. 수십억에 달하는 공공 자금이 문화 산업 개발에는 지원되지 않고 있기 때문이다. 국가의 체제는 수십 년 동안 그리스에서 자본주의적 개념의 경제체계가 아님으로 투자개념이 없을 뿐만이 아니라 창의력에도 제한적인 것이어서 애니메이션 예술이성장할 수 있는 요건이 제한적이다.

□ 그림설명 1025-1, <the Duce Narrates> 1945, by Stamatis Polenakis.

-2, <Sssst> 1971, by Thodoros Maragos.

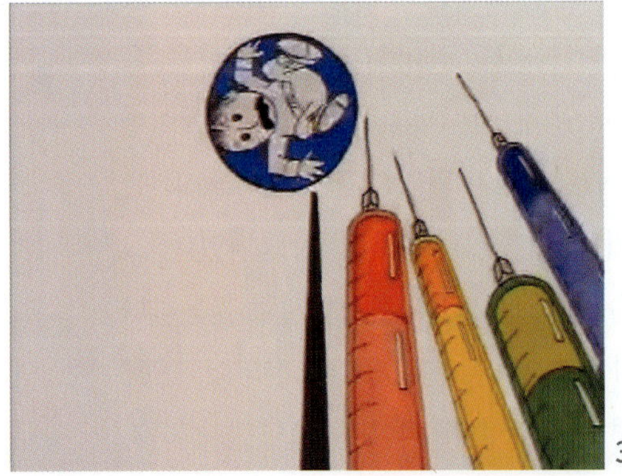

-3, <the circle> 1981, by Iordanis Ananiadis.

-4, <scent of city> 1994, by Georges Sifianos.

-5, <the mirror stage> 2005, by Spyros Siakas.

1026 `gen` `pic`

green-light (청색 불, 청색 신호등)

영화 제작에서 흔히 사용하는 용어로 계획하는 프로젝트가 결정권자인 제작자의 제가를 받아 일 시작을 하라는 뜻으로 쓰는 말이다. 마치 거리의 자동차들이 모두 빨간 신호등 앞에서 대기하고 있다가 청색 신호등이 들어오면 출발한다는 의미를 담고 있는 말이다.

1027 `gen`

gross (총체, 종합한 수입)

영화 흥행에서 영화관이나 극장상영의 신작개봉으로 들어온 박스오피스(Box Office)의 총 수입을 뜻하는 말이다. 그로스는 경비를 제외하지 않은 영화관수의 총액을 합산한 것이다. 일반적으로는 영화개봉은 목요일에 하고 금요일과 토요일의 첫 3일간의 배급에서 얻어 들인 국내나 국제를 합산한 총 수입을 가늠하여 영화의 관객반응을 통해 성공여부를 판단하기도 한다. 많은 소득을 얻기 위해서는 영화의 사전 홍보가 매우 중요하다.

1028 `fes`

Golden reel Award (골든 릴 상)

골든 릴 상은 미국 영화음향편집인(MPSE, Motion Picture Sound Editors) 협회가 1953년 제정하고 창립한 영화제의 상(Award)의 명칭이다. 골든 릴 상은 주최자의 헌신적 노력으로 회원들을 꾸준히 교육하고 새로운 기술과 예술성을 부여해 줌으로서 영화제자인과 영화제작에 질적인 향상을 가져오게 했다. 영화음향편집 예술인들의 상상과 표현은 미국뿐 아니라 전세계영화인들의 새로운 음향의 발굴과 공헌은 20세기 영화사발전

□ 그림설명 1028, Golden reel Awards 트로피.

에 큰 변화를 맞게 했다. 사운드 에디팅, ADR 다이아로그, 음향효과, 폴리효과, 음악 등에 탁월한 발전을 맞게 한 공헌이 있다. 이 영화제는 미국 암펙스(AMPEX)사의 후원으로 해마다 열린다.

1029 `gen` `pic`

guarantee (출연료, 담보, 보증)

영화제작에서 배우나 가수 등의 출연료나 고용될 감독, 스태프들의 영화 출연 수입을 담보하는 일종의 전속 계약서(Contract)를 뜻하는 말이다.

1030 `ani`

guest model (게스트 모델)

영화 특히 TV시리즈에서 어느 한편의 프로그램에서만 출연하는 배우나 캐릭터를 부르는 말이다. 실사에서는 게스트 스타, 애니메이션에서는 게스트 캐릭터라고도 부른다.

1031 `gen`

guideline (지침, 가이드라인)

애니메이션에서 촬영 전 캐릭터가 움직여가야 할 방향을 미리 계산하여 방향과 위치를 표시한 엷은 연필 선을 말한다.

1032 `ani` `pic`

Gulliver's Travel (걸리버 여행기)

<걸리버 여행기>는 1939년 당시에 아주 훌륭한 장편 애니메이션이 되었어야 했던 야심어린 작품이었다. 이 영화는 1939년 12월 22일 미국 파라마운트사에서 개봉 했는데 1년 전인 1937년 디즈니(Disney)가 만들어 폭발적인 성공을 이룬 <백설 공주와 일곱 난장이(Snow White and the Seven Dwarfs)>처럼 못지않은 성공을 가져왔어야 했기 때문이었다. 아마도 플레이셔 형제는 <백설 공주>의 엄청난 성공을 눈앞에서 보면서 매우 야심찬 작품을 만들기 위해 온갖 노력을 했을 것임이 분명하기 때문이다. 그러나 오늘날에 와서 비교를 해 본다면 <걸리버 여행기>는 디즈니의 <백설 공주>의 품질과 비교해 너무 기대와는 다른 결과였다. 걸리버 여행기의 스토리는 불사신(Nine Lives)을 그린 이야기를 각색한 줄거리였다. 애니메이션의 스토리는 에드몬드 슈와드(Edmond Seward, 1906-1954)가 폴 펜나(Paul Penna)의 원작을 각색한 것이다. 감독은 데이브 플라이셔(Dave Fleischer, 1894-1979)로 이야기는 「걸리버가 어디선가 떠내려와 해변에

쓰러져있는 장면으로 시작된다. 이곳은 작은 왕국으로 작은 사람들은 이 거대한 걸리버를 해변에서 발견하고 무슨 전쟁이라도 날까봐 걸리버가 깨어 일어나기 전에 그를 밧줄로 해변 위에 꽁꽁 묶는 작업으로 요란 법석을 피운다.」이 당시에 플라이셔(Fleischer) 형제(Max, Dave)는 대단했다. 디즈니 못지않게 주목받고 있는 명성있는 회사였고 그 두 형제는 니무나 많은 일을 한꺼번에 하고 있었다. <슈퍼맨(Superman)>, <뽀빠이(Popeye)>, <베티 붑(Betty Boop)>, <그램피(Grampy)>, <꼬마 루루(Little Lulu)> 등을 제작할 수 있는 큰 회사였으므로 <걸리버 여행기>는 디즈니 스튜디오와 경쟁적인 영화사였다. 걸리버 여행기는 1939년 미국에서 셀(Celluloid)을 사용해 만든 칼라 애니메이션 장편영화이다. 플라이셔 형제 스튜디오에서 맥스 플라이셔(Max Fleischer, 1883-1972)가 제작하고 데이브 플라이셔(Dave Fleischer, 1894-1979)가 감독을 담당했다. 조나단 스위프트(Jonathan Swift, 1667-1745)의 1726년 동명 소설인 걸리버 여행기 원작 내용을 약간만 가져왔습니다. 전반부는 릴리풋(Lilliput)과 블레푸스쿠(Blefuscu)의 이야기를 다뤘고 주요 내용은, 결혼식 노래 때문에 싸우다가 전쟁을 선포하는 소인국을 도와주는 내용이다. 걸리버 여행기는 플라이셔 스튜디오의 최초 장편 애니메이션 영화이자, 월트 디즈니의 백설공주와 일곱 난장이에 이어 미국 스튜디오에서 제작된 두 번째 장편 애니메이션 영화였다. 영화 시퀀스 감독은 세이무어 크나이텔(Seymour Kneitel, 1908-1964), 윌라드 보우스키(Willard Bowsky, 1907-1944), 톰 팔머(Tom Palmer), 그림 네트윅(Grim Natwick, 1890-1990), 윌리엄 헤닝(William Henning), 롤랜드 크랜달(Roland Crandall, 1892-1972), 토마스 존슨(Thomas Johnson, 1907-1960), 로버트 레핑웰(Robert Leffingwell, 1909-1984), 프랭크 켈링(Frank Kelling, 1904-1949), 윈필드 호스킨스(Winfield Hoskins, 1905-1961), 그리고 오레스테스 칼피니(Orestes Calpini, 1911-1974)가 함께 작업했다.

□ 그림실명 1032, <Gulliver's Travel(걸리버 여행기, 1939)> by Dave Fleischer

1033 `sci` `equ`

gyro scope (회전체, 자이로스코프)

축 위에 원반이 고정되어 어떤 방향으로도 돌릴 수 있는 기계장치로 축이 이동할 때 원반이 그 자리에 머물려는 마치 관성과 중력을 이기려는 물리적 현상이 생겨난다. 이 자이로 효과(Gyro Effect)를 사용하여 원점 위치를 역추정, 현재의 방향이 어느 쪽인지를 역산출하는 기계다. 그러므로 방향성(Orientation)을 측정할 때 사용 된다. 국제우주정거장에서는 고속으로 회전하는 이 자이로스코프를 이용해 자세를 조정하는데 사용한다. 자이로스코프는 선박, 비행기 그리고 삼각대에 고정하지 않는 손에 잡고 촬영하는 무비카메라에 안정(Stabilizing)용으로 활용된다.

□ 그림설명 1033, 자이로스코(Gyroscope)

1034 `equ`

gyro-camera (자이로 카메라)

자이로스코프(Gyroscope) 혹은 자이로컴퍼스(Gyrocompass)를 사용해 카메라의 떨림을 방지하기 위한 장치로 거친 움직임 카메리 이동이 불가피할 때 카메라에 부착하여 안정장치(Stabilizer)로 사용한다.

□ 그림설명 1034-1, Gyroscope-camera

-2, 헬리콥터에 부착된 자이로카메라.

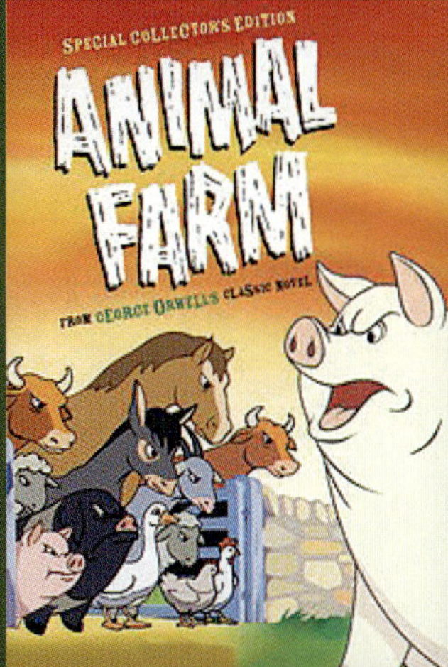

Halas & Batchelor

H h

[에이취]

Bauhaus

Harmonics

Super Heros

Hollywood

<h1 style="text-align:right">H h [에이취]</h1>

1100 `com`

hacker (해커, 컴퓨터 불법침입자)

일반적으로 해커라는 의미는 컴퓨터 전문가로 컴퓨터 운용과 전자통신에 상당한 능력자(Expert)로서 다른 사람의 컴퓨터 시스템(Computer System)에 무단으로 침입하여 컴퓨터 프로그램 시스템에 손상을 주거나 또는 컴퓨터 파일에 저장되어 있는 비밀정보(Secret Information)를 빼어가는 등의 행위를 하는 사람을 뜻하는 말이다. 해커들은 철저하게 보완된 타인의 시스템에 들어와 영웅적인 광기(Heroic Exploit Craziness)의 심리나 파괴주의(Vandalism)적 심리로 또한 상업 비밀을 얻어내 돈거래를 위해 남의 시스템에 몰래 침입한다. 군사, 정치, 산업 분야에 보복, 약탈, 파괴 등을 하는 행위로 결과적으로 올바르지 못한 일을 하는 사람을 말한다.

□ 그림설명 1100, 불법침입자 해커.

1101 `ani` `peo` `his`

Halas, John (존 할라스, 1912-1995)

존 할라스는 헝가리의 수도 부다페스트(Budapest)에서 유태인 어머니와 가톨릭교 아버지의 사이에서 일곱 번째 아들로 태어났다. 어려서 이름은 야노스 할라즈(Janos Halas, 1912-1995)라 불렀다. 만화가였던 아버지 폴 할라스(Paul Halas)는 야노스를 부다페스트에 설립된 파리미술학교(Paris Academy of Fine Arts)에서 교육을 받게 했다. 야노스는 어린 시절에 부다페스트에서 그림공부를 하면서 바우하우스(*Bauhaus)가 이끄는 운동(Agitation)이나 화가인 헝가리의 정치 지도자 나슬로 모홀리-나기(Naszlo Moholy-Nagy, 1895-1946)로부터 많은 영향을 받았다. 그때 야노스는 그곳에서 후일 미국 할리우드에서 인형애니메이션(Puppet Animation)으로 대가가 된 프로듀서 조지 팔(George Pal, 1908-1980)과 같이 일하며 애니메이션을 배우게 됐다. 야노스는 그가 20세가 되던 1932년 광고 필름스튜디오 「파노니아, Pannonia」를 차린 줄러 머치카시(Gyula Macskássy, 1912-1971)와 펠릭스 카소비츠(Felix Kassowitz, 1907-1983)를 만나기도 했지만 야노스가 할 수 있는 일거리를 찾기는 어려웠다. 야노스는 살기위해 버텨야했다. 그는 광고회사의 일을 해준다며 프랑스 파리를 자주 다녔지만 실제로는 살라미 소시지(Salami Sausage) 판매원으로 일을 해서 먹고 살아야 했다. 마치 젊었을 때 조지 오웰(George Orwell, 1903-1950)이 작가가 되기 전 고생했던 것을 따라하듯, 야노스는 부다페스트(Budapest)에 머물지 않고 파리로, 영국으로 살기 위해 왔다 갔다 하며 버텼다. 1936년 야노스가 잠시 애니메이션 광고 작업을 하고 있을 무렵, 런던(London)에 있는 한 회사가 음악가 프란츠 리스트(Franz Liszt, 1811-1886)의 어린 시절을 그린 <뮤직 맨(Music Man)>이라는 애니메이션을 제작하려는데 애니메이션 스튜디오를 같이 설립하자는 제안을 받게 된다. 제안자는 여성 애니메이터이며 영화 대본작가인 조이 배첼러(Joy Batchelor, 1914-1991)였다. 둘은 만났고 조건은 50년, 거의 평생 동안의 파트너쉽(Partnership)으로 공동 대표였다. 서로 만족한 조건에 합의해 그해에 야노스는 새로 회사를 만드는 것과 회사의 50년간 대표이사직에 서명했다. 사실상 50년 파트너십은 야노스에게는 평생 생활 보장을 받는 것과도 같았다. 이 때 야노스는 존 할라스(John Halas, 1912-1995)로 개명하고 그들의 회사이름은 「할라스 & 배첼러 카툰 필름(Halas & Batchelor Cartoon Films)」이라고 명명했다. 회사는 1938년 <뮤직 맨(Music Man)>을 시작으로 제작에는 조이 바첼러, 감독에는 존 할라스가 담당하고 그 첫 번째 5분짜리 필름을 만들며 회사는 자리를 잡게 되었고 그 이듬해인 1939년에 두 사람은 결혼했다. 그들은 해마다 많은 단편을 제작했다. 1952년에는 브라이언 보스위크(Brian Borthwick, 1930-2015)와 같이 7분짜리 단편을 눈에 띄게 품위 있는 고전풍의 연출로 <올빼미와 착한고양이(The Owl And The Pussycat)>를 만들었는데 두 캐릭터는 육아 풍으로 녹색 큰 콩 껍질 속에 타고 바다로 나가는 아름다운 이야기이다. 1954년에는 영국인 작가 조지 오웰(George Orwell, 1903-1950)이 쓴 소설 <동물 농장>을 애니메이션으로 만드는데 착안, 결정적으로 두 사람을 대표하게 된 장편 애니메이션 <동물농장(Animal Farm)>을 제작했다. 할라스 배첼러 스튜디오는 오랫동안 변하지 않는 전형적인 영국식 감독의 회사였다. 마치 아직도 불이 붙어있는 담배꽁초를 강에다 던져 버리는 영국인들의 습관처럼 말이다. <동물 농장>은 영국인들의 습관처럼 변함없는 노력으로 잘 만든 애니메이션이다. 존 할라스는 이 장편 애니메이션의 기본 골격을 완성했고 그림이 멋지고 동작 또한 놀랍게 움직였다.

□ 그림설명 1101-1, 야노스가 24살 때 22세 조이를 만나 회사를 창립했다.

-2, 그들이 최초로 제작한 애니메이션 <Music Man>, 1938.

-3, <올빼미와 야옹이>, 1952.

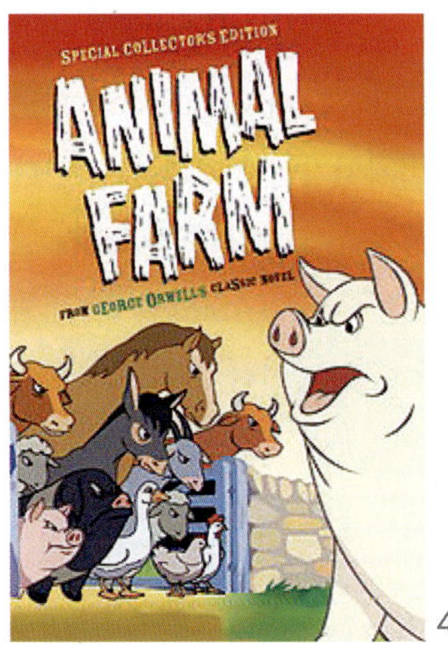

-4, Halas & Batchelor의 장편 <동물 농장>, 1954.

-5, 존, 조이 그리고 Louis de Rochemont.

-6, 조이와 <동물 농장> 캐릭터들.

-9, Halas & Batchelor에서 만든 작품들.

-7, 작업실의 존과 조이 부부.

-8, 조이의 스튜디오 작업실.

-10, <영화의 역사>

-11, <후후>

-12, The Best of <SO BRITISH>

H

월트 디즈니(Walt Disney)에서 만든 <백설 공주...>에 버금가는 애니메이션을 만들기 위해 혼신을 다했다. 색채도 호화롭고 과감하다. 한눈에 보아도 이 <동물농장>은 당시 상황으로 디즈니를 뒤따를 최고의 작품을 만들었고 할라스 앤 배첼러 스튜디오에 큰 성공을 가져오게 했다. 할라스는 1959년 애니메이션 기술에 관한 책도 써서 출판했다. 책 이름은 <필름 애니메이션 기법(The Technique of Film Animation)>, (필자가 1963년경 충무로 외국 서적 전문서점에서 이 책을 구입했다.) 컴퓨터 애니메이션(Computer Animation, 1974), 모션 그래픽(Motion Graphics, 1981) 등이 있다. 또한 1972년 엘리자베스 2세(Elizabeth Alexandra Mary Windsor, 1926-) 여왕으로부터 영국 영화 산업에 종사하면서 공로로 높은 메달을 받았다. 그러나 이러한 성공 뒤에도 존은 많은 번뇌가 집요하게 붙어 다녔다. 존은 "집안에 다른 종교가 같이 있는 것에 대해 심각한 개인적인 지식이 편협(Intolerance)을 초래한다는 것을 경험하게 되었다"고 과거를 술회했다. 존의 많은 식구들이 유대인 대학살과 연계가 있었기 때문이다. 그의 개인적인 글과 또는 애니메이션으로 볼 때 그는 깊은 인간주의적 표현이 여기저기서 풍자와 유머로 나타난다. 그들은 결과적으로 부부가 되어 가정을 꾸미고 행복하게 살았지만 종교적 믿음을 통해 이를 극복하지는 못한 것 같다. 그는 또한 1958년 아시파(ASIFA) 국제협회가 발족하는 창립 멤버로 참여했고 1875년부터는 회장으로서 10년간 협회의 운명을 이끌었고 1985년부터 1995년까지 명예 회장으로 재직했다. 1980년부터 1995년까지 그는 영국 영화 사회 연맹 (BFFS) 의 위원장을 맡기도 했다. 그는 유엔 고문으로도 일했다. 할라스는 하고 싶은 일도 많았지만 1995년 1월 20일 82세의 나이로 사망했다. 조이는 남편 할라스 보다 4년 일찍 그녀의 77회 생일을 맞은 이틀 후 세상을 떠났다.

✳ Bauhaus (바우하우스)

바우하우스는 그 활동기간을 1919년에서 1933년까지 짧은 14년이었지만 현대미술과 건축 그리고 그래픽디자인 분야에 세계적으로 큰 영향을 끼친 바우하우스 시대로 부른다. 바우하우스는 건축가인 발터 그로피우스(Walter Adolph Gropius, 1883-1969)에 의해 독일 바이마르(Weimar)에 설립되어 미술(Arts), 공예(Technology), 사진(Photograph), 건축(Architecture) 등과 관련된 종합적인 예술을 교육했다. 1925년에는 데사우(Dessau)로 옮겨갔다. 이 데사우의 학교건물은 바우하우스 창설자인 발터 그로피우스가 설계해 <모더니즘 건축>으로서 소개되었다. 그로피우스가 세계적으로 유명한 인재들을 바우하우스의 교수진으로 유치한 것 역시 이 학교를 유명하게 했다. 스위스의 추상파 화가인 파울 클레(Paul Klee, 1879-1940), 스위스 표현주의 화가 요하네스 이텐(Johannes Itten, 1888-1967), 독일 기하학적 추상 화가 조세프 알버스(Josef Albers,

1888-1967), 오스트리아−미국의 그래픽디자이너, 화가, 조각가, 사진가, 감독이었던 헤르베르트 바이어(Herbert Bayer, 1900-1985) 를 포함한 교수진과 헝가리 화가로 다다이즘, 표현주의, 러시아 구성주의 화가였던 나슬로 모홀리 나기(Laszlo Moholy-Nagy, 1895-1946), 독일 베를린에서 영화편집을 하던 칼 오토 바트닝(Carl Otto Bartning, 1909-1983) 그리고 러시아의 인상주의 추상화가 와실리 칸딘스키(Wassily Kandinsky, 1866-1944)도 교수진에 포함되어 있었다. 모두들 사실주의 정통적 회화를 추구하는 화가들은 눈에 띄지 않는다. 추상 화가들의 결집이다. '바우하우스'는 독일어로 '건축의 집'을 뜻하는 말로 바우하우스 건축양식을 만들어 냈고 현대식 건축디자인에 큰 영향을 끼쳤다. 초대 교장으로 그로피우스가 취임해 운영했으나 그는 1928년 교장 직에서 물러나고 하네스 마이어(Hans Emil "Hannes" Meyer, 1889-1954)가 후계자로 지명되었다. 마이어는 과격한 기능주의자(Functionalist)로 예술을 집단사회의 표현으로 주장하다가 그는 1930년에 해임되었다. 뒤를 이어 루트비히 미스 반 데어 로에(Ludwig Mies van der Rohe, 1886-1969)가 교장에 취임하였지만 1932년 정치적 변화로 인해 학교가 폐쇄되었다. 이후 학교는 베를린으로 이전하여 사립학교로 재생시키려 했지만 결국은 1933년에 나치스(Nazis)에 의해 강제로 폐쇄되었다. Mies 등 여러 건축가들은 베를린을 떠나 미국에 망명하여 현대 예술과 건축에의 발전에 깊은 영향을 끼친 바우하우스의 건축에 대한 이념을 세계에 전하게 되었다. 그로피우스는 1969년 미국 보스턴 에서 86세의 나이로 땀샘의 염증으로 입원했고 지신올 "힘든 늙은 새"라고 묘사하며 잠든 채 사망했다. 1996년에 와서는 바우하우스의 바이마르와 데사우의 건축물들을 유네스코 세계유산(UNESCO World Heritage Site)으로 등재하게 되었다.

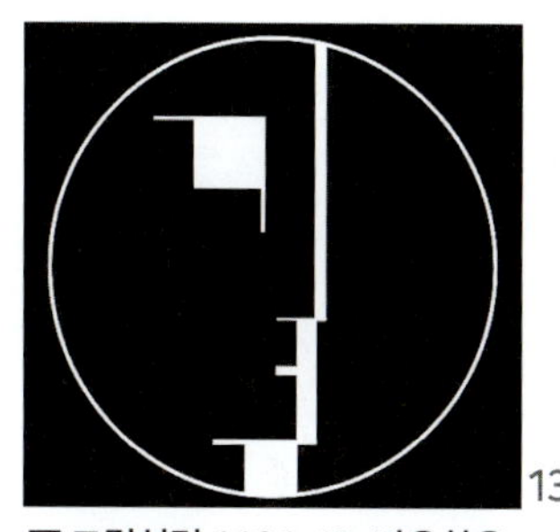

□ 그림설명 1101-13, 바우하우스로고.

-14, 현대 건축에 혁신을 가져온 바우하우스 모던양식 건물.

1102 `ani` `pho`

halation (헐레이션, 빛 반사)

강한 빛을 받아 필름 화면 위에 희뿌옇게 반사되는 현상을 말한다. 아날로그 애니메이션 촬영 시 셀룰로이드(Cel) 위에 조명등이 반사되는 경우도 이에 해당된다.

1103 `art`

halftone (하프톤, 망점, 중간 밝기)

가장 밝은(Lightest) 부분과 가장 어두운(Black) 부분의 중간 밝기를 말한다. 어떠한 컬러노 꼬함되는 말이다. 원래 하프톤은 미국에서 온 말로 우리나라에서는 망점이라

H

부른다. 망점은 말 그대로 점으로 이뤄진 망을 인쇄물에 사용하여 중간 밝기를 조정하는 것으로 크기나 간격에 의해 중간 밝기 그라데이션(Gradation)을 조절하는 방식이다. 인쇄물(Printed Matter)은 이러한 과정을 통해 중간 톤을 만들어낸다. 그밖에도 사진, 필름, 컴퓨터에 의한 작업에서의 중간 톤은 광학적으로 조절해 사용한다.

□ 그림설명 1103, 인쇄에 사용되는 하프 톤 망.

1104 `ani` `gen`

halo (달무리, 서광, 해일로)

만화가들은 승천한 사람을 상징하기 위하여 고인의 머리 위에 타원형의 밝은 달무리와 같은 서광을 그려 넣는데 이런 것을 가리키는 말이다. 특히 애니메이션에서 천사 머리 위에 따라 다니는 둥근 링 같은 것도 이와 같다. 이러한 효과를 영상 이미지의 주변을 밝고 뽀얗게 보이게 하는 안개 특수 효과(Special Effects)를 첨가할 수 있다. 후광 효과는 2중 촬영으로 특수 효과를 사용했고, 디지털에서는 2중 촬영이 불가함으로 특수 프로그램을 활용한 특수효과를 재래식 공정보다 더 쉽게 사용해 만들 수 있다.

□ 그림설명 1104, 달무리. Photo by Sarah McKay.

1105 `pic`

halloween movie (할로윈 무비)

미국에서 해마다 10월 31일이 되면 어린이들의 최고 인기축제인 '할로윈 데이(Halloween day)' 축제를 맞아 애들이 얼굴을 분장하고 특이한 옷을 입고 집집마다 방문하여 "무서운 마법에 걸릴래? 아니면 한턱낼래? (Trick or Treat?)" 라고 묻고 대부분 집주인이 내어주는 사탕을 받아간다. 애들은 사탕도 받아가지만 공포감을 즐기기 때문에 집집마다 무섭게 문간에 불 켠 호박(Jack-o-Lantern) 장식을 놓고 애들을 맞는다. 무서운 것을 좋아하는 관객을 위해 해마다 영화사들은 이때를 놓치지 않고 공포영화를 만들어 상영한다. 이것을 <할로윈 무비(Halloween Movie)>라고 부른다.

☐ 그림설명 1105-1, <The Nightmare Before X-mas> 1993, by Henry Selick.

-2, 할로윈 무비 <Halloween> 1978, by John Capenter.

✱ 참조보기 (1138 - Horror film)

1106 `pic` `pho`

halogen (할로겐, 조염원소)

19세기 후반부터 20세기 말에 이르기까지 영화제작을 위해 사용했던 영화필름에 사용된 화학물질로 감광 유제에 할로겐화를 형성하는 은 입자들과 결합되게 하는 염소(Chlorine)이다. 1810년 영국의 화학자가 발견한 5가지 화학 물질(Chemical Elements)인 할로겐은 비금속형 원소로 염소(Chlorine, CI), 플루오린(Fluorine, F), 요오드(Iodine, I), 브로민(Bromine, BR) 그리고 아스타틴(Astatine, AT)이 함유된 원소로 다른 화합물과 함께 사용하면 반응이 빠르고 물에 쉽게 용해되기 때문에 사진용 필름이나 영화 현상 용액으로 19세기 중반에서 20세기에 이르기 까지 사용되어 왔다.

1107 `ani`

hand drawn animation (손으로 그린 애니메이션)

컴퓨터 애니메이션의 양적 성장 이후, 재래식의 애니메이션을 총칭하는 말로 쓰이는 용어이다. 그야말로 사람의 손으로 그려진 그림을 말하며, 전통 애니메이션(Conventional Animation, 또는 Traditional Animation)이라고도 한다. 21세기 벽두부터 컴퓨터에 의한 애니메이션이 놀랍게도 하루가 다르게 빠른 속도로 성장했고 결과적으로는 새로운 컴퓨디 작업이 대세를 이루게 되었다. 이 때 컴퓨터가 아닌 손으로 그린 애니메이션임을 강조하며 그 가치를 구분하는 뜻으로 사용되는 말이다.

□ 그림설명 1107, 손으로그린 애니메이션 동작, <the Rescures> by Disney.

1108 `pic` `equ`

handheld camera (핸 헬드 카메라)

1) 영화 촬영 시 돌리(Dolly)나 트라이포드(Tripod)을 사용하지 않고 연출상의 이유로 손으로 들고 촬영할 수 있을 정도의 가벼운 카메라를 뜻한다. 2) 연출 상 뒤따르는 사람의 시각으로 볼 때 사용되는 프리핸드 카메라(Free Hand Camera)기법을 말한다. 최근에는 하나의 축을 중심으로 물체가 회전해 카메라에 흔들림이 없도록 자이로를 내장한 짐벌(Gimbal)이라는 제품도 출시되어 보다 안정된 화면을 만들어 낼 수 있다.

□ 그림설명 1108-1, 짐벌   -2, handheld cameras.

1109 `art` `ani`

hand puppet (손 인형, 꼭두각시, 핸드 퍼펫)

인형으로 캐릭터를 만들어 손에 장갑처럼 끼거나 넣고 손과 손가락으로 움직이며 인형놀이를 하는 것을 뜻하는 말이다. 흔히 외국에서는 글로브 돌(Glove Doll, 장갑인형)이라고도 부른다. 한국에서는 손으로 하는 꼭두각시인형극이 오래전부터 전해 내려왔고,

인도네시아와 중국에서는 서기 600년경으로부터 그림자인형극이 시작된 것으로 역사에 기록하고 있다. 또한 문화가 먼저 발달한 BC.2,000년 고대 이집트나 희랍(Ancient Greece)에서도 선사에서 남긴 벽화 등에서 인형극 놀이를 볼 수 있는 것으로 보아 인형놀이들은 오래전부터 시작되었다. 종류로는 인형의 머리, 손, 발에 줄을 연결하여 줄을 조작하여 움직이는 줄 인형(마리오네트, Marionette)이 있고, 화면처럼 드리워진 휘장막 뒤에서 노루(Deer) 안 가죽에 그림을 그린 인형을 불(Light)에 비춰 움직이며 이야기를 연출하는 그림자 인형극, 또한 탈(Mask)을 쓰고 사람이 춤을 추며 율동을 하는 탈 인형 등이 있다. 이들은 모두 인위적으로 현실에서 움직이게 함으로 애니메이션 범주(Category)에 들지 않는다. 그러나 움직이는 퍼펫으로는 미국TV 프로그램에서 유명한 <머펫 베이비(Muppet Baby)>나 <세사미 스트릿(Sesame Street)>이 있다.

□ 그림설명 1109-1, -2, Hand Puppet <Sesame Street> TV Program.

1110 `com`

hard disk drive (하드 디스크 드라이브)

하드파일의 전자 자료를 볼 수 있는 데스크 탑(Desktop) 컴퓨터에 내장된 장치(Device)를 말한다. 이 장치는 컴퓨터 외부에서 연결하여 별개의 장치로도 사용된다.

□ 그림설명 1110, WD 3TB 3.5 Hard disk drive.

H

1111 com

hardware (하드웨어, 컴퓨터 장비)

중앙처리장치(CPU: Central Processing Unit) 같은 컴퓨터 시스템을 통합된 회로로 구성하는 장치. 시스템의 프로그램이나 지시사항과 반대되는 개념(소프트웨어)이다.

□ 그림설명 1111, Computer Hardware와 주변기기의 구성.

✱ 참조보기 (0512 - CPU)

1112 mus peo his

harmonics (화성학)

음악에서에서 뿐만이 아니라 조화(Harmony)는 인류가 살아가는데 있어서 지혜이며 가장 우선이 되어야 하는 중요한 본질적 요소라고 할 수 있다. 조화는 하나의 규범으로 통제된 질서 안에서 자유로움을 맞는 것과 같다. 마치 거리의 신호등과도 같이 질서를 유지함으로써 평안한 조화의 즐거움을 얻게 되는 것이다. 음악에서 불협화음(Dissonance Chord)들은 생활에서 불안(Discomfort)을 느끼게 하는 것과도 같다. 화성학은 음악에서 화음에 기초를 둔 음률의 구성과 마디의 연결방법과 구조를 연구하는 학문으로 음악은 리듬(Rhythm, 박자)과 멜로디(Melody, 선율) 그리고 하모니(Harmony, 조화)의 3요소를 체계화하는 것을 뜻한다. 화성학은 오묘한 우주의 체계를 하나씩 풀어가는 것과도 같다고 할 수 있다. 일반인들이 우주를 모르고 살아갈 수 있지만 음악을 하려는 사람이 화성학을 모르고 음악을 할 수는 없는 논리이다. 음악은 환경(Atmosphere)을 소리로 풀어낸 언어이다. 심포니 오케스트라의 합주를 언어로 풀이한다면 멀고 넓으며 권위적이고 거대한 다수의 사람들의 함성과도 같은 의미를 갖는다고 할 수 있다. 그리고 개별의 악기들은 각기 개성적으로 존재와 성격을 대변한다.

이 모든 음악의 가능성은 단 8개의 음표에 있다. 우리가 지금 작곡하고 연주하여 듣는 음악은 그 형식이 8개의 음표로 되어 있지만 음악의 최초는 고대 그리스(Greece)에서 4세기경의 시대로 단 4개의 음표를 사용했다고 역사에 기록 되어있다. 우리가 말하는 소위 서양 고전 음악을 가리키는 말이지만 음악은 자연발생적으로 오래 전부터이다. 독일에서 발건된 약 42,000년 전 것으로 동물의 뼈로 만든 피리(Flute)로 미루어 보아 음악은 구석기시대부터 소리를 읊었음이 분명하다. 문명이 발달하며 음악으로서는 그리스 정교의 교회의식에서 사용된 찬송가로부터 시작된 것으로 기록된다. 이 당시에 이탈리아에서는 그리스로부터 기독교가 들어와 교회당 건립이 붐을 이루기 시작했는데 그 수가 점점 늘어가고 있었다. 초창기에 이탈리아의 밀란(Milano)에 있는 가톨릭교회의 주교(Bishop) 성 암브로제(St. Ambrose(본명, Aureluis Ambrosuis), 340-397)는 교회에 음악을 사용하기를 원했지만 그리스의 교회로부터 소개 받게 된 단 4개의 음표로는 음악을 형성(작곡)하기는 부족하다고 여겼다. 성 암브로스 주교는 4개의 음표를 추가하여 교황청에 상정(Bring Up)했다. 당시 교황청은 사람들의 활동에 매우 민감해 했고 외부 사람들의 활동들에 매우 꺼려하는 때였다. 그러한 이유로 오랜 세월이 지나서야 로마가톨릭의 당시 교황 그레고리 1세(Gregory I, C.540-AD604)로부터 음악의 음계

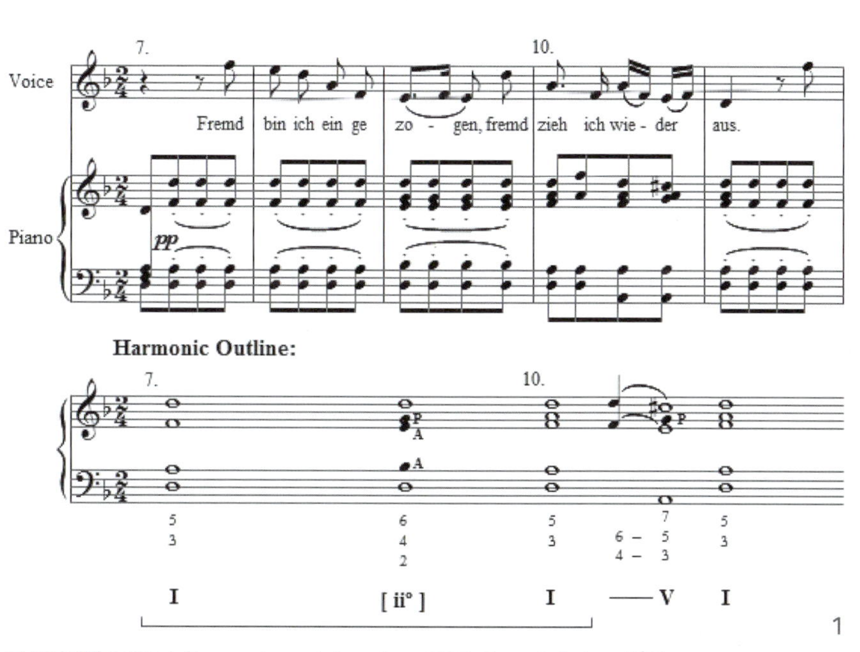

□ 그림설명 1112-1, Harmonics <winterrelse> 182/, Franz Schubert 작곡.

-2, 8개의 음표를 교황에 상정한 미라노의 성 엠브로스 주교.

H

를 승인 받았고 지금의 8개 음표로 된 하나의 옥타브 음악을 작곡해 소리를 낼 수가 있었다고 한다. 음표의 활용은 주로 찬송가를 위해 작곡을 했는데 시편이나 그 밖의 기독교 서적을 활용하여 가사(Lyrics)를 붙여 찬송가로 불려졌다. 1745년 화성법이 처음으로 체계화되어 근대화성이론의 기초를 세운 사람은 프랑스인으로 이탈리아 바로크(Baroque)시대의 음악을 계승한 작곡가였으며 연주자이었던 장 필리프 라모(Jean-Philippe Rameau, 1683-1764)였다. 또한 독일의 요한 세바스찬 바흐(Johann Sebastian Bach, 1685-1750) 역시 1722년 1집, 1740년 2집 <평균율 48곡집(평균율이란 한 옥타브를 12의 반음으로 나눠 조율하는 것)>을 발표했지만 이론적이었지 실용적인 것은 아니었다고 한다. 화성학은 이러한 경로를 계기로 우리가 지금도 즐겨 듣는 고전주의 음악의 전성기를 맞게 했다. 음악은 나라나 지역에 관계없이 우리 인류의 문화를 통하여 자연 발생적으로 과거부터 현재까지 발전을 거듭하며 사람과 더불어 변화해왔다. 그렇다면 과연 구석기(Paleolithic)시대의 노래는 있었을까? 몇 음표로 된 어떤 소리였을지 상상이 되지 않는다.

1113 `equ` `com`

HDTV (고해상도 수상기)
✳ High Definition Television

텔레비전 수상기는 1925년 스코틀랜드의 존 베어드(John Logie Baird, 1888-1946)가 주사선이 불과 30선으로 된 실루엣 이미지의 TV를 프랑스의 한 백화점에서 전파가 형상(Image)으로 보인다는 것을 전시하면서 시작되었다. 이것을 시작으로 개발된 전자 송신원리를 통해 1928년에 런던(London)과 뉴욕(New York) 사이 대륙 간에 사진 교신에 성공하게 되었고 1936년에 TV 영상이라는 기술이 시작되었다. 그러나 확실한 TV의 역사는 1950년경부터 흑백으로 방송되며 가정의 안방에 자리 잡기 시작하여 곧 컬러로, 둥근 아날로그 브라운관에서 납작한 디지털 화면으로, 다시 첨단기술이 동원되어 HD(High Definition)로 꾸준한 혁신을 거쳤다. HDTV는 고해상도 텔레비전의 줄인 말이며 현재에도 남아 있는 일반 브라운관 TV의 주사선 525선보다 2배 이상 (1920x1080) 많은 주사선을 사용해 섬세한 이미지를 보여줄 수 있었다. 21세기가 시작되며 기존의 3:4 화면 비례에 기초를 두었던 35mm 영화필름과 비디오는 점차 16:9의 화면 비례를 사용함으로 시각적으로 시원한 느낌을 준다. 색상 역시 아주 제한적인 색깔만 볼 수 있었던 아날로그 시대를 지나 태양광의 3원색인 RGB에 의해 디지털 컬러 1,670만 색상

□ 그림설명 1113, 곡면 Super Ultra High Definition (SUHD) TV.

으로 분류했고 선택해 사용하게 되었다. 그리고 지금의 SUHD(Super Ultra High Definition) TV는 9조의 색상을 우리에게 보여주게 되었다. 사람의 눈을 통해 보지 못했던 천연의 색을 SUHD-TV를 통하여 모두 볼 수 있는 시대가 된 것이다. UHD-TV는 고해상도 디지털 시스템을 통해 전송이나 재생되는 이미지나 사운드(Sound)의 왜곡도 막아준다. 기술적으로 화면의 밝기를 향상시킨 LCD에서 LED로 최첨단의 TV 수상기뿐만이 아니라 삼성이 개발한 크고 넓은 화려한 색상의 곡면 TV가 나와 안방을 차지하게 되었다.

1114 equ

head (헤드)

1) 영화 헤드는 음향 녹음기(Sound Recorder)에 부착되어 소리의 녹음(Recording), 재생(Play Back) 그리고 녹음된 소리를 소거(Erase)하는 핵심장치를 말한다. 헤드는 모노(Mono), 2트랙 스테레오(Stereo), 4트랙 입체음향 등이 있다. 아날로그 방식으로 이미지를 캡처하는 비디오의 헤드는 드럼(Drum)이라 부른다. 2) 아날로그방식에서 릴(Reel)에 감겨있는 필름이나 테이프의 처음 시작되는 부분을 헤드라 부르며 뒷부분은 테일(Tail, 꼬리)이라고 한다.

□ 그림설명 1114, Tape Recorder NAGRA IV-S와 Magnetic Head.

1115 gen lit

hegemony (주도권)

헤게모니는 원어 헤게모니아(γεμον α)라는 헬라어(그리스, Greece)에서 유래한 말로 영어로 헤게모니(Hegemony)라 한다. 어떤 집단을 이끌 수 있는 지위나 권력의 지배(Exercise Domination Over)를 의미한다. 주도권이란 패권(Hold Over)의 의미로서 하나의 제국이나 집단이 다른 집단을 대상으로 벌이는 쟁탈전을 말한다. 이러한 행태는 인류 역사 속에서 쉬지 않고 지속되어 왔으며 어느 나라마다 문학에서도 작가들이 흔히 기초 플롯(Plot)으로 사용해 투쟁과 충돌과 갈등을 전개시키기도 한다. 소설에서 주

H

□ 그림설명 1115, Car Race의 주도권 쟁탈 광경.

도권은 폭압 드라마로 연출하지만 현실에서는 더 자비가 없다. 주도권은 사람들이 자기의 이념을 내세우며 정치집단(당, Party)을 통해 패권을 잡는 것을 말한다. 이런 의미에서 주도권은 승리는 아니다. 다만 다른 집단이 대응해 패권을 쟁취하기까지 지속하는 것이다. 그러나 긍정적인 시각에서 볼 때 이 용어는 패권이 아닌 올바른 정의를 위한 주도일 수 있다.

1116 `ani`

held cel/hold cel (고정 셀, 헬드 셀)

아날로그방식 애니메이션 제작에서 카메라에서 사용되는 용어이다. 분리된 셀(Cel) 그림이 각기 다른 레벨(Level, 겹쳐서 올려놓은 그림)에 그려진 애니메이션 동작들 중에 움직임이 필요 없거나 움직임이 있어서는 안 될 때 고정시키는 셀을 말한다. 다른 레벨에 있는 셀들이 계속 애니메이션 되고 있는 동안, 그림 밑이나 위에 정지한 상태로 있는 셀로서, 동작이 부여되지 않은 부분이 반복해서 촬영될 때 사용되는 셀을 홀드 셀(Hold Cel)이라고 한다.

1117 `equ` `pic`

helicopter shot (헬리콥터 촬영)

사람이 조종하는 헬리콥터에 장착한 카메라로 고공 촬영을 위해 사용한다. 헬리콥터를 이용해 촬영하는 것을 말한다. 문을 열고 손으로 카메라를 잡고 직접 촬영하는 방법과, 카메라를 기체밖에 장착하고 콕핏(Cockpit) 안에서 원격조정으로 촬영할 수 있게 장치가 된 헬리콥터도 있다. 이들을 일명 헬리캠(Helicam)이라도 부른다.

＊Drone Shot (드론 촬영)

드론에 장착한 카메라는 우선 카메라가 가볍고 드론의 움직임이 경쾌하여 우수한 영상을 촬영할 수 있어 매우 인기가 높다. 더구나 드론의 모든 움직임은 컴퓨터 프로그램으로 촬영을 한다. 드론에 의한 영상촬영은 일반 헬리콥터에 의해 촬영하는 것보다 고공촬영(Aerial Shot), 속도(Pan Speed), 범위(Area) 등에서 훨씬 우수하고 디지털 프로그램에 의해 출연자를 컴퓨터에 입력하면 그를 따라 폴로 업(Follow Up) 기능을 이용할 수 있다.

□ 그림설명 1117-1, Helicopter Shot.

-2, Drone에 장착한 디지털 카메라.

1118 pic ani lit

hero (주인공, 주역, 히어로)

소설, 연극, 영화에서 독자나 관객들이 동감하고 호응하는 주인공 남자 캐릭터를 말한다. 이 인물은 또한 주역(Protagonist)이라고 한다. 주인공들은 그 나라의 문화에 따라 달라지며, 국가나 환경에 의해 주인공의 활약과 관객의 호응이 달라질 수 있다. 그러나 같은 것은 주인공들은 항상 정의를 위해 싸운다. 영화상의 주인공은 공통적으로 '히어로(Hero)'라고 부른다. 관객들은 영웅적, 아니면 적어도 존경할 만한 인물이나 이상적인 인물처럼 행동하는 사람을 영화상 주인공으로 여기며 믿고 마음으로 안정감을 갖는다. 반대로 지배적으로 사악(Villains)하거나 일반적으로 눈에 띄게 안 좋은 행동을 하는 것처럼 보이는 인물은 주인공으로 가주될 수가 없다. 주인공은 전통적으로 소박한 성품들을 소유하고 있기 때문에 점잖고 용기 있어 보이는 인물을 주인공으로 정한다. <007> 초기 영화에 나온 주인공 영국인 숀 코네리(Thomas Sean Connery, 1930-2020)나 DC 코믹과 마블(Marvel) 코믹의 여러 만화주인공들이 한 눈에 보아도 믿음직스럽게 보이는 것이 그러한 이유이다.

□ 그림실멍 1118-1, 코믹 북의 주인공들

-2, <007> 영화 숀 코네리

✱ villains (악당)

영화, 드라마, 소설 등에서 악당 역을 맡아 연기하는 역할을 말한다.

✱ antagonist (적대자, 맞상대)

주역의 반대말은 악당이다. 극중에서 비열한(Scoundrel) 사람이나 어떤 창조물(Creature)을 이르는 말로 주로 주인공과 앙숙(Enmity)으로 대적하여 싸우며 갈등을 일으키는 상대를 말한다.

☐ 그림설명 1118-2, <트랜스포머>에서 서로 주인공이지만 대결 상대자.

1119 `pic` `ani` `lit`

heroine (여주인공, 영웅)

독자나 청중들이 동감하거나 동경하는 소설, 연극, 영화 속의 여성 주인공. 여성 주인공들은 보통 여성 단신 주인공으로 영화의 내용을 이끌기 보다는 남성과 함께 출연하는 것이 상례이지만 여성 주인공의 영화도 많이 있다. 영화의 여주인공들은 남자 주인공들처럼 문화와 시대에 따라 다양하다. Shero(여자영웅)라고도 부른다.

☐ 그림설명 1119, 장편 애니메이션 <왕후 심청(Empress Chung)>의 여 주인공, by Nelson SHIN.

Hewlett Packard (휴렛 패커드)

*hp로 회사 명칭의 첫머리 글자로 줄인 소문자로 브랜드 이름으로 널리 알려진 전자기기 회사이자 상품명이다. hp 회사는 윌리엄 휴렛(William Hewlett, 1913-2001)과 데이비드 패커드(David Packard, 1912-1996)가 공동으로 설립한 전자 통신회사이다. 1968년 테이블 탑 소형컴퓨터를 최초로 만들 때 참여했던 미국회사인 PC회사와 Intel회사와 함께 역사적으로 인류에게 크게 공헌했던 공식 미국 전자회사 중 하나이다. 이 회사는 '미국 세계 정보기술회사'로 본부는 서북부 캘리포니아에 있는 팔로알토(Palo Alto)시에서 1939년 창립한 회사로 지금은 세계적으로 크게 성장한 회사이다. 이 회사는 전자회사로서 데스크 탑(Desktop), 랩탑(Laptop) 컴퓨터, 노트북(Notebook), 프린터 등의 주변기기와 더불어 하드웨어와 소프트웨어 제품 생산, 네트워킹 서버 등에 필요한 제품들을 개발하고 생산했다. 그리고 2015년에 와서 클라우드 분야와 컴퓨터 분야를 분리하여 새로 설립했다.

□ 그림설명 1120, hp All In One computer 와 hp회사 로고.

hidden camera (숨겨진 카메라, 몰카)

사람들의 눈에 띄지 않게 숨겨진 카메라를 말하는 것으로 스파이 카메라(Spy Camera) 또는 캔디드 카메라(Candid Camera)라고도 부른다. 다른 사람들이 모르게 눈에 띄지 않도록 숨겨서 장치해 놓은 몰래카메라를 이르는 말이다. 월래 몰래카메라는 캐나다 일반적으로 개그 프로그램으로 만들어 시청자들을 웃기기 위해 TV에 방송용으로 제작되었다. 아직도 이러한 프로그램들은 단편으로 가끔 소개되지만 개인 사생활이나 프라이버시 침해로 여론이 좋은 것은 아니다. 찍히는 대상은 아직 모르고 실제처럼 반응하게 된다. 그러나 재미있게 연출되어 촬영한 것으로 관객들은 매우 흥미롭게 즐긴다. 캐나다에 소재한 「Gags」라는 전문 제작사는 <그냥 웃기려고(Just for Laughs)>라는 타이틀로 단편을 제작하기도 한다. 이러한 전문 제작사들은 촬영 후 찍힌 사람들에게 공개하고 동의를 얻어 방송할 수 있지만 무단으로 카메라를 숨겨서 촬영하는 기법도 매우 고도화 되고 있다. 녹화용 카메라들은 눈에 띄지 않게 숨길 수 있게 소형화되어 모자, 안경, 볼펜, 단추 등 리모트 조작이 가능한 기묘한 방법으로 촬영한다. 심지어는 스마트폰으로 몰래 촬영하기도 한나. 근래에는 어디나 몰래 카메라가 아닌 감시용 카메라가 설치되어 있고 부정적인 행동을 하는 것을 억제하는 장치로 활용된다. 상대가 모르게 촬영되는 숨겨진 카메라는 불법이다. 그러나 간혹 생생한 증거물을 확보하기 위해 전문적으로 합법 또는 불법으로 숨겨진 카메라에 의해 촬영된다.

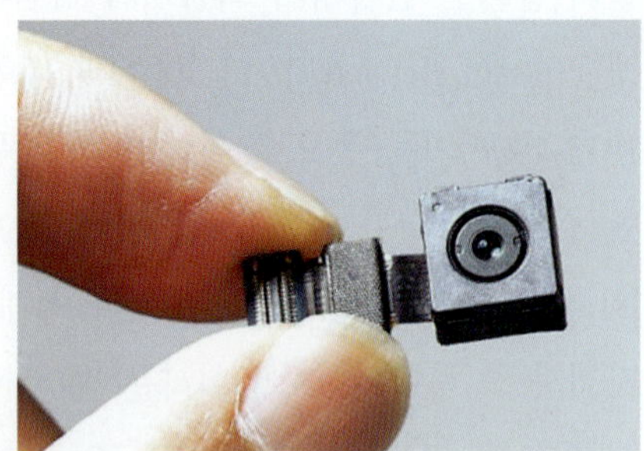

□ 그림설명 1121, <Just For Laughs Gags> hidden camera TV show와 소형 카메라.

＊참조보기 (0327 - candid camera)

1122 `pic` `pho`

high angle shot (하이 앵글 샷)

카메라가 향한 높은 촬영 각도를 말하며 시선이 관객의 시점에서 높은 곳을 향하는 것을 말한다.

＊**Up Shot (올려 찍기)**

카메라 앵글을 눈높이 보다 높여서 촬영하는 것을 뜻하는 말이다. 또 다른 말로 앙각 촬영이라고 부른다.

1123 `gen` `lit`

high concept (하이 콘셉트, 수준급 개념)

하이 콘셉트는 일반적이지 않은 차원이 높은 개념의 구상을 의미한다. 영화에서는 아이디어 자체가 아주 인상적인 관점을 가진 개념적이며, 수준 높은 관객을 타깃으로 하는 영화이다.

1124 `pic` `pho`

high contrast (하이 콘트라스트)

1) 흑과 백의 대조 상태의 변화가 심한 것을 일컫는 말이다. 2)영화에서는 코닥(KODAK)회사가 개발해 사용한 하이콘트라스트(하이콘, High-con 필름이라 부름)

포지티브 필름을 말한다. 이 하이콘 필름은 영화의 타이틀
이나 특수한 매트(Matt) 등으로 사용하는 필름으로 매우
정교한 특수필름이다. 필름에 있는 천공(Perforations)이
스프라켓(Sprocket) 톱니를 지나게 되는데 이 하이콘 필름
은 천공이 조금 좁게 되어있어서 매트로 사용할 때 미세한
흔들림이 없게 특수 제작된 필름이다. 옵티컬 프린터 합성
작업에서 사용된 필름이었다.

□ 그림설명 1124, 하이콘 효과, <Mistyfriday> Photo by Sony.

1125 `equ` `gen`

high definition television (고해상도 텔레비전)
*HDTV (에이취디티비)

HDTV는 1994년에 처음으로 미국에서 소개한 고선명 텔레비전이다. 일반 아날로그
전송방식인 NTSC(National Television System Committee), PAL(Phase Alternation
Line), SECAM(F Sequentiel Couleur Avec Memoire, E Sequential Color with Memory)
등 보다 월등히 좋은 화질의 방송을 시청할 수 있는 TV수상기를 말한다. HDTV는 방
송국의 송신이나 시청자들의 수신기는 디지털 신호(Digital Signal)를 통해 이뤄진다.
해상도는 기존 방식의 480, 525 비월주사방식(Interlaced Scanning, 주사선의 홀수와 짝
수를 번갈아가며 영상을 표현하는 방식) 보다 매우 향상된 720 순차주사방
식(Progressive Scanning, 주사선을 홀수 짝수로 나누지 않고 순서대로 주사하는 방식)
이다. 또한 화면비례가 필름방식 4:3이 아닌 화면이 넓어진 디지털방식 16:9의 비율을
사용하게 되었다.

*참조보기 (1113 - HDTV)

1126 `ani`

high light (하이라이트)

화면 속에서 캐릭터상의 정상적인 컬러보다 밝은 부분을 말한다. 예: 인물 뒤에서 비춰
진 역광과 같은 부분을 말한다. 애니메이션 기법으로 한 캐릭터 그림에 3단으로 색을
칠하여 평면 그림에 입체감을 주고자 할 때 사용되는 기술이다. 1) 가장 밝은 부위를 하
이라이트(High Light)라고 칭한다. 2) 몸통 색(Main Body Color)을 기본색이라 정한다.
3) 어두운 그림지(Shadow)색은 어두운 부분을 채색할 때 사용되는 기법이다. 이렇게

색으로 하이라이트의 느낌으로 채색을 하면 빛의
역광을 받는 것처럼 보이고 생동감이 더 있게 보
인다.

□ 그림설명 1126-1,디즈니의 <Peter Pan> Shadow와 High
Light 효과.

-2, 슈퍼히어로 <Iron Man> High Light
효과.

1127 `equ` `pic`

high-speed camera (고속 카메라)

초고속 카메라란 사물의 움직임이 너무 빠르거나 또한 너무 느린 움직임을 사람의 눈
으로 볼 수 없기 때문에 고속으로 촬영할 수 있도록 과학적인 연구목적으로 특수 제작
된 카메라를 말한다. 재래식 필름으로 실시간 동작을 촬영해 영사기로 재현하면 아주
느린 동작을 볼 수 있었지만 제한된 고속 촬영방식이었다. 고속 카메라에는 일반적으
로 두 가지 타입이 있다. 하나는 초당 24프레임이 찍히는 일반적인 기계적 동작(필름을
끌어 당겨 정지한 순간 찍고 또 끌어당기고 하는)에 의한 35mm 필름 카메라 촬영으로
초당 400 프레임까지 촬영할 수 있었고, 또 다른 시스템은 프리즘(Prism)을 사용하는
촬영방식이다. 이 방식은 약간 상(Focus)이 흐리기는 하지만 카메라의 기계적인 무리
없이 초당 600 프레임을 촬영할 수 있는 장점이 있었다. 이 결과로 동작을 25배까지 저
속 동작으로 볼 수 있었지만 두 가지 방식 모두 충분히 과학적 목적으로는 사용하기 미
흡했다. 21세기 디지털시대에 들어서 특수 카메라에 의한 촬영은 생물 역
학(Biomechanics)적으로 동물의 빠른 동작을 고속 촬영하는 데에 사용하게 됐다. 뜀뛰
는 동물, 빨리 움직이는 곤충들, 유선형으로 나르는 새들, 물고기들, 이런 모든 동작들
은 고속 촬영에 의해 연구하고 인간이 사용하는 기기에 자연 과학을 적용하고 연구 개
발되어 인류에 이바지 한다. 지금 디지털시대에서 초고속으로 촬영이 가능하다. 물론

이 정도를 실현해 내기 위해서는 밝은 빛이 절대적인 조건이 된다. 역사의 기록으로는 1950년 미군의 한 엔지니어였던 몰톤 술타노프(Morton Sultanoff, 1920-1970)가 에버딘(Aberdeen) 실험소에서 작은 폭발의 파동(Wave)을 기록했는데 초당 40,000프레임으로 촬영되었지만 실험폭발 때에 필름은 타버렸다고 한다. 여하튼 고속용 디지털 카메라는 4 메기픽셀 해상도로 현재까지의 기록은 1,500 Fps 이다.

□ 그림설명 1127-1, 고속 카메라, <Phantom-veo 4k>와 <Photron Fast CAM-Z>
(High-Speed Camera for Science, Aerospace and Media Industries.)

* high speed shot (고속촬영)

촬영기의 표준 회전속도(매초 24프레임)보다 약 5배의 빠른 속도로 회전시켜 촬영하는 방법으로, 이것을 영사하면 상당히 완만한 슬로우모션(Slow Motion)으로 보이게 된다. 아날로그 방식이었던 영화용 35mm의 정상속도는 초당 24프레임이며 NTSC로 텔레시네(Telecine)를 할 경우 29.97프레임이다. 또한 PAL은 35mm 필름에서도 Video에서도 같은 25 프레임이어서 NTSC처럼 혼란스럽지가 않다. 하이스피드(High-Speed, 고속)촬영은 거울셔터(Mirror Shutter)나 프리즘 셔터(Prism Shutter)를 고속으로 돌려 촬영할 경우 초당 약 25만 프레임 정도를 촬영할 수 있다는 기록이 있지만, 만약 일반 35mm필름을 돌려주는 스프라켓(Sprocket, 톱니바퀴) 카메라로 촬영을 시도한다면 필름은 아마도 찢어지고 카메라까지 손상이 올 것이 빤한 이치이다. 이처럼 재래식 카메라에 의한 고속 촬영은 여러 방식으로 시도한 흔적이 보인다. 그러나 오늘날 전자 디지털 방식은 고속 촬영은 재래식처럼 기계적인 메커니즘(Mechanism)을 사용하지 않고 움직이는 이미지를 컴퓨터장치(Computer Device)에 입력(Capturing)할 수 있다. 이 장치는 셔터 스피드가 초당 1,000분의 1이며 250개의 프레임을 전자적으로 입력할 수 있다. 250개의 이미지는 약 10배속임으로 플레이백(Play Back, 재생)을 하면 동작은 슬로우 모션(Slow-Motion)으로 볼 수 있다. 그러나 인간의 도선은 눈으로 볼 수 없는 빠른 동작들

□ 그림설명 1127-2, 계란 Highspeed Shot hy PHOTRON FASTCAM-Z Camera.

H

을 촬영해 연구하여 실용할 수 있는 아이디어를 찾는다.

✱ 참조보기 (2486 - Slow Motion)

1128 `fes`

Hiroshima Int'l Animation Festival (히로시마 국제애니메이션페스티벌)

일본〉 Hiroshima, 격년으로 8월, 히로시마의 아스테르(Aster) 플라자에서 열리는 애니메이션 영화제로 ASIFA(국제애니메이션필름협회)의 공식 인증을 받은 페스티벌 중 하나이다. 일본의 창작애니메이션 감독이자 작가였던 렌조 키노시다(Renzo Kinoshita, 1936-1997)와 그의 부인 사요코(Sayoko)가 페스티벌 디렉터(Director)로 1985년 첫 번째 페스티벌을 오사카에서 개최하여 홀수 해에만 열렸다. 1989년은 한번 쉬고 그 후 1990년 원폭 40주년을 기리며 '사랑과 평화(Love & Peace)'를 주제로 페스티벌은 히로시마로 옮겨져 지금까지 짝수 해에만 격년으로 행사가 개최된다. 히로시마 애니메이션 페스티벌은 행사가 열릴 때마다 전 세계적으로 애니메이션에 자신의 일생을 바치며 큰 공헌한 사람들을 골라 국제 명예회장으로 선정해 회고전과 관객들과의 만남 등을 가지여 한 국가를 정해 회고전을 선보인다. 또한 단편 경쟁 부문을 비롯해 평화를 테마로 한 작품들을 상영하는 '애니메이션 포 피스(Animation for Peace)', 오늘날 일본 감독들의 수준 높은 애니메이션을 특별 상영하는 '동시대의 일본 애니메이션(Contemporary Japanese Animation)', 재능 있는 젊은 감독들을 발굴하는 것을 목표로 하는 프로그램 '학생들의 별(Stars of Students)', '아이들을 위한 애니메이션(Animation for Children)' 등의 프로그램을 통해 다양한 작품들을 만날 수 있다. 이밖에도 전시, 감독과 제작사,

□ 그림설명 1128, 히로시마 국제 애니메이션 페스티벌. Posters 2008, 2020.

배급사 간의 사업적 교류의 장은 넥서스 포인트(Nexus Point), 프로가 되고 싶은 젊은 창작자들이 그들의 작품을 선보이고 전문 감독들의 조언과 다양한 정보를 얻을 수 있는 프레임 인(Frame In), 일본의 주요 애니메이션 학교와 대학들이 부스로 참여하는 '교육 필름 마켓' 등을 선보인다. 이 페스티벌은 4대 애니메이션페스티벌 중에 가장 공식적이며 매우 권위적이다. 그러나 히로시마 시의 시장, 카즈미 마츠이(Kazumi Matsui, 1953-)는 세계적인 권위에도 불구하고 2020년을 마지막으로 페스티벌 행사의 문을 영원히 닫는다고 발표하게 되었다.

1129 `lit`

historian (사학자, 역사학자)

선사시대로부터 인류가 살아오면서 남긴 모든 분야의 유산에서 인류의 생활양식과 변천을 가져온 그들의 지혜, 생존방식, 공동체 지도자, 사상, 철학 등의 시대 문명을 체계적으로 연구하고 재조명하여 연대와 업적을 기록하는 역사학자와 사학자를 이르는 말이다. 역사가들은 고대, 중대, 근대사 연구를 통하여 체계적으로 인류에 끼친 업적을 재조명한다. 발명가, 천문학자, 수학자, 물리학자, 철학가뿐만이 아니라 정치 지도자, 경제인, 문화예술가들의 활동 등을 체계화하고 고증(Historical Research)하는 사람들이다. 어떤 경우 새로운 논리를 들추어내거나 국가적 시각에 따라 역사적 사실을 국가 주관적으로 역설함으로써 스스로 오류를 범하기도 한다. 현대에서 사학자들이나 역사가들도 연구자에 따라 주관적 견해를 표현함으로써 터무니없는 주장으로 역사를 왜곡시키기도 한다. 이 왜곡은 국가마다 크게 다르며 그 주장은 곧 국가의 분쟁으로까지 확대되기도 한다. 역사가의 이념과 견해는 시대적 환경에 의해 매우 주관적으로 변화하기 때문에 그들의 주장과 논리는 이념에 따라 후세에 다시 바뀔 수 있는 것이다. 이 자체가 오류인 것이다.

1130 `pic` `his`

historical film (역사 영화)

역사적 시대와 그 시기의 실제 사건들을 다룬 영화를 말한다. 종종 시대를 상징하는 복장과 환경 그리고 사람들의 일과에 대한 것들을 당시처럼 만들어낸다. 시대극을 영상으로 제작함에 있어 시대적 배경, 풍속 등을 각 분야의 전문가를 통해 고찰하며, 이러한 고증을 토대로 소도구나 인물의 행동 등을 시대적 상황에 맞게 설정하여 영화를 제작하게 된다. 그러나 보다 중요한 것은 역사를 그대로 기록하지 않고 영화의 사명감으로 각색해 좀 더 사실과 나르게 과상시켜 만늘어 실제의 역사와 극화(연출된)를 구별해야 한다는 점이다. 영화는 중요한 정치적 사건과 군사 사건에 초점을 맞출 경우 실제의 정황과는 다르게 연출되는 것이 일반적이며 이야기가 광범위하고 난해하며 객관적일 수 있다.

□ 그림설명 1130-1, <명량> 2014, by 김한민.

-2, <the Patriot> 2000, by Roland Emmerich.

1131 pic ani

historical research (시대고증)

시대극을 제작함에 있어 당시의 시대적 배경, 풍속 등을 각 분야의 전문가를 통해 고찰하는 것을 말하며, 이러한 고증을 토대로 소도구나 인물의 행동 등을 시대적 상황에 맞게 설정하여 시대극을 제작하게 된다. 그러나 영화는 감독의 연출에 따라 의상, 소도구, 배경 등은 물론 영화의 페이스(Pace) 자체를 바꾸어 새로운 느낌으로 연출해 내기도 한다.

□ 그림설명 1131, 역사고증 <Empress Chung> 2005, by Nelson Shin.

hold (홀드, 고정)

애니메이션에서 동작의 순간을 멈추게 하는 것을 말한다. 애니메이션 동작은 캐릭터마다 초당 24장의 그림이 움직이게 되는데 동작이 불필요할 때는 움직임을 주지 않고 해당하는 포즈로 홀드를 주는 것을 이르는 밀이다. 애니메이션은 일반적으로 풀(Full, 충분하게) 애니메이션과 리미티드(Limited) 애니메이션으로 구분하게 되는데, 풀인 경우 그림을 고정 시키지 않고 항상 움직임이 있도록 그림을 그려 촬영한다. 그러나 리미트는 경제적으로 제작비용을 축소하기 위해 홀드(고정)를 가급적으로 많이 사용하게 된다. 사물들은 움직이지 않아도 되지만 캐릭터를 움직임 없이 한자리에 계속 놓고 촬영하는 것은 어색하게 보이기 때문이다.

1133 `fes`

Holland Animation Film Festival (홀란드애니메이션페스티벌)

네덜란드〉Utrecht(위트레흐트), 홀란드 애니메이션 페스티벌은 1985년부터 네덜란드 위트레흐트에서 개최되는 애니메이션 페스티벌(Animation Festival)로 전통적인 재래식 애니메이션에서 컴퓨터 애니메이션까지 격년으로 2년에 한 번씩 짝수 해에 다양하게 프로그램을 선보이는 행사였다. 그러나 2008년부터 매년 열리는 행사로 바뀌며 개최 시기도 11월에서 3월경으로 옮겨졌다. 홀란드 애니메이션 페스티벌은 작품에 대한 남다른 접근법과 선택, 혁신으로 유명하며, 미디어 내에서의 애니메이션이라는 매체에 주목해 지속적인 확장을 유도하고 있다. 또한 이 영화제는 최신 경향과 재능 있는 신인 아티스트(Artist) 발굴에 주목하고 있다.

□ 그림설명 1133, 홀란드 애니메이션 영화제 포스터와 관계자들.

H

1134 `gen`

Hollywood Walk of Fame (할리우드 명성의 거리)

미국 남부 캘리포니아(California) 로스엔젤레스(Los Angeles) 할리우드 거리에 있는 명성의 거리에는 유명인들의 별이 할리우드 거리에 깔려있다. 이 별들은 텔레비전(TV), 영화(Motion Picture), 라디오(Radio), 영화녹음(Recording), 무대(Live Performance) 등에 공로가 있는 예술인과 각 분야에 공로자들을 선정해 그 사람의 이름과 직업을 대리석 골재와 놋쇠로 부어 15블록의 Hollywood Blvd. 길을 따라 새겨 넣는다. 이 행사는 1959년 할리우드 상공회의소가 침체해가는 할리우드 거리를 되살리기 위해 시작했으며 지금은 지난 역사상에 공로를 남긴 예술인이나 인기 있었던 캐릭터들도 이 명성의 거리에 2,600개나 박혀 있다. 이곳은 관광객들이 언제나 길바닥을 내려다보며 서성인다. 애니메이션 '미키마우스(Mickey Mouse)'로 유명한 월트 디즈니(Walt Disney, 1901-1966)는 7021 Hollywood Blvd.와 6747 Hollywood Blvd. 앞 두 곳에 있다. 그리고 짓궂은 토끼 캐릭터 '벅스버니(Bugs Bunny)'와 '핑크팬더(Pink Panther)'로 유명한 프리즈 프레렝(Friz Freleng, 1906-1995)의 별은 7000 Hollywood Blvd.에 있다. 유명한 이 거리는 1978년 유네스코 세계유산에 등재되었다.

□ 그림설명 1134-1, 명성의 거리.

-2, 할리우드의 상징, 산 위에 대형 간판.

-3, 할리우드에 있는 Mann's Chinese Theater.

-4, 배우, Dwayne Johnson.

hologram (홀로그램)

홀로그래피는 두 개의 레이저광(Laser Beam)이 서로 만나 일어나며 생겨나는 입체적 빛의 시스템을 말한다. 레이저 광선 중 하나는 목표 광선으로 이미지의 피사체에 반사시키고, 또 아나는 삼고 광선으로 피사체를 맞히지 않고 감광제에 보내는 두 광선을 내보내어 판 위의 감광제에 패턴을 형성시킨 것이다. 홀로그램은 원래 피사체의 3차원 이미지로 재구성되며, 레이저에서 또 다른 빛을 감광제에 쏘아줌으로 해서 감광제 앞의 위치에 따라서 관점이 변하게 된다.

*holography (홀로그래피)

물체로부터 반사되거나 한곳으로 집중되는 광선 사이에서 형성되는 기존 패턴의 간섭 현상에 의해 3차원적 형상으로 나타나거나 레코딩(Recording) 되는 상태를 말한다. 레이저광에 의한 이미지의 시차 효과로, 어떤 특정한 곳에 있는 물체가 공중에 떠서 보이는 듯 3차원적 이미지를 만들어 마치 실제의 물체처럼 보이게 하는 시스템을 말한다. 이러한 시스템은 엄청난 밝기로 필드의 입체감이 있는 이미지들을 만들어 낼 수도 있다. 홀로그래피는 처음에 같은 레이저 광선으로부터 오는 두 가지 빛의 파장을 말하는 것인데 하나는 피사체를 건드리지 않고 판에 보내지는 레퍼런스 빔(Reference Beam)이며, 다른 하나는 오브젝트 빔(Object Beam)으로 피사체를 비추어 간섭광을 만들어 낸다. 바로 이때 홀로그램이 형성되는 것이다. 그러나 크기와 장소에 따라 다르며 빔(Beam)은 어두운 곳에서 밝게 비추는 것이 더욱 효과적이다.

홀로그래피 원리

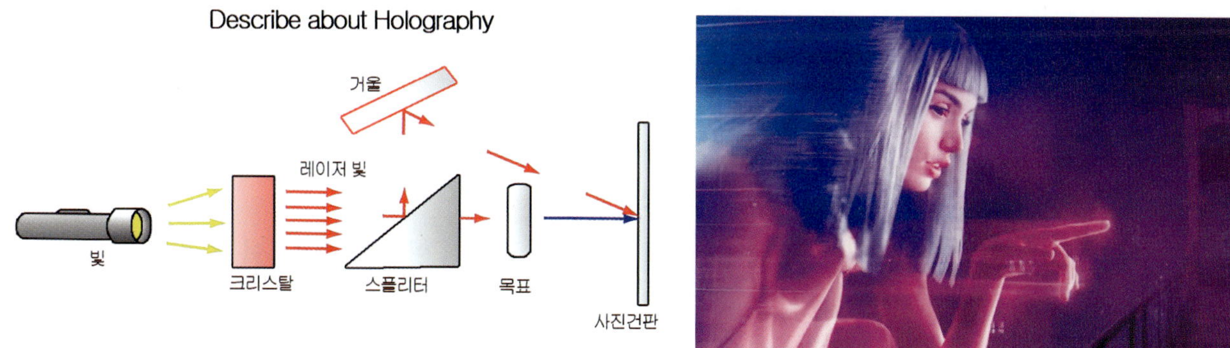

□ 그림설명 1135, 홀로그래피 개념도와 영화 속의 홀로그램 <Blade Runner 2049>, by Denis Villenuve, WB.

1136 `pic` `equ`

home-cinema theater (홈시어터)

가정에 설치하는 복합 장비로 비디오테이프나 DVD의 영화를 영화관과 비슷한 사운
드 효과를 즐길 수 있게 장치한 것을 말한다. 이러한 장치에는 대형 스크린 텔레비전,
비디오나 영상, 리시버, 다섯 개의 스피커(스크린의 좌측, 중앙, 우측에 3개, 둘은 뒤쪽
에 놓아서 서라운드 사운드(Surround Sound)를 과시)를 이용한 돌비 프로 로직(Dolby
Pro Logic) 같은 서라운드 사운드 시스템, 그리고 별도의 서브우퍼로 구성된다.

□ 그림설명 1136, 홈시어터 시스템.

* home movie (자가 제작영화)

일반적으로는 홈시어터와 같은 의미이지만 개인이 가족들과 여행하며 기록한 영상을
보기 위해 구비한 영상과 음향장치를 이르는 말이다.

* 참조보기 (0681 - Dolby Sound)

1137 `pic` `ani`

hook up (훅업, 연결동작)

1) 애니메이션에서 하나의 동작을 마주 붙여 여러 번 반복하여 볼 수 있는 것을 사이
클(Cycle)이라 한다. 이 때 동작이 시작되는 그림과 끝나는 그림이 튀지 않게 반복되게
만드는 것을 Hook-Up이라 부른다. 2) 하나의 장면에서 캐릭터의 동작이 완결되지 않
은 상태에서 다른 신(Scene)으로 카메라의 위치가 옮겨갈 경우 다음 장면의 캐릭터의
동작이 앞 신 동작의 위치와 같도록 하는 것을 말한다. 이때 동작만 Hook-Up이 필요
한 것이 아니라 인물의 표정은 물론 주변의 상황들을 철저하게 관찰할 필요가 있다.

1138 `pic`

horror film (공포 영화)

관객들에게 경악심과 심지어 공포감을 일으키게 하는 것이 목적인 영화의 한 종류를 말한다. 이러한 종류의 공포 영화는 화면이 보여주는 충격에 의해 관객에게 혐오감과 불쾌감, 그리고 불안감 등을 줘 극도로 불편한 감정을 유발시켜 공포와 누려움을 갖게 만든다. 폭력과 죽음에 대한 공포도 다루지만 일반적인 사람들의 상식과 경험의 범위를 넘어 혐오적인 장면을 연출해 심장의 박동과 구토증 등을 유발하는 주제들을 다루는 것이 일반적이다. 예를 들어 <드라큘라(Bram Stoker's Dracula)>, <13일의 금요일(Friday The 13th)>, <할로윈(Halloween)> 등이 대표적이라 할 수 있다. 이러한 영화들의 대부분은 정상적이며 극히 평화로운 사람들에게 괴상심리를 유발하게하고 불안 초조하게 만든다. 또한 주제로 대부분의 영화는 잘 알려지지 않은 영혼의 세계, 외계, 광기, 죽음 등을 다뤄 관객들을 위협하고 심리를 자극한다. 또한 관객들에게 최대의 불안을 강요하고 어떤 관객은 자극을 피하기 위해 눈을 감아 불안을 억제할 만큼의 주제들을 다루게 된다. 그러나 관객들은 이러한 공포영화를 즐긴다.

□ 그림설명 1138, 공포 영화의 포스터들, 쇼킹한 느낌으로 관객을 유도한다.

✱ 참조보기 (1105 - Halloween Movie)

1139 `pic` `equ`

hot splice (핫 스플라이스, 필름 편집기)

두 개의 필름을 영구적으로 연결하는 방법을 말한다. 이 편집기는 대개 오리지널 네거티브(Negative)나 프린트 필름을 이어 붙이는데 사용한다. 감광제를 긁어낸 후 두 필름을 접합할 얇은 부분을 겹쳐서 아세톤(Acetone)으로 붙인다. 한 필름의 베이스가 다른 한 쪽 끝의 필름과 겹쳐진 사이로 아세톤이 필름을 녹이며 화학적으로 접착이 된다.

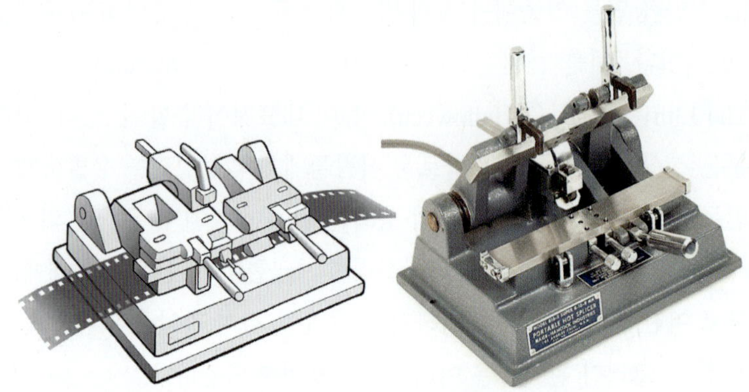

□ 그림설명 1139, 영구적 필름 편집기 35mm와 16mm.

✱ 참조보기 (2712 - tape-splicing)

1140 `ani`

hot spot (핫 스팟)

셀의 어느 한 부분에 과도한 빛을 카메라에 반사시킴으로써 부분 오버노출(Over Exposure)을 하는 기술의 하나이다. 백라이트(Backlight: 투과광, 후면 광) 효과가 이에 해당한다.

1141 `com`

http, https (에이취티티피, 에이취티티피에스)
✱ hyper text transfer protocol (하이퍼텍스트 통신규약)

구글(Google) 검색창에 컴퓨터의 마우스 클릭만으로 필요한 정보를 얻어낼 수 있는 초기 접속 행위로서 컴퓨터 인터넷의 웹서버 운영자와 이 웹서버를 사용하려는 클라이언트(Client) 간에 상호통신을 원활하게 하기위한 의전 절차를 뜻하는 말이다. 하이퍼텍스트라는 말은 절대 얌전히 있지 못하고 분주하게 저장된 많은 정보들에 접속하여 비순차적으로 언제나 어디서나 검색할 수 있게 저장된 파일을 말한다. 1989년 팀 버너스리(Tim Berners Lee, 1955-)경(영국에서 주는 칭호)에 의해 고안되었으며 모든 인터넷 사용자들은 하이퍼텍스트를(Hypertext)주고 받기 위해서 http를 통해 웹서버를 이용하도록 고안됐다. 팀 버너스 리 경은 영국의 컴퓨터 과학자로 월드 와이드 웹의 하이퍼텍스트 시스템을 통해 인터넷의 기반을 닦아 전 인류에 공헌한 공로로 웹의 아버지라고 불리는 인물이다. URL, HTTP, HTML 최초 설계도 그가 창안한 것이나. 또한 최근 새롭게 보안된 비 연결형 Https가 나와 아무나 끼어들기를 불가능하게 개발한 암호 인증 작업방식이 개발되어 사용되고 있다.

1142 `pic` `com`

hub (허브)

1) 중심의 의미로 사용되는 단어이다. 흔히 쓰는 센터(Center)는 장소의 의미이며 허브는 지역을 의미하는 말이다. 2) 테이프나 필름을 감기 위해 사용되는 바퀴처럼 생긴 원통형 회전 실린더(Cylinder)를 말한다. 3) 컴퓨터에서는 워크스테이션의 여러 개의 랜(Lan)을 뜻하는 말이다.

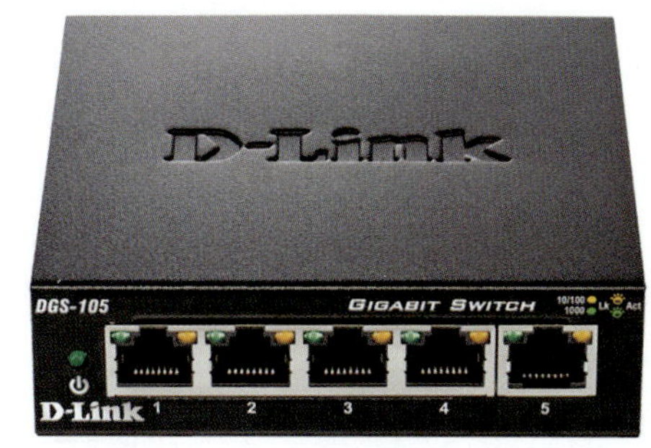

☐ 그림설명 1142, D-Link DGS105 (5포트 이더넷 허브)

✱ 참조보기 (0504 - Core)

1143 `com` `art`

hue (색, 색상, 색조)

단순히 색(Color)이라고 하면 명도, 채도, 색상으로 구별되는 유채색과 무채색 두 가지 모두를 뜻한다. 그러나 색상(Tone of Color)이라는 뜻은 유채색만이 가지는 성질을 말한다. 예를 들어 빨강, 파랑, 노랑 등의 색이 확실히 구별 가능한 것을 의미한다. 이처럼 유채색을 구별하는 속성을 색상이라고 한다. 빨강, 노랑, 파랑 등은 색상의 종류를 나타내는 명칭이라고 할 수 있으며 무채색은 명도만 있고 색상과 채도는 없는 흰색, 회색, 검정까지의 밝기 (명도, Tone)만을 뜻하는 말이다.

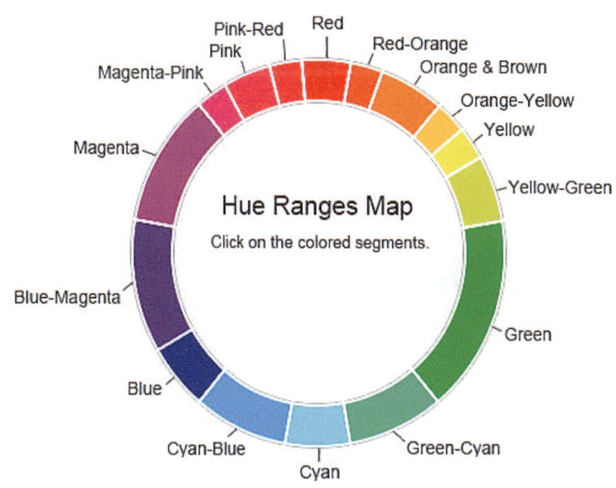

☐ 그림설명 1143, ranges of Hue(색상의 범위)

H

*hue and saturation (색상과 포화도)

같은 색상계열에서 밝고 어두운 색의 차이를 나타내는 채도(색상의 포화도, Degree of Saturation)를 가리키는 말이다. 색의 본질을 2가지로 나누는데 물감(Pigmentation)의 색은 더 첨가하면 명도가 어둡게 되며, 빛(Optical Color)은 색을 가하면 명도가 더 밝아진다. 따라서 채도는 색의 순도(Purity)의 차이로 색의 측정치를 나타내는 것을 말한다.

1144 `art`

humor (유머, 해학)

언어적으로나 행동으로 또는 심리적으로 상대방을 자극하여 미소를 짓게 하거나 웃음을 주는 즐거움을 의미한다. 또한 TV 개그 쇼, 만화(Comic), 애니메이션, 희극 (Comedy), 익살스러움(Antic), 웃기는(Risible), 신나는(Hilarious), 재미있는(Laughable), 배꼽 빼게 웃기는(Sidesplitting), 웃기는(Ridiculous), 날카로운 외침(Screaming), 익살(Droll), 등이 포함되며, 또한 촌뜨기(Clownish), 어릿광대(Zany), 법석 떨기(Slapstick), 공중제비(Flip), 장난꾸러기(Waggish), 바보(Stone Head) 등을 보며 웃음을 느낄 수 있는 것을 말한다.

□ 그림설명 1144, "그걸 찾니.. 웃기는거?!"

1145 `ani` `his` `peo`

Hungary Animation History (헝가리 애니메이션의 역사)

헝가리 애니메이션에 관한 역사이야기는 다뉴브(Danube) 강만큼이나 길다. 헝가리에 있는 보드로크(Bodrog) 강 계곡으로부터 북쪽으로 약 70km 떨어져 있는 샤로슈퍼터크(Sarospatak, 그냥 Patak이라고도 부른다)의 대학교수 시만디 잇슈반(Simandi Istvan, 1675-1710)이 최초로 하나의 프로젝트를 제작한 것은 1709년부터 시작되었다고 할 수 있는데 그의 작품은 오늘날의 투명성과 기능적으로 비슷했으며 주로 교육 목적으로 사용되었다. 이 애니메이션 기술은 나중에 20세기 초반에까지 헝가리 역사에 기록되었다. 그 후, 헝가리의 애니메이션은 1914년에 이쉬반 카토 키츠리(Istvan Kato Kiszly,

1895-1963)가 최초로 컷 아웃(Cut-out) 캐리캐처(Caricature) 애니메이션(Animation)을 만들었고 또한 그 후 몇몇 사람들에 의해 과감하게 실험애니메이션도 수편을 만들어 헝가리에서 애니메이션이 최초로 뿌리를 내리게 됐다. 실제로 애니메이션 스튜디오가 생겨나 작업을 하게 된 것은 1930년경으로 줄러 머치카시(Gyula Macskassy, 1912-1971)나 야노스 할라스(Janos Halasz(John Halas), 1912-1995)었다. 이들은 뉴스 릴(News Reel)과 같이 판매촉진을 위한 광고 등을 만들었다. 헝가리 애니메이션이 시작되고 카툰(Cartoon)으로 영화가 만들어지고 하며 지금에 이르는 동안 이 나라는 세계대전을 두 번이나 치룬 역사가 보인다. 1차 대전은 1914년에서 1918년 중에 1917년 공산주의 혁명으로 이념적으로 갈등에 빠졌고, 2차 대전은 1939년에서 1945년에 히틀러(Adolf Hitler, 1889-1945) 나치주의로 또 다른 소용돌이에 말려든다. 애니메이션을 언급할 때 빼놓을 수 없는 곳이 바로 국영 애니메이션 제작소인 판노니아(Pannonia) 필름 스튜디오다. 헝가리는 1950년 다시 소비에트 공산정권의 위성국가가 되었다. 설립된 이곳을 중심으로 체코의 전통적인 퍼펫 애니메이션(Puppet Animation)을 포함한 많은 애니메이션들이 제작됐다. 두 개의 전쟁을 치르면서 오랫동안 표현의 자유를 잃고 있었고 전쟁은 종식되었지만 애니메이션을 언급할 때 빼놓을 수 없는 곳이 바로 국영 애니메이션 제작소인 판노니아 필름 스튜디오다. 정부는 재산을 국유화하고 애니메이션 스튜디오의 필름 예술은 모두 검열(Undergo)을 받았고 가끔은 저돌적으로 그리고 가끔은 주저하면서 겨우겨우 지속되었다. 그러나 정치적 탄압 아래에서도 애니메이션 산업은 조금씩 버텨나갔다. 전후 유럽의 국제적 물결을 타고 결국 1956년의 혁명을 맞은 굴라시(Goulash) 공산정부의 완화된 정책으로 1970년경에 이르러 5개 메이저 스튜디오, 월트 디즈니(Walt Disney), 하나-바베라(Hanna-Barbera), 소유즈멀트필름(Soyuzmultfilm), 도에이(Toei)의 작품과 함께 국내 스튜디오로는 판노니아(Pannonia) 필름 스튜디오를 검열에서 열어 주었다. 헝가리의 대표적인 애니메이터로는 요세프 넵(Joseff Nepp, 1934-)을 들 수 있다. 대표작 <5분간의 공포(Five Minutes Thrill, 1967)>는 기법이나 내용면에서 독특한 공포영화다. 5분 동안 등장인물 수십 명이 연달아 살해당하는 특이한 내용에 프롤로그와 에필로그에 감독이 등장하는 특이한 구조를 지니고 있다. 넵의 다른 작품 <열정(Passion)>은 담배 끊기의 고통스러움을 유머를 가미해 표현했다. 공포 애니메이션 작가로 유명한 소보슬라이 페테르(Szoboszlay Peter, 1937-)는 파노니아 필름 스튜디오에서 배경과 미술 담당으로 출발한 작가로 애니메이션 이론가이다. 헝가리 대학에서 애니메이션 강의를 하기도 하고 스튜디오에서 직접 신진을 양성하기도 했다. 그는 공산주의가 도래하면서 헝가리 애니메이션의 국유화를 책임져 제작을 이끌었음으로 애니메이션 발전에 일부는 공로를 세운 것으로 해석

 795

H

할 수 있다. 왜냐하면 국유화는 국가의 기금을 가져올 수 있었고 예술가들이 다룰 수 있는 주제의 범위는 줄어들었지만 그 시대에 만들어진 애니메이션의 일반적인 주제는 전설과 민속이야기였기 때문이다. 그리고 1956년 이후에 개선된 '규칙 완화'로 애니메이션은 빠른 발전을 이끌었다. 그러나 결국은 1989년 헝가리는 공산주의가 끝나게 됨에 따라 정부가 주도했던 애니메이션 관리는 즉시 중단되게 되고 개인의 애니메이션 스튜디오들이 다수가 생겨나기 시작했다. 그럼에도 불구하고 자가 운영을 해야 하는 자유 시장은 케스케미트필름(Kecskemet film Kft)과 같은 개인 소유 스튜디오들이 여럿이 생겨났다. 또는 스튜디오 투(Studio 2) 스튜디오는 1996 년 Palme d' Or에서 우승했고 2007년도 Academy Award 후보작이 되었던 <명인(Maestro)>과 <바람(Szel, Wind)>과 같은 걸작을 제작하는 새로운 기술로, 특히 컴퓨터 이미지 생성방식의 새로운 기술도입에 중점을 두었었다. 헝가리 사람들의 활동을 보면 일반 국제기준처럼 개발하고 자금조달 전략을 세운다. 제작방식으로 제작비용을 덜기 위해 해외와 같이 일하는 공동제작도 하나의 선택으로 예산을 세우기도 한다. 그의 주요 작품으로는 <숨바꼭질(Hide and Seek, 1968)>, <댄스 교실(School of Dance, 1972)>, <빨간 풍경 속에 애들(Children in a Red Landscape)> 등이 있다. 1986년 7월, Pannonia Film Company는 Pannónia Cartoon and Animated Film Studios의 합법적으로 후계자가 되었고 배급권리를 가진 독립 법인회사가 되었지만 1990년 이후 새로운 정치 체제는 새로운 경제 환경을 가져 왔고 애니메이션 제작을 위한 국가 지원이 철회되었다. 그러나 1995년에는 10개의 만화애니메이션 스튜디오와 2개의 Puppet 스튜디오를 가지고 있었다. 케스케밋필름(Kecskemetfilm), 바가(Varga) Studios, 판노니아 카툰(Pannonia Cartoon) 제작, 비디오 복스(Videovox), 퍼니필름(Funny Film), 스튜디오 투(Studio 2), 미항오너십(American Hungarian Ownership), 애니멕스(Animex), 다나 필름(Dana Film), 리프렉스(Reflex), 룬랜드(Loonland), 독항오너십(German-Hungarian Ownership) 그리고 인형극 스튜디오 등이었다. 대략 이들 스튜디오들의 애니메이션 종사자들은 총 500여명 정도의 상당한 인원이었다. 1971년 당시 파노니아 필름 스튜디오(Pannonia Film Studios)의 지원을 받아 최초로 지방 애니메이션 제작 계열회사인 케스케밋 애니메이션 필름 스튜디오(Kecskemet Animation Film Studios)가 설립되었다. 그리고 1991년부터 스튜디오는 케츠 케 메트 애니메이션 필름 컴퍼니(Kecskemet Animation Film Company)라는 이름으로 운영되다가, 다시 케스케밋 필름(Kecskemetfilm Kft)라는 이름으로 페렝크 미쿠라스(Ferenc Mikulas, 1940-)가 회사를 이끄는 대표가 되었다. 초창기부터 스튜디오는 이제 파노니아 필름 스튜디오(Pannonia Film Studios)의 계열사로가 아닌 자신 만의 독창성있는 스튜디오로 성장했다. 계획성있는 준비를 갖춘 후 각기 개별 워크샵으로 작품을 만들기 시작했고 직원들은 개별 예술가의 미덕과 독창성을 통해 헝가리에서 가장 중요한 워크샵 중 하나의 회사가 되었다. 이곳에서 일하는 아티스트들은 페테르 소보즐라이(Peter Szoboszlay, 1937-), 라슬로 후스티 퓌스토(Laszlo Hegyi Fustos, 1950-1997), 마리아 호르바스(Maria Horvath, 1952-), 리비우스 규라이(Liviusz Gyulai, 1937-), 이슈트반 오로스(Istvan Orosz, 1951-), 도라 케레스(Dora Keresztes, 1953-), 라슬로 해리스(Laszlo Haris, 1943-), 피터 몰나르(Peter Molnar), 졸탄 실라기 바르가(Zoltan Szilagyi Varga, 1951-), 아르파드 미콜로스(Arpad Miklos, 1958-), 기젤라 노이버거(Gizella Neuberger, 1953-), 벨라 웨이즈(Bela Weisz, 1965-), 라즐로 우즈베리(Laszlo Ujvary, 1945-2017) 등, 작품에서 새로운 형태의 애니메이션을 창작하며 기법을 개선하고, 제작방식이나 형태를 새롭게 했다. 그들은 민속의 영향을 크게 의존해 1995년까지 자체 제작으로 세 가지 장편 영화 버전을 포함하여 250편 이상의 영화가 제작되었다. <놀라운 스파이더(Wonder-spider)> 1982, <정당한 사랑, 마티아스(Matthias, Justice of Love)> 1985, <레오와 프레드(Leo and Fred)>1987. <Albertl>은 그래픽 아티스트인 마르셀 얀코비치(Marcell Jankovics, 1941-)가 다섯 번째 헝가리민속이야기 시리즈를 제작했다. 산드로 카댜니(Sandor Kanyadi, 1929-2018)의 단편 소설을 기반으로하며 졸탄 실라기 바르가(Zoltan Szilagyi Varga, 1951-)가 감독 한 <Mouse of the World>와 함께 제작됐다. 이들은 서로 다른 축제에서 53개의 상을 수상했으며 영화가에서 문화적 역사적인 인물들이 대거활약했다. 케치케미트(Kecskemét) 마을은 헝가리에서 애니메이션 만화의 첫 번째 축제의 장소이며, 이에 따라 헝거리의 애니메이션만화축제이 전통을 만들었다. 페렌크 미쿨라스(Ferenc Mikulas, 1940-)는 영화 제작자로서 앞에 나서서 영화를 위한 포럼을 지원했고 그의 개인적인 예술적 노력으로 추진력을 얻어 3년마다 열리는 영화제를 일으켜 세우게 됐다. 1993년 이후에는 애니메이션 만화 축제(Festival of Animated Cartoons)라는 이름으로 축제가 계속되고 있다.

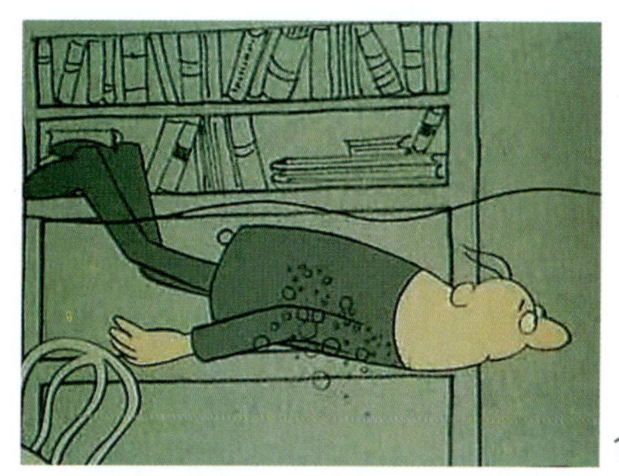

□ 그림설명 1145-1, <Gusztav> 1964~1978 TV Series, (1966) by Nepp Jozsef.

-2, <Five Minutes Thrill> 1967, by Nepp Jozsef.

-3, <Ossztanc> 1972, by Peter Szoboszlay.

  H

-4, Hungarian Historical Legend, 1988 by Marcell Jankovics.

-5, Hungarian 설화 1990, by Marcell Jankovics.

-6, 인기 프로그램 <Mezga 가족> 중 <Danube on Thames>

1146 `peo` `his` `art` `sci`

Huygens, Christiaan (크리스티안 호이겐스(Dutch, 하위헌스))

크리스티안 호이겐스[하위헌스(Dutch)] (Christiaan Huygens, 1629-1695)는 네덜란드 헤이그(Hague)의 여유 있는 한 더치(Dutch) 집안에서 태어났다. 크리스티안이 아직은 어린 8세 때 엄마는 다섯 번째 여동생 스잔나(Suzanna)를 출산하고 나서 죽게 되었다. 이 당시 네덜란드는 스페인 법(Spanish Law)에 항거하여 폭동을 일으켜 80년간의 전쟁(1568-1648)을 치룬 후였다. 크리스티안은 아버지의 직업이 외교관임에 따라 가문의 전통으로 20세까지 법학을 공부했으나 중도에서 포기하고 과학으로 돌아섰다. 크리스티안이 30세 때인 1659년 키르허(Athanasius Kircher, 1602-1680)가 1646년 로마대학에 있을 때 <매직랜턴(Magic Lantern)>에 관한 도면과 함께 연구서를 최초로 발표하고도 실제로는 만들지 못한 것을 호이겐스가 실물의 매직랜턴을 최초로 만들었다. 이 증거를 뒷받침하는 근거로 그가 사용했던 작업실에서 그가 기록해 놓은 목록과 설계도와 함께 <매직랜턴(La Laterne Magique, the Magic Lantern)>이라고 쓰인 메모와 여러 발명품들이 있었다. 더 중요한 것은 그와 관련하여 9장의 스케치그림과 그가 연락을 취했던 사람들과의 목록에서 어떤 활동을 했는지 단서(Clues)를 얻을 수 있었다. 그는 성장해서 수학자, 천문학자, 물리학자로서 <빛의 파동설(the Wave Theory of Light)>의 기초를 세웠으며 시계 추(Pendulum)의 운동을 발명했고 시계를 만들어 1657년 특허를 냈다. 망원경의 색수차(Achromatic)를 개량한 렌즈로 <토성의 띠(the Rings of Saturn)>와 토성의 위성 <타이탄(Titan)>을 최초로 발견하여 분석했다. 이로써 그는 확고한 과학자로서의 명성을 얻게 되어 파리와 런던을 자주 방문했고, 1663년에 런던의 왕립학회 회원 그리고 1666년에는 왕립 프랑스 과학 아카데미 창립회원이 되었다. 그러나 평생 동안 재발되는 병(병명미상)으로 건강이 회복되지 않은 채 계속 외국을 방문하며 외롭고 우울하게 살다가 그가 태어났던 헤이그에서 1695년 7월 8일 생을 마감하게 되었다. 호이겐스는 아버지로부터 물려받은 유산으로 집을 새로 지었지만 그의 우울증을 해소하지는 못했다. 아마도 그는 그의 젊은 시절 매직랜턴을 만들고도 아버지로부터 책망을 받았던 그 일이 잊히지 않았을지 모른다. 그는 독신으로 외롭게 살다가 66세에 생을 마쳤다. 그는 살아있을 때 이런 말을 남겼다. "…..이 우주는 수많은 태양과 수많은 지구로 붐빈다. 이렇듯 엄청난 거리에 걸쳐 존재하는 많은 별들을 고려(Consideration) 한다면, 우리의 감탄과 놀라움은 얼마나 더 커져야 할 것인가."라고 했다. 300여 년 전에 호이겐스는 오늘을 알고 예언한 듯하다.

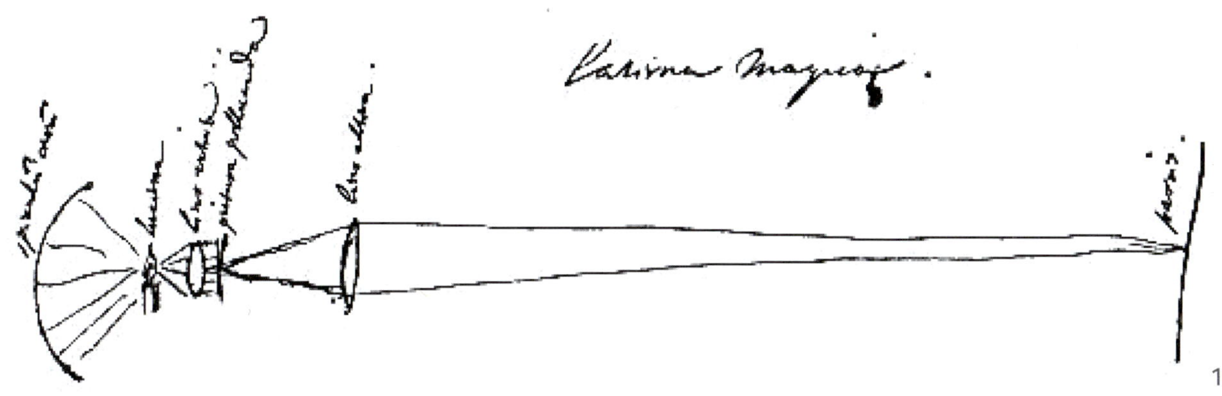

□ 그림설명 1146-1, 매직랜턴 원리에 입각해 1659년 실물을 만든 사람이다.

-2, 호이겐스의 초상화.

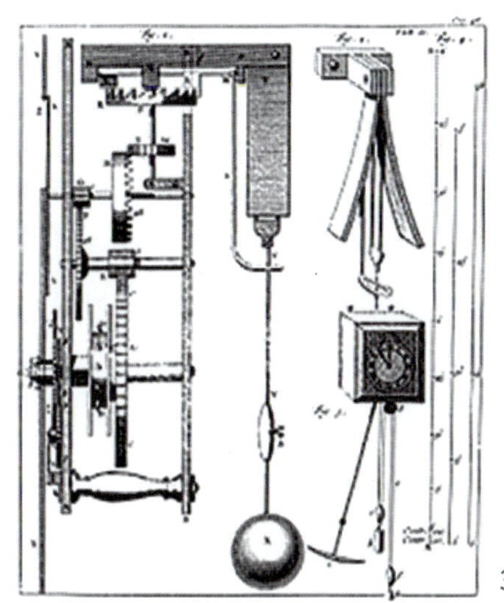

-3, 시계추의 발명과 도해.

✱ 참조보기 (0391 - Christiaan Huygens)

1147 `gen`

hybrid (혼성제품, 하이브리드, 조립품)

다른 기계의 부품을 이것저것 섞어서 만든 기계들을 의미한다. 한 회사의 턴키(Turn Key, 완제품) 시스템이 아닌 여러 가지 제품의 파트를 사용해 조립된 뜻으로 사용하는 말이다. 그러나 21세기에 들어와서는 자동차 분야에서 휘발유를 적게 사용하기 위해 전기 동력과 휘발유 동력을 자동으로 교체 운영할 수 있는 하이브리드차를 생산하면서 단어의 사용 범위가 크게 변화되었다.

1148 `pho` `pic`

hypo (하이포, 중화제, 현상정착제)

촬영된 필름을 현상할 때 필름은 현상액에 의해 화학 변화를 일으키며 이미지(Image)가 점차적으로 생겨나게 된다. 이때 진행 중인 이미지가 절정(최상)일 때 화학적 변화를 중지시킴으로써 원하는 화면을 얻게 되는데 이때 사용되는 중화제를 이르는 말이다. 전문 원료명칭은 티오황산 나토리움(Sodium Thiosulfate) 혹은 하이포아황산염(Hyposulfite) 라고 부른다.

1149 `gen`

hysteric (광난, 발작, 히스테리)

미국의 일리노이 주(State of Illinois) 시카고의 러시 메리칼 대학(Rush Medical College)을 나온 의사(MD)였던 모리스 피쉬베인(Morris Fishbein, 1889-1976)은 "사람은 히스테리를 부리는 동안 몸에 몇몇 기능은 장애를 일으킨 것이다." 라고 정의했다. 히스테리는 극도의 감정을 억제하지 못해 남긴 하나의 자국이며 또 다시 나타날 수 있는 증상이다. 개념적으로 지금 일어난 상태보다는 과거에 병력이 있었던 사람에게 더 심하다. 병력이란 습관적이라는 의미이다. 사람들의 생활에서 사람에 따라 날마다 다르게 표출되는 히스테리들은 여러 신체적 컨디션(Condition)에 의해 일어나는데 이런 것을 일종에 심리 전환 장애(Mentality Conversion Disorder), 불안증상(Anxiety Symptoms) 그리고 심하면 정신 분열증(Schizophrenia)으로 의학에서 정의한다. 이런 것들은 사람들의 생활 속에서 자주 일어나지만 대부분은 기지에 따라 심리전환으로 이 순간적인 상황을 풀어버린다. 이 요인을 환경의 탓으로 여기고 스스로 심리적 치료를 두려워한다. 히스테리 치료는 어떤 상황에서 잠시 혼란할 때 이것을 피하는 심리적 전환(Conversion) 방법을 나름대로 찾아 자가 치료한다.

IAD

Ii

[아이]

Italian Animation

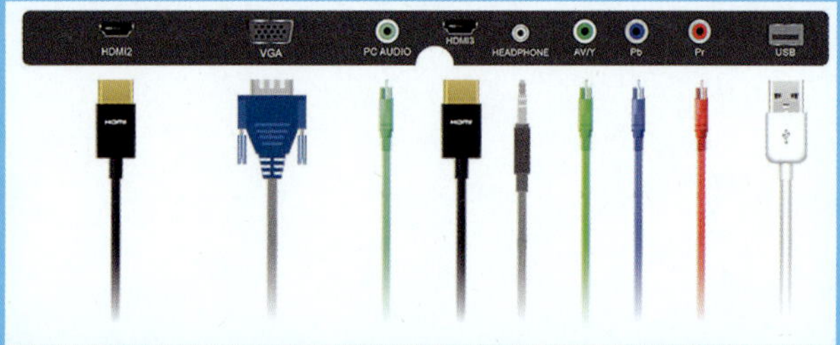
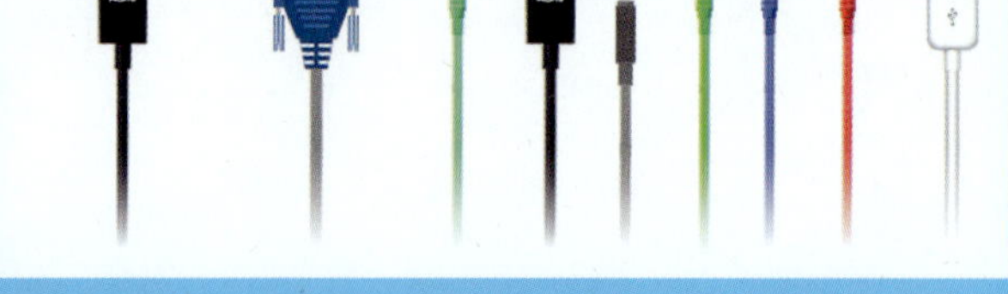

Inputs

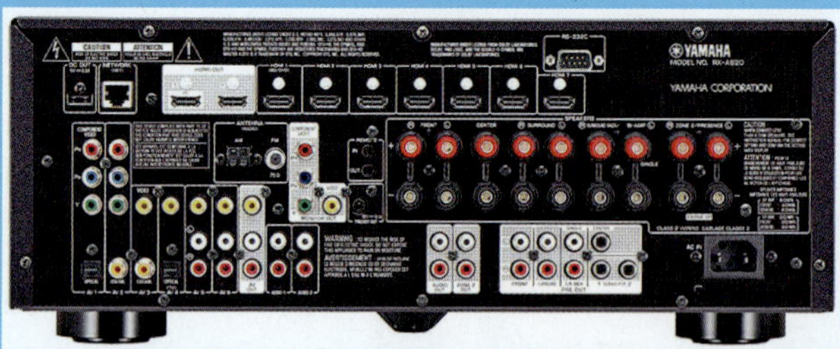

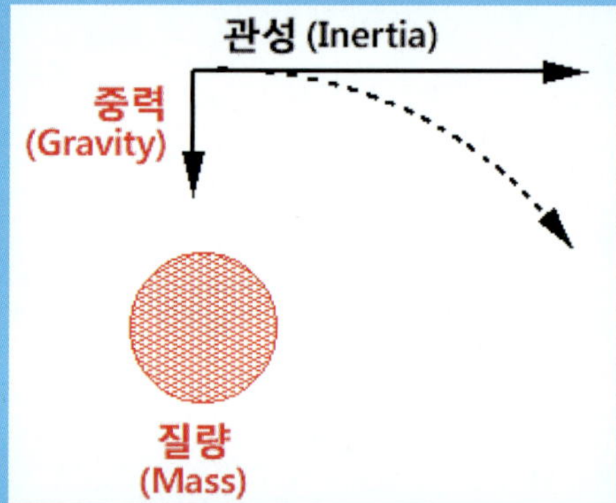

Inertia & Gravity

Impressionism

1200 `ani`

IAD (아이에이디)

＊International Animation Day (국제애니메이션의 날)

유네스코(UNESCO)산하 국제 애니메이션 필름협회(ASIFA)가 2002년 제정한 국제 애니메이션의 날이다. 1892년 10월 28일을 인류 최초로 영화관(Theatre Optique)을 개관한 에밀 레이노드(Emile Reynaud, 1844-1918)의 업적을 기리기 위해 2002년부터 해마다 애니메이션에 종사하는 사람들이 모여 이를 기념하여 ASIFA협회에서 '국제애니메이션의 날(IAD)'로 제정한 날이다. 43개국에 설치되어있는 ASIFA Chapter(회원국)를 통해 애니메이션 예술가, 문학가, 음악가, 영상 테크니션, 애니메이션 애호가 그리고 일반인들의 관심을 높이기 위한 행사로서, 세계적으로 애니메이션의 날을 기념하여 각 나라의 문화예술을 교감하며 서로 소통하기 위한 운동이다. 이 협회에서는 해마다 그 나라가 만든 애니메이션 영상물을 서로 교환하여 상영회를 개최한다. 소통이란 대방을 이해하는 것이다. 예술은 하나의 소통수단으로 그들의 문화를 받아들이고 이해하기 위한 것이다.

IAD poster

ASIFA Prize 2017 (Jean Francois Laguionie)

□ 그림설명 1200, IAD 국제애니메이션의 날.

＊참조보기 (2735 – Theater Optique)

＊참조보기 (0133 – ASIFA)

□ 그림설명 1201, IATSE logo.

1201 `gen` `art`

IATSE (국제외국인 연극무대 종사자협회)

영문으로 Int'l Alliance of Theatrical and Stage Employees라하며 미국 내 외국인들의 공연과 연극무대 종사자들의 국제 연합으로 무대 담당과 메이크업 아티스트(Make-up Artist), 의상 담당 등과 같은 예술가들이 포함된 연합체이다.

1202 `com`

icon(아이콘)

컴퓨터에 기록되어 있는 여러 프로그램을 쉽게 찾아 들어가기 위해 심벌(Symbol) 모양으로 만들어져 첫 번째 창에 주로 떠 있는 여러 모양의 상을 가리키는 말이다.

□ 그림설명 1202, 아이콘들.

1203 `gen`

ID (방송국 명칭, 신분 밝히기)

일반적으로 ID(아이디)는 Identification(신분증)의 준말로 사용하는 말이다. 방송국이나 방송망을 이용해 대중에게 프로그램을 방송할 때 반드시 방송사는 고유의 신분을 밝혀야 하는 공식 명칭이다. 미국 연방통신위원회(FCC, Federal Communications Commission)가 설립되면서 요구한 이 ID는 방송 스케줄(Schedule)에 기본으로 편성되어야 하며, 30분 또는 매시간 일정한 시간 동안 방송사의 신분을 방송해야 한다. 이후 이 규정에 따라 지구상에서 전파로 방송되는 모든 전파송신자에 의무적인 규정이다. 상업광고 TV나 라디오에서 발신해야 하는 10초 이내 길이의 자체 기업광고는 TV 방송의 경우 화면 상단에 방송 중에 쉬지 않고 나오기도 한다.

1204 `art`

illustration (일러스트레이션)

화가 또는 디자이너가 사진이나 그림으로 설명을 주기 위해 상세하게 그린 상업목적으로 사용되는 도안에 붙여진 말이다. 어떤 도시개발 프로젝트(Project)에 가상적으로 보여 주려는 이미지, 새 상품의 이미지, 책의 표지, 글의 내용을 해설하여 삽화를 넣어 이해를 돕는데 사용되는 등의 아트워크(Art Work)를 말한다. 근래에 와서 디자인(Design)이라는 표현보다는 일러스트(Illust)라고 말을 줄여서 부르기도 한다.

또한 미디어 분야에서 많이 쓰이는 말이다.

☐ 그림설명 1204-1, <Harpooning the Woolly Whale> 2009, by Michael Wandelmaier.

-2, 한국전쟁, F-86(Sabre) 전투기의 네이팜탄 투하 by Nelson Shin.

1205 com gen

image(이미지, 상)

사람이 상상으로부터 생성한 모든 상을 어떠한 방법이던 형상으로 가시화시킨 것을 이미지라고 한다. 이 이미지는 그림이나 사진 촬영이나 컴퓨터 그래픽 과정을 통해 생성된 시각적인 이미지 그 자체를 가리키는 말이며 청각에 대립되는 것으로 일반적 시각을 의미힌다. 이러한 가시화된 이미지들은 장작예술의 기초가 되기도 한다.

✻ imagination (상상, 공상)

상상은 현실에는 없는 것으로 생각으로만 꾸밀 수 있는 것을 말한다. 상상에서 어떤 형상의 변형을 만들어내기도 하고, 공상을 통해 창의적으로 이야깃거리를 만들어내기도 한다. 이런 것들을 창작문학 또는 창작예술이라 한다. 사람은 정해놓은 어떤 목적지나 만날 사람의 모습, 또는 어떤 일의 결과도 예측해 상상한다. 상상으로 이루어지는 이 예측은 즐거울 수도 있지만 경우에 따라 수 백만분의 1의 억측으로 오해를 만들어 낼 수도 있다. 그러나 사람이 상상력이 없다면 생활 자체의 의미와 희망이나 꿈도 없게 된다. 사람이 생각하지 못하는 두뇌를 가졌다면 그것은 바보(Stupid)인 것이다. 상상력은 창작을 이끌어 내는 힘의 원동력과도 같다. 인류에게만 내린 이 특권으로 우리는 오래전부터 상상력으로 꿈을 키워왔다. 인류의 가장 오래된 연구는 활동사진(Motion Picture)과 그에 따른 지속적인 영상의 신기술 개발을 들 수 있는데, 결국 인간의 상상력은 컴퓨터의 발명과 우주개발의 역사를 가져오게 했다. 상상력으로 이룬 이러한 인류의 노력은 첨단의 경지에까지 와있고 인류가 하고자하는 그 무엇이고 이룰 수가 있게 되었다.

☐ 그림설명 1205, 상상력은 창작을 이끌어 내는 힘의 원동력과도 같다.

✻ 참조보기 (1669 - Motion Picture)

1206 com

image file (이미지 파일)

디지털 이미지를 구성하여 저장하는 컴퓨터 디스플레이 또는 프린터에서 사용하기 위해 래스터(Raster, 점 방식)화 할 수 있는 형식 중 하나로 디지털 데이터로 구성된다. 이미지 파일형식은 비 압축이나 압축, 또는 벡터(Vector, 선)방식으로 데이터를 저장할 수 있으며 래스터(Raster)화 된 이미지는 픽셀 그리드(Grid)가 되어 각 픽셀에는 해당 픽셀을 표시하는 장치의 색상 심도와 동일한 색을 지정 할 수 있도록 한다.

✻ image library (이미지 라이브러리)

서버나 로컬 컴퓨터에 저장된 이미지를 반복적으로 사용할 수 있는 저장소를 말한다. 스틸 이미지, 동영상, 디자인 옵션 그리고 복잡한 배경 이미지와 같은 파일을 저장할 수 있다.

✻ image size (이미지 사이즈)

이미지의 해상도나 이미지가 보유하고 있는 정밀한 사항들을 의미하는 말이다. 래스터(Raster) 방식 디지털 이미지, 필름 이미지 및 기타 유형의 이미지를 가리키는 말이며 해상도가 높다는 의미는 이미지를 형성하는 픽셀의 수가 더 많아진다.

＊image stabilization (이미지 안정화)

카메라로 촬영 중이거나, 다른 이미지 장치의 동작에 흔들림을 줄이기 위해 사용되는 기술이다. 이 기술은 이미지 안정화를 위해 디지털카메라, 핸 헬드(Handheld) 비디오카메라, 천체망원경, 그리고 스마트폰 카메라 등에 사용된다.

1207 `pic`

IMAX (아이맥스)

70mm 필름으로 제작한 초대형 특수 필름을 보여주는 장치의 영화관이다. 영상 화면의 크기가 70피트(약 21m 43cm) 높이와 135피트(약 41m 15cm) 넓이로 관객을 둘러싼 듯 둥글게 화면을 설치하고 필름을 영사하는 극장이다. 6개의 별도 사운드 트랙과 9개의 스피커, 2만 와트의 사운드 출력을 필요로 한다. 캐나다의 토론토(Toronto)에 있는 아이맥스사(IMAX)가 개발하여 '이미지 극대화(Image Maximization)'를 줄여서 'IMAX'라 붙인 이름이다. 1970년경에 처음 소개됐으며, 영화 역사상 가장 큰 필름 프레임을 채용한 카메라와 영사 시스템이다. 이 'IMAX' 영화는 수직으로 돌아가는 70mm 필름은 1프레임 당 5개의 천공이 지나 가지만 이와는 달리 필름이 수평으로 통과하게 되어 있어 필름 프레임은 그만큼 크다. 각 프레임 크기는 필름의 천공이 15개의 폭만큼 크다. 표준 35mm 프레임보다는 10배, 보통의 70mm 프레임보다는 3배의 크기이다. 프린트 자체는 70mm 필름에, 사운드 트랙은 별도 디스크에 디지털 녹음되어 6채널 서라운드 사운드(Surround Sound)로 제작되어 필름에 연동되어 돌아가게 된다.

□ 그림설명 1207-1, IMAX-70mm IMAX Solido 3D Camera.

프린트 필름은 '루프(Loop, 순환)' 방식으로 수평 방향으로 끝없이 회전해 통과한다. 관객은 30도에서 45도로 경사진 좌석에 앉기 때문에, 일반적인 영화 스크린보다 10배 크기와 8층 높이 화면에 빨려 들어가는 느낌을 받게 된다. 아이맥스 극장들은 테마 파크(Theme Park), 박물관, 복합 상영관에서도 찾아볼 수 있다. 이 회사는 1992년 아이맥스 솔리도(IMAX SOLIDO)를 소개했는데, 이것은 넓은 돔 스크린을 통해서 3차원 세계로의 일체감을 더 극대화한 3D 시스템이다.

-2, IMAX Theater, Darling Harbour (Sydney)

1208 gen pic mus art

impressionism (인상주의)

＊ impressionism paint (인상주의 미술)

1860-70년경 프랑스 화가들의 인상주의 운동에서 유래된 말이다. 특히 미술에서의 인상주의는 시각적인 인상을 묘사하는데 특성을 두어 빛과 색조를 강조했다. 구성을 주요시하고 단순한 형태와 선명한 색감으로 그림을 그리는 표현에서 세밀한 전통적인 묘사보다는 느낌을 중시하는 바람이 일기 시작한 것이다. 17세기의 미술은 주로 풍경(Landscape)을 묘사하고 다수의 인물을 그려 넣는 이탈리안 바로크(Baroque) 풍이나 영국(UK), 프랑스(French), 스페인(Spanish), 네덜란드(Netherlandish)의 활동이 돋보이는 시기였지만, 이러한 고전주의에서 벗어나 자유분방하게 강렬한 색을 사용해 미술계를 깜짝 놀라게 한 사람들은 모두들 프랑스 태생들이었다. 마네(Edouard Manet, 1832-1883), 드가(Edgar Degas, 1834-1917), 피사로(Camille Pissarro, 1830-1903), 르누아르(Pierre-Auguste Renoir, 1841-1919), 세잔느(Paul Cezanne, 1839-1906), 모네(Oscar Claude Monet, 1840-1926), 시슬레(Alfred Sisley, 1839-1899, 영국출신으로 프랑스에서 활동), 고흐(Vincent Willem van Gogh, 1853-1890, 네덜란드 출생으로 프랑스에서 활동), 마티스(Henri Emile-Benoit Matisse, 1869-1954) 등 이 밖에도 많은 인상주의 화가들이 모두 프랑스에서 동시대에 태어나거나 활동한 화가들에 의해 집중적으로 다뤄졌다. 16세기에서 17세기로의 로코코(Rococo), 신고전주의(Neoclassic), 프렌치 아카데미(French Academy), 낭만주의(Romantism) 등으로 타임라인이 흐른다. 인상주의, 후기 인상주의, 상징주의 화가들에 의해 원색을 과감히 사용한 포비즘(Fauvism,야수파)과 큐비즘(Cubism, 입체파) 등이 파리의 미술계를 바꿔놨고 프랑스는 마티스를 위시하여 앙드레 드랭(Andre Derain, 1880-1954), 모리스 드 블라맹크(Maurice de Vlaminck, 1876-1958), 인간의 실존과 구원에 매달려 가난한 구석을 골라 그림을 그린 조르주 루오(Georges Rouault, 1871-1958), 라울 뒤피(Raoul Dufy, 1877-1953) 등이 대표적으로 대를 이어 활약했다.

＊ impressionism music (인상주의 음악)

1870년대에 인상주의 미술에서 영향을 받아 프랑스에서 시작된 음악 양식의 하나이다. 드뷔시(Claude Debussy, 1862-1918)는 가난한 가정에서 태어났지만 가족으로부터 받은 피아노로 열심히 공부해 11세 때 프랑스 파리의 음악학교를 입학했다. 그는 22세가 되어 로마 음악 콩쿠르에서 대상을 받아 젊어서부터 눈에 띄었다. 드뷔시는 그의 작곡에서 최초로 전통 방식에서 벗어나 음색 구조(Tonality Structure)를 새롭게 과감히 시도하여 인상주의 음악의 창시자가 되었다. 대표적인 그의 작품으로 <목신의 오후>의 전주곡과 교향시 <바다> 등을 통해 프랑스 미술 개혁 운동 이후 음악에도 강렬한 감정 표현이 아닌 암시적이며 상징적인 음악을 쓰기 시작했지만 그는 55세에 결장암으로 세상을 떠났다. 그 후 라벨(Joseph Maurice Ravel, 1875-1937)이나 생상스(Charles-Camille Saint-Saens, 1835-1921)는 모두 프랑스 사람으로서 인상주의 음악의 뒤를 이은 대표적인 작곡가들이었다.

＊impressionism movie (인상주의 필름)

관객에게 인상적인 장면들을 즉각적으로 전달하고자 하는 필름 기법을 뜻한다. 이 기법은 빛, 그림자, 컬러, 초점, 이미지 텍스처(Image Texture)와 카메라 앵글(Angle) 그리고 안일하게 찍힌 필름으로 편집기술을 이용해 주관적인 인상을 만들어 내는 것이 특징이다. 이러한 인상주의 필름들은 현실을 왜곡하여 최고조로 감각적이다. 심지어는 미치광이의 심성을 창출해 내는 표현주의(Expressionism)보다는 훨씬 유순한 것이다. '표현주의'라는 용어는 프랑스의 장편 필름에서, 때로는 아방가르드 필름에 사용되는 말이다. 하지만 일반적으로 인상주의는 필름 전체나 일부에서 위에 말한 즉각적인 주관적 효과를 얻어내는 필름 스타일을 통칭하는 말이다. 1900년대 초 카메라를 이용해 주관적인 효과를 얻어내기 위해 만든 필름들이 그 예이다. 이들의 작품은 조명, 초점, 컷팅(Cutting), 카메라 앵글 그리고 원근법을 극도로 부자연스럽게 처리하는 효과로 인해 종종 표현주의와 유사성을 보이기도 한다.

□ 그림설명 1208-1, 후기 인상파 Paul Cezanne의 <Mont Sainte-Victoire>, (1895)

-2, 야수파 화가 '앙드레 드렝'의 자화상 (1905)

-3, <바다(La mer)>를 작곡한 인상주의 음악의 창시
자 드뷔시.

-4, <The Woman from Nowhere> (1922), by
Louis Delluc.

1209 `ani`

in-between(동화)

두 키(Key) 포즈의 처음에서 마지막 부분까지 모든 중간 동작의 그림을 가리킨다. 또한
키 애니메이터(Key Animator)가 그린 그림 사이의 동작을 뜻하는 말이다.

1210 `ani`

in-between breakdown (동화 브레이크다운)

중요한 키 포즈는 원화가(Animator)가 그리고, 남겨놓은 중간 그림을 동화가(Assistant
Animator)가 동작을 쪼개어 그려 넣는 것을 말한다. 3D에서는 컴퓨터 자체가 중간 그
림을 채워 넣는다.

1211 `gen`

inch system (인치 체계)

인치는 길이를 재는 가장 작은 단위로 쓰이는 말이다. 1인치는 2.57cm에 해당한다.
인치 시스템은 약 7세기경부터 미국과 영국에서 사용하며 캐나다에서도 지역적으로
사용한다. 애니메이션 제작에서는 인치 체계를 주로 사용한다. 애니메이션 제작에 사
용하는 카메라의 메커니즘이나 작화용으로 사용하는 디스크에는 상하로 기다란 페그
바(Peg Bar)가 이동할 수 있도록 설치되어 있는데 가운데는 둥근 페그가 있고 좌우로
4인치씩 떨어져 약간 길게 네모진 페그들이 있다. 이 네모진 페그 사이는 8인치 간격이
며 둥근 페그 사이도 역시 8인치이다. 그림(화면)이 파노라마 신(Panorama Scene)이라
서 옆으로 팬을 할 경우 그림은 넓게 그리게 되고 이렇게 기다란 그림은 16인치 32인치
나 기다란 종이에 배경을 그려 사용했다. 이렇게 센티가 아닌 인치 체계를 사용하게
된 유래는 대부분이 미국에서 애니메이션 장비가 인치 체계로 만들어져 있기 때문이다.

쉽게 인치와 센티미터를 설명하자면, 인치는 쿼터(Quater) 단위로 분할한, 다시 말해서 1인치를 16개의 눈금으로 나눈 것이고 센티미터는 1인치를 10개로 나누어 나사못의 산(Mount)이 서로 다르다고 설명할 수 있다. 이 인치 체계는 미국식 도량(US Units)은 애니메이션을 하청받아 작업한 경험이 있는 회사들이 사용한 체계이다. 이 인치 체계는 컴퓨터 시스템에서도 똑같다. 그 밖에도 미국이 사용하는 도량형은 인치(Inch), 피트(Feet), 야드(Yard), 마일(Mile)이다. 그러나 전 세계 대부분의 나라에서는 미터 체계(Matric Sys.)인 밀리미터(mm), 센티미터(Cm), 미터(m), 킬로미터(km)를 사용한다.

*Metric System (미터법)

1인치는 2.54cm, 1피트는 30.48cm, 1야드는 0.91m=91.44cm=36inch, 1마일은 1.61km=미터로 1,609m이다.

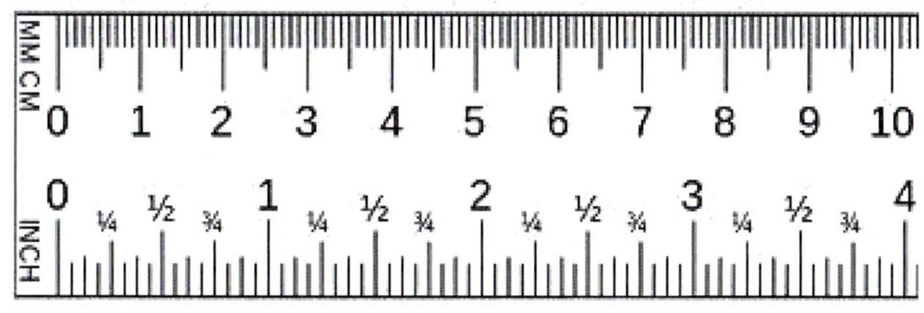
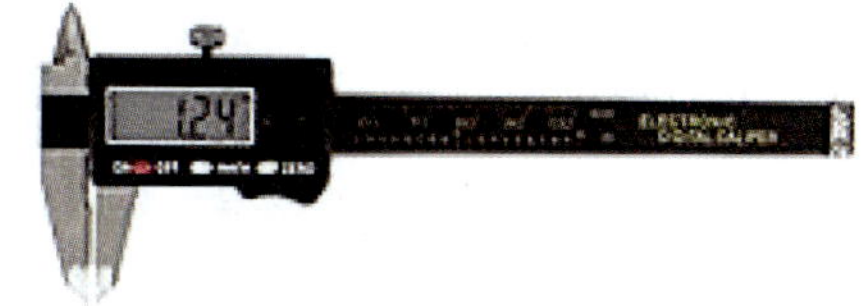

□ 그림설명 1211, 미터법과 인치법 비교.(실측)

1212 `art` `pic`

independent artist (독립작가)

어느 한 스튜디오에 소속되지 않고 독립적으로 작품을 만드는 사람을 뜻한다. 프리랜서(Freelancer)와 구별되는 점은 고용되지 않고 자기의 작품 일을 한다. 대형 스튜디오나 어떤 단체의 도움 없이 개인적으로 모든 제작 공정을 처리해 나가는 예술가를 가리킨다. 창작 작가라고도 부르며 자기 스스로의 재능으로 다른 사람의 도움 없이 창작품을 제작한다. 여러 사람들이 한 회사에서 분리된 공정별 작업을 협동해서 만든 작품은 프로덕션이라고 한다. 프로덕션과 관련이 없는 독립 필름 제작자가 만드는 독립 장편들은 일반 제작물보다 훨씬 낮은 예산으로 제작되기 때문에, 기법이나 특수 효과보다는 주제에 더 치중하고, 픽션 필름의 경우에는 대사에 치중한다. 대다수의 독립 장편들은 진지한 내용에 일반 영화에서 기피하는 주제들을 다루기도 한다. 독립 영화(Independent Film)들은 장편보다는 대개 단편에서부터 1시간 이내 분량의 단편들이

주를 이루어왔다. 어떤 독립 장편들은 제작 지원을 받기도 어렵지만 영화의 배급사를 찾는데 더 어려움을 겪기 때문이다. 이러한 작품들은 수익도 거의 내지 못하기 때문에 대부분 배급이 미미하고 관객도 매우 적게 든다. 그러나 다수의 장편 분량의 독립 영화들은 다큐멘터리와 픽션(Fiction) 모두 폭넓은 특정관객의 주시를 받는 것이 특징이다.

✻ 참조보기 (1214 - Indie)

1213 `pic` `ani`

independent feature (독립 장편)

독립 장편은 큰 영화사의 제작방식을 따르지 않고 밖에서 소규모로 조직된 프로덕션에 의해 제작된 필름을 독립 영화(Independent Movie) 또는 인디 무비(Indie Movie)라고 부른다. 일반 영화 산업계와는 관련이 없는 독립 필름 제작자가 만드는 장편이나 다큐멘터리 또는 픽션(Fiction) 필름도 이에 속한다. 독립 장편들은 일반 제작물보다 훨씬 낮은 예산으로 제작되기 때문에 특별한 기법이나 특수 효과보다는 주제(Story)에 더 치중하고, 활동성 있는 연출보다는 대사에 치중한다. 대다수의 독립 장편들은 진지한 내용에 일반 영화에서 기피하는 주제들을 다루기도 한다. 많은 독립 장편들은 제작자(Producer)의 제작 지원을 받기도 어렵지만 영화의 배급사(Distributor)를 찾는데 더 어려움을 겪는다. 실례로, 독립 장편영화는 제작이 완료되어 상영을 기다리는 작품이 연간 수 백편에 이른다고 한다. 영화제작은 좋은 대본(Script), 재정력이 있는 제작자, 배급망을 가진 배급사, 이렇게 3박자가 잘 맞아야 흥행에 성공할 수 있는 확률을 예측할 수 있다.

✻ Independent film (독립 영화)

독립 영화들은 대개 단편에서부터 1시간 이내 분량의 단편들이 주를 이루어왔다. 이러한 작품들은 상업 영화들과는다른 주제와 기법들을 보여준다. 길이가 짧고 비상업적인 견지를 표방하며, 수익도 거의 내지 못하기 때문에 대부분 배급율이 미미하고 관객 수도 매우 적다. 그러나 다수의 장편 분량의 독립 영화들은 다큐멘터리와 픽션(Fiction) 모두 폭넓은 관객의 주시를 받는다.

✻ independent filmmaker (독립 영화 제작자)

때로 전위적이거나 비상업적인 영화들을 만드는 제작자들을 말한다. 영화의 대다수는 영화계, 사회 동호회, 대학의 동호회, 학생 동호회 등의 아마추어 스텝과 배역에 의해 제작된다.

□ 그림설명 1213-1, 제작에 열정을 가진 독립작가들.

-2, <똥파리> 2009, by 양익준.

-3, <Moonlight>2016, by Barry Jenkins.

1214 `fes`

Indie-AniFest Korea (인디 애니페스트)

한국〉 Seoul, 한국에서 독립 애니메이터들의 실험적 시도와 애니메이션의 확장을 통한 비전을 목표로 (사)한국독립애니메이션협회가 주최하는 한국 유일의 독립 애니메이션 영화제이다. 2005년 9월 1회 개최를 시작으로 매년 9월에 개최된다. 독립 애니메이션 감독들이 직접 영화제의 행사를 준비하고 진행하는 것이 특징이다. 영화제는 독립보행, 새벽 비행, 파노라마, 국내외 특별전, 스페셜 이벤트, 전시 등으로 구성된다. 경쟁 부문은 국내 작품만을 대상으로 한다.

□ 그림설명 1214, 인디 애니페스트 포스터와 2017 페스티벌.

* indie (인디, 독립된 사람)

인디는 Independent(독립)의 준말로서 회사나 그룹으로 활동하지 않고 홀로 독립적으로 예술 활동을 하는 사람을 이르는 말이나.

1215 `gen`

industry (산업, 공업)

산업이란 여러 그룹이 각기 제품을 생산하거나 특수한 제품을 만들어 사업을 하거나 주문 받은 제품을 납품하는 것을 말한다. 산업은 다수의 공장이나 작업장 혹은 사무실에 생산하고, 작업장에서 출고된 상품을 유통하고 판매한다. 산업은 영화제작(Production), 애니메이션OEM, 그림(Painting), 직물(Textile), 자동차(Automobile), 전자제품(Electronics), 특수기술(Technology), 조선(Construction Ship), 해양자원(Marine Resources), 운송(Transport), 등이 포함되며 유사업종(Relevant)을 계(그룹, Group)라 한다.

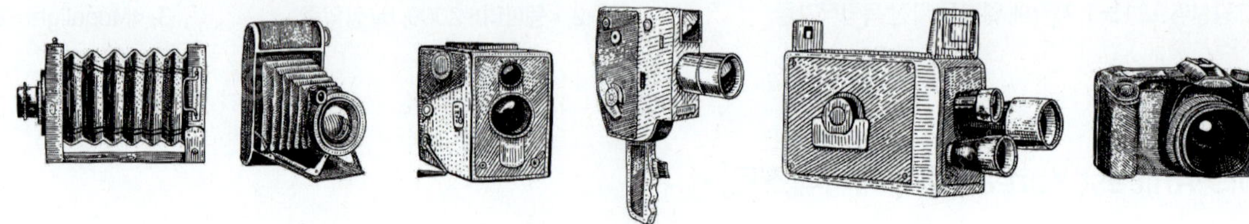

□ 그림설명 1215, 20세기, Manufacturing Goods for the Movie Industries.

1216 `sci`

inertia (관성)

물체가 외부의 작용을 받지 않는 한, 움직임 없이 정지된 상태를 무중력 상태(Weightless)라고도 한다. 그러나 물체가 움직여 무게의 중심이 변화하면 곧 그것은 중력으로 바뀌게 되며 운동의 상태를 계속 유지해 나가려는 성질을 관성이라 말한다. 예를 들어, 짐을 싣고 달려오던 트럭이 건널목에서 정지하려 할 때 짐들은 계속 가던 방향으로 움직이려는 성질이 바로 관성이다. 이러한 관성의 동작을 애니메이션에서는 매우 비중 있게 다루고 있다.

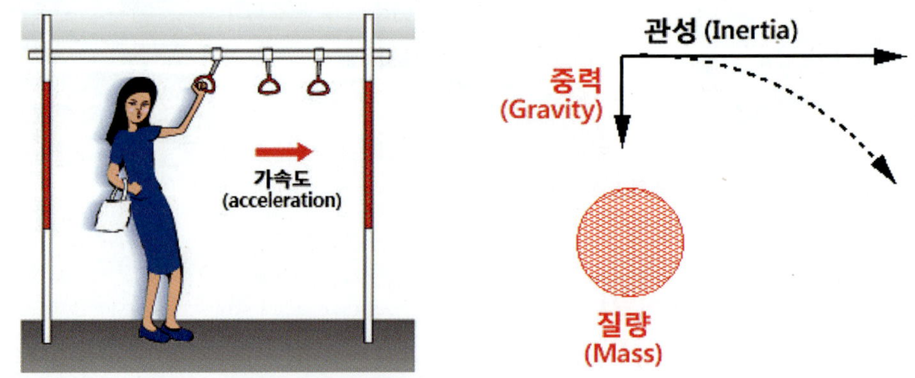

□ 그림설명 1216, 버스가 급히 떠날 때나 멈출 때 생기는 관성.

✱ 참조보기 (1023 - Gravity)

1217 sci pic pho

infinity (무한대, 무한)

1) 인피니디는 무한, 무궁, 무한 거리(Symbol로 ∞)의 뜻을 가지고 있는 말이다. 무한의 개념을 설명하자면 어떤 경계도 없고 어느 수(Number)보다 큰 것도 없다는 뜻이다. 어느 것과도 비교를 할 수 없는 무한의 의미이다. 고대의 철학자들은 이 무한에 관한 의미를 놓고 깊이 사색(Speculate)했다고 한다. 당시뿐만이 아니라 오늘날의 현대인이 우주의 개념으로 사색한다 해도 우리가 살고 있는 지구에서 우주를 올려다 볼 때 납작하고 작아 보이는 안드로메다(Andromeda Galaxy) 성운까지는 빛의 속도로 250만 광년이나 멀리 떨어져 있고 약 1조의 별들로 이루어져 있는 천체의 군상이다. 철학자들은 이처럼 감히 셀 수 없고 도달할 수 없는 '무한'의 특성에 관해 여러 모로 추측하며 주장했다. 실례를 들어 그리스의 철학자 소크라테스(Socrates, B.C. 430) 이전에 살았던 엘리아의 제논(Zenon of Elea), B.C. 495–B.C. 430)은 이 '무한'에 관해 여러 차례 역설적으로 주장을 한 사람이다. 또한 크니도스의 에우독서스(Eudoxus of Cnidus, B.C. 390 - B.C. 337)는 인피니티의 개념을 무한 소량화의 아이디어로 그의 실진법(Method of Exhaustion)을 사용하였다. 현대 수학은 일반적으로 '무한'이라는 해결방법은 실제적이던 논리적이던 간에 많은 문제들에 대한 해답으로 수학 미적분학(Calculus, 속도와 가속도)과 집합론(Set Theory)과 같은 방식을 사용하였다. 이 방식은 물리학과 다른 과학에서도 사용하는 방식이다.

✱ Infinity War (무한전쟁)

2) 미국의 마블코믹(Marvel Comics) 만화책에 나오는 여러 슈퍼히어로들을 모아 제작한 영화 '어벤저스(Avengers)'는 <무한전쟁>을 토대로 슈퍼히어로 필름을 '마블(MARVEL)'라는 이름으로 2018년에 제작했다.

✱ Camera lens (카메라렌즈의 초점 거리)

3) 촬영할 때, 목적물이 카메라로부터 충분히 먼 거리에 있어, 그 영역 어디에서든 심도나 필드에 한계가 없이 카메라의 초점이 무한대로 맞춰지는 것을 말한다.

□ 그림설명 1217, 상징(Symbol of Infinity)과도 같이 우주는 끝이 없다.

1218 sci

infrared ray (적외선)

태양광의 엄청난 온도는 5,780°K(kelvin,켈빈)로 감마선(Gamma ray), 엑스선(X-ray), 자외선(Ultraviolet), 가시광선(Visible Ray, Color Spectrum), 적외선(Infrared Ray), 마이크로웨이브(Microwave), 무선전파(Radio Wave) 등을 광자(Photon)와 함께 에너지를 방출해 낸다. 이중에 적외선은 약간의 방사능이 있는 열 분광(Thermal-Spectrum)을 만들어 내는데 이 안에 절반이 넘게 적외선으로 이뤄져 있다. 태양광이 최고조로 발광을 할 때 해발 1스퀘어미터 당 1킬로와트(1 Kilowatt per SQ. Meter) 의 에너지를 만들어 낸다. 이때 이 에너지 527와트가 적외선으로 이중 445와트가 눈에 보이는 빛으로 형성돼 있고 32와트가 자외선방사능 에너지로 되어있다. 가시광선 지구 표면의 온도는 태양표면 온도에 비해서는 아주 미약하게 낮다.

□ 그림설명 1218, 적외선은 근접, 중간, 원거리로 구분할 수 있다.

1219 ani

in-house (회사 내에서)

단일 프로젝트를 위해 특별히 고용하거나 외부에 제작을 의뢰하는 것이 아니라 영화사 또는 회사 자체에 소속된 제작팀에 의해 작업하는 것을 뜻한다.

1220 ani

ink & paint (선 채화)

셀 애니메이션에서 애니메이터의 그림을 셀 위에 복사하거나 셀의 앞면에 애니메이터가 그린 그림을 따라 선을 그리는 것을 '잉킹'이라고 한다. 이 공정이 끝나면 셀의 뒷면에 특수한 아크릴 물감으로 색을 칠하는 것을 페인팅(Painting)이라고 한다.

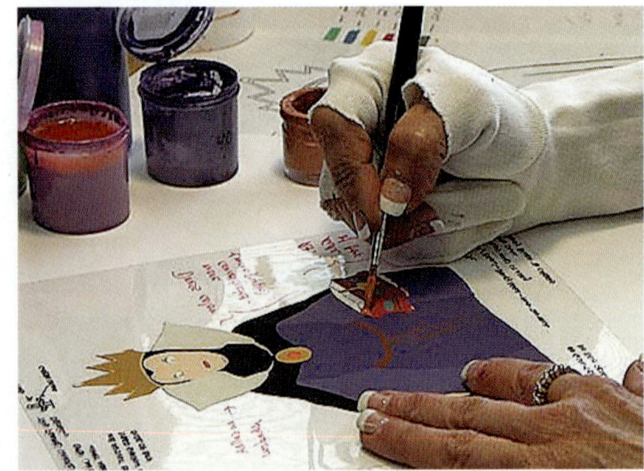

□ 그림설명 1220, ink & paint <Snow White and the Seven Dwarfs>1937, by William Cottrell, David Hand.

inking, inker (잉크로 그리기, 선화가)

애니메이션 제작 공정상에서 애니메이터와 동화가(In-Betweener)를 거쳐 완성된 동작 그림을 잉커가 해당되는 색깔 잉크로 애니메이터의 그림을 밑에 받쳐 놓고 그림 선을 따라 셀(셀룰로이드) 위에 잉크로 트레이싱(*Tracing)하는 것을 말한다. 디즈니 스튜디오에서 1963년에 처음으로 사람이 손으로 트레이스를 하지 않고 <정글북(Jungle Book)> 애니메이션 그림을 최초로 셀 위에 복사기(Xerox) 프린터로 복사하여 제작했는데 그림을 그린 애니메이터들 대부분이 복사 방식을 좋아했다고 한다. 왜냐하면 그들이 그린동작이나 선(Line)이 어색한 것을 잉커들이 잘못 그려진다고 탓을 해왔기 때문이었다. 이후부터 셀 제록스(Xerox)가 애니메이터들의 그림을 그대로 복사하면서 누구를 탓할 수 없게 되었기 때문이었다. 그리고 Xerox 기계가 들어오면서 잉커(Inker)들은 하루아침에 모두 직업에서 해직되었다. 이 방식은 당시에는 매우 혁신적인 것으로 크게 제작비용을 줄일 수 있었다. 셀 제록스를 사용했다 하더라도 공정상의 명칭은 오랫동안 잉킹(Inking)으로 공정을 대변해서 부르는 말로 쓰였다.

□ 그림설명 1221, Color Inking, <Jungle book>1967, by Wolfgang Reitherman.

*Tracing (밑그림을 놓고 베껴 그리기)

재래식으로 애니메이션을 그려서 제작할 때 사용했던 하나의 기술로 애니메이터가 그린 그림을 밑에 깔고 잉커(Inker)가 셀룰로이드에 색 선으로 그림대로 베껴(Tracing) 그리는 작업을 말한다. 1960년대 중반까지 애니메이션은 모두 이 방법을 사용했는데 주로 여성 화가들로 구성되어 있었고 제작비용의 몫(Portion)으로 불활 해 볼 때 비용이 만만치 않았다. 1963년 디즈니 스튜디오가 비용의 절감을 위하여 전격적으로 XEROX(제록스) 시스템을 도입하여 장편 애니메이션 <정글북(Jungle Book)>을 제작하면서 이 후 제록스 시스템이 미국뿐만이 아니라 세계적으로 고착화되어 트레이싱 방식은 영원히 사용하지 않게 되었다.

1222 `com`

input (입력)

컴퓨터에 외부로부터의 시그널(Signal)을 받아들이거나, 비디오와 오디오 선을 TV 콘솔에 입력한다.

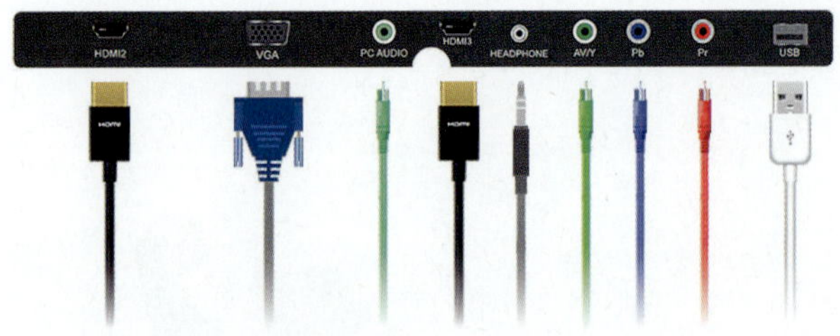
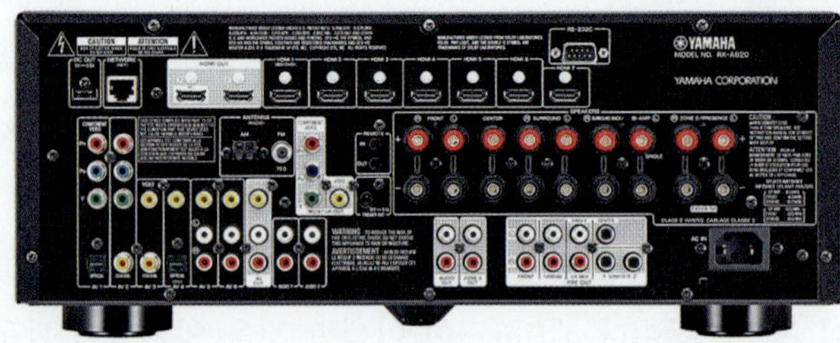

□ 그림설명 1222, 각종 Input 장치들.

1223 `com`

input devices (입력장치)

라이트 펜(Light Pens), 그래픽 태블릿(Graphic Tablet), 키보드(Keyboard), 터치스크린(Touch Screen), 조이스틱(Joy Stick), 유에스비(USB) 또는 문자와 숫자를 모두 처리할 수 있는 컴퓨터 하드 파일(Hard File) 장치나 정보를 그래픽으로 전환하는데 사용하는 모든 장치를 말한다.

joystick

mouse　　　mic

keyboard

flatbed scanner

□ 그림설명 1223, Input Devices.

1224 `pic`

insert, insert shot (삽입, 삽입 신)

1) 편집 과정에서 어느 시퀀스(Sequence)의 중요한 장면들이나 액션(Action) 등을 삽입한 세부 장면을 말한다. 2)영화 스크립트 내용 중 중요한 설정 신이 필요할 때나 장면이 새롭게 삽입되어야 할 때 사용되는 용어이다. 예를 들어 여행 장면 중 그들이 어디에 있는지 관객에게 알리기 위해 지도를 펴고 클로즈업하게 되는데 이런 기법을 말한다. 3)이미 제작이 완료된 후 특정한 신을 삽입하는 것을 말한다.

instant replay (즉시 재생)

라이브 텔레비전 방송의 일부분을 즉시 재생하는 것으로 슬로우 모션이나 정지 프레임 액션 등으로 나타내기도 한다. 대개는 테니스나 축구 경기 같은 스포츠 중계 시 판정의 오판을 확인하기 위해 녹화기록을 재생하여 해설을 짧게 넣으며 사용된다.

1226 `gen` `pic`

INT. (interior, internal, interjection, integral)

실내, 내부, 감탄사, 전체 등의 뜻을 줄여서 INT.로 표기한다. 특히 영화제작에서 INT(실내)는 EXT(외부)의 단어는 영화장면의 실내외를 나타내기 위해 줄 인(Abbreviation) 단어들은 모두 표기하는데 만 사용되는 단어이다. 구어로는 전체 단 어를 소리 낸다.

1227 `com`

Intel (인텔)

Intel Corporation(인텔 유한회사)은 미국의 캘리포니아 산타클라라(Santa Clara)에 본 사가 있다. 인텔은 1968년 고든 무어(Gordon Moore, 1929-)와 로버트 노이스 (Robert Noyce, 1927-1990) 이 두 사람에 의해 다국적 기업회사인 동시에 기술회사로 설립되었 다. 프로세서인 x86 시리즈 마이크로프로세서(Micro Processor)를 발명한 회사이다. 지 금은 세계 최대, 최고 가치의 반도체 칩 제조업체로 대부분의 개인용 컴퓨터(PC)에 사 용되는 것들이다. 인텔은 Apple, Lenovo(이전 IBM), HP, Dell과 같은 컴퓨터 시스템 제조업체용 프로세서를 공급하며 마더보드 칩셋(Chipset), 네트워크 인터페이스 컨트 롤러(Network Interface controllers), 집적회로(Integrated Circuit), 플래시 메모리(Flash Memory), 그래픽 칩(Graphic Chip), 내장형 프로세서(Processor), 통신(Transpotation) 및 컴퓨터와 관련된 주로 선두에서 다종 의 마이크로 장치를 제조하는 회사이다.

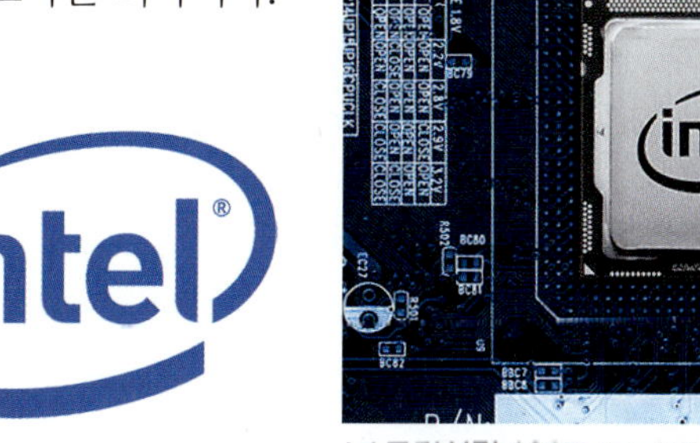

└ 그림설명 1227, Intel 로고와 Intel 반도체 칩.

1228 `com`

interactive (쌍방향, 상호작용)

쌍방향이 서로 작용하는 커뮤니케이션 방식을 이르는 말이다. 컴퓨터를 통한 대화 방식의 입력에 대한 즉각적인 빠른 반응을 나타내며, 기존방식에서 사용자가 결과를 기다려야 하는 처리 과정과는 반대로 그 자리에서 상대방의 변환을 읽어서 대응할 수 있다. 컴퓨터를 활용한 미디어 뉴스나 디자인 아트(Design Art) 등을 직접 자신의 취향에 따라 형태를 만들어 낼 수도 있다. 필요한 정보를 즉석에서 선택할 수 있도록 대화형식의 쌍방향 정보교환 능력을 갖춘 새로운 디지털 미디어라고 할 수 있다. 이러한 인터액티브(Interactive) 설비는 방대한 정보를 저장할 수 있는 특성 때문에 전문분야의 훈련과 교육이 요구되기도 하지만 일반이 즐길 수 있는 게임 소프트웨어 오락 분야에서도 쌍방향성의 미디어 매체들이 출시되어 있다.

1229 `pic`

intercut (인터컷, 삽입 컷)

두 개의 카메라가 서로 다른 장소에서 벌어지는 액션을 한 화면 안에 보여주기 위해 합성된 신을 말한다. 두 장면을 번갈아 보여주며 다른 한편의 액션을 보여주는 크로스 컷(Cross-Cut)과는 달리, 이 기법은 한 신(Scene) 안에 두 가지 다른 액션을 보여주는 효과를 만들어낸다. 인터컷은 주요한 액션의 속도를 빨리 하거나 느리게 하며 드라마틱한 효과를 강조해, 보여주기 위한 연출적인 기교이다. 최근 디지털 장비가 우리 주변에서 생활화돼 사용됨에 따라서 인터컷 기법은 TV 화면에서조차 쉽게 찾아볼 수 있게 됐다. 아날로그 시대에 이 인터컷을 필름으로 제작을 하려면 두 개의 네거티브 원본과 두 쌍의 매트 작업의 과정을 거쳐 프린트에 두 화면을 합성해야 하는 등 필름 현상 편집 등 여러 번의 과정이 반복해서 이루어져 왔다. 이러한 복잡한 재래식 방법이 2000년경까지 사용됐다.

1230 `art` `com`

interface (인터페이스)

컴퓨터 작업에서 인터페이스는 두 개의 개별 컴퓨터 시스템(Computer System)의 구성 요소가 서로 정보를 교환하며 공유하는 것을 말한다. 교환은 소프트웨어, 컴퓨터 하드웨어, 주변 기기 등에 접속이 가능한 것을 모두 포함하는 뜻이며 이들의 조합 간에도 이루어 질 수 있는 것을 모두 포함한다. 터치스크린과 같은 일부 컴퓨터 하드웨어 장치는 인터페이스를 통해 데이터를 송수신 할 수 있지만 마우스와 같은 다른 장치는 주어진 시스템에 데이터를 전송하기 위한 인터페이스만 할 수 있다.

integrated circuit, IC (집적회로, 아이씨)

집적회로의 의미를 흔히 IC란 말로 쓰고 말한다. 하나의 반도체 회로기판에 다수의 능동소자인 트랜지스터와 수동소자인 다이오드, 콘덴서, 저항기 등의 초소형으로 집적, 서로 분리될 수 없는 구조로 만들어진 완전히 회로기능을 갖춘 기능소자를 말한다. 제작방법에 따라 후막(Multi Layer Ceramic Capacitor), 박막(Thin Film), 혼성 반도체 집적회로 등으로 분류한다. 오늘날은 반도체 집적회로인 모노리스-IC(Monolith-IC)를 주로 사용한다. 용도에 따라서는 아날로그 IC, 디지털 IC 등으로 분류한다.

intention (의도, 의향)

생각한 바를 매우 주의력(Attention)을 가지고 집중하여 이뤄내려는 것을 뜻하는 말이다. 또한 마음먹은(Determine) 대로를 성취하기 위한 마음가짐을 뜻한다.

interior (실내, 내부)

집안, 빌딩의 내부, 시설의 내부, 동굴 등의 내부를 말하며 영화에서는 촬영이 이루어지는 실내 장소를 말한다. 또한 자연광이 아닌 인조 조명에 의해 밝고 어두움을 조정할 수 있는 장소를 말한다.

□ 그림설명 1233-1, 애니메이션 배경, 실내 레이아웃.

-2, 칼라로 그려진 배경.

1234 `gen`

intermission (중지, 휴식시간)

연극, 영화, 공연 중간에 갖는 휴식시간을 갖는 것을 뜻하는 말이다. 일반적으로 공연 시간이 2시간 반이 넘는 뮤지컬, 연극 그리고 영화 등의 전반부가 끝나고 후반 사이에 15~20분 정도의 휴식시간을 갖는다.

1235 `com`

internet (인터넷)

지구상에서의 데이터통신, 전자메일 서비스를 받을 수 있는 어떠한 지역이던 원거리 접속을 통해 상호커뮤니케이션을 교신할 수 있는 컴퓨터 네트워크 시스템(Computer Network System)을 뜻하는 말이다. 인터넷은 컴퓨터로 연결(Transmission Control Protocol, TCP)이나 통신프로토콜(Internet Protocol, IP)을 이용해 정보를 주고받는 컴퓨터 네트워크를 말한다. 이 두 가지 논리를 정립한 빈튼 서프(Vinton G. Cerf, 1943-)와 밥 칸(Robert Kahn, 1938-)이 1973에 모든 컴퓨터를 하나의 통신망 안에 연결(International Network)하려는 의도로 이 두 단어를 줄이고 합성하여 인터넷(Internet)이라고 부르기 시작했다.

□ 그림설명 1235, 컴퓨터 네트워크 시스템.

*internet explorer (인터넷 익스플로러)

마이크로소프트 윈도(Microsoft Windows)는 개인이 사용하는 인터넷의 전반운영체제로 함께 제공되는 월드 와이드 웹 브라우저(Worldwide Web Browser)이며 이 브라우저는 Windows 10에서 Microsoft의 새로운 Edge Browser로 변경하여 더 이상 새로운 브라우저로 사용되지 않고 Window 운영체제로 남아 있다.

✴ internet movie (인터넷 무비)

인터넷 영화 데이터베이스 (약칭 IMDB, Internet Movie Database)는 영화, TV 프로그램과 비디오게임 등과 관련된 정보의 온라인 데이터베이스로 운영내용은 연출자, 프로덕션 제작진, 출연인물(배우 탤런트), 플롯(드라마), 게임, 리뷰를 포함한다.

✴ internet protocol (인터넷 프로토콜)

인터넷 프로토콜은 줄여서 아이피(IP)라고 부른다. 네트워크 경계를 넘어 데이터 프로그램을 중계하기 위한 인터넷 프로토콜 집합의 기본통신 프로토콜이며 라우팅(Routing) 기능은 인터넷 워킹을 가능하게 하고 본질적으로 인터넷을 구축할 수 있게 한다. IP는 패킷 헤더의 IP 주소만을 기반으로 원본 호스트에서 대상 호스트로 패킷을 전달하는 작업을 수행하며 이를 위해 IP는 전달 할 데이터를 캡슐화 하는 패킷 구조를 정리 한다. 또한 원본 및 대상정보로 데이터 그램을 레이블 하는데 사용 되는 주소지정 방법을 뜻한다.

1236 `pho` `pic`
interval shooting (간격촬영, 인터벌 촬영)
✴ interval timer (간격시각)

일반 카메라, 컴퓨터나 스마트 폰 등에 내장되어 있는 촬영장치의 하나로 동영상촬영의 정상적인 속도(초당 필름 24프레임 혹은 비디오 30프레임)가 아닌 초당 저속으로 정한 간격촬영을 뜻하는 말이다. 초당 1프레임 간격촬영을 하면 약 24배가 빠른 피사체의 동작을 보게 되는 것이다. 반대로 고속촬영은 느린 동작(Slow Motion)을 볼 수 있지만 고속 촬영은 간격촬영에 포함되지 않는다. 인터벌 촬영은 감시용 카메라의 정상속도 기록의 양을 주리기 위해 간격촬영을 하기도 한다.

□ 그림설명 1236, 간격 촬영에 의한 해 지는 노을.

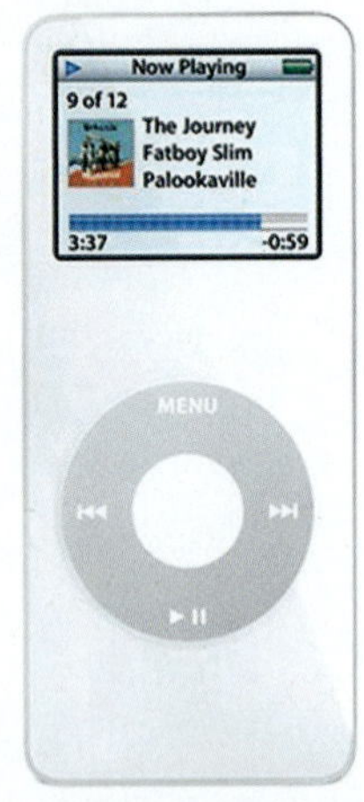

□ 그림설명 1237, 2005년에 나온 'iPod' 나노 1세대.

1237 `com` `equ`

I-pod (아이 팟)

MP3플레이어 기능과 동영상 재생 기능을 겸비한 다운로드 장비이다. 애플컴퓨터사가 2003년 출시한 최초의 아이팟은 일반 MP3보다 용량이 큰 반면 용량에 비해 가격은 저렴한 것이 특징이었다. 이 기기는 전 세계에서 3년간 1,000만대 이상이 판매된 히트 상품이었다. 또한 애플사(Apple Inc.)가 제공하는 아이튠즈(iTunes) 서비스는 음악을 한 곡당 사용료를 내고 인터넷을 통해 다운로드 받아 PC에 저장할 수 있으며 CD로 굽거나 애플사의 플레이어 '아이팟(iPod)'을 통해 언제 어디서든 재생할 수 있는 편리한 서비스라고 시사주간지 <타임>(Time)지에 의해 2003년 최고의 발명품으로 선정되기도 했다.

1238 `pic` `pho`

iris (아이리스)

1) 카메라의 렌즈를 통해 필름에 투사되는 빛을 조절하기 위한 렌즈와 렌즈 사이에 장착되어있는 아이리스 조리개를 말한다. 2) 영화에서 아이리스 모양의 천공이 커지며 새로운 신(Scene)이 나타나게 하는 하나의 장면 전환 기법을 말한다. 이러한 기법은 1920년경 영화 제작의 초창기에 대부분의 제작자들이 유행해 사용한 방식이었다. 일반 영화에서는 옵티컬(Optical) 프린터 기재에서 매트(Matt)를 사용할 수 있었고 애니메이션 촬영에서는 2중 촬영으로 가능한 기법이다. 3) 애니메이션 촬영에서 열고 닫힐(Open and Close) 때 빛의 양을 조절하는 카메라 속에 내장된 원형의 기구로 미첼(Mitchel)이나 애크미(Acme)에서 사용했다.

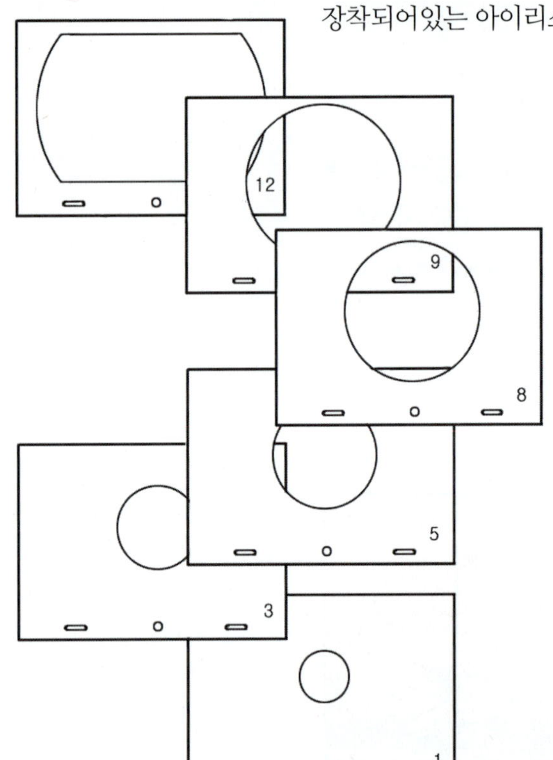

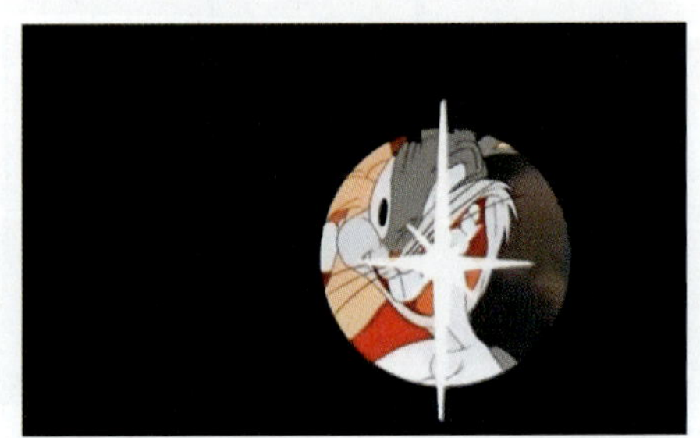

□ 그림설명 1238, 아이리스 조리개 (영화의 시작과 끝에 사용), Iris In Out <The Wacky Wabbit> 1942, by Bob Clampett.

∗ Iris-In (아이리스 인, 화면전개)

∗ Iris-Out (아이리스 아웃, 화면폐쇄)

영화의 한 장면을 시작하고 끝낼 때 쓰는 화면전환 방법으로서, 둥글게 생긴 아이리스가 중앙에서부터 시작하여 열리면서 장면이 나타나고 그 반대로 아이리스가 작아지며 닫히면 장면이 가려진다. 일반적으로 원형의 마스크를 이용한 샷이지만, 때로는 사각형이나 마름모꼴, 또 다른 형태들도 쓰였다. 아이리스 방식은 1920년경부터 무성 영화 시대에 특히 인기를 끌었으며 흔히 사용한 인상 깊은 재래방식이어서 지금은 자주 사용되지 않는다. 애니메이션에서는 이 형태의 모양을 만들어 장면 전환용으로 사용하기도 한다. 화면전환의 기법으로 가장 많이 사용되는 기법은 페이드인(Fade-In) 혹은 페이드아웃(Fade-Out) 방식이 있다.

1239 `com`

iOS (아이오에스)

∗ internetwork Operation System (인터넷워크 운영체계)

iOS는 애플의 모바일 운영체계를 말한다. 같은 이름을 쓰는 시스코 시스템 라우터와 최신 시스코 iOS와는 구분하여 사용된다. 네트워크 위치에 사용되는 소프트웨어 제품이며 라우팅, 스위칭, 인터넷 워킹과 텔레커뮤니케이션 기능이 멀티태스킹(Multitasking) 운영체제에 통합된 패키지이다. IOS기기에서 터치(Touch)나 시리(Siri, 애플의 음성인식 서비스)로 집에 있는 모든 스마트 액세서리들을 손쉽게 자동 제어할 수 있다.

1240 `lit` `gen`

irony (아이러니, 빈정대기, 풍자적)

문학 평론이나 특히 영화에서 그리고 일반인들의 대화에서 기대와는 다르게 풍자적이거나 예상을 초월할 때 많이 쓰이는 반어법(Antonym)을 말한다. 흔히 소크라테스 반어법(Socratic Irony, 상대방의 무지를 폭로하는데서 나온 변론법) 이라 한다. 글로 쓰거나 말로 하는 것과 반대적인 뜻을 내포해 비꼬거나 빈정댐의 뜻으로 사용되는 말이다. 영화에서는 관객이 영화 속 주인공이 품고 있는 중요한 의도를 알고 있는 드라마틱한 상황들이나 사건이 기대와는 정반대로 판명되는 플롯(Plot)의 결과를 뜻한다. 또한 '극적인 아이러니'라는 용어 역시 같은 맥락으로 영화 등에서 자주 사용된다.

1241 `ani` `his` `peo`

Italy Animation History (이탈리아 애니메이션의 역사)

이탈리아의 지도를 보면 멋지게 생긴 장화 같다. 생긴 모양새만 보아도 재능 있는 만능의 나라 같은 인상이 든다. 사실 이탈리아는 오래전부터 유럽 국가들의 중심 역할을 해왔으며 무역과 수공업이 발달한 나라로 그들의 많은 예술적 감각을 세계에 널리 알려온 나라이다. 지중해 해안선이 긴 이탈리아는 서양 문화를 받아들인 나라이며 요리로 세계 어느 곳이던 유명하다. 수도 로마에는 바티칸(Vatican)이 있고 고대 유적지와 예술이 있는 곳이다. 다른 유명 도시로는 피렌체(Florence), 운하 도시 베네치아(Venice), 패션 수도 인 밀라노(Milan) 그리고 미켈란젤로(Michelangelo di Lodovico Buonarroti Simoni, 1475-1564)의 <데이비드(David)입상>, 브루넬레스키(Filippo Brunelleschi, 1377-1446)의 <두오모(Duomo)성당>과 같은 르네상스시대의 걸작들이 있다. 1861년 이탈리아에 통일 왕국이 자리 잡을 때까지 통치체제의 권력 분열이 전통적으로 내려온 나라이다. 이탈리아는 재능이 많은 세계적인 나라로 1907년부터 애니메이션이 실험적으로 제작되었다고 기록되어 있다. 각 나라마다 주장하는 역사기록으로 보아 분명한 것은 유럽에서 애니메이션 발전에 맥을 같이하고 있었다는 확실한 증거이다. 이탈리아는 다른 서부유럽의 국가들에 비해 단편 보다는 장편 제작을 의도한 차별성을 가지고 있는 것이 특징이다. 1916년에 만든 인형 애니메이션과 실사가 합성된 애니메이션 <모미의 전쟁과 꿈>은 단편보다는 70여 분의 장편을 지향하는 이탈리아 애니메이션의 최초의 장편이었다. 라울 베르디니(Raoul Verdini, 1899-?)는 디즈니 최초의 장편 애니메이션 <백설 공주와 일곱 난쟁이>보다도 1년이나 앞선 1936년에 <피노키오의 모험(the Adventures of Pinocchio, 1936)>을 장편 애니메이션으로 완성했으며 1940년 다시 컬러(Color)로 재작업을 시도했으나 완성하지는 못했다. 1940년대에 미국의 실사영화와 애니메이션 영화가 이탈리아에 도입되자, 무솔리니는 상영금지조치를 내렸는데 <미키 마우스(Mickey Mouse)>만큼은 계속 상영되었다는 기록이 있다. 이탈리아에서 본격적인 애니메이션 제작이 시도된 것은 1950년대 말로 알려져 있다. 카메라맨으로 활동하던 지울리오 지아니니(Giulio Gianini, 1927-2009)와 무대장치 아티스트 엠마뉴엘 루짜티(Emanuele Luzzati, 1921-2007) 두 사람이 <프랑스의 기사(Paladini di Francia, 1960)>를 완성한다. 이어서 1964년에는 로시니의 음악을 배경으로 <도둑까치(La Gazza Ladra)>를 제작하여 로시니의 음악 세계를 애니메이션으로 완벽하게 표현했다는 평가를 받았다. 이 작품은 페이퍼 애니메이션으로 선명하고 화려한 색채로 음악의 표현양식을 입체화시킨 것이다. 지아니니와 루짜티는 주로 예술적인 주제를 다루었는데, 로시니의 곡에서 소재를 얻은 <알제리의 이탈리아 여인(L'Italiana in Algeri, 1968)>

과 아라비안나이트의 주제, <알리바바 (AliBaba, 1971)>와 그 후 제작된 <풀치넬라 (Pulcinella, 1971)>등이 있다. 이와는 대조적으로 사회 비판적인 주제의식을 차용하기도 했는데, 신문과 잡지의 기사가 진실을 왜곡하는 정도를 파헤친 <옵셋 인쇄 (The Offset Printing, 1970)>와 어느 화가가 자신이 그린 대형 벽화 밑에서 정체불명의 힘에 의해 압살되는 모습으로 전쟁의 공포를 고발한 <벽 (Il Muro, 1971)>등 정교한 비판의식까지도 애니메이션으로 표현한 작가 정신의 한 단면을 보여 주었다. 이탈리아 애니메이션에서 가장 중요한 인물은 브루노 보제토(Bruno Bozzetto, 1938-)이다. 1938년 밀라노에서 출생한 그는 런던으로 가서 존 할라스(John Halas, 1912-1995)와 조이 배첼러(Joy Ethel Batchelor, 1914-1991)에게 애니메이션을 배웠다. 그 후 밀라노(Milano)로 돌아와 1960년 자신의 스튜디오를 설립하고 TV 시리즈와 타이틀 제작을 하기 시작한다. UPA 형태의 단편제작을 시작하면서 그는 해학적이면서도 독특한 비판의식을 작품 곳곳에 표현한다. 그의 대표적인 장편으로는 "알레그로 논 트로포(Allegro non Troppo, 1975)"가 있다. 이 작품은 디즈니에 비해 적은 인원과 자본으로 <판타지아>에 도전해 본 의욕적인 작품이다. 시벨리우스(Jean Sibelius, 1865-1957), 드보르자크(Antonin Leopold Dvo ák, 1841-1904), 스트라빈스키(Igor Fyodorovich Stravinsky, 1882-1971), 라벨(Joseph Maurice Ravel, 1875-1937) 등의 명곡을 타고 펼쳐지는 애니메이션 영상은 끝없는 변화와 박력으로, 음악을 소재로 한 영국의 <옐로우 서브마린(Yellow Submarine)> 이후 가장 주목받는 작품으로 평가받는다. 브루노 보제토의 작품은 심술궂고, 재기 넘치는 세련미가 곳곳에 드러나 있다. 그는 "모든 예술 가운데 10초나 20초에 한 인간의 생애를 표현할 수 있는 것은 오직 애니메이션뿐이다"라고 말할 정도로 애니메이션을 가장 함축적인 예술 장르로 평가한다. 그러나 예술 형태의 애니메이션으로 이탈리아 자국의 예술, 문화, 오락, 어린이 교육 등을 모두 커버 할 수는 없었다. 심지어는 어린용 프로그램마저 점차 다른 나라의 애니메이션을 수입하여 RAI-TV방송을 통하여 방영하기에 이른다. 사회단체와 지식인들이 자국의 애니메이션이 지나치게 외국에 의존하고 있음을 질책하기 시작하면서 혹독한 비판이 일기 시작한다. 1995년 드디어 이탈리아의 서부 해안선에 걸쳐 있는 작은 항구도시 아말피(Amalfi)에서 이탈리아 최초의 애니메이션 페스티벌 <카툰즈 온더 베이(Cartoons on the Bay)>가 열리게 된다. 이 페스티벌은 다른 나라에서 개최되는 페스티벌과 차별돼 있다. 주로 극장용이 아닌 TV 시리즈 커미션(Commissioned) 필름을 대상으로 우수한 작품을 찾는 것이 특징이다. 그러나 단편 창작 작품도 응모할 수 있게 되어있다. 이 페스티벌은 이탈리아의 국제적인 영상물 배급사인 사치스 인터내셔널(SACIS International)사가 주최하고 최대 방송사인 RAI(Radio Televisione Italiana)사와 EU의 야심적 영상물 육성 프로그래머인 미디어 프로모션(MEDIA Promotion)사 등의 후원으로 개최하여 자국의 내실을 기했으며 전 세계의 영상물 배급사, TV 방송국, 애니메이션제작회사 등에 막대한 효과를 얻어냈다. 그러나 예술 형태의 애니메이션으로 이탈리아 자국의 예술, 문화, 오락, 어린이 교육 등을 모두 커버 할 수는 없었다. 심지어는 어린용 프로그램마저 점차 다른 나라의 애니메이션을 수입하여 RAI-TV방송을 통하여 방영하기에 이른다. 사회단체와 지식인들이 자국의 애니메이션이 지나치게 외국에 의존하고 있음을 질책하기 시작하면서 혹독한 비판이 일기 시작했다.

□ 그림설명 1241-1, <The Adventures of Pinocchio> 1936, by Raoul Verdini.

-2, <Paladini di Francia> 1960, by Gallucci Editore.

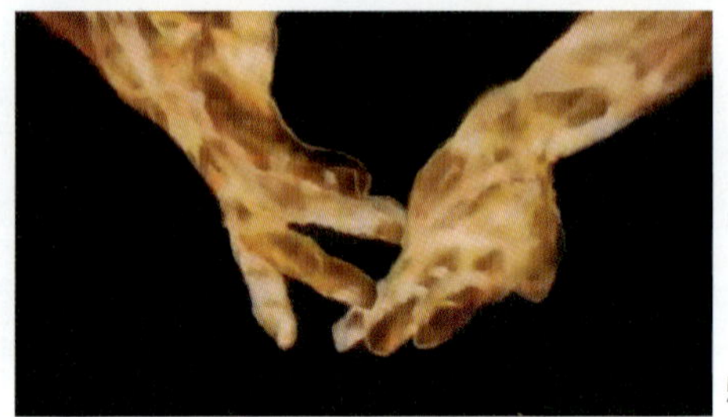

-3, -4, <Allegro non Troppo> 1976, by Bruno Bozzetto.

-5, 영원한<Aeterna> 2012, by Leonardo Carrano.

First Cartoon in Japan

Jj

[제이]

Jig Dance

Momotaro

Mighty Atom

1300 `com`

jagged line (층층계 선, 재그드 라인)

컴퓨터 초기에서 그래픽을 표현할 때 생겼던 재그드 라인은 래스터(Raster, 주사선)방식에서 생겨난다. 이미지를 만들 때 픽셀(Pixel)에 의해 컴퓨터상에서만 일어나는 가장 흔한 엘리어싱(Aliasing)의 결과이며 이 삐죽삐죽한 선을 가리켜 재그드 라인이라고 비공식적으로 부르는 이름이다. 원래 이름은 래스터 주사식 디스플레이(Raster Scan Display)라고 부른다. 이 방식은 비선형 멀티효과 또는 누락되거나 빈약한 안티 엘리어싱(Anti-Aliasing) 필터링으로 인해 발생한다. 재그드 라인은 부드러운 직선이나 곡선이 있어야 하는 화면상의 대각선에 나타나는 층계 모양의 선이며 명목상의 직선, 안티 앨리어스가 적용되지 않은 선이 한 픽셀에서 단계적으로 진행될 때 선의 중간에서 발생하여 한 이미지가 픽셀에서 다른 픽셀로 교차할 때 나타나는 현상이다. 특히 이런 현상은 과거 픽셀 구성이 적을 때, 즉 해상도(Resolution)가 적을 때 현저히 보이는 현상으로 근래에는 해상도가 높아지며 뚜렷이 보이지 않는다. 이 문제를 해소하기 위해 그레이 스케일(Gray Scale) 방식으로 흰색에서 검정색의 중간 그레이 톤을 넣어 삐죽삐죽한 선을 둔화시켜 사용했다.

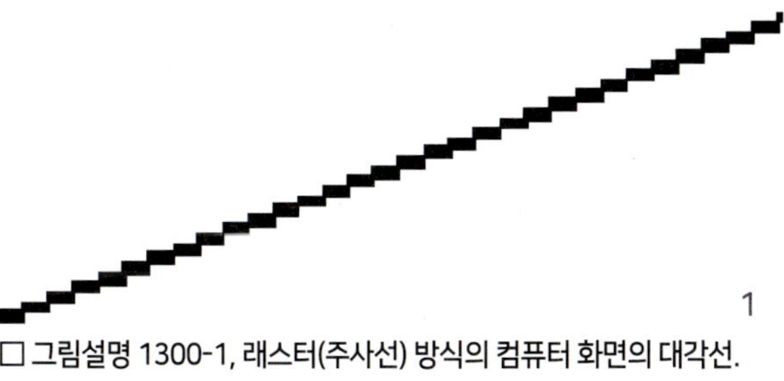

1

□ 그림설명 1300-1, 래스터(주사선) 방식의 컴퓨터 화면의 대각선.

* Vector (벡터)

-2, 벡터 그래픽과 래스터 그래픽.

* 참조보기 (2903 - Vector)

* 참조보기 (0240 - Bitmap)

1301 `ani` `his` `peo`

Japan Animation History (일본 애니메이션의 역사)

일본의 그림 중에는 선으로 그림을 그리고 색칠한 형태의 오래된 그림을 보게 된다. 매우 그래픽(Graphic)적이라고 할 수 있다. 일본만이 가진 독특한 방식인데 인쇄물의 스타일처럼 간결한 선과 일본 애니메이션 역사에서 최초라고 할 수 있는 색상이 주는 느낌은 애니메이션을 하기가 매우 적합해 보인다. 그럼에도 불구하고 일본의 애니메이션은 1917년 까지는 눈에 띄지 않는다. 만화가 시모가와 오텐(Shimogawa Oden, 下川凹天, 1892-1973)이 배경을 종이에 인쇄한 후 그 위에 캐릭터를 올려놓고 배경이 겹치는 부분을 한 장씩 백색 물감으로 지우는 방식으로 시행착오를 거치며 애니메이션으로 만들어졌다. 일본 최초 회사인 니카츠우즈마사(Nikatsuwuzmasa, 日活太素) 촬영소가 1917년 최초로 문을 열어 1929년까지 12년간 많은 작품을 만들었다. <문지기 이모카와 무쿠조(芋川椋三玄關番之卷>는 1917년으로 일본에서 가장 최초로 만들어진 작품으로 알려져 있다. 또 같은 해에 코우치 준이치(Kowuchi Zunichi, 幸 純一, 1886-1970)가 <塙凹 名刀(新刀)之卷>을, 기타야마 세이타로(Kitayama Seitaro, 北山 太 , 1888-1945)가 <원숭이와 게의 전쟁(猿蟹合戰)>을 그려 발표했는데, 이들 세 명은 일본 애니메이션의 개척자로 불린다. 그러나 제2차 세계대전 전까지는 소수의 아티스트(Artist)만이 애니메이션에 관심을 가졌을 뿐이며 대부분은 낡은 카메라를 이용해서 일반 인형극을 제작하는 정도에 그쳤다. 그러나 초기 일본에서 '애니메이션의 아버지'라 불리는 사람은 마사오카 켄조우(Kencho, 政岡憲三)이다. 그는 처음부터 애니메이션에 관심을 가졌던 것은 아니다. 1917년에 교토 시립 미술 공예학교 회화과를 졸업한 후, 서양화가의 길을 선택하려 했지만 1925년 마키노(Makino) 프로덕션에 입사하면서 영화 일에 종사하게 되어 영화의 길로 들어섰다. 그는 1929년 니카츠 우즈마사(日活太素)촬영소에서 교육 영화제작부 기술 주임으로 일하다가 부서가 폐지되면서 독립해 1930년, 4개월간의 제작 기간을 거친 <난파선 이야기, 제1편 원숭이 섬>을 통해 애니메이션 작가로 데뷔했다. <난파선>은 컷 아웃(Cutout) 기법으로 제작된 작품으로, 1931년에 속편 <난파선이야기 제2편 해적선-바다의 모험>편이 제작되기도 했다. 이로써 1943년에 만들어진 최초의 장편 애니메이션 세오 미츠요(Seo Mitzuyo, 瀨尾光世, 1911-2010) 감독의 <모모타로와 바다갈매기>가 개봉된지 13년 만에 컬러 장편이 나온 셈이다. 원형설화 <모모타로>는 1753년 에도시대부터 어른들을 위한 성적주제(Sexuality)의 이야기 형태로 전해오는 성인설화에 근거하고 있지만 복숭아에서 아기가 나오는 것에 착안해 어린이 이야기로 개작하게 되었다. 1885년 하세가와 다케지로(Hasegawa Takeziro, 長谷川武次郎, 1853–1938)가 쓴 이야기는 복숭아에서 나온 아이가 수수경단을 먹으

며 칼을 차고 용맹하게 귀신을 잡으러 간다는 애니메이션 소재가 될 만한 이야기로 전
개시킨 것이다. 일본은 셀 애니메이션 기법을 본격적으로 도입해 1932년에 쇼치쿠
(Shochiku) 동화연구소와 제휴해 제작한 <벤케이 대 우시와카>를 만들었는데 이것은
일본 최초의 유성영화이기도 하다. 이후에도 <다짱의 해저 여행>, <모리의 야구단> 등
을 셀 애니메이션으로 만들어, 그를 일본 셀 애니메이션(Cell Animation)의 개척자라
부른다. 2차 세계대전이 일본의 패전으로 끝나면서 모든 예술 활동이 주춤하기도 했지
만 곧 자유를 찾은 애니메이션업계는 마사오카 켄조(Masaoka Kenzo, 政岡憲三)와
키타야마 세이타로(Kitayama Seitaro, 北山 太 , 1888-1945), 무라타 야스지(Murata
Yatzuchi, 村田安司, 1896-1966)등이 모여 1945년 10월에 <신 일본동화사>를 창설한
후 곧 <일본만화영화사>로 명칭을 바꾸고 애니메이션 제작에 들어갔다. 1946년 <봄
의 환상>이라는 수작을 발표했지만 예술성이 높아 흥행에는 적합하지 않다는 판단에
공개되지는 않았다. 1947년에는 켄조 마사오카(Kenzo Masaoka, 政岡憲三, 1898-
1988), 야마모토 사나에(Yamamoto Sanae, 山本早苗, 1898-1981), 무라타 야스지
(Murata Yazuji, 村田安司, 1896-1966) 등 몇 사람의 스탭이 손을 잡고 일본 동화 주식
회사를 설립하고 '동양의 디즈니 스튜디오'란 기치를 내건 최근 일본 3대 메이저사의
하나인 토에이의 모체가 된 회사다. 일본 동화 주식회사는 1947년 동보 교육영화와 제
휴를 통해 어린이용으로 만들어진 <버려진 고양이 토라>를 시작으로, 코이즈카 아끼
라(Koizuka Akira) 동화 원작, 히데오(Hideo 古派秀雄, 1920-1991) 연출 <난장이와 배
추벌레, 1950>, 미야자키 하야오(Miyazaki Hayao, 宮 駿, 1941-)를 길러낸 모리 야스지
(Mori Yatsuzi)森康二, 1925-1992) 연출과 원화로 동물의 움직임을 묘사한 <아기 토끼
이야기, 1954> 등 많은 작품을 배출해냈다. 그 후 동보의 자회사인 해석영화사를 흡수
합병한 일본 동화 주식회사는 1952년 8월, 일동영화사(日動映画社)로 개칭하고, 도에
이교육영화부(東映敎育映画部)로부터 주문받은 <흥겨운 바이올린, 1955>, <나쁜 나
무꾼과 착한 나무꾼, 1956>등 퍼블리시티(선전) 작품을 포함해 총 19개의 애니메이션
을 제작했다. 1956년에 실사 극영화 제작회사인 도에이 영화에 매수된 후, 이듬해 애니
메이션 전문 제작사 도에이도가 가부시키가이샤(東映動画 株式会社, 동영동화) 이름
으로 다시 열었다. 도에이 도가는 일본 애니메이션의 새로운 장을 연 회사다. 1945년
일본이 2차 대전에서 패망한 후 묶여 있던 미국산 애니메이션 수입제한이 풀리면서 월
트 디즈니(Walt Disney, 1901-1966) 회사가 만든 애니메이션 <피노키오(Pinocchio,
1940)>, <밤비(Bambi, 1942)>를 수입하여 장기 상영했고, 플레이셔(Fleisher) 스튜디오
의 장편 만화영화 <걸리버 여행기(Gulliver's Travel)>와 월트디즈니의 <백설 공주와
일곱 난쟁이(Snow White and the Seven Dwarfs)>가 다이에이(大映)의 일본 배급으로

1948년과 1955년 개봉해 모두 흥행에 성공을 거둠으로써 당시 각 영화사들은 애니메이션의 상품가치를 인식하는 계기가 되었다. TV 프로그램에 수반하는 애니메이션이나 CF 등에 대한 수요가 커지고 있음을 인식한 도에이회사는 1955년 3월, 회사 내에 「애니메이션위원회」를 설치하고, 애니메이션 제작을 모색하기 시작했다. 그리고 일동 영화에 위탁 제작했던 첫 번째 작품인 <흥겨운 바이올린>을 같은 해 10월에 완성하여 12월부터 교육영화로 배급했다. 이를 계기로 도에이는 본격적인 애니메이션 제작계획을 세우게 됐다. 그리고 도에이는 1956년 7월 31일, 일동영화의 전 주식을 매입해 회사를 인수하고 상호를 변경, 일본에서 처음으로 기업형태를 갖춘 애니메이션 제작회사로는 도에이 도가 주식회사가 처음으로 생겨났다. 1955년 전후해서 일본 애니메이션 사들을 돌아보면, 작가 개인의 의사를 반영한 작품 제작에 매진하는 프로덕션(Production)과 도에이 도가와 같은 기업지향의 영화사들이 탄생했던 시점으로 볼 수 있다. 주식기업지향 형태를 띤 도에이에서는 많은 신인들이 애니메이션 작화 기술을 배우며 작업에 참여했다. 도에이는 1957년 중국의 설화인 <백사전(白蛇伝)>을 최초의 장편 애니메이션 작품으로 선택했다. 야부시타 다이지(Yabushita Daichi, 藪下泰司, 1903-1986) 감독이 일본 최초의 칼라작품으로 연출했다. '영화의 주인공 요괴(백랑)가 인간인 허선과 사랑에 빠지지만 이뤄지지 않는다는 슬픈 결말을 보게 된다는.....' 이야기이다. 제작을 착수한지 1년만인 1958년에 완성했으니 당시 얼마나 많은 사람들이 참여했는지 상상을 하기 어렵다. 애니메이션의 기본제작방법을 지킨 첫 작품이었다. <백사전>의 원화 미술에는 오카베 카즈히코(Okabe Katsuhiko, 岡部一, 1922-2005)가 기용됐지만, 캐릭터는 다이쿠 하라아키라(Taiku Haraakira, 大工原章, 1917-2012), 모리 야스지(森康二, 1925-1992) 두 사람의 애니메이터에 의해 다시 그려졌다. 당시 스튜디오에는 42명의 작화 스탭들이 있었으나, 대부분 입사 1년 미만의 신인들이어서 다이쿠와 모리 두 사람이 작화의 주력이 되어 거의 모든 원화를 그리게 된 것이다. 다이쿠는 대담한 과장을 구사해 다이내믹한 움직임을 표현하는 장점이 있었고, 모리는 작은 동물 캐릭터들의 섬세하고 치밀한 동작을 표현하는 장점을 갖고 있었다. 이들의 상반되는 개성은 <백사전(白蛇伝)>을 굴지의 명작으로서 완성시키는데 기여했다는 평가를 받았다. 불과 8개월만에 작품을 만들어내, 초인적인 힘을 보인 이 작품은 큰 호평을 받아 도에이 도가에서 많은 작품들이 만들어지는데 큰 역할을 했다. 도에이 동화는 시대극 애니메이션을 잘 취급했다. <쇼넨사루토비사스케(少年猿飛佐助)>, <서유기(西遊記)>, <아라비안 나이트 신밧드의 모험>등을 매년 제작하여 발표했다. 이들 도에이의 작품들은 뛰어난 작화 기술과 촬영기술, 다채로운 소재 등 오락성 작품으로서 뛰어났으며 여러 방면에서 애니메이션의 새로운 장을 열기에 충분했다. 최적의 작화 시스템

모색에도 힘써 온 도에이 동화는 데즈카 오사무(Desuka Osamu, 手塚治虫, 1928-1989), 다카하타 이사오(Takahada Isao, 高畑 , 1935-2018), 미야자키 하야오(Miyazaki Hayao, 宮崎駿, 1941-) 등 애니메이션 대가들을 속속 배출해내며 일본 애니메이션을 이끌었다. 한편 일본의 단편 작품들이 세계의 주목을 받기 시작한 것은 구리 요지(Kuriyogi, 久里洋二, 1928-)와 같은 수준 높은 아티스트의 작품들이 선보이면서부터였다. 감옥에 들어가게 된 한 남자의 공처가 심리를 그린 <인간 동물원>은 1962년 베니스 국제영화제(Venice International Film Festival) 동상, 안시 페스티벌(Annecy International Animated Film Festival) 특별 심사위원상 수상했다. <러브> 역시 베니스 영화제 동상을 차지하는 등 국제적으로 인정받았다. 키노시타 렌조(Kinoshita Renzo, 木下蓮三, 1936-1997)는 원폭투하 순간을 충격적으로 묘사한 대표작 <피카돈>을 비롯한 몇 편의 주목할 만한 작품을 제작했다. 가와모토 기하치로(Kawamoto Kihachiro, 川本喜八郎, 1925-2010)는 일본의 전통적 인형동화에 바탕을 둔 특색 있는 작품을 제작하면서 3차원 인형 애니메이션을 한 걸음 더 발전시켰다. 1963년에는 데즈카 오사무(手塚 治虫, 1928-1989)가 설립한 무시프로덕션(Mushi, 虫プロダクション)의 <철완 아톰>이 TV에 방영되기 시작하면서 큰 인기를 끌었고, 전 세계적으로 TV 애니메이션 제작에 활기를 불어넣는 계기가 됐다. 도에이 동화 역시 매년 2개의 장편 작품을 제작한다는 방침이었으나 TV 애니메이션의 제작에 보다 집중하기 시작했다. 장편 애니메이션의 제작 체제 붕괴에 대해 위기를 느낀 젊은 스텝들이 그들의 기술과 노력을 쏟아부어 1965년부터 기획한 <태양의 왕자>는 3년 동안의 제작 기간을 거쳐 <태양의 왕자 호르스의 대모험>으로 개봉됐지만 흥행에는 성공하지 못했다. 하지만 원작과 그 원동력을 최대한으로 발휘한 다음 작품 <장화신은 고양이>를 통해 도에이 동화는 창설 이래 열심히 육성해 온 젊은 스텝들의 재능을 꽃피우게 됐다. 영화산업이 침체하면서 제작비용에 비해 수익이 낮은 장편보다는 TV 애니메이션 제작은 더욱 활발해졌다. 그러나 장편 스탭이 모여 또 한 번 도에이 동화사의 기억에 남을 쾌심작 <동물 보물섬>을 제작했다. 미야자키 하야오의 탁월한 아이디어와 입체적인 화면구성, 전편에 등장하는 바다의 파도를 효과적으로 나타내 그 세계관을 구축한 요이치 코타베(Yoichi Kotabe, 小田部羊一, 1936-), 무엇보다 자랑으로 여기는 동물 캐릭터로 그 본래의 특징을 발휘해 화면을 총괄한 작화감독 모리 야스지(Mori Yasuji, 森康二, 1925-1992)의 재능들과 당시 도에이가 가진 최고 기술을 모두 쏟아 부은 작품이다. 그러나 이 작품 이후 도에이는 노사분쟁이 일어났고 장편 감독 스탭들이 하나 둘 도에이 동화를 떠나게 됐다. 이들의 장편 애니메이션 시대는 일단락 마무리됐다. 도에이는 1970년대를 전후해서 많은 변화가 있었다. 도에이의 기획제작부를 이끌어 가던 다카하다와 <미래소년 코난>을 성공적으로 띄운 미야자키도 떠나는 것으로 가닥을 잡고 도에이는 당분간 TV 시리즈제작에 집중했다. 도에이는 그동안 노사분규 해결에 공로가 있었고 수완이 뛰어난 마사하루 에도(Masaharu Etoh, 江藤昌治, 1935-2007)를 회사의 총괄 부장으로 내세워 애니메이션 다량 제작시스템을 구축하여 한국에 있는 대원 동화, 교육 동화, 세영 동화를 손에 쥐고 많은 양의 애니메이션을 그려 갔다. 에도부장은 한국에 제작진을 배경으로 두고 미국의 마블프로덕션(Marvel Prods.)과도 손잡고 OEM을 다량 생산해 회사를 키워 성공적으로 성장시켰다. 1980년대 전후해서 완만한 발전을 보인 일본 애니메이션은 <기동전사 건담>, <마크로스>, <라퓨타>, <이웃집 토토로>, <에반게리온>, <고스트 인더 셸>, <모노노게 히메> 등 80년대 후반에 와서 버블 경제 비호 속에서 많은 제작비를 들인 작품을 만들어냈다. 하야오가 만든 애니메이션은 만드는 것마다 대성공을 이루었다. 그는 일본뿐 아니라 전 세계에서 명성을 쌓았다. 또한 반다이의 <왕립우주군, 1987>, 아키라 제작위원회의 <아키라, 1988>, 학급연구사의 <비너스 전기, 1989>, 아사히 그룹 & 미쯔비시 상사 합작의 <달려라 멜로스, 1992> 등인데 이들은 흥행에는 실패해 업계에 심각한 타격을 입히기도 했다. 그러나 1988년 제작된 오오토모 가츠히로(Ootomo Katzuhiro, 大友克洋, 1954-) 감독의 <아키라>는 다양한 카메라 앵글, 다이내믹한 동작, 철학적이고 심오한 내용으로 역시 해외에서 높은 평가를 받았다. 약 20여년 간에 걸쳐 일본 애니메이션은 2000년대 들어 미야자키 하야오의 <센과 치히로의 행방불명>(2001)이 베를린 영화제에서 그랑프리를 수상한데 이어 아카데미 영화제 애니메이션 부문에서 수상하면서 국제적으로 그 위상을 재확인했다. 일본은 미야자키 하야오로 대변되는 지브리스튜디오 계열의 애니메이션, <월령공주>, <라퓨타>, <하울의 움직이는 성> 등 일본 특유의 작가주의 상업 애니메이션, TV 애니메이션과 연동돼있는 저가형 극장 애니메이션을 주류로, 여러 스튜디오에서 매년 수많은 작품들을 만들어내고 있다. 그리고 미야자키는 2013년 9월 그의 장편 애니메이션 <바람이 분다>를 끝으로 그의 은퇴를 선언했지만 번복하고 또 번복하며 애니메이션을 계속 만들어냈다. 그는 다양한 주제의 영역에서 독특한 스타일을 발전시키고 있는 일본 애니메이션은 현재 상업용 TV 애니메이션과 2D 셀 애니메이션에서 세계 최고로 인정받고 있다. 그리고 하야오가 일본의 대표적인 애니메이션의 선풍을 일으키며 그가 은퇴를 선언을 했지만, 최근 <너의 이름은 (君の名は)>이 개봉한지 3주 만에 1천억 원의 수입을 올렸다. 그동안 미야자키 애니메이션 <원령공주, 센과 치히로의 행방불명>에서 원화 감독을 맡아 했던 안도 마사시(Masashi Ando, 安藤雅司, 1969-)이며 각본과 감독은 신카이 마코도(Makoto Shinkai, 1973-)이다. 일본은 망가(만화)와 아니메(애니메이션)가 남녀노소 불문하고 즐겨 읽고 희화의 의미를 대중이 이해하는 정서를 가진 나라로 발전해 온 나라이다.

□ 그림설명 1301-1, <원숭이와 게의 전쟁>1917, by 기타야마 세이타로.

-2, 오리지널 <모모타로(Momotaro)> 이야기 <The Japanese Fairy Book>1903, by Kakuzo Fujiyama.

-3, <모모타로와 바다갈매기>1943, by 세오 미츠요.

-4, <백사전(the Tale of the White Serpent)> 1958.

-5, 원화-모리 야스지, 다이구 하라아키라, 감독- 야부시다 다이지.

-6, 렌조 키노시다의 히로시마 원폭을 다룬 <피카돈>

-7, 가와모도 기하치로의 Puppet 애니메이션

8

-8, 데즈카 오사무의 만화잡지, 1952 Original Ast개 Boy. & Mighty Atom the Movie(鉄腕アトム), 1963년 만화영화로 제작.

9

-9, 미야자키 하야오와 배경에는 그의 여러 작품들.

2

-10, <하울의 움직이는 성(Howl's Moving Castle) by 미야자키 하야오

3

-11, <너의 이름은 (Your Name)>, 2016, by Makoto Shinkai.

1302 `com` `equ`

jaz disk (재즈디스크)

재즈디스크를 돌리는 재즈드라이브 저장시스템은 아이오메가(Iomega) 회사에서 100MB를 저장할 수 있는 용량의 집드라이브(Zip drive)를 개발하여 1996년부터 2002년경까지 판매했던 상품이다. 이 드라이브는 시초에는 성공적으로 이끌어 명색이 마그네틱을 넣었다 꺼냈다 하는 방식을 취한 1GB 용량의 디스크를 시판했고 1998년에는 용량을 2GB 로 올려 출시했다. 그러나 이 상품은 집드라이브로써 성공하지도 못했고 소비자들의 시장에 침투하지도 못했다. 다만 가정용으로 또는 오피스용으로 대용량 플로피(Floppy Diskette) 디스켓이 시장점유에서 가장 우수하다고 광고를 했을 뿐이다. 결국, 이 방식은 사용할 때 케이스(Case) 속으로 먼지가 생겨나고 다음번에 사용할 때는 내부에 부작용이 미치게 되기 때문에 점차 수요자가 줄어들게 되었다.

□ 그림설명 1302, Jaz disc.

Jazz (재즈)

재즈는 원래 19세기 후반에서 20세기 중반에 이르기까지 대성한 음악이다. 미국의 뉴올리언스(New Orleans)에 살던 아프리칸-아메리칸 지역사회로부터 시작되었고 그들이 사용한 악기들은 주로 색소폰, 피아노, 트럼펫, 콘트라베이스 그리고 흔히 보컬 베이스 팀 등으로 자신들의 애환의 향수를 달래며 시작되어 20세기 초에 시카고, 뉴욕, 유럽 그리고 세계 방방곡곡에 인기와 함께 급진적으로 번져나가 성장해 음악의 한 장르로 자리를 굳혔다. 재즈는 듣기 편하고 듣는 사람들에게 편안함과 즐거움을 준다. 음악으로서 뿐만이 아니라 재즈는 아프리칸 댄스, 유럽피안 고전댄스 그리고 아메리칸 모던 댄스와 섞여있다. 서정적(Lyrical) 원형(Ancestor)으로부터 재즈댄스는 많은 변화를 했다. 브로드웨이 식(Broadway)에서 브루스로, 고전발레에서 크게 영향을 받은 모던 재즈댄스(Modern Jazz Dance)와 초기 재즈 스타일로 발로 마룻바닥을 세게 구르는 스텀프 댄스(Stomp Dance)라는 정열적인 곡도 있었다.

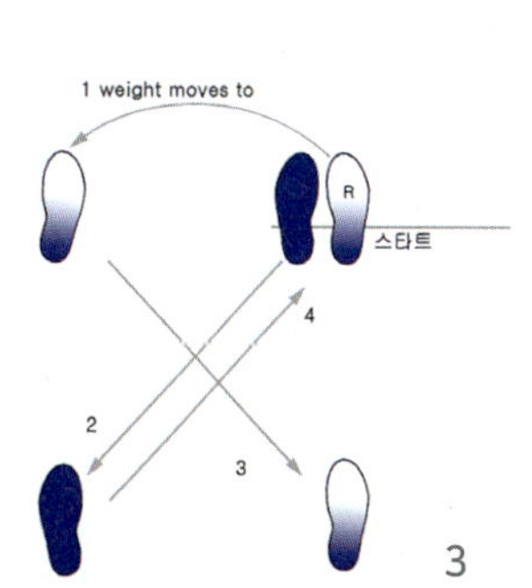

□ 그림설명 1303-1, 모던 재즈 스텝   -2, 모던 댄스.

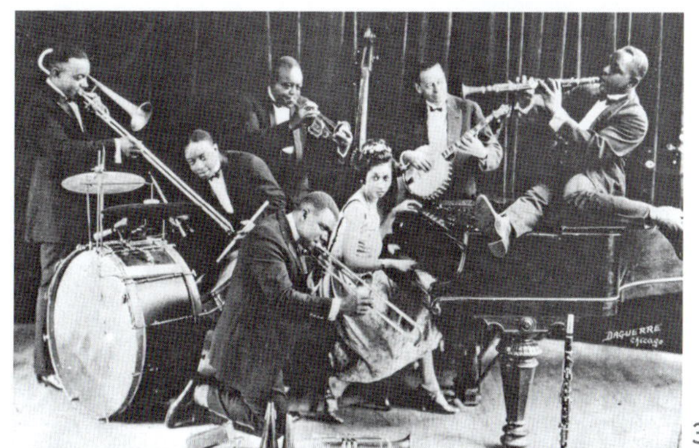

-3, Louis Armstrong <Joe Oliver the Creole Band> 1923.

-4, Miles Davis.

1304 `fes` `pic`

Jeonju International Film Festival (전주국제영화제)

한국〉 Jeonju(전주), '전주국제영화제'는 2000년에 처음으로 개최됐으며, 미국(U.S.A), 유럽(Europe), 러시아(Russia), 오스트레일리아(Australia), 아시아(Asia) 등에서 참여한다. 부분 경쟁을 도입한 비경쟁 영화제로 전주국제영화제 조직위원회가 주최하며, 전주국제영화제 집행위원회가 주관한다. 문화체육관광부, 전라북도, 전주시, 영화진흥위원회 등이 후원한다. 이 영화제는 주로 영화미학과 영상기술에서 재래 주류영화들과는 다른 새로운 영화를 관객에게 소개하고 우수영화에 지원한다. 출범 초기부터 혁신적인 영화 형식을가진 영화들을 소개하는 창구로서 정체성을 확립해왔다. 영화를 둘러싼 통념과 상식을 뒤엎는 '대안 영화, 디지털 영화, 아시아 독립영화(Independent Film)'를 모토(Motto)로 새로운 영상 미학으로 삶의 철학을 풀어내는 젊은 영화 축제의 성격을 내세운 영화제이다.

□ 그림설명 1304-1, 포스터

-2, 2018년 '전주국제영화제' 광경.

1305 `ani`

jerky action (튀는 동작, 덜컥거리는 동작)

애니메이션에서 움직임을 표현할 때 예상보다 과격한 동작이 생긴 것을 동작이 "튄다."라고 말한다. 동작은 연출에 따라 표현에서 동작의 폭이 과격할 수 있고 부드럽고 조밀하게 캐릭터의 성격을 표현할 수 있다. 과격한 동작에서는 튀는 동작이 잘 눈에 띄지 않으나 조밀한 중간동작표현에서는 갑작스런 움직임은 부자연스럽게 보이게 된다. 중간 그림 동작의 흐름이 자리에서 벗어나면 금방 눈에 떨림처럼 위치가 바뀔 때를 튀는 동작이라 부른다.

jet leg (시차)

주로 비행기로 장시간 여행한 후 매우 피곤하거나 어디가 아픈 것 같은 불편한 느낌이 있는 것을 '젯레그' 라고 한다. 한 지역에서 시간이 다른 지역으로 여행할 때 사람이 가지고 있는 일상생활의 주기(Circadian)를 벗어나 리듬이 깨질 때 사람의 몸이 느끼는 생리적인 몸의 혼란을 말한다. 특히 이러한 불편한 느낌은 동쪽에서 서쪽보다는 서쪽에서 동쪽으로 이동할 때 좀 더 심할 수 있으며 북쪽에서 남으로 또는 남쪽에서 북으로 이동할 때는 '젯 레그' 를 느끼지 않는다.

Jig dance (지그 춤)

지그 춤은 16-17세기 영국의 스코틀랜드(Scotland)와 잉글랜드(England) 지역에서 전통적으로 내려온 토속적인 민속 음악이다. 폴카(Polka)만큼이나 빠르고 경쾌한 곡으로 박자에 맞추어 상대자 없이 여럿이 춤을 추는 춤곡이다. 주로 화려하고 예쁘고 특색 있게 디자인 된 옷을 입고 약간의 힐이 있는 검정 구두를 신는다. 피들러(Fiddler, Violin 키는 사람)가 음악을 연주를 하지만 구경꾼들은 같이 박수를 치며 흥겨움을 부추긴다. 가사는 없고 박자로만 연주된다. 18세기에 와서는 아일랜드(Ireland)로 옮겨가 지금까지도 전통적으로 전해 내려오는 매우 흥미 있는 춤이다.

□ 그림설명 1307-1, 그룹으로 추는 지그 춤.

-2, 시그 춤 스텝.

*Korobushka dance (코로브시카 춤)

러시아(Russia) 민속춤(Folk dance)은 주로 2/4박자 곡으로 흥겨움에 따라 음악과 춤은 빨라진다. 원래 이 곡은 러시아의 유명한 민요 <코로브시카> 곡으로 약간은 느리고 무거운 편이다. 이 민요는 단순해 보이는 곡이지만 약간의 쓸쓸함도 느껴지는 전통적인 슬라브(*Slavs)풍의 러시아 민요곡이다. 이 곡에 맞추어 추는 전통적인 춤이다. 여자들은 바깥 줄에서 남자들은 안쪽 줄에서 여럿이 크게 원을 그리며 남자들과 여자들이 서로 반대 방향으로 돈다. 러시아는 추운 지방이어서 춤의 동작이 힘차다. 긴 장화를 신은 남자들이 여럿이 함께 힘차게 땅을 구르고 돌아서면서 손을 내밀어 여자의 손을 잡아끌었다가 놔주며 손뼉을 치고 발을 땅에 다시 구른다. 이런 동작은 돌아가면서 다음 여자와도 똑같이 동작을 반복한다. 이 코로브시카 전통춤은 러시아의 여러 위성국들에 널리 번져있다.

□ 그림설명 1307-3, 러시아의 코로브시카 춤.

*Slavs (슬라브족)

슬라브어(Language)를 사용하는 민족의 총칭으로 6세기경부터 전 유럽에 분포되어 약 1/3을 차지하며 유럽의 살아온 가장 번성한 민족이다. 슬라브어는 크게 3개의 지역으로 나뉜다. 동슬라브어군, 남슬라브어군, 서슬라브어군으로 발달해 동유럽(Eastern Europe), 구러시아(Russia), 벨라루스(Belarus), 폴란드(Poland), 마케도니아(Macedonia), 우크라이나(Ukraine), 크로아티아(Croatia), 보스니아(Bosnia), 몬테네그로(Montenegro), 체코공화국(Czechia), 슬로바키아공화국(The Slovak Republic), 불가리아(Bulgaria), 마케도니아(Macedonia), 보스니아(Bosnia)와 헤르체코비나(Herzegovina) 등의 국가에 분포되어 산다.

-4, 유럽의 슬라브 민족 분포.

1308 `equ`

jog shuttle (조그 셔틀)

조그 셔틀은 조그다이얼(Jog Dial)이나 조그 휠(Jog Wheel) 또는 셔틀 휠(Shuttle Wheel) 등으로 음향이나 비디오 이미지를 한 프레임씩 움직여 화면의 동작을 한 프레임씩 볼 수 있도록 하는 장치들이다.

☐ 그림설명 1308, 여러 종류의 조그 셔틀들.

1309 `gen`

join venture (합자회사)

합자회사의 구성은 무한책임사원(회사 채무에 대하여 기한이 없이 연대적으로 책임을 지는 사원)과 유한책임사원으로 구성되는 이원적 회사를 말한다. 유한책임사원 역시 법률적으로는 출자 한도 내에서 책임을 직접 부담해야 하기 때문에 일반 명칭의 회사와도 다르다. 그러나 회사를 집행하는 권리나 대표권은 없지만 감시 권한은 있다.

1310 `gen`

journal (언론, 학술)

언론은 글이나 언어로 표현되어 대중의 의견이나 개인의 소견을 대중에게 나타내는 것을 통칭하는 말이다. 이에 따라 신문, 학술지, 과학학술지, 잡지, 언론지, 회지, 문예지, 관보, 뉴스 미디어, TV 보도 등의 대중매체(Mass Communication)를 통한 각 연구논문 등의 발표의 장을 언론이라 한다.

* journalist (언론인, 문필가, 기자)

언론 분야에서 종사하는 사람을 일컫는 말이다. 언론인은 매우 높은 전문인으로서 경력을 요구한다. 신뢰, 정직, 도의, 교육, 재능 등은 훌륭한 언론인으로서의 소양이다. 또한 자신의 가치를 스스로 느껴야 하고 새로운 깃에 흥미를 느끼며 경험을 쌓는다. 마음속에 있는 진실과 정의를 주장하고 고품격의 글을 쓴다. 이것이 대중 매체의 목표이며 언론인으로서의 사명이다.

□ 그림설명 1311, 한 게임기 조이스틱.

1311 com equ

joystick (조이스틱, 조종간)

컴퓨터의 게임 또는 디스플레이(Display) 된 여러 요소의 움직임을 조절할 때 사용되는 사방으로 움직이게 하는 레버(Lever)를 말한다. 샵(Shop)에 나와 있는 많은 종류의 게임기에는 대부분이 탑재되어 있으며 화면 속의 동작에 따라 이 조종간을 좌우상하로 움직이며 게임을 즐길 수 있다.

1312 com

JPEG (제이페그)

제이 페그는 '합동 전문가단체(Joint Photograph Expert Group)'의 줄인 말이다. 일반적으로 대부분의 디지털 카메라(Digital Camera)는 Jpeg형식으로 이미지를 저장한다. 이 것은 더 많은 사진을 저장하기 위한 하나의 수단이다. 그러나 압축하지 않고 저장하면 좀 더 세밀한 이미지를 확보할 수 있기 때문에 프로들은 이 방식을 원한다. 국제표준 화상 압축방식은 형태뿐만이 아니라 1,670만 디지털 컬러를 포함한다. 압축은 일부 해상도의 손실이 있을 수 있어 최소한의 압축이 좋다. 그러나 압축에서 오는 로스(Lose)는 식별하지 못할 정도이다.

1313 gen pic ani

judge (심사, 판사)

1) 영화제의 공모전에 접수된 여러 필름 중 우수작을 가려내는 주리(Jury)들의 작업도 저지(Judge, 심사위원)라고 부른다. 애니메이션의 심사위원들은 일반적으로 5명 또는 7명 홀수로 구성하여 스토리, 연출, 캐릭터 디자인, 완성도, 음악과 음향효과 등으로 대별해서 판단하고 구성원의 대다수 의견에 따라 작품을 선별한다. 2) 판사는 법원에서 쌍방이 대립된 사건을 놓고 서로의 주장을 법률적으로 어느 쪽이 위배했는지 판단하고 공정한 판결을 내리는 법원의 판사를 이르는 말이다. 또한 판사는 법률가가 아닌 일반 인으로 구성된 배심원으로부터 그들의 의견을 참작하여 판결을 내릴 수 있다.

✱ 참조보기 (1317 - juror)

1314 pic ani

jump cut (튀는 화면, 점프 컷)

한 영화의 장면전환 기술에서 매끄럽지 못하게 화면이 바뀌는 것을 이르는 말이다.

갑작스럽게 구도나 배경 등이 앞의 장면과 연관 없이 카메라의 위치가 갑작이 다른 각도에서 촬영된 장면, 장면이 전환될 때 다음 인물의 크기가 동일하거나, 카메라의 위치가 180° 선을 넘어 설, 올바르지 않은 매치 컷(Match Cut), 연관성이 없는 빠른 커트, 연속성이 부족한 흐름 등을 모두 점프 컷이라 말한다. 또한 뉴스에서 인물의 대사나 동작 중 불필요한 부분을 제거해 인물의 위치가 튀는 것도 이에 속한다. 전통 애니메이션에서는 필름을 잘못 만든 것으로 여겼지만 현재에 와서는 고의로 충격 효과를 주기 위해 사용하기도 한다. 필름에서 잘려나간 부분을 지칭하는 뜻으로도 사용한다. 영화나 디지털 영상에서 편집상의 매끄럽지 못한 커트처리를 말하며 장면 간의 갑작스러운 화면의 변화로 매끄러운 지속성에 장애를 주는 것으로 간주해 점프 컷이라 한다. 점프 컷은 상영 중 필름이 잘려나간 부분을 버리고 연결하여 상영할 때 동작이 급격히 변하는 것을 지칭하는 뜻으로도 사용했다. 이 점프 컷은 화면이나 음향에 똑같이 적용된다.

1315 gen com

junk mail (쓰레기 우편)

정크메일은 아무 쓰레기로 내다 버려야 할 우편물들을 뜻하는 말이다. 주로 인쇄된 광고나 봉투에 담겨진 우편물들이 배달되어 우체통을 꽉 채운다. 쓸데없는 광고용 이메일들이 들어 온 것을 가리켜 쓰레기 우편이라 부른다.

□ 그림설명 1315, 다수의 쓰레기 우편물.

1316 gen ani

journeyman (기능공, 숙련공, 장인)

기능공이란 그 분야에서 맡고 있는 일을 성공적으로 완성할 수 있는 기능이 인정된 사람을 가리켜 부르는 말이다. 애니메이션 분야에서 그림으로 동작을 잘 연출해 그리는 애니메이터(Animator), 동작 사이 그림을 그리는 동화가, 배경을 그리는 화가 등을 기능으로 분류해 보수를 정하고 그 대가를 임금으로 지불할 수 있다. 애니메이션에서 장인 애니메이터(Journeyman) 능력자가 되려면 5년에서 7년 이상의 숙련기간이 필요하다. 애니메이터는 그림만 그리는 것이 아니라 1) 이야기 줄거리를 숙지한다. 2) 캐릭터의 성격을 파악한다. 3) 각 신의 스토리텔링(Story Telling)을 파악하고 동작을 그린다. 4) 관성(Inertia)과 중력(Gravity)을 동작에 적용시킨다. 5) 언제나 감독이 원하는 연출인가 확인한다. 6) 완성된 동작은 '라인테스트(Line Test)'로 재확인하고 최종 수정으로 동작을 완성한다. 애니메이션 숙련공은 이러한 공정을 통해 역량을 발휘 할 수 있는 숙련공을 뜻하는 말이다.

1317 `gen` `fes`

juror, jury (심사위원, 페스티벌 심사위원)

영화제의 경쟁부문(Competition)에 참여한 필름을 선별하여 우승 작품을 가려내는(심사하는) 사람을 뜻하는 말이다. 일반적으로 영화제들은 매해 응모해온 신작(New Films)을 카테고리(Category)별로 구분한다. 장편(애니메이션 장편영화(Feature Films, 1시간이상), 중편(Commissioned Special Programs, 30분 이상-1시간미만), 단편(Short Films, 30분미만), TV-시리즈(Series), 학생작품(Student Films), 인터넷(Internet), 모바일(Mobile) 등으로 구분하여 이중에서 가장 우수한 카테고리 별로 작품을 선정하고 단편이나 장편에서 대상을 준다. 영화제를 주관하는 조직위원회는 전문분야에서 지명도가 있는 심사위원들을 선임하여 자국인 30%, 70%는 해외에서 초빙한다. 이 룰(Rule)은 세계적으로 비슷하게 지켜진다. 유네스코(UNESCO) 산하단체 중 하나인 아시파(ASIFA) 애니메이션 필름협회 역시 같은 방식으로 각국의 애니메이션 영화제에 권하고 있다. 필름심사는 심사위원들이 모두 모여 관객석에 앉아 관객과 함께 보며 심사하는 것이 전통적 방식이다. 영화제는 대략 5일에서 길게는 7일 동안 진행되는데 심사위원들은 영화제가 끝나는 날 선정한 작품을 카테고리별로 발표하고 조직위원회는 수상대상자들에게 상을 수여한다.

■

Kepler

Kircher

Kk

[케이]

Kepler Foundings

Kinetograph

KODAK

1400 `gen` `ani`

KAAA (한예협)

✱Korean Animation Artist Association (한국애니메이션예술인협회)

한국애니메이션예술인협회를 영어의 첫머리 글자만 사용하거나 한국어로 줄여 부르는 말이다. 한국 애니메이션의 예술인들을 위한 협회로서 예술 활동을 독려하고 회원들의 권익을 보호하기 위한 단체이다. 최초의 '한국애니메이션예술인협회'가 탄생한 것은 대한민국 국립영화제작소의 애니메이션 제작실장으로 일했던 개척자 중 한 사람이었던 박영일(1932-1975)이 세기상사로 자리를 옮겨 국내 애니메이션 제작에 열중하고 있었다. 이 당시 박영일의 활동은 열정에 넘쳤고 그는 1970년에 한국애니메이션예술인협회를 창설했다. 초대 회장을 맡은 박영일은 그만큼 한국 애니메이션 발전을 위해 온 열정을 쏟았다. 그가 1975년 과로로 세상을 떠나면서 협회의 활동이 중단 되었다가 한국 애니메이션 예술인들의 화합과 교류의 구심점을 이루기 위하여 1999년 1월 다시 문화관광부로부터 사단법인 설립 허가를 받았다. 이 협회는 회원들의 창작 활동을 지원하여 우수한 기술력, 국제경쟁력, 사회문화단체들과의 공동 연계사업, 복지사업 등을 지향하고 예술인 간의 교류를 위한 목적으로 결성된 문화예술인 단체로 활동하고 있다.

□ 그림설명 1400, 한국애니메이션예술인협회 Logo.

1401 `gen` `ani`

KAPA (카파, 제작자협회)

✱Korea Animation Producers Association (한국애니메이션제작자협회)

한국 애니메이션 제작자 협회는 건전한 애니메이션의 질적 향상 및 국산화 보급 확대를 위한 구체적인 기획 및 전문 제작 기술력 구축과 연구 활동을 활성화하고 체계화함으로써 애니메이션제작 발전에 기여함을 목적으로 1995년에 당시 현역 제작회사인 대원동화, 애이콤프로덕션, 선우기업, 한호흥업, 한신 등의 대표들이 발기인으로 뜻을 모아 한국애니메이션제작자협회가 설립되었다. 본 협회는 기획연구, 프로그램 개발, 제작 활성화, 국제교류, 심포지엄, 세미나, 전시, 해외 영상 마켓에 참여하며 특히 국내의 애니메이션 예술발전을 도모하기 위한 설립의 목적을 두었다. 이로써 문화관광부 장관이 위탁하는 업무로 한국애니메이션제작자협회가 주도하여 서울국제애니메이션페스티벌 이름으로 영화제를 열어 매년 서울시의 주관으로 개최한다. 제작자 협회에 가입 회사 총수는 약 100여개 회사로 구성되어있다.

□ 그림설명 1401, 한국 애니메이션 제작자 협회 logo.

1402 `gen`

KBS (케이비에스)

한국방송공사의 영문 첫머리 글자를 따서 부르는 말이다.

✳ Korea Broadcasting System (한국방송공사)

1947년 라디오 방송사로 시작되었으며 1953년 서울중앙방송으로 개편되었고, 1961년 국제방송과 함께 서울 TV 방송국을 개국하게 되었다. 1968년 3개 방송을 통합개편하고 1973년 한국방송공사로 출범하게 되었다. 1980년 언론 통폐합 조치에 따라 5개의 민간방송을 모두 흡수하고 같은 해 컬러 TV 방송과 함께 교육방송이 시작됐다. KBS는 방송법에 따라 수상기 소지자는 모두 등록하고 의무적으로 시청료를 지불하고 시청한다. KBS-1은 유일하게 광고 방송을 하지 않는 방송이다. 시청료로 거둔 수입은 건전한 프로그램을 제작하는데 사용된다. 명실공이 국고로 운영되며 보도의 공정성을 지키도록 규정되어 있다.

□ 그림설명 1402, 한국방송공사, KBS logo.

1403 `gen` `ani`

Korea Cartoonists Association (한국만화가협회)

한국만화가들의 뿌리는 1955년에 세종로에 있는 한국 신문회관에서 발기인 총회를 열고 한국 아동만화 자율위원회를 사단법인 한국 아동만화가 협회라는 이름으로 개칭하여 우리나라에서 처음 설립한 만화가 단체이다. 1975년에 사단법인 한국 만화가 협회로 명칭을 변경하고 국제교류와 만화가 권익을 위한 보호활동과 대한민국창작만화공모전 등 창작을 독려하기 위하여 여러 가지 사업을 시행하고 있다. 한국 만화의 시작은 1909년 구한말 때 대한일보 창간호에 실렸던 이도영(1884-1934)의 삽화(만화라 부르지 않고)가 처음이라고 기록되었다. 신문이나 잡지 등지에 만화는 가끔 보였지만 일본의 강점기에 조선의 정치적 이념을 비평하는 만평을 다루지는 못했었다. 1945년에 한국이 해방을 맞은 후 한국 만화가라 부를 수 있는 최영수(1911-?), 노수연, 안석주(1901-1950), 이주홍(1906-1987), 김규택(1906-1962), 김용환(1912-1998) 등이 활동했으며 이들이 한국 만화의 개척자들이다. 만화는 이런 가운데 꾸준한 활동을 이어왔고 1950년 6.25 한국전쟁으로 만화가들은 모두 부산 피난 생활의 어려움을 겪었다. 환도 직후 1955년 처음으로 만화가협회가 결성되었다. '대한만화가협회'의 초대회장은 김용환(1912-1998, 주인공 코주부), 부회장 김일소(1916-1962), 총무 신동헌(1927-2017) 그리고 회원 김정파(1924-1992), 이병주(1921-1992), 김의환, 방영진(1939-1997), 정한기(1930-1999), 권영섭(1939-), 김창수, 백인수(1932-2001), 이상호(1927-1992), 한성학(1938-1999), 김경언(1929-1996), 노석규(1939-), 송영방(1936-2021), 이우헌(1938-), 황정희(1939-), 김규택(1906-1962), 박광현(1928-1978), 신능파(Nelson SHIN, 1937-), 이원수(1931-), 김근배, 박기당(1922-1979), 이재학(1939-1996), 김유홍, 박현석(1932-2022), 신동우(1936-1994), 임창(1923-1982) 등 29명이었다. 그리고 당시 또 다른 만화가들은 이듬해인 1956년 현대 만화가협회의 이름으로 발기하고 초대회장 김성환(1932-2019, 주인공 고바우)을 주축으로 부회장 안의섭(1928-1994), 총무 길창덕(1930-2010), 회원 박기정(1934-), 정운경(1935-), 한성철, 김이구(1941-), 이서지(1934-2011), 이소림, 김봉천, 고두현, 최병학, 이재화, 김규일, 박기준(1941-) 등 15명 정도였다. 당시의 협회들은 임의 단체로 가끔 모여 회원간에 단합을 맹세하곤 했다. 이때를 보면 신문의 시사만화가와 아동용 이야기 만화로 갈리기 시작한다. 1961년에 출판만화자율위원회(회장 역임; 김기율(1922-), 박기당(1922-1979), 이재화, 이상호(1927-1992) 등)를 설치하고 저속한 출판 만화를 자율적으로 단속해 오다가 1968년 10월 사단법인 한국 아동 만화가협회로 발기해 주로 스토리 만화, 단행본을 관리해 왔다. 그리고 다시 1970년 사단법인 한국만화가협회로 이름을 개칭하고 한국에서 활동하는 정예 만화작가들로 이루어진 다수의 회원을 보유한 단체로 재구성했다. 한국만화 100여 년 역사와 만화창작의 자유를 수호하고 만화문화를 고부가가치 산업으로 확산, 발전시키는 작업을 계속하고 있다. 사단법인 한국민화가협회는 한국 만화 발전과 만화창작의 발전을 위해 그리고 회원의 권익과 유대를 다져 회원 700여 명에 이르는 만화작가 단체로 성장했다.

□ 그림설명 1403, 한국만화가협회(KCA), logo.

1404 `pho` `pic` `sci`

Kelvin (켈빈)

✳ Kelvin temperature scale (켈빈의 온도계)

카메라에 담긴 필름상에 빛의 노출 때에 간격마다(Interval) 받는 절대 온도의 측정단위를 말한다. 셀시우스(섭씨°C)와 같이 눈금으로 정하며 기호로는 °K라고 표시한다. 태양 광원은 5,500°K이고 텅스텐 광원은 3,200°K이다. 컬러 온도는 낮을 때는 오렌지색을 띄고 높은 온도는 파랑색으로 나타난다.

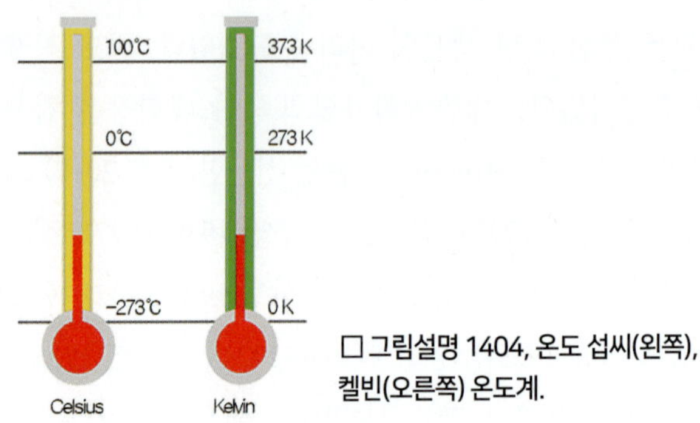

□ 그림설명 1404, 온도 섭씨(왼쪽), 켈빈(오른쪽) 온도계.

✳ 참조보기 (0457 - Color Temperature)

1405 `sci` `peo` `his`

Kepler, Johannes (요하네스 케플러)

요하네스 케플러(1571-1630)는 독일에서 신성로마제국(The Holy Roman Empire) 당시 태어난 수학자(Mathematician), 천문학자(Astronomer), 점성가(Astrologer)이다. 그는 17세기 천문학 분야에 혁명(Scientific Revolution)의 핵심 인물로 올랐으며 자신이 연구한 <신 천문학(Astronomia Nova)> 1609년 출판에서 10년간 화성의 운동을 조사하여 행성 운동의 제1법칙에서 "행성은 태양을 한 초점으로 궤도를 그리면서 공전한다."고 했다. <세계의 조화(Harmonices Mundi-1619년 출판)> 기하학적 형태와 물리적 현상에서 화음의 조화에 대해 논한 책이다. 행성 운동법칙에서 3번째 발견에 나와 있다. 그리고 Epitome of Copernican Astronomy(코페르니쿠스 천문학 개요)를 통해 <행성 운동법칙(the Laws of Planetary Motion)>을 주장했다. 이 연구서는 훗날 아이작 뉴턴(Isaac Newton, 1642-1727)이 <만유인력(Universal Gravitation)>을 발견하기 위해 법칙을 확립하는데 기초로 사용되었다. 케플러는 독일 슈투트가르트(Stuttgart) 근교에서 미숙아로 태어났지만 영리한 아이였다고 한다. 그가 5살 때에 아버지 (Heinrich)는

□ 그림설명 1405-1, 케플러.　　-2, 케플러가 6살 때 목격한 대 혜성. 1577

네덜란드의 80년 전쟁에서 전사했다. 요하네스는 수학적 재능이 많아 주위 사람들을 늘 놀라게 했다고 한다. 그의 나이 6살 때는 대 혜성(Great Comet)을 목격했고, 9살 때는 엄마가 높은 곳에 데리고 가 붉게 물든 월식(Lunar Eclipse)을 관찰할 수 있게 해줬다고 어머니를 회상하곤 했다. 케플러는 어려서부터 천문학에 관심이 많았고 두뇌가 우수해 레온베르크(Leonberg) 영재학교에서 공부했다. 그러나 성격이 과격해 학급 애들과 싸워 친구가 없었다. 그는 어려서 앓은 천연두 때문에 손가락도 불편했고 시력도 안 좋은 심기증(*1 Hypochondriac)환자였다. 그러나 그의 놀라운 수학 실력은 많은 사람들을 놀라게 했다. 그는 폴란드(Poland)의 토룬(Torun)에서 태어나 천동설의 오류를 지적하고 자연 과학자 니콜라우스 코페르니쿠스(Nicolaus Copernicus, 1473-1543)의 지동설을 배우고 옹호했다. 케플러는 학업을 계속해야 할 그의 나이 23살 때인 1594년에 오스트리아에 있는 그라츠(Graz)대학에 교사로 천거되었다. 하지만 그의 강의는 주제도 없이 너무 지루했고 그 다음 학기에는 단 한사람의 수강생도 없을 정도였다고 기록되어 있다. 그럼에도 불구하고 그는 1594년에서 1600년까지 그라츠대학에서 학생들을 가르치면서 그의 첫 번째 천문학을 연구했다. <우주 구조의 신비(Mysterium Cosmographicum)>로 코페르니쿠스의 지동설을 옹호하는 출판물을 내놨다. 그리고 케플러는 당시에 모든 변의 길이가 같은 정 다면 입방체 속에 6개의 행성(수성, 금성, 지구, 화성 그리고 목성)이 있다고 믿었다. 그는 자신이 우주에 대한 신(God)의 기하학적 계획을 알아냈다고 생각했다. 코페르니쿠스 체계에 대한 케플러의 믿음의 대부분은 "우주 자체가 신의 이미지이며 태양이 성부, 행성은 성자 그리고 그사이의 우주 공간은

K

성령이다.”라는 물리적인 것과 영적(Holy Spirit)인 사이의 관계라고 여겼다. 이러한 주장은 그가 개신교인으로 종교개혁(*2 the Religious Reformation)을 이끈 루터(Martin Luther, 1483-1546)의 신학적 신념에서 쓴 것이었다. 케플러는 이 책에서 행성의 운동과 지구 행성의 물리적 특성과 지리적 특징을 말했고 하늘(Heaven, 천국)이 지구에 미치는 대기광학, 기상학, 점성술의 영향에 대한 것들이었다. 케플러는 이 책을 출판하여 마구잡이로 많은 천문학자들에게 보내서 답을 구하려 했다. 책을 발송한 명단 중에는 갈릴레이 갈릴레오(Galilei Galileo, 1564-1642)와 신성로마제국의 루돌프 2세(Rudolf II., 1552-1612)도 있었고 수학자 티코 브라헤(Tycho Brahe, 1546-1601)와 천문학자 라이마루 우르소(Reimaurus Ursus, 1551-1600, 본명; Nicolaus Reimers Baer)가 있었는데 이 두 사람은 천문학자로 연구를 서로 시기한 나머지 소송 중에 있었고 서로 숙적이 되어 있던 것을 케플러는 알지 못하고 책을 보낸 것이었다. 케플러는 이들의 싸움에 말려들게 되었지만 이런 일로 인해 오히려 그가 연구하고 주장했던 그의 관측수치가 잘못된 것을 알게 되었지만 그는 오히려 코페르니쿠스의 관측 값이 틀렸다고 주장하게 까지 된다.

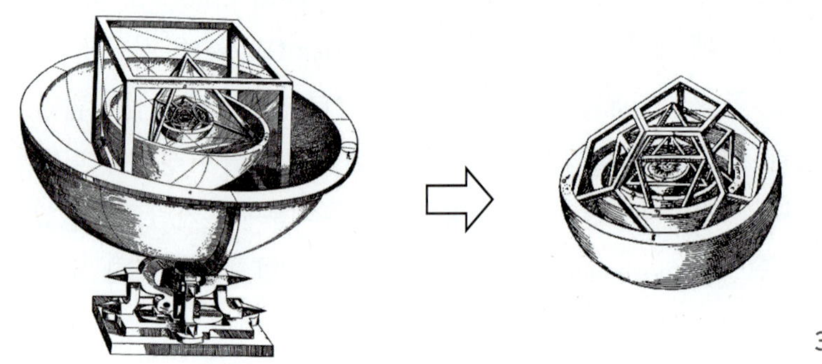

□ 그림설명 1405-3, 케플러가 결론 내린 그의 믿음은 입방체 속에 행성이 하나씩 존재한다고 생각했다.
- 좌측의 중앙부를 확대 시킨 우측그림 - (책: Mysterium Cosmographicum - 요하네스 케플러 저서, 1596)

1599년 케플러는 부정확한 자기연구에 불안을 느끼게 되었고, 정확한 관측 자료를 얻기 위해서는 싸움에 말려들었던 티코를 만나야 한다고 생각했다. 티코는 케플러가 쓴 책에 대해 몇 차례 이치에 맞는 내용을 담아 신랄한 반박 편지가 오가고 했지만 티코는 우호적으로 케플러를 프라하로 초청하기로 했다. 마침, 케플러는 개신교인이었는데 가톨릭으로 개종을 강요당했고 이를 따르지 않았기 때문에 그에 수입의 10%를 벌금으로 내거나 그라츠에 있는 온 가족이 추방당해야 했다. 그러나 케플러는 미리 서둘러 1600년 1월 1일에 그라츠를 떠나 체코의 프라하(Praha)로 미리 와버렸다. 그는 티코와 같이 몇 달 머물며 관측 자료를 얻어 작업은 했지만 초기에 두 사람의 사이는 다투고 화해하고 그것이 하루의 일이었다. 케플러는 영국의 물리학자 윌리엄 길버트(William Gilbert, 1544-1603)가 1600년에 내놓은 책 <자석에 관하여>를 광학에 접목시켜 연구를 이끌어냈다. 케플러는 그가 찾은 행성들이 가깝고 멀리 갈수록 운동이 빨라지고 느려지기 때문에 움직임의 힘은 태양에 의해서라고 생각했다. 티코는 자신의 자료를 극비에 부쳤지만 케플러의 이론과 지식에 감화되어 좀 더 친화적으로 변화했다. 티코와 우르소는 서로 헐뜯는 나쁜 사이로 소송에 까지 치닫게 되었다. 티코는 케플러를 시켜 경쟁자였던 우르소에게 불리하게 논문을 쓰도록 일을 시켰고 대신 케플러에게 행성 관측 자료를 분석하도록 허락해 주어 케플러는 직접 달, 토성과 화성 등을 관측할 수 있었다. 한편 무모한 우르소는 티코와의 소송에서 패소하여 불명예 인이 되었고 심지어 참수판결(Death Sentence)까지 받게 되었다. 우르소는 프라하에서 도망쳐 나와 병고에 시달리다가 1600년 10월 16일에 죽게 되었다. 결국 우르소가 죽고 나니 티코는 오히려 우르소가 일하던 제국 수학자 자리를 차지하게 되었다. 이런 일로 인해 아이러니(Irony)하게도 티코는 로젠버그 남작의 초대를 받아 술을

□ 그림설명 1405-4, 프라하에 있는 티코 브라헤의 연구실. 1600년 케플러는 이곳에서 티코와 같이 12년 동안 일했다.

과음한 탓에 급성방광염으로 입원하지 11일 만인 1601년 10월24일 세상을 떠나게 됐다. 결국 우르소와 티코가 1년 사이에 모두 죽고 케플러만 남게 되었다. 티코가 죽은 지 이틀 만에 그의 후임으로 케플러는 '체코제국 수학자'에 임명되었고 황실에서 11년 동안 최고의 생애를 보냈으나 황제가 약속한 하사금이 조금씩 체불되어 이 때문에 아내인 바바라(Barbara)와는 자주 다투게 되었다. 그러나 왕궁생활 덕에 저명한 과학자들과 많이 접촉할 수 있었고 그의 천문학 연구에도 크게 도움 되었다. 1602년 궤도주기의 기록을 통해 원일점과 지구와 화성의 근일점 측정을 바탕으로 행성의 운동비율은 태양까지 거리에 반비례한다는 법칙을 알아내 입증했지만 수학적으로 계산(*3 Computing)이 복잡하여 기하학적으로 풀어나갔다. "행성은 태양을 하나의 초점으로 하는 타원궤도를 돌면서 공전한다."였다. 이것이 <타원궤도의 법칙(the Law of Ellipses)>이었다. 케플러는 1603년이 되어 대부분 시간을 광학적 이론 <비텔로를 보완한, 천문학의 광학적 측면에 대한 해설(Ad Vitellionem Paralipomena, Quibus Astronomiae Pars Optica Traditur)>에 시간을 쏟아 그 연구결과를 1604년 1월 1일 황제에게 헌정했다.

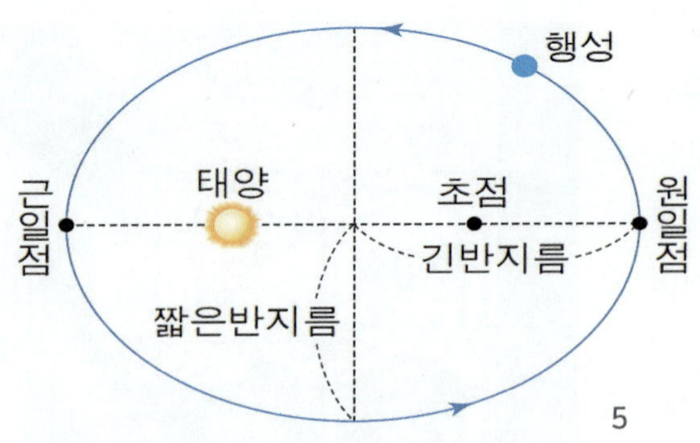

-5, '행성은 태양을 중심으로 타원궤도를 돈다.'를 발견했다.

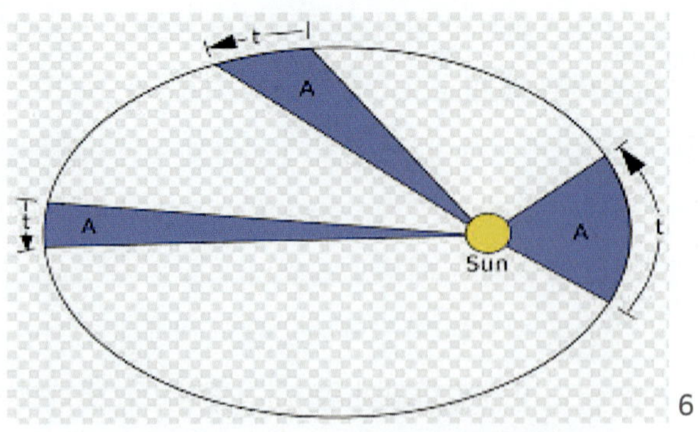

-6, 지구는 6개월 주기로 7월 초쯤이면 태양에서 가장 멀리 있다. 멀 때는 천천히, 1월 쯤 태양에 가까우면 속도가 빨라진다.

이 연구서는 빛의 밝기를 조절할 수 있는 역 제곱 법칙, 평면거울과 곡면거울의 반사 현상, 바늘구멍 사진기의 원리, 그리고 이 광학 연구에서 인간의 안구 수정체의 가장 주요한 역할은 빛을 모아 망막(*4 Retina)에 집중시켜 줌으로 이미지가 '잔상'으로 반전 되어 투영된다는 사실을 발견한 것이었다. 케플러는 이렇게 궁중에서 지내는 동안 루 돌프 황제의 별점으로 운명을 봐주는 일에도 많은 시간을 보냈다. 1610년 갈릴레오 갈 릴레이(Galileo Galilei, 1564-1642)가 새롭고 간단한 우주망원경이라는 강력한 기계로 목성 주위를 돌고 있는 4개의 위성(달)들을 관찰 중이라는 소문이 들려왔다. 목성으로 부터 제일 가까운 아이오(IO), 유로파(Europa), 칼리스토(Callisto) 그리고 가니메 데(Canymede)였는데 갈릴레오는 <시데레우스 눈치우스(Sidereus Nunchius, 별세계의 사자)>를 최초의 책으로 출판하기 전 자기관측의 신빙성을 높이려고 케플러에게 자문 을 구해왔다. 이 책에 관해 케플러는 갈릴레오를 열정으로 응대해 주었지만 이에 대한 갈릴레오의 반응은 없었다. 또한 갈릴레오는 혜성(Comet)을 대기로 인한 허상이라고 무시해 케플러는 자기가 6살 때 육안(Naked Eye)으로 목격했던 혜성을 상기하면서 갈 릴레오의 주장에 크게 실망을 하게 되었다. 둘은 친할 수 있는 계기가 몇 번 있었으나 갈릴레오의 무시로 케플러를 크게 좌절시켰다. 케플러는 용기를 내어 독일 쾰른의 에 른스트(Ernest)공작의 망원경을 빌려 광학적으로 연구했고 갈릴레오 방식인 오목 접안 렌즈와 다르게 볼록 접안렌즈로 망원경의 성능을 크게 높이게 되었다. 사실, 두 사람의 생애와 인격을 비교하자면 갈릴레오는 평생동안 결혼한 적이 없었지만 두 사생아 딸이 있었다. 케플러를 보면 인간적이었던 것이 보인다. 케플러는 가정을 위해 많은 노력을 한사람이며 먹고사는 일로 어려웠다. 케플러는 그의 후반을 1612년에서 1626년까지 다뉴브(Danube)강이 가까운 린츠(Linz)에서 살며 경제적으로 고생했다. 그의 나이 59세가 되던 해에 독일의 레겐스브르크(Regensburg)의 추운 강바람을 맞으며 제국 수학자로 있을 때 받지 못했던 돈을 받으러 여행을 다녀와서 병을 얻게 되었고 천체물리학의 기초를 연 학자, 요하네스 케플러는 1630년 11월 15일 결국 숨을 거뒀다. 그의 몸은 레겐스브르크 외곽에 있는 성 베드로 개신교 묘지에 묻히게 됐다. 그의 비문에는 "어제는 하늘을 재더니 오늘 나는 어둠을 재고 있네, 나는 영혼을 하늘로 뻗쳤지만, 육신은 땅에 남는구나." 그는 세상을 떠나 하늘나라로 갔다. 신성 로마제국의 명망가들이 장례식에 참석했고 그날 밤하늘에서는 고인을 위해선지 유성우(Meteor Shower)가 쏟아져 내렸다고 전해 내려온다. 후세에 와서 NASA는 그의 공적을 기려 이름을 딴 케플러우주망원경을 우주에 띄워 천체를 더 가까이에서 면밀히 관찰하게 되었다.

*₁ Hypochondriac (심기증 환자)

자기 자신의 생각과 몸의 상태를 비정상적일 정도로 신경을 쓰고 주의를 기울이는 증상으로 신경과민증상에 가까운 반응을 보인다. 심하면 신경분열증 또는 조울증 같은 증상이 일어나는 심리적 병이다.

*₂ The Reformation (종교개혁)

마틴 루터(Martin Luther, 1483-1546)는 16세기 가톨릭교회의 폐해를 비판하고 종교개혁(Religious Reformation)을 일으킨 중세 사람으로 사람은 "인간의 힘이 아닌 크리스트를 통한 하나님의 인간"을 내세워 중세로마의 가톨릭교회의 타락한 부패한 권위주의에 대항하여 개신교 윤리(프로테스탄트 윤리, Protestant Ethic)를 탄생시킨 종교개혁을 말한다. 로마 가톨릭교회는 회개가 없는 용서를 거짓 평안이라 비판하고 믿음을 통하여 의롭다 함을 얻는 이신칭의(Justification by faith, 오직 믿음으로만 의롭다고 칭함을 받는다)를 주장하였다. 무의한 인간의 생활에 변혁을 가져온 르네상스 이상의 종교개혁으로 인간에게 새로운 삶의 빛을 가져다 준 마틴 루터의 개신교 신학 창출을 뜻하는 말이다. 루터가 종교개혁을 주장했다는 사실에 당시 로마교황 레오 10세(Leo X, 1475-1521, 재위 1513-1521)는 증오하여 그의 파송을 결정하였고 이 사건은 오히려 개혁 운동으로 치닫게 하여 오히려 지금의 개신교회를 번성하게 했다.

*₃ Computing (계산)

케플러가 스스로 수학가임에도 불구하고 수학적으로 증명하지 못했던 것을 400년이 지난 후인 1998년에 토마스 헤일스(Thomas Hales, 1958-)가 컴퓨터를 사용해 케플러의 기하학적 논리를 수학 수치로 풀어 증명했다.

*₄Retina (망막)

인간의 안구 수정체의 가장 주요한 역할은 빛을 모아 망막에 강력한 빛의 이미지를 투영하는 것이다. 사람의 눈을 통해 망막에 노출된 이미지는 빛의 강약에 따라 눈을 감더라도 잠시 전에 본 형체가 몇 초 동안(길게는 5초) 잔영으로 남게 되는데 이것을 '잔상작용'이라 한다. 1604년 케플러의 광학연구 이후 거의 200 여년이 지나서 움직이는 영상이 막 시작될 무렵인 1824년경 영국의 의사였던 피터 마크 로제(Peter Mark Roget, 1779-1869)에 의해 발표된 <시각의 지속성, 또는 잔상>이라는 연구서가 부각됨에 따라 망막의 기능이 영화를 연속된 부드러운 동작으로 볼 수 있다는 논리를 입증했다. 한 콤마씩 촬영된 사진을 순서대로 돌려보면 끊임이 없이 영상을 볼 수 있다는 것을 알게 된 것이다.

1406 `sci`

Kepler-452b (케플러 452b행성)

밤하늘 지도의 별자리로 볼 때 백조자리(Cygnus) 안쪽에 위치하고 있다. 케플러-452b는 별칭이 지구의 사촌(Earth's Cousin), 또는 지구 2.0 이라 불리기도 한다. 가끔 반짝반짝 빛나는 이 별은 외계항성으로 태양계로부터 무려 1,400광년이나 멀리 떨어진 곳에 있다. 우주선을 타고 시간당 6만km의 상상할 수 없는 속도로 비행한다고 하더라도 무려 2,600만년이 걸려야 목적지에 도착할 수 있는 거리이다. 이 행성도 자기의 태양을 1년에 385일(지구는 365일)을 주기적(Periodic)으로 돌고 있고 지구를 빼닮았다 한다. 지구처럼 바위로 이뤄져 있고 지름이 50%가 더 크다. 2009년 NASA가 케플러 우주망원경으로 찾아 낸 이 새로운 정착지는 상상하는 우리 인간들에게 하나의 꿈의 산물인 것이다. 과연 우주이민은 언제 실현될까? 그 해답은 케플러-452b를 향해 오늘 떠난다 해도 2,600만년 후에야 이루어질 수 있기 때문이다.

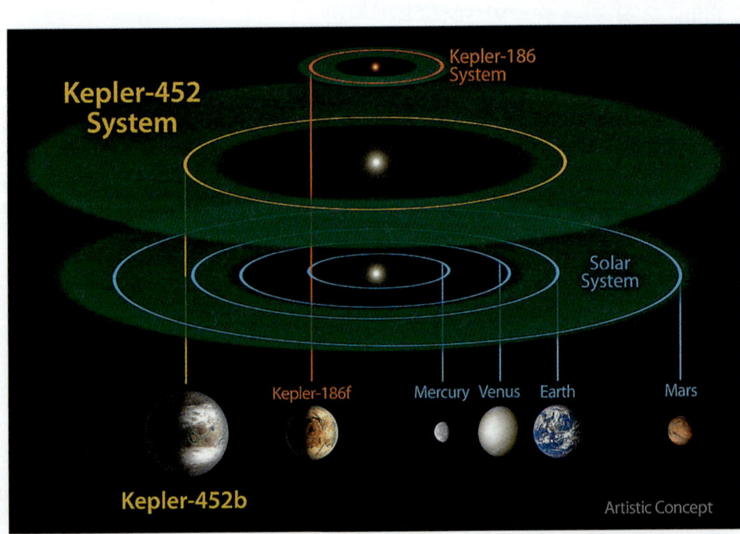

□ 그림설명 1406, 아래- 태양계, 중간- 케플러-452계, 위- 케플러-185계, NASA.

Kepler Space Telescope (케플러 천체망원경)

1600년대의 천문학자였던 요하네스 케플러(Johannes Kepler, 1571-1630)의 이름을 기려 명명한 케플러 우주망원경은 2009년 3월에 NASA(미국항공우주국)에 의해 외계에서 지구를 닮은 행성을 찾기 위해 과학적 목적으로 저비용 디스커버리호에 실어 쏘아 올린 위성 망원경이다. 이 특수 망원경은 NASA가 개발한 우주 광도계를 이용해 은하수에 있는 수십억 개의 별들이 행성을 가지고 있는지를 조사를 하는 임무와 목적을 띠고 있다. 이 케플러 망원경은 고정된 지점에서 145,000개가 넘는 별의 서열별 밝기를 지속적으로 관찰하는 것이 광도계의 임무이다. 외계 행성들이 모항성(Mother Star Sun)을 돌때 항성에 가려 생기는 밝기의 감소를 지속적으로 유지하여 감지할 수 있으며 데이터가 지구로 전송되어 목적에 사용될 수 있게 광도계를 이용하여 행성들을 찾아내고 있다. 이 위성 망원경의 원래 수명은 약 3년 반이었지만 당시대로라면 2012년 3년에서 2016년까지 연장될 것으로 여겨졌지만 2012년 7월 우주선 위치와 방향을 통제하는데 사용되는 4개의 바퀴(Wheel모양) 중에서 하나가 고장을 일으켰고 2013년 5월에는 2번째 바퀴가 작동을 멈췄다. 이에 대해 NASA는 바퀴수리를 포기한다고 했지만 그것으로 끝은 아니었다. NASA는 우주 과학계에 나머지 2개의 바퀴와 트러스터(Thruster, 로켓자세 제어장치)를 사용하는 작전(Mission)을 요청했다. 이로써 2014년 5월 핸디캡의 케플러 망원경은 'K2'라는 두 번째 작전의 승인을 받았다. 지구에서 태양까지의 거리는 1억 4,960만km이며 케플러 망원경은 지구에서 1억2,000만km 떨어져 있다. 케플

□ 그림설명 1407-1, 400억 개 이상으로 추측하는 은하수의 별들. (케플러 망원경이 발견, 허블망원경- 촬영)

러 위성이 지구와 전파나 빛으로 교신하는데 13분이 소요된다. 천문학자들은 케플러 우주 탐사 망원경의 자료에 의해서 은하계 속에 태양과 같은 항성을 돌고 있는 400억 개의 암석으로 된 지구와 같은 크기의 외계 항성이 있을 것으로 추정했다. 2015년 1월 NASA는 1천 번째 외부 행성을 발표했는데 그중 Kepler-438b, Kepler-442b, Kepler-452b 그리고 Kepler-440b는 거의 지구의 크기이며 외계 항성(태양계 밖에)을 돌고 있는 행성으로 Kepler-452b는 지구로부터 무려 1,400광년이나 먼 곳에 있는 별이다. 케플러가 2016에 찾은 행성들만 1,284개나 되고 2017년 8월까지 그동안 케플러의 수행 작전에서 2,729 항성계의 3,639개의 행성과 612개의 복합 행성체계를 발견했다.

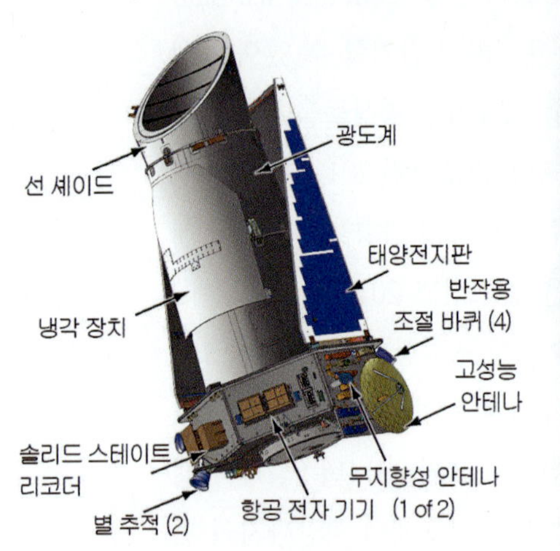

□ 그림설명 1407-2, 외계행성을 찾아 나선 케플러 망원경의 상세도와 상상도(우측).

1408 `ani` `lit` `mus`

key (주, 중요한 요소)

키는 어떠한 상황에서 핵심적인 문제를 풀어가는 요인(Factor)을 지칭하는 말이다. 문학에서 이야기 속에 얽힌 복잡한 플롯(Plot)의 결말을 풀어나가는 요소를 제시하는 것을 말한다. 음악에서 많은 악기들의 소리의 조화를 이루는 키는 리드 음(Lead Melody)을 내세워 강약의 조화를 이루는 것을 의미한다.

✳ key animation (키 애니메이션)

애니메이터가 중요한 동작만을 골라 그린 그림을 뜻하는 말로, 키 프레임(Key Frame) 또는 키 드로잉(Key Drawing)이라 부르기도 한다. 주요한 프레임의 동작을 그린 것을 뜻하는 말로, 동화가(Assistant Animator)는 이 키 애니메이션의 동작의 지시에 따라 중간 그림을 그려 넣는다.

* key animator (키 애니메이터)

영화의 공정은 기획부분, 제작부분, 포스트부분 이렇게 3가지 단계를 거쳐 제작이 이루어지는데 키 애니메이터는 제작부분에 속해 있다. 특히 애니메이션 제작에서의 애니메이터는 라인 프로듀서(Line Producer, 총감독)와 매우 중요한 관계에 있다. 총감독이 원하는 연출의 동작을 표현해 내야하는 특별한 사이이며 애니메이션에서 중요한 포즈가 되는 원화들을 그리는 아티스트를 뜻한다. 이들은 동작 중에 중요한 포즈만을 그리게 되는데 이것을 키 드로잉 또는 키 포즈라고 부른다. 이 원화가들이 그리는 키 그림들은 동작의 절정(Extreme) 포즈만 그리며 중간 그림들은 (동화)어시스턴트 애니메이터에 의해 완성된다. 이때 키 드로잉 혹은 키 프레임을 정해주는 사람을 일반적으로 애니메이터라 부르고, 이들이 만들어 낸 그림들을 총괄하여 키 애니메이션(Key Animation)이라한다. 컴퓨터 애니메이션에서는 컴퓨터 프로그램을 사용하여 중간의 프레임들을 모두 채울 수 있다.

* key drawing(키 드로잉)

한 장면 내에서 가장 중요한 특징적인 포즈를 그린 것을 말한다. 이것을 레이아웃 드로잉(Layout Drawing)이라 부르기도 한다. 애니메이션 키 드로잉은 연속적으로 동작의 관절마다 포즈를 그리는 것을 말한다.

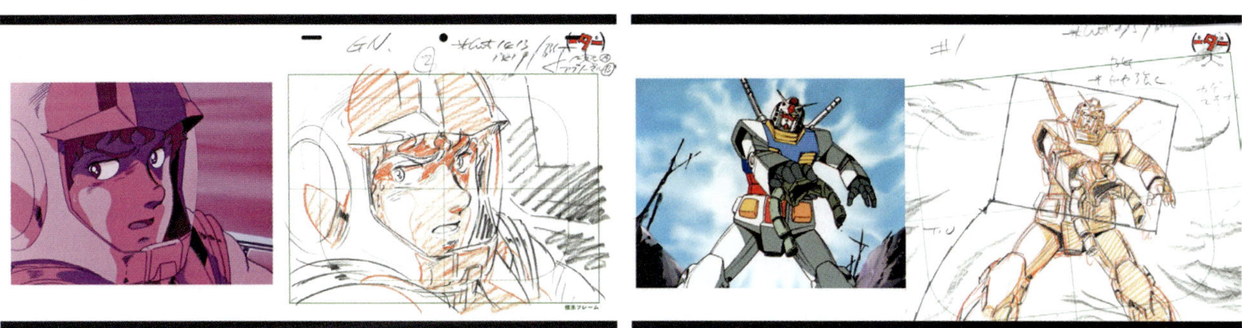

□ 그림설명 1408, 일본식 연출기법, Key Drawing의 상세도와 완성 화면들.

* key frames (키 프레임)

애니메이터나 컴퓨터 아티스트(Artist)가 중요한 동작을 움직임에 맞게 포즈에서 포즈로 드문드문 그림을 그리거나 키 프레임을 잡아 주는 것을 말한다. 컴퓨터 3D 작업에서 많이 사용하게 되는 용어이다.

*key frame animation (키 프레임 애니메이션)

3D에서 애니메이터는 직접 CRT(Cathode-Ray-Tube) 음극선을 이용해서 눈에 보이는 영상을 만들 수 있는 전자관(電子管)을 통틀어 이르는 말로 기본적인 영상을 만들어 내는 데에 사용된다. 주요 프레임은 컴퓨터에 저장된 기록에서 반복적으로 불러내어 거듭 사용할 수 있어 그림을 그려 내는 데에 활용된다. 이때 키 포즈를 위주로 드문드문(Pose to Pose) 만들어진 것을 키 프레임이라 한다. CRT에서 만들어 낸 많은 그림들은 주요 프레임을 합성할 때 서로 겹칠 수도 있다. 주요 프레임들은 필요할 때 사용될 수 있도록 컴퓨터에서 만들어 내고 저장시킨다.

*key pose (키 포즈)

동작에 있어서 특징적이거나 주요한 포즈를 말한다. 키 드로잉(Key Drawing)은 그림을 말하는 것이며, 키 포즈는 캐릭터가 취하고 있는 자세를 말하지만, 이 두 단어는 본질적으로 애니메이션 제작에서 같은 의미로 쓰인다.

1409 `pic`

Keystone Comedy (키스톤 코미디)

할리우드의 최고 코믹 스타들을 대거 출연시켜 코믹필름을 제작하여 최고의 인기를 얻었던 키스톤 회사는 무성 영화시대의 매우 유명하고 성공한 회사였다. 키스톤 캅스로도 유명하다. 1912년에 영화 배급사인 뮤추얼(Mutual)회사의 아담 케셀(Adam Kessel, 1866–1946)과 찰스 보만(Charles O. Baumann, 1874–1931)이 자신들의 회사가 배급할 영화들을 제작할 목적으로 맥 세네트(Mack Sennett, 1880-1960)을 사장으로 앉히고 재정을 지원받아 키스톤 사를 조직하였다. 세넷은 매주 두 편의 단편 코미디를 감독하기 시작했고, 이것이 큰 성공을 거두게 되자 1913년에는 두 번째 팀이 번갈아 제작에 들어가고 1915년에는 9개 팀이 매주 한 두 릴(Reel, 5~6분길이)의 코미디를 만들게 됐다. 키스톤과 함께 일하던 코믹 예술가들은 찰리 채플린(Sir Charles Spencer Charlie Chaplin, 1889-1977), 체스터 콘클린(Chester Cooper Conklin, 1886-1971), 패티 아버클(Roscoe Fatty Arbuckle, 1887-1933), 맥 스웨인(Mack Swain, 1876-1935)이 있었다. 키스톤 회사가 제작한 약 500편의 코미디 단편들의 내용은 대부분 정신없는 추격이나 커스타드 파이싸움 그리고 어릿광대 <키스톤 캅스>와 <맥 세넷과 목욕하는 미인들>에 등장하는 배우들이 대부분 그 특징이었다. 키스톤의 슬랩스틱 코미디언들은 자연의 법칙이 통하지 않는 시각적 환상의 세계로 관객을 이끌었다. 끊임없는 동작, 개그, 빠른 진행, 거친 싸움, 우스꽝스럽고 비상식적인 일을 벌이는 캐릭터들과 곡예사들, 움직이는 기계와 사물들, 실사 사진술을 이용한 애니메이션으로 현실 세계와 비슷하게 꿈의 세계를 창조해냈다. 세넷은 계속 성공을 거뒀지만 결국 빚으로 인해 1917년 키스톤 회사는 파라마운트 영화사에 넘어갔고 1923년에는 키스톤 회사는 10여년 만에 폐업을 하게 되었다.

□ 그림설명 1409, Keystone Cops 시리즈 Hoffmeyer's Legacy, (1912) by Mack Sennett.

1410 com

kilo byte (킬로바이트)

1킬로바이트는 1,024바이트이다.

✱ 참조보기 (0295 - byte)

1411 pic equ

Kinescope (키네스코프)

제반 필름으로 된 영상을 그대로 방송하여 텔레비전으로 시청하기는 절대 불가능하다. 키네스코프는 필름 영상을 방송으로 송출할 수 있는 전자 상(Electronic Image)으로 바꾸기 위해 영사기에서 나오는 빛을 방송용 전자식 카메라에 맞대고 전자적으로 녹화한 후 다시 방송하기 위하여 1936년 TV가 발명될 때 사용한 기초적으로 발상한 미개척 방식의 기재였다. 이 기재는 흑백으로만 TV 방송이 가능할 때여서 천연색으로 제작된 영화라 할지라도 모든 영화는 필름보다 화질이 떨어지는 흑백으로만 방송되었다. 이 방식은 1940년 후반기까지 사용하다가 1950년에 비디오(Video)라는 새로운 전자방식이 나오며 마그네틱비디오테이프를 사용하여 텔레시네(Telecine, 필름이미지를 전자적

이미지로 전환함)로 텔레비전에 방송할 수 있었고 또한 전자적으로 녹화하여 보존하는 방법이 생겨나고 키네스코프는 소용없어져 영영사라지게 됐다. 그러나 21세기 디지털시대를 맞으며 2004년 DVD가 개발되었고 기술은 급진적으로 개발에서 개발을 거듭하며 전파를 타고 UHDTV의 8K 해상도를 안방 TV수상기에 생중계가 가능해진 시대가 된 것이다.

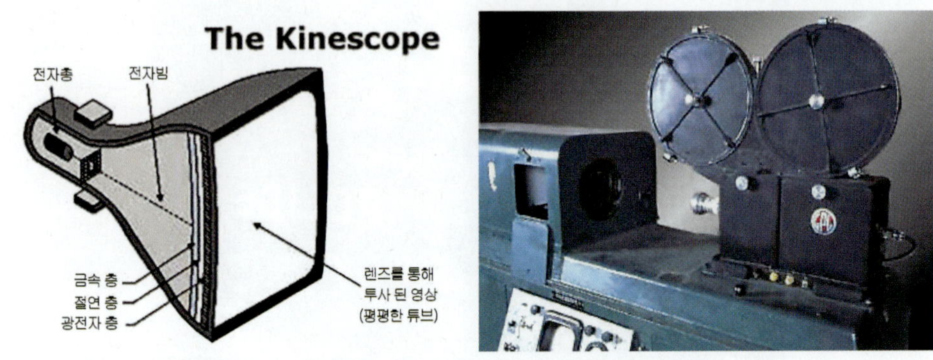

□ 그림설명 1411, 필름영상을 방송용 전파로 바꾸기 위한 Kinescope 기재.

1412 `pic` `equ`

Kinestasis (키네스타시스)

영화 제작에서 스틸(Still, 움직이지 않는) 사진을 이용하여 만들어진 것을 뜻한다. 여기에는 사진, 그림, 콜라주(Collage) 혹은 영화필름의 정지프레임(Freeze Frame) 등을 사용한 필름 몽타주(Montage of Still Images)를 뜻한다. 주로 실험 영화처럼 사진들을 활용하여 스톱모션(Stop Motion) 형태의 애니메이션을 만드는 테크닉을 사용하기도 한다. 애니메이션 로스트럼(Rostrum) 카메라 아래에서 스틸 사진을 조금씩 움직이며 촬영하여 동작을 얻어낸다. 또한 카메라로 그림을 가로질러 팬 하거나 혹은 카메라의 줌인 또는 줌아웃, 스틸 사진들을 애니메이션으로 특정한 음악에 맞게 동작을 감안하여 연속적으로 보여주어 시간과 장소를 인식시켜 주는 것 등의 영화적 표현방식을 사용한다.

1413 `pic` `equ`

Kinetograph (키네토그라프 촬영기)
*Kinetoscope (키네토스코프 영사기)

조지 이스트만(George Eastman, 1854-1932)이 1888년에 개발한 35mm 코닥 필름은 내구성 있는 필름을 완성해 만들어 키네토그라프(Kinetograph)와 키네토스코프(Kinetoscope)의 개발에 상당한 공헌을 했다. 키네토그라프는 연속적인 움직임을 촬영하여 활동사진으로 볼 수 있게 찍은 최초의 카메라였다. 이 장치는 1888년 미국에 발명가인 토마스 에디슨(*Thomas Edison, 1847-1931)이 키네토그라프를 발명하고 에디슨회사의 직원이었던 윌리엄 딕슨(W.L.K. Dickson, 1860-1935)이 공동으로 카메라의 기본적인 모델을 만들었다. 1889년 딕슨은 사운드를 낼 수 있는 영사기를 만들어낼 수 있었다고 역사에 기록되어 있다. 키네토스코프로는 촬영한 필름의 끝(길이는 몇 분 정도)과 시작을 서로 맞붙여 루프(Loop)를 만들어 키네토스코프로 계속 반복하여 돌려볼 수 있었지만 혼자서만 눈으로 들여다보게 스코프(Scope) 방식으로 되어있었다. 에디슨은 동전을 기계에 넣은 사람만 볼 수 있어야 한다고 주장했다. 이 에디슨의 스코프 방식은 1892년 프랑스의 에밀 레이노드(Emile Reynaud, 1844-1918)가 여러 사람들이 극장 안에서 동시에 영화를 감상할 수 있게 한 스크린방식보다는 약 4년을 앞질러 만든 활동사진(Motion Picture) 기계였지만 토마스는 이것을 일반에 발표하지 않은 채 있다가 그만 세계발명품으로서 선두를 놓치고 말았다. 그러나 에디슨의 기계는 1894년경까지 사용되었으며 이것이 오늘날 영화 촬영 기술의 기원이 되었다. 원래 키네토그라프(촬영기)는 키네토스코프(영사기)를 위해 단편 필름으로 촬영해 에디슨의 실험실에서 개발한 카메라였다. 에디슨과 딕슨은 자신이 만든 포노그라프(Phonograph) 축음기로 원래 필름의 이미지와 음향이 동시에 소리를 낼 수 있도록 의도했었다고 기록돼 있지만 사운드와 화면을 연관시키는 작업은 실제로 에디슨의 관심 밖이었다. 왜냐하면 에디슨은 한 영사기가 외부 벽에 노출되어 스크린 위에 이미지를 여러 사람들이 함께 볼 수 있게 되면 수입이 줄어든다는 이유로 스크린 엉사 방식에는 관심이 없었다. 이유는 한 사람씩 스코프를 통해 혼자 관람하는 편이 수익성이 더 있다고 믿었기 때문이다. 이 기계들은 1891년 은밀히 모두 미국 특허 출원을 했다. 키네토스코프는 1893년 대중에 전시됐으며, 그 이듬해에 회사가 설립되었고 전국에 60개의 만화경(Kinetoscope) 기계들을 갖춘 영업소를 오픈했다. 키네토스코프는 호텔, 백화점, 스탠드 바, 식당, 음악 감상실 같은 다양한 장소에 설치되었다. 1893년, 딕슨은 뉴저지의 웨스트 오렌지의 에디슨 실험실 옆에 키네토그라프를 위한 스튜디오를 세워 여기서 키네토스코프용 35mm필름을 직접 만들어(특허된 Kodak Film이 있었는데도) 일반에 판매했다. 에디슨 역시 키네토폰이라는 만화경 기계와 축음기의 일체형을 개발하여 배급하기도 했다. 1895년 뤼미에르 형제가 개발한 시네마토그라프(Cinematographe)처럼 스크린에 그림을 영사하는 것이 미래의 흐름이 될 것이란 여론이 확실해지면서 에디슨은 어쩔 수 없이 비타스코프(Vitascope)를 개발해 이 흐름에 발맞추는 척했시만 실제로는 딕슨(Dixon)을 시켜 개발한 것이었다. 이러한 노력은 드디어 1936년경에 이르러서 전자방식 텔레비젼 수상기가 생겨나면서 판도가 바뀌게 되었고 만화경과 같은 영업수익은 끝장이 나게 됐다.

□ 그림설명 1413-1, 에디슨의 키네토그라프

-2, 키네토스코프.

1877 ▶ 1980

-3, 최초로 말하는 기계에서

-4, 그라마폰으로 개선된 LP 33⅓(78, 45, 33⅓, 16)를 하나로 묶은 전축이 나왔다.

1930 ▶   ▶ 1980

-5, 마그네틱 Reel to Reel 테이프 플레이어

▶ 2020

-6, CD(compact disk)

✱ 참조보기 (0806 - Thomas Edison)

✱ Stream of Sound Development (음향발전의 흐름)

결과적으로 인류의 문명은 생활문화와 함께 발전해왔다. 1877년 에디슨이 소리를 듣고 녹음하고 필요에 따라 재생할 수 있게 한지 10년 후인 1887년에 독일 태생 미국인 에밀 벌라이너(Emil Berliner, 1851-1929)에 의해 그의 「그라마폰(Gramophone, 축음

기) 사운드」 스튜디오에 걸맞게 보다 나은 아날로그 사운드웨이브를 차용했다. 1948년경에 음반회사인 콜럼비아(Columbia)는 처음으로 비닐(Vinyl) 성분의 원반에 속도는 분당 33⅓회전으로 직경이 10인치(25cm)와 12인치(30cm)로 출시되어 대혁신을 가져왔다. 1분에 78회를 회전하는 SP에 비해 많은 용량의 음악을 넣을 수 있어서 이것을 LP(Long Play)라 불렀다. 또한 단 한곡의 팝송만을 넣어 나오는 도넛 판(7 inch, 분당 45회전)이 있었는데 젊은 층에 매우 인기가 있었다. 그리고 같은 시대에 녹음기(Tape Recorder)가 나왔다. 얇고 견고한 비닐에 철산화물(Tape of Iron Oxide)을 입혀 소리를 녹음(Recording)하고 재생(Replay)할 수 있고 소거(Erase)할 수 있어 방송국, 영화제작 스튜디오, 전문가, 교육자 등의 인기를 독점했다. 이러한 아날로그 기계들은 1970년경 IBM에서 플로피 디스크(Floppy Diskette)를 만들면서 사이즈가 작고 용량이 많은 그리고 디지털이라는 장점을 따라 사용자들이 옮겨가게 되었다. CD(Compact Disk) 방식의 개발은 콤팩트가 아닌 대형으로 이미 1960년대에 제임스 럿셀(James Russell, 1931-)에 의해 개발하고 있었으나 소니(Sony)와 유럽의 필립(Phillip)회사가 옵티컬 레이저 디스크시스템으로 안쪽에서 시작해 바깥으로 나오며 녹음되는 방식으로 두 회사의 개발 핵심기술은 거의 같은 것이었다. 결국 일본과 유럽에서 1982년 늦가을에 이 새로운 콤팩트디스크는 판매가 시작되었고 미국에서는 1983년에 판매시장에 들어왔다. 플레시(Flash) 드라이브는 1980년대 후반에 일본 도시바에 의해 개발되었다.

1414 `peo` `ani`

Kircher, Athanasius (아타나시우스 키르허)

로마대학 수학 교수였던 아타나시우스 키르허(Athanasius Kircher, 1601-1680)는 "빛을 벽에 비춰 영상을 볼 수 있다"는 것을 세상에 주장하며 그가 고안한 <매직랜턴>이라는 영상기구와 함께 <빛과 그림자의 위대한 예술(The Great Art of Light and Shadow)>이라는 책을 출판하여 발표해 주위 사람들을 어리둥절하게 했다. 그의 고안품을 실제로 만들어 내지는 않았지만 이것은 인류최초 영상기구의 시초가 되는 고안품이었다. 결국 키르허는 여러 사람들에게 빛을 통해 환영을 볼 수 있다는 도해(Diagram)를 그림으로 설명 했지만 그가 스스로 만들지는 못했다.

1

□ 그림설명 1414-1,
아타나시우스 키르허.

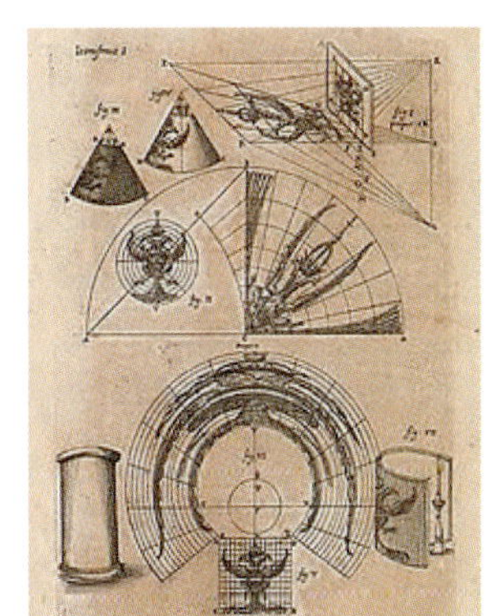

2

-2, <빛과 그림자의 예술>도해.

✳ 참조보기 (0086 - Animation)

✳ 참조보기 (1605 - Magic Lantern & the Genesis)

✳ 참조보기 (0144 - Athanasius Kircher)

□ 그림설명 1415-1, KODAK 로고.

1415 `equ` `pho` `his` `peo`

KODAK (코닥)

조지 이스트만(George Eastman, 1854-1932)은 1878년 당시 그의 나이 24세 때부터 코닥이라는 이름으로 사진용 필름을 개발했다. 코닥이라는 이름은 부르기 좋은 것 외에 별로 특별한 뜻이 없다. 이미 당시에 그는 전 세계가 어디서나 부르기 쉬운 브랜드(Brand) 이름을 만들어 낸 것이다. 그리고 1880년에 와서는 코퍼레이션(Corporation)을 만들어 사업을 시작한 회사의 브랜드이다.

*Kodak Camera (코닥 카메라)

조지 이스트만(*George Eastman, 1854-1932)은 1888년 최초로 구부러지는 영화용 셀룰로이드 롤 필름(Roll Film)을 카메라 상자에 넣어 시판하기 시작했다. 이 코닥 카메라는 사용자가 화학약품을 다루기가 불가능할 것으로 여기고 촬영한 필름을 회사가 카메라 상자까지 회수하여 현상을 한 후 현상된 필름과 함께 생필름을 넣어 되돌려 주는 방식을 사용했다. 카메라에는 35mm필름이 100자 정도의 길이가 들어 있어 약 1분을 좀 넘게 촬영할 수 있었다. 당시 촬영된 필름을 어떤 방식으로 돌려봤는지에 대해서는 기록이 없다. 왜냐하면 연속으로 필름을 돌려 보는 영사기 '키네토스코프(Kinetoscope)'는 1891년 이후 토마스 에디슨(Thomas Alva Edison, 1847-1931)과 딕슨(William Kennedy-Laurie Dickson, 1860-1935)에 의해 처음 만들어졌기 때문이다.

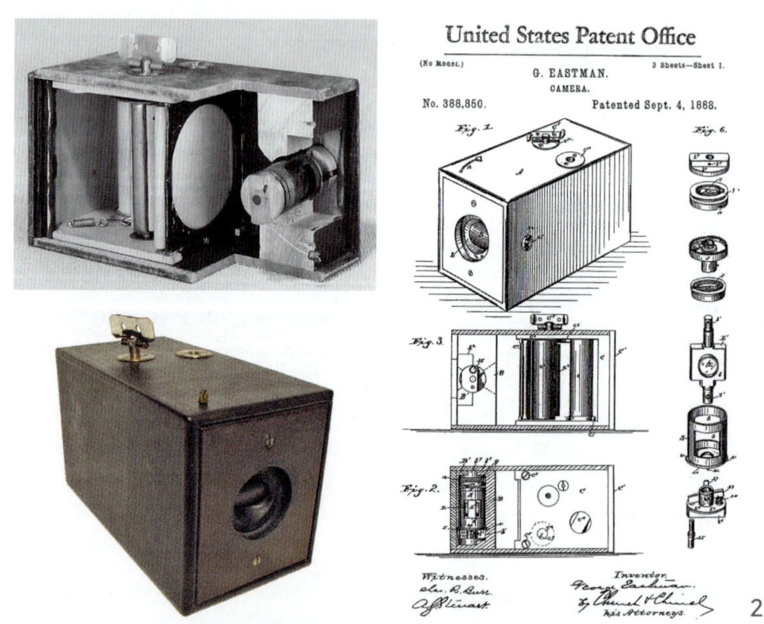

□ 그림설명 1415-2, 최초의 35mm 롤필름 카메라의 구조와 외모.

*George Eastman (조지 이스트만)

조지 이스트만(George Eastman, 1854-1932)은 미국 뉴욕 주의 워터빌(Waterville)에서 태어나 고등학교를 나온 후 보험회사와 은행에서 일하다 사진기술을 배워 코닥 필름을 발명하고 창업자가 되었다. 그는 1878년 사진 건판을 발명하고 1880년에는 로체스터(Rochester)에 공장을 세웠다. 1888년 영화용 코닥 카메라를 고안했고, '이스트만 코닥 회사(Eastman KODAK Co.)'를 설립했다. 그는 성격이 매우 강직하고 시간을 엄수하며 살았다. 그가 1932년 권총으로 자살할 때까지 그는 독신이었고 그의 유언에 따라 재산은 모두 로체스터대학(Rochester State University)에 기부되었다. 그가 남긴 재산과 업적은 반세기가 지난 1989년에 와서야 '로체스터주립박물관(Rochester State Museum)'이란 이름으로 전시되었고 그가 연구하며 남긴 유물들은 모두 일반에 공개되었다.

□ 그림설명 1415-3, KODAK 창업자, 조지 이스트만.

*Eastman Kodak (이스트만 코닥)

이스트만 코닥은 영화용 필름의 상품명이다. 영화용 필름은 35mm의 넓이로 개발된 이래 21세기 디지털이 등장하기까지 약 120년 동안 영화인들의 사랑을 받으며 성장했다. 미국의 영화필름의 선구주자인 'KODAK' 필름은 생겨날 때부터 35mm 넓이 양쪽으로 톱니바퀴(Sprocket)가 필름을 돌려주고 한 칸(Frame) 마다 4개의 천공(Perforation Hole)이 필름을 초당 1자 반씩 돌아가도록 과학적인 디자인으로 설계되어 있어 120년 간이나 사용하는 동안 한 번도 원래의 설계를 수정하거나 교체한 적이 없는 과학적으로 완전무결하게 만들이진 필름이나. 이후 일본의 후지필름(Fuji Film), 독일의 아그파 필름(Agfa Film) 그리고 러시아의 안스코 필름(Ansco Film)이 개발되었고 이들도 모두 프레임당 4개의 천공을 유지하여 필름의 기본형을 사용했다. 필름은 종류로 매우 다양했지만 가장 많이 사용한 포맷은 8mm, Super 8mm, 16mm, 35mm이었으며 특수한 필름으로 단기적으로 사용된 70mm 필름도 있다. 또한 우주항공용 특수 필름까지 이스트만 코닥의 섬세한 연구와 노력은 세기적인 것이었다.

□ 그림설명 1415-4, 전 세계에서 필름을 개발한 나라들은 많지 않다.

 869

1416 `ani` `his` `peo`

Korea Animation History (한국애니메이션의 역사)

* South Korea Animation (한국 애니메이션)

한국 애니메이션의 시작은 다른 나라들에 비해 40~50년은 뒤늦게 시작되었다. 세계사적으로 볼 때, 재능이 많은 한국이 애니메이션이 늦게 시작된 것은 나라가 오랜 동안 일본의 긴 지배 속에 있었기 때문이었다. 당시에 다른 나라들의 애니메이션의 시작을 보면 미국이 1906년(디즈니 1920년, 워너 1923년)이었고, 프랑스 1908년, 영국 1917년, 일본 1917년, 유고 1920년, 구소련 1920년, 중국 1926년, 체코 1930년 등으로 모두들 20세기 초로 기록되어 있다. 그리고 캐나다가 1939년으로 조금은 늦게 시작되었으나 다른 나라와는 다르게 국가의 정책으로 애니메이션 창작가를 여러 나라에서 초빙하여 구성하고 창작애니메이션 기구를 정부가 운영했다. 이들에 비해 한국 애니메이션의 시작은 1959년경으로 매우 늦게 시작되었다. 이렇게 애니메이션이 일찍이 정착되지 못한 것은 한국은 일본의 강점기에서 예술 문화 활동이 어려움이 있었기 때문이었다. 한국은 1945년 일본의 지배에서 벗어났지만 불행하게도 1950년 6.25전쟁을 맞으며 애니메이션의 예술 활동 기회는 더 주춤하게 되었다. 1953년 7월 27일 휴전이 된 후 국가 재건산업이 활발해지면서 회사들은 기업광고, 상품광고 등을 하며 산업을 키워나가게 되었다. 기발한 광고 아이디어 중에 하나가 극장 영화상영 휴게시간 15분을 이용해 1분짜리(대부분) 35mm필름 광고를 만들어 상영한 것이었다. 이때 재미있게 시선을 끌고자 시작된 것이 만화영화광고였다. 그 시작의 1호가 <부채표 활명수> 광고였다. 광고가 시작되면 중절모를 쓴 한 신사가 "아이꼬 배야~, 아이꼬 배야~" (관중이 이때 웃는다.)하며 배를 움켜쥐고 약방을 찾아 들어가는데 신사와 배경에 보이는 약방의 거리는 5~6 발자국은 걸어야 들어갈 수 있는 곳을 단발에 안으로 들어간다. (이때 관중이 또 웃는다.) 신사는 "활명수 하나 주세요~" 한다. 짧은 광고였지만 관객을 많이 웃기며 효과를 얻었다. 광고효과로 만화로 그린 영화가 등장하면서 한국의 애니메이션이 시작된 것이다.

□ 그림설명 1416-1, <활명수>광고, by 엄도식, 1959제작.

-2, <진로소주>광고, by 신동헌, 1960 제작.

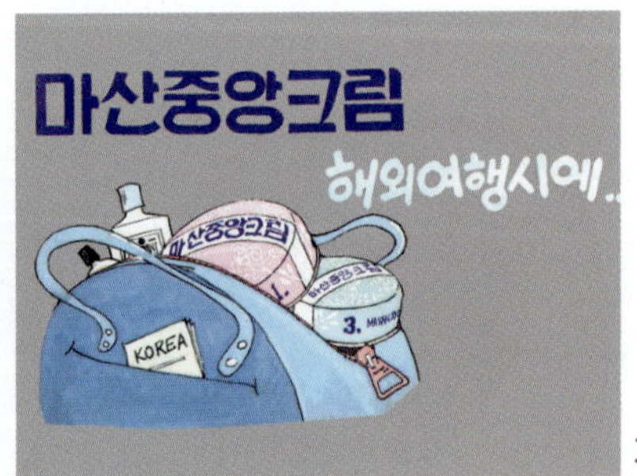

-3, <마산중앙크림>광고, by 신능파, 1965 제작.

한국은 6.25전쟁 폐허 속에서의 난민생활이 지속되었고 먹을 것도 없어 호구지책(糊口之策, 입술에 풀칠하기)으로 버텼다. 사람들이 먹을 것이 없으니 쥐들이 들끓었다. 정부는 만화주인공 코주부를 등장시켜 <쥐를 잡자>는 애니메이션 홍보영화도 만들었었다. 무위도식(無 徒食, 일하지 않고 밥만 축낸다)하는 사람이 많아 부지런히 일하고 먹자는 계몽영화로 '이솝우화'를 각색한 <개미와 베짱이>도 애니메이션으로 만들어져 극장에서 홍보용으로 상영했다. 한편 같은 시기에 하나의 광고형태로 등장한 것이 만화영화광고였으며 이것이 한국 애니메이션의 시작이었다. 한국은 당시 멀티관은 없었고 대형영화관에서 영화를 상영했다. 한 극장에서 한 가지 영화만 상영했는데 한두 달 동안이나 길게 끌었다. 일반 여흥(Entertainment)이라고는 영화관의 영화를 보는 것뿐이었다. 한국의 애니메이션 광고는 극장의 본 영화가 시작되기 전 휴게시간을 이용해 영화를 관람하러 온 관객들에게만 광고하는 방식이었다. 주요 대도시에서 지역광고와 함께 극장에서 상영되었다. 이러한 광고 대행은 「신영 기업사」 라는 회사가 있었는데 이 회사는 전국의 대도시에 있는 극장들과 휴게시간(약 15분)을 전세계약을 맺고 전국적으로 광고망을 확보하고 있었다. 서울에 극장들은 단성사, 피카델리, 명보, 스칼라, 대한, 중앙, 아시아, 세기 등이 1, 2류 급이 있었는데 300석, 500석, 1000석 등의 크기였고 모두 큰 무대가 있어서 가끔 연극 공연도 가능했다. 오늘날과는 달리 이러한 환경에서 극장의 광고는 매우 효과적인 광고방식 중에 한가지였다. 이 방식은 지역 라디오 방송과 함께 이 당시로서는 최선의 광고 방법이었다. 1961년 KBS가 개국(TBS 1964년 개국, 없어짐. MBC 1989년 개국)되어 비로소 애니메이션 광고는 TV를 타기 시작했고 주로 의약품, 주류, 조미료, 화장품, 생활필수품, 드링크제 등 국민생활과 관계있는 상품들이 주종을 이뤘다. 또한 가끔은 극장 근처의 예식장, 식당, 약국 등의 광고도 했다. 당시에 광고 제작비를 받아 애니메이션을 만든 사람들은 신동헌(1927-2017), 신능파(1937-), 한성학(1938-1999) 등 소수의 사람들이 애니메이션을 했고 문달부(1929-),

□ 그림설명 1416-4, -5, 정도빈 주축으로 국립영화제작소가 만든 <개미와 배짱이> 한성학 작화, 박영일 감독, 1961.

럭키금성사의 '럭키치약' 자회사 광고, OB시날코, 1954년 제작으로 되어 있으나 1953년 7월에 휴전이 되었고 그 이듬해 광고를 만들었다?), 엄도식(활명수 외는 만들지 않음, 1959년), 이것이 한국 애니메이션의 시작이었다.

개척자들은 신동헌, 신능파, 한성학 주로 이 세 사람이 가장 활발하게 활동했다. 광고 제작은 가내 수작업 형태를 넘기지는 못했지만 이것이 한국 애니메이션의 시작이었고 한국 애니메이션 발전에 초석이었다. 비록 광고 애니메이션이었지만 신동헌과 신능파의 애니메이션 CF(Commercial Film)제작은 이미 프리스코어(Prescore) 방식으로 성우의 대사, 음악, 효과를 먼저 녹음하여 편집하고 35mm사운드 전용 필름에 더빙하여 프레임에 맞게 그림을 그려 촬영하여 동작과 음향이 일치했고 한 프레임도 오차가 없는 길이로 제작 할 수 있었다. 그러나 한국의 초기 애니메이션은 아주 미약했다. 가르쳐 주는 교육기관이나 선생님이 없어서 스스로 실패를 거듭하고 깨우쳐야 했다. 당시의 한국 애니메이션은 관성(Inertia)과 중력(Gravity)의 원리로 동작이 이뤄진다는 것을 깨달을 수 있는 수준은 아니었다. 다만 1950년 당시 한국 전쟁에 참전했던 일본 주둔 미국 극동군사령부가 같은 해 10월 4일 군사작전용으로 한국지역에 560khz 라디오방송을 시작했고, 유일하게 군사작전용으로 미군방송인 *₁ AFKN −TV가 1957년에 흑백방송으로 방영하면서 한국에 처음 TV 방송이 생겨난 것이었다. 텔레비전(TV)은 한국 땅에서는 처음 보는 신기한 물건이었다. 특히 매주 토요일 아침마다 만화영화(한국은 당시에 애니메이션이라는 용어를 사용하지 않았음.)를 보여줬는데 이것이 우리나라에서는 애니메이션을 배우려는 사람들에게 유일한 선생님인 셈이었다. 당시에는 애니메이션을 가르쳐 주는 학원이나 선생님도 없었다. TV의 애니메이션 방영시간은 애니메이션을 배우려는 사람들에게 모두 소중한 시간이었다. 그들에게는 하나하나의 동작(Motion)을 보며 스스로 깨우치고 연구하고 발전시키는 계기가 되어야 했다. 이런 속에서 광고 애니메이션이 1959년에 시작되었다. 이것이 한국 애니메이션의 시작이었지만 많은 사람들이 이 분야에 뛰어들어 직업으로 택하기는 어려움이 있어 쉽게 손대는 사람들이 없었다. 짧은 CF Film이라 할지라도 일반영화제작과 공정은 똑같은 절차(공정)를 거친다. 대본, 콘티(Continuity, Storyboard), 애니메이션 수작업, 촬영, 성우녹음, 편집, 효과녹음, 최종 완성프린트 등의 전 공정을 완성하는 데는 약 2~3개월 정도 제작기일이 소요되었다. 이러한 제작 공정상의 문제로 애니메이션으로 광고를 만들 수 있었던 사람이 극히 제한적이었다. 그리고 실사 광고는 주로 극영화를 만들던 카메라맨들이 실사로 만들었다. 비록 짧은 광고필름을 만들지만 광고는 시대를 앞서가는 감각적 두뇌가 요구되는 일이다. 영화를 소설에 비유한다면 광고는 시(Poetry)라고 할 수 있다. 시를 쓰듯이 간소화된 의미 있는 영상이 필요하고 짧은 멘트(언어)와 상기(Rememberable)할 수 있는 음률(Tone and Rhythm)로 구성한다. 요즈음 말로 처음 배울 때는 장난이 아니었다. 당시 한국은 이러한 영화 공정을 알고 싶어 하는 젊은이들이 애니메이션을 동경하고 지방에서 많이 올라왔다.

*₁ AFKN (America Forces Korea Network, 주한미군방송)

AFKN은 한국의 625전쟁으로 참전한 주한미군에 의해 당시 반도호텔(현 롯데호텔, 소공동)에서 이동 라디오방송국으로 출발했다. 1957년에 유선 채널로 시작했고, 1960년대 중반부터 공중파 초단파(VHF) 채널 2번으로 텔레비전 방송 송출을 시작했다. 이것은 대한민국에 좋은 영향을 끼친 것으로 평가되었으며 국영방송인 KBS가 개국한 것보다 4년이나 앞선 일이었다. 주한 미국방송은 평택, 군산, 대구에 스테이션이 있다. AFKN이 AFN으로 고처 부른 것은 2001년 4월부터였다.

□ 그림설명 1416-6, AFN(American Forces Network, Korea)주한 미군 네트워크로 지금은 명칭이 바뀌었다.

한국은 아직 불모지였지만 1965년이 되어 일본의 모리가와 노부히데(森川信英, 1918-)감독의 <황금박쥐>라는 TV시리즈 애니메이션 작업이 TBC(당시 동양방송)가 보세가공 형식으로 들여와 옛 대한극장 부속건물 내의 한 작업실에서 일이 시작되었는데 수주를 받은 일부 중 다수의 사람들이 동화를 배우며 애니메이션을 알게 되었고 만화가들이 점차 이 분야로 옮겨와 전문적인 직업인으로 눈뜨기 시작했다. 이 일본의 <황금박쥐> TV 시리즈는 불행히도 한국에 다시 오지 않고 한 시즌으로 끝나게 되었다. 그러나 한국에서 그 이듬해인 1966년에는 <황금박쥐>가 다시 돌아와 순수 한국 작품인양 국내에서 TV에 한국어로 방영되기도 했다. 그리고 다시 이 TV 시리즈는 극영화 감독이었던 신필름의 신상옥(1926-2006) 감독에 의해 여러 개의 시리즈를 섞어 스토리를 재구성 편집하여 <황금박쥐>라는 국산 장편 만화영화로 둔갑시켜 극장에서 상영하기도 했다. 이 영화는 장편 만화영화로 당시에 60만 관객을 동원해 흥행에 대단히

-7, 한국에 처음 들어온 일본 보세가공 OEM 작업 <황금박쥐>

 873

성공한 것으로 기록됐다. 한편 같은 해인 1966년, 김태환(만화가 코주부 김용환의 동생)이 '개미프로'라는 회사를 차리고 미국의 엠지엠(MGM) 영화사가 1940년대 흑백으로 제작했던 애니메이션을 16mm 필름으로 받아와 로토스코핑(Rotoscoping, 화면 복사) 방식으로 컬러로 바꿔 제작을 시도했으나 품질을 맞추지 못하여 실패했다.

그 이듬해인 1967년 신동우(1936-1994)의 만화 <홍길동>을 원작으로 연 인원 300여 명이 동원되어 세기상사의 사장 국쾌남(1922-2007) 제작, 신동헌 총감독의 지휘로 국내 역사상 최초의 장편 애니메이션으로 제작되었다. 대부분의 신인 애니메이터들이 새로운 일에 흥미를 갖고 모여 들었고 부단한 노력으로 최초의 국산 애니메이션 <홍길동>이 만들어졌다. 그리고 제작자 국쾌남 소유의 대한극장에서 첫 개봉을 하며 성공적으로 흥행되었다. 한국 최초의 애니메이션은 적은 제작비로 만들어졌지만 한국 최초로 제작 상영된 장편 만화영화로 기록되었다. 1976년 1월 27일 대한 극장과 세기극장에서 동시 상영으로 관객은 8만 5천명을 좀 넘었지만 당시로서는 많은 관객이었다. 그보다는 <홍길동> 제작은 한국의 초심 애니메이터들에게 한국 최초의 장편 만화영화라는 데에 크나큰 자긍심을 갖게 해주었다.

□ 그림설명 1416-8, 신동우의 만화원작 <홍길동>과 영화 포스터.

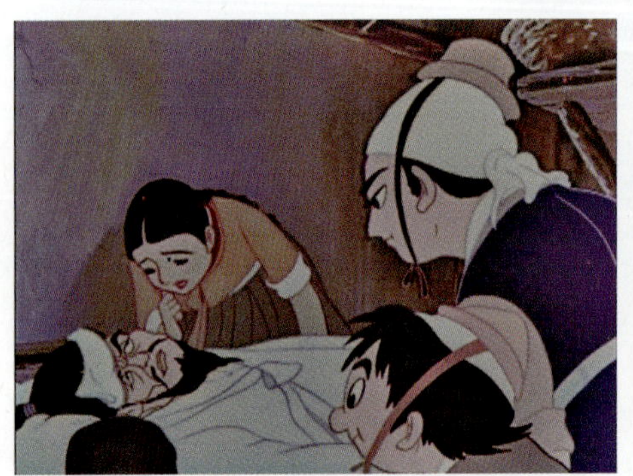

-9, <홍길동> 애니메이션 장편의 한 장면. by 신동헌.

기록에 의하면 <홍길동> 장편이 나오기 전, 세간에서 많이 알려져 있지 않았던 강태웅(1929-) 감독이 은영 영화사와 인형애니메이션으로 제작한 <홍부와 놀부>를 완성했는데 애니메이션으로 만든 <홍길동>이 나온다는 신문 보도를 보고 관망을 하기위해 상영을 미뤘다가 중앙극장에서 나중에 상영했다. 관객은 1만 6천명을 기록했다고 한다. 이듬해인 1968년에는 신동헌 감독이 세기상사와 손을 떼고 단독으로 제2탄 <호피와 차돌바위(신동우, 1936-1994 원작)>를 제작해 동아극장에서 상영했으나 관객은 1만 3천여 명밖에 들지 않아 흥행에 실패했다. 세기상사는 <홍길동> 상영 이후 연이어 애니메이션을 만든 것으로 볼 때, 어느 정도의 흥행수입은 되었던 것으로 추측이 된다. 이후 세기상사는 국산 애니메이션 제작에 열정을 쏟기 시작했다. 국립영화제작소 애니메이션부서 실장으로 있었던 박영일(1932-1975)을 감독으로 내세워 <보물섬> 등 제작에 들어갔다. 레이아웃 실무는 한성학(1938-1999) 감독이 연출과 원화를 담당했고 시스템 제작지원 총괄은 세기상사의 용유수(1931-) 선전과장이 했다. 그리고 용유수는 해주미술학교를 나온 경력을 살려 <홍길동 장군>을 직접 기획하고 감독했고 장편제작을 계속했으나 결과는 어린이들의 여름방학용 장편수준이었다. 이어 용유수는 <호동왕자와 낙랑공주>를 감독을 끝으로 1971년 세기상사를 퇴직했다. 한편 애니메이션제작 스튜디오 '신능파동화제작소' 광고 회사를 10여 년 동안 운영하던 신능파는 아시아계 최초의 애니메이터로 미국의 할리우드로(Hollywood) 진출했다. 1973년 이후, 한국광고업계는 큰 지각변동을 일으킨 역사로 기록된다. 이시기에 한국에서 손꼽히는

□ 그림실명 1416-10, 한아팀(한성악) 감독 <철인 007> 1976 장편.

-11, 임성규 감독의 <마루지 아라지> 1976 장편.

-12, 김정기 감독의 <로보트 태권 V> 1976 장편.

-13, <마징가 Z> 일본, 도에이도가의 장편 주인공.

대기업회사들이 제작회사에 의존하던 광고제작을 각 회사들이 앞 다퉈 자체 광고 제작회사를 설립하고 자사의 기업광고와 상품광고들을 자체로 제작하며 전략적 홍보전을 펴 활발한 자체 기업육성에 큰 발전을 가져오게 했지만 한편 자체제작은 종종 기업이나 자사 상품에 과대광고가 넘쳐나게 했다. 우리나라는 당시 해외에서 수입하는 만화영화는 주로 미국(디즈니 작품)것으로 세기상사가 수입하고 배급하여 흥행을 했고 따라서 이것은 한국에 애니메이션을 보급한 유일한 채널로 세기상사는 애니메이션에 기여한 업적으로 남게 되었다. 당시 일본의 장편 애니메이션은 일본의 문화가 수입이 불가능할 때여서 그들의 애니메이션은 방송사들이 몰래 들여와 한국말로 바꾸고 화면 속에 일본말은 지워서 한국에서 시청자들이 모르게 오랫동안 방송하기도 했다. 1976년대 들어서는 임정규(1943-2018)감독의 <태권동자, 마루치 아라치>등 9편의 장편이 꾸준히 제작되었지만 크게 장편 애니메이션 제작이 성공하지도 활성화되지도 못했다. 그나마도 <로보트태권V>는 60만 관객을 끌었지만 <마징가 Z>와 흡사해 표절에 휘말리기도 했다. 이 장편 역시 1976년에 만들어 졌다.

한편으로는 일본의 보세가공 <황금박쥐> 이래로 일본의 부분적인 애니메이션 보세작업은 계속되었다. 우리나라 70년대 초기에는 애니메이션 작업량이 부족하여 일본에서 채색이나 동화정도를 보세가공 형태로 들여와 작업을 했는데 일본인들이 직접 여행 가방에 넣어 왕복 항공편으로 실어 나르며 그림을 그려 갔다. 일본 일은 한국에서 동화작업이 끝나면 반드시 그림은 본국으로 들고 들어가 직접 촬영하여 작품을 완성시켰다. 당시 한국은 자체적으로 애니메이션 제작 능력이 없었으므로 이 당시에 한국의 애니메이션 업체들은 일본 일을 하는 것이 선망의 대상이었다. 일본의 강점기가 끝난 지 20여 년 만에 일본의 보세가공형태의 아니매(Anime)가 들어오게 되었고 우리나라 만화가들에게는 일본의 애니메이션 기술과 일거리는 흥미로운 일이었다. 한국의 신진만화가들은 열심히 일본식의 제작방식으로 열정적으로 배우게 되었다. 그러나 1979년 봄에 좀 더 차원이 다른 미국의 애니메이션이 한국에 상륙하게 되었다. 그동안 미국 드패티-프렐링(DePatie-Freleng)사의 감독으로 활동하던 넬슨 신(신능파)이 미국에서 8년 만에 소속회사의 일을 가지고 한국에 나오게 되었다. 창작자이며 소유주인 제프리 오켈리(Jeffrey O'Kelly, 네덜란드작품 <닥터 스너글(Dr. Snuggles), 1980>을 한국에서는 최초로 전 공정 애니메이션 하청작업으로 만들며 서울은 적극적인 보세 가공 제작으로 지각변동이 일어났다. 망원동 소재의 '태우동화' 애니메이션 스튜디오에서 작업인원을 구성해 약 6개월간 작업을 했고 우수한 결과를 얻어 냈다. 한국이 미국의 해외 하청 제작의 가능성을 발견한 첫 케이스가 되었다. 한국 제작진으로는 신동헌, 이춘만(1951-) 김경복, 배영랑(1939-2015), 김낙종, 김송필, 서병관, 이준남 등 더 많은 사람이 참여했고 선화채화는 선우인숙이 책임자로 회사는 약 백여 명의 팀을 이뤄 일을 했는데 주로 신동헌 감독이 레이아웃(Layout)을 담당했다. 애니메이션동작은 미국에서 온 타임시트(Exposure Sheet)를 잘 따라 미국 제작사의 평가에서도 능력이 인정되어 해외 수주작업의 가능성을 얻게 되었다.

□ 그림설명 1416-14, 제프리 오켈리의 작품 <Dr. Snuggles>, 1979.

이 당시 한국의 OEM작업은 몇 가지 중요한 의미가 있었다. 이것은 본격적인 미국의 애니메이션 작업이 한국에 들어올 수 있다는 의미였다. 따라서 기라성 같은 미국 최고의 애니메이션 감독들이 한국에 파견되어 애니메이션 기술을 가르쳐 주었기 때문에 당시 많은 한국의 애니메이터들은 정통 애니메이션에 몰입해 미국방식의 애니메이션을 배우며 일할 수 있었다. 미국의 일은 일본의 단가 보다 제작비가 훨씬 높은 것이 특징이었을 뿐만이 아니라 애니메이션 표현방식부터가 달랐다. 일본식은 스토리를 이끌어 나가는 방식으로 동작은 매우 한정된 그림으로 동작이 적은 애니메이션 연출방식이 주종을 이루고 있는 때였다. 미국 애니메이션은 일본식과는 다르게 캐릭터가 동작으로 스토리를 이끌어 나가는 방식이어서 보기만 해도 재미가 있다. 미국의 일은 한 개의 시리즈가 30분용(실제 20분) 13편으로 되어있다. 20분을 완성하려면 3개월이 소요되지만 프로덕션부분 모두를 완성해서 보내야 하기 때문에 일본의 일과는 비교가 되지 않게 비용이 높았다. 이일을 원만히 제작하기 위해서 프리-프로덕션에서 준비된 스토리보드(Storyboard)를 받아 레이아웃과 원화, 동화, 촬영, 현상, 가 편집까지 완성하여 대사가 그림과 맞는지 필름체크를 한 후 납품하는 것이시 일본식과는 아주 대조적인 방식이었다. 일본 일은 전편의 작품을 의뢰하지 않고 부분적으로 제작해서 자체 제작으로 이루어진 부분과 편집해 품질관리를 해 나가는 식이었다. 특징으로 일본 '도에이

스튜디오'의 에도 마사하루 부장이 한국의 대원동화, 교육동화 그리고 세영동화를 휘어잡고 경쟁을 시키며 많은 양의 자투리 작업을 해갔다. 그러나 '도에이 도가(동영동화)'가 이러한 과정을 거치며 한국 애니메이션 감독들의 기능을 성장시켰고 제작수준의 능력을 높였다. 한편, 1980년대에 들어서며 한국의 장편 애니메이션은 세영동화의 김대중(1946-2017)감독의 <우주대장 애꾸눈>, <고우영의 삼국지>, <독수리 5형제>, <소년 007 은하특공대>, <슈퍼 타이탄 15> 등 26편의 장편을 만들어냈다. 김청기(1941-), 임정규(1943-2018), 김대중(1946-2017), 이규홍, 박승철, 홍상만 등 감독들의 활동이 눈에 띄게 활발한 시기였다. 그러나 한국 내 자체 장편제작에 열정을 쏟은만큼 모든 작품들이 성공하지는 못했다. 또한 한편 TV에서는 그 후 KBS 한국방송과 MBC 문화방송이 연이어 음성적으로 일본 애니메이션을 들여와 내용 중 일본 글자들을 모두 삭제하고 끝부분 엔딩 크레디트(Ending Credit)도 모두 잘라낸 상태에서 한국 성우들의 이름만 올리는 형식으로 수많은 프로그램을 방영했다. 이런 일은 훗날 1차 일본문화 개방으로 인해 들통이 나기도 했고 일본에서 열린 한일축구경기에서 일본 애니메이션 주제곡을 한국응원가로 부르는 해프닝이 벌어져 망신도 당했다. 1985년에는 미국 마블 프로덕션(Marvel Productions LTD.)은 장편 애니메이션 <더 트랜스포머 더 무비(The Transformers the Movie)>를 총감독했던 할리우드의 넬슨 신이 한국에 본격적인 OEM 작업을 위해 애이콤 프로덕션(AKOM Production)을 설립했다.

□ 그림설명 1416-15, AKOM의 OEM 시작, <My Little Pony and Friends>, 1985.

그리고 한국 내에서 최초로 OEM 장편 애니메이션 <작은 나의 조랑말과 그의 친구들(My Little Pony and Friends)>을 제작했는데 이 당시는 애니메이션 일에 익숙해 있던 애니메이터들이 많았기 때문에 장편 영화를 3개월 단기간에 끝낼 만큼 놀라운 작업 속도에서도 품질이 우수한 영화제작 능력을 보여주었다. 그만큼 한국의 애니메이션 기술이 놀랍게 발전돼 있었던 것이다.

이 순간적인 제작능력을 바탕으로 한국의 애니메이션은 새로운 방향으로 선회하기 시작했다. 한국은 넬슨 신 감독에 의해 막대한 OEM작업으로 다수의 사람들이 코믹북(Comic Book) 만화가에서 애니메이터로 대거 직업전환을 한 크나큰 계기가 되었고 애이콤 회사는 다량의 일을 서울에 있는 여러 스튜디오에 공급하게 되었다. 많은 예술인들이 모여 최고품질의 애니메이션을 다량으로 만들어 냈다. 당시 이로 인한 한국의 OEM 수출실적은 대단했다. 이런 일에 고무되어 KBS방송이 우리나라를 위한 자체 애니메이션 제작의 필요성을 느낀 것도 이 때였다. 1987년 KBS는 조봉남(여성) PD를 내세워 국산 애니메이션을 제작해 한국 어린이들에게 우리 손으로 만든 애니메이션을 보이기 시작한다. <아기공룡 둘리>, <떠돌이 까치>, <동화나라 ABC>를 KBS의 비용으로 제작을 했다. 애니메이션을 위한 시나리오를 새로 쓰지 않고 기존 만화책을 기반으로 한 것이어서 연출이 애니메이션적인 것은 아니었다. 애니메이션은 영화 연출기법을 알아야 하고 만화와 애니메이션은 근본이 다른 것이지만 당시 상황에서 시비를 가릴 틈은 없었다. 제작회사는 대원, 세영, 한호, 애이콤, 신동헌 프로 등이 참여하여 처음으로 10시간 10분 분량의 TV 애니메이션 프로그램을 만들어냈다. 만화책을 MBC도 가세하여 "달려라 호돌이"(5분), "독고탁의 비둘기 합창"(80분) 두개를 제작했다. 이것을 시작으로 1996년까지 10년 동안 방송사가 제작을 의뢰한 총 편수는 26분물이거나 장편을 합쳐 364편을 주문 제작한 것으로 기록되었다. 1995년 김영삼 정부 때에는 애니메이션 OEM제작으로 벌어드린 수출고가 1억불에 가깝다는 코트라(KOTRA) 보고서에 놀라 문화체육부가 나서서 애니메이션을 장려하기 위하여 서울 국제만화애니메이션페스티벌(SICAF, Seoul International Cartoon Animation Festival)을 열어 주었다. 이를 통해서 만화와 애니메이션의 붐을 만들었고 이 두 분야는 축제 분위기 속에 크게 변화하게 됐다. 만화와 애니메이션이 대중과의 접촉이 시작되었고 독자나 관객들에게 새로운 인식을 심어주는 큰 계기가 되었다. 1996년 문화체육부가 주관, 한국 애니메이션 제작자협회가 주최하여 민간 기업으로부터 비용을 후원받아 페스티벌을 개최했다. 이 페스티벌로 인해 한국의 만화와 애니메이션 분야는 청소년들에게 일대 애니메이션 붐을 일으키게 되었다. 이 계기로 일약 유명한 학교가 생겨나기두 했다. 이에 힘입어 방송사들의 제작방영도 크게 늘어났다. KBS, MBC 그리고 SBS에서 2,358편에 달하는 애니메이션을 방영한 것으로 기록돼 있다. 1987년 7월 이전 제로(0)에서 시작된 방송사의 애니메이션에 대한 관심은 엄청난 변화를 가져온 셈이다. 한편으론 1996년 당시의 만화업계는 갈등과 고민 속에 빠져 있었다. 몇몇 회사가 일본의 기준 없는 만화원고를 한국에 들여와 문체부의 허가를 거쳐 양산해 나갔다. 분별없는 독자들은 색다른 문화에 젖어들게 되었고, 이러한 만화를 흉내 내 학교 폭력도 생겨나기 시작했다. 결국 검찰이 나서서 소탕전을 벌이고, 일본 만화 수입의 가부를 가리는 시비를 했다. 이렇듯 만화 업계의 불법적인 만화 수입, 방송사들의 변칙적인 애니메이션 수입방영 등이 1990년대 한국에서 벌어진 전반적 상황이었다. 그러나 이즈음 저속한 평가를 받아오던 만화와 애니메이션이 일반적인 인식에서 벗어나 예술의 개념으로 전환된 계기가 되었다. 이런 분위기 속에서 1990년 공주사범대학의 임청산(1942-) 교수에 의해 만화학과가 신설되어 있었다. 이 학교는 한국에서 유일하게 만화와 만화영상학과가 존재했던 학교로, 만화를 좋아하여 만화를 공부하려는 많은 학생들이 공주사범대학에 몰려들었다. 이 학과는 만화에 애니메이션을 적용시키는데 크게 공로를 세우기도 했다. 이 학교의 임청산 교수는 선경지명이 있어 유일하게 학생들에게 만화를 가르치고 있었다.

□ 그림설명 1416-16, SICAF, 서울국제만화애니메이션페스티벌 행사와 포스터.

애니메이션 OEM업계가 1999년까지의 작업이 최고 절정의 해로 애니메이션 수출로 업계가 해외에서 벌어들인 돈은 연 1억 달러가량 되었다. 한국만화가협회, 한국애니메이션제작자협회, 한국만화애니메이션학회, 한국애니메이션예술인협회가 속속히 문광부에 예술단체로 등록되고 흩어져 일하던 개별 활동이 협력체화 되기 시작한 것도 이때였다. 1998년 문화관광부는 국내 애니메이션을 고부가가치 문화산업으로 성장시키기 위해 공중파 방송의 종량제를 공시하고 각 방송국이 방영하고자 하는 해외 애니메이션에 대비 2004년을 계기로 100%의 비율로 국산제작물을 방송하도록 규정했다. 이 때부터 2004년까지 문화관광부는 특별 예산을 들여 벤처빌딩을 마련하고 벤처기업을 확보하여 1천억에 가까운 예산을 만들어 한국문화콘텐츠진흥원을 신설하고 애니메이션 분야에 지원을 내세워 창작개발, 문화 원형복원 등 업계와의 협력을 펴나가는 일도 했다. 1990년대 들어 국내 극장용 장편은 <로티의 모험(한호, 송정율 감독)>, <돌아온 우뢰매(김청기 감독)>, 국내 최초의 성인 애니메이션 <블루 시걸(용성, 오홍선 감독)> 등 21세기 초반에 이르러 한국에서는 이미 40여 편의 장편이 제작되었다. 이로써 해방 후 우리나라가 만든 애니메이션 장편 총 제작 량은 100편을 훨씬 초과했다. 그러나 대 부분 관객 동원에는 만족한 성과를 거두지 못했다. 국내에서 개봉되는 애니메이션이 기획력 자체보다는 일반 관객의 국산 작품에 대한 무관심과 사대주의적 심리가 큰 요 인일 것으로 해석되었다. 그리고 한국에서 제작된 애니메이션은 품질이 떨어진다는 선 입견으로 관객이 들지 않아 우리나라 제작 장편 물에는 고작 10만 명 내외의 관객이 든 다. 반면 해외 애니메이션은 모두 100만에 가까운 관객이 몰린다. 1988년 영화 배급시 장 개방으로 UIP(United International Pictures) 직배파동을 거친 이후 2014년까지 해외 로부터 수입해 온 애니메이션으로 이들이 모은 관객 수는 3천만 명에 달했다. 이 수치 는 국산 창작애니메이션이 30년간 제작하고 동원된 관객 수 250만 명에 비하면 놀라운 관객 동원 수가 된다. 해외로부터 수입한 애니메이션은 우선 자체 직배로 상영되고 있 으며, 그들이 벌어드린 돈은 몽땅 본국으로 송금된다. 국내 애니메이션은 배급회사나 극장주들의 노골적인 기피로 어려움을 겪고 있는가하면 국산 애니메이션은 배급을 하

려 하지도 않을 뿐만이 아니라 한다 하더
라도 한 상영관에서 몇 개의 영화를 교차
상영하는 방법을 택한다. 교차 상영은 극
장주의 판단에 따라 정하는데, 어떤 경우
는 아침 8시, 10시에 애니메이션을 끼워
상영해 놓고 배급을 했다고 하는 경우가
비일비재해 애니메이션 업계에 어려움을
가중시키고 있다. 정부가 수백억의 예산
을 들여 애니메이션 육성에 힘을 쏟고 있
다하더라도 한국의 자체 애니메이션시장
이 지리 잡지 못한 현실에서 해외 영화의
수입과 영화쿼터제의 개방은 많은 영화
관계자들의 실망과 분노를 안겨주었다.

17

18

□ 그림설명 1416-17, <마리이야기> 2002, by 이성강.

-18, <원너풀 데이즈> 2003, by 김 문생

정부는 영상물 배급과 관련한 실질적이고 구체적인 정책을 입안하고 실행해 한국의 극영화뿐만이 아니라 애니메이션 산업을 살려야한다는 주장도 나왔지만 무감각이다. '영화관 없는 애니메이션의 육성'은 불가능한 것이다. 애니메이션 OEM업계는 그들대로 최선을 다해 위축된 애니메이션을 살리기 위해 투자를 했다. 그리고 결과는 하나같이 실망스럽게 끝이 난다. 한국의 OEM은 10여 년 전부터 해외 수주가 내리막길을 가고 있고 업계는 창작 장편 애니메이션에 꾸준하고 성실한 노력을 해왔다고 할 수 있다. 그러나 한국의 극장용 영화가 처음 만들어진 1967년 이후 지금까지 150편 이상의 장편을 제작하고도 흥행 성공사례를 만든 적이 한 번도 없다는 것은 비극이다.

사실상, 애니메이션 분야는 SICAF 행사가 생기며 실험애니메이션 형태의 예술 활동이 눈에 띄게 증가했다. 다수의 젊은이들은 애니메이션 창작에 열중했다. 이성강(1962-) 감독의 <마리 이야기>는 2002년 안시국제애니메이션 페스티발에서 장편부분 그랑프리를 차지해 2004년에는 <오세암>역시 그랑프리를 받아 '만년 하청국가'의 인식에서 벗어나 한국의 국제적 위상을 높일 수 있었다. 젊은이들의 꿈과 희망 그리고 사랑을 그린 김문생(1961-) 감독의 <원더풀 데이즈>는 SF작품이다. 미국의 할리우드에서 오랫동안 총감독과 제작자로 활동했던 넬슨 신 감독이 한국에 나와 스크립트를 쓰고 직접 기획한 <왕후 심청> 장편 애니메이션이 평양에 들어가 3년 동안 애니메이션을 같이 작업하여 만들었다. 남북 공동제작으로 소요된 기간은 6년이 걸렸다. <왕후심청>이 서울과 평양에서 역사상 최초로 2005년 8월 15일 동시 개봉을 했다. 북한은 개봉 전 KBS

□ 그림설명 1416-19, <왕후 심청> 2005, by 넬슨 신.

-20, <천년 여우비> 2007, by 이성강.

-21, <마당을 나온 암탉> 2011, by 오성윤.

성우들의 목소리를 평양에서 극영화 배우의 목소리로 모두 바꾸고 다시 더빙하여 김정
일 위원장의 승인을 받아 3천석을 수용하는 평양국제영화관에서 4일간 상영을 했고
한국에서는 전국 67개의 영화관에서 약 2개월 동안 상영했다. 이 영화는 한국이 해방
을 전후해서 남과 북이 공동제작이나 또한 남북동시 상영은 처음 있는 일이었지만 홍
보전에 미숙한 나머지 제작비용과 남북의 예술가들이 공동으로 애쓴 노력에 비해 흥행
에는 매우 저조한 결과가 되었다. 그 후, 이 작품은 DVD로나 TV에 방송된 적이 없어
주변사람들의 궁금증을 더해준다. 그 기회에 남한이 알게 된 것은 북한의 애니메이션
제작 기술수준이 매우 상위에 있다는 점이다. 다시 남북이 한곳에서 같이 노력해서 참
다운 우리의 애니메이션을 만들게 되기를 마치 학이 목을 길게 뽑은 것처럼 높이 들어
본다. 애니메이션은 미국, 일본, 유럽등지에서 우수작들이 한국에 많이 수입되어 직배
를 하면서 흥행에 크게들 관객을 모으는데 성공했다. 한국도 방학 동안에만 초등학생
관객을 끌기위해 만들어지는 저질의 애니메이션 감독들은 더 이상은 없다. 성백
엽(1964-)의 <오세암(2004)>, 넬슨신(1939-)의 <왕후 심청(2005)>, 조범진의 <아치와
씨팍(2006)>, 이성강(1962-)의 <천년여우 여우비(2007)>, 이혜영(1981-)의 <제 불찰씨
이야기(2008)>, 그리고 오성윤(1963-)의 <마당을 나온 암탉(2011)> 등의 수준급 애니
메이션이 제작되기 시작했다.

* North Korea Animation (북한 애니메이션)

북한에서는 애니메이션을 '아동영화'로 부르다가 최근 '만화영화'로 국가가 규정하여
부른다. 오래 전부터 북한은 아동영화를 오락(Entertainment)이 아닌 교육(Education)의
목적으로 삼아 왔으며 아동들에게 어른을 공경하고 나라에 대한 충성심을 배워주는데
주력해 왔다. 북한은 2008년 영화와 애니메이션을 문화성에서 빼내어 조선예술영화위
원회를 따로 발족시켰다. 이를 통해 국가가 검증한 좋은 내용의 프로그램을 만들어 평
양TV방송에서 방영한다는 기본 골격을 수립해 놓았다. 또한 애니메이션 제작시스템
은 남한과는 설립의 목적이나 운영방식이 근본적으로 다르다. 조선의 아동영화는 매우
이념적이며 교육적이며 국가가 이를 관리한다. SEK에서 만든 아동 영화들 중 순수 창
작 애니메이션도 많이 눈에 띤다. 해외 영화제를 위해서는 그림으로 그린 애니메이션
뿐만이 아니라 종이를 재료로 만든 애니메이션, 인형을 이용한 퍼펫 애니메이
션(Puppet Animation) 등이 제작된다. 초기에는 3개의 창작단으로 나뉘어 작업을 했으
나 유럽의 몇 개 나라와 OEM을 수주 받으면서 6개를 더 늘려 9개의 창작단으로 화장
했다. 정교하게 그려진 재래식 일반 애니메이션들은 약간의 사실주의적 성향이지만 높
은 수준을 보여주며, 해외 애니메이션 페스티벌에 출품도 한다. 국내 아동용 프로그램

들은 아동들을 위한 순수 학습용으로 <령리한 너구리>가 있고 <다람이와 고슴도치>, <소년장수> 등의 적을 표현하고 정치사상을 고취하는 내용의 애니메이션도 많이 방영된다. 또한 <호동왕자와 낙랑공주>, <나비와 수탉>, <두 장수 이야기> 등의 창작 작품들 외에도 프랑스(France), 이탈리아(Italy), 중국(China) 등의 나라와 애니메이션 OEM 제작에 총력을 하고 있다. <간다라, Gandahar>, <Legend of a Hero from Galactic Plane>, <Bloodsucker Ernest>, <레미제라블, Les Miserables>, <Wang Fo>등의 외국과의 합작 작품들이 있다. 그러나 북한에서 해외의 애니메이션은 특별한 경우가 아니면 TV를 통해 시리즈로 매일 혹은 매주 보기는 어렵다. 최근에는 과감하게 해외의 애니메이션을 보여 주기도 한다. 특별히 디즈니의 캐릭터들도 공공장소에서 쉽게 눈에 띤다. 북한은 숫자(디지털)식의 새로운 21세기를 맞으며 재래식에서 탈피하기 위한 첨단 방식을 그 어느 나라에도 뒤떨어지지 않게 밤새며 배워서 각 부서마다 책임적으로 맡은 일을 초과 달성하기 위하여 일한다.

평양에 있는 조선4.26만화영화촬영소는 국가가 설립한 아동만화 촬영소로 한 때는 북한에서 유일하고도 막강했던 단일 회사라고 할 수 있다. <소년장수>와 〈령리한 너구리〉 등 TV영상물 제작으로 많이 알려진 평양소재 애니메이션 제작소이다. 대외사업 명칭은 'SEK Animation Studio'로 부른다. 과학(Science), 교육(Education),

□ 그림설명 1416-22, <령리한 너구리> (1987~2009 시리즈), by 김관선 외6명.

-23, <다람이와 고슴도치>

-24, <소년 장수> (1982~1997, 2015 신작방영)

조선(Korea)을 의미하여 줄여서 표기한 것이다. SEK는 1957년 국가(당)가 김일성 수령의 특별교시로 창설한 아동영화 제작회사이다. '조선과학영화촬영소'로 명명하고 국가 문화성산하 아동을 위한 교육의 목적으로 창설되어 자체 아동영화 제작에 크게 활동하였다. 그러다가 1971년에 와서 '조선과학영화촬영소'와 통합하여 '조선과학교육영화촬영소'로 확대 개편되었고, 1996년 만화영화부분을 다시 분리하여 조선4.26아동영화촬영소가 되었다. 2001년에는 남북이 분단된 이래 처음 공동으로 제작한 <왕후심청> 장편애니메이션을 작업하면서 SEK(섹크)는 기술과 연출능력을 월등히 올려놓을 수 있었다. 2007년 SEK는 문화성 산하기관에 있던 조선영화제작위원회에 합류하고 영화제작위원회는 독립되어 밖으로 나와 북한에서 유일무이한 애니메이션 제작 회사가 되었다. 2014년에 이르러서는 조선4·26아동영화는 다시 '조선4·26만화영화촬영소'로 이름이 개칭되고 1996년부터는 본격적으로 유럽으로 진출 프랑스와 이탈리아의 만화영화(애니메이션) OEM작품을 하면서 해외에 파견된 대표부를 통해 주로 해외 회사로부터 수주활동을 하고 있다. 북한도 단일회사가 나서서 통합된 체제가 되기 전까지는 여러 무역회사들이 애니메이션으로 외화벌이 회사를 운영하고 있었다. 평양도 수입이 좋은 애니메이션이 고급인력으로 외화벌이에 절대 우위라는 것을 배우게 되면서 자연발생적으로 회사들이 생겨나게 되었다. 국사봉, 신지, 오가산, 대성, 두만강, 강성, 평양정보센터, 군대에서 조직한 백호, 김책공대 꼼푸터(컴퓨터)부 등 약 10여개의 회사에 연인원 500여명이 기술을 자랑하며 수주를 위한 제작비 경쟁, 품질을 위한 기술 경쟁, 외화벌이 등으로 성생을 불러일으켰다. 평양의 애니메이션 회사의 난립이 정리되고 나서 2008년경에 SEK는 예술가들의 난립을 정비하기 위한 대책으로 손으로 종이 위에 그리는 기존방식에서 100% 컴퓨터로 전환했고 2D 컷아웃(Cutout), 플래시(Flash), 포토샵(Photoshop) 등을 혼용하며 OEM제작에 상당한 기술 수준으로 올려놓았다. 회사는 많고 기술자가 없는 격이어서 노임의 단가제가 생겨나고 "이것이 자본주의 식이 아닌가?" 그들은 스스로 자아비판을 하며 의구심을 만들어냈지만 더 열심히 일한 사람은 더 먹을 수 있다는데 결론이 내려졌다. 마치 장마당 논리이다. 결국 이 문제는 당시 국가의 정책 변화를 가져오게 했다. 이일을 막기 위해 애니메이션 스튜디오는 하나로 통합하고 SEK만 존립하게 되었다. 20세기를 종료한 2천년 초까지만 해도 손에 연필을 쥐고 종이에 그림을 그렸으나 오늘날에 와서는 모두 숫자(Digital)식으로 100% 바꾸고 부서가 종합적으로 교육받아 어떠한 소프트웨어(Software)도 활용할 수 있게 대외작품제직에 대비하고 있나. 그러나 외화벌이는 국가가 지향하는 목표 중에 하나여서 예술가들은 간혹 중국 등지에 파견되어 작업을 하기도 하지만 해외 근무는 단기 근무로 언제나 교체되기 때문에 동일한 애니메이션 품질을 보장받기는 매우 어렵다. 그리고 이 단일회사 운용방식은 국내에서는 일의 분산을 막을 수는 있었으나 단일 창을 통해 국제적인 활동을 지속하기 어려움으로 그만큼 많은 외화를 벌어들이는데 부담이 될 수밖에 없는 일이다. 이 일은 실효성이 있었는지는 알 수 없다. 평양의 입체형 3D 애니메이션 제작 능력을 향상시켜 역시 상당 수준에 와있다. 새로운 정치 체제를 맞은 SEK는 2014년 김정은 위원장의 방문에서 격려와 함께 새로 지시받은 <소년장수>의 추가 50편 국내아동용 제작에도 총력을 해야 하고 역시 OEM시장을 위한 제작 스케줄도 지켜야하는 어려움에 빠지게 되어 국내작업은 외부창작단의 활용이 불가피하게 되었다. 이로 인해 하나로 통합되었던 SEK 창구도 분산되고 각 외화벌이도 북한의 애니메이션 예술가들의 작업여건은 넉넉한 것은 아니며 OEM수주를 거래하는 국가는 매우 한정되어 있다. 그러나 SEK는 컴퓨터 매뉴얼의 기능을 일관된 단체교육을 통해 습득하게 함으로 애니메이터 모두가 컴퓨터의 기능과 응용기술도 깊이 파악하고 있다. 기술면에서 아주 우수한 예술(기술)화가 라고 할 수 있다. 일반적으로 거래 상대라 하더라도 감독 외에 그들과 개별 접촉이 어려울 정도로 개인적 사회 활동은 매우 힘들고, 대외활동의 기회도 없다. 인재들은 감독 수준급에서 신인들까지 다양하다. 애니메이터들의 평균 연령은 26세 정도로 평양미술대학에서 기본적인 그림 실력을 쌓은 젊은이들로 애니메이션 기술을 교육받은 후 배치된다. 평양미술대학은 5년제로 3년간은 기본 데생을 주로 교육하고 4학년 때에는 전공분야를 정하고 5학년에 올라가서 심화과정을 거친다. 평양미술대학교에 애니메이션과가 신설되기 전에는 이 학교에서 우수한 학생을 뽑아 작업현장에 투입했다. 어느 쪽이든 모두 기초에 충실한 교육을 통해서 인재 양성이 이루어졌다고 할 수 있다. 북한의 애니메이션은 오랫동안 독자적인 스타일로 발전했다. 캐릭터를 보면 가까운 중국이나 일본모양을 닮은 것도 아니고 독특한 모양을 하고 있다. 또한 예술성을 표현하려는 경향이 강하다. 즉 '사실 그대로의 움직임을 그대로 재현'하는 사실주의적인 동작과 형태가 두드러지게 나타난다. 이와 같은 경향은 상대적으로 사회주의 국가의 애니메이션에서 많이 드러난다. 이들의 애니메이션은 리얼리즘(Realism)에 대해 '70%의 충실함과 30%의 자유로움'을 표현하는 예술관을 보여준다. 액션이 사실적이고 동작 한 장면, 한 장면을 정확히 보여주기 때문에 조금 무거운 느낌을 준다. 하지만 이는 어디까지나 예술의 성향으로 애니메이터가 캐릭터의 연기를 이해하고 그리기 때문에 가능한 것이지 서양식 애니메이션과 비교우위를 따질 수 있는 것은 아니다. 북한의 애니메이션은 주로 미국이나 일본 애니메이션의 영향을 받은 한국 애니메이션과는 확연하게 다른 길을 걸어왔지만 기술력만큼은 국제적으로 손색이 없다. 다만 앞으로 북한의 애니메이션이 세계 시장을 목표로 한다면 국제적인 조류를 따를만한 경험과 기획력의 부재가 한동안 난점으로 제기될 것으로 보인다. 애니메이션은 움직임 그 자체가 아니라 캐릭터가 의도하는 성격의 묘사가 이뤄져야 하는 것이기 때문이다. 1980대초부터 SEK는 프랑스나 이탈리아의 애니메이션을 작업해 주며 기술을 익힐 기회가 되었고 이 일 역시 초기부터 꾸준한 제작으로 기술을 배우고 대외 경쟁력도 갖춘 편이다. 다만 환경적인 문제로 대외거주나 활동이 어려워 국제교류는 제한적이다. 유일하게도 <왕후심청> 제작당시 넬슨신은 SEK의 예술가들과 함께 현지에서 지도하여 좋은 성과를 올려 남과 북 사이에서 애니메이션예술에 대한 이해를 더 높인바 있다.

□ 그림설명 1416-25, <호동왕자와 락랑공주> 장편영화의 한 장면과 포스터.

1417 `his` `ani`

Korea feature animation (대한민국의 장편애니메이션)

1920년경 조선시대 때 일본의 강점기가 시작되면서 일본 단편만화영화가 처음으로 현해탄을 건너와 조선에서 상영되었다. 이것은 1917년경에 일본의 회사인 '니캇츠우즈마사(日活太素)촬영소'가 제작한 <원숭이와 게의 전쟁(猿蟹合戰)>을 비롯해 여러 단편만화영화들을 만들었는데 이것을 조선으로 들여와 부산 상생관(相生館)이라는 극장에서 단편들을 여러 개를 한 시간 넘게 묶어 상영되었다고 기록하고 있다. 그러나 상세한 이유는 알 수 없으나 이 촬영소는 1929년경에 문을 닫았고, 뒤이어 <노라구로 헤이조(병장)>라는 용맹심을 심어주는 단편 만화영화가 역시 뒤따라 들어와 조선이 해방되기 직전까지 상영되었다. 이러한 만화 영화는 부산뿐만이 아니라 지방 방방곡곡에 보내져 밤이 되면 학교의 운동장이나 넓은 야외에서 임시로 휘장(스크린)을 치고 상영을 했다. 이는 조선에 있는 어린이들에게 일본의 군국주의를 심어주고 국가에 대한 충성심을 일깨워주자는 목적이었다. 또한 육탄3용사(니꾸당상유시) 폭탄을 들고 적진에 뛰어들어 몸을 던져 싸우는 애국심을 어린 학생들에게 부추기는 내용들이 많았다. 그러나 조선인들이 스스로 자국에서 만화영화를 만들었다는 기록은 찾을 수가 없다. 당시 조선인들은 자주권이 없었고 전통문화의 생활패턴이 허물어져 예술이나 이념 따위의 창의성을 발휘하여 창작행위를 할 수가 없었다. 이것은 일본이 그들의 문화에 의존하기를 강요했기 때문이었을 것이다. 조선은 1945년 8월 연합군에 의해 일본이 패망하고 조선은 해방되었지만 38o선을 사이에 놓고 남북이 분단된 채 살게 되었다. 북반부는 조선, 남반부는 대한민국으로 국호를 정하고 각기 국가이념주의에 묶여 동족을 주적으로 삼고 대치하게 되었다. 설상가상으로 1950년에 일어난 심각한 6.25전쟁을 3년간을 치르며 나라는 모두 초토화되었다. 그러나 다시 일어나 재건했다. 휴전 후 사람들은 어떠한 환경에서나 생활방식에 효율적으로 적응하고 가치에 기초를 두어 창의적인 발상을 한다. 생산하고 소비한다. 국가가 성장하는 데는 무엇보다 사람들이 입고 먹고 사는 의식주가 우선이다. 이것은 필연 사람의 기본권으로 전쟁 후 대한민국은 경제발전에 온 힘을 쏟았다. 그때의 기업들이 투자한 품종들이 대부분 입고 먹고 마시며 살아가는데 필요한 생활필수품들을 생산하는 것이었다. 차차 자리 잡은 기업들은 생산한 상품을 광고하기 위해 만화로 광고영화를 만들었다. 이것이 최초 한국 애니메이션의 시작이었다. 1959년경 극장의 휴게시간을 이용한 애니메이션 CF광고가 등장했고 엄도식, 그러나 주로 신동헌과 신능파 등이 만화로 그려 광고를 제작했다. 그리고 광고가 아닌 문화영화 형태(40분미만 중편)의 공식적인 한국 최초의 애니메이션은 1961년에 국립영화제작소가 이솝우화를 제작한 <개미와 베짱이>이다. 제작소가 예산이 없어 박영일(당시 애니메이션 실장)의 사비를 들여 정도빈(1929-2018)이 책임자로 박영일과 한성학과 함께 35mm 칼라애니메이션으로 제작했다. 신능파 동화제작소 신능파 감독 제작으로 역시 문화영화 <청개구리>(20분미만 단편)와 <너도 한 주 나도 한 주> 증권거래소(5분미만 단편) 계몽홍보물을 제작했다. 당시에 CF광고를 제작하더라도 영화제작 허가증을 문화부에 등록을 하여 영업허가(영업감찰)증을 취득해야 했는데 이것은 매우 조건이 까다로운 것이었다. 영화사 허가증을 취득하려면 영화제작용 기재를 모두 갖추어야 했는데 작은 회사들은 영세하여 필요시에 허가증을 빌려 사용하는 것이 일반적이었다. 그러므로 영세 회사들은 실제 많은 일을 했더라도 허가증을 가진 회사의 실적으로 기록이 남는 것이다. 반대로 허가증이 있다하더라도 허가 기간 안에 실적을 올리지 못하면 허가증이 취소될 수 있으므로 영화의 품질 여하를 불문하고 아무 것이라도 제작을 해야 하는 악순환이 반복되었다. 영화회사가 외화를 수입해오려면 국내에서 영화제작 실적이 있어야 했다. 소위 국내 영화 산업을 보호하기 위한 스크린쿼터제(Screen Quota Sys.)이다. 이런 시기인 1967년에 최초로 극장용 <홍길동>과 퍼펫(인형)애니메이션 <홍부와 놀부>가 만들어 졌다. 이어서 <손오공>(1968), <황금철인>(1968), <홍길동장군>(1969), <보물섬>(1969), <왕자호동과 낙랑공주>(1971) 등이 모두 영화 수입회사인 세기상사가 1970년대 초반까지 계속 제작한 것으로 보아 정부의 영화제작 스크린쿼터제와 무관하지 않을 것 같다. 한편 세기상사의 애니메이션 제작에 고무되어 1976년에는 <로보트 태권브이>가 제작되어 흥행에 성공했다. 이후, 1980년대 중반까지 <로보트 태권브이>시리즈가 성공함에 따라 로봇애니메이션이 큰 인기를 얻었다. <철인007>(1976), <로보트 태권브이, 수중특공대>(1977), <태권동자 마루치 아라치>(1977), <무적의 용사, 황금날개>(1978), <날아라 원더공주>(1978), <우주소년 캐시>(1979), <별나라 삼총사>(1979)등이 여름방학용 저예산으로 만들어 졌다. 1980년대 후반, <떠돌이 까치>(1987), <달려라 호돌이>(1987) 등 TV용 애니메이션이 제작됐고 국산 애니메이션은 다시 활기를 띠기 시작했다. 1990년대 중반 첫 성인용 애니메이션이 오홍선 감독의 <블루시걸>(1994), 이현세(1956-)가 제작, 감독한 <아마게돈> (1996), 김수정(1950-) 제작의 <아기공룡 둘리>(1996) 등이 나왔지만 모두 성공한 극장용 애니메이션이 되지는 못했다. 한편 한국의 애니메이션은 OEM(Original Equipment Manufacturing, 임가공)제작과 함께 만화와 애니메이션의 붐을 이뤘고 이로 인해 한국은 연간 약 720억원($80,000,000)의 외화수입을 올리게 되었다. 당시 김영삼 정부가 코트라(KOTRA)로부터 이 사실을 보고받고 놀라움과 함께 애니메이션을 장려하기 위해 애니메이션 영화제(SICAF, Seoul Int'l Cartoon & Animation Festival)를 열어 주었다. 그리고 당시에는 문화수출사업으로 잠정적 목표로 놓고 화려한 시작을 맞게 되었다. 그동안 침체해 있던 단행본 만화에도 햇빛이 비췄다. 만화를 숨어서 읽고 좋아하던 청소년들이 그렇게 많을 줄은 상상도 못한 일이었다. 경찰이 불량만화를 수거해 공개적으로 소각하던 어제일이 청소년들에게 새로운 희망과 미래에 포부를 만들기 시작했다. 천대시해오던 만화가 국가적으로 나서서 축제를 열어주니 만화에 대한 인식이 하루아침에 변화되었고 몰래 만화를 그리며 좋아하던 애들이 아버지에게 더 이상 숨길일이 아니라 자랑스러운 일이 되었다. 21세기에 들어와서 <마리 이야기>(2002), <원더풀 데이즈>(2002), <오세암>(2004), <왕후 심청>(2005), <천년여우 여우비>(2007) 등이 있다.

1418 `ani`

KOSCAS (한국만화애니메이션학회)

(사)한국만화애니메이션학회(Korean Society of Cartoon and Animation Studies)는 만화, 애니메이션과 관련한 대학 교수, 작가, 제작자가 함께하는 학술단체로써 1996년 6월 창립되었다. 한국의 만화, 애니메이션 산업은 90년대 들어 사회 전반의 관심이 고조되면서 과거에 비해 비약적인 성장이 이루어졌다. 이와 함께 각 대학에 만화와 애니메이션을 가르치는 학과도 급격히 늘어났고 보다 전문적인 학술연구와 교육환경이 뒷받침 될 필요성이 제기되었다. 한국 만화애니메이션학회는 이러한 시대적 요구와 사회적 인식변화에 기초하여 만들어졌으며 다양한 학술연구 활동과 심포지엄, 세미나, 강연회를 수시로 개최하고 있다. 또한 부천국제학생애니메이션페스티벌(Puchon International Student Animation Festival, PISAF)을 직접 주관해 왔다. 그러다가 학생들만의 페스티벌이라는 선입견에서 탈피하여 2016년부터는 부천 국제애니메이션페스티벌(Buchon International Animation Festival, BIAF)로 개칭하여 보다 향상된 이미지 개선을 표방하여 한국의 애니메이션 발전에 도모했다. 한국만화애니메이션학회는 한국의 만화와 애니메이션 관련 주요 기관과 단체와 긴밀한 협조로 문화와 산업면에서 요구되는 정부와 지방 자치단체의 정책 결정에도 영향력을 끼치고 있다. 본 학회는 학회와 학교간의 협력과 국제적인 교류에도 많은 관심을 갖고 있으며 다양한 국제 행사에 지속적으로 참여한다.

□ 그림설명 1418, KOSACAS logo.

1419 `fes` `ani`

KROK Int'l Animated Film Festival (크로크국제애니메이션페스티벌)

러시아와 우크라이나 강기슭을 따라(Cruise along the shore) 두 나라가 한해씩 번갈아서 그 나라의 연안을 유람하며 개최하는 유일한 선상 페스티벌이 특징이다. 따라서 페스티벌은 정해진 도시는 없고 러시아의 볼가 강(Volga River)과 우크라이나의 흑해(Black Sea)를 11일간 항해하는 동안에 크루스 선상에서 진행된다. 두 국가 간의 애니메이터들의 연합 프로젝트로 우크라이나(Ukraine)에서 1989년 시작됐다. 일반인들은 개막식과 폐막식에서만 작품을 관람할 수 있으며 예심에서 선정된 작품들은 러시아와 우크라이나의 관계자와 감독들이 승선한 가운데 심사위원들에 의해 심사하여 여러 상을 결정하고 수여한다. 항해하는 동안 예정한 항구마을에 상륙하여 그들과 회고전, 워크숍 등을 하기도하고 잠시 마을 관광도 한다. 선상에 돌아오면 크루스는 항해를 계속하고 식사, 파티, 카니발 등 행사가 배위에서 진행된다. 우크라이나어로 Krok는 '발걸음' 즉, 동작을 뜻하는 말이다.

□ 그림설명 1419, KROK Int'l Animated Film Festival.

Lens

Ll

[엘]

Laser Sword

Library

Limited Animation

Looney Tunes

1500 `equ` `pic`

Lab. (랩)

*laboratory (현상소, 연구소)

21세기에 들어오며 모든 영화제작 공정이 디지털로 급속도로 바뀌어 지금은 재래식 (Analog) 필름현상(Film Developing)시설을 찾아보기 어렵다. 과거 이러한 재래식 영상 분야에 새로운 디지털 혁신을 맞게 된 것이다. 그러나 영화촬영기술은 약 1세기가 넘게 문학(Literature), 미술(Art), 음악(Music), 연기(Performance) 등 여러 분야에 물리적인 많은 어려운 공정을 답습하며 인류사회에 엄청난 공적을 남겼고 창의성으로 이룩된 영화예술은 인류가 만들어 낸 최대 업적 중의 하나가 된 것이다. 영화 제작의 여러 단계 중에서도 마지막으로 필름이 현상되고 프린트하는 곳, 촬영한 모든 필름이 순간을 대기하는 곳이다. 모든 분야에서 공정 없이는 결과를 이룩할 수 없듯이 그 다양하던 재래식공정에서 필름촬영 후 필름이 모두 집결하여 현상하고 현상된 필름을 편집하는 시설을 갖춘 곳을 필름현상소라 불렸다. 옵티컬 프린트(Optical Print)나 네거티브 컷팅 (Negative Cutting) 그리고 특수효과 제작 공정 시설을 갖추고 있으며 필름 보관의 장소로도 사용된다. 현대의 필름 현상소는 고도로 효율적이고 자동화된 시스템을 운영하며 네거티브 필름(Negative Film), 포지티브 필름(Positive Film), 그리고 옵티컬 사운드 (Optical Sound) 필름 등의 현상을 맡아 하게 된다. 또한, 현상소는 필름 제작에 있어 그날 찍은 필름을 그날로 현상해서 다음날 아침 검토할 수 있도록 준비하는 역할도 한다.

현상소의 제 2단계 작업은 특수 효과들, 즉 페이드(Fade), 디졸브(Dissolve), 와이프(Wipe), 프리즈 프레임(Freeze Frame), 클로즈업(Close Up), 이중 노출(Double Exposure), 나누어진(Split) 스크린 등을 만들어 낼 수 있다. 많은 현상소들은 이제 오프라인 편집을 위해 이미지를 비디오테이프로 옮기거나 비선형(Off-Line) 편집을 위해 컴퓨터 시스템으로 디지털화하는 장비를 갖추고 있다.

□ 그림설명 1500-1, Film Laboratory(Optical 프린터)

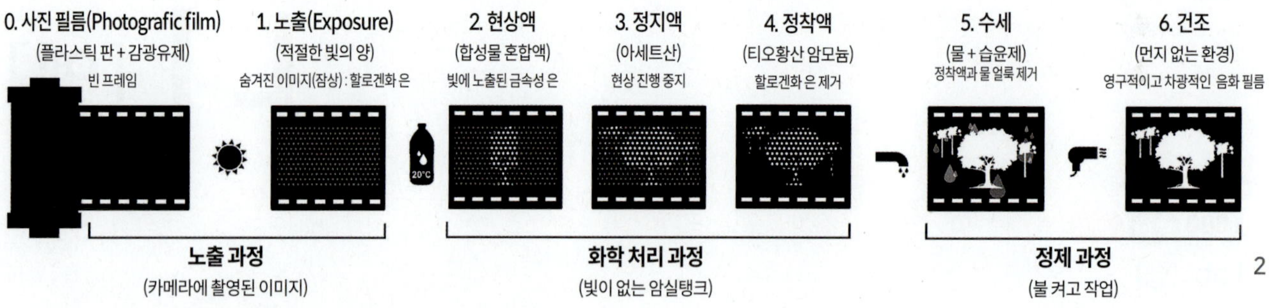

□ 그림설명 1500-2, 영화필름의 현상공정(Process of Film Developing)

1501 `gen`

landmark (표적지, 역사적 건물)

표적이 될 수 있는 경치(Landscape), 건물(Building), 다리(Bridge), 조각상(Statue), 광장(Square) 등을 가리켜 위치를 참고하기 위해 주소 대신 지역을 가리킬 때 사용하는 말이다. 위치표적을 강조하기 위하여 두 번을 반복해 말하기도 한다. 예; 광교다리, 역 앞 등으로 부르기도 한다.

□ 그림설명 1501, 랜드마크 (대한민국 남대문(숭례문)-좌, 롯데월드 타워-우)

1502 `gen` `art`

language (언어)

입으로 말을 하거나 글로 표현하여 상호간에 의사를 소통하는 체계를 언어라 한다. 상대방에 정보를 전달하려 할 때 사용하는 표현, 관례, 규칙을 통칭하며 인간생활의 문명의 발달과 함께 새 언어(New Words)의 취득(Acquisition), 발달(Development), 보존(Maintenance), 사용(Use) 등의 과정을 거친다. 언어는 시대환경에 따라 편리하게 생각한 아이디어나 느낌을 전달하기위하여 글자나 소리 등으로 소통(Communication)수단으로 사용한다. 지구상에는 약 74억4천여 명의 인구가 살고 있고 수많은 종족들이 사용하고 있는 언어는 7,102가지나 된다. 세계에서 가장 많이 소통되는 언어는 중국어

(Mandarin Chinese)로 약 12억의 인구가 사용하고, 스페인어(Spanish) 4억, 영어
(English) 3억5,000명, 힌디(Hindi, 인도)어 2억6,000명, 아랍(Arab)어 2억4,000명, 포
르투갈(Portugal)어 2억3,000명, 벵골(Bengal)어 2억명, 러시아(Russia)어 1억7,000명,
일본(Japan)어 1억3,000명 등이다. 이 기록들은 1억명 이상의 사람들이 쓰는 언어만 적
은 것이다.

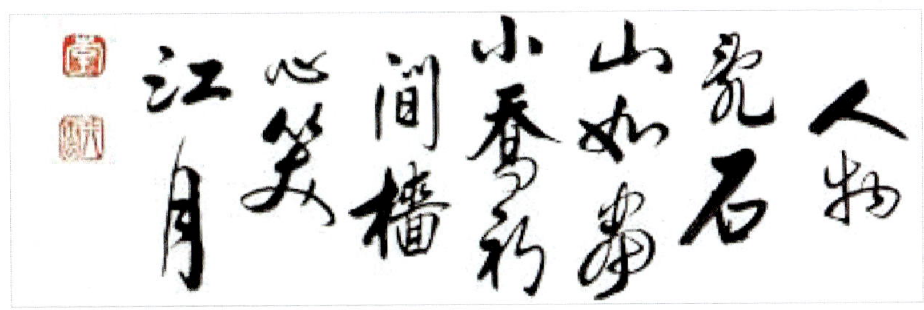

□ 그림설명 1502, 12억 인구가 사용하는 표준 필기 만다린 중국어의 예.

1503 `pic`

lap dissolve (랩 디졸브)

오버랩 디졸브(Over Lap Dissolve)의 줄임말로 쓰이는 말이다. 표기 때는 Diss.(디졸브)
라고 더 줄여서 쓴다. 이 말은 영화화면에서 한 화면이 점차 사라지면서 동시에 새로운
화면은 먼저 화면이 사라지는 지점부터 서서히 생겨나며 점진적으로 화면이 바뀌는 한
영회의 언출적인 기술이다. 다른 말로는 크로스 디졸브(Cross Dissolve, X-Diss)라고
한다. '랩 디졸브'라는 말은 '오버랩 디졸브'보다 더 많이 일상적으로 쓰이는 말이다.
따라서 한 화면이 지속되며 다른 이미지가 생겨났다가 사라지는 것을 디졸브 온
(Dissolve On) 그리고 디졸브 오프(Dissolve Off)라고 한다.

✱ 참조보기 (0672 - dissolve)

✱ 참조보기 (0673 - dissolve animation)

✱ 참조보기 (0674 - dissolve-lapse)

1504 `gen` `his`

Lascaux Cave (라스코 동굴)

1940년에 프랑스 남부 도르도뉴(Dordogne) 지방의 몽티냐크(Montignac)에 사는 4명
의 청소년들이 우연히 굴을 발견하고 들어갔다가 놀라운 동굴임을 알게 되었다. 다른
동굴과는 다르게 이 안에서 발견한 것은 굉장히 화려한 약 2,000여 가지가 넘는 동굴벽

L

화들이 생생한 그림으로 고스란히 남아 있는 동굴이었다. 벽화는 동물과 사람 그리고 추상적이고 상징적인 그림으로 남긴 것이 특징이었다. 조사결과 이 동굴은 B.C.19,000~14,500년의 것으로 후기 구석기시대로 추정되었다. 프랑스 정부는 발견 당시에 일반에게 자랑스럽게 공개했으나 각계의 관련 전문가, 사학자(Historian) 고고학자(Archaeologist)들이 귀중한 가치를 보존해야한다는 여론에 따라 1963년 일반인들의 출입을 일시로 폐쇄하고 즉시 유네스코 세계문화 유산으로 등재하여 1979년에 승인을 받았다. 그리고 동굴 속의 원작을 거의 실제와 같이 복제(Replica)하고 재구성하여 똑같이 재현(소생, Resuscitation)한 동굴을 만들어 놓고 그곳을 찾아오는 일반인들에게 전시하고 있다. 그리고 또한 세계 여러 나라에 순회전시하며 당대 동굴화가의 기법, 구성·구도, 색감 등의 미술적 가치를 보여준다. 이 동굴은 스페인에서 1879년 발견된 알타미라(Altamira) 동굴의 벽화와 함께 매우 유사한 기법인 목탄(Charcoal)으로 그린 것이 유사하다는 점이다. 실제로 프랑스의 라스코(Lascaux) 동굴과 스페인의 알타미라(Altamira) 동굴은 직선거리로 약 500km 떨어져 있고, 차로는 6시간 정도, 사람이 걸어서 간다고 하더라도 5~6일정도면 왕래할 수 있는 가까운 거리이다. 지금의 라스코 동굴은 프랑스의 서남단 끝자락으로 스페인에서 가깝다. 2만 년 전에도 서쪽으로 향해 걷자면 대서양 비스케이 만(Bay of Biscay)이 나온다. 이 해안선을 따라 남서쪽으로 계속 며칠을 걷자면 아마도 스페인에 들어서게 되고 바로 얼마안가 알타미라 동굴이 나온다. 지금은 두 나라가 국경선이 생겼지만 2만 년 전에는 울타리도 종족도 없는 같은 동굴사람(Caveman)들이었을 것이 분명하다. 이러한 상상이 아마도 가능하다. 이들은 서로 왕래했을지도 모른다. 프랑스(France)이다, 스페인(Spain)이다, 하며 왕조를 이룩하기 전에 최초 자연인들의 그림을 그린 그들의 재능과 기능은 놀라운 수준이다. 그들은 그림을 통해 이야기를 전달하려 했고, 자연을 활용한 구도는 마치 살아서 움직이고 있는 듯 한 착시를 일으키게 한다. 색의 선택은 매우 감각적이다. 화가는 거침없이 동물들을 그렸고 생김새와 색감을 과감하게 구사했다. 2만 년 전의 원시인들이 그린 벽화라고 믿기 어려운 그림의 완성이다. 자연동굴 안에 원시인이 살면서 이렇게 동굴벽화를 남긴 곳이 또 있다. 이 동굴은 1994년에 발견된 것으로 불과 라스코 동굴로부터 동쪽으로 불과 250km 정도 이동하면 '아르데슈 쇼베 퐁타르크 동굴(Cave of Ardeche Chauvet-Pont d'Arc)'이 나온다. 짧게 쇼베(Chauvet) 동굴이라 부른다. 조사에 의하면 쇼베 동굴은 구석기시대인 약 32,000년이나 오래되었다고 지질학자에 의해 판정이 난 동굴이다. 그러면 이들 3개의 동굴 중에 이 쇼베 동굴이 가장 오래되었고 예술성이 뛰어난 원시인들의 그림이 되는 것이다. 프랑스 정부가 이 동굴을 일반에 공개하기 전에 32,000년 전 당시 원시인들의 재능으로는 믿기 어렵다는 논란이 일기도 했다.

여기서 주지할 것은 각 동물에서 풍기고 있는 특징과 그 표정들을 면밀하게 빠짐없이 표현했다는 것과 무리(Group)들의 움직임을 지금 막 움직이고 있는 듯이 생동감 있는 생생한 표현을 보여준다. 당대의 이 화가들은 동물이 가지고 있는 그 특유의 특징을 주저 없이 그려낸 것이다. 또한 이들 화가들은 어떻게 그림을 그리고 색칠하고 어두운 굴 속에서 제한된 암벽위에 이처럼 연출적인 구도를 잡아나갔을까 의구심마저 든다. 한술 더 떠서 이들 3곳에 떨어져서 그림을 그렸겠지만 각자 화가들은 한결같이 시각의 잔상을 표현하려 했다는 사실이다. 프랑스 당국은 고고학자(Archeologist), 지질학자(Geologist), 미술사학자(Art Historian), 고생물학자(Paleontologist), 등을 불러 동굴을 면밀하게 조사시켰다. 참여자 가운데에 동물에 관해 데생력(그림수준)에 권위 있는 화가의 참여가 없어 아쉽다. 한편, 탄소연대측정법(*Carbon Dating)에 의한 조사결과로 이 동굴은 3만~3만 2천년이나 된 것으로 판정되어 모든 참여자들을 놀라게 했다. 그러니까 얼마나 오래되었는가가 중요하게 취급되었다. 미술사학자 보다는 미술가로서의 작화의 기능(Skill)으로 판단해야하는 편이 더 중요하지 않았을까 생각된다. 가장 오래되었다는 쇼베 동굴의 그림은 믿기지 않을 정도로 거침없이 미술천재가 재능을 보인 듯하다. 사자들의 멀티 드로잉(Multi-Drawing)은 지금 현대 화가들에게도 구도에서 생각하게 하는 구성(Composition)이다. 노려보며 숨죽이고 집중하는 눈초리와 포즈는 가히 탄식에 가깝게 잘 묘사되어 있다. 알타미라 동굴의 그림이나 라스코 동굴의 그림들은 지금의 화가들에 의해 새로 그려져 매우 혼란스럽고 전문가적인 지식인이라면 아무도 놀라워할 사람은 없을 것이라고 생각이 든다. 또한 의구심이 생기는 것은 스페인의 알타미라 동굴의 소 그림이다. 1만 7천 500년 전에 스페인의 투우 소(*Bull)가 다른 야생 동물에 비해 동굴벽화에서 주역이 되는 동물 이었을까가 의심이 간다. 알타미라 동굴 안 천정에 주로 그려진 투우 소의 그림은 역시 연대적으로 생각하게 하는 대목이다. 구석기 시대(Paleolithic Stone Implement)의 그림치고는 지나치게 세련된 그림들이다. 또 상황적으로 사슴무리들에 맞서서 활로 사냥하는 모습도 눈에 띈다. 구석기시대에 활, 투창, 투석, 창, 작살 등을 이용해 사냥을 했다. 여하간 여러 이유에서 동굴의 그림들은 움직임을 표현하려 애쓴 노력이 보인다. 이것들은 인간에게 끊임없는 노력으로 후일 애니메이션에 크게 영향을 미쳤다고 해석된다.

□ 그림설명 1504-1, 36,000년 전에 알타미라 동굴 안에 그려진 황소들.

-2, 25,000년 전에 라스코 동굴 안에 그려진 벽화 일부.

-3, 30,000년 전의 쇼베 동굴 안에 그려진 사자들.

-4, 30,000년 전의 쇼베 동굴 안에 그려진 야생말들.

✱ Carbon dating (탄소 연대 측정법)은 탄소화합물 중의 탄소의 극히 일부에 포함된 방사성 동위 원소인 탄소-14(14C)의 조성비를 측정하여 연대를 추정하는 방사능 연대 측정의 한 방법을 말한다.

✱ Bull (소, 투우 소)

✱ Bull Fight (투우)

투우는 17세기에 와서 안달루시아(Andalucia) 지방의 팜포나(Pampona)에서 전통적으로 시작되었다. 길에 여섯 마리의 난폭하게 자란소를 풀어놓고 사람들과 같이 뛰게(Running of Bulls)하는 전통축제이다. 사람들의 용맹성을 보이기 위한 전통 축제이라고는 하지만, 많은 사람들이 뿔에 받혀 목숨이 희생되기도 한다. 이때가 되면 소들은 투우장에 모두 나와 매타도(Matador, 투우사)와 맞서게 되고 결국은 물레타(Muleta, 긴 막대기창)에 찔리고 피카도르(Picador, 짧은 창)에 심장을 찔려 피를 흘리고 실신해 주저앉는다. 3명의 투우사가 6마리의 검은 투우소를 모두 희생시킨다. 투우장은 온통 고조되어 흰 손수건을 투우사를 향해 던지며 흥분의 도가니가 된다. 짐을 끄는 말이 들어와 아직 죽지 않고 실신한 소를 투우장 밖으로 끌고 나간다. 이 거대한 투우 소는 용맹한 투우사에 이렇게 죽기위해 어려서부터 훈련된다. 경기가 시작되기 전부터 경기가 펼쳐지는 동안 투우장에 모인 사람들은 서로 내기에 돈을 건다. <노인과 바다>를 썼고 마지마에는 스스로 목숨을 끊은 세계적인 문학가 어니스트 헤밍웨이(Ernest Hemingway, 1899-1961)는 투우경기를 좋아했는데 "투우경기를 보고나면 언제나 마음이 착잡(Disturbed Emotion)하다. 그리고 좋은 경기를 보고나면 용기(Elation)가 치솟는다."라고 말했다고 한다. 이 전통행사들은 스페인, 프랑스 그리고 멕시코에서 열렸고 지금은 대부분이 문을 닫았다. 경기 중에 불쌍하게 죽어가는 용맹한 소의 희생을 놓고 지나친 동물학대라는 여론이 일기 시작했고 경기를 즐기던 사람들의 70%나 모두 반대에 나서 500여년의 전통행사였던 '투우'는 2011년 이래 행사가 중단되고 있다.

✱ 참조보기 (0065 - Altamira Cave)

✱ 참조보기 (0373 - Chauvet Cave)

1505 `com` `sci`

laser (레이저 · 레이저 광)

*LASER

방사능자극방출에 의한 빛(Lightwave Amplification Stimulated Emission of Radiation) 에 의미로 영어의 첫머리 글자만 따서 부르는 말로 응집된 단색의 방사능으로 된 광선 을 만들어 내는 장치를 말한다. 이 방식은 CD, Laser Disk, DVD 등에 활용하며 시각 적으로는 애니메이션으로 레이저 광 모양을 흉내 내어 화면의 레이저 특수효과로 자주 사용한다. 예를 들어 조지 루카스(George Lucas, 1944-)가 연출하고 제작한 미래공상 과학영화 <스타워즈(StarWars)>에 등장하는 광선 검(Laser Sword) 특수효과가 있다. 라이트 세이버(Light Saber) 또는 라이트 사브르(Sabre)라고도 불린다.

□ 그림설명 1505, 광선 검 특수 효과.

1506 `com`

laser disc (레이저 디스크)

내구성 플라스틱으로 만든 디스크(Disk). 바닥 한 면에 장편 영화가 기록되어 레이저 광선으로 읽어내어 TV 스크린과 오디오 시스템에 전송한다. 이런 디스크에는 각 면에 조밀하게 천억 줄의 미세한 굴곡이 있어, 빛을 굴절시키면서 이미지를 보이게 해 준다. 지금은 영상과 음향을 녹화, 녹음할 수 있으며 DVD 역시 녹화와 재생을 할 수 있다.

□ 그림설명 1506, 레이저 디스크.

1507 `pic` `ani`

Laser Sword (광선 검)

*Light Saber (라이트세이버, 광선 검)

미국 할리우드 영화사 '루카스 필름'의 조지 루카스(George W. Lucas, 1944-)감독이 만 든 영화 <스타워즈(StarWars)>에 나오는 아나킨 스카이와커(Anakin Skywalker)와 다 스 베이더(Darth Vader)가 극중에서 싸울 때 사용된 칼을 뜻하는 말이다. 1974년경에는 컴퓨터 그래픽이 아직 개발되지 않은 시대여서 실사(Live)로 찍은 필름을 한 장 한 장 로토스코프(Rotoscope)로 실사동작의 위치를 파악한 후 애니메이션으로 필요한 시각 효과(Visual Effect)를 만들어 낸다. 실사동작과 움직여하는 애니메이션이 일체가 되어 가장 적절한 동작으로 만들어진 광선 검은 옵티컬 프린터(Optical Print) 기제를 사용해 여러 번의 합성과정을 통해서 완성된다. 이 합성과정에서 실사동작에 움직임이 맞게 애니메이션으로 그려진 이미지를 넣으려면 A실사와 B애니메이션을 준비한다. A를 우 선 최종 C원본(Negative)이 될 필름에 B의 동작에 맞는 매트(Matt, 화면 가리개)들로 B 의 위치에 실사의 이미지가 새들어가지 않도록 매트로 가리며 A를 모두 옵티컬 프린터에 필르밍(Filming, 촬영하기)을 한다. 그리고 촬영한 C원본의 처음 위치로 돌아가 이 번에는 준비한 A매트를 가리며 B애니메이션 동작들을 프린터에 필르밍을 하여 현상

소에서 필름현상을 하면 필요한 합성된 필름을 완성할 수 있게 된다. 라이트 세이버(라이트 사브르)에서 광체가 나는 효과는 위에 서술한 합성공정에서 한 프레임은 정상노출 (Normal Exposure) 보다 많은 120% 광량으로 노출을 주고 다음 프레임은 140%로 노출을 준다. 이것은 결과적으로 광 선 검이 광체를 발하는 것처럼 시각효과를 얻게 되는 것이 다. 이 기법은 1974년에 넬슨 신(Nelson SHIN, 1937-)이 드패티-프렐링 기업사(DePatie-Freleng Ent.)에 재직 때 루 카스 필름의 주문을 받아 효과를 고안해 만든 것이다. 이후 광선 검 효과는 영화나 TV 스크린에서 유행을 가져 왔다.

□ 그림설명 1507, <StarWars> 광선 검, 블루- Skywalker, 레드- Vader의 것.

1508 `ani` `pic`

layout (레이아웃)

영화 장면이나 애니메이션 속에 나오는 인물, 배경 등의 원근(Perspective)과 카메라의 각도(Angles) 설정 등을 고려해서 그린 그림을 일컫는 말이다. 이 설정은 주요 장면의

특징을 정확한 필드 크기(Field Size) 및 위치(Position)와 함께 보여준다. 즉 장면 설정, 캐릭터, 배경사이즈, 앵글 (Angle), 카메라 움직임들을 그린 기본 작화다. 원화(Animation Drawings)는 바로 레이아웃이 정한 화면상의 위치 위에 그림을 그리게 되며 레이아웃에 의해 원화의 동작(Motion), 그 동작의 속도(Numbers of Drawing) 등을 결정 하게 된다. 그러므로 애니메이션 감독 의 작품 속도(Pace of Movie) 등 모든 지시를 따른 레이아웃은 작품을 형성 하는 가장 중요한 첫 작업이 된다.

□ 그림설명 1508, 디즈니 애니메이션 <Bambi>의 레이아웃.

L

1509 `ani` `pic`

layout artist (레이아웃 아티스트)
*scene planner (신 플랜너)

영화 또는 애니메이션에서 신 작업을 하는 사람을 레이아웃 아티스트(Layout Artist) 또는 신 플래너(Scene Planner, 화면설정감독)라고 부르며 이들은 레이아웃, 배경, 캐릭터의 액션들, 카메라의 움직임의 세부를 지정한다. 애니메이션 스튜디오에서 스토리보드에 의한 각 샷의 완전한 드로잉을 스케치하는 화가를 지칭하는 말이다. 레이아웃 아티스트는 배경의 구도, 캐릭터의 키 포즈 동작과 위치, 카메라의 움직임 등 세부를 지정한다.

*** 참조보기 (2411 - scene planner)**

1510 `pic` `equ` `gen`

leader (리더)

1) 일반적으로는 국가나 사회단체의 조직을 이끌어가는 지도자급 사람들을 지칭하는 말이다. 2) 아날로그 방식에서 영화필름 릴(Reel, 또는 롤(Roll))의 처음과 끝에 감겨있는 투명 또는 불투명한 필름 부분을 말하는 것으로 영사기로 필름을 영사할 때 영화부분이 시작되기 전 본 필름을 영사기에 감기위해 앞뒤에 연결하는 필름을 일컫는 말이며 현상된 필름을 보관하거나 취급할 때 이를 보호하는 역할도 한다. 이 리더는 매 초마다 숫자가 카운트다운 하는 화면이 영사되어 영화의 시작을 알리기 위해 보통 8초부터 카운트다운 표시가 되어있는 필름을 사용한다. 이 방식은 미국 영화 예술 과학 아카데미의 규정을 따르기 때문에 아카데미 리더(Academy Leader)라고도 부른다. 또한 영화와 텔레비전 엔지니어 협회의 규정을 따르는 것은 SMPTE 유니버설 리더라고 한다. 그리고 영사기사를 위해 릴의 시작에는 작품의 제목과 릴 번호, 그리고 릴마다 후미에 다음 릴(Eeel)의 교환 시기를 알려주는 카운트다운 표시 마크(펀치) 등의 정보를 담고 있다.

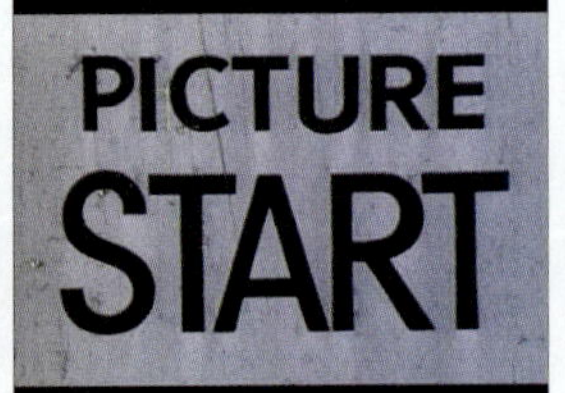
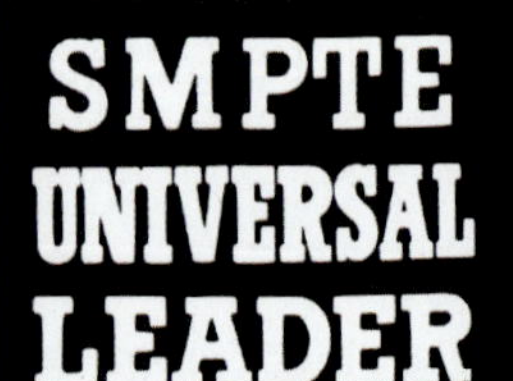

□ 그림설명 1510, 영화필름 롤 앞뒤에 붙는 아카데미 리더와 TV용 필름리더.

*** 참조보기 (2230 - reel)**

1511 `pic`

leica reel (라이카 릴)

라이카 릴은 일반적으로 라이브액션(Live Action) 영화 제작에서 사용되는 말이다. 정지된 사진이나 이미지로 영화처럼 구성해 음악, 음향효과, 대사를 넣어 영화의 구성, 속도, 이야기 흐름 등을 미리 느껴보고자 사용되는 초벌(Preliminary)필름을 뜻한다. 최근에는 영화 제작 공정이 디지털화되면서 라이카 릴이 많이 생략되고 음향과 음악 등도 역시 디지털 라이브러리(Digital library)로 체계화됨에 따라 초벌영상을 쉽게 구성할 수 있게 됐다. 애니메이션에서는 이것을 애니메틱(Animatic)이라 부른다. 스토리보드(Storyboard)를 촬영하여 캐릭터의 동작은 없지만 요소에 필요한 음악, 음향효과, 대사 등을 넣어 영화의 느낌을 미리 점검하는데 사용된다. 애니메이션에서 이 애니메틱은 기초적인 레이아웃으로 사용하게 된다.

✴ 참조보기 (0085 - Animatic)

1512 `pho` `pic` `equ`

lens (렌즈)

렌즈라고 불리는 범위는 매우 다양하다. 맑고 투명한 유리를 연마해 만들어진 요철렌즈를 가리키는 말이며 다양하게 여러 목적으로 사용된다. 유리, 각종 효과필터, 안경, 촬영용 카메라이 렌즈, 망원경, 천체망원경 등에 사용되고 원리적으로 오목렌즈(Concave), 볼록렌즈(Convex) 등의 구성으로 부착해 대부분 확대화면효과 보조물로 부착되는 것이면 모두 렌즈라 부른다. 촬영을 위한 카메라 렌즈는 여러 개의 렌즈 요소(Elements)들이 원통(배럴, Barrel)속에 적게는 3~4개, 많은 것은 12개 이상으로 층층이 조립되어 와이드(Wide, 광각), 스탠다드(Standard, 표준), 텔레(Tele, 망원) 렌즈 등으로 분류하여 자연조건에 따라 선택해 사용한다. 초 광각은 4mm, 6mm, 8mm 등 어안렌즈(Fish Eye)라고 부르며 초 광각으로 물체를 촬영할 수 있으나 특수한 목적에 사용하고 일반적으로 28mm-38mm를 사용하여 좁은 장소에서 원근을 강조하고자 할 때 사용한다. 표준렌즈는 55mm로 사람의 눈으로 보는 시야와 가장 흡사하다. 55mm는 넓혀지는 광각이나 먼 곳을 당겨서 보이는 망원의 범위(Range)에서 벗어난 렌즈이다. 망원은 약 105mm, 200mm, 300mm, 1,000mm 등 제한이 없다. 다만 망원렌즈는 먼 곳의 물체를 가까이 당겨서 보게 됨으로 촬영지역의 목적물보다 먼 물체가 더 가까이 보이게 되어 원근렌즈 속의 물체의 원근을 표현하기는 불가능하다. 렌즈는 일정한 거리 (초점 거리라고 불림) 에서 빛을 받아들이고 굴절시켜 필름의 초점면에 이미지를

L

형성한다. 광선은 고깔모양으로, 피사체가 한 점에서 나와서 카메라 렌즈에서 굴절하여 필름에 상이 맺히게 된다. 이 여러개의 렌즈들을 원통 속에 배열하고 원통 밖에 눈금으로 새겨진 표식을 돌리면 속에 있는 렌즈가 앞뒤로 이동하면서 필름에 상을 가까이, 혹은 멀리 렌즈를 움직여서 줌(Zoom)으로 거리를 조절할 수 있게 해 준다. 배럴에는 f-Stop과 t-Stop 숫자들이 새겨진 조리개가 있어, 렌즈를 통과해 필름에 닿는 빛의 양을 조절할 수 있다. 빛을 차단하는 조리개는 대략 1.2에서 1.4, 4, 5.6, 8, 11, 16, 22, 32까지 단위를 표시해 열고 닫으며 빛의 유입을 조절해 사용된다. 렌즈의 구성요소 (Elements)에 따라 밝기가 다르므로 얼마만큼 밝은 렌즈를 사용하느냐에 따라 렌즈의 조리개(Aperture)의 표시가 다르다. 또한 카메라가 좋은 상을 만들어 내기 위해서는 빛의 노출 속도가 매우 중요하며 이 기능을 셔터(Shutter)타임이라 한다. 이 셔터타임 조절은 조리개와 구별하여 카메라의 몸체에 장치되어 있다. 셔터를 항상 열어 놓을 수 있는 B Shutter에서 시작하여 1초, 2분의1초…50분의 1초, 60분의 1초, 125분의 1초, 500분의 1초, 1000분의 1초 등 매우 세밀하게 분할 돼있다. 이 모든 정보는 전문가를 위한 것이어서 일반 소비자가 쉽게 사용할 수 있도록 자동을 의미하는 A(Automatic) 라는 표시가 있고 실제의 속도는 60분의 1초에 해당된다. 프레임 대각선의 두 배 정도의 초점 거리를 가진 렌즈는 보통 눈으로 보이는 것과 같은 이미지를 만들어주며, 렌즈를 통해 왜곡(Distortion)된 상을 얻을 수가 있는데 렌즈의 개각도에 따라 다르다. 35mm 필름 촬영 시 사용되는 스탠더드 렌즈는 45mm에서 55mm 사이인데 이들 렌즈의 개각도는 사람의 눈과 비슷한 거리를 준다. 38mm 이하의 렌즈는 와이드앵글 렌즈에 속한다. 75mm 이상 초점 거리가 긴 렌즈들은 장 초점 렌즈로 분류된다. 이런 렌즈들은 피사체를 실제보다 가까이 당겨서 보이게 해주지만 물체를 보는 개각도는 좁아진다. 애니메이션 카메라의 렌즈는 대부분이 바쉬 롬 발타(Bausch & Lomb Baltar) 75mm f2.3을 사용했다. 이 렌즈는 단거리 초점이 가능하고 개각도가 좁아 12필드(가로30.5cm x 세로 22cm) 범위를 촬영하는데 적합하다. 또한 이 75mm 렌즈(35-75mm Zoom가능)는 뉴스나 스포츠 행사 기록, 다큐멘터리 등에 많이 사용하는 렌즈이다. 장 초점 렌즈는 단 초점 렌즈보다 더 멀리에서 초점이 맞게 되므로, 표면까지의 공간이 길다. 한 때 영화에서는 관객의 흥미를 돋우기 위하여 35mm 필름을 사용해서 이미지의 좌우 너비를 절반으로 압축하여 촬영하고 상영할 때는 압축을 다시 풀어 2.35:1의 와이드 스크린 영상을 만들어 주는 애너모픽(Anamorphic) 렌즈를 사용한 시네마스코프(CinemaScope) 영화도 있었다. 이 왜곡 렌즈는 한때 미국 발 영화흥행에 대 성공을 가져다 준 렌즈가 되었다. 일반적으로 렌즈는 편리한 줌(Zoom) 렌즈를 장착하여 뉴스, 스포츠 등에 많이 사용되며 초점 거리가 변하는 렌즈를 채용하여, 카메라가 한 위치에서 피사체를 끌어

당겨 프레임의 크기를 자유자재로 조정할 수 있다. 렌즈는 원근을 극적으로 표현할 수 있는 것뿐만이 아니라 렌즈를 통한 근접촬영으로 우리가 볼 수 없었던 여러 자연의 신비를 발견하게 된다. 일반적으로 카메라를 구입한다면 몸체의 모양을 중시하는 경향이 있으나, 보다는 렌즈가 더욱 중요하다는 것을 카메라 광에서 전문가가 된 후 비로서 알게 된다. 최근의 광학기술은 첨단적으로 발전을 거듭하여 소형 디지털카메라나 셀카 (Cel-Phone Camera)에 내장된 미세렌즈는 전문적인 사진기술을 초월한다. 영화용 카메라 범주에서 벗어나게 되는 렌즈는 망원경(Spyglass)이나 우주망원경(Space Telescope)이 있다.

□ 그림설명 1512, 100종이 넘게 있는 렌즈의 여러 기본종류들.

✱ 참조보기 (1514 - Lens Element)

1513 `pho` `pic`

lens aperture (렌즈 아파추어)

필름에 화상을 찍을 때 카메라가 받아들이는 빛을 조절할 수 있도록 렌즈에 부착된 아이리스(Iris)를 일컫는 말이다. 이 조리개는 렌즈에 따라 밝기가 다르다. 가령 1.2에서 2.0, 2.8, 4, 5.6, 8, 11, 16, 22, 32 까지 단위를 표시하여 열고 닫으며 빛의 유입을 조절하여 사용한다. 1.2, 1.4 혹은 2.0, 3.8 등의 표시는 렌즈의 구성(Elements)에 따라 밝기가 다르므로 얼마만큼 밝은 렌즈를 사용하느냐에 따라 렌즈의 아파추어는 1.2 혹은 4

부터 시작될 수 있다.

F-Stop Range (Aperture)

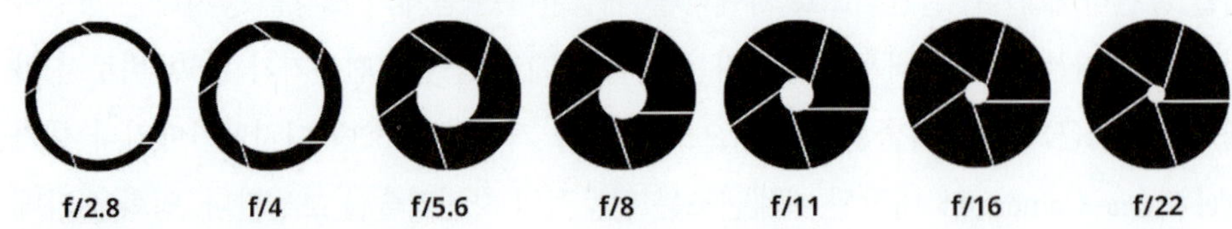

☐ 그림설명 1513, f-Stop Aperture.

1514 `equ` `pho`

lens elements (렌즈구성)

렌즈는 빛을 모으거나 분산시키는 작용을 한다. 반사광에 의한 빛을 모아 먼 곳의 피사체를 가까이 또는 넓게 보기위하여 용도에 따라 여러 개로 구성된 렌즈를 조합하여 원통(Barrel) 속에 넣어 촬영 할 수 있게 만든 것을 일반적으로 렌즈라 부른다. 사람이 만든 렌즈의 처음 사용은 약 3,000년 전 고대 아시리아(Assyria)에서 만든 안경이 발견되었다는 기록이 남아있고, 비로소 16세기에 와서 독일태생으로 네덜란드의 한 안경공장을 운영하던 한스 리퍼쉐이(Hans Lippershey, 1570-1619)라는 사람이 우연히 대물렌즈와 접안렌즈를 사용하면 먼 곳의 물체를 가깝게 볼 수 있음을 알게 되어 세상에서 처음으로 일반 망원경을 만들게 되었다. 조합된 렌즈를 이용하면 사람의 시야보다 더 넓게 보거나 먼 곳의 물체를 가깝게 볼 수 있다. 1839년에 루이 다게르(Louis Daguerre, 1787-1851)에 의해서 사진기가 최초로 발명됐고 매우 기초적인 볼록렌즈와 오목렌즈를 사용했다.

☐ 그림설명 1514-1, 루이 다게르가 1839년에 만든 <Daguerreotype> 카메라.

사진을 찍기 위한 노력은 180여년을 지나며 거듭되었고 렌즈의 사용은 날로 발달하여 오늘날의 광학 소자 기술은 형석(Fluorite)렌즈를 사용해 빛의 굴절을 막아 명확한 사진을 찍을 수 있는데 까지 와있다. LD(Low Dispersion, 빛의 분산을 줄인), ED(Extra Low Dispersion), SD(Super Low Dispersion), UD(Ultra Low Dispersion), APO(Apochromatic) 등의 렌즈는 일반 유리렌즈보다 빛의 굴절이나 분산(Inflection and Dispersion)을 최소화하고 색의 유입과 탈선(Chromatic Inflow and Aberration)을 막아주는 역할을 한다. 흔히 프리즘에서 보듯이 색의 구성(Color Constituent)요소들은 각기 다른 굴절각을 갖게 되는데 이것을 색 수차(Chromatic Aberration)라고 한다. 이러한 빛의 굴절과 분산, 색의 유입과 혼합 등을 막기 위해 나노물질(Nano Crystal)을 도색하거나 특수 렌즈를 사용해 파장의 오차를 줄여 최상의 상(Image)을 얻을 수 있다. 좋은 카메라(Body)의 선택보다는 좋은 렌즈의 선택이 더 좋은 결과물을 만들어 낸다. 렌즈로는, 초 광각렌즈 24mm, 16mm, 8mm, 6mm 등의 특수 렌즈와 광각으로는 28mm, 38mm, 45mm이하. 표준 50mm, 55mm, 75mm이하. 망원렌즈로는 장 초점 80mm-130mm, 망원 130mm이상, 초 망원 500mm이상, 1000mm, 2000mm-∞ 등이 있다. 고정된 자리에서 피사체를 끌어당겨 촬영할 수 있는 줌(Zoom)렌즈로는 광각(Wide) Zoom 20-35mm, 24-50mm, 표준(Standard)Zoom 28-80mm, 35-70mm, 망원(Tele) Zoom으로 70-210mm, 80-200mm 등, 매우 다양하다. 그 밖에도 마이크로(Micro 또는 Macro)렌즈, 접사(Close-Up)렌즈 등이 있다. 렌즈의 조립형식은 회사마다 다르고 경쟁적으로 개발하여 천차만별이다.

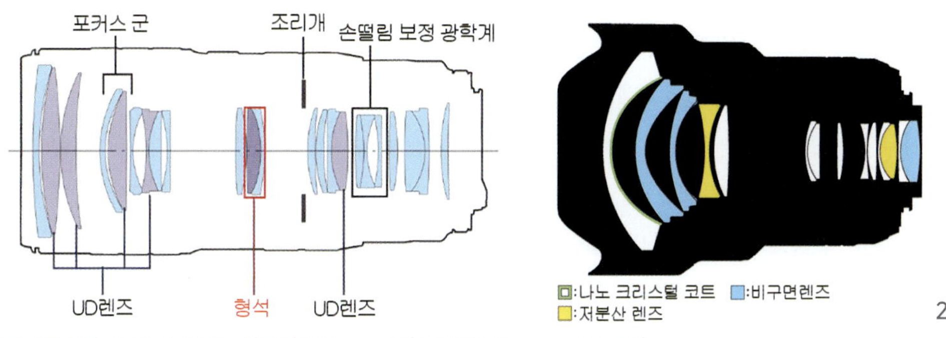

☐ 그림설명 1514-2, 렌즈는 볼록렌즈(Convex)와 오목렌즈(Concave)로 구성.

1515 `equ`

lens hood (렌즈 후드)

와이드 앵글 렌즈(Wide Angle Lenses)를 사용할 때 빛의 역광으로 인한 이상 노출이나, 태양 직사광선 방향으로 촬영할 때 생기는 렌즈·플레어(Flare) 현상을 막기 위해 렌즈의 주변에 빛을 차단하기 위한 빛 가리개이다. 대형 조명기구에 부착되어 있는 반 도어(Barn Door)와 흡사한 역할을 한다.

☐ 그림설명 1515, 렌즈후드 카메라에 장착, 카메라의 반도어식 후드.

□ 그림설명 1516,
f-Stop=조리개(Aperture) /
초점거리(Focal Length)

1516 `pho`

lens stop (렌즈 스톱)

렌즈의 초점과 렌즈의 아이리스(Iris) 구경간의 비율을 나타내는 수치이다. 1.2, 2.0, 2.8, 4, 5.6, 8, 16, 22 등으로 나열된 표식을 한 단계씩 올리고 내리는 것을 스톱이라 한다.

✱ 참조보기 (0111 - Aperture)

1517 `ani` `gen`

level (레벨)

셀 애니메이션(Cell animation)에서는 등장하는 캐릭터에 따라 4개 이상(보통 6개, 많을 경우는 8개)의 셀을 배경 위에 겹치도록 하여 사용하는데, 이때 겹친 셀의 각 층을 레벨이라고 한다. 예를 들어 배경을 적절한 색상으로 완성하더라도 평균 6장의 셀 만큼 어두워지므로 이를 적절히 감안한다. 배경 위에 바로 다음의 셀을 레벨-1, 그 다음의 셀을 레벨-2 라는 방식으로 호칭한다. Cell의 각 레벨은 Cell 자체의 명도에 관계됨으로 화면의 밝기에 변화가 생기지 않도록 하기 위해 어느 신이나 같은 양의 Cell을 사용하여 전체적인 화면의 명도를 유지한다. 이에 따라 각 레벨의 채색도 레벨에 따른 색상을 사용한다. 재래식 애니메이션 기법은 색상을 살펴가며 지정하여 사용하여 공정이 매우 복잡했다. 20세기말에 컴퓨터 애니메이션의 출현으로 영화의 모든 기자재가 전자적으로 바뀌고 애니메이션 캐릭터 역시 컴퓨터에 의해 색칠하게 됨으로써 색상의 문제와 관계없이 무제한의 레벨을 사용할 수 있게 되었다.

□ 그림설명 1517, 여러 레벨의 재래식의 <심슨가족> 셀(Cel) 애니메이션.

library (도서관)

일반적으로 세계 여러 나라의 서적(Books)이나 음반(Records, CD, Music etc.) 등을 고루 갖추고 필요한 사람에게 열람(Browse)을 공개하는 시설을 갖춘 곳을 도서관이라 한다. 도서관에는 문헌(Literature), 오락(Entertainment), 지도(Geography Map), 생태(Ecology), 예술(Arts), 법률(Law,) 정보(Information), 자료(Reference), 등 음악도서관(Music Library)도 비치하고 연람하도록 해 주며 역시 도서관이라 통칭한다. 간혹 입장료(Admission Fee)나 대여비(Rental Fee)를 지불하기도 한다. 도서관에 따라 단기간 동안 빌린 책들을 집에 가져와 읽고 반납할 수 있는 곳도 있다. 도서관은 작거나 크거나 지역적으로 역사와 함께 오랜 전통을 지닌 도서관이 전 세계에 천문학적으로 헤아릴 수 없이 많다. 왕립도서관(Royal Library), 국립 도서관(National Library), 시립(Citizen Library)과 사립도서관(Private Library)이 있고 개인(Personal)이 소장하고 있는 집의 서재에 비치하고 있는 서가 역시 장서(Library)라고 부른다. 사람들은 도서관을 이용하여 정보를 얻고 지식과 상식을 쌓아 자기의 정신세계를 건전하게 하여 보다 나은 자기인생의 가치를 만들어 간다. 도서관은 자기의 문명을 여는 곳과 같다. 책은 사람의 생각 기관에 필요한 영양소를 보충해 주는 것과 같아서 읽고 깨달음이 있어야 생각이 바뀌고 건강한 도덕심과 윤리관으로 남을 위한 배려가 생겨나게 된다. 도서관은 만물상과도 같다. 구하면 사람의 두뇌에 도사리고 있던 창의적 아이디어들이 열리게 되는 곳이다. 책은 나라를 튼튼히 한다. 책을 읽지 않는 장수는 지략의 길을 잃어 군대를 혼미 속으로 이끌 수 있다는 글도 있다.

✻ Goryo Eighty-thousand tripitaka (고려 8만대장경)

세계 역사에서 으뜸가는 대장경은 AD.1011년, 고려 현종 2년부터 시작하여 77년 만에 완성했으나 불타서 없어졌다. 고려 고종 23년 때인 1236년에 다시 8만 대장경을 축조하고 서원에 장서원본 8만 1,137매의 경판(목판크기: 세로24cm, 가로69.6cm, 평균두께 3.2cm, 무게 3~4kg)을 보관했다는 기록이 있다. 고려는 일찍이 진리를 배우며 학문으로 연구해 16년 동안 목판에 글을 새기고 인쇄해 문맹(Illiteracy, 글을 모르는)한 백성들을 깨우치려 도서관을 건립했다. 지금은 대한민국 합천에 있는 해인사에 판각장서들이 특수 시설 속에 보관되어 있고 방문자들을 맞는다. 이 장서는 특별한 가치로 인정되어 1962년에 한국국보 32호로 지정되었고 유네스코(UNESCO)의 세계유산기록에도 등재되어 있다.

  L

□ 그림설명 1518-1, 한국 해인사.

-2, 8만 대장경이 보관된 장경각, 합천 해인사 대장경판의 판고.

-3, 8만매(장)의 나무목판에 불경을 판각한 원본.

* National Library of Korea (한국 국립도서관)

한국의 도서관이 국립도서관으로 개관한 때는 1945년으로 한국이 일본으로부터 해방되던 같은 해였다. 1963년 문화체육관광부(당시 문화부)가 중앙도서관으로 개편, 건립하고 운영하며 1965년에 출판물에 관해서 납본제도를 시행했다. 1988년 서울 반포에 새 도서관을 신축하고 이전했으며 2009년에 와서는 디지털 도서관을 개관했고 다른 나라에 비해 뒤지지 않는 1,200만권의 장서를 보유하고 국가의 도서관 기능을 수행하고 있다. 이 중앙도서관에는 출판물도서관, 디지털도서관, 자료 보존관, 시청각 자료, 미디어센터, 왕실도서관은 한국의 역사, 장서, 고도서, 고문서, 사진, 음성자료 등의 설비를 갖추고 있다.

* book library begins in the world (도서관의 기원)

세계에서 가장 오래된 도서관은 AD. 859년에 개관한 모로코(Morocco) 페즈(Fez)에 있는 알쿼라이인 도서관(Al-Qaraiyyin Library)으로 기록한다. AD. 990년 고려시대에는 도서를 왕실에서 보관하고 직접 관리했다는 기록도 있다. 서경(지금의 평양)에 있던 수

서원에서는 책을 수집하고 보관하여 읽게 함으로 이것을 최초의 도서관(Library)이라할 수 있다. 1420년 세종이 즉위한 후 집현전 학사들에게 책을 만들어 집현전에 보관하고 읽게 했다. 세종은 쉬운 한글을 창시하여 조선글자를 만들어 백성들이 문맹으로부터 깨어나게 했다. 또 한편, 1250년 프랑스 루이 9세 때 소르본(Sorbonne) 신부가 다량의 서적을 기부하면서 유럽의 도서관이 최초로 시작되었다. 루이 11세 때인 1368년에왕립박물관으로 처음 설립된 후 세계에서 가장 오래된 도서관으로 설비이용규칙을 처음으로 마련하기도 했다. 15세기 대학교 증설과 함께 책이 증가되었고 1792년 프랑스시민들이 자유를 부르짖는 '프랑스 사상혁명'이 일어나며 소르본 대학(Université de la Sorbonne)은 폐교되고 루이 16세 왕과 왕비(마리 앙투아네트) 모두 시민에 의해 기요틴(Guillotine, 단두대, 참수형)에 목이 잘리게 되었고 혁명은 끝이 났다. 폐쇄되었던 학교도 도서관도 나폴레옹시대가 되면서 다시 열렸다.

-4, 프랑스, 국립도서관 미테랑의 내부와 외부.

-5, 독일, Wiblingen Monastery 도서관.

-6, 스위스, Saint Gallen Abbey 도서관.

L

지금은 공식 명칭 프랑스 국립도서관(Bibliotheque Nationale De France)으로 부른다. 그리고 또 다른 이름으로 미테랑 도서관(Bibliotheque Mitterand)이라고도 부르기도 한다. 1789년에 일어났던 프랑스혁명 200주년을 기념하여 1989년을 기점으로 미테랑 대통령의 이름을 따서 착공했다. 이 도서관은 건립 당시 강기슭에 프랑스풍의 건축양식이 아닌 현대식의 빌딩이 4체나 건립되어 반대의견들이 있었으나 이 도서관은 세계최대(Volume)와 세계최고(Historical)를 자랑하는 도서단지로 1994년에 완공하고 입주하여 세계적인 도서관이 됐다. 1997년에 온라인 사용자를 위해 디지털화 되었으며 웹사이트는 갈리카(Gallica) 이름으로 근간 도서와 이미지 파일을 검색할 수 있어 유럽은 물론 세계적인 문화소통의 길을 열어 놓았다고 평가한다.

1519 `gen`

license (면허, 면허증)

국가기관이나 공적단체가 발급한 법률적(Legally) 또는 공적(Officially)으로 개인의 전문기술을 인증한 증서나 제반 분야에 면허를 면허증이라 부른다. 공무원증, 각종 기술직면허, 운전면허, 자동차번호판, 지역출입 허가증, 특수 처리허가증, 요리사 자격증 등 특허 증서를 뜻하는 말이다.

□ 그림설명 1519, 유럽지역의 자동차번호판(Automobile License plates)

1520 `equ` `ani`

light box (라이트 박스)

애니메이션이나 아트워크(Art Work)에서 겹쳐있는 여러 장의 밑그림을 확인하기위해 사용되는 도구이다. 불을 켠 라이트 박스(Right Box)에서 빛을 비춰서 그림의 위치를 수시로 확인하며 다시 다른 종이를 올려놓고 먼저 그림의 위치를 참고하며 그림을 그릴 수 있게 만든 약간의 경사각을 가진 책상이다. 애니메이션 데스크나 밑에서 빛을 비춰서 필름을 보는 편집 테이블(라이팅 테이블, Lighting Table 이라고도 부름) 등 밝은 조명이 필요할 때 사용된다. 빛이 바닥에서 비치는 불투명한 플라스틱이나 유리가 부착된 드로잉 데스크로 앞의 그림을 바탕으로 똑같은 그림을 그릴 때 사용하기도 하고 셀 위에 색칠할 때 채색이 완벽한가를 점검할 때도 사용되었다. 이러한 밑 조명장치가 된 데스크를 애니메이션 데스크라 부르고 약 1세기동안 애니메이션 산업분야에서 필수의 도구로 사용된 비품(Equipment)이었다.

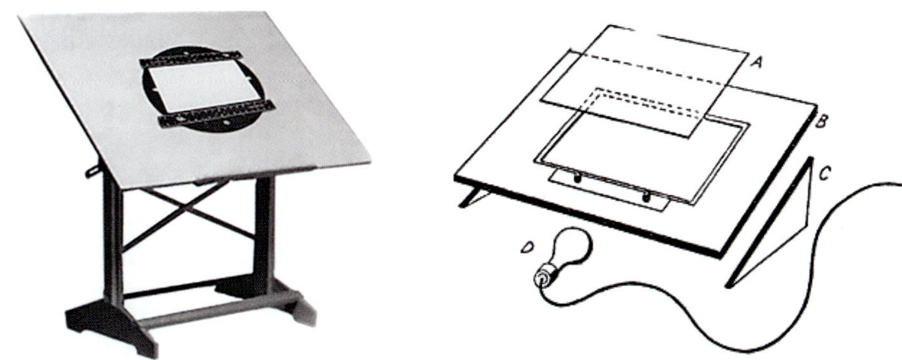

□ 그림설명 1520, 애니메이션 데스크와 라이트 복스의 개념, A- 불투명 유리, B- 라이트복스, C- 복스의 각도, D- 광선.

1521 `pic` `equ`

lighting (조명, 라이팅)

일반적으로 어두움을 밝게 하는 것을 뜻하지만 영화에서는 조명을 대조적으로 더 어둡게 하는 예술적 표현양식으로 사용되기도 한다. 그러나 한 장면이나 목적물을 선명하게 밝히기 위해 적절히 조명하는 포괄적인 뜻으로 사용되는 말이다. 조명은 1-전체조명(Flood Lighting), 2-직접조명(Spot Lighting), 3-후광조명(Back Lighting)을 기본적으로 사용할 수 있다. 영화 촬영 시에는 피사체인 배우, 특별한 모션범위, 배경의 역할 등에 따라 조명을 세팅한다. 조명은 영화에 있어 중요한 시작 중에 하나의 과정이며, 더 세분화된 조명은 이미지의 질과 드라마틱한 효과를 결정적으로 향상 시킬 수 있다. 촬영 감독이 필요한 필름의 조명을 일차로 책임지지만, 각 시퀀스의 조명은 감독과 프로덕션 디자이너와 협의하며, 조명 감독 (전기 책임자)이 수행한다. 그림1-기본조명은 전체를 넓게 비추는 조명, 그림2- 목적물에만 비추는 조명, 그림3-목적물과 배경에 입체감을 주기 위한 역광조명 등으로 매우 전문적인 기술이 사용된다.

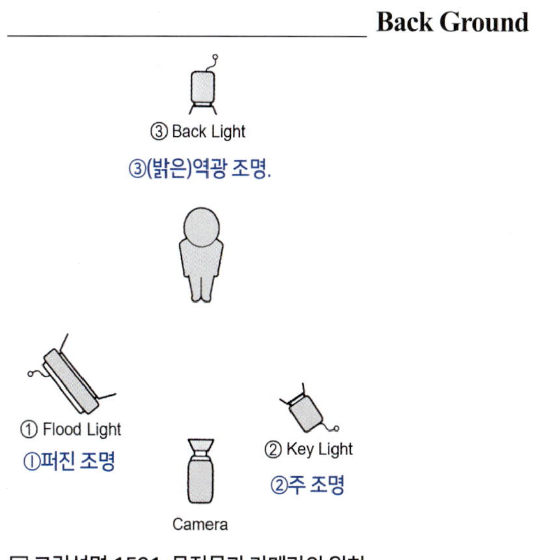

□ 그림설명 1521, 목적물과 카메라의 위치에서 3가지 기본 조명.

1522 `equ` `pho` `pic`

light meter (라이트 미터, 광량 측정기)

필름으로 야외(Day Light, Exterior) 촬영이나 실내(In Door, Interior)에서 촬영할 때 자연광이나 조명등의 광량 혹은 반사광을 측정하는 장치이다. 측정된 광량 표시에는 카메라의 렌즈 어파추어와 셔터 타이밍이 표시되어 있어 필름 인덱스(Index: ASA)에 따라 적합한 촬영 결과를 얻어낼 수 있다.

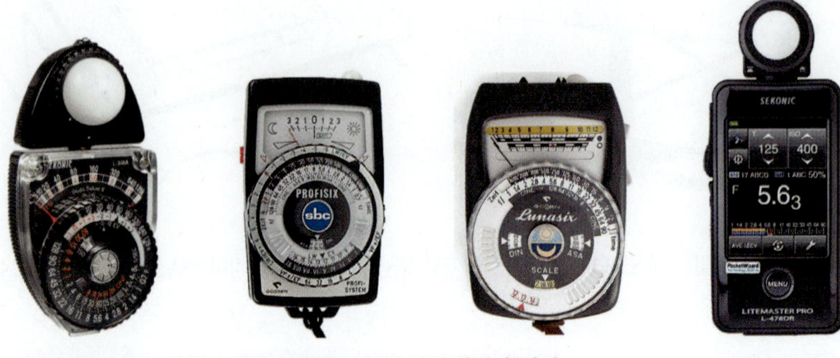

□ 그림설명 1522, 영화나 일반 촬영에 사용된 여러 광량 측정기.

1523 `ani`

light-on-dark (라이트 온 다크)
*LOD line(엘오디 라인)

재래식 애니메이션에서 캐릭터의 의상이 어두워 디테일(잔주름 등)이 보이지 않을 때 잉킹(Inking)을 하는 과정에서 캐릭터의 어두운 색의 한 부분과 밝기의 차이가 거의 없는 다른 부분 사이의 윤곽(선)을 나타내야 할 때 밝은 선으로 잉크를 하는 것을 뜻하며 이 방법은 움직임에 명확성과 깊이를 주기 위해 사용된다. 흔히 LOD Line이라고 쓰고 부른다.

□ 그림설명 1523, WB의 검정색 Daffy Duck 손의 움직임이 잘 보이도록 흰 선으로 그린부분을 LOD Line이라 한다.

1524 `equ`

light pen (라이트 펜)

시각적인 디스플레이(Display) 스마트 폰 화면위에 매우 밝고 민감한 전자장치 펜으로써 이미지 위를 밝은 빛으로 글이나 그림을 그릴 수 있다. 또한 넓고 원거리에 소재하는 지도나 차트를 라이트 펜으로 화면을 가리키며 설명할 때 사용한다. 원거리에서 빛

을 비춰 사용하는 라이트 펜은 주로 레이저 광으로서 날카롭게
목적한 부분을 가리킬 수 있다.

□ 그림설명 1524, Light pen과 Galaxy Note Light pen FX

1525 `pic` `ani` `pho`

limbo (림보)

가장자리나 경계가 분명하지 않은 배경 또는 세트의 전체를 말한다. 특정한 장소를 암
시하지 않고 무한대로 뻗어 나가는 것처럼 보이는 배경이나 시크 무리한 배경(무채색)
을 가리키는 말이다. 또는 블랙(화이트-블랙)을 림보라고 부르기도 한다. 사진관에서
흔히 사용하는 림보 세트, 벽과 바닥의 이음새가 없이 무한으로 보이는 배경 등을 칭하
는 말이다.

1526 `ani`

limited animation (리미티드 애니메이션)

주로 재래식 애니메이션 제작에서 캐릭터의 일부 동작과 키 포즈(Key Pose) 위주의 의
존하는 애니메이션을 가리키는 전문용어이다. 리미티드(Limited)의 의미는 제한된 그
림 장수(Drawing Count)를 뜻하며 풀 애니메이션보다 빠르고 경제적으로 제작할 수 있
기 때문에 TV 방송용으로 전 세계적으로 이용되었던 방식이다. 그러나 어떤 애니메이
터들은 이 방식을 미학적인 목적으로 사용하기도 한다. 예를 들어 30분용 TV 프로그

□ 그림설명 1526, Limited Animation <Gerald McBoing Boing> 1950.

L

램에서 풀 애니메이션(Full animation)이라 함은 대략 20,000매 이상의 그림이 필요하게 되고 리미티드는 14,000매 이기는 하나 특별한 경우 5~6,000매를 사용하게 되는 경우도 있다. 미국에서 만든 <맥보잉 보잉(McBoing Boing)>이 나온 뒤 이 기법은 급격히 유행하게 됐다. 이 영화 속에 한 시퀀스는 기본적으로 사진으로 만든 스토리보드(Storyboard)였다. 그 후 UPA 그룹이 이 방식을 주로 사용하게 되었으며 유럽과 일본에 영향을 미치게 되었다. 최근에는 플래시(Flash) 애니메이션이 등장하여 극히 소량의 그림으로 좋은 애니메이션 효과를 내기도 한다.

1527 `pic`

limited release (특별 배급)

영화배급을 위한 하나의 전략(Strategy)으로 제한된 영화관에서 제한된 기간 동안 깜짝 상영을 하는 것을 뜻하는 말이다. 실제로 이 방식은 관객들의 심리를 이용하여 짧은 기간 내에 전국에서 상당한 광고효과를 얻어 정상적인 방식보다 흥행에 좋은 결과를 얻을 수 있기도 하다. 영화뿐만이 아니라 모든 제품 생산에서도 한정판으로 출시하여 광고와 함께 매출에 들어가는 작전계획 중의 한 방식을 말한다.

1528 `pic` `ani`

line producer (라인 프로듀서, 총 감독)

영화를 제작하는데 있어서 익세큐티브 프로듀서(Executive Producer, 집행프로듀서)는 제작비용을 투자하고 책임을 가진 사람을 지칭하는 말이다. 그러나 실제의 모든 영화 제작의 공정 일체를 다루는 사람으로 라인 프로듀서(Line Producer, 총감독)라고 부른다. 총감독은 영화의 스토리를 숙지하고 애니메이션의 기능적인 지식을 겸비하고 세부적인 부분에 상세한 계획을 세워나간다. 총감독은 영화를 만드는 사람들의 재질과 품질을 관리하고 예산집행 권리를 겸비한다. 또한 예산상 지출 비용의 흐름을 잘 파악하고 있는 사람이며 프로덕션 매니저는 관리 차원의 문제들에 대해서 라인 프로듀서에게 보고한다. 영화의 크레딧(Credit)에서는 프로듀서로 불리는 사람들의 종류가 여러 가지이다. 프로듀서에는 총괄 프로듀서(Executive Producer), 프로듀서(Producer), 공동 프로듀서(Co-Producers), 협력 프로듀서(Associate Producer), 보조 프로듀서(Assistant Producer), 라인 프로듀서(Line Producer)가 있다. 영화 크레딧을 통해 볼 때 프로듀서의 타이틀이 붙은 사람은 약 20~30명은 되기도 한다. 물론 프로듀서하면 제작비용을 투자한 사람들이지만 그중에 라인 프로듀서는 영화 제작에 매우 중요한 책임을 갖고 있는 사람이다. 해외에서는 많이 사용하는 명칭이지만 한국에서는 총감독이라고 부른다.

다시 말하자면 제작하는 작품의 품질과 운영관리 차원의 감독 자격의 프로듀서를 일컫는 말이다. 영화의 내용과 연출 등을 파악하고 많은 인원을 관리 감독하는 총감독이다. 또한 예산상 지출 비용의 흐름을 잘 파악해야 하는 사람이며 프로덕션 매니저의 관리에 관한 업무에 관해서 보고받는다. 기본적으로 총감독은 영화를 형성하는데 조력자(Supporter)로써, 예술가로써, 심지어는 영화제작 관리자인 매니저와 신뢰 있는 대화를 나눈다. 각 파트의 작업을 총괄하고 따라서 예정된 안건(Agenda)이나 매일 일어나는 각 공정의 스케줄(Schedule)을 꿰뚫어 보고, 내일로 미뤄지는 작업이 생겨나지 않도록 독려하고 관리한다. 제작공정이 길어질수록 그만큼 비용이 더 많이 소요되기 때문이다. 이렇게 모든 공정상의 총감독의 의무(Duty)와 책임(Responsibility)을 소상히 지켜나가기 위해 스케줄을 총괄하는 매니저(들을)를 둔다. 제작하려는 작품의 품질과 관리 차원의 감독 자격의 프로듀서를 일컫는 말이다. 영화의 내용과 연출 등을 파악하고 많은 인원을 관리 감독하는 총감독이다.

1529 com

linear editing (리니어 편집, 아날로그 편집)

아날로그 방식에서 특히 비디오테이프 방식의 화면이나 음향을 편집하는 것을 뜻하는 말이다. 비디오 편집 중에 봐야할 것이나 명확한 지점을 즉시 뛰어 넘어 볼 수 없으므로 테이프를 돌려서 찾아 편집하는 기존방식의 비디오테이프 편집을 이르는 말이다. 일반상식으로 재래식 편집은 화면과 음향을 모두 프리뷰(Preview)를 한 후 편집차트를 만들어 그를 따라서 편집을 한다. 그러나 비선형 편집(Nonlinear Editing)은 디지털 방식으로 언제나 어느 지점이든 간에 즉시 찾을 수 있고 편집을 할 수 있다. 또한 편집한 것을 즉시 취소할 수도 있다. 원본이 그대로 있기 때문에 원본이 손상이 가지 않는다. 디지털은 편집복사를 여러 번 하더라도 제너레이션 로스(Generation Lose)로 인해 화면의 손실을 가져오지 않는다.

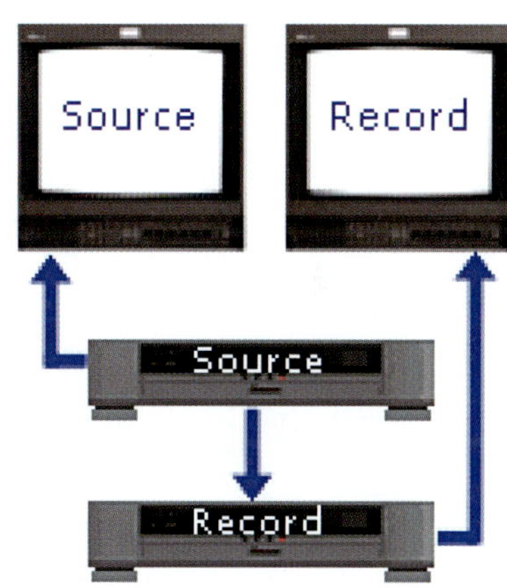

□ 그림설명 1529, 리니어 편집 방식.

1530 ani

line test (라인 테스트)

애니메이션 펜슬 드로잉이 완성되었을 때, 필름용 카메라 또는 비디오카메라로 촬영하여 애니메이션 동작이 의도한대로 되었는지를 확인하는 것을 말한다. 애니메이션 연출은 동작뿐만이 아니라 섬세한 표정과 제스처가 있어야 하는데 이런 만족스러 결과는 라인테스트 과정을 거쳐 얻어내게 되는 중요한 작업이다. 미국식 용어로는 '펜슬 테스트(Pencil Test)'라고 하며, 동작의 정확성을 확인하기 위해 연필로 그린 동화를 흑백 촬영하여 영사해 보는 것을 말한다. 이것은 촬영 전 부자연스러운 동작을 체크해 수정하기 위한 것이다. 애니매틱(Animatic) 구성 시 사용하기도 한다.

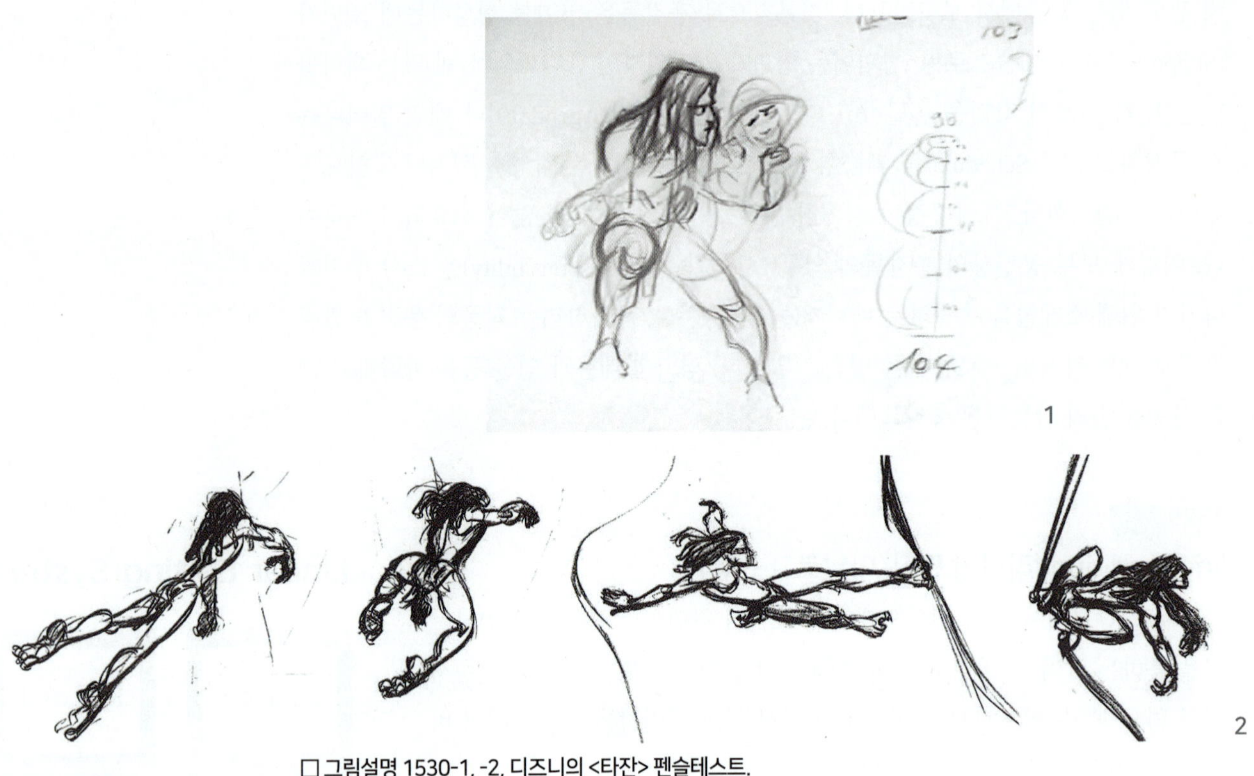

□ 그림설명 1530-1, -2, 디즈니의 <타잔> 펜슬테스트.

1531 `ani` `pic`

lip sync. (립싱크, 대사 입 맞추기)

립싱크는 화면상의 입놀림과 목소리가 동시녹음처럼 잘 맞아떨어지는 것을 이르는 말이다. 립 싱크로나이제이션(Lip Synchronization)의 약어로 Lip Sync.로 단축해서 사용한다. 캐릭터의 입 모양과 맞춰서 동시녹음을 하거나 성우의 목소리를 ADR(Automatic Dialogue Replacement)로 후 녹음으로 일치시키는 것을 말한다. 애니메이션에서는 성우의 목소리를 선 녹음 한 후 소리를 맞춰 입 모양을 그리는 정반대의 공정으로 작업하게 된다. 실사 영화에서는 장면을 촬영할 때 대사를 동시 녹음한다. 그러나 애니메이션에서는 대사는 사전 녹음되고 애니메이터는 대사에 맞추어 인물의 입술 모양과 표정을 그린다. 애니메이터들은 이러한 작업에 매우 숙련되어있어서 데스크 옆에 거울을 두고 적절한 입술 모양과 표정을 들여다보며 그리기도 한다. 영화에는 촬영 현장의 소리를 동시에 녹음해 사용하는 경우도 있지만 일반적으로는 사운드 스테이지(Sound Stage)로 가져와 소리를 만들어 쓴다. 이 때 폴리(Foley)효과음을 화면에 맞게 연출하기위해 소리를 증폭시켜서 그 효과를 최대화한다. 대사는 물론 사운드스테이지에서 ADR을 다시 하게 되는데 이때 완전한 립싱크(Lip Sync.)를 시킨다.

＊ 참조보기(0041 - ADR)

1532 `com`

LCD (엘씨디)

＊ liquid crystal display (액정소자)

전압과 소비전력이 낮은 영상 장치의 하나로, 브라운관 모니터와는 달리 소자 자체에서 빛을 내지 못하기 때문에 어두운 장소에서 사용은 적절하지만 화질이 많이 떨어진다. 화면의 테두리가 직각으로 되어있고 얇고 가볍기 때문에 벽걸이용 TV와 초소형 TV 등에 많이 이용되었다. 한때는 'LED TV'라고 시중에서도 판매했지만 어두운 LCD화면에 밝은 LED를 첨가했을 뿐이었다.

□ 그림설명 1532, Samsung LCD TV.

1533 `lit`

literature (문학, 문헌)

라틴어로 원래의 뜻은 글쓰기(Writing)와 편지쓰기(Forming Letters)에서 유래된 말이다. 글이 발달하면서 내구력(Lasting Quality) 있는 문학적 가치로 분류하여 이야기(Stories), 시(Poems), 연극(Plays), 수필(Essays) 등을 가리켜 부른다. 문학이 일반인들로부터 호평을 받은 것은 14세기로부터 시작되었다. 글은 동서고금을 통하여 나라마다 언어의 발달을 도왔고 문화생활에 크게 그 가치를 기여하게 되었다. 세기적이고 세계적인 문학가들이 생겨나고 지금은 그들을 고전문학 작가(Classical literature author)들이라 부른다. 여러 작가들의 출생과 사망, 대표작을 나열한다. 영국의 동부 켄트(Kent)시의 시인이며 작가인 제프리 초서(Geoffrey Chaucer, 1340-1400)가 쓴 <캔터베리 이야기(the Canterbury Tale)>가 첫번째 '스토리'로 기록된다. 그리고 16세기 스페인이 낳은 미구엘 드 세르반테스(Miguel de Cervantes, 1547-1616)는 그 유명한 소설인 <돈키호테(Don Quixote)>를 썼다. 영국의 윌리엄 셰익스피어(William Shakespeare, 1564-1616) 역시 유명한 소설 <로미오와 줄리엣(Romeo and Juliet)>을 썼고, 같은 영국의 조나단 스위프트(Jonathan Swift, 1667-1745)가 쓴 <걸리버 여행기(Gulliver's Travels)>도 있다. 녹일의 요한 월프강 본 괴테(Johann Wolfgang Von Goethe, 1749-1832)는 드라마적이며 시(Poet)적인 희곡 <파우스트(Faust)>의 전편을 1808년에 내놨고 그 후편을 1831년에 발

 921

L

표해 무려 60년에 걸쳐 완성하고 이듬해에 사망했다. 18세기에는 영국의 윌리엄 워즈워스(William Wordsworth, 1770-1850)의 <수선화(the Daffodils)>가 있고, 19세기에 들어서 덴마크의 한스 크리스찬 안데르센(Hans Christian Andersen, 1805-1875)의 <눈의 여왕(the Snow Queen)>, 미국의 에드가 알란 포(Edgar allan Poe, 1809-1849)의 <약탈(the Raven)>, 검정고양이(the Black Cat) 그리고 월터 휘트만(Walter Whitman, 1819-1892)의 <풀잎파리(Leaves of Grass)>, 구 러시아의 피오도르 도스토예프스키(Fyodor Dostoevsky, 1821-1881)의 <죄와 벌(Crime and Punishment)>, 다시 미국의 마크 트웨인(Mark Twain, 1835-1910)의 <톰 소여(Tom Sawyer)>, 유진 오닐(Eugene O'Neill, 1888-1953)의 <밤으로 가는 긴 여행(Long day's Journey into night)>, 그리고 어니스트 헤밍웨이(Ernest Hemingway, 1899-1961)의 <누구를 위하여 종은 울리나(For Whom the Bell Tolls)>, 또한 미국의 닥터 수스(Dr. Suess, 1904-1991)의 <모자속의 고양이(the Cat in the Hat)> 등의 명작 소설들이 이 밖에도 헤아릴 수 없이 많다. 현대로 오면서 문학은 나라마다 물결처럼 범람하고 산처럼 쌓인다. 문학은 시대의식을 가진 당대 사람들의 한탄, 절규, 호소이며 그 해소의 방식을 작가적으로 나열한 것이라고 할 수 있다.

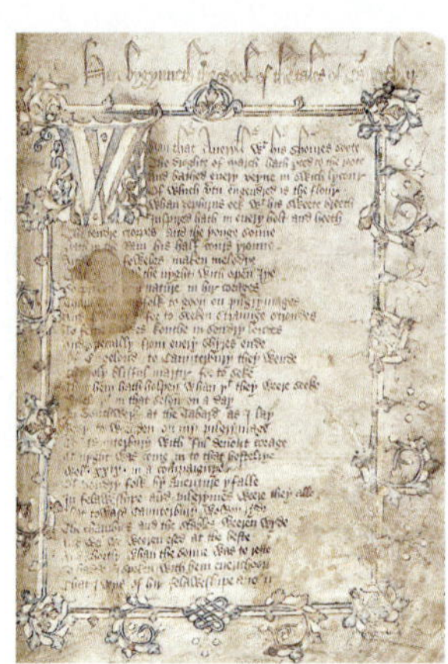

□ 그림설명 1533-1, 희극, 역사, 비극을 다룬 세계적인 문학가 윌리엄 섹스피어.

-2, The Canterbury Tales (1387), by Geoffrey Chaucer.

-3, The Cat in the Hat (1958), by Dr. Seuss.

✱ 참조보기 (3020 - writer)

✱ 참조보기 (0915 - fiction)

1534 `pic`

live (살아있는, 생생한, 생방송)

초자연속에 생명을 가지고 살아 숨 쉬고 있는 모든 물체를 뜻하는 말이다. 또한 물체자체가 스스로 움직이는 것에도 인용되는 말이며, 벌어지고 있는 사고현장의 상황을 실시간 TV로 생중계하거나, 제반 야외공연이나 실내 연주회를 실시간 현장 중계로 방송하는 것과, 스포츠 경기실황을 현지에서 실시간 TV중계로 방송하는 것 등을 역시 '라이브'라고 한다.

1535 pic

live action (라이브 액션, 실사)

일반적으로 애니메이션이 아닌 모든 실사 영화를 통칭하는 말이다. 사실의 동작을 촬영한 영상으로 애니메이션과는 구분되는 개념이다. 라이브 액션은 초당 24프레임(유럽은 초당 25프레임)으로 일반적인 촬영은 물론 느린 동작(Slow Motion)이나 아주 빠른 동작(Fast Action)도 포함된다. 지난 20세기 100년 동안의 영화전성기에 사용했던 35mm 필름시대가 지나고 21세기 디지털시대로 급변하며 필름방식의 촬영은 사라지게 되었지만 새로운 디지털(Digital) 기재로 사실보다 화면이 우수한 4K 영상을 만들어내고 있다. 근래의 영화들은 대부분 실사영화인지 컴퓨터그래픽 기술에 의해 생성된 실사처럼 보이는 애니메이션인지 구분하기 어려운 영화들이 나온다. 그렇다 하더라도 실제 사람이 출연한 영화들을 일반적으로 라이브액션으로 부른다.

1536 pic

live recording (라이브 녹음, 생 녹음)

필름 촬영이나 녹화된 것을 보이는 것이 아닌 실제 상황을 그대로 보여주거나 중계(Relay Broadcast)하는 라이브 공연이나 현장의 자연 환경 등을 그대로 녹화하는 것을 말한다.

□ 그림설명 1536, Worship Live Album Recording <여기가 천국> 한 장면. (미국 노스캐롤라이나 주 예배)

1537 `pic` `equ`

location (로케이션, 로케)

*location shooting (현지 촬영)

영화 촬영에서 장소의 일부 또는 전체를 스튜디오 내부에서 촬영하지 않고 외부에서 촬영하는 실제의 장소를 말한다. 이미 있는 건물에 일부를 추가하거나, 구조물 전체를 짓거나, 자연 지형 일부를 바꾸는 경우에도 영화는 '로케이션' 촬영으로 간주된다. 20세기 최초의 영화들은 조명을 자연광에 의존했기 때문에 외부에서 촬영되었지만, 인공 조명과 더 나은 필름의 개발로 인해 영화는 기후의 영향을 받지 않고 조명으로 조작이 가능한 대형스튜디오 내부에서 촬영하여 현지촬영을 대신했다. 그러나 스튜디오 촬영은 제한적이며 비용도 많이 든다. 질주하는 자동차의 추격전(Action Movie) 등, 모험영화(Adventure Movie)가 많아짐에 따라 외부 현장 촬영이 급증하게 되었다. 현장 촬영은 감독, 조감독, 제작자 등 다수의 촬영 크루들과 촬영카메라와 장비를 갖춰 수송해야 하므로 매우 복잡하고 어렵다. 극중 주인공, 조역, 단역이 모두 정확한 촬영스케줄을 기다리고(Stand By) 있어야 하기 때문이다. 더구나 연출 상에 시간이 몇 시인지에 따라 촬영을 서둘러 진행해야 한다. 간혹 재촬영(Retake)이 나면 그 시간대의 그림자를 맞추기 위해 다음날로 촬영 시간을 기다리게 되기 때문이다. 이러한 작업들은 현장의 환경에 따라 비용이 많이 든다. 그러나 현장 촬영은 궁극적으로 영화를 영화예술로서의 가치를 높일 수 있기 때문에 감독이라면 누구나 선호하는 방식이다. 이에 따라 장비의 경량화와 음향 녹음의 기술이 뛰어나게 좋아지게 되었다. 그러나 최근에는 모든 현장감을 CGI로 구성해 만들기 때문에 로케 활동은 많이 줄어들었다.

□ 그림설명 1537-1, <Everest> 산 로케이션 촬영 크루, by Baltasar Komakur. (Guy Cotter- Lead Mountain Safety for mountain locations in Nepal and Italy)

-2, The Avengers <Age of Ultron>, (2015년 서울촬영 장면)

1538 `pho` `ani` `peo`

locomotion (이동력, 이동양식, 로코모션)
* animal locomotion (동물의 이동양식)

미국 서부지역의 자연경관만을 찾아다니며 카메라에 담던 에드워드 마이브리지 (Eadweard Muybridge, 1830-1904)가 1872년경 당시 캘리포니아(California) 스탠포드 (Stanford)주지사의 부탁으로 말(Horse)이 뛸 때 발 하나가 언제 땅에 닿아있는지 그 움직임을 분석해 달라는 주문을 받게 됐다. 마이브리지는 말이 뛰는 높이와 속도를 알아내기 위해 기로세로 줄 선을 그어 표시한 차트 벅(Chart Board)을 세워 놓고 초당 24프레임으로 말 움직임의 변화를 사진으로 찍어냈다. 그리고 이것을 최초의 '동물의 로코모션(Animal Locomotion)'이라 부르기 시작했다. '인류최초의...,' 또는 '세계최초의...'

라고 하는 수식어는 18세기 그리고 19세기에 걸쳐 쉴 새 없이 인용된 말이었다. 사람들은 새로운 발명품들을 수없이 만들어냈기 때문에 붙여진 말들이다. 이것들은 인간에게 흥미를 자아내 오락으로 나아가서는 문명으로까지 발전을 가져오게 했다. 인간의 생활이 문명화되는 과정에서 많이 사용된 단어라고 할 만큼, 이 시기에는 새로운 발명품들이 계속해서 쏟아져 나왔다. 사실, 움직임에 관한 연구는 훨씬 앞선 1832년경에 조셉 플래토(Joseph Plateau, 1801-1883)가 피터 마크 로제(Peter M. Roget, 1779-1869)가 주장한 <시각의 잔상(Persistence of Vision Regarding

□ 그림설명 1538-1, 마이브리지의 말의 동작과 이동.

L

to Moving Objects)>이라는 기초를 입증하기 위해 만든 <페나키스토스코프 (Phenakistoscope)>의 움직임에 근거를 둔 것이다. 1834년경에 만들어진 조이트로프 (Zoetrope)는 긴 종이 띠에 그림을 그려 둥근 통속에 넣고 틈새로 들여다보면서 돌리면 있는 그린 그림이 움직이는 것 같은 착시현상을 볼 수 있었다. 이 착시에 관해 많은 과학자들이 관심을 갖기 시작했다. 이것이 이 시대의 최초의 것은 아니었지만 그림이 돌아가고 다음 그림이 보이면 잔상작용으로 인해 마치 그림이 움직이는 같은 연속성을 느낄 수 있다는 것을 알게 되었다. 파리근교에서 자영인쇄소를 경영하던 석판 인쇄공 니셉포르 니엡스(Nicephore Niepce, 1765-1833)에 의해 1826년 우연히 사진을 발명하게 되었지만 완성하지 못하고 죽게 되자 그의 비즈니스 파트너였던 루이 다게르(Louis Daguerre, 1787-1851)에 손에 넘어가 홀로 연구 끝에 1839년 '다게레오타이프 (Daguerreotype)'라는 이름으로 최초의 사진기술이 발표되면서 온 세상을 놀라게 했다. 그리고 이듬해인 1840년에 영국의 과학자인 윌리엄 폭스 탈보(William Fox Talbot, 1800-1877)에 의해 현상시간이 빠르고 더 정교한 사진이 만들어 지면서 영상에 대한 연구는 두드러지게 눈에 띄기 시작했다. 1878년에는 프랑스에서 교수로 생리학 (Physiology)과 자연사(Natural History)를 가르치던 에티엔 쥘 마레(Ettienne Jules Marey, 1830-1904)가 캘리포니아 팔로알토(Palo Alto) 목장에서 촬영 작업을 하던 마이브리지를 찾아와 조이트로프에 들어가는 그림 대신에 말을 찍어 인쇄할 것을 제안했다. 이 일로 1879년 1월 실루엣으로 된 움직이는 말의 사진이 프랑스에서 조이트로프에 넣어 완벽한 모션을 일반에 공개했다고 기록되어 있다. 마리는 동물의 동작을 한꺼번에 동시에 찍을 수 있는 촬영 방법이 없을지 오랫동안 동물의 동작에 관심을 갖게

□ 그림설명 1538-2, 마리가 촬영한 <장해물 넘는 사람의 이동>

되었고 아예 동물의 동작연구를 위해 사진에 빠져들게 되었다. 결국 1882년에 이르러 카메라 총을 만들어 방아쇠를 당기면 연속적으로 촬영이 될 수 있는 시계장치 기계 (Clockwork Mechanism)를 완성해 냈다. 기계 조작은 매우 민감하게 사진원판위에 우표크기 만하게 초당 12장의 동작을 720분의 1초의 속도로 찍어 낼 수가 있었다. 1887년에는 인화지를 사용했고 1890년에 와서는 투명한 필름으로 교체해 초당 60장의 동작을 찍을 수가 있었다. (후일 이 기계는 영화 촬영기재개발에 한 몫을 하게 된다.)

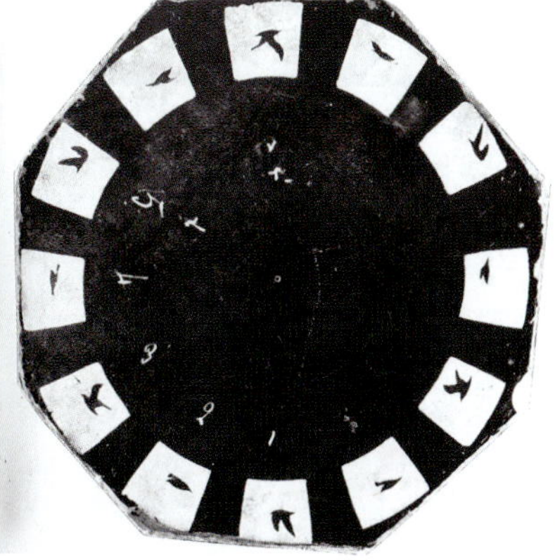

3

□ 그림설명 1538-3, 마리가 창안한 총 카메라와 동시에 찍힌 새의 동작들.

4

-4, 마리가 창안한 무비카메라와 주트로프(Zootrope, Zoetrope와 유사)

마이브리지는 이런 일들에 힘입어 직업적으로 실험을 하게 되었는데 1893년경에 주프락시스코프(Zoopraxiscope)를 직접 만들게 됐다. 이 장치는 48개의 슬라이드를 넣을 수 있는 회전디스크 영사장치였는데 이것이 바로 <동물의 이동양식(Animal Locomotion, 1899)>을 찍은 것이었다. 마이브리지는 이장치를 돌려 보이며 필라델피아에 있는 펜실베이니아대학에서 '인간과 동물의 움직임의 분석'이란 강의를 했다고 기록되어 있다. 그의 연구시 <Animals in Motion>과 <The Human Figure in Motion, 1901>온 2권의 책으로 당시에 출판되었고 지금도 이 책들은 애니메이터에게는 필독서가 되었다.

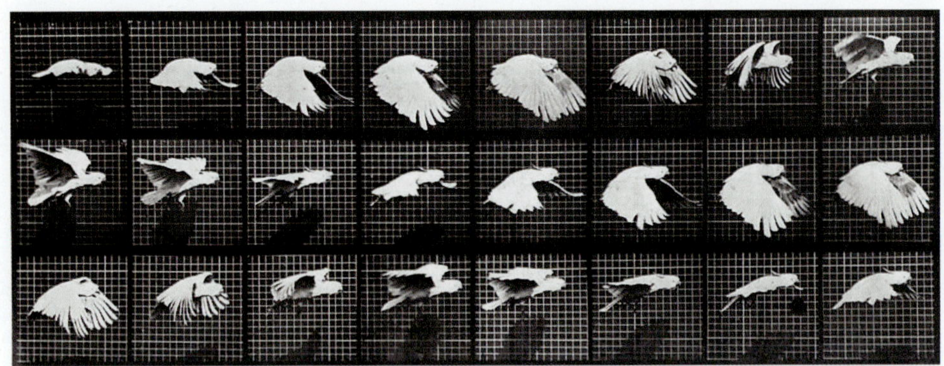

□ 그림설명 1538-5, 마이브리지가 촬영한 새의 동작연구. 그는 움직이는 것이면 무엇이고 동작을 촬영하여 분석 연구했다.

✻ 참조보기 (0082 - Animal Locomotion)

1539 `pic` `ani`

log (로그)

✻ log sheet (로그시트)

영화 제작에 사용하던 일지(매일기록)를 뜻하는 말로, 필름 스튜디오 매니저가 필름 제작 과정의 일정 활동을 적는 양식이다. 카메라맨의 보조가 그 날 촬영한 필름, 촬영 세부사항, 필름 현상 여부, 필름 현상소에서 필요한 지시 사항 등을 로그시트에 기입한다. 로그는 데일리 러시(Rush) 필름으로 보관하여 감독이 필요시에 참고하도록 한다. 이 로그 시트에는 촬영된 필름 앞에 붙어있는 슬레이트 정보, 필름의 에지 번호, 신의 내용들을 담고 있다. 로그는 동시 촬영으로 사운드가 녹음됐을 경우 사운드 로그 혹은 사운드 리포트(Sound report)란 이름으로 사운드 녹음도 보관된다. 로그 시트는 편집자가 사운드 믹싱과 필름에 사운드를 더빙할 때에도 편리하게 사용된다. 최근 변화된 디지털 방식에서도 사용되는 운용체계이다.

1540 `ani`

long cel (롱 셀)

아날로그 방식의 촬영 기술의 한가지로써 애니메이션 캐릭터가 화면 안으로 팬(Pan-in)되어 들어올 때 셀의 가장자리가 화면 안으로 들어오는 것이 보이지 않도록 촬영할 때 한 필드 더 긴 셀이 사용된다. 롱 셀은 보통 셀의 2~3배의 길이로 되어있거나 더 긴 것은 둥근 튜브에 길게 감겨있고 필요에 따라 잘라서 사용된다. 이것을 오방 셀(Extra Large Sized Cel) 이라 부른다.

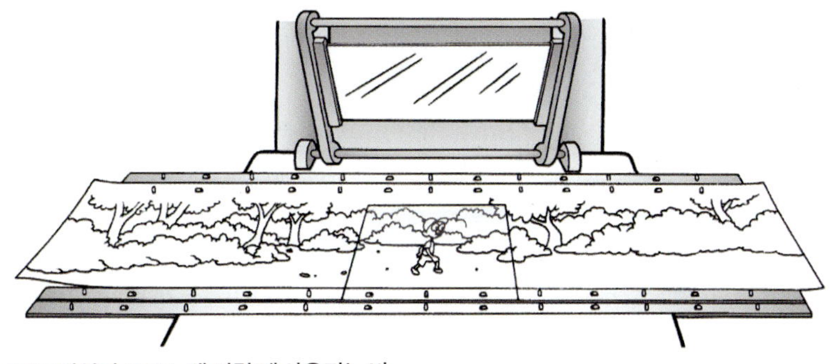

□ 그림설명 1541, 팬 시킬 때 사용되는 바.

1541 `ani`

long peg bar (롱 페그 바)

아날로그 ACME 표준 페그 바로서 그림이 팬 될 때 주로 사용된다. 아래위로 두 줄씩 바위의 페그 간격은 8인치씩 반복되어 대형 셀이나 파노라마식 배경을 떨림이 없도록 견고하게 부착(Registration)할 수 있도록 된 약 48인치 길이의 바를 말한다.

1542 `pic`

long shot (롱 샷, 먼 장면)

촬영 시 액션이 일어나는 대상을 멀리 잡아 원거리에서 동작이 진행되도록 촬영하는 것을 말한다. 풀 샷(Full Shot) 보다 더 먼 장면을 말한다. 원거리의 피사체를 보여주는 샷. 캐릭터들이 멀어서 식별이 인 되는 거리에 있고 주로 이러한 롱 샷은 주위의 환경을 보여주기 위해 연출 된다. 극도의 롱 샷은 피사체로부터 아주 멀리에서 잡아 장소를 넓게 보여줌으로 극중에 상대의 상황을 동시에 보여주기 위해 연출한다. 롱 샷과 극도의 롱 샷, 둘 다 설정 샷(Establishment Shot)이라 부르며 주로 시퀀스 시작에 사용된다.

□ 그림설명 1542, Long Shot 상암 축구경기장, KOREA.

 929

L

1543 `ani` `pic`

Looney Tunes (루니 툰스)

루니 툰스는 워너브라더스(Warner Bros.)가 1930년부터 제작한 단편(7분길이) 극장용 애니메이션 시리즈를 이르는 말이다. 1927년 영화의 토키(Talkie) 시대가 시작되면서 1928년 디즈니 스튜디오에서 <증기선 윌리>라는 음악에 맞춘 단편을 재빨리 만들었고 이어서 <꽃과 나무> 실리 심포니 연작을 내놓아 애니메이션계를 흥분시켰다. 이때 제작된 다른 회사의 단편 중에는 보스코(Bosko)라는 주인공 캐릭터를 내세워 극장용 단편 초기 <루니 툰(Looney Toons)>에 등장시켰다. 1930년 4월부터 극장용으로 시작되었고 후일 TV에서 1969년 8월까지 방영되었다. 또한 애니메이션 보다 음악에 무게를 둔 자매 시리즈로 <메리 멜로디(Merrie Melodies)>도 제작했다. 1928년 월트 디즈니가 발표한 미키 마우스가 많은 인기를 얻자 음악을 주로 사용한 단편 애니메이션 시리즈 제작에 관심을 가진 워너브라더스는 1928년 기획에 들어가 1929년 4분 분량의 파일럿 에피소드를 제작했고, 이듬해(1930년) 4월 19일에 공식적으로 첫 에피소드를 공개했다. 또한 별도로 기획한 메리 멜로디는 음악을 중점적으로 다루어 1931년부터 본격적인 제작에 돌입했다. 과거 디즈니 스튜디오에서 일한 적이 있는 휴스 하먼(Hugh Harman, 1903-1982)과 루돌프 아이징(Rudolf Carl Ising, 1903-1992), 이 두 사람의 영향으로 보스코(Bosko) 등의 초창기 캐릭터들은 당시의 디즈니 캐릭터와 생김새가 거의 비슷하게 그려졌다. 제작스튜디오의 이름은 「하먼-아이징 프로덕션(Harman-Ising Productions)」로 휴스 하먼과 루돌프 아이징이 1933년 중반까지 감독을 맡으며 회사를 이끌었다. 그러나 두 감독들은 스튜디오를 레온 슐레진저(Leon Schlesinger, 1884-1949)」에 단돈 3천 72달라 57전($3,072.57=$59,000.00 in 2020)을 받고 모든 판권을 넘기고 두 감독들은 자진해서 물러났다. 주변 사람들은 너무 헐값에 팔았다고 수군거렸다. 새로 사장이 된 슐레진저는 그들이 기존 만든 Bosko 캐릭터들은 변경하거나 새 캐릭터들로 만들어서 출연시켰다. 애니메이션은 음악을 작곡해야 했었는데 워너브라더스(Warner Bros.)가 관심을 가지고 참여했고 결국 이때부터 음악에 관련된 모든 권리는 WB가 갖게 되었다. 레온 슐레진저 스튜디오는 그동한 맹활약을 펼쳐온 만화 주인공 Bosko를 더이상 사용하지 않기로 하고 애니메이션 스튜디오로써 적합하고 다양하게 캐릭터를 대거 새롭게 만들어 냈다. 소개된 캐릭터들은 <벅스버니(Bugs Bunny)>, <대피 덕(Daffy Duck)>, <포키 피그(Porky Pig)>, <엘마 퍼드(Elmer Fudd)>, <트위티(Tweety)와 실베스터(Sylvester)>, <Granny(그래니), 요세미티 샘(Yosemite Sam)>, <포그혼 레그혼(Foghorn Leghorn)>, <화성인 마빈(Marvin the Martian)>, <빼빼 르 퓨(Pepé Le Pew)>, <스피디 곤잘리스(Speedy Gonzales)>, <태스메니안 데빌(Tasmanian

□ 그림설명 1543-1, 캐릭터 Bosko.

-2, 하만-아이싱의 미키마우스를 닮은 초기 '메리 멜로디'

-3, 슐레진저프로덕션의 <Buddy &
Cooky> 초기 루니 툰.

-4, <Porky & Daffy> 초기 루니 툰스.

-5, Opening logo, 루니 툰스, 슈레신저 Prod. for
WB.

-6, 메리 멜로디스의 Ending logo.

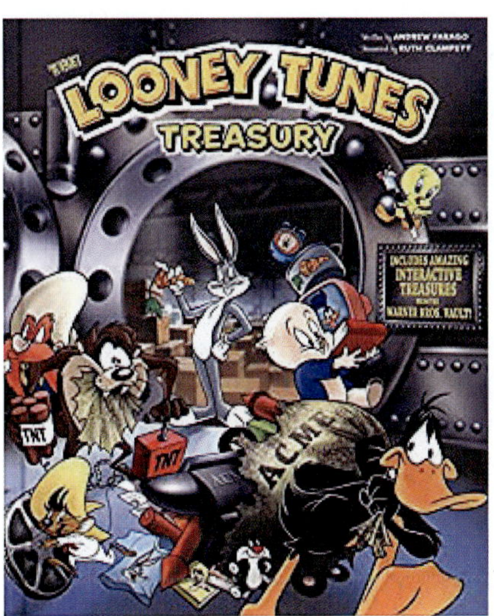

-7, Looney Tunes 포스터.

-8, Looney Tunes에 등장하는 캐릭터들.

Devil)>, <로드 런너와 코요데(Road Runner & Wile E. Coyote)> 그밖에도 많은 캐릭터가 있었다. 회사는 날로 번창해 많은 사람들이 일하는 회사가 됐다. 감독으로는 텍스 에이버리(Tax Avery, 1908-1980), 척 존스(Chuck Jones, 1912-2002) 그리고 성우(Voice Actor) 멜 블랭크(Mel Blanc, 1908-1989) 등은 1942년부터 1964년까지 그곳에서 일했다. 당시에 주로 극장에서 본편 영화와 함께 상영된 루니 툰과 메리 멜로디는 최고의 인기를 누렸다. 이에 힘입어 여러 나라에 매체로서의 극장 프렌치아이스, TV시리즈, 장편 애니메이션, 코믹 북, 음반(Music Albums), 놀이동산(Amusement Park Rides), 비디오 게임 등 워너 망을 통해 확산되어 최고의 판매실적을 거두었다. 새로운 애니메이션 캐릭터를 제작하는 새 쇼에 깜짝 등장(Cameo) 시켜 디즈니 스튜디오를 의식해 경쟁 체제 경영을 했다. TV, 광고, 영화를 통해 총 공세를 폈다. 루니 툰에는 인기있는 캐릭터들이 많지만 특히 그중에 <벅스 버니(Bugs Bunny)>는 문화적인 시각예술로 여겨 '할리우드 명성의 거리'에 스타로 올랐다. 루니 툰은 인기 절정에 올랐던 애니메이션이었다. 미친듯이 날뛰는 '벅스 버니'지만 아주 재미있는 주역으로 "웬일이래요, 선생님?"이 언제나 그의 대사이다. 루니 툰에서 <Knighty Knight Bugs>와 <For Scentimental Reasons> 이 두 개의 단편은 아카데미 상(Academy Award)을 받았다.

1544 `pic`

loop (루프)

영화제작 시초에 사용했던 하나의 임시적인 기술로써, 아날로그 필름(35mm 또한 16mm)으로 화면이나 사운드 필름을 둥글게 맞붙여 연속적으로 돌릴 수 있게 이어붙인 것을 말한다. 짧은 화면의 동작을 반복하려 할 때나 같은 소리를 반복할 수 있도록 지속 가능하게 필름을 맞붙여 돌린다. 화면은 마치 사이클과 같은 연속적인 동작으로, 사운드는 맞붙이더라도 소리가 무리 없이 연속될 수 있는 것을 골라 사용할 수 있다. 포스트 프로덕션(Post Production)의 녹음과정에서 쓰였던 오래된 재래식 테크닉중 하나이다. 이러한 루프(Loop)방식은 현대 디지털 영상에서도 사용된다.

1545 `pic`

low-budget production (저 예산 제작, B무비)

한정된 저비용으로 필름을 제작하는 것을 말한다. 이 방식의 영화제작은 늘 상대적이라는 것이 중요하다. 오늘날 제작되는 저 예산 필름들은 독립작가의 작품보다 더 많은 비용이 들어가기도 한다. 하지만 일반적으로 저 예산 필름들은 장비의 사용과 필름 기법이 제한적이다. 제작이 완료된 후 수정은 비용이 들기 때문에 가급적 생략되는 경우도 있다.

실사로 만드는 영화에서도 비싼 배우들은 스스로 출연을 원하는 경우 가능하지만 고가의 출연료(개런티, Guarantee)로는 기용할 수가 없다. 하지만 때때로 저 예산 영화들은 기술적으로 세련된 상업적인 필름들보다 친근하고 더 많은 관객을 끌기도 한다. 최근에 와서는 스마트폰으로 촬영하여 디지털 편집으로 장편영화를 완성하는 예도 흔히 있다. 영화예술(Film art)이란 어떠한 방식이나, 어떠한 기재를 사용하느냐가 중요한 것이 아니라 스크린을 통해 보이는 결과물이 관객에 주는 감동의 폭이 중요하기 때문이다.

□ 그림설명 1545, WB제작 저예산 영화촬영 장면, 1962.

1546 `peo` `art`

Lumiere, Auguste & Louis (뤼미에르 형제)

뤼미에르 오귀스트(Auguste Lumiere, 1862-1954)와 루이(Louis, 1864-1948) 형제는 프랑스 브장송(Besancon)에서 태어났다. 아버지 찰스 안토인(Charles Antoine)은 동네에서 초상화를 찍는 작은 사진관을 운영하다가 잘 안 돼서 1870년 식구들을 데리고 모두 리옹(Lyon)으로 이사를 했다. 그리고 리옹으로 옮긴 후, 남동생 에도아드(Edouard, 1884-?)와 여동생 3명이 더 태어났다. 오귀스터와 루이는 리옹에서 가장 큰 '라 마티네르(La Martiniere)' 공업기술학교에 들어가 공부했다. 아버지는 이때 사진원판용 재료를 만드는 공장을 차려 운영했는데 이것도 잘 되지 않아 파산직전에 이르게 되었다. 보기에도 이 공장은 곧 쓰러질듯 했지만 이때 루이와 나이 어린 여동생이 새벽부터 밤늦게까지 매일 일해서 겨우 파산을 면하게 되었다. 1882년 군 복무를 마친 오귀스트가 집으로 돌아오게 되었고 그들은 합심해서 공업기술학교에서 배운 기술에 힘입어 아버지의 사진원판 제작을 새롭게 자동화하여 성공적으로 회사를 다시 일으켜 세웠다. 그러나 그 두 형제의 창의적인 능력은 1892년 초에 아버지가 회사 일에서 손 떼고 나서야 나타나기 시작했다. 이때 두 형제들은 '움직이는 사진(활동사진, Motion Picture)'에 관해 관심을 갖고 연구를 시작했다. 그들은 도면이 나오자 당장에 특허등록을 신청했다. 대부분이 선구자격인 에밀 레이노드(Emil Reynard, 1884-1918)의 것을 닮은 듯했으며 레이노드의 것과 다른 새로운 부분 것만 등록을 할 수 있었다. 레이노드의 영사 방식 역시 이미 특허등록이 되어 있었다. 이때 뤼미에르 형제가 등록하려던 기재 이름이 'Cinematographe'이였으나 이미

□ 그림설명 1546-1, 뤼미에르 형제- (왼쪽) 오귀스드, (오른쪽은 동생) 루이.

레온 불리(Leon Bouly, 1872-1932)라는 사람이 이미 상표등록을 해놓고 있었다. 그러나 뤼미에르 형제가 만들어 촬영한 카메라와 영사기가 나올 때까지도 다른 사람이 실제로 만들어낸 기록은 없다. 1895년 뤼미에르 형제가 파리의 '그랑 카페'에서 세계최초의 영화 <공장에서의 퇴근>과 <열차의 도착>을 유료로 상영했는데 그곳에 관람객들은 달려드는 기차에 놀라 모두 흩어져 자리를 피했다는 일화가 있다. 이 뿐만 아니라 소문은 즉시 퍼져나가 세상을 깜짝 놀라게 했다. 뤼미에르 형제는 이것을 시네마토그라프(Cinematographe, 촬영술)라 불렀고 당시 이 기계는 카메라(촬영기)와 영사기가 하나로 되어 있어서 촬영을 할 수 있고 현상된 필름을 영사도 할 수 있었다. 그리고 이 기계는 설명서까지 상세히 포함되어 있어서 유럽 여러 나라에 급속히 퍼져나갔다. 이로써 두 사람은 프랑스의 발명가 형제로도 불렸다. 최초의 이 발명품은 16mm 폭으로, 양쪽으로 매 프레임 마다 천공(Perforation)이 뚫려있었고 필름을 정확히 돌려주기 위해 톱니바퀴(Sprocket)가 돌아가도록 설계되어 있었다. 이 시작은 매우 중요한 것이었다. 영화는 오늘날까지도 이 방식을 변함없이 사용했기 때문이다. 영화제작기술은 후일 영화(Cinema)라는 새로운 예술장르로 탄생하게 되는 하나의 시작이었다. 한편, 이에 앞서 1889년에 미국의 토마스 에디슨(Thomas Alva Edison, 1847-1931)과 딕슨이 각각 촬영기와 영사기를 따로 분리해 만들었는데 특허등록을 하지 않아 역사기록에서 선두를 놓치고 만 것이었다. 에디슨 회사의 영사기는 '키네토스코프(Kinetoscope)'라 불렀고 혼자서만 들여다 볼 수 있게 고안되어 여러 관객들을 끌어 들이는데 는 취약점이 있었다. 실제로 이 영사기를 만든 사람은 딕슨(William K. L. Dickson, 1860-1935)이었지만 혼자만 들여다보는 스코프(Scope)방식을 좋아하지는 않았다. 에디슨은 돈을 안 내고 지나가는 사람이 공짜로 볼 수 있는 스크린 방식을 싫어했다는 기록이 남아 있다. 그러나 레이노드의 최초로 고안된 스크린방식은 후일에도 여러 사람이 같이 볼 수 있는 방식으로 영화화면이 지속되어 왔다.

✱ L'Arrivee d'un Train en Garede la Ciotat (열차의 도착)

일반에 공개하지 않은 이 최초의 상영은 1895년 3월 22일 파리에 있는 '국가산업개발원(Society for the Development of the National Industry)'에서 약 200여명의 관객 중에는 영화제작자 레온 고몽(Leon Gaumont,1864-1946 , 19세기 프랑스 영화계의 개척자)을 비롯해 사진업계의 감독들과 관객들이었다. 이 모임에 가장 중요한 절차 중에는 루이 뤼미에르가 최근에 개발한 영화에 대해 설명하고 그가 특히 주안점을 둔 것은 폴리크로미(Polychromy, 칼라처럼 찍은 사진)의 개발에 대해 과정을 설명하고 상영을 했는데 흑백과 비교하기 위해서 편집한 스틸필름을 화면 사이에 칼라를 넣어 보여 주었다.

아마도 뤼미에르 형제들은 이 칼라필름에 더 중점을 둔 듯 하지만 그 후 이에 대한 기록은 없다. 이 필름은 1895년 12월 28일 10개의 단편과 함께 처음으로 유료로 상영했다. 이것이 실사로 촬영한 세상에서 영화의 시작이었다.

□ 그림설명 1546-2, 인류최초로 Lumiere형제가 고안해 만든 카메라와 영사기 일체형. 촬영 할 때에는 카메라(좌측)만 좌대에서 분리하여 사용한다.

-3, 카메라를 이용한 영사기의 구조(Cinechrome Cinchro Cinematograph Projector) 좌측 2의 카메라를 영사기로 사용했다.가운데 보이는 둥근판은 필름이 이동하는 순간 빛을 막아 주는 플리커(FlickerBlade)로 카메라로 사용할 때는 셔터(Shutter)로 기능한다. 플리커는 후일 2개식, 3개식, 4개까지 사용하며 화면의 껌벅임을 주렸다.디지털 화면은 플리커가 존재하지 않는다.

✳ From Ciotat Station to San Francisco (시오타 에서 샌프란시스코까지)

프랑스의 시오타(La Ciotat) 마을이 있는 곳은 해마다 프랑스영화제가 열리는 칸(Cannes)에서 서남쪽으로 약 130Km 떨어진 항구마을이다. 이곳은 15세기에 이르러 두드러지게 알려져 왔다. 특히 1895년에 와서 뤼미에르 형제가 인류 최초로 필름이라는 매체를 이용해 활동사진(Motion Picture)을 찍었으므로 영화로, 책으로 알려졌고 1896년 9월 최초의 영화관으로 건립된 에덴(Eden)극장에서 이 최초의 활동사진을 상영하여 더 유명해진 도시가 되었다. 프랑스 시오타(La Ciotat)역에서 미국의 샌프란시스코(San Francisco)까지 영화의 여정은 1세기가 흘렀다. 뤼미에르형제(1862-1954)에 의한 영화의 시작은 1895년 12월로 역사는 꼭 100년만인 1995년 12월에 <토이스토리(Toy Story)>와 함께 스티브 잡스(Steve Jobs, 1955-2011)가 그동안 세상에서 완전히 처음 보는 디지털(Digital) 방식의 애니메이션을 픽사(PIXAR)라는 컴퓨터로만 시설한 스듀디오에서 만들어 낸 것이다. 이것은 필름영화에 종지부를 찍는 순간이었다. 아이러니하게도, 100년이 지난 후 같은 달인 12월 대한민국에서도 <토이 스토리>가 개봉되었다. 1895년 이래, 필름영화시대의 인간의 노력은 과학의 뒷받침으로 성장 해왔다.

지난 100년은 영화예술로 영상과학으로 무한의 발전을 거듭한 것은 필름이었지만 그 공정은 매우 고통스러운 도전이었다. 재래식 방식은 창의력을 가진 인간의 두뇌와 손재간으로 남다른 기술을 표현하는 종합예술이다. 그러나 컴퓨터 그래픽은 상상할 수 있는 것만큼 무엇이고 만들어 낼 수 있는 새로운 영상기술로 인간의 손안에 있다. 영화 필름의 창시자로 코닥필름을 세계적으로 이끌어 온 조지 이스트만이 1932년에 미래 21세기에 오게 될 디지털시대를 예견하고 "나는 여기까지..."라며 세상을 떠났다. 지금 부터 80년 후를 상상해 본다. 2095년 22세기가 들어서기 전, 아마도 영화관은 이미 없 어졌고 개인의 플레어(Player)를 통해 소통할 수 있게 될듯하다. 사람은 앉아서 두뇌에 연결한 기구를 통해 상상을 하게 될 것이고 그 상상과의 대화로 영화 속에 자기가 들어 가 있는 모습으로 직접 관계의 오락이 될 것이다. 연출이 아닌 현실의 가공인물과의 윤 리적 대화, 지략, 배려, 양심 등이 존재하는 생존을 위한 인공지능과의 대화가 오락을 대신하는 4차원의 지구인이 될듯하다. 미래에는 이러한 영화의 새로운 세계가 펼쳐질 지도 모른다.

□ 그림설명 1546-4, 프랑스 La Ciotat 1895년 12월. ⇨ 미국 San Francisco 1995년12월. 아날로그 영화의 시작으로부터 꼭 100년 후, 디지털 시대가 옴.

1547 `gen`

luminance signal (루미낸스 시그널)

어느 물체의 표면에서 발광하는 빛의 밝기(Brightness of light)를 잰 것을 휘도 (Luminance)라고 한다. 빛날 휘(輝)의 휘도를 뜻하는 말이다. 예를 들어 TV의 화면밝기 를 나타내는 성분을 말한다. 컬러 TV나 컴퓨터 화면의 화상의 명암을 나타내는 이 루 미넨스(휘도) 시그널은 색채를 재현하는 색상(Hue), 포화도 상태를 표시하는 색도 (Saturation) 신호로 구성되어있다. 빛을 잴 때는 광속(빛의 속도)의 단위, 루멘(Lumen)

을 사용하는데 양초 1개수의 단위를 기준으로 한다. 양초의 1평방 풋(Foot) 당 단위는 1루멘(Lumen)과 동일하다. 마치 엔진의 1마력을 말 한 마리, 즉 25마력의 엔진은 25마리의 말이 수레를 끄는 단위로 사용하는 것과도 같다.

1548

lux (럭스, 조명 표준 단위)

조명의 강도(Light intensity)를 측정하는 국제 표준 단위. 1 럭스는 1㎡ 표면에 직각으로 비추는 1 루멘(Lumen)의 빛의 흐름과 같다. 10.764 럭스는 1풋 캔들과 같다. 전구 60 Watt 는 약 800~850 루멘(Candle Light)과 같다.

□ 그림설명 1548, 영화제작, 공연 등에 사용하는 500 와트 조명 Lamp.

1549

lyrics (가사, 서정시)

음악에 붙인 노래의 가사를 뜻하는 말이다. 유행가나 오페라의 가사, 혹은 서정적인 시에 감정을 실어 음악적으로 흥얼거리는 가사 등을 말한다. 일반적으로 이런 것을 노래(Song)라고 하는데 대부분 한 사람이 부르는 가사를 뜻한다. 이러한 음악에 가사를 쓰는 사람을 리릭시스트(Lyricist) 또는 송 라이터(Song Writer)라고 한다.

L

Magic Lantern

magnetic tape

M m

[엠]

McLaren

McCay

Mickey Mouse

Muybridge

1600 `com` `equ`

Mac (맥)

＊Macintosh (맥킨토시)

1984년에 스티브 잡스(Steve Jobs, 1955-2011)는 맥킨토시(Macintosh)라는 마우스를 사용한 최초의 컴퓨터를 고안해 일반에 출시하여 성공시켰던 컴퓨터의 이름이다. 잡스가 애플(Apple Inc.)에서 설계하여 판매한 일련의 개인용 컴퓨터인 이 제품은 그래픽 사용자 인터페이스와 마우스가 장착된 최초의 개인용 컴퓨터였다. 이 첫 번째 모델은 나중에 Apple의 제품을 기반으로 한 차세대 업데이트 모델 중 독창성을 위해 1998년 "Macintosh 128k"로 이름이 바뀌었고 1998년 이래로 애플은 맥킨토시를 줄여서 불리는 "맥"을 선호하여 맥킨토시 이름을 단계적으로 제거했으며, 첫 번째 모델 개발 이후 "맥"이라는 상호를 사용하였다.

□ 그림설명 1600, 1984년에 나온 최초의 애플 컴퓨터 '맥킨토시'

1601 `com`

machine language (기계언어)

컴퓨터의 모든 명령어는 1에서 0으로 코드(Code)화 한 언어로서, 기계적 언어 프로그램은 컴퓨터가 중간 해석 없이 직접 인지할 수 있는 지시 체계로 되어있는 모든 키(Key)를 기계언어라 한다.

1602 `pho`

macro lens (매크로렌즈)

매크로 시네마토그래피(Macro Cinematography, 작은 물체를 촬영하는 것)에서 사용되는 렌즈로, 물체의 1 밀리미터까지 접근해서도 초점을 잡을 수 있다. 이런 렌즈들은

대개 길게 연장하여 미세한 곤충의
동작을 찍을 수 있도록 긴 튜브 모양
의 렌즈로 장착되어 있다.

□ 그림설명 1602, Canon EF 100mm Macro Lens.

✱ 참조보기 (0387 - Cinematography)

1603 gen

magazine (매거진)

여러 가지의 내용물을 담아 하나로 묶어 포장된 것들을 매거진이라 부른다. 특히 여러
기사(Article)들이 내용물로 들어있는 소책자 따위를 매거진(잡지)라고 부르며 일반
스틸카메라에 넣어서 촬영할 때 사용하는 필름 통, 또는 영화 촬영용 카메라에 장착하
는 필름 통, 군대에서 사용하는 연발 소총용 탄창을 역시 매거진이라 한다.

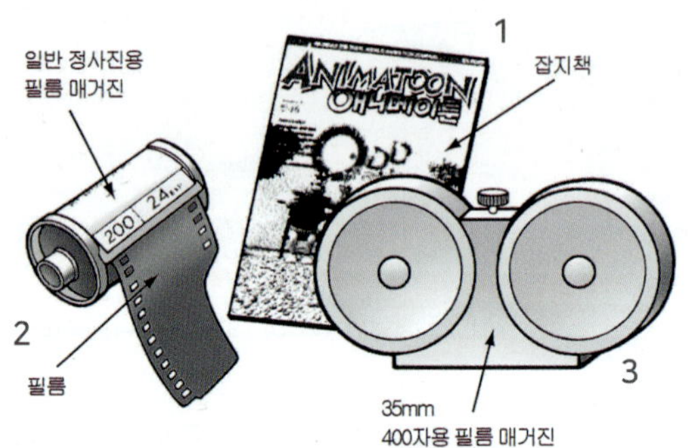

-3, -6, 빛을 차단시키는 35mm 영화
촬영용 필름매거진.

6

□ 그림설명 1603-1, -4, 주간,
월간발행 각종 정기간행 잡지.

-2, -5, 정 사진용 카메라
35mm 필름매거진.

5

magenta (마젠타 색, 자홍색)

색의 근원은 태양광이다. 태양광으로부터 오는 빛의 3원색(Trichromat of Color)을 RGB라고 하는데, R은 Red(빨강), G는 Green(녹색) 그리고 B는 Blue(파랑)색을 말한다. 빛에 의해 빨강과 파랑이 겹쳐 만날 때 자홍색이 생겨난다. 빛이 아닌 물감(도료)으로 빨강과 파랑색을 섞으면 아주 어두운 색이 만들어지게 되는데 여기에 흰(White)색의 안료(Pigment, 물감)를 양(Volume)에 따라 첨가하면 역시 원하는 밝기의 자홍색을 만들어 낼 수 있다. 빛은 3원색이 섞이게 비추면 흰색으로 밝아지고, 물감으로 3원색을 섞으면 검정색에 가까운 색이 만들어진다. 자홍색은 청록색(Cyan), 노란색(Yellow)과 함께 CMYK라 불리며 아날로그 방식의 인쇄물에 색의 대명사로 불리며 사용되는 색깔 중에 하나이다.

□ 그림설명 1604, 아날로그 필름 등에 적용되는 3원색 중 한 색, 자홍색(Magenta).

Magic Lantern & the Genesis (매직 랜턴과 그 기원)

아타나시우스 키르허(Athanasius Kircher, 1602-1682)는 독일 태생으로 로마대학의 수학자이며 교수로 매우 박식한 지식인의 한사람으로 예수회 학자이고 발명가였다. 1646년 키르허는 인류 최초로 <빛과 그림자의 위대한 예술(Ars Magna Lucis et Umbrae)>이라는 개념적인 연구 책자를 로마에서 최초로 발간했는데 이 책속에는 그림을 그린 원판에 빛을 비춰 영상을 볼 수 있다는 해설이 원리 설계도와 함께 기술되어 있는 새로운 발명품이었다. 호롱불을 이용해서 빛이 렌즈를 통해 그림을 비춰볼 수 있다는 이 장치는 오늘날의 환등기와 흡사한 것이었다. 고안된 물건의 이름은 <매직랜턴(Magic Lantern)>이라 했다. 설계도에 의하면 작은 상자 속에는 호롱불을 켜고 유리를 연마해 만든 렌즈를 넣고, 이를 통해 빛이 그림을 투사하면 벽에 비춰진 큰 화면을 볼 수 있다는 간단한 장치였지만 실제로 만들지는 않았다. 그러나 곧 이 소문을 들은 네덜란드의 수학자였던 크리스티안 호이겐스(Christiaan Huygens, 1629-1695)가 3년 후인 1650년에 <매직랜턴>을 실제로 만든 것으로 역사에 기록되어 있다. 크리스티안의 나이가 비록 21살에 불과했지만 그는 정밀한 두뇌와 기계적인 손재간이 있어 자신이 설계한 렌즈를 통해 유리 위에 그림을 그린 슬라이드로 환영을 볼 수 있게 만들었다. 이것은 큰 성공이었다. 그리고 그는 그의 아버지가 프랑스의 법정에서 외교관으로 일할 때여서 그 <매직랜턴>을 아버지에게 보냈다. 그러나 이것은 지울 수 없는 역사적인 불행을 자초했다. 그는 엄격한 그의 아버지로부터 "집안의 웃음거리"라고 호되게 핀잔을 받은 후 폐기(Scrap, 고철)하여 그가 만든 랜턴 자체의 실물이 남아 있지는 않다. 키르허가 1671년 두 번째의 개정판을 내놓고 둥근 원판을 이용해 그림을 회전하며 관객에게 영상을 보여줬고 주위 지식인들의 빈축을 샀다고 기록하고 있다. 또한 2차로 키르허가 보여줬던 실물을 보았던 많은 사람들이 오락거리로서 이 물건의 잠재성을 믿고 있었다고 한 말에 더 믿음이 간다. 그러나 이것은 아직 완제품이거나 애니메이션을 볼 수 있는 형태는 아니었다. 그로부터 50여년 후, 1736년 네덜란드의 피터 반 뮈센브루크(Peter Van Musschenbroek, 1692-1761)가 키르허의 것과 비슷한 모양의 랜턴을 만들어 연속적인 이미지를 볼 수 있게 시연해 보였다. 뮈센브루크는 <회전하는 풍차>, <모자를 들어 올리는 남자> 등의 동작을 그려 놓고 슬라이드의 교환 장치를 잘 맞추어 기다란 슬라이드를 옆으로 빼면서 <해상의 폭풍우> 같은 정교한 동작을 만들어 냈다. 당시에 이것은 흥미롭게 볼 수 있는 오락물이었을 뿐, 이 <매직랜턴>이 영화의 원리가 되는 애니메이션의 시작이라는 사실을 인지하지는 못했다.

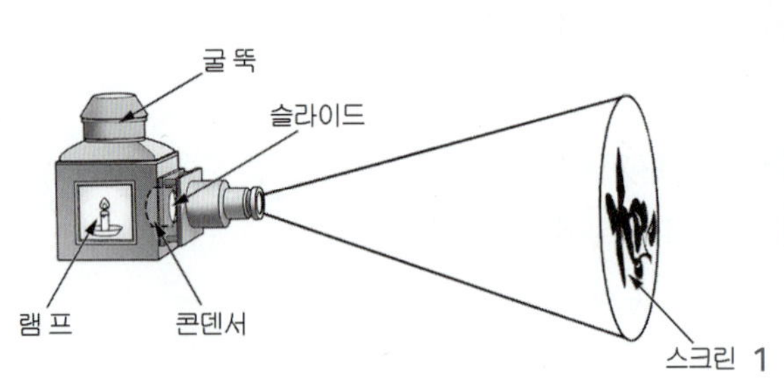

□ 그림설명 1605-1, <매직랜턴>의 원리.

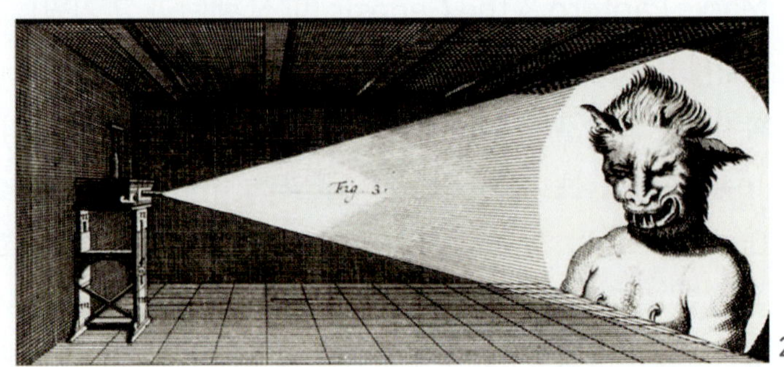

-2, < Magic Lantern , 1671>

-3, La Pierre (Fra), Magic Lantern, circa 1850~1900.

-4, W.C. Hughes, ca. 1890. Victoria Museum 소장.

-5, del Helios Grand Model, ca. 1900.

-6, type Gloria, (Slide) ca. 1890 ~ 1900, by Ernst Plank (Ger)

-7, type Gloria, (Slide) ca. 1890~ 1900, by Ernst Plank (등잔불광원)

-8, type Gloria, (Film) ca. 1890 ~ 1900, (동형, 단 필름으로 동작 시도)

-9, Viopticon, by Alexander Victor, 1912.

-10, Cinematographe, by Auguste and Louis Lumière, 1895.

-11, Projecting 'Kinetoscope', by Thomas Edison, 1901.

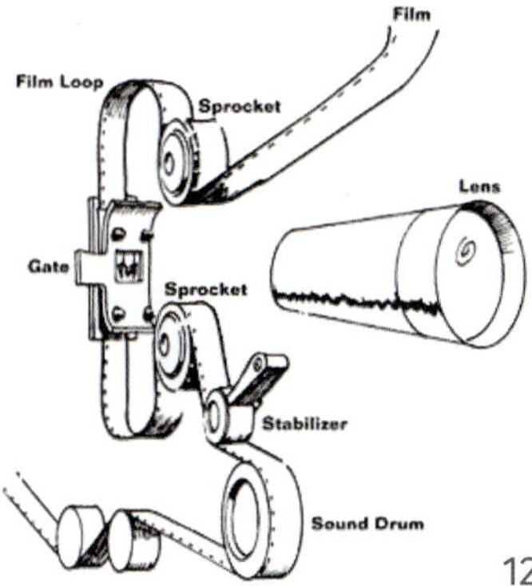

-12, 16mm 영사기의 구조와 원리 도해.

-13, 35mm 수동 촬영기와 영사기, 'Cinematograph Lantern' 촬영기와 영사기가 같이 조합된 기계장치. ca. 1900.

-14, 35mm 'Bioscope' by Charls Urban, ca. 1900.

-15, 'Cinechrome Synchro Cinematograph Projector' ca. 1910s.

1606 `pic`

magnetic film recorder (마그네틱 필름 리코더)

마그네틱(자기방식) 사운드를 필름에 적용한 것은 1927년 토키영화가 시작 되면서부터 35mm 영화에 사용되기 시작했다. 뿐만이 아니라 뉴스보도 기자들이 사용하는 16mm 경량 카메라에도, 슈퍼(Super) 8mm 그리고 70mm TODD-AO, 초대형 6본 입체음향 사운드트랙도 마그네틱 방식을 사용했다. 마그네틱 사운드방식으로 영화를 완성하는 데는 옵티컬(Optical, 광학) 방식에 비해 약 15배는 더 비용이 들었기 때문에 한때는 할리우드 영화 제작비용에 적지 않은 타격을 받았다. 결국 할리우드 영화업계는 저렴하고 보다 손쉬운 광학사운드를 선택했다. 광학사운드(Optical Sound)는 오실로스코프(Oscilloscope)를 이용해 화면의 좌측에 트랙을 넣어 빛을 통해 소리를 내는 방식이다.

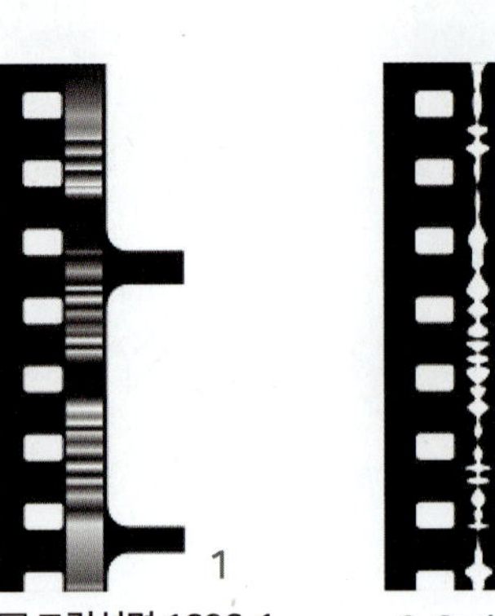

□ 그림설명 1606-1, Magnetic-track.

-2, Optical-track.

-3, Mag-Recording Lab.

*magnetic recording (마그네틱 녹음)

마그네틱테이프(Magnetic Tape)는 산화철(Oxidized Steel, Rust) 가루를 테이프에 코팅하여 만든 자기구조 테이프에 사운드를 기록하는 것을 말한다. 시스템에 수집된 음파가 전자 임펄스로 바뀌고 이 임펄스는 증폭된 후 마그네틱 리코딩 헤드(Head)에서 자기장(Magnetic Field)을 형성한다. 자기장의 편차들은 테이프에 자기구조를 변경시켜 녹음을 하게 된다. 녹음 된 마그네틱테이프는 녹음기의 헤드를 통과하며 녹음된 변이들이 즉시 재생(Playback)되어 다시 가변 임펄스(Variable Impulse)로 전환되어 스피커를 통해 음파로 변하며 소리가 된다. 릴 투 릴(Reel-to-Reel) 형식으로 릴에 감은 마그네틱테이프가 돌아가는 동안 음향을 녹음하는 방식이다. 이 발상은 대단한 것이었다. 1900년 파리에서 열린 세계경진대회에서 발데마르 포울센(Valsdemar Poulsen, 1869-

1942)이 '말하는 철사(Speaking Wire)'라는 신제품을 시연했는데 이것은 녹음기의 시초였다. 이것에 흥미를 갖게 된 커트 스틸(Kurt Stille, 1873-1957)은 물리학과 화학을 공부했지만 결국 그의 평생을 마그네틱에 녹음하는 것에 일생을 보내게 된다. 그가 매료된 포울센은 덴마크의 공학자로 초기 라디오 기술에 기여한 엔지니어였다. 포울센의 큰 업적으로는 1898년에 텔레그라폰(Telegraphone, 전자녹음기)이라는 자기기록계(Magnetic Recorder)를 만든 사람이었다. 이러한 방식으로 소리를 녹음하려던 최초의 사람이다. 그가 사용한 최초의 녹음테이프는 얇은 아세테이트 테이프가 아닌, 강철로 된 스틸와이어에 녹음했다는 기록이 있다. 1928년 독일에서 태어난 영국인 영화제작자 루트비히 블래트너(Ludwig Blattner, 1881-1935)에 의해 독일과 영국이 개발한 블래트너폰(Blattnerphone) 역시 강철테이프를 사용했다. 1930년대에 들어서 독일 마그네토폰(Magnetophon)이라는 기계가 나왔고, 대부분의 자기방식의 녹음은 1954년에 와서야 RCA가 처음으로 작은 카트리지에 아세테이트 테이프를 넣은 카세트테이프인 마그네틱테이프를 출시하고 대부분의 소비자들이 사용하기 시작했다. 본격적으로 녹음기 개발과 녹음테이프는 1956년에서 1958년 사이에 여러 회사들의 가장 왕성한 개발로 피크를 이뤘다. Philips에서 소형화 된 테이프를 개발했고 뒤따라 RCA는 다시 대형사이즈를 일반 소비자를 위해 만들었다. 시각에 대응한 음향은 인간에게는 매우 감성적 흥분을 자아낸다. 화상과 음향(Image & Sound)이 합체가 되는 것은 인류가 만들어낸 것 중에 하나의 과학기술혁신이다. 화상만 눈에 비춰진다면 그것은 고요만이 있을 것 같다. 더구나 사랑스런 분위기의 음악으로 감성을 불어넣는다면, 활활 타오르는 격정을 음악이 없이 고요 속에서 눈으로만 본다면 부족한 예술이 될 듯싶다. 1900년 초 최초로 영상에 소리를 가미해 영화를 만들어 낸 곳은 프랑스 파리였다. 영화는 19세기 말 시작되어 20세기 전반에 걸쳐 왕성하게 발전하였다. 1902년 유일하게도 프랑스의 고몽(Gaumont)회사가 화면과 음악을 맞춘 크로노메가폰(Chronomégaphone)이란 광고와 함께 사운드 온 디스크(Sound-on-Disc)로 불리는 사운드시스템을 특허를 내었고 영화관에서 처음으로 관중들에게 실험적으로 소개하고 이 시스템을 1910년까지 사용했다. 1905년 프랑스 최초의 여성감독이며 고몽의 최초 감독이었던 앨리스 가이-블라쉬(Alice Guy-Blaché(알리스 기블라셰), 1873-1968)가 제작 감독을 했던 영화도 역시 화면과 음향이 일체는 아니었다. 당시에는 '사운드 온 디스크(Sound on Disk)'라 불린 마그네틱 시스템이 사용되었지만 비용이 고가였다. 영화 필름에 사운드 트랙이 있는 최초의 영화는 미국의 <재즈 싱어(The Jazz Singer: 감독 Alan Crosland)>는 비타폰 회사와 워너 브라더스(Vitaphone Corp. & Warner Bros.)가 제작해 1927년 10월 6일에 개봉된 세계 최초의 장편 유성 영화가 나왔고 이때를 기점으로 유성영화시대(Talkie

Era)로 부른다. 사운드가 있는 영화가 더 흥미롭고 완성도가 있다고 주장한 많은 사람들이 있는가 하면 무성영화의 예술성의 진가를 훼손한다며 영화 출연을 거부하고 할리우드를 떠나는 일이 벌어지기도 했다. 유성영화시대 초기에는 음향방식의 선택으로 혼란기도 있었다. 광학(Optical)적으로 오실로스코프(Oscilloscope)를 통해 필름에 모듈레이션(Modulation)으로 기록하는 방식의 옵티컬 사운드가 있었지만 압도적으로 마그네틱 방식이 우수하게 사용되었다. 이유는 사용이 쉬우며, 즉시 지울 수도 있기 때문에 테이프를 재사용할 수 있고 비용이 더 싸고 또한 옵티컬(Optical) 트랙에 비해 소리의 품질도 뛰어나기 때문이다.

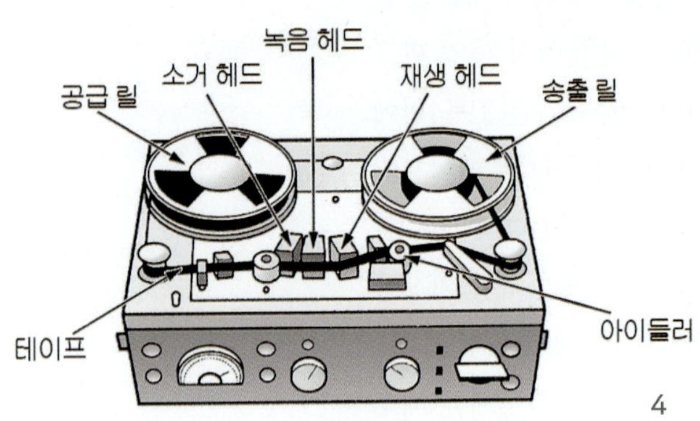

□ 그림설명 1606-4, 소리의 기본이 되는 자기녹음기 도해.

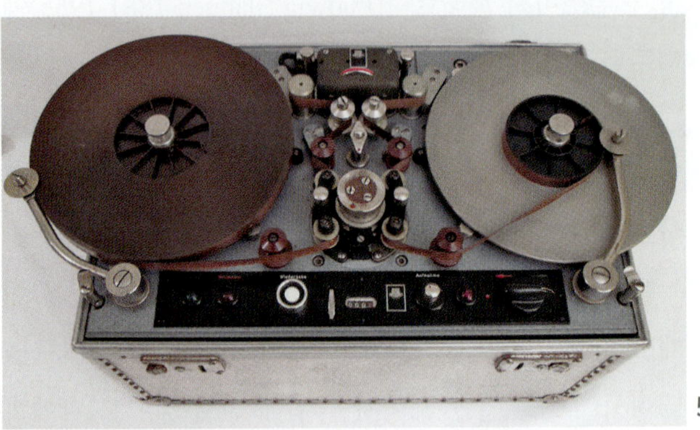
-5, Louis Blattner가 1924년에 최초로 만든 BBC 스튜디오의 'Blattnerphone' 녹음기.

-6, Grundig이 1953년에 제작한 Reporter 700L.

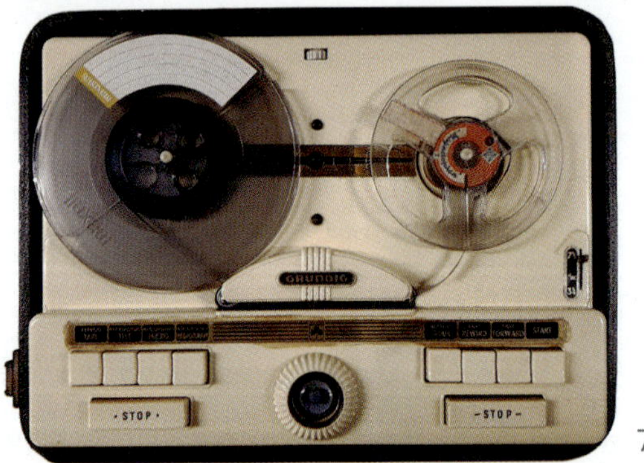
-7, Open Reel 에 테이프를 감아 사용한 초기 녹음기.

1607 `pic`

magnetic sound (마그네틱 사운드)

마그네틱테이프나 영화용 마그네틱 필름, 또는 70mm, 35mm, 16mm 영화 프린트에 이미 고착되어 있는 마그네틱 띠에 음향을 기록하고 재생하는 자기 방식으로 된 사운드 시스템을 말한다. 영화 제작에 있어서 사운드(Sound)의 도입 방식은 두 가지로 분류되는데 한 가지는 마그네틱(Magnetic) 방식이며 다른 하나는 옵티컬(Optical) 방식이다. 이 마그네틱 사운드 방식은 옵티칼 방식에서 할 수 없는 입체음향을 만들어 낼 수 있으며 완성도가 높고 더빙하기도 매우 쉬운 방식이다. 영화필름이 사용되지 않는 21세기의 산물의 기록으로만 남아 있다.

✳ 참조보기 (1606 – Magnetic Recording)

1608 `equ`

magnetic tape (마그네틱테이프)

얇은 플라스틱 테이프나 셀룰로이드(Celluloid) 따위에 자력을 띄는 미립자들이 도색된 녹음용 테이프를 말한다. 현재 사운드나 비디오의 녹음과 재생 수단으로 가장 많이 이용된다. 보통은 1/4(6mm) 인치 너비가 사용되는데, 용도와 크기에 맞춰서 2 lnch High band, 1 inch, 그리고 6mm mono track(1/4 inch Full Track) 등 사이즈와 질이 다양하게 제작된다. 일반적으로 녹음기의 녹음과 재생속도는 초당 19cm(7.5 inch)이며 방송국에서는 소리의 질을 높이기 위해 초당 38cm(15 inch) 소비자용의 배속인 초당 15 IPS.의 속도를 사용했다. 21세기에 들어오며 디지털 방식의 시스템으로 눈으로 보고 아날로그식의 기계를 조작할 수 있는 것은 모두 사라졌다.

✳ mag track (매그 트랙)

영화에서 음향트랙(Sound Track)은 매그네틱(Magnetic, 자력) 트랙 방식과 옵티컬(Optical, 광학) 트랙 방식으로 사용했으며 두 방식 중에 어느 방식이 더 우수했다고 쉽게 말할 수는 없으나 화면의 촬영과 영사방식에 따라 선택되어 사용되었다. 가령 70mm 필름에 6본 트랙을 오실로스코프(Oscilloscope)에 의한 광학 방식으로 사운드를 더빙하는 것은 불가능에 가까운 일이다. 대부분의 70mm들은 TODD-AO 방식에 의해 6본 마그네틱 트랙에 입체음향으로 완성되어 1960년대 당시 대형화면과 사방으로 울려 퍼지는 입체음향 효과는 최고였다. 그러나 대부분의 35mm영화들은 입체음향이 없는 간단한 옵티칼로 완성되어 대형 영화관에서 상영했다. 음성을 기록하는 기본으로는 1/4인치(6mm) 너비의 테이프가 기본적으로 사용되는데, 용도와 사이즈에 맞춰서 여러 포맷(Format)으로 다양하게 제작된다. 오늘날에는 사용하지 않는 필름의 경우 화면과 음향을 싱크(Synchronization) 시키기 위해 퍼포레이션(Perforation) 천공이 있는 마그네틱 필름을 사용했다. 21세기에 들어서 디지털 서라운드 사운드가(Surround Sound) 코드로 된 디지털 사운드(Digital Sound)로 개발되었다. 마그네틱 방식은 디지털시대에도 절대 필요 요소이다.

□ 그림설명 1608, 일반적으로 녹음기에 사용하는 6mm 마그네틱 테이프.

1609 `pic`

main title (영화제목)

영화 필름의 이름(제목)을 말한다. 주로 이 부분은 내용에서 발취하지 않고 별도로 제작하게 된다.

□ 그림설명 1609, Main title, <StarWars> 1976, by George Lucas.

1610 `com`

mainframe(컴퓨터 본체)

컴퓨터 주변기기를 거느린 메인프레임(Main Frame) 또는 대형 컴퓨터 본체의 중앙 처리 장치와 메모리 관리를 위한 곳으로 대형 캐비넷(Cabinet)으로 시설된 장치를 가리키는데서 온 말이다. 통계데이터, 금융관리와 같은 복잡한 데이터를 관리를 하는 곳을 말한다.

□ 그림설명 1610, IBM의 메인프레임 시설.

1611 `pic` `gen`

makeup (메이크업, 화장)

연기자의 얼굴이나 신체 어떤 곳이든 영화 연출에 맞게 메이크업으로 보충해 화장하는 것을 뜻하는 말이다. 실사 영화에서 배우의 얼굴 표정 연기는 감정(Emotion)을 전달하게 됨으로 메이크업은 매우 중요한 부분이다. 특정한 연기에 맞도록 화장의 밝기, 음영, 색감, 표정을 촬영에 알맞도록 화장하는 것은 연기자가 영화 속 배역을 위해 중요한 역할을 한다. 메이크업은 일상 세계에서는 불가능한 인물들을 만들어내기까지 한다. 예를 들어 유니버설의 "프랑켄슈타인(1931)"이라는 캐릭터는 미국 대중문화의 일부로 뿌리내리게 됐다. 메이크업 아티스트(Make-Up Artist)는 물론 매체에 대해 잘 알아야 하며, 이미지의 조명과 컬러 뿐 아니라 필름 재료의 일반적 특성에도 적절히 맞출 수 있다.

□ 그림설명 1611, makeup
<Frankenstein> 1931, by James Whale.

1612 `mus`

Mambo dance (맘보 춤)

라틴 아메리카가 원산지로 쿠바의 룸바(Rumba)춤 곡으로부터 온 새로운 리듬을 가미한 빠르고 경쾌한 곡이다. 1940년경에 쿠바에서 시작되어 멕시코를 거쳐 재즈와 가미되며 미국을 크게 강타했던 음악이다. 세계를 휩쓸었던 이 음악은 쿠바의 페레스 프라도(Peres Prado, 1917-1989) 악단의 '체리핑크맘보(Cherry Pink and Apple Blossom White)'곡으로 유명하다. 몸을 옆으로 비딱하게 숙이고 다리 한 쪽을 좌우로 빠르게 흔들며 춤을 추는 이 음악은 쿠바뿐만이 아니라 멕시코의 안셀모 사카사스(Anselmo Sacasas, 1912-1998) 악단, 훌리오 구티에레즈(Julio Gutierrez, 1918-1990) 악단의 연주에 의해 세계에 널리 알려졌다.

□ 그림설명 1612-1, 맘보 춤.　　　-2, 맘보댄스 기본스텝(남/여)

M

1613 `mus`

M and E (엠 엔 이)

＊Music and Sound Effects (음악과 효과음)

포스트 프로덕션(Post-Production)에서 사용되는 단어로 음악(M. Music)과 음향효과(E. Effects)를 일컫는 말이다. 영화 제작에서는 해설이나 대사를 제외한 음악과 음향효과 만으로 이루어진 사운드를 대사(Dialogue)부분과 분리해서 작업을 하게 된다. 대부분 어느 국가이던 대사는 영어로 제작되는 것이 국제적인 통례이다. 장편영화나 TV 시리 즈를 언어가 다른 외국으로 보내 그 나라의 언어로 재 더빙(Dubbing)을 하기 위해 M&E 트랙만을 분리해서 작업하게 된다. 포스트 작업에서 대사(D. Dialogue)는 트랙 1 과 2에 2개의 채널에, M&E 채널은 3과 4에 각각 스테레오로 분리돼 작업이 이뤄지며 해외에서 재 더빙을 할 경우 채널 1과 2의 대사 채널만 바꾸면 된다.

1614 `gen` `ani`

Manga (망가, 만화)

일본에서 온 말로 만화(漫畵, マンガ)를 뜻하는 말이다. 영어에서처럼 일반적인 통념 으로 만화를 코믹(Comic)이라 부르지 않고 카툰(Cartoon)이라 부르듯이 망가는 만화 의 대명사처럼 사용된다. 일본 내에서 망가는 만화를 뜻하는 말이지만 국제 애니메이 션업계에서는 일본식 애니메이션이라는 의미로 사용되기도 한다. 그림을 많이 그리지 않고 제한적으로 줄여 경제적으로 만든다는 의미로 사용되는 말이다.

□ 그림설명 1614, <the Seven deadly Sins> by Nakaba Suzuki.

marionette (꼭두각시, 망석중이, 마리오네트)

마리오네트는 우리말로 '꼭두각시' 또는 '망석중이'라고 부른다. 인형처럼 나무를 깎아 얼굴을 그려 넣고 옷을 입힌 다음 양쪽다리, 양팔, 양어깨, 양쪽 귀 그리고 기본적으로 척추 등에 9개의 줄에 매달아 위에서 사람의 손으로 줄을 교묘히 조종(Manipulate)하며 인형놀이를 하는 것을 말한다. 이러한 전통적인 인형극 놀이가 시작된 것은 1620년경 다듬지 않은 진주라고 부르는 바로크(Baroque)시대 때부터 유럽의 중심 체코에서 '체코인형극장(Czech Puppet Theatre)'이 열렸고 <작고 작은 메리(Little Little Mary)>가 처음 공연되었다고 기록되어 전해온다. 이러한 놀이는 문학적으로도 매우 중요한 역할을 했다. 이야기는 사회의 흐름을 빗대거나 원하는 사회상을 간접적으로 호소하는 문화생활에 한 길잡이로 부각 되었다. 이 놀이는 여러 곳에서 사람들의 관심거리였고 오락으로서 널리 번져 나갔다. 줄에 매달린 인형들을 퍼펫티어(Puppeteer)라 하고 이들 인형을 조종하는 사람들을 퍼펫티스트(Puppetist)라고 부른다. 전문숙련자가 되기 위해선 남다른 재능이 요구되는 일이다. 당시에는 무대 옆에서 생으로 연주하는 음악에 맞추어 즉흥적으로 인형들의 동작을 만들어 내거나 줄을 조종하는 사람들이 대사(Dialogue)를 맡아 연기했다. 인형들이 작게 만들어졌으므로 무대도 또한 소형이며 관객도 소수로 운영되었다. 줄 인형 '마리오네트'는 '인형극'을 아울러 이르는 말이다. 지금도 국립체코인형극장에서는 모차르트의 가극 중에서 <돈 지오 바니(Don Giovanni)>나 <매직 프루트(Magic Flute)>를 각색해 짧게 공연하고 있다. 17세기부터 지금까지 전 세계에서 15억의 인구가 마리오네트 극장을 찾은 것으로 기록한다. 유럽 문화에 크게 반응하지 않았던 미국 대륙에 마리오네트가 처음 상륙한 때는 1947년의 일이었다.

□ 그림설명 1615, <Don Giovanni> 연출- Karrel Brozek, 체코국립 마리오네트 극장.

1616 `gen`

marketing (마케팅)

어떠한 종류의 제품이던 간에 완성된 결과물을 시장에 내놓고 소비자에 판매를 촉진하기 위해 전략을 세우는 것을 마케팅이라 한다. 영화에서는 영화제작에 투입된 자금을 회수하는 것이 최우선의 일이다. 상당한 수입을 올려 제작비용을 되찾고 수익도 올려야 하기 때문에, 관객들이 영화를 보고 싶어하도록 전문적으로 홍보사가 나서서 광고(P&A, Prints & Advertising)로 관객을 설득한다. 마케팅을 돕는 홍보회사는 제작사와 같이 홍보 전략을 세워나간다. 이런 기능을 홍보사가 수행하는 한편 배급사가 영화관 분포망을 통해 전국에 개봉영화관을 섭외하여 동시 개봉한다. 국제적인 관례를 따르자면 개봉영화는 대개 주말을 기해 목요일을 개봉일로 정한다. 목, 금, 토요일 3일 동안의 박스오피스(Box Office)의 수입금을 보고 흥행 성공 여부를 가늠할 수 있게 된다. 최근에 한국에서는 1,000만 관객을 동원하는 영화도 자주 생겨날 정도로 홍보의 효과가 극대화 된다. 미국의 상영관례도 살펴본다. 특별한 블록버스터(Blockbuster)들은 3천개 관까지 동시 개봉된다. 영화의 개념과 스타들을 알림으로써 필름에 대한 폭넓은 관심을 끌어내고 바로 전국적인 동시 개봉이 이루어져 개봉 첫 주말에 가장 높은 수익을 올리게 된다. 여러 마케팅 방식 중, 특히 입소문이 영화를 지속시키고 있다. 1996년 메이저 스튜디오와 배급사들의 제작비용은 평균 4,000만 달러였으며, 광고와 프린트에 추가로 2,000만 달러가 투입된 경우도 많다. TV를 통해 집중적으로 홍보를 벌이지만 고비용으로 인해 이런 광고는 한 주 이상 지속하기가 힘들다. 많은 영화들이 비용 회수가 어렵고 광고 투자 효과가 없을 것이 분명해 지면 첫 주나 둘째 주 이후에는 영화관에서 내리게 된다. 월트 디즈니사와 픽사와 함께 제작한 영화 <라이온 킹, the Lion King> 개봉을 위한 마케팅으로, 패스트 푸드점(Fast Food Restaurant)에 영화를 위한 판촉비로 1억2천5백만 달러를 쏟아 붓기도 했다.

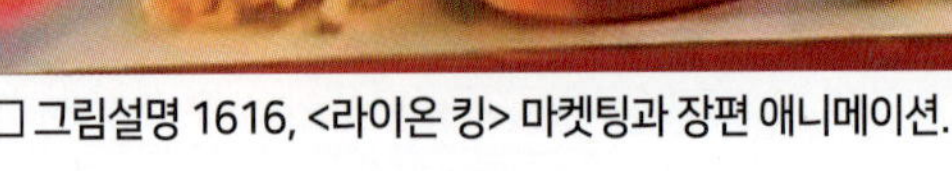
□ 그림설명 1616, <라이온 킹> 마케팅과 장편 애니메이션.

부수적인 마케팅 비용으로 막대한 지출을 한 영화였는데 최근까지도 전설적인 기록으로 남아 있다. 관객 수가 적을 것으로 예상되는 필름들은 우선 제한된 상영관에서 선보인 다음, 대대적인 관심을 끌어 폭넓은 배급이 이루어지게 되는 경우도 있다. 미국은 특정한 도시들에서 개봉하거나 로드쇼(도시와 도시로 옮겨가며 보이는) 형식으로 개봉한 후 더 많은 지역에서 개봉하게 되는 관례는 없어졌다. 위에 기술한 미국 내 마케팅의 개념들은 국제 시장에서도 같은 방식일 경우가 많은데, 결론적으로 미국의 큰 수출 품목 중 하나가 바로 영화이다. 그러므로 유럽 작품이나 아시아 작품이 미국에 입성하여 성공을 거두기란 매우 어려워 보인다.

✱ marketing research (시장조사, 마케팅 리서치)

시장조사는 다만 영화에 국한되는 말은 아니다. 크고 작은 어느 사업이던 그 소비대상의 분포를 조사 분석하여 호응도를 예측해보는 것을 시장조사라 한다. 시장조사에 따라 소비분포를 예측할 수 있으므로 제조량을 조절하여 공급을 맞게 조절을 하는 역할을 한다. 제품을 제조하고 공급하기 전 경우에 따라 서베이(조사, Survey)를 겸하기도 한다. 영화 분야에서는 이미 제작을 하기 전부터 제작, 광고, 배급에 드는 비용을 산출하고 투자비용 회수의 극대화를 위해서 메이저 스튜디오와 배급사들은 가능한 많은 관객들의 호응을 얻기 위해 연구한다. 이렇게 우선 잠재적인 대중의 욕구와 흥미가 조사된 다음 그 결과를 바탕으로 필름이 만들어지게 된다. 잠재적으로 관객을 염두에 두고 그 개념을 구상한 다음, 이런 흥미가 실제로 영화 속에 ┤현되었는지 테스트해 볼 수도 있다. 두 경우 똑같이, 대본은 조사 결과대로 근사치로 쓰게 된다. 마케팅 전략 중 일부는 영화에 대한 관심을 만들어 내어, 필름이 개봉되기 전 시사회를 통해 배급사들은 배급 패턴과 광고 계획을 짜고 미리 티켓(Ticket)을 예약하도록 유도하기도 한다. 또한 시사회에서 관객의 반응을 얻어내어 필름의 최종 편집에 활용하기도 한다. 그뿐만이 아니라 마케팅과 필름 개봉 초기의 출구 조사는 마케팅 전략의 부분 수정에 이용된다. 미국 할리우드의 경우, 막대한 제작비를 들였으니 막대한 수입을 올려야하는 것이 그들의 돈 계산법이다. 위에 기술한 미국 내 마케팅의 개념들은 국제 시장에서도 같은 방식일 경우가 많은데, 결론적으로 미국의 큰 수출 품목 중 하나가 바로 영화이다. 그러므로 반대로 유럽 작품이나 아시아 작품이 미국에 뚫고 들어가 성공을 거두기란 거의 불가능해 보인다. 이런 이유로 인해 우선 잠재적인 대중의 욕구와 흥미를 조사한 다음 그 결과를 바탕으로 필름을 만들게 되는 것이다.

✱ marketing strategy (마케팅 전략)

일반적으로 브랜드나 프로젝트의 마케팅 목표를 설정하고 홍보와 판매 촉진을 이룩하기 위한 마케팅 활동의 기본 계획을 뜻하는 말이다. 이 계획 속에는 1) 시기의 분석 2) 수단과 방법 3) 상업규칙과 조직 등이 기본적으로 설정돼 있는데, 마케팅을 성공시키기 위해 이를 토대로 전략을 단계적으로 수행하게 된다. 전략은 폭넓은 마케팅의 의미를 내포하고 있으며 일시적이지 않고 장기적이고 구체적이라 할 수 있다. 마케팅 전략은 상품의 판매를 성공시키기 위한 가장 중요한 기초이며 또한 하나의 공식이라 할 수 있다. 전략은 환경에 따라 다를 수 있고 또한 지역적 관계에 따라 다르게 진행한다. 그런가 하면 어떤 전략가들은 환경이나 지역에 관계없다고 주장하기도 한다. 전략을 면밀하게 집행하기 위해 몇 가지 요소로 나누어 분석한다. 전략계획의 강점(Strength)을 내세우고 약점(Weakness)을 보강하도록 한다. 또한 공략의 기회(Opportunity)가 가장 적절한지 분석한다. 그리고 이 때에 가장 위험(Risk)한 것은 어떤 것일지 반대급부를 분석한다. 또 다른 형태의 전략도 생각할 수 있다. 소비시장의 형태와 고객의 수준에 의한 전략 구분(Segmentation), 새로운 제품출시에 적절한 연령, 성별, 소득 등 새로운 소비층을 위한 공략(Targeting)이다. 마케팅 전략에 관한 지침서들은 수 없이 많다. 그러나 상품종류에 따라 마케팅 전략은 방향이 달라질 수 있고 또한 승패도 결정될 수 있을 만큼 전략은 매우 중요하다.

1617 `ani` `pic`

masking (마스킹, 매팅, 가려주기)

마스킹은 일반적으로 색깔을 칠할 때 칠이 묻어서는 안 될 부분을 마스킹 테이프를 사용해 임시로 가리고 칠한 후 테이프를 제거하는 기법을 이르는 말이다. 그러나 영화 제작에서 아날로그(Analogue) 방식으로 옵티컬(Optical) 작업에 사용하기 위해 만드는 가리개를 뜻한다. 애니메이션이나 실사 제작공정에서 마스킹은 2중 촬영을 위해 만들어지거나 화면 위에 2중적 영상 효과를 얻기 위해 가려주는 작업이다. 예: 캐릭터의 그림자는 검은색이 아니라 투명하며 어두울 뿐인데 이것을 표현하려면 촬영 시. 1) 100% 검은 그림자를 캐릭터와 함께 배경 위에 놓고 40%의 노출로 촬영을 한다. 2) 다음은 촬영 시점까지 필름을 되돌려 감고, 검은 그림자 없이 60%의 노출로 촬영하여 100%의 정상적인 화면을 완성하면 그림자 부분은 투명하고 어두운 자연스러운 그림자를 얻을 수 있다. 20세기까지 재래식에서는 가려져(Cover)야 할 부분에 맞추어 모두 그림을 그렸으나 지금은 컴퓨터에서 포토샵(Photoshop)을 이용해 손쉽게 마스킹을 만들어 낼 수 있다.

✱ 참조보기 (1621 - Matt)

mass media (다중매체, 매스미디어)

수적으로 많은 다양한(Diversified) 대상을 상대로 소통하는 여러 수단을 매스미디어라 부른다. 예컨대, 많은 사람(Mass People)들을 접할 수 있는 여러 매체, 가령 집단소통(Mass Communication): 신문(News paper), 텔레비전(TV), 방송(Radio), 매거진(Magazine), 그리고 매스미디어게임(Mass Media Game)과 디지털 미디어(Digital Media): 인터넷(Internet), 스마트폰(Smart Phone) 소셜미디어(Social Media) 등을 들 수 있다.

☐ 그림설명 1618, the Ways of Mass Media(다중매체의 종류)

1619 `gen`

mass production (다량생산)

다량생산이란 손으로나 기계에 의해 다량으로 물건을 만들어내는 것을 말한다. 다시 말해 하나의 표준 제작방식으로부터 방식을 바꾸어 다량으로 생산함으로써 원가를 절감시킬 수 있는 것을 뜻하는 말이다. 군수품이나 구호품과 같은 긴급한 시간 안에 필요한 물건 따위를 다량 생산해야 할 경우도 대량생산에 포함된다. 또한 애니메이션 제작은 일반적으로 13개의 세그먼트(Segment)로 된 프로그램을 시리즈로 만들어 매 주말

☐ 그림설명 1619, 미네랄워터(음료수) 대량 생산과 출하.

마다 정해진 시간에 3개월 동안 관객에게 보여줄 수 있다. 그러나 3개월 동안 13개의 프로그램을 매일(Daily) 보여준다면 관객은 3개월 안에 5번이나 똑같은 프로그램을 보게 된다. 만약 새로운 프로그램을 매일 보이기 위해서는 52개의 세그먼트가 필요한 것이다. 이때 애니메이션 제작은 4배의 제작인력이 필요하게 되고 이것을 칭하여 매스 프로덕션이라 한다.

1620 `equ`

master film(마스터 필름)

아날로그에서 영화 제작이 완성된 후 상영용이 아닌 보관용으로 필름을 복사해 두는 것을 뜻하는 말이다. 하나의 원본 음화(네거티브 필름(Negative Film))에서 복사해 만든 포지티브 프린트(Positive Film)를 일컫는 말이다. 영화가 흥행이 크게 히트할 경우, 수십 개, 수백 개를 복사하게 되는데 이때 하나뿐인 네가(원본 Negative)에 찢어지고 긁히고 손상이 올 수 있기 때문에 원본은 보관해 두고 마스터 필름에서 복제(Duplication)한 복사 원본 네가 필름을 사용하기위해 만들어내는 2차 원본 필름을 '마스터 필름'으로 총칭한다.

1621 `pic`

matt (매트)

재래식 공정에서 영화의 특수한 화면효과를 만들기 위해서는 카메라와 옵티컬 프린터(Optical print)를 이용하여 화면 합성이나 2중 촬영을 하기위해 만드는 부분화면 가리개를 부르는 말이다. 예: 정상으로 촬영된 A화면 배경을 C화면처럼 바꾸려고 한다. 이런 장면을 만들려면 실제 그 배경이 있는 곳에 촬영할 수 없을 경우 C장면의 사진 배경을 합성해서 영화를 완성하려한다. 이러한 방식으로 배경을 바꾸려면 캐릭터를 가려주는 매트가 암수(B참조) 두벌을 따로 만들어 촬영한 후 두 화면을 합성해야 원하는 화면을 완성할 수 있게 된다. 이때 필요하게 되는 것이 일정 부분의 화면을 가려주는 매트이다. 합성 공정은 이렇게 매트를 사용하면 감쪽같은 화면이 완성되는 것이다. 이 매트를 간혹 마스크(Mask)라 부르기도 한다. 지금의 디지털 방식으로는 매트를 일일이 재래식처럼 만들지 않고 프로그램 내에서 자동으로 매트가 형성됨으로 매우 간단하다. 디지털과정에서는 이것을 이미지 리플레이스먼트(Image Replacement)라고 한다. 3D CGI의 영상제작방식은 재래식의 복잡한 작업보다 아주 간단하다.

□ 그림설명 1621-1, A화면에 BG를 합성하여 C를 완성한다.

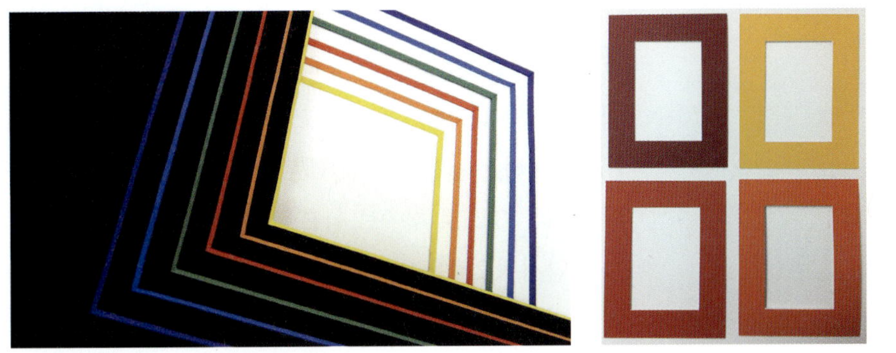

-2, 사진 틀 넣기 (Picture Matting)

✽ 참조보기 (1617 - masking)

1622 `ani`

match (매치, 맞대기)

아날로그(Analog) 방식의 애니메이션 그림이 다른 그림이나 배경 부분에 서로 잘 맞도록 하는 것으로 한 그림이 실제로 제일 위 레벨에 있더라도 다른 그림이나 배경의 뒤에 있는 것처럼 보이게 하여 착시를 일으키는 기법이다. 예를 들어 캐릭터가 의자에 앉을 때 실제로는 의자가 배경에 그려져 있으므로 캐릭터가 의자 위에 앉아있는 것처럼 그림을 맞대어 그리게 된다. 이것을 레그(Reg. 또는 Registration)라고 부르기도 하는데 Registration의 준말로 표기한다.

✽ match cut (매치 컷)

한 장면에서 다른 장면으로 전환할 때 사용되는 특수한 기법을 의미하는 말이다. 이 때 양쪽의 장면 중 새로 전환되는 다음 장면과 일치한 모양으로(카메라의 위치가 동일한 장소에서) 피사체 화면 크기가 바뀌도록 하는 기법을 말한다. 일반적으로 긴 트럭인(Truck -In)이나 트럭 아웃(Truck-Out) 기법을 병행해 사용하게 된다.

□ 그림설명 1622-1, Long Shot cut to Medium Shot (롱 샷에서 중간 샷)

✽ match dissolve (매치 디졸브)

서로 모양이나 색상 등이 비교적 이미지가 비슷한 다른 샷으로 크로스 디졸브(Cross Dissolve)하는 것을 말한다. 때로는 연속적인 샷이나 동일한 피사체의 이미지들을 하나에서 다른 것으로 디졸브 함으로 시간의 경과나 변화과정을 보여주며 서로 관련이 있음을 암시적으로 표현하기도 한다. 영화에서 모세의 지팡이가 뱀으로 둔갑을 한다던가 하는 기교 역시 연속적인 매치 디졸브에 의해 만들어지기도 한다.

□ 그림설명 1622-2, George Bush(조지 부시) match-dissolve to Arnold Schwarzenegger(아놀드 슈워제네거).

1623 `gen`

material (재료, 원료, 자료)

제반 물질을 화학적으로 혼합해 만들어진 자료나 자재를 이르는 말이다. 건축재료, 건축자재, 일반 재료, 화가가 그림을 그리기 위한 유화물감, 수채화 물감 등 제반 건축이나 물건을 만들기 위한 원재료(Raw Materials)를 뜻하는 말이며 물질이 아닌 각종 통계 조사자료, 컴퓨터데이터(Computer Data), 교육자료 등의 참고문헌들 모두를 가리켜 자료라고 한다.

raw materials (원자재, 재료)

천연(원료) 그대로이던 공장을 거쳐 가공된 재료이던 간에 아직 생산목적에 사용하지 않은 물건, 서류들이 아직 편집이나 수정이 정리되지 않은 것을 원자재라 한다. 예; 재래식영화제작에서 아직 촬영하지 않은 생(Raw) 필름 등 아직은 결합이나 배합이 되지 않은 상태로 새로운 것을 만들거나 제품 생산에 사용되는 제반 재료를 원자재라고 부른다.

□ 그림설명 1623, 플라스틱 원료(원자재)로 플라스틱을 만든 필름원자재.

1624 `gen`

MBC (엠비씨)

Munwha Broadcasting Corp. (문화방송)

한국에 생긴 최초의 민간방송으로 출발은 1954년 중앙기독교방송으로 시작하여 선교를 목적으로 한 특수방송이었지만 당시 정부가 6·25전쟁으로 부산에 피난 가있는 상황에 있었다. 이 당시 남쪽으로 밀려난 피난민들은 일본에서 오는 방송을 청취했다. 한국이 일본으로부터 해방이 된지 5년밖에 안된 때라 일본의 방송전파를 막아야함으로 이 일이 골칫거리였다. 이 작업은 경제적으로 문제가 있었으나 민간인 김상용(1959-1960 역임)과 김익기(1958-1959 역임) 등을 중심으로 일본의 전파를 막기 위한 한국 최초의 민간 상업방송국인 부산문화방송국을 발족시켜 '부산 MBC'가 1959년 4월15일 역사적인 개국을 하게 되었다. 그러나 운영난은 피할 수가 없었다. 부산일보의 김지태 사장이 운영권을 모두 인수받았지만 이를 회생시키기에는 역부족이었다. 상황으로는 민간 상업방송은 운영하기 어려운 상태였지만 그러나 1963년 전국 중요 도시에 26개의 지방방송국을 설치할 수 있었다. 후일 MBC는 5.16 장학재단에 기부형식으로 넘어갔고, 한국 최초의 민간상업방송이었던 MBC는 1980년 11월 한국방송협회가 새로운 시대적 조류에 따라 거의 강제적으로 방송국 통폐합이 결정됨에 따라 TBC(Traffic Broadcasting System)와 DBS(Dong-A Broadcasting System)는 KBS에 흡수되고 MBC만 유일한 민간방송으로 출발되었다. 그러나 KBS는 MBC의 대주주이며 결국 국유화

□ 그림설명 1624, MBC, Munhwa Broad Cast의 logo

M

가 되었다. MBC는 상암동 디지털미디어시티(Digital Media City)에 자리 잡고 세계미디어 그룹으로서 자유, 책임, 품격 그리고 단합을 내세우며 미래를 정진하는 슬로건을 걸고 일한다.

1625 peo ani his

McCay, Winsor (윈저 맥케이)
＊Winsor McCay

맥케이(Winsor MacCay, 1866-1934)는 미국 미시간주(Michigan)에 있는 스프링 레이크(Lake Spring)라는 마을에서 1866년 9월26일에 태어났다.(다른 기록에는 1867년, 1869년 또는 1871년생으로 되어 있지만 본인의 출세 경력으로 볼 때 1866년이 현실에 맞는다.) 맥케이는 만화가(Cartoonist)와 애니메이터(Animator)로 자수성가한 사람이다. 그는 화가가 되려고 자기 스스로 어릴 때부터 그림을 독학으로 그려 일찍이 유명한 사람이 되었다. 멕케이는 1876년 이미 그가 10살이 되던 해에 <세계만화백과사전(the World Encyclopedia of Comics)>에 만화가로 이름이 올라 있을 정도였다. 1905년 신문에 <리틀 네모(Little Nemo in Slumberland)>로 데뷔했는데 날로 갈수록 인기가 있어 1905-1914년 15년간 그리고 1924-1926년 3년간이나 연재했다. 사실 그가 매주 그린 만화는 자기 이야기이었다. 대단한 갈채를 받으며 성공했음에도 불구하고 맥케이는 1907년경 애니메이션에 또 다른 열정을 쏟기 시작했다. 그가 처음 그린 <리틀 네모(Little Nemo)>를 내세워 애니메이션을 그리기 시작했고 이미 최초의 애니메이션으로 사물을 촬영해 이름이 나 있던 제임스 블랙톤(James Blackton, 1875-1941)회사에서 일하던 월터 어우스틴(Walter Austin, 1880-1951)이 블랙톤의 촬영기술 지시에 따라 촬영하여 2년 후인 1909년경에 완성했다. 이 8분 길이의 필름은 1911년 블랙톤 자신의 회사인 비타그라프(Vitagraph) 배급으로 개봉됐다. 이 영화가 성공함에 따라 맥케이는 1912년 2번째 영화 6분 길이의 모기 이야기 <모기는 어떻게 무나(How a Mosquito Operates)>를 만들어 상영하는 동안 맥케이는 애니메이션이 재미가 있었는지 <훈련된 공룡 거티(Gertie, the Trained Dinosaur)>를 만들어 1914년 3번째로 극장에서 상영했다. 그의 작품(Film)들이 그렇듯이 초창기 애니메이션의 이야기는 드라마적 소재보다는 많은 동작을 그림으로 그려 한 장씩 촬영하여 움직이는 카툰(Cartoon)을 이뤄내는 데 더 심취했다. 논리에 여지는 있지만 발상(Imagination)은 창의력이며 모든 창작은 물리를 이해하는 과학이라고 할 수 있다. 맥케이는 그림을 잘 그려내는 세기적인 만화가였고 애니메이터였다. 그는 카툰(Cartoon)의 아버지라 불렸을 뿐만이 아니라 애니메이션의 한 개척자로서 기초를 세워 원리적인 애니메이션의 한 방식(Form)을 만들어 낸 세계적인 인물이었다. 그의 생애에서 작품 활동 타임 테이블(Timetable)을 보면 이 시기에서 그는 만화창작을 줄이고 애니메이션에 몰두했다는 기록이 남아있다. 그는 비밀스러운 작업실에서 자신만의 세계 속에서 작업에 몰두한 채 조금씩 변화하는 그림에 몰입했다. 그는 1918년에 또 다른 필름을 완성했다. 영국의 정기민간선박(Liner)이 독일의 잠수함에 의해 어뢰공격을 받고 침몰한 사건을 다룬 9분짜리 <루시타니아의 침몰(Sinking of *the Lusitania)>을 애니메이션으로 만들어 실사로 찍은 필름과 자료필름(Stock Footage)을 섞어 편집해 당시로서는 장편이라 할 수 있는 20분길이의 다큐멘터리(Documentary Film)를 완성한 것이다. 이것은 처음 시도한 다큐멘터리이었고 그 후 오늘날까지도 애니메이션으로 다큐를 만든 것은 매우 드문 일이었다. 맥케이가 평소 만들었던 2~3분 길이의 단편 애니메이션에 비해 20분이라는 가장 길었던 이 필름이었지만 오히려 반응이 좋지 않았다. 그가 노력한 것에 비해 그의 열정을 감소시켰고 실망했다. 맥케이의 애니메이션작품 활동은 여기에서 모두 멈췄고 그는 애니메이션 분

□ 그림설명 1625-1, <Gertie the Dinosaur> 1914.

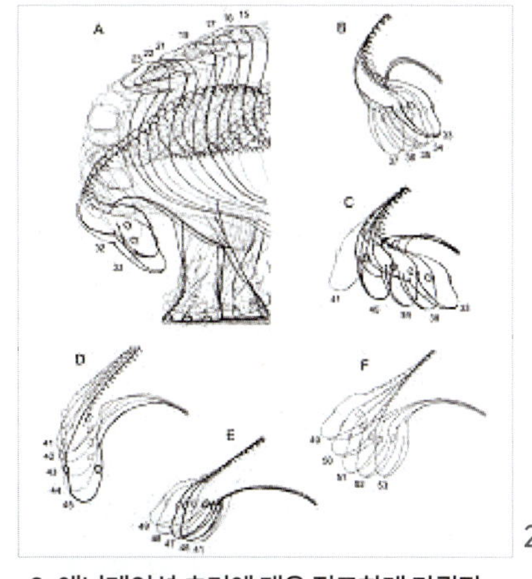

-2, 애니메이션 초기에 매우 정교하게 다뤄진 그림, 그러나 속도의 강약은 없었다.

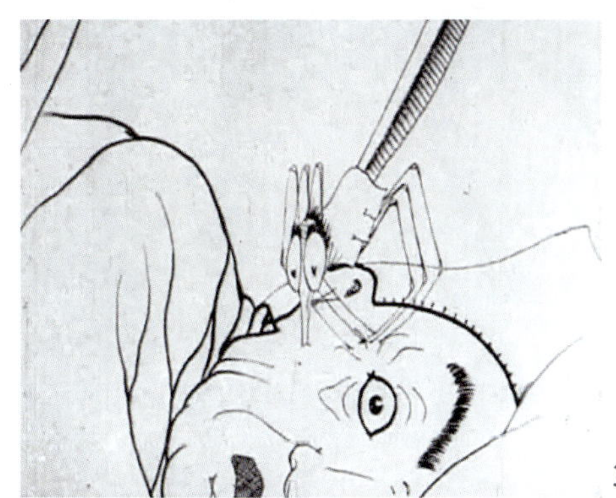

-3, <모기는 어떻게 무나> 1912

-4, <루시타니아의 침몰> 1918.

야에서 아주 떠나고(Abandoned) 말았다. 그는 여러 동료와 후배들이 모인 한 파티에서 자신의 실망을 감추지 못하고 흥분한 목소리로 "여러분! 애니메이션이 점점 상업주의에 빠져가고 있어요."라고 외쳤다. 사실 1920년경 당시에 미국의 미디어의 흐름은 상업주의(Commercialism)가 싹트기 시작한 때였다. 그러나 그의 마지막 3작품의 애니메이션들을 하나로 묶어 <The Adventure of a Rerebit Eater>라는 제목으로 1921년 다시 개봉했다. 그리고 맥케이는 윌리엄 랜돌프 허스트(William R. Hearst, 1863-1951)가 경영하는 샌프란시스코의 크로니칼(the Chronical, 보수파 신문)에 시사만화를 그리기 시작했고 다시는 애니메이션 분야에 돌아오지 않았다. 그의 그림은 힘차고 시원시원한 대담성을 보여주었다. 그가 시사만화가(Editorial Cartoonist)로 일하는 동안 이야기만화(Comic Strips)는 점차 활동이 줄어들었지만 그러는 동안에도 그의 명성은 세계적으로 하늘을 찌를 듯 했다.

✻ the Lusitania Liner (루시타니아 정기 여객선)

1915년 5월 7일 세계 1차 대전(World War I, 1914-1918) 중에 일어났던 비극적 사건이다. 영국의 민간인 여객선 '루시타니아'호가 독일군의 잠수함(U20)이 쏜 어뢰에 맞아 18분 만에 물속으로 가라앉아 사망 1,193명과 구조된 사람이 767명의 인명피해를 내어 세계의 많은 사람들이 분노한 사건이다. 독일 정부는 이와는 반대로 크게 격분하여 이 사건은 오히려 루시타니아 호에 영국 정부가 군용무기와 폭탄을 실었기 때문이라고 주장하고 있는 미궁의 사건이다.

□ 그림설명 1625-5, 세계 1차 대전 중에 가라앉은 영 여객선 루시타니아 호.

-6, 루시타니아 호를 그린 만화가 맥케이.

McLaren, Norman

*Norman McLaren (노먼 맥라렌)

노먼 맥라렌(Norman McLaren, 1914-1987)은 애니메이션 분야에서 으뜸으로 손꼽히는 창의적인 예술가로 불리는 사람이다. 영국 스코틀랜드(Scotland)의 스털링(Sterling)에서 1914년에 태어났다. 어려서는 언제나 집에서 화가처럼 그림만 그리던 노먼은 그의 나이 9살이 되던 해에 미국에서 온 애니메이션을 본 후 발명이나 한 것처럼 그것에 매료되었다. 그 후 노먼은 그가 실내디자인을 공부하던 글라스고우 예술학교(Glasgow School of Art)에서 동료들을 모아 영화학회(Film Society)를 설립해 새로운 기법의 애니메이션을 만들었다. 35mm 필름의 막(Emulsion, 감광유제)면을 날카로운 송곳으로 긁어내 필름에 직접 그림을 그린 후 색 잉크로 칠하여 완성하는 기법으로, 당시로서는 생각조차 하기 어려운 당치도 않은 기법이었지만 맥라렌은 35mm 필름으로 약 300자(3분30초길이)를 그림으로 완성했는데 예술학교의 영사기가 제대로 작동하지를 않아 필름이 모두 스프라켓(Sprocket, 필름을 돌려주는 톱니바퀴)에 씹혀서(Shred) 관객이 한번은 보았는지(?) 다시는 돌릴 수 없었다는 기록만 남아있는 작품으로 클립으로만 볼 수 있다. 필름의 내용은 비구상(추상)형식(Abstract Style)으로 역시 스토리도 없고 영사기에서 나오는 빛의 움직임이 효과음에 맞추어 움직이는 형태였다. 오늘날 이 방식은 '스크래칭 온 필름(Scratching on Film)'이라 부른다. 맥라렌은 애니메이션에 대해서 매우 민감했다. 그의 수많은 단편 중 1952년에 제작한 8분 6초 길이의 <이웃사람들(Neighbours)>이라는 실사로 만든 애니메이션은 예술가로서 유일하게 유네스코(UNESCO)에 인간문화재로 등재된 애니메이션작품이다. 이 필름은 스토리, 감독, 제작, 음악 모두 언제나 맥라렌이 스스로 창작해 만든 것 중에 하나이다. 실사로 찍어 필요한 스톱모션(Stop Motion) 동작만을 골라 조합해 재편집 과정을 거쳐 만든 이 애니메이션기법을 이후 픽실레이션(Pixilation)이라 부르게 됐다. 맥라렌은 독창적인 줄거리 내용뿐만이 아니고 특이한 사운드(Sound)를 독창적인 기법으로 그림으로 그린 사운드 트랙으로 별난 소리를 만들어 사용했다. 맥라렌은 그가 만든 매 작품마다 새로운 방식을 시도했고 언제나 크게 평판(Reputation)을 받았다. 세계적인 화가 파블로 피카소(Pablo Piasso, 1881-1973)도 "이렇게 대단한 필름은 생전 처음 본다."라고 극찬한 작품들이었다. 맥라렌은 못 말리는(Undeterred) 사람이었다. 1935년에는 <카메라는 대단한 걸 만들어(Camera Makes Whoopee)>의 제복으로 만화와 애니메이션 캐릭터와 사물(Objects) 등을 섞은 필름을 만들어 글래스고우(Glasgow) 아마추어필름페스티벌에 출품했는데 영화감독인 존 그리어슨(John Grierson, 1898-1972)의 눈에 띄게 되었다.

그리어슨은 해마다 런던(London)에서 열리는 총괄우체국(GPO, General Post Office) 영화부에 학생들의 필름을 초청해야 하기 때문이었다. 그리어슨이나 맥라렌에게는 서로 안성맞춤이었다. 맥라렌은 생각하는 작가적 예술가로 그 성격이 특출했다. 맥라렌은 반전운동(Anti-War Movement)에도 가담하고 GPO Film에 합세하면서 조각가이며 감독인 헬렌 비가(Helen Biggar, 1909-1953)와 함께 1936년 <지옥은 끝없다(Hell Unlimited)>라는 인상파 주의적 다큐멘터리(Impressionistic Documentary) 필름을 만들었다. 맥라렌은 이에 앞서 스페인(Spain)을 방문해 영국 출신의 영화제작자이며 영화 대본가, 영화평론가 그리고 1930년대에 공산주의자였던 이보르 몬타그(Ivor Montagu, 1904-1984)를 위해 개최한 세미나 '화평과 충족(Peace and Plenty)'에서 촬영을 하기 위한 자료를 수집을 한 적도 있었다. 맥라렌은 GPO film에서 일하게 됨에 따라 1937년 브라질(Brazil) 출신 프랑스 영화감독인 알베르토 카발칸티(Alberto Cavalcanti, 1897-1982)와 역시 감독인 에브린 스파이스 체리(Evelyn Spice Cherry, 1904-1990)로부터 <책 거래(Book Bargain)> 등 4편의 단편을 만들며 감독 수업을 받게 되었다.

□ 그림설명 1626-1, <Scratching on Film>을 작업하는 1942년경 로먼 맥라렌.

-2, <Neighbours> 1952, UNESCO - 인간문화재 선정.

-3, <blinkity blank> 1955, (영국 아카데미 애니메이션 상)

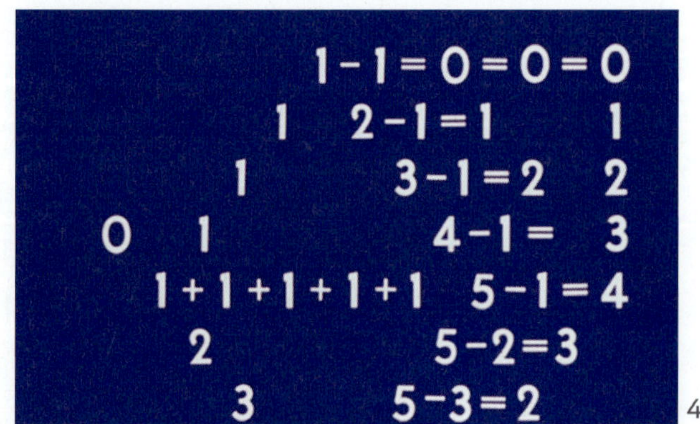

-4, <Rythmetic> 1956, (캐나다 Silver Bear Award, short film)

이때 새로운 에어 메일(Air Mail) 서비스도 새로 생겨나며 <날개위에 사랑을 싣고(Love on the Wing)>를 만들었다. 그리고 GPO film을 간단히 'Film Center'라 명칭을 바꿔 불렀다. 맥라렌은 열심히 일했다. 그리고 그는 영국 GPO film을 담당하는 다큐멘터리 필름의 아버지라 불리던 존 그리어슨으로 부터 두 번째의 필름초청을 받게 된다. 이미 그리어슨은 캐나다 정부의 필름 커미셔너(Commissioner)로 있었으며 1939년 맥라렌을 다시 만나게 되었고 맥라렌은 NFBC(National Film Board of Canada) 국립필름보드 캐나다에서 여러 나라에서 이민초빙으로 온 거대한 예술가들과 함께 일하게 된다. 1941년, 그가 뉴욕에 갔을 때는 세계 2차 대전이 막 발발했을 때였다. 구겐하임 미술관(Guggenheim Art Museum)의 주문으로 <성조기 깃발아래(Under the Stars and Stripes)>를 애니메이션으로 제작했는데 여기서 자신의 사운드 트랙을 맥라렌이 직접 연주를 해 완성했다. 그는 가장 많은 영향력을 애니메이션에 끼친 사람으로 부지런하고 사교적이며 작품의 성향으로 볼 때 언제나 창의성이 들어나는 실험 작품(Experimental Film)을 만들었다. 그리고 영국의 한 영화제에서 맥라렌은 2개의 짧은 3차원(3-D) 아날로그 <지금이 때야(Now is the Time)> 애니메이션을 스테레오 입체음향으로 완성해 컴퓨터가 나오기도 전에 놀라움을 보였다.

-5, <A Chairy Tale> 1957, (영국 아카데미 특별상, 영화부분)

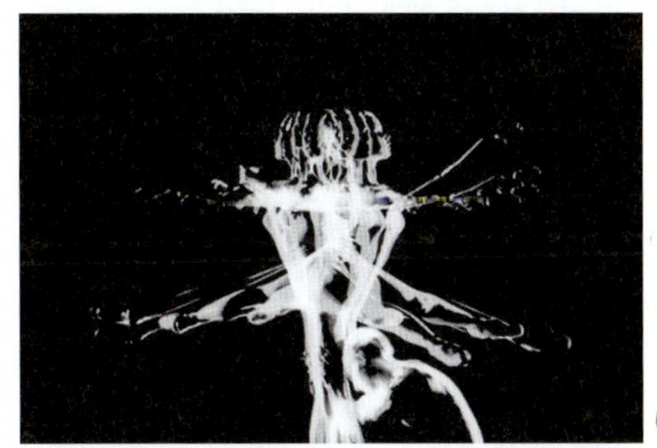

-6, <Pas de deux> 1968, (영국 아카데미 애니메이션 상)

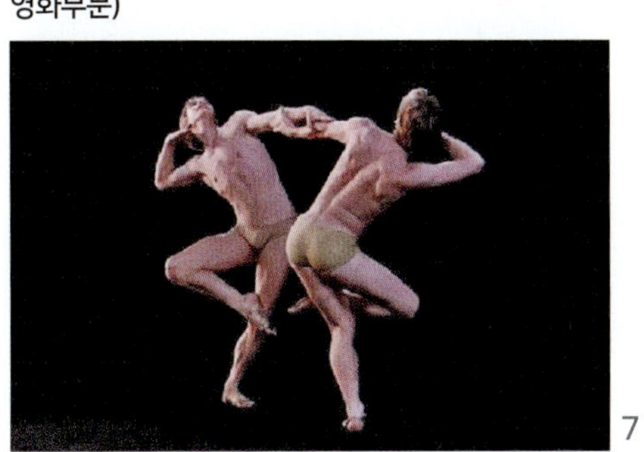

-/, <Narcissus> 1983.

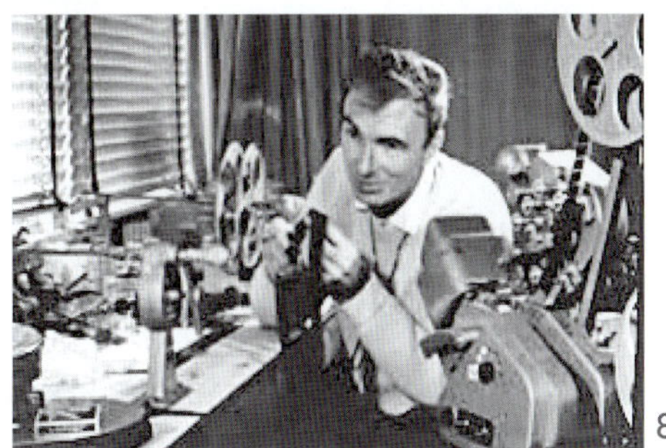

-8, 맥라렌과 그의 필름 작업실.

1627 `ani`

Mecha character (메카 캐릭터)

□ 그림설명 1627, Mecha Character (AGE-2 건담)

일본 애니메이션업계에서 사용되기 시작한 영어를 요약해 부르는 단어이다. 메카는 메카니칼(Mechanical)을 줄인 말이다. 메카는 로봇이나 우주선, 병기 등 애니메이션에 등장하는 기계류를 통칭할 때 쓰는 말이다. 사람이나 동물과 같은 생명체 캐릭터와 차이를 두기 위해 이렇게 부른다. 처음에는 캐릭터 디자인의 한 부분으로만 여겨졌으나 로봇 애니메이션 작품의 잦은 등장과 마니아(Mania) 팬 층의 형성, 완구 등의 캐릭터 사업이 활발해지면서 외래어를 부르기 쉽게 나름대로의 논리성과 설득력을 가지고 독자적으로 신생어(New Word)를 만들어 '일본식언어' 특유의 영역을 구축해 왔다. 애니메이션(Animation) 단어를 '아니메', 디에터(Theater)를 '시어터', 토일렛V(Toilette)을 도이레 등으로 발음하고 쓰는 특성들이다.

1628 `com`

mega byte (메가바이트)

하나의 수치를 재는 단위로써 1메가바이트는 1,048,576 바이트(bytes)를 뜻하는 말로 기억장치에 수록되어 있는 전자(Electronic) 정보(Information) 컴퓨터의 기억장치의 용량을 재는 단위로 사용된다. 바이트라는 용어는 독일 태생 미국의 과학자 워너 부츠홀츠(Werner Buchholz, 1922-)가 1956년 IBM에서 스트레치 컴퓨터의 초기 설계를 하고 있던 때 비트와 가변 필드길이(Variable Field Length) 기록을 한 바이트 크기로 인코딩하는 과정에서 비트(Bit)로 우연히 발음되지 않도록 '바이트(Byte)'로 스펠링을 하면서 유래한 말이다.

✱ 참조보기 (0238 - bit)

1629 `fes` `ani`

Melbourne AniFest (멜버른 애니페스트)
✱ Melbourne Int'l Animation Festival (멜버른 국제애니메이션 페스티벌)

오스트레일리아(호주)〉 Melbourne, 멜버른 국제애니메이션 페스티벌의 아트디렉터(Art Director) 말콤 터너(Malcolm Turner)에 의해 2001년에 첫 번째 페스티벌을 개최하게 됐다. 터너는 뉴질랜드에서 성장해서 공연 감독으로 일하다가 애니메이션에 대한 열정에 눈을 떠, 이 길로 전향하게 됐다. 그는 1976년 쟈크 드로우인(Jacques Drouin, 1943-)은 핀 스크린 창시자인 애니메이션의 거장 알렉산더 알렉세예프(Alexandr Alexeieff, 1901-1982)로부터 그의 기능과 예술성에 관해 매료되어 연구하였고 자기 길을 찾아 초현실적인 핀 스크린 작품 <마인드 스케이프(Mind Scape)>를 제작해 오타와 페스티벌에서 심사위원상을 받게 됨으로써 캐나다 국립필름협회에 명예를 얻게 되었다. 이것을 계기로 결국 그는 2000년도에 멜버른으로 이주해 영화제를 출생시켰다. 이 '멜버른 국제애니메이션 페스티벌'은 영화제, 컨퍼런스(Conference), 심포지엄(Symposium), 워크숍(Workshop) 등으로 구성되어 있다. 멜버른 국제애니메이션 페스티벌은 그간 5월 중순 경 와가와가(Wagawaga)에서 '호주 국제애니메이션 영화제'라는 이름으로 상영을 하는 등 자국의 애니메이션 저변 확대에 노력해왔으며, 멜버른의 RMIT(Royal Melbourne Institute of Technology)대학교 등 학계와도 긴밀하게 연계하여 협력하고 있다. 현재는 호주 멜버른에서 매년 6월경 열린다. 이 영화제에서는 매년 350~400개 이상의 애니메이션을 상영한다. 남아메리카(South America), 일본(Japan), 폴란드(Poland), 인도(India), 캐나다(Canada) 등 다양한 대륙과 국가의 애니메이션을 소개해 왔으며, 오스트리안 쇼 케이스(Showcase), 오스트리안 파노라마(Panorama) 등 호주 애니메이터들의 작품으로만 구성된 프로그램이 6개에 이르는 등 자국 애니메이션의 프로모션(Promotion)에 적극적인 역할을 하고 있다. 영화제 경쟁은 크게 학생부문과 일반부문으로 되어 있다.

MIAF 2014 poster

MIAF 2015

□ 그림설명 1629, Melbourne International Animation Festival 포스터와 행사장.

1630 `pic`

melodrama (멜로드라마, 통속극)

영화나 연속 TV 드라마 속에 나오는 내용이 액션 어드벤처(Action Adventure)가 아닌 사람들 간의 복잡한 심리적 상태의 감성을 다룬 영화를 이르는 말이다. 주제는 도덕적으로 선과 악을 뚜렷하게 대변하는 내용들이 주를 이룬다. 이런 드라마는 보통 선(Good, 착한 주인공)이 보답을 받는 사필귀정 형태의 해피엔딩(Happy Ending)으로 끝을 맺는다. 미국에서는 1950년대까지 연속극 TV 드라마형태로 방송되었던 이러한 프로그램들은 가정주부들에게 큰 인기를 끌었는데 주로 비누(Soap)회사의 비누광고와 함께 크게 유행했다. 소프 오페라(Soap Opera)라는 비누회사 스폰서(Sponsor)들이 많아서 연속극에 붙여진 별칭이다. 그러나 드라마들은 너무 통속적이고 시간 낭비라는 비평과 함께 서서히 TV 저녁방송에서 자취를 감추게 되었다. 그러나 아직도 우리나라 공중파 방송에서는 이러한 희비의 멜로드라마가 최고의 인기를 누리며 저녁 안방을 차지하고 있다.

1631 equ com

memory (기억장치)
* memory card (메모리 카드)

컴퓨터의 기억장치를 뜻하는 말이며 CPU(Central Processing Unit, 씨피유)와 함께 컴퓨터에서 매우 중요한 장치이다. 컴퓨터를 이용하여 언제라도 인포메이션 자료를 새로 입력(Store)할 수 있고 되찾아(Retrieved) 볼 수 있는 기억장치이며 저장되는 컴퓨터의 메모리 장치 중 한 영역을 총칭하는 말이다.

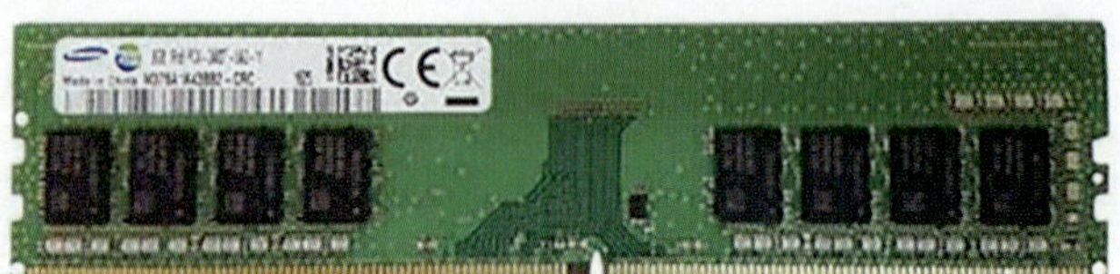

□ 그림설명 1631, Memory Card, RAM(8G DDR4)

1632 com

menu (메뉴)

컴퓨터에서 프로그램을 찾아 들어가기 위해 문자화된 옵션 (Option)을 선택할 수 있도록 디스플레이 해놓은 화면상의 모든 것을 말한다. 컴퓨터의 모니터 표면 위에 아이콘(Icon)과 같은 표식도 이에 포함된다.

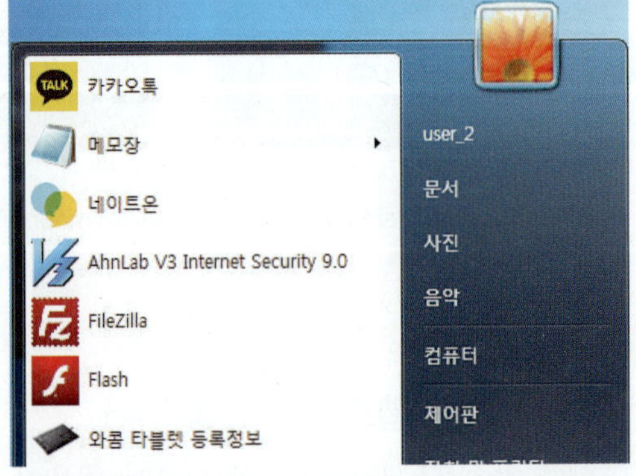

□ 그림설명 1632, 메뉴, 컴퓨터 화면에 실행가이드용 안내 문자와 아이콘.

merchandising (머천다이징, 상품)

영화나 TV 프로그램을 상영한 후 제작된 작품 내용 중에서 상품화할 수 있는 필름의 타이틀을 이용하여 아트워크(ArtWork), 티셔츠, 캐릭터 주인공을 이용해 다양한 제품을 만들어 상품화하는 것을 말한다. 월트 디즈니사는 오랫동안 디즈니 만화 캐릭터들을 상품에 활용하여 머천다이즈 라이선싱 부서를 운영했다. 또한 루카스 필름(Lucasfilm)에서 제작한 <스타워즈(StarWars)>나 마블(Marvel) 프로덕션에서 제작한 <더 트랜스포머스(the Transformers)> 등도 이후 시리즈들의 여러 캐릭터들은 곧 머천다이징 부서로 넘어가 장난감, 게임, 인형, 책, T셔츠 등 많은 상품으로 라이선스 계약을 맺어 잠재적 시장 가치를 발견한다. 영화시장에서 많은 경우가 상영 후 이 머천다이징으로 크게 성공한다. 한국에서는 '머천'이라고 짧게 부르기도 한다.

□ 그림설명 1633, Transformers Optimus Prime Figure와 T-shirt.

metamorphosis (변형, 변형한 형태)

생물학에서 변형이란 출생 후에 동물이 육체적으로 발달하는 과정에서 세포의 성장 과정이나 신체구조가 현저히 갑작스럽게 변화하는 것을 변형이라 한다. 그러나 애니메이션에서의 제작과정에서는 언제나 변형을 만들어 내기 위해 노력한다. 생물학에서의 변형은 돌연변이 행태로 인간에게 두려움을 줄 수 있지만, 애니메이션에서는 변형은 환상을 가져다준다. 애니메이션으로 예: "♪ ♩ ♩ 맛있는 것은 바나나, 바나나는 길어, 긴 것은 기차, 기차는 빨라, 빠른 것은 비행기, 비행기는 높아, 높은 것은 백두산, 백두산 뻗어내려 반도삼천리... ♪ ♩" 애니메이션에시는 바나나가 기사로 변형(Transforming)이 되고 기차가 비행기로 변형되고 그리고 비행기는 백두산이 된다. 이렇게 형태가 바뀌는 것을 '메타모포시스'라고 한다.

 971

M

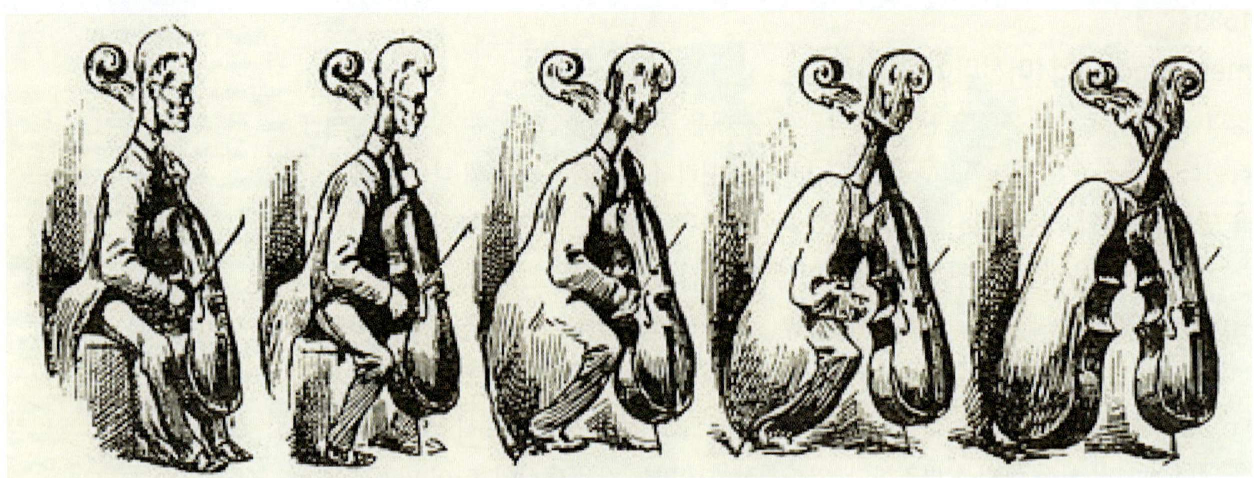

□ 그림설명 1634, 첼리스트가 첼로로 변형, Posted by Roy R. Behrens.

1635 sci

metric sys. (미터법)
*metrics(metering) system (미터제도)

메트릭 시스템은 미터법을 뜻하는 말이다. 국제적으로 채택된 십진법(Decimal Sys.) 체계에 의해 단위(Unit)로 제정하고 잴 수 있도록 정한 것을 말한다. 기본단위, 길이 1mm, 1cm, 1m(미터) X 1,000m는 1km, 리터(Liter)는 액체(Liquid) 량을, 그램(g)을 무게로 구분하여 1,000g은 1kg 등으로 도량 법으로 사용하고 1mm 또는 1mg의 더 작은 길이와 물체의 양을 표시할 때는 소수점 이하 5자리까지 사용한다. 대부분의 나라에서 이 십진법을 사용하며, 미국을 비롯해 몇 개 나라에서는 1인치 길이를 4분의 1(Quarter) 단위로 분할한 인치단위(Inch Sys.)로 거리는 마일(Mile), 액체는 갤런(Gallon), 무게는 파운드(Pound) 등을 사용한다. 더 작거나 적은 양을 마이크로(Micro)로 표시하며, 1나노(Nano, 10억분의 1), 1피코(Pico, 1조분의 1), 1펨토(Femto, 1,000조분의 1), 1아토(Atto, 1,000의 6제곱분의 1), 등으로 표기한다.

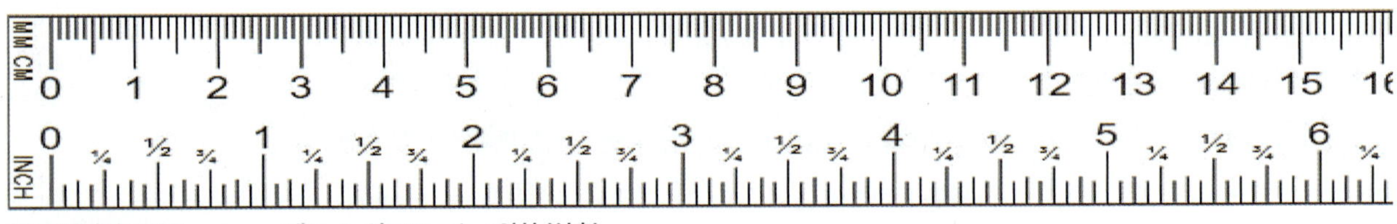

□ 그림설명 1635, mm, cm 대 Inch. 약 2.5cm는 1인치.(실측)

method acting (배역에 몰입된 연기)

영화, TV 드라마, 애니메이션 등 극 중 인물이 맡은 배역에서 연기에 몰입된 나머지 동일시를 통한 삼매경(Coincidence)을 이루는 극사실주의적 연기 스타일을 지칭하는 말이다. 캐릭터의 내면과 배우 자신의 개인적 감정과의 공통점을 탐구하여 캐릭터와 심리적 일치를 이루는 순간에 연기의 사실감을 이룰 수 있게 하는 것이다. 이른바 체험속의 정서회상(Emotional Recalling)기법은 극 중에 캐릭터의 감정과 유사한 배우의 감정을 찾기 위해 배우 그 자신의 삶에서 경험했던 감정이나 감각들을 회상함으로써 연기자가 (또는 애니메이션의 캐릭터에서 자주 표현되는) 취할 감정 상태를 생성하는 것을 말한다. 체험을 통한 이러한 몰입연기 방식은 유명한 배우였고 연출가였던 그리고 모스크바예술극장(Moscow Art Theatre)을 창립했던 콘스탄틴 스타니슬라프스키(Konstantin Stanislavsky, 1863-1938)가 창안하고, 리 스트라스버그(Lee Strasberg, 1901-1982)가 이끌던 그룹 디에터(Group Theatre)에 입단한 배우를 훈련시키는 시스템에서 유래된 것이다. 메소드 연기는 배우의 내면세계를 중시하는 연기행위로 시나리오에 적혀 있는 대사와는 달리 배우 자신으로부터 나오는 즉흥 대사와 돌발적인 행위 등을 리허설(Rehearsal)을 통해 집중적으로 연기한다. 배우는 등장인물을 능동적으로 연기하며 때로는 등장인물에 대해 장기간 조사(Research)하거나 실제로 등장인물의 직업을 경험하기도 하며, '인물이 진정으로 원하는 것은 무엇인가'라는 실문에 대한 대답을 탐구하는 과정을 거친다. 더스틴 호프먼(Dustin Hoffman, 1937-), 알 파치노(Al Pacino, 1940-), 로버트 드 니로(Robert De Niro, 1943-) 등이 메소드 배우의 대표적인 예로 자신의 실제 성격에 의존하지 않고 매 역마다 인물이 요구하는 삶의 방식을 실제와 같이 모방하여 완벽한 변신을 꾀하는 것으로 유명하다. 이러한 방식의 연기는 흔히 사실주의를 이끌어온 공산주의 체제에서 왕성한 기법으로 전수되어왔다. 메소드 연기는 실제 같은 연기를 전개시키기 위해 캐릭터의 생각과 감정들을 배우 내면에서 직접 만들어내려고 사용하는 기법들이다. 배우가 목소리 톤이나 얼굴 표정 같은 외적 수단을 통해 캐릭터의 감정과 생각을 단순히 모방하는 전통적인 연기 형태와는 달리, 메소드는 내적 능력(삼각, 심리, 감정)을 발전시키는데 주안점을 둔 최초의 체계화된 훈련기법으로 여러 영화에서 인용되었다.

□ 그림설명 1636, Method acting, Al Pacino <The Godfather2> 1974.

1637 `mus` `equ`

metronome (메트로놈, 박절기)

일정한 간격에 딱딱 소리를 내도록 고안된 장치. 이 장치는 소리의 간격을 조절할 수 있도록 되어 있으며 음악 연주가들이 연습할 때 박자를 맞추기 위하여 사용한다. 또한 애니메이션에서 캐릭터의 동작을 정하는데도 많이 활용되며 작품 속에 시퀀스(Sequence)의 음악적 속도를 측정하는데도 쓰인다.

□ 그림설명 1637-1, 기계적인 박절기.

-2, 디지털 박절기.

메트로놈이 매 분간 내는 비트 소리의 횟수	악보 상에 속도 표시	애니메이션에서 활용하는 그림 장수
184	PRESTO	6
168	VIVACE	8
140	ASSAI	10
120	ANIMATO	12
108	ALLEGRETTO	14
88	MAESTOSO	16
72	ANDANTE	20
54	LENTO-ADAGIO	24
44	LARGO	30

애니메이션에서 각 음표에 필요한 그림 장수.

음표(속도)	𝅝	𝅗𝅥.	𝅗𝅥	♩.	♩	♪	𝅘𝅥𝅯	𝅘𝅥𝅰
그림 장수	48	36	24	18	12	6	3	1.5

예: ♩(2분 음표) 속도에는 그림이 24장 필요하다는 뜻이다. 음악의 악보를 펼쳐놓고 각 음표의 속도를 읽으면 애니메이션으로 동작을 잘 표현할 수 있다. 음악은 애니메이션에서 매우 중요한 동반자적 관계이다.

1638 `ani`

Mickey Mouse (미키마우스)

'미키마우스'는 월트 디즈니(Walt Disney, 1901-1966)의 캐릭터로 세계적으로 명성을 떨치고 있으며 대성공을 가져다 준 전설적인 만화 애니메이션의 주인공이다. 월트디즈니 회사는 1923년에 월트 자신과 그의 형 로이(Roy Oliver Disney, 1893-1971) 두 사람뿐인 회사로 시작해 최초의 작품으로는 <엘리스의 희극(the Alice Comedies)>을 제작하여 재미를 보게 되어 버뱅크로 진출했다. 그리고 월트는 곧 캔자스시티(Kansas City)에 있는 그의 친구인 어브 아이웍스(Ub Iwerks, 1901-1971)를 불러들여 <운 좋은 토끼 오스왈드(Oswald the Lucky Rabbit)>를 단편 시리즈로 만들었다. 그러나 <운 좋은 토끼...>는 1927년 판권으로 소송에 휘말려 찰스 민츠(Charles Mintz, 1889-1939)에 의해 결국은 뉴욕법원의 판결에서 패소하게 되었다.

□ 그림설명 1638-1, -2, 운 좋은 토끼, 오스왈드와 많이 닮은 미키마우스.

월트는 할리우드(Hollywood)의 집으로 돌아가는 중에 실의에 빠지기는커녕 캔자스시티(Kansas City)에 살 때 골방에서 보았던 작은 쥐를 생각해 내고 이것을 새 주인공으로 내세워 새로운 것을 만들겠다는 계획을 세운다. 월트의 속심이 나타나는 대목이다. 월트는 언제나 실패를 딛고 다시 일어나는 강한 의지의 젊은이였다. 월트는 언제나 그렇듯이 민첩하게 움직였다. 컨셉은 쥐(Mouse)였다. 간결하게 그리는 것이었다. 처음에는 둥근 얼굴에 둥근 귀에 타원형 코였으나 나중에 코도 둥글게 바꿨다. 귀는 어느 각도에서 보나 똑같이 둥글게 했다. 몸은 미국 배(American Pear (조롱박모양))같이 그렸다. 그리고 꼬리는 가늘고 길게 했다. 팔과 다리는 이 시대에 다른 만화와 같이 고무 호스처럼 생겼고 신발은 아버지 깃을 신은 깃처럼 크게 그렸다. 당초에 월트는 이 작은 캐릭터의 이름을 '몰티머(Mortimer)'라 부를 작정이었지만 월트의 아내(Lillian, 1899-1997)가 제안한 미키마우스(Mickey Mouse)라는 이름으로 세상에 태어나게 되었다. 이런 작업은 모두 월트의 절친한 친구인 어브 아이웍스가 해냈다. 그리고 월트의

□ 그림설명 1638-3, 월트와 그의 조력자 어브 아이웍스.

-4, 1928년 Iwerks가 그린 최초의 미키마우스와 포스터.

M

관습(Retaining)대로 감독으로서 대략의 지시를 한 후 모두 어브(Ub)에게 넘겨주어 일을 완성하고는 했다. 어브는 <미키 단편(Mickey Short)>과 <정신없는 비행기(Plane Crazy)>를 순식간에 만들어 냈다. 그리고 <달리는 가우초(Gallopin' Gaucho)>를 만들어 내면서 애니메이션 미래는 단연 음향(Sound)에 동작을 맞춰 그려야 한다는 것을 확신(Convincing)하게 해 주었다.

1927년 영화는 새로운 토키(Talkie)시대를 맞으며 이들의 생각에 한층 더 도움이 되었다. 월트 디즈니와 어브 아이웍스는 부지런히 일했다. 다음 일은 <스팀보트 윌리(Steamboat Willie)>이었다. 월트는 뉴욕으로 달려가 적당한 밴드 팀(Pickup band)의 도움을 받고 음향효과(Sound EFX)맨을 찾고 즉흥적으로 악보를 만들어내 연주하고 미키의 대사는 월트 자신이 목소리를 냈다.(이후 월트는 20년 동안이나 미키의 대사는 자기목소리로 사용했다.) 이렇게 해서 소리와 동작이 정확히 맞아 떨어지는 35mm 사운드 트랙을 만들었다. 월트의 번쩍이고 재빠른 판단력으로 이뤄낸 최초의 '음향에 동작을 맞춘 애니메이션'으로 <스팀보트 윌리(Steamboat Willie)>가 완성되었다. 1928년 9월 19일 뉴욕에 있는 콜로니극장(Colony Theater)에서 개봉하자마자 이 단편은 크게 성공하며 미키마우스를 일약 스타로 올라서게 했다. 1930년대의 애니메이션에서 미키마우스 단편들은 최고의 전성기였다. 결국 1940년, 다재다능한 천재 사업가 디즈니는 그 누구도 생각조차 하기 어려운 클래식 음악을 접목하여 미키마우스가 출연하는 장편 애니메이션을 만들기로 계획한다. 평소 월트가 주장했듯이 음악에 동작이 맞아 떨어지는 희열감에 애정을 쏟았던 그가 오케스트라가 연주한 음악으로 <판타지아(Fantasia)>를 만들기로 한다. 월트는 유명한 영국인 지휘자인 레오폴드 스토코프스키(Leopold Stokowski, 1882-1977, Polish와 Irish 혈통)의 지휘로 필라델피아 오케스라(Philadelphia Orchestra)가 연주하여, 바흐(Johann Sebastian Bach, 1685-1750)의 <토카타와 푸가>, 차이코브스키(Pyotr Ilyich Tchaikovsky, 1840-1893)의 <호두까기 인형>, 뒤카(Paul Dukas, 1865-1935)의 <마법사의 제자>, 스트라빈스키(Igor Fyodorovich Stravinsky, 1882-1971)의 <봄의 제전>, 베토벤(Ludwig van Beethoven, 1770-1827)의 <교향곡 제6번>, 폰키엘리(Amilcare Ponchielli, 1834-1886)의 <시간의 춤>, 무소르그스키(Modest Mussorgsky, 1839-1881)의 <민둥산에서의 하룻밤>, 슈베르트(Franz Peter Schubert, 1797-1828) 의 <아베 마리아> 등의 음악을 사용하여 애니메이션으로 대작을 만들었다. 스토코프스키(Leopold Anthony Stokowski, 1882-1977)는 세기적인 지휘자 아르토로 토스카니니(Arturo Toscanini, 1867-1957)에 버금가는 음악가로 음악을 마법으로 풀어내는 귀재로 알려진 사람이었다. 월트 디즈니(Walter Elias Walt Disney, 1901-1996)는 마음 정하면 무엇이고 해내는 비즈니스 천재였다.

□ 그림설명 1638-5,-6, 지휘자 Stokowski와 판타지아 포스터.

<판타지아>는 흥행에 크게 성공하지는 못했지만 월트가 아니면 누구도 할 수 없었던 작품이었다. 그 후, 미키마우스 단편(6~7분길이)들은 1950년대 중반까지 미국내 영화관에서 애니메이션 단편이 본편과 함께 상영되던 관례가 법적으로 취소되며 미국의 모든 애니메이션 단편 제작은 멈춰버리고 미키마우스도 더 이상은 만들어지지 않았다. 월트는 1966년 그가 폐암으로 죽을 때까지 엄청난 일에 도전했으며 지치지 않는 사업가로서 꼭 50년을 열심히 일했다. 그는 평소 "돈을 벌기 위해 영화를 만들지는 않는다."고 말하기도 하고 "영화를 더 만들기 위해 돈을 번다." 라고 했듯이 그는 개인적으로 돈을 유산으로 남기지는 못했다. 그는 애니메이션을 제작하면서 돈은 언제나 그 결과물의 가치를 높이기 위해 사용했다. 그래서 그가 죽은 후 많지 않았던 그의 모든 사유 전 재산은 디즈니 스튜디오를 위해 설립했던 캘아트(Cal Arts) 대학에 모두 기부했다. 오늘날까지도 미래에도 월트디즈니는 곧 대명사 미키마우스이다. 미키는 만화캐릭터이지만 1978년 할리우드 명성의 거리에 최초의 스타가 되었다.

□ 그림실명 1638-7, 1940년 천연색으로 등징한 이래 오늘날의 미기마우스.

M

1639 `ani` `pic`

Mickey Mousing (미키 마우징)

애니메이션에서 이미지의 동작이 음향과 정확히 일치(Sync)되도록 하는 작업을 말한다. 이 기법은 주로 월트 디즈니 스튜디오가 다른 애니메이션 제작 스튜디오와는 달리 애니메이션 캐릭터들의 움직임 하나하나의 동작을 섬세하게 음악소리를 일치시키는 작업에 '미키마우징'이라 붙여졌던 이름이다. 월트 디즈니(Walt Disney, 1901-1996)는 음악을 매우 좋아했으며 그가 음악에 맞춰 동작을 일치시킨 애니메이션은 단편 <스팀보트 윌리(Steamboat Willie)>라는 흑백 단편영화가 처음이었다. 이 단편이 처음 시도했던 애니메이션으로 그가 재능을 발휘해 음악과 동작을 최초로 일치시키려던 실험적인 것이었지만 성공적인 작품이었다. 1928년에 최초로 뉴욕에 있는 모스 콜로니 극장(Moss's Colony Theatre)에서 <갱워(Gang War)>라는 장편영화 앞에 붙여져 세상에 공개됐는데 본편에는 관심 없었고 디즈니의 <스팀보트 윌리>는 즉각적인 관객의 반응을 받아 대성공을 거둬냈다. 이 작품은 토키(Talkie)시대가 시작된 1927년 이듬해에 완성 공개된 것을 보면 월트 디즈니의 활동이 얼마나 민첩했었는지 짐작이 간다. 한편 디즈니의 미키마우스식 녹음에 유래하여 '음악에 맞추어서(Sync. with Music)'이라고도 부른다. 이후, '미키마우징'은 특별히 코미디와 서스펜스(Suspense) 물에서 음향과 시각적 이미지를 일치시키는 효과적인 방식에 자주 사용하게 되었다.

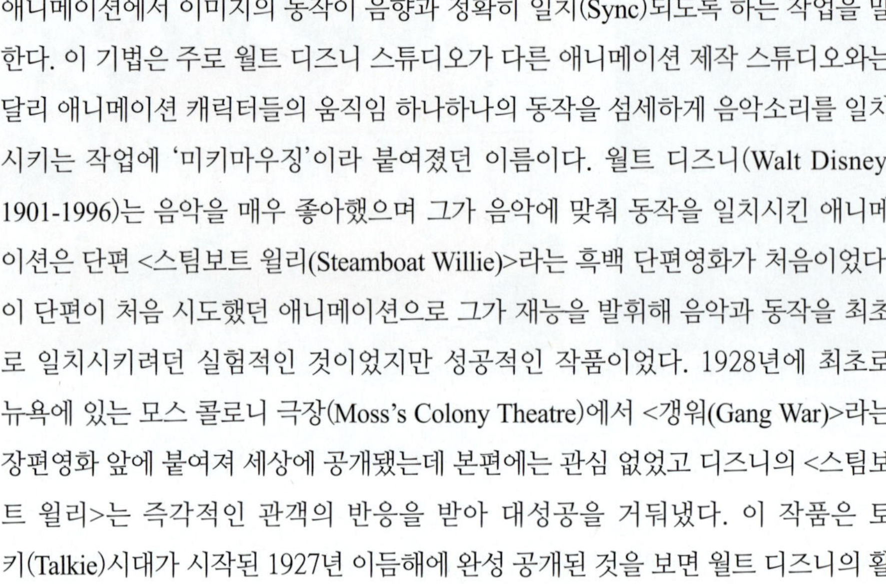

□ 그림설명 1639, 미키마우징의 유래가 된 1928년 스팀보트 윌리(흑백)

1640 `equ`

microchip (초미니 칩, 마이크로 칩)

마이크로칩 또는 마이크로칩 테크놀로지회사(Micro Technology Inc.) 이름이다. 마이크로관리(Micro Controller), 혼합신호체계(Mixed-Signal), 섬광정보제공(Flash-IP Integrated) 등의 보드를 만든다.

  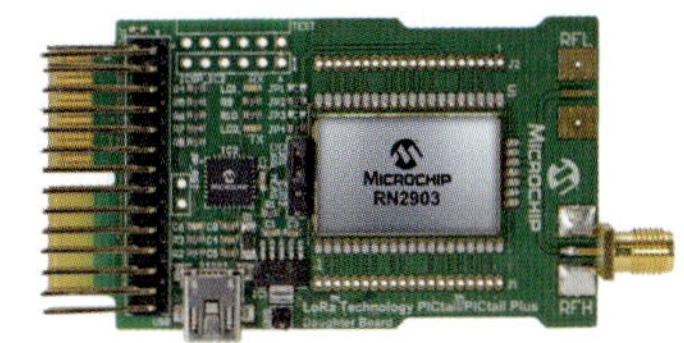

□ 그림설명 1640, 마이크로 칩의 Explorer 8과 PIC Tail Daughter Board.

1641 `com`

microcomputer (초소형컴퓨터, 마이크로컴퓨터)

한 작은 몸체에 마이크로프로세서(Microprocessor), 입력장치, 디스플레이(Display) 장치, 기억 등 모든 것을 포함하는 작은 컴퓨터를 말하며, 거대한 컴퓨터나 주변 장치에 연결시킬 수 있다.

1642 `com`

Microsoft (마이크로소프트)

*MS – 마이크로소프트를 약칭하여 MS라 쓰고 부른다. 당초 빌 게이츠(Bill Gates, 1955-)와 폴 앨런(Paul Ellen, 1953-)은 둘 다 미국 워싱턴 주(Washington State)의 시애틀(Seattle) 태생으로 같은 레이크사이드 스쿨(Lakeside School)을 다녔던 사이로 마이크로 소프트를 공동으로 창업한 기업가들이다. 게이츠는 어릴 때부터 전자공학에 상당한 관심을 두고 만들기를 좋아했고 결국은 하버드대학을 2년 만에 중도에서 그만두고 폴 앨런(Paul Gardner Allen, 1953-2018)을 만나 공동으로 마이크로 소프트사를 창업했다. 그들이 창안한 개발품은 놀랍고도 대단한 것이었다. 인류의 문명을 앞당겨 가져왔고 <윈도우(Windows)>를 지구상 방방곡곡에 퍼트리고 게이츠는 31세에 앨런은 33세에 세계적인 갑부가 되었다. 마이크로소프트는 1985년 [윈도우1.0 – 2.0]을 처음으로 선보였고 1990년에 [윈도우3.0], 1992년~1995 [윈도우3.1x], 1995~1998 [윈도우95], 1998~2000년에 [윈도우98], 2000~2001년에 [윈도우2000]과 [윈도우ME], 그리고 2001~2006년 [윈도우XP], 2006~2009 [윈도우Vista], 2009~2012 [윈도우7], 2012~2015 [윈도우8], 2015~ [윈도우10]으로 항상 업 그레이딩 되었다.

 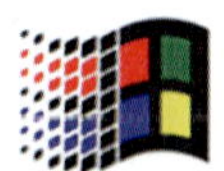      

□ 그림설명 1642, 업 그레이딩 되는 마이크로소프트 윈도우.

1643 `ani` `pic` `his`

Mighty Mouse (마이티마우스)

용맹한 뜻을 가진 <마이티마우스>는 1942년에 미국의 한 애니메이션의 주인공으로 새롭게 탄생했다. 이때는 미국에서 월트디즈니의 만화캐릭터 <미키마우스(Mickey Mouse)>가 1928년 이미 만들어져 있었고 인기를 누리고 있을 즈음으로 '슈퍼마우스'라는 또 다른 '마우스' 이름의 새로운 캐릭터가 등장한다는 것은 월트 디즈니에게는 눈에 가시였다. 월트의 흥분된 반응과 반대에도 불구하고 '슈퍼마우스'는 그 첫 번째 작품으로 <내일의 쥐(The Mouse of Tomorrow)>라는 타이틀을 걸고 애니메이션이 시작됐다. 이 애니메이션은 실사 슈퍼맨 영화 <The Man of Tomorrow>를 패러디(Parody)한 것이었다. 사실은 '슈퍼마우스(Super Mouse)라는 이름으로 3편을 만든 후, 좀 더 <미키마우스> 이름에 접근할 수 있게 <마이티마우스(Mighty Mouse)>라고 개명한 것이었다. 이 때문에 <마이티마우스>는 곧 명성을 얻을 수 있었다. 이일을 만든 사람은 테리툰스 스튜디오(Terrytoons Studio)의 사장이었던 폴 테리(Paul Terry, 1887-1971)였고 작품의 방향과 모든 창작은 이시도르 클라인(Isidore Klein, 1897-1986)에 전반적으로 맡겨서 일했다. <마이티마우스>의 수입은 테리툰스 회사에 경제적인 여유를 가져다줄 정도로 번창했고 더 많은 애니메이션을 제작할 수 있었다. 1937년 디즈니 스튜디오가 <백설공주와 일곱 난쟁이(Snow White and Seven Dwarfs, 19세기 독일의 설화)>를 최초의 장편으로 내놓아 대성공을 거두면서 1939년 <걸리버 여행기(Gulliver's Travels, 조나단 스위프트가 쓴 소설(Written by Jonathan Swift)>, 1940년에는 <피노키오(Pinocchio, Written by Carlo Collodi의 동화)> 등으로 장편애니메이션 붐을 이뤘다. 당시에는 대부분이 이야기는 설화나 동화를 애니메이션에 맞게 각색 연출하여 사용했다. 장편이 아닌 극장 단편 시리즈 애니메이션들은 속도가 주로 빠르고 별로 뚜렷한 의미 없이 반복 동작으로 진행되었지만 장편에서는 입체적이거나 중력, 관성, 밸런스 등이 사용되는 계기가 되어 애니메이션에 올바른 성장을 가져다주었다. 이러한 주도적 역할은 주로 월트디즈니 스튜디오였다. 테리툰스(Terrytoons) 역시 수익을 올려 많은 시리즈를 제작해 손꼽히는 회사로 성장했다. 그들은 애니메이션 캐릭터로 딤윗(Dimwit), 딩키 덕(Dinky Duck), 댄디 구스(Dandy Goose), 굳 디드 댈리(Good Deed Daly), 헥클 앤 젝클(Heckle and Jeckle) 그리고 유명한 테리 베어(Terry Bear) 등을 만들어 냈다. 그리고 1955년에 와서 폴 테리(Paul Houlton Terry, 1887-1971)는 <마이티마우스>와 함께 그의 모든 회사 재산을 콜럼비아 방송(CBS, Columbia Broadcast Sys.)에 팔아버렸다. 미국 3대 TV 방송 중에 하나인 CBS는 사들인 프로그램과 새로 제작한 것을 섞어 방송을 했다. 새로 만든 것들은 대부분 더욱 당당하고 재미가 있었는데 모두 보기에는 새로워 보였다. 새로 등장하는 악당은 언

제나 모자를 쓰고 나타났는데 결국은 <마이티마우스>는 정의를 위해 싸우는 그런 내용
이었다. <마이티마우스>는 만화책(Comic Book)으로도 출시했으며 1946년에서 1962
년까지 애니메이션 시리즈와 함께 CBS 방송을 타며 크게 성공했다. 감독들로는 콘라드
라신스키(Conrad Rasinski, 1907-1965), 아트 바쉬(Art Bartsch, 1904-1971), 데이브 텐드
라(Dave Tendlar, 1909-1993) 그리고 에디 도넬리(Eddie Donnelly)였다.

1

2

3

□ 그림설명 1643-1, 마이티마우스.　　-2, 테리툰 단편카툰.　　-3, 코믹 북(만화 책)

1644 `pic` `ani`

miniature model (미니어처 모델, 소형모델)

영화 제작을 위한 수단과 방법에서 차량, 기차, 선박, 사물들, 그리고 캐릭
터(Character), 동물, 곤충 등과 어떠한 특정 장소를 비례에 맞게 축소해 만든 모형들을
가리키는 말이다. 고정하거나 움직이며 촬영해 실제 크기를 촬영한 것보다 더 실감나
게 보이도록 할 수 있는 기법으로 활용된다. 이러한 모델들은 특수 효과 전문가들이 실
제처럼 보이기 위해 충분한 세부 묘사를 넣어 정교하게 만든다. 예를 들어, 미니어처들
은 창문을 통해 보이는 배경의 역할도 할 수 있다. 모델 기차, 자동차, 비행기들은 스펙
터클(Spectacle)한 충돌장면에 이용되기도 한다. 움직이는 미니어처를 촬영할 때는 카
메라를 고속(약 10배속이상)으로 돌려서 촬영해 정상속도로 영사하게 되면 이미지에
서의 피사체 크기가 커짐에 따라 속도가 느려지게 된다. 판타지 영화에서 나오는 괴물
들과 원시 동물들은 종종 스톱모션(Stop Motion) 애니메이션으로 촬영되는 미니어처
일 때가 많으며, 폭력 장면에서 이런 괴물들에게 희생되는 사람들도 역시 마찬가지로
미니어처를 사용한다. 미니어처 샷들은 라이브 액션의 중간에 편집하여 끼어 넣으면

M

관객은 이것을 인지하기 어렵다. 영화 제작기술은 일종의 트릭(Trick)으로 모든 것이 실제가 움직이는 것같이 관객이 만족하도록 연출해 내는 것이다. 21세기에 들어와 오늘날에는 쉬지 않고 향상되는 디지털 기법이 이용되어 많은 영화를 만들어 낸다. 지금은 컴퓨터 모션캡처를 활용한 3D 영화제작기법 외에도 CGI로 전편에 창의적인 섬세한 배경의 합성으로 만들어진다. 스튜디오에서의 미니어처 촬영방식은 지금은 활용되지 않으며 연출에 맞는 콘셉트를 상상해 낼 수 있는 화가들에 의해 영화가 CGI에 의해 생성되는 것이다.

□ 그림설명 1644, 미니어처 모델로 만들어진 <the Lord of the King> 2003, by Peter Jackson.

1645 `pho`

minimum focusing distance (최단 포커싱 거리, 카메라 최근접거리)

피사체의 포커스(Focus)를 맞추려 할 때 카메라의 렌즈가 접근할 수 있는 최단거리를 말한다.

1646 `fes`

MIP-COM Market (밉콤 영상견본시장)

프랑스 칸(Cannes)에서 매년 10월 중에 4일간 열리는 세계 최대의 엔터테인먼트(Entertainment) 콘텐츠 마켓(Contents Market)이다. 1985년부터 리드 박람회(Reed Exhibitions)의 자회사인 리드 미뎀(Reed Midem)이 주최해왔다. 매해 주빈국(Guest Honer of Country)을 선정해 매치 메이킹 세션(Match Making Sessions), 컨퍼런스, 프레쉬(Fresh)TV 등의 이벤트를 열어 투자자를 찾아 집중 조명하며 그해의 인사

(Personality of the Year)를 선정한다. 행사는 미디어 마스터 마인드 키노트, 전시, 컨퍼런스(Conference), 네트워킹(Networking), 최신의 최고의 모든 장르의 TV 온라인 콘텐츠의 상영 등으로 이뤄진다. 또한 MIP-COM이 열리기 전 주말 이틀간 열리는 키즈 프로그램 국제 콘텐츠 마켓이다. 전세계의 영향력 있는 바이어(Buyer)와 셀러(Seller), 제작자들이 모여 최신의 콘텐츠를 발견하고 상영하는 자리로 MIPCOM에서 거래를 결정지을 수 있도록 도움을 준다. 프랑스 칸느에서 매년 10월에 열리는 영화, 비디오, 공중파 TV, 케이블 TV, 위성 TV의 연례 페스티벌로 국제 프로듀서들, 배급업자들, 방송사, 유선 텔레비전 방송사들이 참가한다. Reed Midem Organization of Paris, France가 주최하는 행사이며 MIP-TV도 매년 4월에 개최하는데 이들은 세계 최대의 필름(영상프로그램) 마켓이라고 할 수 있다.

□ 그림설명 1646, MIPCOM 2017 and Logo.

1647 `fes`

MIP-TV (TV프로그램 견본시장)

프랑스〉 Cannes, 프랑스의 최남단 여름휴가 도시, 칸영화제로도 명성이 나있는 해변 도시에서 'MIPTV(Marche International des Programmes de Television)'가 해마다 열린다. 세계 최대 규모의 영상 콘텐츠 마켓으로 1964년에 처음 시작해 매년 4월에 열린다. TV 프로그램, 영화, 디지털 콘텐츠, 기타 다양한 인터렉티브(Interactive) 엔터테인먼트 비즈니스를 소개하는 자리로 방송사, 케이블, 위성방송사 등 세계 여러 나라의 방송 및 애니메이션 제작사, 캐릭터 라이선스, 머천다이징(Merchandising) 관계자들이 참가한다. 또한 이 행사에서는 콘텐츠 제작과 유통 부문의 업계 전문가들이 참석해 다양한 포럼과 컨퍼런스(Conference)를 통해 글로벌 콘텐츠 시장의 트렌드와 콘텐츠 교류의 문제를 논의한다. MIP-TV는 기본적으로 방송 및 뉴미디어 콘텐츠가 거래되는 시장이지만, 광고 대행사들과 미디어 전략 에이전시(Agency)들이 대거 몰려드는 곳이기도

M

하다. 이는 멀티 플랫폼 콘텐츠 사업자들이 MIP-TV를 통해 새로운 '자금조달 모델'을 모색할 수 있음을 의미한다. 콘텐츠 제작사와 TV 방송사, 브랜드 및 광고 에이전시들이 함께 모여 콘텐츠와 자금조달 문제를 함께 고민할 기회를 마련할 수 있기 때문이다. 프랑스 칸에서 매년 4월에 열리는 국제필름 마켓으로 Reed Midem Organization of Paris, France 가 주최하는 최대의 국제 행사이다. 영화, 비디오, 공중파 TV, 케이블 TV, 위성 TV의 연례 페스티벌로 국제 프로듀서들, 배급업자들, 방송사, 유선 텔레비전 방송사들이 참가한다.

□ 그림설명 1647, 깐느에서 열리는 MIPTV Market과 행사 Logo.

1648 `pic`

Mise-en-Scene (미장센)

영어로는 'Placing on Stage'의 뜻으로 프랑스 어원에서 온 말이다. 주로 영화제작이나 무대 장치의 소품 배열, 위치와 구도 등을 정리 정렬하는 일을 말한다. 이 작업은 시나리오에서 연기자가 걸어 들어와 소품을 사용할 때, 위치가 중요하게 취급되며 관객이 보는 가치와 시대적 고증에 맞는 소품을 선택하게 된다. 또한 화면의 색조 배열 조명과 카메라의 동선을 예정하여 모든 소품을 배치하는 것 등을 뜻하는 말이다.

1649 `pic`

Miramax Films (미라맥스 필름)

1981년 밥 와인스타인(Bob Weinstein, 1954-)과 하비 와인스타인(Harvey Weinstein, 1952-) 형제가 뉴욕시(New York City)에서 독립 영화 배급사로 시작하여 1989년 제작사로 바뀌었다. 미라맥스는 수준 높은 미국 내와 외국 영화들을 배급하면서도 재정적인 성공을 거두어 해를 거듭할수록 그 명성을 쌓아왔다. 1994년에 이 회사는 쿠엔틴 타란티노의 "펄프 픽션" 배급으로 큰 성공을 거뒀다. 미라맥스는 1993년, 등급 외 필름을 배급하지 않는 독립적인 활동을 고수한다는 협의하에 월트 디즈니사에 매각되었다.

□ 그림설명 1649, Miramax Film logo.

1650 sci

mirror image(거울 상)

일반적으로 우리가 평상시에 사용하는 거울은 거의 같은 이미지로 반사되어(Reflected) 거울 속에 보인다. 그러나 모든 것이 반대로 뒤집혀(Reverse) 수직(Perpendicular) 방향으로 거울표면에 나타난다. 이렇게 거울이나 물의 반사에 의해 광학 결과를 얻게 되는 것을 미러 이미지라고 한다. 이 반사 결과물을 마음의 창으로 본다면 마치 당신이 사람들에 둘러싸인 속에서 눈을 통해 지각(Perceive)할 수 있다. 마음의 창은 마치 거울 앞에 서서 나를 관찰하는 것과도 같이 내가 살아가는 속에서 조심스럽게 사람들의 반응을 인지하고 충고를 듣는 것처럼 세상살이란 모든 사람들 속에 당신 스스로는 보이지 않는 거울과도 같은 것이다.

□ 그림설명 1650-1,
<거울 앞에 여인> by 피카소.

-2, 자연의 물그림자.

1651 pic

mix (믹스)

*mix down (믹스다운)

대사, 음악, 음향효과 등의 여러 가지 사운드 트랙을 하나의 트랙으로 결합(Composite)

M

하는 것을 말한다. 영화에서 대사는 화면대비 소리의 위치가 좌우 또는 원근에 관계되며, 대사가 있을 때 음악은 일반적으로 사용하지 않거나, 효과음이 우선인 경우에도 음악은 사용하지 않는다던가, 3가지의 음향 중에 소리의 선택, 소리의 비중을 판단해 결정적인 하나의 트랙으로 완성하는 것을 믹스 또는 믹스 다운이라 한다. 또한 음악 녹음 시설에서 녹음된 음악은 주선율 솔로 악기에 따라 별개의 칸막이 음향시설 속에서 녹음되어 이 경우 원하는 악기를 앞으로 내세울 수 있다. 최선의 오케스트레이션(Orchestration)을 완성하기 위해 적절한 믹스다운이 필요하게 된다.

＊mixing (믹싱)

전문적인 방식으로 분리된 여러 채널에 녹음된 음악을 최상의 녹음실의 시설을 활용해 각 악기들을 잘 조화시켜 최상의 음악으로 완성하기 위한 작업을 믹싱이라 한다. 또한 성우들의 대사, 음악 그리고 효과음 등을 최종 합성할 때 사운드를 믹싱할 때 쓰이는 말이기도 하다. 최근 믹싱 스튜디오들은 이제 완전히 디지털화 되어있다. 디지털 콘솔은 채널이 60개나 되고, 이미 여러 트랙(Track)들을 작업해 둔 일련의 디지털 오디오 워크스테이션(Workstation)에 네트워크가 연결돼, ADR이나 폴리(Foley) 뿐 아니라 사운드 레퍼런스(Reference)와 신디사이저(Synthesizer) 등 추가로 여러 사운드를 사용할 수 있다. 여러 사운드 요소를 디지털화함으로써 최종 믹스를 만들기가 빠르고도 손쉽다. 영화 제작에서 대사(Dialogue), 음악(Music) 그리고 음향효과(Effects), 이 3가지의 모든 개별적 사운드 트랙을 하나의 마스터 사운드 트랙으로 합성해 낼 수도 있다. 이들 D(대사, 좌우), M(음악), E(음향 효과), 트랙은 경우에 따라 개별 믹스(Mix)되기도 하지만 최종 합성(Composite)된 트랙은 일반적으로 5.1 돌비 서라운드 사운드(Surround Sound) 옵티컬 프린트로 나온다. 디지털 믹싱은 사운드 편집의 혁신으로 비용이 줄고 사운드의 질적인 향상과 함께 매우 간편하기도 해 인기를 끌게 되었다. 이런 디지털 사운드는 공정이 용이해져 수정과 변경 등에서 모두 유연성이 뛰어나다. 이에 따라 대부분이 모든 사운드를 다루는 '믹싱스튜디오'라 부르는 녹음실을 사용하게 된다. 음향효과와 음악은 공용으로 쓸 수 있는 자료집(Public Domain)에서 가져오거나 직접 만들어 내기도 한다. 대사, 음악, 효과음 믹싱 과정 전체는 1932년 미국에서 시작되어, 사운드는 세트장이나 로케의 제한 없이 현장 녹음으로 만들어지며, 초기에 주로 사용한 후 더빙을 통해 만들어진 음향보다 더 나은 질적인 오디오 기능을 가능케 했다.

*mixing console (믹싱 데스크)

여러 사운드 트랙 중 음향의 특성을 조작하고 각기 다른 사운드 트랙 (Soundtrack)의
음질, 음량, 소리의 위치 등을 면밀히 조작하여 하나의 파이널 트랙(Final Track)으로 블
렌딩(Blending) 할 수 있도록 디자인된 음향 전자 장비를 말한다.

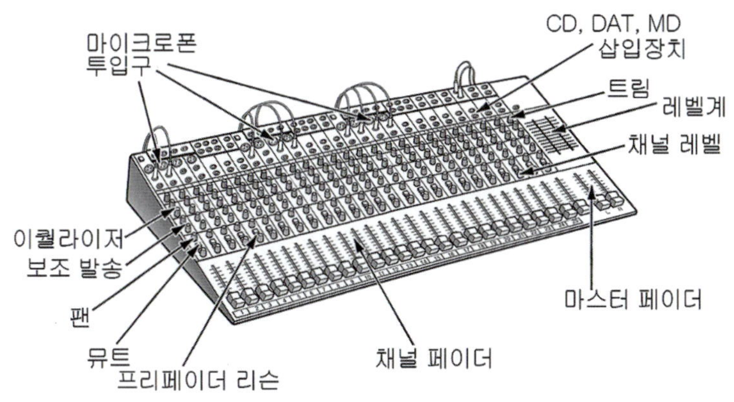

□ 그림설명 1651-1, 음향 스튜디오의 믹싱 콘솔.

*mixing studio (믹싱 스튜디오)

믹싱 스튜디오는 보통 사운드 믹싱을 의미한다. 여러 채널에 녹음되어 있는 음악을
어느 악기를 앞으로 내놓아 최상의 음악으로 믹싱 하기도 하고 대사, 음악 그리고 효과
음 등 최종 사운드를 믹싱할 때도 쓰이는 말이다. 가장 진보한 믹싱 스튜디오들은 이제
완전히 디지털화 되어 있다. 디지털 콘솔은 채널이 60개나 되고, 이미 여러 트랙들을
작업해 둔 일련의 디지털 오디오 워크스테이션에 네트워크가 연결되어, ADR이나 폴
리(Foley)뿐 만이 아니라 사운드 레퍼런스(Reference)와 신디사이저(Synthesizer)에서
도 추가 사운드를 받을 수 있다. 여러 사운드 요소를 디지털화함으로써 최종 믹스를 만
들기가 빠르고도 손쉽다.

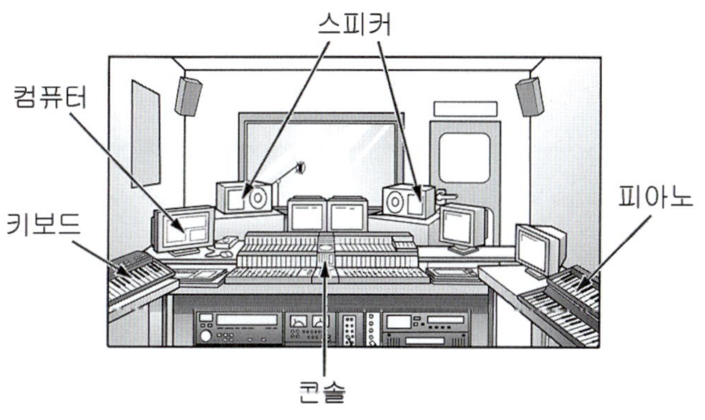

□ 그림설명 1651-2, 사운드 스튜디오의 시설과 해설.

1652 `com`

mode (모드, 기능장치)

하드웨어(Hardware)나 소프트웨어(Software) 장치를 위한 특별 작동방식을 뜻한다. 예를 들어 여러 기능의 장비 중에서 하나의 작동방식을 규정하면 규정모드에 의해 하드웨어나 소프트웨어가 자동적으로 작동된다. 또한 집합체인 기재 안에 DVD, Radio, CD, Tape 등을 분류하여 조작할 수 있도록 하는 기능 장치를 말한다.

1653 `com`

modelling (모델링)

컴퓨터에 의해 2차원이나 3차원으로 입체적 캐릭터(Character)의 구축에도 사용되는 그래픽 디스플레이를 할 수 있는 기술을 말한다. 이를 통해 캐릭터나 소도구(Prop) 등을 만들어 낼 수 있다. 아날로그가 아닌 컴퓨터 애니메이션에서 모델을 처음 구축하는 한 방식으로 여러 기하학적 모양들을 만들어 낸다. 이렇게 만들어진 기하학적 모양들이 합쳐지고 조합되어 모델이 만들어진다. 이미지 매핑(Image Mapping)으로 표면에 이런 형태 등이 포함되는 말이다. 이 단어는 평면 2D에서도 캐릭터 디자인 대신 사용하기도 한다. 이 기술은 근래에 들어서 일반영화, 애니메이션, 물리적 실험, 시뮬레이션, 건축설계, 광고 등에 광범위하게 사용하는 기초적인 방식이 되었다. 이 3D 모델링 방식은 우선 평면 그림으로부터 시작하여 와이어 프레임(Wire Frame)을 구축한다. 다음은 표피(Surfacing)의 텍스츄어링(Texturing), 내부를 꽉 채워서 입체를 구현하는 통모델(Solid Modelling), 선과 선으로 이어져 꺾인 부분을 다루는 곡선 작업 파라메트릭(Parametric) 그리고 삼각형과 같은 매개 점으로 도형을 이어 나가 섬세한 효과를 만들어 내는 분열도형(Fractal) 등의 과정을 컴퓨터 프로그램을 이용해 만들어낼 수 있다. 초기 작업은 많은 시간이 소요되지만 TV 시리즈와 같은 연속물을 제작할 때 동작과 표정 등을 손쉽게 활용할 수 있다.

1654 `ani`

model sheet (모델시트)

작품에 나오는 인물의 신체 구조와, 다른 캐릭터와 사물과의 크기 비례, 여러 다른 각도에서 본 다양한 포즈(Pose) 등을 보여주는 그림들을 말한다. 애니메이터가 그림을 그릴 때 캐릭터 모양을 통일시키기 위해서 사용된다. 애니메이션에서는 얼굴의 표정, 대사의 입모양, 걸음걸이를 비롯한 모든 제스쳐(Gesture) 등의 기본 모양을 모델 시트로 만들어 동작, 대사 등을 할 때 참고한다.

□ 그림설명 1654-1, 디즈니의 <Alice> 모델시트.

-2, 마블의 <Transformers> 옵티머스 프라임.

-3, <Empress Chung> 모델 by Nelson Shin.

1655 com equ

modem (변복조 장치, 모뎀)

모뎀은 컴퓨터에 있는 데이터를 전화선을 이용하여 컴퓨터에서 컴퓨터로 전송할 수 있는 하드웨어(Hardware)를 가리키는 말로 전화회선을 통해 컴퓨터(Internet)에 접속하는 장치이다. 하나 이상의 반송파 신호를 변조하고 전송된 정보를 복조하여 디지털 원본 데이터를 읽어 쉽게 전송해 원래 코드로 재생할 수 있는 신호 생성장치이다. 모뎀은 LED(Light-Emitting Diodes)에서 라디오 주파수에 이르기까지 어떠한 아날로그 신호도 디지털로 전환할 수 있다.

□ 그림실명 1655, 신호 변복조 징치 모뎀.

1656 mus gen

moderato (모데라토, 속도)

클래식 음악에서 모데라토는 이탈리아어로 속도(Pace)라는 의미로 음악이 시작되기 전 악보 앞에 표시되는 것이 일반적이다. 이 템포(Tempo)의 표시는 분당 비트 수(BPM, Bit Per Minute)를 뜻한다. 음악은 악기에 따라 또는 여러 악기의 구성에 따라 그리고 지휘자에 따라 '메트로놈(Metronome, 박절기)'로 측정한다면 오차가 있을 수 있지만 모데라토 표시에 따라 연주한다. 템포는 비트가 강하게 표현되는 타악기(Percussion)는 현악기연주보다 꾸준한 템포를 유지하기가 쉽다고 할 수 있지만 악보에 표시를 따르기는 쉽지 않다. 지휘자의 강력한 지휘능력(속도유지)과 기악연주자의 혼연일체(Harmonize)가 되어야 훌륭한 음악을 들을 수 있다.

✱ 참조보기 (1637 - Metronome)

✱ moderator (중재자) 유의어

원래 온건(Moderate)이라는 말에서 시작된 말이며, 어떤 사람이던 상대의 합의를 얻어내기 위해 노력하는 중재자를 뜻하는 말이다. 만약 방침이나 규칙이 이미 있다면 그 법을 따르지만 그러지 않을 때는 협상을 하기위해 개별 중재자를 임명하는 것을 뜻한다.

✱ mediator (중재자) 유의어

두 사람이 또는 두 단체가 관련하여 이견(Disagreement)이 생겼을 때, 그들을 돕고자 양쪽의 각각의 문제를 파악하고 해결방안을 찾아주기 위해 중간에 나서서 말해주는 역할을 맡은 사람을 말한다.

1657 pic

modulation (모듈레이션)

녹음된 오디오 음향을 오실로스코프를 통해 광학적으로 변조, 눈으로 소리를 식별이 가능한 무늬로 변조한 것을 말한다. 이 방식을 옵티컬(Optical) 녹음이라 부르며, 마그네틱 방식과는 달리 눈으로 모듈레이션의 모양을 식별할 수 있다. 애니메이션에서 사운드와 매치시켜 동작을 표현할 때 읽을 수가 있어 정확히 위치를 파악하는데 도움이 된다.

✱ 참조보기 (1830 - Optical Sound)

1658 `equ`

monitor (모니터)

1. 스튜디오 안에서 사용되는 영상 수상기.
2. 작품을 평가하기 위해 프로그램을 상세히 관찰하는 사람.

□ 그림설명 1658, Samsung 27inch Curved FHD Monitor.

1659 `gen`

monochrome (단색광)

모노크롬은 어떤 색을 사용하던 단색을 사용해 한 가지 톤으로 그림을 그리거나 사진을 찍는 것을 말한다. 모노크롬 영화란 흑백영화(Black and White Film)를 뜻하는 말이다.

□ 그림설명 1659, monochrome.

1660 `pic`

monster movie (괴물 영화)

괴물 영화는 혐오스럽고 두려운 폭력을 주제로 관객에게 최고의 공포를 느끼게 하여 담을 시험하는 영화를 이르는 말이다. 실제로는 없는 괴물같이 보이는 사람이나 생물(Species)일 수도 있고 외계인(아직 알 수 없는)이 괴물로 보이게 할 수도 있다. 괴물 여부와 관계없이 사람이 관객에 전율을 느끼게 하는 소재로 만든 영화를 모두 총칭해 몬스터 무비라 부른다.

□ 그림설명 1660-1, <Rampage> 2018, by Brad Peyton with Dwayn Johnson.

-2, <the Monster> 2016, by paul Gerrad.

1661 `pic`

montage (몽타주)

주로 영화에서 많이 쓰이는 기법으로 일련의 짧은 샷(Shot)들을 연속으로 배열하여 관객에게 인상적인 장면을 남기는 효과로, 이중촬영기법으로 연출하는 방식을 말한다. 대개는 과거에 일어났던 사건들을 편집상의 기교로 보여주거나 시간의 경과를 나타내기 위해 아주 빠르게 크로스 디졸브(Cross Dissolve) 기법이 사용되기도 한다. 엄밀히 말해 모든 짧은 샷(신, Scene)이 모여 시퀀스(Sequence)를 이루고 시퀀스가 모여 영화가 이루어지는 필름 편집 과정을 뜻한다. 알프레드 히치콕(Alfred Joseph Hitchcock, 1899-1980) 감독은 종종 자신의 영화 편집을 몽타주라 불렀다고 한다. 그는 찍은 필름을 가위질로 조각내어 분리했다가 다시 편집하는 방식이 영화 예술의 기본이라고 말했다. 필름을 예술적으로 편집하는 것은 가위질을 잘 해야 한다. 지금은 디지털시대로 필름이 없으니 가위질도 없어지고 이 시대의 영화 편집은 단순한 '서술적 몽타주'와 더 강한 예술적인 '표현주의 몽타주'로 나누어 지칭함으로써 편집 스타일상의 차이를 나타내기도 한다. 또한 관객에게 인상적인 장면을 남기기 위해 의도적으로 구성한 편집 커팅 스타일을 뜻하기도 한다. 몽타주는 단순한 전개보다는 이미지의 연속을 보여줌으로써 관객에게 강렬한 인상을 남길 수 있다. 최근 들어 필름(영화의 이미지) 커팅이 두드러지고 더 다이나믹하게 발전해 몽타주의 효과를 더 극대화시킨다. 몽타주는 시간과 공간을 압축시켜 짧은 시간 동안 관객에게 많은 정보를 전달하고 정신적인 환각, 꿈, 캐릭터가 과거 회상 등 다양한 테크닉(Technic)으로 전개할 수 있는 것들을 몽타주라 한다.

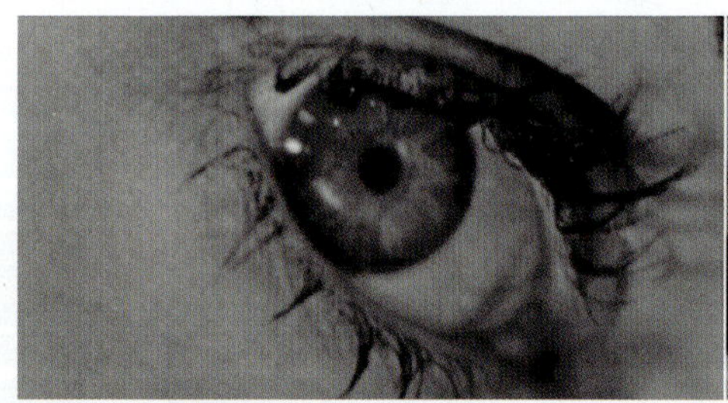
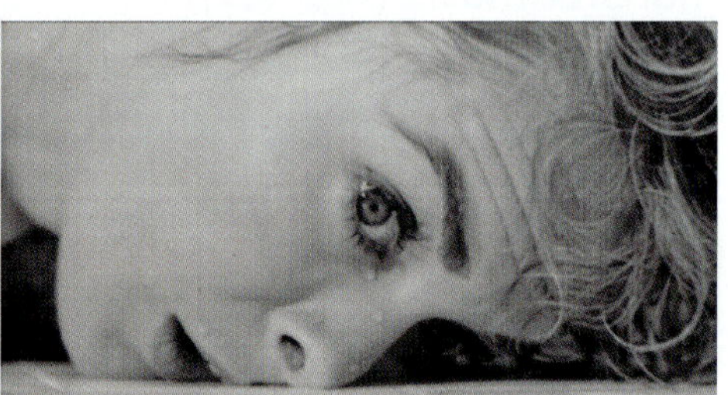

□ 그림설명 1661, <Psycho> 1960, by Alfred Hitchcock.

1662 `fes`

Montreal World Film Festival (몬트리올 국제영화제)

캐나다〉 Montreal, 몬트리올 국제영화제(The Montreal World Film Festival)는 세계 영화 경쟁부문과 신인 감독들의 첫 번째 영화에 대한 경쟁부문, 비경쟁부문인 '오르 콩쿠르(Hors Concours)', 주목할 만한 영화를 초정해서 상영하는

'포커스 온 월드 시네마 (Focus on World Cinema)' 부문, 세계의 다큐멘터리 부문 등을 주요 프로그램으로 운영하고 있어 다른 영화제와는 다소 고른 기회를 얻을 수 있어 보

인다. 1976년 캐나다가 유치했던 몬트리올 올림픽에 맞추어 8월경 영화제가 시작됐고 다른 영화제가 다루지 않는 상업적인 TV용 영화, 일반 장편, 최초의 데뷔작품 등이 경합을 벌이는 것이 다소 다르다.

□ 그림설명 1662, Montreal World Film Festival, 오프닝과 포스터.

1663 `gen`

morality (도덕, 품행, 윤리)

나라에 따라 그 나라의 풍속이나 관습에 따라 도덕심은 다르게 평가될 수 있다. 모럴리티는 어려서는 집에서 부모로부터 배우게 되고, 취학연령이 되면 학교에서 선생님으로부터 배운다. 그리고 점차 나이가 들면 주변 사회에서 일어나는 여러 윤리적(Ethical) 사건을 통해 도덕적 가치 기준의 원리(Principle)를 이해하고 도덕심에 입각해 품행(Behavior)을 판단하고 인간으로서의 선과 악을 구분하고 판단하는 개념을 정립하여 스스로 인간 정신의 가치 기준을 높이는 것을 도덕심이라 한다.

1664 `com` `ani`

morphing (모핑)

주로 컴퓨터를 통해 화소(픽셀, Pixel)를 조작하여 시각적으로 한 이미지에서 또 다른 이미지로 거침없이 형상을 바꾸는 컴퓨터 애니메이션 효과를 일컫는 말이다. 예를 들면, 한 사람의 얼굴이 다른 사람의 얼굴로 바뀌는 것을 몰핑 된다고 말할 수 있다. 물리적 겉모양이나 구조가 바뀌는 것을 의미하는 변신(Metamorphosis)이라는 단어가 어원이다. 몰핑의 훌륭한 예로 '디미네이디'를 들 수 있다.

□ 그림설명 1664, 모핑 <Terminator 2> 1991, by James Cameron.

M

1665 art

mosaic (모자이크)

재료로는 모양이나 색깔이 일정치 않은 잘고 견고한 타일 조각, 돌, 유리 조각, 조가비, 나무토막 등을 이용하여 조각을 회화(Work of Art)적으로 짜 맞추어 완성하는 것을 모자이크라고 한다. 이러한 모자이크들은 주로 벽, 실내외 국한된 바닥, 욕조 등에 미적 디자인을 위해 설치한다. 빛이 통과할 수 있는 유리, 수정, 투명한 플라스틱 조각들을 모아 창문으로 설치하는 것은 스테인글라스(Stained Glass)라고 부른다.

□ 그림설명 1665-1, 모자이크 비구상형식,

-2, 구상형식.

1666 fes

Moscow International Film Festival (모스크바 국제 영화제)

러시아〉 Moscow, 러시아 영화의 우수성을 널리 알리기 위해 구소련 당시 소련국가영화위원회와 영화인 동맹이 연합하여 1935년 창설한 동유럽권 최대의 영화제이다. 2차 세계대전(World War II)을 계기로 중단되었다가 1957년부터 카를로비바리국제영화제와 번갈아 가며 한동안 격년제로 개최되기도 했다. 모스크바국제영화제(MIFF)는 1999년 다시 원기를 찾아 매년 단독으로 개최를 하게 되었다. 우리나라 사람이 모스크바영화제에 최초로 참여한 것은 1985년의 일이지만 이일은 묘한 일화가 있다. 한 때 북한의 평양에 머물며 여러 영화를 제작했던 신상옥(Simon Sheen, 1926-2006) 감독이 만든 북한영화 <소금>을 출품하여 여주인공이었던 최은희(Choi Eun-Hee, 1926-2018)가 여주연상을 받았다. 1989년에 <아제아제 바라아제>, 1993년 <살어리랏다>, 2003년 <지구를 지켜라>, 2013년 <레바논 감정> 등이 출품되어 한국 감독들이 상을 받았던 영화제이다.

 그림설명 1666, 모스크바 국제 영화제 포스터와 페스티벌.

1667 `sci` `pic` `pho` `ani`

motion (모션, 동작, 운동, 움직임)

과학에서는 지구상에 떠도는 먼지에서부터 광활한 우주 공간에 떠있는 모든 행성(Planets)의 움직임에 이르기까지 모두 자체의 운동을 가지고 있다고 말한다. 우리 수변에 있는 모든 물제들이 일식선상에서 시속적으로 움직이거나 또는 물제가 곡신으로 움직이기 시작한다면 그 물체의 속도는 가속한다고 과학자들이 정의한다. 그러나 과학적인 신비보다는 경이롭지는 않지만 영화의 모션(Motion)은 훨씬 쉽고 재미있다. 그래서 모션은 독립된 의미로 움직임만을 표현하는 말이다. 완성형인 무비(Movie)나 시네마(Cinema)라고 부르기 전에는 모션 픽처(영화)라고 불렀다. 움직이지 않는 사진들을 한 장 한 장 찍힌 순서대로 빠르게 보여줌으로써 활동사진(Motion Picture)이 되는 것이다. 모션의 의미는 의도(Intention)가 없이 움직임만을 뜻하는 말이다. 감독의 시각에서 의도적으로 모션을 연출하여 움직이는 것을 액션(Action)이라 하고 사운드(Sound)와 더불어 완성된 하나의 작품을 곧 영화라고 한다.

그림설명 1667, 모션은 쉬지 않고 움직이는 것이다.

□ 그림설명 1667-1, Dog Running Locomotion.

* locomotion (이동, 운동력)

원래 말이 뛰는 동작을 연속해서 촬영하여 사람의 눈으로 보지 못했던 동작을 볼 수 있도록 일련의 연속된 움직임을 애니멀 로코모션(Animal Locomotion)이라고 부른다. 1852년 미국으로 이주한 영국인 에드워드 마이브리지(Eadweard Muybridge, 1830-1904)에 의해 1872년에 아코디언 카메라로, 캘리포니아(California)의 팔로알토(Palo Alto)에 있는 스탠포드(Stanford) 목장에서, 12대의 카메라로 말이 뛰는 동작(Animal Locomotion)을 연속 촬영한 것으로 유명해 졌다. 그는 영국에서 태어나 25살 때 미국으로와 샌프란시스코에 정착했고 1859년 그가 처음으로 갖게 된 새 카메라와 장비로 인해 사진에 관심을 갖게 됐다. 당시의 풍경사진가였던 찰스 위드(Charles L. Weed, 1824-1903) 등 당대의 여러 작들의 사진을 보고 그 스스로 캘리포니아(California)의 요세미티(Yosemite) 풍경을 찍은 것을 시작으로 그는 샌프란시스코(San Francisco)를 남김없이 찍었을 정도로 자연 풍경 사진가로 활동했다. 그리고 그는 말과 다른 동물들의 동작을 연속 촬영했을 뿐만 아니라 성인 남녀, 어린이, 새들이 어떻게 나는지 동작을 찍어 움직임을 연구한 최초의 사람으로 애니메이션 분야에도 많은 영향과 업적을 남겼다.

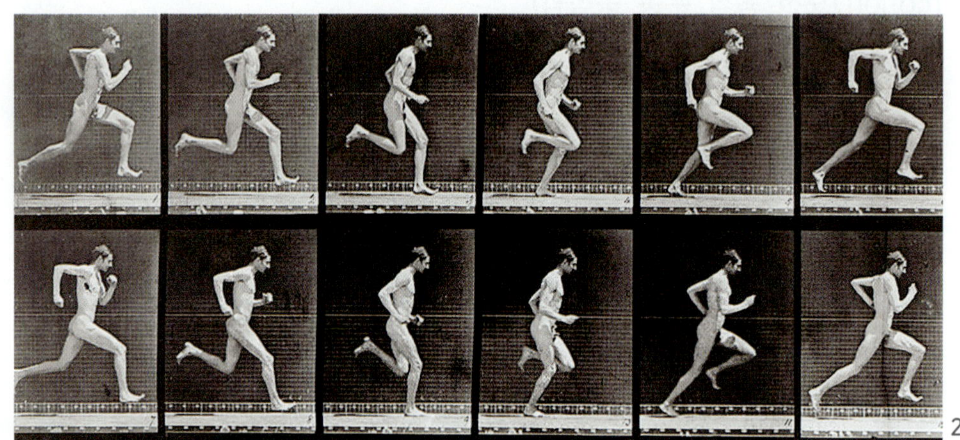

-2, Human Running Locomotion.

* 참조보기 (1693 - Eadweard Muybridge)

1668 com

motion capture (모션 캡처, 움직임 포착)

사실적인 컴퓨터 애니메이션을 만들기 위해 인간의 몸통 같은 3차원적 움직임을 녹화해서 컴퓨터로 트랜스퍼(전환, Transfer)하는 기술적인 과정이다. 특수하게 고안된,

전선이 연결된 바디 슈트(Body Suit), 헬멧, 데이터 장갑 등을 착용하고 동작대로 움직이면 컴퓨터에 화상을 얻어낼 수 있다. 이런 공정으로 동작의 연속성을 잡아 3D 컴퓨터 애니메이션에 활용된다.

□ 그림설명 1668, Green Screen, Motion Capturing.

1669 `pho` `pic` `ani`

motion picture (활동사진, 영화, 모션 픽처)

정사진(움직이지 않는)과 분리하여 쓰기 시작한 말로 활동사진은 영화를 광범위하게 부르는 뜻으로 사용된다. 이 단어는 일반적으로 영화를 가리킬 때는 무비(Movie)라고 하고 카테고리로 분류하여 부를 때는 모션 픽처(Motion Picture)라 정의한다. 모션 픽처는 촬영하려는 목적물에 밝게 빛을 비추고 무비 카메라로 초당 24프레임(유럽 25프레임)씩 순간적으로 정지된 동작들을 연속적으로 찍어낸 것을 말하며, 영사기를 통해 현상한 프린트 필름으로 영사하여 움직임을 스크린 상에서 보게 된다. 이미지 사이의 간극이 없이 움직인다는 착시가 일어나는 것은 망막(Retina)의 작용과 영사기의 특수 장치로 인해 관객이 '잔상'을 볼 수 있기 때문에 가능하다. 일찍이 이것을 입증한 사람은 벨기에(Belgium)의 조셉 플래토(Joseph Antoine Ferdinand Plateau, 1801-1883)였는데 1832년에 페나키스토스코프(Phenakistoscope, 발명 당시원명-Phenakistiscope)라는 장치를 발명하여 모션 픽처(Motion Picture)의 원리를 만들어냈다. 영화는 초당 수십 프레임이 지나가게 되는데 순간 정지된 화면이 스크린에 비추고 다음의 그림을 보이기

□ 그림설명 1669, 1895년 모션 픽처의 시작 모션의 원리, 페나키스토스코프→ 최초의 무비카메라 → 필름 매거진 외부 부착.

위해 옮겨가는 순간은 빛을 차단하여 정지된 화면만 연속적으로 보게 됨으로써 마치 움직이는 것처럼 보게 된다. 이렇게 빛이 가려진 순간이 있지만 인간이 가지고 있는 '망막(Retina)'은 순간 전에 본 이미지가 잔상으로 남아 있으므로 영상은 끊이지 않고 연속적으로 보게 되는 것이다. 이것을 시각의 지속성이라 한다. 이로서 정지된 사진(Picture)들이 동작(Motion)으로 보이게 되고 이것을 모션 픽처(Motion Picture)라 부르는 것이다.

＊참조보기 (1960 - Phenakistoscope)

＊참조보기 (1667 - Motion)

1670 `pic`

motivation (동기부여)

영화 대본을 쓰는 하나의 기법으로 주인공이 어떤 사건에 휘말려 더욱 내용이 고조되어 민감한 복잡성을 유발시키도록 연출을 이끌어내는 것을 말한다. 복잡성과의 반대로 사건의 해결의 실마리를 찾게 되는 동기도 역시 같은 맥락의 뜻이다.

1671 `com`

mouse (마우스, 컴퓨터 마우스)

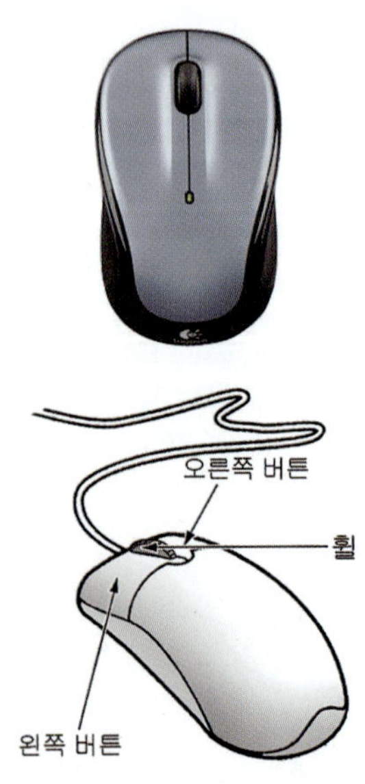

□ 그림설명 1671, 리모트 광 마우스와 본체에 연결된 줄 마우스.

컴퓨터 본체에 연결된 마우스를 손으로 잡고 평면(2-Dimension) 운동으로 바닥에 부착된 둥근 공(Ball)을 굴려 컴퓨터 스크린상에 커서(Cursor)를 사방으로 움직이며 하나의 점을 빛으로 조작하는 장치를 마우스라고 한다. 유에스비(USB) 단자에 연결하여 사용하며 민감하게 움직이며 동시에 모든 시각화 된 디스플레이와 마우스의 왼쪽 또는 오른쪽을 손가락으로 눌러 접촉을 할 수 있다. 이 조작은 그래픽 유저(Graphic User)들에게 매우 편하고 쉽게 되어있다. 마우스가 처음으로 일반에 사용법이 소개된 것은 1968년 최초로 테이블 탑 컴퓨터(Table Top Computer)에 줄에 부착되어 나오면서였다. 마우스는 기구의 모양이 쥐처럼 땅바닥에 붙어 다니는데서 마우스(Mouse, 쥐)라는 이름이 붙여진 것이다. 마우스는 영국인(독일 담스타드(Darmstadt)출생, 2차 대전 난민)으로 과학자이며 전기 공학자인 랄프 벤자민(Ralph Benjamin, 1922-2019)에 의해 1946년에 최초의 롤러 볼(Roller ball)이라는 이름으로 그 원리가 마우스와 같은 기구를 발명했고 1947년에 특허를 냈다. 그는 이를 10년간 개발하여 처음으로 강력하고 통합된 지휘(Command)와 조작체계(Control Sys.)를 완성해 냈었다. 그 후 마우스는 1983년 마이크로소프트(Microsoft) 회사에 의해 개조된 방식과 모양이 다르게 개발되었다. 또한 근래에 와서는 둥근 공 대신 레이저광으로 된 커서를 사용한다. 이것을 광 마우스라 부른다.

1672 `ani`

mouth chart (마우스 차트)

애니메이션 제작에서 캐릭터가 대사할 때 입놀림을 좀 더 명확하게 소리에 맞추기 위하여 입 모양을 기호로 나타내어 사용하는 것을 말한다. 자음과 모음이 합쳐져 주로 입을 벌리는 모양을 만들며 간혹 발음에 따라 치아를 들어내 보이거나, 혀의 놀림(위치)을 보여야 하기도 한다. 입을 명확히 소리에 맞추는 작업은 애니메이션 제작 품질과도 크게 관계되어 우선 대사(Dialogue)를 녹음한 후 소리를 분석하여 소리에 맞는 입모양을 중요하게 그려 넣는다. 소위 풀(Full) 애니메이션의 경우 표정에 따른 입을 표현하며 예산이 적어 제한(Limited)적으로 그림을 사용할 경우 입의 모양을 적당히 그려 넣고 포스트 프로덕션에서 ADR(후 녹음, 성우가 입모양 길이에 맞게 대사함)로 작업하여 완성하는 경우도 있다. 작품이나 대사에 따라서 가감이 있지만, 기본적으로는 6가지(A=닫은 입 모양, B=[으] 발음에 해당되는 입 모양, C=[에] 발음에 해당하는 입 모양, D=[아] 발음에 해당하는 크게 벌린 입 모양, E=D와 F의 중간 발음에 해당하는 입 모양, F=[오]나 [우]에 해당하는 입 모양)가 일반적으로 애니메이션 제작에 통용되는 입이다.

부호	그림	한글	영어
A		ㅁ, ㅂ, ㅍ	M, V, P, B, F
B		ㄱ, ㄴ, ㄷ, ㄹ, ㅅ, ㅈ	
C		ㅣ	A
D		ㅏ	AA
E		D와 F의 중간	
F		오, 우, 어	OO
G		ㅊ, ㅋ, 이	CH
H			F, V
J			Th

1

□ 그림설명 1672-1, 마우스 차트.

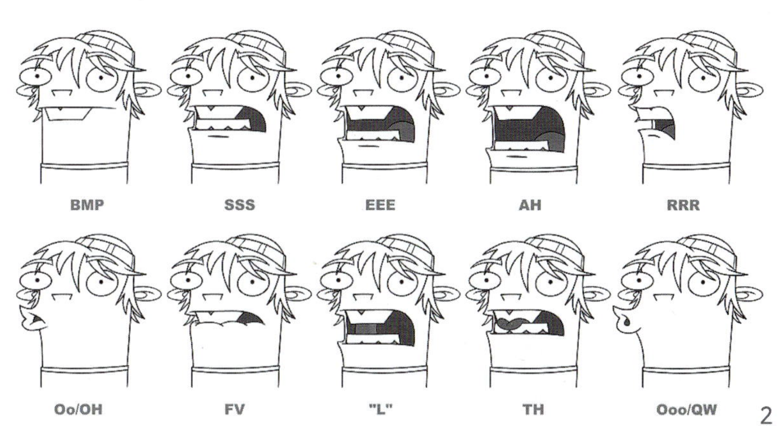

-2, 코드로 정한 캐릭터의 입모양, 좌부터 A(입다문) B C D(제일 큰 입) E F(오 발음이나 우) 이상은 기본, 아래 두 번째, 아래 입술을 깨물고 F나 V음, 치아 뒤를 혀로 밀며 L발음, R은 혀를 입속 공중에, 위 치아로 혀를 누르며 Th 발음.

주로 해외 작품 제작 시, 언어의 차이에서 오는 입 모양의 혼돈을 피하기 위하여 고안되어 전 세계적으로 사용되는 시스템이다. 일반적으로는 6개의 모양으로 생긴 입을 사용하지만 캐릭터에 따라 여러 개의 입 모양을 자유롭게 사용한다. 타임시트(X-Sheet)상에는 대사와 입 모양(Mouth Chart)을 지시하는 기호가 표기되어 있어서 애니메이터들이 작업을 할 때 참고가 되도록 작성되어 있다.

1673 gen ani

movement (움직임, 운동, 행위)

움직임은 동작 자체의 행위를 말한다. 그러나 의미를 포함한 뜻으로 눈의 움직임, 예술의 어떤 형태를 중시하는 움직임, 민중의 움직임, 정세 동향, 미디어의 변화 등을 행위의 움직임이라 표현한다. 따라서 새마을 운동과 같은 범국민적 움직임을 이끄는 것 또한 운동이라 한다. 운동은 하나의 집단적 행태를 중시하는 것으로 정신적이며 이념적이라고 할 수 있다. 그러나 애니메이션에서의 운동은 순수한 동작 그 자체만을 말한다. 애니메이션의 동작은 근본적으로 중력(Gravity)과 관성(Inertia)에 근거한 모든 물체의 운동을 포함하는 말이다.

✱ 참조보기 (1667 - Motion)

1674 com

MOV file (무브 파일)

무브 파일은 일반적으로 멀티미디어(Multimedia)를 담을 수 있는 포맷으로 애플제품이나 매킨토시(Macintosh)와 윈도우 플랫폼(Windows Platform) 양쪽에 맞게 개발한 것이다. 다른 형태의 미디어 데이터를 저장하기 위하여 다중 트랙으로 되어있어 영화나 비디오 파일을 절약할 수 있어 자주 사용한다. 편집(Edit), 교체(Convert), 다운로드(Download)를 수행할 수 있다. 이 무브 파일은 일반적으로 압축을 하기위해 MPEG-4 코덱(Codec)을 사용한다. 각 미디어 트랙은 여러 개의 다른 암호를 넣어 코덱을 사용한다. 무브 파일을 재생하기 위해서는 사용했던 파일 암호를 기억하고 사용한다.

□ 그림설명 1674, MOV file의 응용.

1675 `pic` `equ` `ani`

movie (영화)

일반적으로 드라마(Drama)적인 내용이 있는 영상을 이르는 말이다. 주로 20세기까지 1세기를 통해 필름으로 된 영화가 대중극장에서 상영하던 필름의 포맷은 35mm가 대부분이었으며 소 군중이나 이동극장용으로 사용된 16mm가 있었고, 특수 영화관에서만 상영할 수 있었던 70mm와 70mm 필름을 가로로 사용하는 아이맥스(IMAX) 특수시설 영상이나 영화 등을 영화라 부른다. 영화 장르에 속하는 종류는 오락영화(할리우드 영화, Entertainment Films), 예술영화(독립영화, Independent Films), 다큐멘터리(기록영화, Documentary Films), 교육영화(Educational Films), 실험영화(Experimental Films) 등으로 분류할 수 있다. 필름하면 영화를 의미하며 필름으로 촬영한 모션 픽처(Motion Picture)를 영화로 지칭하는 말로 사용해 왔다. 그러나 20세기가 저물어가던 1995년 디지털 방식으로 만들어진 애니메이션 <토이 스토리(Toy Story)>가 세상에 나오면서 영화는 필름으로 만들어진다는 고정 관념이 변화되었다. 21세기에 들어와 영화관이나 영사시설을 갖추고 있는 곳은 모두 시스템이 디지털 방식으로 바뀌고 아날로그 필름영사기는 완전히 사라졌다. 지금은 디지털 시네마(Digital Cinema)라 불리며 기본 영화 스크린도 16:9의 화면비로 바뀌게 되었다. 영화는 아날로그에서 디지털 방식으로 혁신되면서 화면에서 필름 그레인(Film Grain, 필름현상 때 생겨나는 입자들)이나 화면의 플릭커(Flickers, 영사기가 화면을 비출 때 생기는 껌뻑임)를 볼 수 없이 되었고 또한 필름에서 풍기는

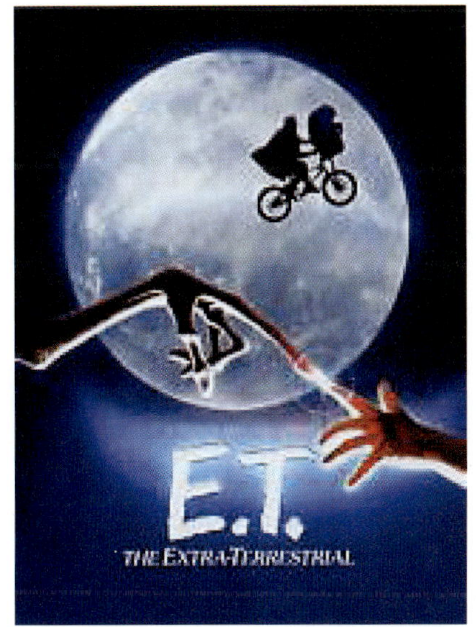

□ 그림설명 1675-1, <E.T.> 외계인이 지구에 남아 일어나는 사건. 1982, by Steven Spielberg.

-2, <UP> 풍선장수가 수천 개의 풍선에 집을 매달고 꿈에도 그리딘 어행을 떠나는 이야기. 2009 pixar, by Pete Docter & Bob Peterson.

-3, 미국 영화산업의 기초가 된 'Western Movie(서부활극)' 중 '쫀 웨인'이 출연한 <다코타(Dakota)> 1945, by Joseph Kane.

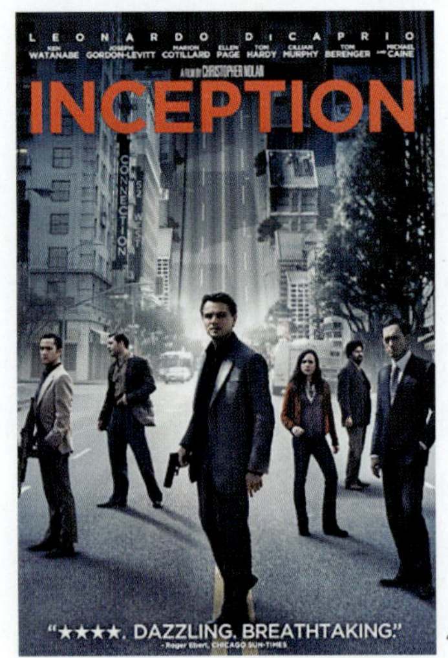

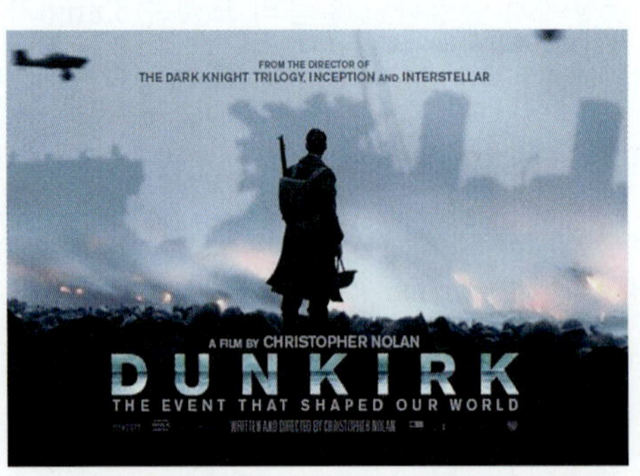

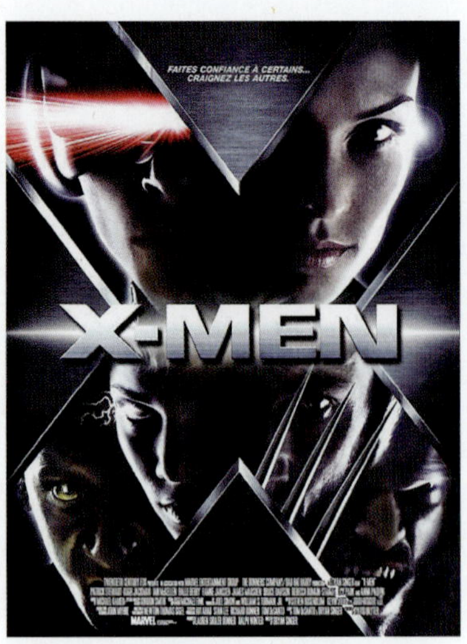

□ 그림설명 1675-4, <Inception(발단)> 긴장감으로 신경이 뒤틀리는 느낌의 영화. 2010, by Christopher Nolan.

-5, <Dunkirk(덩케르크)> 서사시적 전쟁영화. 2017, by Christopher Nolan.

-6, <X-Men(엑스 멘)> the Last Stand, Marvel 판타지, 2006, by Brett Ratner.

시큼한 냄새도 맡을 수 없게 되어 제작자들을 옛 필름영화 향수에 빠지게 했다. 지금의 디지털 시네마는 화면의 해상도(Resolution)가 4K로 영사할 수 있기 때문에 재래식 필름과는 비교가 안 될 정도로 화면의 안정감을 주어 디지털 기술에 의해 놀라운 변화를 가져오게 한 것이다. 이미 영화화면의 해상도는 8K를 준비하고 있어 디지털 방식은 아침과 저녁이 다르게 업그레이드(Upgrade)되고 있는 것이다. 디지털 프로젝터(Projector)는 스크린 사이즈(Size), 비례(Ratio), 광도(Brightness), 각도(Angle), 입체감(Dimension) 등을 자유자재로 어떤 장소나 환경에 맞게 조절이 가능하다. 또한 과거 재래식 영화의 광학(Optical)방식은 사라지고 디지털 돌비입체음향을 마음껏 누리게 됐다.

* movie theory (film theory, 영화이론)

영화이론은 영화(Films)를 하나의 독립된 예술형식으로 보고 일반적인 원칙을 정립(Thesis)하려는 논리를 의미한다. 영화의 논리는 다른 이론가에 의해 또 다른 3자와 논리를 펼치기도 한다. 대부분 영화출연진(배우 등의 출연자들)에 관한 평가를 하기보다는 영화 제작의 기술, 영화의 흐름, 스토리의 해석, 연출상의 표현 등 감독의 기초적 개념과 기술에 관해서 다룬다. 또한 문학과 드라마와 영상예술의 상호관계(Interaction)에서 인간관계를 다룬다. 디스플레이와 구도(Configuration)와 카메라의 움직임(Direction), 촬영기술(Cinematography)과 조명(Lighting), 컷(Cut)과 카메라의 위치(Position)와 몽타주 등 여러 기능부분의 특성의 차이, 영화의 완성(Completion)과 관중의 심미적(Aesthete), 심리적(Psychological) 흐름을 연구하고 다룬다.

movie camera history (영화촬영기역사, 무비카메라)

셀룰로이드를 이용해 드라이 플레이트(Dry Plate)방식으로 유연하게 구부러지는 롤(Roll)필름을 만들어 이를 이용해 감광제(Photo Sensitizer)를 한쪽 표면에 발라 최초로 이미지를 촬영할 수 있는 필름으로 연구해 발명한 사람은 데이비드 헨더슨 휴스톤(David Henderson Houston, 1841-1906)이었다. 그는 원래 캠브리아(Cambria, 영국 Wales지방의 별칭) 출신으로 미국 위스콘신(Wisconsin)에서 최초로 '유연한 롤필름(Flexible Roll Film)'을 특허 등록해 가지고 있었다. 그리고 그는 1880년 다코타(Dakota) 지방의 헌터(Hunter)로 이사해 오면서 1886년에 그의 특허권을 조지 이스트만(George Eastman, 1854-1932)에 주고 1889년 5,000달러를 받고 권리를 모두 팔았다. 그 후에도 1881년에서 1902년까지 휴스톤은 계속해서 카메라와 카메라 부속들을 만들어 특허등록을 했다. 그의 특허를 물려받은 조지 이스트만(George Eastman, 1854-1932)은 1888년에 완성하여(그림 1676-1) 이것을 코닥필름(KODAK Film)이라는 상표로 등록(Patent)한 후 실험적으로 시판했다. 그리고 1889년에는 100프레임을 연속적으로 촬영할 수 있는 카메라를 만들었다. 결국은 이것으로 동작을 찍을 수 있는 영화 카메라의 시작이 된 셈이다. 필름은 촬영 외에는 빛에 노출(Exposure)이 되어서는 안되므로 작은 '나무상자 카메라'에 넣어 열어보지 못하도록 'Safety Film'이라는 설명서를 넣어 필름을 판매했다. 사용자가 촬영을 완료한 후에는 다시 코닥회사로 돌려보내져 필름은 액체 화학물질에 의한 현상공정(Photographic Chemical Developer)을 거쳐야 촬영된 이미지를 볼 수 있어 어느 기간 동안은 기다려야 했다. 카메라가 사용자에 돌아올 때는 카메라에는 새 필름을 넣어주고 2달러를 받았다. 당시에 나무로 만들어진 카메라의 표면은 어두운 칠면조(Turkey) 가죽으로 씌우고 닉켈(Nickel) 도금이나 라커(Lacker) 칠을 한 놋쇠로 마무리한 듯 고급으로 보이게 만들었다. 카메라의 렌즈는 일자로 고정되어 웬만한 거리 안에서는 포커스가 잘 맞게 되어있다. 카메라의 크기는 어른의 손바닥 크기로 높이가 9.5cm, 폭이 8cm, 길이 16.5cm, 무게는 2kg 정도이며 그 당시 1888년에 카메라 값은 25달러로 지금의 화폐가치로 환산했을 때 약 700달러로 매우 비싼 편이었다. 1895년 프랑스에서 뤼미에르 형제(Lumiere Brothers, Auguste, 1862-1954 and Louis, 1864-1948)가 최초의 촬영카메라와 영사기 일체형을 만들어 특허등록을 마치고 영화촬영기술을 수록한 책자와 함께 새로운 발명품으로 세상에 발표했다. 이 당시에는 이미 조지 이스트만(George Eastman, 1854-1932)이 1888년에 개발해 놓은 필름은 한 칸마다 좌우로 각각 4개씩 모두 8개의 천공이 있는 코닥(Kodak) 필름이 있었음에도 그것을 사용하지 않고 뤼미에르 회사 자체가 만든 필름으로 한가운데에 한 개의 천공이 있는 필름을 사용했다. 그리고 미국에 있던 토마스 에디슨(Thomas Edison, 1847-1931) 역시 같은 종류의 기재를 만들었지만 다만 다른 것은 조지 이스트만이 개발한 필름을 사용했음으로 필름을 돌려주는 스프라켓(Sprocket, 톱니)에 맞는 필름을 사용했을 가능성이 있다. 지금에 와서, 사진을 통해 보면 뤼미에르의 것과 에디슨이 만든 영화기재가 필름의 천공을 제외하고는 서로 유사한 것을 알 수 있다. 모양뿐만이 아니라 기재를 올려놓은 선반까지도 매우 유사하다. 프랑스와 미국 간에 어떻게 기본모양이 이렇게 같을 수가 있을까. 마치 어느 쪽인지 보고 따라서 만든 것처럼 보인다. 더구나 양쪽 모두 35mm 너비의 필름을 사용한 것이다. 뤼미에르 형제가 촬영기재를 만들어 대중들에게 공개하고 나서 1903년 뤼미에르 형제는 파테(Pathe)회사에 그들의 모든 특허권을 넘겼다. 특허권을 확보한 파테는 곧 카메라의 디자인을 바꾸어 '파테'브랜드(Brand)의 명칭으로 카메라를 생산했고(초기에는 'Parvo' 명칭도 오래도록 사용함) 1920년에 와서는 몸통을 금속으로 개조했다. 개조하면서 독창적인 발명으로 필름을 갈아 넣기 위한 문을 여닫듯이 '게이트(Gate)'를 고안하여 사용했다. 이 방식은 카메라의 뚜껑을 열어 불편하거나 귀찮게 하는 것을 피하기 위해서였다. 영화를 쉽게 촬영하는 편의를 위해 기술이 점차 생겨나기 시작했고, 1909년에 와서는 35mm 필름을 사용하는 활동사진용으로 기준격식을 갖춘 카메라가 미국의 토마스 에디슨에 의해 발명되었다. 아마도 사람들은 이 카메라가 영화(Motion Picture)를 촬영하기 시작한 기본 모델이 되었다고 믿는다. 에디슨은 35mm 폭 필름을 사용했고 화면 비례를 4:3(1.33:1)로 정했고 그것이 오늘날까지 변함없이 사용하고 있는 것이다.

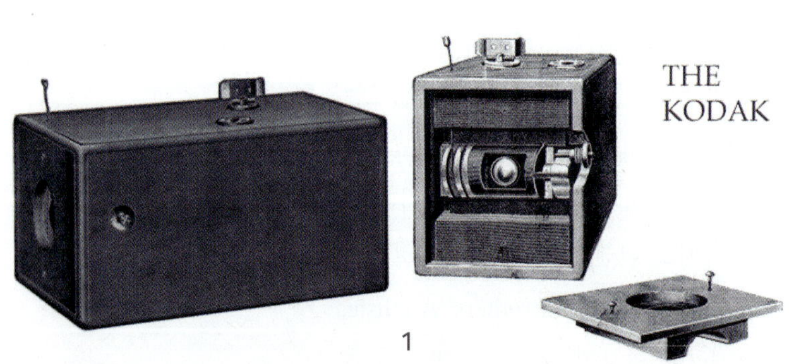

□ 그림설명 1676-1, 최초의 연속 동작이 가능했던 카메라.

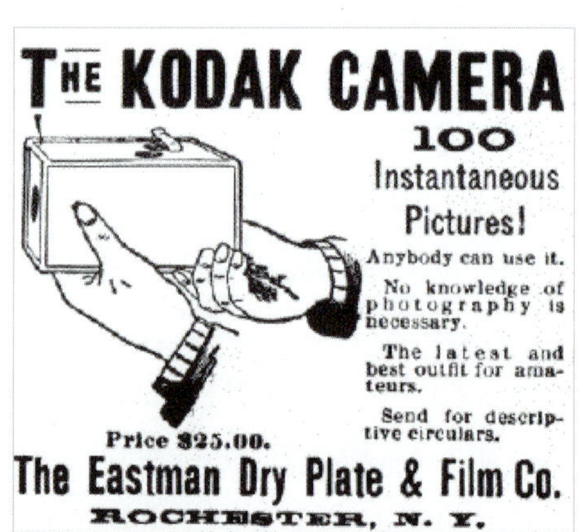

-2, 1889년의 광고.

이 코닥필름의 소비시장 출연은 그 의도가 매우 의미심장한 것이었다. 니세포르 니엡스(Nicephore Niepce, 1765-1833)가 1827년에 우연히 사진술을 발견해 연구하다 사망하고 니엡스가 남긴 업적을 토대로 동업자였던 루이 다게르(Louis Daguerre, 1787-1851)가 마무리를 하여 1839년 다게레오타이프(Daguerreotype)라는 유리로 된 은판 사진법을 발표하여 세상을 벌컥 뒤집어 놓았지만 이 사진의 신비는 시간이 흐르며 주로 초상화를 찍거나 경치를 찍는 곳에 많이 이용되었을 뿐이었다. 프랑스에서 1892년에 에밀 레이노드(Emile Reynaud, 1844-1918)가 활동사진을 상영해서 사람들의 관심을 크게 끌었다. 활동기록에는 그가 만들어 사용한 필름에 관해서 필름 모양세의 기록은 남아 있지 않으며 다만 스프라켓(Sprocket, 톱니바퀴)은 없었고 각 프레임 사이마다 구멍(Hole)이 하나씩 뚫려 있어서 필름을 긁어내렸다는 글이 남아 있다. 또한 어떤 모양의 카메라였는지 증빙자료는 남아 있지 않다. 이런 일이 있은 지 3년이 지난 1895년 역시 프랑스에서 뤼미에르 형제(Lumiere Brothers)가 카메라로 움직임을 찍어 세간에서 크게 관심을 받았다. 영화관에서 이스트만은 그동안 필름개발에 주도권을 쥐고 새로 개발한 활동사진(Motion Picture)용 최초의 '코닥(KODAK)' 필름을 개발했는데 극도로 불타기 쉬운 셀룰로오스 니트레이트(Nitrate, 질산염)를 사용하지 않고 셀룰로오스 아세테이트(Acetate, 초산염)를 사용하여 만든 35mm 롤(Roll) 필름이 1908년에 대중에 소개되었으며 이는 다게르의 사진술이 나온 지 60여 년 만에 일이었다. 롤 필름이 나오자 여기저기서 일반인들의 반응이 나오기 시작했고 일반인이 만든 35mm 무비카메라(Movie Camera)가 1923년에 나왔고, 35mm 필름으로 정교하게 코닥에서 망막(Retina)을 적용해 만들어진 카메라는 1934년에 나왔다. 총천연색 코닥컬러(Kodacolor)필름은 1942년에 나왔다.

□ 그림설명 1676-3, 뤼미에르 형제가 발명한 <Cinematographe> 1895.

-4, <Bell & Howell 2709> 35mm Camera, 1912.

-5, <Bell & Howell > 35mm Camera, 1915.

-6, <Pathe Webo> 16mm Camera, 1952 (France)

-7, 찰리채플린이 소유했던 <B & H> 35mm hand crank, 1918.

-8, <Mitchell Model A> 35mm Camera, 1919.

-9, <Bolex H-16> 16mm Camera, 1935.

-10, <Bolex H-16 Reflex> 16mm Camera, 1956.

-11, <Arri BL-3> 35mm Camera, 1980.

-12, <Panavision R-200°> 35mm Movie Camera 1967.

-13, <Arriflex 435> 35mm Camera 1995.

-14, <ARRI Alexa PLUS 4:3> 35mm Digital Film Camera, 2012.

-15, L-<Canon XL1> Digital Camcorder, 2001. R-<Canon DM-MV 20> Digital Camcorder, 1999.

-16, <AATON xtr PROD SUPER> 16mm CAMERA, 1994.

＊movie house, cinema house (영화관)

＊movie theater (영화관)

영화관(Movie House)은 영화를 상영하는 곳을 의미한다. 극장(Theater)은 연극이나 공연장을 의미함으로 올바르게 사용하려면 무비 ＊디어터(Movie Theater)라 하는 것이 바르다. 우리나라는 1950년 6.25 전쟁으로 인한 폐허에서 일어나 새롭게 극장을 짓고 주로 이탈리아, 미국, 프랑스 등지에서 많은 명작영화들을 들여와 상영하며 서구문화를 받아들였다. 보통은 1000명에서 2000명을 수용할 수 있는 단성사, 스카라, 피카디리, 명보, 대한극장 등 대형 영화관들이 있었다. 이러한 대형 영화관들은 영화 뿐 아니라 전통적 국극이나 현대물로 구성한 악극단들의 공연장으로도 사용되었으므로 대형관이 잘 운영되었다. 대형관 형태의 극장들은 당시에 세계적인 추세였다. 한국은 대한극장이 관객 수용 1,900명으로 가장 큰 극장이었다. 북한에 있는 평양국제영화관도 3,000여 명의 관객을 입장시킬 수 있는 대형관이다. 이곳에서 지난 2005년 8월 15일 〈왕후심청〉 애니메이션을 일반에 정식 상영한 바 있다. 1914년 뉴욕에는 최초의 영화관 '궁전(Palace)'이 생겨나 3,000명이나 수용할 수 있었다는 기록이 있다. 이때부터 미국의 영화는 장편(1시간 이상을 장편이라 칭함)으로 만들어지기 시작했다. 한국은 미국에서 제작된 스크린 폭과 초점거리가 먼 초대형 70mm 영화관이 없었으므로 이러한 영화를 수입해 상영하려면 불가능한 문제였다. 이때 미국의 20세기 폭스(FOX)사는 그들이 만든 70mm필름을 한국에 보급하기위해 대한극장을 디자인하여 퇴계로에 새로 대한극장을 지었다. 1960년대에 건립된 대한극장은 70mm영화 시설을 갖추고 독보적으로 성업한 극장이었다. 그러나 21세기를 맞아 불행히도 유행에 따라와서 내부를 개조하여 한 건물 안에 10개의 관이 모여 있는 멀티플렉스 관으로 바꿔놓았다. 멀티플렉스(Multiplex)관이나 메가 플렉스(Megaplex)관은 쇼핑몰과 연결시켜 소수의 관객을 모으기 위한 경제적인 작은 상영관으로 바뀌게 됐다. 대부분 방음장치를 한 것 외에는 내부시설이 매우 간단한 것이 특색이다. 미국의 경우 1941년 2차 세계 대전(World War II)으로 새로운 극장 건설을 멈추게 했고, 1945년 전쟁 후에도 엔터테인먼트 산업은 매우 저조했다. 1950년대 TV의 출현으로 인해 영화 관객 수는 급격히 줄어, 기존의 극장들은 문을 닫거나 다른 용도로 바뀌게 되었다. 멀티 상영극장들은 단일 박스오피스(Box Office)와 단일 영사부스에 자동화 설비를 갖췄기 때문에 경제적이다. 근래의 멀티플렉스나 메가플렉스관은 쇼핑볼 안에 위치하여 관람 조건이 훨씬 좋다. 최근의 한국 영화가의 흐름도 이들의 아이디어를 뒤따른 것으로 해석할 수 있다.

□ 그림설명 1676-17, 일반적인 영화관 내부.

✳ theater (시어터→ 디어터) 발음

(지은이 주석:) 정부가 2000년 지정고시한 외래어 '로마자 표준발음'으로 극장을 [시어터]라 발음하게 되어있다. 그러나 이 발음은 옳지 않다. 이것은 일본식 영어발음으로 댕큐(Thank You)를 그들이 [상 큐]로 발음하는 것과 같다. 한국에서 [상큐]로 발음하는 사람은 극히 드물다. 영어의 티에이치 [th] 발음은 혀를 상단치아 밑에 붙였다 떼며 나오는 발음으로 시옷 [ㅅ] 발음이 나올 수가 없는 것이다. 디귿 [ㄷ]이 보다 더 로마자 발음에 가깝다. 일본어에서는 The를 "더"라고 발음이나 표기가 되지 않아 "더[the]"를 "자(ザ)"로 발음한다. 예로 "How many brothers do you have?" 하고 물으면 "아이 하브 완 브라자(I have one brother)." 한다. 한국에서 영어발음과 표기는 한국인이 사용하는 혀 놀림 영어에 가깝게 표기하는 것이 올바르다. 한국정부는 R, L, F, Th, 영어발음 표기법을 바로잡아 사용하도록 서둘러야 한다. R- [아리] 혀를 입속 공중에 말아 올리고 소리를 낸다. L- [엘] 소리를 내자마자 혀를 상단 치아 뒤에 붙인다. F- [프]는 ph에 가까운 소리로 상단치아로 아랫입술을 지그시 눌렀다 떼며 나오는 소리이다. 한국에서 자주 사용하는 단어 중에 파이브(Five를 Pive로), 파일(File을 Pile로), 패션(Fashion을 Passion으로), 잘못 발음하고 있다. 흔히 화장실 도기의 제조회사 브랜드표기를 보면 Gaerim(계림)이라 표기해야 할 것을 갤림(Gaelim)으로 되어있는 것을 볼 수 있다. 그리고 한국의 대다수의 이씨(李氏)가 영어로는 리(Lee)씨가 되는 것이다. 이 모든 불편은 한국정부의 로마자 표기법에 의해 일어난 잘못된 것들이다.

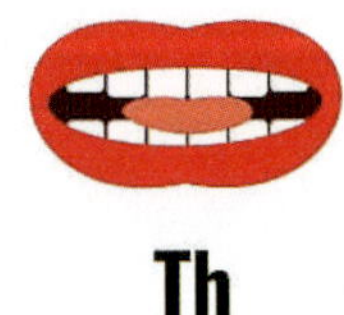

Th

pro·nun·ci·a·tion
/prə ˌnʌn·siˈeɪ·ʃən/

□ 그림설명 1676-18, 올바른 발음.

*cinema (영화, 시네마)

시네마는 모션 픽처(Motion Picture)와 같은 프랑스어이다. 움직이는 사진이라는 뜻에서 시작된 말이며 활동사진(Motion Picture)을 의미하는 말이다. 영화관에서 상영하는 필름이 나오기 전, 프랑스의 뤼미에르 형제(Lumiere Brothers)가 연속으로 촬영할 수 있는 카메라와 영사기를 하나로 묶어 처음으로 고안해 만들었는데 이 발명품의 이름을 '시네마토그라프(Cinematographe)'라 불렀다. 프랑스어로 '영화촬영법'이라는 의미로 이 단어에서 유래하여 줄인 말로 '시네마'는 영화로 그리고 영화를 상영하는 영화관으로도 사용되는 말이다. 이 단어는 오늘날에 와서 세계적으로 사용되고 있을 뿐 아니라 영화의 전통적이며 원리적 의미를 뜻하는 말로 쓰인다.

□ 그림설명 1676-19, 베를린에 있는 마커스 시네마.

1677 `pic` `equ`

Moviola (무비올라)

무비올라는 필름을 앞뒤로 빠르게 또는 천천히 돌려가며 화면을 보면서 그림을 정지시킨다 해도 강한 광열에 필름이 눌어붙지 않게 설계되어 있다. 필름편집에 사용할 수 있게 모든 것들이 편리하게 고안되어 있다. 무비올라의 생김새로는 언제라도 우주를 향해 떠오를 듯 생긴 모양을 하고 있다. 모양이 매우 낯설게 생겼지만 사용할 때는 용도가 매우 편리하다. 이 필름 편집기재는 전기기술자였던 네덜란드 출신 이완 세루리어(Iwan Serrurier, 1878-1953)가 1917년에 고안해 만든 것으로 당초에 홈 무비 프로젝터(Home Movie Projector)로 만들었는데 화면과 동시에 음악도 들을 수 있어 빅트롤라(Victrola)라고 불렀다. (Victrola는 음향기기 'Victor'에서 이름을 따온 듯) 문제는 1920년에 가격이 $600달러(지금 $10,000 달러정도)로 너무 비싸서 소량(몇 개) 밖에 팔리지 않았다. 더글러스 페어뱅크(Douglas Fairbanks) 스튜디오의 필름편집사가 35mm 영화 편집용으로 만들 것을 제안해 1924년 무비올라(Moviola)가 탄생하게 되었다. 세루리어는 제일 먼저 만든 것을 더글러스 페어뱅크스(Douglas Fairbanks, 1883-

M

1939)에 $125달러(지금 돈 2,000)에 팔았고 이것으로 할리우드의 영화가에 보급되어 나갔다. 사용자들은 한 결 같이 이 기재를 애호했다. 할리우드에서는 여러 발명가들이 어떻게 해서든 새로운 것을 만들어 구닥다리(무비올라)를 밀어내고 높은 돈방석 권좌에 올라앉으려 혈투를 거듭되었지만 천하무적 무비올라를 당해낼 자는 없었다. 90여 년이 지나서 까지도 "무비올라는 죽지 않았고 다만 디지털에 밀려 사라졌을 뿐이다."

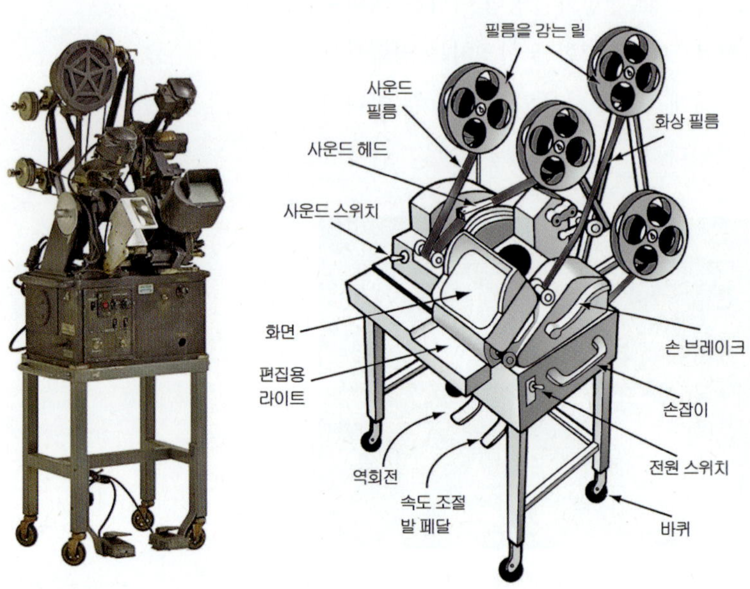

□ 그림설명 1677, 할리우드에서 가장 애용되던 35mm 편집기재, Moviola.

1678 com equ mus

MP3 (엠피스리)

MP3(MPEG(엠페그) Level 3을 줄인 말)는 동영상의 오디오 신호를 효과적으로 사용하기 위해 고안된 압축 방식을 뜻하는 말이다. 방법으로 검색창에 다운로드(Download)하려는 키워드(Key Word)를 입력하고 변환할 MP3 형식이나 비디오 형식을 선택한 후 다운로드를 클릭한다. MP3로 변환이 완료될 때까지 기다려 파일을 다운로드하여 사용한다.

□ 그림설명 1678, Sony NW-E394. Apple iPod Touch 16GB.

MS-DOS (엠에스-도스)

마이크로소프트사(Microsoft Corporation)가 개발한 디스크 운영체계(Disk Operating System)의 한 종류로 디스크의 정보를 읽고 쓰기를 수행하는 C(C:\) 드라이브 프로그램이다. MS사가 IBM사의 의뢰를 받아 컴퓨터시스템 회사의 팀 패터슨(Tim Paterson, 1656-)이 개발하고 있던 86-DOS를 사들여 IBM PC용 운영체계로 개발해 1981년 처음으로 일반에 대중화시켰고 사용자에 출시되면서 도스체계 PC로 여러 회사들이 앞다투어 개발하게 되었다.

1680 pic

multi-image (다채로운 이미지)
*multiple-image (복합적인 이미지)

영상의 각 프레임(Frame)이 한 이미지 위에 이중 노출되는 것이 아니라 한 화면 위에 같은 영상이 여러 개로 보이거나 각기 다른 여러 개의 이미지로 구성되는 시각 합성. 이런 합성은 옵티컬(Optical) 프린터에서 한 개의 네거티브(Negative)에 이미지를 합성함으로 생긴다. 멀티 이미지 렌즈나 프리즘들을 카메라에 부착해 실제 촬영하는 동안 동일한 그림의 연속적인 이미지를 얻을 수도 있다. 이 기법은 영화에서 두 사람이 전화통화를 하거나 여러 사람이 같은 사건에 반응하는 것을 보여줄 때 쓰인다. 멀티 이미지는 대다수의 감독들이 이 기법을 자연스럽지 못하고 관객의 주의를 분산시킨다고 생각하여 최근에는 자주 사용하지 않으며, 특정 효과를 위해서 가끔 사용된다.

*참조보기 (2554 - Split Screen)

1681 gen

multimedia (멀티미디어, 복합매체)

여러 미디어를 사용한 일종의 커뮤니케이션을 뜻하는 용어로 다중매체라고 한다. 스틸(Still)이나 동영상(Motion) 이미지를 통한 광고, 오락, 예술 등에 전달 수단으로도 사용된다. 최근 멀티미디어의 혁신적 발전은 단순한 시청자를 넘어 사용자가 직접 매체를 선택하거나 개입하는 게임기기, 스마트폰 등과 같이 쌍방향성을 띠기도 한다.

1682 `ani`

multi exposure (멀티 노출, 2중 노출)

아날로그(Analogue)방식으로 애니메이션을 촬영하는 멀티이미지 기법을 뜻한다. 여러 장면을 한 화면위에 겹치도록 여러 번 재촬영하는 것으로 보통 애니메이션의 먼지나 그림자 같은 반투명 효과를 낼 때 여러 번 촬영된 화면위에 세컨드패스(Second Pass) 또는 써드패스(Third Pass) 기법을 사용하여 회상장면과 같은 멀티화면이나 애니메이션 특수 효과에 사용된 한 기법이다.

□ 그림설명 1682, Multi Exposures, by Sara K. Byrne.

1683 `equ` `ani`

multiplan camera stand (복층 촬영대, 멀티플랜 카메라 스탠드)

디즈니사에서 개발한 다단계(Multi-Level) 특수 애니메이션 스탠드(Animation Stand)로서 1937년에 <오래된 방앗간(The Old Mill)>이라는 작품에서 처음으로 사용되었다. 또한 이것은 매우 정교한 애니메이션 스탠드로 배경과 여러 레벨(Level)의 다단계 층에 셀을 사용할 수 있도록 설계되어있다. 일반적으로 애니메이션은 여러 장의 셀(Cel, Celluloid)에 그려진 그림동작을 대략 6장 정도를 한꺼번에 밀착으로 겹쳐 놓고 촬영을 한다. 이에 비해 복층 촬영은 6장의 그림들을 모두 풀어서 다단계의 움직임에 따라 레벨의 높이를 조절하여 촬영한다. 그림들이 각 레벨에서 동서남북으로 움직일 수 있고 카메라는 상하 또는 회전하면서 이동할 수 있다. 또한 층마다 레벨에 필요한 조명잔치를 가지고 있으며 멀티플레인으로 카메라를 움직이면서 촬영하면 보통의 애니메이션 스탠드 촬영보다 사실에 가까운 입체적 효과를 얻어낼 수 있다. 촬영 시 중요하고 어려운 것은 동시에 상하 여러 개의 모든 레벨의 포커스(Focus)를 맞추기 위해 필름(Film)의 노출 시간(Shutter Time)을 프레임 당 2분~4분(일반촬영은 0.5초)이상 길게 노출을 줘야 한다. 트럭킹(Trucking) 또는 패닝(Panning)동작이 이루어지는 동안, 배경들은 마치 실제처럼 보이는 깊이와 원근감을 만들어 내지만 촬영 시간이 오래 걸리는 단점이 있다. 이 때문에 오랜 촬영 시간 동안에 먼지가 찍히고 있는 그림 위에 떨어지는 것을 방지하기 위해 촬영실은 지금의 메모리칩을 만드는 곳과 비슷한 가운을 입고 촬영했다. 특히 <the Old Mill>은 컷이 없이 1개의 신으로 되어있으며, 이 영화는 9분 길이로 되어있다. 이 기재는 애니메이션 실험 제작의 가치를 인정받아 '특별 과학기술 오스카상'을 수상한 바 있다.

□ 그림설명 1683-1, 디즈니가 창안한 다단계 애니메이션 촬영대.

-2, 다단층 조명.

1684 `pic`

multiplex (멀티플렉스, 영화관)

한 건물 안에 두 개 이상의 상영관, 박스 오피스(Box office)와 매점, 통합 로비를 가지고 있는 형태를 멀티플렉스라 칭한다. 오늘날에 새로운 극장들은 대부분 쇼핑몰(Mall) 안에 여러 상영관이 있거나 한 일반 건물 안에 여러 개의 상영관으로 이루어진 멀티플렉스로 많이 변화되고 있다. 멀티플렉스 영화관의 시초는 1963년 스탠리 더우드(Stanley H. Durwood, 원명 Dubinsky, 1921-1999) 라는 미국인이 캔자스 시(Kansas City)의 극장 하나를 두 개로 나눠 AMC 엔터테인먼트를 창립하면서 시작됐다. 한 극장에 20~30명의 관객을 위하여 1,000석의 자리를 비워두기 보다는 200석짜리 5관을 만드는 것이 관객이나 극장주에게 유리하다는 생각에서 멀티플렉스가 만들어지기 시작했다. 멀티플렉스 각각의 상영관은 외부에서 볼 때는 동떨어진 듯 보이지만 영사실은 내부에서 연결되어 있는 관계로 필름 한 벌로 여러 관에 동시에 상영할 수 있고 영사기사 한 사람이 일할 수 있는 경제적인 이점이 있다. 또한 어떤 영화를 보러오던 간에 박스오피스와 스낵바가 함께 있기 때문에 관리도 용의하며 매우 경제적이다.

1685 `pic`

multiscreen (멀티스크린)

✱ multiple screen (멀티플스크린, 다수의 스크린)

일반적으로 세 대 이상의 영사기를 이용하여 세 개 이상의 스크린이나 한 개의 대형 스크린에 영화를 상영하는 것. 이 공정은 1900년 파리 전시회에서 시네오라마(Cineorama)에서 10대의 영사기를 이용해 관객들을 둘러싸고 원형으로 이미지를 영사하면서 처음 사용되었다.

□ 그림설명 1685, 멀티스크린.

1686 `mus` `his`

music (음악)

음악은 사람의 목소리(Oral)나 악기(Instrument)를 이용하여 대중과 소통하는 하나의 감성 다중매체(Susceptibility Media)이다. 대중 속의 음악이란 생활이며 하나의 상식요소(Common Elements)로써 일반적인 의미에서 음악은 소리 자체를 의미하는 시간예술이다. 음악은 화성학(Harmonics)에 의해 리듬(Rhythm)과 음의 고저(Pitch)를 나타내는 선율(Melody)로 이뤄지며 명확하게 분절(Articulation)로 구분해서 형성된다. 음악은 소절마다 소리의 높낮이(Tonality)를 넣고 장단(Rhythm)을 맞춰 강약(Trochee)의 변화를 주어 이루어진다. 음악에 따라 격돌과 고요, 슬픔과 환히, 절망과 용기, 사랑과 애증을 음률로 표현한다. 음악은 인류와 같이 성장한 예술 중에도 감성에 직접자극을 주는 매우 독특한 예술중 하나이다. 음악으로서의 소리는 악기의 현(String)을 떨게(Vibrating)하거나, 관악기의 리드(Lid)를 입으로 공기를 주입해서 높낮이 소리를 내거나, 드럼은 동물의 가죽을 이용해 팽팽하게 늘려서 두드려 소리를 내는 것이 전통적인 방식이다. 최근에는 여러 독립된 악기들 중에는 전자적으로 소리를 내는 일렉트로닉 키보드(Electronic Keyboard), 일렉트로닉 바이올린(Electric Violin) 음파를 앰플리파이어(증폭기, Amplifier)를 통해 확성기(Loudspeaker)로 소리를 내지만 자연악기음(Acoustic Sound)과 같지 않아 간혹은 소음(Din)에 가깝다고 할 수 있다. 어떤 음악은 아주 강력하고 어떤 것은 덜 강력하다. 많은 악기들이 있지만 작곡가에 의해 때로는 존재가 없고 때로는 솔로 악기로 두드러진 위용을 나타내기도 한다. 작은 악기도 거대한 소리를 내며 음악을 형성한다. 음악은 여러 솔로(Solo) 악기들이 모여 2중주(Duet), 3중주(Trio), 4중주(Quartet), 5중주(Quintet), 6중주(Sextet), 7중주(Septet), 8중주(Octet) 그리고 크기에 따라 협주곡이나 오케스트라 등으로 구성되어 합주로 이루어져 소리를 내는 것이 대부분이다. 음악의 소리는 여러 종류의 악기들이 모여 다양한 느낌을 소리로 만들어 냄으로써 슬픔의 감성을, 때로는 폭풍과도 같은 거세고 웅장함을 그리고 감동을 느끼게도 한다. 음악을 연주하는 악기들은 대략 서양악기들로서 5그룹으로 나눌 수 있다. 현악기(String), 건반악기(Keyboard), 목관악기(Woodwind), 금관악기(Brass) 그리고 타악기(Percussion)로 이뤄진다. 이 밖에도 나라마다 전통(Traditional)악기들이 그 나라의 생활문화에 맞게 음악으로 사용되어 왔음으로 나라마다 악기의 모양과 소리

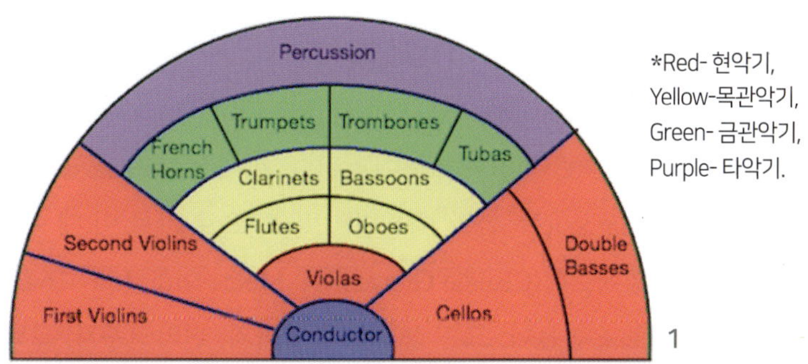

*Red- 현악기,
Yellow-목관악기,
Green- 금관악기,
Purple- 타악기.

□ 그림설명 1686-1, 오케스트라의 악기 배치도.

-2, 호주 Melbourne Symphony Orchestra with Chorus.

가 현저하게 다르다. 협주곡(Concerto)으로는 바이올린 협주곡, 피아노, 첼로, 클라리넷, 트럼펫, 오보에, 잉글리시 혼, 프렌치 혼, 플루트 등이 있다. 악기에 따라 음질에 맞는 소프라노, 알토, 테너, 바리톤 등 그 악기가 가진 자기만의 소리를 내며 대단한 소리의 조화를 만든다. 피아노, 하프, 팀파니 등을 제외하고 클래식 음악에서 사용하는 악기들은 12가지가 있다. 악기의 배열에서 현악기(String)들은 제일 앞자리 좌우에, 다음 가운데 목관악기(Woodwind), 그 뒤가 금관악기(Brass)들, 그리고 제일 뒤에 여러 종류의 타악기(Percussion)들이 배치된다. 민감하고 작은 소리를 내는 악기들은 앞에, 소리가 큰 순서대로 뒤쪽으로 배치된다. 악기는 만약을 위해 소리를 낼 수 없게 될 것을 감안하여 두개의 악기 이상을 배치한다. 이와 같은 방식은 오래 전부터 전통적으로 내려온 것이다. 작곡에서 각종 악기들의 소리를 이해하고 음악에 사용하여 작곡을 하는 것은 매우 중요한 일이었을 것이다. 마치 화가가 어떤 색을 선택해 어떤 그림을 그릴까 생각하는 것과도 같은 것이다.

✻ Pioneers of Music (음악의 개척자들)

암흑기라 불리는 중세(Medieval)는 AD.(서력기원) 476년 서 로마제국이 멸망한 때(한국사로 통일신라)부터 1400년 전까지를 가리킨다. 르네상스(Renaissance)문화는 1400년 – 1600년, 바로크(Baroque)문화는 1600년–1760년으로 바로 이 때 이탈리아 밀라노에서 클라우디오 몬테베르디(Claudio Giovanni A. Monteverdi, 1567-1643)가 태어났다. 그는 음악의 개척자로 손꼽는다. 그는 성장해서 작곡가, 현악연주자, 교회 성가대 지휘자로 그리고 가수로 일했다. 그는 세속적이던 또는 종교적이던 간에 이탈리아의 르네상스(Renaissance)와 바로크(Baroque) 시대의 선두에 있던 음악가였다. 그는 이탈리아 사람으로 음악을 작곡했으므로 음악용어가 모두 이탈리아어로 오늘날까지 사용되고 있다. 뒤이어, 요한 세바스찬 바흐(Johann Sebastian Bach, 1685-1750, 독)와 동시대에 살았던 게오르크 프리드리히 헨델(Georg Frideric Handel, 1685-1759, 독), 볼프강 아마데우스 모차르트(Wolfgang Amadeus Mozart, 1756-1791, 오) 그리고 루트비히 반 베토벤(Ludwig Van Beethoven, 1770-1827, 독), 차이코프스키(Tchaikovsky, 1840-1893, 러) 등이 있다. 이들은 자연에서 영감(Inspiration)을 얻거나 대인관계에서 얽힌 이야기 등에서 마치 시인이 시상을 얻는 것과 같이 연상(Associate)하거나 감성(Emotion)을 자극해 음악을 쓴다. 작곡가(Composer)들에게는 사람, 자연, 연극(Plays), 시(Poem), 그림, 소설(Novel) 등이 소재가 된다. 작곡은 서정시(Lyric)와도 같다. 떠오른 악상의 마디(Notes)의 동기(Motivation)가 매우 중하게 주제(Theme)를 이루고 리듬(Rhythm)과 선율(Melody)로 이어가며 연주된다. 주제를 변화시켜 연주한다. 제 1변주, 제 2변주로 색깔을 들어내며 흐른다. 음악은 여러 종류로 나뉘어 마치 이야기를 하는 듯 성격을 표현한다. 격동(Concussion), 감동(Impression), 분노(Anger), 어두움(Darkness), 속삭임(Whisper), 사랑(Love), 평화(Peace), 주검(Death), 두려움(Fear), 그리고 안식(Rest) 등을 악곡의 형식을 음악의 형식이라 한다. 음악은 많은 종류(Style)와 많은 양식(Type)으로 여러 장르(Genre)로 나뉜다. 찬송(Hymn), 고전(Classic), 오페라(Opera), 가곡(Song, Aria), 팝(Pop), 재즈(Jazz), 록(Rock), 랩(Rap), 헤비메탈(Heavy Metal), 밴드(Band), 힙합(Hiphop), 컨트리(Country) 송 등이 있다.

□ 그림설명 1686-3, 모차르트가 작곡한 <반짝 반짝 작은 별>

✱ 참조보기 (1835 - Orchestra)

✱ music history (음악의 역사)

인류사의 기원은 대략 4백만 년 전으로 추정하지만 입으로 노래하고 기구를 이용한 음악이 생활 속에 사용된 것은 약 5만 년 전일 것으로 과학자들은 말한다. 고대 음악의 존재 여부는 당시에 악기들 유물로나 그림으로 남긴 벽화 등으로 그 기원을 추산한 것임으로 그 주장마다 계략적(Tricky)으로 다르다고 할 수 있다. 메소포타미아(Mesopotamia, 2500 BC.) 문화의 악기 중에 4~11줄 수금(String) 리라(Lyre), 고대이집트(Egypt)의 벽화 등에서 하프(Harp)를 비롯해 여러 모양의 악기들. 그리스(Greece, 510 BC.)의 꽃병 장식에 음악교습 장면이 그림으로 묘사된 것이 보인다. 그 밖에도 곡마단(Acrobatics), 발레, 춤, 요술, 마임(Mime, 무언극), 음악 연주, 오페라, 복화술(Ventriloquism), 인형극(Puppetry) 등에 음악이 연주됐으며 고대로부터 지금까지 끊임없이 인간의 삶 속에서 같이 변화해왔다. 지금 우리가 사용하고 있는 음악의 음표는 기원 후 400년경 고대 그리스(Hellas)에서 시작되었는데 형식을 갖춘 음악은 그리스 성당의 정교의식에서 사용된 찬송가(Hymn)였다고 기록되어 있다. 현재에 사용하고 있는 음악의 양식(Modes)은 8개 음표(Notes)로 되어 있지만 이탈리아가 그리스의 정교회로부터 음악을 소개받았을 때만 해도 4개의 음표 양식으로, 원래(Originally)는 4개의 음표를 사용했다고 한다. 이 당시에 이탈리아에서는 교회당 건립이 시작되며 점점 늘어가고 있었다. 이탈리아 밀라노의 전통 가톨릭교회 주교 성 암브로제 (Bishop, St. Ambrose (Ambrosius, 340-397))는 교회에 찬송 음악을 작곡해 사용하기를 원했지만 기존 4개의 음표로는 음악으로 사용하기는 부족하다는 것을 이미 알게 되었다는 기록이 있다. 그리고 200년이 지난 후 이탈리아 교황청의 그레고리 교황 1세(Pope Gregory I, 590-604 재직기간)에게 간청하여 오늘날의 <도·레·미·파·솔·라·시·도> 8개 음표형식을 승인을 받아 사용하게 되었다. 음표들은 주로 찬송가를 위한 것이었는데 시편(Psalm)이나 그 밖의 기독교 서적을 활용하여 주로 이탈리아에서 교회를 위하여 성스러운 찬송이나 미사곡으로 작곡되어 가사(Lyrics)를 넣어 찬송가로 불려졌다. 이로써 이 시대에 이탈리아는 음악을 발전시킨 나라로 대부분의 음악 용어들이 이탈리아어로 기록하고 있게 된 것이다.

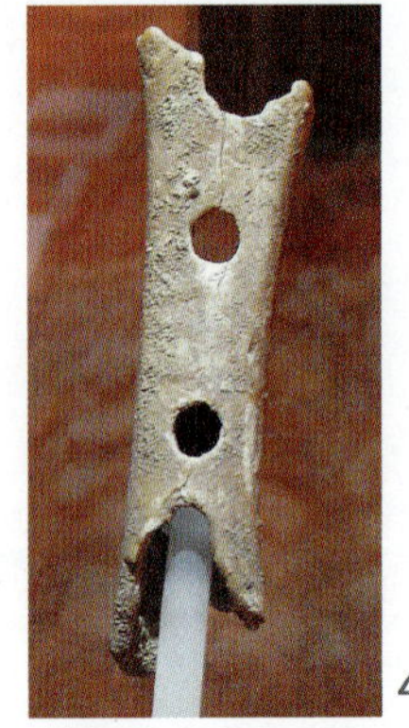

□ 그림설명 1686-4, 선사시대의 피리,

-5, 고대 미술에 나오는 피리.

-6, 중세 - 그리스 미술에서 나오는 물 오르간.

-7, 중세 - 크리스찬과 무슬림의 악기연주, 13세기, Alfonso X.

-8, 바로크시대 - 2층 건반 하프시코드(Harpsichord), 1600-1760.

-9, 고전음악시대 - 젊은 남자에게 하프시코드를 들려주는 여인, 1730-1820.

musician (음악가)

* composer (작곡가)

음악가 또는 작곡가는 창작 음악, 영화, 애니메이션, 방송, 대중가요, 광고물 주제곡 등의 음악을 작곡하는 사람을 말한다. 음악의 작곡은 역사의 기록으로는 AD. 600년경으로 되어 있으나 당시에는 주로 성당에서 자체의 찬미가(Psalms)로 사용하기 위해 교회음악으로 작곡되었다. 1544년경, 그 대표적인 교회음악 작곡가로는 이탈리아의 지오반니 피에루이기 다 팔레스트리나(Giovanni Pierluigi da Palestrina, 1525-1594)를 들 수 있다. 그의 본명은 피에르루(Pierlu)였지만 어릴 때 살던 고향 이름에 연연하여 팔레스트리나로 이름을 개명했고 그곳에 살았다. 그리고 1537년 그가 12살 때 산타 카피타(Santa Capita) 대성당에 소년 성가대원이 되어 로마의 산타 마리아 마조레 대성전의 성가대에 참가하여 기초를 배웠다. 그러나 19살 나이에 변성기(Puberty of Vocal)가 와서 다시 산타가피터로 돌아와서 그 성당의 오르간연주자(Organist)로 일하다가 작곡가가 되었다. 1551년, 교황청의 줄리아 예배당의 악장에 임명되었고, 곧 교황의 예배당 가수가 되었다. 그러나 1555년 바오로 4세가 교황이 되자 아내가 있었던 팔레스트리나는 해고되고 말았다. 그러나 그는 1571년 다시 줄리아 예배당의 악장으로 초청되어 세상을 떠나는 해까지 그곳에 살았다. 1580년에 부인과 사별한 후, 돈 많은 미망인과 재혼하여 재정적 원조로 많은 음악을 작곡해 출판했다. 1586년 팔레스트리나는 대음악가로 존경받다가 별세하여, 산 피에트로 대성당에 안장되었다. 이탈리아에서 교회당이 수 없이 건립되면서 음악은 성당에서 사용하기 위해 필수적으로 번창해 왔다.

□ 그림설명 1687-1, 이탈리아 16세기 오페라가 시작된 바르디 백작의 저택. / -2, 카라바지오가 그림 속에 묘사한 16세기 바이올린.

후일 많은 음악애호가들은 흔히 유명한 작곡가로 바흐(Johann Sebastian Bach, 1685-1750), 모차르트(Wolfgang Amadeus Mozart, 1756-1791), 베토벤(Ludwig van Beethoven, 1770-1827) 등을 말한다. 그러나 이들은 동시대를 산 음악가들은 아니다. 15세기 중엽인 1490년경에는 이탈리아의 짜네토 미첼리(Zanetto Micheli, 1489-1560)가에서 처음으로 바이올린을 만들었다. 그러나 16세기 초 바로크(Baroque)시대를 맞을 때 까지 음악의 작곡 활동은 로마교황청의 매우 심한 간섭을 받아왔다. 특별히 로마교황청은 연극이 있는 음악(Opera in Musica)의 작곡을 금지해 왔지만 결국은 16세기 말인 1597년 피렌체(Firenze [플로렌스])에 있는 바르디(Bardi)백작의 저택에서(그림 설명 1687-1) 오페라가 처음으로 시도되었다. 이탈리아는 17세기 초기 문예 부흥을 맞으며 음악의 활동이 가장 뛰어난 나라가 되었다. 이때를 보면 회화에서 바로크 양식의 아버지로 불릴 만큼 세상을 벌컥 뒤집어 놓은 이탈리아의 화가 미켈란젤로 메리시 다 카라바지오 (Michelangelo Merisi da Caravaggio, 1571-1610)의 그림에서도 바이올린 악기를 켜는 천사를 그렸다. 이탈리아는 아르칸젤로 코렐리(Arcangelo Corelli, 1653-1713), 안토니오 비발디(Antonio Lucio Vivaldi, 1675-1741)와 같은 사람들을 탄생시켰고 이 시기에 유럽의 근대음악이 솟아나기 시작했다. 세기가 바뀌며 연주법(Musical Performance Technique), 대위법(Counterpoint) 그리고 작곡법(Composition Technique)이 생겨났고 그중에는 영국의 게오르크 F. 헨델(Georg Friedrich Händel, 1685-1759), 독일의 요한 세바스찬 바흐(Johann Sebastian Bach, 1685-1750), 오스트리아의 프란츠 요셉 하이든(Franz Joseph Haydn, 1732-1809), 오스트리아의 볼프강 아마데우스 모차르트(Wolfgang Amadeus Mozart, 1756-1791)는 천재 신동으로 아버지를 따라 연주 여행을 다니며 그가 35세의 나이로 일생을 마치는 동안, 독일의 루트비히 반 베토벤(Ludwig van Beethoven, 1770-1817), 이탈리아의 니콜로 파가니니(Niccolò Paganini, 1782-1840)가 바이올린 주자로 작곡가로 활약했다. 그리고 오스트리아의 프란츠 피터 슈베르트(Franz Peter Schubert, 1797-1828), 독일의 야고프 루트비히 펠릭스 멘델스존(Jacob Ludwig Felix Mendelssohn-Bartholdy, 1809-1847), 프레데리크 쇼팽(Frédéric François Chopin, 1810-1849), 로베르트 슈만(Robert Alexander Schumann, 1810-1856), 요하네스 브람스(Johannes Brahms, 1833-1897), 표트르차이코프스키(Pyotr Ilyich Tchaikovsky, 1840-1893) 등의 고전이 끝난 후 조지 거슈윈(George Gershwin, 1898-1937), 아론 코플란드(Aaron Copland, 1900-1990)에 이르기까지 20세기 현대로 접어들면서 영화음악으로 발전했다. 미국의 영화산업에서 시작된 음악은 화려한 예술로서의 환상이 있었다. 영화에 있어서의 음악은 영화가 토키(Talkie)를 채택하기 이전에도 사용됐다. 무성영화 시대의 음악은 화면에 영상이 흐르는 동안 무대 옆에서 피아노, 오르간이나 작은 실내악단이 화면 속의 액션에 맞추어 연주되었다. 그 후 1927년 토키 시대 음악의 사용은 관객이 영화를 보며 감정을 느끼게 하는데 크게 도움이 된다는 것을 알게 되었고 특정한 어느 영화를 위해 작곡이 이루어지고 이 음악은 무대 앞에서 다수의 오케스트라가 나와 거창하게 연주하고 한 편에서는 효과음을 내는 기계가 사용되기도 했다고 기록되어 있다. 35mm 유성 영화의 도래는 워너브라더스(Warner Bros.)의 <돈 후안 (Don Juan)>에 윌리엄 액스트(William Axt, 1888-1959)와 데이빗 멘도자(David Mendoza, 1894-1975)가 영화음악을 넣으면서 시작됐는데 비타폰(Vitaphone)이라는 디스크에 사운드를 담는 방식이 이용됐다. 유성영화 초기에는 음악이 대사 녹음과 동시에 함께 녹음되거나 외부에서 연주되어야 했기 때문에 이 방식은 드물게 사용됐다. 1927년 토키시대(Talkie Era)가 열리고, 1932년 사운드 믹싱 과정이 새롭게 개발된 후, 대사와 분리하여 음악을 녹음해서 편집하여 넣을 수 있게 됐다. 이렇게 후 더빙과 사운드트랙 믹싱이 가능해지자, 스튜디오들은 배경 음악의 장점을 깨달아서 음악 부서들을 신설했다. 그리고 점차 좋은 음악의 중요성이 알려지면서 가능한 최고의 작곡가들을 기용하기 시작했다. 토키시대부터 1980년대까지의 주요 할리우드 작곡가들 중에는 낭만주의 전통을 따른 외국 출신들이 많았다. 저명한 작곡가들도 가끔 영화 음악을 작곡했는데 세르게이 프로코프에프(Sergei Prokofiev, 1891-1953), 버질 톰슨(Virgil Thomson, 1896-1989), 아론 코플란드(Aaron Copland, 1900-1990)등이 있다. 그 후에는 영화음악들이 현대(Contemporary)적인 유행을 따르게 되었고, 바야흐로 음악은 민속(folk), 고전(Classic), 재즈(Jazz), 록(Rock) 그리고 팝(Pop)송으로 변천하며 흘러오게 됐다. 영화 음악을 논함에 있어 애니메이션을 빼놓을 수는 없다. 음악과 액션을 따로 뗄 수 없을 정도로 융합된 장르이기 때문이다. 애니메이션은 영상과 음악(사운드)을 완벽하게 결합함으로써 애니메이션 동작을 더욱 돋보이게 할 수 있다.

✱ theme music (테마음악)

어느 한편의 주제곡이나 음악 자체의 주선율을 의미하는 말이다. 일반적으로 테마곡이나 테마송은 특별히 프로그램의 성격(종류)에 맞는 주선율을 작곡하여 관객(Audience)에게 반복해 들려주고 기억시켜 그 음률이 프로그램을 연상(Associate)할 수 있게 하는 목적에 사용되는 음악을 말한다. 영화, TV 프로그램, 애니메이션 시리즈, 게임, 라디오 등의 프로그램을 시작할 때나 끝맺을 때 주로 사용된다.

✱ 참조보기 (1806 - Octave)

✱ 참조보기 (1729 - Note)

1688 `mus`

music chart (음악차트)

1) 음악차트는 일반적으로 음반업계, 라디오방송, TV 방송국, 가요협회, 음반 전문잡지 등에서 정한 Best TOP 10 또는 Best TOP 100 등을 주별, 월별 또는 연간으로 선정하여 발표하는 것을 말한다. 2) 애니메이션 제작 공정에서 애니메이터가 정확하게 음악의 비트(Beat)에 맞춰 그림을 그릴 수 있도록 타임시트(Time Sheet) 상에 프레임마다 음악의 박자(Beat)나 멜로디(Melody)를 표시해 주는 것을 말한다.

1689 `mus`

music director, music supervisor (음악 감독)

제작에서 음악을 담당하는 사람. 오리지널(Original) 음악을 작곡하거나 이미 있는 음악을 선곡하는 일을 관리하고, 녹음 과정을 감독한다. 음악을 작곡하거나 지휘하기도 한다.

1690 `mus` `pic`

music editor, music mixer (음악 편집자, 음악 믹서)

영화 음악을 편집하여 화면에 매치시켜 적절하게 믹스(Mix)하는 사람. 음악 편집자는 감독, 편집자, 작곡가와 상의하여 음악의 타이밍을 결정해 녹음과 최종 믹스를 위한 '큐시트(Cue Sheet)'를 만든다.

1691 `mus` `pic`

M and E track (엠 엔 이 트랙)

*music and effect track (음악 효과 트랙)

영화에서 해설(Narration)이나 대사(Dialogue)를 제외한 음악(Music)과 효과음(Sound Effects)만을 의미하는 말이다. 영화의 사운드 트랙이란 대사, 음악, 효과음 3가지를 모두 사운드 트랙이라 부르고 종합한 사운드를 하나로 콤퍼짓(Composite)을 하는 것이 일반적이지만 해외영화시장에서 외국에 프로그램 판매를 대비한다면 대사는 당사국의 언어로 교체할 수 있도록 대사를 분리하여 더빙한다. 따라서 해외 판매 시에 화면과 음악(M) 그리고 효과음(E)을 제공하는 데서 사용되는 말이다.

mute (무언, 무성, 약음, 벙어리)

사람이 말을 안 하거나, 음향시설이 되어있는 기계가 결함으로 소리를 낼 수 없거나 또는 소리를 내지 않는 무성(Silent)을 의미하는 말이다. 또한 사람이 어떤 사건의 조사에서 묵비권(Right of Silent)으로 아무 소리를 내지 않는 것을 이르는 말이다. 에: TV시청 중에 전화가 걸려와 잠시 TV에서 나오는 소리를 리모트 컨트롤러(리모컨)의 MUTE를 눌러 소리를 일시차단 하는 것을 말한다.

□ 그림설명 1692-1, 무음 표시.

＊mute print (뮤트 프린트)

영화를 제작하자면 화면(Picture)부분과 음향(Sound)부분을 따로 구축하여 화면과 음향을 합성(Composite)하여 영화를 완성하게 되는데 이때 사운드는 없고 영상만을 뜻하는 말이다. 일반 영화에서나, 애니메이션에서 촬영부분이 완성되었다하더라도 포스트(Post)프로덕션에서 사운드를 완성해야 영화가 완성되는 것이다. 사운드트랙(Sound Track)이 없이 촬영한 화면들을 순서에 맞게 편집한 부분만을 'Mute Print'라 부른다.

□ 그림설명 1692-2, 편집을 했거나 안했거나 사운드가 없는 프린트.

Muybridge, Eadweard (에드워드 마이브리지)

마이브리지(Eadweard Muybridge, 1830-1904)는 영국에서 에드워드 제임스 머그리지(Edward James Muggeridge)라는 이름으로 태어났다. 마이브리지는 후일 미국에 와서 사진으로 동물과 사람의 동작을 일일이 찍어 연구하여 활동사진(영화)에 초석을 이룬 업적으로 유명한 사람이다. 20세가 되던 1850년에 서적판매원으로 미국에 이민으로 들어와 뉴욕을 거쳐 샌프란시스코(San Francisco)로 옮겨와 잠시 그곳에서 머물렀다. 그리고 그는 1860년 유럽으로 돌아갈 계획이었지만 텍사스(Texas)에서 그가 탄 역마차(Stagecoach)가 사고를 당해 머리를 심각하게 다쳐 영국으로 돌아가 수년간 건강을 회복(Recuperate)하는 동안 사진 습판(Wet-Plate Collodion Process) 원판기술을 연구해냈고 영국특허국의 몇 가지의 발명 특허도 받았다. 그리고 그는 1867년 샌프란시스코에 다시 돌아와 캘리포니아에 있는 요세미티계곡(Yosemite Valley)을 샅샅이 찍어내어 ㄱ 이듬해 초대형 사신 선시를 열었다. 이것으로 마이브리지는 세계적으로 유명인이 되었다. 애니메이션 역사에서 보면 1892년에 에밀 레이노드(Emile Reynaud, 1844-1918)라는 프랑스 사람은 애니메이션으로 된 그림을 필름에 담아 프락시노스코프

(Praxinoscope)라는 영사장치를 고안해 파리에 있는 왁스 뮤지엄(Wax Museum)에 광학극장(Theatre Optique)을 열고 인류 최초의 영화(스크린에 비친 형태)를 만든 것과 마이브리지의 사진 동작 연구와 맥(Vein of Motion Picture)을 같이 하고 있는 것을 알게 된다. 레이노드가 탁상용 프락시노스코프(Praxinoscope)가 보여주는 제한된 그림에서 벗어나 칼라를 칠한 필름으로 스토리가 있고 음악까지 겸비한 영화를 최초로 스크린(Screen)에 영사해 관객에 보여 줬다는 사실이다. 한편, 마이브리지는 이보다 20년이나 앞선 1872년부터 인간과 동물의 움직임을 연속사진으로 찍어 동작을 연구하기 시작했다. 어느 날, 캘리포니아 전 주지사(후일 미 상원의원)였던 렐랑 스탠포드(Leland Stanford, 1824-1893)가 마이브리지를 고용하여 '말이 달릴 때, 네발 모두가 땅에서 떨어지는 순간이 있는지'를 조사해 달라는 부탁을 받아 동작을 연구하기 시작했다. 일설에 의하면 스탠포드 전 주지사가 그 결과에 어느 쪽에 서있던 간에 그때 돈 25,000달러를 걸었다는 이야기는 사실여부와 관계없이 말의 동작을 연구하여 말이 공중에 떠 있는지를 확증하는데 주력했다. 마이브리지는 24개의 카메라를 설치하고 초당 24개의 연속적인 사진을 찍었다. 결과는 24개의 말 동작이 진행되는 동안 말의 발이 땅에서 떨어져 공중으로 올라가는 것을 볼 수 있음을 증명해 주었다. 이러한 선구적인 일에 열중하고 있던 1874년 마이브리지에게는 아주 불행한 일에 닥치게 되었다. 그는 직업상 사진 찍는 일로 자주 집을 떠나(Out of Town) 있었고 나이가 21세 밖에 안 되었던 아내 플로라 스톤(Flora(Floredo) Stone, ?-1875)은 점차 외롭고 힘든 시간을 보내게 된 듯 보였지만 그녀는 외간남자 애인인 헤어리 라킨스(Harry Larkyns)와 편지를 주고받으며 그 남자에 빠져 있었다. 출장에서 돌아와 이들 사이에 오간 편지들을 발견하고 이 사실을 알게 된 마이브리지는 아내의 애인인 헤어리 라킨스(Harry Larkyns)를 옐로우 재킷 광산으로 찾아가 총으로 쏘아 죽이게 되었다. 그러나 마이브리지는 배심원 공판에서 정당방위 살인 또는 악의 없는 살인이 인정되어 무죄로 풀려났다. 필름에 열중하며 명성을 얻었던 마이브리지에게는 치명적인 사건이었다. 플로라와 마이브리지 사이에서 낳은 아들은 플로라가 헤어리에게 보낸 사진의 주석 "작은 헤어리(Little Harry)"라 쓴 플로라의 자필에 의해 헤어리의 자식으로 밝혀졌다. 이 두 사람은 중재자의 설득에도 불구하고 즉시 헤어졌다. 그리고 마이브리지는 1874년 10월 중앙아메리카로 또 다른 사진을 찍기 위해 원정을 떠났고 1년이 넘게 돌아오지 않았지만 그동안 그의 아내였던 플로라는 1875년 7월에 의문의 주검을 당하게 되었다. 과연 그녀는 누구 손에 죽었을까. 영원히 미해결로 남았을 뿐이다. 마이브리지는 이러한 모든 실연(Disappointment in Love)을 배경으로 두고, 1877년에서 1879년에 더욱 더 흥미롭고 명쾌한 결과를 얻기 위해 말의 로코 모션(Loco Motion)을 촬영하기 시작했다. 말이 취하는 여러 동작을 필름에 기록하기위해서 그가

지난날 작업을 했던 팔로알토(Palo Alto)의 스탠포드 말 목장을 다시 찾았다. 그는 큰 판자를 세우고 가로세로로 줄을 치고 말이 동작을 할 때 움직이는 높이와 발의 움직임을 소상히 파악하기 위해 매우 정교하고 거대한 차트 배경을 만들어 세우고 그 앞에서 촬영했다. 차트의 눈금은 말이 뛰어 오를 때 간격을 읽을 수 있도록 면밀한 연구를 위한 것이었다. 말의 움직임의 종류로는 평보(Walk), 속보(Trot), 구보(Canter, Gallop), 돌진(Run), 등이 있다. 움직임 종류별과 동물 종류마다 모두 찍었다. 이러한 실험들은 자연과학 분야와 예술분야에 적지 않은 관심을 자아냈다. 프랑스 심리학자인 에티엔 쥘 마레(Etienne Jules Marey, 1830-1904)와 <사이언티픽 아메리칸(Scientific American)> 잡지의 편집자들도 마이브리지가 찍은 사진들을 <조이트로프(Zoetrope)>에 사용하도록 종용해 인쇄해 판매되었으며 화가였던 토마스 에킨스(Thomas Eakins, 1844-1916)는 그의 사진들을 이용해 완벽한 조이트로프용 스트립(동작이 구분되어 그려진 종이로 된 띠)을 만들어 완전한 동작을 보여 주었다. 마이브리지는 그가 만든 실험들에 박차를 가해 1879년에서 1880년에 주프락시스코프 (Zoopraxiscope)를 만들었다. 주프락시스코프는 48개의 슬라이드를 놓을 수 있는 회전디스크 매직랜턴(Magic Lantern)이었다. 이러한 기구들은 마이브리지가 대학교강의에서 실제로 사용되었던 자료들이다. 소수의 역사가들은 사실 이것은 최초의 모션픽쳐 (Motion Picture)를 영사였다고 기술했다. 에킨스의 도움으로 그는 필라델피아에 있는 펜실베이니아 대학(University of

□ 그림설명 1693-1, 마이브리지의 초상과 그가 찍은 요세미티(Yosemite) 광경.

M

Pennsylvania)으로 옮겨와 사진으로 인간과 동물에 관하여 움직임에 대한 분석을 계속했다. 그리고 그는 완결판으로 <동물의 동작(Animal in Motion)>을 1899년에 그리고 <인간의 동작(the Human Figure in Motion)>을 1901년에 완성해 출판했다. 이 2권의 책은 120년이 가까운 지금에도 많은 애니메이터들의 기본 참고서가 되고 있다.

-2, 말의 속보(Galloping Horse)

-3, 당나귀의 뒷발질(High Back-Kick)

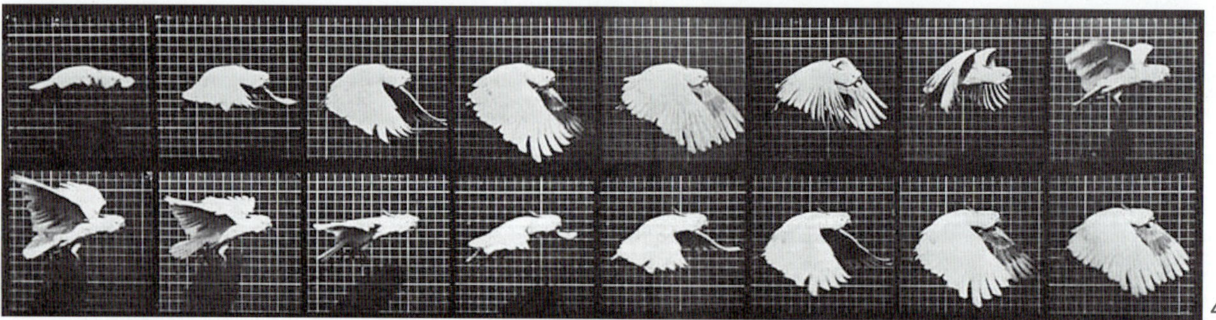

-4, 앵무새의 저공비행.

-5, 사람의 걷기와 뛰기.

1694 `pic`

mystery film (미스터리 필름)

심리적으로 매우 불안(Suspense)한 느낌이 영화 전편에 걸쳐 지속되는 필름을 말한다. 때로 별도의 장르로 간주되는 영화의 한 방식으로 어떤 범죄나 연속 범죄(일반적으로 생명과 관련된)의 범인(Criminal)과 그러한 범죄의 이유가 서스펜스(Suspense)를 유지하며 점차 발전하게 포커스를 맞춘 필름을 말한다. 이러한 영화들은 미스터리를 푸는 주인공을 상당히 부각시키게 되는 경향이 있기 때문에 평론가들은 일반적으로 이러한 종류의 필름을 탐정영화(Detective Film)라는 범주로 분류하기도 한다.

□ 그림설명 1694-1, 기차 안에서 벌어진 살인, 완벽한 알리바이를 가진 13명의 용의자. <Murder> On the Orient Express, 1974. by 케네스 브래나.

-2, <Psycho> 1640, by Alfred Hitchcock.

1695 `lit`

myth (신화)

신화는 민속학적 장르에 속하는 전설적인 내용들이 대부분으로 전통적인 하나의 줄거리이거나 또는 여러 개의 이야기가 모여 이루어져 있으며 내용은 주로 신(Gods)의 능력을 이야기(Narrative)형식으로 다룬 것이다. 줄거리는 초현실적이고 자연이나 사회를 이룬 어떤 사람을 다루어 인간 초기의 역사적인 사실처럼 다뤄진 것이 대부분이다. 이야기들은 실제로 이 땅위에나 하늘(천국천상)에 존재하거나 과거에도 없었을지 모를 이야기들이지만 인물들은 계보(Genealogy)가 있어 신, 여신(Goddess), 딸, 아들과 같이 가족처럼 하나의 역사 속에 비범한 인물(Phenomenon)로 묘사되어 있다. 그리스 신화, 로마신화 그리고 고대 켈트의 신화(Ancient Celtic myths)로 실제처럼 끝도 시작도 없이 글로 남아있다. 이렇게 꾸며진 신화들은 현대에 와서 여러 방식으로 재해석되어 영화, TV용 애니메이션, 이야기 만화 등에 기초적으로 각색되어 사용되고 있다.

□ 그림설명 1695-1, 고대 이집트의 신화

-2, 그리스

-3, 로마 신화

-4, 고대 켈트문화 나라들의 신화.

✻ Celtic nation (켈트 민족)

켈트족은 게르만족(Germanic), 아일랜드인(Irish), 갈리아인(Gauls), 슬라브족(Slavs), 인도유럽어(Indo-European)족 등 켈트어파 언어를 쓰는 아리아(Aryan)족을 가리킨다. 켈트 미술과 같은 전통문화의 특성을 지닌 나라로 고고학적 증거를 토대로 발견된 지역의 민족을 포함한다.

＊ mythology (신화 학)

신화는 각종 신들에 관해 꾸며 쓴 이야기들을 말한다. 세상이 시작될 때 태초 창조된 근본을 종교적으로 풀이한다. 신의 모범적인 행위, 계시를 받았고 절대의 힘을 지키며 세상의 인간은 종교적 가치와 규범을, 또한 사회적 기능, 사건을 풀어가는 인간의 본질 등을 연구하는 학문이다.

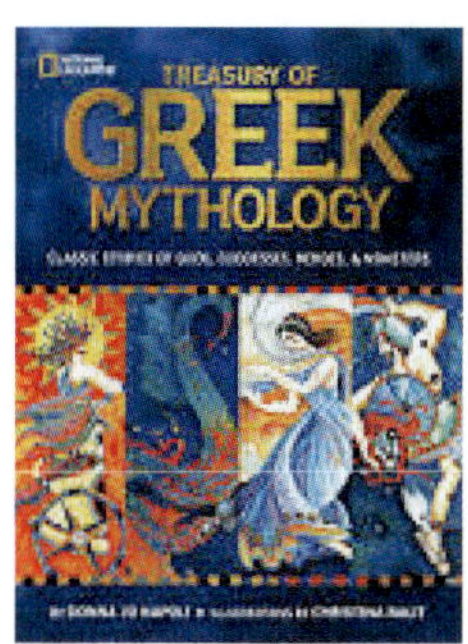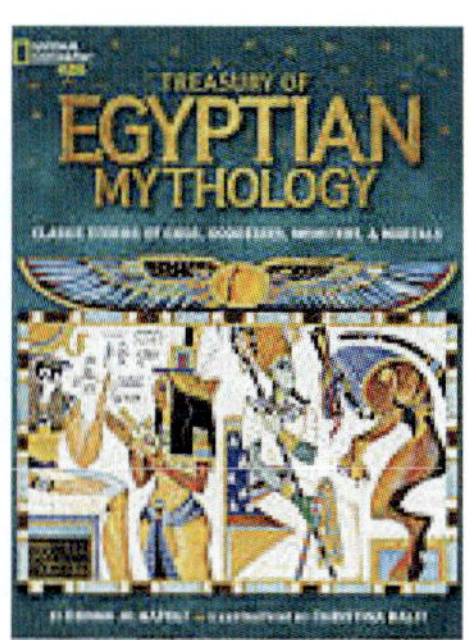

□ 그림설명 1695-5, 신화들은 대체적으로 고대 그리스신화가 많고 로만신화, 켈트신화 그리고 고대 이집트신화 등의 책들이 있다.

NASA

N n

[엔]

Newton

note

NASA- Hubble Space Telescope

1700 `equ` `fes`

NAB (National Association of Broadcasters, 미국전국방송자협회)

1) 라디오와 텔레비전 방송인들을 대표하는 기구로 1922년 설립되었고 1937년에는 방송법규를 자체 제정했다. 1945년에는 미연방 방송통신위원회(FCC, Fedral Communication Committee)를 발족시켜 국가와 방송사, 방송사와 노무자간에 교류와 정직하고 정확한 보도를 목적으로 시청각방송과 예술 발전지원을 목적으로 기준에 맞는 프로그램의 편성과 광고 실행에 대한 모든 지침을 즉시 라디오, FM, TV-Broadcast 스테이션에 업데이트(Update) 하여 제공한다. 2) NAB는 방송기재의 갱신(Update)을 위하여 전시회를 개최한다. 이 전시회는 주로 라스베가스(Las Vegas)에서 열리기도 하고 적합한 도시를 순회하며 매년 최신 방송 장비나 주변기기를 전시하고 홍보하며 상호 방송연구에 주력하며 교류한다. 기기전시는 매년 1월에 개최한다.

□ 그림설명 1700, NAB logo.

1701 `sci`

nano (나노)

나노는 극소의 뜻으로 사용하는 언어이다. 그들 중에는 마이크로(Micro=1백만분의 1), 나노(Nano=10억분의 1), 피코(Pico=1조분의 1), 펨토(Femto=1천조분의 1)로 단위를 잴 때 사용되는 말들이다.

1702 `pic` `gen`

narration (해설, 내레이션)

일반적으로 영화의 앞부분이나 종료 후 나오는 분자 해설이나 목소리로 해설 해 주는 것을 말한다. 주로 보이스-오버(Voice-Over) 방식으로 사용한다. 영화나 애니메이션 작품에서 전 줄거리의 보충 설명을 위해 쓰이는 하나의 연출 방법이다. 영화는 눈으로 감상하는 것이기 때문에 영화 내 캐릭터와는 다른 인물의 목소리가 보조적인 설명을 해 주는 내레이션이 큰 기능을 한다. 다큐멘터리나 교육 필름에서, 내레이터는 주제에 대한 전문가적 역할로 이미지를 보조하는 설명을 해 주거나 내용을 이해시키는 역할을 한다. 픽션필름(Fiction Film)에서 내레이션은 종종 한 캐릭터가 맡아서 캐릭터와 액션에 대해 이해시켜 주고, 시간이 경과한 동안 무슨 일이 있었는지 알려주며, 앞으로 일어날 일들을 암시하는 역할도 한다. 또한, 픽션 영화에서 내레이션은 모든 액션에 지속성과 관점을 부여하며, 내레이터는 영화 속에 캐릭터로 등장하지 않는다. 필름은 시각적이고 극적인 형식으로 이미지, 대사, 편집으로 가장 잘 소통되는 형식이기 때문에 내레이션이 꼭 필요한 경우가 아니면 오히려 영화를 약하게 할 수도 있다.

* narrator (내레이터, 해설자)

영화 내용 중 필요한 설명을 목소리로 해주는 해설자나 텔레비전 방송 중에 실황 해설을 하는 사람을 일컫는 말이다.

1703 gen lit

naturalism (자연주의, 유물주의)

사람의 손이 가지 않은 모든 자연환경이 우선이 되고 자연의 아름다움을 문학, 미술, 영화 등 예술 분야 속에 표현하려는 철학적 또는 문예적 사조(Trend)의 한 줄기이다. 특히 개인이 운명을 자유롭게 선택하는 것이 아니라 자연의 지배 속에서 특별히 식물, 동물, 암석 그리고 대지 등이 우선인 초자연적 환경에 의해서 결정된다는 것을 강조하는 성질(Nature)들을 예로 들 수 있다. 자연주의는 1780년경 프랑스에서 그리고 19세기 초에 이르기까지 이탈리아, 독일에서 이러한 자연주의를 찬미하는 작가들이 활동했는데 어떤 개인을 자연적 힘에 의한 희생양으로 그려지기 때문에 상당히 비이성적인 심리상태나 동물과 같이 거친 행동을 표현하기도 했다. 그러므로 자연주의는 종종 정신적인 폭이 좁아 보이는 사람들의 야비한 현실을 묘사하여 극도로 사실주의적인 표현을 만들어 내기도 했다. 영화 연출가 에릭 폰 스트로하임(Erich von Stroheim, 1885-1957)은 1923년에 <탐욕(Greed)>이라는 강렬한 작품을 발표했는데, 이 영화는 특히 캐릭터와 스토리 등에서 뛰어난 의도가 나타나 자연주의적인 표현에 있어서 기념비적인 영화로 기록되어 있다. 다수의 갱스터 영화(Gangster Film)에서 폭력적인 인간의 본성이 세상과 타협해 간다는 철학적인 의미를 담은 자연주의 영화로 볼 수 있다.

□ 그림설명 1703-1,-2, <Greed(탐욕)> 포스터와 영화의 한 장면. 1923, by Erich von Stroheim.

1704 sci

NASA(나사, 미국항공우주국)

*** The National Aeronautics and Space Administration (미국항공우주국)**

미국항공우주국은 미국 연방정부가 책임지고 관리하는 하나의 독립된 기구로서 항공기술과 우주탐구를 위해 민간우주프로그램을 수행하기 위한 목적으로 설립되어 활동하고 있는 기구이다. 1958년 7월, 아이젠하워(Dwight D. Eisenhower, 1890-1969) 당시 대통령에 의해 항공기술 자문위원회로 워싱턴 DC에서 발족되었고 성공적으로 이끌어 10년 후인 1969년에 인간을 최초로 달의 표면에 올려놓았다. NASA는 언제나 목표를 세우고 기념비적으로 목적을 달성해 나갔다. 그들은 인류가 우주에 관해 아는 것만큼 과학적 근거로 상상하고 연구한 계획을 최첨단 디자인으로 장비를 갖추어 우주를 탐험하며 패서디나(Pasadena)에 있는 제트추진연구소(Jet Propulsion Laboratory, JPL)로 보내와 무인탐사 우주선이 무엇을 하고 있는지 연구하고 또한 원격 지시로 필요에 따라 보수(Repair)하거나 새로운 것을 기획하고 개발하는 두뇌역할을 한다.

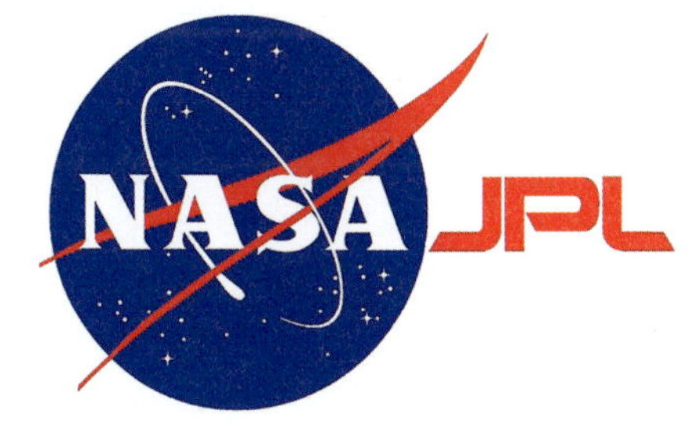

NASA - Explorer (나사 - 익스플로러)

***** 1958년 1월 31일 미국 최초의 우주선 <익스플로러(Explorer)>를 Cape Canavral(후 Cape Kennedy로 바뀜) 기지에서 지구궤도 1,454km에 쏘아 올려 우주 탐험이 인류의 역사상 처음 시작됐다. 시속 5,000km/h로 100억년이 넘게 비행해서도 도달할 수 없는

우주는 얼마나 큰 것인지, 우주의 끝은 있는 것인지, 지구의 밖에 우주에는 생명체가 사는지가 모두 궁금하다. 이런 것들을 알아내기 위해 지구인들은 계속 우주를 탐험하게 될 것이다.

NASA- Kepler Space Telescope (나사- 케플러우주망원경)

✻ <Kepler 우주망원경> – NASA는 초유의 우주망원경을 만들어 2009년 3월에 대기권 밖으로 발사 했다. 지구로부터 151,587,522km 궤도 높이에서 K2 임무의 사명(Mission)을 최상으로 달성하여 성공적으로 수행했다. 이 케플러 망원경(Kepler telescope)은 많은 우주의 신비를 보다 자세히 보여줬고 천문학자들에게 놀라움을 안겨 줬다.

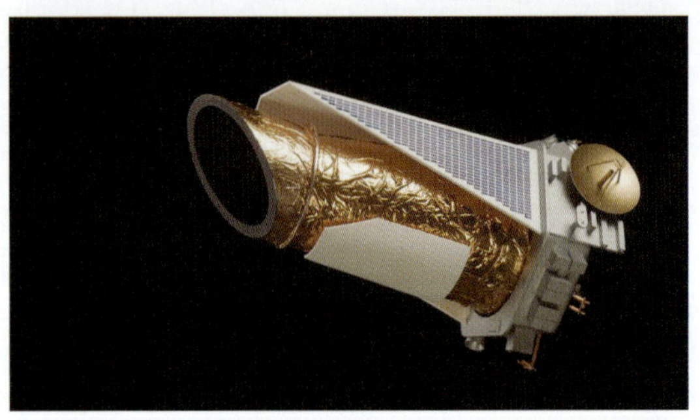

NASA- Space Shuttle (나사- 우주왕복선)

✻ <우주왕복선(Space Transportation System-1, STS-1)> – 미국의 첫 번째 우주 왕복선이 1981년 4월 12일 케이프케네디(Kennedy Space Center)에서 발사되어 궤도를 54.5시간동안 37회를 선회하고 캘리포니아 에드워드 에어포스(Edward Air Force Base) 활주로의 정확한 위치에 귀환하게 함으로써 미국은 러시아의 우주기술보다 한발 앞서게 됐다. 러시아의 가가린 우주센터는 미국의 우주 왕복선 프로젝트는 불가능할 것이라는 속단(Hasty Conclusion)에도 불구하고 정확하게 그의 임무가 이뤄져 성공했다.

NASA- Hubble Space Telescope (나사- 허블우주망원경)

✱2번째의 미국의 우주망원경 이 1990년 지구 저궤도(589km 상공)에 발사됐다. 이 우주망원경(렌즈의 직경 2.4m)으로 그동안 볼 수 없었던 은하수 같은 성운들을 10,000개 이상 무더기로 찾아내 보게 되었다. 허블망원경을 통해 깊고 깊은 우주의 베일을 걷고 보니 대성운의 별들의 군상이 수백억 년을 지나며 만들어진 것을 알게 되었고, 이것은 천문학자들뿐만이 아니라 일반 사람들을 놀랍고도 당황하게 했다.

NASA- Mars Rover (나사- 화성유랑자)

✱오퍼튜니티(MER-B)는 바퀴 6개가 달린 화성 탐사용 자동차이다. 지구에서 화성을 직접 가려면 거리상으로는 5천500만km에서 4억100만km이다. 차이가 생기는 이유는

태양의 주위를 타원형으로 각기 주기가 다르게 선회하고 있기 때문이다. 미국 항공우주국의 화성 탐사로버는 2003년 7월 7일에 발사되었고, 2004년부터 활동을 개시한 NASA의 화성 탐사로버 프로그램의 일부이다. 화성 유랑자라 불리는 <화성로버(Mars Rover)>(사진참조) 화성 표면에서 이곳저곳에 서성거리고 돌아다니며 낯선 물체들을 찾아 사진을 찍어 패서디나(Pasadena)에 있는 제트 추진연구소(Jet Propulsion Laboratory, JPL)로 보내 무인탐사우주선이 보내온 수집정보에 의해 생명체가 살았었는지, 아니면 인간이 살 수 있는 곳인지 알아보려는 사명을 띠고 있다.

NASA- X-Ray Space Observatory (나사- 엑스선 관측위성)

＊Chandra X-Ray Observatory(챤드라 엑스선 관측선)은 1999년 7월 23일 미국 항공우주국이 케이프커내버럴 공군 기지에서 STS-93호로 궤도 높이 105,312km 속도 1.7km/s에 쏘아 올린 인공위성이다. 백색왜성이 중성자별이 되기 위한 조건인 찬드라세카르 한계를 발견한 인도계 미국 물리학자인 수브라마니안 찬드라세카르(Subrahmanyan Chandrasekhar, 1910-1995)의 이름을 따서 명명되었다.

NASA- The first American in Space (나사- 최초 미국우주인)

＊Freedom 7, 최초의 미국 우주인(Mercury Astronaut) 알란 셰퍼드(Alan Bartlett Shepard Jr., 1923-1998)를 머큐리우주선 위에 실어 쏘아올린 것은 1961년 5월 5일이었다. 몇 번의 지연으로 캡슐 안에서 4시간 이상을 보낸 후 셰퍼드는 갈 준비가 되어 있었고 불과 23일 전에 Bostok 1을 타고 소련 우주비행사 유리 가가린(Yuri Alekseyevich Gagarin, 1934-1968)이 첫 번째 우주로 간 것에 대해 "가가린과 저 사이의 작은 경주는

정말 정말 가까웠었습니다.”라고 Freedom 7 Mercury 캡슐에 앉아 발사 준비를 기다리
며 있는 동안 구소련과의 우주 개발 경쟁에 관해 그가 말했다. 결국 그가 탄 우주선은
From Cape Canaveral, Florida 돌풍을 일으키고 치솟아 올라 우주로 진입했고 셰퍼드
는 하늘에서 지구를 처음 본 사람으로 “지구는 정말 보기 좋은 경치이다.”라고 말했다.
그의 비행은 15분, 지구를 불과 한 바퀴도 돌지 않고 귀환했고 미국의 최초 우주비행사
가 되었다.

NASA- International Space Station (국제우주정거장)

✱ 1998년에 건설이 시작된 국제우주정거장은 러시아와 미국을 비롯한 세계 각국이 참
여하여 연구시설을 갖춘 다국적 우주정거장이다. 2010년까지 완성되어 최소한 2020
년까지는 운영될 계획이다. 가장 큰 우주 정거장으로, 지상에서 육안으로 볼 수 있다.

NASA- Voyager 1 and 2(나사- 보이저 1과 2)

✱ 보이저 1은 1977년 9월 5일 그리고 1보다 2가 먼저인 1977년 8월 21일에 지구를 떠
나 초당 17km의 속력으로 서로 다른 궤도를 따라 출발해 목성과 토성을 탐사하는 임
무를 띠고 각각별과 별사이(Interstellar)를 우주를 통과하는 독특한 여정을 계속한다.
두 위성은 모두 태양의 중력을 벗어난 우주공간에 도달했으며 힘겨운 속력(Velocity)에
서 벗어나 우리가 볼 수 있는 은하수(Milky Way Galaxy)에 돌입하게 되면 초속 525km
로 비행할 수 있다. 지금으로부터 7년 전에 비행거리는 1호는 188억km, 2호는 153억
km나 지구로부터 멀어져 가고 있고 그 후 플라스마 탐지기(Plasma Detector)의 고장으
로 현제로서는 직접거리 측정이 어렵다. 보이저 1호는 인류가 만든 비행체로는 가장
멀리 떨어진 곳에 가있다. 약 4만년 후에는 우주선이 더 이상 작동하지 않고 새로운 데

이터를 수집 할 수 없게 된다. 보이저 2가 오르트 성운(Oort Cloud)의 초입에 도달하는 데만 약 300년이 그리고 로스-248 에 도달하는데 약 30,000년이 걸린다.

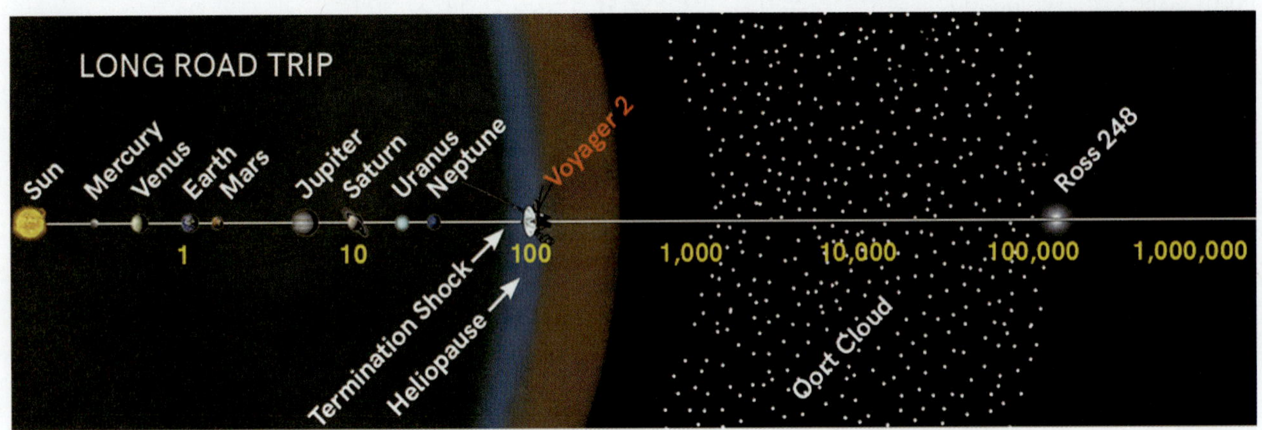

1705 `gen`

NBC, National Broadcasting Company (NBC방송)

RCA(Radio Corporation of America)사 소유의 미국 3대 TV 네트워크 회사 중 하나이다. 1923년 데이비드 사르노프(David Sarnoff, 1891-1971)에 의해 라디오방송을 처음으로 시작된 회사이다. 1926년 미국의 대기업인 제너럴 일렉트릭(General Electric) 산하의 한 회사로 NBC방송이 설립됐다. 사르노프에 의해 급격히 성장해 대성공을 한 회사이기도 하다. NBC는 최초의 녹화방송을 시도한 회사이며 CBS의 윌리엄 펠레이(William Paley, 1901-1990), CNN의 테드 터너(Ted Tunner, 1938-), FOX의 루퍼트 머독(Rupert Murdoch, 1931-) 등 유명인들이 NBC 출신들이다.

□ 그림설명 1705, NBC logo.

1706 `pic`

NC-17 (성인영화)

미국영화등급위원회(MPAA, Motion Picture Association of America)가 1968년에 등급 표시제 (G), (M, GP, PG), (PG-13), (R), (X/NC-17)을 만들었다. NC-17은 그중의 하나로 흔히 불리는 X등급과 같은 선정적인 내용을 담고 있는 영화를 말한다. NC-17 등급은 성인용의 주제와 내용으로 17세 이하의 어린이는 관람할 수 없다는 표시를 뜻한다.

NC-17

□ 그림설명 1706, 17세 이하 관람불가.

1707 `pic` `pho`

negative (원본 필름, 음화, 생필름)

재래방식으로 영화필름에서 네거티브(Negative)는 프린트 필름(Print Film)을 만드는 음화 원본이다. 대부분 오리지널(Original) 원본은 손상을 염려하여 2차 네거티브를 만들어 사용하는데 이것을 듀프 네거티브(Dupe Negative)라고도 부른다.

1708 `pic`

negative cost (순수제작 비용)

영화를 제작하는데 들어가는 오리지널(Original) 네거티브(Negative)의 편집까지를 포함하는 총 제작비용을 말하는데, 여기에는 사운드 스튜디오(Sound Studio), 필름사용량 및 편집실 등의 장비 비용과 같은 순수 자재와 재료비가 포함되어 있다. 이것은 전통적으로 Above-the-Line 프로덕션 기간 동안 비용과 포스트 프로덕션 기간의 비용으로 나눠져 있다. 즉 네거티브 필름까지를 완성하는 순수 제작비용을 통칭하는 용어이다. 이 비용에는 프린트, 배급, 전시, 광고를 위한 후반 비용 등을 제외한 모든 제작 경비가 포함된다.

1709 `pic`

negative cutting (네거티브 커팅, 원본편집)

최종 편집된 필름 워크 프린트(Work Print)가 완성된 후 그 필름과 정확히 매치되도록 네거티브를 편집하는 것. 가끔 다수의 배급용 프린트를 만들 때 오리지널 네거티브(Original Negative)의 손상을 막기 위해 오리지널 네거티브의 마스터 프린트에서 복사본 네거티브들을 만든다. 네거티브 커터는 워크프린트 필름 가장자리에 표시되어 있는 엣지 번호(Edge Number)와 대조하여 정확한 위치를 재확인한 후 잘라내어 서로 맞붙이거나 약간 겹쳐서 시멘트(아세톤)로 접착한다.

1710 `pho` `pic`

negative image (네거티브 이미지, 음화)

밝고 어두운 명암도가 반대로 되어있는 이미지를 뜻하는 말로, 컬러 필름의 경우에는 오리지널 그림 컬러의 반대색인 보색으로 보이게 된다.

□ 그림설명 1710-1, 자연광경

-2, 네거티브 이미지의 색.

1711 `ani` `pic`

negative perforation (네거티브 퍼포레이션, 필름 천공, 필름구멍)

16mm 혹은 35mm 필름에서 화면의 떨림 없이 또한 정확한 영사속도를 유지하기 위해서 매우 정교하게 필름 가장자리에 뚫려있는 천공(구멍)을 의미한다. 이 천공은 필름이 카메라와 영사기에 있는 스프라켓(Sprocket, 톱니바퀴) 위를 고속으로 지나게 되는데 그때 필름의 떨림이 없도록 하기위해 고안되어 있다. 네거티브의 천공들은 프린트필름의 천공크기보다 미세하게 작다. 네거티브(원본) 필름은 프린트필름에 복사할 때 정밀하게 움직이지 않도록 하기 위해서이다. 이것을 레지스트레이션(Registration)이라고 한다. 35mm필름의 경우는 네거티브 필름과 포지티브 필름에 좌우 모두 퍼포레이션(Perforation)이 뚫려있고, 16mm필름의 경우 네거티브 필름은 양쪽에, 포지티브 필름은 한쪽만 뚫려있다.

□ 그림설명 1711, 35mm, 16mm 네거티브 필름천공(Film Perforation hole)

1712 `gen`

negotiation (협상)

바이어(Buyer)와 셀러(Seller) 사이에, 또한 두 단체가 서로 다른 견해로 인해 단일결성이 이루어지지 않을 때, 계약(Contract)이나 의견이 성사되도록 하기 위해 사전에 논의하고 교섭하는 행위를 말한다.

1713 `gen` `lit`

neorealism, newrealism (네오리얼리즘, 신사실주의)

이태리의 파시스트(Fascist) 정부와 2차 세계 대전 직후의 사회적 환경으로 인해 필름업계가 겪었던 제한적 예술적 행위에 대한 반감이 주된 원인이 된 이태리에서 일어난 영화 운동을 뜻하는 말이다.

□ 그림설명 1713, <Ladri di biciclette> 1948, by Vittorio De Sica.

1714 `com` `gen`

network (방송망)

* network TV (네트워크 TV)

주권을 가진 방송사가 많은 시청자들에게 정치, 경제, 사회, 문화, 기후 등에 관해 신속하게 뉴스로, 또한 각종 프로그램을 제작해 시청자들에게 보여주기 위해 지방 방송총국을 거느린 방송망을 말한다. 지방 방송국을 통해 케이블, 전파 또는 위성으로 정규 프로그램과 광고를 전송한다. 인구밀도가 큰 지역, 미국, 프랑스, 독일, 중국 등 뿐만 아니라 국외에서 지방에 따라 지역(Branch)방송국을 갖고 있으며 한국에서는 지방 중요 대도시에 송신시설을 갖춰 놓고 지방총국이라 불리며 방송을 커버한다. 한국 내의 3대 방송으로 KBS, MBC, SBS 등과 유선방송(Cable-TV)들이 있다. 방송사에 따라 지방 방송망과 국제 방송망 그리고 디지털 방송망으로 프로그램을 분포하고 있다.

1715 `gen` `pic`

newsreel (뉴스 릴)

뉴스 릴이란 일련의 뉴스나 특수한 시사성의 주제를 다룬 10분에서 20분 내외의 단편 뉴스 필름을 말한다. 이러한 뉴스릴 형식으로 제작해 주로 극장이나 특정한 장소에 공급하던 방식은 20세기 초기에 사용된 방식으로 미국에서 시작되어 유럽으로까지 공급되었다. 한국에는 1960년대까지도 TV 방송이 없었기 때문에 이 당시의 뉴스는 극장에만 영화가 상영되기 전 짧은 필름으로 대신하는 정규 프로그램이었다. 대도시는 극장에서 뉴스를 상영했는데 대표적인 예로, 리버티 뉴스(Liberty News, 자유의 소리방송), USIS(미국홍보문화원, United States Information Service) News 그리고 대한 뉴스 등이 있었다. 1961년부터 TV 방송이 본격적으로 생겨나면서 극장의 뉴스는 사라지게 됐다. 역사적으로는 필름으로 실제의 사건들을 기록한 것은 19세기 후반 프랑스의 뤼미에르 형제(Lumiere Brothers)부터였으며, 미국에서는 무성 영화 초기 시대에 필름으로 촬영되었다. 당시 필름 촬영은 정치적으로 군사적으로 현실을 그대로 찍은 믿을 수 있는 뉴스로 미국과 유럽에서 광범위하게 다뤘다. 최초의 뉴스 릴은 1906년 미국의 제임스 스튜어드 블랙톤(James Stuart Blackton, 1875-1941)이 미국과 스페인 전쟁을 취재한 기록이 있으며, 이 때 미처 찍지 못한 해전 광경을 스톱 모션 애니메이션으로 만들어 냈다. 이 일로 그를 최초의 애니메이션 창작자로 부르기도 한다. 미국 것을 본 따 1908년 프랑스에서도 뉴스 릴이 만들어진 후 다른 나라들에서도 비슷한 뉴스 릴들이 생겨나기 시작했다. 1차 세계 대전(1914-1918) 역시 뉴스 릴로 미국과 유럽에 전해졌다. 폭스(Fox)사의 1927년 무비 톤 뉴스는 최초의 유성(Talkie)으로 만들어졌는데 이후 큰 반응을 불러 일으켜 현장에서 중요 인물들과 인터뷰를 하는 식의 뉴스 릴 패턴이 오늘날까지도 활용되고 있다. 1950년대 한국 전쟁 중에도 종군기자들이 뉴스를 찍어 후방으로 보내 소식을 전달했다. 최근 TV 뉴스는 기자들이 세트 라이트(Set light)와 교신하는 휴대용 장비들을 이용해 현장을 다루고 위성 통신을 통해 전 세계 시청자들에게 즉시 전달하는 방식으로 뉴스 릴을 이어가고 있다. 21세기에 들어서며 뉴스 릴은 사라지고 지금은 첨단 전자무선 송수신 장치를 갖춘 기기들에 의해 어디에서나 안방에 있는 수상기에서 볼 수 있다.

1716 sci peo

Newton, Issac (아이작 뉴톤)

아이작 뉴톤(Issac Newton, 1643-1727)은 1643년 1월 4일에 울스토프 링컨샤 잉글랜드(Woolsthorpe Lincolnshire England)에서 태어났지만 영국에서 옛날에 사용하던 줄리안 달력(Julian Calendar)으로는 그의 출생일이 12월 25일(Christmas Day)로 기록하고 있다. 그의 아버지는 넉넉하게 살았지만 교육수준은 높지 않았다. 그는 뉴톤이 태어나기 전에 그만 죽게 되었다. 뉴톤은 태어날 때 아주 작은 미숙아였다. 그러나 엄마는 어린 뉴톤을 키우다 놔두고 재혼을 하게 되어 할머니 손에서 자랐다. 어린 뉴톤은 학교에서도 똑똑한 애는 아니었다. 그래도 그는 캠브리지 대학교(Cambridge University) 부속학교인 트리니티 대학(Trinity College)에서 법학 공부를 했다. 그는 살아남기 위해 노예(Slave)처럼 일했다고 사학자들은 기록하고 있다. 후일 뉴톤은 수학(Math), 물리학(Physics), 광학(Optics) 천문학(Astronomy), 심지어는 작가(Author)로도 활동했다. 17세기에 들어서 과학혁명(Scientific Revolution)이라는 엄청난 생각을 하기 시작했다.

□ 그림설명 1716, 아이작 뉴톤

만유인력의 법칙을 설명하는데 사과(Apples)와 중력(Gravity)이라는 단어를 동의어(Synonymous)로 만들어냈을 정도였다. 이 일로 뉴톤은 세계적으로 이름을 날렸고 그후 일약 유명한 사람이 되었다. 그는 1687년에 물리학에 관해 영향력이 있는 과학전문지 기고에서 '만유인력의 법칙(Laws of Gravity)'을 내놓았다. 두 개의 물체가 질량에 비례하고 물체의 사각형에 반비례하는 중력으로 질량을 가진 물체 사이에서 서로 끌어당긴다는 주장을 기술한 물리학 법칙이었다. 세계의 과학자들은 건드려 놓은 벌집모양으로 큰 논쟁을 만들어 냈다. 그는 매우 겸손하게 대처했지만 사람들은 무래 했다. 진짜로 그의 머리 위에 사과가 떨어지며 쓰러져 그가 중력을 알아내려는 것이냐는 조롱 섞인 질문들이었다. 1666년 뉴톤은 오래전부터 연구하던 '3개의 운동법칙'을 완성했다. 그는 나중에 이것으로 학교에서 석사학위(Master's Degree)를 따냈다.

1717 `art` `pic` `lit`

New Wave (뉴웨이브, 새 물결)
* Nouvelle Vague (누벨바그)

1950년대 후반부터 시작해서 1960년대 이르기까지 최고조에 달한 프랑스 영화 운동으로, 주제의식과 기법의 혁신을 추구한 것이다. 뉴 웨이브 감독들은 개성적인 접근법과 감각을 중시하였으며 다음과 같은 요소를 이 운동의 핵심으로 볼 수 있다. 1) 캐릭터를 불손하고 비전통석으로, 그리고 대개 감정을 배제해서 다룬다. 2) 산만하고 사실적이거나 혁신적인 플롯(Plot) 구조. 3) 경량의 휴대용 카메라와 장비를 이용해 더 자연스럽고 실제적인 그림과 사운드를 구현한다. 4) 로케(Location)와 외부 촬영. 5) 간결한 커팅으로 이미지간의 관계나 이미지와 사운드의 관계, 그리고 매체 자체에 관심을 유도. 6) 영화적 공간과 시간의 실험. 7) 특히 인간 행동을 통해 부조리한 세상에 대한 실존주의적 태도를 견지하는 등의 내용을 다뤘다. 각 감독들은 자신의 스타일을 더욱 발전시켜 갔으며, 누벨바그가 국제적 영화계에 끼친 영향은 미국과 독일의 자유 시네마 운동 등만 보더라도 지내하나고 할 수 있다.

□ 그림설명 1717, <A bout de souffle> 1960, by Jean-Luc Godard.

* 참조보기 (0163 - Avant Garde)

1718 `ani` `pic`

NFBC (엔에프비씨)

*National Film Board of Canada

캐나다는 국가적인 정책으로 1939년에 NFBC(National Film Board of Canada, 캐나다 국립 영상 위원회)가 스코틀랜드(Scotland) 출신인 존 그리어슨(John Grierson, 1898-1982)에 의해 창설되었다. NFBC를 창설하기 전에는 캐나다에서 애니메이션의 활동은 거의 이루어지지 않았다. 애니메이션 산업이 크게 발달한 미국과 가까웠기 때문에 자국의 애니메이션 개발이 우선은 아닌 셈이었다. 다만 브라이언트 프라이어(Bryant Fryer, 1897-?)가 캐나다에서 유일하게 애니메이션과 인형극장을 선보인 정도였다. NFBC는 캐나다 관련 영화와 시청각 자료 제작 및 국내외 배급을 담당하는 공공기관으로 창설되었으며 창설 초기부터 국내와 국제 영화제작에 있어 큰 기여를 했다. 영국에서 영국의 다큐멘터리 필름을 주도했던 그리어슨은 NFBC를 설립하면서 영국에서 재능 있는 인재들을 캐나다로 불러왔고 영국에서 실사 영화나 애니메이션 분야에서 그와 협력했던 많은 사람들을 초청했다. 노먼 맥라렌(Norman McLaren, 1914-1987)도 영국에 살고 있었는데 그를 비롯해 많은 사람들이 그리어슨의 제안을 받아들여 캐나다로 이주했다. 노먼 맥라렌이 1941년에 합류한 후 캐나다 정부로부터 애니메이션 지원의 폭이 넓어지기 시작했다. 당시 캐나다에서는 애니메이션 발전 기간 중 급진적인 차별화된 프로덕션들이 많이 생겨났으며, 노먼 맥라렌 역시 영국에서도 그랬듯이 NFBC에 와서도 애니메이션 기법의 새로운 장을 열었다. 그의 대표작 '이웃사람들(Neighbours)'은 실사를 촬영한 것으로 필요한 프레임만 한 콤마씩 끊어서 편집하여 '픽실레이션(Pixilation)'이라는 새로운 장르를 만들어 냈고 1952년에 아카데미상을 받았다. 또한 프랑스 칸(Cannes)영화제에서 단편부문 황금종려상을 수상했다. '블링키티 블랭크(Blinkity Blank)' 역시 필름에 핀으로 구멍을 뚫은 다음 프레임의 흐름에 따라서 달라지는 빛의 움직임을 애니메이션으로 촬영한 새로운 기법을 선보였다. 맥라렌의 뛰어난 실험창작품들은 이밖에도 많은 곳에서 상을 수상했다. NFBC의 목적은 자국 캐나다의 국민들에게는 물론 해외의 여러 나라 사람들에게 홍보하는 것이 목적이었다. 애니메이션이라는 이상적 매체는 언어의 장벽을 초월할 수 있게 했고, 그는 후에 런던(London)에서 게리 포터튼(Gerry Potterton, 1931-), 데렉 램(Derek Lamb, 1936-2005), 마이크 밀스(Mike Mills, 1966-), 레스 드루(Les Drew, unknown)를 더 불러들이고 프랑스에서 알렉산더 알렉세예프(Alexandre Alexeieff, 1901-1982)와 클레어 파커(Claire Parker, 1906-1981) 부부도 불렀다. 덴마크(Danmark)에서 카이 핀달(Kaj Pindal, 1927-2019), 네덜란드(Netherlands)에서 폴 드리센(Paul Driesen, 1940-)과 코 헤드만(Co Hoedeman,

□ 그림설명 1718, NFBC logo.
Founder, John Grierson.

1940-), 프랑스(France)의 애니메이션 개척자 르네 조도인(Rene Jodoin, 1920-2015), 미국(USA)에서 캐롤라인 리프(Caroline Leaf, 1946-), 린 스미스(Lynn Smith, 1979-), 유고슬라비아(Yugoslavia)에서 즐랏코 그르긱(Zlatko Grgic, 1931-1988), 인도(India)에서 이슈 파텔(Ishu Patel, 1942-) 등을 초청해 왔다. 작가들의 국적이나 작품 내용 등에 간섭하지 않고 장기적인 재정 지원을 하는 등 다양한 혜택을 제공하여 이들이 NFBC에서 창의적이고 자유로운 작품 활동을 할 수 있게 했다. 이것은 애니메이션이 하나의 창작 예술로 지위를 향상시키는데 세계적인 기여를 했다. 작가로서의 영화 문학창작, 애니메이터로서의 기본 동작표현, 영화로서 감독의 연출능력, 색채의 해석, 소리의 표현, 음악과 감정의 이해 등에 크게 기여했다고 할 수 있다.

1719 `pic`

NG (엔지, 불량, 삭제)

일반적으로 NG 사용은 영화 제작에서 잘못 촬영되었을 때 사용되는 말로 'No Good(불량, 사용불가)'의 뜻으로 약자로 사용한다. 이미 촬영된 부분의 동작이나 그밖에 촬영할 때 잘못된 것을 알았을 때, 이미 잘못 촬영된 신 뒤에 'NG'로 슬레이트에 적어 넣고 약 6프레임 정도 편집자의 눈에 띄도록 추가해서 촬영으로 표시한다. 실사는 부분적으로 촬영하지 않고 NG가 났을 경우 처음부터 다시 촬영하게 된다. 그러나 애니메이션인 경우, NG 표시는 몇 초 몇 프레임이 잘못 촬영 되었는지 명확하게 적어 넣고 역시 6프레임 이상 눈에 띄게 촬영해 둔다. 애니메이션은 예를 들어, 전체 신의 길이가 5자 10프레임인 애니메이션의 경우, 4자 까지는 모든 촬영이 잘 진행되었으나 4자 이후 8 프레임은 잘못 촬영된 것을 알게 되었을 때 'NG 8x(8Frms)'이라고 슬레이트(Slate)를 찍는다. 그리고 다시 4자부터 연결되게 촬영한다. 이런 경우는 같은 신에서도 여러 번 발생할 수 있다. 그럴 때는 또다시 NG 슬레이트를 넣어 잘 촬영된 부분을 구제할 수 있다. 이때의 NG 슬레이트는 테이크 2(Take-2) 슬레이트와 혼돈해서 사용해서는 안 된다.

1720 `gen`

nighttime(밤, 야간 방송)

일반적으로 오후 7시부터 11시까지를 말하며 계절에 따라 자정까지의 텔레비전 방송시간을 지칭하는 말이다. 또한 방송시간에 의거해 최근에 와서 24시간 철야방송을 시행함으로써 야간의 개념은 새벽 6시까지로 연장하여 방송할 수 있다.

1721 `mus`

nocturne (야상곡)

야상곡이라는 이름을 붙여 작곡된 고전시대(Classical Period)에 음악들은 18세기에서 부터 부분적으로 악장에서 표현하면서 시작되었다. 이러한 음악은 주로 저녁에 연주되면서 붙여진 이름이기도 하다. 그들 중에는 오스트리아(Austria) 태생인 볼프강 아마데우스 모차르트(Wolfgang Amadeus Mozart, 1756-1791)가 31세 때인 1787년에 작곡한 <Eine Kleine Nachtmusic K525, G Major>는 일명 녹턴 세레나데(Nocturne Serenade)로 작곡되어 초저녁에 경쾌하게 연주되었을 듯싶다. 모차르트는 35살 나이에 신부전(Renal Failue)으로 죽었다. 모차르트는 이보다 더 일찍이 1776년 그가 20세가 되던 해에 그의 고향 살츠버그(Salzburg)에서 작곡한 <Quadraphonic Notturno in D, K.286>이 야상곡으로 주로 저녁에 연주되었고 이들을 녹턴 세레나데(Nocturne Serenade)라 일컫는다. 그리고 모차르트 보다 26년 늦게 아일랜드에서 태어난 존 필드(John Field, 1782-1837)에 의해 18개의 피아노곡으로 작곡되었다. 존은 피아니스트로 학생들을 가르쳤고 작곡가이기도 했다. 그가 최초로 작곡한 피아노 녹턴은 잊히지 않고 지금까지 애호를 받아 그는 '녹턴의 아버지'로 불린다. 19세기에 들어와 녹턴은 번창했다. 1810년 폴란드에서 태어난 프레드릭 쇼팽(Frederic Chopin, 1810-1849)은 그가 7살 때 음악을 작곡해 악보를 인쇄할 정도였다. 그는 8살 때 파리로 이주했다. 음악천재로 음악을 가르쳤지만 39세 나이로 죽었다. 이러는 동안 쇼팽은 21개의 야상곡을 작곡했고 지금에도 애청하는 사람이 많아 유명하다. 그가 쓴 야상곡은 단 일 장(Single Movement)으로 피아노 솔로로 되어 있어 듣기가 쉽다.

□ 그림설명 1721, 쇼팽, 야상곡 내림 마장조 OP9 NO. 2 (1831)

1722 `gen` `pic`

noise (노이즈, 잡음)

영화제작에서 잡음은 음향에서 연출에 필요한 때를 제외하고는 어떠한 잡음도 원하지 않는다. 그러나 잡음도 소리(Sound)에 포함된다. 오디오 시스템에서 쉭쉭하는 소리나 전기의 발진음이나 튀거나 떨리는 등 신호를 증폭했을 때 들리는 원치 않는 사운드 모두를 노이즈라 칭한다. 또한 이 말은 TV 화면의 이미지가 멍쾌하지 않으며 드롭아웃 (Drop-out)이 생길 때도 사용하는 말이다.

1723 `gen`

nomination (지명, 예심)

일반적으로 영화제작, TV 프로그램, 음반, 문학 그리고 예술 활동 등 경연에서 두드러지게 관객들로부터 인기가 있어서 예심추천(Pre-Selection)에 지명되는 것, 또한 협회나 단체에서 개인이 대표직으로 지명을 받는 것을 뜻하는 말이다.

1724 `pic` `ani`

non-camera film (카메라 없이 만든 필름)

아날로그방식의 필름 영화제작의 한 분야로 필름을 카메라에 넣어 촬영하지 않고 원 필름(Raw Film)에 직접 그림을 그리거나 현상되지 않은 원판(Negative)필름 위에 여러 가시 패턴이 있는 물선을 놓고 그것을 빛에 노출시킨 후 현상과정을 거쳐 얻어지는 추상적인 이미지를 구성하는 방식을 비촬영(Non-Filmed) 영화라고 부른다. 이러한 비촬영 영화를 만든 최초의 사람은 맨 레이(Man Ray, 1890-1976)로 전위사진작가의 선구자였다. 그의 본명은 에마뉘엘 레드니츠스키(Emmanuel Rednitzsky)로 1890년 미국에서 태어나 1976년 파리에서 생을 마감하기까지 많은 활동을 했다. 그의 작품으로는 1923년 <이성으로의 회귀(Return to Reason)>를 들 수 있다. 또 다른 방식으로 각 프레임마다 빛을 가하는 솔라리제이션(Solarization), 컬러 필터의 이용 그리고 패턴의 활용 등으로 추상적 이미지를 넣어 필름을 제작하는 방식도 있다. 제작방식이 다른 방법 중에 역시 카메라를 사용하지 않고 필름 표면의 감광유제를 긁어내어 추상적 패턴의 이미지를 그려 넣는 스크래치 온 필름(Scratch on Film)방식도 있다. 필름의 표면을 날카로운 송곳으로 긁어서 직접 추상적인 형태를 만들어 낸다. 1951년 노먼 맥라렌(Norman McLaren, 1914-1987)의 <펜 포인트 퍼커션 (Pen Point Percussion)>에서는 이미지는 물론 사운드 트랙까지 모두 손으로 그려 넣어 소리를 만들어 사용했다. 그의 창작 의욕은 언제나 새로운 시도를 그 누구보다 앞서 했다.

이러한 방식으로 필름에 색을 추가해 만든 <칼라 박스(Colour Box)>라는 추상 단편 필름은 매우 영향력 있는 작품으로 알려져 있다. 카메라 없이 직접 필름에 작품을 완성하기 때문에 '다이렉트 필름(Direct Film)' 또는 특별한 내용이 없으므로 추상 필름(Abstract Film) 이라고 칭하기도 한다. 또한 노먼 맥라렌(Norman McLaren, 1914-1987)은 맨 레이(Man Ray, 1890-1976)의 영향을 받아 <블링케티 블랭크(Blinkety Blank, 1955)>에서는 새가 나는 동작을 검은 필름 위에 송곳으로 긁어서 표현하고 색칠해서 카메라를 사용하지 않은 애니메이션을 제작했다.

□ 그림설명 1724-1, <Return to Reason> 1923, by Man Ray.

-2, <Blinkity Blank> 1955, by Norman McLaren.

✱ 참조보기 (0009 - Abstract Film)

1725 `pic` `gen`

non-disclosure agreement (비공개 협약)

'넌-디스클로져 애그리먼트'는 당사자 양측이 어떤 프로젝트에 관해 기밀을 약속하는 계약 행위로, 예를 들어 영화사가 작가에게 대본의 줄거리와 캐릭터에 관련된 모든 정보를 비밀로 유지할 것을 요구하는 것이 이런 경우이다. 또한 당사자 간에 어떤 권리를 승계하고 대가를 지불할 때 그 가치를 돈으로 지불한다 할지라도 금액은 공개하지 않는 것을 'Non-Disclosure Agreement'라는 특별한 문구를 계약서상에 표기하는 것을 말한다.

1726 `pic`

nonlinear editing (비선형 편집)

영상을 전자식인 디지털 시스템(Digital System)으로 편집하는 것을 비선형 편집이라 한다. 재래식 아날로그(Analogue) 편집에서 영화의 필름을 가위질하는 것을 유선형(Linear, 린이어)이라고 부른다. 재래식 필름 편집 방식처럼 순서대로 영상을 배치해 편집을 해볼 필요 없이, 비선형 방식을 사용하면 신(Scene)이 어떤 순서이든 임의로 편집을 할 수 있고, 미리 여러 가지로 편집이나 시퀀스(Sequence)의 순서 변화를 시도해 볼 수 있다. 심지어는 한 가지 버전으로 결정하지 않고 몇 가지를 스크린에서 동시에 편집해서 어울리는 것을 선택할 수 있도록 해준다. 이 때문에 할리우드 영화 제작에서 거의 1세기나 사용해 왔던 무비올라(Moviola)나 플랫 베드(Flatbed) 편집 기재들을 하루아침에 고철로 둔갑시키게 되었다. 제작 도중 데일리(매일 그 날 촬영한 분량)와 러프컷(Rough Cut)을 준비하는 데에도 역시 비선형 편집이 능률적으로 사용된다. 비선형 편집시스템은 영화 편집의 최신 최대 기술이다. 이런 형식의 디지털 편집은 '비파괴 편집'이라고도 칭하는데, 원자료를 사용하는 것이 아니므로 원본의 손상이 없고, 그림과 사운드를 어떻게 시도를 해보던 원래의 기록된 형태로 언제든 복구될 수 있기 때문이다. 일반 필름의 경우 편집용 마스터를 만들어 사용하지만, 어떤 비선형 시스템의 경우는 메모리와 저장능력이 충분하기 때문에 디지털 마스터를 만들 수도 있다. 이러한 편집을 위해 아비드 미디어 컴포저(Avid Media Composer)가 1989년 등장했고, 그 이후 일련의 비선형 편집 시스템으로 발전해 비디오와 영화 업계의 기본 제품이 됐다. 최근에도 오프라인편집을 위해 설계된 장비들은 수 없이 많다. 편집 시스템에서 선형(On Line)과 비선형(Off Line)이라는 용어는 1980년대 후반 디지털 편집의 급부상으로 두 가지 공정의 차이가 녕백해지면서 사용하게 됐다.

✱ 참조보기 (0479 - Computer)

✱ 참조보기 (0533 - Cut)

✱ 참조보기 (1811 - Off-Line)

✱ 참조보기 (1818 - On-line Editing)

1727 `pic`

non-real time (넌 리얼 타임)

이 용어는 영화 촬영에서 일반적인 초당 24 프레임보다 많거나 적은 일련의 영화 이미지들을 옮기고 기록하거나 렌너링(Rendering)하는 과성을 의미한다. 예를 들어, 필름 스캐너와 필름 리코더가 이미지를 디지털 코드로, 혹은 디지털 코드에서 이미지를 전송할 때 훨씬 느린 속도로 전송하여 네거티브의 해상도를 유지할 수 있도록 한다.

1728 `ani`

north & south pegs (상하 페그)

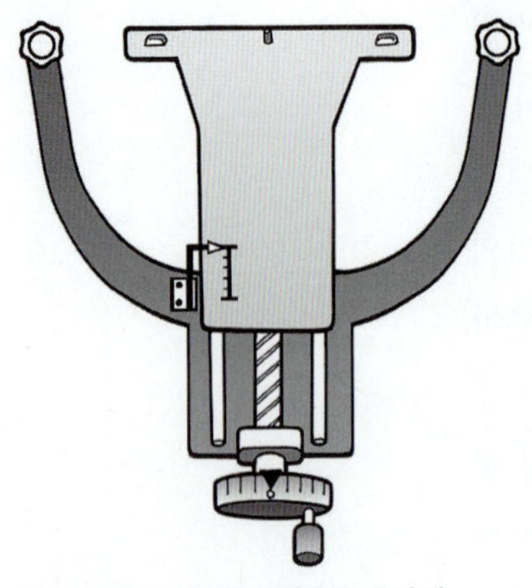

□ 그림설명 1728, 상하운동 동작에 사용하는 Flowing peg.

재래식 애니메이션 카메라에서 테이블 아래 쪽의 페그 바를 Bottom Pegs라 부른다. 이 바(Bar)에 부착시켜 사용하는 페그로써 핸들의 다이얼을 좌우로 돌림으로써 페그는 남북 방향으로만 최대 1인치(2.54cm) 정도까지 올리고 내리고 할 수 있도록 되어있다. 이것을 상하 페그라 부르며 주로 애니메이션에 있어서 캐릭터가 공중에 떠 있는 것 같이 보이도록 할 때나, 또한 상반신만 보이는 캐릭터를 그림을 많이 사용하지 않으려 할 때 걷는 것 같은 느낌을 주기 위해서 상하 움직임처럼 사용된다.

1729 `mus`

note (음표)

*Musical note (음표)

음악에서의 음표는 소리의 속도를 나타내기 위해 사용하는 부호를 말한다. 음악은 선사시대부터도 언어와 구분하여 슬픔이나 즐거움을 나타내는 감성을 호소하는데 사용했을 것으로 후세에서 기록하고 있다. 그러나 그때 음표는 물론 없었다. 음악은 그들이 초자연 속에 살아가면서 즐거움의 노래, 신을 부르는 호소, 인생을 구가하는 표현의 한 방식이었을 것이다. 음악이 시작된 것은 BC. 5,000년 전인 메소포타미아(Mesopotamia)의 수금(Lyre, Harp와 유사)이 있었고, BC. 3,100년 전 이집트 문명에서 여러 악기들이 등장하는데 주로 현(Strings)이 아닌 타악기 종류이다. BC. 500년이 되어 고대 헬라에서 나무로 마들어진 아울로이(Auloi, Pipe)라는 피리가 새로운 소리를 냈다. 그러나 인류가 최초로 음표를 사용했던 시기는 기원 후, AD. 400년쯤으로 역사에 기록 되어 있다. 음악은 일반적인 노래가 아닌 기독교(그리스 정교) 의식에서 사용된 성당의 찬송가였는데 그리스의 교회로부터 음악을 소개 받을 때만해도 4개의 음표 양식으로 사용되고 있었다고 한다. 이탈리아의 밀란에 있는 세인트 암브로시우스(St. Ambrose, c.340-397, 본명 Ambrosius) 주교는 교회에 음악을 사용하기를 원했고 4개의 음표로는 부족하여 8개로 된 한 옥타브를 창안해 사용했다는 기록이 있다. 그로부터 200여년이 지나서야 이탈리아의 교황 그레고리 1세(Gregory I, c.540-604)가 4개의 양식을 추가한 8개 음표를 승인하여 오늘에 이르게 되었다는 기록이 있다. 당시 세인트 암브로시우스가 사용한 8개 음표 형식은 주로 찬송가를 위한 것이었는데 시편이나 그 밖의 기독교 서적을 활용하여 노래(Lyrics)로 불려졌다. 음악에서 쓰이는 음표에는 온음표, 2분 음표, 4분 음표, 8분 음표, 16분 음표, 32분 음표, 64분 음표 등이 있다.

Whole	𝅝	온음표	
Half	𝅗𝅥	2분음표	
Quarter	♩	4분음표	
Eighth	♪	8분음표	
Sixteenth	𝅘𝅥𝅯	16분음표	

✱ 참조보기 (1806 - Octave)

□ 그림설명 1729, 같은 길이를 나타내는 음표.

1730 `gen`

NTSC(엔티에스씨)

✱National Television Standards Committee (미TV방송규격심의위원회)

미국에서 제정한 컬러 TV 송출방식을 말한다. 이 방식은 1953년 미국의 RCA가 주축이 돼 종래의 CBS가 개발한 문제점을 개선하여 새롭게 만든 방식을 표준화하게 된 것이다. NTSC 방식의 경우, 컬러와 흑백의 송출방식에 호환성을 가지고 있고, 시대적 특성을 충분히 활용해 넓은 띠의 신호를 압축, 종래의 흑백 TV와 같은 전파의 대역폭으로 만족스런 컬러로 화상을 전송하는 방식이었으므로 방송규격으로 정해지게 됐다. 캐나다(Canada), 일본(Japan), 한국(Korea) 역시 NTSC 방식을 사용하고 있으며 독일(Germany), 영국(United Kingdom), 이태리(Italy) 등 많은 유럽 국가들과 북한(North Korea)은 PAL(Phase Alternation Line)방식을 사용한다. 그리고 러시아(Russia)와 프랑스(France)는 SECAM 방식을 채택하고 있다. NTSC는 초당 30프레임이며 PAL과 SECAM은 초당 25프레임이다.

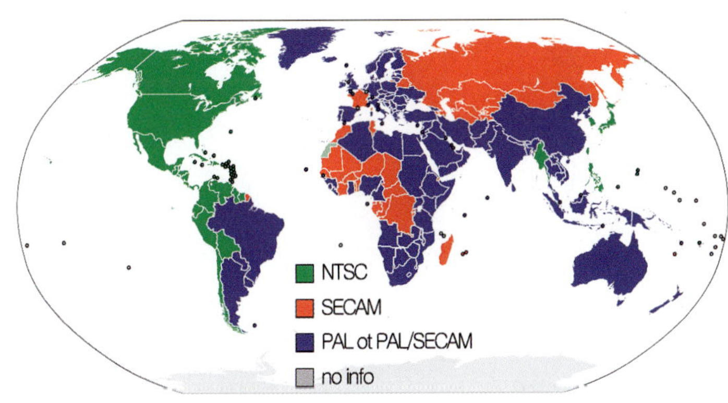

□ 그림설명 1730, Television encoding systems of the world.

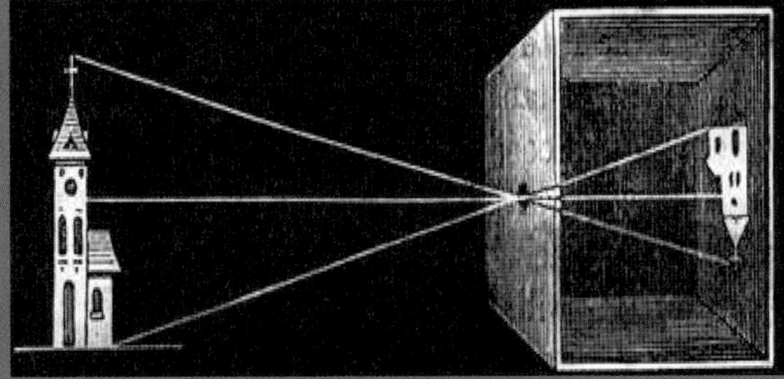

Obscura

O o

[오]

Lick Observatory

Oxberry Animation Stand

Oswald Rabbit

1800 `fes` `pic`

Oberhausen International Short Film Festival (오베르하우젠 단편영화제)

독일〉 Oberhausen, 독일의 중서부 에센(Essen)시에서 가까운 곳에 위치한다. 1954년 서독교육영화제로 출범하여 1959년 서독 단편영화제로 이름을 바꿨다가 1990년 동서독이 통일이 시작되며 1991년 다시 지금의 '오버하우젠 단편영화제'로 명칭을 바꿨다. 통일 독일 이전 1962년부터 이른바 서독 영화계에 나타난 뉴저먼 시네마(New German Cinema)의 시대를 연 '오버하우젠 선언(Oberhausen Proclamation)'으로 더욱 유명해진 영화제이다. 대부분 5월 초에 열리며 비상업 경쟁 영화제이다. 전 세계의 단편 영화들이 경쟁하는 국제경쟁 부문, 독일영화만 출품하는 독일경쟁부문, 아동·청소년 단편 영화부문, 세계 최초의 뮤직비디오 경쟁부문인 무비어워드 등 5개의 섹션으로 이뤄져있다. 영화의 내용은 실험적인 성격이 강하고, 정치적, 사회적, 미학적인 작품들도 많이 다룬다.

poster

festival

□ 그림설명 1800, 오베르하우젠 국제단편영화제.

1801 `ani`

object (물건, 물체, 오브젝트)
＊Object animation (오브제 애니메이션)

오브제 애니메이션은 스톱 모션 애니메이션(Stop Motion Animation)이라고도 부른다.

생명 없는 오브제(Object, 오브젝트의 불어발음)를 애니메이션 카메라를 사용하여 한 프레임 씩(Frame by Frame) 움직여가며 촬영하는 기교를 의미하여 이것을 스톱 모션이라 한다. 조금씩 움직여가며 물체를 촬영한 필름을 영사했을 때 마치 스스로 살아 움직이는 것 같은 동작을 얻어 낼 수 있다. 퍼펫(Puppet, 인형) 애니메이션 촬영과 유사한 애니메이션 테크닉의 하나이다. 오브제 애니메이션에서는 동일성을 유지하며 움직이게 해야 하고, 보는 사람이 그것을 하나의 움직이는 물체로 인식할 수 있도록 기본 형태를 잘 유지하며 움직이게 해주는 것이 중요하다. 오브제 애니메이션의 대상 모델들은 책상, 의자, 병, 용기, 과일, 구두 등 무엇이든 가능하다. 스스로 움직일 수 없는 어떠한 물체도 특수 촬영을 통해 움직이는 동작을 얻어낼 수 있는 하나의 애니메이션 기교이다.

□ 그림설명 1081-1, <Ah> 2011, by 이성환.

-2, <Noodle Fish> 2012, by 김진만.

-3, <Moznosti dialogue> 1982, by Jan Svankmajer.

1802 `sci` `gen` `pho`

obscure (흐릿한, 불분명한 이미지)

옵스큐어는 똑똑히 보이지 않는 것, 또는 의미가 분명치 않은 것을 뜻하는 말이다. 그러니까 명확하지 못하거나 애매한 상황에서 흔히 사용되는 단어이다. 특히 광학과 관계된 의미로 빛이 잘 안 드는 어두컴컴한 구석방을 가리키는 말이다. 이 단어는 라틴어에서 유래한 말로 '어두운(Dark)'의 뜻에서 '암실'로 상징적으로 사용되었다. 그리고 광학이 발달하며 상(Image)을 맺는 카메라의 의미로 발전한 말이다.

＊obscura (옵스큐라)

옵스큐라는 지금 사용하고 있는 카메라의 원형으로 최초의 카메라의 원리적인 발견이라고 할 수 있다. 그것을 발견한 사람은 페르시아(지금의 이란)의 알 핫젠(Al-hazen (Al-Haytham), AD.965-1040)으로 아랍의 바스라(Basra)에서 태어나 이집트의 카이로 (Cairo)에서 생을 마친 과학자였다. 과학이 어둠 속에서 길을 찾지 못하고 있던 시대에 그의 생애에서 그의 과학적인 연구가 약 200가지나 된다. 그리고 아직도 절반의 그의 연구가 소중히 살아 남아있다고 한다. 그의 연구중에서 카메라는 렌즈가 없이 얇은 검 정판에 아주 작게 뚫어놓은 핀홀(Pin Hole)을 통해 밖의 물체가 빛으로 반사된 상 (Reflected Image)을 맺게 한다는 논리였다. 이것은 11세기에 있었던 연구였고 그 후 500년이 지난 후인 16세기에 와서야 렌즈의 개념과 유리연마기술을 깨우치게 되었다. 그리고 1646년 아타나시우스 키르허(Athanasius Kircher, 1601-1680)가 연구논문과 함 께 발표한 최초의 광학기구인 '매직랜턴(Magic Lantern)'을 시작으로 빛을 이용해 벽에 그림을 비추는 환등 기구들과 함께 영상에 관한 연구가 줄줄이 쏟아져 나왔다. 환등기 기술은 크게 발전하지는 못했지만, 결국은 18세기에 들어 프랑스의 에밀 레이노드 (Charles-Émile Reynaud, 1844-1918)가 영사기를 만들어 수동으로 돌리며 스크린에 연 속된 동작을 볼 수 있는 최초의 영화관을 개관하면서 영화가 시작된 것이었다.

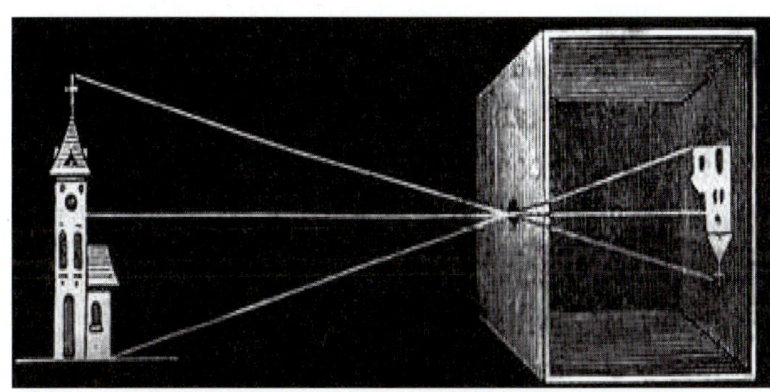

□ 그림설명 1802, 카메라의 원리, 10세기경의 옵스큐라. 발명자 알 핫젠.

1803 `sci`

observation (감시, 관찰)
* observatory (천문대, 관측소)

천체를 관측 연구하는 곳을 천문대라고 한다. 인류는 과학의 발달로 인해 지구 밖 (Outer World)에 천문대를 설치함에 따라 지구 천문대와 스페이스 천문대로 나눌 수 있 다. 지상 천문대는 일반적으로 학습용과 관측용으로 나눌 수 있으며 세계 여러 나라에 지상 관측소를 설치하고 여러 연구목적에 따라 각기 다른 사명을 띠고 관측한다. 지구 로부터 추적 연구한 자료는 군사적인 기밀이 아니면 서로 새로운 자료를 교환한다. 천 체 물리학을 위한 천문대는 1876년 세계 최초로 미국의 서부 캘리포니아에 있는 해밀

O

턴 산(Mt. Hamilton)의 정상에 자리 잡아 건립을 시작해 1887년에 완공, 개관한 리크 천문대(Lick Observatory)이다. 리크라는 이름은 유언자(Legator)인 제임스 리크(James Lick, 1796-1876)가 죽기 전에 유증(Bequest, 유산)으로 천문대가 건립되었기 때문이다. 당시 70만 달러(지금의 가치로 약 2,300만 달러)로 11년 만에 완공했다. 리크는 원래 직업은 목수였으며 피아노를 만든 사람이었다. 리크는 죽어서 해밀턴 산 정상의 천문대 근처에 묻혔다. 이 리크 천문대는 한 때 아인슈타인이 '우주상대성원리'의 논리를 정립한 천문대이기도 하다. 지상에는 세월이 지나 거대한 망원경을 자랑하는 대규모의 것이 많이 있었지만 지금은 지상관측소로는 대기를 통과해 목적물을 명확히 볼 수 없게 되고 녹슬게 되었다. 영국의 그리니치(Greenwich) 천문대, 미국의 워싱턴 해군천문대(US Naval OSB), 러시아의 풀코보(Pulkovo) 천문대, 프랑스의 파리(Paris) 천문대, 오스트레일리아의 스트로믈(Mt. Stromolt)산 천문대, 일본의 도쿄 도심(Tokyo Metropolitan) 천문대 등을 들 수 있다. 지상의 천체망원경은 별의 위치에 따라 천문대가 다를 수 있다. 그러나 지난 1990년 미국 NASA에 의해 허블(Hubble) 우주망원경을 스페이스에 올려 그동안 알지 못하던 우주의 별의 새로운 분포를 찾아내게 되었다. 또한 2009년 20여년 만에 케플러(Kepler) 우주 망원경을 또 우주에 올려 궤도를 돌고 있는 행성(Planets)들을 1,300여개나 새로 찾아내 지구로부터 먼 곳에 거대한 공간에 수십억의 천체가 존재하고 있음을 알아내게 되었다.

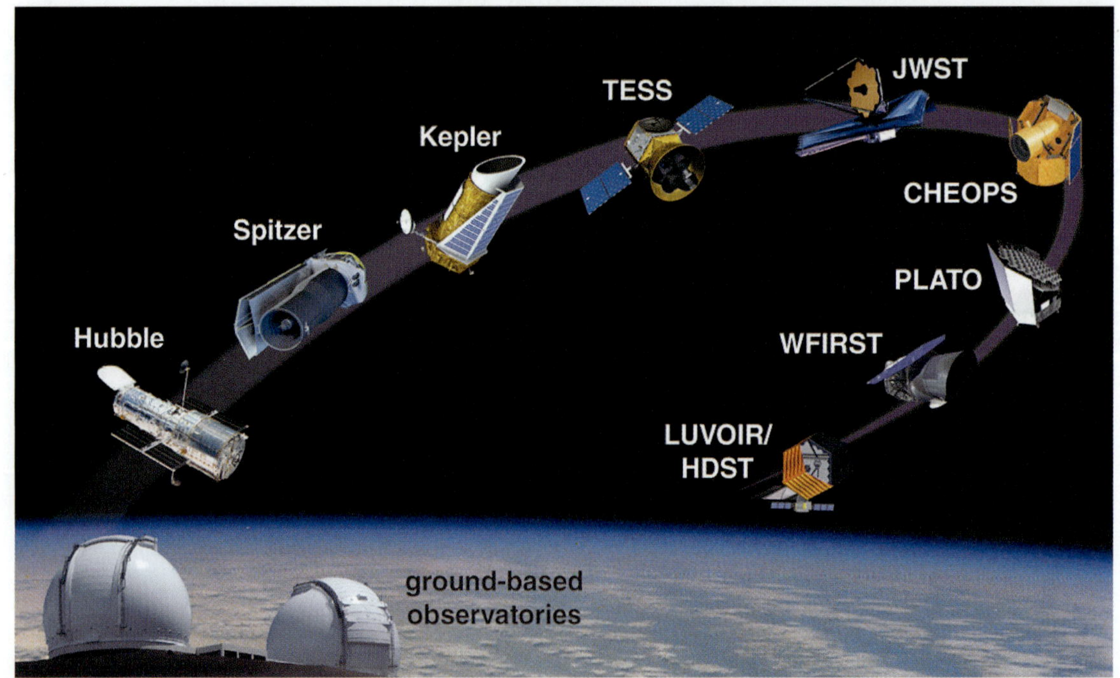

□ 그림설명 1803-1, 우주 공간에 떠서 명확한 정보를 지구에 보내오는 우주 망원경과 각종 외계 정보수집용 기구들.

-2, 1888년 완공한 캘리포니아 해밀턴 산(Mt. Hamilton)에 있는 리크 천문대(Lick Observatory)와 밤하늘

-3, 1933년 리크 천문대, 아인슈타인 (사진 -3의 좌측 앞)이 '우주상대성원리' 논리를 정립한 천문대.

-4, LA 할리우드 근처에 있는 그리피스 천문대(Griffith Obs.) 방문객들은 우주 쇼나 실제 천체망원경을 들여다 볼 수 있다.

-5, 런던에 있는 왕립 그리위치천문대 (Royal Observatory Greenwich)

-6, St. Petersburg에서 가까운 러시아이 펄코보천문대(Pulkovo Obs.)

1804 `gen`

obsolete (구식, 한물간)

많은 지식인들을 현혹시킨 미국의 작가로 미래를 내다보는 미래학자(Futurologist)로 널리 알려진 알빈 토플러(Alvin Toffler, 1928-2016)가 1970년에 쓴 <미래의 충격(Future Shock)>이라는 저서에서 처음으로 사용한 단어이다. 3부작(Trilogy)으로 된 이 책에서 그의 소견은 다양하고 신랄하다. 미래는 지식혁명, 컴퓨터의 혁명, 문화혁명 등을 논하며 '한물간(Obsolete)' 쓰레기 같은 지식을 걸러내는 능력이 미래의 부를 결정짓는데 중요한 요소라고 주장한데서 나온 말이다.

1805 `gen`

obstacle (장애물)

실제의 도로위에 바위덩이나 갑작스런 사고로 인해 길이 막혀 더 이상 앞으로 나갈 수 없게 가로 놓인 물체 등을 장애물이라 한다. 목표로 정해진 이동을 저지시키거나 지연시키는 지형이나 갑작스런 환경변화로 인해 진행이 어려운 상항 등을 모두 장해물에 속한다. 또한 육상경기에서 선수들이 원활이 뛸 수 없도록 장해물을 설치하는 허들(Hurdle, 장애물달리기) 경기에 사용되는 장애물(Track and Field Equipment)을 말한다.

□ 그림설명 1805-1, 도로를 차지한 장애물.

-2, 육상 허들경기 장애물.

1806 `mus`

octave (옥타브)

음악에서 옥타브는 음정이 높거나 얕거나 주파수가 두 배(피아노 건반의 8번째 떨어진 위치) 차이 간(Interval)의 음정을 뜻한다. 옥타브의 의미는 라틴어로 Octavus(Eighth, 8번째)라는 뜻에서 온 말이다. 음높이(Pitch)가 꼭 배가 높은 음표사이(Multiple Octaves)의 음정을 사람은 같은 음으로 인식하게 된다.

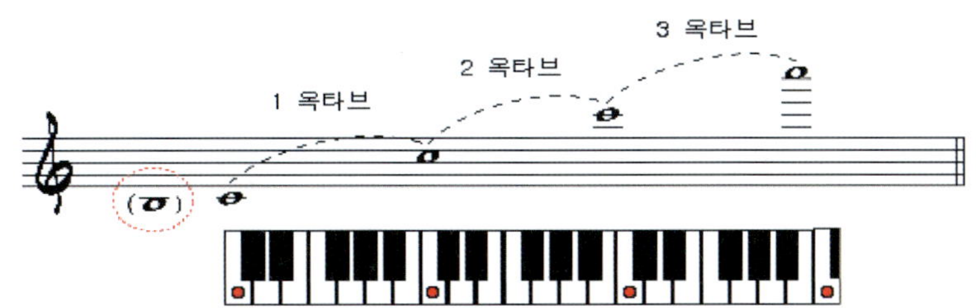

□ 그림설명 1806, 피아노 건반으로 보는 한 옥타브.

1807 `mus`

octet (8중주)

음악에서 8중주는 여덟 가지의 악기 또는 음성을 포함해 구성된 하나의 실내악곡 편성을 뜻한다. 이들은 기악을 연주하거나 음성으로 구성된 하나의 앙상블을 말한다. 옥테트(Octet)라는 용어는 전반적인 중요한 의미로 여러 곳에 사용한다. 음악(Music), 발레(Ballet), 과학기술(Scence and Technology), 8중주(Octet) 그리고 하루 24시간을 셋으로 나누어 8시간 일하고 8시간 개인의 볼일을 보고 8시간 취침하여 새로운 에너지를 충전하는 등에 사용되는 중요한 단어이다. 20세기 최대 최고의 예술로 자리 잡은 영화기술에서 사용되는 35mm필름 1초길이 속에는 조금씩 움직이는 사진들이 24개의 프레임으로 구성되어 있고 그것을 3분의 1로 나눈 8개 프레임을 1자(Foot)로 정의하여 사용했다. 이처럼 팔(8)이라는 수치의 개념은 역사 속에서 중요하게 다루어져 왔다. 음악사에서 내부분 초기에 하이든(Franz Joseph Haydn, 1732-1809)이나 모자르트(Wolfgang Amadeus Mozart, 1756-1791)와 같이 화음 음악(Harmoniemusik)을 썼듯이 8중주 음악은 대부분이 화음이 잘 어울리는 여러 악기들이 앙상블을 이루며 연주된다. 결국은 이야기꺼리(Storytelling), 서정성(Lyricism), 리듬(Rhythm), 멜로디(Melody)를 형성되었으며 고전주의 작곡가 볼프강 아마데우스 모차르트가 1781년에 작곡한 목관악기를 위한 8중주곡 <Serenade No.11 In E-Flat Major, (K.375)>을 작곡했다. 그리고 고전주의와

□ 그림설명 1807, 8중주의 편성. 소프라노-Mellissa Hughes, 색소폰-Demetrius Spaneas, 트럼펫-Mike Gurfield, 트롬본-Alan Ferber, 키보드와 작곡-William Susman, 피아노-Elaine Kwon, 더블베이스-Eleonore Oppenheim, 타악기-Greg Zuber로 구성되어 있다.

낭만주의 전환기(18세기와 19세기 사이)에 활약한 독일 작곡가 루트비히 반 베토벤 (Ludwig van Beethoven, 1770-1827)은 8세 때 대중 앞에서 첫 피아노 공연을 했다. 독일 낭만파(19세기) 시대 작곡가 펠릭스 멘델스존(Felix Mendelssohn, 1809-1847)은 49세에 단명했지만 16세 때인 1825년 가을에 <Octet in E-flat major, Op. 20>를 썼다. 그는 <Winds Octet in E-flat major, Op. 103>을 1792년에 작곡했다. 또한 프란츠 슈베르트 (Franz Peter Schubert, 1797-1828)의 8중주 <Octet in F major, D.803>가 1824년에 6개 악장으로 나뉘어 작곡되었다.

1808 `gen`

odd and ends (잡동사니, 이것저것)

여러 가지의 물건들, 대개는 버리기는 그렇고 주변에서 굴러다니는 작은 물건이거나 별로 중요하지 않고 값어치도 별로 없어 보이는 물건들을 가리키는 말이다.

□ 그림설명 1808, 잡동사니를 파는 프리마켓.

1809 `gen` `ani`

OEM (오이엠)

＊Original Equipment Manufacturing (주문자 상표부착생산제품)

주문자의 시설로 그들의 요청에 따라 상표를 부착하여 제작해주는 '해외 주문자 제작' 방식을 일반적으로 통칭하는 말이다. OEM으로 제작을 하는 해외 제작 스튜디오는 어떠한 지적 재산권도 가지지 않는 것이 일반적이다. 한국이 TV-시리즈용 프로그램을 OEM방식으로 시작한 때는 1979년이었다. 미국의 ABC, CBS, NBC 3대 TV 방송사가 1976년 어린이 교육프로그램으로 'Saturday Morning Show'의 제작을 결정하고 3개 방송사가 동시에 시작 했지만 애니메이션 제작에는 많은 예술가들이 필요했고 자체제작으로는 불가능하다는 결론에 도달하게 되었고 유니온 839(미국노동조합 애니메이션분회)에 합의 결정에 따라 해외에 하청을 결정하게 되었다. 미국은 2차 대전이 종식되고 1970년대 후반이 되기까지도 영화제작은 매우 저조했다. 일반 라이브액션 영화뿐만 아니라 애니메이션도 상황은 마찬가지여서 종사자들이 이미 오래 전 업계에서 자리를 많이 떠나 3대 TV 방송이 다량의 새로운 일을 감당하기는 속수무책이었다. 방송사당 매주 토요일에 방송해야 하는 시간은 오전 6시부터 정오까지 총 6시간 분량의 프로그램을 매주 제작해야 했는데 3대 TV 방송이 이만큼의 제작을 자체제작으로 해결한다는 것은 불가항력적인 것이었다. 결국에는 한국, 대만 그리고 일본 등지에 애니메이션을 OEM 방식으로 일을 보내게 되었다. 미국 주문자들의 우수한 감독 파송으로 현지 제작물들은 양질의 애니메이션으로 품격 있는 제작에 성공할 수 있었다. 한국은 어부지리로 단기에 기술을 연마할 수 있었고 많은 양의 애니메이션을 미국과 계획하고 제작하여 20여 년간 밀접한 관계가 이루어지게 되었다. 그리고 한국을 비롯해 몇 개의 나라들은 수출용 OEM으로 재능을 키우고 기술력이 있는 애니메이션을 만들 수 있는 국가가 되었다.

□ 그림설명 1809-1, 12시에서 시계방향으로 <타이니투 모험>, <테일스피>, <리틀 포니>, <머펫 베이비>, <스쿠비두>, <가필드와 친구들>1980년대 TV시리즈들.

□ 그림설명 1809-2, 33년을 지속해 방송하고 있는 <심슨가족> TV 시리즈.

1810 `pho` `pic`

off-balance lighting (오프 밸런스 조명)

조명으로 인해 피사체나 그림자가 고르지 않게 분포된 조명을 말한다. 완전히 검은 배경 부분에 강한 빛으로 캐릭터나 사물을 강력하게 비추는 것이 이에 해당된다. 주로 공포영화에 이와 같은 조명을 효과적으로 이용한다. 조명은 영화를 보는 관객에게 중요한 분위기를 연출할 수 있다.

□ 그림설명 1810, <The Exorcist> 1973, by William Friedkin.

✳ 참조보기 (1521 - Lighting)

1811 `com` `pic`

off-line (오프라인)

컴퓨터 시스템에 연결되지 않은 분리된 기계로 영상제작이 이루어지는 것을 말한다. 컴퓨터를 사용하지 않는 모든 제작 공정을 상대적으로 부르는 단어이며 컴퓨터를 사용해 제작이 이루어진 것을 온라인(On Line)이라 한다.

✽ 참조보기(1817 - On-line)

✽ off-line editing (오프라인 편집)

Off-line은 컴퓨터에 물리적으로 연결되어 있지 않은 것을 뜻한다. 따라서 컴퓨터 시스템을 사용하지 않고 이루어진 모든 편집 방식을 이르는 말이다. 선(Linear) 편집이라고도 부르는데 편집하는 과정동안 푸티지(Footage)의 위치를 정하고 트랜스퍼(Transfer, 전환)하기 위해 기계적으로 셋업(Setup), 재생, 빨리감기, 되감기, 다시 재생, 기타 등등이 되는 비디오 테이프의 직선적 편집을 뜻한다.

1812 `pic`

off-screen (오프 스크린, 신 밖)
✽ O.S. (오프 스크린, 오프 스테이지)

스크린 상에는 보이지 않지만 신의 일부로 여겨지거나 촬영되는 장소의 근처에 있는 캐릭터, 사물, 혹은 액션. 또는 그런 장소에서 나오는 사운드(Sound)신 밖의 목소리가 들리거나, 신 밖의 액션을 지켜보는 캐릭터만 스크린에 보일 수도 있는 경우를 모두 오프 스크린 또는 오프 스테이지라고 부른다.

1813 `ani`

off-season (오프-시즌, 비수기)

애니메이션 시리즈 제작은 보통 4~5월에 시작되어 신작이 소개되는 9~12월에 순차적으로 끝난다. 그리고 1월에서 4, 5월까지는 작업이 거의 뜸하고 다음 제작을 위한 준비 기간이 된다. 이 기간을 오프시즌 혹은 다운 타임(Down Time)이라고 한다. 국내 애니메이션 하청 제작업계에서는 보통 비수기라고 부른다.

1814 `gen`

old-fashioned (구식, 옛날식)

최근 것이 아닌 것들을 뜻하는 말이다. 유행이 지난 의상, 장신구, 가구, 소품, 배경 등이 과거 어느 시대의 것과 같이 보이는 것을 말한다. 영화나 애니메이션에서 내용과 장면의 연출에 따라 과거의 시대적 고증을 거쳐 많이 사용된다. 모양, 방식, 효과, 생각, 유행을 따르는 의식 등에 적용되는 말이다.

1815 `com`

OLE (올레)

*object linking and embedding (개체 연결 및 삽입)

응용소프트웨어(Application Software)에서 다른 응용소프트웨어로 편집 중인 그림이나 그래픽(Graphic)사진, 차트(Chart), 비디오 등과 같은 데이터를 즉각 끌어오는 기능을 말한다. OLE는 특히 윈도의 멀티태스킹(Multi-Tasking, 다중작업) 기능을 효과적으로 이용할 수 있게 하고 소프트웨어 특성에 맞는 작업을 동시에 진행할 수 있게 한다.

1816 `pic`

on camera (촬영 중)

현재 연기자나 물체가 카메라에 찍히고 있는 것을 뜻한다. TV 카메라는 출연자에게 촬영 중인 것을 알리기 위해 카메라 위에 빨간 불이 들어온다. 영화제작에서도 감독의 "준비(Ready)"라는 말이 떨어지면 카메라가 작동하고 "고!(Go!)"하면 출연자들이 연출에 따라 액션을 하고 "컷!(Cut!)"이라는 감독의 명령어가 떨어질 때까지가 촬영 중이다.

□ 그림설명 1816-1, 카메라 외부 영화촬영.

-2, 실내 대담방송 촬영장면

1817 `com`

on-line (온라인)

컴퓨터의 처리 과정으로서 컴퓨터와 직접 연결되어 영상제작이 이루어지는 시스템을 말한다.

1818 `pic` `com`

on-line editing (온라인 편집)

컴퓨터와 연결하여 이루어지는 온라인은 포스트 프로덕션(Post-Production)에 관계된 최종 마무리 비디오 편집을 말한다. 온라인은 컴퓨터에 물리적으로 연결되어 정확하고 분명한 편집 기재를 가지고 고품질의 최종 마스터 비디오테이프를 만든다.

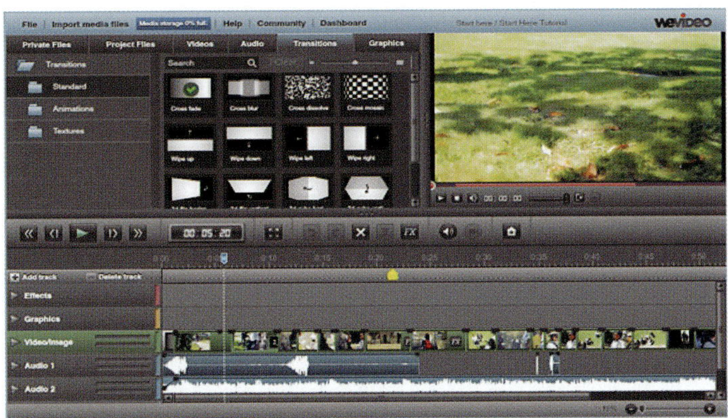

□ 그림설명 1818, 컴퓨터 온라인 편집.

1819 `ani`

on ones, twos, or threes (1콤마, 2콤마 또는 3콤마)

영화를 만들기 위해 한 프레임씩 촬영하는 것은 애니메이션 촬영에서만 있는 방식이다. 1초 길이를 촬영하기 위해서는 24개의 프레임을 촬영하게 된다. 따라서 상영을 할 때 역시 1초당 24개 프레임의 속도로 영상이 지나가게 되어있다. 애니메이션으로 동작을 만들 때는 하나의 그림 동작을 2콤마(Comma=프레임)나 3콤마씩 찍어 동작을 만드는데 빠른 동작을 제외하고는 크게 눈에 거슬리지 않는다. 이 방식을 선택할 경우 제작비 지출이 경제적으로 줄어든다. 경비를 줄이는 일은 작품의 품질과도 직결됨으로 예산에 따라 평균 그림 한 장을 몇 콤마로 찍을지를 결정한다. 또한 예산과 관계없이 농작을 표현하기 위한 경우 각 그림의 프레임 수는 촬영하는 동안 결정된다. 가장 부드러운 애니메이션은 상영시간 1초당 24프레임에 필요한 24장의 그림을 모두 그리는 것을 의미하는 한 콤마(One's)와 그림 한 장을 두 번씩 찍는 투스(2's)로 이루어지고, 한 장의 그림을 3번씩 찍는 Tm리스(3's)는 특별한 경우에만 사용한다. 그런데 만약 쓰리스 이상일 경우, 그 동작은 정지되었다 가는 것처럼 동작이 매끄럽지 않게 툭툭 튀는 것이 눈에 띄게 된다. 이러한 타이밍은 감독이 결정하게 되고 이 결정을 모두 도프시트(Dope Sheet)에 기록해 촬영하게 된다.

✽ 참조보기 (0086 - Animation)

1820 `ani` `art`

opaquing (불투명, 오페이킹)

애니메이션에서 흔히 사용되는 말로 셀 페인팅(Cel Painting)을 뜻하는 용어이다. 오페크(Opaque)는 불투명이란 뜻인데 애니메이션에 사용되는 페인트(Paint)가 불투명해야 하기 때문이다.

1821 `pic`

open gate (오픈 게이트)

20세기에 중엽, 재래식 카메라로 영화를 촬영할 때 필름을 살며시 눌러주는 아파추어(Aperture)가 있는데 이것은 프레임과 프레임 사이의 간격을 만들어 낸다. 이것을 표준 아파추어(Standard Aparture)라 부르며 표준화면 4 : 3을 만들어 낸다. 그러나 파나비전(Panavision)이나 시네마스코프(Cinemascope)에서는 사용하지 않는다. 아나몰픽(Anamolphic) 렌즈를 사용하여 시네마스코프와 같은 2.35:1 사이즈로 극대화할 때 화면의 비율이 커지기 때문이다. 따라서 오픈게이트는 프레임과 프레임 사이의 간격을 좁히기 위하여 시네마스코프 촬영 시에는 아파추어를 제거하고 촬영하는데서 나온 말이다.

□ 그림설명 1821, 아파추어를 제거하고 촬영하는 시네마스코프.

✱ 참조보기 (0014 - Academy Gate)

1822 `gen`

opening (오프닝, 개막)

일반적으로 오프닝은 흔히 개업(Opening New Business)을 의미하며 영화제 페스티벌 따위의 개막이나 영화의 신작을 알리는 특별 초대, 시즌 음악회, 연극, 미술 전시회, 패션쇼 등의 새로운 개막을 의미한다. 또한 4년에 한 번씩 열리는 춘계, 동계 국제올림픽도 포함되며, 세계를 주도하는 영화제 그리고 영상관련 필름마켓(Film Market), 애니메이션 페스티벌(Animation Festival), 또는 순회 전시를 하며 열리는 북 페어(Book Fair), 코믹 북 마켓(Book Market) 등을 말한다. 오프닝은 주로 대회의 첫날 저녁시간에 시작하는 것이 일반적이다. 그 밖에도 유행을 주도하는 컬렉션도 세계 유명 도시에서 때에 따라 열린다. 이와 같이 해마다 같은 계절에 1년에 한 번씩 열리거나 수시로 새로운 행사로 인한 모임이나 각종 전시들을 오프닝이라 한다. 또한 단편이나 장편관계 없이 영화의 시작에서 타이틀(Title)이나 크레딧(Credit) 부분을 오프닝이라 부른다.

□ 그림설명 1822, 한국 평창에서 열린 국제동계올림픽 오프닝.

opera (가극, 오페라)

오페라의 의미는 이탈리아 말로 'Work(일)'란 뜻이다. 말대로 오페라는 일이 많다. 라틴어의 유래로 '오페라'의 뜻은 '연기, 공연'을 의미하는 말이다. 출연자가 무대 위에서 대사에 다양한 화음을 넣어 노래하며 몸짓으로 퍼포먼스를 하는 것을 포함하여, 시대의 의상과 무대미술 등의 모든 것을 의미한다. 오페라는 노래로 대사를 전달하는 하나의 드라마(Drama)로써 역사적으로는 1586년 이탈리아의 피렌체(Florence)가 일찍이 문화가 발달한 곳으로 일반적으로 오페라의 발상지로 부른다. 오늘날의 서양 고전음악의 싹을 키우는데 핵심적인 역할을 한 곳이다. 중세기 음악의 시작은 이탈리아에서 비롯되었고 클라우디오 몬테베르디(Claudio Monteverdi, 1567-1643)의 <L' Orfeo>에서 시작되었고 이 음악은 곧 유럽으로 퍼져나갔다. 그러나 오페라는 바티칸궁의 간섭을 받아 대사로 노래하는 오페라를 공연할 수가 없었다. 이때부터 극장에서 공연하는 Opera를 대신해 오케스트라 연주에 넣어 오라트리오(Oratorio), 칸타타(Cantata) 그리고 메시아(Messiah)가 나왔다. 그러나 일찍이 이 오페라의 음직임은 주로 주역이 되는 남성 테너(Tenor), 바리톤(Baritone), 베이스(Bass), 여성 소프라노(Soprano), 메이저 소프라노, 알토(Alto) 등이 출연하게 되며 오페라의 구성은 솔로 싱어(Singer)들이 아리아(Aria)로 대화를 주고받는다. 독창의 부분에서 아름다운 서정적인 멜로디를 아리아로 발취하여 주로 열창한다. 악센트(Accent)로 이야기하듯이 부르는 부분을 레치타티보(Recitativo)라 한다. 아리아의 종류로 보면 아리에타(Arietta), 아리오소(Arioso), 카바티나(Cavatina), 세레나데(Serenade), 로맨스(Romance) 등으로 나뉜다. 아리아는 때로는 극적인 박력을 강조하기도 한다. 그리고 드라마에 따라 코러스가 등장하기두하고 오케스트라의 연주가 적소에 하나가 되어 피크(Peak)를 올리며 이뤄진다. 오페라의 역사로 보면 오스트리아에서 태어난 볼프강 아마데우스 모차르트(Wolfgang Amadeus Mozart, 1756-1791)는 35세로 생을 마감할 때까지 600여곡에 가까운 음악을 쓴 사람이다. 그리고 오페라 <돈 지오바니>, <피가로의 결혼>, <이도메네오>, <궁전으로부터 유괴> 그리고 죽기 2년 전에 작곡한 <요술 피리> 등이 있다. 모차르트시대 후 이탈리아에서 태어난 주세페 베르디(Giuseppe Fortunino Francesco Verdi, 1813-1901)는 <라 트라비아타>, <나부코>, <아이다> 등외에 40여곡을 작곡해 유명해졌다. 역시 이탈리아가 낳은 최고의 오페라 작곡가 자코모 푸치니(Giacomo Puccini, 1858-1924)는 <마농 레스코>, <나비부인>, <라 보엠>, <토스카>, <투란도트> 등 12편의 오페라를 남겼다. 역시 이탈리아 사람인 조아키노 로시니(Gioacchino Antonio Rossini, 1792-1868)는 <세빌리아의 이발사>, <윌리엄 텔>을 썼다. 독일 태생으로 리하르트 바그너(Rihart Wagner, 1813-1883)는 지휘자, 작곡가, 피아노 연주자, 음악 이론가 그리고 수필가로 <트리스탄과 이졸레>, <니벨룽의 반지>를 작곡을 했다.

□ 그림설명 1823, Giuseppe Verdi의 거대한 출연, <Aida(아이다)> 2012-2013.

1824 `mus` `art`

operetta (희가극, 오페레타)

오페레타라는 말은 19세기에 들어서 사용하기 시작했으며, 오페레타의 의미는 '짧은 오페라' 또는 '쉬운 오페라(Light Opera)'로 일반적으로 단순한 내용과 사투리(억양이 다른)가 섞인 우스운 대사를 구사하기도 하는 오케스트라가 배경으로 음악을 연주하는 오페라를 말한다. 이탈리아어로 오페레타는 '작은 오페라(Little Opera)'라는 의미로 대사하는 듯 언어를 구사 형식으로 노래한다. 그러나 이탈리아에서는 이 형식의 오페라는 거의 발전하지 못했다. 오페레타식의 요소가 많이 묻어나는 오페라는 모차르트의 가극 <요술피리(Magic Flute)>를 들을 수 있다. 모차르트(Wolfgang Amadeus Mozart,

1756-1791)의 오페라는 장엄하거나 엄격하지도 않지만 그의 오페라에서는 희가극적인 요소들이 많고 다른 오페라 작곡가들과 크게 변별력(Discrimination)을 가질 수 있다. 그러나 그의 오페라는 오페레타(작은 오페라)라고 부를 만큼 짧은 형태를 갖춘 것은 없다. 역사에서 모차르트 자신이 자신의 한 오페라 <요술 피리>를 오페레타라고 불렀었다는 그의 편지가 발견되었다는 일화도 있다. 실제로 이탈리아 내에서 공연되어 맥을 유지한 오페레타는 드물고 오히려 독일에서 태어나 프랑스의 작곡가가 된 오펜바하(Jacques Offenbac, 1819-1880)의 오페레타가 프랑스로부터 시작해 급속으로 오스트리아와 유럽의 여러 국가로 번졌고 20세기에 들어서 점차 뮤지컬 코미디로 바뀌기 시작했다.

□ 그림설명 1824, 모차르트의 오페라 <요술피리(Magic Flute)>

1825 `com`

operating system (운영체계)
*O.S. (오페레이팅 시스템)

소프트웨어운영체제는 컴퓨터 하드웨어(Hardware)나 소프트웨어(Software) 리소스(Resouces)를 관리하고 컴퓨터 지원관리 시스템과 소프트웨어의 관계를 보다 효율적으로 사용하기 위한 컴퓨터프로그램의 운영체계를 말한다.

*computer-terminal operating system (단말기 운영체제)

운영체제는 일반적으로 하드웨어에 의해 직접 실행되고 시스템 호출을 자주하거나 중단되더라도 프로그램 렘과 프로그램사이의 터미널(Terminal, 중제자) 역할을 한다. 타임공유 운영체제(Time-Sharing Operating Sys.)로 일정작업(Programs)에 대한 일반적 서비스를 제공하고 입력(Input)과 출력(Output) 그리고 메모리 할당(Allocation), 프로세서 시간 단축(Processor Time), 대용량 저장소(Mass Storage), 인쇄 등 다른 리소시스(Resources)의 운영체제를 말한다. 이러한 단말기 컴퓨터 테이블 탑(Tabletop), 휴대전화, 비디오게임 콘솔(Console), 웹서버(Web Server), 슈퍼컴퓨터(Supercomputer) 등에 운영체제가 활용된다.

*micro operating system (마이크로 운영체제)

마이크로 운영체제는 극소(Minimal)의 운영체제를 뜻하는 말로 장면(Scene)을 설정하기 위한 클라우드(Cloud)는 3가지의 주요요소로 밀도(Density), 탄력성(Elasticity), 그리고 보안(Security)이다. 클라우드가 많은 것을 의미하지만, 운영체제 시스템은 콘테이너(Container)를 운영하기 위해 중앙 집중처리 방식으로 설계되어 있다는 점이다. 그래서 이 3가지의 요인들은 마치 클라우드 안에 있는 재래식 전산체제를 끌어다 죽이는 저승사자와 같은 역할을 하는 것이다. 그리고는 이들을 마이크로 전산체제(Micro Operating Sys. MOS)로 새롭게 태어나게 하는 것이다. 이 마이크로 운영체제는 간결하게 말해 MOS는 유일한 방법으로 유일하게 디자인 된 것이다. 작업량에 관계없이 서버 접속, 사용자에게 추가 불필요(No Graphic User Interface, No GUI), 데스크톱을 향상시키기 위해 어떤 어플리케이션(Application)도 불필요할 뿐만이 아니라 서버(Server) 서비스를 안 받아도 될 정도이다.

1826 `gen` `pho`

optic (시력, 렌즈)

□ 그림설명 1826-1, 최초 안경은 1286년경 이탈리아 피사의 지오르다노(Giordano)가 시작.

시력은 사람의 육안(Naked Eye)에 의해 보는 눈의 맑기(Clarification)를 말한다. 눈으로 정지된 물체를 볼 때 미세한 부분을 식별할 수 있는 건강한 육체적 시력(Physical Sight)을 가리키는 것으로서 시력(Vision Acuity, VA)이라고 한다. 이는 눈의 망막(Retina)의 집중점(Focus)의 선명도는 두뇌가 혼란할 때 해석 기능의 민감도에 따라 영향을 받는다. 피사체로부터 반사된 빛이 각막과 수정체를 통과하면서 정확하게 망막에 맺힐 때 사물을 또렷이 볼 수 있게 된다. 사람은 부족한 시력에 따라 렌즈(안경)로 시력을 적절히 보강할 수 있고 이 역시 시력이라 한다.

* optical (광학)

과학 분야에서 광학에 관해 언급된 것은 기원전으로 기록되어 있다. 유클리드(Ohio Euclid, BC.300)는 그의 저서를 통해 빛의 직진성과 반사법칙 등을 언급하였고, 아리스토텔레스(Aristoteles, BC.384-322)나, 프톨레마이오스(Claudius Ptolemaeus, AD.200) 등도 빛의 성질을 다루었다. 그리고 광학이 다시 연구되기 시작한 것은 13세기경이다. 영국 중세의 철학자, 자연 과학자인 로저 베이컨(Roger Bacon, 1219-1292)이나, 비텔로(Witelo, 1220-1278) 등의 철학자들 역시 빛의 성질에 관심을 보였다. 그러나 최초로 실생활에 사용된 안경이 유리를 연마해 만들어진 것은 16세기부터였다. 더 흥미로운 것은 먼 곳에 있는 물체를 크게 볼 수 있게 망원경을 만든 사람은 독일에서 출생하여 네덜란드인이 된 안경기술자 한스 리퍼쉐이(Hans Lippershey, 1570-1619)였다. 그는 오목렌즈와 볼록렌즈를 이용해 1608년 망원경을 만들었고 이것이 세상에 알려지면서 이탈리아의 천문학자 갈릴레오 갈릴레이(Galileo Galilei, 1564-1642)를 자극시켰고, 독일 태생 요하네스 케플러(Johannes Kepler, 1571-1630), 르네 데카르트(Rene Descartes, 1596-1650) 등이 이를 이용한 천체망원경으로 발전시켰다. 당시에는 빛이 에테르(Ether, 빛, 열)라는 가상의 매질(Medium)을 통해 전파된다는 에테르 설이 지배적이었지만 이후 영국의 아이작 뉴턴(Isaac Newton, 1642-1727)은 태양광을 프리즘에 통과시켰을 때 굴절률에 따라 색상이 분해된다는 것을 관찰하였고 빛을 일종의 입자로 설명했다. 네덜란드의 크리스티안 호이겐스(Christiaan Huygens, 1629-1695)는 빛을 파동으로 여겼고, 이를 바탕으로 빛의 반사와 굴절에 관해 완벽한 모형을 만들어 설명했다. 아인슈타인(Albert Einstein, 1879-1955)은 광전 효과 실험을 통하여 빛이 입자라는 것을 뒷받침하였다. 빛이 입자로서의 성질과 파동으로서의 성질을 모두 갖고 있다는 것을 설명할 수 있었던 것은 양자 역학이 인정된 후에야 가능하였다. 물리학에서는 빛이 전자파의 성질을 갖고 있으며 다른 물질과 상호 작용할 때에는 양자화 된 에너지의 특성이 나타나 입자의 성질을 보여준다고 설명하고 있다. 뉴턴이 입자 논리를 제기하였으나, 빛은 파동의 성질을 갖는 것이 명확했기 때문이다. 영국의 토머스 영(Thomas Young, 1773-1829)은 실험을 통해 간섭효과를 확인하여 빛이 파동이라는 것을 뒷받침했다. 프랑스의 물리학자인 에드봉 베크렐(Edmond Becquerel, 1820-1891)의 전기에 의한 발광 실험에서 자장에 의한 빛의 편광 실험 등에서 나타난 빛 역시 전자파의 일종이라는 사실을 밝혀냈다. 빛에 관해서 문명이 점차 개화되며 물리학, 철학, 의학, 신학 등 여러 학문에 걸쳐 언급되었다. 이후에도, 빛이 입자인지 파동인지에 대한 논리적인 싸움은 20세기 초까지 계속되었다. 광학은 다채로운 렌즈의 사용에 의해 인류에게 풍부한 상상과 현실을 좁혀왔다. 실질적으로 광학에서 사용되는 렌즈의 종류는 양면 볼록(Biconvex), Plano-Convex(한 면만 볼록), 양성초승달 형(Positive Meniscus), 음성초승달 형(Negative Meniscus), 한 면만 오목(Plano-Concave), 양면 오목(Biconcave) 렌즈 등을 사용한다.

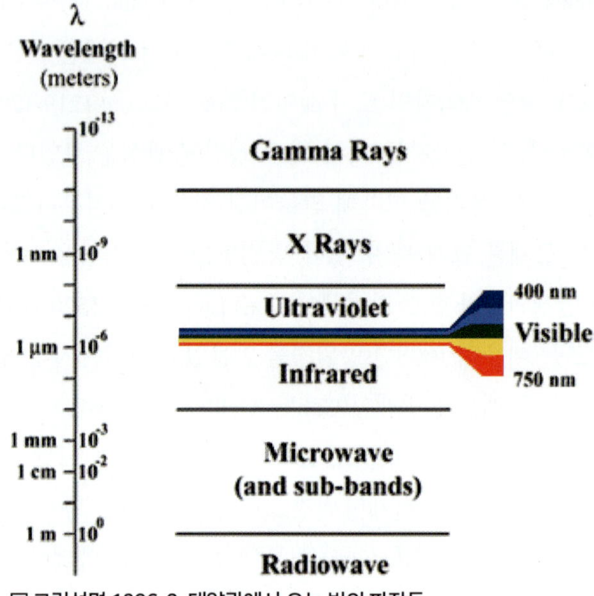

□ 그림설명 1826-2, 태양광에서 오는 빛의 파장들.

1827 `pic` `pho`

optical effects (옵티컬 효과)

아날로그(Analogue) 방식으로 영화의 시각 효과를 만드는 하나의 기법이다. 신과 신 사이의 전환 방식으로 이뤄지는 이미지의 시각적인 변화를 아날로그 방식으로 촬영 중이거나 현상소에서 복사 과정에서 만들어진다. 이 효과들은 거의 대부분 페이드(Fade), 디졸브(Dissolve), 와이프(Wipe) 등과 같은 작업을 지칭하는 말이다.

*optical effect animation (옵티컬 효과 애니메이션)

옵티컬 효과는 아날로그 방식으로 이루어지는 애니메이션을 말한다. 예를 들어, 일련의 디졸브(Dissolve)를 수차례 반복을 통해서 점차 작아지거나 커지는 이미지를 얻어, 동일한 사물이 줄어들거나 커지는 듯 보이게 할 수 있다. 최근에는 컴퓨터 그래픽 툴(Graphic Tool)에서 이러한 효과를 손쉽게 해낼 수 있다.

optical illusion (착시, 환각)

시각의 착시현상이란 시각체계에 의해 시각적 인지력이 오히려 착시를 만들어 실제와는 전혀 다른 환각 이미지를 만들어 생각을 되돌릴 수 없게 착시를 불러일으키는 것을 의미한다.

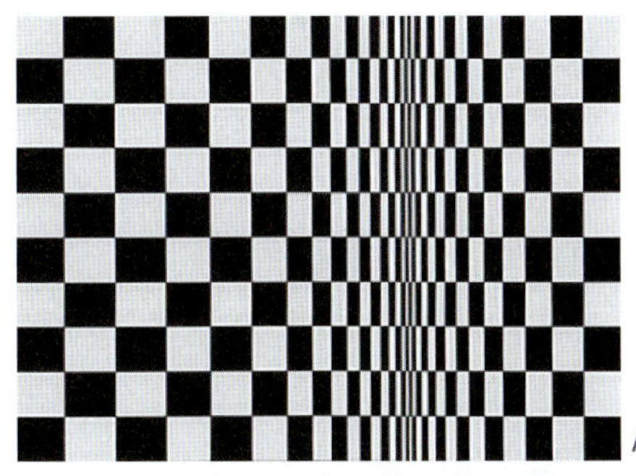

Movement in Squares by Bridget Riley, 1961

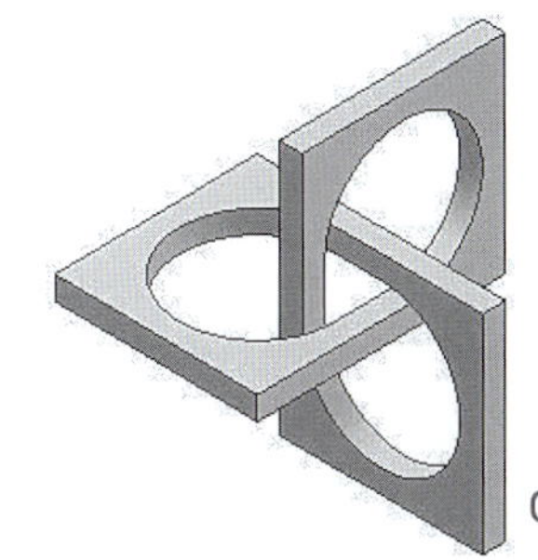

□ 그림설명 1828, Optical Illusions. A, B, C and D.

optical print (옵티컬 프린트)

디지털에 의한 화면의 생성공정 이전에 수행하던 재래식 영화제작기술의 한 방식으로 필름의 부분을 재촬영하거나, 특수효과 화면을 위해 만들어진 특수효과용 카메라 작업을 의미하는 말이다. 촬영된 필름의 특수효과나 프린트의 확대, 축소 등에 활용되는 특수 장치가 부착된 정밀한 장비이다. 컴퓨터의 출현으로 작업방식이 변화하고 이런 장비는 쓸모없게 되었다. 네거티브(Negative)나 포지티브(Positive)의 이미지가 새 필름에 영사하여 위치, 크기, 색조 등을 변환하여 새로운 화면을 만들어내는 옵티컬 프린팅 시스템. 프린터는 기본적으로 영사기와 카메라가 서로 마주본 형태로, 영사기와 카메라 모두 서로 맞춰 움직이도록 결합되어 있어, 각 프레임이 다시 촬영되게 된다. 이러한 작업에는 두 가지 종류가 있는데, 필름의 포맷을 축소하는데 사용되는 지속형 옵티컬 프린터와 더 광범위하게 사용되는 옵티컬 스텝 프린터가 있다. 옵티컬 스텝 프린터(Optical Step Printer)들은 그 복잡성이 아주 다양한데, 예를 들어 어떤 것들은 두 개 이상의 영사기와 빔 스플리터(Splitter)가 있어 별개의 필름들에서 그림 요소들을 조합하여 한 개의 이미지로 만들어준다. 일반적으로 이 시스템은 빛의 강도, 렌즈와 카메라의 위치, 렌즈 타입, 필름 속도 등에 있어 상당한 유연성을 보이기 때문에, 그리고 복사본 네거티브를 여러 가지의 고품질 마스터 포지티브로 노출시킬 수 있도록 해 주기 때문에, 보통의 접촉 프린팅으로는 불가능한 다양한 효과들을 만들어낼 수 있다. 이런 이유로 옵티컬 프린팅은 폭넓은 특수 기능들을 수행한다.

✳ optical work (옵티컬 작업)

카메라에 의해 촬영된 필름으로 특수화면 효과를 만들기 위해 고안된 매우 정밀한 기재이다. 이 프린터는 화면 속에 화면, 오버랩(Over lap), 디졸브(Dissolve), 페이드인/아웃(Fade in/out), 이중촬영 효과, 마스크 작업, 필름의 축소와 확대 등 만능의 작업을 할 수 있는 기계이다. 최근에는 옵티컬 방식을 사용하지 않고 대부분 컴퓨터로 이러한 효과가 이루어지고 있다.

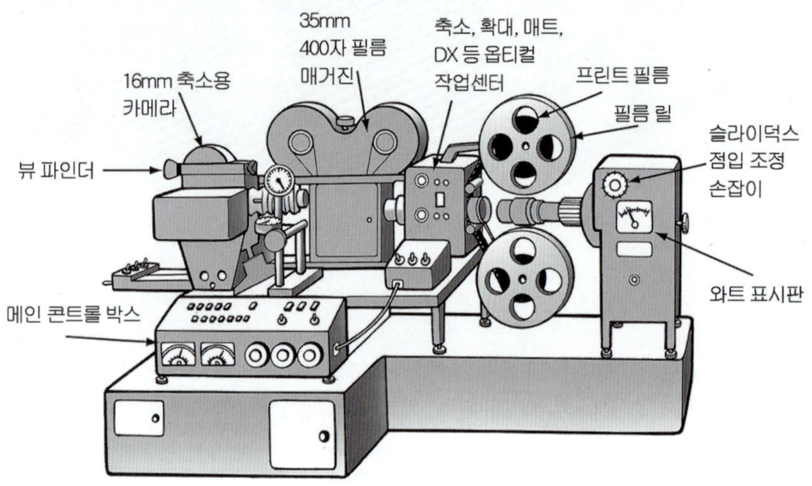

□ 그림설명 1829, Optical 특수효과에 사용하던 재래식 기재.

1830 `pic`

optical sound (옵티컬 사운드, 광학 사운드)

20세기에 들어서며 인류가 급진적으로 관심을 갖게 된 것이 35mm 필름에 촬영을 한 활동사진(Motion Picture)이다. 소수의 나라에서 동시적으로 개발한 영화제작은 폭발적으로 인간의 하나의 오락으로 인기를 끌며 발전을 거듭하다가 점차 인류 최대 예술의 한 장르가 되었다. 그러나 필름으로 된 영상은 극장의 스크린 위에 비추고 음악을 관중석 가까이에서 생으로 연주하며 영사기에서 들리는 소음을 희석시키는 역할을 담당하기도 했다. 그러다가 1927년에 와서야 35mm 영화필름의 좌측에 사운드(Sound)를 합성하는 아이디어가 채택되어 혁신적인 신기술이 사용되었다. 이때를 영화의 토키

(Talkie)시대라 부른다. 이때까지만 해도 화면의 동작에 맞추어 목소리, 음악, 효과음 등을 넣는 일은 처음이었다. 화면에 소리를 넣는 동시음향 장착 방식은 마그네틱 사운드(Magnetic Sound)와 옵티컬 사운드시스템(Optical Sound System) 간에 서로 기술적으로 주장이 있었으나 옵티컬 방식이 간편하여 일반적으로 대다수가 사용했다. 그러나 마그네틱(자기)테이프가 원음녹음으로 사용되었다. 사실로 마그네틱 방식의 음향의 질은 오실로스코프(Oscilloscope)를 이용해 녹음한 옵티컬 음향 방식보다 좋았지만 대부분이 포스트 작업에서 옵티컬 방식이 훨씬 간편했기 때문이었다. 사실 35mm 마그네틱 녹음은 녹음제작과정이 더 쉽고 비용도 저렴하며 품질이 옵티컬 사운드에 비해서 월등히 좋았다. 또한 마그네틱 테이프의 사용은 녹음을 한 후 옵티컬처럼 현상소의 현상처리 과정을 거치지 않고, 순간 재생(Play Back)이나 지움(Erase)을 할 수 있다는 것이 밝혀지면서, 35mm 마그네틱 필름에 오리지널 리코딩, 음향 더빙, 편집 등에 보편적으로 사용되기 시작했다. 이를 위해 오실로스코프 장치로 음향을 빛의 진동 상태를 이용해 소리를 재생시켜야 했다. 이것을 기초로 영화의 옵티컬 사운드 방식은 음향을 빛의 파장으로 바꾸고, 모양(Modulation)으로 필름에 수록하고, 영사기에서는 빛으로 다시 진동 상태를 읽어내어 음향을 재생하도록 한다. 이 옵티컬 사운드 시스템은 필름이 영사기를 통과할 때, 영사된 빛 패턴을 음향(Sound)으로 전환하기 때문에 사운드 영화 초기에는 사운드 트랙과 영상이 한 필름에 함께 채택될 수 있어 옵티컬 사운드 처리가 마그네틱 디스크 시스템보다 선호됐다. 따라서 1950년대까지는 모든 사운드 재생에 옵티컬 시스템을 사용했다. 또한 돌비 소음 축소 저리(Dolby Noise-Reduction Process)와 돌비 스테레오 채널(Dolby Stereo Channels)과 같은 옵티컬 사운드 재생 시스템의 새로운 발전은 옵티컬 사운드에 지대한 발전을 가져 왔다. 지금은 모든 옵티컬 영사기들이 디지털로 바뀌고 35mm 필름을 더 이상은 사용하지 않아 역사의 뒤안길로 사라지게 되었다.

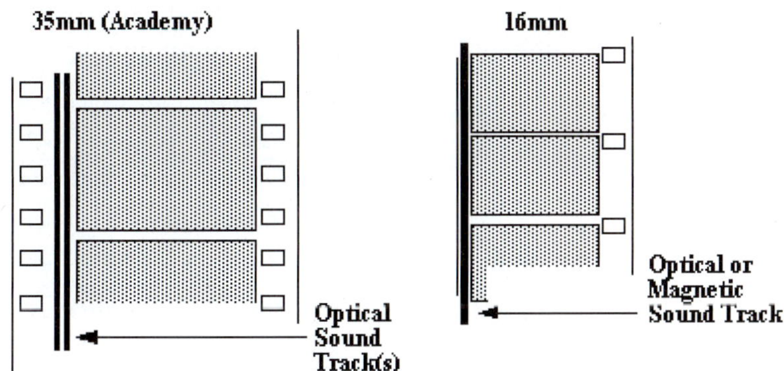

□ 그림설명 1830, 35mm와 16mm의 광학 방식의 사운드 트랙.

1831 `mus` `lit`

opus (오퍼스)

음악이나 문학에서의 작품번호를 의미하는 말이다. 라틴어에서 온 말로 일반적으로 Opus를 Op.로 줄여서 음악가가 작곡한 순서로 작품번호를 달아 사용하는 것이 상례이다. 18세기에 이르러 음악에 Op.라고 작품번호를 달아 표기하지만 특별히 모차르트(Wolfgang Amadeus Mozart, 1756-1791)의 작품에만은 Op 대신 KV가 작품번호 대신 사용된다. 독일어로 쾨헬 번호(Kochel-Verzeichnis, 약자 K. 또는 KV)는 1862년 루트비히 폰 쾨헬(Ludwig von Kochel, 1800-1877)에 의해 작성된 모차르트의 모든 음악 작품 목록에 붙여졌다.

□ 그림설명 1831, 작품번호는 Opus 또는 Kochel 번호라 한다.

1832 `gen`

option (옵션, 선택권)

본 계약이 이루어진 것 외에 특정한 시점까지 또는 추가적인 조건을 넣어 동의하는 권리를 말한다. 제2의 권리를 선택하거나 포기하는 것을 옵션이라 한다.

1833 `sci`

orbit (궤도)

궤도는 전차 궤도, 기차선로 등, 정해진 위치를 따라 벗어나지 않고 지속적으로 움직이는 것을 궤도라 한다. 그러나 주로 천체물리학에서 자주 사용되는 말로 약 46억 년 전 형성된 항성인 태양(Solar)의 중력에 이끌려 있는 주변 천체들인 8개의 행성과 외행성, 다수의 위성, 혜성들이 이끌려 돌고 있는 체계를 태양계(Solar Sys.)의 궤도라 말한다.

□ 그림설명 1833, 태양을 중심으로 돌고 있는 8개 행성궤도.

oratorio (성담곡, 오라토리오)

오라토리오라는 말은 이탈리아어로서 종교를 주제로 한 성악극장의 일종으로 줄거리가 있는 곡의 모임이지만 배우의 연기는 없다. 모두 종교적인 내용을 주로 담고 있는 음악콘서트이다. 오라토리오 중에는 헨델(Georg Frideric Handel, 1685-1759)의 <메시아(Messiah)>, 멘델스존(Jakob Ludwig Felix Mendelssohn Bartholdy, 1809-1847)의 , 하이든(Franz Joseph Haydn, 1732-1809)의 <천지창조(the Creation)>등이 3대 작품으로 꼽는다. 오라트리오는 대형 음악으로 오케스트라, 합창 그리고 독주로 구성된다. 거의 오페라(Opera)와 같지만 동작이 없고 극을 구성하지는 않는다. 가톨릭교 작곡가들이 살아있는 성자들을 보고 주제를 얻어내거나 성서에 나오는 주제를 이용해 작곡했지만 신교도 작곡가들은 성서에서 직접 이야기꺼리들을 찾아내어 작곡했다. 한편, 이미 17세기 이탈리아에서는 일부 오페라 작곡과 공연이 대성황을 이루고 있었지만 당시에 가톨릭교회에서는 오페라 작곡을 오순절동안 공연을 금지했기 때문에 잠시 오라토리오가 대세였다. 후일, 오라토리오 작곡가로 대가를 이룬 독일인으로 게오르크 프리데릭 헨델은 오페라공연에 열중했지만 공연에 실패하여 작곡, 무대장치, 출연자들에 줄 빚으로 매우 곤경에 빠져있었다. 이때, 헨델은 영국 더블린(Dublin)음악회로부터 오라토리오 작곡을 주문받게 된다. 오라트리오를 작곡하는 것은 경제적 어려움에서 헤어날 수 있는 절호의 기회였다. 헨델은 1712년 영국으로 건너가 복음서와 이사야서 그리고 시편을 기반으로 <메시아(Messiah)>, <할렐루야(Hallelujah)>를 1741년에 작곡했는데 3부로 되어있는 이 대작을 18일 만에, 관현악 편곡은 2일 만에 완성한 것으로 되어있다. 헨델이 작곡한 <메시아>는 1742년 4월에 영국에서 초연되었을 때 당시 국왕 조지

□ 그림설명 1834, National Philharmonic Chorale. Conductor- Stan Engebretson.
<Messiah(메시아, 구세주)>, by Frideric Handel (헨델)

2세가 장엄한 <할렐루야> 합창곡을 듣고 놀라 자리에서 벌떡 일어났다는 후일담이 있다. 헨델은 런던에서 점차 잘 알려지게 되었고 바로크 시대의 작곡가로서 수상음악(Water Music, 1717) 등 많은 음악을 작곡하여 크게 명성을 얻게 되었다. 그는 1751년에 시작된 백내장(Cataract)으로 한쪽 눈의 시력을 잃었고, 1759년에 그는 생을 마감하게 되었다. 그의 장례식에는 3천명 이상의 조문객이 왔으며 그는 정부로부터 명예를 하사받아 '웨스트 민스터 대수도원(Westminster Abbey)'에 묻히게 되었다.

1835 `mus` `art`

orchestra (관현악단, 오케스트라)

음악을 연주하기 위해 현악기와 관악기 등 여러 연주자들이 한자리에 모여 각자의 악기로 같은 음악을 함께 연주하는 것을 말한다. 오케스트라는 고대 그리스에서 전해 내려오는 말로 원래 '극장(Theater)'이라는 뜻으로 춤을 추는 곳이었다. 오케스트라는 심포니(Symphony)오케스트라 또는 음악애호가들과 친근감을 더하기위해 필하모닉(Philharmonic) 오케스트라라고 부르기도 한다. 악단의 악장(단장)은 제1바이올리니스트가(Violinist) 주로 맡는다. 연주자들은 특별한 경우를 제외하고는 악기마다 2명 이상으로 구성된다. 악기의 위치는 관객의 좌측으로부터 현악기들로 제1 바이올린 다수, 제2 바이올린 다수, 비올라Viola) 다수가 중앙으로 이어지며 오른쪽에 첼로(Cello), 콘트라베이스(Contrabass) 그리고 하프(Harp) 등이 자리 잡고 지휘자가 있는 객석 가까이 전면에 배치한다. 중앙 두 번째 행렬은 목관 악기들로 피콜로(Piccolo), 플루트(Flute), 오보에(Oboe) 그리고 세 번째 줄에 잉글리시 호른(English horn), 클라리넷(Clarinet), 베이스 클라리넷(Bass clarinet), 바순(Bassoon), 콘트라바순(Contrabassoon), 색소폰

□ 그림설명 1835, Beethoven's <9th Symphony> Chicago Symphony Orchestra.

(Saxophone)이 배열되고 그 뒤로 금관 악기들로 호른(Horn), 트럼펫(Trumpet), 트롬본
(Trombone), 튜바(Tuba) 그리고 제일 뒷줄에 타악기들 탐탐(Tom-Tom), 실로폰
(Xylophone), 차임벨(Chime bell), 탬버린(Tambourine), 트라이앵글(Triangle), 심벌즈
(Cymbals), 팀파니(Timpani), 큰북(Bass Drum), 작은북(Snare Drum) 등이 있다. 건반악
기로는 피아노(Piano), 오르간(Organ) 등이 있고 솔리스트(Soloist)가 나오는 협주곡의
경우는 악기 위치의 배정이 다를 수 있다. 오케스트라의 구성은 수십에서 1백여 명이
넘게 최대 인원으로 구성되고 하나의 교향악단을 이루고 연주를 하는 것이 특징이다.
그러나 지휘자는 악단에서 일시 초빙하거나 전속으로 계약되어 오랜 기간 동안 교향악
단을 이끌고 연주자들과 생사고락을 같이하기도 한다.

✱ 참조보기 (0364 - Chamber music)

✱ 참조보기 (2601 - Symphony)

1836 `gen`

organization (조직, 조직체)

조직이란 여러 사람들이 모인 하나의 독립체를 뜻하는 말이다. 예로 학회(Institution)나
협회(Association) 그리고 특별한 목적을 위해 사람들로 구성된 모임을 조직이라 한다.
조직에서는 계획된 목적을 실행하기 위해 같이 일하며 미리 정해진 규칙(Statute, 성관)
에 따라 각기 할당받은 업무를 수행한다. 조직에는 임
원을 둔다. 의장(Chairman이나 President), 부회장(Vice
President), 이사진(Board Directors), 사무총장(Secretary
General), 회계(Treasurer) 등과 일반 회원을 둔다. 목적
에 따라 조직은 지역분소(Chapters)를 두기도 한다. 일
반적으로 조직은 매월, 격월, 계월(춘하추동)로 모임을
가지며 프로젝트 여부에 따라 수시 소집한다. 일반적으
로 조직은 2년 또는 3년마다 전 회원이 모인 총회를 갖
고 임원을 재 선출한다.

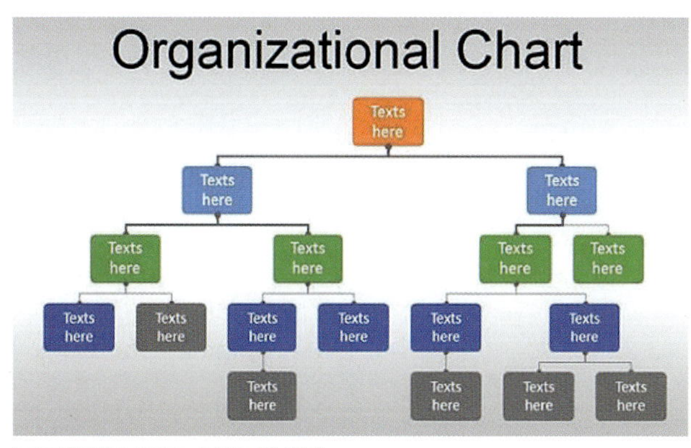

☐ 그림설명 1836, 조직도의 범례.

1837 `pic`

original (오리지널, 원작)

일반적으로 처음으로 만들어진 모든 지적 창작품의 원본(Origin)을 뜻하는 말이다. 최

초로 만들어진 문학, 음악, 미술, 콘셉트, 조형 등으로 원본, 원작, 원형 등 새로운 창작물로 된 것을 뜻하는 말이다. 영화촬영에서는 촬영이 끝난 후 실제로 선택된 최종 영상을 오리지널이라 부른다. 아날로그 방식에서 네거티브 필름의 원본을 말한다. 21세기에 들어서 디지털 영상물이 만들어진 후 오리지널의 개념은 잠시 멈칫했다. 디지털 이미지는 파일이 원본일 수 있지만 그래픽 이미지를 프린트 아웃(Print Out) 해 사용하게 되므로 오리지널이라고 일컫기는 매우 애매하게 되었다. 그러므로 이미지, 음향, 이야기 줄거리가 누구보다 먼저 창작되어 대중에게 공개되었느냐에 따라 오리지널이라 주장할 수 있다.

□ 그림설명 1838, 오스카 상, 트로피.

1838 `fes` `pic`

Oscar Award(오스카 상)

미국의 영화 예술 과학 아카데미(Academy of Motion Picture Arts and Sciences)가 매년 아카데미 시상식을 통해 전 세계 영화산업의 모든 분야를 망라하여 가장 높은 성과를 거둔 작품에 수여하는 금도금 트로피. 이 이름은 아카데미 시상식에서 마거릿 헤릭(Margaret Herrick, 1902-1976)이 트로피가 자기 삼촌 오스카와 닮았다고 말한 데서 유래되었다고 하며 이 이름은 공식적으로 1931년에 처음으로 사용되어 오늘날까지 아카데미상 보다 오스카상이 더 많은 사람들이 애호하며 부른다.

1839 `equ`

oscillation (진동, 진폭)

오실레이션은 수직 양방향으로 움직이는 광학 진동을 말한다.

＊oscilloscope (오실로스코프, 광학녹음장치)

원리적으로 오실로스코프란 소리의 음파를 빛 파장으로 바꾸어 소리를 내게 하는 장치를 이르는 말이다. 이 장치는 20세기 전반에 걸쳐 영화제작을 위해 사용되어 왔으며 주로 35mm와 16mm용 영화필름 음향(Sound Track)장치에 사용되어 왔다. 이 방식을 옵티컬 사운드(Optical Sound)라 부른다. 영화의 사운드 트랙은 2가지 중에 하나를 선택하도록 되어있었다. 영화에서 녹음하고 재생하는 장치는 자기(Magnetic)방식이나 광학(Optical)방식 2개방식 중에서 선택하여 사용이 용이했지만 70mm 대형영화는 TODD-AO 6본 사운드 트랙(Sound Track)방식은 광학방식은 작업이 매우 복잡하여 자기방식을 선택했었다. 또한 8mm와 Super 8mm필름에서는 즉석에서 녹음할 수 있는 자기방식을 사용했다.

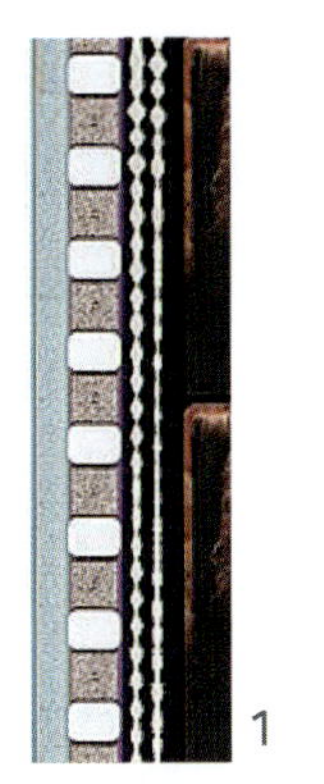
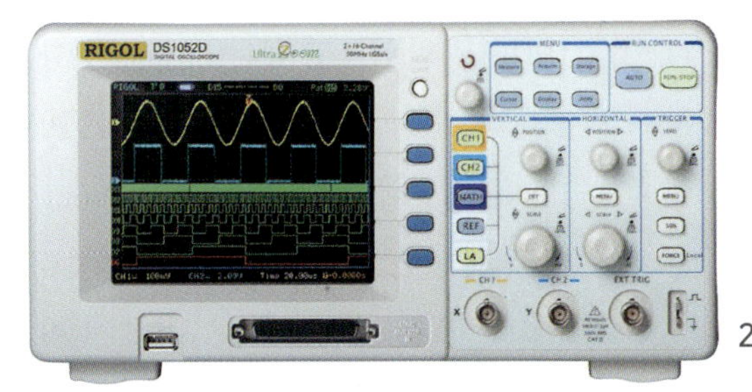

□ 그림설명 1839-1, 35mm 영화의 옵티칼 사운드 트랙.

-2, 소리를 빛 파장으로 바꾸는 오실로스코프.

1840 `ani`

Oswald the Rabbit (오스왈드 래빗)

1927년, 월트 디즈니(Walter Elias Walt Disney, 1901-1966)가 캐릭터를 개발했다. 제작하고 역시 영화 제작자인 찰스 민츠(Charles Mintz, 1889-1939)가 배급을 담당하기로 하고 민츠가 즉석에서 <오스왈드 럭키 래빗(Oswald Lucky Rabbit(운 좋은 토끼 오스왈드)>이라 이름을 지어 만들어진 애니메이션 시리즈였다. 디즈니가 이보다 앞서 만들었던 <카툰랜드의 앨리스(Alice in Cartoonland)> 시리즈가 끝나게 되었는데 그 자리를 메우기 위한 시리즈였다. 사실상 펄럭이는 귀를 가진 이 '오스왈드' 캐릭터는 후일 귀를 둥글게 고쳐서 미키마우스를 만들었는데 이것은 모두 어브 아이웍스(Ub Iwerks, 1901-1971)의 기발한 작업이었다. <오스왈드 래빗>을 그리기 위해 어브 아이웍스를 위시해서 작은 애니메이터 팀으로 휴스 하먼(Hugh Harman, 1903-1982) 그리고 루돌프 아이싱(Rudolph Ising, 1903-1992) 이 구성되었는데 이들은 미국 최고의 애니메이터들이었다. 애니메이션이 기발한 월트의 지휘 아래 완성된 시리즈는 민츠에 의해 유니버설 영화사에 배급되었고 곧 관객의 큰 인기를 얻게 되었다. 이와 함께 <오스왈드 래빗>에 관련한 상품(Merchandise)들은 관객들을 크게 매혹(Attract)시켰다. 결과적으로 민츠는 제작자로서 애니메이션과 관련된 상품들도 배급 때에 한 묶음(Tie-In-(당시에는 배급사가 필름을 팔 때 1.뉴스 릴(News Reel), 2.본편(Featuring Film)-길이에 관계없이, 3.애니메이션 단편이나 상품광고))으로 많은 돈을 벌게 되었다. 생각 밖으로 잘된 일이었지만 1928년 민츠는 강압적으로 월트에게 아주 적은 돈을 주겠다고 밀어붙였다. 월트는 기절초풍을 할 일이었다. 민츠가 걷어 들이는 총수입에 비해 아주 석은 금액을 월트에게 수겠다고 했기 때문이다. 월트는 이 작은 할당(Share)을 거절했고 민츠는 그가 갖은 제작자의 권리로 <오스왈드 럭키 래빗>을 럭키(Lucky)를 빼고 <오스왈드 래빗>으로 월트

Trolley Troubles (1927) Walt Disney

□ 그림설명 1840, <오스왈드 럭키 래빗>

디즈니의 팀 멤버(Team Member)였던 루돌프 아이싱과 휴 하먼을 꽤서(Lured) 도움을 받아 단독으로 제작에 들어갔다. 그러나 그 두 사람은 1년도 못가 월트의 예언(Prophecy)대로 민츠가 마음에 들지 않아 그곳을 뛰쳐나오게 된다. 이러한 일로 1929년 민츠는 월터 렌츠(Walter Lentz, 1880-1965)에 모두 외주(Farmed-out)를 주어 만들었지만 반응이 좋지는 않았다. <오스왈드 래빗>은 이럭저럭 렌츠가 유니버설의 또 하나의 시리즈 <우디 우드펙커(Woody Woodpecker)>가 시작된 1940년까지 제작은 계속되었고 많은 관객으로부터 사랑을 받았다. 월트나 민츠, 이 두 사람에게는 이 <럭키 래빗>을 통해서 예술가로서 또한 비즈니스맨으로서 많은 것을 경험하여 애니메이션 창작에 그리고 마케팅에 임했을 것으로 짐작이 간다.

1841 `fes` `ani`

Ottawa Int'l Animation festival (오타와국제애니메이션페스티벌)

캐나다〉 Ottawa, 아시파(ASIFA)의 공식 인증을 받은 페스티벌 중 하나로 매년 9월에 캐나다의 오타와(Ottawa)에서 개최된다. 1975년 캐나다 영화협회(Canadian Film Institute)에 의해 페스티벌이 설립되었고 첫 번째 행사는 1976년 8월에 개최됐다. 캐나다 애니메이션의 주요 인사들 중 빌 쿤스(Bill Kuhns), 프레데릭 맨터(Frederik Manter), 프레스콧 J. 라이트(Prescott J. Wright, 1935-2006), 프랭크 테일러(Frank Taylor), 켈리 오브라이언(Kelly O'Brien)이 페스티벌을 개최하기 위해 모였다. 그리고 캐나다 국립 영화위원회(The National Film Board of Canada), 라디오 캐나다(Radio Canada), CBC Television, 시네마테크 퀘백와즈(Cinematheque Quebecoise) 등이 애니메이션 페스티벌을 만드는데 동참했다. 노먼 맥라렌(Norman McLaren, 1914-1987)은 영화제의 첫 번째 명예회장으로 선정됐다. 이밖에도 오타와페스티벌은 1976년 역사적으로 처음 애니메이터들을 위한 피크닉을 열었고 이후 모든 페스티벌에 참여한 애니메이션 동호인을 위한 사교적 행사가 됐다. 처음부터 영화제는 페스티벌 경쟁부문을 진행했으며 1976년 약 400편이 넘는 작품에서 2007년 2,078편의 작품들이 출품되는 영화제로 성장했다. 현재는 장편 경쟁, 단편 경쟁, 캐나다 학생 경쟁, 아동 경쟁, 쇼 케이스(Showcase), 특별 상영, 감독업계 관계자와의 만남, 다양한 이벤트 등으로 구성돼 있다.

□ 그림설명 1841, Ottawa international animation festival.

1842 `sci`

outer space(우주공간)

공간이란 비어있는 것을 의미하는 말이지만 우주공간은 비어있지도 않을 뿐만이 아니라 이 광활하고 끝이 없는 공간 속에 천문학적인 물체들이 존재하고 있다. 별들로 가득 찬 속에는 우선 태양을 중심으로 돌고 있는 행성(Planet)들, 그리고 달들과 혜성(Comets), 소행성(Asteroids) 그리고 우주의 먼지(Space Dust)들로 꽉 차있다. 주로 전자기 방사선(Electromagnetic), 자기장(Magnetic Fields), 중성미자(Neutrinos), 먼지, 우주선(Cosmic Rays)으로 빅뱅 때 설정된 온도는 2.7 kelvins(-270°C, -454°F)이다. 은하수에 있는 500억 개의 별을 지나 안드로메다 성운까지 우주의 공간에는 약 1조 개의 무수한 별들로 자리 잡고 있고 우주의 깊이로는 거리로 환산해서 약 2,537,000광년에 달한다. 그러니까 그곳을 빛의 속도로 간다고 하더라도 253만년을 가고도 7천년을 더 가야한다는 말이다. 이것이 대략 우주 공간의 크기이다.

□ 그림설명 1842, NASA Hubble이 잡은 Andromeda Galaxy & Outer Space.

1843 `ani` `pic`

outline (아웃라인, 줄거리 개요)

보통 500단어 이하로 요점을 간추려 쓰인 줄거리의 개요 혹은 요지로, 스토리와 캐릭터들을 간략하게 소개하며 영화화의 가능성을 타진하는 공정이다. 아웃라인이 제작자에 의해 승인되면 드라마 구성을 위한 대본 작업에 들어가게 된다.

✱ 참조보기 (2429 - Screenplay)

✱ 참조보기 (2431 - Screen writer)

1844 `ani` `pic`

out of frame, O. F. (프레임 밖, 화면 밖)
✱ out of scene, O. S. (신 밖, 화면 밖)

1. 재래식 영사기에서 스크린상의 이미지가 완전히 중앙에 잡히지 않고 2층으로 보이는 것을 말한다. 이 경우 영사기의 프레임(Frame) 손잡이를 돌려서 배열을 맞도록 조정할 수 있다. 2. 촬영되는 화면의 바깥에 있는 사물이나 액션이 아직은 화면 안으로 들어오지 않은 것을 말한다. 3. 오프 스테이지(Off Stage, O. S.)라고도 표기한다.

1845 `ani` `pic`

out of sync (아웃 오브 싱크,)

영화에서 화면(Picture)과 음향(Sound)에서 특히 대사(Dialogue)가 입모양과 일치하지 않거나 효과음이 딱 들어맞지 는 것을 뜻하는 말이다. 특수 애니메이션의 경우 음악에 맞춘 캐릭터의 동작이 일치하지 않을 경우를 말한다. 일반적으로 목소리 대사를 맞추는 것을 립싱크(Lip Sync.)라 부른다.

✱ 참조보기 (2500 - Sound)

✱ 참조보기 (2602 - Synchronization)

1846 `com` `pic`

output (출력)

모든 영상이나 음향을 다루는 기재의 송출 부분을 말하며 컴퓨터의 프린트 아웃은 마그네틱 테이프(Magnetic Tape)에 영상과 음향을 기록할 수 있다.

outstanding(뛰어난, 미지불 된)

1) 일반적인 그 무엇보다도 확실하게 멋진 것을 표현하는 말이다. 2) 매달 어느 날을 정해놓고 지급을 해야 하는 납입금이나 회비를 지급하지 않고 일자를 넘기고 있는 미불 채무(Outstanding Debts), 또는 어떤 일을 해결해 매듭지지 않을 때 사용되는 말이다.

1848 `ani` `pic`

overage (초과분)

영화 예산의 할당량을 초과하는 모든 비용. 또한 원화가가 기본적으로 해야 하는 할당된 작업량이 초과될 때 이에 상응하는 추가비용(Extra Cost)을 지급할 수 있다.

1849 `pic` `pho`

over exposed (과다 노출)

촬영된 필름이 과다 노출이 되어 이미지가 너무 희미해지게 되므로 필름의 이미지 농도의 균형 잡힌 변차를 주지 못하게 된다. 카메라나 프린터의 조리개를 너무 오래 열거나 과도한 빛에 의해 필름에 빛이 너무 많이 노출된 것. 카메라에서 과다 노출의 결과는 그림이나 피사체 표면의 그라데이션과 중간 톤이 상세하지 않고 빛이 바래고 부자연스러운 이미지로 나타나며, 프린터에서도 마찬가지로 조명의 그라데이션이 적고 디테일(Detail)이 부족한 어두운 이미지도 나타나게 된다. 그러나 간혹 필름에서 환상적이거나 꿈같은 효과를 얻기 위해 고의적으로 카메라 과다노출을 시도하기도 한다. 포지티브(Positive)를 프린트할 때 과도한 빛을 사용하면 옵티컬 프린터에서와 같은 효과를 얻을 수 있다.

□ 그림설명 1849, 과다노출 사진.

✻ 참조보기 (2804 – Under expose)

1850 `ani` `pic`

overhead (오버헤드, 간접비, 유지비)

일반적으로 제작비(Production Cost) 단가를 계산할 때 사용하는 말로써, 특정 제작비용이 아닌, 건물이나 장비, 인력과 같은 필름 스튜디오 제작 사업을 유지하는데 드는 비용을 뜻하는 말이다.

1851 `ani` `pic`

overhead shot (오버헤드 샷, 머리 위 샷)

□ 그림설명 1851, 조감도(Bird eye View)

캐릭터나 액션의 바로 위에서 찍는 샷. 이것은 캐릭터가 좁은 곳에 갇혀있는 것을 보여주거나 싸움의 전체적인 혼돈과 혼란을 보여줄 때 특히 효과적인 샷이다. 훨씬 더 멀리 머리 위에서 찍는 샷은 버드 아이 뷰(Bird's Eye View, 조감)라고 한다.

1852 `pic`

overlap (오버랩, 중복, 겹치기)

영화에서 한 장면 속에 두 개 이상의 이미지가 중복되게 겹쳐 보이는 것을 오버랩이라고 한다. 한 샷(Shot)의 끝과 다음 샷의 시작 부분에 촬영된 액션을 겹쳐서 액션에 끊어짐이 없는 것처럼 보이도록 두 샷을 연결할 수 있게 해주는 기법이다. 또한, 매치 컷 효과를 위해 한 샷의 끝과 다른 샷의 시작에 액션을 서로 맞도록 겹치게 하기도 한다. 또한 대사에 있어서도 한 캐릭터의 말이 끝나기 전에 다른 캐릭터가 동시에 말하는 것을 뜻하는 말이다. 영화에서 한 시퀀스(Sequence)에서 다른 시퀀스로 완연이 다른 음악이 끊임없이 나와야 할 때 오버랩핑(Overlapping) 기법을 사용하여 그릿치(Gritch)를 피한다. 감독의 연출에 따라 화면이나 음향의 겹치기는 아주 짧게(1/3초) 또는 길게(3초) 조정할 수 있다.

□ 그림설명 1852, Overlapping Color.

overlap dialogue (오버랩 대사)

1. 2명이나 그 이상의 캐릭터들이 서로의 대사를 듣지 못하는 상태에서 동시에 대사 하는 것. 좀 더 자연스럽고 사실적인 대화 효과를 주는 테크닉(Technic)이다. 2. 신(Scene) 간의 시공간이 명확히 바뀐 경우에도 전 신의 대사가 다음 신과 겹쳐지는 것. 예를 들어 첫 신에서 2명의 캐릭터가 시내 거리를 걸으며 대사하다가 다음 신에서 차안이나 시골길에서 같은 대화를 계속하는 것을 볼 수 있다. 이런 테크닉은 캐릭터들의 관계 발전을 위한 감성적 강도를 강조해 줄 수 있다. 3. 대사하던 캐릭터가 더 이상 보이지 않게 되었을 때도 대사가 다음 신 앞부분에 겹쳐지는 것을 말한다.

1854 `ani`

overlay (오버레이, 덧씌우기)
✱ OL (오엘)

셀 애니메이션(Cel Animation)에서 활용되는 방식의 하나로, 일반적으로 어떤 그림이 카메라 가까이 있으며 움직이는 캐릭터의 레지스트링(Registering)을 하지 않기 위해 덮어서 사용되는 하나의 기법이다. 예를 들어 캐릭터가 길을 걷고 있는데 카메라 앞쪽으로 기둥이나 나무가 지나가게 된다면 레벨의 제일 위에 사용하게 되는 데 이것을 오버레이(O.L)이라고 부른다. 오버레이는 주로 애니메이션이 되지 않고 한 장으로 사용된다. 이밖에 레벨 중간에 이러한 기능이 필요할 때 언더레이 오버레이(UL-OL)라고 표기하여 사용되며, 레벨의 가장 밑에 깔릴 때는 언더레이(U.L)로 표시한다. 또한 장면에 입체감을 주기 위해 이 오버레이는 기본 장면의 팬 움직임 보다 속도를 높이며 원근감 있는 움직임을 줄 수 있는 기술의 하나이다. 이밖에도 같은 기능으로 사용되는 헬드 셀(Held Cel)도 있다.

✱ 참조보기 (1116 - Held Cel)

1855 `gen`

overload (오버로드. 과부하)

어느 시스템이든 시스템에 너무 지나친 양을 보내는 것. 과부하. 오디오 시스템의 경우는 너무 많은 시그널 (Signal)을 보내 사운드 변음이 일어나는 것.

1856 `ani`

overseas animation studio (해외 애니메이션 제작사)

해외에 있는 애니메이션 회사들을 통칭하는 말이며, 국가적 활동으로 볼 때 미국, 일본, 프랑스, 캐나다, 독일, 영국, 이태리, 스페인 등을 들 수 있으며 OEM(주문 제작)국가로는 중국, 필리핀, 대만 등을 들 수 있다.

1857 `ani` `pic`

over-the-shoulder shot (어깨너머 샷)

*OTS shot (오티에스 샷)

일반적으로 캐릭터의 머리, 목, 어깨의 뒷모습이 프레임 한쪽에 보이고 그 캐릭터의 어깨 너머로 보이는 샷. 카메라는 이 캐릭터의 뒷모습을 지나 캐릭터가 보고있는 물체나 사람에 초점을 맞추게 된다. 이것은 흔히 두 사람 사이의 대화에 많이 사용되어 청자의 어깨 너머로 화자의 클로즈업을 보여주거나 화자의 어깨 너머로 청자의 반응을 클로즈업으로 보여주게 된다. 두 사람이 대화를 하는 동안 카메라는 양자를 번갈아 보여주며 관객에게 캐릭터들의 관점과 반응을 보여주게 된다.

☐ 그림설명 1857, 어깨너머 샷(OTS). the Simpsons.

1858 `gen`

over time(초과근무)

1) 정해진 하루의 근로시간은 성인이 8시간으로 주 40시간을 기본으로 한다. 오버타임은 정해진 시간을 초과해서 일하는 것을 말한다. 아침 근무시간 전, 퇴근 시간 후, 또한 휴일근무도 포함된다. 사규에 따라 조건은 다를 수 있다. 영화 제작에서는 정해진 시간에 출근 퇴근이 어려움으로 현장에 따라 근무시간을 조절하여 행할 수 있다. 자유 직업

자들은 일반적으로 일한 것만큼 성과금 방식으로 회사와 사전 계약서에 합의한 대로 근무할 수 있다. 1주일에 12시간 정도를 오버타임을 연장할 수 있다. 2) 축구경기에서 전반 45분, 후반 45분, 총 90분간 경기 중 선수교체 등, 실 플레이 타임을 감안해 주심은 오버타임을 주어 경기를 연장할 수 있다.

1859 mus

overture (서곡, 시작)

오버추어라는 말은 오페라(Opera)의 서곡으로 오페라 서두에 연주하여 무대를 보이기 전 오페라를 이해하기 쉽게 이끌어주는 역할을 했다. 오버추어는 유럽 여러 나라에서 제각기 다른 언어로 표현해 사용했다. 이탈리아(Overtura), 영어(Overture), 독일어(Ouverture), 프랑스어(Ouverture)로는 '오프닝'이라는 뜻이며 음악에서 실제 사용되는 원래의 뜻은 오페라의 악기들을 소개한다는 도입부적인 뜻이다. 이탈리아에서 시작된 오페라 작곡의 움직임에 따라 17세기 이탈리아나 프랑스의 오페라의 서곡이나 오페라 없는 다만 서곡을 작곡했다. 이탈리아풍의 경쾌함에 비해 프랑스의 서곡은 매우 권위적이었다. 이탈리아에서 태어난 진 뱁티스트 륄리(Jean-Baptiste Lully, (이탈리아이름 Giovanni Battista Lulli), 1632-1687)는 프랑스 작곡가로서 스스로 기악을 하며 그의 평생을 루이 14세(Louis XIV, 1638-1715) 왕정 때 왕에게 헌정하기 위한 음악을 작곡해 그 절대 권위를 상징한 바로크(Baroque)시대 작곡가였다. 독일에서 오페라를 작곡했으며 영국으로 건너가 오라토리오로 성공을 가져온 게오르크 프리데릭 헨델(Georg Frideric Handel, 1685-1759)이나 모두 권위적 흐름의 주류를 이룬 작곡가들이었다. 낭만주의 시대에는 음악가들 중에 베토벤(Ludwig van Beethoven, 1770–1827)이나 멘델스존(Jacob Ludwig Felix Mendelssohn-Barthold, 1809-1847)이 소나타 형식으로 작곡을 하면서 서곡이라는 단어를 사용하기 시작했다. 그러나 이 두 사람은 오페라를 작곡하지는 않았다. 그러나 이들 역시 서곡을 작곡했다. 베토벤의 <에그몬트 서곡(Egmont Overture)>, 모차르트(Wolfgang Amadeus Mozart, 1756-1791)의 <요술피리 서곡(Magic Flute K.620)>, <휘가로의 결혼(Marriage of Figaro)>. 차이코프스키(Pyotr Ilyich Tchaikovsky, 1840-1893)의 <1812년 서곡(1812 Overture)>, <호두까기 인형 스위트(Nutcracker, Ballet Suite, Little Overture)>. 조르주 비제(Alexandre César Léopold Bizet, 1838-1875)의 <칼멘 수위트(Carmen Suite)>. 조아키노 안토니오 로시니(Gioacchino Antonio Rossini, 1792-1868)의 <윌리엄 텔 서곡(William Tell Overture)>, <세빌리아의 이발사(Barber of Seville Overture)> 그 밖에도 브람스(Johannes Brahms, 1833-1897), 오펜바흐(Jacques Offenbach, 1819-1880), 보로딘(Alexander Porfiryevich Borodin,

1833-1887), 스트라빈스키(Igor Fyodorovich Stravinsky, 1882-1971), 바그너(Wilhelm Richard Wagner, 1813-1883) 등이 서곡을 작곡했다.

□ 그림설명 1859, <Egmont Overture> Op.84, by Ludwig van Beethoven.

1860 `ani` `equ`

Oxberry camera stand (옥스베리 카메라 스탠드)

아마도 재래식 애니메이션 작업을 다뤄본 사람이라면 누구나 옥스베리 애니메이션 카메라 스탠드를 모르는 사람은 드물 것 같다. 1960년대에서 1970년 초에 이르기까지 옥스베리 애니메이션 카메라 스탠드로는 가장 정교하게 가장 튼튼하게 또한 가장 멋지게 만든 스탠드라고 할 수 있다. 이것을 만든 사람은 존 옥스베리(John Oxberry, 1918-1974)이다. 옥스베리는 1918년 뉴욕에 있는 뉴 로첼(New Rochelle)에서 태어나 후일, 이 옥스베리 카메라 스탠드를 만드는데 평생을 보냈다. 그는 어려서부터 영화를 흥미로워하고 관심을 가졌다. 갑작스런 2차 대전의 혼란 속에서 그는 군에 들어가 통신부대(Signal Corps)에서 영화촬영 일을 배웠다. 그러나 부대가 이동해 뉴욕의 아스토리아(Astoria)로 근무지가 바뀌었지만 결국은 <어떻게 장총(Rifle)을 청소하나(How to Clean the Rifle)>를 애니메이션으로 매달 한편씩 만들었다. 그리고 인기절정에 있는 남녀탤런트들이 스튜디오에 와서 의료 홍보용으로 성희롱에 관해, 어느 것은 해도 되고 또는 안 되는지 교육영화로 만들었다. 존은 이런 일을 한 달에 하나씩 만들어 봐야했는데 이런 일은 엉망진창(Mess)이라고 생각했다. 이런 계기로 인해 그리고 2차 대전도 끝이나 존 옥스베리는 지겨운 통신부대를 뛰쳐나와 버렸다. 그러나 그는 통신부대에서 배웠던 촬영 경험을 살려 회사를 차리고 여러 종류의 애니메이션 카메라 스탠드를 만들었다. 그는 최고의 애니메이션 스탠드를 만들 것을 다짐하게 된다. 새롭게 개발해 만든 기재들은 완전무결했다. 차분히 오랜 기간 동안 'Oxberry Camera' 또는 'Oxberry Pegs' 라는 이름을 축조(Build Round)해 나갔다. 주로 그림으로 그린 애니메이션이나 물건, 컷 아웃(Cutout), 아트워크(ArtWork) 등을 촬영할 수 있는 것들이다. 왜냐하면 유리 덮개로 덮어 고정하고 촬영하기 때문에 인형(Puppet)애니메이션은 별도의 입체형 카메라로 촬영한다. 옥스베리 카메라는 튼튼한 원형 파이프에 90°를 유지하며 상하로 오르내릴 수 있도록 고정되어 있다. 카메라는 테이블 표면과 수평하게 4필드(폭 5cm)에서 16필드(폭 41cm) 또는 더 넓게 오르내릴 수 있으며 내려찍을(Downshooter) 수 있다. 존은 카메라를 만드는데 적당히 하지 않았기 때문에 소문에 소문은 넓게 번져 나갔다. 사실 애니메이션은 활동사진을 만드는 영화산업에서도 가장 오래된 기술이다. 그가 만든 옥스베리 마스터 시리즈는 복잡한 수치계산 없이 촬영을 자유자재로 할 수 있는 콤파운드 테이블(Platform)을 부착시킨 기발한 발상을 응용한 카메라 스탠드이다. 스탠드에 부착된 촬영용 테이블은 좌우 90°로 회전할 수 있고 테이블에 좌우로 움직일 수 있는 트레블링 바(Traveling Bar)가 위(Top)에 두개, 아래(Bottom) 2개가 있어 배경(BG)용으로 그린 그림을 좌우로 움직일 수 있다. 상하(Top and Bottom)에 부착되어 있는 바가 숫자적으로 모자랄 경우 플립 페그(Flip Peg)나 , 노스 사우스(North and South) 페그를 사용할 수 있게 준비되어 있다. 정밀한 눈금표시로 손으로도 정밀하게 움직임을 줄 수 있으며 정사진(Still Photo)을 이용하여 애니메이션 스탠드로 정교한 실사 촬영과 같은 효과적인 컷(Cut)를 만들 수 있다. 애니메이션 스탠드를 이용해서 촬영에서 기술이 필요한 많은 결과물을 만들 수 있다. 존 옥스베리는 평생을 하나도 적당히 봐 넘기지 않고 최고의 애니메이션을 만들기 위해 애쓰다가 1974년 11월 그가 54세가 되던 젊은 나이에 뒤안길(Back Stage)로 생을 마감하게 되었다.

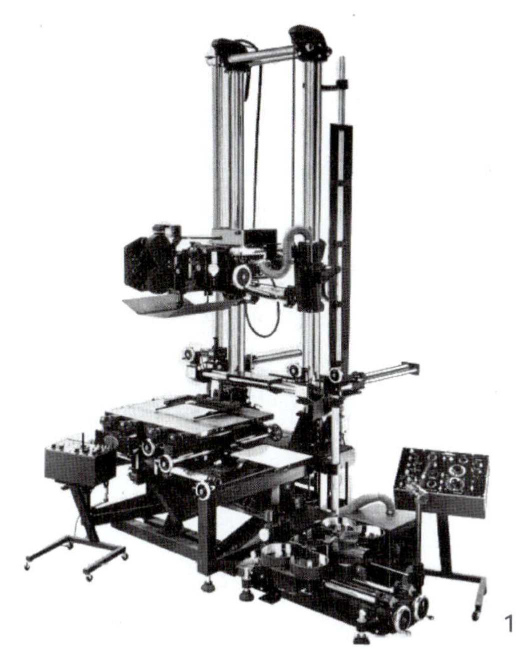

□ 그림설명 1860-1, Oxberry 최고품질의 애니메이션 카메라.　-2, 그림의 경로를 따라 움직일 수 있는 Compound Table.

□ 그림설명 1860-3, Oxberry Peg 홀은 양쪽이 크고 가운데 원형 홀은 작다.

-4, 애니메이션 산업에서 가장 많이 사용했던 ACME Peg Hole의 비교, 양 옆의 홀은 가늘고 가운데는 조금 크다.

-5, 무거운 Mitchell Camera를 채용할 수 있는 막강한 Stand.

1861 `sci`

oxygen (산소, O)

화학기호(Periodic Table)에서 O로 표기하는 산소는 생명체가 취하는 비금속(Nonmetal) 물질이다. 눈으로도 볼 수 없고 냄새도 맛도 없다. 또한 산소가 없으면 불에 타지도 않는다. 산소가 없다면 모든 동물체는 몇 분 안에 살아남지 못하게 되는, 지구상에서 매우 상식적이며 필수적인 구성요소이다. 인간은 산소가 없으면 에너지 결핍을 느끼게 되며, 물이나 음식 등을 먹어서 체내에 산소를 만든다. 지구상에는 산소를 끊임없이 만들어내는 지속적인 순환(Cycle)에 의해 사람이나 동물들은 산소를 마시고 배출한 이산화탄소(Carbon Dioxide)를 푸른 나무들이 흡수하여 탄산 동화작용(Carbon Dioxide Assimilation)으로 새롭게 산소를 배출해 낸다. 이렇게 순환 사이클이 끊임없이 반복되며 산소를 만들어 낸다.

□ 그림설명 1861, 산소를 공급하는 탄산동화작용 System.

1862 `sci`

ozone, ozone layer, troposphere (오존, 신선한 공기, 오존층)

오존은 산소(Oxygen)의 3원자(O3)로서 가스(Gas)로 형성되어 있다. 오존층은 지구의 상위층인 성층권(Stratosphere)에서 하위 층인 지면까지 분포되어 있다. 성층권

(Stratosphere)은 지상 약 12km 지점부터 50km 사이에 있는 대기층이다. 지구의 대기권 (Atmosphere) 중 오존층이 존재하는 곳으로, 비행기 항로로 이용되는 층을 말한다. 오존은 지역에 따라 좋은 공기일 수 있고 나쁠 수도 있다. 따라서 오존은 대기의 환경에 따라 (Environment Depending on) 건강에 좋기하고 나쁘기도 하다. 가령 성층권에 있는 공기는 태양으로부터 오는 자외선 방사선으로부터 살아있는 것들을 보호해 주기 때문에 좋다. 그러나 흔하게 요즈음 세상에서 다루듯이 지상에 있는 오존은 아주 인체에 나쁘다. 특히 애들이나 나이가 많은 노인층에 천식과 같은 폐질환에 위험하다. 지구는 인구의 증가로 20세기에 들어서서부터 세계 어느 곳이던 새로운 도시를 형성하며 산림(Forest)을 훼손하고 여러 화학물질로 인해 오존층이 파괴되기 시작한 것이다. 21세기에는 지구를 살리기 위한 환경보호 캠페인을 위해 인간은 지금 구호를 외친다. [1]육식을 금하자, [2]자동차 매연을 줄이자, [3]물을 아끼자, [4]종이를 덜 사용하자, [5]용기나 음식 쓰레기를 만들지 말자, [6]대륙이 건조하여 미세먼지의 발생이 점점 심각해진다. [7]자연 탄산동화작용 (Carbon Dioxide Assimilation)으로 지구를 건강하게 하려면 나무가 많아야하고 없으면

새로 심어야한다. 나무는 잎을 통해 산소를 배출한다. 잎은 아주 작은 섬세한 세포(Cells)들로 이뤄져 있고 이 이파리들을 통해 태양광으로 인한 광합성 과정(Photosynthesis Process)이 일어난다. 잎은 아주 작은 세포들로 이루어져 있다. 이 세포에는 엽록체(Chloroplast) 라고 불리는 작은 구조가 있는데 이 엽록소는 태양 에너지를 흡수한다. 물 분자를 수소와 산소로 분해하는 것은 이 에너지이다. 산소는 잎에서 대기로 방출된다.

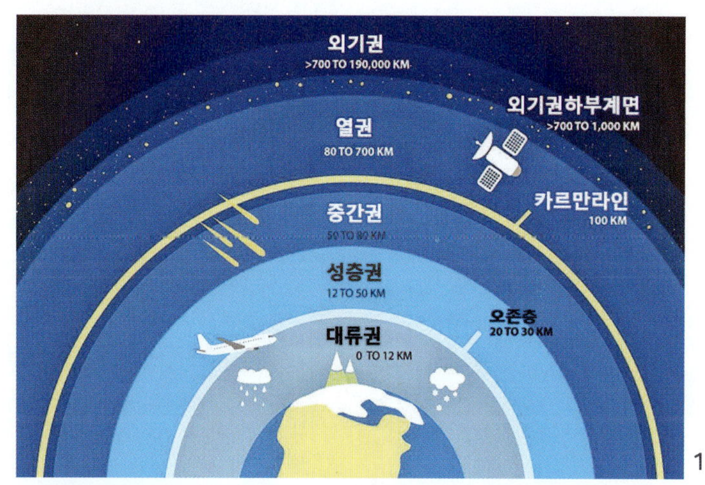

□ 그림설명 1862-1, 외기권 1,000km, 성층권 50km, 대류권 12km.

-2, 좋은 오존.

-3, 나쁜 오존.

Picasso

Pp

[피]

Pink Panther

Phantasmagoria

Phenakistoscope

Pixar

P p [피]

1900 `pic` `sci`

pace, pacing (페이스, 속도, 걸음걸이)

걸음걸이의 보폭을 뜻하는 말이지만 영화제작에서는 화면 흐름의 속도를 가리키는 말로 쓰인다. 속도는 영화의 흐름의 속도, 순수 움직임(Locomotion), 소설속의 문장의 흐름, 그리고 순수 음악의 템포(Tempo)만을 뜻한다. 감독은 영화가 진행되는 속도를 영화의 내용(Story) 요인에 의해 결정한다. 액션의 성격, 신의 길이, 핸드 헬드 카메라(Hand Held Cam), 에디팅(편집 또는 편집의 순서), 구성(Composition), 사운드(음악이나 효과음) 등은 속도를 조절할 수 있는 요소들이다. 액션물이나 멜로 드라마와 같이 영화의 종류에 따라서도 페이스가 달라지며, 같은 종류의 영화에서도 페이스의 차이는 감독에 따라 다르다. 나라의 문화와 특정 시대의 문화에 따라 속도감각은 달라진다.

✳ PACE NASA Mission (페이스의 임무)

2017년 7월에 기초적인 디자인과 기술을 완료하고 B 국면(Phase B)에 접어들어 2022년에는 발사대를 떠내 보낼 계획으로 있다. 페이스는 스페이스 관측소로서 지구의 둘레를 돌며 GPS로부터 교신을 받이 세틀리이트 우주선을 통해 미국 뉴멕시코(New Mexico)에 있는 화이트 샌드(White Sands) 지상관측소로 보내 우리가 살고 있는 지구의 바다를 관찰할 수 있게 된다. 페이스는 바다 속의 플랑크톤(Plankton), 바다 연무(Aerosol), 구름(Cloud), 바다 어족생태계(Ocean Ecosystem)를 조사한다. 그리고 살아있는 바다의 새로운 발견(Discovery)과 함께 바다의 환경(Ocean-Atmosphere)을 알아

□ 그림설명 1900, 바다의 생태계를 탐구하는 PACE Space 센터.

내는 일은 인류생활에 도움을 준다. 이러한 페이스의 임무는 세틀라이트와 시너지 효과로 얻어낸 전례가 없는 첨단적인 통찰력(Insight)으로 평가된다. 이러한 페이스의 임무는 미국 알라스카의 페어뱅크(Fairbanks), 칠레에 있는 푼타 아레나(Punta Arenas), 노르웨이의 스발바르(Svalbard), 미국 뉴멕시코의 화이트 샌즈 등의 지상의 스테이션들과 스페이스 세틀라이트와의 3각 관계의 첨단기술로 이루어지는 것이다.

1901 `pic` `gen`

package (패키지, 포장한 상품)

일반적으로 여러 개, 또는 여러 가지가 내용물로 들어 있는 한 보따리를 의미한다. 영화 제작에서는 제작기간이 오래 걸리고 영화의 내용처럼 매우 복잡하게 매일 매일 새로운 작업이 펼쳐진다. 이로 인해 영화제작공정을 3가지 큰 단계의 프로덕션 패키지로 나눈다. 그 첫 번째가 기획 자료를 체계적으로 준비하여 한 묶음으로 준비해놓은 것을 이르는 말이다. 첫째가 프리-프로덕션 패키지, 둘째 메인-프로덕션 그리고 셋째가 포스트-프로덕션으로 나누며 각 공정에 필요한 요소들을 준비해 놓은 것을 패키지라 한다. 상품용으로 판매하기 위해 박스(Box)속에 소형 내용물을 넣어 포장한 물건을 패키지라 하며 일체형(Set)의 의미를 포함한 말이다. 같은 종류의 여러 개나 한 꾸러미로 포장되어 있거나 여러 가지가 혼합되어 포장되어 있는 하나의 꾸러미로 되어 있는,

또한 일괄이라는 의미를 담고 있는 말이다. 또한 누군가에 발송하기 위해 포장을 완료한 물건을 패키지라고 부른다.

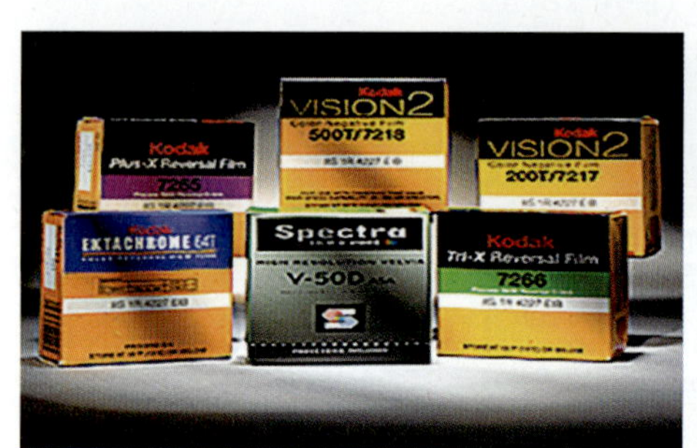

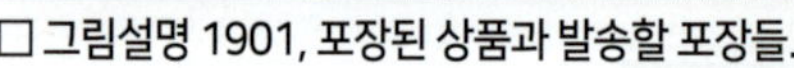
□ 그림설명 1901, 포장된 상품과 발송할 포장들.

＊Animation Production Packages

＊참조보기 (2023 – producer)

＊참조보기 (2024 – procedure)

＊참조보기 (2026 – production)

＊참조보기 (2033 – production package)

packing (패킹, 포장하기)

일반적으로 짐을 포장하는 것을 말한다. 또한 OEM 애니메이션에서 제작에 필요한 자료들을 모두 모아, 빠진 것 없이 점검하여 포장해서 발송할 때 자주 사용하던 말이다. 패킹은 필름 릴, 비디오테이프, 재료, 자료 등 재래식 영화제작에서 사용했으나 디지털 시대에 들어오면서 FTP(File Transfer Protocol) 전자식(Electronically) 송수신이 가능해지면서 우체국을 통한 재래식 패키지 발송방식은 더 이상 사용하지 않는다.

1903 `art` `gen`

paint (물감)

액체(Liquid)와 안료(Pigments)를 혼합하여 만든 물감을 말한다. 물감은 색소(Color)가 다른 여러 종류의 색깔을 배합하여 만든다. 만들어진 물감은 물건이나 건물의 외부 또는 내부에 칠한다. 페인트 종류는 유성과 수성으로 나뉜다. 그림을 그리기 위해서는 학생용으로 저렴한 유화물감을 사용할 수 있고 화가들이 사용하는 변색이 없는 유명제품 전문가용도 있다. 화가용 오일(유성) 페인트들은 빨리 마르지 않고 오래 유지됨으로 린시드 오일(Linseed oil) 등을 사용해 서서히 마르도록 조절해 그림을 그리는데 사용한다. 그림 종류로는 오일 페인트(Oil Painting on Canvas), 워터칼라(Watercolor), 아크릴릭(Acrylic)페인트, 파스텔(Pastel)칼라 등이 있고, 오일페인트는 브랜드 종류가 많이 있다. 올드 홀랜드 페인트(Old Holland Paint), 그룸바(Grumbacher), 홀베인(Holbein), 윌리엄스버그(Williamsburg), 다니엘 스미스 페인트(Daniel Smith Paint), 마이클 하딩(Michael Harding), 갬블린(Gamblin), 쉬민케 무씨니(Schmincke mussini), 시넬리에(Sennelier Oil Paint) 등 여러 회사가 있다.

□ 그림설명 1903, 일반 수성 페인트와 화가들이 사용하는 오일, 아크릴 페인트.

1904 `art` `peo` `his`

painter (화가, 미술가, 페인터, 서양화가)

1) 서양에서는 유화로 그림을 그리는 순수 화가를 영어로 말할 때에 'Artist' 라고 하거나 'Oil Painter on Canvas.'라 하여 일반적으로 집의 벽에 칠하는 'House Painter'와 분명하게 구분해서 말한다. 페인팅 아티스트(Painting Artist)라고도 한다. 화가는 사실적인 모양 그대로 그릴뿐 아니라 천부적인 재능을 가지고 느낀 색감이나 모양 그리고 질감을 잘 표현하여 창의적인 그림을 그려내는 사람을 말한다. 이들은 초상화, 자연경치 그리고 생활풍습 등을 그리는 것뿐만이 아니라 뛰어난 상상력으로 비구상 그림을 그리는 재능을 가진 화가를 말한다. 생활의 변천에 힘입어 표현 미술들은 리얼리즘(Realism)에서 벗어나 연대와 함께 흐르며 다양한 표현방식으로 변화해 왔다. 현대에 와서 크게 나눠 구상 비구상으로 부르기도 하지만 뒤를 돌아보면 그림으로 표현한 미술사는 그 어느 예술보다 먼저에 있다. 역사에는 약 3~4만 년 전 구석기시대 원시 동굴 속에 살던 크로마뇽인들은 동굴 내벽에 동물들의 모습을 상상하여 그림을 그려 후대에 엄청난 놀라움을 남겨 놓기도 했다. 4천500여 년 전 고대이집트(Ancient Egypt)의 피라미드 고분벽화의 그림, 고대그리스의 미노스문명(Minoan)시대의 그림, 고대 로마인들의 신화를 바탕으로 한 그림 등이 있다. 인간은 눈으로 볼 수 있는 사물을 그림으로 그려냈으며 13세기경에 와서 비로소 고대 이집트, 고대 이집트, 고대 이탈리아 에트루리아(Ancient Etruria), 고대 헬라, 로만(the Romans), 힌두교(Hinduism), 비잔틴제국(Byzantine Empire) 그리고 정통 구 러시아 미술의 가치를 알게 되고 매우 거칠지만 의미있는 도형적인 미술이 싹트기 시작했다. 이탈리아의 조토(Giotto di Bondone, 1266-1337)는 화가로 건축가로 그리고 조각가로 중세기 유럽에 막대한 영향을 끼쳤다. 화가들은 15세기에 와서야 원근법을 처음으로 그림에 적용해 사용했다. 이 시대에는 레오나르도 다빈치(Leonardo di ser Piero Da Vinci, 1452-1519)나 미켈란젤로(Michelangelo di Lodovico Buonarroti Simoni, 1475-1564), 라파엘(Raffaello Sanzio da Urbino, 1483-1520) 등이 좀 더 사실적인 흐름의 주역이었다. 16세기에는 이탈리아 최고 부흥기로 1503년 다빈치의 원근법이 묘사된 모나리자(Mona Lisa)가 그려졌고, 루벤스(Peter Paul Rubens, 1577-1640)의 거대한 활동이 시작되기도 했다. 17세기부터는 회화가 폭발적으로 움트기 시작한다. 이탈리아의 바로크(Baroque)풍, 유럽의 풍경화, 프랑스와 스페인 역시 바로크 풍의 활동이 시작되었고 빛을 강조한 더치(Dutch) 화가인 렘브란트(Rembrandt Harmenszoon van Rijn, 1606-1669) 그리고 이 시기부터 중국, 일본, 인도 등 동양인들의 활동이 여러 나라에 알려진다. 한국의 화가들도 있다. 수묵화로 연대적으로 대를 이은 겸재 정선(1676-1759)은 이조 중기의 화가로서 이조 오백년 회화사에

신기원을 수립한 대가이다. 정선은 숙종2년에 출생하여 영조35년에 세상을 떠났다. 호는 겸재 또는 난곡이이라 했다. 그는 양반출신으로 김창집의 도화서 화원이 되고, 벼슬이 현감에 이르렀다. 처음에는 정형산수를 그렸으나 회화적으로 한국산수의 특징을 살린 <진경산수>라는 겸재 특유의 화법을 낳게 되었다. 그 밖에도 현재 심사정(1707-1769), 고송유수관도인 이인문(1745-1821), 단원 김홍도(1745-?), 혜원 신윤복(1758-?), 자하 신위(1769-1845), 소당 이재관(1783-1837) 등이 이조시대 때 활동한 사람들이다. 한국의 화가들이 유럽과 교류가 있었다는 기록은 없다. 유럽은 18세기에 들어오며 로코코(Rococo)풍, 로맨틱(Romantic), 고전주의와 신고전주의(Neoclassical)가 싹트기 시작하여 회화에 변화의 조짐이 보이기 시작했다. 19세기에 들어서 사실주의에서 벗어난 인상주의(Impressionism)가 많은 활동을 했고 화가들은 고야(Francisco Jose de Goya y Lucientes, 1746-1828), 터너(Joseph Mallord William Turner, 1775-1851), 꼬로(Jean-Baptiste-Camille Corot, 1795-1875)는 프랑스의 화가로 19세기 중반 대표적인 미술가로 신고전주의에서 근대 풍경화로 이행하는 가교 역할을 했다. 밀레(Jean-François Millet, 1814-1875), 헌트(William Holman Hunt, 1827-1910), 마네(Edouard Manet, 1832-1883), 쿠르베(Jean-Desire Gustave Courbet, 1819-1877), 드가(Edgar Degas, 1834-1917), 세잔느(Paul Cézanne, 1839-1903), 시슬레(Alfred Sisley, 1839-1899), 피사로(Camille Pissarro, 1830-1903), 모네(Claude Monet, 1840-1926), 르노아르(Pierre-Auguste Renoir, 1841-1919), 고흐(Vincent Willem van Gogh, 1853-1890), 마티스(Henri Emile-Benoit Matisse, 1869-1954), 고갱(Paul Gauguin, 1848-1903), 점묘화법으로 유명했던 사라(Georges-Pierre Seurat, 1859-1891) 등이 있다. 그리고 이들과 동시대를 같이 하는 한국에서 태어나 신문화시대에 일본에서 활동했던 미모의 여류화가이며 사회 활동가였던 나혜석(Nah, 1896-1948)에 이어 미국에서 활동한 김환기(H Kim, 1913-1974), 국내파 김기창(C. Kim, 1913-2001), 박수근(Soo Keun Park, 1914-1965), 여류화가 천경자(Kyung-ja, 1924-2015) 등이 많이 활동해 한국을 해외에 알리기 시작했다. 또한 20세기 스페인이 낳은 두 사람, 피카소(Pablo Picasso, 1881-1973)와 달리(Dali, 본명은 Salvador Domingo Felipe Jacinto Dalí i Domènech, 1904-1989), 그들은 초현실주의 화가였으며 달리는 1940년에 미국에 와서 영주해 살았지만 스페인으로 돌아가 피게레스에서 사망했다. 2) 재래식 애니메이션 제작에서는 동화(In-between)가 완성된 후 후반 공정으로 선화와 채화(Paint)가 이루어지게 된다. 그림의 선을 셀(Celluloid)에 옮기고 셀의 뒤쪽에 지성된 물감으로 재색을 하던 시대의 사람을 말한다. 이 애니메이션 공정에서 재래식 물감 채색방식은 더 이상은 사용하지 않게 되었고 지금은 디지털 프로그램에서 전자식으로 칠한다.

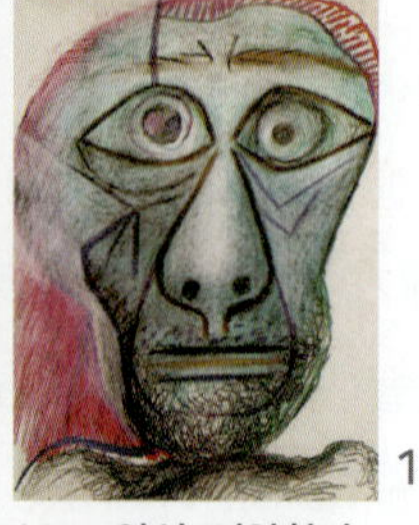

-2, <The Women of Algiers> $1억7,900만 달러경매
세계신기록의 Pablo Picasso 작품.

□ 그림설명 1904-1, Cubism 양식, 서양화가
피카소의 연대적 자화상.

-3, Gothic 양식, <Vierge d'Ognissanti> by
Giotto di Bondone, 1303.

-4, Renaissance 양식, <The Last Judgment> by
Michelangelo 1536-1541.

-5, Baroque 양식, <The Elevation of the
Cross> by Peter Rubens, 1610-1611.

-6, Rococo 양식, <The Embarkation for Cythera> by
Jean-Antoine Watteau, 1717.

-7, Neoclassicism 양식, <Oath of the Horatii> by Jacques-Louis David, 1784.

-8, Romanticism 양식, <La Libertè guidant le peuple> by Eugène Delacroix, 1830.

-9, Impressionism, Post-Imp. 양식, <Sunrise> by Claude Monet, 1872.

-10, Cubism 양식, <Woman with a Hat> by Henri Matisse, 1905.

✽ Painting Chronological Table (그림의 연대분류표)

그림의 양식(Culture)을 연대로 분류한 해설.

-3, 고딕(Gothic, 고딕미술)양식- 13세기- 15세기.

-4, 르네상스(Renaissance, 문예부흥)양식- 14세기- 16세기.

-5, 바로크(Baroque)양식- 17세기- 18세기.

-6, 로코코(Rococo, 섬세한)양식- 17세기- 18세기.

-7, 신고전주의(네오클래시시즘, Neoclassicism)양식- 18세기- 19세기.

-8, 낭만주의(로맨티시즘, Romanticism)양식- 18세기- 19세기.

-9, 인상주의(Impressionism, Post-Impressionism)양식- 19세기 후반.

-10, 야수주의(입체파, Cubism)양식- 20세기.

✽ 참조보기 (0130 - Artist)

1905 `ani`

paint and trace (애니메이션 선채화)

재래식 애니메이션 제작에서 사용하던 용어로서, 애니메이션 동화의 공정이 끝나면 동화에서 그린 그림의 선을 따라 셀룰로이드에 옮겨 그리는 것을 트레이스(Trace)라하고 그 그림을 뒤집어 놓고 채색(Paint)하여 촬영할 수 있도록 준비하는 작업을 말한다. 디지털 방식이 채택된 이래 디지털 스캔(Scan)으로 페인트물감없이 디지털 방식으로 채색한다. 이러한 디지털 공정은 이미 1990년에 미국의 AXA Sys.사에 의해 최초로 개발되어 한국의 AKOM Studio에서 사용되어 그 공정이 재래식에 비해 혁신적으로 변화되었다. 이 공정은 애니메이션 제작 인력과 비용을 줄여주는 결과를 가져왔고 재래식 애니메이션 제작방식에서 사용하던 셀룰로이드, 페인트, 붓, 촬영용 필름, 애니메이션 카메라, 필름현상 과정 등이 이후 세계적인 추세로 모두 디지털화 되었다.

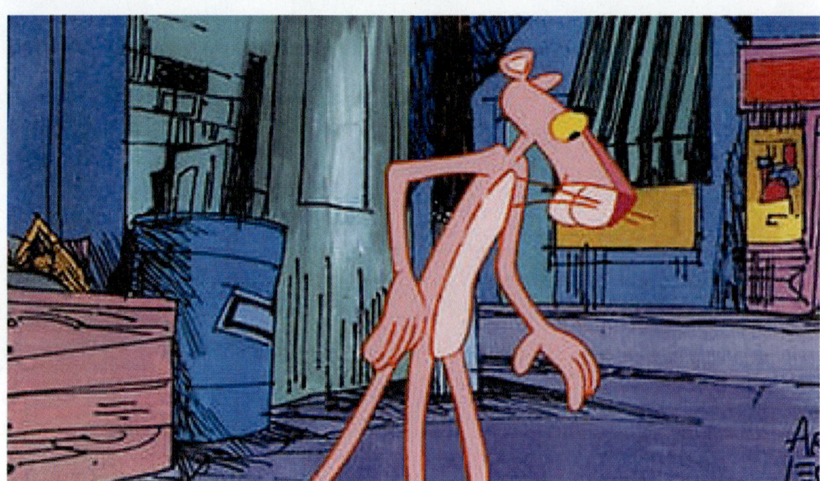

□ 그림설명 1905, <Pink Panther> Cel에 Trace한 후 색을 칠한 그림 Cel을 배경위에 올려놓고 촬영한다. (Cel Animation)

1906 `ani`

painting system (페인트 시스템, 컴퓨터 채색)

일반적으로 컴퓨터에 의해 작업되는 애니메이션의 디지털 컬러 채색을 의미한다. 시스템은 여러 회사들이 사용하기 쉬운 것이라 홍보한다. 대부분이 지정된 컬러 팔레트(Palette)에 의해 원터치(One-Touch)로 어느 범위를 순간적으로 채색할 수 있는 컴퓨터 시스템을 뜻하는 말이다. 재래식 방식의 애니메이션에서 채색은 선(Line)그림으로 그려진 셀룰로이드에 물감으로 색깔을 칠하여 그림을 완성하던 방식이었으며 이 제작방식은 약 1세기동안 활용되었고 수백여 명의 작업자가 동원되어 그 제작비용 역시 막대하던 방식이었다. 21세기가 되면서 컴퓨터방식은 순식간에 애니메이션제작에 뿐만이

아니라 일반 일러스트에 광범위하게 시선을 집
중시켰고 순수 미술가들에게까지 확장되어 사용
하고 있다. 기법으로는 디지털붓의 크기, 불투
명, 투명도를 정할 수 있고, 색상은 RGB 디지털
1,670만 칼라의 다양한 색깔 중에서 선택해 사용
할 수 있다.

□ 그림설명 1906, Digital Painting Systems과 Gibri Studio 사용.

1907 `com`

PAL (팰, 팰 방식 TV)

✽ Phase Alternation Line (단계주사선 방식)

초당 25프레임과 625 주사선을 가진 텔레비전 송출방식을 가리키는 말이다. PAL방식
은 1963년 유럽 방송 협회에 처음 소개되었고 1967년에 실용화 되었다. 이 방식은 해
상도가 개선된 것으로 컬러 TV 송출방식과 비디오 녹화 방식은 주로 유럽과 중국 그리
고 북한에서도 사용한다. 이 PAL방식의 송출 스캔 라인은 NTSC보다 100선이 더 많아
미국이나 한국에서 사용하는 NTSC방식보다 더 선명하고 풍부한 컬러 이미지를 만든
다. NTSC는 1953년부터 사용됐고 초당 30프레임이며 주사선은 525선이다.

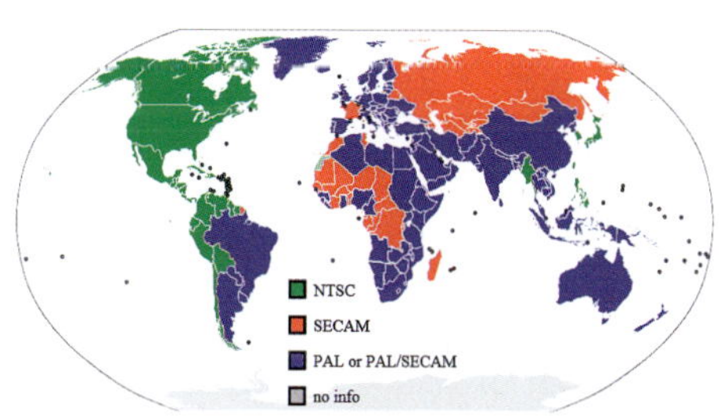

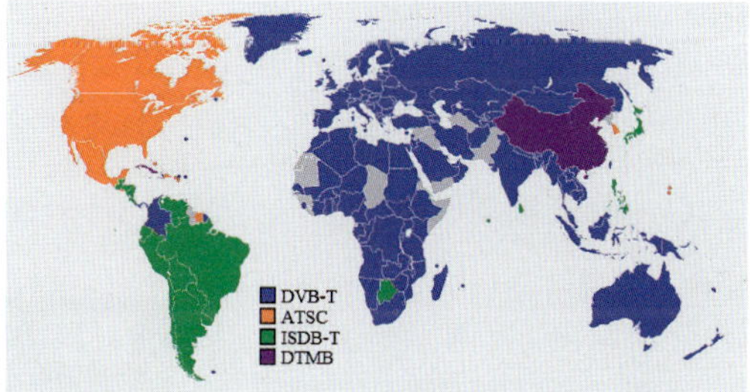

□ 그림설명 1907, PAL, NTSC and SECAM, DVB-T, ATSC, ISDB-T, DTMB. (Analogue colour encoding system)
(Digital broadcast standard)

✽ 참조보기 (1730 – NTSC)

✽ 참조보기 (2434 - SECAM)

1908 `art`

palette (팔레트, 색 지정 표)

디지털 채색이 나오기 전에는 카툰 칼라 물감(Paint)으로 약 250가지 색을 사용했으나
애니메이션 제작이 1990년경부터 혁신적으로 디지털 방식으로 바뀌게 되었다. 애니메

 1109

이션 제작에서는 감독이 직접 캐릭터의 컬러 마크 업(Mark-Up)을 지정해 주거나 아트 디렉터가 지정하는 사용 가능한 컬러의 범위를 말한다. 컴퓨터 애니메이션에서 아티스트가 사용할 수 있게 선정된 컬러들은 각 픽셀에 사용된 비트(Bit) 수가 사용 가능한 컬러의 수를 결정한다. 32비트 팔레트는 최고급 1,670만 컬러로 되어있으며 256개의 그레이 톤이 있는 8비트 알파 채널과 함께 준비되어 있다. 24비트 팔레트는 1,670만 컬러, 16비트는 6만5천 컬러, 8비트는 256컬러이다. 8비트정도이면 일상적으로 사용할 수 있지만 전문적인 그래픽영화 작업에는 32비트가 필요하다. 1비트 팔레트는 흑백이다.

□ 그림설명 1908, Palette 8 Bit와 24 Bit.

1909 `lit` `gen`

pamphlet (소책자)

극히 몇 페이지가 되지 않는 소책자나 광고 전단 같은 소형 책자를 가리키는 말이다. 종이를 접어서 중철로 페이지가 형성되는 안내서나 물품 설명서 따위를 말한다. 팸플릿으로 불리는 조건은 최소 5페이지에서 최대 48페이지를 넘지 않으며 하드커버(Hard Cover)도 제외된다.

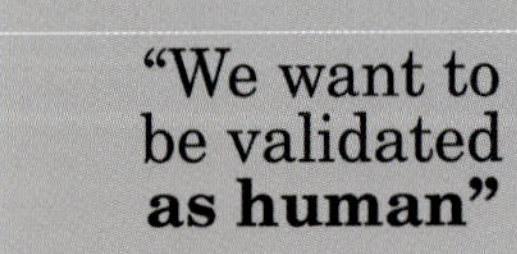

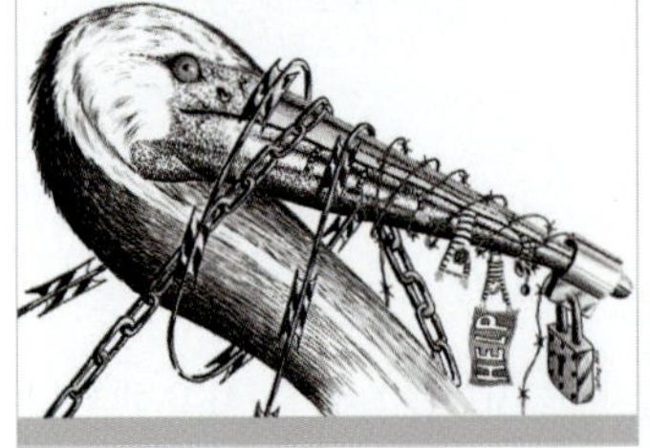

□ 그림설명 1909, 짧은 안내서 2가지.

pan (팬)

✱ Panorama, (파노라마), Pantoscope (판토스코프)

Pan의 어원은 'Panorama'에서 온 것으로 관객에게 고정된 화면보다 더 넓게 펼쳐진 광경을 보여주고자 할 때, 카메라가 고정된 축에서 수평 좌우로 움직이거나 수직상하로 움직이며 촬영하는 것을 팬이라 부른다. 캐릭터나 차량의 움직임을 따라 카메라를 움직이며 촬영하는 것을 폴로 팬(Follow Pan)이라 한다. 애니메이션 촬영에서는 로스트럼(Rostrum) 애니메이션 카메라를 사용하게 됨으로 좌우 방향으로 페그 바(Peg Bar)를 움직이며 촬영하는 것 역시 팬이라 한다. 지금은 아날로그 방식이 모두 디지털로 바뀌었어도 실질적으로 이러한 영화제작 방식에서 구식(Traditional)이나 신식(New Digital Way)이 따로 없다. 컴퓨터 프로그램을 통해 새로운 디지털기재를 사용할 뿐 영화제작 기술을 활용하는 기본적 개념은 같다. 특히 애니메이션에서는 카메라가 고정돼 있어 촬영대에서 페그 바(Peg Bar)를 상하좌우로 움직이면 카메라의 팬과 같은 화면 효과를 얻어 낼 수 있다. 예를 들어, 애니메이션 캐릭터는 한 자리에서 사이클 동작(Cycle Animation)으로 움직이고 배경만 좌우로 움직이며 촬영하는 기법 역시 팬 애니메이션이라 부른다. 그러나 근래 컴퓨터의 개발로 애니메이션 로스트럼(Rostrum) 카메라는 사용하지 않게 됐으며 로스트럼 카메라의 기능이 컴퓨터에 내장돼 이를 활용한다. 디지털화 되어있는 컴퓨터의 카메라 워크를 사용하기 전 애니메이션 로스트럼 카메라의 기계적(Mechanism)인 조삭을 넌저 익히는 것이 도움이 된다. 재래식 애니메이션 카메라에 장착돼 있는 컴파운드 테이블(Animation Compound Table)을 활용하면 수직, 수평, 대각 또는 어떠한 곡선도 자유자재로 수동으로 움직이며 팬 효과를 조작할 수 있어 매우 정밀하게 팬 애니메이션 효과를 얻어낼 수 있다. 또 다른 팬 애니메이션의 의미는 재래식 카메라나 컴퓨터를 활용하지 않고 팬(Pan), 트럭(Trucking), 틸트(Tilting) 등 카메라의 움직임을 그림으로 일일이 그려 애니메이션으로 같은 효과를 얻어낼 수 도 있는 것을 뜻하며 팬 또는 줌(Zoom) 애니메이션이라고 칭한다.

←BG Pan to Left.

□ 그림설명 1910, Hanna-Barbera's <Scooby-Doo> Car on Pan, 1969

✱ 참조보기 (1911 - Pan Animation)

✱ panning (패닝)

카메라로 시야를 넓게 보이기 위해 상하좌우로 회전시키며 팬(Pan)시켜 촬영하는 행위를 말한다.

✱ pan shot (팬 샷)

좌우로 카메라를 움직이며 촬영하려는 신(Scene)이나 촬영된 것을 이르는 말이다. 또한 팬 다운 이나 팬 업 등도 포함된다. 이렇게 상하로 카메라를 움직이는 것을 틸트(Tilt) 샷이라고 부르기도 한다.

✱ panning BG (패닝 비지, 배경 팬)

캐릭터는 한 자리에서 동작시키며 배경을 트레블링 패그바(Traveling Peg bar)에 고정시켜 촬영하여 파노라마 느낌효과를 주기위해 사용되는 기법이다.

1911 `ani`

Pan animation (팬 애니메이션)

애니메이션 카메라로 외부 경치나 실내의 광경을 좌우 또는 상하로 카메라가 훑어 내리듯 움직이며 촬영하는 방식을 팬 애니메이션이라 한다. 이때 일반 카메라의 경우 시간과 거리를 미리 알기 위하여 행하게 되는 카메라 리허설 과정을 거쳐 대략 시간을 감독의 감각으로 촬영을 집행하게 된다. 그러나 애니메이션에서는 팬의 속도를 수치적으로 정확하게 계산해 오차 없이 정해진 위치에 정지하도록 한다.

1912 `pic` `equ`

Panavision (파나비전)

미국 캘리포니아의 파나비전사가 개발한 와이드 스크린 장치와 카메라들의 상표명이다. 오리지널 파나비전은 카메라에 왜상 렌즈(Anamorphic Lens, 옆으로만 넓게 퍼지게 하는 왜상렌즈)를 사용해 화면을 35mm필름에 압축시켜 촬영한 후 같은 타입의 렌즈로 영사했을 때 종횡비 2.35:1의 이미지가 보이게 한 것이다. 슈퍼 파나비전 카메라는 압축시키지 않은 이미지를 65mm필름에 찍어, 70mm 프린트나 왜상으로 압축시킨 35mm 프린트로 영사했을 때 종횡비 2.2:1의 이미지로 보이게 한 것이다. 울트라 파나비전은 65mm 네거티브와 70mm 프린트에 왜상의 압축된 이미지를 사용해 2.7:1의 종횡비로 영사되도록 한다. 파나비전으로 촬영됐다는 말은 일반적으로 필름에 35mm 왜상 공정이 사용됐음을 의미하는 말이다. 파나비전에서는 업계에서 가장 많이 사용되었던 왜상 렌즈들을 독점적으로 만든 회사이었다. 특히 뛰어난 파나비전 파나플렉스(Panaflex) 16mm카메라는 이 사이즈 필름으로는 20세기에 기술적으로 가장 최신으로 개발된 모델 가운데 하나였다. 파나비전의 카메라 개발은 세계 영화산업에 지대한 공헌을 했으며 오스카 기술 개발상을 획득하기도 했다.

□ 그림설명 1912, 시네마스코프의 과도한 왜상을 개선해 만들었던 파나비전.

✳ 참조보기 (0072 - Anamorphic lens)

✳ 참조 보기 (3011 - Wide screen)

1913 `pic` `equ`

Panavision 70, Todd A-O sound (파나비전 70미리 토드 A-O 입체음향)

Todd-AO는 마이클 토드(Michael Todd, 1909-1958)가 아메리칸 광학 회사(American Optical Company)와 1953년에 공동으로 포스트-프로덕션 회사를 설립한 후 이들은 브라이언 오브라이언 박사(Dr. Brian O'brien, 1898-1992)의 지휘 아래 35mm의 필름 폭보다 배가 넓은 70mm 특수영화 기재를 공동으로 개발했다. TODD-AO가 놀랄만한 기능으로 만들어낸 사상 최초, 최고의 영화촬영용 카메라 기재였다. 이들은 또한 1955년에 이 카메라시스템으로 영화 <오클라호마(Oklahoma)>를 찍어 영화로 내놓았고 1956년 가을에는 전 세계로 이 새로운 '70mm TODD-AO' 영화로 번져 나가며 인기를 독차지했다. 35mm 필름에는 그림이 있는 내 프레임나나 4개의 톱니가 물려 돌아가는 스프라켓(Sprocket) 천공이 있으나 70mm 필름에서는 매 프레임 사이에 5개의 스프로켓 천공이 있다. 그만큼 화면이 크다는 뜻이다. 촬영할 때는 65mm 네거티브

(Negative) 필름을 사용하지만 상영용은 70mm 프린트필름을 사용한다. 퍼포레이션 (Perforation)이라 불리는 천공 양옆으로 나머지 5mm공간에는 입체음향 2개 이상의 트랙을 넣을 수 있게 되어있다. 양질의 큰 화면과 모두 6본 트랙 입체 음향은 매우 감동적이다. 입체음향시설은 사운드 스피커가 스크린 뒤의 중앙에 하나 전면 좌우에 하나씩 관객석 후미 좌우에 하나씩 그리고 관객석 중앙에 좌우 음향보조 장치가 되어있다. 이러한 음향효과는 음량의 좌우 기울기(Balance)를 잘 조절하여 화면의 동적 움직임을 따라 입체적으로 소리를 들을 수 있게 되어있었다. 이 기재는 실로 실용적인 기재로 거대한 화면과 영화관이 흔들릴 정도 웅장한 음향을 만끽할 수 있었지만 1958년 마이크 토드는 자신의 경비행기 사고로 사망하게 됐다.

□ 그림설명 1913-1, Panavision 70mm 초 와이드 스크린과 입체음향의 화면.

-2, 70mm 포스터, <OKLAHOMA>1955, by Fred Zinnemann.

-3, 와이드앵글의 초대형 촬영 한 장면, 파나비전 카메라.

-4, 70mm에 적합한 <오크라호머> 영화의 한 장면.

pan chart (팬 차트)

팬 차트는 주로 애니메이션 팬 촬영 시에 카메라가 스탠드에 고정되어 있으므로 팬은 촬영테이블 위에 있는 트래블링 페그 바(Traveling Peg Bar)가 좌우로 움직여가며 한 콤 마씩 촬영하여 팬의 효과를 얻어낸다. 이 때 팬 되는 배경이나 고정된 그림은 톱 페그 (Top Peg)에 부착하고 바에 표시되어 있는 수동식 이동 눈금을 차트로 사용하는 것을 말하며 특수한 팬(Pan)이 적용될 때는 손으로 팬 차트를 나누어 사용하기도 한다. 이 차트는 인치(Inch)단위로 나뉘어져 있고 따라서 인치는 쿼터로 나눈 방식이기 때문에 ¼", ½" 그리고 ¾"로 표기하고 사용된다.

1915 `pho` `pic`

Panchromatic film (모든 색, 흑백 필름)

팬크로매틱 용어는 줄여서 Pan 또는 PAN으로 사용하기도 하며 모노크롬 (Monochrome, 단색 또는 흑백)과 같은 의미로 주로 사진이나 영화필름 분야에서 사용 한다. 팬크로매틱에 사용되는 에멀션(Emulsion, 감광유재)은 어떠한 빛 파장도 제한하 지 않고 받아드리는 매우 민감한 필름으로 세상에 있는 모든 색이라는 뜻으로 사용되 는 말이다.

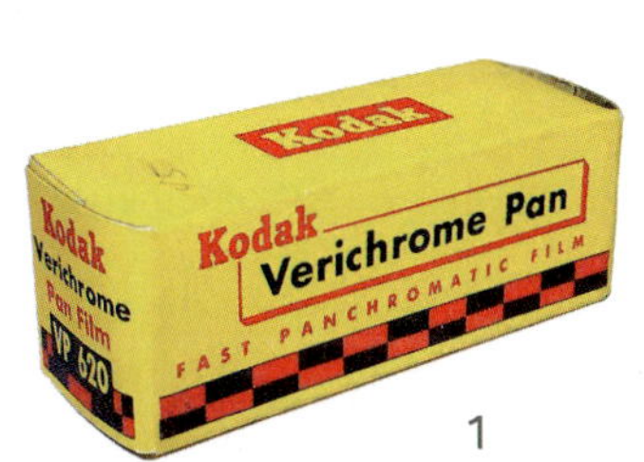

□ 그림설명 1915-1, Kodak Verichrome Pan 620 속성 전정색 필름.

-2, 1935년에 개발된 8mm 'Cine-Kodak Kodachrome' 영화필름.

-3, 정사진용 코닥크롬 필름.

1916 `pho`

panchromatic filter (전정색 필터)

팬크로매틱 에멀전은 색상은 없지만 사람이 눈으로 보는 것만큼 사실적으로 이미지를 재현한다. 대부분의 사진필름은 팬크로매틱이지만 일부 종류는 특정 빛의 파장에 민감 하지 않다. 팬크로매틱 에멀전은 적색(Red) 이나 녹색(Green) 파장보다 청색(Blue)파 장이나 자외선(Ultraviolet Ray)에 더 민감하다. 1873년에 독일의 광화학자이며 사진가였던 허만 보겔(Hermann W. Vogel, 1834-1898)에 의해 감광유제에 염료를 첨가(Dye Sensitization)해 녹색 감도를 높이고 냄새를 줄이는 기술이 발견되었지만 더 이상은 진전되지는 않았다. 그러다가 1890년 초에 보겔의 아들인 언스트(Ernst)가 독일출신 미국인 예술가, 삽화가, 사진가였던 윌리엄 커츠(William Kurtz, 1833-1905)에게 염료첨가법과 3색사진법을 지원해 주어 중간색이 가능한 망판(Halftone)술을 개발해내어 쉽게 경제적으로 사진을 다량으로 인쇄할 수가 있었다.

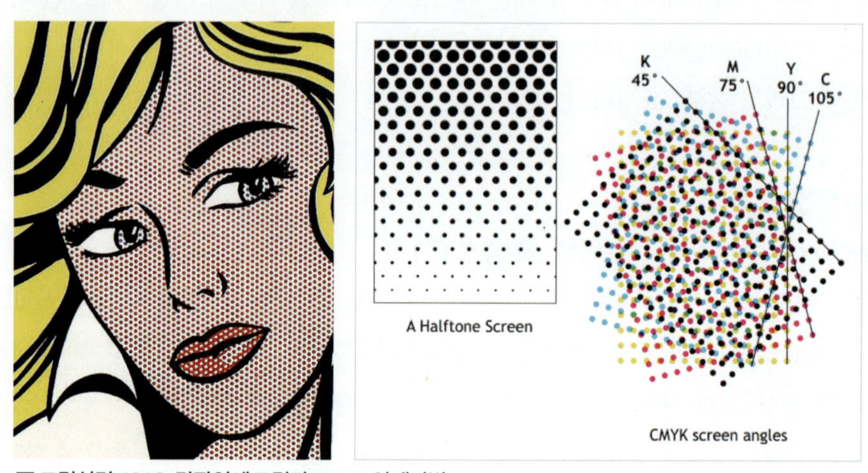

☐ 그림설명 1916, 망판인쇄 그림과 CMYK 인쇄기법.

1917 `gen` `ani` `lit`

Pandora (판도라, 최초의 여성)

그리스 신화(Mythology)에 나오는 세상에 최초의 여자. 프로메테우스(Prometheus)를 벌하기 위해 하늘에서 훔친 불을 상자에 넣어 판도라에게 주었는데 이를 알게 된 제우스(Zeus)가 노하여 판도라가 상자를 궁금히 여기게 하여 약속을 어기고 상자의 뚜껑을 열었기 때문에 모든 죄악이 세상 밖으로 나오게 됐다는 신화 속의 여자를 말한다. 내용- [제우스가 티탄(Titan) 신족과 싸울 때 자기 티탄 편에 서지 않고 제우스 편을 든 한 티탄이 있었는데 그가 바로 아틀라스의 동생 프로메테우스(Prometheus)였다. 제우스가 전쟁에서 승리하자 그는 동생 에피메테우스(Epimetheus)와 함께 세상을 정비하는 막중한 임무를 맡게 되었다. 그것은 신을 공경할 인간과 짐승들을 창조하고 그들에게 선물을 배분하는 일이었다. 결국은 인간에게만 선물을 분배하지 못하게 되었고 인간을 가장 사랑한 프로메테우스는 결국 제우스가 인간에게 금지시켰던 불을 훔쳐다 인간에 주게 되었다. 불씨를 손에 넣게 된 인간은 전과는 다르게 익힌 음식을 먹고 도구를 만들어 사냥을 하고, 농사를 짓고, 전쟁도 일으키며 문명화 된 삶을 살게 되었다. 제우스는 자신의 명을 어긴 프로메테우스에 크게 분노하여 벌을 내렸다. 프로메테우스는 바위산에 쇠사슬로 묶여 제우스의 신조인 독수리에게 간(Liver)을 쪼아 먹히는 끔찍한 형벌에 처해졌다. 상처 입었던 간은 매일같이 재생되었지만 형벌(Punishment)은 무려 3천 년 동안이나 지속되다가 헤라클레스가 와서 풀어준 뒤에야 끝이 난다. 그러나 제우스는 프로메테우스를 벌주는 것만으로 성이 차지 않았다. 불씨를 받은 인간들에게도 조치가 필요했다. 제우스는 헤르메스를 시켜 아름답지만 교활하고 참을성 없는 여인 판도라(Pandora)를 에피메테우스에게 보냈다. 에피메테우스는 판도라의 매력에 즉시 빠져들었고, 제우스가 보낸 선물은 어떤 것도 받지 말라는 프로메테우스의 당부도 잊은 채 그녀를 아내로 맞아 들였다. 흔히 '판도라의 상자'에는 세상의 모든 불행과 질병, 고통과 더불어 단 하나의 희망이 들어 있었다. 호기심을 참지 못한 판도라는 뚜껑을 열게 되고, 그 순간 보관함 속에 담겨 있던 나쁜 것들이 인간 세상에 쏟아져 나오게 되었다. 이에 깜짝 놀란 판도라는 급히 뚜껑을 닫았지만..... 그러나 불행과 질병, 고통 등 온갖 해로운 것들은 이미 다 빠져 나온 뒤였고, 남은 것은 오로지 항아리 바닥에 깔려 있던 희망뿐이었다. 이후 평온했던 인류는 재앙에 휩싸이게 되었다.]는 그리스 신화이야기이다. 판도라는 판타지(Fantasy) 애니메이션 등에서 스토리로 활용되는 소재이기도 하다. 판도라의 상자(Pandora's Box)라는 말로도 유명하게 알려져 있다.

□ 그림설명 1917-1, -2, 그리스의 신화 <Pandora's Box Story(판도라의 상자 이야기)>

1918 `gen` `com`

panel of experts (토론회, 좌담회)

* panel (패널, 토론)

1) 사회 저명인사(Celebrity)나 각 분야의 선두 급 패널리스트(Panelist, 토론자)들이나 사회단체의 한 토론자로 참여하여 주제에 관해 대중들에게 지도적(Leadership)이며 합당(Proper in General)한 의견을 말하는 것을 뜻한다. 국제적 활동에서나 한 행사의 포럼(Forum), 세미나(Seminar)에나 지역방송 프로그램 따위에 출연해 사회자와 대담하는 것을 뜻하는 말이다. 2) 컴퓨터에서 CTR display에서 형식, 내용, 입력 등이 표시되는 대화형(Interactive Mode) 업무처리를 이용자에 편리하도록 <패널>을 준비한다. 또한 컴퓨터와 연관된 제반 통신제어용의 컨트롤러(Controller) 장치가 갖추어져 있는 패널을 말한다. 3) 또한 패널은 흔히들 건축에서 사용하는 <판넬> 판이 있고, 쏠라 패널, 비행계기판, 각종 배전판, 미술의 화판, 법원의 배심원 등을 일컫는 말이기도 하다.

□ 그림설명 1918, 카툰 만평 "오~ 고맙습니다! 저명인사들의 토론이라고요!"
(들어봐도 크게 도움이 안 된다는 의미의 역설)

1919 `ani` `equ`

panning peg bar (패닝 페그바)

애니메이션 촬영용 카메라 테이블에 부착된 바(Bar)로써 그림이나 배경을 고정시켜 좌우로 움직이며 촬영할 때 사용되는 페그를 말한다. 바에는 눈금이 있어 조금씩 같은 폭으로 움직일 수 있고 이것을 움직이게 할 때는 둥근 다이얼을 손으로 돌려가며 조종하게 된다. 이 패닝 페그 바는 테이블 상단(Top)에 두 곳에 하단(Bottom)에 두 곳에 있어서 팬(Pan) 작업이 필요할 때 편리하게 활용해 촬영을 할 수 있다. 이 패닝 페그 바는 좌우로 총 48인치(약 122cm)를 움직이며 사용할 수 있다. 이것을 트레블링 페그 바(Travelling Peg Bar)라고도 부른다.

□ 그림설명 1919-1, 패닝 페그바가 장착된 애니메이션 테이블.

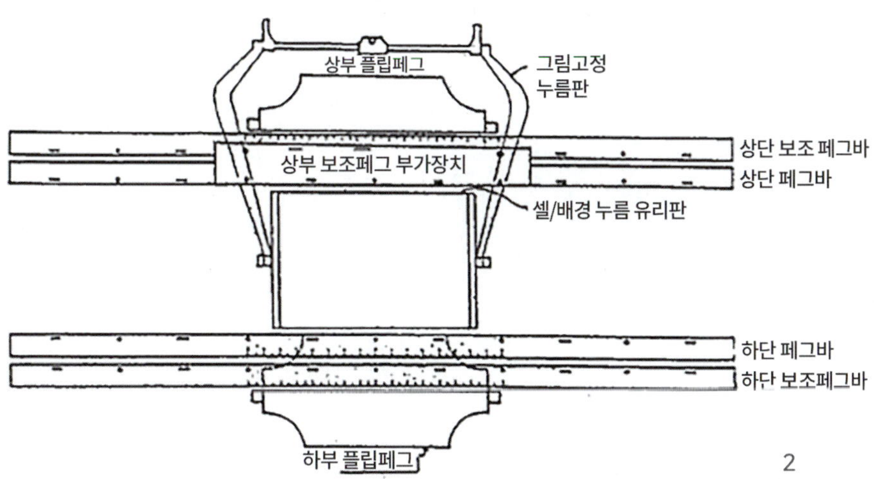

-2, 4개의 Pan Bar 그림- Top Auxiliary(Aux) Bar, Top Bar, Bottom Bar, Bottom Aux Bar들로 각각 48"길이이다.

1920 `pic` `pho`

panorama (파노라마)

관객의 시야를 확 트이게 넓은 느낌을 주는 폭넓은 광경을 뜻한다. 많은 영화인들은 35mm 영화 4:3 화면비례로부터 답답함을 해소하기 위하여 세기에 걸쳐 시네마스코프(Cinemascope, 2.25:1), 70mm대형스크린, 파나비전(1.85:1), 돔 극장 아이맥스(IMax) 등 심지어는 360도 원형스크린(360º Circle Screen)까지 개발해 냈었다. 그러나 21세기에 들어서며 HDTV가 새로 나왔고 각종 모니터나 스크린영상은 화면비례(Ratio)가 16:9로 고착화됨으로써 재래식 4:3 비례의 화면은 영화관에서 영원히 사라지게 되었다. 영화에서 파노라마의 느낌은 화면의 비례가 아니라 내용이 가지고 있는 연출이라 할 수 있을 것이다.

□ 그림설명 1920-1, 산의 파노라마 광경, by Albrecht Fietz, Germany.

-2, <How the West was Won>, by John Ford, 1962, Panavision (Panoramic+Vision) 70mm 스크린.

✱ panoramic shot (파노라마식 샷, 광폭 촬영)

팬이나 와이드 샷을 사용해 넓고 파노라마 같은 장면을 보여주는 장면을 뜻한다. 애니메이션에서는 표준길이보다 약 4~5배의 긴 배경을 좌우로 팬을 하며 촬영하여 파노라마 효과를 얻는 기법이다. 파노라마는 넓고 시원하다. 영화회사들은 관객에게 더 넓은 광폭의 광경을 보여주기 위해 애써왔다. 영화기재를 만들기를 거듭하며 과학적인 기술의 뒷받침으로 주로 독일, 영국, 미국 등지에서 카메라는 지속적으로 새롭게 개발되었다. 1953년에 이르러서는 35mm 필름을 기본으로 한 20세기 폭스 사(20th Century-Fox Film Corporation)의 시네마스코프(Cinemascope)가 나오며 영화는 대변화를 맞게 되었다. 35mm 필름을 사용하지만 애너모픽 렌즈를 장착하여 스크린 폭을 배로 늘린 광폭 스크린이었다. 이 파노라믹 샷은 즉각적인 반응을 일으켜 폭스사 외에도 미국의 유니버설 픽처(Universal Pictures)와 영국에서 같은 해인 1953년에 '와이드 스크린(Wide Screen)'이라는 명칭으로 애너모픽 렌즈(Anamorphic Lens)을 이용한 극장용 필름이 소개되었다.

*Wide Screens (와이드 스크린의 종류)

- 1.85:1 – 와이드 스크린, Universal, 1953.
- 2.20:1 – 70mm Standard. 초기개발, TODD-AO, 1950.
- 2.35:1 – 초기 파나비전, 시네마스코프(애너모픽 사용), 1953.
- 2.39:1 – 애너모픽과 와이드스크린을 사용하는 35mm를 통일. 1960.
- 2.59:1 – Cinerama 미국 시애틀(Seattle)에서 개발한 입체영화. 1962.
- 2.76:1 – Ultra Panavision, MGM, Cam 65mm w/1.25 Anamol' Squeeze.
- 1.66 에서 2:1 – VistaVision 등의 넓은 파노라마식 화면 등이 있다.

1921 `gen` `art`

pantomime (팬터마임, 무언극)

판토마임은 음악이 곁들어진 가정오락 형태로 대사 없이 몸짓으로 하는 코미디극(Musical Comedy)을 말한다. 사람이 말로 설명을 넣지 않고 몸짓, 동작으로만 의미를 표현하는 것을 무언극이라고 칭한다. 그러나 이러한 무언극 퍼포먼스를 하는 전문가들을 흔히 보기 힘들다. 팬터마임은 기원전 5세기에 그리스의 명배우 테레스(Teres, 활동기간 460-445 BC)가 손짓, 몸짓으로 언어를 표현한 것이 그 시초라고 한다. 그리스어로 팬터(Panto: 모든 것)와 미모스(Mimos: 흉내 내다)에서 유래된 말이다. 그 후, 16세기경 이태리에서 일어난 즉흥희곡이 중심이 되어 전 유럽으로 확산됐다. 18세기 영국에서는 본격적인 희곡상연을 2개의 극장에만 허가하고 다른 극장에서는 대사조차 사용하지 못하게 함으로 인해 팬터마임은 자연히 융성한 발전을 하게 되었다. 20세기에 들어서서는 채플린(Sir Charlie Chaplin, 1889-1977) 장 루이(Jean-Louis Barrault, 1910-1994) 마르셀 마르소(Marcel Marceau, 1923-20007) 등이 대를 이었다. 지금은 하나의 예술장르로 프랑스와 캐나다 등지에서 이 분야의 활동이 왕성하다.

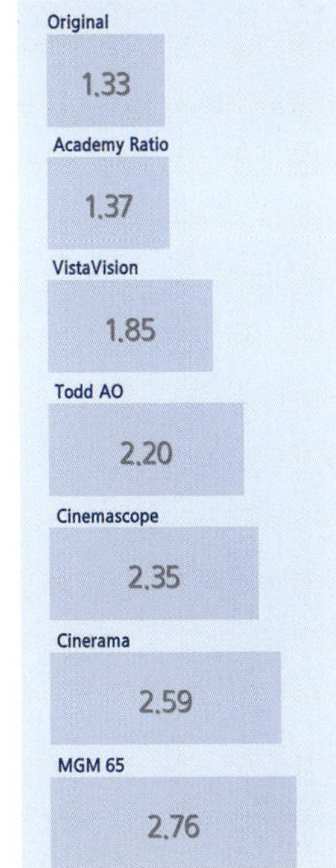

□ 그림설명 1920-3, 20세기에 사용된 영화 화면비례 표.

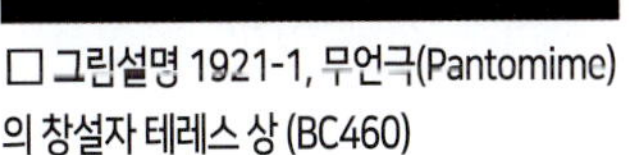

□ 그림설명 1921-1, 무언극(Pantomime)의 창설자 테레스 상 (BC460)

-2, 영국 석판인쇄 책표지(Lithograph book cover), 1890.

1922 `ani`

pantograph (팬터그라프)

팬(Pan)이나 트럭(Truck) 기법의 촬영 시 수치 계산의 복잡한 기존 기법에서 벗어난 방법으로 자유로운 느낌을 얻기 위해 별도의 보드 위에 움직임을 표시한 후 정확한 위치를 따라서 촬영하는 방법이다. 콤파운드 테이블이라고도 부른다. 촬영대에 부착되어있는 지침 바늘은 별도 판 위의 가이드라인 선을 따라 움직인다. 이 계산 방법은 매우 어렵고 시간적인 소모가 많아 수식으로 계산하여 촬영하지 않고 콤파운드 테이블을 편리하게 활용하여 촬영할 수 있다. 이 콤파운드(Compound) 테이블은 애니메이션 촬영용 테이블과 분리되어 카메라스탠드 몸체에 부착되어 있으며 애니메이션 스탠드의 테이블과 같은 비례의 필드차트가 있어 그 위에 카메라가 이동해야 할 경로를 그림으로 표시하고 뾰족한 핀이 표시된 경로를 매우 정밀하게 따라 움직이며 자유자재로 촬영하여 얻어 내는 애니메이션기법이다.

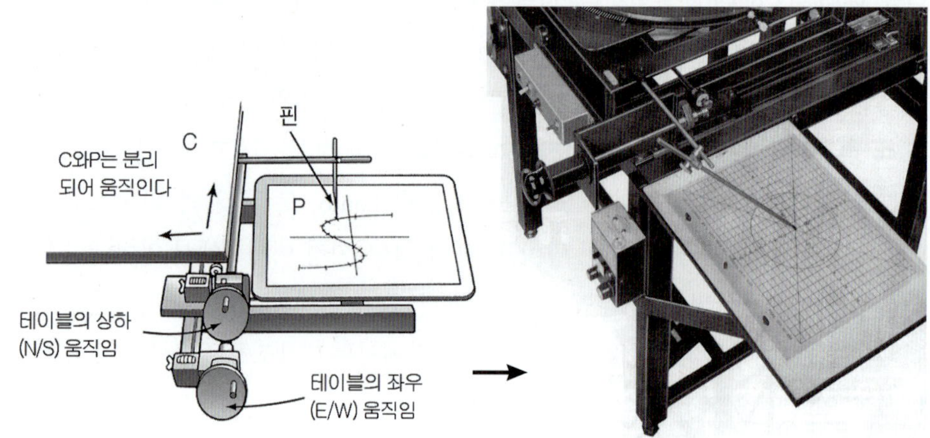

□ 그림설명 1922, 카메라가 쉽게 경로를 정하는 Pantograph 판.

1923 `gen`

paperback (페이퍼 백)

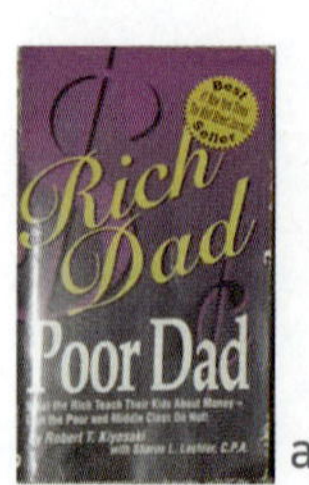
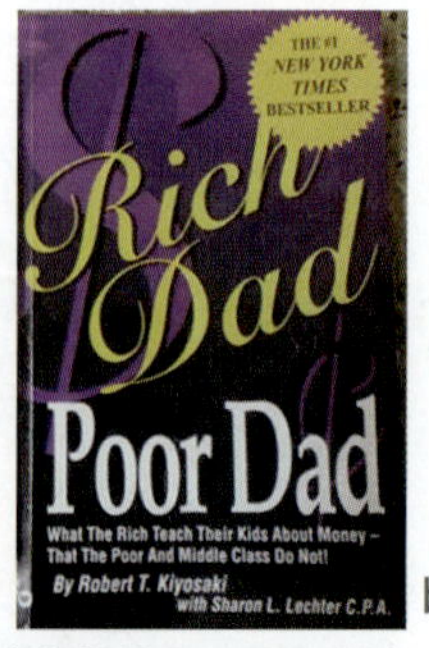

□ 그림설명 1923, 염가제본(Paperback) (a), 보급용(Mass Market) (b)

도서의 형태를 말하는 용어이다. 단행본(150mm x 220mm) 크기보다 작은 작은 포켓사이즈 크기(110mm x 180mm)로 출판되는 책을 가리키는 말이다. 주로 손쉽게 가지고 다닐 수 있도록 작게 경량의 종이를 사용하며 실로 꿰매지(Stitch) 않고 떡 제본(Glue, 풀로 붙여)한다. 이러한 책은 잘 팔리는 Best Seller, 쉽게 읽힐 수 있는 소설을 주로 표지만 디자인하여 염가 판매하는 책들을 말한다.

1924 `gen` `lit`

paragraph (절, 단락)

단락이란 긴 글 중에서 의미가 서로 관계있는 것들을 한 부분으로 모아놓은 것을 의미한다. 문맥을 연결하기 위해 하나의 문장의 형식을 매듭을 짓는 마침까지를 절이라 한다.

1925 `pic` `art`

parallax (패럴랙스, 시점의 차)

패럴랙스는 시각의 차이라는 뜻으로 우리의 눈의 관점으로 멀고 가까운 것을 읽어 낼 수 있는 것을 의미하며 천문학에서 사용하는 전문용어이다. 멀리 있는 물체는 작게 보이고 천천히 움직이는 듯 보이며 가까이 있는 물체는 빨리 움직이는 것처럼 보이는 현상을 말한다. 이러한 원리를 이용하여 애니메이션에서는 아주 먼 곳에 있는 해라던가 달은 배경에 그려서 고정시키고 먼 산이나 나무들은 아주 서서히, 가까운 들이나 산은 조금 빨리, 길가에 있는 집이나 건물 등은 움직이는 주 캐릭터의 보폭에 따라 또는 자동차의 속도에 따라 속도감 있게 움직이도록 연출한다. 이러한 작업은 애니메이션(Rostrum 촬영대)에서 각 레벨로 분리한 아트워크를 움직여가며 현실에서 보고 느낀 것 같이 효과를 얻어 낼 수 있게 촬영에서 완성해 낼 수 있게 된다. 움직임의 차이를 이용하여 거리를 느끼게 하는 시차가 원근을 느끼게 하는 것이다. 전경(앞의 경치)은 움직임의 폭이 넓고 먼 산 같은 원경은 미세하게 움직여 거리감을 느끼게 한다. 또한 1895년경 영화 촬영카메라가 새롭게 발명된 초기에는 렌즈를 통해 직접 볼 수 없이 카메라 옆에 별도로 뷰파인더가 부착되어 있었는데 이것을 통해 볼 때 시점의 차이로 인해 촬영된 물체의 위치가 달라 보이는 것을 뜻하는 말로도 사용된다. 필름에 찍힐 목적물이 와이드 필드인 경우 크게 잘못 보이지는 않지만 피사체가 클로즈 업(Close-Up)일 경우 카메라의 렌즈와 역시 카메라에 부착되어 있는 뷰 파인더(View Finder)의 위치가 다르기 때문에 하나의 물체에 대한 렌즈와 뷰파인더의 시점이 다르게 보이는 것을 말한다. 패럴랙스는 카메라 렌즈와 뷰파인더 사이의 작게 벌어진 간격 때문에 이런 실수를 막기 위해 거울 반사 뷰파인더(Reflex Viewfinder)가 많이 사용된다.

□ 그림설명 1925, 먼 곳은 연하게, 가까운 것은 진하게, 시차를 표현해 그린 애니메이션 배경.

1926 `pic` `lit`

parody (패러디, 흉내, 모방)

이미 성공한 진지한 작품들의 어느 부분이나 내용을 코믹하게 모방한 작품. 패러디는 작품의 두드러진 요소나 코믹한 요소들을 집어내 과장함으로써 해학적으로 모방하기도 하며, 냉소적인 풍자 외에도 좋은 성향을 모방하기도 한다.

□ 그림설명 1926, <The Great Dictator> Charlie Chaplin (감독, 주연), 1940.

1927 `pic`

participation (파티시페이션, 참가, 분배 받기)

1. 배급회사와 극장주가 공동으로 실시하는 영화 상영을 위한 광고의 제비용의 각자 부담 부분. 2. 배우나 감독이 고정된 급여를 받는 것이 아니라, 전체 이윤의 일정 배당을 받는 것. 성공한 영화의 경우 정해진 급여를 받는 것보다 훨씬 더 많은 이윤을 올릴 수도 있다. 이러한 방식은 선 제작비용의 충당이나 제작 재정 운용을 더 용이하게 해주기도 한다.

1928 `ani` `com`

particle system, particle group (입자 시스템, 입자 그룹)

컴퓨터 애니메이션에서 불, 연기, 안개, 물, 광선 발사 같은 움직이고 변하는 작은 입자들로 이루어진 이미지 요소들을 만드는 방법. 입자 시스템은 이런 요소들의 움직임에 중력과 무중력감, 바운스, 불규칙성의 느낌을 줄 수 있다. 이런 요소들은 무수한 입자들로 돼있기 때문에 미리 조절된 프리세팅이 자동적으로 각 입자의 애니메이션을 설정한다.

□ 그림설명 1928, Particle Effects (극소입자로 이뤄지는 특수효과)

✱ 참조보기 (0480 - Computer Animation)

1929 `gen`

partnership (제휴, 협력)

두 사람 그 이상의, 또는 두 회사 이상 간에 서로 이득관계(Business)의 목적으로 협력
관계에 있는 것을 뜻하는 말이다.

1930 `ani` `pic`

pass (패스, 통과)

영화제작에서 피사체에 노출된 필름(Exposed on Film)이 카메라를 통과하며 촬영하며
움직이는 것을 전문용어로 패스라고 한다. 이 용어는 특수효과 작업에서 같은 필름에
여러 번 촬영이 되풀이 되며 찍을 때 각각의 필름이 카메라를 통과해 촬영되는 것을 지
칭해 자주 사용되는 말이다. 예로; 특수 효과를 얻기 위해 같은 필름위에 두 번째 촬영
을 세콘드 패스(2nd Pass), 세 번째를 더드 패스(3rd Pass)라 하며, 그 이상 여러 번 촬영
하는 것을 멀티(Multi) 패스. 또한 촬영하지 않고 지정된 위치까지 되돌려 감는 것을 바
이패스(Bypass)라 말한다.

1931 `gen`

passion (열정, 욕정)

이떤 일에 깅한 애착심을 느끼(Feeling)는 감동(Emotion)을 나타내는 뜻으로 쓰이는 말
이다. 또한 남녀관계에서 욕정(Arouse)적 충동에 이끌려 연계(Link)되는 의미를 나타
내기도 한다.

1932 `art`

pastel (파스텔, 파스텔 화법)

희미한(Pale), 혹은 연한 색조(Soft Color)의 파스텔 물감의 뜻으로 사용되는 말이다. 1400년경 프랑스의 중부지역으로부터 소프트 파스텔(Soft Pastel) 사용이 시작되었다는 기록이 있고, 1452년에 출생한 이탈리아의 레오나르도 다빈치(Leonardo da Vinci, 1452-1519), 1665년 프랑스 화가 찰스 르브룅(Charles LeBrun, 1619-1690)이 루이 14세의 초상화에 사용하면서 왕실의 인정을 받는 새로운 재료로 알려지게 되었고, 1675년 이탈리아 베네치아에서 태어난 여성화가 로살바 카레이라(Rosalba Carriera, 1675-1757)가 소프트 파스텔을 사용해 프랑스 화단에 크게 자극을 주게 되었다. 파스텔화를 그린 사람들은 많다. 피사로(Camille Pissarro, 1830-1903), 모리조(Berthe Morisot, 1841-1895), 마네 (Edouard Manet, 1832-1883), 드가(Edgar Degas, 1834-1917) 등이 색깔이 화려하고 다루기 쉬워 파스텔 그림을 19세기에 까지 많이 남기게 되었다. 20세기 그리고 21세기 오면서 파스텔의 사용은 많이 시들해졌지만 파스텔화 애호가들이 밝고 화려한 색을 찾아 지금도 사랑을 퍼붓는 장르이다.

□ 그림설명 1932, <루이 14세의 초상화> 파스텔화, by Charles Le Brun (1665)

1933 `ani`

path of action (패스 오브 액션, 진로, 방향)

액션해야 할 캐릭터의 방향과 위치를 선으로 나타내주는 것을 말한다. 레이아웃 아티스트가 키 애니메이터에게 배경 위의 경로를 알려주기 위해 표시해주는 것을 말한다. 애니메이션에서 일어나는 동선을 미리 정하는 플로어 플랜(Floor Plan)도 포함되는 말이다.

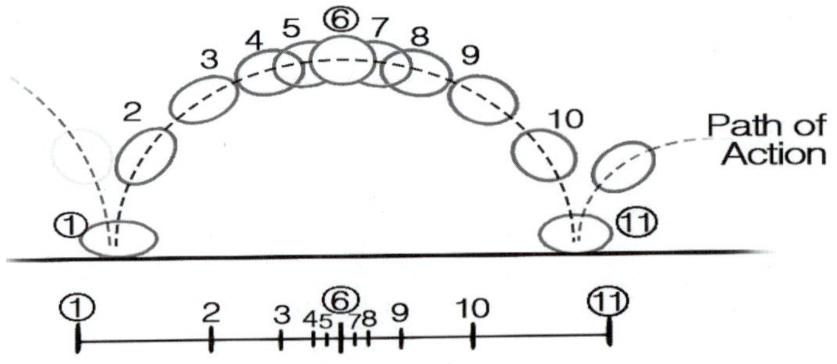

□ 그림설명 1933, 동작의 간격(중력)과 방향.

1934 `gen`

pattern (무늬, 양식)

물체의 무늬, 형태, 양식 등에 회화적으로 연속되는 그림이나 도안으로 이뤄진 패턴을 의미하는 말이다. 직물(Textile), 도자기(Pottery), 벽지(Wall Paper) 등에 연속된 무늬를 디자인한 것이나 초자연에서 6각체 눈(Snow)의 똑같은 결정의 무늬들을 패턴이라 칭한다.

□ 그림설명 1934, 여러 형태의 반복무늬(Repeat Pattern).

1935 `gen` `ani`

pause (중지, 잠시 멈춤)

퍼즈는 동작 중에 잠시 멈춰있는 것을 의미한다. 언제나 하던 일을 다시 할 수 있게 잠시 동안 넘춘 의미를 가진 말이다. 그리고 애니메이션 제작에서는 캐릭터의 동작이 잠시 멈춘 것을 의미한다. 그림이 움직임 없이 정지된 상태로 보여주는 것을 말한다. 영화로써의 애니메이션 동작은 1초당 24(유로지역 25)장의 그림동작이 움직이게 되지만 경제적으로 그림을 줄여서 만드는 리미티드 애니메이션(Limited Animation)은 그림을 절약해서 사용하는 하나의 기법이다. 이러한 애니메이션은 그림을 움직이지 않는 퍼즈를 자주 사용한다. 영화제작에서는 제반 기재사용 중 기계작동을 멈추고 잠시 세워놓는 것을 뜻하는 말이다. 음악에서는 소리를 길게 끌라는 의미로 사용한다. 그리고 비디오와 같은 영상을 관람하는 중 잠시 화면을 멈춰 세우는 것을 말한다. 유사한 말로 프리즈(Freeze, 동결)라고도 한다.

1936 `pic`

pay-per-view, PPV (페이 퍼 뷰, 유료 CATV)

소비자가 프로그램들을 유료로 지불하고 보는 케이블 TV 시스템. 소비자가 전화로 신청 가능하며 대부분 최근 필름이나, 경기, 콘서트를 보여주는 프로그램들이다.

1937 `gen`

pay TV (페이 티브이, 유료 TV)

일반적으로 돈을 지불하고 시청하는 케이블 TV 텔레비전 회사의 특별 프로그램을 일컫는 용어로 대개 무삭제, 무심의(Non Deliberation)상태의 원작을 그대로 보여준다.

1938 `gen` `com`

PDF file

*PDF(Portable Document Format, 휴대용문서형식)

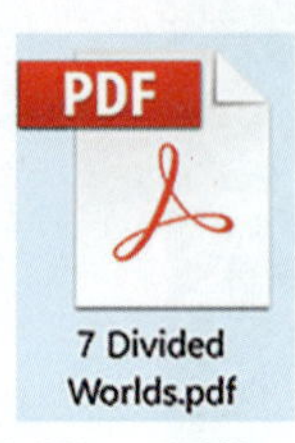

어도비(Adobe) 시스템사가 개발한 전자문서형식을 이르는 말이다. 2008년에 오픈 포맷으로 표준화된 PDF 파일은 일반 문서뿐만이 아니라 문자(Text), 도형(Diagram), 그림(Drawing), 글꼴(Type Face) 등 독창적인 이 파일(File)을 다른 파일에 옮기거나 휴대 할 수 있게 되어 있다.

☐ 그림설명 1938, 파일을 저장하고 수정할 수 없는 공유휴대용 문서 형식.

1939 `ani` `equ`

peg bar (페그 바)

아날로그 방식으로 애니메이션을 촬영 할 때 그림을 고정시키고 좌우로 눈금에 맞춰 움직이도록 하는 자(Measurement)처럼 생긴 바(Bar)를 말한다. 이 장식 위에는 약간 돌출된 나사못이 3개가 달려있고, 나무못과 똑같은 모양의 천공을 뚫어 그림을 그린 종이를 얹어 고정시키고 촬영을 한다. 이렇게 그림을 그릴 때 같은 기구를 사용하여 정밀한 동작을 구현하도록 하는 장치를 페그 바(Peg Bar)라 한다. 촬영대 위편에 있는 것은 톱 바(Top Bar), 아랫부분에 있는 것은 보텀 바(Bottom Bar)라고 부른다. 페그와 페그 사이는 4인치("Inch) 간격이며 팬(Pan)을 할 때 사용하는 페그 바는 60인치(약 152cm) 또는 100인치(약254cm)에 이른다. 또한 여러 레벨의 그림을 움직일 때 사용되는 16필드 보조용 바(Auxiliary Bar)도 사용할 수 있게 돼 있다. 세계적으로 사용하는 페그 바는 애크미(Acme) 상표가 붙은 애니메이션 기재들이며, 존 옥스베리(John Oxberry, 1918-1974)가 평생을 기울여 만든 옥스베리 방식의 애니메이션 스탠드에는 그 만의 특별한 패그 바를 적용했다. 양쪽 페그는 네모지고 크고 대신 가운데에 있는 페그는 조금 가늘게 원형으로 되어 있어 애크미 형식과 다르게 구분시켰다. 또한 디즈니 형식은 페그와 페그 사이가 4인치인 애크미나 옥스베리와는 다르게 3.5인치로 구분했다. 아마도 작업한 작품만 보아도 어느 회사 것인지를 나타내려는 아트 워크 보존을 위한 의도이었는지 모를 일이다. 그리고 4인치마다 페그의 모양을 똑같이 원추로 사용한 기록도 있다. 2개 또는 3개의 페그가 모두 원추일 경우, 그림을 페그에 넣다 뺏다할 때 구멍 뚫린 종이가 손상이 오기 때문에 사용을 기피했다. 페그의 특징에서 중앙의 페그는 원추로, 양 옆에 페그는 옆으로 길게 설계되어 가운데 천공은 좌우를 유지하고 양쪽의 기다란 천공은 좌우로 기울지 않도록 페그에 고정하고 교환할 때 손상이 없도록 매우 과학적으로 설계되어 사용되었다. 미국의 윈저 맥케이(Winsor MacCay, 1869-1934)는 그가 애니메이션을 처음 만들 때 페그 바가 개발되지 않은 때여서 애니메이션을 그리는 종이 위에 십자(Cross Hair)를 넣어 다음 그림을 십자에 맞추어 작업을 했었다. 그러나 그 후 패그 바는 편리에 따라 발전해 온 것이다.

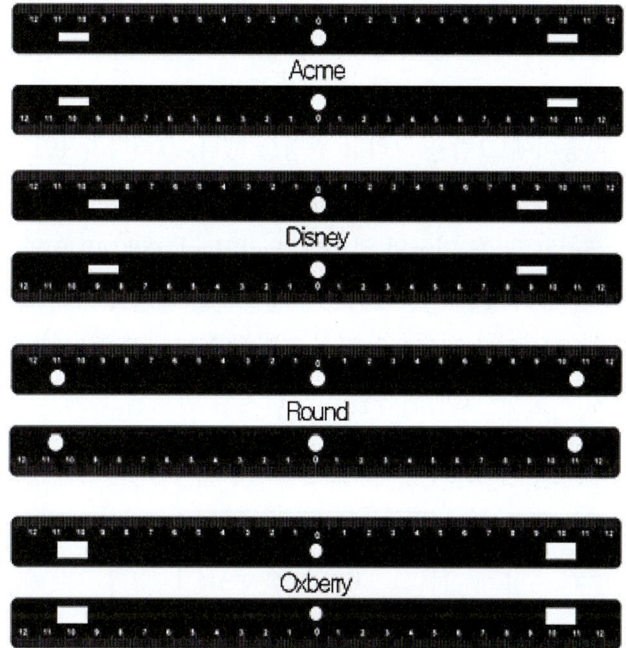

□ 그림설명 1939, 페그 바의 여러 종류와 형태. 위로부터, Acme Peg Bar, Disney Peg Bar, Round old Bar, Oxberry Peg Bar.

1940 `ani` `his`

peg bar history (페그 바의 역사)

애니메이션은 과거 20세기 전반에 걸쳐 새롭게 개발되었고 수 없이 시행착오(Trial and Error)를 겪으며 애니메이션을 영화로 그리고 관객과 소통하며 하나의 예술로 성공시킨 한 분야이다. 애니메이션은 기본적으로 그림이 움직이도록 한 장 한 장 그려서 완성하여 그 순서대로 애니메이션 촬영대에서 촬영하고 촬영된 필름으로 재생하여 연속된 동작을 보게 되는 것이다. 이 방법을 원만하게 이루려면 그림이나 그 밖에 캐릭터의 다리(Leg)나 몸(Body)의 축이 같은 위치를 지키는 것이 동작에서는 매우 중요하다. 이와 같이 흔들림이나 떨림이 없는 안정감을 위해서는 축(Axis)을 이루고 있는 고정위치(Fixed Position)를 지키는 위치등록(Registering Position)이 절대적이다. 이를 위해 수천에서 수만 장의 그림을 그려 흔들림이 없이 똑같은 위치를 확보하는 일은 그리 쉽지 않다. 1908년 프랑스의 에밀 꼴(Emile Cohl, 1857-1938)은 페그 바를 쓰지 않고 칠판(Black Board)에 그림을 동작으로 조금씩 바꿔 그려가며 세계 최초로 그림으로 그린 애니메이션을 만들었다. 미국의 윈저 맥케이(Winsor McCay, 1869-1934)이도 <네모(Nemo)>를 만들 때까지 그는 페그 바를 사용하지 않고 종이마다 각 귀퉁이에 십자표(Crosshair)를 그어 위치를 유지했다. 또한, 이 방식은 셀룰로이드(Celluloid)가 애니메이션 제작 재료(Material)로 발견하기 전이어서 불투명한 종이에 그림을 그려 촬영을 했기 때문에 브러시로 그린 배경을 사용할 수 없었던 것이다. 그리고 2년 후 1911년에는 멕케이는 조금 개선된 방법으로 나무로 90°의 각을 만들고 그것을 의지하여 90° 각으로 자른 종이에 그림을 그리고 촬영도 했다. 그러다가 1913년에 라울 바레(Raoul Barre, 1874-1932)가 2개의 페그(Peg)에 맞게 천공을 뚫어 처음으로 고안된 페그를 사용했다. 그리고 그 후 미국의 얼 허드(Earl Hurd, 1880-1940)와 존 브레이(John Bray, 1879-1978)가 유리 같은 셀룰로이드를 활용하면 배경을 그려 넣어 현실과 같이 보이는 배경을 사용할 수 있다는 것을 발견하고 사용 특허를 획득했다. 2개의 천공 페그는 1944년까지 사용한 것이 원화원본(오리지널 아트워크)에 의해 나타나 있다. 1939년에서 "걸리버 여행기"를 그리면서 맥스 플라이셔 스튜디오는 3개로 된 천공을

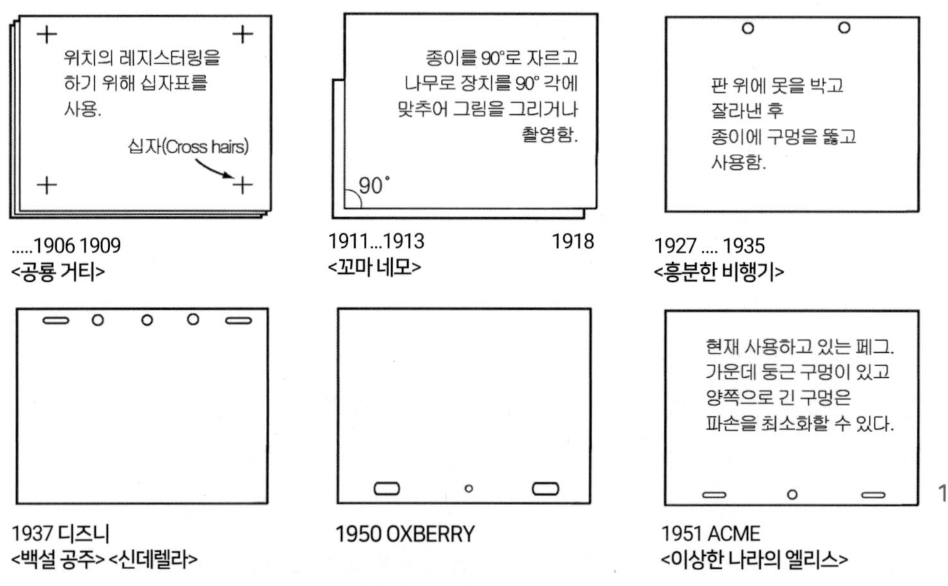

☐ 그림설명 1940-1, 애니메이션용 페그 바의 모양과 간격사용 역사.

사용하기도 했고, 디즈니가 1937년부터 만든 판타지아(1940년 출시) 장편에는, 양옆은 긴 천공, 가운데는 둥근 세 천공짜리 종합 5개의 페그가 있는 바를 사용했다. 20세기 애니메이션 전성기 때 일반적으로 사용하던 에크미(Acme) 페그 바는 양쪽이 좁고 길게, 가운데는 둥근 페그로 과학적으로 만들어졌으며, 1950년경부터 사용됐다. 또한 미국의 존 옥스베리(John Oxberry, 1918-1974)는 그의 생애를 바쳐 '옥스베리(Oxberry)' 애니메이션 스탠드를 만들었다. 페그 바는 에크미 바와 비슷하지만 양쪽에 있는 긴 페그는 두텁고 가운데 둥근 페그는 약간 가늘게 되어있다. 이렇게 모두 다른 모양이나 페그 위치 간격을 다르게 개성을 넣어 사용한 이유는 특정회사의 자산보호와 유출방지의 목적이었다. 또한 페그 홀의 간격이 일반적으로 4"(Inch)로 상식화 되어 있음에도 불구하고 디즈니는 3.5"로 간격을 좁혀 자산 유출관리를 했다. 1974년 11월 존 옥스베리가 애지중지하던 애니메이션 스탠드를 놓고 그의 사망기사(Obituary)가 뜬 후 옥스베리도 사라지고 단지 에크미 페그가 전 세계에 공통적으로 사용되었다. 페그 바는 단 2D 애니메이션에만 사용된 기구이다.

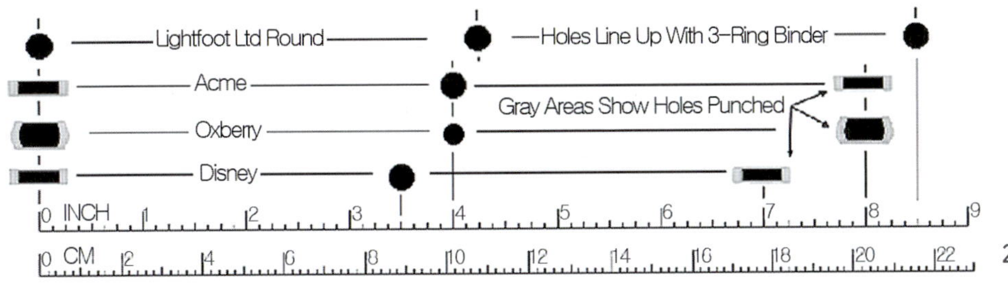

□ 그림설명 1940-2, 검정색은 패그, 양 옆 회색은 종이천공의 크기.

1941 `ani` `equ`

peg board (페그 보드)

애니메이션 작업을 위해 애니메이터들이 사용하는 일명 '애니메이션 디스크(Animation Disk)'라는 작업 테이블을 이르는 말이다. 이 페그 보드는 애니메이션 감독을 위시해서 조감독, 레이아웃 화가, 애니메이터, 어시스턴트 애니메이터, 인비트위너, 배경을 그리는 화가, 잉커(Inker) 그리고 심지어는 채색을 하는 페인터들까지도 모두 떨림이 없는 정밀(Accuracy)한 작업을 하기 위해 나사못(Pegs)에 애니메이션용 종이나 셀룰로이드를 꽂고 그림을 그리는 필수적인 작업테이블이다. 이 페그 보드는 애니메이션 디스크상단 또는 하단에 설치되어 있고 촬영카메라 스탠드의 촬영테이블에도 똑 같은 것이 설치되어 있다. 카메라로 그림을 고정시켜 찍을 때, 펀치 천공과 페그에 셀과 배경을 끼워서 없는 커다란 수평 보드를 가리키는 말이다.

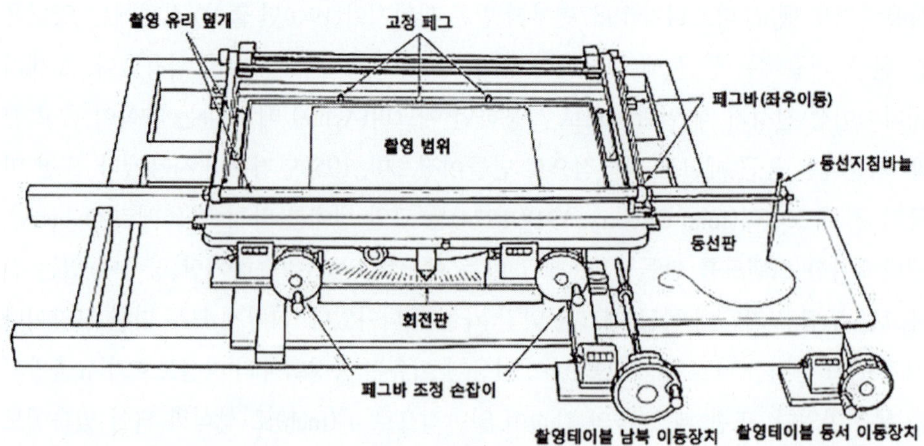

□ 그림설명 1941, 애니메이션 디스크와 페그 보드가 있는 촬영대 구조.

1942 `ani`

peg hole (페그 홀, 페그 천공)

애니메이션에서 사용되고 있는 페그바 스탠더드와 일치하게 셀이나 배경, 애니메이션 제작에서 그림과 그림 또는 그림과 배경이 만나 서로 접속되는 부분에 레지스트레이션 (REG, Registration)을 일치시키기 위해 사용하는 천공이다. 천공을 이용해 나사못에 끼워 넣고 이용하는 방식을 알게 된 이래 2개의 천공이나 3개의 천공을 사용했지만 종이나 셀룰로이드를 페그에 맞추어 사용하면서 수직으로 동시에 균형을 맞추어 넣었다 뺐다를 하지 않으면 천공이 손상이 쉽게 생겼다. 이를 보안해 새로 개발된 것이 가운데 페그만 둥글고 좌우의 페그는 길게 개선하여 탈착이 쉽게 사용하기에 이르렀다. 이로써 1950년 옥스베리(Oxberry) 페그와 애크미(ACME) 페그가 애니메이션 제작 툴 (Tool)로 대중적으로 사용하게 되었다. 다만 디즈니의 페그는 ACME의 것과 같으나 페그의 간격이 ACME가 4"(inch)인치인 것에 비해 Disney의 것은 3.5"로 바꾼 것은 디즈니는 3.5"로 간격을 좁혀 자산 유출관리를 했다.

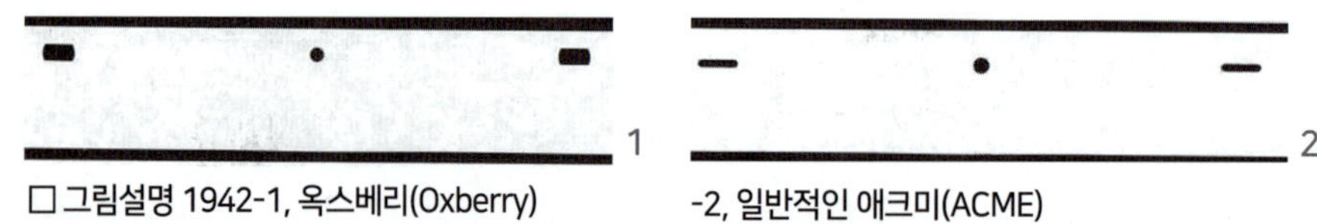

□ 그림설명 1942-1, 옥스베리(Oxberry)   -2, 일반적인 애크미(ACME)

✳ 참조보기 (2241 - Registration)

pegs (페그, 못)

재래식 애니메이션 제작 기법에서 그림의 떨림을 억제하고 일정한 위치를 확보하기 위하여 사용하는 약 7mm 높이의 돌출 나사못을 이르는 말이다. 완성된 아트워크(Art Work)나 애니메이션을 촬영할 때 페그를 사용하지 않으면 작업이 불가능하다. 그림이나 셀을 고정시켜주기 위해 기다란 바(Bar)위에 부착되어 있는 작은 금속이나 플라스틱 돌출 못을 페그라고 한다. 그림을 그리는 작화지, 셀, 배경 그림 등에 뚫린 천공이 이 돌출된 못에 맞도록 되어있으며 제작의 모든 단계에 걸쳐 여러 사람들이 똑같이 각종 그림의 위치를 일치시켜주는데 이용된다. 페그는 상단(Top) 페그, 하단(Bottom) 페그, 보조(Auxiliary)바가 상 하단에 있다. 동작이 남북으로 오르내리는데 사용되는 플로링(Floating) 페그, 접었다 폈다하는 플립(Flip) 페그, 페그가 부족할 때 고정된 자리에서 사용되는 북(Book) 페그 등이 있다. 배경은 톱 페그를 사용하고, 움직이는 캐릭터는 주로 하단의 페그를 사용한다.

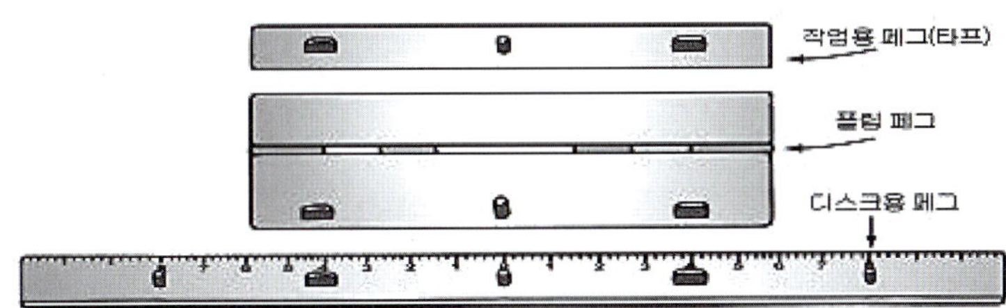

☐ 그림설명 1943, 상- 동화부, 잉킹, 채색에서 사용하는 간이용 페그. 중- 책처럼 여닫는 페그, Book이라고 부른다. 하- 디스크에 부착되어 사용되는 16" 페그 바.

pegs center (페그스 센터)

애니메이션 제작에서 페그가 이동 없이 스탠더드 필드(Standard Field)의 중심(=Center) 수직선상에 위치하고 있는 것을 말한다. 또한 페그는 센터를 중심으로 인치를 기본 단위로 하여 왼쪽이나 오른쪽으로 위치를 변경해 사용할 수 있다. 그리고 패닝 페그의 이동은 인치(Inch, 표기 1.00인치) 단위로 되어있고 인치의 절반은 0.50, 1/4은 0.25, 1/10은 .01로 정해 표기한다. 이를 '페그스 레프트(Pegs Left)', 혹은 '페그스 라이트(Pegs Right)'라고 한다.

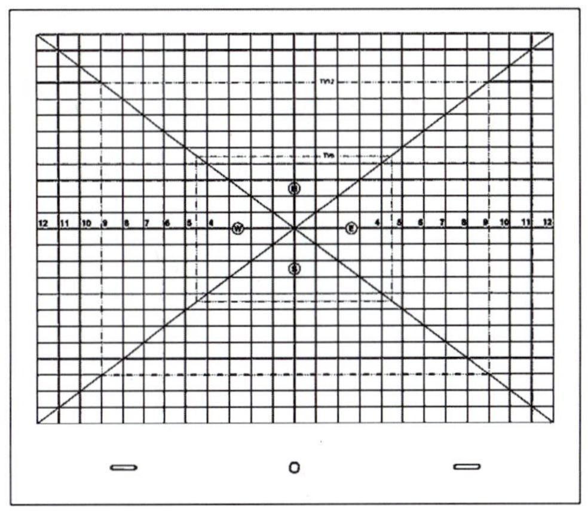

☐ 그림설명 1944, Peg의 이동 없이 고정된 스탠다드 (4 : 3) 규격필드(Field Size)

P

1945 `ani`

pencil test, line test, P.T. (펜슬 테스트, 초고 테스트)

애니메이터가 그림을 그려 동작을 완성했더라도 의도대로 만족하게 완성 되었는지 동작을 미리 촬영하여 확인하는 과정을 펜슬 테스트라 한다. 연필 드로잉(Pencil Drawing)을 찍은 필름을 말하며, 셀에 선 채화 작업을 하기 전에 애니메이션 동작의 부드러움과 타이밍을 검토하기 위한 작업 과정에서 사용되는 공정이다. 재래식 방식은 35mm 필름으로 촬영하여 현상한 후 동작을 연구할 수 있었으나 최근에는 즉시 볼 수 있다는 장점 때문에 비디오나 컴퓨터 방식을 택하고 있다. 완성된 그림이나 이미지들의 움직임, 연속성, 전체의 흐름을 테스트해 보는 것을 뜻한다.

□ 그림설명 1945, 펜슬테스트(디즈니 애니메이션)

1946 `ani` `gen`

penetration (통찰력, 페네트레이션)

1) 텔레비전이나 라디오의 소유주의 인구비례를 말한다. 2) 카메라 렌즈의 초점 심도를 나타내는 말이다. 3) 애니메이션 제작에 있어서 시대적 흐름을 따른 이야기, 이에 못지않은 마케팅전략 등을 위한 필요한 통찰력을 뜻하는 말이다.

1947 `gen`

perception (인식, 지각, 직관)

지각은 형태를 보는 시각이나 음악이나 언어를 듣는 청각의 자극을 받아 구심적 경향(Centripetal Tendency)으로 신경계를 흥분시키고 흥분은 중추에 도달하여 복잡한 과정을 일으켜서 지각을 발생시키는 것을 의미한다. 지각은 감각과는 다르다. 감각은 접촉하고 느끼는 것이며 지각은 접촉 없이 판단하는 것이다. 자신의 팔을 좌우로 꽈서 양 손바닥으로 맞잡고 있는 상태에서 그 중 손가락 하나를 다른 사람이 가리키며 반응을 명한다면 순식간에 눈으로는 보이지만 반대로 잡은 손에 인식에 혼란이 오게 되고

직관하기 어려워진다. 이때 지각기관은 지각능력을 발휘하여 그 무엇인가를 판단하여
인식하는데 단계적인 절차를 따르게 된다.

1948 `mus`

percussion (타격, 타악기, 충격)

퍼카션은 주로 손에 잡은 막대기로 딱딱한 물체를 타격하여 소리를 나게 하는 것을 말
한다. 또한, 소리의 높낮이(Tonality)가 있고 박자를 넣어 음악적으로 소리를 내는 기구
들을 타악기(Percussion Instrument)라고 한다. 타악기에는 북(Drum), 팀파니(Timpani,
Kettledrum), 실로폰(Xylophone), 공(Gong), 차임벨(Chime Bell), 트라이앵글(Triangle),
심벌(Cymbals) 등 그밖에 크고 작은 것들이 음악에서 사용되는 타악기들이다. 이것들
은 대부분 각기 다른 방망이나 작대기 그리고 손바닥으로 두들겨(Tapotement)서 소리
를 낸다. 약 20여 년 전에 한국에서 시작된 소위 난타(NANTA)는 음정은 없지만 비트
(Tempo Beat)위주로 만들어 내는 음악의 일종이라 할 수 있다.

□ 그림설명 1948, 연주용 타악기들과 The IUP Percussion Ensemble의 연주.

1949 `gen`

perfection (완벽, 완전, 정확)

완전하고 완벽한 상태로 마무리된 것을 뜻하는 말이다. 특히 재능, 예능, 교양 등 하나
의 존재론(Ontology)적으로 완전무결하게 다룬 완성도를 가리킨다. 간혹 이 완벽성은
사람의 성격에서 오기도 하지만 이러한 완벽주의는 하나의 품질 제일주의로 퍼펙션
(극지)에서 나타나는 행농적 완성을 뜻한다. 이러한 사람을 완벽주의자(Perfectionist)
라 부른다.

1950 `pic`

perforations (퍼포레이션, 필름의 천공)
*sprocket holes (스프라켓 천공)

아날로그 방식의 영화제작에 사용되었던 8mm, Super 8, 16mm, 35mm, 70mm 등 필름을 돌려주기 위해 똑같은 간격으로 양쪽에 뚫린 작은 천공들을 퍼포레이션이라 한다. 촬영 때 카메라의 톱니(Sprocket)메커니즘은 퍼포레이션을 지나며 필름을 돌려주게 되고 카메라, 영사기, 프로세서, 프린터 등 역시 기계에 있는 톱니에 걸어 필름을 일정하게 돌아가도록 해준다. 천공들의 모서리는 타이트한 조임으로 인해 찢어지기 쉽기 때문에 영사기에 빈번히 사용되는 포지티브 필름의 천공들은 모서리가 곡선인 직사각형으로 미세하게 헐렁하다. 이런 포지티브(양화) 필름의 천공들은 '코닥 스탠더드' 혹은 '포지티브 퍼포레이션' 이라고 부른다. 네거티브(음화) 퍼포레이션의 천공은 미세하게 작아 화면의 떨림을 극소화한다. 또한 하이콘(High Contrast Film)이라 불리는 필름은 매트(Matt)를 만드는데 사용됨으로 천공이 미세하게 작게 되어 있는 필름이다. 이처럼 필름에 뚫어져 있는 천공들은 위치, 크기들이 다르고 필름의 용도에 따라 미세하게 크거나 작다. 지금은 이 필름들이 사용되고 있지 않으나 매우 과학적인 연구결과로 만들어진 필름들이다.

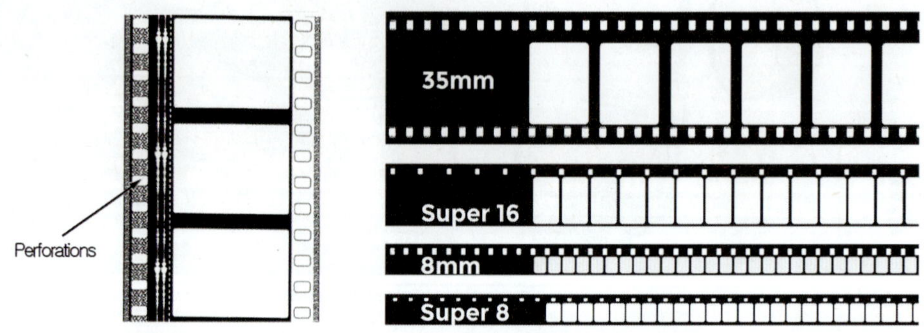

☐ 그림설명 1950, Super 8mm, 8mm, 16mm, 35mm의 Perforation Holes(천공)

1951 `art`

performance (공연. 연기, 행위)

일반적으로 구경꾼(Onlookers)들이 모인 길거리의 관중 앞에서 연기자가 연기를 하거나, 음악을 연주하거나, 음악과 함께 춤을 추거나, 실제로 그림을 그리거나, 시를 읊거나 등의 재능을 보여 주는 예술 분야로 한 방식의 행위를 의미하는 말이다. 지금은 실내에서 공연하는 묘기에 가까운 절묘한 개인기능이나 연주 등에도 붙여지는 말이다.

□ 그림설명 1951, 거리에서 연주기능을 자랑하는 연주자.

✱ performance art (행위예술)

퍼포먼스 아트는 육체적으로 표현하는 예술행위를 뜻하는 말이다. 행위예술은 1970년 초기에 유럽에서 일어난 하나의 시대적 사명으로서 내면을 표현하기위한 예술가들의 한 몸부림이라 할 수 있다. 1910년경에 들어서 이탈리아에서 일어난 입체주의(Cubism) 후 미래에 가치를 두고 관렴을 발전시킨 미래주의(Futurism)와 함께 아방가르드(Avant-Garde) 라는 전위적 예술로 발전한 것이 쉽게 눈에 띈다. 행위예술은 동시다발적으로 독일로 프랑스로 대부분 유럽을 강타하며 개인의 정신세계를 표현하는 것이 특징이다. 문학, 음악, 영화 회화 등 분야에서 미래주의자들은 새로운 것을 시도해냈다. 문학은 고전의 정통성을 따르지 않고 개인의 내면을 그대로 보여주고 있고, 심지여 음악에서 화성학과는 거리가 먼 매우 빠르고 소음적인 음악을 선보이기에 이르렀다. 이러한 시도들은 예술가들의 활동에서 우연히 발생 되었으며, 행사에서, 심지어는 극장에서 기습(Guerrilla)적으로 행해지기도 했다. 이러한 다양성(Diversity)은 시대적으로 폭넓게 받아질(Embrace) 수 있었다. 행위예술은 1970년경에 로리 앤더슨(Laurie Anderson, 1947-)이 놀라운 작품으로 <매체(Media)>를 만들어 냈고 이를 시작으로 1980대까지 캐롤리 슈니먼(Carolee Schneemann, 1939-2019)은 그녀가 세상을 떠나기 전까지 꾸준히 라이브모델을 통해 활동을 했다. 행위예술은 결과적으로 다다이즘(Dadaism, 허무주의)으로부터 여러 예술가들에 의해 더욱 더 세련되면서 라이브 아트(Live Art)로 대중화에 접근하기 시작 했다. 일찍이 독일의 Stuttgart 태생으로 바우하우스(Bauhaus) 건축 조형학교에서 학생들을 가르친 오스카 슐레머(Oskar Schlemmer, 1888-1943)는 예술가로써 초기 극장의 기습적인 전위예술 실천가였다. 그리고 행위예술은 2차 대전이 끝난 1952년 미국의 노스캐롤라이나(North Carolina)주에 있는 블랙마운튼 칼리지(Black Mountain College)에 있을 때 실험음악을 작곡하던 존 케이지

(John Cage, 1912-1992)의 <4' 33"(4분 33초)> 중에서 긴 3악장을 볼 수(Able to See)있다. 이 곡은 연주자가 피아노 앞에 앉아 음악으로서는 아무소리도 나지 않고 들을 수도 없지만 연주를 하는 듯 적막(Desolation)감만 흐르며 4분 33초 동안을 관객들은 소리를 기대하며 주시하게 된다. 여기서 행위예술가는 피아노 건반에 손도 대지 않고 굉장한 박수갈채를 받는다. 행위예술가들 중에는 소리를 내는 사람들도 있다. 스티브 라이히(Steve Reich, 1936-)의 <비가 오려나 봐(Its Gonna Rain)>, <박수치기 음악(Clapping Music)>, 그리고 <6중주(Sextet)> 등, 똑같은 음정을 지루할 만큼 반복한다. 행위예술에 관해 정의한 사람이 있다. "행위예술이란 나로 하여금 무엇인가 보여주고 싶은 것이다. 내가 하는 것을 보여주는 것은 관객을 위한 것이다. 관객이 없다면 행위예술 그 자체가 무의미하다. 그러나 관객이 그것을 받아 드릴지 안일지는 중요한 것은 아니다." 라고 세르비아의 공연예술가 마리나 아브라모비치(Marina Abramovic, 1946-)는 서슴없이 말한다.

□ 그림설명 1951-1, <Performance photograph> by Carolee Schneemann.

-2, <Aesthetics of the Margins> Brazilian Performance Art, Lecture by Carole Calirman.

-3. <Freedom's Orato> performed by Laurie Anderson.

1952 gen

permission (허가, 승인)

*permit (허락하다)

최고 책임자(부서)가 제안 받은 계획안을 검토하고 담당자(부서)에게 그 일을 할 수 있도록 허가하는 것을 뜻하는 말이다. 또한 작업에서 최고관리자가 단계적 작업공정

(Work Procedure)을 체크하고 다음 공정의 작업을 할 수 있도록 승낙하는 것을 말한다. 어떠한 일이던 그 일을 할 수 있도록 허락해 주는 것을 말한다.

1953 lit art ani

Persistence of vision (잔상, 시각의 지속성)

시각의 지속성이란 잔상을 뜻하는 말이며 <움직이는 사물에 대한 시각의 지속성 (Persistence of Vision with Regard to Moving Objects)>을 줄여 쓰는 말이다. 영국의 내과 의사 이었던 피터 마크 로제(Peter Mark Roget, 1779-1869)는 인류최초로 사람들이 빛을 이용해 환영(Projected Image)이나, 정지된 그림이 동작으로 움직이듯 보이는 여러 가지 기구들이 발명되고 있던 무렵인 19세기 초에 그의 연구 논문 <움직이는 사물에 대한 시 각의 지속성> 이라는 책자를 출판해 잔상(Afterimage)이론을 제시했다. 피터 마크 로제 는 1824년 12월 9일 <돌아가는 마차바퀴살에 나타나는 시각의 오류(Optical Deception) 에 대한 설명>이라는 표제를 붙여 소책자를 발간했다. 마차는 앞으로 달리는데 마차바 퀴의 살은 왜 뒤로 돌아가는 것처럼 보이는가가 호기심(Curious)이었다. 인간의 눈은 물 체를 주시하다가 눈을 감는다 하더라도 안구의 망막(Retina)을 통해 잠시 전에 본 물체 의 잔상을 잠시 보존하게 된다는 이론이었다. 이 말은 당시에 별로 중요해 보이지는 않 았지만 인간의 망막은 실제로 사라진 물체를 잠깐 동안 잔상을 유지하는 생리적 특성을 가지고 있다는 것을 설명한 책이었다. 이 연구책자보다 약 200년 전에 처음으로 빛을 이용해 환영을 만들 수 있다고 주장한 사람이 있었다. 독일 사람인 아타나시우스 키르 허(Athanasius Kircher, 1602~1680)였는데, 그는 1646년에 처음으로 빛에 대한 관심을 가져 <매직랜턴(Magic Lantern)>이라는 그림과 함께 <빛과 그림자의 위대한 예술> 이 라는 연구책자를 로마에서 출간했지만 결국 그 장치는 그의 손에서는 만들어지지는 못 했다. 당시 키르허는 로제와 같이 잔상효과를 알고 있었던 것 같지는 않다. 그리고 1659 년에 진짜 매직랜턴을 최초로 만든 사람은 크리스티안 호이겐스[하위헌스(Dutch)] Christiaan Huygens, 1629-1695)이었다. 그가 진짜 매직랜턴을 최초로 만들었다는 것 을 많은 사람들이 역사적 기록으로 부정 하기는 어렵다. 호이겐스는 아버지 콘스탄틴 (Constantijn)이 외교관으로 있을 때 아버지의 권위 때문에 세상에서 최초로 만들어진 발명품이었음에도 불구하고 조각 조각으로 분해되어 사라져야 했던 것이다. 호이겐스 는 아버지를 따라가 프랑스 파리의 상류 지식인 사회에서 1666년부터 15년간이나 살았 나. 후대에 와서, 그가 파리로 떠나기 전인 1659년까지 쓰다가 버려둔 그의 작업실에서 찾아낸 여러 가지 다른 그의 발명품들과 함께 연구기록부에는 미완성처럼 보이는 손으 로 직접 아주 짧게 기록해 놓은 목록이 그림과 함께 글로 남아 있었는데 <La Laterne

Magique(Magic Lantern), 요술 등불>라고 메모가 되어 있었다. 더 중요한 것은 그와 관련하여 9장의 스케치그림과 그가 연락을 취했던 사람들과의 목록에서 어떤 활동을 했는지 단서(Clues)를 얻을 수 있었다. 1671년에도 환등기 <매직랜턴>을 실제로 만들었다는 것이다. 유리로 된 원판위에 그린 그림(지금의 슬라이드와 흡사 추정)을 렌즈를 통해 벽에 비추어 환영을 볼 수 있었지만 동작이 있는 것은 아니었다. 그러나 이것은 다른 과학자들에게서 큰 관심을 끌었다. 결국 65년이 지난 1736년경에 네덜란드의 과학자인 피터 반 뮈센브루크(Pieter Van Musschenbroek, 1692-1761)가 키르허의 것과 비슷하게 흉내를 내어 개량된 환등기를 만들어 냈고 이것 역시 <매직랜턴>이라 불렀으며 크게 인기를 끌어 다른 사람들도 이와 유사한 물건들을 많이 만들어냈다. 이러한 기구들은 기름을 태우는 등잔불이 광원(Luminous Source)이었음으로 벽에 비치는 영상은 어두웠다. 이 때 피터 로제는 내과 의사였지만 움직이는 영상을 만들기 위해서는 하나의 정지된 영상이 다음의 동작으로 넘어갈 때 순간적으로 빛을 차단했다가 다음 영상이 보이도록 기계적인 동작이 반복되면서 화면이 깜빡이게 되는데, 이때 사람의 망막(Retina)은 환영(이미지)이 차단된 순간에도 이전에 본 것을 생리적으로 기억해 유지함으로 동작이 끊이지 않고 동작을 지속시킨다는 사실을 알게 해 줬다. 당시 19세기가 막 시작될 무렵 이미 <스트로보스코프(Stroboscope)>가 시중에 나와 '신기한 원반'으로 대단한 인기를 끌었다. 이것은 둥근 자전거 바퀴살과 흡사한 것이었는데 돌아가는 속도에 따라 바퀴가 앞으로 가는 듯 또는 뒤로 가는 듯(로제가 인용해 쓴 설명서)이 보였다. 이 모두가 잔상효과로 이루어진 결과였다. 이와 유사한 시각을 활용한 기구는 여러 가지가 새롭게 발명되어 시중에 나왔다. 이 시각의 잔상 효과는 빠르게 영사되는 화면이 가다 섰다를 반복하더라도 끊이지 않고 망막에 의해 움직이는 이미지처럼 보이는 환각을 유발한다는 것이 피터 로제의 주장이었다. 19세기는 아직 여러 사람들이 여러 유사한 연속된 동작을 볼 수 있는 시각 장치들을 만들어 냈고 결국은 미국의 조지 이스트만이 개발한 나무상자 카메라로 시작, 프랑스의 뤼미에르 형제, 미국의 토마스 에디슨이 견고한 기계적인 촬영기와 영사기를 만들어 내면서 우리 인류에 가상능력(Imaginary Capability)을 증폭시켜 주었다. 영화는 20세기를 맞아 필름의 속도는 1927년 토키(Talkie, 음향)를 수반하며 초당 24프레임으로 안정시켰고 필름이 돌아갈 때 생겨나는 화면의 깜빡임을 줄이기 위해 4개의 날개(Blade)를 달아 1초에 96번이나 깜빡임을 분할함으로 안정된 화면을 볼 수 있게 되었다. 영화는 점차 보기위한 기술에서 보이려는 예술로, 인류에게 최고(Absolutely Top)의 예술로 성장했다. 21세기 디지털방식의 변혁이 영화의 첨단으로 빠른 속도로 거듭나고(Upgrade) 있는 것이다. 물론 재래식 영사기가 돌아가며 생겨나는 깜빡거림도 없어지고 시각의 지속성을 설명할 필요가 없게 되었다.

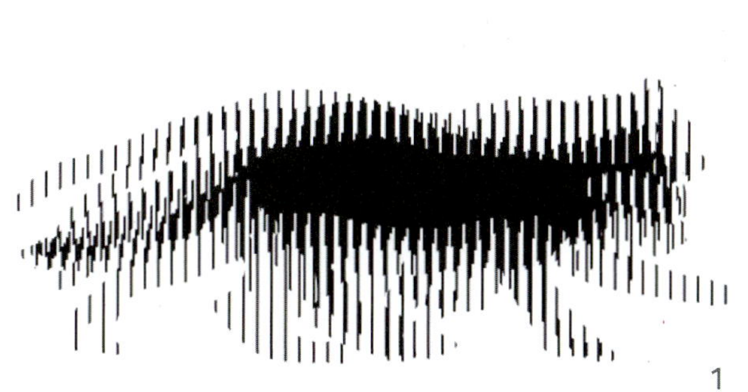

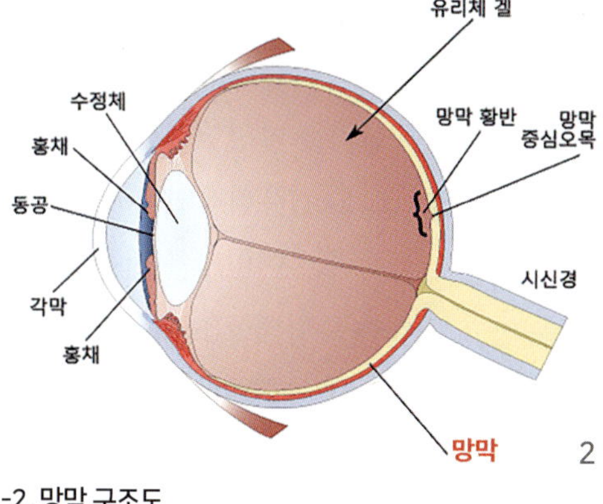

□ 그림설명 1953-1, 시각의 잔상으로 보여주는 6가지의 동작.

-2, 망막 구조도

-3, 피터 로제의 초상.

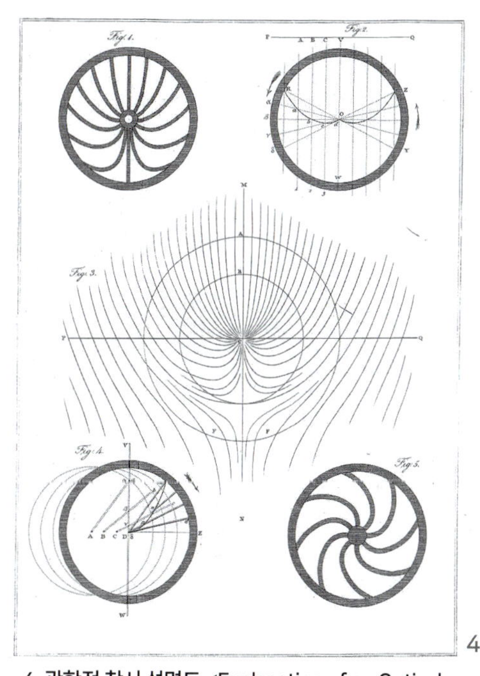

-4, 광학적 착시 설명도 <Explanation of an Optical Deception> 1824 .

✱ 참조보기 (1960 - Phenakistoscope)

✱ 참조보기 (0951 - Flicker)

✱ 참조보기 0400- (Creation of 1824 Roset)

1954 `com`

personal computer (개인컴퓨터, 사적으로 사용하는 컴퓨터)

✱ PC (피시)

개인이 사용하는 컴퓨터를 퍼스날콤퓨터 또는 피시라고 부른다. 컴퓨터는 17세기로부터 시작되었다. 프랑스의 수학자, 물리학자, 발명가, 작가 그리고 예수교 철학자였던 블레이스 파스칼(Blaise Pascal, 1623-1662)은 이미 16세 때 기계(Mechanic)식으로 된 가감계산기를 발명했다. 1939년에는 IBM에서 일하던 존 휘트니(John Whitney, 1917-1995)는 그의 컴퓨터작업 결과물을 35mm 영화필름 위에 프린트하여 최초의 컴퓨터에 의한 움직이는 이미지를 만들어 낸 사람이다. 1942년에 최초의 디지털 컴퓨터로 미국 아이오와 주립대학(Iowa State Univ.)의 존 빈센트 아타나소프(John Vincent Atanasoff, 1903-1995) 교수가 <Atanasoff-Berry Computer(ABC)>를 발명해 5년 만에 개발을 완성했지만 중앙처리장치(CPU)가 없는 계산만을 하는 컴퓨터로 완성했다. 1946년이 지나 '애니악(ANIAC)'이 펜실베이니아 대학의 제이 프리스퍼 엑커트(J. Presper Eckert, 1919-1995)와 존 마우츨리(John Mauchly, 1907-1980)가 역시 최초로 거대한 크기의 컴퓨터를 만들어 냈는데 당시에는 아직 트랜지스터가 개발되지 않았을 때여서 무려 1만 8,000개의 진공관을 사용했고 1,800스퀘어피트 크기에 무게는 50톤이나 되었다. 1949년에는 'EDSAC'이라 불리는 최초의 '축적 프로그램 컴퓨터(Stored Program Computer)'가 나왔고 이때 처음으로 그래픽컴퓨터 게임이 출시됐다. 드디어 1968년에 컴퓨터는 획기적으로 테이블 탑 소형화에 성공하였다. 집 덩이 만 한 크기의 컴퓨터를 소형화하여 테이블 위에 올려놓은 퍼스널 컴퓨터(PC)는 인류의 크나큰 업적이었다. 이러한 변혁에는 미국의 PC회사, hewlett packard사 그리고 Intel사가 합류하여 MS-DOS 체계로 새로운 컴퓨터시대를 열게 되었다. 컴퓨터는 여러 모양으로 다목적에 적절한 처리능력(Capabilities)을 가지고 가격에 맞고 결국은 실행 가능한 개인 컴퓨터를 만들게 되었다. 종류도 다양하다. 테이블 톱(Tabletop), 포터블(Portable), 랩탑(Laptop), 태블릿 컴퓨터(Tablet Computer), 스마트 폰(Smartphone), 폴더 폰(Folderphone) 컴퓨터 등이 있다.

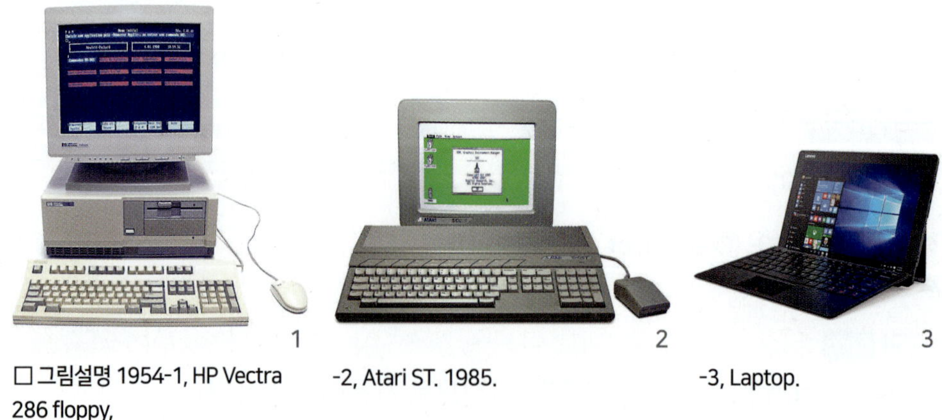

<table>
<tr><td>1</td><td>2</td><td>3</td></tr>
</table>

□ 그림설명 1954-1, HP Vectra 286 floppy,   -2, Atari ST. 1985.   -3, Laptop.

1955 gen

personality (개성, 인격, 성격)

사람의 성격, 성질, 개성을 뜻하는 말로 인간의 인격을 대변하는 품격에 사용되는 말이다. 인간으로서의 존재의 가치를 부여하는 실존적 가치를 대변한다. 성격은 하나의 혈통이어서 지식이나 학식에 관계없이 언어나 행동으로 성질이 표출 될 수 있다. 그러나 의식 있는 생활을 통하여 성격은 변화된다. 인간은 실존적인 생활에서 뿐만이 아니라 영화, 소설, 드라마, 음악, 애니메이션 등 작품창작에서도 설정된 인물(Character)에 성격(Personality)을 부여한다. 가령 애니메이션 TV시리즈나 영화에서 출연하는 주인공, 조역, 상대역(일반적으로 악한), 상대역의 주변인물, 스토리에 관계되는 그 밖에 출연자들의 성격을 모두 설정하고 스토리를 이끌어 나간다. 이처럼 성격이란 매우 개인적인 것이며 이야기 구성에 매우 중요하다.

1956 art

PERS (파스, 원근)

*perspective (원근법, 투시도, 퍼스펙티브)

파스는 영어의 원근법(Perspective)을 줄인 말로 흔히들 '파스'라고 부른다. 투사(Projection)에 의한 선의 파스, 명암에 의한 농도의 파스, 연한 색과 강한 색에 의한 색의 파스, 그리고 길이, 폭, 두께로 표현되는 3차원의 공간 파스로 나뉜다. 영화에서 원근법이란, 평면적인 스크린 상에서 물체가 일성한 거리와 공간석 비례를 수학적으로 나타나게 하는 방식을 의미하는데 평면 스크린에서는 실제의 3차원적 입체감이 줄어들기 때문에 그림이나 물체를 원근감 있게 배치해 입체감을 주게 된다. 특히 사진기술에서는 렌즈 선택으로 원근 효과를 얻을 수 있다. 사람의 눈으로 보이는 원근이라는 것은 시각을 통해 두뇌가 즉각 읽어내고, 멀고 가까운 물체의 거리를 측정한 판단으로 원근감을 정한다. 그러나 현실에서 없는 인위적인 표현방식으로 만들어낸 원근감이나 또는 원근이 전혀 없는 표현은 미술적 창작에서만 있을 수 있다. 화가가 표현하는 원근은 표현 형식에 따라 오차가 있으며 그 오차를 강조해 거리감을 변형할 수 있다. 애니메이션에서는 가끔 특수효과를 위해 특수한 원근법을 사용하게 되는데 가령 예를 들어 렌즈는 필름의 이미지를 받는 초점거리가 짧으면 과장되게 강조되며, 반대로 초점거리가 길면 이미지는 거리감이 없이 매우 평면적으로 보이는 효과를 얻을 수 있다. 와이드 앵글 렌즈(Wide-Angle Lens, 38mm 이하)는 이미지를 퍼저보이게 해서 가까운 물체는 너 크고 위협석으로 보이고 멀리 있는 물체는 실제보다 더 작고 더 멀리 있는 것처럼 보인다. 그러나 롱 포커스 렌즈(long-focus lenses, 105mm~)는 필드의 깊이감이 줄어들어 초점거리에서 더 멀리

P

있는 물체를 더 가깝게 보이게 한다. 이렇게 물체의 사이즈와 공간 비례를 강조해 원근법을 활용함으로써 스크린에 더욱 흥미를 자아낼 수 있다. 영화, 애니메이션, 건축, 화가들의 그림에서 원근법 또는 입체감을 나타내는 말로 쓰인다. 미술사적으로 화가들은 초현실주의 시대인 13세기가 되기 이전까지도 사람들은 회화에서 원근 표현 방법을 잘 알지 못한 것으로 보인다. 그런 그림들은 고대 이집트, 고대 에트루리아인(Etruscan), 그리스, 로마, 비잔틴(Byzantine)의 크리스천 미술 등에서 많이 나타난다. 사람들이 원근법을 알게 된 것은 1420년경으로 이탈리아 문예부흥기 때 레온 알베르티(Leon Alberti, 1404-1474)와 필립포 브루넬레스키(Filippo Brunelleschi, 1377-1446) 두 화가에 의해 표현되어 사용되기 시작했다. 고대회화를 보면 상기문예부흥기(High Renaissance, 1500년대)에 들어서까지 수학적인 원근이 무시되어 그려진 그림을 볼 수 있다. 1503년에 완성된 레오나르도 다빈치(Leonardo da Vinci, 1452-1519)의 그림 <모나리자(Mona Lisa)>의 배경에서 대표적으로 원근법을 잘 표현하여 그린 것이 보인다. 원근법은 모든 예술에서 사실에 입각하여 매우 중요한 기초로 활용되는 이치(Theory)이다.

□ 그림설명 1956-1, 원근감을 나타낸 Pieter Bruegel의 <Hunters in the Snow> 1565.

-2, Leonardo da Vinci의 <Mona Lisa>의 배경, 1503.

-3, 소실점 Raphael의 <School of Athens> 1510.

*vanishing point(소실점, 소멸점, 원근감)

원근법에서 물체가 시야에서 멀어지면서 사라지는 것을 소실점이라 한다. 그림으로 원근을 표현하자면 앞에 가까이 있는(Foreground) 물체는 크게 그리고 점점 시야에서 멀어지는(Background) 것은 작게 표현하게 되는데 점차 작아지는 물체가 작아지며 보이지 않게 되는 것을 소실점이라 한다. 이 소실점은 보는 관점(Point of View)에 따라 다르게 설정될 수 있다.

□ 그림설명 1956-4, 소실점 이동의 예.

*perspective distortion (강조된 원근법)

사람의 눈으로 보는 원근의 판단은 거리를 측정하는 두뇌의 판단이므로 원근의 형상을 바꾸어 상상하기는 어렵다. 카메라 렌즈의 55mm를 통해 보는 형상이 가장 인간의 눈에 가깝다. 38mm 이하의 렌즈는 원근감을 찌그러뜨리게 만든다. 애니메이션에서 가끔 특수 효과를 위해 특수한 강조된 원근법을 사용하게 되는 것을 말한다.

□ 그림설명 1956-5, Rectilinear Lens.

-6, Fisheye Lens.

1957 `pic`

PG-rated (PG등급)

부모의 지도가 요망되는 일반 영화의 준말(Parental Guidance). 이것은 1960년대에 미국 영화 협회가 구 영화 등급 호칭을 교체하기 위해 고안해 낸 영화 등급 중 하나이다.

☐ 그림설명 1957, 영화등급표시, PG Rated

1958 `pic` `gen`

PG-13

13세 미만은 보호자 동반이 요망되는 영화. 이 등급은 미국 영화 협회에서 추가한 것으로 부모들에게 영화의 성적인 묘사는 비교적 지나치지 않지만 폭력성이 분명한 것을 경고하기 위한 것으로 등급을 정한 것이다.

☐ 그림설명 1958, 영화등급표시, PG-13

1959 `his` `art`

Phantasmagoria (판타스마고리아, 주마등)

18세기 후반에 만들어진 매직 랜턴(Magic Lantern)을 등에 메고 관객을 찾아 유랑공연을 다니는 사람들은 이 시대에는 흔하게 볼 수 있는 광경이었다. 그 중에도 가장 뛰어난 유랑배우로는 본명은 에티엥 가스파 로베르(Etienne-Gaspard Robert, 1763-1837)로 벨기에의 월룬(Walloon)지방, 리에주(Liege)에서 태어난 사람이었다. 그는 자기 이름을 쉽게 부를 수 있게 이름을 만들어 "로베르송(Robertson)"이라 스스로를 소개하며 랜턴 쇼를 보여주러 다녔다. 그는 이 매직 랜턴 쇼를 극장식으로 바꾸는데 착안하여 1794년 파리에서 무서운(Fearful) 쇼를 오픈했다. 이것은 기발한 아이디어였을 뿐만이 아니라 매우 인기가 있었다. 이것을 <판타스마고리아(Phantasmagoria)그는 스스로 기획한 '유령을 불러오는(> 쇼라고 광고를 했다. 1797년에 와서 그는 좀 더 새로운 아이디어로 건물이 낡아 버려진 폐허가 된 수도원을 찾아내어 공연을 했는데 대단한 성공을 거두었다. 당시 프랑스수도원들은 죽은 사람들을 안치하는 풍습이 있어 백골이 된 뼈와 해골들이 있는 묘지로 무서운 분위기 때문에 관객의 흥미를 더욱 끌었다. 로버트슨의 쇼는 프랑스의 죽은 영웅들의 초상화를 그려 넣은 등불(Lantern)로 벽에 비추며 흔들어 마치 죽은 혼령들이 다시 찾아와 떠도는 듯 보이게 했다. 관객들은 빛으로 비치는 환영이 처음 보는 것이어서 진짜로 믿을 정도로 무시무시해 했다. 현대의 공포영화처럼 이 쇼는 오랜 동안 막대한 인기를 누렸다. 이 랜턴슬라이드 쇼는 벽에 비친 희귀한 그림으로 된 영상이었을 뿐 아직은 동작(Motion)이 있는 애니메이션은 아니었다.

□ 그림실명 1959-1, 페어 수도원에서 열린 엉상쇼 <판타시마고리아>

-2, 로베르송의 초상화.

-3, Tomb of Robertson in Père Lachaise Cemetery. (로베르송의 무덤, 페르 라세즈 묘지는 파리에서 가장 큰 공동묘지다.)

-4, 로베르송 묘비의 외벽의 조각 화.

*Robertson and Paul Phylidor (로베르송과 폴 필리도)

18세기, '마술사 필리도(Phylidor)' 또는 '폴 필리도르트(Paul Filidort)'로 알려진 사람은 아마도 폴 드 필립스달(Paul de Philipsthal)과 동일 인물일로 여긴다. 왜 여러 이름을 사용했는지는 알려져 있지는 않지만, 진짜 <판타스마고리아(Phantasmagoria)>를 처음 창작한 사람이었다. 1789년 그는 스스로 기획한 '유령을 불러오는(Ghost-Raising)' 쇼를 개관해 인기를 끌었는데 당시에는 사기(Fraud)로 판결 받아 프로이센(Prussia, 1525-1947년 독일의 북부 옛 왕국)으로부터 추방을 당했다. 그 후 그는 다시 사람을 모아 훨씬 흥미로운 예술형태의 쇼를 창업했다. 그 타이틀은 '어떻게 돌팔이가 관객을 멍청이로 만드나?'였는데 등불(Argand Lamp)을 이용해 개발한 내용을 1790년에 비엔나에서 공연해 3년간 대 성공을 했다. 또 필리돌은 다른 이름으로 광고를 하며 결국은 <판타시마고리아>를 파리에서 창업해 오랫동안 공연을 했다. 다시 이 <판타시마고리아>는 폴 드 필립스달(Philipsthal)의 이름으로 런던 스트랜드 가(Strand Street)에 있는 리시움(Lyceum) 극장에서 해외공연을 열어 크게 히트를 했다. 그리고 이 쇼는 1792부터 12월부터 8개월간 파리에서도 공연을 했는데 이 때 마다 로베르송이 참관만 했을 것이라는 짐작이 간다. 후일 1797에 로베르송은 똑같은 이름의 <판타시마고리아>쇼를 동시에 개관했기 때문이다. 로베르송은 벨기에 물리학자이었으며 그 역시 필리도르와 같이 무대마술사였다.

5

6

7

□ 그림설명 1959-5, -6, -7, Phylidor의 오리지날 <판타시마고리아>

그는 에티엥 가스파 로베르(Etienne Gaspard Robert, 1763-1837)가 본명으로 스스로를 "로베르송(Robertson)"이라 소개하며 매직랜턴을 등에 지고 다니며 그림을 보여주고 돈을 받았지만 그는 물리학자답게 광학을 이용한 쇼를 창안해 아무도 흉내 낼 수 없는 완전무결한 <판타스마고리아(Phantasmagoria)>쇼를 한 장소에 극장식으로 개관하여 오랫동안 당시에 가장 인기 있는 단일 쇼맨으로 성공한 사람이었다. 1837년 로베르송이 세상을 떠난 후 많은 사람들에 의해 잔상을 이용한 연구가 줄지어 나오며 점차 동작이 있는 그림으로 그려져 발전하기 시작했다. 더마트로프(Thaumatrope), 페나키스토스코프(Phenakistoscope), 조이트로프(Zoetrope), 프락시노스코프(Praxinoscope) 등의 동작요지경들이 줄줄이 나왔다. 이러한 시각적인 쇼는 결국은 1892년에 와서 에밀 레이노드(Emile Reynaud, 1844-1918)에 의해 최초로 프랑스 파리에 있는 왁스 뮤지엄에서 광학극장(Theatre Optique)을 개관했고 이로 인해 영화 엔터테인먼트로 연결되는 고리가 되었다.

1960 `equ` `ani` `art` `peo`

Phenakistoscope (페나키스토스코프)

조셉 플래토(Joseph Plateau, 1801-1883)가 1832년에 잔상을 이용한 '움직이는 그림을 볼 수 있게 고안해 만든 기구'이다. 영국의 생리학 외과 의사였던 피터 마크 로제(Peter Mark Roget, 1779-1869)가 잔상에 관해 주장한 '움직이는 물체에 대한 시각의 지속성(The Persistence of Vision with Regard to Moving Objects)'의 논리를 입증하기 위해 플래토가 '페나키스토스코프'라는 매우 기발한 기구를 발명해 만들어 냈다. 이 기구는 로제가 1824년 잔상에 관한 문제를 연구해 <시각에 대한 지속성>이라는 망막에 대한 이치를 주장한 것에 대해 그 잔상효과를 입증하기위해 플래토가 고안해 만든 것이다. 움직이는 상(Image)을 만들어 내기 위해 우선 둥근 회전용 디스크 모양의 원반을 준비하고 그 면적을 10등분 혹은 12등분했다. 그리고 그 자리에 동작이 될 수 있는 그림을 차례로 정교하게 그려 넣은 후 그림과 그림 사이마다 틈을 내어 그 틈새로 들여다보도록(그림설명 1960) 만들었다. 이 회전 디스크를 거울 앞에 들고, 디스크 원주를 돌려가며 틈 사이로 거울에 비쳐진 그림을 보면 그림들이 연속적으로 움직이는 것처럼 보이게 된다. 이 장치는 누구나 쉽게 만들 수 있는 아주 간단한 장치이며 어떻게 연속적으로 움직이는 영상을 볼 수 있는지를 쉽게 설명한 것이었다. 플래토의 이 발명품 전후로 많은 발명가들에 의해 조에트로스코프(Zoetroscope), 프록시노스코프(Proxinoscope) 등 유사한 장치들이 속속히 발표됐으며 그 당시 이 발명품들은 부유층의 오락물로 대단한 인기를 누렸다.

□ 그림설명 1960-1, 시각의 지속성을 입증한 플래토의 <Phenakistoscope>는 후일 하나의 놀이기구로 인기를 끌었다.

-2, 섬세한 현대 디자인.

-3, 컷아웃 입체 형식.

-4, -5, -6, Plato가 발명한 페나키스토스코프. 1833.

✷ Plato, Joseph (조셉 플래토)

1832년 페나키스토스코프를 고안해서 만든 조셉 안토인 페르디난드 플래토(Joseph Antoine Ferdinand Plateau, 1801-1883)는 벨기에의 물리학자였으며 시각잔상효과로만 움직임을 볼 수 있는 최초의 기구를 만들어 증명해 준 사람이었다. 그는 브뤼셀에서 태어나 성년기에는 리에주(Liege)대학에서 공부했고 1835년에는 벨기에 겐트(Ghent)대학에서 물리와 물리응용 교수로 초청되어 학생들을 가르치며 빛에 의해 인간의 망막에 잔상이 생겨난다는 것과 또 하나의 업적은 표면장력(Surface Tension)을 발견한 사람이다. 결과적으로 플래토는 애니메이션(영화)을 만들어 볼 수 있는 든든한 기초를 발명한 지대한 공로자이다. 그의 페나키스토스코프는 그림을 그려서 애니메이션으로 볼 수 있게 만든 것으로 너무 빠른 속도로 돌리면 이미지가 불러(Blur, 명확히 안 보임)가 생기고 반대 방향으로 돌리면 동작이 거꾸로 움직이게 된다.

□ 그림설명 1960-7, 조셉 플레토
의 초상.

-8, 페나키스토스코프 원반을 돌려볼 수 있는 기구.
검정 원반의 틈새로 들여다보며 손잡이를 돌리면
안쪽에 그려진 그림들이 움직여 보이게 된다.

1961 `gen` `lit`

philosophy (철학, 형이상학, 달관)

철학은 총체적으로 근본적인 인간의 존재(Existence)에 대한 참된 본질에 관한 논제를 다룬다. 철학이 움트기 시작한 것은 고대 부터이다. 중세(Madieval), 근대(Modern), 현대(Contemporary)이르기까지 이들 철학자들은 지식(Knowledge), 가치(Value), 까닭(Reason), 정신(Mind) 그리고 언어(Language)에 관해 심미적으로 다뤄왔다. 철학가라 불리는 최초의 선각자는 아마도 그리스의 철학자이며 수학자였던 피타고라스(Pythagoras, 대략 B.C.570-495, 또는 B.C.582-500)가 창시자로 여긴다. 그리고 중국의 공자(Confucius, B.C. 551-479), 그리스의 철학자 소크라테스(Socrates, B.C.470-399), 소크라테스의 제자 플라톤(Plato, B.C.427-347), 플라톤의 제자 아리스토텔레스(Aristoteles, B.C.384-322), 프랑스 태생의 스위스 종교 개혁자 존 칼뱅(John Calvin, 1509-1564), 프랑스의 철학자, 수학자인 르네 데카르트(Rene Descartes, 1596-1650), 네덜란드의 철학자 바루치 스피노자(Baruch Spinoza, 1632-1677), 독일의 철학자 임마누엘 칸트 (Immanuel Kant, 1724-1804), 독일의 니체(Friedrich W. Nietzsche, 1844-1900) 등이 있고, 분류하면 미학(Aesthetic), 윤리학(Ethic), 논리학(Logic), 원리체계(Metaphysic), 사회학(Social)과 정치학(Politic) 등으로 나뉠 수 있다. 철학적인 해법으로는 스스로의 의문을 비롯해서 비판적 토론, 합리적 주장, 질서정연한 제시가 필요하다. 나는 누구인가?(Who am I?) 고대로부터 지금까지의 이것이 철학의 시작이었을 것이다.

* Ideology (이념, 이데올로기)

사실(Fact), 진실(Reality), 진리(Truth)가 아닌 사회적 정치적인 관념을 개인의 신조로 생각하여 정해진 이념(Fixed Ideology)을 말한다. 한 개인이나, 사회의 단체 또한 국가의 이념으로 노선을 정하기도 한다. 이념은 극히 개인적인 것으로 환경에 따라 관념은 변할 수 있다. 그러나 정치적 이데올로기는 이념분쟁(Political Quarrel)을 일으킬 수 있으며 쉽게 정적(Political Opponent)을 만들 수 있다. 자본주의 이념과 공산주의 이념의 대치가 이념을 달리한 예라고 할 수 있다.

1962 `pho` `his`

photograph invention (사진의 발명)

사진의 핵심이 되는 렌즈는 15세기부터 유리 연마기술이 발명되면서 광학의 활용이 급속도로 발전되었다. 이로써 사진의 시작은 1725년 또는 1727년으로 잘못 기록되어 남아 있는 것을 역사로 따져 1719년으로 재 출판했으나 결국은 1717년으로 독일 알트도르퍼 대학(Artdroper University)에서 약학을 가르치던 요한하인리히 슐츠(Johann Heinrich Schultz, 1687-1744)교수였는데 물체의 흔적이 화학적으로 지속시간이 짧은 최초의 '사진'이라 부를 만한 것을 만들어냈다. 빛과 영상과는 아무런 관련이 없는 실험을 하다가 우연히 질산은(Silver Nitrate) 혼합물을 담을 플라스크를 밝은 곳에 뒀다가 나중에 보니 혼합물의 일부가 직사광선을 받아 어두운 보라색으로 변해 있었다. 지속적인 연구는 없었으나 확실히 태양광선에 의해 화학적 변화가 생기는 것을 슐츠교수는 알게 되었다는 기록이 있고, 1800년 초기에 들어 영국의 도자기 제작사인 토마스 웨지우드(Thomas Wedgwood, 1771-1805)가 슐츠의 것과 비슷한 실험을 하게 됐지만 중요하지 않은 채 지나치고 말았다. 두 사람은 다른 나라에 살았고, 서로 관계없는 사람들이었지만 비슷한 노력을 한 것으로 기록돼 있다. 그들이 발견한 것은 은 원소에는 빛 파장의 에너지에 섬세하고 미묘한 반응을 일으키는 화합물에 결정을 이루는 독특한 성질이 있음을 알게 됐다. 그 후로 수세기동안 많은 사람들이 은으로 이루어진 물질을 개발하고 결국은 상용화된 필름을 발명하고 사진을 대중화시키기에 이르렀다. 1826년 프랑스 중부에 살던 조셉 니세포르 니엡스(Joseph Nicephore Niepce, 1765-1833)가 마침내 최초의 영구적인 사진을 만들어 낸 사람이었지만 그는 놀랍게도 그의 사진공정에서 은(Silver)을 사용하지 않고 우리가 흔히 알고 있는 아스팔트를 사용했다고 되어있다. 니엡스는 귀족출신으로 발명가이며 자기의 석판인쇄소를 경영하고 있었다. 그를 돕던 아들 이시도르(IsadorIsidor, 1805-1868)가 군대에 입대해 아버지 니엡스는 스스로 그림을 그려 석판인쇄를 감당하기가 어렵게 되어 직업상 사진에 관해 관심을 갖게 되었다. 니엡스는 아스팔트의 일종인 유대의 역청이 빛에 의해 노출되면 단단해진다는 것에 착안했다. 그는 광택제로 쓰이는 라벤더 오일(Lavender Oil)로 이 아스팔트를 녹인 다음 백랍지에 얇게 발라서 코팅을 했다. 그리고 기름을 발라서 빛에 비치도록 만든 선화(Line Drawing)를 이 코팅 면에 맞닿도록 얹은 다음 햇볕에 놓아두었더니, 빈 공간으로는 태양광이 투과되어 아스팔트가 굳어지고 선이 있는 부분은 빛이 비쳐 들어오지 못해서 코팅된 부분이 그대로 액체 상태로 남아있는 것을 알게 됐다. 니엡스는 그림이 그려진 기름종이를 떼어낸 후 라벤더 오일로 다시 판을 닦아 굳어지지 않은 아스팔트 용액을 닦아내고, 원화에서 검은색의 선이 묻어나온 부분은 백랍(White Wax)으로 닦은 다음 세정용액으로 긁어내서 선명한 판형을 만들어낼 수 있었다. 푹 패인 선 부분에 잉크가 들어가고, 이것이 인쇄되어 나오는 것이다. 니엡스는 이 새로운 인쇄방식을 태양을 뜻하는 그리스어 '헬리오(Helios, 빛)'와 조각을 뜻하는 프랑스어 '그라비어(Gravure)'를 합쳐서 '헬리오그라비어(Heliogravure, 요판인쇄술)'라고 불렀다. 그리고 이 요판사진술을 이용해 성모 마리아, 아기 예수, 성 요셉 등의 여러 그림들을 찍어내다가 그는 더 좋은 아이디어를 떠올리게 됐다. 바로 옵스큐어(Obscure) 카메라 안에 아스팔트로 코팅한 판을 넣으면 자연의 빛에 의해 사진을 바로 얻어낼 수 있지 않을까 하는 것이었다. 카메라 옵스큐어 안에 판을 배치하고 렌즈는 마당 쪽의 창을 향해 놓은 채 8시간 동안 방치해 뒀다가 판을 빼내어 아스팔트를 라벤더 오일로 씻어내고 나서 보니 정말로 지붕과 굴뚝들의 형체가 희미하게 나타났다. 니세포르 니엡스는 더 또렷한 상(Image)을 얻기 위해 지나치게 긴 노출시간을 짧게 줄이기 위해 이번에는 은을 입힌 동판을 이용한 여러 가지 감광성 물질들로 실험을 계속했지만, 좋은 결과를 끌어낼 수는 없었다. 1827년, 니엡스의 발명에 대한 연구소식이 프랑스 전역으로 퍼져나가게 되면서 어느 날, 니엡스는 루이 다게르(Louis Daguerre, 1787-1851)라는 낯선 사람으로부터 편지를 받게 된다. 편지에서 자신도 "이미지를 만드는 실험을 하고 있다"면서 "서로 정보를 교환하자"는 제의였다. 그러나 니엡스는 다게르를 수상히 여겨 매우 방어적으로 대응했지만 다게르가 연구하고 있다는 카메라 옵스큐어(Camera Obscure)에 관심이 있었고 다게르는 니엡스가 개발해 놓은 헬리오그라비어(Heliogravure)에 서로의 연구가 도움이 될 것이라 여겼다. 1829년 8월, 다게르는 파리로 올라가서 니엡스를 처음 만나게 된다. 당시 64세였던 니엡스는 프랑스의 귀족으로 조용하고 내성적이며 탄탄한 교육적 배경을 자랑했으며, 과학 분야에서도 뛰어난 사람이었다. 생면부지의 두 사람이 만났지만 카메라 옵스큐어를 통한 이미지의 기록에 대한 공동 관심사 외에 두 사람에게 공통점은 거의 없었다고 기록돼 있다. 결국 니엡스와 다게르는 엔진이 달린 보트로 센 강을 서로 오가며 만나기 시작했고 그들은 서로 출신배경과 성격이 달랐지만,

서로의 만남들은 차차 좋은 느낌을 받기 시작했다. 다게르는 사진술에 흥미를 가지기 전에는 그의 형 클로드와 함께 몇 년 동안 인디고 염색 추출법과 연기 안 나는 엔진 등 다른 발명품에 손을 댄 적이 있었다고 그의 과거사를 들려주었지만 니엡스는 아쉽게도 이것들은 상업적으로 타산이 맞지 않는 발명품들이라고 생각이 들었다. 그 후 2년간 이들은 사진 일에 대한 서신도 주고받으며 가끔씩 만나서 작업의 진척 상황을 논의하기도 했다. 다게르는 새롭게 니엡스의 사진 요판인쇄(Intaglio)기술에 대해 배우고 공동 사업 계획을 구상하기 위해 니엡스의 집에 머물며 일하기도 했다. 이후 4년 동안 각자 연구를 했는데 실험 결과, 1832년에 그들 연구는 요오드(Iodine, 요오드-1814년 발견된 붉은 색을 띠는 비금속 원소로 은과 결합해 빛에 매우 민감한 감광제를 형성하는 것으로 밝혀진 물질)의 적용에 초점이 맞춰졌다. 하지만, 그들의 연구가 최종적으로 성공에 이르는 기쁨을 맛 볼 새도 없이, 1833년 니엡스는 뇌졸중으로 세상을 떠나게 되었다. 이런 일이 있은 후, 다게르는 니엡스가 발명한 기술을 홀로 완성시키는데 6년이라는 시간을 더 보냈다.결과는 니엡스의 헬리오그래프 사진법은 긴 노출시간을 필요로 했고, 그 때문에 움직이는 사람의 모습을 촬영하기에는 부적합한 방식이었다. 이에 비해 독자 연구한 다게레오타이프(Daguerreotype)가 훨씬 단축된 노출시간으로 적합성을 지님으로써, 19세기 후반에 인물 사진이 유행하는 데 일조했다. 다게르는 독자 연구한 그의 새로운 사진술 공정기술에 만족하여 1839년 1월 7일, 프랑스의 과학 아카데미 단원들 앞에서 그의 새로운 발명품을 발표할 준비를 하게 됐다. 많은 사람들이 모여 기대에 차있거나 어떤 사람들은 사기꾼일 것이라고 웅성거렸지만 그의 '다게레오타이프'라는 사진술 발표회는 결과적으로 대성공이었다. 이웃나라인 독일에서는 사진발명에 대해 매우 경솔한 짓이라고 과소평가를 했음에도 불구하고 프랑스 정부는 다게르의 은판 사진법의 저작권을 받아들이고 그에게 평생 연금을 지급하기로 했다. 그 결과 누구나 은판사진법을 사용할 수 있게 되었고 이로서 사진기술에 혁신을 가져오게 되었다.

□ 그림설명 1962-1, 사진의 원리 옵스큐라(Obscura), 17세기. -2, Daguerrtype Camera(Still).

다게르가 카메라를 새로 발표한 후 영국의 '마이닝 저널'지는 1840년 벨기에 코트레이로 가는 철로의 개통식에서 이 '다게레오타이프' 촬영카메라는 왕실의 기차열차 안에, 그리고 주요 행렬이 보이는 높은 곳에 설치되었고, 개통식 연설에서 축포를 신호에 정확히 맞춰 모두 움직임을 정지하고 장장 7분 동안 고정한 채 촬영이 이루어졌다고 보도했다. 모든 인사들은 자기모습이 사진에 잘 나오기 위해 이 나무상자(당시 카메라)를 꼼짝 않고 주시했다고 기록하고 있다.

□ 그림설명 1962-3, 다게르가 찍은 인류 최초의 사진, 1839.

✱ Calotype (칼로타이프, Talbottype)

다게르가 사진술을 발표한 그 이듬해인 1840년 영국의 과학자인 윌리엄 폭스 탈보 (William Henry Fox Talbot, 1658–1730)가 이미 발명해 놓았던 사진술을 서둘러 발표했는데 다게르의 것보다 훨씬 더 명확한 사진이었다. 그리고 그가 발명한 사진술은 오래도록 부동자세를 취하지 않고도 훨씬 더 선명한 사진을 만들어낼 수 있었다. 그의 사진은 선명도의 범위는 지금까지 사진술의 경이로만 아쉽게 남아있다. 또한 그는 사진의 원판(Negative)을 만들었다. 약 40년 후인 1888년 이스트만(Eastman)이 만들어낸 35mm 필름 위에 영화용 촬영기를 사용하여 연속적으로 사진을 찍을 수 있게 발명되었으며 이것은 20세기에 왕성했던 오늘날의 모션 픽쳐(영화)를 볼 수 있게 해주었다. 사진은 온 인류의 생활의 정서와 추억, 사랑과 그리움 그리고 역사적 자료를 남기는데 공헌 했다. 그리고 오늘날과 같은 디지털방식의 혁신적 기술로 드라이 플레이트,

사진을 가공하기 위한 현상용액 등 화학물들이 모두 소용없게 되어 변화되었다.

□ 그림설명 1962-4, 1842년 영국의 탈보가 찍은 매우 정교한 사진.   -5, 그의 카메라들, 다게르의 것보다 좀 더 멋져 보인다.

✱ 참조보기 (0601 - Daguerreotype)

✱ 참조보기 (0918 - photograph on film)

1963 `pho`

photography (사진 촬영기술)

포토그라피의 뜻은 일반적으로 전반적인 사진에 관한 기술을 말한다. 영화(Cinematography), 정사진(Still) 등, 촬영을 통해 이미지를 필름에 담아 영화를 만들거나 기록하는 것을 뜻한다. 그러나 <시네마토그래프(Cinematographe, 영화 촬영기술)>는 영화 전문용어로 사용되며 일반 정사진과는 다르다. 뤼미에르 형제가 발명한 촬영 영사기재와 더불어 기제 사용법을 뜻한다. 영화는 드라마로써 스토리, 로케이션, 배역, 조명기술, 카메라맨, 감독, 주제음악, 성우, 음향효과, 편집 등의 다수의 전문가들이 협력해 이루어진다.

✱ 참조보기 (0387 - Cinematography)

1964 `mus`

piccolo (피콜로, 작은 플루트)

지금은 금관악기로 개발되었지만 원래는 목관악기이다. 피콜로는 플루트보다 반이 짧고 소리는 1옥타브가 더 높은 악기이다.

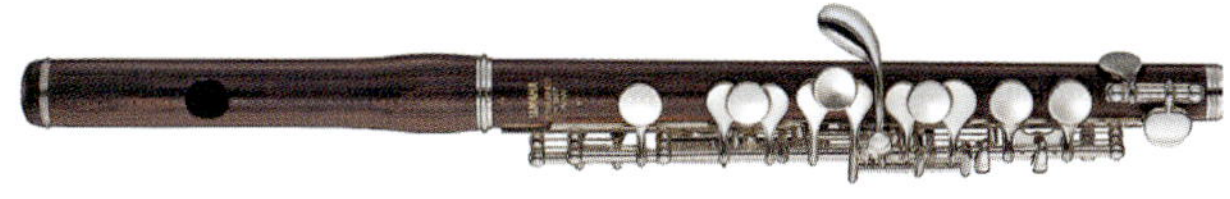

1

□ 그림설명 1964-1, 피콜로.

2

-2, 피콜로 연주

1965 `pho` `pic`

picture (사진, 그림, 영상)

일반적으로 픽처는 사진이나 그림 등의 뜻으로 사용하는 단어이지만 원래는 색칠한다는 회화를 가리키는 말이다. 그러나 영화산업 분야가 번창하면서 픽처의 의미는 영화, 영상, 화면, 화상, 그림 등을 의미하는 대명사로 사용한다. 또한 영화를 구성하는 화면과 음향에서 전적으로 음향대비 화면을 이르는 말로 쓰인다. 영화제작에서는 20세기 초부터 모션픽처(Motion Picture)라 부르기 시작했고 정지된 사진 한 장 한 장의 의미로 프레임(영화필름의 한 칸)마다 움직여 연속동작(활동사진, 모션픽처)을 만드는데 부터 불린 말로 사용되었다.

1966 `ani` `pic`

picturemation (픽쳐메이션)

고정된 그림이나 사진들을 이용하여, 그림(사진)자체의 동작 없이 단순한 카메라의 움직임만으로 시각적인 효과를 만들어 내는 것으로 캐릭터 애니메이션과는 상반되는 개념으로 사용되는 말이다. 스톱 모션(Stop Motion) 애니메이션과 유사하다. 정 사진들을 이용해 애니메이션으로 움직임을 준다는 뜻의 합성어이다.

1

□ 그림설명 1965-1, 일반적인 흑백 사진

2

-2, 천연색 사진.

P

1967 `art`

pigment (안료, 물감재료)

안료는 색소 선택에 따라 색의 파장흡수 (Wavelength Absorption) 결과로 반사되거나 투과되며 빛의 색을 변화시키는 물질이다. 안료는 어떤 색깔을 나타내려 할 때 사용하거나 첨가하는 물질을 말한다. 물체에 그대로 도색을 하거나 첨가해 사용한다.

☐ 그림설명 1967, 여러 색의 자연안료.

1968 `pic` `pho`

pinhole (핀홀, 바늘구멍)

렌즈(Lens)를 사용하지 않고 바늘구멍(핀홀)을 통해 필름에 촬영하여 특수한 이미지 효과를 얻는 기술이다. 또한 필름으로 영사할 때도 사용되는 기술이기도 하다. 이 기술은 사진의 원리인 옵스큐라(Obscura)를 이용한 애니메이션제작에서 화면 반사 물결이 반짝이거나, 밤하늘의 별들이 반짝이는 효과를 묘사하기 위해 사용하는 특수효과 투과광 촬영용 매트이다.

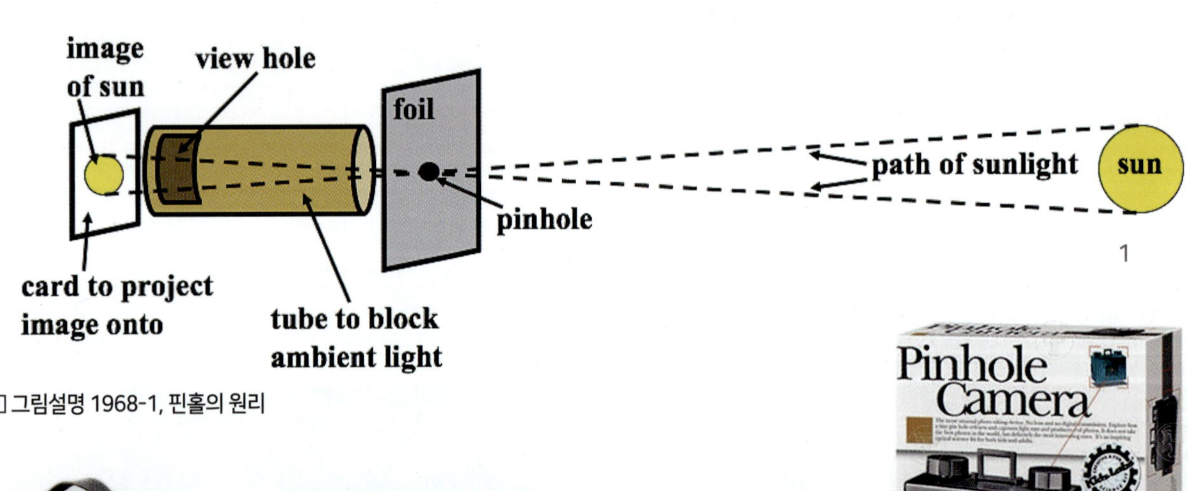

☐ 그림설명 1968-1, 핀홀의 원리

-2, 발명초기 핀홀 카메라.

-3, Canon 핀홀 카메라.

-4, 핀홀 카메라 어댑터.

-5, Lens 없는 핀홀을 장착한 카메라.

Pink Panther (핑크 팬더)

1964년 워너 브라더스에서 애니메이션 담당 프로듀서로 일하던 데이비드 드패티 (David DePatie, 1929-)와 애니메이션 감독 프리즈 프렐링(Friz Freleng, 1906-1995)이 새로운 '드패티-프렐링 기업사(DePatie-Freleng Ent.)'를 창업하고 애니메이션 광고나 TV단편 물을 제작하는 계획이었다. 프렐링과 드패티가 워너를 떠나자 그들과 같이 일 하던 많은 여러 파트에 사람들이 이일에 호응하여 모여들었다. 운 좋은 DFE회사는 이 때마침 그 첫 작품으로 영국회사 블레이크 에드워드(Blake Edwards)의 장편 코미디영 화의 타이틀을 애니메이션으로 만들어 달라는 주문이 들어왔다. 안성맞춤이었다. 영화 에 나오는 주인공의 이름이 아니라 <핑크팬더>는 영화의 타이틀인 것을 알아차린 프 렐링 감독은 대사가 없는 분홍색 표범을 즉흥적인 동작을 취하며 창작했고 이것으로 대단한 새로운 캐릭터를 탄생하게 했다. 팬더의 성격은 본능(Instincts)적으로 교활 (Rascally)하고 주도면밀(Aplomb)함을 보여주는 캐릭터로 만들었다. 주로 적수는 인간 이었다. 스크립트 라이터 담당으로는 존 던(John Dunn, 1919-1983)이었는데 그의 만화 적인 아이디어는 천재적이어서 관객들은 대사 없는 팬더의 위트에 찬사의 박수를 보냈 다. 이 효과로 6분짜리 단편을 167편이나 주문을 받아 제작하게 되었다. 블레이크 에드 워드(Blake Edwards, 1922-2010)는 유나이티드 아티스트(United Artist)를 통해 극장용 으로 출시했고 곧 대단한 반응을 얻어냈다. 이 분홍색 표범(Pink Panther)은 조용하고 어떤 때는 민첩하고 그동안에 나온 다른 애니메이션과는 크게 대조적이었다. 처음에 만든 단편 <핑크 핑크(Pink Phink)>를 출시한 후 1964년 즉각적으로, 그리고 1966년에 <핑크 블루프린트(The Pink Blueprint)>로 아카데미상을 받으며 승승장구 했다. 그러나 당시 미국에서는 배급사들이 뉴스 한편, 단편만화(Animated Cartoon) 한편을 본편 영화(당시에는 본편이 1시간미만)에 끼어 파는 관례적인 배급방식이 부당하다는 한 관객의 소송에 따라 뉴스, 단편만화, 본편 등 3가지 한 세트로 배급하는 제도가 중단 되면서 <핑크 팬더> 는 NBC-TV를 통해 TV로 방송되었다.

□ 그림설명 1969-1, -2, -3, **존 던의 스크립트로 성공한 핑크 팬더.

그러나 1979년 12월 DFE회사는 25년 만에 회사의 문을 닫음으로 핑크 팬더의 제작은 뜸하게 되었다. 그리고 드패티는 마블코믹(Marvel Comics)의 스탠리(Stan Lee, 1922-2018)와 함께 1980년 마블 프로덕션을 설립하고 마블 캐릭터를 등장시킨 애니메이션을 다량 제작했다.

JANUARY 1963

☐ 그림설명 1969-4, DFE를 개업하며 (상단 왼쪽부터) Bob McKimson, Tytla, --, Harry Love, Tom O'Loughlin, *David DePatie, Treg Brown, *Friz Freleng, Lee Halpern, Bob Matz, Lew Irwin, Hawley Pratt, Bill Orcutt. (하단 왼쪽부터) --, Gerry Chiniquy, Art Leonardi, O. B. Barkley, **John Dunn and Virgil Ross 등이다. -2, -3, -4, **존 던의 스크립트로 성공한 핑크 팬더. *는 DFE회사 공동대표.

1970 `ani`

Pin-screen animation (핀 스크린 애니메이션)

이 기법은 수천, 수 만개의 핀(Pin)을 넓은 판에 박아 넣은 후 굴곡을 만들어 조명을 비추면 깊이에 따라 핀들은 밝고 어두운 음각 형태의 그림처럼 보이게 된다. 핀 스크린 애니메이션은 이 핀들을 조금씩 정교하게 움직이며 촬영해 움직이는 화면을 얻어내는 특수한 애니메이션이다. 20세기에 들어서면서 러시아의 알렉산더 알렉세이에프(Alexandre Alexeieff, 1901-1982)와 그의 부인(미국), 클레어 파커(Claire Parker, 1906-1981)가 고안해 낸 정교하고 도저히 흉내 낼 수 없는 애니메이션 기법이다. 평평한 캠퍼스와 같은 두꺼운 천위에 수 천, 수 만개의 작은 철 핀을 박아 넣고 핀을 밀어 넣는 차이에 따라 음각을 만들어 조명을 하게 되면 깊이에 따라 핀들은 밝고 어두운, 음각 형태의 그림처럼 보이게 된다. 이 기법의 착안은 조명이 움직이지 않고 핀들을 조금씩 정교하게 움직이며 촬영해 움직이는 화면을 얻어내는 특수한 애니메이션이다. 그리고 모든 핀들은 60도 각도로 그림자를 드리우게 된다. 반면에 핀을 일정한 높이로 뽑아내면 상대적으로 밝은 부분이 형성된다. 바로 이와 같이 핀을 움직여 움직이는 이미지를 만들게 됨으로 흑백으로만 가능한 애니메이션이다. 알렉세이에프는 이 기법을 사용해 1933년에 무소르크스키의 음악에 맞춘 <민둥산의 하룻밤(Night on a Bare Mountain)>이라는 유명한 작품을 만들어냈다. 이 기법은 그 스타일의 특수성과 지나치게 정교함으로 그 누구도 알렉세이에프 이후 감히 흉내내는 사람조차 없었다. 그러나 캐나다에서 1943년에 태어난 자크 드로우인(Jacques Drouin, 1943-)이 1976년경 알렉세이에프가 NFBC에 남기고간 핀 스크린 자료를 연구해 핀 스크린 기법을 재현했을 뿐만이 아니라 그에 의해 칼라 핀 스크린이 소개돼 관객으로부터 새롭게 반응을 얻게 됐다. 그는 몬트리올 미술학교에서 에칭과 그래픽을 공부했고 미국 캘리포니아 대학에서는 영화를 수업해 영상에 대한 기능을 연마했다. 그의 대표작으로는 <밤의 요정(Night Angel, 1986)>, <풍경화가(the Landscape Painter, 1976)>가 있다.

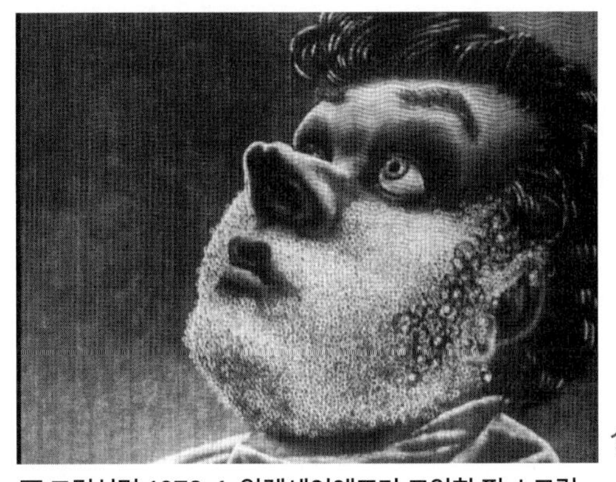

□ 그림설명 1970-1, 알렉세이에프가 고안한 핀 스크린 <the Nose>, 1963.

-2, 후계자 드루엥이 만든 <the Landscape Painter>, 1976.

1971 mus

pitch (가락, 소리의 고저)

야구 경기에서 투수가 공을 내던지는 것을 흔히 피치라고 한다. 그러나 소리(Sound)에서 피치는 음조(Tonality)를 나타내는 말이다. 피치는 소리의 주파수, 더 상식적으로는 높고 낮은 소리로 조합된 소리로 판단 할 수 있는 음악적인 감지능력, 즉 지각에 의해 느끼는 특성을 말한다. 물리학에서 진동파장(Frequency of Vibration)이라 한다. 소리의 진농은 수지적으로 정각을 자극하는 소리(Acoustic Sound), 동물의 음성, 물제가 맞낳을 때 그 물질의 특성(Property of Material)에 따라 소리가 다르게 나타난다. 진동에 의한 소리의 진동수는 일반적으로 30Hz.에서 4,000Hz.이다.

1972 `com` `ani`

Pixar (픽사)

픽사는 픽사 애니메이션 스튜디오(Pixar Animation Studio)를 짧게 줄여서 부르는 회사 이름이며 미국 캘리포니아의 에머리빌(Emeryville)에 위치하는 3D컴퓨터 애니메이션 스튜디오이다. 픽사는 1986년 에드윈 캐트멀(Edwin Catmull, 1945-) 앨비 레이 스미스(Alvy Ray Smith, 1943-)에 의해 창립되었고 스티븐 잡스(Steven Jobs, 1955-2011)가 합세하여 예술과 첨단기술을 협동(Collaboration)동력으로 일약 세계 최고의 애니메이션 스튜디오로 성장하게 했다. 잡스(Jobs)는 조지 루카스 소속회사에서 컴퓨터를 매입하여 그룹으로 형성된 독립된 'PIXAR' 라는 회사를 시작했다. 이 당시 회사의 직원은 단 40명밖에 안 되었다. 픽사와 디즈니는 캅스(CAPS, the Computer Animation Production System)에 전력투구를 했다. 그러니까 손으로 그림을 그려 필름에 촬영해 애니메이션을 만들던 디즈니로서는 컴퓨터를 이용한 애니메이션 제작방식은 일대 혁명적 접근이었다. 재래식 애니메이션에 종사하는 연필을 손에 든 화가들은 무엇을 하게 되는가? 아마도 여기저기서 일(Job)에 대한 두려움과 새로운 방식에 대한 기대감이 교차하는 동안 최초의 프로젝트인 <룩소 주니어(Luxo Jr.)>는 완성이 되었다. 이 단편은 존 라세터(John Lasseter, 1957-) 지휘체제의 공식적인 데뷔(Debut)였다. 이 단편 영화 코미디 작품은 1986년 8월 SIGGRAPH에서 최초로 공개되었고 11월 로스앤젤리스지역 극장에서 일반에 상영되었다. 이것으로 <Luxo Jr.>는 최초의 3D Computer에 의한 애니메이션 된 단편영화로 아카데미 '오스카(Oscar)'상 최고단편작품상을 받았다. 그 후 스티븐 잡스가 이끌었던 픽사는 <토이 스토리(Toy Story)>를 완성했고 이것은 역사상 첫 장편 CG 애니메이션으로 1995년 11월 22일 개봉했다. 디즈니와 픽사는 협력회사이었지만 픽사는 일만하고 디즈니는 배급만을 하는 관계를 인지하면서 픽사의 잡스는 한때 더 이상은 일을 안 하겠다고 선언하면서 결국 디즈니는 74억불(USD)에 픽사를 인수한다고 발표했다. 이것으로 픽사는 모회사인 월트디즈니의

1

□ 그림설명 1972-1, 토이스토리 캐릭터.

2

-2, 픽사 게이트(Logo)

종속(Subsidiary)된 회사가 되었다. 2006년 당시로서는 디즈니의 총 주식수보다 많아 픽사의 창작물(Brainchildren)로 사실상 디즈니를 장악하게 됐다. 존 래시터는 디즈니의 CCO(Chief Creative Officer)가 됐고 에드 캐트멀은 디즈니 애니메이션 부서를 총괄하게 됐다. 그리고 불행이도 2011년 스티븐 잡스는 지병인 '신경내분비종양' 췌장암으로 사망했다. 그의 죽음은 많은 사람들을 안타깝게 했다. 그러나 픽사는 <인사이드 아웃(Inside Out)> (2015), <도리를 찾아서(Finding Dory)> (2016) 등은 역사상 영화 매출순위 50위에 들었고 그 중 <토이 스토리 3(Toy Story 3)>은 10억6,300만 달러를 기록했다. <겨울 왕국(Frozen)> (2013), <미니언즈(Minions)> (2015), <카 3(Cars 3)> (2017), <코코(Coco)> (2017), <인크레더블(Incredibles)> (2018) 등을 제작하였다. 픽사는 그동안 국내의 오스카상(Oscar Award), 골든 글로브(Golden Globe)상, 그래미(Grammy)상, 애니어워드(Ani Award) 상 등 해외 여러 영화제에서 많은 상을 수상했다.

-3, Caricatures of Smith(L), Jobs(M), Catmull(R)

1973 com

pixel (화소)

화변을 화소로 구성하는 최소 난위를 픽셀이라 한다. 컴퓨터의 화소의 의미는 Picture Elements의 합성어로서 화면을 구성하고 있는 작고 네모진 입자들의 구성체를 말한다. 컴퓨터 화면의 구성은 아주 작은 네모진 점으로 되어있고 이 점들이 모여 화면을 차지한 것을 해상도(Resolution)라 한다. 화면을 구성하는 2가지 방식에서 벡터(Vector)방식이 아닌 비트맵 방식으로 된 화면을 확대할 때 층계와 같은 네모진 픽셀 모양을 볼 수 있다. 이것을 컴퓨터에서 DPI(Dot Per Inch)는 화면의 선명도(사방 1인치 속에 픽셀이 몇 개가 들어있는지에 따라)를 나타내는 단위이다. 주어진 그림의 해상도에서 DPI는 화면의 크기에 따라 다르다. 대개 DPI는 이미지를 프린트할 때만 사용되고 PPI(Pixel Per Inch)는 화면 이미지의 선명도에 사용되는 말이다. 일반적인 모니터의 비례(Ratio)는 16:9 이지만 16:10, 21:9, 48:9 등 조금씩 다른 화면 비례가 있다. 그들 해성도는 FDH 1920x1080, WQHD 2560x1440, 4K UHD 3840x2160 이다. 또한 8K도 예정이다.

□ 그림설명 1973-1, 픽셀의 구성 1,670만 RGB칼라.

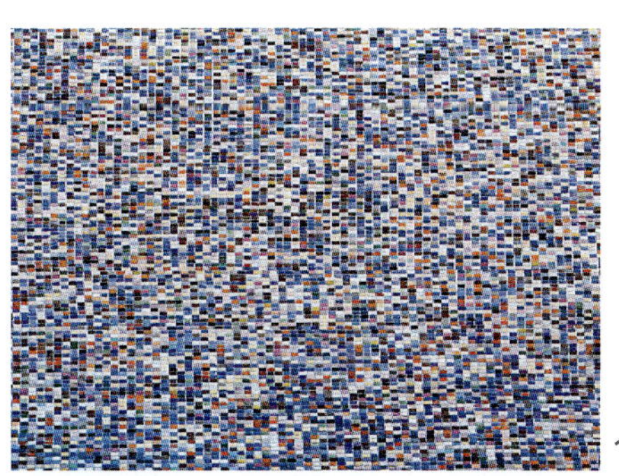

-2, B/W.

P

1974 `com`

pixelate (화소 모자이크)

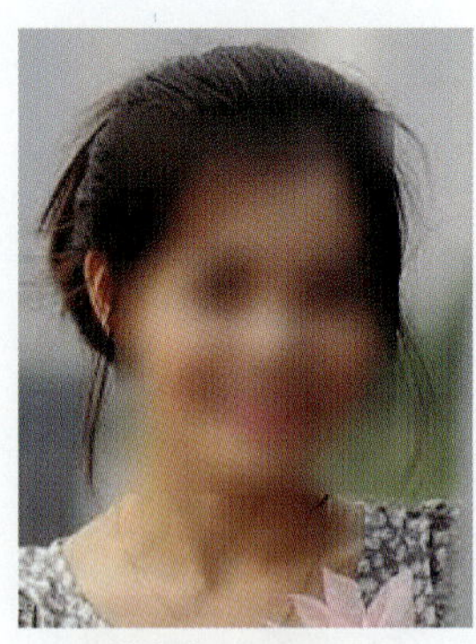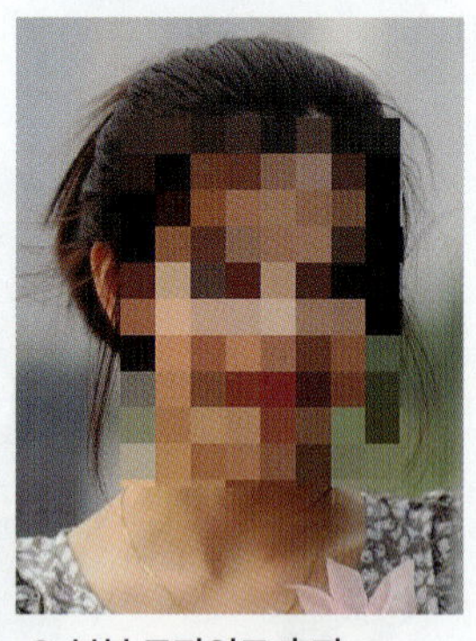

화소(Pixel)로 또는 화소 모양으로 처리된 동영상화면이나 사진을 뜻하는 말이다. 일부 또는 전체의 화면이 혐오스럽거나 수치스러운 그리고 일반에 공개하지 못할 때 사용하는 화면효과를 말한다. 블러(Blur, 뿌연 한)효과나 픽셀효과(Pixelated Effects)를 사용하기도 한다.

□ 그림설명 1974-1, 부분 Blur 효과.

-2, 부분 모자이크 효과.

1975 `ani`

pixillation (픽실레이션, 괴짜 필름, 모자이크 영화)

20세기는 아날로그 방식의 영화가 최고조로 발달한 시대였다. 영화는 필름으로 모션(Motion)을 촬영하는 것 외에도 스틸 포토(Still Photo)로 촬영하여 여러 곳에 홍보용으로 사용했다. 이러한 사진들을 모아 모자이크(Mosaic)하듯 이조각 저조각을 편집하여 만들어 낸 단편 작품에서 비롯된 것으로 촬영한 영화배우의 사진과 소품 등의 사진들을 활용하여 애니메이션 방식으로 부분적인 실사 필름을 곁들여 인상적이고 괴팍한 화면구성으로 움직임을 만들어 내는 필름을 말한다. 근래에 와서는 카메라로 연속된 동작을 띄엄띄엄 촬영하여 연속성 있게 영사하는 기법으로 주로 코믹한 효과를 나타내는데 활용된다. 그러나 진지한 주제의 작품도 이 기법으로 제작할 수 있다. 손으로 그린 애니메이션과 실사로 촬영된 필름을 구별하기 위한 명칭으로 사용하기도 한다. 프랑스의 감독 조르주 멜리에스(Georges Méliès, 1861-1938)는 1902년 그의 초기 실사영화에 최초로 픽실레이션 기법을 사용했고 또한 영국태생인 캐나다 독립작가 감독인 노먼 맥라렌(Norman McLaren, 1914-1987)이 만든 1952년에 <이웃사람들(Neighbours)>은 2010년에 와서 애니메이션 부문에서 최초로 UNESCO의 '세계문화유산'으로 지정돼 등재되기도 했다. 그리고 1957년 <페어리 테일(Fairly Tale)> 같은 고도의 상상력을 불어넣은 맥라렌의 영화가 픽실레이션기법을 도입해 작품을 만들어 자리를 잡은 기법이기도 하다. 픽실레이션은 정상적으로 촬영된 영상을 실제로 보이는 사실 속도를 초월해 몹시 빠르게 하거나 혹은 필요한 영상 프레임만을 선택, 편집함으로써 사실주의 형태와는 달리 보이게 만드는 것이 특징이다. 픽실레이션은 이러한 괴짜영화 형식을 가리키는 말이다. 일반적인 관객을 위한 대중영화의 기본 개념에서 벗어나 비정상적으로 구성되는 실험영화 범주에 속하는 영화의 일종이다. 통칭 영화형식의 시작은 1892년 프랑스의 에밀 레이노드(Emile Reynaud, 1844-1918)가 동작이 있는 그림을 그려 최초로 필름을 사용해 스크린 위에 영상을 상영하면서 많은 객석의 관객이 처음으로 형성됐다. 당시 영화의 영사속도는 손으로 돌렸다는 기록으로 볼 때 초당 16프레임 내외이었을 것으로 가늠하기 어렵다. 또한 촬영할 때도 손으로 필름을 돌려 촬영했기 때문에 초당 16프레임 미만일 것으로 추정된다. 1927년 토키(Talkie)시대가 도래하기 까지는 촬영기의 손잡이를 손으로 돌려 점차 초당 18프레임으로 기본속도를 유지했지만 촬영속도가 일정하지 않았다. 필름의 한 형태로 영화가 제작된 것은 20세기에 들어서 활발해졌는데 만드는 기법 또한 다양했다. 이 기법에는 페이드 인 앤 아우트(Fade In & Out), 팬(Pan), 디졸브(Dissolve) 등의 새로운 기술이 사용된다. 그 후 픽실레이션은 캐나다 독립작가인 노만 맥라렌이 고도의 상상력을 불어넣어 실사로 애니메이션 같은 픽실레이션 기법을 만들어 내며 더 확고하게 자리를 잡게 됐다.

□ 그림설명 1975, Norman McLaren의 <Neighbours(이웃)> 1952.

1976 mus

pizzicato (피치카토)

피치카토는 현악기의 현을 손가락으로 뜯어(Pluck) 소리를 내어 연주하는 것을 말한다. 현을 활로 긁는 것이 아니고 손가락으로 명확하게(Definitely) 쉽게 풀을 뽑듯이 탄주함으로서 경쾌한 소리를 내는 기법이다.

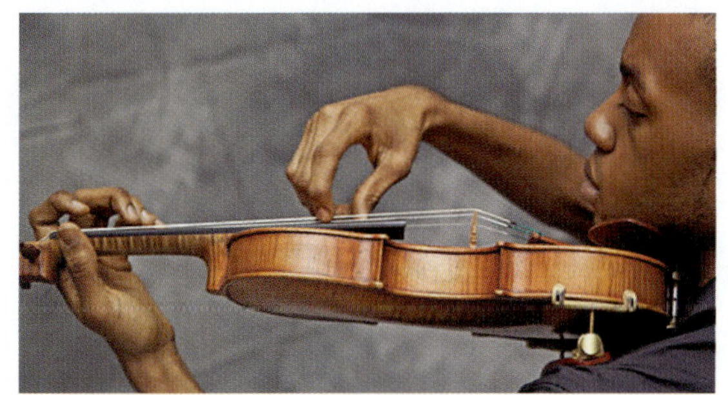

□ 그림설명 1976, 피치카토 탄주기법.

P

1977 `sci`

Planet (행성, 유성)

태양(the Sun)계에는 항성은 하나, 그 주변을 8개의 행성이 태양을 주축으로 자기의 궤도(Orbit)를 회전한다. 수성(Mercury), 금성(Venus), 지구(Earth), 화성(Mars), 목성(Jupiter), 토성(Saturn), 천왕성(Uranus), 혜왕성(Neptune)이 가까운 순서대로 태양을 중심으로 대부분은 타원궤도로 돌고 있다. 그러나 우리가 살고 있는 태양계 밖에 있는 우주에는 약 10조(10 Trillion)개의 행성이 있다. 과학자들이 케플러 우주망원경(Kepler

□ 그림설명 1977-1, 태양계의 8개 행성들.

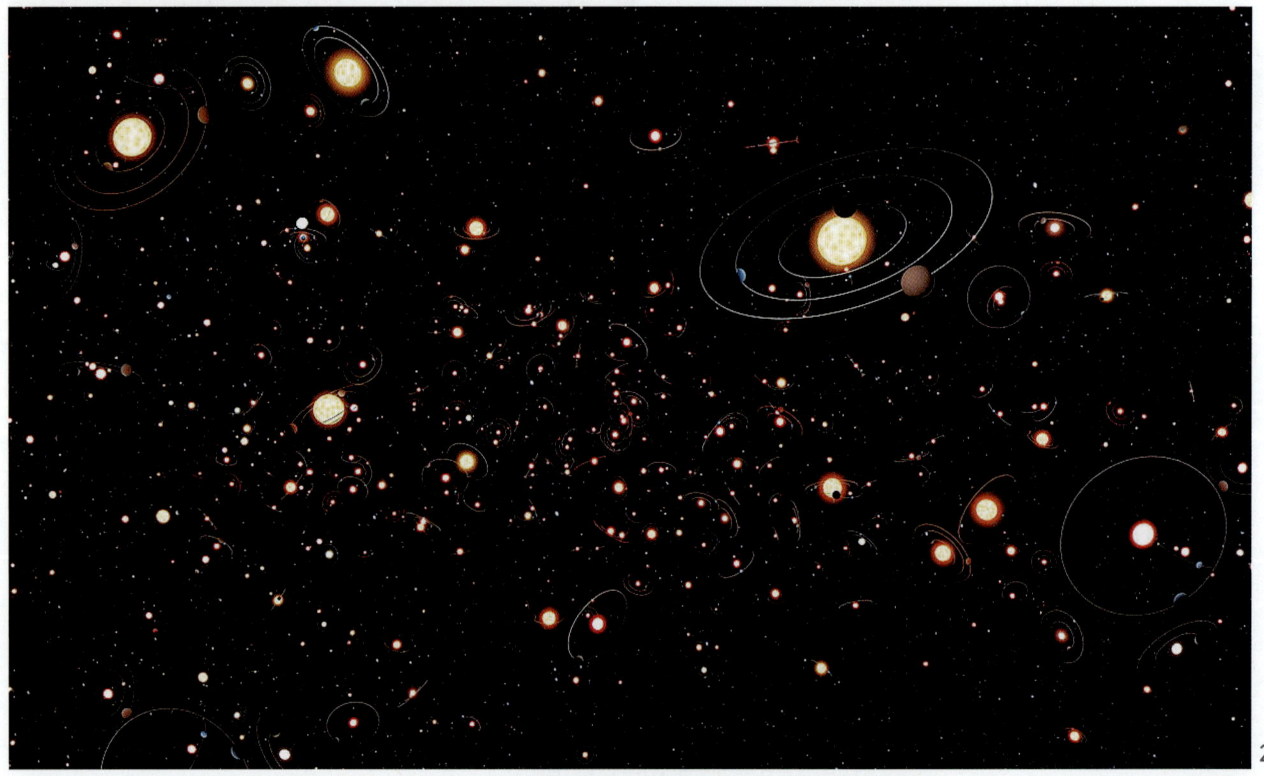

-2, Kepler 452b가 있는 태양(밝은 별들)중심으로 각기 자기의 궤도를 도는 수많은 행성들과 수많은 자생적 별들.

Space Telescope)을 통해 찾아낸 태양계 밖의 행성들 중에는 지구와 같이 즉각 살 수 있는 화학적 조건을 가진 행성은 자그마치 4,000개나 된다고 NASA가 연구결과를 내놨다. 그곳에는 케플러가 찾아낸 행성 중에 최소한 적합한 18,000개별들 중에는 하루가 12시간 이상에 1년이 525일로 되어있어 사람이 이주해 살아갈 수 있는 가능한, 추천할 만한 행성이 11,000개나 되지만 우리가 살고있는 행성과는 매우 다르고 다양하다고 한다. 우리는 지금 막 쏟아져 내릴 듯한 밤하늘에서 은하수의 무리를 볼 수 있지만 사실은 3,000억 개에 가까운 행성들이 거대하게 모여 있는 곳이다.

1978 `equ` `ani`

platen (덮개)

*platen glass (플래튼 그래스, 유리 덮개)

애니메이션을 촬영하기 위하여 스탠드 위의 촬영할 그림 등을 평평하게 눌러주는 유리판으로, 가장자리가 단단한 금속 프레임으로 쌓여져 있다. 또한 이 유리 덮개는 혹시 셀이 배경과 떨어져 부분의 그림자가 배경에 생기는 것을 막아 주는 역할도 한다.

□ 그림설명 1978, 애니메이션 촬영용 유리 덮개.

1979 `pic`

platform (플랫폼)

중요한 지역 등에서 제한적으로 영화를 상영함으로써, 구전을 통해 영화 애호가들의 관심을 전국적으로 불러일으키는 전략의 뜻으로 사용되는 말이다. 그리고 일반적으로 한성된 특정지역에서만 먼저 개봉한 후, 일정 시차를 두고 전국적인 개봉을 하는 2단계 전략을 구사하게 될 때도 사용되는 단어이다. 그 시차는 상황에 따라 수주에서 수개월이 될 수 있다.

1980 `gen`

playback (플레이 백)

주로 녹음, 또는 녹화된 테이프를 다시 돌려 사운드나 영상을 보고자할 때 쓰는 말이다. 예를 들어 축구 중계를 하다가어느 부분을 되돌려 볼 때 재생을 뜻하는 말이다. 리플레이(Replay)라고도 한다.

1981 `pic`

playdate (플레이데이트, 개봉일)

1. 영상물의 지역 및 전국적인 실제 개봉일자를 말한다.

2. 종종 극장의 영화 상영 권을 주는 예약(Engagement)과 같은 의미로 사용되는 말이다.

1982 `pic`

playing time (플레잉 타임, 상영시간)

영화나 영상제작에서 완성된 필름에 소요되는 상영시간 또는 재생 길이를 일컫는 말이다.

1983 `ani` `pic`

plopping focus (포커스 바꾸기)
＊throwing focus (드로윙 포커스)

한 화면 안에서 한 목적물 'A'에서 포커스를 재빨리 다른 목적물 'B'로 이동시키는 것을 뜻하는 말이다.

□ 그림설명 1983, Asobo Studio가 개발한 게임 <Plaque Tale>의 한 장면.

1984 `pic` `lit`

plot (플롯, 구상)

영화의 구성에서 단순한 이야기의 흐름이 아니라 이야기 속 구조의 각각의 사건들을 구체적으로 배열하는 것을 말한다. 이 속에는 갈등, 초조, 불안, 번뇌, 분노, 희열, 환희 등을 구체적인 대상과 관계를 두고 연출한다. 스토리(Story)는 작품 내의 시간적 순서에 의한 일반적 설명인데 반해, '플롯'은 작품에 나타나는 사건들의 전개 순서와 결과의 관계가 발전되는 외면과 내면의 구체적인 구상을 말한다. 예를 들어 영화는 하나의 전체 스토리 라인(Story Line)을 말하지만 스토리의 플롯은 좀 더 사건의 구체성을 살려 등장인물과 심리적 사건 관계를 심각하게 다룬다. 또한 카메라의 모든 플롯 구조(Plot Structure) 즉, 촬영 작업 전에 팬(Pan)과 트럭(Truck), 카메라 로테이션(Rotation) 등 촬영 시 카메라의 움직임을 예정하는 계획도 이에 속한다.

1985 lit art

poem, poetry (시, 작시, 시가)

시는 일반적으로 문학(Literature)의 한 형태이다. 또한 아름다운 표현으로써 품위 있게 감성을 표현한 글을 말한다. 사람이 갖는 느낌을 서사시적으로 소설처럼 표현하는 것이 아니라 짧게 시적으로 표현하는 것을 말한다. 마치 영화는 소설이라 할 수 있고 광고는 시에 비유할 수 있다. 광고는 간략하게 매우 느낌만을 표현하는데서 비교한다면 광고는 시라고 할 수 있다. 광고는 생각이나 느낌을 간결하게 표현하는 것이다. 시는 단어의 선택, 단어의 위치 그리고 문장의 균형을 이루고 시상도 이와 같이 조화와 운율(Pentameter)을 강약으로 특유의 스타일과 언어적 리듬을 사용하는 것을 말한다. 시가(Lyric Song)도 포함되는 단어이다.

□ 그림설명 1985, 시는 언어의 의미, 위치, 문장의 밸런스이다.

1986 ani gen

point (포인트, 점, 수치)

1) 영화에서 영상물의 소유 지분율을 말하며, 1포인트는 1퍼센트와 같은 가치를 지닌다. 2) 대한민국 문화관광부가 고시한 국산 만화영화 제작평가 기준에 사용되는 수치를 말한다. 이 애니메이션 쿼터제는 총점 22점 중 16점을 인정받게 되면 국산 만화영화로 인정받고 국내 3대 방송사에 방영할 수 있는 자격을 갖춘 작품으로 순위를 얻게 되는 규정의 점수제를 말한다.

1987 `pic`

point of view (관점, 시점, 입장)
P.O.V. (시점-의 약자)

영화나 소설에서 시점은 감독이나 작가가 입장에서, 줄거리 속에 나오는 사건이나 인물에 대한 서술 각도를 또한 감독이 보는 눈의 관점(카메라)을 말한다. 영화에서 주요 시점은 카메라이지만 경우에 따라 인물의 시점으로 보는 경우도 있다. 인물의 관점을 극화해서 잠시 동안만이라도 관객이 캐릭터의 시점이 되도록, 인물이 보는 것과 같게 보여주는 주체적 시점의 샷(Shot)도 연출의 기법으로 사용된다. 영화는 이런 주체적 시점의 샷들과 인물이 씬 안에 포함된 객관적 시점의 샷들이 한데 모아진 것이다. 또한 일반적인 관점에서 보는 관점은 철학이라는 사고(Thoughts)의 한 견해를 뜻하는 말이다.

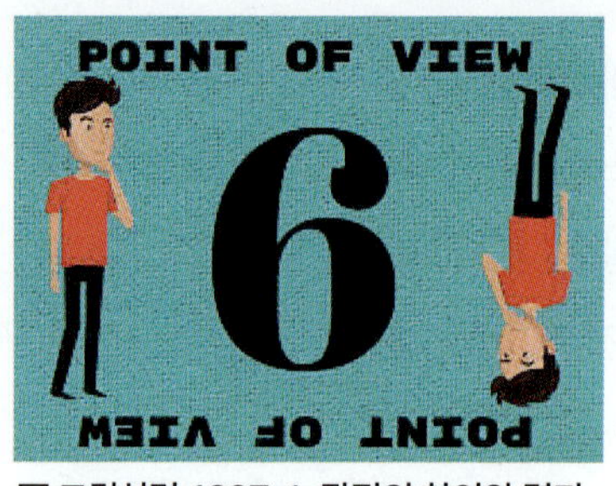

□ 그림설명 1987-1, 관점의 차이와 결과.

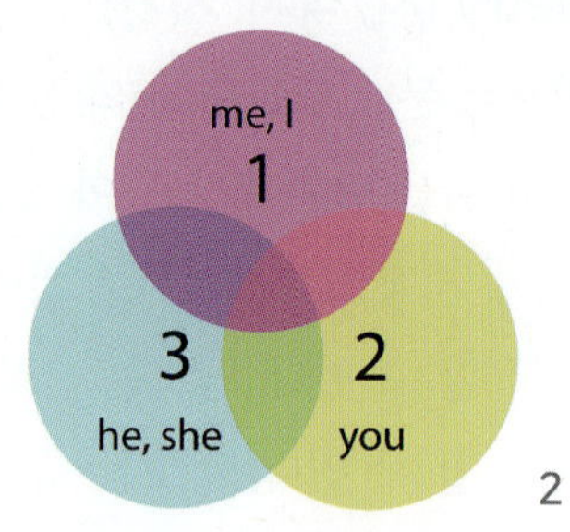

-2, 다각도(여러 사람)의 관점.

1988 `equ` `pho`

polarized lens (편광 렌즈, 폴라 필터)

폴라로이드 회사가 개발한 '폴라로이드'라는 상품이름에서 온 말이다. 폴라로이드는 1937년 에드윈 H. 랜드(Edwin Herbert Land, 1909-1991)가 세운 회사이다. 그는 연구 끝에 즉석에서 사진을 볼 수 있는 필름 사진기를 제조, 1948년 시장에 내놓아 많은 사람들의 관심과 애호를 받았다. 이 사진 기술 외에도 사물의 빛의 반사광을 줄이기 위해 만들어진 편광 필터는 사진기술에 이용되었다. 자연의 빛이 폴리비닐 알코올(Polyvinyl Alcohol)의 고분자막에 요오드를 흡착시켜 만든 편광필터 폴라라이즈드(Polarized) 렌즈를 사용함으로써 반사광(Reflections)이나 얼비침(Glare, 눈부심)을 줄일 수 있게 했다. 실사 촬영에서 대상물의 번쩍이는 표면(Surface), 출렁이는 물의 반사, 진열장의 반사광 등을 막는 역할을 한다. 재래식 애니메이션 촬영 시에는 셀(Celluloid)에 생기는 글레어를 줄이고 조명 빛의 편광으로 화면의 안정을 준다. 색감에는 관계없이 얼비추는 반사광만 줄여주는 필터를 말한다. 최근 3D 입체영화를 볼 때 사용되는 안경에도 장착해 사용하기도 한다.

□ 그림설명 1988, 사진을 찍어 즉석에서 볼 수 있는 폴라로이드 카메라.

polarizing filter (편광 필터)

애니메이션 촬영 시 셀에서 생기는 글레어(Glare)를 줄이기 위해 카메라의 렌즈 앞과 조명등에 장착시켜 빛의 편광을 주어 화면의 안정을 얻는 필터이다. 색감에는 관계없이 얼비추는 반사광만을 없애주는 특수 필터로서 3-D입체영화 관람용 안경에도 사용된다.

□ 그림설명 1989-1, 일반사진

-2, 편광 필터를 사용한 사진 비교.

pollution (오염, 공해)

유해한 물질이나 쓰레기로 인해 공기나 물 등에 피해를 주는 것을 오염이라 한다. 중국 베이징(Beijing)이 포함된 동북지역과 한반도 일대에 자주 생겨나는 미세먼지도 이에 속한다.

□ 그림설명 1990-1, 태평양의 쓰레기.

-2, 중국 베이징의 미세먼지.

polonaise (폴로네즈)

폴란드(Poland)의 대표적인 국민무곡(National Dance Music)을 말한다. 이 무곡은 일찍이 15세기부터 폴란드에서 농부들의 춤으로 시작된 것으로 알려져 있다. 그래서 여러 가지 이름으로 불렸는데 '보조자(Pacer)', '깡충 뛰기(Hops)', '보행자(Walker)' 그리고

'대축제(Great)' 등으로 불리며 널리 번창하여 지역으로는 폴란드를 벗어나 마주르카 (Mazurka), 쿠야이와크(Kujawiak), 카라코위악(Krakowiak)과 오베렉(Oberek) 등 유럽 여러 나라에서 춤곡이 되었다. 폴로네즈는 리듬이 거의 스웨덴식의 16분 음표 폴카와 아주 흡사하여 이 두 곳의 곡을 일반적으로 시작의 기원으로 본다. 폴로네즈는 수백 년 동안 축제행사에서 춤을 추는 곡으로 퍼져나갔다. 이런 유래가 되어 기악곡으로 사용 되기 시작했고 헨델(Georg Frideric Handel, 1685-1759)과 바흐(Johann Sebastian Bach, 1685-1750), 이 두 독일태생의 음악가에서 장엄(Nobility)하고 집합적인 축제 분위기를 주는 ¾박자 형식으로 사용되었다. 모차르트(Wolfgang Amadeus Mozart, 1756-1791), 베토벤(Ludwig van Beethoven, 1770-1827), 차이코프스키(Pyotr Ilyich Tchaikovsky, 1840-1893) 그리고 폴란드 태생 19세기 작곡가이며 피아니스트인 프레데릭 프랑소아 쇼팽(Frederic Francois Chopin, 1810-1840)에 까지 많은 작곡가들의 애호를 받으며 이 어져 왔지만 근대 작곡가들에게까지 영향을 미치지는 못했다. 아마도 미국태생으로는 최초의 작곡가였던 에드워드 맥다월(Edward MacDowell, 1860-1908)이 숙고 끝에 폴 로네즈형식으로 작곡(Piano Concerto)하고 콘서트에서 마지막으로 연주한 것이 1894 년으로 기록되어 있다.

□ 그림설명 1991-1, 폴로네즈 ¾ 기본박자.

-2, 폴카곡과 유사한 춤, Painting by Korneli Szlegel.

1992 `ani`

pop-on, pop-off (팝 온 앤드 오프, 생겼다, 없어졌다)

캐릭터나 어떤 오브젝트(Object) 등이 화면 안으로 점차적으로 들어오게 하는 과정 없 이 필드 안에 순간적으로 나타나거나 없어지는 것을 말한다.

＊pop-in, pop-out (팝 인 팝 아웃, 들어왔다 나갔다)

1) 화살표, 가리키는 손가락, 동그라미, 선 등의 표시가 지도나 그림 위에 갑자기 나타 나게 해주는 애니메이션 테크닉. 이 효과는 애니메이션 카메라에 의해 만들어질 수 있

다. 2) 물체나 캐릭터가 갑자기 나타나게 하는 신 촬영 기법. 이 효과는 카메라를 멈추고 물체나 캐릭터를 삽입하고 나서 다시 카메라를 시작함으로써 만들어질 수 있다.

1993 `pic`

Porno (포르노, 도색영화)

흔히 포르노 그래픽 필름(Pornographic)을 포르노라 줄여서 부른다. 성적인 자극만을 목적으로 노출과 노골적인 성적 행위들을 보여주는 영화를 뜻하는 말이다.

* pornographic film (포르노 필름, 춘화필름, 성인영화)

포르노 필름들은 일반적으로 조잡한 영상 테크닉으로 관객의 성적자극을 직접적으로 강요한다. 이러한 필름들은 사랑의 행위를 표현하는 진지한 예술영화들과 구분한다. 포르노 영화는 대체로 2가지 범주로 나눌 수 있는데 그 하나는 아주 짧은 기간에 아마추어적으로 만들어져 극장 밖에서만 음성적으로 통용되거나 섹스 숍(Sex Shop)에서만 판매되는 것이 일반적이다. 약간 더 비용을 들이고 좀 더 장기간에 만들어져 포르노 전용 상영 극장에서 상영될 수 있는 것으로 나눌 수 있다. 이들 포르노 필름은 일반적으로 영화관 상영이 금지돼 있지만 이를 허가하는 나라들도 있고 극장외부에 'X'라는 표식이 있는 영화관에서만 상영하도록 되어있다. 성인영화로 분리되는 이들을 블루무비(Blue Movie), 스태그(Stag) 필름 또는 엑스 레이팅(X-Rating) 중에도 트리플 엑스(XXX) 영화 등으로 분리 한다.

1994 `gen`

portfolio (작품 선집, 견본작품)

포트폴리오는 스스로 만든 것으로 자신이 신뢰할 만큼 완성된 견본이 될 수 있는 여러 결과물을 모은 작품집을 의미하는 말이다. 포트폴리오는 자기 개성과 태도와 통찰력이 있어 보이게 준비한다. 재능(Skill), 자격(Qualify), 학력(Education), 경험(Experiences) 등이 나타나도록 한다. 이러한 준비는 작품 프로모션이나 회사에 입사경쟁의 인터뷰에서 월등하게 유리할 수 있다. 포트폴리오는 자기를 소개하는데 매우 중요한 자료뿐만이 아니라 대상자에게 매우 흥미롭게 보일 수 있으며 그들에게 일할 자리와 그에 대한 창의적인 생각을 일깨워 줄 수도 있다. 지망생으로서 능력의 범위, 일의 종류, 잠재력과 자신감을 말한다. 미래의 계획과 신뢰를 보인다.

□ 그림설명 1994,
포트폴리오 커버와 백.

P

1995 `art`

portrait (초상, 초상화, 흉상)

화가들이 그린 초상화 그림은 15세기 이후 21세기인 지금까지도 자주 전시장에 나타
난다. 유화로 그린 페인트를 비롯해서, 그림, 프린트, 사진 그리고 장식품으로 까지 초
상화는 여러 표현방식을 통해 나오며 조각으로도 만든다. 1433년에 <터번을 쓴 남자
(Man in a Turban)>는 얀 판 에이크(Jan van Eyck, 1390-1441)에 의해 유화기법으로 그
린 세상에서 최초의 자화상이다. 분(Powder)으로 정제한 돌가루를 기름과 혼합하여 여
러 색깔로 유화물감을 만들어 사용했다는 기록이 있다. 자화상을 그린 유명한 화가는
손꼽을 수 없이 많다. 네덜란드의 렘브란트(Rembrandt, 1606-1669), 플랜더스의 화가
루벤스(Peter Paul Rubens, 1577-1640), 프랑스의 모네(Eduard Monet, 1840-1926), 네덜
란드의 화가 고흐(Vincent Van Gogh, 1853-1890), 독일태생 영국 사실주의화가인 프로
이드(Lucian Freud, 1922-2011) 그리고 역시 영국화가인 호크니(David Hockney, 1937-)
가 미국 캘리포니아로 작업실을 옮기며 입체적 시각에서 평면으로 초상화를 그리면서
일약 유명해졌다. 그의 그림 중에 9,000만 달러에 팔린 그림 <수영장과 두 사람(Pool
with Two Figures)>이 애니메이션의 프린스톤(Flintstone)을 표절(Plagiarism)했다고 고
발을 하는 일이 벌어지기도 했다. 이런 말도 있다. 창의(Creation)란 흉내 내기의 연속
이다. 이것은 이미 본 것과 유사성이 있다는 뜻이다. 영감(Inspiration)이란 과거의 경험
으로부터 오는 것으로 이미 근거에 의해 기발한 생각을 창출하게 된 것을 말하기 때문
이다. 그러나 소재(Subject Matter), 구도(Composition), 모티브(Motive)가 같다면 이것
을 표절(plagiarize)로 보는 것이다.

□ 그림설명 1995-1, 얀 판 에이크 자화상.

2, 렘브란트

-3, 반 고흐 자화상.

-4, 루벤스 자화상.

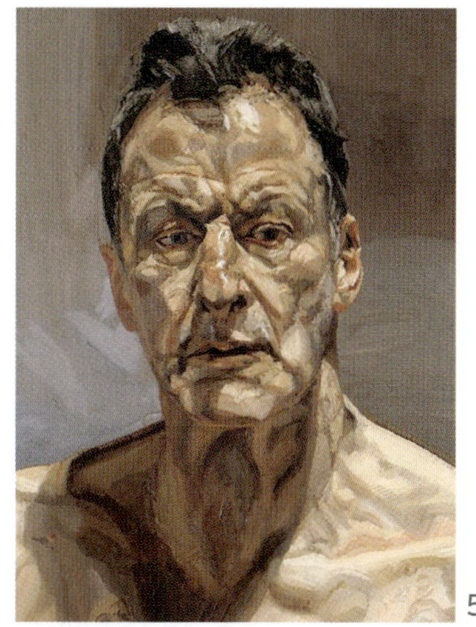

-5, 프로이드 자화상

-6, 피카소 자화상.

-7, 호크니의 <수영장과 두 사람>.

-8, 표절로 호크니를 고발한 플린스톤.

1996 `ani`

pose (자세, 포즈)

* pose-to-pose animation (포즈 투 포즈 애니메이션)

애니메이터가 미리 동화의 움직임에 대한 계획을 세워 동작이 있어야 할 전체 동작의 그림을 그리지 않고 중요한 포즈만 그려 동작이 있어야 할 길이만큼 시간을 배정한 애니메이션 기법을 말한다. 애니메이터는 애니메이션에서 키(Key, 중요한 포즈)가 되는 그림이나 움직임에 있어 중요한 그림인 엑스트림(Extreme, 관절을 움직이는 한계점의 그림)을 그리며 보조 애니메이터가 엑스트림 사이를 연결하는 중간 동작의 인비트윈(In-Between) 그림을 그려 넣는 방식이다. 애니메이터는 포즈와 포즈사이에 몇 장의 그림을 그릴지 차트에 표시하게 되는데 이를 타이밍이라 한다. 포즈-투-포즈 애니메이션 기법은 스튜디오 애니메이션에서 공통적으로 사용하고 있다. 그리고 이와는 반대로

애니메이터가 직접 모든 그림을 그리는 스트레이트-어헤드(Straight-Ahead동작을
익스트림 키 포즈를 먼저 만들어 놓고, 중간 그림을 차례로 그려나가지 않고, 동작을
시작부터 순서대로 그려서 완성하는 방식) 기법도 있다.

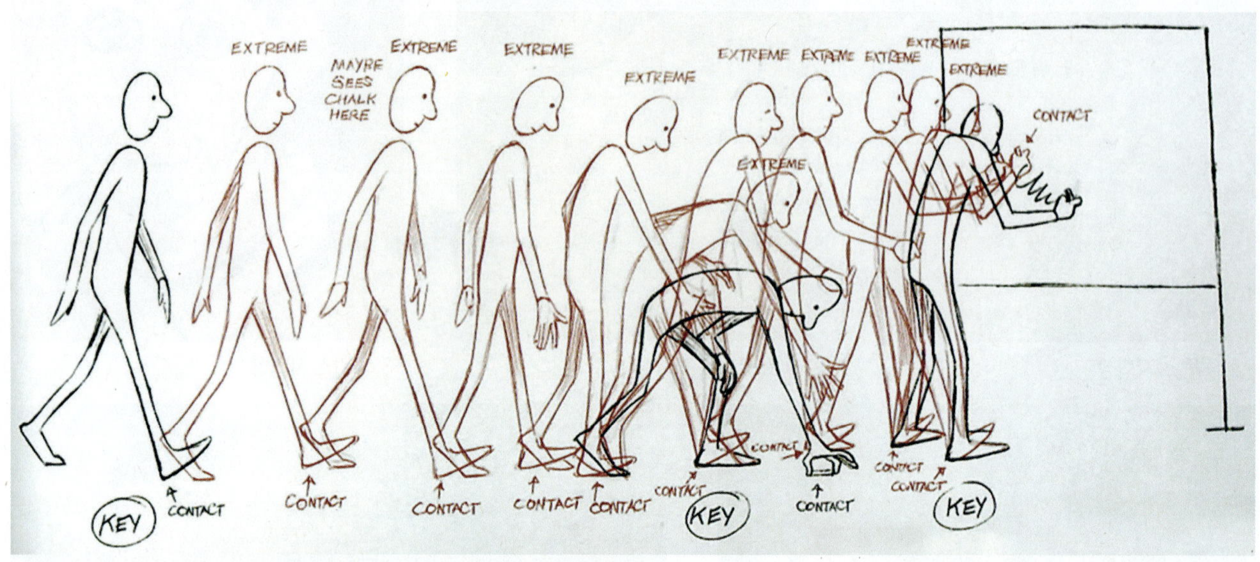

□ 그림설명 1996, 연필로 애니메이터가 그린 '키'그림과 브라운 색은 중간그림.

1997 `lit` `his`

Poseidon (포세이돈)

그리스 신화(Greek Mythology)에 나오는 포세이돈은 바다, 지진, 폭풍우, 말들의 신
(God)이라 불리는 심술궂고, 변덕스럽고, 탐욕스런 올림포스 산의 12신들 중에 가장
젊다. 그의 이름의 뜻은 '대지 관리자' 또는 '대지의 주(Lord)'라는 뜻을 가진다. 포세이
돈은 비위(Umbrage)를 상하게 하면 복수심(Vengeful)을 갖는 신이다. 포세이돈은 크로
노스(Cronus)와 레아(Rhea) 사이의 아들로 하데스(Hades), 제우스(Zeus, 기상의 신), 헤
스티아(Hestia, 화덕과 불씨의 신), 데메테르(Demeter, 대지와 수확의 신) 그리고 헤라
(Hera, 결혼과 가정의 신)와는 형제지간이다. 그리스 신화의 1세대로 나오는 우라노스
(Ouranos, 하늘의 신)와 가이아(Gaia, 대지의 여신) 사이에서 우라노스의 피(Blood)를
가이아의 대지(Mother Earth)에 결합하여 낳은 자식들이다. 우라노스와 가이아는 태초
의 신으로 설정되어있지만 그들의 부모는 언급되지 않고 로마신화나 그리스 신화가 설
정되어 있다. 태초 황금시대를 다스린 신들로 티탄(Titan)족은 그리스 신화에 등장하는
거대하고 강력한 종족으로 그의 아들 크로노스는 아버지(우라노스)의 성기를 거세함
으로서 우라노스와 가이아는 부부관계(Conjugal Relation)를 계속 유지했지만, 거세된
우라노스는 우주의 생성 요소인 생산을 할 수 없어 활동기록에서 가이아와 함께

사라진다. 신화는 크로노스가 자기 누이동생 레아를 아내로 삼는다. 그리고 그는 야심에 찬 신들의 새로운 계보를 만든다. 오빠의 아내가 된 레아는 그리스 신화에서 큰 역할을 못하지만 로마신화에서는 대모(Godmother) 신으로 강력히 부활한다. 로마신화에서 중요한 여성의 이름이 쓰이는데 레아의 이름이 그곳에 등장한다. 바로 로마를 건국한 최초의 국왕 로물루스(Romulus)와 레무스(Remus) 쌍둥이 형제의 어머니 레아 실비아(Rhea Silvia, 그녀의 남편 Mars)이다. 그리스신화나 로마신화들은 한도 끝도 없이 많고 복잡하다. 대립과 논쟁, 무력충돌, 갈등 등으로 모순적 이야기들이 펼쳐진다. 그러나 이야기들은 모두 거대하다.

□ 그림설명 1997-1, Poseidon 가족.

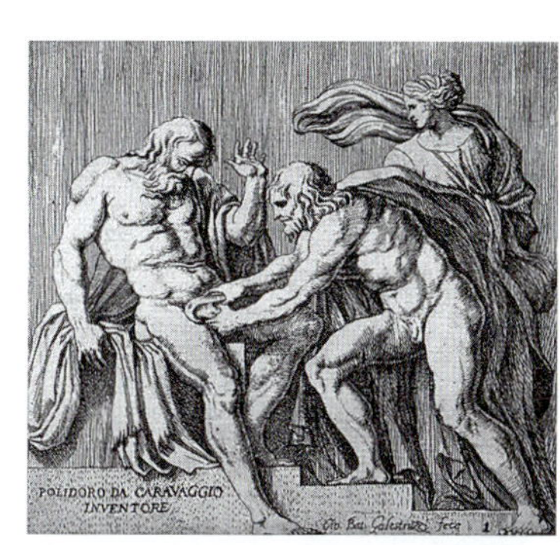

-2, 크로노스가 아버지의 성기를 제거함.

-3, 로마신화의 Saturn은 Zeus 이전에 낳은 아들을 삼켜(먹어)버림.
(<Saturn devouring his son>,
1636-38 by 화가 루벤스가 유화로 그림.)

-4, 케이프 수니온(Cape Sounion)에 있는 포세이돈 신전.

*Greek Mythology (그리스신화)

그리스신화, 그 구조는 신들(Gods), 히어로들(Heroes) 그리고 고대 그리스에 관해 사람들에 의해 전해 내려오는 이야기들이다. 이러한 소설과 같은 신화는 기원전 5-4세기 때인 철학자 플라톤(Plato, B.C. 427-347)이나 그리스사람에 의해 더 많이 더 널리 퍼졌다. 여하튼 일반적으로 그리스신화는 사실처럼 묘사되었다. 결과적으로 사람들에게, 여러 나라들에, 관심을 갖은 분야사람들에게 존재를 나타냈고 서구문명화에 예술과

P

학문분야에 적지 않은 영향을 끼쳤다. 지금을 보면 슈퍼히어로영화, TV시리즈, 심지어 어린이 이야기책에 이르기까지 영향을 받아 퍼져있다.

1998 `gen` `art`
pose (포즈, 자세)

포즈란 한 자세에서 오랫동안 머물러 있는 것을 말한다. 그럼으로 포즈 투 포즈(Pose to Pose)는 한 자세로 오래 머물러 있기 어려울 때 다른 자세로 옮겨 취하는 자세를 포즈라고 한다. 포즈는 어떤 자세이던 포즈라고 칭할 수 있지만 배우, 탤런트, 발레 등 연출에 따라 어떤 의미 있는 자세를 취한다. 정지된 포즈의 의미는 마음가짐(정신상태)을 자세로 표현하는 것을 말한다.

□ 그림설명 1998, 여러 포즈들.

* posing (포징, 자세취하기)

포징이라는 명확한 말의 뜻은 특정한 태도나 서있는 자세 등을 뜻하는 말이다. 특별히 남에게 잘 보여 호감을 얻기 위해 자세를 취하거나 자기의 원하는 것을 상대에게 전달하기 위해 자세를 취한다. 또한, 1) 애니메이션에 있어서 레이아웃 과정에서 연출에 적절한 포즈를 그린다. 연출에 맞도록 캐릭터의 자세와 위치를 배열하는 일이다. 2) 한 면에 차지하고 있는 그림이나 사진, 자막 등의 위치 및 출판물의 광고 페이지 배열 등을 말한다.

* position (위치, 배열)

애니메이션이나 스틸에서 한 위치를 차지하고 있는 그림이나 사진, 자막 등의 위치 및 출판물의 광고 페이지 배열 등을 말한다.

1999 `ani` `pho`
positive film (포지티브 필름, 양화)

사진술에서 재래식 촬영용 필름에서 통용되어 온 양화의 뜻을 가진 말이다. 일반적으로 네거티브 필름(Negative Film)으로 촬영한 후 필름현상소의 현상액을 거치면 음화가 나온다. 다음 단계로 양화를 만들려면 포지티브(Positive) 필름으로 프린트를 하면 우리가 볼 수 있는 정상적인 필름이 나오게 된다.

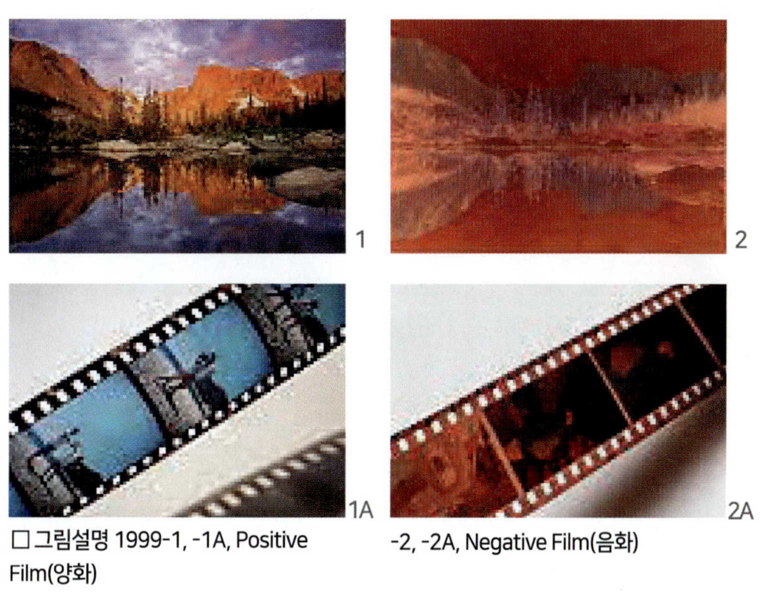

□ 그림설명 1999-1, -1A, Positive Film(양화)

-2, -2A, Negative Film(음화)

✱ 참조보기 (1707 - Negative, Reversal Film)

2000 `gen` `lit` `art`

postmodernism (포스트모더니즘)

1960~70년경의 모더니즘(Modernism)을 인정하지 않고 고전적 기법을 따른 예술양식으로 넓게 번져진(Spreaded) 운동이다. 2차 대전 말로부터 20세기 후까지 지속되었다. 모더니즘의 기본전제에 대한 급진적인 전환을 의미하는 예술 사조로 인간의 정서, 유희적 본능을 중시한 인류학(Anthropology), 고고학(Archaeology), 음악(Music), 춤(Dancing), 문학(Literature), 미술(Art), 영화(Movie), 건축(Architecture) 등의 예술전반과 사회의 모든 영역에 사상(Philosophy)적으로 영향을 주었다. 미국과 프랑스 등지에서 시작된 문화운동으로 정치, 경제, 사회의 전반에 걸쳐 현재까지 이어지고 있다. 포스트모더니즘 자체를 해석하는 데 매우 난해한 논리가 적용되는 단어이다. 문화적, 지성적, 사회적인 시대정신을 이르는 시대의 이념으로 지속되어 온 모더니즘은 과거와 완전한 결별을 가정하고 현실에 대해 완전한 새로운 전제를 제시하고 있다. 포스트모더니즘의 시대는 텔레비전의 출현과 미디어의 팽창으로 시작된 매스 미디어와 정보, 각종 기술이 주도하는 시대를 동반함으로써 현실과 우리 자신을 보는 시각을 바꿔놓은

P

것은 매우 중요한 현실이라고 할 수 있다.

□ 그림설명 2000, <10 Marilyns> 1967, by Andy Warhol.

2001 `ani` `pic`

post production (포스트 프로덕션, 후반 작업)

영상물제작은 일반적으로 크게 3단계의 절차로 나누어 시행하는데 그 첫 번째가 작품이 제작에 들어가기 전 단계를 프리 프로덕션(Pre Production)이라 하여 스크립트(Story Writing)를 시작으로 배역선정(애니메이션에서는 캐릭터들), 감독(Producer가 선정함), 이후 감독은 제작자(Producer)와 협의하여 카메라 쿠루선정, 제작 크루선정, 조명 팀, 소도구 팀, 로케이션 헌팅 등을 준비한다. 두 번째는 메인 프로덕션(Main Production)으로 실제로 이루어지는 실내촬영이나 현장 촬영 작업을 말하며, 포스트, 프로덕션(Post Production)은 편집, 특수효과, 대사, 음악 등의 마무리 작업이 이에 속한다.

□ 그림설명 2001, 포스트 프로덕션 시설.

✱ 참조보기 (2026 - production)

2002 `ani` `pic`

poster (포스터)

전시 광고를 목적으로 영화, TV프로그램, 음악회, 미술전시회 등 각종 행사를 빨리 보고 즉각 무엇을 말하려는지 알 수 있게 소개한다. 일반 상품 판매촉진을 목적으로 부착 광고용 인쇄물을 부착하기 위해 만든 광고판을 말한다. 포스터에는 어떤 행사인지 간단명료하게 장르가 나타나도록 한다. 그리고 개최일자와 장소, 주최자 등을 표시한다. 인쇄된 이 부착물은 작은 것으로부터 초대형 외부 포스터 패널용에 이르기까지 적절한 크기로 만들어진다.

□ 그림설명 2002-1, 장편 애니메이션, <왕후 심청> 2005, by Nelson SHIN.

-2, 오페라, <요술피리> by Amadeus Mozart.

-3, 영화포스터, <배트맨 대 슈퍼맨> 2016, by Jack Snyder.

2003 `ani` `pic`

post-syncing (포스트 싱킹, 화면과 음향 맞추기)

이 말은 Post-Synchronizing의 줄임말로, 영상과 음향을 맞추는 작업으로 특히 화면과 캐릭터의 입 모양이 일치하는지 대사와 음향효과 등을 맞추는 것을 말한다. 후반 녹음 부서에서 사용되는 말 중에 에이디알(ADR)은 Automatic Dialogue Replacement의 약자로 캐릭터의 입모양에 맞추어 대사를 후 녹음한나는 뜻이 있지만 포스트 싱킹은 이와는 무관한 말이다. 애니메이션에서 보통 대사와 음악을 사전에 미리 녹음하고 입 모양이나 음악에 맞춰 작화하기 때문에 ADR방법을 취하지 않고 포스트 싱킹(After Recording) 방법으로 제작을 하기도 한다. 사람의 언행(Saying and Doing)이 일치하지 않는 것을 영어로는 'Out of Sync'라 하기도 한다.

2004 `gen`

practice (연습, 관습, 개업,)

사람의 최상의 재능(Skill)은 많은 반복 연습으로 이뤄진다. 예술가들이나 기능공들은 지속적으로 연습(Practice)을 하기 위해선 관습(Practice)적으로 이를 실천(Practice)해야 한다. 또한 프렉티스는 여러 의미를 가지고 있는 단어로 업무를 개업(Practice)한다는 의미로 변호사나 의사 업을 개업한다는 뜻으로 쓰는 말이다. "Practice Makes Perfect"이라는 속담도 있다.

2005 `ani` `his`

Praxinoscope (프락시노스코프)

프락시노스코프는 1877년에 프랑스의 촬스-에밀 레이노드(Charles-Émile Reynaud, 1844-1918)에 의해 애니메이션을 볼 수 있는 한 장치를 만들었는데 1832년에 최초로 나온 페나키스토스코프(Phenakistoscope)와 원리는 매우 유사하였다. 이 시대에는 잔상(Afterimage)효과를 이용한 아이디어가 대세로 더마트로프(Thaumatrope), 조이트로프(Zoetrope), 프락시노스코프(Praxinoscope), 플립 북(Flip Books) 등 유사한 기구들이 여러 가지가 나왔는데 모두 새로운 발명품들이었다. 기구들은 일련의 연속된 그림들을 그린 원판을 돌려가며 거울에 비춰보면 잔상원리로 인해 마치 그림은 움직여 보이게 되는 장치였다. 그 중에도 이 프락시노스코프는 조셉 플래토(Joseph Plateau, 1801-1883)가 1832년에 만든 조이트로프(Zoetrope)라는 장치를 본 따 비슷하게 만든 것이었다. 그러나, 이 프락시노스코프는 그림을 회전 드럼 안에 놓고, 돌려가며 중심부의 다각형 거울에 비친 그림을 통해 움직이는 동작을 보이게 하는 한 단계 높은 수준의 기계화 된 장치였다. 중심부의 다각형 거울에 비친 모습을 통해 그림이 움직이는 것처럼 착시하게 하는 장치이다.

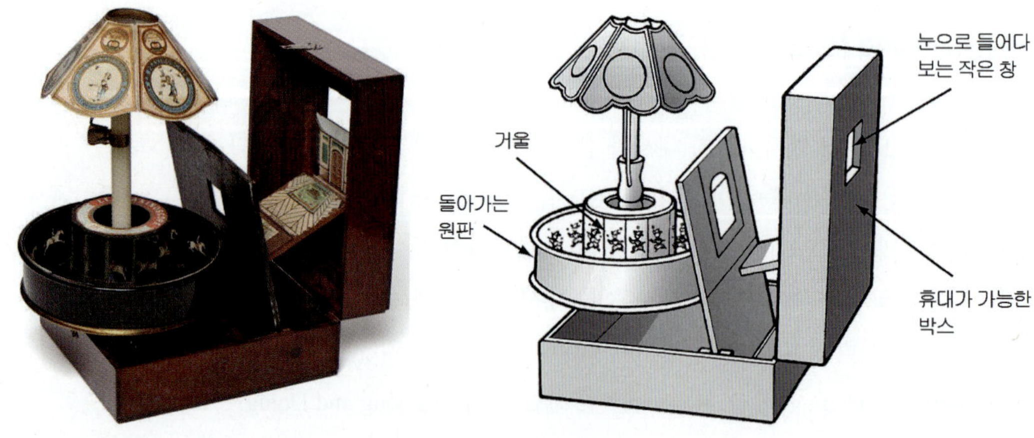

□ 그림설명 2005, 1880년에 레이노드가 동작을 연출 하던 기구와 설명.

이것은 조이트로프(Zoetrope)를 발전시킨 형태이긴 하지만, 레이노드는 여기에 매직랜턴의 원리를 사용해 관객이 보는 스크린 뒤에, 투명 재료에 페인트 한 애니메이션 그림을 영사했다. 그는 1892년에 옵티크 극장(Theater Optique)을 오픈하고 프락시노스코프의 원리를 활용해 대형 스크린에 영사하여 관객이 최초로 편안한 의자에 앉아 영화를 볼 수 있게 개관하여 대성공을 거두게 되었다.

✽ 참조보기 (1960 - Phenakistoscope)

✽ 참조보기 (2584 - Stroboscope)

✽ 참조보기 (3206 - Zoetrope)

✽ 참조보기 (2735 - Theater Optique)

2006 `gen` `his`

prehistory (선사시대, 선사학)

지구는 45억 년 전에 태양계와 함께 태어났다. 그때 지구에는 생명(life)이 없었다. 격노(Exasperation)한 태양계의 변화로 지구는 수십억 년을 용암이 분출하여 번개와 거치른 폭풍을 겪으며 유독가스로 뒤덮이고 대기(Atmosphere)가 없이 태양의 방사열(Radiation)에 노출되어 아주 황막한 땅덩어리였다. 지구의 신생대시대(Cenozoic Era)는 6만 6천 400만 년 전 파레오세(Paleocene)지층, 5만 7천 800만에서 3만 6천 600만 년 전까지 시신세(Eocene)기, 그로부터 2만 3천 700만 년 전까지가 올리고세(Oligocene)기, 그리고 1만6천만 년 전까지를 중신세(Miocene)기, 선신세(Pliocene)기, 홍적세(Pleistocene)기 그리고 완신세(Holocene)기까지 이른다. 지구는 수십억 년을 거치며 점차 자리 잡았다. 그리고 서서히 따듯하고 얕은 바다가 생겨나고 그 속에서 생명체가 형성되고 생물들이 살아가기 좋은 환경으로 파란행성(Blue Planet) 지구의 신기원이 시작됐다고 과학자들이 주장한다. 선사시대는 이때부터이다. 선사시대의 의미는 인류가 말을 하고 글을 만들어 기록한 역사 이전의 시대를 말한다. 선사시대라는 용어를 처음으로 사용한 사람은 프랑스의 폴 터널(Paul Tournal, 1805-1872)이었다. 프랑스의 남부에 있는 동굴에서 선시대의 유물들이 발견되었는데 그 지역의 지층을 분석해 지구의 나이와 그 변화는 지질학자들에 의해 지층 분석으로 시대를 알아낸다. 터널이 조사에서 발견된 사람의 뼈를 시대적으로 구분하기위해 최초로 프랑스어 'Prehistorique'를 사용한 것이 계기가 된 말이다. 폴은 1827년 그익 나이 22세 때 하학 공부를 하던 학생으로 동굴에서 발견된 물건들을 구분해 정리하다가 사람의 뼈 학석을 발견한 최초의 사람이 되었다. 그는 '선사시대'를 330만년~250만 년 전으로 구분하기 위해 용어를 처음 사용한 후 시대를 구분하는 용어를 정착시킨 사람이다. 지구의 신생대시대(Cenozoic Era)는 6만6천400만 년 전 파레오세(Paleocene)지층, 5만7천800만에서 3만6천600만 년 전까지 시신세(Eocene)기, 그로부터 2만3천700만 년 전까지가 올리고세(Oligocene)기, 그리고 1만6천만 년 전까지를 중신세(Miocene)기, 선신세(Pliocene)기, 홍적세(Pleistocene)기 그리고 완신세(Holocene)기까지 이른다. 인간(Homo)이 지구에 생존하기 시작한 것은 대략 6백만~7백만 년 전으로 추산한다. 원숭이를 닮은 오스트랄로피테쿠스(Australopithecus)와 호미니드(Hominid)는 애초부터 다른 방식으로 진화(Evolve)하며 250만 년 전까지 살았다. 지구에는 혹독한 빙하기를 맞은 200만 년 전 인류의 조상인 호모사피엔스(Homo Sapiens)는 아마도 속(Family, Genus)이나 종(Species, Genus Homo)으로 분류하더라도 크로마뇽(Cro-Magnons)과 동거했거나 아주 오래 전부터 관련이 있었을 것으로 보이는 조상(Ancestral) 관계일 수 있을 것으로 보인다. 구석기시대의 호모 에렉투스(Homo Erectus)와 호모 네안데르탈렌시스(Homo Neanderthalensis) 종은 200만 년 전에 출연했으며 이들 무리들은 아프리카 전역과 유라시아에 퍼져 살다가 멸종되었다. 호모 하빌리스(Homo Habilliseu) 종은 성공적으로 살아남아 1백만 연간을 더 살다가 50만 년 전에 서서히 호모 사피엔스로 갈라(Diverged)져 내려왔고 인체해부학(Anatomy)적으로 호모 사티엔스가 지금 현존(Existing)하고 있는 인간(Modern Human)의 줄기라고 보는 것이다. 선사시대 이후 인간(Human)의 수는 70억 명으로 불어나 지구위에 살고 있는 것이다.

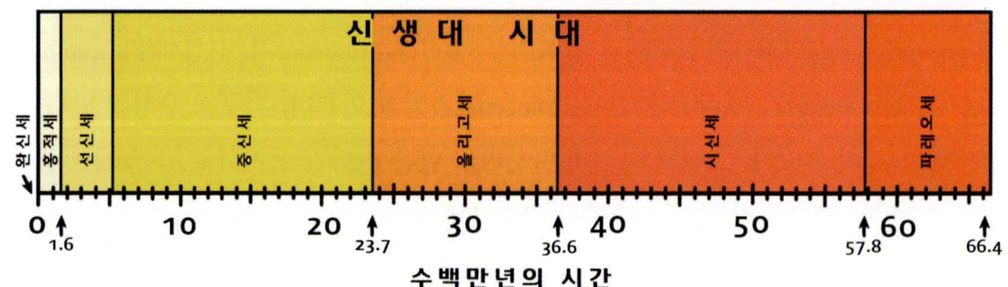

□ 그림설명 2006, 생명체가 살기 시작한 신생대 시대.

2007 `gen` `pic`

preliminary (사전준비, 예비행위)

프렐리미너리의 말의 뜻은 준비(Preparatory)의 의미로 관객의 주위를 이끌기 위한 도입부(Lead-in)를 이르는 말이다. 말의 서두(Opening), 앞서서(Prefatory)하는 등의 뜻을 가지고 있다. Preliminary는 Pre(Before)와 limin(Threshold, 문턱)이 결합된 말로 애니

메이션 제작의 기획단계에서 작품에 관한 레이아웃(Layout) 설정 이전에 콘셉트를 잡
아보는 의미에서 자주 사용하는 말이다. 그러니까 손으로 글이나 그림을 긁적거리며
구상하는 시초의 그림을 'Preliminary Sketch' 라고 한다.

2008 `mus` `lit`

prelude (전주곡, 프렐류드, 서두, 전조)

주로 음악에서 사용되는 말로 이태리에서 당초에 심포
니아(Sinfonia)는 오페라의 서곡을 뜻하는 말로 사용되
어 왔다. 그 후에 프렐류디오(Preludio)라고 불리게 되
었는데 이 요약된 서곡(Overture)이나 전주곡(Prelude)
은 형식은 다르지만 서두나 전조의 역할을 하는 기악
곡을 뜻하는 말로 쓰인다.

☐ 그림설명 2008, Prelude, Op. 28, No. 1 (Chopin)일부.

2009 `lit` `gen`

premise (전제, 계획안, 진술)

문학에서 완전한 스토리를 작성하기 전에 골자(Outline the Essential Feature)를 기술한
하나의 간략한 제안서를 뜻하는 말이다. 전제된 이러한 계획안은 완성 후 결론지어진
내용과 결과적으로 같은 것을 의미한다. 스크립트는 작업방식으로 1전제(Premise),
2시놉(줄인 말) 또는 시놉시스(Synopsis), 3대본(Script) 등의 순서로 작업한다. 1전제
가 승인되면 4~6줄 정도 길이로 요약한 줄거리를 만든다. 이것을 2시놉시스라 한다.
시놉은 간략하게 내용을 소개할 때 사용하거나, 3대본작업을 시작할 것인가를 승인받
기 위해 하나의 절차로도 사용되는 관례에 따른 것이다.

2010 `ani` `pic`

pre-production (프리 프로덕션, 기획 제작공정)

영상물 제작은 3단계로 크게 나뉘어 진행되는데 그 첫 번째 기획준비단계에서 발생하
는 각종 업무와 활동 등을 말한다. 즉 영상물을 촬영하거나 녹음하는 등의 실제 제작에
앞서 대본쓰기, 출연계약, 제작팀 선정, 무대 설치, 기제 점검 등의 각종 제작 업무를 준
비하는 공정단계를 말한다. 실제 촬영에 들어가기 전에 선행되는 필름 제작의 초기 단계
로서, 캐스팅, 배우와 세작 인력의 세악, 극작, 세팅의 실세와 세작, 촬영 스세줄, 예산 편
성 등의 작업이 수반된다. 애니메이션에서는 스크립트 쓰기, 캐릭터 설정, 소도구, 배경
설정, 캐릭터 색 지정, 배경 색상 설정, 성우 설정, 대사녹음, 스토리보드(Storyboard) 등

제작을 위한 모든 사전 준비 공정단계까지를 말한다. 그 2번째는 현장제작 프로덕션 (Main Production), 3번째는 포스트 프로덕션(Post Production)단계로 나누어 작업한다.

✱ 참조보기 (2026 – production)

✱ 참조보기 (2001 – post-production)

2011 `ani` `pic`

pre-recording (프리리코딩, 선 녹음작업)

애니메이션 제작에서 애니메이터들이 동작에 맞는 그림을 그리도록 음향 자료로 제공하기 위해 미리 대사나 음악을 녹음하는 것을 말한다. 이 프리리코딩은 애니메이션 제작에서 보편적으로 사용하고 있는 일반적인 과정이다. 이렇게 애니메이션에서 프리리코딩을 하는 이유는 사전에 녹음된 대사와 음악에 맞추어 애니메이션을 만드는 것이 캐릭터의 표정과 제스처, 대사의 강약 등 동영상과 사운드를 정확히 일치시킬 수 있기 때문이다.

2012 `pic` `gen`

presents (배급, 제공, 존재, 현재)

□ 그림설명 2012, Carl Laemmle '제공(Presents)'하는 <오페라 팬텀> 자막

일반적으로는 사물의 존재와 현재를 의미하는 말이다. 그러나 영화산업 분야에서는 제작한 영화를 극장에 배급(Distribution)하는 의미로 사용된다. 영화는 제작사가 제작을 하고 배급은 배급사에 의해 극장주들과 계약에 의해 배급할 수 있다. 영화는 이러한 관례를 이루고 배급된다. 'Presents(배급)'라는 말은 배급을 담당하는 회사가 취하는 타이틀이다. 영화사가 배급사를 거치지 않고 자기소유의 극장에 영화를 직접 배급하는 것을 '직배(Direct Distribution)라 한다.

2013 `com` `gen`

presentation (설명회, 보고회)

무엇인가를 알기 쉽게 보여주는 것을 말한다. 새로운 프로젝트나 결과 보고회와 같은 설명이 필요한 업무집행을 뜻한다. 보여주는 방법으로는 동작으로 보이거나, 빔 프로젝터, 랩 탑 컴퓨터 등을 이용해 더욱 효과적으로 상대에 설명이 갈 수 있도록 한다.

press release (보도 자료)

기자나 보도 관계자에게 미리 참고할 보도 자료를 나누어주는 것을 뜻하는 말이다. 보도 자료로 제품(Product), 출연인물(Featuring), 장소(Location), 활동(Presentation), 서비스(Service), 이벤트(Event) 등에 대한 정보를 제공해 주는 것을 말한다. 이것을 또한 뉴스 릴리즈(News Release), 퍼블리시티 릴리즈(Publicity Release) 등으로 부르기도 한다.

presto (빠르게, 프레스토)

음악에서 프레스토는 아주 빠르게 연주하도록 속도(비트, 184~208)를 나타내는 표시이다. 알레그로(Allegro)는 빠르게, 비바체(Vivace)는 아주 빠르게, 프레스토(Presto)는 매우 빠르게, 비바치시모(Vivacissimo)는 비바체보다 빠르게, 프레스치모(Prestissimo)는 프레스토 보다 빠르게 라고 속도를 표시한다. '번개처럼 빠르게'라는 주문이 있을 정도로 속도는 매우 민감하다. 빠르게 연주하라는 속도 표시는 연주자의 기교뿐 아니라 그들의 재능을 알아내는 것과도 크게 관계된다. 최고의 기악연주자는 작곡가가 쓴 악보대로 연주해 내는 것이다. 현악 중에 작곡가이며 바이올리니스트 니콜로 파가니니(Niccolo Paganini, 1782-1840)의 솔로 바이올린 곡으로 카프리스(Caprice No. 24) Presto는 연주속도가 빠르고 기교가 필요한 곡이다. 빠르기란 곡 전체나 한 부분을 얼마나 빠르게 연수해야 하는지가 숭요하다. 기교로 지면 당대 20세기의 천재 바이올린 연주자였던 야샤 하이페츠(Jascha Heifetz, 1901-1987)를 손꼽을 수 있었다.

□ 그림설명 2015-1, 파가니니의 초상.

-2, Caprice No. 24의 악보 일부.

하이페츠가 사망하던 해에 한국에서 태어난 지아 신(Zia Hyunsu Shin, 1987-)은 9세 때 호남예술 바이올린 경연대회에서 대상을 받은 후 2008년 프랑스 롱–티보 국제콩쿠르에서 1위를 오른 이래 국제적인 바이올리니스트로 빠르고 기교가 요구되는 파가니니의 곡 'Caprice No. 24'를 당당하게 유쾌히 연주한다.

□ 그림설명 2015-3, Zia Shin의 바이올린 연주 (파가니니 Caprice No. 24)

2016 `pic`

preview (시사회)

장편필름이나 단편을 개봉하기 전 프로모션을 위해 만들어진 짧은 필름을 대표하는 말이다. 프리뷰는 일반적으로 영화를 상영할 극장에서 보여주는 것으로, 영화에서 발췌한 장면들로 짧게 구성된다. 프리뷰는 '크로스플러그(Cross plug)'라고 해서 다른 극장체인에서도 동시에 보여준다. 어떤 영화의 경우, 발췌 장면을 넣지 않은 '티저(Teaser)'라고 하는 좀 더 짧은 프리뷰를 보여주기도 하지만, 영화의 최종 마무리 전 단계에서 전체를 보여주기도 한다. 이것은 영화 제작자들이 관객들의 반응을 알아보고 마지막 편집 방향을 결정을 할 수 있게 해준다. 배급이나 마케팅을 위한 프리뷰는 출시 패턴이나 광고 전략을 결정하는데 이용된다. 프리뷰 관객들은 보통 소감이나 반응을 묻는 설문지나 프리뷰 카드를 작성하게 된다. 이런 프리뷰는 일부의 관객들만 볼 수 있기 때문에 스닉 프리뷰(Sneak Preview)라고도 한다. 프리뷰는 그 영화의 상영 가능성이 있는 극장주나, 영화 비평가, 혹은 영화 소재에 특별한 관심을 갖고 있는 그룹들이나 전문기자들에게도 상영된다.

2017 `art`

primary colors (1순위 색, 근본의 색, 3원색)

독립된 색으로써 그러나 섞음으로서 여러 가지의 색을 만들 수 있는 기본색들을 말한다. 안료(Pigment)를 가지고 조색하는 물감종류(페인트)의 색깔은 적(Red), 청(Blue),

황(Yellow)색이고 디지털(Light)에서는 적(Red), 청(Blue), 녹(Green)색이다. 기본 3색이라는 뜻은 이들은 모두 1순위 색깔이며 각기 3원색이라 한다. 1순위 색의(Primary Colors) 의미는 기본 3색중 2색을 혼합해도 남은 셋째의 색을 만들 수 없다는 의미이다. 3원색으로부터 색을 혼합한 페인트는 약 1,000가지로 조색(Mixing Colors)할 수 있고 디지털 색은 16,700,000(1천6백70만)색을 조색해 사용할 수 있다.

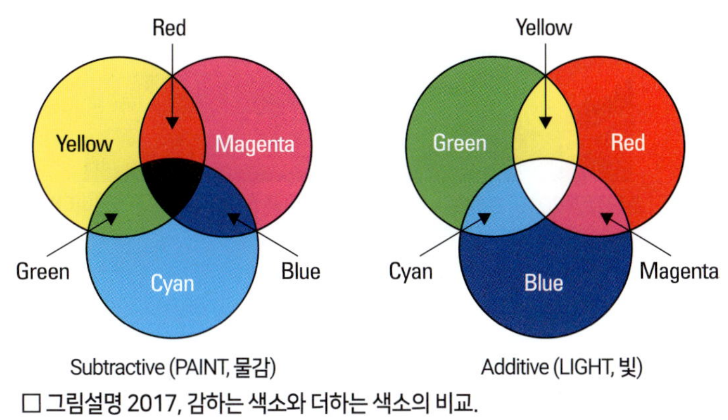

□ 그림설명 2017, 감하는 색소와 더하는 색소의 비교.

prime time (프라임 타임, 1급 시간대)

1971년 미국에 있는 FCC(Federal Communications Commission) 단체에 의해 방송법으로 공표된 제도이다. 하루에 24시간 중 단 3시간만을 허락한 규정이다. 일반적으로는 시청자들이 가장 많이 보는 텔레비전 시청 시간대를 말한다. 방송사마다 다소의 편차는 있지만 한국의 경우 오후 9시를 전후한 7시부터 10시 사이가 프라임 타임이다. 미국의 경우 동부(Eastern Time)와 산악지역(Mountain Time), 태평양 시간(Pacific Time)대의 프라임 타임은 오후 8시부터 11시까지이다.

2019 `pic`

print (프린트)
✻ print film (프린트 필름)

영화 필름에서; 1) 프린트란 네거티브(원본, Negative Film)에서 포지티브 필름에 화면을 복사하는 것을 말한다. 그리고 하나밖에 없는 네거티브 필름의 보존을 위하여 마스터 필름(Master Film)을 2벌 제작하여 보관하기도 하며, 이 프린트 필름을 필요한 만큼 복사(Print)하여 최종적으로 영화관에서 상영한다. 배급사는 영상물의 흥행 성공 가능성을 예측하여 아주 적은 프린트 수를 복사하는 경우도 있고, 미국의 할리우드에서는

1,500벌 이상을 프린트하는 경우도 있었다. 2) 완성된 원본필름을 복사본으로 프린트 하는 것을 말한다. 3) 광고 계획의 일환으로 신문, 잡지 등 지면에 인쇄하는 것을 뜻한다.

□ 그림설명 2019, 프린트 <백 투 더 퓨처> 필름 릴(영화 한 벌은 5권이다)

✳ printer (프린터)

주로 필름포맷(Film Format)영상 프린트를 지칭하는 용어로서 원판인 네거티브 필름(Negative Film)으로부터 포지티브 필름(Positive Film)에 프린트하는 장비이다.

✳ print out (출력)

컴퓨터의 결과물을 인쇄하는 것을 뜻한다. 즉 컴퓨터에서 완성한 아트워크나 서류, 편지, 보고서 등을 종이 위에 프린트하는 것을 말한다.

2020 sci
prism (분광기, 프리즘)

광학에서 프리즘은 태양으로부터 오는 투명한 빛 파장을 굴절시켜 소위 말하는 가시광선(그림 2020, 프리즘 7색 무지개, 보, 남, 파, 초, 노, 주, 빨)을 눈으로 볼 수 있게 하는 분광기를 말한다. 역사에는 기원전 로마제국시대(B.C.750)에 이미 프리즘을 통해 무지개 색을 생성해 내는 방법을 알고 있었다는 기록이 남아있다. 그러나 2400년이 지난 1666년, 영국에서 훗날 물리학자가 된, 그러나 당시 불과 24세였던 아이작 뉴톤(Isaac Newton, 1642-1727)에 의해 최초로 전통방식으로 태양광 칼라 스펙트럼을 연구해 발표가 됐다. 광학에서 프리즘(분광기)의 모양은 정삼각형이며 유리나 형석(Fluorite)으로 만들 수 있고 광택이 있는 평평한 표면에 닿으면 반사하는 투명한 광학요소로 되어 있다.

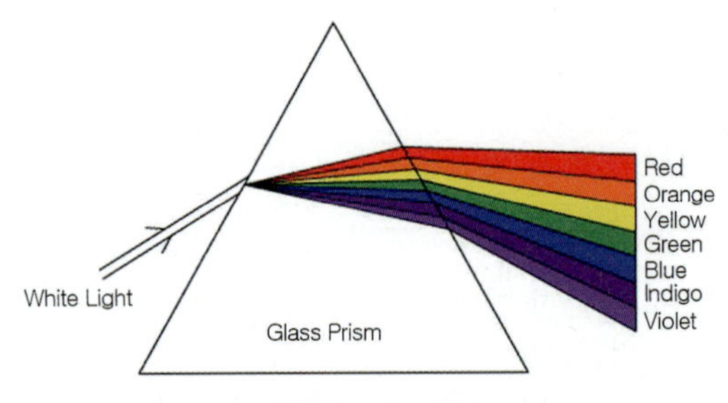

□ 그림설명 2020, 프리즘의 단면도 해설.

prize (상, 포상, 상금)

상이란 명예 적으로 금전적으로 매우 가치가 있는 것을 말한다. 어떤 사람의 훌륭한 성공적인 생애에서 국가에 애국한 사람, 사회에 공헌한 사람, 그리고 전문분야에서 공로를 세워 가치를 인정받은 사람 중에 상을 수여한다. 그 밖에도 상은 일반적으로 국가, 단체조직, 영화페스티벌, 교육기관 등이 특출하게 공로가 있는 개인이나 단체의 업적을 인정하여 수여하거나 공모 경쟁에서 이긴 작가에게 주는 상을 말한다. 상은 상장, 상패(Trophy), 기념상품, 상금 등을 지불하기도 한다. 특별히 영화 분야에서 집행하는 국제적인 영화제에서는 7~9인의 심사위원들을 선정하고 매우 권위적으로 고유의 트로피와 상금을 같이 내놓고 심사한 결과를 관객 앞에서 발표하고 상을 수여한다. 또한 세계적인 상으로는 노벨상이 있다. 스웨덴의 알프레드 노벨(Alfred Nobel, 1833-1896)은 다이너마이트의 발명으로 부자가 되었고 죽기 1년 전 그의 유언에 따라 노벨상을 제정해 인류에 공헌한 여러 분야 중에 살아있는 사람에게만 수여한다. 노벨평화상, 화학상, 경제학상, 물리학상, 문학상, 생리학, 의학상 등이다.

□ 그림설명 2021-1, 학생들의 상

-2, Annie Award, Hollywood.

-3, Golden Bear Award, Berlin.

-4, Emmy award. USA.

-5, Nobel Award. SWEDEN

PRO (프로)

✽ professional (전문가, 프로페셔널)

프로페셔널의 줄인 말로 프로(전문직업인)를 뜻하는 말이다. 프로페셔널은 프로축구, 프로야구, 프로레슬링, 프로골퍼 등 스포츠 분야에서 전문직업인으로 활약하는 사람들에게 붙여 부르는 호칭이다. 이 호칭은 특수한 교육이나 훈련을 받음으로서 특별한 지식이나 득수한 기능, 경험, 능력을 키워 일반사람들과 나르세 강하세 전문가적으로 명확하게 행위를 집행할 수 있는 사람을 말한다.

✻ professor (교수)

대학과정에서 전문적 과정의 학문을 학생들에게 가르치는 사람을 교수라 한다. 교수는 연구교육기관인 대학원을 수료하고 박사과정을 마친 후 시간제 교수(전임강사), 조교수, 전임 부교수 등의 긴 과정을 거쳐 정교수가 될 수 있다. 그 밖에도 계약직 교수로 특수 연구자가 짧은 기간 동안 학교에 나와 강의하는 객원교수, 자기회사나 직업을 가진 겸임교수, 또한 학술기관과 대학의 석좌기금이나 대학발전 기금으로 초빙한 탁월한 학문적 업적을 이룬 석학을 초빙해 임명하는 석좌교수가 있다. 그 밖에는 연구교수나 강의교수도 각 학교의 제도에 따라 교수를 중요학과에 채용할 수 있다. 또한 교수에는 그 학교에 공로가 있거나 사회적으로 명망이 있는 교수는 명예교수 직에 봉할 수 있다.

2023 `pic`

producer (제작자, 프로듀서)

영화를 제작함에 있어서 제작비용을 투자하고 제작이 원만히 이뤄지도록 제작과 운영에 관련된 책임과 권리를 가진 사람을 이르는 말이다. 이를 Executive Producer(행정프로듀서)라고 부른다. 영화에 따라서 행정프로듀서는 밑에 실무에 밝은 책임자로 일반 Producer를 두어 라인 프로듀서(Line Producer, 총감독)와 업무를 협력하게 할 수 있다. 또한 프로듀서는 필름 프로젝트의 시작에서부터 제작 완료까지 그리고 필름의 배급, P&A광고까지 모든 단계의 기획, 필름제작의 모든 재정과 관리를 담당한다. 프로듀서는 스크립트 라이터(Script Writer, 작가)와 감독 그리고 배우 등을 고용하며 그들의 개런티나 제작비 등도 집행한다. 또한 필름 창작에도 직접 관여해 최종 작품의 질에 결정적인 영향을 미치기도 한다. 애니메이션에서도 역시 작품제작, 경영관리의 총책임자로 제작 예산, 제작진 선정, 계약, 배급, 제작 일정 등을 관리하며 책임진다. 방송 프로그램을 제작할 때 제작비를 집행하며 총 관리하는 사람도 프로듀서라 칭한다.

2024 `gen`

procedure (순서, 절차, 단계)

관례에 따라 일을 진행시키는 것을 말한다. 어떤 일이든 순서에 의해 단계적으로 하나하나 일을 처리하는 것을 뜻하는 말이다. 영화제작의 순서는 3단계로 나뉘어 단계적인 절차를 거쳐 진행한다. 우선, 영화제작자는 스크립트를 수배한다. 총감독이 쓸 수도 있지만 전문적인 대본작가가 쓰는 것이 일반적이다. 이 대본에 따라 제작비용이 상세하게 산출된다. 예산이 확보되면 1단계 - 프리 - 프로덕션(Pre-Production) 준비단계, 2단계 - 본 제작(Main-Production) 단계, 3단계 - 단계(Post-Production)로 화면과 음향을 일치시켜 완성한다.

✽ 참조보기 (2026 - production)

2025 `pic`

product (프로덕트, 제품)

일반적으로 공업생산품이나 농산물을 가리키는 말이다. 그러나 영화제작에서는 관객에게 보여주기 위해 만든 모든 영상제품을 말한다. 제작된 장편 또는 단편영상물들은 배급을 통해 영화관에서 상영하거나 또는 방송을 통해 방영하게 된다.

2026 `ani`

PROD (프로덕션, 제작)

✽ production (프로덕션, 영화제작)

영상물제작에서 Production을 줄여서 쓰는 말이다. 영화제작에서 프로덕션의 의미는 영상물을 제작하기 위한 하나의 작업을 뜻하는 말로 제작의 종류나 길이에 관계없이 만들어지는 영상물제작을 총괄하여 부르는 말이다. 기획부분(Pre-Production), 제작 부분(Production), 마무리 부분(Post-Production)중 제작 부분을 지칭하는 말로 많이 사용된다. 총괄 제작은 3단계로 나뉘어 진행되며 기획부분에서는 1성공전략(Strategy for Goal), 2예산범위(Budget Scope), 3스토리 방향선택, 4제작스케줄(Production Timeline), 5스크립트창작, 6주인공배우선정/캐릭터창작(애니메이션의 경우), 7제작팀 구성, 8장비(Equipment)와 자재, 9촬영장소 물색(Location Hunting, 애니메이션경우 콘셉트 디자인) 등의 공정을 준비한다. 제작부분은 1촬영-카메라/음향/조명, 2작곡가/음악선정, 3대사/배음(Narration)대사 녹음, 4아트디렉터 선정, 5영상물의 실질적인 제작이 이뤄진다. (애니메이션에서는 레이아웃, 원화, 원화 연출, 동화, 컬러, 효과, 촬영) 그리고 6편집 등 전반에 걸친 공정을 일컫는다. 일반 실사영화에서는 선 제작 기획이 끝난 후부터 마지막 필름 편집 전까지 수행되는 여러 가지 단계의 필름 제작 공정을 말하며, 세트 제작, 조명, 리허설 등의 모든 실제적인 촬영 준비를 거쳐 실제 촬영이 포함된다. 마지막 부분은 포스트 부분으로 위에서 열거한 공정들과 함께 1Logging편집, 2스토리 편집, 3음향믹싱, 4특수음향효과, 5화면(Picture, Video)죄송편집, 6시사회(Review), 7제작자의 최종 승인(Approval by Producer), 8납품(Final Delivery) 등 여러 단계를 포함한 것을 포스트 프로덕션이라 한다.

□ 그림설명 2026-1, 준비단계 Pre-Production.

-2, 제작 Main-Production.

-3, 마무리 단계 Post-Production 시설.

✱ 참조보기 (2010 - pre-production)

✱ 참조보기 (2001 - post-production)

2027 `ani` `pic` `equ`

production camera (프로덕션 카메라)

□ 그림설명 2027, 디지털 무비카메라.

영화를 촬영하기 위한 카메라를 통칭하는 말이다. 애니메이션 촬영을 위한 애니메이션 카메라도 이에 속한다. 프로덕션 카메라는 일반 정(Still)사진용 카메라와 구분하기 위해 부르는 말이다. 지금은 디지털 카메라의 사용으로 프로덕션 카메라는 70mm, 35mm, 16mm, 8mm등의 아날로그 필름(Film)을 돌릴 수 있는 카메라는 사용하지 않는다.

2028 `pic`

production design (프로덕션 디자인)

영화 촬영을 위해 일어나는 모든 일에 전반적 작업을 기획하는 것을 말한다. 이러한 기획들은 아트 디렉터(Art Director)에 의해 집행된다.

2029 `ani` `pic`

production designer (프로덕션 디자이너)

영화의 외양적 시각디자인과 스크린 상에 보이는 영화의 구조 등을 디자인하고 소품의 스타일 등 영화가 풍기는 모든 느낌에 관해 감독한다. 일반적으로 예술 감독(Art Director)으로 불리며 야외 촬영 장소 선정에도 관여하며, 세트장의 장치, 장식, 소품, 디자이너의 의상 등을 확인하고, 실제 필름 촬영의 흐름을 간섭하고 점검한다. 또한 프로덕션 디자이너는 카메라, 필름, 렌즈, 장비, 특수 효과와 같은 필름 제작의 모든 기술적인 지식과 뛰어난 재정적인 감각도 갖춰야 한다. 애니메이션에서는 캐릭터 모델, 배경, 소도구, 색 지정 등 영화의 전반적인 디자인과 색조의 흐름을 담당한다. 애니메이션에서 프로덕션 디자이너는 예술 감독으로 불리기도 한다.

✱ 참조보기 (0125 - Art Director)

2030 `ani` `pic`

production house (프로덕션 하우스, 제작 스튜디오)

소규모의 영화제작 회사나 CF 또는 애니메이션 제작회사를 일컫는 말이다.

2031 `ani` `pic`

production manager(프로덕션 매니저, 제작 관리자)

1) 제작 일정을 계획하고, 아티스트 및 제작진 고용, 무대 설치의 조정 작업과 스튜디오 예약 등등의 영상물 제작을 관리하고 조직하는 사람을 말한다. 제작 경비를 산출하여 경제적으로 제작하는 일을 담당한다.

2) 애니메이션 제작에서는 모든 제작공정을 진행시키며 제작스케줄을 관리 지휘한다.

2032 `ani` `pic`

production overhead (프로덕션 오버헤드, 일반 경비)

영상물 제작에 들어가는 촬영 등의 직접비용을 제외한 일반적인 경비와 비용을 말한다. 이 프로덕션 오버헤드에는 제작 실무 부서의 급여, 스튜디오의 설비비용, 제작관련 일반 관리비용 등등이 포함된다.

2033 `ani` `pic`

production package (프로덕션 패키지)

이 말은 주로 OEM 해외 제작이나 국내 외주 애니메이션 제작을 위해 기획부분에서 정한 모든 자료를 제작 스튜디오에 보내기 위한 하나의 발송 물건을 가르키는 용어이다.

2034 `ani` `pic`

production report (제작 보고서)

＊daily production report (일일 제작보고서)

하루의 제작에 관한 모든 작업 내용을 상세히 적은 보고서. 레이아웃, 원화, 동화가 완성된 것, 촬영됐거나 스캔이 이루어진 씬들, 컬러 작업이 끝나 콤파짓된 것 등 모든 공정의 제작 완료 여부를 살펴보고 적은 보고서. 그리고 작업한 시간 등이 기록된다. 이런 제작 보고서는 감독과 프로듀서 모두에게 편리한 방법으로, 제작 진행 상황, 특히 제작 스케줄과 관련해 진행 상황을 파악하는데 도움을 준다.

P

2035 `ani` `pic`

production schedule (제작 스케줄, 제작계획)

영화를 예정대로 만들기 위해 제작 공정에 필요한 세밀한 날짜를 적어 넣어 작업을 집행하기 위해 만들어진 것을 말한다. 이러한 계획은 프로덕션 매니저가 각 부서의 담당자들과 함께 만든다. 여기에는 촬영할 커트들의 순서, 장소, 배우, 스텝, 필요한 장비와 소도구 준비가 포함된다. 또한 애니메이션에서는 기획부분, 제작 부분 등의 레이아웃, 원화, 동화, 디지털 페인트, 그리고 콤퍼짓 등의 상세한 스케줄도 포함된다. 이런 스케줄 계획은, 모든 인력과 장비 등을 경제적으로 운용해서, 할당된 예산에 맞추어 제작이 이뤄지게 하는데 도움을 준다.

Production Schedules (6 min. length)

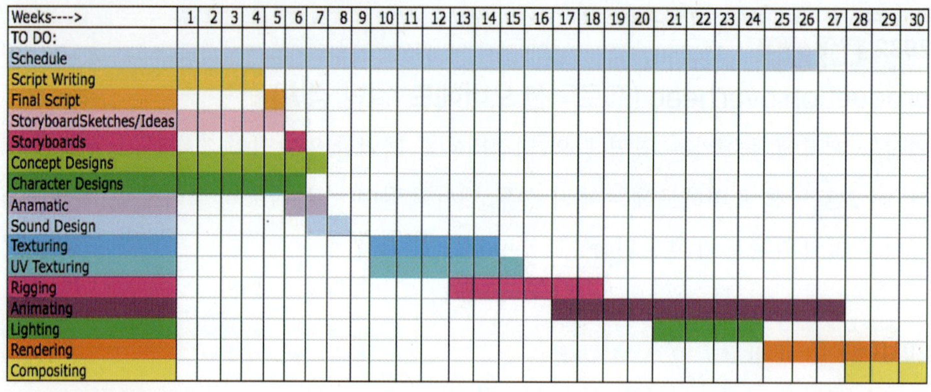

□ 그림설명 2035, 중요 애니메이션 제작스케줄.

2036 `ani`

production supervisor (프로덕션 슈퍼바이저, 제작 감독관)

애니메이션 스튜디오에서 프로듀서를 보조하여 일반 행정 관리 책임을 지며 여러 프로듀서를 관리하는 사람을 말한다.

2037 `gen`

prof.

*professor (교수)

대학과정에서 전문적 과정의 학문을 학생들에게 가르치는 사람을 교수라 한다. 교수는 연구교육기관인 대학원을 수료하고 박사과정을 마친 후 시간제교수(전임강사), 조교수, 전임부교수 등의 긴 과정을 거쳐 정교수가 될 수 있다. 그 밖에도 계약직 교수로 특수 연구자가 짧은 기간 동안 학교에 나와 강의하는 객원교수, 자기회사나 직업을 가진 겸임교수, 또한 학술기관과 대학의 석좌기금이나 대학발전기금으로 초빙한 탁월한 학문적 업적을 이룬 석학을 초빙해 임명하는 석좌교수가 있다. 그 밖에는 연구교수나 강의교수도 각 학교의 제도에 따라 교수를 중요학과에 채용할 수 있다.

2038 `pic`

profit (이익, 이윤, 프로핏)

사업의 이익을 얻기 위해 투자한 초기비용보다 많은 수익이 생긴 것을 이윤이라 한다. 영화에서는 제작한 영상물의 상업성과 질적 향상에 기여한 제작진 및 출연자에게 주는 이익금으로서 퍼센트 및 정액으로 지급하게 되며, 순제작비를 뺀 총 수입을 기준으로 하거나 출연자들의 비용은 개인적인 협상에 의해 결정한다.

* Gross Profit (총이익) 총 매출.
* Net Profit (순이익) 총 매출에서 비용을 뺀 후의 순 이윤.
* Non Profit (비영리) 이윤이 목적이 아닌 사업.
* Profit Participation, Profit Share (이익배분) 투자자들의 이익배당.

2039 `pic`

program (계획, 예정, 프로그램)

무엇을 할 것인가 목적을 위해 계획을 세워 진행하는 것을 프로그램이라 한다. 프로그램은 학교의 학예회, 소품전시나, 대상 연령에 적합한 프로그램을 제작하여 교육, 계몽, 홍보 등에 사용하며 라디오나 TV에 방송하는 것도 포함된다. 정부는 프로그램을 만들어 실직자들에게 일(Job)거리를 공급해 주는 역할을 한다. 사람들은 자기의 건강을 위해 헬스케어센터(Hearth-care Center)에서 트레이너와 프로그램(Exercise Program)을 만들어 실행한다. 이렇게 여러 가지를 예정하고 실행하는 것을 프로그램이라 한다.

* programmer (기획자)

프로그램은 행사의 계획, 행사방식, 행사일정, 음악회의 연주곡목, 상영계획 등의 어느 프로그램(Program)을 기획하고 또한 진행하는 사람을 프로그래머라 한다.

2040 `pic`

projection (영상, 프로젝션, 예상)

프로젝션이란 말은 17세기 유리를 연마해 렌즈를 만드는 기술이 생겨나면서 '매직랜턴'이 고안되었고 '투사(Projection) 빛이 통과하여 슬라이드의 이미지가 벽에 비침)'라는 언어로 이미지를 스크린에 확대 영사하는 뜻으로 사용되어 왔다. 20세기에 와서 왕성하게 영화가 발달하면서 스크린에 웅장한 광경을 비추며 프로젝션의 의미는 영화를 대변하는 창작 예술로 발전시켰다. 프로젝션은 어떠한 모양과 방식에 관계없이 빛을 이용해 영상을 스크린에 크게 비춰보는 것을 총칭 프로젝션이라 정의한다. 또한 제작계획을 가상적으로, 성과를 예측해 보는 뜻으로도 사용되는 말이다.

□ 그림설명 2040, 프로젝션은 빛을 투사해 영상을 보는 기구.

2041 `pic`

projection speed (프로젝션 스피드, 영사속도)

영사기를 통과하는 필름의 속도를 말하는 것으로, 모든 사운드 필름은 1초에 24프레임(유럽은 1초에 25프레임)을 기본으로 하고 있다. 비디오에서는 NTSC 방식은 1초에 30프레임, PAL 방식은 25프레임이다. 지금은 필름(Film)을 사용하지 않고 디지털 카메라에 의해 촬영되어 당연히 30프레임으로 촬영되고 영사한다. 또한 최근 영화관에서는 DLP(Digital Laser Projector)로 스크린에 상영할 수 있게 개발되었다.

□ 그림설명 2041-1, Zenith 35mm Film Projector.

-2, SONY Digital Cinema 4K.

-3, 필름을 돌려주는 35mm Sprocket (톱니바퀴)

-4, InFocus Beam Projector.

-5, 최초(18세기경)의 '매직랜턴' 유사품.

promo (판촉용 영화)

프로모션을 줄여 부르는 말이다.

* promotion (판매촉진영화, 프로모션)

영상으로 광고하기 위한 여러 가지 홍보 활동용으로 짧게 중요한 내용이 함축되어 만들어진 선전용 필름을 말한다. 프로모 필름은 선전이나 광고뿐 아니라, 조심스럽게 기존에 있는 영상에서 발췌한 광고비를 들이지 않고 하는 TV신들로 구성하는 것이 특징이다. 배우나 감독의 인터뷰, 잡지와 신문 인터뷰, 시사회, 스타의 공개 출현, 영화와 배우에 관한 사실적이거나 비사실적인 정보의 유포 등도 포함된다.

* 참조보기 (0045 - Advertising)

* 참조보기 (1616 - Marketing)

projector (프로젝터, 영사기)

필름카메라로 촬영했거나 최근 디지털카메라에 의해 촬영을 했거나 프로젝터를 통해 이미지를 영사한다. 재래식 영사기방식은 둥근 릴에 감긴 필름을 돌려 렌즈를 통과하면서 스크린에 이미지를 확대해 보여주는 영상 기재를 말한다. 영사기는 70mm, 35mm, 16mm, 8mm, Super 8mm 등이 20세기에 붐(Boom, 인기)이었다. 그러나 디지털이 가져온 그래픽 기술의 발전으로 영화필름이 사라짐에 따라 필름영사기는 현재 사용하지 않는다. 프로젝터는 18세기 이래 300년간의 인간의 노력으로 최근에는 컴퓨터(Computer) 이미지를 직접 스크린에 쏠 수 있는 레이저 빔(Laser Beam) 프로젝터 DLP(Digital Laser Projector) 8K(7680x4320)가 개발 되었다. 'New Insight Laser 8K Projector'는 픽셀 수가 3,300만 화소이며 최고로 섬세한 화면과 36,000 루멘(Lumen, 광속단위)으로 인광체 빛 밝기(Phosphor Illumination)로 개발되었다.

□ 그림설명 2043-1, 18세기 초기 호롱불 영사기 <랜턴형태 프로젝터>

-2, 21세기 <New Insight Laser 8K Projector>

2044 `gen` `lit`

proofread (교정)

인쇄물과 같은 결과물을 내기위하여 문서 내용 중에서 잘못 쓴 글이 있는지, 또한 그래픽 도안이 적합한지 등을 찾아내어 올바르게 수정하기위해 교정을 보는 것을 뜻하는 말이다. 인쇄물뿐만이 아니라 일반적으로 어떠한 문서도 교정기회를 가져 독자나 일반 대중에 목적한바와 적합한지를 검토하는 기회를 갖는 것을 말한다.

2045 `ani` `pic`

prop (소품, 소도구)

1) 촬영하기위해 구성되는 화면 속에 놓여야 하는 소도구들을 나열해 배석하는 것을 뜻하는 말이다. 소도구들은 영화의 시대를 고증할 뿐만이 아니라 이야기상에 연기자가 손에 잡거나, 옮기거나 하는 위치에 미리 준비해 놓은 소품을 가리키는 말이다. 배경 속의 장식품, 가구 등은 소품에 포함되지 않는다. 2) 애니메이션에서 캐릭터가 손에 들게 되는 물건이나 문을 잡을 때의 문, 캐릭터와 직접 관계가 있는 의자나 책상, 배경 위에 그리지 않고 따로 떼어 별셀(Celluloid)에 그려 적합한 위치에 자리 잡는 모든 소도구들을 일컫는 말이다.

□ 그림설명 2045, 영화의 소도구들(책과 머그 컵, 샌드위치)

2046 `pic`

propaganda film (선전 영화)

특정한 이미지를 선전하거나 특히 정치적 성격의 관점에서 이념적으로 군중들을 설득시키려는 의도와 목적으로 만들어진 영화를 말한다. 이런 영화들은 편향적 시점을 직접 나타내기도 하고 때로는 주제에 다큐멘터리적인 접근을 시도하면서 아주 사실적인 이미지로 관객을 동요시킨다. 이러한 영화는 주로 국민을 설득하기 위한 선전 도구로 사용된다.

□ 그림설명 2046-1, <Der fuehrer's face>, 1943, by Jack Kinney.

-2, <Triumph of the Will> 1935, by Leni Riefenstahl.

2047 `ani`

proportion (몸 비례)

캐릭터 디자인은 머리(얼굴)를 정한 후, 키 크기를 정하게 되는데 캐릭터가 만화체 (Cartoony, Cartoon Style)인 경우 성인의 경우 대략은 5대 1정도로 정한다. 구성 중에 동생이 있으면 약 4대 1, 아주 작은 막내 동생인 경우 2대 1로 비례를 정한다. 캐릭터를 새로 만들 때 유의해야 할 점은 머리의 크기를 서로 어울리게 정하는 것이 매우 중요하다. 크고 작은 얼굴들이 화면 안에 동시 출연할 때를 감안해야 하기 때문이다. 또한 삽화체(Realistic Style)인 경우는 머리는 약 8등신 크기로 한다. 삽화체는 만화체에 비교해 매우 사실에 입각해 디자인이 정해지기 때문에 머리 크기에 따라 비례를 정한다. 이 경우 사실 인물작화 기법을 공부하는 것이 캐릭터 창작에 필수 이다. 사실화는 머리와 몸의 비례뿐만 이 아니라 골격, 근육, 스퍼 히어로, 노약자 등 신체구조를 학습해야 좋은 그림을 만들어 낼 수 있다. 개별적으로 캐릭터의 의상 등, 모든 것이 완성된 후 머리에 비해 몸의 크기(비례) 등을 일률적으로 유지하기 위해 정하는 것을 몸의 크기 비례를 뜻하는 말이다. 다른 말로는 키 비교표(Size Comparison)라고 한다.

□ 그림설명 2047, 같은 캐릭터의 유년, 소년, 청년기의 몸의 비례.

P

2048 `pic` `lit`

psychodrama (사이코드라마)

사이코드라마라 불리는 영화에서 사람의 심리상태를 극단적으로 불안하게 다뤄 표현한다. 심리의 상호작용을 부추겨 대다수의 심리적 갈등으로 전이(Spread)시키기 위해 출연자는 즉흥적으로 연기하기도 한다. 또한 필름 제작자 자신의 심리를 직접적으로 표현하는 전위(Advance-Guard) 형식의 작품을 이르는 말이기도 하다. 이런 영화는 서사적 논리보다는 주관적이고 연상적인 제작자(작가)의 심리표현이 임의적이고 즉흥적으로 표현된다. 일반적으로 꿈과 같은 설정으로 표현되며 묘한 성적 갈등과 관련시키기도 하는 드라마들을 말한다.

2049 `lit` `edu`

psychology (심리학)

인간의 행동과 심리과정을 과학적으로 연구하는 학문을 말한다. 심리학에는 임상심리학(Clinical Psychology (Pathology)), 개인심리학(Individual Psychology), 사회심리학(Social Psychology) 등으로 구별한다. 심리학의 역사는 기원전 4세기경 철학과 함께 그리스로부터 시작되었다. 심리학(Psychology)이라는 단어는 그리스어(Greek)인 'Psyche(영혼)'이라는 단어와, 이성(Logos, 하나님의 말씀)라는 단어가 합쳐진 것이다. 심리학은 주로 생활 속에서 인간의 성격(Personality)이나 감정(Sentiment), 본능적 행동(Act on Instinct)으로 직결되는 심리적 반응으로 갈등이나 도의심 없이 행동으로 표현하게 되는 것을 연구한다.

2050 `lit`

publication (출판, 발표, 퍼블리케이션)

신문이나 잡지, 책 등의 어떠한 출판물이던 종이 위에 인쇄된 인쇄물을 뜻하는 말이다. 발행(Issuing), 출판(Publishing), 인쇄(Printing), 보고서(Reporting), 선언문(Declaration), 광고(Advertising), 소문을 퍼뜨리기(Spreading) 등을 퍼블리케이션이라 한다. 또한 인쇄물에 의해 발표하는 책(Book), 서류(Document), 정장 책(Hardback), 등이 포함된다. 출판이란 대중에게 도움의 가치를 목적으로 펴내는 것을 이르는 말이다.

□ 그림설명 2050, 출판물.

2051 `gen`

public domain (공용, 퍼블릭 도메인)

어떠한 창작물에 특허 등록이나 제작 권리 등록이 되어있지 않거나 권리 소멸 상태를 말한다. 즉 작가, 작곡가나 권리 소유인에게 사용허가를 취득할 필요가 없으며 거기에 따른 사용료를 지급할 필요가 없음을 뜻하는 말이다. 그러므로 현재 등록되어있지 않은 작품들은 그 내용을 사용해 재제작, 판매하거나 사용할 수 있음을 뜻한다.

2052 `pic`

publicity (홍보, 널리 알림)

모든 정보(Information) 미디어를 통해 대중의 집중력을 이끌어내기 위한 하나의 선전 수단을 이르는 말이다. 그러나 광고와는 다르게 취급하는 퍼블리시티의 의미는 주최사가 홍보를 위하여 신문, TV 등에 사업정보를 단계적으로 풀어서(Release) 보도함으로 홍보 효과를 얻게 된다. 영화에서는 관객의 지속적인 관심을 얻어내기 위하여 퍼블리시티 방식으로 흥미롭게 홍보한다. 더욱이 광고비용도 들지 않고 홍보를 하는 방법이다. 예를 들어 영화의 제작발표회, 출연자 발표, 촬영현장 깜짝 공개, 공개시사회 등을 언론에 의해 보도된다. 그러나 언론이 작품에 대해 우호적일지 비우호적일지는 알 수 없어 혹평이 쏟아질 수도 있다.

2053 `pic`

pull-back shot (풀백샷, 뒤로 빠지는 샷)

풀백은 줌(Zoom Lens)을 사용하기도 하지만 한층 더 효과적인 방식으로는 돌리(Dolly)에 장착한 촬영카메라가 작은 선로(Track) 위를 움직이도록 임시로 깔고 카메라가 피사체로부터 멀어지며 촬영하는 것이 효과적이다. 줌(Zoom)렌즈 효과는 목적물 좌우에 있는 물체들이 좌우로 각각 미끄러져 들어오는 듯 보이며 돌리사용 효과는 목적물과 함께 멀어지는 듯 입체감을 얻을 수 있다.

2054 `pic`

pull-up, pull-down (풀업, 풀다운)

영화필름의 사운드와 화면의 싱크를 위해 사운드를 끌어올리거나(Pull-Up), 화면을 사운드보다 내린다는(Pull-Down)하는 뜻으로 사용되는 말이다.

✱ 참조보기 (2602 - Synchronization)

P

2055 `equ`

punch, puncher (펀치, 구멍 뚫는 기계)

애니메이션 작화용 종이나 셀에 구멍을 뚫는 기계를 가리키는 말이다. 애니메이션은 1908년 프랑스의 에밀 꼴(Emile Cohl, 1857-1938)에 의해 최초로 그림으로 그려 만들어졌지만 그림을 한장 한장 고정시킬 수 있는 장치를 아직은 생각하지 못하고 있었다. 그 후 미국의 윈저 맥케이(Winsor McCay, 1869-1934)가 1909년에서 1911년까지 <리틀 네모(Little Nemo)>와 <공룡 길들이기>를 만들었지만 그림을 고정시키는 장치를 창안하지 못하여 그림마다 십자 선(Cross hair)을 그려 넣어 그림을 그리고 촬영할 때도 사용했다. 그러다가 1913년 라울 바레(Raoul Barre, 1874-1932)에 의해 결국 종이에 구멍을 뚫어서 나사못(Peg)에 끼워 고정하게 해서 사용했다. 이처럼 새로운 방식을 발명하는 일은 쉽지 않다. 여러 해를 거듭하며 오늘날 사용하고 있는 페그 바가 세계적으로 사용되기까지는 8년이 지나서였다. 이것을 에크미 페그바(Acme Peg Bar)라고 부르고 펀치 홀은 가운데 둥글게 좌우 옆에 홀은 길쭉하게 구멍을 뚫어 3 Hole Pegs를 사용한다.

□ 그림설명 2055, Animation Paper & Cel Punchers.

2056 `ani`

puppet

＊puppet animation (퍼펫 애니메이션)

퍼펫놀이 공연은 가장 오래된 소극장 쇼이다. 또한 이런 공연들은 세대에 따라, 그 모양이 나라마다 전통에 따라 조금씩 다르다. 인형놀이들은 주로 인도네시아, 인도 그리고 중국 등지의 그림자 인형놀이에서 그 전통이 시작돼 전해 내려온 것이 많다. 인형들은 주로 사람이 손으로 움직여가며 이야기 줄거리를 설명해 나가게 된다. 이런 것들 외에도 줄에 매달려 자유자재로 움직이게 하는 마리오네트(Marionette) 인형이나 손에 장갑처럼 끼고 움직이는 인형 놀이도 있으나 이들은 모두 애니메이션 범주에 속하지 않는다. 그러나 이런 모양의 인형들을 손으로 들거나 줄에 매달지 않고, 조금씩 움직이며 카메라로 한 콤마씩 촬영 해 영사기를 통해 살아 움직이는 것처럼 보이게 하는 것을 인형 애니메이션이라 부른다. 이들을 움직이게 하는 방식은 여러 가지가 있으나 사람처럼 관절을 움직일 수 있도록 특수 인형의 골격 대를 사용, 일일이 인형의 자세를 조작해 한 프레임씩 촬영해 움직임을 만드는 제작 방법을 쓴다. 일반적으로 이 작업을 위해서는 표정이 다른 여러 개의 머리와 다른 복장의 몸통도 별도로 준비해 적절히 교환하며 촬영해야 한다. 이때 입체적인 각도에서 촬영해야 하기 때문에 특수하게 설계된 컴퓨터 촬영대에서 한 콤마씩 인형의 동작과 카메라의 움직임을 정교하게 계획해야 한다. 완성된 작업이 다시 연속적으로 스크린에 영사되면 움직이는 애니메이션이 만들어진다. 연출에 따라 캐릭터의 동작만 따로 촬영한 후, 디지털 편집과정을 통해 배경과 합성을 마무리해 작품을 완성할 수도 있다. 일반적으로 이 작업을 위해서는 표정이 다른 여러 개의 머리와 다른 복장의 몸통도 별도로 준비하여 적절히 사용하게 된다. 그림이 아닌 인형을 사용한 애니메이션은 입체적으로 만들어 한 번에 한 프레임씩 스톱 모션 촬영 방식으로 퍼펫 인형(Stop-Motion Puppet)의 동작을 조금씩 움직여가며 촬영을 한다. 이때 사용하는 카메라는 평면 애니메이션을 촬영하는 카메라와는 달리 입체적인 각도에서 촬영해야 하므로 특수하게 설계된 컴퓨터 촬영대에서 한 콤마씩 인형의 동작과 카메라의 움직임을 정교하게 계획하여 완성하게 된다. 이 방식은 금속 볼과 관절(Steel Ball & Socket) 부분이 움직일 수 있도록 보강제(Armature)로 연결하여 캐릭터의 몸속에 숨겨져 관절처럼 움직여 가며 애니메이션을 찍듯 촬영하여 만든다. 완성된 작업이 다시 연속적으로 스크린에 영사되면 움직이는 애니메이션이 만들어진다. 퍼펫 인형들의 크기는 매우 다양해서 10cm에서 큰 것은 50~60cm 크기의 사람이나 동물들을 흉내 낸 각종의 캐릭터들로 구성해 사용할 수 있다.

□ 그림설명 2056-1, <유령신부> by Tim Burton(팀 버튼), 2005.

-2, Stop-Motion Puppet, by Laika Animation Studio.

연출에 따라 캐릭터의 동작만 따로 촬영된 후에 디지털 편집 과정을 통해 배경과 합성, 마무리하여 작품을 완성할 수 도 있다.

2057 `pic`

push-off wipe (푸쉬-오프-와이프)

다음 신의 이미지가 옆으로부터 프레임 안에 들어오며 앞 신의 이미지를 좌우 어느 쪽이던 밖으로 밀어내는 특정 와이핑(Wiping)를 말한다. 일반적으로는 길게는 4~5초, 짧게는 12프레임(½초) 정도의 서로 교시키는 크로스 디졸브 방식을 사용한다.

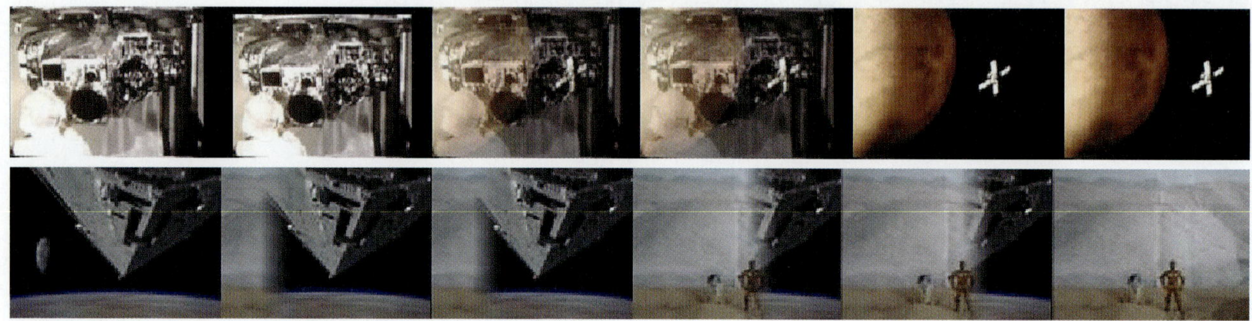

□ 그림설명 2057, StarWars의 와이핑(Wipping)효과, Cross-Dissolve.

quartet

Q q

[큐]

Quick Pan

Cont.

Q q [큐]

2100 `ani` `gen`

quart (쿼트, 4분의 1)

액체, 길이, 부피의 크기 등을 4분의 1단위로 표시 할 때 사용되는 단어이다. 여러 나라들은 미터법(Metric System)을 사용하지만 미국이나 영국에서는 센티미터(Cm)를 인치(Inch)로, 킬로(km)를 마일(Mile)이나 야드(Yard), 자(Foot)로, 리터(Liter)를 갤런(Gallon)으로 모든 눈금을 4분의 1단위로 나누어 사용한다는 뜻이다. 예: 쿼터마일(Quart of Mile)은 4분의 1마일, 쿼터 인치(Quart of Inch)는 인치의 4분의 1, 그리고 4쿼트는 1갤런(4 Quarts are 1 Gallon) 등으로 부른다. 1갤런은 16컵이다. 8파인트(Pint), 로는 애니메이션제작 툴에서도 페그 바(Peg Bar)의 눈금이나 카메라의 모든 움직임이 센티미터(Cm)가 아닌 인치체계(Inch System)로 표시되어있다.

Gallon Chart

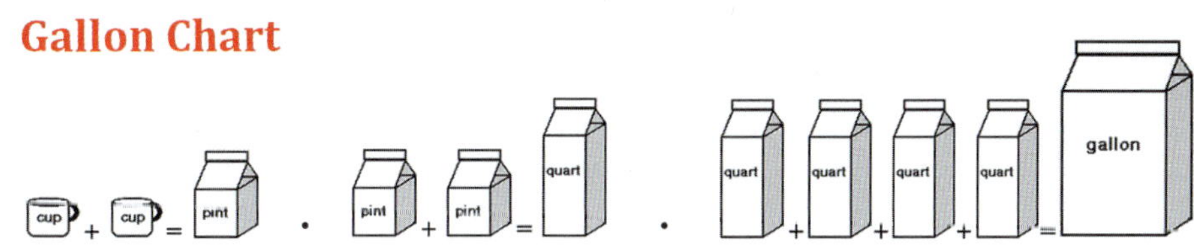

□ 그림설명 2100, 1갤런(Gallon)은 16컵이나, 8파인트나 또는 4쿼트이다.

2101 `gen`

qualification (자격, 능력)

어떤 분야에서 그 일을 수행할 수 있는지 자격 또는 능력을 인정하는 말이다. 애니메이터가 작품에서 수준급의 일을 수행할 수 있는지, 감독이 작품을 이끌어나갈 수 있는 능력이 있는지를 평가하거나 혹은 초심자(Beginner)가 전문가(Journeyman)로 능력이 향상되었을 때 그 자격을 올려서 평가할 때 사용되는 말이다.

2102 `ani` `gen`

quality (품질)

일반적으로 어떠한 물건이던 간에 만들어진 '제품의 품질'을 평가할 때 사용되는 단어이다.

* quality level (수준급, 퀄리티 레벨)

애니메이션에서 '퀄리티(Quality)'는 작품의 수준을 평가하는 뜻으로 사용된다. Excellent Quality는 20~22분 기준으로 그림이 2만 매 이상을 초과하고 특히 그림의 동작이 매우 부드럽게 잘 애니메이션 된 것을 말한다. 따라서 Poor Quality는 그림 사용을 제한하여 만든 것이 아니라 애니메이션 표현방식이 완성도로 볼 때 동작이 불안하고 Timing도 적절하지 못한 것을 뜻할 때 사용되는 말이다. 그밖에 Medium Quality(보통수준), Low Quality(수준이하), Bad Quality(저질)등의 단어도 사용한다.

2103 `mus`

quartet (4인조, 4중창, 4중주)

음악에서 4중주의 의미는 4개의 악기가 함께 연주하거나, 4사람의 가수가 함께 노래하는 것을 말한다. 4중주에서 현악 4중주는 바이올린 2, 비올라 그리고 첼로로 구성된 현악 4중주를 뜻한다. 실내 악곡이라 부르는 현악 4중주는 특히 유럽에서 음악을 발전시켜온 하나의 중요한 연주양식이다.

□ 그림설명 2103, 아벨 콰르텟 사중주단. (바이올린 윤은솔 · 박수현, 비올라 김세준, 첼로 조형준)

2104 `ani` `pic`

quick and dirty (급조한 작품)

제작비용을 조금 들여 단기간에 질에 관계없이 제작한 작품을 말한다. 대부분 애니메이션 품질을 표준화할 수 있는 동작 표현과 그림 매수에 관계없이 빠른 시일 내에 품질의 관리를 수준급에 맞추지 않고 제작된 작품을 일컫는 말이다.

2105 `ani` `pic`

quick cut (퀵 컷)

1) 하나의 신이 아주 짧게 삽입된 샷(Shot)을 말한다. 2) 디졸브(Dissolve)없이 즉시 행하는 화면 전환 기법이다. 3) 시각적 전환 없이 한 샷에서 다른 샷으로 재빨리 바뀌는 컷을 말한다.

* quick-pan (빠른 팬)

빠른 팬을 의미하며 휘두르기(스위시 팬, Swish Pan), 윕 팬(Whip Pan), 짚 팬(Zip Pan) 등과 같은 흡사한 방식을 사용한다.

□ 그림설명 2105, 휘두르기 팬(Swish Pan) 보기.

2106 `com`

QuickTime file (퀵타임 파일)

퀵타임 파일 포맷(QuickTime File Format, QTFF)은 맥 오에스(Mac OS)나 윈도우 어플리케이션(Application)을 통해 이미지나 동영상, 음악, 영화 등을 볼 수 있는 파일의 이름이다. 시초부터 퀵타임 구성은 CD-ROM, MP-3, Internet 등을 통해 광범하게 연관된 퀵타임 파일 포맷만을 사용한다.

2107 `mus`

quintet (5인조, 5중주단)

음악에서 현악 5중주는 바이올린1, 바이올린2, 비올라, 첼로, 베이스를 편성하며, 혹은 베이스를 제외하고 비올라2를 편성하기도 한다. 목관악기의 경우 클라리넷, 플루트, 오보에, 바순, 피아노 등 중에 한 악기를 넣고 비올라2를 뺀다. 첼로 5중주는 첼로만으로 구성한다. 또한 금관악기(Brass Quintet)만의 5중주, 목관악기 5중주(Wind Quintet)의 악기 편성으로 앙상블이 되는 어떠한 편성도 가능하지만 현악기를 주로 구성하는 것이 일반적이다.

□ 그림설명 2107, String Quintet SAKURA, members: Michael Kaufman, Benjamin Lash, Gabriel Martins, Peter Myers and Yoshika Masuda.

Q

2108 `gen`

quiet (조용히, 고요)

도서실에서 소음이나 소리 그리고 말소리도 내지 않고 조용히 하는 것을 뜻한다. 영화 제작에서 동시녹음촬영 때 보조 카메라맨은 주변의 일반인들에게 팻말로 조용할 것을 알리며 촬영한다.

*quit (중지, 떠나다)

진행 중에 있는 작업을 중간에 의도적으로 중지하거나 또는 직업 자체를 포기하고 회사를 그만두는 행위를 뜻하는 말이다.

*quite (아주, 사실)

아주 좋은 정도를 나타내는 말이다. "Quite Good!" 최고의 완성도, 완전무결한 품질 등을 최상급으로 칭찬할 때 쓰는 단어이다. 위의 3개의 단어는 발음이 유사한 단어지만 뜻이 전혀 다르게 사용되는 것에 유의한다.

2109 `gen`

quota system (쿼터제, 몫, 할당제도)

일반적으로 인원수를 제한해 놓고 고용하거나 제작 할당량이나 할당금액을 미리 정해 놓고 실적에 따라 허가나 이권을 얻는 제도를 말한다. 이러한 제도는 정부의 계획에 의해 물량, 종류, 품질, 기간 등을 조절해 균형적 발전을 위한 국가제도로 사용한다. 예; 이민쿼터제, 영화수입 쿼터제를 들 수 있다. 국가 이민정책으로 1만 명의 이민자를 입국허가를 하는 경우 향후 15년간에 나누어 받아들인다면 연간 배정된 량을 쿼터제라 한다. 또한 영화 수입에서 수입사에 쿼터제를 적용하여 제한적인 수입물량을 정부가 조절하는 제도를 뜻하는 말이다.

2110 `ani` `pic`

quotation (견적서)

쿼테이션은 제작을 하기위해 인용되는 Estimate(견적)를 의미하는 말이다. 에스티메이트는 대략 드는 비용을 의미하지만 쿼트(Quote)는 실제 거래할 수 있는 상세하게 적용해야할 비용을 뜻하는 말이다. 애니메이션 제작에서의 견적은 기획(Pre-Production), 실제작(Main-Production)과 후반 마무리 공정(Post-Production)등으로 나누어 총 제작 예산 비용을 만들거나 하청 제작(OEM)을 위한 견적서를 제출할 때 사용되는 말이다.

OEM 견적은 Pre-Production과 Post-Production 부분은 포함하지 않고 견적한다.

✱ 참조보기 (2026 - Production)

2111 `equ`

quater inch tape (쿼터 인치 테이프)

카트리지(Cartridge) 형태이거나 릴 투 릴(Reel to Reel) 형태의 기본 사양으로 사용되어
온 아날로그방식 녹음용 테이프를 가리키는 말이다. 1인치(Inch)의 4분의 1인치 폭으
로, 센티미터(Cm)로는 6mm 폭과 같은 넓이의 마그네틱테이프를 지칭하는 말이다.

□ 그림설명 2111, 쿼터인치 녹음테이프와 AKAI Reel to Reel 녹음기.

■

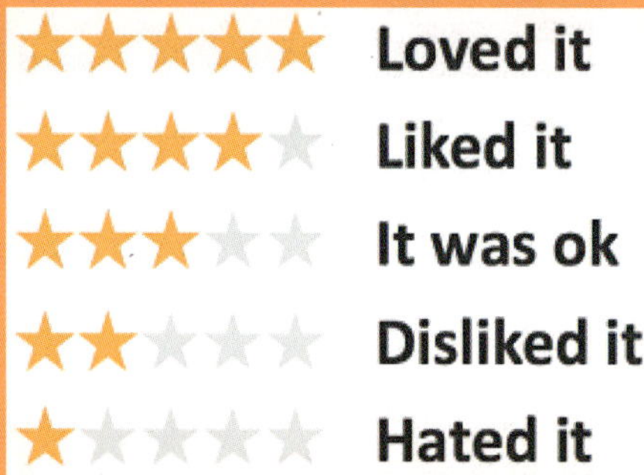

Rating System

Rr

[알]

Recording Studio

Requiem

roll film

Winnie-the-Pooh

2200 `pic`

race films (인종영화, 레이스 필름)

무성영화 시대(1927년 이전)에서 시작되어 1940년대 말까지 지속되었던 미국의 흑인(Black Race) 관객을 위해 흑인 배역으로 만들어진 영화를 총칭하는 말이다. 이런 영화들은 대부분 여러 다양한 할리우드 영화 장르에 속하는 서부극, 뮤지컬, 갱스터 영화, 미스터리 영화 등을 흉내 내어 제작되었지만 품질은 낮은 편이었다. 이런 영화들은 흑인제작자뿐 아니라 백인 제작자들도 만들었고 주연이 백인인 경우도 많았다. 이 필름들은 미국 흑인 관객들에게 그들이 동일시 할 수 있는 인물들과 그들의 세상과 닮은 세상을 영화에서 본다는 측면에서 중요한 의미가 있었다.

□ 그림설명 2200, <The Scar of Shame> 1927, by Frank Perugini.

2201 `equ`

rack (랙, 선반 장)

전시품, 보관용 물건 등을 보관하기 위해 설치한 선반이나 장을 가리키는 말이다. 영화 제작팀에서는 촬영용 장비를 보관하기 위해 별도의 창고(Ware House)에 설치하여 크고 작은 선반 위에 사용되는 제반 기제들을 보관하기 위해 만들어 놓은 체계적인 랙을 말한다.

□ 그림설명 2201-1, 선반.   -2, Wine Rack.   -3, 콤포넨트 랙.   -4, Computer Server.

2202 `gen`

R&D (알 엔 디, 연구와 개발)
* Research & Development (연구개발)

연구(Research) 개발(Development)을 간단히 줄여서 R&D로 읽거나 쓰는 말이다. 국가의 사회경제개발을 위한 프로젝트(Project)의 선행으로 사회의 환경적인 지식과 기술을 사전 점검하고 그 능력을 증강하기 위한 연구개발을 말한다. 주로 발전된 사회의 잠재적 가치를 지역적 특성을 감안하여 과학적인 기술개발이 첨가된 사업이 일반적이다. 이러한 사업들은 지방정부와 일반기업 그리고 정부가 조인벤처 형태로, 또는 대부분이 이러한 연구개발은 정부나 지방정부 기관에 의해 민간 교육기관과 연합해 추진되는 것이 대부분이다. 예; NASA(미국항공우주국) 우주탐구를 들 수 있다. 이것은 과학적 탐구와 이에 대한 학술적인 조사를 남김으로서 우리 지구인들은 우주에서 어떤 존재로 무엇을 할 수 있는지 연구하고 지구인(Earthian)의 미래를 위해 성장하는데 목적을 둔다.

2203 `mus` `lit`

ragtime (래그타임, 우스꽝스런 춤)

래그 타임은 Rag-Time 또는 Rag Time이라고 두 단어를 분리해서 표기도 하지만 영화나 문학에서는 붙여서 한 자로 쓰인다. 이 음악이 생겨나기 전에 흑인들의 우스꽝스런 발장난(스텝)에 음악이 곁들여지면서 재즈(Jazz) 초기 스타일 음악으로 발전했다. 문화적인 기원은 1895년경 미국 중서부지역으로 부터 흑인들의 스텝댄스(스텝 경기로 케이크를 상품으로 준 것에서 유래함)로 즐기던 음악 형식으로 1919년경에는 인기가 절정을 이루었다. 구어로 신디그(Shindig, 떠들썩한 파티)라 하는데 그 기본 특성은 빠른 박자와 반음(Chromatic)형식이다. 이 음악의 양식은 전형적인 민족음악, 행진곡, 고전 음악 등에 사용되었고 피아노나 벤조 그리고 기타 등으로 연주되었다. 이 음악 형식은 1920년경 미국 전국으로 퍼지며 래그 타임 작곡가로는 아칸소 주(State of Arkansas) 출신 흑인 피아니스트 스콧 조플린(Scott Joplin, 1868-1917), 루이지에나 주(State of Louisiana) 뉴올리언스(New Orleans) 태생 재즈 피아니스트, 젤리 R. 몰톤(Jelly Roll Morton, 1890-1941) 그리고 제임스 래그 타임은 미국의 음악장르로써 한 기간 동안 부활을 거듭하며 발전시킨 재즈로 앞장서게 됐다.

□ 그림설명 2203-1,
래그 타임의 선구자 조플린.

-2, Poster.

-3, 조플린이 사용하던 피아노.

2204 `equ` `pic`

rain stand (레인 스탠드)

영화 제작에서 비를 연출하는 특수시설을 가리키는 말이다. 물 호수를 키가 높은 장대에 연결하여 비가 오는 것처럼 물을 뿌리는 장치를 레인 스탠드라 한다. 또한 호수가 없는 곳에서는 물통(레인 클러스터, Rain Cluster)을 매달아 빗물을 공급한다. 비의 연출은 영화의 내용에 따라 안개비(Misty), 보슬비(Drizzle), 소나기(Shower), 억수같은 비(Downpour), 폭풍우(Rainstorm) 등을 실제와 같이 인위적으로 바람을 일으켜 연출한다. 아메리카 대륙의 태풍은 허리케인(Hurricane), 남태평양 서부에서 일어나는 태풍은 타이픈(Typhoon), 인도양의 열대성 회오리바람을 일으키는 사이클론(Cyclone)과 같은 초강력 태풍이 있다. 주로 미국 남부 대륙을 초토화시키는 회오리바람 토네이도(Tornado) 태풍 등은 스톡 푸테이지(Stock Footage, 자료필름)을 병행해 사용한다. 영화에서는 어떠한 태풍도 기계적으로 빗방울의 종류를 만들 수 있으며 바람을 기계적으로 강약을 조정해 실제와 같이 연출해 낼 수 있다.

□ 그림설명 2204, 레인 스탠드의 촬영용 인조 비와 비 내리는 장치.

2205 `com`

RAM (램)

*Random Access Memory (무작위 접속메모리)

각 바이트(byte)의 기록이 그 전에 사용한 기록이나 바이트의 위치에 상관없이 독립적으로 사용할 수 있는 자료저장 시스템을 말한다. 현재 작업 중인 컴퓨터 언어를 잠시 저장해 주는 역할을 한다. RAM은 저장 장치의 일종으로 CPU(중앙처리장치, Central Processing Unit)가 판단해 준비해 놓은 정보를 그때마다 처리하는 기능을 가지고 있다.

□ 그림설명 2205, 삼성전자 램 (DDR3 8G PC3-12800)

2206 `gen`

random (무작위)

순서에 따라하지 않고 드문드문 으로 작업하는 행위를 말한다.

＊random access (랜덤 액세스, 전자정보호출기능)

컴퓨터 등에 저장되어 있는 전자 정보를 순서에 따르지 않고 손쉽게 즉각 검색하는 기능을 말한다.

2207 `pic`

rapid time (급한 시간, 붐비는 시간)

영화를 로케이션(Location, 야외촬영) 할 때는 그림자의 길이가 비슷한 시간에 촬영을 서둘러 한다는 의미이다. 만약 서두르지 않아 시간을 놓치면 다음날 다시 와서 같은 시간에 촬영을 해야 하기 때문이다. 그 다음날 날이 흐려 그림자가 없다면 햇살이 있을 때까지 무한 기다리게 되는 것이다. 이런 점에서 영화 제작 초기에는 날씨의 변화가 거의 없는 미국의 서남부 도시 할리우드(Hollywood)가 영화를 촬영하기위한 최적의 도시였을 것 같다.

2208 `gen`

raster (래스터, 주사선 화상)

컴퓨터 모니터나 디지털 스크린에서 이뤄지는 화상으로 래스터 그래픽(Raster Graphic) 이미지는 비트맵(Bit-Map) 방식을 가리키는 말이다. 직사각형 모양의 화소로써 1 Dot는 최소단위인 1 Bit(화소)와 같다. 각 화소는 색감(Color), 면적(Area), 모양(Shape), 농도(Tone) 등의 조합으로 이뤄진 형태가 여러 픽셀(Pixel)로 표시되는 구조이다. 래스터 이미지는 다양한 포맷의 그림 파일로 저장할 수 있다. 비트맵(Raster)은 화면에 표시되는 그림의 비트 대 비트와 일치하며, 일반적으로 장치 독립 비트맵으로서, 디스플레이의 비디오 메모리의 기억 장치에 쓰이는 포맷과 같다.

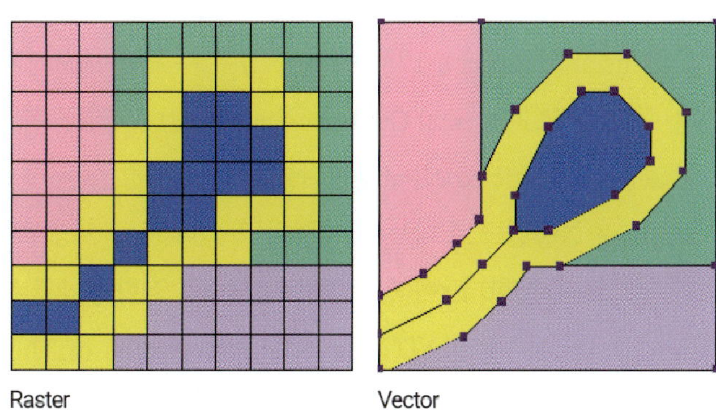

□ 그림설명 2208, 래스터와 벡터의 비교.

□ 그림설명 2209, 래스터와 관련한 파일들.

2209 `com`

raster graphics (래스터 그래픽스)

컴퓨터 그래픽(Graphic) 작업을 하려면 래스터 그래픽 또는 비트 맵 이미지를 사용한다. 래스터 이미지는 다양한 형식이어서 종이 위에 프린트를 하거나 다른 디스플레이 매체에 도트 매트릭스(Dot Metrics) 형태로 저장할 수 있다. 색으로 된 래스터 그림은 보통 1비트와 8비트 사이의 화소(각각 빨강, 녹색, 파랑색 요소)를 가진다. 녹색 요소는 사람의 눈이 요소를 더 잘 구별할 수 있게 하기 위해 다른 두 개의 요소보다 더 많은 비트를 가지기도 한다. 컴퓨터 이미지는 대부분 웹에서 널리 사용되는 GIF(Graphic Interchange Fomat), JPEG(Joint Photographic Experts Group), EPS(Encapsulated Post Script), 그리고 PNG(Portable Network Graphics) 등을 포함해 래스터 그래픽 형식이나 압축 변형으로 저장할 수 있다. 3D 래스터 그래픽스는 Video Game과 MRI Scanner에 사용된다.

2210 `gen`

rate (레이트, 단가, 비용)

광고 단가로서 광고 대행사와 광고주가 부담하게 되는 매체 비용을 말하며, 광고 횟수와 양에 따라 적절히 조절된다.

2211 `pic`

rating (레이팅, 평가, 등급)

1) 영상물 등급을 뜻하는 말로써 미성년자 보호를 위한 연령 제한을 등급화한 제도이다. 예; 자녀들이 관람이 가능한 내용인가를 학부모 등 일반 대중이 확인할 수 있도록, 미국 영화 업계가 안내문과 함께 등급을 지정하는 제도를 말한다. 이 제도는 모든 사람이 관람 가능한 G(General Audience), 17세 이하의 경우 부모나 보호자가 동반할 경우에 한해 관람을 할 수 있는 PG(Parental Guidance Suggested), 그리고 어느 경우에도 청소년이 관람할 수 없는 R(Restricted)로 구분한다. 또한 어떤 경우든 19세 이하가 관람할 수 없는 포르노필름은 X등급으로 나누어 지정하고 있다. TV에 방영되는 영화는 시청자 연령 제한을 숫자로 표시한다. 이 등급 제도는 미국 영화인협회 MPAA(Motion Picture Association of America), NATO(National Association of Theatre Owners), IFIDIA 등에 의해 1968년도에 만들어졌고, 관리는 MPAA에서 담당하고 있다. 따라서 모든 영화 배급사들은 등급을 지정받기 위해 등급 관리국인 CARA(Classification and Rating Administration)에 출시 필름을 제출하게 된다. 그리고 만일 영화사가 지정된 등

급에 동의할 수 없을 경우 이의를 제기할 수 있다. 그러나 이와 같은 최종 등급 지정은 MPAA 회원사 모두에게 구속력을 갖게 된다. 2) 방송국의 특정 텔레비전 프로그램이나 혹은 라디오 방송 시간대를 시청하는 예상 시청률을 말하며, 그 시청률은 조사 집단을 대상으로 모니터링을 하며 퍼센트(%)로 표시한다.

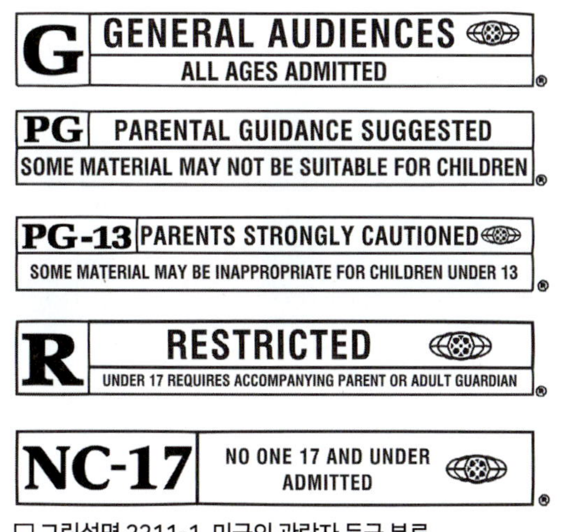

□ 그림설명 2211-1, 미국의 관람자 등급 분류.

＊rating system (레이팅 시스템, 등급제도 관리)

미국 영화협회인 MPAA의 등급 관리국인 CARA가 채용하고 있는 제도로서 영화에 대해 관람자 입징에서 적합성 여부를 등급으로 표시하고 있는 제도이다.

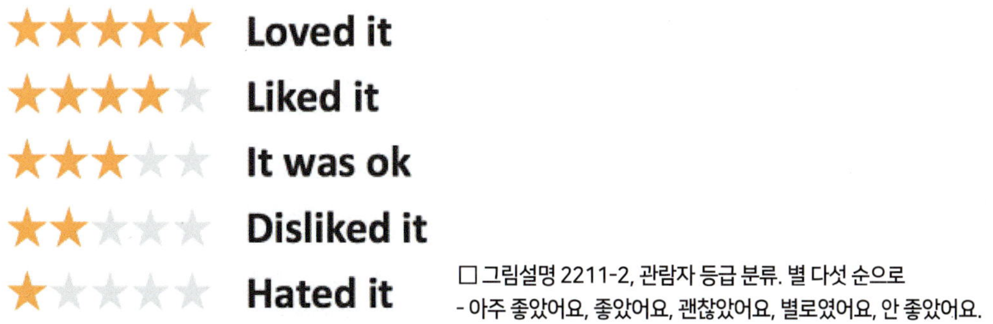

□ 그림설명 2211-2, 관람자 등급 분류. 별 다섯 순으로
- 아주 좋았어요, 좋았어요, 괜찮았어요, 별로였어요, 안 좋았어요.

2212 `gen`

ratio (screen ratio: 화면 비례)

영상의 가로 세로 화면 비례를 '레이쇼' 라 부른다. 21세기 디지털 시대에 들어오면서 영상의 가로 세로 비례는 16:9로 획기적인 변화를 맞았다. 1892년 에밀 레이노드(Emile

Reynaud, 1844-1918)가 인류 최초로 상영한 영상 <가난한 피에로(Pauvre Pierrot)>의 비례는 4:3이었고 이 포맷은 20세기까지 사용되어 왔다. 그리고 화면 비례는 획기적인 발전을 하였고 스크린의 비율은 4:3, 16:9, 1.85:1, 2.55:1, 2.59:1 등이 있다.

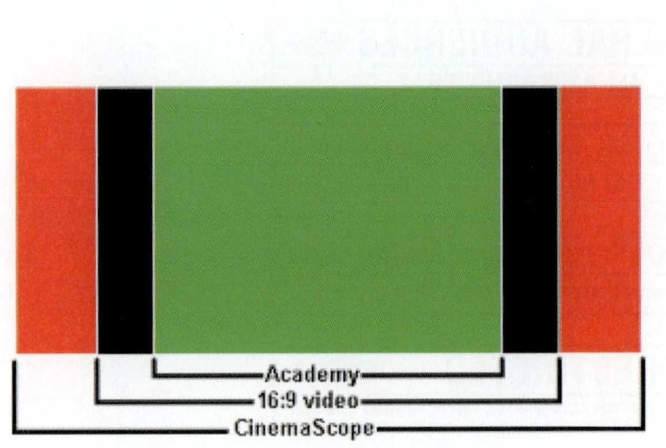

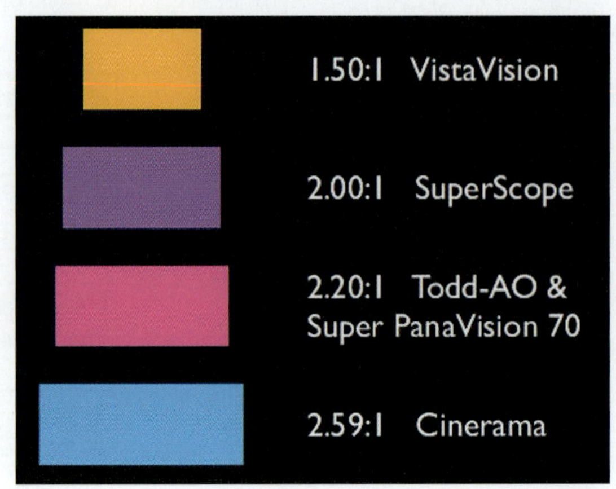

□ 그림설명 2212, 각종 비례의 영화 스크린 사이즈.

✷ 참조보기 (0134 - aspect ratio)

2213 `pic`

raw stock (로우 스탁, 원자재)

영화 제작에 사용되는 생 자재로써 촬영용 필름이나 사용하지 않은 새 비디오테이프 등의 원자재를 뜻하는 말이다. 또한 매일 시장에 나오는 신선한 야채나 과일 등 아직 가공되지 않아 식탁에 음식으로 올리기 전 재료를 말한다.

□ 그림설명 2213, 가공되지 않은 음식원재료와 사용하지 않은 35mm 필름.

2214 `gen`

RDD (Random Digital Dialing: 랜덤 디지털 다이얼링)

무작위로 추출된 사람(집)을 대상으로 자동으로 전화를 걸어 어떤 문제를 조사하는 기법을 말한다. 주로 후보자를 내놓고 그가 적합한지 사전 조사를 버릴 때, 전문 조사기관의 전화에 의한 적절한 여론조사의 하나의 방식을 이르는 말이다.

2215 `pic`

reaction shot (리액션 샷)

주로 대사 신(Scene)에서 대화를 듣고 있는 상대의 감정적 반응이 담긴 표정을 촬영하는 것을 말하며, 보통 클로즈업(Close-Up)을 통해 그의 반응을 더욱 명확하게 보이도록 한다.

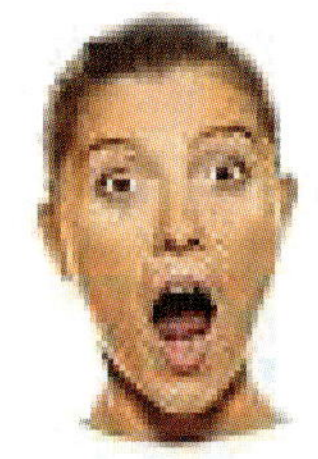
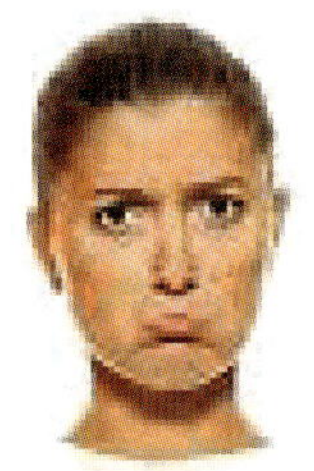

□ 그림설명 2215, 대화상대의 표정을 클로즈 업.

2216 `pic`

reader (리더)

1) 주로 영화제작에서 영화 제작가능성 유무를 결정하기 위해 제출된 스크립트(Script)와 사업계획서 등을 읽고 검토하는 전문인을 뜻하는 말이다. 2) 필름으로 된 영상이나 음향테이프 등을 기계에 장착하기위해 소요되는 준비화면이나 무성 음향테이프의 앞부분을 가리키는 말이다. 영화용 필름리더는 일반적으로 8초 전을 표시하는 자막이 카운트다운으로 7, 6, ... 4까지 시각으로 확인 할 수 있고 3초부터 2초, 1초 ... 본 영화 화면이 나오기까지 화면은 어두워지며 음향도 없는 것이 스텐다드이다.

✱ 참조보기 (0015 - Academy leader)

2217 `pic`

reading (리딩, 대본암기, 노출계 읽기)

1) 실사 극영화 촬영 시 배우가 대본에 따라 대사를 올바르게 하고 연출상의 감정을 표현하여 감독의 지시 없이도 스스로 대본을 통독하는 것을 말한다. 2) 카메라맨 조역은 영화 촬영 전 노출계에 표시된 조명의 광량을 카메라맨에게 알려주는 것을 리딩이라 한다.

2218 `com`

readout (리드아웃, 검색)

컴퓨터에 저장된 전자 정보를 검색하는 것을 말한다.

2219 `gen` `pic` `lit`

realism (리얼리즘, 사실주의)
*realist cinema (사실주의 영화)

19세기 후반에서 20세기 초기 영화시대부터 모든 예술 분야에서 널리 통용된 용어인 사실주의는 낭만주의(Romanticism)와 더불어 많은 논쟁의 대상으로 불려왔다. 영화예술에서 사실주의는 제작자의 시점에서 감독의 시각에서 영화 테크닉(Technic)으로 인한 내용물의 변형을 최소화하며 하나의 물리적 환경을 표현하는 현실 세계의 직접적이고 사실적인 시각을 주장하는 말이다. 이런 점에서 영화의 사실주의는 객관성에 치중하여 주관적인 주장을 배제하는 예술이어야 하고 주변에 둘러싼 세계에 대한 의식을 사실화해야 한다고 주장한다. 영화의 사실주의가 흔히 사회적 문제를 다루지만 궁극적으로 인간 개인을 근본적으로 결정하는 것이 개인의 자유의지가 아니라 환경과 이념이라고 보는 시각에서 사실주의는 현실주의로 훨씬 더 광범위하고 염세적으로 다루어져 왔다. 문학, 음악, 미술에서도 자본주의(Capitalism) 논리에 의해 예술가들은 자본가의 횡포와 노동력의 착취로 사회가 병들고 부조리에 허덕인다는 현실로 해석했다. 이 경향을 사실주의(Realism)라 한다. 이탈리아의 탁월한 사실주의 감독인 비토리오 데시카 (Vittorio De Sica, 1901-1974)는 1948년 스스로 쓴 <자전거 도둑(Bicycle Thief)>을 영화적 그리고 다큐멘터리적인 장치(Device)에 의해 변증법적으로 해석한 작품을 세상에 발표하고 관객으로부터 크게 관심을 일으켰다. 그의 작품은 네오리얼리즘 (Neorealism)로 불리며 세계적으로 그는 명성을 얻게 되었다.

□ 그림설명 2219, <자전거 도둑> 1948, by Vittorio De Sica.

real-time (실시간)

1) 화면에 보여지는 시간만큼 같은 시간이 걸리는 일련의 움직임의 이미지들을 영상에 옮기거나 녹음 또는 렌더링(Rendering)하는 과정에 사용되는 용어이다. 2) 액션을 생략해 자르거나 슬로우(Slow)모션이나 혹은 페스트(Fast) 모션으로 보여주지 않고 실제 상황을 보여주는 것과 같이 액션을 정상적으로 보여주는 타임을 말한다.

2221 `pic` `equ`

rear projection (리어 프로젝션, 이면영사)

영상을 영화 스크린과 같이 앞면에 영사하는 것이 아니라 불투명 스크린 뒤에서 영사하여 영상을 볼 수 있는 방식을 말한다. 이 이면영사(Rear-Projection) 방식이 처음 나온 것은 아주 오래 전의 일이다. 1892년 에밀 레이노드(Emile Reynaud, 1844-1918)가 인류 최초로 만들었던 광학극장 '디에터 옵틱(Theatre Optique)'이 리어 프로젝션이었고, 이 과정에서 객석에서는 좌우가 바뀌는 화면을 보게 됨으로 거울에 반사시켜 정상으로 화면을 볼 수 있게 문제를 해결했다. 1947년에 알씨에이(RCA)가 만든 리어 프로젝션 TV도 역시 거울을 사용하여 정상으로 화면을 보게 만들었지만 제품은 소비자들에게 많이 보급되지는 않았다. 1970년경에 들어서 이 이면영사TV는 전자 음극선(Cathode-Ray Tube, CRT)을 이용한 기술로 차용한 새로운 제품이 나오면서 전자제품회사들이 모두 나서서 전례가 없이 엄청난 양의 탁월한 제품들을 내 놓았고, 1990년 초가 되면서 태양광과 같은 3원색 RBG Beam Projection이 새롭게 출시되어 2000년 초까지 사용되다가 또 다른 신기술인 3원색 플랫(Flat) 스크린 나오며 TV수상기들은 모두 얇아지고 이면 영사방식의 TV는 디지털 신기술에 밀려 영원히 사라지게 되었다. 그뿐만이 아니라 이 이면영사TV 수상기는 폐기물로도 쉽지 않다. TV내에 구성 부속물들은 납(Lead), 수은(Mercury), 카드뮴(Cadmium), 구리(Copper), 베릴륨(Beryllium) 등이 사용되어 분리하는데 어려움이 있기 때문이다.

□ 그림설명 2221, Rear Projection TV, by SONY.

2222 `gen` `com`

reboot (재시동, 리부트)

사용 중인 컴퓨터를 껐다가 다시 켜는 것을 말한다. 작업 중인 컴퓨터의 작동이 불안전할 때, 또는 오작동으로 인해 사용이 어려울 때, 일단 전원을 끈 후 다시 시작하는 행위를 리부팅이라 말한다. 리부팅은 컴퓨터 사용에서 기본적인 조작 방식 중 하나이다.

2223 `mus` `art`

recital (독주회, 리사이틀, 연주회)

음악이나 무용 등의 능력과 기량을 보여주기 위한 출연자(Performer)의 발표회(Presentation)를 뜻하는 말이다. 독주음악들은 대성당에서 주로 사용되었다.

□ 그림설명 2223, 요한 세바스찬 Bach의 Fantasia and Fugue in C minor BWV 537 오르간 독주회, 지휘- Glen Dempsey @ Ely Cathedral, England.

2224 `mus`

recitative (서창, 레시터티브)

음악에 주로 쓰이는 말로 오페라(Opera)의 장면과 장면 사이를 노래 조(Song-like Way)로 해설을 넣는 것을 뜻하는 말이다. 특히 이러한 서창은 음악적 리듬(Rhythm)이나 형식(Phrasing)을 따르지 않고 말의 억양(Inflection)을 더 중요시하는 것을 뜻한다. 모차르트가 죽기 두 달 전에 완성한 <마술피리, Magic Flute>는 이탈리아 오페라 형식인 음악적 리듬을 쓰지 않고 유난히 독일어로 작곡되었고 따라서 징슈필(Singspiel) 형식인 일반 대사 형식으로 되어 있다.

☐ 그림설명 2224, 모차르트의 오페라 <요술피리>

record (레코드, 녹음, 저장, 기록)

1) 재생할 수 있도록 기록해 두기 위한 모든 저장방식을 레코드라 한다. 사건(Event)기록, 건강(Health)기록, 화면(Picture)촬영, 음향(Sound)녹음, 시그널(Signal)로 저장하는 전자식(Electronic) 컴퓨터 장치에 의한 모든 자료기록들을 기록이라 말한다. 2) 영상제작에서 재생이 가능하도록 하는 디스크(Disk), 마그네틱테이프(Tape), 필름(Film)에 광학사운드 효과를 입히는 것을 말한다. 3) 주로 지난 20세기 영화의 부흥기에는 LP(Long Play, 음반)를 뜻하는 말로 쓰였다.

recorder (레코더, 녹음기)

레코더는 사운드를 녹음하는 기계를 이르는 말이다. 영화의 오리지널 사운드(Original Sound)에는 마그네틱 음향방식이 저렴하며 사용하기 용이하였지만 35mm 필름에 사용하기에는 녹음이나 취급상에 어려움이 있었다. 이 때문에 보통 광학(Optical) 레코더(Oscilloscope)를 사용했다. 하지만 대부분의 극장들은 광학 사운드 시설로 되어있어서 마그네틱 사운드 트랙(Soundtrack)은 편집과 믹싱 후에 특수 광학 사운드 레코더를 이용해 다시 광학 사운드 트랙으로 전환되게 된다. 그러나 지금은 디지털 레코딩(Digital Recording), 믹싱(Mixing), 극장 재생 시스템이 5.1, 6.1, 7.1 등 돌비 시라운드 사운드(Dolby Surround Sound)이거나 이와 동일한 시스템으로 설치되어 있다. 디지털 사운드는 믹싱 후에 필름에 광학 방식으로 녹음되거나 디스크로 재생되게 된다. 또한 오디오

테이프(Audio Tape), 마그네틱 필름(Magnetic Film), 모션 픽쳐 필름(Motion Picture Film), 디스크(Disk) 등 사운드를 녹음할 수 있는 장비를 말한다.

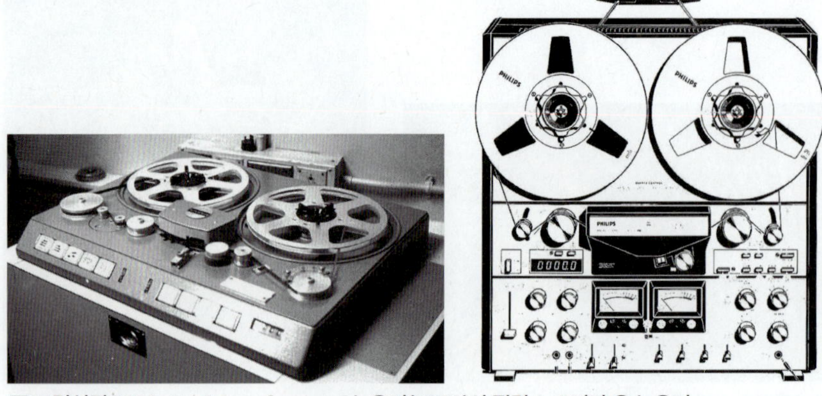

□ 그림설명 2226, Studer professional 녹음기(1969)와 필립스 소비자 용 녹음기.

2227 `pic`

recording system (레코딩 시스템, 녹음방식)

녹음 시 사용되는 기계설비와 시설의 시스템을 말한다. 근래에는 테이프(Tape)에 녹음하지 않고 디지털(Digital) 녹음이 가능하며, 또한 Tape to Tape, Tape to Film 등으로 구분할 수 있다.

2228 `mus` `pic`

recording studio (레코딩 스튜디오, 녹음실)

영화녹음시설을 갖춘 스튜디오를 뜻하는 말이다. 성우(Voice Actor) 목소리녹음, 음악스코어링(생음악 연주 녹음), 효과음향 생성 등의 영화마무리 음향 합성을 위한 방음장치가 된 방과 믹싱콘솔 등의 포스트작업 녹음실비를 갖춘 곳이다. 이러한 녹음실에서는 성우들의 목소리 ADR(Automatic Dialogue Replacement) 시설을 갖추고 외국영화 번역더빙도 할 수 있는 곳이다.

□ 그림설명 2228, Echo Mountain Recording studio (USA)

2229 pic gen

recoupment (리쿠프먼트, 비용회수)

영화 제작에 이미 제작비로 지불된 일정 원가와 경비를 회수하는 것을 말하며, 그 분기점은 총수입과 계약상 명기된 지출이 일치할 때까지 사용되는 말이다. 비용회수의 분기점이 지나면 수입(Income)으로 잡는다.

2230 pic equ

reel (릴)

1) 영화용 필름이나 테이프의 이탈을 방지하기 위한 가장자리가 있는 플라스틱이나 금속으로 된 감개를 말한다. 보통 영화용 필름을 감는 릴, 방송용 비디오테이프, 녹음테이프, 낚시 줄을 감는 릴, 실타래 등을 가리키는 말이기도 하다. 2) 음악에서는 여러 사람들이 손과 손을 잡고 활기차게 돌아가며 춤을 추는 스코틀랜드 사람들의 고전 포크 댄스를 가리켜 부른다. 또한, 유네스코에 한국의 무형문화유산으로 등제(2009)한 고전 민속놀이로 여인들이 모여 보름달 아래서 손과 손을 잡고 돌아가며 춤을 추는 '강강수월래(강강술래)'와 같은 춤을 'Reel'이라 할 수 있다.

□ 그림설명 2230, Film을 감는 35mm Reel들.

2231 pic lit

re-establishing shot (재설정 샷)

소설이나 영화에서 펼쳐지는 어느 사건의 초기에 보았던 장소를 관객에게 다시 한 번 주지시키기 위해 필요한 시퀀스(Sequence)에 다시 사용하는 것을 말한다. 이러한 재설정은 중복해서 시퀀스의 중간이나 끝에 시긴의 중요도에 따라 여러 번 재사용되기도 한다. 재설정 샷은 장소뿐만이 아니라 캐릭터나 차량 같은 이동 물체도 중요 요소로 액션에 도입된다. 또한 장소의 설정은 시간에 누군가가 오거나 가는 것을 보여주기 위해,

R

□ 그림설명 2231, 설정 샷의 한 장면.

혹은 날씨의 명백한 변화를 보여주거나, 아니면 단순히 분위기를 그대로 유지하기 위해 재사용되기도 한다.

＊참조보기(0836 - Establishing Shot)

2232 gen

reference (참조, 관련, 관계)

일반적으로는 문학, 논문, 집필 또는 어떤 창작물을 만들기 위할 때 참고할 수 있는 자료 따위를 가리키는 말이다. 참조는 1차 목적물이 아니고 언제나 참고용으로 보거나, 읽고 이해하거나, 정보의 다른 예를 참조할 수 있는 것만을 뜻하는 말이다. 직접적으로 내용을 활용해서 창작물을 만들어서는 참조의 의미가 아니라 모방을 하거나 표절을 하게 되는 것이다.

2233 equ

reflected light meter (반사 라이트 미터, 광량측정기, 광량노출계)

촬영 범위 내에 있는 물체들에서 반사된 광량을 읽을 수 있는 기능이 있는 노출계를 말한다. 일반적으로 라이트미터(Light Meter)라 부른다.

Sekonic Studio Deluxe III

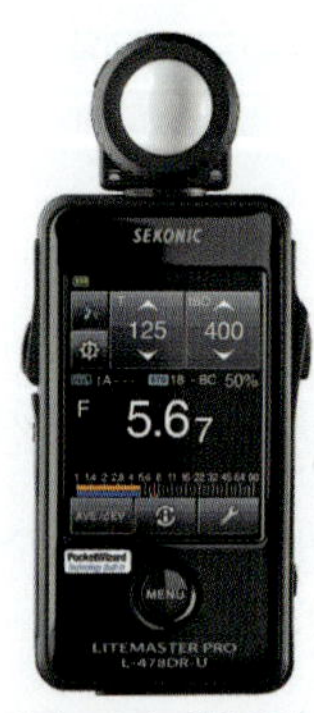

Sekonic L-478DR-U

□ 그림설명 2233, 광량을 재는 필름 노출계들.

2234 `gen`

reflection (리플렉션, 반사)

물체의 표면에 흡수되지 않고 부딪혀 생겨나는 빛의 반사, 음향의 반사, 열의 반사 또한 영화 시사회에 관한 반영 등을 뜻하는 말이다. 무엇보다 강력한 확실한 반사는 거울(Mirror)을 들 수 있다.

□ 그림설명 2234, 물그림자(반사)

2235 `pic`

reflector (리플렉터, 반사체)

직접 광원이 아닌 반사광으로 사용할 수 있는 높은 반사율을 갖고 있는 반사용 판을 말한다. 배우나 일정 장면에 빛을 모아주는 등의 조절 기능이 있는, 직접 광선이 아닌 반사되는 발광체를 말한다. 이 리플렉터는 영화 촬영에서 전기 조명 없이 그림자가 생기지 않는 보조 조명을 할 수 있다.

□ 그림설명 2235, 리플렉터를 이용해 촬영 중, Captain America <The First Avenger> 2011, by Joe Johnston.

R

2236 `equ`

reflector lamp (리플렉터 램프, 반사전구)

전구 자체에 리플렉터가 부착되어 있는 전구를 말한다. 이러한 램프들은 주로 영사기에 사용된다.

□ 그림설명 2236, 할로겐 리플렉터 램프와 프로젝터 램프.

2237 `pho`

reflex camera (리플렉스 카메라)

렌즈를 통과한 빛을 뷰파인더(Viewfinder)로 굴절시켜 주는 광학 거울 시스템을 장착한 카메라를 말한다.

✳ 참조보기 (2238 - reflex shutter)

✳ 참조보기 (2239 - reflex viewfinder)

✳ 참조보기 (2471 - SLR)

□ 그림설명 2237, 롤라이플렉스 카메라

2238 `pho`

reflex shutter (리플렉스 셔터)

아날로그 카메라(Analog camera) 렌즈의 중심축을 기준으로 45° 각도로 놓여 있는 반사 거울의 셔터를 말한다. 이 방식의 카메라를 SLR(Single Lens Reflector)라고 한다. 말 그대로 렌즈 하나로 45° 각의 내장된 거울을 통해 뷰파인더(Viewfinder) 역할도 하고 셔터를 누르면 내장된 거울은 접히며 피사체의 상(Image)이 필름에 노출되어 촬영이 된다. 또한 이 반사거울 셔터 방식은 고속촬영용 카메라에 장착되어 고속 촬영이 가능하도록 고안된 장치이다. 기존 장치인 촬영기의 파일럿 핀으로 필름을 끌어내리는 촬영 방식은 애니메이션과 같은 한 콤마씩 촬영할 때 사용하며 고속으로 작동하기는 무리가 있어 미러(Mirror)식은 특별히 개발된 방식이다. 거울이 돌아가며 순간적으로

비춘 동작이 필름 위에 찍히는 방식으로 기계적으로 돌아가는 톱니바퀴 식 회전 문제
를 해소한 시스템이다.

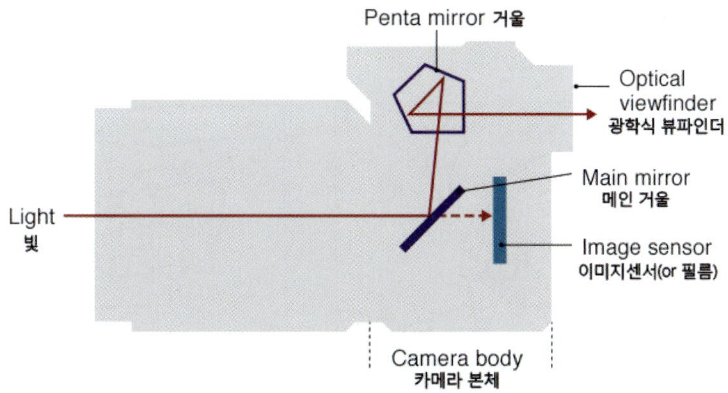

□ 그림설명 2238, Single Lens Reflex (SLR) Sys.

2239 `pho`

reflex viewfinder (리플렉스 뷰파인더)

렌즈를 통과한 후, 부속 거울, 미러 셔터(Mirrored Shutter), 또는 위아래로 움직이는
거울을 통해 반사된 빛을 받아들이는 뷰파인더를 말한다.

2240 `gen`

regional (지역)

송출 능력을 갖고 있는 텔레비전 방송사에 공급되는 지역적으로 제한된 네트워크
(Network) 프로그램을 말한다.

2241 `ani`

registration (등록, 맞대 그리기)

재래식 애니메이션 제작에서 상호 연관 관계에 있는 다양한 애니메이션 그림을 서로
이어지는 다른 그림과 정확하게 일치시켜 그리기 위한 것을 말하며, 이를 위해 그림이
나 배경을 고정시키기 위한 나사못방식(Peg Sys.)을 사용하고 있다. 움직이는 캐릭터가
그려져 있는 동작은 배경의 어느 물체와 만나게 되는데, 이 때 캐릭터는 장면의 원근에
따라 물체 밑으로 또는 물체 위로 얹어 지는지에 따라 닿는 곳을 정교하게 맞추어서 그
리게 된다. 이깃을 레지스드레이션(또는 레그(Reg.) 선)이라 칭한다. 이처럼, 특수효과
장면 등이 그려진 제작물과 촬영하면서 서로 잘 맞는지 애니메이션 스탠드(Animation
Stand)의 위치와 아티스트의 작업 테이블과 정확히 일치시킨다.

R

애니메이션에서는 촬영 시 그림 상에 배경과 캐릭터의 아귀가 맞게 놓이도록 정확하게 맞춰 그림을 배열하는 것을 의미한다. 트랙(Track)과 플로팅 페그(Floating Peg)에 부착된 레그용 페그 바에 의해 정확히 맞출 수 있도록 되어있다.

캐릭터

배경

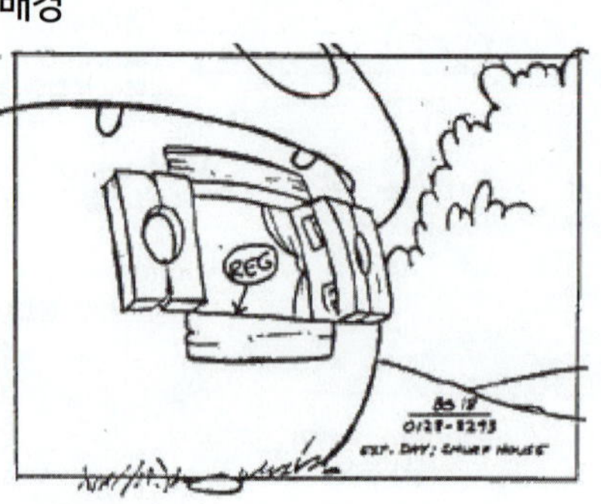

조합촬영

□ 그림설명 2241, 캐릭터를 배경의 창문에 맞게(Reg.) 그려 촬영한다.

2242 `pic` `equ`

registration pin (고정핀, 레지스트레이션 핀)

카메라나 영사기의 필름에 떨림이 없도록 잡아주는 일명 파일럿 핀(Pilot Pins)을 일컫는 말이다. 이것은 필름에 양쪽 가장자리에 있는 작은 천공들(Sprocket Holes)에 꼭 맞으며 필름이 아래로 당겨져 내려가게 하는 역할을 한다. 35mm 필름의 경우 이 파일럿 핀은 필름의 구멍을 4개씩 잡아당겨 내리는 동작이 완료되는 순간 하나의 핀이 내려와 천공에 내려박혀 필름을 고정하도록 고안되어 있다. 특히 한 프레임씩 촬영되는 애니메이션 카메라에서는 필수적으로 장착되어 있는 정교한 무브먼트(Movement)이다. 이것을 파일럿 핀(Pilot Pin)이라고도 부른다. 정밀한 화면을 촬영하는 기재에는 반드시 있는 세밀한 장치이다.

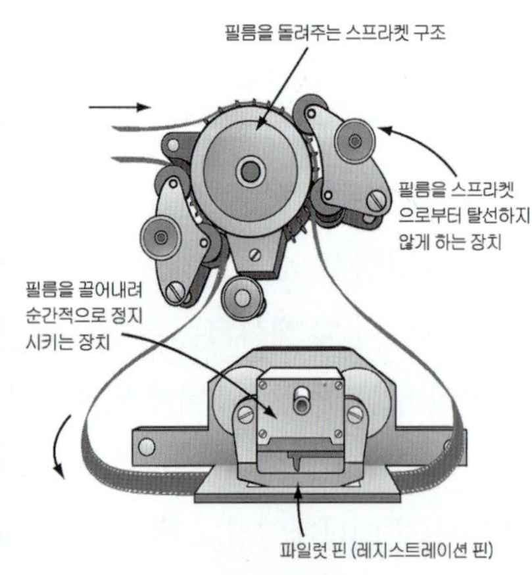

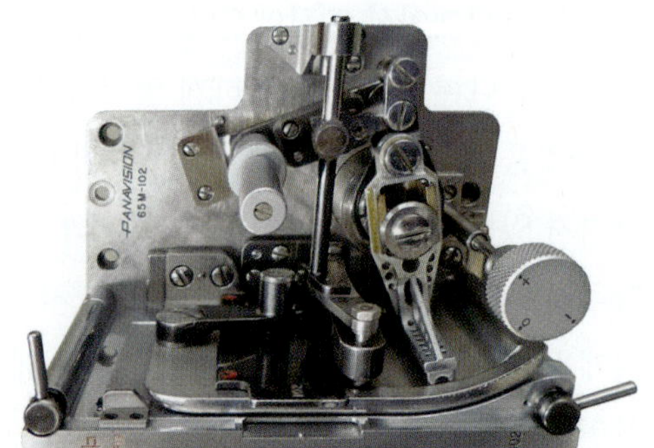

□ 그림설명 2242, 파일럿 핀의 구조 (Panavision Camera Movement).

R19-classification (19세 이하 관람불가)

영국의 영화 등급 분류 심의회가 성인 비디오를 위해 지정한 등급을 말한다. 원래의 용어는 R18-Restricted로서 18세 이상의 성인을 대상으로 한 허가된 섹스 숍에만 공급되는 영화 등급이다. R18이라고도 하며 미국의 X-Rating과 같은 것이다.

□ 그림설명 2243,
R18 category symbol.

reissue (재상영, 재출판)

특별 시사회 등 영화관 상영이 끝난 후에 재상영하기 위해 회수한 필름을 말한다. 영화는 개봉하고 일정기간동안 상영이 끝난 후에도 관객의 여론에 따라 특별히 재상영을 한다. 할리우드 영화 <바람과 함께 사라지다(Gone With the Wind)>는 소설가 마거릿 미첼(Margaret Mitchell, 1900-1949)이 1936년에 쓴 소설로 이듬해인 1937년에 퓰리처상(Pulitzer Prize)을 받았다. 이 미첼의 소설을 바탕으로 시드니 하워드(Sidney Howard, 1891-1939)가 각본을 쓰고 영화 제작자인 데이비드 O. 셀즈닉(David O. Selznick, 1902-1965)이 남배우 클락 게이블(Clark Gable, 1901-1960)과 여배우 비비안 리(Vivien Leigh, 1913-1967)를 1400명 중에서 발탁해 출연시켰다. 당시 총 제작비로 미 달러 3백 85만 달러를 들여 대작 영화로 제작했다. 싱영시간 3시간 42분으로 초 상편이었다. 영화는 대성공을 이루어 4억($400,174,459) 달러의 수익을 올렸다. 결국 영화는 할리우드 아카데미 작품상, 여우조연상과 감독상을 받았다. 그리고 이 영화는 개봉 후에도 여러 나라에서 여러 영화관에서 재상영을 했다.

□ 그림설명 2244-1, 여러 번 재 상영을 한 영화 <바람과 함께 사라지다> 1939.

*Margaret Munnerlyn Mitchell (마가렛 미첼) 작가

마가렛 미첼(Margaret Munnerlyn Mitchell, 1900–1949)은 소설 <바람과 함께 사라지다>를 써 1936년에 책을 출판하여 일약 미국의 여성 베스트셀러(Bestseller)작가에 올랐고 이 소설은 이듬해인 1937년에 소설부문에서 퓰리처(Joseph Pulitzer, 1847-1911 헝가리 태생, 미국신문 발행인)상을 받았다. 그녀가 스물여섯 살 때 발목(Ankle)을 다쳐 1926년부터 이 소설을 집필해 완성히는데 무려 10년이나 길렸다. <바림과 함께 사라시나> 소설 속에 전쟁을 직접 다루어진 장면은 나오지 않지만 그녀는 미국 남북전쟁(Civil War, 1861-1865)에서 일어났던 중요 기사들을 채집하였고 사건의 흐름이 그 시대에 독자들의 관심을 적중시킨 작가의 플롯이 소설로 성공시킨 요인으로 해석된다. 이 책은 3년 동안에 27개국 언어로 번역되어 3천만권이나 팔렸고 대 서사시적 장편영화 <Gone with the Wind>로도 제작되어 1939년에 세계적으로 극장가를 흔들었다. 미첼은 1949년 차에 치여 죽게 되어 모든 것이 무의로 끝나고 말았다. 그녀는 아이리시–가톨릭(Irish–Catholic) 집안에서 태어나 줄 곳 조지아 주(State of Georgia) 애틀랜타(Atlanta)에 살았다. 그녀가 열여섯 살 처녀 시절에도 <잃어버린 라이젠(Lost Laysen)>이라는 단편 소설을 썼지만 출판하지는 않았다. 그녀가 차 사고로 죽고 나서 유고로 발견되어 1996년에 출판되었지만 사실 그녀는 평생 한 편의 소설만을 출판한 것으로 되어있다.

□ 그림설명 2244-2, 마가렛 미첼, 소설가.

-3, 그녀가 쓴 <바람과 함께 사라지다> 소설에서 크게 모티브가 되었던 남북전쟁, 그 소설 속에 한 여인의 사랑을 그린 이야기.

2245 `pic`

release (공개, 개봉, 릴리즈)

1) 영화 제작이 완성되면 영화관을 통해 처음으로 일반인에게 공개하는 것을 말한다. 영화를 최초로 배급하려면 일반적으로 관객을 대상으로 예고편들과 광고캠페인들이 선행된다. 영화는 상영관에서 광범위하게 개봉되게 된다. 개봉 날짜(Release Date)는 대부분 목요일에 개봉 일자로 하여 목, 금, 토요일 3일간의 박스 오피스(Box Office) 총 수입을 토대로 성공 여부와 개봉 범위를 확장할지를 계획한다. 개봉 스케줄(Release Schedule)은 여러 극장에서 상영하기 위한 계획을 뜻하며, 개봉 패턴(Release Pattern)은 영화 상영에서 최대 이윤을 얻기 위한 상영 준비와 계획을 의미한다. 또한 2) 대중에게 알리기 위한 정보나, 뉴스 속보 등 릴리즈라고 한다. 3) 일반적 혹은 제한적 배급으로 대중에게 영화를 개봉하는 것을 뜻한다. 4) 계약 의무 기간이 끝남을 의미한다. 5) 홍보부가 기자단에게 보내는 기사문을 말한다. 6) 출시될 비디오나 영화를 상영할 수 있게 허가해 주는 법적 서류를 릴리즈라고 말한다.

2246 `pic` `gen`

release pattern (릴리즈 패턴, 개봉 형태)

영화의 잠재적 관객을 최대한 동원하기 위한 개봉 전략을 말한다. 그리고 이와 같은 전략에는 예상 동원 관객 수, 관객의 구전 상황, 상영시간, 동원 극장 수, 효과적인 매체의 이용, 영화의 질, 영화 등급, 경쟁 작품의 개봉 일자, 액션이냐 코미디물이냐 하는 작품의 성격 등과 같은 요소들이 참조되게 된다.

2247 `pic`

release print (릴리즈 프린트, 개봉 필름)

일반 배급과 상영을 위해 최종 프린트되어 완성된 영화필름을 말한다.

2248 `gen`

relief (릴리프, 안도감)

공포나 심각한 장면에 이어 관객의 긴장감을 풀어 주기 위해 영화에 삽입되는 장면을 말한다.

2249 `gen`

remake (리메이크, 재판)

예전에 나온 영화의 주제를 사용해 다시 만든 최신판 또는 새판을 말한다.

2250 `gen` `com`

remote (리모트, 원격조정)

1) 방송 본사가 설립한 외부 제작 스튜디오의 기능을 본사에 의해 지시 조정하는 것을 말한다. 2) 기계설비 중에 모체의 기능적 장치의 작동을 원격에서 수동 지시하는 것이다.

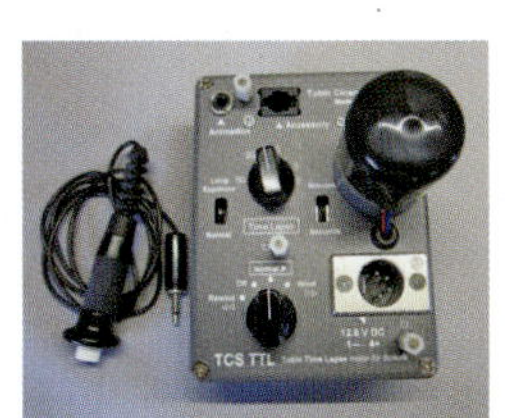   

□ 그림설명 2250, 각종 원격조종기들.

R

2251 `gen` `art` `lit`

renaissance (르네상스)

르네상스는 원래 문예와 종교에서 부흥과 부활의 의미로 '다시 태어나다'의 뜻으로 사용되었으며 동시에 기나긴 중세시대의 막을 내리고 근세 시대로 접어드는 14세기에서 16세기의 개혁을 르네상스 시대라 부른다. 또한 그리스와 로마의 사상, 문학, 미술에서 일어난 문예 부흥을 말한다. 시대적으로 문예부흥운동은 주로 이탈리아에서 시작된 동시에 한편으로는 도시(Urban Community)들이 무역을 통해 경제력을 키워 나갔다. 피렌체(Firenze), 베네치아(Venice), 피사(Pisa), 밀라노(Milano) 같은 도시에서는 경제력으로 지방 자치권을 사들여, 영주나 교황의 간섭에서 벗어나 인간다움에 대한 관심을 갖기 시작했다. 예술과 문학에 나타난 이러한 새로운 기운을 르네상스라 한다. 특히 르네상스 미술은 이탈리아 피렌체를 중심으로 전개되었고, 로마와 베네치아에서 전성기를 맞은 후 얼마가지 않아 이러한 파급은 알프스 산을 넘어 프랑스, 독일, 네덜란드, 영국과 스페인 등지로 번져 나가 인문주의(Humanism) 운동이 시작되었다. 문예 부흥의 시작은 두 요인으로 보는데 자리 잡은 고전주의 고수와 새로운 이념적 지식의 유입으로 직관이 바뀐다. 이러한 움직임은 결국 종교개혁에 원동력이 되어 로마 가톨릭교회와 개신교회로 분열되었다. 이러한 흐름은 건축, 회화, 조각, 음악 등에 많은 영향을 주었고 후세에서는 이를 문화 혁신운동(Renaissance)이라 기록하고 있다. 당시 예술가들로는 미켈란젤로 부오나로티(Michelangelo Buonarroti, 1475-1564, 조각가-피에타, 데이비드 상), 나파엘로 산치오(Raffaello Sanzio da Urbino, 1483-1520, 화가-아테네학당), 산드로 보드첼리(Sandro Botticelli, 1445-1510, 화가-Life of Esther), 도나텔로(Donato di Niccolò di Betto Bardi, 1386-1466, 조각가-St. George), 필립포 보루넬레스키(Filippo Brunelleschi, 1377-1446, 건축가-피란체 대성당, 두오모 대성당), 티지아노(Tiziano Vecellio, 1488-1576, 화가-Venetian Painting)등 수많은 예술가들이 있었다.

□ 그림설명 2251-1, 미켈란젤로의 데이비드 상(상체 클로즈 업)

□ 그림설명 2251-2, 미켈란제로의 <Creation of Adam>

-3, 보티첼리의 <Birth of Vinus>

-4, 나파엘로 산치오 의 <School of Athens>

2252 `gen`

renewal (리뉴얼, 기간연장)

기초 허가서나 면허의 기간이 만료되었을 때 기간연장 하는 것을 말한다.

2253 `gen`

rental film (렌탈 필름, 임대필름)

상영을 위해 배급사나 제작자에게 사용료를 지불하고 임시로 빌린 필름을 말한다.

2254 `ani` `pic`

repeat (반복, 되풀이, 재방송)

1) 텔레비전 시리즈 프로그램의 재방송을 의미하며 리런(Re-Run)이라고도 한다. 2) 애니메이션 촬영에서 사이클용 동작이 여러 번 반복될 때 사용되는 방식을 리피트라 부른다. 3) 음향(대사)을 분석하기 위해 되풀이해서 플레이하는 행위나, 또한 필름(영상) 등을 역시 분석을 위해 반복해 보는 것을 말한다.

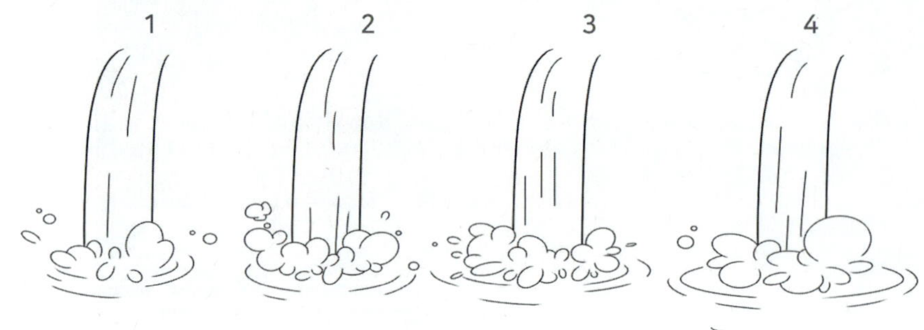

□ 그림설명 2254, 반복이 가능한 그림 4장의 폭포효과.

2255 `ani`

repeat cycle (리피트 사이클, 반복 동작)

한정된 그림이 반복적으로 사용될 수 있도록 움직임을 만들고, 몇 번이고 연속 촬영하여 연속된 영상을 만들어 내는 것을 말한다. 이러한 동작들을 사이클 애니메이션이라 부르며 특히 사람이나 동물의 걷는 반복 동작을 만들어 시간에 필요한 만큼 사용할 수 있다. 특히 효과 애니메이션에서 이러한 기법을 자주 사용한다. 파문의 반복, 비, 눈, 바퀴 회전, 불, 연기, 먼지 등 무엇이고 반복해 사용할 수 있으면 사이클 동작을 만들어 사용한다. 그림의 장수는 동작의 속도에 따라 가감해 그린다. 이러한 방식은 시간적으로 또는 경제적으로 제작에 도움을 줄 수 있다.

□ 그림설명 2255, 반복이 가능한 8장 그림으로 다시 1번으로 Cycle.

2256 `ani`

repeat background (리피트 배경, 반복 배경)

애니메이션 제작에서 캐릭터가 걷거나 뛰려면 캐릭터는 제자리에서 걷거나 뛰게 하고, 뛸 때 사용되는 배경은 길게 그린다. 이 때 이러한 긴 배경을 간단히 반복용 배경으로 그리게 된다. 우선 배경 포즈 ⓐ에서 ⓓ포즈까지 24인치 이상을 팬 할 경우 종이 배경 ⓐ와 ⓓ포즈에는 공간으로 남기고 ⓑ에서 ⓒ까지만 배경을 그린다. 그리고 ⓓ포즈 위치에 해당되는 그림은 셀 위에 그려서 ⓐ포즈에 올려 촬영하고 ⓒ에서 ⓓ로 팬 할 때 ⓓ포즈 셀 그림은 제자리에 옮겨놓고 촬영하면 끝없이 긴 반복용 배경을 만들어 낼 수 있게 된다. 이때 주의할 점은 ⓐ와 ⓓ에 사용되는 부분의 그림은 너무 확실하게 기억될 특정한 모양의 그림이 되어서는 안 된다. ⓐ와 ⓓ 위치에서 사용되는 것이 자주 눈에 보인다고 생각 될 때는 배경을 더 연장하여 ⓔ나 ⓕ로 연장할 수 있다.

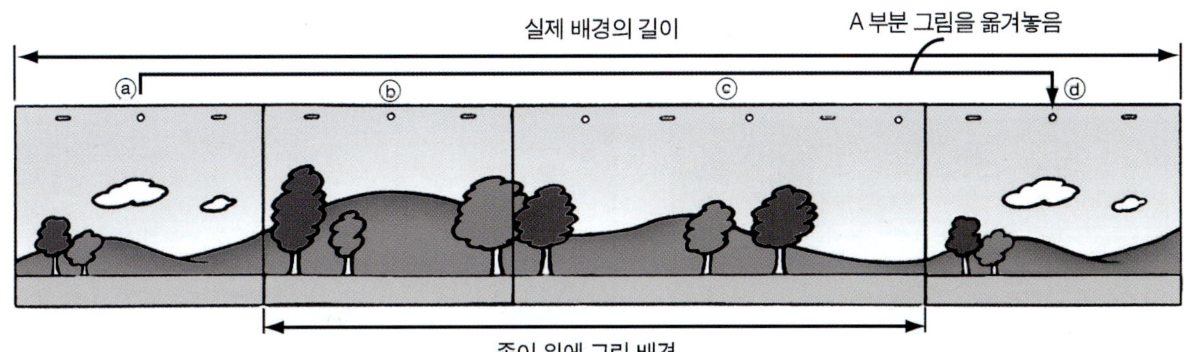

□ 그림설명 2256, 반복용 배경 그림 그리기.

2257 `gen`

reptiles (파충류)

파충류는 개구리, 뱀, 도마뱀, 거북이, 악어뿐만 아니라 투아타라(Tuatara, 뉴질랜드에 서시하는 등에 뿔 달린 도마뱀류)와 양서류(Amphibians)와 같은 모든 파충류 종은 공기로 숨을 쉬고 먹은 것을 내장(Intestines)을 통해 소화시켜 배설한다. 이들은 냉혈(Cold Blooded)동물들로 피부는 비늘이나 딱딱한 껍질로 이루어져 있다. 이들은 노아의 대홍수 이전, 마른 땅에 사는 것에 점차 적응하면서 네 발 달린 파충류(Reptiliomorph Tetrapod)로 진화되었다. 파충류는 약 3억 1천 8백만(다른 기록에는 3억 1천 2백만)년 전인 석탄기(Carboniferous)에 시작 된 것으로 19세기 후반에 와서야 파충류에 대한 연구와 정의가 정립되었다. 우리가 알고 있는 것보다 파충류 종의 수는 세기를 거쳐 증가해 11,200종이나 된다. 파충류는 척추동물로 사지가 네 개가 있다. 뱀과 같은 동물은 조상에서는 원래 사지가 있었던 생물(Creature)에서 유래한 동물이다. 파충류가 양서류와 다른 것은 파충류는 애벌레 단계가 없다. 대부분의 파충류는 난생(Squamates) 여러 종류가 있지만 태생 일부는 멸종되었다. 파충류들은 현재 남극을 제외한 모든 대륙에 분포되어 산다.

□ 그림설명 2257-1, Gandak Crocodile, (India)

-2, Eastern Box Turtle, (Pennsylvania)

-3, Western Terrestrial Garter Snake (양말 끈 뱀), (California)

-4, 1770년에 석회석채석장에서 발견된 대 홍수(Noah) 이전의 '태고의 괴물(Antediluvian Monster)' 양서류 동물(그림)

2258 gen

reputation (평판, 명성, 레퓨테이션)

일반적인 관점으로 어느 사람이 사회생활에서나 전문분야에서 남보다 모범이 되는 두드러진 행실이나 그가 취하는 품격을 존경하여 논평을 하는 것을 뜻하는 말이다.

requiem (미사곡, 만가, 진혼곡)

죽은 사람(망자, Dead Person)의 영혼을 위로하기 위한 음악으로 천주교 성당에서 부르는 미사(Missa)곡을 말한다. 이 곡은 하느님께 죽은 이의 영혼에게 영원한 안식을 주시기를 청하여 노래로 부른다. (예, "주여, 저들에게 영원한 안식을 주소서. 자비로운 주여 기억하소서, 지은 죄의 고통에 신음하네. 저들에게 영원한 안식을 주소서.")라 부르고 미사를 드린다. 이것을 레퀴엠 미사(Requiem Mass)라 한다. 풍습으로, 한국에서는 사람이 죽으면 상두꾼들이 상여를 메고 행상소리를 내어 구슬프게 부르는 만가(Dirge)가 지금도 있다. 예; " 북망산천이 멀다더니 내 집 앞이 북망 일세, 어이 어 허야~ 이제가면 언제 오나 오실 날이나 일러 주오, 어이 어 허야~ ")하며 구성지게 부르며 상여는 매장지로 간다. 나라마다 죽은 사람의 사후 안식을 구하는 노래는 나라풍습에 따라 모두 다르다. 음악으로 작곡해 영혼에 안식을 주기 위한 진혼곡을 처음 쓴 것은 15세기로 아담 본 풀다(Adam von Fulda, 대략1445-1505)로 주로 성당에서 사용되었다. 진혼곡은 많은 음악가들에 의해 작곡되었다. 진혼곡을 위령곡이라고도 부르며 작곡자들로는 오스트리아 태생 음악가 볼프강 아마데우스 모차르트(Wolfgang Amadeus Mozart, 1756-1791)가 죽기 전에 사력을 다해 쓴 <Requiem in D minor K. 626>은 마치 자기 스스로의 죽음을 맞는 듯 썼다고 한다. 결국 그는 1791년 12월 5일 새벽에 영원히 잠들게 되었다. 그가 쓰고 있었던 진혼곡의 구성은 5부로 나뉘어져 있고 14개의 곡으로 작곡되었다. 제 1곡– 안식을 주소서. 2곡– 자비를 베푸소서. 3곡– 분노의 날. 8곡– 눈물의 날. 9곡– 예수 그리스도. 11곡– 거룩하시도다. 13곡–하나님의 어린양. 14곡– 영생체송 등으로 되어있다. 이밖에도 죽은 사람의 영혼을 위로하기 위한 미사음악을 작곡한 음악가들 중에는 베를리오즈(Hector Berlioz, 1803-1869), 드보르자크(Antonin Leopold Dvorak, 1841-1904), 브루크너(Josef Anton Bruckner, 1824-1896), 베르디(Giuseppe Fortunino Francesco Verdi, 1813-1901), 생상스(Charles-Camille Saint-Saens, 1835-1921), 포레(Gabriel Urbain Faure, 1845-1924) 등의 레퀴엠 작곡이 있다.

□ 그림설명 2259, 모차르트의 '진혼곡(Requiem)'의 악보일부와 저승천사.

2260 `gen`

rerun (리런, 재방송)

TV나 라디오에 방영이나 방송되었던 프로그램을 다시 재방영 방송하는 것을 말한다. 리피트(Repeat)라고도 부른다.

2261 `pic`

re-shoot (리 슛, 재 촬영)

처음 촬영한 필름을 보고 혹은 편집 시 장면이 연출 상 적합하지 않다고 판단될 때 그 장면을 재촬영 하는 것을 말한다.

2262 `gen` `lit`

research (탐구, 연구, 조사)

일반적으로 '검색' 또는 '지식에 대한 탐구' 등을 의미하는 말이다. 인간의 활동을 기반으로 새롭게 어떤 분야를 개척하기 위해서는 이를 위한 탐구가 필요하다. 지식, 해석, 발견 등의 프로세스(Process)를 거치면서 과학적 정보와 이론을 바탕으로 확고한 미래적 결과를 얻고자하는 것이다. 이 의미의 언어로 최초 사용한 기록은 1500년경 르네상스(Renaissance) 시대였다고 기록되었다. 그러나 '혼합 분석법 연구'로 잘 알려진 미국 학계의 존 W. 크레스웰(John W. Creswell, 1945-) Ph D. 교수인 그는 '다양한 방법론 연구' 그리고 '연구 방법과 질적 연구'에 관한 수많은 저널 기사를 기고했고, 27권의 책을 저술한 사람으로 유명하다. 그의 분석법이란 주제나 문제에 대한 이해를 높이기 위해 정보를 수집하고 분석하는데 사용되는 단계의 과정을 말한다. 1질문을 예상하고, 2질문에 대답 할 데이터를 수집하고, 3질문에 대한 답변을 제시한다. 질문에 관한 정의를 명쾌히 내리기위해선 정보와 자료를 수집한 후 가설을 세우고 테스트 해본다. 기초 연구의 기본 목적은 인간 지식의 발전을 위한 연구 개발이다.

2263 `pic` `gen`

residuals (출연자에게 지불되는 재방송료, 레시듀얼)

1) 연기자, 방송 출연자, 가수, 감독이나 제작자들의 특정한 계약에서 하나의 조건으로 재상영 및 재방영이 될 때마다 추가로 지급하는 소득을 말한다. 2) 계약상 연기자의 명문화된 계약지급금 외의 소득을 말한다.

resizing (리사이징, 이미지 사이즈 바꾸기)

컴퓨터 애니메이션(Computer Animation)에서 스크린의 사이즈 이미지를 바꾸는 것을 말한다. 그러나 같은 해상도를 유지해야 함으로, 이미지가 확대된 경우는 픽셀이 증가되고, 이미지가 축소된 경우는 픽셀이 줄어드는 등의 이미지 재조정이 필요하다. 애니메이션에서 스크린 상에 이미지 사이즈는 아날로그(Analog) 영상은 35mm 필름에 기초해 그 화면 비례는 4:3으로 사용해왔다. 그러나 근래 디지털 시대로 접어들어 화면의 비례가 16:9로 변화되었다. 그럼으로 화면의 크기조정은 최근에 와서 TV 모니터나 컴퓨터 모니터의 변형으로 불가피한 선택이 되었다. 이를 위해서는 해상도를 유지해야 하므로, 이미지가 확대된 경우는 픽셀(Pixel)이 증가되고, 이미지가 축소된 경우는 픽셀이 줄어드는 등의 이미지 재조정에 기술적 적용이 필요하다.

resolution (해결, 선명도, 해상도)

1) 영화의 구성 중 클라이맥스에서 주인공의 문제를 해소시키거나 해결되도록 하는 것을 말한다. 2) 횡으로 형성된 재래식 모니터 화면의 주사선(Scanning Line) 수치를 이르는 말이다. 3) 컴퓨터 화면의 픽셀(1 Pixel, 가로세로 1인치(dot per inch)픽셀 수)을 말하는 것으로 화면의 선명도를 나타내는 말이다. SD= 720 x 480, HD= 1280 x 720, Full HD= 1920 x 1060, UHD 4K= 3840 x 2160, UHD 8K= 7680 x 4320 으로, 스크린의 가로16 x 세로9 화면 비례 속에 픽셀 수를 이르는 말이다.

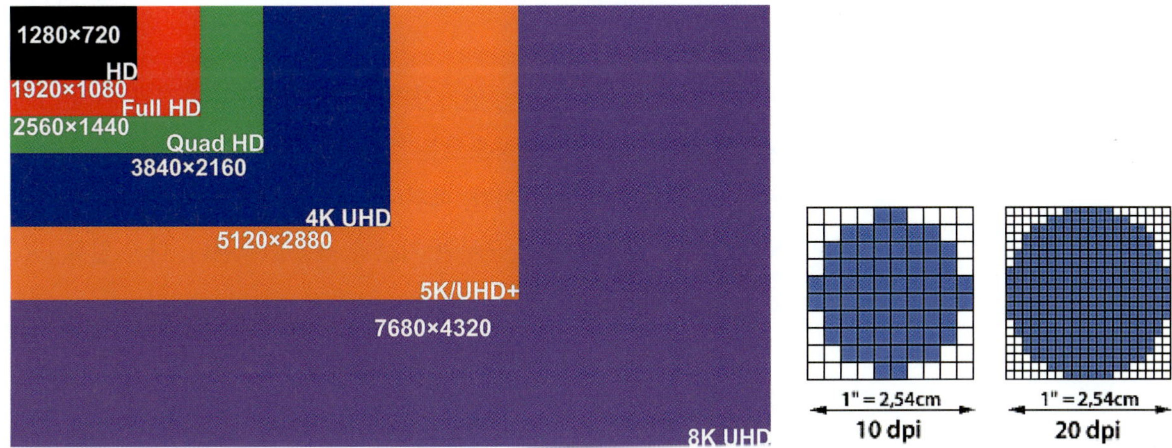

□ 그림설명 2265, 픽셀 수 해상도 비교표와 픽셀의 구조.

2266 `com` `gen`

resource (자원, 원천, 공급원)

자원이라는 말은 주로 자연에서 형성되어 지하에 묻혀있는 물적 자원(Materialized Resource)을 뜻하는 말이다. 이미 태고 때 땅속에서 생성된 광물질들을 조사하여 매장량에 따라 자원의 가치를 정한다. 그러나 현대에서 자원이라는 단어는 광범위한 뜻으로 해석하고 사용한다. 우선 개념적으로 세계적으로 활동하는 그 나라의 유명한 예술가들, 특수 기술자들, 과학자들, 창작가들 또한 경제, 생물학, 생태학, 컴퓨터 과학, 그 밖에 인적자원과 같은 대량 공급원을 들 수 있다. 태양 에너지, 공기, 물, 천연 가스, 풍력 등이 있다. 또한 자원은 보존만이 아니라 개발하여 국가산업부흥에 사용된다.

□ 그림설명 2266, 천연자원.

2267 `gen`

resume (레쥬메, 이력서)

간략하게 애니메이터(Animator), 화가들, 연기자의 경력이나 학력, 사질과 여러 가지 기능을 기록한 자기소개서를 말한다. 내용으로는 간단한 자기소개와 학력과 경력을 적어 넣는다. 학력에는 학교의 이름, 이수기간, 학위 등 특기할 내용을 기록한다. 경력에는 사회에서 취득한 경험이나 직장에서 근무한 기간과 직종을 적는다. 다른 말로 Bio, 또는 Biography 라고도 한다.

2268 `ani` `pic`

retake (리테이크, 수정)

먼저 촬영된 장면에 만족하지 않아 다시 수정, 촬영토록 하는 작업이다. 이 작업에서 누락된 선, 그림자, 잘못된 채색, 오프 모델(모델과 닮지 않음) 등을 찾아낸다. 이러한 부분은 테이크 2(Take 2)라고 부르고 다시 만족스럽지 않을 때 테이크 3, 테이크 4 등으로 계속 재작업을 함으로써 수정된다. 수정 없이 끝난 필름을 테이크 원(Take One) 이라고 부른다.

2269 `pic`

reticle lines (십자 망, 카메라의 표시선)

1) 흔히 십자선이라 부른다. 인쇄할 때 4가지(CMYK) 색도를 오프셋 프린트(Offset Print)를 하게 되는데 각기 제자리에 정확히 맞추기 위해 사용하는 십자 실선(Crosshair)을 말한다. 이 실선은 제본할 때 잘려나가서 책에서는 보이지 않게 된다. 2) 지도상의 경도 위도(Longitude Latitude)를 나타내는 선, 해도(Nautical Chart) 따위, 현미경이나 해양망원경, 천체망원경 등의 화면바탕에 표시된 모든 정보용 문자를 말한다. 3) 카메라의 뷰파인더 모니터(Viewfinder Monitor)상에 보이는 수직과 수평라인을 이르는 말이다. 카메라를 손으로 잡고 촬영할 때, 바른 수평축을 이루도록 모니터에 가늘게 그려 넣은 실선들을 말한다. 이 선의 표시들은 사진에서는 보이지 않는다.

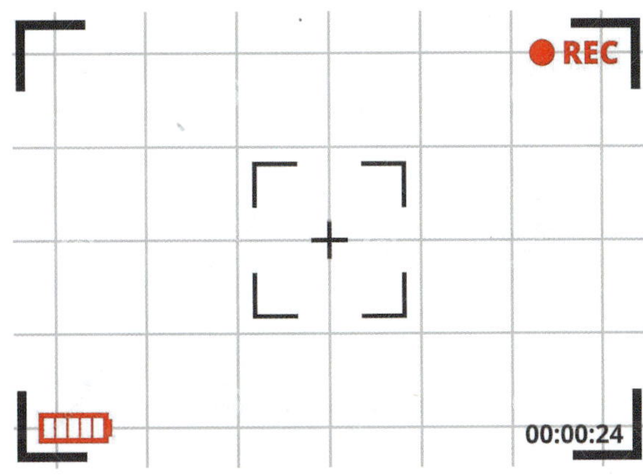

☐ 그림설명 2269, 카메라의 가이드 십자 망.

*reticulation (촬영가이드 표시선, 리티큘레이션)

텔레비전 카메라 모니터 상에 화면의 TV 컷 아웃 한계선 등 안전한 투사 범위를 나타내는 카메라 모니터의 표시 선을 말한다. 모니터 상에 가는 선으로 센터를 가로지르거나 모니터 가장자리에 표시된 모든 글자 정보 표시와 렌즈 구경 상의 거리, 노출시간, 조리게 등이 표시된 사용자를 위한 모든 가이드를 말한다.

2270 `gen`

retouching (손질하다, 마무리하다)

그림, 사진, 조형, 음악, 문예 등의 작품에 완성도를 높이기 위하여 마무리 하는 것으로 특히 예술품으로 완성된 창작물에서 주로 사용되는 말로 마지막으로 최상급을 만들기 위해 손질하는 뜻으로 사용하는 말이다.

2271 `pic`

reuse (리유즈, 재사용)

다른 신(Scene, Cut)의 촬영을 위해 디자인되었거나 애니메이션에 사용되었던 일부를 다른 신 구성에 재사용하는 것을 말한다. 재사용 시에는 일부 사용하거나 전체를 사용하는 표시로 S/A(Same As) 또는 어느 신과 같다는 것을 신 번호를 넣어 표시하게 된다. 또한 동작은 음악의 비트(박자)에 정교하게 맞추어 만들어 졌으므로 율동은 같고 의상만 다르게 입혀서 활용하여 재사용할 수 있다. 애니메이션에서는 동작뿐만이 아니라 같은 신(Scene)을 연출에 따라서 전체로 재사용할 수 있다.

□ 그림설명 2271, 디즈니의 <백설 공주와 일곱 난쟁이>에 나오는 춤을 이용 의상만 바꿔 역시 장편 <로빈 후드(Robin Hood)>에 재사용.

2272 `pic`

reveal (공개, 들어냄)

1) 영화의 한 장면이 클로즈 업(Close Up)에서부터 카메라가 뒤로 빠지거나 줌 렌즈를 사용해 풀 샷(Full Shot)으로 화면이 넓어져 주변화면이 모두 들어나는 연출 방식을

뜻하는 말이다. 2) 스토리 구성에서 관객이 모르고 있던 사실이 순간을 들어나는 드라마적 연출방식을 리빌이라 한다.

2273 `pic`

reversal film (리버설 필름, 반전 필름)

사진에서 반전 필름이라는 뜻은 음화(Negative)를 거치지 않고도 필름을 현상하면 직접 천연색 양화(Color Positive)로 현상되는 필름을 말한다. 주로 현상 즉시 사진처럼 볼 수 있었던 코닥크롬(Kodakchrome) 필름은 1935년 16mm와 함께 영화제작 소비자 시장에 소개되었고, 또한 35mm 슬라이드용으로 스틸카메라(Still Camera)에 사용되었다. 이러한 반전 필름은 감광도가 25ASA에서 100ASA로 낮다. 아날로그 방식으로 촬영한 필름은 1차 현상(Film Developing)을 해야 하며 원본으로 사용되는 네거티브 필름(Negative Film, 음화)이 나온다. 편집 작업을 하기 위해서는 프린트 필름인 포지티브(Positive Film, 양화)에 일단 모두 프린트(복사)를 한다. 이때 양화가 형성되지만 리버설 필름은 이러한 공정을 거치지 않고 곧바로 양화로 현상되는 필름을 말한다. 리버설 필름은 흑백 또는 컬러 필름이 가능하며, 사운드 더빙(Dubbing)도 가능하지만 보통 16mm, 8mm나 Super 8mm 필름에만 해당된다. 이 필름은 교육용으로 몇 차례만 사용하게 되거나 8mm의 경우 복사본이 불필요한 홈 무비로 네거티브 촬영용 필름을 사용할 필요가 없이 이미 부착되어있는 마그네틱 사운드 트랙(Soundtrack)에 촬영 때에 동시녹음이 이미 뇌었거나 재녹음이 가능하여 매우 편리하고 경제적이었다. 이러한 반전 필름이 상업적으로 만들어져 최초로 시장에 나온 것은 1907년으로 뤼미에르 형제(Louis Lumière) 회사에서 상표 ‘오토크롬(Autochrome)’을 만들어 성공적으로 판매했었는데 그 후 계속 이어나가지는 못했다. 또한 스틸카메라용 120mm 리버설 필름 ‘페라니아칼라(Ferraniacolor)’는 1950년 중반에 이탈리아에서도 사용했다.

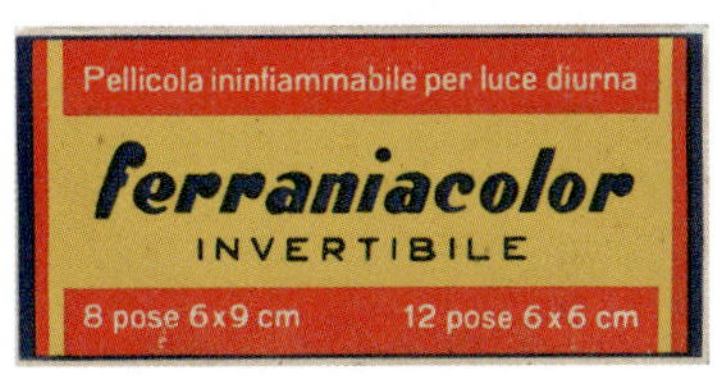

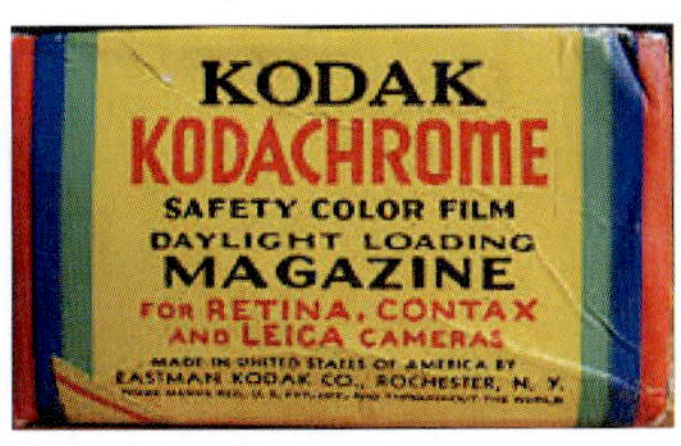

☐ 그림설명 2273, 20세기 중반에 사용한 카메라용 반전필름의 종류.

2274 `ani`

reverse action (리버스 액션, 역 동작)

애니메이션에서 동작으로 사용한 그림을 다시 순서를 거꾸로 재사용하는 것을 뜻하는 말이다. 코믹한 효과를 주기 위하여 사용하기도 하지만 재래식 TV시리즈 애니메이션에서는 그림을 그리지 않고 경제적인 방식으로 그림 장수를 줄이기 위하여 사용했던 기법이기도 했다. 애니메이션에서 동작을 거꾸로 재사용하는 것은 앞뒤 좌우가 없는 물체들은 역동작이 가능하다. 예; 앞뒤 없는 전차 따위이다.

2275 `pic`

reverse angle (반대 앵글)

현재의 촬영 상태에서 카메라 각도를 180도 변화시키는 것을 말한다. 앞의 샷과 반대되는 앵글. 일련의 역 앵글들은 흔히 대화중인 두 캐릭터의 시점을 번갈아 보여주는데 사용하며 역 촬영(Reverse-Shot) 테크닉이라고도 부른다. 역 앵글은 또한 캐릭터가 방을 나가는 것을 보여준 후에 다시 다른 방에 들어오는 것을 보여줄 때 사용하기도 한다. 스릴러(Thriller)물에서도 공격자와 희생자의 시점을 번갈아 보여주기(크로스 컷, Cross Cut, Cross Angle) 위해 수없이 많이 사용된다.

2276 `pic` `equ`

reverse printing (리버스 프린팅)

아날로그 시대의 산물로 영화 필름자료 중에서 물체가 정방향으로 오는 것을 옵티컬 프린터(Optical Printer)에 의해 뒷걸음으로 가는 것처럼 보이게 역방향으로 프린트하여 움직임이 반대로 일어나게 하는 프린팅 기법을 말한다.

＊optical printer - 16mm를 35mm에 축소 확대는 물론 정지 프레임, 역방향 프린트, 화면의 부분 확대, 색감의 변화, 용명, 용암 등 촬영 시에 카메라가 하지 못한 제반 문제를 이 옵티컬 프린터가 기계적으로 해결해 낼 수 있다. 광학적인 모든 필름 영화예술의 산실 역할을 했다. 21세기에 들어 와서는 디지털 방식으로 사용한다.

＊참조보기 (1829 - Optical Print)

revised dialogue (수정대사)

영화 대본(Script)에서 약간 혹은 전체적으로 변경된 대사를 일컫는 말이다. 혹은 Revised Line, Revised Copy, Revised Dialogue라고도 한다. 영화에서는 대사를 Line이라고 부르기도 한다.

revision (리비전, 수정본)

영화 대본(Script)에서 수정 본을 가리켜 리비전이라 부른다. 완성된 대본이라 할지라도 일부 수정이 생겨 일부를 다시 쓴 것을 가리키는 말이다. 초고는 흰색이며 배포가 된 후에 대본을 수정한 것은 그 페이지에 날짜를 적어 다른 색깔의 종이에 프린트하게 된다. 수정 페이지를 표시하는 컬러의 순서는 1블루, 2핑크, 3노랑, 4그린, 5황금색 순이며, 6 완성되면 다시 흰색종이로 돌아간다.

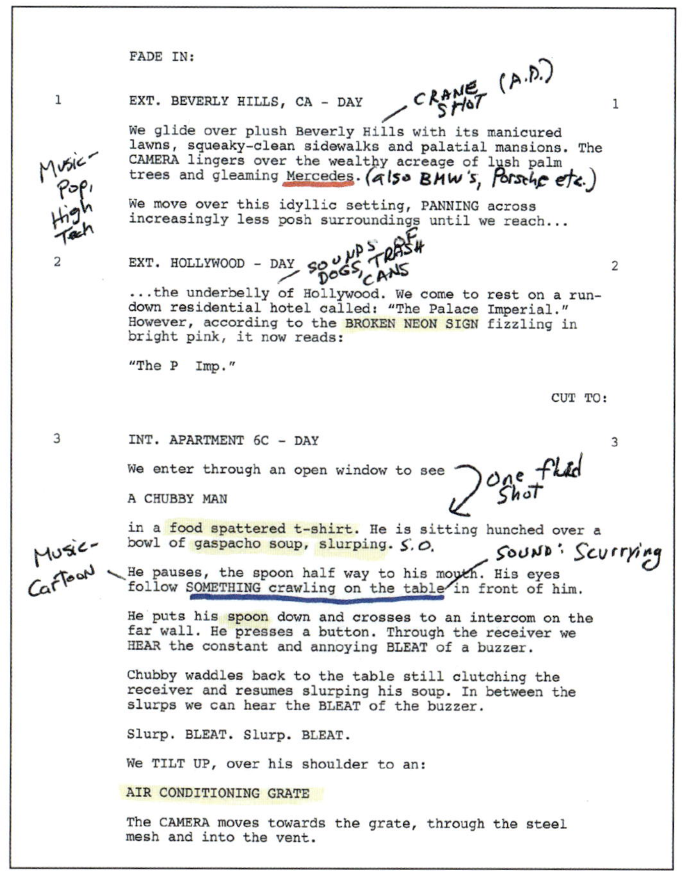

□ 그림설명 2278, 영화 스크립트의 수정의 예.

2279 `lit` `pic`

revival (재생, 소생)

일반적으로 영화나 문학 또한 음악에서 오래전에 호응이 좋았던 내용을 재생시켜 새로운 버전으로 만들어 내는 창작예술에 붙여진 말이다.

2280 `pic`

rewind (리와인드, 되돌려 감기)

디지털 오퍼레이션과는 달리 재래식으로 녹음된 테이프의 소리를 듣거나 필름의 영상을 재생(Play)해 시청한 후 되돌려 감는 것을 말한다. 주로 아날로그 방식의 모터를 사용해 물리적인 힘을 가해 조작하는 방식을 말한다.

◀◀ **REWIND** (되돌려 뒤로 감기)

■ **STOP** (동작 정지)

▶ **PLAY** (재생)

❚❚ **PAUSE** (일시 중지)

▶▶ **FAST FORWARD** (앞으로 보내기)

☐ 그림설명 2280, 모터로 구동이 되는 모든 기재에 표시되어 있는 동작 키 부호.

2281 `pic` `lit`

rewrite (대본 수정, 다시 쓰기)

대본(Script)의 일부 수정이 아닌 완전히 다시 쓰는 것을 말한다. 대본은 30분용 TV 시리즈용 대본을 쓰더라도 순서(Procedure)에 의해 대본가가 단계적으로 쓴다. 1전제(Premise)를 설정하고, 2요약된 줄거리(Synopsis)가 오케이 되면, 3스크립트(Script)를 쓴다. 제작자로부터 좋다는 '그린라이트(Green Light)'를 받으면 곧 제작에 들어간다. 절차에 따라 진행했지만 완성 대본을 제작자가 승인하지 않으면 다시 쓰기 시작하는 것을 말한다.

2282 `his`

Reynaud, Emile (에밀 레이노드)

✱ 참조보기 (0918 - film)

RGB (알지비, 태양광 3원색)

태양광 3원색인 Red, Green, Blue의 머리글자를 딴 약자로서 컴퓨터 디스플레이 (Display) 색상을 나타내는 뜻으로 사용되는 말이다. 컴퓨터 그래픽에서 사용되는 색상은 RGB의 적절한 혼합 외에도 채도(Saturation), 색상(Hue), 휘도(Luminance) 등의 수치변화에 따라 다른 색을 얻게 된다. RGB기본 3원색으로 부터 파생된 색상은 총 1,670만 가지나 된다. 그러나 일반적으로 물감의 색상은 256개 내외로 사용한다.

□ 그림설명 2283, 태양광 3원색과 가시광의 분포.

2284 mus

rhapsody (광시곡, 랩소디)

음악에서 어떤 형식을 따르지 않고 아주 자유롭게 작곡된 소품곡에 붙여지는 이름이다. 광시곡이라고도 한다. 낭만주의가 시작된 19세기 헝가리(Hungary)에서 태어난 프란츠 리스트(Franz Liszt, 1811-1886)가 쓴 19곡의 헝가리 광시곡들이 대표적으로 헝가리의 민속음악에 영향을 받아 작곡한 헝가리언 랩소디(Hungarian Rhapsody)가 그 예이다. 광시곡은 리스트의 영향을 받아 그 후 여러 작곡가들에 의해 랩소디는 주로 피아노곡이나 오케스트라로 작곡되었다. 피아노 독주곡으로 작곡된 요하네스 브람스(Johannes Brahms, 1833-1897)의 <Rhapsody in E-flat major, Op. 119, No. 4> 바이올린과 피아노 오케스트라로 작곡된 벨라 버르토크(Bela Bartok, 1881-1945)의 <랩소디 No 1 and No 2>가 있고, 클라리넷과 피아노곡, 그리고 색소폰으로 작곡된 클로드 드뷔시(Cloud Debussy, 1862-1918)의 <Premiere Rhapsody> 등 세르게이 라흐마니노프(Serger Rachmaninov, 1873-1943) 그리고 근대작곡가로 조지 거슈윈(George Gershwin, 1898-1937)의 <Rhapsody in Blue>까지 이이져 왔다.

그림설명 2284-1, 여러 곡의 광시곡을 써서 영향을 끼친 Franz Liszt.

-2, 지휘자 Bernstein의 피아노, <Rhapsody in Blue>, LP.

-3, 조지 거쉬윈.

-4, 클라리넷, 조지 거쉬윈의 <Rhapsody in Blue>, 악보.

rhythm (율동, 리듬, 반복되는 음율)

1) 리듬이라는 단어는 일반적으로 음악에서 많이 사용되는 말이다. 음악에서하나의 음악이 형성되는 것은 궁극적으로 박자의 간격(Duration)으로 이루어진다. 리듬은 온음표(Semibreve), 2분 음표(Minim), 4분 음표(Crotchet), 8분 음표(Quaver), 16분 음표(Semiquaver) 등 이렇게 소리를 내는 길이를 나타내는 음표와 오선지 상의 음정에 의해 음악이 이루어진다. 2) 영화 제작기술의 하나로 연출상의 상관관계를 의미한다. 촬영된 장면들의 길이로 인해 발생되는 영화 흐름의 속도감 또는 장면에서 장면으로 바뀌는 신 컷의 템포(Tempo)를 의미하며 영화 속 드라마 강약의 느낌이 반복되며 극적 고저를 느끼게 해주는 영화 전체의 흐름도 리듬이라고 한다. 페이스(Pace)는 필름의 템포나 속도 자체만을 말하는 것이고, 리듬(Rhythm)은 이미지의 움직임으로 일체성을 주어 예술적 감각을 부여해주는 것이라고 할 수 있다. 기술적인 편집 테크닉도 리듬감을 창출할 수 있으며, 인터컷(Inter-Cut, 가깝게)들을 넣는 것도 기대감과 긴장감의 리듬을 주는 것이라고 할 수 있다.

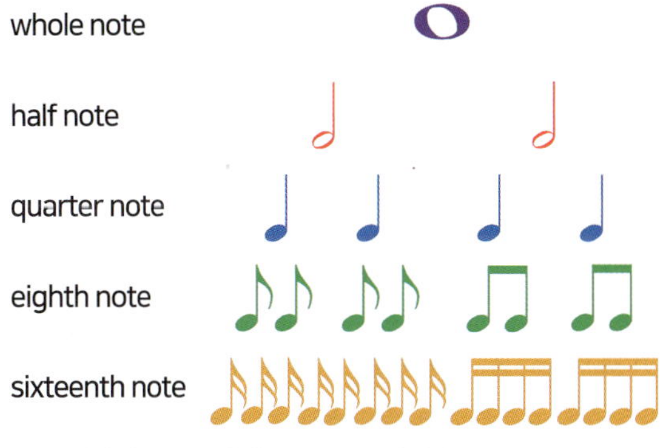

□ 그림설명 2285, 박자(Note)와 물체의 율동(Rhythm).

rigging (삭구, 사용 준비)

컴퓨터 애니메이션(Computer Animation) 작업에서 나중에 사용하기 위해 모든 관절을 분리하여 미리 준비해 두는 것을 말한다. 컴퓨터 애니메이션으로 이루어지는 하나의 프로그램 중에 컷 아웃(Cut-Out Animation)에서 캐릭터의 몸을 프로그램에서 편리하게 사용하기 위해 머리, 양팔과 양다리의 관절을 분리했나가 움직임이 필요할 때에 팔과 다리나 목을 움직이며 필요한 동작을 만들어 낸다. 이때 모든 분리 작업을 리깅이라 한다. 재래식 컷 아웃 애니메이션에서 인물의 그림이 정교하고 화려하지만 1초용 애니메

□ 그림설명 2286, A rigging, by Toon Boom Harmony.

이션을 움직이자면 24장의 그림을 그려야하므로 이것은 불가능한 작업이어서 19세기 말부터 실제의 그림 캐릭터를 오려서 사용한데서 컷 아웃이라는 용어가 유래되었다. 이 컷 아웃 애니메이션의 유래는 인도네시아에서 시작되었다고 전해 온다.

2287 `pic`

ripple dissolve (리플 디졸브, 잔물결 디졸브)

첫 번째 신이 잔물결처럼 굽이치다가 점차 다음 신이 나타나게 함으로써 한 신에서 다른 신으로 전환하는 방법. 이 테크닉은 주로 1940년대에 캐릭터들의 회상을 위해 과거의 사건 장면으로 전환될 때 많이 사용되었다. 이와 유사한 효과를 참조한다.

* Defocus - 화면의 초점을 흐렸다가 다시 맞추면 다른 장면으로 전환된다.
* Transition - 어떤 방법이던 유사한 모양에서 변환되며 장면으로 바뀐다.
* Dissolve - 한 장면이 점차 없어지며 다른 장면이 점차 생겨난다.

2288 `ani` `pic`

ripple effect (잔물결 효과)

재래식 방법으로, 한 화면이 물결친 것처럼 사라지면서 다른 화면이 물결치며 겹쳐 나오는 디졸브(Dissolve) 기법을 사용한 장면 전환 효과를 가리키는 말이다. 꿈이 시작되거나 아주 뜨거운 열을 통해 보이는 풍경이 시작될 때, 물결 그라스(Ripple Glass) 같은 것을 이용해 촬영함으로써 이미지가 잔잔히 흔들려 보이게 하는 효과를 얻을 수 있다. 대부분이 개인이 만들어 사용하기도 한다. 근래에는 컴퓨터에 의해 매우 사실에 가까운 물 효과를 만들어 낼 수 있다.

□ 그림설명 2288-1, 수영장 물.

-2, 물방울.

-3, 바다의 파도.

2289 gen

road block (로드블록)

많은 사람들이 시청하도록 하기 위하여, 주요 방송사로부터 저녁 뉴스 등의 특별 시간 대를 전국 또는 지역 단위로 같은 시간대를 맞추어 광고하는 것을 말한다.

2290 mus

rock n' roll (록앤롤)

춤추는 종류의 음악이다. 브루스 형식의 댄스곡으로부터 성장한 것으로 기본 12개의 음표가 집요(Insistence)하고 비교적 빠르게 반복된다. 1950년경부터 미국에서 댄스곡 으로 시작된 후 유명가수 엘비스 프레슬리(Elvis Presley, 1935-1977)의 등장과 함께 음 악으로 사용되게 되었다.

☐ 그림2290-1, 1950년 이후 엘비스 프레슬리의 노래와 함께 대유행을 일으켰던 미국의 '록엔롤' 댄스.

-2, 엘비스 프레슬리의 댄스몸짓.

-3, 비교적 빠른 곡의 매우 자유로운 여러 댄스 스타일.

R

2291 `pic`

role (롤, 배역)

주로 실사 영화제작에서 주인공배역이나 단역 배우의 출연을 말한다.

2292 `pic`

roll (롤)

1) 릴에 감겨져있는 촬영하지 않은 원자재 필름의 한 덩어리를 말하는 것으로 35mm 필름의 경우 1,000피트, 16mm 필름은 400피트가 감겨져 있다. 2) "Roll Camera!(카메라를 돌리세요!)" 감독이 카메라맨에게 촬영을 시작하라는 명령어이다. 3) 삼각대(Tripod) 위에 있는 카메라 중심을 기준하여 카메라를 회전(Pan)시키는 것을 말한다.

2293 `pic`

roll film (롤필름)

1888년 이래 조지 이스트만(George Eastman, 1854-1932)이 드라이 플레이트 유리원판에서 전격적으로 구부러지고 타래(Hank)에 감을 수 있는 셀룰로이드를 이용한 사진원판을 개발함으로서 획기적인 사진과 동영상을 촬영할 수 있게 했다.

□ 그림설명 2293-1, 1880년 완성한 정사진용 롤필름들.

-2, 20세기에 사용된 Kodak 35mm. 400자 텅크스텐 용 롤 필름.

-3, 1,000자 텅크스텐 용 필름.

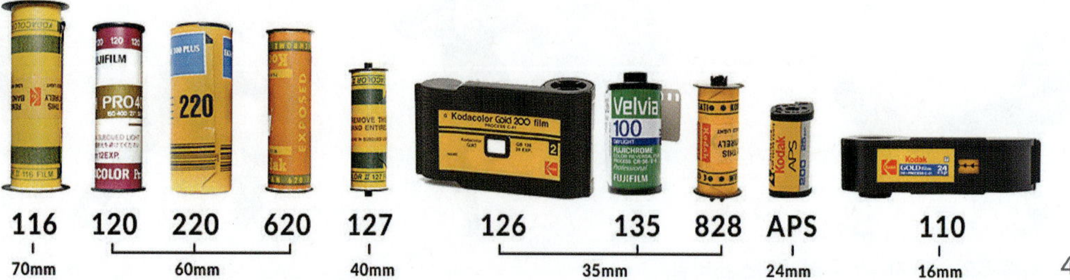

-4, Kodak에서 출시한 여러 종류의 롤필름들.

2294 `pic`

roll sound(롤 사운드)

감독이 음향 기사에게 녹음 기재를 돌릴 것을 지시하는 말이다. 일반적으로 음향기기 콘솔은 사용하지 않더라도 전원을 끄지 않는다.

2295 `pic`

roll-up title (롤 업 타이틀)

자막을 아래에서부터 올리며 소개하는 방식이다. 타이틀을 길고 가는 천으로 된 배경용 소재에 인쇄하거나 그려 넣은 후 회전하는 원통으로 감아 올려 흐느적거리는 듯이 스크린에 보이게 하는 하나의 기법을 말한다. 이 방법은 재래식 기술의 한가지로 지금은 사용하지 않는다.

2296 `pic` `mus`

romance (로맨스, 연애)

영화 스토리에서 남녀 간의 애정 관계를 강조한 영화를 말한다. 일반적으로 애정관계 자체가 감정적(센티멘털, Sentimental)으로 표현되며, 영화 속의 각 캐릭터의 감성, 희생, 불행 등으로 이어지는 연애의 극한 상황에서도 인간 존재의 아름다움을 구하는 선구자적 사랑을 미화하며 결론에서 긍정적인 방식으로 표현된다. 영화는 '로맨스'를 통해 관객들의 공허한 삶을 채워주는 주요한 테마가 되어 생활에 의미를 더해주고 관객들에게 희망을 얻게 해준다.

✱ romance (로망스)

음악에서의 '로망스'는 연주형식을 말하는 것이 아니라 사랑을 표현한 음악에 붙여진 이름이다. 고전주의 음악이 시작된 18세기부터 낭만주의 음악을 거쳐 현대음악에 이르기까지 여러 작품들에 붙여진 부제이다. 파가니니(Nicoló Paganini, 1782-1840)의 '칸타빌레(cantabile)', 베토벤의 '로망스' 2번, 바이올린과 관현악을 위한 F장조, 모차르트(Wolfgang Amadeus Mozart, 1756-1791)의 세레나데 '소야곡(小夜曲)', 크라이슬러(Fritz Kreisler, 1875-1962)의 '사랑의 슬픔', 루빈슈타인(Artur Rubinstein, 1887-1985), 드보르자크(Antonín Dvoák, 1841-1904), 슈만(Robert Alexander Schumann, 1810-1856) 그리고 현대에 와서 미국의 가수 엘비스 프레슬리(Elvis Aron Presley, 1935-1977)의 '러브 미 텐더', 한국의 작곡가 홍난파(洪蘭坡, 1898-1941)등의 사랑을 노래한 부제가 붙은 음악들이 많이 있다.

R

2297 `mus`

rondo (회선곡, 론도)

음악에서 이탈리아어로 'Round'를 뜻하는 단어로 악장마다 테마곡을 되풀이하여 (Recurring) 주요 부제부와 도입부를 배치(Interspersing)하여 변주하는 형식을 뜻하는 말이다. 이러한 형식은 소나타, 현악 4중주곡 그리고 교향곡(Symphony), 기악이나 관현악곡 등의 마지막 악장에서 들을 수 있는 고전음악 시대의 형식을 말한다.

2298 `ani` `pic` `equ`

Rostrum camera (로스트럼 카메라)

일반 그래픽과 애니메이션을 촬영할 수 있도록 특수 고안된 집합적 애니메이션전용 (Rostrum) 촬영대는 카메라(Head)와 몸체(Stand)를 하나의 시스템으로 가리켜 부르는 말이다. 또한 아날로그(Analog) 방식의 애니메이션 카메라 촬영대를 통칭하는 말이다. 로스트럼이라는 단어는 영국에서 건너온 것이다. 애니메이션 촬영을 위한 평평한 바닥 위에 애니메이션이나 그래픽 아트워크를 찍을 수 있도록 여러 장치가 부착되어있는 촬영대를 가리켜 부르는 말로 카메라 헤드는 상하로 오르내리며 화면의 크기를 조절할 수 있고, 촬영대 위에는 팬(Pan) 할 수 있는 3개의 페그바(Peg Bar)가 위(Top) 아래 (Bottom)로 6개가 설치돼 있다. 그림을 유리판으로 눌러 들뜨지 않게 하는 플래튼 그라스(Platen Glass)가 있으며, 촬영대와는 분리된 장치로 특수 촬영을 계산 없이 방향을 그려 넣어 쉽게 촬영할 수 있는 편리한 콤파운드(Compound) 테이블이 오른쪽 옆에 붙어있다. 수치화 돼 있는 둥근 손잡이를 돌려 배경과 그림의 팬 속도를 조절할 수 있으며 카메라 몸체 밑에 투과광 촬영을 위한 백 라이팅(Back Lighting)이 설치돼 있다. 촬영대 좌우에 아트워크(Art Work)를 촬영할 수 있도록 조명이 부착돼 있고, 이 조명의 광량을 유지하거나 전압을 조정해 오르내릴 수 있는 슬라이닥스(Slidox)를 사용한다. 카메라는 ACME-5, ACME-6, OXBERRY 등이 고정으로 장착돼 있으며, 이 카메라들의 기능은 페이드 인 아웃(Fade In-Out), 디졸브(Dissolve), 세컨드 패스(2nd Pass), 트리플 패스(Triple Pass), 로토스코핑(Rotoscoping), 리버스 슈팅(Reverse Shooting), 틸팅(Tilting), 스피닝(Spinning), 카메라 셰이크(Camera Shake) 등 많은 기술적 기능을 수행할 수 있다. 그러나 디지털의 등장으로 이 재래식 촬영대는 더 이상 사용하지는 않는다. 그러나 모든 재래식 메커니즘은 컴퓨터에 그대로 입력되어 있어 로스트럼 촬영대를 실제 눈으로 보고 배우는 것이 보다 더 컴퓨터의 소프트웨어(Software)를 이해하기가 쉽다고 생각 든다.

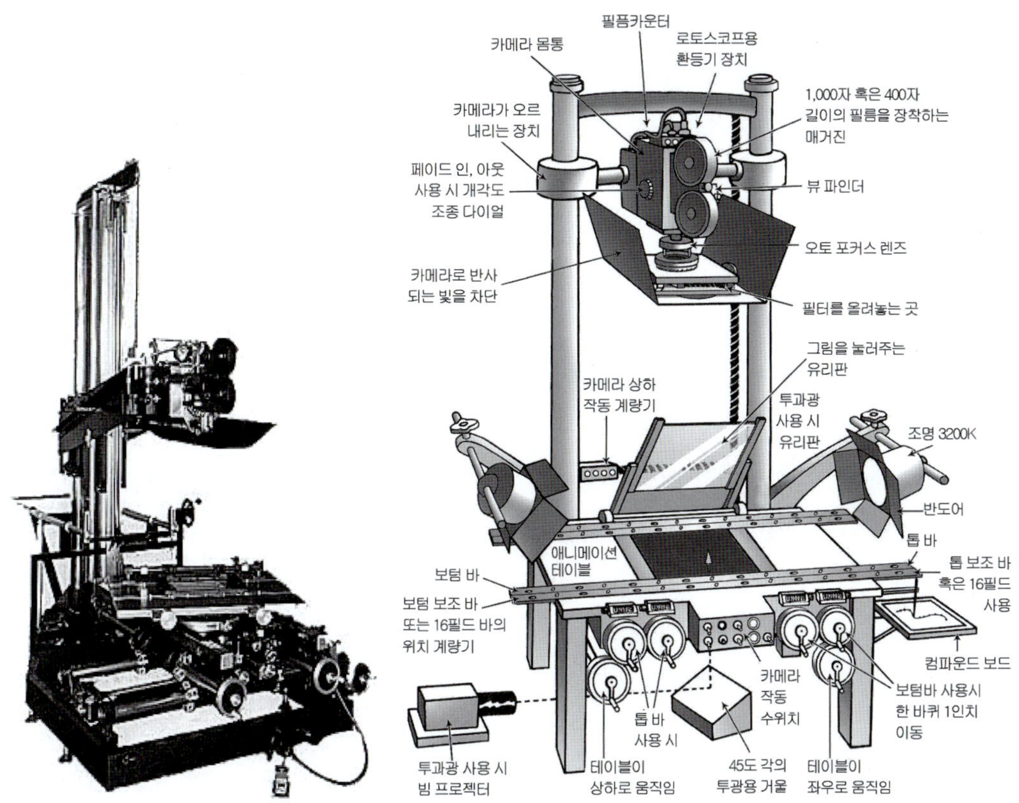

□ 그림설명 2298, 집합적 애니메이션 전용 촬영대 'Rostrum' 카메라의 도해.

2299 `ani`

rotation (로테이션, 회전)

1. 화면이 회전하는 듯한 효과를 주기 위하여 카메라를 완전히 원형으로 움직이는 것을 말하며, 부분적으로 회전하는 상태는 틸트(Tilt)라고 한다. 2. 동일한 조건과 동일한 매체에서 광고물을 바꾸는 것을 말하며, 내용을 전면 교체하거나 일부분을 바꿀 수 있다. 3. 특정 시간대 안에서 시점을 바꾸어 가며 광고하는 것을 기본 단위로 하여, 방송사에서 판매하는 방송 광고의 한 방법을 말한다.

2300 `ani`

Rotoscope (로토스코프)

로토스코프는 주로 사실적인 인물이나 동물들의 동작을 구현하고자 할 때 일반 35mm 카메라로 촬영하고 현상된 프린트 필름을 애니메이션 카메라에 넣어 애니메이션용 종이 위에 영상으로 투사하여 동작을 베껴(Tracing)낸다. 이렇게 파악된 사실동작 (Realistic Movements)을 기초로 사실과 같은 동작을 얻어 낼 수 있는 장치이다.

이 작업은 우수한 애니메이터(Animator)가 한 프레임(Frame)씩 영사된 실사 그림을 정확히 그려내어 실제 움직임을 옮길 수 있도록 하는 것이 중요하다. 이러한 방식으로 애니메이션의 사실 동작을 만들어 애니메이션 제작에 필수적으로 사용해 왔다. 이 장치는 당시 장편 애니메이션 <걸리버 여행기>를 감독·제작했던 맥스 플라이셔(Max Fleischer, 1883-1972)가 고안하고 특허를 내어 사용료를 받아왔던 아이디어적인 발명품이었다.

* rotoscoping (로토스코핑, 동작 복사기)

로토스코핑은 1915년에 미국의 애니메이터로 감독이었던 맥스 플라이셔(Max Fleischer, 1883-1972)가 발명한 편리한 이미지복사 기제이다. 애니메이션을 제작하며 고안한 단순하지만 놀라운 기술기법이다. 실사로 촬영한 동작을 이용하여 그림 애니메이션으로 표현하기 어려운 정교한 사실과 같은 동작을 얻어내는 장치였다. 애니메이션으로 필요한 동작을 우선 실물로 찍어 현상된 프린트필름을 애니메이션 촬영용 카메라에 넣고 그 속에 장치된 조명을 통해 영사하면 영상이 투사되어 보이게 된다. 애니메이션을 그리는 종이 위에 비춰진 실사동작을 한 콤마씩 촬영하듯 한 프레임씩 애니메이터(Animator)가 동작을 정확하게 베껴(Trace) 그려서 실제 인물의 움직임을 토대로 동작을 파악하여 애니메이션 동작을 사실적으로 분석할 수 있는 것이다. 이 장치를 이용해 면밀한 사실적 동작을 애니메이션에 활용한 방식은 클래식(Classic) 애니메이션에 많이 활용한 기법이다. 실제로 맥스 플라이셔는 자기가 제작한 장편 애니메이션 <걸리버 여행기>에 나오는 주인공 걸리버를 사실처럼 동작을 그려내기 위해 이 장치를 발명해 내게 되었었다. 당시 제작된 디즈니 애니메이션의 사실적 애니메이션 동작들은 대부분 로토스코핑 기법을 활용한 것이었다. 오늘날에도 로토스코프 기법을 자주 사용하여 이 기법으로 만든 애니메이션을 순수애니메이션으로 인정할 것이냐에 시비가 많이 엇갈리고 있다. 디지털 방식에서도 자주 사용되며 아날로그 애니메이션 카메라를 이용할 때보다 쉽게 작업을 해낼 수 있다.

□ 그림설명 2300-1, -2, 로토스코프로 제작된 영화 <A Scanner Darkly> (2006) by Richard Linklater.

□ 그림설명 2300-3, 플라이셔가 발명한 로토스코핑 시스템 도해와 특허권.

2301 `pic`

rough cut (러프 컷, 초벌편집)

대본에 따라 촬영된 장면들을 모두 모아 전후 관계의 상황 전개를 보기 위하여 필름이나 영상을 가편집한 상태를 말한다. 전체 스토리 라인을 따라 초벌로 편집해본 영상을 이르는 말이다. 최종으로 아직 상세하게 커팅이 안 된 것을 의미하는 말이다. 러프 컷은 스튜디오의 프로듀서의 간섭 없이 감독이 나름대로 편집한 필름이기 때문에 감독의 컷(Directors' Cut)이라고도 부른다.

✻ 참조보기 (0807 - Editing)

2302 `ani`

rough (러프, 거친)

애니메이션에서는 화가가 그림으로 느낌을 그린 클린업(Clean-Up)이 안 된 캐릭터(Character)의 위치나 포즈, 표정들이 그려진 그림들을 뜻하는 말이다. 애니메이터가 캐릭터의 위치와 포즈를 스케치한 원본 그림을 말하는 것으로, 동화가(애니메이터를 돕는 클린업 아티스트)가 이 그림을 정리하여 완성된 형상을 만들어 내게 된다. 흔히 할리우드의 애니메이터들은 'Refer to Rough(약화 참조)'라는 말을 흔히 'See Ruff'라고 메모를 써서 주의사항을 남긴다.

2303 `pic`

roundy round (라운디 라운드)

영화제작에서 카메라의 반대 방향에 있는 목적물에 초점을 맞추어, 현재의 목적물로부터 180도 카메라를 돌리는 것을 말한다.

2304 `gen`

royalty (로열티, 특허권)

작가, 작곡가, 작사가, 발명가나 창작 소유자의 저작권이 있는 작품이나 발명품이 판매되거나 특허권을 받을 때 책정된 일정액을 그들에게 지불하는 저작권 사용료를 말한다.

*** royalty free (무 인세, 특허해제)**

2305 `pic`

R-rated (R등급, 레이티드 알)
* restricted rate (제한기준 영상물)

콘텐츠(Contents)를 기준으로 관객들에게 영화의 적합성을 평가하는 미국의 MPAA제도 중에 하나다. 특정 내용이나 콘텐츠 주제의 취급으로 인해 제한이 따르는 영화를 가리키는 것으로 연령으로 이를 구분 짓는 제도를 말한다. 17세 이하는 부모나 보호자 동반이 요망되는 준 성인용의 영화를 뜻하는 말이기도 하다. 이제도는 1960년대에 구 영화 등급 호칭을 교체하기 위해 미국 영화 협회(Motion Picture Association of America)가 만든 영화 등급 호칭들 중의 하나이다. R등급은 일반적으로 성적인 노출과 불경, 폭력 등이 담긴 영화를 뜻하는 말로 관객이 아직 성인이 아닌 경우 이미지 보아서는 안 되는 내용이 포함된 영화이다. R등급은 NC-17 보다는 덜 제한적이다.

□ 그림설명 2305, 미국의 Restricted (제한기준) 영상물, 한국은 19.

2306 `mus`

Rumba (룸바, 룸바 춤곡)

라틴아메리카 사람들이 즐겨 추는 춤을 말한다. 특히 쿠바에서 유명했고 1930년에서 1940년경에 주로 무도회장(Ballroom)에서 사용된 남미의 민속적인 춤곡이다. 미국의 작곡가인 조지 거슈인(George Gershwin, 1898-1937)의 음악에서처럼 작곡가들도 흔히 사용한 매우 율동적이며 빠르고 힘찬 매력적인 곡이다.

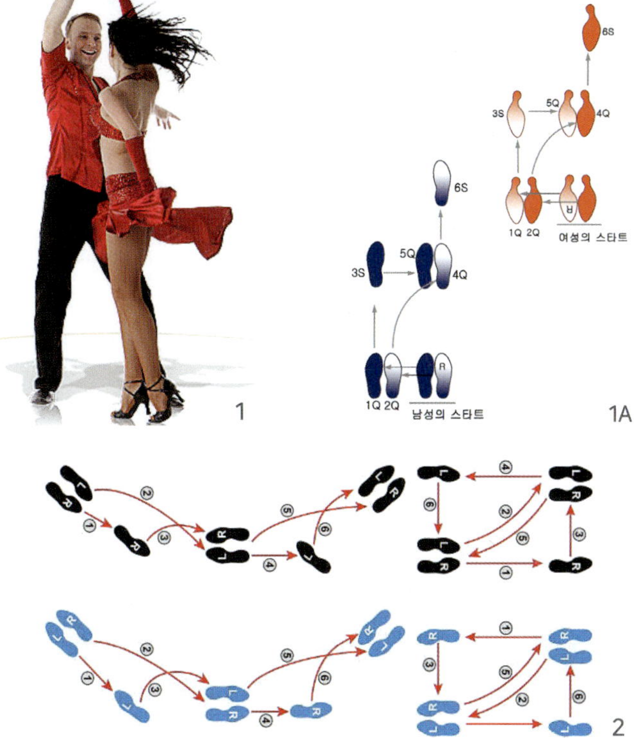

□ 그림설명 2306-1, -1A, 룸바 기본 복스스텝.

-2, 보룸(Ballroom)형 남녀 스텝.

2307 `pic`

run (런, 방영, 상영)

1) 텔레비전 프로그램의 송출이나 방영을 말한다. 2) 특정 극장의 개봉 기간 중의 총 상영 길이를 말한다.

2308 `ani`

runaway production (런 어웨이 프로덕션, 외주제작)

비용을 절감하기 위하여 외국으로 하청을 주게 되는, 특히 애니메이션 제작물을 말한다. 1950년대에 미국 영화계는 제작 인원의 부족과 급등하는 제작비용으로 인해 수많은 할리우드(Hollywood) 영화사들이 외국에서 작품을 만들기 시작했다. 자국에서는 엄청난 제작비가 드는 웅장한 고전영화의 전투 신들에는 외국 군인들이 고용되기도 했다. 당시 인도(India)는 수천 명이 나오는 고전 물에 수천의 엑스트라(Extra)와 장소를 제공하여 스펙터클(Spectacle)한 영화 연출에 크게 공헌한 나라로 유명하다. 또한 미국은 최근 그래픽(Graphic)이나 애니메이션을 제작할 때 제작비의 부족으로 노동력이 싼 해외로 제작을 의뢰하는 것을 뜻하는 말로도 사용된다.

2309 `gen`

rundown (런다운, 감원)

방송용 프로그램을 방송국 지체에서 제작하지 않고 외부에서 제작하도록 하는 것을 말한다. 지상파 방송이 경영의 간소화를 위해 뉴스나 특종 방송을 제외한 문화, 예능 프로그램을 외주로 제작하기 위하여 프로덕션(Production)을 따로 운영하는 것을 뜻하는 말이다. 방송국들은 흔히 이러한 제도를 활용해 제작에 소요되는 인원을 줄이고 전문 외주프로덕션을 활용함으로써 보다 새롭고 경쟁적인 우수한 작품을 생산해 낼 수 있다는 관례를 갖고 있다.

2310 `gen`

running gag (러닝 개그)

영화나 텔레비전 프로그램에서 저질적으로 몸짓을 하며 웃기는 것을 뜻한다.

2311 `pic`

running shot (러닝 샷)

움직이는 연기자에 보조를 맞추기 위해 고정 삼각대를 사용하지 않고 카메라를 손에 들고 프리핸드(Free Hand)로 촬영하는 것을 말한다.

2312 `pic`

running speed (러닝 스피드, 영사속도)

카메라나 영사기에서 필름이 기계를 통과해 움직이는 속도를 말하며 초당 프레임 수로 측정된다. 무성 영화는 예전에는 초당 16프레임, 오늘날의 유성 영화 카메라와 영사기는 초당 24프레임이다. 특수 메커니즘(Mechanism)을 가진 고속 카메라는 초당 600프레임까지 속도를 높일 수 있다. 카메라 가동 속도를 느리게 한 다음 나중에 정상 속도로 영사하게 되면 가속화된 모션(픽실레이션: Pixiliation) 을 만들 수 있다. 슬로우 모션(Slow Motion)은 카메라의 가동 속도를 가속시키고 나중에 영사 속도를 정상으로 하면 만들 수 있다. 속도계가 카메라에 부착돼 있고 특수한 카메라를 사용하여 다양한 속도로 영화를 만들 수 있다. 필름을 촬영하거나 영사할 때(FPS: Frame Per Second), 비디오테이프를 녹화하거나 재생할 때(SP, LP: Standard Speed, Long Speed), 녹음실의 녹화 테이프 등의 초당 속도(IPS: Inch Per Speed)를 일컫는 말이다. 35mm 필름의 속도는 초당 24프레임, 비디오테이프는 일반 소비자용으로 L.P와 SP로 나누어져 있으며 녹음실 용 ¼인치 (0.64cm) 테이프의 경우 7.5 또는 방송용 15 IPS(Inch Per Second)로 속도를 낼 수 있다.

2313 `pic`

running time (러닝 타임, 상영길이)

1) 상영 시간의 길이를 말한다. 2) 모든 제작물에 표시되는 방송 프로그램의
실제 소요 시간을 말한다. 30분미만의 작품은 단편(Short Film)이라하고, 30
분 이상 1시간미만을 중편, 1시간이상을 장편영화라고 기준하고 있다.

□ 그림설명 2313, 러닝 타임 556분인 영화
<쇼아, 1985>

2314 `pic`

runout (런 아웃, 다 돌아간 필름)

아날로그(Analog) 영화 촬영에서 촬영 도중에 카메라의 필름이 부족하게 되는 것을 말
한다. 종이에 펜으로 글을 쓰다가 잉크가 떨어지거나 필름을 상영하다가 필름이 부족
하여 중도에 일이 중단되는 것을 뜻한다.

2315 `pic`

rush (돌진, 서두르다)
✻ rush film (러시필름)

재래식 영화 제작에서 촬영한 35mm필름을 현상소에서 찾
아오면 우선 필름이 카메라에서 잘 찍혔는지, 같은 장면을
여러 번 진은 것 중에 가장 적절한 신은 어느 것인지를 가
려내기 위해 서둘러 일하는 것을 뜻하는 말이다. 러시필름
은 당일 촬영한 필름을 현상소에서 최초로 프린트한 초벌
을 말하며, 영화제작에서는 이 러시필름을 '데일리(Daily)'
라고 부른다. 현상소에서 돌아온 필름은 무비올라를 통해
필름의 정상농도를 체크하고 편집하면 대사, 음향, 영화완
성에 필요한 길이로 사이즈 다운한다. 또한 대시, 효과음
등을 맞추기 위하여 이 필름을 바쁘게 돌려가며 작업을 하
는데서 'Rush'라 붙여진 말이다.

□ 그림설명 2315, Rush 필름으로 가편집하는 무비올라(Movieola)

2316 `ani` `his` `peo`

Russia Animation History (러시아 애니메이션의 역사)

러시아의 최초 영화 형태(Film)의 상영은 1896년 프랑스의 뤼미에르 형제(Lumiere Brothers)가 러시아의 삼두마차(Troika)와 크렘린(Kremlin)궁전 등을 촬영해 현지에서 보여준 것이 시초였다. 그리고 최초로 러시아인에 의해 세계 최초의 인형 애니메이션이 영화로 만들어진 것은 1906년에서 1909년 사이에 마리인스키(Mariinsky) 극장에 재직하던 발레무용 마스터인 알렉산더 시리야예프(Aleksander Shiryaev, 1867-1941)에 의해 12가지의 발레 춤동작을 보이기 위해 인형으로 애니메이션 동작을 만든 것으로 기록되어있다. 그러나 당시 러시아의 통치자이자 마지막 황제였던 니콜라스 2세(Nicolas II, 1868-1918)는 영화가 대중성과 선동성이 있다고 판단하여 규제정책을 발표하게 되었고 이런 이유로 러시아 초기 영화와 애니메이션 역시도 유럽의 다른 국가들보다 뒤늦게 시작됐다. 러시아 애니메이션은 1917년에 볼셰비키(Bolsheviki) 공산주의 혁명이 일어나면서 니콜라이 2세(Nicholas II, 1868-1918)가 폐위되고 레닌(Vladimir Il'Ich Lenin, 1870-1924)과 다른 공산주의자들이 영화를 혁명의 선전수단으로 이용하면서부터 광범위하고 다양한 형태로 변화되기 시작했다. 1919년 설립된 모스크바 영화전문학교(Moscow Institute of Cinematography)는 국영조직으로 비상업적인 창작 형태를 기반으로 설립됐는데 이러한 국영 조직의 형태는 다양한 소재의 개발과 실험을 가능케 해 결국 서양 국가들보다도 더욱 다양한 작품들을 만들어 내는데 기여가 됐다. 러시아 애니메이션의 구조는 복잡한 가운데도 독창성을 형성할 수 있었다. 러시아 애니메이션은 그림보다는 인형 애니메이션(Puppet Animation), 페이퍼 애니메이션(Paper Pnimation), 현대적인 그래픽 기법의 혼용을 통한 오브제 애니메이션(Object Animation), 스크래치 애니메이션(Scratch Animation) 등 다양한 실험적 기법이 활용된 것이 특징이다. 러시아에서 두 번째 사람은 러시아 인형 애니메이션의 아버지라 불리는 라디슬라프 스타레비치(Vladislav Starevich, 1882-1965)로 이미 1910년에 세계 최초의 인형 애니메이션인 <사슴벌레의 전쟁(Lucanus Cervus)>을 발표한 바 있다. 소비에트(Soviet)는 1920~1940년대까지 CF 애니메이션을 제작해 서부유럽에 납품하는 형식을 취하며 볼셰비키혁명 후였지만 아직은 상업성에 중점을 둔 시기였다. 또 소비에트 연방정부는 예술가들로 하여금 공산주의가 인민들에게 유토피아(Utopia)를 제시할 것을 요구해, 유토피아적 이미지나 내용들이 작품에 많이 반영되기도 했다. 최초로 애니메이션을 직접 제작한 애니메이터는 지가 베르토프(Dziga Vertov, 1896-1954)로서 역시 이 시기에 가장 활발한 활동을 보인 사람이다. 그가 만든 <카메라를 든 사나이>는 그의 대표작으로 1929년에 시각이미지를 다양하고 새로운 방식으로 관객에게 주는 시각적 영화 언어를 통해 지각을 제시하는 영화이다. 그 밖에도 <레닌을 위한 3개의 노래들>, <열광>, <지구의 6분의1> 등 다수가 있다. 그의 본 이름은 David Abelevich Kaufman, 또는 Dennis Kaufman이라고도 불렀다. 그는 러시아 사람으로 소비에트 다큐멘터리 필름의 선구자로 뉴스 릴을 제작하기도 했고 영화 논설가로도 활동했다. '키노 그라스'라는 그룹을 결성했으며, 1922~1925년 뉴스매거진이 만든 단편 뉴스 <키노 프라우다> 총 32호를 발간하는 등 영화 이론가로서도 활약했다. 베르토프는 다양한 카메라 기법들을 실험적으로 시도하고 개발해, 콤마촬영을 할 수 있는 애니메이션 개념으로 확장시켰다. 이러한 기제를 이용해 표현한 유토피아적 작품들은 1930년대 들어서 사회주의적 리얼리즘(Realism)과 충돌하며 그의 활동은 주춤하기도 했지만 기본적으로 계급을 탈피한 탈 이데올로기(Ideologie)에 집중하는 경향을 보이며 발전했다. 러시아의 애니메이션 발전을 위한 초석으로 1936년 소유즈멀트 필름스튜디오(Soyuz-muilt Film Studio)를 창립하고 곧 1년도 되지 않아 Studio는 빼고

□ 그림설명 2316-1, 카메라를 든 사나이
<O Homem da Câmara de Filmar>, 1929.

-2, 스트라비치의 세계최초 인형애니메이션.

-3, 알렉산드르 프투쉬코의 <어부와 물고기에 관한 동화>, 1937.

-4, 알렉산더 이바노프의 <Grandfather Ivan>, 1939.

'Soyuzmuiltfilm'으로 개칭하고 뉴욕에 있는 북미기반영화사와 연계를 갖고 소련영화의 유통에 대한 실무를 알렉세이 라다코프(Alexeij A. Radakov, 1879-1942)에게 북미의 애니메이션 프로세스를 연구하는 책임을 주었다. 월트 디즈니(Walt Disney, 1901-1966)와 맥스 플라이셔(Max Fleischer, 1883-1972) 스튜디오와 연계하여 모스크바(Moscow)로 돌아와 실험적 애니메이션 워크숍(Workshop)을 설립하고 "디즈니 스타일의 개발"을 시작했다. 이일을 위해 1935년 월트 디즈니(Walter Elias Walt Disney, 1901-1966) 자신은 모스크바 영화제에 <돼지 3형제(Three Little Pigs)> 와 <미키마우스(Mickey Mouse)> 단편의 영화 릴을 보내왔으며, 이는 구소련의 애니메이터와 공무원에게 깊은 인상을 남겼다. 러시아의 애니메이션은 대부분 내용면에서 특유의 유머감각이 있고 고유 정통성을 유지하며 미국의 슈퍼히어로와 같은 정의의 사도나, 스트레치, 스쿼시 같은 동작자체의 중력과 관성을 눈에 띄게 다루지 않은 것이 특징으로 보인다. 예술의 리얼리즘을 주장해온 소련이 자존심을 버리고 미국의 애니메이션을 초대해 한 수 배우겠다는 당시의 움직임은 대단한 계획이었다.

□ 그림설명 2316-5, 이반 이바노프 바노의 <Humpbacked Horse>, 1947.

-6, Mstislav Pashchenko의 <Dzhyabzha>의 한 장면, 1938.

2차 세계대전(1939 유럽) 전후해서는 실험적 작품들이 등장하기 시작했다. 1930년대 이후의 주요 애니메이터로는 이반 이바노프 바노(Ivan Ivanov-Vano, 1900-1987)와 레프 아타마노프(Lev Atamanov, 1905-1981)를 들 수 있다. 이바노프 바노는 1927년부터 독립적으로 감독 활동을 시작해 러시아 애니메이션의 예술과 기술의 발전을 이끌어낸 작가이다. 특히 그는 디즈니 만화의 영향으로 이를 모방하는 경향이 강했던 러시아 애니메이션계에서 디즈니 만화를 모티브로 하면서도 러시아적인 것으로 승화시킴으로서, '러시아의 디즈니'로 불렸다. <꼽추 망아지(The Hunchback Horse, 1947)>와 <백설 처녀(The Snow Maiden, 1952) 등 러시아 고유의 색채와 시적 분위기를 담은 작품들을 대거 발표했다. 러시아 애니메이션의 최고의 걸작으로 꼽히는 <눈의 여왕(Snow Queen)>의 감독 아타마노프는 이바노프 바노와는 달리 디즈니의 전통적인 방식을 고수했다. <눈의 여왕>은 한스 C. 안데르센(Hans Christian Andersen, 1805-1875)의 작품을 애니메이션으로 제작한 것으로 섬세한 인물 심리 묘사, 음악적 리듬감이 살아있는 움직임, 웅장한 스케일 등은 디즈니 애니메이션과는 또 다른 감흥을 주는 걸작으로 꼽힌다. 1960년대 이후에는 소비에트 작가주의 중심의 실험적인 작품들이 본격적으로 등장했다. 비디오용으로 발매된 대부분의 작품들은 단편 옴니버스 형식을 띠었으며, 서부 유럽이나 미국시장을 겨냥한 상업적이거나 예술지향적인 작품들이었다. 세계 애니메이션 5대 거장 중 한명으로 꼽히는 유리 놀슈테인(Yuri Norstein, 1941-)은 1936년 설립된 '소유즈 멀트 필름스튜디오(Soyuz-Muilt Film Studio)'에서 수학한 이바노 바노의 수제자로 작가정신을 작품에 반영한 애니메이션을 만들었다. 인형(Puppet), 페이퍼(Paper Cutout) 애니메이션 등 다양한 제작 방식을 독창적으로 구사한 대가이다. 그의 작품으로는 스승인 이바노 바노와 함께 제작한 <켈제네츠의 전투(Kerzhenets Battle), 1971)>는 놀슈테인이 감독한 소련 애니메이션이다. 이 영화는 림스키 코르작코프(Rimsky-Korsakov, 1844-1908)의 음악을 배경으로 14-16 세기의 러시아 벽화그림을 이용해 평면 애니메이션으로 만들어졌다. 페이퍼 애니메이션인 <켈제네츠의 전투>는 회화적 작품들 속에서 가장 침신한 김각으로 정형화된 모델을 만든 작품으로 꼽히며, 특히 박력이 있는 묘사와 특수효과로 유리 놀슈테인의 천재성을 보여주기에 충분한 작품이다. 그의 대표작이자 애니메이션 역사상 가장 걸작으로 평가받고 있는 <이야기 속의 이야기(1980)>는 반복과 과장 등의 기법을 연속해 사용하면서 아주 새로운 형식의 이야기 전개를 만들었다. 이 작품은 1980년 자그레브와 오타와 애니메이션 페스티벌(Ottawa International Animation Film Festival)에서 대상을 차지했다. 러시아 애니메이션은 1970년대 이후로 새로운 기법의 적극적인 활용이 돋보이는 작품 제작이 본격화되면서 많은 거장들을 탄생시켰다. 결국 1970년 후반과 1980년 초반에 놀슈테인은 국제페스티발에서 두 번이나 상을 수상했지만, 그는 1985년 소유즈멀트필름스튜디오(Soyuzmultfilm Studio)에서 해고되는 일이 벌어졌다. 원인은 그 당시에 그가 또 다른 두 사람과 같이 만들고 있던 <고골의 외투(Gogol's Overcoat)>의 장편제작 작업이 너무 오래 걸린 탓이었다. 그들은 너무 느려서 2년 동안의 실직이 10분 정도의 길이를 겨우 만들고 있었다. 결국 이런 사건으로 후일, 놀슈테인은 1993년 4월 유명하고 주요한 애니메이터들과 손을 잡고 러시아 애니메이션학교와 스튜디오(Animation School and Studio (SHAR Studio)를 설립하게 된다. 설립자들은 러시아에서 애니메이션 개척자인 표도르 히트루크(Fyodor Khitruk, 1917-2012), 애니메이터 안드레이 카자노브스키(Andrey Khrzhanovsky, 1939-), 그리고 애니메이터인 에드워드 나자로프(Edward Nazarov, 1941-2016)였다. 여기에는 러시아 영화 위원회도 스튜디오의 주주로 참여했다. 러시아 애니메이션은 1970년대 후반에서 새로운 기법의 적극적인 활용이 돋보이는 작품 제작이 본격화되면서 많은 거장들을 탄생시켰다. 차이코프스키(Pyotr Ilyich Tchaikovsky, 1840-1893)의 발레곡을 각색한 <호두까기 인형(Schelkun Chik, 1974)>을 제작한 보르시 스테판체프(Boris Stepancev, 1929-1983)는 실사로 찍은 화면을 로토스코핑(Rotoscoping)을 해서 애니메이션을 만드는 기법도 사용되었다. 합성하는 방식의 새로운 기법으로 공포물을 만든 <하르파(Harpya), 1978>의 감독 라울 세르베(Raul Servais, 1928-), 또한 비록 많은 작품을 발표하진 않았지만 독특한 자신만의 스타일로 그의 유머와 위트를 선보였다. 러시아에서 애니메이션계는 작품발표를 통해 실험적인 새로운 기법들이 나왔다. 알렉산더 페트로프(Aleksandr Petrov, 1957-)는 페인팅 기법을 사용해 <노인과 바다(the Old Man and the Sea), 1999>를 만들어 많은 사람들에게 놀라움을 선물했다. 러시아에서 가장 영향을 끼친 사람은 유명한 애니메이터이자 교수님이라 불리던 표도르 히뜨루끄(Fyodor Savelyevich Khitruk, 1917-2012)라고 할 수 있다. 표현이나 스토리보드의 파격성을 통해 디즈니 형식에서 탈피한 새로운 흥미를 관객들에게 준 미국의 '클라스키 추포(Klasky Scupo)'나 '필름 로만(Film Roman)' 등이 그 예로, 러시아의 애니메이션은 서부유럽이나 미국, 캐나다 등으로 진출하면서 이들과의 연계도 활발히 이뤄냈다.

□ 그림설명 2316-7, 표도르 히트루크의 <Ostrov-Island, 1973>

-8, 유리 놀슈테인의 <안개속의 고슴도치, 1975>.

-9, -10, Fyodor Khitruk의 <Winnie-the-Pooh, 1969>.

-11, 유리 놀슈테인의 <이야기 속의 이야기, 1979>.

-12, Zagreb 2002에서 Yuri Norstein과 Eduard Nazarov.

-13, 에두아르드 니지로프의 <옛날에 개, 1982>.

-14, 라울 세르베 <하르파, 1979>.

-15, 라울 세르베 (Raoul Servais).

-16, 안드레이 샤로브 스키
(Andrey Khrzhanovsky).

-17, 블라디미르 포포포의 <Vacation in Prostokvashino, 1980>.

-18, <Wilk i Zając, 1969>

-19, 알렉산더 페트로프의 <노인과 바다, 1999>.

Sand Animation

S s

[에스]

Sponge Bob

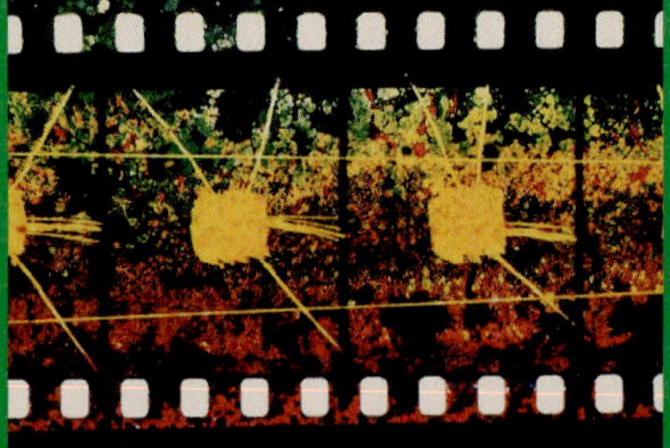

Scratch Animation

Simpsons

Silhouette Animation

Space

S s [에스]

2400 gen mus

Samba (삼바, 삼바 춤)

라틴아메리카(Latin America) 사람들의 춤을 말한다. 아프리카 민속고전 음악으로 원래는 집단으로 둥글게 둘러서서 춤을 추던 곡으로 비교적으로 스텝이 빠르고 활기차다. 4분의 2박자로 걸으며 춤을 출 수 있다. 이 곡은 브라질의 리오 삼바 축제로 유명하다. 이 댄스곡은 룸바(Rumba)와도 비슷하다.

□ 그림설명 2400-1, Samba 춤의 기본

-2, 삼바 Dance Step.

-3, -4, 해마다 3월에 열리는 리우 삼바 축제의 복장과 장식.

＊참조보기 (2306 - Rumba)

2401 gen

S/A (~같은)

＊Same As (재사용)

애니메이션 제작에서는 배경이나 그림 동작을 재사용한다는 표시이다. 애니메이션에서는 배경이 설정된 후 또 다른 신에서 배경만 재사용만 할 수도 있고, 전체의 신을 재사용하기도 하고 그 동작의 일부만 사용하기도 한다. 또한 부분적으로 애니메이션의 동작을 사용할 때는 S/A SC.16 (신 번호 16과 같음)이라 적고 새롭게 그리지 않고 재사용할 수 있다. 재사용을 시트(Time Sheet)에 표시할 때는 흑색 연필을 사용하지 않고 빨간 색연필로 표기하여 촬영부서에서 한눈에 알아볼 수 있도록 한다.

2402 `ani`

Sand animation (모래 애니메이션, 샌드 애니메이션)

모래 애니메이션은 애니메이션카메라로 모래 등으로 어떤 형상을 평면적으로 구성해가며 한 콤마씩 촬영해 완성하는 방식이다. 재료로는 다루기에 적합한 크기로 골라 물에 잘 씻어 사용한다. 모래라고 통칭하지만 실제로는 약간의 무게가 있는 것이면 사용하기 편리하다. 밑에서 올려 비추는 라이트박스 위에 모래를 펼쳐놓고 형상을 만들어가며 콤마촬영을 한다. 이것이 유리 밑에서 빛을 투사하면 모래의 두께에 따라 투과하는 빛의 차이가 생겨 독특한 효과를 얻게 되는 기법이다. 모래를 조금씩 프레임(Frame)마다 변화시키고 변화된 형상을 카메라로 촬영하는 기법이 바로 모래 애니메이션이다. 그리고 모래 애니메이션 방식처럼 모래를 움직여가며 관객에게 현장에서 퍼포먼스를 하는 방식이 있지만 이것은 애니메이션은 아니다. 샌드 애니메이션의 시초는 1969년 프랑스의 어네스트 앙소르쥬(Ernest Ansorge, 1925-2013)와 지젤 디에트리슈(Gisele Dietrich, 1923-1991) 부부의 작품에서 처음 소개되면서 샌드 애니메이션 장르로 분류되어 부르기 시작했다. 이후 헝가리(Hungary)의 페랑코 카코(Feranco Cako, 1950-)는 앙소르쥬 부부의 단순한 흑백 조화의 모래 애니메이션을 조금 더 발전시켜 모래의 두께에 차이를 두어 빛의 투과도가 다른 여러 가지 톤의 명암을 가진 그림으로 정밀하고 세련된 묘사를 보여주었다. 카코 역시 모래를 이용해 형상을 만들어가며 그의 손 빠른 퍼포먼스를 관중들에게 보여 크게 갈채를 받고 있다.

□ 그림설명 2402, 페렝 카코의 <Home> 1972.

satellite (세틀라이트, 인공위성)

지구의 대기권 밖에서 지구 주위를 주기적으로 돌며 지구로부터 받은 신호에 반응하여 지상에서 필요한 정보를 보내오는 위성이다. 이 위성은 지상으로부터 오는 방송신호 위성, 위치추적(GPS, Global Positioning Sys.)위성, TV 중계위성, 통신(Communication) 위성, 기상관측(Meteorological)위성, 해양생태(Ocean Ecology)위성, 외계탐색(Outer Space)과학위성, 군사목적(Military Purpose)위성에 이르기까지 지구국의 모든 커뮤니케이션을 위한 활동을 담당한다. 우리 인류사에서 최초로 사람이 만든 위성을 지구 궤도로 쏘아올린 나라는 미국이 아닌 구소련(Soviet)이었다. 미국은 크게 충격을 받았고 전 세계도 함께 놀랐다. 1957년 10월 4일 '스푸트니크(Sputnik) 1호'가 지구의 얕은 타원형 궤도를 선회를 하며 22일간 지구로 라디오 시그널(Signal)을 보내옴으로써 위성과 지구 사이에 교신이 이뤄진다는 것을 배웠다. 미국은 4개월 후인 1958년 1월 31일 '익스플로러(Explorer 1호)' 알파(Alpha)를 최초로 발사하는데 성공했고 111일 동안 통신을 이뤘다. 1999년 5월 4일 발사된 '오리온 3'은 보잉 델타 로켓을 타고 궤도에 진입했으나 로켓 부스터의 성능문제로 성공적이지 못했고 한국 근처 상공궤도에 쓸모없이 남겨졌다. 구소련에서 러시아가 되기까지 미국과의 우주개발 경쟁은 쉴 새 없이 지속되었고 결국은 우주의 깊이를 좀 더 가깝게 다가서는 결과를 만들어 냈다. 21세기에 와서 이 두 나라뿐만이 아니라 여러 나라가 자기위성을 가지게 됐다. 지구 궤도에 떠도는 위성을 포함해 그 잔해들은 지금 1억3,000만여 개가 된다.

□ 그림설명 2403-1, '스푸트니크 1호' 1957.

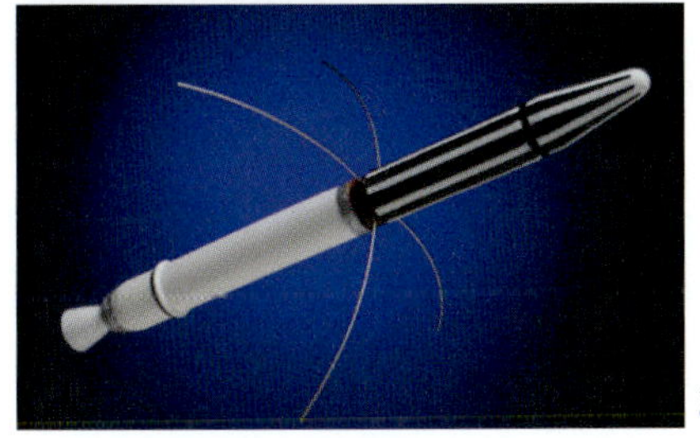

-2, '익스플로러 1호' 1958.

-3, 'Orion 3' 1999년 보잉 Delta 8930에 의해 발사, 부스터의 문제로 쓸모없이 궤도에 남아있다.

*Orion Spacecraft (오리온 우주선)

오리온 우주선은 나사(NASA)가 스페이스 셔틀(Space Shuttle) 방식에서 벗어나 장거리에 도전하는 우주인들을 위한 새로운 우주선이다. 이 우주선에는 승무원은 최대 4명을 탑승시킬 수 있고 미국이 계획 중인 유인 행성탐사에 사용할 수 있게 능력을 갖추고 있다. 이 우주선은 나사가 우주인들(Astronauts)을 화성으로 보내기 위해 발사하는데 중요한 역할을 하게 된다. 나사의 오리온은 육중한 '우주 발사시스템'으로 개발되어 우주인들을 태우고 지구의 궤도보다 얕은 국제 우주정거장이 있는 궤도를 지나서 달보다 더 먼 태양계를 가려고 하는 것이다. 이 계획을 위해 특별한 이 로켓은 아주 무거운 오리온 우주선을 들어 올려야 하는 임무를 수행해야 한다. 4명의 우주인이 타는 오리온 조종석모듈(Crew Module)은 57.5° 각도에 둥글넓적하게 생겼고 지름이 5.02 미터, 길이는 3.3미터, 무개는 8.5톤이나 된다. 아폴로 캡슐에 비해 2.5나 더 크다.

□ 그림설명 2403-4,
거대한 오리온 새 캡슐. NASA.

2404 `art`

saturation (채도, 포화도)

같은색 계열에서 밝고 어두운색의 차이를 나타내는 채도(색의 포화도, Degree of Saturation)를 가리키는 말이다. 색의 본질을 2가지로 나누는데 물감(Pigmentation)의 색은 더 첨가하면 명도(Value)가 어둡게 되며, 빛(Optical Color)으로 색을 가하면 명도가 더 밝아진다. 따라서 채도는 색의 순도(Purity)의 차이로 색의 측정치를 나타내는 것을 말한다.

2405 `ani`

Saturday morning show (토요아침 쇼, 새터데이 모닝 쇼)

토요일 아침마다 보여주던 미국의 '토요일 아침 쇼'는 애니메이티드 카툰(Animated Cartoon) 쇼를 의미하는 대명사이다. 처음에는 실사 프로그램도 포함되어 있었으나 점차 애니메이션으로 만든 만화가 대세였다. 미국의 '토요일 아침 쇼'는 모두 미국에서 시작된 것으로 두 번 역사에 기록되었다. 최초 토요일 아침 쇼는 1962년, 그 두 번째는 1978년이었다. 1962년 토요일 아침 쇼는 그 첫해에는 3대 TV 방송사(ABC, CBS, NBC)가 동시에 시작을 했고 대부분이 만화가 아닌 실사 영화로 프라임 타임(Prime Time, 방송 1위 시간대)에서 인기 있었던 <론 레인저(Lone Ranger)>, <서커스 소년(Circus Boy)>, <로이 로저스(Roy Rogers)>였고, 만화로는 <개구쟁이 데니스(Dennis the Menace)>, <하늘 왕(Sky King)>, 또는 극장에서 돌렸던 <벅스 버니(Bugs Bunny)>, <캐스퍼(Casper)> 그리고 <헉클과 젝클(Huckle & Jeckle)> 등 주로 지나간 영화들을 재방영했다. 그리고 1966년 가을에는 어린이들로부터 최고 인기를 끌었던 슈퍼히어로 <배트맨(Batman)>도 방영했다. 미국의 3대 방송국 중에 ABC는 1964년경 최고의 인기를 차지했던 영국의 <비틀즈(the Beatles)>를 애니메이션으로 방영해 CBS와 NBC를 제치고 방송국 인기 1위의 권좌를 차지하기도 했다. 1966년경에는 신디케이션(Syndication)이 대세였다. 유명한 신디케이션(Syndication)으로는 슈퍼히어로 만화로 유명한 <마블 슈퍼히어로(Marvel Superhero)> 캐릭터를 사용해 애니메이션으로 <헐크(Hulk)>, <힘센 토르(Mighty Thor)> 그리고 <캡틴 아메리카(Captain America)> 등을 가끔 애니메이션으로 보여줘 크게 인기를 끌었다. NBC에서는 <핑크 팬더(Pink Panther)>, <플린스톤(Flintstones)> 등이 인기였는데 한 시즌이 지나서는 다시 제작하지 않고 3년이나 재방영을 하더니 경쟁적으로 보이던 3대 방송의 토요일 아침 카툰 쇼는 1968년을 기해 모두 사라지고 말았다. 그러나 10년 후인 1978년부터 이들 3대 방송국들은 긴 잠에서 다시 깨어난다. 이번에는 신디케이션이 아닌 방송사가 직접 제작비를 지불하고 제작자들에게 의뢰하는 방식이었다. 이것은 '애니메이티드 카툰 쇼(Animated Cartoon Show)'라 명칭 지어졌고 제작은 미국의 3대 방송(ABC, CBS, NBC)이 권리를 소유하고 제작 비용을 지급하여 어린이를 위한 특별 애니메이션 프로그램을 제작하는 것이었다. 각 방송국은 외부 제작사에 애니메이션 기획과 제작을 의뢰하여 제작물을 납품받아 권리자로 방송하는 방식이었다. 또한 이것은 당시 침체해 있는 애니메이션 분야를 살려내는 계기가 되었고 따라서 큰 업적이었다. 아마도 미국의 3대 방송사들은 21세기를 대비한 미래지향적 안목(Sense of Insight)을 갖고 있었던 듯싶다. 1985년이 되면서 'Saturday Morning Show'는 3대 방송사가 의뢰한 애니메이션 모두 사람 부족으로 제작이 어렵다는 것을 알게 되었다. 자국 내에서 시간에 맞춰 납품을 할 수 없는 지경에 빠졌고 결국 그들은 아시아의 도움을 받을 수밖에 없는 지경에 달하게 됐다. 해외로 일을 빼내지 말라는 항의가 거세게 일어났다. 그러나 미국 노동조합(Labor Union)에서도 해외 제작을 허락하지 않을 수가 없었다. 미국의 애니메이션 회사들은 특급 애니메이션 감독들을 한국, 일본, 대만 등에 급파하고 애니메이션으로 움직이는 본질적인 동작에서부터 훈련시켰다. 미국회사들은 그들의 애니메이션의 수준만큼 한국회사의 애니메이터들을 훈련시키고 교육했다. 한국의 회사들은 그동안 일본의 일을 해 왔지만 미국의 정통 애니메이션을 터득하고 배우는 좋은 기회였다. 당시 일본식의 애니메이션과는 비교가 되는 수준 높은 기술이었다. 미국의 애니메이션은 동작 하나하나에 해학적인 철학이 묻어 있었다. 아마도 한국뿐만이 아니라 일본이나 대만에서도 한국과 똑같이 미국의 수준 높은 애니메이션 기예를 배우게 됐을 것이다. 1985년부터 1996년까지 미국의 OEM 해외제작은 왕성하게 진행되었다. 결국 1996년 3대 방송이 동시에 애니메이션 제작 주문을 중단하게 된 프로그램이었지만 미국의 이 프로그램 제작은 전 세계 여러 나라의 어린이들에게 정서교육에 많은 역할을 해온 선구자적 가치를 남겼다. 또한 한국, 일본, 대만, 필리핀, 인도 등 여러 나라들이 OEM 애니메이션으로 활기찬 애니메이션 예술 발전을 이룩하게 되었으며 심지어는 유럽의 여러 나라에도 애니메이션 붐을 일궈내는 새로운 계기가 되었다.

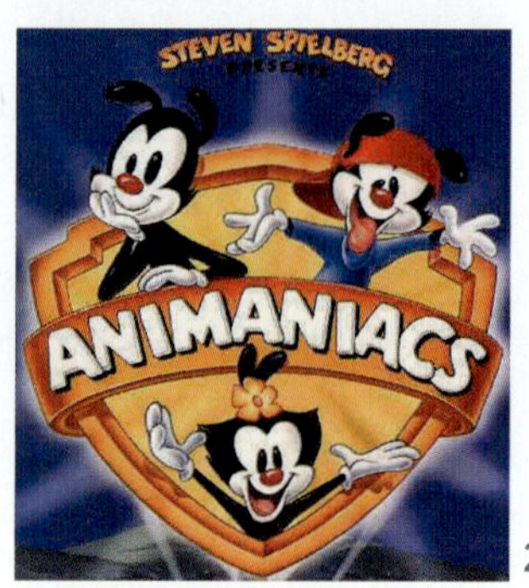

□ 그림설명 2405-1, Hanna-Barbera Productions
<The Flintstones> 1960-1966 / HB.

-2, Animaniacs/WB.

-3, Group/Mix.

-4, <The Looney Tunes Show> 2011-2014 / WB.

-5, <Be Cool, Scooby-Doo!> 2015-2018 / WB.

-6, <The Transformers> 1984-1987 / Marvel.

-7, <SpongeBob SquarePants> 1999 / Nic.

-8, <The Smurfs> 1981 / HB.

-9, <Adventures of the Gummi Bears> 1985-1991 / Disney

-10, <X-Men> 1992 / Marvel.

2406 `gen`

SBS, Seoul Broadcast System (서울방송)

서울 방송은 1990년 10월 개국하여 1991년 3월 20일 라디오 방송이 11월 7일 텔레비전 시험방송이 시작되었다. SBS는 수도권 일원에만 허가되어 있는 방송이다. 한 때는 허가 취소의 루머에 긴장되기도 했으나 언론 통폐합으로 물러난 TBS(Traffic Broadcasting System), DBS(Dong-A Broadcasting System)와는 다르게 소생한 유일한 민영방송이다. 텔레비전은 1991년 9월에 방송하기 시작했다. 특이한 사정은 부산, 대구, 대전, 전주, 강릉지국이 있으며, 워싱턴, 뉴욕, 도쿄, 파리, 베이징 등지에 해외지국이 있다.

□ 그림설명 2406, SBS Logo.

2407 `ani`

scale (스케일, 비교, 음계)

1) 애니메이션 작화에서 캐릭터나 소품 또는 캐릭터와 배경의 비례적 사이즈를 가리키는 말이다. 프레임(Frame) 안에서 물체의 사이즈는 다른 물체와의 비례로 정의된다. 따라서 스케일은 관객이 물체의 진짜 사이즈를 알 수 있게 적용 돼야 하고, 카메라의 앵글과 거리도 특정 원근법을 주어 물체의 사이즈를 느낄 수 있게 해야 한다. 또한 스케일은 사이즈를 창출하는데 사용될 수도 있는데, 사람이 더 작게 보이게 한 사이즈 비례 때문에 퍼펫(Puppet) 인형들이 거대한 동물로 보이게 할 수 있다. 2) 음악에 사용되는 단어들은 음악의 종주국답게 이탈리아 어원으로 된 단어들이 많다. 이탈리아어 Scala는 층계(Staircase)를 의미하는 것으로 층층으로 관람석이 있는 극장을 부르는 말이기도 하다. 그 의미에서 파생된 'Scale'은 장조(Major Scale)나 단조(Minor Scale)의 의미로 사용되는 말이다. 부연해 설명하자면 여러 가지의 음표가 높낮이의 음계(Scale)를 이루며 단계적으로 지속되는 음악 체계를 이르는 말이다.

2408 `equ`

scan (스캔)

＊scanner (스캐너)

사진, 그림, 문서 등을 스캔해서 컴퓨터에 입력하거나 대방에 전송해 송수신을 할 수 있는 장비를 말한다. 디지털(Digital) 스캐너에는 전자 스캔 광선이 일련의 선들로 물체 위를 가로질러 움직여 이것을 수많은 픽셀(Pixel)들로 전환시킨다. 각 픽셀은 디지털로 신호화 되어 처음 모습대로 다시 불러올 수 있게 된다. 스캐너의 종류로는 평면 컬러 스캐너(Scanner), 인서트(Insert) 스캐너, 혹은 핸드 헬드 스캐너(Handheld Scanner) 등이 있다. 필름 스트립, 35mm 슬라이드와 작은 물체를 위한 3D 스캐너도 있는데, 이미지를 네거티브에서 직접 디지털화하는 필름 스캐너는 플라잉 스폿(Flying-Spot)이나 CCD기술을 사용한 것이다. 또한 디지털(Digital) 스캐너, 레이저(Laser)스캐너, 이미지(Image) 스캐너 등도 있다. 전자 광선을 이미지나 물체, 프린트 페이지 위로 가로질러 움직이게 한 후 컴퓨터 메모리에 디지털 코드화시켜 저장하는 것. 이렇게 저장된 이미지는 컴퓨터에서 다시 출력할 수 있다.

□ 그림설명 2408, Epson Perfection V600 Photo Color Scanner.

2409 `pic` `lit`

scenario (시나리오, 영화대본)

영화나 연극용으로 구성한 허구적인 이야기를 담은 각본의 뜻으로 일반적으로 영화 대본을 가리키는 말이다. 20세기 후반으로 오면서 시나리오라는 단어보다는 스크립트(Script)나 스크린플레이(Screenplay)라는 단어를 많이 사용한다. 플롯(Plot)이나 스토리라인(Story Line)이라는 단어 역시 일반적으로 사용하는데 다음의 3가지 의미로 사용된다. 1) 캐릭터, 액션, 시퀀스(Sequence)들을 포함한 영화 각본의 간단한 개요를 의미한다. 2) 영화 각본을 위해 구성된 스토리를 의미한다. 3) 완성된 영화 각본 자체를 의미한다.

✱ 참조보기 (1843 - Outline)

✱ 참조보기 (2429 - Screenplay)

✱ 참조보기 (2432 - Script)

2410 `pic`

scene (장면, 신)

영화에서 신은 단일 상황이나 사건을 묘사한 하나의 독립된 장면을 말한다. 영화에서 촬영된 한 장면을 컷(Cut)이라 하는데 이 한 컷은 감독이 "Go!"를 외치면 촬영이 시작되고 "Cut!"하면 촬영을 중지하게 될 때까지의 길이를 컷이라 부른다. 그러나 컷은 경우에 따라 2개 이상의 장면(Scene)으로 분할하어 사용될 수 있나. 이때 나누어진 장면들을 신이라고 부른다. 그러므로 하나의 컷은 여러 개의 신으로 분할되어 사용할 수 있다. 여러 각 신들이 모두 모여 하나의 시퀀스(Sequence)가 된다. 그리고 여러 다른 시퀀스들이 모여 영화가 이뤄지게 되는 것이다.

Netflix 미국드라마<13 Reasons Why> 2017.

Paramount <The Godfather> 1972.

Disney / Pixar <Toy Story 4> 2019.

□ 그림설명 2410, 감독에 의해 영화의 명장면이 선택 될 수 있다.

✱ 참조보기 (2440 - Sequence)

2411 `pic` `ani`

scene planner (신 플래너)

애니메이션 제작 스튜디오에서 감독들이나 스토리보드(Storyboard) 아티스트로 일하는 사람들을 말한다. 동적 움직임(Action)을 기획한 장면처리, 배경 구도에서 배경의 원근법에 의한 구성, 카메라 처리 등을 작업하는 사람으로 레이아웃 아티스트(Layout Artist)라고도 불린다.

2412 `pic` `gen`

schedule (스케줄)

1)특정 방송 시간대에 방영할 광고를 미리 결정하기 위한 계획을 말하며, 여기에는 광고의 길이, 프로그램의 선정, 낮시간 방송 등이 세세하게 검토된다. 2)특정 기간 출판물에 게재할 일정 광고량을 수립하기 위한 계획을 말하며, 여기에는 인쇄 스케줄, 각각의 광고 크기, 희망 게재 위치 등이 포함되어 세밀하게 검토되게 된다. 3)영화 제작에 앞서 단계적 제작 공정의 일정을 결정하는 것으로, 이를 프로덕션 스케줄이라고 부른다.

2413 `mus`

scherzo (스케르초, 조크, 해학)

Piano Sonata No. 3 in C Major
II. Scherzo: Allegro
by Ludwig van Beethoven
Op. 2, No. 3

농담(Joke) 등의 해학적인 의미를 담은 곡으로 역동적(Dynamic)이며 빠른 형태의 미뉴에트(Minuet)곡이라고 할 수 있다. 예로, 베토벤은 모두 9개의 심포니를 작곡했는데 대부분의 3악장에서 이 스케르초 형식을 사용했다. 그의 음악적 특징은 베토벤(Ludwig van Beethoven, 1770-1827) 특유의 '스케르초'로 아주 빠르고 극적으로 악기를 등장시키거나 연주 형태를 바꾸기도 한다. 이 스케르초 형식은 15세기 하프시코드 악기를 이용해 바로크(Baroque) 시대에 이미 나왔고 바로크 음악에서도 하이든(Franz Joseph Haydn, 1732-1809)을 거쳐 베토벤까지도 빠른 3박자 형식을 사용했다.

□ 그림설명 2413, Beethoven's Piano Sonata No 3 in C Major 3, Scherzo Allegro.

2414 `equ` `gen`

scholarship (학문, 장학금)

학문을 연구하여 학식을 쌓는 의미하지만 지금은 학교나 장학재단에서 학생들에게 장학금을 주어 학비를 도와 교육시키는 제도로 불리는 말이다.

2415 `gen`

SCG (Screen Cartoonists Guild: 스크린 카투니스트 길드)

미국의 애니메이션 영화 분야에 종사하는 아티스트(Artist)들과 이에 관계되는 사람들의 노동조합(Union)이다. 이곳에서는 스튜디오 종사자들의 법적 임금을 보장하고 노사 간의 분쟁이 없도록 규정에 의해 조정, 타협을 이루는 권리와 의무를 지닌다. The Screen Cartoonist 's Guild는 나중에 The Animation Guild, IATSE Local 839로 이름이 바뀌었고 현재까지도 계속 존재하고 있다.

□ 그림설명 2415, Screen Cartoonist 839, Animation Guild Logo.

2416 `gen` `sci`

science (과학)
*scientist (과학자)

과학은 사물(Object)의 자연구조(Structure), 자연 성질(Nature), 자연 법칙(General Laws) 등을 연구하는 학문이다. 과학자들은 세상과 우주가 어떻게 자연에 순응하는가에 관해 복잡한 활동(Particular Activity)체계를 연구 실험(Experiment)한다. 과학자들은 물리적 이론을 연구하고 새롭게 발견한 결과를 학술논문지에 기고한다. 과학자들은 연구해서 얻은 결과물을 과학학술지(Art and Science Magazines, The Scientists, 창간 -1986 and New Scientists, 창간-1956)에 발표하고 따라 다른 과학자들의 검증(Verification)을 거친 후 일반에 공개된다. 또한 인류의 과학자들은 1지구의 온난화(Global Warming), 2태양계 외부의 행성들(Extrasolar Planets), 3줄기세포(Stem Cells), 4조류독감(Bird Flu), 5반도체 미세가공기술(Nanotechnology), 6미래혁신(Evolution)에 관해, 그리고 최근에 생겨난 일을 연구한다. 과학에서 새로운 발견은 곧 그것이 새로운 법칙이다.

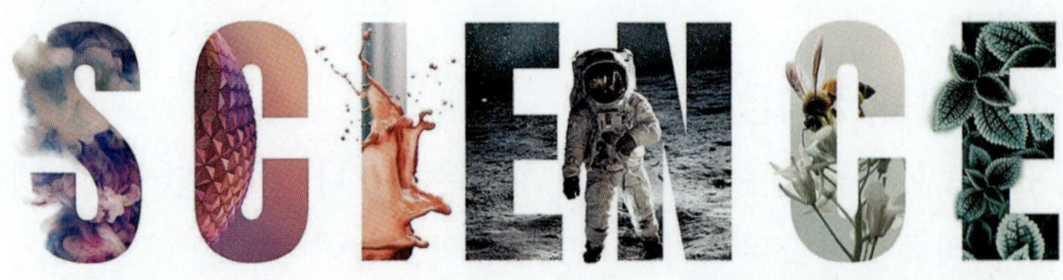

□ 그림설명 2416, 언제나 과학은 인류와 조우한다.

2417 `pic`

science-fiction film (공상과학 영화, 사이언스 픽션 필름)
＊SF movie (SF 영화)

공상과학 영화는 실존하지 않거나 불가능해 보이는 세계를 다루는 판타지(Fantasy) 영화로 분류된다. 그러나 최근에 와서는 판타지 영화보다는 좀 더 실존의 가능성을 더해주고 영화 속에 구현된 사건과 실제가 과학적 확실성의 분위기를 주기도 한다. 과학 자체가 예전에는 불가능해 보였던 것들이 지금은 실제로 현실화될 수 있다는 점에서 공상과학 영화가 현시대 문화예술의 주요 산물이 됐다. 일부에서는 문학이나 영상과학이 현시대에 상상하는 것을 토대로 하나의 미래적 비전을 제시하는 것이다.

□ 그림설명 2417, <The Last Jedi> 2017, by Rian Johnson. Disney.

2418 `pic` `equ`

scope (스코프)

영상의 움직임을 렌즈를 통해 들여다보며 즐기던 초창기 영상기기들에 붙여진 이름이다. 1736년에 최초로 발명된 '매직 랜턴(Magic Lantern)'은 영상을 벽에 비추도록 고안됐다. 그러나 1800년대 초반부터 발명된 일종의 오락기구들은 모두 눈으로 가까이 들여다볼 수 있게 고안됐고 이것들은 스코프라 명명됐다. 이들 중에는 판토스코프(Pantoscope)라고 불린 최초의 페나키스토스코프(Phenakistoscope), 스트로보스코프(Stroboscope), 필로스코프(Filoscope), 뮤토스코프(Mutoscope), 그리고 이후 심지어는 일반영화도 스코프라 불린 유래를 찾아볼 수 있다. 슈퍼스코프(Superscope), 파나스코프(Panascope), 시네마스코프(Cinemascope)가 이에 속한다. 시네마스코프의 경우는 먼저 왜상(Anamorphic)렌즈를 일반 렌즈 앞에 장착하고 촬영된 이미지의 넓이는 35mm필름에는 절반 정도로 줄이게 된다. 필름이 현상된 후 이미지가 왜상렌즈를 통해 영사되면 약 2.35:1의 종횡비를 갖게 된다.

✱ 참조보기 (0072 - Anamorphic Lens)

✱ 참조보기 (0134 - Aspect Ratio)

2419 mus

score (악보, 채점)

스코어는 베이스 볼 게임 등에서 채점을 할 때 쓰이는 말이기도 하지만, 손으로 썼거나 인쇄되었거나 작곡가가 음악을 쓴 악보(Music Score)를 가리키는 말이기도 하다. 음악에서 노트(Note)는 높고 낮음(Pitch)과 그 지속시간(Duration)인 박자라는 두 요소가 어울려 화음 소리를 만들어 내는 것을 음악 악보라 한다.

□ 그림설명 2419, 스코어(Rachmaninoff, Piano Concerto #3)

2420 `pic`

scoring stage (음악녹음실, 스코어링 스테이지)

스코어링 스테이지는 영화 음악을 녹음하는 특수 스튜디오. 이 스튜디오들은 완벽한 방음을 확보하기 위해 벽과 천장에 방음재를 덧씌워 방음이 되게 한다. 뒤에는 필름이 영사되는 대형 스크린이 있고 연주자들이 스크린 앞에 서로를 향해 앉게 된다. 지휘자는 음악 연주 악보를 가지고 작업하며 스톱워치(초수를 재는 시계, Stop Watch)를 사용해 직접 시간을 측정, 특정 바 시트(Bar Sheet)에 지속 시간을 표시한다. 마이크는 방음된 스튜디오 내부에 설치하여 그 옆 기계실의 장비와 콘솔 조정실과 모니터링을 하며 녹음한다. 녹음을 모니터하고 조절하는 장비와 콘솔은 유리벽으로 분리된 옆방에 설치되어있다.

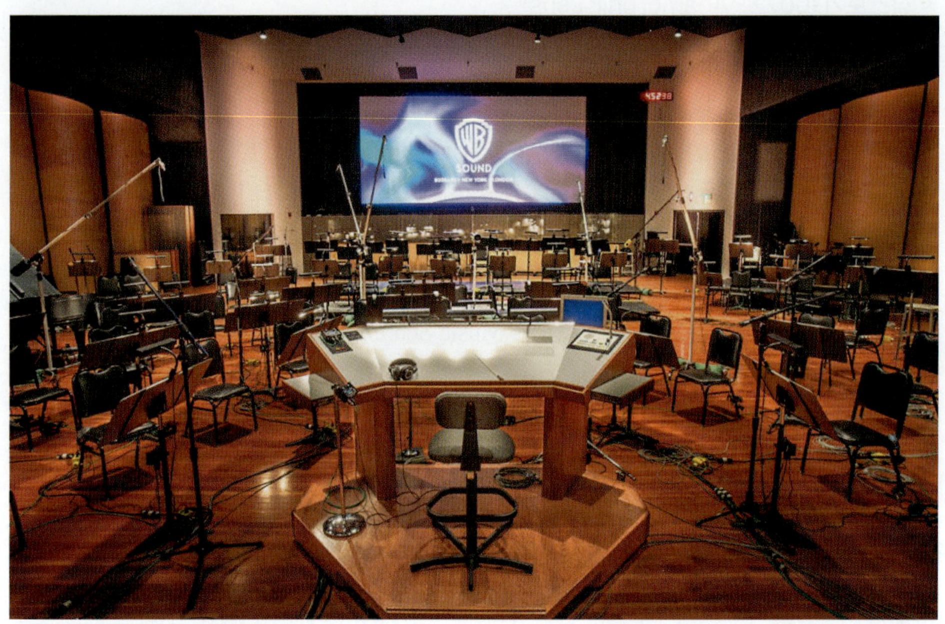

□ 그림설명 2420, Warner Bros Scoring Stage.

2421 `pic`

scout (섭외)

＊scouting locations (장소 섭외)

1) 영화를 만드는 동안 야외 로케이션(Location)에 사용될 적당한 야외 장소를 찾는 선제작(Pre-Production)의 공정에 하나이다. 2) 스튜디오나 회사가 능력자를 영입시키기 위해 특별한 조건으로 계약, 고용되는 것을 말한다.

Scratch Animation (스크래치 애니메이션)

영화필름을 촬영하지 않고 주로 16mm나 35mm 필름자체를 이용해 필름 막면 (Gelatin)쪽에 그림을 직접 그려 이미지를 얻어내는 기법이다. 35mm 흑백 필름 위에 양쪽에 나있는 구멍(퍼포레이션 홀) 4개마다 한 프레임씩 나누어 날카로운 철필을 이용해 젤라틴 막이 있는 면을 긁어내어 정교한 그림을 그려 작업을 한다. 사포, 넓은 면도날, 초산 등 여러 재료를 이용해 긁는 것(Scratching)외에도 문지르거나 새로운 기법을 개발해 작업할 수 있다. 화학적인 방법도 이용되는데, 점으로 부식하게 만들거나 녹이거나 하여 변화를 주는 애니메이션 기법이다. 날카로운 철필을 이용하여 젤라틴 막이 있는 면을 긁어낸다. 정교한 그림을 표현하기 어려우므로 디자인 형태의 움직임을 일반적으로 사용한다. 깊이에 따라 작업이 끝나면 오리지널 필름을 직접 영사하거나 프린트 할 때 컬러 필터를 이용해 컬러 필름을 만든다. 이 스크래치 작업은 추상적 표현이므로 음악과 일치시켜 완성도를 더해 줄 수 있는 수작업 예술의 한 기법이다.

-2, <Linear Dreams> 필름 스크래치, 1997 by Richard Reeves

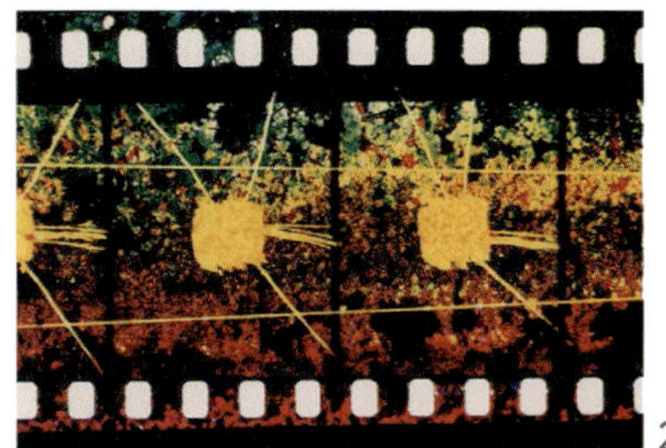

□ 그림설명 2422-1, <Student's Films> Baiksuk Univ. Animation.

scratch back (스크래치 백)

아날로그(Analogue) 방식으로 카메라의 역(Reverse) 촬영기술에 의해 완성된 아트워크(Art Work) 부분들을 카메라에서 프레임별(Frame by Frame)로 지워나가며 촬영하는 기법이다. 이 기법의 효과는 상영할 때 화면에서는 없던 그림이 생기는 것처럼 보이게 되는 것이다. 이 기법은 컴퓨터 작업 이후에 거의 쓰지 않게 되었다. 컴퓨터그래픽 기법으로는 쉽게 효과를 얻어낼 수 있다.

scratch-off animation (스크래치 오프 애니메이션)
＊wipe-off animation (와이프 오프 애니메이션)

선이니 물체가 지절로 나타나게 하는 스크래치 백 애니네이션 방식과 같은 것으로 다르게 부르는 말이다. 특히 이 기법은 스스로 글씨를 쓰는 것 같은 타이틀을 만드는데 효과적이다. 완성된 그림이나 글자 등을 놓고 화면에 보일 만큼 촬영한 다음 조금씩 그림을 지워가며 모두 지워질 때까지 길이를 조정하여 역순으로 촬영한다. 이 이미지를 스크린에 영사하면, 물체는 마치 스크린 상에 저절로 나타나는 것처럼 보이게 된다.

✱ 참조보기 (2423 - Scratch Back)

2425 `pic`

screen (스크린)

1) 영화의 장면을 투사시켜 보는 흰 막으로 된 표면을 말한다. 또한, 스크린은 영화를 대변하는 단어로도 쓰인다. 스크린은 극장의 규모에 따라 크기가 다양하다. 최근에는 세계적인 유행에 따라 소형영화관들이 생겨나 스크린들이 작아짐에 따라서 수 천석의 대규모로 운영되던 극장식 영화관들도 멀티용 소형으로 개조되고 수시로 프로그램 상영을 관객 수에 맞게 조절할 수 있게 됐다. 역사적으로 볼 때 대형 극장은 1950년대 이후로 여러 방식의 와이드 스크린(Wide Screen) 영사가 가능하도록 만들어져 왔으나 지금은 이러한 영화관을 찾아보기 어렵다. 스크린은 전체 면에 작게 구멍들이 나 있는 것을 사용해 빛을 흡수하여 부드럽게 한다. 빛의 반사량이 1.0으로 반사율이 적은 스크린들은 어두운 곳에서 봐야지만 빛을 사방으로 넓게 퍼지게 해 주는 특징 때문에 주로 큰 영화관에서 사용된다. 적합한 영상을 보기 위해서는 반사량 1.3, 1.5, 2.0의 특정 반사량을 가진 스크린을 사용 할 수도 있다. 진주(Pearl) 빛 광택이 코팅된 스크린의 반사량은 2.0으로 이미지를 영사하지만 다소 고르지 못하고 열에 약하며 시야 각도도 제한적인 경향이 있어 보통 빔 프로젝터(Beam Projector)시스템에 사용된다. 아주 높은 반사율을 가진 유리알 스크린과 플래티늄(Platinum) 스크린은 특별히 밝은 낮 시간대의 영사에 사용된다. 반사량 4는 높은 반사율이 있으나 시야 범위가 매우 좁다. 또한 실버 스크린은 3D 이미지에 사용된다. 2) 영화를 일반에게 공개하기 전에 관계자들만을 위한 상영을 말한다. 3) 사진을 인쇄로 재현해내기 위해 재판 처리되는 사진 표면의 1인치 당 망점의 숫자를 말하며 일반적으로 신문은 용지가 거칠기 때문에 65선 스크린을 사용하고, 잡지와 고품질 인쇄의 경우 사진을 보다 선명하고 섬세하게 재현해 내기 위해 120에서 150선의 스크린을 사용하게 된다.

□ 그림설명 2425, 무비 스크린.

2426 `ani` `pic`

screen credit (영화출연자 자막, 스크린 크레디트)

영화 제작에 관련된 모든 배우와 제작진들의 명단 리스트가 나오는 자막을 가리키는 말이다. 중요 직책에 있는 사람들의 명단(Executive Producer, Producers, Special Featuring and Director, etc.)은 영화 시작 전이나 화면이 시작된 위의 요소에 올린다. 일반적으로 모든 출연자나 스탭 (Staff)진들도 영화가 종료되면서 화면의 아래쪽에서 위로 올라오며(Crawling Credits) 보여 진다.

□ 그림설명 2426, 크레디트의 한 종류(the Simpsons's Credit, 20th Century Fox.)

2427 `pic`

screen direction (감독, 스크린 디렉션)

영화에서 스크린 상의 주체가 움식이는 방향과 카메라와의 관계를 다루는 말이다. 예를 들어 스크린 상에서는 A와 C, 두 사람이 서로 다른 장소에서 B를 만날 때 A는 우측 방향으로 움직이고, C는 좌측 방향으로 움직여 장소 B에서 만나게 연출해야 한다. B 장소에서 A와 C가 만나 대화를 나눌 때 카메라가 어떤 시점으로 바뀌던지 자유롭게 화면을 연출할 수는 있지만 A와 C가 모든 대화를 끝내고 각자 돌아갈 때는 화면 속의 방향은 A는 좌측으로, C는 우측으로 각기 자기 위치로 돌아가도록 방향을 지켜야 한다. 화면 속의 사람이 카메라를 향해 다가오거나 카메라에서부터 멀어지는 움직임은 스크린 방향의 중간 지대라고 할 수 있다.

2428 `pic`

screening (스크리닝)

일반적으로 영화를 완성한 후 언론사, 영화 평론가, 교사, 대학생, 제작관계자 등의 초청 관람객을 대상으로 무료로 보이는 영화 상영을 말하며, 이들의 입을 통해 영화에 대한 긍정적인 평가를 전파시킬 목적으로 영화를 상영할 때 사용되는 말이다.

2429 `pic`

screenplay (스크린플레이)

영화의 각본이나 대본을 말하며 여기에는 이야기의 모든 신들과 대사(Dialogue), 액션(Action), 때로는 카메라 포지션(Position)과 앵글(Angle)이 포함되며 심지어 연기자(Actors)의 위치까지도 표시한 세밀한 대본을 뜻하는 말이다. 제작진에서는 연출된 촬영대본(Shooting Script)이라고도 부른다. 영화 각본은 최종 필름의 청사진과 같은 것으로 촬영과 편집을 거치면서 많은 수정이 이뤄져 영화가 완성된다.

✱ 참조보기 (2431 - Screen Writer)

2430 `pic`

screen quota system (스크린 쿼터 시스템)

세계 각 나라들이 자국의 영화 산업을 보호, 육성하기 위해 만든 자국의 국산 영화 의무 상영 제도를 뜻하는 말이다. 외국영화의 지나친 시장 잠식을 방지하는 한편 자국 영화의 시장 확보가 용이하도록 보호하고 육성하기 위한 제도이다. 한국은 1966년 쿼터제 영화법이 법제화됐고 1967년 시행령 제25조로 한국 내에서 외국산 영화 상영 기준을 마련했다. 쿼터 시스템은 영국에서 처음으로 실시되었으며 이후 프랑스와 이탈리아 등 유럽 일부 국가와 남아메리카, 아시아 국가 일부가 이 제도를 시행하고 있다. 한국의 이 제도는 다른 나라에 비유해 가장 구체적인 모습을 띠고 있는 것이 특징이다. 2006년 3월 정부는 그동안 시행해오던 한국 영화 의무 상영일수 현행 146일에서 73일로 50%나 축소하려는 결정에 따라 영화업계에 크게 반발을 일으키기도 했다. 그러나 한국 정부가 한미 FTA 협상에서 전제조건으로 스크린 쿼터 축소를 내걸었던 미국의 요구를 수용함으로써 연간 국내영화 상영일 수는 절반으로 줄어 현재까지 유지되고 있다.

2431 `pic`

screen writer (시나리오 작가, 스크린 라이터)
✱ script writer (대본 작가, 스크립트 라이터)

전체적 혹은 부분적으로 영화 각본의 여러 단계를 극화(Dramatization) 할 책임을 가지고 이야기를 쓰는 사람을 말한다. 한 개인이 각본의 모든 단계를 쓰기도 하지만 흔히 몇 명의 사람들이 각자 각본 개발의 일부를 맡기도 한다. 미국 할리우드(Hollywood)의 주요 스튜디오들은 특정 주제나 대본의 단계만을 전문으로 하는 작가들이 모인 군단을 운영하고 있다. 따라서 많은 유명 각본들이 정확히 어떤 작가의 책임하에 이루어진 것인지 구별하기 힘들다. 최근까지도 극본 작가의 역할 때문에 비평가들의 관심이 무시되고 있기도 하다. 특히 스크립트는 스토리가 완성된 후 대본의 대사는 대사만 쓰는 전문가의 손으로 넘어가게 되어 이러한 시스템으로 인해 매우 고가의 스크립트가 되기도 한다.

2432 `ani` `pic`

script (스크립트, 대본)

스크립트는 시나리오와 같은 뜻으로 사용되며 영화 대본을 뜻한다. 시나리오는 유럽 지역에서, 스크립트라는 말은 북미주의 할리우드(Hollywood) 지역에서 더 많이 사용된다. 애니메이션 분야에서는 스크립트로 부른다. 영화를 만들기 위한 스크립트는 줄거리, 액션, 대사, 배경, 소도구, 음향 등 대본의 모든 디렉션(Direction)과 카메라의 촬영지시까지를 내용으로 다룬다. 스크립트를 쓰기 위해서는 전제(Premise), 줄거리 요약(Synopsis) 그리고 풀 버전(Full Version)의 스크립트 쓰기의 순서를 밟게 된다. 일반적으로 스크립트의 내용은 기승전결을 기초로 잡는데 작가에 따라 기교는 모두 다르다. 그러나 보통 4대 원칙에 의해 구성한다. A. 주제, 출연할 주인공을 가급적 빨리 소개한다. B. 사건, 즉 어떤 일에 연루된다. C. 클라이맥스(Climax), 사건은 점점 복잡해지고 절정으로 치닫는다. D. 결론, 모든 일은 사필귀정, 옳은 것과 나쁜 것으로 구별하며 일반적으로는 해피엔딩으로 끝맺는다. 스크립트는 일단 초고(Draft)와 수정(Revise)을 거쳐 완성하게 되며 작가가 쓴 스크립트는 제작자와 감독의 손으로 넘어가 그들의 아이디어를 포함시켜 스토리 에디터(편집, Editor)의 손에서 수정되어 마무리가 된다.

```
                    THOR (CONT'D)
          I don't know, maybe there's still
          good in you, but let's be honest,
          our paths diverged a long time ago.

Loki is wounded by Thor's willingness to discard him.  Masks
his feelings with:

                    LOKI
          It's probably for the best that we
          never see one another again.

Beat.  Thor pats Loki affectionately on the shoulder.

Hold on Loki. Did Thor just get through to him?

                    THOR
          That's what you always wanted.
```

☐ 그림설명 2432, 스크립트 견본

장편 스크립트의 경우는 몇 년씩이나 줄거리를 다듬는 경우도 있지만 TV 시리즈 스크립트의 경우 매주 한 에피소드(Episode)가 나와야 하기 때문에 여러 사람들이 모여 시리즈(Series)를 쓰는 경우가 많다. 스크립트에서 가장 중요한 것은 내용을 구성하는 5W1H(Who, When, Where, What, Which, How)이며, 이를 적용하여 재미있고 잘 이해되는 스토리를 만들 수 있다. 스크립트의 가장 중요한 것은 물론 스토리가 잘 이해되고, 재미있는 소재라야 하는 것이다.

✻ 참조보기 (2409 - Scenario)

✻ 참조보기 (2431 - Screen writer)

2433 `art`

sculpture (조각, 조소예술)

3차원의 어떤 예술적인 구조체로 만들어진 형상을 조각이라 부른다. 조각은 주로 직접 돌을 다듬어 사람의 흉상(Bust)을 만들거나 찰흙(Clay)으로 빚거나 플라스틱을 깎아 자유자재로 디자인하여 조각을 만들어 형상화 할 수 있으며 두터운 곳은 벗겨내고 너무 얇은 곳에는 더 올려붙여 원하는 형태로 완성한다. 그리고 그것을 본(Pattern)을 뜬 후 동(Copper)으로 부어 오래 보존할 수 있게 입체적인 예술작품을 만들 수 있다. 그뿐만 아니라 재료는 다양한 선택이 있다. 클레이(Clay), 대리석(Stone), 쇠(Metal), 유리(Glass), 목재(Wood) 등의 조형(Plastic)이 가능한 원자재를 사용하거나 혼용 할 수 있다. 이러한 영역의 조각들은 20세기 전후로 많은 나라들이 크게 활동했으며 시각미술(Visual Art)로 각광을 받아왔다. 이러한 조각품들은 개인이나, 사회에, 국가에 공헌을 한 인물에 상징적으로 그들의 업적을 기리기 위해 많이 활용되기도 했다. 21세기인 오늘의 시각미술로써의 조각은 그 형태가 매우 다양하고 독립된 조각으로서만이 아닌 건축물 자체가 조각과 같이 발전해 왔다. 기원전 약 5세기 고대 그리스의 조각을 돌아보면 발상(Thinking)과 완성(Completion)에서 후세에 없어서는 안 될 매우 풍족한 결과(Effect)를 남겨 놓은 것을 알게 된다. 학구적인 의미에서 조각을 조소 예술로 부르기도 한다. 미래의 조각형태는 과연 무엇을 표현하게 될까, 그것을 장담할 수 있는 사람은 드물 것 같다. 조각은 조각이어야 한다. 조각은 속이 없이 비어 있기도 하다. 여러 벌의 복제(Replica)를 만들기 위해 만들어지는 조각에는 예술의 의미를 두지 않는다. 조각은 실질(Substance of the Material)에서부터 표현을 추구하는 것이다. 그러나 지금에 와서 조각의 형태는 종류도 셀 수 없이 많아졌고 소위 말하는 현대조각(Modern Sculpture)작품은 그 형상을 정의하기조차 어렵게 발전해 왔다. 미래의 조각형태는 과연 무엇을 표현하게 될까, 그것을 장담해 말할 수 있는 사람은 드물 것 같다. 미래에도 조각의 원리 원칙은 재료의 선택으로부터, 처리방식, 디자인, 기법과 기술, 형태의 완성으로 나뉠 것은 분명하다.

□ 그림설명 2433-1, 빌란도르프 비너스 상. 2만5천 년 전, 작가 미상. Natural History Museum, Vienna, Austria 소장.

-2, David 상 (르네상스 1501~1504), by Michelangelo. Galleria dell'Accademia, Florence, Italy 소장.

2434 `gen`

SECAM (세캄)

'Sequential Color with Memory'의 약자로 프랑스와 러시아에서 개발된 칼라 TV 송출 비디오 포맷을 말한다. 이것은 프레임 당 625 라인과 초당 25프레임을 사용했다. 이 시스템은 교차되는 라인 상에 컬러가 연속적으로 구사되는 방식으로 전송된다.

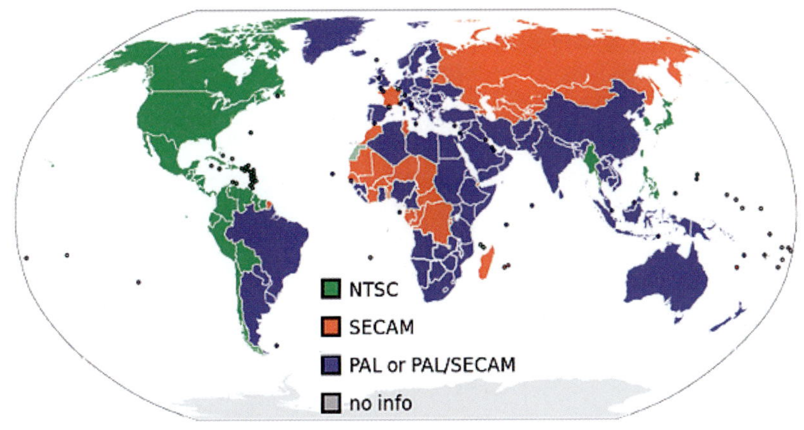

□ 그림설명 2434, 오렌지색 SECOM 분포 나라.

S

✱ 참조보기 (1113 - HDTV)

✱ 참조보기 (1730 - NTSC)

✱ 참조보기 (1907 - PAL)

2435 `pic`

segue (세규에, 음악을 끊지 않고 지속하다)

주로 영화의 음향에서 사용되는 용어로 하나의 음향이 끊어지지 않고 다른 음향과 연결되어 나오게 하는 것을 의미하는 말이다. 1) 오디오의 한 부분이 서서히 사라지면서 다른 부분이 겹쳐져 나타나게 한다. 2) 음악의 끝 부분이 다른 음악의 시작 부분과 서로 이어지는 것을 뜻한다. 3) 일반적으로 한 장면이 시작되는 부분과 끝부분이 서서히 나타나거나 사라지는 것. 또는 완성된 영화의 동적 움직임의 한 부분이 천천히 사라지면서 다른 장면이 겹쳐 나오는 기법을 이르는 말이다.

2436 `gen`

sense (오감)

사람은 5가지 방법을 통해 주변에서 일어나는 것들을 감각기관(Nervous Sys.)을 통해 느낄 수 있는 것을 뜻하는 말이다. 경험을 통해 그 5가지의 감각은 만져서(Touch) 알 수 있는 것, 냄새(Smell) 맞는 것, 맛(Taste)보는 것, 눈(Sight)으로 보는 것 그리고 소리를 듣는(Hearing) 것이다. 이 5가지의 감각을 통해서 이해하고 즉각 두뇌에 전달되고 경험에 의한 감정을 일궈낸다. 감정은 분위기, 체험, 질서 등의 의식을 감지하고 가장 적절한 스스로의 판단력으로 감각을 정리하는 것을 말한다. 이 감각기관들은 변화하는 새로운 환경에서 즉각 경험하며 민감해진다. 가정의 구성, 현실, 비디오, 게임, 서적, 컴퓨터 링크, 대인관계 등으로부터 감지하고 대비하는 감각 등을 들 수 있다.

☐ 그림설명 2436, 사람이 갖고 있는 오감 기관. Sudowoodo / shutter stock.

separation (세퍼레이션, 분리)

1) 애니메이션에서 캐릭터의 동작을 한 장의 그림 위에 완성하지 않고 별지에 그리도록 동작을 분리할 때 사용되는 말이며 약어로 SEP. 이라 적는다. 2) TV 방송에서 한 광고와 또 다른 광고(특히 경쟁 제품)의 방영 시간 간격을 둘 때를 말하는 것으로, 일반적으로 경쟁 관계에 있는 광고의 방영을 할 때, 방송사의 정책에 의해서 최소 10분에서 20분의 차이를 두게 된다. 3) 방송된 프로그램과 연관 있는 특정 내용이 광고와 관련이 있을 때, 연이어 방영하지 않는 것을 말한다.

2438 mus

septet (7중주, 셉텟, 7중창)

7명의 연주자의 악기가 모여서 연주하는 것을 말한다. 일반적으로 현악기들과 관악기 등으로 구성되며 노래하는 가수가 포함되기도 한다. 1779년에 베토벤(Ludwig van Beethoven, 1770-1827)이 작곡한 '7중주' 고전음악에서 악기편성은 바이올린(Violin), 비올라(Viola), 첼로(Cello), 콘트라베이스(Contrabass), 클라리넷(Clarinet), 파곳(Fagott, Bassoon), 호른(Horn)이다. 오늘날의 조 구성은 고전을 따르지 않고 악기편성을 하기도 한다. 베토벤의 7중주(Septet in E-flat major, Op. 20)는 매우 널리 알려진 곡이다. 이 곡은 29세 때인 1799년 초안을 잡아 그 이듬해에 초연을 했고 악보는 1802년에 출판했다.

□ 그림설명 2438, 7중주단(Beethoven's Septet in E-flat major, Op. 20)

2439 `gen`

sequel (속편, 연속극, 연재물)

TV 프로그램이 끝이 났지만 전편을 봤어야 이해가 되고 따라서 후편을 봐야 결론을 얻을 수 있는 것을 뜻하는 말이다. 일반적으로 TV 연속극 따위에 사용되는 말이며 단행본 책이 아닌 일간지나 월간지에서 연재되는 소설 등을 뜻하는 말이다.

2440 `pic` `mus`

sequence (시퀀스, 단락)

1) 영화에서 시퀀스는 한 장소나 같은 시간대의 여러 신(Scene)들이 모여 하나의 단락(Section)을 이루게 되는 것을 뜻하는 말이다. 문학에서 서술하는 장면(Chapter)과 같은 의미이다. 장면이 서로 관계되고 순서에 따라서 계속해서 연결성이 있는 신들의 모인 같은 부분을 시퀀스라 한다. 예를 들어 자동차의 여러 추격 장면이나 어느 장소에서 일어난 사건을 다룬 일체성을 가진 신들을 한데 묶은 것이라고 할 수 있다. 그러나 시퀀스는 하나의 극적 유닛(Unit)만 유지된다면, 꼭 한 장소여야 하거나 시간이 연속적이어야 하는 것은 아니다. 또한 2개의 다른 장소에서 동시에 일어나는 사건의 장면들을 교차해서 보여줄 때, 이것을 크로스 커팅(Cross Cutting)이라 하는데 장소와 사건이 다르더라도 하나의 시퀀스로 다루는 것이 통례이다. 2) 음악에서 다른 키(Key)의 음정(Pitch)으로 된 하나의 짧은 소절(Phrase)들을 반복(Repetition)해서 연주하는 것을 의미하는 말이다. 이런 형식의 음악은 로만 가톨릭교회(Roman Catholic Church)에서 부르던 찬송가(Hymn)의 한 형식으로 이것을 다성 음악(Polyphony)이라 부른다. 또한 이 형식의 음악은 평범한 송(Plain Song)과는 구별되는 것이다.

2441 `mus`

serenade (소야곡, 세레나데)

음악에서 사용되어 오는 이름으로 이탈리아 원어 세라(Sera), 세레노(Sereno)에서 온 말로 '밤(Night)'의 의미를 나타내는 말이다. 18세기 고전음악 시대에 여러 작곡가에 의해 단편적으로 악장이나 악기적인 배열에 많이 사용되었다. 마치 작은 교향곡과 같은 형식을 취하기도 하고 애수에 차있다. 예; 모차르트(Wolfgang Amadeus Mozart, 1756-1791)의 소야곡인 K525 <아이네 클라이네 나흐트무지크(Eine Kleine Nachtmusik)>, 슈베르트(Franz Peter Schubert, 1797-1828)의 <Violin, Flute 세레나데>, 바흐(Johann Sebastian Bach, 1685-1750) 하이든(Franz Joseph Haydn, 1732-1809), 토셀리(Enrico Toselli, 1883-1926) 등 여러 음악가들에 의해 사용되었다.

□ 그림설명 2441, Mozart's Serenade, No. 10(K361), 1781-1782년 작곡.

2442 `ani` `gen`

series (시리즈, 연속물)

1) TV 애니메이션 프로그램 제작에서 동일한 타이틀(Title) 밑에 시리즈(Series)로 13편, 26편, 39편, 52편 또는 65편에 이르기까지 관객의 인기도에 따라 제작 편수를 늘려 제작하는 것을 말한다. 한 시리즈가 13편인 이유는 1년이 52주인 것을 감안하여 만들어진 것으로, 13편이 1주에 한편씩 보여 줄 경우 1년이면 4번을 또 보게 되며, 26편인 경우 2번을, 65편인 경우 1년 동안 토요일과 일요일을 제외하고 한편씩 보게 되는데서 착안된 숫자이다. 13편의 숫자는 신기하게 맞아 떨어져 'Magic Number' 라고 부르기도 한다. 2) 매주 동일한 배역의 출연진이 나오는 텔레비전 프로그램, 시추에이션(Situation) 코미디 등도 시리즈에 속한다. 3) 장편영화에서 동일한 출연자가 등장하는 영화, 시리즈로 나오는 <007 제임스 본드(007 James Bond)>, <스타워즈(STAR WARS)>, <해리포터(Harry Potter)> 와 같은 장편영화를 말한다. 시리즈라는 말은 1940년대 미국에서 유행했넌 실사영화 미키 루니(Mickey Rooney, 1920-2014)가 출현한 <앤디 하디(Andy Hardy)> 같은 시리즈물에서 처음 부르기 시작했다. 가장 오랜 TV 시리즈로는 1989년부터 지금까지 폭스(FOX) TV 채널을 통해 33년 동안을 방송하고

있는 <심슨 가족(the Simpsons)>을 예로 들 수 있다. 21세기에 들어와서 디즈니가 5백 20억4천만 달러($52.4 Billion)에 21세기 폭스(21st Century Fox)를 매입함에 따라 심슨은 디즈니의 소유가 되었고 제작은 계속해서 진행 중이며 따라서 한국에 있는 애이콤 프로덕션은 31년째로 가장 긴 OEM 애니메이션 시리즈로 기록을 세우게 되었다.

□ 그림설명 2442-1, <Andy Hardy> MGM Series, 1939-1946, by Willis Goldbeck.

-2, <Harry Potter> Feature Series, 2011, by David Yates.

-3, <the Simpsons> FOX-TV, 1989-2020, by David Silverman.

2443 `gen` `pic`

session (개정, 개회, 회의)

법정(Court)의 개정을 뜻하는 말이지만 영화 제작에서 성우들의 대사 음성녹음(Recording Session)을 위해 모두 대사 녹음을 하는 뜻으로 사용되는 말이다.

2444 `ani`

set (세트)

세팅(Setting)에서 파생된 단어로, 3D 애니메이션을 만들 때 동적 움직임이 이루기 위해 무대를 설치하는 것을 말한다. 이와 같은 세트는 책상 위에 단순하게 마련되기도 하지만, 대형으로 무대장치와 소도구 등을 정교하게 만들어 설치하기도 한다. 세트는 촬영 시에 배경에 물건을 전시하거나 그림으로 장치하는 것을 말한다. 필름을 사용하던 20세기에 이르기까지 현지 대신 사실처럼 그림으로 그려 영화촬영에 사용하는 기법장치이다. 연극, 오페라 등과 같은 무대의 배경으로 사용된다.

2445 `pic`

set-up (셋업)

셋업은 주로 애니메이션과 같은 인기 있는 영상의 한 장면을 골라 배경에 주인공과 대적하는 캐릭터와 주변 소도구 등을 모두 모아 한 장면을 연출하여 만드는 것을 뜻하는 말이다. 1) 카메라에서 촬영하기 위해 완성된 아트워크 (ArtWork)로, 애니메이션의 경우, 촬영이 끝나고 아트워크가 필름으로 완성되었을 때, 각 신(장면)마다 배경을 포함하여 신(장면)을 셋업 할 수 있다. 사용했던 배경위에 적합한 동작의 셀 그림(재래식 애니메이션에 사용되었던 셀룰로이드 위에 그린 색칠된 그림)을 조합하여 만든 한 장면을 뜻하는 말이다. 2) 애니메이션 캐릭터를 입체적으로 만들기도 한다. 이 셋업은 일반적으로 스케일이 작게 만들어지지만 매우 현실처럼 정교하게 만들어지며 보관을 하거나 또한 고가로 판매하기도 한다.

□ 그림설명 2445-1, 슈퍼히어로 3D 입체 셋업. <Guardians of the Galaxy Vol. 2> 2017.

-2, 코믹 2D 슈터히어로 셋업. Marvel.

2446 `mus`

sextet (6중주, 섹스텟, 6중창)

한 조(Group)의 구성이 6명의 보컬 그룹 6중창이나 또는 6개로 구성된 여러 악기의 연주를 뜻하는 말이다. 서양 고전음악에서는 2개의 바이올린(Violin), 2개의 비올라(Viola) 그리고 2개의 첼로(Cello)로 또는 첼로와 콘트라베이스(Contrabass)로, 현악기만으로 연주한다. 고전음악에서 6중주는 여러 음악가들이 아주 흥미로운 곡들을 부제를 붙여 많이 남겼다. 헨델(Georg Friedrich Handel, 1685-1759), 바흐(Johann Sebastian Bach,1685-1750), 하이든(Franz Joseph Haydn, 1732-1809), 모차르트(Wolfgang A. Mozart, 1756-1791), 베토벤(Ludwig van Beethoven, 1770-1827), 멘델스존(Jakob Ludwig Felix Mendelssohn Bartholdy, 1809-1847), 브람스(Johannes Brahms,

1833-1897) 그리고 차이코프스키(Pyotr Ilyich Tchaikovsky, 1840-1893) 등의 음악에서 들을 수 있다. 또한 현악기만이 아니더라도 목관악기 금관악기로 구성한 6개조 악기연주도 6중주라 한다.

□ 그림설명 2446-1, 젊은 여러 연주가들의 차이코프스키의 현악 6중주 <피렌체의 추억>

-2, 작곡가 Pyotr Ilyich Tchaikovsky.

2447 `ani` `pic`

Sound Effects (음향 효과)
✳ SFX (Sound Effects 줄인 말)

음향효과를 줄여서 표기하거나 부르는 말이다. 어떠한 형식의 영화이던 간에 현장의 동시 녹음으로 영화를 완성하는 것은 불가능에 가깝다. 소음과 잡음으로 명쾌한 음향을 구현하기 어렵기 때문에 포스트 프로덕션(Post Production) 스튜디오에서 효과음을 다시 만들어(Reproduced Sound) 영화를 완성한다. 스튜디오 안에서 음향효과를 만드는 전문가들을 폴리(Foley)라고 한다. 영화가 음향을 영상트랙에 넣어 동시에 소리가 나게 한 것은 1927년부터였으며 토키 시대(Talkie Era)라 부른다. 효과음을 폴리라 부르기 시작한 것은 1914년부터 유니버설 스튜디오(Universal Studios)에서 일하던 잭 폴리(Jack Foley, 1891-1967)가 토키 시대를 맞아 영화에 많은 효과음을 사용한데서 유래했다. 이때부터 스튜디오 안에서 효과음을 만들어 사용하게 됐고 1967년 그가 죽은 후에도 폴리 사운드 체계는 지금까지 계속 사용되고 있다. 최근 포스트 프로덕션 스튜디오는 이 폴리 효과음을 디지털화 된 파일로 보유하고 있어 매우 편리하게 사용할 수 있다. 또한 SFX는 비주얼(Visual), 스페셜 이펙트(Special Effects)의 줄임말로도 폭넓게 사용되며, 애니메이션 제작과정에서 시각적인 특수효과를 넣는 것을 말하기도 한다.

✳ 참조보기 (2447 - Sound Effect)

shadow (그림자)

1) 빛이 있는 한 모든 사물에는 그림자가 있게 마련이다. 그림자는 빛의 동반자이다. 사물이 배경 위를 움직일 때에 드리워져 같이 움직이는 그림자를 말한다. 태양의 빛은 정오가 가장 빛이 강렬하게 작용하고 실내의 그림자는 인공조명에 의해 여러 변화된 그림자가 만들어진다. 시각적으로 그림자는 물체에 무게감을 주고 안전감을 주어 평온한 느낌을 주기도 하지만 어린이들에게는 유령(Ghost)과 같은 무서운 상상을 만들어 주기도 한다. 예술의 조화(Harmony)는 빛과 그림자(Light and Shadow)의 대조, 색감(Color Sense), 대소(Large and Small)의 대조이다. 그림자는 밝고 명쾌하지 않아 그림자를 친근하게 연출하기는 쉽지 않지만, 그러나 그림자가 없으면 세상은 대조(Contrast)가 없어져 물체조차 구분하기 어려울 수 있다. 대조는 인간의 정서적 느낌을 얻게 되는 데에 매우 중요한 부분이다. 근본적으로 세상에 그림자가 없다면 우리는 태양을 잃은 것이다. 태양을 잃으면 세상에 모든 것을 잃게 된다. 2) 애니메이션 제작에서 사진이나 그림에서 농도가 짙은 부분으로, 애니메이션 그림자는 3차원적 느낌을 살리기 위해 반투명한 어두운 톤으로 사용하는데 이 부분은 컴퓨터프로그램에서 어두운 그림자의 효과를 활용하여 2D방식이나 3D에 적합하게 얻어낼 수 있다. 재래식 방법으로는 촬영할 때 캐릭터와 그림자(완전 까만색)를 넣어 동시에 50% 노출(Exposure)로 촬영한 후 촬영한 원점으로 돌아가 이번에는 그림자 없이 50%로 촬영을 하면 그림자는 땅바닥이 보이는 자연 그림자와 같이 부드럽게 보인다. 그림자의 농도는 2중 촬영 시에 40%+60% 또는 35%+65% 등으로 그림자의 농도 효과를 비례하여 얻어낸다. 디지털 방식에서는 원하는 그림자의 농도에 따라 2중 촬영의 불편 없이 쉽게 선택할 수 있다.

□ 그림설명 2448, 그림자의 예술, Personal series of <Shadow Spaces>, by Stephen Lenthall, Photographer, Asst' Annemarieke Kloosterhof.

＊shadow play (그림자놀이)

＊shadow play theater (그림자인형극장)

그림자 인형극장(Shadow Puppet Theater)은 아주 오래전부터 인도네시아에서는 '와양 쿨리트(Wayang Kulit)'라 불러왔다. 오늘날 이 그림자 놀이극장 와양 쿨리트는 유럽에서, 특히 프랑스에서 수백 년을 통해 전통적으로 내려온 듯이 극장에서 공연하지만 이 그림자놀이는 아시아 사람이 발명한 한 예술품이다. 유럽 지역에서 줄에 인형을 매달아 사용하는 망석중(마리오네트, Marionette, 꼭두각시)과는 다르게 긴 나무작대기 끝에 매달린 와양(사슴가죽에 색깔을 넣어 평편하게 만든 인형)을 다랑(Darang, 인형을 움직이는 사람)이 얇은 막 뒤에서 비춘 빛을 받은 인형을 움직여 가며 자신의 변성한 목소리로 대사를 읊으면 객석에서는 신기하고 화려해 보인다. 역사기록에 의하면 와양(Wayang)이라는 이 그림자놀이는 약 6~7세기경에 인도네시아(Indonesia) 자바 섬사람(Javanese)들에 의해 시작된 것으로 그림자 인형 놀이의 원조이다. 원어로는 와양 쿨리트로 인형이라는 단어 없이 짧게 약기로 줄여서 사용하는데 의미는 '자바 사람들의 그림자 인형극장(Javanese Shadow Puppet Theater)'이라는 뜻이다. 여기서 파생된 여러 모양의 그림자놀이들은 하나의 예술로 1,000년이 넘게 발전해 왔다. 그들만의 전통으로 이어왔지만 극장들은 공연이 없을 때는 결혼식, 생일파티, 일반 모임 등에 사용되어 왔지만 그림자놀이는 오락으로 전통예술로서 오랫동안 인기를 누렸다. 행상인들도 크고 작은 극장에서 공연이 있을 때마다 볶은 땅콩, 정향나무(Clove) 이파리로 만든 연초, 각가지의 음료 등을 판매했다. 자바 섬사람들의 흥미롭고 신비스런 스토리를 이야기해주던 이 그림자놀이 극장은 한참 지난 17세기경 프랑스, 이탈리아, 영국, 독일 각지로부터 상인들이 교역을 하기 위해 배를 타고 인도양을 넘나들던 사람들에 의해 이 신기한 오락물에 관심을 갖게 되었고 그들의 나라로 들어가 공연을 하면서 점차 유럽의 문화로 유럽 전역에 퍼지게 되었다. 지금도 인도네시아의 그림자인형극은 파리에서는 물론 유럽 각지에서 인기리에 작은 극장에서 공연하고 있다. 인도네시아가 발상지라고는 하지만 인도네시아는 너무 전통에만 파묻혀 새롭게 발전시키지 못한 채 오락으로서 이야기꺼리, 음향, 캐릭터 디자인에 흥미로움도 뒤떨어져 모두 유럽에 시장을 내주게 되었다. 겨우 그들의 전통을 살려내 결국 2003년에 와양 인형극장(Wayang Puppet Theater)은 UNESCO에 의해 등재되었고 인류가 남긴 무형문화제(Intangible Cultural Assets)로서 보호를 받게 되었다.

□ 그림설명 2448-1, 인도네시아 와양 쿠리트.

-2, 와양 쿨리트 공연실현 장면.

-3, 중국식 그림자 인형들.

-4, 전통형식에서 벗어난 유럽의 인형극장.
Joan Marcus <The Old Man and The Old Moon> PigPen Theatre Co.

-5, 현대시 컷 아웃 캐릭터를 만들어 애니메이션을 제작할 수 있다.

2449 `pho`

sharp focus (샤프 포커스, 선명한 초점)

카메라에 비친 피사체인 물건의 가장자리 선이 분명하고 디테일이 명확히 보이도록 이미지를 나타내는 것을 선명한 초점이라 부른다. 주로 촬영할 때 사용되는 말이다. 최근 카메라들은 모두 'Auto Focus' 시스템으로 손으로 포커스를 맞추지 않는다.

☐ 그림설명 2449, 초점은 목적물(Object)에 맞춘다.

2450 `ani`

sheets (시트, X-시트, 촬영표)

애니메이션 제작에서 원화가가 그림을 그린 동작 내용을 기입한 촬영 지시서이다. Exposure Sheet의 준말로써 이 시트에는 컷의 타이밍, 그림의 장 수, 카메라 워크, 촬영방법, 효과 등이 기입되고, 1 프레임(Frame) 단위로 셀 그림의 번호와 촬영 프레임 수도 표시된다. Time Sheets, Dope Sheets 라고도 부른다.

✱ 참조보기
(0850 - Exposure Sheet)

✱ 참조보기
(0688 - Dope Sheet)

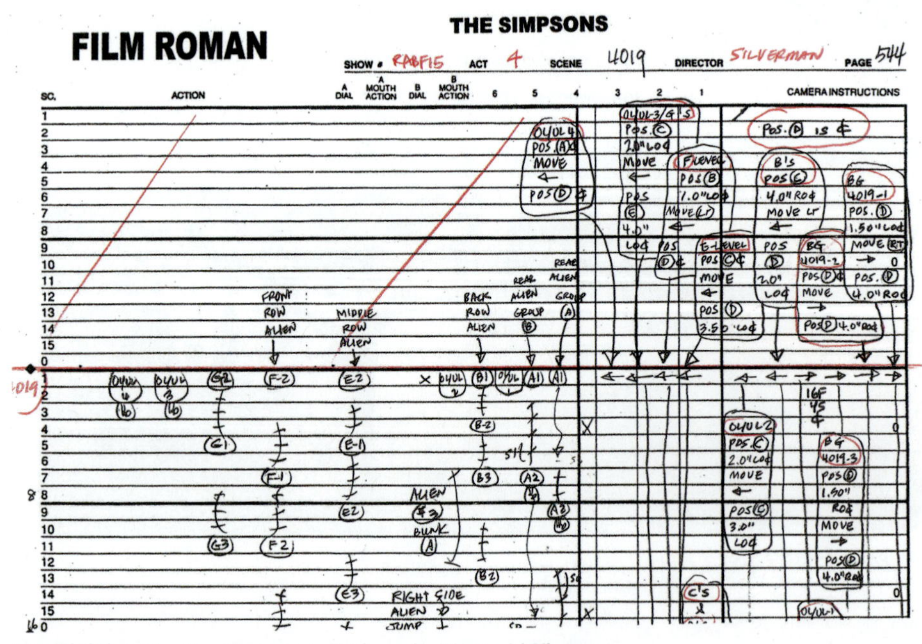

☐ 그림설명 2450, <the Simpsons> X-Sheet, by Dir. David Silverman.

2451 `pic`

shoot (샷, 숏, 촬영)

카메라를 이용해서 영화필름 촬영이나 또는 비디오테이프에 동작의 이미지를 녹화하는 행위를 말한다.

2452 `pic`

shooting log (촬영로그)

아날로그 방식에서 카메라 담당자가 필름의 유형, 카메라 분류, 특정 신들을 촬영할 때 사용할 필터 등을 기록한 촬영 기록을 말한다. 각 테이크(Take, 촬영된 샷(Shot)중에서 사용하기 결정된 신)의 길이에 관한 정보, 테이크가 워크프린트(Work Print, 작업용 프린트)가 되었는지 아닌지를 모두 기록하는 인쇄된 양식을 뜻하는 말이다.

2453 `pic`

shooting schedule (촬영 스케줄)
*production schedule (제작 스케줄)

영화 촬영에서 하루 동안의 작업이나 혹은 몇 일간의 촬영 계획을 의미한다. 이 촬영계획에는 촬영할 장면과 샷, 촬영 장소와 시간, 출연 배우, 제작진, 장비, 소도구 등을 준비하고 그날의 비용이 포함된다. 신들은 흔히 경제적 이유나 편리성을 감안하여 시퀀스(Sequence)나 콘티(Conti) 순서에 관계없이 촬영되는 경우가 많다. 애니메이션 제작에서 역시 애니메이션 작업이 끝나는 대로 촬영부서로 넘어가 촬영하는 스케줄을 의미한다. 애니메이션 신의 완성 후 촬영은 난이도에 따라 적합한 기능적인 카메라를 선택할 수 있다.

Production Schedules

2021

작업일자 | 10월	10월																
	11	12	13	14	15	16	17	18	19	20	21	22	23	24	25	26	27
콘셉에 관한 미팅	🟩	🟩	🟩	🟪	🟪			🟧	🟧	🟧	🟪	🟪					
내용과 구도와 스타일 결정	🟩	🟩	🟩	🟪	🟪			🟧	🟧	🟧	🟪	🟪					
자료조사 준비		🟩	🟩	🟩	🟪			🟧	🟧	🟧	🟪	🟪					
스토리 보드·애니메틱			🟩	🟩	🟪			🟧	🟧	🟧	🟪	🟪					
본 제작				🟪	🟪			🟩	🟩	🟩	🟪	🟪					
제작·촬영				🟪	🟪			🟩	🟩	🟩	🟩	🟩					
편집·녹음·완성				🟪	🟪			🟧	🟧	🟧	🟩	🟩	🟩	🟩	🟩	🟩	🟩

□ 그림설명 2453, 단기 소품(Short Film)제작 스케줄 표.

S

＊shooting script (촬영 대본)

감독이 촬영 때 사용하는 최종 영화 각본. 대사와 액션 뿐 아니라 카메라 지시도 포함된 이 촬영 대본은 시작부터 가나다순으로 일련번호가 매겨지고 개개의 신들로 나눠진다. 촬영대본 자체가 어떤 샷과 신을 언제 어떤 순서로 촬영할 것인지를 결정하는 각각의 촬영 스케줄로 나눠진다.

＊참조보기 (2455 - Short Film)

＊참조보기 (2431 - Screen Writer)

2454 `gen`

shorthand (속기, 약기)

대화나 회의 등의 기록을 녹음하지 않고 손으로 속기하는 일종의 별개의 필기방식 시스템을 말한다. 간단한 심벌을 일반글자와 다르게 대신 사용하여 기록하고 다시 풀어쓰는 전문적인 방식이다. 이 속기역시 특수 심벌(Symbol)이 있는 키보드를 사용하여 소리(Sounds), 단어(Words)나 관용구(Phrase) 등을 기록하고 사람이 말하는 속도를 커버할 수 있다. 요직의 비서 직업인들은 전문적으로 속기를 할 수 있다.

＊shorthanded ('일거리가 떨어졌다.') 과거형을 사용하면 일반 작업자들의 일이 충분치 않은 뜻으로 사용된다.

2455 `pic`

short film (단편 필름, 숏 필름)
＊shorts (단편들, 숏스)

영화나 TV 프로그램의 길이가 30분 미만에서 몇 십초에 이르기까지 짧은 영화를 가리켜 단편이라 한다. 20세기 초 영화 만능시대에서는 극장에서 상영하는 필름들은 릴 3개 이하의 30분 분량이 넘지 않는 영화를 뜻했다. 미국에서 시작된 가장 초기의 무성영화는 몇 분 길이밖에 되지 않았지만, 곧 릴1개 분량으로 길어져 약 15분 분량이 됐고 때로는 2개 릴 분량까지 되기도 했다. 1905년에 시작된 미국의 소규모 영화관이었던 니켈로 디온(Nickelodeon)극장은 초기에 15분에서 1시간 미만의 단편영화를 선보였지만 1915년경에 와서는 1시간이 넘는 장편영화가 등장했다. 곧이어 몇 개의 단편을 먼저 보여준 뒤 장편을 상영하는 관행이 생겨났다. 공황기부터 1940년대까지 2개의 장편을 상영하는 것이 관행이 됐지만 이런 영화들도 여전히 1개의 단편을 함께 상영했다.

1950년대에는 2개의 장편 상영이 사실상 사라지고 한 개의 본편과 그리고 또 한편을 섞어서 약 7분 길이의 단편 애니메이션(Animated Cartoon)과 함께 광고도 섞어 약 2시간이 상영됐다고 기록돼 있다. 그러나 이러한 관행은 어떤 한 개인의 소송으로까지 이어지게 되어 그 후 애니메이션 단편을 포함한 2개의 영화를 더 이상은 볼 수 없게 되었다. 당시 '단편영화'라는 용어 자체는 라이브 배우들의 액션을 넣은 프로모션(Promotion)용으로 영화 제작자들의 데모 필름으로 만들어진 것이었다. 오늘날에 와서 대개의 단편들은 라이브 액션 단편이나 다큐멘터리 단편, 애니메이션 단편으로 만들어진다. 또한 영화의 예고편, 에피소드 시리즈, TV 애니메이션, 뉴스영화, 다큐멘터리, 전위 영화 등에 해당되는 것이지만, 주로 라이브(Live) 배우들이 출연하는 개개의 액션 영화에만 국한시키는 경우도 많았다. 학교에서 학생들의 프로젝트(Project)용 단편으로도 많이 만들어지며 지금은 이러한 단편 애니메이션들은 국제 애니메이션 영화제에서만 흔히 볼 수 있게 됐다.

□ 그림설명 2455, 숏 필름, 디즈니의 <Feast> 2014, by Patrick Osborne. (Best Animated Short Film, 87th Academy Awards)

2456  `pic`

shot (샷)

스크린 상에 카메라가 촬영한 화면이 계속되는 것으로, 카메라의 촬영 시작에서 끝날 때까지의 길이를 하나의 샷 또는 컷(Cut)으로 규정한다. 하지만 카메라의 한번 촬영으로 생기는 필름은, 스크린 상에 나타나기 전에 편집되거나, 하나의 샷은 경우에 따라 클로즈업(Close-up) 신을 새로 찍어 먼저 촬영된 필름을 두 개로 자르고 그 사이에 넣어 편집할 수 있어서 1개의 샷을 촬영한다 하더라도 결과는 다르게 사용될 수 있다. 나누어진 한 개의 샷은 2개 또는 3개의 신으로 나누어 편집 사용될 수 있다. 샷은 촬영 테크닉(Technic)의 의미이며 신은 좀 더 편집적 연출을 의미한다고 할 수 있다. 샷들은 한데 편집되어 신을 만들고, 장소와 환경이 같은 신들이 모여 시퀀스(Sequence)가 된다. 카메라와 피사체 간의 거리에 따라 극도의 롱샷(ELS, XLS, 먼 거리에서 배경을 보여주는 것. 배경이나 장소를 설정해주는 '설정 샷(Establishing Shot)'), 롱샷(LS), 미디엄 롱샷(MLS), 미디엄 샷(MS), 미디엄 클로즈업, 미디엄 클로즈 샷(MCU, 캐릭터의 가슴 중간 지점부터 머리까지 보여주는 샷), 클로즈업(CU, 캐릭터의 머리 전체와 어깨를 보여주거나, 어떤 물체의 중요 부분을 가깝게 자세히 보여주는 것), 극도의 클로즈업(ECU, XCU, 작은 물체를 단번에 보여주거나 얼굴이나 물체의 일부를 보여주는 것) 등 여러 방식과 기술로 촬영하는 포괄적 의미에서 사용되는 말이다. 이 밖에도 샷은 Medium Shot- 미디엄 샷, Bust Shot- 버스트 샷, Facial Shot- 얼굴 샷, Down Shot- 다운 샷, Up Shot- 업 샷, Tilt Shot- 틸트 샷, Handheld Shot- 손으로 들고 촬영하기, Truck-In-Out Shot- 트럭킹, Zoom-In-Out- 줌잉, Pan Shot- 팬 샷 등이 있다.

□ 그림설명 2456, 감독은 영화의 연출방식에 따라 화면의 크기를 정한다. 코아필름 <왕후심청>

2457 `pic`

show reel (쇼 릴)

20세기 중반에서부터 한참 필름으로 영상을 촬영하면서 유행하던 방식으로 직업이나 일거리를 찾기 위해 애니메이터들이 만든 견본 애니메이션이 주로 포트폴리오(Portfolio)로 사용되었다. 이 당시에는 스크린 만화가들의 재능을 전자적으로 쉽게 볼 수 있는 비디오 포맷(Format)이 아직은 개발되지 않은 때여서 주로 16mm 필름으로 쇼 릴을 만들어 16mm 영사기를 통해서만이 볼 수 있었다. 뉴스도 16mm릴에 편집해 만들어 판매했고 이것을 뉴스릴(News Reel)이라 불렸다. 어떤 모습이 촬영된다는 그 자체만으로 신비하게 여기던 때였다.

2458 `pic`

shutter (셔터, 덧문)

영화용 카메라의 구조에서 필름과 조리개 사이에 있는 장치로 촬영을 할 때는 이 셔터가 열리며 필름에 이미지가 촬영된다. 필름은 감광도가 여러 종류이므로 셔터가 개방하고 있는 순간적인 노출 시간은 매우 중요하다. 영화에서는 셔터 타임이 24분의 1초, 촬영용 방아쇠(Trigger)를 당기면 연속적으로 촬영되기 때문에 영화필름이 다음 칸으로 흘러내릴 때 셔터는 빛을 막아주는 역할을 한다.

*shutter speed priority (셔터우선촬영)

이 말은 주로 정 사진(Still Picture)을 찍는 카메라에만 적용되는 말이다.
셔터 우선촬영이란 셔터 타임 기본 속도를 60분의 1초에 놓고 피사체에
빛을 잰 후 조리개의 개각도를 정한다.

□ 그림설명 2458, 셔터 우선 촬영은 셔터 타임을
고정한다. 조리개 우선 촬영은 조리개를 고정한다.

2459 `fes` `ani`

SICAF (서울국제만화애니메이션페스티벌)

한국〉 Seoul, 1995년 문화체육부(현 문화체육관광부)의 주관으로 서울 삼성동에 있는
코엑스(COEX) 컨벤션센터에서 1회가 열렸다. 문화산업의 중요성을 인식한 김영삼 정
부가 당시 문화산업 수출의 대부분을 차지하고 있는 애니메이션 관련 산업 육성을 위
해 개최했다. 대원동화, 한호흥업, 선우애니메이션, 애이콤 프로덕션 등이 애니메이션
제작회사로서 한국애니메이션제작자협회를 설립했으며 출판 만화도 포함된 애니메이
션 축제로 영문으로 'Seoul International Cartoon & Animation Festival' 줄여서
'SICAF'로 표기한다. 1997년에는 문화체육부에서 민간으로 이관되어 업계의 후원금
으로 운영하다가 다시 서울시의 예산으로 행사를 하고 있다. 영화제는 1995년 국내 경
선으로만 시작해 10년 만에 전 세계에서 매년 2,000편 이상의 신작들이 참여하는 국제
적인 행사로 자리 잡게 되었다. 2005년에는 국제 애니메이션 필름협회(ASIFA)로부터
SICAF가 국제 수준임을 공식 인증을 받아 안시(Annecy), 자그레브(Zagreb), 오타
와(Ottawa), 히로시마(Hiroshima)와 함께 세계 5대 애니메이션 페스티벌에 이름을 올
렸다. 영화부문은 장편, 단편, 학생, 온라인 등의 공식경쟁 부문으로 구성되어 있고 만
화부문은 공모전 없이 전시만 진행한다. 또한 2001년부터 업계의 공로자를 뽑아
SICAF 애니메이션 어워드(Award)와 코믹 어워드 시상을 하고 있다.

□ 그림설명 2459, SICAF logo와 대회 상징 캐릭터.

2460 `fes`

SIGGRAPH (시그래프)

미국〉 순회전시를 주로 하는 ACM(미국컴퓨터협회) SIGGRAPH가 1974년부터 시작한 행사로 매년 8월 미국 혹은 캐나다 전역을 순회하며 열린다. 컴퓨터그래픽스(Computer Graphics)와 인터랙티브(Interactive) 기술 박람회이다. 시그래프는 세계에서 가장 크고 영향력이 큰 컨퍼런스(Conference) 전시이며, 빠르게 변화하고 있는 컴퓨터그래픽 기술과 매체 환경에 주목하고 미래를 제시하는 세계 최대의 컴퓨터 그래픽 축제이다. 전문가와 전공자, 아티스트(Artist), 엔지니어(Engineer) 및 일반 참가자들이 참여해 컴퓨터 그래픽과 인터랙티브(Interactive) 테크닉에 관한 연구논문 및 솔루션 개발, 최신 애니메이션 제작 기법, 시연회 등 신기술을 발표하는 학술의 장(컨퍼런스)으로써의 역할과 전시, 뉴테크, 교육 프로그램 및 컴퓨터 애니메이션 페스티벌 등을 통해 그래픽 영상과 비주얼 이펙트(Visual Effects) 등의 흐름을 파악하고 선도해 나가고 있다. 주요 프로그램으로는 키노트(Keynote), 코스(Courses), 테크니컬 페이퍼(Technical Papers), 테크니컬 스케치(Technical Sketch), 포스터(Poster), 컴퓨터 애니메이션 페스티벌, 전시, 아트 갤러리(Art Gallery) 등이 있다.

□ 그림설명 2460, Los Angeles, 2017년에 열린 시그래프.

2461 `fes`

SIGGRAPH ASIA (시그래프 아시아)

□ 그림설명 2461, Siggraph Asia.

ACM(미국컴퓨터협회) SIGGRAPH가 2000년을 전후한 아시아의 컴퓨터 그래픽 및 인터랙티브(Interactive) 기술의 급격한 성장세를 반영해 2008년 12월 싱가포르에서의 제1회 행사를 시작으로 매년 12월 시그래프 아시아를 개최하고 있다. 도시를 순회하는 미국의 시그래프와는 다르게 시그래프 아시아는 국가를 순회하며 일본, 한국 등의 주요 도시에서 열리고 있다.

2462 `art`

silk-screen print (실크 스크린인쇄)

실크 스크린인쇄는 일반적으로 화가들이 사용한 인쇄기술로 유명하다. 여러 장의 그림을 만들어 낼 수 있는 것이 특징이며 인쇄된 그림위에 겹쳐서 인쇄할 수 있다. 또한 이 방식은 대중적으로 사용되는 기술이기도 하다. 예; 한정된 T셔츠에 글을 인쇄하거나 그림을 넣어 상품을 만들 수 있기 때문에 손쉽게 이용이 가능하다. 포토 스탠실(Stencil) 이라고도 부르며 기법은 얇고 미세하게 구멍이 있는 실크 천(Silk Fabric)에 물감으로 등사기로 인쇄하듯 찍어낸다. 인쇄는 금속, 종이, 천, 플라스틱, 등 대부분 소재에 인쇄가 용이하다. 이 방식은 조형 예술가들의 작품 활동에 활용되며 공업용 계기 표식, 상업용 패키지, 간판 등에 사용된다.

1

2

3

□ 그림설명 2462-1, Andy Warhols의 실크스크린 작업 장면.

-2, 토마토 스프 인쇄물.

-3, 실크스크린 인쇄 방식.

✱ 참조보기 (2569 - Stencil)

2463 `pic`

silent film (무성 영화)

최초의 영화가 극장식으로 관객을 모아 스크린에 영상을 보여주며 시작된 것은 1892년 프랑스의 에밀 레이노드(Emile Reynaud, 1844-1918)에 의해서였다. 당시에 그이 영화는 무언극으로 무성이었다. 포괄적으로 그때부터 1927년에 이르기까지의 영화를 모두 무성 영화라고 정의한다. 또한 당시에 배우의 연기를 해학적으로 보여주는 모든 단편영화를 가리키는 말이기도 하다. 일반적으로 영화용 필름하면 폭 35mm 필름을 대표적으로 꼽는다. 이 필름은 1891년 최초로 에디슨(Thomas Alva Edison, 1847-1931)에 의해 촬영되었

S

고 상영되었지만 스크린이 아닌 혼자 들여다보는 스코프(Scope) 형태로 무성 영화였다. 그 후 1895년 뤼미에르 형제에 의해 스크린에 비친 영화가 나왔지만 아직도 무성이었다. 그러나 영화에 음향(Sound)을 도입(Introduce)하려는 의도는 여러 방식으로 시도되었다. 프랑스의 레온 고몽(Leon Gaumont, 1864-1946)은 세계적인 영화의 선구자이며 발명가로써 그는 1902년부터 1910년까지 크로노메가폰(Chronomegaphone)이라는 디스크를 이용한 영상과 소리를 일치시키는 시험을 계속해 결국에는 1911년 고몽궁전(Gaumont Palace) 극장에서 상영해 대단한 반응을 일으켰다. 그러나 이 방식은 아직 필름에 소리가 합체된 방식은 아니었다. 이밖에도 영화가 상영되고 있는 동안 음악을 사용했으나 다만 영사기의 소음을 줄이기 위한 방책이었을 뿐이었다. 이로써 1927년 유성(Talkie) 영화가 나오기 전까지 있었던 영화들을 모두 무성 영화(Silent Movie)라 이른다. 1915년에 나온 무성 독립영화는 <국가의 탄생(Birth of Nation)>으로 토마스 딕슨 주니어(Thomas Dixon Jr., 1864-1946)의 원작을 데이비드 W. 그리피스(David W. Griffith, 1875-1948) 감독이 드라마 타이즈 한 영화로 미국의 남북전쟁 중에 두 가문의 증오와 사랑을 다룬 드라마로 그 시대에 흔치 않게 3시간 13분이나 되었다. 이듬해, 이어서 그는 <인톨러런스(Intolerance, 이교)>라는 3시간 30분 길이의 영화를 또 만들었다. 서로 다른 시기에 발생한 4가지의 이야기를 같은 영화에서 해석한다. 1) 20세기 초 미국 젊은이들의 고민, 2) 16세기 종교 개혁기의 위그노 학살(Huquenot, 1562-1598)은 프랑스종교 전쟁), 3) 예수 생애의 에피소드, 4) 바빌로니아 (Babylonia)로 구성된 아주 복잡한 영화이다. 그리피스 감독은 그가 만든 영화를 통해 인간이 지닌 사상, 종교, 정치, 도덕과 양심과 사랑에 관해 말한다. 생각하는

□ 그림설명 2463-1, <The Birth of a Nation> 1915, by David W. Griffith.

-2, <Intolerance> 1916, by David W. Griffith.

것이 다르더라도 서로 논쟁은 하되 물리적 폭력을 취해서는 안 된다는 의미를 관객에게
호소한다.

✻ 참조보기 (0806 - Edison, Alva Thomas)

✻ 참조보기 (2475 - 35mm film)

✻ 참조보기 (2500 - Sound in Motion)

2464 `pic`

silent speed (무성속도, 사일렌 스피드)

1927년 영화의 토키(Talkie)시대를 맞아 35mm 필름 상에 음향을 장착하면서 필름이
돌아가는 속도는 매 초당 24프레임으로 고정되게 됐다. 그러나 무성영화의 일반적인
속도는 초당 16프레임 정도였다. 토키를 장착한 영사기에서 무성영화를 돌리면 기계
적으로 동작이 빠르게 움직이게 된다. 이러한 속도를 구분하기 위하여 부르는 말이며
초당 16프레임이 기본속도였던 음성이 없는 때의 속도를 이르는 말이다.

2465 `ani`

Silhouette Animation (실루엣 애니메이션, 그림자 애니메이션)

실루엣 애니메이션은 그림자처럼 종이의 윤곽만을 가위로 오려내 동작을 만든 애니메
이션을 촬영해서 영상을 만들어 내는 작업을 말한다. 사람, 동물 등 배경에 이르기까지
형상(Shape of Silhouette)의 움직임을 주며 한장 한장 촬영하여 만들어지는 실루엣 애
니메이션은 또 다른 말로는 그림자 애니메이션이라고도 부른다. 또한 컷아웃(Cutout)
기법으로도 파생되어 발전되어 왔지만 다만 컷아웃 기법은 엄밀히 움직이는 모든 캐릭
터를 상세하게 그림을 그리거나 색칠하여 관절 부분을 오려낸 후 그 실루엣과 같은 기
법으로 촬영하여 완성한다. 이 기법은 매우 다양해서 움직일 수 있는 것이면 무엇이든
움직이며 스토리를 연출해 낼 수 있다. 인형 그림자놀이가 시작된 기원은 중국의 당나
라 시대(618~907)로 기록돼 있지만 인도네시아가 그의 발상지로 주장하는 사람들도
있다. 실제 인도네시아에서는 아직도 전통적인 그림자놀이가 있는 것으로 보아 발상지
일 가능성도 있다. 그 후 이 기법은 인도로 전파되었고 다시 유럽 그리고 이집트까지
그림자 인형 놀이는 19세기까지 발전하며 유지해 왔지만 그것이 애니메이션은 아니었
다. 실루엣 애니메이션은 스톱 모션(Stop Motion) 촬영으로 평면적인 캐릭터가 그림자
형태로 보이게 움직임을 표현하는 애니메이션 방식이며 전면 조명으로 아트 워크 (Art

Work)가 상세히 보이는 평면적인 캐릭터 애니메이션 형태와는 확연히 다르다. 최초의 실루엣 애니메이션은 1926년 독일의 롯데 라이니거(Lotte Reiniger, 1899-1981)가 16살이던 1919년에 3년 동안이나 걸려 발터 루트만(Walter Ruttmann, 1887-1941)의 이야기를 담은 <아키메드 왕자의 모험(Adventure of Prince Achimed)>이었다. 그림자나 실루엣으로 보이도록 종이를 오려내어 놀이를 하는 기법처럼 만든 것이다. 그 후 20세기 후반에 들어서 프랑스의 미셸 오셀로(Michel Ocelot, 1943-)는 그의 작품 <프린스 & 프린세스>를 만들었는데 80여 년 전 라이니거가 만든 <아키메드 왕자>와 유사하다. 그리고 그림자 애니메이션은 소수의 예술가들에 의해 작품으로써 꾸준히 시도되어왔다. 최근에 와서 디지털 방식의 혁신적 변화로 실루엣 애니메이션 촬영 방식이 여러 컴퓨터 프로그램이 개발되어 가위로 일일이 자르지 않고, 보다 쉬운 컴퓨터 제작 방식을 선택하게 됐다.

□ 그림설명 2465-1, <Adventures of Prince Achmed> 1926, by Lotte Reiniger.

-2, Henry Baldwin의 시, <The Modern and Medieval Ballad of Mary Jane>을 컷아웃(Cutout)으로 표현한 작품.

2466 `com`

silicon chip (집적회로, 실리콘 칩)

IC(Intergrated Circuit)는 반도체를 만드는 전자회로의 집합을 뜻하는 말이다. 집적회로는 여러 독립된 요소를 집적해서 하나의 칩으로 만든 것인데 손톱 크기 속에 수십억 개의 트랜지스터(Transistor)나 그 밖에 전자제품이 들어갈 수 있게 작게 만들 수 있는 기술이다. 그 크기는 나노기술이 배수로 향상되기 때문에 각각의 트랜지스터 칩을 이용해서 회로로 만들 때 보다 훨씬 작게 만들 수 있다. 반도체(Semiconductor Diode) 소자(Element)가 진공관처럼 증폭할 수 있다는 것을 밝혀낸 후 반도체는 급성장을 하면서 집적회로를 만들기 시작 했다. 많은 수의 작은 트랜지스터를 작은 칩에 결합시키는 것은 일반 전자부품을 이용하여 회로를 손으로 조립하던 때보다 굉장한 발전이었다.

집적회로 즉 IC의 생산능력이 상승하면서 회로설계에 트랜지스터를 이용하던 산업이 빠르게 집적회로를 적용할 수 있게 되었기 때문이다. IC회로는 이산회로에 비해 비용이 저렴한 것뿐만이 아니라 성능에서도 큰 차이가 있다. 하나하나 트랜지스터를 조립하는 방식과는 달리 사진 석판술을 이용해 인쇄하듯 극소로 찍어낼 수 있어 비용이 저렴하며 작동 속도가 빨라지고 전력 소모는 줄어들게 된다.

□ 그림설명 2466, 실리콘은 컴퓨터 칩을 개발하는데 재료로 사용한다는 것은 일반적으로 알려진 상식이다.

2467 gen com

Silicon Valley (실리콘 밸리)

실리콘 밸리는 미국 서부의 항구도시 샌프란시스코(San Francisco) 근교에 있는 산호세(San Jose)시와 그곳으로부터 서북부 쪽으로 뻗어있는 팔로알토(Palo Alto)시를 연결해 형성되어 있다. 북쪽은 모두 바다와 접해 있고 산이 없는 평지에 기후가 4계절 온화해서 일하는 사람들에게는 최적의 위치에 있는 셈이다. 팔로알토는 1876년경 그 일대가 한때 캘리포니아 여덟 번째 주지사를 지낸 렐랑(릴런드) 스탠포드(Leland Stanford, 1824–1893) 가문이 소유한 14㎢(8,200에이커, 약1,000만평) 크기 면적의 대단히 큰 말목장이 있었고 1884년에 스탠포드 학교재단에 모두 헌납하여 6년간의 건축공사 끝에 1891년 10월 스탠포드 대학원(Stanford University)이 개교하게 되었다. 그 후 100년, 21세기에 들어서 스탠포드는 최고의 대학원이 되었다. 팔로알토는 지형이 차분하고 완만한 도로를 따라 실리콘 밸리와 섞여 있다. 스탠포드 대학교와 실리콘밸리는 매우 관계가 높다. 이 학교를 나온 많은 동문들이 실리콘밸리 주역들이다. 휴렛 팻커드(Hewlett-Packard) 설립자인 윌리엄 휴렛(William Hewlett, 1913-2001)과 데이비드 패커드(David Packard, 1912-1996)를 비롯해서 애플(Apple), 구글(Google), 테슬라(Tesla) 등이 실리콘 밸리 산실의 주역들이다. 지금까지 줄잡아 미화 3조(3 Trillion) 달러 가치가 투입되었다. 이곳은 이미 전자 산업이 생겨나기도 전에 기술혁신산업(Technology Industry)이 꿈틀대고 있었다. 1800년경 항만지역(Bay Area)은 활동 중추(Hub) 역할을 꿈꾸고 있었고 그들은 전보와 라디오 전파라는 것을 발명하고 1909년에는 방송국을 만들어 라디오 전파를 샌프란시스코 항만에 방송했다. 1933년에는 미해군(U.S. Navy)에서 모펫(Moffett)지역을 사들였고, 1939년에 항공우주(Aerospace)산업이 들어오면서 여파로 주택건립이 번지기 시작했다. 같은 해, 이미 윌리엄 휴렛과 데이비드 패커드는 역전류 감지장치 (Oscillator)

S

를 만들었고 레이더(Radar)와 대포(Artillery)를 군에 납품했다. 1940년 윌리엄 쇼클리(William Shockely, 1910-1989)는 벨 연구소(Bell Co.)에서 트랜지스터(Transistor)를 발명하여 Transistor Computer Processor를 만들었다. 1956년 그는 자기회사 Semi-Conductor Labs.을 만들어 1957년 상품명 '페어차일드(Fairchild)'라는 상업용 집적회로를 발표하고 1960년대에 아폴로 프로그램을 위한 Computer Components를 납품하면서 세미-컨덕트 코퍼레이션이라는 실리콘밸리의 혁신기업 중 하나가 되었다. 1968년에는 인텔(Intel)이, 1970년 제록스(XEROX)가 컴퓨터 회사로 팔로알토에 들어왔다. 1971년 돈 후퍼(Don Hoeffer, Journalist)기자가 -SILICON VALLEY U.S.A.- 라는 타이틀로 기사를 쓴 것이 계기가 되어 그 후 사람들이 실리콘 밸리라 부르기 시작한 말이었다. 이후 아타리(Atari), 애플(Apple) 그리고 오라클(Oracle)이 합세하고 1980년부터 팔로알토 (Palo Alto), 마운틴뷰(Moutain View), 써니베일(Sunnyvale), 밀피타스(Milpitas), 월넛크릭(Walnut Creek) 그리고 샌프란시스코(San Francisco), 실질적으로 누구나 이곳을 실리콘밸리라 불렀고 컴퓨터 산업지역으로써 자리 잡게 되었다. 그 후에도 야후(Yahoo), 페이팔(Paypal), 구글(Google), 페이스북(Facebook), 트위터(Twitter), 우버(Uber) 그리고 테슬라(Tesla) 등이 가세해 활동한다.

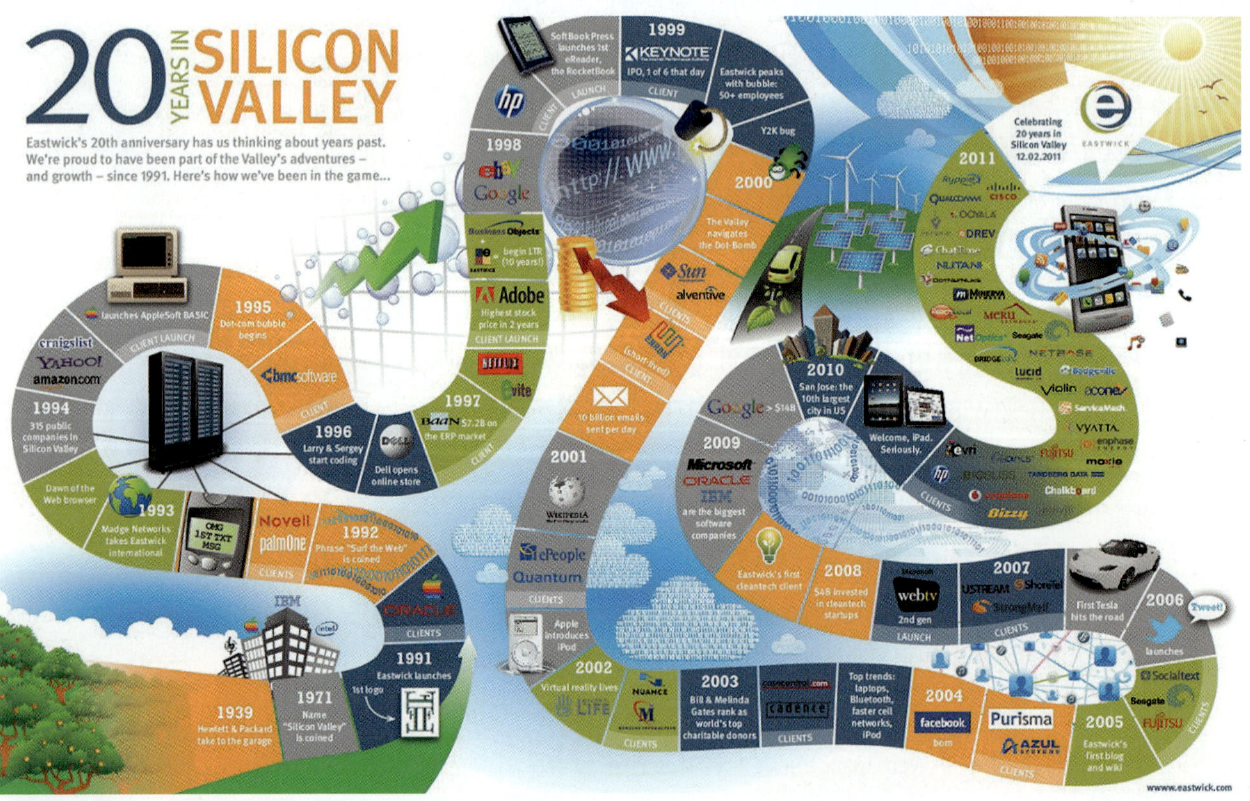

□ 그림설명 2467, Historical Chart of Silicon Valley, 1939-2011.

Microsoft사

Google 회사

2468 `equ`

single-frame camera (한 콤마 카메라, 콤마도리, 싱글 프레임 카메라)

영화용 카메라로서 한번 셔터를 누르면 1콤마(Comma, 프레임)의 사진을 찍어 애니메이션을 촬영하도록 특수 장치된 카메라를 이르는 말이다. 저속도 촬영 사진, 가속 액션, 픽실레이션(Pixilation) 등을 만드는데 사용되는 카메라로서 스톱 모션카메라(Stop Motion Camera)라고도 불린다. 이 싱글프레임 카메라는 1905년 스페인에서 발명되었다는 기록이 있으나 실제로 알려진 것은 1906년 미국의 제임스 스튜어트 블랙톤(James Stuart Blackton, 1875-1941)이 <the Humorous Phases of Funny Faces>라는 최초의 애니메이션을 만들어 영화의 개척자로 기록되고 있다.

□ 그림설명 2468-1, Single-frame Camera, Mitchell 35mm.

-2, Revolution Motor for the BOLEX 16mm.

2469 `ani`

single-frame filming (한 프레임 찍기)

애니메이션 촬영 기법은 픽실레이트(Pixilated)와 흡사한 방법으로 실제 속도의 동작 중 어느 특정한 일순간의 동작만을 채택해 영상을 언어내는 기법을 말한다. 손으로 그린 애니메이션 효과 보다는 실제의 상황을 한 프레임씩 촬영한 후 각각의 이미지를

 1323

S

연속으로 영사하면 기상천외한 움직임을 환상처럼 만들어 낼 수 있는 방식이다. 1952년 노먼 맥라렌 (Norman McLare, 1914-1987)이 만든 <이웃사람들(Neighbours)>을 보면 사람들이 땅으로부터 2피트나 공중에 떠서 날아다니고 있는 듯 보인다. 사람이 뛰어올라 허공에 있을 때의 필름만 편집해 사용했기 때문이다. 이 기법을 완성하기 위해서는 수없이 여러 번의 촬영 작업과정을 거쳐 만들어지게 된다. 최근에 와서는 디지털 카메라나 핸드폰으로도 이와 흡사한 기법의 애니메이션을 만들어 낼 수가 있다.

✻ 참조보기 (1975 - Pixilation)

2470 `ani` `equ`

single-frame motor (한 콤마 모터, 싱글 프레임 모터, 스톱모션 모터)

애니메이션 작업에 사용되는 특수 모터(Motor)로서, 모터는 계속적으로 작동하고 있으나 카메라맨이 싱글 프레임 릴리스(Release)를 작동할 때만 축이 회전되면서 카메라의 각 프레임에 하나씩 촬영되도록 해주는 특수 기능의 모터이다.

□ 그림설명 2470, Revolution 121 - Single Frame Motor.

✻ 참조보기 (0086 - Animation)

2471 `equ`

single lens reflex (단안 반사카메라, 싱글렌즈 리프렉스)

카메라 몸체(Camera Body)에 장착되어 있는 원통렌즈를 통해 뷰파인더에 보이는 피사체의 상을 단안(하나의 눈)카메라라고 한다. 사용자가 뷰파인더(View Finder)를 통해 피사체의 상을 한 개의 원통렌즈를 통해 볼 때 뷰파인더의 작은 방통(Chamber) 안에는 45°각의 작은 거울이 2개가 장착되어 렌즈를 통해 들어오는 상을 볼 수 있게 되어 있다. 이 시스템은 피사체가 렌즈를 통과하여 필름에 착상되기 전 45°로 필름의 노출을 막고 있는 거울을 통해 뷰파인더(View Finder)에 도달하여 사람의 눈에 보이게 된다. 셔터를 누르면 거울은 올려 붙어 찍으려는 피사체의 상이 필름에 착상된다. 이때 동시에 뷰파인더는 올려 붙은 거울로 인해 피사체는 60분의 1초, 또는 100분의 1초, 400분의 1초 동안을 눈에는 볼 수 없게 된다. 이때 상이 필름에 노출 중이므로 셔터가 내려와 다시 상이 눈에 보일 때 까지 부동자세로 고정한다.

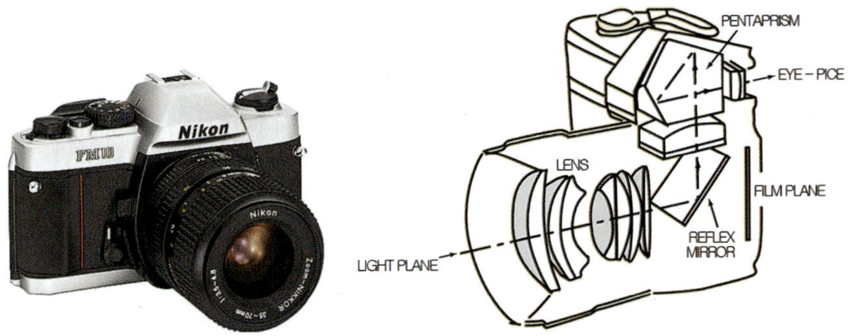

□ 그림설명 2471, Nikon 35mm SLR Camera, 렌즈, 반사거울 구조.

＊SLR (에스엘알, 단일 렌즈 반사경)

이 말은 싱글렌즈 리프렉스(Single Lens Reflex)를 영어의 머리글자만 따서 부르는 말이다.

2472 `gen`

sitcom (시트콤)

＊situation comedy

시트콤은 시추에이션 코미디의 준말이다. 스토리의 테마는 주로 웃음거리로 고정되며 매주 같은 사람이 출연하여 에피소드를 연속으로 이끌어 나간다. 가족 구성원으로 또는 소그룹의 캐릭터들 사이에서 벌어지는 상호간의 심리작용을 다룬 코미디 풍의 프로그램으로 재미있는 상황을 담아 연출되는 코미디 장르의 하나이다.

2473 `fes`

Sitges International Fantastic Film Festival (시체스국제판타스틱영화제)

스페인〉 Sitges, 카탈로니아(Catalonia) 지역, 바르셀로나(Barcelona)에서 멀지 않은 시체스에서 1968년 이래, 해마다 10월에 개최되는 세계 여러 판타스틱 영화제 중 하나이다. 판타스틱 영화는 공포(Horror), 가공(Fantasy), 공상영화(Science Fiction), 스릴러(Thriller) 등의 특별한 종류의 필름들을 말하는 것이며 영화제로는 미국 텍사스의 오스틴(Austin Int'l Fantastic Film Festival), 브뤼셀(Brussels FFF), 한국의 부천(Bucheon FFF), 일본의 홋카이도(Hokkaido), 유바리(Yubari FFF) 등이 유명하다. 스페인 카타로니아의 시체스 판타스틱 영화제는 세계 최초의 판타스틱 추상영화의 발상지이다. 1960년경 바르셀로나 학교는 유럽인들이 아방가르드(Avant-Garde) 영화의 구성력 있는 움직임이 있었으나 재인식하는 논쟁도 없이 영화역사는 이를 아주 무시했다고 기록돼 있다. 이러한 판타스틱 영화의 범주에 속한 영화들은 페스티벌에서 재조명의 필요성을 느끼기도 한다. 이 영화제는 공식 국제 경쟁부문과 2003년부터 신설된 신인 감독들의 주목할만한 작품을 대상으로 '새로운 시선(Noves Visions)', 애니메이션을 대상으로 하는 '애니맷(Animat)', 페스티벌의 주제에 특별히 부합하는 7편의 장편을 소개하는 '세븐 찬스(Seven Chances)', 그리고 가장 극단적인 공포 장르 작품을 상영하는 '미드나잇 엑스트림(Midnight X-Treme)' 등을 상영한다.

□ 그림설명 2473, Sitges International Fantastic Film Festival 포스터와 행사.

2474 `pic`

16mm film (16미리필름)

16mm 필름은 1923년에 아마추어 촬영기사를 위해 도입된 것으로 16mm필름은 35mm필름보다 가격이 저렴하고 카메라의 무게도 가벼워 사용이 용이하며 필름이 스플(Spool)에 감겨있어서 암실(Dark Room)이 아닌 야외 어디서나 필름을 장전(Load)할 수 있다. 16mm 필름은 2차 대전 때부터 종군기자들에 의해 사용되었으며 그 후 필름의 주요 표준 필름 사이즈가 됐다. 전쟁 후에는 산업, 정부, 교육용 필름을 만드는데 많이 사용됐다. 이동식 비디오 카메라가 나오기 전까지는 가벼운 중량의 16mm 카메라가 TV 뉴스를 찍는 주요 수단이 되었다. 또한 16mm 필름은 다큐멘터리, 실험 영화, 독립 영화 제작자들에게 아주 유용한 필름 사이즈로 사용되었으나 1978년경의 비디오와 캠코더의 출현으로 16mm 기재와 필름, 그리고 8mm, Super 8 등은 하루 아침에 소비 시장에서 사라지게 되었다. 사람들의 마음은 언제나 새롭고 편리한 것을 따라 변하기 때문이다.

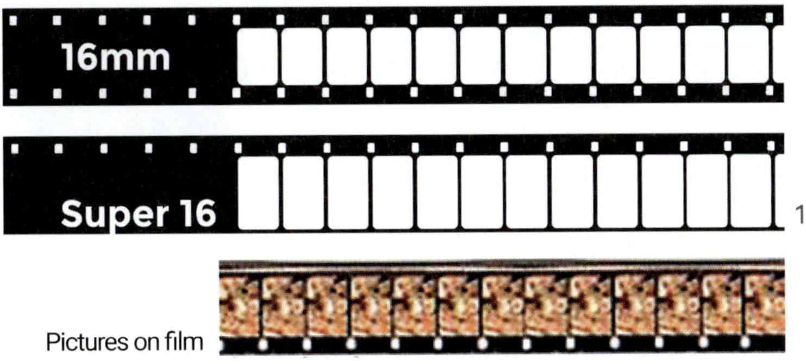

Pictures on film

□ 그림설명 2474-1, 16미리(표준), 슈퍼 16(큰 화면), 촬영된 화면과 광학음향

*8mm film (8미리필름)

super 8 (슈퍼 에잇)

8mm 필름은 가정용 필름(Home Movie)으로 세계적으로 널리 보급되어 사용되어왔다. 처음에는 16mm를 절반으로 나눠 사이마다 천공을 더 뚫어 8mm로 사용했고 화면을 더 크게 늘리고 대신 천공이 작은 Super 8이 등장했다. 필름은 9.5mm로 늘린 것이 있지만 촬영기재나 영사기가 새롭게 개발되어야 함으로 특수한 목적 외에 사용되지 않았다.

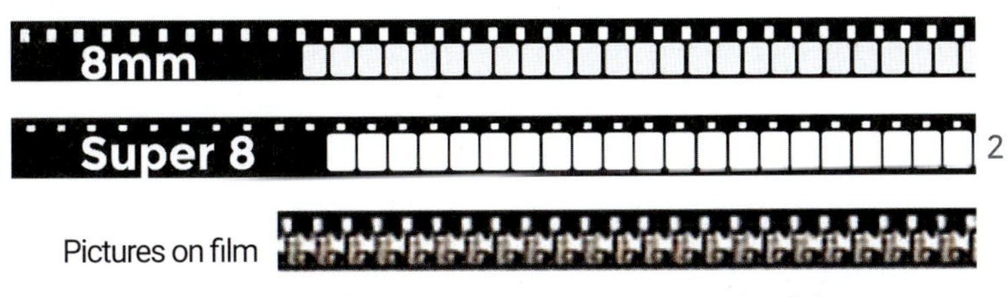

Pictures on film

-2, 8mm 표준(무성), super-8mm 천공이 작아지고 화면은 커짐, 마그네틱 Stereo SND.

2475 `ani` `pic`

35mm film (35미리 필름)

지난 19세기 말에서 20세기 전반에 걸쳐 약 120년간 영화제작에 가장 많이 사용된 필름은 35mm이었다. 이 필름에 관해서 역사기록 중에는 발명가 토마스 에디슨(Thomas Edison, 1847-1931)이 1889년 미국 뉴저지(New Jersey)에 있는 그의 연구소에서 35mm 영화필름을 실험적으로 연구 개발해 사용했고 상품으로서 시판도 했다는 기록이 있다. 그는 이미 만들어진 70mm 넓이의 필름을 절반으로 쪼개어 35mm 필름으로 활용해 만든 것이었나. 에디슨이 필름 자체를 발명한 것은 아니라는 뜻이다. 사진용 원판은 유리 위에 젤라틴 에멀션(Gelatin Emulsion, 폭발성 용액감광유제)을 칠해 정사진(Still Photograph)을 찍고 있을 무렵, 영국의 성직자인 한니발 굿윈(Hannibal

Goodwin, 1822-1900)이 유연하게 구부릴 수 있는 물질인 니트로 셀룰로이드(Nitro Celluloid, 일명 Cel)라는 투명하고 맑은 필름을 만드는 방법을 발명하였고 그 셀룰로이드 위에 사진용 감광유제인 에멀션(Emulsion)을 발라 연속으로 많은 사진을 촬영할 수 있는 롤필름(Roll Film) 특허를 획득해 놓고 있었다. 이 사실을 알게 된 코닥(KODAK) 회사의 조지 이스트만(George Eastman, 1854-1932)은 단숨에 달려가 굿윈으로부터 모든 권리를 사들였다. 그리고 1888년 이스트만은 KODAK BROWNIE 정사진용 필름을 일반에 출시하기 위하여 70mm 폭의 필름을 생산해 냈다. 70mm의 필름은 약 100장 정도의 사진을 찍을 수가 있었고 필름의 양쪽으로 1자당 64개씩의 천공(Perforation Hole)을 뚫어 필름이 톱니바퀴(Sprocket)로 인해 정밀하게 돌려줄 수가 있게 고안되어 있었다. 이 70mm 필름을 이용해 에디슨은 필름을 절반으로 쪼개고 한쪽에 없는 천공을 뚫어 35mm 로 만들어 사용했다. 남의 것을 불법으로 사용했다는 원인으로 에디슨은 소송에 휘말리게 되었고 피고는 자기의 발명품이라 주장했지만 1자당 한 쪽에 뚫려 있는 천공이 왜 64개나 있는지 증거에 실패, KODAK이 만든 필름이라는 것을 변명할 수가 없었다. 이 소송 이후 35mm의 천공의 간격은 그대로 사용되었고 , 또한 어느 시점에서 35mm가 생산되기 시작했는지는 연대적으로 불분명하다. 그러나 1892년 에디슨과 딕슨(William K. L. Dickson, 1860-1935)이 모션픽처 카메라와 키네토스코프 형태는 눈으로 들여다보는 영사기)가 1893년 일반에 공개된 것으로 보아 35mm 필름은 1889년경부터 사용된 것으로 볼 수 있다.

□ 그림설명 2475-1, 최초의 Roll Film을 발명한 성직자 한니발 굿윈.

-2, 유리 건판(Dry Plate) 사진술에서 구부릴 수 있는 필름(니트로 셀룰로이드)을 발명해 영화를 탄생 시켰다.

-3, 20세기 영화제작의 표준으로 사용된 35mm 필름.

✱ 참조보기 (1415 - KODAK)

65mm film (65미리필름)

 35mm 필름으로 촬영된 영화는 1895년 이후 반세기동안 쉴 새 없이 식상한 영화들이 만들어 졌고 범람하는 영화 물결 속에서 관객들은 점차 영화에 흥미를 잃어가고 있었다. 제한된 TV 화면이나 고루한 35mm, 또는 필름은 35mm지만 화면을 늘려 만든 시네마스코프(Cinemascope) 등은 점차 관객들의 관심 밖이 되었다. 이때 마이클 토드(Michael Todd, 1907-1958)는 세상 사람들을 놀라게 하려는 생각을 했다. 관객을 다시 대형극장으로 불러들이는 일이었다. 토드는 초대형 70mm 화면에 'Todd-AO' 음향 시스템을 만들었다. 65mm 필름은 촬영용 네거티브(Negative, 원판) 필름이고 70mm는 영화를 상영할 때만 사용하는 필름이었다. 7센티(7cm)나 되는 넓은 폭의 필름을 다루기는 쉽지 않지만 촬영 카메라에서라도 무게를 줄이려는 의도였다. 사실, 70mm 영화 기재의 무게는 대단했다. 카메라 차량으로 카메라 헤드를 움직여야 할 정도로 초중량급이다. Todd-AO회사는 1953년 설립한 아메리칸 포스트 프로덕션 컴퍼니(American Post-Production Company)로서 음향관련 TV나 영화의 후반 작업 서비스를 제공하던 회사였는데 촬영용 카메라를 개발한 것이다. 사용되는 필름은 코닥(Kodak)이 생산했다. 토드(Todd)는 넓은 필름으로 1955년 오리지널 영화 촬영을 위해 사용되는 작업용 프린트(Rush Film)나 상영용 프린트는 6본 입체음향 트랙을 위해 나중에 70mm 필름으로 프린트되었다. 65mm 네거티브는 1.85:1의 프레임으로 35mm필름 프레임 보다 면적이 4.5배 넓고 35mm필름 아나모픽(왜상) 시네마스코프 프레임의 2.5배가 넓기 때문에 아주 높은 해상도와 질 좋은 이미지를 만들어낼 수 있었다. 통상 70mm 영화 기재들은 너무 거대하고 무겁고 운반하기도 어려웠다. 이 대형 포맷은 그 비용과 촬영상의 어려움으로 인해 당시에 점차 사용이 제한되었다. 중요한 영화를 위해서는 35mm로 촬영된 영화가 프린트만 70mm로 확대되기도 했다. 당시의 대형포맷 카메라들은 고화질 이미지로 인해 특수 효과 작업이나 테마 파크 같은 장소의 특별한 IMAX 이벤트를 위해 사용되기도 했다. 같은 방법으로는 영화제작과 흥행이 어려웠던 그 시기에 어려움을 이겨내기 위해 마이클 토드는 새로운 초대형의 영화를 개발해 왔다. 그러나 그는 1958년 3월 22일, 그가 소유한 비행기사고로 사망했다. 많은 주위 사람들은 사망 소식을 듣고 "리즈는 어떻게 되었어요?" 하고 물었다고 한다.

1

AD of Super big screen, Movie camera, with 6 Mag-sound Tracks and Projector.
□ 그림설명 2476-1, '놀라운 새로운 시대의 오락으로 Todd-AO.' 광고.

세계의 영화 관객의 사랑을 받아 온 엘리자베스 테일러(Elizabeth(Liz) Taylor, 1932-2011)는 그의 부인이었으며 크나큰 충격과 함께 이 날 토드의 미망인이 되었다.

네거티브는 65mm, 프린트는 70mm.
-2, 70mm 프린트필름과 65mm 촬영용 네거티브의 비교

2477 `pic`

70mm film (70미리필름)

20세기 후반에 마이클 토드(Michael Todd, 1907-1958)가 70mm Todd-AO를 새롭게 개발하면서 사용했던 필름이다. 대형 장편 영화를 만드는 데 사용되는 가장 넓은 규격의 필름이기도 하다. 우리나라에서는 한 번도 촬영된 적이 없는 이 초대형 필름은 미국과 서유럽에서 주로 사용해왔다. 우리나라는 1955년 미국의 20세기 폭스사(20th Century Fox)가 극장을 설계해 1,900석의 대형 극장을 구비하고 상영한 최초의 영화 <남태평양>으로 146만 명의 관객을 동원해 대성공을 거뒀다. 보통 70mm 필름은 프린트용으로 만들어진 필름이며 네거티브는 65mm로 돼있다. 그러므로 프린트를 하면 70mm 필름 양쪽으로 공간이 생겨나는데 한쪽에 3개의 마그네틱 트랙을 넣어 6개 트랙의 입체음향(TODD-AO) 트랙을 넣고 영화관에서 수십 개의 스피커를 통해 음향을 과시했다. 하지만 65mm 촬영기재의 제한된 기동성 때문에 비하인드 스토리가 적지 않다. 제작비를 절감하기 위해 35mm 네거티브 이미지를 70mm 프린트로 확대해 사용하는 것이 선호되기도 했다. 사실 35mm는 영화관마다 35mm영사기가 비치되어 있어서 영화제작의 스탠다드(Standard) 역할을 했다. 시네라마(Cinerama) 1952년, 시네마스코프(Cinemascope)는 1953년, 비스타비전(VistaVision) 1954년, 70mm Todd-AO는 1955, 테크니라마(Technirama) 1955년, 키노파노라마(Kinopanorama) 1958년, 시네미라클(Cine-miracle) 1958년, 테크니스코프(Techniscope)는 1960년, 아이맥스(IMAX) 1970년, 슈퍼 35mm (16x9)는 1982년 20세기가 다 돼서 사용되었다. 특히, 70mm필름

은 해상도, 선명도, 밝기에서 매우 우수하다. 다만 IMAX는 테마 파크의 대형 와이드 스크린, 3-D 쇼를 위해 제한적으로 사용하고 있다. 한국의 대한극장에 있던 초대형 영화관은 지금은 작게 나뉜 멀티플렉스(Multiplex) 관으로 바뀌어 더 이상 70mm 영화를 볼 수 없게 됐다. 미국이나 유럽 국가에서는 다시 극장이 대형화 되어가고 있는 추세이다. 영화관 안에서 여객기의 1등석처럼 고급의자를 자유자제로 움직이며 자기 집처럼 최대한 편한 자세를 취하며 영화를 즐길 수 있다. 그뿐만이 아니라 음식(스낵이 아닌 디너급)을 자리에서 주문하고 서비스를 받을 수 있다. 70mm IMAX는 70미리 폭을 횡으로 사용함으로 35mm 영화화면의 약 9배, 또는 70mm 영화 화면보다 4배이다.

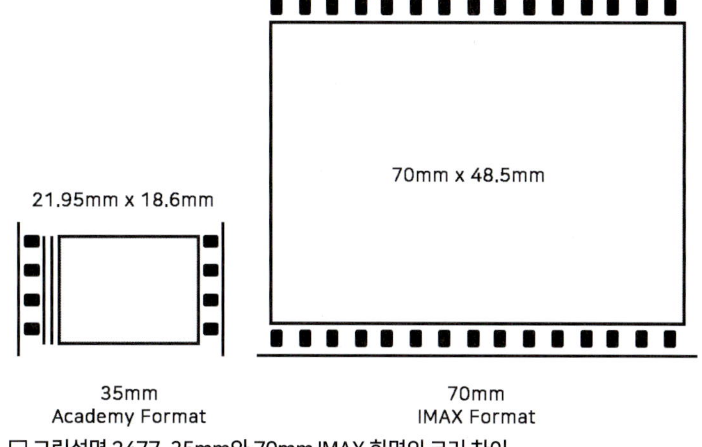

☐ 그림설명 2477, 35mm와 70mm IMAX 화면의 크기 차이.

2478 `ani`

size comparison (크기 비례)

완성된 캐릭터 그림을 한 줄로 올려놓고 주인공의 키를 표준으로 서브(Sub) 캐릭터들의 키를 결정하여 키 비교표를 만든다. 이 공정은 화면 연출 상에 크게 관계된다.

☐ 그림설명 2478-1, <Empress Chung (왕후 심청)>의 크기 비례. by 넬슨 신.

-2, <Mermaid (인어공주)>의 비례. by 론 클레먼츠, 존 머스커.

2479 `art`

sketch (스케치, 밑그림)

화가들이 사물을 보고 그 모양과 구조를 파악하기 위해 그림을 그리는 것을 스케치라고 한다. 또한 화가들이 작업을 하기 전 밑그림을 그려 구도 등을 미리 설정하기 위한 거친 그림(Rough Drawing) 역시 스케치라고 한다. 스케치는 대상물을 파고들어 구체적으로 그리는 소묘와 구분한다. 스케치는 크로키(Croquis)라고도 하며 주로 실(Live) 모델을 스케치 하는 것을 뜻한다.

□ 그림설명 2479, <The Little Mermaid> 1989, by Ron Clements, John Musker.

2480 `gen`

skill (스킬, 손 재능)

작업자가 작업을 수행하는 능력과 손 재능을 이르는 말이다.

2481 `pic`

slapstick, slapstick comedy (익살극, 익살 희극)

할리우드 영화에서만 사용된 단어로 여러 사람들이 한꺼번에 출연하여 격렬한 액션으로 유머러스한 동작으로 엎치락뒤치락하며 관객을 웃기는 미국식 코믹 드라마나 영화를 가리키는 말이다. 마치 이와 같은 영화는 맥 세네트(Mack Sennett, 1880-1960)가 제작한 영화 <세 멍청이(The Three Stooges)>를 예로 들 수가 있다. 키스톤 스튜디오(Keystone Studio)에서 만든 영화들이 이와 흡사한데서 유래가 되었다. <슬랩스틱(Slapstick)> 또는 슬랩스틱코미디'란 용어는 특히 무성 영화 시대의 코미디에 적합한 말이다. 2개의 막대기 끝부분이 한데 묶여 때리면 요란스럽게 소리가 나지만 아프지 않아 광대들이 이 막대기를 부딪치며 커다란 박수 소리를 낼 때 사용한데서 유래된 말이다.

□ 그림설명 2481-1, <In the Clutches of the Gang> 1914, by George Nichols.

-2, <Making a Living> 1914, by Henry Lehrman, (Keystone Studios)

2482 `ani` `pic`

slate (슬레이트)

촬영 내용을 확인할 수 있는 작품 번호, 감독, 촬영 감독, 날짜 그리고 편집을 위한 신의 각 부분을 알려주는 신 번호와 테이크 번호(몇 번째 찍은 것인지, Take Number) 등의 정보가 표시된 클립보드(Clip Board)를 말한다. 슬레이트는 각 씬 앞에 촬영해 넣어 편집할 때 혼란이 가지 않도록 그 신에 대한 정확한 정보를 표시하게 된다. 실사에서는 카메라 보조가 신의 테이크를 알려주고 슬레이트의 딱따기를 부딪쳐 소리를 내어 편집 시에 소리와 일치하도록 한다. 편집자가 나중에 딱따기 부딪치는 프레임과 시퀀스를 매치시켜 영상과 맞게 해준다. 오늘날에는 이렇게 영상과 시퀀스를 맞추는 작업에 전자 장치를 사용한다.

□ 그림설명 2482, 영화 촬영 시 반드시 사용되는 신 슬레이트.

2483 `pho`

slide film (슬라이드 필름)

카트리지(Cartridge)식 슬라이드 영사기로 한 장면씩 각각 보여주는 35mm 슬라이드 세트, 때로는 화면과 일치시킨 별도의 시퀀스(Sequence) 음향트랙을 곁들이기도 한다. 지금은 주로 컴퓨터의 파워포인트(Power Point) 프로그램을 사용하여 빔 프로젝터(Beam Projection)로 영사하여 사용한다.

□ 그림설명 2483, 재래식 슬라이드 영사기.

2484 `ani`

sliding cel (셀 끌기)

애니메이션에서 연출되는 목적물이 자체적으로 동작 없이 이동할 때 사용하는 촬영기법이다. 가령, 배가 강을 유유히 지나갈 때, 여객기가 비행할 때, 그밖에 움직임 없이 화면보다 좀 긴 셀에 배를 한 장 그려 강 배경 위에 놓고 이동시키면 많은 그림을 그리지 않아도 움직임을 만들어 낼 수 있는 하나의 애니메이션 촬영기법을 말한다.

□ 그림설명 2484, 배경고정, 애니메이션만 가로질러 지나감.

2485 `ani`

slow in, slow out (슬로우 인, 슬로우 아웃)

애니메이션에서는 물체(캐릭터)의 동작을 그림으로 표현할 때 반드시 관성이나 중력을 생각하여 물리적으로 동작을 표현한다. 이때 사용되는 언어가 슬로우 인(Slow In)과 슬로우 아웃(Slow Out)인데 두 뜻 모두 그림을 조밀하게 그려 넣으라는 말로 사용된다.

관성은 좌우로 움직이는 동작에, 중력은 상하로 움직일 때 작용하게 되는 동작들이다. 모든 물체는 중량(Weight)을 움직이기 시작할 때 무거울수록 급격히 움직이지 못함으로 이때 동작을 슬로우 아웃이라 일컫는다. 모든 물체는 움직이려는 의도가 있을 때 조밀하게 그림동작을 그려 넣어 간격을 표현한다. 이 슬로우 인 과 아웃은 그림의 간격을 뜻하는 말이다. 또한 패닝(Panning)이나 트럭킹(Trucking) 촬영 시 사용하는 기법으로, 느린 속도로 시작하여 점진적으로 속도를 높인 뒤 다시 점차 속도를 줄여 멈추는 것을 말한다. 주로 무거운 물체가 급격하게 움직이는 것을 피하기 위하여 사용된다. 그밖에도 물체가 갑작스런 움직임을 피하기 위해, 천천히 시작해 점차로 움직이게 하고, 점차 속도를 늦춰 끝맺음을 하게 하는 애니메이션 동작에 매우 비중 있게 다뤄지는 테크닉 중 하나이다.

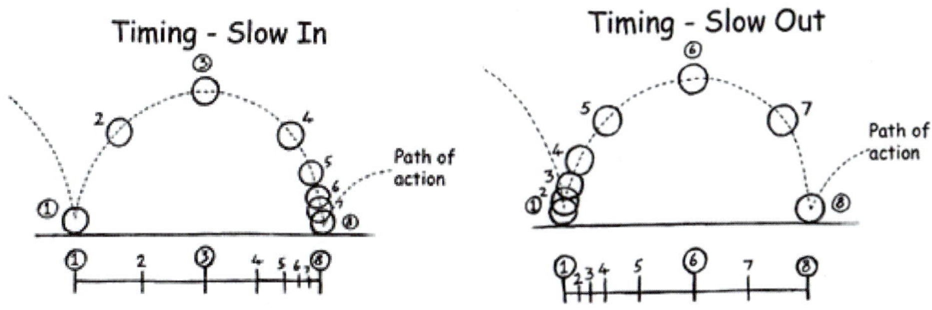

□ 그림설명 2485, Slow in, Slow out timing.

2486 `pic`

slow motion (슬로우 모션)

카메라의 고속셔터에 의해 촬영하는 기법을 말하는 것으로, 표준보다 10배 이상의 고속으로 촬영한 후 정상적인 속도로 영사하면 슬로모션으로 동작을 볼 수 있게 된다. 이것을 고속촬영(High-Speed Photography)이라고 한다. 아날로그(Analog) 방식의 35mm 촬영 카메라의 셔터표준 24분의 1초 회전속도보다 10배 이상 빠르게 촬영하면 셔터 메커니즘(Mechanism)에 무리가 생겨, 미러(Mirror, 거울)방식의 촬영이 개발되었고 이때 사용되는 특수 카메라는 거울의 반사장치회전판에 의해 초당 600프레임까지 촬영할 수 있다. 결과는 상당히 완만한 슬로우 모션(Slow Motion)으로 보여지게 된다. 그러나 오늘날의 디지털 방식의 슬로모션 효과는 이러한 과거의 어려움 없이 쉽게 볼 수 있다. 디지털 스틸 카메라나 디지털 영화용 카메라는 역시 광학(Optical Lens) 시스템을 공유하며 일반적으로 빛을 조절할 수 있는 조리개(Diaphragm)가 있는 렌즈를 사용하여 이미지 픽업 장치에 빛을 집중하게 한다. 조리개와 셔터는 필름과 마찬가지로 정확한 양의 빛을 흡수하여 젤라틴(Gelatine) 막에 이미지를 형성시키지만 디지털은 화학물질이 아닌 전자장치(Electronic Device)이므로 카메라는 필름 카메라와 달리 녹화즉시 미니 CD, 마이크로 드라이브(Micro-Drive), USB 플래시 드라이브(USB Flash Drive), 메모리 드라이브(Memory Drive), 또한 AVI, DV, MPEG, MOV(JPEG) 등에 이미지를 저장할 수 있고 자유롭게 삭제도 할 수 있어 편집이 용이하다. 디지털 이미지센서의 기초기술은 1959년에 시작됐다. 미국 벨 연구소(Bell Labs)에서 근무하던 모하메드 아탈라(Mohamed M. Atalla, 1924-2009)와 강대원(Dawon Kahng, 1931-1992)의 발명을 시초로 한 기술이다. 1960년대 JPL(Jet Propulsion Laboratory)의 유진 랠리(Eugene F. Lally, 1934-2014)는 모자이크 광센서를 사용하여 디지털 이미지를 캡쳐하는 하나의 방법으로 우주선이 항진할 때 우주선의 위치를 파악하기 위한 목적으로 우주선이 행성들의 사진을 찍게 했다. 1975년에는 코닥(Kodak)의 엔지니어였던 스티븐 새슨(Steven Sasson, 1950-)은 CCD(Charge-Coupled Device) 이미지 센서를 사용하는 독립적인 전자 카메라(무게 3.6kg)를 인류사상 디지털 이미지 카메라의 최초로 만들었다. 니콘(Nikon)은 1980년대 중반부터 디지털 사진을 개발해 최초로 카메라를 대중시장에 내놨다. 2000년대에 들어와 휴대전화에는 통합 디지털 카메라가 내장되기 시작했고 2010년대 초에 와서는 거의 모든 스마트 폰에는 디지털 카메라를 내장하게 되었다. 이미지 센서는 CCD와 CMOS로 구분한다. CCD는 모든 픽셀에 하나의 증폭기가 있고, CMOS(Complementary Metal Oxide-Semiconductor)는 픽셀센서의 각 픽셀에 자체 증폭기가 있다. 이렇게 지속된 새로운 역사적인 발전으로 지금은 휴대폰으로 찍은 사진을 즉시 다른 사람에게 전송할 수 있게 했다. 구동 아날로그 식이 아닌 전자적으로 이미지를 캡쳐링을 하는 기술로 이미지 고속 촬영은 아주 쉬운 방식이 되었다.

□ 그림설명 2486, (좌로부터) Phantom v2640, Blackmagic Pocket Cine Cam. 4K, 240FPS
(초당 240프레임 촬영가능)

slug-in (구축, 자리 잡기, 슬러그 인)

영화 제작에서 신(Scene)을 구축하기 위하여 신의 길이를 자리 잡거나 촬영된 영상을 제자리에 끼워 넣는 것을 말한다. 영화 제작에서 스토리보드(Storyboard)나 애니매틱(Animatic) 길이의 초벌 영상을 기본으로 구축하기 위하여 아직 촬영되지 않은 커트, 분실된 커트, 손상된 커트 등을 대치하기 위해 공백을 임시로 무지 영상(Blank Leader)을 붙여 넣는다. 다른 말로는 구축(Build Up), 신 연결(Extended Scene), 간격잡기(Spacing)라고도 한다.

* slugging (간격 넣기, 슬러깅)

애니메이션 스토리보드 상에 캐릭터의 대사 부분을 제외한 동작에 필요한 시간을 배정하는 것을 말한다. 대사를 모두 모으면 길이를 측정할 수 있으나 동작만 있는 부분의 시간을 배정하는 것을 슬러깅이라 한다. 또한 필요한 길이만큼 공백 영상을 편집하여

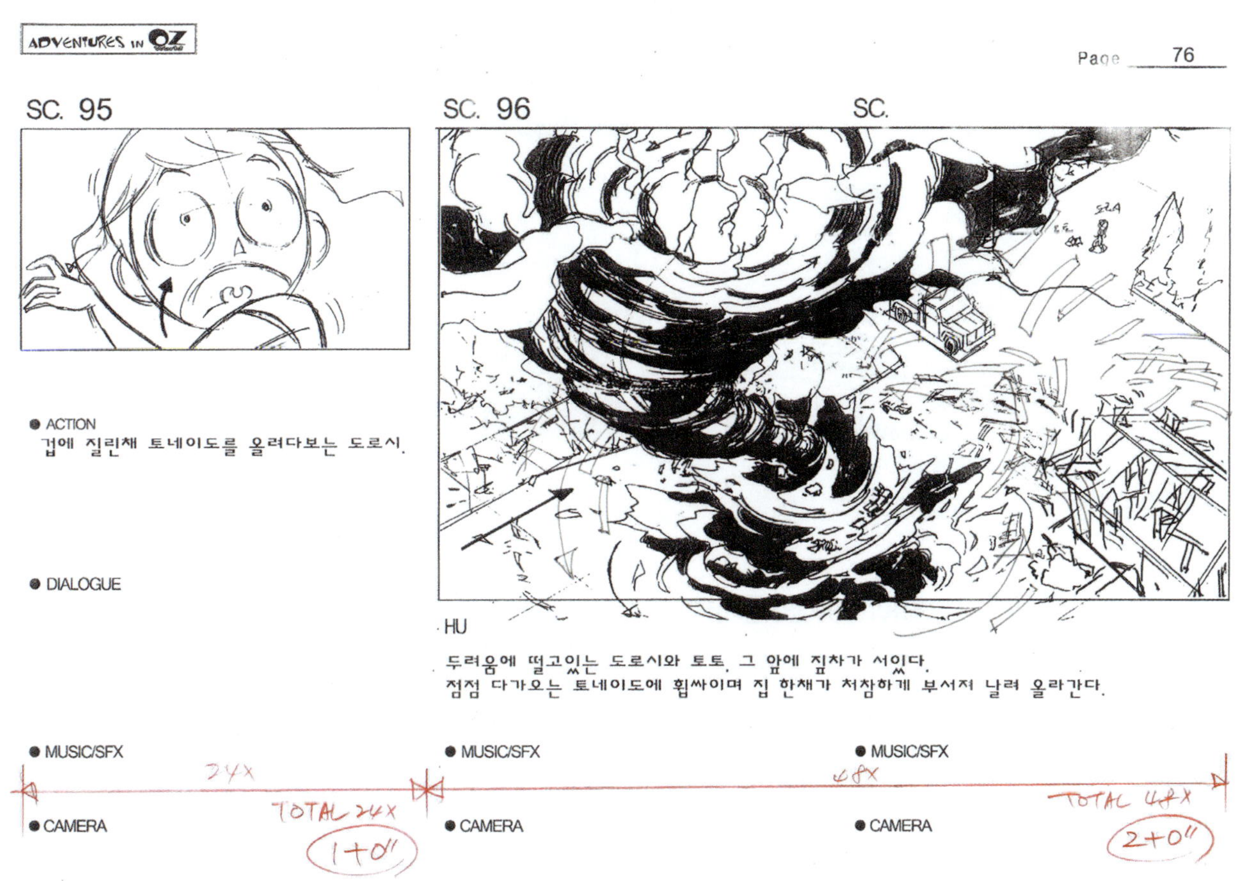

□ 그림설명 2487, <Adventures in Oz World> Created by AKOM Production.

작품 전체의 길이를 조절하는 간격 넣기는 매우 중요한 공정이다. 작품의 길이를 동작 없이 미리 구축하는 것을 애니매틱(Animatic)이라고 부른다.

2488 `ani`

smear (번짐, 움직인 흔적)

1) 애니메이션에서는 꼬리를 달고 가듯 사라지는 캐릭터 동작을 가리키는 말이다. 2) 강한 빛(Hot Spot)이나 광원이 움직임으로써 TV 스크린에 생기는 빛의 꼬리 같은 것을 의미한다. 이러한 방식의 특수효과는 화면을 보다 다채롭게 보이게 한다. 3) 수채화 물감의 번짐 기법을 뜻하는 말이다.

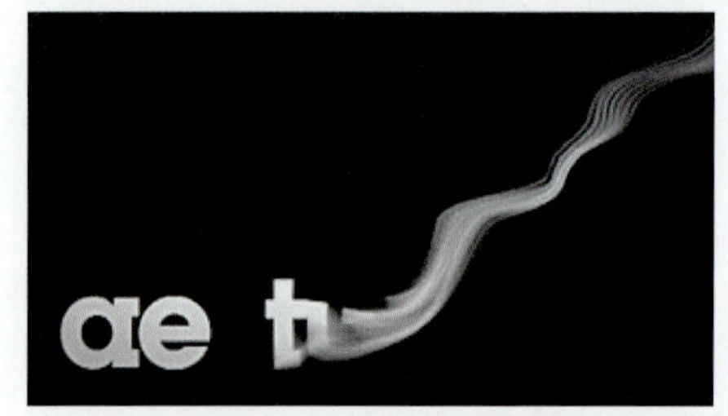

□ 그림설명 2488-1, 타이틀 스미어 효과.

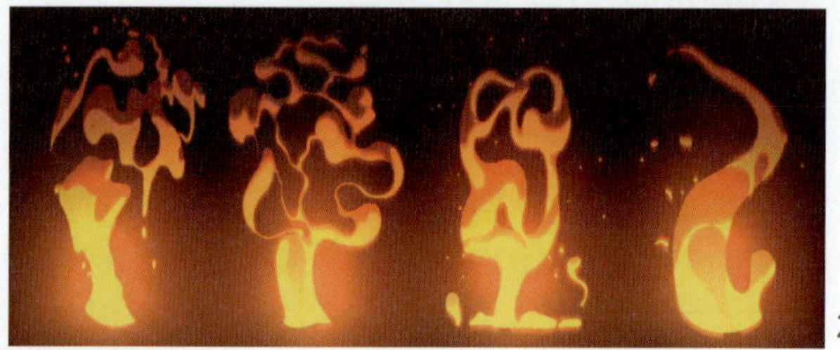

-2, Shannon Tindle의 애니메이션.

-3, 자동차의 불빛 스미어 효과.

2489 `gen`

smombie (스몸비)

스마트폰을 들여다보며 길을 걷거나 열중해서 전혀 주변에 관심을 두지 않고 행동하는 사람들을 가리키는 말이다. 스마트폰(Smartphone)과 좀비(Zombie)의 합성어로 이다. 원래 좀비는 정신적으로 행동적으로 무기력한 사람을 뜻하는 말로 영화에서는 폐인(Disabled Person)에 비유하는 말이다. 스마트폰에 열중한 사람들이 집중력 부재로 여러 종류의 사고를 기록한데서 처음 독일에서 좀비에 비유해 부르게 된 말이다. 이후 이 신조어는 매스컴을 통해 확산되었다.

□ 그림설명 2489-1, 스몸비 조심 건널목 표지판.

-2, 만화 "앞을 보고 걸으랬잖아! 뭐하니? 윈슬로야... 윈슬로야..."

2490 `pic`

sneak preview (스닉 프리뷰, 깜작 시사회)

보통 일반 대중에게 보이기 전에 무료 관람객에게 작품을 미리 선보이는 것으로 두 가지 형태가 있다. 1) 프로덕션 스닉 프리뷰('Production' Sneak Preview: 제작 시사회)의 경우 배급사와 제작회사 관계자들이 작품에 대한 일반인들의 관심도, 신뢰도, 이해도를 측정하기 위해 관람객의 반응을 평가할 때 사용된다. 2) '레귤러' 스닉 프리뷰('Regular' Sneak Preview: 일반 시사회)의 경우 작품에 대한 긍정적인 평가를 입소문을 넓힐 목적으로 영화 개봉 전에 단기간 공개 상영하는 것을 말한다. 3) TV에 영화의 일부분을 공개하는 것을 말한다.

2491 `ani` `pic`

Snow White and the Seven Dwarfs (백설 공주와 일곱 난쟁이)

이미 얻어놓은 월계관(명예, laurel)에도 만족하지 못하는 사나이, 월트 디즈니(Walt Disney, 1901-1966)가 그의 나이 33세가 되던 1934년 그가 가장 좋아하던 그림형제(Grimm Brothers, Jakob 1785-1863, Wilhelm 1786-1859)가 같이 쓴 설화(Fairy Tales) <백설 공주와 일곱 난쟁이>를 장편 애니메이션으로 만들기로 결정한다. 그리고 그 이듬해에 작업에 들어갔다. 감히 생각지도 못할 엄청난 결정이었다. 의래 그랬듯이 월트는 최고의 작품을 만들기 위해 최고의 애니메이터(Animator)들이 구성했다. 당시의 제작 예산은 최상급으로 150만 달러(지금의 물가 상승률 가치로 3천만 달러정도)였지만 이 엄청난 자금을 제작기간 내에 돌릴 수 있는 여력은 없었다. 그러나 3년 후 1937년 완성된 애니메이션 장편은 할리우드에서 그리스마스가 낀 수말에 많은 관객과 함께 개봉됐다. 필름은 원작에 가깝게 연출 되었지만 원작에 있는 소름끼치게 하는 장면(Grisly Scene)들은 어린이 관객을 감안해서 애니메이션에서는 모두 제거했다.

월트의 연출은 선과 악(Good and Evil)에 초점을 두지 않고 백설 공주와 일곱 난쟁이에 두드러진(Prominence) 역할을 연출했다. 특히 영화 작곡가였던 프랭크 처칠(Frank Churchill, 1901-1942)은 영화음악에서 <Heigh-Ho>, <Whistle Your Work>, <Some Day My Prince will Come> 등의 노래는 유명했다. 난쟁이들이 일을 마치고 다리를 건너 집으로 돌아갈 때 부르는 노래는 지금도 귀속에 쟁쟁하다. 영화는 매표소(Box Office)에 즉시 반응이 왔다. 대성공이었다. 1939년 <백설 공주...>는 특별한 아카데미상을 수상했는데 상은 큰 것 한 개에 작은 것 일곱 개를 당시 유명했던 아역배우 셜리 템플(Shirley Temple, 1928-2014)이 월트 디즈니에게 특별히 수여했다. 이 <백설 공주>는 장편 애니메이션의 새 시대를 연 최초의 영화로 알려져 왔다.

□ 그림설명 2491-1, 백설 공주.

-2, 일곱 난쟁이.

-3 백설 공주와 왕자.

-4, 오스카 상 수여식에 나온 셜리 템플과 월트 디즈니.

2492 `gen`

soap opera (연속극)

본래는 미국에서 라디오 방송으로 전파된 연속극에 사용된 용어지만 그 후 TV의 시리즈로 방영한 드라마를 일컫는 말이 됐다. TV 주말 연속극이나 월화드라마, 수목드라마 등을 들 수 있다. 미국에서는 현재 저녁에는 모두 사라지고 낮에 방송한다. 내용은 주로 개인이나 가족과 친구 사이에서 펼쳐지는 감성적, 낭만적, 신파적, 현실 도피적 사건들을 보여주는 연속 드라마이다. 각각의 캐릭터들이 갖고 있는 에로틱하고 비극적인 스토리 등의 액션이 나날이 계속되면서 극도로 이야기의 전개가 뒤얽혀 몇 번 시청하지 않더라도 스토리는 큰 변화가 없는 것이 '소프 오페라(Soap Opera)'의 특징 이다. '소프(Soup, 비누)'라는 단어는 미국의 라디오 프로그램들이 대부분 세제(Detergent)회사들의 광고후원으로 이루어졌던 것에 유래한 것이다. 한국에서도 역시 TV가 가정의 주요 매체로 자리 잡으면서 연속극이 경쟁적으로 중요한 시간을 점유하고 있다.

□ 그림설명 2492-1, <Blood & Oil> 2015, by Rodes Fishburne, Josh Pate.

-2, <The Walking Dead > 2010, by Frank Darabont.

2493 `pic`

soft focus (소프트 포커스)

촬영할 때 포커스는 정확하게 맞추고 소프트 포커스 필터를 사용하여 결과적으로 촬영된 화면은 부드럽게 보이도록 하는 카메라상의 한 기술이다. 이미지가 다소 뿌옇고, 선명하지 않게 보이게 하는 영상 효과로 디퓨젼 필터(Diffusion Filter)를 사용하여 같은 효과를 만들 어 낼 수 있다. 영화초기에는 바셀린(Vaseline) 같은 제품을 맑은(Clear) 필터에 칠해서 촬영함으로써 같은 효과를 얻을 수 있었다. 주로 소프트 포커스의 사용은 낭만적이며 로맨틱한 분위기를 만들려 할 때나, 회상 신이나 꿈속에서처럼, 판타지 그리고 향수의 관념주의적인 느낌을 창출하기 위해 사용된다. 특히 나이 보다 젊게 여배우의 모습을 완화시키기 위해 많이 사용되었다.

□ 그림설명 2493, 화면을 특히 얼굴을 부드럽게 하는 디퓨젼 필터들. Soft focus영화 <The Sound of Music> 1965, by Robert Wise.

✳ 참조보기 (0636 - Diffusion Filter)

2494 com

software (소프트웨어)

1) 기계에 의존하여 생산된 부가 가치적 상품인 필름, 비디오, 오디오 테이프나 음반 등을 일컫는다. 2) 각종 전자 기기를 사용하기 위해 개발된 프로그램의 여러 컴퓨터 프로그램 체계를 통칭하는 말이다. 3) 컴퓨터의 작동을 조절하는 프로그램을 말하며 어셈블러(Assembler) 기호 언어로 쓰인 지령을 기계언어로 전환하는 모든 프로그램을 일컫는 말이다. 컴퓨터 그 자체를 뜻하는 말이다. 그리고 이들 프로그램을 주변 기기는 하드웨어(Hardware)라 한다.

2495 sci

solar (태양광, 솔라)
✳ solarize (햇볕에 쬐다)

솔라는 태양(the Sun)으로부터 오는 태양빛이나 태양열을 말한다. 태양은 우리가 살고 있는 지구로부터 약 1억4900만km 떨어진 거리에 있고 지구의 지름보다 109배인 139만km나 크다. 태양의 크기는 지구의 130만 배, 질량은 33만 배나 된다. 태양은 섭씨 6,000℃의 열을 발산하며 60년의 주기를 가지고 태양계를 이루고 있다. 태양의 자전속도는 총알의 약 50배(초당속도 225km/s)로 태양계에 있는 행성들을 거느리고 빠르게 돌고 있다. 우리 지구는 태양으로부터 모든 에너지를 공급 받는다. 만약 태양빛이 없다면 이 지구상에는 생명체는 아무것도 존재하지 않게 된다.

□ 그림설명 2495, 이글거리며 불타는 태양의 열을 '솔라'라 한다.

2496 `sci`

solar system (태양계, 솔라 시스템)

태양을 중심으로 장엄(Majestic)하게 괘도를 돌고 있는 별(8개의 Planets, 행성)들의 관계와 움직임을 가지고 있는 체계를 이르는 말이다. 별들은 서로 중력에 이끌려 자전과 공전을 하며 신비한 삼라만상(All Creation)의 법칙에 따라 공존한다. 과학자들은 우리가 사는 태양계의 존재한계를 100억년이라 하고, 이미 약 45억(4.5 Billion Years)년을 지나왔다고 추산하며 지구가 지금처럼 파랗게 아름다운 보석처럼 보이기까지는 지구에 대기(Atmosphere)가 생성되면서 라고 과학자들은 말한다. 일찍이 인류들은 지금으로부터 약 300만 년 전 오스탈로피테쿠스(Australopithecine)를 조상으로 진화되었다고 한다. 동아프리카 케냐(Kenya)의 리프트 계곡(Rift Valley)에서 가장 오래된 석기연장들이 발견되어 과학적으로 조사한 결과이다. 그때부터 지구상에 생물체가 존재하기 시작한 것으로 추정한다. 고대 인류는 씨족들이 모여 부족사회를 이루게 되었으며 태양광을 이용해 농사를 짓고 집을 지어 공동 생활을 했을 것으로 추측한다. 뜨거운 가스(Hot Gases)와 수소(Hydrogen)와 헬륨(Helium)이 섞여 불타고 있는 태양(the Sun)은 표면의 온도가 섭씨 6천도나 된다. 태양의 주위를 8개의 행성들이 각기 자기의 궤도(Orbit)를 따라 돌고 있다. 뜨거운 태양의 표면으로부터 제일 가깝게 있는 행성은 수성(Mercury, 지름 4,879km, 태양으로부터 57.9km거리, 온도+350 , 달 0개)으로 표면이 지구의 달처럼 분화구들이 있지만 대기(Atmosphere)가 없다. 둘째로 금성(Venus, 지름 12,104km, 태양으로부터108.2km거리, 온도+380 , 달 0개)은 수성보다 멀리 있지만 태양계에서는 가장 뜨거운 별이다. 그리고 지구로부터 가깝게 있어서 새벽에는 육안으로도 보일 정도이다. 한국에서는 이 별을 샛별이라고도 부른다. 세 번째로 가까이 있는

 1343

행성은 지구(Earth, 지름12,756km, 태양으로부터149.6km거리, 온도+22 , 달 1개)이다. 이 지구를 우주에서 본다면 파란 물방울과도 같다. 그 다음이 화성(Mars, 지름6,794km, 태양으로부터227.9km거리, 온도-23 , 달 2개)이다. 보기에도 벌겋게 녹이 쓴 듯이 철(Iron)가루의 먼지와 바위로 이뤄져 있다. 그 다음은 목성(Jupiter, 지름142,884km, 태양으로부터778.3km거리, 온도-150 , 달 79개), 표면은 항상 짙은 구름에 가려져 있어서 알 수가 없는 행성으로 깊고 깊은 계곡으로 이뤄져 있다. 6번째로 멀리 있는 토성(Saturn, 지름120,536km, 태양으로부터1,427km거리, 온도-180 , 달 62개)은 바위와 먼지 그리고 얼음으로 된 거대한 띠(Rings)를 가지고 있다. 7번째의 천왕성(Uranus, 지름51,118km, 태양으로부터2,869.6km거리, 온도-214 , 달 27개)은 11개의 얇은 띠를 가지고 있고 수평축으로 이뤄져 있다. 8번째의 행성인 해왕성(Neptune, 지름50,538km, 태양으로부터4,496.7km거리, 온도-220, 달 14개)은 태양으로부터 가장 먼별이 되었다. 1930년에 입적했던 소행성인 명왕성(Pluto, 지름2,445km, 태양으로부터5,900km거리, 온도-230)은 너무 작다는 이유로 2006년 대다수 과학자들의 찬반에 의해 태양체계에서 영원히 퇴출 되었다. 이로써 태양계는 총 8개의 행성으로 이루어지게 되었다.

□ 그림설명 2496, 태양의 주위를 돌고 있는 8개의 행성들과 크기 비교.

2497 `com`

solid state drive (고체소자, 솔리드스테이트)

*SSD (solid state drive)

솔리드스테이트 드라이브라는 전자장치는 반도체 전자장치를 뜻한다. 재래식에서 사용하던 라디오나 TV에서 열을 가해 사용하던 필라멘트(Filaments), 진공관을 이용하지 않고 전류를 조절하는 트랜지스터와 IC 등 단단한 반도체 회로로 구성하는 방식과 재료로 만들어진 광범위한 전자 장치들을 말한다. 솔리드스테이트 드라이브 디스크는 반도체를 이용하여 정보를 저장하는 장치로써 시간이 좀 걸리는 HDD(Hard Disk Drive)

기계식과는 달리 순 전자식이어서 정보저장 속도가 빠른 것이 특징이다. 대부분 솔리드 디스크 드라이브(SSD)는 하드디스크 드라이브(HDD) 이상의 읽기와 쓰기에서 빠르다.

□ 그림설명 2497, SSD 고체소자.

2498 mus

sonata (소나타)

음악의 용어들은 주로 음악의 종주국인 이탈리아어로 표기되었고 유래되어 사용하는 것이 대부분이다. 소나타 역시 17세기로부터 사용해 온 말로 이탈리아 어원인 '수오나레(Suonare) 악기로 소리 내다'에서 온 말로 18세기 고전주의가 사라지기까지 칸타타(Cantata)에 대응해 사용되었다. 16세기로부터 시작된 다성적 성악곡을 기악곡으로 바꾼 것을 칸초나 다 수오나레(Canzona da Suonare)라 했고 이것이 칸초나 소나타로 바뀌고 이윽고 소나타라 부르게 되었다. 소나타는 3개의 악장으로 되어있다. 19세기에 와서 베토벤과 리스트 등 여러 작곡가에 의해 소나타 형식은 많은 변형과 확장을 가져오게 되었다.

Beethoven Piano Sonata, Opus 27. No. 2

□ 그림설명 2498, 베토벤의 <월광 소나타> No. 2.

2499 `mus`

sonata form (소나타 형식)

18세기 고전주의 시대부터 20세기 초에 이르기까지의 기악곡에서 악장을 구별하여 구성할 때 쓰던 한 음악의 형식을 이르는 말이다. 악장은 기본적으로 3악장으로 구성되는데 도입부(Intro, 서주)에서 주제와 다른 음악들을 제 1주제, 제 2주제로 제시(Exposition)한다. 그리고 음악을 변형시키는 발전(Development)부에서 제 1주제, 2주제가 선율(Melody)과 리듬(Rhythm)에 변화를 주며 흐르다가 조(Tonality)바꿈이 이뤄지며 고조되면 재현(Recapitulation)부가 들어와 도입부를 재현하며 흐르다가 종결부인 코다(Coda)로 마무리하게 된다.

2500 `sci` `his`

sound (소리, 사운드, 음향)

일반적으로 모든 소리는 여러 종류의 복잡한 떨림에 의해 만들어진다. 자연이 내는 거대한 천둥소리, 아름다운 자연의 새소리, 바람소리, 파도소리, 장마당의 잡소리 등 세상의 모든 소음 그리고 여러 악기들의 내는 아름다운 음악소리 등은 소리 파장(Sound Wave)이 우리의 청각을 자극해 소리를 듣게 된다. 이러한 모든 소리를 음향이라 한다. 소리 파장은 눈으로 볼 수 없으나 광학을 이용한 오실로스코프(Oscilloscope)에 의해 소리의 모양을 눈으로도 읽어 낼 수 있다. 대부분 1927년 이래, 아날로그 방식의 재래식영화제작에서 사용된 음향은 빛으로 읽어 낼 수 있는 옵티칼 사운드방식을 사용했다.

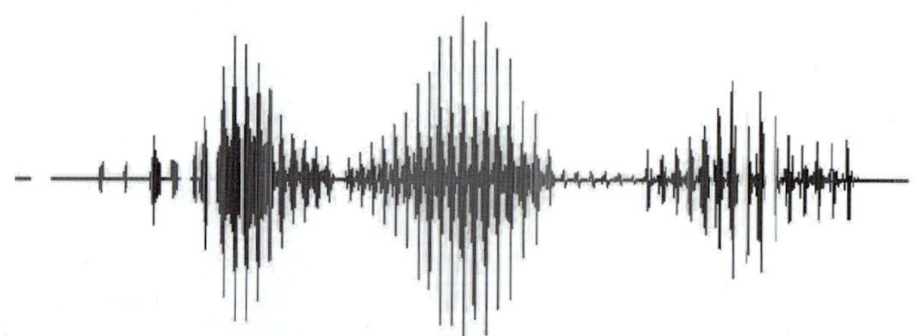

□ 그림설명 2500-1, "I Love You" 소리 파장의 모양.

✱ speed of sound (음속, 소리의 속도)

음속이란 소리가 퍼져나가는 파장의 속력을 말한다. 공식적으로 초당 344미터(344m/s)를 기준하며 소리를 전파하는 파장에 따라 달라진다. 수치는 대기(공기온도 20°C 또는 68°F, 실내온도)를 대비한 속력을 말한다. 음속은 대기의 온도가 오르면 빨라지고 낮아지면 느려진다. 일상 사람들의 대화에서 소리의 속도는 공기 중 음파의 속도를 뜻하지만 소리의 속도는 물질에 따라 다르게 변화한다. 소리는 가스(Gas) 속에서 가장 느리고 액체(Liquid) 속에서는 빨리, 그리고 고체(Solid)에서는 더 빨리 파장을 전달한다. 예; 물에서 초당 1,480m/s, 철(Metal)은 초당 5,120 m/s, 메탈보다 더 딱딱한 물질은 초당 12,000m/s 로 이동한다. 이 소리의 속도를 알아낸 사람은 아이작 뉴턴(Issac Newton, 1643-1727)이었다. 가장 최초로 소리의 속도를 측정한 뉴턴의 실험결과는 초당 332 m/s였다. 그는 영국인으로 철학자, 수학자, 과학자, 물리학자였으며 1687년 만유인력의 법칙을 발견하였고 작가로서 책도 출판했다. 뉴턴은 과학혁명의 핵심적인 인물로 세계에서 가장 영향력이 있는 사람이었다. 뉴턴에 이어, 1708년에 윌리엄 더함(William Derham, 1657-1735)은 영국의 자연주의(Naturalism) 신학자로 소리에 관해 연구했다. 1713년 그는 뉴턴의 <우주론(Cosmology)>은 '하나님의 존재'의 충분한 증거라고 주장하기도 했다. 1715년, 그는 소리의 속도를 재기 위하여 대포(Cannon)를 쏠 때 번쩍임(Flash)과 대포알이 19.3km를 날아가 땅에 떨어지는 순간의 간격을 측정하여 소리의 속도를 알아냈다. 그가 알아낸 348.08 m/sec의 결과는 오늘날 사용되는 공식수치 344.4 m/sec과 거의 일치했다. 1826년 스위스의 물리학자였던 다니엘 콜라돈(Daniel Colladon, 1802-1893)은 최초로 물속에서 소리의 속도를 측정한 사람이었다. 오스트리아 물리학자인 언스트 마하(Ernst Mach, 1838-1916)는 초음속(Supersonic)으로 인한 충격파(Shock Wave)는 어떻게 형성되는가를 발표했다. 초속 340m는 시속으로는 1,224km이다. 음속보다 빠른 속도로 비행하는 경우를 초음속 비행이라고 말한다. 음속이 시속 1,224km 일경우를 '마하 1(Mach 1)'이라 부른다. 따라서 마하 2는 음속의 2배와 같다. 5마하라 한다면 시속 6,120km가 되는 것이다. 이때, 비행체 주위의 공기에는 충격파가 생성되는 것이다.

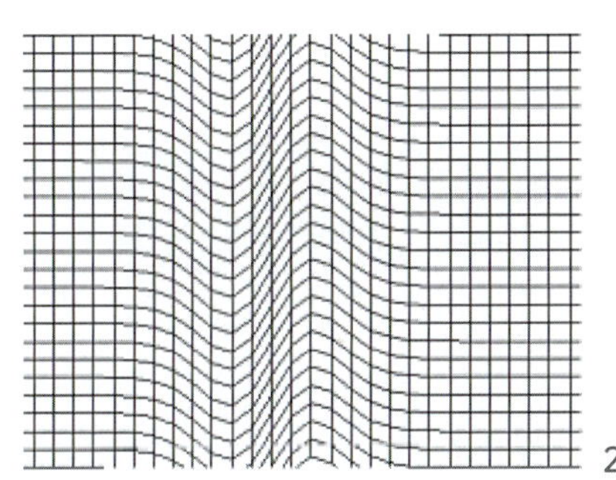

□ 그림설명 2500-2, 소리의 파장 도해

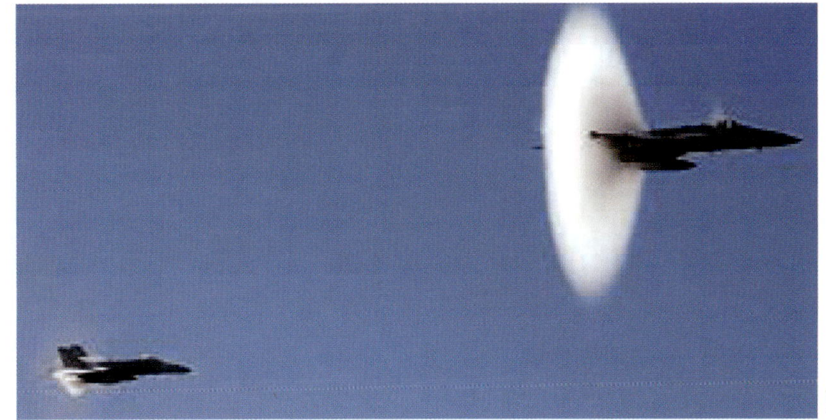

-3, 음속돌파 시 충격파(Shock Wave), (1947년 로켓엔진 X-1로 Chuck Yerger가 마하 1.45를 최초로 기록.)

✳ sound in motion picture (활동사진의 음향)

인간이나 동물들은 소리에 매우 민감하게 반응하며 소통한다. 대부분이 의사(Mind)를 소리를 내어 전달한다. 눈으로 보는 것(Sight) 보다 소리(Hear)에 먼저 반응하는 경우가 더 많다. 소리의 전달은 동물들에게 있어서 가장 중요한 하나의 수단이다. 19세기말 한 장 한 장의 찍은 사진을 이용해 움직이는 동작을 만들기 시작 했다. 움직임을 재현한 이래 모든 영상물을 '활동사진(Motion Picture, 영화)'이라 불렀고 차츰 영화는 사운드를 결합시키게 됐다. 영상부분을 비주얼(Visual), 소리부분은 오디오(Audio)라 부른다. 1892년 에밀 레이노드(Emile Reynaud, 1844-1918)가 롤필름(Roll Film)을 사용해 극장에서 최초로 영화를 상영했고, 판토마임(Pantomime, 무언극) <Lumineuses>라 표기한 것을 볼 때 사운드는 없었고, 1895년에는 뤼미에르 형제(Lumiere Brothers, Auguste, Louis)들이 만들어 낸 시네마토그라프(Cinematographe) 역시 카메라와 영사기를 하나의 몸체로 만들어 냈지만 사운드는 없었다. 1908년에 프랑스 파리에 있는 고몽(Gaumont) 영화사의 사장이었던 루이 고몽(Louis Gaumont, 1864-1946)이 만든 크로노메가폰(Chronomégaphone)은 사람의 손으로 공기를 불어넣어 디스크의 소리를 증폭시킨다고 영화 포스터로 광고를 한 것으로 보아 이것이 최초의 사운드가 있는 영화라고 할 수 있다. 1910년대 크로노 메가폰은 공기를 불어넣어 압축(Motor 역할)해서 소리를 내도록하는 엘게폰(Elgephone)이라는 두 개의 확성기가 달린 'Gaumont Brand' 축음기로 소리를 냈다. 영화에서 사운드는 대사, 음악, 효과음 등을 조합했거나 각 부분을 별개로 분류된 소리부분을 음향이라 부른다. 영화에서 음향은 움직임을 수식(Embellish)하여 관중과의 느낌을 일치시킨다. 시각(Visual)에는 음향(Audio)직접적인 관계가 된다. 음향은 화면의 절대적인 동반자이다. 1927년에 소리를 동반한 최초의 유성(Talkie)영화가 시작되면서 가장 먼저 워너브라더스에서 <재즈가수(the Jazz Singer)>라는 영화를 내놓았는데 특히 이 방식은 비타폰(Vitaphone)이 만든 디스크형식(Sound-on-Disc)으로 소리를 내는데 크게 성공했다. 이 새로운 것이 나오기 전 무성영화는 대사가 없었으므로 화면과 소리를 맞출(Synchronize) 필요가 없었고 무성영화 시대에는 가끔 관람자가 이해하기 어려울 곳에만 문자를 넣어 간단히 설명하는 방식을 취했다. 다만 영사기에서 필름을 돌릴 때 들려오는 소음을 막기 위해 피아노 솔로, 트리오 또는 5중주, 7중주 등을 관중석 앞에서 연주하여 소음을 막아주는 역할을 했다. 이런 방식은 1890년에서 1926년까지 계속 되었다. 1920년 미국 빅터(Victor)가 개발한 축음기는 커다란 태엽 두 개를 내장해 음반이 돌아가게 했다. 1930년대 개발한 에디슨 축음기는 확성기용으로 커다란 나팔이 달려 있다. 비스타폰 외에도 1927년 후에는 마그네틱(Magnetic) 사운드방식도 사용되었지만 대부분의 감독이나 제작자들은 제작하기 간편한 옵티컬(Optical) 방식을 가장 많이 채택했다. 소리가 오락(Entertainment)에서 매우 중요하다는 것을 알게 되면서 소리를 영화와 결합시키는 것 외에도 소리를 내는 기계제작에 열을 올렸다. 영상에 사운드를 결합하기 위해 만든 '키네토포노그래프(Kinetophonograph)'를 필두로 '키네테스코프(Kinetescope)', '키네토폰(Kinetophones)'등이 있었으며 화면에 어울리게 축음기를 이용해 소리를 나게 하면서부터 사운드(Sound)라고 부르기 시작했다. 1927년에 '비타폰(Vitaphone)'시스템을 이용해 광학 사운드를 디스크에 기록한 영화가 나옴으로써 획기적인 발전을 이루게 되었다. 1927년에 이르러서는 토키(Talkie) 시대의 시작인 필름 자체에 광학 사운드 트랙(Optical Sound Track)을 넣는 기술이 사용되기 시작했고 '옵티컬 사운드'는 35mm 필름화면 좌측에 있는 트랙을 지날 때 빛에 의해 소리를 내는 오실로스코프(Oscilloscope, 광전지램프) 방식의 사운드 시스템이었다. 이 발견은 그 후에 광학 사운드를 디스크에 넣는 것보다는 필름에 직접 기록하는 것이 더 효율적이고 사운드 음질이 높은 것으로 나타나자, 사운드를 필름에 기록하는 방법이 널리 사용됐다. 1930년에는 미국에서 대부분의 극장들이 사운드 시스템을 갖추게 되고, 미국의 할리우드 사운드 영화의 도래는 영화 업계에 급진적인 변화를 가져다주었다. 한편 많은 무성 영화 스타들이 이미지에 맞지 않는 자신의 목소리 때문에 일자리를 잃게 되었다는 기록도 있다. 당시에는 지금처럼 ADR 성우들이 촬영된 필름을 보며 목소리 대역을 할 수 있는 기술이 아직 개발되지 않은 때였다. 한편, 무성영화 제작자들은 사운드의 도입으로 영화 예술을 망친다며 크게 격분하여 애니메이션 <펠릭스 더 캣(Felix the Cat)>이 제작을 중단했고, 찰리 채플린(Charlie Chaplin, 1889-1977)과 키스톤 캅스(Keystone Cops, 1912-1917 제작) 등 익살스런 무성 코미디 영화들의 황금기에도 불구하고 종지부를 찍게 됐다. 시대의 어리석음이었다. 그러나 이렇게 잃은 것이 있는 반면, 사운드를 사용함으로써 익살스런 연기뿐 아니라 대사를 통해 관객의 지성과 감성에 호소할 수 있는 효과를 더욱 많이 얻게 됐다. 영화의 이미지와 사운드의 합성은 연구를 거듭하며 마그네틱 사운드의 개발과 실용을 거쳐 정밀한 사운드 시스템들이 과학적으로 발전해왔다. 영화는 가정용 8mm 필름에도 사운드 트랙을 넣어 많은 애호가들을 즐겁게 했다. 20세기 후반에는 소리의 소음을 줄여서 마그네틱과 광학 사운드 트랙의 원음 충실도를 높인 돌비(Dolby) 시스템이 획기적인 발전을 가져왔고, 또한 70mm 6본 트랙을 개발하여 최초로 입체음향을 실현시킨 70mm TODD-AO 방식은 큰 화면에 웅장한 사운드로 관객들을 몰입시켰던 역사적 음향 시스템이었다. 그리고 디지털시내 5.1, 7.1 등 서라운드(Surround) 사운드는 영화 관객들을 환상의 세계로 몰아가며 더욱 발전시켜 왔다. 21세기에 들어서며 영상과 사운드는 DSLR을 통해 돌비(Dolby) 사운드믹싱 등 4K, 8K 디지털 사운드 시스템으로 모두 새롭게 더욱 새롭게 최선의 소리로 향상되고 있다.

□ 그림설명 2500-4, 고몽이 1908년 발명한 '크로노메가폰' 2개의 디스크에서 나오는 2개의 나팔 스피커.

-5, '최초로 말하는 영화'의 광고포스터.

✱ 참조보기 (2505 - Sound Track)

✱ 참조보기 (2463 - Silent Film)

2501 `ani` `pic`

sound breakdown (음향분리)

일명 트랙 리딩(Track Reading)이라고도 하며 이 말은 35mm필름(일반적으로) 상에 대사, 음악, 효과음의 위치를 분석하여 도프시트(Dope Sheet, Exposure Sheet)에 표시해 주는 작업을 말한다. 이 표시는 애니메이터(Animator)가 작화 할 때 소리와 동작이 일치하도록 하기 위해서 사용되었던 기술상의 한 과정이었다. 이 음향 분리는 디지털 방식에서도 사용되어 애니메이터들의 작업에 도움을 준다. 대사의 악센트(Accent)분석은 캐릭터의 표정과 표현을 위해 매우 중요한 역할을 하며 결론적으로 음향(목소리)에 맞는 동작을 구현해 낼 수 있게 된다. 또한, 음악 역시 여러 악기소리를 필요에 따라 분류하여 동작이 음향에 맞게(Synchronizing) 시트(Dope Sheet)에 음절을 표시하는 것을 말한다.

2502 `pic` `ani`

sound design (사운드 디자인)
✱ sound designer (사운드 디자이너)

영화에 사용되는 음향(음악과 효과음)을 어떻게 적용시켜 사용할지를 결정하는 행위 또한, 사용 방법을 결정하는 사람을 말한다. 예를 들어 영화에 사용될 모든 음향을 자연 상황처럼 명쾌한 소리를 녹음하거나 특수(Stylized)한 소리를 만들어 영화에 전반적으로 적합한가를 선택하여 사용하거나 이것을 결정하는 사람을 말한다.

2503 `pic` `ani`

sound effect (SFX, 음향효과)

영화에서 음향 효과는 음악이나 대사의 소리와 분류해 효과음을 주로 가리키는 말로 사용된다. 대사는 D, 음악은 M, 음향효과는 E로 구분해 사용하고 사운드 트랙에서 대사(D)만 빼낸 것을 M&E 트랙이라 부른다. 화면에 맞추어 음향 효과를 만드는 것을 폴리(Foley) 라고 부른다. 1954년경 영화의 음향 효과들을 만들어 내는 시스템의 책임자인 잭 폴리(Jack Foley, 1891-1967)가 스튜디오 내에서 대부분의 소리를 만들어 사용하면서 불린 말이다. 음향 효과를 맡은 사람들을 폴리 아티스트(Foley Artist), 폴리 워커(Foley Worker), 폴리 믹서(Foley Mixer)라고 부른다. 사운드 효과 편집자는 각각 소리들을 화면의 상황에 일치시키는 작업을 맡는다.

2504 `pic`

sound film speed (소리 속도, 사운드필름 속도)

아날로그 영화에서 35mm 사운드와 동영상에 대한 표준 영사 속도는 초당 24프레임(Frame)이다. 필름 길이로는 1초가 1.5자(Feet)이고 1분당 90피트의 길이가 지나간다. 75분 길이의 영화는 6,750자 길이이다. 유럽에서는 초당 25프레임이므로 위의 75분 총 길이의 자수는 단축될 수 있나.

2505 `pic` `ani`

sound track (사운드 트랙)
＊ sound on film (영화음향)

35mm 영화필름 상에 사운드 트랙은 화면비례 4x3의 좌측 바깥쪽에 위치한다. 트랙에는 옵티컬(Optical)방식이나 마그네틱(Magnetic)방식을 선택할 수 있다. 옵티컬 사운드는 단일(Mono)채널이며 마그네틱 사운드는 단일 트랙, 4트랙 스테레오 또는 6트랙 입체음향 등이 가능하다. 프린트의 트랙은 영사기의 램프나 광전자 셀을 지나갈 때 읽혀저 사운드로 전환되는 방식이다. 마그네틱(Magnetic) 트랙은 가변 농도 방식이며 광학(Optical) 트랙은 가변 범위 방식이다. 디지털(Digital) 돌비 SR-D

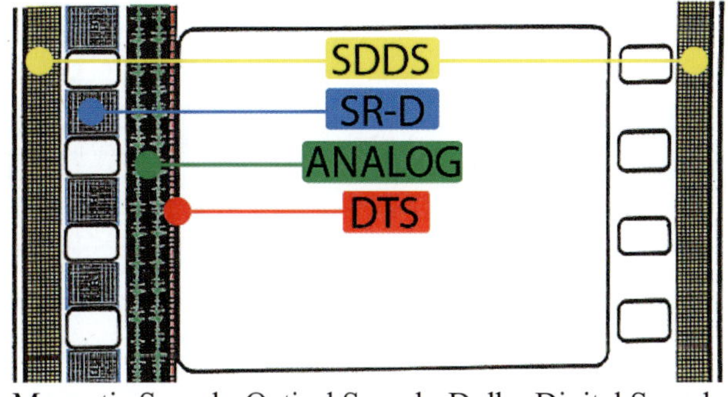

Magnetic Sound - Optical Sound - Dolby Digital Sound

□ 그림설명 2505, 35mm 필름의 마그네틱, 옵티컬, 돌비디지털 사운드.

시스템은 디지털 코드화 된 트랙을 천공구멍들 사이에 입력한다. 홈시어터 시스템(DTS)은 디지털 코드를 디스크에 입력하며, 6개의 음향 트랙이 있는데 스크린 뒤 가운데에 1개, 스크린 좌우에 1개씩, 양쪽 벽에 1개씩 그리고 후면에 우퍼(Wooper)를 설치해 완벽한 음향을 만들어 낸다. 이 2가지의 영화 사운드트랙 방식은 1927년 토키시대부터 2000년 초기까지 사용되었고 돌비(Dolby) 디지털 사운드와 16x9 화면비례로 전폭적인 혁신을 가져온 이래 필름영화는 제작자들의 곁에서 사라지게 되었다.

✱ sound stage (사운드 스테이지)

영상비디오 작업이 이루어지는 프로덕션 스튜디오 건물 내에 방음시설이 된 녹음실을 말한다.

2506 `ani` `gen`

South (사우스, 남쪽)

애니메이션이나 실사 영화에서는 방향을 설정하고 제작 스텝들과 공통된 언어를 사용한다. 특히 애니메이션 작업에서는 필수적으로 사용되는 말이다. 실제 지구상의 방향과 관계없이 화면을 보고 팔을 벌리면 오른쪽이 동쪽, 왼쪽이 서쪽, 위를 보면 북쪽, 아래를 보면 남쪽으로 설정하고 감독과 소통한다. 애니메이션에서 사우스는 필드의 아랫부분 방향을 의미하는 말이다.

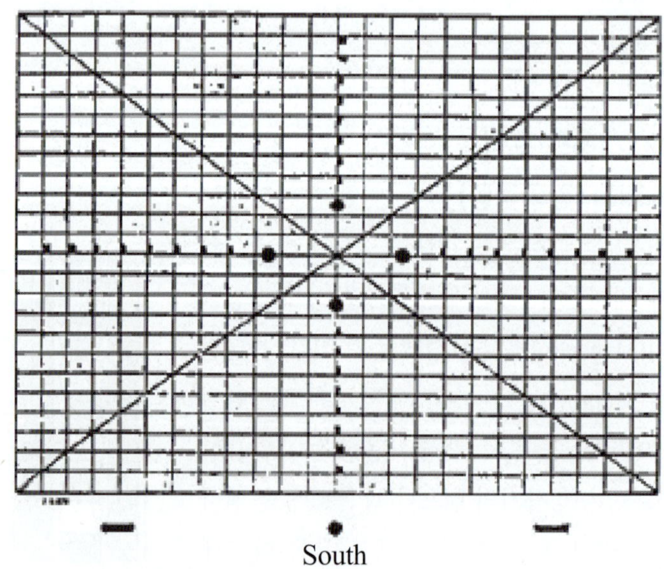

□ 그림설명 2506, 영화화면에서의 남쪽방향.

2507 mus

soprano (소프라노)

여성으로서 가장 높은 음정을 내는 목소리를 말한다. 메조(Mezzo) 소프라노라고 불리는 하프(Half) 소프라노는 진짜 소프라노와 같은 소리를 내지 못하는 사람을 가리켜 부르는 말이다.

2508 gen sci

space project developments history (우주 프로젝트 개발과 역사)

인간은 사색(Speculation)한다. 사색은 인간만이 가진 특권이다. 사색이란 기억을 통해 과거를 회상하는 능력과 더불어 그때의 감성에 잠시 젖는 것을 말한다. 과거의 말과 행위를 기억할 수 있음으로써 미래의 계획을 세울 수 있는 능력을 갖추게 되는 것이다. 인간은 동물 중에서도 특출하게 두뇌가 크고 완전한 전두엽(Frontal Lobe)을 가지고 있기 때문에 통찰력을 발휘할 수 있다. 화가가 그림 그리기를 시작하기도 전에 화판위에는 구도와 색감 등을 전개시켜 상상할 수 있는 것이다. 이것은 화가들의 상상력의 힘으로 조금 전 상상한 기억을 되뇌어 실제의 색으로 화판위에 표현하는 것이다. 이러한 상상력의 힘은 경험하지 않은 미지의 영역을 왕래할 수 있게 되는 것이다. 아직은 우리 인류생활에서 공중을 나는 비행기도 없고, 물속을 항해하는 잠수함도 없던 시대에 상상을 쓴 소설이 있다. 19세기 프랑스의 과학소설가, 극작가, 시인이었던 쥘 베른(Jules Verne, 1828-1905)은 우수여행에 관한 과학소설 <지구에서 달까지> 등 우주에 관한 그의 상상을 썼다. 이 소설은 세계의 많은 청소년들에게 읽혀졌고 그들의 상상력으로 '우주여행'이라는 꿈을 키우게 했다. 우주여행의 선각자는 러시아의 과학자 콘스탄틴 치올코프스키(Konstantin E. Tsiolkovsky, 1857-1935)를 꼽을 수 있다. 그는 10살 때 열병(Scarlet Fever)을 앓은 후 귀가 안 들려 학교를 포기하고 16살까지 집에서 교육을 받아야 했지만 그는 공부에 열중했고 배움에 대한 갈망이 많았다. 식구들은 그를 대학에 보내기 위해 모스크바(Moscow)로 이사를 했다. 그는 러시아 칼루가(Kaluga)대학에서 전공으로 과학과 수학을 전공해 학업을 성취했고 심지어 학생들을 가르쳤다. 그러는 중에도 그가 관심을 갖고 읽은 책이 쥘 베른이 쓴 <지구에서 달까지>라는 과학 모험소설이었다. 1894년 치올코프스키는 단발 엔진 비행기를 설계해 실험 끝에 1915년인 21년 후에야 공중으로 떠올렸다. 그는 매우 높은 통찰력을 가진 사람으로 1900년 당시에는 실현 불가능한 일이었지만 우주를 알고자 하는 꿈으로 1914년 로켓을 개발했다. 역사에는 중국에서 12세기경 높은 성곽을 공격하기 위해 화약을 발명해 사용했는데 불을 뿜은 로켓은 성안으로 날러 들어가 큰 화재를 발생시켰다는 기록이 있다. 치올코프스키도 지구 밖으로 기구를 높이 쏘아 올리는데 원천적인 재료로 화약을 사용하였다. 때문에 사람의 통찰력은 우리 인류가 살고 있는 지구의 밖에 무수한 별들의 군상이 궁금하다. 그리고 그곳에는 무엇이 있는지 알고 싶어 한다. 지구상에 살고 있는 우리 인류와 같은 생명체가 행성 어디엔가 존재하고 있는 것일까? 우주 프로젝트는 일정기간 안에 여러 단계적인 절차를 거쳐 알아내고 있다. 인류가 우주탐사(Space Exploration)에 관해 관심을 가지고 로켓을 만들기 시작한 것은 1946년 미국에서 부터라고 역사에 기록하고 있다. 우리가 살고 있는 무한한 우주는 4방이 끝이 없다. 이 무한 속에 지구는 아주 작은 한 낱 깨알에 비할 수 있을까? 과학자들은 우리가 사는 태양계의 밖을 바라보며 조바심을 내고 있는 것이다.

□ 그림설명 2508, 베른의 공상과학소설 <지구에서 달까지> 표지의 디자인들.

2509 `sci`

Space- Sounding Rocket (우주- 사운딩 로켓)

1946경 왝 코포랄(WAC Corporal)이라는 회사는 '사운딩 로켓(Sounding Rocket)'을 더글러스 항공회사(Douglas Aircraft Company)와 구겐하임 항공 해상 실험소(Guggenheim Aeronautical Laboratory)가 미국 내수용으로 디자인과 제작 등을 공동개발 했었다. 이 기록에 주목할 것은 이 로켓이 음속의 5배 속력으로 날랐다는 점이다. 이 로켓은 시속 8,290km로 고도 400km 이상까지 치솟아 올랐다는 것을 과학자들이 1년이나 후에야 미국의 뉴멕시코 주 사막인근 발사현장에서 발견한 로켓의 잔해를 통해 알게 되었다는 기록이 있다. 그러나 인류가 좀 더 우주를 깊이 알아내기 위해 도전을 시작한 것은 미국과 구소련이 거의 같은 시기인 1950년대에서 부터였다.

□ 그림설명 2509, WAC Corporal 회사의 최초의 로켓 - USA.

Space- Suptnik 1 (우주- 스프트니크 1호)

1957년 10월 4일, 냉전 시대인 구소련(Soviet Union)이 세계최초로 인공위성 '스푸트니크 1호(Sputnik 1)'를 발사하여 온 세계를 화들짝 놀라게 했다. 위성의 무게는 단지 83.6kg으로 지구주위를 타원궤도(215km-940km)로 1,440 바퀴나 돌며 지구를 향해 "삐 삐 삐"하는 라디오 신호 외에는 아무것도 없이 21일 동안 궤도에 머물렀다. 그리고 궤도를 벗어나기 시작해 지구 대기권으로 낙하하며 불타버리고 말았다. 그러나 이 사건은 패권주의 두 강대국 시대에 결과적으로 구소련은 미국의 자존심을 건드리는 일이 되었고 이것으로 양국은 치열한 우주개발 경쟁으로 이어지게 되었다. 사실, 이 당시에 미국은 이미 '뱅가드 로켓(Vanguard Rocket)'을 지구 밖으로 쏴 올릴 수 있게 거의 준비가 완료된 상태였기 때문에 소비에트(Soviet)에 최초라는 기록을 빼앗기게 된 셈이었다.

□ 그림설명 2510, 인류최초의 인공위성 '스푸트니크 1' -Soviet.

Space- Vanguard Rocket (우주- 뱅가드 로켓)

1957년 10월 23일 드디어 미국은 스푸트니크의 충격에 휘말린 속에 서둘러서 테스트 위성 뱅가드(Vanguard) 로켓을 스푸트니크 1보다 19일이 늦게 케이프 캐나베럴(Cape Canaveral) 발사대에 우뚝 세웠다. 높이가 23m, 무게 10,050kg으로 구소련의 스푸트니크 1에 비해 아주 큰 로켓을 발사했다. 그러나 미국 최초의 위성 뱅가드(Vanguard) 로켓은 1만 킬로의 중력을 이기지 못하고 무너져 내려 폭발하고 말았다. 미국은 또 한 번의 충격을 감수해야 했다.

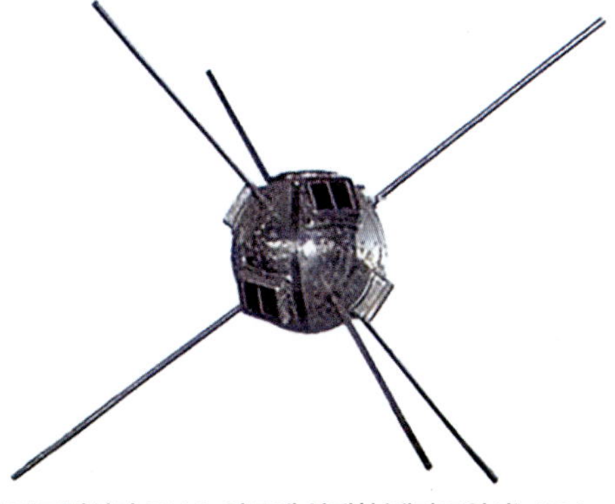

□ 그림설명 2511, 임무에 실패한 '뱅가드위성' -USA.

Space- Sputnik 2 (우주- 스푸트니크 2호)

1957년 11월 3일에 소련은 스푸트니크 2호에 우주견을 태운 위성을 속도 7,364km/h, 궤도 높이 982km에 또 발사했다. 우주견 '라이카(Laika)'는 시베리아 개의 품종 이름으로 실제 이름은 '쿠드라프카'였다. 라이카는 냉전시대 당시 미국과 소련의 우주 경쟁에서 희생된 동물 중 하나였다. 구소련의 연구진들은 스푸트니크 2호에 개를 태워, 인간 대신 생물체를 보내 생존 가능성 여부를 확인하려고 했다. 그리고 11월 3일, 마침내 '라이카'는 우주견으로 훈련을 받으며 가장 적합한 개로 선발되어 우주로 올려졌다. 당시 구소련의 기술력으로는 '라이카'가 지구로 귀환할 수 없다는 것을 알고 있었고 안락사를 계획했으나 실제로 우주로 진입한지 몇 시간 만에 라이카는 희생된 것으로 기록이 남았다. 발사 당시에 막심한 진동과 고음 등으로 라이카는 육체적으로 견딜 수 없는 상황이었을 것으로 판단했다. 우주개발에 구소련보다 훨씬 앞서 있다고 자신하던 미국은 소련이 앞질러 대책 없이 동물을 우주선에 실어 보낸 것에 더 큰 충격에 휩싸이게 되었다.

□ 그림설명 2512, '라이카' 우주견과 훈련장면.

2513 sci

Space- Satellite (우주- 세틀라이트)

1958년 1월 31일 세틀라이트(Satellite) 익스플로러 1(Explorer 1)을 발사하기까지 거의 2개월이 걸렸다. 이것이 최초의 성공적인 미국 인공위성이었으며 임무는 우주 광선 탐지기, 무선 송신기, 온도 및 미세 현미경 센서 등이 적재되어 있었다. 궤도의 고도 1,454km, 로켓 길이 205.1cm의 소형 추진체였다.

□ 그림설명 2513, 미국 최초의 성공적인 위성 'Explorer 1'.

2514 sci

Space- NASA (우주- 나사, 미국항공우주국)

1958년 7월 29일, 미국은 아이젠하워(Dwight d. Eisenhower, 1890-1969) 대통령이 서명한 '미국항공우주국'을 발족했다. 구소련에 뒤쳐진 미국은 우주 프로젝트를 만회하기 위해 막대한 예산으로 계획을 세워 1958년 10월 1일 '미국항공우주국(National Aeronautics Space Administration, NASA)'을 창설했다. 1961부터 1972년까지 나사는 아폴로(Apollo) 계획을 세우고 유인 우주 탐사선을 달에 보내 착륙시키고 다시 무사히

지구로 귀환시키는 계획을 세웠다. 어떻게 하던지 구소련의 우주개발보다 앞서가려는
계획이 목표였다.

□ 그림설명 2514, 미 아이젠하워 대통령이 브라운 박사(Dr. Wernher Braun)와 NASA과학자들을 만나고 있다.

2515 `sci`

Space- Luna 1 (우주- 루나 1호)

1959년 1월 2일, 구소련은 루나 1(Luna 1, 일명 Mechta(Dream))
호를 발사하여 태양 중심궤도(Heliocentric Orbit) 체계로 처음으
로 달 궤도에 진입한 무인 달 탐사선이다. 임무 수행시간은 62
시간, 발사 추진로켓무게 1,472kg, 우주선 무게 361kg, 비행거
리는 5,995km이었다. 당시 인류 최초로 사람을 태워 달 착륙기
록을 시도하려 했으나 아직 기술이 미치지 않아 착륙을 하지는
못했다. 루나 1호는 최초로 지구의 중력 작용으로부터 벗어난
우주선이었다.

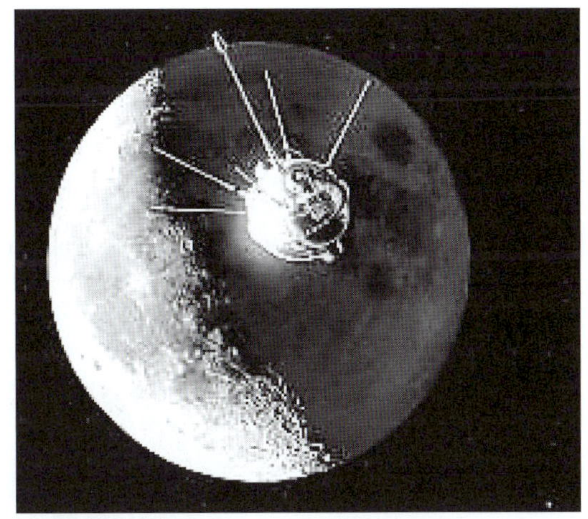

□ 그림설명 2515, 달을 배경으로 '루나 1호'.

2516 `sci`

Space- Luna 3 (우주- 루나 3호)

1959년 10월 4일, 루나 3호(Luna 3)는 처음으로 달의 이면(Far Side of the Moon)을 촬
영했다. 구소련의 달 탐사선 계획에 따라 루나 3호가 1959년 10월 4일 발사되어 6일에
달에 도달했으며, 1959년 10월 7일 최초로 지구에서는 볼 수 없는 달의 3분의 1 뒷면

 1357

을 촬영하고 러시아어로 이름을 붙인 지도 18장의 사진을 처음으로 공개했다. 미국으로서는 기절초풍(Frighten at the News) 할 노릇이었다.

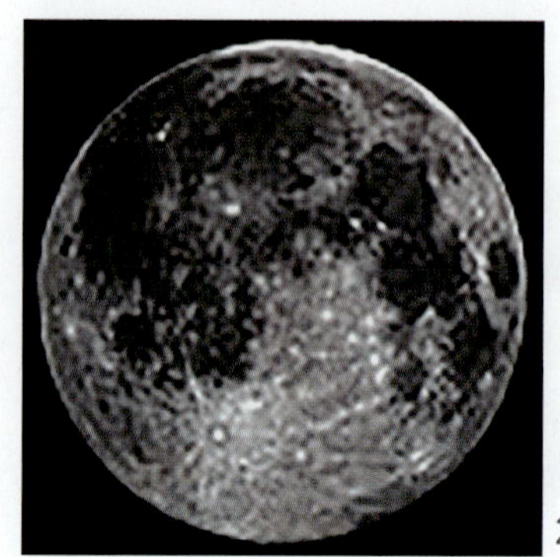

□ 그림설명 2516-1, 우리가 볼 수 없었던 달의 뒷면(1)을 처음으로 루나 3호가 보여줌.

-2, 우리가 볼 수 있는 달의 앞면.

2517 sci

Space- Sputnik 5 (우주- 스푸트니크 5호)

1960년 8월 19일 스푸트니크 5호는 우주견 2마리(Belka와 Strelka), 우주 생쥐 40마리, 우주 들쥐 2마리를 위성에 실어 성공리에 발사되었다. 이 우주선은 최초로 비행속도 시속 28,000km/h의 기록을 세웠다. 생물들이 우주에서 어떻게 적응하는지를 연구했다. 이들은 살아서 지구로 귀환했고 그중 스텔카(Strelka)는 건강하게 지구에서 살며 여섯 마리의 세끼를 낳아 그중 한 마리는 미국 케네디(John F. Kennedy, 1917-1963) 대통령에 선물했다.

□ 그림설명 2517, 살아 돌아온 우주 견, 벨카(좌)와 스텔카.

Space- Vostok 1 (우주- 보스토크 1호)

1961년 4월 구소련은 보스토크 1호(Vostok 1)가 성공리에 또 발사되었고 최초의 우주인 유리 가가린(Yuri Gagarin, 1934-1968)은 그의 우주선 안에서 창밖을 내다보며 "지구는 푸른빛이다"라고 소리쳐 미국을 또 놀라게 했다. 확실히 구 소련의 우주 개발의 기술은 당시에는 미국보다는 그들이 한 수 위였다. 가가린은 1968년 전투기 충돌 비행 사고로 의문의 죽음을 맞았다. 그러나 가가린은 구소련에서 영원한 영웅이 되었다.

□ 그림설명 2518-1, 보스토크 1 발사장면

-2, 유리 가가린

-3, 궤도선회.

Space- Mercury MR-3 (우주- 머큐리 우주선)

1961년 5월 5일, 앨런 세파드(Alan B. Shepard, 1923-1998)는 머큐리 우주선(Mercury-Redstone-3)을 타고 대기권 밖으로 나간 두 번째 사람이었고 미국인으로써는 최초로 우주인이 되었다. 앨런은 원래 NASA가 1959년에 선정한 머큐리 프로젝트의 7인의 우주인 중에 한 사람이었다. 그리고 그는 머큐리 우주선을 타고 우주로 진입했지만 예정했던 궤도진입에 실패했다. 앨런은 수직으로 187km가 올라간 우주선을 손으로 조종하여 15분 만에 대서양에 착수해 기다리던 미국 해군함정에 인수되었다. MR-3의 호출 번호는 'Freedom 7'으로 손으로 우주선을 조종해 귀환한 최초의 우주인이 되었지만 예정했던 미션은 취소되고 말았다.

□ 그림설명 2519, 머큐리 레드스톤-3 발사장면.

S

2520 `sci`

Space- Vostok 6 (우주- 보스토크 6호)

1963년 6월 16일 보스토크 6(Vostok 6)에 발렌티나 테레시코바(Valentina Tereshkova, 1937-)를 최초의 여성 우주인으로 보냈다. 그녀는 아마추어 스카이다이버 출신으로 군에 입대한 여성이었다. 구소련 우주국은 무엇이든지 미국 항공우주국보다 한발 앞서 있었다.

□ 그림설명 2520, '최초 여성우주인' 타이틀도 구소련이 가져갔다.

2521 `sci`

Space- Guiana Space Center (우주- 기아나 우주센타)

1965년 11월에 프랑스의 기아나 우주센터는 남아프리카 프랑스령 기아나, 쿠루(Guiana, Kourou)에 있다. 1964년 4월에 프랑스 정부가 결정하여 설립한 프랑스 우주 항공기지이다. 미국과 구소련 사이에서 독자적으로 개발한 로켓으로 1965년 그들의 첫 인공위성을 쏘아 올렸으며 프랑스 역시 우주개발에 끼어드는듯 했지만 개발 경쟁에는 들어오지는 않았다. 그러나 오늘날 기아나 우주센터는 유럽을 위해 중요한 일을 수행한다. 그들은 필요에 따라 여러 중요한 위성을 궤도에 올렸으며 이를 위해 수천 명이 그곳에서 일하고 있다. 이 우주센터는 적도상공 약 35,000km 높이에 유럽에 유용한 통신위성(Communications Satellites)을 올려놓는 등 그들의 필요에 따라 활동한다. 그들의 GPS 위성 역시 충분히 높은 20,000km 상공에 두고 대부분의 지구 전지역을 커버(Swaths)한다. 또한 최근에는 전 유로를 위한 새로운 기상위성(Weather Satellite)을 쏘아 올렸다. 그 밖에 국제우주정거장(International Space Station)은 지구를 가까이에 보기위해 약 저고도 420km에 위치해 있다. 참고로 유로피안 스페이스 에이전시(European Space Agency, ESA)는 독일의 담스타드(Darmstadt)에 있다.

□ 그림설명 2521, 프랑스 기니아 우주센터와 유로 통신위성.

Space- Apollo 1 (우주- 아폴로 1)

1967년 2월 21일, NASA는 아폴로(Apollo) 계획을 세우고 그 첫 임무를 수행할 '아폴로 1(Apollo 1, 선명 AS-204)을 출항일로 정했다. 헤드기장에는 버질 그리솜(Virgil Grissom, 1926-1967), 부기장, 에드 와이트(Ed White, 1930-1967) 그리고 기장, 로저 캐피(Roger Chaffee, 1935-1967) 세 사람은 지구의 저궤도를 돌아 목표는 최초로 사람을 달표면에 착륙시켜 임무를 수행한 후 다시 안전하게 지구로 귀환시키는 작전이었다. 그러나 발사는 이뤄지지 않았다. 1월 27일 출발 연습 중에 선실(Cabin)에 화재가 발생해 세 우주인들은 탈출하지 못하는 상황에서 모두 죽게 되었다. 이후 아폴로 프로젝트는 1년 8개월간 공백을 맞게 되었다.

□ 그림설명 2522, '아폴로 1'의 Grissom, White, Chaffee.

Space- Soyuz 1 (우주- 소유즈 1호)

1967년 4월 24일, 소유즈 1호(Soyuz 1)의 블라디미르 코마로프(Vladimir Komarof, 1927-1967)는 소유즈 유인우주선의 우주인 선발에서 20명 중의 한 사람으로 선발된 시리즈의 첫 우주비행사였다. 소유즈(Soyuz) 로켓은 많은 임무에 사용되었고 가장 안정적인 우주발사 시스템으로 인정받아 임무를 마치고 지상으로 돌아오는 길이었다. 그러나 캡슐에 부착된 자동낙하산이 펴지지 않아 코마로프가 들어있는 소유즈(Soyuz) 캡슐은 낙하 속도를 늦추지 못하고 지구를 강타했다. 첫 번째 소유즈 조종사는 안타깝게 그리고 불행하게도 죽게 되었다. 소련의 소유즈(Soyuz) 계획은 미국 NASA의 아폴로(Apollo) 계획과 비슷했다. 양국 모두 결국 목표는 사람이 달에 착륙을 하는 것이었다. 한편, 아폴로 1호의 세 우주 조종사들은 지난 2월에 연습 중에 일어난 화재로 모두 사망하면서 NASA는 이직 고통을 겪고 있는 중이었다. 소련 역시 많은 기술적 혼란에도 불구하고 한 지도자를 축하하기 위하여 Soyuz 1의 발사를 무리하게 추진하여 돌이킬 수 없는 사고를 맞게 되었다.

□ 그림설명 2523-1,
코마로프.

-2, 소유즈 1의 캡슐의 잔해.

2524 `sci`

Space- Apollo 11 (우주- 아폴로 11)

1969년 7월 20일, 천신만고(Various Hardship) 끝에 세계인의 주목을 받으며 미국의 첫 달 착륙선 '아폴로 11(Apollo 11)'은 달의 표면에 사뿐히 내려앉았다. 그리고 최초의 인간으로 닐 암스트롱(Neil Armstrong, 1930-2012)이 달 표면에 첫발을 올려놨다. 성조기를 세우고 사진도 찍고 마치 애들이 뛰어 놀듯 달 표면을 경중경중 뛰어다니다가 달 착륙선으로 돌아와 달 표면을 이륙해 모선에 옮겨 타고 지구로 귀환하는데 성공했다. 전문가들은 아폴로 11의 성공은 구소련이 이룩한 어느 것을 곱빼기로 준다 해도 비교할 수 없는 큰 성공이라고 했다. 사실상 1969년 7월 이후 미국은 구소련의 우주 항공 기술 경쟁을 앞지른 것으로 평가했다. 구소련 역시 달 표면에 착륙하려는 계획을 여러 번 세웠으나 결국 이루지는 못했다.

□ 그림설명 2524-1,
Apollo 11의 emblem.

-2, 아폴로 Prime Crew-달에 첫발을 디딘 닐 암스트롱, 모선에서 기다린 마이크 콜린스, 암스트롱을 뒤따라 달 에 착륙한 에드윈 앨드린.

-3, 달착륙선.

Space- International Space Station (우주- 국제우주정거장)

1971년에는 소련은 최초로 국제우주정거장(International Space Station, ISS)을 조립했다. 이 정거장은 사람이 우주 공간에서 오랫동안 머물 수 있도록 지어져 우주에서 필요한 편의를 받을 수 있는 곳이다. 스테이션의 크기는 길이 73m, 폭 108m, 무게는 450t이다. 고도는 지구의 표면으로부터 408km 높이의 상공에 있으며 날씨가 좋으면 육안으로 볼 수 있을 정도 가깝다. 비행속도는 시속 2만 7,740km(초속 7.7km)로 매일 지구를 약 15.78회 공전한다. 지구궤도에 건설된 대형 우주 구조물로서 반영구적으로 건설되어 우주인 여러 사람이 생활하면서 우주 관측과 우주개발에 필요한 임무를 수행할 수 있는 곳이다. 우주정거장에서는 지구 중력의 약 백만분의 1 정도의 중력을 가지는데 이런 상태를 이용해 소수 인원이 쉽게 정거장 건립을 할 수 있는 것이다. 또한 지구상에서는 어려운 약품 제조나 새로운 재료를 생산하는 등 지구상에서 만들 수 없는 순도의 결정체를 만들 수 있으며, 우주의 천체나 지구관측, 달이나 행성으로 향하는 우주선을 조립할 수 있고 우주 환승역 역할을 하고 식물이나 동물이 무중력 상태에 어떻게 적응하는지에 대한 관찰과 실험을 하는 등 다양한 우주 연구를 수행할 수 있다. 이 우주정거장은 European Space Agency, 미국의 NASA, 일본의 JAXA, 캐나다의 CSA 그리고 러시아의 Roscosmos 등, 그 외에 12개 국가가 약 10년간 사용할 수 있다. 상기할 것은 소련과 미국의 치열한 우주개발을 향한 두 나라의 경쟁은 미국의 아폴로 11의 성공 이후 서로 협력적으로 변화했다는 점이다.

□ 그림설명 2525, International Space Station.

2526 sci

Space- Apollo-Soyuz Test Project (우주- 우주선 간의 실험과제)

1972년 4월 두 나라는 서로 협력하는데 합의했다. 미국 아폴로와 소련 소유즈 우주선 간의 실험과제(Apollo-Soyuz Test Project)로 3년 후 우주 지구궤도에서 두 나라의 우주선이 맞나 공중에서 도킹(Docking)하여 서로 우주선 안을 방문(Rendezvous)하는 우주 쇼를 보여 준 프로젝트였다. 이 계획은 양국이 우주선의 창문(Passage)을 서로 같은 크기로 표준화해야 했다. 이 후 서로의 시도는 성공했고 이 테스트는 국제 우주정거장을 공동으로 활용하는데 불편이 없도록 규격화 하는데 절대 필요한 것이었다.

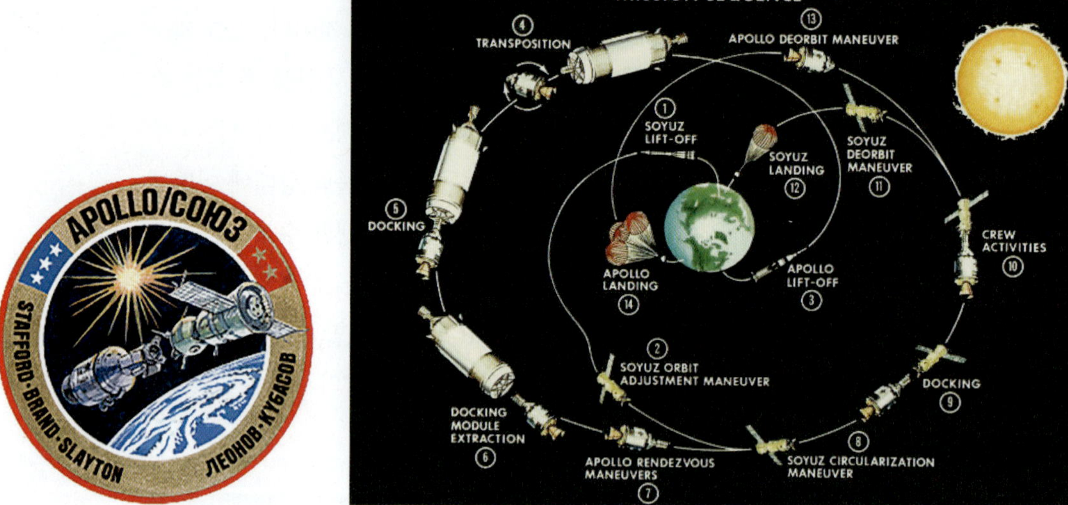

□ 그림설명 2526, 미+소, 두 나라(USA-CCCP) 우주선이 도킹하는 계획도.

2527 sci

Space- Rendezvous (우주- 만남)

1975년 7월 아폴로와 소유즈가 서로 접속(Rendezvous)하는데 성공했다. 미국의 우주비행사(Astronaut) 도날드 슬레이톤(Donald Slayton, 1924-1993), 토마스 스탭퍼드(Thomas P. Stafford, 1930-), 밴스 브랜드(Vance Brand, 1931-)들과 구소련의 우주비행사(Cosmonaut)들은 알렉세이 레오노프(Alexei Leonov, 1934-)와 발레리 쿠바소프(Valeri Kubasov, 1935-2014), 이들 5인이 서로 선실을 오가며 만난 것이다. 이것은 두 우주선이 약속된 우주 공간에서 서로 비행선을 환승할 수 있는지에 대한 시험(Test)이었다.

□ 그림설명 2527-1, 아폴로와 소유즈의 도킹장면(상상도)

-2, 아폴로 3인과 소유즈 2인의 모습.

2528 `sci`

Space- Columbia (우주- 왕복선 컬럼비아)

1981년 4월 12일 발사한 우주왕복선 컬럼비아(Columbia)호는 궤도상을 왕복하며 필요한 자재를 실어 나르는 NASA의 우주왕복선 군단을 칭하는 말이다. 이 우주 왕복선은 종전에 낙하산에 매달려 바다에 내린 캡슐을 회수하던 방식과는 전혀 다르게 지구로 재진입한 셔틀이 자체 추진력 없이 글라이딩으로 활주로에 귀환하는 방식이다. 구 소련우주센터에서는 이 방식은 성공하지 못할 것이라고 했다. 최초의 시도였기에 많은 전문가들마저 우려를 했지만 2일 후 정해진 자리에 최초의 왕복선(STS-1)은 오차 없이 성공적으로 귀환했다. 이일은 인류의 우주개발에 10보 앞으로 내딛는 큰 계기가 되었다.

□ 그림설명 2528-1, 최초로 고안된 우주왕복선 발사.

-2, 미 서부지역 에드워드 공군기지에 정확하게 귀환하는 컬럼비아호.

2529 `sci`

Space- Space Floating (우주- 우주유영)

1984년 왕복선 모선을 떠나 최초로 우주공간에서 자유 유영을 한 사람은 미국의 우주인 브루스 맥켄들레스(Bruce McCandless, 1937-2017)였다. 그는 탯줄(Umbilical Cord) 없이 소형 추진기를 사용해 자유롭게 모선을 떠나 공간을 떠다녔다.

□ 그림설명 2529, 우주왕복선으로부터 멀리 떨어져 자유롭게 유영하는 브루스 맥켄들레스.

2530 `sci`

Space- Challenger (우주- 왕복선 챌린져)

1986년 1월 28일 25번째 미국의 우주왕복선이 7명의 우주인을 태우고 챌린저 우주왕복선(Space Shuttle Challenger, STS-51-L)이 케이프커내버럴(Cape Canaveral)에서 출발 준비를 마치고 있었다. 대개는 식상한 우주왕복선 중계는 대부분의 사람들로부터 관심 밖이었지만 이 왕복선은 일반 우주왕복선과는 달리 한 학교의 선생으로 크리스티나 맥콜리프(Christa McAuliffe, 1948-1986)가 우주인으로 훈련을 받고 이 우주선을 타고 있고 그 학교의 학생들이 선생님의 우주체험을 기대하고 있기 때문이다. 때문에 심지어는 미국의 전 지역에서 이야기에 관심을 가져 25번째의 이 우주왕복선의 출발 중계를 보고 있었다. 1986년 1월 28일, 그리고 카운트다운과 함께 점화되어 거대한 덩치가 발사대를 이륙했다. 앗! 그러나 우주왕복선은 73초를 비행하고 공중 폭발로 산산조각으로 흩어져 내리고 말았다. 선생님을 포함해 7명의 우주인들이 또 희생된 것이었다. 대기권 밖으로 나가고 들어오기가 이렇게 어렵다. 미국의 우주인과 소련의 우주인들은 여러 사고를 접하며 우수한 많은 인재들을 잃고 있었다. 조사하고 실험한 결과 이번 사고의 원인은 고체 로켓 부스터에 사용된 고무 재질 부속으로 원형 고무(O-Ring) 봉합(Seal) 미숙으로 인해 생긴 사고로서 명백한 인재로 판명되었다. 더구나 이 부속을 납품한 회사가 뒤늦게 알고 발사를 중지해 줄 것을 요청했으나 NASA가 이를 무시하고 집행한 것으로 알려져 안타깝게 했다.

□ 그림설명 2530-1, 탑승자들(앞줄 시계방향) 마이클 스미스, 조종사(Michael Smith, Pilot), 프랜시스 스코비, 선장(Francis Scobee, Commander), 로널드 맥네어, 엔지니어 (Ronald McNair, Mission Specialist), (뒷줄) 엘리슨 오니즈카, 엔지니어(Ellison Onizuka, Mission Specialist), 크리스티나 맥콜리프, 교사(Christa McAuliffe, Payload Specialist, Teacher), 그레고리 자비스, 과학기술자(Gregory Jarvis, Payload Specialist), 주디스 레스닉, 엔지니어(Judith Resnik, Mission Specialist)

-2, 폭발한 Space Shuttle Challenger, STS-51-L호, 승무원 7명 전원 사망과 4억 달러(약 5천억 원) 손실과 함께 많은 사람들에게 슬픈 상처를 남겼다.

2531 `sci`

Space- Voyager 1 (우주- 보이저 1호)

1990년 NASA는 '보이저'의 카메라로 태양계(Solar System)전체를 최초 사진으로 촬영했다. 미국의 '보이저 1(Voyager 1)'은 1977년 9월 5일 목성과 토성을 탐색할 목적으로 지구를 출발하여 1979년 3월 목성궤도 진입 한 후, 1980년 11월 토성에 궤도에 도착하는 약 3년 동안 32,000장의 사진을 지구에서 50억 km 이상 떨어진 곳에서 촬영을 했다. 무인 위성인 목성·토성탐사위성의 카메라들에 의해 1990년 2월 14일 태양을 향해가면서 연속으로 사진을 찍었는데 이처럼 멀리서 본 우리 태양계의 행성 가족사진을 찍은 것은 최초의 일이었다. 사진으로 보는 태양은 보이저 탐색선의 카메라를 통해 작게 보이지만 지구에서 하늘에 직접 볼 수 있는 밝은 광채를 띤 시리우스(Sirius, 천랑성, 큰개자리) 별보다는 8백만 배나 밝다. 다만 광채를 다른 행성과 비슷하게 조절하-기 위해서는 광학적으로 여러 번 굴절을 시켜 촬영 때 조절할 수 있다. '보이저 2'는 쌍둥이 위성이라 불릴 만큼 '보이저 1'보다 15일 일찍 1977년 8월 20일 지구를 떠났고 목성에는 1979년 7월에, 토성에는 1981년 8월에 도착했다. 보이저가 찍은 행성가족사진에는 태양(Sun), 그리고 태양계를 에워싼 카이퍼 띠(Kuiper Belt), 오우트 구름(Oort

S

Cloud) 그리고 에스테로이드(Asteroid)가 형성되어 있는 사진들이다. 그 안에 행성들이 태양을 중심으로 수성(Mercury), 금성(Venus), 지구(Earth, 달 1), 화성(Mars, 달 2), 목성(Jupiter, 달 78), 토성(Saturn, 달 62), 천왕성(Uranus, 달 27), 해왕성(Neptune, 달 14) 그리고 소행성들, 명왕성(Pluto, 달 5)은 퇴출되었지만 카이퍼 대에 까지 돌고 있는 외행성이다. 케레스(Ceres), 마케마케(Makemake), 하우미아(Haumea), 에리스(Eris) 등 운석과 부스러기들(Meteors & Meteorites), 주로 화성과 목성의 궤도 사이에 있는 소행성들(Asteroids) 그리고 유성(Comet)들이 있다. 보이저 2호는 1986년 계속해서 비행하여 천왕성에 이르며 약 8,000장에 이르는 사진을 찍었고 1989년 해왕성에 이르러서는 약 10,000장의 사진을 찍었다. 2호는 목성, 토성, 천왕성, 해왕성, 4개의 가스행성을 모두 방문했고 16개의 달과 같은 위성들이 다른 궤도를 돌고 있는 것을 더 발견하기도 했다. 놀라운 것은 보이저 2호가 1호(2012년에 성간 우주에 도착)와는 거리가 있으나 2018년 12월 10일 태양계를 빠져나와 성간 우주에서 비행하고 있다고 NASA가 발표했다. 태양계를 빠져나오면 태양열 충전지가 멈추게 되지만 플루토늄(Plutonium, 초 우라늄 방사성동위원소, 239-Pu) 핵 발전기가 자동으로 전환되어 2025년까지 가동된다. 보이저 2호는 현재 지구에서 178억km (지구 태양간 거리의 120배) 떨어진 곳에 은하계를 진입해 비행을 계속하고 있다. Voyager의 기능 장치들은 영원히 지속되지 않지만 우주선 자체는 태양계를 가로 질러 계속 여행 하게 되며, 약 300년 후에는 우리 태양계를 둘러싼 Oort Cloud라는 띠의 가장자리에 도달하게 된다. 이 띠를 통과해 태양계를 벗어나는 데만 약 3만년이 걸린다. Voyager가 은하수(Milky Way)의 중심부에 도달하는데 까지는 수십억 년이나 걸린다.

□ 그림설명 2531-1, 보이저 2 탐색위성.

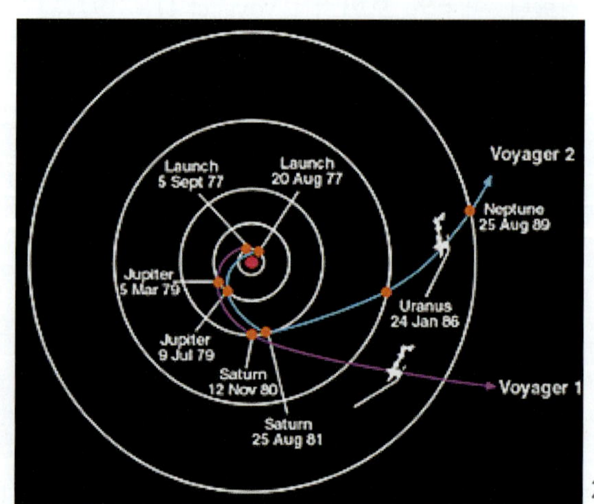

-2, 보이저 1과 2의 긴 비행경로.

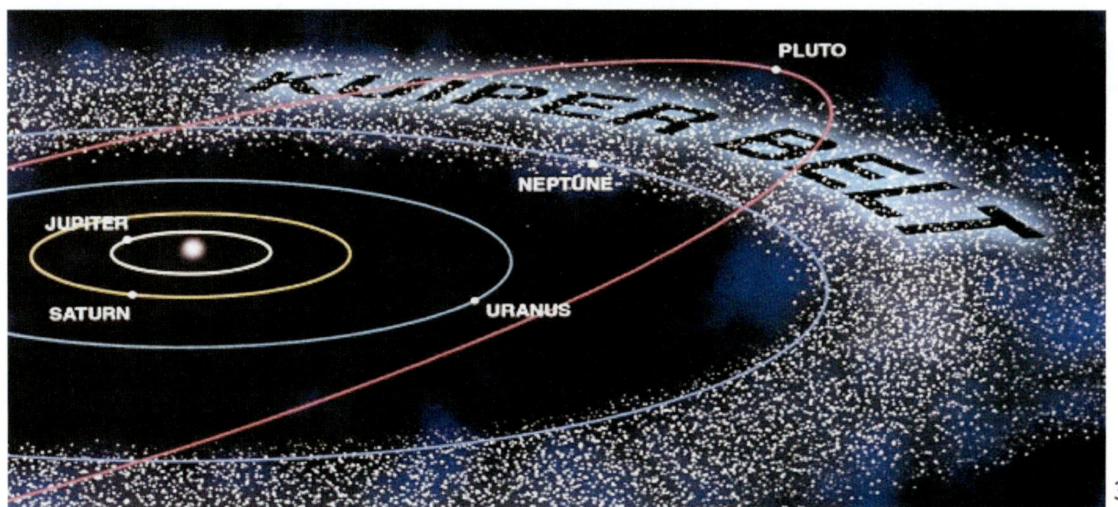

-3, 카이퍼 띠와 태양계에서 퇴출된 명왕성(Pluto)

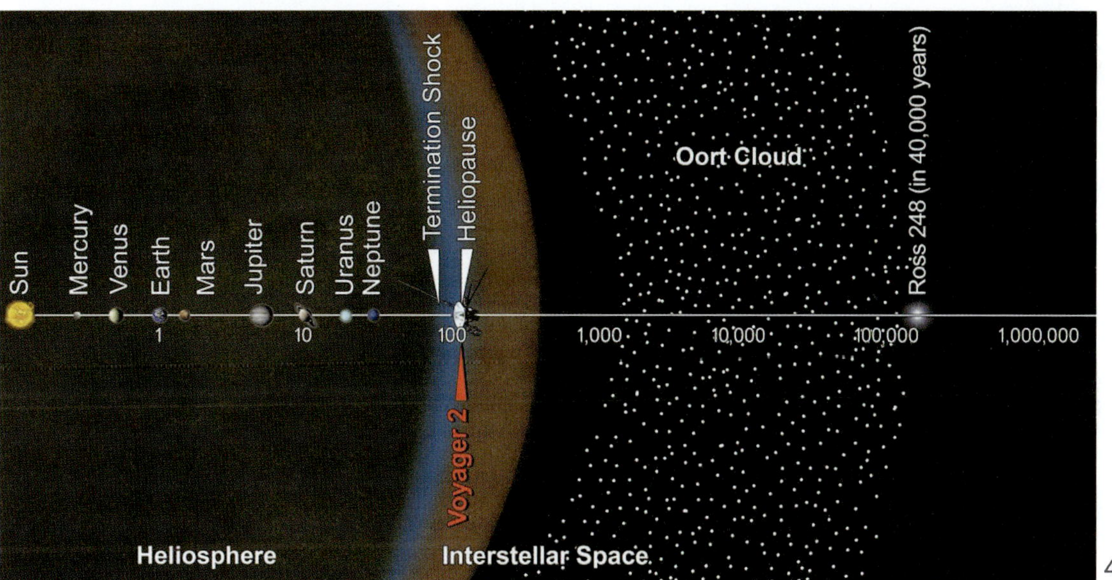

-4, 보이저 탐색위성의 현 위치.

2532 `sci`

Space- KITSAT-1 (우주- 우리별 1호)

1995년 8월 5일 대한민국의 민간 통신과 방송을 목적으로 제작된 최초의 한국 인공위성이다. 맥도널 더글러스(McDonnell Douglas)사에 의해 미국 플로리다(Florida)주 케이프커내버릴(Cape Canaveral) 기지에서 발사되었다. 1990년에 한국과 소련 간에 맺은 '한소과학기술협력협정'과 '원자력 협력의정서' 체결 등으로 국제기술협력이 추진된 후 1991년에서는 과학기술 혁신종합대책을 수립하기 위한 '국가기술자문회의'의

설치운영과 동시에 1992년에는 '과학기술진흥기금'을 축성하기위한 복권판매로 '우리별 1호'를 제작, 1995년에 발사하게 되었다. 무게 48.6kg, 고도 1,300km, 이 방송 통신 위성은 영국 서리대학교(University of Surrey)의 기술 지원 아래 한국과학기술원(KAIST)의 인공위성연구센터와 한국항공우주연구소에서 파견된 유학생들과 연구원들에 의해 영국에서 제작된 것이었다.

□ 그림설명 2532-1, 무궁화 1호 발사대.

-2, 방송통신 위성.

2533 `sci`

Space- NEAR (우주- 탐사선 니어)

2001년 2월 12일, NASA는 최초로 소행성(Asteroid-433)인 '에리스(Eris)'에 탐사선 니어(NEAR)를 착륙시켜 NASA의 우주탐사 원격실행의 정밀도를 보여 주었다. 니어는 1996년 2월 17일 지구를 떠나 18년 6개월 18일 만에 '에리스'를 가까이에서 따라 돌게 하다가 '에리스' 소행성에 착륙시키는데 성공했다. 에리스 소행성의 크기는 지름이 2400km로 명왕성(Pluto, 1930년 발견, 2006년 퇴출된 태양계 행성)보다 약 25% 정도 더 크다. 니어(NEAR)는 'Near Earth Asteroid Rendezvous'의 머리글자를 따서 지은 탐사선 이름이다.

□ 그림설명 2533, 플루토(Pluto, 퇴출된 행성)보다 25% 가량 큰 '에리스' 행성.

2534 `sci`

Space- Columbia Shuttle (우주- 컬럼비아 왕복선)

2003년 2월 1일, 우주왕복선 컬럼비아호가 착륙 15분을 앞두고 폭발했다. 컬럼비아호는 1981년 처음으로 우주 궤도를 비행한 이후 2003년 1월 16일까지 28번이나 비행했다. 이번 역시 우주왕복선은 승무원 7명이 임무를 마치고 지구로 귀환 중 폭발해 전원 사망하게 되었다. 그 후 2005년 7월 26일 또 다른 사고를 비롯해 끊임없이 희생되는 일이 생겨 해결방법을 연구했으나 그 안정성에는 답을 얻을 수가 없었다. 결과적으로 2011년까지 30여 년 동안에 우주인들을 수없이 떠나보내고 스페이스 셔틀은 막을 내리게 됐다. 우주를 향한 인류로서의 꿈을 이루는 데는 지구의 대기권을 넘나드는 다른 방식을 찾아내야 할 것 같다는 여론이 있었다.

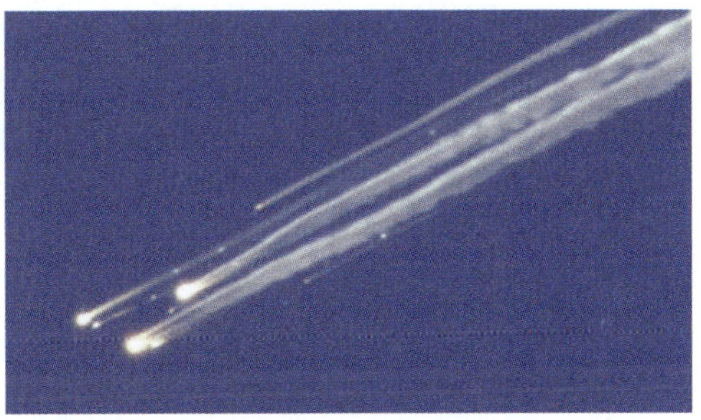

□ 그림설명 2534, 1986년 25번째 스페이스셔틀은 출발 직후 사고로 7명의 우주인이 희생되었다. 7년이 지난 2003년 7명의 우주인이 28번째로 임무를 완수하고 대기권에 진입한 후 폭발했다. 이것으로 스페이스셔틀 프로젝트는 막을 내리게 되었다.

2535 `sci`

Space-Cassini-Huygens Research Mission
(우주- 카시니-호이겐스 우주탐험선)

2004년에는 카시니가 공동 참여한 카시니–호이겐스 우주탐험선(Cassini–Huygens Space-Research Mission, 카시니(Cassini)라 짧게 부름)은 1997년 미국의 플로리다를 떠나 7년간에 32억km를 비행해 토성에서 가장 큰 달(Moon) '타이탄(Titan)'에 착륙하는 데 성공했다. 토성 행성(Planet Saturn)의 움직임과 토성 띠 그리고 토성의 위성들을 철저히 알아내기 위해 미국항공우주국(NASA), 유로피안 스페이스 에이션시(European Space Agency(ESA)) 그리고 이탈리안 스페이스 에이전시(Italian Space Agency (ASI))와의 공동협력으로 이뤄졌다. 탐색결과 '타이탄'은 대기를 가진 유일한 위성으로

S

지구와 같이 액체를 가진 최초로 발견한 천체로 확인되었다. 크기는 지구보다 50%가 더 크고 대지의 평균온도는 −182° C로 바위와 얼음덩이로 되어있다. 카시니 탐색선은 2017년 9월 15일 임무가 완료됨에 따라 신중히 고려하여 토성 표면에 고의로 충돌시켜 20년간의 임무를 모두 끝나게 했다.

□ 그림설명 2535, 토성의 62개의 달 중에 하나인 '타이탄'에 착륙한 카시니 탐험선 상상도.

2536 `sci`

Space- Messenger (우주- 메신저 탐사선)

2004년 8월 3일 수성을 향해 MESSENGER(전령)가 발사되었다. 메신저는 미국 항공우주국의 우주탐사선 임무를 띠고 지구를 떠나며 지구를 한 번 선회하고 금성(Venus)을 두 번 그리고 수성(Mercury) 자체를 세 번 비행 하여 10년 8개월 27일 만인 2011년 3월 18일 수성 궤도에 도착한 최초의 NASA 로봇 우주선이다. 메신저는 2011년에서 2015년 사이에 수성 궤도에 머무르면서 머큐리의 화학 성분, 지질학, 자기장 등을 연구하고 수성의 특성과 환경을 조사하기 위해서 수성을 선회하는 임무를 띠었지만 예정보다 3년 동안을 더 연장해 응용 물리 실험실을 가동하며 우주선 속성을 재조사했다.

□ 그림설명 2536, 수성과 금성을 오가며 조사와 연구 임무를 수행한 '메신저' 탐색위성.

이름 MESSENGER는 MErcury Surface, Space ENvironment, GEochemistry, Ranging의 글자에서 딴 약자이며 고대 로마신화(Ancient Roman Meths)에 나오는 메신저 신 (God of Messenger)인 머큐리(Mercury)를 뜻하여 붙여진 이름이다. 이것으로 행성인 수성 궤도를 비행한 우주선은 두 번째이다. 그 첫 번째는 마리너 10(Mariner 10)이 1974년에서 1975년 수성 궤도를 3번이나 돌며 수성의 지면의 일부의 지도를 만들었고 메신저에 의해 2013년 100%의 지도를 완성했다. 이후 우주선은 2015년 4월 30일 수성 표면에 충돌시켜 NASA의 메신저는 10여 년 동안의 여정 끝에 임무를 마감시켰다.

Space- Kepler Mission (우주- 케플러 우주망원경)

2009년 3월 7일, NASA 케플러우주망원경(Kepler Mission) 설치 2011. 천문학자 요하네스 케플러(Johannes Kepler, 1571-1630)의 이름을 딴 케플러 우주망원경이 'K2'라는 별칭으로 임무를 띠고 망원경의 무게 1,052.4kg을 지구의 태양 중심(Heliocentric) 궤적인 지구로부터의 고도 151,587,522km에 올려 초당 5.892km/s의 속도로 외계 행성, 초신성, 활성 은하핵 등을 3년 반가량 탐사하는 계획이었으나 실제로는 9년간이나 임무를 수행했다. 현재는 은퇴하여 활동을 중지하고 있다.

□ 그림설명 2537, 외계행성을 찾는 임무를 띤 케플러 망원경.

Space- Tiangong 1 (우주- 톈궁 1호)

2011년 9월 29일에 중국은 '톈궁 1호(Tiangong 1)'를 발사하여 세계에서 3번째로 우주정거장을 보유한 나라가 되었다. 톈궁 1호는 유인우주선과 도킹 실험을 하는 등 임무를 수행했으나 연료 부족으로 통제 불능의 상태로 추락했다. 중국 최초의 우주실험실인 톈궁 1호는 2017년 후반기에 궤도를 이탈하며 추락 속도가 점차 빨라져 대기권에 돌입하면서 대부분 불타며 남아메리카로 향해 바다에 떨어져 사라졌다. 톈궁 1호는 길이 10m, 폭 3m, 중량 8.5ton으로 대부분은 대기권 진입 시 생기는 마찰열로 연소되지만 일부 강한 부품이 남아 떨어지면 큰 피해를 줄 수 있었다. 결국 '톈궁 1호'는 2018년 4월 2일에 대기권에 진입해 불타며 남태평양에 떨어졌다. 또한 2016년 9월 15일에 발사한 '톈궁 2호'는 무게 8,600kg, 궤도 높이393km 저궤도에서 초속 7.68km로 비행했다. 당조의 계획으로는 2015년에 발사될 계획이었으나 실제로는 2016년 9월 15일에 발사되어 2016년 10월 19일 서저우 11호(Shenzhou 11)와 성공적으로 도킹했다. 두 명의 우주 비행사가 톈궁2에 탑승하여 무중력 때 생리적으로 미치는 영향을 시험했으며

S

여러 과학기술에 의한 유지 보수 기술에 대한 인간과 기계기술과의 관계를 테스트했다. 그러나 2018년 6월 텐궁2는 궤도가 낮아지는 일이 생겨났으며, 처음에는 정상궤도로 돌릴 수 있게 수정할 수 있을 것으로 여겼다. 이때, 우주 뉴스의 앤드류 존스(Andrew Jones, 2018년 6월 20일자)는 "중국은 그들의 텐궁2의 실험실이 있는 우주정거장의 궤도를 정상 궤도로 돌릴 준비를 하고 있는 것으로 보인다."고 말했다. 그러나 과학경보지의 미셸 스타(Michelle Starr, 2018년 6월 25일)는 "중국의 우주정거장은 며칠 동안 지구에 너무 가까이 있지만 중국정부는 아무 말도 하지 않고 있다."고 했다. 그리고 2019년 7월에 와서는 텐궁2는 궤도에서 벗어나 탈선할 것으로 파악이 되었지만 구체적으로 그 날짜는 밝혀지지 않았다. 그러나 중국의 우주정거장은 7월 19일에 대기권으로 낙하하며 불에 타서 남태평양에 수장되었다.

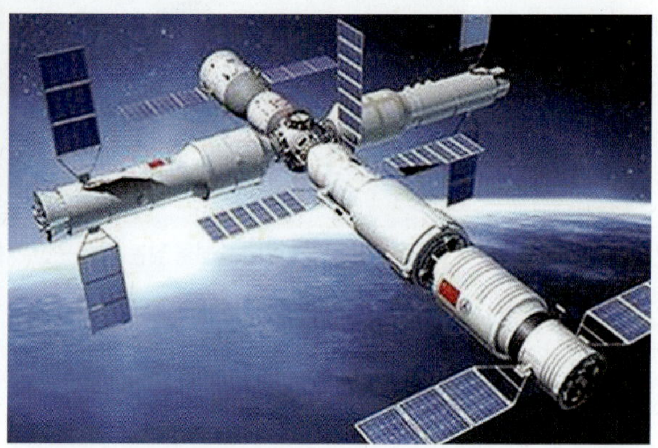

□ 그림설명 2538, 중국의 '텐궁 1호' 우주선 발사장면과 우주정거장.

2539 `sci`

Space- Rosetta Probe on comet (우주- 로제타 탐사선)

로제타(Rosetta) 착륙선 필래(Philae)는 2014년 11월 12일에 혜성(Comet)의 중심부 표면에 최초로 착륙한 우주선이다. 이 우주선은 태양계의 생성을 알아내기 위해 10년 전인 2004년 3월 2일 프랑스령 기아나에 있는 유로 우주센터(Euro Space Center)에서 아리안5 로켓에 실려 발사됐었다. 로제타의 무게는 착륙선인 필래를 합쳐 100kg이며 그곳까지 비행한 거리는 5억1,000km로 10년 8개월만인 2014년 8월 6일 혜성근처에 도달하여 30~10km의 근거리에서 선회하다가 로제타로부터 분리된 착륙선 필래가 내려가 혜성에 착륙을 수행했다. 이 혜성의 이름은 67P, 추류모프 - 게라시멘코(Churyumov–Gerasimenko, 1969년 혜성을 발견한 사람의 이름)라 불리는 목성의 별로 공전주기 2,352일로 태양 궤도를 선회한다. 지름이 4km밖에 안 되는 작은 땅덩어리로 로제타 우주선의 태양 열판이 32m인 것과 비교해 이 혜성의 지름은 약 125배 정도밖엔 안 된다. 혜성의 중력은 지구의 10,000분의 1밖에 미치지 않아 중력이 약해 착륙 시에 필래가 반동으로 튀어 오를 것을 감안해 최초 터치다운에서 작살 바늘이 땅에 박히며 착륙선을 고정시킬 준비를 했으나 두 번 튀어 올랐다가 Ma'at 지역의 깊은 그늘 골짜기에 처박혀 태양에너지에 의한 배터리 충전 부족으로 교신접속이 중단되었다. 그리고 2015년 6월과 7월에 통신이 잠시 복원되었지만 태양 에너지의 감소로 인해 착륙선 Philae는 지구와의 통신이 2016년 7월 27일에 꺼지게 되었다. 탐색선은 10년 8개월의 기나긴 여정 뒤에 주어진 임무를 수행하지는 못하게 되었지만 로제타는 필래를 잃은 채 혜성을 따라 가고 있다가 우주개발 규칙에 따라 2016년 9월 30일 그 기능을 완전히 소멸시키고 끝나게 되었다.

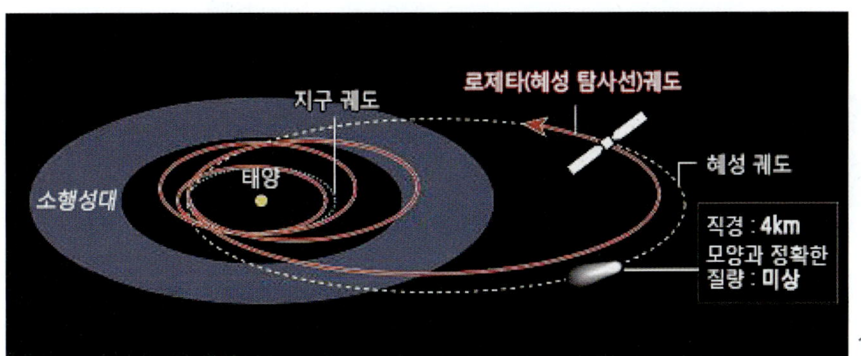

□ 그림설명 2539-1, 지구와 혜성 그리고 로제타의 10년간의 비행궤도.

-2, 지름 4km의 추류모프-게라시멘코 혜성의 모양.

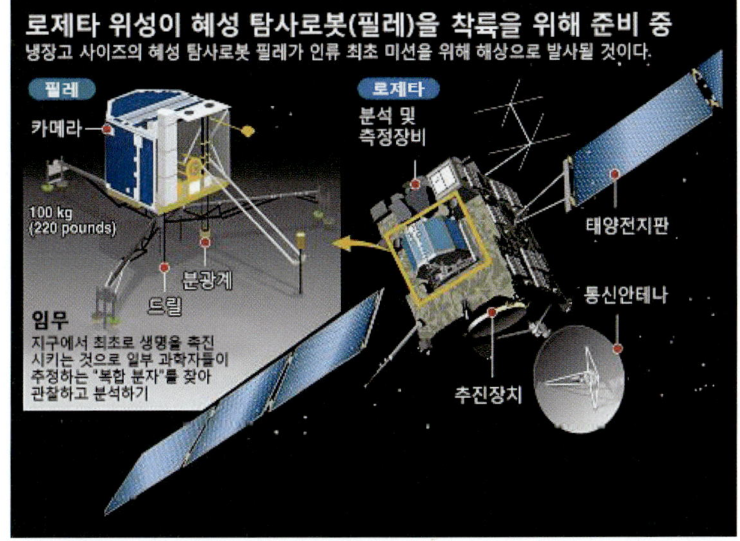

-3, 착륙선 필래와 필래를 싣고 온 로제타 탐색선.

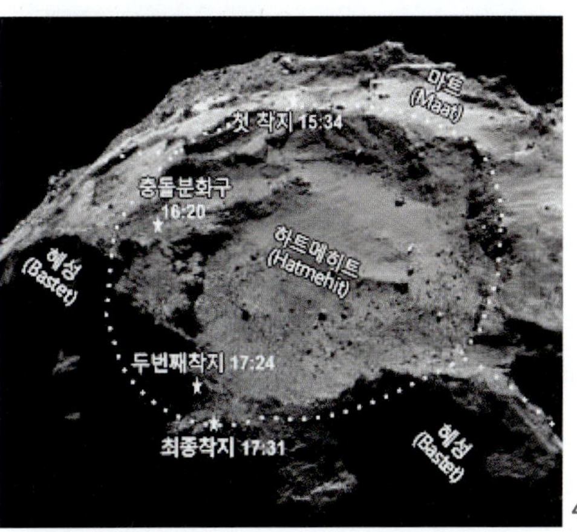

-4, 혜성의 Ma'at지역에 오후 3시 34문 첫 번 삭시 우 반동으로 46분 후 분화구 가장자리에 충돌하며 5시 24분 2차 착지, 7분 후 5시 31분 태양광이 미치지 않는 계곡에 처박혀 안타깝게 생명을 다했다.

S

2540 `sci`

Space- Women Spacewalk (우주유영)

2019년 10월 18일 NASA는 여성들만으로 구성된 우주인들을 보내 여성들로는 처음으로 우주선 밖으로 나가 국제우주정거장(International Space Station)의 동력제어장치(Power Controller)를 교체하는 이정표(Milestone)를 수행했다. 크리스티나 코치(Christina Koch, 1979-)와 제시카 메이어(Jessica Meir, 1977-)는 여성으로 우주를 유영(Spacewalk)한 최초의 우주인이 되었다. 이 역사적인 성공에 대해 당국자들은 최초로 남성이 달에 첫발을 디딘 것과 같이 다음은 여성 우주인들이 달에 착륙하고 그리고 화성을 향해 정진할 수 있을 것이라며 이 두 여성 우주인들을 위해 축하연을 베풀어 주었다.

□ 그림설명 2540, Koch(좌), 동력장치교체작업 중(가운데), Meir(우)

2541 `sci`

Space- Year 2021 and the Future (우주- 2022년 그리고 미래)

구소련(Soviet)이 1957년 10월 인류최초의 인공위성 '스푸트니크 1호(Sputnik 1)'를 우주에 쏘아 올리며 세계를 깜짝 놀라게 한 이래 구소련과 미국과 경쟁적으로 시작된 우주를 향한 인류의 도전은 그만큼 우리는 많은 것을 알게 되었다. 과연 우주에 사는 생명체는 우리 지구인뿐인가? 우주는 알면 알수록 가슴이 답답해 온다. 한없이 무한한 우주는 끝자락이 너무 광활해서 수 조년(Billions Years)을 달려가더라도 도달할 수 없는 곳이다. 아마도 가까운 곳은 수천 년, 수만 년을 여행하는 동안 여행객들은 가사상태로 잠들어 있다가 목적지에 도착하면 다시 생명으로 돌아올 수 있지 않을까? 과학은 아마도 답을 찾을 수 있을 것만 같다. 지금은 미국이 러시아와 경쟁하며 우주에 생물체를 찾아 헤매지는 않는다. 아마도 지구 땅덩어리에 팽창하는 인구밀도로 오히려, 다른 행성을 찾아 이민을 갈 수 있을까가 더 궁금한 현실일 것이다. 이런 꿈을 이루기 위해

지구의 민간인들이 상업적으로 경쟁을 시작했다. 현재로는 실험 중이어서 경쟁자들이
벌리는 여러 방식을 방송을 통해 볼 수 있다.

2542 `sci`

Space- Virgin Galactic (우주- 버진 갤락틱)

영국의 빌리오네어(Billionaire, 억만장자)인 리처드 브랜슨(Richard Branson, 1950-)은
그의 회사 버진그룹(Virgin Group)의 회장으로 2004년 처음으로 민간주도 우주탐사 기
업을 창립하고 그 첫 번째 '민간우주여행' 사업으로 목표를 세우고 버진 갤락틱(Virgin
Galactic)이란 이름으로 우주여행의 관문을 열었다. 이들은 초음속 추진 체 엔진(마하
3)을 차용하기위해 영국의 항공기 엔진 메이커 롤스 로이스(Rolls Royce)와 기술협약
을 맺었다. 슈퍼소닉(Supersonic) 엔진을 사용했던 초음속여객기 콩코드(Concorde,
2,179kph)가 이착륙소음으로 사라진지 20여년(1969-2003년 비행)이 지나 부활된 것이
다. 우주선의 좌석은 9명에서 19명사이로 여객기처럼 1등 좌석과 비즈니스 석을 구분
하여 어떻게 구성하느냐에 따라 좌석 배열이 달라지기 때문이다. 관광객은 이미 600명
이상이 이 '버진 갤락틱'을 타고 우주관광을 하겠다고 줄을 서 있다. 이 회사를 설립한
브랜슨은 관광객들을 태우고 2021년에는 첫 민간우주관광업이 이루어지기를 기대하
고 있다. 버진 갤락틱의 '스페이스 쉽2 VSS 유니티'는 미국항공우주국(NASA) 출신 우
주 비행사 2명을 포함한 총인원 8명을 태우고 지난 2018년 12월과 2019년 2월 두 차례
에 걸쳐 우주의 경계로 인식되는 해발 82.7km 고도까지 탄도시험 비행에 합승하고 무
사히 귀환한바 있다. 또한 버진 갈락틱은 다음 비행에서 우주선에는 4명의 미션전문
가(Mission Specialist)들이 시험비행을 할 것이며 성공해 돌아오면 버진 갤락틱사의 회
장인 리차드 브렌슨(Richard Branson) 자신도 우주비행을 할 것으로 계획하고 있다.

□ 그림설명 2542, 90분간 관광비행 비용은 USD250,000으로 뜻있는 사람들이나 짜릿한 맛을 즐기려는 고객들이다.

2543 `sci`

Space- Space X (우주- 스페이스 엑스)

스페이스 엑스(Space X)사의 스타 쉽(Starship, 행성 간 우주선) 운행에 관해 여러 미래 계획들이 2017년 12월에 엘론 머스크(Elon Musk, 1971-)에 의해 발표되었다. 스페이스 X는 미국의 항공우주 장비를 제작하여 우주로 수송하는 비용을 절감하려는 업무를 세운 회사이다. 우주로 올리는 수송비용을 줄이고 화성을 식민지화하겠다는 목표 아래 2002년 인터넷 벤처기업 페이팔의 창업자인 엘론 머스크가 설립한 회사이다. 계획은 그동안 우주개발에서 사용된 그 어느 엔진보다 강력한 랩터 엔진(3 Raptor Engines) 3개를 사용해 고고도 비행시속 2,227마일 로켓을 발사해 정점(Apogee) 10km 지점에 도달할 수 있게 한 직후 모두 차례로 엔진을 끄고 1단과 2단에 재 점화시켜 캡슐을 회수하여 완전 재사용할 수 있는 실험(SN7, SN8)에 성공했다. 그러나 SN9 실험에서 회수 때, 랩터 엔진 하나가 재 점화가 되지 않아 속도를 제어하지 못하고 지상에 정확한 지점에 돌아왔으나 충격으로 폭발하고 말았다. 스타 쉽은 로켓의 전방 2개와 후방 2개씩 독립적으로 움직일 수 있는 플랩(날개)을 장착하고 있어서 컴퓨터에 의해 역학적으로 방향을 수정할 수 있고 능동적으로 공기를 제어해 하강 착륙할 수 있게 설계되어 있다. 이 실험은 행성 간에 장기비행에서 승무원은 물론 처음 시도하는 우주망원경등 100톤 이상의 무게를 실어 나를 수 있고 최후 목표는 인류가 화성에 도달해 적응하려는 목표인 것이다. 이 회사에는 현재 9,500명의 직원들이 일하고 있다.

□ 그림설명 2543, 스페이스 엑스는 이륙할 때 2단계 방식의 Falcon 9 Rocket 을 사용하며 이륙 때 500만 파운드(747항공기 18대의 무게)를 올릴 수 있는 힘을 가지고 있다.

2544 `sci`

Space- Blue Origin (우주- 블루 오리진)

블루 오리진사는 CEO로서 아마존 닷컴(amazon.com), 워싱톤포스트(Washington Post)를 경영하는 제프리 베이조스(Jeffrey Bezos, 1964-)에 의해 2000년 9월에 블루 오리진 회사를 설립했다. 인간이 달 정착을 위한 계획을 세우고 지난해 2020년 협력사인 록히드 마틴(Lockheed Martin), 노스롭 그룸만(Northrop Grumman), 나사(NASA)의 과학자 총괄 대리인(Deputy Chief Scientist)인 데이비드 드레이퍼(David Draper)와 더불어 나사(NASA)와 함께 새로운 미래형 달착륙선을 개발하고 있는 회사이다. 이 회사 역시 다른 경쟁회사들과 마찬가지로 재사용이 가능한 우주항공기를 만들었다. 불러 뉴 셰퍼드(New Shepherd)로켓은 단독 비행을 하며 사람들의 왕래와 짐을 나를 수 있도록 특수 설계되었다. 뉴 셰퍼드는 12 로켓하중(12 Payloads)과, 나사(NASA)가 만든 디오빗(Deorbit, 하강, 착륙 센서 장치(Descent and Landing Sensor)를 장착한다. 이 장치는 나사의 아르테미스 프로그램(Artemis Program)에 사용될 착륙 기술을 시험한다. 아르테미스 프로그램은 두 명의 우주 비행사를 2020년에 달로 보내, 2024년 말까지 달과 달 표면에 지속적인 인간의 거주지를 건설하는 프로젝트이다. 시험 중에서 비행에 사용되는 기술들은 센서, 컴퓨터, 알고리즘 등이 작동하여 우주선이 달에 도착할 때 시각을 이용해서 착륙지를 찾는 것이 아니라 항공기자체가 위치와 속도를 정하여 예상 도착 지점의 100미터 오차 안에서 자동 착륙할 수 있게 하는 것이 목표이며 이러한 기술들은 아폴로 미션에서는 착륙지점을 겨냥하는 것은 불가능했던 일이었다. 뉴 셰퍼드는 로켓과 캡슐장치로 구성되는데, 이 두 장치 모두 재사용되는 것이다. 로켓은 수직 상승을 위한 동력에 사용되고 캡슐과 모체 모두 지구로 돌아온다. 이 방식은 스페이스 엑스(Space X)사의 로켓 비행 때 적용된 것과 같은 방식이다.

□ 그림설명 2544, 뉴 셰퍼드'는 민간 우주여행용 '자율주행 로켓'이다. 관광객은 100km까지 치솟아 무중력상태를 경험하는 단기 우주관광을 목표로 개발됐다.

2545 `sci`

Space- James Webb space telescope (제임스 웹 우주망원경)

제임스 웹 우주망원경은 미국항공우주국(NASA)이 주도해 유럽우주국(ESA), 캐나다 우주국(CSA)이 공동으로 개발한 최첨단 우주망원경이다. 이미 1990년, 지구의 저궤도에 쏘아 올렸던 허블우주망원경(Hubble Space Telescope)이 그동안 막대한 임무를 수행했고 아직은 활동 중에 있지만 노후화 되어 허블의 뒤를 이을 매우 첨단적인 장비를 가춘 천체망원경이다. 허블(Hubble)우주망원경이 1990년 발사된 직후 1996년부터 차세대를 이을 새로운 우주망원경을 개발해 발사할 예정이었으나 막대한 비용(3,510억 달러)문제로 2001년부터 미뤄져 오다가 2019년에는 코로나(Covid-19 Pandemic)로

S

더 지체되었었다. 결국은 2021년 12월 25일 프랑스영인 기아나우주센터(Guiana Space Center, 1968년 남미북동부에 설립)에서 프랑스가 개발한 아리안(Ariane, 5단식 액체연료로켓)에 실려 발사되었고 성공리에 궤도에 진입해 자리 잡았다. 임무는 제임스 웹에 장착한 가시광선과 적외선 카메라를 이용해 아주 멀어서 아직 보지 못했던 외계행성의 대기를 연구하며 한 자리에서 우주를 탐험할 계획이다. 금도금된 6각형 거울 18개를 맞붙인 렌즈의 지름이 6.5m(허블의 렌즈구경 2.4m)에 달한다. 무게는 6.5톤이나 되며 카메라제작비용만 110억 달러나 된다. 이 JWST는 29일간 비행한 후 태양과 지구의 중력이 서로 적절한 위치인 해일로(Halo, L2)지역에 주차해 오는 2031년까지 임무를 수행한다. 이 망원경의 주목적은 1.우주의 끝을 관측해 그 기원을 알아내기를 원하며 2.광활한 태양계 밖의 외계행성과 지구의 관계를 알아내려 한다. 3.외계인의 존재 여부를 밝혀내려고 한다. 1924년 12월 천문학자인 에드윈 허블(Edwin P. Hubble, 1889-1953)이 750억 광년 밖에서 나선형으로 돌고 있는 안드로메다 성운(Spiral Nebula Andromeda)이 우리 은하수(Our own Milky Way) 밖에 광활한 우주 공간에는 성운(Nebula)이 수없이 많다는 것을 처음으로 발견한 사람이었다. 우주과학이 발전한 지금 우주에 존재하는 별들은 약 4만조(40,000,000,000,000,000,000,000) 개로 추측해 계산하고 있다. 과연 지구는 유일한 생명체가 존재하는 행성일까? 광활한 우주 속에 다른 생명체가 산다면 어떤 모양을 하고 있을까? 약육강식으로 먹고 살까? 교육수준이 있을까? 오락으로 어떤 것을 즐길까? 성장한 지구인이라면 이런 질문은 누구나 할 듯하다. 이러한 궁금증을 제임스 웨브 우주망원경이 풀어보려는 것이다.

2546 `ani` `pic`

special effects (특수 효과)

영화나 일반 스틸(Still) 이미지 위에 특별한 효과를 추가하여 화면의 완성도를 높이기 위해 작업하는 것을 뜻하는 말이다. 이 특수 효과는 영화 촬영이 완성된 후 추가적으로 화면을 보강하여 관객이 느끼는 시각적 효과를 극대화시키는 역할을 한다. 예를 들어 조지 루카스(George Lucas, 1944-)가 1976년에 제작한 스타워즈(StarWars) 중에 광선검(Laser Sword) 장면이 있는데 영화에 출연한 배우들의 손에는 전지만 들고 있고 광선은 촬영이 완성된 필름과 정교하게 한 프레임씩 레그(Registration)를 맞추어 그림으로 그려 옵티컬 프린트(Optical Print)의 공정을 거쳐 효과를 합성한 것이다. 이와 같이 특수 효과의 활용은 영화 전편에 걸쳐 화면 일부에 이루어진다. 그러나 최근에 와서는 이미지의 특수 효과 정도를 지나 영화 전체가 3D 특수 효과적으로 발전하여 크게 영화의 완성도가 높아졌다. 특수 효과의 사용 목적은 1) 화면이 단조로운 곳에 시각적인 효과를 추가하여 일반적인 카메라 테크닉(Technic)으로 처리할 수 없는 특별한 효과를 말하며, 촬영 후 매트(Matte), 접사촬영 장면, 다중 이미지 몽타주, 화면분할, 특수 프린팅(Optical Printing) 기법 등으로 만들어진 특수효과 부문을 편집하여 완성하는 방법으로 이루어지게 된다. 2) 폭발, 화재, 비정상적으로 작동하는 운송 수단(보트, 기차, 역마차), 기타 신체적 시각을 조작하는 등의 물리적 테크닉을 이용한 효과를 말한다. 3) 와이프(Wipes), 인서트(Insert), 디졸브(Dissolve) 등과 같은 그래픽적인 요소들을 이용한 효과를 말한다. 4) 일반적으로 실제 배우의 연기나 물리적 효과를 사용하기에 위험하고 실행 불가능한 장면을 사실적으로 만들어 낼 때 사용되는 테크닉을 말한다.

✱ Special Effects Animation (애니메이션 특수 효과)

영화에서 부분적으로 나오게 되는 불, 연기, 물, 비, 눈 따위의 특수 효과 애니메이션은 별도로 분리해서 작업을 한다. 영화 한편에서 모든 효과의 모양과 속도 등이 일관성 있게 동일해야 하기 때문에 특수 효과 부서나 재능이 있는 애니메이터에 의해 일관해서 작업을 하는 것이 일반적이다. 애니메이션이나 장편 극영화에서 특수 효과는 물리적인 성질을 파악해서 관객들이 이해가 되어야 관객이 보편적으로 받아들일 수 있는 것이다. 또한 연출에 따라 비나 눈이 내리는 효과는 2개조로 나누어 만들어 한 조는 적게 내릴 때, 많이 내릴 때는 2조를 함께 사용할 수 있다. 또한, 순서가 틀리게 다른 번호를 가끔 섞어 그룹으로 함께 사용하면 폭우, 1개조만 노출을 줄여 연하게 사용하면 보통 비처럼 부드럽게 보여 편리하다. 또한 예를 들어 화면의 크기를 조절하면 장대비를 연출할 수 있다. 눈 내리는 효과도 유사한 방법으로 만들어 사용하고 단, 눈 효과는 비 내리는 효과보다 속도가 느림으로 이를 감안하여 그려서 사용한다. 함박눈은 2중 촬영으로, 화면의 크기를 정해 효과적인 눈을 만들 수도 있다.

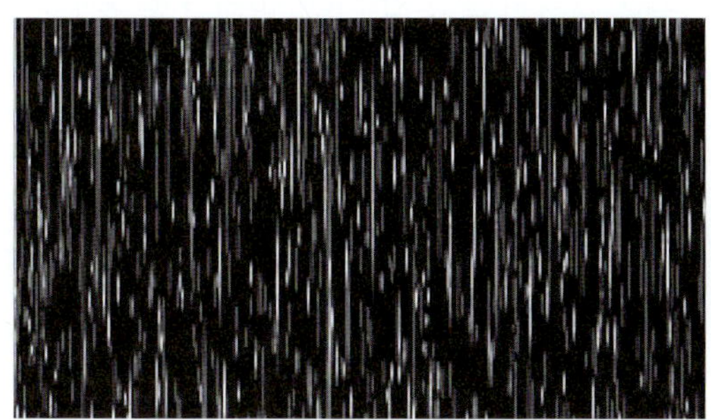

□ 그림설명 2546, 만들어 사용하는 애니메이션 특수효과 비(Rain)와 눈(Snow).

✱ 참조보기 (2503 - SFX)

2547 `sci`

spectrum (스펙트럼, 분광)

태양빛에서 오는 가시광선의 기본 색깔 RGB(Red, Green, Blue)를 뜻하는 말이다. 빛이 프리즘을 통과할 때 생성되는 컬러 밴드. 빨강, 주황, 노랑, 초록, 파랑, 남색, 보라색이 담겨 있고, 또한 양쪽 극치에는 눈에 보이지 않지만 적외선 파장들이 빨강색 부분을 넘고 자외선 파장들이 보라색 부분을 넘어서는 효과들이 담겨 있다. 이 RGB 색을 분석한 디지털 색감은 총 16,700,000색에 이른다.

□ 그림설명 2547, 7색 가시광선(좌) 개가 못 보는 적(R)과 록(G)색(우)

2548 `ani` `pic`

speed (속도, 감광도의 속도, 필름의 속도, 영화의 속도)

1) 필름 감광유제의 빛에 대한 상대적인 감광도를 말하며 일반적으로 ASA, DIN으로 표시한다(수치가 높을수록 필름의 감광도가 빠름). 2) 카메라에 빛이 허용되는 렌즈 조리개와 셔터 속도의 최대 용량으로서 일반적으로 최대 F-스톱 숫자로 표시되어 있다. 3) 영화필름 프레임(Frame)이 카메라를 통과해 지나가는 속도. 무성영화에서는 초당 16 프레임이상으로, 유성영화에서는 초당 24프레임, 디지털에서는 초당 30프레임이 카메라를 통과해 지나간다. 카메라들은 또한 가속화된 모션(Motion)이나 슬로우 모션(Slow Motion)을 위해 좀 더 빠르거나 느린 속도로도 촬영하여 움직임을 볼 수 있다.

✽ 참조보기 (0318 - Camera Speed)

2549 `ani`

speed line effect (스피드 라인효과)

1) 일반적으로 출판만화에서 정적인 그림에 지금 빠르게 움직이는 물체처럼 표현하기 위해 물체 뒤에 남겨진 이미지를 표현할 때 쓰는 기법이다. 2) Speed Line은 빠른 이미지를 느리게 보이도록 하기 위한 기법중 하나이기도 하다. 이 스피드 선은 물체가 떠나

면서 남긴 산물로 움직이는 물체와 함께 이동하지 않고 화면에서 오래 남아 있거나 그 자리에서 소멸돼야 효과적이다. 기본적으로 영화에서 시각효과를 표현하기 위해서 시각이 주는 순간(Flash)을 상징적으로 표현하는 기법이다.

□ 그림설명 2549-1, -2, 만화에서 스피드라인 보조선들은 빠른 속도를 표현한다.

-3, 우주 음속을 표현한 효과.

-4, 대기권의 진입효과.

2550 gen

spider box (스파이더 박스, 문어발)

전기를 공급해 주는 플러그의 전기를 사용하기위해 다수의 선이 접속기에 플러깅(Plugging)된 상태로 많은 전깃줄이 뻗어 나온 모양을 빗대서 거미(Spider) 거미집이라고 부르는 말이다.

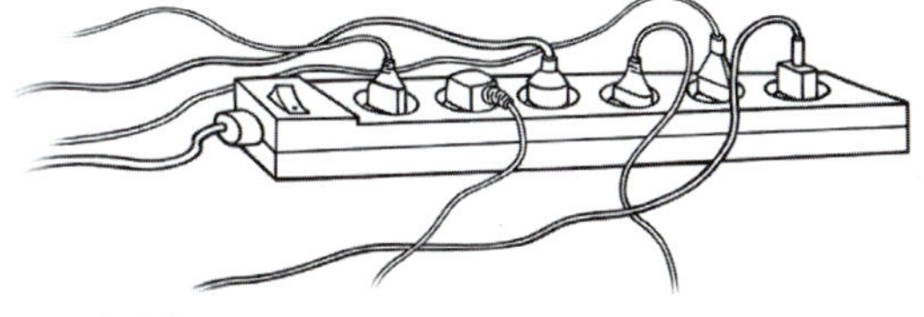

□ 그림설명 2550, Spider Box

2551 gen

spin (스핀, 회전촬영)

1) 헤드라인(Headline) 기사를 관객의 시선을 집중시키기 위해 TV 뉴스의 이미지가 회전하다 순간 정지해 고정되며 보여주는 방식을 뜻하는 말로 사용된다. 2) 카메라의 회전을 뜻하는 말로 PAN이 아닌 실제로 카메라가 옆으로 구르듯 돌아가는 것을 뜻하는

말이다. 그러나 이러한 촬영은 실제로 할 수 없으므로 특수 효과로 편집으로 다뤄지는 영화기술에 하나이다.

2552 `ani`

splat (납작해지다, 철석, 스플랫)

애니메이션의 동작에서 물기 있는 물체의 충돌을 시각적으로 강조하기 위해 극단적으로 표현하는 애니메이션 기법 중 하나이다. 이 기법은 일시적으로 유머적인 애니메이션 효과를 얻기 위해 사용된다. 예를 들어 어느 물체가 높은 곳에서 떨어져서 종이처럼 납작해졌다가 다시 정상으로 돌아가는 장면을 연출한다거나 수영장에서 다이빙할 때, 머리부터 입수하지 않고 배 바닥으로 떨어진다거나 물기 있는 물체가 땅에 떨어지며 납작하게 흩어지는 것 등을 말한다.

□ 그림설명 2552, 스플랫 효과들의 예.

2553 `ani`

splicer (접합기, 스플라이서, 필름편집)

일반적으로 35mm의 영화 필름편집에서 양쪽 필름의 끝을 순서대로 붙여 하나의 연속적인 필름으로 접합하는 것을 편집이라 한다. 필름 편집방법은 여러 가지가 있다. 재래식의 필름을 붙이는 기본적인 방법은 필름 한쪽 끝의 감광유제를 긁어내고 필름 양쪽 끝을 겹쳐 접합시키는 오버랩 시멘트(Overlap-Cement) 방식이 있고 랩 스플라이서(Lap Splicer)는 열을 가해 접착하는 방식이 있는데 두 가지 모두 영구적으로 접착하는 방식이다. 또한 필름 양쪽 끝부분을 맞대어 투명 테이프로 붙이는 버트 스플 라이스(Butt Splice)의 방식은 재편집이 가능하도록 러시필름(Rush Film) 편집에 흔히 사용되는 방식이다. 오버랩 시멘트 스플라이스 방식은 영구적인 편집임으로 신중을 기한다. 반면 테이프로 붙이는 버트 스플 라이스는 방법이 용이하여 워크프린트(Work Print)에는 보통 버트 스플라이서 방식이 사용된다. 하지만 버트 스플라이서 방식은 견고하지 않아 중요한 편집에는 대부분 시멘트 스플라이서가 사용된다. 그리고 35mm 사운드전용 마그네틱 필름을 편집할 때는 사운드트랙(Sound Track)을 손상시킬 수

있는 시멘트 스플라이서 대신 필름을 약간 대
각선으로 커팅하여 한쪽에만 테이프를 붙이는
버트 스플라이서 방식을 사용한다. 흔히 잘 사
용되지 않는 방법으로는 버트 웰드 스플라이
서(Butt-Weld Splice)가 있는데 열과 압력으로
필름 양쪽 끝을 붙이는 방법이다. 필름이 폴리
에스터 성분인 경우 접착제로 붙여지지 않기
때문에 테이프로 붙이거나 양쪽 끝을 접착해주
는 초음파 스플라이서로 필름을 붙이는 방법도
있다.

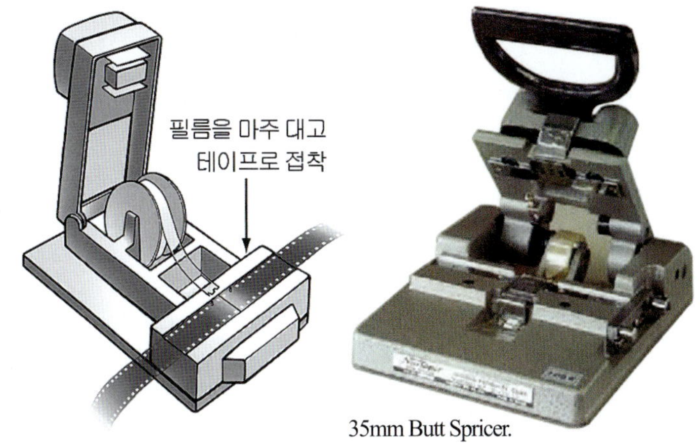

□ 그림설명 2553, 필름을 맞대고 테이프로 붙이는 버트 스프라이서.

2554 `pic`

split (스플릿, 화면분리)

한 화면 속에서 2개 이상으로 화면을 만들 때 사용되는 뜻이다.

✱ split screen (스플릿 스크린)

1) 필름의 한 화면을 두 부분 이상으로 분할하여 각기 다른 이미지를 한 화면에 담는
것을 말하며, 카메라나 프린트 작업 시 광학 처리를 통해 이루어지는데 이것은 옵티컬
프린터(Optical Printer)에 의해 새래방식으로 이루어진다. 2) 텔레비전의 경우 전자
적(Electronic) 방식으로 두 대 이상의 카메라가 각기 다른 주제의 장면을 촬영해 스크
린 프로세스(Screen Process)를 통해 같은 한 화면 안에서 보여주는 것을 말한다.

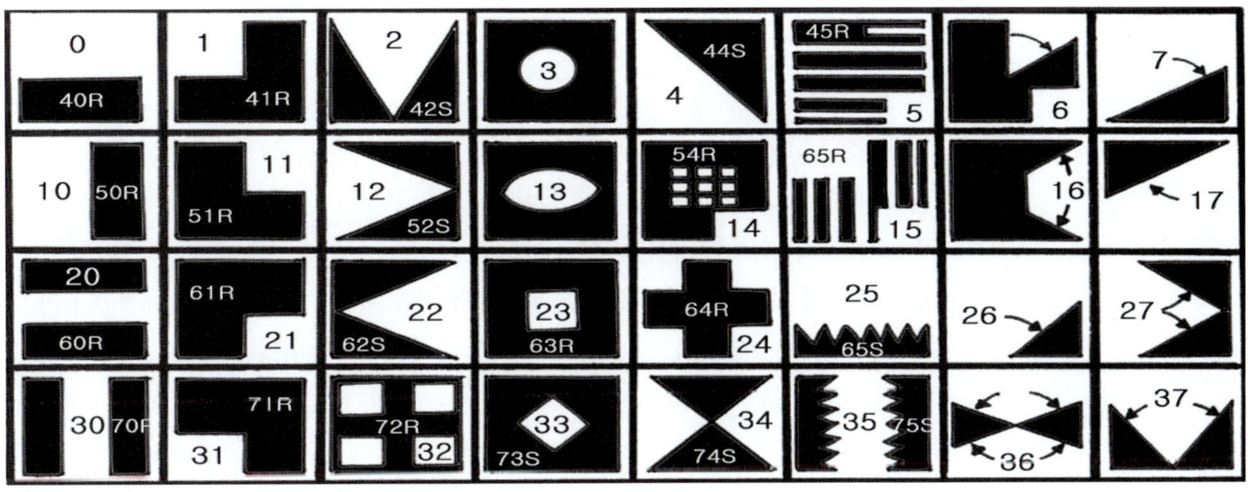

□ 그림설명 2554, 스플릿 스크린에 사용되는 여러 기능.

2556 `gen`

sponsor (스폰서)

1) 텔레비전이나 라디오 프로그램의 제작비를 부담하기로 서명한 광고 회사를 말한다.
2) 프로그램의 방송시간에 인접한 광고 시간대의 전부 또는 거의 대부분을 구매한 광고 회사를 말한다. 3) 영화 제작을 위한 계약상의 회사나 단체를 말한다.

2557 `pic`

spool (스풀, 실패)

금속으로 된 검정색 원통 모양의 이 실패는 16mm 필름을 감아 빛을 차단하는 목적으로 사용된다. 일반적으로 카메라에 필름을 장전할 때는 어두운 암실에서 400자나 1,000자 길이의 필름을 마가진에 넣어 사용하지만, 스풀에 감겨 있는 이 필름은 100자나 200자 길이로, 스풀(우측 2개 그림)로 빛을 차단해 줌으로 야외에서 낮에 빛에 관계없이 카메라에 장전할 수 있게 되어 있다. 지금은 사용하지 않는다. 아래 1번은 릴(Reel)이라 하고, 2와 3번은 스풀이라 구분하여 사용한다.

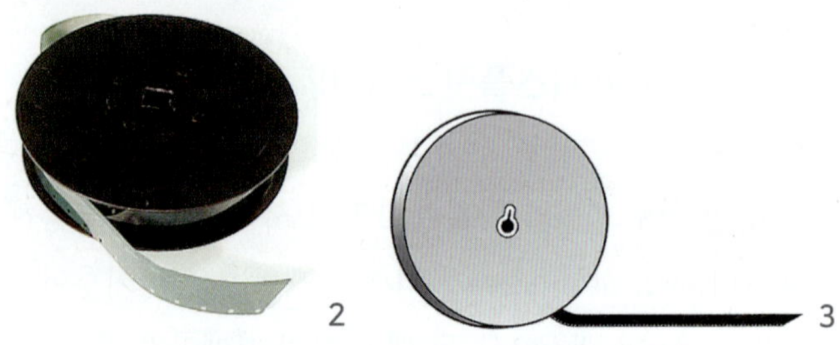

□ 그림설명 2557-1,
8mm 프린트필름 릴.

-2, -3, 16mm 카메라에만 필름 스풀(광선 차단용)을 사용한다.

✻ 참조보기 (2230 - Reel)

2558 `pic` `gen`

spotlight (스포트라이트, 집중조명)
✻ spotting (스포팅, 집중광선)

광선을 좁게 영사해서 빛이 특정한 피사체나 지점 위에 원형으로 정확하게 초점이 맞을 수 있게 하는 빛의 휘도(Luminance)를 말한다. 이 같은 휘도는 조명등 뒤에 있는 반사경과 앞에 있는 렌즈를 통해 어느 부분만을 조명할 수 있다. 스포트라이트는 주로 앞 상단에서 피사체를 향해 조명하지만 간혹은 피사체의 뒤쪽 숄더(Shoulder, 어깨)를 조명한다.

□ 그림설명 2558, 스포트라이트는 어느 피사체를 집중 조명한다.

2559 `pic` `equ`

sprocket (스프라켓, 톱니)
*sprocket wheel (스프라켓 휠, 톱니바퀴)

필름을 돌려주는 톱니바퀴를 가리켜 부르는 말이다. 필름이 카메라나 영사기를 통과해 움직일 때 이 톱니바퀴가 필름에 뚫려있는 천공(구멍)에 맞게 돌아가며 필름을 돌려준다. 이 시스템은 1888년 이스트만 코닥(Eastman Kodak)이 개발한 이후 120년간이나 개조 없이 사용된 탈(Trouble)이 없는 정밀하고 과학적으로 디자인 된 메커니즘(Mechanism)이다. 필름에 뚫려있는 천공들은 한 프레임당 35mm 필름에는 4개씩 양쪽으로 있고 70mm에는 좌우 각 5개식, 16mm 필름에는 좌우 1개씩이 뚫려 있다.

□ 그림설명 2559, 필름을 돌려주는 스프라켓(톱니바퀴)과 촬영카메라의 Movement.

2560 `pic` `equ`

sprocket hole (스프라켓 홀, 스프라켓 구멍)
*perforation hole (퍼포레이션 홀)이라고 명칭 한다. 필름을 놀려수는 스프라켓

휠(Wheel)은 톱니바퀴 장치로 양쪽 필름의 가장자리에 있는 필름의 천공에 들어맞아 필름이 좌우가 일정하게 돌려주기 위해 뚫려있는 천공을 이르는 말이다. 촬영된 한 칸

S

에는 4개의 천공이 지나게 되고 24프레임으로 된 1초의 길이에는 96개의 천공들이 지나게 된다. 이 퍼포레이션은 카메라로 촬영할 때와 영사기로 영사할 때 속도의 변화가 없도록 하는 중요한 기능을 가지고 있다.

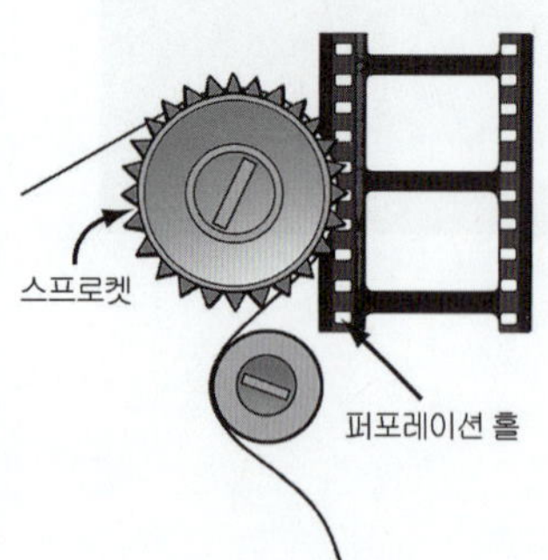

□ 그림설명 2560, 스프라켓 홀은 퍼포레이션 홀이라 부른다.

2561 `ani`

squash and stretch (스쿼시와 스트레치)

어떤 물체를 애니메이션으로 움직이려 할 때, 그 동작 표현을 중력이나 관성을 적용하여 과장해서 표현하는 한 방식을 뜻하는 말이다. 애니메이션에서 이러한 희화적인 방식은 은은하거나 과격하거나, 물리적으로 적용하게 되는 원리적 법칙이다. 예로; 화면에서 캐릭터들이 빠른 움직임을 멈추려 하거나, 고정되어 있던 캐릭터가 걷기를 시작하려 할 때, 물체가 땅에 떨어질 때, 중력에 의해 납작해지거나 다시 튀어 오를 때 길게 늘어나는 듯 보이게 하는 애니메이션 표현 기법들이다. 애니메이션에서 과장된 동작의 표현방식은 애니메이션만의 특권이라고 할 수 있다. 애니메이터들은 단 감독이 요구하는 정도에 따라 스쿼시나 스트레치를 표현할 수 있다. 애니메이션이라 해서 언제나 강력한 스쿼시와 스트레치를 사용하는 것은 아니기 때문이다. 그러나 혼돈하지 말아야 할 것은 그림으로 그려 애니메이션을 표현할 때는 근본적으로 동작에 중력과 관성 법칙을 의식하는 표현방식이어야 한다는 말이다.

□ 그림설명 2561-1, 스트레치 반응.

-2, 놀라워 할 때, 스콰시 앤 스트레치.

2562 `pic`

stabilization (안정화, 스테빌리제이션)

1) 이미지를 영구화하고 감광유제의 화학적 잔류물에서 생기는 후작용을 막기 위해 건조 직전에 안정화제를 사용하는 필름 공정 단계. 2) 카메라의 떨림을 안정시키기는 것을 말한다.

2563 `mus`

staccato (스타카토, 단주)

음악에서 사용되는 이탈리아어로서 '뜯어내다(Detached)'의 뜻으로 하나의 연주 방법을 의미하는 말이다. 인쇄된 악보에 주로 현악기 부분의 음표 위에는 점으로 표시되어 있고 빠르게 현을 뜯듯이 연주하게 된다. 간혹 활을 쓰지 않고 줄을 손가락으로 튕기며 단주(띄엄띄엄)한다.

□ 그림설명 2563, Staccato 연주기법.

2564 `gen`

staff (직원, 직업동료)

어떠한 작업을 수행 하기위하여 여러 사람이 그룹이나 팀을 이룬 것을 뜻하는 말이다.

2565 `ani` `pic` `art`

stage, staging (무대, 공정)

1) 공연이나 음악연주회 등을 하는데 사용되는 장소, 구조물, 사람이 올라설 수 있도록 바닥보다 높은 무대가 있는 장소를 뜻한다. 스테이지는 임시로 설치한 무대, 돌아가는 무대, 둥근 무대 등 여러 용도의 무대를 가리키는 말이다. 2) 영화 제작에서 한 공정이 끝나고 또 다른 공정이 이루어질 때에 쓰이는 말이다. 영화를 제작하기 위해서는 여러 단계를 거쳐 작업이 공정별로 완성된다. 이때 여러 곳에 각기 다른 공정별 작업을 하기 위해 배치되어 있는 스테이지에서 한 공정이 끝나면 다른 스테이지에 또 다른 공정을 거치게 되는데시 이 스테이지의 단어가 유래된 것이다. 3) 애니메이션이나 실사 영화에서 캐릭터의 동적인 움직임과 카메라의 위치, 각도, 조명 등을 계획하는 플로어 플랜(Floor Plan)을 말한다.

□ 그림설명 2565, 고전음악공연과 현대음악 공연 무대.

2566 `pic`

standard gate (스탠더드 게이트, 표준 게이트)
＊Academy Gate (아카데미 게이트)

영화 촬영 때 사용되는 프레임(Frame) 규격을 이르는 말이다. 가령 4:3 비례의 화면규격을 스탠더드 게이트 혹은 아카데미 게이트라고 부르는데 필름영사 시네마스코프(Cinemascope)나 파나비전(Panavision) 사이즈 비례의 화면은 이 스탠더드 게이트를 제거하고 필요한 게이트를 사용하게 된다. 어떤 형식의 영화를 만들지에 따라 창문과 같은 화면의 크기(Ratio)를 바꾸어 넣는 아파추어를(Aperture) 말하는 것이다.

□ 그림설명 2566, 35mm 표준 게이트(Ratio 4:3)

2567 `peo` `ani`

Starewitch, Ladislas (블라디슬라프 스타레비치)

러시아에서 애니메이션을 개척한 애니메이터인 스타레비치의 이름을 서방에서는 'Vladislav Starevich'라고 철자하기도 한다. 블라디슬라프 스타레비치(Starewitch, Ladislas, 1882-1965)는 모스크바에서 태어나 활동하다가 러시아혁명(1917)의 소용돌이를 겪으며 러시아를 떠나 파리로 이주해 계속 애니메이션 일을 했고 아내인 안나 짐

머만(Anna Zimmerman, 1906-1956)과 살다가 스타레비치는 1965년에 프랑스에서 사망했다. 살아생전 스타레비치는 러시아를 떠나기 전부터 곤충으로 애니메이션을 만든 예술가이다. 처음에 그는 살아있는 곤충 다큐멘터리를 찍으려고 했으나 실제 곤충을 가지고 영화를 찍는 것은 매우 어려운 것을 깨닫고 직접 손으로 곤충을 크게 만들어 곤충 인형 애니메이션을 찍게 되었다. 스타레비치는 곤충으로 당시 사회를 풍자해 냈다. 애니메이션으로 만든 <카메라맨의 복수(Miest Kino Operatora)>는 스타레비치가 아직은 러시아에 있던 1912년에 만든 것으로 그의 대표작으로 뽑는다. 이 작품으로 그는 세계 최초로 인형 애니메이션을 만든 사람이 되었으며 러시아 애니메이션의 시조가 되었다. 그가 만든 곤충 애니메이션은 너무나 정교하여 그의 필름을 본 사람들은 그는 필시 악마(Devil, 귀신처럼 무슨 일이든 할 수 있다는 의미)일 것이라는 오해를 받을 정도로 열정을 쏟은 애니메이터였다. 작품에서 단순히 곤충의 일상을 그린 것이 아니라 사실은 인간끼리의 얽힌 관계에 대한 본질을 보여주고 있다. 이야기 내용은─「시골 곤충인 '쥬꼬프'는 일을 해서 돈을 벌기위해 도시로 온다. 그런데 그곳에서 댄서인 '잠자리 여인'을

□ 그림설명 2567-1, 작업 중 스타레비치.

-2, <카메라 맨의 복수> 포스터.

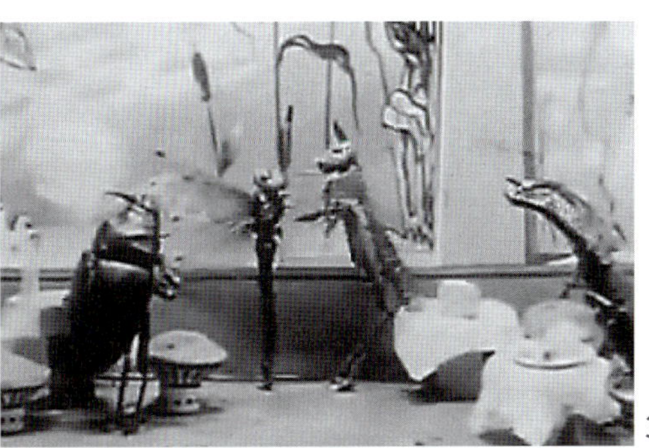

-3, <카메라 맨의 복수>의 한 장면.

-4, -5, <개미와 베짱이> 장면.

만나 사랑에 빠지게 된다. 한편 잠자리 여인을 멀리서 사모했던 삼각관계의 '카메라맨'은 이들의 사랑을 질투하고 시기한 나머지 사랑에 빠져있는 그들의 장면을 카메라로 찍는다. 또 한편 카메라맨의 아내 '쥬기야'는 화가를 집으로 불러들여 그와 시간을 즐긴다.」 그 시대에 이미 신파조의 피장파장 이야기가 연출 된 것이다. 이런 것들은 당시의 세태를 빙자한 사회비판의 한 토막이었다. 스타레비치의 작품으로 1910년에 만들어진 <Lucanus Cervus(사슴벌레의 전쟁)>는 곤충인형으로 처음 만들어졌지만 2년 후에 만든 <카메라맨의 복수(Miest Kino Operatora)>로 유명해 졌다는 기록도 남아있다. 스타레비치가 파리로 이주한 후인 1930년에 만든 <라인강의 여우>는 최초로 일반 영화와 같이 장편 길이의 인형 애니메이션이었다. 이 필름의 소재는 괴테(Johann Wolfgang von Goethe, 1749-1832)가 60년이나 걸려 완성한 희곡 <파우스트(Faust)>를 모티브로 만든 것이다. <파우스트>는 아마도 이 당시에 많은 예술인들에게 감동을 준 듯싶다. 스타레비치와 나이가 비슷했던 에밀 꼴(Emile Cohl, 1857-1938)도 <파우스트>를 소재로 한 인형 애니메이션을 만들었고, 작곡가 슈만(Robert Alexander Schumann, 1810-1856) 역시도 그의 교향곡 1번과 4번에 <파우스트>를 소재로 했다. 스타레비치는 작은 곤충으로 된 단막극 <숲속 크리스마스 주민들>, <개미와 베짱이>, <거미그물 속에>, <바빌라스의 결혼>, <허수아비>, <길거리 소녀 뻬네쉬카>, <하얀 사랑과 검은 사랑>, <드레곤의 눈>, <도시 쥐와 시골 쥐>, <해안담당 검사장>, <페찌쉬> 등의 여러 편을 만들었다.

2568 `ani` `pic` `peo`

Steamboat Willie (스팀보트 윌리, 증기선 윌리)

1928년에 월트 디즈니(Walt Disney, 1901-1966)와 어브 아이웍스(Ub Iwerks, 1901-1971)가 공동감독으로 만든 흑백 8분 길이의 단편 애니메이션이다. 이들은 주인공으로 미키마우스(Mickey Mouse)를 출연시켜 음악과 효과음에 정확히 동작이 일치(Synchronization)하는 희귀한 애니메이션을 처음으로 만들어내어 관객으로부터 대단한 찬사와 성공적인 반응을 받았다. 1927년을 계기로 영화는 무성(Silent)영화 시대를 마감하고 토키시대(Talkie Era, 발성영화)를 맞게 되었는데 남다르게 재능을 가진 월트에게 이것은 금상첨화(Additional Attraction)였다. 그는 음악을 남다르게 좋아해 즉시 캐릭터의 동작이 음향과 일치하는 애니메이션을 만든다. 35mm 필름에 사운드를 더빙하여 트랙(Sound Track)을 분석해 캐릭터들의 동작을 음악에 맞아 떨어지는 애니메이션을 만드는 능력을 구사했다. 월트는 절대 기회를 놓치는 일이 없는 창의력이 왕성한 비즈니스맨(Business Men)이었다. 그리고 그의 옆에는 언제나 그의 생각을 애니메이션으로 빠르게 그려내는 어브 아이웍스가 있었다. <스팀보트 윌리>의 작곡을 담당했던 작곡가 월프레드 잭슨(Walfred Jackson, 1906-1988) 역시 디즈니에서 애니메이터로 음악을 분석하는 능력들이 함께 결과물을 만들어 내게 된 것이었다.

□ 그림설명 2568-1, 디즈니가 제작한 최초의 유성 애니메이션 <증기선 윌리>

* Ub Iwerks (어브 아이웍스)

아이워크는 캔자스시티(Kansas City)에 있는 한 직장에서 같은 일을 하던 월트 디즈니를 만난 1919년까지는 상업미술가(Commercial Artist)로 일했다. 월트가 캔자스시티(Kansas City)의 직장을 그만두고 할리우드(Hollywood)로 이주한 후 디즈니가 애니메이션 제작회사를 차리면서 아이웍스는 디즈니 회사의 첫 번째 식원이 됐다. 아이 워크는 디즈니가 엄지로 꼽은 1등 애니메이션 감독이었다. 아이워크는 다재다능하여 월트를 위해 못하는 일이 없었다. 월트는 용병술(Strategy)이 뛰어난 사람으로 아이워크의 재능을 크게 믿고 있었다. 아이워크는 개인적으로 디즈니와 둘도 없는 단짝 친구였지만 의견이 맞지 않아 서로 자주 삐지고는 했다. 그러나 초창기의 디즈니 회사는 아이워크가 없이는 그렇게 빠른 성장을 하기는 쉽지 않았을 것 같다. 디즈니의 최초 극장용 9분짜리 단편영화 <미친 비행기(Plane Crazy)>를 아이웍스가 혼자서 1주일 만에 그려냈다. 아이웍스는 특수효과 애니메이션에도 재능을 발

□ 그림설명 2568-2, 미키를 만들었고 월트의 오른 팔이었던 아이웍스.

휘해 유니버설 픽처(Universal Pictures)의 알프드(Alfred Hitchcock, 1899-1980) 감독의 <새(the Birds)>에서 애니메이션으로 새를 그려 넣어 감쪽같이 관객을 사로잡았다. 그는 오랫동안 월트와의 애증(Love and Hate)을 반복하며 한 때는 디즈니를 떠나 <플립 더 프로그(Flip the Frog)> 장편 애니메이션을 만들기도 했지만 실패하고 다시 디즈니로 돌아와 일했다. 그러나 불행하게도 1966년 월트가 폐암으로 갑자기 사망하게 되었다. 아이워크는 분명 월트를 못 잊어 했을 것이고, 그리고 그도 1971년 세상과 이별했다.

2569 `art`

stencil (등판인쇄, 포토 스텐실)

스텐실은 실크스크린(Silkscreen, 공판 날염방식)으로 인쇄하는 방식의 일종이다. 실크스크린은 비단 천으로 된 얇은 망으로 그 위에 그림으로 구성하여 젤라틴(Gelatin)을 붙여 막을 만든다. 도료(물감 칠)는 젤라틴이 없는 부분만 통과해 원하는 그림이나 글자를 인쇄할 수 있다. 이 방식은 화가들이 실크스크린 방식을 활용하여 그림을 창작할 수 있어 많이 사용한다. 제거하고픈 부분은 유성 신나(Thinner)로 녹여내어 제거할 수 있다.

□ 그림설명 2569-1, 선사시대에 이미 손을 가리고 스텐실 기법을 사용했다. (Cueva de las Manos, Argentina)

-2, 포토 스텐실을 이용한 그라피티(Graffiti) (Blek le Rat, 2008, London)

2570 `gen`

stereophonic sound (스테레오 사운드, 입체 음향)

일반적으로 하나의 스피커(Speaker)를 통해 나오는 소리를 두 개 이상의 스피커를 사용하여 좌우로 소리를 분리한 것부터 스테레오라 칭한다. 마치 움직이는 소리와 같은 현장감을 주어 사운드의 입체적 이동 감을 주는 시스템을 입체음향이라 한다. 또한 여기에서 획기적으로 좌우를 분리한 소리를 스테레오(Stereo)라 한다. 아벨 강스(Abel Gance, 1889-1981)는 스테레오의 초기 형태를 사용한 사람이다. 1927년 무성에서 유성

영화로 획기적 발전을 가져옴에 따라 35mm 필름에 옵티컬(Optical) 사운드가 사용되었다. 그러나 단일 옵티컬 트랙으로는 입체음향을 낼 수 없었다. 디즈니는 1940년 그의 영화 "판타지아(Fantasia)"에서 3개의 옵티컬 트랙을 사용해 입체음향을 만들어 냈다. 그 후 스테레오는 와이드 스크린 영화의 증가와 함께, 영화의 더욱 중요한 부분이 되었다. 영상의 범위가 더 커지면서 필연적으로 다이나믹한 사운드의 고품질 음향 장치가 필요하게 되었다. 1952년 미국에서 시네라마(Cinerama)라 불리는 입체 음향 영화가 나왔는데 스크린 뒤에 여러 개의 스피커를 좌우로 배치하고 관객석에도 이와 같이 좌우로 나누어 배치했다. 이 시네라마는 35mm 필름 양쪽에 7개의 마그네틱(Magnetic) 방식의 사운드 트랙을 넣어 최초의 스테레오 포닉(Stereophonic) 사운드를 보였다. 그러나 다음 해인 1953년 영화 사상 최초의 성공을 가져온 시네마스코프(Cinema Scope)가 등장했는데 촬영할 때와 영사할 때 모두 '아나몰픽(Anamolphic)'이라는 왜상 렌즈를 사용해 와이드 대형 화면을 만들고 4개의 마그네틱 트랙을 사용하여 스크린 뒤에는 3개의 스피커와 객석 뒤에 1개를 배치하였다. 그 후 70mm 초대형 화면이 나오고 이 영화에는 6개의 마그네틱 트랙을 넣어 완벽에 가까운 입체음향을 만들어냈다. 이것을 TODD-AO 방식이라 명명하고 소리를 과시했다. 우리나라에는 대한극장에서 상영한 "남태평양"이 TODD-AO 방식으로 선을 보인 바 있다. 이러한 대형 스크린과 입체음향 시스템은 영화를 제작하는데 엄청난 제작비가 들었다. 이때에 좀 더 간편한 방식으로 사용된 것이 옵티컬 사운드 시스템이었다. 그러나 옵티컬은 일반적으로 음향이 좌우로 분리가 되지 않는 모노(Mono) 방식이었다. 영화의 음향은 새로운 개발을 계속하여 옵티컬 트랙과 함께 퍼프레이션 홀(필름 위에 뚫어진 구멍) 사이에 아주 작게 박혀 있는 디지털 코드 방식의 새로운 5.1 서라운드 방식(Digital Dolby 5.1 Surround Sound)를 들을 수 있게 되었다. 또한, 유니버설(Universal)에서 나온 디지털 극장 시스템(Digital Theater System, DTS)과 루카스(Lucas) 사운드 시스템 THX, 소니 다이내믹 디지털 사운드(Sony Dynamic Digital Sound, SDDS) 등의 방식을 손꼽을 수 있다.

□ 그림설명 2570, 입세 음향(Stereophonic Sound), Digital Home Theater Sys.

✱ 참조보기 (2505 - Sound Track)

2571 `ani`

stereoscopic animation (입체 애니메이션)

이중의 컬러(청색과 적색) 이미지로 3차원의 효과를 주는 스테레오 스코픽(Stereoscophic) 인쇄물이나 또는 3D-Comic book(입체만화책) 같은 것을 들 수 있다. 이러한 특수 인쇄물과 같이 초록 빨강색의 이미지를 관객이 해독하기 위해 3D 좌(Green)우(Red)의 색이 다른 안경을 써야 이미지가 입체로 보인다. 아날로그 방식의 입체 애니메이션 영화는 이러한 방식을 인용해 장편 애니메이션(1시간 이상)을 만들 수 있다. 입체영화 촬영 시에도 좌(Green)우(Red)로 나누어 두 번씩 촬영하게 되며 먼 곳에 있는 캐릭터는 간격이 넓고 카메라에 가까운 캐릭터는 간격이 거의 없이 촬영한다. 촬영에서 매우 정교한 카메라 공정을 거치게 된다. 인쇄물 입체영화(3D)는 제작공정이 길고 난해하여 실제 영화로 안경을 오래 쓰고 보기는 어렵다. 그러나 편광 벡터 그래픽(Vectographic) 영화는 색안경 없이도 편광안경을 통해 입체 효과를 볼 수 있다. 이 벡터 그라프의 기본개념은 조셉 말러(Joseph Mahler, 1900-1981)가 창안한 것이며 그는 유명한 작곡가이며 지휘자였던 구스타프 말러(Gustav Mahler, 1860-1911)의 사촌이기도 하다.

□ 그림설명 2571, Print 방식의 3D Comic Book 그림과 3D안경.

2572 `pho`

still (스틸, 정사진)

1) 스틸 카메라를 사용한 사진 촬영을 말한다. 2) 영화의 한 장면이나 배우를 '8x10' 크기로 찍어 광택 인화한 사진을 일컫는 것으로 주로 대중적인 용도로 사용된다.

□ 그림설명 2572, Landscape(경치) 정사진.

2573 `pic`

still background, static background (스틸 배경, 스태틱 배경, 고정 배경)

움직임이 전혀 없는 신의 한 배경을 뜻하는 말이다.

2574 `pic`

still frame (스틸 프레임)

영화나 비디오의 정지된 프레임을 말하며 다른 비디오 용어로는 퍼즈(Pause) 또는 프리즈(Freeze)라고도 한나.

✱ still image (스틸 이미지)
✱ still photo (스틸 포토, 정 사진)

이미지를 찍은 한 장의 정 사진을 뜻하는 말이다.

2575 `pic`

stock/stock scene (스톡, 스톡 신, 재활용 신)

한 에피소드(Episode) 중에 재사용이 가능하도록 신을 작화하여 여러 번 재사용하는 신 자료를 말한다. 이 방법은 제작비를 줄이고 시간을 단축하기 위하여 할리우드(Hollywood) 제작방식으로 사용해 왔다. 스톡(Stock)이라 불리는 이런 신들은 100% 다시 재시용하거나 일부만 활용하고 새로 필요한 부분은 추가 작화하고 촬영 시트에는 붉은색이나 푸른색으로 대사용 부분의 숫자를 사용하여 새로 그릴 부분과 구별하여 촬영을 지시한다.

2576 `his`

Stone-Age (석기시대)

기원 전 약 350만년까지 인류의 문화는 돌을 이용해 표면을 용도에 맞게 다듬어 도구(Tools)나 무기(Weapons) 등으로 만들어 필요한 곳에 사용하거나 사냥이나 적과 싸울 때 돌을 사용한 시대를 일컫는 말이다. 그 시대에 살았던 동물들은 수없이 많다. 그 중 지상에서 살았던 털 맘모스(Woolly Mammoth-멸종(Extinct), 털 코뿔소(Woolly Rhinoceros-멸종), 동굴에서 곰(Cave Bear-멸종), 등 거대 사슴(Giant Dear-멸종), 거대한 덩치를 가졌던 동물들은 대부분 멸종 되었다. 그리고 하마(Hippopotamus), 하이에나(Hyena), 멧돼지(Wild Boar), 늑대(Wolf) 등이 아직 남아 있다. 석기시대(Stone Age)는 대략 BC.8700년에서 BC.3300년경, 청동기(Bronze Age)는 BC.1200까지, 뒤이어 철기(Iron Age)로 BC.600까지로 기록한다. 석기(Stone Tool)는 주로 찌르고(Pierce), 망치질(Hammering)하고, 자르고(Cutting), 쪼개고(Split), 투창(Javelin)하고, 작살(Spear)로 찌르고, 긁고(Scratching)하는데 사용했다.

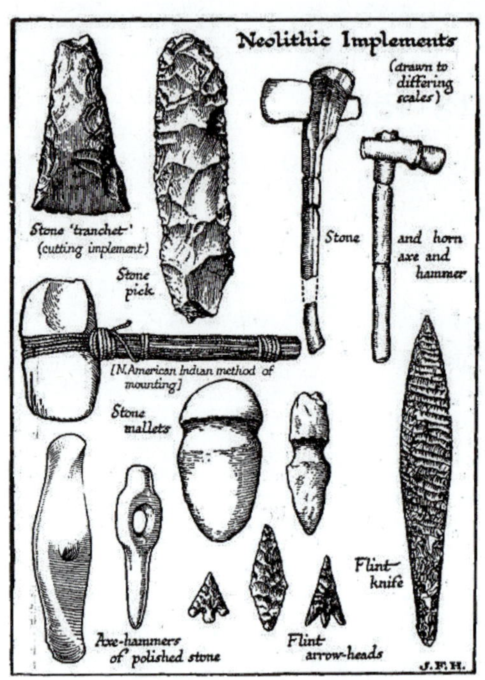

□ 그림설명 2576, 석기시대에 사용된 각종 쟁기(Tools)

2577 `ani`

Stop Motion Animation (스톱 모션 애니메이션)

대부분 기본의 애니메이션 촬영에 사용되는 싱글 프레임 방식은 그 자체가 스톱 모션이다. 하지만 스톱 모션의 참뜻은 점진적으로 변화하는 그림이나 사물이 아니라, 잡지와 신문의 사진들, 사진 작품들, 슬라이드, 스케치 그리고 다른 이차원(평면) 그래픽 등 이러한 일련의 정지된 사진들이 촬영되는 것을 말한다. 이 기법은 1892년 에밀 레이노드(Emile Reynaud, 1844-1918)가 애니메이션 개척기에 파리의 옵티컬 디어터(Optical Theatre)에 관객을 끌어모아 화면에 영상을 보여 주면서 시작되었다. 종종 키네스타시스(Kinestasis)라고 불리는데, 이 단어의 어원 즉 Kine(움직이는)와 Stasis(정지한 것)를 해석하면 이해할 수 있다. 스톱 모션은 바로 정지된 사진들을 가지고 움직이는 것처럼 착시를 이루어내는 것이다. 이러한 것을 스톱 모션 기법이라 한다. 이 스톱 모션 기법을 최초의 애니메이션 형태로 활용한 것은 1906년 미국의 제임스 스튜어드 블랙톤(James Steward Blackton, 1875-1941)에 의해서였다.

□ 그림설명 2577-1, <Chicken Run> 2000, by Peter Lord.

-2, 스톱모션 세트.

✱ 참조보기 (0244 - Blackton, Steward)

2578 `gen` `ani`

stop watch (스톱와치, 초시계)

초를 재는 시계를 말한다. 일반적으로 스포츠의 각종 기록을 잴 때 1초를 1/100까지 수동으로 잴 수 있도록 만든 특수시계를 말한다. 애니메이션에서는 1/100을 24프레임으로 환산하여 스토리보드(Story Board)상 슬러깅(Slugging)을 할 때 사용한다. 1초는 24프레임이므로 예를 들어 75/100=18프레임이다. 50/100은 12프레임, 25/100은 6프레임에 해당한다.

□ 그림설명 2578, 애니메이션 동작에 소요되는 타임을 계산한다.

2579 `gen` `com`

storage (저장, 보관)
✱ storage space (저장공간)

컴퓨터에서 많이 사용되는 단어로 메모리(Memory), 저장(Store), 보관(Storage) 등의 뜻을 가진 말이다.

2580 `pic` `ani`

storyboard (스토리보드, 그림대본)

글로 서술한 영화 대본을 스크립트(Script)라고 부르며 이것을 다시 그림으로 그려 화면을 구성하는 것을 말한다. 영화의 전개(Screen Play)를 스크린 모양의 칸(Panel)속에 그림으로 그려 넣는 작업이다. 스토리보드(Story Board) 화가의 상상력에 따라 스크립

SC51

자객 #1 말에 오른다.

자객 #1 : "심학구가 틀림없어!
자 어서 뒤를 따라"

CONT

자객 #1 : "찾아봅시다!"
자객 #2 : "이라!"

SC52

단추와 가희가 걷는다.
가희 : "야, 단추야 너
배고프지 않니?"

CONT

단추 : "배고프지 뭐"

CONT

단추 : "우리가 이렇게 배가 고프니
아빠는 더 할거야"

SC53

단추 : "우리는 닭죽이라도
먹었잖아?"
가추 : "뭐. 우리가 먹은게
닭죽이라구?"

SC54

가희 : "닭죽? 에~크"
단추 : "오리죽은 아니였어!"

SC55

가희 : "왜 그걸 지금 얘기해? 엉

SC56

이러 니 대감의 자객들이 청이 아버지를 찾아 두를 따른다.
자객#1 : "저 몰라 못갔을 것이니 서두릅시다!"

sfx : 말발굽소리, 물소리

☐ 그림설명 2580, 스토리보드 <왕후 심청(Empress Chung)>

트를 해석하는 감각의 차이를 줄 수 있고 이야기의 전개 역시 구체성의 차이를 줄 수 있다. 그림 대본을 엮어나가는 작업은 움직임들을 그려 넣는 것 뿐 아니라 화면설명, 카메라의 기교, 분위기의 느낌과 사운드 효과의 지시, 대사 등이 표시된다. 스토리보드는 화면의 구성과 연출에 필요한 중요한 동작을 그리는 것 외에도 화면 크기 표시 풀 샷(Full Shot), 미디엄 샷(Medium Shot), 클로즈업(Close Up), 팬(Pan), 틸트(Tilt), 트럭킹(Trucking, Zooming) 등을 표시한다. 스토리보드는 감독으로서 또는 감독과 함께 연출상의 제기되는 문제들을 적절히 표시한다. 스토리보드의 과정에서 전체 영화의 흐름의 속도(Pace)와 분위기를 조절하여 시퀀스(Sequence) 별로 분류하여 연출하게 된다. 애니메이션의 연출방식은 실사의 연출방식과는 차이가 있다. 애니메이션의 전개는 캐릭터의 동작이 매우 개별적이어서 그림으로 표현되는 애니메이션은 연출방식이 애니메이션만이 갖는 특수성을 부각시킨다. 스토리는 영화 전체의 이야기를 말하는 것이지만 스토리텔링은 시퀀스나 한 개의 신 안에서 관객에게 보이고 이야기할 것이 무엇인지를 보여주기 위한 것이다.

2581 `ani` `pic`

storyline (이야기 줄거리)

영화, TV 시리즈, 무대용 드라마 등 대본 속에서 일어난 이야기의 줄거리 개요를 짧은 문장으로 압축하여 이해하기 쉽게 쓴 것을 말한다. 길이는 A4용지의 3분의 1에서 긴 깃은 1징 징도로 작싱한다. 악 1시간 30분 실이의 장편 영화용 스크립트의 정상 분량은 100~120장, TV나 드라마의 대본 분량은 약 35~40장 내외이다.

2582 `ani`

story structure (이야기 구조)

일반적으로, 이야기를 독자들이나 관객들에게 들려주는 내용과 방식은 천차만별하다. 이야기 창작은 작가의 감각 그리고 사색과 오랫동안의 탐구에서 갈등과 고통을 체험하며 이루어진 플롯(Plot)이다. 우선 이야기를 창작하자면 소재를 정한다. 소재는 작가가 알고 있는 지식과 상식의 범위를 나타내는 상상력의 폭을 의미한다. 작가는 주제를 우선 결정하고 그 주제의 이야기를 흥미롭게 풀어나간다. 작가에 따라 플롯 형식의 차이는 있지만 그 창작 작업의 순서로는 전제(Premise)와 시놉(Synopsis)을 걸쳐 스크립트(Script)를 완성힌다. 기본직인 이야기의 내용의 형식은 주제(Theme, 테마), 동기(Motivation), 절정(Climax), 종결(Conclusion) 등으로 나닌다. 내용에서는 '언제, 어디서, 누가, 무엇을, 왜, 어떻게'의 6대 원칙을 적소에 잘 나타나게 한다. 스토리의 구조는 무엇보다 이야기가 흥미롭게 전개되어야함으로 다루는 내용의 주제에 따라 사건의 연루, 흥분의 고저, 혼란, 복합적인 플롯(구성) 등 이야기의 극치를 나타내며 사필귀정(Corollary)으로 내용을 마무리한다. 그러나 비구상(Nonfigurative Script, 줄거리가 없는 자연경관이나 동작)의 내용 설정에서는 기승전결(도입, 전개, 절정, 결말)의 룰(Rule)을 따를 필요는 없다.

2583 `ani`

stretch (스트레치, 늘어남)
*stretch & squash (늘어나고 짜부러지고)

애니메이션의 동작 표현에서 사용되는 단어로 물체가 정상 모습에서 길게 늘어나는 것을 가리키는 말이다. 뉴턴의 '만유인력의 법칙(Law of Gravitation)'에 따라 사물은 모두 중력과 관성의 힘을 받아 땅으로 끌어당긴다." 라고 애니메이션에서 캐릭터나 사물의 동작을 길게 늘려 중력으로부터의 탈출을 표현하기 위해 그림을 스트레치 하여 액션의 움직임을 강조하기 위해 사용한다. 또한 땅으로 떨어질 때 물체의 충격을 완화하기 위해 표현하는 스쿼시(Squash) 역시 애니메이션 동작의 기본이라 할 수 있는 테크닉(Technic)이다.

□ 그림설명 2583, 놀랄 때(좌로부터) 정상 표정, 스쿼시, 반응, 스트레치.

2584 `ani` `pic`

strobe (스트로브)
*Stroboscope (스트로보스코프)

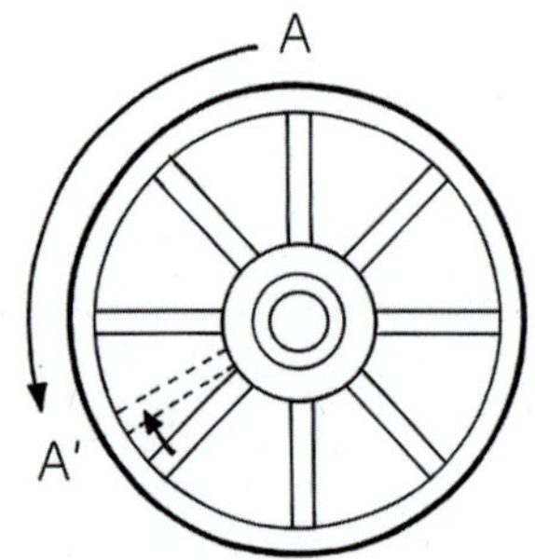

□ 그림설명 2584, 역마차의 바퀴가 망막(Retina)의 시각잔상에 의해 마치 역회전을 하듯 보인다.

실제로 육안이나 영상을 통해서 돌아가는 마차 바퀴의 막대기 살이 마치 반대 방향으로 또는 앞으로 빨리 돌아가는 것 같이 보이거나 어떤 때는 그 자리에 서 있는 것 같이 보이는 현상을 말한다. 예를 들어 A 위치의 바퀴살이 A' 만큼 돌아갔더라도 조금 못 미치는 거리에 왔을 경우 시각의 잔상은 가까운 쪽과 연결됨으로 마치 반대 방향으로 움직인 바퀴살은 뒤로 움직인 것 같은 현상을 일으킨다. 움직임이 조금 더 빨라져 A가 A'의 위치까지 동작이 도달했다면 이때는 마치 모든 바퀴살이 정지된 것 같은 현상이 일어난다. 이러한 시각적 현상을 발견하게 된 것은 1800년경으로 '신비한 원반'이라 불리며 당시 세간을 크게 놀라게 했다. 당시 이 신비한 시각장치를 이용해 여러 가지의 기구들을 만들어 내면서 이것으로 연속된 움직임을 볼 수 있는 영상기구를 발전시키는 데 기여하게 되었다. 현대에 와서 이 스트로보스코프 장치는 하나의 과학 기구로써도 발전되어 회전주기 운동을 검사하며 측정하는 장비로 사용되기도 한다.

2585 `fes`

Stuttgart Int'l Festival of Animated Film (슈투트가르트페스티벌)

독일〉 Stuttgart, 1982년부터 2년마다 열려왔던 '슈투트가르트 국제애니메이션페스티벌'은 지난 2007년부터 매년 행사로 바뀌었다. 해마다 4월경 독일의 남부 슈투트가르트에서 게임, 디자인, 건축 등 다양한 장르와의 트랜스 미디어(Trans Media)를 지향하는 애니메이션 페스티벌로 시내 곳곳에서 펼쳐지는 다양한 이벤트와 스크린 상영으로 이뤄져 가족이 즐길 수 있는 축제로 진행된다. 주요 상영프로그램은 전문스튜디오 초청 프로그램, 신인 또는 학생부문, 온라인 경쟁부문, 어린이 TV 부문, 장편부문 등 경쟁프로그램 등이 마련돼 있다. 이밖에 각종 애니메이션 포럼(Forum)과 비디오 마켓(Video Market), 컨퍼런스(Conference) 등이 행사기간 동안 이뤄진다.

□ 그림설명 2585, Stuttgart Int'l Festival of Animated Film 2017.

2586 `ani` `pic`

studio (스튜디오)

1) 애니메이션 등을 제작히는 회시를 일컫는 말이다. 2) 영화나 텔레비전 프로그램의 제작을 위한 작업실을 뜻하는 말이다. 3) 일반적으로 영화 제작을 위해 촬영용 세트들이 모여 있고, 동시 녹음이 이루어질 수 있도록 방음이 되어 있는 촬영용 스테이지

(Stage)를 가리키는 말이다.

2587 `ani`

Studio animation production (스튜디오 애니메이션 프로덕션)

스튜디오 애니메이션 프로덕션의 의미는 1917년경 영국 애니메이션의 기초를 세운 안손 다이어(Anson Dyer, 1876-1962)에 의해 작업을 체계화하여 부르기 시작한 말이다. 당시에는 애니메이션이 6분 내외의 단편으로 주로 한 사람에 의해 스토리(Story), 캐릭터 디자인, 감독 연출, 원화 등이 모두 이루어지는 것이 상례였다. 다이어는 애니메이션 제작 공정을 체계화하고 단계적으로 일을 하도록 각 공정의 팀을 철저히 훈련시켜 각 공정의 숙련공을 전문화 한 후 예술가들을 미국에 수출하려는 목적으로 만든 애니메이션 제작 시스템 공정을 구분하여 부르던 명칭이었다. 그러나 1차 대전으로 미국에 인력수출이 무산되었다는 일화가 있다. 스튜디오의 경우에는 애니메이션 제작에 관련된 여러 부서들이 참여하게 된다. 제작투자자(프로듀서), 감독, 스토리, 캐릭터 디자인(Character Design), 스토리보드(Storyboard), 레이아웃(Layout), 키 애니메이션(Key animation), 동화, 채색, 콤마 촬영, 현상·편집, 음악 작곡, 녹음, 최종 완성필름(A Print) 등 이렇게 해서 완성된 작품은 여러 집단의 작업들이 결집되어 이루어지도록 했다. 이러한 제작 방법을 프로덕션(Production)이라 부르고 제작공정을 3단계로 나누어 기획단계(Pre-Production), 본 제작단계(Main-Production), 포스트 단계(Post-Production)로 단계화 했다. 이 방식의 작업을 스튜디오 애니메이션 프로덕션이라 정의한 것이다. 한 사람이 모든 작업을 하는 독립작가 애니메이션으로 스크립트(Script), 캐릭터, 연출, 애니메이션 등, 개인이 창작(Creation)한 작품은 자기 스스로 모두 만든 것이므로 프로덕션이라 부르지 않는다.

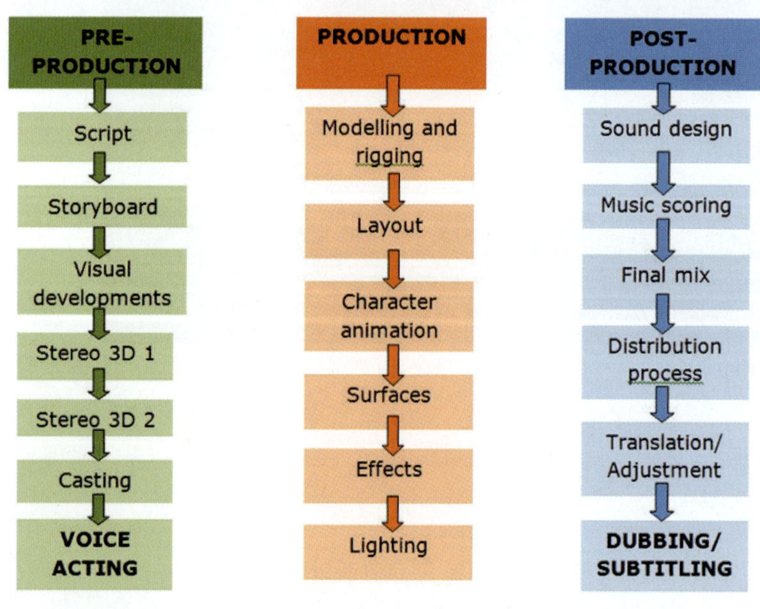

☐ 그림설명 2587, 영국의 Anson Dyer가 창안한 프로덕션 시스템.

style (모양, 문체, 형태, 개성)

일반적으로 사람이 살아가면서 자기가 좋아하는 모양새를 갖추는 것을 스타일이라 한다. 스타일은 풍습(Manner)이나 관습(Custom)에 의해 각기 개성에 따라 구성된다. 문학, 음악, 회화 분야에서 작가의 표현방식에서도 작가의 취미와 소향에 따라 확실하게 구분하여 표현된다. 각자의 표현방식은 어떠한 규칙이 없고 스스로가 좋아하는 모양, 색감, 재질에 따라 선택되게 된다. 그 밖에도 취미, 기호, 음식, 성품, 언어, 행동 등 사람은 언제나 자기만의 스타일이 있다. 또한 유행(Fashion)에 따라 Style은 바뀌기도 한다.

□ 그림설명 2588, "Any style do you like? (어느 의상이 좋으세요?)"

stylus (스타일러스)

컴퓨터 그래픽(Computer Graphic)에서 데이터 태블릿(Data tablet)에 정보를 입력하거나 메뉴에서 택할 때 사용하는 연필 크기의 장치를 말한다.

subsidy (보조금, 정부 보조금)

국가가 내세운 하나의 영화 제작에 대한 진흥정책으로 그 나라 안에서 영화를 제작할 경우 영화 회사에게 주는 재정적인 장려금이나 보조금을 말한다. 해외의 많은 국가들이 국가적으로 영화 산업을 전적으로 보조하기 위해 기한을 두거나 일시적 정책으로 시행하는 것이 일반적이다. 보조금은 완전한 현금 보조금의 형태나, 이자가 낮은 대출(Loan)형태로 보조금을 지급하고 작품이 흥행에 성공하면 제작사가 보조받았던 금액은 돌려주는 방식을 취하기도 한다. 나라마다 정부 보조금 제도는 다르지만 특히 프랑스, 캐나다, 중국 등지에서 뚜렷한 제도로 시행 한다. 보조금의 방식은 일정기간 동안 행해지며 면세(Tax Free)로 일정 기간 혜택을 주는 경우도 있다.

2591 `pic`

sub-title (서브타이틀, 자막, 부제)

제작된 영상 이미지 위에 자막이 겹쳐 나오거나 원어가 외국어인 경우 번역된 대사가 화면에 담기는 것을 말한다. 원본 대사를 그 나라말로 유지하면서 외국어로 자막을 화면 위에 영사하여 표현하는 방법이 이에 속한다. 영화의 관객 연령층에 따라 서브타이틀이 적절하지 않을 경우 그 나라의 언어로 재 더빙을 하는 것이 통례이다.

2592 `mus`

suite (조곡, 무용조곡)

17세기 말에서 18세기경에 시작된 악기 구성(Instrumental Composition)의 한 음악 형태로 계승되어 내려온 무용조곡으로 악장마다 같은 음계(Scale)로 연주하는 것이 특징이다. 소곡을 시리즈로 연주하는 무곡으로 변화되었고 19세기에 20세기에 와서 발레 등을 위한 짧은 곡으로 작곡되었으며 주로 안무(Choreography)에 맞게 사용하기 위하여 자유롭게 작곡되었다. 요한 세바스찬 바흐(Johann Sebastian Bach, 1685-1750)의 무반 첼로조곡을 들 수 있다.

□ 그림설명 2592, Cello Suite No. 1 in G major Johann Sebastian Bach.

Sundance Film Festival (선댄스 영화제)

미국>Park City, Utah, 1970년대 중반 영화배우 겸 감독인 로버트 레드포드(Robert Redford, 1936-)가 유타(Utah)주 솔트레이크시티(Salt Lake City)에서 열리던 이름 없는 영화제를 후원하면서 출발한 영화제이다. 레드포드는 <내일을 향해 쏴라 (Butch Cassidy and The Sundance Kid)>에서 자신이 맡았던 배역의 이름을 따서 선댄스협회(Sundance Institute)를 설립하고, 1985년 미국 영화제(The United States Film Festival)를 흡수하여 선댄스 영화제를 만들었다. 영화제는 신작상영, 워크숍(Workshop), 세미나(Seminar) 등의 프로그램을 통해 영화 관련 예술가, 감독, 시나리오 작가 등을 발굴 및 후원하는 선댄스협회의 활동 중 하나로 1989년 발굴한 스티븐 소더버그(Steven Soderbergh, 1963-) 감독의 <섹스, 거짓말 그리고 비디오테이프 Sex, Lies and Videotape>가 칸영화제에서 그랑프리를 수상하면서 세계적인 영화제로 떠올랐다. 이 영화제는 많은 감독들을 배출하였고, 1999년의 초저예산 영화 <블레어 위치>는 수많은 관객을 모았다.

□ 그림설명 2593, Sundance Film Festival 2017 Poster와 상영관.

superimpose (필름 포개기, 슈퍼임포즈)

영화 제작에서 아날로그 방식으로 이중노출을 통해 두 이미지를 동시에 화면에 나타나게 할 때를 DX(Double Exposure)라 한다. 제작된 필름이 네거티브(Negative) 편집이 모두 끝난 후 영상 위에 추가로 자막을 넣어야 할 때 자막을 별도로 찍어 네거티브 위에 달아서 프린트를 하게 된다. 이 방식은 정상적 공정은 아니나 쉽게 필요한 것을 보강할 수 있는 하나의 방식이다. 결과물이 원본과 이질적으로 떨리는 것을 방지하기 위하여 하이 콘트라스트(High Contrast)필름을 사용하면 떨림을 방지한다. 필름들은 사용하는 목적에 따라 아주 미세하게 천공의 크기가 다르다. 상영용 프린트필름(Print Film)

의 천공이 가장 넓고, 네거티브 필름은 천공이 살짝 작다. 그리고 하이 콘트라스트 필름은 그보다 작아 흔들림이 없도록 되어있다. KODAK 회사는 지난 20세기에 100년 동안 영화인들을 위해 미세한 모든 부분에 과학적인 기술을 개발해 언제고 필요할 때 무비 메이커(Movie Maker)들이 사용할 수 있게 했다.

□ 그림설명 2594, 겹치기 촬영(Superimpose Filming)

2595 `pic`

surround sound (서라운드 사운드)

주로 영화관에서 개봉하는 영화를 위해 음악이나 음향 효과음 그리고 화면 속에 출연자의 목소리까지를 관객들이 마치 화면 속 한가운데 앉아서 듣고 있는 것처럼 느끼도록 여러 개의 스피커를 배치하고 배치된 스피커에 의해 완전 입체음향을 들을 수 있는 시스템을 말한다. 서라운드사운드에는 스테레오(Stereo-2.0ch)를 향상시켜 사방 입체음향으로 개선한 시스템이다. 5.1 또는 7.1이라는 숫자가 뒤따르는데 이것은 스피커의 개수를 말하는 것이다. 화면 좌측에 1개, 우측에 1개, 관객의 가운데 1개 그리고 관객 뒤쪽 좌측에 1개, 뒤쪽 우측에 1개, 모두 5개 그리고 가운데 우퍼(Woofer) 1개를 포함해서 5.1이라 부른다. 따라서 7.1은 추가된 2개의 스피커를 더 사용하지만 5.1에 비교하여 크게 효과적이지 않아 많이 사용하지는 않는다. 서라운드 사운드 시스템은 크게 3가지로 나뉘는데 영화 상영관에 따라 다르지만 일반인들은 그 차이를 분간하기는 쉽지 않다. 이 시스템들을 개발한 메이저 회사들로는 사운드의 소음을 줄이는 시스템을 개발하여 유명해진 영국의 돌비(Dolby)의 돌비 서라운드(Dolby Surround) 시스템, 미국의 루카스(Lucas) 영화사가 개발한 DTS 시스템의 THX 브랜드, 역시 미국의 영화사 콜롬비

□ 그림설명 2595, 기본개념의 Surround Sound System.

아-트라이스타(TriStar Pictures)가 개발한 소니의 SDDS가 현존하는 서라운드 사운드의 주요 시스템이다. 이 시스템들은 소형화 되어 고품질의 스피커들을 설치하고 대형 모니터를 통하여 영화관에서 보고 듣는 소리와 같은 고품격의 UHD(Ultra High Definition) 화면과 음향을 즐길 수가 있다. 21세기 디지털 사운드가 도래하면서 음향방식이 현저하게 향상되어가고 있다.

2596 `pic` `gen`

suspense (서스펜스, 불안심리)

이 말은 영화의 연출기법에서 사용되는 단어로서 관객들을 흥분시키거나 정신적으로 불안한 상황 속에서 초조함이나 두려움을 지속적으로 가중시키기 위해 사용되는 각본이나 카메라의 표현기법을 말한다. 연출내용을 예를 들면, 어떤 사람이 한 사건의 결과를 기다리면서 궁금증이 생기도록 불안한 상태의 긴장감들을 만들어 낸다. 또한 어떻게 될 것인지 뻔히 아는 것을 시간을 끌며 피할 수 없는 운명을 지켜보는 것처럼 연출한다. 공포 영화는 서스펜스를 이용해서 관객들이 희생물의 운명을 기다리게 하면서 불안과 공포의 상태로 이끌어 간다. 심한 경우 관객들을 히스테리에 가까운 마비 상태로까지 몰고 가기도 한다. 이러한 스릴러 영화로는 단연 20세기 영화의 거장 알프레드 히치콕 (Alfred Hitchcock, 1899-1980) 감독을 꼽을 수 있다. 그의 작품으로 그레이스 켈리 (Grace Kelly, 1929-1982)와 협력해 만든 3개의 영화 <Dial M for Murder> 1954, <Rear Window(이창)> 1954, <To Catch a Thief (도둑잡기)>가 1955년에 만들어졌다. 1958년에는 김노박(Kim Novak, 1933-)을 출연시켜 심리를 뒤집어 놓은 스릴러 <Vertigo(현기증)>이 나왔고, <Psycho(사이코)> 1960, 그리고 <Birds(새)> 1963' 등이 있다.

□ 그림설명 2596, 불안을 이끌어내는 영화 <새>와 <Psycho>의 한 이미지.

2597 `art` `gen`

swatch (견본, 작게 자른 천)
＊color swatch (색 견본)

1) 일반적으로 스왓치의 의미는 천(Cloth)이나 가죽(Leather)같은 자투리를 조각으로 잘게 쓸어서 견본을 만든 것을 뜻하는 말이다. 2) 애니메이션 제작에서는 캐릭터의 피부, 의상, 소도구 등의 색을 지정하는데 쉽게 색감을 선택하기 위해 만든 색 견본책을 뜻한다. 색의 최저 선택은 150색에서 많게는 250가지의 색상을 만들어 사용해 왔다. 애니메이션 제작이 21세기에 들어서며 디지털 컴퓨터 방식으로 혁신되었고 따라서 색상은 무려 16,700,000색으로 선택의 폭이 넓어지고 재래식 색견본은 사용하지 않는다.

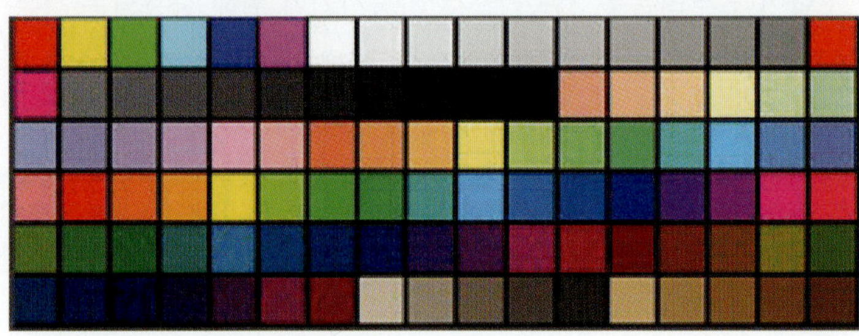

☐ 그림설명 2597, 재래식 칼라 스왓치.

2598 `pic`

sweetening (스위트닝, 마무리 정리)

영화나 TV 프로그램을 비롯해서 영상물 제작의 포스트 작업 중에 사운드(Sound) 부분 최종 마무리를 위한 점검을 말한다. 사운드가 화면과 잘 일치되고 있는지 마무리된 대사, 음악, 효과음 등 미비한 부분들을 최종합성(Composite)하기 전 보완하는 작업을 말한다.

2599 `pic`

swish pan (스위시 팬, 빠른 이미지 팬)

이미지가 옆으로 빨리 흐른 것처럼 보이기 위하여 카메라를 급속히 수평으로 팬(Pan)하여 촬영하는 것을 말하며, 장소가 바뀐다는 것을 나타내고자 할 때 종종 사용되는 촬영기법이다. 플래시 팬(Flash Pan), 블러 팬(Blur Pan), 플릭크 팬(Flick Pan), 윕프 팬(Whip Pan), 지프 팬(Zip Pan)이라 불리기도 한다. 너무 빠른 팬으로 그 사이 부분이 뿌옇게 블러(Blur, 움직인 흔적)로 지나가는 것처럼 보이게 하는 것으로, 카메라를 이용한 신 전환 방법이다. 이것은 바로 컷 하는 것보다는 시간이 좀 더 걸리지만 2개의 액션이 동시에 일어나고 있음을 나타내기 위해 자주 사용된다. 카메라의 이런 즉각적인 움직임은 빠르고 드라마틱하게 액션물에 연출기능으로 등장한다.

→cont.

□ 그림설명 2599, 스위시 팬.

✱ 참조보기 (1910 - Pan shot)

2600 `gen` `art`

symbol (심벌, 상징)

1) 즉각적인 인지도를 얻어내기 위해 만들어진 상징적 이미지를 뜻하는 말이며, 물체, 배경, 인물, 액션 등을 통틀어 외연적인 의미뿐 아니라 암시적이고 내포적인 의미를 갖는다. 이것은 보고 알게 되는 사람들에게 이미 새겨진 보편적인 관념에서 발생되기도 하고 예술 작품의 색 배열에서도 생겨날 수 있다. 상징은 작품의 의미를 풍부하게 해주고 스크린(Screen)에서 벌어지는 드라마틱한 사건의 의미를 연장시켜 작품 배후에 숨은 의미를 부여해준다. 2) 기호학에서 정의한 기호 형식을 말한다. 상징은 아이콘처럼 직접적인 표현에 의해서가 아닌 관념에 의한 표현으로 예를 들어 미국에 서식하는 독수리가 미국을 상징하는 것과 맥을 같이 한다는 뜻이다.

□ 그림설명 2600, (좌로부터) 금연. 미국의 심볼. 남성, 여성.

2601 `mus`

symphony (교향곡, 심포니, 조화)

심포니는 여러 악기들이 모인 그룹의 연주를 말하며 100여명 이상 대형 연주자들이 모인 큰 그룹으로 바이올린 등 현악기가 포함되어 구성되는 오케스트라(Orchestra)를 의미한다. 소규모의 오케스트라는 '챔버(Chamber)오케스트라'로 불린다. 소형 오케스트라 역시 현악기가 반드시 구성된다. 일반적으로 대형은 '심포니 오케스트라'라고 부르지만 생략하여 짧게 '심포니'라 한다. 또한 '심포니 오케스트라' 또는 '필하모니 오케스트라'라고 연주 그룹의 명칭을 넣어 부르기도 하지만 의미는 같다. 심포니는 유사어(Similar Mean) 하모니(Harmony)와 같이 '조화'를 뜻하는 말이다. 음악에서 대부분의 대형 심포니 오케스트라의 구성은 120명에서 140명에 이르고 합창단원들을 포함하면 200여명이 훨씬 넘게 된다. 악기 연주자들의 구성은, 18명의 1st Violin, 16명의 2nd Violin, 12명의 Viola, 12명의 Cello, 8명의 Double Bass, 4명의 Flute(Piccolo 포함), 4명의 Oboe(하나는 English Horn), 7명의 Clarinet(2 in Eb와 2 Bass 포함), 그밖에 그랜드 피아노, 2명의 Harp, 5명의 타악기주자(Percussionists)들로 오케스트라 멤버 구성은 정통에 의해 다소 다르다. 세계적인 오케스트라들은; 영국의 런던 심포니(London Symphony, 1904년 창립), 오스트리아의 비엔나 필하모닉(Vienna Philharmonic, 1840), 독일의 베를린 필(Berlin Phil, 1882), 네덜란드의 로얄 콘세르트헤바우(Royal Concertgebouw, 1888), 미국의 로스엔젤리스 필하모닉(LA Philharmonic, 1919), 시카고 심포니(Chicago Symphony, 1891), 미국 콜로라도의 아로라 오케스트라(Aurora Orchestra, 1978), 뉴욕 필하모닉(New York Philharmonic, 1842), 독일의 바이에른 라디오 오케스트라(Bavarian Radio Symphony, 1949) 등이 있다.

□ 그림설명 2601, 서울시립교향악단의 구성과 연주.

2602 `pic`

Sync. (싱크)

* synchronization (싱크로나이제이션, 연동)

1) 화면과 사운드(Sound)를 일치시키는 것을 말하며, 약어로 싱크(SYNC.)라고 쓰고 발음한다. 2) 사운드와 영상을 같이 배열시켜 음향과 화면이 연동되도록 하는 것을 말한다. 3) 실외에서 로케이션 촬영이나 실내의 세트 촬영에서 현장의 모든 사운드가 동시 녹음되는 것을 의미한다. 촬영 시에 카메라의 속도와 녹음기의 속도가 일치(SYNC)되도록 하기 위하여 촬영용 클랩 보드(카메라 가까이 대고 시간, 장소, 시퀀스, 신(Scene) 번호, 제작번호 등이 적힌 판과 소리를 매치시키기 위해 소리를 내도록 딱따기가 붙어있음)를 사용하여 신의 시작을 알린다. 또한 촬영 조수가 촬영에 앞서서 음성으로 촬영된 클랩 보드의 정보 내용을 읽어서 녹음이 되도록 한다. 이것들은 후에 포스트 프로덕션에서 싱크의 기준으로 사용된다. 최근에 와서는 카메라와 녹음기가 연동되어 타임코드화 되기 때문에 수동으로 슬레이트(Slate, 소리 없는 클랩 보드)를 넣을 필요가 없게 되었다.

2603 `ani` `pic`

Sync. marks (싱크마크, 연동일치점)

화면과 사운드를 일치시키기 위해 화면과 사운드 필름(Sound Film)에 각각 표시하는 것을 발한다. 이 표시(Mark)에 맞추어 프린트 필름을 빼면 화면과 사운드가 일치하게 된다.

2604 `pic`

Sync-Pulse, Sync-Beep, Sync-Pop (연동 점, 화면과 사운드 맞추기)

영화 제작에서 사용하는 용어로, 화면과 음향의 일치점을 표시하기 위해 화면에는 펀치 마크(Punch Mark)를 넣고 음향에는 삡(Peep) 소리 마크를 넣어 일치하는 지점을 정하는 작업이다. 완성된 네거티브와 사운드 트랙은 프린트하는 과정 전에 화면상에 펀치(Punch) 표시와 사운드에도 소리 표시를 넣게 된다. 이것을 싱크 펄스라고 부른다.

2605 `ani` `pic`

Sync punch (싱크 펀치, 연동 점 표시)

1) 어분의 리더 필름(Leader film)에 펀치 된 구멍으로 다른 필름과 일치시키기 위한 싱크 표시로 사용된다. 2) 사운드 트랙(Soundtrack)에 펀치 된 구멍으로 사운드를 영상과 일치시키거나 다른 사운드 트랙과 일치시키기 위한 소리 신호로 사용된다.

2606 `mus`

syncopation (당김 음, 싱커페이션)

음악에서 싱커페이션은 여러 리듬을 함께 연주하여 하나의 음악을 만들어내는 역할을 한다. 이 형식은 15세기경 이탈리아에서 음악에 사용한 형식으로 민속적으로 변화화 한 기법이다. 한 곡조의 일부나 전체의 곡(Tune)에, 또한 일부의 음악에서 소리를 죽이기(Off-Beat)도 하는 작곡과 연주의 기법을 말한다. 싱커페이션은 하나의 음악 스타일로 반음 내리기나 소음(Off-Beat)하는 기법을 말한다. 특히 댄스 음악에서 많이 사용되며 전체 곡조를 함께 묶는, 리듬적 중요한 요소로 사용된다.

2607 `pic`

syndication (신디케이션, 선 제작 프로그램)

주로 방송 프로그램 제작방식에서 사용되는 단어이다. 방송사가 기획한 시리즈 제작물은 방송사가 제작대행사에 제작비를 지급해 제작되는 것이 일반적이지만 방송사와 관계없이 제작사가 임의로 제작한 영상 시리즈물을 방송하게 될 때 구분해서 부르는 말이다. 방송국은 이미 제작사들이 제작해 놓은 독립된 개별적 텔레비전 방송물을 자신들의 지역적 시장 내에서 방송하기 위해 구입하는 TV 쇼나 영화들을 일컫는 말이다. 즉 해외의 경우 전국 네트워크 가맹 방송사들에게 프로그램을 배급하는 제작 방식과는 반대로 제작사가 투자하여 만든 필름을 각 방송 시장과 이를 기초로 하여 전국적으로 프로그램 판매가 이루어지는 것을 말한다. 최근에 들어서 방송국의 제작 주문이 감소한 것과 관계없이 몇 개의 회사가 모여서 코-프로덕션(Co-Production)으로 제작해 수요자에 판매하게 되는데, 이런 것들을 가리키는 말이다.

2608 `gen`

synergy (공동작업, 시너지)

이 용어는 어울려 같이 일해서 함께 얻어낸다는 뜻으로 사용되는 말이다. 특히, 영화 제작과 같은 여러 부분들이 공동으로 협력해서 작업하는 것을 의미하는 말이다.

2609 `pic` `ani`

synopsis (시놉시스, 줄거리개요)

영화나 TV, 그리고 드라마 등을 위해 대본(Script)을 쓰기 전 그 줄거리를 3~4 문장 정도로 매우 간단하게 요약하여 제작자들로부터 반응을 얻어내 대본작성의 가능 여부를 판단받기위해 기술한 것을 말한다. 그리고 영상물이 이미 제작 완료된 후에도 줄거리를 쉽게 소개하기 위한 방법으로 요약하는 것을 시놉시스(짧게, 시놉, Synop)이라 부른 다. 또한, 영상물 라이브러리(Library)나 카탈로그(Catalogue) 제작에 넣기 위한 줄거리 개요도 같은 뜻으로 부른다.

2610 `pic` `ani`

synthesizer (음향 변조 장치, 신디사이저)

음향이라 할 수 있는 원음을 입력하여 전기와 전자적 반응을 얻어 민감한 컴퓨터 소자 에 의해 색다른 소리의 형태를 만들어 내게 되는 전자적 음향 변조 장치를 신디사이저 라 부른다. 대사나 음악이나 음향을 음향 변조 장치를 이용해 정상적으로 녹음된 음성 또는 음향을 두드러지게 특이한 사운드로 변조된 소리를 만들어 낼 수 있다. 이 신디사 이저의 기능은 길이나 시간에 관계없이 소리의 피치(Pitch)를 이용해 속도가 빠르거나 느린 것처럼 느낌을 바꿀 수가 있다. 과학 공상영화 등에 자주 사용되며 우주인의 목소 리처럼 변성을 할 수 있다. 뉴스에서 음성 변조를 하여 누구의 목소리인지 알 수 없도 록 하는 것에도 사용된다.

□ 그림설명 2610, Analog Matrix Synthesizer.

2611 `gen`

system (체계, 조직)

사람들의 의사소통이나 기계화 시스템에 의해 여러 단계를 거쳐 체계적으로 이루어지 는 것을 말한다. 조직(Organization)의 체제, 기계의 순환(Circulation)방식, 방식의 순 서(Formality) 등을 통해, 보다 효율적으로 쉽게 체계화(Systematization)한 것을 의미하 는 말이다.

Telescope.

Television

Tt

[티]

Theatre Optique

THX Sound System.

Thriller-Hitchcock

Time-Lapse

T t [티]

2700 `ani` `equ`

table (테이블)

✳ animation camera table (카메라 테이블)

지금은 사용하지 않는 재래식 애니메이션 촬영기재 중 하나로 일반적으로 로스트럼 카메라 스탠드(Rostrum Camera Stand)에 부착된 테이블 모양의 촬영대 부분을 일컫는 말이다. 아래위로 페그 바(Peg Bar)가 두 개씩 좌우로 움직일 수 있도록 되어있고 이것을 톱바(Top Bar)라고 부른다. 상단과 하단에 있는 두 개의 바는 16필드 크기의 그림을 촬영할 수 있고 12필드 사이즈를 사용할 때는 보조 바(Aux Bar)라고 부른다. 이 바들은 좌우로 그림을 페그 바에 꽂아 촬영하며 테이블 자체가 회전하게 되어있다. 그림의 비례는 4:3이며(현재 디지털에서 사용하는 화면비례는 16:9) 위쪽을 북(North), 아래를 남(South), 오른쪽을 동(East) 그리고 왼쪽을 서(West)라고 정하여 사용한다. 그 밖에 틸트(Tilt), 스핀(Spin), 공중 유영(Float)하기 등의 화면효과를 만들 수 있다. 이 모든 기능들은 디지털 방식의 새로운 실행 체제가 있더라도 한 눈에 볼 수 있는 나날로그 방식을 우선 이해하고 기초를 두뇌로 인지한 후 애니메이션의 움직임을 활용하는 것이 바람직하다.

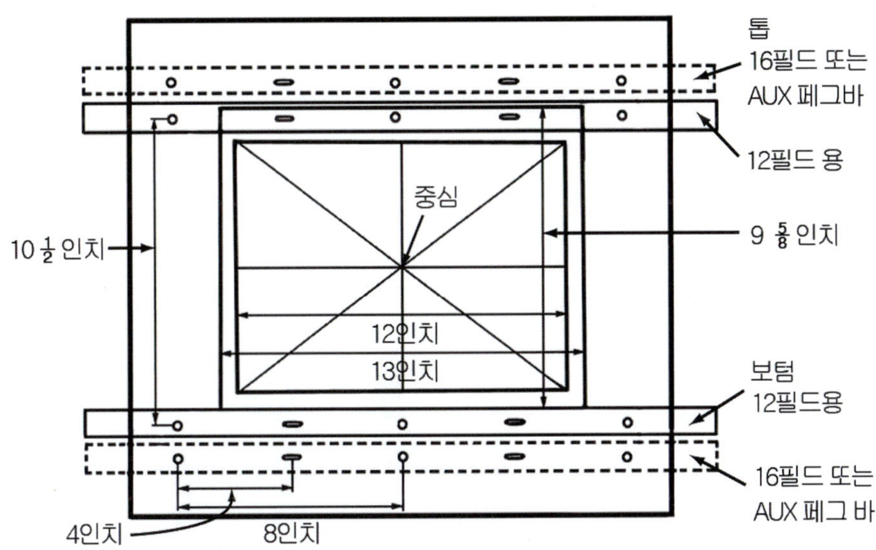

□ 그림실명 2700, 애니메이션 테이블은 징교한 수치로 되어있다.

T

2701 `equ`

tablet (태블릿)

그래픽 도면 태블릿은 새로운 이미지를 스케치하거나 이전의 이미지를 트레싱(Tracing)하는데 사용된다. 사용자는 코드나 무선으로 연결된 펜 또는 퍽(Puck)이 달린 태블릿으로 접촉을 시작한다. 스케치를 위해, 사용자가 펜이나 퍽으로 그림을 그리면, 화면 커서가 그에 대응하는 이미지를 그린다. 퍽은 일반적으로 투명유리 렌즈를 통해 보이는 크로스헤어(Crosshair, 십자선)를 이용하여 끝단이나 귀퉁이의 위치를 정확하게 나타낼 수 있기 때문에, 매우 자세한 공학도면을 트레싱하는 곳에서 선호된다. 태블릿은 그래픽(Graphic) 태블릿, 디지타이저(Digitizer) 태블릿, 그리고 전자 태블릿 등의 이름으로도 불린다.

□ 그림설명 2701, Wacom Tablet PTH651.

2702 `com`

targa file (타가 파일)
*TGA

TGA는 트루비전(Truevision)의 그래픽 어댑터(Adapter) 이미지 파일을 말한다. 타가(TARGA)는 Truevision Advanced Raster Graphics Adapter의 준말이다. 타가보드를 위하여 개발된 래스터 그래픽 파일 포맷(Raster Graphic File Format)이다. 정식 명칭은 트루비전 TGA(Truevision, TGA)이며, 단순히 'TGA파일포맷'으로 부르기도 한다. 타가파일은 Adobe Photoshop, GIMP, Paint.NET, Corel PaintShop Pro, TGA Viewer 등을 열 수 있고 또한 일반적으로 사진이나 그래픽 관련 다른 기기를 열기위해 사용된다. 처음 개발된 1989년 이래 큰 변화는 없지만 그래픽 분야에서는 여전히 사용한다. TGA 파일은 픽셀(Pixel)당 8비트, 16비트, 24비트나 32비트를 지원하고 RGB 칼라는 최대한 24비트 알파채널은 8비트를 지원한다.

□ 그림설명 2702, Targa 아이콘들.

tail (테일, 끝 부분)

재래식 영화의 필름 샷(Shot), 신(Scene), 혹은 필름 전체의 끝부분을 말한다. 또한 필름의 릴(Reel) 전체의 끝부분 테일 엔드(Tail End)를 뜻하는 말이다.

✱ tail out (테일 아웃)

아날로그 필름의 영사를 마치고 난 필름의 끝이 바깥쪽으로 나와 있는 것을 말하며 필름이 시작되는 앞쪽을 헤드라고 부르는데 만일 만약 필름의 테일 끝이 밖으로 나온 채 감겨있으면 빈 릴(Empty Reel)을 이용해 다시 감아야 필름을 정상으로 앞에서부터 상영할 수 있다. 테이프가 테일 아웃 상태에 있으면 처음부터 정상적으로 상영하기 위해서는 되감기(Rewind)를 한다.

2704 `pic` `ani`

take (테이크, 선택)

테이크는 카메라로 촬영한 여러 신(Scene)들 중 사용할 한 신을 선택하는 것을 말한다. 대개는 테이크의 표시가 슬레이트에 글로 표시되어 있으며 동시 녹음인 경우에는 음성으로도 표시한다. 또 같은 장면을 여러 번 찍을 경우 Take 2, Take 3 등의 방식으로 슬레이트에 기재하게 된다. 애니메이션에서도 Take 1(처음 찍은 것) 으로 끝나지 않고, 잘못 촬영할 경우 여러 번 다시 찍게 되는데 재촬영을 할 경우 각 테이크는 순서대로 번호가 매겨져 슬레이트 보드에 표시하여 촬영한다. 첫 번째 테이크 후의 재촬영은 '리테이크(Retake)' 라고 한다.

☐ 그림설명 2704, 영화 슬레이트 Take-2(T-2)

✱ 참조보기 (2456 - Shot)

2705 `pic`

take splice (테이크 스플라이스, 가편집)

아날로그 방식에서 여러 번 촬영된 필름 중에 사용하려는 신(Take)만 모두 모아 연결(Splice)하여 임시 편집하는 것을 뜻하는 말이다. 감독이 선택한 신(Final Take)만을 모두 모아 임시 편집을 하여 영화의 길이와 편집의 흐름을 보며, 각 신의 길이를 조정히고, 신 전체를 들어내기도 한다. 편집은 한번으로 만족히지 않고 여러 번 반복 촬영히여 편집히게 된다. 최초의 촬영을 테이그 원(Take-One), 다시 촬영히면 테이그

투(Take-2), 그래도 촬영이 만족스럽지 않을 때는 테이크 3, 4, 5, 6 등으로 표시하여 계속 촬영할 수 있다. 촬영할 때 감독에 의해 테이크가 현장에서 정해지지만 편집 시에 다른 테이크와 교체 편집할 수도 있다. 이때 편집은 필름을 서로 맞대어 붙임(Butt Splice)방식으로 접착테이프(Adhesive Tape)로 접착한다. 이 방식의 편집은 필름을 쉽게 다시 떼어내어 다른 신으로 교체할 수 있어 필름에 손상을 주지 않게 된다. 지금은 디지털 방식으로 모두 바뀌어 필름을 마주대고 편집은 하지 않게 되었지만 신들을 모두 연결하여 영화를 만들어가는 공정은 같은 절차를 거치게 된다.

□ 그림설명 2705, 필름을 마주대고 붙이는 35mm Tape Splicer.

2706 `gen` `art`

talent (탤런트)

특별히 누군가에서 배우지 않고도 타고난 재능이 있는 연기자, 특정한 영화제작에 배우로 고용된 사람, TV에 출연하여 연기를 하는 사람들을 말한다. 또한 카메라가 없이 무대에서 공연을 하는 모든 배우들에게도 불리는 말이다. 그리고 재능을 부리는 모든 동물들도 포함되는 말이다.

2707 `gen`

talk show (토크 쇼)

라디오 방송이나 TV 쇼에서 진행자에 의해 세간에 화제가 되고 있는 연예인, 사회 저명인사, 특수 장인 등 사람들을 소개하며 함께 이야기를 나누는 방송 프로그램을 일컫는 말이다. 주로 방청객을 앞에 두고 진행한다.

□ 그림설명 2707, 오프라 윈프리 쇼
(Oprah Winfrey Show) with Will Smith.

2708 `pic` `ani`

talkie (토키, 음향)
*Talkie Era (음성시대)

영화기술(Cinematographe)이라는 새로운 용어와 함께 35mm 영화필름을 이용해 라이브(Live)로 활동사진을 촬영한 것은 1895년의 일이었다. 프랑스의 발명가 뤼미에르 형제(Lumiere Brothers, Auguste, 1862-1954, Louis, 1864-1948)는 이 신기한 기술을 세상에 내놓으면서 많은 사람들이 영화에 몰두하는 놀라운 반응을 얻어냈다. 영화는 전 세계로 번져 나갔지만 그 후 영상(Picture)과 음향(Sound)을 일치시키는 영화제작기술이 개발되지 않고 30년이 넘게 소리가 없는 무성영화로 흘러왔다. 영화는 주로 경치를 촬영하거나 대사가 필요할 때는 자막을 넣어 무슨 일이 벌어지고 있는지 관객이 이해할 수 있도록 설명을 넣어 처리했다. 당시에 자막처리는 하나의 영화 장르로서 오랫동안 자리잡아온 기법이었다. 또한 영사기가 관중석 가운데 자리 잡고 있어서 필름이 돌아가는 영사기의 소음을 상쇄하기 위해 피아노 등의 악기로 무대 옆에서 연주하는 것이 일반적이었다. 1927년에 결국 영화는 대사와 음악 그리고 적절한 효과음을 넣어 관객들에게 음향의 일치감을 주기 위해 필름의 왼쪽 가장자리에 오실로스코프(Oscilloscope)를 이용한 옵티컬(Optical, 광학)방식으로 음향을 합성시키는 데에 착안하게 되었다. 영화가 무성영화에서 유성영화시대로 바뀌면서 '토키(Talkie)'라는 용어는 음성 필름방식을 구분하기 위해 불린 단어이다.

2709 `fes`

Tampere Film Festival (탐페레 필름페스티벌)

핀란드(Finland)〉 Tampere, '탐페레 필름페스티벌'은 유럽의 3대 단편영화제로 꼽히며 핀란드 탐페레에서 매년 3월에 개최된다. 첫 번째 페스티벌은 1970년 개최됐고, 북유럽에서 가장 오래된 단편영화제이다. 매년 영화 상영뿐만 아니라 영화제에 관련된 다양한 세미나와 기타 활동도 많다. 1969년 탐페레시가 단편영화 판매 활성화와 문화 분야의 국제협력 증진을 목적으로 핀란드 교육부 및 핀란드 영화기금의 지원을 받아 기획해, 이듬해 3월 '제1회 탐페레필름페스티벌'을 개최했다. 경쟁 영화제로 국제경쟁 부문과 핀란드영화 경쟁부문으로 나뉘는데, 애니메이션영화와 기록영화·극영화 등을 포괄한다. 출품 대상은 영화제 개막 1년 이내에 완성된 작품에 한한다.

□ 그림설명 2709, Tampere Film Festival 2017 poster와 2018 Festival.

2710 mus

Tango (탱고, 무곡)

탱고는 매우 낭만적인 춤을 추는 곡으로 세상에 알려져 있다. 탱고 춤은 상대적(Interactive)으로 즉석에서 호흡이 맞아 소통하며 출수 있는 춤으로 가장 기본이 되는 춤 중에 한 종목이다. 탱고의 명칭은 원래 '바일리 꼰 꼬르테(Baile con Corte)로, '멈추지 않는 춤'이라는 의미를 가지고 있다. 탱고 춤이 시작된 시기는 약 1880년경으로 아르헨티나 부에노스아이레스(Argentina, Buenos Aires)의 한 빈민가 지역에서 시작되었고 당시에 춤을 추는 남자들은 특이하게 쇄 발급이 붙인 목이 높은 장화를 신고 가우초(Gaucho)라는 바지를 입고 다녔고 여성들은 폭이 넓은 플레어(Flare) 스커트를 입었다. 상상으로도 매우 흥미로운 한 쌍의 댄서들로 보인다. 이들은 춤을 추기위해 태어난 듯 매우 열정적이며 혼신을 다해 춤을 추었고 오늘날의 탱고 춤을 만들어냈다. 탱고가 남미에서 뿐만이 아니라 전 세계에 하나의 격식을 갖춘 춤으로 성장한 것은 20세기에 들어와서 본격적으로 유럽에까지 널리 보급되었다. 탱고의 특징은 업 엔 다운(Up and Down)없이 일정한 자세로 춤을 춘다. 탱고의 기본리듬은 4분의 2박자이며 각 박자에 악센트가 있다. 템포는 1분간 30~34소절로 연주된다. 오늘날의 탱고는 과거와는 달리 급격하고도 열정적인 동작을 취하지 않고 부드러운 움직임을 주며 플로어(Floor)를 많이 오고 간다. 그러나 남미의 댄서들은 전통을 유지하려하고 인류문화유산으로 보전하려 한다.

□ 그림설명 2710, Tango Steps.

2711 equ

tape recorder (녹음기)

테이프 리코더는 마그네틱테이프(Magnetic Tape)에 주로 원음(Original Sound)을 녹음하는 기제를 말한다. 녹음된 원음은 필름, DVD, CD, 컴퓨터, 각종 오디오 등 매체에 적절하게 사용된다.

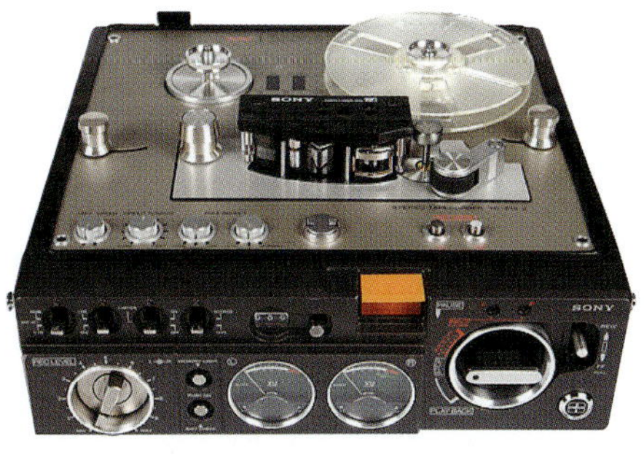

□ 그림설명 2711, Sony TC-510-2 5 Reel To Reel Portable Tape Recorder. (1978)

2712 equ

tape-splicing (테이프 스플라이싱, 테이프 편집)

마일라(Mylar) 테이프로 양쪽 필름을 연결시키는 것. 이것은 영구적인 것이 아니고 필요한 경우 자주 붙였다 떼었다 하며 필름을 편집할 수 있어서 편리하다. 핫 스플라이스(Hot Splice)는 접합되는 부분의 감광제를 긁어내야 함으로 재편집 시에 적어도 양쪽으로 한 프레임씩 필름을 잃게 되지만, 테이프 접착방법은 프레임마다 손상 없이 연결할 수 있다. 이 테이프의 편집은 편집용 위크프린트(Workprint:작업필름)용으로만 사용된다.

2713 `gen`

TBA (티비에이, 추후발표)

To Be Announced 의 줄임말로 차후에 발표될 프로그램이나 정보를 말한다.

2714 `gen` `pic`

teaser (티저, 돌출광고, 짧은 광고)

1) TV나 영화에서 크레딧(Credit)이 앞에 나오기 전에 관객의 관심을 즉각적으로 불러 일으키기 위한 편집 방식으로 벌어질 액션에 대한 기대감을 갖게 하는 영화의 오프닝 신을 말한다. 2) 일반적인 예고편에 앞서 미리 짧게 보여주는 것으로 개봉되지 않은 필름을 광고할 때 사용한다. 3) TV 드라마의 도입부로서 사람들의 관심을 끌기 위해 만든 짤막한 장면들로서 흔히 타이틀이 나오기 전이나 타이틀 후에 보여진다.

✱ 참조보기 (2769 - Trailer)

2715 `gen` `pic`

Technicolor (테크니컬러)

흑백 필름을 랩(Lab.)공정을 통해 컬러로 옮겨 총천연색 필름을 만들 때의 트레이드마크(Trademark)로 사용한 특허 상표명이었으나 지금은 회사의 이름일 뿐이다. 영화용 롤필름(Roll Film)의 발명은 인류 역사상 가장 큰 공적들 중에 하나임에 틀림없다. 필름에 촬영하여 동작을 연구하기 시작한 것은 1888년에 미국의 조지 이스트만(George Eastman, 1854-1932)이 개발한 롤필름(Roll Film)으로부터 시작된다. 같은 해에 프랑스의 과학자였던 에티엔 쥘 마레(Etienne Jules Marey, 1830-1904)는 생리학자이며 크로노(Chronograph) 사진작가였는데 천공이 없는 90mm 롤필름으로 동작을 찍어 분석하며 모션을 연구했다. 1892년 프랑스의 에밀 레이노드(Emile Reynaud, 1844-1918)는 프레임 사이에 천공이 하나인 필름을 자체개발해 스크린에 영사하는 최초의 기술을 대중에 공개했다. 같은 해 1892년 미국의 윌리엄 딕슨(William K. L. Dickson, 1860-1935)과 토마스 에디슨(Thomas Edison, 1847-1931)이 합작하여 촬영 카메라와 영사기를 발명해 냈다. 1895년에는 프랑스 사람인 뤼미에르 형제 오귀스트 뤼미에르(Auguste Marie Louis Nicolas Lumiere, 1862-1954)와 루이 뤼미에르(Louis Jean Lumiere, 1864-1948)가 16mm 필름 양쪽에 천공이 있는(오늘날 것과 같은) 필름으로 촬영하고 영사하며 '영화 촬영기술(시네마토그래프, Cinematographe)'을 널리 퍼뜨렸다. 1932년에 들어서 테크니컬러(Technicolor)의 공정을 통해 더 눈을 만족시키는 자연스러운 색이 개발되었다.

그러나 이 모두가 천연색이 아닌 흑백(Black and White)필름이었다. 많은 선구자들은 천연의 색을 표현하기 위해 노력하고 있는 가운데 테크니컬러(Technicolor)가 프린터기 안에 사이언(청록색), 마젠타(자홍색), 옐로우(노란색) 필터를 사용하여(그림 2715-2, -3), 흑백 네거티브(Negative)로부터, 컬러로 인쇄 프린트하듯 컬러 분리 과정을 통해 원색(Red, Blue, Yellow) 들을 여러 번 프린트하여 칼라원본을 만들었다. 이 획기적인 아이디어는 테크니컬러가 흑백 원본으로부터 3개의 네거티브를 이용해 하나의 필름에 프린트하여 천연색 필름으로 만든 것인데 이것은 미국 영화사에 크게 공적을 남기게 되었다. 그러나 원본은 흑백필름 그대로인 것이다. 이것이 나오기 전에는 특수한 영사기를 통해 스크린 상에서 빨간색과 초록색 두 가지 컬러로 덧씌워 컬러처럼 보이게 하는 방식을 창안하여 필름을 영사했다. 기록에 보면 35mm필름이 흑백일 당시 필름 표면에 색깔을 입혀 천연색을 만들려는 시도는 1894년부터였고 실제로 1896년에는 영국이나 프랑스가 필름위에 붓으로 물감을 발라 천연색 영화를 시도했다고 되어있다. 그러나 세계최초로 칼라 필름이 나온 것은 1902년 에드워디안(Edwardian)으로 알려진 영국의 사진작가가 영국의 한 박물관에 에드워드 터너(Edward Raymond Turner, 1873-1903)의 특허등록이 된 기록과 함께 전시된 물건의 기록도 있다. 1903년에 와서는 미국 최초의 서부영화 <대 열차강도>가 에드워드 포스터 감독이 색칠한 필름이었다. 1911년 윈저 맥케이(Winsor McCay, 1869-1934)가 그의 애니메이션 '작은 네모(Little Nemo)' 장편(40분길이)을 만들었을 때도 손으로 일일이 색칠했다고 기록하고 있다. 그렇게 붓으로 물감을 칠해 만든 영화는 상영과정에서 부자연스럽게 떨려 한계를 느꼈을 것으로 여겨진다. 그 후 필름 위에 자연색(컬러)을 표현하려는 시도는 꾸준히 진행되었다. 테크니컬러가 필름을 CMYK 인쇄공정 방식을 활용하여 천연색으로 만들어 낸 것은 발명에 가까운 일이였으며 이것은 곧 디즈니 스튜디오가 개발 판권을 소유하고 1932년 버트 길렛(Burton F. Gillett, 1891-1971)이 감독으로 <실리 심포니(Silly Symphonies)>와 1933년 돼지 3형제를 총 천연색으로 제작하게 되었다. 테크니컬러는 1916년 첫 번째 칼라필름 버전을 냈으며 그 후 수십 년 동안 새로운 버전을 계속 연구한 회사였다. 1922년에서 1952년까지 약 30여 년간에 할리우드에서 가장 많은 영화사들이 사용한 필름현상소로 채도가 밝고 명쾌한 컬러프로세스(Color Process)로 인기를 끌어 유명했다. 실사영화 <Oz (1939)>와 <Down Argentine Way (1940)>, <로빈 후드의 모험 (1938)>, <바람과 함께 사라지다 (1939)> 등이 있었고, 애니메이션으로는 <백설공주와 일곱 난쟁이 (1937)>, <걸리버 여행기(Gulliver's Travel) (1939)> 그리고 <판타지아(1940)> 등이 있었다. 그러나 발전된 다른 현상소들이 생겨나면서 Technicolor의 3겹 특수 프린트 방식은 1952년 이래 더는 사용되지 않게 되었다.

□ 그림설명 2715-1, 테크니컬러의 특수 카메라.

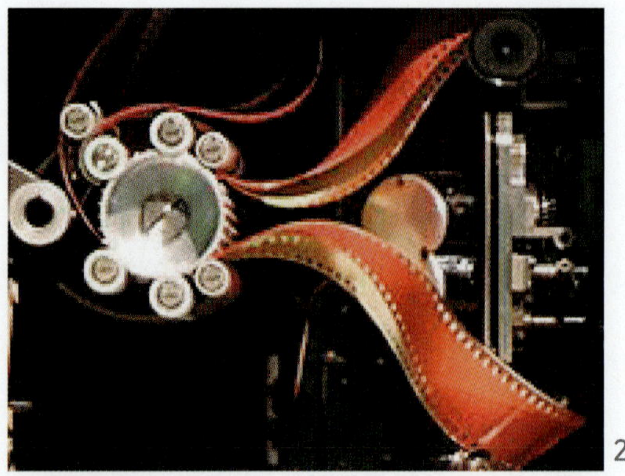

-2, 무부먼트의 C.U.

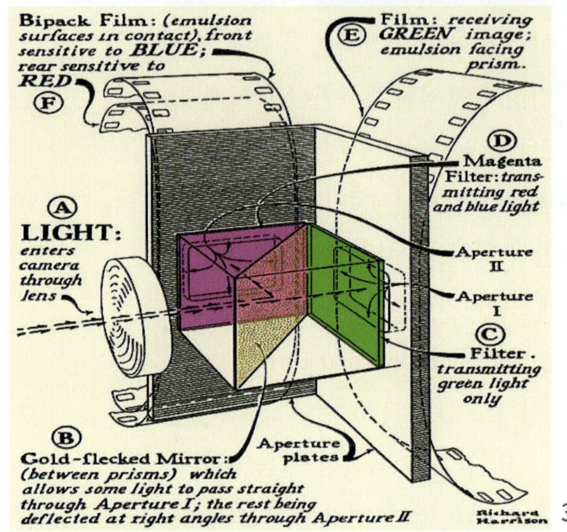

-3, 테크니컬러만의 특수기술로 천연색을 만드는 방법.

-4, 테크니 칼라기술에 의한 <Flowers and Trees> 1932, by Burt Gillett.

2716 `pic`

Telecine (텔레시네, 필름을 테이프로 옮김)

필름으로 된 아날로그 영화를 텔레비전 전파로 전송하기 위해서는 전자방식인 비디오로 바꾸게 된다. 필름에서 비디오(Video) 테이프로 영상을 전환하는 과정을 텔레시네라고 말한다. 이 단어는 '텔레비전 시네마토그래피(Television Cinematography)'에서 파생된 말로 모든 영화 필름상의 이미지들은 전자식 비디오 시스템을 거쳐 텔레비전 이미지로 변환시키는 공정이 필요하다. 필름이 가지고 있는 영상은 그 색상의 본질이 인쇄매체 형태인 CMYK에서 비디오로 바뀌며 디지털 형태의 RGB로 전환되게 된다. 이때 색상표현에 변화가 생기게 되어 이 부분은 전문적이거나 기술적으로 매우 민감한 반응이 생겨 날 수 있는 분야이다. 필름에서 테이프의 전환은 색상 뿐 만이 아니라 형식(Format)의 변화도 생긴다. 필름은 초당 24프레임이지만, NTSC 방식의 비디오는 초당 30프레임이다. 필름에서 비디오(Video)로 녹화할 때 프레임이 늘어나야 함에 따라 매 4프레임마다 이미지를 하나씩 더 만들어 낸다. 이때 이미지는 필드(그림이 2중으로 보임)가 생겨나지만 일반적으로 관객들의 눈에는 띄지 않는다. 한편 유럽에서 사용하는 PAL 방식은 초당 25프레임이 돌아가는 필름에서 그대로 비디오에 25프레임으로 녹화(전환)되기 때문에 NTSC 방식에 비해 문제가 적고 방송화면도 양질이다. 필름 이미지는 비디오보다 더 역동적이며 궁극적으로는 더 나은 이미지를 만들기 때문에 많은 영화들이 필름에 촬영하고 비디오테이프로 트렌스퍼링(전환)된다. 그러나 최근의 텔레시네 기재들은 훨씬 더 개선되어 이제는 필름 이미지보다 더 좋은 영상을 만들어 낸다. 디지털 컬러의 차트(Chart)는 총 1,670만 개의 색상으로 나뉘어져 있으며 필름의 색상보다 더 많고, 더 화려한 색상을 만들어 낼 수 있다.

□ 그림설명 2716, Telecine system (Danish Broadcasting Corporation)

✱ 참조보기 (2720 - Television)

✱ 참조보기 (0439 - CMYK)

2717 equ pho

telephoto lens (텔레 포토 렌즈)

촬영 초점 거리가 촬영 구경 지름보다 훨씬 더 긴 렌즈를 말한다. 텔레포토 렌즈는 정상 렌즈들보다 촬영되는 범위가 좁고 그 범위의 심도가 깊지 않은 특징이 있다. 또한 카메라를 지나치게 가까이 가져가지 않고도 더 작은 범위를 당겨서 찍을 수가 있다. 일반적으로 105mm로부터 그 이상 사정거리에 맞는 렌즈를 가리킨다. 이런 렌즈는 뉴스와 스포츠 경기, 다큐멘터리 필름을 찍는 데에 많이 사용된다. 또한 멀리 있는 물체들을 크게 당겨 찍을 수 있는 반면 입체감이 없고 물체와 물체 사이에 거리감이 없어 빡빡한 도시 생활 같은 것을 표현하는데 이용된다. 또 전혀 움직임이 없는 것처럼 보이거나 카메라를 향해 달려오더라도 제자리에서 달리는 것 같은 느낌을 얻을 수 있다. 이러한 렌즈들은 주로 줌(Zoom)형태를 겸하고 있는 것이 일반적이다.

□ 그림설명 2717-1, 망원렌즈 (Telephoto Lens)

-2, 미국 백악관(White House) Zoom-in.

2718 pic

telerecording (텔레 리코딩)

□ 그림설명 2718, 텔레 리코딩 기재.

비디오로 제작된 것을 영사용 필름으로 전환하는 방법을 말한다. TV로 방송되는 프로그램을 영화필름에 녹화하는 것인데 특수 장비를 이용하여 스크린에 비춘 영상을 영화용 카메라의 렌즈로 직접 촬영하는 방식이다. 반대로 영화필름을 비디오에 녹화하는 것을 텔레시네(Telecine)라 한다.

2719 equ sci

telescope (망원경)

✳ astronomical telescope (천체망원경)

✳ space telescope (우주망원경)

망원경은 유리를 연마한 렌즈와 거울 등을 이용해 만든 광학기재로 이를 이용하여 멀리 있는 물체를 가깝게 볼 수 있는 관측용 장치를 말한다. 망원경은 그리스어 'τῆλε(Tele,

멀리)'와 'σκοπεῖν(Skopein, 본다)'는 뜻에서 유래된 말이며, 1611년에 그리스 수학자인
지오바니 데미시아니(Giovanni Demisiani, ?-1614)가 이탈리아의 천문학자 갈릴레오 갈
릴레이(Galileo Galilei, 1564-1642)가 처음 시연한 관측기기에 대해 설명하며 아주 먼 천
체를 관측할 수 있게 사용한 기록이 있다. 최초의 망원경은 1608년에 독일인으로 네덜
란드에 살면서 안경가게를 경영하던 한스 리퍼세이(Hans Lippershey, 1570-1619)가 굴
절 망원경을 발명했고, 갈릴레오 갈릴레이는 이 후에 이 망원경을 개선하여 천문학 관
측에 사용하였다. 빛을 모으는 역할을 하는 대물렌즈(Object Lens)를 거울로 바꾸면서
반사 망원경이 등장하게 되었고 이로써 여러 디자인의 반사망원경들이 등장했다. 1668
년에 와서는 아이작 뉴턴(Isaac Newton, 1643-1727)이 처음 실용적인 반사망원경을 발
명하였다. 1733년 이 후에는 일반 렌즈의 색 수차를 줄일 수 있는 색지움 렌
즈(Achromatic Lens)의 발명으로
인해 망원경의 성능이 획기적으로
개선된다. 천체 망원경의 역사는
20세기에 들어와 미국의 천문학자
였던 에드윈 P. 허블 (Edwin
Powell Hubble, 1889-1953)의 이름
을 따서 지은 허블천체망원경이
외계로 향했고 더 멀고 넓은 우주
를 더 가까이 알게 되었다.

□ 그림설명 2719-1, 천체 망원경 Gskyer
60mm AZ Refractor Telescope.

-2, Hubble Space Telescope.

2720 gen equ his

television (텔레비전)

전자신호(Electronic Signal) 체계를 이용해 소리와시각적인이미지(Visual Image)로 형
성된 프로그램을 방송을 통해 안방에서 시청할 수 있도록 만들어진 전자시스템으로 화
면과 음향을 시청할 수 있는 수신기를 말한다. 이 수신기는 캐소드 음극선관(Cathode
Ray Tube)을 사용해 기능은 전기 신호를 시각적으로 변환하며 튜브관의 끝면인 TV화
면위에 화상디스플레로 보여준다. 1884년 영국의 물리학자 조제프 존 톰슨(J. J.
Thomson, 1856-1940)은 이 음극관을 만지작거리다가 전자(Electron)라는 물질과 또한
방사성 동위원소(Isotope)를 발견하여 1906년 노벨물리학상을 받기도 했다. 1897년 독

일 물리학자였던 칼 F 브라운(Karl Ferdinand Braun)이 발명한 음극선관은 전자총의 원리로 진공 유리관(약어: CRT) 안에 전자를 가속시키고 방향을 바꾸어 전자가 음극관에 부딪치며 빛이 생성되어 이미지를 형성하게 된다. 이 전자빔을 송수신하는 텔레비전이라는 단어는 그리스 어원으로 Tele와 라틴어의 Vision의합성어로Television이라는말로 1920년처음으로사용되었다. 텔레비전의 시작은 좀 거슬러 올라가 1885년 독일의 대학생인 폴 G. 닙코브(Paul G. Nipkow, 1860-1940)가 전자 기계장치로 된 텔레비전을 특허를 내면서부터였다. 그것은 디스크(Disk)를 돌리는 형태로 만들어졌는데 줄무늬를 통해 이미지를 얻어냈다. 그러나 1907년이 되도록 더 이상의 개발을 하지는 않았다. 1911년 보리스 로싱(Boris Rosing, 1869-1933)교수와 학생이었던 블라디미르 즈보리킨(Vladimir Zworykin, 1888-1982)이 기계적 모양의 둥근 거울을 이용, 스캔을 해 만들어 봤지만 아주 기초적인 것이었다. 즈보리킨은 그 후 RCA에 들어가 진짜 전자 텔레비전을 만들었다고 기록되어 있다. 또한 1925년 스코틀랜드(Scotland)의 발명가 존 베이드(John Baird, 1888-1946)가 당시에는 주사선은 불과 30선에 실루엣 이미지만의 TV를 만들어 프랑스의 백화점에서 선보였다. 이어서 당시에 만들어진 TV의 주사선은 220, 240을 넘지 못한 형편없는 해상도에 불과했다. 1928년 베이드 TV 개발회사는 최초로 뉴욕과 런던 사이에 무선으로 전파를 교환하는데 성공하게 된다. 1936년 영국 텔레비전(BBC)이 내놓은 것은 405주사선이었다. 텔레비전의 역할은 이때부터였다. 텔레비전은 사실상 1940년 컬러 시스템이 개발되면서 1950년 가정에 깊숙이 자리 잡기 시작했다. 이 원리는 흑백이나 컬러로 방송국에서 멀리 떨어져 있는 텔레비전 수상기인 브라운관을 통해 3개의 전자총이 각각의 기본색(R.G.B.) 광선을 개별적으로 방사하여 이뤄진다. 텔레비전(TV) 튜브의 스크린 상에 빨강, 초록, 파랑 점들로 적절히 비추며, 텔레비전의 브라운관을 가로와 세로로 스캔한다. NTSC 시스템에서는 이 광선들이 총 525개로 처음에는 홀수 라인들, 그리고 그 다음에는짝수 라인들을 스캔한다. 이렇게 스캔하는 각각의 화면을 필드(Field)라고 부르고 두 필드들이 서로 얽혀서 프레임(Frame)을 형성하게 된다. 필드의 빈도수는 초당 60이며 프레임의 빈도수는 30이다. 일본은 컬러 TV가 1960년, 우리나라는 1967년에 시작됐다. 구소련은 1937년에 TV에 관심을 갖고 1938년 12월 31일 미국의 RCA에 의해 시설이 갖춰지고 방송이 시작됐다.

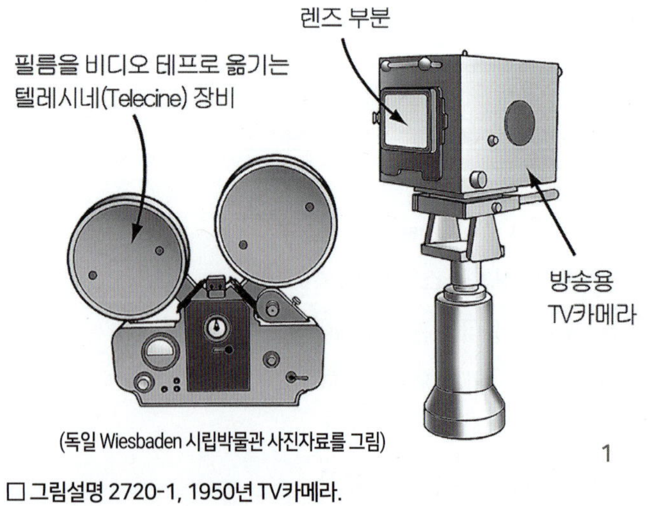

□ 그림설명 2720-1, 1950년 TV카메라.

1980년에 와서는 이미지와 사운드의 질을 개선한 인터넷 프로토콜(Internet Protocol) 양방향 수신 체계가 등장했다. 브라운 관으로 시작된 텔레비전은 2006년 LCD로, 그리고 2010년 LED로 DTV(Digital TV), HDTV(High Definition TV), 2011년 SMART-TV, 2013년에서 2014년 초고화질 텔레비전(Ultra High Definition Television: UHD-TV)과곡면(Curved) 올레드(OLED)도 등장했다. 2015년 SUHD-TV, 2017년 QLED 4K, OLED 4K, 그리고 2019년 QLED 8K 와이드스크린도 등장했다. 디지털시대로돌입하며16:9의화면비례(Ratio) 대형화면 55"에서 65", 75" 그리고 85"로 커지며영화관처럼 볼 수 있도록 만들어졌다..

-2, Samsung QLED TV.

-3, LG OLED TV

✱ TV history (티비 히스토리, 텔레비전 역사)

TV는 텔레비전(Television)의 약자이다. 텔레비전은 방송국으로부터 움직이는 화상과 음향을 수신할 수 있는 원격통신시스템의 하나이다. TV를 통해 오락, 교육, 정보 등 다양한 즐거움을 얻을 수 있으며 여러 나라들과 정치, 경제, 사회, 문화의 실상을 해외로부터 수신 및 송신을 할 수 있다. 인류는 소통을 위해 꾸준히 애써왔고 크게 공헌한 문명 이기 중의 하나이다. 인류의 시작은 19세기 초에 기계적으로 그림을 스캔해서 팩시밀리(Facsimile) 송신방식으로 보낸 화상이 텔레비전 발명의 역사이다. 이것을 발명한 사람은 알렉산더 베인(Alexander Bain, 1810–1877)으로 그는 최초의 전기시계와 기차역 간의 최초의 전보(Telegraph)를 이용한 통신에 성공한 스코틀랜드 발명가였다. 그가 최초로 발명한 팩시미리(Facsimile) 전송방식을 발표한 것은 1843년에서 1846년 사이였고, 1850년에 다시 개량된 것을 내놓았다. 1851년에는 런던에서 열린 '1851 월드 페어(1851 World's Fair)'에서 영국의 물리학자인 프레드릭 C. 바크웰(Frederick Collier Bakewell, 1800–1869)이 연구소 버전을 내놨는데 결국은 문자와 그림형태로 전송한 수 있었다. 이탈리아 물리학자이며 성직자인 지오반니 카셀리(Giovanni Caselli, 1815-1891) 신부에게 1856년에 보내졌다. 이 팩시미리(Facsimile) 전송방식은 이탈리어로 'Pantelegrafo'(영어, Pantelegraph)라 하여 지오반니 카셀리 신부에 의해 1860년에는 실제 사용할 수 있게 개발되었다. 종이의 크기는 111mm x 27mm로 뚜렷하게 25글자를 써서 보내는데 108초가 소요됐다고 기록하고 있다. 한편 영국에 있는 베이어드 회사(Baird's Company Television/Cinema Development Co.)는 1929년에 런던과 뉴욕 간에 텔레비전 신호를 보내는데 성공했다. 1936년 영국의 BBC방송은 최초로 그들의 기술에 의한 TV방송을 했다. 그러나 볼만한 신호체계를 가춘 텔레비전이 안방에 들어가 가정부인들의 총애를 받기 까지는 1958년이 되어서였다. 미국에서 아주 인기를 끌고 있었던 <I Love Lucy>나 <Gun smoke> 등은 35mm 필름으로 촬영되었기 때문에 방송으로 내보낼 때에는 비디오로 텔레시네를 해서 방송할 수 있었고 스튜디오 카메라는 당시의 초기 기계적인 실험 방송들은 독일로부터 기능적인 서비스로 이뤄졌다. 필름을 TV로 방송하기 위해서는 비디오 테이프(Videotape)로 옮기는 기술이 필요했는데 이 텔레시네(Telecine) 방식은 1956년에서 이뤄졌다. 1시간 길이의 필름을 비디오로 옮기는 비용은 당시 300불이었는데 지금 돈으로 치면 3,000불에 해당하는 돈으로 아마도 대단한 기술이라고 여긴 듯 비용은 거의 갈취에 가깝다. 그래도 인기가 식을 줄 모르게 <I Love Lucy>는 1970년대 까지도 방송되었다. 당시에도 TV는 새로운 미디어로 폭넓게 강력하게 번져나갔다. 샌프란시스코에서 1951년 9월 4일에 일본이 남태평양 전쟁에서 패한 이 후 열린 강화조약으로 열강 국이 모두 참여했지만 한국은 남북이 전쟁 중이어서 참여하지 않았다. <일본과의 평화조약>에서 미국 대통령 해리 트루먼(Harry S. Truman, 1884-1972)의 연설이 육성으로 영어, 프랑스어, 스페인어, 이탈리아어, 독일어, 포르투갈어, 중국어, 러시아어 등으로 번역되어 TV와 라디오방송으로 퍼져 나갔다. 강력한 이 전파력은 미국의 AT&T 송신케이블을 통해서 전 세계로 퍼졌다.

□ 그림설명 2720-4, 팩시밀리 전송기, 1856-Pantelegraph, 클로즈 업.

✱ 참조보기 (2716- telecine)

∗ SUHD (최고화질텔레비전)

OLED는 LG의 유기발광다이오드방식으로, SUH-TV는 삼성이 양자점 기술(Quantom Dot Technology)을 적용해 만든 4K(3840x2160) 해상도를 가진 것을 말한다. 삼성의 제품으로 Ultra High Definition TV에 나노(Nano) 크리스털 기술을 적용한 신기술 TV이다. 나노 크리스털 기술은 10억분의 1m 크기의 미세한 나노입자를 적용한 '양자 점' 기술은 나노입자가 7nm에 근접하면 붉은 색, 3nm 근접할 때 푸른색을 만들어내는데 이를 완벽하게 제어하는 기술이다. 그러므로 일반 UHD보다 SUHD는 기존 TV에 비해 약 64배 더 세밀한 자연의 색상을 볼 수 있다. QLED가 OLED는 비슷해 보일뿐, 패널은 QLED는 LCD, OLED는 OLED를 사용하고 이 두 기본기술은 완전히 다르다.

□ 그림설명 2720-5, 삼성전자의 SUHD TV.

∗ OLED (유기발광다이오드, Organic light emitting diode)
∗ QLED (양자 점 디스플레이, Quantum dot display)

2721 `ani`

Television animation (텔레비전 애니메이션)

전통적인 형식의 애니메이션과는 달리 TV 방송용으로 만들어진 애니메이션 작품을 말한다. 이러한 작품들은 텔레비전 컷오프(Television Cut Off)에 의해 손실되는 외곽부분을 미리 염두에 두고 만들어야 한다. TV를 위한 프로그램은 화면 구성에 있어서도 클로즈업(Close Up)을 많이 사용하게 되며, 롱 샷(Long-Shot)이나 풀 샷은 가급적으로 억제한다. 또한 애니메이션 그림 매수를 줄여 제작비를 저렴하게 투자하기도 한다.

□ 그림설명 2721-1, <101 Dalmatians: The Series>, 1997-1998.

-2, <House of Mouse: The Series> 2001-2002.

2722 `ani`

television cut off (텔레비전 컷 오프, TV 안전지역)

방송 상의 기술적인 문제로 실제 촬영된 화면의 크기보다 TV 브라운관은 전류에 의해 확대되어 가장자리 부분이 잘려나가게 되는 것을 말한다. 재래식 TV의 이미지는 전류에 따라 수축이나 확대가 된다. 이때 화면에 표시되는 중요한 문자적인 화면 정보에 안전지역을 가리키는 말이다. 그러므로 자막이나 그밖에 보여야 할 부분이 화면 안으로 들어오도록 TV Cut Off를 확인하여 작업한다.

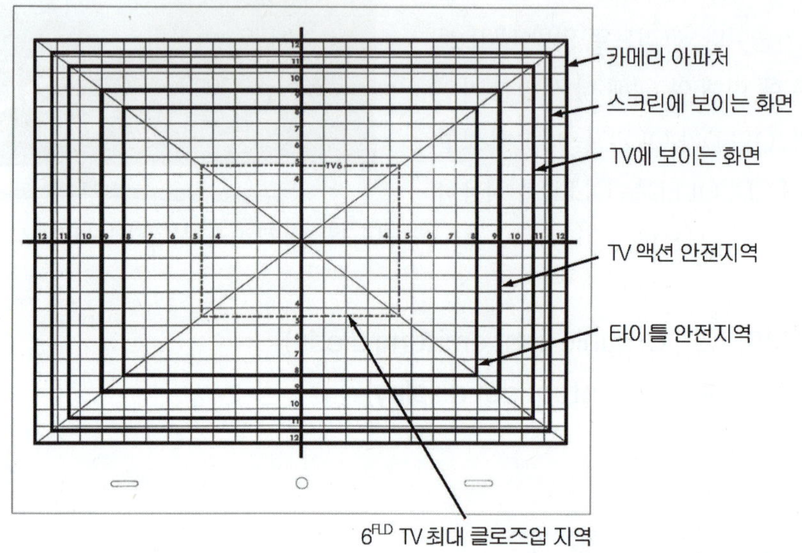

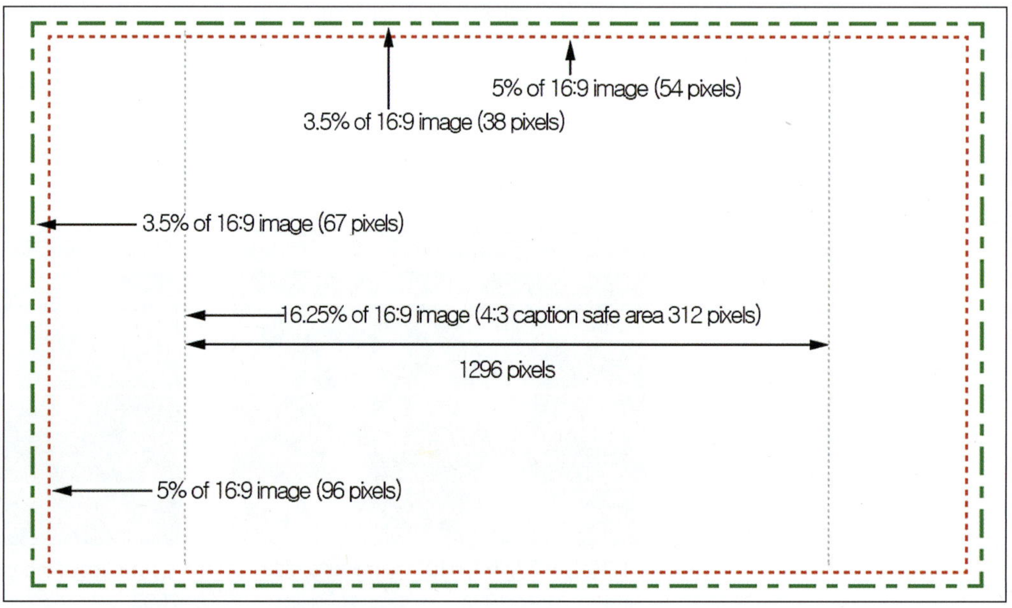

□ 그림설명 2722, TV화면의 안전범위(Cut Off)

telephoto lens (망원렌즈)

1895년 시네마토그래피(Cinematography) 영화촬영기술이 발명된 이래 렌즈의 발전은 쉬지 않고 이루어졌다. 촬영에서 사용되는 망원렌즈(Telephoto Lens)는 특수하게 고안된 장 초점렌즈를 말한다. 망원렌즈는 와이드 앵글과는 반대로 시계(View)가 상대적으로 좁고 멀리 있어 보인다. 망원렌즈는 두 종류로 하나는 줌(Zoom)렌즈로 피사체가 물리적인 초점거리를 당겨서 원격으로 렌즈를 사용하여 화면의 크기를 조절할 수 있는 렌즈를 말한다. 먼 곳에 있는 시계를 보고 싶은 만큼 크거나 작게 당겨서 볼 수 있고, 기본적(Prime)인 망원렌즈는 고정된 거리에서 화면만을 사용할 수 있다. 망원 렌즈는 일반적으로 중간 망원렌즈(Medium Telephoto)와 초 망원 렌즈(Super Telephoto)의 두 가지의 형식으로 나뉜다. 중간 망원렌즈는 화면의 개각도가 30°에서 10°(렌즈 67mm - 206mm)이고 초 망원렌즈는 8°에서 1°이하의 시야(렌즈 300mm 이상)를 볼 수 있는 것을 말한다.

□ 그림설명 2723-1, telephoto zoom lens, Vivitar 650mm-1300mm.

-2, telephoto lens, Nikon Nikkor-500 prime lens.

tempo (템포, 속도, 음악의 속도)

영화 장면이 바뀌는 흐름의 속도를 말하며, 애니메이션에서 물체의 움직임 속도를 가리키는 말이다. 또한 애니메이션에 사용하는 음악의 속도를 뜻하는 말이기도 하다.

tenor (테너, 테너가수)

테너는 남자가수가 가장 높은 소리로 노래하는 것을 말한다. 테너는 고전음악에서 상대 목소리가 테너가 아닌 가수거나 바리톤(Baritone) 같은 목소리와 어울리는 가장 높은 목소리의 남자가수를 말한다.

□ 그림설명 2725, Placido Domingo (Spain 오페라 테너가수, 1941 출생)

2726 `com`

tera byte (테라바이트, TB)

컴퓨터 메모리를 표시하는 단위로써 대용량 기억 장치의 용량을 말한다. 1 테라바이트
는 1,024 기가바이트(Gigabyte, GB)로 단위를 나타낼 때 사용하는 말이다. 킬로바이트
는 KB, 메가바이트 MB 등의 단위를 사용한다.

✱ 참조보기 (0295 - byte)

2727 `com` `gen`

terminal (종착역, 연결의 끝, 단말기)

1) 일반적으로 흔히 쓰고 있는 말로는 정기노선을 운행하고 있는 버스, 기차, 지하철 등
의 노선이 더 이상은 가지 않는 끝 정거장을 의미하는 말이다. 또한 노선의 종착역과는
관계없이 여행객이 여행을 마친 곳을 뜻하는 말이기도 하다. 터미널의 단어는 어떻게
어디에서 쓰느냐에 따라 그 의미가 다양하다. 2) 최근 흔히 '터미널'은 컴퓨터 용어로
컴퓨터와 통신회로에서 입출력을 행할 때 많이 쓰이며, 일반 전자기기의 터미널은 위
치 체계를 나타내는데 사용하는 말이다. 3) 마이크로소프트 Windows 터미널은 새롭
고, 모양도 좋고, 기능이 풍부하여 컴퓨터 터미널은 지휘체계 운영자들이 선호하는 입
력 데이터와 출력 데이터 편집 등 프로그램 제어(Control)능력을 갖춘 지능능
력(Intelligent) 터미널 시스템을 말한다.

□ 그림설명 2727-1, Seoul Bus Terminal

-2, Computer Terminal.

2728 `gen`

territory (활동 지역, 저작권 소유지역)

국가나 어느 지역을 구분하여 저작권 소유와 행사를 할 수 있는 지역적 한계를 뜻하는
말이다. 이러한 경우는 주로 제작자로부터 라이센싱(Licensing) 권리를 받아 제한된 지

역에서 이권을 행사하거나 제작회사가 2개(A와 B)이상일 경우, 예를 들어 A는 유럽 국가 모든 지역을 소유, 관리하고, B는 미주지역과 아시아지역을 소유, 관리할 수 있다.

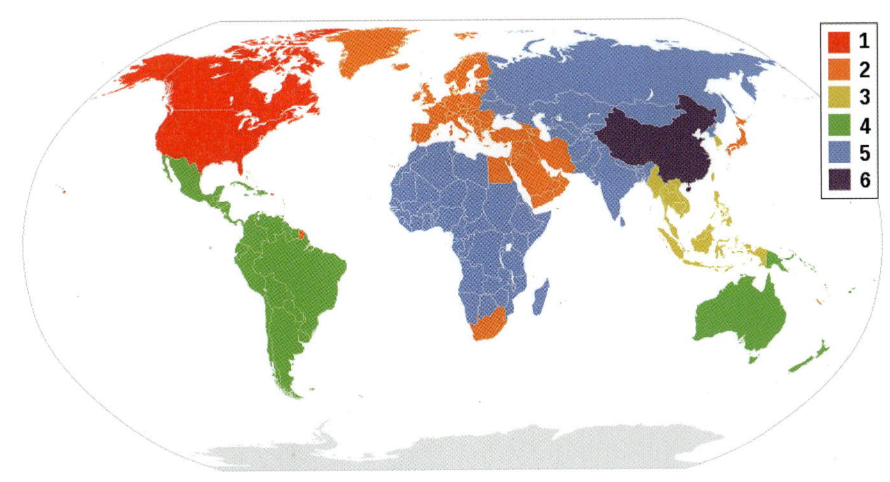

□ 그림설명 2728, DVD Region Code (지역번호)

2729 `ani` `pic` `gen`

test (테스트)

영상제작에서 확실하지 않은 결과가 예측될 것을 대비해 시험적으로 미리 만들어 보는 것을 뜻한다. 1) 애니메이션의 동작을 그려서 테스트 해 보는 것을 펜슬테스트(Pencil Test)라 한다. 2) 영화에서 연기자의 연기(오디션, Audition)를 테스트한다. 3) 영화촬영 시 필름노출이 적합한가 노출테스트(Exposure Test)를 한다.

2730 `pic` `gen`

text (문자, 영화대사 대본)

일반적으로 영화에서 대사부분을 분리한 대사 대본을 의미한다. 해외에서 스크리닝(Screening) 또는 영화제를 위해 자막을 넣거나 외국 언어로 더빙할 때 사용되는 텍스트 대본을 말한다.

2731 `gen` `pic`

texture (텍스추어, 질감)

영화에서 물체의 표면을 시각적으로 그 질감과 형태의 결을 상세히 볼 수 있게 나타내는 것을 말한다. 이미지에 있는 동물의 미세한 털과 피부의 땀구멍이나 옷의 결과 같은 다양한 요소들에 본질을 표현하는 것은 중요한 의미를 갖는다.

□ 그림설명 2731-1, 나무질감. -2, 콘크리트 질감. -3, 피부질감.

2732 `ani` `com`

texture mapping (텍스추어 매핑)

컴퓨터로 만들어진 이미지를 좀 더 현실적으로 만드는 기법을 말한다. 컴퓨터 그래픽(Computer Graphic)이나 애니메이션에서 2차원적 표면을 3차원적 기법으로 실제의 형태를 갖춘 영상을 만들어내는 것을 말한다. 텍스추어 매핑은 일반적으로 다음과 같은 범주의 매핑을 할 수 있다. 1) 범프(Bump) 매핑 : 울퉁불퉁하고 고르지 않은 표면을 만든다. 2) 환경(Environment) 매핑 : 반사 매핑, 즉 물체에서 반사된 환경의 환상을 만든다. 3) 투명(Transparency) 매핑 : 표면과 그 표면을 통해 보이는 모양을 만든다. 4) 컬러 혹은 표면 컬러(Surface Color) 매핑 : 가장 많이 사용되는 매핑으로 모델에 얹어지기 위한 표면이미지를 아티스트가 직접 만들거나 다른 물체에서 가져올 수 있다. 5) 변위(Displacement) 매핑은 다른 절차로서 실제로 표면의 외형을 바꿔서 들쭉날쭉하고 뾰족한 봉우리들이나 일련의 높고 낮은 환상을 만들어낸다.

□ 그림설명 2732-1, 기초모형. -2, 거친 표면. -3, 아주 거친 표면 맵핑.

✱ 참조보기 (0480 - Computer Animation)

2733 `pic`

Thaumatrope (더마트로프)

1824년 영국의 내과의사 피터 마크 로제(Peter Mark Roset, 1779-1869)가 '시각의 지속

성'이라는 논문을 발표했는데 이것은 쉽게 말하자면 사람의 눈 속에 있는 망막(Retina)을 통해 잔상을 잠시 유지하게 됨으로 움직이는 물체의 상(Image)을 연속적으로 끊임없이 이어진 것으로 볼 수 있다는 내용이었다. 이것을 뒷받침하기 위해 영국 내과의사인 존 에이튼 파리스(John Ayiton Paris, 1785-1856) 박사가 잔상을 입증하기 위해 고안해 만들어진 아주 간단한 기구이다. 페나키스토스코프(Phenakistoscope)와 함께 시각의 지속성을 쉽게 입증한 물건이었다. 더마트로프는 '요술 회전'을 뜻하는 그리스어로, '시각의 지속성'에 관련하여 당시 상업적으로 개발되었다 한다. 회전판의 한 쪽은 새가 그려져 있고, 다른 한쪽에는 빈 새장이 그려져 있다. 아래 (그림설명2733)와 같이 양쪽에 붙어 있는 끈을 돌리면, 다른 면의 그림들이 잔상 작용에 의해 하나의 이미지로 보이게 된다. 마치 새장 안에 새가 들어가 있는 듯 보이게 되는 것이다. 이것으로 사람의 시신경을 통해 망막(Retina)에 이미지가 노출되었을 때 잔상으로 일어나는 생리적 현상임을 입증하게 되었다.

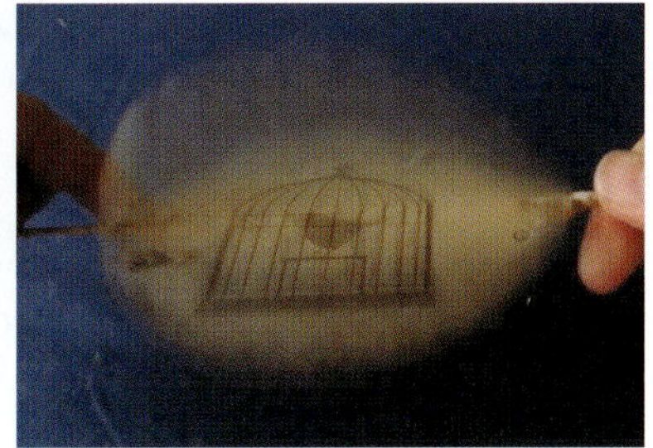

□ 그림설명 2733, Paris가 고안한 착시 놀이기구.

2734 `gen` `his` `equ`

theater (극장, 영화관, 디어터)

근래까지 극장이라 불리는 영화관에서 연극공연을 하는 곳은 없다. 극장은 공연만을 하는 주로 대형극장이 있었으나 20세기 초 슬랩스틱(Slap Stick) 코미디 무성영화가 새로운 물결을 타고 극장 안 객석 한 가운데에 영사기로 필름을 상영하며 극장도 영화관도 같은 의미로 부르던 대명사이다. 1927년 토키영화시대(Talkie Era)에 돌입하며 영화는 구체성을 띤 드라마로 변모하기 시작했다. 따라서 전문 영화관(Movie House, Movie Theater, Cinema House로 불림)이 생겨났지만 '디어터'는 아직도 영화를 대변하는 단어로 사용되고 있다. 1940년대 들어서며 텔레비전의 등장으로 극장에서 보여주던 연극이나 영화는 저조해 졌다. 또한 제 2차 세계대전 발발로 인해 할리우드가 구축했던 영화사업은 모두 물거품이 되었다. 전쟁이 끝나고 나서 침체되었던 영화산업을 살려내기 위해 미국은 온갖 노력을 했다. 화면이 넓은 시네마스코프(Cinemascope), 초대형

70mm TODD-AO, 파나비전(Panavision) 등의 대형영화를 제작해 관객들을 다시 극장으로 모으려는 노력을 꾸준히 해왔다. 지금은 대형영화관은 찾아보기 어렵고 멀티플렉스 영화관이라 불리며 소형 영화관에서 여객기의 1등석처럼 호화롭고 편한 시설 속에 음식을 주문해 즐기며 영화를 볼 수 있는 곳으로 진화 했다.

□ 그림설명 2734, Multiplex Movie Theater.

2735 `pic` `ani` `equ`

Theater Optique (옵티크 극장, 광학극장)

1892년 10월 28일, 프랑스 파리에서 에밀 레이노드(Emile Reynaud, 1844-1918)가 개관한 극장으로 인류 사상 최초로 필름에 담긴 모션픽처(Motion Picture)를 스크린에 비춘 영화관이다. 레이노드가 영사기를 고안해 커다란 스크린 뒤에서 직접 필름을 돌려가며 상영했고, 관객은 객석에서 관람했다. 이때 상영된 필름은 <판토마임 루미스>로 10분, 15분의 단편 <불쌍한 삐에로(Poor Pierrot)>, <시원한 맥주 한 잔(A Good Glass Of Beer)>, <광대와 개들(Clown And His Dogs)> 등이었다. 이 옵티크 극장이 놀라웠던 것은 이미 이때부터 사운드가 겸비되었다는 점이다. 이는 대성공을 거두었다. 옵티크 극장은 1892년에서 1900년 사이에 거의 1만 3천회 이상의 상영과 약 50만 명으로 추정되는 관객을 모은 것으로 기록되어 있다. 이것은 당시로서는 천문학적 관객 수라고 할 수 있다. 애니메이션 역사에 있어서 레이노드는 엄청난 업적을 남긴 사람이다. 스토리가 있는 드라마와 사운드를 맞췄으며 컬러가 칠해진 애니메이션 필름도 있었다. 유명한 화가나 애니메이터도 아니었던 그의 이러한 창작재능과 노력에도 불구하고 새로운 촬영기재의 출시와 젊은 사람들의 도전을 받아 밀려나게 되었고, 경제적인 파산으로 우울증에 빠져 1910년 어느 날 모든 장비를 파리의 센 강에 던져버리고 8년 후 정신병원에서 불후하고 외로운 그의 생을 마감했다.

□ 그림설명 2735-1, <Pantomimes Lumineuses> 1892, by Emile Reynaud.

-2, 레이노드의 인류최초 영화관 <Theatre Optique>

2736 pic ani

theatrical film (극장용 영화)

극장에서 상영하기 위해 제작된 장편 실사영화나 애니메이션 장편을 뜻하는 말이다. 특히 애니메이션은 'Theatrical Animation'이라고 부른다. 일반적으로 극장용 영화는 연출에서 복잡한 플롯(Plot) 구조를 사용하며 화면처리에서도 TV화면의 클로즈 업(Close Up) 구성보다 적다. 장편은 화면구성이 단조롭지 않고 입체적이며 복잡한 화면으로 구성된다. 스펙터클(Spectacle) 자이겐틱(Gigantic)한 구성들은 극장용 화면에서만 가능하다.

2737 pic

theme (주제, 테마)

영화 작품 중에 내내 흘러가는 일반적인 주제, 토픽(Topic), 메시지, 개념, 환경이나 분위기 등 영화에서 전달하고자 하는 주된 생각 또는 메시지를 말한다. 영화 같은 이야기체의 작품에서, 이 용어는 그 작품의 줄거리의 구성 제작과 그 줄거리를 풀어 나가는 기조 같은 것을 뜻한다. 작품의 테마는 일반적으로 메시지나 아이디어 같은 개념으로 분명히 어떤 연결성을 가지고 하나의 주제가 흐른다고 할 수 있다. 좀 더 복잡한 작품들에서는 관중들에게 갈등 같은 느낌을 주기 위해 여러 개의 테마들이 복잡하게 얽힐 수도 있다.

2738 `pic` `ani`

theme music (주제 음악)

영화 전반에 걸쳐 하나의 주제가 있는 음악이 요소에 사용되며, 때로는 특별한 캐릭터나 장소와 관련되어 사용된다. 영화 내내 흘러나오는 정기적인 음악의 멜로디나 악절. 영화의 특별한 캐릭터가 화면에 나타날 때, 특별한 장소가 되풀이되며 관객들이게 그때 사건을 되돌려 생각하게 만들 때 사용되는 음악을 뜻하는 말이다. 이와 같이 관련된 테마들은 영화의 연출상 등장하는 캐릭터에 따라 복수의 테마를 가질 수 있다.

□ 그림설명 2738, Tara's Theme scene <Gone with the Wind> 1939, by Victor Fleming.

2739 `gen`

theme park (테마 파크)

테마 공원을 뜻하는 말이다. 주제를 내세워 통일된 개념으로 만들어진 공원을 의미한다. 예를 들어 'Animation Theme Park'라고 한다면 애니메이션으로 제작되었던 유명한 캐릭터를 바탕으로 만들어진 공원을 의미한다. 여러 가지의 시설을 갖춘 어뮤스먼

□ 그림설명 2739-1, Disney California Adventure Park.

-2, Universal Orlando Resort.

트(Amusement) 파크에서 특별한 주제를 내세워 흥미로운 이벤트(Event)를 해나가는 테마공원을 뜻하는 말이다.

2740 `mus`

theme song (주제음악, 테마송)

영화나 CF(Commercial Film, 광고영화)등에서 필름의 독창적이고 인상적인 효과를 얻어내기 위해 취합한 내용으로 음악으로 노래를 부르거나 연주하여 사용하는 것을 말한다. 연속극의 테마송, CF의 CM 송, 영화의 주제 음악 등이 이에 속한다. 그 영화를 연상하게 하는 영화의 시작부분이나, 중요한 부분, 그리고 특정한 시퀀스(Sequence)에서 불리는 노래를 말한다.

2741 `gen`

theory (이론, 논리)

일반적으로 어떤 학설을 대상으로 논리에 맞게 이론적으로 주장하는 뜻으로 사용되는 철학적 개념의 단어이다. 그 이치(Reasonable)를 설명하고, 폭 넓은 대중이 이해하고 받아들일 수 있는 학설 따위를 이르는 말이다.

2742 `gen`

3D/Three Dimensional (쓰리디, 삼디, 입체)

1) 높이, 넓이 그리고 깊이로 표현되는 입방을 뜻하는 단어이다. 2) 음향과 영상에서 화면을 중앙에 놓고 환상적이며 현실적인 음향 효과를 얻어내기 위해 입체적으로 스피커를 배치하여 입체적인 음향을 들을 수 있다. 3) 다각형이나 모델 솔리드(Model Solid)를 사용하는 기하학적(x, y, z 계수) 기술을 말한다. 3D는 Dimension의 약자로서 3D라고 쓰인다. 입체를 의미하여 평면(2D) 이미지와 상이한 뜻으로 쓰여지는 용어로써 컴퓨터 그래픽을 활용해 만들어지는 입체적 화상을 통칭하는 말이다. 또 스테레오 입체 음향도 3D라 칭한다. 또한 3D 시네마토그래피 (3D Cinematographe), 스테레오 그래픽(Stereo Graphic)이라고도 부른다. 이미지에 실제 깊이감이나 입체감을 만들어서 전경이 뚜렷이 돌출되어 보이도록 하고 이미지의 여러 면들이 공간적으로 구별되고 분리되어 보이게 하는 입체 영화의 촬영 과정. "축간(Interaxial)" 즉, 이미지의 좌우 관찰점 사이의 거리를 이용해서 만들어지는 입체적으로 촬영한 이미지 이 영화는 특정한 안경을 쓰고 입체감을 보며 영화를 감상할 수 있다. 3차원 촬영법의 가장

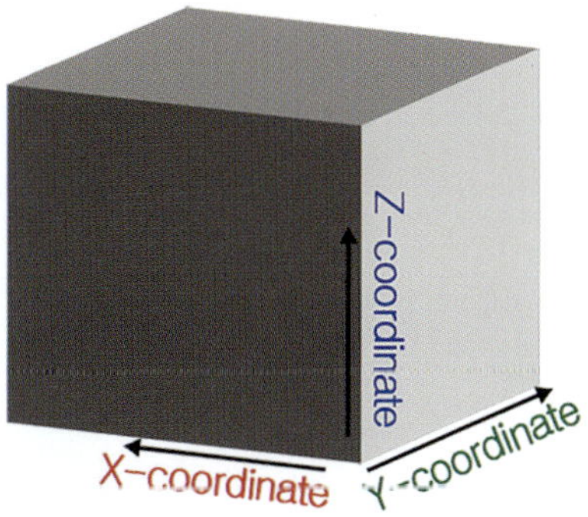

Z-coordinate
X-coordinate
Y-coordinate

□ 그림설명 2742, Three Dimensional (입체)

T

중요하면서 최근의 분명한 발전은 아이맥스(IMAX) 3D 시스템이다.

2743 `equ`

3D digitizer (3D 디지타이저)

3차원 입체 모델을 만들기 위해 실제 대상의 형태와 컬러의 좌표를 디지털 형식으로 컴퓨터 시스템에 전송하는 스캐너. 이런 시스템은 모델을 실제 모양을 토대로 하는 것이기 때문에 컴퓨터 애니메이션을 만드는데 중요한 역할을 한다. 추가적으로 이런 모델은 소프트웨어 프로그램 기초부터 그리기보다 만들기가 더 쉽다. 대상이 시스템에 스캔되면 3차원 모델은 수정, 변형, 변종 시키거나 다른 영상 요소들과 합성시킬 수 있다. 현재 영화 업계에서는 컬러뿐 아니라 모양과 형태의 디테일도 전송 할 수 있는 레이저 스캐너가 가장 많이 사용되고 있다.

✱ 참조보기 (0480 - ComputerAnimation)

✱ 참조보기 (2408 - Scanner)

□ 그림설명 2743, MakerBot Digitizer, 3D scanner.

2744 `pic`

3D movie/Three Dimensional Movie (입체 영화)

평면 스크린에 영사되는 입체적 이미지와는 다른 특수 영화를 가리키는 말이다. 특수한 입체 카메라 기법을 사용해서 촬영하며 스크린에 비친 이미지가 화면 밖으로 튀어나오는 특수화면 효과의 입체 영화를 일컫는 말이다. 두 가지 촬영 방식으로 제작되며, 이러한 효과를 보기 위해서는 특수한 관람용 안경이 필요하다. 하나는 안경의 좌우가 빨갛고 푸른색으로 각기 다르게 분류되어 있으며 또 다른 것은 폴라로이드(Polaroid) 렌즈로 되어있다. 이러한 특수 입체 영화는 시각적 효과를 살려 테마 파크나 3D 아이맥스(Imax) 극장 등에서 볼 수 있다.

□ 그림설명 2744, <Avatar> 3D영화(오른쪽) 2009, by James Cameron.

35mm Film (35미리 필름)

일반적으로 영화관에서 상영하고 있는 필름의 넓이를 가리키는 말이다. 이 35mm 필름을 정 사진(Still Picture)에 사용할 때는 양쪽으로 스프라켓 홀(Sprocket Hole)이 나 있는 필름을 횡으로 사용해 더 큰 원판으로 정밀한 상을 촬영할 수 있다. 영화관에서 상영하는 35mm 필름은 종으로 동작이 연속되어 있다. 영화용으로 가장 많이 사용하는 필름 포맷으로 초당 24프레임이 돌아간다. 이 필름은 개발 당시인 1880년에서 현재에 이르기까지 120여 년 동안 그대로의 형식을 가지고 있는 게 특징이다. 필름 양쪽에는 필름을 걸어 돌릴 수 있게 톱니바퀴(Sprocket)가 필름을 걸고 돌아갈 수 있도록 구멍(Perforation Hole)이 촘촘히 뚫려있고, 매 4개의 구멍 사이가 한 칸(한 프레임)으로 되어 있다. 필름 1초의 길이는 24프레임으로 1자반(1.5feet)이다. 영화가 필름 형태로 개발되어 최초로 벽에 비추어진 것은 1895년 뤼미에르(Lemiere) 형제에 의해서였고 필름을 만들어 놓은 지 12년 만에 일이었다. 사실 이 필름은 이스트만 코닥(Eastman Kodak)에 의해 1888년 개발이 끝났으며 이 필름은 그동안 영화가 발전하는데 크게 공헌했다. 이 35mm 필름에 애니메이션 그림을 찍었다는 기록은 없지만, 조셉 니세포르 니엡스(Joseph Nicephore Niepce, 1765-1833)가 발명한 사진술이 시작되었고 이 필름에 담겨 모션 픽쳐(Motion Picture)가 해를 거듭하며 발전한 것이다. 1895년 뤼미에르 형제가 보여준 35mm로 찍은 필름이 상영되기 이전인 1892년부터 에밀 레이노드(Emile Reynaud, 1844-1918)는 이미 '디어터 옵티크'상영관을 열고 관객을 불러 모으고 있었다. 1895년 그는 뤼미에르가 보인 필름에 자극받아 그의 상영장치를 보완했다. 그는 또한 영사기로 빛을 비추어 거울에 반사시켜 스크린에 비추고 관객은 객석에 앉아 영화관 형태로 관람하게 한 최초의 사람이기도 하다. 35mm의 필름이 영화 촬영에 사용되며 발전해 오는 동안 필름이 대형 70mm, 65mm 뿐만 아니라 또한 교육용이나 다큐멘터리에 많이 사용한 16mm, 그리고 가정에 파고들었던 8mm, super 8 등도 사용되어왔다. 같은 35mm 필름을 사용하면서도 애너모픽(Anamorphic) 렌즈를 사용하여 스크린의 대형화에 성공한 시네마스코프(Cinemascope), 파나비젼(Panavision) 등이 등장했으며 사운드 역시 4트랙, 2트랙 마그네틱 사운드를 또는 옵티컬 트랙 그리고 디지털 돌비 서라운드 사운드가 사용되었고 입체 음향으로 발전해 오게 되었다. 그러나 35mm 필름의 사용이 점차적으로 줄어들고 HDCAM의 디지털방식의 비디오 카메라와 극장용 DLP(Digital Laser Projector)의 새로운 개발로 영사기의 미래가 주목되고 있다.

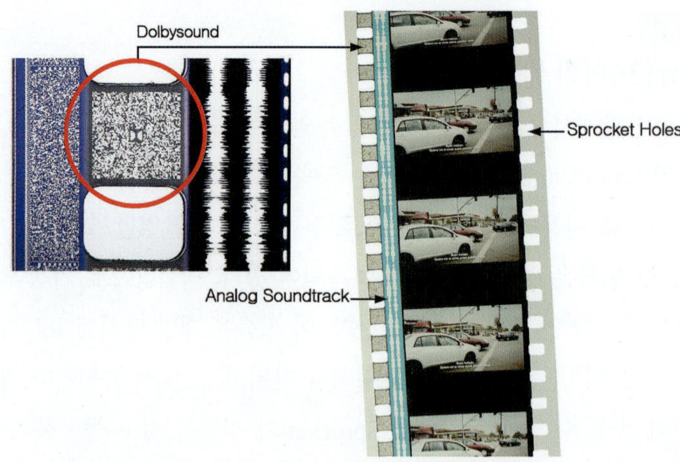

□ 그림설명 2745, 35mm Film과 옵티칼(Optical) 사운드 트랙.

2746 `pic` `equ` `his`

THX Sound System (티에이치엑스 사운드)

미국 영화 <스타워즈(StarWars)>를 제작하여 유명해진 루카스 필름(Lucas Film) 회사
가 개발한 음향장치로, 영화관에나 홈 오디오 시스템으로 라이선스(인증제)로 사용되
는 음향기술 시스템의 상표 이름이다. 이 장치는 1982년 루카스 필름의 컴퓨터 부서의
한 때 직원이었던 제임스 무어러(Dr. James Anderson Moorer, 1945-)박사에 의해 하이
파이 음향(High Fidelity Sound)으로 개발하여 영화관의 음향장치로 보급되었다. 무어러
는 디지털 오디오(Digital Audio)와 컴퓨터 음악 엔지니어로서 1970년 스텐포드 음향 연
구센터를 창립했고 스텐포드 대학원에서 컴퓨터 과학 박사학위를 받았다. 무어러가 완
성한 THX 시스템은 극장의 한 관객으로 입체음향 홈시어터 느낌으로 실질적인 체험을
할 수 있게 해준다. THX 방식은 5.1채널로 음향이 웅장하고 보다 풍부한 서라운드를

THX- China Film (Cinema)

□ 그림설명 2746-1, THX Sound System.

느낄 수 있다. 이 시스템은 관객들이 가능한 가장 현실적인 음향을 들을 수 있도록 최고의 기술로 스피커와 음향 상태를 고려한 스피커의 위치선정 까지도 기술 서비스에 포함된다.

✱ High Fidelity Sound (하이파이 음향)

하이 피델리티 음향(줄여서 하이파이, Hi-Fi)은 우선 압축하지 않은 음악 파일을 말한다. 또한 음향의 재현이 원음에 가까운 높은 충실도를 뜻하는 말로 좋은 음향을 만족하게 듣기위해서는 소리가 충분히 발휘되어야 하는 좋은 기재가 선택되어야 하는 조건이 우선한다. 하이파이는 듣는 사람들(Listeners)에게 감동을 줄 만큼 좋은 소리를 만들어 낸다는 의미이다. 1930년 미국의 벨연구소(Bell Laboratory)는 충실한 사운드 재생을 위해 녹음하는 기술을 세계 처음으로 실험하기 위해, 폴란드 출신 영국의 음악 지휘자인 레오폴드 스토코프스키(Leopold Stokowski, 1882-1977)가 지휘하는 필라델피아 오케스트라(Philadelphia Orchestra)의 공연실황을 필라델피아 음악 아카데미와 뉴저지 벨연구소(Bell Lab) 간의 전화선을 사용하여 수차에 걸쳐 35mm사운드 필름에 광학(Optical, Oscilloscope) 방식으로 녹음했다는 기록이 있다. 결과는 매우 만족스러웠고 이로 인해 MGM은 1937년 초에 그리고 20세기 Fox는 1941년 초에 그들의 영화제작에 옵티컬 방식을 선택했다. RCA Victor도 광학 사운드방식으로 78rpm 디스크의 충실도가 높은 마스터디스크를 만들어 냈다. 1930 년대에 아마추어 바이올리니스트였던 에이브리 피셔(Avery R. Fisher, 1906-1994)는 오디오 디자인과 음향을 실험했는데 '초기 음향의 잡음을 어떻게 제거하고 재생되는 양질의 음악을 들을 수 있나' 였다. 그는 피셔전자회사(Fisher Electronics Co.)를 설립하고 양질의 소리를 내는 라디오를 생산했고, 하이 피델리티 사운드를 실현하기 위해 평생을 보냈고 '에이버리 피셔 홀(Avery Fisher Hall)'을 짖는 등 클래식 음악애호가들에게 양질의 음향으로 감동을 주었다.

2

□ 그림설명 2746-2, 음향 재생의 개척지의 이름으로 긴립된 '에이브리 피셔 홀(Avery Fisher Hall)'

2747 `pic`

thriller (스릴러, 전율영화)

흥분(Excitement)과 전율(Shudder), 불안(Suspense)을 주는 문학이나 영화를 가리키며 특히 미스터리나 범죄 영화, 스파이 영화, 모험 영화, 공포영화 등을 스릴러로 불린다. 세상에서 스릴러는 소설, 영화, TV 연속물 등에 광범위하게 사용되는 하나의 장르로서 고도의 불안감을 주지만 이것을 즐기는 독자나 관객에게 오히려 마음 조리는 심리적 쾌감을 만들어낸다. 스릴러들은 특이한 성격을 묘사하고 특정한 방법으로 정의감을 이끌어 간다. 논리를 과장하여 불안을 만들어내며, 흥분시키고, 놀라게 하고, 불안을 유도한다. 영화에 이러한 장르가 시작된 것은 1927년경으로 알프레드 히치콕(Alfred Hitchcock, 1899-1980)감독의 <하숙인(the Lodger)>을 선두로 무성영화였고, 1929년에 제작된 두 번째 영화로는 1888년에 영국 런던에서 실제 있었던 최악의 토막살인(Jack-the Ripper)사건을 다룬 이야기 <협박(Blackmail)>이 있다.

□ 그림설명 2747-1, <the Lodger (하숙인)> 1927, by Sir Alfred Hitchcock.

-2, <Blackmail(협박)> 1929, by Alfred Hitchcock.

-3, 스릴러 영화를 최초로 탄생시킨 히치콕 감독.

✱ 참조보기 (2596 - Suspense)

2748 `com`

TIF file (티프 파일)

✱ TIFF

□ 그림설명 2748, TIFF File Logo.

티프 파일 또는 티프라 불리는 말은 'Tagged Image File Format'를 줄여서 사용하는 단어이다. 이러한 종류의 파일은 상급 주사선 브라운관으로 운용되는 그래픽 작업 종류에 사용된다. 이 포멧은 그래픽이나 사운드 압축에 손실이 없도록 해주는 역할을 한다.

2749 `pic`

tilt (틸트, 경사각)

재래식 로스트럼(Rostrum) 애니메이션카메라 테이블은
12필드 크기가 지정되어 있고 그 안에서 카메라가 틸트할 수
있는 제한된 윤곽선을 넘지 않고 기울일 수 있게 된다. 이때
최대치는 필드 크기와 관계 된다. 트래블링 페그(Peg)들이
움직이는 주축과 평행이 되지 않는 어떠한 기초 점의 범위를
애니메이션에서는 틸트라 한다. 이의 포지션은 필드 가이드
에 명시된 포지션에 비해 카메라가 어떤 각도와 방향으로
회전하는지에 의해 필드 사이즈(Field Size)가 정해진다.

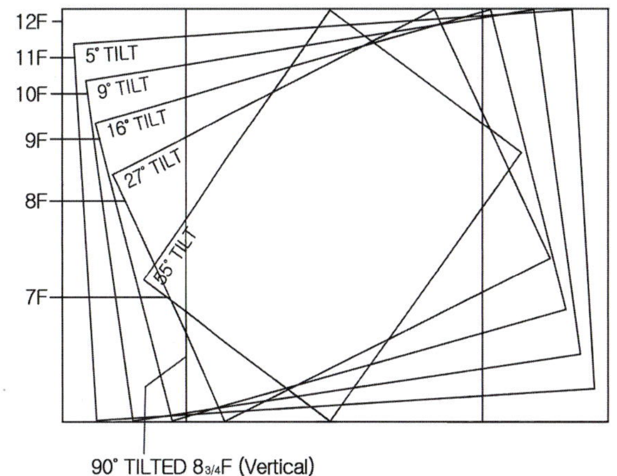

□ 그림설명 2749, 틸트 시 화면을 기울일 수 있는 최대.

2750 `pic`

tilt shot (틸트 샷, 경사각 촬영)

카메라는 제자리에 고정하고 다만 카메라를 상하로 올리거나 내리거나 하며 촬영한다.
마치 사람이 머리를 올렸다 내렸다 하며 사물을 쳐다보는 주관적 시점(Subjective View)
을 나타내는 행위와 같다. 틸트라는 의미는 카메라의 움직임을 가능하게 해주는 삼각대
상판을 이용해서 수직축(Vertical Axis)을 따라 위로 혹은 아래로 움직인다. 또 하나는
사람이 머리를 갸우뚱하듯 카메라의 축(Axis)이 좌우로 틸트하는 것도 있다. 이러한 샷
들은 카메라가 관객을 위해 주체(Subject)의 움직임을 따라감으로서 환경의 인식
(Cognition) 범위를 넓혀주거나 다른 두 개의 액션 지점(Fulcrum) 사이의 관계를 보여줄
때 사용되는 기법들이다. 틸트 샷은 카메라가 고정된 포지션에서부터 수평축(Horizontal
Axis)을 따라 좌우로 움직이는 팬(Pan)과는 상반(Contrariety)되는 기법이다.

□ 그림설명 2750-1, Vertical (수직) 틸트.　　　　-2, Horizontal(수평) 틸트.

✱ 참조보기 (1910 - Pan Shot)

2751 `pic`

timecode, time code (타임코드)

재래식 필름이나 디지털 방식이나 간에 영상과 사운드 트랙이 정확히 일치(Timing Synchronization System)해서 작동하도록 영상에 숫자를 부여하는 방법을 말한다. 또한 이 타임코드는 방송 송출이나 전문가가 사용하는 비디오 플레이어 시스템에서 화면 위에 숫자가 보이도록 해준다. 이것은 편집 시 필요한 지점을 쉽게 찾을 수 있으며 총 길이 계산을 자동으로 돕는 역할을 한다. 타임코드는 화면상에 보이게 할 수 있고 또는 안 보이게 할 수 있다.

□ 그림설명 2751, 시간, 분, 초, 프레임.

*time-code calculator (타임 코드 계산기)

NTSC, PAL, SECAM 비디오 타임 코드와 35mm 피트 프레임을 계산하기 위한 장치. 이것은 또한 다른 포맷으로 전환되어 빠른 편집 계산도 가능하게 해준다.

*** 참조보기 (1730 - NTSC)**

*** 참조보기 (1907 - PAL)**

*** 참조보기 (2434 - SECAM)**

2752 `com`

time encoding (타임 인코딩)

비디오테이프(Videotape) 상에서 이미지들을 녹화하고 편집하기 위해 테이프에 타임 코드라는 프레임 인식코드를 입력하는 것을 말한다. 이렇게 포맷된 테이프를 뒤로 돌렸다가 앞으로 작동하더라도 다음에 녹화되어야 할 부분을 정확히 읽어내어 화면이 끊이지 않고 연이어 녹화하는 것을 가능하게 한다.

2753 `pho`

time exposure (노출시간)

사진을 촬영한다는 것은 카메라 렌즈를 통과한 빛이 카메라 속에 장착된 필름에 빛을 받아들이는 시간의 길이를 말한다. 양질의 사진을 촬영하기 위해서는 항상 두 가지의 조건이 따른다. 하나는 아파추어(Aperture)를 고정하고 빛(Light)의 양(Illuminance Time)에 따라 셔터타임(Shutter Time)을 정하는 것과 다른 하나는 셔터타임을 고정해 놓고 아파추어를 열거나 졸이는 방법이다. 동적인 물체를 촬영할 때는 셔터타임은 빠르고 대신 아파추어를 개방한다. 흔들림이 없는 고정 물체에는 아파추어를 닫고 대신 셔터의 노출시간을 길게 준다. 애니메이션이나 아트워크를 촬영할 때는 아파추어는 최대(f16 또는 f22)로 줄이고 노출시간(Shutter Time)을 5초~1분 이상으로 한다. 이럴 때 결과는 물체의 거리에 관계없이 완벽한 초점심도를 얻을 수 있게 된다. 다단계 촬영대(Multi-Level Camera Stand)를 사용하여 근접 오버레이를 포함해 원경이 있는 배경에 이르기까지 포커스(Focus)를 유지하기 위한 애니메이션 촬영에서 쓰이는 방법이다.

☐ 그림설명 2753-1, -2, 장시간(Long Exposure Time) 노출로 얻어내는 효과.

2754 `pic`

time-lapse (시간경과, 간헐촬영)

촬영 시 가끔 한 프레임씩 찍는 특수촬영 방식으로 미리 조절된 간격에 맞춰 촬영하는 방법을 말한다. 미리 정해진 기간에 한 번에 한 프레임씩 촬영함으로써 긴 지속시간을 건너뛰면서 일련의 진행과정을 촬영하는 방법이다. 정상적인 속도로 영사될 때, 이 과정은 속도가 빠른 것으로 보일 것이고, 기간이 짧게 보인다. 이러한 방법으로 꽃이 피어나는 것이나, 하루의 시간의 변화, 심지어 사람이 만드는 건축물이 순식간에 커가는 모습을 볼 수 있게 된다. 간헐촬영법은 은행과 같은 곳에 설치하기도하며 또한 현미경을 통해 화학적 변화를 녹화할 때 사용되기도 하는 등 여러 가지 관찰에 사용되기도 한다. 필름을 정상 속도로 영사하면, 액션의 속도가 더 빨라 보이게 된다. 픽실레이션(Pixilation)과 흡사한 기법이다.

T

□ 그림설명 2754-1, Time-Lapse Photography.

＊참조보기 (1975 - Pixilation)

＊Time-Lapse Camera (저속도 촬영 카메라, 타임 랩스)

일반적으로 모션(Motion, 동작)을 동영상으로 촬영하는 기준은 초당 24프레임(24 Frames per Sec.)이다. 그러나 TLC는 한 프레임씩 촬영하는 메커니즘(Mechanism)을 갖추고, 초당 24프레임 미만의 저속도 촬영이 가능하도록 되어 있다. 가령 초당 1프레임 또는 2초 마다 1프레임 등 지정된 시간동안 일정한 간격으로 자동 촬영을 할 수 있는 타이머가 장착된 카메라를 말한다. 저속으로 촬영된 동작을 정상속도로 영사함으로써 풍자적(Sarcastic), 또한 시적(Poetic)으로 해석되도록 한다. 타임 랩스는 촬영기법은 애니메이션에 속하지만 슬로우모션은 애니메이션 범주 안에 들지 않는다.

-2, Brinno Empower TLC 2000,
Time Lapse Camera.

＊Time-Lapse Cinematography (시간경과 촬영, 타임 랩스)

사람의 눈으로는 볼 수 없는 미세한 동작과정을 시간별로 조정하여 간격(Interval, 띄엄

띄엄) 촬영을 할 수 있는 특수 카메라로 촬영하는 것을 뜻하는 말이다. 또한 정상속도로 촬영한 화면에서 원하는 동작만을 골라 편집하여 그 과정을 빠르게 볼 수 있도록 완성하는 기법을 의미한다. 예를 들어 꽃봉오리가 활짝 피어나는 동작은 느리기 때문에 사람의 눈으로 피어나는 과정을 보기는 불가능하다. 그러나 작동시간을 정밀하게 맞추어 카메라로 주기적으로 한 프레임 간격(Time-Lapse, Interval Shooting) 촬영을 한다. 그리고 정상 속도로 영사함으로써 빠르게 피어오르는 신비한 동작을 볼 수 있게 된다. 시간경과 촬영은 애니메이션 스톱모션 싱글 프레임 촬영 기법과 매우 유사하기 때문에 영사했을 때 이미지의 흐름이 대개 애니메이션과 비슷한 특성을 나타낸다. 스코틀랜드 태생 캐나다 사람인 노먼 맥라렌(Norman Mclaren, 1914-1987)이 1952년에 NFBC (National Film Board of Canada)에서 만든 반전필름(Anti-War Film)으로 <이웃사람들 (Neighbours)>이 최초로 타임 랩스 기법으로 실험 제작되어 픽실레이션(Pixilation) 애니메이션으로 불렸고 2009년 7월 31일에 유네스코(UNESCO) 문화유산으로 최초로 등제되었다. 이 기법과는 반대로 고속으로 촬영한 영상을 저속(슬로우 모션, Slow Motion)으로 보는 것은 애니메이션이라고 하지 않는다.

□ 그림설명 2754-3, 별들의 인터벌 촬영.

-4, 도심의 인터벌 촬영.

✱ 참조보기 (1975 - Pixilation)

2755 `ani`

timing (타이밍, 시간배정)

애니메이션에서 동작을 표현하는데 있어서 타이밍은 매우 중요한 부분이다. 애니메이션은 그냥 우습게 동작을 그리는 것이 아니라 중력과 관성에 관해 이해하고 경우에 따라 과장하여 기본동작을 그려야 하는 것이다. 이때 필요한 동작의 간격이 조밀하거나 어느 동작은 간격이 넓기도 한다. 아래 차트에서 보듯이 그림 장 수를 정해서 그리는 것을 타이밍이라 부른다. 1) 애니메이션에서 그림으로 그리는 적절한 동작을 말한다. 2) 각 신마다 걸리는 시간과 모든 시퀀스를 포함한 총괄적인 시간도 포함한다.

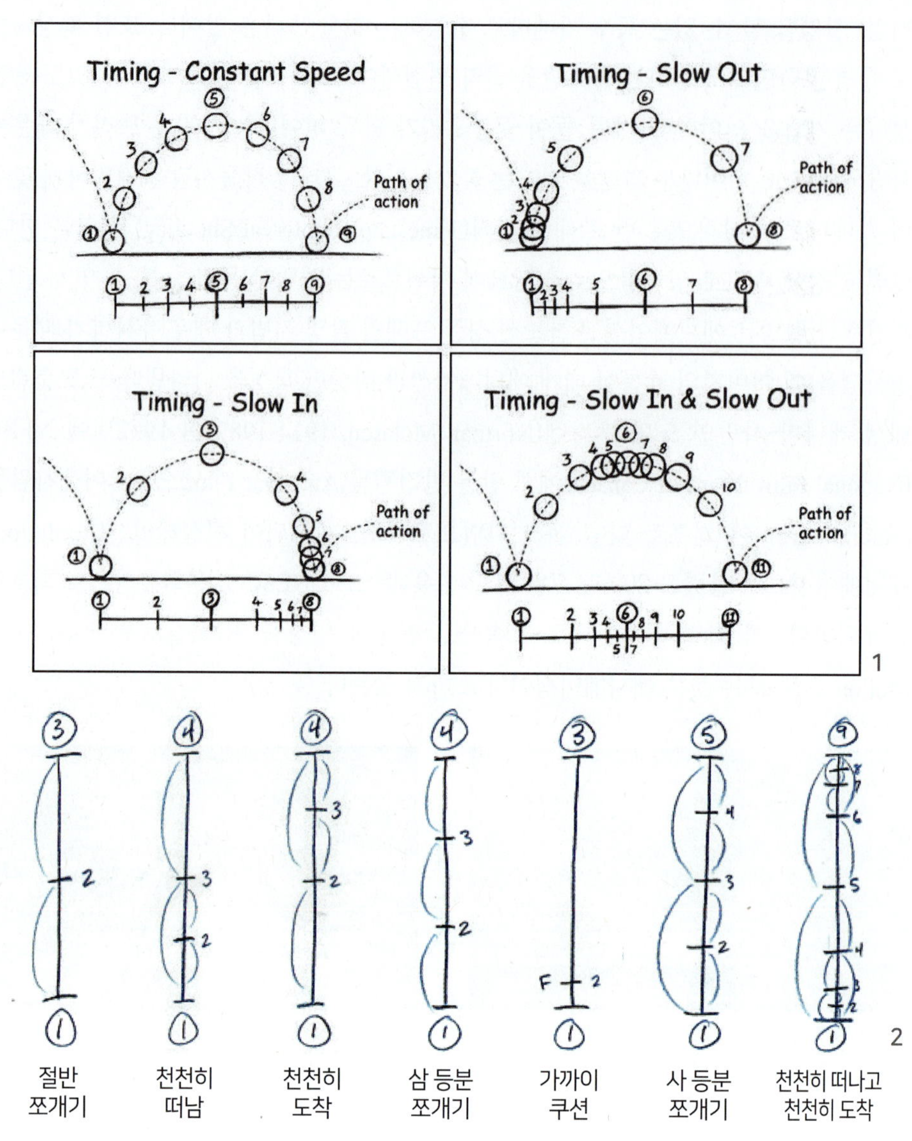

절반 쪼개기	천천히 떠남	천천히 도착	삼 등분 쪼개기	가까이 쿠션	사 등분 쪼개기	천천히 떠나고 천천히 도착

WALKING on 8's (1초당 3발짝 걷기)

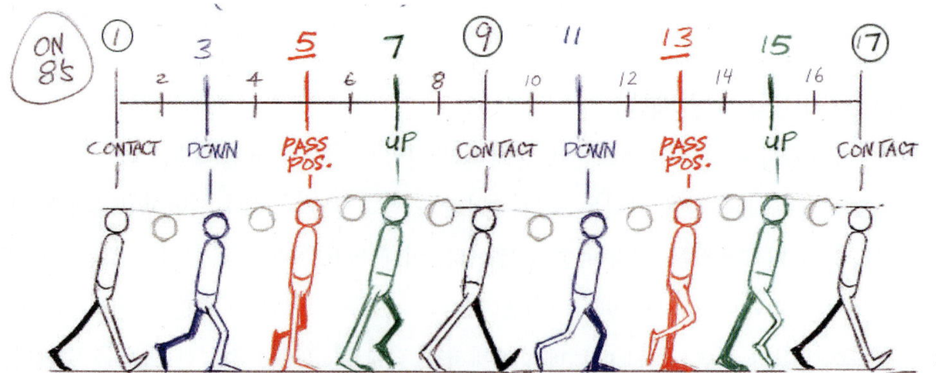

□ 그림설명 2755-1, -2, -3, 애니메이션 Timing Details.

title (타이틀, 주제, 제목)

1) 영화 또는 텔레비전 프로그램의 화면 위에 보이는 글자 제목을 말한다. 2) 크레딧 (Credit) 롤 업, 메인타이틀 혹은 서브타이틀과 같이 화면상에는 나타나지만 신의 일부가 아닌 문자들을 말한다. 신의 일부로서가 아니라 관객에게 정보를 전달하는 수단으로서 스크린에 나타나는 영화의 시작과 끝부분에 영화 제작에 참여한 여러 스탭들의 이름을 보여주는 '크레딧 타이틀'을 말한다. '메인타이틀(Main Title)'은 영화 제목을 뜻하는 것이고, '메인 타이틀즈(Main Titles)' 복수형 표기는 영화의 시작에 나오는 여러 사람들의 크레딧을 말한다. 3) '엔드 타이틀'은 영화가 끝났음을 말해주는 것이고, '엔드 타이틀즈'는 영화 끝에 나타나는 크레딧을 말한다. 4) '인서트타이틀은 영화 화면에 들어가는 것으로 무성영화시대에 대사와 액션에 관한 코멘트를 해주기 위해 사용하는 뜻으로 사용했다. 5) '서브타이틀'은 스크린 맨 아래에 들어가는 외국어 번역을 위한 자막을 말한다. 이런 모든 타이틀들은 스크린 상에 그림과는 별도로 나타나거나 필름 위로 레이저광으로 넣는다. 근래에는 메인 타이틀과 크레딧을 오프닝 신 후에 티저(Teaser)로 보여주는 경우도 많이 있다.

□ 그림설명 2756-1, -2, Movie Titles (영화제목)

title bar (타이틀 바)

타이틀 바는 컴퓨터 윈도우화면 구이(GUI, 그래픽사용자영역, Graphic User Interface)안의 꼭대기 좌측에 위치해 있다. 소프트웨어(Software) 타이틀이 표시되어 있고, 지금 사용하고자 하는 문서의 이름, 그 밖에 사용하고자하는 콘텐츠 등이 보인다.

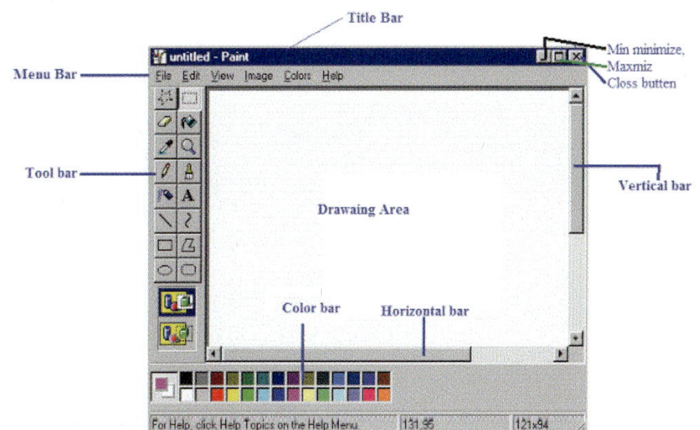

□ 그림설명 2757, 그래픽 타이틀 바.

2758 `mus` `pic`

title music (타이틀 뮤직, 타이틀 음악)

영화의 시작과 끝에 크레딧 타이틀과 함께 나오는 음악.

* title song (타이틀 송)

1) 영화의 시작과 끝에 크레딧 타이틀과 함께 나오는 음악이나 노래를 말한다. 2) 영화가 진행되는 동안에 나오는 영화와 같은 제목의 노래를 뜻한다.

2759 `pic`

Todd-AO (토드-에이오 방식 입체음향)

브로드웨이(Broadway) 영화 제작자인 마이클 토드(Michael Todd, 1909-1958)를 위해 브라이언 오브라이언(Brian O'Brien, 1898-1992) 박사와 미국광학회사(American Optical Company)가 같이 개발한 와이드 스크린(Wide Screen) 공정의 음향 시스템으로 주문자의 이름과 개발회사의 명칭을 붙여 'Todd-AO'라 부른다. 이들은 당시에 시네라마(Cinerama)가 3대의 카메라와 필름을 사용하여 촬영하는 복잡한 것에 반해 토드 시스템은 하나의 카메라 렌즈로 촬영할 수 있는 와이드 스크린 공정을 만들었다. 2.2:1의 종횡비 프레임으로 필름의 높이는 35mm가 4개의 퍼포레이션(천공)을 한 칸으로 사용하는 것에 비해 이 와이드 70mm (네거티브는 65mm) 필름의 화면은 35mm보다 배나 크고 천공이 5개로 되어 있어 기존 와이드 이미지를 촬영할 때 쓰던 애너모픽 렌즈(Anamorphic Lens)의 사용이 불필요 하게 해 주었다. 영화촬영은 65mm지만 상영할 때는 4개의 마그네틱 스트라이프(Stripe)를 넣기 위하여 프린트필름은 70mm로 넓어진다. 70mm 포지티브(Positive)필름에 프린트되면 6본의 음향 사운드트랙(6 Sound Tracks)을 갖출 수 있게 해주었기 때문이다. 이 마그네틱 사운드는 옵티컬(Optical)사운드에 비해 음향의 충실도(Fidelity)는 매우 좋다. 반대로 70mm 6본 트랙에 광학(Optical)사운드 시스템으로 녹음을 완성(Completion)하는 방식은 불가능했을 것이다. Todd-AO 시스템은 초당 30프레임으로 촬영하기 때문에 필름은 특수 영사기로만 볼 수 있었다. Todd-AO는 와이드 스크린 영화의 초기에 사용된 실제의 첫 70mm 필름 공정이었다. 한국에서는 대한극장에서 <남태평양>, <닥터지바고> 등으로 Todd-AO 입체음향의 위용이 소개된 바 있다. 위의 두 영화는 초당 24프레임과 30프레임으로 제작되어 각각 35mm는 시네마스코프(Cinemascope)로 70mm필름은 특수 상영관(스크린 폭이 넓은)에서만 상영할 수 있었다. 세계적으로 이러한 70mm 광폭스크린에 6본 입체음향을 과시할 수 있는 극장은 전 세계를 통해 많지 않은 것이 문제였다.

물론 한국에도 없었기 때문에 1955년 서울 퇴계로 4가에 미국의 20세기 폭스(20th Century Fox)사가 설계한 대한극장을 특별히 지어 좌석 1,900석을 구비하고 두 영화로 당시 146만 명의 관객이 영화를 즐긴 바 있다. 따라서 Todd-AO 입체음향은 대한극장 만의 자랑이었다. 그러나 지금은 멀티플렉스 관으로 개조되어 여러 개의 작은 소극장 들로 나뉘었고 대극장(Big Theater)의 명성은 역사 속에만 남게 되었다. 또 하나의 불행 했던 일은 당시에 열정으로 일하던 마이클 토드가 1958년 비행기사고로 사망하게 되면서 70mm 개발자를 잃게 되었고 아메리칸 옵티컬 회사는 초기 70mm 파나비전과 그밖에 다른 회사들과 제휴를 시도했으나 할리우드는 점차 무겁고 힘든 기재를 회피하 게 되면서 결국은 Todd-AO 시스템은 개인이 운영하는 포스트 프로덕션회사인 Glen Glenn Sound가 접수하게 되었다. 이 GGS 회사는 일반 35mm 필름과, TV프로그램 녹 음시설을 가춘 회사였다. 그러나 2014년 모회사인 Todd-AO는 미연방 정부에 파산을 신청했고 국가에 귀속되게 되었다.

Thomas Boehm의 TODD-AO poster

□ 그림설명 2759-1, 최초의 70mm <OKLAHOMA> 1955, by Fred Zinnemann.

-2, <Around the World in Eighty Days> 1956, by Michael Anderson, John Farrow.

2760 mus

toccata (투카타)

이탈리아 어원인 이 말은 'To Touch(손을 댄다)'의 의미지만 작은 건반악기를 연주하며 손재간을 발휘하게 하기 위해 작곡된 곡을 의미하는 말이다. 이러한 형식의 곡은 손의 재능을 시험하기위해 만들어진 곡으로 주로 화려한 느낌의 음악이 많다.

□ 그림설명 2760, Sebastian Bach <Toccata and Fugue in D Min.>

2761 `gen`

tone (음조, 어조, 색조, 품격)

1) 흰색으로부터 검정색 사이의 중간 여러 단계의 회색(Gray)을 톤이라 한다. 순수한 어떤 컬러에 검정색 또는 흰색이 첨가된 색조를 말한다. 색의 밝기를 톤이라 한다. 2) 소리의 1,000㎐대의 주파수를 말한다.

2762 `ani`

top peg (톱 페그)

아날로그(Analogue) 애니메이션 촬영대에는 셀(Cel)을 고정할 수 있도록 하는 나사못이 상단(North)에 위치하여 좌우로 배경 등을 팬(Pan)할 수 있게 하는 페그를 일컫는 말이다. 톱 페그(Top Peg)는 주로 배경, 오버레이(Overlay)나 헬드(Held) 셀 등을 부착하고 좌우로 움직여 사용한다. 애니메이션 동작이 있는 셀은 하단(South)쪽에 있는 보텀 페그(Bottom Peg)를 사용하며 따라서 애니메이션동작을 그릴 때에도 하단 페그를 사용한다. 이것은 애니메이션 촬영대의 촬영조작이 배경이 어느 쪽으로 움직이던 인물의 동작은 그 자리에 있거나 움직이던 간에(a Character Pan on BG) 기계적인 조작을 같은 팬 바(Pan Bar)를 사용할 수 없기 때문에 아래 패그는 인물의 동작을 그리고 상단의 패그는 배경이나 오버래이(Over Lay), 언더래이(Under Lay), 헬드 셀(Held Cel) 등에만 사용하는 것이 일반적 관례이다. 그래서 많은 애니메이터들이 그림을 그릴 때 나사못이 그림을 그리는 손에 걸려 불편하다고 토로하지만 습관적으로 쓰다보면 익숙해진다. 상단의 패그를 사용할 경우 그림을 그리며 키 동작을 플립(Flip) 해 보기가 쉽지 않다.

✱ 참조보기 (1939 - peg bar)

2763 fes pic

Toronto International Film Festival (토론토국제영화제)

캐나다〉 Toronto, 1976년에 시작된 대표적인 영화제로 북미주에선 칸영화제(Cannes Film Festival)라 불릴 정도로 유명하다. 특징은 한 해 동안 크고 작은 영화제에서 주목받았던 영화들을 한꺼번에 볼 수 있는 영화제이다. 더구나 토론토영화제는 공식 경쟁 부문이 없는 비 경쟁영화제로 매년 9월에 열린다. 월드 프리미어(Premier)가 많고 다른 국제영화제와는 달리 매우 붐비는 영화배급 창구로서의 역할이 매우 크다. 단편영화는 캐나다 작품만 참가가 가능하다.

□ 그림설명 2763-1, Toronto International Film Festival.

-2, Poster.

2764 ani

tow's (2's, 투스, 2프레임씩)

영화는 1초에 24프레임으로 구성되어 있다. 애니메이션도 마찬가지로 한 캐릭터 당 24장의 그림을 그려 연출에 맞게 안배해야 하지만 TV용 프로그램은 경제적인 것을 감안해 24장을 모두 그리지 않고 그림 한 장을 두 번씩 촬영하는 것을 2's 라고 한다. 1장을 1프레임씩 촬영하는 것을 원스(=1's) 3번씩 촬영하는 것을 쓰리스(3's)라고 부른다.

2765 `ani`

trace back (트레이스 백)
*T.B. (따라 베끼기)

재래식에서 주인공 애니메이션 액션이 연속되는 동안 주변 모델은 가만히 서있는 경우가 많다. 중요한 움직임은 없지만 살아 있는 듯한 느낌을 유지하기 위해 고정된 캐릭터들의 일부나 전체를 베끼는 작업을 말한다. 이렇게 함으로써 살아 있는 듯 보이게 하려는 것이다. 또한 촬영 시에 셀 레벨들이 바뀌는 것을 피하기 위해서도 사용된다. 이러한 작업을 피하려면 애드리브(Adlib)로 적당히 즉흥적인 반복 동작을 그려 넣는다.

*T.O. (트레이스 오프)

위에서 설명한 것처럼 특정한 드로잉의 위치를 움직이도록 클린업하는 사람이나 트레이서(Tracer) 원본그림을 셀 위에 베껴 그리라는 지시를 말한다.

2766 `ani`

tracer/inker (트레이서/잉커)

애니메이션 제작공정에서 종이에 그려 완성된 동작 그림을 셀 위에 옮겨 그리는 전문가를 '트레이서' 또는 '잉커'라고 한다. 디즈니스튜디오는 그동안 애니메이터들이 완성한 그림 위에 셀(Celluloid)을 얹어놓고 한 장 한 장 잉커들에 의해 손으로 그려 냈는데 그 비용은 총 제작비용에 비해 상당한 부분을 차지했다. 월트 디즈니는 1965년 제작하고 있던 <정글 북(Jungle Book)>부터 새로운 시도로 제록스(Xerox)회사가 새롭게 개발한 복사(Copy)기계를 통해 애니메이터의 그림을 셀에 복사하여 사용함으로써 수백여 명의 트레이서와 잉커는 전문 직업에서 하루아침에 모두 물러나게 되었다. 1967년 제

□ 그림설명 2766, 최초 Xerox copy로 제작되었던 <Jungle Book> 1967,
(그림의 선 색깔이 검은 색이다.) by Walt Disney Production.

록스에 의해 복사된 애니메이션은 완성되어 영화관에서 상영되었지만 공교롭게 월트는 갑작스럽게 발견된 폐암으로 1966년 사망하게 되어 완성된 결과물은 볼 수 없었다. 많은 애니메이터들은 제록스 방식을 선호했다. 복사기를 이용해 셀룰로이드(Celluloid)에 복사하면서 많은 제작비용을 줄일 수 있었고 디즈니에서 수십 년을 일해 왔던 트레이서들은 직업을 잃고 다시는 돌아오지 않았다. 그 후 제록스기로 셀룰로이드에 그림을 복사하는 방식은 40여년 가까이 사용되어 오다가 20세기 말 컴퓨터 방식의 디지털 애니메이션이 시작되면서 애니메이션 제작공정에 많은 변화가 일어났다. 그리고 애니메이션 제작에 더 이상 셀룰로이드, 페인트, 붓 등 자재공급이 필요 없게 되었다. 지금은 애니메이션 분야에서 트레이서나 '잉커(Inker)'라는 단어조차 사라진지 오래이다.

2767 `pic`

track (트랙)

✻ Sound Tracks (음성 트랙)

1) 영화필름의 사운드트랙, 오디오사운드, 또는 비디오테이프의 사운드 등 모든 소리 트랙(음향을 넣은 띠)을 말한다. 2) 카메라가 장치된 이동차(Dolly, 돌리)가 연기자의 움직임을 따라가면서 장면을 찍기 위해 바닥에 깔아놓은 임시 선로를 가리키는 말이다.

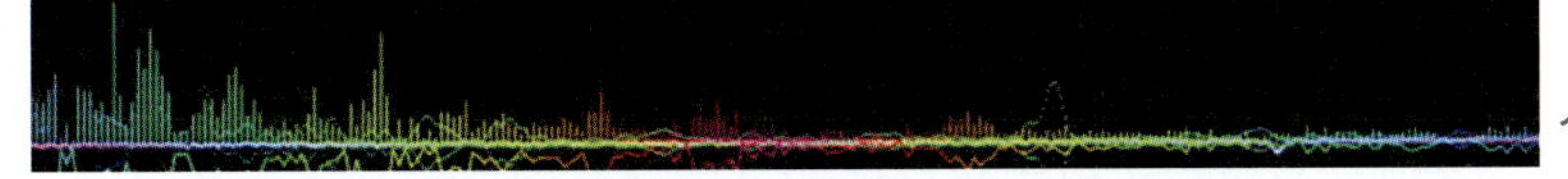

□ 그림설명 2767-1, 음반, 영상을 위한 소리를 모두 사운드트랙이라 한다.

-2, Tracking Shot, <The Alamo> 2004, by John Lee Hancock.

2768 `ani`

tradition (재래식, 전통)

전통양식을 가리키는 말이다. 21세기를 맞아 많은 분야가 디지털 방식으로 체계가 바뀌기 시작했다. 특히 영화제작이 아날로그(Analogue) 방식에서 벗어나 디지털(Digital) 화되고 애니메이션 제작 공정 역시 재래식에서 모두 디지털로 바뀌며 아날로그와 디지털을 구분하는 의미로 많이 사용하는 단어이다. 애니메이션 제작이 1917년 이래 애니메이션 제작에는 셀룰로이드(Celluloid)를 사용해 그 그림 뒷면을 물감으로 칠해 배경과 어울려 촬영을 마친 후 필름은 현상소에서 화학물 처리 후에 영상을 볼 수 있었다. 그러나 지금에는 셀이나 물감 그리고 필름 촬영이나 현상과정이 없어지게 됐다. 이러한 공정을 일러 재래식이라 부르게 됐다. 또한 캐릭터 의상에 있어 전통이나 관습 그리고 시대의 행동 양식을 다루게 되는데 이 모든 부분의 세대적인 양식을 재래식으로 부를 수 있다.

2769 `pic`

trailer (예고편, 트레일러)

일반적으로 극장에서 영화를 상영하기 전에 앞으로 상영할 다른 장편 영화를 광고하기 위해 보여주는 2~3분짜리 홍보 영화를 가리키는 말로 예고편이라 부르기도 한다. 이러한 홍보용 영화들이 일반적으로 장편 영화 뒤에 붙어서 보여 지기 때문에 트레일러라 불려온다. 일반 트레일러 이전에 보여주는 더 짧은 트레일러를 티저(Teaser)라고하며, 다른 극장에서 보여주고 있는 영화의 광고는 크로스플러그(Cross plug)라 부르기도 한다. 또한, 텔레비전 방영에 앞서, 앞으로 방영될 미니시리즈들을 홍보하기 위해 흥미로운 장면들을 미리 보여주는 짧은 예고편을 말한다.

2770 `pic`

transfer (이동, 옮기기, 복사, 트랜스퍼)

1) 처음 혹은 2차 녹음한 사운드나 화면으로부터 다시 복사, 녹화, 녹음하는 것을 말한다. 2) 어떤 포맷의 화면이나 사운드를 또 다른 포맷으로 전환하는 것을 말한다.

2771 `pic` `com` `ani`

transition (변화, 전환, 트랜지션)

1) 영화에서 어느 신으로부터 장소나 시간대가 다른 다음 신으로 연결을 유도할 때 사용되는 광학적(Optical) 전환방식을 말한다. 2) 두 개의 장면을 연결하기 위해 사용되는

모든 방식들을 말한다. 3) 텔레비전 프로그램 중 두 부분을 연결시켜 줄 때의 사운드의 처리. 즉 음악의 전환 방식을 말한다. 4) 한 신에서 다른 신으로 바뀔 때 사용되는 연출 방식의 하나로, 일반적으로 공간과 시간의 흐름을 의미하기도 한다. 또한 한 장소에서 다른 장소로 이동할 때, 애니메이션에서는 흔히 그림으로 그려 보통 사람들이 마치 하늘을 나는 배트맨처럼 변화할 때도 쓰는 테크닉이다. 최근에는 3D 컴퓨터 CG를 사용하여 형태를 몰핑(Molping) 형식으로 바꿀 수 있으며 페이드인과 아웃(Fade In & Out), 신과 신의 디졸브(Dissolve), 신에서 신으로 와이프(Wipe)를 사용해 변환 시킨다던가 신을 뒤집어 전혀 다른 신을 가져온다든가 신위에 회오리가 생겼다가 없어지면 다른 화면이 생긴다던가 하는 모든 화면의 변화기술을 사용할 수 있다.

✱ 참조보기 (2435 - Segue)

2772 gen pic ani
translator (트랜스레이터, 번역사)

1) 방송전파를 받아 다른 파장으로 바꿔 재전송하는 높은 고도의 저출력 전파전송총국을 일컫는 말로 일반적인 수신방법이 적합하지 않은 산이나 언덕 고층건물 등으로 둘러싸여 있는 지역에서 사용하는 전파 자동 중계기를 말한다. 2) 외국으로부터 주문받은 OEM제작에 있어 영문으로 된 모든 자료들을 번역하는 사람들을 가리키는 말이다.

2773 gen
transparent (투명)

광선이 투과되어도 구조가 바뀌지 않는 투명한 물체들을 일컫는 말이다. 유리나 셀 같은 것이 이에 속한다.

2774 pic
travelling matte (트래블링 매트)

재래식 영화제작에서 사용되는 특수효과의 한 공정에 보조적으로 필요한 공정으로 한 화면에 두 이미지를 완성하기위한 기법 중 하나이다. 한 사람의 연기자와 함께 찍은 배경 위에 그 똑같은 사람이 1인 2역을 할 때 두 번째로 찍힌 역할의 연기자 주변을 가려주어 마치 두 사람이 같은 시간에 동시에 촬영된 듯 보이게 하는 특수 제작 방식에 사용되는 마스크를 말한다. 트래블링 매트는 움지이는 인물을 따라 매트가 생성되기 때문에 불리는 이름으로 방법으로는 하나이 액션 샷과 이미 촬영되어 있는 또 다른 액션 샷(혹은 배경)을 옵티컬 프린터에서 합성하기 위한 유일한 방법이었다. 그러나 지금은 재래식처럼 여러 번 공정을 되풀이 하지 않고 쉽게 합성할 때 움직이는 동작의 주변을 막아주는 검은 매트 없이 프로세스 그린 색(Process Green Color) 배경 앞에서 연기자는 자유롭게 연기하고 필요한 배경을 선택해 합성할 수 있다.

□ 그림설명 2774, 합성을 위한 디지털 그린 스크린 프로세스.

2775 `ani`

travelling peg bar (트레블 페그바)

재래식 애니메이션 촬영대 위에 장착되어있는 4개의 긴 바(Bar)를 이용하여 좌우로 눈금에 맞추어 움직여 촬영하면 마치 카메라의 효과는 캐릭터를 따라 팬(Pan)하는 효과를 얻을 수 있다. 상단의 페그 바를 움직여 긴 배경을 Pan 시키고 캐릭터는 하단의 페그 바를 사용해 사이클 캐릭터를 제자리 걷기로 촬영하면 할 수 있도록 되어있고 상하에 장착된 이 바들은 좌우로 약 60cm(25 Inch)정도 움직이며 촬영할 수 있다.

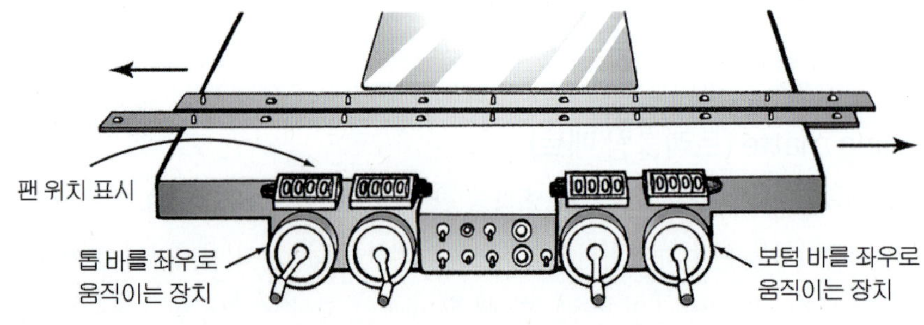

□ 그림설명 2775, 배경은 Top Bar로, 움직이는 캐릭터는 Bottom Bar를 사용한다.

✱ 참조보기 (0162 - Auxiliary Peg Bar)

2776 `pic`

treatment (대우, 트리트먼트, 해설문)

영화의 동작이나 카메라의 움직임을 적어놓은 일종의 시나리오를 이르는 말이다. 영화 대본이 만들어지기 전에 쓴 최초의 해설문 형식의 영화 내용을 담은 서술을 일컫는다.

2777 `pic` `ani`

Trick Film (트릭 필름, 속임수 필름)
*Blackton, James Stuart (제임스 S. 블랙톤)

트릭 필름은 1906년 제임스 스튜어트 블랙톤(James Stuart Blackton, 1875-1941)에 의해 처음으로 불린 애니메이션과 같은 뜻의 단어이다. 19세기 후반에 들어서서, 실물의 움직임을 촬영하여 세상을 놀라게 한 사람은 프랑스의 뤼미에르 형제에 의해서였다. 그들은 촬영기를 만들어 인류 최초의 영화기술(Cinematographe)을 온 세상에 발표했고 최초의 연속동작을 스크린에 영사해 보였다. 이것을 모션 픽처(Motion Picture) 라 불렀다. 그러나 생명이 있으므로 움직이는 사람이나 동물들을 촬영했지만 생명이 없는 고정된 물체를 움직이는 듯 보이게 촬영한 것은 블랙톤에 의해서였다. 블랙톤이 창안한 그의 쇼는 매직랜턴 쇼와는 확실히 구분되는 대단한 쇼를 창안해 냈는데 이것은 신비하여 대단한 인기가 있었다. 그는 화가였기 때문에 그림을 스케치북에 그리면서 술병이나 모자, 시가담배가 생겨났다 사라지게 하는 요술 쇼(Magic Show)를 벌여 대단한 인기를 끌었다. 이 방식은 교묘하게도 스톱모션카메라(Stop Motion Camera) 기법으로 카메라를 이용해 한 콤마씩 찍은 애니메이션 방식이었는데 이것을 당시로부터 지금까지 통칭해 속임수 영화(Trick Film)라 불렀다. 사람들은 원리를 모르기 때문에 귀신이 하는 짓처럼 신기해했다. 원래 이 속임수 필름 분야는 프랑스의 조르주 멜리에스(Georges Melies, 1861-1938)가 1902년 실험영화 <달나라 여행(Trip to the Moon)>를 만든 사람으로 그는 최초의 스톱모션(한 콤마씩 찍기) 기술로 겹치기촬영(Double Exposure) 등 영화 특수효과를 개발한 사람이었다. 필름기술을 이용해 화면에서 요술 같은 속임수를 연기한 사람들은 동시대에 여러 사람들이 있었다. 프랑스의 에밀과 빈센트 이솔라 (Emile, 1860-1945 and Vincent Isola, 1862-1947)형제, 영국의 마술사 데이비드 디반트(David Devant, 1868-1941), 존 레빌 마스켈린(John Nevil Maskelyne, 1839-1917) 그리고 미국의 영화촬영기사 빌리 빗져(Billy Bitzer, 1872-1944) 그리고 제임스 스튜어드 블랙톤이었다. 이러한 방식의 촬영으로 재간을 부려 만든 트릭 필름영화늘은 1898년에서 약 10여 년간 인기성황이었다.

□ 그림설명 2777, <요술에 걸린 그림> 1900, by James Stuart Blackton.

2778 `pic` `pho` `equ`

trigger (트리거, 방아쇠, 단추)

촬영할 때에 필름이 돌아가도록 카메라에 붙어있는 작동방아쇠를 뜻한다. 필름을 사용하는 재래식 카메라는 방아쇠와 같은 손잡이를 당기면 촬영이 시작되고 정지시킬 때는 손을 놓으면 정지된다. 그러나 21세기에 들어 전자식으로 방식이 변화되어 작은 빨간 단추를 누르면 촬영(ON)이고, 한 번 더 누르면 정지(OFF)가 된다. 또한, 무력에 사용되는 무기의 격발장치로 발포할 때 사용되는 방아쇠를 가리키는 말이기도 하다.

□ 그림설명 2778-1, 전자제품에 사용되는 켜고(On) 끄는(Off) 리모트장치.

-2, 무기의 격발장치 방아쇠.

2779 `pic` `ani`

trim (트림, 다듬기)

1) 촬영된 영화필름 중에서 사용하지 않을 부분이 편집자에 의해 잘려나가게 되는 것을 말한다. 2) 편집 과정에서 신을 잘라 내거나 짧게 줄이는 것을 일컫는 말이다.

✱trimming (다듬기, 정돈)

2780 `equ` `pic` `pho`

tripod (삼각대, 트라이포드)

카메라를 올려놓고 촬영하도록 간편하게 3개의 다리가 있는 삼각대를 말한다. 이 삼각대는 약 10cm높이의 크기부터 사람의 키 높이 까지 종류가 다양하다. 영화촬영 시 사용하는 전문가용 삼각대는 매우 견고해 카메라의 팬(Pan), 틸트(Tilt)등의 기교에 편리하게 사용되고 카메라의 흔들림도 방지한다. 발의 길이를 자유자재로 조절할 수 있으므로 땅바닥의 높이에 따라 조정해 사용할 수 있다. 또한 이동시에도 간편하다.

□ 그림설명 2780, Camera Tripod.

2781 `pic`

truck-in (트럭 인)

영화 촬영 과정에서 어느 목적물에 좀 더 가까이 가기 위한 카메라의 이동을 의미한다. 트럭–인은 카메라 자체가 피사체에 접근하는 것을 말하며 카메라에 부착된 줌렌즈(Zoom Lens)를 이용할 경우에 카메라는 고정된 위치에서 렌즈만으로 목적물에 근접할 수 있는 두 가지 방식을 사용할 수 있다. 그러나 이 두 가지가 목적물을 크게 보게 되는 것은 같지만 결과는 크게 다르다. 카메라가 물리적으로 피사체에 접근하며 촬영하는 효과는 결과적으로 볼 때 카메라가 주변을 통과해 목적물까지 간 것이고, 줌 렌즈는 기능적으로 목적물을 크게 보이게 앞으로 당겨 온 것으로 이 두 가지의 기능은 연출에 입각해 선택될 연출상의 선택이다.

✻ Truck Out (트럭 아웃)

애니메이션 촬영과정에서 사용되는 것으로 카메라가 테이블로부터 더 멀어지기 위해 수직 상승하거나 일반 영화에서 카메라의 움직임을 목적물로부터 뒤로 물러나는 것을 가리키는 말이다. 필드 크기의 확대가 진행되는 효과와 찍히고 있는 사물의 크기가 계속적으로 작아지는 효과를 낸다.

□ 그림설명 2781, 자동차에 부착한 카메라로 트럭킹.

T

2782 `ani` `pic`

trunk (기둥, 줄거리)

나무로 말하자면 가장 굵은 기둥으로 땅에 박혀있는 부분을 뜻한다. 그러나 애니메이션에서는 자주 이야기 줄거리에 비유해 사용한다. 이야기가 튼튼한 기둥(Solid Trunk)이어야 한다고 말할 때 사용하는 말이다.

2783 `equ` `pho`

tungsten lamp (텅스텐 조명)

재래식 애니메이션 촬영에서 필라멘트(Filament)로 되어있는 어떤 종류의 전구를 가리키는 말이다. 컬러 필름을 사용할 때 애니메이션 촬영용 조명으로는 3,200K°나 3,400K°색 온도를 가진 텅스텐 조명을 사용한다.

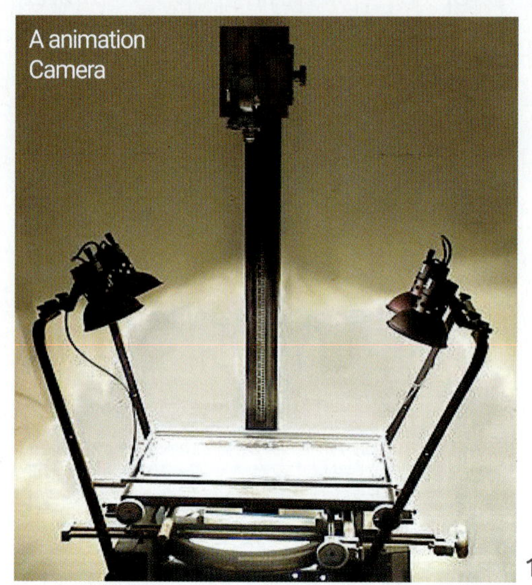

□ 그림설명 2783-1, 촬영대에 사용되는 텅스텐 (Tungsten Light)

-2, 재래식으로 사용하지 않는 텅스텐 전구.

2784 `gen` `pic`

turkey (터키, 실패작)

북 미주 지역에서는 추수감사절에 칠면조 고기를 먹는 것이 풍습이다. 그러나 커다란 칠면조를 골고루 잘 구워내기가 쉽지 않기 때문에 실패하기가 일쑤이다. 영화 제작의 흥행 결과는 이 칠면조 요리처럼 실패하기 쉬운데서 유래된 말로 흥행에 실패한 필름을 일컫는 말로 주로 쓰인다. "It Turned Out be Turkey(죽 쒔어)" 또한, 남성 겁쟁이를 'Turkey'라고도 한다.

turnaround (턴 어라운드, 제작기간)

영화에서 각 분야별로 제작 작업을 하게 되는데 한 파트의 제작공정이 끝나서 다른 파트로 넘어가는 기간을 의미한다. 하나의 시리즈는 13편 혹은 26편이지만 하나의 에피소드(24분)가 공정별 소요되는 시간을 턴 어라운드 타임이라 부른다.

turnkey system (턴키 시스템, 완제품)

컴퓨터의 프로그램을 실행하기 위해 필요로 하는 모든 하드웨어(Hardware)와 소프트웨어(Software)를 포함하여 완전히 일체를 갖춘 컴퓨터 시스템을 말한다.

TV-14 (14세 미만 시청불가)

14세 이하의 어린이들에게는 적합하지 않을 수 있는 텔레비전 프로그램 편성 등급 표시이다. 이 프로그램은 성인에 적합한 주제와 난폭한 언어, 그리고 약간의 성적인 내용을 담고 있을 수 있는 등급에 해당된다.

□ 그림설명 2787, TV-14.

TV-G (일반 시청자)

일반 시청자들이 보기에 적합한 텔레비전의 프로그램 편성 등급 표시이다. 여기에는 난폭한 언어사용이나, 폭력적인 내용이 없으며, 성적인 대사나 상황도 거의 담겨 있지 않다. "TV-G" 등급은 1997년 1월 미국에서 처음 사용되었다.

□ 그림설명 2788, TV-G.

TV-MA (TV Mature Audience: 성인시청가)

성인 시청자용으로 지정된 프로 편성을 일컫는 텔레비전 등급 표시이다. 여기엔 비속한 언어, 생생한 폭력, 그리고 적나라하게 성적인 내용이 담겨져 있을 수 있기 때문에 19세 이하의 시청자들에게는 부적합할 수 있다.

□ 그림설명 2789, TV-MA.

□ 그림설명 2790, TV-PG.

2790 `gen`

TV-PG (TV Parental Guidance: 보호자 동반 관람가)

약간의 난폭한 언어, 제한된 폭력 장면, 약간의 암시적인 성적 단어와 상황들이 담겨 있을 수 있는 텔레비전 프로그램 편성 등급을 말한다. 1996년 12월 19일, 미국 영화 협회의 회장이자 산업 대변인인 잭 발렌티(Jack Joseph Valenti, 1921-2007)에 의해 발표되었으며, 스크린과 인쇄물에서 프로그램의 특징을 나타내는 표시로 1997년 1월 처음 사용되었다.

2791 `gen`

TV Program (텔레비전 프로그램, 티비 프로그램)

프로그램은 텔레비전 방송이 방송하는 콘텐츠(Contents) 모두를 가리키는 말이다. 프로그램의 내용은 방송국의 정책과 성격에 따라서 달라질 수 있다. 정치, 경제, 사회, 문화, 예술 중에 방송이 주력하는 방향에 따라 제작이 이뤄지게 된다.

2792 `com`

2D (평면, 2차원)

2Dimension의 준말로 2차원을 뜻한다. 깊이(Depth)는 없고 높이(Height)와 넓이(Width)만 표현되는 것을 말한다.

□ 그림설명 2792, 2 Dimension.

2793 `com`

24 bit (비트)

하나의 비트는 2진수 숫자를 뜻한다. 일반적으로 표시되는 0 또는 1, On 또는 Off, Yes 또는 No, 등에 해당한다. 하나의 비트는 너무 작기 때문에 정보에 대한 어떤 작업도 할 수 없기 때문이다. 비트는 일반적으로 8개를 하나로 묶어서 하나의 비트로 형성된다.

그러므로 24비트는 8개 1조가 3개로 묶여있는 것을 24비트라고 정의한 것이다. 이 비트라는 단어를 처음 사용한 사람은 1948년 클로드 섀넌(Claude E. Shannon, 1916-2001)이 그의 논문에 적용해 처음으로 사용했다는 기록이 있다. 컴퓨터 구조에서 24-비트 정수들, 메모리 위치들, 또는 다른 데이터 단위들, 이들은 모두 24비트(3xOctets) 폭이다. 뿐만이 아니라 24-비트 CPU 그리고 ALU구조들은 레지스터에 기초해서, 모선들(Buses)을 지정하거나 확장한다. 1964년에 나왔던 IBM Sys.-360은 24-비트 어드레싱에 32-비트 일반 레지스터 매스(Math) 기능을 가졌던 우수한 컴퓨터였다. 1968년 산술기능을 가진 인텔24, PC 그리고 hp의 협력으로 최초의 소형 퍼스널 컴퓨터가 나왔다.

2794 gen

type face (타이프 페이스, 서체)

활자 모양을 뜻하는 말이다. 수백 종의 서체(글자모양)에서 양상과 어울리는 것을 선택하여 사용할 수 있도록 준비되어 있다. 다른 말로는 폰트(Font, 활자의 크기, 또는 모양)라고 부른다.

FONTS;

Arial
Arial Black
Souvenir
SIGN PAINTER
Times New Roman
Myriad
Ad Lib BT
Academy Engraved
Altast Greeting
American Typewriter
BLAIR MDITC
Broadway Engraved
Brody D

Casablanca Antique
Compacta Bd BT
Cooper Black Italic
DECORATED 035
Dom Diagonal Bold MT
Engravers Old English
Expo
Flamenco
Windsor BT
FOLLIES LET PLAIN
FRANKFURTER
Gorilla

HUXLEY VERTICAL
MACHINE BT
Motter Fem D
SHORTCUT
VIRGINIA PLAIN
Bauhaus Heavy
Bernard MT Condensed
CARNIVALE FREAKSHOW
EASTWOOD

□ 그림설명 2794, Samples of Font Collection.

UFO

U u

[유]

UK Animation

Universe-Milky Way

USA Animation TV theater series

U u [유]

2800 `sci` `gen`

UFO (비행접시)

✱ Unidentified Flying Object (미확인비행체)

미확인비행체는 소속이 확인이 되지 않은 비행체로 특별히 지구 밖에서 들어온 비행체로 의심되는 물체를 말한다. 그러나 이를 보았다는 목격자들에 진술에 의하면 접시모양의 비행체가 일반적인 모양이지만 접시비행체의 상세한 모양은 모두 다르게 진술되어 보고된 것이 특징이다. 소리가 나지 않았다던가, 충분히 알아 볼 수 있게 머무르지 않고 빠르게 그곳에서 사라졌다던가, 심지어는 비행체가 사람이나 동물을 흡입해서 납치해 사라졌다는 다른 목격자들도 있다. 이렇게 만들어진 이야기 들은 2차 세계대전 후에 많이 퍼져 돌아 다녔다. 기원전의 이집트 문헌에도 비행접시 모양을 한 알 수 없는 그림이 선명하게 남겨져있어 UFO는 오랜 세월동안 지구를 넘나든 것으로 여겨진다. 오늘날 현대 지구과학에서는 UFO가 실제 여부에 관계없이 비행체가 공중에서 호버링(Hovering)해서 떠있는 일은 매우 가능한 일로 여긴다. 당시 지구의 과학문명이 아직은 우주를 탐험하는 기술이 없었으므로 흔히 사람들은 가상적으로 우주 밖의 창조물(Creatures)들이 우리 지구인들 보다는 앞선 과학문명 속에 살고 있을 것으로 비약해 생각해 왔을 것으로 본다. 비행접시는 이러한 관념에서 선입견이 만들어낸 무성한 소문들로 결론지어 진다. 1947년 6월 어느 날, 미국 비행사였던 케네스 아놀드(Kenneth Arnold, 1915-1984)는 미국 워싱턴 주 레이니어 국립공원 상공을 비행하던 중 9대의 알 수 없는 비행체를 목격한 후 그의 목격담을 기자들에게 들려주며 '비행접시(Flying Saucer)'라는 이름을 처음 사용한 것으로 기록돼 있다. 미국 공군의 조사팀은 매우 흥미를 가지고 1950년부터 1969년까지 UFO를 보았다는 소문을 꾸준히 추적조사하면서 UFO라는 이름을 처음으로 사용하게 된대서 시작된 말이다. 그러나 잠정적으로 UFO는 실제가 아닌 것으로 블루 북(Blue Book, 조사보고서)에 결론을 내렸다. 그리고 그 일이 50년이 지난 최근 2019년 4월 미 해군

□ 그림설명 2800 1, <Close Encounters of the Third Kind> 1977, by Steven Spielberg.

이 다시 조사에 관심을 갖고 목격자들의 보고를 기대하며 최신 가이드라인을 설정하고 나서 UFO를 UAP (Unexplained Aerial Phenomena, 설명 불가한 공기자연현상)라고 결론 내려졌다.

2

3

□ 그림설명 2800-2, McMinnville 에서 보았다는 UFO 1950, USA.

-3, 근접한 UFO (또는 UAP) 그러나 모두 사실이 아닐 수 있다.

2801 `ani` `his`

UK Animation History(영국 애니메이션의 역사)

영국의 애니메이션은 상당히 오랜 역사를 가지고 있다. 1899년 아더 멜버른 쿠퍼(Arthur Melbourne Cooper, 1874-1961)의 <성냥개비들의 애원(Matches An Appeal)>, 1906년에 그린 월터 부스(Walter P. Booth, 1869-1938)의 <화가의 손(The Hand of the Artist)>, 1907년에 <선사시대의 사나이(Prehistoric Man)> 그리고 1908년에 <장난감 동산의 꿈(Dream of Toyland)>을 제작했다는 기록이 있다. 그러나 1910년대까지 영국이 만들었다는 작품들은 기록으로만 전해질 뿐 자세한 내용이나 필름이 소개된 바는 없다. 나라마다 애니메이션은 실험예술형태로 시작되었다고 하더라도 그것을 산업적으로 연계시켜 제작 형태를 갖추어 발전시키려던 의도는 분명 영국이라고 할 수 있다. 세계적으로 일반 영화뿐만이 아니라 애니메이션도 이 당시에는 주로 5분 내외의 단편으로 제작 되였기 때문에 한 사람이 단독으로 만들어 내는 것이 일반화돼있었다. 특히 애니메이션에 있어서 대본, 스토리보드(Storyboard), 레이아웃(Layout), 원화(동화, 잉크, 채색, 촬영, 등은 제외)등 편집까지 개인이 창작하듯 제작하는 것이 관행이었다. 그러나 이 관행을 깨고 안손 다이어(Anson Dyer, 1876-1962)는 그가 만든 작품에서 분업적인 제작 체계화를 개발해 냈다. 1917년경 온통 유럽 국가들이 1차 세계대전에 휘말려있던 시절에 애니메이션 업계에 뛰어든 다이어는 전문 스튜디오를 설립하고 작업을 부서별로 나눠 진행하는 분업 방식을 채용하고 영국 최초의 상업용 CF(Commercial Film)와 애니메이션을 제작했다. 다이어의 스튜디오는 한쪽에서는 1941년 발발한 전

쟁을 돕고 한쪽에서는 일하며 최초의 작품 <샘(Sam)>이라는 캐릭터를 소개한 시리즈
물을 만들었지만 당시 미국 만화가 가지고 있는 것처럼 동작이나 풍부한 웃음과 시각
적 생동감 부족으로 대중에게 인기를 얻지는 못했다고 한다. 그 후 영국에서는 애니메
이션의 질을 높이기 위해 1945년에 미국의 디즈니 스튜디오에서 <백설 공주와 일곱
난쟁이>를 총감독했던 데이비드 핸드(David Hand, 1900-1986)를 초빙해 할리우드 애
니메이션을 배워보려는 시도가 있었다. 그러나 데이비드 핸드는 영국의 비 상업적이고
예술 지향적이며 보수적인 제작풍토에 큰 영향을 끼치지 못한 채 1951년경 다시 미국
으로 돌아갔다. 그리고 다이어는 그가 소중히 훈련시켜 키운 애니메이터들을 미국에
수출하려던 계획도 전쟁의 후유증으로 무산이 되었다는 기록이 있는 것으로 보아 다이
어는 분명 산업화를 위해 앞서가는 사람 중 한 사람이었다. 그러나 다이어는 영국의 애
니메이션 분야를 미국의 디즈니처럼 산업화 시키지는 못하였고 그는 1952년에 영국에
서 사망했다. 그가 사용하던 스튜디오와 시설 그
리고 모든 인력은 할라스와 베첼라(Halas &
Betchelor)에 넘어가고 영국 애니메이션의 불멸
의 명작 <동물 농장(Animal Farm)>에 투입되어
영국 애니메이션의 명맥을 유지하게 됐다. 조지
오웰(George Orwell, 1903-1950)의 소설을 장편
으로 1954년에 만들어진 이 <동물농장>은 어린
이들뿐만 아니라 어른들에게도 예술적 가치를 남
긴 작품 이다.

□ 그림설명 2801-1, <Close Encounters of the Third Kind> 1977, by
Steven Spielberg.

-2, -3, <동물농장(Animal Farm)> 1954, by Batchelor and Halas.

U

영국 애니메이션 역사상 가장 화려한 활동을 보인 존 할라스(John Halas, 1912-1995)는 그 자신이 애니메이터로서 애니메이션의 새 기법을 개발한 많은 애니메이션 이론서를 저술했으며 그의 저서 <애니메이션의 거장들(Masters of Animation)>은 근대 애니메이션에 종사한 중요한 세계 애니메이션 예술가들을 한 책속에 담은 귀중한 책이다. 그의 생전, 할라스의 가장 큰 업적은 ASIFA(Association International du Film d'Animation, 국제애니메이션필름협회)의 설립을 들 수 있다. 1960년 전 세계 인종과 국가 간의 국제적 친목을 도모하는 애니메이션 소그룹을 결성한 것이 발전되어 프랑스 안시(Annecy)에 본부를 두고 안시 애니메이션 페스티벌을 매 격년제로 개최하고 자그레브(Zagreb), 오타와(Ottawa), 히로시마(Hiroshima) 등 4대 국제 애니메이션 페스티벌의 확대를 적극적으로 유치해내는데 기여했다. 그보다 앞서 1940년을 전후해 영국의 애니메이션은 젊은 노먼 맥라렌(Norman McLaren, 1914-1987)이 새로운 형식의 기법을 실험적으로 선보인 작품들을 발표했다. 1939년 다이렉트 애니메이션(Direct Animation)인 <점(Dots)>과 <성조기(The Stars and Stripes)>를 시작으로 <부기 두들(Boogie Doodle)> 1940년 제작, <바이오린 디디이(Fiddle-De-Dee)> 1947년 제작, <바로 이때야(Now is the Time, 1951)>, <이웃사람들(Neighbours), 1952> 등이다. <이웃사람들>은 그가 최초로 개발한 픽실레이션(Pixilation) 기법을 사용한 작품이다. <깜박거리는 공백(Blinkity Blank)> 1954년 제작에서는 면도날과 송곳을 이용해 필름표면을 긁어 만드는 스크래치(Scratch)기법이 사용됐다. 맥라렌은 근대 창작 애니메이션에 예술적인 큰 공로를 세운 사람이다. 그 이후 1954년 라킨스(Larkins) 스튜디오에서 제작한 <엔터프라이즈(Enterprise)>가 상업 영화로 크게 성공 하면서 영국 애니메이션 스튜디오들은 급속히 성장했으며, 유명 작가들도 배출해내기 시작했다. 그 선두라 할 수 있는 바이오 그래픽 스튜디오(Biographic Studio)의 리처드 테일러(Richard Taylor, 1902-1970)와 토니 와트(Tony Wyatt), 토니 카태니오(Tony Cattaneo, 1927-2003)를 비롯해 필 오스틴(Phil Austin, 1951-1990)과 데렉 헤이즈(Derek Hayes), 조지 더닝(George Dunning, 1920-1979), 앨리슨 드 베레(Alison de Vere, 1927-2001) 등이 영국 애니메이션 역사에서 주목할 만한 작가들이다. 특히 조지 더닝은 <날으는 남자(The Flying Man, 1962)>와 <사과(The Apple, 1962)>로 안시 국제애니메이션 페스티벌(Annecy International Animated Film Festival)에서 수상하며 일약 세계 애니메이션계의 주목을 받았다. 앨리슨 드 베레의 작품 <카페 바(Cafe Bar, 1975)>는 그녀를 대단한 재능을 가진 작가로 인정받게 해주었으며, <파스칼 씨(Mr. Pascal, 1979)>는 해외에서 많은 상을 수상한 작품이다. 영국을 대표하는 또 하나의 애니메이터는 밥 갓프리(Bob Godfrey, 1921-2013)이다. 라킨스 스튜디오에서 애니메이션을 익힌 그는 예리한 풍자와 위트로

성(Sex)에 대해 솔직하고 흥미롭게 표현해 보였다. 1975년 아카데미상을 수상한 <그레이트(Great, 1975)> 그리고 영국 아카데미상을 수상한 <드림 돌(Dream Doll, 1979)> 등 개성이 강한 것이 특징이다.

□ 그림설명 2801-4, <Dream Doll(드림 돌)> 1979, by Bob Godfrey.

한편, 리처드 윌리엄스(Richard Williams, 1933-)는 전형적인 애니메이션 작품들을 제작했는데, 찰스 디킨즈(Charles John Huffam Dickens, 1812-1870)의 소설을 애니메이션화한 <크리스마스 캐롤(Christmas Carol, 1971>은 1972년 아카데미상을 수상했다. 1972년에는 데이비드 스프록스톤(David Sproxton, 1954-)과 피터 로드(Peter Lord, 1953-)가 점토인형(Clay) 애니메이션 제작을 위해 아드만 스튜디오(Aardman Studios)를 창설하고 클레이 애니메이션을 제작했다. 1989년에 제작한 <안락한 창조물(Creator Comforts)>과 <화려한 외출(A Grand Day Out)>은 1990년 아카데미 애니메이션 부문 후보에 동시에 올랐으며, 이 중 <안락한 창조물>이 수상하며 아드만 스튜디오가 세계의 급부상하게 됐다. 이후에도 뛰어난 아드만 스튜디오의 작품들은 아카데미상을 휩쓸며 아드만의 명성을 쌓아올리고 있다. 근래에 와서 영국에서는 이안 무 영 스튜디오(Ian Moo Young Studio), 애니메이션 시티(Animation City), 코스그로브 홀 프로덕션(Cosgrove Hall Productions), 큐캄버 스튜디오(Cucumber Studio), 시리올(Siriol)과 페어워터 필름(Fairwater Films) 등 1980년대에 세워진 애니메이션 스튜디오들이 각각의 개성에 맞춰 현재까지 성공적으로 운영되고 있으며, 애니메이션 대학들에서 수준 높은 애니메이션 예술을 가르치며 85년 전 다이어(Dyer)가 이룩하려던 애니메이션산업을 위한 신세대들을 배출하고 있다.

<The Curse of the Were-Rabbit>2005, Steve Box, Nick Park

□ 그림설명 2801-5, 아드만 스튜디오의 <그로밋> 2005

-6, <Chicken Run> 2000, by Peter Lord, Nick Park.

2802 `sci`

ultraviolet (자외선)

＊UV (Ultraviolet, 유브이)

태양으로부터 오는 가시광선의 스펙트럼(Spectrum) 중 자외선에 관한 작용을 처음 발견한 사람은 독일(지금은 Poland, Silesia) 물리학자이며 의사였던 요한 빌헬름 리터(Johann Wilhelm Ritter, 1776-1810)였다. 그는 1801년 가시광선 스펙트럼을 지나서 보라색 끝에 보이지 않는 극보라(자외선) 광선이 있다는 것을 발견했다. 은색 염화물에 적신 종이는 보라색 빛보다 더 빨리 어둡게 한다는 것을 알았다. 이것으로 자외선이 가지는 사진 감광작용을 처음 발견한 것이다. 자외선은 파장이 약 397nm(Nanometer)에서 10nm로 전자기파(Electromagnetic Radiation)로도 불린다. 자외선은 파장이 극단적으로 짧아, 역시 파장이 짧은 X선과 거의 같아 구별되지 않는다. 태양에 의해 햇빛 속에 전자기 방사능 외에도 특수한 적외선(Particular Infrared), 가시광선(Visible), 자외선 등을 태양이 지평선 넘어 떨어질 때까지 내리 쏜다. 그러나 성층권(Stratosphere)에 있는 오존층(Ozone Layer)은 대부분의 지구로 들어오려는 해로운 자외선을 막아주게 된다.

＊visible ray (가시광선)

빛이나 가시광선은 사람의 눈으로 감지할 수 있는 전자기 스펙트럼(Electromagnetic Spectrum)으로 전자기 방사능이 일부 포함되어 있다. 가시광선은 일반적으로 빛 파장의 폭이 400nm에서 700nm까지로 정의한다.

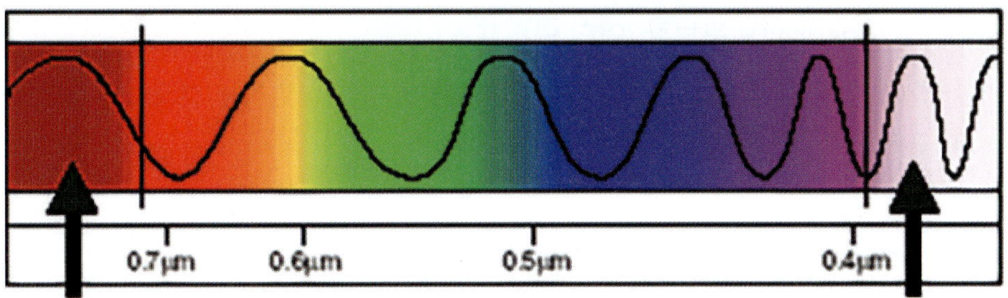

□ 그림설명 2802, 가시광선 밖의 적외선과 자외선.

＊UV (유브이)

Ultraviolet의 줄인 말이다.

＊UV filter (유브이필터)

Ultraviolet 광선을 차단하기 위한 필터를 말한다.

2803 `pic`

U-matic (유-매틱)

전자적으로 화상과 음향을 녹음할 수 있도록 만든 것은 1963년 영국에서였다. 홈비디오 녹화기는 영국에서 만들어졌는데 오픈 릴 투 릴(Open Reel to Reel)형식으로 카세트 안에 들어 있지 않고 테이프녹음기처럼 테이프가 밖으로 노출되어 있었다. 그 이름을 ‘Telecan’이라 했는데 기능이 완전치 않아 사용하기 어려워 실제로는 ‘Tele can’t’라고 부를 정도였다. 그러다가 1965년 일본의 소니(SONY)사가 CV-2000 전자식 녹화기를 처음 미국에 소개했다. 당시의 가격은 대당 1,500달러였다. 이것을 소니가 만든 ‘CV-시리즈’라고 제품의 기능광고를 했는데 매우 성공적이었다. 그 후, 파나소닉(Panasonic)이 1975년경 개발한 3/4인치(약 1.9cm)폭 테이프를 사용한 비디오카세트 시스템 방식은 테이프가 카세트 속에 들어 있게 디자인 된 제품 NV-9600 SYS U-matic VCR 을 새롭게 내놨다. 당시 1,000달러가 넘는 고가 장비로 품질이 좋은 장비로 평가되어 소니(Sony), 제이비시(JVC), 히타치(Hitachi) 등의 일본 회사들이 3/4인치를 사용하는 U-Matic 유사 종류의 VCR 을 만들어 냈다. 지금은 거의 사용하지 않는다.

□ 그림설명 2803, Sony U-Matic VO-2610 VCR.

2804 `pho`

under exposure (노출부족, 언더 익스포즈)

카메라에서 빛을 충분히 받지 못한 상태에서 현상된 필름을 말하는 것으로 명도가 떨어져 뚜렷한 이미지가 만들어지지 못한 것을 말한다.

✽ over exposure (노출과다, 오버 익스포즈)
✽ normal exposure (정상노출, 노멀 익스포즈)

2805 `pic`

underground film (언더그라운드 필름, 전위필름)

독립적이며 전위적으로 제작되는 영화로 대부분 실험적이며 일반적으로 상업영화에서는 수용할 수 없는 주제나 문제를 다룬 필름을 말한다.

□ 그림설명 2805, <Breathdeath> 1963, by Stan Vanderbeek

2806 `ani`

underlay (언더레이, 아래 깔림)

대개 캐릭터 애니메이션(Character Animation)에서 촬영할 때 사용되는 그림들이 여러 장으로 겹치어 촬영하게 되는데, 어떤 물체가 인물 위의 레벨에 있다가 그 밑의 레벨로 옮겨져야 할 때 사용하는 것으로 가령 캐릭터가 책상 뒤에 앉아 있다가(이때는 책상이 Overlay) 책상 앞으로 나오면 책상은 레벨이 밑으로 옮겨지며 언더레이(Underlay)로 바뀌게 된다. 배경에 고정용으로 사용할 레벨이 여유가 없을 때는 간혹 이것을 언더레이 오버레이(UL-OL)라 표기하기도 한다. 그림설명 2806은 워너브라더스가 제작한

애니메이션 루니툰스(Looney Tunes)와 메리 멜로디스(Merrie Melodies) 중에 나오는
'스피디 곤잘레스(Speedy Gonzales)'라는 마우스(쥐)를 WB의 감독, 로버트 맥킴
슨(Robert McKimson)에 의해 멕시코 주인공으로 1953년에 등장시켜 인기를 얻었고, 1955년 28회 아카데미 영화제의 단편부문에서 수상을 한 주인공으로 유명하다. 주인공은 언제나 빠르게 달리며 "Arriba! Arriba! Andale! Andale!(아리바! 아리바! 언더레이! 언더레이! (같이 갑시다! 같이! 의 뜻))를 항상 외친다. 마치 Underlay라고 발음 하듯이 들린다.

□ 그림설명 2806, 야리바! 야리바! 언더레이! 언더레이!

2807 `ani`

undeveloped film (언 디벨롭트 필름, 생필름)

현상액에 담그지 않은 필름을 말한다. 촬영은 했으나 현상 처리되지 않은 필름이다.

2808 `ani`

unexposed (언익스포즈드, 생필름)

카메라에 의해 빛에 노광 되지 않은 필름을 뜻하는 말로 생필름을 칭하는 용어이다. 로 스톡(Row Stock)이라고도 부른다.

□ 그림설명 2808, 촬영하지 않은 생 필름.

2809 `sci`

universe (우주, 만유세계)

우주는 모든 시간과 공간, 그리고 그 속에 존재하는 모든 내용물들을 포함한 행성들, 별들, 기라성들(Galaxies, 성운들) 그리고 에너지를 가진 다른 형태의 물질이 존재하는 곳을 말한다. 그리고 과학자들이 이들을 관측할 수 있는 한계를 우주라 한다. 우주의 크기는 지름이 930억(다른 기록에는 940억(285억 파섹, Parsecs, 그림설명 2809-1) 광년이나 된다. 그리고 우주는 어두움 속으로 계속해서 팽창하고 있다. 우주의 팽창이 가속화됨에 따라 현재 관측 가능한 모든 물체는 시간이 지남에 따라 점점 더 약하고 희미한 빛을 방출하게 된다. 우주 크기는 끝이 없다. 그러나 끝이 없을 수는 없다. 하지만 우수는 무한하다고 할 수 밖에 없다. 우리 과학자들이 알고 있는 940억 광년밖에는 어떤 공간일까? 그 공간 속에는 무엇이 존재할까? 미래의 인간들이 풀어야 할 숙제로 남는다.

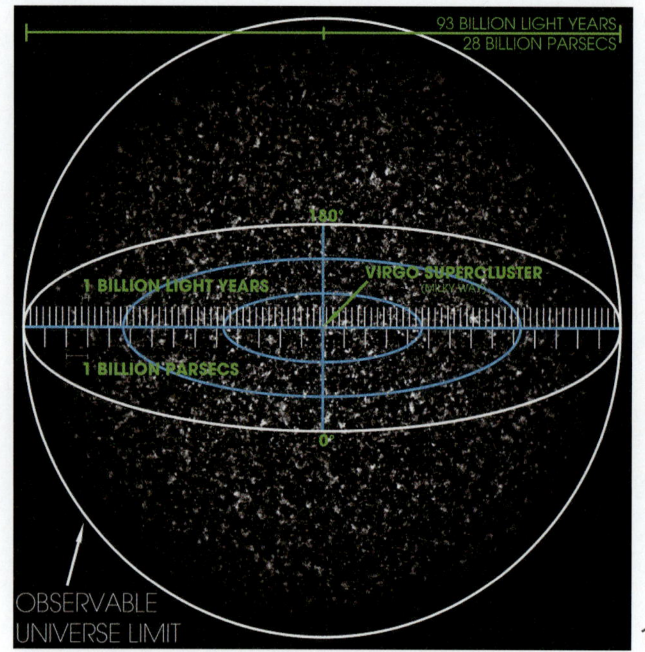

□ 그림설명 2809-1, 940억 광년 우주의 넓이, 무한의 우주.

-2, 우리 눈에 빤히 보이는 16만 광년 떨어진 은하수.

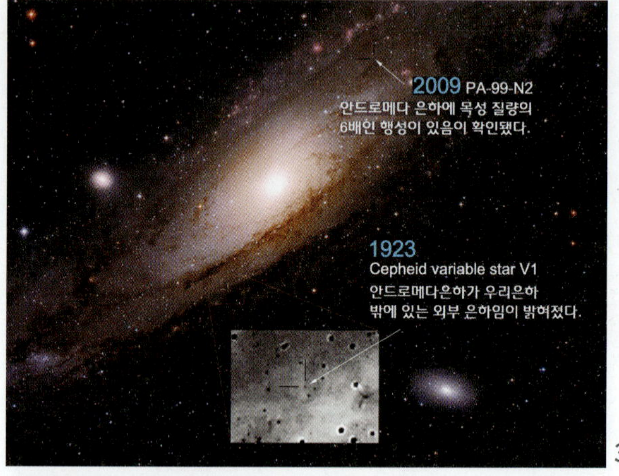

-3, 250억 광년 밖에 있는 안드로메다 성운.
지구에서 Milky Way거리- 10만~16만 광년.
지구에서 Andromeda Galaxy 거리- 250억광년.

✱ Parsec (파섹, 천체의 거리단위)

파섹은 천체의 거리를 재는 단위로써 1파섹은 3,259광년을 말한다. 1광년을 빛의 속도로 도달할 수 있는 거리는 9.5조km(9.5 Trillion Km)나 된다. 1파섹의 거리를 3,259배로 곱한다면 우주는 어마어마하게 큰 것이다. 지금도 우주는 팽창하고 있고 사방으로 그 밖에는 무엇일까? 첨단 과학으로도 밝혀내지 못하는 미지의 우주이다.

2810 `com`

upgrade (품격향상, 품질개량, 등급올리기)

컴퓨터 사양에서 그동안 사용해 온 각종 기기나 소프트웨어(Software)를 더 빠르고 더 많은 정보를 편리하게 쓸 수 있도록 품질을 개량해 한 단계 이상 등급을 올리는 것을 뜻한다. 용량을 늘릴 때는 메모리(Memory), 속도는 시피유(CPU) 즉 중앙처리장치인 Central Processing Unit을 늘린다. 그밖에도 주변기기 등을 단계적으로 새로운 성능으로 구매하거나 혹은 부분 모듈(Module)을 교체하는 것을 말한다.

2811 `com`

upload (데이터 전송)

컴퓨터 네트워크에서 데이터를 업로드 한다는 뜻은 한 컴퓨터에 있는 데이터를 원격으로 서버(Server)나 다른 고객에게로 복사본을 전송하는 것을 말한다. 여러 사람들이 공유하고 있는 큰 서버장치에 데이터를 전송할 필요가 있을 때 전송하는 것을 '업로드'라 하고 반대로 대개 큰 컴퓨터의 일부 데이터의 파일을 가져오는 것을 '다운로드(Download)'라 한다. 또한 이러한 데이터 전송 외에도 큰 용량 데이터를 송수신하기 위한 FTP(File Transfer Protocol) 방식도 있으나 이 방식은 상대방과의 통신규약에 의해 접속코드인 비밀번호에 의해 데이터 수신과 송신이 가능하다.

□ 그림설명 2811, 컴퓨터에 의한 업로드 로고.

2812 `ani` `pic`

upshot (업 샷, 앙각촬영)

카메라의 기본위치의 정의는 사람의 눈높이를 의미한다. 그러므로 카메라의 쳐다보면 업샷, 내려다보면 다운 샷(Downshot)으로 정의한다. 카메라의 눈높이 위치에서 수직 축(Vertical Axis)을 풀고 목적물을 위로 올려다보면서 촬영하는 것을 업 샷이라 말한다. 이때 화면의 효과는 캐릭터가 강하고 위엄이 있어 보인다. 반대로 카메라가 높은 위치에서 아래로 내려다보는 각도에서 촬영하는 것을 다운 샷이라 하며 화면의 효과는 작고 소극적이거나 불안한 연출효과를 얻을 수 있다.

□ 그림설명 2812, 카메라의 앙각촬영.

2813 `ani` `pic`

upside-down slate (업사이드 다운슬레이트)

한 장면의 마지막 부분, 그것이 시작이 아니라 끝이라는 것을 표시하기 위해 슬레이트를 거꾸로 촬영한 클랩스틱(Clapstick)을 말한다.

□ 그림설명 2813, upside-down slate (끝부분을 표시아기 위해 거꾸로 찍음)

2814 `ani` `his` `peo`

USA Animation history(미국 애니메이션의 역사)

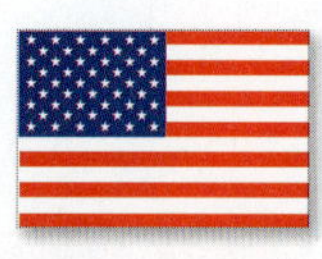

미국 애니메이션의 역사적 흐름을 단적으로 말하기는 매우 어려운 일이다. 애니메이션의 창시자격인 제임스 S. 블랙톤(James Stuart Blackton, 1875-1941)의 스톱모션(Stop Motion) 카메라를 통한 애니메이션 촬영은 많은 사람들에게 새로운 영화예술에 대한 관심을 불러일으키기에 충분했다. 뒤이어, 애니메이션으로서의 예술적 가능성을 보여준 사람이 바로 윈져 맥케이(Winsor McCay, 1869-1934(다른 문헌에는 그가 태어난 시기가 1867년이라 기록돼 있음))는 미시건(Michigan) 주에서 태어나 그림과 유화를 존 구디슨(John Goodison, 1834-1892) 교수에게서 공부했다. 어려서부터 비범하고 재능이 있었던 맥케이는 1897년에 시작한 신문의 시사만화가로서 많은 사람들로부터 위대했을 뿐만 아니라 존경받는 논설 카툰작가였다. 1905년 미국 헤럴드(Herald)신문에 게재하게 된 <리틀 네모(Little Nemo)>가 그 당시에 최고의 인기를 끌던 조지 헤리만(George Harriman, 1880-1944)의 카툰 <크래이지 캣(Krazy Kat)> 다음으로 유명했다고 기록하고 있다. 그러던 4년 후, 1909년 맥케이는 <리틀 네모>를 애니메이션으로 만들기로 마음먹게 된다. 이 당시에는 지금 사용하는 셀 시스템이나 페그 바를 개발하기 전이였으므로 얇고 투명도가 높은 트레싱(Tracing) 종이에 인디아 잉크로 4천 장이나 동작을 그려냈다. 그림에는 촬영할 때나 그릴 때 모두 십자 선(Cross Hair)을 표시하고 90°로 나무를 수직과 수평에 대고 그림이 떨리지 않게 위치를 확보하도록 장치를 만들어 이용했다. 이것은 애니메이션에서 사용된 초기 방식이었다. 또한 맥케이는 스톱워치(Stopwatch)를 사용하여 동작에 걸리는 시간을 면밀하게 분석하여 그림을 그려냈다. 그린 그림은 소형카메라로 찍어 펜슬테스트를 통해 점검을 하고 수정과 보완을 하기도 했다. 이 당시에 어떻게 이러한 관례를 거치면서 작업을 했는지 맥케이의 천재적 재능이 엿보이는 대목들이다. 맥케이가 이런 일을 하면서 이미 애니메이션을 개척한 제임스 블랙톤과 이미 만났는지, 서로 친한 사이인지, 맥케이가 만든 이 영화에 블랙톤이 도움을 주었는지는 전혀 알 수 없다. 그러나 이 당시 블랙톤은 비타 그래프 스튜디오(Vita-Graph Studio)에서 라이브 액션 감독으로 일하고 있었고 맥케이는 그의 작품 '리틀 네모'를 비타그래프에서 스톱모션 카메라로 촬영했다는 점을 생각해 볼 때 이 두 사람들의 관계는 주목할 만하다. 완성된 <리틀 네모>는 뉴욕의 콜로니엘(Colonial) 극장에서 상영됐다. 관중들의 평가는 대단했다. 부드러운 동작으로 정교하게 그려진 동작들은 많은 사람들의 탄성을 얻어냈다. 마치 맥케이가 2011년에 와서 애니메이션을 만들고 다시 캡슐을 타고 1911년으로 돌아온 것과 같다고 평가했다. 100년 후에나 할 수 있는 많은 재능들을 보였다는 뜻이었다. 오늘날에 와서 맥케이가 애니메이션의 아버지라 불리는 이유도 이 때문이다. 맥케이는 그 후 1911년에 <모기는 어떻게 무나 (How a Mosquito Operates)>와 1912년에 <모기이야기(The Story of Mosquito)>를, 그리고 1914년 <공룡 거티(Gertie the Dinosaur)>를 만들었다. 맥케이는 많은 사람들을 감동시켰다. 맥케이의 애니메이션이 구체적인 기법으로 유명해 짐에 따라 좋은 애니메 이터가 되겠다고 많은 젊은이들이 모여들었다.

<The Enchanted Drawing> 1900, J. Stuart Blackton

<Humorous Phases Of Funny Faces> 1906,

□ 그림설명 2814-1, -2, J. Stuart Blackton(블랙톤)의 그림 쇼.

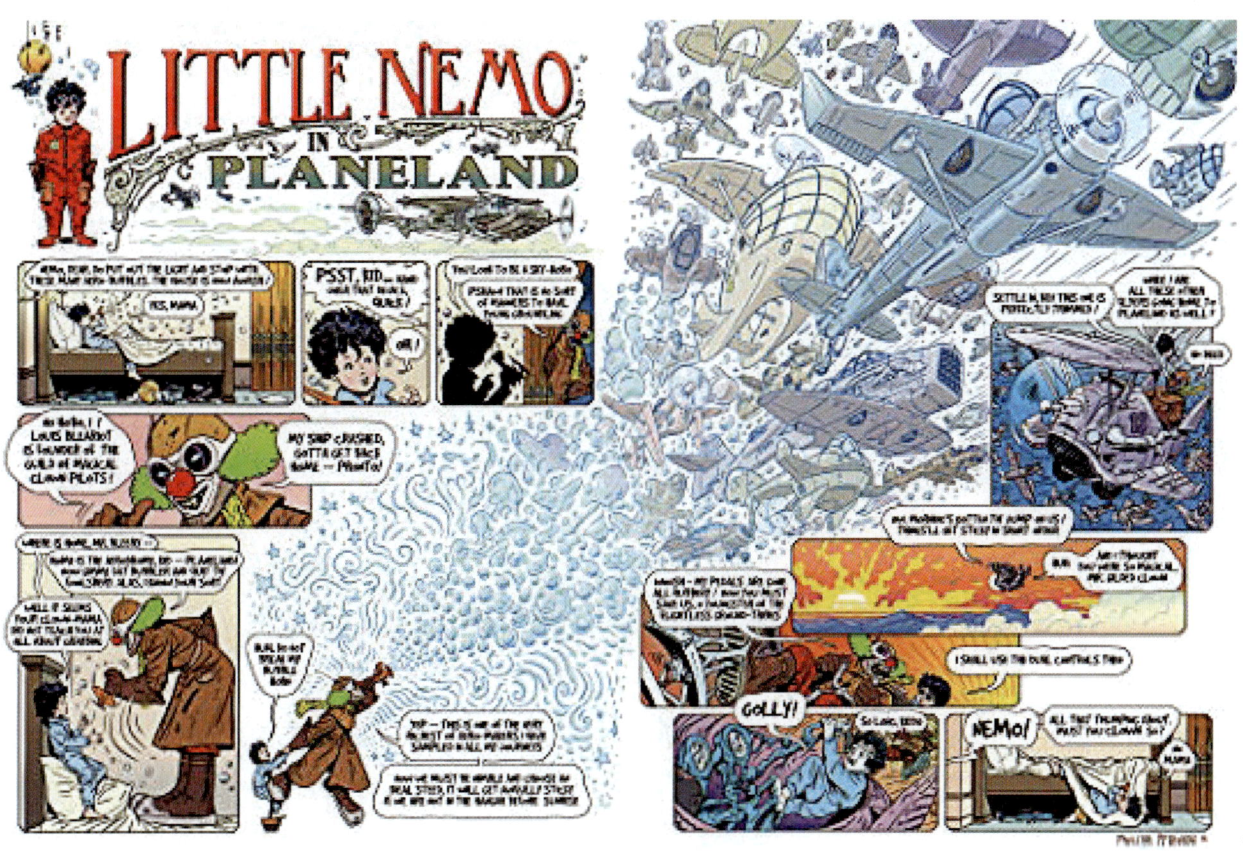

-3, 맥케이의 만화를 애니메이션으로 만든 <리틀 네모>

□ 그림설명 2814-4, 맥캐이의 <공룡 거티> 1914.

-5, 당시 맥캐이의 모습.

1917년 존 브레이(John Bray, 1879-1978)가 셀룰로이드(Celluloid)를 애니메이션 제작에 적합하게 사용할 수 있다는 것을 발견하고 특허를 얻어내 애니메이션 제작에 상당한 영향을 미쳤다. 이 발견은 후일 1937년에 월트 디즈니(Walt Disney)가 애니메이션 장편 <백설 공주와 일곱 난쟁이(Snow White and Seven Dwarves)>라는 대작을 만든 사건과 같은 대 전환점을 이루게 했다. 코닥(KODAK)의 조지 이스트만(George Eastman, 1854-1932)이 1888년에 개발한 영화용 롤필름(Roll Film)도 같은 셀룰로이드 재질이었지만 그때는 이 위대한 자재가 브레이의 생각과 같이 애니메이션에 절대적 혁신을 가져올 수 있는 것을 아무도 눈치 채지 못했다. 셀(셀룰로이드의 준말)은 애니메이션 예술을 발전시키는데 지대한 공헌을 이뤘다. 이 셀룰로이드가 애니메이션을 만드는데 사용되면서 많은 사람들이 앞 다투어 애니메이션을 제작했다. 월터 랜츠(Walter Lantz, 1899-1994)의 <딱따구리(Woodpecker)>와 데이브 플라이셔(Dave Fleischer, 1894-1979)는 <항해사 뽀빠이(Popeye the Sailor)>, 그의 형 막스 플라이셔(Max Fleischer, 1883-1972)는 <잉크병 밖으로(Out of the Inkwell)> 등 방대한 애니메이션을 제작하며 많은 애니메이터를 이끌었다. 애니메이션을 주도한 이들은 모두 맥캐이의 후배들이었다. 1918년에서 1921년까지 맥캐이는 많은 작품을 만들었다. 그러나 이후 맥캐이가 왜 애니메이션을 포기하고 라이브 액션을 했는지는 알 수가 없다. 원저 맥캐이는 후배들이 열어준 만찬 자리에서 "여러분! 애니메이션은 예술이어야 합니다. 그것은... 내가 무엇을 느꼈느냐? 이것이 중요합니다. 불행한 일이지만 당신네들은 애니메이션을 하나의 장사 속으로 만들고 있어요!" 그는 취해있었고, 후배들이 이 말을 알아듣고 그에게 큰 박수를 보냈다고 전해온다. 오늘날에도 맥캐이는 디즈니 스튜디오나 워너브라더스 그리고 MGM에서 일하던 어느 예술가들보다 훨씬 뛰어난 애니메이터였다고 평가된다. 맥케이는 미국애니메이션의 창시자였다. 그는 캐릭터의 동작 한 장 한 장을 페그보드(Pegboard) 없이 그림을 그렸고 한 장 한 장씩 촬영해 흑백 35mm필름으로 그림이 움직이는 영화를 최초로 만들어 냈다. 그리고 그는 필름 위에 한 프레임씩 물감으로 색칠해 천연색 필름을 만들었다. 그는 열정을 가지고 일한 것에 비해 그가 얼마나 낙심했는지 짐작할 수 있는 대목이기도 하다. 1934년 그가 죽은 후에도 반세기 동안 많은 예술가들에게 기억되고 존경받는 사람이었다. 미국애니메이션은 이렇게 시작됐다.

□ 그림설명 2814-6, 월트디즈니의 최초의 광고회사.

이 뒤를 치받치고 올라와 꿈을 이루어 낸 미국 애니메이션에서 빼놓을 수 없는 사람이 또 있다. 그 사람은 바로 월트 디즈니(Walt Disney, 1901-1966)이다. 월트 디즈니는 고등학교 학업을 중단한 채 프랑스에서 운전병으로 군복무를 마치고 1919년 미국 캔자스시티(Kansas City)로 돌아와 상업디자인 아티스트로 세상에 처음 방송국에서 일을 시작할 무렵, 동갑내기 어브 아이웍스(Ub Iwerks, 1901-1971)를 만났고 그는 월트의 동반자가 된다. 둘은 당시 캔자스 시티지역 영화관의 애니메이션 광고사에 합류해 동화를 그리다가 월트는 그곳에서 나와 '래프 오 그램(Laugh-O-Grams)'이라는 회사를 설립하고 광고용 카툰들을 제작했다. 그는 이 일을 하면서 약간의 돈을 만들 수 있었다. 그러나 월트는 광고 일을 접고 파산신고를 마친 후 1923년 은행에서 일하던 그의 형 로이(Roy)와 함께 캔자스시티를 떠나 할리우드에 입성했다. 그리고 그들은 로스엔젤리스, 킹 스트릿(King Street)에 자리를 잡고 첫 번째로 <만화나라의 엘리스(Alice in Cartoonland)>라는 영화들을 만들기 시작했는데 이 단편들은 라이브(Live) 소녀가 애니메이션 캐릭터와 합성되어 이야기를 이끌어 나가는 단편 시리즈였다.

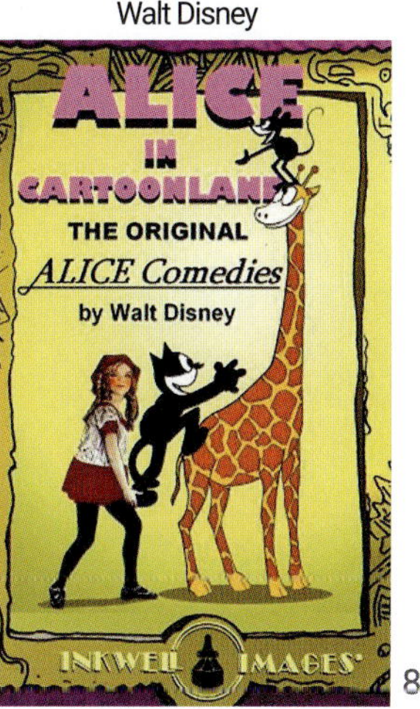

<Alice in Cartoonland> 1925, by Walt Disney

□ 그림설명2814-7, -8, 디즈니의 실사와 애니메이션 <만화나라의 엘리스>

이후로 월트는 재능이 있는 어브 아이웍스를 할리우드로 불러들여 스스로는 실제 그림 작업에 참여하지 않고 그림은 주로 아이웍스에게 맡기고 작품을 감독하기 시작했다. 1927년에는 새로운 시리즈 <재수 좋은 토끼 오스왈드(Oswald the Lucky Rabbit)>를 만들기 시작했고 우수한 애니메이션 테크닉을 보이며 디즈니 스튜디오는 빠르게 성장하기 시작했다. 그러나 이 <재수 좋은 토끼 오스왈드>는 법정 다툼으로 캐릭터에 대한 권한이 배급사의 소유로 넘어가게 되었고 시리즈는 햇빛을 보지 못하게 되는 불운을 맞게 되었다. 와중에도 디즈니 회사는 1928년, 미키 마우스가 등장하는 최초의 사운드와 일치시킨(Sync) 새로운 시스템의 모션픽쳐 <증기선 윌리(Steamboat Willie)>를 흑백으로 내놓아 영화로서 그 전환점을 맞게 된다. 당시, 팻 설리반(Pat Sullivan, 1885-1933)의 <고양이 펠릭스(Felix the Cat)> 등 다수의 슬랩스틱 만화가 나오기는 했지만 유성(Talkie)영화 시대가 도래 하면서 사운드의 새로운 기술 봉착과 예술적인 가치에 관해 갑론을박을 논하며 많은 슬랩스틱 실사영화들과 함께 사라져 갔다.

<Steamboat Willie> 1928, by Ub Iwerks

□ 그림설명 2814-9, -10, -11, 디즈니의 <증기선 윌리(Steamboat Willie)>는 음악에 동작을 맞춘 최초의 애니메이션이었다.

월트 디즈니는 1929년에 총천연색으로 <실리 심포니(Silly Symphonies)>라는 연속 TV 프로그램을 제작하여 인기가 치솟아 디즈니 형제는 대성공을 거두게 되었다. 곧이어 이야기 줄거리가 있는 <돼지3형제(Three Little Pigs, 1933)>를 비롯하여 <토끼와 거북이(The Tortoise and Hare, 1935)>, <시골주방(The Country Cousin, 1936)>, <오래된 방앗간(The Old Mill, 1937)>, <백설 공주(Snow White and Seven Dwarfs, 1937)>, <미운 오리새끼(The Ugly Duckling, 1939)> 등을 쉴 새 없이 만들어냈다. 미국의 서남부 할리우드라는 영화 신도시로 모여든 사람들은 이미 그 곳에 엠지엠(Metro-Goldwyn-Mayer), 유니버설(Universal Pictures), 콜롬비아(Columbia), 워너(Warner Bros), 파라마운트(Paramount), 폭스(20th Century Fox) 등 미국의 영화사들이 모두 자리 잡고 있었다. 영화사들은 이곳 할리우드를 영화 산업기지로 건설하고 희망에 찬 준비를 하고 있었다. 애니메이션분야에는 디즈니뿐 만은 아니었다. 대형 영화사들은 모두 앞 다퉈 애니메이션 부서를 두고 극장용 단편을 시리즈로 만들었다. 1925년에 대형 영화사가 아닌 윌리스 오브라이언(Willis O'Brien, 1886-1962)이 인형(Puppet)을 이용한 애니메이션 <잃어버린 세계(The Lost World)>를 만들었고, 1933년 실사영화 <킹콩(King-Kong)>에서 인형 애니메이션으로 완성하여 애니메이션에 대한 인기도는 점점 높아갔다. 1940년대에 조지 팰(George Pal, 1908-1980)의 <퍼펫툰즈(Puppet Toons)>도 나왔고, 해나 바베라(Hanna Barbera, 후일 1995년 Time Warner에 귀속됨)의 <톰과 제리(Tom and Jerry)>, 워너의 <벅스 버니(Bugs Bunny)> 같은 만화 시리즈가 디즈니 프로덕션과 경합을 벌이며 애니메이션의 성시를 이뤘다. 1945년에 디즈니 스튜디오는 경영진의 독주로 인해 내부적으로 크게 변화가 생기기 시작했다. 불만에 찬 애니메이터들이 디즈니에 반기를 들고 대거 뛰쳐나와 UPA(United Pictures Artists)가 창업되었다. UPA는 1950년대 전성기를 맞아 그림이 많이 들지 않는 <미스터 마구(Mr. Magoo)>와 <제럴드 맥보잉 보잉(Gerald McBoing Boing)> 시리즈를 만들어 디즈니와 대치되는 경제성 있는 저렴한 작품을 생산해 냈다. 1964년 NBC방송에 그동안 장편영화로 만들어졌던 블레이크 에드

그림설명 2814-12, WB의 <벅스 버니>

-13, UPA의 <맥 보잉 보잉>

-14, DFE의 <Pink Panther>

-15, Filmation의 <Fat Albert>

워드(Blake Edwards, 1922-2010)의 <핑크 팬더(Pink Panther)>가 애니메이션에 프리즈 프레링(Friz Freleng, 1906-1995)과 음악에 헨리 맨시니(Henry Mancini, 1924-1994)가 합류하여 TV 단편시리즈로 만들어 대단한 인기를 끌며 사랑을 받아왔다.

랄프 백시(Ralph Bakshi, 1938-)는 애니메이터 출신으로, 유명한 장편 애니메이션 <고양이 프릿츠(Fritz the Cat, 1971)>, <반지의 제왕(Lord of the Rings, 1978)>등을 만들었다. 이렇게 간헐적으로 작업은 하고 있었으나 미국 내의 애니메이션 제작 능력은 매우 열악한 상황이었다. 제2차 세계 대전 종전 후 미국의 애니메이터들은 실직하여 전업을 했거나 이 분야에서 일할만큼의 일도 준비돼 있지 않았다. 미국 3대 방송(NBC, CBS, ABC) 등에 나가는 <핑크 팬더>, <크리스마스 스페셜>, <스쿠비 두(Scooby doo)>, <팻 알벗(Fat Albert)> 등의 소규모적으로 TV 제작물이 애니메이션계의 사장이 된 원로들에 의해 운영되고 있었고 그 명맥만 유지하고 있을 뿐이었다. 그러나 그동안 침체에 빠져있던 애니메이션 업계에 미국의 3대 방송인 ABC, CBS, NBC 가 동시에 어린이용 TV 방송 프로그램을 주문하기 시작한 것이다. 이것은 1978년부터의 일이였는데 사실 회사들은 이런 상황에서 다량으로 제작을 수행하기는 불가능했다. 몇몇 회사들은 해외로 일을 보내기에 이르렀고 스크린 카투니스트 노조(Motion Picture Screen Cartoonist Local 839)이 해외로 빠지는 것을 막기 위해서는 마찰을 피할 수 가 없었다. 그러나 다른 선택의 여지가 없었다. 이미 미국의 3대 방송이 다량으로 제작 생산해야할 계획은 정해진 일이었고 자국 내의 애니메이션에 종사자는 부족하고 이것은 대단한 고민꺼리에 빠지게 된 것이었다. 그러나 애니메이션이 다시 산업으로 살아나기 시작한 조짐은 사실은 이때부터였다. Filmation, Ruby and Spears, Hanna-Barbera, DePatie-Freleng, Baksi 등 프로덕션 회사들이 있었으나 현실적으로 그들이 보유하고 있는 인원으로는 프로그램을 제작하기 위해서는 절대부족한 상황이여서 근로자들의 오버타임(Overtime)으로 겨우 유지해나가는 실정이었다. 그러나 방송국과 약속된 방영일자를 지키기 위해서는 제작을 해외에 의존하지 않을 수가 없게 된 것이다. 이 상황 속에서 미국의 새로운 외주작업들은 여러 나라의 애니메이션분야에 획기적인 성장을 가져오게 됐다. 우선 일본, 한국, 대만, 필리핀 등 여러 나라들이 애니메이션에 대한 인식을 새롭게 했으며 경제성장에도 크게 영향을 끼치게 됐다. 또한 미국 내에서도 애니메이션교육의 필요성을 인지하고 대학이나 전문분야는 서둘러 신인 발굴과 활용을 위한 여러 방법들이 동원 되었다. 해외 아일랜드에서는 애니메이션을 유치하기 위해 특별면세 혜택을 내세워 미국의 작업을 끌어들이기도 했다. 이 당시에 돈 블루스(Donald Virgil Bluth, 1937-)가 디즈니 애니메이터 그룹에서 나와 프로덕션 스튜디오를 개업했는데, 그는 최고의 클래식 애니메이션과 더불어 새로운 테크닉 사용을 지향한 회사이다. 작품으로는 <님프의 비밀(The Secret of Nimh, 1982)>로 애니메이션을 만들었다. <아메리칸 테일(An American Tale, 1986)> 역시 돈 블루스가 만든 것으로 이것은 스피디한 힘이 넘쳐 보인 작품이다. 애니메이션과 기술은 애니메이션 장편에 역동적인 힘을 불어넣을 만큼 작품들의 수가 늘게 되었다. <누가 로저 래빗을 모함했나(Who Famed Roger Rabbit, 1988)>를 로버트 제멕키스(Robert Zemeckis, 1952-) 감독이 애니메이션과 라이브 캐릭터들을 인상적으로 뒤섞어서 동작을 넣어 만든 흔하지 않은 필름이었다. 영국배우 봅 호스킨스(Bob Hoskins, 1942-1914)는 만화 캐릭터 로저 래빗(Roger Rabbit)과 호흡을 잘 맞췄다. 제작비는 약 5천만 달러를 투입해서 3억3천만 달러를 벌어드린 애니메이션이었다. 이 영화는 편집, 특수시각효과, 음향효과 그리고 특수공로상 아카데미상을 받았는데 특히 애니메이션 부분 감독을 맡았던 리처드 윌리엄스(Richard Williams, 1933-2019)가 아카데미 애니메이션 특별상을 받게 됐다.

□ 그림설명 2814-16, 실사 주인공 Bob Hoskins와 애니메이션 주인공 로저 래빗.

- 17, Roger Rabbit을 그려 오스카상을 받는 Richard Williams.

디즈니의 <미녀와 야수(Beauty and the Beast, 1991)>, 게리 트루스데일(Gary Trousdale, 1960-)과 커크 와이즈(Kirk Wise, 1963-)감독의 <알라딘(Aladdin, 1992)>, 존 머스커(John Musker, 1953-)와 론 클레멘츠(Ron Clements, 1953-)감독의 <라이온 킹(The Lion King, 1994)> 로저 알러스(Roger Allers, 1949-)와 롭 밍커프(Rob Minkoff, 1962-) 감독은 모회사에 필름 자체와 부수적인 마케팅을 통해 막대한 수익을 올렸으며, 장편 애니메이션 필름의 황금기를 다시 가져오는 듯이 보였다. 존 라세터(John Lasseter, 1957-)의 <토이 스토리(Toy Story, 1995)>는 100% 컴퓨터로 제작된 최초의 애니메이션 장편영화로 다시 한 번 두약하게 했다 <노틀담의 꼽추(The Hunchback of Notre Dame, 1996)>는 게리 트루스데일과 커크 와이즈 감독이 전통적 방식과 디지털 애니메

U

이션 기법을 융합해서 가장 인상적인 애니메이션 필름을 만들어 냈다. 이러한 영화의 성공은 홈 비디오 시장에서 우수한 결과를 낳았을 뿐 아니라, 다른 메이저 스튜디오들이 독자적인 컴퓨터 애니메이션 부서를 설립하게 만들었다. 컴퓨터 애니메이션은 카툰 필름만큼이나 일반적인 장편 필름에도 역동적인 영향을 미쳤다. <토이 스토리(Toy Story)>가 100% 컴퓨터 애니메이션으로 픽사(Pixar)가 선보인 이래 1998년에 나온 <벅스 라이프(Bugs Life)>와 <앤트(Ants)>등 눈으로 보기에는 2D애니메이션으로 보이는 <뮬란(Mulan, 1998)>도 모두 컴퓨터를 활용한 새로운 독자적 개발이었다. <타잔(Tazan, 1999)>, <판타지아 2000>은 새롭게 컴퓨터 사용부분이 많이 보였으나 실제로 이 장편은 1940년에 이미 제작했던 작품 <판타지아>를 재구성하여 내놓은 것이다. <니모를 찾아서(Finding Nemo)>, <슈렉2(Shrek 2, 2004)>, <인크레더블(Incredibles, 2004)>, <로봇(Robots, 2005)>, <마다가스카(Madagascar,2005)>가 나왔다. 우수 애니

□ 그림설명 2814-18, 최초의 <Toy Story> 1995.

-19, 드림웍스의 슈렉2, 2004.

메이션으로 보면 <월E(WALL·E, 2008)>, <메리와 맥스(Mary and Max, 2009)>, <전염병 개(Plague Dogs, 1982)>, <피노키오(Pinocchio, 1940)>, <판타지아(Fantasia, 1940)>, <여우와 사냥개(The Fox and the Hound, 1981)> 등을 들을 수 있다.

1995년경 새로 생긴 드림웍스(DreamWorks, SKG)는 <프린스 오브 이집트(Prince of Egypt)>등 여러 편의 애니메이션을 디즈니에 대응하여 경쟁적으로 만들어냈다. 실로

미국의 이 두 회사의 산업적인 경쟁은 애니메이션의 종주국답게 그 규모는 세계적인 것이었다. 그러나 모든 작품이 성공하는 것은 아니다. 제작비의 과다 투자와 홍보비 과잉 경쟁으로 인해 두 회사는 어려움을 겪지 않을 수가 없게 됐다. 더욱이, 디즈니가 ABC를 매입한 후 픽사(Pixar)를 흡수하고 루카스 필름(Lucas Films)도, 마블코믹스(Marvel Comics)도, 그리고 20세기폭스(20th Century Fox)방송사도 매입하여 천하 막강한 회사가 되었다. 한편, 워너브라더스(Warner Bros.)는 테드 터너 그룹(Ted Turner Group) 을 인수한다. 이런 일들은 애니메이션에 업계에 일대 큰 변화를 가져왔다. 중소 애니메이션 제작업계는 사라져 갔다. 미국의 3대 TV방송들은 해마다 정기적으로 업계에 주문하던 'Saturday Morning Show'의 프로그램도 중단했다. 제작자가 미리 자금을 투자하여 제작한 프로그램을 방송에 판매하는 신디케이션(Syndication) 방식으로 선 투자를 하게 되면서 자금이 부족한 중소기업체들은 모두 사라지고 대규모 영화사들이 나서서 직접 제작하는 양산체제화 되면서 자금의 고갈현상까지 초래됐다. 유로화이던 달러화이던 종류를 가리지 않고 투자자를 찾아 나서는 코−프로덕션(Co-Production) 방식을 시도하지만, 작은 회사들은 살아남기 어려운 약육강식의 시대가 되었다. 또 한편으로는 미국 자체의 디즈니사와 드림웍스사의 필사적인 경쟁 속에서 그동안 우수한 컴퓨터 애니메이션 시장을 놀랍게 발전시키기도 했다. 하지만 이들에게도 항상 성공만 있는 것은 아니었다. 디즈니사와 경쟁을 벌이던 드림웍스(DreamWorks Pictures)사는 1억2천만 달러나 투입한 영화 <아일랜드(Ireland)>가 실패하고 나서 16억 달러(한화 1조6천억 원)에 파라마운트 영화사(Paramount Pictures Corporation)의 모회사인 비아콤(Viacom)에 팔아 넘겼다. 드림웍스는 1994년 스티븐 스필버그(Steven Spielberg, 1946-) 디즈니의 마이클 에이스너(Michael Eisner, 1942-) 회장과 결별하고나온 제프리 카젠버그(Jeffrey Katzenberg, 1950-) 그리고 음반업자인 데이비드 게펜(David Geffen, 1943-) 이 세 사람이 모여 만들었던 회사였으며, 한국의 CJ그룹이 아시아 시장의 이윤 40%를 받기로 하고 3억 달러를 투자한바 있으며 제작활동이 가장 왕성한 회사였다. 한편 디즈니사와 10년이 넘도록 좋은 파트너였던 픽사가 "니모를 찾아서"를 제작한 후 디즈니사와 결별을 선언하여 많은 사람들을 놀라게 했다. 그러나 디즈니에 새로 온 CEO 로버트 아이거(Robert Iger, 1951-)는 픽사를 74억달러(한화 7조 200억 원)에 매입하고 픽사의 CEO 스티브 잡스(Steve Jobs, 1955-2011)는 디즈니의 대주주가 되었다. 따라서 디즈니는 픽사를 흡수함으로서 애니메이션 시장의 입지를 더욱 강화하게 되었다. 그 후 잡스가 그동안 투병하던 췌장암(Neuroendocrine Cancer)으로 사망하게 되었다. 이 변화, 경쟁자로서의 자리의 변화는 애니메이션 세계 시장의 새로운 도전을 의미하며 또 다른 시장의 변화를 맞게 되었다. 지금은 디즈니회사는 많은 기업들을 사들여 막강한 재벌회사가 되었다. 이러한 대형 재벌들의 움직임은 중소기업들의 시장 위축을 가져왔으며 제작 형평에 맞지 않아 제작비의 고갈로 창작활동이 원활하지 못한 상황에까지 이르게 되었다. 국제적으로 소규모의 제작중소 애니메이션 회사는 모두 사라지는 추세로 편중된 제작방식으로 매우 경직되어간다. 신디케이션 제작자들에 아마도 넷플릭스(Netflix)를 통한 작은 희망을 걸지도 모른다. 미국의 애니메이션계의 실업실정도 심각하다. 지난 20여 년 전 전력을 다해 육성해놓은 애니메이션 분야이지만 장편애니메이션 제작은 290여 편에 불과하다. 미국애니메이터들의 활동은 개인의 창작활동보다는 회사의 한 직원으로써 그렇게 화려한 대우를 받는 것은 아닌 실정이다.

＊Netflix Inc. (넷플릭스 주식회사)

미국의 미디어콘텐츠 서비스와 제작을 하는 기업(American Media-Services Provider and Production Company)으로 '넷플릭스'는 'InterNet(인터넷)'과 'Flix(영화)'를 합성한 이름이다. 이 회사는 1997년 리드 헤이스팅스(Reed Hastings, 1960- , CEO)와 마크 랜돌프(Marc Randolph, 1958-)에 의해 미국의 캘리포니아 스콧츠 밸리(Scotts Valley)에 설립하였다. Netflix는 1억5천8백만이나 되는 유료회원(Paid Membership)제로 TV시리즈, 기록영화 그리고 장편영화에 이르기까지 전 세계 190개가 넘는 인터넷 미디어콘텐츠 분야를 이끄는 회사이다.

2815 `com`

USB (유에스비)

USB는 Universal Serial Bus를 줄인 말로, PC와 다른 한 주변장치를 연결하는 버스규격을 말한다. 이 말은 대부분의 디바이스와 개인이 가지고 있는 컴퓨터(PC)간의 소통을 위한 자그마한 장치를 가리키는 말로 '주변기기 연결포트'라고 하며 주변기기인 카메라, 마우스, 키보드, 음악 플레이어, 프린터, 스캐너와 같은 미디어와 연결하는 모든 것을 말한다. 또한 USB에는 'Flash Memory'가 이용된다. 플래시 메모리는 전원이 끊겨도 메모리에는 손상이 없고 저장한 정보가 소실되지 않지만 USB 메모리 모양은 작고 가벼워서 휴대하기 편리한 대신 분실하기도 쉽다. USB 메모리를 구성하는 플래시 메모리는 반도체로 이루어진 것이어서 전기 충격에 약하기 때문에 사용 매뉴얼에 따르는 것이 좋다. 이 이동식 USB는 안전 보관을 위한 백업(Back Up)용으로도 활용된다. USB는 1GB(Gigabyte, 10억 바이트), 2GB, 4GB, 8GB 등의 배수로 용량이 증가하여 64GB, 128GB.... 그리고 테라바이트(Terabyte, 1조 바이트) 등의 용량이 있다.

□ 그림설명 2815, USB 겉모양.

✳ USB-3.0 flash drive (유에스비 3.0)

USB 2.0의 운용속도가 480MB인 것에 비해 3.0은 5.0GB로 속도 면에서 2.0에 비해 약 10배 이상 빠른 데이터 신호를 보낸다. USB 3.0 포트방식은 2.0과 같고, 포트와 USB자체에 파란색을 넣어 속도가 빠른 3.0을 구별하게 되어 있다. 2008년 USB Implementers Forum (USB기구사용자포럼)에서 USB 3.0 Promoter Group에 의해 SuperSpeed USB 3.0으로 소개되어 지금까지 사용하고 있다.

✳ 참조보기 (0295 - byte)

■

Viewer

Vv

[브이]

video camera

Villains

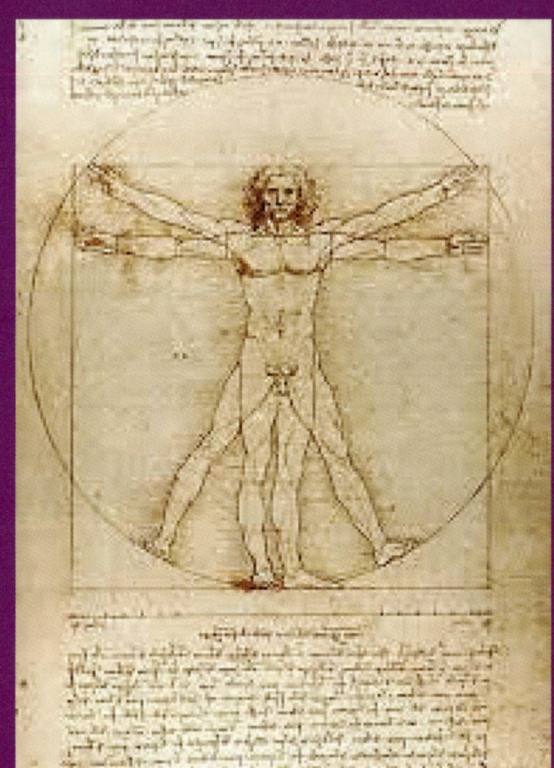
Vitruvian Man

V v [브이]

value (가치, 평가)

가치란 비교급에서 시작된 말이다. 가치는 무엇인가에 비해 높고 낮음을 비교해 평가하는 것이다. 금전으로 가치를 평가하기도하고 사람의 인격으로, 그리고 보편적으로 사람이 살아가는 환경(Surroundings), 풍토(Culture), 도덕(Morals), 역사관(Historical View), 교육(Education), 교양(Cultivation), 기술(Technology)적 가치에 따라 영향을 받아 그 가치는 다르게 평가된다. 또한 개개인의 기호(Desire)에 따라서 그 가치는 다를 수 있다. 부(Wealth)의 가치, 태도(Attitude)의 가치 등이 일반적인 가치로 통용된다. 가치의 평가는 평가자에 따라 현저하게 다를 수 있기 때문에 보편타당한 가치기준을 설정하고 그에 따라 가치를 평가하기도 한다. 영화제에 출품된 작품을 평가하는 경우, 줄거리, 연출, 카메라기술, 완성도 등을 기준해 그 영화로서의 가치를 평가하기도 한다.

2901 `mus`

variation form (변주곡 형식)

음악에서 테마나 변주는 아주 특정한 음악형식으로서 주제를 연주하게 된다. 변주곡이란 어떤 주제를 바탕으로 하여 리듬이나 선율 등에 변화를 주어 만든 악곡을 말한다.

변주라는 것은 한 번 나타난 소재가 반복할 때 어떤 변화를 가하여 연주하는 것을 말한다. 음악에서 변주곡은 하나의 형식으로 주제를 여러 번 형식을 바꿔 반복하며 연주하는 하나의 기교이다. 변주는 주선율, 리듬, 조화, 대위선율, 음색 그리고 편곡 등을 할 수 있다.

□ 그림설명 2901, Variations on the Kanon (Johann Pachelbel)

2902 `equ`

VCR (브이씨알)

* Video Cassette Recorder (비디오카세트 녹화기)

미디어 플레이어는 1980년경 나왔지만 형식이 빠른 속도로 업그레이드되면서 개발되어 비디오카세트 형식으로 녹화나 재생을 하는 장비는 뒤안길로 사라져 갔다. 1) 어떠한 규격에서든 비디오카세트 형태의 마그네틱테이프(Magnetic Tape)를 사용해서 녹화 또는 재생하는 장비를 가리키는 말이다. 2) 녹화되어 있는 비디오테이프를 플레이하기 위해 또는 녹화하기 위해 가정용 텔레비전에 연결시키는 녹화 및 재생 장치를 말한다.

□ 그림설명 2902, Sony SLV-679HF VCR.

2903 `com`

vector (벡터)

* vector graphic (벡터 그래픽)

벡터로 구성된 이미지를 처리하거나 디스플레이(Display) 하는 컴퓨터 그래픽 영역을 일컫는 말이다. 래스터 그래픽(Raster Graphic)과 반대되는 것으로, 픽셀의 기초 위에서 영상을 만들어 낸다.

* vector scope (벡터스코프)

1) 크기와 함께 방향의 표현요소로서 방향을 가지고 있는 선 그림을 벡터라고 한다. 2) 컴퓨터 그래픽에서 화면, 프린터 등과 같은 출력 장치에서 정보를 구성하는 점과 점 사이를 직접 연결하여 선으로 표시하는 것을 벡터라고 한다.

* bitmap (비트맵)

비트맵은 컴퓨터에 이미지를 저장하기위해 사용되는 이미지파일 포맷형식을 뜻하는 말이다. 사용자들은 래스터그래픽스라고도 부른다. 그림의 각 점들을 연결하는 좌표계를 사용함으로 비트맵방식은 화가가 그린 그림을 스캔해서 사용할 때 이 비트맵 방식이 벡터 방식의 선보다 화가가 그린 선을 더 충실하게 해줄 수 있다.

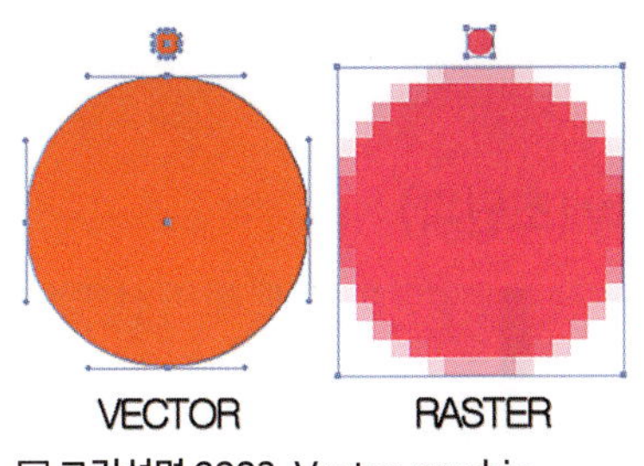

□ 그림설명 2903, Vector graphic.

2904 `fes` `pic`

Venice International Film Festival (베니스 국제영화제)

이탈리아〉 Venice, 1932년 8월 세계 최초의 영화제인 베니스 국제예술영화제가 개최되었다. 세계 영화제 중에서 가장 오랜 전통을 자랑하며 '예술을 위한 예술'을 주창하는 이 영화제의 특징은 작품성 있는 예술영화와 작가로서의 감독을 중시해왔다. 칸(Cannes)이나 베를린(Berlin) 영화제와는 달리 베니스 영화제는 예술영화를 발굴해 알리는 구실을 톡톡히 해왔다. 그래서 유럽인들은 칸보다는 베니스에 더 애정을 갖고 있다. 유명 스타에 의존하지 않고 예술영화와 독립영화 그리고 제3세계 영화들에 관심을 쏟으며 특색 있는 영화제로 성장해 왔다. 특히 90년대 이후 베니스 영화제가 개최되는 시기에 열리는 토론토(Toronto), 밴쿠버(Vancouver), 뉴욕(New York), 몬트리올(Montreal) 영화제 등 북미 지역에서 개최되는 영화제들의 위상이 급격히 높아지면서 미국의 메이저 스튜디오들이 베니스 대신 이들 영화제에 관심을 쏟기 시작했다.

□ 그림설명 2904, Venice international film festival 2017 poster.

2905 `gen`

VHF (브이에이치에프)

＊Very High Frequency (초단파)

□ 그림설명 2905, VHF 초단파 송수신기.

텔레비전 방송 주파수대인 54MHz에서 216MHz의, 아주 높은 주파수(Very High Frequency, 초단파)의 약자로, 아날로그 텔레비전 채널 2에서 13까지가 이에 포함된다. 파장은 1m~10m로 FM라디오, 지상파 DMB(디지털멀티미디어방송)와 MP3, PMP, 휴대용 와키토키(Walky-Talky) 등의 무전 송신기 등에 사용된다.

2906 `gen`

VHS (브이 에이치 에스)

＊Video Home System (가정용비디오시스템)

영상을 재생 또는 녹화하는 매개체로 1/2인치(1.3cm)의 카세트 형태의 마그네틱테이프를 사용하는 가정용 비디오 녹화 또는 재생 규격이다.

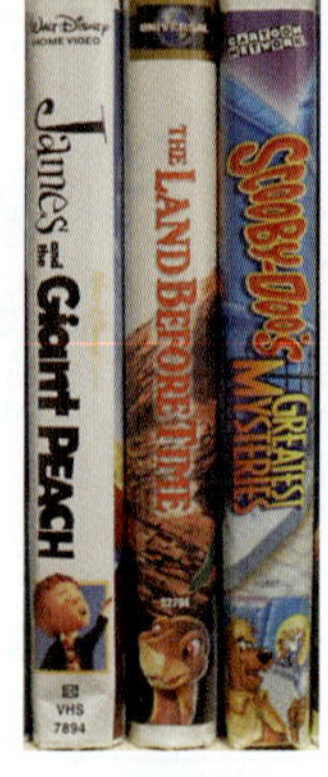

□ 그림설명 2906, VHS Player, VHS Cassettes, VHS Tapes.

2907 `equ` `gen`

video (비디오)

전자식 마그네틱테이프에 전자기를 이용해 녹화 녹음된 모든 영상과 음향을 총칭하는 말이다. 전자식이 아닌 모든 영화필름의 픽처와 음향은 전자식으로 송출해야만 하는 텔레비전 시스템에 맞게 텔레시네(Telecine)시스템으로 전환해야 하며 이 과정에서 생겨난 화면(비주얼, Visual)과 음향(오디오, Audio)을 합성한 말로 비디오(Video)라 한다. 비디오의 의미는 영상만을 분리한 뜻에서만 사용되는 것이 아니라 화면과 오디오 그 자체를 의미한다. 따라서 기기에 표시된 A/V 단자 표시는 오디오(Audio)와 비디오(Video)를 의미하는 말이다. 이 비디오 시스템은 텔레비전이 있는 각 가정에 보급하기 위해 보급되었고 영화를 만드는데 사용되었으며 교육영화, 실험영화와 심지어는 홈 비디오에까지 보급되었다. 마그네틱테이프를 이용해 최선의 화상을 얻기 위하여 장비개발이 날로 거듭되며 4헤드(Head, 영상을 녹화하거나 재생하는), 6헤드 등이 나와 화면의 해상도를 높였다. 이러한 기술적 지원에도 불구하고 비디오는 영화를 만드는 사람들로부터 크게 호응을 받아내지는 못했다. 필름을 사용할 때 이미지의 밝기와 명암의 대조, 이미지의 해상도, 색상 그리고 비디오에서 필름으로 전환(Transfer) 할 때의 색상 등에 많은 문제들을 낳게 되었기 때문이다. 그러나 디지털 비디오의 개발로 많은 부분이 개선되었으며 Digital Beta System, DV의 출현했고 지금은 작은 메모리에 수십 편의 장편영화를 저장할 수 있고 재생할 수 있어 시간이 다르게 영상 방송장비소형화에 소용돌이의 변화를 가져왔다. 디지털 화면에 핵심을 이루는 픽셀의 소형화는 4K는 기본, 8K품질로 보다 높게 향상되었다. 지금은 필름이나 테이프를 사용하지 않고 디지털 시스템으로 방송을 하고 있어 안방에서 최고의 이미지를 볼 수 있게 되었다.

* video camera (비디오카메라)

이미지를 전자적으로 기록하는데 사용되는 카메라. 이미지 장치는 이전에는 광전도성 튜브에서 입체 이미지 센서인 CCD로서 수많은 픽셀들이 있는 실리콘 칩을 사용해 빛 파장을 전자 신호로 전환한 다음 확장시켰다. 광전도성 튜브에서는 전자총이 이미지 표면을 라인별로 2번 스캔해 2개의 필드를 만들어 순서대로 전송해 이것이 합쳐져 TV 나 비디오 스크린에 하나의 프레임을 만드는 반면, CCD는 칩의 메모리에 라인별 전자 신호를 저장해 광전도성 튜브에서 스캔한 2개 필드와 비슷한 방식으로 전송한다. 비디오 카메라는 보통 3가지 주요 컬러에 하나씩 3개의 CCD를 갖고 있다. 그러나 이 방식은 지금은 사용하지 않는다.

□ 그림설명 2907, Sony HXR-NX5 (Video camera)

* video cassette (비디오카세트)

어떤 형태의 포맷(Format)이던 릴에 감아진 비디오 녹음테이프가 들어 있는 카세트를 말한다.

2908 `equ`

videodisc (비디오디스크)

레코드 모양의 둥근 원판에 화상과 음향을 기록한 것을 통칭하는 말이다. DVD와 같은 포맷을 예로 들 수 있다.

2909 `equ`

video editing system (비디오 편집 시스템)

소스 비디오테이프 플레이어에서 이미지들을 선택해서 비디오테이프 녹음기에 원하는 순서로 복사해 이미지들을 편집하는 시스템. 필름 릴들을 바꾸는 것을 없애기 위해, 그리고 단순한 컷 보다 디졸브(Dissolve)나 페이드(Fade)처럼 좀 더 복잡한 장면 전환을 만들기 위해 2개 혹은 그 이상의 비디오테이프 플레이어가 사용된다. 편집 제어 장치가 여러 기계의 다양한 작동을 동시에 하면서 편집 지점들을 표시한다. 이런 편집시스템을 리니어(Linear)라고 하는데 그것은 특정 신들을 임의로 무작위로 불러오는 것이 아니라 전체를 순서대로 통과해 움직여서만 불러올 수 있기 때문이었다. 재래식 필름영화는 편집자가 워크 프린트를 자르거나 이어 붙이는 일이 없이 빠르고 효율적으로 필름을 편집하기 위해 비디오테이프로 옮겨서 사용하기도 했다.

□ 그림설명 2909, Video editing system.

2910 `com`

video game (비디오 게임)

음극선 관(CRT)의 화면을 조절할 수 있게 해주는 마이크로프로세서(Micro Processor, 처리 장치) 부속물을 사용해서 가정용 텔레비전이나 컴퓨터에서 할 수 있는 게임을 말한다.

☐ 2910-1, Video game, Starcraft 2.

-2, Video game, FIFA 17.

2911 `equ`

videotape (비디오테이프)

비디오 녹음 매체로 사용하기 위해 특별히 고안된 마그네틱테이프(Magnetic Tape)를 말한다. 방송프로그램의 영상과 사운드 신호는 비디오 녹화, 재생기계를 통과해서 직접 텔레비전으로 전송되어 시청자들이 수신할 수 있게 되어 있다. 이때 녹화, 재생기계를 통과하는 테이프를 가리켜 비디오테이프라 한다. 미세한 자기를 띤 산화철 입자로 코팅하여 만들어진 이 테이프는 우리들에게 일반화되어 있는 영상과 음성을 녹화, 녹음할 수 있는 테이프이다. 1936년 뉴욕과 런던을 무선으로 영상 수신이 가능함을 발견하고 BBC 방송이 개발하기 시작하여 1950년경 최초의 텔레비전이 가정의 안방에 등장하게 되었다. 최초로 방송에 2인치(하이벤트) 폭의 테이프를 사용했으며 1인치 테이프가 2인치 테이프와 영상의 질에 별 차이가 없음을 발견하고 1인치로 사용하기로 정해졌다. 1980년경에 이 비디오 테이프를 사용한 새로운 녹화, 녹음이 가능한 기재가 일반 수요자들에게 보급되기 시작했으며 대체적으로 베타(Beta) 테이프와 브이 에이치 에스(VHS)가 경합을 벌이듯 개발되었으나 사용자들에 의해 VHS의 선호도가 높아지고 Beta는 방송용으로만 개발되었다. 화면의 질을 높이기 위해 3/4인치 U-matic과 VHS 업그레이드된 S-VHS가 컴포넌트 방식으로 나와 화면의 노이즈(Noise)를 최소화했다. 방송용으로는 NBC의 1/2인치 MZ, 파나소닉이 개발한 D-1, D-2, 소니(Sony)의 Betacam-SP, Digital Beta 등 쉴 새 없이 개발되어 방송기재의 혁신을 가져왔다. 다만 비디오테이프를 장착하는 카세트는 그것을 녹화, 재생할 수 있는 기재의 개발에 따라 모양과 형식이 다르게 된다. 일반 소비자를 위해 만들어진 Hi8, 8mm, 테이프가 나오는가 하면 3CCD 형식의 고품질의 디지털 기재로 DV(Digital Video) 테이프도 소비자가 쉽게 구할 수 있게 되었다. 화면은 디지털 방식이 나오면서 최상의 질을 소비자들이 즐길 수 있게 되었지만 비디오의 개발은 날이 갈수록 개선되고 있다. 디지

V

털은 비디오테이프에 저장되는 아날로그 정보 대신 0과 1의 이진법 숫자식으로 영상과 음성 정보를 기호화하기 때문에 실제의 환경이 녹화기에 그대로 수록, 유지할 수 있다고 볼 수 있다. 복사를 할 때도 디지털화 된 정보가 복사로 인한 질의 변화가 없이 그대로 우수한 테이프를 보유할 수 있게 되었다. 또한 HD(High Definition, 고화질) 디지털 방송기제가 나옴에 따라 비디오테이프의 품질과 기술이 향상되어 마그네틱테이프 포맷은 사용하지 않는다.

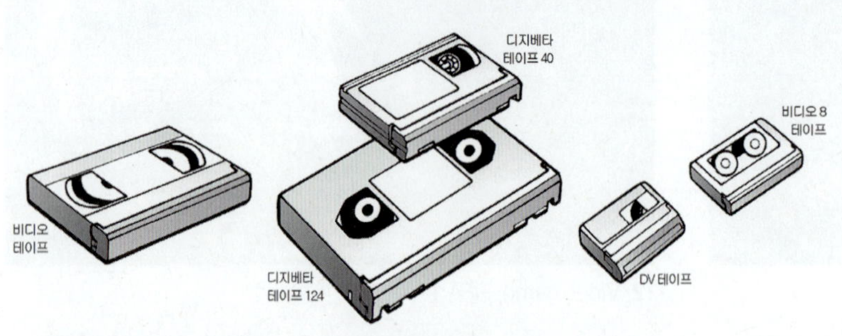

□ 그림설명 2911, 여러 종류의 Videotape Cassette.

2912 equ

viewfinder (뷰파인더)

카메라에 부착된 작은 TV 모니터나 또는 일반 카메라의 뷰어(Viewer)를 말하며 촬영되는 부분의 화면을 들여다보는 장치로 카메라 렌즈를 통해 보이는 그림만을 찍힐 수 있게 되어있다.

□ 그림설명 2912-1, 영화감독이 구도를 잡기 위해 사용하는 줌 뷰파인더.

-2, 카메라 부착용 뷰파인더.

-3, 오락용 슬라이드 뷰 마스터.

2913 com gen

viewing (뷰잉)

1. 모니터를 통하여 아트워크(Art Work)를 보여주는 것, 또는 제작된 영상물을 TV를 통해 보여주는 것을 말한다. 2. 무엇인가를 면밀히 조사하는 중에서 증거물이 나타나 보이게 되는 것을 말한다.

2914 pic

villain (악역, 악마)

악마 같은 사람. 주인공을 괴롭히는 역할을 한다. 일반적으로 악역은 관객들의 지탄을 받을 언행, 행동 등으로 주인공이 괴로움을 받게 되고 관객은 곧 정의의 사도가 되는

것이 옛날식이었다면 최근에 와서는 악역은 주로 혐오적인 행동이 많아 가슴을 조이
고, 눈썹을 찌푸리는 과격한 연출까지도 서슴지 않는다.

□ 그림설명 2914-1, 디즈니영화 중 악역들 (절반 우측)

-2, <닌자 거북이> 악역.

2915 `com`

virtual memory (가상기억)

가상메모리(가상기억장치)는 RAM을 관리하는 방법의 하나로 프
로세스 메모리장치 내에 실행해야 하는 정보전체가 올라오지 않더
라도 실행이 가능하도록 하는 CPU내의 기능을 가상메모리라 한
다. 가상 메모리는 물리적으로 컴퓨터가 실행하는 프로그램의 양
이 많아지면 주기억장치 내에 모두 수용할 수 없게 되는데, 이때 보
조기억장치 내에 특별한 영역을 만들어서 프로그램을 기억시켜 두
고 이 영역을 마치 주기억장치와 같이 사용한다. 이 방법에 의하여
주기억장치의 물리적인 용량과는 관계없이 프로그램을 사실상 동
작시킬 수 있는 것을 말한다.

Virtual Memory is only in CPU

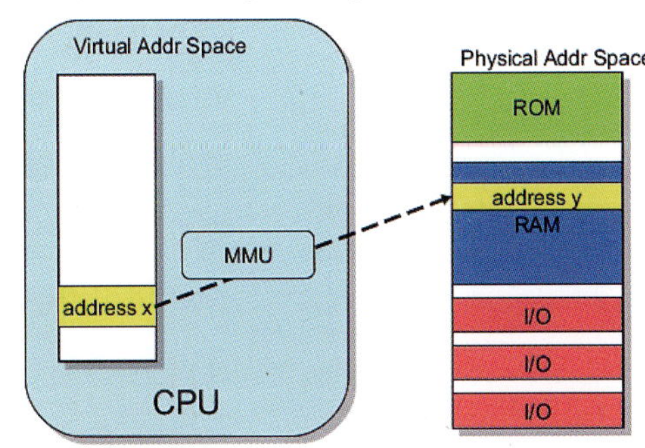

□ 그림설명 2915, 가상메모리는 CPU에서만 실행된다.

2916 `com`

virtual reality (가상현실)

실제로 존재하는 상황이 아닌 가상 상황으로 컴퓨터에 의해 실제처럼 화면을 통해 시
각적 자극, 입체음향, 기기의 떨림 등으로 실제보다 더 현실감을 느끼게 하는 가상현실
을 말한다. 뷰어(Viewer)가 있는 헤드폰을 장착하고 사람이 만들어 놓은 세계 안에 들
어가 영상을 통해 실제의 상황처럼 느끼게 되는데 이를 통해 상호 작용을 하는 것 같이
느끼게 하는 기술적인 방법에서 파생된 실제와 같은 환영이다. 가상현실은 스크린을

통해 2차원 영화를 보거나 수동적으로 앉아 있는 것과는 달리, 새로운 체험의 세상을 통해 움직임을 느끼게 되는 것은 물론 그 가상세계에 있는 여러 물건들을 조정할 수도 있다. 특별히 제작된 장갑이나 조종 시스템들이 그 가상세계 속의 여러 가지 물건들을 다룰 수 있게 컴퓨터에 연결되어 있다. 가상현실은 상업 디자인과, 군대 훈련, 교육, 쌍방향 컴퓨터 게임, 그리고 쌍방향 오락거리의 새롭고 강력한 가능성을 가지고 있다.

□ 그림설명 2916-1, 가상현실, Playstation VR PS4 (게임)

-2, 가상현실, Computer Assist Rehabilitation Environment.

2917 `sci`

virus (바이러스)

바이러스란 병독 또는 병원체를 의미하지만 인간생활에서 도덕상 악영향을 끼치는 것 역시 바이러스란 의미로 해석한다. 또한, 우리 생활 주변에서 컴퓨터를 운용하면서 컴퓨터 바이러스 라는 말을 자주 사용하는데 이것은 사용자의 프로그램이 실행될 때 컴퓨터 프로그램을 수정하고 악성 자체코드를 삽입하여 자신을 복제하는 컴퓨터 악성 프로그램 유형들을 가리켜 지칭하는 말이다. 이 복제가 성공했다면 프로그램이 영향을 받은 것이고 그 영역은 컴퓨터 바이러스에 '감염' 된 것이다. 이 바이러스 작용은 개인의 정보가 도용되는 것은 물론, 시스템 장애를 초래 해 데이터 손상으로 이어지는 것이다. 이에 따라 복구수리비용을 감당하게 될 수 있다. 컴퓨터 바이러스침투는 매년 수십억 달러에 달하는 경제적 피해를 입힌다. 한편 이런 일을 대비하여 바이러스 백신을 개발하여 사용자에게 바이러스 방어기능을 제공한다. 대한민국에서는 안랩(AhnLab)이 바이러스 방어 소프트웨어를 담당하고 있다. 1995년에 설립 된 AhnLab, Inc.(안철수 연구소)는 안티 바이러스 소프트웨어를 공급하는 업체이다.

2918 `gen`

vision (시각, 통찰력)

보는 능력을 뜻하는 말이기도 하고, 사람의 미래적 판단에서 희망을 얻을 수 있는 낙관적이고 희망적인 생각을 갖도록 하는 의지를 내포한 말이다.

2919 `pic` `equ`

VistaVision (비스타비전)

비스타비전은 광폭화면을 의미하는 말이며 영화제작용 카메라와 영사시스템의 상표 이름이다. 35mm필름을 사용하지만 카메라는 일반적으로 수직으로 필름이 흐르지 않고 수평으로 통과시켜 촬영하는 방식으로 만들어진 카메라 기재이다. 이렇게 하면 프레임(Frame) 크기가 재래식 카메라로 촬영한 35mm 필름 샷의 이미지 크기보다 2배가량 커진다. 비스타비전은 무거운 70mm 촬영기제나 필름을 사용하지 않고도 35mm필름으로 70mm에 못지않은 효과를 얻어낸 매우 혁신적인 기재였다. 1954년 <화이트 크리스마스(White Christmas)> 촬영을 최초로 1961년까지 70편 이상의 장편 영화 촬영에 사용되었으며 아카데미 기술상을 수상했다. 1961년에 제작된 장편영화 <외눈이 잭(One-Eyed Jack)>을 마지막으로 비스타비전 기재는 더 이상은 사용되지 않았지만 비스타 비전이 영화 제작에 끼친 공로를 인정해 파라마운트 영화사의 기술부는 영화예술아카데미협회로부터 '파라마운트(Paramount)사의 수평 방식 비스타비전 카메라의 엔지니어링과 개발에 이미 1956년 아카데미과학기술부문 상을 수여 받아 영화제작에 엄청난 공헌을 인정받았다. 20세기 영화산업에서 기제의 개발은 실로 과학과 함께 인류가 이뤄낸 최고봉의 예술이었다. 이처럼 혼신을 다해 만들어진 기제도 새로운 21세기에 디지털 기재가 나오며 물리적인 매카니즘 방식은 모두 사라지고 말았다.

□ 그림설명 2919, VistaVision <North by Northwest> 1959, Alfred Hitchcock.

2920 `art`

visual (시각, 볼거리)

영화에서 영상(화면) 부문을 뜻하는 말이다. 필름 또는 비디오를 통해 자연경치, 도시의 광경, 시각적으로 단순 볼거리 등을 찍은 화면만 구별하여 가리키는 말이다. 소리 부분은 오디오(Audio)라고 한다.

* visual image (시각영상)

시각적으로 이미지를 이루는 심상을 말한다. 화가들이 어떠한 물체를 보고 자극을 받아 연상 작용을 갖게 되고 그에 의해 창의적인 그림을 그려내는 시각에 의한 그림(Image)을 뜻하는 말이다.

* visualization (시각화)

자주 마음에 두었거나 생각하고 있는 상상을 그림으로 그려내거나 사진 등의 방법으로 발전된 단계로 눈으로 볼 수 있게 가시화 하는 것을 말한다. 창작 애니메이션은 그 시작이 우수한 상상력(Imaginary Power)이며 이러한 상상력을 글로 쓴 대본(Script)이나 그림으로 그린대본(Story Board)화 하는 것을 의미하는 말이다.

2921 `art`

Vitruvian Man (비트루비안 맨)

'비트루비안 맨'은 레오나르도 다빈치(Leonardo da Vinci, 1452-1519)가 그린 하나의 유명한 드로잉의 이름이다. 그의 드로잉에서 '사각형 속의 원과 그 원 속에 팔과 다리를 움직이는 인간'을 그린 것으로 후세에 와서 영화예술에서는 하나의 동작(Motion)을 표현했다고 해석해 이를 애니메이션과 관련 짓기도 한다. 그림에서 이 간단한 동작의 표현은 완전무결한 이치를 시각적으로 표현했다는 것이다. 다빈치는 이탈리아 피렌체에 있는 메디치 가문이 소유하여 1444년부터 사용하던 메디치 리카르디 궁전(Palazzo Medici Riccardi)에 자주 방문을 했는데 궁전의 서가에서 인체의 비율과 리듬을 법칙으로 체계화한 로마의 건축가 비트루비어스(Vitruvius)의 저서를 읽게 되었다. 다빈치는 해설도판의 개념으로 '비트루비안 맨'을 완성한 것이라고 한다. 여기서 '비트루비안'이라는 단어는 BC 1세기에 로마에서 활동한 건축가 마르쿠스 비트루비우스 폴리오(Marcus Vitruvius Pollio, BC70~80-BC15)의 <건축서, 전10권> 중에서 인용된 것이다. 이 <건축서>는 다빈치에게 뿐만이 아니라 지금까지 15세기 이탈리아의 르네상스(Renaissance) 건축연구에 중요한 자료이다.

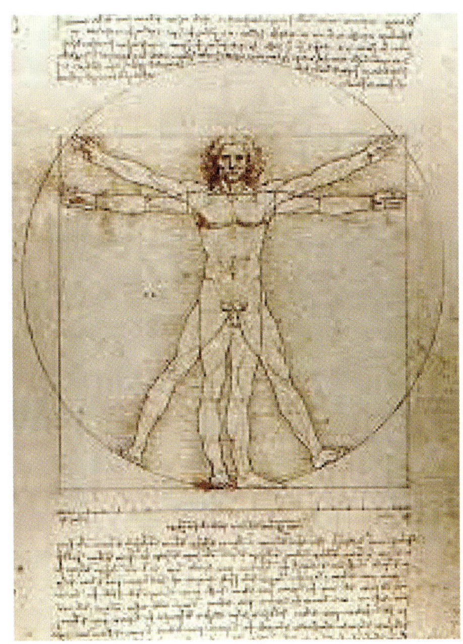

□ 그림설명 2921-1, 건축가 비트루비어스(Vitruvius)의
저서를 읽고 다빈치가 그린 '인체의 모션' 그림.

✱ Vitruvius scroll (비트루비우스 와형)

스크롤은 물결치는 듯한 무늬의 모양이 규칙적으로 반복되어 소용돌이 모양을 하고 있
는 것이 특징이다. 이 비트루비안 스크롤은 가장자리 장식 등에 이용되는 것으로 18세
기에는 집중적으로 가구의 장식에 그리고 현악기 등에 사용되었다. 이러한 연속무늬는
건물의 외벽은 물론 실내 장식에도 사용되었고 장시적인 불건에도 자수 이용되어 왔
다. 특히 이 무늬는 현악기의 머리장식으로 지금까지도 사용되고 있다.

-2, Vitruvian Scroll

-3, Ellicott Square Building (1896), New York.

-4, Scroll of Violin.

2922 `mus`

vocal (보컬, 목소리)

보컬(Vocal)은 사람의 목소리로 된 음악으로, 성대(Vocal Code)를 사용해 부르는 어떠한 종류의 소리를 모두 지칭하는 말이다. 성악은 일반적으로 가사를 넣어 뜻을 전달하는 음악이지만 보컬의 의미는 비언어적 음절인 소리만을 뜻하는 말이며 그러나 팝 가수, 성악가들의 목소리도 보컬리스트라 부른다.

*vocalist (보컬리스트)

노래를 부르는 역할 또는 이 일을 하는 가수 또는 성악가를 가리키는 말이다.
음악가는 악기로 멜로디를 연주하지만 가수는 성대를 이용해 소리의 음절을 구사한다.
가수 역시 음악가라 칭한다.

2923 `mus`

voice over (배음)
*V.O. (보이스 오버)

영화에서 등장인물이 화면에는 보이지 않고 목소리만 상황 설명을 배음으로 들려주는 것을 말한다. 배음은 내레이션(Narration, 설명), 독백(Monologue) 시 사용되는 영화연출상의 한 기술이다. 주로 시리즈 영상물에서 지난 줄거리를 하이라이트로 발췌하여 설명을 넣어 관객의 관심을 이끌어 내기위해 또한 예고편에서 관심을 갖도록 관객에 광고하기 위한 기술로 사용되는 영화기법이다.

2924 `pic`

voice track (보이스 트랙, 목소리, 대사)

영화 필름에서 음악이나 효과음이 아닌 내레이션 혹은 대사를 녹음한 사운드 트랙을 지칭한다.

2925 `gen` `ani`

volume (볼륨)

소리의 크기나 물건의 부피를 뜻하는 말로 애니메이션에서는 몸이나 물질의 덩치를 가리키는 말이다.

VTR (Video Tape Recorder, 브이티알)

어떤 규격에서든 릴(Reel) 형태의 마그네틱테이프를 사용해서 비디오를 녹화하고 재생하는 장치를 가리키는 말이다.

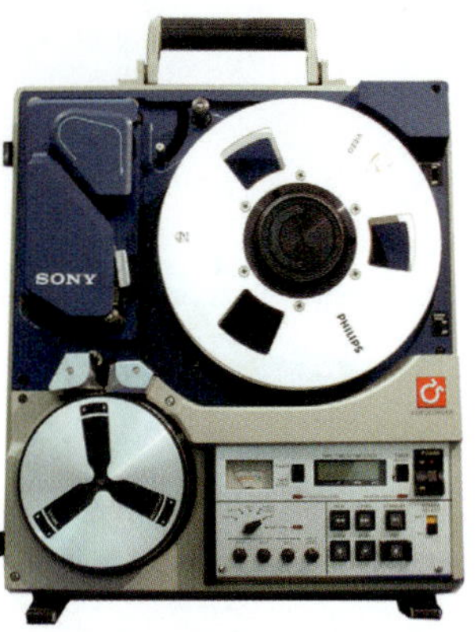

□ 그림설명 2926, Sony BVH-500 VTR (1979)

2927 `com` `equ`

VU Meter (Volume Units Meter, 음량계기)

눈금으로 표시된 데시벨(Decibel)로 또는 퍼센트 눈금으로 진폭 변화정도를 나타내는 음향 녹화 · 재생 장치에 부착되어 있는 기계이다.

VU meter(analog)

VU meter(Digital sound)

□ 그림설명 2927, VU Meters.

Looney Tunes

W w

[더블유]

Waveform Monitor

west

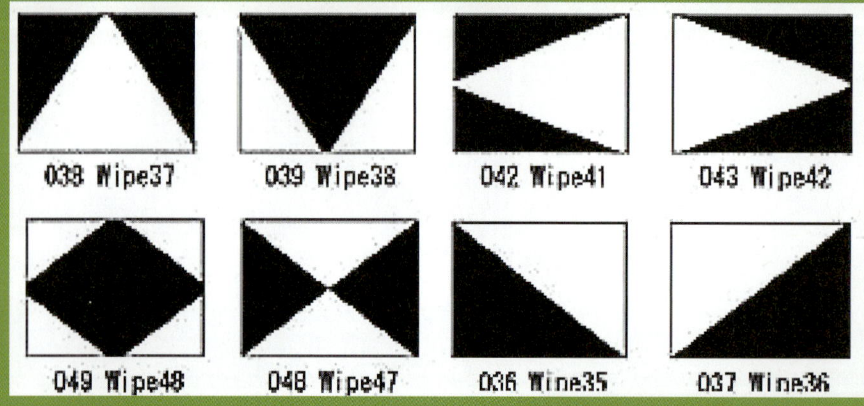

wipe (와이프)

3000 `pic`

war film (워 필름, 전쟁영화)

전쟁 이야기를 짤막하게 액션이나 배경 또는 전체 스토리로 주요하게 다루는 영화를 말한다. 전쟁 영화는 일반적으로 전투를 위한 준비와 실제의 무장과 갈등에 초점을 맞추는 전투 영화로 이뤄지고 있지만 전투와 직접적 관련이 없더라도 전쟁의 결과에 대한 상황들도 이 장르에 포함된다. 예를 들어 탈출에 초점이 맞춰지는 전쟁포로 이야기나 침략당한 나라의 지하에서 펼치는 조직의 플롯(Plot)과 활동, 국내나 해외에서의 전쟁 스파이 모험담, 일반적으로 전쟁에 직접적으로 참여하지 않은 캐릭터들 사이에서 전쟁이 배후가 되어 벌어지는 극적인 상황이나 상호갈등을 담은 이야기 등도 전쟁영화에 해당된다. 특히 자국군의 영웅적 행위와 적군의 잔혹성을 보여주어 정당성을 부여한다. 허탈한 전쟁은 지옥과 같은 것임을 보여주어 갈등을 나타내는 영화도 있고 심지어 전쟁을 흥미진진한 모험과 영웅적 행위처럼 묘사하는 영화들도 있다.

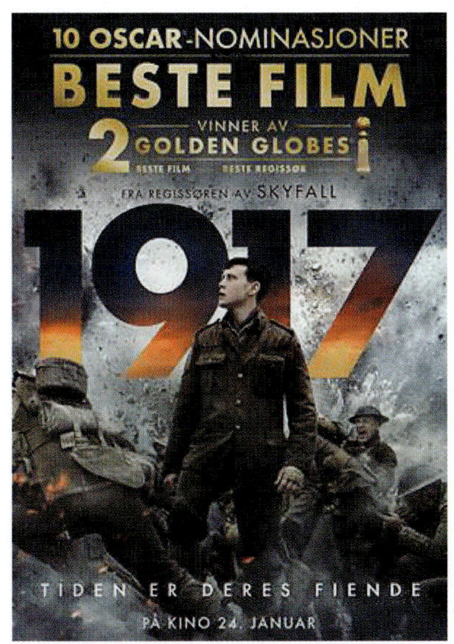

□ 그림설명 3000-1, <1917>2019, by Sam Mendes

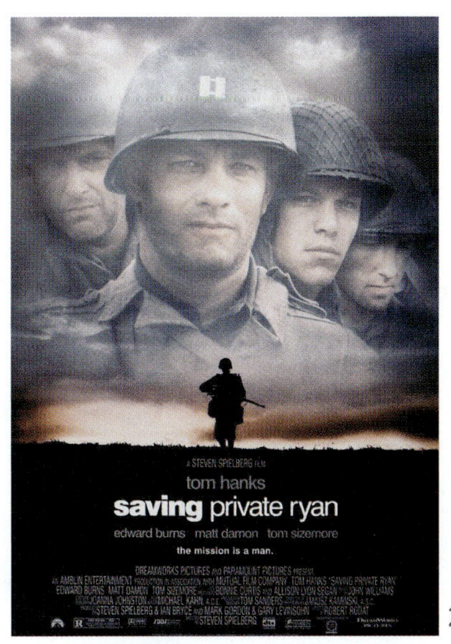

-2, <Saving Private Ryan>1998, by Steven Spielberg

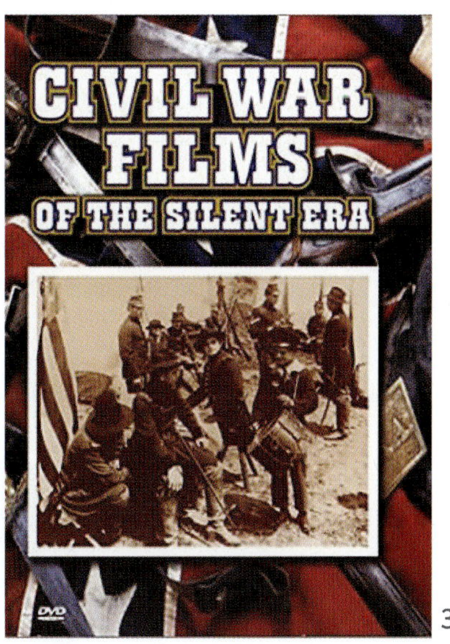

-3, <Civil War Films of the Silent Era>2000, by Thomas H. Ince

✱ Wars of the World (세계의 전쟁들)

영화 속에서가 아닌 현실에서 전쟁은 끊임없이 일어난다. 지구상에서 최초의 전쟁으로 기록된 것은 약 1만3,000년 전으로 이집트(Egypt)와 수단(Sudan)간의 국경지역에서 있었다고 기록하고 있다. 대부분은 국경을 사이에 두고 타민족 간에 국경이나 이념대립이 분쟁의 원인이 되며 따라서 무력이 개입되어 많은 사람들이 종족과 이념을 위해 싸우게 된다. 전쟁은 사정이 없다. 살거나 죽거나 둘 중 하나이다. 내가 살기 위해서는 적을 죽여야 한다. 지구상에서는 이렇게 국가 간의 침략과 이에 저항하는 다툼뿐만이 아니라 민족 간에도 이념 불화로 피를 흘린다. 지구상에서 1998년에 벌어진 2차 콩고 전쟁(Congo War, 1998-2003) 중에서 학살, 질병, 전쟁으로 목숨을 잃은 사람이 540만 명이나 되었다. 프랑스의 나폴레옹 전쟁, 동맹국을 이끌고 러시아를 침공한 1812년 전쟁(War of 1812, 1812-1815)은 기근(Famine)으로 희생자를 낸 완전히 실패한 전쟁이었고 최대 600만 명의 희생자를 냈다. 유럽에서 1618년 시작된 30년 전쟁, 가톨릭교와 신교 간에 벌어진 전쟁으로 유럽 여러 나라들 간에 큰 갈등을 초래했고 약 800만명의 희생자를 냈다. 국제적으로 번진 미국의 독립전쟁(The Revolutionary War, 1775-1783)은 희생자가 24만 명이나 되었고 이중 3분의 2가 전염병에 걸려죽었다. 미국의 내전인 남북전쟁(American Civil War, 1861-1865)은 4년간의 전쟁으로 100만 명 이상의 희생자를 냈으며 이 전쟁 역시 군인 3분의 2가 질병으로 죽었다. 세계 1차 대전(World War I, 1914-1918), 세계 2차 대전(World War II, 1939-1945). 한국전쟁(Korean War, 1950-1953)에서는 유엔군 4만 780명, 한국 국방군 15만 명, 미군 4만 명, 북한 인민군 30만 명, 중공군 18만 3천명, 총 6백 50만의 군인들이 죽었다. 베트남전쟁(Vietnam War, 1955-1975)이 일어나 수많은 군인과 일반인들이 희생되었다. 영화를 통한 표현보다 실제 전쟁들은 매우 참혹하다. 세계적인 영웅보다는 희생 속에 묻힌 이야기들이 수 없이 많을 것이다. 세계 2차 대전은 7년을 싸우는 동안 죽은 군인과 민간인들이 7천 5백만(75Million)명이나 된다. 가장 피투성이 전쟁으로 꼽힌다..

□ 그림설명 3000-4, 세계 2차 대전의 Okinawa 전투.

-5, 세계가 벌컥 뒤집힌 2차 대전, British의 전투.

WB, Warner Brothers (워너브라더스)

워너브라더스는 4형제가 모여 1923년 4월, 미국 로스엔젤레스(Los Angeles) 근교 버뱅크(Burbank)시에 스튜디오(Studios)를 차리고 영화제작에 들어갔다. 4명의 워너형제들은 순서대로 맏형 해리(Harry Morris Warner, 1881-1958)가 사장, 알버트(Abraham Albert Warner, 1884-1967)가 회계, 샘(Samuel Louis Sam Warner, 1887-1927)이 총감독, 잭(Jack Leonard Warner, 1895-1981)이 제작 총지휘를 맡았었다. 워너브라더스는 1925년에는 배급을 위한 국제 교역 시스템을 획득했고 1926년에는 한 때 자매회사였던 비타폰(Vitaphone)과 합류해 화면(Picture)과 사운드(Sound)를 연동(Sync)시키는 시스템을 개발, 존 배리모어(John Barrymore, 1882-1942)가 주연한 <돈 후안(Don Juan)> 영화의 화면과 음향을 연동시키는 데에 성공했다. 그리고 마침내 1927년 10월 6일 영화 <재즈 싱어(the Jazz Singer)>에서 출연자의 동작에 대사와 음악의 비트를 정확히 맞춘 영화를 만들어 업계를 놀라게 했다. 이것은 곧 토키(Talkie)영화의 시대로 막을 올리며 대성공을 가져왔고 이로써 워너브라더스는 메이저급 제작 회사로 급부상하게 됐다. 1928년에는 300개의 극장을 소유한 스탠리 회사를 매입했다. 1930년대에 워너는 대공황기(Great Depression Era)와 관계가 밀접한 영화들을 제작했고 대부분이 저예산으로 만들어 냈다. 이것은 당시 경제 상황의 결과이었으며 회사는 약 90분 분량의 영화제작에 초긴축 재정을 위하여 세트 배경을 그려 촬영했고 그 결점을 감추기 위해 명도가 낮고 평면적인 확연한 흑백 조명을 사용했다. MGM처럼 빛이 넘치고 밝은 스타일은 아니었지만 훨씬 더 드라마틱하고 시대 상황을 반영한 필름으로 볼 때에는 즉각적이면서도 충분한 현실적인 효과를 준 필름들이었다. 워너 브로스 라는 이름으로 알려진 미

□ 그림설명 3001-1, 워너브라더스 Logo.

-2, 최초로 음향을 넣은 <재즈 가수 (Jazz Singer)> Talkie 영화.

-3, 토키영화, 워너의 <루니 둔스> 애니메이션 시리즈.

국의 영화사의 제작 배급, DC코믹스(Comics), TV 프로그램제작, WB 애니메이션 제작과 음악제작 사업을 집행하고 있다. 워너는 워너미디어, 종합 미디어 엔터테인먼트 기업으로써 세계 영화사들 중에 가장 큰 규모를 자랑하는 회사이다.

3002 `art` `gen`

water color (수채화, 수채물감)

수채화(水彩畵)는 수채 물감을 물로 용해해 종이에 칠해 그린 그림이다. 물감은 대부분이 투명하여 스케치한 연필선이나 먹선(Black Ink Line)이 투명하게 보이는 것이 수채화의 특징이지만 불투명한 물감도 있다. 과슈(Quash)와 아크릴 물감도 수용성 수채화 물감의 일종이지만 불투명하다. 또한 템페라(Tempera) 물감도 물에 용해되어 수채화 물감의 한 종류로 친다. 동양(East Asia)에서는 주로 글을 쓰는 붓으로 직접 화선지에 선이나 그림을 그려 작품을 만들었다. 유럽에서는 연필로 스케치한 후 물감으로 색을 칠한다. 르네상스 시대(Renaissance) 아테네학당을 그린 화가 라파엘로 산치오(Raphael Sanzio, 1483-1520)가 태피스트리(Tapestry, 벽장식) 그림을 그리기 위해 사전 작업에 수채화를 이용하였다는 기록이 있다. 같은 르네상스 시대 독일의 알브레히트 뒤러(Albrecht Durer, 1471-1528)는 회화, 조각, 판화가 뿐만 아니라 미술이론 분야에서도 업적이 있는 수채화가이기도 했다. 요셉 터너(J. M. W. Turner, 또는 Joseph Mallord William Turner, 1775-1851)는 수채화가로 물, 바다, 빛을 주로 많이 표현했고 빈센트 반 고흐(Vincent Van Gogh, 1853-1890)도 수채화를 했다. 미국의 여성 수채화가로 조지아 오키페(Georgia O'Keeffe, 1887-1986)는 클로즈업 된 꽃을 상징적으로 많이 그렸다. 20세기에 들면서 많은 화가들이 수채화를 했다. 에드가 휘트니(Edgar A Whitney, 1891-1987), 밀포드 조르네(Milford Zornes, 1908-2008), 앤드류 위즈(Andrew Wyeth, 1917-

□ 그림설명 3002-1, Georgia O'Keefe의 <Waterfall No.1 Lao Valley>, 마우이.

-2, Nitin Singh의 <Cityscape Art Watercolor>

2009), 그리고 졸튼 자보(Zoltan Szabo, 1928-2003) 등 유명한 수채화가들이 많다.

□ 그림설명 3002-3, Vincent Van Gogh의 <Fishing Boats on the beach>

-4, Zoltan Szabo의 <Birch at Hart Lake>

3003 `equ`

waveform monitor (웨이브 폼 모니터)

신호지수(Signal Characteristics)의 분석과 조정에 사용되는 오실로스코프 관 (Oscilloscope Tube)을 말 한다. 혹은 스코프(Scope)라고 줄여서 부르기도 한다.

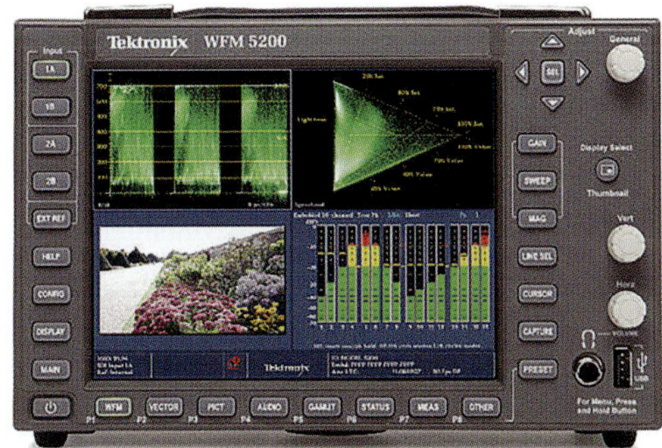

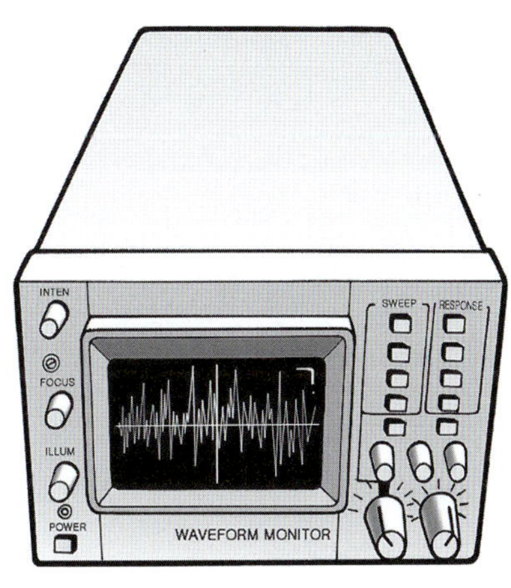

□ 그림설명 3003, 색 명도 측정기.

3004 `com`

web browser (웹 브라우저, 웹 검색)

웹 브라우저는 소프트웨어(Software)를 응용하여 전 세계에 펼쳐있는 웹서버 정보망에 들어가 기억장치에 자료를 내려 받거나 넣는 것을 뜻하는 말이다. 일반적으로는 단순히 '브라우저'라고들 부른다. 브라우저는 사용자가 어느 특정한 웹사이트에 접속해 검색할 때 웹서버에서 필요한 문서(Text), 스틸 이미지(Still Image), 음향 파일(Audio File), 동영상(Video) 등을 지원받을 수 있는 멀티미디어(Multimedia) 검색 프로그램을 말한다. 웹 브라우저가 하나의 장치로 사용되는 곳은 데스크탑(Desktop), 랩탑 (Laptop), 태블릿(Tablet) 그리고 스마트 폰(Smart Phone) 등이다. 이 브라우저는 1990 년 영국의 컴퓨터 엔지니어인 팀 버너스−리(Timothy John Berners-Lee, 1955-)가 'the World Wide Web' 이라는 이름으로 최초로 안출(Create)해 냈다. 다른 이름의 웹 브라우저들이 있다. 크롬(Chrom), 모자이크(Mosaic), 넷스케이프(Netscape), 익스플로러(Explorer), 첼로(Chello) 등 더 있다. 2019년 집계로 브라우저를 사용한 사람들의 수는 43억(4.3 billion)명에 이른다는 기록이다.

□ 그림설명 3004-1, 웹 브라우저들의 일부.

* web master (웹마스터, 웹 관리자)

홈페이지나 웹사이트를 운영하기 위한 전문 관리자를 말한다. 웹서버의 새로운 구축이나 운용(Operation)에 관해 기술이 있고 콘텐츠의 디자인 선택, 운영(Management)에 관한 모든 책임을 지는 관리자를 웹 마스터라 부른다. 일반적으로 웹 엔지니어는 콘텐츠(Contents) 디자인을 맡고 웹 프로듀서는 프로그램의 업데이트 등 운영관리를 맡아 고객관리를 한다.

* web site, Website (웹사이트)

웹사이트는 정보를 보관하고 있는 네트워크를 뜻하는 말이다. 단어표기는 띄어쓰기로 쓰거나 한 단어로 붙여쓰기도 하지만 읽기는 같다. 일반적으로 웹사이트를 표기할 때는 첫 자를 대문자로 쓰는 것이 일반적이다. 인터넷 사용자들 중에 어떤 분야에 관심 있는 사람들이 누구나 방문할 수 있도록 홈페이지 웹서버에 정보를 저장해 놓은 사유(Private) 네트워크를 뜻한다. 홈페이지 주소를 사용하며 간단히 사이트(Site)라고 부르기도 한다.

✱ webzine (웹진, 전자잡지)

웹진은 웹매거진(Web Magazine)의 줄여서 부르는 단어이다. 온라인 출판사들이 잡지와 같은 스타일로 문서(Text)나 그래픽(Graphic)을 편집하여 인터넷에 올려 재래식 종이 잡지의 전통적 느낌으로 독자들을 형성하는 전자식 잡지를 말한다.

□ 그림설명 3004-2, 전자잡지의 여러 형태들.

3005 ani

wedge test (노출점검, 현상 테스트)

재래식 영화나 애니메이션제작에서 촬영한 필름을 현상액을 이용하여 필름을 현상하는 공정을 따르게 된다. 이 때 현상소는 중요한 사전준비를 갖추게 된다. 현상용액(Chemical)의 1농도, 약품의 2온도 그리고 필름이 현상액을 통과하는 3속도를 맞춰 테스트용 필름을 테스트하는 것을 뜻하는 말이다. 장편 애니메이션 제작 시 아날로그 방식은 특수 효과와 배경과 캐릭터가 잘 어울리는지 미리 필름으로 촬영하여 노출 상태를 점검하는 필수적인 공정이었다. 이 필름은 실제로 카메라맨이 눈으로 보고 카메라의 노출을 결정짓는데 중요한 역할을 한다. 애니메이션에서는 색칠한 그림들을 촬영해 색 지정, 효과 그리고 전반적 컬러의 흐름을 정하는데 사용되며 촬영노출도 이것을 참고해 결정짓게 된다. 21세기에 들어 영화제작 방식이 디지털화 되면서 영화제작용 기재가 자동화되고 모든 공정이 기본부터 천지개벽(Entirely New)을 가져와 매뉴얼 기재의 의존도가 급격히 증가되었고 한편 재래식에서 사용되고 응용되었던 개인의 기술, 지식, 경험에서 얻은 특수 재능들이 사라지고 개인의 예술성은 보편화 되면서 디지털 속으로 파묻히게 되었다.

3006 `ani` `pic`

west (웨스트)

영화촬영에서 화면의 좌측을 뜻하는 말이다. 영화상의 용어로 우측은 동(East)쪽, 올려다보면 북(North)쪽 내려다보면 남(South)쪽을 뜻한다. 이것은 지도상에 표시된 동서남북이나 지구본에 의한 것이다.

□ 그림설명 3006, 서쪽 방향.

3007 `art`

what you see is what you get (보이는 것만큼만 얻는다)

본다는 뜻은 느낀다(감각, Sense)는 뜻과 같다. 예술에서 느끼는 것만큼 표현할 수 있는 것과도 같은 것이다. 그리고 견본 아트워크(ArtWork)를 샘플로 제출하고 이것이 최종 결정된 안이라는 뜻도 포함된 말이다. 또한 눈에 보이는 것이 현실이며 이 상황에서 더 얻을 것이 없다는 뜻도 들어낸 말이다. 그러나 진취적이고 교육적인 뜻으로 이 말은 영화제작에서 부족하다는 의미로 사용된다. 최선을 다하지 않으면 결과는 결국 화면의 완성도가 부족하다고 느껴진다는 의미이다.

3008 `pic`

white balance (화이트 밸런스)

디지털 카메라로 촬영한 화면은 백열등에서는 피사체가 붉게 빛이 나오고, 형광등에서는 화면이 약간의 녹색 빛이 나온다. 이렇게 조명에 따라 화면의 색이 다르게 촬영될 수 있는 것이다. 디지털 촬영에서는 이러한 문제를 쉽게 교정할 수 있는 장치가 카메라에 간단하게 부착되어 있는데 그것을 '화이트 밸런스'라 부른다. 이럴 때 촬영이 진행될 실내에서 조명을 기본으로 쉽게 색온도를 맞출 수 있는 것이다. 1 흰

□ 그림설명 3008, white balance.

종이를 한 장 펴놓고, 2 카메라의 렌즈로 가득 채운다. 그리고 카메라에 부착되어 있는 3 화이트 밸런스 버튼을 잠시 동안 눌러 화면이 흰색으로 돌아오기까지 기다린다. 이러한 순서로 색의 온도를 조정하는 화이트 밸런스를 조정해 최선의 색상을 구할 수 있다.

3009 `ani`

whip pan (휩 팬)

이미지를 흐릿하게 나오도록 하기 위하여 카메라를 급속히 수평으로 팬(Pan)하여 촬영하는 것을 말한다. 한편 장소로 급히 바뀌는 것을 나타내고자 할 때, 충격 효과가 필요할 때, 트랜지션(Transition)에 사용되는 촬영기법이다. 다른 말로 스위시 팬(Swish Pan)이라고도 한다.

□ 그림설명 3009, whip pan Transition 화면 전환.

3010 `pho` `pic`

wide-angle effect (광각 효과)

광각렌즈(38mm 이하)를 사용해 만드는 효과로 카메라가 피사체에 가까워지면 그 사물이나 물체는 뚜렷한 원근감을 가진다. 주로 장소가 협소한 곳에서 움직임의 원근을 구분하려거나 물체에 입체감을 강조하기 위한 하나의 방법으로 사용된다.

□ 그림설명 3010-1, 와이드 앵글 Eiffel Tower, Paris.

-2, 만국기 8mm Fisheye Lens wide Effects.

W

*wide-angle lens (광각 렌즈)

카메라의 가까운 초점길이(Focal Length)를 가지는 렌즈로 각도 45도 이상인 개각도를 보여준다. 예로, 18-50mm라고 표시된 한 벌의 렌즈를 가지고 있다면 그것은 18mm와 50mm의 기능을 갖춘 렌즈가 한 통속에 있다는 뜻이다. 이러한 18mm-와이드 렌즈는 포커스에 특별히 유의하지 않더라도 넓은 자연경치나 건축물 따위를 입체감 있게 촬영할 수 있다.

□ 그림설명 3010-3, 광각렌즈로 촬영한 경치.

-4, 영화 <The Shining> 1980, by Stanley Kubrick.

3011 `ani` `pic`

wide screen (와이드 스크린, 폭넓은 화면)

일반 35mm 영화 스크린의 화면 비율은 종횡비율 4:3(1.33:1)이다. 이것을 초과하는 넓은 각종 스크린을 와이드 스크린이라 말한다. 화면이 비춰지는 스크린의 폭과 높이의 비율이 표준 스크린(Academy Aperture 1.33:1)보다 넓은 1.85:1로 폭이 넓다. 이밖에도 시네마스코프(2.35:1), 비스타비젼, 파나비젼(16:9) 등이 모두 Wide Screen에 속한다. 무성영화시대부터 1950년대 초까지 1.33:1이 표준 종횡비로 사용됐고 이것은 당시 널리 쓰이던 에디슨(Thomas Alva Edison, 1847-1931)이 만든 키네토스코프(Kinetoscope) 장비가 이 넓이를 사용했기 때문이었다. 유성영화 초기에는 필름에 광학 사운드 트랙(Optical Soundtrack)을 얹기 위해 일시적으로 이미지로 정사각형으로 사용했지만 이것이 더 우수하거나 기능적인 장점이 없어 1932년에 미국 영화예술과학아카데미가 프레임의 위와 아래를 가려서 이미지를 초기의 종횡비로 다시 회복시키게 되었다. 4:3이미지는 그로부터 20년 동안이나 표준 크기로 남게 되었고 나중에 TV 스크린 종횡비의 출처가 됐으며, 이 비율을 만들어내는 카메라와 영사기의 구경을 '아카데미 구경'(Academy Aperture)으로 칭하기 시작했다. 21세기에 들어서 디지털스크린 비례가 16:9로 바뀌면서 대부분의 영화관용 스크린이나 TV 스크린 비율까지도 표준 포맷으로 자리 잡게 되었다.

□ 그림설명 3011, 초대형 Ultra Panavision 70mm at Cinerama Dome (Los Angeles) wide screen 영화 <The Hateful Eight> 2015, by Quentin Tarantino.

✱ 참조보기 (0386 - Cinemascope)

✱ 참조보기 (1411 - Kinescope)

W

3012 `com`

Window (윈도우)

마이크로소프트 윈도우(Microsoft Windows)를 가리키는 말로 일반적으로 '윈도우'라고 부른다. 마이크로소프트가 개발한 컴퓨터 운영체계이다. 1984년 애플사(Apple Inc.)가 처음으로 출시해 컴퓨터 맥킨토시(Macintosh OS)의 그래픽 사용자 인터페이스 (GUI) 운영 시스템이 나왔고, 이에 대항하여 마이크로 소프트(MS)사가 1968년부터 이미 널리 사용하고 있던 MS-DOS에서 멀티태스킹과 GUI 환경을 제공하기 위해 응용 프로그램 윈도우를 처음 출시했다. 지금은 전 세계 개인용 컴퓨터에 90% 정도의 사용자들이 쓰고 있으며, 서버용 운영 체제로도 사용 영역이 넓어나가고 있다.

□ 그림설명 3012, Window logos.

3013 `com`

wipe (와이프)

1) 영화에서 화면이 컷(Cut)되어 다음 신으로 전환하지 않고 장면이 다른 한 시퀀스(Sequence)로 전환을 할 때 주로 여러 의미의 시각적 효과를 사용하여 장면을 전환시키는 연출상의 기법으로 가끔 사용한다. 예;를 들어 한 화면이 한쪽에서 서서히 나타나며 기존화면을 밀어 화면 밖으로 내보내며 화면 전환을 하는 기법이다. 2) 화면 사이에 분리된 선이 움직이면서 앞의 화면이 스크린의 오른쪽으로 밀리듯이 사라진다. 수평, 대각선, 아이리스 등 나선 모양의 다양한 형태가 있다. 이러한 와이핑 화면효과는 연출상에 의미가 포함된 여러 형태가 있다.

* wipe-off animation (와이프 오프 애니메이션)

재래식 애니메이션 촬영방법의 하나로 화면에는 없던 그림이 부분적으로 생겨나거나 없어지게 하는 테크닉의 한 가지이다. 수용성 물감으로 그린 그림으로, 촬영할 때 그림을 지워가며 역방향으로 촬영하면 필름을 다시 정 방향으로 영사(Play Back)할 때는 지워진 그림이 서서히 나타나는 것처럼 보이게 되는 것을 말한다. 스크래치 오프 애니메이션(Scratch-Off Animation)이라고도 한다.

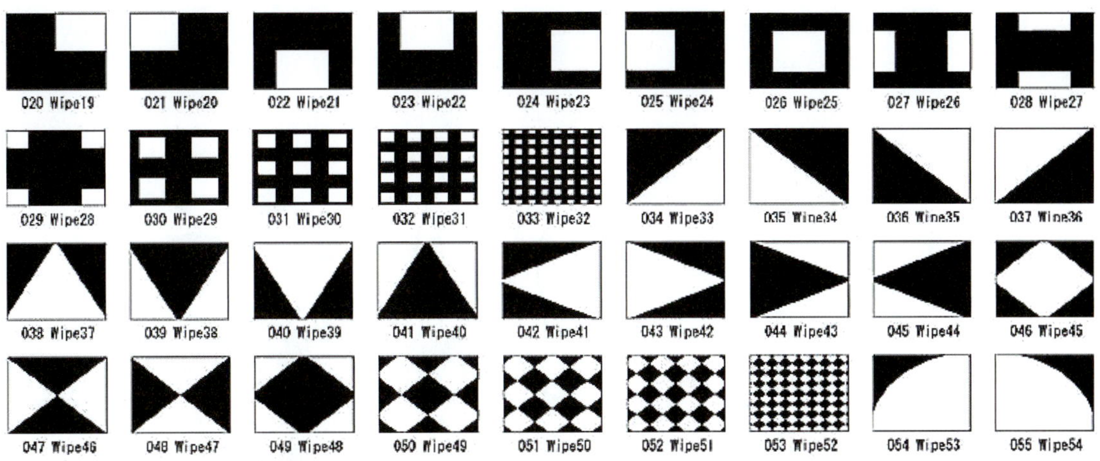

□ 그림설명 3013, 각종 와이프 효과.

3014 `ani` `peo`

WinsorMcCay(윈저맥케이)

윈저 맥케이(Winsor McCay, 1867-1934)는 미국사람으로 1909년에서 1914년까지 애니메이션을 만들었지만 애니메이션을 제작하는 재료로 셀룰로이드(Celluloid)가 아직은 발굴되지 않은 때여서 1초에 그림을 최소 18장 이상 그린 애니메이션을 만들었다. 간혹 배경까지도 종이 위에 선으로만 그려 <공룡 거티(Gertie the Dinosaur)>를 완성했다. 그리고 맥케이는 촬영과 현상이 완료된 프린트필름에 한 콤마씩 일일이 색칠을해서 천연색 필름처럼 완성해 냈다. 맥케이는 주위 사람들의 도움을 받거나 가르침도 주지 않고 혼자서 최선의창의력을보였다. 그러나 그는 많은 사람들에게 존경을 받았고 많은 젊은이들이 그의 뒤를 따라 애니메이션을 시작했다. 애니메이션은 극장용으로 6~7분 길이의 애니메이션으로 급격히 성장했다. 맥케이 자신이만든 것에 비유하면 실상 미국은 20세기 중반에 들어서 영화사마다 돈을 만들기 위해 슬랩스틱 애니메이션(Slap Stick Animation)을 만들어 상영했다.당시극장에서는 영화가 길이의 규정이 없었음으로 짧은 본편에 단편 애니메이션과 광고까지를 하나로 묶어 배급사가 구성한대로 상영했다. 어느 날, 맥케이는 애니메이션 동료들이 모인 한 파티에서 술을 마시고 "여러분! 애니메이션이 너무 상업적으로 변하고 있어요. 애니메이션으로 돈벌이를 하려고 한다고요!"하고 개탄(Deplore)해 했다고 한다. 애니메이션이 순수 그림을 움직이게 한다는 창작에서 점차 많은 젊은이들이 돈을 벌려고 일하는것에 분노한 것이다. 당시에 윈저 맥케이는 많은 사람들로부터 존경을 받고 있던 인물로 그가 만든 애니메이션은 젊은이들에게 많은 꿈을 만들어 주었다. 사실 월트 디즈니(Walt Disney, 1901-1966)가 19살때 고등학교를 중도에 포기하고 일리노이즈(Illinois) 주를 떠나 캘리포니아(California)주로 와서 애니메이션에 빠져 자리를 잡은 것은 윈저 맥케이의 애니메이션에 감화를 받은 때문이었다.

□ 그림설명 03014-1,윈저 맥케이가 그린 <공룡 거티>, 1914.

-2, 디즈니의 흑백 애니메이션 단편 <증기선 윌리>, 1928.

월트는 정말 애니메이션에 열정을 가지고 지난 20세기 동안에 그림을 그리고 필름에 촬영하여 만드는 애니메이션으로 하나의 예술로서 무한한 발전을 가져오게 했다. 그동안 영화는 무성에서 1927년 유성시대(Talkie Era)로 새로운 변환기를 맞이하면서 디즈니는 1928년 재빠르게 음향을 채택한 미키마우스(Mickey Mouse)가 주인공으로 출연하는 <증기선 윌리(Steamboat Willie, 7분 42초)>를 사운드와 화면이 일치하는 최초의 단편 애니메이션을 월트디즈니와 어브 아이웍스(Ub Iwerks, 1901-1971)가 공동감독을 했다. 특별히 애니메이션동작과 일치하도록 음악을 작곡한 최초의 이 사람은 이 영화에서 애니메이터이기도 한 월프레드 잭슨(Wilfred Jackson, 1906-1988)과 버트 루이스(Bert Lewis, 1895-1950)였다. 디즈니는 이를 시작으로 <실리심포니(Silly Symphony)> 시리즈 그리고 불멸의 장편 애니메이션 <백설 공주와 일곱 난쟁이(Snow White and Seven Dwarfs)>를 만들어 흥행에 크게 성공했다. 1939년에는 맥스 플레이셔(Max Fleischer, 1883-1972)가 제작한 걸리버 여행기(the Gulliver's Travels)를 비롯해 1940년에 <피노키오(Pinocchio)>와 <Fantasia(판타지아)> 제작되었고 유니버설스튜디오의 월터 벤저민 랜츠(Walter Lantz, 1899-1994) 그리고 1940년 조셉 바베라(Joseph Barbera, 1911-2006)와 빌 한나(Bill Hanna, 1910-2001)가 평생 공동제작자로 톰 앤 제리(Tom and Jerry)를 만들었다. 그러나 미국의 할리우드가 애니메이션을 포함한 영화산업이 호황을 누리게 될 즈음 일본으로부터 진주만 공격을 받고 온 나라가 전시체제로 돌입하며 영화산업은 맥이 끊기고 말았다.

1941년 2차 세계대전은 4년인 1945년에 끝났지만 애니메이션과 영화의 회복기는 장장

□ 그림설명 3014-3, 디즈니의 <백설 공주와 일곱 난쟁이>, 1937.

-4, 한나 바베라의 <톰 앤 제리>, 1940.

40년이나 걸렸다. 1980년을 전후해서 미국의 ABC, CBS, NBC 3대 TV방송이 어린이와 청소년을 위한 애니메이션을 기획하고 제작하면서 다시 활력소를 심어주고 쇠약한 가정 교육 행정에도 구심점이 일기 시작했다. 미국의 방송사들은 엄청난 양의 애니메이션을 방송하면서 에듀테인먼트(Edutainment)라는 신조어를 만들어냈다. 교육과 오락을 하나로 묶어 어린이들을 선도하는 역할이었다. 이것은 곧 세계로 파급되었고 유럽과 아시아에도 큰 영향을 끼쳤다. 각 나라마다 TV를 통한 애니메이션이 확장되어 보급되었고 장편 애니메이션 역시 붐을 타고 다량으로 제작되었다. 일본 마쓰모토 레이지(Matsumoto Leiji, 1938-)의 18권의 만화원작 <은하철도 999(Galaxy Express 999)>를 도에이 도가(동영동화)회사의 린타로 감독 외에 여럿이 1979년 애니메이션 TV시리즈로 제작하고 장편으로도 만들었다. 1986년에는 미국의 마블 프로덕션에서 <더 트랜스포머스 더 무비(the Transformers the Movie)>가 넬슨 신(Nelson SHIN, 1937-)감독에 의해 만들어졌고 TV 시리즈는 113편이 제작되었다. 1988년에는 여러 편의 우수한 애니메이션이 나왔다 <토토로(Totoro)> 감독- 미야자키 하야오(Miyazaki

-5, <아키라(Akira)> by Otomo Katsuhiro, 1988.

-6, <디 드랜스포미스 디 무비> by Nelson SHIN, 1986.

Hayao, 1941-), <로저 래빗(Roger Rabbit)> 감독- 로버트 제멕키스(Robert Zemeckis, 1952-), <공룡시대(the Land before Time)> 감독- 돈 블루스(Don Blues, 1937-), <아키라(Akira)> 감독- 가쓰히로 오토모 (Katsuhiro Otomo, 1954-), 1992년에는 <알라딘(Aladdin)> 감독- 론 클레멘츠(Ron Clements, 1953-), 1994년 <라이온 킹(Lion King)> 감독- 로저 알러스(Roger Allers, 1949-) 등이 아날로그 셀 방식의 애니메이션제작으로 20세기의 마지막을 장식했다.

3015 `ani`

wire frame (와이어 프레임)

1) 유토나 찰흙(Clay)으로 만드는 조각의 속에 지지용으로 넣는 철사나 금속 뼈대를 일컫는 말이다. 또한 애니메이션 촬영용 퍼펫 속에 넣어 관절을 움직이도록 하는 뼈대를 뜻하는 말이다. 2) 컴퓨터 애니메이션에서 사물이나 캐릭터의 입체를 구축하기 위한 그림상의 철망과 같은 디지털 아웃라인 드로잉(Outline Drawing)을 가리키는 말로 컴퓨터 그래픽 작업에서는 다양한 각도에서 살펴보기 위해 스크린 상에서 움직여 볼 수 있으며, 표면(Surface)은 고체나 액체로 된 것처럼 자유자재로 질감(Material)을 선택할 수 있다. 컴퓨터 그래픽이나 애니메이션의 초기 단계로, 3차원 물체의 기본 형태가 라인들로 관선(Chosen)된 점들을 연결하여 그려진다. 컴퓨터에서 와이어 프레임이 완성되면 조이스틱을 사용하여 입체적으로 그려진 물체의 각도조절이 가능하게 한다.

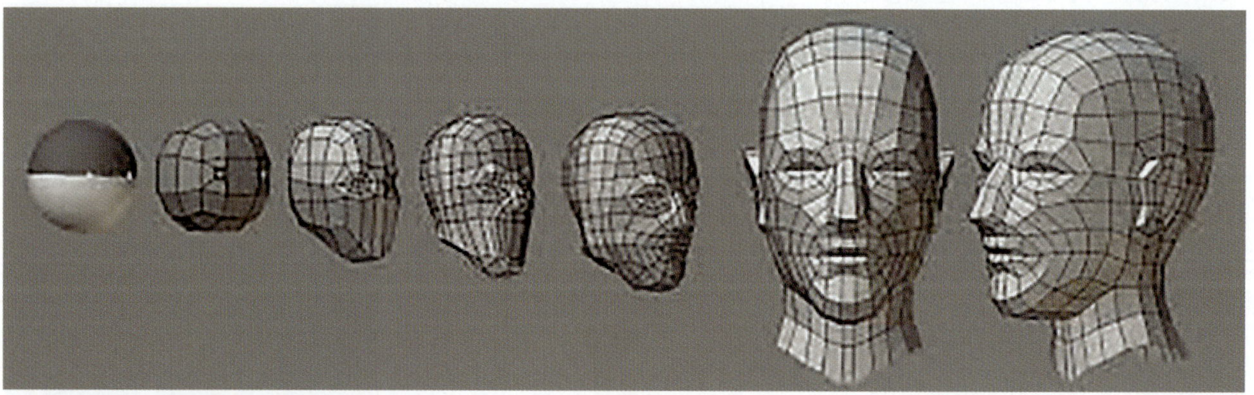

□ 그림설명 3015, 3D Wireframe

Wrestling, Tomb of banquet hall in Egypt (이집트의 벽화그림)

기원전 21세기 고대 이집트의 11대 왕조 당시에 오릭스 놈(Oryx Nome, 16대 놈 시대 이전) 시대에 장관 정도의 관직을 지냈던 바켓 III(Baqet III)의 무덤이 있는데 그곳의 이름은 베니 핫산(Beni Hasan)으로 대규모 공동묘지 15호에 묻혀있다. 당시 그는 왕의 재무를 담당했고, 왕의 가까운 친구로, 왕가의 법도를 잘 아는 사람으로, 넥헤브(Nekheb)의 시장(Mayor)까지 지낸 사람이기도 하다. 그의 무덤 속에 장식된 그림벽화들이 벽을 가득 메우고 있다. 이 무덤의 그림이 4,000년이 지난 지금에 와서 다시 세상 사람의 조명을 받게 된 것은 그림들의 모습이 마치 현대에 와서 레슬링(Wrestling)과 꼭 같은 모습들을 하고 있고 이 비범한 그 움직임이 순서대로 매우 동작에 맞게 표현하려 했다는 결론과 함께 이것은 마치 후세사람들에게 애니메이션을 보는 것과 같은 느낌을 주기 때문인 것이다. 애니메이션의 변천사에서 빠질 수 없는 역사적 증거로 후대 사람들이 놀라워하는 자료에 포함된다. 이곳은 카이로(Cairo)에서 기자(Giza)를 지나 남쪽으로 20km 정도를 나일강(Nile River)을 끼고 내려가면 민야(Minya)라는 큰 도시를 지나 아스윳(Asyut)을 절반 쯤 못 가서 대규모 공동묘지가 나온다. 바로 그곳이다. 고대왕국의 공동묘지는 원래 기원전 21세기로부터 17세기(중간 청동기시대)까지 이어져 내려왔다.

Beni Hasan

TOMB No. 15.

□ 그림설명 3016-1, Baqet III의 무덤 외부(BC.2100).

-2, Beni Hasan tomb 15 - Baqet III 의 무덤 속의 동쪽벽화, 고대 이집트 분묘의 벽화그림 일부.

3017 `com`

word processor (워드 프로세서)

워드 프로세서는 사용자가 텍스트 기반 문서를 만들고(편집) 인쇄를 지정하는데 사용되는 응용 프로그램 소프트웨어(Software)와 하드웨어(Hardware)를 실행하는 장치를 말한다. 실행자가 텍스트를 작성하여 전자적으로 화면에 저장할 수 있고 동시에 키보드 명령으로 인쇄할 수 있게 되어있는 기기이다. 이 기기가 처음 나온 때는 1960년경으로 마치 전기 타자기와 비슷한 모양으로 만들어보였다. 그러나 1980년에 이미 출시되어 있던 개인용 컴퓨터(Personal Computer)에 워드 프로세서가 사용되었다. 워드 프로세서는 문서의 텍스트 복사, 붙여넣기, 이동, 삭제, 타이프 페이스, 볼드(Bold), 밑줄(Under Line), 글자 기울기 등을 작성할 수 있다. 초기부터 컴퓨터의 가장 큰 장점은 전체 문서를 다시 입력하지 않고도 변경할 수 있다. 시간이 지남에 따라 장치는 디스크에 문서를 저장하는 기능, 정교한 형식 옵션과 맞춤법 검사와 같은 고급 기능이 가능하게 되었다.

□ 그림설명 3017, 1978년에 나온 독보적인 도시바(Toshiba) JW-10형.

3018 `pic` `ani`

workprint (워크프린트)

재래식에서 영화를 제작하기 위해 네거티브(Negative) 필름으로 촬영을 한다. 촬영된 필름은 현상과 동시에 프린트를 뜬다. 이것을 데일리(Daily)라 부른다. 매일 촬영한 필름을 현상소에서 프린트한 것을 통칭하는 말이다. 이 작업용 필름은 길이와 내용에 맞게 검토하여 불필요한 화면을 추려서 사운드 트랙을 대비하여 잘라내어 편집 작업한다. 워크프린트는 필름편집자가 필름을 편집하는 동안 작업용으로 사용하게 되는 영화의 애벌필름(Rough Version)을 말한다. 감독이나 편집자에 의해 편집된 이 필름은 대사(Dialogue), 효과음(Sound Effects), 음악작곡(Score Music) 등 음향을 녹음할 때 매우 중요한 역할을 하게 된다. 그 밖에도 최고의 영화를 만들기 위해 가감을 해야 할 신이 있는지 등의 특수기교를 발휘하는 최후의 기회도 이 편집과정에서 이뤄진다. 최종 네거티브를 편집하기까지 취하는 모든 작업을 이 워크 프린트가 감당하게 된다.

□ 그림설명 3018, 영화 워크프린트 편집에 사용하는 무비올라.

3019 `ani`

wrap (랩)

한 장면의 성공적인 촬영 완료를 말한다. 또한 그날의 촬영이나 영화 전체의 촬영 완료를 뜻하는 말이다. 좋(終)파티를 랩 업 파티(Wrap-Up Party)라고 한다.

3020 `lit` `pic`

writer (작가, 저자, 문필가)

전무적으로 이야기 글을 쓰거나 창작 문학가로서 글쓰기를 직업으로 가진 사람을 이르는 말이다. 작가는 풍부한 상상력을 가지고 글 속에 지혜를 담아 플롯 에 따라 글을

W

쓰고 책으로 만들어 진다. 독자는 책을 통해 역시 지혜, 정의 그리고 정직의 깨달음을 통해 자기 스스로를 만들어 간다. 이것이 문학의 정의이다. 그러므로 글은 작가와 글을 읽는 독자와의 관계이다. 글은 핵심적으로 글을 쓰려는 분야를 이해하는 것과 깊이 관계가 있다. 알지 못하는 분야의 글을 쓸 수 없기 때문이다. 글을 쓰는 사람이 교육수준이 높거나 아니거나가 중요한 요건은 아니며 글만 잘 쓸 수 있다면 그것이 최선이다. 작가는 무엇보다 상상력이 풍부해야 한다. 고대 그리스의 신화(Myth)들은 실제에는 없었던 것으로 그 시대 사람들의 상상력을 글로 써서 지어낸 이야기들이다. 신화는 그 내용들이 매우 엄격하고 신격화(Apotheosis)되어 있고 카오스(Caos, 무(None)의 신)로부터 시작해 에로스(Eros, 욕망의 신), 에레보스(Erebos, 암흑의 신), 닉스(Nix, 방의 신)타르타 로스(Tarta Los, 지옥의 신), 가이아(Gaia, 대지의 신), 등의 그 후대계보가 있는 혈통관계에 있고 모두 신(Divinity)으로 되어있다. 신화들은 전설적인 이야기들과는 구별된다. 주로 거대한 힘을 사용하는 힘의 신, 증오와 분노의 대결, 사랑의 이야기를 갈등 등으로 나타낸다. 신화의 신들은 수백 명이 넘고 엄청난 이야기가 끝도 없이 벌어지지만 앞뒤가 빈틈없이 연결되어 있고 사실처럼 계보가 되어 있을 뿐만이 아니라 라이팅에서 매우 명시적 의미(Denotation)가 함축된(Connotation) 글로 구성 되어 있음을 알 수 있다. 현대에 이르러서도 작가는 전제(Premise)를 분석(Analysis)하고 종합(Synthesis)하여 포괄적(Comprehension)으로 무엇을 쓸 것인지 이해(Knowledge)를 명백하게 함으로써 독자가 공감하는 글을 쓸 수 있다. 작가가 쓰는 장르는 소설(Fiction), 비소설(Non Fiction), 민화(Folktale), 영화 스크립트(Script), 애니메이션 스크립트, 무대 드라마(Drama) 그리고 시(Poetry) 등이다. 글은 종류가 다양함으로 전문작가(Professional Writer)로 분류된다. 소설가(Fiction), 희곡작가(Drama), 영화 대본 작가(Script Writer), 다큐멘터리 작가, 대필 작가(Ghostwriter) 등 많은 아마추어나 신인들이 시대에 따라 등용된다. 글을 쓰는 직업은 대부분이 자유직(Freelancer)으로 일하며 24시간 중, 잠자는 시간외에는 언제나 머릿속에는 글 쓰는 일로 맴돈다. 일반적으로 작가는 자기의 풍부한 상상력으로 대 서사적 플롯(Plot)을 전개해 베스트셀러(Best Seller) 소설(Fiction)을 쓰기도 한다. 대사와 동적 움직임, 무대, 카메라 처리 등이 명시되어 있는 영화 각본을 쓰는 사람들을 스크린 라이터(Screen Writer), 신 라이터(Scene Writer) 또는 스크립트 라이터(Script Writer)라고도 한다.

□ 그림설명 3020, James Patterson 소설가 (1947-)
(뉴욕 타임스 베스트셀러 부문 1위 수상.)

www (더블유 더블유 더블유)

＊World Wide Web (월드 와이드 웹)의 줄임말이다. HTML(Hypertext Makeup Language, 인터넷의 하이퍼텍스트를 표현하기 위한 언어)로 작성된 홈페이지의 데이터는 인터넷에서 상호 링크하여 복잡한 컴퓨터 네트워크를 형성한다. 인터넷망은 마치 거미줄처럼 이어져 접속되어 있어서 Web(거미줄)이라고 불린다.

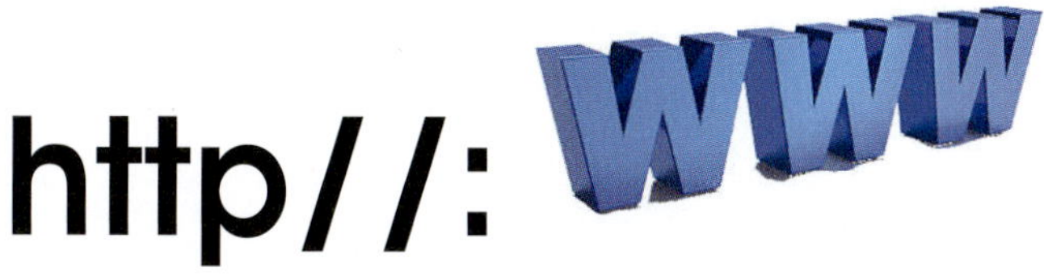

□ 그림설명 3021, World Wide Web.

■

X x

[엑스]

XEROX

X x [엑스]

3100 `ani` `pic`

x (1 Frame: 엑스 프레임, 한 콤마)

영화에서 특히 애니메이션에서 x표는 한 프레임의 뜻으로 사용된다. 예를 들어 5x 혹은 16x는 5프레임 혹은 16 프레임으로 쓰는 표시이다. 따라서 타임시트(Time Sheet)에 매 칸마다 x표시가 있다면 그 뜻은 감독이나 애니메이터가 한 장을 그려 한 번씩 촬영하라는 지시이다.

3101 `ani` `equ`

xerography (제로그래피)
*Xerox (제록스, 건식복사기)

제로그래피는 광전자를 이용해 건식 전자사진 복사를 하는 것으로 일반적으로 종이 위에 글이나 그림을 복사하는 방식을 말하며 제록스는 그 일을 수행하는 기기의 명칭이다. 1946년에 할로이드 사진회사(Haloid Photographic Co.)로 조셉 윌슨(Joseph C. Wilson, 1909-1971)과 체스터 칼슨(Chester Carlson, 1906-1968)이 공동으로 창업했다. 윌슨은 이미 칼슨이 연구 발명해 놓은 건식복사방식의 기술과 조직을 정비하기 위해 Xerox 복사기회사의 사장으로 들어와 칼슨을 도왔다. 정보기술을 보유한 Xerox는 디지털 문서의 출판을 보증하고 160개 이상의 국가에 제품을 보내고 서비스를 강화했다. 반응은 매우 좋게 나타났다. 1961년 Xerox 914의 성공으로 회사 이름을 Xerox Corporation으로 바꾸고 세를 확장해 나갔다. 제품으로는 사무용 프린터, 디지털 프레스, 다기능 프린터, 와이드 포맷 프린터, 프로젝터, 스캐너 복사기와 기타 사무기기 등 문서 서비스에 탁월한 활동을 보였고 크게 성공했다. 이 새로운 미디어 출현에 명석한 비즈니스맨 월트 디즈니는 즉각 반응했다. Xerox를 이용한 복사방식은 애니메이션에도 획기적인 기술로 활용되었다. 월트디즈니가 제작한 장편영화 <101 Dalmatians, 101 마리 달마시안>이 선택되었다. 재래식의 애니메이션 제작에서 당연히 공정을 거쳐야 하는 잉크엔 페인트(Ink & Paint)과정에서 사용되는 잉커(Inker, 애니메이터들이 그린 그림을 잉크를 사용해 셀(Cel)에 옮겨 그리는 화가)들을 모두 퇴직시키고 Xerox를 사용해 제작비를 줄이자는데 착안을 하게 된 것이다. 제작 완료된 필름은 매우 초라(Ragged)해 보인다고 평가되었다. 그동안 디즈니가 만든 다른 장편애니메이션들의 품질과는 현격한 차이를 보였다는 결과였던 것이다. 영화는 정지된 이미지를 영사해 보이기 위해 1초간에 24프레임이 쉴 새 없이 돌아간다. 애니메이터들은 하나의 캐릭터를 초당 24장의 동작을 그려야 하는 것이다. 애니메이터가 완성한 그 그림위에 다시 셀을 덮고 잉커들이 애니메니터가 그린 그림을 따라 또 그리게 된다. 최소 디즈니의 화가들은 이 허룩해 보이는 기계적인 그림을 복사해 제작을 시도하는 월트를 못마땅하게 여겼지만 돈이 많이 드는 애니메이션을 비용을 줄여서 만드는 것에는 동의를 안 할 수 없는 일이었다. 결국 Xerox Copy 방식은 애니메이션제작에서 제작기일과 비용을 줄이게 되었고 하나의 제작방식으로 20세기 말까지 자리 잡고 사용하게 되었다. 제록스 방식은 화가들이 그린 그림이 그대로 반영되어 좋은 점도 있었다. 간혹 화가들이 자기가 그린 그림이 잉커로 인해 잘못되었다는 핑계를 더 이상은 할 수 없게 되었고 Xerox 방식은 점차 세계적으로 퍼져나가게 된 것이다. 한편, Xerox Corporation의 칼슨은 발명가로써 그가 여기저기서 받게 되는 로열티(Royalty, 특허권)는 대단한 것이었다. 성공으로 치닫고 있는 Xerox Corporation은 자체 건물 기념관을 짓고 각계인사들을 초청했다. 당시 유엔 사무총장이었던 U Thant(1909-1974)는 다음과 같은 말을 남겼다. "여러분… 저는 체스터 칼슨을 알기 위해서는 그를 좋아하고, 사랑하고, 존중해야했습니다. 그는 일반적으로 Xerography의 발명가로 알려졌으며 기술 및 과학 분야에서 탁월한 성과를 얻었지만, 또한 탁월한 도덕적 지위를 가진 사람으로 그리고 인본주의자로 그를 더 존경했습니다. 인간 상황의 미래에 대한 그의 관심은 진지했고 유엔의 원칙에 대한 헌신은 심오했습니다. 그는 인간에 대한 믿음과 미래에 대한 희망을 우리 마음 속에 생성하는 특별한 리더의 한사람에 속했습니다." —유엔 사무총장 우 탄트. 그 후 칼슨은 자신의 재산을 자선 목적으로 1억 5천만 달러 이상을 자선 단체에 기부했으며

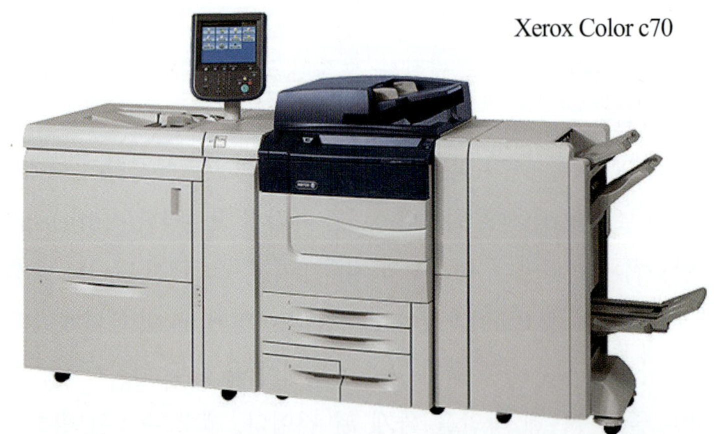

□ 그림설명 3101, XEROX 복사기는 1961년 창업 이래 전 세계에 분포되어 있다.

NAACP(National Association for the Advancement of Colored People)를 적극적으로 후원했다. 1981년 칼슨은 미국 발명가 명예의 전당에 입당했다. 그리고 그는 21￠(21센트) 미국우표에 나오는 영예를 얻었다. 그뿐만이 아니라 칼슨은 '제록스'가 태어난 뉴욕 로체스터에 있는 2개의 가장 큰 고등 교육 기관의 기념관을 지었다. 또한 로체스터 공과 대학(Rochester Institute of Technology)의 칼슨 과학도서관은 과학과 공학 분야의 주요 라이브러리가 되었다. 칼슨은 그가 로열티로 받은 대부분의 돈을 여러 자선사업에 쓰면서 그의 아내에게 "나는 가난한 사람으로 죽으려고... (To Die a Poor Man)" 라고 말했다고 한다.

3102 `pic`

X-Rated (X 등급, 성인영화)

1) X등급 표시는 미국 영화 협회의 심의위원회인 등급 판정부서(Code and Rating Administration)에서 분류하는 영화등급으로서 17세 이하는 볼 수 없는 성인용 영화이다. 이 영화는 MPAA 검인이 찍히지 않는다. 이 X 등급제로 표시하는 것을 미국은 1990년 NC-17로 개칭하였으며 영국은 1982년 R-18로 정하여 표시했다. 한국은 2) 일반적으로 포르노그래피(Pornography) 필름에 주어지는 대명사이다. 미국 영화 협회(MPAA)의 분류 등급 위원회(CARA)에 의해 이전에 X등급으로 정해졌던 영화. X등급의 의미는 영화에 제한이 있으며 17세 혹은 18세 이하는 관람할 수 없음을 뜻한다. 하지만 이런 등급으로는 상업영화가 박스 오피스에서 높은 고지를 차지할 수 없을 뿐 아니라 어떤 경우에는 지방 방송 매체에 광고도 게재할 수 없었기 때문에 대부분의 경우 영화 제작자들은 영화 분류 등급 위원회가 재심을 할 수 있도록 필름 일부를 잘라 규준에 맞게 수정을 했다. 1990년 미국 영화 협회는 이 등급이 그 의미를 상실하게 되고 포르노 필름의 광고로 남용되면서 X등급을 NC-17로 바꿨다. 우리나라의 영화에서는 성적 충동을 주는 지나친 장면을 삭제하지 않고 예술영화 형식으로 보여준다.

NC-17

□ 그림설명 3102, MPAA (미국영화협회) ratings X 등급.

✱ KMRB (한국영상물등급위원회) ratings.

Korea Media Rating Board의 뜻으로 한국에서 제작된 영상물의 등급을 판정하는 곳으로 국영이 아닌 민간단체가 운영한다.

3103 `ani`

X-sheet (X 시트: 타임시트, 촬영표)

애니메이션 작업의 촬영용 지시 시트로 Exposure Sheet의 약자이다.

✽ 참조보기 (0850 - Exposure Sheet)

3104 `gen` `equ`

X-Acto knife (엑섹 토 나이프, 정밀 나이프)

X-Acto는 상품이름으로 주로 수공예(Craft)를 전문으로 하는 기술자, 예술가, 응용미술가 등 정밀한 작업을 하는 예능인들이 사용하는 끝이 날카로운 칼을 가리키는 말이다. 특별히 'No. 1 크래프트 나이프'라는 수식어가 붙어있다. 칼날은 교체할 수 있고 크기는 연필을 잡는 굵기로 철제로 되어 있다.

□ 그림설명 3104, 수공예 예술가들이 필히 사용하는 정밀 도구.

■

Y-signal

Yy

[와이]

Y y [와이]

3150 `com`

Y-signal (와이 시그널)

NTSC TV 방식에서 Y-신호는 명도(Brightness) 신호를 뜻하는 말이다. 텔레비전이나 비디오 시스템에서 화상의 명암을 나타내는 전기 신호를 휘도신호(Luminance Signal)라고 하고 컬러TV나 비디오 시스템에서는 신호를 전송 할 때 휘도신호에 색 정보신호를 동시에 전송한다. 이때 이 신호는 주로 화면의 밝기를 나타내게 되는데 이 신호를 Y 신호라고 부르고 색(Color) 정보를 나타내는 Chrominance Signal(색차신호), 즉 색상 신호를 C-신호라고 한다.

□ 그림설명 3150, Y-signal (와이 시그널)

Zagreb

Z z

[제트]

zoetrope

Zombie

Zoom Lens

3200 `fes` `ani`

Zagreb Animafest (자그레브 애니페스트)

크로아티아(Croatia)〉 자그레브(Zagreb)에서 열리는 이 애니메이션 페스티벌은 '자그레브 애니페스트(Zagreb Animafest)' 또는 '자그레브 국제애니메이션페스티벌(The World Festival of Animated Film in Zagreb)'이라고도 부른다. 유로의 중부에 자리 잡고 있는 크로아티아공화국의 수도인 자그레브에서 열리는 페스티벌이다. 1972년부터 개최하여 앙시페스티벌 뒤를 이어 세계 두 번째로 오래된 애니메이션 페스티벌이다. 짝수 해에만 격년제로 중·단편만을 공모하던 것을 2005년부터는 장편을 포함하여 해마다 열리게 되었다. 자그레브 페스티벌은 대통령의 특별한 후원과 정부가 적극적으로 지원하는 것에 힘입어 유럽의 가장 중심적인 애니메이션 행사로 자리매김하고 있다. 6월에 열리는 행사로 자그레브 애니메이션 영화학교(Zagreb School of Animated Film)가 대회 기획을 맡아 중추적 역할을 하고 있다. 크로아티아는 동구권에 있어 유럽 애니메이션들이 주류를 이루고 있으며 예술성이 높은 작품이 많이 상영되는 것으로 명성이 높다.

☐ 그림설명 3200, 자그레브 페스티벌 로고와 Animafest Zagreb 대회광경.

3201 `his` `ani` `peo`

Zagreb Animation History (자그레브 애니메이션의 역사)

제 2차 대전 지후 체코사람들인 이지 트릉카(Jiri Trnka, 1912-1969), 카렐 제만(Karel Zeman, 1910-1989), 이지 브르데카(Jiri Brdecka, 1917-1982) 미국의 UPA의 스티븐 보

서스토우(Stephen Reginald Bosustow, 1911-1981) 그리고 캐나다의 노먼 맥라렌(Norman McLaren, 1914-1987) 등은 디즈니 장편 애니메이션 특유의 따분한 스타일을 배격하는 아방가르드 운동을 이끌기 시작했다. 그리고 1957년과 1958년에 자그레브에서 배출된 필름들은 그림, 애니메이션, 줄거리, 그리고 애니메이션 예술 전반에 대한 어떤 새로운 접근을 위해 그러한 아방가르드(Avant-Garde) 경향으로 새로운 추진력을 심어 주었다. 1958년 칸 영화제에서 최초의 합동 상영 이후 자그레브 필름의 7개 필름 프로그램이 승승장구하자, 프랑스 평론가 조르주 사둘(Georges Sadoul, 1904-1967)과 안드레 마틴(Andre Martin, 1925-1994)이 서둘러 '자그레브 애니메이션 필름 유파(Zagreb School of Animated Film)'라는 신조어를 만들어 냈을 정도였다. 1953년, 크로아티아의 필름 관계자 협회에서는 자그레브 필름(Zagreb Film)이라는 영화사를 만들고, 배급에서 단편과 장편 길이 영화의 제작까지에 이르는 모든 종류의 영화 활동에 관여하기 시작했다. 처음에는 위탁 작품과 광고, 장편의 공동 제작으로 시작했던 이 회사는 이후 다큐멘터리와 짧은 길이의 장편 영화들을 전문으로 제작하게 됐다. 이 자그레브 필름에서 1956년 애니메이션 필름 스튜디오를 만들고, 수년간이나 중단되었던 애니메이션 필름 제작을 재개했다. 그리고 이 예술적 애니메이션들은 곧 영화사에 세계적인 명성을 안겨주게 된다. 자그레브 필름 설립 이전의 크로아티아 애니메이션은 필름과 연관된 시각 예술(일러스트레이션, 만화책, 그래픽 디자인, 캐리커처 등)의 오랜 전통을 자랑하는 곳으로, 일찍이 1920년대부터 주로 상업과 교육 필름 분야에서 애니메이션 필름을 만들어보고자 하는 여러 시도가 이루어졌었다. 그러다가 1950년대에 드디어 풍자적인 주간지 케렘푸(Kerempuh)에서 활동하던 일단의 캐리커처 화가들(블라디미르 드락(Vladimir Delac, 1927-1968), 보리보이 도브니코치(Borivoj Dovnikovic, 1930-) 이반 푸삭(Ivan Pusak), 아이코 볼제비카(Ico Voljevica, 1922-2008) , 밀란 골드슈미트(Milan Goldschmidt), 브랑코 카라바이치(Branko Karabajic, 1925-2003)이 월터 뉴제바어(Walter Neugebauer, 1921-1992)와 편집장 겸 이사 파딜 하드직(Fadilom Hadzicem, 1922-2011)의 지휘하에 크로아티아와 유고슬라비아 최초의 독립 애니메이션 필름 제작에 도전하기에 이른다. 그리하여 1년간 애니메이션 기술과 필름 작업을 익힌 끝에, 20분짜리 <대 회합(The Big Meeting)>이 완성됐다. 이 작품의 성공에 힘입어, 크로아티아 정부에서는 애니메이션 필름을 전문으로 하는 두가(Duga-무지개) 필름스튜디오를 설립한다. 케렘푸(Kerempuh)의 그룹은 이 회사에 모여서 새로운 컨셉 화가, 애니메이터, 페인터, 배경 화가 등의 전문가들을 훈련시키고, 다섯 편의 흑백 애니메이션 필름을 새로 제작했다. 이것이 크로아티아와 유고슬라비아의 지속적인 전문적 애니메이션 필름 제작의 시초였다. 크로아티아와 전 세계의 주요한 애니메이션 작가로 꼽히는 보르보이 도브니코비치(Borivoj Dovnikovic, 1930-), 두산 부코틱(Dusan Vukotic, 1927-1998), 블라도 크리스틀(Vlado Kristl, 1923-2004), 알렉산더 마르크스(Alexander Marks, 1922-2002), 블라디미르 주트리사(Vladimir Jutrisa, 1923-1984), 니콜라 코스테락(Nikola Kostelac, 1920-1999) 즐랏코 그르긱(Zlatko Grgic, 1931-1988), 보리스 코라르(Boris Kolar, 1933-) 등이 애니메이션을 하기 위해 두가필름(Duga Film)에 발을 들여놨다. 그러나 1952년 경제 위기가 닥치자, 정부에서는 애니메이션 필름을 사치로 여겨 두가필름 스튜디오를 해체하기에 이른다. 이후 수차례에 걸쳐 조라 필름, 스튜디오 인터퍼블릭이 나서서 애니메이션 필름 제작을 재개하려는 움직임을 보였다. 1954년, 두산 부코틱(Dusan Vukotic, 1927-1998)과 니콜라 코스테락(Nikola Kostelac, 1920-1999)은 두어 명의 동업자와 함께 두가 필름에서 일하던 동료들을 규합하여 30초짜리 컬러 애니메이션 광고를 제작한다. 그와 동시에 누제바어(Neugebauer) 형제들도 사람들을 모아 광고와 정치성 애니메이션 필름들을 만들기 위한 '인터퍼블릭'이라는 애니메이션 필름 스튜디오를 설립했다. 이것이 독일의 파트너 BMW, 살라만더, 와 손잡고 하청 작업을 한 크로아티아 최초의 스튜디오들이었다. 부코틱의 그룹은 이후 자그레브 애니메이션의 발전에 매우 중요한 역할을 했는데, 알렉산더 마르크스(Alexander Marks, 1922-2002), 보리스 코라르(Boris Kolar, 1933-), 브예코슬라프 코스타니섹(Vjekoslav Kostanjsek, 1928-?) 같은 작가들의 새로운 애니메이션 방식에의 탐구가 바로 자그레브 애니메이션 필름 유파 특유의 창조성으로 이어졌기 때문이다. 옛 동료들과 신규 인력이 모여 만들어진 신생 자그레브 필름 스튜디오는 1956년에 벌써 최초의 애니메이션 필름인 부코틱의 <장난꾸러기 로봇(The Playful Robot)>을 탄생시켰다. 곧 인터퍼블릭의 누제바어 형제 그룹 역시 자그레브 필름에 합류하게 된다. 이때부터 블라스카 70(Vlaska 70)에서 일어난 애니메이션 예술의 급성장은 그 누구도 막을 수 없게 됐다. 1976년 자그레브 필름은 노바 베스 18번지의 큰 건물로 확장 이전하고 원로세대인 두산 부코틱(Dusan Vukoti , 1927-1998), 니콜라 코스테락(Nikola Kostelac, 1920-1999), 브예코슬라프 코스타니섹(Vjekoslav Kostanjsek, 1928-?), 브라카 누제바어(braca Neugebauer, 1921-1992), 아이코 볼제비카(Ico Voljevica, 1922-2008), 블라도 크리스틀(Vlado Kristl, 1923-2004), 알렉산더 마르크스(Aleksandar Marks, 1922-2002), 즐랏코 부렉(Zlatko Bourek, 1929-2018), 즐라트코 그르긱(Zlatko Grgic, 1931-1988), 블라디미르 주트리사(Vladimir Jutrisa, 1923-1984), 보르보이 도브니코빅(Borivoj Dovnikovic, 1930-) 뿐 아니라 신세대 바트로스라브 미미카(Vatroslav Mimica, 1923-2020), 브랑쿠 라니투비치(Branko Ranitovic, 1925-2010), 브바오 스탈터(Pavao Stalter, 1929-), 드라구틴 부낙(Dragutin Vunak, 1925-2000), 네델리코 드라기치(Nedeljko Dragic, 1936-), 안테 자니노비치(Ante Zaninovic, 1934-2000), 즈덴코 가스파로빅(Zdenko Gasparovic, 1937-), 밀란 블라제코빅(Milan Blazekovic, 1940-2019), 즈보니미르 론카리치(Zvonimir Loncaric, 1927-2004), 또 그 후 조스코 마루시치(Josko Marusic, 1952-), 크레시미르 지모닉(Kresimir Zimonic, 1956-), 즐랏코 바블리니치(Zlatko Pavlinic, 1944-) 등도 합류했다. 그리고 독립 애니메이션 필름 제작이 봇물처럼 쏟아졌다. 50년대 후반과 60년대 초반은 자그레브 애니메이션 필름 유파의 국제적인 대성공의 시대로 불려 지게 됐다. 자그레브 필름은 헤아릴 수 없이 많은 상을 수상했지만, 이 중에서도 1962년 두산 부코틱(Dusan Vukotic, 1927-1998)이 미국 아카데미를 수상한 "얼사츠(The Ersatz)"는 오스카 최초의 외국 작품 수상작으로 꼽힌다. 이후 네델리코 드라기치(Nedeljko Dragic, 1936-)의 "툽 툽(Tup-Tup, 1973)"과 즐라트코 그르긱(Zlatko Grgic, 1931-1988) 그리고 영국 밥 갓프리(Bob Godfrey, 1921-2013)와 공동 제작한 "꿈의 인형(Dream Doll, 1980)"도 오스카 후보에 올랐다. 30년간 다채로운 애니메이션 필름을 제작해 온 자그레브는 자국에서 뿐 아니라 해외에서도 아카풀코(Acapulco), 안시(Annecy), 아틀란타(Atlanta), 볼티모어(Baltimore), 바르셀로나(Barcelona), 베르가모(Bergamo), 베를린(Berlin), 빌바오(Bilbao), 미국의 버밍햄(Birmingham), 보고타(Bogota), 부르가스(Burgas), 칸(Cannes), 시카고(Chicago), 멕시코의 시우다드(Ciudad), 코르크(Cork), 에딘버러(Edinburgh), 에스피노(Espino), 가브로보(Gavrobo), 기온(Guion), 코트왈도보/즐린(Zlin), 헐리우드(Hollywood), 칼로비 바리(Karlovy Vary), 크라코우(krakow), 라이프찌히(Leipzig), 로카르노(Locarno), 런던(London), L.A.(Los Angeles), 루카(Lucca), 마마이아(Mamaia), 만하임(Mannheim), 마르 델 플라타(Mar del Plata), 멜버른(Melbourne), 밀라노(Milan), 몬테비데오(Montevideo), 모스크바(Moscow), 뉴욕(New York), 오버하우젠(Oberhausen), 오타와(Ottawa), 프라하(Prague), 샌 안토니오(San Antonio), 샌 프란시스코(San Francisco), 시드니(Sydney), 탐페레(Tampere), 테헤란(Teheran), 투르(Tours), 트레비소(Treviso), 트리에스테(Trieste), 밴쿠버(Vancouver), 바르나(Varna), 베네치아(Venice) 등 수 많은 페스티벌에서 수상했다. 자그레브의 작가들은 오늘날까지도 각자 독특한 스타일과 애니메이션 예술을 향한 서로 다른 시각을 뚜렷이 보이기 때문에, 자그레브 유파라는 말로 묶어버리기에는 불충분한 점이 있다고 할 수 있다. 크로아티아 영화 백과사전에서도 '자그레브 필름이라 일컬어지는 애니메이션 필름 스튜디오는 문자 그대로 애니메이션 지식을 전수하는 학교로서의 기능이 아니며, 그 작가들을 양식상의 한 유파로 묶을 수 있는 것도 아니다. 자그레브 필름으로 통칭하는 작가의 작품들은 서로 매우 다르고, 정신적인 독특함이 그 특징이라 할 수 있다.'고 쓰고 있다. 하지만 전 세계의 많은 애니메이션 관계자들은 한 시퀀스만 봐도 자그레브 애니메이션인지 알아볼 수 있다고 말한다. 지난 2000년, 안시 애니메이션 페스티벌과 ASIFA의 40주년을 기념하여 애니메이션 필름 전문가 지안알베르토 벤다찌(Giannalberto Bendazzi, 1946-)가 뽑은 세계 애니메이션 역사상 최고작 84선 중 무려 8편이 자그레브 필름의 작품이었다. 자그레브 필름에서는 그 동안 4편의 애니메이션 시리즈 <하운드 포 하이어(Hound for Hire)>, <형사 마스크(Inspector Mask)>, <발타자 교수(Professor Balthazar)>, <리틀 플라잉 베어스(The Little Flying Bears)>를 제작했으며, 이 중 뒤의 두 편과 특히 <발타자 교수>는 전 세계 TV 스크린에서 큰 인기를 끌기도 했다. 1991년 독립 이후 크로아티아는 동유럽의 다른 여러 나라들과 마찬가지로 영화계를 비롯한 전 분야에서 커다란 사회, 정치, 경제적 격동을 겪어야만 했으며, 엎친 데 덮친 격으로 곧 내전까지 발발했다. 그러나 크로아티아 공화국과 자그레브 시의 도움으로 자그레브 필름의 예술 애니메이션 제작은 50년의 유구한 전통을 이어나갈 수 있었다. 다니엑 술릭(Danijel Suljic, 1971-), 니콜 휴이트(Nicole Hewitt, 1965-), 마그다 둘칙(Magda Dulcic, 1965-2016), 다르코 바클리자(Darko Bakliza, 1958-), 스티브 시닉(Steve Sinik), 고란 트르부락(Goran Trbuljak, 1948-), 두산 가칙, 다보르 메주레칸, 마르코 메스토로빅(Marko Mestrovic, 1972-) 같은 신세대 멤버들도 국제적인 명성을 얻었고, 이들은 시각 예술 아카데미의 애니메이션 분과에서 배출된 젊고 창의력 있는 신인들과 함께 자그레브 애니메이션 필름 유파의 성공적인 소생을 약속하고 있다. 자그레브 유파의 국제적인 명성을 발판으로 자그레브 필름은 1972년부터 자그레브 국제 애니메이션 페스티벌을 비엔날레로 하다가 2004년부터는 매년 개최되고 있다. 이 페스티벌은 1986년부터 전 세계 작가 중 애니메이션 예술에 공헌한 사람들에게 평생 공로상을 수여하기 시작했다. 그 첫 번째 영예는 노먼 맥라렌(Norman McLaren, 1914-1987)에게 돌아갔다. 자그레브 페스티벌의 슬로건은 "Z is for Zagreb(Z라면 바로 자그레브)다" 라는 말이 있다.

□ 그림설명 3201-1, The Fifth One> 1965, by Pavao Stalter.

Z

□ 그림설명 3201-2, <Learning to Walk> 1978, by Borivoj Dovnikovic-Bordo.

-3, <현악 4중주> by Bordo.

3202 `pic`

zero cutting (제로커팅)

필름영화 제작에서 커트되지 않은 원본(Negative)필름을 보호하거나 원본상의 1차 편집했던 접합 흔적을 제거하기 위해 특별히 마련된 에이비롤(A and B Rolls)을 사용하는 음화필름(Negative Film)편집의 하나의 공정을 말한다.

3203 `ani` `equ`

zero starts (제로 시작)

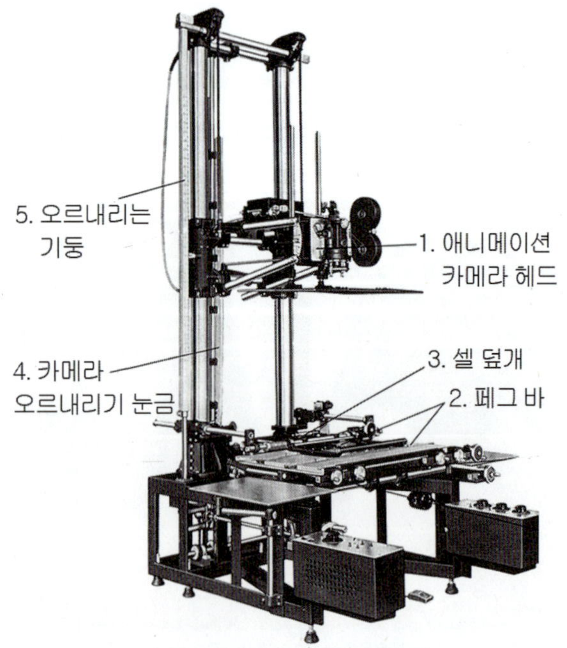

□ 그림설명 3203, 애니메이션 Rostrum 카메라스탠드.

애니메이션을 촬영하기위한 카메라는 카메라 스탠드에 부착되어 수직으로만 상하로 오르내릴 수 있다. 카메라 아래는 평평한 테이블이 있고 그 위에 그림을 고정할 수 있도록 좌우로 움직일 수 있는 애니메이션 페그(Peg)가 상단에 2조, 하단에 2조가 준비되어 있어 셀(그림)을 고정시키며 촬영하게 된다. 이때 모든 작동을 원만히 수행하기 위하여 카메라의 높낮이, 애니메이션 테이블의 위치 그리고 페그 바들의 계기가 모두 제로(Zero)나 센터(Center)에 있는지를 점검한다. 각기 위치가 영(Zero)에서 시작하는 것을 제로스타트라 한다. 그밖에 어떠한 기기이던 조절이 가능한 게이지는 영에서 시작한다는 뜻으로 사용되는 말이다.

zip file (짚 파일)

짚 파일은 여러 가지 파일을 압축하고 지원하는 아카이브형식 파일을 말한다. 데이터를 압축하여 보관하기 위한 파일형식이다. 짚 파일은 여러 개의 파일들을 그 크기를 줄여 압축하고 하나로 묶어 저장한다. 이 파일 형식은 1989년 컴퓨터 프로그래머인 필 캐츠(Phillip Walter Katz, 1962-2000)가 도스용 데이터 압축 소프트웨어(PKZip)에서 사용하기 위해 만들어진 것으로, 톰 헨더슨(Thom Henderson)의 ARC 파일(SEA가 1985년 개발한 손실 없는 데이터 압축·저장방식)형식을 발전시킨 것이었다. 현재도 PKZip형식은 다른 많은 유틸리티 소프트웨어(Utility Software, 프로그램 작성을 위한 각종 소프트웨어)를 지원해 다양한 방법으로 파일을 압축 할 수 있고 저장할 수 있다.

□ 그림설명 3204-1, Zip 파일은 여러 파일들을 압축하고 하나로 묶어 저장한다.

✳ zip drive (짚 드라이브)

짚 드라이브는 1994년경에 아이오메가(Iomega)에 의해 개발된 이동식 플로피 디스크 스토리지 시스템이다. 지금은 가격이 저렴한 하드 디스크 드라이브와 플래시 메모리로 대체되어 사용하지 않는다. 출시 당시에는 100MB, 250MB의 중간용량에서 고용량 용량 750MB까지 슈퍼 플로피 형태의 제품으로 인기가 있었으나 3.5인치 플로피 디스크를 대체할 만큼의 지위를 얻지 못했을 뿐만이 아니라 CD와 DVD 플래시 드라이브 시스템이 등장하며 포맷이 바뀌어 사용하지 않게 된 컴퓨터 초기의 개발품이다.

□ 그림설명 3204-2, Zip Disk와 Zip Drive.

zip pan (짚 팬, 급한 팬)

빠르게 다른 장소로 카메라가 이동하는 효과를 주기위해 이미지가 흐릿하게 나오도록 한다. 카메라를 급속히 수평으로 팬(Pan)하며 촬영함으로 물체가 흐르며 장소가 바뀐다는 것을 나타내고자 할 때 종종 사용되는 촬영기법이다. 이 기법은 스크린의 움직임을 힘차게 보이는데 매우 효과적인 하나의 방식이며 한 장소에서 다른 장소로 이동했

 1561

다는 의미를 주기도 한다. 또한 이러한 Zip Pan기법은 어떤 사건을 회상할 때 쓰이는 매우 저돌적인 효과를 만들어 내기도 한다. 그리고 어떠한 사건을 회상하지 않더라도 화면의 충격적인 비주얼효과로 자주 사용하는 기법이기도하다. 집 팬은 다양하게 부른다. 퀵팬(Quick Pan), 스위시 팬(Swish Pan) 또는 휩 팬(Whip Pan)도 이 기법에 속한다.

□ 그림설명 3205, Zip, Quick, Swish 그리고 Whip Pan 모두 유사한 효과이다.

3206 `ani` `equ`

zoetrope (조이트로프)

조이트로프는 1834년 영국의 윌리엄 조지 호너(William George Horner, 1786-1837)에 의해 발명된 장치로, 원래는 대들럼(Daedaleum)이라 불렸다. 이 장치의 원리는 페나키스토스코프(Phenakistoscope)와 같은 것이었다. 그러나 조이트로프는 회전하는 드럼 내부에 편리한 일련의 그림들을 배치할 수 있고 다른 동작을 고안해 넣어 사람이 더 흥미롭게 잔상효과를 연속된 동작으로 볼 수 있게 해준다. 관객들은 드로잉 반대편에 놓고 드럼 위에 위치한 열린 구멍들을 통해 들여다 보면 공을 굴리는 사람들이나 달리고 있는 말 장면을 볼 수 있다.

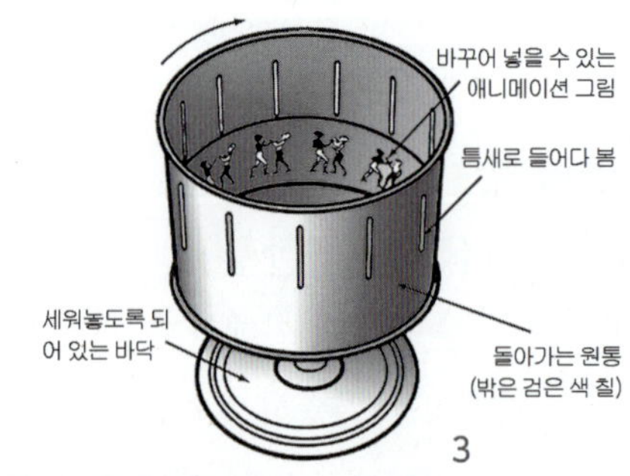

1

□ 그림설명 3206-1, 1824년의 페나키스토스코프.

2

3

-2,-3, 페나키스토스코프와 흡사한 1834년의 조이트로프.

✽ 참조보기 (1960 - Phenakistoscope)

✽ 참조보기 (2005 - Praxinoscope)

✽ 참조보기 (2584 - Stroboscope)

3207 `pic` `lit`

zombie (좀비)

아이티(서인도제도)의 프랑스 계열 사람들은 'Zombi', 아이티 크리올 사람들은 'Zonbi' 라고 다르게 사용하는 좀비라는 말은 소설과 같이 실제로는 없는 꾸며낸 말이다. 영어에서는 'Zombie'라 쓴다. 좀비는 죽었던 사람들이 영혼(Spirit)의 힘으로 되살아난(Reanimated) 시체들이거나 아직은 완전히 죽지 않은 사람의 송장이 꾸며내는 여러 공포 이야기들로 사람들을 전율(Tremble with Fear)하게 한다. '좀비'라는 말을 책에 쓴 사람은 영국의 개관시인으로 유명했던 로버트 사우디(Robert Southey, 1774-1843)가 1819년 그의 수필 <브라질의 역사(History of Brazil)>에서 처음 기술했다고 되어있다. 아이티 민속 전통문화에서는 시신이 움직이며 요술 부리듯 무서운 짓을 하며 변신한다고 전해 온다. 역사적으로 최초의 Zombie라는 말이 서방세계에 노출되게 된 것은 1929년 윌리엄 시브룩(William B. Seabrook, 1884-1945)이 쓴 <매직 아일랜드(Magic Island)>라는 책에 의해서였는데 콩고(Kongo)말로 Zambi는 신(God), Zumbi는 우상(Fetish)이라는 이 말은 굉장한 기사였다. 아이티에서 사악한 부두교(Voodoo)의 숭배와 그들이 속박(Thralls)에서 부활한다는 말은 서로 맞부닥치는 것이었기 때문이다. 좀비라는 용어는 해석도 분분하고 예술로까지 다양하게 퍼져있다. 좀비는 대부분 영화의 판타지나 공포영화 장르에 인용된다. 옥스퍼드(Oxford) 영국백과사전에 Zombie는 아프리카 서부지역 사람들에 의해 어원이 출생했을 것으로 본다. Fox News의 제임스 로저(James Rogers)는 'Zombie satellite'가 1967년 이래 죽지 않고 아직도 지구궤도를 돌고 있다고 했다. 좀비는 죽지않는(Undead)다를 비유해 한 말이다. 타임지는 Zombi를 미국언어(U. S. Speech)에 소개한다고 했다. 좀비라는 단어들은 리차드 매티슨(Richard Matheson, 미국 작가, 공포물 대본가, 1926-2013), 하워드 필립스 러브 크래프트(H.P. Lovecraft, 괴상한 소설, 대본가, 1890-1937) 그리고 메리 셸리(Mary Shelley, 영국 소설가, 1797-1851)가 쓴 유럽의 송장(Undead)이야기를 토대로 쓴 <프랑켄슈타인(Frankenstein)> 소설에 이르기 까지 매우 복잡한 문학적, 논리적인 맥(Ranging)을 가지고 있다. 송장들은 살아있는 것처럼 움직이며 전설, 혹은 소설로 쓰였다. 언데드 존재의 일반적인 예는 죽은 자의 생명력 또는 다른 존재의 힘을 적용하여 초자연적인 힘에

의해 다시 살아나는 시체로 둔갑시킨다. 영화로는 <White Zombie(백인 좀비)>가 1932
년 빅터 할펀(Victor Halperin, 1895-1983) 감독이 처음 공포 영화로 만들어 미국의 영화
흥행에서 인기가 있었다. 좀비를 다룬 영화는 이 후에도 꾸준히 만들어졌고 1980년경
에 와서 공포의 소재를 바꾼 영화들이 만들어졌다. 1980년대 들어서 좀비영화는 시들
해지기 시작했다. 2005년 Stop-Motion 애니메이션으로 만든 뮤지컬(Musical Dark
Fantasy) 좀비 애니메이션 <Corpse Bride(유령 신부)>가 마이크 존슨(Mike Johnson,
1989-)과 팀 버튼(Tim Burton, 1958-)에 의해 제작되어 인기를 끌었다. 1983년에는 마
이클 잭슨의 뮤직비디오 <Dawn of the Dead(주검의 새벽, 1978)와 <Thriller(스릴러,
1983)>는 좀비를 다뤄 세계적인 센세이션을 일으켰다. 현대에 와서 좀비들은 영화, 드
라마 등에서처럼 요술을 부리거나 관객을 무섭게 하려하지 않는다. 오히려 좀비 분장
이 하나의 팝아트(Pop Art, 대중미술)로 등장할 정도로 두려움보다 호기심을 일으키게
되었다.

□ 그림설명 3207-1, 좀비는 말이 없다.

-2, 최초의 좀비영화 <White Zombie>

-3, 마이클 잭슨의 Video <Thriller>에서 좀비들의 춤.

-4, 팀 버튼의 <Corpse Bride(유령신부)>

-5, <Zombie Satellite>

✳ Frankenstein (프랑켄슈타인)

영국 작가 메리 셸리(Mary Shelley, 1797–1851)가 쓴 소설이다. 극중에서 나오는 젊은 과학자 빅터 프랑켄슈타인(Victor Frankenstein)의 이야기이다. 과학자는 실험실에서 지성이 있는 끔찍한 생물을 만들어 살아서 돌아다니는 이야기를 쓴 소설이다. 어린작가로 Shelley는 이미 18세 때 쓰기 시작해서 1818년 1월 1일 20세 때 초판은 익명(Anonymous)으로 런던에서 출판했지만 그녀의 이름은 1821년에 두 번째 파리에서 출판한 책에서는 자신의 이름을 넣어 출판했다.

□ 그림설명 3207-6, (좌로부터) 메리 셸리의 책표지와 영화로 만든 여러 <프랑켄슈타인>

3208 `pho`

zoom (줌)

*zoom-lens (줌렌즈)

다양한 초점거리를 가지는 렌즈를 말한다. 렌즈를 바꾸지 않고 피사체로부터 멀어지거나 가까워지는 카메라 움직임의 효과를 얻어낼 수 있다. 카메라의 움직임 없이 줌렌즈를 이용해 광각에서 망원으로 촬영할 범위의 사이즈를 조정하는 것을 뜻하는 말이다. 동영상인 경우 줌 렌즈를 사용하여 다양한 초점거리를 가지는 렌즈를 바꾸지 않고 피사체로부터 멀어지거나 가까워지는 카메라 움직임의 효과를 얻어낼 수 있다.

□ 그림설명 3208-1, Sigma 18mm-35mm Zoom Lens.

-2, Sigma 50mm-100mm Zoom Lens.

-3, Sigma Cine Zoom 70mm-200mm.

■

책을 마무리하며
Epilogue

언제나 나의 중요한 프로젝트들은 대부분이 복수로 동시에 일어난다. 그리고 오래 경과한다. 이번에도 중요 비중 속에 이 책만큼이나 중요한 또 다른 일은 애니메이션 박물관을 건립하는 일이다. 애니메이션 분야의 전문가가 아니면 해낼 수 없는 일이라는 생각으로 나의 여력을 모두 모아 넬슨신 애니메이션-아트 박물관을 건립하고 있는 것이다.

출판된 이 책은 박물관과 자료를 공유하며 아주 밀접한 관계를 유지하며 평행선을 오랫동안 달려왔다. 이 책「넬슨신 애니페디아 북」에 기술한 역사적 그리고 다각적인 내용들이 역시 박물관 안에서 실물들을 찾아낼 수도 있다. 박물관은 애니메이션 기원으로부터 시작하여 인류가 어떻게 영상을 통해 움직임을 볼 수 있는지를 역사적으로 그리고 체계적으로 영화를 만든 공정을 한 눈으로 볼 수 있게 된다. 나의 의도는 책과 박물관이 일맥상통할 수 있게 펼쳐내고 싶었다.

나의 고된 일에 차차 주변 사람들이 일을 돕기 시작했다. 자료정리에 강민우, 김진석, 김은희, 김혜원 그리고 양지윤씨 등이 틈틈이 도움을 주었다. 특히 김지율씨의 많은 노력들이 책 속에 담겨있다. 또한 이 책의 편집을 수행한 애드밴의 김미란 실장에도 에필로그에 붙여 감사드린다.

저자, **넬슨 신**

Nelson SHIN(넬슨 신)
저작자 경력

애니메이션 프로듀서, 감독, 애니메이터, 저작자, 교수, 만화가.

주요경력

2022	넬슨신 애네메이션-아트 박물관 설립
2022	저서 '넬슨신 애니페디아 북' 출간 1,600p
2018	넬슨신 애니메이션-아트 박물관 신축공사
2015	저서 <the Animator> 자서전 출간 600p
2014~2018	국제애니메이션필름협회(ASIFA) 부회장, 감사
2012~2015	중국 길림애니메이션대학교 명예총장
2012~2014	중국 장편애니메이션 <청개구리 왕국> 총감독
2011~2018	극동대학교 미디어콘텐츠학과 석좌교수
2012~2009	국제애니메이션필름협회(ASIFA) Chairman
2006	저서 "넬슨신의 애니메이션 영상백과사전"출간 1,000p
2005	장편 애니메이션 <왕후심청> 한국+평양 동시개봉
2005~2011	백석대학교 디자인영상학부 영상애니메이션전공 석좌교수
2004~2007	서울시 지역혁신위원회 문화 콘텐츠 산업분과 위원
2002	서울국제애니메이션페스티벌(SIAF) 조직위원장 중국 동화학회 고문
2002	저서 "넬슨신의 애니메이션 용어사전" 520p 출간
2001~2004	장편 제작지휘 <왕후심청> 총감독 서울-평양 공동제작 –
2000~2006	홍익대학교 조형대학, 산업대학원 애니메이션학과 교수
2000	부천국제대학애니메이션페스티벌(PISAF) 수석 커미셔너
1999	저서 "자전에세이 애니메이션과 나" 출간 300p
1999-2001	단국대학교 산업디자인대학원 애니메이션 교수
1999	극장장편 애니메이션 "왕후 심청" (Empress Chung) 크랭크인
1999~2007	대전보문고등학교 재경동문회 회장
1999~2010	SHINANIX-Theme Animation Park, 산업단지개발
1999~2019	서울국제만화.애니메이션 페스티벌(SICAF) 조직위원회 이사
1999	저서 자전에세이 <애니메이션과 나> 300p 출간
1998~2000	단국대학교 산업디자인대학원 애니메이션학과 교수
1998~2006	춘천 애니타운 애니메이션페스티벌 조직위원
1995~2016	애니메이션 정보저널 <애니메이툰 (ANIMATOON)> 편집인
1985~현재	㈜ AKOM Production Co. (한국)설립 회장 & CEO
1983~1986	애니메이션 <The Transformers The Movie> 총감독, 공동제작
1980~1989	Marvel Productions 수석 애니메이션 프로듀서 역임
1979	<Dr. Snuggle> 12x12편 DePatie-Freleng사 OEM-한국제작
1976	Lucas Film의<StarWars> '광선검' 특수효과 애니메이션 @DFE

1973~1979	미국 DePatie-Freleng Ent.사의 애니메이터 및 감독 역임
1972~1973	미국 Animation House, 애니메이터 및 감독 역임
1971	미국 캘리포니아 이민
1960~1971	신능파동화제작소- 프로듀서, 작가, 감독, 애니메이터
1960~1964	주간/월간 잡지 자유기고 만화가 및 서울신문사 시사만화가 역임
1960	서라벌 예술대학 서양화과 졸업
1958	대전 보문고등학교 졸업

국제 애니메이션필름 페스티벌 심사위원 활동

2006	Annecy Animation Festival 심사위원 - France
2006	Stuttgart International Animation Festival 심사위원 - Germany
2005	China International Changzou Animation Festival 심사위원 – China
2005	SICAF, 서울국제 애니메이션 페스티벌 심사위원장 - Korea
2004	길림 및 상주 국제애니메이션 페스티벌 심사위원 – China
2004	16th Zagreb Animated Films Festival 심사위원- Croatia
2003	8th 대전국제만화 영상전, 심사위원장 - Korea
2003	서울국제만화애니메이션페스티벌(SICAF) 심사위원 - Korea

2002	The 9th Hiroshima Animation Festival, 심사위원 - Japan
2001	부천국제대학애니메이션페스티벌(PISAF) 심사위원장 - Korea
2001	KROK Animation Festival 심사위원 – Russia-Ukraine
2001	Tehran International Animation Festival 심사위원 - Iran
2000	홍익대학교 애니메이션 2000 심사위원장 - Korea
2000	Cartoons on the Bay Animation Festival 심사위원- Italy
1998~1999	국산 만화영화 점수평가단 심사위원장 - Seoul
1998	서울시 문화상 심사위원 - Seoul
1997~1998	동아·LG 국제만화페스티벌 애니메이션부문 심사위원장 - Korea
1997	Ottawa Int'l Student Animation Festival 심사위원 - Canada

대외 강연 및 방송출연

2006/3	예원예술대학교 "전문가초청 세미나"강연 - 전주
2005/11	이화여대 디자인대학원 "교류의 밤" 초청강연 – 서울
2005/10	Wiesbaden Animation Festival, Speaker – Germany
2005/9	CICDAF Animation Seminar, Speaker – China

2005/8	KBS "TV 문화지대" 방송대담 – 서울
2005/8	평화방송 "삼천리 우리는 하나" 출연 – 서울
2005/8	MBC "오지혜의 문화속으로" 출연 (30분) – 서울
2005	YTN "씨네24" 출연 – 서울
2005	KBS라디오 "문화 한마당" –서울
2005	KBS 라디오 "한국, 오늘과 내일" – 서울
2005	Arirang TV "Hart to Hart" 방송대담 (30분) – 서울
2005	BBC TV "Simpsons & Empress Chung" (10분) – UK
2004	CNN News TV "Simpsons" 출연(3분) – New York
2004	새한철학회 주최 "애니메이션과 철학" 학술발표 – 대전
2004	제1회 게임 애니메이션 컨퍼런스 특강 – 전주
2004	Jilin International Animation Education Forum – China
2004	계명문화대학 애니메이션 초청특강 – 대구
2004	평택대학교 애니메이션 초청특강 – 평택
2004	북경청소년만화 애니메이션엑스포회의 초청특강 – China
2003	광주진흥원 "애니메이션과 산업" 특강 – 광주
2003	ASIFA General Conference – Annecy, France
2003	KBS 위성방송 "한국, 한국인" 방송 대담 (60분) 출연
2003	평화방송 라디오 프로그램 15분 출연
2003	KBS 국제 라디오방송 20분 출연
2002	호서대학교 초청특강 – 천안
2002	전국경제인연합회 초청특강 – 서울
2002	중국동화학회 초청강연 - China
2001	Moriah Executive Forum 2001 강연 – 서울

2001	전라남도 곡성군청 초청강연 – 곡성
2001	삼성교육원 초청특강 – 용인
2000	충남 테크노파크 "국제심포지엄 2000" 토론 – 천안
2000	남서울대학교 애니메이션 초청특강 – 천안
2000	한서대학교 애니메이션 초청특강 – 서산
2000	연세대학교 사회교육원 초청특강 – 서울
2000	대통령 주재 정부투자대책 회의 - KOTRA
2000	Dartmouth College 초청 특강 – New Hampshire, USA
1999	SICAF 애니메이션 정책 심포지엄 – 서울
1998~1999	문화관광분야 정책 토론회 – 기획예산처
1998	MIP-ASIA International Conference, Speaker – Singapore
1998	ASIFA General Conference - Zagreb, Croatia
1998	MBC 다큐멘터리 "성공시대" (60분) 출연

수상, 초청 및 출품경력

2008	대한민국 문화콘텐츠 해외진출 유공자 문화체육관광부 표창상 수상 - Korea
2008	"2008년 올해의 스튜디오" 상 수상 – Cartoons on the Bay – Italy
2005/10	CICDAF <Empress Chung> 심사위원 특별상 – China
2005/9	Ottawa Animation Festival, <Empress Chung" Nomination – Canada
2005/9	KROK Int'l Festival <Empress Chung> Nomination – Russia - Ukraine
2005	7th Future Film Festival <Empress Chung> Sp. Invitation – Italy
2005	24th Brussels Anima <Empress Chung" Sp. Invitation" – Belgium

2005	4th Tehran Int'l Animation "Empress Chung" 특별초청 – Iran
2005	6th Stockholm Anim' Festival "Empress Chung" Invitation – Sweden
2005	Sprockets AnimFestival <Empress Chung> Invitation – Canada
2005	9th Onedotzero Film Festival "Empress Chung" Sp. Invitation" – UK
2005	5th 전주 국제영화제, 특별초청 – Korea
2005	4th Trebon Anifest 2005 장편부문 노미네이션 – Czech Rep.
2005	Ottawa Int'l Anim' Festival, "Empress Chung" Nomination – Canada
2005	Cinanima 05 Festival "왕후심청" 노미네이션 – Portugal
2005	Animadrid 05, Festival "Empress Chung" Nomination – Spain
2005	14th Golden Elephant "Empress Chung" Nomination – India
2004	대한민국 애니메이션 대상 "왕후심청" 우수상 수상 – Korea
2004	한국 영상물 등급 위원회 상패
2004	SICAF, 서울국제만화애니메이션 "왕후심청" 대상수상 – Korea
2004	16th Zagreb Anim' Festival, "Empress Chung" 특별초청– Croatia
2004	10th Hiroshima Anim' Festival "Empress Chung" 특별초청 – Japan
2004	9th I Castelli animati Festival "Empress Chung" 특별초청 – Italy
2003	Annecy Festival "Empress Chung" 프로젝트경쟁부문 특별상 – France
2002	한국외국기업협회 주관 외자유치유공자 국무총리상 수상 – 서울
2002	한국애니메이션제작자협회 공로상 수상 – 서울
2001~2003	Emmy Award 최우수 애니메이션 수상/ "The Simpsons" - USA
1999~2001	부천국제대학애니메이션페스티벌 공로상 수상 – 서울
1999~2000	한국 애니메이션 예술인협회 공로상 수상 – 서울
1998~2001	Emmy Award 최우수 애니메이션 수상/ "Arthur" - USA
1997	Emmy Award 최우수 애니메이션 수상/ "Tiny Toon Adventures" - USA
1997	한국 만화가 협회 공로상 – 서울
1995·1997·1999	Emmy Award 최우수 애니메이션 수상/ "The Simpsons" - USA
1993	대통령 수출의 탑 수상 – 서울
1991	Emmy Award 최우수 애니메이션/ "The Simpsons" - USA
1990~1992	Emmy Award 최우수 애니메이션/ "Tiny Toon Adventures"- USA
1986	Golden Reel Award Nomination "The Transformers Day3" - USA
1986	29th Film and TV Festival New York, 금상수상 " Transformers MT"
1984	Golden Reel Award Nomination /"Transformers the Movie" - NYC
1982	제25회 Film and Television Festival New York, 금상수상 - NYC

상위 내용과 틀림없음.

넬슨 신 (Nelson SHIN)

updated as January of 2022